天下郡國利病書（一）

全本点校

〔清〕顾炎武 著

團结出版社

图书在版编目（CIP）数据

天下郡国利病书 / (清) 顾炎武著. -- 北京 : 团结出版社, 2024.3

ISBN 978-7-5234-0254-2

Ⅰ. ①天… Ⅱ. ①顾… Ⅲ. ①中国—地方志—明代 Ⅳ. ①K290.48

中国国家版本馆CIP数据核字(2023)第127426号

出版：团结出版社

（北京市东城区东皇城根南街84号　邮编：100006）

电话：(010) 65228880　　65244790　(传真)

网址：www.tjpress.com

Email：65244790@163.com

经销：全国新华书店

印刷：北京印匠彩色印刷有限公司

开本：145×210　1/32

印张：106.5

字数：2389千字

版次：2024年3月　第1版

印次：2024年3月　第1次印刷

书号：978-7-5234-0254-2

定价：680.00元（全五册）

前 言

顾炎武，本名顾绛，乳名藩汉，别名继坤、圭年，字忠清、宁人，亦自署蒋山佣，生于明万历四十一年五月二十八日（1613年7月15日），昆山东南小镇千墩（今名千灯）的蒋泾（今花浦村）。明亡后，因为仰慕文天祥学生王炎午的为人，改名为炎武（一作炎午）。因故居旁有亭林湖，学者尊称他为亭林先生（亦称涂中先生）。是明末清初杰出的思想家、经学家、史地学家和音韵学家，与黄宗羲、王夫之并称为明末清初"三大儒"，被誉为清学之祖，"清代六大宗师"之一。著有《日知录》《天下郡国利病书》《肇域志》《音学五书》等。

根据顾炎武《顾氏谱系考》得知，顾氏原籍吴郡。五代之际，有一支迁往滁州。宋室南渡后，顾庆从滁州迁往海门县姚刘沙（今上海崇明区）。顾庆次子顾伯善，又迁居昆山县二十四保。顾氏虽然为江东四大姓氏之一，世传"江南无二顾"；但是从《顾氏谱系考》来看，宋代以来，他的先辈大多是普普通通的读书人。自顾伯善起，传十一世至顾济，为顾炎武高祖。曾祖顾章志，字子行，号观海，嘉靖三十二年（1553）进士，官居南京兵部侍郎。顾炎武本生祖顾绍芳，字实甫，号学海，万历三年（1577）进士，官终六品的左春坊左赞善。其为人孝友廉介，诗工五律，风格颇近孟浩然，著有《宝庵集》。嗣祖顾绍芾，字德甫，号蠡源，为太学生。顾绍芾文才极好，作诗仿李白、李贺，尤其擅长书法，笔法遒劲，与褚遂良、虞世南神似。顾炎武曾自豪地说："先祖书法，盖逼唐人，性豪迈不群。"他的本生父顾同应，为乡秀才；生母何氏，生有子女五人，顾炎武排行第二。叔祖顾绍之子顾同吉未婚而卒，有婚约的王逑之女王氏矢志守节，奉养公婆。有史料称王氏"事姑至孝。姑病，断一指煎药给姑饮。人称'贞孝女'"。因王氏无子，便将顾炎武过继。寡母王氏白天纺织，晚上看书至二更才休息，独立抚养顾炎武成人，并以岳飞、文天祥、方孝孺的忠义之节教导顾炎武。

顾炎武在明末为诸生，少时加入复社，阅览邸报，经常留心经世之务。崇祯十二年（1639），顾炎武秋试被黜，外加当时国事日益艰危，民不聊生，而且他以"行己有耻""博学于文"为学问宗旨，从此断然放弃科举这条道路，遍览历代史乘、郡县志书，以及文集、章奏之类，辑录其中有关农田、水利、矿产、交通等记载，兼以地理沿革的材料，开始着手撰述《天下郡国利病书》和《肇域志》。

康熙十七年（1678），世祖开博学鸿儒科，招致明朝遗民，顾炎武以死坚拒叶方蔼（字子吉，叶方恒之弟）、韩菼（字元少）等人的推荐，说道："人人可出而炎武必不可出矣。"又说："七十老翁何所求，正欠一死，若必相逼，则以身殉之矣。"（《亭林文集·与叶讱庵书》）康熙十八年（1679）清廷开明史馆，熊赐履邀顾炎武加入，顾炎武以"愿以一死谢公，最下则逃之世外"回拒。康熙十九年（1680），发妻王氏死于昆山，顾炎武得知后哀痛不已，在设灵遥祭的同时，写下"地下相烦告公姥，遗民犹有一人存"的诗句，表明心迹。晚年虽然住在华阴，但顾炎武凭借顽强的意志来往于陕西、山西之间，终因年老体弱，于康熙二十一年（1682）正月，在山西曲沃去世，享年七十。同年三月，堂弟顾岩自昆山赶赴曲沃，与嗣子顾衍生一起扶柩南归，葬于千墩祖茔，在外漂泊的赤子又回到了阔别二十五年的故乡。道光二十一年（1841），入祀乡贤祠。光绪三十四年（1908），与黄宗羲、王夫之等人一起从祀孔庙。

顾炎武一生著述丰富，今可考见者已有五十余种。他在《天下郡国利病书》的自序中说："崇祯己卯，秋闱被摈，退而读书。感四国之多虞，耻经生之寡术，于是历览二十一史，以及天下郡县志书、一代名公文集，间及章奏、文册之类，有得即录，共成四十余帙，一为舆地之记，一为利病之书。"二十七岁科场失意，自此他猛然醒悟，"耻经生之寡术"，开始从事经世致用的研究，从史书、方志、名公文集中辑录有关农田、水利、交通等材料，试图找出国贫民弱的根源，于是就有了《天下郡国利病书》与《肇域志》。这两部著作是顾炎武遵循顾氏"著书不如钞书"的家训而完成的，成为了两大抄书的典范。

《天下郡国利病书》作为一部全国地域利病体系的明代地理总志，它记载了中国明代各地的地理、人文、经济、政治等方面的情况，对中国历史地理有着深远的影响。顾炎武崇祯十二年（1639）着手创作，康熙元年（1662）七月完稿，前后历时二十三年，其后又不断增删完善。全书首卷详述"舆地山川总论"，它是全书的总纲，着重从地脉（山脉）、形胜（地形）、风土（气候）、百川考（水系等）等方面记述全国的地理面貌及特点，言简意赅，轮廓清晰。接着，全书非常详细地记述了北直隶、苏州、常镇、江宁、庐州、安庆、凤阳、徽州、淮安、徐州、扬州、河南、山东、山西、陕西、四川、浙江、江西、湖广、福建、广东、广西、云南、贵州、边疆等地区的地理情况。值得注意的是，全书对毗邻中国的外邦（爪哇、暹罗、苏门答腊、日本、琉球等）的地理情况以及贸易关系也做了简要的记述。

《天下郡国利病书》虽然对全国各地的自然环境、行政区划、经济状况和戍守形势等方面的问题都有所记述，但对经济方面的问题尤为重视，这在历代地理书中独具一格。全书记述的经济问题非常宽广，漕渠、仓廒、粮额、马政、草场、盐政、屯田、水利、赋税、徭役、户口等无所不包。在这些具体问题的论述中，顾炎武都有独到的见解。例如，关于土地，书中详细论述了土地的分配、占有和使用制度以及土地兼并情况等等。关于赋役，顾炎武不但详细论述了各地的赋役情况，还特别注意到了江南赋役之重，如书中所引《东南赋役独重疏》的观点，“人止知江南钱粮之多欠，而不知江南止完及七八分，已与宇内之重者相等矣，江南止完及五六分，已与他处之轻者相等矣。”从全书的篇幅安排情况上，读者也大略可以认识到明代各地区在全国经济、政治中的地位，例如北直隶、江南（苏州、常镇、江宁、庐州、安庆、凤阳、徽州、淮安、徐州、扬州等）、山东、陕西的篇幅最多，浙江、广东、四川等篇幅次之，广西、贵州的篇幅最少。

《天下郡国利病书》在很大程度上体现着顾炎武的经世致用思想。正如他在《日知录·文须有益于天下》一条中所说：“文之不可绝于天地间者，曰明道也，纪政事也，察民隐也，乐道人之善也。若此者，有益于天下，有益于将来。”因此，自问世以来，广受后人赞誉和重视。清朝的孙星衍曾说：“《天下郡国利病书》是未就之稿，如能增补成书，实为经济要务。为政者使车所至，按图考究，可以知地方关隘、河渠、风俗、都会，古今异宜，缓急所先之处，施之有政，厥有旧章。如老前辈于办理志局之便再为修纂，不独有功顾氏，亦天下后世不可少之书。”

《天下郡国利病书》最初由顾炎武的手稿传世，并无定稿。这部手稿几经辗转，现藏于南京图书馆。《天下郡国利病书》现存的版本众多，有濂溪堂抄本、乌丝栏抄本、敷文阁本、《四部丛刊》三编本等。其中，《四部丛刊》三编本是以顾炎武的手稿为底本整理而成的。此次出版，我们以《四部丛刊》三编本为底本，并参照其他版本进行校订整理，各版本间有出入的地方我们择优而从。囿于能力，书中难免有所疏漏，恳请读者不吝赐教。

序

崇祯己卯，秋闱被摈，退而读书。感四国之多虞，耻经生之寡术，于是历览二十一史，以及天下郡县志书、一代名公文集，间及章奏、文册之类，有得即录，共成四十余帙，一为舆地之记，一为利病之书。比遭兵火，多有散佚，亦或增补，而其书本不曾先定义例，又多往代之言，地势民风与今不合，年老善忘，不能一一刊正，姑以初稿存之箧中，以待后之君子斟酌去取云尔。

壬寅七月望日，亭林山人书

总 目

第一册

第二册

第三册

第四册

第五册

目 录

北直隶备录上

晋书·裴秀传

秀为司空，以职在地官，以《禹贡》山川地名从来久远，多有变易。后世说者或强牵引，渐以暗昧。于是甄擿旧文，疑者则阙之，古有名而今无者，皆随事注列，作《禹贡地域图》十八篇，奏之，藏于秘府。其序曰："图书之设，由来尚矣，自古立象垂制，而赖其用。三代置其官，国史掌厥职，暨汉屠咸阳，丞相萧何尽收秦之图籍。今秘书既无古之地图，又无萧何所得，唯有汉氏《舆地》及《括地》诸杂图，各不设分率，又不考正准望，亦不备载名山大川，虽有粗形，皆不精审，不可依据；或荒外迂诞之言，不合事实，于义无取。大晋龙兴，混一六合，以清宇宙，始于庸、蜀，深入其岨。文皇帝乃命有司撰访吴、蜀地图。蜀土既定，六军所经地域远近，山川险易，征路迂直，校验图记，罔或有差。今上考《禹贡》山海川流、原隰陂泽，古之九州及今之十六州，郡国县邑，疆界乡陬，及古国盟会旧名，水陆径路，为《地图》十八篇。制图之体有六焉：一曰分率，所以辨广轮之度也；二曰准望，所以正彼此之体也；三曰道里，所以定所由之数也；四曰高下，五曰方斜，六曰迂直，此三者各因地而制宜，所以校夷险之异也。有图象而无分率，则无以审远近之差；有分率而无准望，虽得之于一隅，必失之于他方；有准望而无道里，则施于山海绝隔之地，不能以相通；有道里而无高下、方斜、迂直之校，则径路之数必与远近之实相违，失准望之正矣，故以此六者参而考之。然远近之实定于分率，彼此之实定于道里，度数之实定于高下、方斜、迂直之算。故虽有峻山巨海之隔，绝域殊方之迥，登降诡曲之因，皆可得举而定者。准望之法既正，则曲直远近无所隐其形也。”（《周礼·大司马正义》有云：“若据鸟飞直路，则周之九服亦止五千；若随山川屈曲，则《禹贡》亦万里。”）

旧唐书·魏元忠传

有左史盩厔人江融撰《九州设险图》，备载古今用兵成败之事。

贞元十七年十月辛未，宰相贾耽上《海内华夷图》及《古今郡国县道四夷述》四十卷。

新唐书·贾耽传

耽嗜观书，老益勤，尤悉地理。凡四夷之使与使四夷还者见之，必从询索风俗，故天下地土区产、山川夷岨，必究知之。方吐蕃盛强，盗有陇西，异时州县远近，有司不复传。耽乃绘布陇右、山南九州，且载河所经，为图又以洮、湟、甘、凉屯镇额籍，道里广狭，山险水原，为《别录》六篇、《河西戎录》四篇，上之，诏赐币马珍器。又图海内华夷，广三丈，从三丈三尺，以寸为百里。并撰《古今郡国县道四夷述》，其中国本之《禹贡》，外夷本班固《汉书》。

古郡国题以墨，今州县以朱，刊落疏舛，多所厘正。帝善之，赐予加等。或指图问其邦人，咸得其真。又著《贞元十道录》，以贞观分天下隶十道，在景云为按察，开元为采访，废置升降备焉。

旧唐书·贾耽传

贾耽好地理学，凡四夷之使及使四夷还者，必与之从容，讯其山川土地之终始。是以九州之夷险、百蛮之土俗，区分指画，备究源流。自吐蕃陷陇右积年，国家守于内地，旧时镇戍不可复知，耽乃画《陇右山南图》，兼黄河经界远近，聚其说，为书十卷，表献曰："臣闻楚左史倚相能读《九丘》，晋司空裴秀创为六体，《九丘》乃成赋之古经，六体则为图之新意。臣虽愚昧，夙尝师范，累蒙拔擢，遂忝台司。虽历践职任，诚多旷阙，而率土山川，不忘寤寐。其大图外薄四海，内别九州，必藉精详，乃可摹写，见更缵集，续冀毕功。然而陇右一隅，久沦蕃寇，职方失其图记，境土难以区分，辄扣课虚微，采掇舆议，画关中、陇右及山南九州等图一轴。伏以洮、湟旧墟，连接监牧，甘、凉右地，控带朔陲，歧路之侦候交通，军镇之备御冲要，莫不匠意就实，依稀像真。如圣恩遣将护边，新书授律，则灵、庆之设险在目，原、会之封略可知。诸州诸军，须论里数人额；诸山诸水，须言首尾源流。图上不可备书，凭据必资记注，谨撰《别录》六卷。又黄河为四渎之宗，西戎乃群羌之帅，臣并研寻史牒，剪弃浮词，罄所闻知，编为四卷。通录都成十卷。文义鄙朴，伏增惭悚。”德宗览之称善，赐厩马一匹、银采百匹、银瓶盘各一。至十七年，又撰成《海内华夷图》及《古今郡国县道四夷述》四十卷，表献之，曰：“臣闻地以博厚载物，万国棋布；海以委输环外，百蛮绣错。中夏则五服、九州，殊俗则七戎、六狄，普天之下，莫非王臣。昔毌立出师，东铭不耐；甘英奉使，西抵条支。奄蔡乃大泽无涯，罽宾则悬度作险。或道理回远，或名号改移，古来通儒，罕遍详究。臣弱冠之岁，好闻方言，筮仕之辰，注意地理，究观研考，垂三十年。绝域之比邻，异蕃之习俗，梯山献琛之路，乘舶来朝之人，咸究竟其源流，访求其居处。阛阓之行贾，戎貊之遗老，莫不听其言而掇其要；闾阎之琐语，风谣之小说，亦收其是而芟其伪。然殷、周以降，封略益明，承历数者八家，浑区宇者五姓，声教所及，惟唐为大。秦皇罢侯置守，长城起于临洮；孝武却地开边，障塞限于鸡鹿。东汉则哀牢请吏，西晋则裨离结辙，隋室列四郡于卑和海西，创三州于扶南江北，辽阳失律，因而弃之。高祖神尧皇帝诞膺天命，奄有四方。太宗继明重熙，柔远能迩，逾大碛通道，北至仙娥，于骨利干置玄阙州。高宗嗣守丕绩，克广前烈，遣单车赍诏，西越葱山，于波剌斯立疾陵府。中宗复配天之业，不失旧物。睿宗含先天之量，惟新永图。玄宗以大孝清内，以无为理外，大宛骥騄，岁充内厩，与贰师之穷兵黩武，岂同年哉！肃宗扫平氛祲，润泽生人。代宗铲除残孽，彝伦攸叙。伏惟皇帝陛下以上圣之姿，当太平之运，敦信明义，履信包元，惠养黎蒸，怀柔遐裔，故泸南贡丽水之金，漠北献余吾之马，玄化洋溢，率土沾濡。臣幼切磋于师友，长趋侍于轩墀，自揣孱愚，叨荣非据，鸿私莫答，夙夜兢惶。去兴元元年，伏奉进止，令臣修撰国图，旋即充使魏州、汴州，出镇东洛、东都，间以众务，不遂专门，绩用尚亏，忧愧弥切。近乃力竭衰病，思殚所闻见，丛于丹青，谨令工人画《海内华夷图》一轴，广三丈，纵三丈三尺，率以一寸折成百里。别章甫左衽，奠高山大川，缩四极于纤缟，分百郡于作缋。宇宙虽广，舒之不盈庭；舟车所通，览之咸在目。并撰《古今郡国县道四夷述》四十卷，中国以《禹贡》为首，外夷以班史发源，郡县纪其增减，蕃落叙其衰盛。前《地理书》以黔州属酉阳，今则改入巴郡；前《西戎志》以安国为安息，今则改入康居。凡诸疏舛，悉从厘正。陇西、北地，播弃于永初之中；辽东乐浪，陷屈于建安之际。曹公弃陉北，晋氏迁江南，缘边累经侵盗，故墟日致堙毁。旧史撰录，十得二三，今书搜补，所获大半。《周礼·职方》以淄、时为幽州之浸，以华山为荆河之镇，既有乖于《禹贡》，又不出于淹中，多闻阙疑，讵敢编次，其古郡国题以墨，今州县题以朱，今古殊文，执习简易。臣学谢小成，才非博物。伏波之聚米，开示众军；鄜侯之图书，方知阨塞。企慕前哲，尝所寄心；辄罄庸陋，多惭纰缪。”优诏答之，赐锦采二百匹，袍段六，锦帐二，银瓶盘各一，银榼二，马一匹，进封魏国公。

《许州志》

先邵二泉为之，新志书尽搀入后事。嘉靖己未，知州林洪取《许志》重刻。宝为此志七年而成，自言所阅经史诸书若干卷。李宾之作序，称二泉录文章而不及其所自著。旧志于人物皆节略其本传，一人仅数语，殊不备终始。宝尝以为史为天下作也，既用其详；志为一州作也，反用其略，于事理当，故今备录传文，不敢惮繁。

《孟津志》

志皆录八景，大略相类，似涉剽窃，今去而不录。凡引古，必载出某书以见考据。古物，其史乘所传者并以本传书之，近世则考旧志及故老所传者载入。诗文不拘今古，工者录。古迹所当存者不在此例。古碑文多剥落者从□。古今人物名宦及诗文，直书姓名，临文不讳。又必有关邑故者收之，如事系一人一家，谀墓酬赠之词，即出自名笔、载在通志者不敢并存。□不书政绩，人物亦然。其见存者不立传，德政碑不录。

唐顺之曰：今之地志，叙山川无以与乎险夷潴泄之用，载风俗无以与乎观民省方之实，至于壤则赋额民数一切不纪，而仙佛之庐，台榭之废址，达官贵人之墟墓，词人墨客流连光景之作，满纸而是。此何异于家之籍，专记图画狗马珍玩为妆缀，而租甒钱串所以需服食之急者，漫不足征也，亦何取于为家也与！

张淑誉曰：古者列国必有史，而天子之小史、外史掌之。今考鲁之《春秋》所书田赋、兵车、礼乐、会盟、征伐、祭□、灾异之属是也。天子巡狩则令太史陈诗以观民风，而列国亦各采风以贡于天子，故歌其诗而其民之强弱、劳佚、疾苦，居然可见。古者省方问俗之义，凡以为民若此。而后世郡县之志，特详其城邑、津梁、公宇，□□琐细，与夫浮屠、老氏之宫，游人骚客之词，势家巨族之荣名诰封，至于田赋所以系生民之休戚，风俗所□□□里之习尚，古之宦游及其乡先生之嘉言善行，与夫一方之兵革治乱，及其天灾流行之大，或逸而不书，或□□□详，令学士大夫无以考见焉，予甚悯之。孔子不云乎：文武之道在人，或识其大者，或识其小者。予非能志其人也，上窃孔子之遗意，而下揣古列国之史之法，谨择其纲纪要端、坊民利害者识之。郡县有司及夫采风者之至落而考之，则于地方利病庶亦小补矣。若其细者，则简略尚多，予不能无罪，姑以俟后之君子览而折衷焉。

《耀州志》

官职有加领者，如刘裕加领北雍州刺史是也；有遥领者，如宋魏王子柄升耀州观察使是也。实皆不在其地。如此类甚多，皆不书。凡事涉国典，海内共有者不书。星野古以国论，盖括地广远矣，今志一州二县，小不书。国朝官师略以所闻见著其行事，其见任者不书。人物存者不录其行事，盖君子身后而事始定也。

布政司名同府州县者

河南（本省有河南府）。广西（云南有广西府）。云南（本省有云南府，又有云南县，属大理府赵州）。

府名同州县者

太平（府二：南直、广西，州一：广西太平府，县四：南直宁国府、山西平阳府、浙江台州府、四川夔州府）。永宁（府一：云南，州三：山西汾州府、广西桂林府、贵州安顺府，县三：北直延庆州、江西吉安府、河南河南府）。南安（府一：江西，州一：云南楚雄府，县一：福建泉州府）。镇远（府一：贵州，州一：广西太平府，县一：贵州镇远府）。永平（府一：北直，县一：云南永昌府）。兴化（府一：福建，县一：南直扬州府）。西安（府一：陕西，县一：浙江衢州府）。保定（府一：北直，县一：北直顺天府）。德安（府一：湖广，县一：江西九江府）。顺德（府一：北直，县一：广东广州府）。临安（府一：云南，县一：浙江杭州府）。建宁（府一：福建，县一：福建邵武府）。建昌（府一：江西，县一：江西南康府）。武定（府一：云南，州一：山东济南府）。归德（府一：河南，州一：广西镇安府）。南康（府一：江西，县一：江西南安府）。平阳（府一：山西，县一：浙江温州府）。南宁（府一：广西，县一：云南曲靖府）。思恩（府一：广西，县一：广西庆远府）。镇安（府一：广西，县一：陕西西安府）。嘉兴（府一：浙江，县一：即属）。长沙（府一：湖广，县一：即属）。金华（府一：浙江，县一：即属）。邵武（府一：福建，县一：即属）。汉阳（府一：湖广，县一：即属）。大同（府一：山西，县一：即属）。南昌（府一：江西，县一：即属）。宁国（府一：南直，县一：即属）。楚雄（府一：云南，县一：即属）。思明（府一：广西，州一：即属）。平乐（府一：广西，县一即属）。武昌（府一：湖广，县一：即属）。南阳（府一：河南，县一：即属）。河间（府一：北直，县一：即属）。大名（府一：北直，县一：即属）。广平（府一：北直，县一：即属）。太原（府一：山西，县一：

即属）。**成都**（府一：四川，县一：即属）。**襄阳**（府一：湖广，县一：即属）。**遵义**（府一：四川，县一：即属）。**凤阳**（府一：南直，县一：即属）。**真定**（府一：北直，县一：即属）。**铜仁**（府一：贵州，县一：即属）。**凤翔**（府一：陕西，县一：即属）。**平凉**（府一：陕西，县一：即属）。

州名同县者

新宁（州一：广西南宁府，县三：四川夔州府、湖广宝庆府、广东广州府）。**永安**（州一：广西平乐府，县二：福建延平府一、广东惠州府）。**兴安**（州一：陕西汉中府，县二：江西广信府、广西桂林府）。**新兴**（州一：云南澂江府，县一：广东肇庆府）。**宁海**（州一：山东登州府，县一：浙江台州府）。**威远**（州一：云南，县一：四川嘉定州）。**保安**（州一：北直，县一：陕西延安府）。**安平**（州一：广西太平府，县一：北直真定府）。**桂阳**（州一：湖广衡州府，县一：湖广郴州）。**嘉定**（州一：四川马瑚府，县一：南直苏州府）。**永康**（州一：广西太平府，县一：浙江金华府）。**兴国**（州一：湖广武昌府，县一：江西赣州府）。**新化**（州一：云南临安府，县一：湖广宝庆府）。**开**（州二：北直大名府、贵州贵阳府，县一：四川夔州府）。**巴**（州一：四川保宁府，县一：四川重庆府）。**祁**（州一：北直保定府，县一：山西太原府）。**泾**（州一：陕西平凉府，县一：南直宁国府）。**万**（州一：广东琼州府，县一：四川夔州府）。**安**（州一：北直保定府，县一：四川成都府）。**威**（州一：四川成都府，县一：北直广平府）。**蒲**（州一、县一：俱山西平阳府）。**绛**（州一：山西平阳府，县一：即属）。**曹**（州一：山东兖州府，县一：即属）。

州名同者

宁州三：江西南昌府、陕西庆阳府、云南临安府。通州二：北直顺天府、南直扬州府。赵州二：北直真定府、云南大理府。忠州二：四川重庆府、广西思明府。兰州二：陕西临洮府、云南丽江府。

县名同者

新城四：北直保定府、浙江杭州府、山东济南府、江西建昌府。新安三：北直保定府、河南河南府、广东广州府。东安三：北直顺天府、广东罗定州、湖广永州府。安化三：湖广长沙府、陕西庆阳府、贵州思南府。龙泉三：浙江处州府、江西吉安府、贵州名阡府。定远三：南直凤阳府、云南楚雄府、四川重庆府。长宁三：江西赣州府、广东惠州府、四川叙州府。兴宁二：湖广郴州、广东惠州府。咸宁二：湖广武昌府、陕西西安府。宁乡二：湖广长沙府、山西汾州府。宁远二：湖广永州府、陕西巩昌府。怀远二：南直凤阳府、广西柳州府。安仁二：江西饶州府、湖广衡州府。安定二：陕西巩昌府、陕西延安府。乐安二：江西抚州府、山东青州府。乐平二：山西太原府、江西饶州府。长乐二：福建福州府、广东惠州府。归化二：福建汀州府、云南云南府。德化二：江西九江府、福建泉州府。昌化二：浙江杭州府、广东琼州府。广昌二：江西建昌府、山西大同府。新昌二：浙江绍兴府、江西瑞州府。永福二：福建福州府、广西桂林府。永丰二：江西吉安府、江西广信府。海丰二：山东济南府、广东惠州府。山阴二：

浙江绍兴府、山西大同府。山阳二：南直淮安府、陕西西安府。清河二：北直广平府、南直淮安府。清平二：山东东昌府、贵州都匀府。镇平二：河南南阳府、广东潮州府。大宁二：山西平阳府、四川夔州府。太和二：南直凤阳府、云南大理府。华亭二：南直松江府、陕西平凉府。石城二：江西赣州府、广东高州府。石泉二：四川龙安府、陕西汉中府。东乡二：江西抚州府、四川夔州府。唐二：北直保定府、河南南阳府。桃源二：南直淮安府、湖广常德府。三水二：广东广州府、陕西西安府。建德二：南直池州府、浙江严州府。会同二：湖广靖州、广东琼州府。上林二：广西柳州府、广西田州。

卫名同者

沈阳六：（左、右二卫在京，中卫在辽东，中屯卫在河间府，右卫在和州，中护卫在山西潞安府）。永宁三：（一在延庆州永宁县，一在四川永宁宣抚司，一在福建泉州府）。安东三：（一在山东登州府文登县，一中屯卫在山西大同府应州，一中护卫在陕西平凉府）。蔚州二：（一在山西大同府蔚州，一左卫在京）。镇海二：（一在苏州府太仓州，一在福建漳州府漳浦县）。永昌二：（一隶陕西行都司，一在云南永昌府）。宁远二：（一隶辽东都司，一在湖广永州府道州）。

卫名同千户所者

通州（卫三：一亲军，一左卫，一右卫，俱在顺天府通州，所一：在扬州府通州）。定海（卫一：在浙江宁波府定海县，所一：在福建福州府连江县）。**靖海**（卫一：在山东登州府文登县，所一：在广东潮州府惠来县）。**平海**（卫一：在福建兴化府，所一：在广东惠州府）。**海宁**（卫一：在浙江嘉兴府海盐县，所一：在浙江杭州府海宁县）。**海门**（卫一：在浙江台州府，所一：在广东潮州府潮阳县）。**海州**（卫一：隶辽东都司，中前千户所一：在淮安府海州）。**永平**（卫一：在永平府，前前千户所、后后千户所各一：在云南永昌府永平县）。**归德**（卫一：在河南归德府，所一：隶陕西河州卫）。**广宁**（卫一：并左、右、中等共九卫，隶辽东都司，所一：在广东肇庆府广宁县）。**建昌**（卫一：隶四川行都司，所一：在江西建昌府）。**新安**（卫一：在徽州府，所一：在云南临安府蒙自县）。**武平**（卫一：在凤阳府亳州，所一：在福建汀州府武平县）。**金山**（卫一：在松江府，所一：在山东登州府宁海州）。**兴化**（卫一：在福建兴化府，所一：在扬州府兴化县）。**兴武**（卫一：在京，兴武营千户所一：隶陕西宁夏卫）。**安南**（卫一、所一：并隶贵州都司）。**灵山**（卫一：在山东莱州府胶州，所一：在广东廉州府灵山县）。

所名同者

安福二：（一在江西吉安府安福县，一隶湖广九溪卫）。海安二：（一在浙江温州府，一在广东雷州府徐闻县）。永安二：（一在福建延平府永安县，一在广东廉州府）。广安二：（一在四川顺庆府广安州，一在湖广郴州桂阳县）。

卫名与府州县同而非其地者

武功左、右、中三卫（亲军，陕西西安府有武功县）。永清左、

右卫（亲军，顺天府有永清县）。**济阳卫**（亲军，山东济南府有济阳县）。**大兴左卫**（亲军，顺天府有大兴县）。**彭城卫**（亲军，徐州旧有彭城县）。**大宁中、前二卫**（在京，山北旧有大宁城）。**镇南卫**（在京，云南楚雄府有镇南州）。**大同中屯卫**（在河间府，山西有大同府）。**建阳卫**（在太平府，福建建宁府有建阳县）。**金乡卫**（在浙江温州府。山东兖州府有金乡县）。**广南卫**（在云南省城，本省有广南府）。**永定卫**（在湖广岳州府，福建汀州府有永定县）。**威远卫**（在山西大同府，云南有威远州，四川有威远县）。**清平卫**（隶贵州都司，山东东昌府及本省并有清平县）。**西宁卫**（隶陕西行都司，广东罗定州有西宁县）。

所名与府州县同而非其地者

镇安（在云南永昌府，广西有镇安府，陕西有镇安县）。**长宁**（在湖广荆州府归州，江西、广东、四川各有长宁县）。**大田**（隶湖广施州卫，福建延平府有大田县）。**大城**（在广东潮州府，保定府有大城县）。**万安**（在福建福州府福清县，江西吉安府有万安县）。**宁津**（在山东登州府文登县，河间府有宁津县）。**海阳**（在山东登州府文登县，广东潮州府有海阳县）。**宁化**（在山西太原府静乐县，福建汀州府有宁化县）。

王士性《五岳游草》

地脉

自昔以雍、冀、河、洛为中国，楚、吴、越为夷，今声名文物反以东南为盛，大河南北不无少让，何？客有云：“此天运循环，地脉移动，彼此乘除之理。”余谓：“是则然矣。”要知天地之所以乘除，何以故？自昔堪舆家皆云：“天下山川起昆仑，分三龙入中国。”然不言三龙盛衰之故。盖龙神之行以水为断，深山大谷，岂足迹能遍，惟问水则知山。昆仑据地之中，四傍山麓各入大荒外，入中国者一，东南支也。其支又于塞外分三支：左支环虏庭阴山、贺兰，入山西，起太行数千里，出为医巫闾，度辽海而止，为北龙。中循西番入趋岷山，沿岷江左右；出江右者包叙州而止，江左者北去趋关中，脉系大散关，左渭右汉；中出为终南、太华，下秦山，起嵩高，右转荆山，抱淮水，左落平原千里，起太山，入海，为中龙。右支出吐蕃之西，下丽江，趋云南，绕沾益、贵竹、关岭而东去沅陵；分其一由武冈出湘江，西至武陵止；又分其一由桂林海阳山过九嶷、衡山，出湘江、东趋匡庐止；又分其一过庾岭，度草坪，去黄山、天目、三吴止；过庾岭者，又分仙霞关至闽止；分衢为大盘山，右下括苍，左去为天台、四明，度海止，总为南龙。宋儒乃谓南龙与中龙同出岷山，沿江而分，盖宋画大渡河为守，而弃滇云，当时士夫游辙未至，故不知而臆度之也。今金沙江源出吐蕃犁牛河，入滇，下川江，则已先于塞外隔断岷山矣，故南龙不起岷山也。

古今王气，中龙最先发，最盛而长，北龙次之，南龙向未发，自宋南渡始。发而久者宜其少间歇，其新发者其当坌涌何疑？何以见其然也？洪荒方辟，伏羲都陈，少昊都曲阜，颛顼都牧野，周自后稷以来，起岐山、丰、镐，生周公、孔子，秦又都关中，汉又都之，唐又都之，宋又都汴，故曰中龙先而久。黄帝始起涿鹿，尧都平阳，舜都蒲坂，禹都安邑，其后尽发于塞外，猃狁、冒顿、突厥夷狄之王，最后辽、金至元而亦入主中国，故曰北龙次之。吴、越当太伯时，犹然披发文身，楚入春秋尚为夷服，孙吴、司马晋、六朝稍稍王建康，仅偏安一隅，亦无百年之主。至宋高南渡，立国百余年，我太祖方才混一，故曰南龙王方始也。

或谓云、贵、东西广皆南龙，而独盛于东南，何？曰：云、贵、两广皆行龙之地，前不云乎，南龙五支，一止于武陵、荆南，一止于匡庐，一止于天目、三吴，一止于越，一止于闽，咸遇江河湖海而止不前，则必于其处涌跃溃出而不肯遽收，宜今日东南之独盛也。然东南他日盛而久，其势未有不转而云、贵、百粤，如树花先开必于木末，其髓盛而花不尽者，又转而老干内时溢而成萼，薇、桂等花皆然。山川气宁与花木异？故中龙先陈先曲阜，其后转而关中；北龙先涿鹿先晋阳，后亦转而塞外。今南龙先吴、楚、闽、越，安得他日不转而百粤、鬼方也？

或谓齐、鲁亦中龙之委也，乃周、孔而后，圣人王者不生，意先辈秀颢所钟多矣。曰："固然，亦黄河流断其地脉故也。"河行周、秦、汉时，俱河间入海，河间者，禹九河之间也，故齐、鲁为中龙。自隋炀帝幸江都，引河入汴，河径委淮，将齐、鲁地脉流隔，尚得太山塞护海东，王气不绝，故列侯将相英贤不乏，而圣王不兴，意以是乎？

然则我朝王气何如？曰：俱非前代之比。前代龙气王一支，惟我朝凤、泗祖陵，既钟灵于中龙之汇，留都王业，又一统于南龙之委。今长安宫阙陵寝，又孕育于北龙之跸，兼三大龙而有之，安得不万斯年也。此余于《送徐山人序》中已及之，而未详其说。

形胜

自古郡国分治割裂，茫乎无据。惟我朝两都各省会，天造地设，险要不易。两都乃二祖创建，神谟庙画，制尽善弗论。如出都门以西则晋中，太行数千里亘其东，洪河抱其西，沙漠限其北，自然一省会也。又西则关中，河流与潼关界其东，剑阁、梁山阻其南，番虏臂其西北，左渭右汉，终南为宗，亦自然一省会也。转而南则蜀中，层峦叠嶂环以四周，沃野千里蹲其中服，岷江为经，众水纬之，咸从三峡一线而出，亦自然一省会也。出峡而东则入楚，长江横络，江南九水汇于洞庭，江北诸流导于汉水，然后入江，沅、桂、永、吉、袁、宁诸山包其前，荆山裹其北，亦自然一省会也。又东则江右，左黄山，右匡庐，二龙咸自南来，迤逶东西南三面环之，众水皆出于本省，浸于彭蠡，一道以入于江，去水来山，长江负其后，亦自然一省会也。五岭以外为两广，广右又自为一局，三江咸交于苍梧以东，又分梅岭以东自为一支，以包乎北，尽东海为闽，皆大海前绕之，亦皆自然一省会也。西南万里滇中，滇自为一国，贵竹线路，初本为滇之门户，后乃开设为省者，非得已也。牂牁、乌、柳诸水散流，湖北、川东，辖制非一，盖有由矣。独中原片土，莽荡数千里无山，不得不强画野以经界之，故睢、陈以东，凤、泗而北，兖、济以南，人情土俗不甚差殊。然两河河流中贯，淮、卫为辅，太行在后，荆山在前，秦山西峙，崧高中起，亦自然一省会也。山东以泰岱为宗，其于各省，虽无高山大川之界，然合齐、鲁为一，原自周公、太公之旧疆也，不入他郡邑矣。惟两浙兼吴、越之分土，山川风物迥乎不侔。浙西泽国无山，俗靡而巧，近苏、常，以地原自吴也；浙东负山枕海，其俗朴，自瓯、越为一区矣。两都一统之业，自本朝始，南都转漕为易，文物为华，车书所同，似乎宗周；北都太行天堑，大海朝宗，扼夷虏之吭，据戎马之地，似乎成周。

附《龙江客问》

昔在龙城，客有问余黔中、百粤风气久不开者。余曰：江南诸省会虽咸多山，然遇作省会处，咸开大洋，驻立人烟，凝聚气脉，各有泽薮停蓄诸水，不径射流。即如川中，山才离祖，水尚源头，然犹开成都千里之沃野。水虽无潴，然全省群流总归三峡一线，故为西大省。独贵竹、百粤，山牵群列队向东而行，粤西水好而山无开洋，贵竹山劣而又无闭水，龙行不住，郡邑皆立于山椒水濆，止为南龙过路之场，尚无驻跸之地，故粤西数千年暗昏，虽与吴、越、闽、广同入中国，不能同耀光明也。黔中概可知已。昔蒙恬被收，自叹曰："吾筑长城，起临洮，负海，吾不无绝地脉哉！"宋徽宗时，有人于汴城中夜步月，偶鉴盆水，骇而叹曰："天星不照，地脉已绝，此地不久当为胡虏矣"。此未可以堪舆言少之。

风土

南北寒暑，以大河为界，不甚相远，独西南隅异，如黔中则多阴多雨，滇中则乍雨乍日，粤中则乍暖乍寒，滇中则不寒不暖。黔中之阴雨，以地在万山之中，山川出云，故晴霁时少，语云："天无三日晴，地无三里平"也。粤中之乍暖乍寒，以土薄水浅，阳气尽泄，故顷时晴雨叠更，裘葛两用，兼之林木荟蔚，虺蛇嘘吸，烟雾纵横，中之者谓之瘴疟，宜也。独滇中风气，思之不得其故，夏不甚热，冬不甚寒，日则单夹，夜则枲絮，四时一也，夏日不甚长，冬日亦不甚短。余以刻漏按之，与历书、与中州各差刻余。又镇日咸西南风，风别不起东北，冬春风刮地扬尘与江北同。即二三百里内，地之寒热与谷种之先后，悬绝星渊。地多海子，似天造地设以润极高之地，亘古不溃不堙，犹人之首上脉络也。李月山谓其地去昆仑伊迩，势极高而寒，以近南，故寒燠半之，以极高，故日出没常受光先而入夜迟也，未知然否？河、汝在江北，而暑月之热反过吴、越，盖夏至日行天顶，嵩高之上，正对河、汝，而吴、越稍偏也。长沙乃衡岳之麓，洞庭鄂渚上流，而古称卑湿，盖其地咸黄土，粘腻不漏，故湿气凝聚，谓卑而湿者臆解耳。

附《龙江客问》

客有问余广右俗，冷热不以寒暑而以晴雨，即土人亦不得其说，但知此中阳气太泄，故多热而已，而不知其所以然，请以土薄水浅之云而申绎之。余曰：此无他，特以地气有厚薄疏密之故也。广右地脉疏理，疏则阳气易于透露发泄，故自昔称炎方。一至天晴日出则地气上蒸，如坐甑中，故虽隆冬，亦无异于春夏之日。然其地居万山中，山皆拔起，纯是岩石，无寸土之附，石气本寒。今走广右诸洞，深入里余，虽六月披裘亦战栗不自持，气寒故也。一至天欲雨，则石山输云，岚烟岫雾踵趾相失，咸挟石气而升，幽寒逼人，故虽盛暑亦无异于隆冬之时。及夫云收雨止，日出气蒸，乍热乍寒，无冬无暑，皆以是故。

或谓南中同此土也，广右居交、广之内，暖气反发泄过于彼土者何？盖他处山少，而广右纯山，山少者地土相兼，脉理本密，兼以地皆种植，尺寸不遗，地气上升，多宣泄于五谷，又粪壅浇溉，地面肥饶，故密而地气不甚泄。广右地气尽拔为石山，则余土皆虚，业已无石而疏理，又满眼荒芜，百里无人烟，十里无稼穑，土面不肥，谷气不分，地气无所发泄，安得不随日上升，而散中于人之肌肤也。以是知寒暑之故，半出于天，半出于地，风光日色之寒暑，出于天者也；气候之寒暑，出于地者也；地薄而理疏，则气升而多暑；地厚而理密，则气敛而多寒，非专为方隅南北之故也。向读《异域志》，见阴山沙漠之北万余里，有其地四时皆春，草木不凋者，尝疑其无有，极北愈寒，安得为是说也？乃今意诚有之，正为地各有厚薄疏密，其果不全系于天与南北方隅之故与？若谓寒暑尽出于天，则今高山峻岭之上，渐近于天，渐远于地，宜其多暑而无寒矣，何故山愈高而愈寒，岂非土石厚而地气隔，故寒多，亦其一验。

徐问《百川考》

《素问》曰："天不足西北，地不满东南。"盖地西北高，东南下，江海百川所聚，海水周于地之四维，其流东极气尽，故归墟尾闾，如沃焦釜；北海路最遥，至极尽处疑与天浮接也。

东夷女真为黑水靺鞨之后，国有长白山，其巅有潭周八十里，南流至辽东、朝鲜国，为鸭绿江，南入于海；北流为女真混同江，经金会宁府，达五国头城，北东入海。

西夷黑水，出汉张掖郡鸡山（今甘州），南至敦煌（今肃州），过三危，界梁、雍二州之间。程子以为即西珥河，与《汉志》叶榆泽相贯。汉武开滇、巂（今云南为滇池）。其地古有黑水旧祠而知之。但今水渟滀，不入南海。

中原之水，惟黄河来最远，考《禹贡注》及诸儒说，黄河一自于阗国葱岭，一自西吐蕃之昆仑山发源，合流二万一千三百余里，东北与积石河合，属汉金城郡，西南羌中，而至龙门。《河渠志》、《一统志》皆云出今西番朵甘卫，西直四川马湖蛮部正西三千余里，去云南丽江西北一千五百里，有水从地涌出，泓方七八十里，高瞰之若星列，俗传为星宿海。寻汇为二大泽，复潴曰哈剌海，东出曰赤宾河，合忽兰、也里木二河，东北流，经昆仑山之南，为九渡，河水清，骑可涉；贯山中，行西戎都会，为细黄河，水流已浊。绕昆仑山之南，折而东流，合乞里焉出河，复绕昆仑之北，自贵德、西宁之境，至积石，经河州（属陕西），合洮河，东北流，至兰州，始入中国。又东北出沙漠，经三受降城、东胜诸州，又折而东南，入冀州（今山西境），凡九千余里，乃元学士蒲察笃实所穷历而得之，《大学衍义补》亦据此，当以《志》为定。

禹治水时，河从积石东北而南，计三千里，至龙门，为西河，冀州吕梁山石势崇竦，其流激震。禹从吕梁北凿龙门以杀水势，乃因其回流之性而导之，又南而至华阴（在陕之华阴县），自南而东至底柱（在河南陕州之三门山），又东经孟津（河南府孟津县），过洛汭（巩县），至于大伾（大名府浚县临河之山），北过洚水（真定冀州北祐洚渠），至于大陆（属中山郡，今真定邢、赵、深三州之地），北分其势，播分为九河，复同聚一处为逆河，盖迎之以入于海。简洁一水，先儒误分而二，其一则河之经流也，徒骇等河故道，皆在河间、沧州、南皮、东光、庆云、献县、山东平原、海丰，由宁津、吴桥、南皮诸处，直达东海。周定王五年，河徙砱砾，始失故道。汉文帝时，决酸枣，东溃金隄（在河南延泽、荥阳诸县至大名、清丰一带，延亘千里）。武帝时，溢平原（属德州），徙顿丘（今清丰县），又决濮阳瓠子口（开河界），注巨野（属济宁州，即大野），通淮、泗（河始与淮通，尚未入淮）。元帝时，决馆陶（旧属大名今属临清），又决清河灵鸣犊口（今高唐州，旧属清河郡）。成帝时，决东郡金隄，决平原，溢渤海、清河（高唐州一带）、信都（今冀州界）。唐玄宗时，决博州（今东昌），溢魏州（今大名）、冀州。五代时，决郓州（今郓城县）、博之扬刘（今东平之东阿县扬刘镇）、滑之鱼池。宋太祖时，决东平之竹村、开封之阳武、大名之灵河、澶渊。太宗时，决温县、荥泽、顿丘，泛于澶、濮、曹、济诸州，东南流至彭城界（即今徐州），入于淮（自此河入淮之始）。真宗时，决郓及武定州，寻溢滑、澶、濮、曹、郓诸州邑，浮于徐、济而东入淮。仁宗时，决开州、馆陶。神宗时，决冀州、枣强、大名州邑，一合南清河以入淮，一合北清河以入海。南渡后，河上流诸郡为金所据，金独受河患，其亡也，始自开封北卫州，决而入涡河（南直隶寿、亳、蒙城、怀远之间）。元时，决卫辉之新乡、开封之阳武、杞县之蒲口、荥泽之塔海庄、归德、封丘诸界，其臣建议疏塞。若今会通河，乃世祖所开，以通漕运，随时救敝而已。当时九河逆河故道，久已沦入于海。沧州接平州。程子以为正南山有名碣石者，在海中，去岸五百里。今平原有马颊河，形存沙渠，其迹尚可考，大伾之北不行矣。我朝洪武中，决阳武之黑阳山，东经开封，南至顿城、颖州、颖上，东至寿州正阳镇，全入于淮，故道复淤。永乐中疏浚，稍引支流，自金龙口入临清会通河。正统间，又决荥阳。天顺间，决祥符。弘治间，分流为二，一自祥符经归德至徐、邳入淮；一自荆隆黄陵冈经曹、濮，达张秋镇，入海。寻命重臣治，筑黄陵冈等口以塞张秋，乃疏为二流，一凿蒙泽孙家渡，至朱仙镇，经扶沟，通许、寿、颍诸州邑，合涡河，至下凤阳、亳州，达淮；一疏贾鲁旧河，由曹州出徐、沛以通运河，合淮，俱入于海。正德间，决曹县者再。嘉靖间，河岁为兖患，屡遣重臣治，未底绩，滥溢于金乡、鱼台，出沛县之飞云桥，南下徐、邳。十三年，复塞，由新开赵皮寨口，盛流合涡河入淮。故道今始复矣。

雍州之水，自西近塞内玉门关至兰州，北东至华阴，皆黄河绕带。又有弱、渭、泾、汭、漆、沮、沣诸水。弱水出吐谷浑界穷石山，自张掖郡山丹县，西至合黎山，与张掖河合，余波入于流沙。泾出平凉府岍头山，经西安府邠州、泾阳，至冯翊阳陵县（今高陵县），入渭。渭出渭源县乌鼠山西北谷，流入咸阳，南至华阴，入河。汭出陇州弦蒲薮，入泾。漆出扶风古漆县北，经同官，至耀州南，合沮。沮自方州升平县北子午岭（延安府宜居县），出富平县，合漆，沣出扶风鄠县终南山，亦东至咸阳，俱合渭，同入于河。

冀州之水，黄河自陕西西北来，经古、蒲、汾、平之间。又有汾、衡、漳、恒、卫、沁诸水。蔡传以汾出山西太原静乐县太岳（即霍山），至平阳府灵石县，东入河。漳水二：一出上党之沾县大黾谷（太原府乐平县），名为清漳；一出上党之长子县发鸠山（属潞州，今改潞安府），名为浊漳，即衡水（俱东北流，至河间阜城、东光县入海）。恒水出真定之曲阳县，东入滱水，至保定之高阳县，入易水。晁氏以西南流，至真定行唐县，东流入滋水，南流入衡水。衡出真定灵寿县，东至滹沱河。恒水在陕西者，出吐谷浑界，入临洮，因名洮水，入于黄河；在真定者，出卫辉府辉县。滱水出浑源州恒山，南流入真定之定州，至保定高阳，合易水，易出代州，经保定之易州、安州，至高阳，下与曹、徐、滋、沙诸河合，至雄县南，为瓦济河，过直沽入海。滋则出大同府之灵丘县回山，经真、保之行唐、无极、深泽诸县，东南流。滹沱河出雁门、代州东流，从真定至束鹿、深州、青县，合辉县之卫河，俱入于海。

北京之水曰玉河，出玉泉山，经大内，出都城，注大通河，至白河，与卢沟河合。卢沟河出大同府桑干，经太行山入今顺天宛平县界，出卢沟桥，东南至看丹口，分两流，一至通州，入白河，一经固安、武清县，至直沽，与卫河合，分南北入海。白河出密云，流入通州，与卢沟河、潞河合。潞河自塞外丹花岭分流，合螺山、鲍丘诸水，为东西二河，俱合流入海。沁水发太行山东北，经辉县，合卫河，入运；又东南流，下徐、吕二洪，合黄河，入淮。

豫州之水，黄河自山西蒲州、平陆入境，经河南之阌乡、灵宝、陕、渑池、新安、济源、孟津、孟、巩温、汜水、武陟、河阴、原武、荥泽、阳武、中牟、祥符、尉氏、陈留、通许、杞、太康、睢宁、归德诸州县，至南直隶凤阳、亳县，合马肠河，城西北合涡河。其支流有四，大概交错于祥符、尉氏、扶沟、商水、项城、通许、太康，与南直隶寿州、朱仙镇之间，或溢兖州出沛、或合涡河入淮。又有伊、洛、瀍、涧、荥、波、孟、猪、济、卫、淮诸水。伊出卢氏县东南（书传以出熊耳，此山在卢氏之西南，恐误），入于洛。洛出陕西冢岭山，亦经洛阳县。瀍出洛阳谷城山。涧出渑池白石山，经新安县，皆会于洛，合流至巩县入河。济即沇水，出怀庆府济源县王屋山，二源分东西流，历虢公台，至温县，入河。复出其南，溢而为荥（即荥泽），东出于陶丘之北（在馆陶县），又东至于荷（在今曹州，地已涸），东北会于汶（即今汶上县），又北东入于海。波为洛水别流。孟猪在虞城西北，济之别流。卫出河南卫辉府辉县，从大名之内黄、浚县出，与浚、沱、淇、漳诸水，合临清之会通河，北流至直沽。淮出唐县东南，经桐柏山，潜流三十里，复东出，经汝信东流，会沂、泗，俱入海。

兖州之水，其地最下，今曹、鱼为黄河下流，又有济、漯、泺、雷夏、灉、沮、汶、泗、淄、潍。济出河南济源。漯出济南之长山县长白山，西北流，经章丘、新城诸界。泺出历城县，入济。雷夏泽在濮州雷泽县。灉、沮二水之别流，自陈留、浚仪、阴沟至蒙为灉、东入于泗。泗出兖州之泗水县陪尾山，经曲阜，至济宁分流，南入徐州，北入会通河，又出钜野，受泲水，下流于睢，即沮水。汶有三源，至泰安州静封镇，合而为一，经宁阳、平阴、汶上，又西至东平州，注于济，经东阿、济宁，入会通河。淄水出今青州莱芜县原山，达临淄，东至寿光。潍水出琅邪郡（今诸城县），经高密、昌邑、潍县，东北俱入海。

荆州之水，其泽薮曰云梦，跨江南北八百里。又有江、汉、川、九江、沱、潜。江水发源于梁州，四川之岷山、青城诸山之阳；出今茂州汶川县，东别为沱；经叙、泸、重、夔，入瞿峡，过巫山，出湖广夷陵州、荆州，至于东陵（岳州府巴陵县）合洞庭；过汉阳府，合汉水；至黄州、江西九江府，合彭蠡（鄱阳湖口）；经安庆、池州、太平、应天诸府、仪真、通州，入海。汉出陕西汉中嶓冢山之下，始为氐道县东源漾水，东至武都为汉；过武东（今武当县）、中州，为沧浪之水；过三澨（即郢州，今承天府），至于大别山（今汉州），入江；经黄州、九江，合鄱湖诸水，同趋入海。九江，孔氏以为浔阳，非是。沅、辰、渐、元、叙、酉、沣、资、湘九水，是为九江，皆合于洞庭；过巴陵，合川水；入武昌，合汉水；东南下入扬子江，冲北岸甚急，与江水俱入于海。

扬州之水，北至于淮，东南至于海。东合江西、江东诸水，经豫章之南、赣、汀、吉，合衡、永、长沙别派；入袁州，出临江，会赣水；入洪都，合瑞洪所聚饶、抚、信、南康诸水于鄱阳，今江西九江府，盖名其入口处；与前江、汉诸水同趋建康（今南京），盖诸方水道所凑。东南合苏、松、常三郡水，汇而为震泽（在吴县南五十里），又吐纳宣、歙、金坛、宜兴、洮、滆湖，同百渎西来众水而下，溢为三江。吴江界于吴松江、震泽之间，去吴松江七十里，分东北流者为娄江，东南流者为东江。其常之靖江，则接建康之水入海。北为江北通、泰，至海门县而入海，所谓江汉朝宗者也。禹时江、淮未通，赋沿于海，至吴夫差与晋会盟黄池，始开苏之邗沟，今为运河。自常之孟渎镇之京口，以通于江；江自扬之仪真，亦开沟以通于淮。隋因广之，今贡赋皆自江、淮以达于京师也。

二广，古百粤，汉交州部。广西之水，一曰漓江，源出海阳山，南流五百里，与永州湘水北分为二，故曰漓，又名桂江，合癸水；至桂林城下，合相思江；入昭潭（今平乐府），会平、富、乐、荔、临、贺诸水；至梧州，为府江。一曰左江，又名藤江，发源交趾，至古邕州（今思明府），经容县，合容江；经藤县，合绣江；经南宁之合江镇，与右江合；入横州，又名郁江。一名右江，又名黔江，源出云南广南府之富州西洋江，入广西田州，经象州（今柳州），合柳江；至南宁府之合江镇，与左江合。二江合入浔州大藤峡，出为浔江。贵州，古罗施鬼国，其水曰盘江，源出四川乌撒府普畅寨，东经古夜郎地，又为黔中，隶牂牁郡（今普安州）。

东北下流，入安南卫，经广西泗城州，入庆远府乌泥江，下合柳江，即为右江。以上三江，分合为二，入梧州大江，即汉武使驰义侯发夜郎兵下牂牁江是也；西流经广东封川、德庆，合肇庆之端溪江，又名西江，至番禺，流入于南海。广东省之东南皆大海，其水一出惠州博罗县，西流者为东江；一出江西大庾岭即梅岭者，为湞水，汉武时杨仆为楼船将军，击南越，出豫章，下湞水是也，至韶之英德为湞阳峡；一出湖广郴州，经武冈，南入南雄之乐昌为武水，又南与湞水合而为曲江，过三水县，与西江合，即汉谓牂牁江也，皆合至于南海县，入于海。

云南，古西南夷僰、鸠地，其水曰滇池，周五百余里，出澂江、嵩明、盘龙等江、九十九泉，源广末狭，若倒流者，故云滇。汉武欲伐滇国，于长安穿昆明池，象滇以习水战，故亦以为昆明，误也。大理之叶榆河，即西洱海，及澜沧诸江，其流不出本省。惟广南西洋江，则由广西经右江，入于海。

其四海之水，北海极远不可穷，东北至于朝鲜，东至于登、莱，东南至于闽、浙、岛夷日本、琉球，南至交、广、琼、崖，又南至于安南、占城、真腊等夷国，而西南至于交趾云。

《杨升庵集》

子产相楚，楚子享之赋。吉日，王以田江南之梦。注：楚之云梦跨江南北地，故有南梦，有北梦。五代孙光宪号北梦，本此。浯水有南浯、北浯。北浯在琅邪、灵门，南浯在九疑、零陵。冀州之浸曰潞，有东潞、西潞。东潞，今之张家湾潞河驿；西潞，山西之上党也。东阳，今之金华；西阳，今之黄州。《山海经》

注：东瓯，今之永嘉，在岐海中；西瓯即闽、越，今之建安，亦在岐海中。山有东吴、西吴（西镇吴山在陇州）。水有东汉、西汉，蜀有上雒、下雒（上雒新都，下雒中江）。庸有上庸、下庸（上庸金州，下庸夔州）。

《燕京论》 周弘祖

燕京依山带海，有金汤之固。真定以北至于永平，关口不下百十，而居庸、紫荆、山海、喜峰、古北、黄花险厄尤著，故蓟州、保定重兵屯焉。自山后诸州弃以与虏，则居庸之外即宣府为藩镇，广平以南，水陆毕会于临清，而天津又海运通衢也。其防御之势，山西行都司当其冲，万全都司护其背，大宁都司藏其备，蓟州守备断其径。万全都司一卫一所，嵌山西行都之境，以为瞭远之兵。大宁都司五卫一所，嵌蓟州守备之境，以为夹持之法。

秦、汉备边，所急在西北，上谷、北平为缓。我朝所急在东北，甘肃、宁夏为缓。秦、汉急西北，故秦塞起临洮，汉武置朔方，缓东北也。神京以辽东为左臂，宣、大为右臂，古北口、永宁、居庸为脑后，辽东限以山海，宣、大隔之居庸，惟大宁沦失，天寿与异域为邻，宣府与辽东隔绝，脑后之防盖甚疏矣。说者欲规复大宁，此岂可易言哉！养威蓄锐，观衅俟时，可也。其他如遂城西北之牟山、保州西北之柏山、保安之八角口、定州之北岩，与夫石舅、银坊、冶山等处，皆临制中原之道。然山川形势与京都大是向背，苟屯兵聚众必死以守，未易当也。此外，自安顺东至任丘二十里，川堑沟渎，苇泉纵横，地类天牢；又东北至雄州三十里，又东至霸州七十里，又东抵海口，营田圩岸，集水淤泞，地类天陷；又自顺安至安肃约五十里，苇草丛茂，地类天罗。凡此皆兵家所忌，遇涝更盛，未易进矣。乃建康、徐、淮、临、德之间，似当练兵储将，可备缓急遣发，无徒借手于北，可也。

《京都形势说》　劳堪

本朝之都燕也，盖与古不同，稍难于周、汉，而大胜于东汉、赵宋矣。夫周、汉建都西北，地资建瓴之险，人借风气之劲，天下莫之竞焉。东汉宅雒，已失全势，宋人按燕、云，则又无限胡之防，故卒不能为守。我朝都燕，虽风气之禀、士马之强，不及周、汉，然据险防胡，居外驭内，其视周、汉一也。故自其常论之，则京后为最急，宣、大次之，辽东次之，陕西又次之。去京有远近也，夫京师为最急，则大宁之内徙，三卫之盘据，不可不讲也；宣、大次之，则独石之孤悬，丰胜之沦没，不可不讲也。讲大宁，则宣、蓟无阻隔，而辽东之右臂伸；讲丰胜，则山、陕有交应，而甘肃之左臂伸，此立国之宏规，保安之上画也。而永乐、宣德之间，但知兀良哈之诚款，开平之艰远，丰胜之丁口不立，甘心弃土，略不顾惜，得非往事之恨乎？自其变论之，则大宁不可复，而京后之重垣宜设；宣、辽不可合，而花当、朵颜之交构宜防。开平、东胜已沦异域，而宣、大之士马，不可一日忘战。而成化、弘治之间，但知和硕之通贡，山海之征商，宣、大之凿堑濠筑敌台，京后之防，一不措之筹策，又非往事之恨乎？

夫始也借开创之威，东斥大宁，西辟丰胜，无难也；继也借生养之富，大垣京后，盛兵宣、大，无难也。时日因循，不以为意，偷玩既久，衅孽乃生。虏犯太原，则增忻、代、泽、潞之兵，而乘宁、雁之塞；虏犯洪、蔚、广昌，则城宣府之塞，而弛东北之防。夫阻太原之寇，在力战于大同、偏头之间；恤洪、蔚之扰，当不忘乎潮河川、黄花镇之备。增忻、代、泽、潞之兵，则度支急；弛东北之防，则畿辅震。近年之经营，得微亦有过乎？

嗟夫！白刃在前，不顾流矢，虏既目宣、大矣，垣宣、大可也；明哲所烛，防患未然，因垣宣、大而并垣京后，亦可也；积薪必燃，防川必决，以宣、大为饵而先垣京后，亦可也。悉力宣、大，置京后不讲，则所谓轻重缓急之间失权多矣。於戏！往有恨，无能追也；近有过，亦幸无大失也。今宣、大之垣役告成，而隆、永之荼毒极惨懔矣。大城京后以奠金汤，宣、大以战而为守，京后以守而为战，宣、大遇秋则乘塞，余时有人与之战，京后有警则乘塞，余时分为番休以习禁军之劳逸，斯皆所谓即体酌用、备形势之道也。

《**燕谭**》　范守己

《辍耕录》云：元初有望气者言：某地某山有天子气。金主谓元主曰：“请以某山归我。”元主许之。金乃发卒十余万，一夕凿其山，辇至于燕，置于北郭外。及元得燕京，改筑城郭，其山遂在大内后，于山上建蓬莱、仁智诸殿，为游观之所。据此，则今禁中万岁山是也。在金为郭外地，则金之城邑，当在今都城南矣。乃北安门内有萧太后楼，考其地又在山西北，岂辽之都邑在金城北耶？不知置山石时有此楼否？有则不应弃于野外。若先无而后构，则非辽氏故物矣，曰萧太后楼，妄也。

《上谷郡图经》曰：黄金台在易水东南十八里，昭王置千金其上，以延天下士。梁任昉曰：台在幽州燕王故城中，土人呼为贤士台，亦为招贤台。按《史记》：昭王为隗改筑宫，师事之。新序亦言筑宫，不云筑台。至后汉孔融，始言昭王筑台以延隗，不知何据，然亦不言金台也。郦道元《水经注》云："固安县有黄金台。"言金言台，不言在燕王城中。今都城东南十有六里有黄金台，后人伪为尔。

都穆《游西山记》曰：瓮山之阳，有元耶律楚材墓。其西数百步有玉泉山，金章宗尝建行宫，今废。山北麓凿石为螭头，出泉，潴为池，所谓玉泉，东流入湖，经大内，注都城，东南入大通河。按《金史》，宛平县有玉泉山行宫。玉泉之名，其来久矣。

李西涯云：西湖方十余里，有山趾，其涯曰瓮山，其寺曰圆静。又三里为功德寺，其南路尽，乃有玉泉，散为溪池。池上有亭，宣庙巡幸驻跸处。又一里为华严寺，又二十里为香山，楼宇台殿，与石高下，其绝顶胜瓮山，其泉胜玉泉。按金李晏有碑云："西山苍苍，上干云霄，重冈叠翠，来朝皇阙。中有古道场曰香山，上有二大石，状如香炉虾蟆。有泉自山腹下注溪谷，亦号小清溪。"是香山之胜，亦非一日矣。

芦沟或谓为卢沟，即卢龙之水。按《水经注》：湿水东径下洛县故城南。又东，左得于延水。又东，过涿鹿县北。南至马陉山，谓之落马河。又南入山，瀑布飞梁，县河注壑，湍湍十丈许，谓之落马洪。自南出山，谓之清泉河。又东南径良乡县之北界，历梁山南，高梁水出焉。又东过广阳蓟县南。又东与洗马沟水合。又东南，高梁之水注焉。又东至渔阳雍奴县，入于笥沟。《魏氏土地记》曰："清泉河上承桑干河，东流与潞河合。"考之《水经》，湿水与桑干异源同流(《水经》无此说)，又会如浑水，合为一河，逾山而东，别名清泉河。是芦沟之本名也。其称芦沟者，以至宛平县境内，从葫芦沟东南入潞故尔。

《昌平志》云：高梁河自并州黄河之别源，东径州治沙涧，又东南径高梁店，入都城海子。按《水经注》：高梁水出蓟城西北平地，泉东注，径燕王陵北，又东径蓟城北，又东南流。入湿水。《魏氏土地记》曰：蓟东一十里有高梁之水。是高梁水不出并州也，况可云黄河之别源乎？

《诗·韩奕》云："溥彼韩城，燕师所完。王锡韩侯，其追其貊，奄受北国。"朱传谓为陕西韩城县。《水经注》云：圣水东过良乡县南，又东过长乡县北，又东径长兴城南，又东径方城县故城，又东南径韩城东，《诗》所谓：《溥彼韩城》者也。王肃曰：今涿郡方城县有韩城，世谓寒号，非也。观此，则非陕西之韩城矣。《水经注》又云：湿水径良乡县之北界，历梁山南，高梁水出焉。是涿郡亦有梁山也，《诗》所谓"奕奕梁山"，正指此言之矣。不然，冯翊去燕二千余里，燕师曷得远离乡土，筑城于彼邪？必不尔耳。

世言易州有涞水，余每过保定北，不知何为涞水，及查《水经》，言巨马水出代郡广昌县涞山。注云：即涞水也。东径遒县，又东南径容城县北，督亢沟水注之。督亢沟受涞水，出涞谷，东南径遒北，又东径涿县楼桑里南，又东径督亢泽，苞方城县，谓之督亢水。又南谓之白沟水，南径广阳亭西，又南入于巨马水，则今之白沟河，其涞水之枝流也。涞水正流自涞谷西南出，渐微不复成川，至遒县北，重源再发，结为长潭，谓之渠水，亦名巨马水。又东南径范阳县故城北，易水注之。易水出涿郡故安县西山宽中谷，历武夫关东出，是兼武水之称，故燕之下都，擅名武阳矣。又东径故安城南，谓之故安河。又东过范阳县故城东，与濡水合，乱流入涞。自是易水与诸水互摄通称。东径容城县故城北，浑涛东注。至平舒县，与代之易水合。代之易水，出代郡广昌县东南郎山，东径西故安城，又东南过武遂县南、新城县北，又东范阳陂水入之。范阳陂南通梁门淀，东南流注易，谓之范水，易水自下，有范水通目。又东径范阳县故城南，又东径容城县故城南，王莽更名深泽矣。又东径浑渥城南，东合滱水。自下滱、易通称矣。又东径易县南，太子丹祖荆轲处。又东至文安县，与滹沱合，是谓之南易。至平舒县，与北易合。东过東州县，东南入于海。是涞水与二易水，异源同委，通名互称矣。今之流离河，疑即北易，而南易在新城县北，下经深泽、文安，疑今之胡梁河也。

《谷山笔麈》

唐都长安，每有寇盗，辄为出奔之举，恃有蜀也；所以再奔再北，而未至亡国，亦幸有蜀也。长安之地，天府四塞，譬如堂之有室；蜀以膏沃之土，处其阃阈，譬如室之有奥，风雨晦明，有所依而蔽焉。盖自秦、汉以来，巴、蜀为外府，而唐卒赖以不亡，斯其效矣。今日燕京之形，譬如负扆端拱，坐于堂皇之上，南面而临天下，形胜则甚伟矣。然而势有所不足者，有堂而无室，况奥窔之间邪？

《金虏节要》曰：燕山之地，易州西北乃金坡关，昌平县之西乃居庸关，顺州之北乃古北口，景州之东北乃松亭关，平州之东乃榆关，榆关之东即金人来路也。此数关皆天造地设，以为华夷之限，今皆在京师之背，若负扆然，可谓天险矣。金坡关即紫荆关，榆关即山海，松亭不知所在。

三国时，辽西、乌桓以袁尚兄弟入塞，曹操将讨之，乃凿二渠以通运，一自滹沱入派水，谓之平虏渠，一自泃口入潞河，谓之泉州渠，以通海运。《说文》，派水出雁门葰人戍夫山，东北入海。《水经》，泃水出无终、西山，西北流至平谷，又南流入于潞河。又东合泉州渠口，曹操所筑也。渠东至乐安亭南，与泸水合，入海。按二水当时通漕以制辽左，所谓平虏渠者，在今都城之南，疑即滹沱入运处也。惟泉州渠乃在京北（于误），而东入辽海，不知定在何处？若因其遗迹通之，以馈平卢、辽西，亦一便也。泉州故城在幽州雍奴。

王嘉谟《北山游记》

自高梁桥水，度至白浮瓮山，出蓟县境，瓮山斜界百望。是山也，南阻西湖，神皋兰若皆萃焉；北通燕平，丛丛矮魄，背而去者百里，犹见其峰焉。是宜禾黍。山之阳有祠焉，高十五丈，登之可以望京师，可以观东潞。出百望十里为长乐河，河水不甚阔而驶。又北二里为玉斗潭，潭箕圆仅丈，腐草罨之，深不可测。或云，是有物焉，有两牛斗而饮，陷于潭，辄不可得。又北十里为灌石，驻跸山在焉。其山长，西北袤，凡二十里。石皆壁立，高可十余丈，蹲沓欹危，如坠如挽。前临平川，一望无际，孤堠时隐，猿鸟悲号，行者懔懔。西望白虎站，深若天井，湛碧难尽。山之上有台，是名栖云，金章宗尝游焉，登台而啸，题石而叹，下而观于野，盖燎而猎焉。召其酋长大人击球，俄而自击也，乃叹曰："美哉乎！而谁见之？"山下石床石釜俱存。山之西有洞，是名寒崖，势殊奥邃。中多异草奇石，灌木随风扬芬。四望则惟北多岨云。

寿官之成也，上自狄村游于浑河，是尝驻跸。自驻跸而北，皆崇山也，连缀匼匝，又砂砾延缘，岩间白石崭崭，春夏雨潦，则成巨浸，樵采不达。又北二十里许，乃从西折，斜入南谷。有聚焉，是名漆园。园之南有山焉，是名雅思。是山也，幽晦多雾，富有果蓏。山陷而为坎，有池焉，浚冽如露，是名露池。有比丘一人，土人敬事之。自园而出，再由走集西十里许为高崖。崖下有泉绕其聚，四面皆山，蔚洞森萧，圹如也。又西北十里许为清水涧。是涧也，两山如门，行可二十里，山皆奇峭宠炭。山中飞泉滮洒，或决地，或分流，淙汩树木之间，推激岩崖之穴，青如乱鬟，白如吹絮。仰视重峰，时有孤石之揭揭，沉黯迷离，天气自曀。崖间百合、忍冬、棠杜、牛妳、相思、郁薁、黄精、唐求之属，渗味扶芳，烁红陨翠，飞沫击枝，坠而复起，新实含濡，落而不变。奇禽异羽，嘤嘤满耳，乌巢雉囮，遍其岩穴。山鹿之毳，豪猪之毛，丰茸随风。溯流而行，高高莫极，有巅焉，名曰鳌鱼。又西里许，山益峻，有兰若二焉，上曰松阳，下曰金鹰。其上独多松，合抱而数丈者有三，扑朔者万计。登之而望，则大山屏张，霅然斜开，则金鹰在焉。金鹰下控大岩，岩吐百穴，汇而为湖，决而东流，是为清水之源。

迤逦以东，下山折坂而南，蓊然红艳，仿佛有光。有陉焉，曰六十，屈折污斜，黄芦白沙之间，可六十折。再由走集又西，有陉曰十八盘，息壤如金，郁勃而立，狭可容人，可十八折。登顾徘徊，西则植立夹持，不暇停足。眺视斜柯洪枝，匝藤萝而舞鹍雀者，深深莫极。旁睨则北山矗矗，一阴一阳，闪倏孤日，含濡云彩。山之上平衍，西五里有岭焉，是曰长城，苍黯高竦，下视前坂。其巅瓦砾纵横，微有雉堞，剥蚀沆莽，是曰秦皇之址。有泉出焉，是曰马跑。苞稂覆之，捋眢矣。又西二里有台焉，是曰了思，衡可二亩，高可数仞，莎苹匝之，楸檀柏柏之木，宛宛相构。登之可望，四方斗绝，有足怀者。下台而西，又十里，皆峻岭也，胖为中路。岩之两间，如榭如障，如层构深藏，如旨茗盘亘。花实齐秀，风泉并响，远闻伐木嶷嶷留滞。有岭焉，是曰灰岭，险特倍于长城。石如蛤粉，无树木，大石磋磋，吹籁扬尘，则纷溶而起，百里可见，了了如雪。路口如甗甋，一綖孤露，莹照通川。

下山有城焉，是曰镇边之废邑。又西八里许，有城焉，是曰镇边。两旁皆山围之，其南曰碧驾之山，曰通明之山，其北曰鹰扬之山，曰涔洛之山。有湖焉，小而深，在碧驾之岩，阑结不见，每多异草，中有赤鲤盈尺。春夏之交，山水增流，则湖益清可鉴，是曰合抱之湖。镇边，岩邑也，居人仅可百数，地寒不能五谷，五畜劳羸不甘，兵杂其间，狡猾难治。西十里有堠曰唐耳，背据大山，下视怀来，烟液沓臬，足为天险，楼堞固，沟洫浚，军械精，睨横岭而斜界居庸，可甲燕平镇边废邑。其南皆山也，中为衢路。其东曰六华之岩，其西曰小神之山、曰青利之山。岩分形如六华，其第四岩有洞焉，最深窈，土人夜登之取宿鸟，忽有双鹤飞鸣，是为鸣皋之洞。

南可十里，有聚焉，曰长峪。又西五里，有岩曰德胜，又曰凤皇，上有兰若焉。是山也，威纡距绝，抵此而穷，四面环匝。山可三十丈，磴道半之，登之每顾则山形变。兰若已圮，然蟠结秀疏。下视三山，侧侧欲合，东望长峪，蔚然开阳，其左岩崟尤峻，右稍拥出。山下有泉焉，源源可二十里，达于浑河，照映萧瑟，町畦滉然。据岩而立，终日无人。山之上，奇树新实，甘香飂飔，背秋涉冬，空穴消然，万碧俱立。山之上有台焉，登之而望、则蹙然两山，兰若闭藏，不可俯见，是曰隐鹫之台。山之西有洞焉，小而隘，可容数人，门有古松蔽之，坐其中以瞻西峰，有如指掌，中壁刻观世音大士像，镌刻甚深，是曰观音之洞，又曰孤松之岩。兰若讲堂中有频檠三株，大可合抱，翠叶多子，团圞数丈，真可奇也。山之南有岭焉，曰西峪，可以入沿河。山之下有碑，不可辨。

自长峪而东，可二十里，有聚焉，曰菩提堑，有祠焉，是祀菩提。盖古人有乞者，众食之，俄而怒焉，乃杀之，剖而食，犹故，民神之，是为祠也。有兰若焉，曰白驳。是山也，险倍灰岭，不通行者，幽阻凄霭，萧然可托。有坛焉，幢设于上，皆紫英之石，烂若丹霞。有银杏二树，大可盈抱，芬盛多子。出山而北，有山焉，是曰白鹤。其峰岫缭绕，不易诘也，其中有白色皬然，状如鹤，著于石上。又折而东，则走高崖北山。

自高梁至德胜，共百八十里，小山至众，记者二十，鸟有红鸦、沙鸡、文雉、丰翅，兽有虎、豹、奇狸、狼、野牛、白驳、豪猪、兔、狍，草树多奇。土人每言二月之交，有山曰青华，下可万丈，西通四方，每有块形奇物，且飞且走，衔乳而西，猎人莫敢近也；又言三伏每雨，群山出流，大石浮浮，马奔麏至，有如雷霆，仰视碧驾、鹰扬之山，半在云雾，戍楼昼晦，飞云积烟，片片入户，连月不霁。实神京之奥区、山川之都会也。

汉之边在北，长安去朔方十余里。唐边在西，去吐蕃有几千里。今京师北抵居庸，东抵古北口，西南抵紫荆关，近者百里，远不过三百里。居庸则吾之背也，紫荆则吾之喉也，卒有急，则扼吾之喉而拊吾之背。

燕之山石块垒，危峰雄特，水冽土厚，风高气寒。其草木皆强干而丰本，虫鸟之化亦劲踵毻毴，而瞿瞿然迅飞也。以故固桀之粹蒸为贤豪，上之人文唯沉鸷而不狃于俗，感时触事，则悲歌慷慨之念生焉，其犹然燕丹遗烈哉！以至闾巷佣贩之夫，亦莫不坚悍不屈、硁然以急人为务，无阘茸呰窳之习，此其善也。然而风会之趋、人情之化，始未尝不朴茂而后渐以漓，其流益甚焉。大都薄骨肉而重交游，厌老成而尚轻锐。以宴游为佳致，以饮博为本业，家无担石，而饮食服御拟于巨室；囊若悬磬，而典妻鬻子以佞佛进香。甚则遗骸未收，即树幡叠鼓，崇朝云集。德化陵迟，民风不竞，此讵可令贾太傅见也。

《大学衍义补》

臣按，自古建都者，皆于四近之地，立为辅郡，所以为京师屏翰也。汉以京兆、左冯翊、右扶风为三辅，唐亦以华州、同州、凤翔为辅，而宋初未遑建立，至于徽宗时，亦于畿郡立为四辅焉，每辅则屯兵二万人为额。我朝建国江南，于凤阳屯重兵，凡京师军皆散于江北滁、和等处为屯田，虽不名辅，而俨然有蕃屏之意。太宗皇帝自北平入正大统，遂建都于此。其初犹以行在为名，而立一行部以总之，其后遍立五府、六部大小衙门如旧制，凡京卫之兵皆分其半以来，并起江南富民以实之，而去其行在之名，则是万万年不拔之基，永定于此矣。然而畿甸之间，犹未有辅郡，盖有待也。

臣按汉、唐、宋之辅郡，皆因郡治而立，今日之建置，则以形胜要害为固。盖汉、唐都长安，宋都汴梁，皆去边地辽远，非若我朝都燕，则自以都城为北边捍蔽，北最近，而东次之，西又次之，而南为最远焉。请如汉、唐、宋故事，立为辅郡，以宣府为北辅，因见旧而加以番守之军，俾守国之北门；其东也以永平为辅，以守松亭一带关隘，及扼辽左要害；其西也以易州为辅，或真定，以守紫荆一带关隘；其南则以临清为辅，坐镇闸河，而总扼河南、山东之冲；又自此而南，屯兵于徐州，以通两京之咽喉。每处屯重兵一二万，量其轻重缓急，以多寡其数。罢两直隶、河南、山东、上京操备班军，因近屯守，以为京师之屏蔽，遇京师有事，则调发焉。

夫自古为国者，必固内以蔽外，居重以驭轻，譬则人之家居，必有藩蓠墙壁，然后堂室坚固；内呼而外应，若设关捩然，有所动于中，而四面之机毕应之，然后盗之利吾财者，不敢轻侵犯焉。近年以来，起调两直隶、河南、山东军，赴京上班操备，半年一替，方其新班既起而旧班未回，城池虽设而队伍空缺者有之，幸而无事则已，万一有不逞之徒，乘虚为乱，将何以支持之？倘立为辅郡，因近屯守，则军士遂室家之愿，而生息日蕃，国家省转输之劳，而调发易集，边方足备御之具，而关隘有守。如此，则都城巩固，宗社奠安矣。万一臣言可采，见之施行，其于国计，不为无补。

《大学衍义补》

今京师切近边塞，所恃以为险固者，内而太行西来一带，重冈连阜；外而浑、蔚等州，高山峻岭，蹊径狭隘，林木茂密，以限虏骑驰突。不知何人始于何时，乃以薪炭之故，营缮之用，伐木取材，折枝为薪，烧柴为炭，致使木植日稀，蹊径日通，险隘日夷。设使国家常如今日之无事，固无所用之，不幸一旦而有风尘之警，将何以扼其来而拒其入乎？失今不为之限制，臣恐日甚一日，虽有智者，不能善其后矣。臣请下工部稽考洪武、永乐年间以来，其所用材木薪炭，取于何所，掌于何人，凡其可以措置之方，用度之数，与夫爱惜减省之节目，一一以闻，必须无损于边关，无亏于国用，定为经久之计。其事虽小，所系实大。

考诸司职掌，于工部抽分条，止云抽分竹木场，如遇客商与贩竹木柴炭等项，照例抽分，若不敷，奏闻定夺，给价收买，或差人砍办。则是祖宗之时，遇有营造不敷，方行买办，然亦止言营造，而不知当时大庖之爨、内臣之炊，何所取材？意者洪武之初，建都江南，沿江芦苇，自足以供时之用也。芦苇易生之物，刈去复生，沿江千里，取用不尽，非若木植，非历十数星霜，不可以燃，取之须有尽时，生之必待积久。况今近甸，别无大山茂林，不取之边关，将何所取耶？夫自立柴厂于易州以来，恒聚山东、西、北直隶数州民夫数千，于此取柴炭，以供国用，又役顺天之民以为挑柴夫，府县添设佐贰官以专管之，又特敕侍郎或尚书一员以总督之。此事非特今朝无有定制，而前代亦所未闻也。然则前代皆不举火耶？古之人必有善处之法，然而史籍不载，无从稽考。意者以此为非要之务，随时制宜，固取足用政不必颛颛设官，拘拘督责，因吾口食之奉，以夺民衣食之资也。为今之计，宜移置易州柴厂于近京之地，散遣丁夫，各还原籍。量其州县大小，人民多寡，定为薪炭之数，分派输纳。内外衙门，每岁定为限期，俾其依期运纳，一如户部粮草例，取纳足通关以凭稽考。又必痛为禁革，除去印烙，苟薪柴可以燃燎，即与收贮，不必问所从来，限以式样，如宋之末世所取之炭，必如核桃纹、鸬鹚色，以困吾民也。如此，非独可以为边关之固，而京畿及山东、西之民，亦可以少苏矣。

虽然，木生山林，岁岁取之，无有已时，苟生之者不继，则取之者尽矣。窃恐数十年之后，其物日少，其价日增，吾民之采办者愈不堪矣。臣又窃有一见，请于边关一带，东起山海，以次而西，于其近边内地，随其地之广狭险易，沿山种树，一以备柴炭之用，一以为边塞之蔽，于以限虏人之驰骑，于以为官军之伏地。每山阜之侧，平衍之地，随其地势高下曲折，种植榆柳，或三五十里，或七八十里。若其地系是民产，官府即于其近便地，拨与草场及官地，如数还之，其不愿得地者，给以时价，除其租税。又先行下法司，遇有犯罪，例应罚赎者，定为则例，徒三年，种树者若干，二年者若干，杖笞以下，以次递减。照依缮工司运水和炭事例，就俾专业种植之人，当官领价，认种某树若干，长短大小皆为之度，以必成为效，有枯损者，仍责其赔，其所种之木，必相去丈许，列行破缝，参错蔽亏，使虏马不得直驰，官军可以设伏。仍行委所在军卫有司，设法看守，委官巡视，岁遣御史一员督察之，不许作践砍伐，违者治以重罪。待其五、七年茂盛之后，岁一遣官，采其枝条，以为薪炭之用。如此，则国用因之以舒，民困因之以解，而边徼亦因之以壮固矣。

又今京城军民百万之家，皆以石煤代薪，除大官外，其惜薪司当给薪者，不过数千人之烟爨，无京民百分一，独不可用石煤乎？倘以为便，乞下办纳挑运州县，计其买办雇觅工价，所费几何，俾其办价送官，量给与之，市石煤以爨，是亦良便。

《大学衍义补》

自古国都于其近郊必有牧马之所，其间必积刍豆，以为饲秣之具，方无事时，资以牧育，固为近便。然世道不能常泰，而意外之变，不可不先为之虑。金人犯宋京，奸人导之，屯兵于其近郊之牟驼冈，借其刍豆饲其马，以为久驻之计，此往事之明鉴也。矧今国都去边伊迩，己巳之变，仓卒用言者计，焚弃刍豆，何啻千万，当时见者莫不悔惜，然事已即休，无复有以为言者。窃惟都城东北郑村坝二十四马房，其仓场所储积者，如京如坻，请于无事之时，即其地筑为一城，以围护其积聚，及移附近仓场，咸聚其中，就将腾骧等四卫官署军营，设于其中，特敕武臣一员于此守镇，仍司群牧，四卫官军不妨照旧轮班内直，下直回城屯住。是亦先事而备之一策也。

《顺天府志·马政》

先辈谓马政，赋之于民，不若买之于边；买之于边，不若养之于官。我祖宗参用三法，至善也，然而牧地有广狭而民病，饲养有厚薄而马病。民困于牧刍，马疲于顾赁，而人马俱病，此寄养之马竟孳息之不加，而冀北之群皆款假之不若也。

《顺义志·马政》

按正统十四年八月，上北狩。十一月，虏退。十二月，令顺天府所属州县寄养各处起解马匹，计粮分俵。此吾县养马之始，原备京师仓卒警报耳，事宁之后，马不复散。弘治壬子，题准十年审编一次。嘉靖丙戌，改审五年。大略地一顷养马一匹，甚为民累。乙丑，顾御史廷对，题请每匹派地二顷，合县原额一千九百二十三匹。隆庆间并为一千八匹，民犹不支，多乘夜系马于县坊而逃。万历庚辰，冯侯梦元减定马数六百七十二匹。十三年，崔侯淳比宝坻三河事例，乞行减数，蒙本道于屯院周，题请减去一百七十六户，每马一匹凑折金地四顷九十亩零，岁贴草料银六两，额编四百九十六户。

《元史》

世祖至元三年十一月戊戌，濒御河立漕仓。

十九年十月，由大都至中滦，中滦至瓜州，设南北两漕运司。

二十六年五月辛丑，御河溢入会通渠，漂东昌民庐舍。

七月辛巳，开安山渠成。河渠官言开魏博之渠，通江、淮之运，古所未有。诏赐名会通河，置提举司职河渠事。

英宗至治三年二月己巳，修广惠河闸十有九所。

泰定帝泰定二年闰月己巳，修滹沱河堰。

四年正月丁卯，浚会通河。

河渠志

御河自大名路魏县界，经元城县泉源乡于村度，南北约十里，东北流至包家渡，下接馆陶县界三口。御河上从交河县，下入清池县界。又永济河在清池县西三十里，自南皮县来，入清州，今呼为御河也。

至元三年七月六日，都水监言：运河二千余里，漕公私物货，为利甚大。自兵兴以来，失于修治，清州之南、景州以北，颓缺岸口三千余处，淤塞河流十五里。至癸巳年，朝廷役夫四千，修筑浚涤，乃复行舟。今又三十余年，无官主领。沧州地分，水面高于平地，全借堤堰防护。其园圃之家掘堤作井，深至丈余，或二丈，引水以溉蔬花。复有濒河人民就堤取土，渐至缺破，走泄水势，不惟涩行舟，妨运粮，或致漂民居，没禾稼。其长芦以北，索家马头之南，水内暗藏桩橛，破舟船，坏粮物。部议以滨河州县佐贰之官兼河防事，于各地分巡视，如有缺破，即率众修治，拔去桩橛；仍禁园圃之家毋穿堤作井，栽树取土。都省准议。七年，省臣言：御河水泛武清县，役夫一千疏浚。

至大元年六月二十九日，左翼屯田万户府呈：五月十八日申时，水决会川县孙家口岸约二十余步，南流灌本管屯田，发军民并工筑塞。十月，大名路浚州言：七月十一日连雨至十七日，清、石二河水溢李家道，东南横流。询社长高良辈，称水源自卫辉路汲县东北，连本州淇门西旧黑荡泊，溢流出岸，漫黄河古堤，东北流入本州齐贾泊，复入御河，漂及门民舍。拟差官巡治。

延祐三年七月，沧州言：清池县民告往年景州吴桥县诸处御河水溢，冲决堤岸。万户千奴为恐伤其屯田，差军筑塞旧泄水郎儿口，故水无所泄，浸民庐及已熟田数万顷。乞遣官疏辟，引水入海。及七月四日，决吴桥县柳斜口东岸三十余步。千户移僧又遣军闭塞郎儿口，水壅不得泄，必致漂荡张管、许河、孟村三十余村黍谷庐舍。四年五月，都水监遣官与河间路官相视元塞郎儿口，东西长二十五步，南北阔二十尺，及堤南高一丈四尺，北高二丈余。复按视郎儿口下流故河，至沧州约三十余里，上下古迹宽阔，乃减水故道，名曰盘河。今为开辟郎儿口，增浚故河，决积水，由沧州城北达滹沱河，以入于海。

泰定元年九月二十八日兴工，十月二日工毕。

滦河源出金莲川中，由松亭北经迁安东、平州西，濒滦州入海也。王曾《北行录》云：自偏枪岭四十里，过乌滦河，东有滦州，因河为名。

至元二十八年，敕疏浚滦河，漕运上都，量拨水手，先以五十艘行之。

大德五年，平滦路言：六月九日霖雨，至十五日夜，滦河与肥如三河并溢，冲圮城东、西二处旧护城堤，东、西、南三面城墙，横流入城，漂郭外三关濒河及在城官民屋庐粮物，没田苗，溺人畜，死者甚众，而雨犹不止。至二十四日夜，滦、漆、淝、洳诸河水复涨入城，余屋漂荡殆尽。乃委吏部马员外同都水监官修之，东西二堤，计用工三十一万一千五十。

延祐四年，上都留守司言：正月一日，城南御河西北岸为水冲啮，渐至颓圮，若不修治，恐来春水泛涨，漂没民居。又开平县言：四月二十六日霖雨，至二十八日夜，东关滦河水涨，冲损北岸，宜委官督夫匠兴役。开平发民夫，幼小不任役，请调军供作，庶可速成。命枢密院发军治之。

泰定二年，永平路屯田总管府言：马城东北五里许张家庄龙湾头，在昔有司差夫筑堤，以防滦水，西南连清水河，至公安桥，皆本屯地分。去岁霖雨，水溢田苗，终岁无收。方今农隙，若不预修，必致为害。工部移文都水监，督令有司差夫补筑。三年五月十日，上都留守司及本路总管府言：巡视大西关南马市口滦河递北堤，侵啮渐崩，不预治，恐夏霖雨水泛，贻害居民。工部移文上都分部施行。七月二日，右丞相塔失帖木儿等奏：斡耳朵思住冬营盘，为滦河走凌河水冲坏，将筑护水堤，宜令枢密院发军千二百人以供役。从之。

河间河在河间路界。泰定三年三月，都水监言：河间路水患，古俭河自北门外，始依旧疏通，至大城县界，以泄上源水势，引入盐河。古陈玉带河自军司口浚治，至雄州归信县界，以导淀、滦积潦，注之易河。黄龙港自锁井口开凿，至文安县玳瑁口，以通滦水，经火烧淀，转流入海。计河宜疏者三十处，总役三万，三十日可毕。是月，省臣奏准于旁近州县发丁夫三万，先诣古陈玉带河。寻以岁旱民饥、役兴人劳罢，候年登为之。

冶河在真定路平山县西门外，经井陉县流来本县东北十里，入滹沱河。元贞元年正月十八日，丞相完泽等言：往年先帝尝命开真定冶河，已发丁夫人役，适值先帝升遐，以聚众罢之。今请遵旧制，俾卒其事。从之。皇庆元年七月二日，真定路言：龙花、判官庄诸处坏堤，计工物，申请省委都水监委官相视，会计修治，总计冶河始自平山县北关西龙神庙北独石，通长五千八百六步，共役夫五千，为工十八万八百七，无风雨妨工，

三十六日可毕。(史详)

滹沱河源出西山，在真定路真定县南一里，经藁城县北一里，经平山县北十里。《寰宇记》载：经灵寿县西南二十里，此河连贯真定诸郡，经流去处皆曰滹沱水也。

延祐七年十一月，真定路言：真定县城南滹沱河北决堤，浸近城，每岁修筑。闻其源本微，与冶河不相通，后二水合，其势遂猛，屡坏金大堤为患。本路达鲁花赤哈散于至元三十年言：准引辟冶河自作一流，滹沱河水十退三四。至大元年七月，水漂南关百余家，淤塞冶河口，其水复滹河。自后岁有溃决之患。泰定四年八月七日，省臣奏：真定路言，滹沱河水连年泛溢为害，其源自五台诸山来，至平山县王母村山口下，与平定州娘子庙石泉冶河合。夏秋霖雨水涨，弥漫城郭，每年劳民筑堤，莫能除害。宜自王子村、辛安村凿河，长四里余，接鲁家湾旧涧，复开二百余步，合入冶河，以分杀其势。从之。(史详。《泰定帝纪》同)

会通河起东昌路须城县安山之西南，由寿张西北至东昌，又西北至于临清，以逾于御河。

至元二十六年，寿张县尹韩仲晖、太史院令史边源相继建言，开河置闸，引汶水达舟于御河，以便公私漕贩，省遣漕副马之贞与源等按视地势，商度工用，于是图上可开之状。诏出楮币一百五十万缗、米四百石、盐五万斤，以为佣直，备器用，征旁郡丁夫三万，驿遣断事官忙速儿、礼部尚书张孔孙、兵部尚书李处巽等董其役。首事于是年正月己亥，起于须城安山之西南，止于临清之御河，其长二百五十余里，中建闸三十有一，度高低，分远迩，以节蓄泄。六月辛亥成，凡役工二百五十一万七百四十有八，赐名曰会通河。

二十七年，省以马之贞言霖雨岸崩，河道淤浅，宜加修浚，奏拨放罢输运站户三千，专供其役，仍俾采伐木石等以充用。是后岁委都水监官一员佩，分监印，率令史、奏差、濠寨官往职巡视，且督工，易闸以石，而视所损缓急为后先。至泰定二年始克毕事。

会通镇闸三、土坝二。在临清县北头，闸长一百尺，阔八十尺，两直身各长四十尺，两雁翅各斜长三十尺，高二尺，闸空阔二丈；中闸南至隘船闸三里，长、广与上闸同；隘船闸南至李海务闸一百五十二里，闸空阔九尺，长、广同上。土坝二。

李海务闸南至周家店闸一十二里，长、广与会通镇闸同。

周家店闸南至七级闸一十二里，长、广与上同。

七级闸二：北闸南至南闸三里，长、广如周家店闸；南闸南至阿城闸一十二里，长、广同北闸。

阿城闸二：北闸南至南闸三里，长、广上同；南闸南至荆门北闸一十里，长、广上同。

荆门闸二：北闸南至荆门南闸二里半，长、广同；南闸南至寿张闸六十三里，长、广同北闸。

寿张闸南至安山闸八里。

安山闸南至开河闸八十五里。

开河闸南至济州闸一百二十四里。

济州闸三：上闸南至中闸三里，中闸南至下闸二里，下闸南至赵村闸六里。

赵村闸南至石佛闸七里。

石佛闸南至辛店闸一十三里。

辛店闸南至师家店闸二十四里。

师家店闸南至枣林闸一十五里。

枣林闸南至孟阳泊闸九十五里。

孟阳泊闸南至金沟闸九十里。

金沟闸南至隘船闸一十二里。

沽头闸二：北隘船闸南至下闸二里，南闸南至徐州一百二十里。三汊口闸入盐河，南至土山闸一十八里。

土山闸南至三汊口闸二十五里，入盐河。

兖州闸。

冈城闸。

延祐元年于沽头置小石闸一，止许行百五十料船，禁约二百料之上船，不许入河行运。

至治三年，议于金沟、沽头两闸中，置隘闸二，各阔一丈，以限大船。若欲于通惠、会通河行运者，止许一百五十料，违者罪之，仍没其船。其大都、江南权势红头花船，一体不许来往。准拟折移沽头隘闸，置于金沟大闸之南，仍作运环闸，其间空地北作滚水石堰，水涨即开大小三闸，水落即锁闭大闸，止于隘闸通舟；果有小料船及官用巨物，许申禀上司，权开大闸，仍添金沟闸板积水，以便行舟。其沽头截河土堰，依例改修石堰，尽除旧有土堰三道。金沟闸月河内创建滚水石堰，长一百七十尺，高一丈，阔一丈。沽头闸自河内修截河堰，长一百八十尺，高一丈一尺，底阔二丈，上阔一丈。

《文宗纪》

至顺三年七月乙亥，命僧于铁幡竿修佛事。

《郭守敬传》

大德二年，召守敬至上都，议开铁幡竿渠。守敬奏山水频年暴下，非大为渠堰，广五七十步不可。执政吝于工费，以其言为过，缩其广三之一。明年大雨，山水注下，渠不能容，漂没人畜庐帐，几犯行殿。成宗谓宰臣曰："郭太史神人也，惜其言不用耳。"

《世祖纪》

至元二十六年四月庚午，沙河决，发民筑堤以障之。七月癸卯，沙河溢，铁灯杆堤决。

《王思诚传》

起太中大夫、河间路总管。磁河水频溢，决铁灯干。铁灯干，真定境也。召其邑吏，责而惩之，遂集民丁作堤，昼夜督工，期月而塞。复筑夹堤于外，亘十余里，命濒河民及弓手，列置草舍于上，击木以防盗决。是年，民获耕艺，岁用大稔。乃募民运碎甓治郭外行道，高五尺，广倍之，往来者无泥涂之病。

《刘德温传》

授通议大夫、永平路总管。滦、漆二水为害，有司岁发民筑堤。德温曰："流亡始集，而又役之，是重困民也。"遂罢其役，而水亦不复至。

皇都水利

元泰定中，虞集为翰林直学士，进言曰："京师之东，濒海数千里，北极辽海，南滨青、齐，萑苇之场也。海潮日至，淤为沃壤，用浙人之法，筑堤捍水为田。听富民欲得官者，合其众，分受以地，官定其畔以为限；能以万夫耕者，授以万夫之田，为万夫之长，千夫、百夫亦如之；察其惰者而易之。三年后视其成，以地之高下定额，以次渐征之。五年有积蓄，命以官，就所储给以禄。十年不废，得以世袭，如军官之法。"

至正十二年，丞相脱脱言：京畿近水地，召募江南人耕种，岁可收粟麦百万余石，不烦海运，京师足食。从之。于是西自西山，南至保定、河间，北抵擅顺，东至迁民镇，凡系官地，及原管各处屯田，悉从分司农司立法佃种，合用工价、牛具、农器、谷种，给钞五百万锭。命悟良哈台、乌古孙良祯并为大司农卿。又于江南召募能种水田及修筑围堰之人各一千名，为农师。降空名添设职事敕牒十二道，募农夫一百名者，授正九品，二百名，正八品，三百名，从七品，就令管领所募之人。所募农夫，每名给钞十锭。由是岁乃大稔。

《大学衍义补》

今国家都于燕，京师之东，皆濒大海，烟火数千里，居民稠密。当此全安极盛之时，正是居安思危之日。乞将虞集此策，敕下廷臣计议，特委有心计大臣，循行沿海一带，专任其事。仍令先行闽、浙滨海州郡，筑堤捍海去处，起取士民之知田事者，前来从行，相视可否，讲求利害，处置既定，然后召募丁夫，随宜相势，分疆定畔，因其多少，授以官职，一如虞集之策。

臣尝闻闽、浙人言：大凡濒海之地多咸卤，必得河水以荡涤之，然后可以成田。故为海田者，必筑堤岸以拦咸水之入，疏沟渠以导淡水之来，然后田可耕也。臣于京东一带海涯，虽未及行，而尝泛漳、御而下，由白河以至潞渚，观其入海之水，最大之处，无如直沽，然其直泻入海，灌溉不多。请于将尽之地，依《禹贡》逆河法，截断河流，横开长河一带，收其流而分其水；然后于沮洳尽处，筑为长堤，随处各为水门以司启闭，外以截咸水，俾其不得入内，以泄淡水，俾其不至漫。如此，则田可成矣。于凡有淡水入海所在，皆依此法行之，则沿海数千里，无非良田，非独民资其食，而官亦赖其用。如此，则国家坐享富盛，远近皆有所资。譬则富民之家，东南之运，其别业所出也；滨海之收，其负郭所获也。其为国家利益，夫岂细哉！由是而可以宽东南之民，由是而可以壮西北之势。虞集之言，不见用于当时，而得行于今日矣。

万历初，工科给事中徐贞明上疏，议开西北水利，为工部议阻。未几，以事降外，著《潞水客谭》见志，言水利甚悉。久之，人思其言，内升兵部主事，改尚宝司丞，升少卿，兼御史，许便宜开水田。贞明谓凡民难与虑始，条列数款，以释民疑。上命抚、按官晓谕所在军民，而巡关都御史苏酂复疏言曰：治水与垦田相济，未有水不治而田可垦者也。畿郡之水为患，莫如芦沟、滹沱二河。芦河发源于桑干，滹河发源于泰戏，源远流长，又合涞、易、濡、雹、沙、滋诸水，散入各淀，而泉渠溪港，悉从而注之。是以高桥、白洋等淀，大者广围一二百里，小者四五十里，汇为巨浸。每当夏秋霖潦之时，膏腴变为泻卤，菽麦化为萑蒲矣。夫水患之当除，大概有三：曰浚河，以决水之壅也；曰疏渠，以杀淀之势也；曰撤曲，防以均民之利也。唐刺史卢晖于河间开长丰渠，引水东流以溉田。宋临津令黄懋屯田雄、莫等州，置斗门，引淀水灌溉，民赖其利。嘉靖初，巡抚许宗鲁浚三岔口，引潴淀入海。而景州知州刘深开千顷洼，导决河入渠，民免水患。此皆昔人遗法，而近世行之有效者也。工部请如鄚议，并令贞明遍历郊关，与抚、按、司、道讲求疏浚潴蓄之法焉。

贞明亲至永平一带，设法开垦，戚总兵继光复以南兵助之，一岁之间，已得熟田三万九千余亩。时内侍、勋戚恐夺其田，又虞增课为累，极力飞言阻之。御史王之栋出疏纠劾。神宗亲御门，谕令停止。阁臣恐违内臣意，不敢争，人惜之。崇祯十五年六月，上谕西北水利，长便易举，又出贞明《潞水客谭》，命阁臣抄发户部，着详议举行，然已无及矣。

天启中，屯田都御史董应举云：臣近到天津，历何家圈、白塘口、双港、辛庄、羊马头、大人庄、咸水沽、泥沽、葛沽，见汪司农往日开河旧迹犹存，可作水田甚多，荒废不久，开之甚易。一亩农工，止用八钱，可得粟三石三斗，久荒者亩用农工一两。其挑浚旧河，为力不多，只须挑浚数尺，明年万石之粮可必也。

按天津水田，议之者科臣解学龙也。董应举所开四当口，及双、白二港，又同知卢观象所开何家圈，皆得米万石，转饷关门，此亦曩行水利之明效也，今尽污莱矣。

万历十四年三月，上视朝毕，御暖阁，问辅臣申时行等曰：近开水田，人情甚称不便，不宜强行。时行曰：前者科道官纷纭建议，谓京东地方，田地荒芜，废弃可惜，相应开垦。京南常有水患，每大水时至，漂没民田数多，相应疏通，故有此举。昨御史既言滹沱河难治，宜且暂停，若开垦荒田，则蓟州等处，开成已五六万亩，不宜遽罢。上复云：南方地卑，北方地高，南地温润，北地碱燥，且如去岁天旱，井水干竭，水田如何可做？时行等云：臣等愚意，亦只数开垦荒田，不欲尽开水田。上从之。又以御史王之栋言，竟罢。工部言开垦成熟地数，已三万九千余亩，弃之可惜，不听。

通州志

漕渠

外漕河即潞河也，流经州城东，至天津接御河，以南通江、淮，舳舻由此而达。《元史》所谓通州运粮河全仰白、榆、浑三河之水，名曰潞河是也。（榆河即今富河之上流，然浑河今在州城之南，相去潞河甚远，不知当时何以会同也。）

河设浅置铺，以时挑浚河道，指引河洪。东关苇子厂浅、赵八庙浅、花枝石厂浅、供给店浅、白阜圈浅、白阜圈下浅。已上系通州地方军浅，通州左等四卫佥拨军夫，每浅十名。荆林浅、南营浅、卢家林浅、里二寺浅、王家浅、马房浅、杨家浅、和合驿浅、萧家林上浅、萧家林下浅，已上系通州地方民浅，州佥民夫，每浅十名。长陵营浅、老河岸浅、马头店浅，已上系漷县地方。

土坝一处，在州东城角，防御外河，通仓粮米就此起载。

土坝驳船一百五十只，船户一百五十名。自张家湾起驳到土坝，每粮一石，脚价银六厘五毫。

石坝驳船（石坝在里漕通惠河，而驳船在外河，故附于外河下）。一百八十只，船户一百八十名。亦自张家湾起驳至石坝，过驳每粮一石，脚价亦六厘，五毫。

外河官粮驳船，嘉靖年来始置。正德以前运船，至五月以后，俱到通州城下，自城东北角停泊，迤逦而南七八里许，挨次于东关厢起车，无拦河委差之扰，无起驳脚价之费。近因三四月间，河常水浅，始置外河驳船，若河浅起驳，亦权宜之利是也。及河至五六月，水必涌涨，运舟可以长行，仍令照旧俱至通州城下，通粮就船起车，京粮船令至城北角就近石坝起驳，则驳价可省，而运车甚便。今置有拦河之官，乃不论水之深浅，运船可否通行，一概拦阻，通令自湾起驳，其故何哉？

车户一百五十名，自土坝起粮至中东仓，每百石脚价银一两一钱；至西仓南门北门、南仓东门，每百石脚价银一两二钱；至西仓西门、南仓北门，每百石脚价银一两三钱。

里漕河

即通惠河也。河之地方虽半属在京大兴县，然河运事务俱隶通州，户、工二部分司总理，而委用管闸、管坝，俱通州各卫之官，经纪水脚之役，则京、通人互充，而通人居多。一河之事，通用纪之。

石坝（在州旧城北门外，嘉靖七年建），通流闸（在州城中心，船运不行，惟时蓄泄，以助内河之水），普济闸（在通流闸西二十里），平津下闸（在普济闸西十三里），平津上闸（在下闸西四里），庆丰下闸（在平津上闸西十一里），庆丰上闸（在下闸西五里），大通桥（在京城东南角以东一里许。已上桥闸俱元时建）。

每闸驳船六十只，经纪六十名。普济、平津上下、庆丰上下五闸，共驳船三百只，经纪三百名。每经纪一名领船一只，看管修理。每粮一石，脚价银二分一厘一丝八忽六微。水脚五闸，每闸十七名，石坝三十六名，共一百二十一名，搬抗粮石。每粮一石，脚价银九厘一毫三丝九忽一微。

御史吴仲曰：臣谨按通惠河即元郭守敬所修故道也，入国朝百六十余年，沙冲水击，几至湮塞，但上有白浮诸泉，细流常涓涓焉。成化丙申，尝命平江伯陈锐疏通以便漕运，漕舟曾直达大通桥下，父老尚能言之。射利之徒，妄假黑眚之说，竟为阻坏。正德丁卯，又尝命工部郎中毕昭、户部郎中郝海、参将梁玺，复疏通之，所费不赀，功卒不就。其势虽压于权豪，要之，三人者亦不能无罪焉。嗣是屡有言者，多不得其要，空言无补。嘉靖丁亥，臣巡视通仓，往来相度，因见水势陡峻，直达艰难，踵御史向信之言，为搬驳之说（向信疏见《通惠河志》）。恭遇皇工神明，言入即悟，贤宰相实力赞之，随命臣暨工部郎中何栋、户部郎中尹嗣忠、参将陈璠同往修之。工兴于戊子二月，告成于本年五月，不四月而粮运通行，上下快之。是年所费，才七千两，运粮二百万石，所省脚价十二万两。功完，仍命臣供职如旧，又逾年而始得代。初年止运军粮，今则并民粮亦运之，要之，水能行舟，舟能负重，所谓多多益善，断乎无不可者。其有所不可者，乃治河者之罪，非河之罪也。但地形高下不无冲击之患，欧阳玄所谓势如建瓴，一蚁穴之漏，则横溃莫制，诚如是言也。随时修浚防守之功，尚有赖于后之臣工焉。

仓厂

大运西仓在旧城西门外新城之中，俗呼大仓。永乐间建厫九十七连三百九十三座，计二千一十八间，囤基八百四十四个。内有大督储官厅一座，监督厅一座，各卫仓小官厅六座，筹房各三间，井二口，各门挚斛厅各一座，西、南、北三门各三间。

大运中仓在旧城南门里以西，永乐中建厫四十五连一百四十五座，计七百二十三间，囤基二百二十二个。内有大官厅一座，东门挚斛厅一座，南、北二门内各有增福庙，前接一轩作挚斛厅，各卫仓小官厅五座，各筹房二间，井一口，东、南、北三门各三间。

大运东仓在旧城南门里以东。永乐间建厫十五连四十一座，计二百五间，囤基一百八个。内有神武中卫仓小官厅一座，挚斛厅一座，神南、右、北三门各一间。

大运南仓在新城南门里以西。天顺间添置厫二十八连一百二十三座，计六百一十五间，囤基二百九十二个。内有各卫仓小官厅四座，筹房各二间、各门挚斛厅各一座，东、北二门各三间。内板木厂一处，门一间，官厅一间，每年收贮各运松板楞木，专备铺垫各厫用。

晒米厂一处，在新城外西南角，向北门二座，周围墙垣，计地五顷六十亩。东黑窑厂在城东南八里，先年领价烧造砖瓦，以备修仓之用，则不惟费用不赀，且多逋负。自嘉靖七年间将官民船顺带砖料，除收发外，其半段者修仓取用，则费省而事便。

西黑窑厂在城西南二十里许，昔常烧造砖瓦，缘土性粗恶，今亦停止。

土坯厂三处，东坯厂在旧城南门西，南坯厂在新城南门西，北坯厂在新城西门北，俱有官地打造土坯，修仓应用。

粮额

漕运粮储每年四百万石正，兑京仓七分，通仓三分。除京仓不计外，通仓收粮一百四十五万六千六百二十石，内粳米一百一十七万八千三十六石，粟米二十七万八千五百八十四石。改兑京仓四分，通仓六分。

设官

内总督：宣德年间设太监一员，总督仓场。正统间，添设一员或二员提督，后为常例。嘉靖十四年，言官上疏户部查议裁革。

内监督：正统元年，设太监监督仓粮。景泰以来，又设一员或二员。至正德间，陆续添置十七八员。嘉靖初，裁革止留二员。嘉靖十四年，尽行裁革。

外总督：宣德间，设通政一员，总督粮储。正统元年，今南京户部侍郎一员，提督仓场。正统三年以来，令本部侍郎或尚书，总提督京、通仓场粮草，提督修仓；工部左侍郎一员，领敕修仓。往年常出巡通州，近惟在部代管巡仓御史。景泰二年，设差一员，专管通仓，其京仓巡视，东城御史带管。嘉靖七年，改属一员，加以提督字面，巡历京、通二仓。

坐粮员外：成化十一年，本部初委员外郎一员，专管通仓，坐拨粮斛，禁革奸弊。续于嘉靖十年，领敕会同巡仓御史督理粮运，兼管通惠河事务，验给轻赍，给散羡余，查解扣省银两。

监督主事：四员，专管收放粮斛，禁革奸弊。

协助进士：每年遇粮运涌至户部，量差办事；进士三四员协助收粮，粮完回部。

修通仓主事：一员，常在通州住扎，三年二换，系注选专管修理大运各仓。

经历：宣德间设六员，通州卫一员，通州左卫一员，通州右卫一员，神武中卫一员，定边卫一员，武清卫一员。至嘉靖八年，御史吴仲奏革，止存三员，通州卫带管武清卫仓，通州左卫带管通州右卫仓，神武中卫带管定边卫仓。

仓副使：共二十二员，经收粮斛，周岁任满。

守支、攒典：共二十二名，周岁役满，起送吏部冠带回仓。守支此于通州等六卫仓分为二十二官下，每一官下，副使、攒典各一员名，故各二十二员名。此为见任，余各为守支修仓委官把总，通州卫指挥一员，通州右卫百户一员。

置役

甲斗，每一官下每年额佥通州等六卫军余一十五名，应当看守钱粮。

歇家，每一官下额设一十五名，共三百三十名，专管包囤粮米进廒，修理仓墙。

小脚，每一官下额设五十名，共一千一百名，专管抗粮倒囤。

晒夫，无定数，俱于近仓居住军民听坐粮员外佥充。

铺军，二百八名，系通州等六卫正军内拨送各仓墙外守铺，昼夜巡逻。

仓门守把官军，宣德九年户部奏行吏部取拨办事官，兵部取拨致仕军官守把。计四仓共九门，每门各二员，老军余丁共十名，一年一换，办事官半年一换。嘉靖九年，御史吴仲奏改各仓官攒各一员名、军斗八名守把。先年三月更换，今每月一换。

修仓官军，四百五十员名，通州卫十八名，通州左卫二十七名，通州右卫六十九名，神武中卫一百八名，定边卫八十五名，营州左屯、中屯、前屯、后屯四卫，每卫二十四名，兴州后屯卫一十三名，密云中卫二十四名，涿鹿左卫一十名。每年额修仓厫五十五座，如有损漏，随时修葺者，不在此限。修仓军夫做工八月，至冬寒沍，难以兴作，则令办料四月。

开支

每年除正、六、七、八、十一月于京仓放支外，其二、三、四、五、十月俱于通仓放支，九月、十二月于太仓库放银折粮。如太仓缺银，通仓粳米放支。

其关粮衙门在京者，锦衣卫，武骧左、右二卫，腾骧左、右二卫，府军卫，府军左、右、前、后四卫，金吾右、前、后三卫，旗手卫，燕山卫，燕山左、前二卫，龙骧卫，豹韬卫，济州卫，大宁中、前二卫，忠义右、前、后三卫，会州卫，神武左、后二卫，牧马所，大兴左卫，镇南卫，富峪卫，义勇卫，武功右卫，留守左、右、中、前、后五卫，羽林左、右、前三卫，义勇左、右、前、后四卫，典武卫，应天卫，永清左、右二卫，武德、虎贲二卫，和阳卫，牺牲所，蕃牧所，宽河卫，骁骑卫，蔚州左卫，彭城卫，神策卫，鹰扬卫，武城中卫，济阳卫，沈阳左、右二卫，虎贲左、右二卫，龙虎卫。光禄、太常二寺，印绶、钦天司，设尚衣、御马、御用司礼内官共八监，供用库，巾帽、织染二局，织染所，兵仗、银作、针工三局，承运库，雍府大军、御马二仓，太平库，宝钞提举司，都税司等衙门，申府教坊司，长安等四门，西城坊，草场。

通州卫在外者：通州左、右二卫，神武中、定边、武清三卫，通州合属营州左屯、中屯、后屯三卫。通州左等卫修仓，密云中卫，张家湾税课司，北草场仓，张家湾批验所，郑家庄，金盏儿甸坝，上东坝，上南坝，北坝，上北马房坝，上南石渠，汉石桥峪口，官庄峪口，张家庄，南石渠西共十二仓。北草场，北高仓，兴州后屯、前屯二卫，汗石仓，义合、吴家桥二仓。

马政

国家以地制马，每养马一匹，免征粮地一半，其法未尝病民也。乃今两畿及河南、山东之民，困于种俵，而顺天州县疲于寄养，言及马政，民未有不疾首蹙额者也。然方其马之解俵于太仆也，龙骧虎跃，真可以却强敌而寄死生；一发于百姓之寄养，则已伤残十之三四；再兑于官军之骑操，而摧折过半矣。赖以为用，能几何哉？然则马政之在今日，欲使不病民而军得实用，将如之何而后可也？

《昌平州志》

嘉靖四十二年，顺天府尹高平王公国光因编审目击时弊，考之会典，参之部牒，较郡邑繁间难易，复询民情之苦乐，更定赋役书册，减去横征粮三千余金，省冗役六十余两。

《涿州志》

燕地高寒，土宜桑枣。桑之叶大于齐、鲁，枣实小而多肉，甘于晋、魏。然丝之产不多，而枣不流于他境者，民惰故也。弘治四年，知州张逊承巡抚秦公令，取官田之沃衍者，遂筑四围，课桑葚、枣核若干斛，俾善于种艺者培壅灌溉，岁得桑、枣数万本，令民及时移植私田，久之渐有成效。

《三河县志》

官庄之设，后世弊政也。洪惟我太祖高皇帝初定天下，即核官民田土额征税粮，与民世守，真尧舜之道焉。至洪武十三年，诏北平等处民间田土尽力开垦，有司毋得起科。弘治二年，又令顺天等府入官田土俱拨与附近无田小民耕种，殊恩严制，载在令典，可考见也。今之宫田、王田乃以下奉上，分所宜然，无容议矣。何勋戚之家，富贵已极，犹不能仰体祖宗至意，辄肆行奏讨，将民间力开永业指为无粮地土，概夺为己有。噫，有是哉？其鲜礼也！嘉靖初年，蒙差科道部属会同巡按御史亲诣查勘，退回侵占民田若干，虽未能尽复旧制，而积弊已稍除矣。

草场

马房为御马设也，无容轻议。但其地自廨闲外，给佃于军民者，似不可不清焉。盖马房设在县西北，故地亦尽在西北，三河县之民地，及与、营二卫之屯田，举相参于其中，奸徒乘机侵占，两相影射，漫不可稽。至使京卫官余不但地以千百计，且多膏腴，而数复有余；民地、屯田尽舄卤，而数复不足。夫典马房者，中贵也，养马者，势族也，有司权不相涉，奈之何哉？至于兔东、兔西二马房，佃户皆吾民也。何兔东之地类以八九亩即作十亩，且每亩征银三分；兔西之地类以十一二亩止作十亩，且每亩征银二分四厘，兹可不为之一均耶？

驿递

三河西接京师，东连辽、蓟，使旌旁午，至于旅人，又皆社鼠城狐。其大者则有高丽及朵颜诸夷入贡，岁或再至三至，往来经由，无虑数千百人。每人乘一马，仍索布五匹；十人乘一车，仍索布三十匹，此昔年日费百金也。近马头车户俱系召募商人，盖皆衙前乖觉之徒，其无赖又足以抗恶而息事，甚相宜也。但当召商之时，适奉明旨严禁驰驿，一时风清弊绝，而各商皆乐于趋事。迩来牌票复滥觞矣，此辈不惟毫无所得，而且借债支吾，是岂应募之初心也哉？今时给以草料工食，又禁革其私差，且每人止令养二马，则力专事简，斯包揽寡而应付不失也。穷则变，变则通，不其然乎？

屯田

国家设立屯田，有边屯，有营屯。边屯屯于各边空闲之地，且耕且战者也；营屯屯于各卫附近之所，且耕且守者也，即古寓兵于农之意，法莫善于此矣。但三河迁民在先，两卫下屯在后，凡地之美者，民皆得而有之，而军之所得者，则地之恶者也。幸其地多粮少，颇足赖焉。厥后复税余田，名曰新增，军始困矣。近照三河县民地均摊，视前似为稍轻，但与卫地每亩止征银二分余，而营卫则每亩征银四分余。夫一区地土，征粮悬绝至此，宜起不均之叹也。今丈地后增添附粮颇多，倘略加调停，是亦平赋之政焉。

香河县

邑境滨河，东南运艘从是以达京、通。而地洼沙积，不得不役民治之，岁设百夫堤障狂澜，以五十五夫疏浚运道。民苦劳费，官苦省成，交困矣。又有护运兵夫数十名，每重载经过，辄荷戈从之，轮转拨防，终朝达旦，此白河之苦也。而新河驳船两项，物力更交征焉。先是选丁夫三百三名，往任新河挑挖之役，旋称不便，已之，但按丁索钱，解工部，于彼处募役，是皆有身之为累耳。钞关驳船，分派百七十七只于本县，县选有力者领之。故事：每船正头一名，有朋户一二名，可帮一两，贴户三四名，可帮一两八钱，以资修舱。更报拘追，无端骚扰。至四十六年，仓院王题准裁去朋贴，止用正头，于通济库领银修舱，民困少苏。

县界去盐场路甚近，盐多私贩，价贱，民不乐买商盐。至万历九年间，以商盐难行，盐课未完，则官不得考满。商盐到本县，按丁派散，每盐十六斤，定价一钱，官为追比，商收价讫，县官方报完，遂为例。

太仆寺寄养马，本县原额六百九十匹。嘉靖四十二年，节经按院题减一百六十匹。今五百三十匹，寄养五百三十户，十社，屯置十群，群有长，有兽医。其草料银通县均派，每地六顷五十亩零养马一匹。内以地多者一人为头，如头户绝逃，轮二户领养，每马一匹，于六顷五十亩内人户，派起草料银七两二钱，许马户兑支。本县每月一点验，太仆寺每岁终一巡查，其肥瘠虚实得殿最县官。凡瘦损马匹除退印外，姑容留养者，名曰团槽，限三个月添膘解烙。平时马有倒失，马户报县对领簿验皮色，失者审核得实，俱取医邻结状存案，通详太仆寺三堂及顺天府马政厅，下县照例处之，或免罪纳价，或免罪买补，或问罪买补三等，以领养年分远近为差。其买补马匹解寺印烙，先由马政厅勘验，次寺丞堂，次大堂，次少卿堂。或本马不中，退回再买。至调发兑军，亦马户管解交纳，劳费不赀，赔累极苦。五年编审，乃得代焉。近太仆寺颁行条款，附列于左：

一、倒死马匹，宜从万历三十年少卿施所题例，初次倒死者，十年以上追银十两，未及十年责令买补；买补复倒，十年以上追银五两，五年以上追银八两，未及五年者追银十两。凡遇灾荒年分，颗粒无收，另行申请，以凭随时酌处。

一、科罚之法，宜从万历九年少卿萧所题例，如领养三月内倒死者，免罪补买，以领养年月稍近，不服水草所致；三月外倒死者，问罪买补，以已服水草，以作践之罪罪之；三年内倒死者，问罪买补，以领养年近，必作践所致；三年外倒死者，免罪买补，以领养年分稍久，或羸瘦所致；倒死买补复倒者，例追价银十二两。

一、若马倒不行申报寺院并该府，私自买补，名为冷补者，查出从重究治。

一、如走失之马，问拟当查年月久近科之；如出巡走失不到之马，不分年月久近，俱行究拟。

按冏寺马不得不寄牧近郊，近郊之邑不得不分派编户，其势然也。顾解俵之马，伤残于寄养者十之三四，迨兑于官军之骑操，而摧折尤甚，龙骧可却强敌者有几？然民间一任刍牧，而中人之产，不数年而倾尽。哀我人斯，制命于马！使原额马数至今在，香河之民，有孑遗哉？

本县走递马原额十六匹，每年挨里顺甲应役，每匹领库银二十四两外，甲内按地私贴至五六十两，民称烦苦。万历三十一年，知县李垂街因税监高淮往反骚扰，应付不给，请增十匹，申允不役里甲，别招商人养马走递，名曰马商。每马一匹，岁给库银五十二两，概足马价、工食、草料等费，民甚便之，遂为例。

营州前屯卫，永乐初开屯，正军八百余名，贴军余丁六百五十名。成化八年，将各屯军调发石塘、古北二路防边。嘉靖三十二年，将官下舍余抽垛新军五十三名，调发石塘路防守，家属随住，月粮布花，各路造支，本卫止存老幼余丁三百余名，今渐消弱。

按：自永乐初撤大宁都司，命以其属卫散屯内地而邑始有卫，凌夷至今日，名亡者十七，实没者十九，戎政之弛，莫可诘问矣！

顺治十七年八月，御史陆疏言霸州城南之地，保定县河北之田，文安县东洼等处，俱坐落堤外，向时止有琉璃河水道，故十年五潦。以五年之收，赔五年之潦，民止劳其力，而未尝尽其财。自顺治十年间，浑河南注，从霸州城下达口头村而赴东甸，浑波所过，荡为巨津，而三处之地皆成水府，渊深不测，一望汪洋，数十里千顷之良田，久已问诸水滨矣。

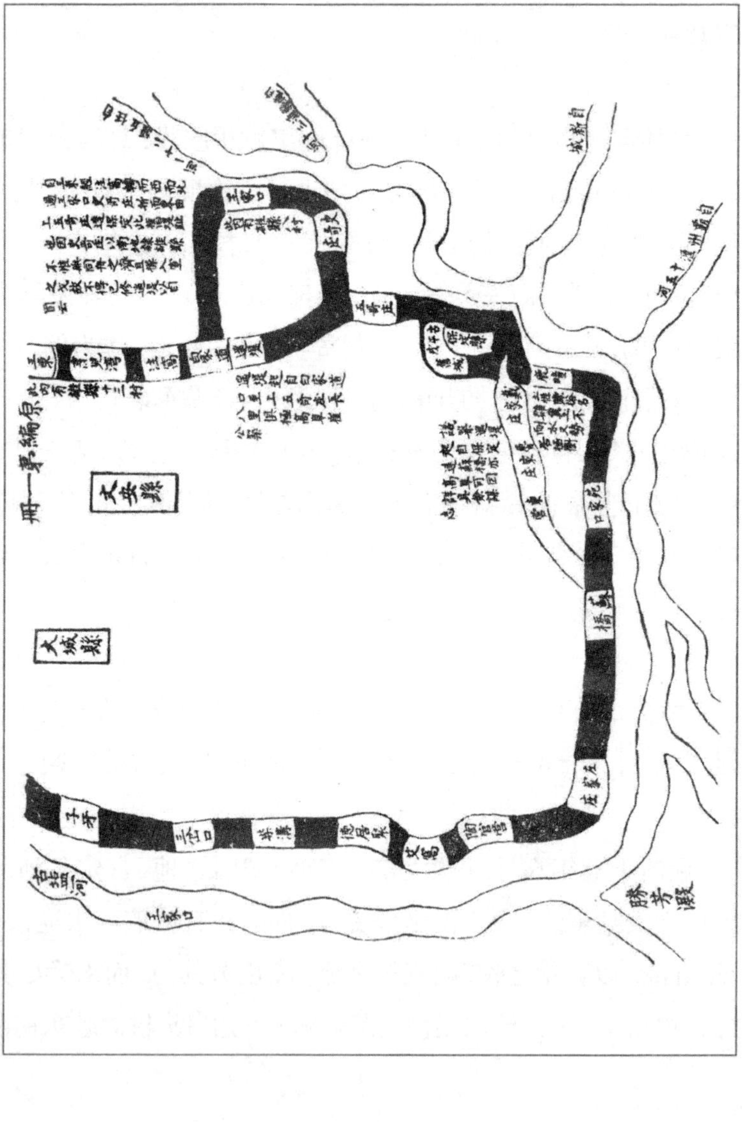

文安县志

《文安县志·序》 纪克家

敝邑地形如仰盂，为十五河尾闾，秋水骤至，闾殚为河，故岁多逋赋，不能佐公家急，为长吏病。然所恃为命脉者，惟堤防是赖。堤之绵亘百五十里，大半在他郡邑地，故修筑功力，亦与他郡邑共之，此勤彼怠，人缓我急。九仞之功，亏于一篑；千丈之防，穴于一蚁。此文之第一苦也。

其次莫若大户头役。盖敝邑赋分九则，富者为影射，为占冒，超然计口之外，故积年所佥派，皆赤贫其实而大户其名耳。至头役之累，尤不可胜言。无论一切解支，悉为包赔，即过客供张，一饭一蔬，一毡一席，皆于焉取办。故事三年一编，千家立见荡析。此文之又一苦也。

次莫若屯牧课税。夫屯牧地坐落污邪之乡，水至则为江为湖，荡若巨津，遇旱而刚卤不能施耕耨，昔人所谓石田者。间或长凫茈，亦可疗饥，总属不毛之地。地既不毛，赋于何有？故课税之设，皆非正供。乃二正时阉人用事，投献纷纷，庄田宫税，为名不一，皆百姓所鬻儿佃产以赔偿者。自先京理倡议力请减征以苏其困，而害稍稍捐。此文之又一苦也。

次莫若寄养马。薄地四顷养一马，旱则苦水草不充，一遭淹没，家且浮矣，而况于马？故往往有系之公门而去者。不得已，累及里甲，万不得已，则以公署辟为官厩，甚至马毙而家随之，且不止毙一家而概里随之。此文之又一苦也。

次莫若鬻官盐。从来盐法之行，只有禁私贩以通官商者。敝邑则按口而给，如期而征，急商课严于国赋，非通商以裕民，而厉民以惠商。此文之又一苦也。凡此数者，不害于法，而害于法不法。

《水经》

浊漳水出上党长子县西发鸠山，至武邑与雩池（即滹沱）合，至成平与清河合，又东北过章武县西，又东北过平舒县南，东入海。一右出为淀，一水北注雩池，谓之涉口（即大城之王家口）。清漳乱流而入于海。（浊漳又名衡水，即《禹贡》所谓"覃怀底绩，至于衡漳"。孔安国云：漳水横流入河。）

清漳水出上党沾县，东至武安县南黍窖邑，入于浊漳。

易水出涿郡故安县阎乡西山。郦道元云：径郑县故城北，东至文安县，与雩池合。

滱水出代郡灵丘县高氏山，又东南过中山上曲阳县北，恒水从西来注之。（道元云：即《禹贡》所云"恒卫既从"也。疏云：恒水出常山上口曲阳县，东入滱水；卫水出常山灵寿县东北，入滹沱。）

濡水，昭公七年，齐与燕会于濡水。杜预云：濡水出高阳县东北，至河间郑县入易水。《地里志》云：博水东至高阳入河，又东北，徐水注之。

圣水出上谷，东入于海。《注》云：东南流注于巨马河，不达于海。

巨马河出代郡广昌县涞山，又东过渤海东平舒北，东入于海。（《注》云：即涞水也，又谓之白沟，于平舒北，南入于雩池，同归于海。《一统志》云：一在永清县南，一在霸州治北，又徙而南，俱桑干支流，与《水经》巨马河异派。）

《史记》：赵惠文王二十一年，赵徙漳水武平西。二十七年，又徙漳水武平南。（《括地志》云：武平亭，今名渭城，在瀛州文安县北七十二里。今城东北七十二里胜芳镇，众水汇流，疑即武平。）

会通河在县治北四十里，水自霸州汇者一十有五，曰广阳水、涿水、范水、盐沟水、卢沟河、胡良河、巨马河、夹河、琉璃河、沙河、龙泉河、玉带河、磁河、汉河、霸水。自安州雄县汇者三十，曰梁河、清苑河、石桥河、土尾河、徐河、方顺河、长流河、温义河、马村河、紫泉河、五里河、拒马河、白沟河、白涧河、唐河、沙河、滋河、滹沱河、雄河、鸦儿河、道栏河、祁水、易水、女思谷水、濡水、涞水、雷溪、子庄溪、一亩泉、鸡距泉。自河间任丘汇者二十有一，曰滱水、西韩河、甘陶河（即治河）、绵蔓河、松阳河、卫河、涝河、派河、胭脂河、当城河、告河、浊漳河、清漳河、夹河、恒水、倒马关水、滹沱河、高阳河、漕河、长丰渠、五官淀。以八十步之渠而汇巨浸六十有六，此邑之所以岁苦波臣也。

石沟河在县治东北五十里。

柳河在县治东北二十五里。

急河在县治东北二十里。

文安潭在县治北十五里。

大宁桥口在县治东南五里。

玳瑁口在县治东南二十五里。

火烧淀在县治东二十五里，广四千余亩。聚石沟、柳河、急河三水流入卫水，达直沽。

麻洼淀在县治东南。

牛台淀在县治东。

白龙淀在县治北。

胜芳淀在县治东北七十里，上接会通河，下达三角淀。

大司马王公遴议

自保定县东路疃村起，自西向东，由周家庄、戴家庄、鲁家庄、西营村，直抵堂头村，筑大堤一道，务极高厚，南护文安地方，计长约四十里。计用夫二千名，做工两月，每夫一名给工食银一两五钱，计银六千两。此一劳永逸，二州七县之利，义当共举，事难惜费。俟堤既成，即将路疃村迤北至口头村、卜家庄、善来营、苑家口、苏家桥沿河一带南岸之堤，尽为决去。秋水一发，即以所筑之堤为南岸，则水岂能复壅，所谓不与水争利是已。此策之上也。目前之计，但当于苑家口、栲栳圈二河之中，内有民田京营地，约有四五十顷，亦因水患，皆曲为防，一遇水发，最为壅塞。若将民田京营地，捐其赋税一半，余者各州县代补，听各自种自食。春间无水，尚堪种麦；夏间稍旱，亦可种薯。其中曲防，尽为决去，则秋水亦不致大壅，此不过一举手之力。

邑侯郭公允厚议二策

一、起自注窝，东行至围河，出保定之南，经留寨之北，过西营，抵苏家桥，筑月堤一道，长约二十五里有余，远者去河二十里，近者去河亦数里，容蓄有余，水势漫缓。此王大司马展堤之遗意也。雄、霸诸水，举不能东下而犯文安，此上策也。或曰：河之决而入文安也，多自保定之下，苑口之上。则今筑月堤而护文安，亦当自保定之下，苑口之上，起于保定旧城基下，东北经孔家甫、戴家庄，至西营，抵苏桥，不过十三里许。此其工力较前堤减半，而黑牛口、白家道口诸水之自雄入文者，尚不能救也。此中策也。

宪副井公济博遥堤议（注一）

由注窝西里许，起自白家道口，西北达保定县上五哥庄，筑为遥堤，以防廖家、黑牛等口之冲。上五哥庄经保定县北，东至路疃村南头，俱极高阜，仍用旧防。由路疃村南头起，经东北西营村，达苏家桥，亦筑为遥堤，以防路疃、口头、杏叶等处之冲。仍修北堤以缕水，复设遥堤以预防，北堤可守则守北堤，北堤不可守，则决苏桥东头之堤以泄水，而共守遥堤。水势既宽，必无溃决患矣。

霸州道观察王公凤灵议

余观直沽之上，有大淀，有小淀，有三角淀，广延六七十里，深止四五尺。若因而增益，又为之堤，停蓄众水而委输于海，水固有所受也；然后浚治旧川，为长堤以束之，高广倍于前功，使水有所行；又多开支河，联络相属，使水有所分；见在洼淀不下数十处，又各深而堤之，使水有所积，则虽有淫潦飞流，大川泻之，支河析之，诸淀潴之，高堤防之，可以无横溢滔天之患矣。堤易坏，必有堤夫岁缮；河易淤，必有浅夫时挑；支河既分，必多有桥梁以通济，则川得安流，田得利溉，人无病涉，戎马不得长驱，地方大利也。文安、大城，别为一区，亦宜用此法，多方疏浚。然非朝廷定其议，大臣董其役，势必格而难行，功或苟而速就，求河之治，可得乎？

掖令姜公扬武议

夫水之行地，犹血脉之周身，欲疏通不欲底滞，其性一也。顾咽喉其可噎乎？脉络其可壅乎？尾闾其可塞乎？玉带河抵苑家口，水之咽喉也；古盐河，水之脉络也；三家淀与三角淀，水之尾闾也。今桑干、巨、易，汇西北洪流而注于八十步之渠，噎乎？不噎乎？盐河即衡漳、滹沱之故道，岁久堙阏，辟为桑田，秋水灌河，余波横溢，壅乎？不壅乎？三家淀塞，则衡漳、滹沱之水，不得游衍于泺塘；石沟、台山、胜芳与三角淀，不阒于浮沙，即隘于败苇；而滱、易、桑干、胡梁、巨马诸水，不得奔流于沧海。只闻峻防，未闻疏浚，若此者，塞乎？不塞乎？用王司马展河之策，而咽喉之病除；用元人疏河、许中丞浚河之策，而脉络、尾闾之病除。夫水之啮堤者，与水争势也。以八十步之渠而辟为三里之渠，河身广阔，波流漫衍，不惟霸、文、保、大无冲决之害，而雄县、新城、安州、新安、高阳、任丘，俱免壅塞之患矣。往时滹沱溃而北，桑干溃而南，南北交倾，而南患更惨于北。余昔经盐河，见故道空旷，漫漶未疏，一加挑浚，便成宽渠。南河通流，何由北注，则西南之水，由真定、河间而汇于滹沱河者，亦可以杀其奔腾之势，而文邑免交倾之苦矣。静海居民，塞三家淀者有禁。凡滹水经由之故道，悉浚之使深广。由苏家桥迤东，烟波浩淼，万派朝宗，近为沙草填淤而变为断港绝流者，亦浚之使深广。下流一塞，则上流必溢；下流之趋海者既顺，则上流之归壑者愈疾。如是，则壅塞之弊撤，而九河之绩奏矣。夫展北河，浚南河，疏下流，要皆相地之脉，顺水之道，贯惟仍旧，费可永宁。由是而咽喉，而脉络，而尾闾，犹闭为关格，溃为痈疽，无是理也。

又议云："忆余垂髫时，同乡徐公讳贞明，奉命开三辅水利，阻于浮议，曰：北土不宜稻也。庚戌，陈生国纪与涿鹿觅越人之习水利者，疏畦引水，创为稻田，阻于众口，曰：北土不宜稻也。余私诧曰：今涞、涿、渔阳，广栽粳稻，民获其利。矧职方氏云：幽州谷宜三种。郑云：黍、稷、稻。贾公彦疏云：幽与冀相接，冀皆黍、稷，幽见宜稻。故云三种，黍、稷、稻也。是幽之宜稻，其来旧矣。或曰：涞、涿之间，山泉清浅，正刘靖纪勋碑所云'疏之斯溉，决之斯散也'者。吾乡亢旱则涸及三泉，堤溃则水深五丈，障之犹虞荡决，引之更益奔冲，谈水田于丰利，非徒无益，实增之害也。余闻之，輾然曰：若所云云，真夏虫之不可语冰者矣。且漳水可以灌邺下，泾水可以富关中，何吾乡之于河，独避之如仇而畏之如虎耶？及读《宋史·何承矩传》，自顺安濒海东西三百余里，南北五七十里，悉为稻田。《食货志》云：凡雄、鄚、霸州、平戎、顺安等军，兴堰六百里，置斗门，引淀水溉灌。吾乡始为塘泺，终为稻田，防塞实边，具有成绩。稻田有八利：多为沟渠，引填淤之水，利一；分为支河，疏壅塞之害，利二；旱不虞枯槁，利三；水不虞泛涨，利四；通舟楫以便转输，利五；稻一斗易粟数斗，利六；逋赋易完，利七；戎马不得驰突，利八。然始必坏民丘垅，多起丁夫，变置川原，迁延岁月，都邑易腾浮议，愚民潜布流言，未驱载穗之车，已中铄金之口。必主之密勿，付之重臣，勿因小害而阻挠，勿徼微利而卤莽，宽其文网，需以岁时，则数百载之旷典，庶可次第举矣。"

文安地形如釜，当十五河之冲，为泉流汇归之区也。其三营四淀，皆不毛之地，初无额课。自正德时，始议开垦，而大有力者乞为庄田以进宫税，寻有牧马、草场、备边等项名色，起科倍于常额，斯民已不堪命。兼以旱涝不常，相率逃亡，渐成荒芜。时屯牧佃户生员任之龙等援霸州苍儿淀减半折征事例具呈，先任郑君（郑士侨，文水人）痌瘝切身，力请监司抚按两台，俱报可。疏闻，然未邀谕旨。屯台卢公嗟痛不已，循长孺矫诏发仓之例，准郑君减征之请。惟慈宁宫庄田子粒，岁如其额。自神宗显皇帝升遐，颁诏首恤文安，除慈宁宫子粒钱粮不折外，其余效勇等三营，火烧等四淀，俱准一体减半折征。

保定县志

王大司马遴展河议

自保定县东北路疃村起，自西徂东，由周家庄、戴家庄、西营村，直抵唐头村，筑大堤一道，务极高厚，计约四十里。计用工二千名，做工两月，每月每夫一名，给工食银一两五钱，计银六千两。此二州七县之利，义当共举，俟堤既成，即将路疃村迤北至口头、卜家庄、善来营、苑家口、苏家桥沿河一带南岸之堤，尽为决去。即以所筑之堤为南岸，则水岂能复壅？所谓不与水争利，此策之上也。目前之计，但当于苑家口、栲栳圈二河之中，内有民田京营地，约四五十顷，亦因水患，皆曲为之防，一遇水发，最为壅塞。若将民田京营地，蠲其赋税一半，余者各州县代补，春间无水，尚堪种麦。其中曲防，尽为决去，则秋水亦不致大壅。此又策之次也。

王应禧曰："霸属三县折亩，原无异同。惟是保定泽乡堤外洼地大半，每遇泛涨，众流蓄聚，经年不泄，粮存难办。以故丁逃而累及于户，户逃而累及于甲，人不得不尽甲而逃，地不得不还官而荒。夫亡业蓁芜，额赋难减，钱粮尽归堤南五百顷内。缘是小亩一亩五分，折大亩一亩，而折亩遂与文、大之三亩折一者异矣。无论地之肥硗十百，然均一额赋也，轻重奚啻悬绝哉？”

《辅兵议》 汪道昆

自古畿辅之地，必设重兵，所谓强干弱枝，隆上都以观万国者也。我国家京营之弊，未易更张，环顾三辅之间，尺籍仅仅耳。昌平北捍边圉，陵寝在焉。世宗常命大将军军昌平，旋以罪议罢。顾畿内巡抚，秋驻昌平，载在玺书，迄今未改。昌平故隶霸州兵备道，顷复设专道治其兵。隆庆初，言官上言兵事，请昌平团游兵三万，召兵部侍郎谭某、总兵戚某专练之。先帝嘉纳其言，召两人者至，属增兵增饷，议格不行。寻以蓟、昌属此两人，仅出中策。幸而两人者同心戮力，完缮边防，比及数年，境外无犯。其后辅臣建议，增置兵部侍郎二人，一守昌平，一守通州，责以防虏。诚知昌平地重，宜必重为之防。得时而行，盖有待于今日耳。迩者蓟、昌以保御得策，宣、大以贡市弭兵，九边晏然，胡马不敢南牧。议者方欲休兵捐饷以纾大农，似也。不佞过计，窃以为不然。

我国家用夏变夷，自昔一以备边为急。以京师而视蓟、昌、宣、大，皆在肩背肘腋间，则视九边尤急矣。频年内握胜算，外籍壮猷，财力毕殚，卒鲜底绩。即其弊未可缕指，其大较有两端：画地而守，声援不通，一弊也；无所不备，无所不寡，二弊也。夫匈奴虽强，不过中国一大县，计彼控弦十万，其余复何能为？通计九边之斗士且十倍之，曾何负于虏？顾今督府相望，镇抚比邻，朝廷分信地而责成之，使各保其境内。然或聚虏数万直趋一隅，一隅敢战之兵，曾不足以当其十一，所谓无所不寡是也。既分信地，曾何患于其邻？束手而坐视之，不啻秦越。虏之始至，既不能并力而扼其方张；及其惰归，又不能出奇而乘其既敝，所谓声援不通是也。甚或以邻为壑，赂虏而嫁祸于邻，弊也久矣。

不佞之阅蓟师也，蓟分十一路，将士各有分区，使徒借此以待虏来，虏且乘之矣。谍者得虏方向，则当虏者为主，诸路悉自远近赴之，譬之常山之蛇，首尾皆应。向虏犯大水峪，少师杨公帅诸部却之，率用此也。蓟、昌无论已，宣、大相距不数百里，犹之唇齿辅车，借使虏犯宣府，则宣府为主，大同赴之；虏犯大同，则大同为主，宣府赴之。通力合谋，交相重矣，虏果数能得志乎？其未耶？由二镇而观之，则四镇可知已。

为今之计，请通四镇之势而悬衡其间。设辅兵六万，军昌平，左右顾以伺虏便。四镇之谍者，皆能深入虏地，毕得虏情，纵或大举，必先旬日知之。自此勒兵长驱，可一当虏。如虏犯蓟，则蓟主兵守以待战，而辅兵赴战以协守。如犯宣、大亦然。乃若因时制宜，战守互用，悉在主将。即如蓟、昌可战之兵，不啻八万，以辅兵六万合之，则十四万有奇。即虏大举而来，而吾得十万之师，足以制胜矣。宣、大故有敢战之兵，自今部署而训习之，当不在蓟、昌下。即出宣、大，亦得十四万有奇，以战则胜，以守则固，事之必至者也。借令分犯四镇，虏势必轻，各镇全力足以应之，即分遣辅兵以为之援，无不可者。夫东西一举十余万众，岂直足以御虏而已哉？俟其声势既振，部曲既明，技击既精，心力既一，犹之肩背臂指，伸缩自如，虏有不庭，因而讨罪，即东捣东虏，西控西酋，惟上所命耳。我国家威德远甚，成祖盖先为之。乃今复以堂堂正正之师，一收犁庭扫穴之绩，虏将辟易不暇，宁复有他？由是而放马休兵以纾国计，简十万以张禁旅，减半额以戍各边，偃武修文，万世之利也。用是谨条四事，仍以二议足之。然惟因兵为兵，无甚高论。

方今君相一德，文武一道，中外一心，此所谓千载一时，难得而易失者矣。不佞祗事行役，窃自比于献曝之忠，皇皇然诚惧失时，要非好从事者也。高明幸察。

三屯营

隆庆二年五月，蓟辽总督谭纶疏陈边务，言游兵破虏，诚为制御长策。而行之有四难：制虏长技，非车不可，召募强壮，岁费甚多，司农告匮，一难也。燕、赵之士，自备虏以来，锐气几尽，募卒吴、越，又疑用之不可北，散之不可南，二难也。燕、赵之人素骄，骤见军法，不无大骇，且去京甚近，流言易生，三难也。我兵素未当虏，战而胜之，虏不心服，能再破之，终身创矣，第恐忌嫉易生，奇祸或至，四难也。不若姑就蓟镇见兵，讲求战守之策。各路选兵十枝，每枝务足三千，列为三营，营分三军，各加训练，仍付戚继光以督理练兵之职。每春秋两防，三营之兵，各移近边，臣与继光往来督励，务各负墙以战，遏之边外，此为上策。万一乘罅溃入，亦愿少逭罪诛，臣等决一死战，收桑榆之功，亦不失为中策。若先事不能御，后事不能战，掩取微功，苟图塞责，是谓无策。又言中国长技，无如火器，欲练兵三万人，必得鸟铳手三千人为冲锋，而时加肄习，非迟之一年不可。今防秋期近，请选取浙兵三千人，以济一时之急。从之，既而复条上分立三营事宜，言春秋两防之时，各屯要地，如永平有警，则遵化一营御之，三屯出二哨应之，密云出一哨应之；蓟州有警，则三屯一营御之，遵化出二哨应之，密云出一哨应之；密云有警，则密云一营御之，三屯出二哨应之，遵化出一哨应之。兵皆据墙力战，以拒虏不入为上功；其或一面失守，致虏溃入，则合三营之兵，并力奋击，务收全捷。又言蓟镇专用主兵，将以罢调客兵，今行之而未效者，任未专也。宜责臣纶与继光专董其事，勿使巡按巡关参与其间。俟三年补练有成，然后遣官阅视，补得主兵几何，即罢调客几何。疏入，报可。

三年，总理练兵都督戚继光上疏言：蓟镇兵多亦少之原有七，不练之失有六，虽练无益之弊有四。又言兵形象水，水因地而制流，兵因敌而制胜。蓟之地有三：平易交冲，内地百里以南之形也；半险半易，近边之形也；山谷仄隘，林薄蓊翳，边外之形也。虏入平原，利于车战；虏入近边，利于骑战；虏在边外，利于步战。三者迭用，乃可制胜。边兵所习惟马，山战、谷战、林战之道，惟浙兵能之。愿予臣浙兵三千战守，又以三千鸟铳手付臣教练，分发十区，听臣总领车骑合练，庶臣得展布而无掣肘之虞。部议宜取回总兵郭琥而独任继光。上是之。

隆庆三年二月丙子兵部尚书霍冀覆总理练兵戚继光条陈咨总督抚按会议合练是否议

云：太公对武王曰："车者，军之羽翼也，所以陷坚阵，要强敌，遮走北也；骑者，军之伺候也，所以踵败军，绝粮道，击便寇也，故车骑不敌。"又曰："易战之法，一车当步卒八十人，八十人当一车；一骑当步卒八人，八人当一骑；一车当十骑、十骑当一车。险战之法，一车当步卒四十人，四十人当一车；一骑当步卒四人，四人当一骑；一车当六骑，六骑当一车。"由此观之，则今日车骑合练之法，即太公复起，不能易矣。

且所谓险地易地，在蓟、昌皆有之。今计二镇间可练兵车七营，每营用重车一百五十六辆，轻车二百五十六辆，步兵四千，骑兵三千，驾轻车马二百五十六匹。以东路副总兵一营，合巡抚标下一营，驻之建昌、遵化，以西路副总兵一营，合总督标下一营，驻之石匣、密云；以蓟镇总兵二营，驻之三屯、昌平；总兵一营，驻之昌平。是十路二千里之间，有七营车骑相兼转战之众，即有数万虏，无能为矣。

或者疑于虏骑迅疾，车步迟不相及，臣等为之解曰：用兵之法，有分有合，兵车七营，岂皆聚为一处，必以一半合战，而又一半出奇，或遮其前，或搏其后，或出其左，或掩其右，有追奔，有迎击，有扼塞，有邀截。追奔邀截及险地用骑与轻车，扼塞用重车，迎击及易地则轻重车骑相合。虏之所恃者，马也，而我有车以制其马；虏之所习者，射也，然远不能六十步，而我之火器火箭皆可远二三百步之外，且有车以为之营卫，我得以展其所长，是技不相若矣，此车骑合练堪用者一也。行则为阵，止则为营，以车为正，以骑为奇，进可以战，退可以守，人无挑壕叠堑之劳，马有从容饮秣之便，此车骑合练堪用者二也。车不用食，步不用马，以车为蔽，步又半不用甲，省费甚巨，此车骑合练堪用者三也。前此虏入内地，如蹈无人之境，四散剽掠，遍地皆虏，莫之谁何。今有兵车与战，虏既不敢分掠，又不敢久住，仅仅自保，取道以遁，此车骑合练堪用者四也。蓟、昌地方险阻，车利扼塞邀截，使虏大失利，当有终身之创，此车骑合练堪用者五也。

臣等又以奕喻：驻则布车四隅，将卒马炮，俱处其中，明以车为卫也；行则马步各有止节，惟车纵横远近，所向无前，明其不可当也；炮则隔子取子，明无物可障也。此车与火器相须为用，又因可互见矣。臣等又以字说：战字从车，阵字从车，军字从车，大军所驻，名其门为辕门，辕字从车，骑字从马从奇，可见古人以车为正战，以马出奇，其所从来远矣，不独太公之对武王为然。今都督戚继光议以车骑合练，臣等援古证今，实以为得制虏之长策。

部覆从之，建昌自此设车营矣。其条陈有七原、六失、四弊云。

臣尝见射者硬弓劲矢，射疏及远，倏令射近，则云习远而不能近。彼弓矢由人尚如此，今边墙依山，山势崎岖，有斜坡百十丈者，有平低数丈者，所恃全在火器。火器力大夺手，又非弓矢由人之物，居高临下，又非教场平坦之地，若不平日演试，识其高下，临敌一发不中，再发不中，贼已至墙下，火器为无用矣。臣行边每查库贮，一区之内，多者十余万，少亦不下数万，悉皆掩卧尘土。问之将领，则云俟报警方给；问之军，曰临警随给；“汝能用乎？”皆谢曰：“不能。”节岁费数十万金，置造军器万万发边，以有用之物，置无用之地，诚竭江河以实漏卮耳。此不练之失也。今之所慑虏者仅火器，火器之中惟边铳快枪。彼枪铳之腹，原造未曾钻扭，粗细不一，以致铅子出口不直；口大子小，铳腹有隙，以致火气先失，子大者衔于铳口，一激落地矣。且一手点火，一手执铳，手执铳后，子出铳动，低者入土，高者穿云，贼少犯则命中不能，贼环至则铳稀无措，由是虽具火器，不能退贼。次惟弓矢，夫弓矢之力不强于贼，则与贼共，且坚甲兜鍪，非矢能贯。所谓虽练无益之弊也。

永平道叶梦熊《战车议》

兵家有胜算之策，有制胜之器。今之言御虏者非不备矣，然或各得其一端，而其策其器，多散漫而尝试，反不及虏之精专。虏所恃惟骑射，自少而壮，止一艺耳；千人万人，亦止一艺耳。故箭不虚发，骑追逐如飞，飘风疾雨，顷刻蹂躏，势不可当，此其所长也。中国岂独无所长哉？火器也，轻车也，挨牌也，此吾之长也。虏弓虽强，必近发而不能远及，矢虽如雨，可以善避。惟火器一发，避之无措，一铳可歼数十人，千铳齐发，可歼万人，加之万铳，雷震山裂，络绎响应，即虏骑百万，亦无不挠乱矣。

古人以车战，后人失其意，仅用以守。战车宜轻，可使驰逐，守车太重，仅可备营垒转输耳。成化间，工部及大同所制，用十八人推挽，即今蓟镇偏箱，亦用十六人，后要改冲锋车，亦非十人不能运，皆安营辎重之具，非战具也。今制双轮稍前，遮板退后，着地如飞，平地二人可推，遇险四人可举，上列枪刀，行时折竖，战时前向，火器从中而发，随虏所往而逐，彼止则我进，彼进则我止，人遇之披靡，马望之辟易，可战可守，万全之计也。挨牌中用薄板，内外皆竹片藤编密钉，试以硬弓，十步内射之不能入。万历三年，本职任赣州时，曾用以破黄乡寇三万，彼长枪硬弩飞镖，俱无所施。今以直抵虏箭，一齐挨前，用砍马刀与长短器相夹，翼车而冲，然后骑兵随之，是兵法所谓马步车混为一法。敌安知吾车果何出，骑果何来，徒果何从，潜九地而动九天者也。

盖制胜之器，中国所长也。然惟专而后精，惟精而后长。欲其精专，非练不可，欲练非选锋不可，兵不选锋曰北，盖贵精也。秦、汉击胡，常用兵三十万，往往不利，然出塞千八百里，穷极其地，势不得不用众。如我成祖北征，亦用至三十万是也。若虏入犯，与之对敌，则可以计取，如岳飞以五百人破十万，刘锜以千人破十三万，我太祖用中山、开平、岐阳分道驱逐胡元，皆以精锐袭击，所向无敌，此用寡之效也。夫虏之拥众而来也，徒以鸷悍自骄，蜂团乌噪，奔掠无纪。若能设伏出奇，一大创之，如鸟之伤也，可以空弦下矣。故出奇之兵必练，练必选锋。密云、遵化、三屯，俱有标兵，每标选一千，西协四路选五千，中协四路五千，东协四路五千，以二人之食食一人，以二马之食食一马。南兵三营，每营选一千。又责成总兵，选家丁五百，副、参、游以下，或二百，或一百。汰游食冗员，虚粮冗役，积其余以阴蓄死士，则兵马不必加也，钱粮不必增也，于常额之中，而得转弱为强之术，盖今日制虏之胜算也。战车每两车正一名，挨牌六名，长枪二名，钩镰二名，佛郎机手二名，百子铳手三名，兼火箭三层，推车夫二名，马八匹，马上各稍百子铳一把，骡一头，驮灭虏炮一函，百子铳十把，共计步兵十七名，马兵八名。以二十五人为一队，十队为一司，十司为一部，十部为一军，分为三营，合为一大营。势小则分击，势大则合击，处处有节制之兵，人人有敢战之气。此蓟门之命脉，京畿之神灵，忠义之臣，所宜剜胸裂眦而图者也。

夫天下之祸，莫大于不见其形而有其实，今之虏，形与实大势可睹矣。虏未尝一日忘中国，则中国亦不宜晏然无事，而坐待其变也。自贡市、抚赏、修工之外，宜问兵，其半菽不饱者能战否？宜问马，其羸弱不堪者能驰否？宜问火器，其弃置已久者能习否？宜问将，其烦文缛节以急阿奉，忧谗畏讥以希苟延，一旦有急，果可以当虏否？夫时方以归义款诚为贺，而无故发深忧过计之谈，昔遭谴斥，今复不戒，将至于三刖而后已也，诚不自知其狂悖。惟台下计安社稷，熟思而锐图之，幸甚。

《神铳议》

塞上火器之大者，莫过于“大将军”。蓟镇一年止放一次，以其势大，人莫敢放也。铳身一百五十斤，以一千斤铜母装发，如佛郎机样。职熟思之，改铳身为二百五十斤，其长三倍之，得六尺，不用铜母，径置滚车上发之，可及八百弓；内大铅弹七斤为公弹，次者三斤为子弹，又次者一斤为孙弹，三钱二钱者二百，为群孙弹，名之曰公领孙；尚以铁磁片用斑猫毒药煮过者佐之，共重二十斤，此一发势如霹雳，可伤数百人马。若沿边以千万架而习熟之，处处皆置，人人能放，则所向无敌，真火器绝技也。初疑其重，今运以车，登高涉远，夷险皆宜。职制成，每日几次试之，见者莫不胆寒。夫祖宗出塞，专恃神铳为破虏先锋。天顺六年，造兵车一千二百辆，各有载大铜铳车。成化元年，造各样“大将军”三百个，载炮车五百两，大约与职意合。盖善用中国之长以制虏，此上策也。观《大明会典》，神枪神铳俱内府兵仗局管，其慎重如此。知祖宗所以逐胡元，则知今日之所以为战守矣。

《其制轻车以备战守文》

夫车战，古今详言之矣，用之皆有成效，历历可考。间亦有称不便者，谓其重滞窒碍，难行也，不必远引，即丘文庄、李文达、马端肃、许襄毅，每能言之，而未身试。成化年间，工部造之，名为小车，而一两拽之用十八人，宣、大造之用十人，蓟镇见存，曰偏箱，曰飞车，非十五人不能驾，竟未得古人良法美意。自古谓之驰车，谓之轻车突骑，谓之兴兵十万，用轻车二千，皆越险数千里而转战者也，安得以重滞为病哉？本职近日以意造之，双轮前向，遮板稍后，上列刀枪六把，佛郎机二函，火箭三层，新制手上百子铳二函；轮轮着地，若有自行之势，假二人推之如飞翼。以新制铁拒马、竹挨牌、砍马刀，马见惊恐奔溃，不敢回顾。平地二人可推，遇险四人可举，共可遮蔽。二十五人为一队，马五匹。稍仿古法，合一万人而为一军。见在各营旧车，存之以备运挽。其军之壮健者，以驾轻车；其竹挨牌与百子铳、铁拒马，须用南兵，方可敏捷。每车一两，并铳炮器具，价银五两。夫造之如法，不惜其费；练之如法，必极其精。本职愿以三年之功，得精兵一万，少效制虏安边之策。缘系车营更改钱粮重务，伏乞台下裁议具题，决意而早图之，宗社幸甚。军门、抚、按称善。

其制每一车，用马步二十五为一队；合队为司，有左司右司，统以百总二名；十司为一部，为左部右部，统以把总二员，千总一员；十部为一大营，有左营右营，统以将官二员。计一大营，共用马军八千人，步军一万七千人，共二万五千人，全势也。惟蓟兵既有定额，而各营路之军，更多寡不同，况各分信守，凑合为难，则居常训练，欲必成全营，实于事势未能也。惟今因地用兵用车，各从本营本路兵之多寡，便宜各在本地相为训练，不必盈此虚彼，不必合远凑近也。缘此车可用驰突，一车之兵，步马相兼多少，可为战御，进则为阵，止则为垒，无俟必成一营而后可用。但计有一车，即用兵二十五人，有二十五人，即用一车，则在在俱有兵车，分练为小营，合练为大营。卒有警急，审量机宜，势小则相近一二路分击之，势大则调集诸路合击之，何练之不效、敌之不克耶？

及查计东协见在之兵，建昌营可用车一百二十辆，燕河路可用车六十辆，台头路可用车八十辆，石门路可用车一百辆，山海路可用车四十辆，共计应造车四百辆，用兵一万人。平时有步兵不足，马兵有余者，亦就而用之；有警主兵不足，客兵有余者，亦就而用之。惟每车合二十五人，不必拘定马步主客之数，要在用之得宜耳。本道每月亲历各营路，往来督练，俟稍觉精熟，再合操于建昌、台头适中之地，则分合通变，成效渐可睹也。至于千、把总等官，即就各营路见设马步各员内选用责成，其兵车之数，虽多寡不一，而营制之体，则大小通融。此车器兵马大概如此。

又议添灭虏滚车

查得旧车有骡驼灭虏炮，安营拒敌，临时方入药，掘土安炮，高下无法，退坐丈余，缓急无恃。今议制滚车，上载灭虏炮三函，高下安置有法，试之炮发而车不动。以三人拽之，每战车二辆，即带滚车一辆，势甚轻便，似为火器长技。炮用营路见在者，车料、颜料、匠役、盐菜，计该二百辆，共该银二百八十两，似应并前议请造用，庶兵车器用全备，御虏利便。

巡抚蹇达议：蓟镇有险可恃，故以守为上。先此奉有朝议，以匹马不入为功，然非不用战也。见今东协当蓟、辽之界，羽檄时驰，则夷情视西、中二路为急。墙台疏薄，旧车无多，则边备当比西、中二路加严。今东路台墙之工，必需岁月，则今之轻车，委应亟造。今准咨议，以钱粮，则取于库贮堪动，及汉壮裁减民兵银两，既不烦请讨；以制造，则先急东协，而责练于中、西，轻重并施，新旧互用，又不至于偏废。诚切中机宜，无容别议。该道苦心筹画，以图战守，大裨边务，当与边工一并议题，用成永计。

军门王一鹗题称：永平兵备道叶梦熊议造轻车四百辆及大炮滚车二百辆，臣等躬亲试验，委果便利，有裨边防，且边工卒不可完，此项尤应亟举。已遵奉便宜事理，往返查议，审酌调停，并计处钱粮，行令该道动支永平、遵化各库贮堪动年例料价，与支剩浮费，及省积民兵等银九千四百三十余两。该道选官造完，臣等再行查覆。如果工作精坚，钱粮并无冒破，一体题请优叙，以为边臣任事之劝。庶事有责成，人心愈奋，其于战守大计，各有攸赖矣。

制可。兵道练习，遂以半合营御虏，以半分路，令南兵游击龚子敬，查酌沿边极冲设之，选胆勇百总一名，专管装放。其炮房三面开门，两傍可击乘墙之虏，向外可击驰突之酋。初设桃林口时，适长昂子伯统领铁骑千百余，挟弓跃马，横索赏物。抚谕之不驯，关守备张旆，即示以大炮，尽歼群丑甚易。不信，号笛一发，炮声雷震，群子飞出，北山角轰然而崩，石飞旋空若星陨。众虏胆寒，俯首叩地，稽颡啮指，惊痴半晌方苏，遂詟服领赏亟去。此绝技神异之明验也。

其操练有图，曰车马步摆列起操，曰长营冲战，曰变方营出马步冲战，曰方营四面攻打，曰战毕收营，及各号令具载。又曰五花，每一营合车八十辆，共四百辆；曰协路合营方图，每一面用车一百辆，共四百辆，及八阵图列布。而变通在人，不述。

永道车制——木料尺寸

轻车

辕条二根，长九尺二寸，阔二寸五分，厚二寸二分。前琶头一根，长三尺三寸，阔一寸六分，厚一寸三分。前遮牌一扇，高四尺六寸，阔四尺五寸，板厚六分。立柱二根，长四尺六寸。上横档，长五尺一寸。下横档，长四尺五寸。门二扇，高四尺六寸，阔二尺二寸五分，板厚六分。撑棍二根，长三尺；横耳二根，长一寸五分，阔一寸五分，厚二寸。推手木二根，长五尺二寸，方圆一寸八分。车厢横档二根，长二尺六寸，厚六分。车匣一个，长二尺四寸，高二尺二寸。车耳二个，长二尺四寸，阔四寸，厚一寸五分。车轮二面，径过三尺八寸。车网十四块，厚一寸八分，阔四寸。辐条二十八根，长一尺九寸，厚一寸三分。车头二个，径过八寸，长八寸。火箭匣一个，长四尺五寸，阔一尺，高七分。郎机架木二根，长三尺，阔二寸五分，厚一寸五分。横档二根，长四尺四寸，阔二寸五分，厚二寸二分。上拒马横档一根，长四尺二寸。枪杆三根，长四尺七寸。下拒马横档二根，长五尺二寸。枪杆四根，长三尺。

大神铳滚车

辕条二根，长九尺阔六寸，厚四寸；横档五根，长二尺四寸，阔六寸，厚五寸；立柱四根，长七寸，阔二寸五分，厚二寸；盖板一片，长四尺六寸，阔一尺八寸；撑棍二根，长三尺；拒马枪杆二根，长三尺五寸；前车轮二个，径过三尺二寸；车网十九块，厚二寸五分；辐条三十八根，长一尺六寸；后车轮一个，径过一尺五分；车网八块，厚一寸八分；辐条十根，长八寸；前车头二个，长一尺，径过一尺；后车头一个，长六寸，径过六寸；车耳二个，长一尺八寸，阔四寸，厚一寸五分。

灭虏炮车

辕条二根，长七尺三寸，阔三寸五分，厚二寸五分；横档七根，长二尺三寸，阔三寸五分，厚二寸五分；前车轮二个，径过二尺六寸；车网十七块，厚一寸八分；辐条三十四根，长一尺三寸；后车轮一个，径过一尺五寸；车纲十二块，厚一寸八分；辐条十根，长八寸；前车头二个，径过七寸，长七寸；后车头一个，径过六寸，长六寸；车耳二个，长一尺，阔四寸，厚一寸五分；车匣一个，长一尺八寸，阔七寸，高六寸。

永道车器

内上外下。车上：郎机二架，子铳十八个，枪六条，雁翎刀一把，铅子一百八十个，火药一百八十袋（计九斤），火箭十五枝，火绳十条，药线盒二个，药线二百条。车下：竹挨牌六面，砍马刀六把，百子铳二门，火箭二百枝，大旗一面。长枪、钩镰、腰刀、金鼓、旗帜，俱于各营路随宜就用，皆护车兵执具。

《昌平州志》

陵寝之重，以黄花镇为之紧要；而黄花之重，以四海冶为之捍卫，正犹唇齿相丽，而声势贵于相接也。是故四海冶内抚属夷，外御强虏，凡有警有事，辄报黄花，谓之山南。欲行堤备，旧在镇后与四海冶潜通，有一小道，以便文移往来，虽非事体，犹之可也。继而永宁、怀来之人，咸知捷径，间尝由之。第恐岁久人众，走为常川之道，在经略之所不及，巡察之所未周。唯有本土之官，与附近军民，安常乐便，习成故智，万一变出不测，虽亟为之禁，亦晚矣。今若竟塞其小道，则四海冶或有警报，必由居庸以达黄花关，内外相去二百余里，不能朝发夕至，未免失误军情。为今之计，必须使通衢绝往来之迹，文移得飞传之速，斯图出万全而永无后患矣。愚意当以边墙通道适中之处，建一宽敞高大坚固敌台，台之上起屋三间，以便值宿。台分内外，俱用软梯上下。黄花拨军三十名，四海拨军三十名，分为三班，以示宽恤其劳。每日黄花军十名、四海军十名，在台值宿。凡遇传报文移到时，即刻随自外而入者至台下，黄花军人传递；自内而出者，四海军人传递。每传递必二人同行，以防山险疏虞。至于台军，轮流挨定，如有推奸持顽失误者，定以军法从事，严行晓示。如此，则旁径易塞，而文移传报，永不费难矣。

昌平添设武职

提督 嘉靖二十九年虏变之后，添设提督，兼署都督佥事，专管入卫边兵防守。

镇守 仍兼署都督佥事，本镇管带黄花、居庸、镇边三路，参将三员、游击四员、坐营一员、守备五员，管领永安标下兵马二枝，及统帅巩华、昌平、白洋道兵三枝，各三千名。黄花一路，主兵三千五百员名；居庸一路，主兵四千员名；镇边一路，四千员名。

游兵 嘉靖三十七年冬，宪副杨公招募军民三千名，立为游兵一营，统兵游击一员。

标兵 嘉靖四十二年十月，北虏犯墙子岭，兵部会议，添设昌平总兵标下兵三千员名，就于永安营摘发军二千名，召募家丁三百名，新军四百名，蔚州等州县清解军三百名，共三千名，立一营，统兵游击一员。

坐营 嘉靖四十三年春，军门议设总兵标下添坐营中军官一员，以都指挥体统行事。

巩华营 巩华建设出自世宗朝，建巩华城都督府，职为守备官，复改副总兵官，俱都指挥，复改分守官，以指挥推补。今改设游击，领兵三千，遇开操日，赴才安城演武教场操备。

守备 奉敕协同内守备专保守陵寝，以署都指挥体统行事。

《蓟州志》

蓟当京、辽之会，驿通车马之关，贡夷相续，假款挟市，洵北边要害也。数载东虏戒严，旦暮征调，肩蹄如织，馆轂若流，供亿之费，岁计二万有奇。牛马车商，偶一佥派，而中上之产荡矣。今议照地佥役，苦乐稍均，尚嗷嗷称厉。

按今之所谓马车商，即前之所谓马牛头。兵宪徐公规则簿载：每年马牛头各三十二名。每马头一名，编民地四十顷；牛头一名，编地二十顷。择其地多殷实人户为头，其余地少者帮贴。三年一次审编，或派在第一年，其第二年、第三年休息之，或在第二年、第三年亦然。照地佥头，甘苦与同。此丁有丁差，地有地差，不相妨也。嗣天启二年，东奴犯顺，援兵调发，驿递扰甚。有谓三年分派，一年负累难当。时遇兵宪邵公目击民艰，每年每民地一亩，编派站银，随供亿烦简年分量派，征收在公，招商应当牛马头役，百姓不知有差。此皆立法之善，斟酌行之，存乎其人。

边防

蓟州东北至马兰峪营六十里，北至黄崖营四十里，西北至将军石营七十里，皆辖于马兰路参将。黄、将二营，各提调官一员及统千把关寨等以备御之。提调宽佃峪等关下：鲇鱼石关（水口数十丈，前后俱宽，其西山墩空，十马可并），五里至平山顶寨，十里至马兰峪关（水口一里外，山厚窄，双马可并），四里至独松峪寨，十里至峰台岭寨，八里至龙洞峪关（水口三十丈，后山险窄，止通单马），八里至宽佃峪关（水口数十丈，后山崎岖，双马可并），八里至饿老婆顶寨，二十五里至耻瞎峪，十里至古强峪寨（山口丈许，后山陡峻，通单马），五里至蚕椽峪寨，三十里至青山岭寨（山口五丈，后山窄厚，通单马），六里至大平安寨，十里至小平安寨（山口二十丈，孤绝难守），十里至黄崖口关（水口数十丈，前后俱宽，五马可并。西乾涧墩折墙通马），四十里至彰作里关。

提调将军石等关下：彰作里关（山口数丈，前窄后宽，通单马），二十里至将军石关（水口数十丈，前后俱宽，十马可并），三十里至黑水弯寨，十里至黄松峪关，二十五里至峨眉山寨，二十里至鱼子山寨，二十里至熊儿峪关，四十里至南水峪关，十里至北水峪关（山口数丈，后山窄狭，通单马），三十里至灰峪口寨，三十五里至黄门子关。

贡夷

朵颜等卫，夷人进贡，一年往回六次。自东来者，由州送至三河驿；自西回者，车送至遵化驿。鞭把羊酒犒赏等费，共用银七千六百四十三两一钱二分。至于任载车辆，乘坐马匹，犹在牛马头役。进贡虽曰来王，而驿骚，甚属不赀，又且掳掠居民妇女，大为民害。贡夷亦何利于中国哉！

《玉田县志》

《开发贡夷议》

为酌处贡夷开发银两，以均劳逸，以苏赔累事。

窃照国家约束诸夷，通之款贡，固云开柔远之门，实以寓羁縻之术。第其来也，果戢心以奉强索，亦何惜赠劳之加。即不然，厚其赏以厌其心，不至生鸱张之势，则又何事操不必然之画哉？惟金钱费而无名，民脂竭而愈困，当事者仅支持旦夕，而时切起衅之虞，奉公者即亟于赔补，而未有息肩之日，则又不得不为之虑矣。

卷查海、建两夷设卫入贡，则自永乐元年始，中间叛服不常，然时时利我赏，随叛随贡。大率贡期定以三年，贡夷定以一千五百人，至之日，每夷一名，给马一匹，以备骑坐，每夷十名，给车一辆，以载行李，一应犒赏，惟照原单给发，间其中或有需索，亦不过数两之银，无重费也。自万历三十年后，建酋颇称跋扈，两年不贡，一时疑其有异图，令两序班往诘之。而二三棍徒，教之为应付减少之说。蒙兵、礼二部议定，每车一辆，贴银十两以给之。庙堂以此为柔远之惠，而更不计夫银之所自出；驿递以此为剜肉之苦，而不能辞夫役之使不来；狡夷以此收捆载之利，而不能禁夫暴之使不作。故贡夷一过，鸡犬林木，尽皆成空，驿递头役，一闻佥派，父母妻子，相对泣诉，甚有撇丘庐以逃者。是驿递虽不为贡夷设，而使之畏贡夷以避驿递，又岂长计也。

见今三十九年，正入贡之期矣。查三十六年马头之费，原廪给三千分，该银三百两外，每马百匹，折干七十匹，每匹折鞭布一钱，实骑马二十匹，每匹贴息马银五钱，而提铃背本猪首之费不与焉。计往返马三千匹，该银六百六十六两，而提铃背本猪首之费，又不下数百两，约费银一千余两矣。牛头之费，除钦赐龙虎车辆，每辆折银二十两、十八九两、十五六两不等，该银五百四十八两二钱外，每车一辆，正赔银十两，加贴银五六两，而鞋袜上车下车赁房米菜柴餔之费不与焉。计每车一辆，约费银十五六两，往返车三百辆，共费银四千五百两矣。蕞尔玉田，孑遗几何？五千金钱，从何补办？欲假之官帑，则悬匮而贮积原空；欲取之民间，则脂竭而皮毛皆尽；俟调停而后开发，安所得神运鬼输之财？稍减裁而养疲癃，且先冒启衅开边之罪。卑县斟酌事势，博采人情，思一通融之，使赋不加而事集，则无如调停帮价银之一术矣。何者？卑县民地五千二百一十六顷，每亩除正供征银一分有零外，复派有帮价银八厘，协助驿递，共银四千一百七十余两，每年皆牛马头役自相兑取，并不假之官征，其取数亦多米麦豆谷之类，不尽给之银两。至于开发夷人，站协不足，亦皆各役挪凑，并不俟之官帑。此虽听民之便，事诚不扰。但惟兑领自头役，则偿之不以时，得之不以实，政所谓名存实亡者。又均是头役，无事之年，有帮价之利，无开发之苦；当贡之年，有开发之苦，而无帮价之利，是驿递中且自相胡越矣。况财入百姓之手，其费用也甚易，役当赔累之秋，其措办也甚难，故有开发不得而逃者，在在有之。卑县所谓通融者，正通融三年之中，所谓不加赋者，正调停于帮价之内。

查照卑县头役三年一编，海夷诸夷三年一至。除三十九年帮价银，见今出示征收预备外，其自四十年为始，总计三年帮价银，该一万二千五百一十余两。贡夷开发，除协站外，约费银五千两。于每年帮价银中扣征一千六百六十六两六钱七分贮库，其余银二千五百余两，仍旧听民帮兑，积之三年，当有银五千两。贡夷一到，即以此银开发之。论赋，则民间应纳之钱，而非出重征；论银，则三年积贮之有，而非属骤办；论事，则公平久远之举，而不为难行；论情，则有余不足之济，而不为偏槁。卑县所云均劳逸，苏赔累者，此也。至于弹压之使不桀骜，限制之使不多入，则又非卑职所敢与也。伏候详示施行。

《密云志》

石塘岭关 东自陈家谷口，西抵开连口，延袤二百四十七里。属下关寨二十三：白马关、黄崖口、营城岭、冯家谷、白崖谷、划车岭、响水谷、左二关、西驼骨关、东驼骨关、陈家谷、开连口、神堂谷、河坊口、大水谷、小水谷、牛盆谷、白道谷、大良谷、东水谷、西石城、东石城。共计边城二百四十七里，附墙台三座，空心敌台三十九座。

古北口关 东自卢家安，西抵蚕房谷，延袤一百四十七里。属下关寨十六：师坡谷、龙王谷、砖垛子、沙岭儿、丫髻山、司马台、鸦鹘安、卢家安、蚕房谷、陡道谷、吊马谷、潮河七寨、潮河川关、潮河六寨、潮河五寨、潮河一寨。共计边城一百四十七里，附墙台一座，空心敌台一百十一座。

曹家寨关 东自小台儿寨，西至将军台寨，延袤一百三十五里。属下关寨二十二：将军台、柏岭安、齐头崖、梧桐安、扒头崖、师姑谷、倒班岭、大角谷、汉儿岭关、水谷、黑谷、烽台谷、烧香谷、恶谷、南谷、遥桥谷、大虫谷、大水洼、苏家谷、姜毛谷、石塘谷、小台儿。共计边城一百六十四里，空心敌台五十八座。

墙子岭关 东自鱼子山，西抵大黄崖口，延袤二百三十一里。属下关寨十一：镇虏营、灰谷口、北水谷、南水谷、熊儿谷、鱼子山、大黄崖、小黄崖、磨刀谷、黄门口、南谷。共计边城一百四十五里，空心敌台十座。

兵制

总督标下除原设振武营外，节年题增西路协守副总兵营、左营、右营、辎重营、永胜奇兵营、镇虏奇兵营、石匣营、石塘岭营、古北口营、曹家寨营、墙子岭营、西路南兵营、防守大水谷河大班军营、防守石塘岭大同边军营、防守古北口山班军营、延绥边军营、京营神枢车兵营、防守曹家寨、河间班军营、保定班军营、大宁班军营、防守墙子岭大同班军营、密云守备营。已上各营设副、参、游、守、都指挥，无定员。兵马数目俱见《四镇三关志》。

《壬寅五月记》

密云县东至墙子路九十里，东北至石匣城六十里。

石匣城，四门。副总兵。东南至墙子路六十里，东至曹家寨九十里，北至古北口四十里。

石塘路，四门。都司。南至密云四十里，西至大水峪四十里，东至石匣四十里，北至白马关四十里。西北标骑堡，白河从堡西北塞外来，经石塘岭，至密云城下。东北石佛堡，北冯家谷堡，又西少北冯家谷军堡。北有小水入焉，南亦有小水入焉，东合而下白马关小河。

石塘东北白马关，二门。操守。南至石匣七十里，东至古北口九十里，西至石塘路四十里，北至边墙十里。北有小河流至石佛堡，南下白河。河口西有堡。东陈家谷堡，堡东有水流至潮河川，城西入潮河。又东为潮河川。

大水峪，三门。操守。东至石塘路四十里，西至黄花路界四十里，北至边墙，南至密云三十里。北西石城堡，西北东水峪堡（东有小河）。南神堂峪堡，西河坊口堡（东有小河，合而下白河）。西南开连口堡。开连口南为漕河营，二门（北有河，东下白河），北至怀柔二十里。

又南为牛栏山堡，四门。南至顺义二十里。

古北口，三门。都司。东至司马台二十里，北至边墙三里。北为北关营城，二门，倚关下。

川口东南为潮河川堡，二门。操守。

司马台，二门。操守（北有水入焉，径古北口城中，西下潮河）。北至边墙八里。东南有蔡家店民堡、将军台军堡、新城庄民堡。

东为曹家寨路，四门。守备。西至石匣八十里，东至黑谷关二十里，北至边墙十里。东大角谷民堡，有水从堡东入下潮河。

黑谷关，一门。操守（有水自北入）。西至曹家路二十里，东、南、北三面皆边墙。南遥乔谷民堡，有水入焉，曰南峪水口。

又南吉家庄。操守。东至曹家路三十里，西至司马台二十里，南至边墙二十里。有大虫峪水口（四水合而下潮河）。其南有杨家民堡，堡东北大黄崖河口，小黄崖堡，堡南小黄崖河口。

南为墙子路，三门。都司。西至密云七十五里，有河西至石匣，南入潮河（河口自磨刀峪堡西入，其西又有小水门，合而下潮河）。东三里磨刀峪堡，折而南黄门关堡，有河合于墙子路河。又南鱼子山堡，熊儿寨堡（熊儿寨河口在堡东北）。熊儿营堡（南水峪河口）。墙子路之南为北水峪堡（北水峪河口在堡东，合而下平谷东南之大河）。

又南为镇虏营，有二城，东旧城，西新城，各二门。操守。西至密云六十里，东至北水峪堡十里，北至墙子路三十里。

又南为平谷县（此按图而录者，当更考之于书）。

昌镇边长二百九十四里九分。

黄花镇东至开连口二十里，密镇交界；西至驴儿驼九十里，居庸路交界；南至苏家口四十里，昌平交界；北至火焰山三十里，宣镇交界。

居庸关东至龙岭等六口，黄花路交界，六十二里；西至石峡峪等三口，镇边路交界，五十二里；南至昌平交界，二十里；北至宣镇交界，三十五里。

镇边城东至五座墩六十二里，昌平州交界；西至南石羊二十五里，堡镇沿河口交界。

密镇长六百八十二里。

昌镇慕田峪城，三门。操守。东北慕田峪堡。自堡而西，贯儿岭堡，西北有水入焉。西田仙峪堡。

西南渤海所，三门。都司。所城西北擦石口堡。磨石口堡。

驴鞍岭。大榛峪堡。南冶口堡。南冶口东南大长峪堡，南冶口西小长峪堡。

西南黄花镇城，三门。操守。黄花镇川河自二道关、头道关入径镇城，东下怀柔界。黄花镇而西头道关，外又一重曰二道关。撞道口堡。鹞子峪堡。西水峪堡。八达岭。

自居庸关正城西北，石峡峪城，北石峡峪口。口东糜子峪口，东接八达岭口，西华家窑口，西接分水岭隘口。

自居庸关南口西，白羊城，二门。操守。西白羊新城。新城北高崖口。

白羊城正北长峪城，二门。操守。

长峪城正北横岭城，二门。操守。北大石岭隘口，东北分水岭隘口，居庸路交界。

长峪城西长峪新城。长峪新城西北横岭西镇边城，三门。都司。西北唐虞庵隘口。（甲辰七月抄册）。

密镇所属沿边六百六十七里。

墙子路边长二百零九里。镇虏关东接马兰峪交界地名石门厂起，西至本路交界西山厂止。墙子路正关河口花楼迤西起，至副将台止。河水流通，无边墙处阔二十丈。

曹家路边长一百二十里。吉家庄东自墙子路交界地名镇口台起，西至曹家路扎刀峪墩止，共边长三十三里。黑峪关东自吉家庄交界地名黑沙峪墩起，西至古北路大锯齿安墩止，共边长八十七里。

古北路边长九十里。司马台东自曹家路交界地名杨木顶起，西至古北路红门台止，共边长四十五里。潮河川东自本路红门台起，西至石塘路交界地名黄花台止，共边长四十五里。古北正关水口阔三十丈。

石塘路长二百四十八里。白马关东自古北路交界地名陈家峪起，西至大水峪交界塔儿安台止，共边长一百一十八里。大水峪东自白马关交界地名花儿台起，西至黄花路慕田峪交界黄草洼台止，共边长一百三十里。石塘正关河口阔三十丈五尺。

昌镇所属：

黄花路边长九十三里一分，东接石塘路大水峪开连口起，西至居庸路驴儿驼止。

居庸路边长一百三十一里二分，东接黄花路砖庙梁起，西至镇边路软枣顶止。

镇边路边长七十一里，东接居庸路石峡峪界软枣顶起，西至挂枝庵断头崖止。自挂枝庵迤西，俱重山叠嶂，未设边墙，直抵浑河东岸，系保镇地方。

《遵化县志》

营制

邑旧无营，自嘉靖己未之变，始募兵为右营，后四年而置左营，逾九年而置辎重营。三营鼎峙，而抚台复亲提虎士居重焉。

抚院中军，或参、游，或副总兵，间有府卫者，初以卫官摄之，事权綦重，攸关不细，类求老将咨部题升，阶级递崇焉。

标下左营，在邑治西南，嘉靖四十二年设，统领抚院标兵，专候应援。见额游击一，中军一，千总三，把总五。

标下右营，在邑治东南，嘉靖三十八年设，统领抚院标兵，专候应援并修工。游击一，中军一，千总二，把总八。

标下辎重营，在邑城西门外，万历元年设，统领抚院辎重兵马，转运兵饷并应援。见额游击一，中军一，千总一，把总三。

镇守中军坐营一员，即三屯中营，永乐年设。见额千、把总官六。

中路协守副总兵官，兼管三屯左营，隆庆三年设。原系右营。万历四年，立协守统领，改为左营，驻扎三屯。万历二十六年，题革前车营游击，归并民兵于左营，随移协守驻扎汉儿庄。辖中军坐营一，千、把总十三。

三屯右营，设自嘉靖四十二年，原系左营；万历四年，左右互易，为右营。游击一，中军一，千、把总有九。

滦阳营，设自万历九年。游击一，中军一，坐营一，千、把总七。中路南兵营，设于隆庆三年，游击一，中军一，千、把总等官四十有八。将领中军驻扎三屯，兵士分守四路，台空。

按南兵营故设南将统之，乃军士分防四路，将独居中，指臂不属，鞭腹不及，赘疣骈指，翻为士累。且南兵亡失，募补多北人，其长子孙者久于北，犹北地人也，兵且不尽南矣。万历戊午，抚台刘公曰吾言于上，竟罢不设。

太平路，永乐二年设，屡经改移，今仍旧。参将一，辖擦崖子守备一，榆木岭提调一，中军一，坐营一，千、把总六。本路夷人二十八枝，共部落五千四十有奇，俱各忠顺帖服。

喜峰路，永乐初系提调把总；嘉靖二十二年，因抚赏总关，改为守备；万历题加参将驻扎，辖董家口提调一，李家谷守备一，中军一，坐营一，千、把总凡三。本路夷人一百一十枝，共部落二万五千六十有奇，咸忠顺帖服。惟骆驼一枝，恃其枭雄，沿边骚犯，停贡革赏，罔有悛心，凭逞以挟增益。抚台刘公不许，遣路将孙显祖等击之野，得首功二十余级，已又三擒其奸细郎中等，已又行间，使其步下杀之，骆驼陨命，边境稍宁，今其子卜答犹困不忘斗也。

松棚路，旧隶马兰谷，至隆庆二年，添设游击一，辖潘家口、罗文谷守备二，洪山口提调一，中军一，千、把总各一。本路夷人二十八枝，共部落六千三百三十余名，俱已帖服。

马兰路，永乐年设，屡经改移，至正统己巳年，添设参将一员，辖大安口、宽佃二守备，黄崖营、将军石二提调，中军、千、把总凡十。本路夷人四十六枝，共部落四千五百四十九名口，暂称驯帖。

关隘

太平路东自白羊谷关起，至榆木岭止，边垣延袤六十八里有奇。关营寨堡一十有一，楼台二百一十有九。极冲者五：白羊谷关、擦崖子关、城子岭关、大岭寨、榆木岭关。次冲缓者六：新开关、五重安关、烂柴沟关、五重安营、太平寨营、青山营。

喜峰路东自青山驻操营寺儿谷起，西至团亭寨滦河中西止，边垣延袤六十三里有奇。关营寨堡有八，楼台七十有九。极冲者五：青山口关、董家口关、铁门关、李家谷关、喜峰口关。次冲三：青山驻操营、游乡口关、团亭寨。

松棚路东自潘家口起，至罗文谷关止，边垣延袤一百三十九里。关营寨堡一十有五，楼台一百八十有奇。极冲者九：潘家口关、西常谷关、三台山关、龙井关、洪山口关、马蹄谷关、干家谷关、罗文谷关、沙坡谷关。次冲缓者五：椽八谷寨、白枣谷寨、西安谷寨、舍身台寨、罗文谷营。

马兰路东自冷嘴头关起，西至蛾眉山营止，边垣延袤百六十八里有奇。关营寨堡二十有三，楼台一百八十有五。极冲者九：冷嘴头关、大安口关、鲇鱼石关、马兰谷关、宽佃谷关、黄崖口关、彰作里关、黄松谷关、将军石关。次冲缓者十四：龙洞谷、平山寨、马兰谷营、大安口营、鲇鱼石营、古强谷、青山岭寨、太平安寨、黄崖上营、黄崖下营、将军石营、黑水湾寨、峨眉山寨、峨眉山营。

烽堠

边城通人马冲处，建空心敌台。其制：高三四丈不等，周围阔十二丈，有十七八丈不等者。凡冲处，四十步至百步一台，缓处，一百四五十步，或二百余步不等为一台。两台相映，左右相救，骑墙而立。每台百总一名，专管调度攻打；台头副二名，专管台内军器辎重。五台一把总，十台一千总，悉以南兵充之。

凡无空心台处，即以原墩充之，有空心台所相近百步，以台当墩。大约相距一、二里，梆鼓相闻为一墩。每墩设军五名，备号带火炮什物有差。近台者听守台百总调度，不近台者听信地百总调度。烽号赏罚，立为哨守条约，分给官军习学遵行。每一提调下，各设把总二员；每一路，各设传烽官一员，用南方人，以其性便捷而肯用心也。凡遇贼马所向，该墩举烽，左右分传，即边墙延袤曲折，不过瞬息可遍，御备既速，驰援不误。

《各路哨探说》

蓟镇最吃紧惟是哨探。往年哨探不的，屡致闯关。盖边外有西虏，有东虏，而三卫属夷繁衍，杂处其间，住牧有远近，夷性有向背，部落有劲弱，有多寡。欲知彼中消息，设有暗哨，有明哨。暗哨，则出口按拨，常川瞭望者也；明哨，则赍裹入本路常洽虏营，久住探听者也。此不论时日远近，但闻大虏结聚，或属夷暗抢要挟，绰有的犯，随即星夜回关。路将预料虏情，是真是假，又查酋长住某，由某可犯某，须熟知其路径，再度其向犯。果系真信，一面通报抚镇，调兵驰援；一面传楼台峰堠，昼夜加防。其所调应援兵，不必摆墙，或出口埋伏，或口裹荷戈以待。虏一猝至，我火器、火箭、矢石交下，以逸待劳，岂不坐有长算乎？所虑明哨之信不的，路将料敌或舛，我不得挪缓就急，合兵待寇耳。暗哨须计日以换，酌其山川逶迤，或三四里，或五六里，每拨两人，人各执快枪一杆，在树木丛密高处。如瞭见虏酋南向，十人以内，则放枪一杆，二三十人以上，则放枪二杆，以次传至关下，我亦如前堵截。虏或闻炮，侦我有备，必不敢深入，自取败亡。所虑尖夜不肯出口赴拨，而私行樵采，斧声震山谷，往往被虏搜获。我无耳目，贼至关抢掠而高枕卧者有之，所以屡入屡创也。

《平谷县志》

边防

将军石营提调，统本营、峨眉山营、黄松峪关、将军石关、彰作里关、黑水湾寨、峨眉山寨。俱属蓟州兵备道及马兰峪营参将所辖。

镇虏营提调，统本营、熊儿峪营、南水峪关、北水峪关、熊儿峪寨、灰峪口寨、渔子山寨。俱属密云兵备道及墙子岭参将所辖。

《蓟镇守边论》　主事陈绾

蓟镇，京师之环卫也，延袤二千余里，其边防固亦重矣。

说者谓崇冈叠嶂，诸边惟蓟边为可守，而守之者在于兵，所患者兵不足也。愚窃谓蓟边固可守矣，而今之所谓守者，非昔之所谓守也。昔之守边者，专守要害，而余兵以备策应，故兵虽省而不少，力常聚而不分，虏不敢深入肆毒者，制防使然也。今则不择要害，不分奇正，而徒议摆守；把守未必能全，而策应只见其寡，力分势弱，其何以支？就使加兵，亦岂能遍实二千余里之边乎？尝考蓟镇原额兵止四万有余，自二十九年多事之后，抽拨召募，已增至六七万矣，加以防秋客兵，往往不下十余万。去年虏自流河口入，摆守者既无如之何，经二昼夜，而参、游所统之兵，星散瓦解，竟无一枝一队为之应援。副总兵蒋承勋特以数卒堵截，歼于贼手，此何以哉？良由蓟镇有摆守之兵，而无策应之兵，以十万之众，而分派于二千里之边，声威既不足以却敌，缓急又不能以相救，盖聚分之势异而战守之形不相及也。兵法云："所备者多，则所与战者寡。无所不备，则无所不寡。"昔之守边者既有所择矣，且步兵摆守，而马兵以供策应；参将摆边，而游击之兵原无定所者，备缓急也。今则尽参、游马、步之兵，而分派于沿边，名曰各守信地。夫摆守果足以御虏之入，则善矣；万一不能使之不入，则声援隔绝，首尾衡决，其分散者既难仓卒使之聚，而彼以各守信地为名，方将借口以逭其责，孰肯相机策应以冒不测之险哉？是故摆守之兵不可废，而策应之兵尤不可缺也。

夫据险省戍，自古为然。蓟镇冈阜层叠，虏难径入，其平坦易驰逐者，可数而尽也，则不必随处而守亦明矣。夫惟随处而守，此兵之所以常不足也。诚使当事者尽阅蓟边，其冈阜层叠，虏难径入者，略置屯堠，而省其摆守之兵；其平坦易驰逐者，则增多其兵以为摆守。仍以有马之兵挑选团练，分为数队，驻于沿边要害及东西适中之处，一旦有警，则一呼而集，或遏其冲，或邀其惰，纵不能胜，而牵制联络，使不得大逞以饱欲，当不至星散瓦解，如曩日之甚也。夫把守者，正也；策应者，奇也。奇正者，兵家之形也。得其形者，可以战，亦可以守，此动之所以不跌也；不得其形者，可以守，不可以战，徒恃其不来，不恃吾有以待之，兵家之所忌也。盖兵固贵足矣，而有术以张之；守固为急矣，而有略以权之。故蓟镇之守边，不可以不深长思也。

《山海关志》

七里海（城西南七十里，周匝仅七里，可渔）、石河（城西三里，源出义院口关，南入于海。沙石丛积，褰裳可涉。灌以秋潦辄泛涨，急湍怒流，险不可渡。近颇徙决坏居民田庐云）、张果老河（城西三十里，源出温泉，南入于海）、鸭子河（城西北二十五里，源出西北山，流入于石河）、潮河（在城南六里孤山下，海潮止此）、南关河（源出关外东北诸山，由南水关穿长城入。纤流如线，经雨潦辄汹涌，啮城决扉。岁恒为患，至今勤巨役云）、北关河（山原行潦，由北水关穿长城，入横西关厢，南下流入石河）。

山海关（即城之东门。国朝魏国徐公达所建。为朝鲜、女真诸夷国入贡及通辽商贾所由。关法：稽文凭验年貌出入，禁辽卒逋逃并商货非法者。宣德九年，始设兵部郎中来守（注三），历四人易以主事。正统八年，添设守备，武臣同事。正德三年，逆瑾怙权矫上命，以中官赵纲守之，去主事。五年，瑾伏诛，纲坐瑾党罪废，设主事仍旧。十二年，复用中官王秩来守，又革主事。然纲虽逆党，尤知礼重士大夫，绳家奴以法，不敢大肆。秩则纵暴网利，锱铢靡遗，困及遐迩，荼毒之遭，在我山海尤甚（注四）。今上改元，铲除弊政，复设主事，而永革中官。适鄚都黄公景夔来，乃呈部革守备同事。越二年，黄公代去，值主事王公冕为辽妖卒所害，镇守太监李能奏设抽分，而商贾之困，犹夫中官时也。主事新昌邬公阅乃呈部题请永革之，则嘉靖八年秋也）、**南海口关**（城南十里海岸上）、**海口敌台**（在南海口关城尽头处，屹立海水中。嘉靖四十四年建）、**北山敌台**（在旱门关外山梁上。此地高耸，虏每入犯，辄架山梁，城中虚实立见。嘉靖甲子，主事孙应元呈部建立。四面劈凿陡绝，东可以救一片石所辖三道关、蓟子峪，西可以救旱门关，北可以断角山关，窥伺道路）、**北山品坑**（角山至旱门关下，平川无阻，易于驰骋。嘉靖甲子，虏大举入寇，首攻此关。主事孙应元呈部议，凿品窖共计一千一百，每坑直七尺，横七尺，深亦如之。东北至山，西至旱门关，南至瓦铺界上）、**角山关**（城北十二里角山之岭。长城补山截谷，纡回其上，联设墩台三座，以便瞭望。以上设守关官一员，以指挥或千户充之，事总领于守备）（注五）、**三道关**（城东北二十里）、**寺儿谷关**（城东北三十二里）、**一片石关**（城东北三十里）、**庙山口关**（城东北三十里）、**大安口关**（城东北三十里）、**西阳口关**（城东北三十三里）、**黄土岭关**（城东北三十八里）、**炕儿谷堡**（城东北四十五里）、**无名口关**（城东北四十八里）、**大青山口关**（城东北五十里。以上于一片石设指挥一员提调总之）。**小河口关**（城北七十五里）。**娃娃谷堡**（城北七十五里）、**小毛山口关**（城北七十五里）、**大毛山口关**（城北七十五里）、**董家口关**（城北七十五里）、**柳河冲堡**（城北七十五里）、**城子谷关**（城北八十五里）、**水门寺关**（城北七十五里）、**平顶谷关**（城北七十五里）、**长谷口关**（城北七十五里）、**义院口关**（城北七十里）、**拿子谷关**（城西北七十五里）、花场谷关（城西北七十五里）、苇子谷关（城西北七十里。以上于义院口设指挥一员提调总之）。

《新志》

一片石关（去庙山口二里）、庙山口关（去西阳口三里）、西阳谷堡（去黄土岭五里）、黄土岭关（去炕儿峪八里）、炕儿峪关（去大青山二里）、大青山口关（去大毛山一十五里。以上俱属黄土岭提调官总之）、大毛山口关（去董家口二里）、董家口堡（去城子谷五里）、城子谷关（去水门寺三里）、水门寺（去平顶谷五里）、平顶谷堡（去板场十五里，去长谷十五里。以上俱属大毛山提调官总之）、板场谷堡（去义院口五里）、义院口关（去拿子谷三里）、拿子谷堡（去花场谷十里）、花场谷堡（去孤石谷二十五里）、孤石谷堡（去甘泉十五里）、甘泉堡（去平山营十五里。以上俱属义院口提调总之，近因抚夷冲关，改为守备职衔）、老岭（原在旧边之外，因山陡险，难修边墙，后零贼每从窟窿山瞭望内地肆掠。万历元年，戚总理修边，始于其上建立敌台，以戒不虞云。按一片石、黄土岭多有逃军扒越）、石门路营（参将一员分守。其黄土岭、大毛山、义院口各以钦依提调一员或守备，俱属统辖。去一片石三十五里）。

附：按蓟镇分东、西、中三协，而东协为路者四。兹志山海也，而关堡独附石门者何？考嘉靖以前，山海、石门共为一路，以监铨内臣守之，而山海仅设守备一员。至嘉靖二十八年，山海召募游兵三千，统以游击，时犹非额设也。及三十六年，石门改设参将，而山海守备实属之，俱燕河副总兵所辖。后嘉靖末、隆庆初，虏屡犯山海等处，始题准山海仍设参将，割一片石以东三道关、寺儿峪改隶山海，而屹然列为二路矣。然要害相联，声势相应，二而一者也。且今一片石关启闭锁钥，尤统于山海，故附录之。

《四镇三关志》

蓟镇疆域

东自山海关，连辽东界，西抵石塘路开连口，接慕田峪昌镇界，延袤一千七百六十五里。

山海关　东至辽东广宁前屯卫中前所三十里，西至抚宁县九十里，南至海十里，北至义院口外。

石门路　东自一片石，西至甘泉堡，延袤一百六十里，南至抚宁县（义院口属下各隘口七十里。大毛口属下各隘口七十五里，一片石属下各隘口九十里），北即口外。

台头路　东自星星谷，西至梧桐谷，延袤一百一十六里，南至抚宁县（青山口属下各隘口七十里，界岭口属下各隘口七十五里），北即口外。

燕河路　东自桃林口，西至白道口，延袤一百三十里，南至永平府（冷口属下各隘口十里，桃林口属下各隘口七十五里），北即口外。

太平路　东自白羊谷，西至榆木岭关，延袤七十三里，南至迁安县（榆木岭属下各隘口七十里，擦崖子属下各隘口五十五里），北即口外。

喜峰口路　东自铁门关，西至团亭寨，延袤九十四里，南至遵化县（大喜峰口属下各隘口一百二十里）、迁安县（董家口属下各隘口八十里)，北即口外。

松棚路 东自潘家口，西至山口寨，延袤一百五十五里，南至遵化县(罗文峪属下各隘口二十五里，洪山口属下各隘口五十里，龙井儿属下各隘口八十里)，北即口外。

马兰路 东自石崖岭寨，西至峨眉寨，延袤二百三十六里，南至蓟州(将军营属下各隘口五十里，黄崖口属下隘口六十里)、遵化县(宽佃谷属下隘口六十里，六安口属下各隘口三十五里)，北即口外。

墙子路 东自鱼子山，西至大黄崖口，延袤二百三十一里，南至密云县(墙子岭属下各隘口九十里，镇虏营属下各隘口七十里)，北即口外。

曹家路 东自小台儿寨，西至将军台寨，延袤一百三十五里，西南至密云县(曹家寨属下隘口一百八十里)，北即口外。

古北路 东自卢家安寨，西抵蚕房谷寨，延袤九十五里，南至密云县(潮河川属下各隘口一百里，古北口属下各隘口一百里)，北即口外。

石塘岭路 东自陈家峪口，西抵开连口，延袤二百五十里，南至怀柔县、密云县(石塘岭属下各隘口至怀柔县约三十五里，白马关属下各隘口至密云县八十里)，北即口外。

昌镇疆域

东自慕田峪连石塘路蓟镇界，西抵居庸关、镇边城，接紫荆关真、保镇界，延袤四百六十里。

居庸关 东自西水峪口黄花镇界九十里，西至镇边城坚子峪口紫荆关界一百二十里，南至榆河驿宛平县界六十里，北至土木驿宣府界一百二十里。

居庸路 东自门家峪口，西至糜子峪口，延袤一百五十里，南至关（石峡峪属下各隘口约五十里，八达岭属下各隘口约四十里，灰岭属下各隘口约远六十里、近二十里），北至永宁城宣府地（各属下隘口约一百里）。

黄花路 东自慕田峪，西至枣园寨，延袤一百八十里，南至昌平州（黄花镇属下各隘口约八十里，渤海所属下各隘口约一百里），北至四海冶宣府地（各属下隘口约五十里）。

横岭路 东自软枣顶，西至挂枝庵，延袤一百三十里，南至居庸关（镇边城属下隘口约一百三十里，横岭属下隘口约一百里，长峪属下隘口约一百里，白羊口属下隘口约一百五十里），北至怀来城宣府地（各属下隘口一百里）。

真保镇疆域

东自紫荆关沿河口连昌镇镇边城界，西抵故关鹿路口，接山西平定州界，延袤七百八十里。

紫荆关 东至易州九十里，西至山西广昌县九十里，南至满城县一百二十里，北至马水口一百八十里，东北至沿河口昌镇界三百里，西南至插箭岭一百二十里，东南至保定府一百八十里。（金水口七隘口，南至关约一百里。盘石口七隘口，东至关约六十里。黄土岭十隘口，东至关约九里。奇峰口至东峪口五隘口，至关约二十五里。峰门岭口至干河口西至关，约一百八十里。乌龙潭口五隘口，西至关约三百里。马水口九隘口，南至关约一百三十里。大龙门十一隘口，西南至关约二百里。沿河口十一隘口，西南至关约三百里。浮图峪四隘口，东至关约一百里。乌龙沟九隘口，东至关六十里。白石口十三隘口，东至关约一百三十里。)

倒马关 东至完县界一百八十里，西至山西大同府界五百里，南至曲阳县一百五十里，北至广昌县九十里。(上关三隘口，东南至关约一十五里。柳角庵四隘口，南至关约四十里。插箭岭十三隘口，南至关约六十里。军城八隘口，西北至关约六十里。落路口十三隘口，东北至关约一百四十里。吴王口十九隘口，东北至关约三百五十里。)

龙泉关 东至阜平县七十里，西至涌泉寺二十五里，南至白草驼三十里，北至银河村四十里。(北路龙泉关至膰杆岭，十八隘口，至关约四十里。青杆岭至三关子口，三隘口，至关一百里。中路繇子崖至沙岭，八隘口，至关一百六十里。孤榆树至红沙崖，十八隘口，至关约三百里。南路十八盘至油沟，二十二隘口，至关约三百七十里。)

故关(近改故为固) 东至井陉县四十里，西至平定州八十里，南至泉水头口六十里，北至娘子关二十里。(北路十二隘口，至关约六十里。南路二十三隘口，至关约一百三十里。)

辽镇疆域

东起自鸭绿江，连朝鲜国界，西抵瑞昌堡、山海关，连蓟镇边界，延袤一千五百七十五里；南起旅顺海口，北抵开元境外旧归仁县边界，九百八十里。

辽阳镇 东至鸭绿江五百三十里，东北至东夷建州营七百九十里，南至海岸六百五十里，东南至东海万滩岛岸七百里，西至三岔河一百五十里，西北至曲吕金山四百五十里，北至境外旧归仁县四百五十里，西南至平洋桥二百五十里。(辽阳城东至清和堡边外二百五十里，西至长安堡边界五十里，南至海州界一百二十里，北至开元界二百四十里，属下抚顺所等各边隘口，延袤二百五十五里。险山堡城东即边外，西抵辽阳甜水站界，南自江沿台边界起，北抵孤山堡界止，边长三十八里。开原城东至分水岭边界二百里，西至辽河八十里，南至沙河、抚顺驿界五十里，北至旧归仁县边外二百一十里。属下中固、泛河、懿路城所辖各隘口，延袤四百三十八里。铁岭城东至老虎口西七十里，西至双城六十里，南至沈阳蒲河界八十里，北至开原沙河界四十里。属下抚安堡等各隘口，延袤四十六里。沈阳城东至抚顺关边界一百里，西至静安堡边界七十里，南至沙河辽阳界一百一十里，北至蒲河所界四十里。属下静远堡等各隘口，延袤八十四里。海州城东至凤凰城界一百五十里，西至广宁界一百二十里，南至盖州界七十里，北至辽阳界六十里。属下西宁堡等各隘口，延袤四十里。盖州城东至岫岩二百五十里，西至海一十里，南至复州界一百七十里，北至孛罗铺三十里。复州城东至东海岸二百四十里，西至西海岸四十五里，南至古城铺金州卫界八十五里，北至八家铺盖州卫界一十二里。金州城东至东海岸一百里，西至西海滩二里，南至旅顺口一百二十里，北至孛兰铺复州卫界九十五里。永宁监东至高烟冲二十里，西至海十里，南至孟家川十里，北至五十寨十五里。以上盖、复、金三卫并本监俱近海，无隘口。）

广宁镇 东至三岔河三百里，东北至属夷福余卫界三百五十里，南至海岸二百三十里，东南至平洋桥一百五十里，西至一片石四百五十里，西北至大宁故城四百八十里，北至属国泰宁卫界三百二十里，西南至山海关五百五十里。（广宁城东至平洋铺抵海州界二百里，西至牵马岭义州界六十里，南至大凌河义州界一百二十里，北至中平山九十里。属下镇远堡等各隘口，延袤二百二十七里。镇武城自西宁堡东抵海州界至镇武本堡，西抵广宁界各隘口，边长一百五里。义州城东至广宁医巫闾山五十里，西至牛心山边界六十里，南至广宁中屯蛤蜊河界七十里，北至骆驼岭广宁界六十里，属下大定堡等各隘口，延衺一百五十四里。锦州城东至大凌河四十里，西至宁远卫一百二十里，南至海岸五十里，北至义州解山界五十里，西北至旧建州边界一百五里。属下六兴堡等各隘口，延衺一百三十里。宁远城东至广宁中屯、杏山驿界八十里，西至前屯中后所界八十里，南至海岸二十里，北至松山堡抵锦州界四十里。属下椴木冲等各隘口，延衺一百六十三里。广宁右屯城东至海岸三十里，西至大凌河二十五里，南至海岸三十里，北至十三山三十五里。前屯城东至宁远卫界六十里，西至山海关界七十里，南至海岸二十里，北至十八盘山边界九十里。属下锦川堡等各隘口，延衺一百三十九里。）

昌镇形胜

乘障

居庸路（隘口一十八）。

居庸关（城一座，跨两山，周十三里，高四丈二尺。建置年代见沿革）。

灰岭下

养马峪（嘉靖十五年建，缓）、**虎峪口**（嘉靖十五年建，缓）、**德胜口**（嘉靖十五年建，通大、小红并柳沟。来骑三十里外马蹄石，缓）、**雁门口**（嘉靖十五年建，本口窄险，缓）、**锥石口**（嘉靖十五年建，宽漫三十里，外阑石稍险，迤南十里，西通郭家庄路，通单骑，冲）、**贤庄口**（嘉靖十五年建，通永宁、南山、塔儿，来骑东北通白龙潭，险。本口路窄，缓）、**灰岭口**（嘉靖十五年建，缓）、**门家峪口**（嘉靖十五年建，通白龙潭路，来骑极冲。以上二路隘口尚多，内口不守者不载），边城二十六里（嘉靖三十年建），附墙台七座。

八达岭下

于家冲（永乐年建，水口正城迤东一空，通单骑，次冲。正关水口通大川，平漫。西山墩迤西至青石顶墩，通于家沟，俱通众骑，极冲。余通步，缓）、化木梁（永乐年建，平漫。中三墩空，通众骑，极冲。余缓）、黑豆峪（永乐年建，威靖墩至冲峪墩，通众骑，极冲。余通单骑，冲）、八达岭口（弘治年建，自熊窝顶至门西敌楼，平漫。临大川，通众骑，极冲。余通步，缓）、王瓜谷（永乐年建，赵家驼墩三空，俱平漫。通众骑，极冲。水口宽敞，南北石门地高。冲）、青龙桥东口（永乐年建，东西头青龙墩迤东、北山墩迤西俱平。通众骑，极冲）、石佛寺口（永乐年建，草花顶迤南通步，缓），边城二十四里半（嘉靖三十年建），附墙台四座（嘉靖三十年建）、空心敌台四十三座（隆庆三年至万历元年节次建）。

石峡峪下

糜子峪口（永乐年建，正关水口并镇西墩至南山墩，通陈家坟，俱平漫，通众骑，极冲。余通步，缓）、石峡峪口（永乐年建，城东头至石崖子口，通单骑，次冲）、花家窑（永乐年建，龙芽菜沟通单骑；冲城东头至西头水口平漫，通众骑，极冲），边城一十六里（嘉靖三十年建），附墙台十座（嘉靖三十年建）、空心敌台二十五座（隆庆三年至万历元年节次建），黄花路（隘口一十有七）。

渤海所下

大榛峪口（永乐年建，通四海冶。本口通步，缓）、驴鞍岭口（永乐二年建，通步，缓）、磨石口（永乐二年建，二道关并东山墩、空水口通众骑，极冲）、擦石口（嘉靖二十三年建，通步，缓）、田仙

峪寨（永乐二年建，缓）、**贾儿岭口**（嘉靖十五年建，界牌石迤西安宁台、大管仲渠两口安至德胜堂，通步，缓）、**慕田峪关**（永乐二年建，正关迤西王家驼至界牌石各墩空，俱平漫，临大川，通众骑，极冲。余通步，缓），**边城八十一里半**（嘉靖三十年建），**附墙台四座**（嘉靖三十年建）、**空心敌台四十四座**（隆庆三年至万历元年节次建）。

黄花镇下

枣园寨口（永乐年建，通步，缓）、**石城峪口**（永乐年建，通步，缓）、**西水峪口**（永乐年建，通永宁南山议炮儿并韩家川，通众骑，极冲）、**石湖峪口**（正德八年建，缓）、**撞道口**（永乐二年建，内洼外阜，受敌，极冲。桃园东、西墩空，通步，缓）、**蹶子峪口**（嘉靖二十三年建，宽漫，通众骑，极冲）、**本镇口**（嘉靖十七年建，二道关通四海冶。来骑由三道关往西南，道路宽漫，通众骑，极冲）、**小长峪口**（永乐年建，通步，缓）、**大长峪口**（永乐年建，山险，通步，缓）、**南冶口**（永乐二年建，通步，缓），**边城五十五里半**（嘉靖三十年建），**附墙台二座**（嘉靖三十年建）、**空心敌台二十九座**（隆庆三年至万历元年节次建）、**战台四座**（查系陵寝重地，有警，屯驻战兵，故特设此四台云），**横岭路**（隘口三十九）。

白羊口下

西黄鹿院（正城，嘉靖四十四年建。正安并西安俱平漫，通众骑，极冲）、**秋树洼**（嘉靖四十四年建，平漫，通众骑，极冲）、**东黄鹿院**（嘉靖四十四年建，平漫，通众骑，极冲）、**桑木顶**（嘉靖二十三年建，缓）、**西山安**（永乐年建，通步，缓）、**牛腊沟**（嘉靖二十三年建，通大川，平漫，通众骑，极冲）、**石板冲**（嘉靖二十三年建，缓）、**软枣顶**（永乐年建，缓），**边城一十一里**（嘉靖三十年建，四十四年增修），附墙台三座、空心敌台一十九座（隆庆三年至万历元年节次建）。

长谷城下

轿子顶（嘉靖二十五年建，平漫。东自银洞梁西墩至轿子顶墩，再迤西至黄石磋，通众骑，冲）、银洞梁（永乐年建，东墩至西墩山顶一道，通单骑，冲）、分水岭（永乐年建，东墩至西墩警门，平漫，通众骑，极冲。馀通步，缓）、镜儿谷（永乐年建，通步，缓）、窟窿山（永乐年建，水口平漫，通骑，冲。馀通步，缓）、沙岭儿（永乐年建，自茶茅驼墩至沙岭儿战台，东、西安俱平漫，通众骑，极冲。馀缓）、茶芽驼（永乐年建，平漫，俱通众骑，极冲），边城一十五里（嘉靖三十四年建，四十四年修），附墙台一座、空心敌台二十三座（隆庆三年至万历元年节次建）。

横岭下

庙儿梁（永乐年建，平漫，通众骑，极冲）、倒翻冲（永乐年建，通川谷，平漫，通众骑，极冲）、姜家梁（永乐年建，平漫，通众骑，极冲）、小山口（永乐年建，沟谷通单骑，冲）、莺窝驼（永乐年建，缓）、陡岭口（永乐年建，通步，缓）、大石沟（永乐年建，平漫，通众骑，极冲）、西核桃冲（永乐年建，平漫，通众骑，极冲）、东核桃冲（永乐年建，平漫，通众骑，极冲）、寺儿梁（永乐年建，平漫，通众骑，极冲）、火石岭（永乐年建，平漫，通众骑，极冲）、西凉水泉（永乐年建，平漫，通众骑，极冲）、东凉水泉（永乐年建，水口迤西，平漫，通众骑，极冲。馀通步，缓）、黄石崖（永乐年建，通单骑，冲），边城三十一里（嘉靖三十四年建，四十四年修），附墙台三座、空心敌台二十八座（隆庆三年至万历元年节次建）。

镇边城下

挂枝庵（嘉靖三十八年建，通步，缓）、秋树洼（嘉靖三十年建，通步，缓）、松树顶（嘉靖三十年建，通步，缓）、水门（嘉靖三十年建，平漫，通众骑，极冲）、南唐儿庵（嘉靖三十年建，边外平漫，水口空阔，通众骑，极冲）、北唐儿庵（嘉靖三十年建，平漫，通众骑，极冲）、尖山顶（嘉靖三十年建，通步，缓）、车头沟（嘉靖三十年建，山险，通步，缓）、黑冲峪（嘉靖三十年建，平漫，通众骑，极冲。北梁通步，缓）、柳树洼（永乐年建，平漫，通众骑，极冲），边城二十一里（嘉靖三十四年建，四十四年修），附墙台五座、空心敌台三十二座（隆庆三年至万历元年节次建）。

各路城堡

巩华城一座（内有行宫，景泰元年建）、镇边城一座、横岭城一座（弘治十八年建）、长峪城一座（正德十五年建）、白羊口堡一座（景泰元年建）、居庸上关城一座（永乐二年建）、八达岭城一座（弘治十八年建）、黄花镇城一座（景泰四年建）、渤海新旧营城二座（嘉靖二十七年建）、南口门堡城一座（永乐二年建）、岔道堡城一座（八达下极冲，为居庸要害。隆庆五年建）。

辽镇形胜

乘障

辽阳下（城一，堡二十四）。

中路辽阳城（洪武壬子年建）、鞍山驿堡（缓）、长店铺堡（缓）、虎皮驿堡（缓）、沙河铺堡（缓）、甘泉铺堡（缓）、八里铺堡（缓）、烂泥铺堡（缓）、首山铺堡（缓）、板桥铺堡（缓）、山坳铺堡（缓）、接官厅铺堡（缓），路台二十四座（嘉靖二十八年建，隆庆六年、万历元年节次增建）。东路马根单堡（缓）、散羊峪堡（嘉靖二十五年建，缓）、一堵墙堡（嘉靖二十五年建，缓）、碱场堡（缓）、清河堡（嘉靖二十九年修，冲）、张其哈喇佃子堡（万历元年建，缓），敌台四十九座，边墙九十四里（洪武年设，嘉靖四十四年修）。西路长勇堡（冲）、长胜堡（冲）、武靖营堡（缓）、长定堡（冲）、长宁堡（冲）、长静堡（冲）（上六堡洪武年建，隆庆五年至万历二年节次建），长安堡（嘉靖四十年修，冲），敌台八十二座，边墙一百七十里（洪武年建，嘉靖四十四年修）。

险山下（堡十四）。

宽奠子堡（万历元年建，缓）、长岭堡（万历元年建，冲）、洒马吉堡（缓）、散等堡（万历元年建，缓）、叆阳堡（冲）、双堆儿堡（万历元年建，缓）、汤站堡（缓）、凤凰城堡（嘉靖四十四年改为定辽右卫城）、长佃子堡（万历元年建，缓）、镇东堡（缓）、草河堡（缓）、镇夷堡（缓）、青台峪堡（缓）、甜水站堡（缓），敌台七十四座，边墙七十四里。

开原下（城一，堡十）。

开原城（洪武二十二年建，缓）、清阳堡（冲）、古城堡（冲）、庆云堡（冲）、永宁堡（缓）、镇夷堡（冲）、镇北堡（冲）、靖安堡（冲）、威远堡（冲）、松山堡（冲），以上九堡俱洪武年建，隆庆五年至万历二年节次建。马市堡（隆庆五年修，缓），路台七座，敌台一百一十八座，边墙二百七十一里。

中固下（城一，堡二）。

中固城（永乐五年建，缓）、东路柴河堡（冲）、西路定远堡（冲），以上二堡俱隆庆五年至万历二年节次修。路台四座，敌台二十九座，边墙六十里。

铁岭下（城一，堡五）。

铁岭城（辽、金时银州旧址，洪武二十年修）、东路抚安堡（冲）、西路镇西堡（缓）、曾迟堡（冲）、平定堡（缓）、彭家湾堡（缓），以上五堡俱隆庆五年至万历二年节次修。路台七座，敌台三十五座，边墙五十二里。

汎河下（城一，堡二）。

汎河所城（正统四年建）、东路白家冲堡（缓）、西路宋家泊堡（冲），以上二堡俱隆庆五年至万历二年节次修。路台八座，敌台一十六座，边墙三十一里。

懿路下（城一，堡二）。

懿路所城（永乐五年建）、东路三岔儿堡（冲）、西路丁字泊堡（缓），以上二堡俱隆庆五年至万历二年节次建。路台十座，敌台二十一座，边墙六十六里。

沈阳下（城三，堡九）。

中路沈阳城（洪武二十三年建，隆庆三年修）、奉集堡（缓）、威宁营堡（缓）、东路抚顺所城（洪武十七年建）、会安堡（冲）、东州堡（冲），路台七座，敌台三十九座，边墙三十六里。

西路静远堡（缓）、长营堡（冲）、平虏堡（冲）、上榆林堡（冲）、十方寺堡（冲），以上五堡洪武年建，隆庆五年修。蒲河所城（正统二年建，缓）。路台五座，敌台六十一座，边墙八十四里（隆庆五年至万历二年节次建）。

镇武下（西宁、西平、西兴系行太仆寺所属地方三堡，分管于此，共堡五）。

镇武堡（冲，洪武年建，嘉靖四十二年修）、西平堡（冲，嘉靖三十八年修）、西宁堡（冲）、西兴堡（冲）、平洋堡（冲，隆庆五年建），路台二十七座，敌台五十九座，边墙一百七里（万历元年、二年用砖石包修）。

广宁下（城三，堡一）。

广宁城（洪武初建，永乐中修，嘉靖四十二年重修）、开阳驿城（缓）、盘山驿城（缓）、高平堡（新增）。

正安下（堡八）。

正安堡（冲）、团山堡（冲），以上二堡隆庆五年建。镇宁堡（冲）、镇远堡（冲）、镇安堡（冲）、镇静堡（冲，嘉靖四十年修）、镇边堡（冲）、镇夷堡（冲），以上六堡洪武年间建，隆庆五年至万历二年节次修。敌台七十九座，边墙一百七十二里。（万历元年、二年用砖石包修）。

义州下（城二，堡十）。

义州城（洪武二十二年建，正德初年修）、牵马岭驿城（缓）、大清堡（冲）、大靖堡（冲）、大宁堡（冲）、大平堡（冲）、大康堡（冲）、大安堡（冲）、大定堡，以上城堡俱洪武年建，隆庆五年至万历二年节次建。戚家堡（冲，隆庆五年建）、狗河寨堡（冲）、大顺堡，以上二堡俱万历元年建。路台八座，敌台一百二十座，边墙一百五十六里（万历元年、二年用砖石包修）。

锦州下（城五，堡六）。

锦州城（洪武二十四年建，成化十二年、弘治十七年节次修）、松山所城（宣德年建，嘉靖四十二年修，冲）、大凌河所城（宣德年间建，嘉靖四十二年修，冲）、小凌河城（缓）、杏山驿城（缓）、大茂堡（冲）、大胜堡（冲）、大镇堡（冲）、大福堡（冲）、锦昌堡（冲，隆庆五年建）、大兴堡（冲），以上各堡俱隆庆五年至万历二年节次修。路台一十七座，敌台九十七座，边墙一百四里（万历元年、二年用砖石包修）。

宁远下（城五，堡十六）。

宁远城（冲，宣德年间建，嘉靖四十三年修）、中左所城（冲）、中右所城（冲），以上二城宣德五年建，嘉靖四十二年重修。连山驿城（冲）、曹庄驿城（缓）、椴木冲堡（冲）、长岭山堡（冲）、沙河儿堡（冲）、松山寺堡（冲）、灰山堡（冲）、寨儿山堡（冲）、白塔峪堡（冲）、兴水县堡（冲）、小团山堡（冲）、仙灵寺堡（冲）、曲尺河铺堡（缓）、双树铺堡（缓）、团山屯堡（缓）、高桥铺堡（缓）、玉刀堡（缓）、五里桥屯堡（缓），以上十六堡俱隆庆五年至万历二年节次修。路台三十二座，敌台一百五十五座，边墙二百二里（万历元年、二年用砖石包修）。

前屯下（城六，堡二十四）。

前屯城（洪武二十五年建，宣德正、统节次修）、中后所城（冲）、中前所城（冲），以上二城俱宣德三年建。高岭驿城（缓）、沙河驿城（缓）、东关驿城（缓）、新兴营堡（冲）、三道沟堡（冲）、黑庄窠堡（冲）、锦川营堡（冲）、高台堡（冲）、瑞昌堡（冲）、平川营堡（冲）、三山营堡（冲）、永安堡（冲）、背阴障堡（冲，嘉靖二十五年建）、铁场堡（冲）、八里铺堡（缓）、下马驿屯堡（缓）、石河铺堡（缓）、永丰大寨堡（缓）、双墩铺堡（缓）、长安大寨堡（缓）、徐官屯堡（缓）、古城寨堡（缓）、王二庄堡（缓）、永安寨堡（缓）、王堡屯堡（缓）、蒋千户屯堡（缓）、铁岭堡（缓），路台三十六座，敌台一百一十六座，边墙二百六十八里（万历元年、二年用砖石包修）。

广宁右屯下（城三，堡一）。

右屯城（洪武二十六年建，永乐年修）、十三山驿城、铁场所城（天顺年间设）、孙忠堡（缓），路台二十四座，敌台十一座。

金州下（城十七，堡八，以后四处系沿海防倭地方，无边墙）。

金州城（洪武四年建，十四年修，嘉靖四十二年重修）、南关厢城、北关厢城、木场驿堡（缓）、旅顺口堡（洪武四年建，缓，永乐十年修）、望海埚堡（缓）、黄骨岛堡、石河驿堡（缓）、盐场堡（缓）、牛心山城（缓）、赛歌山城（缓）、金鹿山城（缓）、虎洞山城（缓）、小黑山城（缓）、中顶山城（缓）、太白东嘴山城（缓）、岛山城（缓）、成儿山城（缓）、可罗山城（缓）、缩利把山城（缓）、镟城山城（缓）、望高山城（缓）、狍子山城（缓）、归服堡（缓）、红嘴堡（缓），以上二堡嘉靖三十二年建。敌台九十五座。

复州下（城四，堡二）。

复州城（洪武十五年建，嘉靖四十二年重修），大黄山城（缓）、吕红山城（缓）、骆驼山城（缓）、栾古驿堡（缓）、羊官堡（缓）。敌台二十九座。

盖州下（城二十三，堡四）。

盖州城（洪武五年建，嘉靖四十三年修，缓）、熊岳堡（缓）、五十寨堡（缓）、伏兵堡（缓）、岫岩堡（缓）、关山堡（缓）、曹家柞子山城（缓）、铁矿山城（缓）、永宁监城（永乐七年建，嘉靖十四年修建，缓）、赤山城（缓）、猫儿岭山城（缓）、霹雳山城（缓）、西家山城（缓）、壅石岩山城（缓）、冰谷山城（缓）、黄孛罗背山城（缓）、一面山城（缓）、匾山城（缓）、石丘山城（缓）、小观嘴山城（缓）、得力山城（缓）、挂剌河山城（缓）、夹河山城（缓）、马牙山城（缓）、松山城（缓）、龙潭山城（缓）、七家嘴山城（缓），敌台八座。

海州下（城一，堡三）。

海州城（洪武九年建）、东胜堡（缓）、东昌堡（缓）、耀州堡（缓），路台十二座，敌台四十四座，边墙四十四里。

各路关城

连山关（辽阳城东南一百八十里，朝鲜入贡由此）、镇朔关（叆阳城北三里）、抚顺关（沈阳城东北，抚顺城东二十里，建州朝贡互市由此）、广顺关（开原城东六十里，靖安堡地方）、镇北关（开原城东北七十里，夷人朝贡互市由此）、新安关（开原城西六十里，庆云堡地方）、镇远关（广宁城东北七十里，夷人互市由此）、分水岭关（广宁城北八里，建镇北楼三间）、旅顺口关（金州城南一百二十里，海运舟至此登岸）、梁房口关（海州城西南七十里，海运船由此入辽河）。

《四镇三关志·职官》

昌平（总兵、永安坐营、标兵游击、昌平游击、守备）、居庸（参将）、黄花（参将、守备）、巩华（游击）、怀柔（守备）、灰岭口、（守备）、石峡峪（守备）、八达岭（守备）、白羊城（守备）、镇边城（守备）、渤海所（提调）、长峪城（提调）。

镇守总兵官开府三屯营，协守中路副总兵驻扎三屯营，协守东路副总兵驻扎建昌营，分守各路参将游击将军：一驻汉儿庄营，一驻滦阳营，一驻大喜峰口，一驻太平寨营。提调各关营把总近奉钦依以都指挥体统行事：洪山口提调、龙井关提调、潘家口提调、董家口提调、擦崖子提调、冷口关提调、榆木岭提调、李家峪提调、三屯营守备、建昌营守备。

关营

营设管操官一员，指挥内用之。汉儿庄营（在县西北一百八十里）、滦阳营（在县西北一百六十里）、三屯营（在县西北一百二十里）、青山驻操营（在县西北八十里）、青山营（在县西北七十里）、太平寨营（在县西北六十里）、五重安营（在县西北五十里）、建昌营（在县北四十里）、徐流营（在县东北四十五里）、刘家营（在县东北五十里）。

关寨各设守把官一员，千百户内用之。洪山口关（在县西北二百里）、李家峪关（在县西北一百九十里）、廖家寨（在县西北一百八十五里）、张家安寨（在县西北一百八十三里）、椽八峪寨（在县西北一百九十一里）、龙井儿关（在县西北一百八十五里）、小喜峰口关（在县西北一百八十二里）、大喜峰口关（在县西北一百八十里）、潘家口关（在县西北一百七十里）、董家口关（在县西北一百五十里）、大青山关（在县西北九十里）、榆木岭关（在县西北八十五里）、烂柴沟关（在县西北七十五里）、新开岭关（在县西北七十里）、游乡口关（在县西北六十里）、五重安关（在县西北五十里）、擦崖子关（在县西北四十五里）、白羊峪关（在县北四十里）、白道子关（在县北三十八里）、石门子关（在县北三十五里）、冷口关（在县北四十五里）、河流口关（在县东北五十里）、徐流口关（在县东北五十里）、佛儿峪关（在县东北五十三里）、孤窑儿寨（在县东北五十五里）、刘家口关（在县东北六十里）。

《山石志》按蓟镇分东、西、中三协，而东协为路者四。嘉靖以前，山海石门共为一路，而山海仅设守备一员。暨三十六年，石门改设参将，而山海守备实属之，俱燕河副总兵所辖。后嘉靖末、隆庆初，虏屡犯山海等处，始题准山海仍设参将，割一片石以东三道关、寺儿峪改隶山海，而屹然列为二路矣。自东虏犯顺，万历四十八年，置道山海，山、石俱为所辖。然要害相连，声势相应，二而一者也。

营制

按关门营制之设，东事以来，总戎时援辽境，官如传舍，兵若借乘。自天启二年，阁部孙公承宗始置三部元戎，设立营伍。迨崇祯五年，抚台丘公禾嘉；六年，抚院杨公嗣昌；九年，抚台冯公任，俱有更置。抚台朱公国栋，熟酌人地，因势而变通之，确然有一定之经制矣。

天启二年始定经制。中部五营：（属总兵马世龙）。神武营、威武营、戡定营、纬武营、戢武营。南部五营：（属总兵王世钦）。宁武营、襄武营、定武营、耀武营、龙武营。北部五营：（属总兵尤世威）。振武营、奋武营、英武营、雄武营、翼武营。前部副将五营：（赵率教）。广武营、宣武营、肃武营、壮武营、彰武营。后部副将五营：（孙谏）。骠武营、骁武营、捍武营、捷武营、冲武营。一片石五营：招武营、健武营、靖武营、经武营、修武营。以上阁部孙公承宗定自天启五年，至崇祯四年更换营制，因东援官掾阵亡，文卷无存，难稽。

崇祯五年酌定营制。骠骑营、镇标内丁营、骁骑左营、骁骑右营、本道标下飞骑营、镇城中营、镇城左营、镇城右营、罗城营、南海中营、南海左营、南海右营、北山中营、北山左营、北山右营、一片石营、黄土岭营、城子峪营、义院口营、中前所骑营、中前所城守营、铁场堡并永安堡、海防左营、沙唬辽船五十只、山海军器局、石门军器局。以上抚院丘公禾嘉定。

崇祯六年更换营制。亲丁营、铁骑中营、铁骑前营、铁骑后营、铁骑右营、骠骑营、骁骑左营、骁骑右营、镇标内丁营、道标飞骑营、镇城中营、镇城左营、镇城右营、罗城营、南海中营、南海左营、南海右营、北山中营、北山左营、北山右营、一片石营、黄土岭营、城子峪营、义院口营、海防左营、中前城守营、铁场堡、山海军器局、石门军器局。以上抚院杨公嗣昌更。

崇祯七年更营制。监标营、亲丁营、内丁营、飞骑营、骁骑中营、骁骑左营、骁骑右营、铁骑中营、铁骑前营、铁骑后营、铁骑左营、铁骑右营、镇城中营、镇城左营、镇城右营、罗城营、南海中营、南海左营、南海右营、北山中营、北山左营、北山右营、一片石营、黄土岭营、城子峪营、义院口营、海防中营、海防左营、海防右营、中前所城守营、铁场堡、山海军器局、石门路军器局。以上自崇祯七年至本年终抚院杨公嗣昌更。

崇祯八年更营制，同前。

崇祯九年新定营制（抚院冯公任定）。监标两营、抚标两营、大拨营、铁骑中营、铁骑左营、海防营、陆运营，余营仍前。

崇祯十三年更定经制（抚院朱公国栋定）。抚标前营（骁骑左营改）、抚标后营（监标右营改）、镇标左协中营（监标右营改）、镇标左协左营（监标左营改）、镇标左协右营（骁骑火攻营改）、镇标右协中营（镇标左营改）、镇标右协左营（镇标右营改），余仍旧。

东路协守营（辖于三屯营正总兵，故此曰东路协守）。正统元年设，镇守以中官充之；嘉靖九年，革中官，改游击；三十三年，改分守副总兵；四十年，改游兵参将；隆庆三年，革参将，敕协守副总兵（驻扎建昌营）；万历四年，给关防；二十四年，敕都督佥事为副总兵，辖四路（改驻台头营，建公署，以便应援）。

山海路

（元为迁民镇，洪武初止设卫，则曰“卫”；洪武十五年，革指挥管事，设提调守备，筑城为关，则曰“关”；万历三年，辖于东路协守营，则曰“路”，乃所辖四路之首也。革守备，设参将。）

关城（周八里一百三十七步四尺，高四丈一尺，筑以砖。诸关之城，此最高坚。东、西、南、北四门，各设重楗，上竖楼橹，构铺舍以便夜巡。水门三，居东、西、南三隅，因势下城中积水以便蓄泄，石柱为栅。置铺舍，设兵值役。此关北山、南海相距十里许，为畿东险隘，辽、蓟咽喉。徐武宁王营建之力也。弘治十三年，都御史洪钟各边修置关营三十六座，此关加修尤多，凿池更为深阔，冬夏不涸）。

山海路旧辖城堡（自寺儿峪起，接一片石关、南山墩、南山崖止，计地五十里）。

山海关 罗城（即附山海城。东，万历十二年建；西，崇祯十五年建）。南海口关（在城尽处，濒海）、角山关（有城在城北二十里山颠，守备之所辖，以此为界）、三道关（有城）、寺儿峪关（有城）、旱关（塞砌）。

山海路总兵、副总兵、参将、游击、都司、守备（督标、镇标文武职不可数计。万历末年置，驻扎山海。督、抚、道、镇、户、兵二部、三协、四路，皆有中军官一员，大小不等）。

山海关边墙（南入海，北抵南山绝壁，墙外浚池，古称长城。洪武初，徐武宁建，沿墙增设敌台防守）。嘉靖以前原额墙八千五百七十六丈六尺，万历七年增筑南海口入海石城七丈（都督戚继光建）。

敌台 镇城敌台五座，罗城一座，西、南、北三座。靖边一号台起至南海口尽头，屹立海中，戚继光增修。王受台一白铺台一北小铺台一大湾台一北水台一腰铺台一旱门台一角山东台一三道小口台一桃林东台一三道正关台一烂石台一唐帽台一尖山东台一小山台一松山东台一松山台一横岭台，共二十三号止。（每座传烽墩十四处，炮孔三十六位，防守百总一名，南兵五名，北兵二名，统以千总一员，把总二员。每台佛郎机八架，快枪八杆，火箭五百枝，铅子四千五百六十个，石炮三百位，火药五百斤，随火药什物俱全。）

本关峰堠（一十四处，每堠军士六名，遇警，旗炮传接，都督戚继光设）。

营制 督师孙承宗始分中、前、后、左、右二十五营，最为妥确。嗣后更定不一，分至三四十营，惟遴选内丁、飞骑、骁骑、铁骑为当。

石门路

所辖关堡：（东自一片石南山崖起，西至甘泉堡西界，接星星峪堡交界止，计一百六十里。）一片石（有城，二里至）、庙山口关（有城，二里至）、西阳谷堡（五里至）、黄土岭关（有城，八里至）、炕儿谷关（有城，二里至）、大青山关（弘治年，移无名口并此。有城，黄土岭提调辖，十五里至）、娃娃谷堡（小河口关归并于此）、大毛山关（有城，小毛山失守移入，二里至）、董家口堡（并石门儿、柳河冲二堡移此，五里至）、城子谷堡（嘉靖元年，移西家庄，仍旧名，三里至）、**水门寺关**（嘉靖元年，移黄土坡，仍旧名，五里至）、**平顶谷堡**（以上大毛山提调辖，十五里至）、**长谷口堡**（五里至）、**坂场谷堡**（五里至）、**义院口关**（城最壮丽）、**拿子谷关**（十里至）、**花场谷关**（移细夯口阎家庄，仍旧名，二十五里至）、**孤石堡**（十五里至）、**甘泉谷关**（十五里至）、**黄土岭营**、**长谷岭营**、**平山营**（俱义院口提调辖）。

燕河路

所辖关堡：（西自冷口、石门子口关西琵琶稍墩，东至河东关止，计八十七里。）**星星谷堡**（移堡退四十里于潘家庄，仍旧名）、**中桑谷堡**（旧桑垈、谷中庵二堡，后置梁家湾，合为一堡，有城）、**箭杆岭关**、**界岭口关**（三十三关，此关最为要害）、**罗汉洞堡**、**青山口关**（有城）、**东胜寨**、**干涧儿口关**（有城）、**重谷口关**（有城）、**台头营**、**燕河营**（旧寨）、**青山驻操营**。

建昌路

所辖关堡：（东自梧桐峪东尖山，至太平路擦子崖白羊峪东界止，计六十九里零七十七丈六尺。）**梧桐峪堡**、**桃林口关**、**正水峪寨**、**孤窑儿寨**、**佛儿峪寨**、**刘家口关**（有城）、**徐流口**（有城）、**河流口关**（有城）、**冷口关**、**石子关**（有城）、**白道子**（有城）、**桃林营**、**刘家营**、**徐流营**、**建昌营**（有城）、**赤洋海口营**（昌黎南）、**牛头崖海口营**（抚宁南）、**新桥海口营**（乐亭南，俱海滨。永乐七年，因倭寇乐亭设）。

附海运：（洪武初，徐武宁开运马头庄，有行船遗址。后承平禁海，闭塞。万历庚申，运道不给，总督文球令关道陶珽开运，自天津至山海关南海口，或直抵宁远，军民大便。）南海口龙武营（天启壬戌，阁部督师孙承宗设船兵以防海沙，唬辽船五十号）。

此四路所辖边城，自山海路南海口关起，建昌路白道子关止，延袤二百三十六里，即古长城间为移置（山海路下二十里，洪武年建）。

石门路迤西至建昌路（嘉靖后改创增修），墙台一百五座（山海路十二座，洪武年建。石门以东三路，嘉靖年建），墩台一百六十九座（旧建），敌台（北角山、南海口各一座，嘉靖年建）、空心台三百三十五座（隆庆三年至万历九年，总理戚继光创建）。

山海路属

山海南海口，明季原设海防三营，官兵三千员名。顺治三年，经制官兵二百零三员名。本口分防汛守四处：老龙头（极冲），上有望海楼一座，安设目兵五十名，西至南海口五里。南海口（极冲），建天妃圣母行宫一座、三官行宫一座、小圣行宫一座，设立守备一员，目兵一百名，西至秦王岛三十里。秦王岛（次冲），建望海观音殿寺一座，安设把总一员，目兵二十名，西至白塔岭十里。白塔岭（极冲），海岸建有小圣庙一座，安设把总一员，目兵三十名，迤西系蒲河营分防汛守。

石门路属

石门路义院口守备下，明季时所辖，东至大毛山，西至界岭口扒喇岭止，共计空楼八十一座。顺治三年，改设墩台十座，边墙隘口计长百里，每墩安设兵三名，共兵三十名。大毛山操守下，明季时所辖，东至黄土岭关交界起，西至义院口交界止，共计边六十里，共计空楼七十六座。顺治三年，本关楼台拨与黄土岭关二十四座，义院口关拨给本关楼台三十六座，东至董家口七十六号台起，西至板长峪一百七十四号台止，共计边长八十余里，共计楼台九十座，改设墩台十座，每墩兵三名，共兵三十名。黄土岭操守下，明季时所辖，东至山海路交界起，南山崖石黄一号台至新尖山六十二号台止。顺治二年，奉文均拨大毛山下空楼二十四座，至董家口八十六号台，西至大毛山交界止，共计八十六座，止存改设墩台十座，边长八十余里，每墩兵三名，共兵三十名。

燕河路属

燕河路，明季原设参将一员，统辖界岭（极冲）、青山（次冲），守提二员内属，长边九十七里零六十步，原设墩台共一百六十七座。顺治三年，户、兵二部大人诣边，挨查险隘，革参将，设立守备一员，统辖台头、界岭、青山三关营，设立操守三员，改挪设墩台共十六座，每台设墩兵三名，共墩兵四十八名。

建昌路属

桃林口，明季沿边东至梧桐峪，西至白家山，路长三十三里。原设墩台七十九座，传峰墩二十一处，敌台七十九座，每台设台总一名、台正副二名、台兵五名。传峰墩二十一处，每处设墩头一名、峰军五名。顺治三年，更定本口，沿边东至梧桐峪，西至香油峪、刘家口交界止，改设墩台五座，每台设墩兵三名，共兵十五名。刘家口，明季系桃林口守备所管。顺治三年，更定操守一员分管，沿边东至本口月城楼，西至偏岐楼、冷口交界，路长四十二里止，设墩台七座，每墩设兵三名，共兵二十一名。冷口关，明季原管楼台一百零四座，每台设立台总一名、台正副二名、台兵五名。顺治年更定本口，沿边东至刘家口，西至白羊峪交界，路长六十里止，改设墩台七座，每墩设兵三名，共二十一名。

刘家墩海防营

滦河口，极冲要口。明季时设有木楼一座，值今将毁，至西韭菜沟三十五里。韭菜沟，次冲要口。明季时设立土墩一座，今已筑城竖旗，至西清河二十里。清河口，极冲要口。明季时设立土墩一座，今已筑城竖旗，至西高糜河八里。高糜河，次冲要口。明季时设有木楼一座，值今将毁，有土墩一座，今已筑城竖旗，至西蚕沙口四十里。蚕沙口，极冲要口。明季时设立土墩一座，今已筑城竖旗，至西望风东交界三十七里。

蒲河营

本汛海口地方，东自金山嘴起，西至小滦河交界止，共计二百里汛长。极冲海口二处：洋河口、蒲河口。明季设有副将一员、兵三千名。旧有营房、仓廒，基址见存。次冲海口四处：沙崖口、野猪口、胡林河、赤洋口。内牛头崖赤洋海口，明季各设坐营官一员、兵各八十名，驻防海口；旧有土墩六座，今经年久，俱各倒坏，基址见存。顺治新更经制，蒲河口一带设都司一员、千总一员、把总二员、目兵四百名，按汛冲缓，安设官兵修盖窝铺，垒砌炮台，督率目兵，昼夜瞭望，巡防。各县设有木楼十座、旧基土墩六座，见今奉行各县补修。金山嘴土台一座、金山嘴西岭土墩一座，西至戴家河二十里。联峰寺土墩一座、戴家河木楼二座，西至蒲河口四十里。洋河口西土墩一座、苏家鎝西木楼一座、蒲河口旧修木楼一座、口南木楼一座，西至沙崖口七十里。沙崖口木楼一座、口东木楼一座，西至野猪口二十五里。野猪口补修土墩一座，西至胡林河十五里。胡林河补修土墩一座，西至刘家墩三十里。

本道所辖，自山海关南海口起，至蓟州道所辖黑洋河止，共计四百四十余里，中有极冲七处、次冲四处、缓冲二处。

南海口，守备一员、把总二员、兵丁二百名，分防极冲海口三处：老龙头，即南海口，极冲，守备一员，领兵一百五十名；秦皇岛，极冲，把总一员，领兵二十名；白塔岭，即汤河口，极冲，把总一员，领兵三十名。

蒲河营，都司一员、千总一员、把总二员、兵丁四百名，分防极冲海口二处、次冲海口三处：戴家河，极冲，适中驻防都司一员，总摄东西一带海口，又千总一员，领兵二百名；蒲河，即青河口，极冲，把总一员，领兵一百名；沙崖口，次冲，把总一员，领兵五十名；野猪口，次冲，防兵二十五名，把总兼摄；胡林河，次冲，防兵二十五名，把总兼摄。

刘家墩，守备一员、把总二员、兵丁二百名，分防极冲海口二处、缓冲海口二处、次冲海口一处：滦河口，极冲，把总一员，领兵五十名；清河口，极冲，适中驻防守备一员，东西调度，领兵四十名；韭菜沟，次冲，防兵三十名，把总兼摄；高糜河，缓冲，防兵三十名，把总兼摄；蚕沙口，缓冲，把总一员，领兵五十名。

疆域形势

今之畿甸，古之冀州也。考古冀方分为幽、并，广博辽阔，一倍于雍、豫，三倍于清、兖、荆、扬、梁、益，迥莫与俦，讵如后世提封之有四履者虖？畿甸又幽、并地也，延袤二千里，跨有四州，亘及三国，东无疆而疆以渤海，西无域而域以太行，南襟大河，北屏干岳，亦犹一家之有户壁焉尔，疆域云乎哉，而形势家且斤斤于设险之说焉。古人云：天子守四裔，在德不在险。似可置而勿道。子舆氏又曰："天时不如地利。"殆难与纵横之谈，可一切吐弃者已。明刘侗有言曰："建都于燕，北宅南向，威外福中，玉食航焉。盖用西北之劲，以制东南之饶；亦用东南之饶，制西北之劲。饶劲各驭，势长在我。"又曰："中宅天下，不若虎眂天下。虎眂天下，不若挈天下为瓶而身抵其口。故洛不如关也，关又不如蓟也。盖守洛必以天下，守关必以关，守天下必以蓟。"斯诚谙于形势之大较者欤！

间尝东抵渝关，西临雁塞，南游河、洛、王屋之间，北眺宣、云大漠之埜，了然于帝京形势之雄以壮也。太行崛起函谷，西南以趋东北，蟺蜒逶迤，倏闪腾踔，如屏拥，如襟抱，二千里而大荟于碣石，形家以为尽龙占者，以为王气。故千峰奔会，羣插趾于蓬瀛；万派渊渟，共息肩于鳌柱，洵所谓斗拱天心，带环地脉者虖！独余答阳一面，膴膴周原，畇畇禹甸，受梯航，来玉帛，势诚敞焉。乃有黄流在中九折，而历雍、豫，万里以迄东南，曲曲流，曲曲抱。当其由豫而鲁，由鲁而齐，由齐而海也，收太行之左气，揽恒岳之全龙，既周且密。加以卫漳遶于魏北，滹沱界于赵中，拒马、桑干潆漾于燕南，悉汇天津，合襟入海。左有辅，右有弼，背有倚，面有朝，弘麗完固，不更彰彰耶？朱紫阳曰：天下好风水，第一在冀州。亶其然乎？即以形势论，由燕而达四国者，行行皆周道；由四国而适燕者，在在皆要津。履道坦坦，将军不用，从天维石，巖巖井陉。谁能列骑踞上游而制人，限天堑而守我，文德可来，武功可竞，益信刘侗之说，非揣摩也。

附注

注一：万历甲寅，邑令崔儒秀用井宪副策，自白家道口至上五哥庄，筑边堤一道，以防黑牛、廖家等口之冲，长八里。文安修五分，保定二分，大城三分。至丙寅，黑牛口决，赖以无虞。

注二：山自居庸而东，其势渐南，海自直沽而东，其势渐北。至我临渝山麓，海滨不盈一视。自直沽、新桥、赤洋东，渐转而北，抵辽境，金、复南岸，即登、莱二府界。国初海运尚通，山东一省钱钞布花，由海道给辽东。关南十里，海滨店舍及泊舟遗址犹存。

注三：自后或郎中，或主事，无定官。景泰五年以后，始专用主事。

注四：十六年，复用主事。嘉靖元年，永革中官，定设主事，三年一代。

注五：《山石志》：三道关、寺儿峪关，以上二关旧属石门寨。隆庆三年，裁革守备，改设参将，拨付山海路管理。

注六：黄土岭营（去黄土岭关西三十里）。长谷口驻标营（去长谷口关南八里）。石门寨营（去义院口关南二十里）。平山营（去华子谷关南二十里)。以上营设指挥或千户一员管操,另设提调指挥一员总之,于石门寨营驻扎。遇各关警报,则督率所部兵马分照地方策应。

北直隶备录中

顺德府知府徐翁衍祚《劝课种桑栽树》

种桑之法：四月间，桑椹子熟时，拣摘黑紫色透熟的，用水淘净，取出净子，随宅园墙下，或井旁，或空隙处所，密密种上，或又于园井打成菜畦，如种菜之法。家家户户，随力栽种，长出桑秧，任意移栽，不时浇灌，务期成效。一岁要千万株，即可得也。

一、压桑之法：初时在桑树根上，将发出嫩条，听其长成，不要动；止二月间，将条压倒，自根至梢，每尺用短绳横绷，俱令着地；至三四月，条上所发之芽，不要摘坏；至五月夏至前后，其芽自然长成小秧，再将大条用土培壅，止露小秧，向上发长，频用粪水浇灌；一两月间，其土内大条，必生出白根。待来年正月，却照小秧之处，或五六株，或十余株，照株裁断，移分别地，照依后法表植。

一、栽桑之法：正月内择高阜之地，每株周围，相离八九尺，锄开一坑，小者深二三寸，大者三四寸，坑底要平；将桑秧根须，各分曲直，竖在坑内，用粪壅培牢固，即将余梢剪裁，与土相平，每月用粪水浇灌二三次。清明前后，自然发芽，再用粪土浇一二次，一月可长一尺，每株根上只可二芽，或一芽，随日而长。至五六月间，将新发枝上叶内小芽，尽行摘去，亦不要留旁枝，止培原养本枝，务长直上直下，仍照前月浇灌，一年即可长成六七尺，或四五尺。腊月间，复将上梢剪去，只留三四寸。到次年，每月只浇灌一次，春分后当日暖之时，其根上复生出桑芽，不拘多少，摘去，止留一二芽，最要防护牲畜踏践。至五六月内，看桑内有小斜枝，亦要摘去，不可容留，以夺本根脂力。长至六七尺，又怕风摇，致伤根本，可用细绳拴缚各桑根上，互相牵绊。候至次年，任从摘叶饲蚕。其栽桑地内，不宜栽种各色花草，恐夺地脉，只宜种葱韭瓜菜之类，取其频浇频灌，桑叶愈得茂盛。遇有草莽，即当刈除。

《武宗实录》

正德元年十月，浚滏阳河。河旧在顺德府任县新店村之东北，源出磁州，经永年、曲周、平乡，至穆家口，会百泉等河北流，两岸皆征粮地。景泰间，漳水并入，漫流冲曲周等县地方，沿河各筑堤以备泛溢。成化间，旧河淤塞，于村之西南冲决为新河，合沙、洺等河入穆家口，两岸亦筑堤备之。弘治初，漳水徙入御河，民弃堤不复修理。近年漳水复入新河，西岸地皆淹没，任县民高赐等以为言，下巡抚官勘处。至是具奏，言穆家口乃众河之委，请从此先浚，乃并浚旧河、新河，今两处分流，以杀其势，堤岸亦渐加修理，庶民患可除。工部覆奏，从之。

《邢台县志》

知府王可信《百泉闻记》

邢治隶顺为附郭邑，控地甫百里，西入太行，居之七八。野多硗确冈阜，土杂山石不纯，可佃种独东南一隅，泉涌百穴，因名曰百泉。傍地平坦广衍，可为耕耨区。顾东行不数里，民暨田尽辖属他邑，隶邢者止十之二三而已。且势逼山脊，西高东下，若建瓴然。每夏秋雨集，山潦横至，则冲突邢阜之土，淤渍东南诸邑。田一淤，辄沃饶二三岁，愈于附粪。而邢之田，乃或洒为沟壑，甚至尽涤厥稿穰，止遗沙石，不复成田者有之。旱则诸邑之民引泉水溉田，坐收滋渥利，而邢地近泉者，反垅高水下，非大排激之，不能入田。以故，山川形胜虽萃于邢，而利卒归之他邑。民之籍邢者，率若窳寡蓄藏，轻流易窜，而他邑接邢壤之民，视邢为颇饶。

朱诰曰：邢迤西诸山，大都峻岨无所产，独百泉水有无穷之利，特以水势下注，直趋南、任两邑，邢民获利最少。余于华家庄创永泽闸，而珍珠堤东又创流珠堤，更颁水车之制于民，而并建水磨于豫让桥等处，业已就绪，足为永利。又观东南增益、永盛二源皆足灌溉，业已相度授工，或亦可垂之永利。但地利无穷，人情易怠，非上者以时料理而振励之，安保其久而不废耶？予识陋，特自所见者为民图之如此。若推而广之，使人事益修，地利益尽，则在后之君子云。

《广平府志》

地有大地、小地之分者。地二百四十步为一亩，自有地以来，未之有改也。由国初地有开垦永不起科者，有因洿下碱薄硗瘠而无粮者，今皆一概量出作数，是以原额地少，而丈量地反多。当事者又恐亩数增多，取骇于上而贻害于民，乃以大亩该小亩，取合原额之数。此后上行造报，则用大地以投黄册，下行征派，则用小地以取均平。是以各县大地，有小地一亩八分以上折一亩者，有二亩以上折一亩者，有三亩以上折一亩者，有七亩以上折一亩者，有八亩以上折一亩者。折亩之少者，其地犹中中，而折亩之多者，其地多低薄。又皆合一县之丈地，投一县之原额，以摊一县之原粮，而赋役由之以出。故各县地之折算虽有多寡，而赋之分派则无移易，宜无不均也。

屯田有边屯，屯于各边空旷之地，且耕且战者也；有营屯，屯于各卫就近之所，且耕且守者也。今广平之屯，乃于畿辅之地，而立山西诸卫之屯，谓之下屯，军则戍于卫，而留其余丁于屯，此祖宗之深意远虑，相维相制之法也。

广平牧马之地，自宋已设。宋初，养马务洺州置一。太宗兴国二年，改为牧龙坊；景德而后，改坊为监。在外十四监之内，有广平监，多择种马，牝牡为群。神宗留意马政，或请以牧马余田修稼政，而群牧司言广平监余田无几，宜仍旧。及熙宁、元丰，坊监遂废。元祐初，左司王岩叟上疏，谓广平监棚基草地，疆画具存，使臣牧卒，大半犹在，稍加招集，则指顾之间，措置可定。此前代广平之马政，养之于官者也。绍圣初，韩筠等建议，于邢州请以牧田募民，授田一顷者，为官牧一马而蠲其租。

于是始行给地牧马之政。此前代广平之马政，养之于民者也。我朝养马之政，洪武自革群监官，命有司孳牧，是用宋绍圣以来之法。江北五户共养一匹，凡牝牡马五匹为一群，立群头一人，五群立群长一人，每一年约一驹。永乐、宣德，则论丁养马。成化元年，例则三年课一驹。弘治年，奏定广平等府免粮养马，每地五十亩领儿马一匹，百亩领骒马一匹。正德元年，御史王济奏大名、广平等府，有种马之额，而无种马之实；有孳生之名，而无孳生之用。合行但视种马之膘壮，不追马驹之有无。嗣是之后，备用大马，止照种马之额派行买解。此正德以前广平马政也。及嘉靖初，本府度地均粮之后，凡养马之田，皆收粮地之内；纳粮之地，皆输养马之银。故马无专田，必地数顷而共养一马；驹无全育，必输四年而马课一驹。上之政未尝不宽，而下之力每不能办者，何也？杂役之烦而杂费之多也。

《广平县志》

漳水议

按漳河之源有二：一出山西潞州长子县，名浊漳；一出平定州乐平县，名清漳。东至林县，合流于彰德、磁州之间，至临漳而成大河，出广平、大名，达于临清。冬春则涸，夏秋则涨。其涸也，枵腹嗷嗷；其涨也，泛滥千里。今年东，明年西，一淤成地，一冲成河，因地势沃衍平坦使然，由水势波涛汹涌致之也。汉唐以前，其治易，以黄河故道绕大名，出河间，达于海，则黄河深广而漳水易泄，所以消息而不为害。宋元以后，其治难，以黄河绕徐州，出淮安，入于海，则黄河淤浅而漳水难泄，所以散漫而不可制。其在今日尤甚。宋元漳河南决，从大名出临漳，绕魏县，过府城之南，由艾家口入于卫河，其流久，其河深，此其故道也。近则向南之河忽涌成淤，北决自临漳，过魏县，从元城以达于馆陶，此新河之一派也。又自花佛堂南决一口，泛溢而为四流，魏与元城均在四流之中。而广平西南，若柳林屯、庞儿庄、南温、油房等村，泛则为洪流，淤则为沙砾，庐舍坟墓，其遭水害者不可悉数。

今之议者，徒曰如何堤，如何塞，此不过补苴罅隙，奉漏瓮沃焦釜之计也。不知治漳与治河异：黄河可资漕运，引注徐、吕二洪，水性湍急，宜防而不宜泄；漳河可资灌溉，泛滥三省五县，水势平缓，宜泄而不宜防。谋国者果为经久不易之策，必当久任责成，相地势，画经界，立丘甸，深沟洫，时蓄泄。水一泛溢，则散于五县沟渠，而不为城郭宫室之害；水一干涸，取于万井蓄积，西可收千仓万箱之利。则沙砾变为沃土，洪流登于衽席。其视今年堤，明年决，塞于南，亹于北。倾有限之帑藏，填无穷之巨津，驱必不得已之民，图必不可成之功，此两策者，相去远矣。释此不为，而顾彼之久行，此余之所未解也。

万历二十八年九月，漳河决，工科王德完陈漳流北徙二变二患三策。言河决小屯，东经魏县、元城，抵馆陶入卫，为一变，其害小。河决高家口，厮二流于临漳之南北，俱至成安县东吕彪河合流，经广平、肥乡、永年，至曲周入滏水，同流至青县口，方入运河，为再变，其害大。滏水不胜漳，而今纳漳，则狭小不足收东巨浪，病溢而患在民。卫水昔仰漳，而今舍漳，则细缓不能扫卷沙泥，病涸而患在运。塞高家河口，导入小屯河，费少利多，为上策。仍回龙镇，至小滩入卫，费巨害少，为中策。筑吕彪河口岸堤障水，运道固不资利，地方亦不罹害，为下策。中杂引汉事为证，而末复力荐原任知县刘宇、郎中樊兆程。章下所司覆议。三策总治漳之建画，与利害之更端，容咨河漕部院逐一从长计议，务使国计民生一举有赖。报可。

《清河志》

卫河者，即所谓屯氏河、永济渠也。始隋炀帝四年，发河北军百万，役及妇人，开永济渠，导自辉县苏门山百门泉，东北引淇、滏、漳、洹诸水，为大河，赐名御河。流八百里为元城。又百五十里，当清河之南，临临清，会会通，弹丸小邑，环视皆水。卫河势湍悍，每秋霖泛滥，灌以漳、沁、安阳、高村诸河之水，洪涛奔驶，堤防稍不支，即冲决漫衍，漂室庐，没禾稼，城池府库，岌乎殆哉。而尖塚、白庙、吊马桥诸口，尤其最要。语曰“开了口，淹无走”者，此也。无论口决，脱有恒雨浃旬，则临、冠诸道之水，数十里湃聚洪河、莲花池、田家洼诸所，停蓄如盆盎，田庐尽坐鱼鳖中。语曰“倒坡水，淹无底”者，此也。

口自馆陶历夏津，要害凡二十六。辖清河者，岁役夫八十为防，水至则益乡夫数千，昼夕戒严，仅仅免一决。乃尖塚、白庙、吊马桥属在他境，彼民肥瘠不关，莫肯为防，于是有开渠之议。弘治中，县三老宗安等诣阙上书，谓水岁侵清河，沼而地，鱼而民，壮者携老扶幼，沾濡手足，终岁望洋，租庸无所出，不足以报县官。今四海统一，德泽汪涉，方以爱养元元为首务，奈何置数千顷膏腴之田，民十余万，指于水而不为之所。积久不散，溃且为漕河害，匪细故也。幸圣明哀矜，与大司空计事者，天子以为然，乃诏部使者为清河开渠。导自洪河、莲花池，延四十余里，下达古黄河，广二丈，深等之，名曰疏水渠，以泄河决及倒坡诸洼之水，功施于不世。

其后岁久渠淤，漫流为灾，又复如前。民坐苦河伯，以听其渐下武城，而于武城河西置减水闸一以泄之，亦犹有行水之道也。嘉靖三十七年，武城令私其民，乃召徒役于御河西接一字河，筑横堤四十余里，逆绝上流。四十一年，水患作，逼浸清河，民汹汹莫知死所，武城人且聚堤抵掌以明得意。由是二省交恶，谋动干戈，杀我民李秉，讼之台府，属吏勘当，又击杀我隶人胡守仁，具狱上廷尉。朝廷下明诏，令两省使者平其事。武城人强不服，犹豫未肯撤堤。隆庆三年，河决尖塚，平地水深丈余，死于水者王景木等十余人，城不下者数版，民多避居九塚得免。武城人日操兵刃，守堤如藏府。属水势壅迫，一夕决堤，直下如建瓴，而武城人反自贻伊戚。

夫土之有川，犹人之有口也，止啼而塞其口，岂不遽止，然死可立待也。故善为川者，导之而已矣。曲防为戒，五伯犹能言之，今天下一家，壤土相接，而欲以邻境为壑，其谓何？然此犹争于末流也。防不弛，则河不决；渠不淤，则决不为灾，于是有浚渠之议。顾抱火厝薪，苟安旦夕；作舍道旁，三年不成。而长吏者又率传视宦舍，谁肯焦毛发，以身当利害？

今上万历六年春，水犹注地中，民田千顷，种不得布，万姓嗷嗷。于是三老四宦何希儒等，博士诸生武纶、何九皋、魏谔等，白状今令，请复浚渠。令方苦民水，欲言方略，会父老诸生言良合，乃著为四论，绘图，穷源流，条便宜数事，上请于郡太守雁门薛公钥、宪副胶州姜公继曾、御史河南许公乾、御史大夫渭南孟公重，咸报可。复下郡通守蒲州南公椿来县，召令计利害，相度故道，募山东水工高栾、孙虎，与境内老宿人，观地形，准高下，树帜分部。乃舁城隍神于工所，为文，酹酒以誓，曰：“其有不若于令者，有如此河！”

是役也，计地征夫，庶民子来，凡动众三千余人，以义官田宦等六十三人董其工，沈尉源溥专部其事，令则昕夕行役所，为察勤惰而劝戒之。逾月，报成。延袤深广，一拓旧制。乃撤洪河、莲花池积水行渠中，沛然若决江河，注古黄河而下，然后民得平土而居之。部使者下郡理孟津王公价覆验，与所报合，乃移檄奖礼令、尉，赏赉诸役有差。又督夫千余修漕堤，凡四十里。以故，数年雨水得不为灾，而河亦不决，决且有渠无恐，又不争于武城人。

呜呼！清河自昔当水冲，今且关运道。故为运道计，莫若治堤；为河决计，莫若治渠。兖、冀间地多流沙，岂惟渠易淤塞，百世而下，将徙决不独卫河，余故为论次古今颠末，俾后有君子，得以览焉。

先是，水注古黄河，古黄河者，即马颊也。自马颊塞，两岸居民尽田河壖，岁久若为固有，而实无额税，不得与城邑较利害。奸民不省，所以一旦见水至，遂浮言惑众，将起讼。令与南宫令邢公侗雅以论政相引重，数言为民大计，非私一人，邢韪之，属民自对簿，不能辞，讼遂止。

向子曰：昔太史公悲瓠子，作《河渠书》。今治河之策，论者具备，余为一郡邑言利害耳。往武城以千金筑堤，堤成，清河乃出数百金与之讼。然水至，清河害；堤破，武城害。盖若以其费并力治渠，岂不为两利之哉！

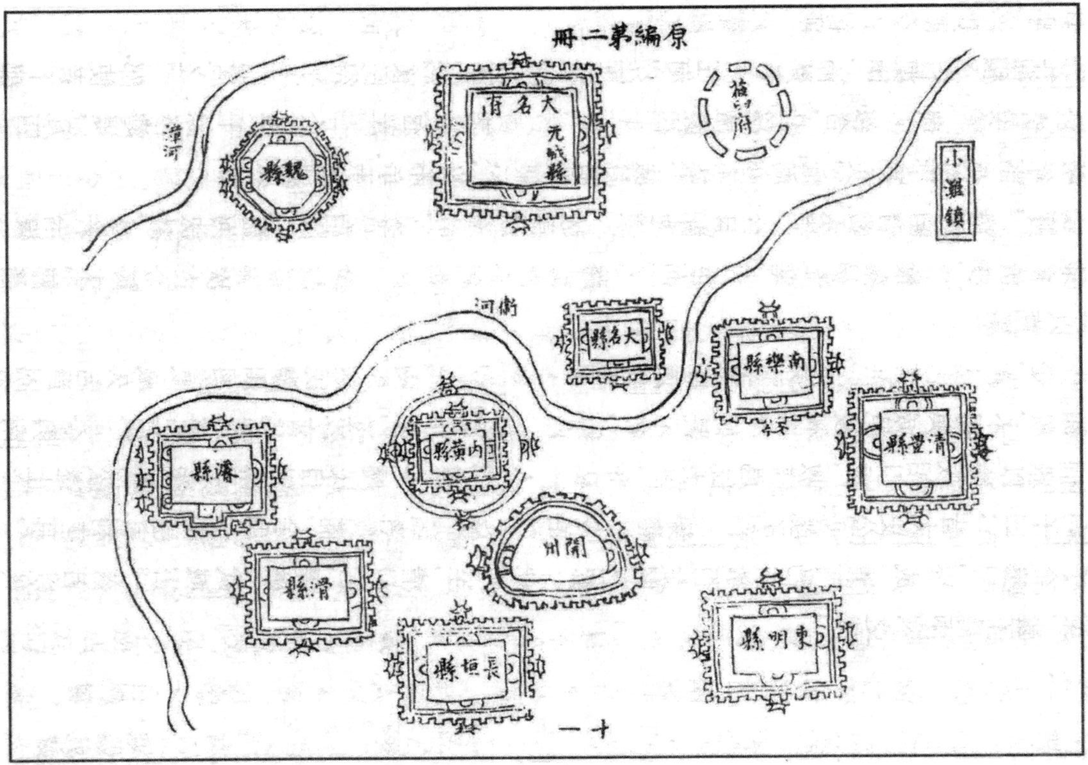
原編第二冊
大名府
元城縣
魏縣
漳河
小灘鎮
衛河
大名縣
南樂縣
清豐縣
內黃縣
濬縣
開州
滑縣
長垣縣
東明縣
十一

《大名府志》

疆域

按元舆地图，河北、山东、西，尽中书省所辖也。国家割邺、汲以西隶河南，割济、博以东隶山东，而大名郡衡距百四十里，纵特三倍之，北缭馆陶，南深入兰阳、仪封之间，而独领于畿内者，何哉？要之在易制耳。河朔之地，西接太行，北距蜚狐，东窥齐、鲁，南阻河为险，自古称重镇。盖其形胜隐然四境之外，固不区区在疆域间也。唐不能分其地而并为河北路，故藩镇擅其疆而唐以毙。宋不能分其地而并为京东西路，故契丹擅其疆而宋以削。岂尽将不强、士卒不众哉？由形制之失其利也。国家引大名独断而为三，不设兵卫，而沃壤千里，辅车都甸，意深远矣。

所属州邑，滑为最大，开次之。长垣、魏县，地不逮滑也，而物产称饶焉。元城、丰、浚，三邑等耳，南乐又次之，东明又次之。内黄与开州接壤，并称硗瘠，且多硝河下垫，故多沙碱苦淹者，以十年之通居六七也，是以令于斯者，恒蹙额以从事。又大名县自古称元城之贵乡，或置或省。当洪武以前，府治东去县三十里，似不可已。今既徙而西，凡大名县所称膏腴地，皆割而为府治，城内外及四关皆是也。以故地益蹙，民益贫，令虽贤莫可展布。以今视之，诚可省而入于元城也。

府故城在城迤东八里，唐魏博节度乐彦祯所筑也，周八十里，号为河北雄镇。宋庆历间，复建为北京，百官有司，略如东、西京故事，诏输内府缗钱十万筑行宫。洪武三十四年，水圮为患，都指挥吴成始徙筑今城。周特故城九之一，高三丈有奇，南距卫，北负漳为险。嘉靖以来，漳并流入卫，颇或啮城矣。

按漳、卫二河，迁徙不一，大约卫常安流，漳善猛泛。国初漳水西注魏县北，历西店，东注馆陶，含卫水。正德初，徙府南阎家渡入卫；又十年，自双井入卫。皆由艾家口东北，经小滩、馆陶，入临清，堤堰完固，环抱郡城，虽时小决，亦易补塞。自嘉靖三十六年，复决于回隆之下，遂舍艾家口，经大名县南，分流汗漫，至岔道村，始入旧河身。每夏秋水涨，辄泛溢四出，为害甚滋。距潘志欲求故道，引使北流以杀其势，然尝病其靡费颇多，似难卒复。今大名县西渐有支流，去艾家口仅三里许，可开新河以入，循艾家口旧道，用力不费而绩用可成，实道河设险之策也。

漳河之西徙也，士为风气虑，民为贸易虑，雅称不便，业先告浚者屡屡。十九年，知府涂时相莅任，复遮道陈利病，乃循舆见，详当道，檄该管大名知县郑得书，将卫河自白水村至艾家口，开渠十一里，达漳河故道，复自艾家口导支流入府城濠。壬辰年，功甫就，初拟筑坝于卫河之东，全引卫水于漳，大通舟楫。适是年秋，淫雨溢，势甚汹涌，然赖二派分流，大名县幸不为沼。复仅引三分于漳，仍流七分于卫，俾两利而俱存之。乃沙堤复有冲闭，河身仍涸，近于城西南漳河村置闸，又议于忠孝祠前筑坝，涸则注之，涝则泄之。

按隋唐时，黄河在澶、滑之间，隋置黎阳仓，漕粟入汴，梁节度罗绍威亦岁输谷百万以供京师，而宋人因之，此大名岁漕之略。国家以来，黄河南徙兰阳、仪封之间，而饷道绝，故河南挽漕，每岁遣部使者一员驻镇，招商估价，转籴输兑，凡数十万石。于是山东之粟东至，磁、邺之粟西至，浚、黄之粟南至，亦一都会也。镇有浮艘二所，曰广济桥（大学士徐溥《记》），有户部分司、布政分司，规制略备。

魏 北皋镇界成安、临漳之间，民僦而庐者千余家，知县冯惟讷如檄堡北皋。明年，复堡双井。而知县董威继之，置义仓及斥堠戎器之数略备。双井阻漳、卫合流之冲，亦他日列屯地也（邑人王永寿《记》）。嘉靖甲寅，知县陆柬复堡沙口，当郡县之中，居民数百家。其地东倚郡城，西入魏，由邯郸之道，走邢襄，逾桓山、上谷，以达于京师。自井陉而下，守魏则郡之全境安，非涉沙口，郡城未可窥也（邑人申巃《记》）。

浚 浚故称黎阳，隋唐时城大伾山北麓。而《一统志》云："废黎阳县，在今县西二里。"盖黎阳汉以来尝置兵监，聚六郡校士戍屯于此。入隋唐，咸列重镇焉。按故址，卫水以西也。《水经》郦道元注曰："黎山之北故城，盖黎阳县之故城也。"今黎山不可考。宋天圣间，浚州治没为湖，始徙浮丘山巅。洪武初，复徙山之北陂。弘治十年，知县刘台城之，周七百三十丈有奇。是时城西连浮丘，登高内瞰，指顾毕尽，不可戍守。嘉靖二十九年，知县陆光祖乃截西南隅弃之城外，据山冈险绝处改筑焉。于是城小且坚，可恃为永利云。

开州 开故城，按五代晋与梁人战，以铁锁断德胜口，筑河南北为两城，号夹寨。宋独守河北城。而熙宁十年，河决为患，始徙筑今城，前方列而后拱，形如卧虎，周二十四里。

东明 杜胜集在县南六十里。迩年以来，黄河数出没经流其间。置通判一员，督夫缮塞，即宋监河堤使也。

山川

大名诸州县，境内曼衍相属，无他山，独浚阻淇、卫之间。予尝登大伾最高处望之，盖襟太行之左麓也，故其下多山。淇水自县西北入界，南流至枋头，仰合卫水，折而蜿蜒西北濬县之右，北接漳流以出。诸山亦循二水而出。县之最西北八十里而峙者曰黑山，周五十里，汉献帝时，黑山贼十余万众掠魏郡，即其始迹地也。山多削壁怪石，回蹊曲涧、盘郁其中。黑山西南曰陈家山。左揖而南五十里曰童山，隋宇文化及尝及李密战其下，山无草木，故曰童。童山之麓，连绵亘引四十里，北属善化山，其行若游龙，而所当脊处若龙脊也，故曰龙脊冈。冈之西，有山相辅而行，西属太行，曰达西冈。善化去县西北二十五里，山出云，多楼观、亭台或舟车、旗鼓、人马之状，幻态百出，故曰善化。分而为三，故一曰三山。俗传纣杀比干于此，故又曰枉人山。山多花斑石，可为屏几柱础，或曰善化者即其气也，近因采石众多，变状颇少矣。山下槛泉七十有二。而龙脊之左，有山曰白祀，白祀、童山之下并有陂。按郦道元《水经注》云：五穴口，一水径五军东，分为蓼沟，东入白祀陂，又南分入同山陂，溉田七十余顷。同山，即童山也。童山西麓又别有波罗河，南流至龙口峡，伏流地中，潦溢则会于长丰泊。《地里志》曰：天下水名泊者二：一曰梁山泊，一曰长丰泊。长丰泊即二陂所会，今为牧马逐水草处。闻诸父老曰：东行尚有废闸址。今其地多沮洳，地颇不耕，稍依广平、滏河故事。沿冈穿渠，东属屯子口入卫，则其田固多可稻也。山东行伏卫河之底，而突起缭于卫之东岸者，曰浮丘。今县西枕卫，跨浮丘之脊而城。浮丘之东二里曰大伾，《禹贡》

"导河东过洛、汭，至于大伾"是也。周五里有奇，上多浮屠宫、巉岩洪洞之迹焉。大伾之东曰凤凰，东北曰紫金。二山者，大伾之余气也，东扼淇、卫交流之口，无复旁引，盖太行左俯趾处矣。故世多帝王都邑，及贤豪奋迹，往往不可胜数焉。又按传记别有黎阳山，今失其处。

若他州县志，以山书者尤为众多。滑曰鲋鳎山（一名广阳。《山海经》曰：颛顼葬其阳，九妇葬其阴，四蛇卫之。《方舆胜览》：一名青冢山），曰白马山（《寰宇记》：在县东北三十四里。《水经注》云：昔有马群行山上，悲鸣则河决，驰走则山崩，故津与县皆以此名。今县东三十里有村曰白马墙，疑其处也），曰狗脊山（与县城西北隅相连，其地出狗脊草，故名），曰天台山（宋天禧三年，河决西天台山。今城西有高堤，阔百步许，疑即此也）。开曰金沙山（在州城东门内，迤北。宋建炎间，杨棣守开德。棣出，弟彭年代领。金人攻降之。棣归，殪其守卒，婴城固守。金兵复大至，屠其城，兄弟皆死。人为瘗骨，立冢如山，因以金沙名），曰洪洋山（在州东南义井里，距城凡五里。旧志：明道郎真人尝游于此，后遂葬焉。今址废），曰卫阳山（《一统志》：在东南二十里，居卫之阳。今莫知所在），曰鸡鸣山（在儒学北百步）。东明曰白云山（或曰：汉张良托辟谷隐东昏之白云山，即今白云里其处也），曰龙光山（在县东南三十里）。清丰曰秋山（在顿丘废县西北。《山海经》云：帝喾葬于秋山之阴。今按为黄河故道矣）。南乐曰方山（在县北七里方山。故时相传有东西二土山，其形方，后为河决所荡。今村名仍呼之）。大名曰愜山（县北十五里。或云：汉成帝时河决，王延世于此运土塞之，颇愜人心，故名。今旧城之西有愜山庙，即其遗址焉）。元城曰沙麓山（县北四十五里。《春秋》：僖公十有四年秋八月辛卯，沙麓崩，即此。汉王翁孺尝徙居其下）。间多本传记，颇可次验，然或为黄河所徙，或雅由好事者所附会。予尝行县，半不可考见，间所指画，唯抔土卧列草莽间，高者二三丈，下者寻尺而已。予故不详，特附传记所载，以备来者之览睹焉。

右《大名境内诸山纪》。

按古传记，唯黄河为最大，济次之，淇次之，洹水、荡水、清水及羑、防、宜师沟诸水又次之，而漳、卫不与焉。于今多湮谬，异同不可考。桑钦《水经》曰：河水之东，淇水入焉。东径遮害亭，（注曰：淇水东十八里有金堤，堤高一丈。自淇东口稍至遮害亭，西五丈，又有宿胥口，旧河水北入焉。）又右径滑台城，又东北过黎阳县南，又东北径伍子胥庙南，（注曰：庙在北岸顿丘界，临侧长河。庙前有碑，魏青龙三年立。）又东北径戚城西，（注曰：今为卫河上邑。）又径繁阳县故城东，又东北昌乐县故城东，又东北径元城县故城西北，而至沙丘堰。济水东径封丘县，又东经东昏县故城北。（注又曰：济水自大伾入河，与河水斗，溢为荥泽。不可晓。）淇水东过内黄县南为白沟，（注曰：宛水东南入淇水，淇水右合宿胥故渎，受河于顿丘遮害亭东、黎山西北。）屈从县东北，与洹水合，（注曰：白沟径高城亭，洹水从西南来注之。又东北径罗勒城东，又东北漳水注之，谓之利曹口。此下漳水、白沟、淇河咸得通称矣。）又东北过馆陶县北。洹水东北径邺县南，又东过内黄县北，入于白沟。荡水出河内荡阴县西南山东，又东北至内黄，入于黄泽。（荡水，即汤水也。注曰：荡水，亦谓之黄雀沟，秋夏则泛，春冬则耗。）清水东过汲县北，又东入于河。（注曰：清水出内黄县。）又一曰羑水，出汤阴西北四十里，流羑里城北，东至内黄，与防水合。而《水经注》又云：防水出安阳县西北，东经防城，故名。又东历黄泽入汤水。宜师沟东北至内黄，入汤水。自魏武筑卫河北流，四水并入于卫。钦，汉人。注之者，郦道元，魏人。此汉魏以前诸水所经流略也。

然按《汉书·河渠志》，唯黄河为患，余水不详见。武帝时，河决瓠子口，又放黎阳遮害亭。帝自临决河，令群臣从官，自将军以下，皆负薪填之，乃塞。成帝时复决。《隋书》以后，颇见传记，为患然亦不数。唯五代及宋南渡之际，岁决浚、滑、开、黄、南乐、清丰诸州县之间，而诸州县壤，半为鱼龙之宫。当是时，天子震悼，遣从臣沉白璧、白马以祭。而州县长吏，并兼河堤使，以严水患；又增置都水监使者，行视河决；赋诸州薪石楗橛芟竹输大名，岁数千万，然迄无成功，与宋相为终始。何者？病在专捍堤回河，而不能顺下以导也。元贾鲁治河以后，河颇南徙，所为大名境患者不数矣。今其流在封丘、兰阳之间，去长垣、东明，远者越百里，近者六七十里，当数世无恙，予故不论著。

而卫河者，即《水经》淇、汤诸水所合流以出者也。一名曰御河，近内黄以下，为漳水所合。按《经》曰：漳水东过列人县，东北过斥漳县南，又东北过曲周县东，又东北过巨鹿县东。按宋《河渠志》，唯黄河数于王供埽诸处，溢入卫河，有司辄塞，或沙河间亦引水并入，而终宋未尝与卫合流者。国初，漳西注魏县而北，历西店，东注馆陶入卫。正德初，始徙府南阎家渡入卫。又十余年，自双井入卫。近复自回隆入卫。《经》称“漳水湍悍，并流渐南”，则卫所当受处渐湫隘。迩年以来，浚县、内黄之界，颇数患溢啮，而大名艾家口迤西，漂去庐舍，淹民田者，不可胜数。或草议循漳河故道，即入卫之处，分流北注以杀河势，此最计也。特惜兴徒繁巨，稍欲缮堤防以护河决。於乎！宋之六塔河故事可鉴，予不敢不为土之人深长虑也。

万历十九年，知府涂时相议浚河，自白水村至艾家口十一里达漳河，其详见境内图说。

雕马河（在大名县北，今湮）。王莽河（即屯氏河故渎，土人误呼为王莽河。在元城县，唐朱滔攻魏州，壁此）。沙河（旧自府城西南，引漳入城，灌御河，复西北出城，灌流沙河。南北长二十里，东西阔二里。其流常不定，稍近沙麓）。滑河（自大洛以西，百水皆会于滑。唐沈亚之尝作《魏滑分河录》，此即黄河径滑者也。误志别为滑河）。濮水（在开州东六十里，即庄子垂钓处，今为濮州境）。鸬鹚陂（在内黄旧洹水县西，周八十里）。高鸡泊（在府界，唐节度王铎遇害于此）。龙窠河（距南乐县四十里，自冠县经流至龙窠村。故传龙潜于此）。其他或附会，或流徙没其处，故不著。

右《大名境内诸水纪》。

大名境内别有洼水。洼水者，非出泉谷，有经流，志所不载，颇弥漫田间，沮洳为患者也。其为最巨者，一曰卫南陂，由滑县南界，受胙城孟华潭、王德口诸水北注，汇城而东，又迤北径桃园，而东南汇为卫南陂，所浸没者凡四十里许。或曰：卫南陂，即古卫南县废治也。二曰澶州陂，或曰古澶水也。旧志在顿丘废县西南二十里，伏流至古繁水，谓之繁泉。今按澶水由开州南界，东北径清河头，十之七分注于霸家河；又东径濮州，入于张秋，十之三分注于清丰县东南界孙古城北，汇为朱龙河；又西受硝河之自傅家河而东注者，流次邵家湾，次英满城，而北潴于南乐赵庄，或即古繁泉是也；间溢，则又东引清流桥以达束馆镇是也。三曰硝河，由滑县北界，其一径开州马驾河，东北注戚城，半东汇为赵村陂，所浸没者地七八百顷；而西引王家潭口，复会入于白仓之北，半夹戚城，径白仓北，合赵村陂而来还者，会于傅家河，北注岳儒固，以达束馆，或北注于大名。其一由石村�内黄东北，径大岩屯，横腰大名县南界，又东北注三角潭，而十之三自饮牛口注卫，十之七自梅家口注卫，是也。间水溢，硝河北注之势不能直，则一由石村分注开州火烧店，径清丰之秦村，而会于岳儒固；一由内黄城东径南乐，西近德固，复注之。二流者，若经带而交内黄、清丰、南乐之界者也，水少杀则否。漳、卫之决啮，其患固大，或数十年一适，或十余年一适，民犹稍得缮堤庐以避之。而诸水所弥漫，田陆之间，十岁九适，不得他徙，春冬稍耗，秋夏则盎然浴为江湖凫雁之泽。而硝河者，又泄卤下垫，凡所经流，率数岁不复刍牧。计南北纵百六七十里，衡或十数里，少者二三里。

予间行县求之，盖两河之间，古受井田处也。自秦废阡陌，历唐宋以来，沟洫之规，渐芜没不治，故率为田陆。而大名诸州县，西南接太行之左麓而下，其地由西南俯注，而滑为受河南界诸水最巅脊处。迤东北则开州、内黄、清丰，又东北则南乐、大名，而东为张秋漕河，北为卫河，东北为山东冠县界，乃其所壑处也。水行地中也，犹人血络，手足百骸之间，血循络则治，否则错经妄行，为痿痹崩漏。数百里之间，旷然平隰，丘阜相亘，而无丈尺之渠以潴泻其间，雨三日二日，适为溉滋，稍迟之旬日，则壅肿内溢矣，乌得而不壑也？予问长老疾苦状，或言凿开州之南堤，疏卫南陂之水，东北合澶渊，东注之以入于张秋，而朱龙河以下，特合其受清丰、南乐本境之水而已。凿硝河东西二支，一则由内黄入大名之梅家口，一则由开之戚城塞赵村陂、傅家口之东折者，而直入于岳儒固，径束馆；大者广二十丈，小者减三之一，深特十之一；而旁甃以堤，堤之左右，分疏田间水道，仿江南旱洞之法，而穿坪于堤之下，以泻堤所阻捍之处。如此，则众水各有所归，而岁可树获矣。

右附《论大名境内迩年诸洼水之患》。

故时（注一）堤渠之迹，在元城境者曰西渠（在县西二十里。唐开元间，刺史卢晖开道济渠，以通江、淮之货，今淤为平壤矣）。曰寸金堤（在县北。宋韩魏公所筑。水大至而不浸者寸许，故名）。曰王村堤（自清丰界延袤六十里，入元城界）。在大名境者曰逯家堤（去县东南三里许。相传戚里逯氏居此，因名）。曰李茂堤（去县东北八里）。曰范胜堤（去县东南十五里）。曰张家堤（去县二里）。曰附城堤（环县治以卫、漳水。正德间，知县吴拯增筑之，植柳千株，故又名吴公柳堤）。曰卫河堤（注四）（起新镇，达馆陶，延袤三百余里。成化间，知府李瓒增筑）。曰诸公堤（注二），（去县治西北二里。嘉靖己酉，知县诸称增筑，故名）。曰红船湾堤（在艾家口。（注三）弘治初，卫决为患，亦知府李瓒所筑）。曰沙丘堰（《水经注》：在贵乡。今失其址，或云即沙堤，在旧府西北隅）。在魏县境者曰漳堤（在县南。其南岸起自临漳，延袤八十里，北岸自成安五十里，俱由魏县抵元城界）。每夏秋淫雨，河涨冲没甚惨。万历十六年，北徙邑南郭外堤下，知县梅守相补筑大堤以防之。二十年，教谕胡琏署篆，因河决临漳旧口，淹损麦苗，请于道府，移文临漳、广平、元城三县被患处，协力堤防。二十一年，漳河分为三，知县田大年因乡民张天载等控告水灾，随亲诣查审，鸠夫重堵，为一劳永逸计。曰鲍公堤（环护城外。弘治间，知县鲍琦创筑，令名）。在南乐县境者曰宋堤（东去县十八里，黄河两岸，南自清丰界六塔河入南乐。宋仁宗至和二年修筑）。在清丰境者曰复关堤（《寰宇记》：澶州临河县复关堤，自黎阳入县界。而滑县、开州亦有之，盖相属耳）。在内黄境者曰六辅渠（汉倪宽为内黄令，开渠大溉民田，获利甚博），曰高堤（南起高堤镇，北接泊口集，延袤百余里）。曰黄泽堤（在县西北五里，泽广数十里，环之以堤。汉世祖破五校，即其地也）。曰倪堤（倪宽所筑）。曰古偃（在卫河东，沿河修筑，出境乃止）。在开州境者曰宋堤（去州南里许。宋熙宁间，河决，明道先生判州时所筑）。曰灵平埽（在州西三里。宋熙宁间所筑，水涨随圮随筑，滑县亦有之）。在滑县（注五）境内者曰鲧堤（在南坡废县西十里，前人治水时筑）。曰瓠子堤（在城西南三里。汉武帝所筑。见年纪）。曰陈公堤（在南门外。州守陈尧佐筑）。曰大堤（东西有二：一在县西南邢村，一在黄塔儿）。曰东西堤（一在大船头，西接卫辉，东达开州，土人呼为夹堤。一在八字口）（注六）。曰新堤（正统九年，河决胙城（注七），因筑此御之，东接长垣界）（注八）。在浚县境者亦有鲧堤，曰永济渠（在县北十里。隋大业四年开，今废。内黄亦有之）。浚西城下即卫河，广数丈，堤甚单薄，上受淇水诸流。夏秋淫雨暴涨，淹没民田，西南二陂，水害尤剧。万历六年，知县任养心于旧堤外八里许，自石羊村至侯固寨，筑长堤以障之，浚人至今利赖。浚有黄河故道，众流所归。国初于县北四十里大齐村东旧堤，开一堤口，以泄众水，由田氏村顺入卫河，东滑西浚，民获安堵。万历十年，滑县土豪徐守定等杜塞堤口，壅水祸浚北一带，几为鱼鳖。浚民张志等鸣于兵备，行大名萧知县查鞫得其情，徙而正之，泄注如初。在长垣境者曰三尖口（东去县三十五里。元贾鲁筑堤，始于此），曰朱家河堤，曰三春柳堤，曰大冈堤，曰阎家潭堤（以上四堤，并在宜丰里）。曰油房村堤（在安亭里）。曰牛家口堤（在黄冈里）。曰周村口堤（在乌冈里）。曰速报司堤（在乱冈里）。曰常村堤，曰新丰堤（二堤相属，去县西南三十五里。自朱家河堤以下凡十堤，并弘治六年李太守瓒筑）。在东明境者曰长堤（南距县六十里，西入长垣，东抵曹州，绵亘二百余里。弘治间李知府瓒修筑）。东明县四门俱有护城壕堤，唯北门堤外旧有普河一道，当黑羊山下流，岁久冲淤，渐成巨浸，淹没禾稼，浸害城廓。知县区大伦增高其堤以障之，仍增桥以杀水势。曰杜胜堤（在县南六十里。嘉靖十三年，通判陈万言修筑）。杜胜集长堤，属东明者三十三里，皆近年所筑。知县区大伦督令堤夫岁增之，内外栽植柳椽一十四万余株，榆柳成林，根株盘结，长堤孔固，河不为患矣。曰七堤（西距县四十里，亦古堤也，长七里）。而曰金堤者最古，自汉文帝已有之，《汉书》曰"河决酸枣，东溃金堤。"是也。延袤二百余里，联络于元城、南乐、清丰、开州、滑县、东明之间。弘治间，河水泛滥，李知府瓒增筑云。

右志境内堤堰沟渠之迹。愚按：古人建城，必为水沟，以引城内潦，出而达之壕，水通流城以内，室庐保无淹浸。即大名郡城，只南门下通一渠，而西、北、东三门更无水口。雨多水溢，听浸溢于城内隙地，如遇霖潦泛溢，则合城为巨湖，居民其鱼矣。若西南大寺前，东南隅角楼下地，洼下可通沟。他而十州邑城，更无一通水沟，盖未见水患，而莫肯预图也（通判杨瑞云识）。

《方物志》

予尝览传记，五方之产，名山多金玉，岭海多玑翠、玳瑁，豫章多漆，长沙以南多丹矿，塞以西多名马。何者？山壑偏阻，瑰玮旁薄之气故也。大名为中州，故其民人宜稼穑，其土宜五谷蔬菜，牛羊鸡豚以为养，率五方所同也，无他方物书。考故时黄河经流其间，江、淮、闽、蜀之货，往往远者万里，近者数千里，各辐辏至。而国家以来，河南徙，济东阻数百里，唯临清为南北都会，稍稍转输，通有无市闾之间，然锦绮翡翠，珍异之物亦不至。予尝按次境内，多黍，多稷，多粟，多梨枣。其耕畜牧，百亩之家：百树梨、千树枣、牛一头、骡二头。千亩之家：千树梨、万树枣、牛十头、骡二十头，此其大较也。魏以西南多桑丝，滑、黄以北多硝多碱。黄之人不得种树，老少数煮盐以赡朝夕，而有司奉法为厉禁，不得出郡县他境，故其价轻售而民人贫。濒漳、卫之间，颇有鱼鳖，然泉泽数杀而网罟少。木多榆柳，民间庐舍器具各采园林所树以自给，非势家巨室，不以挽五方济、汴之材而至。土无粳稻，故酒多黍酿。土宜桑丝，然秦汉以来，兵革代兴，户口散亡，而树桑者十一而已，故织纴不广（注九），男女衣服多布、多麻枲绫缣之属。惟长垣有之，然亦不逮南州之精美也。嗟乎！州邑之间，庶几长厚务本矣，此其古鲁、卫遗风流美也！予谨列而识之，若他蔬草花鸟，非郡县有司之亟也，故不详著，特附书如左。

《田赋志》

予按传记次大名境内，三代以来户口赢缩之数，萧何尝收秦图籍，《史记》不载；下及曹魏、晋、宋、五代，略矣；汉、魏、隋、唐迄宋、金、元之际，稍稍藉记，割隶州邑与今时不同，或难详定。尝括其数之见存者想睹之，两汉为最盛。何者？休养生息世久故也。我国家洪武初承金、元之后，户口凋耗，闾里数空，诸州县颇徙山西泽潞之民填实之。予过魏县，长老云：魏县非土著者十八。及浚、滑、内黄、东明之间，隶屯田者十三，可概见矣。然百余年后，累圣德泽，土无兵革之斗，民人树畜，稍稍阗溢其中。盖尝次之。洪武时，境内州县为里三百五十二；弘治十五年，则益二百二十有七；宣德以前户口不可考；正统七年，户五万一千八百八十三，口二十九万二千六百二十四；弘治十五年，则益户一万七千九百二十一，口三十一万二千五百二十五。故孝皇帝时，号为极盛，与两汉相当。正德来，征需滋烦，民或不给，间多水旱凶荒，数转徙无著，故四十余年以来，男女稍孳息，口益三万四千四百八十七，而里甲渐耗，减其里六十有一，减其户一千九百四十九。此其大较也。

草丰则兽肥，林茂则鸟归。法网疏，德泽洽，则民人滋。予观关塞北转，力疲于戍守；江南之民，泽竭于岁征；淮济而下，朘削于夫役。大名诸州县，称河北沃土，迩年独户口日耗者，何哉？间行诸州县，召长老问疾苦状，长老前曰：江南之患粮为最，河北之患马为最。且故时俵马率随孳生，近则必市西马，费每数倍。近年以来，额外复有余地之征，民不堪命，一也。成化以前，民间自两税、马粮以外，不过岁给官师台皂厮役而已。弘治以后，中外坐派，岁增十倍其六，其最巨者，若京班皂隶及惜薪司柴夫岁入三万，诸郡县驿传亦岁费二万有奇，此实民所不堪者二也。正统时，州县始设机兵，正德惩蓟盗之乱，复益置快手，岁费金一万以上，三也。弘治以前，河虽数患，薪刍夫役，征输有时。迩年以来，河或南徙，岁设白夫二千五百名，故时岁费计金亦七千五百，近稍从末减，然亦不止，四也。弘治以前，岁常丰稔，间有凶荒，亦十之一二而已。正德以来，水旱相仍，斗米百钱者相望，况土之俗故不为积贮，少急则转徙亡业，五也。国初以其土旷赋轻之时，计口而食之也，特八万有奇，故其力赡而户日增。今则以其敛厚灾数之时，计口而养之也，至六十万以上，故其力耗而户不得不日减，此其势也。呜呼！为民牧者所当欷歔叹息也已！予故首国家来户口赢缩之数，次疏赋税之额，俾有司者按籍而酌计焉。

一曰丘亩，大名之土曼衍，非若秦、陇、江、淮、会稽、豫章、长沙、象郡、闽、蜀、岭海之间，阻川堑谷，其籍可画而守也。然国家草昧之初，户口散亡，图籍不存，当时州县长吏，率据民间口画丈度所及而籍之，故其夏地、秋地、棉花、枣株、农桑之额不同，而别有马厂、窑厂并为官地，其所召佃而征入子粒额最轻，民不得买卖。迩年以来，自官地外，盖已例摊，然诸州县之籍草次，兵燹之余故自相广狭，互有不齐，有大亩，有小亩。小亩者，即周人六尺为弓而步二百四十是也。大亩则倍之，而上下有差，或以五百四十步，或以七百二十步，或以一千二百步是也。而养马之额亦颇赢缩，以骒马一匹为率，最重者二顷三十亩，而最减者为八百五十亩。粮之次第，纷杂遝出乎其间，而又闻民间隐没至顷亩以上，虽里甲什伍之中，不能私相次举。

按大名之土连亘数百里，无甚悬隔，何戾悖至此也？予窃谓田赋必均而后可久，除沙茅之地别籍外，请檄诸州县长吏画一而度之，以钞准尺，以尺准步，以步准亩，以亩准赋，仿江南鱼鳞册故事而编次之；旧所籍不齐之额悉罢去，而括其府之见存者，均摊于诸州县之间，一切粮税、马草、驿传、均徭、里甲之类，率例视之以差，数百里之间，风土人烟同条其贯，或稍宁谧矣。此今日有司之事也。然俗习既久，稍更必咈，予不敢必其可行，特草议以待来者。今按嘉靖三十一年所入之版书之于后，其大地四万七千一百八十一顷八十五亩二分二厘七毫四丝一忽，而诸州县私相广狭之数，并附见焉。

《徭役志》

夫徭役即古力役之征也，然地里远近不同，故以其身入庸者，曰力差，所待于府州县境内者是也；入其庸之直而听官转募者，曰银差，所待于京师职署及他州县驿递之类是也。又岁计所入天子牺牲、果品、物料之需，以及岁贡科第诸所杂出之费者，曰听差，听差者，言不可为岁额而籍贮之以待用者也。大较旧时岁征额共一十二万二千五百七十八两有奇，今额止共一十万七千二百三十三两有奇，而间或上下以差。江、淮之间，率如里甲之法，十年次待者一；而河、济以北，三岁一征特数已。故时诸州县唯籍丁为九品，而不计其田，里胥稍得狐伏鼠没其间，而贫弱者不堪，往往因而亡徙。嘉靖以来，始仿以田准丁、以丁准田之法，相配行之，民力颇均矣。

《兵防志》

按大名当河山割裂之间，自古强兵锐卒，苏秦所称武士奋击，天下莫强焉者也。

汉初令天下郡国城置材官骑士，以八月属郡都尉、大守、令长、丞为会都试，韩延寿、翟义皆以都试者起。光武以河北兵定天下，乃于浚州置黎阳营（注：伏侯云，每营四千人），以谒者领之，是后臧宫、度尚之属，往往将黎阳兵逐破羌胡。（按《后汉书》：臧宫将黎阳兵破贼；度尚将黎阳兵破零陵；马武、窦固、陈诉将黎阳兵平羌胡；窦宪将黎阳骑士破匈奴；刘尚将黎阳兵平迷唐羌；邓训将黎阳兵屯狐奴，备乌桓，乌桓畏其威名，不敢近塞下；耿秉将黎阳兵逐破羌胡。)是在秦汉间已称雄长矣。

唐天宝间,置义成军,是时河北诸镇数失,而义成军者,独全以待朝廷。厥后田承嗣父子踵乱,改义成曰天雄军,恃其兵力,抗衡天下,九世四姓,迄于唐亡。(田承嗣举管内户口,壮者皆籍为兵,有众十万,选其骁健者万人自卫,号曰牙兵。梁贞明元年,扬师厚复置银枪节校。)

当宋之世,迫近契丹,建北京,置武卫,简河北骁勇善射之士,悉为义勇。当是时,兵力最盛。是以契丹恃其骄悍,大举入寇,卒无成功。(按《宋史》:太平兴国间,立云捷、雄武、武卫、勇捷、忠节、振武、通利、桥道、清塞等军于澶州、东明、长葛、滑州,以指挥领之。咸平三年,置壮勇军,滑州指挥二。大中祥符间,置威武、虎翼军东明、澶州、通利,指挥各二。庆历间,置宣毅、效忠、靖戎、弩手、龙卫、广勇、广捷等军于澶州、滑州、东明,指挥各一。庆历六年,诏分河北兵为四路,北京、澶、滑、通利合为大名路。治平元年,诏河北指挥分番团练,大名府五十三为四番。熙宁元年,诏京东、武卫六指挥隶大名府路,而北京、澶州复置骑射军,通利置威边、保节、广济军,大名府置宣武、广威军,滑州置骑射、保忠、奉化、雄勇军。元丰四年,改五路义勇为保甲,狄懿、刘定部领之。澶州教习、大保长四百八十二人见于崇政殿,召执政阅试,补三军,借以职御差使。建隆中,滑州置武捷军,大名立宣武卫马监军。元狩元年,大名等府置马军广威、步军广捷。政和元年,诏滑州屯禁军三千。)盖悉天下兵力聚于澶、滑之间,故其兵制独备。徽、钦昏懦,乃以内侍梁方平统兵拒之,将领失人,遂至溃败,要非兵卒之不锐也。建炎以后,政令不行于河北,金人概借民户为军,民怨滋甚,盖虏地然也。(金正隆四年,诏借大名府西京路民,年二十以上、五十以下者,悉从征，虽亲老丁多，求一子留侍，不听。）

元更其制，每二十丁起军一名，而以万户统之，间以江南新附军错置之。（元太宗八年，诏大名路于断事官忽都虎新借民户三十七万二千九百七十人数内，每二十丁起军一名，令答不叶儿领之。中统二年，诏借大名路蒙古、汉人民户悉为军。四年，罢大名路新佥防城戍卒。至元十六年，调江南新附军伍千编置大名，设万户以领之。）兹秦汉以来，兵制强弱之效，可概见矣。

本朝畿辅列郡，建卫者五，守御所者一，而大名独罢兵卫，岂不以魏擅两河之枢，其人习挽强椎剽，代数为乱，故监古割其左翼之济、博隶山东，右翼之邺、汲隶河南，支伏戍兵临清、彰德、真定之间，以为形声掎角之势；又以山西之宁山、蒲州，陕西之潼关诸卫所辖隶于此，以备缓急，而郡独罢置欤？

由予观之，大名土蔓衍，不可与列都而可与争利，自古天下无发难则已，稍发难则首兵祸，事在年纪可鉴也。当金之南渡也，虏尝曰："使南朝以一二千人守河，吾岂得渡哉？"已而李纲、宗泽经理两河，并募兵数万，屯驻大名，以形制京东西诸郡。今河既南徙，而国家复建都燕蓟，宋之所谓北门，今乃为南郡矣，故其形势稍有不合。然由浚则可以窥洛阳，由开则可以窥山东，由洺则可以窥常山，其转枢中原之势，隐然在也，特首领腹心之差耳！

正统己巳之变，于肃愍始议添机兵以为城守。正德以来，蓟盗猖獗，出没境内者经年。马太守卿檄诸州县，缮城浚隍，收官寺铜浮屠像铸为戎器，召募膂力，别为队伍，择县令陈智、教谕陈恫领其事，申明号令，悬赏格以训厉之，声振河朔间，盗谍闻之，潜出东境不敢犯。贼既荡平，当事者于是建议置兵备佥事一员。今上改元，用巡按欧珠议，升佥事为副使，隶河南按察司，奉专敕建节大名，以控两河之间。始辖广平、大名两府，近乃兼辖顺德，督令三郡马步兵四千有奇，而大名所籍者（马、步兵九百五十名、团操民壮一千五百名、快手一百九十名），以操官十一员领之（别有抚院马兵二百九十名、步兵三百一十四名，易州道马兵一十八名、步兵一十九名，天津道马兵七十二名、步兵七十二名，本府守宿民壮一百名，不与此数。详见《徭役志》）。岁秋移镇顺德，防马岭等口（嘉靖三十三年，总督杨公建议顺德府边隘，北起马岭、锦绣堂等口，南至黄背岩、数道岩等口止，俱属防守，顺德守御百户所、德州卫、德州左卫、宁山卫、蒲州、潼关二所，俱听节制。六月中旬以后，暂驻顺德，侦探虏警缓急，调度防御），三时则肄武，殆与古者之意稍稍合矣。

予观国家内外置卫，戍守之兵，列屯坐食而已，无可与格虏者，往往有警，惟驱乡兵以为争利合刃之先。而况大名多剽悍，闾里少年，并习弓弩，酗酒使气为节侠，犹古魏劲兵遗风也。有司能毋徒视为故事，悉借诸州县壮悍者隶之，略如唐李抱真泽潞之法，岁设赏格，特自便宜团结训练，以备非常，实国家腹心之地一胜策也。予故详著其本末，及本道建置之原，以备一方戎制云。

《马政志》

国朝洪武二十八年，革群监官，令有司提调孳牧，每五马立一群，五群立一长。永乐中，始计丁养马，每一丁养牡马一，三丁养牝马一，两岁纳一驹，并免税粮之半。弘治六年，兵部奏更为计地养马之法：每牡马一匹，编地五十亩；牝马一匹，编地百亩。正德二年，御史王德建议，令大名等府于种儿马中，拣选四尺以上、十岁以下者，解寺俵印。其矮小老弱者，听其卖价买偿。近年以来，边方多事，马非膘壮不准印烙，往往市西马以充额，费乃十倍，民不堪命矣。后因蓟盗猖獗，巡抚都御史韩檄诸郡县，每亩征银二分，以为买马征调之费。此特一时额外之征，不意遂贻害于无穷也，至今乃有余地征银之例。隆庆五年，抚按疏请豁免，会蒲州杨少傅为本兵，覆题奉旨免征，始得拔去数十年祸本云。

《大名府志》后序 兵备副使侯一元撰

叙曰：自昔理人者，县法宪令，曷尝不孳孳民之故、天下之虑哉！故当时则粲然，易世则弗谖。其仁覆无穷，至与天地相敝者，惟书也，史是已。而郡国志则史之分也，非郡国志则不能以成国史，微史则无以存往迹而善治。嗟乎！其重矣哉！

夫大名者，古之魏也，以其襟带两河，介于山东、西之间，故常为天下枢。至后分割，则魏又为北户，屹然外捍。故魏者，重地也。譬魏于全盛，则人之膂也，列之则薰于心；其在偏安，则背也，拊之则扼于亢。故君子而无天下之虑则已，诚有之，其所以稽古验今，保辅员幅，以巩舆图者，胡可缓哉？而其志顾久弗治，非以其重地难之耶？顷岁茅子顺甫来倅，则尝为之。茅子文士，又喜事，然草之卒弗就去矣；而再至，又竟弗就，遗其草且落。盖久之而值大中丞郑公、巡察姜公、董学马公，咸巨人，孳孳于民之故、天下之虑。顾大名无能志之者，而潘子时乘适以太史踵而至。于是两台交檄余，余受以檄府，而太守李子应乾者，尤肫肫家其官，则相与委重潘子，征召文学，夜以继日，盖未半岁而书成。其文悉本史迁，而备《春秋》编年之法，精确尔雅，近所未见也。其志之良乎！

乃余尤有重于斯志者，其孳孳于民之故、天下之虑也。盖一篇之中，三致意焉。图首言大名之地三割矣，纵三而衡一，固圣王所以披强枝也。然而形束壤制，则尊周者亦无以成夹辅之功，然则交邻之谊、犄角之势，不可不讲也。地近而分，则杂五民，奸彼此窟穴，求盗或不得。是故其治衡为急，纵次之，不可不知也。述沿革者，制也；述年纪者，政也。盖曰：其所不可得而议者，王制也；所可得而因革张设者，官政也，不可不思也。帝后，人物之大也；山川，故迹之聚也，是故先之。而山川之言治水尤详。嗟乎！夫水为魏患久矣！堙汩则有近功而多后患，宽为之道，务以疏之，则顺于水而财诎，非胪列嘉言，择于长算，则不能以成酾沉澹灾之功，是故详之。夫夷土之于故迹蔑如矣，然其流风宛然，责民风于上之化，夫谁得而辞之？惟土物爱，而无奇淫不近盬者，国之利也。故其志曰：长厚务本。盖余读至于赋役之志，而有感于民之遭也。当是时，两台宽民岁以千万计，曰：拊循之不休，志中时时见焉。异日者，秩祀且有考矣。而余以书生职兵且再岁，顾不能使盗弭，得不泚颜哉！甚矣，夫马政之敝也！法使民多马，岁攻驹而入之圉人。乃今所入非所字，所字者类不中度，徒取具文，吏操以为奸，至有缓急，率复他市，是以民甚苦之而莫以为言者，马政重也。夫北方之民，以地旷税少为饶，而不能富乐者，职以马也。官大者，即不贤，不得以逃其名，除其耻；小者，非贤也，不得以名通。是齐豹三叛之义也。贡举具书，而传特记其亡者、罢而去者，以示事定，盖其严矣。

夫作志者其有忧乎？故志宵人而以僭伪同传，非以其类乎？盖春秋之义，扶阳抑阴，莫先于正邪，而夷夏之防次之，戒其辨之不早辨也。于是乎征之献焉，征之文焉。吁！其备矣！盖志有难者八焉：不详则事不该，而米盐详之则芜。不简则要不举，而太简则伤略。举其大则见以为不勤小物。忽羸豕，弛童牛，而细故毛举，则谓之不知类。远古之事，传之则忽荒芒昧，近于诬，而不传则羊去而礼亡。文不酌诸古则不雅醇，而古则远于俗而不适于用。当世之显人，善而传之，则有官盛之嫌，而置之则无以示至公。不善不讳则怨兴，而改枋头，则伤于直笔。章而不微则戾周身之防，而微之则或不习其读而无以镜后。故志所以难者也。斯志也，酌繁简，兼小大，综今古，存美刺，不猥不并，不窕不刿，常直书而见义，则可谓曲畅微显者矣，故曰：其志之良乎！余斯有以借手而复于两台矣。后有孳孳于民之故、天下之虑者，得以考焉。

《大名县志》

卫河在县治南（注十）三里许，源发于河南卫辉府辉县苏门山，自淇门入本府浚县界，受淇、汤诸水，经内黄，与漳水合，东北至县境大严屯横腰南界，又东北注龙王庙（注十一），达临清（注十二），至直沽入海。同济漕运，故一名御河。

漳河有二：曰清漳，曰浊漳。清漳出山西太原府乐平县沙山，浊漳出潞安府长子县发鸠山，至相州（注十三）邺县，与清漳合。书曰衡漳，盖漳横流也。周定王五年，河徙而东（注十四）过列人县，东北过斥漳县，又东北过曲周县、巨鹿县。国初，漳西注魏县，北历元城西店，东注山东馆陶县入卫。正德初，始徙府南阎家渡入卫。又十余年，自双井入卫。嘉靖初，自回隆镇（注十五）入卫，后复自内黄田石村入卫。万历戊子，徙魏县，旋由故道徙肥乡、成安、曲周诸县，会达天津。（议曰：漳为大名患久矣，近徙成安、肥乡等县，或者河伯有灵，不欲重困此一方乎？而今则议改之艾家口，艾家口距郡城邑城之中，去郡一里，去邑止半里。漳北溢则啮郡城，南溢则啮邑城，此必然之势也。然郡城地稍高亢，若本县地最洼下，漳河之湄加于县城之巅，水势利于建瓴。且县南二里余，又有卫河，卫亦每年大发，水势汹涌，彼此加攻，势必无大名矣。况河原非驱之使去，今则必欲引之使来，今日者以广平之害而移之大名，异日者又将以大名之害而移之广平，是纷争无已时矣。窃谓事之不必矫举，工之不必诡成也。）

支河在县西，涂公新开，距城仅半里许，累肆冲没，知县赵一鹤请郡主翟公塞之。

硝河者，泄卤下垫，凡所经流，率数岁不能刍牧。一由滑县北，径开州戚城，汇赵村坡、傅家河，注岳儒固，达馆陶，或北注大名；一由石村潆内黄县东北，径大名大严屯边马集马村东注，或注南乐县霸王沟北张铺小支河。万历二十九年，知县江腾蛟会同南乐知县，即旧河身小加挑浚，水直东下，今居民率佃治其间，河身渐为平陆矣。按《郡志》云：硝河十之三自饮牛口注卫，十之七自梅家口注卫。与今经流不大同，姑记于此。

漳河堤，隆庆五年，知县李本意筑。南接楼底旧堤，至老堤头止，约三十余里；北接龙王庙旧堤，至艾家口止，约二十余里。

华侯堤，起县西关堤北隅，至回隆九十里。嘉靖二十七年筑。

甄侯堤，起骈村新河口，至内黄田石界，约百里有奇。嘉靖三十四年筑。

金堤，势如冈岭，自东南入县界。《汉书》曰：“河决酸枣，东溃金堤（注十六）。”则汉文帝时已有矣。凡大名、元城、南乐、清丰、开州、东明、滑台之境皆有之，绵亘二百余里。

牧堤，在县东十八里。

清丰 淇河（《寰宇记》云：在顿丘旧县北五里，上接清丰县，下入观城县。又载：淇水在临河废县东南五里黄河北岸，东经县界三十五里，入清丰县），**繁泉**（在临河废县土地。《十三州志》云：澶水在顿丘西南三十里，伏流至古繁水城西南，谓之繁泉），**金堤**（在清丰南四十五里。按《地里沿革》云：金堤上接清丰，下入南乐县界，又在德清废城东南五里，所谓德清军，即旧之顿丘镇也。又《汉书》：金堤，古堰也。成帝时，王延世运土以塞河决，自金堤而增筑之。堤上有金堤驿、秦女楼、金堤关），**复关堤**（《寰宇记》：澶州临河县复关，在南黄河北阜也。其堤在南三百步，自黎阳入清丰县界）。

《内黄县志》

黄河故渎在县东十里，西南入境，经带甚远，内黄得名，盖因是焉。《水经》云：故渎又径繁阳县故城东。注云：《史记》，赵将廉颇伐魏，取繁阳城。是也。卫河自河南辉县发源，历新乡、卫辉、浚县，经流境内。西南自南高堤，东北达泊口，漫衍百五十里出境。《诗》云：“毖彼泉水，亦流于淇”。即此。漳河，浊漳也。《水经》云：出上党长子县之发鸠山，南流注于黄泽。旧合清漳水入卫河，今徙于魏县之西，入滏阳河。洹水，《水经》云：洹水出上党泫氏县，经隆虑县北、邺县南，又东过内黄县北，东入于白沟。今名安阳河，自田氏镇入境，注于卫河。淇水，在临河废县东南五里。《水经》云：淇水出隆虑县大号山，又东过内黄县南，为白沟，屈从县东北，与洹水合。注云：淇水东北径枉人山东、牵城西，又东北径并阳城，即《郡国志》所谓“内黄县，有并阳聚者也。”荡水，《水经》云：荡水出河内荡阴县西山东，又东北至内黄县，入于黄泽。唐贞观元年，以水微温，改曰汤水。羑水，《水经注》：羑水出荡阴县西北韩大牛泉，东至内黄，与防水合。《地里志》曰：羑水至内黄入荡。防水，《水经注》：防水出西山马头涧，东径防城北，卢谌《征艰赋》所谓越防者也。其水东南流，注于羑水，又东历黄泽，入荡水。黄泽，在县西北，泽方数十里。《水经注》云：淇水东北径枉人山，东北至内黄泽，右入荡水，亦谓之黄雀沟。是水秋夏则泛，春冬则耗。又径内黄城南，东注白沟。汉倪宽为令，请为田以给贫民。至正统间，掌县事知州宋安以地给民居之。白沟，在内黄县东北。《水经注》云：洹水径内黄县北，东流注于白沟。宜师沟，《水经注》云：淇水自晋鄙城，又东谓之宜师沟，东北至内黄泽，右入荡水。六辅渠，汉倪宽为内黄令，开渠，大溉民田，获利甚博。孟家潭，在县西北一里，俗言即古黄泽。鸬鹚陂，在内黄洹水旧县南五里，西周八十里，旧有蒲苇之利。永济渠，在临河废县西北三十里，自浚县界东北入内黄县。隋大业中，尝增修。沟河，《方舆胜览》云：出内黄南，自浚、滑经颛顼、帝喾二陵之南，达东北，入内黄界。硝河，在县南，出朴硝，与开州接界。集贤陂，在东郭门外，南达硝河，北通卫流，积雨水溢，弥望无际，因建以桥。金堤，在县东，上接大名，下连滑、浚，延袤数百里。《汉书》：金堤，古堰也。成帝时，至王延世运土塞河决，因金堤而增筑之。上有秦女楼、金堤驿。今废。高堤，南起高堤镇，北接泊口集，仅百余里。恐卫河泛涨，淹没民田，故筑以防之。黄泽堤，在县西北五里，泽广数十里，环之以堤。汉世祖破五校，即其地也。鲧堤。倪公堤，倪宽所筑，起自北横堤，环城西，绕至东南长固村十数里。古堰，在卫河东，沿河修垒，出境方止。

旧志 荡水、羑水、防水、宜师沟四水，皆出安阳、汤阴二县西，东流入内黄黄泽。后卫水渐大，北流接漳渚，不能入境，皆渐归洹水入卫，随流而已。故今境内四水入黄泽皆内黄者矣。

《治河议》 王永寿

举人王永寿议曰：魏县地平土疏，去漳水发源不远，濒河之田，赖堤以稼。而西南上游，接安阳、内黄与山西潞安诸屯营；东北势下，则与元城、大名共处委汇，故夏秋之交，水患孔棘，论者忧之而未有以救也。盖古之遂沟洫浍，皆以通水于川也。遂从沟横，洫从浍横。遂入沟，沟入洫，洫入浍，浍注川。沟必因水势，防必因地势，有周井疆之法如此。自秦废井田，开阡陌，而沟洫之制大坏。万世而下，井田虽不可行，而沟洫之遗制则不可尽废。况今魏之境内，漳河故道，经络旁午于其间者，宛然可寻。故乡里之名，或曰某沟，或曰某口，或曰斗门，恐即前代沟渠之遗也。独不可仿其遗制而分支流以泄水势乎？又按境内平原旷野，率有洿下，或曰某陂，或曰某洿，或曰某湾，或曰罗池者，固多不能皆近河道。每霖雨连朝，则随处陂洿池湾，递相灌注，一望无际，其患不减漳河，俗名泺水。则沟渠之制，尤不可以不讲者也。苟相其地势，其洿近河，循之而下，某陂达某陂，其湾达某湾，皆因其势而利导之，以属于河。则所谓堤湾陂堰者，于天时无雨，则由沟以蓄水，而田可施灌溉之功；所谓陂洿池湾者，于天时多雨，则由沟以泄水，而地可无淹没之患。盖下流既疏，则水惟顺遂，不但可以拯民于旱涝，而郡城亦且永保无虞矣。

蒲潭营、仓口营、车网营、郝村营，俱在城西南四十里。刘家庄营，城西南五十里。永乐年间，以土旷人稀，徙山西潞州卫军人散处，垦辟屯种。旧志云：国初屯地，非止一方，不徒为垦辟之谋，且有犬牙相制之意。但军民杂处，莫相钤辖，或寄买民业而赋役是逃，或窝住奸民而勾摄是拒，甚或屯官与军为奸，纵肆寇掠，有司莫敢谁何。该管又远难申达，其害尝有不可胜言者。往时当道便宜设策，通行各屯，择立乡长，编排人甲，朔望亦赴有司呈递执结，兼听钤辖，非但可消郡邑小梗之虞，亦可备万一不轨之变。申明而遵守之，诚善后之良猷也。

《滑县志》

按滑乃古黄河之遗墟，其在大名为最下，卫南坡又滑之下焉。每岁暑雨暴行，凡上流倒坡诸水，悉注于此，乃由柳青河达开之澶渊，今其河形足征矣。嘉靖十五年，柳青河因大风吹沙，渐积成堆，开之居民，遂密植榆柳，堑以守之，故旧道中塞。今被涝已十有八年，地没而租繁，民亡而产绝，有司临之弗痛恻者，无人心也。夫澶渊乃古受水之区，其地瘠薄污下，较卫南膏腴赋重，天壤不同。况澶渊昔年受卫南之水，曾未见为害，今日无卫南之水，亦岂能为可耕之田耶？予莅任来，踏诣故道，及咨土著之民，又按《治河总考》曰：宋、元间，滑州水溢城西北天台山，俄复溃于城西南岸，乃走卫南，浮澶、濮、曹、郸。益信此水从古流通，典籍河形昭然显明，辨论非所事也。前长吏累议导复开州，动以决运河为辞。夫卫南，一邑之灾也，运道，国家之命也。若卫南足以灾运河，而故泄之，是徒恤一方之利，以伤国脉之重。小惠非仁，害国不忠，君子为之哉？

予为此惧，乃遍诣下流，求万全之策：既不欲壑邻，又不使伤运，俾开之无辞于我。以甲寅四月，同开州知州刘东、清丰县知县温如春、长垣县知县霍近思，由澶渊及濮、范、张秋，沿历河身，达之运道。又见运河东岸有五空桥，其地渐卑，直抵于海。此正泄运道之溢，立法之莫良焉者也！矧卫南不过倒坡之所漫者，其来也无源，其逝也有限。流及澶渊，自尔分漫随竭，况能泛数百里伤运道哉？俗传乃谓此水来于黑羊山孟华潭，若以为山水，则是源泉不穷，当四时皆盈，何独春涸而秋涝哉？甚矣，俗传之谬也！故开溺于俗说，惮于改疏，而司运道者，亦得借口于此。噫！考本源而后可与言治水，明地势而后可以决利害。今议者不信目而重耳，虽禹复起，将奈何哉！

《永平府志》

按元初定税制，独水田以五升，为其利也。中统二年，凿沁河渠成，溉田四百六十余所，此其水利之始。三年，诏给怀州新民耕牛二，俾种水田，此其水田之始。至元七年，以都水监司隶大司农颁农桑之制：凡河渠之利，委本处正官一员，以时浚治；或民力不足者，提举河渠官相其轻重，察其道之地高水不能上者，命造水车；贫不能济者，官给其材木，俟秋成，验使水家，俾均输其直。田无水者凿井，井深不得水者，听种区田；其有水者，不必区种。近水又许凿池养鱼，并鹅鸭之畜，及种莳蓬藕、鸡头、菱芡、蒲苇等，以助衣食。九年，又诏诸路开复水利。三十七年，蓟州渔阳等处稻户饥，给粮三十日，以东无开焉。时主虽急于劝课，而丞相主其事。汉人史天泽方有事于启土，自此首拨皆其种，未尝知此为先务。虽有姚枢、张文谦，北平不能大行其说焉。至答剌罕凿称海古渠溉田，少试于和林获利，及其卒而即废，不闻复议水田矣。

洪武六年四月，云龙镇守北平，言塞上诸关，东自永平、蓟州、密云，西至五灰岭外隘口，通一百二十一处，相去约二千二百里；其王平口至官山岭口，关隘有九，约去五百余里，俱繁扰冲要之地，并宜设兵守之。若紫荆关及芦花山岭，尤为要路，宜设千户所守御。从之。

洪武十五年九月丁卯，北平都司言边卫之设，所以限隔内外，宜谨烽火，远斥候，控守要害，然后可以詟服胡虏，抚辑边氓。按所辖关隘：曰一片石，曰黄土岭，曰董家口，曰义院口，曰箭竿岭，曰孤窑儿，曰刘家口，曰河流口，曰徐流口，曰冷口，曰界岭口，曰青山口，曰干涧儿，曰桃林口，曰重峪口，曰石门子，曰白道子，曰白羊峪，曰石湖洞，曰五重庵，曰新开岭，曰佛面山，曰栲栳山，曰擦崖子，曰城子岭，曰大峪，曰水峪，曰中寨，曰榆木岭，曰青山，曰游乡口，曰铁门口，曰大喜峰口，曰小喜峰口，曰团亭寨，曰潘家口，曰常峪寨，曰三台山，曰隘口寨，曰龙井寨，曰胡儿岭，曰松陀儿，曰松棚峪，曰青山大岭，曰木潭岭，曰臭麻峪，曰刀山寨，曰分水岭，曰马蹄峪，曰洪山寨，曰蔡家峪，曰秋科峪，曰于家峪，曰道沟峪，曰罗文峪，曰猫儿峪，曰山寨峪，曰小挝角山，曰大挝角山，曰会仙台，曰沙披峪，曰山口西寨，曰片石峪，曰冷嘴头口，曰楮皮寨，曰尖山寨，曰龙池寨，曰大安口，曰井儿峪寨，曰鲇鱼石口，曰琵琶峪寨，曰马兰峪，曰平山寨，曰宽田峪，曰南山顶寨，曰饿老婆顶寨，曰滴水峪小寨，曰北山顶，曰滴水峪北山等寨，曰录山顶，曰峰台岭寨，曰古强峪，曰耻瞎峪，曰钻天岭，曰黄崖口，曰小平安岭，曰大平安岭，曰三山寨，曰蚕椽峪，曰青山岭，曰彰作里，曰将军石口，曰蝎山寨，曰黄松峪，曰文家庄，曰鱼子山，曰萧家岭，曰熊儿岭，曰沙岭儿，曰灰峪口，曰灰岭儿，曰猪圈头，曰山嘴头，曰木场峪，曰灰塘峪，曰墙子岭，曰磨刀峪，曰许家峪，曰苍木会，曰小黄崖，曰大黄崖，曰石堂峪，曰姜毛峪，曰苏家峪，曰大虫峪，曰遥桥峪，曰南峪，曰烧香峪，曰黑峪口，曰峰台峪，曰高垛子，曰小水峪，曰汉儿岭，曰城子山，曰倒班岭，曰杷头岭崖，曰师姑峪，曰梧桐安，曰齐头崖，曰柏岭安，曰将军台，曰卢家安，曰司马台，曰丫髻山，曰沙岭儿，曰砖垛子，曰龙王峪，曰师婆峪，曰古北口，曰潮河寨，曰柞峪，曰陡道峪，曰蚕房峪，曰陈家峪，曰东驼骨，曰西驼骨，曰白马甸，曰划车岭，曰冯家峪，曰营城岭，曰黄崖口，曰石塘岭，曰东石城，曰西石城，曰东水峪，曰白道峪，曰牛盆峪，曰小水峪，曰水口峪，曰河坊口，曰神堂峪，曰开连口，曰加儿岭，曰驴鞍岭，曰南冶岭口，曰黄花镇，曰西水峪，曰枣园峪，曰灰岭口，曰贤庄口，曰锥石口，曰德胜口，曰虎峪口，曰居庸关，曰阳峪口，曰苏林口，曰白羊口，曰柏峪口，曰高崖口，曰方良口，曰常峪口，曰长城岭，曰沿河口，曰石港口，曰小龙门口，曰天井关，曰东龙关，曰天桥关，曰天门关，曰洪水口，曰西龙门，曰段口，曰石峨口，曰兰房口，曰鹿角口，曰南龙门，曰马水口，曰道水口，曰石塘口，曰金水口，凡二百处，宜以各卫校卒戍守其地。诏从之。

弘治十三年，巡抚洪钟修边。自十一年巡抚张淮躬督参将白琮、指挥罗纲、推官周瑄，率军民于大茅山扪萝蹑险，极力未就。淮卒于边，钟代之。次年，修边城二千四十八丈，丈银一两，酬士卒劳。是年春，檄琮同参将高瑛及同知邵逵，以二万人自山海关迤西至李家谷止，延袤三百余里，修二万八千一百七丈，于要害立寨堡。次年志之，具高广丈尺。营凡十六：曰长峪驻操，曰黄土岭，曰石门寨，曰驸马寨，曰平山，曰台头，曰界岭驻操，曰燕河，曰桃林，曰刘家，曰徐流，曰建昌，曰五重安，曰太平寨，曰青山，曰青山驻操。其徐流、其滦阳、其赤洋海口、其新桥海口、其牛头崖五营，丈尺不具。关具者六：曰一片石，曰界岭口，曰刘家口，曰冷口，曰董家口，曰李家口，其居城无丈尺。及旧城：曰山海关，曰徐流口关，曰河流口关，曰石门子关，曰星星峪关，曰白道子关，曰山桑峪关，曰白羊峪关，曰苇子峪关，曰五重安关，曰花场峪关，曰新关岭关，曰察崖子关，曰义院口关，曰大岭关，曰长峪口关，曰平顶峪关，曰榆木岭关，曰水门寺关，曰城子峪关，曰大毛山关，曰寺儿峪关，曰小毛山关，曰三道关，曰小河口关，曰角山关，曰北水关，曰大青山关，曰旱门关，曰南海口关，曰西阳口关，曰南水关，凡三十二云，俱旧设有城。若箭杆岭关，若烂柴沟关，若拿子峪关，若城子岭关，若庙山口关，若无名口关，若黄土岭关，若大安口关，若罗汉洞关，若火烧城寨，若孤窑儿寨，凡十二，旧有关无城。钟城之，又立灰窑峪寨、横山寨、沙岭寨三城，皆无丈尺也。嗟夫！山海大卫，不志于城池，大关，不知于丈尺，所具者今皆不同，故不述之。其大、小喜峰口关至汉庄、三屯等营皆不列者，不知其为境内地，而委之于邻县也，第述时新旧如此。

永平

一片石关（在府治东北一百八十里左右，皆峻山。山下有石城，城边有关，新砌以砖，券门三空，周围三十丈九尺，关口新建城一座）。界岭口关（在府治东北一百二十里左右，山上旧有砖城二座，山下有石城，城边有关，新砌以砖，券门二空，周围一十二丈三尺，高四丈一尺）。刘家口关（在府治北六十里，旧置城山上，山傍有关，以碎石堆砌，新砌以砖，周围一十二丈，高二丈七尺）。冷口关（在府治北八十里，山上旧有砖城，山下有关，石基砖城，券门二空，周围二十丈，高二丈五尺）。董家口关（在府治西北一百八十里，关傍皆大山，旧以石砌之，新砌以砖，券门三空，周围三十六丈，高三丈九尺，关口新建城一座）。李家峪关（在府治西北二百里，关傍俱大山，旧以石砌之，新修石基，砖砌，券门二空，长六十一丈五尺，高二丈五尺）。山海关、徐流口关、河流口关、石门子关、星星峪关、白道子关、山桑峪关、白羊峪关、苇子峪关、五重安关、花场峪关、新开岭关、搽崖子关、义院口关、大岭关、长峪口关、平顶峪关、榆木岭关、水门寺关、城子峪关、大毛山关、寺儿峪关、小毛山关、三道关、小河口关、角山关、北水关、大青山关、旱门关、南海口关、西阳口关、南水关（以上俱旧设有城）。箭杆岭关、烂柴沟关、拿子峪关、城子岭关、庙山口关、无名口关、黄土岭关、大安口关、罗汉洞关、火烧城寨、孤窑儿寨、重峪口关（以上旧俱有关，无城。弘治十三年，巡抚都御史洪钟檄参将高瑛、白琮，创砌石城，以备守望）。灰窑峪寨、横山寨、沙岭寨（以上三寨原无。弘治十三年，巡抚都御史洪钟檄参将白琮创立寨堡，环砌石城，添设官军以守之）。长峪口驻操营（石城，在府城北一百六十里，周围二里，高一丈，立四券门，竖楼于上，以望烽火）。黄土岭营（石城，在府城东北一百六十里，周围二百五十步）。石门寨营（石城，在府城东北一百四十里，周围二里，高一丈八尺）。驸马寨营（石城，在府城东北一百一十里，周围二里，高二丈）。平山营（在府城北一百八十里，以石为基。成化三年，巡抚都御史阎本、总兵官宗胜添设创建，陶砖包营，周围三里，高三丈）。台头营（石城，在府城东北一百三十里，周围二里，高二丈）。界岭驻操营（石城，在府城东北一百二十里，周围二里，高二丈）。河营（石城，在府城北五十里，周围二里，高二丈）。桃林营（石城，在府城北五十里，周围二里，高二丈）。刘家营（石城，在府城北四十里，周围二里，高二丈）。徐流营（石城，在府城北四十里）。建昌营（砖城，在府城北八十里。宣德间，镇守太监刘通筑土为城。正统初，少监郁永陶砖包砌，高三丈。列东、西、南三门，竖楼于上，以望烽火。弘治十一年，太监张忭以旧城狭隘，用裴家窝官地易换邻城军民毕富等地二顷余，起盖营房千余间，以居军士）。五重安营（石城，在府城北一百八十里，周围二里，高二丈五尺）。太平寨营（石城，在府城北一百二十里，周围二里，高二丈五尺）。青山营（石城，在府城西北一百三十里，周围二里，高二丈）。青山驻操营（石城，在府城西北一百五十里，周围二里，高二丈）。滦阳营（在迁安县北一百六十里，原滦阳县，今废为营）。赤洋海口营（在府城东南一百里。以下三营俱在海边，时有倭夷出没，每营设官军伍十一员名以备之）。新桥海口营（在府城南一百八十里）。牛头崖营（在府城东南一百余里）。

滦州

青河，距州东南十二里，南闸头，乱泉突起。一派西南行一百三十里，至乐亭县西南马头营，达于绿洋沟，入于海；一派西南十六里，经破桥，又西南九里，至沙沟，又南六里，至泽头，又西南三十五里，至公安桥，又西南四十里，至蚕沙口，入于海。此秦汉以来漕运故道，闸迹尚存。洪武八年，浚漕于蚕沙口，仍于新桥海口筑土城，置千户所监守闸潴，辽边多赖焉。永乐十八年，运艘遭风议革之矣。尝考漕运，自三岔河有三道：其一，由天津经白河，至通州；其一，由娘娘宫经粮河，至蓟州；其一，由芦台经黑洋河、蚕沙口、青河，至滦河。是滦之漕运，三岔河之东道也。滦河，在州东三里，发源于炭山，乱泉喷涌。合流东一百二十里，至宣府；又东北二百一十里，至云州堡；又东北三百六十里，至桓州；又自桓州过口北；又自北而南，入上都开平界；东流七百里，至滦阳营；又一百六十里，至迁安县；又东南六十里，至卢龙县，西南合流于漆水；又南四十五里，至滦州；又南五十里，至岳婆港；夹乐亭县，东为葫芦河，西为淀流河；至县南合流六十里，至马头营；又二十里，为绿洋沟，入于海。横河，在州北七里，发源自卢龙县独自山，南流入于横山营，东绕包皮淀，经榆山，至刘家庄，入于滦河。沙河，在州西四十里，发源迁安县西南草束子屯，南流入宜安社，迤丽而南，至北柳河社，达于海。龙溪河，在州南八里，发源五子山，东五里，有大泉腾沸，流入八里河，经料马台东南丘官营，伏入地中，俗民地桥。又东南二里，经阔家庄，复见为龙溪，入于南闸头，即青河之源。大溯河，在州西十八里，发源卢龙县马家庄，经栗园，折南经三岔院，折西转佛住山，南经杨家院，东南经芹菜山，东南经波落桥，又东南经御驾桥，又南经于家泊，又东南入青河。小溯河，在州城西十二里，发源烽火山，东港经拐头山，过双山，入大溯河，达于青河。清水河，在州正南二十八里，龙堂寺侧，源头极清，入海二十里不混，俗呼曰清水。经风淳屯、连清社，及三岔股、庄头营，入新桥海口，达于海。馆水，即牤牛河，发源迁安县馆山，南经偏山，又西南经黄花港，入牤牛桥河，西经双桥，入于陡河。双桥，在州城西八十五里，一自松梁社泉河头西南经峰山，下入陡河；一自丰润县板桥河东南入陡河。经石城西，又南经唐山桥，名大河；又南经王盼庄，名小河；与帅家河会，入官渠。石溜河，在州城西六十里，发源水峪，西南经孩儿屯、官套，至石城东五里，是为帅家河；至套里庄、狮子湾，南经康家庄、聂家庄、王盼庄，名小河；西南经金沟、马家港、大夫坨，入官渠；西南经丰润县胥官庄，入于海。蚕沙口河，在州城南一百二十里，天井之别，南入于海。

抚宁

牛头崖，在县东三十里，形似牛头，即牛头崖营也。先年曾有倭夷浮海至此，故设官军防守。玉旺峪，在县东北九十里。嘉靖三十六年，间有矿银从地中涌出，事闻，差中贵、锦衣、抚按、道、府采煎作课，冠盖旁午，劳费几二年，矿竭乃罢。狮子河，在县东南三十里。张果老河，在县东五十里。

乐亭

新河套，在县西南三十五里，夹于清、滦之间，疑即《水经》新河故渎。东滦河，在县东二十里，旧自淀流河东流为葫芦河，转迤而南，即今干滦河。景泰间，东流淤塞，径自淀流河而南入海。西清河，在县西三十五里，源发州南之暖泉，阔仅二丈许，蜿蜒抵新桥海口猫儿港入海。

滦志

滦之域界，前代分割靡恒，莫之能详也。《辽史》云：石城县在滦州南八十里，马城县在滦州西南四十里。《通典》云：北平郡西南到马城县一百八十里，西北到石城县一百四十里。《武经总要》云：滦西至石城九十里，南至海一百二十里，北至平州四十里。《松漠纪闻》云：平州七十里至七个岭（即七家岭），又四十里至榛子店，又一百二十里至玉田县，又七十里至蓟州。夫石城、马城、七个岭、榛子店皆滦地，前代可考者，类如是而已。

《滦志》

按滦水前昔无名，《禹贡》：夹右碣石入于河。注云：辽、濡、滹、易中高，不与河通。《辽史》云：黄洛水北出卢龙山南，流入于濡水。《五音集韵》云：濡，水名。一作渜，在辽西肥如、海阳。又云：濡，奴官切。颜师古亦曰：濡，乃官反。盖音滦也。

今水名有滦而无濡，且溴、滦字相类，岂古或通用耶？（按易州有濡水，濡音茹，非海阳濡水也。）

昔秦政灭燕，置右北平石城，盖今治之西南境也。辽西海阳，盖今治之东境也。王莽改北平为北顺，省石城入土垠。东汉复右北平石城，仍土垠，而海阳属辽西未改也。北齐省辽西海阳入肥如。隋开皇，省肥如入新昌，未几，改名卢龙。唐武德，始置临渝。贞观，复置石城。开元，又置马城。辽天赞，析卢龙山南地置滦州，领义丰、马城、石城三县。《辽史》谓义丰本黄洛旧城，马城本卢龙地，在汉俱属辽西，石城属汉之右北平。《通典》云：滦治本黄洛旧城，义丰倚焉。《总要》云：滦西九十里至石城。今开平西距滦治九十里，其为石城地明矣，是义丰、石城本两地也。今开平既为石城地，而城碑里制，俱称义丰，殆未可晓。顺天府丰润县盖古土垠地，滦之石城，东汉末曾省入焉。今丰润十里有铺，尚名垠城，是也。《永平府志》云：土垠在府城西南，汉置县，属右北平。岂谓石城地耶？

春秋之山戎，在黄帝为荤粥，夏曰淳维，殷曰鬼方，周为猃狁，汉曰匈奴。齐桓公越燕以伐山戎，次孤竹，还。杜预云：山戎，北狄。胡安国云：桓不务德，劳中国而事外夷，争不毛之地。又按唐李德裕《幽州纪圣公碑》云：北狄之裔，或曰獯狁，或曰山戎。是山戎之非燕地，彰彰也。今旧志云：滦在春秋时为山戎国。《通典》亦云：滦为山戎、肥子二国地。误矣。

《辽史》及旧志皆以滦为汉末公孙度所据。纲目书以公孙度为辽东太守。史谱云：度，玄菟人。初平初，为辽东太守，自立为辽东侯，传子康及孙渊。按汉献帝建安九年，曹操表封度为永宁侯，度曰："我王辽东，何永宁为？"是度与辽西、右北平无与也。考度之别传，自称平州牧，东夷九种皆服事焉。岂以汉之平州为隋唐以后之平州而误耶？盖汉之平州，在辽东玄菟、乐浪等地。隋唐之平州，乃卢龙、石城、马城。晋汉所谓右北平、辽西地，今之永平是也。汉灵帝中平六年，刘虞留公孙瓒屯兵右北平，瓒杀虞，尽有幽州，是辽西、右北平入于瓒矣。瓒死于献帝建安三年，岂度与瓒同时而误耶？

洪武三年，符下山东行省，募水工于莱州洋海仓，运粮以饷永平卫。八年，颖川侯傅友德疏陈转输之法，由鸦洪桥至永平，道里颇远，宜通青河、滦河故道漕运，则用力少而成功多。上嘉其言。嘉靖三十七年，巡视郎中唐顺之疏，滦河自永平可通滦阳营，省陆运一百五十里（后巡抚温景葵、巡按孙丕扬、梅惟和各疏请之）。隆庆元年，巡抚耿随卿议复巡按鲍承荫，并勘挑挖青河，自王家闸至新桥海口止，凡百四十里，乃漕运故道。滦河海口至天津卫四百二十六里，纪各庄通海潮处至府西门一百五十四里，沙浅一十八里半。又勘自天津卫至新桥海口，盐船往来，民船亦通无滞。海洋百二十里，中流遇风，有建河、粮河，新挑大沽、小沽可避。其船撑驾，必须滦州、乐亭、昌黎附海捕鱼装载惯习海道人民。酌量人丁身家，坐派大船八名、小船三名，各领官船粮，令其驾运，粮完听其捕鱼。如年久损坏，动支官银酌量修补。则改滦河省便，无容别议。但中间倒载之所，未免关隔，如海口卸至纪各庄，约有二里，滦河卸至永丰仓，里亦如之。船运脚价，临期听官粮郎中处给。其该镇岁用本色军粮数多，运道既通，则前项粮石，应该户部酌派漕运。然山海离滦仅二百里，私越易便，则海防不可不谨。合令府清军同知兼管海防，仍听兵道督率巡视，及山海主事督巡捕把截，违禁如律。部覆从之（御史刘勷题海道险阻，罢）。

知府孙维城议

本府躬视滦河，迤东二十里马城堡，西为王家闸，其南闸相距十里，原系海运入滦故道，闸迹尚存。原运皆由口北上王家闸，今马头营固其旧囤仓处。

李家庄西民田，约数十余里，过即王豕坨河。滦河涨入，青不能容，必从李家庄西泻，遂下注之。

自樊各庄起，凡四十余里，至杨家庄，南有沙坨，长一里，高河五尺。若穿之，即艾家青沟，东西长七里，其地多无钱粮，堪浚为河。过即梁各庄，而靳家河流经焉。

河名交流者，由海潮而成，故微有五里淤浅，外则大潮所至，横斜行七十余里，入黑洋海口。又三十里，则建河海口。又四十里，则堂儿上海口。又四十里，则大沽海口。出口入通州运粮白河，百余里，天津卫矣。是此道一通，不过三百余里，舟可径天津抵滦北，西由芦台河，其道岂但倍近。且惟黑洋海口至大沽百十里，由海随盐船出入，当保无他虞，北由绿洋海口造湾，其远近、险夷、安危，亦不啻十百相悬焉。

中间应挑之处，计大费工力者，不过交流河接靳家河五里，黄坨抵艾家青沟十二里，李家庄抵樊各庄十里，暖泉抵南闸头八里，与夫王家坨河之经杨家庄、印步店、狗儿村、贾各庄，土淤高厚者十二三里耳。其余或止应挑深五六尺、七八尺，阔五六步、七八步者，约以河五丈计之，论工大小折半。通算阔三丈、深一丈者，总不过百三十余里耳，工固不甚多也。况下因川泽，不损民居，妨田不及五顷，其价未足百金。验河所经，惟李家庄西有沙三里，杨家庄南有沙一里，其余俱土脉胶固，无忧其善崩。河之所自，若暖泉、若沂河、若陷河、若靳家河，俱水性如常，可弗苦其变迁。则语有利无害，又孰以逾乎此？

惟王家闸一处，议者每言挑接滦河，虽便通舟，然滦河西下平岸一丈八尺，焉能使之逆流而上入青河哉？且滦暴湍，常带沙石，涨则闸不能制，退必遗沙填积，将来岁挑繁费，恐反为青梗。莫若挑青至马城本堡，方议修壕，以壕土筑城，而借壕为河，使可容数十舟，南来运艘俱住此焉。虽隔滦尚五六里，道不甚多，且平坦便车，至滦易舟而运，则青不受沙石扰，而挑夫可省岁费，似于计两全也。

辽东海运尝苦损舟，若永平运通，则由府城而车至山海，或舟车至辽东，皆免风涛之险，其士饷尚亦有赖，是所谓无穷利也。然而不为者，不过惜财力耳。盖浚河非夫不成，募夫非财不济。今议动官帑，则匮无所资；议用民力，则穷非可任。惟财力之俱诎，故议者多难之。然咽喉不进，则腹终不饱，可惜一时之劳费，而失无穷之富饶乎？惟今永镇入卫客兵万余，春秋防守，不过分修边工。今议通永运者，非为之乏食虑乎？倘借各兵之力，而通边饷之道，揆之于义，岂曰不然？合行各路客兵，应修边工，暂行停减，或量分主兵代修，而移其众以浚河，计名限日，画地分工，若倘有不足，则量加民夫三四千佐之，仍委贤能有司，分督如法，则众力竞劝，可不月而成。无烦奏请，无费帑金，于客兵未为劳，于边方实为永赖矣（皆出委官王弘爵所稽访）。

官府事徐准议

洪武八年，颖川侯傅友德疏陈宜通青河故道，上嘉其言。是后抚、按、道、府屡屡建议行勘。职亲体踏，自滦州城南十里马城地方，原系国初囤运之处，人烟辏集，城郭遗址尚存。自马城南八里至暖泉，即运粮故道，虽年久淤塞，可以挑浚。暖泉即青河源头，自暖泉至新桥海口，不及百里，河水通流，但河身阔狭、深浅不同，稍加开浚，即可行舟。自新桥下海，西至黑洋海口百三十里矣，西至大直沽百二十里，不二百四五十里间，顺风一昼夜可到。又借海滨之水不甚深，中流遇风，即下铁矛拉住，舟自无恐。且无磷石撞舟，即今为商贾贩卖粮食通行之路，不以为险。船到新桥，即便乘潮入青河，起粮贮马城仓内。惟马城东北至滦河六里，地势颇高，难于浚凿，便赁车辆骡驴，驮至滦河上船，分运诸仓以实塞下。查得洪武三年，符下山东行省，募水工于莱州海洋运粮，以饷永平卫。此漕一复，则居民省挽输之劳，军士壮饱歌之气，所谓一劳而永逸，事少而功多者也。且一帆之便，船只往来，有无贸迁，又足以通商阜财，此漕当复甚明。当复而久不复，其故伊何？以议事非难，任事为难。合无于府佐或州县正官内有才干者，择选一员以董其事，复选贤能佐贰分效其劳，俟事告成，论功叙录。该挑丈尺，约计九万余丈，所费钱粮，即于丈尺可会。惟是国家大务，闾阎不堪朘削，宜出帑藏以需之。既有专官，又不乏财，不数月间，便可底迹。其所利赖于永者，则千百世也。

自万历年间议开漕通海，未行而罢。至天启、崇祯间，因添设沿边兵马，需粮甚多，青河卒难挑浚，乃从海运，由天津航海三百余里，至乐亭县刘家墩海口，入滦河二十五里，上至银夯柳仓交卸，改用河船运至府城西门外，盘入永丰仓。计水程自银夯柳至府西门百八十里。春夏秋三时水运，至冬冰坚难行，设陆运车夫，自银夯柳挽输永丰仓。海漕既通，商舟乃集，南北物货亦赖以通，荒瘠之区，稍变饶腴。若云海道风波险阻，乃行之几二十年，未闻有覆溺之患，此海运可行之明验也。至顺治初年，边圉无警，兵卫日削，需粮不多，海运遂废。而沿河仓房，因历年不行修葺，坍毁无存。其乐亭刘家墩海口，为登、莱、津、辽海道极冲，崇祯年间设海防一营驻扎汛防，今革。

《永平府志》

郡古卢龙塞，塞外近虏扎营，概为三区。

直北为中区虏营：曰大宁，曰东旱落兀素，曰哈喇五素，曰舍伯兔，曰西旱落兀素，曰青城，曰嗑里，曰兀拦，曰舍喇素，曰汤兔。

东北为左区虏营：曰火郎污，曰赊白兔，曰迭儿孛只英，曰舍喇哈，曰旱赤八哈，曰厂房，曰陷河，曰拨梨克，曰察汉壕，曰黜梨根卜喇儿，曰恶木林，曰儿女亲，曰卤场，曰恶力，曰常海。

西北为右区虏营：曰五儿班，曰滦河西岸，曰舍不哈，曰斗里库，曰头条道，即塔喇打坝，曰西逃军兔，曰恼奴河，曰傍牌川，曰宽河城，曰营盘里，曰瓦窑川，曰会州，曰昌毛太，曰长河台。

其日马程，皆百里为度，或过不及，在行之缓急耳。

如虏聚于大卤场东南，由恶力之常海，南下孤山，亦至常海，犯辽东三山营、前屯卫，迤西南至中前所，必犯山海路，而石门路当备。

自三山径入铁场堡，则先黄土岭，而大青山、庙山口、一片石迫矣，山海路当备。

自常海由太平台、直北山，闯水洞南下，必犯大青山，西犯小河口，而大毛山当备。

自稍腰兔南下龙潭，由东南必犯董家口、大毛山、柳河冲，西南必犯城子谷、水门寺，而平顶谷当备。

由红草沟、三岔口、龙王庙东至马蹄岭，必犯平顶谷、水门寺，而城子、长谷当备。

自龙王庙西过沙岭、奚河川，南下小卤场、梳头崖，必犯义院口、拿子谷，过羊圈子，则犯长谷口、板场谷；自奚河川、腾山，过瓦庙、种老、大梯、白蒿，亦犯义院口、拿子谷；由石婆婆南下独石，则犯花场、细谷，而苇子柳、罐孤石、温泉、甘泉、前山叠障稍缓；过牛心山西南，由大、小石孔，必犯箭杆岭口关；过金冈谷，由十八盘，必犯界岭口关；或临边西南，由欢虎谷，必犯罗汉洞；自红草沟，由兀拦直抵恶卜庄东南，亦犯界岭口、罗汉洞；南由杓子谷，必犯青山口关；自杓子由张家坟至扒答岭，必犯东胜寨、干涧儿；又顺沟由野猪口，必犯重谷口、梧桐谷；自恶庄西，由荆林，过青龙河，至三岔山，必犯桃林口关及水谷寨，则佛儿、刘家当备。

如于会州聚兵，东南由昌毛太之汤兔、之一揹苦列兔，自东南口由胡石达儿至三岔口，其备犯亦如之。

由黄岳川、赵家谷，其犯先水谷寨，而桃林口、佛儿谷次焉，刘家口当备。

由白滩之溜渭，必犯徐流口、刘家口、佛儿谷，而水谷、桃林当备。

自溜渭之西，由张盘山而斜崖，必犯冷口关，而河流、徐流当备。

又自苦列兔西南口，由石门至荞麦山南下，过石门，亦犯冷口关，而河流、徐流、刘家当防。

其自荞麦山东渡也，自过石门西，由阎王鼻，必犯白羊谷，则迫白道子、石门子矣，而新开岭当备。

自石门西南之狮子坪，南下二路，并犯白羊谷、新开岭，而擦崖子、白道子尤要。

自昌毛太西南，由干河川迤南之讨来打坝，下老长岭，必犯擦崖子、新开岭，而城子、白羊当备。

由干河川、长河台直抵石口儿，必先犯青山口，而及榆林岭，则大岭寨当备。

由熊窝头之松岭，则犯第四道关，迫本关矣，其擦崖、城子当备。

其自陡儿而过白石也，由长哨必犯董家口，而铁门关次之；如自会州直下冷岭，过龙须门、聂门，由三岔口之石口儿，备犯亦如之。

或不入龙须门，由大川径宽河城、黄崖里，必犯喜峰各路；如于一马兔、一逊川、大兴州、五儿班、逃军兔聚兵，东南由恼奴河之傍牌川，之虔婆，之冰窖，之黄崖南下，亦犯喜峰路，而太平、松棚二路当备。

或滦浅及冰冻，自恼奴顺河南下，必犯团亭、潘家及大、小喜峰、东、西常谷，而洪山、罗文各关当备。

又自恼奴渡河，西由起塔兀兔之天宁寺，之流河下，稍入车河川，南下谢儿岭，必犯三台山、苏郎、龙井，而洪山、潘家、罗文当备。

西下乔家岭，必犯洪山口、三台山各关，其备亦如之。

自五儿班南渡滦，由舍不哈至九道流河；或自大兴川，由十字道之把汉土门，西由塔喇打坝，亦至九道流河；而十字道西由黄草川之斗里库，亦至塔喇打坝。

顺河八十里而至斜里喇塔川，若犯罗文各关，必自九道流河渡撒；入石夹口，则犯马蹄谷；入大羊拦，则犯蔡家谷、秋科谷；入小羊拦，则犯千家谷；入一立马口、宁车口，俱犯罗文谷、猫儿谷及西通山寨谷；入大渌洞，则犯沙坡谷、山口寨；入小渌洞，犯亦如之；于西则犯马兰路、冷嘴头关。

郡境之哨止矣。其大宁、青城，皆二虏往来所驻扎，左寇东协，必由大卤场；右寇中协，必由奚河川、苦列兔。则伺虏情向往，其涂可捶控之矣。

山海路关外川宽四十里，或半有水，东北至铁场堡。

堡在大川中，川三十里。又至背阴障堡，在川北坡南，川里半。又至三山营，营东野马川，营南前屯卫，共川宽六十里。卫西南至中前所，及至本关。又自营北至常海，亦名大古路，西北至横河，东北至恶力，而西北至大卤场，俱大川，乃二路总括远哨所止，夷虏聚兵场也。又西北三十里，由儿女亲而至毛挨兔，及恶木林，俱川十里，并有树有水。东北至黜梨根卜喇儿，川宽里许，有树。又至察汉壕，川三十丈，旁俱高崖。又至拨梨兔，废城外有小砖塔三座。又至老河南岸，各有树。又至旱赤八哈，亦名赤八哈兔，西顺老河北岸，至厂房，俱有榆。又由陷河兔，至大宁城，少树。其旱赤，东通辽东三岔河，西北至赊白兔，北出老河，至火郎，俱有水。其赊白，西北至舍喇哈，又至迭儿孛只英，亦总括路东西二虏之所会兵。又由大荒至黄台吉插、汉脑巢，千三百里，一通白马川、一逊川、白庙儿穴，皆大荒，川有草木。又自卤场西北至好孙，又至心集，俱川三里，有水，合恶木林派出辽东。又至旱落兀素，沟宽三十步，高山俱有树，其兀素东南通恶木林，川多小墁山。又北至大宁三十里夹岗川，十里外皆大荒，其川中旱落兀素也，并通大举。又北之坤墩吝，之插汉挠孛，之舍伯兔，之火郎兀，之公固儿。迤东之舍喇毋林，里未详。自关北至石门路一片石关，川二里，去东八里，宽四十里，迤北通铁场堡。自关北至庙山口关外，川八十步，俱有水。又至黄土岭关外，川里许，去东五里，宽三十里，有小树。通铁场堡，川亦如之。并通大举。自关西北至大青山口关外，川里许，有树，通单马。北从间道至鹞子山拨，又至孤山子，俱山高里许，沟宽二十步。又至茶条山，高如之，沟四十步。又至直北山，高二里，沟如之。又至大尖山，高里半，沟七十步，俱多树。又至小尖山，高如之，沟抵横河，凡八十里，宽百步，间五六步，夹崖崎岖通步。又自横河东北至恶力，川一里，通单马，并有树有水。其自关外小道东北至闯水洞，迤东至茶条冲，又至大谷里，左右峻险。又通背阴障，川俱里半。又自关西南至小河口，川半里，西北至白洋川，沟如之；东通闯水洞。自口西沟半里，至大毛山关外，去城北三里，有水沟里许。又迤东沟二丈，或半通白洋，并通马。西北沟如之。去三里，沟百余步，或十余丈，通董堡、龙扒山。又自关西北至董家口关，北至龙扒山，沟五十步或三十步，多石坎。西北沟一二丈，通城子谷、龙潭。又由山蹊至大高，俱有树有水，并通步。又自关西至柳河冲，转西北至城子谷关外，川半里。又至张家庄，沟里半。东北至旧关，川百余丈，或四五丈。又至大高。又至龙潭，川四十丈，或十余丈，潭极深，周八丈，东峻崖，西坡，宽四十步，又川六丈，或半通单马。至三岔口，川十丈，或三丈。又由正冲之横岭，高五里，俱川三丈，或十步，水入本谷口。又至稍腰兔，北至十字河，俱川一里，或四五丈。河东通横河，川亦如之，近横宽百余步，俱有树有水，并通马。河东北通恶力，川三里，傍墁山，马由山行，有树，通大举。自旧关西北至大、小龙潭，沟宽皆二丈二，潭周八丈，两崖壁立，西有线道，今断，秋夏涨，容单步，冬虏扬沙布冰，通单马，俱有树。又至黄崖，沟五丈，或三丈。又自关外西北至水门寺，沟半里。又至平顶谷北，川五十丈，或十余丈。至黄崖堡，在山，稍高，路由崖北，通单马。又至驴驹岭，高里许，有水，南入城子谷，北出龙王庙，西北至马蹄岭，东通十字河，俱川二里，并通马。西至义院、常海，有龙王庙址，川四里，或一里，通大举，并有树有水。自谷口西北通长谷龙潭，川二十丈，或七八丈。其至小口子，沟宽三十丈，或二丈。西南至长谷水口，有三道，东九里，西十里，中七里，东西相隔五里，川北横冈。又自本口西北，由中水口十里，东七里，西六里，俱川五里。至老岭，高二里，有拦马栅城，岭北平漫，水下龙潭，岭南陡峻，水入本口。又至龙潭，迤西至羊圈子，俱沟二三丈，傍高崖圈东，水入龙潭。又自本口西北出水口，西五里，东六里，中十里，而至盘道子，俱川五里，有树有水，又沟宽三丈。至羊圈子，又腾山通义院、小卤场，俱有树，并通步。又自本口西南至义院口关，北至梳头崖，西南腾山，有树，步通瓦庙、冲崖。北至小卤场，西北五里，奚河高，北四里奚河川渡。自场从间道八里，亦至奚河川，东北至沙岭，在奚河北岸，可瞭。又至常海。又至偏梁石堡，在奚河西山，水入奚河。又至歹彦打坝，高里许，平墁，岭水南入奚河。北由三岔口出兀拦，转入奚河。东北至三岔口，至黄石，又至红草沟，俱川里许，或半里，间十余丈。又由挨石岛，至兀拦打坝，川六十步，坝狭五六尺，长四五丈，左高崖，右深沟，沟西亦高崖。此大举必经之道，虏至，架梁倚之，共宽丈余，亿众须二昼夜乃尽。东有间道，宽三四步，长七八里，亦分人马行之。岭西正道远十里。又至大卤场，有树及水。其红草沟东通恶力，川宽百余步，有树，属夷由此行。其自关外西北至三岔山，又西北有三道，一至大梯子岭，高半里，顶平墁；一至种老岭，高二里，北平坡，南陡崖；一至瓦庙冲岭，高三里，腰坦平，南险峻，俱川里许，或十余丈，有水入院口，并通大举。其瓦庙西南腾山至种老，又至大梯，又至白蒿，多树，并通步。又自白蒿东南，川一里，或百丈，至本院口。西过小岭，至拿子谷，俱有树，并通大举。西北沟三丈，或二丈，有树及水。马通横岭，高半里，严垒多树，有水。岭南入拿子岭。北由白蒿入院口，又至白蒿，沟宽二丈，或半之，多石坎。下马过白蒿，西南腾山。马通石婆婆岭，高三里，北平漫，南多树。下有小龙潭，水入花场，东南沟宽三丈。单马通独石，高丈，广半，有古字七行，独立川东，故名。又至清水关，乃花场旧关也。至花场谷关，俱川一里，或半里。西过沙岭，陡险，沟宽半里，有树。至细谷水口，并通马。西北至仰盘，沟宽四丈，或丈余，山顶平，有水。由大石上而下，又至小岭，一名大横岭，高二里，北平漫，南陡险，水会仰盘入细谷。西北下岭，顺干河川，沟三丈，或丈余，通独石。又半里，转西南至石虎谷阺西北，沟二丈，有树有水，并通步。又自石虎谷中南㕸棺材沟，宽二三丈，旁陡，大树，有水，川南叠障，马步不通。又自本关西南腾山至苇子谷，西北腾山至洞儿。转西南至柳罐水口，有树。又西北至腾水崖，沟丈许，两傍高崖，有水及树。又腾山至旧城头，有树。又自本谷西南至孤石谷水口，有水及树。又西三里，转东南至大偏梁山，沟二丈，本口源此，其前高山，马步不通。又自本谷外西三里，转北至小黄崖子，迤西至土岭，俱川二丈。又腾山至清凉石，其石三片，高二丈，在道西，山巅登之，可望抚宁、卢龙。又西腾山至旧城头，有拦马废垒，俱多树，并通步。自本口西南至温泉谷，沟宽三丈，有树。北至响泉，川八丈，或二三丈，有水及树。又至干河川，沟宽三丈，或丈余，夹崖有树。又至扒带岭，又通旧城头，俱川半里。其扒带西腾山至马思岭，俱有树，并通马。又自本口西至甘泉谷、石梯子墩。本堡自石梯子为界，西北至流冲，俱沟三丈，有树。又至钟楼岭，以形名也。东通响泉，沟宽五十丈，或丈，有水及树。西北腾山通扒带，有树。北至土胡同，沟宽五十步，或二三丈，有水及树。西北腾山至旧城头，又腾山至砖庙儿，俱有树，并通步。转东北五里，沟三丈，有树。去沟十里，有水，马通牛心南口。其东南口，一至种老，一至大梯，一至白蒿，俱墁坡，有树，并通大举。一至石婆婆，沟五丈，有树，通马。东北口顺川至奚河，险要如东南口。其自本堡口外西至星星，西北至中桑口外，川五里，或三丈，有树有水，多石坎，通单马。东北至天桥，石磴高四尺，桥东崖壁立，西河，石坎丈高，下马而过。北顺崖至夹脚石槽，长丈，宽尺，东接悬崖，西临深渊，间有石坎，高七八尺，步者亦缓。东沟三二丈，而通马思岭，本岭即星星边城也。又北至头架，沟宽十里，岭高半里，有树，水入中桑。又至二架，领平墁，又通砖庙儿，俱川三丈，有树。又自本堡西北至箭杆岭口关，川一里，或百步。转东北至箭杆岭，高二里，岭南水入本关。又八里小石孔，在道西，山腰水由孔出牛心。又十里大石孔，如屋，在道东北崖下，俱沟五丈，或三丈，并通单马。又至牛心西南口，沟十丈，通马，俱有树有水。又自本关西北至葛藤岭，沟丈余，有树，通步，又沟五丈，或二三丈。西至台头路界岭口关，东北至十八盘，沟五丈，岭高二里。北平墁，水合金冈水，出三岔，入奚河；南崒险，水入关。又至金冈、其义院，属夷皆由此入关。金冈东通牛心，俱沟三丈；西北至三岔山，沟三丈；北通奚河中稍，川里许，东南通十八盘，沟五丈，俱有树有水，并通单马；西南由小庄巢而通界岭儿，沟三丈，有树，通单马。其自关西北川里许至白台，台在川东，冈废矣，又川六丈。至界岭儿，岭平墁，有水。南入关，北由土胡同入青龙河，西北沟三丈，有树，容单马。由小庄而通三岔山，从拨道经梨花而至明朗，由山道至偏崖，川三里，有树，两崖若门，故号偏崖，为石门也，虽通大举，至此不得长驱。又至许家，去东三里无路，北沟五丈。至明朗而西，过小岭，由大苇子转南而通青山，川一里，或百步，间五六丈。又西至土胡同，北至恶卜庄，俱川里许。自胡同西北至松林店，川半里，或三十步，平墁。东北川二里，亦至恶卜庄。庄、青界二路会哨所也。北至寺儿山，川里许。又至白石嘴，川七里。又通奚河中稍，河五丈，连川宽七里。又至兀拦，川十里；东通红草沟，川一里；北至东逃军兔。又至恶力哥，俱夹高山，川一里，并有水有树。又至磕里，川二里，又九十里，川宽五里，外荒川，至青城俱有树。又至哈喇五素，川斥卤无草木。东北至大宁，俱川十余里。其城东由一揹精转东北，亦至大宁，俱大川，有水；城西至元胡骂岭，川八里，有树；西南至接白个岭，平墁，川一里，又川五六里，有水及树，而至会州；又自城西北至旱落兀素，川五里；东北通舍伯兔；西南过小岭，至呵乐贺，俱川百余步。又至欧利兔，东南通接白个，西南直西逃军兔，俱沟二十余步。其自磕里东至那林，川二里，转东北荒川墁山，通东旱落兀素；西至舍喇素，川六里。又至刻儿沟，川半里，有水出会州，入宽河。又至会州，川亦如之，并通大举。又自本关西北至罗汉洞，北至欢虎谷，转西通界岭儿，俱沟五丈。又西南至青山口关西北，沟五十步，或二十步。至鲇鱼洞东口。又至张家坟，川半里，俱有树。东北至杓子谷，川一里，又沟三十步，或二十步。至北横岭，平墁，长三里。又顺坡至土胡同，俱有树有水。其杓子西，即总墙沟，宽二里，近城址，宽百步，迤南至青龙河。其张家东至大苇子，川百步，俱有树有水，通大举；西南至扒带岭，沟七十步，或三十步。其岭西即五道沟，宽十余步，或半之，通单马。而至青龙河南腾山，有树，马通干涧儿。又南之顺巢，之麻地，之枯木，之大孛，之野猪，之桃林、青龙河，俱沟五十步，或二十步，迤递有小树及水，多石坎，通步。其自燕河路桃林口关，北过河至桃源川，转西北至白蜡谷。又自桃林东北至三岔山，俱川百余步；东通总墙沟城址；北至金香，沟十余步，俱有树有水，入青龙河。又东北至荆林，沟倍之；东通恶卜庄，沟四十步；北川一里，过二小岭，通奚河中稍。又自三岔西北至李家谷，沟十余步，水木若桃源。又沟三十余步，过小岭，至胡石达儿，又至一揹苦列兔，川东南口，即青龙河岸，川五十余步。又川一里，至一揹苦列兔，西北至把哈苦列兔。又至把哈苦列兔打坝，平墁，俱川一里，并有水，入青龙河。又北至汤兔，川二里。自汤兔东北至舍喇素，川一里；西北至昌毛太，川三十余步，有水流出会州，合宽河派，入滦河。又至会州，川一里。其一措苦列兔东南口，东北顺青龙河，川一里，过河四次，水深二尺余，至兀梁素。又顺青龙河，川五十里，过河六次，水深如之，通奚河中稍，并通大举。又自本关西北，顺河至白蜡谷，川百步。又至安子山。又自关西北至水谷寨，东北至安子山，西北至正安子山。又西北至石河，东通安子山，西通佛儿水谷，岭高险，东北至安子山。又北至赵家，俱狭沟通步。又过青龙河，至黄岳川，西北通苦列兔川南口，俱川三十步，余通马。又自本寨西至佛儿谷寨，东北窄沟，步通水谷岭；西北至石岭墁山，沟七八步。自本寨水口西北过小岭，至刘家口关，东北由拨道，自花台经大野猪而至桃林第八拨峰台谷山。又自关东北至石岭，又至小土岭，西北至溜渭，沟宽百余步。又北至白滩，一名臭水坑，又通一措苦列兔川南口，俱川一里，或二十步，有树，西沟十余步，至石门南川。又自溜渭东通七谷口，沟四步，西至张盘山，迤南至孤树坪，俱沟六步，并通马。又自本关水口，西至徐流水口关，沟十余步。北过大川，至麻地里，凡兵马出口烧荒，皆此扎营。又至老鸦岭，沟二十步；东北通溜渭，沟宽百步，或十余步，并通大举。自蔴地西沟六七步，至砂岭，又腾山至羊圈，并通马。又至前石河，沟二十步。又自本关西至冷口关，东北至斜崖，川二百余步。其崖东通前石河，乃沿边夹道，沟二十余丈；北至孤树坪。又至石家坟，西北顺河至荞麦山，高耸可瞭，俱川一里。又北至石门，川里半；东北三里，沟二十步；二十七里，沟一里；至一措苦列兔，俱有水，入青龙河。其石门西至召毛兔，沟二十步。自本关西北至过石门，有水。又至石牌岭墁山，东北通荞麦山，西北至察肚岭，在川南，高陡，下马而过冷口关讨赏。又至狮子坪，北至龙王庙，又西北至召毛兔，俱川一里。毛兔东北通一揹苦列兔，沟二十步；西北川二里，至讨来打坝，一名抄来打坝，并通大举。其过石门东至倒梨树，沟五十步。转东北过岭，至石家坟，沟十余步。墁山西北，沟五十步，或七八步，亦通察肚岭，并通马。西至阎王鼻，川一里，岭高二里，陡峻，有树，岭南步通边城五里。又沟十余步，单马至横岭，岭在沟南，路由沟中行，岭南沟十余步，通单马，至边城。又南至太平路擦崖子提调下白洋谷水口，沟二十步。东北至白土岭，沟一里，或三十步；又腾栲栳山，步通狮子坪。又自本谷西北至枯井儿，川一里；又至绿豆谷，沟七八里。南腾山十五里，通边城。东北沟三十余步，至东长城，岭高三里，陡峻。又沟四五步，单马，通狮子坪。又自本关西至新开岭，北至芝麻坪，沟十余步。东北由沙岭，川十余步，马通绿豆谷。西北至獐狍谷，川六十余步；又沟百步，有树及水，通擦拨老长城岭，并通大举。又自本关西至擦崖子关，拨分东西。东拨北至树木枝，川七十步。又至牌撅岭，迤东而至老长城，岭高七里，陡峻，下马鱼贯而进。又西北沟五六步，或十余步，单马至鹅石。又至讨来打坝，东北至呼奴思大岭，沟二十步。又北至干河川，并通马。东北过岭，狭沟，单马通思太。其自鹅石东北至舍喇镇，沟百步，有树，通马。东通龙王庙，川二里；东北通召毛兔，川三百余步；西北通讨来打坝，川百余步，俱有水有树，并通大举。其自树木枝东通芝麻坪，川一里，有树。西至蔡家岭，又至单家岭，俱川一里，或三十步，并通马。西拨西北至单家岭，又至白石山，则与榆拨陡儿互哨。又自本关西至城子岭关，北至单家岭，沟五六步；西至柳子谷北沟五步，步通夹山岭；东通单家岭，沟十余步，或三四步。岭西至哈哈石，又至双树，俱川六七步，并通单马。又自谷西至大岭寨，北至莺窝崖，又至红石谷，俱川三十步，至双树，川四十步。又至横河，川半里，俱有树，并通大举。又自寨西至榆木岭关，东北至马道岭，沟百步；又至韭菜畦，沟十余步。北至长儿沟，川半里。西北至鱼鳞沟东口，川二十步，或十余丈，俱有水及树；又至古城。北至松岭，又至熊窝头，各川半里。东至血岭，沟五十步，又通讨来打坝，又东北通呼奴里太岭，各沟宽二十步，有树。西至瓦窑川，又西至石口儿。东北至靴儿岭，又至长河台，俱川一里；又通干河，川宽百余丈。西北沟一里，至孤山北；川半里，至篮子岭东通长河台，北至三岔口。又如背答，如聂门，如龙须，俱川宽一里。其龙须夹山若门，中宽二十步。达贼若犯本关，须过此门，径由大川，犯在喜峰。又东北之骆驼，之半壁，之打鸡，而通会州，皆大川，有树有水，并通大举。其聂门东至安答石，川一里，或半；又至安答打坝，沟四十步，俱有水，通马。迤北二十里，沟狭，容单马，外大川通汤兔。自本关北至第四道关，川二百余步。东通鱼鳞，沟宽二十步；北由陡儿岭，通古城岭。又自本关西北至喜峰路董家口提调下青山口关，北通石口儿岭，西南至艾谷口关，东北至腰岭，北至平林，各沟四五十步；又北通孤山。自本口北至黄土台，东北通平林，各川半里，俱有树，并通大举。又自本口西至董家口关，北至黑山炮，又东北由长哨通石口儿，俱川里许；西至花园，川百余步；北至观音堂，川一里；东北至骆驼岭，川二百余步；西北至桃树谷，川一里。其桃树东通黑山炮，西南过小岭，狭沟，通单马，至喜拨营盘里；东北由破房通三岔口，俱有水及树，并通大举。又自花园西至分水岭，川二十步，通马。又至铁门关，北至炮岭，各川一里；又至细岭，西北至古道岭，各沟二十步；西至磨石谷，沟五十步；南十里通边城，沟二十余步；又西至莺窝里，沟四十步。又自本关西南至大喜峰口关西北，川宽三里。至莺盘里，凡兵马出口烧荒，皆此扎营。东通莺窝崖，沟二百步。北至庙儿岭，又至梦子岭，平墁，先年有石碑记梦，故名，亦名浓济岭。西北至腰站川里，东北至九姑岭。又至黄崖里，东沟十余步，过小岭，狭沟，单马通聂门。又东北至宽河城，川三里，即原宽河所，今移遵化县；又至龙须门，俱川里许。又自黄崖西北至冰窖，川半里。又至虔婆岭，川里许，北即傍牌川，东北通会州。又北顺滦河，至恼奴河川口，西北至西逃军兔川南口，俱川二里。东至丫头沟，又北通会州，各过小岭，俱沟二十步。又东北由小子沟，迤北亦通会州，沟宽亦如之。西北至呵各得岭，又川南二十里，宽七里，北十里，宽里许，至五儿班川，亦名呼鲁伴，俱有树有水，并通大举。又自本关西南至小喜峰北，沟二三步，多石坎，通步，一里即大荒川。又西至团亭寨，北至栗树湾；又至夹儿庵，至横河，即九道流河，合滦河川口；又至傍牌川，俱川二里，有树有水，并通大举。其大、小喜峰，虽通大举，近边沟狭，石多，通步，至本寨，乃通大举。自寨西至松棚路潘家口关，北至小河口，即滦河西岸；西至东常谷堡；西北至太阳谷，川半里；东北至长城岭，又通小河口；西至西常谷；北至到沟谷；东通太阳川，三里；西至三台水谷，沟宽六十步，并通马。自本堡西至三台山关，东北至回回墓，川十丈，或一丈；又至土松岭，长六里，俱通单马。又至房儿岭，平墁，通马。又至大古道岭，长十五里；又至横岭，长二十里；及至谢儿岭，俱高险。过岭东，即滦河。北至车河川，又至庙儿岭，长五里，险峻，岭北水出流河。又至流河中稍，西顺滦河，至大宁寺谷口。又至起塔兀兔，过滦河，迤北通恼奴河川口，有水，并有树，俱通大举。又自本关西北至鸡冠山，即黑河，宽一里。又至忠义寺，址在黑河西岸。又至马海棠，又至团漂石，二川黑河石崖夹立，宽七八步，石多水急。又至大黄茶子，在黑河东北山上。又至乔家岭，长三十里，南陡峻，北平坡，并通步，其黑河源出本岭西南。又东北至小河口，川二里，或五十步，通单马，并有树。又自本关西至水谷沟，又至苏郎谷水口，又至杀达子沟，俱沟半里，或百步，有小树。又至龙井谷关，西北至古道岭，长十里，有树。西南至洪山口关，西北至神仙岭。又至大到沟，过撒河，步通马兰谷岭。又东北至巡检司，又至偏塘，又至青阳林，各川三十余步。又至黄碴子，川二十步。又至分水岭，长七里，北陡峻，南平墁，有水出撒河。又至打狗巷，川二十步；又至龙湾子，川四十步，各水入黑河，并有树，通单马。又至乔家岭，险要见上。又自本关西至马蹄谷关，东北至庙儿岭，稍高，有树有水，通单马。又北至石夹口，宽十九丈，有水。又北出口，即撒河关，北至短嘴子岭，高陡；东北通石夹口；西北由山路至梨树岭，稍高，多树，俱通步。又北至大羊栏口，阔十五丈，通马，并有树及水。自本关西至蔡家谷堡，东北通梨树，有水；西至秋科谷堡；北至庙儿岭，稍高，有树及水；东北通大羊栏；西北通小羊栏。又自堡西至千家谷，北至到谷，岭长五里，高陡，有树。又至小羊栏口，宽十九丈余，有水；又出口即撒河，并通步。自堡西至罗文谷关，北由岔道至一立马岭，一名拦马墙，川百步，水入本关。又过横岭，至一立马口，宽二十四丈，有水。又过撒河，迤西北至秋木林，沟百步，俱通马。又至庙儿岭，长四里，北平墁，南陡岐，通单马。又至南松岭，长一里，岭下有水；东南至安子岭坡，东有水。又至摆宴塘，川二百步；南过撒河，步通秋科庙儿岭；转西北至窟窿山，川百余步，旁高山。又至神仙岭，西川宽二百步，俱有水。自马蹄谷至此，凡水皆出撒河。又至黄石崖，川如之。又至大横河，川四百步，旁夹山。又至白马川，宽如之。又至石夹口，两山顶平，中道甚狭，宽三十步。又至分水岭，长三里，高陡，岭南水出大横河。又至寿堂坟，川四十步。又至干心河，山川若大横河。又北至头道流河，俱有水。自秋木至此，俱有树；自南松至此，并通马。又北至七道流河及九道流河，西南通斜里喇哈谷口，凡八十里，过河九次，故名。东北至舍不哈，川三里。又至滦河西岸，川五里；又过河至五儿班。又自九道河西北至塔喇打坝，又名头条道，沟二十步。又至舍喇不哈岭，川二里，又通把汉土门；东北至一揹打坝，平墁，川里许。又过河，亦通五儿班。其头条道东北至斗里库，川宽一里，水深三尺，出滦河，前后山阻无路。东通一揹打坝，西由黄草川通十字道土门，俱有水及树，并通大举。其五儿班川宽六七里，西北由隰陂兔通一逊川，三日程；西由呼答哈而通大兴州，日半程，亦总括之地，黄虏常此聚兵。又自本关西至猫儿谷堡，北至新开岭，长四里，俱有树。岭南水入罗文，岭北至宁车口，宽五十丈，水俱出撒河。又过撒河，北通秋木林。又自堡西南至山寨谷，西北至牵马岭，长一里，俱通马，岭南水入沙坡。又至桑树岭，长五里，稍高，有树。岭北至大渌洞口，阔三十一丈，水俱出撒河。又北出口，即撒河。自寨西南至沙婆谷，北通牵马岭，西北至山口寨，东北亦通牵马岭；西北至溜石坡，岭长三里，岭南小水入沙坡。又至安子岭，高陡，俱有树；岭北至小渌洞口，宽十七丈，水俱出撒河。其安子岭西南至桃树谷，即楸树岭，东通溜石坡西至马兰路冷嘴头关，并通步。其滦河、流河、撒河之源，详见《方览经》。

外内拨路

山海路拨九：自松山，而李家堡，而鲁家山，而铁场堡，而挂牌山，而按马山，而永安堡，而将军石，而背阴障，凡九十五里。远哨至大卤场。石门、台头二路同。

石门路提调三：共拨四十八。

黄土岭关提调下拨十六：自大青山关，而鹞子山，而茶条山，而直北山，而大尖山，而小尖山，而三岔山，而黄土坎，而石门子，而小横岭，而大横岭，而太平台，而常海顿，而平墁川，而孤山，而五指山，凡百八十七里。

大毛山关提调下拨十六：自城子谷关，而张家庄，而旧关，而大高，而龙潭，而三坌口，而正冲，而横岭，而头道河，而青阳林，而羊圈山，而稍腰兔，而十字河，而大孛罗林，而长岭，而恶力川，凡百九十三里。

义院口关提调下拨十六：自本关，而黑崖子，而小梯子岭，而三坌口，而段木岭，而土胡同，而切河，而安子山，而常海，而歹彦打坝，而三岔口，而黄石，而红草沟，而挨石岛，而兀拦打坝，而委素太，凡百九十六里。

台头路提调二，共拨三十一。

界岭口关提调下拨二十二，分东西二股：自本关东，由十八盘，而牛心山，与义院拨互哨，凡二十七里。西由白台，而界岭儿，而梨花山，而明朗谷，而土胡同，而恶卜庄，而寺儿山，而白石嘴，而红石岭，而兀拦，而兀拦岭，而大柳树，而兀梁素太，而歹彦岭，而宽佃，而红草沟，而挨石倒西，而独木桥，而兀拦打坝西，凡二百三十里。

青山口关提调下拨九：自本关，而麻地沟，而大苇子谷，而三道沟，而杓子谷，而北横岭，而恶卜庄，而兀拦，而杏山，凡百八十里。

燕河路提调二，共拨三十二。

桃林口关提调下拨十九：自本关，而宽哨顶，而梳头崖，而三角庄，而逯马崖，而赵家谷，而王家谷，而戚家谷，而峰台岭，而天桥，而总墙，而古道，而斗儿岭，而毡帽石，而舍白兔，而蔡家谷，凡百十里；远哨由一掯苦列兔东南口迤东北，由兀梁素太而至东逃军兔。其刘家口三拨：由花台，而大野猪，接入桃林第八拨峰台谷，凡二十里。

冷口关提调下拨十五，分东西二股：东由牛鼻子岭，而挝角山，而寺儿崖，而黄崖山，而大户店，而三岔山，而石门，而逃军山，而一掯苦列兔，凡百里；远哨西北至汤兔。西由豹崖山，而察肚岭，而龙王庙，而召毛兔，而讨来打坝，凡八十三里；远哨至聂门。

太平路提调二，共拨二十五。

擦崖子关提调下拨十六，分三股：自本关东北，由白羊谷，而大石头，而庙儿岭，而炮儿山，而五指山，而白土岭，而栲栳山，而绿豆谷，凡六十里；远哨由狮子瓶通石门，而至一掯苦列兔。北由树木枝，而牌橛岭，而老长岭，而鹅石谷，而讨来打坝，凡九十里；远哨至聂门。西由单家岭，而白石山，凡三十里，与榆关陡儿岭拨互哨。

榆木岭关提调下拨九：自第四道关，而陡儿岭，而古城岭，而松岭，而熊窝头，而石口儿，而靴儿岭，而长河台，而干河川，凡百里；远哨至龙须门。

喜峰路提调二，共拨三十一。

董家口关提调下拨十：自本关，而黑山炮，而长哨，而石口儿，而三岔口，而背答岭，而聂门，而龙须门，而冷岭，凡百三十里。又自黑山炮西三十里桃树谷转东北，由破房司通三岔口；远哨至会州。

李家谷关提调下拨十二：自喜峰口关，由东石梯子，而孛罗台，而浓济岭，而天津谷，而九姑岭，而黄崖里，而宽河城，而龙须门，而冷岭，而骆驼岭，而打鸡岭，凡百五十四里；远哨至会州。又自团亭寨境外新设九拨：由暖泉，而黄崖，而夹儿安，而清河，而土洞，而横河，而傍牌川，而滴水崖，而恼奴河，凡百二十里；远哨至西逃军兔川南口。

松棚路提调三，共拨四十六。

潘家口关提调下拨十二：自三台山关，由宽佃，而回回墓，而双桥，而段岭塘，而寺儿山，而土松岭，而小古道，而中古道，而大古道，而横岭，而谢儿岭，凡百三十五里；远哨至白河。

洪山口关提调下拨十七：自本关，而黄瓜山，而尖顶山，而柏茶山，而瞭高山，而巡检司，而独石，而椴木林，而梨元口，而水泉，而分水岭，而张官堂，而黄碴子，而打狗巷，而黄土岭，而龙湾子，而乔家岭，凡百四十七里；远哨至流河。

罗丈谷关提调下拨十七：自本关，而岔道，而一立马岭，而一立马口，而秋木林，而庙儿岭，而南松岭，而窟窿山，而神仙岭，而花园，而白马川，而石夹口，而打狗巷，而分水岭，而逢批子，而寿堂坟，而干心河，凡百七十里；远哨至九道流河。郡境至潘家口提调辖内龙井关止，本路至山口寨止。

路营	边路拨	大路拨
山海路 东界辽东无接，西至七星寨上，拨路二十里，设拨二，马军八名、步军一名。		山海关。西至七星寨十里，马军四名、步军一名。
石门路 大道东自长桥起，西至同野庄止，拨路七十三里，设拨六，马军二十六名、步军一名。边道西北自石乔谷起，东自一片石，北自大毛山，至义院口止。三关皆入石门，延袤境内，拨道一百里，设拨七，马军二十一名。外台头路贴马军二名，共四十九名。	石乔谷。南至石门寨十三里，东至长谷营八里，东北至义院口十二里，马军三名。 长谷营。东北至大毛山二十里，东南至破窑庄十里，西北至义院口八里，马军三名。 一片石。西至破窑庄十里，马军三名。 破窑庄。西南至沙河寨十里，马军三名。 沙河寨。西南至石门寨大道十里，马军三名。	七星寨。西至石门界长桥庄十里，马军四名。 长桥庄。西至石门寨二十里，马军四名。 石门寨。西至老岭九里，马军四名、步军一名。 老岭。西至小悖老九里，马军四名。 小悖老。西至平山营十五里，马军四名。 平山营。西至同野庄十里，马军四名。

路营	边路拨	大路拨
台头路 大道东自平市庄起，西至平坊店止，拨路六十六里，马军二十八名。边道东自界岭口起，西至潘家庄，至枯井庄止，拨道延袤共一百三十里，设拨六，马军一十九名。内除平市庄拨贴石门路，马军二名，共止四十五名。	大毛山。西南至长谷，里见前，马军三名。 义院口。东南至长谷营，西南至石乔谷，里俱见前，马军三名。 界岭口。东南至双岭儿十里，西接青山口二十里，马军四名。 双岭儿。西南至郭家庄十里，马军三名。	同野庄。西界石门路平市庄十里，马军四名。 平市庄。西至李家庄九里，马军四名。 李家庄。西至聂儿庄九里，马军四名。 聂儿口。西至牵马山九里，马军四名。
燕河路 大道东自本营拨起，西至建昌营止，拨路六十五里，设拨五，马军三十名、步军一名。腹道东自安山起，西至歹老婆庄止，拨路一百零九里，设拨六，马军一十八名、步军一名。边道桃林口南至桃林营大道十里，冷口南至建昌营八里，各马军三名。通共马军五十四名，步军二名。	郭家庄。西南至台头营大道十里，西北至枯井庄十里，马军三名。 青山口。东至界岭口，里见前，东南至枯井庄，西南至潘家庄，各十五里，马军三名。 潘家庄。南至平坊店大道，东北至枯井庄，各十里，马军三名。 枯井庄。西北至青山口，里见前，南至台头营十里，马军三名。	牵马山。西至台头营九里，马军四名。 台头营。西至平坊店十七里，马军六名、步军一名。 平坊店。西至燕河营十三里，马军六名。 燕河营。西至桃林营二十里，马军六名、步军一名。

路营	边路拨	大路拨
	桃林口。东、西无接，南至桃林营十里，马军三名。 冷口营。东、西无接，西南至建昌大道八里，马军三名。 附腹道： 安山。东北至燕河十里，西南至张家庄十里，马军三名。	桃林营。西至刘家营八里，马军六名。 刘家营。西至徐流营七里，马军六名。 徐流营。西至建昌营台十五里，马军六名。
太平路 大道东自新店起，西至白庙店止，拨路一百零五里，设拨九，马军五十四名。边道东自鸡鸣店起，西至水谷岭止，拨道延袤共一百三十五里，设拨八，马军二名，六名外千总，下拨贴本路马军二名，共八十二名，三屯营拨贴本路步军二名。	张家庄。西南至永平二十里，马军三名。 永平。西北至窑贺庄二十四里，马军三名、步军一名。 窑贺庄。西北至孤庄十一里，马军三名。 孤庄。西北至歹老婆十二里，马军三名。 歹老婆。西北至建昌营二十二里，马军三名。	建昌营。西至太平界新店一十五里，马军六名。

路营	边路拨	大路拨
	鸡鸣店。东南至三岭儿大道十里，西北至忠义庙十五里，马军三名。	新店。西至三岭儿十五里，马军六名。
	忠义庙。东北至擦崖子十里，西至太平寨二十里，马军三名。	三岭儿。西至土城八里，马军六名。
	擦崖子。西南至忠义庙，里见前，马军三名。	土城。西至罗家屯七里，马军六名。
	太平寨。东至忠义庙，里见前，西南至梨树谷十里，马军四名。	东寨。西至米谷口八里，马军六名。
	梨树谷。西南至米谷口十里，马军四名。	米谷口。西至韩家庄十五里，马军六名。
	石灰谷。东自太平寨，里见前，西通水谷岭十五里，马军三名。	韩家庄。西至滦河店七里，马军六名。
	榆木岭。西南至水谷岭二十里，马军三名。	滦河店。西至白庙店一十五里，马军六名。
	水谷岭。西北至青山营十五里，南至石灰岭，见前，马军三名。	白庙店。西至三屯营一十五里，马军六名。

路营	边路拨	大路拨
喜峰路 大道只三屯营一拨，东界白庙店，西界马逢谷，马军十二名，内除派贴松棚路四名、本路八名，步军十一名，内除派贴太平路二名，松棚路一名，三屯守备下六名，本路二名。边道东自青山营起，西南至灰儿岭止，共一百二十里，设拨九，马军三十二名，外赵家庄与松棚路合界，派贴本路马军二名，共马军四十二名，步军除分贴各路外，本路二名。	青山营。西北至董家口十里，马军三名。 董家口。西至胜岭寨一十里，马军三名。 胜岭寨。西至李家谷一十里，马军三名。 李家谷。西至喜峰口一十里，马军三名。 喜峰口。西南至滦阳营二十里，马军四名。 滦阳营。南至铁庄十里，马军四名。 铁庄。西南至赵家庄十里，马军五名。 赵家庄。东南至灰儿岭十里，西至汉儿庄二十里，马军三名。松棚贴本路二名，共五名。	三屯营。西至马逢谷十里，马军十二名、步军十一名。

路营	边路拨	大路拨
松棚路 大道东自马逢谷起，西至马伸桥止，拨路一百五十里，设拨十一，马军六十八名，外马伸桥与马兰路合界。彼路拨贴马军二名，共七十名、步军八名，三屯拨贴本路一名，共九名。边道东南自汉儿庄起，西南至萧家庄止，延袤一百七十三里，设拨十一，马军三十五名，内除本路派贴赵家庄二名外，三屯营派贴本路马军四名，通共马军一百零七名。	灰儿岭。南至三屯营大道十里，马军四名。 汉儿庄。东至赵家庄，里见前，北至分水岭十里，马军四名。 分水岭。东北至潘家口十五里，西北至张家庵十三里，马军三名。 张家庵。西至洪山口十七里，东至潘家口二十八里，马军三名。 潘家口。西南至分水岭，西至张家庵，里俱见前，马军三名。 洪山口。西南至三道岭，东南至榆林庄，各十里，马军四名。 榆林庄。东南至松棚营十里，马军三名。 松棚营。东南至袁家屯十里，马军三名。	马逢谷。东至三屯营，里见前，西至袁家屯二十里，马军六名。 袁家屯。西至崔家店二十里，马军六名。 崔家店。西至遵化十里，马军八名、步军二名。 遵化。西至十里铺十里，马军八名、步军四名。 十里铺。西至药王庙一十里，马军六名。 药王庙。西至堡子店十里，马军六名。 堡子店。西至义井十里，马军六名。 义井。西至石门驿二十里，马军六名。

路营	边路拨	大路拨
	三道岭。西南至贾家庄十里，马军三名。 贾家庄。西南至罗文谷十里，马军三名。 罗文谷。东南至遵化大道十里，西至萧家庄二十里，马军三名。 萧家庄。东至罗文谷，里见前，西南通马兰路马相营二十里，马军三名。	石门驿。西至淋河二十里，马军六名、步军二名。 淋河。西至马伸桥十里，马军六名。 马伸桥。西至壕门十里，与马兰路合界，彼贴本路马军二名，共六名。

郭造卿曰：凡伺虏者，入胡地为侦候，初设以东、西虏，而岂为三卫乎哉？三卫我藩篱，即我之耳目，而乃为二虏心腹，则我之耳目眩矣。故复设哨，哨者曰拨，有明至其营者，以侦乎二虏；有暗伏其地者，以词乎三卫，亦可为之密矣。而得其情者少，其故则难言矣。驿传之设，原报乎军情；烽火之举，尤速于置邮。今有司以驿铺传公文，戎司多为所阁误，而外拨之所传者，不得迅达京师，故复设内拨，使其一昼夜不止三百里，其后亦渐废。材官得以通启札，戎马不为之加疲乎？有司虽或知之，率不敢问焉，盖恐以误军机，其咎孰执之乎？亦当稽以防伪，可度外乎置哉？

附注

注一：郡城之东南曰铜台铺者，元城、大名二邑之交，而漳、卫合流处也，河壖之地累为巨浸。万历元年，知府匡铎筑堤，名匡公堤（《大名县志》：在县北三里）。

注二：在县北五里。

注三：又名老堤头。

注四：东北一里许。

注五：鲧堤在废临河县西十五里，鲧治水筑。

注六：后此护灵河堤也。

注七：复泛县之马村、大关村三十余里。

注八：青冈村。

注九：《内黄志》：土产唯木绵最夥，出贩于山西泽、潞诸州县，而又地多硝碱，不生五谷。沙茅甲之穷民，每借煎盐以办租税，而不免抵法禁。

注十：东南各五里。

注十一：三角潭。

注十二：下流与滹沱河合。

注十三：彰德府。

注十四：故漳水不入河而自达于海。

注十五：迤上三里武家庄。

注十六：沿河堤：隆庆五年知县李本意创筑卫河堤，起张二庄，至曹家道口，约八十余里。漳河堤南接楼底旧堤起，至老堤头止，约三十余里；北接龙王庙旧堤起，至艾家口止，约二十余里，其高阔亦视卫河堤云。

北直隶备录下

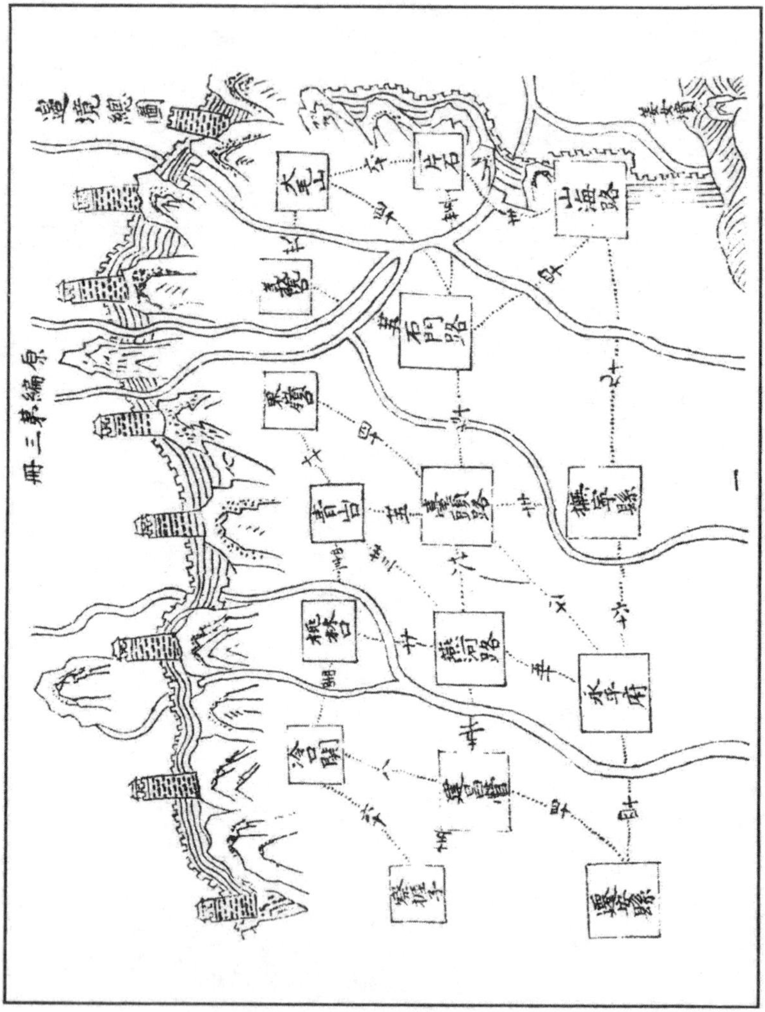

边境总图

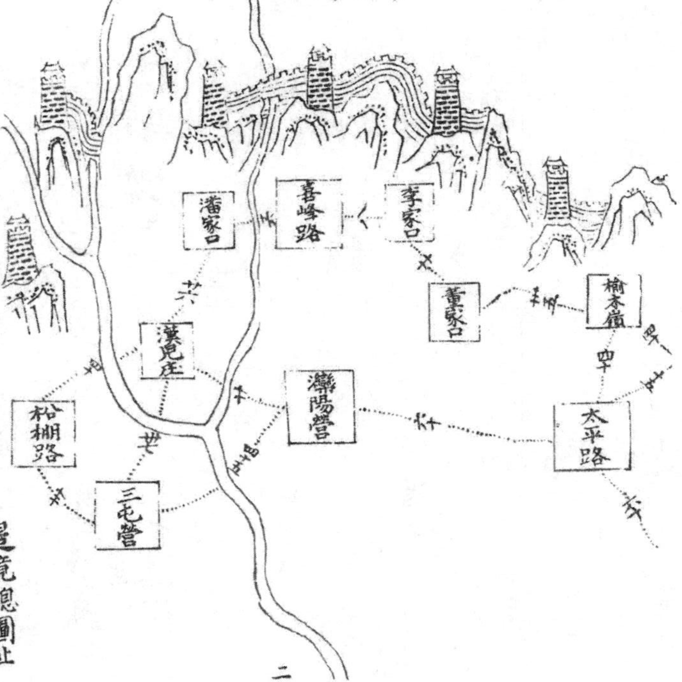

邊境總圖止

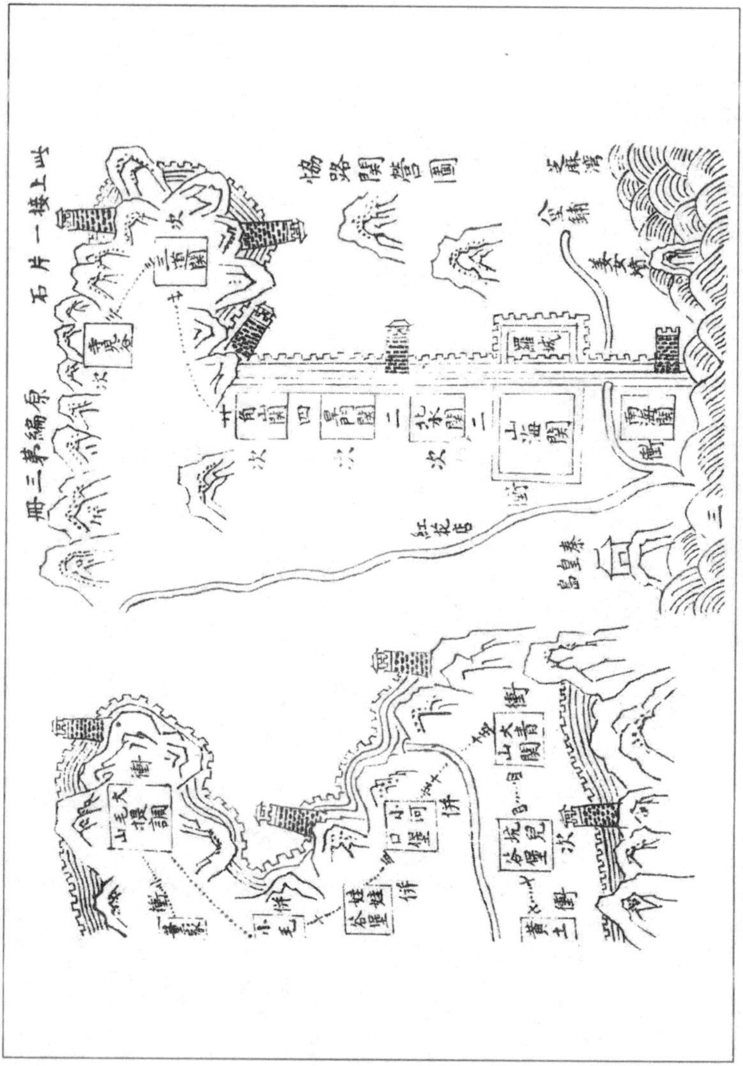

协路关营图

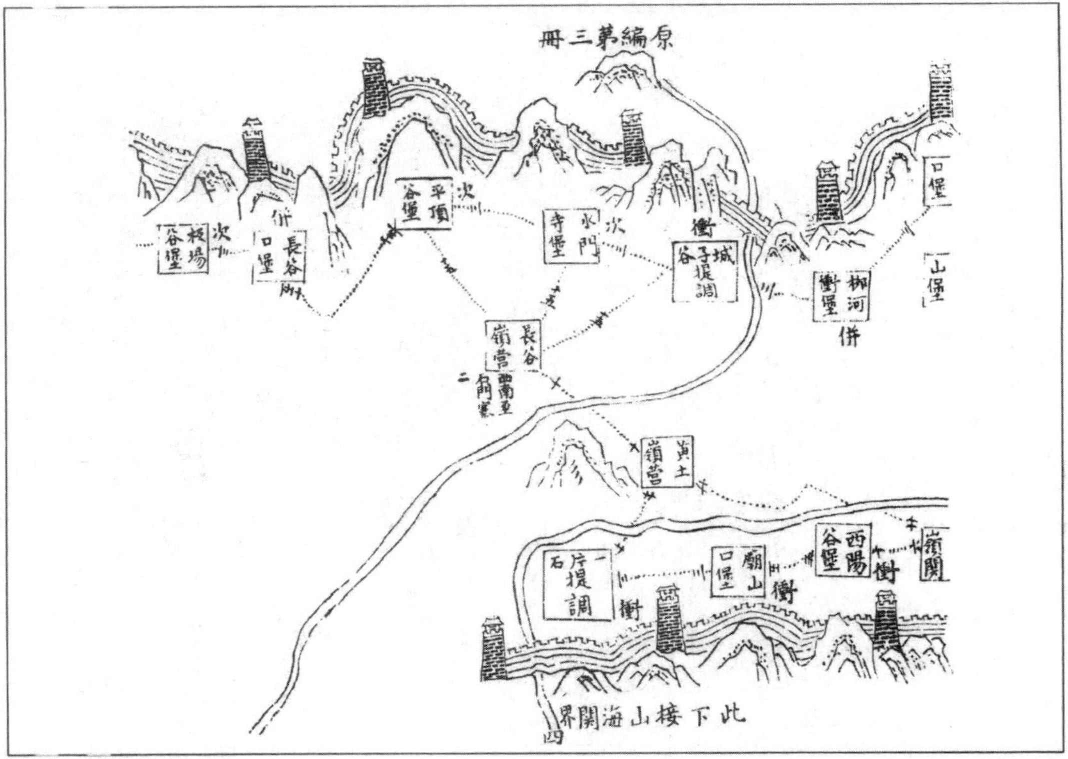
原編第三冊
口堡
山堡
柳河衝堡
城子谷提調
水門寺堡
平頂谷堡
長谷口堡
板場谷堡
長谷嶺營
黃土嶺營
西陽谷堡
廟山口堡
一片石提調
嶺關
此下接山海關界
四

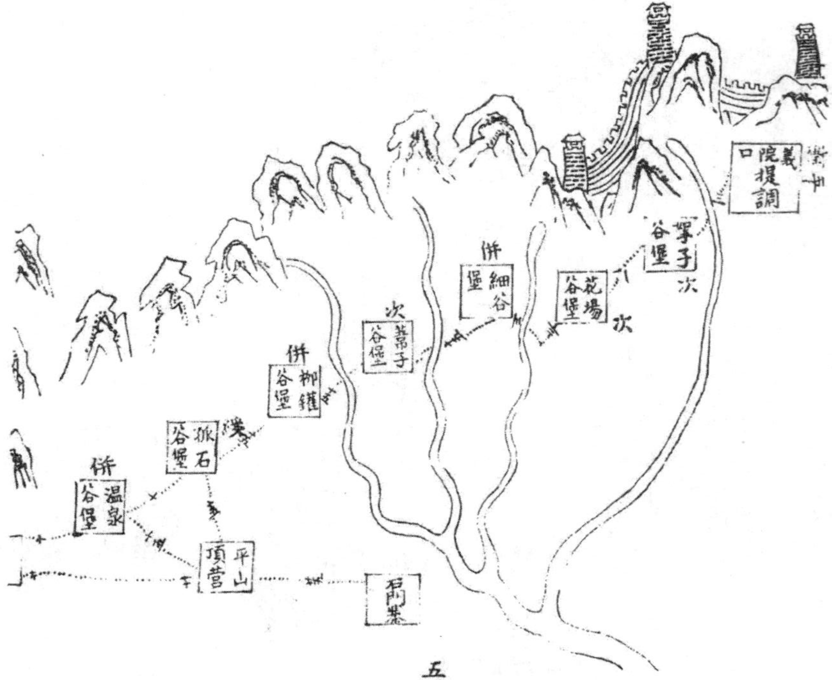
細谷堡
花場谷堡
柳罐谷堡
温泉谷堡
平山頂营
石門寨

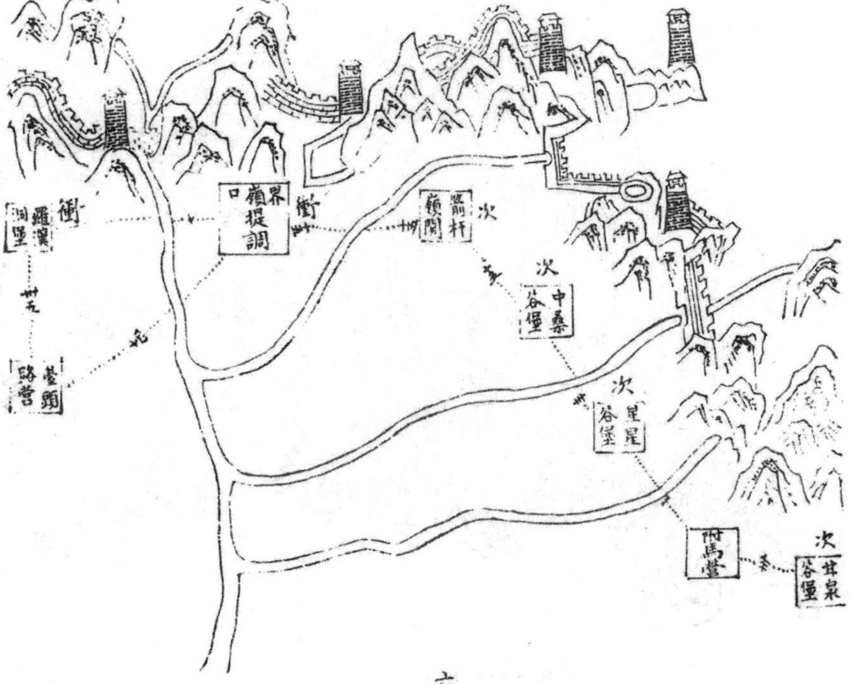
界嶺口
提調
衝
羅漢洞堡
衝
臺頭營路
次
箭杆嶺關
次
中桑谷堡
次
星星谷堡
附馬臺
次
甘泉谷堡

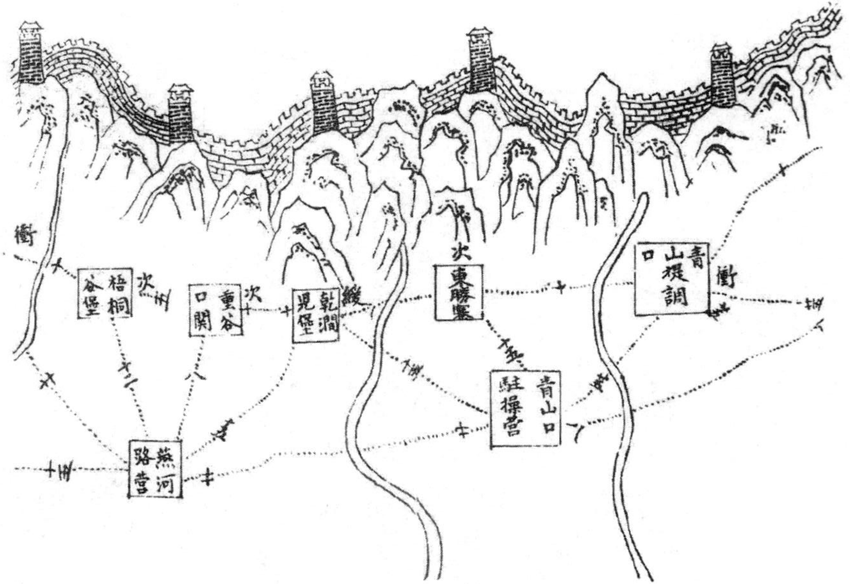
衛
梧桐谷堡
重谷口關
乾澗兒堡
東勝寨
青山口提調
衛
青山口駐操營
燕河路營

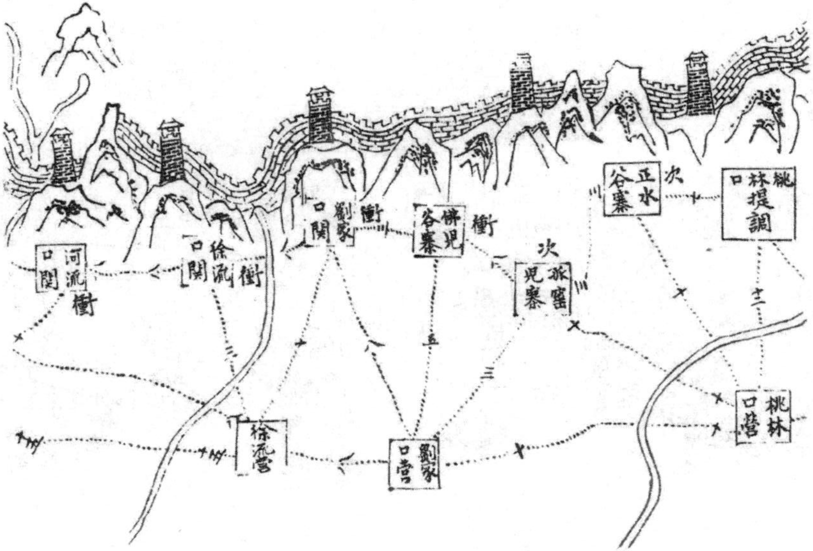
劉家口
徐流口
河流口
劉家營
徐流營
桃林口營

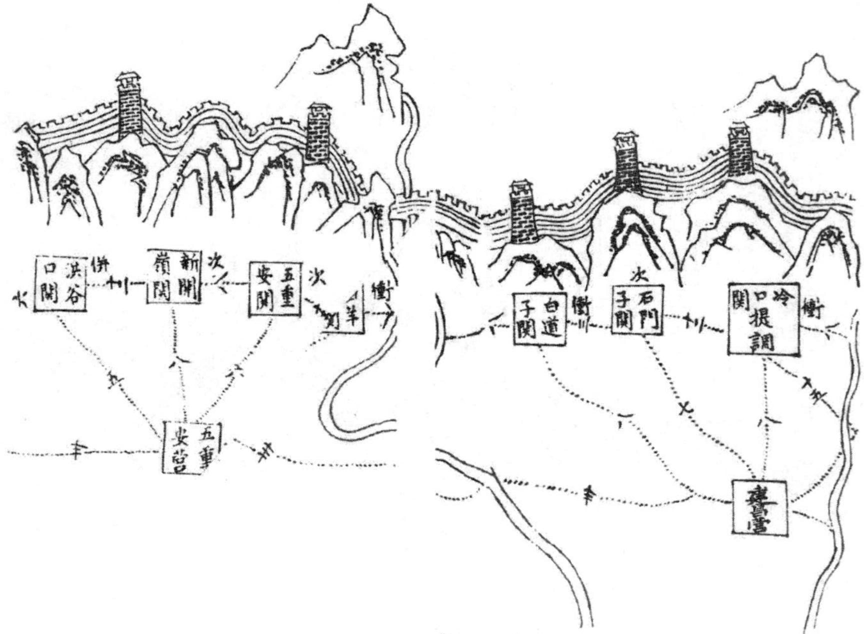
洪谷口關
新嶺關
五重安關
五重安營
白道子關
石門子關
冷口關
提調

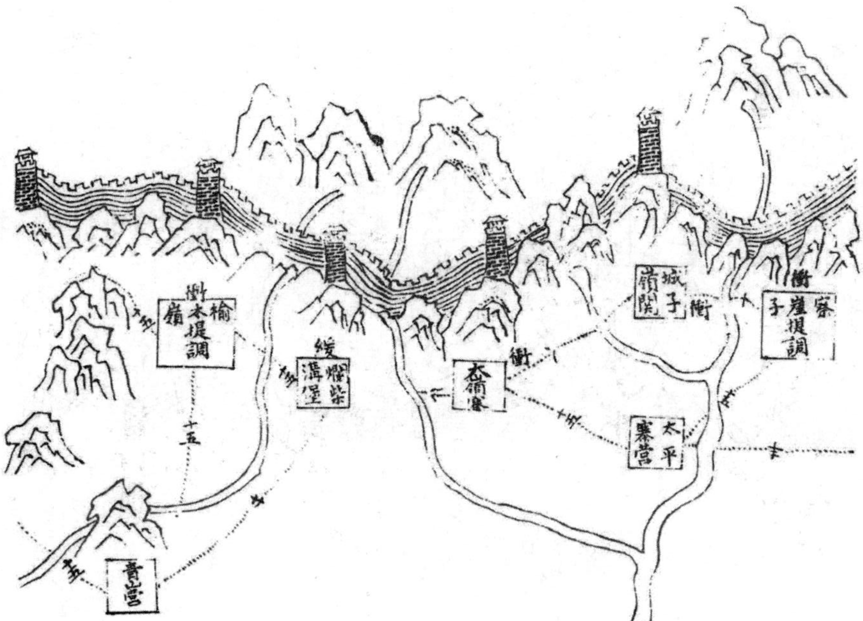
榆木嶺提調
太平寨營
十五

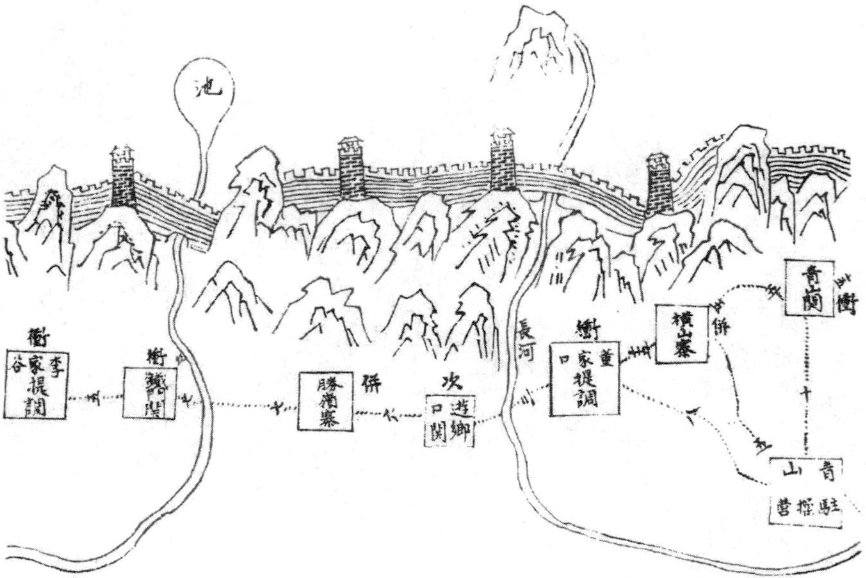
池
長河
李家谷提調
衙
勝甯寨
併
次
董家口提調
衙
橫山寨
併
衙
青山
駐操營

西常谷
東常谷
潘家口提調
團亭寨
喜峰口路
漢兒莊營
灤陽營
三屯營界

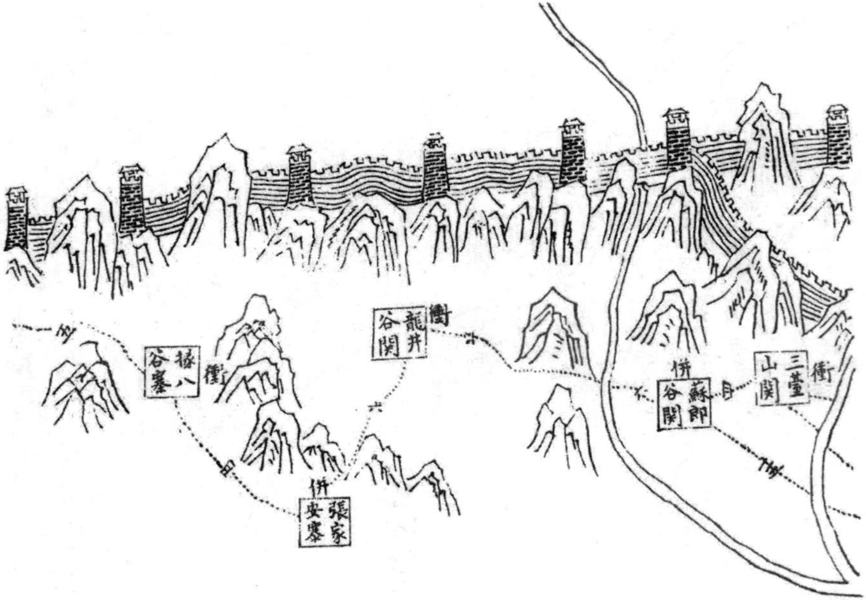
龍井谷關
衛
椽八谷寨
衛
張家安寨
併
蘇郎谷關
併
三臺山關
衛

協路関營圖止

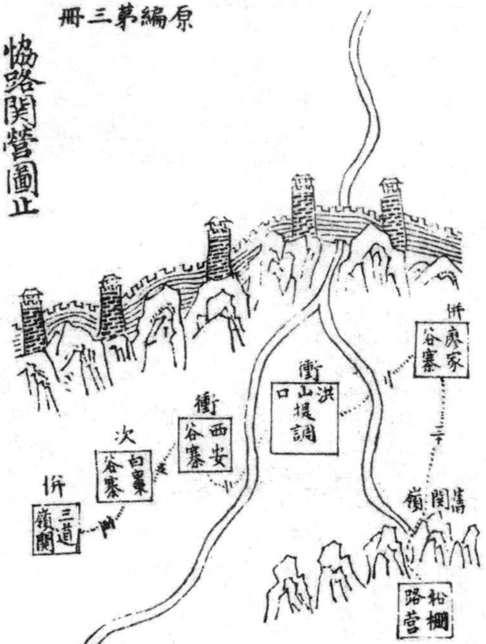

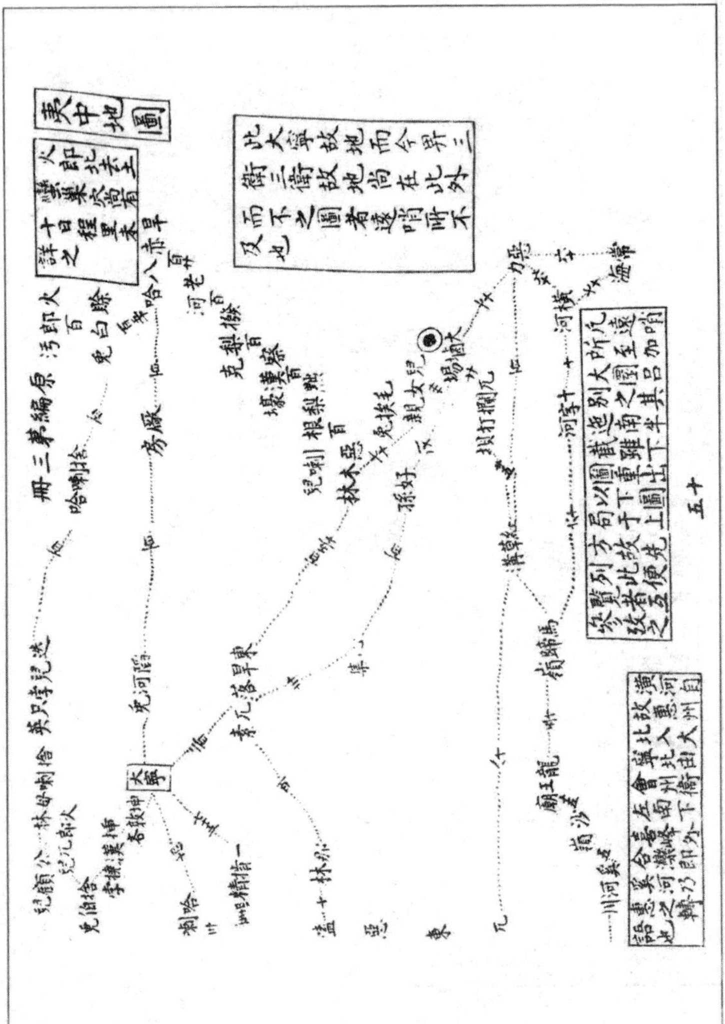

夷中地图

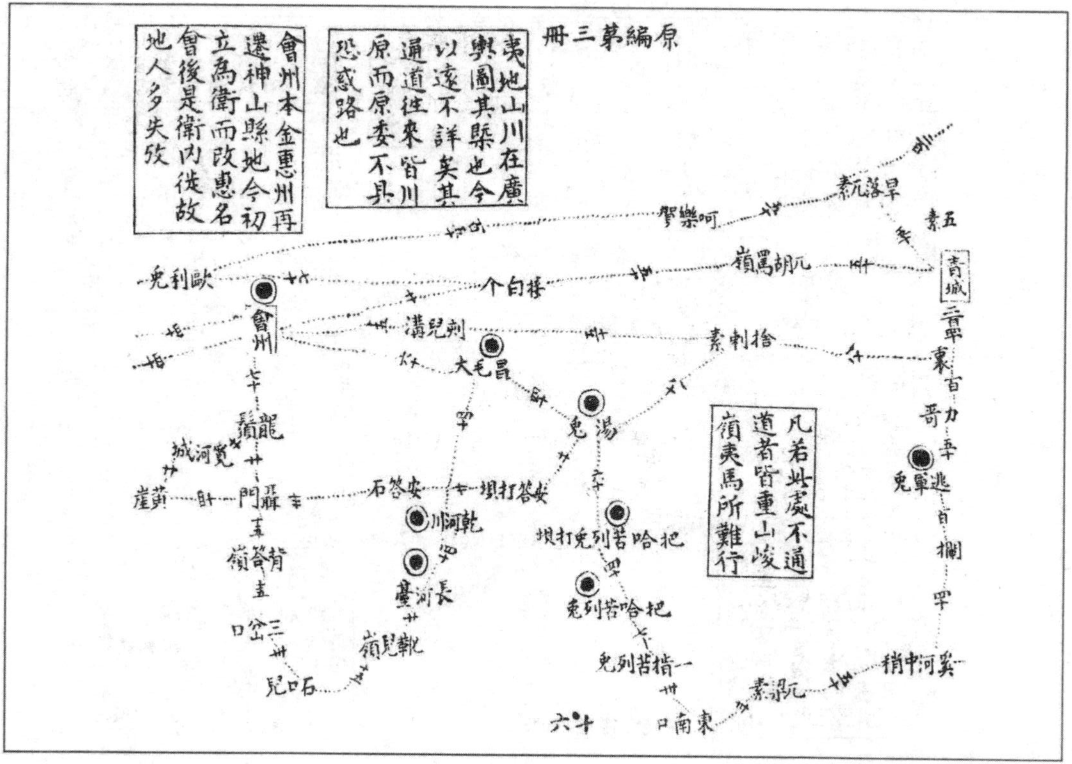
原編第三冊
會州本金惠州再遷神山縣地今初立為衛而改惠名會後是衛內徙故地人多失攷
夷地山川在廣輿圖其縣也今以遠不詳矣其通道往來皆川原而原委不具恐惑路也
凡若此處不通道者皆重山峻嶺夷馬所難行
會州
青城
兎利歐
賀樂呵
素兀落早
素五
嶺罵胡兀
个白様
溝兒剌
素剌捨
大毛嵒
兎湯
龍嶺
城河覔
崖萸
門羅
石答安
壩打答安
川河乾
臺河長
嶺答背
三岔口
兒口石
嶺兒靴
壩打兎列苦哈把
兎列苦哈把
兎列苦稓一
東南口
素沼兀
稍中河奚
兎单逃
哥力
東

夷雖有駐牧地亦
遷徙不常故具于
外夷三衛本傳且
所譯地名多不同
故畧之
此外地具薊畧
全圖非郡境遠
哨所及不具
灤東岸有河數
道不具而具西
岸者爲其原遠
及流河有數道
而別之
呵各得嶺
五兒班川
灤河西岸
哈不捨
九道河流
七道河流
頭道河流
稍下河流
天寧寺谷
廟兒嶺
東河川
謝兒嶺
喬家嶺
黑河源
壽堂墳
下河
西逃軍兔
惱奴河
傍牌川
小子溝
丫頭溝
灤河東岸
坌塔兀兔
慶安嶺
哈不喇賒川
斗棗庫
打喇塔
西北至把漢門五里

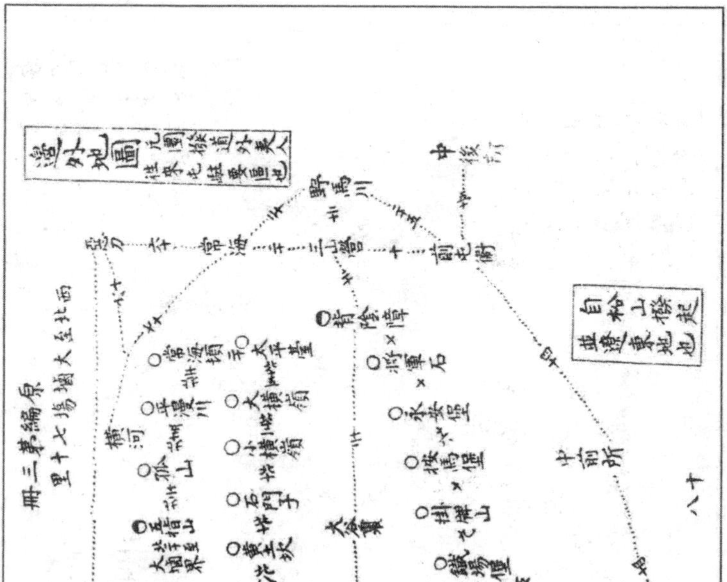

边外地图

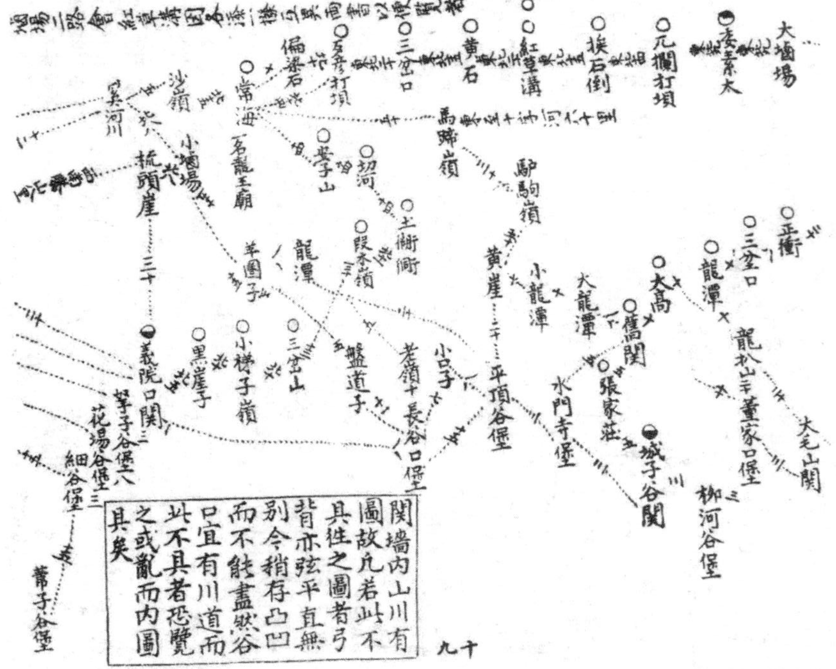

關墻内山川有圖故凡若此不具往之圖者弓背亦弦平直無别令稍存凸凹而不能盡然谷口宜有川道而此不具者恐覽之或亂而内圖具矣
大墙場
元棡打垻
挨石倒
紅草溝
黄石
三岔口
常海
沙嶺
偏梁石
打垻
馬蹄嶺
駱駒嶺
小墙場
抗頭崖
名龍王廟
芻河
土衚衕
段家嶺
龍潭
羊圈子
黄崖
小龍潭
大龍潭
太高
舊閞
龍潭
三岔口
正衚
龍松山
董家口堡
大毛山閞
柳河谷堡
城子谷閞
張家莊
水門寺堡
平頂谷堡
小口子
老嶺
長谷口堡
盤道子
三岔山
小梯子嶺
黑崖子
義院口閞
花場谷堡
細谷堡
箒子谷堡

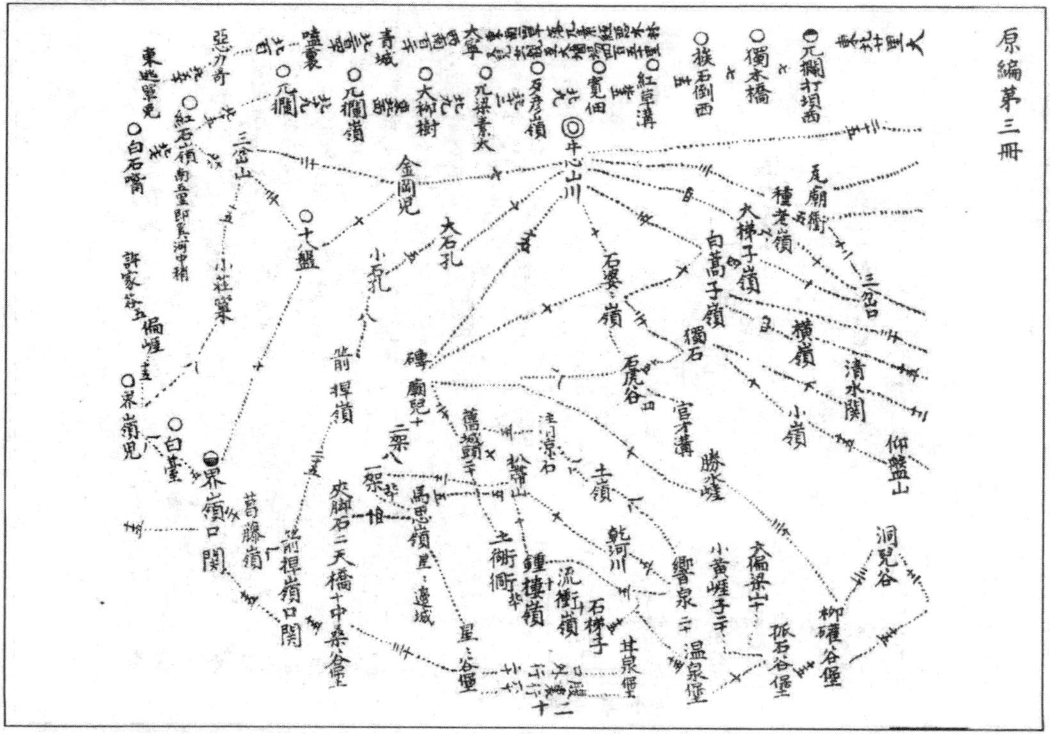
原編第三冊
中心山川
金岡兒
大石孔
小石孔
十八盤
三岔山
小莊窠
石婆婆嶺
白蒿子嶺
大梯子嶺
種老嶺
瓦廟衙
三岔口
橫嶺
清水關
小嶺
仰盤山
獨石
石虎谷
官才溝
勝水嶐
碑廟兒
舊城頭
涼石
土嶺
乾河川
響泉
溫泉堡
小黃崕子
大偏梁山
洞兒谷
柳礶谷堡
孤石谷堡
井泉堡
石梯子
流衝嶺
鍾樓嶺
土衚衕
松帶山
馬思嶺
邊城
背桿嶺
前桿嶺口關
葛藤嶺
界嶺口關
白臺
界嶺兒
許家谷
偏崕
紅石嶺
白石嘴
東岭眾兒
惡刀奇
紅草溝
寬佃
歹彥嶺
亢梁素大
大柳樹
亢欄嶺
亢欄
青城
亢欄打垻西
獨木橋
柋石倒西

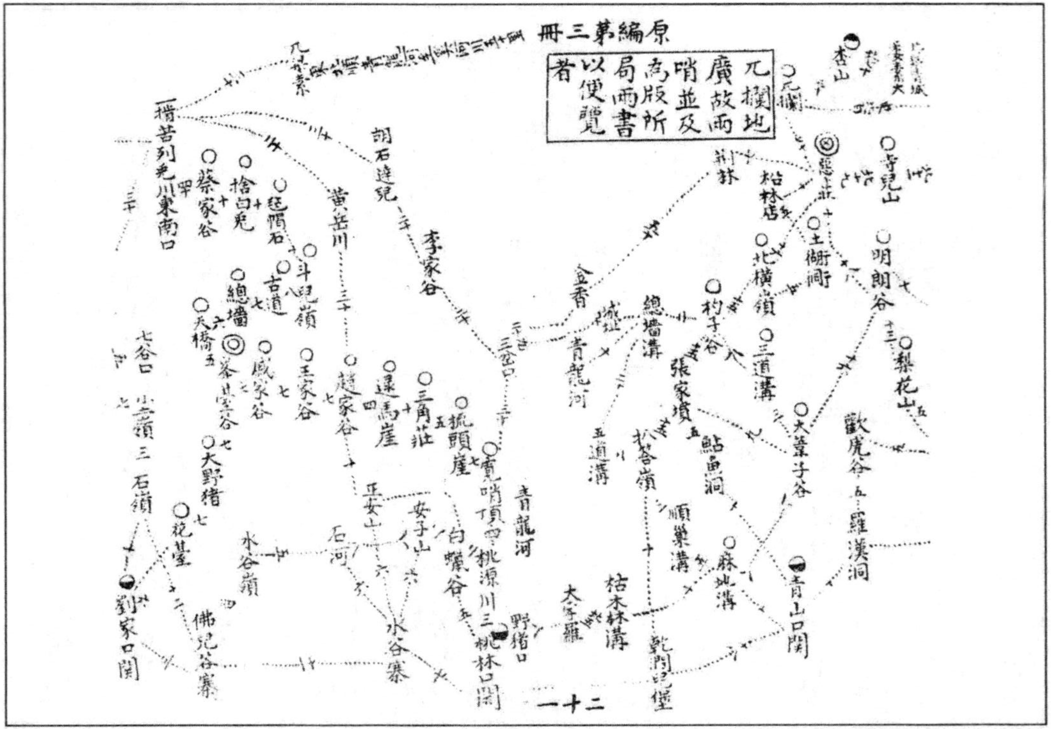

原編第三冊
杏山
總埋莊
柏林店
土樹衕
北橫嶺
明朗谷
杓子谷
三道溝
梨花山
總墻溝
城址
青龍河
張家墳
大葦子谷
歡虎谷
羅漢洞
鮎魚洞
五道溝
扒谷嶺
順巢溝
麻地溝
青山口關
枯木林溝
太平寨
乾門堡
胡石達兒
李家谷
黃岳川
趙家谷
三岔口
逮馬崖
三角莊
抓頭崖
青龍河
桃源川
白蠟谷
桃林口關
野猪口
安子山
平安山
石河
水谷寨
水谷嶺
佛兒谷寨
劉家口關
花臺
大野猪
石嶺
七谷口
蔡家谷
捨白兒
王家谷
威家谷
總墻
古道
斗兒嶺
二十一

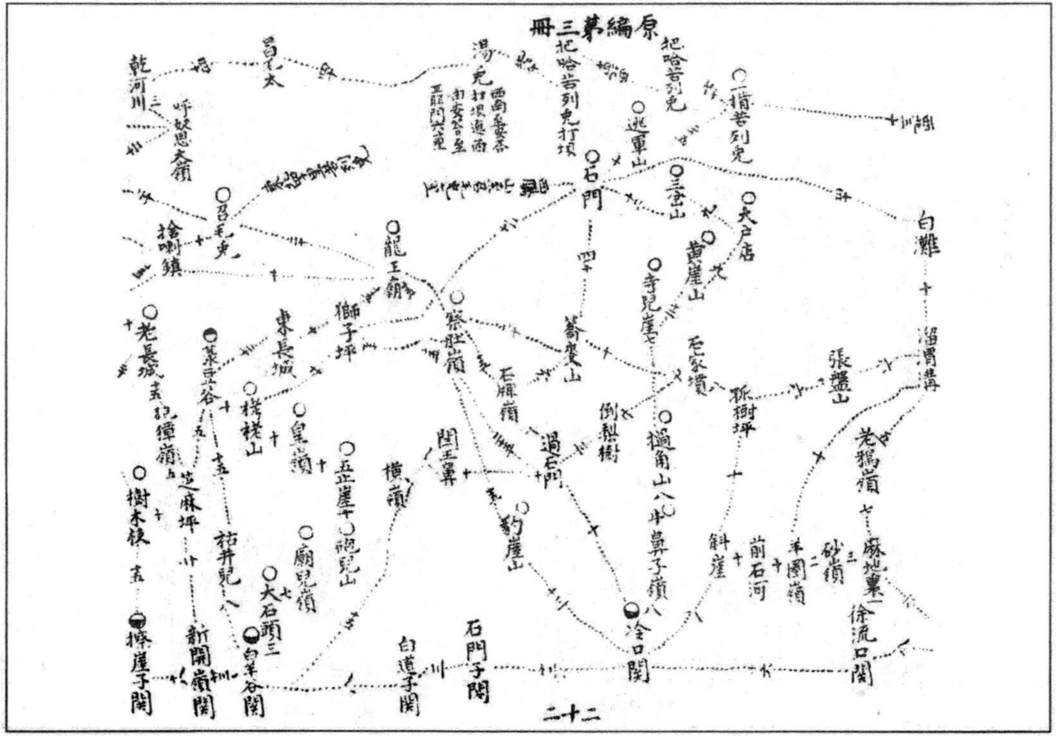
原編第三冊
乾河川
呼奴思太嶺
捨喇鎮
老長城
樹木稜
摞崖子關
新開嶺關
白羊谷關
大石頭
廟兒嶺
碗兒山
五丈崖
皇嶺
樺樹山
東長城
獅子坪
龍王廟
石門
三岔山
大戶店
黃崖山
寺兒崖
蔡家嶺
石屏嶺
關王廟
橫嶺
過石門
豹崖山
倒梨樹
擂角山
鼻子嶺
冷口關
石門子關
白道子關
斜崖
前石河
羊圈嶺
砂嶺
麻地案
徐流口關
老鵝嶺
張盤山
樹坪
石家墳
白灘
一措吉列克
把哈吉列克
把哈吉列克打拔
湯克
二十二

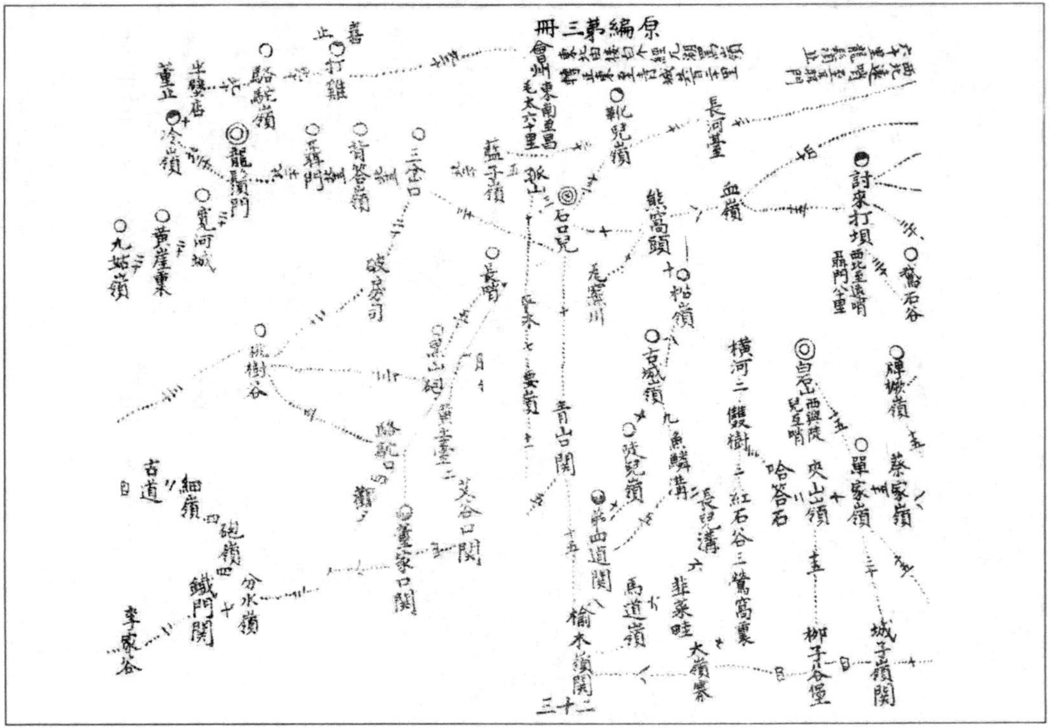
原編第三冊
打雞
駱駝嶺
龍駒門
冷嶺
寬河城
黃崖東
九姑嶺
背答嶺
三金口
破虜司
桃樹谷
藍子嶺
石口兒
靴兒嶺
長河臺
能窩頭
血嶺
討來打埧
鶯石谷
粘嶺
古城嶺
青山関
橫河
雙樹
哈答石
紅石谷
鶯窩寨
白岩山
單家嶺
蔡家嶺
夾山嶺
柳子谷堡
城子嶺関
大嶺寨
韭菜畦
馬道嶺
榆木嶺関
長兒溝
魚鱗溝
古道
細嶺
鐵門関
分水嶺
李家谷
董家口関
艾谷口関
長哨

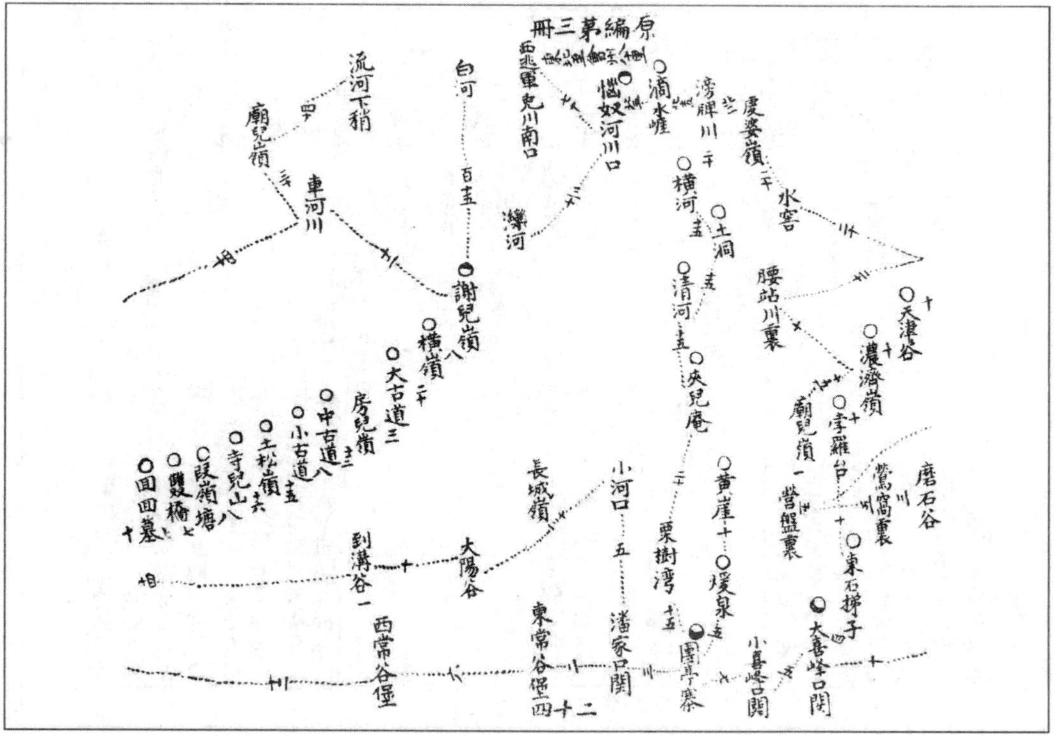
原編第三冊
白河
流河下稍
廟兒山嶺
車河川
灤河
惱奴河川口
滴水崖
慶婁嶺
水窖
橫河
土洞
清河
腰站川東
天津谷
濃濟嶺
夾兒庵
廟兒嶺
李羅台
磨石谷
營盤東
東石拂子
大喜峰口關
小喜峰口關
團亭寨
黃崖
煖泉
栗樹灣
小河口
潘家口關
長城嶺
大陽谷
到溝谷
東常谷堡
西常谷堡
謝兒嶺
橫嶺
大古道
房兒嶺
中古道
小古道
土松嶺
寺兒山
段嶺塘
雙橋
田田墓

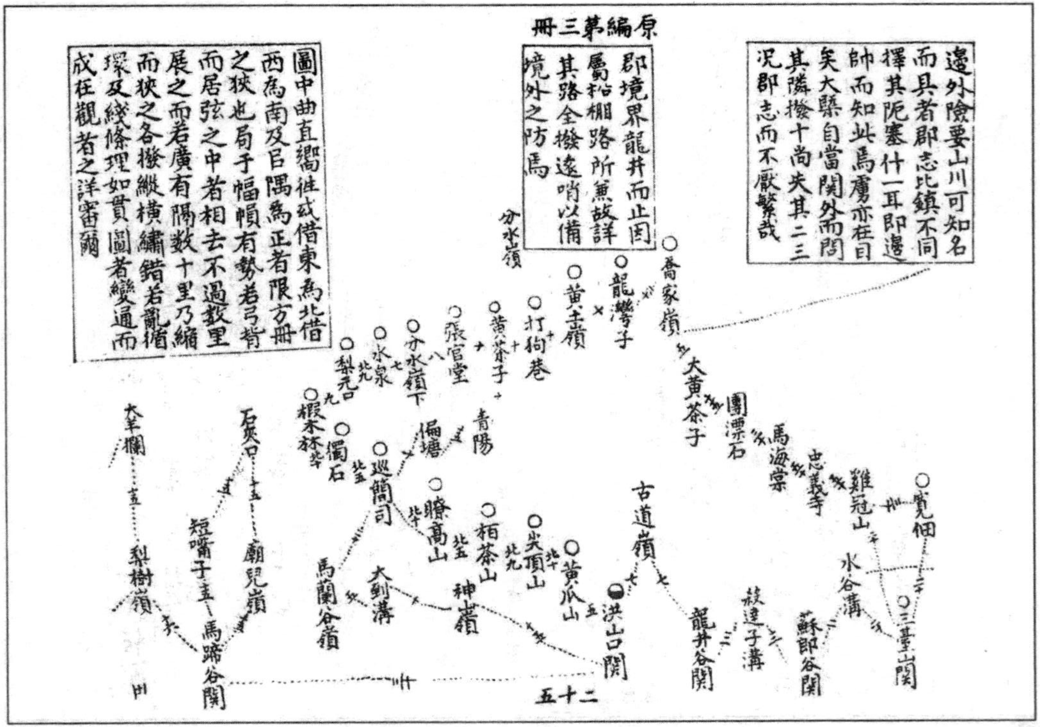
原編第三冊
邊外險要山川可知名而具者郡志比鎮不同擇其阨塞什一耳即邊帥而知此爲屬亦在目矣大縣自當關外而閏其隣擀十尚失其二三況郡志而不厭繁哉
郡境界龍井而止因屬松棚路所兼故詳其路全撥遠哨以備境外之防焉
圖中曲直縐徃或借東爲北借西爲南及呂隅爲正者限方冊之狭也局于幅幀有勢若弓背而居弦之中者相去不過數里展之而若廣有隅數十里乃縮而狭之各撥縱横繡錯若亂備環及綫條理如貫圖者變通而成在觀者之詳審爾
分水嶺
喬家嶺
龍灣子
黃土嶺
打狗巷
張官堂
分水嶺下
水泉
梨元口
椴木林
獨石
巡簡司
偏墻
青陽
大黃茶子
團漂石
馬海棠
忠義寺
雞冠山
寬佃
水谷溝
三堂山關
蘇郎谷關
龍井谷關
古道嶺
洪山口關
黃瓜山
尖頂山
栢茶山
瞭高山
神嶺
大剅溝
馬蘭谷嶺
馬蹄谷關
廟兒嶺
短嘴子
石灰口
梨樹嶺
五十二

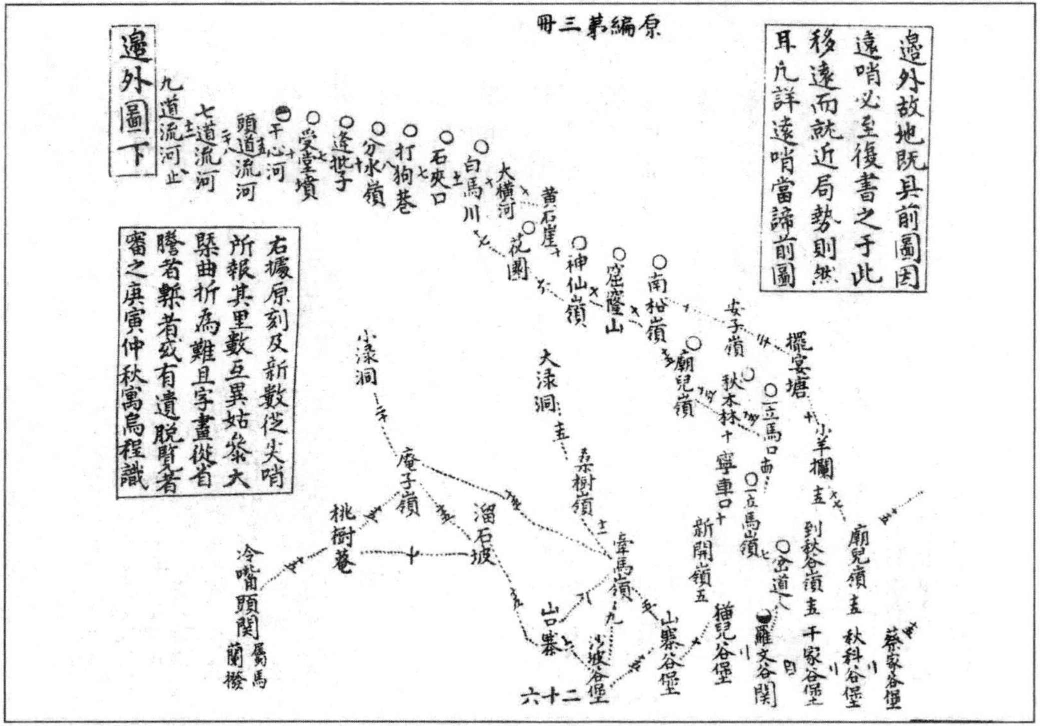
邊外圖下
邊外故地既具前圖因
遠哨必至復書之于此
移遠而就近局勢則然
耳凡詳遠哨當歸前圖
右據原刻及新數從尖哨
所報其里數互異姑第大
槩曲折爲難且字畫從省
謄者槧者或有遺脫覽者
審之庚寅仲秋寓烏程識
九道流河
七道流河
頭道流河
干心河
分水嶺
打狗巷
石夾口
白馬川
大横河
黃石崖
花園
神仙嶺
窟窿山
南松嶺
安子嶺
擺宴塘
廟兒嶺
秋木林
小羊欄
寧車口
新開嶺
廟兒嶺
到秋谷嶺
羅文谷關
千家谷堡
秋科谷堡
蔡家谷堡
貓兒谷堡
山寨谷堡
沙坡谷堡
大漆洞
小漆洞
桑樹嶺
庵子嶺
溜石坡
桃樹菴
冷嘴頭關
六十二

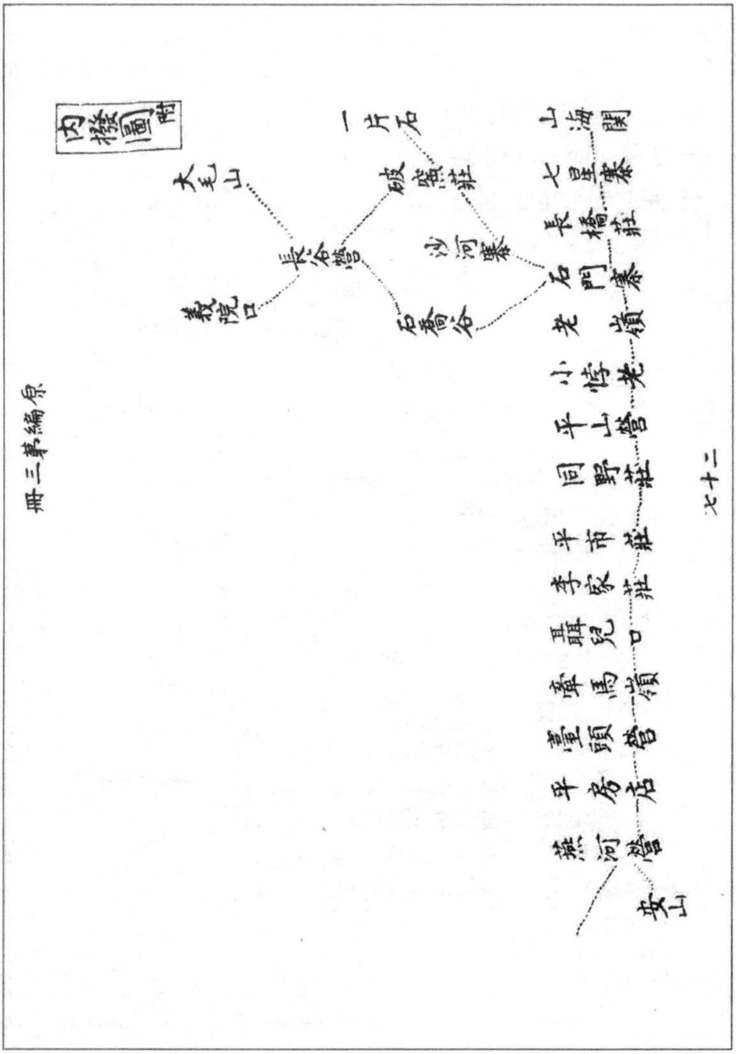

内拨图

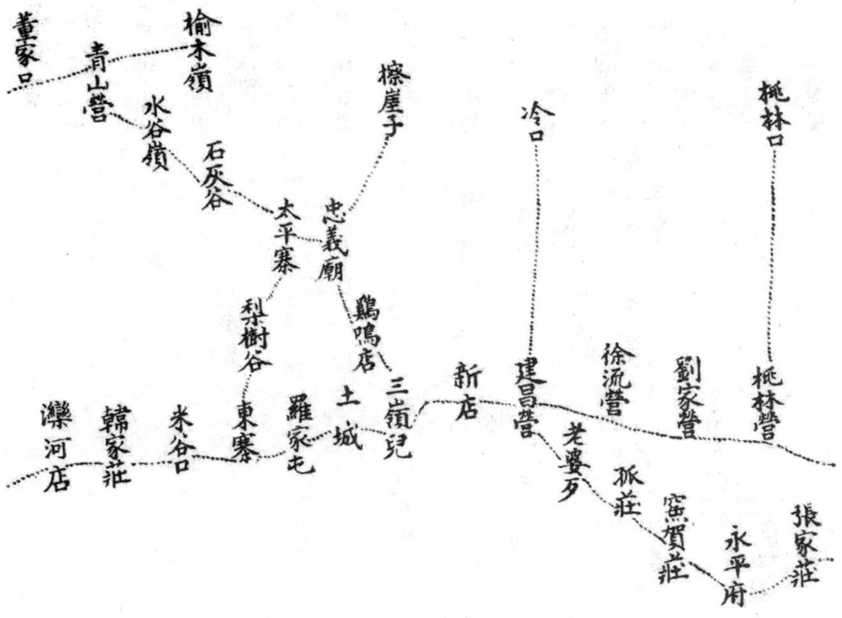
董家口
榆木嶺
青山營
水谷嶺
石灰谷
擦崖子
太平寨
忠義廟
梨樹谷
鷄鳴店
冷口
桃林口
灤河店
韓家莊
米谷口
東寨
羅家屯
土城
三嶺兒
新店
建昌營
徐流營
劉家營
桃林營
老婆夕
瓜莊
窯賀莊
永平府
張家莊

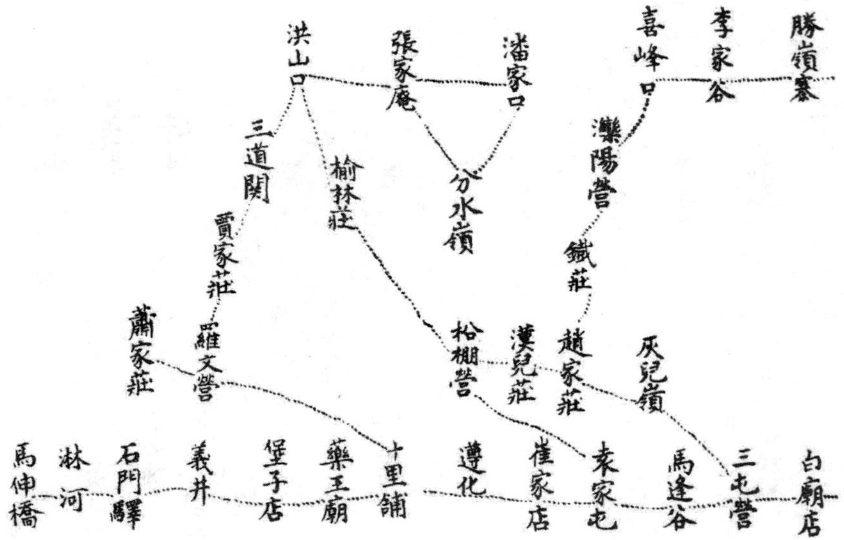
洪山口
張家庵
潘家口
分水嶺
喜峰口
李家谷
勝嶺寨
灤陽營
鐵莊
三道關
榆林莊
賈家莊
蕭家莊
羅文營
松棚營
漢兒莊
趙家莊
灰兒嶺
馬伸橋
淋河
石門驛
義井
堡子店
藥王廟
十里舖
遵化
崔家店
袁家屯
馬逢谷
三屯營
白廟店

郭造卿曰：图边疆者，难乎哉！余十年居塞上，阅旧图多矣，以总理之综核，独此未成而去，沿边五六易稿，边外未见之也。既余伯子遇卿奉军檄图蓟及昌，今吴武学京所刻是也，原任王总兵尝图之矣。大致阨塞未曲尽，矛盾犹不免焉。其人率不尽躬阅，而取成于边史，且致期有稽，未尝优以岁月，故贤者亦不免塞责，岂尽奉檄之罪也与哉！余蓟略乎图，特异，不敢示以骇人。兹第于故图稍补正，以备观耳。如但执彼以校此，不翻以余为不信乎？若内外拨，故无全图厘之，自余稿亦五六易焉。嗟呼！余之为此矻矻，视奉檄者何如耶？

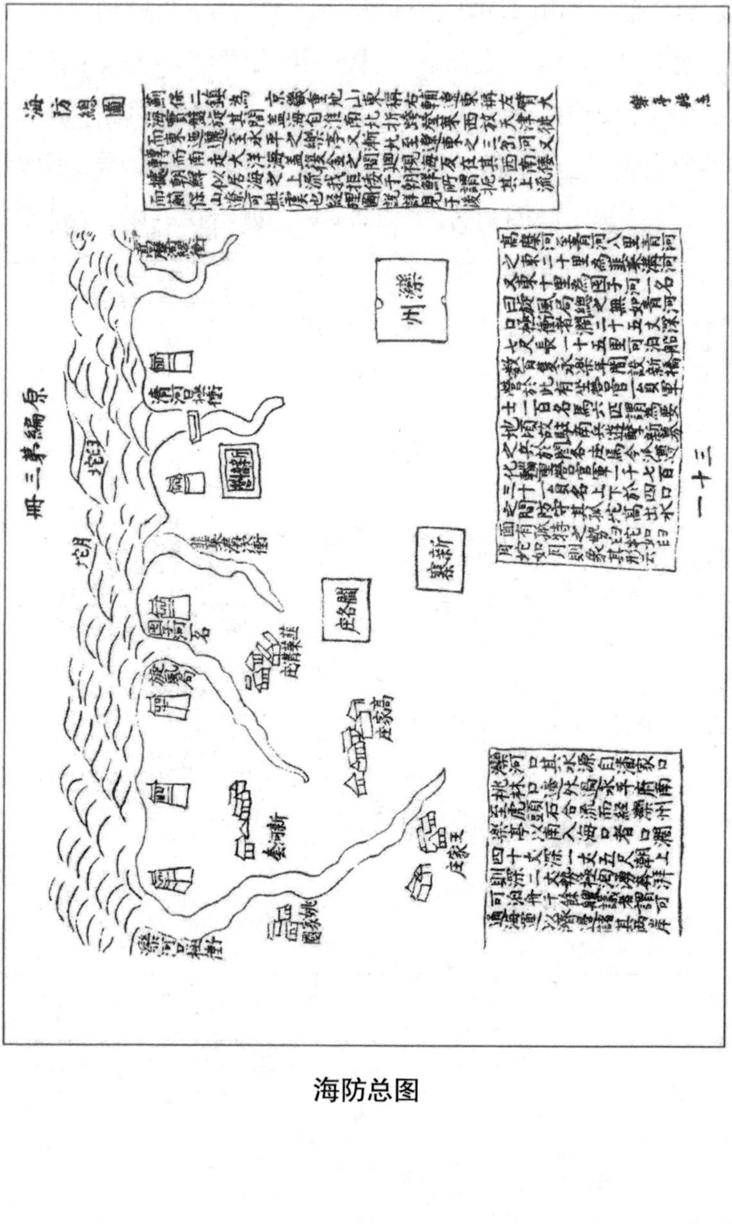

海防总图

原編第三冊

村落綿延輳密相聞鷄犬
不絶掠而取之最可虞者
八里為夾河灘兩水對繞
雖次衝地多淤陷舟賊欲
登岸必不舍灤河之近而
趨此今派建昌營官軍
九百七十二員名一帶防
守河近灤州故州以取名
州与樂亭分界在前之高
灤河間而此視樂亭若近
者州縣海口相接皆直出
在東南而其治城則依西
北耳

小灤河者以近大灤河若
其支派焉十七里為胡林
河就胡林庄名之也野猪
河俗呼曰野猪當雖無東
流長港上下四十里水勢
瀰漫時、突出有似猪之
當然舟無往而不可藏岸
又樂亭縣昌黎縣分界處
不可謂極衝亦不可謂緩
衝永樂閘倭由此入直抵
樂亭戕殺我官吏屠戮我
人民前鑑非遠也今派河
南東營官軍三十員名并
左右胡林沙崖二河防之

《碣石丛谈》

山川之经，虽稍条之，其名古今殊，而多从俗为便。《水经》诸书，如“难、濡、滦”，夷语相近而转，其亦以世益殊耳。若“滦”之为“泸”，隋为泸河镇，本《水经》卢水合滦，泸河即滦河。若“渝”之为“榆”，临渝至为临闾也。或以为洋河城，则其音义非矣。今朵颜谓商都水者，乃元之上都水耳。皆音相近，夷语通焉。其有名异而实同者，箭笴岭者，奚离等所据，而《金史》为卢龙岭。如《晋书》密云山，则卢龙塞在此矣，乃段辽之所奔，而《魏书》为平冈山，是违卢龙不远耳。密云为郡县，自魏始，名同而山异，志县引之误矣。辽据乎辽西，是之谓平冈，今石门、碣石一带，其以云名山多矣。辽为石虎所攻，而避之东徙耳，今密云未郡县，乃赵之蓟北，辽岂避此就擒，况乌得入而避哉？此名虽彼此同，事则古今别也。

碣石自《禹贡》《山海经》及汉魏《地理志》《水经》，皆称骊城，而郭璞曰：骊城，海边山。汉《地理志》注为大碣石在县西南。《水经注》以碣石在参县，王莽之选武，县并属临渝，王莽为凭德。大碣石在骊城县西南，王莽改为碣石，则跨二郡三邑。《余方览经》具之矣。今昌黎乃古（未确）三邑地，其为碣石，自昌黎北、抚宁南皆是矣，而兹为大碣石。今人第因天桥柱指之，剖名支分，余为释其要如此。

孤竹封域今不可考，但据《管子》诸书，有卑耳之溪焉。《齐世家》：西伐大夏，涉流沙，束马悬车登太行，至卑耳山而还。《国语》：“逾太行与辟耳之溪。”卑耳、辟耳为山为溪异，皆太行北境，伐北戎之所至焉。盖委在辽西，而原于上谷，洄游为濡，或“乱”为濕水，出雁门阴馆县，东北过代桑干县，南又东过涿鹿县，北注有清夷水，西南得桓公泉。桓公北伐，过孤竹西征，束车悬马上卑耳之西极，故水受斯名也。水源出沮阳县东，西而北流入清夷水，清夷水又西径沮阳县故城北，秦始皇上谷郡治此。仙传王次仲居大夏、小夏山，今谓之落翮山，在沮阳北六十里，是为证也。然辟耳之溪，其昔“濡”而后“滦”乎？《辽史》以滦州本古黄洛城，滦河环绕在卢龙山南，桓公见俞儿即此，则其去太行远矣。《禹贡》：太行、恒山至于碣石。《述征记》曰：太行山首始于河内。自河内北至幽州，凡有八陉。军都陉，在幽州昌平县北十里，太行北陉尽于此。实未尽也。《博物志》：“太行山而北去，不知山所限极处，亦如东海不知所穷尽。碣石东北皆太行矣，皆悬车束马之地，岂自河内乃然耶？

元许有壬《圭塘集》载：喜逢事，今关名喜峰，失厥义矣。其与丁文苑同科，为哀词曰：文苑移官山北，山北置大宁白霫地，去京师东北尚八百里，陆不可以挈家，水萦纡五千里，扶病拥幼，殆不能为谋。即斯辞也，岂舟可通乎？按史将由滦通漕于上都，造船视为不可而止矣。今滦河之浒尚有系缆铁桩，或以为系浮梁，或以为系行舟。正德初年，渔人获一铁缆矛，重三百余斤，则昔滦或深于今矣，岂亦以系浮梁者哉？元通漕舰，或不可至上都，岂其不容刀以达于大宁乎？若召闽中清流之舟之手，今必可达小喜峰，而至大宁，亦未可知也。

边方营寨称谷，称庄，请命设官者，李家谷提调、汉儿庄游击也。然“谷”有两音，南人呼“谷”切以“古禄”，北人呼“育”切以“余六”。此原有两音，故欲、俗字并从“谷”而不妨两音也。其土人书加“山”为“峪”，而音义无异焉。若“庄”，无异音，六达路为康庄，亦舍也，从“土”，监本从“士”，误。南北音同，但书有作“庄”，或以为俗书，其实“庄”音平，而为别音别字矣。

南北呼山川，音义有同异。北凡山顶曰梁，故兵乘高瞭望曰架梁，不必如《论语》“山梁”。邢氏解亦非韩愈《答张籍》诗注“石绝水为梁也”。“梁”“凉”同音，而义不相通。

元白湛渊《续演雅十诗》发挥，其一：“滦人薪巨松，童山八百里。世无系超勇，惆怅度易水”者，取松煤于滦阳，即今上都。去上都二百里，即古松林千里，其大十围，居人薪之将八百里也。盖在松亭关外，与境外地同。关内有滦阳营及驿，而皆上都之委。此诗则为上都作，云将“八百里”。今为胡守中所伐。又自隆庆来，蓟北修边台桥馆万役，今千里古松尽矣。凡元臣咏滦江、滦阳诗，皆上都，非此也，当辨。

祖宗法严禁不私亲防、不忽微于地方二条，今视若缓实切焉。洪武三十年七月，以郭驸马使辽回，私带榛子三扛，沿途擅用驿夫递送，事觉，令自备钞贯给还役人工食。仍敕兵部于山海松亭等关、古北、旅顺口，悬挂榜文：凡公差人员，不许稍带松榛等物进口渡海，违者，一二斤、三五两，俱分尸。号令所过，官司纵容，一体治罪。时欧阳以私茶于陕西，赐死，其严如此。山海关禁今大弛矣，此法所当申明者。永乐六年，令军民子弟僮奴自削发为僧者，并其父兄送京师，发五台山做工，毕日，就北京为民种田及卢龙牧马；寺主僧擅容留者，亦发北京为民种田。今京东犯者不如京西多。卢龙马政既废，其自削发，则各屯、社与寺院往来者贺之，而以酒食相劳矣。

国初洪武二年，命郡县立学。三年，开科。八年，立社学，选国子分教北方。十一年，选武臣读书国子监。十四年，颁《五经》、《四书》于北方学校，为久陷于夷而广同文治也。至十五年正月丙戌，命汇编华夷译语。上以前元素无文字号令，但借高昌书制为蒙古字以通天下言，至是乃命翰林侍讲火原洁与编修马沙亦里等以华言译其语，凡天文、地理、人事、物类、服食、器用，靡不具载，复取《元秘史》纽切其字，以谐其声。既成，诏刊行之。自是使臣往复朔漠，皆能通达其语矣。

孙世芳《宣府志·序》

高皇帝光复轩、虞治区，悯四百年染夷氓庶，徙居庸关南，旧郡邑守宰尽罢，其戍居兵卒，武吏驭之，要亦一时权宜已尔。文皇帝乘三驾余威，图复郡邑旧制，而鼎成之亟，渊虑未纾。向微仁、宣二宗命宪臣来监，即政教号令有所不行，又何敢以一方文献责介胄也？

秦始皇帝二十六年，分天下为三十六郡，其一上谷。汉高帝五年，分上谷郡地为涿郡，各置郡守（关南曰涿，北曰上谷）。武帝元封元年，分天下为十三部，郡属幽州，县曰沮阳（今保安卫）、泉上（今怀来、阪泉北）、潘（今怀来卫）、军都（保安东南，后移昌平）、居庸（今为关）、雊瞀（今镇城北）、夷舆（今怀安卫）、宁（今永宁北，云州东）、昌平（今隶顺天）、广宁（今延庆州）、涿鹿（今保安州）、且居（元开平地，今弃境外）、茹（弃兴和地）、女祁（今云州北）、下落（今镇城）。又置阳原（今顺圣西）、祯陵（今万全左、右卫）、代（今蔚州卫）、广昌（今置千户所），别属代郡云。光武十五年，徙上谷吏民居庸东避匈奴，增调屯兵备之。二十六年，归所徙吏民，以昌平、居庸、南属广阳（今顺天府），其泉上、夷舆、且居、茹、女祁并省，余八县存。晋武帝太康元年，分郡地置广宁郡，以沮阳、居庸县属上谷，下落、涿鹿县属广宁，余为镇，分属。魏高祖太和元年，合上谷、广宁为东燕州，改下落曰文德，阳原曰长宁，余仍旧。后又于长宁东置安塞军（今顺圣东城，刘守光破晋王军于此）。齐显祖天保九年，改东燕州为北燕州，置长宁、永丰二郡（涿鹿西属长宁，东属永丰）。隋文帝开皇七年，名易州为上谷郡，省北燕州，以诸县属涿郡，寻增置油云、阳寿、开阳三县附焉（三县今北路地）。唐高祖武德元年，改郡称州。七年，高开道诛，改怀戎（怀来），复为北燕州（开道据怀戎，以突厥入寇，刘世让御之，因虏盛，进保武州。虏坏城，世让栅拒免。至是，开道将张金树诛开道归正云。武州，唐置，汉下落，今镇城。正统间，葛峪人穴地得遗碣，谓为武川是也。若偏关，汉武州县，则去此远矣）。太宗贞观八年，复改北燕为妫州，其武州西没于突厥者，咸取之属河北道。高宗永徽元年，置狼山都督府（今怀来西。永乐间王师驻此，改良山）。玄宗天宝二载，改妫州为妫川郡，以山后诸县属，其武州仍领县文德（倚郭）。穆宗长庆二年，改妫川郡复为妫州，领县一：怀戎；镇四：曰堆北，曰白阳度，曰云治，曰广边，俱今东北路。改涿鹿为新州，领县四：永兴（倚郭）、矾石（军都）、龙门（今卫）、怀安（今卫）；改广宁为儒州，领县一：缙山（今永宁卫，古缙云氏所都），属卢龙道，寻改属河东。武宗会昌年，置山北八军，武州曰雄武，新州曰武定（后唐同光年改威塞军），妫州曰清平，儒州曰缙阳，长宁曰横野，蔚州曰忠顺，其彰国、顺义二军西属应朔。后唐天祐十一年，契丹入寇，武、新、妫、儒州以次陷，遂改武为归化州，妫为可汗州，新为奉圣州，余仍旧。次年，晋王存勖命李嗣源复取之。潞王清泰三年，河东节度使石敬塘割山后诸州赂契丹。辽圣宗开泰八年，分归化地置德州下刺史（德州，今万全左卫地），领县：宣平（今张家口堡）、怀安、天成（成，今作城，在怀安西，改属大同）、威宁（今左卫西北）。置北安州兴化军（汉女祁县地，今云州东二百里）。上刺史，领县：利民（汉且居）。置弘州博宁军下刺史，领县：永宁（县倚州郭，即顺圣，非今永宁也）、顺圣（废安塞军置，今顺圣东川）。兴宗重熙五年，置兴州中兴军，领县：宜兴、兴安（俱汉女祁地，元属兴和路），治以节度使。又升武定、忠顺二军俱为节镇。金太宗天会六年，改弘州博宁军为保宁，寻废军存州，领县仍二：其永宁改曰襄阴，顺圣如故；其镇曰阳门（贞祐二年改县，今怀安地）、大罗。世宗大定七年，改归化州为宣化州，领县：宣德（倚郭，今镇城）、柔远（在德胜口，即今万全右卫）。寻省德州，以所属县来属。章宗明昌三年，升柔远县为抚州，置上刺史。至承安二年，升节镇，名镇宁军，领县：柔远、集宁（今怀安西北）、丰利（今兴和弃地）、威宁（怀安东北）。仍置昌州（即荨麻林，今讹为洗马云），并宝山县（今八宝山），来属。明昌六年，置桓州威远军（云州东北，旧开平地，即金莲川），降节度为刺史，领县：清塞。卫绍王大安元年，升奉圣州为德兴府，置尹，领县：德兴（倚郭，更永兴名）、妫川（今怀来卫）、缙山（更儒州名）、望云（今云州）、矾山（今矾山堡），割宣德之龙门县属。大安三年，元兵徇桓、抚二州，因陷德兴、妫川、缙山、弘州。至宁元年，元陷宣德，改宣宁州，置山东路总管府。元世祖中统元年□□□……。

丘濬《大学衍义补》

曰：臣闻云、代一带，其设墩台以守候也，有大边，有小边，大边以谨斥堠，小边以严守备。今诚于大边墩台之间，空缺之处，因其崖险，随其地势，筑为城墙，以相联缀，实为守边长久之计。高闾所谓六镇不过千里，一夫一月之功，可成三步之地，强弱相兼，不过十万人，一月可就。巨窃以为今山后沿边之地，东起永宁之四海冶，西抵保德之河壖，自东而西，计其所长，一千三百二十里而已。其间墩台相望，远者十数里，近者数里，就其空处而加筑塞之功，延引以相连接，亦无甚劳费者。昔人谓一月可就，臣谓以三年为期。遇夫边方无警之秋，米谷丰登之岁，孟夏仲秋天气温凉之候，量拨骑兵以为防护，借十万人之工力，费十数万之赀粮，三年之中，仅劳一百八十日，成此千百年莫大之功。夫然，则边城寇盗永清，国家藩篱益厚。高闾所谓五利者，彼徒托之空言，而我今日实享其利矣。

又曰：斥堠以远为宜，以高为贵，以简为便。盖近则缓不及事，低则候不及远，繁则人少而费多。臣请以今日边事言之：且如宣府一处，腹里墩口二百七十二所，沿边共四百五十六所。即此一处以例其余，其城寨之设，皆当要害之处，固无容议，但墩台之类，则恐失之太多矣。臣愚以为设墩台，以候望也，其相去之远近，当以火光可见、炮声可闻为限。夫以方丈之土堆、十数之孤卒，持一二日之水米，出于数百里之外，其孤危甚矣。苟非地险而径迂，势高而食足，其乘障者，几何不为虏持首去如狄山也哉？臣窃以为宜遣行边大臣，会同守边将帅，躬行边地，相其时势，审其形便，于凡旧日墩台，可省者省之，可增者增之，可并者并之。大抵主于简而远，声闻可相接、目力可相及处，则立为一墩；及于众墩之间要害处，立为一堡，使之统其附近诸墩，有事则相为接应。墩统于堡，堡统于城，如臂指之相使，如气脉之周流。于外墩之内，每二三十里，各为总台数处，以次通报于城中。其墩之制，高必极望。墩之下，于三四里间，四周俱筑为土墙，高四五尺，长七八尺许，横斜错乱，彼此相入，入须委曲，然后可行，使虏马不能侵近。其墩之上，除候卒自持口粮外，常畜一月水米，以防不测。若夫烽燧之制，古人昼则燔燧，夜则举烽，偶遇风劲，则烟斜而不能示远，值霖雨，则火郁而不能大明。宜于墩台之上，立为长竿，分为三等，上悬红灯，以灯数多寡为虏缓急众寡之候。所谓红灯者，煅羊角效鱼魫为之，而染以红，遇夜则悬以示远，数百里之间，举目可见矣。

《宣府镇志》

关隘

东路永宁城：韩家口、石墙口、水泉口、井泉口、柳沟口、张家口、东灰岭口、西灰岭口、塔儿峪口、大红门口、小红门口。怀来城：合河口、石盘口、佛峪东口、石岩寺口、佛峪西口、水峪西口、水峪总口、水峪东口、盘道口（右九处系北山边口）、板挞峪口、水峪观口、大关王岭口、棒槌峪西口、大山口、大石岭口、棒槌峪东口、东崖口、小门王岭口（右九处系南山隘口）。保安旧城：美峪关（在城西南六十里，今废）。保安新城：井儿窑口（城东北三十里）、麻峪口（城东北三十里）、寺儿沟口（城东北二十五里）、西洪赞口（城东北五十里）、窑子头口（城东北二十里）、枣儿沟口（城东北十五里）、东水泉口（城西北八里）。延庆州城：居庸关（在城南五十里，两山夹峙，一水中流，关湾南北四十里，悬崖峭壁，最为险要）。南路顺圣川东城：兴宁口（城东北二十里）、柳沟口（城西北二十里）。蔚州卫隘关：（城西南三十里，今名石门口，通灵丘，广昌）。唐山口（城西南七十里，通繁峙、崞县）、美峪口（城东北一百二十里，旧美峪关，山水秀丽，多异鸟，通保安州）、九宫口（城东南三十里，通易州、涞水）、鸳鸯口（城东北七十里，通宣府）、神仙口（城北五十里，通顺圣州）、林关口（城西南九十里，通代州迤西诸县）、直峪口（城西南六十里，通五台、代州）、北口（城南三十里，又名龟峪口，通广昌）、东五岔口（与西五岔口俱在城西北三十里，通西城）、松子口（城东六十里，通东五台）、金河口（城东七十里）。广昌所：倒马关（城南七十里，通唐县，相传杨彦朗过此，马仆，因名。西十里有岳岭口）。白石口（城南二十五里，接白石山，通唐县，景泰三年修，筑石墙塞之）、宁静口（城东南三十里，通易州）、浮图峪口（城东三十里，通紫荆关）。西路万全右卫：德胜口关（城北三里）。野狐岭关（城西北三十里）。柴沟堡东洋河口（在堡西北十里）。张家口堡张家隘口关（在堡北五里，通境外）。北路龙门卫：汤池口（在城南四十里）、虾蟆口（在城南三十里）。长安所：施家口、三岔口、中路龙门关（宣德五年设，高二丈，东、西、中门三重，城楼三座）、八宝山坝口、汤池坝口、虾蟆口、香炉石坝口、常峪坝口。

墩台

东自四海冶镇南新墩起，至西阳河南土山天城界止，沿边共远一千八百六十五里五十九步。共墩台九百八十四座，守瞭官军共该六千八百八十八员名，附郭腹里台一十九座，四卫所分守。镇城腹里墩台二十三座，守瞭官军共该一百一十五员名：泥河台（在城东十五里）、东胜台（在城东四里）、青山台（在城北二十里）、洋河台（在城南四里）、娘子山台（在城南三十里）、榆林台（在城南六十里）、十八盘台（在城南八十里）、清水河台（在城西二十里）、草场平定台（在城西五里）、草场新立台（在城西十五里）、磨儿山台（在城北二十里）、鹞儿领台（在城东二十里）、西高山台（在城北五里）、烟洞山台（在城北十五里）、双山儿台（在城北七十里）、东沙岭台（在城北十五里）、西沙岭台（在城西二十里）、榆林海儿凹台（在城北三十里）、新兴台（在城东十里）、预防墩、预瞭墩、预报墩、预侦墩。东路永宁城东自镇北墩起，西至怀来界止，地远二百九十五里。沿边墩台一十一座，守瞭官军七十七员名，腹里墩二座，守瞭官军一十员名：镇北墩、关北口墩、蕨菜冲墩、关北口接墩、马道墩、荆子村东墩、平梁墩、梁山墩、千家店墩、独山墩、交界墩（俱系永宁卫）、擒胡墩、镇口墩、三岔墩、总接墩（右系隆庆左卫）、预置墩、预竖墩。怀来城东自盘道口起，西至保安红赞口界止，地远一百七十四里五十步。沿边墩台一十五座，守瞭官军一百五员名：盘道墩、黄柏寺西墩、水容总墩、佛峪西墩、怀来墩、狼山墩、土木墩、平炮墩、干石河墩（系沿边墩九座，属怀来卫）、西岩寺墩、张家营墩、佛峪东墩、石盘墩、东洪赞墩（右边墩六座，属隆庆右卫）、棒槌峪墩（系腹里）。保安旧城腹里墩台一十二座，守瞭官军共六十员名：东南角墩、小箭口墩、灰窑东岭墩、北尖山墩、西孤山墩、美峪站南墩、三岔口墩、石塔墩、红桥梁墩、凤凰山墩、水泉墩、西高山墩。保安新城东自西洪赞口起，至宣府前卫八宝山坝口止，地远一百四十里五十步。共墩台一十五座，守瞭官军七十六员名：西洪赞墩、麻峪里口墩、麻峪小尖山墩、麻峪外口墩、井儿窐墩、窑子头墩、永安墩、石门墩、雷家站墩、东水泉墩（右十座，属保安卫）、西水泉墩、鸡鸣山墩、威镇墩、小尖山墩、南柴墩（右五座，属美峪所）。四海冶堡东自镇南墩起，西至永宁界止，地远一百里。共墩二十九座，守瞭官军夜不收一百二十三员名：镇南新墩、镇南口墩、镇东北口墩、镇东北口接墩、镇南口接墩、将军岭东墩、将军岭中墩、四海冶口墩、四海冶新口墩、高山墩、长城岭墩、长生口外山墩、长生口墩、大石岭二墩、大石岭墩、宁川墩、仓房沟墩、隆平墩、永城墩、镇远墩、中顺墩、镇虏墩、常宁墩、镇南墩、靖边墩、大石岭三墩、宁靖墩、安边墩、高山墩。南路顺圣川西城，腹里墩台共一十五座，守瞭官军共八十五员名：黄花梁、破台子、张见台、孤山台、一吐泉台、西新庄台、一柳营营台、柳树灶台、回回村台、白家泉台、大峪沟台、黄羊坡台、向水沟台、顺圣台、预涧台、桦山台。顺圣川东城，腹里墩台共一十一座，守瞭官军共五十五员名：鳌鱼口台、宁川台、菜山台、东黄花梁台、高达子梁台、盘道山台、水峪口台、大蟒沟台、段家庄台、台子庄台、靠河墩。蔚州卫，腹里墩台一十四座，守瞭官军共七十员名：直峪墩、许家营墩、石门望川墩、渡口河墩、桦涧岭墩、殷家庄墩、暖泉墩、七里河墩、古家疃墩、南新庄墩、黄梅寺墩、袁家作墩、神仙岭墩、玉皇庙墩。广昌所腹里台共五座，守瞭官军二十五员名：东岳庙台、韩村台、玉皇庙台、石门台、丰山台。西路万全右卫东自张家口起，西至洗马林止。共墩台六十五座，守瞭官军共三百九十员名：万载台、野狐岭关西台、靖宁台、野狐岭西空小台、宁远台、德胜台、野狐岭西第二台、红崖台、永安台、擒胡台、平虏台、小尖山台、虞台岭西空小台、防边台、虞台岭东第二台、镇安台、暖岭台、石山新台、永固台、大胜台、虞台岭东第一台、永镇台、水沟东台、石嘴山台、威镇台（右沿边台二十二座，腹里三座，属新开口守备官辖）、尖山台、水沟台、水泉台、水沟西台、虞台岭台、西空小台、虞台岭西岭、绝胡台、西河口台、镇静台、镇胡台、镇边台、西河口西台、新河口小台、新河口大台、东塞台、镇口台、制虏台、新立台、威虏台、威胜台、中塞台、高山台、桃山台（右沿边二十一座，腹里二座，属新河口守备官辖）、镇塞台、德胜口关台、夏家口沟台、石嘴山台、三岔口台、远靖台、永靖台、静宁三墩、平清墩、镇堡台、宣宁墩、雕山台。（俱系腹里，属万全右卫守备官辖。）万全左卫沿边墩台共一十三座，守瞭官军夜不收共八十一员名：黑山台、石门儿台、吕家庄台、东寨山台、瓦窑山台、没皮山台、石嘴儿台、白腰山台、大王山台、柳沟台、兴宁岭台、兴宁岭南口台、三都涧台。怀安卫城腹里墩台共一十三座，守瞭官军共六十五员名：沙坡台、团山台、人头山台、白草梁台、石山台、阎家台、马家台、平风塞台、黄土梁台、土山台、小石山台、栲栳台、平顶山台。柴沟堡东自洗马林平虏西台起，西至西阳河马头山止，地远四十三里一百八十步。共墩台三十九座，守瞭官军夜不收共一百八十七员名：平虏西空小台、中高山东空台、中高山台、红山台、中高山西空台、威胜东空小台、威胜台、南高山东空台、寺沟台、南高山台、平胡台、东大山东空台、红山五台、平胡四台、石山西空台、东大山台、东北山石台、东洋河口台、永昌台、涌胜台、水关台、万丈崖台、宁靖台、沙岭儿台、靖边台、西大山台、小尖山台、制虏台、平顶山台、牛心山东空台（以上属柴沟堡）、牛心山台、牛心山口台、永威台、盘道沟台、牛心小四墩、靖虏二墩、靖虏四墩、靖虏墩、大尖山墩（以上属渡口堡）、预靖台。洗马林堡东自新河口中塞台起，西至柴沟堡平虏小台止，地远四十七里二百一十四步。共墩台六十二座，守瞭官军三百六十二员名：镇安台、威靖台、西寨台、安边台、西小台、西小石台、东孤山台、东孤山东台、灭胡台、东孤山东空台、东孤山西台、镇边台、镇宁台、镇虏东台、镇胡台、镇虏东空台、镇虏台、镇虏西空台、镇虏西台、西孤山台、西孤山东台、永安东台、永安台、永安西空台、永安西台、青山台、牛心山台、杏沟台、兔儿台、红梁台、黄土梁台、威远东台、威远台、拒虏台、红山台、永宁台、旧堡台、沙岭东台、沙岭台、双山台、镇口台、北高山东台、北高山台、平虏东台、平虏西台、石山台、白美台、破虏台、土山台、虎山台、洗马林总台、古城台、永宁台、沙岭儿东空台、沙岭儿西台、洗马林护水台、高山台、永宁东空台、马鞍山台、水泉墩、关西墩、黑龙台。西阳河堡东自柴沟堡起，西至天城止，地远五十三里三百五十步。沿边墩台四十一座，守瞭官军二百八十七员名，腹里墩一座，守瞭官军五员名：马头山台、盘道山台、大尖山台、东箭豁台、中箭豁台、西箭豁台、秦宁台、东石山台、总制台、永平台、东小石台、境门台、宁靖台、鲍家屯台、石山头台、西小山石台、雅儿崖台、西阳河台、桃山台、镇口台、靖塞台、花山台、西阳河中台、黑堰台、西河台、制胜台、镇河台、永宁台、中土山台、静虏台、南土山台、阳河五墩、镇西一墩、守河一墩、守河二墩、守河三墩、镇西二墩、西界墩、镇谷墩、威胜墩、镇西墩、黑沟墩。张家口堡东自东高山台起，西至野狐岭止，地远五十四里五十三步。墩台共四十七座，守瞭官军共三百二十三员名：东高山台、克虏台、张家口东台、西高山台、张家口西台、张家口护门台、红崖台、干河口台、干河口东台、水泉台、大干河口台、小干河口台、永安台、拒虏台、平顶山台、镇关台、镇川台、大尖山台、小尖山台、平顶岭台、平顶岭北台、镇宁台、长安台、野狐岭东三台、新宁台、黑山台、东塞台、野狐岭东二台、平夷台、野狐岭东一台、制胜台、水泉三墩、镇口台、水泉五台、平山台、平静台、野狐岭关台、石花墩、境门墩、护关墩、镇虏墩、红崖墩、干河二墩、水泉墩（右系沿边）、威靖台、护水台（右系腹里）、防寇墩。北路开平卫东自云州起，西至马营止，地远一百三十九里一十六步。沿边墩台共六十一座，守瞭官军四百六十一员，腹里墩四十四座，守瞭官军二百三十一员名：小松林墩、宁虏墩、镇安门墩、青石嵯墩、接嵯墩、青泉墩、镇虏墩、接连墩、安宁墩、安静墩、上韭菜墩、平定墩、桦林墩、镇胡墩、正韭菜墩、小尖山墩、尖山墩、水泉墩、永护墩、镇北墩、镇岭墩、双盘道墩、瞭川墩、平静墩、安庆墩、平戎墩、威虏墩、深沟墩、东凉墩、韭菜南墩、永丰墩、西凉墩、瞭远墩、青远墩、羊川墩、镇宁口墩、镇宁墩、双望墩、正盘道墩、永宁墩、偏岭儿墩、永镇墩、镇门大墩、镇门墩、柳河墩、棠梨墩、永庆墩、镇边墩、望海墩、镇海墩、永定墩、平虏墩、平胡墩、宁静墩、镇虏墩、镇川墩、高山墩、赛峰墩、石嵯墩、新安墩、望川墩（右系沿边）、棋盘山墩、镇宁墩、槐家冲墩、东平墩、总高东胜墩、平夷墩、青山墩、镇冲口墩、白塔儿墩、山泉墩、宁镇墩、境宁墩、旧庄墩、毡帽山墩、镇塞墩、灭胡墩、接胡墩、永静墩、保安墩、窑子头墩、宁塞墩、境安墩、西宁墩、火石沟墩、北山墩、永安墩、东北栅子墩、东北山墩、东山墩、常胜墩、镇口墩、分岭墩、总接墩、沙岭墩、兔儿墩、敌胜墩、西冲墩、大岭墩、独石墩、三山墩、长宁墩、西山墩、石厂墩（右系腹里）。马营堡东自独石界起，西至赤城界止，地远一百二十二里三十步。沿边墩四十六座，守瞭官军二百八十八员名，腹里墩三十四座，守瞭官军一百四十六员名：镇疆墩、孤石墩、镇远小墩、望川墩、香台墩、镇远大墩、三台墩、五台墩、大石磋墩、镇门墩、十台墩、小石门墩、雷山墩、盘道墩、旧小石门墩、八台墩、九台墩、兔鹘嵯墩、威远墩、沙岭墩、小尖山墩、水泉墩、漫岭墩、十四台墩、石槽墩、静虏墩、十七台、桦林墩、驼腰墩、桦皮岭墩、二十台墩、小团山墩、双盘道墩、大团山墩、漫岭新墩、三十台墩、大莽崖墩、厦儿岭墩、青石磋墩、三十四台墩、狮子墩、三十六台墩、磨儿嵯墩、三十七台墩、三十九台墩、磨台嵯新墩（右系沿边）、沙沟墩、东山墩、三岔口墩、柴沟墩、石塘墩、三岔口东墩、西梁墩、中高墩、卞家堡墩、红山墩、镇口墩、三盘碾墩、四望墩、总望墩、刁家梁墩、鹰窝墩、王英墩、松树堡墩、撞胡墩、陡岭墩、镇虏新墩、总高墩、羊房墩、金家梁墩、镇宁墩、西宁墩、东北角墩、水口墩、窑上墩、南菜园墩、圆头墩、西南角墩、西北角墩、北菜园墩（右系腹里）。云州所北自独石界起，南至隆门所界止，地远九十二里八十步。沿边墩台二十四座，守瞭官军一百二十四员名，腹里墩台二十三座，守瞭官军七十四员名：镇界墩、镇胡墩、驼腰墩、小松林墩、新镇墩、大松林墩、大松林台、镇北墩、镇北口墩、虎山墩、陆文冲墩、平顶墩、盘道墩、尖山墩、定远墩、平朔墩、盘道口墩、静东墩、三岔墩、镇边墩、镇虏墩、三岔口墩、擒胡墩、镇远墩（右系沿边）、镇堡墩、打罗墩、望远墩、镇口墩、盘道岭墩、驼房墩、窑子口墩、龙门口墩、庙后墩、站后墩、金阁观墩、双护墩、孙化墩、大庄窠墩、苇子墩、总镇墩、烟梁墩、镇川墩、镇岭墩、清远墩、打罗栅墙墩、永安墩（右系腹里）。赤城堡北自马营界起，南至龙门卫界止，地远四十里二百三十步。沿边墩一十九座，守瞭官军一百员名，腹里墩三十三座，守瞭官军八十九员名：擒胡台、偏头山墩、镇虏墩、小石磋墩、小石嵯新墩、野鸡山墩、野鸡山新墩、镇寇墩、野鸡山门墩、红石嵯墩、玉石沟墩、静西墩、玉石墩、镇夷墩、宁月墩、小平顶墩、常岭墩、新安墩、松林墩（右系沿边）、石门墩、镇远墩、真武庙墩、红山嘴墩、旧后所墩、镇路墩、瞭远墩、平梁墩、盘道墩、镇门墩、柴家墩、镇西墩、黄土梁墩、永兴墩、赵家梁墩、分镇墩、柴家新墩、宁静墩、黄土山墩、将军庙墩、柳河墩、袁家墩、城北东墩、青山墩、堂子口墩、西冲中墩、总镇墩、浩门墩、青罗墩、镇川墩、磨石梁墩、红石窑墩、沃麻坑墩（右系腹里）。龙门卫北自赤城松林墩界起，至宣府八角台界止，地远五十六里三百三十六步。沿边墩二十八座，守瞭官军夜不收二百八十六员名，腹里墩三十三座，守瞭官军一百一十八员名：盘道墩、威镇新墩、威镇墩、制胜墩、靖远墩、人头草墩、总镇墩、太平寺墩、平梁墩、镇静墩、北高山墩、驼腰墩、安边墩、北新墩、镇虏墩、镇疆墩、东高山墩、石门墩、鹰窝墩、车头沟墩、镇寇墩、制虏墩、镇西墩、杨家冲墩、镇边墩、黑山儿墩、永安墩、分镇墩、泰安墩、东梁墩（右系沿边）、干柴岭墩、交界墩、总照墩、平顶口墩、永平墩、镇宁墩、剪子峪北墩、石嵯墩、起风口墩、塔儿顶墩、双顶墩、塔儿岭墩、镇安墩、镇胡墩、大岭墩、下剪子峪墩、双望墩、水泉墩、阎文道梁墩、盘道墩、大木梁墩、剪子峪南墩、老王沟墩、许家冲墩、永定墩、杨家冲墩、总接墩、城北墩、城西墩、城南墩、城东墩（右系腹里）。龙门所北自云川界起，南至雕鹗界止，地远一百一里一百八十步。边墩四十八座，守瞭官军二百四十九员名，腹里墩三十五座，守瞭官军九十六员名：双泉口墩、灭胡墩、灭胡口墩、白塔儿墩、镇宁墩、白塔儿口墩、七峰口墩、七峰墩、镇胡墩、青峰口墩、青峰墩、镇远墩、镇夷墩、关子口墩、镇夷口墩、沙沟口墩、中胜墩、张锁住冲墩、堂子口墩、正东墩、正东口墩、狮子墩、狮子口墩、朝阳墩、朝阳口墩、接连墩、靖宁墩、威镇墩、磨石口墩、石峰墩、石峰口墩、平胡墩、平胡口墩、三岔墩、孤石口墩、松林墩、松林口墩、镇边墩、镇虏墩、升平墩、升平口墩、庆阳墩、盘道墩、庆阳口墩、乱泉寺墩、总制墩、乱泉寺口墩、镇靖墩（右系沿边）、北高山墩、三十九号墩、双井儿墩、窑子冲墩、接边墩、镇江墩、关子口墩、鹰窝墩、沙沟墩、盘道墩、堂子口墩、旧庄墩、平虏墩、黑峪中口墩、永安墩、双盘道墩、瞭远墩、总接墩、镇戎墩、云州岭墩、羊房墩、西山嵯墩、西北角墩、镇安墩、东北角墩、北栅子门墩、东南角墩、南栅子门墩、西北角墩、接嵯墩（右系腹里）、镇冲二墩。雕鹗堡自大岭暗炮起，至永宁界止，地远一百四十一里。墩二十六座，守瞭官军七十三员名，腹里墩十座，守瞭官军四十二员名：石墙儿墩、盘道岭墩、许家冲新墩、镇口墩、高陵口墩、许家冲旧墩、接嵯墩、盘道岭二墩、酒务头墩、高陵栅口墩、七号墩、双望墩、袁矮子旧墩、东安墩、平安口墩、大屯墩、靖胡墩、青罗口墩、冯家冲墩、冯家冲二墩、靖虏墩、镇北墩、青白口墩、宁塞墩、宁界墩、靖川墩（右系沿边）、三岔口墩、正北墩、大雕鹗墩、仓上旧墩、仓上新墩、西北角墩、西南角墩、东北角墩、东南角墩（右系腹里）。长安所自石盘口起，至雕鹗界止，地远五十二里。沿边墩四座，守瞭官军一十七员名，腹里墩十一座，守瞭官军三十四员名：东山庙墩、李老峪墩、双尖山墩、石盘口墩（右系沿边）、东山墩、西山墩、护城墩、截路墩、镇泉墩、护水墩、平山墩、镇安墩、镇门墩、松山墩、镇远墩（右系腹里）。中路东自美峪所界起，西至张家口界止，地远一百九十二里二百四十三步。沿边台九十五座，守瞭官军六百六十五员名，腹里台十三座，守瞭官军六十五员名：光葫芦山台、八宝山北台、汤池口南台、汤池口新台、汤池口中台、汤池坝口台、汤池口北台、虾蟆口新台、虾蟆口南台、虾蟆口北台、龙门关大台、龙门关南台、龙门关北台、娘子山台、娘子山西台、坝口台、坝口东台、坝口西台、新立台、六台子、小盘道台、镇蕃台、松树沟东台、黑台、总隘台（右沿边二十一座，腹里四座，属龙门关把总官辖）、松树沟四台、靖虏台、五台子、永安台、小坝口台、永宁台、坝口新立台、四台子、安边台、东盘道台、镇边台、三台子、永靖台、小尖山台、靖虏台、新立台、坝口台、永胜台、二台子、总瞭台、头台子、永平台、永平二台、平安台、总镇台、总坝台（右沿边二十二座，腹里三座，属宣府前卫把总官辖）、葛峪小台、葛峪中台、宁靖台、宁靖二台、葛峪大台（右沿边台五座，属兴和所辖）、预筑台（系葛峪堡沿边）、长安台、镇虏台、小尖山台、大定台、东高山台、常峪口台、常峪坝口台、小常峪口台、常峪新坝口台、常峪台、西高山台、西高山西空台、平顶山台、宁远台、平顶山西空台、宁远西空台、盘道台、石义山台、石义山西空台、馒头山台、旧馒头山台、青边口新台、青边口大台、葛峪新立台、镇北台（右沿边二十三座，腹里二座，属宣府左卫把总官辖）、青边口西台、青山台、西高山台、擒胡台、何家堰台、何家堰子台、镇夷台、小何家堰台、平虏台、平山台、总振台、柳沟台、破虏台、破虏西空台、新立台、灭胡台、永宁台、水泉台、水泉西空台、定安台、东高山台、石山台、接边基、平安台、平远台、双山台。（右沿边台二十二座，腹里台四座，属宣府右卫把总官辖。）

《大学衍义补》

今山前山后，皆吾中国之地。山前七州，今为畿内之地，太行西来，连冈叠嶂，环而绕之，东极乎医巫闾之境，以为内之藩篱。山后诸州，自永宁、四海冶以西，历云、代之境，重关列戍，以为外之藩篱。苟委任得人，守御有法，可保其无外患也。惟昌平以东，遵化、永平一带，往者有大宁都司，兴、营、义、会等卫，在山之后，以为外障，其后移入内地。以此之故，京师东北藩篱单薄之甚，异时卒有外患，未必不出于此。夫天下之患，往往出于意料之外，然能谋画于未事之先，而豫有以防备之，则所患者消泯于无迹矣。请下大臣议，居庸以东，历黄花镇、古北口，直抵山海关，山之后皆荒漠无人之境，非如居庸以西，大小边镇两层，可以防备。若何可以善其后，而使之永无外患，必有奇谋宏略出于其间。必不得已，而臣有一见：请将洪武中大宁都司后移保定者，立于永平，或遵化，或蓟州，以为重镇；凡旧所属卫所，移于沿山要害，相为声势。仍于山之后，去山五里，或十里，或三四十里，量其地势，因其形便，筑为墩台，就其空缺之地，接连以为边墙。就于其间择一要地，设为关镇，屯军守备，以为兀良哈入贡之通。一以卫都城，一以护陵寝，此诚千万年之远谋也。不然，国家养锐储材，俟吾力有余，而其机可乘，仍复洪武中山后帅阃之旧，俾与宣府、大同列为三镇，直达辽东之境，则是国家之险要既失复得，蕃篱厚而无可乘之隙，根本固而无意外之患矣。伏惟圣明当此太平无事之时，思患预防，有以为国家万年无穷之虑。

《旧大宁》 蔡鼎

大宁居遵化之北一百里，沿山海以逮独石，一墙之外皆其地也。独石、山海离京皆七百里，与大宁正相等。

国初建谷、宁、辽三王，与代、朔势若连雉，以藩屏东北，为计深矣。自成祖割大宁与夷，宣、辽从此不通，而京畿之脊背单寒。潘家、喜峰、河川、古北、黄花、四海冶诸口，遂为当夷要冲，且职贡往来，谙熟京关。当成祖之世，已烦驾驭，厥后更为叵测。正统己巳、嘉靖庚戌，诸虏入犯，皆从此至，则阳顺阴贰，卧榻鼾睡故也。

世庙以前，筹边者议筑居庸至山海为袤以拒虏，而三卫兴兵，尺寸不可得有。迨崇祯戊辰，三卫插汉，半从西徙，半归东奴，而大宁一土遂为狐嗥兔窟之墟，是我复大宁而通宣、辽之时也。且都邑二酋叩关求附，甚穷兽之依人，抚而用之，精卒可得数万，以其人固其圉，中国稍为厝置解结，事半功倍其候也。

天子方锐意复辽，当事苦无大识（失此不取，深可叹也）。夫取弱虏之所弃，与取强奴之所守，孰易孰难？拓咫尺之肩背，与复千五百里外之河东，孰缓孰急？使当时计或出此，何至大安口之突犯，而京畿之糜烂耶？及奴退而天子决计复辽。愚谓复辽不如复宁之急，以辽复而重辽，未若宁复而守宁之易。委河东以与奴，其祸远而小；委大宁以与奴，其祸逼而大。乘勤王之师，无征调之劳，其事逸；藉大宁之筑，为京、蓟之卫，其防周。难者曰：得之易，守之甚难。今日复河东，遂可易守乎？不者，奴入大宁，而我之蓟、东、宣、昌，复可易守耶？谓宜令蓟、宣将士远哨外出，以渐为复宁之举，而司农告出，宣、大旧军，日谈裁汰，关蓟援卒，亦多简遣，名曰进寸，实甚退尺，而天子弗寤也。嗣是大凌河不守，奴骑渐入大宁，逼山后矣。自此东顾犯蓟，西顾犯宣，南策而犯京陵，皆不过一二百里，所以次且未前，稽延至今者，虞插之议其后也。故先逐插过宣，藉東以挟赏于张家口，插遁遂入宣、云矣。今则拘插妻子，降插部落，并套虏而攻之，且再入忻、代矣。缘彼窟穴于大宁，与蓟、宣仅隔一墙，故东西驰骤，朝发暮及，非如向日，由沈、铁而海，盖三岔以渐次入内边之千有余里也。今此而欲为复大宁之举，是又争强奴之所守，彼且得族東插套，东西牵制以乘我。是我一不敌，而欲四敌，弃不取而欲战取，其非计之便，审也。

《汉书》　地理志

右北平郡（秦置，莽曰北顺，属幽州），户六万六千六百八十九，口三十二万七百八十，县十六：平刚、玉田、无终（故无终子国，浭水西至雍奴入海，过郡二，行六百五十里。师古曰："浭"音"庚"，即下所云入庚者，同一水也）、石城、廷陵（莽曰铺武）、俊靡（灅水南至无终，东入庚。莽曰俊麻。师古曰："灅"音"力水"反，又音即贿反）、䝴（都尉治，莽曰裒睦。师古曰：音"才私"反）、徐无（莽曰北顺亭）、字（榆水出东）、土垠（师古曰："垠"音"银"）、白狼（莽曰伏狄，师古曰：有白狼山，故以名县）、夕阳（有铁官，莽曰夕阴）、

昌城（莽曰淑武）、**骊成**（大揭石山在县西南，莽曰揭石。师古曰：“揭”音“桀”）、**广成**（莽曰平虏）、**聚阳**（莽曰笃睦）、**平明**（莽曰平阳）。

辽西郡（秦置，有小水四十八，并行三千四十六里，属幽州），户七万二千六百五十四，口三十五万二千三百二十五，县十四：**且虑**（有高庙，莽曰租虑。师古曰：“且”音“子余”反，“虑”音“庐”）、**海阳**（龙鲜水东入封大水，封大水、缓虚水皆南入海，有盐官）、**新安平**（夷水东入塞外）、**柳城**（马首山在西南，参柳水北入海，西部都尉治）、**令支**（有孤竹城，莽曰令氏亭。应劭曰：故伯夷国，今有孤竹城。“令”音“铃”。孟康曰：“支”音“只”。师古曰：“令”又音“郎定”反）、**肥如**（玄水东入濡水，濡水南入海阳。又有卢水，南入玄。莽曰肥而，应劭曰：肥子奔燕，燕封于此也。师古曰：“濡”音“乃官”反。宋祁曰：入玄当作入畜）、**宾徒**（莽曰勉武）、**交黎**（渝水首受塞外，南入海，东部都尉治。莽曰禽虏，应劭曰：今昌黎。师古曰：“渝”音“喻”）、**阳乐**、**狐苏**（唐就水至徒河入海）、**徒河**（莽曰河福）、**文成**（莽曰言虏）、**临渝**（渝水首受白狼东入塞外。又有侯水，北入渝。莽曰冯德。师古曰：“冯”读曰“凭”）、**絫**（下官水南入海，又有揭石水、宾水，皆南入官。莽曰选武。师古曰：“絫”音“力追”反）。

《后汉书》　郡国志

右北平郡（秦置，雒阳东北二千三百里），四城，户九千一百七十，口五万三千四百七十五：土垠、徐无、俊靡、无终。

辽西郡（秦置，雒阳东北三千三百里），五城，户万四千一百五十，口八万一千七百一十四：阳乐、海阳、令支，有孤竹城（伯夷、叔齐本国)、肥如、临渝。(《山海经》曰:碣石之山,编水出焉,其上有玉,其下有青碧。《水经》曰:在县南。郭璞曰:或曰:在右北平骊城县海边山也。)

辽东属国(故邯乡,西部都尉。安帝时以为属国都尉。别领六城,雒阳东北三千二百六十里)。昌辽,故天辽,属辽西(何法盛《晋书》有青城山)。宾徒,故属辽西。徒河,故属辽西。无虑,有医无虑山。险渎(《史记》曰:王险,卫满所都)房。

《魏书》 地形志

营州(治和龙城,太延二年为镇,真君五年改置。永安末,陷,天平初,复),领郡六,县十四,户一千二十一,口四千六百六十四。

昌黎郡(晋分辽东置,真君八年,并冀阳属焉),领县三,户二百一,口九百一十八:龙城(真君八年,并柳城、昌黎、棘城属焉。有尧祠、榆顿城、狼水)、广兴(真君八年,并徒河、永乐、燕昌属焉。有鸡鸣山、石城、大柳城)、定荒(正光末置。有鹿头山、松山)。建德郡(真君八年置。治白狼城),领县三,户二百,口七百九十八:石城(前汉属右北平,后属。真君八年,并辽阳、路、大乐属焉。有白鹿山祠)、广都(真君八年,并白狼、建德、望平属焉,有金紫城)、阳武(正光末置,有三合城)。冀阳郡(真君八年,并昌黎。武定五年复),领县二,户八十九,口二百九十六:平刚、柳城。营丘郡(正光末置),领县二,户一百八十二,口七百九十四:富平(正光末置)、永安(正光末置)。平州(晋置,治肥如城),领郡二,县五,户九百七十三,口三千七百四十一:辽西郡(秦置),领县三,户五百三十七,口一千九百五:肥如(二汉、晋属,有孤竹山祠、碣石、武王祠、令支城、黄山、濡河）、**阳乐**（二汉、晋属，真君七年，并令支、含资属焉。有武历山、覆舟山、林榆山、太真山）、**海阳**（二汉、晋属，有横山、新妇山、清水），**北平郡**（秦置），**领县二，户四百三十，口一千八百三十六：朝鲜**（二汉、晋属乐浪，后罢。延和元年，徙朝鲜民于肥如，复置，属焉）、**新昌**（前汉属涿，后汉、晋属辽东，后属。有卢龙山。案前汉涿郡有新昌去辽东绝远，《后汉志》辽东郡新昌下，亦不言故属涿，盖名同而址异，魏史误也）。

《隋书》 地理志

北平郡（旧置平州），**统县一，户二千二百六十九：卢龙**（旧置北平郡，领新昌、朝鲜二县。后齐省朝鲜入新昌，又省辽西郡，并所领海阳县入肥如。开皇六年，又省肥如入新昌。十八年，改名卢龙。大业初，置北平郡。有长城，有关官，有临渝宫，有覆舟山，有碣石，有玄水、卢水、涅水、闰水、龙鲜水、臣梁水，有海）。**辽西郡**（旧置营州。开皇初，置总管府。大业初，府废），**统县一，户七百五十一：柳城**（后魏置营州于和龙城，领建德、冀阳、昌黎、辽东、乐浪、营丘等郡，龙城、大兴、永乐、带方、定荒、石城、广都、阳武、襄平、亲昌、平刚、柳城、富平等县。后齐唯留建德、冀阳二郡，永乐、带方、龙城、大兴等县，其余并废。开皇元年，唯留建德一郡，龙城一县，其余并废。寻又废郡，改县为龙山。十八年，改为柳城。大业初，置辽西郡，有带方山、秃黎山、鸡鸣山、松山，有渝水、白狼水）。

新《唐书》　地理志

平州北平郡，下。初治临渝，武德元年，徙治卢龙。土贡：熊鞹、蔓荆实、人参。户三千一百一十三，口二万五千八十六，县三。（有府一，曰卢龙，有卢龙军，天宝二载置。又有柳城军，永泰元年置。有温沟、白望、西狭石、东狭石、绿畴、米砖、长杨、黄花、紫蒙、白狼、昌黎、辽西等十二戍，爱川、周夔二镇城。东北有明至关、鹘湖城、牛毛城。）**卢龙**（中，本肥如，武德二年更名。又置抚宁县、七年省）、**石城**（中，本临渝，武德七年省，贞观十五年复置，万岁通天二年更名。有临渝关，一名临闾关，有大海关，有碣石山，有温昌镇）、**马城**（中，古海阳城也，开元二十八年置，以通水运。东北有千金冶，城东有茂乡镇城）。

营州柳城郡，上都督府。本辽西郡，万岁通天元年，为契丹所陷。圣历二年，侨治渔阳。开元五年，又还治柳城。天宝元年，更名。土贡：人参、麝香、豹尾、皮骨骴。户九百九十七，口三千七百八十九，县一。（有平卢军，开元初置。东有镇安军，本燕郡守捉城，贞元二年为军城。西四百八十里有渝关守捉城，又有汝罗、怀远、巫闾、襄平四守捉城）**柳城**（中，西北接奚，北接契丹，有东北镇、医巫闾山祠，又东有碣石山）。

安东，上都护府。总章元年，李勣平高丽国，得城百七十六，分其地为都督府九，州四十二，县一百，置安东都护府于平壤城以统之，用其酋渠为都督、刺史、县令。上元三年，徙辽东郡故城。仪凤二年，又徙新城。圣历元年，更名安东都督府。神龙元年，复故名。开元二年，徙于平州。天宝二年，又徙于辽西故郡城。至德后，废。土贡：人参。（有安东守捉。有怀远军，天宝二载置。又有保定军。）

《宋史》 地理志

平州，隋置。后唐时为契丹所陷，改辽兴府，以营、滦二州隶之。宣和四年，赐郡名渔阳，升抚宁军节度。五年，辽将张觉（辽、金二史作毁）据州来降，寻为金所破。县三：卢龙（赐名卢城）、石城（赐名临关）、马城（赐名安城）。

营州，隋置。后唐时为契丹所陷。宣和四年，赐郡名曰平虏防御。县一：都城（赐名镇山）。

尹耕《地里考论》

立国宰物，画野分疆，盖自五帝始矣。然上世即人以为治，从化以为俗，不以幅员较广狭也。逞侈勤远，其秦皇、汉武乎？是故论治者戒之。然尝谓秦制有始之秦者，有不始之秦者。始皇、汉武之经营，有可以传之后世者，有不可传之后世者。始之秦者，罢侯、置守、销兵、徙豪杰是也；不始之秦者，启上谷、云中、九原并阴山，历高阙以为塞也。不可传之后世者，封泰山、祠汾阴、望海待边是也；可传之后世者，斥匈奴、严隘塞、增北戍、实新秦是也。而后世之君，志荒者师其弊，溺宴者忽其经。隋炀极力于高丽，唐玄歼良于黔南，德宗受维州之降，则以守信为上；真宗闻灵州之破，则以不弃为悔；乃至光武、潘美忍于徙民，刘琨、石敬塘敢于割地。于戏，是可慨也！

故尝谓舆地大势，东南日辟，而西北渐沦；人事大较，东南易垦，而西北难竞。何者？财货之所出，奇玩之所供，得之者足以上谀其君，下厚其殖；而又风气孱弱，士马仅支，进有胜敌之名，退无蹙境之患。故岁币输于匈奴，而尉佗之使不废；襄、邓隳于蒙古，而琼崖之窜如归。好逸恶劳，茹柔吐刚，中人之常，而不知地形有首领，人事有机要。捐首领，失机要，将有败坏四出、不可救药者矣。间尝举天下论之，而证之以往迹，无不符节合者也。盖上谷、广宁、云中、九原之门户不固，则晋、冀、青、齐、河、雒之堂宇日哄；晋、冀、青、齐、河、雒之堂宇日哄，则吴、越、湖、襄、川、闽之室奥必至矣。于戏，此地里之所以考也，此秦制所以有不始于彼，而始皇、汉武之经营有可以传之后世者也。

尹耕《革命说》

孔子传《易》之《革》曰：汤、武革命，顺乎天而应乎人。汤之有惭德也，曰：恐后世以台为口实，是言放伐自汤始也。考之外纪，神农氏衰，黄帝与榆罔战于阪泉，胜之，则似不始于汤也。孔子何以云然，而口实必于汤邪？嗟夫，此可以意论矣。上古之时，有君长而无氏姓也，及其有氏姓而无国号也，有国号而无帝称也，君臣上下之分未大严也，天子诸侯之等未大明也，各君其地，各子其民。其明德者，则群走而质成之，于是乎有来享之宾；其所质成者，不敢安其居也，则遍走而抚视之，于是乎有出狩之典。逮其德之衰也，则质成者莫来，而抚视者弗能举矣。所谓“有德易以王，无德易以亡也”。其王也，不必以传子；其亡也，亦往往就其诸侯之位，以不失其先之所世守。是故有改号而无绝国，有易主而无弑君也。德足以服人，而天下自服之，则为太昊，为炎帝，为黄帝；德不足以服人，而力争之，则为共工，为蚩尤。力争者，为戮于垂成，而天下无惜辞；德服者，奋起于一旦，而天下无难色，此古之所以为古也。

黄帝阪泉之役，以榆罔之侵暴也，战而胜，则诸侯免侵暴之虐，天下之志得，而黄帝之志亦得矣，尚何有他说也？《外纪》称黄帝三战得志，遂灭榆罔。今考之炎帝子孙传祀者数国，则《外纪》为可信邪？嗟夫，不求其意而泥其迹，则置尸而祭，嫌于黩伦，厘降二女，近于无别矣，岂独阪泉之役哉？余于《外纪》所言"黄帝习用干戈，教熊罴、貔貅、貙虎与炎帝战"之类，咸无取焉，惧惑人也。

《黄帝作合宫》

嗟夫！德至黄帝，可谓极矣！《易》称"垂衣裳而天下治"，又曰："通其变，使民不倦；神而化之，使民宜之。"其斯之谓极乎？方术所言采铜铸鼎、攀髯堕弓事，世主莫不甘心，而《诗》《书》不道，固附会之辞也。又其言曰："地有九州，黄帝皆治之，后世德薄，止治神州。"神州者，东南一州也。其言甚放，无可取者。虽然，亦有说焉。上古事简而民纯，黄帝德盛而制备，是混沌之始，开人文之大同也，其所威服，自应及远。《外纪》曰"得百里之国万区"，疑有之焉。夫东至于海，南至于江，亦为狭矣，而曰"万国"，则西北所至遐邈矣乎？以今观之，涿鹿，东北之极陬也，而以之建都；釜山，在怀来城北，而以之合符，则当时藩国之在其西北者，可知也。秦汉以来，匈奴他部如尔朱、宇文之类，往往祖黄帝，称昌意后，亦一证也。于戏！德盛者流光，其黄帝之谓乎？我朝都邑与涿鹿同，先儒所谓天地间大事，千百年无人理会者，一旦有之矣。空幕北之腥膻，进中国之礼乐，是当不远期也。

《舜都潘说》

夫舜濮人也，而曰生于冀；都，蒲也，而曰在于潘，此千载所疑也。然考之，舜生于姚墟，其侧微也，耕稼陶渔，在于雷泽、河滨、寿丘、负夏，率皆鲁、卫之境。又濮州有历山，山下有姚城，则舜实濮人也。二女所降，是曰妫汭。《禹贡》：妫水出雷首，则冀州者，舜所迁也，而谓舜为冀人，史误之矣。夫舜既濮人，则濮之有历山，是；而济南之有历山，青州之有历山，吾妫州之有历山，皆非也。尧之都也，史曰平阳，舜之都也，亦曰平阳，又曰蒲阪，斯近之矣，而曰都潘，则又非也。

然余有疑焉。太史公去古未远也，其言曰："余北过涿鹿，长老皆往往称黄帝、尧、舜之处"。张守节曰：妫州涿鹿城在山侧，黄帝、尧、舜之所都也。皇甫谧曰：舜所都或曰潘，今上谷也。夫岂无故而为是言哉？尝谓古人营都，与后人异，即其生聚之繁，托之以出号令，宜则居之，无有常也。是故环辕为卫，视虎豹九关为甚便；上阶茅茨，视殿阙盘郁为甚易；内官周于御，外官不备，惟其人，视属车法从千乘万骑为甚省。一岁而五岳之狩遍焉，一朝而方内之政举焉，固无后世之繁也。故自五帝以来，迁徙不常，各有都邑，异其国氏，以彰明德。夫涿鹿，蚩尤之故墟，黄帝之卜守也。虽云既徙，实则名都，合宫釜山，遗迹具在，五载之巡，岂不时至。故僭为之断曰：舜都蒲阪，无可疑也。平阳者，尧都也，受终之庙在焉。涿鹿者，黄帝之都也，合符之山在焉，皆舜所必至焉者。生而戴之，没而祠之，理之常也。而或者遂曰都焉，百世不忘之义也。其曰历山舜井，则后人因而附益之也。于戏！是可以观德矣！

《上谷考》

或问：春秋、战国之时，燕未置郡，上谷为何？曰：楼烦据之也。何知？曰：穆王之伐犬戎也，荒服不至，各相雄长，往往兼并其最强大者，则山戎、东胡、楼烦、林胡四部而已。山戎最东，在燕北；东胡稍西，在燕西北；楼烦、林胡又西，在晋北。齐桓伐山戎，至于孤竹，燕人始有宁宇。赵武灵会楼烦，斥林胡，而开云中、九原、雁门之地。燕昭用秦开，走林胡，而开上谷之地，于是始置郡。则未置郡之前，上谷为楼烦据，明矣。

曰：黄帝不都涿鹿乎？曰：都。曰：都奚近胡也？曰：黄帝之时，幅员最广，其都涿鹿也，犹为宅中。夫东止于海，南不逾湘，非极西北，何以称广？《诗》、《书》称治化首轩辕，方术家有乘云车、御龙诸说。故知黄帝之时，西北之国执玉帛者众矣。夫舜、禹之际也，而三苗负其固；成、康之衰也，而猃狁肆其毒。久矣，荒服之难服也！降至穆王，弃德观兵，穷欲以逞，由是树惇之性离，终王之职废，历年吞并，四部遂强。古人曰：德隆后服，德洿先叛。是之谓乎！

嗟夫！西北诸戎，先王所建以为荒服者也。薰陶未久，渐及凉德，由是中州不幸而遭其侵轶之患，彼亦不幸而不睹夫礼义之俗，不亦重可伤哉！不然，则周室既衰，夷狄渐炽，薄伐不修，异类南剥。若黄帝所逐之荤粥者，来据斯土，其部落有山戎、东林胡之称也。然则兹土也，黄帝而后，燕、秦而前，已沦异类，为一大变矣。于戏！武灵胡服，而云中乃开，昭王用间，而上谷始置，千载而下，要当知所慎也。

《驭戎论》

夫驭戎之道有三：弘大公之度，以开其向化之心；蓄不测之威，以消其先事之诈；严必然之防，以惩其窥伺之祸。是故在盛世，则王会可图；在继世，则国守不失。其来也，则抚之有道，而怨愤之心不兴；其去也，则防之有常，而慢侮之衅不作。古先圣王之所以驭戎者，不过如斯而已。

夫先王之世，固有山戎诸夷杂处于侯伯甸卫之中者矣，非故欲其如此也。开辟以来，种类杂间，或依山水之险，或以草木之蕃，自限一隅，未开礼教。然先王不闭籴曲防以病之也，不草薙禽狝以殄之也。朝会也，与之通贡赋也，为之节，其所以待之也，公矣。都鄙庐井以养民，比闾族党以成赋，方伯连帅以制兵，大司马三令九伐以惩不恪，其所以威之也不测矣。楚、越富土不逾子爵，秦、代盛马僻在边鄙，有会同而无与盟，有聘问而无交质，其所以防之也严矣。是故等分之既明，则狂悖之莫肆；摩染之既久，则习俗之渐移。以故，彼时诸戎夷，至今无复存者。白狄、赤狄、潞鲜、陆浑之类，率以顽嚚就诛；吴、楚、于越、秦、代、邾、淮之国，悉列衣冠，同于中国矣。先王仁义之治，文德武功之施，其效固如此也。

逮至后世，所患者北胡、南越，疆外之丑而已。夫款塞求贡，其来可许也；而转车千乘，疲劳中国，赐赏滥越，位诸王上，其所以待之者，久矣。纳贡请吏，其情可通也。而都护一出，兵行粮从，嗣继与夺，恩怨猬作，其所以震之者，渎矣。乌桓之始也，分置塞下；南匈奴之附也，罢斥边关。甚者杂处于闾阎，宿卫于朝宁，其所以防之者，替矣。由是乌桓、匈奴为患于汉，羌、氐、鲜卑稔乱于晋，唐室之杂夷，宋人之不竞，源皆此也。于戏！非我族类，其心必异。煦之以恩，恩极则亵；投之以利，利尽则争。始为我役，终必至于相轻；曲为彼谋，究必成乎自毙。其端甚多，不可不察也。

《旧唐书·宋庆礼传》

初，营州都督府置在柳城，控带奚、契丹。则天时，都督赵文翙政理乖方，两蕃反叛，攻陷州城，其后移于幽州东二百里渔阳城安置。开元五年，奚、契丹各款塞归附，玄宗欲复营州于旧城，侍中宋璟固争以为不可，独庆礼盛陈其利。乃诏庆礼及太子詹事姜师度、左骁卫将军邵宏等充使，更于柳城筑营州城，兴役三旬而毕。俄拜庆礼御史中丞兼检校营州都督，开屯田八十余所，追拔幽州及渔阳、淄、青等户，并招辑商胡，为立店肆。数年间，营州仓廪颇实，居人渐殷。

七年卒，太常博士张星议曰：宋庆礼太刚则折，至察无徒。有事东北，所亡万计。所谓害于而家，凶于而国。案谥法，好巧自是曰“专”，请谥曰“专”。礼部员外郎张九龄驳曰：庆礼在人苦节，为国劳臣，一行边陲三十年所。户庭可乐，彼独安于传递；稼穑为艰，又能实于军廪。莫不服劳辱之事，而匪懈其心；守贞坚之规，而自尽其力。有一于此，人之所难。况营州者，镇彼戎夷，扼喉断臂，逆则制其死命，顺则为其主人，是称乐都，其来尚矣。往缘赵翙作牧，驭之非才，自经隳废，便长寇孽，故二十年间，有事东鄙，僵尸暴骨，败将覆军，盖不可胜纪。大明临下，圣谋独断，恢祖宗之旧，复大禹之迹。以数十之役徒，无甲兵之强卫，指期遂往，禀命而行，于是量畚筑，执鼙鼓，亲总其役，不愆所虑，俾柳城为金汤之险，林胡生腹心之疾，盖为此也。寻而罢海运，收岁储，边亭晏然，河朔无扰，与夫兴师之费，转输之劳，较其优劣，孰为利害？而云“所亡万计，”一何谬哉！及契丹背诞之日，惧我犄角之势，虽鼠穴自固，而驹牧无侵，盖张皇彼都系赖之力也。安有践其迹以制其实，贬其谥以徇其虚！采虑始之谤声，忘经远之权利，义非得所，孰谓其可？请以所议更下太常，庶素行之迹可寻，易名之典不坠者也。星复执前议，庆礼兄子辞玉又诣阙称冤，乃谥曰“敬”。

《大明清类天文分野书》

开平府

亲领县一：开平

《禹贡》冀州之域，星分尾宿。汉（灵、献之际为上谷、渔阳之北境）、唐（迭为奚、契丹所据）、金（置桓州）、元（中统元年为开平府，至元二年置留守司，五年升上都路），本朝未立。

开平县

元（至元二年置。先是，府有东阳古城，至元元年，尝置为县，三年，省入兴州；七年，割其地属开平县），本朝未立。

宣德府

亲领县三：宣德、宣平、顺圣。

《禹贡》冀州之域，星分入尾。周（战国时属燕）、秦（为上谷郡地）、汉（为下落县地，属幽州）、三国（因之）、晋（为冯跋所据）、元魏（道武帝都云中，旧西京也，于此置文德县）、后周（因之）、唐（升为武州，仍置县。僖宗改为毅州）、五代（后唐复为武州，明宗又改为毅州，废帝仍曰武州）、辽（改名归化，末年改为德州）、金（天眷二年，改宣德州，隶大同府；大定七年，改宣化州；又明年复改为宣德州）、元（初为宣宁州；乙未年，改为山西东路；中统元年，改为宣德府，属上都），本朝未立。

宣德县

元魏（道武于此置文德县，历代因之）、元（改为宣德县，倚郭），本朝未立。

宣平县

金（本宣德县之大新镇；承安二年，以大新镇为宣平县）、元（移治于县界之辛南庄，置），本朝未立。

顺圣县

隋（本古安寨军）、唐（因之）、五代（废为永兴县地；石晋时，地入契丹；后因高勋镇幽州，分永兴县，置顺圣县）、金（属弘州）、元（割以来属），本朝未立。

奉圣州

亲领县三：永兴、怀来、缙山。

《禹贡》冀州之域，星分入尾。周（战国时属燕）、秦（为上谷郡地，置涿郡）、汉（因之）、三国、晋（入于北燕）、元魏（平慕容氏）、**唐**（改新州）、**五代**（后唐同光二年，为威塞军节度；石晋割赂契丹）、**辽**（会同元年，改为奉圣州）、**金**（大安元年，升为德兴府）、**元**（至元四年，改宣德府，属上都留守司；后复改奉圣州，属宣德府），**本朝未立。**

永兴县

秦（本涿鹿之野，为上谷郡地）、**汉**（置涿鹿县）、**唐**（改为永兴县，于县置新州）、**辽**（改为奉圣州，县如故）、**金**（大安元年，升为德兴府，县居郭下）、**元**（至元四年，改奉圣州，属宣德府，县如旧），**本朝未立。**

怀来县

周（本幽州之境，春秋、战国时并属燕）、**秦**（为上谷郡地）、**汉**（为潘县地）、**晋**（属广宁郡）、**元魏**（罢之）、**北齐**（置北燕郡）、**后周**（置郡，去北字，改潘县为怀戎县）、**隋**（开皇三年，以县属燕州，大业三年，属涿郡）、**唐**（武德初，为可汗州；七年，还置北燕州；贞观八年，改为妫州；长安二年，移理旧清夷军；天宝元年，改为妫川郡，又析置妫川县，寻废；乾元元年，复以妫州）、**五代**（属辽州，州罢，改为怀来县）、**金**、**元**（并因之，属奉圣州），**本朝未立。**

缙山县

汉（广宁县地，属上谷郡）、**唐**（天宝末，置妫川县，寻废；唐末于此置儒州）、**五代**（石晋割燕云十六州地赂辽，此其一也）、**金**（皇统三年，罢州为缙山县，取县北山为名）、**元**（初，因之；至元三年，省入怀来县；五年，复置，属奉圣州），**本朝未立。**

兴州

亲领县二：兴安、宜兴。

《禹贡》冀州之域，星分尾宿。汉（女祁县地，属上谷郡，又为东部都尉治；莽曰祁；至东汉，迭为诸侯所据）、唐（为奚地，属王府，号北州，治兴化县）、金（初，州罢为兴化郡，属北京；泰和间，复升为兴州）、元（因之，属上郡路），本朝未立。

兴安县

辽（本奚所据北安州之郭下兴化县）、金（初，州罢县存，属北京；泰和间，于县置兴州）、元（初，州存县罢；至元二年，始于州复置县），本朝未立。

宜兴县

金（泰和元年置，寻废）、元（至元二年，复置，属兴州），本朝未立。

松州

汉（辽西郡之文城县地）、辽（为松山州）、金（为松山县，属北京大定府路）、元（中统三年，属上都路），本朝未立

桓州

金（古上谷郡地，于此置桓州，属西京威远军节度使）、元（初，罢；至元二年，复置桓州，隶上都路），本朝未立。

云州

五代（古望云川地，其地属契丹）、辽（开泰二年，始筑城郭，为望云县）、金（因之，属奉圣州）、元（中统四年，升为云州，治望云县；至元三年，州存县罢；二十八年，割宣德府之龙门来隶上都路），本朝未立。

隆兴路

亲领县四：高原、怀安、天成、威宁。

《禹贡》冀州之域。周（春秋、战国时为北国地）、秦、汉、晋、北魏、隋（属代郡）、唐（属新州）、五代（属威塞军；石晋初，

入契丹，是为辽壤）、金（置柔远镇；大定十年，升为县，置宣德州；明昌三年，升为抚州，属西京；承安三年，升州之新城镇为威宁县，其年，又升为镇宁军）、元（中统初，立高原县；三年，以郡为内辅地，升为隆兴路），本朝未立。

高原县

金（置柔远县，属西京；贞祐兵后，改属抚州）、元（中统二年，置高原县，隶宣德府；三年，来属，为倚郭县），本朝未立。

怀安县

周（战国时属燕）、秦（隶上谷郡）、汉（为夷舆县地）、三国、隋（并为远人所据）、唐（初废为荒镇；后置新州，仍领永兴、矾山、怀安四县）、五代（属契丹）、金（因之，属西京）、元（初隶宣德府；中统三年，来属），本朝未立。

天成县

周（本战国赵云中地）、秦（属云中郡）、汉（为远服）、元魏（道武徙都平城，以其地为广牧县）、唐（武德五年，置定襄县，其地属焉）、辽（于此置天成县）、金（属西京）、元（初属宣德府；中统三年，来属），本朝未立。

威宁县

金（本新城镇，初属宣德府；大安初，与西京平地县同置；承安三年，升新城镇为威宁县）、元（初隶宣德府；中统三年，来属），本朝未立。

辽东都指挥司（旧辽阳路）

支郡二：懿州、盖州。

亲领县一：辽阳。

舜为营州之域，尾箕之分。秦（于此置东郡，属幽州）、汉（初修辽东故塞，至浿水为界，以限朝鲜郡。领县八，辽东居其一。东汉以郡属青州，后还属幽州。及汉末，公孙度自号平州牧，及其子康，据有其地）、三国（魏置东夷校尉，居襄平，而分辽东、昌黎等五郡为平州。复后，合为幽州）、晋（武帝咸宁二年，析五郡置平州，改辽东郡为国；太元十年，北燕慕容垂据有辽东郡）、元魏（仍为辽东郡）、隋（初，职贡不废，叛服无常）、唐（太宗亲征，得盖牟城，置盖州；得辽东城，置辽州）、五代（契丹神册四年，修辽阳故城，曰东平郡，后号南京；律耶德光改南京为东京）、金（因之，于此置辽阳府，领县二）、元（初为东京路；至元六年，置东京总管府；二十五年，改东京曰辽阳路），本朝立辽东都指挥司及定辽五卫，州县皆未立，因其旧名，属于本司。

辽阳县

汉（本旧县，属辽东郡；东汉安帝，分属玄菟郡）、五代（晋以后沦入高句丽，为句丽县；后属渤海，为常乐县；辽神册四年，修辽阳故城，以所俘汉民渤海户实之；德光、天显中，徙东丹国王居于此）、金（改为金德县；大定中，改名辽阳县）、元（至元六年，以鹤野并入辽阳），本朝未立。

懿州

辽（太平三年，越国公主创置庆义军，后更名广顺，隶上京；清宁七年，复更为昌宁县）、金（以其所居阛阓，遂置懿州，领顺安、灵山、同昌等县，属咸平府）、元（初隶省府；至元六年，省灵山、同昌二县，入顺安；后罢顺安，以州隶东京路；二十五年，改东京为辽阳路，而州属焉），本朝未立。

盖卫州（旧州）

唐（本高丽盖牟城；太宗亲征得城，置盖州；复改为辰州）、五代（契丹升为长平军）、金（皇统三年，改刺史，省宁州入焉；明昌四年，升大宁镇为秀岩，来属；后复改盖州，属东京）、元（初，升为盖州路；至元六年，省秀岩入辽阳县；八年，并建安入州；十七年，改隶东京路；二十五年，复改东京曰辽阳，而州属如故），本朝置盖州卫。

海州卫（旧澄州）

唐（本海州南海府沃沮故地；高丽卑沙城，唐李勣攻卑沙城，即此）、辽（太平九年，于此置迁民县；又移泽州民，仍为南海府）、金（皇统三年，改曰海州；天德三年，以山东有海州，改为澄州）、元（初罢；癸丑年，复置；至元六年，并入辽阳县），本朝置海州卫。

复州卫（旧复州）

辽（本迁民县，属黄龙府；后置复州，号永宁军节度，改县曰永宁，又更为永康，省丰水、扶罗入焉）、金（因之。）元（初，州罢而县存；至元六年，并入辽阳县，后复置），本朝置复州卫。

金州卫

元（本大宁路榆林之地），本朝置金州卫。

南京千户所，本朝以辽阳等处军户隶之。

草河千户所，本朝以草河等处军户隶之。

东宁千户所，本朝以旧东宁、沈阳等处军户隶之。

女直千户所，本朝以旧开元路等处女直军户隶之。

毛怜千户所，本朝以毛怜等处军户隶之。

大宁路（未立）

支郡九：兴中州、建州、惠州、义州、利州、川州、锦州、高州、瑞州。亲领县七：大宁、和众、富庶、金源、惠和、武平、龙山。

《禹贡》冀州之域，星分尾宿。周（春秋时为山戎之地）、秦

（分其地为辽西郡）、汉（新安平县地，在营州之北，潢水之南；后部奚据之）、三国（魏武征三部，破乌桓，遂平其地）、元魏（其部族复盛于此，建牙帐，自号库真奚；复灭辽西，其地属焉）、后周（为齐高宝宁所据）、隋（开皇三年讨平高宝宁，隶平营）、唐（初，其地属营州；贞观中，太宗于此置饶乐都督府，复置东夷都护府。其地叛服不常，唐末分为五部；及契丹阿保机强盛，遂服，属之）、五代（石晋以雁门、幽、蓟之地赂契丹，由是奚族隶之，寻与东奚，皆为所并）、辽（统和二十五年，即奚王□□创置城阙，号曰中京大定府）、金（初，因之；海陵贞元元年，迁都于燕，遂改此为北京大定府）、元（初，为北京府；至元九年，复为大宁路），本朝未立。

大宁县

汉（新安平县地）、五代（契丹阿保机强盛，室韦属之，此为白霫）、辽（建中京，置大定赤县）、金（为北京，治此）、元（中统二年，省长兴入焉；至元十九年，改为大宁县），本朝未立。

和众县

汉（本临渝地，后隶右北平之骊城县）、晋（燕北扰攘，各为所据）、隋（始取之）、唐（初为慎州之地；载初二年，析其地，置黎州，属营州都督；神龙初，又改属幽州；天宝初，奚据之）、五代（地属契丹，建榆州，治和众县）、金（州罢县存）、元（仍其旧），本朝未立。

富庶县

汉（本新安平县地）、辽（开泰二年，析宗州之民于山子川，以其地沃壤，置富庶县；人多力田，比屋丰富，故以为名）、金（因之）、元（省入兴中州；寻复置，属本路），本朝未立。

金源县

汉（本徒河县地，在营州东北）、唐（属青山县）、辽（开泰二年，徙其部落于涿州范阳县）、金（置金源县，取金甸子以为名）、元（因之），本朝未立。

惠河县

唐（本归义州地；总章中，有海外数百部落降附于此，置归义州以居之，隶幽州都督；后为奚所据）、辽（徙汉民数百户于上京东兔儿山下，创城以居之，号曰惠州）、金（天辅五年，州罢为惠和县；承安二年，复置，治神山县）、元（复改为惠和县，隶本路），本朝未立。

武平县

唐（本沃州地）、辽（太祖俘汉民，散居，以其地不可耕植，因建城池以迁之，号曰新城；宣帝统和八年，更为武安州）、金（罢州为武平县）、元（因之），本朝未立。

龙山县

汉（本交黎县地）、元魏（契丹方兴，置松漠，部落散居于此）、唐（贞观二年，隶营州都督，其地即古静蕃戍地）、辽（开泰二年，建为潭州）、金（皇统间，改为龙山县，属利州）、元（割属大定府；至元四年，还属利州；其年，复以来属），本朝未立。

兴中州

《禹贡》冀州之域，舜为营州之境，星入尾度。商（孤竹国）、周（春秋时入于山戎，战国属燕）、秦（为辽西郡地）、汉（辽西郡柳城，即此地也；东汉为辽西郡，而柳城其地，寻为乌桓、鲜卑、蹋顿所据）、晋（为慕容皝所据，改柳城为龙城，后北燕所都）、元魏（灭之，复于平州界立辽西郡，属平州）、隋（开皇三年，讨平宝宁，及以其地置营州，炀帝初，罢，又置柳城郡）、唐（武德元年，改营州，以柳城为都督府；天宝元年，更名柳城郡；乾元间，复为营州）、辽（号霸州，置彰武军节度使；后升为兴中府）、金（省州县，改营丘为洪宁县）、元（至元二年，县皆省，降府为州，寻复为兴中府；七年，降为州，属大宁路），本朝未立。

建州

《禹贡》冀州之域，星分尾宿。周（春秋时，山戎所据，战国属燕）、汉（为辽西郡柳城之地，东汉为乌桓、鲜卑、蹋顿所据）、三国（魏平之，隶辽西郡）、晋（慕容氏据有其地，后为北燕冯跋所夺）、元魏（平之，立辽西郡）、后周（为高宝宁所据）、隋（始平之）、唐（武德元年，属营州都督；五年，置昌乐县，后复置柳城，其地属焉；天宝元年，以宗州属柳城；乾元初，复改柳城为营州）、五代（自燕北扰攘，其地荒废；契丹既盛，完葺故垒，号曰建州）、辽（置永霸、永康二县）、金（省，后置县曰建平）、元（省建平入州，仍隶大宁路），本朝未立。

惠州

《禹贡》冀州之域，星分尾度。汉（右北平土垠县地）、晋（为北燕所据）、北齐（置东北道行台）、后周（立总管府，并以郡兼领其地）、唐（属无终县；天宝间，置马监于此；后为奚所据，以为西郡；开泰中，改为泽州）、金（天辅元年，州罢，改为惠和县；承安二年，复置惠州，治神山县）、元（初，因之；辛亥岁，县并省，仍隶大宁路），本朝未立。

义州

《禹贡》冀州之域，星分尾宿。秦（分置辽西郡为累县）、汉（因之，东汉末，其县为山戎所）、三国、晋（皆为戎）、唐（贞观十九年，太宗征高丽，尝驻军于此，遂建城，号宜州，崇信军，上节度）、金（天德三年州）、元（仍其旧），本朝未立。

利州

《禹贡》冀州之域，星分箕尾。周（春秋、战国属燕）、秦（为宾从县地，属辽西）、汉（东汉末为东夷所据）、晋、唐（武德五年，分饶乐郡都督，于奚部落置鲜州，属营州；后迁于青州；神龙中，改隶幽州；天宝后，为奚所有）、五代（契丹平奚，其地建城；统和四年，置阜俗县；十六年，更为利州；开泰元年，领阜俗县）、金（因之）、元（至元二年，降州为利城县；四年，复置，割龙山县隶大定府；阜俗县并入本州，仍隶大宁路），本朝未立。

川州

《禹贡》冀州之域，星分尾度。唐（本青山州地）、辽（会同三年，置白川州；天禄五年，改白川州领咸康等三县，后省）、金（天眷二年，升州为刺史，属懿州；大定初，州罢，隶咸平府；承安二年，复置川州，仍属懿州）、元（以县并入州，属北京路；至元二年，省入懿州，寻复置川州，仍隶大宁路），本朝未立。

锦州

《禹贡》冀州之域，星入尾宿。周（春秋属燕）、秦（辽东县地）、汉（因之）、三国（魏武帝伐乌桓，即其地也）、晋（为北燕所据，置西乐郡）、隋、唐（其地空虚，及唐末，入契丹）、辽（以其地实冲要，乃以所俘汉民居之，号锦州，临海军中节度）、金（因之，升为临海军节度）、元（至元三年，以锦州省入义州，寻复置，隶大宁路），本朝未立。

高州

《禹贡》冀州之域，星分尾度。唐（本信州地；万岁通天元年，置。契丹失活部，属营州都督；兵乱，迁置青州；神龙初，还隶幽州)、辽(开泰中,伐高丽,降三韩之人,遂建城邑以居之,故名高州)、金(天眷中,省州存县;承安三年,复置州,析武平、松山等县来属)、元(甲戌岁,升为兴胜府;丙子岁,仍改高州,隶大宁路),本朝未立。

瑞州

《禹贡》冀州之域,星分尾度。商(为孤竹国地)、周(春秋入于山戎,战国隶幽州)、秦(属辽西郡,为辽州地)、汉(因之)、晋(慕容皝置集宁县)、隋(炀帝复为辽西郡)、唐(贞观十年,于营州界置营州都督;咸亨初,改为瑞州;万岁通天二年,迁于宗州;神龙初,还隶幽州)、五代(州、邑并罢)、辽(开泰初,女真五部归焉,遂建城以居之,号曰来州,置来贞县)、金(大德三年,改为宗州;太和六年,复改瑞州)、元(至元六年,县并省),本朝未立。

广宁路

亲领县二、所四:

间阳县、望平县,广宁旧千户所、钟秀旧千户所、凌川旧千户所、辽镇旧千户所。

舜营州之境,星分尾度。秦(辽东郡地)、汉(郡属幽州无虑县,为西部都尉治所,莽废;和帝,永元十六年,于辽东复置西部都尉,无虑仍属焉;汉末为公孙度所据)、三国(魏置护东夷校尉,居襄平以统之)、晋(咸宁二年,复分辽东等郡,置平州;后为慕容廆所据)、后周、隋(高句丽略有辽东)、唐(高宗始平之,置巫闾守捉城)、辽(阿保机取其地。大圣会同二年,建显州,奉先军节度)、金(天会七年,改为广宁府;天眷三年,改辽西路转运司,领广宁、望平、间阳、钟秀四县)、元(克平辽东;辛丑岁,更为行军民总管府;辛亥,改为军民万户府;中统元年,复改万户府为总管府;至元六年,降为散府；十五年，升为广宁宁路总管府），本朝未立。

闾阳县

汉（本无虑县地）、辽（大圣会同二年，建显州，奉先军，又于州西南七里置乾州，广德军节度，立奉陵县，后改曰闾阳）、金（大定七年，徙闾阳治南州，后隶广宁府）、元（壬寅年，改县为闾阳千户所；至元六年，改千户所为县；十五年，又以县为行千户所事），本朝未立。

望平县

汉（望平地）、辽（为山东县，因割永丰县西之民为陵户，以其地在闾山之东而名焉）、金（初，因之，置梁鱼务；大定二十九年，改为望平县，复汉旧名）、元（至元六年，省钟秀入焉；十五年，割出钟秀，治望平县，兼行千户所事），本朝未立。

广宁

汉（无虑县地）、辽（于巫医闾山之东南建乾州奉先军，仍置奉先县，以为附庸邑）、金（天会七年，改曰广宁县，隶广宁府）、元（壬寅岁，改县为千户所；辛亥岁，隶广宁路；至元六年，并本所入闾阳县；十五年，复析置广宁千户所），本朝未立。

钟秀

辽（奉先县地）、金（天会年，置钟秀府）、元（壬寅岁，省县入闾阳；辛亥岁，复置千户所，隶广宁路；至元六年，省入望平县；十五年，复析置钟秀千户所），本朝未立。

凌川

金（本新茂州）、元（辛亥岁，始置千户所，取凌川为名；至元六年，并入闾阳县；十五年，复析置千户所），本朝未立。

辽镇

辽（为西州）、金（天会七年，废州为辽镇）、元（壬寅岁，置辽镇千户所；辛亥岁，隶广宁路；至元五年，省入广宁；十五年，立辽镇千户所，仍隶广宁路），本朝未立。

沈阳路

古（挹娄故地也）、唐（渤海大氏建定理府，都督沈、定二州，管领定理、平丘等九县，此为沈州地也）、辽（定州与县并罢，即沈州为兴辽军节度）、金（改为昭德军节度；大定中，又改曰显德军，领乐郊等五县）、元（丙子岁，高丽神骑都领洪福源率西京、都护、龟州四十余城来降；壬寅岁，高丽国复叛；明年，洪福源引众拔归，乃徙民散居辽阳、沈州，初创城郭，置司侨，治辽阳故城；中统二年，改为安抚高丽军民总管，治沈州；元贞二年，并两司为沈阳等路安抚高丽军民总管府，仍治辽阳故城），本朝未立。

开元路

古肃慎氏之地。元魏（时始见中国，号曰勿吉）、隋（曰黑水靺鞨）、唐（武德五年，酋长阿固郎来朝；贞观年，以其地为燕州；开元十年，置黑水府，以部长为都督刺史；十四年置黑水都督、幽州都督；咸通年间，渤海王玄锡强盛，以肃慎故地为上京，号龙泉府）、五代（唐同光间，黑水兀儿及独鹿皆遣使朝贡，其地东濒海，南界高丽，西北与契丹接壤，即大金也）、金（始祖部落，初号女真，后改曰女直；太祖乌古打既灭辽，即上京设都；皇统间，都于燕；正隆二年，改为会宁府，置上京留十年，升为上京，治会宁置曲春二焉）、元（癸巳年，师至开元，东土悉平，于建州故城行路事，辖女直等户；年设开元户府，治黄龙府；至二年，开元路，属辽东道宣慰司），本朝属女直千户所。

咸平府

营州东，朝□□□□天下朝鲜畏秦袭□□□□□服属焉，秦以属辽东郡外徼。及秦末（燕人卫满略真番、朝鲜，置吏，筑鄣塞），汉（以其地远难守，复修辽东故塞，至浿水为界，封卢绾为燕王，与朝鲜接壤；后绾叛，卫满聚党破朝鲜而自王；武帝元封三年，析其地，置真番、临屯、乐浪、玄菟四郡，而朝鲜、浿水二县属乐浪；东汉因之；汉末公孙度据有辽东，自号平州牧，其地属焉）、三国（魏分乐浪等五郡为平州，复合于幽州）、晋（分乐浪等郡置平州，以慕容廆为刺史，后为所据；朝鲜仍属乐浪，后高句丽侵其地，慕容宝即以高句丽王安为平州牧，复置铜山郡）、唐（灭高丽，置安东都护以统之，寻为渤海大氏所据）、辽（平渤海，开泰八年，遂招置平营流民，建城居之，号咸州，安东军节度，亦曰咸平）、金（为咸州；天德二年，升为咸平府）、元（属开元路，后复割属辽东道宣尉司），本朝未立。

东宁路

支郡：都护府、定远府、黄州、德州、朔州、宣州、成州、熙州、孟州、灵州、延州、云州、慈州、嘉州、顺州、殷州、宿州、郭州、昌州、抚州、渭州、铁州、泰州、价州、龙州、博州、凤州、谷州。

亲领县二，镇一：土山县、中和县，铁化镇。

古朝鲜地，星分箕宿。汉（本平壤城，又号长安城，乐浪郡也；武帝元封二年，灭朝鲜，置玄菟郡，以高丽为县，属焉）、晋（安帝义熙后，其王高琏始居平壤城）、唐（太宗亲征，攻拔二城；高宗又遣李勣攻拔扶余、平壤，高丽遂平；垂拱中，立高宝元为朝鲜王）、五代（唐同光元年，高丽遣使来朝；长兴二年，王建权知国事，遣使者来，明宗拜建黄州都督，充大义军使，封高丽国王逮传子孙，以平壤为西京）、元（至元六年，李延龄等以六十城来归；八年，改西京为东宁府；十三年，升为路，仍领二府、二县、一镇、二十六州），本朝高丽王修职为臣，州县并因其旧。

土山县，沿革已见本路。

中和县，沿革已见本路。

铁化镇，沿革已见本路。

都护府

古朝鲜幽州之域，星分箕宿。唐（高宗总章元年，李勣平高丽国，得城百七十，其地为都督府，置安东都护府于平壤以统之；开元二年，徙于平州；天宝二年，又徙于辽西，改郡城；自唐之季，地入高丽）、元（至元六年，李延龄等以其地来归，此为都护府，领府、州、县、镇六十余城；虽因唐旧，而无其实，仍存旧名，隶东宁路），本朝因之。

定远府

古朝鲜国，舜为幽州之地，星分箕宿。元（其地旧为高丽所有，列置郡邑，此为定远府；至元六年，李延龄等以其地来归，仍存旧名，隶东宁路），本朝因之。

德州

亲领县四，镇三：

江东县、永清县、通海县、顺化县，宁远镇、柔远镇、安戎镇。

古朝鲜国，舜幽州之地，星分箕宿。元（旧为高丽之壤，列置郡邑，此为德州，旧有县镇沿革并同），本朝因之。

昌州　安义镇。沿革见前（已下州县并同）。

铁州　定戎镇。

泰州。

价州。

凤州。

谷州。

博州 遂安县。

黄州 安岳县、三和县、龙冈县、咸从县、江西县、长命县。

云州。

慈州。

嘉州。

顺州。

殷州。

宿州。

朔州。

宣州 宁朔镇、席岛镇。

成州 树德镇。

熙州。

孟州 三登县、椒岛镇、椴岛镇、宁德镇。

延州 阳岩镇。

云州。

郭州。

抚州。

渭州。

龙州。

《大金国志》　《许奉使行程录》

宋著作郎许亢宗为贺金主登位使，时太宗嗣立之次年，往宋为宣和六年也。自雄州起，直至金主所都会宁府，共二千七百五十里。是时，金国礼南使甚厚，犹未渝盟。今自临安府余杭门起，至雄州三千二百七十里；又自雄州至上京会宁府，二千七百五十里，通计六千零二十里。

第一程，自雄州六十里至新城县。

离州三十里至白沟，巨马河源出代郡涞水，由易水界至此合流，东入于海。河阔止十数丈，深可二丈，南宋与契丹以此为界。旧容城县附雄州，归信县寄里。自壬寅年冬于河北岸创筑容城县新垒，过河三十里到新城县。契丹阿保机入寇，唐庄宗以铁骑五千败之于新城，即此地。旧为契丹边面。自与宋朝结好，百余年间楼壁仅存。

第二程，自新城县六十里至涿州。

涿州，古涿郡，黄帝与蚩尤战于涿鹿之野，即此地。昔为契丹南寨边城，楼壁并存。及郭药师举城内属，不经兵火，人物富盛，井邑繁庶。近城有涿河、刘李河，合范河东流入海，故名范阳。

第三程，自涿州六十里至良乡县。

良乡县乃唐庄宗时赵德钧银镇也。幽州岁苦契丹侵钞转饷，乃于盐沟置良乡县，即此地。置燕山府，自经兵火之后，屋舍居民，靡有孑遗，师臣复加修筑，楼壁烨然更新。离良乡三十里，过芦沟河，水极湍激，每候水浅深，置小桥以渡，岁以为常。近年都水监辄于此河两岸造浮梁，建龙祠宫，彷佛如黎阳三山制度。

第四程，自良乡六十里至燕山府。

燕山乃古冀州地，舜以冀州广远，分置幽州，以其地在北方幽阴之地。东有朝鲜、辽东，北有楼烦、白檀，西有云中、九原，南有滹沱、易水。唐制：范阳节度临制奚、契丹。自晋割赂，建为南京，又有燕京析津府，户口安堵，人物丰庶，州宅用契丹旧大内，壮丽曼绝。城北有市，陆海百货，萃于其中。僧居佛寺，冠于北方。锦绣组绮，精绝天下。蔬蓏、果实、稻粱之类，靡不毕出。桑柘麻麦、羊豕雉兔，不问可知。水甘土厚，人多技艺，民尚气节，秀者读书，次习骑射，耐劳苦。既城后，远望数十里，宛然如带，回环缭绕，形势雄杰，真用武之国也。国初更府名曰燕山军，额曰“永清”，城周围二十七里，楼壁高四十尺，楼计九百一十座，池堑三重，城开八门。

第五程，自燕山府八十里至潞县。

潞县东半里许有潞沙，曹操征乌丸，袁尚等凿渠，自滹沱由派水入潞沙，即此地也。

第六程，自潞县七十里至三河县。

三河县隶蓟州，后唐德钧于幽州东置三河县，以护转输，即此。

第七程，自三河县六十里至蓟州。

蓟州乃渔阳也，因问天宝禄山旧事，人无能知者。

第八程，自蓟州七十里至玉田县。

玉田县之东北，去景州百二十里。自甲辰年金人杂奚人直入城内劫据，每边人告急，四月之内凡三至，尽军民一火而去。宣抚使王安中创筑此县，后改为经州。

第九程，自玉田县九十里至韩城镇。

镇有居民可二百家，并无城。

第十程，自韩城镇五十里至北界清州。

出韩城镇东竹十余里，至金国所新立地界，并无沟堑，惟以两小津堠，高三尺许。其两地界，东西阔约一里许内，两界人户不得耕种。行人并依奉使契丹条例，所至州，备车马护送至界首。前期具国信使副职位姓名关牒，北界备车马人夫以待，彼中亦如期差接伴副使于界首伺候。两界各有幕次行人，先令引接，赍国信使副门状过彼，彼亦令引接，以接伴使副门状回示，仍请过界。于例三请方上马，各于两界心对马立，引接互呈门状，各扬鞭虚揖如仪，以次行马。四十里至清州，各相劳问。州原是石城县，金国新改为清州，兵火之后，居民才百余家。是晚酒五行进饭，其食品不可向口。自此以东，过馆顿或宿程，其供应人旋于民汉儿内选之。每遇迎南使，则给银牌，入主干者各悬一枚于腰间，名曰银牌天使。

第十一程，自清州九十里至滦州。

滦州古无之，唐末天下乱，阿保机攻陷平营，刘守光据幽州，暴虐，民不堪命，多逃亡依阿保机为主，筑此以居之。州处平地，负麓西岗；东行三里许，乱山重叠，形势险峻；河经其间，河面阔三百步，亦控扼之所也。水极清泚，临河有大亭，名曰“濯清”，为塞北之绝郡。守将迎于此，回程赐宴是州。

第十二程，自滦州四十里至望都县。

民既入契丹依阿保机，即于所居处创立县名，随其来处乡里名之，故有望都、安喜之号。唐庄宗以铁骑五千退保望都，即此县也。

第十三程，自望都县六十里至营州。

营州古柳城，舜所筑也，乃殷之孤竹国，汉、唐、辽西地。金国讨张瑴，是州之民屠戮殆尽，存者贫民十数家。是日行入馆于州宅，古屋十数楹，庭有大木十数株，枯腐蔽野，满目凄凉，使人有吊古悼亡之悲。州之北有六七里，闻有大山数十，其来甚远，高下皆石，不产草木，特立州后，如营卫然，恐州以此得名。

第十四程，自营州一百里至润州。

离营州东行六十里至渝关，并无堡障，但存遗址，有居民数家。登高回望，东自碣石，西彻五台，幽州之地，沃野千里。北限大山，重峦中有五关：居庸，可以行大车，通转饷；松亭、金坡、古北口止通人马，不可行车。外有十八路，尽兔径鸟道，止能通人，不可行马。山之南地，则五谷百果、美木良材无所不有。出关未数十里，则有山童水浊，皆瘠卤弥望，黄茅白草，莫知其极。盖天设此以限南北也。兹以来类皆如此，更不再叙。

第十五程，自润州八十里至迁州。

彼中行程并无里堠，但以行彻一日即记为里数。是日，行无虑百余里。金人居常行马，率皆奔轶。此日自早饭罢行，至暝方到。道路绝人烟，不排中顿，行人饥渴甚。自兹以东，类皆如此。

第十六程，自迁州九十里至习州。

迁州东门外十数步，即古长城，所筑遗址宛然。

第十七程，自习州九十里至来州。

无古迹。

第十八程，自来州八十里至海云寺。

离来州三十里，即行海东岸，俯挹沧溟，与天同碧，穷极目力，不知所际。是寺去海半里许，寺后有温泉二池。望海中有一大岛，楼殿萃堵波之上，有龙宫寺，见安僧有数十人。是夜，行人皆野盘。

第十九程，自海云寺一百里至红花务。

此一程尽日行海岸，红花务乃金人煎盐所，去海一里许。至晚，金人馈海鱼数十枚烹作，美味极珍。

第二十程，自红花务九十里至锦州。

自出渝关，东西路如平掌，至此微有登陟，径由十三山下。

第二十一程，自锦州八十里至刘家庄。

是夜，行人皆野盘。

第二十二程，自刘家庄一百里至显州。

出渝关以东，南行濒海，北限大山，尽皆粗恶不毛。至山，忽峭拔摩空，苍翠万仞，全类江左，乃医巫闾山也。成周之时，以医巫闾作镇，其远如此。

第二十三程，自显州九十里至兔儿涡。

第二十四程，自兔儿涡六十里至梁鱼务。

离兔儿涡东行，即地势卑下，尽皆萑苻，沮洳积水。是日凡三十八次渡水，多被溺，名曰辽河。濒河南北千余里，西二百里，北辽河居其中，其地如此。隋、唐往高丽路皆由此。秋夏多蚊虻，不分昼夜，无牛马能致行，以衣被包裹胸腹，入皆重裳而披衣，坐则蒿草薰烟，稍能免。务基依水际，居民数十家，环绕弥望，皆荷花，水多鱼。徘徊久之，颇起怀乡之思。

第二十五程，自梁鱼务百单三里至没咄寨。

离梁鱼务东行六十里，即过辽河，以舟渡，阔狭如淮。过河东亦行淀五十里，旧广州惟古城有贫民三五家。是夜宿没咄寨。

第二十六程，自没咄寨八十里至沈州。

第二十七程，自沈州七十里至兴州。

契丹阿保机破渤海国，建为东京路。自此所至屋宇，虽皆茅茨，然居民稍盛，食物充足。离兴州五十里至银州中顿，又四十里至咸州。

第二十八程，自兴州九十里至咸州。

未至咸州一里许，有幕屋数间，供帐皆备。州守出迎，礼如制。就坐，乐作，有腰鼓、芦笛、管、琵琶、方响、筝、笙、箜篌、大鼓、拍板，曲调与南朝一同。酒五行，乐作，迎归馆。次日早，有中使抚问，别一使赐酒果，一使赐宴。赴州宅，就坐，乐作，酒九行，食品杂进，名曰茶饭。金国再赐宴，必贵臣押伴。是日押伴贵臣备酒，辄大言说："金国之强，控弦百万，无敌于天下。"使长折之曰："宋有天下二百年，幅员三万里，劲兵百万，岂为弱耶？某衔命远来贺大金皇帝登宝位，大金皇帝止令太尉来伴行人酒食，何尝令大言以相罔也？"辞气俱厉，押伴者气慑。及赐宴毕，例有谢表曰："祗造邻邦"，中使读之曰："使人轻我大金也。表辞不当用邦字，《论语》云：蛮貊之邦。"使长正色而言曰："《书》不云乎，协和万邦；《诗》不云乎，周虽旧邦，皆邦字。而中使止诵此一句以相问。表不可换，须到关，当与读书人理会，中使无多言！"中使无以答。使长许亢宗，饶之乐平人，以才被选，为人蕴藉，似不能言者，临事敢发如此，金人壮之。

第二十九程，自咸州九十里至同州。

自咸州四十里至肃州，又五十里至同州。离咸州即北行，州地平壤，居民所在成聚落。新稼殆遍地，宜穄黍。东望大山，金人云：此新罗山。山内深远，无路可通，其间出人参、白附子，深处与高丽接界。山下至州，可行路三十里。

第三十程，自同州三十里至信州，回程赐宴于此。

第三十一程，自信州九十里至蒲里孛堇寨。

第三十二程，自孛堇寨四十里至黄龙府。

契丹阿保机初攻渤海，射黄龙于此地，即建为府。是日，州守迎迓如仪。有中使抚问，赐酒果，锡宴，一如咸州制。自此东行。

第三十三程，自黄龙府六十里至托撒孛堇寨。

府为契丹东寨，当契丹强盛时，擒获异国人，则迁徙散处于此。南有渤海，北有铁离、吐浑，东南有高丽、靺鞨，东有女真、室韦，北有乌舍，西北有契丹、回纥、党项，西南有奚，故此地杂诸国俗。凡聚会处，诸国人语言不通，则各为汉语以证，方能辩之。

第三十四程，自托撒九十里至漫七离孛堇寨。道傍有契丹旧益州、宾州，皆空城。

第三十五程，自漫七离一百里至和里闲寨。

离漫七里行六十里，即古乌舍寨。寨枕混同江湄，其源来自广漠之北，远不可究。自此有南流五百里，接高丽鸭绿江入海，江面阔可半里许。寨前高岸有柳树，沿路设行人幕次于下。金人尤师李靖居于是，靖累使宋朝。此排中顿，由是饮食精细绝佳。时当仲夏，藉树阴俯瞰长江，凉飔拂面，槃薄少顷，殊忘鞍马之劳。过江四十里，宿和里闲寨。

第三十六程，自和里闲寨九十里至句孤孛堇寨。

自和里闲寨东行五里，即有溃堰断堑。自北而南，莫知远近，界隔甚明。乃契丹昔与女真两国古界也。八十里直至来流河，行终日无寸木，地不产泉，人携水以行，岂天以限两国也？来流河阔三十余丈，以船渡。又五里，至句孤寨。自此以东，散处原隰间，尽女真人，更无异族。无市井，卖买不用钱，惟以物相贸易。

第三十七程，自句孤寨七十里至达河寨。

第三十八程，自达河寨四十里至蒲挞寨。是日金使前来排辨祗候。

第三十九程，自蒲挞寨五十里至馆。

行三十里，至元宝郎君宅，接伴使副具状辞，馆伴使副于此始见，如接伴礼。金国每差接伴、馆伴、送伴客省使，必于女真、渤海、契丹人物白皙详缓能汉语者为之。复有中使抚问，赐酒果宴如常仪。毕，又行三十里至馆。馆惟茅舍数十间，堂室皆帟幕，武夫守护甚严。此去北庭尚十里。次日，赐酒果。次早，馆伴同行，马可五七里，一望平原。旷野间有居民千余家，星罗帟布，更无城廓里巷，率皆背阴向阳。又三里，命去伞，近阙地作百步，有阜宿围绕三数顷，并高丈余，云皇城也。至以宿门，就龙台下马，歇定，酒三行。少顷，闻鞞鼓声，人歌，引三奏，乐作，阁门使及祗候班引入，即捧国书及陈礼物于庭下，传进如仪。赞通拜舞抃蹈讫，使副上殿，以次就坐，余并退。山棚之左曰“桃源洞”，右曰“紫微洞”，中作大牌曰“翠微宫”，高五七丈，建殿七栋，甚壮，榜额曰“乾元殿”，阶高四尺，阶土坛方阔数丈，名曰龙墀。殿内以兵数十人，分两壁立。四面兴筑架屋数千百间。金主御座前施朱漆银装金几案，果碟酒器皆金玉，酒味食品皆珍美。乐部二百人，乃契丹教坊四部也。酒五行，食毕，合赐袭衣袍带，使副以金，余人以银。谢毕，归馆。次早，中使赐酒果，复赐饩，以绵帛折充。次日，再谒北庭，赴花宴，并如仪。酒三行，乐作，鸣钲击鼓，百戏出场。酒五行，各起就帐，戴色绢花各二十余枝，谢罢，复坐。酒七行，归馆。次日，又有中使赐酒果，复有贵臣就赐，并伴射于馆内。庭下设乐作。酒三行，伴射贵臣、馆伴、使副、国信使离席，就射三矢，弓弩从便用之，胜负各有差，就赐袭衣鞍马。次日，朝辞，仪如见时。酒果毕，就殿上请国书，捧下殿，赐使副袭衣物帛鞍马三节，人物各有差。拜辞讫，就馆，酒行乐作，名为惜别之会，又曰换衣灯宴。酒三行，各出衣服三数件或币帛交遗。常时相聚，惟劝酒食，不敢多言。至此夜，语笑甚款，不计其巡，以醉为度，皆旧例也。次日，回程起发，至兀室郎君宅，馆伴、使副展状辞，送使副于此，相见如仪。有中使抚问，赐酒果，皆如来时。至信州、滦州同此，回程更不再叙。至清州将出界，送伴使副夜具酒食，亦为惜别之会，出衣服数件或币帛交遗，情意甚勤。次早，发回至界，有幕次。下马而望，我界旗帜、甲马、车舆、帟幕以待，人皆有喜色。少顷，乐作，酒五行，上马，复送至两界中；彼使副回马对立，马上一杯，换所执鞭，以为异日之记；引展接状，举鞭揖，各则背马回顾；少顷，进数步，踌躇为不忍之状，如是乃行。彼中人情皆悽恻，为之择泪，南人无之。

苏州备录上

苏州府

疆域

东至东沙海岸三百一十四里，西至常州府宜兴县界一百里，南至浙江嘉兴府秀水县界九十四里，北至扬州府通州界一百五十里，东南至松江府华亭县界一百二十六里，东北至大海一百七十二里，西南至浙江湖州府乌程县界一百五十一里，西北至常州府无锡县界四十九里。

城

周三十四里五十三步九分。（注一）

卫

苏州卫，领四千户所。（注二）

驿递

姑苏驿。（注三）

钞关

浒墅钞关，在府西北三十里。

形势

南近诸越，北枕大江（汉武帝《赐严助书》），川泽沃衍，有海陆之饶（隋《地理志》）。

往事

国都二：吴阖庐都姑苏，至其子夫差，越人灭之。元末张士诚据平江，称吴王，我太祖平之。帝幸一：宋高宗绍兴四年，金人入犯。十月，幸平江。至明年二月，还临安。起兵二：楚项梁及羽，自会稽以江东子弟八千人渡江。宋建炎三年，韩世忠自平江入杭，定苗刘之变。

山水

大江在常熟县之北，上接江阴县界，下入海，与通州对岸。

海在太仓州嘉定县之东，上接江流，南至上海县界。

太湖在府城西南四十里，《禹贡》谓之震泽，《周官》《尔雅》谓之具区，《史记》《国语》谓之五湖。其大三万六千顷，东西二百余里，南北一百二十里，周五百里，跨苏、常、嘉、湖四府界。北有百渎，纳建康、常、润数郡之水，南有诸溇，纳宣、歙、临安、苕、霅诸水，其东则入于三江。其名五湖者，《图经》以贡湖、游湖、胥湖、梅梁湖、金鼎湖为五，魏韦昭以胥湖、蠡湖、洮湖、滆湖与太湖为五。吴虞翻云：太湖东通淞江，南通霅溪，西通荆溪，北通滆湖，东连韭溪，凡五道，故名。《志》曰：今湖亦自有五名：自莫厘山之东，与徐侯山相值者，中为菱湖（周回三十里，西口阔二里）；莫厘之西北，与菱湖连者为莫湖；南连莫湖，东逼胥山者为胥湖（二湖各广五六十里）；长山之东曰游湖（周五六十里，西口阔二里，其东岸即树里）；长山之西北，连无锡老岸曰贡湖（周回一百九十里）；别有金鼎湖、梅梁湖、东皋里湖，其浸则通谓之太湖。

太湖图。（图原阙）

嘉靖中，昆山郑若曾作太湖图而为之论（注四）曰：太湖延袤五百余里，雄跨苏、常、湖三境，全吴巨浸，无大于此。论水利，则三郡田赋丰歉系焉。论兵防，则三郡封疆安危系焉。全吴利害，亦无大于此。向来论经略者，多未之及。或谓东西洞庭及滨湖诸山，古来兵火不及，奚必议守？然自古大兵之下江南也，或从京口，或从三坝，志在城郭，则山林必在所弃。若倭夷、土寇则不然，志在卤掠，弃无就有。今腹内诸村镇搜括已尽，必趋于未经兵火之地，则沿湖诸境非所当防者耶！况自太湖入宜兴，以至金陵，为道甚捷，不可不先事而为之防也。或曰：湖中风波与江、海异，若之何其御之？曰：此非渔网船不可。盖江船与海船不同，海船与内河之船不同，内河之船与湖泖船又不同。内河之船，即今之官航民舶是已。江船大者为川，为襄；小者为满江洪，为摆渡之类。海船十余种（广东新会船、东莞船、大福船、草撇船、海沧船、开浪船、高把稍船、艄舫船、苍山船、八桨船、鹰船、渔船、蜈蚣船、两头船、网船、沙船），曾已图形于《筹海图编》，可览而知。若湖泖之船，虽生长吴地者，问之多不知，况以宦游之人而知用之乎？请详言之。夫湖泖之船，大小不齐。运石者谓之山船，运货者谓之驳船，民家自出入者谓之塘船，卫所巡司所用者谓之巡船，乡夫水兵所驾者谓之哨船，往来津口者谓之渡船。之六者，虽皆习知湖中风涛之性，尤未若渔船之便利也。渔船莫大于帆罟，其桅或六道（可装二千石），或五道（可装一千四五百石），或四道（可装千石），无间寒暑，昼夜在湖。每二只合为一舍，素为贼之所畏。联而艅之，太湖攻战，此其最善乎！此船小者，亦可入港，桅三道（可装五百石），二道（可装百石以下）是也，江湖中皆有之。若风息时，无问大小，皆不适用。盖罟之所利者，狂风怒涛也。其尾无橹，其旁无桨。风息帆弛，即不如巡、哨船之击楫为有用矣。其次为江边船（大者可装二千石，以渐而降至于百石），自五桅以至二桅，亦专使帆，无橹与桨。其中号以下者可入港，最大者不可入港。若欲出扬子江，则由锡山高桥下江水宽处行，然须重载压船吃水，方可过高桥也。其次为厂梢船（大者可装六七百石，渐降至六七十石），又其次为小鲜船（即湖中航船是也，大者不满百石），二者皆有帆而有橹。又其次为剪网船（亦合二只为一舍），船虽狭小，第一迅快。又其次为丝网船，驾使不过三人，而风帆迅快，人亦堪用。此二者，各湖所共有也。又其最小者为划船，三四人荡桨如飞，疾于剪网，但不用风帆，不利湖浪，用之以探报，诸舟所不及矣。其遇贼也，以桨超淖泥泼贼舟，舟滑难立，大为贼之所惮。此船惟吴江、长洲有之，他县皆无。而吴江之二十九都者，惯一行劫，至为可恶。凡此皆渔船之可用者也。其他湖泖内港渔船，尚有辄网（一人坐于船首辄鱼者是）、赶网（一辄一赶者是）、逐网（一二口网在于船头者是）、罩网（秋冬罩鱼，夏月则歇而捕田鸡者是）、江网（立木于吴淞江鲇鱼口水中，两两相峙，其人登架，其船下泊是也）、溏网（一只带头，一只安坐溏岸上起网者是），六者皆迟钝不适于用，所适用者惟鸬鹚船（一名水老鸦，一橹一桨，或二桨），出于吴江、长洲二县，其驾使不过二三人，其快埒于剪网，善用之，大为军旅之助。或又曰：周湖港口无虑百数，焉得港港而备之？曰：不然，湖口虽多，通舟往来者，不过如吴江之韭溪、叶港、雪落洪、坍关、鲇鱼口，吴县之莫舍溇、胥口港，无锡之独山、浦岭、吴塘门，武进之马迹山，宜兴之荆溪、东蠡河、忻溪、直渎之类，可指而数也。各练乡兵守之，而以巡、哨船为之探报，帆罟、边江等船常居深水，贼岂能入湖也哉？然大小渔船未经刷集，一旦用之，欲望其出死力，不能也。须平时籍之于官，蠲其役，专委一廉仁有司训教之，则善矣。

三江

《禹贡》："三江既入，震泽底定。"《周礼·职方氏·扬州》："薮曰具区，川曰三江。"《国语》：子胥曰："三江环之，民无所移。"范蠡曰："与我争三江五湖之利者，非吴耶？"《战国策》：黄歇上秦王书曰："越王禽之三江之浦。"《吴越春秋》曰："范蠡乘舟出三江之口。"《越绝书》曰："出三江之口，入五湖之中。"三江之名，见于古者如此。《史记正义》曰："三江者，苏州东南三十里名三江口，一江西南上七十里至太湖，名曰淞江，古笠泽江；一江东南上七十里至白蚬湖，名曰上江，亦曰东江；一江东北下三百余里入海，名曰下江，亦曰娄江。于其分处，号曰三江口。"顾夷《吴地记》云："淞江东北行七十里，得三江口，东北入海为娄江，东南入海为东江，并淞江为三江。"按今淞江自吴江县东长桥东行二百六十里入海，自元立松江府于水之南，而此江遂名吴淞，禹迹之存于今者，此一江而已。娄江，或曰自府城东经昆山、太仓入海，今名刘家河者是。今府城东门名娄门，亦其证也。元海运，国初下洋，皆由此。崇祯末，涨塞。东江，大抵在府东南与松江府境，自海塘障于南，水北折为黄浦，而东江不可考矣。元潘应武以为太湖之水，出白蚬江、急水港，下淀山湖，东自小漕、大沥诸港以入海者，即古之东江。金藻本其说，以为可复。而《松江志》曰："上海县黄浦支河曰闸港，闸港之东曰新场，旧有海口，论者指此为东江。"王圻曰："东江疑在华亭、海盐、平湖界中，后为捍海塘所截。"而归有光则以《禹贡》之文本不相蒙，二江并是淞江之支流，只有一江，无三江也。今以其形势大略为之图，并次历代开治之迹于左。

三江图。（图原阙）

历代水利

唐元和五年，王仲舒治苏，堤松江为路（即今石塘）。

吴越钱氏尝置都水营田使以主水事，募卒为都，号曰撩浅。

宋天禧间，转运使张纶于常熟、昆山各开诸浦以导积水。

天圣初，诏转运使徐奭等自市泾以北、赤门以南，筑石堤九十里，起桥十有八（或云四十馀），浚积潦，自吴江东赴海。

景祐中，范仲淹守郡，开浚五浦，以疏诸邑之水。

仲淹《上宰臣书》曰：姑苏四郊略平，洼而为湖者十之二三，太湖尤大，纳数郡之水，东入于海，名曰淞江。积雨之时，湖溢而江壅，支流并塞，势必横溃。今当为之疏导，不惟使东南入于淞江，又使东北入于大江，以至于海。又必设闸于外，以御潮沙。每春仅理闸外，工减数倍。又松江一曲，号曰盘龙。父老传云：出水尤利。总数道而开之，灾必大减。

宝元元年，两浙转运副使叶清臣开松江，疏盘龙汇及沪渎入海。

庆历中，通判李禹卿堤太湖八十里为漕渠。

至和二年，昆山主簿丘与权等作昆山塘，为桥梁五十二，名至和塘。

嘉祐三年，转运使沈立开顾浦。

四年，招置苏州开江兵士，立吴江、常熟、昆山、城下四指挥。

六年，转运使李复圭、知昆山韩正彦大修至和塘，又开松江之白鹤汇，如盘龙之法。

熙宁三年，广东安抚机宜郏亶上言苏州水利。五年，除亶司农寺丞，提举两浙，兴修水利。元丰元年正月，有旨罢夺。

亶书有六失六得。其论地形高下之宜，曰：苏州五县，号为水田。其实昆山之东，接于海之冈垄，东西仅百里，南北仅二百里。其地东高而西下，所谓东导于海而水反西流者是也。常熟之北，接于江之涨沙，南北七八十里，东西仅二百里。其地皆北高而南下，所谓欲北导于江而水反南下者是也。是二处，皆谓之高田。而其昆山堈身之西，抵于常州之境，仅一百五十里。常熟之南，抵于湖、秀之境，仅二百里。其地低下，皆谓之水田。高田常欲水，今水乃流而不蓄，故尝患旱。水田常患水。今西南既有太湖数州之水，而东北又有昆山、常熟二县堈身之流，故常患水也。

论古人蓄泄之迹，曰：今昆山之东，地名太仓，俗号堈身。

之东，有一塘焉，西彻淞江，北通常熟，谓之横沥。又有小塘，或二里，或三里，贯横沥而东西流者，多谓之门，若所谓钱门、张埛门、沙堰门、吴埛、顾庙埛、丁埛、李埛门及斗门之类是也。夫南北其塘，则谓之横沥；东西其塘，则谓之埛门、堰门、斗门者。是古者堰水于埛身之东，灌溉高田。而又为埛门者，恐水之或壅，则决之入横沥，所以分其流也。故埛身之东，其田尚有丘亩、经界、沟洫之迹在焉。是皆古之良田，因埛门坏，不能蓄水，而为旱田耳。埛门之坏，岂非五代之季，民各从其行舟之便而废之邪？此治高田之遗迹也。若夫水田之遗迹，即今昆山之南，所谓夏驾、小虞等浦者，皆决水于松江之道也。其浦之旧迹，阔者二十余丈，狭者十余丈，又有横塘以贯其中而棋布之。是古者既为纵浦以通于江，又为横塘以分其势，使水行于外，田成于内，有圩田之象焉。故水虽大，而不能为田之害，必归于江海而后已。以是推之，则一州之田可知矣。故苏州五门，旧皆有堰（注五），今俗呼城下为堰下，而齐门犹有旧堰之称。是则堤防既完，则水无所潴容，设堰者恐其暴而流入于城也。至和二年，前知苏州李侍郎开昆山塘，而得古闸于夷亭之侧，是古者水不乱行之明验也。及夫堤防既坏，水乱行于田间而有所潴容，故苏州得以废其堰，而夷亭亦无所用其闸也。为民者因利其浦之阔，攘其旁以为田，又利其行舟、安舟之便，决其堤以为泾。今昆山诸浦之间，有半里，或一里、二里而为小泾，命之为某家泾、某家浜者，皆破古堤而为之也。浦日以坏，故水道湮而流迟；泾日以多，故田堤坏而不固。日隳月坏，遂荡然而为陂湖矣。此古人之迹也。今秀州滨海之地，皆有堰以蓄水，而海盐一县有堰近百余所。湖州皆筑堤于水中以固田，而西塘之岸，至有高一丈有余者。此其遗法也，独苏州坏之耳。

论治田先后之宜，曰：今欲先取昆山之东、常熟之北，凡所谓高田者，一切设堰潴水以灌溉之。又浚其所谓经界沟洫，使水周流于其间以浸润之，立堈门以防其壅。则高田常无枯旱之患，而水田亦减数百里流注之势。然后取今之凡谓水田者，除四湖外，一切罢去其某家泾、某家浜之类，循古今遗迹，或五里、七里而为一纵浦，以七里或十里而为横塘，因塘浦之土以为堤岸，使塘浦深而堤岸高厚。塘浦阔深，则水通流而不能为田之害也；堤岸高厚，则田自固而水可壅而必趋于江也。然后择江之曲者，若所谓槎浦、金灶子浦而决之，使水必趋于海。又究五堰之遗址而复之，使水不入于城。（昔有七堰，今复五堰者，今只有五门故也。案白居易诗有“七堰八门六十坊”之句，是唐之世已有堰。至端拱二年，转运使乔惟岳方始废之。盖堤防既坏，水得潴于民田之间，水势稍低，故可废其堰也。）是虽有大水，不能为苏州之患也。如此则高低皆利，而无水旱之忧。然后仿钱氏遗法，收图回之利，养撩浅之卒，更休迭役，以浚其高田之沟洫与水田之塘浦，则百世之利也。

又具苏州、秀州及沿江沿海水田、旱田、现存塘浦港沥、堈门之数，凡臣所能记者，总七项，共二百六十五条。

一、具水田塘浦之迹，凡四项，共一百三十二条。

一、吴淞江南岸自北平浦，北岸自徐公浦，西至吴江口，皆是水田，约一百二十余里。南岸有大浦二十七条，北岸有大浦二十八条。是古者五里而为一纵浦之迹也。其横浦在淞江之南者，臣不能记其名。在淞江之北六七里间，曰浪市横塘，又下北六七里而为至和塘，是七里而为一横塘之迹也。淞江南大浦二十七条：北平浦、破江浦、艾祈浦、愧浦、顾汇浦、养蚕浦、大盈浦、南解浦、梁乾浦、石臼浦、直浦、分桑浦、内薰浦、赵屯浦、石浦、道褐浦、千墩浦、锥浦、张潭浦、陆直浦、甫里浦、浮高浦、涂头浦、顺德浦、大姚浦、破墩浦、盏头浦。淞江北大浦二十八条：徐公浦、北解浦、瓦浦、沈浦、蒋浦、三林浦、周浦、顾墓浦、金城浦、木瓜浦、蔡浦、下驾浦、浜浦、洛舍浦、杨梨浦、新洋浦、淘仁浦、小虞浦、大虞浦、马仁浦、浪市浦、尤泾浦、下里浦、戴墟浦、上顾浦、青丘浦、奉里浦、任浦。淞江北横塘二条：浪市横塘、至和塘。已上淞江塘浦五十七条，并当淞江之上流，皆是阔其塘浦、高其堤岸以固田也。只因久不修治，遂至隳坏。每遇大水，上项塘浦之岸并沉在水底，不能固田。议者不知此塘浦元有大岸以固田，乃谓古人浚此大浦，只欲泄水，此不知治田之本也。臣今擘画，并当浚治其浦，修成堤岸，以御水灾，不须远治他处塘浦，求决积水，而田自成矣。

一、至和塘，自昆山西至苏州，计六十余里，今其南北两岸，各有大浦十二条，是五里而为一纵浦之迹也。其横浦南六七里，而有浪市塘是也。其北皆为风涛洗刷，不见其迹。臣前所谓至和塘徒有通往来、御风涛之小功，而无卫民田、去水患之大利者，谓至和塘南北纵浦、横塘皆废故也。谨具下项：至和塘南大浦十二条：小虞浦、大虞浦、尤泾浦、新渎浦、平乐浦、戴墟浦、真义浦、朱塘浦、界浦、凤凰泾、任浦、蠡塘。至和塘北大浦十二条：小虞浦、大虞浦、尤泾浦、高墟浦、雍里浦、诸昌泾、界浦、任浦、上雉渎、下雉渎、蠡塘、官渎。横塘在南者曰浪市塘，已具淞江项内，更不再出。在北者皆废。已上至和塘两岸塘浦二十四条，在塘北者，今犹有其名，而或无其迹。在塘南者，虽存其迹，而并皆狭小断续，不能固田。其间南岸又有朱泾、王村泾，北岸又有司马泾、季泾、周泾、小萧泾、大萧泾、归泾、吴泾、清泾、谭泾、褚泾、杨泾之类，皆是民间自开私浜，即臣向所谓某家泾、某家浜之类是也。今并乞废罢，只择其浦之大者，阔开其塘，高筑其岸，南修起浪市横塘，北则或五里、十里为一横塘以固田。自近以及远，则良田渐多，白水渐狭，风涛渐小矣。

一、常熟塘，自苏州齐门北至常熟县一百余里，东岸有泾二十一条，西岸有泾十二条，是亦七里、十里而为一横塘之迹也。但目今并皆狭小，非大段塘浦，盖古人之横塘隳坏，而百姓侵占及擅开私浜，相杂于其间也。谨具下项：常熟塘东横泾二十一条：阙墓泾、杨泾、米泾、樊泾、蠡泾、南湖泾、湖泾、朱泾、永昌泾、茅泾、薛泾、界泾、吴塔泾、尚泾、川泾、黄土泾、圃泾、庙泾、卞庄泾、新桥泾、黄母泾。常熟塘西横泾十二条：石师泾、杨泾、王婆泾、高姚泾、苏宅泾、蠡泾、皮泾、庙泾、永昌泾、野长泾、谭泾、墓门泾。已上常熟塘两岸横泾三十三条，盖记其略耳。今但乞废其小者，择其大者，深开其塘，高修其岸。除西岸自擘画为圩外，其东岸合与至和塘北及常熟县南新修纵浦，交加棋布以为圩。自近以及远，则良田渐多，白水渐狭，风涛渐小矣。

一、昆山之东至太仓冈身凡三十五里，两岸各有塘浦七、八条，是五里而为一纵浦之迹也。其横塘在塘之南六七里，而为朱沥塘、张湖塘、郭石塘、黄姑塘。在塘之北为风涛洗刷，与诸湖相连，不见其迹。谨具下项：昆山塘南有塘浦七条：次里浦、新洋江、任里浦、下驾浦、下吴浦、上吴浦、太仓横沥。昆山塘北有塘浦七条：娄县上塘、娄县下塘、新洋江、低里浦、黄剪泾、上吴塘、下吴塘。横塘四条：朱沥塘、张湖塘、郭石塘、黄姑塘。已上塘沥十八条，除新洋江、下驾浦曾经开浚，余并未尝开浚。今河底之土反高于田中，每遇天雨稍阙，则更不通舟船。天雨未盈尺，而田尽淹没。今并乞开浚以固田。

一、具旱田塘浦之迹，凡三项一百三十三条。

一、淞江南岸自小来浦，北岸自北陈浦，东至海口，并是旱田，约长一百余里。南有大浦一十八条，北有大浦二十条，是五里而为一纵浦之迹也。其横浦之在江南者，臣不记其名，在江北者七八里而为鸡鸣塘、练祈塘，是七里而为一横塘之迹也。谨具下项：淞江南岸有大浦一十八条：小来浦、盘龙浦、朱市浦、松子浦、野奴浦、张整浦、许浦、鱼浦、上燠浦、丁湾浦、芦子浦、沪渎浦、钉钩浦、上海浦、下海浦、南及浦、江苧浦、烂泥浦。淞江北岸有大浦二十条：北陈浦、顾浦、桑浦、大黄肚浦、小黄肚浦、章浦、樊浦、杨林浦、上河浦、下河浦、仙天浦、镇浦、新华浦、槎浦、秦公浦、双浦、大场浦、唐章浦、贵州浦、商量湾。横塘二条：鸡鸣浦、练祈浦。已上塘浦四十条，各是畎引江水以灌溉高田，只因久不浚治，浦底既高，而江水又低，故逐年尝患旱也。议者乃谓于此诸浦决泄苏州、昆山、长洲及秀州之积水，是未知古人设浦之意也。今当令高田之民治之，以备旱灾，则高田获其利也。

一、太仓坰身之东至茜泾，约四五十里，凡有南北大塘八条。其横塘南自练祈塘，北至许浦，共一百二十余里，有坰门及塘浜约五十余条，臣能记其二十五条。旱田而横塘多欲水之周流于其间，灌溉之意也。今皆浅淤，不能引水以灌于田。谨具下项：南北之塘八条：太仓东横沥、半径塘、青㘯横沥、五家㘯横沥、鸭头塘、支泾、杨墓子泾、茜泾。东西之塘及㘯门等二十五条：方秦塘、钱门塘、刘塘、张㘯门、薛市门、黄姑塘、吉泾塘、沙堰门、太仓塘、包泾、古塘、吴㘯门、顾㘯门、庙㘯门、岳沥、李㘯门、丁㘯门、湖川门、黄泾、杜漕塘、双凤塘、斗门、直塘、支塘、李墓塘。已上㘯身以东塘、浜、门、沥共三十三条，南北者各长一百余里，接连大浦，并当浚治，以灌溉高田。东西者横贯三重㘯身之田，而西通诸湖。若深浚之，大者则置闸斗门，或置堰而下水，亟遇大旱，则可以车畎诸湖之水以灌田，大水则可以通放湖水以灌田，而分减低田之水势。于平时则潴聚春夏之雨泽，使㘯身之水常高于低田，不须车畎，而民田足用。

一、沿海之地自淞江下口南连秀州界，约一百余里，有大浦二十条，臣今能记其七条。自淞江下口北绕昆山、常熟之境，接江阴界，约三百余里，有港浦六十余条，臣能记其四十九条，是五里为一纵浦之迹也。其横塘在昆山则为八尺泾、花莆泾，在常熟则为福山东横塘、福山西横塘。谨具下项：淞江口下南连秀州界，有大浦七条：三林浦、杜浦、周浦、大臼浦、恤沥浦、戚崇浦、罗公浦。淞江口下北绕苏州、昆山、常熟县界，至江阴军界，有港浦四十九条：北及浦、下田浦、堀浦、上夹浦、下练祈浦、桃源浦、练祈浦、顾泾浦、六岳浦、采桃浦、川沙浦、下张浦、新漕浦、茜泾浦、杨林浦、七丫浦、浀港浦、北浦、尹公浦、甘草浦、唐相浦、陈泾浦、钱泾浦、浒湖浦、吴泗浦、铛脚浦、下六河浦、黄浜浦、沙营浦、白茆浦、金泾浦、高浦、许浦、坞沟浦、千步泾、耿泾浦、新泾浦、崔浦、水门浦、鳗鲤浦、吴泾、高泾、西阳浦、新泾、陈浦、张泾、湖泾、奚浦、黄泗浦。横塘四条：八尺泾、花浦泾、福山东横塘、福山西横塘。已上沿海港浦共六十条，各是古人东取海潮、北取扬子江水灌田，各开入堈阜之地。七里、十里或十五里间作横塘一条，通灌诸浦，使水周流于高阜之地，以浸润高田，非专欲决积水也。其间虽有大浦五七条，自积水之处直可通海，然各远三五十里至一百余里，地高四五尺至七八尺，积水既被低田，堤岸隳坏，一时漫流潴聚于低下平阔之地，虽开得上项大浦，其积水终不肯远从高处而流入于海。唯大水之年决之，则暂或东流尔。今不拘大浦小浦，并皆浅淤，自当开浚，东引海潮，北引江水以灌田。

已上水田、旱田、塘浦之迹共七项，总二百六十五条，皆是古人因地之高下而治田之法也。其低田则阔其塘浦，高其堤岸以固田；其高田则深浚港浦，畎引江海以灌田。后之人不知古人灌田、固田之意，乃谓低田、高田之所以阔深其塘浦者，皆欲决泄积水也，更不计量其远近，相视其高下，一例择其塘浦之尤大者十数条以决水，其余差小者，更不浚治，及兴工役，动费国家三五十万贯石，而大塘大浦终不能泄水，其塘浦之差小者更不曾开浚也。而议者犹谓此小塘小浦亦可泄水，以致朝廷愈不见信，而大小塘浦一例更不浚治，积岁累年，而水田之堤防尽坏，使二三百里肥腴之地概为白水，高田之港浦皆塞，而使数百里沃衍潮田尽为荒芜不毛之地，深可痛惜。臣窃思之，上项塘浦既非天生，亦非地出，又非神化，是皆人力所为也。然自国朝统御已来，百余年间，除十数条大者间或浚治外，其余塘浦，官中则不曾浚治。今当不问高低，不拘小大，亦不问可以决水与不可以决水，但系古人遗迹，而非私浜者，一切并合公私之力，更休迭役，旋决修治。系低田则高作堤岸以防水，系高田则深浚港浦以灌田。其坝身西流之处，又设斗门或坝门或堰闸以潴水。如此则高低皆治，而水旱无忧矣。

亶既卒，其子将仕郎侨又嗣缉其说，曰：浙西昔有营田司，自唐至钱氏时，其来源去委，悉有堤防堰闸之制，旁分其支脉之流，不使溢聚，以为腹内畎亩之患。是以钱氏百年间，岁多丰稔，唯长兴中一遭水耳。暨纳土之后，至于今日，其患方剧。盖由端拱中，转运使乔惟岳不究堤岸堰闸之制，与夫沟洫畎浍之利，姑务便于转漕舟楫，一切毁之。初则故道犹存，尚可寻绎；今则去古既久，莫知其利。营田之局，又谓闲司冗职，既已罢废，则堤防之法、流决之理无以考据，水害无已。至乾兴、天禧之间，朝廷专遣使者兴修水利。远来之人，不识三吴地势高下，与夫水源来历，及前人营田之利，不过采愚农道路之言，以目前之见为常久之策，指常熟、昆山枕江之地，为可导诸港而决之江，开福山、茜泾等十余浦。殊不知古人建立堤堰，所以防太湖泛溢淹没腹内良田。今若就东北诸渚决水入江，是导湖水经由腹内之田，弥漫盈溢，然后入海，所以浩渺之势常逆行，而潴于苏之长洲、常熟、昆山，常之宜兴、武进，湖之乌程、归安，秀之华亭、嘉禾。而东北一路，又以水势之方出于港浦，复为潮势抑回，所以皆聚于太湖四郡之境而不可治也。又况太湖盖积十县之水，一水自江南诸郡而下，出领阪重复间，当其霖潦，积贮溪涧，奔湍迤逦而至长塘湖。又润州之金坛、延陵、丹阳、丹徒诸邑，皆有山源，并会于宜兴以入太湖。一水自杭、睦、宣、歙山源，与天目等山众流而下杭之临安、余杭及湖之安吉、武康、长兴，以入太湖。昔禹治水，凡以三江决此一湖之水。今则二江已绝，唯吴淞一江存焉。疏泄之道，既隘于昔，又为权豪请占，植以菰蒲、芦苇。又于吴江之南，筑为石塘，以障太湖东流之势。又于江之中流，多置罾断以遏水势。是致吴江不能吞来源之瀚漫，日淤月淀，下流浅狭。迨元符初，遽涨潮沙，半为平地。积雨滋久，十县山源并溢，陂淹浦港悉皆弥漫，四郡之民，惴惴然有为鱼之患也。吴淞古江，故道深广，可敌千浦，向之积潦尚或壅滞。议者但以开数十浦为策，而不知临江滨海地势高仰，徒劳无益。

愚今者所究治水之利，必先于江宁治永阳江与银林江等五堰，体势故迹，决于西江；润州治丹阳练湖，相视大岗，寻究函管水道，决于北海；常州治宜兴滆湖、沙子淹及江阴港浦入北海，以望亭堰分属苏州，以绝常州轻废之患。如此，则西北之水不入太湖为害矣。又于苏州治诸邑限水之制，辟吴江之南石塘，多置桥梁以决太湖，会于青龙、华亭而入海。仍开浚吴淞江，其诸江湖风涛为害之处，并筑为石塘。及于彭汇与诸湖瀼等处，寻究昔有江港，自南经北，以渐筑为堤岸，所在陂淹筑为水堰。杭州迁长河堰，以宣、歙、杭、睦等山源决于浙江。如此，则东南之水不入太湖为害矣。此所谓旁分其支脉之流，不为腹内畎亩之患者此也。

今之言治水者有二：一则以导青龙江，开三十浦为说；一则以使植利户浚泾浜，作圩岸为说。是二者各得一偏。若止于导江开浦，则必无近效；若止于浚泾作岸，则难以御暴流。要当合二者之说，相为首尾，乃尽其善。但施行先后，自有次第耳。必不得已，欲两者兼行以规近效，亦有其说。若欲决苏州、湖州之水，莫若先开昆山县之茜泾浦，使水东入于大海；开昆山之新安浦、顾浦，使水南入于淞江；开常熟县之许浦、梅里浦，使水北入于扬子江。复浚常州无锡县界之望亭堰，俾苏州管辖，谨其开闭，以遏常、润之水，则苏州等水患可渐息，而民田可治矣。若欲决常州、润州之水，则莫若决无锡县之五卸堰，使水趋于扬子江，则常州等水患可渐息，而民田可治矣。何以言之？茜泾浦在苏州之东南，去海止二十里，泄水甚径。然其地浸高，比之苏州及昆山县，地形不啻丈余。而往年开此浦者，但为文具，所开不过三四尺、一二尺而已，又止于以地面为丈尺，而不知以水面为丈尺，不问高下而匀其浅深，欲水之东注，不可得也。水既不东注，兼又浦口不置堰闸，赚入潮沙，无上流水势可冲，遂致浦塞。愚故乞开茜泾等浦，须置堰闸，所以外防潮之涨沙也。常、润之地，比苏州为差高。而苏州之东，势接海岸，其地亦高。苏州介于两高之间，故每遇大水，西则为常、润之水所注，东则为大海岸道所障，其水潴蓄，无缘通泄。若不令苏州管辖望亭堰闸，则无复有防遏之理。故愚乞谨守望亭闸，俾水无西冲之忧。既望亭之西，自有五卸堰，可以决水径入于北江。若使常、润之水决下此堰，则不唯少纾苏州之水势，而常、润之水亦自可以就近顺流而入于江矣。此堰决水，其势甚径。往者官吏非不施行，然决堰未多而民田已没，何也？盖止知决堰，而不知预筑堰下民田之堤岸，以防水势故也。至于吴淞江北岸三十余浦，唯盐铁一塘，可直泻水北入扬子江，余皆连接乎江湖瀼合而为一，非徒无益，为害大矣。乞措置一面开导河浦，即便相度淞江诸浦，除盐铁塘及大浦开导置闸外，其余小河，一切并为大堰，或设水窦以防江水。即吴淞江水径入东海，而吴之河浦不为贼水所壅，诸县圩岸亦免风波所破。某闻钱氏循汉唐法，自吴江县淞江而东至于海，又沿海而北至于扬子江，又沿江而西至于常州、江阴界，一河一浦皆有堰闸，所以贼水不入，久无患害。今之言治水者不知根源，始谓欲去水患，须开吴淞江，殊不知开吴淞江而不筑两岸堤塘，则所导上源之水辐辏而来，适为两州之患。盖江水溢入南北沟浦，而不能径趋于海故也。倘效汉唐以来堤塘之法，修筑吴淞江岸，则去水之患已十九矣。

震泽之大，才三万六千余顷，而平江五县积水几四万顷，然非若太湖之深广弥漫一区也，分在五县，远接民田，亦有高下之异、浅深之殊，非皆积水不可治也。但与田相通，极目无际，所以风涛一作，回环四合，无非水者。既非全积之水，亦有可治之田。潴泻之余，其浅淤者皆可修治，永为良田。况五县积水中，所谓湖瀼陂淹，其间深者不过三四尺，浅者一二尺而已。今乞措置深者如练湖，大作堤防以匮其水，复于堤防四傍设为斗门水濑，即大水之年，足以潴蓄湖瀼之水，使不与外水相通，而水田之圩岸无冲激之患；大旱之年，可以决斗门水濑以浸灌民田，而旱田之沟洫有畎亩之利。其余浅者，本是民田，皆可相视，治为良田。

元祐中，宜兴人单锷著《吴中水利书》，以为三州水患：一、由于五堰之废。由宜兴而西，溧阳县之上有五堰，古所以节宣、歙、金陵九阳江之众水，由分水、银林二堰直趋太平州芜湖。后之商人由宜、歙贩运箄木，东入二浙，以五堰为艰阻，因相为之谋，罔给官中以废去五堰。五堰既废，则宣、歙、金陵九阳江之水，或遇五六月山水暴涨，则皆入于宜兴之荆溪，由荆溪而下太湖。一、由于百渎之塞，荆溪受宣、歙、芜湖江东数郡之水，行四十五里至震泽。古人以溪流不足以胜数郡奔注之势，复于震泽之口，开渎百条，各有地分之名，而总谓之百渎。又开横塘渎一条，绵亘四十里，以贯百渎，而通濒湖诸乡阡陌之水。盖横塘直南北以经之，百渎直东西以纬之，既分荆溪之流下震泽，由震泽入太湖，抵淞江，由江入海。是以昔年未尝有水患，而震泽亦不为吴中害。今荆溪受数郡之水不少减，而百渎、横塘大半堙塞。一、由于淞江之长堤，三州之水潴为太湖，由淞江以入海。庆历二年，以淞江风涛，漕运多败官舟，遂接续筑淞江长堤，界于江湖之间，横截江流五六十里。震泽受吴中数郡之水，乃遏以长堤，虽时有桥梁，而流势不快。又自淞江至海浦诸港，复多沙泥涨塞，茭芦丛生，堤傍亦沙涨为田，是以三春霖雨，则苏、湖、常、秀皆忧弥漫。虽增吴江一邑之赋，顾三州逋失者不赀。今莫若治五堰，使上之水不入于荆溪，而由分水、银林二堰直归太平之芜湖；下治吴江之岸为千桥，使太湖之水东入于海；中治百渎之故道，与夫苏、常、湖三州之有故道旁穿于太湖者，则三州之水可以无患。

别画：一、先开吴江县江尾茭芦地。一、先迁吴江沙上居民，及开白蚬江通青龙镇，又开青龙镇安亭江通海。一、先去吴江岸土为千桥。一、先置常州运河斗门一十四所，用石砌并筑堤，管水入江。一、次开夹苧干、白鹤溪、白鱼湾、塘口渎、大吴渎，令长塘湖、滆湖相连，走泄西水入运河，下斗门入江。一、次开宜兴百渎，见今只有四十九条，东入太湖。一、次开苏州茜泾、白茅、七鸦、福山、梅里诸浦及茜泾。一、次开江阴下港、黄田、春申、季子、灶子诸港。一、次开宜兴东、西蠡河。一、次根究诸临江湖海诸县，凡泄水诸港渎，并皆疏凿。

按：国初因五堰旧迹，立为银渚东坝，禁商箄往来，既可以挽东坝以西之水，北会于南京，以成朝宗之势，又使东坝以东之水，返注芜湖，不下震泽，而三吴成陆海之饶，乃东南万世之利也。

崇宁元年，置提举淮浙澳闸司于苏州。

二年，宗正丞徐确提举常平，自封家渡古江开淘至大通浦，直彻海口七十四里。

政和六年，以户曹赵霖提举常平，开修平江诸浦。

霖上言三说：一曰开治港浦，二曰置闸启闭，三曰筑圩裹田。三者缺一不可，又各有先后缓急之序。

其《置闸篇》曰：治水莫急于开浦，开浦莫急于置闸，置闸莫利于近外。若置闸而又近外，则有五利焉：江海之潮，日两涨落。潮上灌浦，则浦水倒流。潮落浦深，则浦水湍泻。远地积水，早潮退定，方得徐流，几至浦口，则晚潮复上，元未流入江海，又与潮俱还。积水与潮相度往来，何缘减退？今开浦置闸，潮上则闭，潮退即启，外水无自以入，里水日得以出，一利也。外水不入，则泥沙不淤于闸内，使港浦常得通利，免于堙塞，二利也。濒海之地，仰浦水以溉高田，每苦咸潮，多作堰断。若决之使通，则害苗稼；若筑之使塞，则障积水。今置闸启闭，水有泄而无入，闸内之地，尽获稼穑之利，三利也。置闸必近外，去江海止可三五里，使闸外之浦日有澄沙淤积，假令岁事积治，地里不远，易为工力，四利也。港浦既已深阔，积水既已通流，则泛海浮江，货船木筏，或遇风作，得以入口住泊，五利也。复有二说：昆山诸浦，通彻东海，沙浓而潮咸，当先置闸而后开浦，一也。闸之侧各开月河，以堰为限，遇闸闭，小舟不阻往来，二也。

《筑圩篇》曰：天下水田之利，莫盛于平江。平江之田，以低为胜。自田圩既尽，水通为一，故昔日良田，并沉水底。古人筑圩裹田，非徒谓得以播殖也，将恃此以狭水之所居耳。必于开浦置闸之后，凡积水之田，尽令修筑圩岸，使水无所容，斯为治之成矣。

昆山、常熟共三十六浦，除常熟之许浦及白茆、福山三浦，见今深阔，水势通快，不须开治。余三十三浦，昆山十有二：掘浦、下张浦、七丫浦、茜泾浦、杨林浦、六鹤浦、顾泾浦、川沙浦、五岳浦、蔡浦、琅港浦。常熟二十有一：黄泗浦、奚浦、西成浦、东成浦、水门溏、崔浦、耿泾浦、鱼碑浦、邬沟浦、瓦浦、塘浦、高浦、金泾浦、石撞浦、陆河浦、北浦、甘草浦、千步泾、司马泾、金泾、钱泾、黄莺漕。

绍兴二十九年，诏监察御史任古开浚平江水道，从常熟东栅至雉浦，入丁泾，开福山塘，自丁泾口至尚墅桥，北注大江。

隆兴二年，诏知平江沈度开昆山、常熟十浦。

淳熙二年，诏知平江陈岘开许浦。

十三年，提举常平罗点奏开淀山湖。

点上言：浙西围田，湮塞水势，所在皆有，独淀山湖一处，为害最大。此湖东西三十六里，南北一十八里，旁通太湖，汇苏、湖、秀三州之水，上承下泄，不容少有壅遏。华亭在湖之南（注六），昆山在湖之北，水自西南趋东北，所赖泄水去处，其大者，东有大盈、赵屯、大石三浦，西有千墩、陆虞、道褐三浦，中间南取淀山湖，北取吴淞江，凡三十六里。并湖以北，中为一澳，系古来吐吞湖水之地，今名山门溜，东西约五六里，南北约七八里，正当湖流之冲，非众浦比。贯山门溜之中，又有斜路港，上达湖口。当斜路之半，又西过为小石浦，上达山门溜，下入大石浦。凡斜路港、大小石浦，分为三道，杀泄湖水，并从上而下，通彻吴淞江。江湖二水，晓夕往来，疏灌不息，以此浦港通利，无有沙泥壅塞，可以宣导水源。今来顽民，辄于山门溜之南，东取大石浦，西取道褐浦，并缘淀山湖北，筑成大岸，延跨数里，遏截湖水，不使北流，尽将山门溜中围占成田，所谓斜路及大、小石浦泄放湖水去处，并皆筑塞。父老尝言：围岸初筑时，湖水平白涨起丈余，尽壅入西南华亭县界。大、小石浦并斜路港口，既被围断，其浦脚一日二潮，则泥沙随潮而上，湖水又不下流，无缘荡涤通利，即今淤塞，反高于田，遇水则无处泄泻，遇旱则无从取水，请乞开浚。

理宗朝，置魏江、江湾、福山水军数千人，专修江河湖塘。

元大德二年，立浙西都水庸田使司。寻罢，复立行都水监。

八年，以海道千夫长任仁发言，命行省平章彻里开吴淞江，西自上海县界吴淞旧江，东抵嘉定石桥洪，迤逦入海，置木闸。

仁发著《水利问答》，大略谓：宋苏轼有言：若要吴淞江不塞，吴江一县之民可尽徙于他处。庶上源宽阔，清水力盛，沙泥自不能积，何致有湮塞之患哉？自归附后，将太湖东岸出水去处，或钉栅，或作堰，或为桥，及有湖泖港汊，又虑私盐船往来，多行塞断，所以清水日弱，浑潮日盛，沙泥日积，而吴淞江日就淤塞，正与苏轼所见相合。大抵治水之法有三：浚河港必深阔，筑围岸必高厚，置闸窦必多广。设遇水旱，就三者而乘除之，自然不能为害。傥人力不尽，而一切归数于天，宁有丰年耶？

又曰：开江身阔二十五丈，置闸十座，每闸阔二丈五尺，可以泄水二十五丈。吴淞江系潮水往来之地，范文正公曰：一日之潮，有损有增。三分其时，损居二焉。四时辰潮涨，八时辰潮落。所设之闸，昼夜皆去水之时也。所以江面虽二里之宽，不如十闸之功也。议者曰：吴淞江自古无闸，何不疏通故道，一任潮之往来？答曰：新开江道，水性未顺，兼以河浅，约住泥沙，不数月间，必复淤塞，前工俱废。故范文正公曰：新导之河，必设诸闸。若欲再复吴淞江故道，须候流顺河深，众水归源，当于此时，诸闸都闭，挑开一处堰坝，任潮往来，借清水力东冲西决，自复成江矣。《考工记》曰："善沟者水啮之。"此之谓也。

计吴淞江东南黄浦口起，至大盈浦口止，一万五千一百丈；大盈浦口起，至永淮寺东止，一千六百丈；永淮寺东起，至赵屯浦口止，一千五百丈；赵屯浦口起，至陆家浜止，二千三百五十丈；陆家浜起，至千墩浦口、新洋江止，一千六百丈。通计长二万二千一百五十丈。

泰定元年，复立都水营田使司，命行省左丞朵儿只班知水利。前都水少监任仁发开吴淞旧江于嘉定州之赵浦（注七），嘉兴上海县之潘家港、乌泥泾各置石闸。（注八）

至正元年，命工部尚书秃鲁、行省平章政事只里瓦歹等撩漉吴淞江沙泥，浚各闸旧河直道与漕渠、张泾及风波、南俞、北俞、盐铁、官绍、盘龙、浦汇、六磊、石浦等塘。

潘应武（注九）言：淀山湖中有山寺，宋时在水中心，东有出水港，曰斜沥口，曰汊港口，曰小曹港，曰大沥口，曰小沥口，各阔十余丈，通潮水往来。潮退，则引湖水下大曹、大盈等浦，入青龙、蟠龙江而出海。古人谓水之尾閭门。宋法，禁人占湖为田，为泄水路故也。归附后，权势占据为田。今山寺在田中，虽有港溇，悉皆浅狭，潮水、湖水不相往来，拦住去水。东南风水回太湖，则长兴、宜兴、归安、乌程、德清等处泛滥；西北风水下淀山湖泖，则昆山、常熟、吴江、松江等处泛滥。皆因下流不决，积水往来为害。围占日久，率难复旧。淀山湖北有道褐浦、石浦、千墩浦、小沥口四处，取江颇近，水势顺便。今若先于此四处开浚，决放水路，以救百姓，以保公私，实为居安虑危、经理根本之计。候水减退，然后次第开浚诸处河港，此即古人所谓下流既通，上流可导也。

一、淀山湖北一带，自庙儿头港至赵屯浦一百余里，共有港浦一十三条，今皆淤浅。惟有道褐浦、石浦最低下，取江颇近，水势甚便。耆老俱曰：十年前潮水往来，近方湮塞。此处宜及早修浚。

一、沿塘三十六座桥道，及葑门外至吴江七里桥，多有上下桥道坝塞不通，数内第四桥下水路，来自湖州大钱港，冲出塘东湖泊间，入笠泽湖、汾湖、白蚬江，下急水港，直至淀山湖，水势汹涌。归附后，被人占据，又造桥筑堤，水益浅狭。宜委官相视，仍复通放。

一、长桥南堍，古来水到龙王庙后。归附后，筑塞五十余丈，见盖房与军户居，以致太湖出口狭小，易致泛滥。宜委官往视，指定龙王庙基，谕令军户移入营内，仍旧造桥相接。

都水书吏吴执中言：吴淞古江，已被潮沙堙涨，役重工多，似非人力可及。其淀山旧湖，多为豪户围裹成田，恐亦未易除毁。即今太湖之水，迂回宛转，不流于江，而北流入至和塘，经太仓，出刘家港入海。并淀山湖之水，东南自大曹港、柘泽塘、东西横泖，达于上海新泾入海。不若因其就下之性，顺其必趋之势，于上海、太仓等处，相视可开河港，挑浚通流，仍踏视吴淞古江应有旧来出水支港，可以容易出海去处，尽行疏浚，为工差便。

元末，张士诚开白茆塘。

大明永乐二年，命户部尚书夏原吉开昆山东南下界浦，掣吴淞江之水，北达刘家河。又挑嘉定县四顾浦，南引吴淞江水，北贯吴塘，亦由刘家河入海。又浚常熟白茅塘，导引太湖诸水入扬子江。于上海东北浚范家浜，接黄浦，通流入海。

原吉奏曰："吴淞江延袤二百五十余里，广一百五十余丈，西接太湖，东通大海。前代屡疏导之，然当潮汐之冲，沙泥淤积，屡浚屡塞，不能经久。自吴江之长桥至夏驾（下界）浦，约一百二十余里，虽云通流，多有浅狭之处。自夏驾浦抵上海县南跄浦口，一百三十余里，潮沙壅障，茭芦丛生，已成平陆。欲即开浚，工费浩大，且滟沙游泥，浮泛动荡，难以施工。臣等相视得嘉定之刘家港，即古娄江，径通大海，常熟之白茅港，径入大江，皆系大川，水流迅急。宜浚吴淞江南北两岸安亭等浦港，以引太湖诸水入刘家、白茅二港，使直注江海。又松江大黄浦乃通吴淞江要道，今下流壅遏，难即疏浚。傍有范家浜至南跄浦口，可径达海，宜浚令深阔，上接大黄浦，以达泖湖之水。此即《禹贡》三江入海之迹。俟既开通，相度地势，各置石闸，以时启闭。每至水涸之时，修筑圩岸以御暴流。如此，则事功可成，于民为便。（注十）

徐献忠曰：原吉北掣吴淞江之水，入于刘河，是矣。然徒浚其流而不开其源，七十二水门之湮塞如故，则吴淞之流不加迅疾，夏驾与四顾二浦潮汐之入者不能敌住，奈何而不塞也？必须大开吴江长桥有大洪者三五处，以其石砌水门，三并为一，除其占塞，决其壅滞，与宝带桥急流无异，则吴淞入于夏驾、四顾可也，直达于新城海口可也，决无壅塞之患矣。

正统五年，命巡抚、工部侍郎周忱浚吴淞江及昆山县顾浦。

天顺二年，巡抚、左副都御史崔恭开吴淞江。

钱溥《记》曰：崔公奉敕巡抚东南，首询水患，以吴淞为尤甚，乃举府判洪景德等治之。以为江之故道，虽浚必合，莫若从新地凿之，力易为而功不坏。起自大盈浦，东至吴淞江巡司，计二万二千丈。又自新泾西南至浦汇入江，计四千丈。阔皆一十四丈，深皆二丈，而低乡之潦可泄。东北则自曹家河平地凿及新场，计三万余丈，深阔皆与江同。又新华泾塘、六磊塘、婴窦湖、乌泥泾入浦，而高乡之旱亦免。（注十一）

成化八年，置佥事于浙江，专治苏、松等府水利（正德八年，改设兵备副使，兼水利）。

弘治七年，命工部侍郎徐贯开吴淞江并白茆等塘。

贯《奏》曰：窃见嘉、湖、常、镇，水之上流；苏、松，水之下流。上流不浚，无以开其源；下流不浚，无以导其归。于是督同委官人等，将苏州府吴江长桥一带茭芦之地疏浚深阔，导引太湖之水，散入淀山、阳城、昆承等湖。又开吴淞江并大石、赵屯等浦，泄淀山湖水，由吴淞江以达于海。开白茅港并白鱼洪、鲇鱼口等处，泄昆承湖水，以注于江。又开七浦、盐铁等塘，泄阳城湖水，以达于海。下流疏通，不复壅塞。开湖州之溇泾，泄天目诸山之水，自西南入于太湖。开常州之百渎，泄荆溪之水，自西北入于太湖。又开各斗门以泄运河之水，由江阴以入江。

金藻《三江水利论》曰：治水之道有六，曰探本源也，顺形势也，正纲领也，循次序也，均财力也，勤省视也。所以行之者有一，曰任得人而已矣。任得人而六事不举者，未之有也。六事举矣，水不为利而为害者，亦未之有也。

所谓任得人者，臣闻尧、舜治水，必委之于神禹，而辅之以伯益，故能成万世之功。今之治水者，总之以一佥宪而已。臣愚不知其才德与禹、益何如，而其爵位实有未及，既非考察之官，又无司牧之柄，殿最课绩不在其掌握，钱谷敛散不由其调度，欲开河而上或未许，欲给饷而上或未从，欲任府佐而上或委之催科，欲任县佐而上或委之别干，上下矛盾，互相掣肘。臣愚以为虽有禹、益之才之德，亦不能成其功，况未必有乎？必专任大臣一员，如夏忠靖公者，而辅之以佥宪，分治之以守令，又必精选其人，乃为有益也。

所谓勤省视者，臣闻神禹治水，十三年居外，三过其门而不入。今之治水者，乃欲不出郊原，而求其刑罚中、水利通，自生民以来，无是理也。是故省视之法，必与民约集，某日到某区，某月到某处，三月一周，一年三遍，非大寒暑不休息，非大风雨不更期。如此，可以知肥瘠，可以验荒熟，可以则高下，可以察劳逸，可以观勤惰，可以辨贤愚，可以审贫富，可以识强弱，可以定征徭，可以计官吏，而地方之事，无一不在其心目中矣。岂独知夫水之浅深、岸之大小、河之广狭而已哉！大约省视一年、二年，圩岸可成；省视三年、四年，沟洫可深；省视五年、六年，浦港可通；省视七年、八年，三江可入；省视九年、十年，闸窦可完。一圩沟岸，任在排年；一图沟岸，任在里长，此法之经也。百夫河港，任在老人；千夫河港，任在粮长，此法之纬也。一县水利，任在县佐；一府水利，任在府佐，此则兼经纬而总之也。

提一县之纲者，令也；提一府之纲者，守也；提七郡之纲而殿最之者，大臣也；往来乎中而考其功效者，佥宪也；相与纠举以惩其慢者，侍御也；相与调剂以谐其事者，都宪也。如此而水利不兴、菽粟不如水火者，臣未之信也。

所谓均财力者，臣愚以为财不均则无食，力不均则无功，故圩岸沟洫，不须起倩。假如一圩有田若干，有户若干，有岸若干，有沟若干，随其田旁而责其户以自修之，一尺一步皆有归着，明注于圩图之下，而以排年掌之。圩大者分之，官则累其图以成册。圩之南中立一高牌，书曰“几保某圩排年某管下。”省视官到此，展其图而验其圩，则一赏一罚，无不得其当矣。往年开河，每里起夫二十五名，其余人户又无津贴。虽或有之，不过弱者官府给粮，只是数斗，仓廪有限，其能再乎？臣以为总是民财，何须劳扰。为今之计，不待给粮，且省厚敛。每排年一甲，朋出人夫一名，其余九户，每岁每名贴钱三百六十文，自上上以至下下，分为九等，自二月以至十月，亦有九月，逐月对户，以票支领，则贫富自均，又无侵克。人夫十名，备舟一只，可以宿食，可以往来。七人上工，三人更休。百夫十舟，择一老人掌之；千夫百舟，择一粮长掌之。自二月起运已毕，水利方兴，所谓“四之日举趾”是也。至十月开仓办粮，水利适止，所谓“役车其休”是也。千夫开一河，万夫开十河，各自立功以凭赏罚。七府一年须开百河，大约十年须开千河。以财言之，贴钱借力者每一日一文，费不多而强弱又均；得钱出力者每一年五两，用不亏而公私又省。以力言之，十户之中，朋一长夫，人谁不服？一年之内，实用六月，功何不成？但能痛革管事者之贪虐，则其开江之功，可计日而待也。

所谓循次序者，昔人以开江、围岸、置闸为第一义，又以河道、田围二事兼修，不可偏废，此皆至当之论。后人祖之者，率多以开江为务，而圩岸、沟洫漫不之省。臣愚以为江固当开，闸固当置，然圩岸、沟洫又在开江置闸之先，而圩岸又当先于沟洫也。以时言之，水浸则沟洫难为下手，故圩岸为急；水涸则圩岸不消载土，故沟洫为先。以地言之，高乡虽水浸亦可兼举，低乡须水涸方可并行。凶年则先其所易，后其所难；乐岁则小以成小，大以成大。修圩次序，水浸则专筑其里，土不狼藉；水涸则专筑其外，岸方坚固。里外栽茭，可防风浪。开沟次序，略与开河同。开河次序，须待水涸，先从两旁去其高土，见水而止，然后囊沙以为节，量力以为剂，水易干而功易完，晴可为而雨可止，岂待临时然后盘土于高、运土于远而剩土于一哉？臣愚以为必如是，然后财无空费，人无徒劳，时无虚度。河成而两旁为田，虽有骤雨，亦难冲塞矣。开江次序亦与开河同，但要先将各处递年包带绝户积荒田地，与夫沙涂水荡，画以疆理，开以沟洫，垦辟成功，召人耕种，抵足原租，余充闸费，待至开江之时，遇有所损之处，即便以此对直偿之，宁过于厚。臣愚以为必如是，然后上不烦官，下不烦民，而害事，而横议自息矣。盖圩岸不高固，有小水尚可支持，一逢大涝，则与无岸者同矣。沟洫不深利，有小干尚可接引，一逢大旱，则与无沟者同矣。老农云“种田先做岸，种地先做沟”，此两句切中连年之病。盖高乡花豆不收，为无沟故也；低乡稻禾不收，为无岸故也。是故高乡沟洫为急，而圩岸次之；低乡圩岸为急，而沟洫次之。若其池塘潭沼，又是高乡所务。大约有田十亩，开池一亩；有田一顷，开潭十亩。平时可以养鱼，旱月可以救稻。必圩岸、沟洫、池潭、浦渎以次完备，开江置闸之功始可得而言也。凡开浦港，亦是各据地方，只在一县之中，不出一府之外。惟是三江闸窦、湖塘、海塘，所关七郡利害，必须合力共财而补助之也。开江虽在圩岸、沟洫之后，而源头水口要害去处，则不可缓；置闸虽在开浦、开江之后，而打石、办料、募工、给食，则不可迟。此又次序中之节度也。

所谓正纲领者，臣愚以为七郡之水有三江，譬犹网之有纲，裘之有领也。支河派港，纲之条目也；湖潭泖瀼，裘之襟袖也。开一渎，治一浦，不过条目之大者耳，如其网之无纲何？修一湖，理一泖，不过襟袖之广者耳，如其裘之无领何？昔者东江既塞，而淀湖之水无所泄，故人以为千墩浦等处，可泄淀湖之水，殊不知此处虽通，但能利此一方之水道耳，而淀湖之水乃属东江，终不可逆入于淞江，此不明于纲领之说也。淞江既湮，而太湖之水无所泄，故人以为刘家河可泄太湖之水，盖不知此河虽通，但能复此娄江之半节耳，其南来之半节与夫新洋江及千墩等浦者，反被其横冲淞江之腰腹，而为害莫除，此则举其一而遗其二者也。或又以为浦者导诸处之水，自江以入海，殊不知山水下于太湖，湖水分于三江，江水入于大海，初无与于浦也。然而浦不可无者，如古井田之有浍也。水漫则泄沟水以入江，水涸则引江水以入沟，此乃古人之水利，非若后人反借其导湖水以趋江也。此皆纲领之不正者也。若其沟洫既深，浦渎既通，然后寻东江之旧迹，以正东南之纲领，而淀湖所受急水港以来之水，与夫陈湖所接白蚬江之水，皆得以达于东南以入海，则黄浦之势可分，而千墩浦等水不横冲于淞江，而淞江可通矣。又开松江之首尾，以正东西之纲领，则黄浦之势又可分，而跄口既通，吴江石窦增多，而松江可以不塞矣。又开娄江之昆山塘以至吴县胥塘，另接太湖之口，添置石窦，则新洋江之潮势可分，而不使横冲淞江，而东北之纲领又正矣。

所谓顺形势者，臣见今人之论，有以为黄浦即是东江，而黄浦通、淞江通者，盖不知江浦之子母纵横，水势之大小顺逆也。臣愚以为淞江乃东西之水，其势大而横，譬则母也；黄浦乃南北之水，其势小而纵，譬则子也。太湖之定位在西，大海之定位在东，必借东西之江以泄之，则为顺而驶；若借南北之浦以泄之，则为逆而缓。盖淞江之塞，西由吴江石门之少，中由千墩等浦与新洋江之横冲，东由黄浦窃权之盛，而跄口所以不通也。况黄浦不独北为淞江之害，而南又为东江之害。盖其中段南北势者乃是黄浦，其至北而反引淞江迤逦东北达于范家浜以入海者，又名上海浦也。臣愚以为江有入海之名，浦无上海之理，而今皆反之者，此即江变为浦之明验也。其至南而折于西，以接潢潦泾者，又名华泾塘也。华泾塘东去有闸港。此皆东江之东段也，但欠深广而东入于海耳。大泖西北有烂路港，陈湖西去有白蚬江。此即东江之西段也，但东南与朱泾斜塘桥等处欠通顺耳。三江既通，则太湖东之形势顺矣。然后寻曹泾入海之闸河、金山卫入海之闸河、海盐县入海之闸河，以泄嘉兴秀水塘等处以来湖、杭之水，而谓之南条者，则太湖南之形势顺矣。疏江阴下港等河、常熟白茆等港，复常州运河斗门一十四处，走泄夹苧干等渎，筑堤管水入江，而谓之北条者，则太湖北之形势顺矣。修溧阳之五堰，疏宜兴之百渎，则太湖西之形势又顺矣。四面高乡，皆置石闸，以时阖辟，不使其反而趋内，则高低之形势又顺矣。

所谓探本源者，臣见弘治四年、五年，连岁大水，田禾尽没，室庐漂荡，上廑圣主之忧，屡下宽恤之诏，两年税粮，或减，或蠲，不啻亿万。延至六年，疫疠交作，七郡之民，死者亦不啻亿万。虽曰天灾流行，亦由人事不修之故。臣以为救其已然之灾，不若救未然之灾；救一二年之灾，又不若救千百年之灾。救一二年之灾，仓廪府库是也；救千百年之灾，江湖通达是也。江湖通达，然后田野丰登；田野丰登，然后仓廪盈溢；仓廪盈溢，然后府库充足，盗贼可息，词讼可简，教化可兴，礼乐可作，上下各安其分，神人各正其所，尚何灾患之足忧哉！荀卿曰："田野者，财之本也；仓廪者，财之末也；事业者，货之源也；府库者，货之流也。"然则江湖者，又本源之本源也。

九年，工部主事姚文灏筑沙湖堤。

府城东二十里曰沙湖，凡太仓、昆山、嘉定、崇明之人所必经者。其广袤各数十里，横绝道上，客舟以风涛之阻，集于岸下，多为盗劫。至是于道之南，截湖为堤。

十年，浚七丫浦。

十三年，府通判陈暐浚湖川塘。

祝允明《记》曰：太仓州北数里有塘曰湖川，延袤九万七千一百尺有奇。西分源于太湖，历娄江而下，由巴城湖、新塘以来汇，东连小塘子，贯石婆港，以达刘家河。海潮西突，巴城东注，清浊互啮。又刘家潮之纬州而西出者，由盐铁塘到湖川而定，东北自七丫港，而花蒲，而杨林塘。潮之来亦及湖川而尼，浑沙迎合，淀壅淀涔，可立而待。州民两奏浚之，未几复淤。

自徐昌桥至于金鸡口，八万五千一百尺，入昆山西段，又六千尺，广百尺，底广四十四尺，深九尺。

正德十六年，命工部尚书李克嗣发军民夫六十余万，起常熟东仓，至双庙，浚白茆港故道一万三千八百二十余丈，起双庙至海口，改凿新河三千五百五十余丈。又浚尚湖、昆承、阳城等湖支河一十九道，吴淞江下流六千三百三十余丈，并吴江长桥大石、赵屯、大盈、道褐等四浦，常州府乌泾等渎六十三，桃花等港、市河等河各四，湖州府大钱、小梅等河及溇港七十二。

嘉靖二十三年，巡按御使吕光洵开苏、松诸水。

光洵奏水利五事：一曰广疏浚以备潴泄，二曰修圩岸以固横流，三曰复板闸以防淤淀，四曰量缓急以处工费，五曰专委任以责成功。

何谓广疏浚以备潴泄？盖三吴之地，古称泽国。其西南翕受太湖、阳城诸水，形势尤卑。而东北际海冈陇之地，视西南特高。大抵高者其田常苦旱，卑者其田常苦涝。昔人治之，高下曲尽其制。既于下流之地疏为塘浦，导诸湖之水，由北以入于江，由东以入于海，而又畎引江潮，流行于冈陇之外，是以潴泄有法，而水旱皆不为患。近年以来，纵浦横塘，多湮塞不治，惟二江颇通：一曰黄浦，二曰刘家河。然太湖诸水，源多而势盛，二江不足以泄之。而冈陇支河，又多壅绝，无以资灌溉。于是上下俱病，而岁常告灾。臣据各府所报，河浦湮塞之处，在下流者以百计，而其大者六七所；在上流者亦以百计，而其大者十余所。治之之法，当自要害者始。宜先治淀山等处一带茭芦之地，导引太湖之水，散入阳城、昆承、三泖等湖。又开吴淞江并大石、赵屯等浦，泄淀山之水，以达于海。浚白泖港并鲇鱼口等处，泄昆承之水以注于江。开七浦、盐铁等塘，泄阳城之水，以达于江。又导田间之水，悉入于小浦，小浦之水，悉入于大浦，使流者皆有所归，而潴者皆有所泄，则下流之地治，而涝无所忧矣。乃浚臧村等港，以溉金坛；浚澡港等河，以溉武进；浚艾祁、通波，以溉青浦；浚顾浦、吴塘，以溉嘉定；浚大瓦等浦，以溉昆山之东；浚许浦等塘，以溉常熟之北。凡冈陇支河湮塞不治者，皆浚之深广，使复其旧，则上流之地亦治，而旱无所忧矣。此三吴水利之大经也。

何谓修圩岸以固横流？盖四府最居东南下流，而苏、松又居常、镇下流，其水易潴而难泄，虽导河浚浦，引注于江海，而每遇秋霖泛涨，风涛相薄，则河浦之水，逆行田间，冲啮为患。宋转运使王纯臣常令苏、湖作田塍御水，民甚便之。而司农丞郏亶亦云治河以治田为本，其说多可采行。臣尝询问故老，以为二三十年以前，民间足食无事，岁时得因其余力营治圩岸，而田益完美。近年空乏勤苦，救死不赡，不暇修缮，故田圩渐坏，而岁多水灾。是吴下之田，以圩岸为存亡也。失今不治，则坍没日甚，而农桑日蹙矣。宜令民间如往年故事，每岁农隙，各出其力以治圩岸。圩岸高则田自固，虽有霖涝，不能为害，且足以制诸湖之水，不得漫行而咸归于河浦。则河浦之水自高于江，江之水自高于海，不待决泄，自然湍流。而冈陇之地，亦因江水稍高，又得畎引以资灌溉。盖不但利于低田而已。

何谓复板闸以防淤淀？河浦之水，皆自平原流入江海，水漫而潮急，沙随浪涌，其势易淤，不数年，即沮洳成陆，岁修之，则不胜其费。昔人权其便宜，去江海十余里，或七八里，夹流而为闸。平时随潮启闭，以御淤沙，岁旱则闭而不启，以蓄其流，岁涝则启而不闭，以宣其溢。志称置闸有三利，盖谓此也。而宋臣郏侨亦云：钱氏循汉唐遗事，自松江而东至于海，又遵海而北至于扬子江，又沿江而西至于江阴界，一河一浦，大者皆有闸，小者皆有堰。臣按《郡志》，盖与侨之言颇合。然多湮废，唯常熟县福山闸尚存。正德间，巡按御史谢琛议复吴塘等闸而不果。即今金坛县议复庄家闸，江阴县议复桃花闸，嘉定县议于横沥、练塘等处各置闸如旧。臣访诸故老，皆以为便。以是推之，凡河浦入海之地，皆宜置闸，然后可以久而不壅，盖不独数处为然也。

何谓量缓急以处工费？夫经略得宜，则事易集；施为有渐，则民不烦。往岁凡有兴作，皆并役于一时，是以功未成而财食告匮。为今之计，宜令所在有司简勘某水利害大、某水利害小、某水最急、某水差缓。其最大而急者则今岁修之，次者明年修之，次者又明年修之，则兴作有序，民不知劳，而其工费之资亦可以先时而集矣。但方今岁时荒歉，公私俱绌，既不可加敛于民，而内帑又不敢望，乞将见查节年未完钱粮，系粮解大户侵欺者，督令有司设法清追。自嘉靖二十四年以后者，照旧起解；二十三年以前者，量支数十余万两，存留在官。略仿宋臣范仲淹以官粮募饥民修水利之法，行令有司查审应赈人数，籍其老病无力者为一等，壮健有力者为一等，无力者日给米一升，听其自便；有力者日给米三升，就令开浚。通将前项官银及赈济钱粮一体通融给散，各另造册查考，则官不徒费，民不徒劳，所谓一举而两利者也。以后年分，每于冬月募民兴作，至次年二月而罢。其费用皆取于侵欺，不足则继之以赃赎，大约三四年而止，通计所费不过三四万，而水利大治矣。夫计利害者必权轻重。四府所入，岁不下数百万，而今年一遇灾伤，放免者即三四十万，他日荒亡逋负不能追征者，又不知几十万。以此较彼，孰得孰失，不待再计而决也。

何谓专委任以责成功？夫论事非难，而建事为难；建事非难，而成事为难。臣尝仰稽先朝大臣奉命经理吴中者凡数十余人，其有功于水者，殆不过数人。惟正统间巡抚、侍郎周忱功效最著，吴民至今思之。夫忱之才固有过人者，盖亦先朝委任特专，而历年又久，故忱得以尽行其志。近来江南数被水患，常遣大臣疏治，多欲以岁月成功，故虽贤者亦不暇为国远虑。此臣所谓成事之难也。臣愿申明先朝委任周忱事例，特敕抚臣务为长久之计，凡一应钱粮、夫役，与夫疏治经略之宜、工成缓急之序，听其以便宜从事而责成功焉。其府、州、县有司官员，凡遇升迁行取给由者，皆必考其水利有效，方许离任。其迁延玩愒，及处置乖方，费财而偾事，仍听臣等随事纠治，以惩不恪。如是，则事有定规，人有定志，而成功可期矣。

此五者，治水之要也。然臣犹有三虑焉。臣闻群志难集，浮言易兴，是以事每阻于旁挠，功多毁于垂成。臣窃见上流咽喉之地，淤淀丰衍，多为民间所据，一旦欲取而疏之，是必游扬其说，以为兴作不便，此臣之所虑者一也。工役之废，出于侵欺，而善侵者类多豪猾，凭借根连，坚不可破。臣尝廉治二十余人，而有司皆畏其口语，莫敢穷竟。今欲悉其类而清之，亦必游扬其说，以为兴作不便，此臣之所虑者二也。郡县有司，咸受约束，而责以成功，其志在生民者，固皆欣然乐于从事矣，而其因循观望、随俗俯仰以规速化者，亦必游扬其说，以为兴作不便，此臣之所虑者三也。臣愚以屏此三者，而后五事之功可成也。

隆庆三年，命巡抚、都御史海瑞开白茆港、刘家河、黄浦港诸海口及湖、浦、泾、溇并浙、直交界湮塞处所。（注十二）

时江南大饥，疏留苏、松、常三府漕粮二十万石，募民兴工，开吴淞江自王渡起至宋家桥口七十里，并以余剩工银开白茆港。

万历三年，又开黄浦、白茆、吴江诸湮塞口及修浙江海宁、海盐等县冲坏海塘。其海盐石塘，南环澉浦，北接金山、上海等界，尤为要害。越三年，工成。

弘光元年，命工部主事朱子觐开吴淞江，以国难不果。

归有光曰：吴地庳下，为民利害尤剧，治之者皆莫得其源委，禹之故迹，其废久矣。太湖之广三万六千顷，入海之道独有一路，所谓吴淞江者。顾江自湖口距海不远，有潮泥填淤反土之患，湖田膏腴，往往为民所围占，而与水争尺寸之利，所以淞江日隘。议者不循其本，沿流逐末，取目前之小快，别浚浦港以求一时之利，而淞江之势日失。所以沿至今日，仅与支流无辨，或至指大于股，海口遂至湮塞，此岂非治水之过与？盖自宋扬州刺史、始兴王浚以淞江沪渎壅噎不利，从武康纻溪为渠浛，直达于海，穿凿之端自此始。夫以江之湮塞，宜从其湮塞而治之，不此之务而别求他道，所以治之愈力而失之愈远也。嗟夫！后世之论，徒区区于三十六浦间，或有及于淞江，亦不过浚蟠龙、白鹤汇，未见能旷然修禹之迹者。宜兴单锷著书，为苏子瞻所称。然欲修五堰，开夹苎干渎，绝西来之水不入太湖，殊不知扬州薮泽，天所以潴东南之水也。今以人力遏之，夫水为民之害，亦为民之利，就使太湖干枯，于民岂为利哉！禹治四海之水，而独以河为务，此所谓执其利势者。故余以为治吴之水，宜专力于淞江。淞江既治，则太湖之水东下，而余水不劳余力矣。单锷以吴江堤横截江流，而岸东江尾茭芦丛生，泥沙涨塞，欲开茭芦之地，迁沙村之民，运去涨土，凿堤岸千桥走水，而于下流开白蚬、安亭江，使湖水由华亭、青龙入海，虽知松江之要，而不识《禹贡》之三江，其所建白犹未卓然，所以欲截西水，壅太湖之上流也。苏轼有言：欲松江不塞，必尽徙吴江一县之民。此论殆非锷之所及。今不镌去堤岸，而直为千桥，亦守常之论耳。崇宁二年，宗正丞徐确提举常平，考《禹贡》三江之说，以为太湖东注，淞江正在下流，请自封家渡古江开淘至大通浦，直彻海口。当时唯确欲复古道。然确为三江之说，今亦不可得而考。元泰定二年，都水监任仁发开江自黄浦口至新洋江，江面才阔十五丈，仁发称：古者江狭处犹广二里。然二里，即江之湮已久矣。自宋元嘉中，沪渎已壅噎，至此何啻千年。郏氏云："吴淞古道，可敌千浦。"又江旁纵浦，郏氏自言小时犹见其阔二十五丈，则江之广可知。故古江蟠屈如龙形，盖江自太湖来源不远，面势既广，若径直，则又易泄，而湖水不能蓄聚，所以迂回其途，使如今江之浅狭，何用蟠屈如此？余家安亭，在淞江上，求所谓安亭江者，了不可见。而江南有大盈浦，北有顾浦，土人亦有三江口之称。江口有渡，问之百岁老人，云：往时南北渡，一日往来仅一二回。可知古江之广也。本朝都御史崔恭凿新道，自大盈浦东至吴淞江巡简司，又自新江西南蒲汇塘入江，自曹家河直凿平地至新场，江面广十四丈。夫以郏氏所见之浦尚有二十五丈，而都水所开江面才及当时之浦，至本朝之开江乃十四丈，则兴工造事，以今方古，日就卑微，安能复见禹当时之江哉？汉贾让论治河，欲北徙冀州之民当水冲者，决黎阳遮害亭，放河北入海，当败坏城郭、田庐、塚墓以万数，以为大禹治水，山陵当路者毁之，堕断天地之性，此乃人功所造，何足言也。若惜区区涨沙茭芦之地，虽岁岁开浦，而支本不正，水终横行。今自嘉靖以来，岁多旱而少水，愚民以为不复见白水之患。余尝闻正德四年秋，雨七日夜，吴中遂成巨浸。设使如汉建始间霖雨三十日，将如之何？天灾流行，国家代有，一遇水潦，吾民必有鱼鳖之忧矣！或曰："今独开一江，则其余溪港当尽废耶？"曰：禹决九川，距四海，浚畎浍，距川。江流既正，则随其所在，可钩引以溉田亩。且江流浩大，其势不能不漫溢，如今之小江，尚有剿娘江分四五里而合者，则夫奇分而旁出，古娄江、东江之迹，或当自见。且如刘家港，元时海运千艘所聚，至今为入海大道，而上海之黄浦，势犹汹涌，岂能废之？但本支尊大，则支庶莫不得所矣。

又《奉熊分司书》曰："闻永乐初，夏忠靖公治水于吴，朝廷赐以水利书。"夏公之书出于中秘，求之不可得见，独于故家野老搜访得书数种。尝见汉世国家有一事，必令公卿大臣与博士、议郎杂议。始元中，诸儒相论难盐铁。及宣帝时，桓宽推衍之至数万言，而盛称中山刘子、九江祝生之徒，欲以究成治乱，定一家之法。某所取水利论，仅止一二，然以为世所传书，皆无逾于此者。郏大夫考古治田之迹，盖浚畎浍距川、潴防沟，遂列浍之制，数千百年，其遗法犹可寻见如此。昔吴中尝苦水，独近年少雨多旱，故人不复知其为害，而堤防一切废坏不修。今年雨水，吴中之田淹没几尽，不限城郭、乡村之民，皆有为鱼之患。若如郏氏所谓塘浦阔深而堤岸高厚，水犹有大于此者，亦何足虑哉！当元丰变法，扰乱天下，而郏氏父子，荆舒所用之人，世因以废其书。至其规画之精，自谓范文正公所不能逮，非虚言也。单锷本毘陵人，故多论荆溪、运河古迹、地势蓄泄之法。其一沟一港，皆躬自相视，非苟然者。独不明《禹贡》三江，未识淞江之体势，欲截西水入扬子江上流，工绪支离，未得要领。扬州薮泽曰具区，其川三江，盖泽不患其潴，而川患其不流也。今不专力于淞江，而欲涸其源，是犹恶腹之胀，不求其通利，徒闭其口而夺之食，岂理也哉？近世华亭金生纲领之论，实为卓越。然寻东江古道，于嫡庶之辨终犹未明。诚以一江泄太湖之水，力全则势壮，故水驶而常流；力分则势弱，故水缓而易淤。此禹时之江所以能使震泽底定，而后世之江所以屡开而屡塞也。淞江源本洪大，故别出而为娄江、东江。今江既细微，则东江之迹灭没不见，无足怪者。故当复淞江之形势，而不必求东江之古道也。周生胜国时以书干行省及都水营田使司，皆不能行。其后伪吴得其书，开浚诸水，境内丰熟，迄张氏之世，略见功效。至论淞江不必开，其乖谬之甚有不足辨者。寻周生之论，要亦可谓之诡时达变，得其下策者矣。某独谓大开淞江，复禹之迹，以为少异于前说。然方今时势财力，诚未可以及于此。自执事秉节海上，迩者风汛稍息，开疏瓦浦，五十余年湮没之河一旦通流，连月水势泛滥，凡瓦浦之南相近二十余里，水皆向北而流，百姓皆临流叹诵明公之功德。盖下流多壅，水欲寻道而出，其势如此。不得其道，则弥漫横暴而不制，以此见淞江不可不开也。淞江开，则自嘉定、上海三百里内之水，皆东南向而流矣。顷二十年以来，淞江日就枯涸，惟独昆山之东、常熟之北，江海高仰之田，岁苦旱灾，腹内之民宴然不知，遂谓江之通塞，无关利害，今则既见之矣。吴中久乏雨水，今雨水初至，若以运数言之，恐二三年不止，则仍岁不退之水何以处之？当此之时，朝廷亦不得不开江也。天下之事，因循则无一事可为，奋然为之，亦未必难，明公于瓦浦实亲试之矣。且以倭寇未作之前，当时建议水利，动以工费无所于出为解。然今十数年遣将募兵，筑城列戍，屯百万之师于海上，事穷势迫，有不得不然者。若使倭寇不作，当时有肯捐此数百万以兴水利者乎？若使三吴之民尽为鱼鳖，三吴之田尽化为湖，则事穷势迫，朝廷亦不得不开江矣。弘治四五年大水，至六年，百姓饥疫死者不可胜数。正德四年亦如此。今年之水不减于正德四年，尚未及秋，民已嗷嗷矣。救荒之策，决不可缓，欲望早为措置米谷，设法赈济。或用前人之法，召募饥民，浚导淞江。姑且略循近世之迹，开去两岸茭芦，自昆山慢水江迤东至嘉定、上海，使江水复由跄口入海。放今年停潴之流，备来年荐至之水，亦救时之策也。

按：水利之说不一，而总其要，不过三四端而已。其曰复溧阳之五堰、杭州之长河堰、常州之望亭堰，务使水不入于太湖者，此杀其上流之说也。其曰开吴淞江、刘家河、白茆、七丫诸浦，使水或南或北，并入于海，此决其下流之说也。于江河之旁，仿古人之迹，各分为塘浦，是又于下流而贯通之也。筑圩岸以围田，作堰以遏水，使之毕归于塘浦，而东去之水自然满盈迅疾，所以为内之势也。置闸以限海水之至，使沙不入而水易出，所以为外之坊也。是数者尽之矣，而归氏之论，尤为卓越，故著之篇终，以俟有王者作，权乎时而行之，以为东南万世之利焉。

大明弘治八年，令浙江按察司管屯田官带管浙西七府水利，仍设主事或郎中一员专管，三年更代。

正德九年，设郎中一员，专管苏、松等府水利。十二年，遣都御史一员，专管苏、松等七府水利。

十六年，遣工部尚书一员，巡抚应天等府地方，兴修苏、松等七府水利，浙江管水利佥事听其节制。寻设郎中二员于白茆港、吴淞江，分理开浚。

嘉靖三年，罢苏、松等府管水利郎中，仍行浙江管水利佥事带管。

六年，令巡抚官督同水利佥事用心整理苏、松水利，毋得虚应故事。

十三年，令各处按察司屯田官兼管水利。

四十五年，题准东南水利不必专设御史，令两浙巡盐御史兼管。

隆庆六年，特降敕书，以东南水利专责成巡抚。

万历三年，令巡江御史督理江南水利。

漕运

运河南自杭州来入吴江县界，由石塘北流，经府城，又北绕白公堤，出望亭，入无锡界，达京口。隋大业六年，敕开江南河，自京口至余杭郡八百余里，面阔十余丈，拟通龙舟，巡会稽。《宋史》：浙西运河自临安北郭务至镇江江口闸六百四十一里。

兵防

郑若曾曰：或问苏之险要有几？曰：倭寇之犯郡城也，水港浩繁，塍路交错，所当控扼者不过十四处而已。请详言之。贼若自海口而入，则嘉定之吴淞江、黄窑港，太仓之刘家河、七丫口，四者其险要也；若自大江而入，则常熟之福山港、许浦、三丈浦，三者其险要也。此皆本府险要之在外境者也。能守此七处，不容贼舟轻入，则一州六县皆晏然无虞，况府治乎！但海滨不止于嘉、太两邑，在南则嘉兴之海盐、平湖，在东南则松江之华亭、上海皆是也。江口亦不止于常熟，在西北则常州之江阴、武进，镇江之丹阳、丹徒皆是也。镇江路远，且置勿论。嘉、松、常三郡江海口岸，贼一内犯，则长驱至苏。苏之所恃以御之者，不在于交界设险乎？此之谓腹内险要也。若不能守而纵贼过界，则海口、江口所设之险均为无用，与不设同。故设险外境，制敌上游，策之上也。而腹内险要，亦不可视为轻缓。在南方，则吴江之平望，所以御海盐、平湖之冲；长洲之周庄，所以御华亭南路之冲。在东南，则长洲之陈湖，所以御华亭中路之冲；昆山之碛礇、安亭，所以御华亭、上海之冲。为途不同，同于备海寇之深入也。在北方，则长洲之蠡口，所以御无锡间道之冲；长洲之望亭，所以御江阴南来之冲；吴县之太湖、洞庭两山，所以御江阴、无锡、武进寇舟逸入之冲。为途不同，同于备江寇之深入也。总而计之，外境之险要有七，腹内之险要亦有七，皆苏郡之安危所系也。

财赋

丘濬《大学衍义补》曰：臣按韩愈谓赋出天下，而江南居十九。以今观之，浙东西又居江南十九，而苏、松、常、嘉、湖五郡又居两浙十九也。考洪武中，天下夏税秋粮以石计者总二千九百四十三万余，而浙江布政司二百七十五万二千余，苏州府二百八十万九千余，松江府一百二十万九千余，常州府五十五万二千余。是此一藩三府之地，其民租比天下为重，其粮额比天下为多。今国家都燕，岁漕江南米四百余万石以实京师，而此五郡者，几居江西、湖广、南直隶之半。自宣德、正统以来，每择任有心计重臣巡抚其地，以司其岁入。盖以此地朝廷国计所资故也。窃以苏州一府计之，以准其余。苏州一府七县，其垦田九万六千五百六顷，而居天下八百四十九万六千余顷田数之中，而出二百八十万九千石税粮于天下二千九百四十余万石岁额之内，其科征之重、民力之竭，可知也已！谚有之曰：“苏松熟，天下足。”伏愿明主一视同仁，念此五郡财赋所出，国计所赖，凡百科率，悉从宽省。又必择任巡抚大臣，假以便宜之权，任其从宜经制，而不拘以文法，必使上无亏于国计，下不殚于民力，一方得安，则四方咸赖之。

杨芳曰：元耶律楚材定天下田税：上田，亩三升；中田，二升五合；下田，二升；水田，五升。我朝天下田租，亩三升三合五勺。苏、松后因籍没，依私租额起税，有四五斗、七八斗至一石者。苏在元粮三十六万，伪吴百万，今二百七十余万矣。臣按今日粮额之重，莫甚于苏州矣。然国初民田大率以五升起科，则固未尝有增于耶律楚材所定之额也。惟抄没之田最重，有至一石以上者。而苏在国初克平伪吴之后，抄没独多，故总计之有二百八十万之额，安有圣祖而为加赋之事乎？迨后宣庙深悯斯民之困，下诏每田一亩纳粮，自一斗至四斗者，各减十分之二；自四斗一升至一石以上者，各减十分之三，永为定制。然一石而减其三，犹是七斗，而民困未苏。至嘉靖中，巡抚欧阳铎始行牵耗之法，均其税于民田，而各县之田皆不及四斗，人以为便。此因一时裒益之权，然使当日五升起科之田，莫非三斗以上小民自有之田，与抄没者同其科，而久远之后，遂忘圣祖取民中正之大制。后之人不考其本，相传之妄，至谓太祖忿东吴久抗王师，而重其赋者（庶吉士张溥《文集》）。耗之法，太祖止科抄没之田，原未概加三吴之赋。至于蠲免之恩，在洪武中，苏州止蒙一次，自缘入版图之日浅耳，岂有以一士诚之故而并罪其民乎？圣明在上，念一方之困已二百八十年，而又念今日所谓抄没之田，并已子孙数十传，忘所自来，以为己有，而册籍亦多不存，倘得一切举而平之，俾得比于民田之赋，即不敢望复五升之额，而则为三壤，不过一二倍之而止。其他各郡以次推行，使三吴之田旷然一反古初之旧，而圣祖中正之制亦大白于天下。朝廷获减赋之名，而岁入之数无损于宋、元之盛，岂非一方之幸哉！

吴　县

疆域

附府城西。

巡司

木渎巡检司、东山巡检司、角头巡检司（旧有横金巡检司，革）。

山水

阳山一名秦余，杭山一名万安，在府城西北三十里，逶迤二十余里。其大峰一十五，而箭缺为绝顶。《战国策》云：越王以散卒三千擒夫差于干隧。今万安山有遂山是也。其下有射渎。

横山在府城西南二十里，隋初尝迁郡于此。

太湖中山有七十二，而洞庭东、西二山为大。又其大者曰马迹山，今属武进县。

东山一名莫厘山，去胥口西南四十里，周回四十里。国初原属角头巡司，因去西山辽绝，复置东山巡司以辖之。居民稠密，商贾为业，重利而轻生，一遇寇警，合山之人齐奋而出，自相抗御。嘉靖中，设兵哨营寨有八：在北曰嘶马哨，曰梁山哨；在南曰渡船营；在东曰北湖口；在西曰长圻寨；在东北曰烽折哨；在西北曰毛园哨；在西南曰葑山营。各统之以耆民、团长。

西山古名洞庭山，一名包山，一名林屋山，去胥口西八十里，周回一百三十里，角头巡司在焉。庐聚物产，大略与东山同，盗素难犯。嘉靖甲寅，倭寇登劫，一艅为团长徐木等所截，自黄麻门从漫山而下，向空湖常州境去；一艅为耆民周瓒等所逐，至独山，转战三四十合，往无锡境去。盖山民重于保家而轻于用命，又其在湖诸船素狎风涛。设旱寨有六：北曰大胜，南曰石公，东曰元山，西曰角山，东南曰龟山，西南曰庙山。各领之以团长、队长。

苏州出湖有二口：曰胥口，曰鲇鱼口。胥口在府城西四十里。周益公《游山录》云：太湖东边，两山对峙，南曰胥山，北曰香山，中一水曰胥口，盖太湖支流之东出者也。凡至东、西二山，并由此道。鲇鱼口在府城南十五里。

石湖在府城西南一十二里，西南通太湖，东北一水入横塘，曰越来溪。

澹台湖在府城南一十八里，东接运河。

郊聚

木渎镇在县西南三十里，西出胥口。横金镇在县西南三十里。光福镇在县西五十里，邓尉山下。

古迹

姑苏台在县西南三十里，横山西北麓。

长洲县

疆域

附府城东。

巡司

吴塔巡检司、陈墓巡检司（旧有塘浦巡检司，革）。

山水

虎丘山在府城西北七里，吴王阖庐葬此，上有剑池。阳城湖在府城东北二十里，界长洲、昆山二县之间，周回□□里，汇诸水东北入于海。至和塘在府城东，自娄门至昆山七十里，宋至和二年，昆山主簿丘与权筑，中为桥梁五十二。其南为沙湖，北为阳城湖，而至和塘隔绝其中。沙湖在府城东二十里，横绝昆山道上，风涛为患。弘治九年，工部主事姚文灏于塘之南截湖为堤，广三丈，袤三百六十丈。陈湖在县东南三十五里，自葑门瓦屑泾东行，历王墓、大姚而注淀山、谢泽、圆泖，入华亭界。蠡湖。

郊聚

浒墅镇在县西北二十五里，南北运道之要冲，户部分司在焉。甫里镇在县东南四十里角直浦上，东接昆山界。陈墓镇在县东南五十五里，东接昆山界，南近淀山湖。陆墓镇在县北二十里。尹山市在县东南二十里，南接吴江界。臣按：吴县所辖皆山，防守止一太湖而已。长洲分界在府南、东、北三面，并皆水道，旁接三县，又当海口东来之冲，故嘉靖中设营防守之制尤详，合具载于左。陆泾坝在娄门东六里，嘉靖中，兵部任环破倭于此。长洲之东四十里至陆市铺，而交昆山县界，旧之设险者凡三重焉：官渎桥营所以捍卫娄门，为第一重也；陆泾桥筑土坝，建木城、敌楼，设团营于阳城湖滨，所以为唯亭、官渎二营之策应，乃第二重也；最东近陆市浦，设小唯亭营，所以御敌之来，若外户然，乃第三重也。其北阳城村团营、相城团营，皆为湖防而设，荻匾团营乃为彭淹而设，皆所以羽翼陆泾、官渎者也。葑门东六里为黄石桥营，又六里为金鸡淹，又六里为斜塘营，又六里为唐浦巡司，乃吴淞江转折而南处也，土坝在焉。自此而东为甪直浦，与昆山交界。葑门之东南三里有瓦硝泾，在蔑渡桥北，从此泾入，历黄天荡六里至渎墅湖，又三里至镬底潭，又东八里至陈湖，又东南至淀山湖，又东南至泖塔湖，并旷野，难于设备。惟镬底潭有村落，可以控三泖之路。葑门直南而行，历蔑渡桥营、尹山镇而浮桥锁于水口者，夹浦也，乃吴淞江之上流也。东通淀湖、三泖，西对夹泾港，连太湖，南抵吴江诸江，北接长洲尹山诸湖。贼舟若至夹浦，则南犯吴江，北犯长洲，势不可遏矣。夹浦设团营官兵，而其东吴淞江、章练塘又各设兵，所以为外障也。齐门外直北五里为陆墓，又五里为周泾铺，又二里为蠡口巡司。从此而北至永仓敌楼，与常熟接壤，所谓常熟官塘是也。通计团营之设者七：无量营、石家浜营夹塘东西而立，乃齐门外第一层险也；陆墓营、南桥镇营亦东西夹塘而设，乃第二层也；陆墓之北为蠡口营，蠡口之西北为冶长营，冶长之东北为永仓营，其形若鼎足者，乃第三层也。塘之东为彭堰，为阳城湖、施泽湖，直通常熟、昆山二县。塘之西为长荡，为曹湖，为黄埭荡，直通无锡县。若蠡口者，郡城之北门也。又有钱万里桥团营，则缘郡城西北空野，其水与长荡相连而设，露城镇团营，则缘郡城东北空野，其水与阳城湖相通而设，一则为娄、齐门之羽翼，一则为阊门之羽翼也。吴塔在县北五十五里常熟界，旧设巡司，今移蠡口。阊门外要冲莫若浒墅。往年倭寇五十三人自南京至吴县之横泾，为官兵所截，正由乎此。其南为枫桥，商贾骈集，乃入苏之正道也。又有虎丘山塘泾，货物亦阜，乃入苏之间道也。今设浒墅镇营，其北又设望亭团营。

吴江县

疆域

在府东南四十五里。

城

周五里二十七步。

驿

平望驿（旧有松陵驿，革）。

巡司

震泽巡检司、汾湖巡检司、平望巡检司、同里巡检司、简村巡检司（旧有长桥、澜溪、因渎三巡检司，俱革）。

形胜

松江太湖，水国之胜（宋《范成大集》）。

山水

太湖在县西二里，入湖有三路：西北曰柳胥，西南曰简村，其一则西郊。

徐师曾《志》曰：太湖中一十八港，枢纽湖心，朝夕吞吐，利害最大。其西之田日蚀于湖者，谓之坍湖，其东之沙日涨为田者，谓之新涨（岁有新增，其数难定），各以万计。东南二湖俱成原隰，则壤为科亦以万计。城南高壤俱成民居，今之议水利者，每于斯而叹息焉。

又曰：坍湖、新涨，本同一体。然坍湖出于天数，新涨则犹有人助焉。近年以来，坍者少，而涨者多。盖田芦苇日蕃，则沙泥易积，非若坍湖之专俟乎风涛也。又其地充斥，难于丈量，故易隐而难明，其为水利之害，非一日矣。

松江一名吴淞江，《禹贡》三江之一也。枕县东门，自长桥下东流至尹山，北流至甫里，东北流至淀山，北合赵屯浦，又东合大盈浦，又东合顾会浦，又东合松子浦，至宋家桥与黄浦合流入海，其口名曰沪渎。

莺脰湖在县南四十里，源自天目，东流至荻塘，会烂溪水，并出平望汇于此。

汾湖在县东南六十里，与嘉兴分界，东出三泖。

庞山湖在县东北三里，太湖水自长桥东北入此，合吴淞江东注。

白蚬江在县东南四十里，或云即古之东江。

荻塘自平望镇西行，至乌程县南浔镇，凡七十里。

关梁

长桥在县东门外。宋庆历八年，县尉王廷坚建，以木为之，东西千余尺，桥中有垂虹亭。元泰定二年，判官张显祖甃以石，下开六十二洞。至元十二年，增开八十五洞。

《志》曰：桥之西北有渚，曰叶家汇，又名荡上。沿城二里涨为民居，太湖、松江吞吐之交，自来言水利者往往以桥为碍。但其来已久，居民千计，又难轻议。惟宜节制，毋令日填月筑，以塞江口可矣。

宋时有减水则石二，各长七尺有奇，树于垂虹亭之北。其左一石横为七道，道为一则，以下一则为平水之衡。水在一则，则高低田俱无恙；过二则，极低田淹；过三则，稍低田淹；过四则，下中田淹；过五则，上中田淹；过六则，稍高田淹；过七则，极高田俱淹。如某年水至某则为灾，即于本则刻之曰："某年水至此"。每年各乡报到灾伤，官司虽未及远临踏勘，而某等之田被灾，已预知于日报水则之中矣。其右一石分为上、下二横，每横六直，每直当一月。其上横六直刻正月至六月，下横六直刻七月至十二月。月三旬，故每月下又为三直，直当一旬。三季二十九旬，凡二十九直。其司之者，每旬以水之涨落到某则报于官，其有过则为灾者，刻之法如前。

沈啓曰：二碑石刻甚明，正德五年犹及见之。其横第六道中刻"大宋淳熙三年水到此"，第七道中刻"大元至元二十四年水到此”。正德五年大水，城中街路皆断不通，人往稽其碑，水到六则，与宋淳熙中同，则元之水犹过也。今石尚存，而宋、元字迹与横刻之道尽凿无存矣。

郊聚

平望镇在县南五十里，为嘉兴、湖州二府必由之路（其南三十里曰王江泾，秀水界。其西为荻塘，入乌程），宋置寨，伪吴张士诚尝筑城于此。嘉靖三十三年，为倭所焚。三十四年，复犯平望，知县杨芷守盛墩（在平望之北），幕府调宣慰彭荩臣兵二千至，大败之于平望。

徐师曾曰：平望，邑之屏蔽也，雄据南北，战守咸宜。使城尚存，则乙卯之变岂至此极乎？小民吝于用财，有司沮于浮议，此识者之所深忧也。

烂溪在县西南一十八里，北连莺脰湖，为苏、嘉、湖三府之界诸水之所会也。乌镇为湖州望镇，而烂溪之南，实抵镇之北栅，故甲寅之乱，寇屡经此。旧设巡司，国初移置严墓村，万历初革。

震泽镇在县西南九十里，北滨太湖，东通莺脰，西接南浔，南连诸漾，凡嘉兴以北、湖州以东诸水悉会于此。

夹浦在县北一十里，乃吴淞江之上源，太湖之委流也。贼若自吴淞江而来，南犯吴江，北犯长洲，此为分踪要冲。或寇入太湖，欲出东海，而由鲇鱼口、瓜泾港以来，亦自夹浦桥出，乃往来必经之道也。况为运河关隘，贼若据此，则本县与郡城声援不相接矣。此为县北第一要害。

鲇鱼口在太湖之北，距县治十八里南，受太湖北流，汇为鹭塘，又北过五龙桥，入吴县界，为盘门运河，为古塘口，入长洲县界，为澹台湖，与运河合。贼若自郡城走吴江，必自五龙桥出鹭塘，或从太湖，或从古塘，而鲇鱼口乃必由之道也。

简村在县西南一十里，北至鲇鱼口，南至震泽镇。旧设巡司于此，国初移置充浦村。

同里镇在县东一十里，四面皆湖，民居稠密，县东之藩篱也。贼若自松江而来，由三泖、淀山而至，或自昆山而来，由新洋江、甪直而至，则同里并当其冲。

汾湖东通三泖，西接胜墩。贼自松江而来，此亦一大道也。

臣按：吴江一县界浙、直之间，当运道之冲，天下有变，所必争之地。而淞江一带，限乎其中，宋人所谓重江之险者也。考之于史，越伐吴，吴子御之笠泽。南齐王敬则反，吴郡太守张瑰拒之于松江。梁侯瑱追侯景，及于松江，并在今吴江之境。其时未立县治，故以水名其地也。宋建炎二年，高宗幸杭，命张俊以八千人守吴江。四年，以巨师古守吴江。五年，金人自南来，师古兵溃，当日有焚桥之议者，亦以江流迅急，阻水易守也。迨元至元十三年，伯颜引兵南下，而置镇守长桥水军万户府者，亦虑宋人之扼水而断其后也。自泰定中立石桥，截江而为陆路，京口一骑可达钱塘，而松江之险失矣。然运道之外，四郊泱莽，皆为水区，非舟不通。而又西南抵苕、霅，西北至宜兴，东出吴淞江口，则此一邑者，固水中之衢地也。水窟深阻，盗贼固之，故国初巡司之设，每邑仅二三，而吴江遂至于八。及海寇之作，吴江以腹内之邑，而出入独多。盛墩一捷，倭气遂沮，则此邑之伏戎，亦不易防也哉！

常熟县

疆域

在府北一百五里。

城

周九里三十步。

巡司

许浦港巡检司、白茅港巡检司、黄泗浦巡检司（旧有福山港巡检司，革）。

形胜

滨江控海，吴之北门（《县志》）。

山水

虞山在县治西北。《越绝书》云：古巫咸所居。其上有仲雍墓。

福山在县北三十六里，下临大江，与通州狼山相对。宋置水军寨，今为福山镇。嘉靖中，为倭寇出入之道，乃筑堡，设把总水兵于此。

郑若曾曰：常熟为苏之北门，而福山又常熟之北门也。旧有巡司，而嘉靖中又设把总指挥，统水兵在江巡哨，府县官统陆兵在镇屯守，可谓密矣。然寇犯本港，须自三爿高家县后以至三沙，然后西至本港。则三沙之防守，尤所当重。必须奏分苏州一所官军常川住扎，如吴淞江事例，方为长策。又修复五代钱氏建闸之制，外可以限海舶之来，而内可以节水，兵农两利之道，莫善于此。

尚湖在县西南四里。

华荡在县西南十五里。

昆承湖在县东南五里。

白茆港在县东北八十里，自县城东南受尚湖、昆承湖诸水，东北入于海。国初置巡简司。天顺五年，置寨。每春夏，苏州卫分委指挥一员、千户二员、百户四员，领军士四百余人至此操练备倭。

万历三十四年，知县耿橘《水利书》曰：白茆港自本县东南门起至于海，长八十里而遥。凡太湖之水，自长洲、无锡而下者，若蠡湖，若常熟塘，若阳城、傀儡、巴城等湖，皆会于本县之华荡、昆承湖、尚湖，由白茆入海。故白茆通，则长洲、无锡东注之水咸有所泄，太湖底定，而常熟为乐国；白茆不通，则常熟为巨浸，而长洲、无锡诸水皆无所泄，而太湖不定。国朝开浚之役凡五举，若夏司农公原吉、徐司空公贯、李司空公充嗣、海都御史公瑞、林侍御公应训，咸后先相继主其事者，而经费有繁简之异，享利有久暂之殊，何耶？自今考之，有调夫旁郡二万余人者，有大发近郡徒卒、工费视前加倍者，皆载在志书。而海公、林公之役，犹有卷可查。海公之役，计费四万有奇，不三年而旋淤，说者谓稽查无法、委任欠当之故，是非卑县之所敢知。林公之役，费不过二万五千，而迄今廿余年，吴地无苦大旱、大涝者，咸颂德林公不衰焉。奈何数年来此港淤沙渐起，日甚一日？

识者谓有海变桑田之势。今查自海口至于墩头三里间，一带阴沙，或东或西，恒无定势，其水深不过一二尺，此为塞涨之根。自墩头而西抵于雉浦七十余里之间，虽淤疏相间，然大半浅狭矣。浅者水不过一二尺，狭者仅容一舠。吁，可畏哉！卷查万历七年林公之役，实浚者不过中间四十五里长，自海口至横塘二十一里，自归家桥至东南门一十五里，当时俱未之淤、未之浚也。夫横塘以东、归家桥以西，当时既系深阔，则其中间四十五里之内，定未必如今日之浅狭。矧今日之浅狭者且有七十里之遥也，一旦告塞，无论边港高区，失其灌溉之利，而县南、东南、西南一带低区，东泄之道既绝，西来之水日潴，不必于大涝之年，而滔天之势已在目中。万一商羊为灾，有不敢逆料逆言者。当其时其势，常熟必为长洲、无锡之壑；华荡、昆承湖、尚湖不安其位，长洲、无锡必为太湖之壑；蠡湖、常熟塘、阳城、傀儡、巴城等湖俱不安其位，太湖必将泛溢而靡定也。吁，可畏哉！本县查看水利，白茆港不敢不列于急浚之条，以告于当事者。

郑若曾曰：港口西距县治九十里，东临大海。洪武初，本港原设巡简司。天顺初，因江面水阔，倭舶乘风而上，辄抵城下，添设官兵，立教场操演，为防春之计。成化中，置营寨、官厅、鼓楼、军房七十余间。嘉靖中，因倭寇，复拨卫所官兵及游兵把总广、福、苍沙等船，水陆防守，且建朱家堡于近地，较之国初，声势十倍。然寇所从入之路，必自东北洋乘轻舸，道三爿高家县后以至三沙，视风汛之顺逆以犯福山、白茆而犯本港之路，则登舟沙其紧要门户也。若遏之于登舟之东北，贼不能登犯本港矣。此又拒寇于上游之策也。

许浦在县东北七十里，西接梅李塘，北入大江。宋设水军寨二，以都统制领之。国初，改为巡检司。

郑若曾曰：许浦要害与白茆同。宋详于本港而略于白茆，我朝则反其制，何也？许浦在宋时为大道，故苗、刘之变，韩世忠提兵勤王，李宝奏胶西之捷，皆由此入。今其壤半啮于江，存者亦涨而为田矣。近年，倭寇屡从此岸陆行至梅李，盖避白茆、福山兵船之阻，而乘我之无备也。本港司兵不足以当之，寇遂横行掳掠，或直捣城下。今宜设兵船于此防御，而团结乡兵为扼险之计，水陆两利矣。

福山塘自县北门行三十六里入大江，福山渡在焉。元末，张士诚由此入据全吴。

奚浦在县西北七十里。

三丈浦在县西北八十里，迤而二里为黄泗浦，并北通大江。嘉靖乙卯，三丈浦尝为贼巢，参政任环歼贼于此者再，乃遁去。

州塘自县南门八十里至府城齐门，本名元和塘，一名云和塘，唐元和四年，郡守李素筑。

郊聚

梅李镇在县东北三十六里，又东北为许浦，东南为白茆，西北为福山，道里适中之地。吴越钱氏遣二将梅世忠、李开山戍此以防江，故名。嘉靖中，贼首刘鉴自许浦入寇，尝巢于此。

吴塔在县南三十里，与长洲分界，在尚湖、华荡之东南，蠡口之东北。其南为入苏大道，而华荡、蠡口皆通无锡。往年贼自无锡而来，北入三丈浦贼巢，尝由此道。而掠洞庭两山之贼，过齐门去者，亦此道也。设巡司，属长洲县。

唐市在县东南三十里，南接昆山斜堰。

耿橘《平洋策》曰：昔龚遂治渤海，悉罢逐捕盗贼吏，诸持锄钩田器者皆为良民，吏毋得问，持兵者乃为贼。于是群盗解散，复为良民，不杀一人，不费一饷，而大盗悉平。然则治今日江海之盗者，亦宜略仿此意而行之耳。吴中风俗，农事之获利倍而劳最，愚懦之民为之；工之获利二而劳多，雕巧之民为之；商贾之获利三而劳轻，心计之民为之；贩盐之获利五而无劳，豪猾之民为之。吁！私盐之行，官盐之滞，势不得不设为重禁，添兵巡捉，名之曰贼，然其实皆良民也。夫盐之为物，乃人家常用，如水火之不可缺也。故禁之愈严而价愈涌，价愈涌而私贩愈多。大利在前，走死地如骛，无足怪者。而自有诸巡役以来，兵船周游，列械张旗，而贩者之船亦各具旗械以应之矣。应者人日益众，势日益张，而巡者止有此数。奚啻止有此数而已。始婪常例以纵之贩，继且躬为贩而假之巡，终且寻一二愚懦买盐自食者而诬之贩，甚且以己盐计趁商民船中而诬之贩。彼贩者视诸兵役之往来巡视，直蝇翼过前耳。始具械以应诸巡，已而巡无足应、械有可恃，往往于空阔之处、波涛之中，劫掳人财矣。势大党多，横行江海，如无人矣。至于今日，名为贩而实为盗矣。故愚以为不大弛盐禁，而欲靖江海之盗，必不得之数也。惟盐禁弛，则贩盐者无不讳之名，得与诸商贾等。与诸商贾等，自无用多招亡命，厚设兵械，亦不必豪猾之民始为之，吾乃视其船有旗械者即为贼，无旗械者即为商贾，商贾通，盐价平，彼豪猾者将驱之贩而亦不为已。此令一申，而诸盗可保十九为良民也。即有一二怙终不悛者，其势孤，其擒剿易易耳。第盐法之设，乃祖宗之制，臣子不得议弛。若论其实，祖宗之所以设行盐法者，不过得盐之利，以济国计耳。若查各州县旧例，如每年应获囚盐若干，应卖官盐若干，定为规则。其囚盐令有司均派各贩名下，如典税之法，四季易银类解。其官盐引到日，仍发各贩易银交付商人，于国计何损？不然，争锱铢之利，陷赤子于不赦之条，而以诛杀从事，即能胜之，于元气必有所损，万一不胜，其所损可胜道哉！夫天下有禁之而反以炽、弛之而反安于无事者，此计是也。此化盗为良之最上策也。

昆山县

疆域

在府东七十里。

城

周一十二里二百七十八步。

驿

旧有宁海驿，革。

巡司

石浦巡检司、巴城巡检司。

山水

马鞍山在县治西北。吴淞江在县南九里，西接长洲，东入嘉定县界。新洋江在县东南六里，南纳吴淞江，北入太仓塘，以达于海。淀山湖在县东南六十里，北岸属昆山，南属青浦。其源自吴淞江分流，由急水港钟为湖，曰薛淀，一自长洲白蚬港分流入此，周回几二百里。北由赵屯浦，东由大盈浦，入于吴淞江，南由烂路港入三泖。

按《志》载：淀山湖北中为一澳，曰山门溜，溜之中又有斜路港，与碛澳邻，及大石浦、小石浦，通泄湖流。后潮淤围田，湖去西北已远。今赵屯、大盈去湖益远，反由何家港及南、北漕港受湖水以泄于江，水患多矣。

巴城湖在县西北二十五里。小虞浦在县西南三里，潮汐南北两来，故古于严村湾置闸，今尚有闸头之名。下界浦在县东南二十里。永乐初，夏忠靖公开凿，倍广于昔，因易名夏驾。千墩浦在县南四十里。永乐初，夏忠靖公开凿。至和塘即娄江故道，又名昆山塘，古连湖瀼，无陆途，甚为民患。宋至道中，议欲修治，不果。皇祐中，发运使复申前议，命王安石相视，又不果。至和二年，主簿丘与权始陈五利，知县钱公纪复言之，于是兴役，塘成，名曰至和。嘉祐六年，转运使李复圭、知昆山韩正彦大修治之，益加完厚，民得立塍埸，以免水患。

七丫浦在县北三十里，西通阳城、傀儡二湖，西南通巴城湖，东北入于海。昔人以一浦不能泄三湖，于县西北三十二里长洲、常熟二县接界地名斜堰，建大闸以遏阳城、傀儡二湖，北由黄泾下白茆入海，今废。

郊聚

真义镇在县西二十里，巴城巡司在焉。其西三里与长洲交，谓之界浦。西北二三里为阳城湖，东北五里为傀儡荡，又北数里为巴城湖。水泽环属，舟楫通利，盐盗出没，真义实当三面之冲。贼若由府治而来，必经此道，盖西境之咽喉也。石浦镇在县东南四十里，南接青浦县界。

归有光《与邑令论三区赋役水利书》曰：窃承明侯以本县十一、十二、十三保之田土荒莱，居民逃窜，岁逋日积，十数年来官于兹土者，未尝不深以为忧，而不能为吾民终岁之计。明侯下询刍荛。窃惟三区虽隶本县，而连亘嘉定，迤东沿海之地，号为冈身，田土高仰，物产瘠薄，不宜五谷，多种木棉，土人专事纺织。周文襄公巡抚之时，为通融之法，令此三区出官布若干匹，每匹准米一石。小民得以其布上纳税粮，官无科扰，民获休息。至弘治之末，号称殷富。正德间，始有以一人之言而变易百年之法者，遂以官布分俵一县。夫以三区之布散之一县，未见其利，而三区坐受其害，此民之所以困也。夫高阜之地，远不如低洼之乡。低乡之民，虽遇大水，有鱼鳖菱芡之利，长流采捕，可以度日。高乡之民，一遇亢旱，弥望黄茅白苇而已。低乡水退，次年以膏沃倍收。瘠土之民，艰难百倍也。前巡抚欧阳公与太守王公行牵耗之法，但于二保、三保低洼水乡特议轻减，而于十一、十二、十三保高阜旱区却更增赋。前日五升之田与概县七、八等保膏腴水田，均摊三斗三升五合，此盖一时失于精细，而遂贻无穷之害。小民终岁勤苦，私家之收，或有不能及三斗者，田安得不荒？逋安得不积？此民之所以困也。吴淞江为三州太湖出水之大道，水之经流也。江之南、北岸二百五十里间，支流数百引以灌溉。自顷水利不修，经河既湮，支流亦塞。然自长桥以东，东流之水犹驶。迨夏驾口至安亭，过嘉定、青浦之境，中间不绝如线。是以两县之田，与安亭连界者无不荒。以三区言之，吴淞既塞，故瓦浦、徐公浦皆塞。瓦浦塞，则十一、十二保之田不收，重以五六年之旱，沟浍生尘，嗷嗷待尽而已。此民之所以困也。

生愚妄为执事者计之，其一曰复官布之旧。乞查本县先年案卷，官布之征于三区在于某年，其散于一县在于某年，祖宗之成法，文襄之旧税，一旦可得而轻变，独不可以复乎？今之赋役册，凡县之官布，皆为白银矣。独不思上供之目，为白银乎？犹为官布乎？如犹以为官布，则如之何其不可复也？古之善为政者，必任其土之所宜以为贡，文襄之意盖如此。即今常州府有布四万匹，彼无从得布也，必市之安亭，转展折阅，公私交敝。有布之地，不征其布，而必责其银；无布之地，不征其银，而必责其布。责常州以代输三区之银，则常州得其便；责三区以代输常州之布，则三区得其便。是在一转移之间也。

其二曰复税额之旧。牵耗之法，系苏州一郡之事。前王公已定耗法，均摊之田三斗三升五合，歉薄之田二斗二升。既而会计本县薄田太多，而三十六万之外，乃增余积米数千。王公下有司再审歉薄之田，均摊数千之米。此王公之意欲利归于下也，有司失于奉行。如三区者终在覆盆之下，而所存余积之米，遂不知所归。欲乞查出前项余积，作为正粮，而减三区之额，复如其旧。此则无事纷更，而又有以究王公欲行而未遂之意矣。夫加赋至三斗，而民逋日积，实未尝得三斗也。复旧至五升，而民以乐输，是实得五升也。其于名实较然矣。既减新额，又于逃户荒田开豁存粮，照依开垦荒田事例，召募耕种，数年之间，又必有苏息之渐也。

其三曰修水利之法。吴淞江为三吴水道之咽喉，此而不治，为吾民之害未有已也。先时言水利者不知本原，苟徇目前，修一港一浦以塞责而已。必欲自原而委，非开吴淞江不可。开吴淞江，则昆山、嘉定、青浦之田皆可垦。议者不究其本，因见松江种芦苇之利，反从而规取其税，自甪直浦、索路港诸地，悉为豪民之所占，向也私占而已，今取其税，是教之塞江之道也。上流既壅，下流安得而不淤乎？生愚为三区之田而欲开吴淞江，似近于迂。然恐吴淞江不开，数年之后，不独三区，而三州之民皆病也。若夫开瓦浦，溉十一、十二保之田；开徐公浦，溉十三保之田，此足支持目前，下策也。

生愚闻之，古之君子为生民之计，必不肯拘挛于世俗之末议，而决以敢为之志。况此三区，本县蕞尔之地，在明侯之宇下，得斗升之水，可以活矣。伏愿行此三策，庶几垂死而再苏之，其有德于吾民甚大。又今旱魃为灾，明侯昔日车马所通、濒河人迹所至之处，禾稼仅有存者，至于腹裹，无复青草。近经秋潦，往往千亩之田，枯苗数茎，随水荡漾而已。救荒之策，免租之议，此如拯溺救焚，尤不可缓者。又今三区无复富户，所充粮役，不及中人之产，赔补之累，尤不忍言。乞念颠连无告之民，照弘治间例及太守南岷王公新行事例，免其南北运库子马役解户之类，此亦可以少纾目前之急也。惟明侯留意焉。

嘉定县

疆域

在府东一百四十里。

城

周一千六百九十四丈一尺八寸。

所

吴淞守御千户所，在县东南四十里，城周五里一十四步。洪武十九年，荥阳侯郑遇春等筑，属太仓卫。

守御宝山中千户所，在县东南八十里。嘉靖三十六年，自太仓卫移此，名协守吴淞中千户所。万历五年，改名宝山。

郑若曾曰：嘉定东滨大海，南据吴淞江，北枕刘家河，诚三面受敌之地。倭船之来也，大海渺茫，难于收泊，以宝山为表识，故苏之寇患，惟嘉定受之。嘉定沿海地方共七十里，吴淞江口乃适中之处也。由江口延袤而南，则自老鹳嘴以至宝山、南汇、金山。出江口迤逦而北，则自彩淘以至黄窑、刘家河；由江口而深入，则南迤五十里即为黄浦，直至上海；由黄窑而登岸，则嘉定、太仓、昆山、苏、常连数百里。是吴淞江者，南为上海门户，西为苏、常藩篱，乃东南第一险要。备吴淞江，即所以备上海；备上海，即所以备苏、常也。旧制原设吴淞江千户所，守御于江之西岸。嘉靖十九年，海水决啮所城，仅存西南一隅，乃复建新城避水患，周围四里，当大江之傍。

或曰：均之海滨也，险要莫如刘家河，而以此为第一，何也？曰：海中诸夷，狡猾莫如日本，入寇亦莫如日本。山东、浙、直与寇为邻，然山东之海水势湍悍，山脉联络，非熟其径者不可行，且勾引接济之人未尝有也。故倭患，独浙江之海山屿为多，而通番者独众，故寇舶自外海而来，以洋山为入犯之的，必至此而后分艅。若直之崇明，则诸沙错落，延袤三百余里，暗涂相贯，有若为华、夷之限者。惟三爿、高家一路可以通舟，而不可重载。惟此一路，宽深可行，无有壅碍。（宝山之外，沿海有杨家路者是也。）而竹箔一沙横亘其外，隐然为之外护焉。国初海运，特筑宝山以为准的，盖为此也。故竹箔之南，吴淞江之要道也；竹箔之东，刘家河之门户也。若设重兵于此防守，贼岂惟不能侵犯内地，虽二江之口亦得息肩矣。

巡司

顾径巡检司、江湾巡检司（旧有吴塘巡检司，革）。

山水

宝山在县东南八十里，永乐十年，平江伯陈瑄督海运，筑为表识，赐名宝山，御制碑文。吴淞江在县东南四十里入海，其口为千户所城。

曰：吴淞江各支河之水，俱由江东老鹳嘴、宝山李家堰一带出海，此嘉定、上海分界也。近来吴淞江所海滩涨成平地，潮势冲突，李家口比旧迅疾，泥沙滚入里河，一潮便有一纸之厚，吴淞之易于堙塞，职此故耳。议者欲于宋家江口筑闸以遏潮沙，亦为良策。

白鹤江古称白鹤汇，自此至蟠龙，环曲为汇，不知其几。

（宋胡恪云：古有五汇四十二湾。五汇者：安亭汇、白鹤汇、顾浦汇、盘龙汇、河沙汇，以其江水与潮会合之地，故名曰汇。古云九里为一湾，一湾低一尺。今嘉定之吴淞江、白鹤江、青龙江口亦谓之三江口，江面阔九里，地势低于震泽三丈。）水行迂滞，溢而为灾。宋嘉祐间，自其北开为直江，径泻震泽之水，东注于海，自此吴中得免水患。今江盖故汇遗迹，虽以江名，仅同沟浍而已。其南为西霞浦，俱东入大盈，与青龙江斜对。青龙江，《图经》云：昔孙权造青龙战舰于此，故名。在唐宋时，其上为巨镇，今镇为丘墟，江亦浅隘如白鹤。然其上流西接大盈，东接顾会，下流合浦家江，浦家之西为赵浦。按赵浦在青龙江北，越吴淞江入嘉定界。此开江取直，分属于南之验也。彩淘港在嘉定县东南，与吴淞所相近，亦江湾、大场诸水入海之口。练祁塘，嘉定之水，南北莫大于横沥，东西莫大于练祁。练祁之水横贯县市，东西长七十里，自西关出，合顾浦以南入吴淞，北折，则由盐铁塘出刘家河。县治东有水道，与海潮接，今被豪家闭塞，江水、海潮皆不通矣。横沥自上海吴淞江北岸孙基港口，历栅桥、江桥、南翔、嘉定，北至公塘口，出刘家河，俱名横沥。郏亶所谓南彻淞江、北通常熟者即此，今淤。娄塘在嘉定北十二里，自裘泾出为顾浦，自顾浦而东为娄塘，横沥塘中贯之，北出刘家河，俗呼公塘口是也，今淤。

附注

注一：门六：西北曰阊门，西南曰胥门，南曰盘门，东南曰葑门，东北曰娄门，北曰齐门；五门各有水关，唯胥门不设。

注二：左千户所营在葑门内，右千户所营在阊门内，中千户所营在盘、胥二门内，前千户所营在娄、齐二门内，后千户所分立为嘉兴守御千户所。

注三：旧有胥门递运所，万历九年革。

注四：《吴县志》作曹胤儒《湖防论》。

注五：宋时盘门久塞，故只有五门。

注六：时未立青浦县。

注七：泰定三年，罢松江府，以上海县隶嘉兴路。

注八：后至元年间闸废。

注九：至元三十年，浙东佥院宣慰命知水人潘应武相视，即湖田开新港三及浚赵屯、大盈二浦。宜移在大德前。

注十：宣德七年九月，直隶苏州府知府况钟言：苏、松、嘉、湖四府之地，其湖有六，曰太湖、傍山、阳城、昆承、沙湖、尚湖，广袤凡三千余里。久雨则湖水泛滥，田皆被溺。湖水东南出嘉定县吴淞江，东出昆山县刘家港，东北出常熟县白茆港。永乐初，朝廷遣尚书夏原吉等疏浚河港，水不为患，民得其利。年久淤塞不通，乞如旧。遣大臣一员，督府县官，于农隙时发民疏浚，则水有所泄，田禾有收。上命巡抚、待郎周忱与钟计其人力多寡、用工难易以闻。

注十一：《华亭志》：天顺四年，巡抚：副都御史崔恭浚大盈浦至吴淞江，凿江自昆山下界浦至嘉定庄家泾出旧江，一万三千七百丈，（永乐初，引淞江北入刘家河，江之东段不常施工。）浚蒲汇塘及新泾四千丈，凿曹家沟，南抵新场二万丈，广皆十四丈，深皆二丈，浚六磊塘、莺窦湖、乌泥泾、沙竹冈诸水，通流入浦。

注十二:《上海志》:嘉靖末,江为平陆。隆庆三年,巡抚、都御史海瑞奏,浚自县境,属于昆山,略湾取直,江流湍驶,虽未尽复故道,而廿年灌莽之区,渐成沃壤矣。

苏州备录下

陆广微《吴地记》

阖闾城，周敬王六年，伍子胥筑。大城周回四十二里三十步，小城八里二百六十步。陆门八，以象天之八风；水门八，以象地之八卦。《吴都赋》云："通门二八，水道六衢"，是也。西，阊、胥二门；南，盘、蛇二门；东，娄、匠二门；北，齐、平二门。不开东门者，为绝越之故也。

阊门，亦号破楚门。吴伐楚，大军从此门出。陆机《诗》曰："阊门势嵯峨，飞阁跨通波。"又孔子登山，望东吴阊门，叹曰："吴门有白气如练。"今置曳练坊及望舒坊，因此。

胥门，本伍子胥宅，因名。石碑见存。出太湖等道水陆二路，今陆废。门南三里有储城，越（疑作吴）王贮粮处。十五里有鱼城，越王养鱼处。门西五里有越来溪。

盘门，古作蟠门，尝刻木作蟠龙，以此镇越。又云"水陆相半，沿洄屈曲"，故名盘门。又云吴大帝蟠龙，故名。门内有武烈大帝庙，在祀典。东北二里有后汉破虏将军孙坚坟，又有讨虏将军孙策坟。

蛇门，南面有陆无水，春申君造以御越军，在巳地，以属蛇，因号蛇门。前汉梅福，字子贞，为南昌尉，避王莽乱政，称得仙，弃妻子，易姓名。有人见福隐市卒，即此门也。

匠门，又名干将门，东南水陆二路，今陆路废。出海道，通大莱，沿松江，下沪渎。阖闾使干将于此铸剑，材五山之精，合五金之英，使童女三百人祭炉神，鼓橐，金银不销，铁汁不下。其妻莫邪曰："铁汁不下，有计。"干将曰："先师欧冶铸剑之颖，不销，亲铄耳，以□□成物，□□可女人聘炉神，当得之。"莫邪闻语，投入炉中，铁汁出，遂成二剑，雄号干将，作龟文，雌号莫邪，鳗文。余铸得三千，并号□□文剑。干将进雄剑于吴王，而藏雌剑，时时悲鸣，忆其雄也。门南三里有葑门、赤门。有赤栏将军坟，在蛇门东。陆无水道，故名赤门。东南角又有鲂鲌门，吴曾鲂鲌见，因号。并非八门之数也。

娄门，本号疁门，东南，秦时有古疁县，至汉王莽改为娄县。东南二里有汉吴郡太守朱梁坟，本名赵，避后汉和帝讳，改为梁。今吴郡朱氏，皆梁之后。塘北有顾三老坟，见存。

齐门北通毗陵。昔齐景公女聘吴太子终累，阖闾长子，夫差兄也。齐女丧夫，每思家国，因号齐门。后葬常熟海隅山东南岭，与仲雍、固章等坟相近。葬毕，化白龙冲天而去，今号为母家坟。门东二里，有庐江太守关臻坟。

平门，北面有水陆通毗陵。子胥平齐，大军从此门出，故号平门。东北三里有殷贤臣申公巫咸坟，亦号巫门。西北二里有吴偏将军孙武坟。西北三里有酱醋城，汉刘濞筑。东北三里有颍川太守陆宏坟。

吴县，望，在郡下，秦始皇二十六年置。汉王莽改泰德县。陈贞明元年，后主复为吴县。隋开皇九年，越国公杨素移郡及县于横山东五里。今复移城内。管乡三十、户三万□千三百六十一、坊三十。吴公子庆忌坟在县东北三十五里，今呼庆坟。步骘坟在县东北三里。骘任吴为骠骑将军，代陆逊为丞相。有石碑见存临顿桥西南。周瑜坟在县东二里。瑜字公瑾，庐江舒人，仕吴大将军、南郡太守。顾野王坟在横山东，平陆地，遗言不起坟。野王字休伦，仕陈武帝，为门下侍郎。姑苏台在吴县西南三十五里，阖闾造，经营九年始成。其台高三百丈，望见三百里外，作九曲路以登之。射台在吴县横山安平里。鸭城在吴县东南二十里匠门外沙里中。城东五里有豨坟，是吴王畜猪之所。东二里有豆园，吴王养马处。又有鸡陂，阖闾置。豆园在陂东。织里，今织里桥，在丽娃乡，俗呼失履桥、利娃乡，讹也。澹台湖在吴县东南十里。孔子弟子澹台灭明，字子羽，宅陷为湖，湖侧有坟。夏驾湖，寿梦盛夏乘驾纳凉之处。凿湖池，置苑囿，故今有苑桥之名。蔡经宅在吴县西北五十步。经，后汉人，有道术，炼大丹，服菖蒲得仙。今蔡仙乡，即其隐处也。冯驩宅在吴县东北二里五十步。驩，孟尝君门下客。今有弹铗巷，其坟在侧，石碑见存。

长洲县，望，在郡下。贞观七年，分吴县界，以苑为名。地名茂苑，水名仙山。乡东一百里有秦时古疁，王莽改为娄县。北三里有角溪，广八里，深四丈，西入太湖；北四十二里有湖，广四里，深三丈；县北二十七里有岑陂、夏驾陂、马的陂（吴国古有此）。管坊三十，乡三十。华池在长洲县大云乡安昌里。华林园在长洲县华林桥。南宫城在长洲县干将乡长乐里。

嘉兴县，本号长水县，在郡南一百四十三里。周敬王十年置，在谷口湖。秦始皇二十六年重移，改由秦县。黄龙三年，嘉禾野生，改禾兴县。吴赤乌五年，避吴王太子名，改嘉兴县。前有晋妓钱塘苏小小墓。东五里有天心池，二里有会稽太守朱买臣坟。西五百步有晋兵部尚书徐恬宅，舍为灵光寺。县北三十里有隽里池，是吴、越战敌处。县南一百里有语儿亭，勾践令范蠡取西施以献夫差，西施于路与范蠡潜通，三年始达于吴，遂生一子。至此亭，其子一岁，能言，因名语儿亭。《越绝书》曰："西施亡吴国后，复归范蠡，同泛五湖而去。"东二十五里有长谷亭，入华亭县。西北行七十里有震泽。今升县，望，管乡五十。

昆山县在郡东七十里，地名全吴，水名新阳，贞观十三年，分在吴县东置。县南一百九十步有晋将军袁山松城，隆安二年筑，时为吴郡太守，以御孙恩军。在沪渎池滨，半毁江中。管乡二十四。

常熟县在郡北一百里，晋建安二年，分吴县海虞置。本号海虞县，至唐贞观九年，改常熟县。北一百九十步有孔子弟子言偃宅。中有圣井，阔三尺，深十丈，傍有盟（即坛也）。盟北百步有浣纱石，可方四丈。县北二里有海虞山，仲雍、周章并葬山东岭上。阖闾三子，长曰终累，婚齐女，早亡，亦葬此山。山有二洞穴，穴侧有石坛，周回六十丈。山东二里有石室，太公吕望避纣之处。山西北三里有越王勾践庙。郭西二里有夫差庙，拆姑苏台造。管乡二十四。

华亭县在郡东一百六十里，地名云间，水名谷水，天宝五年置。盖晋元侯陆逊宅，造池亭华丽，故名。有陆逊、陆机、陆瑁三坟，在东南二十五里横山中，有鹤鸣、鹤戾、玄鹤。管乡二十二。

海盐县在郡东南二百二十里，地名殷水，水名福见，秦始皇二十六年置。陷为柘湖。又改武原县，陷为当湖。隆安五年，改东武洲，移在故邑上。咸康七年，改御越，复号海盐县。陈贞明元年，割属盐官。武德七年，隶归嘉兴。景云二年重置，先天元年废。开元五年，刺史张廷珪奏请重置。县东十一里有晋穆帝、何皇后宅；十五里有公孙挺、陈开强、顾冶子三坟，俱事齐景公，勇烈，有功于景公，为晏子□以桃二颗令言功，三人同日而死，葬于此。县东南三十里有秦柱山，有五百童女避秦始皇难于此，后并得仙。县西五里有会骸山，是陆华兄弟寻金牛之处。管乡一十五。会昌四年，升为县。

虎丘山，避唐太祖讳，改为武丘，又名海涌山，在吴县西北九里二百步。阖闾葬此山中，发五郡之人作冢，铜椁三重，水银灌体，金银为坑。《史记》云：阖闾冢在吴县阊门外，以十万人治冢，取土临湖。葬经三日，白虎踞其上，故名虎丘山。《吴越春秋》云：阖闾葬虎丘，十万人治葬。经三日，金精化为白虎，蹲其上，因号虎丘。秦始皇东巡至虎丘，求吴王宝剑，其虎当坟而踞，始皇以剑击之，不及，误中于石，遗迹尚存。其虎西走二十五里，忽失于今虎疁。唐讳虎，钱氏讳疁，改为浒墅。剑无复获，乃陷成池，古号剑池。池傍有石，可坐千人，号千人石。其山本晋司徒王珣与弟司空王珉之别墅，咸和二年，舍山为东、西二寺，立祠于山。寺侧有贞娘墓，吴国之佳丽也，行客才子，多题诗墓上。

花山在吴县西三十里。其山蓊郁幽邃，晋太康二年，生千叶石莲花，因名。山东二里有胥葬亭，吴越阖闾置。亭东二里有馆娃宫，吴人呼西施作娃，夫差置，今灵岩山是也。晋太尉陆玩舍宅置寺。宫傍有石鼓，大三十围。《吴志》云：其鼓有兵则鸣。晋隆安二年，贼孙恩作乱，鼓鸣。山上有池，旱亦不涸。中有莼，甚美，夏食之则去热，吴中以为佳品。支硎山在吴县西十五里。晋支遁字道林，尝隐于此山，后得道，乘白马，升云而去。山中有寺，号曰报恩，梁武帝置。岝崿山在吴县西十二里，吴王僚葬此。山中有寺，号思益，梁天监二年置。余杭山，又名四飞山，在吴县西三十里，有汉豫章太守陆烈坟，东二里有汉山阴县令陆寂坟。山有白土如玉，甚光润，吴中每年取以充贡，号曰石脂，亦曰白垩、白墡。东三里有夫差义子坟十八所。横山，又名据湖山，在吴县西南十六里，中有朱植及晋门下侍郎陆云公坟。鸡笼山在吴县西三十里，以形似鸡笼，因名。晋太康三年，司空陆玩葬此山，掘地得石凤飞去，今凤凰墩是也。陆玩，字君瑶，为左仆射。子纳，字祖言（纳，玩之弟子。讷，误也），为吴兴守，终尚书令，亦葬此山。升犹山在吴县西二十里，吴太宰嚭所葬。

女坟湖在吴县西北六里。《越绝书》曰：夫差小女字幼玉，见父无道，轻士重色，其国必危，遂愿与书生韩重为偶，不果，结怨而死。夫差思痛之，金棺铜椁，葬阊门外。其女化形而歌曰："南山有鸟，北山张罗。鸟既高飞，罗当奈何？志欲从君，谗言孔多。悲怨成疾，殁身黄坡。"又赵晔《吴越春秋》云：阖闾有女，哀怨王先食蒸鱼，乃自杀。王痛之，厚葬于阊门外。其女化为白鹤，舞于吴市，千万人随观之。后陷成湖，今号女坟湖。流杯亭在女坟湖西二百步，阖闾三月三日泛舟游赏之处。

太湖，按《汉书·志》云：《尔雅》十薮，曰吴、越之间有具区。郭璞云：今吴县西南太湖，即震泽也。中有包山，去县一百三十里。其山高七十丈，周回四百里。下有洞庭穴，潜行水底，无所不通，号为地脉。又有大、小二雷山。按《越绝书》曰：太湖周回三万六千顷，亦曰五湖。虞翻云：太湖有五道之别，故谓之五湖。《国语》曰：吴、越战于五湖。在笠泽，一湖耳。张勃《吴录》云：五湖者，太湖之别名。以其周行五百里，以五湖为名。周处《风土记》曰：舜渔泽之所也。《扬州记》曰：太湖，一名震泽，一名洞庭。今湖中包山有石穴，其深莫知其极，即十大洞天之第九林屋洞天也。《洞庭山记》曰：洞庭有二穴，东南入洞，幽邃莫测。昔阖闾使令威丈人寻洞，秉烛昼夜而行，继七十日，不穷而返。启王曰：初入，洞口狭隘，伛偻而入。约数里，忽遇一石室，可高二丈，常垂津液，内有石床、枕、砚。石几上有《素书》三卷，持回，上于阖闾，不识，乃请孔子辩之。孔子曰：此夏禹之书，并神仙之事，言大道也。王又令再入，经二十日却返，云：不似前也，唯上闻风水波涛，又有异虫挠人扑火，石燕、蝙蝠大如鸟，前去不得。丈人姓毛，名苌，号曰毛公。今洞庭有毛公宅，石室并坛存焉。

松江，一名松陵，又名笠泽。《左传》曰：越伐吴，御之笠泽。其江之源连接太湖，一江东南流五十里入小湖，一江东北二百六十里入于海，一江西南流入震泽，此三江之口也。咸仲云：松，容也，容裔之貌。《尚书》云：三江既入，震泽底定。是也。唐曹恭王庙在松江。恭王，太宗第十四子，调露元年，则天皇后出为苏州刺史。百口桥，后汉郡人顾训，家有百口，五世同居。乡人效之，共议近宅造百口桥，以彰孝义也。乘鱼桥在交让渎。郡人丁法海与琴高友善，高世不仕，共营东皋之田。时岁大稔，二人共行田畔，忽见一大鲤鱼，长可丈余，一角两足双翼，舞于高田。法海试上鱼背，静然不动，良久遂下。请高登鱼背，乃举翼飞腾，冲天而去。琴高宅在交让渎法海寺西五十步。法海寺，济阳丁法海舍宅所置。法海，盖丁令威之裔。殿宇浮图下有令威炼丹井也。皋桥，吴县北三里有五十步。汉议郎皋伯通，字奉卿，所居，因名。伯通卒，葬胥门西二百步，号伯通墩。高士梁鸿隐居伯通庑下，为人赁舂，每归，妻为具食，举案齐眉。伯通察而异之曰："彼佣能使其妻敬之如此，非凡人也。"舍于家。鸿潜闭门，著书十余篇。疾困，告主人曰："昔延陵君葬于嬴、博之间，不归乡里。慎勿令我子持丧归去。"乃卒。伯通等求葬地于吴要离冢旁，咸曰：要离烈士，伯鸾清高，宜令相近。葬毕，妻子归扶风。都亭桥，寿梦于此置都驿，招四方贤客。基址见存。炭渚桥，吴时海渚通源，后沙涨为陆。基址见存。定跨桥，阖闾于行苑内置，游赏之处。基址见存。

重玄寺，梁卫尉卿陆僧瓒，天监二年，旦暮见住宅有瑞云重重覆之，遂奏请舍宅为重云寺，台省误写为重玄。时赐大梁广德重玄寺。乾元寺，晋高士戴颙舍宅置。乾元初，苏州节度采访使郑桂清书额，奉敕依年号为乾元寺。通玄寺，吴大帝孙权吴夫人舍宅置。晋建兴二年，郡东南二百六十里有沪渎，渔人夜见海上光明，照水彻天，明日，睹二石神像浮水上。众言曰：水神也！以三牲日祝迎之，像背身泛流而去。时郡有信士朱应及东陵寺尼，率众香花钟磬入海迎之，载入郡城。像至通玄寺前，诸寺竞争，数百人牵拽不动。众议玄像应居此寺。言毕，数人舁试，像乃轻举，便登宝殿。神验屡彰，光明七日七夜不绝。梁简文帝制石佛碑曰：有迦叶佛、维卫佛梵字刻于像背。唐东宫长史陆柬之书碑：载初元年，则天皇后遣使送珊瑚镜一面，钵一副，宣赐供养。兼改通玄寺为重云寺。开元五年，兼赐金鱼字额。旧通玄寺，移盐官县东四十里鲍郎市。其后像失一躯，后人造一躯以并之。龙光寺，梁天监二年，金紫光禄大夫陆杲舍宅置，陆柬之书额。永定寺，梁天监三年，苏州刺史吴郡顾彦先舍宅置，陆鸿渐书额。宴圣寺，梁天监三年，司徒沈长史吴郡张融舍宅置，右卫翊陆彦远书额。禅房寺，宋建武元年，苏州刺史张岱舍宅置，吴郡陆鲁书额。流水寺，吴郡陆襄舍宅置。三殿三楼，高僧清闲建，吴郡县令田业伯叶书额。唐慈寺，宋建武元年，高士将军舍宅置。朱明寺，晋隆安二年，郡人朱明，孝义立身，而家大富，与弟同居。弟妻言树坏宅，欲弃兄异居。明知弟意，乃以金帛余谷尽给与弟，唯留空宅。忽一夕，狂风骤雨，悉吹财帛还归明宅。弟与妻羞见乡里，自尽。明乃舍宅为寺，号朱明寺。般若台，晋穆侯何曾置。内有水池石桥，铜像一躯，高一丈六尺，高士戴顒建。唐景龙二年，有神光现，数日不歇，奉敕改神景寺。东北有般若桥，因寺而名。崇福寺，梁天监三年，武帝置。周朝废之，宝应元年重置。龙兴寺，则天皇后置，御书额八方。开元五年，再兴此寺，刺史张廷珪摹勒御书于碑。慈悲寺，齐永明二年，吴人薛昙舍宅置。未周，昙卒，遗言迁其灵柩于殿下。陆卿寺，梁庄舍宅置。崇善、王芝二观，并天监二年置。

馆八所：全吴、通波、龙门、临顿、升羽（带城桥二百步）、乌鹊（在郡南高桥）、江风（渴马港是）、夷亭（养鱼之亭）。

坊六十所：通波、三让、水浮、阖闾、坤维、馆娃、调啁、平权、金风、南宫、通关、盍簪、吴越、白贲、南记、长干、望馆、曳练、苌楚、处暑、常县、白华、即次、甘节、吴渝、洊雷、义和、噬嗑、嘉鱼、陋烛。

已上三十坊在吴县。

迁善、旌孝、儒教、绣衣、太玄、黄鹂、玉铉、布德、立义、孙君、青阳、建善、从义、迎春、载耜、开水、丽泽、释菜、和令、夷则、南政、仲吕、必大、豸冠、八貂、同仁、天宫、布农、富春、循陔。

已上三十坊在长洲县。

罗城作亚字形，周敬王六年丁亥造，至今唐乾符三年丙申，凡一千八百九十五年。其城南北长十二里，东西九里。城中有大河，三横四直。苏州名标十望，地号六雄，七县八门，皆通水陆。郡郭三百余巷，吴、长二县古坊六十，虹桥三百有余。地广人繁，民多殷富。

《吴县疆域图说》 曹自守

吴为县，自先朝渐次分析，其名不易，其境已狭。由阊而西，迤北即属长洲。盘关而东，亦长洲界。南去十余里，又与吴江相错。然则吴之疆域，特苏州西南之一隅耳。虽领都三十七，或名存而地阙。盖以濒湖之地，每沦于水，及山田多瘠，民苦赋役，而流徙者众也。若南之一都，西之十一都，号为沃土，凡粮赋重遣，两都实任之。概观吴域，阻山负湖，非若他邑之多平壤、都腴田也。湖鱼山樵，仅足衣食，欲求殷户，其可得乎？东西洞庭之民，鲜负农耕，多业商贾。地产果植，力作俭勤，不同城郭之浮荡，兹亦累困剧役，不堪命矣。在县而论，两山为上乡，而木渎次之，横金又次之，余无足言矣。夫长洲、吴倚郭，向固并称，而吴实不及长洲之半。凡有杂役，则与均科，吴更病焉。况曩岁倭寇自太仓、昆山而来，由浒墅径趋木渎，登洞庭两山，大掠而去。其零贼溃自留都者，则往来于石湖、新郭之间，而得歼于横金黄山之下。其掠城外者，乃由石湖迤逦上方，投白洋湾，从吴江入浙。故于丰圻、马嘶、石公、角头及横金、木渎，而石湖、跨塘、五龙桥等处，各立营寨，设险置守，练兵整造，其亦今之要务乎！

《吴县城图说》 曹自守

苏城衡五里，纵七里，周环则四十有五里。卧龙衔东隶长洲，而西则吴境。公署宦室以逮商贾，多聚于西，故地东旷西狭，俗亦西文于东也。乃西居要冲，节旄莅止无虚日，使舟如织，骚动候吏，送迎供亿，宰县者实苦之。故吴在晋、唐时为乐土，当宋则已赋重，今生齿繁而利源薄。盖吴民不置田亩，而居货招商，阛阓之间，望如绣锦，丰筵华服，竞侈相高，而角利锱铢，不偿所费，征科百出，一役破家。说者谓役累土著而利归商人，亶其然乎？故外负富饶之名，而内实窭困者，智俗使然。城中两邑并峙，有役率均，吴民应役每先，以在西则呼摄便尔。在城之图，以南、北为号，各分元、亨、利、贞，以统部居民。南号差不及北，以地有闲隙，稍远市廛。阊、胥、盘三门外曰附郭，即以阊、盘为号，而胥固略之矣。然自胥及阊，迤逦而西，庐舍栉比，殆等城中，此侨客居多。往岁寇至，议者欲于城外更筑一城，俨如半壁，以附大城，乃迄无成。

《阊西筑城论》 刘凤

倭警告急，章太仆焕论防御，主城西濠外至枫桥皆令具版筑，乃更嚣然。予诘之：城固善也，必傅之大城，则两端阻以大河，必为桥，桥之上又城，乃可。而桥可易为哉？且必锐以临河，壖悉筑之，则吴之所以饶，颇赖是耳。为行货往来者，于此市易，数百年生聚，一旦燔荡焉。寇未及，而我先自创残，岂计之得乎？若为预防虑，当合两濠，自丁家巷以西，环上下塘、山塘至枫桥为一城，而濠之上下水陆各置关隘，使可以守，两城夹焉，当必无患。而内又可藏斗舰，于濠上之商旅市易无损。且城得相为犄角，若成都之有少城，与襄、樊之并峙者。

范成大《〈水利图〉序》

窃谓天人之理必相因，而其力亦常相半。人事已十五六，则其不可奈何者，当归之天。在人者未尽，不幸遭遇，便谓天实为之，此不待智者知其不然。盖尝与老农计之，欲为救灾捍患之术，其大概有二：曰作堤，曰疏水；其小概一：曰种茭。今之塍岸，率去水二三尺，人单行犹侧足。其上坎坷断裂，累累如蹲羊伏兔。佃户贫下，至东作时，举质以备粮种，其势无余力以及畚臿之土。妇子持木锨，探污泥，补缀缺空，累块亭亭，一蹴便陨，谓之作岸，实可怜笑。虽殚力耕耘，而不念四维之不足恃，秋水时至，相以飘风，莫之障防，与江湖同波，农人转徙而他。明年或能归业，或召新租，事力愈薄，卤莽增甚。长民者不为检校，没世穷年，求为旷土。今宜考绍兴二十八年来被水之由，其边邻湖瀼，土人所谓“搭白”之处，增筑长堤，使高五六尺，基广七八尺以上。秋冬之交，潢潦干源，手足所及，土皆可取，阅春夏半年，至秋雨风潮，土已坚定，草茅生之，可恃为安，较之临时补缀，相去远矣。至于夫力，则同顷共利者不殊。如一顷之田，南高而北下，水必先自北入。北边有田之人，固当悉力，三边众户，亦合并工。夫有田无岸，水平入之，辄复罪岁，诚可太息。盖作堤之说如此。昆山之田，号为下湿，数十年前，十种九涝。自赵霖凿吴淞江积潦，三十年来，岁无荐饥。今吴淞江之利自若，而邑中诸港颇有堙郁之处，一二里间，断绝有之。今宜行视，凡出水之港，皆决而疏之，使水得肆行无留，用工甚少，效验立见，而堤岸始为田用。盖疏水之说如此。江东圩埂高厚，如太府之城，舟行常仰视之，并驱其上，犹有余地。至水发时，数十百围，一时皆破。其有茭葑外护者，往往独存。盖其纷披摇曳，与水周旋，而不与之忤。比其及岸，已如强弩之末，狂怒尽霁。茭之能杀水如此。昆山附田，故皆有茭葑。近岁骑军就牧，斩刈殆尽。陂泺漫生之茭，不可以顷亩计，独令赦附堤者，犹不乏军兴。宜与主将通知利害，明立表识，使樵斤无得过此。茭所不产处，即置葑田附之。三说具举，无遗策矣。此非有隐情奥理，待探赜而知。州县属吏有解事者，使躬行阡陌，不三日间，利害皆在目。今诚因农隙，稍捐仓粟以助作者。此命一下，见其欢然翕从，指顾而成矣。

《吴中水利书》　宋进士宜兴单锷著

切观三州之水，为害滋久，较旧赋之入，十常减其五六，以日月指之，则水为害于三州，逾五十年矣。所谓三州者，苏、常、湖也。朝廷屡责监司，监司每督州县，又间出使者寻按旧迹，使讲明利害之原。然而西州之官求东州之利，目未尝历览地形之高下，耳未尝讲闻湍流之所从来，州县惮其经营，百姓厌其出力，均曰“水之患，天数也”。按行者驾轻舟于汪洋之陂，视之茫然，犹擿埴索途，以为不可治也。间有忠于国，志于民，深求而力究之，然又知其一，而不知其二；知其末，而不知其本；详于此，而略于彼。故有曰：三州之水咸注之震泽，震泽之水东入于松江，由松江以至于海。自庆历以来，吴江筑长堤，横截江流。由是震泽之水常溢而不泄，以至壅灌三州之田。此知其一偏者也。或又曰：由宜兴而西，溧阳县之上，有五堰者，古所以节宣、歙、金陵、九阳江之众水，由分水、银林二堰直趋太平州芜湖。后之商人，由宣、歙贩运簰木，东入二浙，以五堰为艰阻，因相为之谋，罔绐官长，以废去五堰。五堰既废，则宣、歙、金陵、九阳江之水，或遇五、六月山水暴涨，则皆入于宜兴之荆溪，由荆溪而入震泽。盖上三州之水，东灌苏、常、湖也。此又知其一偏者耳。或又曰：宜兴之有百渎，古之所以泄荆溪之水，东入于震泽也。今已湮塞，而所存者四十九条。疏此百渎，则宜兴之水自然无患。此亦知其一偏者也。三者之论，未尝参究其详。以锷视其迹，自西五堰东至吴江岸，犹人之一身也。五堰则首也，荆溪则咽喉也，百渎则心也，震泽则腹也，旁通震泽众渎则络脉众窍也，吴江则足也。今上废五堰之固，而宣、歙、池、九阳江之水不入芜湖，反东注震泽，下又有吴江岸之阻，而震泽之水积而不泄。是犹有人焉，桎其手，缚其足，塞其众窍，以水沃其口，沃而不已，腹满而气绝，视者恬然，犹不谓之已死。今不治吴江岸，不疏诸渎，以泄震泽之水，是犹沃水于人，不去其手桎，不解其足缚，不除其窍塞，恬然安视而已，诚何心哉！然而百渎非不可治，五堰非不可复，吴江岸非不可去。盖治之有先后。且未筑吴江岸已前，五堰之废已久，然而三州之田，尚十年之间，熟有五、六，五堰犹未为大患。自吴江筑岸已后，十年之间，熟无一二。欲具验之，阅三州岁赋所入之数，则可见矣。

且以宜兴百渎言之。古者所以泄西来众水，入震泽而终归于海。盖震泽吐纳众水，今纳而不吐。锷窃视熙宁八年，时虽大旱，然连百渎之田，皆鱼游鳖处之地，低汙之甚也。其田去百渎无多远，而田之苗是时亦皆旱死，何哉？盖百渎及旁穿小港渎，历年不遇旱，皆为泥沙堙塞，与平地无异矣。虽去震泽甚迩，民力难以私举，时官又无留意疏导者，苗卒归乎槁死。自熙宁八年迄今十四载，其田即未有可耕之日，岁岁诉潦，民益憔悴。昔嘉佑中，邑尉阮洪深明宜兴水利。方是时，吴中水，洪屡上书监司，乞开百渎，监司允其请。遂鸠工于食利之民，疏导四十九条，是年大熟。此百渎之验，岁水旱皆不可不开也。宜兴所利，非止百渎。东有蠡河，横亘荆溪，东北透湛渎，东南接罨画溪，昔范蠡所凿，与宜兴西蠡运河皆以昔贤名呼为蠡河。遇大旱则浅淀，中旱则通流。又有孟泾，泄滆湖之水入震泽。其他沟渎淀塞，其名不可缕举。

夫吴江岸界于吴松江、震泽之间，岸东则江，岸西则震泽。江之东则大海，百川莫不趋海。自西五堰之上众川，由荆溪入震泽，注于江，由江归于海。地倾东南，其势然也。庆历二年，欲便粮运，遂筑北堤，横截江流五六十里，致震泽之水常溢不泄，浸灌三州之田。每至五、六月间湍流迅急之时视之，吴江岸之东水，常低岸西之水不下一二尺。此堤岸阻水之迹，自可览也。又睹岸东江尾与海相接处，汙淀茭芦丛生，沙泥涨塞。而江岸之东，自筑岸已来，沙涨成一村。昔为湍流奔涌之地，今为民居、民田、桑枣、场圃。吴江县由是岁增旧赋不少。虽然，增一邑之赋，反损三州之赋，不知几百倍邪！夫江尾昔无茭芦壅障流水，今何致此？盖未筑岸之前，源流东下迅急；筑岸之后，水势迟缓，无以涤荡泥沙，以至增积，茭芦生矣。茭芦生，则水道狭；水道狭，则流泄不快，虽欲震泽之水不积，其可得邪！今欲泄震泽之水，莫若先开江尾茭芦之地，迁沙村之民，运其所涨之泥，然后以吴江岸凿其土，为木桥千所，以通粮运。每桥用耐水土木棒二条，各长二丈五尺；横梁三条，各长六尺；柱六条，各长二丈。除首尾占搁外，可得二丈余䃮道。每一里计三百六十步，一里为桥十所，计除占搁外，可开水面二十三丈，每三十步一桥也。一千条桥共开水面二千丈，计一十一里四十步也。随桥䃮开茭芦为港走水，仍于下流又开白蚬、安亭二江，使太湖水由华亭、青龙入海，则二州水患必大衰减。

常州运河之北偏，乃江阴县也，其地势自河而渐低。上自丹阳，下至无锡，运河之北偏，古有泄水入江渎一十四条：曰孟渎、曰黄汀堰渎、曰东函港、曰北戚氏港、曰五卸堰港、曰梨溶港、曰蒋渎、曰欧渎、曰魏渎泾、曰支子港、曰蠡渎、一牌（一作碑）泾，皆以古人名，或以姓称之。昔皆以泄众水入运河，立斗门，又北泄下江阴之江，今名存而实亡，今存者无几。二浙之粮船不过五百石，运河止可常存五六尺之水，足可以胜五百石之舟。以其一十四处，立为石砌斗门。每渎于岸北先筑堤岸，则制水不入江；若无堤防，则水泛溢而不制，将见灌浸江阴之民田、民居矣。昔熙宁中，有提举沈披者，辄去五卸堰，走运河之水北下江中，遂害江阴之民田，为百姓所讼，即罢提举，亦尝被罪。始欲以为利，而适足以害之，此未达古人之智以致败事也。

切见近日钱塘进士余默两进三州水利，徒能备陈功力琐细之事，殊不知本末。惟有言得常州运河晋陵至无锡一十四处，置斗门泄水，北下江阴大江，虽三尺童子，亦知如此可以为利。然余默虽能言斗门一事，合锷鄙策，奈何无法度以制入江之水，行之则又岂止为一沈披耶！

又睹主簿张实进状，言吴江岸为阻水之患，泾函不通。其言然则然矣，虽言吴江岸，而不言措置水之术。盖古之所创泾函在运河之下，用长梓木为之，中用铜轮刀，水冲之，则草可刈也。置在运河底下，暗走水入江，今常州有东、西二函地名者，乃此也。昔治平中，提刑元积中开运河，尝闻见函管，但见函管之中皆泥沙，以谓功力甚大，非可易复，遂已。今先开凿江湖海故道堙塞之处，泄得积水，他日治函管则可。若未能开故道而先治函管，是知末而不知本也。切见常州运河之北偏，皆江阴低下之田，常患积水，难以耕植。今河上为斗门，河下筑堤防，以管水入江，百姓由是缘此河堤，可以作田围，此泄水利田之两端也。

宜兴县西有夹苎干渎，在金坛、宜兴、武进三县之界，东止滆湖及武进县界，西南至宜兴，北至金坛，通接长塘湖，西接五堰、茅山、薛步山水，直入宜兴之荆溪。其夹苎干，盖古之人亦所以泄长塘湖东入滆湖，泄滆湖之水入大吴渎、塘口渎、白鱼湾、高梅渎四渎及白鹤溪，而北入常州之运河，由运河而入一十四条之港，北入大江。今一十四条之港皆名存而实亡，累有知利便者献议朝廷，欲依古开通，北入运河以注大江，自滆湖、长塘湖两首各开三分之二。为彼田户皆豪民，不知利便，惟恐开凿已田，阴构胥吏，皆柅而不行。元丰之间，金坛令曾长官奏请乞开，朝廷又降指挥委江东及两浙两路监司相度，及近县官员相视，又为彼豪民计构不行。倘开夹苎干通流，则西来他州入震泽之水，可以杀其势，深利于三州之田也。

锷熙宁八年岁遇大旱，切观震泽水退数里，清泉乡湖干数里，而其地皆有昔日丘墓、街井、枯木之根，在数里之间，信知昔为民田，今为太湖也。太湖，即震泽也。以是推之，太湖宽广逾于昔时。昔云有三万六千顷，自筑吴江岸，及诸港渎堙塞，积水不泄，又不知其愈广几多顷也。锷又尝见低下之田，昔人争售之，今人争弃之。盖积年之水，十无一熟，积空头之税，或遇频年不收，则饥饿丐殍，鬻妻子以偿王租，或置其田、舍其庐而逋。至于酒坊处在水乡，沽卖不行，以致败阙者，比年尤甚。皆缘水伤下田，不收故也。锷又尝游下乡，切见陂淹之间，亦多丘墓，皆为鱼鳖之宅。且古之葬者，不即高山，则于平原陆野之间，岂即水穴以危亡魂邪？尝得唐埋铭于水穴之中，今犹存焉。信夫！昔为高原，今为汙泽，今之水不泄如故也。

昨熙宁间，检正张谔命属吏殿丞刘悫，相视苏、秀二州，海口诸浦渎为沙泥壅塞，将欲疏凿以决流水。悫相视回申，以谓若开海口诸浦，则东风驾海水倒注，反灌民田。谔谓悫曰：地倾东南，百川归海。古人开海口诸浦，所以通百川也。若反灌民田，古人何为置诸浦邪？百川东流则有常，西流则有时。因东风虽致西流，风息则其流亦复归于海，其势然也。凡江湖诸浦港，势亦一同。悫虽信其如此，然犹有说。盖以昔视诸浦无倒注之患，而今乃有之。盖昔无吴江岸之阻，诸浦虽暂有泥沙之壅，然百川湍流浩急，泥沙自然涤荡，随流以下。今吴江岸阻绝，百川湍流缓慢，缓慢则其势难以涤荡沙泥。设使今日开之，明日复合。又闻秀州青龙镇入海诸浦，古有七十二会。盖古之人以为七十二会曲折宛转者，盖有深意。以谓水随地势东倾入海，虽曲折宛转，无害东流也。若遇东风驾起海潮，汹涌倒注，则于曲折之间，有所回激，而泥沙不深入也。后人不明古人之意，而一皆直之。故或遇东风海潮倒注，则泥沙随流直上，不复有阻。凡临江湖海诸港浦势皆如此，所谓今日开之，明日复合者，此也。今海浦昔日曲折宛转之势，不可不复也。

夫利害挂于眉睫之间，而人有所不知。今欲泄三州之水，先开江尾，去其泥沙茭芦，迁沙上之民；次疏吴江岸为千桥；次置常州运河一十四处斗门石砌堤防，管水入江；次开导临江湖海诸县一切港渎，及开通茜泾，水既泄矣，方诱民以筑田围。昔郏亶尝欲使民就深水之中，叠成围岸。夫水行于地中，未能泄积水，而先成田围以狭水道，当春夏湍流浩急之时，则水当涌行于田围之上，非止坏田围，且淹浸庐舍矣，此不智之甚也。欲乞朝廷指挥下两浙转运司，择智力了干官员，分布诸县，则不越数月，其工可毕。所有创桥疏、通河港、置斗门利便制度，不在规规而言也。

今所画《三州江湖溪海图》一本，但可观其大略。港渎之名，亦布其一二耳。欲见其详，莫若下苏、常、湖诸县，各画《溪河沟港图》一本，各言某河某渎通某县某处，俟其悉上，合而为一图，则纤悉若视于指掌之间也。

锷又睹秀州青龙镇有安亭江一条，自吴江东至青龙，由青龙泄水入海。昔因监司相视，恐走透商税，遂塞此一江。其江通华亭及青龙。夫笼截商税，利国能有几邪？堰塞湍流，其害实大。又况措置商税，不为难事。窃闻近日华亭、青龙人户相率陈状，情愿出钱乞开安亭江，见有状准，本县官吏未与施行。近又访得宜兴西滆湖有二渎，一名白鱼湾，一名大吴渎，泄滆湖之水入运河，由运河入一十四处斗门下江。其二渎在塘口渎之南，又有一渎名高梅渎，亦泄滆湖之水入运河，由运河入斗门，在吴渎之南。近闻知苏州王觌奏请开海口诸浦，锷切计海口诸浦不可开，今开之不逾日，或遇东风，则泥沙又合矣。尝观《考工记》曰：“善沟者水啮之，善防者水淫之。”盖谓上水湍流迅急，则自然下水泥沙啮去矣。今若俟开江尾，及疏吴江岸为桥，与海口诸浦同时兴功，则自然上流东下，啮去诸浦沙泥矣。凡欲疏导，必自下而上。先治下，则上之水无不流；若先治上，则水皆趋下，漫灭下道，而不可施功力，其势然也。故今治三州之水，必先自江尾海口诸浦，疏凿吴江岸及置常州一十四处之斗门，筑堤制水入江，比与吴江两处分泄积水，最为先务也。

然锷观合开三州诸渎沟，不必全藉官钱。盖三州之民，憔悴之久，人人乐开，故半可以资食利户之力也。今略举其一二：若开江尾，疏吴江岸为桥，迁吴江岸东一村之民，开地复为昔日之江，置一十四处之斗门，并筑一十四条堤，制水入江，开荚苎干、白鹤溪、白鱼湾、大吴渎、塘口渎、宜兴东蠡河，已上非官钱不可开也。若宜兴之横塘、百渎，苏州之海口诸浦、安亭江，江阴之季子港、春申港、下港、勾田港、利港，宜兴之塘头渎及诸县凡有自古泄水诸沟港浜渎，尽可资食利户之力也。莫若先下三州及诸县，抄录诸道江湖海一切诸港渎沟浜自古有名者，及供上丈尺之料，功力之费，或系官钱，或系食利私力，期之以施工日月，同日开凿，同日疏放。若或放水有先后，则上水奔涌东下，冲损在下开浚未毕沟港，以故须同日决放也。

或者有谓昔人创望亭、吕城、奔牛三堰，盖为丹阳下至无锡、苏州地形东倾，古人创三堰，所以虑运河之水东下不制，是以创堰以节之，以通漕运。自熙宁、治平间废去望亭、吕城二堰，然亦不妨纲运者，何耶？锷曰：昔之太湖及西来众水，无吴江岸之阻，又一切通江湖海故道未尝堙塞，故运河之水，尝虑走泄入于江湖之间，是以置堰以节之。今自庆历以来，筑置吴江岸，及诸港浦一切堙塞，是以三州之水常溢而不泄。二堰虽废，水亦常溢，去堰若无害。今若泄江湖之水，则二堰尤宜先复。不复，则运河将见涸，而粮运不可行，此灼然之利害也。

又若宜兴创市桥，去西津堰。盖嘉祐中，邑尉阮洪上言，监司就长桥东市邑中创一桥，使运河南通荆溪。初，开凿市街，乃见昔日桥柱尚存泥中，咸谓古为桥于此也。又运河之西口有古西津堰，今已废去久矣。且古之废桥置堰，以防走透运河之水。今也置桥废堰，以通荆溪，则溪水常倒注入运河之内。今之与古，何利害之相反耶？锷以谓古无吴江岸，众水不积，运河高于荆溪，是以塞桥置堰，以防泄运河之水也。今因吴江岸之阻，众水积而常溢，倒注运河之内，是以创桥废堰，见利而不见害也。今若治吴江岸，泄众水，则运河之水再防走泄，当于北门之外创一堰可也。其利害盖如此也。

或又曰：切观诸县高原陆野之乡，皆有塘圩，或三百亩，或五百亩为一圩。盖古之人停蓄水以灌溉民田。以今视之，其塘之外皆水，塘之中未常蓄水，又未尝植苗，徒牧养牛羊、蓄放凫雁而已。塘之所创，有何益邪？锷曰：塘之为塘，是犹堰之为堰也。昔日置塘蓄水以防旱岁，今自三州之水久溢而不泄，则置而为无用之地。若决吴江岸，泄三州之水，则塘亦不可不开以蓄诸水，犹堰之不可不复也。此亦灼然之利害矣。苟堰与塘为无益，则古人奚为之邪！盖古之贤人君子，大智经营，莫不除害兴利，出于人之未到。后人之浅谋管见，不达古人之大智，颠倒穿凿，徒见其害，而莫见其利也。若吴江岸，止知欲便粮运，而不知遏三州之水，反以为害。又若废青龙、安亭江，徒知不漏商旅之税，又不知反狭水道以遏百川。今之人所以戾古者凡如此也。

锷切观无锡县城内运河之南偏有小桥，由桥而南下，则有小渎，渎南透梁溪。渎有小堰，名曰单将军堰。自桥至梁溪，其渎不越百步，堰虽有，亦不渡船筏，梁溪即接太湖。昔所以为此堰者，恐泄运河之水。昔熙宁八年，大旱，运河皆涸，不通舟楫。是时，锷自武林过无锡，因见将军堰既不渡船筏，而开是渎者，古人岂无意乎？因语邑宰焦千之曰：今运河不通舟楫，切睹将军堰接运河，去梁溪无百步之远，古人置此堰渎，意欲取梁溪之水以灌运河。千之始则以锷言为狂，终则然之，遂率民车四十二管，车梁溪之水以灌运河。五日，河水通流，舟楫往来。信夫古人经营利害，凡一沟渎皆有微意，而今人昧之也。尝见苏州之茜泾，昔范仲淹命工开导，泄积水以入于海。当时谏官不知苏州患在积水不泄，咸上疏言仲淹走泄姑苏之水，盖不知其利而反以为害。今茜泾自仲淹之后，未复开凿，亦久湮塞。锷存心三州水利凡三十年矣，每睹一沟一渎，未尝不明古人之微意，其间曲折宛转，皆非徒然也。锷今日之议，未始增广一沟一渎，其言与图符合，若非观地之势，明水之性，则无以见古人之意。今并图以献，惟执事者上之朝廷，则庶几三州憔悴之民，有望于今日也。

别画：

一、先开吴江县江尾茭芦地。

一、先迁吴江沙上居民，及开白蚬江通青龙镇，又开青龙镇安亭江通海。

一、先去吴江土为千桥。

一、先置常州运河斗门一十四所，用石砌，并筑堤管水入江。

一、次开夹苎干、白鹤溪、白鱼湾、塘口渎、大吴渎，令长塘湖、滆湖相连，走泄西水入运河，下斗门入江。

一、次开宜兴百渎。见今只有四十九条，东入太湖。

一、次开苏州茜泾、白茅、七鸦、福山、梅里诸浦及茜泾。

一、次开江阴下港、黄田、春申、季子、灶子诸港。

一、次开宜兴东、西蠡河。

一、次根究诸临江湖海诸县，凡泄水诸港渎，并皆疏凿。

伍堰水利。昔钱舍人公辅为守金陵，尝究伍堰之利。虽知伍堰之利，而不知伍堰以东三州之利害。锷知三州之水利，而未究伍堰以西之利害。一日，钱公辅以世之所为伍堰之利害，与锷参究，方知始末利害之议完也。公辅以为伍堰者，自春秋时，吴王阖闾用伍子胥之谋伐楚，始创此河以为漕运。春冬载二百石舟，而东则通太湖，西则入长江。自后相传，未始有废。至李氏时，亦常通运，而置牛于堰上，挽拽船筏于固城湖之侧。又尝设监官，置廨宇以收往来之税。自是河道淀塞，堰埭低狭，虚务添置者十有一堰，往来舟筏莫能通行，而水势遂不复西。及遇春夏大水，江湖泛涨，则园头、王母、龙潭三涧合为一道，而奔冲东来。河之不治，愈可见也。今若开深故道，而存留银林、分水二堰，则诸堰尽可去矣。所欲存二堰者，盖本处地势，自银林堰以西，地形从东迤逦西下，自分水堰以东，地形从西迤逦东下，而其河自西坝至东坝十六里有余，开淘之际，须随逐处地形之高下以浚之，然后江东、两浙可以无大水之患。然银林堰南则通建平、广德，北则通溧水、江宁，又当增修高广，以俟商旅舟船往还之多，可以置官收税，如前之利。此伍堰所以不可不复也。今莫若治伍堰，使上之水不入于荆溪，而由分水、银林二堰直归太平之芜湖；下治吴江之岸为千桥，使太湖之水东入于海；中治百渎之故道，与夫苏、常、湖三州之有故道旁穿于太湖者，虽不可缕举，而概可以迹究也。难者曰：虽复伍堰，奈何伍堰之侧山水东下乎？复堰无益也。锷答曰：由伍堰而东注太湖，则有宣、歙、池、广、溧水之水。苟复堰，使上之水不入于荆溪，自余山涧之水，宁有几邪？比之未复，十须杀其六七耳。难者乃服。

单锡字君赐，宜兴人。宋嘉祐二年，与苏轼兄弟为同年进士。轼爱其贤，妻以甥女。弟锷，字季隐，登嘉祐五年进士。锷存心水利凡三十年，轼为录其书进于朝，不果行。锷子发，字文兴。举八行科，为太学禄。尝修《阳羡风土志》。事见《单氏家乘》。

《水利集》　元都水监任仁发著

议者曰：古者，吴淞江狭处尚二里余，犹且不能吞受太湖之水，于是添浚三十六浦以佐之，且复时有淹没田畴之患。今所开江止阔二十五丈，置闸十座，其能去水几何？其利则未之有也。

答曰：所开江身阔二十五丈，置闸十座，每闸阔二丈五尺，可以泄水二十五丈。吴淞江系潮水往来之地，古人论泄水之法极详。范文正公曰：一日之潮，有损有增。三分其时，损居二焉。

谓如一日十二时，昼夜两潮，四时辰潮涨，八时辰潮落。所设之闸，昼夜皆去水之时也。所以江面虽二里之宽，不如十闸之功也。况今东南有上海浦，泄放淀山湖、三泖之水。东北有刘家港、耿泾，疏通昆城等湖之水。吴松江置闸十座，以居其中。潮平则闭闸以拒之，潮退则开闸而放之。滔滔不息，势若建瓴，直趋于海，实疏导潴水之上策也。与古之三江，其势相埒。若天时多雨，虽太湖汪洋弥漫，其涸亦可待矣。旱则闭闸潴水，以供灌溉，乃一举两得其利也。

议者曰：吴淞江自古无闸，今置之，非法也。何不开闸疏通，使江复故道，一任潮之往来，岂不便易？

答曰：治水之法，先度地形之高下，次审水势之逆顺，寻源溯流，各顺其性。古人谓水归深源。又曰：泥沙随潮而来，清水荡涤而去。今新泾、上海浦、刘家港等处水深数丈，今所开止深一丈五尺，若不置闸以限潮沙，则浑潮卷沙而来，清水自归深源而去，新开江道，水性未顺，兼以河浅，约住泥沙，不数月间，必复淤塞，前工俱废，故闸不可不置也。范文正公曰：新导之河，必设诸闸。正此谓也。若欲再复吴淞江故道，须候诸闸启闭，流顺河深，众水归源，其汹涌之势，孰可制御？当于此时，诸闸都闭，挑开一处堰坝，任潮往来，借清水力，东冲西决，自复成江矣。《考工记》曰："善沟者，水啮之。"此之谓也。

议者曰：吴淞江前时通流，今日何为而塞？岂非如海变桑田之说？黄河日走千里，非人力所可为者欤！

答曰：东坡有言：若要吴淞江不塞，吴江一县人民可尽徙于他处。庶使上源宽阔，清水力盛，泥沙自不能积，何致有堙塞之患哉？归附之后，将太湖东岸出水去处，或钉木植为栅，或壅草土为堰，或筑狭河身为桥，置为驿路，及有湖泖港汊，又虑私盐船往来，多行塞断，所以水脉不通，清水日弱，浑潮日盛，泥沙日积，而吴淞江日就淤塞。今日江势，正与东坡所见合。若曰如海变桑田，黄河奔突，一付之天，则圣人手足胼胝，尽力沟洫，皆虚言也。圣人岂欺我哉？所当尽人力而为可也。

议者曰：钱氏有国一百有余年，止长兴年间一次水灾。亡宋南渡一百五十余年，止景定年间一二次水灾。今则一二年，或三四年，水灾频仍，其故何也？

答曰：钱氏有国，亡宋南渡，全借苏、湖、常、秀数郡所产之米，以为军国之计。当时尽心经理，使高田、低田各有制水之法。其间水利当兴，水害当除，合役军民，不问繁难，合用钱粮，不吝浩大，必然为之。又使名卿重臣专董其事。豪富上户，簧言不能乱其耳，珍货不能动其心。凡利害之端，可以当兴除者，莫不备举。又复七里为一纵浦，十里为一横塘，田连阡陌，比比相承，悉为膏腴之产。设有水患，人力未尝不尽。遂使二三百年之间，水患罕见。钦惟国朝四海一统，人才毕集，擢居重任者，未知风土所宜也，以为浙西地土水利与诸处同一例，任地之高下，任天之水旱，所以一二年间水旱频仍，皆不谙风土之同异故也。

议者曰：苏州地势低下，与江水平，故曰平江。古称泽国，其地不可作田，此必然之理也。今欲围筑硬岸，亦逆土之性耳。

答曰：宋、晋以降，仓廪所积，悉仰给于浙西水田之利，故曰“苏湖熟，天下足。”若谓地势低下，不可作田，以为必然之理，此诚无当之论。何以言之？浙西之地低于天下，而苏、湖又低于浙西，淀山湖又低于苏州，此低之最低者也。彼中富户数千家，于中每岁种植茭芦，埋钉桩笆，委葑土围，筑硬岸，岂非逆土之性，何为今日尽成膏腴之田？此明效大验，不可掩也。既是淀山最低之湖，经理尚可以为田，却说已成之田不可作田，天下宁有是也？

议者曰：浙西水旱，专系天时，非人力之所可胜。自来讨究治水之法，终无可成。

答曰：浙西水利，明白易晓，但行之不得其要耳，何谓无成？大抵治水之法，其事有三：浚河港必深阔，筑围岸必高厚，置闸窦必多广。设遇水旱，则有河港、闸窦、堤防而乘除之，自然不能为害。倘人力不尽，而一切归数于天，天下宁有丰年耶？东坡有言“浙西水旱，此系人事不修之积，非天时之所致”，即此谓也。昔范文正公亲开海浦时，议者阻之。公锐意定见，力排浮议，疏浚积潦，数年大稔，民受其赐。载之方册，昭然可考。乃谓终无可成，为是说者，皆是苟图富家财物，听受富家驱使，而妄为无稽之言也。

议者曰：开挑河道既已深阔，河岸不须修筑。围岸既已高厚，河道不须开挑。河道、河岸既深既厚，闸窦不须置立。三者兼行，徒劳民力而已。

答曰：开挑河道，所以泄水；修筑围岸，所以障水；置立闸窦，所以限水，自古三者兼行而不相悖也。谓如不浚河道，略值久雨，若无河道以泄之，则沟浍皆盈。东风则淹湖西之田，西风则破湖东之岸，骤涨骤落，常有数尺涝水之痕。围岸不高，则无力难以堤防，故湖沟不可不浚。及不筑围岸，或遇暴雨，若无围岸以障之，水涨入围，车戽出田，稻苗淹没已经数日，根株朽腐，尽成弃物，缓不及事，故围岸不可不筑。闸窦乃防水旱之具，遇涝则启而泄之，遇旱则闭而蓄之，又且隔住浑潮，免致卷沙入河，壅塞水道，故傍江枕海，一浦一堰，皆有闸窦。盖欲蓄水于未旱之前，泄水于既涝之后，乃闸窦限水之功也，不可不立。只此之说，或者已不周知，敢乃辄生妄议以毁其事，可谓不知量也。

议者曰：河沟、围岸、闸窦三者俱备，自可永无水旱之忧，则民食可足，诚为久远之计，朝廷何为废之？

答曰：范文正公，宋之名臣，尽心于水利，尝谓修围、浚河、置立闸窦三者相为表里，如鼎之足，缺一不可。三者备矣，水旱岂足忧哉？国家收附江南三十余年，浙西河沟、围岸、闸窦，无官拯治，遂致水利废坏。若水旱小，则小害；大，则大害。是则年年有荒旱之田，不可种艺，深可惜哉！今谓浚河、备围、置闸，有久远之利，朝廷废而不治者，盖募夫工役，取办豪富上户，部夫督役，责办于有司，官宦、豪民、猾吏三者皆非其所乐为，所以构扇豪户，必欲阻坏而后已。朝廷未见日后之利，但逢目前之扰，奈何围湖占江豪富之徒，挟厚贿以赂贪官，成事则难，坏事则易，安能迄致乎成？东坡亦云："官吏惮其经营，富户吝其出力，所以累行而终辍，不能成久远之利也。"

计：

吴淞江东南黄浦口起至大盈浦口止一万五千一百丈，大盈浦口起至永淮寺东止一千六百丈。

永淮寺东起至赵屯浦口止一千五百丈，赵屯浦口起至陆家浜止二千三百五十丈。

陆家浜起至千墩浦口、新洋江止一千六百丈。

通计长二万二千一百五十丈。

三吴水利 金藻

《三吴水利》，别本作《三江水学》，有序，鄙芜不足录，其文比此本为详，疑此乃改本也。今略附载别本所出者于左。主事姚文灏《浙西水利书》所取盖别本。嘉靖乙巳世美堂。

修圩次序：水漫则专增其里，土不狼籍；水涸则兼筑其外，岸方坚固。里外尽栽簑草，水边须种茭蒲。岸之两额，或栽水杨，或栽篱篨，白茅青芦，皆能匝岸。圩之中须画界岸，高大坚固，与外岸同。圩有一顷者，画以一字，三顷者画以二字，四顷者画以三字，五顷者画以十字，六顷者画以廿字，七顷才画以卅字，八顷者画以井字，而沟通之。盖各各界断，则户少而力齐，易集而易救。但今低乡圩岸，荡无根脚，须得桩笆，捞泥渐积，随田若干，量出多少。间有贫乏流移，须用设法补助。或以其田佃于有力之家，或以其岸责付劝罚之类。惟有纯是逃亡，却用长夫修理。若乃震泽等湖，须用石堤，如高邮三湖可也。

开沟次序：略与开河同。开河次序：疾流搔乘，缓流捞剪，涸流传送，浮沙推挠，污泥盘吊，平陆开挑。搔乘之法：用铁为爬，一爬五爪，系于桴筏，逆流挽之，搔动其沙，乘流而远去矣。捞剪之法：用竹为罱，一首两尾，铁口篾腮，举其尾而开合之，泥自剪入而捞起矣。传送之法：先将两岸高庢分为等级，每级高五尺、广一丈，六尺为路，四尺为沟。级级布人，人人执器。锸以起土，锹以调泥。一递一送，无崎岖陟降之劳，而土亦上矣。推挽之法：用木为车，二横九直，横方直圆，以圆穿方。横长九尺五，直长五尺，下为齿，上为柄四。直长三尺，下亦为齿。二横之上，加以横板，厢其两手，五人执其柄而按推之。车之两旁，系之以绳而前拽之，则其沙自推起而拦去矣。若其沙太深，不能容人，则车之后添凳立人，亦可。盘吊之法：用丈许小船，锨入污泥，首尾系索而盘吊之。开挑之法无他，在预先远送而已。又有顺带之法：如丹阳运河两岸高厓，若以往来行舟量力顺带，南至吴江等处增广岸塍，北至镇江等处增广埠头，是亦裒多益寡之术，但虑议者以为迟钝。盖此法功效，日计不足而岁计有余，岁计不足而世计有余，患人不之用耳。

松江既湮，而太湖之水无所泄。人以为刘家河可泄太湖之水，殊不知此河虽通，但能复此娄江之半节耳。其南来之半节，所谓与夫新洋江、与夫下驾者，反被其横冲松江之腰腹，而为害莫除。其至南而折于西，以接黄潦泾者，又名华泾塘也。华泾塘东去有闸港。此皆东江之东段也，但欠深广，而入于海耳（今本脱华泾以下八字）。寻曹泾入海之闸河、金山卫入海之闸河、海盐县入海之闸河，以泄嘉禾秀水塘等处，以来湖、杭之水，而谓之南条者，则太湖南之形势顺矣。疏江阴下港等河、常熟白茅等港，复常州运河斗门一十四处，走泄夹苧干等渎，筑堤管水入江，而谓之北条者，则太湖北之形势顺矣。

藻又有《三江水学或问》，今附录二条：三时治水，一冬休养，与《论语》"使民以时"、《孟子》"不违农时"不同，何也？曰：断不可泥至冬乃役之说，以陷民于死亡也。盖至冬乃役，如上入执宫功之类，非若水利乃野外工役，不可以冬月为之也。《诗》云："蟋蟀在堂，役车其休。"又曰："塞向墐户，入此室处。"又曰："三之日于耜，四之日举趾。"《书》于仲春曰"平秩东作"，于仲冬曰"厥民隩"。盖三时勤苦，一时休养，今古之通谊也。程子开河，他人管者多死，程子管者不死一人，只是处置得宜耳。冬月不役，是求生之一路也；老弱不用，是求生之一路也；衣食温饱，是求生之一路也；痛革暴虐，是求生之一路也；有疾即与药而发回，是求生之一路也；船舍近便，足蔽风雨，是求生之一路也。如此求生而犹不免于死，是诚当死者也，然亦不可不为祭埋，而厚恤其家也。

客曰：随其田旁自修沟岸，不若计其田亩、均其工程为善。盖田有长倚泾者，有横出泾者，有不出泾者。用子之法，则长倚泾者用工太多，横出泾者用工太少，不出泾者无工可为，岂得为均乎？野人曰：旧时鄙见也如此，然均则均矣，终是甲治乙田，丁修丙岸，非惟不肯尽心，抑且无凭赏罚。思之十年，始遇有识，乃上海陆宗恺，却与华亭曹宪副之意正同。盖不出泾之田，涝则不得泄，旱则不得溉，粪则难于入，敛则难于出。凡有此田者，多是贫难下户，当优恤者也。若其横出泾者，与长倚泾者，旱则易于溉，涝则易于泄，粪则便于入，敛则便于出。有此田者，多是殷实有力者也。故定为此法，允惬舆情，使贫乏者既得以安生，而有力者又无计以偷闲；坚固浚涤者既得以蒙赏，而淤浅疏脆者又无计以逃罪。愚所谓一尺一步皆有归著，一赏一罚皆得其当者，诚非臆度之言也。

低乡无土，如何修岸？此则须用载土捞泥。且如商贾从长沙贩米，经年累月，涉历风涛，只是欲得米，故不辞艰苦。今在平河载土，近处捞泥，得一船即是一船之米，得万船即是万船之米，但寄之于田，岁岁取之无穷也。

范成大《水利图序》

江东圩埂，高厚如大府之城，舟行常仰视之，并驱其上，犹有余地。至水发时，数十百围，一时皆破。其有茭葑外护者，则往往独存。盖其纷披摇曳，与水周旋而不与之忤，比其及岸，已如强弩之末，狂猛尽霁。茭之能杀水如此。

《沈氏笔谈》

至和塘自昆山县达于娄门，凡七十里。自古皆积水，无陆途，民颇病涉，久欲为长堤抵郡城，泽国无处求土。嘉祐中，人有献计：就水中以蘧蒢为墙，栽两行，相去三尺。去墙六丈，又为一墙，亦如此。漉水中淤泥，实蘧蒢中。候干，则以水车畎去两墙间旧水。墙间六丈，皆留半以为堤脚，掘其半为渠，取土以为堤。每三四里则为一桥，以通南北之水。不日堤成，至今为利。

《吴江志》

《沈经坍湖岸议》

太湖风浪势如排山，岸遇辄崩，日就成浸，非人所能御也。又查有等低岸，形如鳖裙，风赶浪冲，反不坍损。因求其故：站岸壁立，与浪相抗必坍；斜坡不深，随浪相迎不损。为今之计，莫若令各有田之家，各于其站立之处，或石块，或瓦屑，或煤铁等灰，填满其处，一如斜坡之式，略加泥沙，或植茭芦、杨柳等树木，以杀其奔突之势，则其围塍未必如往年崩塌之易矣。

史鉴议

课民于堤岸之上，许种蓝而不许种豆。盖种蓝必增土，久而日高；种豆则土随根去，久而日低矣。

志载堤水岸式

高一尺（以平水为定高下增减），基阔八尺，面阔四尺，谓之羊坡岸。其内有丈许者，稍低，植以桑苎，谓之抵水。环圩植以茭芦，谓之护岸。其遇边湖边荡，甃以石块，谓之挡浪。又于圩外一二丈许，列栅作埂，植茭树杨，谓之外护。此周文襄定制。每年县官于农隙时，请看坍损，督塘长圩甲修之。后官不出，民亦不举，此法遂废。

郏亶又上治田利害大概有七

一、论古人治低田、高田之法。昔禹之时，震泽为患，东有堽阜以隔截其流。禹乃凿断堽阜，流为三江，东入于海，而震泽始定。震泽虽定，于环湖之地，尚有二百余里可以为田，而地皆卑下，犹在江水之下，与江湖相连。民既不能耕植，而水面又复平阔，足以容受震泽下流，使水势散漫，而三江不能疾趋于海。其沿海之地，亦有数百里可以为田，而地皆高仰，反在江水之上，与江湖相远。民既不能取之为灌溉，而地势又多西流，不得蓄聚春夏之雨泽以浸润其地。是环湖之地常有水患，而沿海之地常有旱灾，如之何而可以种艺邪？古人遂因其地势之高下，井之而为田。其环湖卑下之地，则于江水南北为纵浦以通于江，又于浦之东西为横塘以分其势，而棋布之，有圩田之象焉。其塘浦阔者三十余丈，狭者不下二十余丈，深者二三丈，浅者不下一丈。且苏州除太湖之外，江之南北别无水源，而古人使塘深阔若此者，盖欲取土以为堤岸，高厚足以御其湍悍之流，故塘浦因而阔深，水亦因之而流耳，非专为阔其塘浦，以决积水也。故古者堤岸，高者须及二丈，低者亦不下一丈。借令大水之年，江湖之水高于民田五七尺，而堤岸尚出于塘浦之外三五尺至一丈，故虽大水，不能入于民田也。民田既不容水，则塘浦之水自高于江，而江之水亦高于海，不须决泄，而水自湍流矣。故三江常浚，而水田常熟。其堽阜之地，亦因江水稍高，得以畎引以灌溉。此古人浚三江、治低田之法也。所有沿海高仰之地，近于江者，既因江流稍高，可以畎引；近于海者，又有早晚两潮，可以灌溉。故亦于沿海之地及江之南北，或五里、七里而为一纵浦，又五里、七里而为一横塘，港之阔狭与低田同，而其深往往过之。且堽阜之地高于积水之处四五尺至七八尺，远于积水之处四五十里至百余里，固非决水之道也。然古人为塘浦阔深若此者，盖欲畎引江海之水，周流于堽阜之地，虽大旱之岁，亦可车畎以溉田，而大水之岁，积水或从此而流泄耳，非专为阔深其塘浦，以决低田之积水也。至于地势西流之处，又设堽门、斗门以潴蓄之。是虽大旱之岁，堽阜之地，皆可耕以为田，此古人治高田、蓄雨泽之法也。故低田常无水患，高田常无旱灾，而数百里之地常获丰熟，此古人治低田、高田之法也。

二、论后世废低田、高田之法。古人治田高下既皆有法，方是时也，田各成圩，圩必有长，每一年或二年，率逐圩之人修筑堤防，浚治浦港，故低田之堤防常固，旱田之浦港常通也。（古之田虽各成圩，然所名不同，或谓之段，或谓之围，今昆山低田皆沉在水中，而俗呼之名犹有野鸭段、大泗段、湛段、及和尚围、盛熟围之类。）至钱氏有国，而尚有撩清指挥之名者，此其遗法也。洎乎年祀绵远，古法隳坏。其水田之堤防，或因田户行舟及安舟之便而破其圩。（古者人户各有田舍在田圩之中浸以为家，欲其行舟之便，乃凿其圩岸以为小泾、小浜，即臣昨来所陈某家泾某家浜之类是也，说者谓浜者安船沟也。泾浜既小，是岸不高，遂至坏却田圩都为白水也。今昆山柏家瀼水底之下尚有民家阶甃之遗址，此古者民在圩中住居之旧迹也。今昆山富户如陈、顾、辛、晏、陶、沈等田舍皆在田围之中，每至大水之年亦是外水高于田舍数尺，此今人在田圩中作田舍之验也。）或因人户请射下脚而废其堤，或因官中开淘而减少丈尺。（臣少时见小虞浦及至和塘并阔三二十丈，累经开淘之后，今小虞浦只阔十余丈，至和塘只阔六七丈，此目所睹也。）或因田主只收租课而不修堤岸，或因租户利于易田而故要淹没。（吴人以一易再易之田谓之白涂田，所收倍于常稔之田，而所纳租米亦依旧数，故租户乐于间年淹没也。）或因决破古堤张捕鱼虾，而渐致破损；或因边圩之人不肯出田与众做岸，或因一圩虽完，傍圩无力，而连延隳坏；或因贫富同圩，而出力不齐，或因公私相吝，而因循不治。故堤防尽坏，而低田漫然复在江水之下也。每春夏之交，天雨未盈尺，湖水未涨二三尺，而苏州低田，一抹尽为白水。其间虽有堤岸，亦皆狭小，沉在水底，不能固田。唯大旱之岁，常、润、杭、秀之田及苏州堽阜之地并皆枯旱，其堤岸方始露见，而苏州水田幸得一熟耳。盖由无堤防为御水之先具也。民田既容水，故水与江平，江与海平，而海潮直至苏州之东一二十里之地，反与江湖、民田之水相接，故水不能湍流，而三江不浚。（臣伏睹昨来议狭汴河者诏，汴河阔处水面散漫不至深快，故汴河淤淀。今苏州水面动连一二百里，而太湖之水又不及黄河之湍迅而欲三江不淤不可得也。）今二江已塞，而一江又浅，倘不完复堤岸，驱低田之水尽入于松江，而使江流湍急，但恐数十年之后，松江愈塞，震泽之患不止于苏州而已也。此低田不治之由也。其高田之废，始由田法隳坏，民不相率以治港浦。其港浦既浅，地势既高，沿于海者则海潮不应，沿于江者又因水田堤防隳坏，水得潴聚于民田之间，而江水渐低，故高田复在江之上。至于西流之处，又因人户利于行舟之便，坏其堽门，而不能蓄水，故高田一望尽为旱地。每至四、五月间，春水未退，低田尚未能施工，而堽阜之田已干枯矣。唯大水之岁，湖、秀二州与苏州之低田淹没净尽，则堽阜之田幸得一大熟耳。此盖不浚浦港以畎引江海之水，不复堽门以蓄聚春、夏之雨泽也。此高田废之之由也。故苏州不有旱灾，即有水患。但水田多而旱田少，水田近于城郭，为人之所见，而税复重；旱田远于城郭，人所不见，而税复轻，故议者只论治水而不论治旱也。

三、论自来议者只知决水，不知治田。盖治田者本也，本当在先；决水者末也，末当在后。今乃不治其本而但决其末，故自景祐以来，上至朝廷之缙绅，下至农田之匹夫，谋议擘画三四十年，而苏州之田百未治一二，此治水之失也。惟嘉祐中，两浙转运使王纯臣建议，谓：苏州民间一概白水，至深处不过三尺以上，当复修作田位，使位位相接，以御风涛，则自无水患。若不修作塍岸，纵使决尽湖水，亦无所济。此说最为切当。又缘当时建议之时，正治两浙，连年治水无效，不知大段擘画，令官中逐年调发夫力，更互修治，及不曾立定逐县治田年额，以办不办为赏罚之格，而止令逐县令做概例劝导，逐位植利。人户一二十家自作塍岸，各高五尺。缘民间所鸠工力不多，盖不能齐整。借令多出工力，则各家所收之利，不偿其所费之本。兼当时都水监立下官员赏典不重，故上下因循，未曾并聚公私之力，大段修治。臣今欲乞检会王安石所陈利害，却将臣下项擘画修筑堤岸，以固民田，则苏州之灾可计日而取效也。议者或谓：曩年吴及知华亭县，常率逐段人户各自治田，亦不曾烦费官司，而人获其利。今可举用其法以治苏州水田，不须重烦官司也。曰：苏州水田与华亭不同。华亭之田，地连堽阜，无暴怒之流，浚河不过一二尺，修岸不过三五尺，而田已大稔矣。然不逾三五年间，尚有堙塞。今苏州远接江湖，水常暴怒，故昆山、常熟、吴江三县堤岸高者七八尺，低者不下五六尺，或用石甃，或用桩条，或二年一治，或年年修葺，而风涛洗荡，动有隳坏。今若以华亭之法而治之，或水退之后一二年间，暂获丰稔，盖不可知，求其久远之效，则不可得也。夫以华亭之法，而治苏州之高田则可矣。若治苏州之田，譬之以一家之法而治一国也，其规摹法度则近之，至于措置施设之方，则小大不可同也。贴黄：自来人所议欲开通诸大浦、卢沥浦、松江诸汇，并决水入江阴军等，亦皆治水之一说。但堤防未立，行之无功。候堤防既成之后，前项诸说又不可不行。盖水势湍急，却要诸处分减水势故也。故曰治田者先也，决水者后也。臣今究穷得古人治田之本，委可施行。若令臣先往两浙相度，不过访之于诸县官吏，考之于诸乡父老而已。况诸县官吏乍来倏去，固不若臣之生长乡里，世为农人，而备知利害也。父老之智未必过于范仲淹、叶清臣，况范仲淹、叶清臣尚不能窥见古人治田之迹，父老安得而知？伏望令臣略到司农寺陈白，委不至有误朝廷。候敕旨。

四、论今来乞以治田为先，决水为后。田既先成，水亦从而可决，不过五年，而苏州之水患息矣。然治田之法，若总而论之，则瀚漫而难行；析而论之，则简约而易治，何也？今苏州水田之最合行修治处，如前项所陈，南北不过二百二十余里，东西不过一百里。今若于上项水田之内，循古人之迹，五里而为一纵浦，七里为一横塘，不过为纵浦二十余条，每条长一百二十余里，横塘十七条，每条长一百余里，共计四千余里。每里用夫五千人，约用二千余万夫。至和中开昆山塘，每里夫二千五百人，塘面阔六丈，底阔四丈深四尺，每里积土计三十万尺，分为两岸，每岸底只阔一丈四五尺，面只阔四五尺，高不及六七尺，故不逾一二年又至隳坏。故曰总而言之，则瀚漫而难行也。今且以二千万夫开河四千里而言之，分为五年，每年用夫四百万，开河八百里。苏、秀、常、湖四州之民不下四十万，三分去一，以为高田之民，自治高田外，尚有二十七万夫，每夫一年借雇半月，计得四百余万夫，可开河八百里。却以上项四百余万夫分为十县，逐县每年当夫四十万，开河八十里。以四十万夫分为六个月，逐县每月计役六万六千余夫，开河十三里有零。以六万六千夫分为三十日，则逐县每日只役夫二千二百人，开河一百三十二步。将二千二百人又为两头项，只役一千一百人，开河六十六步。虽县有大小，田有广狭，民有众寡，及逐日所开河沟、所役夫数多少不同，大率治田多者头项多，治田少者头项少。虽千百项，可以一头项尽也。臣故曰析而论之，则简约而易治也。如此而治之，五年之内，苏州与邻州之水田殆亦尽矣。塘浦既浚矣，堤防既成矣，则田之水必高于江，江之水亦高于海，然后择江之曲者而决之，及或开卢沥浦，皆有功也。何则？江水湍流故也。故曰治田者先也，决水者后也。江流既高矣，然后又究五堰之遗址而复之，使水不入于城。是虽有大水，不能为苏州之患也。此治水田之大略也。（昔有七堰今复五堰者，今只有五门故也，苏州设堰固亦旧矣。刘公著作尝引唐白居易九日苏州登高诗云："酒酣凭槛起四顾，七堰八门六十坊。"是唐之世已有堰矣，至端拱二年转运使乔惟岳方始废之。盖堤防既坏，水得潴容于民田之间，水势稍低，故可废其堰也。）其旱田，则乞用上项一分之夫，浚治港浦以畎引江海之水，及设堽门以潴春夏之雨泽，则高低皆治，而水旱无虞矣。

五、论乞循古人之遗迹治田者。臣昨来所乞苏州水田一节，罢去其某家泾、某家浜之类，五里七里而为一纵浦，七里十里而为一横塘。因塘浦之土以为堤岸，使塘浦阔深而堤岸高厚。塘浦阔深则水流通，而不能为田之害。堤岸高厚则田自固，而水可必趋于江。今具苏州、秀州及沿江、沿海水田、旱田见存塘浦、港、沥、堽门之数。凡臣所能记者，总七项，共二百六十五条，并臣擘画将来治田大约，各附逐项之下。谨具下项。一、具水田塘浦之迹，凡四项，共一百三十二条。一、吴松江南岸自北平浦，北岸自徐公浦，西至吴江口，皆是水田，约一百二十余里。南岸有大浦二十七条，北岸有大浦二十八条，是古者五里而为一纵浦之迹也。其横浦在松江之南者，臣不能记其名。在松江之北六七里间，曰浪市横塘。又下北六七里，而为至和塘。是七里而为一横塘之迹也。松江南大浦二十七条：北平浦、破江浦、艾祈浦、愧浦、顾汇浦、养蚕浦、大盈浦、南解浦、梁乾浦、石臼浦、直浦、分桑浦、内薰浦、赵屯浦、石浦、道褐浦、千墩浦、锥浦、张潭浦、陆直浦、甫里浦、浮高浦、涂头浦、顺德浦、大姚浦、破墩浦、盏头浦。松江北大浦二十八条：徐公浦、北解浦、瓦浦、沈浦、蒋浦、三林浦、周浦、顾墓浦、金城浦、木瓜浦、蔡浦、下驾浦、浜浦、洛舍浦、杨梨浦、新洋浦、淘仁浦、小虞浦、大虞浦、马仁浦、浪市浦、尤泾浦、下里浦、戴墟浦、上顾浦、青丘浦、奉里浦、任浦。松江北横塘二条：浪市横塘、至和塘。已上松江塘浦五十七条，并当松江之上流，皆是阔其塘浦，高其堤岸，以固田也。只因久不修治，遂至隳坏。每遇大水，上项塘浦之岸并沉在水底，不能固田。议者不知此塘浦元有大岸以固田，乃谓古人浚此大浦，只欲泄水，此不知治田之本也。臣今擘画，并当浚治其浦，修成堤岸，以御水灾，不须远治他处塘浦，求决积水，而田自成矣。一、至和塘自昆山西至苏州，计六十余里，今其南北两岸，各有大浦十二条，是五里而为一纵浦之迹也。其横浦南六七里，而有浪市塘是也，其北皆为风涛洗刷，不见其迹。臣前所谓至和塘徒有通往来、御风涛之小功，而无卫民田、去水患之大利者，谓至和塘南北纵浦、横塘皆废故也。谨具下项。至和塘南大浦十二条：小虞浦、大虞浦、尤泾浦、新渎浦、平乐浦、戴墟浦、真义浦、朱塘浦、界浦、凤凰泾、任浦、蠡塘。至和塘北大浦十二条：小虞浦、大虞浦、尤泾浦、高墟浦、雍里浦、诸昌泾、界浦、任浦、上雉渎、下雉渎、蠡塘、官渎。横塘在南者曰浪市塘，已具松江项内，更不再出。在北者皆废。已上至和塘两岸塘浦二十四条。在塘北者，今犹有其名，而或无其迹；在塘南者，虽存其迹，而并皆狭小断续，不能固田。其间南岸又有朱泾、王村泾，北岸又有司马泾、季泾、周泾、小萧泾、大箫泾、归泾、吴泾、清泾、谭泾、褚泾、杨泾之类，皆是民间自开私浜，即臣向所谓某家泾、某家浜之类是也。今并乞废罢，只择其浦之大者，阔开其塘，高筑其岸，南修起浪市横塘，北则或五里、十里为一横塘以固田，自近以及远，则良田渐多，白水渐狭，风涛渐小矣。一、常熟塘自苏州齐门北至常熟县一百余里，东岸有泾二十一条，西岸有泾十二条，是亦七里、十里而为一横塘之迹也。但目今并皆狭小，非大段塘浦。盖古人之横塘隳坏，而百姓侵占，及擅开私浜，相杂于其间，即臣所谓某家泾、某家浜之类是也。谨具目今两岸泾浜之名下项。常熟塘东横泾二十一条：阙墓泾、杨泾、米泾、樊泾、蠡泾、南湖泾、湖泾、朱泾、永昌泾、茅泾、薛泾、界泾、吴塔泾、尚泾、川泾、黄土泾、圃泾、庙泾、卞庄泾、新桥泾、黄母泾。常熟塘西横泾十二条：石师泾、杨泾、王婆泾、高姚泾、苏宅泾、蠡泾、皮泾、庙泾、永昌泾、野长泾、谭泾、墓门泾。已上常熟塘两岸横泾三十三条，盖记其略耳。今但乞废其小者，择其大者，深开其塘，高修其岸。除西岸自擘画为圩外，其东岸合与至和塘北及常熟县南新修纵浦，交加棋布以为圩，自近以及远，则良田渐多，白水渐狭，风涛渐小矣。一、昆山之东至太仓堽身，凡三十五里，两岸各有塘浦七八条，是五里而为一纵浦之迹也。其横塘在塘之南六七里，而为朱沥塘、张湖塘、郭石塘、黄姑塘。在塘之北，为风涛洗刷，与诸湖相连，不见其迹。谨具下项。昆山塘南有塘浦七条：次里浦、新洋江、任里浦、下驾浦、下吴浦、上吴浦、太仓横沥。昆山塘北有塘浦七条：娄县上塘、娄县下塘、新洋江、低里浦、黄剪泾、上吴塘、下吴塘；横塘四条：朱沥塘、张湖塘、郭石塘、黄姑塘。已上塘沥十八条，除新洋江、下驾浦曾经开浚，余并未尝开浚。今河底之土反高于田中，每遇天雨稍阙，则更不通舟船。天雨未盈尺，而田尽淹没。今并乞开浚以固田。已具下项：一、具旱田塘浦之迹凡三项，一百三十三条。一、松江南岸自小来浦，北岸自北陈浦，东至海口，并是旱田，约长一百余里。南有大浦一十八条，北有大浦二十条，是五里而为一纵浦之迹也。其横浦之在江南者，臣不记其名；在江北者七八里，而为鸡鸣塘、练祈塘，是七里而为一横塘之迹也。谨具下项：松江南岸有大浦一十八条：小来浦、盘龙浦、朱市浦、松子浦、野奴浦、张整浦、许浦、鱼浦、土燠浦、丁湾浦、芦子浦、沪渎浦、钉钩浦、上海浦、下海浦、南及浦、江苧浦、烂泥浦。松江北岸有大浦二十条：北陈浦、顾浦、桑浦、大黄肚浦、小黄肚浦、章浦、樊浦、杨林浦、上河浦、下河浦、仙天浦、镇浦、新华浦、槎浦、秦公浦、双浦、大场浦、唐章浦、贵州浦、商量湾。横塘二条：鸡鸣浦、练祈浦。已上塘浦四十条，各是畎引江水以灌溉高田。只因久不浚治，浦底既高，而江水又低，故逐年常患旱也。议者乃谓于此诸浦决泄苏州昆山、长洲及秀州之积水，是未知古人设浦之意也。今当令高田之民治之以备旱灾，则高田获其利也。一、太仓堽身之东至茜泾，约四五十里，凡有南北大塘八条。其横塘南自练祈塘，北至许浦，共一百二十余里，有堽门及塘浜约五十余条，臣能记其二十五条。旱田而横塘多，欲水之周流于其间，灌溉之意也。今皆浅淤，不能引水以灌于田。谨具下项：南北之塘八条：太仓东横沥、半径塘、青堽横沥、五家堽横沥、鸭头塘、支泾、杨墓子泾、茜泾。东西之塘及堽门等二十五条：方秦塘、钱门塘、刘塘、张堽门、薛市门、黄姑塘、吉泾塘、沙堰门、太仓塘、包泾、古塘、吴堽门、顾堽门、庙堽门、岳沥、李堽门、丁堽门、湖川门、黄泾、杜漕塘、双凤塘、斗门、直塘、支塘、李墓塘。已上堽身以东塘浜门沥共三十三条。南北者各长一百余里，接连大浦，并当浚治，以灌溉高田。东西者横贯三重堽身之田，而西通诸湖。若深浚之，大者则置闸斗门，或置堰，而下或水函。遇大旱，则可以车畎诸湖之水以灌田；大水，则可以通放湖水以灌田，而分减低田之水势。于平时，则潴聚春夏之雨泽，使堽身之水常高于低田，不须车畎，而民田足用。一、沿海之地，自松江下口南连秀州界，约一百余里，有大浦二十条，臣今能记其七条。自松江下口北绕昆山、常熟之境，接江阴界，约三百余里，有港浦六十余条，臣能记其四十九条，是五里为一纵浦之迹也。其横塘在昆山则为八尺泾、花莆泾，在常熟则为福山东横塘、福山西横塘。谨具下项：松江口下南连秀州界有大浦七条：三林浦、杜浦、周浦、大臼浦、恤沥浦、戚崇浦、罗公浦。松江口下北绕苏州昆山、常熟县界，至江阴军界，有港浦四十九条：北及浦、下田浦、堀浦、上夹浦、下练祈浦、桃源浦、练祈浦、顾泾浦、六岳浦、采桃浦、川沙浦、下张浦、新漕浦、茜泾浦、杨林浦、七丫浦、浪港浦、北浦、尹公浦、甘草浦、唐相浦、陈泾浦、钱泾浦、湃湖浦、吴泗浦、铛脚浦、下六河浦、黄浜浦、沙营浦、白茆浦、金泾浦、高浦、许浦、坞沟浦、千步泾、耿泾浦、新泾浦、崔浦、水门浦、鳗鲤浦、吴泾、高泾、西阳浦、新泾、陈浦、张泾、湖泾、奚浦、黄泗浦。横塘四条：八尺泾、花浦泾、福山东横塘、福山西横塘。已上沿海港浦共六十条，各是古人东取海潮、北取扬子江水灌田，各开入堽阜之地七里、十里或十五里间作横塘一条，通灌诸浦，使水周流于高阜之地，以浸润高田，非专欲决积水也。其间虽有大浦五七条，自积水之处直可通海，然各远三五十里至一百余里，地高四五尺至七八尺，积水既被低田，堤岸隳坏，一时漫流，潴聚于低下平阔之地，虽开得上项大浦，其积水终不肯远从高处而流入于海。唯大水之年决之，则暂或东流尔。今不拘大浦、小浦并皆浅淤，自当开浚，东引海潮、北引江水以灌田。

臣所擘画治苏州田至易晓也。水田则做岸防水以固田，高田则浚塘引水以灌田，此众人所共知也。但自来治水者，舍常而求异，忽近而求远，而反谓做岸固田、浚塘引水之说为浅近，而不肯留意，遂因循至此。今欲知苏州水田、旱田不治之由，观此篇可见其大略。

已上水田、旱田、塘浦之迹共七项，总二百六十五条，皆是古人因地之高下而治田之法也。其低田则阔其塘浦、高其堤岸以固田，其高田则深浚港浦、畎引江海以灌田。后之人不知古人灌田、固田之意，乃谓低田、高田之所以阔深其塘浦者，皆欲决泄积水也，更不计量其远近，相视其高下，一例择其塘浦之尤大者十数条以决水，其余差小者更不浚治，及兴工役，动费国家三五十万贯石，而大塘大浦终不能泄水，其塘浦之差小者更不曾开浚也。而议者犹谓此小塘小浦亦可泄水，以致朝廷愈不见信，而大小塘浦一例更不浚治。积岁累年，而水田之堤防尽坏，使二三百里肥腴之地概为白水，高田之港浦皆塞，而使数百里沃衍潮田尽为荒芜不毛之地，深可痛惜。臣窃思之，上项塘浦既非天生，亦非地出，又非神化，是皆人力所为也。然自国朝统御已来，百余年间，除十数条大者间或浚治外，其余塘浦，官中则不曾浚治。今当不问高低，不拘小大，亦不问可以决水与不可以决水，但系古人遗迹，而非私浜者，一切并合公私之力，更休迭役，旋决修治。系低田，则高作堤岸以防水；系高田，则深浚港浦以灌田。其堽身西流之处，又设斗门或堽门或堰闸以潴水。如此则高低皆治，而水旱无忧矣。后二项非要切，不录。

《长洲志》

郡城西南三十里，巨浸曰太湖，即古震泽、具区也，亦名五湖，跨连三州，延广四万八千余顷。其源自西北，则自荆溪以上，溯九阳江，通芜湖大江，中受宣、歙、池州、建康诸水，南则受天目、苕、霅诸水，自禹疏下流为三江，以入于海，始获底定。三江曰东江，曰吴淞江，曰娄江，其故莫能详矣。据今水道，一自湖州诸港汇于莺脰湖，溢于庞山湖、陈湖、白岘江、淀山湖，趋于三泖，归于黄浦出海。一自吴江趋于吴淞江出海。一自胥口鲇鱼口出，绕郡城之娄门，经至和塘，由昆山入太仓之刘家河出海。并湖之郡为常州，为湖州，为苏州。惟苏州当其下流，而吴江县、吴县为之入口，太仓刘家河、嘉定之吴淞江、常熟之白茅港为之出口。

自东坝筑后，太湖所受惟荆溪、天目诸山水，而水患已大减于宋元时。观吴江长桥迤南，水洞填塞，而沿堤弥望，皆成膏腴之田。其在宋元，稍塞芦苇，而水即四溢，何今二百年无此患耶？实西南诸水不入故也。吴淞江承太湖之流而泄入海，湖水常决，与海潮势敌，故江流常通。水势稍微，即浑潮深入，积土淤江。故昔之治水者，必先治吴淞江。今数十年来，潮水无障，积久成陆，所苦惟沿江之田枯旱而已，不闻湖水四溢为患也。此亦足证太湖水源，视宋元仅存十三矣。

今之有司，非不言水利也。其议论则悉，行移则备，然大率视为常谈，不过略加掩饰，销缴公文而已。此无他，由主之者无专官，而施之也不责实焉耳。国家大计，半在江南。苟不修水利，则田赋不登；田赋不登，则国困匮。所当亟为讲求者，莫先于水也。诚得广询严勘，实见某河当官开，某河当民开，某堤当加高，某堤当筑阔，请著为令，大约十余年一遣重臣治之，讫事即回。此则先朝之成例，治水之长利也。若付之带管之官，不过行文塞白，讫无成效，又何咎哉？在今日观之，府县有水利官，徭役有导河夫银，主之者又御史、宪使，又每岁经理之，试举所修者何水？所利者何处？竟致五十年来通行之水，则河身日高，不通行处，则渐以成陆。岸塍则大者崩削，小者堙废。至于官塘，亦倾圮断缺，行路沮洳矣。安有实意为民，以图久远之功者乎？

乡中耆老，皆言三十年前，民间食足事简，岁时得以余力治圩岸，故田以完固。近年穷苦，救死不赡，不遑修理，故因圩尽坏，而水灾加甚。

国家设主塘长，正为圩岸计也。今则水利官于塘役，则常例是急，塘役于田户，则科敛需索为务，而于上司督促，不过饰虚文、循故事应之而已。其日至废坏而不可顿复，皆坐此也。

苏郡赋税至三百万，盖十倍于宋，五倍于元。

太湖　牛若麟

太湖即具区，一名震泽。《禹贡》曰：“三江既入，震泽底定。”其关系东南水利甚巨。《御览水利全书》考述綦详，无烦赘矣。又名笠泽。《左传》云：“越伐吴，吴子御之笠泽。”盖湖广三万六千顷，四通五达，跨苏、湖、常三州。自东而南，迤西转北，则吴江、乌程、长兴、宜兴、武进、无锡六县诸港渎，皆太湖之出入也。上从应、太、徽、宁，下逮松江，暨浙省诸郡，并由太湖为间道，盗艘白昼扬帆，夙称要害。吴固仅辖其东壖，然湖中七十二峰，大半隶吴。吴之两洞庭与武进之马迹，独峰高而址阔，人庐稠密，为萑苻所窥伺。万历戊子，马迹之啸聚，已为殷鉴。矧两洞庭，又吴邑西南之命脉。迩岁，东山多亡命匿迹，水陆纵横，致廑督抚，勤兵搜剿，俘斩报闻，则太湖尤非无事之日，虽选将募卒，布列余皇，可恃无恐，而在吴境，实称第一险阻。既志矣，可弗图欤！

西洞庭

具区浮巘嵬然于吴境者，唯西洞庭。周遭八十余里，峰岩洞壑之奇，夸于宇内，盖灵区也。志已详矣。凡故家巨姓，聚庐托处其间，依山绕水，篱落村墟，皆异凡境。奥壤稍开阡陌，然广不及山之一二。士人无田可耕，诗书之外，即以耕渔树艺为业。稍有资蓄，则商贩荆、襄，涉水不避险阻。正德以前，家户饶给，父老多不识城市，有西山富之谣。嘉靖倭残，罄箧赍盗，山径荒芜，致额粮虚宕，民力不堪，竞思逃徙。永丰宋公为令，设法补苴，百方拊恤。自此以后之孑遗，皆宋公之造也。畏垒遗思，无间久近。今公家赋急，兼迫以徭差，闾阎之膏血更竭。兹又迭罹蝗旱，而荆襄寇扰，长江多绿林，经商裹足。居者、行者莫继饔飧，山中千年乔木，贸易充薪，斩伐殆尽。司土者虽触目伤心，窘于培养无术，不得已而曰“西山贫”，将以告之后贤可乎？

东洞庭

吴境具区之山，次高广者为莫厘峰，即东洞庭。东联武山，中穿一港，横梁通济，合之总名东山。去菱湖嘴，越水不二三里而遥，设有莫厘渡，以防胥口、石尤之阻。凡山之往来于践更者，可航可趋，故居民较西洞庭为繁。聚族而处，久成巷陌，死徙无出境，其恋土之情与西洞庭无异。士喜勤学，累发鼎元。编民亦苦田少，不得耕耨而食，并商游江南、北以迨齐、鲁、燕、豫，随处设肆，博锱铢于四方，以供吴之赋税，兼办徭役。好义急公，兹山有焉。嘉靖倭变，已析皮毛，仅存髓骨，赖诸贤令休养生息。显皇之世，神气稍振，岁肩巨役。乃县有急需，犹屈首指以累之，民乃益困。矧今虏寇交讧，居货行货多遭焚劫，或罹屠惨。举山之民，嗟无宁宇。司牧者忧之，若蔓延之狱、无艺之征，务当宽恤，以节其余力，未必非根本之论也。

石湖

石湖亦吴城西南诸水之委潴，以太湖视之，犹一勺耳，何以图？岂为翠巘长虹，陆行水泛，足夸胜概乎？当此四郊多垒，所在绸缪，石湖密迩城闉，其南北东西港水纵横四出，又与吴江、长洲错壤交辖，险无足恃。嘉靖甲寅、乙卯之岁，倭舶辄由此进退，幸吴江令杨公芷帅乡贡士周大章、诸生吴诘，督水师拒战鲇鱼口，生俘馘献，大挫贼锋。吴江尚传述梗概，而吴境泯其绩矣，可叹也！时吴令康公世耀奉檄守御城西，往来于枫桥、木渎之间，不遑兼顾。杨公一心报国，不辞越境，奋力迎斗，至今谈之，凛凛有生气。予故图石湖，撰说略纪其事，使知石湖亦吴邑之要害。迩借督抚，设营分哨，简练精勇，飞艇如驶，即有寇盗，不敢陆梁。然叨司土，不可不留意于此湖也。

吴荃《原三江》

三江之说，自来不一，惟张守节之言差为近之。今以唐仲初《吴都赋注》、朱长文《吴郡续图经》及水道奔趋之迹验之，则太湖之水，自东南分流，出白蚬，入急水、淀山，由小漕、大沥以入海者，曰东江；自庞山过大姚，经昆山石浦、安亭，由青浦达沪渎，东泄入海者，曰吴淞江；自东北分流，从郡城东行，经古娄县，水势洪驶，无少迂曲，东北直下，今俗讹为刘家港者，曰娄江。是三江实东南泄水之尾闾，各有入海之所，而弗可混者也。世惟惑于顾夷《吴地记》云“吴淞江乃古娄江”，遂使吴淞海口漫焉无稽。考宋绍定六年，知平江府杨烨奏乞于吴淞口置寨以备海道，曰：“乡者逆全多就顾泾运米，自海洋窥吴淞江口，平江必为震惊。”据此乃知吴淞入海，原有其所。又考《云间志》载，青龙江上接吴淞江，下通沪渎，吴孙权尝造战舰于此。则其江之浩渺，而沪渎乃其下流，昭然可见。矧吴淞距娄几五十程，其亦曰娄江云者，妄矣！夫震泽疏源以江注，三江导流以归海，民物奠乂，全吴财赋，其昉诸此。后代率逞私智，或图苟安，悉置此不讲，故小漕、大沥及诸港日就浅狭，而东江遂湮。惟淀湖支流，北注吴淞江，从刘家港入海。安亭、青浦河存一线，而下流壅塞，其水逆趋夏驾浦，亦从刘家港入海。二水北会于娄。夫水势顺则疾，疾则浑泥并行；逆则缓，缓则浑泥停滞。故昆山之东南隅，嘉定之西南隅，青浦之西北隅，华亭之北隅，昔日之沃壤，今皆硗确莫耕。三江塞二，而以全湖东注之水，独归于刘家港，其势渐不能容，日积月累，行复如二江患矣。识者能无隐忧哉？为今计，当稽故道开复，俾淀湖之水，原从东泻而弗北注，吴淞之水原出安亭、青浦以达沪渎，而弗逆行，庶几经纬分明，四县不耕之地可复种矣。自太仓埛身西抵常州境，仅一百五十里，常熟南抵湖、秀境，仅二百里，其地低下，多水田，故虞水。埛身之东，接于海岸，东西仅六七十里，南北仅百里。常熟之北，接于北江之涨沙，南北仅八九十里，东西仅二百里。其地高仰，多旱田，故虞旱。今水有所归，则泛滥不出，而水田常稔；江湖率职，则蓄潴可预，而旱田常稔，鲜有不浮于天时者。

通藩事迹石刻，在刘家港天妃宫壁间。宣德六年，正使太监郑和、王景弘，副使太监朱良、周福、洪保、杨真，左少监张达、吴忠，都指挥朱珍、王衡等立。后记：永乐三年，统领舟师往古里等国，时海寇陈祖义等聚众于三佛齐国，抄掠番商。生擒厥魁。至五年回还。永乐五年，统领舟师往爪哇、古里、柯枝、暹罗等国，其国王各以方物珍禽兽贡献。至七年回还。永乐七年，统领舟师往前各国，道经锡兰山国，其王亚烈若奈儿负固不恭，谋害舟师，赖神明显应知觉，遂生擒其王。至九年归献。寻蒙恩宥，得复归国。永乐十二年，统领舟师往忽鲁谟斯等国，有苏门答剌国伪王苏干剌寇侵本国，其王遣使赴阙请救，就率官兵剿捕，生擒伪王。至十三年归献。是年，满敕加国王亲率妻子朝贡。永乐十五年，统领舟师往西域，其忽鲁谟斯国进狮子、金钱豹、西马，阿丹国进麒麟，番名祖刺法，并长角马哈兽，木骨都束国进花福禄并狮子，卜刺哇国进千里骆驼并驼鸡，爪哇国、古里国进縻里羔兽，各进方物，皆古所未闻者，及遣王男、王弟捧金叶表文朝贡。永乐十九年，统领舟师，遣忽鲁谟斯等各国使臣久侍京师者，悉还本国。其各国王贡献方物，视前益加。宣德五年，仍往诸番开诏。舟师泊于祠下，思昔皆神明获助之功，勒文于石。（注一）

自刘家港而西为北漕漕，为縻长河，又西为北时沟，为扬子泾，为小塘子，为三江口，为石婆港，南盘曲处为湄场湾，北为新开河，为青福泾，为菖蒲泾，为半泾。半泾横带城东数里，南入娄江，北经湖川、杨林至七浦。半泾之南，达仁义泾。若北鲁漕，虽号东道水，而属于刘家港，稍偏于东南。自北漕漕入正东，横带诸水，为丁泾港，为新塘港，为陆窑塘、摩罗泾，为陶家港，并入于海。（注二）

吴塘在州城西三里，南入娄江，经吉泾入嘉定界，北经湖川达七浦塘。永乐二年，户部尚书夏元吉浚顾浦，南引吴淞江水，北贯吴塘。今则娄江以南复塞。自吴塘而西，为黄浅泾，为泥泾。东为太仓塘，引娄江水入州城大西门。自太仓塘稍南为陈门塘，引娄江水入小西门。其稍偏于西北，与陈泾、黄泥漕、包泾并入盐铁塘。又西北为古塘。（注三）

顾浦在州城西南五里，引吴淞江水入吉泾。旧《志》云：“嘉祐三年，转运使沈立开昆山顾浦。”其北自吉泾塘稍东复北下，为戚虞泾。戚虞泾与南盐铁、张泾、横沥水东西相并，俱北入娄江。南盐铁在戚虞泾之左，张泾、横沥在戚虞泾之右。

（注四）

横沥南经娄江入吉泾塘，北经七浦入常熟。（注五）

横塘在州城东北，经杨林、七浦入常熟。六尺沟在其东，北港在其西。自横塘而南径水为浪港，南下为黄泾。自黄泾出为七鸦浦。（注六）

七丫浦西承巴城湖之水，东入海。其盘曲处曰木樨湾，曰糜长湾，东名七丫港，自沙头镇以西称七浦塘（一作戚），七浦南下为杨林塘。

杨林塘东至花浦口入海，西由新塘上承巴城湖，长可敌七浦。其南为湖川塘。

湖川塘东环出小塘子，入娄江（注七），西接金鸡河，多支流，与七浦、杨林水并横贯州北盐铁塘中，至北城下。（注八）

盐铁塘南十二里达嘉定，出吴淞江。北四十里达常熟白茆塘，至江阴，出扬子江。伪吴筑城时，有南、北水门。盐铁塘自南来，经娄江折而北，直贯城中。今南，北水门塞，城中盐铁塘分从东、西三水门受水，而由娄江折北者，俗呼仓河。盖沿元时海运仓西岸，故仓基虽改教场，俗犹讹袭。

海在州城东七十里，自刘家港南环七鸦浦北百余里，东北至崇明县二百六十里水面，两岸距四十里。

弘治十年冬，工部主事姚文灏浚七丫浦。

嘉靖元年，工部尚书李充嗣浚白茆塘（姚文毅言开白茆者。天顺则侍郎李敏，万历则巡江御史林应训，俱未考）。

二十六年冬，巡抚、都御史欧阳必进重浚七丫浦。文征明记曰：“弘治初，都水姚公文灏尝一浚之，赖以处业。比岁，阳城之民并湖为斜堰，堰湖水而分之。其西流北折而入于白茆，东流自尤泾南出巴城，圩回而属七浦，其势渐缓，而其流益微，不能当海潮之冲，日积月淤，至于不通，而高仰之田，独受其敝。嘉靖丙午，有诏兴三吴水利。始浚自石桥圩，东行至于直塘，延袤千八十丈有奇。自直塘东行至于沙头，延袤二千四百二十丈。又东行历涂松抵横泾，延袤千八十有一丈。总为丈四千五百六十有奇。其深自一丈至八丈，广自八丈至十丈，极于十有五丈。始微而渐拓之，以极其势也。于是输泻有委，飞流迅疾，淤沙涤不复留，而东民有粒食之望矣。”

隆庆元年、二年，巡盐御史蔚元康重浚七浦、杨林、盐铁三塘。王世贞记曰：“七浦绾毂常熟之口，贯太仓而东注海者也，为丈七千二百有奇。外创坝以距海潮为闸一以备止泄，又拓月河以辅之。杨林者横州之北，其右多阜易涸，而盐铁故漕河也。是二河者太仓干也，丈各八千有奇。青鱼泾至吴塘、顾浦，嘉定干也，丈各三千有奇。出七浦坝而外者，海沙所沮洳也，为丈三千八百五十。”

弘治十三年冬，巡抚、左副都御史彭礼命府通判陈暐浚湖州塘。祝允明记曰：“太仓州北数里，有塘曰湖川，延袤九万七千一百尺有奇。西分源于太湖，历娄江而下，由巴城湖、新塘以来汇，东连小塘子，贯石婆港，以达刘家河。海潮西突，巴城东注，清浊互啮。又刘家潮之纬州而西出者，由盐铁塘到湖川而定。东北自七丫港而花蒲，而杨林塘。潮之来，亦及湖川而泥。浑沙迎合，淀壅淀洿，可立而待。州民两奏浚之，未几复淤。

浚自徐昌桥，至于金鸡口，八万五千一百尺，入昆山西段又六千尺，广百尺，底广四十四尺，深九尺。”

王在晋《水利说》

州之干河盐铁，经城中南入嘉定，出吴淞，北入常熟白茆，至江阴，出扬子江。盐铁塘之水横亘南北，而中多间隔。湖川塘环出小塘子，入娄江，北穿盐铁塘，西接金鸡河，与七浦、杨林并横贯州北。而杨林塘上承巴城湖之水，东至花浦口入海，州田赖其广济。其刘家河海潮之入，由盐铁到湖川，而东北自七鸦港入者，亦从花浦、杨林及湖川而相会合。浑砂泥滓，酿成壅堰。高田无灌溉则枯，低田逢水潦则没，故茜泾一带几成斥莽。舟航既阨，桔槔多废，迩年郊原四望，遍地皆棉。种棉久则土膏竭，而腴田化为瘠壤，一逢水旱虫螟，尽仰借于转籴。

《太仓志》《答晓川太史论水利书略》 州人张樻

间尝统观于吴中之水，曰震泽，曰具区，曰太湖，一也。其命名不同，皆以时起，抑各有所取义焉耳。自昔宋人而言：其西之南，则严、湖、杭、天目诸山之原，有自苕、霅而来者。其西则宣、歙、池、九阳江之水，有自五堰而来者。其北则润州之金坛、延陵之丹阳与宜兴之荆山之水，有自荆溪、百渎而来者。而其东北则常州之水，有自望亭而来者。其入海之道，虽曰三江，而二江已绝，唯吴淞一江。而吴江南岸，又筑为石堤，以便纲运。而苏州居其左偏，厥田下下。而沿海与江，地皆冈阜。或以其中倾外仰，比之盘盂；或以其积而不泄，譬有人于此，桎其手，罥其足，塞其众窍，以水沃其口，腹满气绝，视者犹谓之不死，可乎？矧低田多而其税复重，高田少而其税复轻。自是以来，议者皆以水为患，而不复忧乎旱也。以横观于今日则不然。自江宁之五堰既治，而九阳江之水，不东注于震泽而西下芜湖，常州之港渎以时而修，望亭之设堰在所得已。未数年前，严州有山崩之变，水皆南下浙江，而苕、霅之水为之少杀。刘家河已开于前，夏驾浦复疏于后，而娄江之塞者以通。华亭诸泖之水既有所归，而东江之微者以大。自宋元时，世为东南患如淀山湖者，亦于是乎少息。斜堰决而四湖有泄水尾闾，七鸦不复当以诸浦论，而又为吴中之一大川矣。且自吴江之有石堤，而震泽之水渐以北徙，又由胥口吐之郡濠，一自徐门之元和塘以北入于江，一自娄门之至和塘过昆山而东入娄江。计其来源，宋且倍是而有余，今疑半之而不足。而其本委，则古之为川者二，今之为川者三。唯人事天时会逢其厄，一旱不雨，间岁无秋。彼昆山西北、常熟之南之民，有见于其尤泾以东，昔也一雨愆期，民辄告涝之区，今皆井底扬尘，而为斥卤不毛之地。而其西则四望成洋、积水不耕之处，今皆比邻相庆，而有污邪满车之秋，遂自以为幸，而谓斜堰决不可开。其何以知为此役也，非止为忧旱计，即有三二年之大水，宜亦有所于归，而傍湖之田，从可得而治矣。盖此属固为身谋，而其所见且朝不及夕，何足为讶！顾今一郡高田，以十分为率，在吾州者可当其三。太湖入海之道虽曰三川，而其出吾州者，已有其二。每为浑潮所淤，则吾州先被其害。一议修治，则吾州独当其劳，故尝先事而忧得，可谓思患预防者。

其一曰置堰闸以御潮沙。其在《周易》，文王有先甲后甲之象，周公有先庚后庚之爻。其辞虽各有所指，然自今而言，物既坏矣，而思所以新之之谓变。既揆度之，又丁宁之，则穷者可通，通者可久，而不复坏也。先时河港易以堙塞，唯其水之东北流者有限，潮自江海上者无穷故也。矧在高乡，日唯潮汐往来，而无清水以涤其原者乎？谚曰："海水一潮，其泥一箬。"而其两来交际之处，又有甚于兹者。宋范文正公有曰：新导之浦，必设诸闸以御来潮，沙不能壅也。后黄震谓公守吴郡时，尝开茜泾，亦止一时一方之利。今浦、闸尽废，而海沙壅涨，又前日之所无。则闸之废置，实浦之所由以通塞也。在吾太仓，除娄江、七浦上原洪阔，海潮所不能壅遏者，不必置闸外，其诸屡浚屡塞，如杨林、湖川，并入于娄江、七浦之处，其盐铁塘南出娄江，北通于七浦者，谓皆不可无闸。其他如石婆港、千步泾之类，则多置为木窦可也。而又必旁通月河，设为辊坝，即有大旱、大潦，用以济窦闸之所不及吐纳，且以便小舟之往来也。其置闸也，又必如唐刘晏之造漕舟，谓计大事者不惜小费。有执事于其间者，必使之私用无窘，则官物坚完矣。无宁责成于督造之人，为一切苟且目前之计，如近岁所造东、西二门之闸可监也。

其二曰专职掌以守成业。《周礼·地官》既有遂人以掌邦之野，而又有稻人掌稼下地，曰以潴蓄水，以防止水，以沟荡水，以遂均水，以列舍水，以浍泻水。是旱则引川之水于浍，由大而小，以渐入于田间。潦则决田间之水，由浍以泻之于川也。宋元丰中，裁定开江兵级，专治浦闸。今茜泾镇，即范文正公开是浦后所设以屯兵者。今既南徙于新塘为巡简司，而新塘之故道犹在，宜重浚之，少加深广，专湖川之水，复由是以入于海，置为一闸，并复其正德间所减弓手之额，以时启闭，每岁理其闸外。其杨林北入于七浦处，则见有唐茜泾巡简司在，余无属官之可摄者，量岁拨夫几名，分属所在塘圩守之，庶不为豪右势家擅自开决，以便已私。或以劳民伤财而为辞者，槱谓有河而不为堰闸以限潮沙，使日积月淤，不治则旱潦无备，赋税不登；治之则所在骚然，公私重困，又奚啻十百千万倍于是邪！

其三曰轻地租以防壅塞。每见官府治河，非不谆谆戒谕，必于岸傍一二步外，方许堆上，谓之冈身。今去大河远者犹在，其稍近者荡然无复存矣。揆厥所以，皆由傍河之民，于夏秋积雨之时，乘河流湍迅，挑运去讫。河港之塞，彼固不能辞其责矣。然亦有可诿者。冈身之基，犹之为额田也。据其下广以视其上，每如其高而又倍之。吴中之田，其谷宜稻，易以他种，利不半是。其赋则同，而其所获乃尔，何怪于其损高为卑，以求复于平也？《周官》载师掌任土地之法，以园廛近郊、远郊、甸稍、县都、漆林之征，第为五等。我太仓之田，其赋虽均，而其名尚有曰田、曰地、曰山、曰池、沟、荡、涂之异，而其赋亦各有等第。唯地则其名虽存，而其赋实与田等。其未均时，有所谓地者，祇科夏税而不科秋粮，谓之曰丝麦田，实则其种宜稻者也。以今之冈身名之曰地，夫谁曰不宜？诚得视周之园廛，今之山场，以征其赋，而后立为界畔，俾不得仍前壅塞，有犯之者，始置于法，则仁义兼尽而德威唯畏矣。

其四曰慎升科以抑豪强。水以利为言，利与害相对。利专于一人，而被其害者众矣。近观清查则例，有升科涂荡米九十二石有畸。时窃以为扬州之域，虽曰厥土唯涂泥，其在高乡腹里之地，安得有所谓涂荡邪？其即夏、周之所谓沟洫，郏亶之所谓纵浦、横塘焉耳。彼豪强之人，欲肆为兼并之谋，无以售其奸也，于是乘清查之会，假涂荡之名，以升斗之米，易十百千夫之业，或塞为沃壤，或堰为鱼塘，殊不计内地居民，每遭旱熯，所望以易枯槁为蕃鲜者。日唯海水二潮，皆道经于是，又安能越其堤防而自波及于邻田也哉？迩者颜正郎《治水事宜》内开通泄水利去处，多被大户强占，或朦胧告佃起科，宜从重治罪，复监追其积年得过花利。而林正郎亦曰：告佃起科，深为民害。夫以九十二石之米，除江海涨沙种植芦苇，理应升科者不计外，所余几何，曾足为一州之轻重邪？必严为之禁，痛革此弊，则兴利除害，一举而两得矣。

其五曰纂图志以便考阅。利者，人之所同欲，而专之者，一人之私情。水之为利，唯其所至，人皆得而利之，而为一人所专，此人怀不平而争讼所由起也。苟不辩之于早，以杜其端，虽自谓有发奸摘伏之神，抑末矣。先时清查，圩各一图，而又各有经纬之册，第汗漫无统，虽有主者，夫庸必其久而无散佚腐烂者乎？今之书册，区各一图，然其地皆犬牙相制，错杂不齐，各圩之下，详于田赋而未及于沟洫之制。以愚所见，州三百有十里，里为一图，则不胜其繁。合几十里而为一图，不唯其区，唯其方而已矣。四至皆以塘浦为界，而复备开其各圩四至之沟洫于后，其有或纵或横，长竟一圩而利可及于众人者，亦复书之，俾为人所共知。则虽欲专之，庶有所畏而莫之敢有犯之者。一披览间，众言混淆，而以是折之，莫有能遁其情者矣。且每于农隙之时，率食利之人，协力修治，其劳与佚，亦因有所稽，而无彼此不均之弊。宋范文穆公有《水利图序》，图则弗传，而《序》之所言，皆救灾捍患之事。今李司空治水告完，有《水利通志》，惜也考之未详，谓太仓之水，唯七鸦为最，而不知有娄江。《禹贡》《职方》之叙扬州，皆不过数言，其于山川、贡赋、民生、物产所由，适于畿甸之路，无所不备。此圣人之言，所以为经，而作者之所当取法者与。

若夫治水之法，前人论之详矣，故此五者，皆止为备旱计。然高乡之河港既通，亦低乡之所必由以导水者也。但水性就下，因而导之，则顺而其为力也易；激而行之，则逆而其为力也难。故郏亶于低田，则唯筑堤岸欲其高固，浚塘浦欲其深阔而已矣。而其于高田也，既设堰潴水以灌溉之，而又浚其经界沟洫，使水周流其间以浸润之。夫然后立冈门以防其壅，斯可以常无枯旱之患，而治之之法，固不能无详略之异也。

附注

注一：马麟诗："海波不动绝奔鲸，万斛龙驮一叶轻。三月开洋春正好，南风十日到神京。"

注二：已上州城东条大水凡十有七。

注三：已上州城西条大水凡九。

注四：而盐铁、横沥，其所通为最远。

注五：公塘口、陆渡口、双塘、石家塘、南漕漕、南时沟、楚城泾、渡船浜、薛敬塘、张浦塘、长泾，若稍偏东南，然皆在刘家港南。以次西下：瓦浦、唐泾、石牌泾，若稍偏西南，然皆在应冈门南，故宜并分与顾浦诸水同界。已上州城南条大水凡二十。

注六：之裘：按六尺沟、北港与北盐铁塘并南下入七鸦浦。

注七：北穿盐铁塘。

注八：铛脚港、洪泗浦、大钱泾、鹿鸣泾、浪港、双鸣泾皆东入于海，唐茜泾、陈大港在璜泾镇，则与大钱泾、鹿鸣泾、洪泗浦、浪港相通，南達漕头塘，入七浦，东北距城八九十里，或四五十里，与唐茜泾俱东入于海。其西为北花浦口、双凤镇之顾门泾，西通新塘，东则依于盐铁塘。已上州城北条大水凡十有六。

苏松备录

松江府水利（已载苏州府者不重见）

宋宣和元年，两浙提举常平赵霖浚松江白鹤汇，又役夫八万三千七百有奇，围裹华亭泖为田。二年八月，罢役。

绍兴四年，监官丞王珏开华亭海河二百余里，通漕溉田，民享其利。

十五年，通判曹泳重开顾会浦。

乾道二年，转运副使姜诜开通波大港（港即顾会浦），置张泾堰闸。

七年，知秀州丘崇修华亭濒海十八堰，遂移新泾堰于运港（所谓运港大堰）。九年，置监堰官于亭林。按前志，华亭东南并海，自柘湖湮塞，置堰一十八所，以御咸潮。宋政和中，提举常平官兴修水利，欲涸亭林湖为田，尽决堤堰以泄湖水。华亭地势东南益高，西北益卑，大抵自三泖、五浦下注松江以入海。虽决诸堰，湖水不可泄，咸水竞入为害。于是东南四乡为斥卤之地，民流徙他郡。中间州县官惧其害，复故堤堰，独留新泾塘以通盐运。海潮晨夕冲突塘口至阔三十余丈，咸水延入苏、湖境上（隆兴间，言者复请决诸堰，以姜诜言而止）。是岁八月，邑人右正言许克昌力言于朝。时崇以太傅除知秀州，奉命行视，与令堵观议，以新泾塘湖势湍急，运港距新泾二十里，水势稍缓，于是募四县夫，移堰于运港。始九月二十六日，终十二月二十七日，并筑堰外诸港及运港之两岸（东岸自堰至徐浦塘，二十四里十七丈。西岸自堰至柘湖，二十三里。上阔六尺，下阔一丈五尺，高六尺）。明年正月，遣御史萧之敏按视，还奏，诏增崇秩，复租九年，以招复流民。又明年正月，遣中使宣谕守臣张元成增筑。二月，特设监堰官一员，上军五十人，置司顾亭林，以防盐运私发诸堰。后堰外随潮沙涨，牢不可坏，二州之田，得免咸潮浸灌之患。

淳熙二年，立庸田司于平江，撩漉吴松江沙泥，浚各闸旧河渎渠及松江之张泾、通波、南北俞塘、盐铁、官绍、盘龙、蒲汇、六磊、石浦等塘。

弘治初，佥事伍性浚吴松江中段四十余里，及顾会、赵屯、都台诸浦，蒲汇、杨林、新泾诸塘。又议凿吴江长桥两岸淤土，以泄湖流。工未毕，工部主事姚文灏代之。

七年，吴中大水。命工部侍郎徐贯与主事祝萃，会同巡抚、都御史何鉴，委知苏州府史简，开浚吴江长桥水窦，疏太湖之水以及吴淞江，委松江府通判郝希贤浚吴淞江，自帆归口至分庄七十余里，以长洲、吴江、昆山、常熟、嘉定等县人夫，浚白茅港，并斜堰、七浦塘，袤共二万四千余丈，并东开铁盐塘十八里，西浚尤泾七里。

十二年，松江通判原应宿浚崧子浦，即今崧塘。

嘉靖元年，工部郎中颜如环督同苏州知府徐赞、松江知府孔辅、苏州府同知冷宗元等，自下界口开浚起，至龙王庙旧江口止，共长六千三百三十六丈二尺，阔一十八丈，深一丈二尺。又督湖州府同知徐鸾开浚大钱、小梅等港，并沿湖七十二溇，以通太湖之上流；苏州府通判孔贤开浚赵屯、大盈、道褐等浦，以通吴淞江之上流。

崇祯八年，巡抚张国维督知府方岳贡、华亭知县张调鼎勘核漴阙坍塘，长二百八十九丈，内患口一百十九丈，东西两塘接连患口一百十七丈有奇，东尽塘五十三丈，官给料价、工食银二万余两，石塘以成。

十三年，岳贡复建石塘二百六十三丈有奇，官给料价、工食二万七千六百余两。

《嘉定县志》(志有漕粮永折疏、倭变事，未抄)

水利考

言东南水利者，莫不以郏氏、单氏为宗。然世之相去五百年矣，河渠之乍分乍合、迭湮迭浚，可胜道哉？语曰："以书御马者，不尽马之情。以古治今者，不尽今之变。"善治水者，固以水为师耳。若谓昔人之法，可长用而不弊，必为二子笑矣。兹所论列，皆长吏可以施行者焉。

海在县东四十五里，北自黄姚港，南抵上海界，环县境凡八十余里。海水咸卤，而此地不异江湖，颇有灌溉之利。盖南则黄浦、吴淞江，北则刘家河，又北则大江注焉。半天下之水，皆洄沿洑激，涤荡于数百里之内，故与南北独异耳。夫治水者注之海，则事毕矣。然沿海之民，岁至夏秋之间，不幸遇飓风淫雨，挟潮而上，漂没人民庐舍，倏忽皆尽。故至其时，莫不惴惴然，如虞寇至。晋湖州刺史虞潭筑垒于沿海一带，以遏潮冲。国朝洪武三十二年，老人朱六安具奏海患。工部遣官修筑，北接昆山县（此时未建州治，故云昆山，今则属太仓矣），南跨刘家河，长一千八百一十丈，高一丈，基广三丈，面广二丈。永乐二年，水官何傅督工增筑，高倍于前。成化八年，佥事吴瑞、知县白思明于宝山北旧垒外又筑新垒。嘉靖二十三年，知县张重又增筑其南，直抵上海草荡，惟吴淞所迤北旧垒，坍没未修。今数十年来，物力渐诎，有司以工役为讳，顾不念昔人经营，岂其为此可已之役哉？创与修，劳逸难易不啻半，犹然臬之省，则且终乞灵于海若耶？

吴淞江（又名笠泽江）。在县南三十六里，其源西出于太湖，分为庞山、九里、尹山、澹台诸湖，汇于独墅湖，流为江。东北至甫里，过夏驾浦，乃入县境。自顾浦、黄渡而东，至于江湾，又东北至吴淞所城南，凡二百六十余里，而入于海。嘉定创于宋季，尝置水军千人于江湾，专给开江之役。迨胜国，屡经疏浚，然自吴江上流改筑石桥，咽喉阻阨，湖水入江之势弥缓。明兴，永乐初，户部尚书夏公原吉治水吴中，决新洋、夏驾二口，北注江水于刘家河，又南浚范家浜入海之口，上接黄浦，而弃直东百二十里之地不复浚。此时水患孔殷，盖祖用周文英遗策（先是，郡人周文英建议，谓江流淤塞，天时气运使然，非人力可胜。欲弃吴淞东南涂涨之地，置之不论，而专意于江之东北刘家港、白茆浦等开浚，放水入海），而识者亦谓之诡时达变。其后，巡抚、侍郎周公忱、都御史崔公恭、毕公亨、工部尚书李公充嗣相继开江，充嗣又请于夏驾、新洋置闸，事不果行。至隆庆三年，大侵，饿殍纵横。巡抚海公瑞议兴开江之役，以济饥民，获请于朝。以两月间，疏县之黄渡至上海南跄，并加深广，所费官帑不过五万余两而已。后十年，御史林应训继疏黄渡以西，至昆山千墩，上流江面亦加辟。又三年，朝廷念吴中水灾，用科臣言，特设水利副使一员，专督其役，发内帑十万金以佐之。于时主者不能因势利导，强与水争，筑坝之工，十居其九，逮于终事，而岸无积土，于是海公所浚，弥望复为平畴矣。夫淞江之上流壅，则有泛滥之祸。此昔人所以为苏、松、常、湖、嘉五郡忧者也。淞江之下流塞，则失灌溉之利。此今人所以为嘉、上二邑忧者也。故昔之治江者，导之而南，导之而北，惟恐其不分；而今之论江者，则恶夏驾、新洋之北，恶白蚬诸湖之南，为其流分势杀，不足以濡高亢、涤浑潮也。夫欲使江水自西而东，复往日故道，非合数郡之力，必不能任。顾工大则支费难继，人众则谗谤易起，事分则心力不一，自非督抚大臣不沮疑畏，不避劳怨，力为主持，而择贤有司各为分任，务臻厥成，则此沿江数百里之民，几何而不坐槁也！

刘家河（即古娄江）在县北二十四里，发源于震泽，从吴县鲇鱼口经郡城之娄门，东贯昆山，又东至太仓，环州城而南，与县合界，又东三十里入于海。元至元间，朱清浚之以通海运。国朝永乐初，再浚，则以救水灾。历二百余年，下流横溢，每潮汐之至，境内西北诸塘浦借为咽喉。以嘉定之土田亢瘠，而其民犹得耕而食，则此河之利居多哉。

城中干河二。

横沥亘县治左，南北袤六十里。南自孙基港口，受吴淞江之水，合上槎浦，经南翔、马陆镇，入城至学宫之前，为汇龙潭，方广数十丈。北出抵娄塘，自娄塘折而东北，由双塘折而西北，由公塘，俱入刘家河，而从北直下者浸以微矣。

练祁塘界县治中，东西长七十二里。往时江湖之水自西南来，澄澈如练，故因以名。其水西从顾浦纳吴淞江之流，东折贯于吴塘，又东过盐铁塘入城，东抵罗店镇，折而东北，曰小练祁，入于海。其南一支折而东，合马路塘，又东合月浦，又东合采淘港，入于海。

西南塘浦之大者，凡十有九（吴淞江岸起，自西境以次东抵横沥，北以练祁为限）。

大盈浦南通青龙江，北入吴淞江。大庐浦（俗名渡头），南通青龙江，北径冯浦，入吴淞江。青龙江东通渡头浦，西连白鹤江。俨倘浦南通蒲汇塘，北入吴淞江。白鹤江南接青龙江，北出吴淞江。高家浜南通蒲汇塘，北入吴淞江。蟠龙江南通蒲汇塘，北入吴淞江。安亭泾东南通顾浦，北下鸡鸣塘。黄渡浦南通吴淞江，对岸为大盈浦，北连吴塘。顾浦南通吴淞江，北贯练祁，又北会吴塘，达戚虞泾。吴塘南为黄渡浦，达吴淞江，北贯练祁，出张泾，达刘家河。盐铁塘南为陆皎浦，入吴淞江，北贯练祁塘，达刘家河。陆皎浦南通吴淞江，北连盐铁塘。鸡鸣塘东通漳浦，西贯顾浦，抵昆山界。漳浦北通练祁塘，南通浅江。赵泾西南通漳浦，北通练祁塘。浅江东南通封家浜，西北通盐铁塘。封家浜南过月河江，出吴淞江，东北入横沥。新华浦西南通吴淞江，东北入横沥。

西北塘浦之大者凡七（练祁塘之北，起自西境，东抵横沥，北以刘家河为限）。

顾浦（见前）、吴塘（见前）、盐铁塘（见前）。

按境内之水，以西南为源，而顾浦、吴塘、盐铁塘，则皆南通吴淞江，北通刘家河，界太仓、嘉定之间。方太仓未为州时，刘家河之南岸，皆邑之北境。自割建州治，而其地犬牙相错，葛隆镇以北，大抵属于州矣。往顾浦之湮也，夏尚书原吉尝浚之，下流与吴塘合，浊潮由刘家河而入，积久不疏，仅存一线。永乐中，罢海运，而邑之转输改出练祁，自东徂西，凡十三里，而北入盐铁塘，往复数十折以达于刘河。潮汐再至，淀淤日积。开浚之役，费大工繁。往时为州者，用奸民之言，谓为嘉定咽喉之地，我虽不浚，嘉定之人不得不代之浚也，故每一役兴，辄至聚讼。夫夹盐铁而田者数十里，固以此塘之通塞为利病，嘉定之人不与也。独谓往来之途不得不出于此，而欲以长策困之。借令此说可用乎，则处处当效尤矣。假如万分一至和塘之在昆山东界者有时而淤，则昆山不当问，谓太仓以东之人不得不代之浚也。其在长、吴东界者，有时而淤，是两县不当问，谓昆山以东之人不得不代之浚也。丹徒之河，当委之毗陵；毗陵之河，当委之无锡。挽输之道绝，商贾之事废矣，此岂为通论乎？今岁太仓助工银八百两，盖舌敝唇焦而后得之，然实不当所费五分之一，况欲缩之哉！

徐公浦南通鸡鸣塘，北通郭泽塘。黄姑塘西通吴塘，东北经横沥入刘家河。娄塘东通横沥，西北入公塘，出刘家河，迤西为小娄塘，西通盐铁塘。公塘东南通娄塘，西北出刘家河。

东南塘浦之大者凡三十（吴淞江北，西起横沥抵江，北以练祁为限，又自江东抵海岸）。

中槎浦南通虬江，西北通和尚塘。下槎浦南通虬江，北通走马塘。虬江东南通吴淞江，西通孙基港。庾店浦西南通虬江，东通桃树浦。走马塘西通横沥，东南由江湾浦入吴淞江。马陆塘西通横沥，东通杨泾。公孙泾西通横沥，东通杨泾。西杨泾南至广福分水墩，北通练祁塘。东杨泾（一名荻泾），东南通淯浦，北通练祁塘。沙浦东通吴淞江，西通东杨泾。湄浦东通吴淞江，西通东杨泾。大场浦南通虬江，北通葑村塘。彭越浦南通虬江，北通走马塘。桃树浦南通虬江，北通走马塘。庐泾浦南通庾店浦，北通走马塘。赵浦南通虬江，北通走马塘。鹅艬浦东通吴淞江，西通小场浦。黄泥塘东通吴淞江，西通小场浦。蕴藻浜东通吴淞江，西通茭泾。段浦东南通吴淞江，西通茭泾。江湾浦（一名商量湾），南通吴淞江，西通小场浦。浦缺，南通吴淞江，北通鹅艬浦。钱家浜（一名袁张浜），西南通走马塘，东通吴淞江。月浦西连马路塘，通练祁，东经采淘港入海。采淘港西北通月浦，东入大海。马路塘西北连练祁塘，东连月浦。界浜西入吴淞江，东入于海。张家浜西入吴淞江，北为李家洪海口。戴家浜西入吴淞江，北为李家洪海口。史家浜西入吴淞江，北为李家洪海口。

东北塘浦之大者凡十一（练祁塘之北，起自横沥，东抵海，北以刘家河为限）。

双塘南通横沥，北入刘家河。黄姑塘西通北横沥，东通界泾，北入刘河。新泾南通练祁塘，北经石家塘，出刘家河。殷泾塘西通北横沥，东通界泾。华亭泾南通练祁塘，东北经慈沟，出刘家河。蒲华塘南通练祁塘，东北经慈沟，出刘家河。界泾南通练祁塘，北合慈沟，出刘家河。顾径港西接黄白径港，通练祁，东入于海。川沙港南通顾径港，东北入海。黄姚港西通新泾，东北合五岳塘，入于海。五岳塘西连黄白径港，东入于海。

嘉定幅员不百里，而塘浦陂池，大者以数十计，次者以数百计，小者以数千计，复出多歧，纵横纡直，至不胜纪。盖古者治农之官，疆理之密，疏凿之勤，犹可见也。县额设簿一员，专董水利。然簿之于民，既未必疾痛相关；而民之于簿，亦未必指臂相使。徇名兴役，空文报成，即镂冰画脂无殊矣。故自昔长吏之贤者，莫不以水利为大政。额故有河夫银三百两，曾不当三军之囊糒，余更无可转移，势不得不取给民力。顾小民胼胝以勤其事，巨室拱手而享其成，故役者常有不乐为用之意。常熟计其便，每岁必以十月预发教于四境，令民各以应浚工役列上，然后躬自巡行，度缓急而举事，量繁简而鸠工。衣食之源，贫富贵贱所共也。自非例得优免者，宜仿他邑缙绅家贴役之意，令出财佐之。又必出舍河旁，严立期会，分别勤惰，即行法稍峻，不得称苛。盖令长身劳怨以虑其始，而后佐贰无私事以掣其权；上夙戒而视其成，而后小民争趋以致其力。大较居此土者，无一岁之安，终无百岁之计，势使然也。语曰："悦以使民，民忘其劳。"是在长民者加之意耳。

张应武《水利论》

吾邑左浸东海，松江经其前，刘河绕其后，黄浦自东南来，合于松江之尾。昔入所指以为三江者，皆由以入于海。松江位二江之中，载地既高，而江形又直，建瓴东注。自安亭港至李家洪，萦纡境内百有余里，塘浦左右股引，足于清水，而亦无壅溢之患。五季以前，江乡号称乐土。自吴江石堤既筑，清水之出于湖口者日微，不足以荡涤潮沙，松江屡浚屡堙。议者咸思一大治之，广数里之江，决壅出之口，塞傍分之窦，旷然为数百年之规。然而物力不给，众口难调，近乎可言而不可行。本朝疏浚者五六公，虽广不逾十寻，通不过数十年，未足厌议者之志。然是江流通一日，则民受一日之利。他日复堙，又当有任其责者。随时量力以舒目前之急，未可谓非中策也。耳目所及，惟隆庆四年，海忠介公寓赈济于兴作，至诚所感，寮采敬应，富室乐助，役夫竞劝，所费官金不过五六万，疏上海南跄口至嘉定黄渡，平陆六十余里，两月成江，清水奄至，葑泥自去，当时以为若有神助，非尽人力也。万历七年，巡江莆田林公接疏黄渡至昆山千墩三十余里上流，江南亦加辟焉。万历十五年，因水灾，用科臣言，特设专官，发帑银，以开江为首务。而所任非人，背公营私。初至，见江尚流通，前人之所疏凿，可攘为后功，于是不酌群言，不委州县，不役乡夫，独任私人，共图欺罔。托言以渐而深，惟务筑坝，曾不运土，每车戽微干，稍削茭芦，即已放水。迤逦而东，起自安亭，至宋家桥，分为十段。九段毕工，岸无积土，人以为笑谈。末段去海不远，潮势湍悍，屡筑不成，遂以顽石压弊舟杂筑之，费数千金，几成而溃。乃试其所制混江龙，聊掩众目而罢。自知不厌众心，颇留银还官，虚告成功，迁官以行。而其所沉木石，留碍江心，潮沙依之，易为淀聚。未及两载，海公所疏，复为平陆矣。自昔开江，未有若是役之无益而有害也。即今万姓嗷嗷，复思疏浚，如望岁焉。是须庙堂主张，六郡协力，非一邑之所能必也。邑治以四水聚为形势，东西练祁，南北横沥，形如十字，交贯城中。境内塘浦以百计，支港以千计，东引大海，南引松江，北引刘河，西仰湖泽，四面潮汐，咸会邑城。自松江既堙，清水罕至，舟楫灌溉，咸资潮水。宋人引清障浊之法，已不可施于今。每岁所开塘浦，还为潮汐之所填淤，三岁而浅，四岁而堙，五岁又须重浚，亦无一劳永逸之术。所可自尽者，修浚均节其间焉耳。酌塘浦之闲要，参以浅深，及前浚之岁月，分为五番，著之一籍，依次修浚，周而复始，无得逾越。五岁不紊，则不紊矣。若乃近海之区，潮沙倍积，出入孔道，官舟重载所由，或有不能待五年者，所当别议。然一邑不过三、四，不足以此而并废经常之规也。修浚之际，择民有才干、有行者分段监护，必使底面四傍，深浅阔狭，咸中程式，庶岸不善崩，可支五、六年，以待重浚。如此，则民力不甚疲，塘浦亦不加淤，非遇飓风，小旱、小涝，不至全歉。此亦杜牧所谓上策莫如自治，其与开江固并行而不悖也。

田赋

夫扬州之域，厥土泥涂。嘉定承五湖之委，居三江之间，而三面诸浦呼吸浊流，朝潮夕汐，日就淀淤。于是言水利则苦浚治之费，论田功则忧灌溉之艰，故称沙瘠之地，其田不得与他州县比。自唐天宝之后，江淮租庸已称繁重，固有民力竭矣之叹。今考宋世，苏州之税，凡三十余万石。迨元，乃增至八十余万石，则嘉定财赋之数，亦可仿佛见矣。

国家王业实始东南，而苏州最后服，盖暴骸酾血以抗王师者十余年。高皇帝愤其民为张氏死守，籍诸豪家田入官，稽其租籍以定税科。于时田有二等：曰官田，曰民田。嘉定重额至有七斗三升者，民不能支。后三年，而苏州积逋三十余万石。奏上，上恻然哀之，屡下宽贷之诏（洪武四年，诏免秋粮二百四十二万六千八百石有奇。六年八月，奉旨：今年三、四月间，苏州各县小民缺食，曾教府县乡里接济。想那小百姓好生生受，原借粮米，不须还官，都免了。七年，奉旨：体知苏州、松江、嘉兴三府百姓好生缺食，今岁夏税丝绵钱麦尽行蠲免）。至十三年，命减其额。

自永乐北都，挽输道远，加耗滋多，苏州积逋至七百九十万石。

周文襄公忱巡抚江南，阅籍大骇，召父老问故，与知府况公钟曲算，奏减八十余万，民以小康（重赋所始）。

文襄公精思民事，于是创为平米法：官、民田皆画一加耗。初年正米一石，加耗米七斗，计输将远近之费为支拨。支拨之余者，存积县仓，曰余米。次年余米多，正米一石，减加耗为六斗。又次年，余米益多，减加耗为五斗。最后令县各立仓贮余米，曰济农仓。数年之间，仓米大饶。凡陂塘堰圩之役，计口而给食者，于是取之。江河之运，不幸遭风涛亡失者，得以假借。农时犁牛种食不能自给，及水旱之灾，辄用以赈。诸条约甚具（平米所始）。

公见嘉定土薄民贫，而赋与旁邑等，思所以恤之。谓地产绵花，而民习为布。奏令出官布二十万匹，匹当米一石。缓至明年，乃带征。盖布入内帑，中官掌之，以备赏赍。视少府水衡钱较缓，公实用以宽瘠土之民。已而割地以置太仓，分布一万五千匹。正德之末，抚臣为一时挪移之计，以一万匹分之宜兴，以四万六千匹分之昆山，而当米一石之额，一减而为八斗，再减而为六斗。文襄公之遗意，鲜有存矣（官布所始）。

夫以苏州为财赋之薮，奸民猾吏争窟穴其间，而官、民田粮，轻重相悬，无虑千百，则易以上下其手。嘉靖十五年，礼部尚书顾鼎臣奏行清理。是时，巡抚欧阳铎谋于知府王仪，建均粮之法，而知县李资坤悉力行之。乃履亩丈量，图方圆曲直之形及四至。图有圩，圩有甲乙号。于是诸弊毕出。旧有虚存正米一万八千九十石一斗六升一合二勺，又有有粮无田、有田无粮并无征田荡，共一千七百七顷一十三亩五分一厘六毫，计米二万三千八百石一合二勺，统计之，积米四万一千八百九十石一斗六升二合二勺，俱挂额内，无从处补，递年于加耗内均包。清查后改正科粮田一千六十二顷四十五亩二分，计米二万一千七百一十七石五斗四升一合，俱算入会计。其余无征虚粮田六百八十顷六十八亩三分一厘六毫，计米二万一百七十二石六斗二升一合二勺，尚存案牍，作正催征。抚按会题请豁，得旨将两京盐钞等从缓钱粮抵补。都察院移咨户部，误写“两”字作“南”字，数不相当，遂致寝格。十七年，行牵摊法，总计概县实存肥瘠相等田，算派岁用正耗平米，每亩止该二斗八升，以前项虚粮额不可缺，每亩均包二升，以三斗为则。其科麦地、碱薄田不与焉（均粮本末）。

初，王公仪取户部岁坐钱粮之目，编刻成书，谓之《赋役册》，使后有考焉。已而岁岁增甲减乙，而所谓正米者，其间加耗多寡，输纳难易，远近绝殊，则有正米一石，用加耗二石一斗六升者矣（内官监白粳糯是也，今止该一石九斗六升）。有正米一石，用加耗一石九斗者矣（府部院糙粳是也，今止该一石六斗）。又有一石五斗四升者矣，有八斗至二斗者矣。有正米一石，实用平米一石，或八斗、七斗、六斗、三斗，充作正米一石者矣。嘉靖十九年，知府金公城言于两院：近年部派之数，比之旧额，增者三项，减者三项：所增正米三万三千四百二十八石有奇，连耗实该平米七万八千五百二石有奇；所减正米三万四千三百九十石有奇，连耗实该平米四万七千八百九十二石有奇。以正米计之，减于旧额九百六十六石有奇。并耗米计之，增于旧额三万六百一十石有奇。是减者其名也，增者其实也。况该部钱粮不过此数，本府派重，则别府派轻，乞为转咨户部，一从原额。后巡抚、都御史周公如斗讲求赋役之弊，去其泰甚。及蔡公国熙为守，深求利病，加恻怛于民，田赋渐平矣（部派之差）。

永乐中，会通河成，始罢海运。苏州之粮，用民运至济宁，以里河船递送至京师，谓之转运。农民不习河、淮之事，多触风波陷没。且往复经岁，失农时，劳费于正粮数倍，民以为不堪。用平江伯陈瑄议，令民运至淮安、瓜洲，出耗脚、搬驳、芦席、楞板之费，对船贴兑与军，谓之兑运，民犹以为不堪。成化七年，用都御史滕昭议，罢淮、瓜之运，令官军于水次交兑，而加过江之耗，所谓长运也。自水利不修，邑中种稻之田不能十一。每岁漕粮十四万石，皆粜之境外。而他邑常贮糠秕浥润之米，乘交兑方急而粜之，故米色常恶，而军吏持之，坐索私耗，无复限制。万历初，议天下漕船三月过淮，以避伏秋之水。惟时漕军临兑无米，至于借库、借典、借商，一以苟且取办。而奸人献变卖之策，尤为祸首。人视去其田畴，如释械系，不复论直。是时几无以为县矣。万历十一年，邑民以改折事上请，是时邑人宗伯徐学谟为司农，言民疾苦甚悉。户部下其议，令以本县正兑米十万余石，每石改折银七钱，改兑米六千四百余石，每石改折银六钱。是时尚虑输纳后时，令抚按三岁一报，制可，行之十年，上下咸便。至二十一年，始请著为令，报可。于是皆有恋田里之心矣。

先是万历十六年，兵备李公涞以会计之数，端绪混淆，有司多不能致其精详，于是集郡邑长参伍讨论，本之部文，兼考故实，法有相沿者，必溯其本始，事有不相袭者，必求其指归，定为《经赋册》。册成而本折起存之数、征纳倾解之式，章章具列，吴中士民谨藏之为玉条金科（《经赋册》所始）。是时，各州县熟田平米一石，该折银四钱八分五厘六毫八忽五微六纤。嘉定以漕折之故，奏免轻赍席木板过江修河等银一万七千二百两有奇，比之各县，每石应减省银四分有奇矣。至二十三年，知府孙公成泰以毫忽纤微，烦琐难于计算，概以成数，各属一例，每石派银五钱，则并前奏免之数，亦在派内。其有带征另项练兵、贴役、解扛、徭里等银，则以派剩之数，通融抵充，故此不见损，彼不见增。盖百姓岁受一万六千之赐而不知也，岁出一万六千之赋而亦不知也。夫轻赍等银，既奉恩免，则圣明怜恤元元之意，宜宣布于下。下有正供，亦宜使人知之。窃意正其名可矣。

县有积荒之田，为粮九千五百石有奇，垂十余年，屡募开垦，民莫之应，至欲以吴淞军为屯田，亦不能行。万历十二三年，令朱公廷益议招徕远人告佃，而起科之限，则土民以五年，客民以十年。于是草莱之中，耒耜交集。然民当不科之时，相与偷衣食其间，一旦定税额，则又鸟兽散，迄无成功。夫民莫不贪殖生产，亦莫不畏避征敛，但人情渐习之则驯，顿加之则骇。二十七年，韩侯参酌其宜，令一县弃田，田主愿垦者听，不愿而诸人告佃者，即以为业，不听争。三年之后，不分土客，先起半科，至五年、十年限满，各照轻重则全征。而沟洫湮没者皆治之，令有所灌泄。于是江南、北之民争集，昔所谓不科之田，大抵尽辟矣。初，荒粮既不得没其额，则系之熟粮之上，曰带荒米。久而错乱，名实不相附。是岁，县中清理圩号，分别荒熟，田与粮各有所归。初得复熟米二千八百余石，乃于三斗田亩减二合，于二斗八升五合一勺二抄田亩减八合一勺二抄。盖是时会计以宗人府米折抵免荒粮，故不用以补无征之额，而用以减概县之粮。至二十八年，宗人府米折并入考成，而会计亦编入熟粮内矣。三十二年，又查升复熟米四千五百余石，前后凡八千三百余石，盖合不科荒田与涂荡新垦者也。夫荒米类不派本色，皆入折色中为停征，而以通县熟米覆盖之。既熟之后，虽于验派之数无所减，而于征收之数少有所宽矣（复熟米）。

条编之法行，则岁中出入无虑数十万，而宿猾不得有所支吾。盖岁贡之目，有京库，有里甲，有均徭，有兵饷。旧以粮长主办京库，而有掌收者，谓之折白收头，则有税粮县总总计之。以里长主办里甲、均徭，而又有掌收者，谓之均徭收头，则又有均徭县总总计之。又有练兵书手，总练兵之饷。出于民者一也，而其名多端，则多置册籍，可以藏慝，可以长奸。譬以千金尽置之一堂，而综其出入之数，虽有黠者，莫敢染指焉。分置之三室而使三人主之，又教以挹彼注兹，往来假借，必有窃金者矣。条编之法，其数既定，则为循环簿二：一收之官，一付之吏，互相对验。一日之内，细收若干，总收若干，不待明者而知其异同也；一岁之内，收数若干，放数若干，亦不待明者而知其存积也。大府会计之下，常苦后时。而县中起征，常在十月之初。约计平米一石，先征银三钱三分，若四分，谓之冬季银。明年正月征北运米，二月征军储米，三、四月征折色，谓之春季银。盖征折色，则停本色；征本色，则停折色；农事兴，则概停征。而以官布等为九月之赋，盖视其缓急而先后之。乃民间颇言韩侯知闾阎疾痛，若家视而户听之。独以官布入条编，万一后来者因是而取碗焉，奈吾民何？解之者曰：尔能使官布不入条编也，亦能使不入会计乎？苟哀斯人，虽在会计之内，亦可缓也。倘无其心，虽在条编之外，亦可征也。乃别置簿书，更为期会，弊所由生矣（条编法）。

粮长初定之时，每扇以皂隶一人押之，谓之押班；每十扇复以皂隶一人总押之，谓之总牌。此二者，卒岁之计，常取之粮长。良民输纳如期，固不待追呼；顽民负国课，虽日押之何益？

盖有临限无分毫纳官，而不能不以银钱酒肉劳苦皂隶。又夏取酱麦，冬取絮花，皆乘舟沿户而索之。自二十七年，革不复用，唯本扇首名率诸粮长以赴期会，而每扇置火票二三张，纳如限数者径归。顽户多欠者，粮长填所欠数于票，即付长赋者，令送置其家。纳如数，乃得销票。犹不完者，始系治之。粮长有毕事而不识胥徒之面，人户有毕岁而不见比较之法者。盖法简民安，而私费几绝矣（比较法）。

夫苏州当宋时，固已称重赋之地。今嘉定蕞尔之地，而其赋远过当时一郡之数。加以兵凶，重以暴政，而民犹得父子相保者，则漕折之功哉！今五六年来，田野益辟，垣屋益广，则去繁苛之条，立平易之法，而征徭不扰之效居多也！民生其间，谨身节用，勤修稼穑之业，亦可称太平之民矣。

通邑之区，为都凡二十有四，而在十六、七、九者，最称硗，实不任重赋。前者征税缓为停三，而新故递淹。上缓之，下逾逋之，至欲著为令甲，并一切蠲其里役。彼独匪民也哉！众口之沸，所由来矣。余视事六载，覃思博议，调剂均输，与之更始。然犹岁苦负额，敲朴日闻，岂其中奸氓借口寡入，阳捍法而阴自封侈者不尽无哉？然余尝访故老，谓彼中田最上者值不登一两，而他都或倍之，此亦足以征地利也。

徭役

唐定租庸调之制，谓有田则有租，有户则有调，有丁则有庸。然天下男子年十八以上，给田百亩，则庸调所出，未尝不取之于田。而宋世遂谓排年任役，率田供费，故免役之法，亩税一钱，则赋役之同出于田久矣，独其名异耳。高皇帝起于田亩，留心民事。洪武三年，诏户部籍天下户口，谓之户帖。岁祀南郊，陈之坛下，用荐于天，祭毕而藏之。十四年，诏天下十年一编黄册，以一百一十户为里，推丁粮多者十户为长，余百户为十甲。岁役里长一人，摄一里之事，十年而周，终而复始，故曰排年。册成，贮之后湖。御史一人，给事中二人，督监生简校之，盖其重也。于是户有四等：曰军，曰民，曰匠，曰灶。役有三等：以户计曰里甲，朝会、燕享、养贤、育孤诸典礼之费出焉；以丁计曰均徭，自辇毂下以至郡县有司百执事之费出焉；非时徭曰杂泛，其事轻重、繁简、远近不啻十百，役无常岁，县自为差次焉。均徭之别有二：曰银差，入银于官，官为募召以充役者也；曰力差，身亲充役，不得顾代者也。

初，嘉定之为役有四：曰粮长，曰塘长，曰里长，曰老人（粮、塘、老人皆杂泛，唯里长为正役）。而沿革损益之变，以时移益（以下言粮长）。盖高皇帝念赋税关国重计，凡民既富方谷，乃以殷实户充粮长，督其乡租税，多者万石，少者乃数千石。部输入京，往往得召见，一语称旨，辄复拜官。当时父兄之训其子弟，以能充粮长者为贤，而不慕科第之荣。盖有累世相承不易者。官之百役，以身任之，而不以及其细户。细户得以父子相保，男乐耕耘，女勤织纺，老死不见县门。故民淳事简，中家尝有数年之蓄。其间为侵渔者或有也。盖大诰言嘉定粮长金仲芳，巧取于民凡十八条，卒伏重诛，而终不以一眚易大政。永乐以后，渐用岁更。宣德初，户部言粮长岁更，顽民玩之，故多负租，请如旧便。至嘉靖中，为抑强扶弱之法，粮长不独任大家，以中户轮充。初，轮充者如得美官，已而纳粟于仓，投银于柜，老人概斛。法令一新，粮长大抵破家，则轮充又为朋充。朋充有三四人，或五六，或八九，而民间以粮长为大害，奸民报役者因以为利。盖粮长既不论丁粮而论家资，家赀高下，非有凭也。故每岁夏秋之间，十金之家，无宁居者。如役本应在甲，则报者先喝乙，次及丙，及丁，各得贿满意，而后以甲闻。万历十一年，县令朱公廷益以里长排年充役，自一六，而二七，而三八，而四九，而五十，十岁再更，亦会漕折事行，而粮长之祸几熄。然排年之田，有千亩而上者，有十亩而下者，无田而役，弱者不能支，狡者更渔猎以为利。二十九年，当大造，今韩侯浚谓均田则可以均役。一县之田，势不可得均，而就所在一扇之中，计田若干，应编排年若干，一以田为准。于是贫者得以息肩。

一县之赋，有军运，有民运。军运既罢，而民运有南粮，有北粮，有官布。郡守蔡公国熙以为民去田亩，捐室家，而溯江逾河，犯风涛之险，一不戒，则覆家殒身，故给车船盘用之直，常浮于所费。幸而波涛不惊，樯楫完好，输纳之外，尚有余资。于是民间常请托求之，而赀不中差者，往往亦冒入其中。上之人恶其争趋之也，岁岁稍加裁抑。而南运道近，尚可枝梧，北运往返万里外，会有榷税之诏，由江淮而北，达于京师，中使多置无赖以为爪牙，如贪狼馁虎，无虑数十处，转输上供之米，比于杂货，所榷等于商人，抵湾之日，又不得以时入仓，北地早寒，一夕冻合，赁屋贮米，须明年冰解乃入，故役之繁重，莫过北运。官布类入内库，中官主收之，以入贿之多寡为美恶，揀换刁蹬，常经数岁不得毕事，至有死者。万历二十八年，始议官解，而典史杜仕浩坐布不中额系狱。夫官非能自买也，必托之胥徒，胥徒必托之牙行，辗转之间，其费已甚。当解京时，无复赢余之财，以佐驳换之用，遂至窘辱。然始为民病，继卒为官病。病民，官为之恤；病官，而谁与恤哉？旧编北运十六人，韩侯浚悯其繁苦，乃议编三十人，愿役者与不愿役而愿贴银者听，令有以相佐。且谓籴米于冬，其价平；舂米于冬，其粒圆。徐而顾船，可得坚致；徐而召夫，可得善良。于是以岁暮先给夫船水脚之直，而本名冬银，听以买米，盖入春而挽输所须皆办。但漕河故事，军运一船不过淮，则民船不得行，故有舣舟淮阴，经数十日，而漕军方徘徊瓜、仪间。市竹木杂物，民之无告，岂一事哉！县故不产米，势必买之他境，入而复出，费已不赀，故往苦盘验之累。夫充是役者，必得有力之家，则人自为计，无俟讥察矣。如营充之弊未绝，上即多方稽之，彼亦多方应之，无益也。今数年来，择人而役，听其便宜，事无不集，奈何纵吏胥追呼以滋扰哉！又以役者必多田之家，多田则有充四、五甲至十甲者矣。自五甲而上，无岁不役，故更重役者，则明年若又明年，率以轻役休息之，或挂名官布。官布既以官解，实为空役也。三十二年，巡抚曹公时聘以北运诸粮长，依冰负雪，自冬徂春良苦，每船加守冻银五十两以恤之。盖其疾痛闻于上，皆思噢休之矣。议者谓北运米亩不过升合耳，稍高其价，亩不过厘毫耳。百亩之家，岁出一钱，不足为患，而使一县行役者无破家之忧，不亦善乎？练兵批头者，既主吴淞犒师之事，又令置买汛米，以给将士出洋之饷，盘驳交兑，固不胜扰。而所给米价，复不准时直，故抑损之。于是有籴米千石，而赔补不啻百石者矣。夫公家省百石，曾不足为有无，庶民之家，横出百石，能无惫乎？窃谓国家不得已而役民耳，岂故令出私财以佐之哉！（以下言塘长。）

国初无塘长之名，其后始置。而县之诸浦常为潮沙淤没，故塘长劳勚，比之旁邑独甚。往者戽水责之里长，筑坝责之老人，而豪有力之家类不赴工。今起夫之数，一准于田，而于该甲排年中，以丁粮多者一二人充塘长，督一扇之排年，而排年各率一甲之夫。盖任事者多，则功易集，为夫者少，则顽者无由规避，故非例得优免者，莫不趋事矣。（以下言里长。）

嘉靖十六年，郡守王公仪曾为县令，深悉民所苦，通计一县里甲备用之数，为银一千一百七十二两；均徭，以银差者，为银四千二百五十五两有奇；以力差者，为银五千一百六十八两有奇。乃计丁而编之，丁出一分；计田而编之，亩出七厘七毫；计滩池涂荡而编之，亩出四厘，凡得一万一千六百九十一两有奇，适当前数。载之于书，曰《赋役册》。十九年，县令马公麟以田亩所编为重，而县有科麦地六百一十二项有奇，均粮之法所不及也，于一县之田，独为轻则，乃亩加一斗六升八合九勺五抄，凡得银五千一百七十七两有奇，以四分之一抵十六、十七都荒田无征之额，以四分之三入之里甲均徭，视昔所编者少减矣。但丁田银既输于官，而库子、斗给、解户、禁子之类最为民祸者，终不可得募，复于该年摘拨而给其直。当时以为阳革阴用，岁岁均徭也。三十六年，县令杨公旦请复十年一审之旧，而王公仪所为精思远虑以立宜民之法，几至寝废而不行。后巡抚海忠介公瑞求民所苦，郡守蔡公国熙悉闾阎之隐，乃以吏守仓库（吏守仓则罢斗给，守库则罢库子），而解户所应输者上之府，府遣官类输之京师。所编丁田银，大略同《赋役册》。百年之弊，一旦湔洗无余，诚大快也。然折银解府库，犹岁用粮长二十四人领解，赔补不訾。二十七年，韩侯浚始用官若吏，而以销银匠随之。夫人相习，则不能相欺。一岁中司库之吏与银匠接事者无虑十数，是以如式而止，势不得横索，盖与乡民岁更而暂至者不同也。里长排年之法，一县共之，而在城九图四门，催粮之外，例不与诸役。凡上司行部，若县衙所须帷帐、被褥、几案坐卧之具及饮食器，于是取之。凡有所需，非有常数，盖仿佛库子之余也。二十八年，韩侯浚议官自置供张诸物，一不以及民。会为监司裁损，故诸用物未得尽备。而春秋享祀，乡饮习仪及守诸公署，势不得不役人，乃计召募之费，通城内外供之，岁出银四十六两八钱而事办。（以下言老人。）

国初，里编老人一人，得参议民间利害及政事得失，上谓之方巾御史。后乡都有婚姻、田土之讼，辄用平其曲直。最后则供交际之事，督兴作之役及料理诸琐屑而已。当时颇以殷实户充之，往往为吏胥求索，有破家者。万历十三年，朱公廷益议不复置，县有兴革之役，则用居民以大姓有行义者充之，事毕而罢。凡诸给使，代以义民。义民者，多市人也，习见官府之事。盖国家令有只应巡拦，不得用殷实户，但用市人，乃知虑深远矣。

所谓排门夫者，一城之中，比屋而编之者也。昼供营缮，夜充巡守，类不及大族富人，而贩夫佣客，一月之内，强半不得宁居。今议通编邑屋间架，士大夫以次优免，余令出银有差，用以和顾作使，谓之火夫。大家输钱，未足为病，贫者受直，适足以糊其口矣。

夫里甲、均徭，同出于丁田，是二者合而为一也。仓库、解户，祸不及民，余凡繁简、轻重之事，皆为顾役，是银差、力差合而为一也。粮、塘之长，排年轮充，是正役、杂役合而为一也。一者，一出于丁田也。然农人不苦其加赋，而乐其宁一之效。及承直奔走之事，悉不以烦民，而阛阓晏然得安枕矣。由是观之，其事弥寡，其民弥安，自然之势也。此盖国家灵长之运，而前后贤公卿大夫所以更制易令以安集吾民者，百世赖之，胡可忘哉！

夫祖宗之制，沿革多矣。乃法不足以惩慝，而足以祸善良，于上无涓埃之益，于下有丘山之损者，解军是也。国初欲实边伍，凡遣戍者，该里为办装。后欲均其劳费，则通一县而轮解之。夫犯法至遣戍者，多勇悍险贼人也，里排必平民也，无异羊将狼矣。审解之日，军必先索资财以为私费，轩然谓足以制解者先死之命，而解者亦惴惴然自以为生死由之，其费常逾数百金。幸及到卫，指挥以下，或利军刀笔，延为上宾，而反诃诘解军者，甚者蒙扭械若犯重法，囊中不留一钱，或假贷奉之，乃幸无事。军已入贿，以差为名，归家安坐，而解者尚守批文，动延岁月。是作奸犯科者，军也；流离荡析者，解军者也。嘉定之法，屡变而益善，独此为民祸，是在恺悌君子哀而为之所耳。

盐课

清浦场，国初额设排催七十三名，灶户五千七百余丁，草荡二万六千余亩，岁办课银一千一百七十七两三钱一分二厘，水乡荡银七十七两四钱七分五厘，岁督樵采煎办，与沿海三十六场一例照引给商。嘉靖以后，海潮内侵，墩荡坍洗，水不成盐，商引遂绝，而岁办银课如前。加以三十二、三等年兵燹死徙，灶丁亡者过半。隆、万以来，排催岁受赔累，无不破家。后奉以涨补坍之例，告将本荡对港崇明排草沙荡拨补。是时，本县高侯荐、崇明何侯懋官奉醝使者檄行会勘，具悉灶户疾苦，议将崇明备用羡余新涨沙涂二项，共银八百七十七两三钱，拨补本场额课，而水乡银亦即于各灶优免丁田内编征，隶县司征解，而本场止岁办课银三百两而已。

韩邃之曰：往者滨海之民，多煮盐以为利。今海味淡，而利悉归于崇明，乃灶户犹岁输盐课，青浦犹虚设场官，民与国交病焉。且民灶错处，灶户率嚚讼，而盐司多冗杂，动相讦构，驱良民而阱之，即令长无从致诘。谈者谓宜汰其官，总其课，隶县簿主之，类解运司。古称省事莫若省官，利民亦以利国。俟观风者采而行焉。

王锡爵《永折漕粮碑记》

扬州之薮泽曰具区，三吴之水所潴也。而嘉定为之门户，吴淞南襟，娄江北带，皆在数十里之内，故淫潦泛溢之祸，常为诸县最。然而其民曾不得灌溉之利，米谷之入，尚不足以自饱，而岁出十四万石以漕京师，非取之他县，不能办也。盖他县之水，皆江湖之清波，而嘉定独潮汐之所出入，浊泥浮沙，日有积焉。余尝考其地志，塘浦之在界中者凡三千余。昔人以治水为大政，故二百年常通流不废。正、嘉之际，其遗烈犹有存者。至于今，湮没者十八九，其存者如衣带而已。是以其民独托命于木绵。木绵之性，喜与水田相代，而嘉定之植，数十年不能易也，宁复有善收乎？况海波之漂荡，飓风之摇撼，累十年无一二免者，岂其民之乐之哉？地势固然也！加以米不土出，常不能豫具以待事，运船之至城下，舳舻相次如鱼鳞，而仓庾尚无稊粒，于是四方糠粃浥润之米，一入其境，价必翔踊，而军士动以米恶为辞，所以摧抑之百端，盖有以二石当一石者，而民之困极矣。军士喜于所得之过当，辄以其赢余为嬉游饮博之用。而春夏郁蒸之时，米败腐如炱煤，扬晒簸筛之日，有至折阅不支者，要亦非军士之利也。庆历之际，四境荒芜之田，无虑数万亩，老稺提携而去者，项背相望。议者以为数年之后，殆不可以为县。岁癸未，民瞿仁等具状大司农，请易漕粮以银，庶几遗民尚可自存。行巡抚郭公思极、巡按邢公侗会言于上，下大司农议覆为便。自万历十二年始征银，第岁岁奏闻。后二年，乃令三岁一请。行之十年，而荒茅苴茇，垦有新田，颓垣废井，创有新庐，顾民犹盼盼焉，惧一旦恐恩命之中辍也。当奏请之岁，辄动色相恐。县令王君福征知闾阎之隐，以为民不安其土，不可以为理，乃集其耆老而谋所以与民永久之计。于是民徐行等相率伏阙上书，言：蒙恩改折漕粮以来，已十余年，有利于民、无病于国明甚。惟愚民慑于交兑之害，而过疑上恩之不可恃也，多怀去就，无恋恋畎亩之心，惟上裁哀。章下大司农。大司农与巡抚赵公可怀、巡按鹿公久征参议之，报如行等言是，有旨著为令，而嘉定之民所以歌舞之可知也。余惟国家转输东南四百万之粟以给京师，历江、淮、河、卫之险，惊风骇波，朝不谋夕。文武之臣奔走其事，而军士蒙犯霜露，经历寒暑，计十万石之费，盖不訾矣。然京卫之士，曾不待米而饱，太仓之粟，朝受而夕粜之，意在得银钱耳，其价亦不能太过产米之地也。夫水田之利，卒未可就，而黍稷菽麦，皆京师之人饔飧旦夕之常食也。诚于丰岁增价粜百万以佐东南之漕，使北方之民亦无伤农之病，于京畿谷贱之时，出以与米兼支，而愿受银钱者，准改折价以给焉，其势必争欲得之。夫为国计者，独使太仓之蓄不虚而已，何必转吴、越之米于燕市乎？即无论嘉定居漕粮四十分之一，不足以为重轻，盖改折实利于民，亦利于国也。王君求余文以纪其事，宣上恩也，且使后之人有考焉。嘉定岁运漕粮一十万六千四百九十石有奇，正兑一石，加耗四斗，故每石折银七钱，改兑一石，加耗三斗二升。今议裁一斗二升，故每石折银六钱，凡折银七万三千九百两有奇，其轻赍、芦席、木板之费皆免。与改兑所裁之米，共为银一万六千一百七十两有奇。于乎！上恩大矣！贤有司之泽亦远矣！

兵防考

嘉定在江海之间，天下有事，非必争之地。往者江淮以南，闽粤以北，暴骨蔽野，而兵燹之祸不及焉。然东晋时，刘征以浮海入娄，孙恩出没海上，袁崧筑沪渎垒。宋南渡都临安，完颜亮欲从海道窥两浙，则嘉定遂为重地。及李全作乱，亦虞其豕突吴淞。盖中原波荡，则不为用武之地。海寇凭凌，辄为祸先。故宋元之末，终不被兵，唯张氏之败，上海人钱鹤皋欲以螳螂之斧，一当太阿，诱诳邑子弟，盖有死于外者。及王师入城，市不易肆，老幼倚门而观之。是后濒海奸民弄兵萑苇，然皆鰕鯕之丑，倏而糜烂矣。迨倭夷内哄，祸首发于嘉定，数年之内，肝脑涂锋刃，脂髓充供亿，闾阎萧然，累世休养生息之泽尽矣。夫金城汤池，熊虎守之，无食不可以久。县不产米，仰食四方，夏麦方熟，秋禾既登，商人载米而来者，舳舻相衔也。中人之家，朝炊夕爨，负米而入者，项背相望也。倘令金鼓一震，矢石交加，城门十日不启，饥人号呼，得不自乱乎？被倭之处，城陷者数矣。大抵攻破者少，袭破者多。贼常执乡民而使之侦伺，倘质其父母妻子，阴令入城，何事不可为？夫驱市人于矢石之间，欲勒以兵法，未易也。虽人情莫不顾其室家，而授兵登陴之人，多贩夫佣客，未必有儋石之储，妻子之恋，非结之以恩，齐之以法，未可卒用。而士大夫之家，亦必时时相与劳苦，不惜爱子介弟，参于行伍之间。夫如是，可以使百姓喜勇而效力，此城守者不可不知也。贼一船之中，骁健者不过二三人，然我主彼客，而不可得困者，多乡导也；我众彼寡，而不可得围者，善分袭也。因粮于我而不可得饥者，吴地不得清野也。临阵之际，狙狡百端，虽十人出战，必分三四人为奇兵，离合前后，使人不知所备。我众整而不可乱，或以所虏金银诸物投之，战士不悟，自相躏践，因乘其乱而败之，此野战者不可不知也。方事之殷，征兵四方，东兰、南丹、永顺、保靖诸蛮夷兵，至者无虑数万人，而嘉定民兵常在其间。邑民严氏兄弟五人，各有胆勇，每战为先登，其后数犯法，皆诛死，故功名不立。后言兵者，辄言太仓、嘉定、崇明之沙兵。是知嘉定不患无兵，而在蓄养兵之财，不患无财，而在行富民之政，然岂有司之事哉？

戎镇

洪武之世，号为天地重辟，德被六合，武畅百蛮，四夷君长，稽颡恐后。而倭奴蕞尔之丑，数踯躅于波涛间，东南并海州县，时被其毒。信国公和已老，上强起之，令视沿海形势，凡筑五十九城。复遣魏国公辉祖、安陆侯吴杰、江阴侯吴高、江夏侯周德兴治兵海上，遣都督商暠、杨文、刘德出战。此皆元勋宿将，国之虎臣，谋之数年，不克底定。又遣南雄侯赵庸招抚渔丁、蛋户、贩盐之徒为水军，至数万人。盖倭奴天性狡猾，以剽劫为俗，而溟海万里，因风力，乘潮候，倏忽不可踪迹，所谓来如风雨，去如绝弦，犹不足以喻之。故武备既设，时复跳梁，譬之勇者驱虎豹、戮鲸鲵，而不能禁蚊虻之嗜噬，无足怪者。吴淞外控竹箔，内捍苏松，非独为嘉定蔽也。乃者江南置镇，始于嘉靖八年。若十九年，江海有警，尝设总兵官，驻常熟之福山，寻移镇江，已复往来仪真、瓜步，事平而罢。壬子之变，祸始吴淞。明年，遂入其城。盖兵木甲朽，非一朝夕之故也。是时南京给事中项泾请设副总兵于金山，制可，而邳州汤克宽实领协守之任。及处州卢镗来代，犹居县城，后乃移驻吴淞。至叙南刘显再来临镇，始改协守曰镇守，益尊重矣。兵兴之初，汤、卢最称善将，是后俞大猷、刘显、戚继光、郭成并著威名，唯戚公未尝作镇。则所谓水陆要冲，南可以援金山之急，北可以扼长江之险，故常以熊罴之士守之耳。三十二年，添设金山参将，分守苏、松，增置把总四员，以守南汇、吴淞、刘河、京口。三十八年，始命总兵官专驻吴淞，居中调度。明年，敕凡内地守备卫所俱隶之，又改置南洋游兵都司、北洋游兵都司，又设柘林、川沙把总。盖国家重根本之地，故师中之命，不啻三锡矣。夫浙东之定海、浙西之乍浦、直隶之吴淞，若人家有东西户耳，一方失守，其祸共之。议者莫不言御倭于海，谓之上策。竹箔沙者，吴淞之屏蔽也。其外为羊山，为陈钱，皆倭奴之所从入。而南自浙江之界，北至于大江，沿海砂碛，多可登岸。邀之初至，谓之中策。往者国家惩忘战之害，不爱养士之费，故吴淞水陆兵精，为天下最。垣墉既固，堂室自安，固其宜也。自是以来，当事者不欲以繁徭重役之民，厚奉韬戈櫜矢之士，故艅艎之数，介胄之夫，时有增汰矣。夫义乌，陆兵之精者也；江淮间盐徒渔户，水兵之精者也。南北皆在千里内，一旦有事，置十万金于军门，则壮士万人可以立致，顾此费安从出哉？

城池

吴淞所城在县治东四十里，周一千一百六十步。初，去海三里而近，潮汐侵啮，东北渐倾。嘉靖十九年，兵备副使王仪议移于旧城西南一里。三十一年，岛夷犯境，巡按御史尚维持以土城难守，檄知县杨旦改甃以甓，周七百九十丈。

宝山所城在县东南清浦镇，旧名清浦旱寨。嘉靖三十六年，更名协守吴淞中千户所。万历五年，增筑新城，周二里九分，更名宝山千户所。

镇臣

镇守南直隶江南地方副总兵官署都指挥佥事一员。陆营中军把总，以都指挥体统行事署指挥佥事一员（万历九年设）。水营中军把总，以都指挥体统行事署指挥佥事一员（嘉靖三十六年设）。游兵营把总，以都指挥体统行事署指挥佥事一员（万历三年设）。

用兵之道，不识远近之势者，不可以制敌；不识众寡之用者，不可以决胜。国初，殪方于越，歼张于吴，其余孽多亡匿海外，说倭奴以为寇之利。当其时，窃发东南者，多不过数百人，乌合兽散，视听不备者，则得志焉。故置守吴淞，复分戍青浦（即今宝山所），譬之备穿窬者，间旷之处，多为藩篱而已。嘉靖中，贼之来者舳舻连云，锋刃耀日，万室之邑，三军之众，往往婴城自守，乃欲以数百人逆其至，邀其归，不亦难乎！盖吴淞之溃，前事之明鉴也。自置镇以来，屹然遂为三吴之锁钥矣。乃宝山孤悬江海之间，守则难固，援则难达，万一蹉跌，所谓藉寇兵、赍盗粮者也。语有之：五指之更弹，不如奋掌之一挟。故兵志曰：无所不分，则无所不寡。今智计之士，谓宜并于吴淞，盖分则俱弱，合则并强，自然之势也。且文皇帝遣使异国，乃筑宝山以识出入之道，非所以防盗也。后贼欲寇苏州，辄望此山而泊。当时半沦于海，居人以为天幸。夫祖宗之法，不得不变者多矣。乃者利害之形，昭昭可睹，胡不熟计哉？

战舰

福船最大，可容百人，底尖上阔，昂首耸尾，其行全倚风力，矢石火炮，皆俯瞰而发。敌舟相直，辄冲压沉之。然回翔不便，不能逼岸而泊，须藉哨船接渡。草撇，即福船之小者。苍船，隘于福船，而阔于沙船，首尾相等，帆橹兼用，顺风扬帆，风息荡橹，轻便易使，曲港浅沙，此为利器，可接济福船之所不及。唬船，一名八桨，头尾俱尖，而吃水甚浅，桨橹交发，其行如飞，可供哨探之用，风潮顺逆，皆可使也。网梭船，形如织梭，竹樯布帆，容仅三四人。中藏鸟铳，蚁集鸟散，颇便攻击，里港窄河，尤所利也。沙船，能使斗风，行浅水，以其底平也，沙民驾之。

兵器

藤牌，取其轻捷，可代甲胄之用，覽如壁，闪如电，施之田塍泥雨中，尤便。标枪，稠木细竹皆可为之，前重后轻，前粗后细，非两船相逼，不可轻发。长枪，本粗末细，刃重不逾两。狼筅，用毛竹长而多笱者，末锐，包铁如小枪，傍留长刺，火熨油灌，一直一钩，傅以毒药，中者立毙（按兵器不胜其多，而海上长技，四者为最）。

火器

佛郎机，国名也。正德中，国人来贡，携有此铳，因以为式，铸发诸边。每座重可二百斤，用提铳三个，每个重三十斤，铅子一个，约重十两，用以守营门，破关隘。扩之曰发矿，约之曰铅锡，铳则中国所仿而为之也。鸟铳，自西番来，以铜铁为管，木橐承之，中贮铅弹，所击洞穿。百子铳，状如鸟铳，而干短口宽，中容百弹药，然齐发漫空，分中远出四五里。木桶火药，用桶盛火药，倾入贼舟，因风纵火之器。喷筒，截竹为之，贮药推紧，发高十余丈，远三四十步，粘帆辄焚，不可备御。火绳，每绳用二人扯之，为守城第一器。六合炮，势极威猛，所中无不糜烂。然制造稍不如法，即易裂（按火器极多，而舟师所利，数种称最。贼所恃，止鸟铳、双刀、弓矢。双刀隔舟，无所施技；鸟铳每舟止三四门耳，而风涛播荡，取准极难；其弓矢与中国不同，矢头重而尾轻，弓身长而发缓，易于趋避。中国无论兵械，而火器之制，多不可纪，以百攻一，取胜何难哉）。

汛期

海洋要害，莫过陈钱。倭舟来，率以此为停汲之所，觇伺风候，以决所向（如东北风利，则向大衢西行，过乌沙门以犯浙江。东南风利，则向竹箔、稗草以犯苏松）。过此，则羊山矣。羊山去镇城犹数千里，为竹箔外藩。春时渔舟鳞集，无虑万艘，贼艇杂入其中，辄恣剽掠。乘东南利风，径日可达竹箔。竹箔在崇明南徼，与高家嘴相对，贼所必由。从此西向，则吴淞首祸；北向，则刘河受敌。于此置重兵焉，扼之使不得度，而江南可高枕矣。至于宝山，尤收泊标识，异时文皇帝以海运茫无涯涘，筑此示准，而贼遂望为指归，守此可以绝其登陆。凡备御哨侦，分布宜严。岁以二月下旬，调遣游兵水营诸军，出守羊山、陈钱、蒲岙、苏窦、马迹、竹箔、稗草、李家洪、马沙墩等处，而把总亲率中军，往来督察，远至落华、花脑外洋，而陆兵专守宝山、川沙，余听随宜策应，至五月终旬而罢。秋防止于内地巡缉盐盗，此汛期之大略也。

知县杨旦条陈五事

其三，重水战。今日之慎守藩篱者，惟有水战一节耳。今吴淞江、刘家河、福山港、青村、南汇等处，皆有福船、苍船、沙船以为哨守，分布非不密也。但海洋空阔，不守要害，则贼来不能知，贼去不能追，纵使能追，亦已晚矣。且贼船之来，乘风渡海，势难联络，飘荡既久，筋力困怠，故必于陈钱山、丁兴、马迹寺山会集，调理数日，方始入寇。为今之计，如大样福船，各港共得几十只，此船惟利于深水大洋，则为之修其贡具，坚其篷缆，预给两月口粮，得熟惯忠勇将官一二员率领各船，直至陈钱、马迹、洋山等处，择其避风粤港，停泊窥伺，以小巡船十只，四面哨探，遇贼流来则击之。此第一层藩篱也。但此计虽善，而劳险难行，人多阻之，咸谓海岛中不可泊船，是以计虽善而终不行也。其次样苍船，各港共得几百只，此船极利于乘风巡哨，则为之分为三班，每日一班出哨，直出高家嘴外，如一班三十只，遇贼来时，则以二十九只与贼对敌，其一只飞回本港通报，尽发各船出应。此第二层藩篱也。其小样沙船，惟利于沿涯浅水，则亦分与信地延袤，往来巡哨，遇贼来时，有福船所不尽剿、苍船所不尽御者，则沙船共击之，不使登岸。此第三层藩篱也。沙船又不能御，贼有登岸者，始以旱兵剿之。此第四层藩篱也。如此，贼来虽多，恐得登岸者少矣。

其四，据险要。夫浙江与直隶地不同，而备御之法亦宜有异。卑职生于浙东之濒海，官于直隶之濒海，其间形势险阻，皆目睹其详，而非按图遥度者也。浙东自温、台延袤至宁、绍一带，皆有海塘，田南海低，内河与外海不相通。塘外有沙涂，少者十余里，多者二三十里，略无港汊可以湾泊。贼船若至，百姓望见，皆收其赀货，挈其妻孥，豫先走避。贼至烂涂二三十里，力已怠倦，及至民家，掳无所得。船泊海滩，潮退则搁浅，遇风则打碎。是以浙东之倭患略少者，非兵之强，备之善，职此故耳。若浙西与直隶，自乍浦、青村、南汇以至上海、嘉定、太仓、常熟、江阴、靖江延袤一带，内河与外海相通，一里之内，有港三四，皆可以停舟避风，塘外无沙涂，贼船倏忽，直抵海岸，民不及知，知不及避，掳有所得，则因粮于我，结为巢穴。官兵攻之，则彼据其险，我失其利。及其深入，则结夥数千，势莫能御，是以蔓延而不可遏也。故浙东防御之法，止于定海、普陀、沥海、三江等处，各得数十兵船以守之，即可以无事矣。若直隶沿海一带，乘今贼退之时，急宜设备，如吴淞江、刘家等港极大者已有兵船抵御，其余港汊，如柘林、七八围、青水洼等处，皆须设法堵塞，或椗桩于港口，投以连根大木，或泊舟于洼内，使我先据其险。其海岸上每三十里内，择要害之地，屯兵一枝，各县各率其人民，各守其封域。其势大不能支者，军门发兵剿之。必须初登海岸，乘其饥倦，势易为图。若既登岸后，即难为力矣。此据险要者，诚今日之急务也。

风俗

苏州当江、淮、岭海、楚、蜀之走集，其人浮游逐末，奇技淫巧之所出也。嘉定濒海而处，四方宾客商贾之所不至，民生鲜见外事，犹有淳朴之风焉。其士以读书谈道、通古今为贤，不独为应世之文而已。缙绅之徒，与布衣齿。大家婚嫁，耻于论财。朋友死而贫者，为之经纪其丧，抚其遗孤。为农者，力于稼穑，不习商贾之事，谓租税先入官者为良民。子弟不修其业而六博饮酒者，众皆贱之。妇女勤纺织，早作夜休，一月常得四十五日焉。名家望族女子，不宴会，不游行街巷。此皆流风善俗之可纪者也。

若夫富室召客，颇以饮馔相高，水陆之珍，常至方丈。至于中人亦慕效之，一会之费，常耗数月之食。丧葬之家，置酒留客，若有嘉容。丧车之前，彩亭绣帷，炫耀道途，聊夸市童，不顾雅道。数十年前，后辈见前辈，必严重之。有行义者，奉以为楷模。迩者渐成侮老之习，即不得不貌敬者，背复姗笑之。浮薄群处，议论风生，多不依于名教，而意未必然，或假非义之义，阳作标榜。大家僮仆，多至万指，平居乘气，为横乡闾。及主家衰落，则掉臂不顾。至于中人之家，抚养有恩。或至长子育孙，而一旦叛去，恣意殴詈，甚且操戈入室焉。又有倾险狡悍之甚者，上官欲察州里之豪，不能不假耳目，而奸人常为之窟。欲中害人者，阴行赂贿，置怨家其中，罗织罪状，暗投陷阱，及对簿，上之人虽心知其冤，终不得释。其人扬扬然谓执一县生死之柄。上至长吏，犹或阴持短长，伺间肆螫，名曰访行。市井恶少，恃勇力辩口，什伍为群。欲侵暴人者，辄阴赂之，令于怨家所在，阳相触忤，因群殴之，则又诬列不根之词，以其党为证佐，非出金帛厚谢之，不得解，名曰打行。告讦成风，一家有事，闾巷辄蜂起，连数十人为一党，连数十事为一词，非必真负冤抑，特欲鱼肉之以为利耳，名曰连名设呈。睚眦之憾，或先有借贷，邂逅一家之内有死者，辄以告官，其人不服，则求检验，检验则无不破家矣。其言曰：人命无真假，只在原告不肯罢。江东之民，与灶户杂居，黠者欲凌愚弱，辄以灶籍讼之运司，运司悬隔数百里外，一经勾摄，亲戚哭别，如赴市曹。既至，私幽之僻处，进无对簿之期，退乏饔飧之资，动延岁月，多缧绁以死者。漕折以来，田价倍增，故民间讼事多起于赎田。既经明禁不得言田事，则摭为游词，无一语及田，而良民不习置对，不能与辨，或有妻子拉泪而还契券者。若其人能自直于官，则诬告者往往抵罪。盖亦有两家俱破者。至于滨海强梁，去邑辽远，忿恚所积，狠于戈矛，或昏夜纵火，焚其庐舍，或俟花稻已成，一夕芟夷之，名曰撇青。市中交易，未晓而集。每岁绵花入市，牙行多聚少年以为羽翼，携灯拦接，乡民莫知所适，抢攘之间，甚至亡失货物。其狡者多用赝银，有掸铜、吊铁、灌铅、淡底、三倾、炼熟诸色，混杂贸易，欺侮愚讷。或空腹而往，恸哭而归，无所告诉。城市无赖，率尚赌博，夜聚晓散，在在成夥，酿成奸盗。食肆之盛，珍错毕备，侑以歌舞，巨室僮奴，公门厮役，厌饫其中。一饱之余，捐金成笏，食者嬉笑而主者痛心。皆比来恶俗，犹幸严为之禁，庶几屏息焉。

《崇明县志》

协守地方把总一员，守御千户五员，百户二十员。苍船七只（由福建改造），沙船三十只（旧额二十只，万历三十年，今县令张公因地方险要，申请新增十只），桨船五只，唬船十六只（帆用布，桨用八，海洋中往来极便），划船五只（状似唬船而小，已上诸船分为两哨，统领官二员）。

永乐十四年，倭贼入城，虏杀官民三百余人，千户徐死于难。弘治十五年，施天泰、钮东山据半洋、马腰二沙为梗，居民罹害。巡抚艾璞、知府林世远、知县陈元宪协谋剿捕，改半洋沙为平洋沙，马腰沙为马鞍沙。嘉靖十九年，南沙人王艮、松江人秦璠合党构乱，兵备王仪、总兵汤庆发兵剿灭。三十二年四月，倭寇登南沙，盘据经年，长、享诸沙密迩罹害。耆民施珽率兵力战，死之，阵亡者千人。三十三年四月初十日，倭寇登水窦港，劫烧杀死无数。五月初三日，攻东南水门，勇兵陆朋战死，百户田九畴斩首若干。初七日，夜攻东北栅，城陷，知县唐一岑死之。三十四年四月十七日，倭寇登平洋沙，烧毁劫杀，攻新城东门甚急。署县事、本州同知张魁，署所事、千户陈袍协力死守。三十六年，倭寇登营前沙，本府同知熊桴坐镇本县，发兵围剿，斩首数十级，余悉夜遁。三十八年四月，倭贼千余由水窦港登岸，盘据三沙。兵备熊桴驻营孙昂港，总兵刘宪驻营三沙，督视军前，通政唐顺之调度其间，设法剿御，官兵死者不可胜数。困守三月，贼势穷蹙。七月十七日夜，乘风遁去。四十四年，倭寇据县后沙，总兵郭成督战，擒获献俘百余，戮于本州大教场。

盐课

本县天赐场原有赡盐田荡九百二十四顷二十亩零，煎盐上纳课正银六百十五两八钱。后盐场坍海，灶户逃移，致亏国课。嘉靖三十六年，盐法御史鄢公懋卿议将田荡不等科银，以充正额。后因奸民充灶，告坍抵补，悉由场官，坍在荒熟，真伪莫辩，得失不均。坍田一顷，告抵沙涂二十八顷有零，且又摘占膏腴，年渐得利。灶课日加，增出备荒羡余名色银六百八十三两，遂致民产亏折，百姓纷争，词连祸结，动经数年，灶规靡定。万历九年，县令何懋官洞知其弊，以为人非真灶，地非盐场，况革场裁官已久，安用奸民冒灶为？于是移文上官，举其弊而倾之，加课银八百七十四两，以足二千两。其弊产均拨概县里排，散灶田，则民与灶同受，偿国课，亦民与灶共输，上不亏课，下不病民。盐院马公象乾可其议。至万历二十八年，奸民欲复前弊，与讼告夺。县令李官欲议以法，以左迁去不果。今令张公世臣留心民瘼，欲民灶两利，议将二十九年至三十一年新涨水涂一半给与灶户，以偿昔年赔课之费，后不为例，委曲调停，俾民不失业，灶不启衅。比因盐院周公执鹾政批驳，复于二千一百七十三两正银外议加课银五百两，各院详允。已而其课灶户谋欲备办，以酝争端，张令严拒，移文抚按，仍入会计，不许灶家另立门户办纳，以杜得陇望蜀之计。盖何令翻拨于二十年之前，而积弊一扫，今张令调停于二十年之后，而两造悉平矣。

灰场

崇明诸沙涨自扬子江，淡水俱可田，惟东北吴家沙、享沙，咸水凝结，不可禾黍。有贫民百家，原非灶丁，奉票于随海滩涂煎盐供食，岁纳银二十九两，县解盐运司，谓之灰场。

盐出南沙北则第五条港一带盐白色，享沙北洋、县后沙东北滩色皆白，唯北蒲沙色黑，味最咸，比上三沙少异。

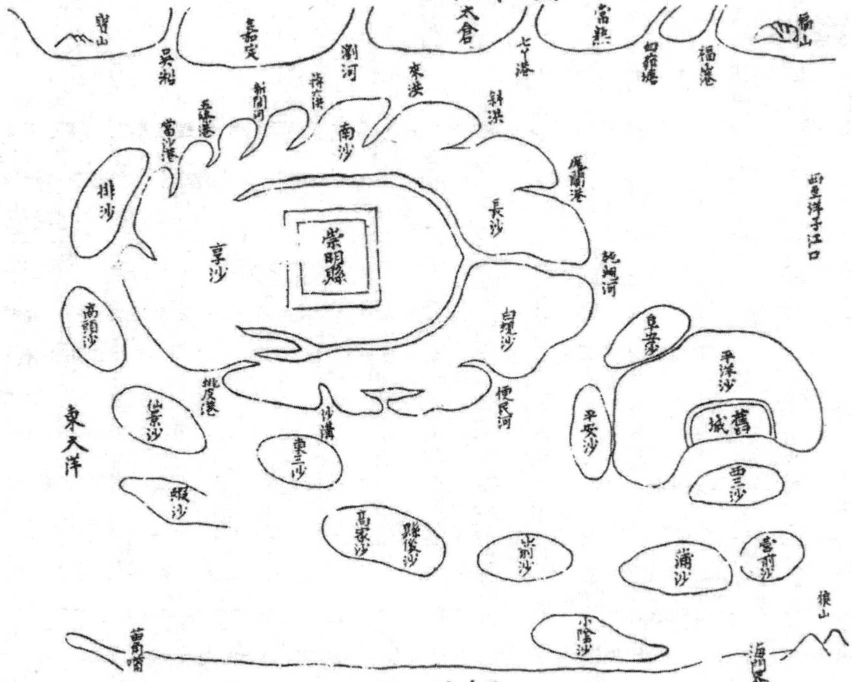
寶山
嘉定
太倉
常熟
福山
劉河
七丫港
福山港
南沙
斜洪
長沙
崇明縣
享沙
排沙
高頭沙
仙景沙
東天洋
東三沙
高家沙
縣後沙
小陰沙
蒲沙
西三沙
舊城
平洋沙
平安沙
便民河
揚子江口
狼山

《华亭县志》

大海。环县之东、南二境。其东接诸番，混茫无际，松江与黄浦会而入焉。其会处曰跄口。其南与绍兴、宁波相望。

松江。在县北七十四里，府因以名。旧名吴淞江，后以水灾，去水从松，亦曰松陵江。其源出太湖，东注于海，即《禹贡》三江之一。郦善长《水经》云：松江自湖东北径七十里分流，谓之三江口。一说吴淞江口、白鹤江口、青龙江口，谓之三江口。地势低于震泽三丈，潮水来时，水高三丈，到震泽底定，所以谓之平江。庾仲初《扬都赋》注云：松江下七十里水口分流，东北入海为娄江，东南入海为东江，并松江为三江。今松江自吴江长桥东流至尹山，北流至甫里，东北流至淀山，北合赵屯浦，又东合大盈浦，又东合顾会浦，又东合崧子浦、盘龙浦，凡五大浦。至宋家桥转东南流，与黄浦会而入海。自湖至海，凡五汇四十二湾。五汇者，安亭、白鹤、盘龙、河沙、顾浦，乃江潮与湖水相会合之地也。古云：九里为一湾，一湾低一尺。二百四十里到三江口，三百六十里到大海。

薛淀湖。一名淀山湖，以中有淀山也。在县西北七十二里。其源自长洲白蚬江，经急水港而来，周围几二百里，实古来钟水之地。北由赵屯浦，东由大盈浦，泻于松江，东南由烂路港以入三泖。旧志云：西有小湖。又云：县西北有白蚬、马腾、谷、玳瑁四湖。且谓白蚬越在长洲，马腾、谷、玳瑁三湖，相去仅五七里。而淀湖茫然一壑，不复可辨。其后又载锜湖，云有陆锜宅，曰瑁湖，曰刑湖，曰新湖，云皆在西北。以今考之：淀湖之南有瓢湖，其傍有金银、东清、东白、西陈、大葑诸荡漾，北即蔓莱洲（在长洲界），皆涵浸相属数十里。其西过金泽，又有西鼋荡、雪落漾诸水，而不得其名者尚多。古今世殊，焉知旧志所书非今之诸荡邪？淀山，宋时在水心，并湖以北中为一澳，曰山门溜，东西五六里，南北七八里，正当湖流之冲，为古来吞吐湖水之地。山门溜之中，又有斜路港（斜路，今与昆山碛澳邻）、大石浦、小石浦通泄湖流。后潮沙淤淀，渐成围田。元初，湖去西北已五里余，今赵屯、大盈去湖益远，顾由何家港及南、北曹港受湖水以泄于江，水患之多，盖有由矣。

顾会浦。在大盈之东，其上源曰通波塘，出城北，流为五里塘，又北为祥泽塘，遂别为崧子浦。北出凤凰桥，绝横泖，至簳山，入上海界。盘龙塘、沙冈塘、竹冈塘、横泺塘、诸家塘，已上湖东山北诸浦上流之水。

三泖。在县西，《吴郡图经》云：泖在华亭境，有上中下三名，狭者且八十丈。《祥符图经》：谷泖，县西三十五里，周一顷三十九亩。古泖，县西四十里，周四顷三十九亩。今泖之界，西北抵山泾，南自泖桥出，东南至广陈，又东至当湖，又东至捍海塘而止。俗传近山泾者为上泖，近泖桥者为下泖。《县图》以近山泾泖益圆曰团泖，近泖桥泖益阔曰大泖，自泖桥而上萦绕百余里曰长泖，此三泖之异也。或并胥顾、谢家二泖为三泖。按二泖在县东南一陂泽耳，与三泖相望七十里，其说非也。陆机对晋武云：三泖冬温夏凉。谷水在其北，金泽、章练、小蒸、大蒸、白牛诸塘在其西，葑澳、走马诸塘在其东。泖桥之外，横绝而东者，秀州塘也。

谷水。

烂路港。自淀湖东南行入泖。

金泽塘。在淀山湖西南，东南流入泖，其西北为周庄，北为甫里，属长洲界。

章练塘。在金泽南，其源出陈湖，东流入泖，其入处与泖塔对。濮阳塘、小蒸塘、大蒸塘，并在濮阳南，其西通白牛塘，东入于泖。

白牛塘。自烂路港以下为三泖西界诸水。

葑澳塘、沈泾塘（注一）、神山塘、五里塘。祥泽塘，在五里塘北，自顾会浦分支东流，北由玉皇阁与崧子浦合，遂东为泗泾。泗泾，自祥泽塘折北而东，纳通波泾、外波泾、洞泾、张泾四水，故名。东合蟠龙塘，北行绝横塘，折而东为蒲汇塘。元初，水盛于横塘。至正间，潮徙而南，泾面广三十丈，深二十丈，为水道之要。今自此至蒲汇塘皆淤浅，稍旱，可揭而涉。已上泖东山南至县北东流之水。

秀州塘。在县西南，俗呼为官塘。其源出杭州西湖，历嘉兴而东，至枫泾镇入界，去县六十里，由镇而东，过白牛塘，绝长泖，泖口有桥，至万安桥，北流合滕港，又合黄桥门，合斜塘，过李塔汇，合石湖塘，过吉阳汇，合古浦塘，东流入市为沈泾塘，过小清河，至平政桥，入西水门，出东门，与俞塘诸水合，循西城而南，合张泾、米市塘，入官绍塘，北过采花泾，东北合顾会浦。

黄桥门。水自大泖来，入秀州塘，旧于此植木为水窦七十余，以泄泖水，斜入潢潦泾。

斜塘。水亦自大泖来，与黄桥门水皆湍悍，东入潢潦。自黄桥门塞，水并入此塘，其势益悍。

石湖塘、古浦塘、小清河。白龙潭，在谷阳门外方后栅桥西，其南通小清河，北通二里泾，东出与城河合，北为采花泾，潭广可十余顷。

采花泾、集贤泾。已上官塘西界至城以北之水。

朱泾。自秀州塘分支，贯市桥，东流绝驱塘，至张泾东为横泾，又东为荡泾。

黄浦。为南境巨川，其首曰潢潦泾，受黄桥、斜塘及秀州塘水，东流至詹家汇，为瓜泾塘，演迤而东，凡南北两涯之水皆入焉。至邹家寺折而北流，趋上海，东西两涯之水皆入焉。东北会吴淞江以入于海。瓜泾塘有东西二渡，入上海界，有黄浦渡、高昌渡。按《府志》，黄浦上源自黄桥、斜塘来，黄桥、斜塘自三泖来，其上为淀湖，为急水港，为白蚬江。又自松江分派而来。至入海处约二百五十余里，比吴淞江、娄江皆阔大，故论者指此为东江。南钱塘、张泾、米市塘、官绍塘、御史泾、泖泾、南俞塘、盐铁塘、北俞塘、驷马塘、洞泾、张泾，已上官塘以东、郡城以南至东北入浦诸水。

界泾。在县西南、平湖县之北。横泖、胥浦塘、新运盐河在里护塘外，自金山卫城北流至张堰镇西，为张泾（卫，故小官盐场也）。初在查山东，后以风涛之险，改浚于此，人呼其东为旧河，其北即古柘湖地。已上风泾以南循海而东北流入浦之水。

田赋

宣德五年二月二十一日，敕：谕各处旧额官田，起科不一，租粮既重，农民弗胜。自今年为始，每田一亩，旧额纳粮自一斗至四斗者，各减十分之二；自四斗一升至一石以上者，各减十分之三，永为定制。钦此。

八年，巡抚、侍郎周忱奏定加耗折征例。洪武、永乐中，税粮额重，积欠数多（五年，定拨起运米四十三万九千，实纳止六万六千有奇），每正粮一石，征平米至二石而犹不足。忱至，尽祛宿弊，设法通融，二年后，逋欠悉完，至是定例。

一、加耗。有征正粮，每石征平米一石七斗。（注二）

一、折征。金花银一两一钱（准平米四石六斗，或四石四斗。每两加车脚鞘匭银八厘），阔白三梭布一疋（准平米二石五斗，或二石四斗至二石，每疋加车脚船钱米二斗，或二斗六升。布疋长四丈，阔二尺六寸。旧例疋重三斤，纳者率以纱粗验退。忱奏不拘斤重，止取长阔，两端织红纱以防盗剪，至今行之），阔白绵布一疋（准平米一石，或九斗八升，每疋加车脚船钱米一斗，或一斗二升）。已上于重则官田上照（注三）粮均派。（注四）

天顺元年，巡抚、右佥都御史李秉改定加耗例：六斗以上田（止征正粮）、五斗以上田（每石加一斗五升）、四斗以上田（每石加三斗）、三斗以上田（每石加六斗）、二斗以上田（每石加八斗）、一斗以上田（每石加一石五升）、五升以上田（每石加一石一斗五升。按《府志》：此法据丈而观，最为平均。聚数则之田于一户，由帖之中，查算填注，不胜其烦，而里书之飞走，不复可稽质矣。不久复旧，盖知其行之难也。又按是时金花银准米三石四斗，三梭布准米一石五斗，绵布准米七斗五升。轻于此而重于彼，亦未见其利）。

二年，巡抚、右副都御史崔恭复旧例：正粮一石（征平米一石七斗或减至五斗），金花银一两（准平米三石四斗或三石八斗），阔白三梭绵布一疋（准平米一石五斗或一石四斗至一石三斗），阔白绵布一疋（准平米七斗五升或八斗至七斗）。

六年，巡抚、右副都御史刘孜奏定召佃荒田例，通计本县积荒田若干顷，召民开佃，不论原额，肥田亩税米三斗，瘠田二斗，谓之官租。仍与民约，永不起科加耗（注五）。按是时秋粮加耗，华亭每石始七斗至四斗五升，金花银一两，初准米三石八斗，其后准四石（至成化六年皆然）。

二十二年，知府樊莹奏定折征白银例：凡粮运纲费及供应军需之类，应支余米易银充用者，径征白银入库，照数支遣。每银一两，随时估高下，或准平米二石，或二石五斗。本县正粮一石，加耗米三斗二升，白银一钱五分。

弘治八年，巡抚、右副都御史朱瑄始定分乡论田加耗例。金花银自成化十四年至是，每两准平米二石六斗。

十一年，巡抚、右副都御史彭礼复论粮加耗。

十五年，都御史彭礼、知府刘琬改定加耗例。官田论粮加耗，每石征平米一石六斗；民田论田加耗，每亩征耗米一斗二升。

正德二年，巡抚、左副都御史艾璞重定论田加耗例。

六年，巡抚、右佥都御史张凤复论粮加耗并银布折征旧例。复旧规，革弊便民。案：据华亭耆民严泰等呈，切照松江地方不满二百里，粮储动盈百余万。宣德年间，巡抚、侍郎周文襄公因时处置，为民便益。每秋粮一石，加耗六斗七升；金花银一两，准平米四石；细布一疋，准平米二石；粗布一疋，准平米一石。起运出兑，官军俸粮、师生廪禄不缺，尚有余粮赈济饥民。弘治年间，始于田上加耗，分作三乡，又分沿海、不沿海等第不一。粮书乘机紊乱作弊，以致民遭其殃，官受其累。自古国以民为本，民以食为天。连年灾伤、疫疠，饥馑相仍，死亡者众，存在者寡。幸蒙钦差都堂大人抚临，整理粮法，深为民便，呈乞裁处。等因到院，本院先为延访民情，以图治安事。今据上海县内耆民朱禋等呈称闻之父老，各处田粮，多在田上加耗，惟我松江则不可行。有上中下三乡，有肥薄瘦三等，有升斗斛三科，俱系先朝秤土起粮，因地立法，非后人所可改易。宣德间，巡抚周文襄公奏将东乡抛荒田土，召民开垦。三年之后，止取原粮。复奏折征金花银、粗细布，每银一两准平米四石，细布一疋准平米二石，粗布一疋准平米一石，于时起运，不减今日，仓库有存留之富，闾阎有赈济之储，官不知劳，民甚称便。其后知府樊公复念小民运粮之苦，奏将纲用耗米折收白银，每两准米二石五斗，给与粮长，令其自运，官民两便，至今赖之。当时并是粮上加耗，每石不过六斗、七斗而已。弘治七年，本县董知县因与巡抚同乡，更变粮法，却于田上加耗，虽分三等，东乡终是不平，何也？西乡虽是粮重，每亩岁收米或三石余者有之；中乡虽是粮轻，每亩岁收或一石五斗不足者有之；若滨海下田，不过可种棉花五、六十斤，绿豆五、六斗而已。法既不平，且复多变，或亩加八升、九升，或一斗，或一斗七升四合六勺，频年以来，率无定例。且如正德四年何等灾伤，朝廷准荒六分三厘，官司不与主张，听从粮长卖派，以致民心不服，输纳不齐，粮长又复瞒官，私收入己，所以因循至今拖欠。若当时照依钦准事例，派与六分三厘，小民安敢不典家卖产，依期完纳？老民正不知先年何故金花银准米四石，布疋准米二石、一石，却乃钱粮反多？今者金花银不过一石九斗，白银不过一石七斗，何故钱粮反少？若曰轻粮多在大户，重粮多在小户，不知大户亦有重额之田，未见其害也。只是以王道待天下，自然平正。若存大小户、轻重田之心，则前人立法之意全无，而物之不齐之说亦徒然也。田上加耗，不可行也明矣。据此按候在卷，今据前因，参看得松江一府，大户多轻则之田，小户多重则之赋。论田起耗，若便小民，然斗则数多，书手作弊，虽精于算者亦被欺瞒，况小民乎？本院已将万石一览通行发府议处，正欲将金花银每两准米四石，细布一疋准米二石，粗布一疋准米一石，先尽下户及陪补之粮，有余并将白银以次分与中户，又次及于上户，务使贫富适均，官民两便。今严泰等又称粮上加耗，与民便益，合准照粮征派，相应为此。仰抄案回府，着落当该官吏即行各县掌印官，今后派征钱粮，俱照先年周尚书所行则例，不分东西中三乡，一概粮上加耗，金花银两、布疋，先尽重则官田，每银一两折米四石，粗布一疋折米一石，细布一疋折米二石，白银一两，随时定价。其上中高户，俱派与本色粳糯等米，务使民心悦服而钱粮不至于有弊，国计充足而官府不至于有累。仍翻刊告示，发镇店乡村凡有人烟去处，张挂晓谕知悉。

又按府境坍江、坍湖、坍泖及陷海田粮，俱系概县秋粮带征陪补，学基、仓基等税亦然。伏睹成化二十三年十月初十日、弘治十一年十二月二十一日，两次诏书节文：田亩有因大水冲决，虚补税粮（注六），及水坍沙压等项田地税粮负累人户陪纳者，并许具告，勘实照例除豁。今江、海、湖、泖坍陷田粮，正合此例，而学校、仓场并系官府开设，前代义役田粮尚蒙除免，况官地乎？江海陪补之粮，本府同知史俊尝一具奏未行，学、仓基地犹未有为之言者，并著于此，为长民者告。

徭役

山东、凤阳等处马夫一千三百六十四人。洪武间，以北方地广人稀，于江、浙、苏、松等府照粮佥拨，赴各处养马走递，粮佥不足，又以市民益之（马夫分正副，正者住坐养马，副者轮年集价供送）。正统十二年，巡抚、尚书周忱因集价买马，重为民患，议于秋粮带征耗米，易银代之。今义役马价米是也。成化间，巡抚、都御史李嗣议定粮佥上马一匹，支米易银三十四两五钱，中马、下马，递减二两。市民定价一十四两，岁输副马头押解各该府州交割。后御史陈金奏定上马一匹，征银四十五两，中马、下马递减五两。每马一匹，岁支工食草料银二十二两，其余收积在官。遇马匹倒死，铺陈弊坏，照例支用。弘治十六年，知府刘琬以马价既于秋粮带征，而马夫各役犹为民累，奏准革去。每岁比照御史陈金奏定事例，征米易银，雇募当地土民充役，南北两便，至今行之。

《上海县志》

海在县东七十里，北起嘉定，南抵华亭，为县所辖，松江与黄浦合流入焉。东接诸番，惟日本最近，宋元间入贡，皆由青龙市舶司，后渐徙于四明，贡者不复取道（注七）。沿海皆浅滩，物产不逮闽浙百一，俗号穷海。独盐利为饶，自清水湾以南，较川沙以北，水咸宜盐，故旧置盐场。近有沙堤壅隔其外，水味寖淡，卤薄难就，而煮海之利亦微矣。

松江在县北。

黄浦在县东，一名春申浦。其源受杭州、嘉兴之水，起自秀州塘，经华亭县界，又迤而东，以入南北两涯之水，迨至南广福寺，则折而北趋于县，以入东西两涯之水，稍北旧名范家浜。洪武间，吴淞江淤塞，潮汐不通。永乐元年，邑人叶宗行上书言浚江通海，引流直接黄浦，阔三十丈，遂以浦名。今横阔二里许。又折而东北合于江以达海。其两涯孔道，则置舟以渡。

通江诸浦，旧图经以赵屯、大盈、顾会、崧子、盘龙为五大浦。五浦之中，赵屯、大盈二浦尤为至要。赵屯、大盈皆直受淀山湖水。赵屯迤西为白鹤江，大盈迤东为青龙江。先正论湖水下流，必由白鹤汇以达于江，又谓由青龙江入海。今白鹤、青龙虽以江名，仅同沟浍而已。顾会、盘龙从府郭来，绝横塘、横泖。而顾会又名通波塘，崧子又名崧塘，二水同流异派。顾会、崧子西东为淮浦，为艾祁浦、朱墅浦、华潮浦、赤眼浦，为华漕，为西旧江，为周泾。崧子南为北平浦，北为鸟塘，鸟塘东为石淄溇。盘龙迤东为沙冈塘，为小莱浦，为许浦，为鱼浦、郭巷浦，为横沥，为新泾，为东、西上澳，为大、小芦浦，为上海浦、张家浜、马家浜，为东沟、西沟，为南跄浦。由许浦而出为五漕，由郭巷而出为庄家泾，由新泾而出为蒲汇塘，其东即龙华港。凡江之南通江塘浦具于是。然五浦之外诸浦之中，在胜国时，则新泾为要。观吴执中论顺导水势，注江达海，仅有上海之新泾、太仓之刘家港也。今盘龙以东，江以南水，唯在蒲汇、龙华二港，达于黄浦，入海为利耳。江以北水，亦有芦浦，有横沥，有徐公港，有黄家港、封家浜，有杨林浦。南北分流，并入于江，会于黄浦，东入于海，海口为嘉定界。

天启元年七月，巡抚王象恒《东南赋役独重疏》

据四府册开，每岁漕粮正改兑并耗米共一百五十三万一千九百七十八石八斗一升零，白粮并耗脚夫船及各王府禄米共二十七万七千七十二石八斗八升零，南粮并耗脚等米六万四千三百九十一石二斗零，军储存留恤孤等米一十二万三千八百三十二石三斗七升零，此四府本色之概也。而本色三梭阔白布疋共三十二万二千七百七十四疋犹在外矣。金花银三十六万五千一百三十九两零，京边银二十七万一千六百七十一两零，轻赍过江米折芦席等银一十六万九千六百七十余两，南北等部马价、牲口、药材、四司料价等银七十万五千五百五十余两，此四府折色之概也。而加派辽饷银二十一万一百五十八两五钱零，犹在外矣。以地亩言之，苏、松四府田地山荡共止二十三万三千五百八顷六十八亩零。以亩计之，上等之田每亩该纳本色米一斗八升二合，仍纳折色银一钱二分七厘五毫；中等田每亩本色米一斗三升六合，仍折色银一钱四厘零；下等田每亩本色米六升三合七勺，仍折色银六七分。而一切使费起驳之苦，又难计算。此四府每亩田租之概也。夫宇内之赋，多者每亩八、九分，少者四、五分，甚有止二、三分者，有加四府之重者乎！人止知江南钱粮之多欠，而不知江南止完及七八分，已与宇内之重者相等矣，江南止完及五六分，已与他处之轻者相等矣。况夫织造之传奉，卫运之更番，水陆之冲沓，江海之防御，种种烦费，不胜驿骚。乃辽饷之供，犹一例派征，加而又加，故重而又重。自今不为斟酌，将何底止？臣所以为民请命者，不敢诎见年惟正之数，但就中量为减省有三焉：一则积逋之当尽免也。臣查恩例四十一年以前者免矣，后有加派一年免带征一年之例，恩非不渥，然而不免者亦何能完也？小民办见征犹苦不给，况能完累年年带征乎？其奸猾者且以总之一欠也，并见征者而亦拖之矣。自今以当年见征依期完纳为主，而以前年分除已征贮库者起解外，余止带征一年或二年，其远年必不能完者，尽蠲之。一则加派之当渐减也。自辽事起，加派三次，共每亩银九厘，海内皆然，江南岂敢独少。独是他处赋轻，即稍加犹不觉若。江南即不加而额已数倍他省矣，乃又从而增益之，苏州则八万三千六百六十余两矣，松江则三万八千二百二十余两矣，常州则五万七千八百三十余两矣，镇江则三万四百余两矣，其加与他省同也，而原额之重则与他省异，所谓不揣其本而齐其末者也，故加派当亟减也。一则改折之当款议也。南京以白粳米六千石，或全折，或半折，原无定例。每石加耗夫船共有八斗，贴役银一钱，是一石另有一石之费矣。此项例每石折银七钱，以平米一石零五钱算数，正该一石四斗，此外六斗皆系浮额，总计多出三千六百石矣。前已奉文改折三年，恐此后又派本色，仍增赔累，是当永折以省耗费。南京各衙仓糙粳三万九十四石五斗，此项原供各卫军粮，向虽例派本色，各军仍是每石六钱折去，则何不即以六钱解，而使小民得省毫厘也？南京牺牲所绿豆六百石，此项原非本地所产，俱以米代运，若每石亦折六钱，解京买豆，则每石得省耗脚五斗，况南京豆商凑集，买豆甚便，先年亦有改折之例乎？且若递征本色，势必佥点粮解，歇家衙役之费，又难指计，是当照款议折，不再计而可决者。又如北京丝折绢一万二千五百五十五疋，每疋价银六钱五分，垫银一钱，共七钱五分，后因交纳本色，烦费增至一两二钱，似应照旧例每疋解银六钱五分，同京边交部，可省民间扛垫无算。又齐头稻草数虽无多，例佥民解京，有挂号收纳等费，每正银一两即编扛银一两，而解户每名仍赔费不赀。况稻草止封冰窨，需用非急，而都中有银，则稻草独不可市买乎？嘉定田少地多，额派布九万五千五十疋，太仓、昆山共四万四千九百五十疋，武进、宜兴各二万疋，华亭、上海共十万七千八百四十九疋，青浦县二万四千九百二十五疋，从来不能全完。若从臣前疏量免三分之一，改折十分之半，亦官民两便之策也。又若弓箭、弦条、朱蜡、漆油之类，每一委解至京，多串同内监，以滥恶充数铺垫。苟至无不收，又何不折之，使公帑得实用、地方省买办也？此改折又所当亟议也。八月十八日，奉圣旨：东南民穷可念，但内府钱粮多系旧例，着照旧行，余着该部知道。

四年五月，抚按题水灾疏

内称嘉靖七年灾伤，蒙允将本年起存钱粮尽行蠲免，稍轻者照依分数勘实，即便停征，或量为折征。三十三年灾伤，蒙允将本年存留钱粮尽行蠲免，起运额派大半改折，复将本色及三十二年以前未完起存停征，又将内府粮银赈恤。四十年水灾，蒙允将本年兑军粮米、民运白粮尽行改折，宗人府米折并京库草折布绢等银，俱准停征，仍将钞关船税与各府引价事例等银俱留赈济。万历十年水灾，蒙允将本年起运漕粮并南京各卫仓粮改折，又留关税之各府事例等银赈济。十七年灾伤，蒙允将本年起运漕粮尽数改折，内停征五分，见征五分，余宗人等府衙门俱准停征。又蒙专差科臣杨文举赍银三十万两赈济。三十六年水灾，蒙允将本年起运漕粮尽数改折，其余各项俱分别停征，又于山东解进内帑留银五万两，差官解赍赈济苏、松四府，又钦准浙江盐课税银拨一半赈济灾民。

东南之米有军运，有民运。军运以充六军之储，民运以供百官之禄也。夫军运以十军仅运米四百石或五百石，民运以一民而亦运米四百石或五百石。军运以军法结为漕法，一呼百应，人莫敢犯；民运以田里小民供役远道，语言鄙俚，衣服村贱，人人得而凌之。军运经各该衙门，无抑勒需求；民运经各该衙门，动以迟违情由问拟工价，并诸杂色使用，每一处辄费银十五六两，少亦不下十两。军运过洪闸一钱不须，且洪夫、闸夫共与挽拽；民运每过一洪用银十余两，过一闸用银五六钱，所过共三洪五十余闸，而费可知矣。其最苦者，船户皆江淮奸民，惯造此船装载白粮，粮一入船，其驱使粮长不啻奴隶，每日供奉船户及撑驾夫不啻奉其父母。盖粮在船中，即粮长身家所系，吞声忍气，曲为顺从，势不得不然也。其最所畏者，军船凌虐，豪恶之军故将己船撞擦，微有损伤，即便蜂攒民运之船，百般挟诈，不厌其欲不止也。此其苦之在途者。至入京，揽头之需索，入仓交纳之艰难，又有不可胜言者。凡充是役，鲜不倾家。为今之计，宜将白粮并运军顺带，使民出所有以益军，军出余力以代民。

田地

宋之田有曰公田（为充进军食），每亩起租，上自一石五斗，下至七斗一升四合（按《宋史》：淳化中，田制为三品：膏沃而无水旱为上品，沃壤而有水旱之患、埆瘠而无水旱之虞为中品，硗瘠复患水旱者为下品。上百亩，中百五十亩，下二百亩，只计百亩，十收其三，恐无若是之重也）；曰围田（傍江湖水浅处，民围为田），租四斗或三斗；曰沙田（民自经理江湖沙涨地为田），租三斗或二斗；

曰成田（民垦耕草地为田），纳粮二斗；曰营田（民用工本耕种系官空闲田），租四斗或三斗、二斗；曰职田（给与文武官养廉地，民佃起租），上自八斗七升，下至六斗三合五勺；（附录：宋咸平二年，复唐制，吏得职田供祭祀。六县通管六万六百八十八亩有奇，租一万八千二百石有奇。知军府事八百六十石有奇。通判军府事、佥判、教授、节推、添差节推、察权、知录、司理、司法、司户、监粮料院、监籴纳仓、监都税、监在城税务、监赡军库、监都酒务、监比较务、排岸司、巡辖司、总管、路钤、添差路钤、路分、添差路分、东南第三正将、南一厢官、南二厢官、北一厢官、北二厢官、常平司提干、茶盐司提干、文臣支盐官、武臣支盐官、黄姚押袋官、江湾押袋官、监黄姚盐场、监江湾盐场、监南跄盐场各有差。知吴县事三百石，知长洲县事三百六十石，知昆山县事四百四十石，知常熟县事六百八十石，知吴江县事三百八十石，知嘉定县事一百五十石各有奇。县丞、主簿、尉及巡塘官、巡检、监酒务、监税务以下各有差。元则平江路达鲁花赤、总管各一员，每员田八顷。同知、治中、府判、推官、经历、知事、提控、案牍、照磨、承发、架阁、蒙古教授、两医学教授、录事司、达鲁花赤、录事、录判各有差。吴县、长洲二县达鲁花赤、县尹，每员职田二顷，县丞、县尉、典史、巡检各有差。昆山、常熟、吴江、嘉定四州达鲁花赤、知州，每员职田四顷，同知、州判、提控、案牍、都目各有差。海道都漕运、万户府达鲁花赤、正万户、副万户、经历、知事、照磨、奏差、通事、驿史、镇抚、千户、达鲁花赤、正千户、副千户止有禄米，无田。国初，苏州卫、太仓卫指挥、佥事亦有拨赐田，岁收米一百六十石，今无。）曰常平田（系断没入官者）；曰义役田（乡民出助保正差役者）；曰社仓田（官买民田，岁储备荒者）；曰局官租田；曰养济局田；曰居养院田（皆养鳏寡孤独老幼残疾者）；曰囚粮田（官发以充囚食）；曰没官田（乃断没各项田土），科租高下有差，高者不逾一石五斗，下至二斗。

元之田则有围，二县四州共计八千八百二十九围：吴县九百一十七围，长洲县一千七百八十八围，常熟州一千一百一十一围，吴江州三千三百六十八围，昆山州一千六百四十五围，嘉定州一千一百围。延祐四年，行经理之法，悉以上中下三等八则计亩起科。

国朝洪武初，七县官民田地共六万七千四百九十顷有奇。官田地二万九千九百顷有奇，起科凡一十一则：一则七斗三升，一则六斗三升，一则五斗三升，一则四斗三升，一则三斗三升，一则二斗三升，一则一斗三升，一则一斗，一则五升，一则三升，一则一升（又功臣还官田、开耕田俱名官田，重则有一石六斗三升者）。民田地二万九千四十五顷有奇，起科凡十则：一则五斗三升，一则四斗三升，一则三斗三升，一则二斗六升，一则二斗三升，一则一斗六升，一则一斗三升，一则五升，一则三升，一则一升。抄没田地一万六千六百三十八顷有奇，内有原额、今科之分。原额田起科凡六则：一则七斗三升，一则六斗三升，一则五斗六升，一则五斗三升，一则四斗三升，一则四斗。今科田自五斗五升至三升止，凡二十八则。崇明官田，又有曰江淮田、江浙田、职田、学院田，俱科黄、赤豆。抄没田有曰故官田、江浙故官田、没官田，俱税米。

弘治十六年，一州七县实征官、民、抄没田地山荡等项共九万四千七百八十五顷有奇：官田、抄没等项六万五千三顷有奇，民田等项三万四千六百九十七顷有奇。吴县官田地等项三千六百三十三顷有奇，民田地等项三千四百七十顷有奇；长洲县官田地等项九千七百一十顷，民田地等项三千七百九十二顷有奇，学田一十四顷有奇；昆山县官田地等项九千九百二十六顷有奇，民田地二千二百二十二顷有奇；常熟县官田地等项八千四百四十二顷，民田地八千一十三顷有奇；吴江县官田地等项八千七百一十九顷，民田地等项四千二百三十八顷有奇；嘉定县官田地等项一万四百六十六顷，民田地等项四千一百六十四顷有奇；太仓州官田地等项六千九百顷有奇，民田地等项二千七百一十九顷有奇，学田四十六亩有奇；崇明县官田地等项二千二百四十八顷有奇，民田六千七百五顷有奇。

税粮（注八）

宋初尽削钱氏白配之目，遣右补阙王永、高象先各乘递马均定税数，只作中下两等：中田一亩，夏税钱四文四分，秋米八升；下田一亩，钱三文三分，米七升四合。取于民者不过如此。自熙丰更法，崇观多事，靖炎军兴，随时增益，始不一矣。

祥符间，夏税丁身盐钱一万六千二百贯，绢五万四千四百疋，绸二千七百疋，绵四千四斤，各有奇，秋白粳米三十一万三千七百石有奇。元丰三年，岁输帛凡八万疋，苗三十四万九千斛，纩二万五千两，免役钱八万五千缗，皆有奇。淳熙十一年，苗三十四万三千二百五十六石，夏税折帛钱四十三万九千三百五十六贯，上供诸色钱一百二十三万一千二百八贯，各有奇。宝祐初，苗额二十八万八千六百石有奇；五年，增为三十万三千三百八十石为定额（官民之害由此始。景定元年，郡守程元凤以事故之数具奏免征，民赖以苏）。自后岁实征税管三十五万六千五百贯关子，苗米二十八万三千九百石，续管二万三千三百石，赡军米九千四百石，各有奇（按《宋史》，绍兴十一年，左司员外郎李椿年言："平江岁入昔十七万有奇，今按籍虽三十万斛，然实入才二十万耳。"）。

元延祐四年，夏税丝二万二千四百斤，秋租粮八十八万二千一百石，轻赍二千二百锭（所入与宋倍蓰）。

国朝洪武初，夏税丝二十五万四千三百两，大麦正耗一万一百石，小麦五万一千八百石，豆一十七石，菜子二十七石，粮糙粳米九十四石，钱钞一万九百八十贯，各有奇。秋粮正耗二百一十四万六千六百石，黄豆二千七百八十石，各有奇；花椒八斤七两五钱。

弘治十六年，夏税丝三十二万八千四百六十两有奇（吴县三万五千两，长洲县九万九十两，昆山县三万四千五百两，常熟县六万三千五十两，吴江县四万五千三百两，嘉定县四万三千九百两，太仓州三万六千五百两，各有奇）。麦五万三千六百六十四石有奇（吴县三千四百石，长洲县一千八百石，昆山县一千二百石，常熟县三千八百石，吴江县二千九百石，嘉定县五千一百石，太仓州三万二千二百石，崇明县一万三千石，各有奇）。钞二万一千九百六十三贯七百七十二文（崇明县钞俱无）。秋粮正米二百三万八千六百四十石，连耗共米三百五万六千一十四石，各有奇（吴县一十三万四百石，长洲县四十一万七千七百石，昆山县二十八万九千八百石，常熟县二十九万八千一百石，嘉定县二十八万四千六百石，太仓州二十一万三百石，崇明县二万四千四百石，各有奇）。

按：洪武初（注九），官田重额止于七斗三升，而今民间乃有一石三斗、一石六斗或二石者，盖莫知其所始，岂所谓抄没官田者乎？固非定则也。且洪武中，正耗不过二百一十四万，然犹屡下宽贷之诏。（洪武四年，中书省宣使张彬赍诏开读，免过秋粮二百四十二万六千八百石有奇。六年八月，奉旨：今年三四月间，苏州各县小民缺食，曾教府县乡里接济。我想那小百姓好生生受，原借的粮米不须还官，都免了。七年，中书省札付奉旨：体知苏州、松江、嘉兴三府百姓每好生缺食生受，今岁夏税合纳的丝、绵、钱、麦等物，尽行蠲免，恁省家便，出榜去教百姓知道，有司粮长每毋得科扰。）永乐以来，漕运愈远，加耗滋多，乃至三百万石。宣庙深悯斯民之困，特下诏捐减官田重额。知府况钟又累疏奏减七十余万，吴民赖以稍苏。然民间重额，今犹未尽除，岂当时有司不能奉行诏旨之过邪？（宣德七年三月，节该钦奉敕谕：但系官田塘地税粮，不分古额、近额，悉依宣德五年二月二十日敕谕恩例，每田一亩纳粮自一斗至四斗者，各减十分之二，自四斗一升至一石以上者，各减十分之三，永为定制。钦此。凡宋元官田谓之古额。）

《嘉定县志》言：知府金絅奏称额重，文皇帝怒，槛车征至京师以死。至宣德五年，知府况钟、巡抚侍郎周忱复奏得请。

《嘉兴府志》：金絅，嘉兴人，洪武中为苏州知府。百姓苦官民田则不齐，里胥为奸，絅上疏请减重额，得罪，赐死。

天启五年分

昆山县，人丁五万一千三百六十五丁，优免一千一百一十八丁，实编五万二百四十七丁。田地一万一千一百七十顷一十三亩七分三毫，优免四百七十二顷五十八亩八分，实编一万七百顷五十四亩九分三毫。佃荡五百四十一顷八十六亩五厘四毫。里甲银通算，均徭银除优免算。

长洲县田一万三千二百六十顷，吴县田山七千一百四十顷，吴江县田一万二千六百八十顷，常熟县田一万七千五百四十顷，昆山县田一万一千六百九十顷，嘉定县田一万三千二十四顷，太仓州田八千九百八十四顷，崇明县田一万一千三百顷。

长洲县平米四十五万四千，吴县平米十五万七千，吴江县平米四十三万八千，常熟县平米四十一万八千，昆山县平米三十六万九千五百，嘉定县平米三十七万八千，太仓州平米二十六万二千，崇明县平米三万二千，不转运。

万历四十五年分

太仓州

户口人丁三万四千七百五十三丁，内除优免人丁一千九百九丁，实编徭里人丁三万二千八百四十四丁。（每丁科均徭银一分六厘九毫二丝五忽六微八纤，里甲银一分四毫四忽一微一纤八沙九尘七埃七渺二漠。）

田八千六百八十九顷七十二亩七分八厘四毫，荡涂一百四十二顷五亩九厘九毫，已上二项田、荡涂共八千八百三十一顷七十七亩八分八厘三毫，内除优免均徭田、荡涂五百三顷一十四亩五分，实编徭里田、荡涂八千三百二十八顷六十三亩三分八厘三毫。（每亩科均徭银八厘四毫六丝二忽八微四纤，里甲银五厘二毫二忽五纤九沙四尘八埃八渺六漠。）坍荒公占不等田荡一百五十五顷六十一亩七分九厘三毫，旧例不科。实编均徭银七千六百四两二钱九分六厘五毫九丝六忽六微六纤六沙七尘。（内扣小尽银六十三两四钱八分五厘五毫五丝四忽八微四纤。）里甲银四千九百五十五两九钱一分八厘二毫三丝三忽三微四纤。

长洲县

户口人丁一十四万八百九十九丁，内优免均徭人丁五千六百一十一丁，实编徭里人丁一十三万五千二百八十八丁。（每丁科均徭银二分三毫四丝二忽一微七沙四尘九埃七渺六漠，里甲银一分四厘五忽五微六纤三沙三尘。）额征田地一万二千三百二十四顷三十二亩五分三厘三毫，内优免均徭田地一千三百六十六顷三十六亩七分九厘，实编田地一万九百五十七顷九十五亩七分四厘三毫。（每亩科均徭银六厘七毫八丝七微二沙四尘九埃九渺二漠，里甲银四厘六毫六丝八忽五微二纤一沙一尘。）额征山荡九百三十七顷三十二亩九分九厘七毫，内优免均徭山荡二十三亩三分六厘八毫，实编山荡九百三十七顷九亩六分二厘九毫。（每亩科均徭银三厘三毫九丝三微五纤一沙二尘四埃九渺六漠，里甲银二厘三毫三丝四忽二微六纤五尘五埃。）实编均徭银一万五百两一分六厘五毫三丝八纤七沙八尘三埃二渺。（内扣小尽银六十七两三钱七分二厘二毫二丝四忽八微二纤。）里甲银七千九百四十五两八钱四厘二毫九丝三忽三微四纤。

吴县

户口人丁一十万九百六十九丁，内优免均徭人丁二千三百一十八丁，实编均徭人丁九万八千六百五十一丁。（每丁科均徭银三分二厘五毫四丝九忽八微八纤二沙七尘，里甲银二分一厘四毫七丝八忽二纤五埃一漠，暂编银一厘九毫九丝一忽三微一纤九沙。）原额田地四千九百六十二顷五十六亩九厘七毫，内优免均徭田地三百九十二顷五十亩二分二厘，实编田地四千五百七十顷五亩八分七厘六毫。（每亩科均徭银一分八毫四丝九忽九微六纤九尘，里甲银七厘一毫五丝九忽三微四纤一埃六渺七漠，暂编银六毫六丝三忽七微七纤三沙。）原额山荡二千五十顷七十六亩二分一厘三毫，内优免均徭山荡六十七顷七十亩九分一厘六毫，实编山荡一千九百八十三顷五亩二分九厘七毫。（每亩科均徭银五厘四毫二丝四忽九微八纤四尘五埃，里甲银三厘五毫七丝九忽六微七纤八渺四漠，暂编银三毫三丝一忽八微八纤六沙五尘。）实编均徭银九千二百四十五两三钱七分六厘五毫二丝六忽六微六纤六沙七尘。（内扣小尽银五十六两二钱八分七厘四毫六忽八微七纤。）里甲银六千四百五十五两五钱八分五厘五毫九忽三微四纤。（内扣小尽银二两五钱二微。）暂编银五百九十八两五钱二分四厘七毫五丝。

吴江县

户口人丁十一万九千五百六十三丁，内除优免人丁一千二百二十五丁，实编人丁十一万八千三百三十八丁。（每丁科均徭银二分四厘一毫六丝八忽二微二纤七沙三尘一埃九渺三漠，里甲银九厘八毫五丝二忽五纤一沙一尘一埃四渺。）田一万九百六十七顷三十九亩三分一厘五毫，内除优免均徭田六百二十顷三十六亩五分，实编田一万三百四十七顷二亩八分一厘五毫。（每亩科均徭银八厘五丝六忽七纤五沙七尘七埃三渺一漠，里甲银三厘二毫八丝四忽一纤七沙三埃八渺。）荡一千九百一顷八十二亩四分一厘二毫。（每亩科均徭银四厘二丝八忽三纤七沙八尘八埃六渺六漠，里甲银一厘六毫四丝二忽八沙五尘一埃九渺。）实编均徭银一万一千九百六十一两七钱二分五厘九毫二丝六忽六微六纤六沙七尘。（内扣小尽银一百六两四钱九分四厘四毫四丝四忽九微四纤。）里甲银五千一十五两九分三厘五毫二丝六忽。

常熟县

户口人丁一十万一千五十一丁，内除优免人丁一千一百五十六丁，实编徭里人丁九万九千八百九十五丁。（每丁科均徭银一分二厘八毫一丝四忽五微八纤一沙三埃三渺四漠，里甲银六厘四毫七丝六忽五纤九沙五尘四埃六渺五漠。）田一万六千八百二十九顷九十亩二分六厘四毫，内听滩板荒田三百五十三顷三十一亩一分六厘，又四十三、四两年申允新板荒田四十二顷二十亩一分二厘一毫，实熟田一万六千四百三十四顷三十八亩九分八厘三毫，内除优免田四百四十七顷六十七亩三分七厘九毫，实编徭里田一万五千九百八十六顷七十一亩六分四毫。（每亩科均徭银六厘四毫七忽二微九纤五尘一埃六渺七漠，里甲银三厘二毫三丝八忽二纤九沙七尘七埃三渺二漠。）地荡七百四顷八十亩七分四厘五毫，内听滩板荒地荡九十七顷二十五亩二分九厘七毫，又高明沙三十七顷三十三亩五分二厘，实熟地荡五百七十顷二十一亩九分二厘八毫，内优免地荡一顷五十八亩三分八厘六毫，实编徭里地荡五百六十八顷六十三亩五分四厘二毫。（每亩科均徭银三厘二毫三忽六微四纤五沙二尘五埃八渺四漠，里甲银一厘六毫一丝九忽一纤四沙八尘八埃六渺六漠。）实编均徭银一万一千七百五两四钱三分六厘五毫九丝六忽六微六沙七尘。（内扣小尽银六十九两五钱七分六厘六毫六丝六忽八微八纤。）里甲银六千六十八两二钱三分六厘一忽。

昆山县

户口人丁五万一千三百六十五丁，内优免人丁一千九十丁，实编徭里人丁五万二百七十五丁。（每丁科均徭银二分二厘八毫五丝三忽九微三纤七沙八尘一埃，里甲银一分一厘四毫三丝九微九纤五沙九尘七埃九漠。）田地一万一千一百七十三顷一十三亩七分三毫，内优免均徭田地四百八十一顷三十六亩六分，实编徭里田地一万六百九十一顷七十七亩一分三毫。（每亩科均徭银七厘六毫一丝七忽九微七纤九沙二尘七埃，里甲银三厘八毫一丝三微三纤一沙九尘九埃三漠。）实编佃荡共五百四十一顷八十六亩五厘四毫。（每亩科均徭银三厘八毫八忽九微八纤九沙六尘三埃五渺，里甲银一厘九毫五忽一微六纤五沙九尘九埃五渺一漠。）实编均徭银九千五百两三钱四分三厘八毫六丝。（内扣小尽银七十二两四钱七分三厘三毫三丝三忽六微一纤。）里甲银四千九百四十七两七钱二分二厘六毫八丝一忽三微七纤五沙。

嘉定县

户口人丁七万三千三百四十三丁，每丁准米六斗，该米四万四千五石八斗。田荡一万三千九十三顷五十五亩八分八厘九毫，平米三十七万八千六百三十五石五斗六升九合八勺，内有处补未尽荒粮平米七十四石二升二合三勺三抄，照例听作缓征外，实熟田平米三十七万八千五百六十一石五斗四升七合四勺七抄，丁粮共准平米四十二万二千五百六十七石三斗四升七合四勺七抄，内除优免人丁二千四百七十丁、田荡粮米一万五千五百八十一石二升三合九勺，实编徭里人丁七万八百七十三丁，每丁准米六斗，该米四万二千五百二十三石八斗，田荡粮米三十六万二千九百八十石五斗二升三合五勺七抄，共准平米四十万五千五百四石三斗二升三合五勺七抄。（每石科均徭银一分四厘七毫四丝四忽五微八纤一沙四尘四埃八渺七漠，里甲银七厘七毫六丝五忽四微一沙九尘三埃三渺九漠。）均徭银共该银一万七百一十两八钱三厘六毫七丝二忽三微二纤九尘五埃五漠，内除税粮派剩等银四千四百八十两二钱二分五厘，该编银六千二百三十两五钱七分八厘六毫七丝二忽三微二纤九尘五埃五漠。（内优免银二百五十一两五钱八分七厘一毫四丝五忽六微五纤四沙二尘五埃五漠。）实编均徭银五千九百七十八两九钱九分一厘五毫二丝六忽六微六纤六沙七尘。里甲银三千二百九十一两四钱五厘二毫九丝七忽二微四纤四尘七埃六渺。

崇明县

均徭银三千八百五十七两九钱四分五厘五毫九丝九忽九微九沙八尘。里甲银九百六十三两五钱三分二厘九毫。

《吴县志》　役法

永乐二年，奉钦旨暂借南方百姓买马当差，过二年，仍著土民买马替他每回来。有司钦奉朝命于额粮及人丁编佥马头，买马解送北直、山东、河南、固镇、江北等处各驿。正统十年，巡抚、侍郎周忱设法马头解户于秋粮义役米内取办起解。弘治十七年，巡抚、都御史魏绅具题吴民买马解至北驿，尽丧身亡家。奉旨以后马解编入秋粮项下，征银解府，转解各驿，买补马匹应用，著为令。嘉靖十七年，知府王仪立法编佥粮解，照田多寡为轻重。嘉靖二十七年，知县宋仪望置买公田助役。隆庆二年，知府蔡国熙详定南北运、柜收等役及仓兑，并五年一编，与十排年役，各别挨轮，每遇编期，核造虎头鼠尾册佥点，以田多少，定差轻重。革府总、县总、佥点大户，改选书役承充。革报库子、城当等为雇役。

隆庆三年，巡抚、都御史海瑞革报在城附郭总甲，于十排年，挨日轮充。万历二十四年，知县袁宏道立法催征条编折银，以上五甲属经催，下五甲属里长，免十排年，皆赴县听比。万历二十七年，知县孟习孔清核助役公田，厘正收放规则。万历三十二年，知县鲁汝召厘正公租贴役，并革冗差苏民。万历三十八年，巡抚、都御史徐民式题准均役科甲贡儒分别限田，因核本县山多田少，人习经商，洞庭东西两山并家资田地，兼编粮差，仍分轻重役为上中下三等，以田资多寡为差次。

《松江府志》　田赋一

国朝赋额

松江财赋之乡，田下下而赋上上。近者军兴不息，而国计单虚，非特小民枵腹攒眉，即上官催征之时，亦且含涕敲朴而不欲正视之矣。此岂得已而不已哉！余为是独详赋额，而先之以八故，终之两大害。此赋之大纲骨也。后之吏兹土者，幸赐详览焉。

查官田、民田粮重之故

太祖高皇帝受命之初，收天下田税，每亩起科止三升、五升，有三合、五合，反轻于古昔井田之税，此之谓民田。国初，有因兵籡后遗下土田无主者，有籍没张士诚者，有籍没土豪虐民得罪者，此之谓官田。查得弘治十五年松江府民田止七十三万二十八亩，官田有三百九十八万五千六百亩，则官田不更多于民田乎？召民耕种，输租于官，此租额，非粮额也。小民送纳各仓，远涉江湖，极其烦苦，以致累年拖欠，逃徙抛荒，乃复转卖官田于民间，又将官田租额摊作民田粮额，虽有上中下三乡之别，而总之赋极重，不可反矣。松郡粮重始于此。

查力差、银差、听差之故

太祖洪武元年定法，每田一顷，出丁夫一人。三年，置直隶应天均工夫图册，每岁农隙，其夫赴京供役，每岁率用三十日遣归。田多丁少者，以佃人充夫，其佃户出米一石，资其费用。非佃人而计亩出夫者，其资费每田一亩，出米二升五合。他如府、州、县杂差亦如之。其后分力差、银差、听差三项。系力差者，计其代当工食之费，量为增减。系银差者，计其扛解交纳之费，加以赠耗。又其后派银雇役，力差变为银差，而听差并罢之矣。初，弘治元年，令各处编审均徭，但于均徭人户丁粮有力之家，止编本等差役，不许分外加增，若贫难下户、逃亡绝户，听其空闲，不许征银及额外滥设听差等项，违者听抚按等官纠察问罪。此力差、听差、银差之所自始。

查丝绵折绢之故

吾松遍栽花、稻，不种桑，不养蚕，而岁赋农桑丝绵折绢若干，载在夏税额中。松民既有细布、粗布之解京，又有内号、外号之织造，则丝绵折绢一项，似乎可以奏蠲也。查得金时之田制，凡民户以多植桑枣为勤，少者必种其地十之三，又少者必种其地十之一，除枯补新，使之不缺。元太宗丙申年，始行丝科之法，每二户出丝一斤，并随路丝线颜色输于官；五户出丝一斤，并随路丝线颜色输于本位。此金、元之遗制，而相沿犹未改也。其有农桑丝绵折绢自此始。

查马草豆料之故

国初，光禄寺牺牲所、御马监并象马牛羊房等草料，俱于民间照田粮科征解纳，官军草料亦如之。洪武二十五年，以百姓供给艰难，令北平等处卫所官军不支草束，自采野草备用，自后遂有秋青草事例。宣德以来，通命在京、在外军卫有司量派军夫采打，置场收纳，与民纳草相兼支用。而其因时制宜，措备支给法亦不一。其黄、黑豆等料，即于税粮内内折征，不更载。此马草之征所自始。

查一条鞭之故

往时夏税、秋粮及丁银、兵银、役银、贴役银种种名色不一，或分时而征，或分额而征，上不胜其头绪之碎烦，下不胜其追呼之杂沓。自嘉靖四十年，侍御庞公尚鹏按浙，改作一条鞭法，最称简便直捷。但于平米上分本色米、折色银两项，里排征之于纳户，而县官派之于各色，孰是起运、孰是存留、孰是额设、孰是加编、孰是宜后宜先、孰是宜增宜减、孰是朝廷曾赦而犹存如故、孰是户漕抚按曾减而犹增如故，其算数在县，总挪移亦在县，总而摘发则在精明之县大夫。是法行之七八十年矣。此一条鞭之所自始。

查加派从粮不从亩之故

隆庆二年，巡抚林润奏言江南诸郡久已均粮，民颇称便，惟松郡未均，请乞暂设专官丈之。吏部题原任本府同知郑元韶升湖广按察司佥事，领敕专管丈田均牵斗则，丈得松江三县上乡算平米一石，准共田二亩七分三厘九毫，中乡平米一石，准共田三亩一分二厘五毫，下乡平米一石，准共田三亩六分三厘。凡有不时钱粮加派，俱照前周文襄所行则例，无分上中下三乡，一概论粮加耗，贫富适均，官民两便。此一定不易之法也。若从平米上每石加派，则所派轻；从田上每亩加派，则所派重。今辽饷亦宜准此，俟辽事平后，并原派除之。盖粮额之轻重易见，而田数之多寡难明耳。此加派从粮不从亩之始。

查钱谷琐碎易眩之故

赋额如海，见者望洋，况米之数，则曰升，曰合，曰勺，曰抄，曰撮，曰圭，曰粟，曰颗，曰粒；银之数，则曰厘，曰毫，曰丝，曰忽，曰微，曰纤，曰沙，曰尘，曰埃。此项积之无补于丘山，而算之甚眯于心目，昏昏闷闷，得无为骊龙之睡乎？龙睡而盗者攫其珠去矣。前辈云：银至厘而止，米至合而止，其下悉宜抹除之。不然，堕入奸人云雾中，可恨也！此钱谷混淆之所自始。

查青由之故

嘉靖三十七年，奏准天下正赋户给青由，先开田亩粮石，仍分本色、金花折银，使民周知输纳，其一时加派不得混入，亦不分官员、举监、生员、吏户人等，一例均派，令给印信小票，与民执照，事毕停止。此青由之所自始。

田赋加减额数

洪武三年庚戌九月，户部奏赏军用布，其数甚多，请令浙西四府秋粮内收布三十万疋。上曰：松江乃产布之地，止令一府输纳，以便其民，余征米如故。

七年甲寅五月，上以苏、松、嘉、湖四府租税太重，特令户部计其数，如亩税七斗五升者，除其半，以苏民力。

十三年庚申三月，上曰：民犹树也，树利土以生，民利食以养；民而尽其利，犹种树而去土也。比年苏松各郡之民，困于重租，而官不知恤。其赋之重者，宜悉减之。于是旧额田亩科七斗五升至四斗四升者，减十之二，四斗三升至三斗六升者，俱止征三斗五升，以下仍旧。自今年为始，通行改科。

十七年甲子七月，命苏、松、嘉、湖四府以黄金代输今年田租。

二十二年己巳夏四月朔，命杭、湖、温、台、苏、松诸郡民无田者，许令往淮河迤南滁、和等处就耕，官给钞户三十锭，使备农具，免其赋役三年。

宣德五年庚戌二月二十一日，敕减本府税粮米麦豆绿，共计三十万二千八百八十五石一斗四升二合。敕谕各处旧额官田起科不一，租粮既重，农民弗胜。自今年为始，每田一亩旧额纳粮自一斗至四斗者各减十分之二，自四斗一升至一石以上者各减十分之三，永为定制。钦此。

八年癸丑，巡抚、侍郎周忱奏定加耗折征例。洪武、永乐中，税粮额重，积欠数多，每正粮一石征平米至二石，而犹不足。忱至，尽祛宿弊，设法通融。二年后，逋欠悉完，至是定例。

一、加耗。华亭县有征正粮每石征平米一石七斗，上海县有征正粮每石征平米一石九斗。凡夏税麦、豆、丝、绵、户口食盐、马草、义役、军需颜料、逃绝积荒田粮、起运脚耗，悉于此支拨。其后视岁丰凶及会计多寡，或减或加，率不出此数。（《名臣录》：每石加六斗至五斗止。）

一、折征。金花银一两一钱，准平米四石六斗或四石四斗，每两加车脚鞘匭银八厘。阔白三梭布一疋，准平米二石五斗或二石四斗至二石，每疋加车脚舡钱米二斗或二斗六升。布疋长四丈，阔二尺五寸。旧例疋重三斤，纳者率以纱粗验退。忱奏不拘斤重，止取长阔，两端织红纱以防盗剪，至今行之。阔白绵布一疋准平米一石或九斗八升，每疋加车脚船钱米一斗或一斗二升，俱照粮派于重则官田，俗名轻赍。白粳米、糯米每一石准平米一石二斗，照粮派于轻则民田。

十年乙卯七月壬辰，攒运粮储总兵官及各处巡抚等与廷臣会议军民利益。一松江府近因少米，征收黄豆一万石，比运到京，多有湿烂，宜依时值改收绵布解京。

正统四年己未，奏准苏、松等府官民田地因水坍涨去处，有司丈量涨出者给附近小民承种，照民田例起科。坍没者悉与开豁税粮。（见《会典》）

五年庚申五月，命直隶松江府华亭、上海二县今年折粮大三梭布五万九千七百三十二疋免征，第征中等三梭布二万疋，每疋折粮二石，其余折征阔白绵布，以其民困灾故也。

景泰七年丙子八月，巡抚苏松都御史陈泰奏均赋额，从之。泰以前此免租之诏，恩未得均，有富室田多轻额，其重者多在贫下，乃推广调停之令，以五升之田倍其赋，而官田之重，止取正额。于是泽始均而赋额不损，上下咸便，富者亦不怨矣。（《大政记》）

天顺元年丁丑四月，户部言八事，内一款云：苏、松等府粮长纳户人等送纳糙白等粮，乞敕内府供用库等衙门如例一尖一平收受，及在外衙门一体遵守，以恤民艰。是岁，巡抚、右佥都御史李秉改定加耗例（六斗以上田止征正额，五斗以上田每石加一斗五升，四斗以上田每石加三斗，三斗以上田每石加六斗，二斗以上田每石加八斗，一斗以上田每石加一石五升，五升以上田每石加一石一斗五升）。按此法，据文而观，最为平均，然聚数则之田于一户由帖之中，查算填置注，不胜其烦，而里书之飞走，不复可稽质矣。不久复旧，盖知其行之难也。又按是时金花银准米三石四斗，三梭布准米一石五斗，绵布准米七斗五升，轻于此而重于彼，亦未见其利也。

二年戊寅，巡抚、右副都御史崔恭复旧例：华亭县正粮一石征平米一石七斗或减至五斗。上海县正粮一石征平米一石九斗。金花银一两准平米三石四斗或三石八斗。阔白三梭绵布一疋准平米一石五斗或一石四斗。阔白绵布一疋准平米七斗五升或八斗至七斗。

五年辛巳十二月，停免直隶苏州府、松江府所属今年被灾田地秋粮七万九千七百八十余石、马草四万一千四百八十余包。

六年壬午，巡抚、右副都御史刘孜奏定召佃荒田例，通计两县积荒田四千七百余顷，召民开佃，不论原额，肥田亩税米三斗，瘠田二斗，谓之官租。仍与民约，永不起科加耗。按是时秋粮加耗，华亭每石始七斗至四斗五升，上海每石始八斗五升至六斗，金花银一两，初准米三石八斗，其后准四石（至成化六年皆然）。又岁积余米二十万。此荒芜开辟之效也。

七年癸未六月，命浙江布政司并直隶苏、松、徽、常四府以今年折银秋粮一十二万石收买青红纻丝一万疋，从中官林宽请也。

成化四年戊子，巡抚、都御史邢宥括得业荡每亩征平米三升（旧例每征钞六十文）。

二十二年丙午，松江知府樊莹以松江赋重役烦，自周文襄公后，法在人亡，弊蠹百出。其大者，运夫耗折，称贷积累，权豪索债无虚岁，而仓场书手侵盗害人，虚文诡出，移新蔽陈，众皆知之而未有以处。乃请奏革民夫，俾粮长专运，而宽其纲用以优之。税粮除常运本色外，其余应变易者，尽征收白银，见数支遣。每银一两，随时估高下，或准平米二石，或二石五斗。部运者，既关系切身，无敢浪费；掌记之人，又出有限，无可蔽藏。而白银入官亲输，又率有宽剩，民欢趋之。于是积年之弊，十去八九，而田野之间，无复睢突叫呶之患。考寻文襄立法初意，举其偏弊而通融之，以为经久之计。如清水乡灶丁草荡以绝富人之兼并，革收粮囤户以潜消粮长之侵渔，取布行人代粮输布，而听其赍持私贷以赡不足，皆有惠利及民，而公事又沛然以集。巡抚使下其法于他府，俾悉遵之。（见《大政记》）

华亭县正粮一石加耗米三斗二升、白银一钱五分。上海县正粮一石加耗米三斗三升、白银二钱。

弘治八年乙卯，巡抚、右副都御史朱瑄始定分乡论田加耗例：

华亭县东乡每亩加耗斗一升，中乡斗三升，西乡斗五升。后中乡亩加斗四升，西乡加斗五升，东乡又分沿海、不沿海，沿海亩加一斗，不沿海加斗一升。上海县东乡亩加斗一升，中乡斗三升，西乡斗五升。后又分东乡沿海亩加一斗，不沿海加斗一升，中乡亩加斗三升，西乡斗六升。金花银，自成化十四年至是，每两准平米二石六斗。

十一年戊午，巡抚、右副都御史彭礼复论粮加耗，加得业荡平米为五升二合六勺。

十五年壬戌，都御史彭礼定垦官民田地山池涂荡四万七千一百六十九顷八十亩三分六厘三毫四丝。夏税（大麦七千六百一十三石六斗六升，小麦八万四千六百五十二石五斗二升七合，丝一万一十三两四钱三分三厘，绵二千五百五十五两四钱九分，钞一万六千四百六十六贯五百一十二文三分三厘。）秋粮（粳米六十三万八千三百四十一石一斗六升，糯米九百三十四石四斗九升四合，赤米二十一万七千八百八十八石二斗八升三合，黄豆七万三千四百一十一石四斗五升二合，斑豆七千九百四十七石七斗二合，绿豆二十七石三斗一升一合，赤谷七百一十五石一斗二升一合）。

以上弘治十五年华、上二县总数。

又查户部会计，弘治年间赋额田土，官民共四万七千一百五十六顷六十一亩八分八厘，比洪武原额减四千一百六十六顷二十八亩一分一厘。是岁，都御史彭礼、知府刘琬改定加耗例：官田论粮加每石征平米一石六斗，民田论田加耗每亩征耗米一斗二升。

十七年甲子，同知史俊奏定荒粮折银例，除坍江坍湖、抄出海塘、积荒田粮系概县包赔外，其余新逃抛荒田土，每粮一石折征银二钱。

正德二年丁卯，巡抚、左副都御史艾璞重定论田加耗例：

华亭县东乡每亩加七升，中乡加一斗，西乡加一斗三升（四年水灾，西乡熟田亩加至三斗六升。次年，三乡熟田并亩加一斗九升四合）。上海县东乡每亩加七升，中乡加一斗一升，西乡加一斗四升。

六年辛未，巡抚、右佥都御史张凤复论粮加耗并银布折征旧例。复旧规，革弊便民。案：据华亭县耆民严泰等呈，切照松江地方不满二百里，粮储动盈百余万。宣德年间，巡抚、侍郎周文襄公因时处置，为民便益，每秋粮一石加耗六斗七升，金花银一两准平米四石，细布一疋准平米二石，粗布一疋准平米一石，起运出兑，官军俸粮、师生廪禄不缺，尚有余粮赈济饥民。弘治年间，始于田上加耗，分作三乡，又分沿海不沿海，等第不一，粮书乘机紊乱作弊，以致民遭其殃，官受其累。连年灾伤，疫疠饥馑相仍，死亡者众，存在者寡。幸蒙都堂大人抚临整理粮法，深为民便。呈乞裁处，等因到县。本县先为延访民情，以图治安事。据上海县耆民朱禋等呈称，闻之父老，各处田粮多在田上加耗，惟吾松江则不可行，有上中下三乡，有肥薄瘦三等，有升斗斛三科，俱系先朝科上起粮，因地立法，非后人所可改易。宣德间，巡抚周文襄公奏将东乡抛荒田土召民开垦，三年之后，止取原粮。复奏折征金花银，粗细布一疋准平米一石，于时起运，不减今日，仓库有存留之富，闾阎有赈济之储，官不知劳，民甚称便。其后，知府樊公复念小民运粮之苦，奏将纲用耗米折收白银，每两准平米一石五斗，给与粮长，令其自运，官民两便，至今赖之。当时并是粮上加耗，每石不过六斗、七斗而已。弘治七年，本县董知县因与巡抚同乡，更变粮法，却于田上加耗，虽分三等，东乡终是不平，何也？西乡虽是粮重，每亩岁收米或三石余者有之；中乡虽是粮轻，每亩岁收或一石五斗不足者有之。若滨海下田，不过可种绵花五、六十斤，绿豆五、六斗。法既不平，日复多变，或亩加八升、九升，或一斗，或一斗七升四合。频年以来，率无定例。且如正德四年，何等灾伤，朝廷准荒六分三厘，官司不与主张，听从粮长卖派，以致民心不服，输纳不齐。粮长又复瞒官私收入已，所以因循，至今拖欠。若当时照依钦准事例，派与六分三厘，小民安敢不典家卖产，依期完纳？老民正不知先年何故金花银准米四石，布疋准米二石一斗，却乃钱粮反多，近者金花银不过一石九斗，白银不过一石七斗，何故钱粮反少？若曰轻粮多在小户，不知大户亦有重额之田，未见其害也。只是以王道待天下，自然平正。若存大小户、轻重田之心，则前人立法之意全无，而物之不齐之说亦徒然也。田上加耗不可行也，明矣！据此案候在卷，今据前因，参看得松江一府大户多轻则之田，小户多重则之赋。论田加耗，若便小民，然斗则数多，书手作弊，虽精于算者，亦被欺瞒，况小民乎！本县已将万石一览通行发府议处，正欲将金花银每两准米四石、细布一疋准米二石、粗布一疋准米一石，先尽下户及赔补之粮，有余并将白银以次分与中户，又次及于上户，务使贫富适均，官民两便。今严泰等又称粮上加耗，与民便益。合准照粮征派，相应为此。仰抄案回府，着落当该官吏即行，各县掌印官今后派征钱粮，俱照先年巡抚周尚书所行则例，不分东西中三乡，一概粮上加耗，金花银两布疋先尽重则官田，每银一两折米四石，粗布一疋折米一石，细布一疋折米二石，白银一两随时定价，其上中高户，俱派与本色粳、糯等米，务使民心悦服，而钱粮不至于有弊，国计充足，而官府不至于有累。仍翻刻告示，发镇店乡村凡有人烟去处张挂，晓谕知悉。

旧《志》：顾文僖云：按田赋岁有增减，盖消长不齐，理之所有然。正德五、六二年，粮额无改，而户总及岁报田数相去至三千一百二十七顷有奇，殆不可晓。至于官田四升以下、民田二升以下科则独见府总，而民间亦未闻也。此类必有知者，今并存之，以备参考。张之象云：正德五年，本府论田加耗，故辄减田土总额，令每亩派耗数多，及官民依法征纳，则所隐额田例输耗米，咸归书算，卖与奸豪，悉依是年东乡每亩加耗七升例计之，亦该米二万一千八百八十九石。至正德六年，本府复论粮加耗，故以田亩实数报官，而别设法侵没。盖事之易晓者也。

嘉靖十六年丁酉，太子太保、礼部尚书顾鼎臣奏为恳渎宸严、明饬典宪，以振举军国大计事。该户部题财赋出于东南，而苏、松、常、镇等府视他郡为尤重，田粮定于版籍，而欺隐洒派等弊，在今日为尤多。盖官吏更代不常，而里书飞诡益甚，致小民税存而产去，大户有田而无粮，害及生民，大亏国计。奉旨是便行抚按官著各该知府亲诣州县用心清查，有虚应故事及延捱迟误的，指实参奏。钦此。

松江知府黄润议以八事定税粮：一曰以原额稽其始，二曰以事故除其虚，三曰以分项别其异，四曰以归总正其实，五曰以坐派起其运，六曰以运余拨其存，七曰以存余考其积，八曰以征一定其则。凡金花、白银、粗细布价一例均摊，各衙门正耗白粮石加舂办米二斗，省去头绪，只作本、折两项派征。

二十五年丙午，总理粮储、工部尚书李充嗣言：苏、松、常州、嘉、湖五府，正德年间以内府新添小火者五千三十二名，岁用食粮，各府增派共二万四千一百四十八石余，解进供用库及节年所派南京酒醋局等衙门，复不下数千，通加耗共一十三万七千余石。岁比不登，小民重困，乞敕该部查免，户部题覆。从之。（《嘉靖实录》）

隆庆二年戊辰，巡抚、右佥都御史林润奏言：江南诸郡久已均粮，民颇称便，惟松郡未均，贫民受累，势不能堪，请乞暂设专官，丈田均粮，以重国赋，以苏民困。吏部题以原任本府同知转员外郎郑元韶升湖广按察司佥事，领敕专管华、上二县，沿丘履亩，逐一丈量，均章斗则。

三年己巳，佥事郑元韶尽数清丈，悉去官民召佃之名，分作上中下三乡，定额田有字圩号数，册有鱼鳞归户。至今田额，以是为准。（注十）

万历十年壬午（注十一），黄册遵奉明例以清丈均摊科则，实征田粮入册，旧额田粮并钞等项开豁。

十九年辛卯，东事各急，于三县田地每亩加编，至三十三年后递减。

四十六年戊午，加编辽饷银，候辽平即止。四十六年，户部札付又加编，兵、工二部，又坐派。天启元年照征。（注十二）

松江府志　役法

十年编审里役之名

经催（一图之役），该年，总甲。

总催（一区之役），塘长。

五年编审粮役之数

布解、北运、收兑、收银、南运、风汛解户、凤阳麦折解户、南京蜜糖解户、南京惜薪司运柴脚解户、南京各部柴薪解户、南京五城弓兵解户、南京直堂解户、南京国子监膳夫解户、两浙运司船盐解户、织造府解户、军器库子、斗给、水乡荡价解户、南解、二六轻赍解头、盐粮解头、南京公侯解头、徐州米折解头、扬州米折解头、山东昌平等驿解头、凤阳大店驿解头、河间府瀛海驿解头、徐州滁阳驿解头、南京农桑丝绢解头。

每县辖保若干，保领区若干，区领图若干，多寡不等。每图分十年为十甲，每甲编审经催一名，或独充，或二户、三户朋充，谓之里长，亦谓排年。轮甲年分专责催办本图人户本、折银米，假如于第一甲甲年分承充经催，先一年第十甲癸年分即为该年，又先一年第九甲壬年分为总甲，该年承应起夫、浚河、运泥、棘刺等差使。总甲主管里中一应杂事，当孔道去处，承直官长水陆往来，其城内外坊厢图分地方干系只应烦难，尤为吃紧。经催轮年于八月中承役，不拘图分多少，内点丁力尤胜者一人，总一区催办之事，谓之领限总催。如于第一甲甲年分点充总催，后四年第四甲丁年分即为塘长，每年遇有开河、水利等役，督率各图该年勾当公务，尤倍烦难。

旧制：每区设催办粮长一名，专管催征本区银米，每年秋赴南京关领勘合，然役承役，亦重典也，旧谓之公务粮长。其在本区图催办人户，则有零星窎远之烦苦，官豪掳宦，则有上门守候刁蹬之烦苦。民力既已告困，编审又或不均，乡宦田多，贻累日甚。隆庆初年，始立官甲书册，每册用知数人一名，应完本、折钱粮，自赴比较，与总经催人役无涉。该区图所存田亩，各图应纳银米，责在经催一人。其苦乐由本图人户之完欠，而人户之完欠，又系该图田地之高下、本年收成之丰歉。更有经催善良而人户奸顽者，则任意拖赖而累归经催；又有人户善良而经催奸巧者，则私侵入己，托名民欠。钱粮不起，皆由二弊。是役也，自今年十月开征，至明年十月完限。如数尽足，尚有匝岁奔走之劳，而民欠难完，往往堕误，甚有四五年尚未清楚者。沿乡催办，则有跋涉之苦；入城比限，则有盘缠之苦；完不如数，又有血杖之苦；田地抛荒，又有拖欠之苦；人户逃亡，有代赔之苦。若遇水旱凶年，钱粮无出，举一图之困苦，独萃于一人，破身亡家，卖妻鬻子，累月穷年，未能脱累，故百亩以下人户，充此一役，犹虑不堪，若以零星数亩之户朋充，未有不立毙者也。

万历己酉，华亭聂公绍昌《经催议》：松郡之役，莫苦于经催。经催不过于一图十排年之中挨次轮办，而一图之钱粮起总，尽责其身。十日一限，一身在乡，催办一身，到县应比，所以近之有分身催比之难，有上城下郭、衙门押保之难，有代人赔补之难，远之有几年征欠之难，有十年查盘纳罪之难。是以承此役者，身家多丧。总之大患有二：一在拖欠，一在侵欺。染于经催为侵欺，逋于民间为拖欠。不问细民之完多完少，而惟经催之是责，则良者空自为良，顽者落得为顽，所以敲朴愈多，而负课愈甚。殊不知经催特输役之人，有何罪而代奸顽受此棰楚哉？欲除拖欠，惟在于明悉细户，而欲除顽户侵欺，其要在明摘欠户。今细户之纳与不纳，茫无查考，而徒寄出纳完欠之分数于总书柜书之手，任其模糊出入，种种奸弊，即有神明，莫能搜剔原头。总由实征细册上下茫然，纳者不知其纳，侵者难究其侵，县官之神日疲，而侵赖之害日炽。今本职议欲于各区各图立一实征细户田粮册，每区总催开列图总一册，一样二本，一本发总催收执，一本存县发柜上收执。此册先开一区钱粮总数，次开各图钱粮总数，即就一图分为十限，每限总催于各图名下开其完欠，完者开其实数若干，写“如数”二字；欠者开其实欠若干，写“不如数”三字。又将人户田数照依虎头鼠尾，列其多者于前，少者于后，以凭比较。其点拘顽户，先拘其田粮最多者，次及其田粮少者，虽有先后，决无幸免。官甲囤户亦准此。

塘长

每图岁轮该年一名，率作人夫，协力浚筑。有六七图为一区者，有十余图为一区者。区有该年数名，该年之内经充领区总催，即为塘长，专主督率各图人夫，轮修本区水利。今议定为役不出区之法，则该区人户各各自开其田边河，自筑其田边岸，人人可以效力，且人人乐于用力，亦可使人户就近赴工，止出人力，不输银米，百弊俱绝。又必照田量派，如田百亩，止可役十工至二十工止，不得紊乱成法，以尽耗民力。但使年年农毕举行，则区内工程自然次第相及，低乡无不筑之岸，高乡无不浚之河，水利修而农事兴矣。（注十三）

塘长专主督率各图人夫，轮修本图水利，但塘长之苦，苦在拨调远区。其开河动经数十里，工费动及数十金，塘长派之该年，该年敛之人户，今岁不已而复明岁，此河不已而复彼河，有名无实，劳费不赀。若使差必出于正堂，水衙不得私；拨役必出于本图，别区不得远调，则圩岸自修，而水旱无虞矣。

崇祯己巳，华亭郑公友玄《塘长议》：江南水利，最关民命。高则浚河，低则筑圩，圩岸之工力甚省，但督业主、租户各治其田，而事毕矣。惟开浚所费甚巨，则泥头利于包工，顶名具呈，驾言某河宜开，一奉批行，而该管书手为政矣。概县塘长八十名受贿免差，则应役者少，役少而费益增，此点差之弊也。如百丈河，十名役，以九丈派坐一名，以九名派分一丈，一视贿之多寡为上下，而愚者横蒙重累，此派段之弊也。是外则泥头恣意包揽，不餍不已，其或塘长贫不能给，督率图民以应力作，则催攒之，委官督押之，衙役肆行索勒，费且无算。总计上下书役皂快以至委官、泥头诸人，分途掊剋，皆极其厌饫者，而八十名塘长安能给之，不得不分派各甲，各甲细户鬻田房、鬻子女以应之，犹以为未足也。究之一年一度扰费如此，而开浚何曾着尺寸之效？直为若辈作生涯耳！且塘长即总催，小塘即各甲排年，终年奔驰，催办不暇，而劳费横出，较之应比更甚。至或侵正项以奉若辈，则版民生适以蠹国课也。县司虽非专管，触目恫胸，能不曲为之计乎？历据里排呈议，酌量可久之法，大抵令泥头包工，费给而工完，始于水利，实实有济。谚称塘长为小充军，盖以兴作必于冬时，天寒凛冽，而携锄荷担于百里、数十里之外，霜栖雪食以赴役，其苦甚也。人情如此，纵严督力作，必不能前，徒虚费时日已耳。何如尽委泥头，坐见其成之为便乎？今议将一邑河淡关切利赖者，本府亲勘总计几处，分为五年，次第浚筑。其致扎营求以掩庇塘长者，一概禁绝。仍计本年浚河若干丈，应泥头工费若干，除塘长实应修筑本区外得若干名，一照各区田若干名，一照各区田若干亩，应派开浚河段若干丈，有傍近区分亲愿赴工者听。其自完此外，或愿纳银，即令水利官唤集泥头，遵每方一丈给银三钱之例，具认代工。立冬，塘长照亩出银授之，则泥头不敢多索，衙役不得勒诈，书役不能上下其手，而官无履野守督之烦，民无赴工疲敝之苦。法孰有便于此者？其棘茨一项，本属公署等处紧需，其费无几，亦派定数区，常川任之，免其开浚。每年给银若干，交看管人役代其钉载，则需索俱杜矣。

总甲

每图岁轮总甲一名，专职讥防之事，争斗非常，呈官究治，盗贼窃发，率众捍御，而惟附郭者最称烦苦。

粗细布解户（上上役）

洪武三年庚戌九月，户部奏赏军用布，其数甚多，请令浙西四府秋粮内收布三十万疋。上曰：松江乃产布之地，止令一府输纳，以便其民。余征米如故。（《实录》）

弘治十六年癸亥四月，户部奉旨文武大臣及科道官议上足国裕民十二事，内一事曰“戒掊克”，谓：苏、松、常等府岁解折粮布疋，旧例送部看中，送贮甲字库备用。弘治六年，该库以布疋不登原样拣出，奸人恐吓解户，揭债贿嘱，致费银八九千两。近奏准今后该部看中送库，不必再检，而该库执奏布不及三斤，欲得自拣。不知苏、松布精细，而斤数不足；北方布粗厚，而斤数有余。自今苏、松等处解布至部，拣中送库，不得再拣，以免解户借银贿嘱之弊。奉旨更议以闻。（《实录》）

万历庚戌，华亭聂公绍昌《布解议》：华亭布解最为烦苦，一县额供三线细布二千四百五十余疋，每疋布价银七钱，铺垫扛解盘用银一钱一分；二线细布一万三千四百五十余疋，每疋布价银六钱，铺垫扛解盘用银一钱一分；阔白线布四万八千九百余疋，每疋布价银三钱四分，铺垫扛价盘用银九分。自领银投牙赁房听验印，解布袱油纸，包索舟车，关闸挂号销批，到京门单税钞内相库官吏、书司房保识库夫、长随、厨役见面后，手摆饭茶果土仪磕头，复求雇夫交纳等项，每疋赔银不止二、三钱，一经退回，则重复解进，每疋有赔至五、六钱者。在本乡先经拣选验印，至京又且任意拣退，百千浩费，此真莫大之役。如万斤之担，必当委之万斤气力之人。而近年乃佥点中人之家，又不给银，单寒下户，岂能赔买？势不得不卖田鬻产，揭债买布，挨到京邸，及其交卸复批，则已吸骨及髓，更无身家余剩矣。所以吴中一闻此役，如赴死地。蒙徐抚台奏请二线与粗布照价改折三线布，以本色附袍船解进，而寝阁不行，朝野同惜。今议于五递年中编定此役，以第一殷实巨富、田余二千亩、家累巨万金者承之，必不容势家营脱，必不使中户滥充。编审既定，每年验系大户正身，决无包滥。先给银若干，验收布若干，印贮库中，随即发银再买，验收既足，给文发行，即时并铺垫银给之，定勒限期，解京批回，一面报本院知会户部，以防其中途濡滞之弊，庶几肩此役者可获更生，而布缕之征可以永永终事矣。

崇祯己巳，郡侯方公岳《贡布解议》：布解之受累无穷，而约略言之，其病有四：曰发价之太迟也，扣银之太重也，衙蠹之纵横而催批之太急也。盖此役须该县大富者充之，官视以为大富也，吏胥门皂无不耽耽视为大富也。曰夫夫畏官法而轻钱帛者，欲以充公费而饱溪壑，非若辈奚取焉？于是有先买布后给银之说，而布解困；于是有每十扣一、扣五之例，而布解困；于是有顶区府快、拴通县快见面钱有例，催领银有例，催买布有例，催验布、催印布有例，催晒布、催布出境有例，追押布出境而安身路费又有例，节节需索而布解之膏血尽矣。其印布也，铺堂有例，茶房库房有例，书门皂快各有例，不则践踏及之。布方出境，而催批之檄，相续不绝，每一票至非数金相酬难禁。其凌逼层层剥削，而布解之皮骨尽矣。今议将解户名下应纳之粮饷尽数扣作布价，余则官给串单，令解户设柜自收，则迟发重扣之弊可除也。官府多一票，则小民多一累，况大富如布解，尤群小所视为鱼肉者乎！今议府县催押之票，一切已之，但令解户自具限状某日有布可印，违限责之，夫亦何辞？至夫验布、晒布之票与押令出境之役，则又万万可省者。每春季起程者限以八个月，四月起程者限以十个月，五月起程者限以对年，宽以时日而责其违限，夫又何辞？票既省，限既宽，皂快敛手矣。而门内需索尚有意料之外者，曰印发之不速也，侍从之太多也。惟是随到随印，随印随发，绝不留宿，而一吏一门之外，非挑布守布者不许与布近，违则重创之，明示以官府护惜解役之意，而赴院挂号，上台亲为查问，前弊未惩，严提重究，或亦苏息积苦之一端也。

崇祯己巳，华亭郑公友玄《布解议》：旧例解户四名，领解梭布一万六千一百八十五疋、棉布四万八千九百三十五疋，除价扛外，又有垫贴银两，共银三万八百四十七两零，给役之费，差亦赡举。然五年之内必竭数十大户之力，甚至破家而犹不得完者，何也？大户出名，则人皆利之。自领银以至销批之日，在外在京等吏书而上，极于内库官监，无名之费，不可胜纪。若改以官解，则夺其羶慕，外费永革，而内费亦省其十之七八。以内外所省尽归之正费，则官解无累。然向来官解不能竟事者，何故？领买不得其人，收解不得其法，差委不得其官也。今在城机户惯织官布者，原自其人查布，分别二线三线，有每疋定价三钱八分或四钱者，各增二分，则机户不谓厉己也而任之矣。机户既定，则分派里排，令各买二三十疋上纳，即算除白银比簿之额，且一二月之前以银交机户，报数在官，已免里排比责，一二月之后仍严限机户交布，其不如式者，止责之机户，则里排无受勒受赔之累，亦不谓厉己也而任之矣，又何患领买之侵费乎？里排纳县验讫，即同扛价垫贴一并解府，仍于扛价内每年量扣百金，修本县及粮厅座船二只，以供运载，而解官监之。直至河西务起岸登车，亦即于扛价内扣银雇车入京。凡车每辆若干，亦有旧例定数可比者。即或水陆舟乘，解官不能不借书、快之照管，仍每名重给工食恤之。而现成银布，官自监守，与书、快无预，又何患收解之干没乎？解官向为县佐府幕所营，盖不待布之起程而费已不赀，况衙役因之以骗剋，其暗耗尤甚。迨解官到京，欠纳一以身家相徇而悔无及矣，至今谈者哀之。顷者新奉功令，以官布责成白粮，总部官带解。苏、常各府向以佐贰官解，随即遵行。松江因属民解，未即议更。然年年县奉总部催解，总部入京，亦年年蒙部切责。今果遵旨委粮厅帮解，其领买收解俱行，县料理计原编扛垫尽足润解官之苦，当不至力诿也，又何患差委之营求乎？夫差委与领解收买俱无可虑，则官解行而民解可免，即旧役分任白粮等解，则一邑之役尽轻矣，岂徒为布解一役而已耶？乃乡绅持论，则谓官解美法也，行之数年而不继，则仍为民累，且曰审编必公道、必殷实，发银必早、必完，必永如给串自收之新法，为布役计、身家计长久，无过此道矣。县司再进布役，而询之各役，亦谓身系大户，往役固宜，但得役之不竭力、不破家者，即属万幸。今给串收银，法便役轻，虽布解甚苦，亦甘之矣。先据粮解丘贤等条陈，谓布役之苦，衙门指诈，弊窦无穷，貂珰勒索，溪壑难盈，且不特此也。买布而后领银，不免重揭子钱。且买布印验，解布获批，而价未领足，即领亦必仗请托贿求，所领又不得实，无怪乎民间视之如蹈汤火也。既蒙洞悉前弊，布银现给全给，并衙门需索一应牌票杂费尽行禁革，所省实多，各役皆有起色矣。颙望申详，将前项积弊严示禁约，其自收新法勒石永垂，即是阴德。初，县司莅任之始，查尽京边金花完及五分，即派仁、义、礼、智、信五号银柜，令布役自收，收完具领，吏书不令经手，民纳之而民收之，故放领营扣之弊彻底清厘，此固法之甚便而可久者。今将官解一议俟之后举，但严禁衙门需索杂费，仍永行自收之例，则官布不为民病矣。

陈继儒议：三线布细，势不容折。阔白粗布滥恶稀疏，北人最所厌弃。若照原价三钱七分改折给散，彼既利于得银，银又可以转买商市，比之二线，既坚且有余利，可落省出垫贴银四千二百两，减去会计征额，此一举两得者也。惟细布即发现银，粗布将银改折，其不易之定论乎！

北运白粮（上上役）

每岁粮长领运上供白熟粳糯米及府部等衙门禄米，实该正米若干石，算加岁用白耗米每石若干，舂办米每石若干，二项共该米若干石，准糙米若干石。华亭县该糙米三万六千三百石有奇，上海县该糙米二万三千八百石有奇，青浦县该糙米一万三千九百石有奇。此项县派该保区图该役自收，不烦收兑出入。又领夫船车脚银两每石该银若干。华亭县该银二万四千六百两有奇，上海县一万六千二百两有奇，青浦县九千五百两有奇。此项征收，在柜奉票支领。是役也，在家有收贮舂办之苦；在途有风波驳浅之苦；到通州驳船由闸车运、到仓有亏损之苦；交纳有折耗、铺垫、歇家、勒措盘缠、守候之苦；又途遇军船、官船，捱挤不前、隔年守冻之苦。须得家厚丁壮、往年熟惯水路人户充之，议将熟区田千亩内外者编此。五年之内，华亭应编北运一百四十名，上海应编九十名，青浦应编五十名。

成化以前，解户上白粮及各物料，户、工二部委官同科道验收，解户不与内臣等见面，故军较不得胁勒，内臣不得多取，小民亦不至亏害。成化以后，部官避嫌，粮料不肯验收，俱令小民运送内府，而害不可胜言矣。

粮长之害，李康惠疏之最详，曰：家有千金之产，当一年，即有乞丐者矣；家有壮丁十余，当一年，即有绝户者矣。民避粮役，过于谪戍。官府无如之何，有每岁一换之例。有数十家朋当之条。始也破一家，数岁则沿乡无不破家者矣。读其言，真堪流涕。

万历庚戌，华亭聂公绍昌《北运议》：东南之役，最险最危而又有极重极大之费者，莫甚于北运。有三千余里之苦，有洪闸浅溜之苦，有经年隔岁之苦，比之在乡诸役，更险更远。正米外又有私耗舂办，每石约赠七斗，车水脚等银，每石约贴八、九钱，其使用似觉充足，而往往至于破家者，何故？盖其在乡，则苦于漕军之争兑，候米候银之耽延，船户水手之需索；其在途，则苦于漕船之压阻，漕军之吓诈，关津官店之索税；其到京，则又苦于车辇之狼藉盗窃，歇家之积奸朋诈，内珰之横肆攫取，批回之守候淹迟，守冻之赔费百倍。而尤最苦者，曰“银米缓发”，曰“船帮开迟”。盖粮役不过中人之家，岂有赢余自雇夫船，自备篷樯索缆，专待公家贴银以为用，而往往以钱粮不敷，至于担阁。今本职先将北运粮长本户粮米免其兑漕，尽数除作，白粮外次将白粮正耗米与收兑漕米拈阄分派，必不使总书作弊，专派荒区、荒图，有苦乐不均之患。惟车水脚等银常苦征纳不前，或有迟误不发，及既解银至部运衙门，又不全给，半留上鞘，以待中途徐给，所以粮役延挨时日，至三四月中乃始开帮，甚有五月而开者。夫五月正当山水尽发泇河、会通，宜乘大水遄行之时，而粮船方在江淮以南，逗留不进，及达泇闸，水已浅涸，则安得而不迟延守冻哉？今本职议请颁定限期规则，务于十月即阄派白粮应收区图，派定即听粮役及早舂办，决不许漕粮借兑，而车脚水脚尽除本户白银外，其余银两自十二月至正月即尽数一顿与之，必于十一月舂办，十二月下粮完足，至正月即摆帮，二月即一齐开帮，则三月抵淮，四月入洳，五月而过会通河，六、七月从卫河而直抵张湾。刻期遄发，毋容违限。至于途间，当遵历年具题钦定，各船头立一大牌，明谕以漕粮系三军之刍糗，白粮系尚方之玉食，并不许漕舡争压白粮之前，又不许漕船以腐烂船木故为挨擦，以滋诈害。有争压诈害者，卫官参题漕军重究。又遵屡题免于途中留验以妨严程，则粮船可以如期而进。而至于榷关官店，当念御用廪饩，何乃困之以税，合请宪檄照会关税衙，不得索税分毫，永无扰累。其抵京，则又在风力。仓场部院痛革歇家之朋索、内珰之多取、批回之久稽，而十月中各使竣役，获批以南，则御用得以及期，粮役可以补救，亦东南一大利益也。

收兑粮长（上等役）

每岁阖府兑军正耗米、淮米、卫仓米、辽米行粮共该若干石，除官甲书册、民甲囤户、本名田粮常年例应自囤自兑外，其各保区图民户田亩推收不等。大约收兑粮长一名，约兑漕粮一千二、三百石或千石。是役也，自本年十月至十二月，有守候交纳之苦，每名约雇书算、斛手、搬运、看守人夫数名，并借赁仓厫、置买芦席木板、食用诸费之苦。自明年正月至三、四月，有守候交兑之苦，又有旗军勒掯赠耗横索使用之苦，又有顽户插和粞谷水浆、米多湿热、在仓蒸黑之苦，又有船钱担钱之苦，又有旗军踢斛淋尖之苦。但收支不出本乡，比之北运不同。今议官甲田九百亩编充一名，囤户惯役有千亩者亦类编充。五年之内，华亭县应编收兑粮长三百名，上海应编一百九十名，青浦应编二百十五名。

宣德六年辛亥十一月，行在户部定官军兑运民粮加耗则例。先是平江伯陈瑄言：江南民运粮赴临清等仓，若与官军兑运加耗与之，民免劳苦，得以务农，军亦少有赢利。命侍郎王佐往淮安与瑄等再议，以为可行。上复命群臣议。至是吏部尚书蹇义等议奏其法实便，军民加耗之例，请每石湖广八斗，江西、浙江七斗，南直隶六斗，北直隶五斗。民有运至淮安兑与军运者，止加四斗。如有兑运不尽，令民运赴原定官仓交纳。不纳兑者，听自运。官军补数不及，仍于扬州卫所备倭官军内摘拨。其宣德六年以前军告漂流运纳不足者，不为常例，许将粟米、黄豆、小麦抵斗于通州上仓。军兑民粮请限本年终，及次年正月完，就出通关，不许迁延，妨误农业。其路远卫所，就与本都司填给勘合。从之。

万历庚戌，华亭聂公绍昌《收兑议》：收兑之役，不苦于收之难，苦于兑之难，而其实兑之多费，由于收之不精。盖漕军见米之不精也，多勒赠耗以为利，粮役因兑之多费也，益插秽杂以售欺。所以一当交兑，烦费猬起，有纲司话会，有踢斛淋尖，有网圈后手使用，不可胜记。风力官员欲为民少减赠耗，即环拥嚣呼，张拳犯上而莫谁何。其在旗军，则利归旗甲，不过恣一时之浪费。及至兑米入船，中途浥烂，反累运官揭债赔补，回卫之日，累小军扣除月粮以抵京债，此不平之在军者也。其在粮长，诸用不赀，常至卖产鬻业，尽荡其家。其在国用，则军粮之所交于京、通诸仓者，皆滥恶不堪，积久尽腐，而其病又在于国矣。然军之所以得为民害者，又皆由傍仓奸棍纠引漕军，大开诈局，漕军利奸棍以为腹心，奸棍利漕军以为囊橐，互相勾引，花街闹市，浪掷金钱，未及交兑，漕军地头之费已百孔千疮，专待多勒赠耗以偿所用。于是仓棍输情指点曰：某某是粮役渠魁，一赂此人，即为多耗多用之倡，而兑军之费始骚然烦重而不可以禁止。今幸抚按漕台刻列告示，严行禁戢，若纳户米既干洁，不得耗赠之外多勒升合，违者一体责治。悉遵漕运议单，每百止加湿润米三石五斗或外再加三石五斗而止。又严申漕规，止许一旗一军到仓交兑，其纲司话会、踢斛淋尖、网圈后手之类，一切禁约。通完之日，即催趱开帮前去。如此则漕粟干洁，军无腐坏累赔之苦；漕令严肃，仓无讲兑喧扰之虞。

陈继儒《查收兑事宜》：收兑者，糙粮也，谓粮长收之于仓而兑之于军也。统计松江府华、上、青三县兑运米二十万三千石改兑米，二万九千九百五十石改兑粮，运纳通州仓，每石正粮外加耗米三斗。兑运粮亦运纳通州仓，或拨京，或拨边。京粮由内河六闸盘驳，然后到京，为此每石正粮外加耗米四斗。边粮又入泓船驳至巩华城、密云，然后到边，为此每石正粮外加耗米四斗。已上二项，此正耗也。每临兑时，又于每百石正耗粮米外加几担，名曰湿润，以补沿途蒸折之数，此又耗外之耗也。正耗若干，淮抚派之，外加湿润若干，府县主之。

一、某卫所粮船一只，佥点旗甲一名，运军九名，运军撑驾，旗甲总管。每人一月口粮八斗，每名共十二个月，共九石六斗。县官给卫官，卫官给各军，编入会计，皆于彼处地方支领，于华、上、青无干。如松江所官军派运别处，则于松江三县支领行月二粮，亦与彼处无干。

一、查得淮抚议单一款，每年漕粮俱限十月开仓，十二月报完。粮船限三月终过淮，四月终过洪。近因漕政久废，万历四十年又立漕单开兑之期，船到水次大州县限十日，小州县限五日兑完，不兑完者，责在有司。兑完之后，即限过淮日期，江南限二十日。漕院坐京口催督运船。运官有能如期过淮者，淮抚印给荐票一张，或奖票一张，统候粮完，如期奖荐。如有司无粮，军卫无船，督粮司道及府州县掌印、管粮官并领运把总指挥、千百户各罚俸半年。此题准事例也。漕规虽严，或以空船未来，或以遏勒耗赠，遂至耽延日久，蹉过漕期，运官无所借口，捏称仓廒无米，米色粗恶，又捏称有司故意抑军，毫不加耗，触怒各台，希脱己罪。故某卫所空船以某日到水次，当报也；某卫所船到而卫所官未到，当报也；某船某日兑完，当报也；某船兑完开帮或未开帮，当报也。如此十日一报，则运官无所容其谮，而府县之贤劳者自然有荐而无罚矣。

一、湿润之外，又有所谓纲司话会，此向来套名。盖收兑粮长与旗军私相授受，每米一石出银二、三分，以充酒饭之费，此府县虽知而不问者也。但向有傍仓积棍，名曰“仓老鼠”，惯在就中刁唆撺掇，为强军之向导细作，先期访出此等积棍分调监，候粮船开完，乃始释放。昔年毛司理掌印，常行之矣。往年收兑称中役，仅费百金。四、五年来，费及五、六百金以至破家者。一年六十名收兑，岂堪破六十家之产乎？此无他，旧派太多，每仓收米一千七百石故耳。粮长承役，修仓、砖瓦、芦席、楞木有费，雇募斛手有费，雇募仓书有费，工食有费，使用有费，自十月至五、六月，费已无经而纳户尚多挂欠，收米如此其难也。已而漕船既到县，总仓棍暗通漕卒，正耗之外，吓诈多端，明加踢斛淋尖，阴讲纲司话会，每百石米增十担外，每一石银增一钱外，稍不遂意，凌虐粮长，侵侮县官，不满其欲不已。兑米又如此其难也！至于大保大区，借改折之名，倩人代杖，延挨不肯纳粮。直待旗军催兑比较通关之时，于是有折银减价，使之不得不收者，名曰“抢收”；有先赊粮若干，方纳粮若干，使之不得不赊者，名曰“赊串”。若不抢不赊，且并其抢收、赊串之银米而俱无之矣。派额米缺一石，粮长自赔一石；缺百石，粮长自赔百石。米价日踊，赔价日多。米不能赔，而借债鬻产、卖男鬻女随之矣。虽欲不破家亡身得乎！若使本区收本区，行区运法，派额既不至隔区，鸾保顽户不至借口，荒区奸民又不至望观抢收、赊串，此亦清弊窦之一策也。又闻之运军与淮上漕书构同拣择，用贿派船，派江北、淮泗之船至江南，四郡之内，抚道不得弹压，则气必定咆哮，往返二千余程，则官弁反多违限，何如常、镇、苏、松自相更调，以近附近，视以远调近者，果孰便、孰不便耶？此特在抚按、仓漕一斟酌间，而收兑受福不浅矣。

收银总催（中等役）

每岁编收银总催，重至四千两起，轻至一、二百两止，或独名，或朋名，以次分派字号，在柜收纳。金花有倾销滴补之苦，收时有雇募书算、食用盘缠之苦，有比簿号、串印串之苦，有衙门人役火耗常例之苦，解放有折耗等候之苦。每收银一千两，往年费银五十余两，今渐至有百金者矣。五年之内，华亭应编收银总催四百五十名，上海应编二百四十名，青浦应编一百九十名。

万历庚戌，华亭聂公绍昌《收银议》：今之收银，即昔之长收。昔年长收之滥觞，在管月买办，举公家承应上司，馈送交际，一切浩费尽责其人，所以荡析人家，百无一存者。于是乃以大收改而为小收，大收二、三万，小收自一千至四千而止。然查近年收银者不过一、二百亩，或三、四百亩之家，犹是中户，岂胜猬费？往时相沿积弊，如倾销、滴补、解放、亏折、书算、衙役种种需索，又有雇募、柜书、僦寓、盘用，所以一千必费银四、五十两，岂是中人所堪！更有衙役揽纳，逼减天平，而积猾柜书尤惯包揽，磨洗官串，诡发附收，那东掩西，莫可究诘。既揽此而包彼，必移后以饰前，接踵朋奸，动侵千百。本职洞悉此弊，已痛革附收，且议严禁积年柜书挜身包揽，务使柜收皆正身的名，亦不许占定柜口，听粮长自令所亲秤收登记竟，用柜书写串算数，仍须役人自择具结，报名于官，以便查弊究治。然收银所最苦者，尤在于收放不速，动淹岁月。今议请颁定收放之法，必置京、边及各项上供紧要者于前，而其余次急者，稍缓解放者，以次开列，不得任意先后。且十柜多少均放，苦乐适调，一班所收，即尽数放去。收尽放绝，总撒相同，然后及次班，则无存柜积侵之弊，亦无久候盘用之苦。又以柜派图，一定不移，如概县六百三十里，旧设甲乙等十柜，每柜派定六十三图，使收纳不得混淆。收之既齐，放之亦速，一班交一班，一季交一季。如金花银例应倾销、滴补，其完解原分四季，亦照银均派，自无此盈彼诎之患。又严革衙门骚扰，又颁定法马，不时查较，以绝弊源，则承此役者竣事速而不以担延浪费，补纳均而不以畸重向隅，收解一而不赔偿滋累，杂用免而不追呼剥削，庶几中户之家不代巨富之累，所裨于国计出入者亦不小小也。

崇祯己巳，华亭郑公友玄《收银议》：收银一役，较运解之费颇省，如募书工食及发串纸张等项，直以顾氏贴银一项办之足矣。第收银兑解，则轻重有等，最重者无过金花。今每千额派三百两，前后适均，至于银匠解官，必当堂兑发，期无苛期。其他散兑，最称便宜，亦以倾锭多少参派，不纵总书上下其手，自无偏累之叹。且挨定班次，随收随放，使之早竣归宁，尤称省便。且每年额银二十五万，除逋欠及对支外，止编收催二十万，合五年计之，则以百万为率，尽大户而役之，常难取盈。今除北运布解约四五万两，派柜自收，计五年可省二十余万，即以之加轻于七十余万之役，则人人轻省。是亦暗消役累之法也。凡此苦心调停，永绝流弊，似宜相守无更者。

南运（中等役）

每岁领运南京光禄寺及会同馆白米、神乐观糙米。此项县派区图自行收贮，不涉收兑，又领盘用银两。此项征收在柜，奉票支领。是役也，脚力足用，解米从容，人不甚苦之。今议于布解一名、相兼一名，以轻补重，每名编田三百亩。南运之役均矣。五年之内，华亭应编南运二十名，上海应编十名，青浦应编五名。

里役

今制以里长、老人主一里之事，如宋之里正、耆长，以粮长督一区赋税，以塘长修理田围，疏决河道。其余杂役，并于均徭点差。

里长一万四千三百五十人，俱从黄册编定。岁轮一千四百三十五人为现役，其余为排年。

老人一千四百三十五人，选高年有行止者充。

粮长二百九人，选丁粮相应、有行止者充。

塘长二百九人。

隆庆三年，分立官甲，以老人督催之。先是民间称官户有田在图，上门守候，刁蹬烦难，颇为里长之累。至是议分官、民为二甲，在民甲经催主之，在官甲每户知数人一名，应完本折钱粮，自赴比较，仍以老人督催。而老人一役，各有顶首，不复于区图点差矣。

宣德六年三月，巡抚、侍郎周忱言：松江府华亭、上海二县，其东濒海地高，止产黄豆，得雨有收。其西近湖地低，堪种禾稻，宜雨少。洪武间，秋粮折收绵布。永乐间，俱令纳米。今远运艰难，乞仍折收绵布、黄豆。又上海县旧有吴淞江，年久湮塞。昔尚书夏原吉等按视，以为不可疏浚，止开范家浜阔一十三丈，通水溉田。因潮汐往来，冲决八十余丈，沦没官民田四十余顷，计粮一千八百二十余石，小民困于赔纳。又华亭、上海旧有官田税粮二万七千九百余石，俱是古额，科粮太重。乞依民田起科，庶征收易完。上命行在户部会官议。于是太子太师郭资、尚书胡濙等议奏：华亭、上海地有高卑，时有旱涝，收成不一，宜折收绵布，起运京库，余折黄豆，存留本处军仓备用。官民田沦没者，请再行踏勘。上海县大户凡有多余田亩，请分拨与民耕种，以补常数。其欲减官田古额，依民田科收，缘自洪武中初至今，册籍已定，征输有常，忱欲变乱成法，沽名要誉，请罪之。上曰：忱职专粮事，此亦其所当言，朝议以为不可，则止，何为遽欲罪之？卿等大臣，必欲塞言路乎？忱不可罪，余如所议。

杜宗桓上巡抚侍郎周忱书

五季钱氏税两浙之田，每亩三斗。宋兴，均两浙田，每亩一斗。元入中国，定天下田税：上田每亩税三升，中田二升半，下田二升，水田五升。至于我太祖高皇帝受命之初，收天下田税，每亩三升、五升，有三合、五合者。于是天下之民，咸得其所。独苏、松二府之民，盖因赋重而流移失所者多矣。今之粮重去处，每里有逃去一半上下者。请言其故。国初籍没土豪田租，有因为张氏义兵而籍入者，有因虐民得罪而籍入者，有司不体圣心，将籍入田地，一依租额起粮，每亩四五斗、七八斗至一石以上，民病自此而生。何也？田未没入之时，小民于土豪处还租，朝往暮回而已。后变租税为官粮，乃于各仓送纳，运涉江湖，动经岁月，有二三石纳一石者，有四五石纳一石者，有遇风波盗贼者，以致累年拖欠不足。愚按宋华亭一县，即今松江一府。当绍熙时，秋苗止十一万二千三百余石。景定中，贾似道买民田以为公田，益粮一十五万八千二百余石。宋末，官民田地税粮共四十二万二千八百余石，量加圆斛。元初田税，比宋尤轻。至大德间，没入朱清、张瑄田土。后至元间，又籍入朱国珍、管明等田，一府税粮八十万石。迨至季年，张士诚又并诸拨属财赋，府与夫营围沙职、僧道、站役等田粮。至洪武以来，一府税粮共一百二十余万石。租既太重，民不能堪。于是皇上怜民重困，屡降德音，将天下系官田地粮额递减三分二分外，松江一府税粮尚不下一百二万九千余石。愚历观往古，自有田税以来，未有若是之重者也。以农夫蚕妇，冻而织，馁而耕，供税不足，则卖儿鬻女，又不足，然后不得已而逃，以致民俗日耗，田地荒芜，钱粮年年拖欠。向蒙恩赦，自永乐十三年至十九年，七年之间，所免税粮不下数百万石。永乐二十年至宣德三年，又复七年，拖欠折收轻赍亦不下数百万石。折收之后，两奉诏书敕谕，自宣德七年以前，拖欠粮草、盐粮、屯种子粒、税丝门摊课钞，悉皆停征。前后一十八年间，蠲免折收停征至不可算。由此观之，徒有重税之名，殊无重税之实。愿阁下转达皇上，稽古税法，斟酌取舍，以宜于今者而税之，轻其重额，使民如期输纳。此则朝廷有轻税之名，有征税之实。

隆庆二年，巡抚右佥都御史林润奏言

江南诸郡，久已均粮，民颇称便。惟松郡未均，贫民受累，势不能堪。请乞暂设专官，丈田均粮，以重国赋，以苏民困。吏部题以原任本府同知新转员外郎郑元韶升湖广按察司佥事，领敕专管华、上二县，沿丘履亩，逐一丈量，均牵斗则。

先年田粮，每亩重至四石，轻至六合，殆千余则。富家通同书手，造作奸弊，或有田无粮，或不耕而食，岁征难完，公私困竭。至是田地悉入册籍，科则才十余等，征收易完，官民两便。知县张崽建议以官户立官甲，米自兑军，银自赴比，不累催役，尤为良法。可议者才二事：一，各乡田土租利略同，偶报低薄，即减粮三分之一。一、各乡池河与积水河一般养鱼，上乡池河每亩科米二斗九升五合，积水河仅科米五升。议者咸谓宜升低薄粮同全熟，而以池河、积水河粮均为一则。

《均役全书序》 王思任

此青浦县清田均役之书也。青浦小县耳，割华、上之瘠土，仅仅聚石成城，凿城通气，民赋与华、上相颉颃，而大役倍为繁苦。往年佥大役皆从访报中来，访则不必其实，而报则不必其公。不公不实，则被役之家，无不立破者。三吴官户不当役，于是有田之人，尽寄官户，逃险负隅，而役无所得之。所得之者，其贫弱也；不则，其愚蒙也。贫弱渐亡，愚蒙渐诈，则势且至于无田无役。不特当役者苦，而编役者尤更苦。徐大中丞曰："是诚苦"。然而何必苦也？有田当役，则义而忠；论田编役，则公而实。于是有清田均役之议。上疏报可，遂下檄清诡寄，禁花分，使有司得便宜行事。某偶以迁谪之余，始移至邑，仓卒计无所出，因静而思曰：清田如并银，均役如市货，有银则有货矣。然诡寄不须清，花分必难禁也。何者？官甲有优免之限，则限外皆当役之田，是不须清也。唯是赵析为钱，张分与李，何从而知之，因立花分之禁。始而悬赏罚，许首告，吊卖契，而自愿并田者十之一。既而对累年，实征查，一旦亡去，田属何人，卖在何日，驳处数豪姓，而自愿并田者十之五。既而出示，将所报之田数尽行刻册，广贴乡城，许受分者不还，而知情者年年得以挟之，且终身不敢怨一人，而自愿并田者十之九。于是得田一十六万八十八亩。私自喜曰：银既并矣，货足市矣。然而货有贵贱，银有功苦，不可一概而论。于是乎将田为折算法，以齐其荒熟；将役为兼搭法，以等其重轻。而又计五年之役，见劳者与之居后，方劳过者与之居中，可劳而未劳者与之居前，为轮息法，以养其气力。请托不可，关白不行，并田在于私署，所以防吏书，审役在于公所，所以合亿兆。田多一亩者，不得抑之而后；田少一亩者，不得提之而前。以算子为画一之法，以帐簿为剖万之本。于是田二千五百亩当细布解，一千二百亩当秋粮总书，一千亩当北运，八百亩当公侯轻赍解，四百亩当风汛，三百亩当水乡荡价、凤阳等仓解，二百五十亩当收银，一千二百亩当农桑丝绢解及收兑南运，一百二十亩当柴薪解。父老子弟各不相争，俱欣欣然有喜色，相告也曰：往年无田有役，今役必以田，公矣；往年田少役重，今论田而役，公矣；往年荒田空多者当役，今役皆熟田，公矣；往年五年三四役，今五年一役，三年一役，公矣；往年五十亩当大役，今七十亩以下俱高枕帖席而不知所谓役，公矣。详允之日，田歌社舞，街颂巷欢，以为建县以来无有今日。似若令有力焉者，不知大中丞主持庙谟，破群嚣而任独怨，斟酌调停，叮咛告戒之际，有非小民之所得知者，令不过奉行文亡害耳。然小民即以此功大中丞，大中丞亦不必受，何者？损有余以补不足，天之道也；物坏极而后有事，政之经也。以天之道，还政之经，亦时势不得不然耳。《易》曰：有事而后可大，可大则愿可久。故既寿之于石，而又刻之于书，以告来兹，庶乎知青浦县清田均役之颠末云。

上农多以牛耕，无牛犁者以刀耕。其制如锄而四齿，谓之铁搭。人日耕一亩，率十人当一牛。灌田以水车，即古桔槔之制，而巧过之。其制以板为槽，长二寻有奇，广尺三寸至五寸，深五寸许，傍夹以栏楯，中斫木为鹤膝，施楗以联之，屈伸回旋，用持辐以运水。辐之度，取槽足以容。诸楯之半，各施木以隔之。其下取辐可以运，曰戢辐。以竹破而两之，施其上以行辐。无此，则辐陷而不行。槽前后各施轴，前长而后短，各施操以关辐。前轴之两端为拨，人以足运之。轴运，则辐转而水升。前之安轴者曰眠牛，其后附于楯曰鹿耳。椓杙于眠牛之两旁，施横木以为凭而运车，曰车桁。高乡之车，深八寸，广七寸，曰水龙。凡一车用三人至六人，日灌田二十亩。有不用人而以牛运者，其制为大檠，如车轮而大，周施牙以运轴而转之，力省而倍功。有并牛不用而以风运者，其制如牛车，施帆于轮，乘风旋转。田器之巧极于是，然不可常用，大风起亦败车。

天启三年八月十八日，应天巡抚周起元、巡按潘为旧额守、把仅止九员，添设新衔已逾四倍，谨循兵部选法宜通、额缺宜定之疏，仰遵谕旨，酌量定额事。

计开：

巡抚标营新设守备一员，巡抚中军新设旗鼓守备一员，刘河游击标下新设把总一员，苏松道标下新设中军守备一员，太仓陆营新设守备一员，金山陆营新设把总一员，常镇道标下新设中军守备一员，常州府陆营新设把总一员，镇江府新设游击一员，镇江府陆营新设把总一员，永生洲参将营标下新设中军把总一员。

以上一十一缺俱议添设。

苏州府陆营新设把总一员，太湖营新设把总一员，苏州水营新设把总一员，吴淞奇兵营新设把总一员，吴江新设把总一员，嘉定新设把总一员，南汇新设把总一员，宝山新设把总一员，松江陆营新设把总一员，松江水营新设把总一员，青村新设把总一员，青浦新设把总一员，上海新设把总一员，江阴新设把总一员，靖江新设把总一员，孟河新设把总一员，常州水营新设把总一员，宜兴新设把总一员，无锡水陆营新设把总一员，魏村新设把总一员，镇江巡江营新设把总一员，丹阳新设把总一员。

以上二十二缺俱应裁去添设，仍旧总练。通计原设参、游三员，守、把九员，今议添设游击一员，守、把十员，共二十三员。

吴县

寨有五

白茆寨，在常熟县东北九十里海口，天顺五年，镇守都指挥使翁绍宗奏置。每春夏，苏州卫分委指挥一员、千户二员、百户四员，领军士四百余人至此，操练备倭，置船四艘巡哨。官军俱至秋末还卫。

刘家港寨，今称水寨，在刘家港海口，即娄江也，去昆山县东七十里，与嘉定接境。河北岸，元置分镇万户府于江北岸。至正初，又于江南、北岸各立万户府共三区。国朝罢万户府，置巡检司三，每司设弓兵百名，又立烽堠六。正统初，金山有警，侍郎周忱、都指挥翁绍宗议此为吴地襟喉，乃设寨，苏州卫分委指挥一员、千户二员、百户四员，领军士五百人、海船八艘，春秋分番，巡哨备倭。又开教场操练，悉如白茆制。（注十四）

青浦寨二，在嘉定县东南四十五里八都青浦。洪武十九年，镇海卫指挥朱永建堡城，高一丈六尺，广二丈五尺，周回一百八十步。镇海卫分委指挥一员、千户二员、百户四员，领军士四百人守备。一与前堡对峙，洪武三十年，太仓卫指挥刘源奏建，令太仓卫拨官军守备如前。正统初，翁绍宗遣太仓官军守崇明，遂委镇海卫官军兼管。

水寨，在崇明沿海本处千户所，委千、百户领军士一千人，管驾船出海巡哨。

营有二

长沙营，在崇明县东北四十五里海中。为土堡一，内设烟墩一座，上为二铺，戍卒二十名瞭望，分委千户一员、百户二员、军士二百人驻扎守备。

明威坊营，在崇明县治西明威坊内，太仓卫分委指挥一员、千户二员、百户四员，领军士四百人，驾备倭船十艘守备，又小船十、马八十四。正统八年，翁绍宗奏置。

墩台有二百三十四（隶巡检司者各系其下）

崇明县沿海共七十一处，环东、南、北海岸。每处相距二里，筑土垒，高五丈，周围二十丈，上建屋一间，军士五人，苇五束，昼夜守望。正统初，翁绍宗置。

烟墩在崇明县，其制大略同前（围四十丈）。沿海八座：上港、南海、曾姚港、张家港、下界、浻港、大套、清潭港。

西沙十座：（《卢志》作东沙）下桩港、东滑、钟家窑、出水套、虾港、水窦港、南大港、陈八港、沈婆浜、潭子港。

巡检司有二十九

吴塔巡检司，在齐门外蠡口，旧在吴塔，移此（管阊门下塘、山塘并娄、齐二门外）。

陈墓巡检司，在陈湖东（管葑门外独墅、大姚至陆直浦，已上属长洲县）。

木渎巡检司，在县西二十七里木渎镇（管阊、胥、盘三门外木渎、横塘、新郭三镇）。

横金巡检司，在县西南四十二里横金村（管二都、三都并沿太湖地）。

角头巡检司，在县西南八十五里洞庭西山上（管洞庭西山）。

东山巡检司，在洞庭东山。成化中，巡抚王恕奏置（管洞庭东山，已上属吴县）。

石浦巡检司，在县东南四十里浉川乡七保石浦镇，宋祥符间设。国朝洪武间，于真如观署事。二十二年，巡简舒琇始建。景泰二年，移置千墩浦口。烟墩十一座：石浦口、夏驾口、陆巷泾、唐梨泾、新塘口、张浦口、刁婆舍、太直港口、诸天浦口、潭港口、千墩浦。

巴城巡检司，在县西十五里朱塘乡三保高墟村。洪武三年置，今徙置真义村。烟墩十二座：状元泾、绰墩、圆村、真义、夏尖、景村、黄巷、李长坟、新村、严家桥、俞港村、徐公桥（已上昆山县）。

白茆巡检司，在县东北九十里，抵海。洪武初，置烟墩十一座：白茆港口、新河、北港、金泾、唐浦、旧衙前、双浜、叉塘、长亳、芝塘、河舍。

黄泗浦巡检司，在县西北八十里，抵扬子江。烟墩九座：顾沙港、黄泗浦港西、洋拗、新庄港、奚浦港、西洋浦、黄港、小陈浦、黄泗浦港东。

福山港巡检司，在县北四十里，北抵扬子江，东抵海。烟墩十座：墅桥、新妇、陈浦、福山港口、顶山、龙王庙、曹桥庙、曲塘、兴福、兴塘泾（卢作新塘）。

许浦港巡检司，在县东北七十里，北抵扬子江，东抵海。烟墩十五座：青墩、大弘、衙后、耿泾、九里、尚墅、陶舍、丁泾塘、双庙、四义、低坝、徐巷（卢作港）、十里程、胜法、海洋塘（已上常熟县）。

长桥巡检司，在县东二里松陵驿东（管三都、东西二十三都、二十五都）。

简村巡检司，在县东南十五里充浦（管一都、二都、四都、十九都）。

因渎巡检司，在县东南一百里吴溇村（管五都、六都、七都、八都）。

震泽巡检司，在县东南八十五里震泽镇（管九都、十都、十二都、十三都）。

平望巡检司，在县东南四十五里平望镇（管十八都、二十都、二十一都、二十二都、二十四都）。

汾湖巡检司，在县东北四十五里芦墟村（管二十八都、二十九都）。

同里巡检司，在县东北十五里同里镇（管二十六都、二十七都）。

烂溪巡检司，在县东南九十里严墓村（管十四都、十五都、十六都、十七都，已上吴江县）。

顾径巡检司，在县东三十里。烟墩四座：月浦、烂仓、顾径沟（卢作经港）、五岳塘。

吴塘巡检司，在县西南三十六里。烟墩九座：青冈、黄泥泾、外冈、城西、石门冈、马陆、冯家桥、黄渡、沙冈。

江湾巡检司，在县东南六十里。烟墩一十七座：沙浦、汤字圩、吕字圩、生字圩、南翔、周家浜里、周家浜外、衣有字圩、致字圩、东潜字圩、中潜字圩、西潜字圩、大场、胡陆湾、江湾、五圣庙、秦家店（已上嘉定县）。

茜泾巡检司，在州东北四十五里湖川乡，即宋杨林寨。吴元年，改烟墩五座：七浦塘（注十五）、花浦口、谢家塘、杨林塘、大赦口。

唐茜泾港口巡检司，在州东北五十四里新安乡。洪武七年设，成化间迁置东花浦口。烟墩十二座：日字圩、向字圩、露字圩、新塘、职字圩、空字圩、风塘、上社、寒字圩、同字圩、吴字圩、李字圩。

刘家港巡检司，在州东七十里。烟墩六座：杨家桥、薛门市、小钱门、二十三都、二十五都、二十六都。（注十六）

甘草巡检司，在州东七十里，东抵海。烟墩四座：黄浜、唐茜泾、钱泾、陆鸣泾（已上太仓州）。

西沙巡检司，在县西八十里。烟墩十三座：南沙、薛家港、茆五港、第八港、第九港、界沟港、水洪港、道堂港、陈子中港、秦坟港、川洪港、石家浜、第三小桐板。

三沙巡检司，在县北五十里。烟墩七座：长敢、徐公浜、清水浜、北新河、新港、北白滑、吊爽（已上崇明县）。

信地

水营中哨专守刘河海口，讥察海船出入；左哨派守川港防海，南至施翘港一里，北至牛角尖十五里，东至大海；右哨派守七丫港防海，南至刘河三十里。

陆营前、左二哨常日本营操练，有警听调。右哨分守六公镇，东至海口五里，西至本镇地十里，北至甘草司界十二里，南至茜泾界十八里；后哨分守牛角尖，东至海口五十步，西至海口六家行五里，南至川沙港三里，北至刘河十里。

都图以正疆界。州治割三县边幅，都图字圩淆杂，相沿至今。有一都而止一里，多至十二里者；一图止一圩，多至五十九圩者；有圩号彼此雷同，有叠三四字者；有一字以东西南北分，或新旧分者；有用猥俚字者。凡此皆弊薮也。当乘销圩时立法清丈。其稠密之区，规以三千亩，疏旷者不逾四千亩。联图为都，坊厢城乡，挨序鳞次。计原编都图相均足额，都亦不逾十里。其各圩字号，自一都起至二十九都，始东南，终西北，照《千字文》挨编，毋重复，则举一字，即知为某都田，览者瞭然。轮编排年，照图中土著编。本图当差不足，方摘邻图；又不足，察城居之业田于图者。其官军、居家、学田、宫田，各就本色，别编字号，斯为良法。

嘉靖三十二年九月，倭夷入寇，远近震恐，莫敢对敌。明年三月，由昆山直抵青阳港。知县杨芷以飞舰断其上流，勿令西过。复命兵快诱战，斩首十八级，既又战于陈湖，生擒二酋。自是吴人始有斗志。五月，贼众九十二人由乌镇突入烂溪，趋平望，欲迫县城。芷令沿塘举火，贼疑有备，奔钱田。我邑水兵及嘉、湖兵围之。贼困三日，自分必死。是夜，大雨，因各收兵，贼乘间夺湖州兵船，屠戮甚惨。芷知贼未可以力碎，乃令射书贼营，谕以祸福。贼亦款答，译其文云：“不敢相犯”。夜列帜，贼见，烧营，由黎里走泖湖。六月十一日，贼犯石湖，当事者以势不格，利其西走。芷独驾小舟，率兵出瓜泾港邀战。时湖水枯涩，贼列伍逆上，芷以钩攒挎之，斩首十六级，驰入城。明日，贼至夹浦桥，转至三里桥，登岸焚掠，停舟顾公祠下，舟皆重载逼县城。会增筑城工匠兵夫蚁集，贼度不能攻，乃烧仓廒，连掠民财而去。居民妇女恐怖，有自溺死者。十三日，至八斥。十四日，至平望，所过焚掠甚众。芷率哨兵蹑其后，斩首六级。十二月，贼自柘林抵王江泾，寻入烂溪，至平望，焚掠而返。三十四年正月，贼陷崇德，掠五百余舟，从南浔经梅堰，至平望六里桥。兵备参政任环伏沙兵将击之，僧兵泄其机，沙兵被害及溺死者甚众。芷督兵船，分列于桥之东西荡中，夹攻，斩首十五级，飞炮击死者二十余人，贼所掠财宝亡失殆尽。会新城雨裂，城隍庙灾，恐贼弃舟窥城，乃绕朱家桥，据盛墩以扼之。贼夜遁，复屯柘林。四月二十六日，贼复从嘉兴至唐家湖，湖水汹涌，贼不能渡。芷又引兵阻战，贼骇，奔平望，夺舟横渡。芷令泅水者凿其舟，而自屯兵截盛墩，断其堤，并布钉板于水底，贼不敢渡。会幕府调遣宣慰彭荩臣率兵二千来援，我兵势合，与贼战于平望。荩臣为先锋，斩贼首百余级，转战至杨家桥，斩首三千余级。荩臣被创死，我兵乘之，生擒一贼，斩首十八级。远近称快，皆谓盛墩捍御之力居多，故更其名曰胜墩。先是新城西北隅裂可四、五丈，贼势方张，士民骇愕，争欲弃城去。守城推官何全劝缙绅出石协修，而以寺丞吴滂督之，一夕告竣，人心始安。六月七日，贼在杭州，掠官船，载辎重而北，由乌镇经烂溪，抵平望。十四日，茳督水兵与贼战，斩首三十六级，生擒四人。十五日夜，由黎里出汾湖遁去。二十三日，贼由福山港突至郡城娄门，拥入接待寺，夺火器而去。官兵追至阊门，贼入太湖，泊洞庭山下。茳复于湖中率兵防御。是夜，贼复由枫桥经娄门，还福山。八月十五日，贼众五十余人自南京而下，掠十七州县，至浒墅钞关。十七日，由枫桥直抵灭渡桥，屯陈家庄。官军毕集，贼计穷迫。十九日夜，过五龙桥，不知所出，适有一人为之乡导，遂入行春桥，屯跨塘桥徐文奎家。时与我邑仅隔一水，日夜忧其突至，幸官军追之急，转至木渎。佥事董邦政追及于荷花池，贼扰乱自杀，官军乘机殄灭之。三十五年七月，零贼五六十人突至牧犊潭，掠吴知府庄。又至汾湖，掠叶主事家一鹿，及伤人一臂而去。遂掠周庄，抵平湖。九月，贼屯沈亨家。二十五日，督察赵侍郎文华、总督胡侍郎宗宪合兵进剿，宿寇悉平。

嘉靖三十六年巡按御史尚维持疏略

松江形势，吴淞所在北，金山卫在南，而青、南贯于其中。柘林去金山为近，而贼在柘林，于府为逼。稍南则嘉兴所属，为必犯之路。川沙去海口为近，而贼在川沙，于上海为逼。稍北则苏州所属，为必犯之路。故川、柘二城，于今为亟。诏可。

巡抚海瑞《革募兵疏》

题为复兵制以省冗费安地方事。自古圣贤论兵，止是言教之坐作进退之方，教之亲上死长之义，自此之外无他道也。以故寓兵于农，田猎讲武。我祖宗初设旗军，继后复设民壮，即古遗意为之。不知起自何时，流弊至今，专行召募。夫本地兵，今人呼为主兵，自他方募，呼客兵，亦既明知其有主客之别矣。名曰主人，未有不顾其家者。宾客忽然来，忽然去，视今所主之家，固传舍也。其长其上，其将领部率，传舍中主人也。一朝一夕，可以使之亲之于平时，可以使之死之于有事乎？出力以养军，出力以养民壮，加之饷兵，今告病矣。赋敛于民，日增日重，害在百姓之身，未足言也。二三十年以来，闽、广、浙、直之变，大抵生自募兵。召之则为兵，散兵则为贼。再有召募，又不过即此前日之贼应之。往往来来，外援内间，当事诸臣亦非尽暗其莫可测度之心不之知也，为是小民偷逸成习，一佥为兵，载涂怨讟，驱之守战，事有难为之者，转之召募，苟应目前，不讲之祖宗之初，不设为今日之法，则诚误矣。处中秉钧轴者，亦不以其所为之为误，此一误也。关系地方，非小误也。臣奉命巡抚江南，披阅册籍，募兵于千于万，不可谓无御侮人矣。然不求之本家之主，而资之他方之客，二心之人，入我堂室，有兵之忧，过于无兵。臣已行各行省发厚给路费回籍。一应关要原把守地方，佥军旗民壮顶补，家自为守，人自为战，责之彼地居民保甲保长。夫平时无养兵之用，则一时所费犒赏行粮，无多事也。仓谷可给，纸赎银可支。其先年苏、松、常、镇军饷及应天等府协济银，每年计该银一十八万九千四百二十八两四钱四分九厘七毫四丝六微三纤一沙，并徽州府协济近给本地方用充兵费计每年一万一千六百一十八两四钱六分八厘，民以为厉。有损于民而无丝毫补益者，合无候命下之日，自隆庆三年起，一并停免，永不征派。剪绝祸乱之萌，一纾饷兵之困，此民之幸，一方之利，亦国家之利也。然臣所言者，系是江南事势，通之天下，事当改行，今亦如是。臣籍琼山县，亲见两广兵事。年四十八，官历福建、浙江、南直隶等处，正当寇乱时节，闻之识者，听之道路，未有不称募兵贻害地方，亦未有不称养兵之费有损无益者。人心同然，祖制当复。伏望皇上敕下该部，凡臣所言及其他地方事体类臣所言，一并覆议，速与施行。若谓俟我兵练成，然后渐去召募，二十年前曾有此议，迄今未有练成一兵，未见去一应募。一言截断而事定矣，事定而祖宗之制千载一日矣。支吾之说，臣不敢为皇上道，亦不愿该部复作此等议论也。

《职方考镜》

苏、松为畿辅望郡，濒于大海，自吴淞江口以南，黄浦以东，海壖数百里，一望平坦，皆贼径道。往故不能御之于海，致倭深入，二府一州九县之地，无不创残，其祸惨矣。今建议松江之有海塘而无海口者，则自上海之川沙、南汇，华亭之青村、柘林，乃贼所据为巢，宜各设陆兵把总屯守之。而金山界于柘林、乍浦之间，尤为浙、直要冲，特设总兵以统领。又添游兵把总，专驻金山，往来巡哨，所以北卫松江，而西援乍浦也。至于苏州之沿海多港口者，则自嘉定之吴淞所，太仓之刘家河，常熟之福山港，凡贼舟可入者，各设本兵把总堵截之。而崇明孤悬海中，尤为贼所必经之处，特设参将以为领袖。又添游兵把总二员，分驻竺泊营前二沙，往来会哨，所以巡视海洋而警报港口也。内外夹持，水陆兼备，上可以御贼于外洋，下可巡哨而相守，亦既精且密矣。但调募客兵，不如练土著之兵，可驯习而有常。官造战船，不如雇民造私船，反坚久而省费。是在当事者酌行之而已。

《海防志》曰：青、柘、南、川达于宝山，延袤二百五十余里，一望平陆，随处可登。其川沙洼水深丈余，翁家港虽浅，然潮涨即可泊岸。二港最深危急，各该信地，虽设兵往来巡哨，第恐风雨晦冥之时，巡兵各归信地，而二处港口，万一有警，误事匪轻。旧规：南汇拨兵五十名，委官一员带领，专守川沙洼；青村拨兵五十名，委官一员带领，专守翁家港。俱听委官约束，委官听该总约束，遇警驰报各路官兵合剿。每年春汛依期选拨，汛毕歇班。

李家洪孤悬海口，东至宝山六里，东北至吴淞所一十二里，此口间隔在宝山、吴淞所之中，两难照顾。贼若乘潮突入，不移时直抵上海城下，岂可不豫为之地？近议大汛时，吴淞所拨兵一枝哨守，如遇有警，听总镇提兵剿截，而宝山兵亦星驰夹击，庶几得策矣。

翁港离羊山仅隔一水之遥，岛彝望港门为便。昔年倭从此登岸，故议兵防守。今海沙泛碛，人呼为汇觜，益称险地。募浙兵五十名，委官一员统练守之。

川沙当羊山一带，水势潆洄，亦昔年倭所从登，因据川沙为巢。万历十九年，又倭鯮特犯。故议复洼兵一百，委官一员统练守之。

清洼深阔，内可泊船，连年海盗于此登劫，应如昔年特造南、北厂，川沙、宝山拨兵，上海、嘉定出饷，以守之。

李洪，万历中，海潮冲成大口，吴淞之险移于是矣。题设沙船五十只，未几，改调别用。

海防之策有二：曰御海洋，曰固海岸。何谓御海洋？会哨陈钱，分哨马碛、大衢、羊山，遏贼要冲是也。何谓固海岸？修复备倭旧制，循塘拒守，不容登泊是也。总督胡宗宪云：防海之制，谓之防海，必宜防之于海，断乎以御寇羊山为上策。其言是也。盖苏、松事体与福、浙不侔。夫倭船之来，必由下八山分䑸。若东南风猛，则向马迹西南行，过韭山以犯闽、粤；若正东风猛，则向大衢西行，过乌沙门以犯浙江；若东北风猛，则向殿前、羊山，过淡水门以犯苏、松。羊山在金山之东，大七、小七之外，吴淞江顺帆，不过一潮而已。其为贼之要冲，虽与马迹、大衢相若，而淡水门捕黄鱼一节，乃天设此以为苏、松屏捍，岂可谓远洋备御之难，而以羊山与马迹、大衢例论哉！盖淡水门者，产黄鱼之渊薮。每岁孟夏，潮大势急，则推鱼至涂，渔船于此时出洋捞取，计宁、台、温大小船以万计，苏、松沙船以数百计。小满前后凡三度，浃旬之间，获利不知几万金。故海中常防劫夺，海渔船必自募久惯出海之人，以格斗则勇敢，以器械则锋利，以风涛则便习。其时适当春天之时，其处则又倭犯苏、松必经之处，贼至羊山，见遍海皆船，而其来舟星散而行，以渐而至，孤势气夺，必远而他之，敢复近岸乎？不募兵而兵强，不费粮而粮足，不俟查督而自无躲闪之弊，三利存焉。此在他处皆无，而惟苏、松洋有之，岂非天生自然之利也哉？或问：约束之法奈何？曰：迩来渔船出洋，辅以兵船，相须而行，协力而战，取甘结，给旗票，谨盘诘，验出入，船回之日，当道委官抽税以助军饷，此法必不可行也。何也？渔船专欲觅利，兵船专司击贼，其志不侔，其力不协，况所税能几何，而欲分其所有也哉？莫若兵船专于把港，勿用出洋，但令愿捕鱼者籍名于官，立首领，编旗甲，保以耆民，示以盟约：如杀贼而有功也，照例升赏，永许采捕；若纵贼近岸，则一体坐罪，永不许其出洋。凡渔利与所获贼资，悉以畀之。如此，则渔人皆以御倭为己责，感恩畏罪，舍死直前，岂不愈于专督兵船邪？然吾郡所设松江海防，又与苏州不同。松江有海塘而无海港，其设备也，以陆兵为主；苏州有海港而无海塘，其设备也，以水兵为主。何谓有海塘而无海港？盖松江之海，起于独山，而迄于小汤洼，迢迢二百四十八里，皆有护塘为之限隔，高厚如城，别无港汊可以通海。护塘之内外，相夹皆水也。在内者谓之运盐河，又谓之横港；在外者谓之堑濠，又谓之护塘沟。昔人所以筑此塘者，为捍盐潮，恐其害苗也。明初用为金汤以备倭患，设卫所墩堡于堑濠之外。倭至，则捍御于海岸滩涂，不容登泊。万一不支，则逾堑而守。倭进不得攻，退无所掠，护塘之功用，岂小小哉？迩年堑濠多湮，护塘海岸合为一片，寇至即聚于护塘，而运盐河之内，水田狭塍，难于屯御。为今之计，必须浚治堑塘，丕复卫所墩堡之法，选陆兵，委知兵参将精练于平时，遇汛则分布信地，协守互援，无容登岸，则松江海防庶几其无误乎！

御海洋之说，有言当泊舟于外洋山岛，分乍浦之船以守海上羊山，苏州之船以守马迹，定海之船以守大衢，则三山品峙，哨守连联，可扼来寇者，总督胡宗宪也。有言文臣不下海，则将领畏避潮险，不肯出洋，合无春汛时，令苏、松兵备暂住崇明，宁、绍兵备暂住舟山，而总兵官尝居海中，严督会哨者，中丞唐顺之也。有言聚船于马迹山，以为诸路水军老营，仍于羊山设水营，以扼贼入乍浦、川沙洼，由吴淞江口入苏、松之路，于大衢山设水营，以遏贼入宁波、温、台之路，专设海上总兵，特造出海大舰，如古拏飞舰、飞虎舰、戈船、楼船将军之制，仍大申出洋之令，修复大青、风炎、八桨等船，以便行使者，尚书马坤也。有言守海者必先设险于险之外守之，所谓海战之重兵，必治战船，备火攻，而谨斥堠，迎击于沿海之上，贼未泊岸，则为夹水而阵以遮击之；贼既登岸，则当随其贼艘所泊之处而直捣之，是谓海上格斗之兵，副使茅坤也。但海中无风之时绝少，一有风色，即白日阴霾，且飓风时作，全军往往覆没。虽以元世祖之威，伯颜之勇，艨冲千里，皆为鱼鳖，则海战亦未易言也。故郑若曾云：哨贼于远洋而不常厥居，击贼于近洋而勿使近岸。两言颇为知要。

海中以风潮为主，水操之法，欲进则进，欲退则退，欲转折则转折，回翔如飞，横风斗风，皆能调戗者，惟沙船也。其次则苍艟之类，帆橹兼用，亦可操演。若广船、福船，皆不设橹，所恃者帆耳。其船重大，顺风而往，逆风即不可回，乘潮而往，逆潮即不可回，进退转折，皆非所便也。将欲操之于内港欤，则又港形甚狭，潮势甚迅。兵船操者甚多，大船顺风，其迅如矢，向前冲击，舟遇即碎，故断断不可行。惟募柁工得人，夺上风，施火器，或迎而犁，或尾而追，或合而围，或横而冲，总副参游注意遴选赏罚则可耳。

松郡称水乡，边则大海，腹则泖浦，尤不可不习水操法。然古今论操法战法，皆详于陆地，而略于江海。以风潮为主，分合进退难也。胜之之法，惟有斗船力，不斗人力：如遇贼舟之小者，则以吾大舟犁而沉之；遇贼舟之大者，则便调戗夺上风，用火器以攻之。当前冲敌者，一舟之人皆赏；观望不应援者，一舟之人皆戮。其赏其戮，尤以督哨之人与舵工为重。每船必设舵二副，以备不虞。每舵工必设二三人，以防损失。此战之之法也。其在平日，置船于陆地上，集水兵演而教之：兵械火器，如何而设施；金鼓旗帜，如何而照会；前后左右，如何而列哨；饥饱劳逸，如何而更代；昼夜风雨，如何而防守；山岛沙碛，如何而收泊；号令约束，如何而转报。习之于平陆，用之于江海，此操之之法也。

奚秋蟾云：海中有风时多，无风时少，舟易散而难聚，且逐潮势而行。若风猛潮平，则以风为主；潮勇风微，则以潮为主。风潮皆逆，则回船向后而行；风潮顺，则一泻千里。每日所行程途之数，与东南朔南方向，皆不可料。敌船亦然。故吾行若千里，敌亦行若千里，愈追愈远，愈求战而愈不得。况兵船分行，大海渺茫，有与我相望而见者，有不可望见者。昏黑之夜，起火为号，则隐隐见之，然亦不能辨其为贼船与我兵船也。有时遇贼欲战，而吾同哨离远，则势孤；有时邻哨相近，敌舟又远，难于攻击；有时我兵遇合，敌舟亦近，可以战矣，而风或大作，舟在浪漕中，低昂起伏，方欲仰而攻敌，瞬眼之间，吾舟忽抬高一二丈，敌舟反在下矣，船出浪漕之时，船首向天，落漕时，船尾向天，兵士贮立且难，况战乎？亦有风不甚猛，而怒涛为虐，两舟相击即碎，亦不敢战。惟是舵工巧妙，能战上风，撞碎贼舟，或乘风火攻，或扬灰沙以迷贼目，方得胜势。所患者，一舟冲前而余舟不至，或一哨接战而余哨不援。方其战时，或兵四散，远望麾旗而招之弗顾也，张号以呼之弗听也，战败则终不禁，战胜则聚而分功，及责之，则托诸风帆不便。今又皆传海战利用火箭与铳炮、弓弩，殆非也！火箭惟微风可用，若无风，则帆不可焚；风急，则火亦反熄，皆无益也。铳炮弓矢，因舟荡漾，发去无准，皆虚掷于浪中。枪钯之类亦无用，惟镖枪、钩枪、挠钩三件，舟在上风者，以挠钩钩住下风之舟，以钩枪钩扯贼人之足，以镖枪镖射贼人之身，胥为有用之器。

《武经总要》曰：凡水战以船舰大小为等，胜人多少，皆以米为准，一人不过重米二石。帆橹轻便为上，以金鼓旗幡为进退之节。其战，则有楼船、斗舰、走舸、海鹘；其潜袭，则有艨艟、游舸；其器，则有拍竿为其用，顺流以击之。诸军视大将之旗，旗前亚，闻鼓则进；旗立，闻金则止，旗偃则还。若先锋、游奕等船为贼所围，以须外援，则视大将赤旗向贼，点则进，每点一船进。旗亚不举，则战船徐退。旗向内点，每点一船退。若张疑兵，则于浦海广设旌旗樯帆以惑之。此其大略也。

游艇无女墙，舷上桨船左右，随艇子大小长短，四尺一床，计会进止，回军转陈，其疾如风，虞候用之。夫拍竿者，施于大船之上。每舰作五层楼，高百尺，置六拍竿，并高五十尺，战士八百人，旗帜加于上。每迎战，敌船若逼，则发拍竿，当者船舫俱碎。

艨艟以生牛革，当战船背左右，开制棹孔，矢石不能败。前后左右，有弩窗矛穴，敌近则施放。不用大船，务在捷速，乘人之不备。

楼船，船上建楼三重，列女墙，战斗树幡帜，开弩窗矛穴，外以毡革御火，制炮雷石铁汁，状如小叠。其长者步可以奔车驰马。若遇暴风，则人力不能制，不甚便于用。然施之水军，不可不备以张形势。

走舸，船舷上立女墙，棹夫多战卒，皆选用勇力精锐者充之。往返如飞鸥，乘人所不及，金鼓旌旗在上。

斗舰，船舷上设女墙，可蔽半身，墙下开棹孔，船内五尺，又建栅与女墙齐，栅上又建女墙，重列战士，上无覆背。前后左右，竖牙旗金鼓。

海鹘船形，头低尾高，前大后小，如鹘之形。舷上左右置浮板，形如鹘翼翅肋。其船虽风涛怒涨，而无侧倾。覆背左右，以生牛皮为城。牙旗金鼓如常法。

已上俱古制。

福船高大如楼，可容百人。其底小，其上阔，皆护板，护以茅竹，竖立女垣。其帆桅二，其中为四层，最下层不可居，惟实土石以防轻飘之患；第二层为兵士寝息之所，地柩隐之，须从上蹑梯而下；第三层左右各设水门，置水柩，乃扬帆炊爨之处也，其前后各设木锭，系以棕缆，下椗起椗，皆于此层用力；最上一层如露台，须从第三层穴梯而上，两傍板翼如栏，人倚之以攻敌，矢石火炮，皆俯瞰而发，贼又难于仰攻，诚海战之利也。戚继光曰：福船乘风下压，如车碾螳螂，斗船力，不斗人力，每每取胜。若使贼船相等，未必济也。且吃水一丈二尺，惟利大洋，不然，多胶于浅。无风不可使，是以贼舟一入里海，沿浅而行，则福舟无用矣。故又有海沧之设。

广船视福船尤大，其坚致亦远过之。盖广船以铁力所造，福船不过松杉之类而已。二船在海，若相冲击，福船即碎，不能当铁力之坚也。故倭船亦畏之。但广船难调，不如调福船为便易。广船若坏，须用铁力木修理，难乎其继。且其制下窄上宽，状如两翼，在里海则稳，在外洋则动摇。此广船之利弊也。

黄鱼船，非以御寇也。每年四月出洋时，各郡鱼船大小以万计，人力则整肃，器械则犀利。唐公顺之捧敕视师，纳军门，每府鱼船若干，辅以兵船若干，相须而行，协力而战，取甘结，给旗票，谨盘诘，验出入，船回之日，该府差官收税，于军饷大有助焉。黄鱼出处惟淡水门，在羊山之西，两山相峙如门，故曰门。羊山在金山东南大七、小七之外。今渔船出海，皆在松江漴缺口，孟夏取鱼时，繁盛如巨镇。然亦须候潮，潮大势急，则推鱼至涂，否则无有。盖月出潮长，月没潮落，月直潮平，月斜潮退，此利素为沙船所占。夫羊山淡水洋，乃倭奴入寇必经之道。黄鱼出时，乃春汛倭至不先不后之期。此殆天意有在，假手于山沙精悍之人，出捍吾边鄙柔脆之民焉。天时、地利、人力三者兼得，亦东吴御寇之一策也。

沙船，沙民生长海滨，习知水性，出入风浪，履险若平。但此船惟便于北洋，而不便于南洋，亦仅可以协守各港，出哨小洋，而不可以出大洋。虽能接战，而上无壅蔽，火器矢石，何以御之？不如鹰船，两头俱尖，不辨首尾，进退如飞。其傍皆茅竹板密钉，如福船傍板之状。竹间设窗，可以出铳箭。窗之内、舱之外，可以隐人荡桨。必先用此冲敌，入贼队中，贼技不能施，而后沙船随后而进，短兵相接，战无不胜。鹰船、沙船，乃相须之器也。

王在晋《类述》云：福船之小者为草撇船，今名哨船；又为海沧船，今名冬船；其再小者为苍山船，卑隘于广、福船，而阔于沙船，用之冲敌颇便，温人呼为苍山铁船。贼船入里海，我大福、海沧不能入，必用苍船追之，又可捞取首级。近又改苍山船制为艟舫船，比苍船稍大，比海沧较小，而无立壁，得其中制。艟舫之稍次者为铁头船，首尾皆阔，帆橹并用，深浅俱便，人呼为铁头，以其坚而有用也。闽人将草撇、苍船改造鸟船，式如草撇，两傍有橹六枝，尾后惟稍橹二枝，不畏风涛，行使便捷，往来南北海洋，福、草、苍、艚等船无出其右。温州有艚艚船，亦不如鸟船之疾速，可与沙、唬船并驾焉。唬船头尖稍锐，舱阔桨多，风顺扬帆，风息荡桨，吃水惟止三尺，惯走远洋，体式低小，虽无冲犁之势，进退殊捷，可备追逐之需。闽、浙有叭喇唬船，兵夫坐向后而棹桨，其疾如飞，有风竖桅，用布帆，桨斜向后，准作偏柁，亦能破浪，甚便追逐哨探，倭号曰铣帆，盖惧之也。轮船式如唬船，而与唬船并速。开浪船式如鸟船，而比鸟船差小。

兵船之能任重者为蜈蚣船，东南彝用以驾佛狼铳，铳重千斤，小者亦百五十斤。葛稚川曰：蜈蚣之气能逼蛇。彝之制义，为是故与？

壳哨船为温州捕鱼船，网梭船乃鱼船之最小者。鱼船于诸船中，制至小，材至简，工至约，而其用为至重。以之出海，每载三人，一人执布帆，一人执桨，一人执鸟嘴铳。布帆轻捷，无垫没之虞，易进易退，随波上下，敌船瞭望所不及，是以近年赖之取胜，擒贼者多其力焉。

盐法

国朝设两浙都转运盐使司于杭州，设松江分司于府境下沙镇，以同知或副使一员莅之，统新旧八场二十七团灶户，分给柴荡工本钞，督办盐课。其灶户附近能煎盐者曰滨海，居远不能煎盐者曰水乡。水乡例出柴卤价钱，贴雇滨海灶丁煎办。其后钞法变更，柴价又为总催剋取，滨海盐丁日就贫困。正统六年，巡抚、侍郎周忱乃以水乡灶户应纳粮六万余石，尽留本府支用，节其运耗，置赡盐仓，分贮各场，总三万六千余石，用以赈赡盐丁及补逃亡阙课。所贴柴价（注十七），亦贮之各仓，官为支给。又选殷实灶丁为十排年总催，其次而头目，轮年应当，有消乏者，依前选替，当时便之。成化二十二年，知府樊莹议以水乡折盐米，均入该县粮耗项下带征白银，径送运司交纳。原拨草荡价，仍与各场征解。其纳米灶户，还入民伍当差。弘治十一年，御史蓝章复佥水乡户补滨海灶丁。

国子生沈淮《盐政奏疏略》

一、查给工本。洪武中，每灶一丁，给与工本钞二贯六十文，以备器用，以给口食。当时钞一贯，可易米二石，灶丁之优裕可知矣。自钞法废弛，所谓工本者，名存实亡，不与之本而取其利，世未有是理也。臣观沿海沙地及水深长荡，旧制亩税钞六十文，窃意所给工本，盖此钞也。今诸荡不复征钞，已改收平米三升或五升，官既可以米而易钞，灶独不可改钞而给米乎？乞查改征荡米，照依原定钞贯，算给灶户以充工本，则器用备，口食周，民感圣恩，乐输无怨，而所以取之者亦有名矣。

二、勘给草荡灰场。旧法，灶户皆有附近草荡以供煎盐柴薪，约计所收价直，可抵今一丁盐课之半。其后场司以灶丁屡易，不复拨与，俱为总催豪右侵占樵割，或开垦成田，收利入己，仍于各灶名下征收全丁额盐。夫既无工本，又无柴薪，使灶丁白撰输盐，立法初意岂若是耶？又闻各场灶户，多无灰场，往往入租于人，始得摊晒。夫灰场者，产盐根本之地，与草荡皆灶丁之命脉也。乞委所司追取宣德、正统以来草荡旧数，踏勘明白，照丁拨派，明立界限，以防侵夺。灶户无灰场者，官为处置给与，无使重纳私租。夫有米以为之工本，有荡以给其柴薪，而摊场又无租税之累，如此而流亡不归，盐课不充，则亦无是理也。

三、分别滨海、水乡。滨海灶户，谓之卤丁，男妇悉谙煎晒，倚以为生，虽劳不得辞矣。其水乡远在二三十里之外，原因滨海丁阙，佥以补之。然业非素习，强而使之，终无益于事也。以是旧例，水乡每丁贴助卤丁米六石或四石，代与办盐，每岁卤丁到乡陆续收取。虽云贴米，钱米杂物，无所不受。出者不觉其难，收者各得其用，甚良法也。其后盐司定立千百长名役，令收水乡盐价，骚扰百端，侵渔无艺而人始不堪，逃亡相属矣。知府樊莹悯其若此，请以盐价均入秋粮，带征起解，原拨荡价，亦与各场征收。于是盐课不亏，逃亡复业。后因滨海灶丁消耗，复用水乡佥补，强者百方规避而免，弱者万种受侵而逃。虽有补灶之名，殊无办盐之实。访得沿海居民，原非灶籍而私自煎盐者，往往有之。乞敕所司，今后卤丁有逃亡者，即以此等居民佥补，或犯徒罪，发充灶丁，比之重役水乡，有名无实，相去远矣。

四、停止折征。国家开设盐司，固为边计，然惠养元元之意，亦在其中，非专于求利也。成化间，因各场无盐给客，每引折与银三钱，比之中纳，其利十倍。巡盐御史林诚以为归利于商，孰若归利于国，奏将灶丁盐课，一半征银解京，一半存场给客。两浙盐政，自此而大坏矣。夫灶日以煎盐为业，不征盐而征银，盐非私鬻，何自而得银哉？盐既以私鬻而得银，则兴贩之徒，不召而集，且将无以禁之。况初给价银，非皆本色，故衣弊器尽以折充，每引三钱，皆其名耳。今乃实征本色，又且非时，灶丁贫者或先事而逃，催目在者率并为陪纳，岁消月磨，无虑十减六七矣。欲利反害，无甚于此。伏乞特敕运司，自正德元年为始，停止银两，照旧征盐，则灶丁蒙惠养之仁，而私贩之徒亦无所借口矣。

五、禁革卖引。凡支盐引目，不许中途增价转卖，此旧例也。近岁商人不利关支而利于售卖，以中盐原无名也，则驾之曰合本，以卖引明有禁也，则诿之曰分拨，所卖之引无关支者，又许买补，运结牙行，公为兴贩。夫引既非其本名，盐又不由仓领，不谓之私贩而何？又有豪猾之人，假托权势，支领之际，任自为主，或并包夹带私盐，或落价折准库物，官吏叠其声威，催目受其凌虐，控诉无所，含怨百端。乞自今凡遇开中，委御史一员专察，凡监临官吏诡名及势要之人冒禁上纳者，许令究问。商人则令供报子侄或兄弟在官，以便盘诘。有仍前私卖及假托者，依法问罪。盐货入官，其所中纳，系存积者，支与见盐；系常股者，亦急与催办，无令久候，以启幸心。

六、存恤灶丁。夫刮沙汲海，炙日熬波，天下之工役，未有如灶户之劳者。蓬首墨肌，灰卧糠食，天下之人民，未有如灶户之穷者。加之有司与盐司，分为两家，盐司曰，吾之灶也，知督盐课而已；有司曰，吾之民也，知征赋税而已。其督盐课者，虽百方棰楚，絷女囚男，有司不问也；其征赋税者，虽百端取索，卖妇鬻子，盐司不知也。彼灶户者，何辜于天？何罪于官？而独罹此极乎！况滨海土地，类多沙瘠，比之水乡沃土，大半不侔。府之税粮，论粮加耗而不以田，盖为此也。近岁有司不原初意，概与水乡同加耗米，至点均徭，亦不分肥瘠，一例出银。查得浙江钱塘县灶户施安、海宁县灶户徐淮清等各告巡抚都御史彭韶、李嗣，致蒙听理，将灶丁全户正粮，并折金花银两。钱塘、海宁与华亭、上海，同一浙西地也。乞敕所司比照二县事例，将滨海灶丁量为存恤，访求先年侍郎周忱事例，设法赈济，其余一应杂泛差徭，悉与除免，庶几濒海穷民无他系累，得以毕力事功，虽劳不怨矣。

按《府志》，灶丁消耗，盖有其由，蕃息招徕，亦必有道，如前代黄、叶诸公及此疏所陈是已。今不务存抚，但知佥选，佥选未几，又复消耗，此固盐司之失。然有司不与讲究本末，遇有佥补，即议均陪。夫海之盐，犹田之粟也。盐课之不充，补之以粟。农田之无岁，海岂能知之？必若亭户消亡，则盐当绝矣。而海民之食利自如，官课虽亏，而私家之兴贩犹昔也。以此质之盐司，其有说乎？且事当探本，谋当虑后。松田税重极矣，又加以海，孰能当之？此则长民者所当留意（注十八）。

下砂场、下砂二场、下沙三场三盐课司，额管灶户一万五千七百六十二丁，每丁办盐二引二百七十二斤三两二钱，岁办盐四万二千二百四十九引六十一斤十三两五钱，每引四百斤，今折银六钱，为银二万五千三百四十九两六钱三分四厘四毫。（旧志详载工本钞数，考《会典》及《府志》：洪武十七年，定两浙盐工本钞，每引二贯五百文，岁遣监生运给。宣德五年，罢遣监生，令于官库关领，每引犹支一贯，三盐课司支钞八千四百四十三定四贯二百五十文。成化四年，府境科钞荡改征米，遂无以给灶户。正德元年，监生沈淮奏乞即以改征荡米给充工本。《疏》虽入志，事竟不行）。该管田地滩荡，志册所载悬殊，实因田地连接民产，易为隐蔽，滩荡并无塍岸，难以丈量，册籍顷亩，俱是随意捏写，以应官司督责。若论原有土地，十才开报一二。自前元时，附近大家往往据为私业。至于国朝，旧习犹存。（如下沙三场九团富家占塘外滩荡者，自国初至弘治末，并无赋役。正德年间，始遥认下沙场、下沙二场荡价银五百二十六两四钱三分，为影蔽计。嘉靖二十三年，大使李凤悉收塘外滩荡，分给本团百催，而令均纳遥认荡价。割据富家，大抵失业而不能违。盖以官地，理当还官。立法至公，人心自服也。若九团熟地及各团滩荡，今犹仍旧窃据）。富家占地万亩，不纳一粒米，而莫能究诘；贫弱不取寸草，岁输重课，而无所控诉。由是灶户分为二等，留场纳课者曰滨海，流移远去者曰水乡。

水乡灶户凡六千六百七十六丁，每丁折纳米四石，该米二万六千七百四石，贴滨海丁代为办课。（总催刻取，有一丁出米八石至十石，或出银五两至六两）。

成化二十二年，知府樊莹查滨海余丁一千八百七十六丁，补水乡缺额，余无可补四千八百丁。奏行巡抚、都御史彭札放为民，原折纳米悉与除免。额办盐课该银七千七百一十九两八钱四分。若以旬日核实田土，计丁均扣，收其租利，完纳课银，当余大半。而为沿海占地富家所误，仅扣荡地八百七十八顷九十二亩六分九厘，每亩概征草价银五分，计银四千六百三十二两四钱一厘三毫九丝一忽五微，谓之水乡荡价。亏银三千八十七两四钱三分八厘六毫八忽五微，则加本县秋粮耗米包补，谓之水乡盐价。原扣水乡丁荡，俱在县境纳粮民田之东，各场办课灶地之西，外不近海，内不傍江，岁种花稻豆麦，无异负郭膏腴，府县、盐司，两不编差，东海士民，视为仙境。征价之后，又不曾拆裂为河，陷没为湖。正德三年，沿海富家忽言水乡荡价内白涂无征银一千五百六十两四钱一厘四丝一忽五微，负累陪纳（据所言银数，计所谓白涂，该二万九千五百三十亩八分，当时甚易按核），竟为此辈诳误，割民间已入黄册科钞荡一百三十二顷七十七亩一分四厘，每亩改征银八分，补银一千六十二两二钱五分一厘二毫四丝一忽五微（乡俗谓之恤钱荡，县场文移亦称水乡荡），此外不敷银四百九十八两一钱四分九厘八毫，再加县粮耗米包补，谓之白涂荡价。自是水乡丁荡，止征银三千七十二两三毫五丝。县境士民，岁代三场补纳盐课银四千六百四十七两八钱三分九厘六毫五丝，而为华亭境内浦东等四场包补者，又不与焉。此海上富家占盐司地，逐灶户入水乡，而令县民包补之大略也。

滨海灶大丁一万九百六十二丁，额办盐课该银一万七千六百二十九两七钱九分四厘四毫，俱从各场征解运司。至弘治间，改佥小丁。今编总催八百名，管小丁三万八千五百丁，入赋役册荡地滩场二千二百九十三顷七十四亩三分三厘三毫二丝又七千七百四十四弓四尺八寸，计丁分拨以办额课。此官司文移之说也。若道其实，则挂册灶丁，十无二三见在，而见在者亦不至场，已百余年。凡称办课免均徭者，皆本管总催及造册书手之田，本户未常闻也。各场岁办盐课，俱是总催各以所管田地滩荡，召附近贫民耕樵晒煎，收其租银纳场解送运司，运司以银转解京库及给引商，引商以银还向晒煎贫民买盐运掣，但各催纳银略同。所分土地，不惟美恶悬殊，而顷亩多少亦异。分地多而又美者，完课犹余百金；分地少而又恶者，卖男鬻女以填足。或地虽同而有民田多者，冒免徭银，浮于盐课。穷无田者，岁输二十金，不获免毫厘。故贫催多逃，每五年一编补。凡承役者澌灭无遗，当补役者闻风先去。此滨海灶丁消耗，而催役常缺、课银常亏之大略也。

灶丁消耗，县民受害，固由富家窃据盐司田土。若历年官司莫能清理，亦由贫催欲分富家世业，以致此辈闻有言者，即走马会党，计产合财，五六百金旦日可集，以贿吏书，吏书为之心醉；以贿士夫，士夫为之游说；以购奸猾，奸猾为之告扰。查勘申详，动经岁月，言者力竭而事在高阁矣。合无悉听此辈世为永业，但计亩依官地起科以足额银，则富家不须阻挠，贫催咸得减课。诚欲清理，须正经界。先年府县盐司，丈量田土，中间常隐数里。今幸民田再经丈量，图册具在，略加简核，即难影蔽。宜令各场严督各催，限三日内于民田灶地及各团甲界上，每百步筑一墩，以正大界，滩场草荡，悉照熟地立尺许塍岸，以为小界。乃自民田以至海涯，依法编号丈量，近尝量者，亦须复丈，备造鱼鳞图册，分别田荡滩场，照依官地起科。不过两旬，图册完备。总计该征银数逾于课额，即通融均减。若不及数，即通融均加。至不可加，乃令县补。即海滨总催咸无赔费，灶丁不须避役。先令县加粮耗及割钞荡以补盐价荡价，并近年又多补银共四千六百八十六两，悉当停止收还。县征秋粮加耗米，可减九千三百七十二石，熟田每亩减六合零。若因陋就简，以完课安灶，在设法编催。盖今盐课出于总催，催有逃缺，课即亏失。故每五年一为佥补，而灶丁渐尽。查得县境三场，额编总催八百名。隆庆三年，量见各场熟地三百三十七顷。万历十四年，县派均徭灶丁得免民间熟田二千四百五十三顷。若督各场，或计该场量见灶地，或计各户优免民田，以均差役，则催难逃而课常足，滨海灶丁可无消耗矣。

两浙都转运盐使司分司旧在下沙镇，宋建炎中置。明正统二年，迁于新场北，领盐课司八。

浦东场盐课司在华亭县七保，宋置（内分六团）。

袁浦场盐课司在华亭县十四保，旧名袁部，宋置（内分五团）。

青村场盐课司在华亭县十五保，宋置（内分四团）。

下沙场盐课司在上海县下沙镇，宋置。明正统五年，都御史朱与言奏分为三。（本场内分五团）。二场盐课司在上海县十九保（内分三团）。三场盐课司在上海县十七保（内分三团）。

清浦场盐课司在苏州府嘉定县八都，明永乐六年设（内分三团）。

天赐场盐课司在苏州府崇明县，宋置（场不分团，听分逐便煎煮，以其有涉海之险也。凡各场灶户有犯应配役者，率迁调于此云）。

元叶知本《请减盐价疏》

臣闻汉宣帝诏曰：盐，民之食，而价或贵，众庶重困。其减天下盐价。汉时盐价，远不可详，臣以为必轻于唐也。唐之盐价，天宝、至德间，斗盐十钱，是两文铜钱一斤。自禄山叛乱，天下兵兴，肃宗命第五琦转运江淮财赋，始变盐法，斗盐增作一百一十，是二十二文一斤。至德宗急于聚敛，相卢杞，用陈少游，加赋于民，斗盐增至二百七十，召天下之民怨，启朱泚之乱阶。此则陈少游之罪也。顺宗初立，即减盐价，宪宗又减，大贵不过五十文一斤。宋之盐价，比唐尤贱，斤盐八文，贵至四十七文而止。唐宋用兵，仰盐供给，其价不得不贵。今天下一统，四海息兵，无宿师转饷之费，万邦贡赋，俱入王府，无用度不足之忧，而为政者但思今日增盐额，明日增盐价，必欲困竭江南之民财，斫丧国家之根本，臣不知其用心何如也。归附之初，盐价中统钞十二贯一引，该钱三十文一斤。至元十五年，初定盐额，两浙运司岁办作二十二万引，当年办至中统钞二万四千八百六十余定。至元二十四年，桑哥作相，灭里虚抬盐额，作四十五万引包办，以此谀罔朝廷，营求运使。此时两浙人民尚富，灭里到任，肆其威虐，止办得三十四万八千余引，得中统钞一十一万八百七十余定。次年蒙都省明见灭里虚诞，奏减一十万引，定作三十五万引为额。以盐价言之，自十二贯为始，一次增作十五贯，第二次增作二十五贯，第三次增作一定，则是岁办三十五万定矣。唐时江淮盐课四十万缗，代宗用刘晏，善于经理，初年二百万缗，至大历年间，岁得六百万缗。当时天下租赋岁入一千二百万缗，而盐利居半。六百万缗，准今一万二千定也。除淮盐一百万引外，臣只以浙盐言之，已收唐时三倍之利，比德宗时一岁租赋，已有九百万定之多，至此亦可止矣。大德年间，又增盐额十万引，又增盐价十五贯。至大四年，又增盐价十贯，续又增二十五贯，通作一百贯一引。是官价二百五十文一斤也。较之唐宋最重之价，增多四倍，民何以堪？价既取二百五十文一斤，官豪商贾，乘时射利，积塌待价，又取五百文一斤，市间店肆，又徼三分之利，故民持一贯之钞，得盐一斤，贱亦不下八百。濒海小民，犹且食淡；深山穷谷，无盐可知。陛下登极，聪明睿智，远览古今，天下臣民，想望至治。臣意前日聚敛之臣所为害民之政，陛下必能革除以结人心，固邦本也。皇庆二年，忽又增两浙盐额十万引，差拨灶户，害及附场百里外之民，怨忿亡身者有之。延禧二年，又增盐价，每引一定。臣不意陛下以圣明之君，而左右大臣，犹行此剥民之政也。使臣遇德宗卢杞之时，臣不敢言。今陛下圣学高明，独不能如汉宣帝乎？此臣所以惓惓有言。臣愿陛下痛减盐价，使天下之民皆无食淡之苦，然后选任运官，设检校所，限官豪买引，复附场百里卖盐，另置鱼盐局，以便海岛小民，均拨滩场柴荡，以优恤新拨灶丁。如此处置，皆太平快活条贯也。愿陛下注意行之，勿为聚敛之臣所误。

正德三年，沿海富家言水乡荡价内白涂银无征，遂割民间已入黄册科钞，分补不足，再加县粮耗米包补，谓之白涂荡价。自是民户岁代各场补纳盐课矣。

隆庆三年，丈田均粮，富家将水乡荡或报为科粮民田，以绝灶户之告分；或指为滨海丁荡，以拒县人之丈量，俱该场奸人受贿而除富家之额也。

按林御史商人折支例，顾文僖言每引折与银三钱，似未详也。弘治元年，令浙西盐课折银七钱者减为六钱。又弘治二年，令两浙水乡灶户每引银六钱。嘉靖中，中丞周用亦言松江分司，每引折银六钱，一半解部，一半给商。然则给商三钱，而解部者复三钱乎？一引也，既取于商中，复取于丁课，言利亦已悉矣。沈淮所以深病之欤！

按万历季年，犹有给商之课，则成、弘改给折色，以足商人引额，法尚在也。天启而后，无所谓给商者。商人纳引，官取其税，如榷关然。迨执引买盐，与灶丁相市，聊别于私贩而已。

嘉靖十四年，两浙每正盐一引，连包重二百五十斤，原定四钱者，减作三钱五分，余盐通融二百斤为一引，属嘉兴批验所者引五钱。

按引四百斤者，正也。自大引改为小引，于是一引分为二引，引二百斤矣。迨余盐亦入引额，而正引稍益斤数以优商，故有连包索二百五十斤之例。若两淮有每引五百五十斤者，正余盐俱入数，又不同于两浙也。

陈志云：盐取精于日，成形于火。淫雨沙淡，久阴沙湿，不能成盐，价亦时踊。其产盐之地，自宝山至九团，谓之穷海，水不成盐，鳞介亦鲜；自川沙至一团，水咸可煮，亦有海错；惟南汇沙嘴及四团尤饶。按滨海盐场，每场亩许，用削刀平沙，如灰铺匀，担水浇晒，哺后用板推夹，成一长埂，以防夜雨。明晨翻开，仍晒如前，渐成盐花。盛夏二日，秋冬四日，晒力方足。严冬西北风，殊胜日晒也。倘将成而值久雨，则复无用矣。先此筑土圈如垒，名曰橐。旁凿一井，以竹筒潜通之。俟沙力既足，乃取短木铺橐底，冒以稻草与灰，然后聚场沙置橐上，再覆以稻草与灰，挑水泼之，使水由竹筒渗入井中，是日滴卤。验卤之法：以石莲肉投入，浮者为真。其杂以水者，味薄不堪煮，石莲亦沉矣。煎法：一灶四镬，首镬近火，末镬近突，以次递热，运至大镬，取惜薪也。煎周日而始成盐。煎时镬上捞起者曰捞盐。白而干洁，盐之上者。每卤二大镬，俗呼一荡，得盐可二百斤。大较盐之盈缩，系乎雨旸，贵贱视乎薪价。近者内荡既皆成田，而海薪复绝，况商纪顿贫，各灶盐壅，为力劳而获又寡，煮海之民始瘁矣。另有甃砖作场，以沙铺之，浇以滴卤，晒于烈日中，一日可以成盐，莹如水晶，谓之晒盐，价倍于常。惟盛夏有之，不能多得。

附 注

注一：秀野桥跨此南接秀州塘。

注二：凡夏税、麦豆、丝绵、户口、食盐、马草、义役、军需、颜料、逃绝、积荒、田粮、起运、脚耗，悉于此支拨。其后视岁丰凶及会计多寡，或减或加，率不出此数。

注三：俗名轻赍。

注四：白熟粳糯米每一石（准平米一石二斗）。已上于轻则民田上照粮均派。

注五：自是荒芜开辟，秋粮加耗，每石减至六斗，又岁积余米数万。

注六：《会典》：正统四年，奏准苏、松等府官民田地因水坍涨，在处有司丈量，涨出者给附近小民承种，照民田例起科；坍没者，悉与开豁税粮。

注七：先是潮汐由吴淞口入，朔望率以子午为信。万历八年，潮决李家洪，去故道南二十里许，潮汐遂早数刻，帆舶出没尤便。

注八：初，钱氏国除，田税尚仍旧，亩税三斗。太宗命王贽为转运使，来均杂税，贽悉令亩税一斗，至今便之。（《吴郡志》）

注九：《实录》：洪武七年五月，上以苏、松、嘉、湖四府近年所籍之田租税太重，特令户部计其数，如亩税七斗五升者，除其半，以苏民力。十三年三月壬辰朔，命户部减苏、松、嘉、湖四府重租粮额，旧额田亩科七斗五升至四斗四升者，减十之二；四斗三升至三斗六升者，俱止征三斗五升；以下仍旧。自今年为始，通行改科。

注十：自周文襄厘定赋额，于税粮之外设耗米以充纲运及杂供诸费，至郑元韶均粮，犹仿此意。故万历二年，税粮起运存留正数尚可考也。其后会计止分平米本折，而税粮正耗杂派，淆乱莫辨，非赋法之旧矣。

注十一：元年，复建青浦县。

注十二：辽饷银一万四千八百六十六两九钱六分。四十八年，户部札付又加三厘五毫，兵、工二部又坐派一厘。天启元年，照征。院、道于内扣银买米与漕船带价外，实解部银二万四千二百五十二两三钱三分。

注十三：《新志》：自官吏贪窳，或受势豪掩庇，或经贿赂免差，则应役者少，役少而工多，则费益增。且贿重，则派段少而近；贿轻，则派段多而远。继而泥头包揽，不餍不已。或塘长贫不能应率夫开濬，则催趱之，委官督押之，衙役索勒万端，费更数倍。至天启年间，将无工开浚，图分派纳银若干，名曰纳旷。或偶行修建，别工而大半饱官胥之腹矣。

注十四：成化十八年，都指挥郭鋐筑城周三里。嘉靖四十五年，奏建参将府，移镇海卫中千户所，领军一千名防守。万历初，改游击七甲港把守官军营。南沙守御官军营，嘉靖十九年，南沙盗平，奏置。

注十五：《州志》作六：茜泾、杨林、纮字、十里、茳字、秋字。

注十六：《新志》云：今属刘河千户所者，平夷、破倭、丁泾、新塘、七丫港、双鸣泾、浪港、鹿鸣泾、唐茜泾、钱泾十一墩，遗失一墩，在太仓界。黄浜、白茆港二墩在常熟界。内推甘草司四墩在属，余栽去。三巡检司所遗二十二墩，竟不审何属，而甘草司四墩外，凡九墩，又与三巡检司旧墩名绝不相蒙。兵防之不修，即掌故无稽，可慨也。

注十七：其后柴价改征为米。

注十八：又载宋景定中黄震《请罢华亭分司状》，又论复租额在恤亭丁，又论榷禁。元延祐中，叶知本陈减盐价，俱可采。

常镇备录

《武进县志》

额赋

宣德七年（注一），钦赐礼部尚书胡濙原抄没孙昂入官田一千三百五十亩，房屋一所，门面内房共二百零八间，基地十六亩。奏奉圣旨："房钱税粮都不要你纳。"户部随给常字三百三十七号勘札行文抚按，将税粮差役尽行蠲除。

宣德八年（注二），巡抚、侍郎周忱请立均征加耗法，大略谓：苏、常诸府税粮，自洪、永以来，逋多待免，大户及巾靴游谈之士，例不纳粮。纳无赠耗，椎髻秉耒小民，被迫累年拖扰不完。据苏州一府，自宣德元年以来，积欠米麦至七百九十三万六千九百九十石，松、常等府，莫不皆然。今议诸府税粮，各连加耗并船脚使用等米，一总征收拨运，又将衬仓芦席并作囤稻草，取勘见数，仍以加耗余米留存赈济，或与人户包纳夏税、马草、农桑、丝绢等项。于是诸府钱粮始得清完。

建济农仓：看得苏、松、常三府，土壤虽饶，民生甚困，耕耘灌救，修筑疏浚，无有已时，类皆乏食。又其转输粮税，或罹风盗之患，未免借贷贵豪，倍厚酬息。攘夺益急，兼并日盛，以致农民弃其本业。膏腴之壤，渐至荒芜，地利削而国赋亏矣。臣于宣德八年，区画设立水次仓厫，连加耗船脚一总征收，并先奏准，节省耗米六十万石，见在各处囤贮。今欲于三府属县，各设济农仓一所，收贮前米。遇后农民乏食，或运粮遭风失盗，俱于此给借、赈济、赔纳，秋成各令抵斗还官，免其倍息举债，以资兼并。

立京俸就支法：先是苏、松、常三府岁运南京仓米一百万石，以为北京武职之俸，每石外加盘用耗米六斗。然前俸既可以南京支取，独不可于三府就取乎？是岁，减耗米六十万石。

正统二年，复请立马役：看得洪武间北地被兵，民艰买马当站，兵部议于江南人户，凑合民粮五百石以上，买上马一匹；四百石以上，中马二匹；三百石以上，下马二匹，分拨北京等处当站走递。俟后土民复业，众发替回。永乐初，如令以三年更替为限。时因民粮不敷，又将大小人户官粮编凑，每匹马有编贴四五十家，多至二三百家者。路远费繁，有马死或马头事故，移文勾补者，有铺陈什物损坏，借债置买，回家追赔者，有马头消乏告替，里胥卖富差贫。每一马事故，一夫被勾，贴户数家，俱无宁息。虽连年买补起解，随即弃马逃还。看得各处马驿所在有司，俱有孳生马匹，可以选补驿马；各驿附近卫所旗军，可以选拨当站。约计洪武间借编江南驿马，不过二千余匹，若令照数拨替，则占用在官、军马不多，可免江南数万家征敛勾扰之苦。铺陈什物损坏者，坐派江南府县置办送驿应用。如此，则在官有走递之实，小民无追扰之患。

正统六年，复立买纳马草。苏、常诸府岁供南京马草，溯江西上，风涛阻恶，最为患苦。今令赍价就彼地方易草而纳。俱奉旨行，至令赖之。

嘉靖七年，宜兴知县丁谨疏请，内开府属武、无、江、宜四县前代税额，每亩征五升三合五勺。至正丁酉，武进、宜兴先附天朝，无锡、江阴附近苏州，尚为叛贼窃据，天命征剿，苦战十年，我军乏食。至丁未年，权于武进、宜兴预借次年秋粮，民田每亩五升三合五勺，并作一年起科，遂征至一斗七合。至戊申为洪武元年，常州知府赵良贵以无锡、江阴税粮俱照旧额，独武进、宜兴，抚臣失于申请，并旧额及预借之数概作实征，未曾分豁。宣德间，巡抚周忱独怜二县粮重，奏乞金花银六万四千两，每两折米四石，官布八万疋，每疋折米一石，尽派二县。岁远政更，金花银每两折米二石八斗，省出之数，反包别用。官布八万疋，亦为松江、嘉定二处分去三万疋。二县虽有银布之名，殊无银布之利，赋役之苦，其来如此。乞转行巡抚衙门，金花每两照旧折征，官布为松江、嘉定分去者，照旧复还分派，仍将例岁派耗米，比照江阴、无锡减半科征，以补二县重额之数。行勘间，本府知府张大纶勘得无锡之粮得与江阴同，宜兴、武进反不得与无锡比，委系不平。然旧额卒难擅改，但取彼之余，包此之耗，此又善体文襄之意而权不戾经也。每亩得减耗米三升五合，本县共免米一万八百石有奇，永为例。

嘉靖十六年，知府应槚谨议，常年会计，奉户部开坐税粮马草起存各衙门本折色数目到府，派属征运，原未立有法程，故轻可挪重，重可挪轻，奸弊百出，莫能查考。本府钱粮，有白粳糯米，次等白粳米，有糙粳米，有金花，有白银，有官布；田地斗则，有七斗、六斗以下，有五斗、四斗以下，有三斗、二斗、一斗以下。前周文襄公立法，七斗至四斗，则纳金花、官布轻赍折色，二斗、一斗，则纳白粮糙米重等本色。因田则轻重而为损益，法非不善也，但法久弊生，官司以情奉金花，奸富以利买金花，书算以官田作民田，轻则改重则，巧于飞诡，非一人一日所能查理。贫寒小民，吞声认重则，纳本色，虽欲告理而难于悉达者，势则使然也。其夏税麦丝每年分各会计于秋粮田上征办，近从民便。比照湖州府均耗事例，申蒙本院验粮均摊，通算所属各县秋粮夏麦实在之数，随粮合用耗脚，并作一次会计，共该本色米若干，折色银若干，其白细糯粳、次等白粳、糙粮，头绪虽多，然准米科数，皆谓之本色；其金花、白银、官布，各色虽异，然计银扣派，均谓之折色。撮烦就简，分为二项。每粮一石，验派本色米若干，折色银若干。救弊之法，可谓要矣。又各属田有多寡，则有轻重，欲将合用耗脚，将本府所属官民田地、山滩塘荡等项，除魏国公徐义庄并冲成涧壑田地止征原额米麦，俱免加耗外，其各属官民田地若干，原额米麦各若干，合用不等脚耗若干，各随多寡加减，分为官民二则。官民山滩塘荡淹圩埂正耗另为一则，若正米数多而耗米递减；若正米数少而耗米递加。如其县官田地若干，正米若干，小麦若干，耗米若干，不论则数每亩均科平米若干；民田地若干，正米若干，小麦若干，耗米若干，不论则数，每亩均科平米若干；官民山滩塘荡等项若干，正米若干，耗米若干，不论则数，每亩均科平米若干，通融损益，庶几官府易征，小民易晓。非惟可革里书（注三）增减挪诡之弊，重则之田亦乐买，贫无不售之产；积荒之田亦乐种，野无不耕之土。计亩均输，税各归田，尤为均平。里甲无包赔之苦，官民两便。然起存税粮，各县不等，查照先令酌量处分均摊。其充军北运白糙粮米，派与武、无、江、宜四县。如南运白糙米，若各卫仓粮尽派靖江一县。其余各衙门本折麦米绢草盐钞义役马役，均派阖属五县。官布折价较诸金花彼此相若，仍依旧规分派武进、宜兴二县。如此，庶原额不失，均摊有定，均则无独累之苦，简则小民无欺蔽之私矣。

隆庆二年，乡民比例均科，将官民田一万四千二百九十一顷一亩一分三厘，每亩均科平米二斗一升五合一勺五抄八撮一圭七粟六颗三粒，民山荡如故。自是官田之则遂废，而民田每亩为赔米二升一合三勺矣（注四）。

先是嘉靖三十二年，无锡知县王其勤丈田，竟并官民田地均为三则，吾邑亦遂仿而行之。不知官田者，抄没入官，朝廷之田也，民间止是佃种，未尝纳价。其每年上纳，止系官租，原非税粮。凡为民间平田佃种者，率完租米一石，官田重至七斗；其高低民田佃种者率完租七八斗，官田轻至四斗，其视佃民田者已属轻额矣。故当时奸顽之民敢于拖赖钱粮者，多佃官田，良民不愿也。说者不察，目租为粮，遂病其重，一概均于民田，令其赔补，将朝廷入官之田，无价而白与顽民，将原额所纳之租，无辜而重害平民。非理非法，殊为可怪。即当时籍口，不过为则多，人易为奸，然当是犹止官、民二则，近为平沙高低，或三则，或六则矣。三则、六则不苦其为奸，二则反苦之乎？即欲均粮，当存其额可也。藉有如胡忠安者起，朝廷欲赐之田，将何所取？大都精于钱谷，先无如周文襄，后无如应郡侯，苟于民便，于法宜，二公当先为之，岂止令官田自为一则，民田自为一则也？

万历十年，奉旨通县丈量。旧制丈量之法，有鱼鳞图。每县以四境为界，乡都如之。田地以丘相挨，如鱼鳞之相比。或官或民，或高或圩，或肥或瘠，或山或荡，逐图细注，而业主之姓名随之，年月卖买，则年有开注。人虽变迁不一，田则一定不移，是之谓以田为母，以人为子，子依乎母而的的可据，纵欲诡寄埋没而不可得也。此鱼鳞图之制然也。自此制一废，以田随户，以户领田，户既可以挪移，而田即因之变乱，母依乎子，变动不拘。官民、肥瘠、高圩、山荡存于籍者，特其概尔，名是而实非。于是图亏角折之虚粮，不可胜计，而县总操欺隐洒派之权。是年丈量，尝造鱼鳞图。闻之每图实费数金，推求缮写，不啻再三，总而藏之在官。未数年来，胥史恶之，毁弃殆尽，有抱而鬻之市人之用楮者。自后飞诡复出，莫可端倪。即如万历三十一年，乡民金某身为总书，一旦欺隐田六百余亩，洒派众户，己则阴食其糈，而令一县穷民代之税。后同事者讼其奸，竟为一二缙绅所护脱。即一以推其余，弊亦何可穷诘也！且其时畏法者尺土不遗，奸顽者连阡多漏。欲求其策，必如县令马君汝璋开浚法乎！其法以一百八十丈为一里，每里总该田五百四十亩，内再逐一分丈塘沟若干，圩埂若干，基坟若干，河街若干，以其细数合其总数，然后总概县若干里而合算之。是或一道也。闻近日江阴丈田，邑侯郝君敬用此法而加密，诸奸丧气，惜役未毕而郝以左迁罢。今日足国裕民之大计，无如清税法。清税法，无如穷总书。总书之窟穴非一日，智计非一人，影射片时，推掩岁月，然而不难察也。第得一严明之令，如隆庆间上虞谢公，而奸穷矣。而又严立鱼鳞图之制，专责典守于户房，著为令甲，有如损一图者坐不赦。爬搜剔抉，其庶几乎！窃尝谓令武进者，能穷户籍胥史之奸，而为民造福不浅矣。

唐荆川先生《答施武陵书》曰：方田一法，不难于量田，而最难于核田。盖田有肥瘠，难以一概论亩，须于未丈量之前，先核一县之田，定为三等，必得其实，然后丈量，乃可用折算法定亩。如《周礼》一易之田家百亩，再易家二百亩，三易家三百亩，此为定亩起赋之准。亦尝观国初折亩定税之法，腴乡田必窄，瘠乡田必宽，亦甚得古意。今兹不先核田，便行丈量，则腴乡之重则必减，瘠乡之轻则必加，非均平之道也。量田之难，全在乎此。至于丈量法，其简易者具之《九章算法》中，须兄自明此意乃可。若付之下人为之，不无弊也。

万历十一年，改科田。据经赋册开靖江县县治滨江，其田土多系涨沙积成，故称曰沙。然而坍涨不一，坍则宜豁其粮，涨则宜加之赋，以故旧例每五年清丈一次，除以涨抵坍外，不足，则以概县粮额摊补，有余则亦概县摊减，惟求不失原额而已。倘告坍非其时者，有司不得与理；告升科者，暂以其米贮本县济农仓备赈，务报循环，以便稽查，仍伺应丈之年，方许收册算派。若频数则乱赋法，徒滋奸人欺弊，非其宜也。今后傍邑有告坍者，宜照靖江县例行。仍必责令告坍之人，查有新涨田土，方许代豁。

是年去丈量仅一岁耳，而纷纷告改科，何耶？闻当时科之高低，以田主之强弱为低昂，故往往沙得平而平反入于高下之则。其后历年告改，抑或由此。大率告升告改，多出于西北沿江诸民。滩沙积散不常，岁月转升靡定，而人情巧诈亦叵测。万历三十年，奸民中言利之旨，中官下勘，势张甚，地方汹汹，赖当事者委曲调停，得以无患。今黄山脚诸处日渐涨成田，民争利之。《镇江志》云：王端毅公抚江南，议以各处临湖滨江，东坍西涨田地，名曰新增，实非旧额，将此等钱粮不入黄册，另为白册，以补小民之包赔。意可师也。

唐鹤征曰：予尝总计吾邑之赋，当洪武初，亩田课米五升，后以渐增，至乎十年，垦田九千三百余顷，冬夏赋以十四万石有奇。宣、成间，垦田一万五千余顷，冬夏赋以二十三万石有奇，几一百二十年增三之一。然垦田几倍之，赋似增而实减也。万历年来，合田地山塘荡等项，止一万七千余顷，冬夏赋额遂至三十一万五百石有奇，亦百二十年又增三之一矣。然田增至二千顷，以增校旧赋几倍也。何前增之寡而后增之多乎？语云："沧海不能实漏卮。"矧非沧海乎？截长补短，方四百八十余里，山陵湖荡几半之，乌足以供？且利之所在，蠹之所丛，苟非强察之吏爬搜剔抉，则上取其一而下费其十，奈何望其不涸不竭也？其最繁于输者惟本色。以军运者曰军储，几二石而致一石；以民运者曰白粮，内官供用光禄及泾景福三府之入是也，几五石而致一石；运至南京卫仓者，则以一石五斗而致一石，乃其最省者也。折色则以办金花、官布、漕折、轻赍、马草、农桑、盐钞、朱漆、茶蜡、篆笋、牲口料价、段疋胖袄、马役及光禄粳糯之折，府部南北公侯禄俸之折，凤阳、寿、亳、淮、扬、镇江诸仓之折，至南京之山川坛祠祭署供用、库酒醋局、光禄寺之蜂蜜砂糖，皆有折焉，盖不胜其琐细也。嘉靖初，赋额既悬，会计无定，盖自亩七斗六升以至二斗一升，不下十有余则。周文襄公忱乃权以本折之难易以求其平。至欧阳抚公铎始以本府应公櫃议，裒多益寡，通融为一；惟官田民田不容紊易，各为一则而已。正耗本折，以时会计，虽在轻额者不无苦于顿增，然赋有定额，会有定时，吏胥不得低昂，贪暴不得横征矣。故吾常之民，无问知愚，至今颂烈焉。然清赋额犹易，清田额更难；盖有有田而无赋者，有有赋而无田者。其原起于富家之宕子，急于售产，不暇推收，久之而推者无所归；里胥之奸轨，巧于飞洒，久之而纳者不知其自下困贫民，上亏国赋。延至万历初年，势穷当变，江陵奉旨遍宇内而丈焉。初意止期均赋，不期增额也，奉行太过，悉求增以为功。然围筑开垦，为日已久，纵实步之，未有不增者。始虞其无增，则严刑峻法，山场沟荡悉丈为田，增额过当；及至归户，则上行其私，下恣其弊，所增之额全不在官矣。故畏法者取盈虚丈，仍有赋而无田；巧法者阴缩增额，终有田而无赋。于今二十年来，积弊日增，大抵西北之田，视之虽平，沙瘠难肥，矧其高者，东南之田，视之虽下，土饶易粪，矧其平者。山陵时垦，咫尺荒辟，未足深据；边滩围筑，一成灾畬，终有可期，尤当少为剂量焉耳。具录起存款项备查。

秋粮本色起运：兑军儹运糙正米，内官监白熟细正米、白熟粳正米，供用库白熟粳正米，光禄寺白熟粳正米、白熟糯正米，景府、泾府养赡禄白梗正米，府部等衙门糙正米，牺牲所糯稻谷准糙正米，南京各卫仓糙正米。秋粮本色存留：存恤孤老口粮米。秋粮折色起运：京库米折金花银，阔白棉布折色布银，府部等衙门米折银，宗人府米折银，公侯禄米折银，甲丁二库朱漆料银，供用库本色蜡茶银、折色黄蜡银，光禄寺篆笋料银、牲口料银，工部四司织造料银、箭枝料银、砖料银、岁造段疋银，南公侯驸马伯府部等衙门俸米折银、禄米折银，南光禄寺蜜糖料银、柴薪脚价银，南户部茶课银、马役银，扬州府仓米折银，镇江卫浅船料银，江北河工米折银、轻赍银、过江水脚银、芦席银。夏税折色起运：京库麦折金花银，农桑丝折绢银，户口食盐钞价银，公侯麦折银，南山川坛籍田祠祭署正麦折银，扬州府仓、淮安府仓、凤阳府仓、寿州仓、亳州仓、镇江府仓各麦折银。马草折色起运：京库草折银，南供用库酒醋面局草折银，南户部定场草折银，镇江府草折银。衙门岁用起运：修河米折银，甲丁二库朱漆铺垫银、官布铺垫银，山川坛耗麦折银，白粮车脚银，贴役解扛银。衙门岁用存留：府县官吏、两学师生吏折俸银，练兵并新增兵饷银，芦滩课粒银。另解进秈银米。以上惟兑军、轻赍、水脚、芦席属军运，余俱民运。

里徭

国朝役法（注五），以编民一十一户为一甲，每甲推择丁田多者一人为长，是为田甲。甲领中产十户为甲首，其丁产不任役者带管甲后，是为畸零。十甲为一里。每年轮一田甲应役，谓之里长。管摄十甲，催办钱粮，勾摄公务。以里而派者谓之里甲，以田而派者谓之均徭。其初差有银力，重轻烦简不等，民甚苦之。弘、正以前不可考。

正德间，本府同知马议将通县田地均分十段，别造十段文册，每年编审一段。初甚便之，而后造册之时，富民巧为规避，人户消长参错，多有产去差存者，讼牒纷纭，官民病焉。

嘉靖元年，巡抚罗议将里甲均徭，俱行三则编审。以家资富盛及丁田居上者为上户，丁田数少、家道颇可者为中户，丁田消乏者为下户。某项徭役重大，合派上三则人户；某项徭轻省，合派中下人户。一户或编一差及数差，或数户朋一差。务期酌量贫富，定拟差役，轻重适均。

嘉靖十四年。知县马汝彰据里书开报轮审人户丁田数目到县，对核征黄二册，多有奸民贿通里书，以田地挪前移后，花分诡寄，潜避差徭。今议将概县官田一千三百九十六顷六十二亩七分，每五亩折民田一亩，共折民田二百五十九顷三十三亩五分，实在民田一万二千九百五十八顷八十一亩四分；山荡七百五十四顷七十八亩，每十亩折民田一亩，共折民田七十五顷四十七亩八分；人丁十二万四千三百九十八丁，每丁折民田一亩，共折民田一千二百四十三顷九十八亩，四项共折民田一万四千五百五十七顷五十九亩七分有奇。内除第一年、二年审过外，民田一万一千六百四十六顷七亩七分九厘二毫，画为八年，每年输民田一千三百三十顷七十五亩九分七厘四毫五丝，攒造文册，刻立石碑，每年以一段编佥。此所谓十段册也。

嘉靖十六年，知府应槚议立里甲均徭。议曰：力并则易疲，事分则易办。里甲均徭分为二事，凡以便民也。奈何本府田粮，每岁推收，奸徒得以计避？申蒙本院议准通县算编，则其事分，其力愈省矣。但里徭有异而丁粮无二，若仍二次编审，亦不免于烦扰。今将各项合用数目，总会而并征之，仍查照旧额，各以类分，法虽简而实不废也。其见年里甲每里出夫一名，专一投递及不时做工而已。官吏人等俱不得免。

嘉靖二十一年，巡抚、都御史夏邦谟札付：均徭旧规，十年一编，本有一劳九逸之宜，缘何建议更改？即今一年一编，似有众轻易举之便，缘何民不乐从？二者之间，要见何者便民？何为病民？何者经久可通？何为窒碍难行？不许泛为两可及避嫌迁就，以贻民患。其以前役过自第六甲至十甲人户，若与以后未役第一甲至第五甲人户，一概以十年轮编，则役过者似有偏累之亏，而未役者不无轻省之幸，务须裒益得宜，酌处停当，俾人心允服而经久可行。巡按舒汀条开均徭之害：旧规十年一编，得九年安息。近用概县通编之法，闻其轮年均徭之役，亦所不免，遂有大均徭、小均徭之说，弊端甚多，催征不息，是否前弊，应否复旧，合行勘拟。知县徐良传议得均徭一款，十年一编，出银虽多，而百姓有九年之空；一年一编，出银虽少，而百姓无息肩之期。况田野细民投柜银两，或假手于见年之里长，或包纳于积年之歇家，多收少报，美入恶出，其弊滋甚。不若先年十段册，将概县丁田分作十段，多寡之数，大略相等。一年一段，较若画一，可以革旧时挪移之弊，可以免近年骚屑之患，官民两便，经久可行也。旧时均徭之弊，挪移出甲，十甲之内，不着一差。十段册之法，正为革此弊而设。何也？人户之消长不齐，田地则一定不易，故十段册专以田地为主，不以人户推收为主。如一县有田十万顷，分作十段，则每年该得一段，为田一万顷，官司惟据此一万顷之田点差，中间人户推收，纵有不齐，而田地固自若，官司亦不必复问之矣。出甲之计，将安所施？故曰可以革旧时挪移之弊。又此法一定，百姓皆得豫为之所，商贾之贸迁，工匠之执技，闾民之转移执事者，亦将归而计九年之赢，为一年之役，既役之后，又将熙熙而乐，东西南北，无不可者，鼛鼓之召不复惊，里胥之席不复设，故曰可以免近年骚屑之患。有此二便，至于秋粮带征，则又有可讲者。夫有田则有租，税粮是也；有身则有庸，徭役是也。徭役而尽为银差也。虽并入税粮，可也。一年徭役，银力若干，而力差又有重有轻，如斗级库子之类，仓库出纳，动经数年，非有司临时遴取殷实良善之家，而一概付之无心之会计，万一亡赖之徒肆为侵盗，此其当讲者一也。常年会计在秋冬之交，而徭役百需，则自入春正月朔日以来，即无一事一人可阙，势必预为一年之计而后可，此其当讲者二也。税粮自功臣田土之外，无弗上纳，而徭役则有全免者，有免其半者，有免其十之二三者，分更分漏，会计将益难矣，此其当讲者三也。终不若十段册之为简便周尽也。本县上自大夫，下至闾阎小民，群然以复十段册为善。及据无锡、江阴、宜兴、靖江县申各相同。呈府转详巡按周批，据议委曲详尽，着实举行。

邑人编修唐顺之《与苏州守王仪书》曰：执事所病于均徭旧法之不可行者，其说大概有五：大户之诡寄也，奸猾之挪移也，花分也，贿买也，官户之滥免也。大户之诡寄，起于官户之滥免，则此二弊者，其实一弊也。夫滥免、诡寄之弊，谓某官例得免田千亩，而自有田万亩，或自无田而受诡寄田万亩，则散万亩于十甲而岁免千亩，实则万亩皆不当差也。其说是矣。然虽其以万亩而散之各甲，以岁岁幸免千亩者，必非各甲皆是本官真名与皆注本官者也，必将田甲诡为之名也。使其田甲皆是本官真名而不诡为之名，则一人而十甲，其为奸固易破矣。若必是一甲为真名而诸甲诡为之名，遇其真名与注官之甲则免，其非真名与注官之甲不得免，即十年亦止免一年耳，安得岁岁幸免也。不然，均徭册外别置一册，注每岁所尝蠲免之数，如某官例免田千亩，而一甲内已免过田七八百亩，纵或二甲、三甲有田，许撞足例免之数，数外则役。如此则虽甲甲免，岁岁免，亦止得一甲一岁该免之数，又安得以千亩影免万亩也？此法在一强察吏执之，虽真是官户之田，亦不得觊额外滥免，况诡寄乎？至于移甲之弊，则执事所谓只据黄册或十段册，足以革矣。而又病于黄册与十段册之不可据者，则固以为与每岁推收之法相碍也。夫每岁推收，宜于赋，不宜于役。十年定册，宜于役，不宜于赋。役主户，赋主田。赋则随田流转，役则依户拟注。是以赋法则既准之每岁旋造之征册，所以便民之灌输；役法则宜准之十年并造之黄册，所以便民之点差。即此两法，本不相缩，而执事又疑于据定册编差，或有田既卖而差仍累者，则编差之际，其人必自言于官曰：“吾田已卖之某人，而某人宜顶吾差。”于是官为之按其实，而以某人顶某人差。如此，则是以虚名编差者，故卖主也。以实力顶差者，新买主也。故卖主以虚名编差，可以无乱乎定差之籍。新买主以实力顶差，可以无累乎鬻田之人。且夫役法上下其户以差，其甲之钱，聚则稍重而散则稍轻。花分者，只可花分子户以移稍重而就稍轻，其实不得花分鬼名以移绝有而就绝无也。且十年轮编，不能禁人之花分，而一年一编，又安能使人必不花分？则在严之于攒籍之始，而非所以较于编差之际也。贿买一说，曩时轮岁编差，则豪民以贿避力差而请银差。今时岁岁编差，则豪民以贿避差头而请贴户。曩时轮岁编差，则户胥之家，一年而集一甲豪民之金；今时岁岁编差，则户胥之家，一年而集一县豪民之金。大抵论诡寄、贿买两弊，则系乎令长之强察与否，不系乎轮年与不轮年也。论花分、移甲两弊，则系乎册籍之精核与否，不系乎轮年与不轮年也。法无全利，亦无全害。以轮年一编为全害乎？而可使小民一岁忍苦出钱，九岁宴然坐食。以一年一编为全利乎？纵可以尽革诡寄、贿买、花分、移甲之弊，而不能不使穷僻小民岁岁裹粮集钱，奔走城郭。此其利病亦自相准。古有之：利不百，不变法。先时有司激于官户豪家之暗损小民，然却不就旧法中调停裒益而骤变之，以收一切之效，以为此足以裁损官户豪民而已，不知小民亦竟受其病。今之万口呲呲，喧然称不便者，未必尽出于官户豪民，而往往多出于穷僻困阨之小民矣。请试言小民之所最不便者，大概亦有数说。且如一邑丁田，以十分为率，往时一岁编审一分，其为数则狭，令长耳目差易遍，持筹而算之差易办，纵有弊焉，而差易以察。今一岁尽审十分，则其为数顿阔于往时十倍，令长一人耳目、筹算所缺漏处必益多。耳目、筹算缺漏益多，则户书里胥之权益以重，奸民益得以输金于权之所重，以为规避。小民无金可输，则岁受苦役，益无所诉，而令长则益不能觉察。若此者，非曩之令长多精强而后之令长多鹘突也，其繁简阔狭之势实然。而执事乃谓轮年则胥猾多得售奸，不轮年则胥猾多不得售奸，岂别有说耶？不然，何其与吾所闻异耶？又如一力差约银十两为率，往时十年一编，正户约银五两，贴户约银五两，则贴户五而足矣。人数既寡，故其裒而敛之也不难。今一年一编，则曩率出银一两者，今减而出十分两之一，曩用贴户五者，今必增而用贴户之为五者十，人数既广，其势必散，有差头终岁物色，尚不能遍识贴户之门者，何况能尽敛其钱？是以往时所病，正户饕餮贴户，今时所病，贴户耗损正户，小民不幸被点正户，则破家矣。若此者，非曩时之正户皆强梁，而今之正户皆懦弱也，其聚散零总之势，亦必至此，而不足怪。又如银差，曩之法，岁总纳银一两；则今之法，岁零纳银一钱。纳多者其倍称之数必重，纳一两纵倍之三两而奇，足以纳矣；纳一钱，非倍之四钱五钱或至八九钱，不足以纳也。此其总纳则费固轻，而零纳则费固重也。不独如是而已，以一两总纳之一年，则是为一两之银，一遍赴官守候交纳，一遍往来盘费；设或交纳不时，公人一遍下乡需索而已。今以一两而散纳之十年，则是为一钱之银，亦一遍赴官守候交纳，一遍往来盘费；设或交纳不时，公人亦一遍下乡需索，是今日一钱之累并不减于一两，而曩日一年之累，乃浸淫于十年，其为便耶？其为不便耶？其最不便者其为坊郭之豪民耶？其为穷僻之细民耶？此其为病不可枚举，恐不特如执事所谓似涉骚扰而已也。则今法之当变，理在不疑。秋粮带征之说，既格于复除之无定数而不可行矣。惟用十段册法，则可以革诡寄、移甲诸弊，而无一岁一役之扰。然执事因黄册之不可行，而疑于十段册之不可行者，则亦有说。夫黄册之不可行者，黄册之法敝也；黄册之法敝，而邑之丁与田大半不登焉。故十段册者，为之括其欺隐以补黄册之不及，以均平力征而已。使黄册果无弊乎，则径用黄册编差可也。使黄册不能无弊乎，则为之十段册以补黄册之不及而编差焉，可也。因黄册之不可行，而并疑于十段册之不可行，则过也。执事又谓常州赋稍轻，苏州赋稍重，则其法不可画一；故常州自宜从旧法，苏州自宜从新法。夫赋自重轻，而人情之好逸厌烦，好省厌费，则胡人度之越人，固有不甚相远。执事其试察之，窃恐苏之民之情，不甚远乎常之民之情，而法之可行于常者，未必不可行于苏也（注六）。嘉靖四十三年，巡抚陈瑞查得库役专司看守，非供应役也。乃近来有司以库子为铺户，有花段卓席之烦，有收支赔补之苦，他如公堂拜见、纸笔下程、各衙油炭椅卓日用果菜之类，无不取给焉。是以千金之家，费八九百不能当一年之役，累六七载，不能了一年之差。至于河下斗级供应，亦令库役预借支给，是以一县重差，取足于三四人之身。为民父母，何忍虐使其子至此也！今后各府州县掌印官，库子止令看守库藏，不许仍前滥派，及接受拜见公堂之费，果事有不得已者，动支官钱；礼有不可废者，申明上司。与其虐取于民，孰若公出于官；与其敛怨于下，孰若分谤于上。违者重论究不贷。嗣后并禁祗应。

隆庆二年，巡抚林润札开：徭里虽系两途，丁田实出一事，故民间疾苦，所系惟均。据嘉靖十七年书册出入有稽，未尝不善，奈何法久弊生。或用坐派之频仍，编立空役；或因原议之太狭，私自加增；或经一事之申允，辄为旧规；或以冲途之浩繁，另立名色。查盘之所不及，书册至不相蒙。又如朝觐宾兴等银，三年带征以供一年之用；导河夫备用等银，节年常征以应不时之需。与凡一切不急之费，经收利其可缓而任意侵挪，官吏交代不常而漫无稽考。及临期不敷，非提编下甲，则另派百姓矣。仰将里甲一应公费，参酌地方繁简，斟酌的确议报等因，随该本府知府许岳议，得各属里甲，如庆贺、表笺、祭祀、乡饮之类，详备无议外，惟科贡考校、公费供应、修理城垣衙门、新官到任器物、使客礼仪备用等项不敷，幸有另派总甲、里长、夫役等银数千，互相济用。近蒙裁革，益苦不足。今议应因者因，应革者革，应增减者量行增减。四县俱以均徭轮段丁田算派，人每丁折田二亩，山塘以十折田之一，总计一年合用之银，原共银八千四百三十七两二钱零，每年共增银二千八百八十九两三钱，然实减总甲、夫役等银共六千二百六十余两矣。编定银数，遇用申支，三年带征科贡等银，按季解府候给，永为遵守。

是年，巡抚林润又札开：均徭者，必丁田齐一，轻重得宜，乃均也。今查十段册，如丁田多而优免又少者，则人户编银即少；丁田少而优免又多者，则人户编银即多，以致规避成风，多寡悬隔。此银差之不均也。力差中如州县总解户、斗库、船头等役，所费十倍，极重；民壮巡拦等役，费一二倍，稍轻。今以田力富饶之家，反得轻役；而瘠薄中人之产，反得重差。此力差之不均也。甚者奸猾之辈，轮甲将到，而预跳别甲以规避，投靠托势。力差既避，并银差得以概免。富者日强，贫者日累，何以均徭为哉！合无行府吊取各县十段丁田逐一查理，裒多益寡，务得其平。除已应役外，其未轮年分，各候该年，即有过割，不得听从规避。一年止编一段，即有别故，不得擅提下甲。应优免者，照旧例填发，不得徇势豪增减；应银力者，照田力编审，不得任里役轻重。寄庄人户，不许市恩冒免；本处官户，毋得分门重叠。上户不得讨占银差，下户不得混编重役等因。随该本府知府许岳议得本府所属武、无、江、宜四县丁田旧规，一例十段轮流编审。近该本府知府李幼滋查得力差赔费颇重，议从田起；银差纳官颇便，议从丁起。其田不及二十五亩者亦编银差，每年轮审一段，轮段人户关领官银，照役出力当差。又查得向来优免太滥，小民苦累。宜照近议题奏事例，优免十年止免一年，一年止免本户，不得分外加增及各段各户混免。仍将免过丁田分注轮段之下，以便稽查。

隆庆四年，巡抚朱大器行条编法。先是江西诸郡行条编法，人皆称便。至是兵宪蔡国熙广询而力行之。其法：先总概州县每年银差若干，其力差应出雇役银若干，其繁苦而应加增者，明为加增，共该银若干。次总一州县实在丁田若干，除优免外，将一岁合用之数，均派丁田，并入秋粮征办。应解者官自发解，应雇者官自给值，并里甲每田一亩，大约共输银一分五厘有奇。百姓不知有徭里之差矣，至今永为例云。

隆庆六年，巡抚张佳胤、巡按李学诗议前项徭银，派入秋粮会计带征。唐鹤征曰：万历初，兵道广平蔡公仿江右条编法，将行之，询于鹤征，鹤征笑曰：差不便于士绅尔，齐民则诚便已。然以私计之，毋乃身为士绅之日寡，子孙为齐民之日久邪？毋乃士绅之不便轻，而子孙之长便重邪？蔡公笑曰：请从其久者、重者。盖先是优免虽有制，京朝官常得全免。即以入粟拜光禄、鸿胪者，田至一二百顷，率得免焉。齐民一佥重役，旦夕破家。诡寄冒免之弊，时方盛行，余故云然。条编者，大略与岁编同。概一县之役，计银若干，科一县之田，亩银若干，第不分银力，率附正赋而征之。既征银入官，官为之雇募应役者也。一时民情翕然称便。既而有行之山东者，齐鲁之民群起哗焉。盖条编主田为算，而每丁折田二亩。江南地土渥饶，以田为富，故赋役一出于田，赋重而役轻，以轻丽重，且捐妄费，安得不利？齐鲁土瘠而寡产，其富在末，故赋主田而役主户，赋轻而役重，以轻带重，田不足供，安得不困？户科都给事中光懋，山东人也，概请罢条编法。会江南诸郡金花愆期，时有御史方巡按江南还，司徒诘其故，御史实不知故，谬言曰：以行条编故，辄混金花于他项支销。户部以为实然，因覆奉旨：金花银两原不在蠲免之数，依拟着另项查征，以后再不许拖欠，致亏国用。前累有旨内外诸司，凡事一遵祖宗成宪，不许妄行更改。近来通不遵守，好为生事扰民。依拟再行申饬，着各抚按督率各有司，各将田粮、差役、里甲、驿递本等职业，实心干理。如旧法有弊，只宜补偏振废，通变宜民，不许妄生意见，条陈更革，反生弊端。违者定以乱成法论。既而余鹤征亦以使还，谒司徒，因请曰："条编法甚善，何部覆若斯之严也？"司徒曰："金花且为淆夺，何言善也？"余骇问故，司徒曰："御史言然。"余曰："非也。"司徒曰："有司事御史实知之，子未之知也。"余曰："乡曲事鹤征实知之，御史未之知也。"司徒曰："何以征之？"余曰：条编法行以癸酉，金花之负在癸酉后，御史言是。负在癸酉前，鹤征言是。司徒入核之，果在癸酉前，因曰："子言良是。然何以知之？"余曰："额赋总征亦曰条编，所称善者，以缓急之权操之有司云尔。

额赋孰急金花者？姑以武进论，折征八万余金，金花居二。即善逋，有不输其二者乎？有二即金花解矣，乌得他支？且先是额赋款目实繁，未有紊乱，胡增一均徭，遽至淆夺也？”司徒曰：“子姑悉言之贻我，我将更覆之以谢其便法者。”余退为书，大略曰：语云：法无全利。斯言非也。条编之法（注七），其全利者乎？议者何其纷纷也？余不知他省，姑就江南言之，不尝岁概一县之田而均之役乎？银力正贴之低昂，有司耳目势必不周，奸胥黠吏上下其手，是岁集一县之贿赂于奸猾也。甫征正赋，复课均徭，是岁两丛一县之追比于有司，两勤一县之勾稽于百姓也。奚其可？不尝十分概县之田而役其一乎？然令中下之家，积十载待一朝之需，不能也；以一年而并十年之额，不任也。即富有力者，既尽其田而编之至数十差，又举其重而责之至数十倍，其幸而瓦全者，吾见亦罕矣。至乎雇役，则雇者与受雇者交相病也；贴役，则贴者与受贴者交相病也。于是乎巧诈百出以逃役，挟贵交者，则诡寄以幸免。不亦银差尔，通奸胥者，则为移甲，为花分。移甲则移未审编之户，入既审编之甲，十年俱不役矣。花分，则以千亩之家，下同于百亩，百亩之家，下同于数亩，避重而就轻矣。虽有神明之宰，安能为然犀之照哉？惟条编，则以一县之役，课一县之田，责之轻者减编，役之重者加算。昔之什百于一家，通融于一县矣。有田者遵额输银，执役者于官领僦。昔之力差，悉为银差矣。额则徭赋分科，征则徭赋并比。昔之终岁比而不竟者，悉以十限毕事矣。岁概一县而征之，安能移甲？岁概一县而银差，安事花分？奸猾何所操其权，势要无庸受其寄，无十年并役之艰，无终岁再征之苦。百亩之家，岁输一金有奇；千亩之家，岁输十金有奇，鼓腹而游，高枕而卧矣。盖并之赋额，似乎稍加，问其徭役，则不免而已。曩者百姓所祠庙而求而不得者，今坐而得之；有司所盗贼而禁而莫止者，悉过而不问。谓之全利，谁曰不然？安得以一孺之伤饱而废婴儿之乳食，一夫之偶覆而弃没人之操舟也？书具，一以奏司徒，一以移江南巡抚胡公。司徒遂更为覆曰：如有地方便于条编者，请从民便。报可。次年，余以使事过句曲，胡公出谒，谒起曰：江南条编，可无变矣。

优免

按正统元年，诏定在京文武诸官，除里甲正役外，一应均徭杂役全免，外官半之。正德十六年，巡抚、都御史罗案验内开：今后随朝文职内官内使，俱如旧例全户优免，其余见在方面之家，各免丁十丁，知府免八丁，同知以下至知县等官各三丁，八品至杂职、省祭、举监、生员、吏典例各二丁，著为例。嘉靖八年二月，诏在京文武官员之家，除里甲正役外，其余一应均徭杂派差役，照依正统元年例行。如有诡寄田粮，靠损小民者，听抚、按参奏治罪。嘉靖十年，礼部尚书汪题准：其有丁多而粮少者，则以丁准粮；丁少而粮多者，则以粮准丁。户内丁粮不及额者，止免实在之数，俱以本户自有丁粮照免。凡有分门远族，毋一概混冒。例载于后。二十二年，巡抚喻茂坚查照部札，各该大小衙门，凡遇审编徭役，悉遵先令原议优免之例。锦衣卫指挥免丁七，千户免丁五，镇抚百户免丁三。内外文臣大小，一如嘉靖十年例。二十四年间题准，例载于后。万历十年，部议清查冒滥，复如嘉靖二十四年例。其见任、居忧、听用、听调、听降、听勘者，照数免；以礼致仕者，免十之七；闲住者半；墨败削职、编户除名者不许。官故即行停免，任子者即照任子品级叙行。其退学生员及纳银儒官、义官、遥授教官、王府典膳，至吏承加纳官带不愿出仕者，止复其身。十四年，河南道御史傅光宅题准照品免粮，照粮免田。每田一亩，准免三升为率，人每丁准田二亩。有丁免丁，不者以田准；有田免田，不者以丁准。例如左：京官一品，嘉靖十年，免粮二十石，人二十丁；二十四年，免粮三十石，人三十丁；今粮准田一千亩，丁如旧。二品，嘉靖十年，免粮十八石，人十八丁；二十四年，粮二十四石，人二十四丁；今准田八百亩，丁如旧。三品，嘉靖十年，免粮十六石，人十六丁；二十四年，免粮二十石，人二十丁；今准田六百七十亩，丁如旧。四品，嘉靖十年，免粮十四石，人十四丁；二十四年，免粮十六石，人十六丁；今准田五百三十五亩，丁如旧。五品，嘉靖十年，免粮十二石，人十二丁；二十四年，免粮十四石，人十四丁；今准田四百七十亩，丁如旧。六品，嘉靖十年，免粮十石，人十丁；二十四年，免粮十二石，人十二丁；今准田四百亩，丁如旧。七品，嘉靖十年，免粮八石，人八丁；二十四年，免粮十石，人十丁；今准田三百三十五亩，丁如旧。八品，嘉靖十年，免粮六石，人六丁；二十四年，免粮八石，人八丁；今准田二百七十亩，丁如旧。九品，嘉靖十年，免粮四石，人四丁；二十四年，免粮六石，人六丁；今准田二百亩，丁如旧。外官半减。教官、举监、生员，嘉靖十年，各免粮二石，人二丁；二十四年，如十年例；今准田四十亩，丁如旧。杂职省祭、承差、知印、吏典，嘉靖十年，各免粮一石，人一丁；二十四年，如十年例；今准田二十亩，丁如旧。致仕者免十之七，丁田准前数；闲住者半，丁田准前数。

征输

嘉靖四十五年，知县谢师严立征粮一条编法。先是夏税秋粮，派征项款繁杂，设有县总分派。其间不无缓急，县总阴操其权，与各粮长为市，以致侵欺赔补不均之甚。不惟粮长率至破家，而积逋亦无由追偿。征输之弊，于斯极矣。至是悉烛其弊，尽革县总之分派，不问缓急，总征在官，悉令贮库。时又立总由以严比较，设直总以督里甲，分收解以平苦乐，均官民以杜挪移，制实征册以防隐漏，皆前所未有。吏胥无欺剋之权，里甲无逋负之窦，粮长得以有其家身者，皆自此始也。其总由给当年总催里长，制仿青由，而所载则一图十甲丁田银米之数。如某甲丁田若干，算共该粮徭银米若干，分定限次，每限应完若干，注其定数，已完若干，未完若干，空其款数，时一开征。即将总催随比随注，查对严追。今法虽与谢同，而下之奉行，则不及远甚矣。

唐鹤征曰：税粮之中，款项甚繁，除本色外，有金花、义役、谷草、公侯俸禄、本折布疋，扬州、淮安、寿、亳等州盐钞、马役等银，以时加增。则又有练兵，有大工，有贴役，总之皆征于秋粮者也。自隆庆以前，各以分数派之粮长，总十分为率，如金花居十分之几，各项各居十分之几，则亦无论粮长收之多寡，而各十分之，几为金花，几为各项。法非不善也，然朝廷所需有缓急，故有司起解有迟速，其数浩繁，有司不能一一亲为均派，不免设县总以司之。于是县总得以操其盈缩而迟速之矣。粮长之奸猾与之通者，则可缓者常多，而当急者常少，甚而全不派其急者有之。其纯实而不与之通者，则当急者常多而可缓者常少，甚而全不派其缓者有之。急者常多以至全不派其缓者，则所收常不足充其所解，于是乎出己资以补当解之数，当解之数完，则有司之事毕矣，孰能更为追征以偿之乎？补之少者费产，补之多者倾家，是不与县总相通之累也。缓者常多以至于全不派其急者，则所收常不必办其所解，于是乎以官钱为妄用之需，妄用日久，则侵欺之物尽矣。何以抵补原数而完官乎？侵之少者余产犹或可偿，侵之多者倾家则已无及，是与县总相通之累也。然欲侵欺钱粮之辈，率非经营积贮之人，其所妄用者，非特衣饰饮食，淫荡赌博，靡所不为而已。始而欲县总之为奸也，则为县总所勒。视其人之奸愚为所勒之多寡，二八分者有之，三七分者有之，中分者有之。而输纳者又因其所需之急，不复望数之完也。常以半银抱利而易全串，则是有侵欺百金之名，常不过五六十金之实。既而有司之追摄也，力不能尽完所负，则身不敢自对公庭。今日勾稽者至，附一二十金以完官；明日勾稽者至，附二三十金以完官。而别赂吏胥以缓其余者又称是焉。而勾稽者且计其所负尚多，不敢以证之官也，又多以所附为己利。则是陆续所出者，或浮于百金之外，而侵欺未完者，常盈其百金之数。此辈之丧身亡家诚不足惜，国课亦何自而完也？自上虞谢侯至，始革县总，一例征之，不问其孰为急，孰为缓，收之小民，即贮之官库，虽奸猾者不得擅之以浪费。有急则解，不问某粮长之该出若干也；缓则贮官库以俟，虽纯实者不必倾资以豫补。始而粮长之收也有厫经，一毫不得以小民既纳之数为小民拖欠之数；既而县库之贮也有库收，一毫不得以粮长既完之数为粮长未完之数。江南十余年来，粮长之所以不至破家，国课之所以不至亏损者，职此故也。说者谓其病有三，曰：已征在官，偶遇蠲免，贼吏得以窃而有也；一概混征，虽有蠲免，小民不得以知其数也；一时总征，民力且有不堪也。嗟夫！是俱概其名而未睹其实也。夫征收有厫经，以防粮长所收之不尽报官也。防县官收之而不尽报于上司，则令府县各印一厫经，俱给之粮长。粮长一有所入，即两注之，随收随注，收完之日，一以缴府，一以缴县，则银虽在县，数常在府。收银者不能昧数，据数者不能取银，又何虑其入于贼吏也？况江南监司故多，查盘如织，侵匿在库之银，或者非御人于国门之外者不为也，欲小民之悉知其数以蒙蠲免之惠乎？则于青由之中，细分其款，某款该银若干，今蠲若干，某款该银若干，今蠲若干，人执一纸，则人得一数，何疑其昧于蠲免也？以一时概征，虞民力之不堪乎？夫有余之家，不待言矣；不足之家，其所需以办粮差者，不过待其田之所入。其田既入，则办之而已，虽稍迟之，亦未必别有所入也。苟欲宽之，则定以残岁十一月完米，新岁二三月完银，则上不误有司解银之期，下不失小民卖米之候矣。况江南未变法之先，粮长亦何尝不勒小民以银米齐完乎？惟先年为有司者，但恃弥缝，不为实事。征粮之初，宜征小民也，惟比较粮长以索完呈，则小民奚畏而输之粮长；起解之时，宜追粮长也，惟比较总部以速批回，则粮长奚为而输之总部。盖惟知追粮长、追总部之省力，而不知为粮长、为总部之烦难，所以有报完之名，多累赔之实。况加以迎送使客花段下程之妄费与供应有司饮食衣服之横需，故一编粮长，无家不破。谢侯又能立法严比，使纳户不敢更负升合，洁己奉公，而差用不及丝毫。及今延之，虽时有补救，皆其良法耳。

万历五年，巡抚宋仪望令行图运。于时武进知县茹宗舜、无锡知县周邦杰皆久于其事，悉知其不可，力止不行。惟宜兴知县丁懋建新任，求知于上，始立图运法。本县三百六十里，里为图，图审其人户田多殷实者为十甲，甲轮为十年粮长，以三百六十人代三十二人之役，以十年纾五年之劳。钱粮递相交纳，官户运自县头，而又每亩加编贴役银一厘有奇，以贴通县烦役有差。则运轻于众，力均于分，交纳不得愆期，势家不得逋负，小民无攀累之虞，粮长无倾家之累，法莫善于此矣。独寄庄无籍，囤户无人，点解者止论区额，不论丁田多寡，稍有偏重，而上革贴役，运稍称烦。

唐鹤征曰："每年审编，奸民辄以图运法纷纷告扰，余止之者屡矣。"或问曰："以图易区，人之多寡不等；以十年易五年，力之劳逸不等，曷为图运之不可行也？"余曰："五年一编审，子其谓上户尚有役之所不及者乎？抑已尽上户而概及中户，间及下户矣乎？"或又曰："焉有上户而役不及者？实已尽中户而且波及下户矣。"余曰："据宜兴之言，谓岁以三百六十人代三十二人之役，审然，则以图易区，其所役之人已十倍于昔；以五年易十年，其所役之人不二十倍于昔乎？夫以一番编审，已尽上户而及中下户矣。今且欲二十倍其人，不尽借下户以充之，一时上中户将从天降，将从地出邪？"或又曰："运轻于众，力均于分，虽以中下户充之，可也。"余曰："是诚昧之昧矣！谓之运轻于众，则明知运者之众矣。运者之众，安能悉得其力之胜任者？以中户任解，即分轻而亦重矣。今有百钧于此，以乌获一人举之而有余，令众懦舆之而不足，乃均乌获于九懦之中，而人令举十钧焉，谓之均，可乎？虽三尺孺子，知其不可者。是人非不众也，本懦，则人虽众，派分虽轻，亦不能举矣。"或又曰："富区富甲，或一甲而几解，业当粮长之实；贫区贫甲，止于催粮，不失下户之常，何至令乌获与懦夫均力也夫？""曰富区富甲，一甲而几解，业当粮长之实，信矣。然编审时之上户可当粮长之实者，供五年而不足，乃图运时可当粮长之实者，供十年而不乏。虽以仪、樗驾说，鬼魅涨空，欲掩借中户以代上户五年之劳，不可得矣。若贫区贫甲止于催粮，则何县何州不责经催，而独于图运乎？”或又曰：“粮长之害，不过势家逋负，民运重繁。今官户自运，贴役过饶，即害亦轻。独小民畏粮长如猛虎，甘为鱼肉，无有已时，至无安食之家。”余曰：“夫言粮长之害，即害亦轻，既已明知粮长之利矣；言小民之畏粮长如猛虎，甘为鱼肉，不知自攀报之时言乎？抑自征收之时言乎？自攀报之时言，则必其索诈所费，不及充役之费，而后任受索诈，求免充役耳。此择祸莫若轻之说也。苟索诈之费甚于充役，人胡不任役而甘于索诈也？且索诈所及，亦必在可充可释之间，万无及于褴缕襏襫之理。编审之用人少，则此辈犹可以贿求免。若图运之用人二十倍于编审，此辈之必不幸免可知矣。以前择祸之道揆之，其得失何如也？且既行图运，则十年审图，其求免亦何异五年之编审，谓其独无索诈可乎？自征收之时言，则粮长之抑勒加耗，诚苦小民。曾闻里甲独能视纳户如子乎？其以钱粮之名，挟里长之重，抑勒需求，数倍于粮长，恐未已也。”或又曰：“图运行，则交纳不得愆期，势家不得逋负。”余曰：“此尤不情之甚矣。夫图长何力能压势家使不逋负？且谓之势家，必官户也。子不言乎，官户既已自运矣。则图长所压之而使不改逋负者，何等势家也？交纳不得愆期，则在有司之追比严与不严耳，其在图长、粮长乎？据余所见，除前诸害，其不可者尚有五焉：中人之家，猝有水火、疾病、盗贼、讼讦，奄然替矣，五年一编，犹有始任而卒不任者。矧以十年，则其消长奚啻天悬，宁复任役？其不可一也。图运必十甲轮运，十甲之长，焉得等富等贫？间有富者，其收九甲，直其家所输之奇零余羡耳。贫者轮收，耗羡稍有不足，其何以兑？况一乡独富，必多土豪。其余里甲，曾不敢望齿其仆隶。强弱相凌，何所不至？其不可二也。曩者屡禁里甲之团收，犹恐不能尽禁。今特令之主收，其有侵欺花费，谁得而禁之？官一追比，贫者有逃而已。即令捕获，岂能以其齑粉充我国课？势不免复责之九甲矣。其不可三也。编审总部，则其所解必多。多则人辖一舟，总部为政而舟人听命，其避风波而急完纳，理所必然。图运则其所解必少，少则众共一舟，舟人为政而图长听命，其任风波而不恤，利俄延以侵盗，事且迭见矣。故十年以来，独宜兴守冻者三，他县总部，一未之有也。每一守冻，则举县加银三四千两，孰非民膏而若此横费哉？其不可四也。上户素习于运，犹易集事。中户乍任其役，则途路之风波，歇家之播弄，内监之胁诈，吁天无地，欲不破家，不可得已。其不可五也。”或又曰：“然则何宜兴之曹言其利也？”余曰：“是何难见哉！言而能达，达而能诤，必富有力者也。富者利于以五年之中户，代其十年再役之劳，安得不称便？宜兴船户皆有定额，率有力者之舟，不亦有力者之所挂名者也。一年之运，犹数百金。其尤贪横者，运户不敢附其舟，则以有司之势迫之，甚而已附他舟，中途犹飞檄迫归其舟，非以获利之重，奚为而然也？又甚而贫甲运户不能自行，船户因而包揽，倾家贴之，途有疏失，仍累运户，幸而完解，则执批需索，至有鬻子女偿之而不足者。船户之横如此，有力者安得不称便也？大都富有力者之言易闻，贫甲受苦之言难达。余具为难达者达其情，不敢复顾富有力者之纷纷已。”

宜兴秦侯《清赋碑》曰：始有粮长之难，难在上等之民。

邑侯某审察其弊，变而为甲运。甲运者，以三百六十人代三十二人之役，率十人而一役，十年循环，中有八年之间，徭轻于众，力均于分。时则有输将而无废箸，以故人人称甲运便。法久弊滋，富者能掩富以为贫，贫者以不能掩贫而埒富，宽富急贫，不堪命矣。此其难难在中下等之民。上人以为难下民，不若难上民，于是又称粮长便。秦侯至而维本末，虑久远，择便宜，搜蛊弊，乃作而叹曰："粮长岂能善甲运哉！"顾弊有所从来矣。总宜兴田万有千顷，而异郡囤庄去十之三，系箸县头，率有户而无籍，世家巨室去十之二，蒙其租户，率有田而无人，齐民以十五而胜全邑之徭，奈何能均？十五之中，上户诡为中户，中户诡为下户，甚者上户竟等下户，而下户更过之。以贫民而代富民之役，奈何能均？总县之凡，贫乡鼎富，不若富乡之贫者。第论区派运，是以贫乡而等富乡之徭，奈何能均？故避运莫巧于囤庄巨室，掩富莫甚于诡计花分，均徭莫善于限田。于是令民自归田不罪，罪其不归田而民告讦者。不旬月而民如令，寄庄者令著籍，世家者令著户，其饶者以填运，缙绅学士大夫免各有差，有羡者以填运，以赀出身，从富民之例。富乡应役，即人户而与点解同科；贫乡不应役，即甲首但以催粮充役。有成法矣。乃总一县之籍与其赋年而汇之，轻重而等之，先后而次之，命曰："虎头鼠尾"，著为令甲。而豪有力者群起而挠，寄庄者曰愿贴役，侯曰："籍不著，将惟正之无供，何役之贴为？"巨室者曰愿自运，侯曰："若自运，谁当运者？"又岁申花诡，令民得讦举代役。于是贫富信，规避绝，徭役均，侥幸杜，寓粮长于甲运之中，行限田于编年之内。行之三年而民不知徭，所称百世永赖者非欤！

十六年，知府谭桂议得该府秋粮，在元延祐中，止四十九万六千余石，麦、绢等额尤廉。入国朝，洪武二十六年，除丝绵、盐钞、马草外，岁征夏税正麦一十一万九千三百二十石，秋粮正米五十三万三千五百一十五石。弘治十五年，除丝绵等项外，岁派正麦一十五万四千三百八十七石有零，正米六十万六千九百五十四石有零（俱见《会典》。又按《府志》，宣德十年，米已六十万零）。续加之数，莫识其因。今户部坐派，悉照此数。而该府会计每年实征秋粮平米一百五万三千五百余石，较之部额，多四十四万六千

五百余石。此何以故？部之坐派者，正额也，而军运之席耗、轻赍，民运之加耗、舂办、夫船车脚等费，皆户部及抚院题准，载之漕运议单及赋役等书者。及礼、兵、工各部钱粮不入户部会计。而夏税、马草、盐钞，虽亦户部所派，原系另项，非粮数也。今俱于粮内派征，以故不得不取盈于耗米也。夫是不特常州已尔，苏、松皆然。但苏、松科则极重，耗米之数，从来差少，故平米一石，以五钱算派。常州科则亦重，然视苏、松微异，而耗米之数，从来原多，故平米一石，本折不过四钱也，纵有增，增亦在厘毫之间。然苏、松耗米，视正额得四之一；常州之耗，视正额几及其半矣。夫耗以彼其重，而正额不但异于延祐，且视国初有加焉。故延颈宽减之恩者，不下苏、松云。此常郡赋法大较也。部文秋粮止称曰米，此中言平米者何？国初，官田每亩科米三五斗，递而上至一石者有之；民田每亩科米五七升，递而上至一斗或一斗余者有之（应知府槽书册云：田地斗则，有六斗七斗以下，有五斗四斗以下，有三斗二斗一斗以下）。此科则之不得其平也。洪、永时，国法森严，即豪右乌能于征输行其私！迨后则豪有力者止供正额，而一切转输诸费，其耗几与正额等，乃独责之贫民。此耗之不得其平也。文襄周公抚江南，乃令官、民

田并出耗，凡科则极重极轻者，于耗米稍稍示裒益，且强弱智愚皆有耗，毋能独苦贫民。此平米之说也。故凡隶赋额者曰正米。正米之外，飞挽所必需、岁用所难已者，曰耗米。正、耗并举而嘿祛偏累之弊者，曰平米。当文襄时，平米不太逼窄。盖以备凶荒意外之虞，则又有余米。余米之敝也，不以急公家而以滋私费矣。故今两院尽革之。此称名之异，而有土者亦欲循名得其意也。文襄于官、民田之耗既调剂祛偏累矣。然耗不能以胜额，则所为累者犹在也。于是又请轻折，如金花折银二钱五分，官布准银三钱之类，计该府共得三十万余石，以苏息小民。复以所谓轻折者派于极重之则，其他如白粮糙粮重等本色，派于极轻之则。此皆以求其平也。顾此法自公行之，可谓曰平。嗣公而后者，高下轻重之间，其故难言矣。（应知府樌书册云：周文襄公立法，田则七斗至四斗，则纳金花官布轻赍折色；二斗一斗，则纳白粮糙米重等本色。因田则轻重而为损益，法固善也。但法久弊生，官司以情奉金花，奸富以利买金花，后人势得金花，遂皆贿买金花，贫民于是输重赋矣。）嘉靖中，欧阳公定赋法，于是汰去则数之繁冗者，统之为官、民二则。所谓极重极轻之田，视文襄时益多调停，而本、折二项，又俱照粮并派，亩亩有之，人人有之，不得复以意指某田派某粮矣。此法之变而加密者也。然而官田、民田犹自角立。嘉靖末，则以官、民田并言之，无复差别，而止以平坦、极低、极高分则派征。盖又法之变而加密者也。（唐鹤征曰：官、民一则之说，殊为可恨。何也？官田者，朝廷之有，而非佃民之产；耕之者，乃佃种之人，而非得业之主；所费者，乃兑佃之需，而非转鬻之价；所输者，乃完官之租，而非民田之赋。惟奸宄之徒，则据以为业，良民不敢有也。不揣其本而齐其末，以租为赋而病其过重，俾民田均而任之，是上夺朝廷之田以惠奸宄，下又苦纯良之民代任其租也。是遵何说哉？藉令可行，何应公之智不及此也？又藉令有宣力竖勋者起，朝廷将赐之土田，于何取给乎？即不能遽复其赋额，而其田额终不可使之澌灭也。）然官府之议法日详，而民间视会计称弊薮焉。何以也？议法之牍与派编之牍殊，而有司不能察也。今两院乃令尽括一郡起存钱粮，备载部派额数及正额之外有岁用见之令甲者，俱注其由，验派各县，于是纤悉毕见。而此籍之外，别无派法，官既不劳而事集，民亦不惑而志定矣。此又法之变而加密者也。起存钱粮，俱括一府原额，照粮验派。惟靖江县地濒江海，物力既薄，转输更难，故先年尽其派解南运粮米，不足，方派之各县。若北运者，悉派之武、无、江、宜。此公平之道异而不害其为同者也。又棉布止于武进、宜兴而不及他邑，金花止于武、无、江、宜而不及靖江，盖皆计银派征，原无差别。若棉布坐派二县，文襄公必有深意（以国初借征一年，后遂为例，独武、宜受害之故）。今解布之役，亦颇繁难，仍其旧则相安，故今无变更焉。该府钱粮，向无浮冗在于民间，但粮额繁多，苟稍缓如存留盐钞，可以免编。及已经题免，如由闸及关税之类，应行减编者，俱逐一清出。共减本色米五千二百二十一石有奇，折色银二千五百七十七两有奇。此其数亦微眇，然大较以清赋为主，而不能取必于减赋也。又按苏、松二府，俱明言平米一石，以五钱扣算，或减米若干升，而本、折在中。其减编总数，则云共减米若干万石也。常州则止以本、折分言，而不必计总扣算矣。

十七年，湖广道监察御史林具题，大略谓：供用库、酒醋局、内官监，乃苏、松、常、嘉、湖五府岁供白粮，额派二十余万石，关系最重。顷上纳艰难，耗外加耗，垫外加垫。夫较米一斛五斗，此定数也。今踢斛淋尖，已多米五六升矣。而盛以簸箕，务多斗余，不满不算五斗之数，不亦甚乎？如法筛簸，无可言也。今稀筛狂筛，已非法矣。而筛出二斗，止作一斗，每石折罚三斗，不太酷乎！赁房堆放，抗脚打包，费犹不可已也，而御道有钱，遮阑门官有钱，事出何名？堆头包脚、报数筹架，费本有定额也，而大小呈样之使用，巡路探筒之使用，取何无厌？此犹其大者也。至于筛拣之糜费，抛撒之狼藉，校尉书办之勤取，家人兵番之吓诈，种种难以枚举，视万历九年题准规则，费多数倍矣。如前年米一石，不过加耗五升耳；今无分正、耗米，每石加至四斗、五斗。前年米百石，不过派铺垫脚价等银七两八九钱、八两六钱耳；今百石而铺垫及无名等费，加至十四五两、二十余两。夫此白粮也，自彼处运至京师，率数石而致一石，民已不堪。及至京上纳，而复遭此无端之需索，愁苦悲酸，诚所谓一米一珠、一粒一泪也。乞复前规，以苏民困。奉旨：白粮解役，苦累可悯。各库局如有分外勒索等弊，只着司礼监查革戒饬，该部知道，因移文各监知会。一、内官监先题准每正米一百石，加耗米五石，铺垫、堆房、进房、出房、筛米、打包、车进红黑门、抬扛上库、脚钱、堆钱、门筹坐门并歇家火食，该银七两九钱，其余无名多费，尽行禁革。今据粮歇私议，每米一包，足六斗之数，已非正法，姑听曲处，此外不许勒索升合。一、供用库每正米一百石，加耗米五石，铺垫等银七两八钱，其余无名多费尽行禁革。今据粮歇私议，每米一包，足六斗之数，此外不许勒索升合。一、酒醋局每正米一百石，加耗米五石，铺垫等银八两六钱，其余无名多费尽行禁革。今据粮歇私议，每米一包，足五斗七升之数，此外不许勒索升合。一、铺垫及各项使费，每石不许过一钱，内官监加一分。一、正米足数外，不许指称糠碎，勒加折罚。一、量米务照铁斛为式，不许擅用私置大斛。一、北安门内原用车运，见有书册可查。其门上官军人等，不许指称碾坏御路，抑勒拦阻，及捏称撞伤木栅，恐吓索诈。其西安门及棂星门里外，一体禁革。一、该城兵番专以缉访奸盗为务，与粮解毫无干涉，不许诈称名色，索取财物。一、厂卫旗校及巡路人等，不得妄生事端，指称索诈。一、该库写字长班斛长等，不得从中拨置，刁难勒索。一、各衙门书吏马皂人等，不得需索常例。一、行粮处所遇有棍徒或各衙门员役，索诈粮解歇家者，着落该城兵马缉拿解究，如有通同纵容情弊，一并治罪。一、粮米及铺垫银两，俱要当官明写议单，照数交付歇家，同进完纳，不得推调取究。一、议单数目，已纵宽处，此外歇家不得多勒升合。如违，以诓骗论。一、各粮解务将各本地方洁净好米交付歇家完纳，如与户部样米不对者重究。一、粮解挂号之日，每名各领宪票一纸，敢有故违明旨、抑勒索骗者，许即填注项下，候销号缴查，以凭参究。如无原票或朦胧不实填报者，查出重责。是岁，省民间粟六万余石，常亦沾惠焉。

无锡都给事中侯先春书《民运事宜考》后曰：东南财赋半天下，而苏、松、常、嘉、湖五郡，又半东南。乃民运白粮二十余万石，又天下所无，而五郡所独也。五郡之民泰苦矣。惟自高皇帝定鼎金陵，则此五郡者旁并辇毂，故当时属之民运，以为地近而用力少也，岂虞有今日之艰难哉！今京师在西北上游，道路迂徐三千里余矣。于是沿途有阻滞之患，淤浅有盘驳之费，暑湿有浥烂之虞，风波有丧失之险，关津有船料之税、带砖带瓶之烦，船户有抑勒之害，水手有索诈之扰。夫裹粮储粟，操艅艎之舟，漫澜于江、淮、河、济之间，邅回困顿，日与死为邻，而复耗费无算。舟抵丁字沽，已脱万死一生之幸，而白河之驳船，通州之过坝，其狼戾于船夫之手又无算。自大通桥抵京，以至投解内府各监局库，其奸技弊窦益又无算。民命几何而不焦烂于灌输之役耶（注八）？夫白粮一石，加耗夫船车脚，已费米九斗六升、银八钱，通正米四石始当一石，则此二十余万石，实为八十余万石矣。又每石在途，费民间米三石而少，在京一石而余，共四石，通计前八石始当一石，则此二十余万石，实为一百六十余万石矣。五郡之民，独何辜而偏蒙补累之极至此也？议者谓当破拘挛之格，以白粮寄派运艘，则可以免解役之破亡，而宽东南百一之费。其说果行，诚万世利，然而未易言也。顾民运之费，浮滥不经，利不归于国，而害独丛于民。如前所云者，独不可一起而裁省之乎？尝考内府钱谷，皆有台省监收，垂二百年，而白粮隶巡视十库之臣，投解完销，必严关白之令。隆庆间，当事者以言得罪，遂罢去不用，而权悉专于中人之手，谩无稽制矣。故事白粮投解，有侩家为之主办，诸所铺垫等类，非侩家弗效也。侩故宿猾，而与中人左右胥吏，又都市无赖少年豪，内外胶结为奸，翕张煽祸，视飞挽为奇货，视运民如鱼肉，竭闾阎之膏脂，啖虎狼之饿喙，日甚一日，岁甚一岁，小民吞声受痛，莫可控诉，于兹二十年所矣，又何怪乎东南民力之不支而胥为逃亡邪？迩年田野污莱，凋敝益甚，窃恐财赋之无从，而国家之所倚给，何以纾大司农仰屋之筹也？万历辛巳，侍御某公洗刷诸弊，运民便之。一岁而法遂废。余尝从丁亥岁上书请复，监收不报。己丑，适叨十库之役，侍御莆田林公相与共事。每当运民至日，辄与持文而嗟，扼腕而悼，曾不得一苏剥肤槁髓、饮恨无控之民，频然伤之。林公遂手疏先后事状，慷慨抗论，上许可，下所司督饬之。而余与林公稍得奉扬德意，除无名之费，禁额外之征，定加增之数，革折罚之苛。于是夙昔胥吏豪猾及中贵人，亦稍稍勉就约束，不敢肆。是岁，省民间粟五六万石，一时运民欢呼鼓舞，诵圣天子之宽仁。余惟除弊贵尽，变通贵渐，御事在法，而任事在人，余狗马力不足以效驰驱，姑于其所积蠹，仅仅汰十一二耳。若夫尽厘侩家之奸，建复监收之例，岁湔荐雪，渐销其朘啮之毒，庶几五郡之民可望复苏，而东南财赋不终乏绝，弗贻后日无穷之虑矣。兹以行过事宜编列成册，以俟将来之同志者。

二十九年，知县晏文辉立收放稽查钱库法：一、款目粮徭册。每年奉本府会计，坐派粮徭若干，责令总书除优免外，将概县丁田地山荡岸验派科则，申详府院道，仍刊简明告示遍谕。又刊科则青由，给散田甲，转给小民，令其输纳。第已前算派，多总书等欺错，今后俱亲吊查算无差，方准刊行，庶杜增减之弊。一、比较簿。往年比簿不填丁亩，各角无有大总，原编已未完数目，田甲名下完欠，概用浮签，此尤弊窦。今刊式样，每角比簿，设立大总一叶，每图设立图总一叶，每名一叶，前写人丁米亩，后截分列五限图格，仍分作三截：上截写各限应完银数，中截写逐日完若干，下截写连前共完若干，未完若干，俱系实填，浮签禁革。仍令角总将田甲名下原派已未完数，填入总内，务要以甲合图，以图合角，以角合县，庶角总无虚填完数之弊。一、新立粮徭派簿。往年田甲名下粮徭，悉系角总派算，每有多科少派，漫无凭考。今另设派簿，填写丁亩，除优免外，照依科则派算银米。每角一本，印县存查。本县仍不时掣吊稽核，使不敢犯，庶角总亦无多科之弊。一、银头收银流水簿。往年流水簿因无刷刻式样，串票又不钤印，悉据银头填注，多有侵弊。今设立刊刻号簿，并三连串票，责令银头编号，同三串票钤印。如遇限下收银，随即登簿发票。一票给人户存照，一票给总催，一票存县查考。所收之银，开数付角总登入比簿，遇晚将本日所收银数，开单付粮房填入日收堂报簿内，次日，二□银拆封，或三五日吊比簿查对完数，庶银头亦无侵欺之弊。一、日收堂报簿。本日共收银若干，据银头开递报单，粮房照单登填，遇晚判日，仍吊比较簿查各田甲完数，类算曾否相同，庶银头、角总无侵收虚捏之弊。一、库拆封收簿。本日拆过各银头银两若干，总封在库，仍吊粮房日收堂报簿查对曾否相同。若有差错，即提银头对审。又总库有粮徭收簿，各角有拆封簿，互相稽查，庶库吏亦无侵隐之弊。一、钱粮放簿。凡解放钱粮，悉系本县酌量亲兑起解，粮房佥押批回，库房登数，并不假吏书之手。放解过者，令其填入款目册内，以便查考。一、立稽查批回粮徭号簿。往年起解钱粮，因无稽查，多有违限半年以上而不销批者有之，以致挪移作弊。今设立此簿，凡起解各年粮银，佥押批回，同号簿送进钤印。号簿上写限某日销及销批日，同号簿送查，亲写“销讫”二字，或三五日吊前簿查核。若过限不销者，定行拿究，庶钱粮不致迟误，前弊可清。一、设日稽各年粮徭库簿。本县置二截簿，上截写某年月日，放某年粮徭银若干，下截写放解某款银，作何支放缘由，遇晚送堂，亲自查过，方准作放，仍令填入各该年款目册内。若不登簿上者，不许作放，庶逐日稽查，库吏无弊。一、放该年徭里库簿。凡放解徭银，先要该房帖文下库，方许库吏解放。其给各役工食，必要对查无重领者，方准给发，登入此簿，仍吊该房岁稽簿、月稽簿查对，务要相同，责令填入款目册上，不许透用，庶稽核有则，放解得清。一、各房岁稽月稽簿。凡奉院道府及本县放解徭银，先开单看过，方许写贴下库支用，随登入前项簿内，且不许支用过则。仍不时掣吊库放簿查对相同，如有互异，即行查究，庶库吏无差，诸奸惕息。一、远年存内库钱粮，不许擅自借支。查得往来借支，一概作放，故多不补还。而补还者多被库吏等役通同侵匿，弊久相沿。今已发觉，追赔数千两矣。故设立严禁，凡奉上司明文借支积米，俱于实在后作一借支，不许一概作放。如卖米一节，完日即令补还，庶借放绝无影射。一、在操民壮工食，除结发外，每年大约扣存月小事故银一百一二十两。各兵领过工食之内，应完盐斤等银六十余两。往时库吏从中作弊，不于各兵名下扣除，竟将月小事故银作放。令查出追完补库，庶放给绝无侵渔。一、毗陵驿雇夫银二千十六两，又无、宜、江三县旱夫银七百二十两，遇闰加编，除支放，每年大约省存四五百两。万历二十六年起至二十九年止，每年解府转解京一百两，后仍停止。此项省存者止报府，不遇查盘，俱抵不敷之用，此尤弊窟。今除已革忙夫牙用，议抵撮忙马匹船银等项外，存剩者照数封入内库，申报查盘。一、放给各役工食、官吏俸银、孤贫米布等项，分厘必亲验判领状准给，库吏方敢称银，于本县坐堂时禀明面给，毫忽不容私放短少。至如木字五号、金字十号座船水手工食，遇差则计日给领，无差则扣存贮库。往时俱各全领，今查明禁绝，不容仍前私冒。一、查库藏要法。大抵以粮徭会计款目为主，先令粮房设立堂报簿，登记日收银数，次立岁稽簿，查理该年会计款项，又立月稽簿，登填起解批回，稽查销缴，俱存座右。库设拆封收放各簿，凡有收支，必吊各银头流水号串，互相稽核。若夫查刷积弊，必吊季报循环与交盘库册，互相参核，庶钱粮毫无渗漏，而吏书无隙为奸矣。

唐鹤征曰：国初，有囤户以征收，有运夫以转输，一乡之中，遍役数十人，以为累也。于是县以其乡合之为区若干，区复分为上下二角，五年一编审，则角佥殷实之户，收其角之本、折者一名，名曰粮长。名以十分为率，一人不任也，或三人或五、六人曹任之，大都重不过五分，少乃有以厘计者。每名之中，又举其力之最优者，职输白粲，名曰总部。诸粮长既已兑军，则举其应孰为白粲者，悉输之总部，转输之京师焉。是其始，以百人受一邑数万户之输，粒米分文之逋。其责未毕，又以数十人逾江蹈河，凌三千余里不测之险，运数万余石上供之粮，水涨则虞漂，水涩则虞胶，漕卒陵之，闸卒稽之，关卒朘之，视榷者税其船料，视厂者真州益之瓶，清源益之砖，领纳皆有费，乃者税使尤所甘心。既抵京畿，幸矣。白河之转搬，通州之过坝，不胜其狼戾。凡所有事，诸司吏卒，视如几俎，中涓歙家，相与表里，鹰攫虎视，不满其欲不已。天下诸役，荼毒所萃，琐尾所窘，莫有若斯甚者。然藉藉称破产，则惟嘉靖末年为然。何也？开征之始，法当严稽纳户之完欠，第责完于粮长，纳户安得不逋？起运之日，法当稽粮长之完欠，第责完于总部，粮长安得不逋？且有司无名之费，自一二金以至数百金，罔不取办焉。若出诸不涸之仓，而折色之用有缓急，转输之费有重轻，县总独操其权。不与为奸，则急者重者常多，收不足解，则鬻产预赔，赔而不追，其产破矣。习与为奸，则缓者轻者常多，收浮于解，则恣意浪费，缓者终急，其产亦破矣。甚至自度其所负之重，追呼虽迫，不敢出对公庭，时附其十之一二于追呼者以缓责，而追呼者又度其所负尚重，不敢出对，且并其附者而侵渔以入己。如是而向之负者几足偿责，而逋额则犹全悬，夫课额安得无岁不亏，而粮役安得无家不破也？自上虞谢公师严至，一切涤除，不独无名之费，不责纤毫，纳户之征，罔欺圭撮。悬总书既裁，有征即贮，缓急轻重之权，悉归之官，而无所旁落。第本、折兼收，则粮长与纳户犹交为病：粮长强，则抑勒以银米并完，何知方冬米急而银可缓，米易而银为难也，则纳户病；纳户强，则抗拒而经逋负，起运而粮役已毕，收银而久役不休，则粮长病已。濮州桑公学夔析北运本、折而为三，各有专领，不相侵越。其领折色者，名曰柜头，即置柜于县门而受输焉。折色之征，十与之期矣。昔时缓急之利在奸胥者，今日缓急之利在万民矣。有役田，有役米，有役银，轻则轻贴，重则重贴。昔有重轻而今无重轻矣。清源附砖三百四十，名曰一票。余鹤征在水部，请于司空，悉照军船例：舟附砖四十，不愿者照输运价银六钱，舟可省三十金。无锡侯给事先春巡视十库，奉旨严戢中外，岁省民间米数万石，皆著为额。于是在途、在京之苦得少苏云。第编审之初，贫富易欺，奸伪百出，应役者用贿用幸，避若诛夷；开报者挟诈挟仇，甚于椎剥。及其催科也，日比一角，则日迫而难周，吏胥得移前为后以避比。比易一册，则愚民无所执凭，而里甲易于飞洒。法马时易，则柜头有所指称，而拆封易于侵染。至于库吏之挪移出入，黠者以之成家，蠢者以之败事，异时追并，颇害善良，当事者宜少加之意耳。抑又有说焉。奸民每遇编审，则以图运之说进，不过以编审则五年一役，图运则十年一役而已。曾不思均是一县之殷实耳。五年编审，役者尚少，犹然不足；十年图运，役者反倍，何以取盈？势不免借中下不堪之户，代充五年之役。夫中人之家，易于兴替，五年一编，犹有始任而卒不任者，矧十年，则其消长不啻天渊，安保其必任也？役一乡，则甲之贫富悬；役一甲，则家之贫富又悬。在富甲，则稍赢之家或得幸免；在贫甲，则不必豪右，势必佥充矣。在富家，责之今日之全名，曾不为过，令收一图，是乌获而折枝也；中下之家，不得齿富家仆隶，责之递运，是蚊虻而负山矣。欲均平，则移役必多，贫富卒难得当，人情必苦骚扰。欲分富家而摄数甲，则田甲为朝廷稽户口之册，非可以诡多伪增者。往者屡禁里甲之团收，虑侵匿之难讦也。直今寇兵赍粮，何欤？往者止许三人朋一役，虑贫乏之波及也。直今憔悴代匮，何欤？且总部则粮多，人辖一舟，舟人听命，赴纳必不后期；图运则粮少，数人一舟，莫适为政，舟人反得主之，稽迟惟意。窃卖惟意，害何可言！至于患花诡之弊，议五年始一推收。夫花诡所以避差，而非以避粮也，所以避往时之力差，而非避今日之编差也。无论里中士绅，素称奉法，近立官户，专意追比，免役多寡，悉视官品，毫不假借，寄者何利？粮不以分而隐，则里徭亦不以分而轻，分者何事？苟有利焉，一年推收可以花诡，五年推收独不可花诡乎？徒使征粮则新主坐视，故主受比；点差则贫者报役，富者津贴。与其临期许之首实，孰若先事而准其收户乎？盖法至今日，讲之颇详，行之颇习，即有纤隙，饬之已尔，万不必以一隅之见，轻议更张也。独兑运之权，握之漕台。漕卒其卒也，吴民非其民也，不免见齐牛之觳觫而昧越人之瘠肥。故漕卒至水次，如枭如獍，无法无官，官赠私赠，勒索无餍，稍拂其意，鼓噪而起，县官往往见殴。如近日吴江之刘君时俊、溧阳之徐君缙芳，悍然如蛮如髦，几同夷狄。迩者蕲黄军至，遽请瓜兑，谓至水次，土人尚得怙其窟，有司擅或撄其锋也，既去其乡，则惟其所欲耳。漕台不察，辄从其请，赖士大夫力言而后止。彼舟顺流，两日之程，此中觅舟，谁冒虎口？嘉靖末年，江南水涸，曾兑于瓜，仅有还者，至今父老犹扼腕痛恨之。于时漕卒犹未若斯之横也。既而南来，炮滮果甚，收粮百斛，通关半之，每粮百石，索银二十两。监部檄至，抚台委至，藐不为意，人亦不敢向之吐一气。监部疏闻，竟未知所司稍裁之不也。

征榷

唐鹤征曰：自《周礼》有关市之赋，山泽之赋，征榷籍之嚆矢矣。郡有河泊所，山泽之赋乎？税课司，关市之赋乎？乃晏子告其君曰：山林之木，衡菰守之；泽之萑蒲，舟蛟守之；海之盐蜃，祈望守之。介偪之关，暴征其私，若病其罔少密焉。何哉？盖圣王之设官虽甚详，要之掌其关市、山泽之政令厉禁，而非专以媒利也。载师以廛里任国中之地，廛人敛市绒布，总市廛布而入于泉府。正所谓园廛二十而一也。角人、羽人所征齿、角、羽、翮，即山泽之农所以当邦赋者。由斯以谈，既非额赋之外而别有征，又非估物之值而论其税也。至乎泉府敛市之不售货之滞于民者，以其贾买之物，揭而书之，以待不时而买者。泽虞使其地之人，守其财物，以时入之王府，颁其余于万民，则有无相通，多寡相益，上下间蔼然家人父子矣。岂若晏子之云“利独归于上”哉？然古者因其所有而赋之，则称便；今者，变其所有而输贾，则称便。去都邑之远近异也。故河泊之税，岁征银六百两而不足；税课司局岁征银一千三百三十两而羡；茶引所征银二十五两而羡。以一府之征仅若此，彰彰乎圣王之宽政，遗不尽之利以与民矣。第细民兴替不时，田产转卖甚亟。谚云："千年田，八百主，"非虚语也。契必税其百之三，不无苦重。然亦多逋税者，日偶课之，哗然而起，有司辄为罢征矣。乃者税使四出，横征暴敛，居者行者，悉在汤火。惟江南肇事，中涓称贤，而抚按有司，力为裁酌。常州一府，其始税银五千两，设关奔牛，季以首领官一员领之，尚多缺额，往往取盈府库，闾阎日给，腾踊百倍，不无怨苦，以视他州郡，犹称乐土云。当事者始议加派丁田，复议取征驵侩，余鹤征且陈不可，止。今兹抚台曹公时聘且并奔牛关而裁之，上归京口，下归浒墅，常无税矣。日者又尝遣中使出括税契，徽州一府征银至二十万，将以例括于江南。曹公力言苏、常赋役繁重，民已孑立，且十年造册，始稽推收，乃可税契，今过期矣。异日常州请以千二百金为额。吾由是二者知民之利病，惟在一时当事尔。见事审，任事力，则民受其利；见事不审，审矣而朒缩不任事，民安所逃害哉？武进之西陲有米市焉，适当孔道，岁暮水涸，而米舟凑集，颇梗行者。米侩诸奸，藉为口实，买田二十亩，凿以为河，拟括米舟于中，石税银四厘，岁计三千金，永以为例。米舟实非二十亩所可括，诸侩亦不能皆家于此，不过私开一税局，攘夺乡民尔。前此牙用，明抽暗骗，乡民已不胜病，况益以此乎？武进尹晏公文辉持之不行，且为解其额赋，然其意不无俟晏公之擢云。余故附书之以告来者。

土贡

白熟细米五百三十石零。洪武初，内官监白熟细米，系上方自膳，岁独派常州府。每进一千石，武、无、宜、江四邑均输。时定鼎金陵，常在毂下，故属之民运，以地近而用力少。永乐间，行在北征，命随驾起纳，四县粮长，僦民船装载运之，累岁愆期。宣德八年，巡抚、侍郎周忱请建红船二十只装运，所在民司应给人力，民甚便之。弘、正间，以官司给力不无需候，各赡以撑夫工食之赀。嘉靖初，夫船尽革，加添船钱贴夫诸费，听粮长自行雇募。初进正米三百余石，日渐有加。嘉靖末年，加至六百七十余石。后减至四百余石，今岁进五百二十九石有奇。

赈贷

唐顺之《与武进令李尽书》曰：国家之赋，其水旱可得而减免者，兑运以外之数也。虽水旱必不可得而减免者，兑运以内之数也。水旱不可以不恤，而兑运又必不可减免，于是有轻赍之法。盖米自江南而输于京师，率二三石而致一石，则是国有一石之入，而民有二、三石之输。若是以银折米，则是民止须一石之输，而国已不失一石之入。其在国也，以米而易银，一石犹一石也，于故额一无所损；其在民也，以轻而易重，今之输一石者，昔之输二三石者也。于故额则大有所减矣。国家立为此法，盖于不可减免之中，而寓可以通融之意，不必制其正赋之盈缩，而但制其脚价之有无，不必裁之以丰凶之敛散，而但裁之以本折之低昂，一无损于国，而万有利于民。此其法之尽善而可久者也。以武进一县言之，岁该儹运米五万四千五百八十一石三斗四合，此其入于国之正额也；本色正耗水脚平米七万九千六百八十三石七斗三合八勺四抄，折色银九千一百五十一两四钱六分五厘五毫二丝，此其费于民之羡数也。若以银而权米，石以值五钱为率，米七万九千六百八十三石有奇，为银四万九千八百四十两有奇，与折色银共五万八千九百两有奇。若得从轻赍之例，石折银五钱，计银二万七千二百两有奇而足，纵使加折至于六钱、七钱，计三万七千八百两有奇而足。则是民每岁出五万八千九百两有奇之中，而今出其三万七千余两之数，以不失国家之定额，而实私其二万余之羡以自润也。夫五钱者，江南之平价也；七钱者，折色之极则也。若使江南米贵自五钱以上，而蒙恩折色，或减至七钱以下，则其所私之羡，固当倍之且蓰矣。倍之为四万，则是十万人凶年一月之食也，则是国家不出一粟，不费一钱，而为凶年十万人续一月之命也。为民父母者，何惮而不以告乎？司国计者，亦何靳而不为乎？且夫国家漕运四百万石之中，固常定有轻赍四十万石，以待四方之以水旱来告者矣。盖其岁之凶与否，与岁凶所在之地不可知，而所谓轻赍岁四十万之额，以待四方之以水旱来告者，将安用之？况自古经费，其本折之权，率视缓急而为之操纵。今国家所以远输于江南，不惮二、三石而致一石者，正以江南米贱而京师米贵耳。近闻京师之米直，自七钱而减至四钱，而江南米直，自七钱而增至九钱，其为贵贱，特异常时。则是江南以二、三石致一石，而又不当一石之用也。今若取银于江南，而用银以给京军之当给米者，江南无远输之费，京军无贱粜之困，此正今日之便宜耳。然则非惟无损于国，盖深有利于国，而得乎操纵缓急之权者也。夫损国以益民，犹且为之，国家发内帑以赈灾者，往往有之矣。况无损于国而有利于民，而又况国与民并受其利者乎？此事在不疑而必可行者也。为民父母者，何惮而不以告乎？司国计者，何所靳而不为乎？嘉靖十数年，江南屡告灾，国家亦屡常以轻赍与之，此其近例。试求之故籍，可复案也。查得嘉靖十四年，苏、松等处灾伤，巡抚侯都御史等准户部覆准除蠲免外，兑运四百万石内，准折银粮一百五十万石，兑运米每石折银七钱，改兑米每石折银六钱。其被灾尤重者，量准十万石于临德二仓支运，每石止征脚价银一钱五分。自此而上，嘉靖十二年，折兑一百万石；十年，折兑二百一十万石；八年，折兑一百七十万八千石。无岁不有灾伤，则无岁不有折兑。此其因灾伤而折兑者，常例也。又伏读嘉靖九年诏书，兑运米以十分为率，量准五分。是时常州一府该得折兑八万一千石。此其不因灾伤而折兑者，例外之恩也。由此言之，盖有因灾伤而行支运以大宽民力者矣，未有灾伤而不行折兑以重困吾民者也。盖有不因灾伤而折兑以广例外之恩者矣，未有灾伤而不行折兑以啬于例外之恩者也。

额兵

唐鹤征曰：江南诸郡皆有卫。吾郡城，国初第设千户所。僭乱既平，所亦遂革，谓在腹里也。然澡港边江，华渡边湖，南湖西滆，尤称浩淼。若孟河，则宛然接江之上流，而当海波之冲矣，不可谓为腹里也。国初，额设民壮一千二百有奇；正德间，裁其三之一；嘉靖初，又几裁其半，而府县役占半之。于时，民俗殷富，桴鼓不闻，以司关门之启闭，以备武事之观饰已尔。嘉靖壬子，海氛顿起，焚掠郊保，锦绣名邦，几成墟烬，始议召募。县至三千人，人费四五十金。士既乌合，将不知兵，见敌辄奔，不敢回顾，稍后则背负创死矣。流血成川，哭声震野，乃议征兵远方。则青、齐之长戟，燕、赵之材官，楚之组练，韩之溪子龙渊，蜀之巴賨叟兵，夜郎百粤驰冰踏箐、弯弩洞箐之酋，罔不毕集，又佐之以吴之艅艎，未收全胜。盖澄平日久，即彼诸兵未尝见敌也。幸主者决策，以夷攻夷，始克扫荡。然首尾七八年，江南之兵，迄无成效。虽由其俗素勇于私斗，怯于公战，夫亦练之不得其道也。不然，破楚入越，争长潢池，吴人何以得志哉？海寇既息，兵亦日销，县仅存若干名。陆有总练，则以指挥充之，日以训练，夜以扞掫；水有水兵，十里一舟，舟有五人，北至京口，南至浒墅，中自白家桥，画为两总，亦以指挥摄之，以备水盗。其余通湖通江诸港，设有兵官，皆自指挥以下军门所委用者。乃倭入朝鲜，声言分道入犯，浙、直、闽、广，骚然烦费，吾常亦议增兵。余为督抚备陈往鉴，止之不得。盖时方奉旨饬毖，倘不增兵，虞人以慢事议之也。然余意非谓慢不增兵也，谓不宜增兵，宜多积饷也。自兵兴及会，所费兵饷何止百万，曷尝得一兵之用？今虽渐销，吾邑岁费尚万有二千余金。即问诸总练，万一有警，畴堪战乎？吾知其必无以应也。盖烽烟之息四十余年，杀戮之惨，人不复见。额兵之设，等诸役占。十金买之，岁可得工食银七两二钱。以其半募人应役，擅其半入己。世间子钱，畴妥于是。然为此者率凭城社，非特总练不敢谁何，督抚监司知而弗问也。彼受募者日银一分，自非流乞不赡之辈，谁忍就之？此可称兵乎？水兵所泊，则土人悉为侵揽，舟即供其私载。舟不知操，何况于战？楫不能具，何况于戈？及以失事见督，辄借盘诘之名，恣为掳掠，贾舶村舟，不胜其困。摄兵之官，不无私焉，即令增兵，何以异是？惟能积饷，临事召募，则依凭之徒，必且不敢前，而重赏之下，其有勇敢乎？以余论之，兵本不可豫练也，请言其凡。夫练兵之法，莫先赏罚。江南财赋，虽曰浩繁，畴有锱铢可以借用，市租尽输幕府黄金，不问出入，其能之乎？平时阅练，抶七贯三，喧然传骇矣。孙膑之戮队长，穰苴之斩幸臣，必不可也。赏罚不行，其何以令！武夫悍卒，血气为用，跳跃强梁，不能自禁，其道然也。善训士者，惟培此气，有事则用之公战，无暇为非；无事则用之私斗，必至扞网。有司之法，寸寸尺尺，诛之则挫锐，不可于将领；不诛则长乱，不可于有司。大都槛豺狼，柙虎豹，必不可久之势也。贪饕放浪，迥异流辈，方其战胜，首功有赏，克敌有获，足以给之。平居工食，多则三分，少则二分，不足一饱。苟请益之，则民膏已竭，可令坐靡？苟仍旧贯，则枵腹谓何，可令作气？且练兵者，非练其技也，练其气也。气怯，则技精犹莫之展；气劲，则制梃可以无前。平居可校，亦惟技耳。欲练其气，非挟纩投醪别有抚循，投石超距别有鼓舞，不能也。今之将领，剋剥成风，即加重辟，未能禁止。借有严帅，励已扩清，兵沾惠矣，气可作矣。未常见敌，其勇其怯，可自信乎？素负骁勇，临敌而靡，若冉猛之客气，未可知也。素称惧法，临敌而奋，若卫鞅之获粟，未可知也。且昔人论气，曰“一鼓作气，再鼓而衰，三鼓而竭。”夫一再鼓之间，须臾耳，有作，有竭，矧延之岁时乎？作之数年之前，用之数年之后，衰病逃亡，不知凡几。今日之所养，必非异日之所用；异日之所用，必非今日之所养矣。然则今日之养，何为也哉？余尝历考往牒，悉稽成败矣。澄平之世，仓猝有变，必无万全。久战之后，柔脆之乡，亦堪驱策。何也？骤见与习见，分途远矣。黄巾始祸，州郡失据，长吏多逃，旬月之间，天下响应。未几而袁、孙分割幽、冀，曹、刘据有荆、兖，各逞雄兵。地即其地也，民即其民也。禄山肇乱，河北二十四郡望风瓦解，未几而淄、青、魏、博、泽、潞、邢、洺，无非劲卒。地即其地也，民即其民也。夫岂易民而练哉？骤见则怯，习见则勇也。然则惟敌实为我兵之师，相持之久，敌之短长，我得而知；机之变幻，我得而悉；战而北，必思改图；战而胜，愈足益智。此亦士卒之所谓知彼知己也。知则勇敢自生，生则气不待练而练矣。犹之弈然，终日习谱，不若对弈之应机也。若古人所称虑存先事，安不忘危，惟寓兵于农者能之，而非所论于兵农既分之后也。不得已而为预备之策，惟厚积其饷为要耳。乡兵之不可练，余尝别有议焉，兹不具述。

又曰：巡司之设，以捕盗贼也。故凡盗贼出没之区，皆有巡司焉，以补军卫之不及，国家之制密矣。国初，司设弓兵至百人。澄平日久，谓为冗役，以渐裁革，仅至二三十人。贼至不能拒，贼去不能缉矣。不知天下之事，得其用，则多不为滥，不得其用，则少亦妄费。以今弓兵，乃覆为妄费哉？非弓兵之罪也！裁之，使不给于用之过也！王翦之伐楚，必于六十万，史不有明鉴乎？且巡检之官，悉出吏员，事权甚轻，当事者素已悬枉纵之疑。及其获盗，盗借之词，则其官必败，其盗必脱，反一捕快之不若也。盖捕快获盗，则功在所司；巡司获盗，则功在巡司故耳。间有能奋而格盗者，则下洙之祸又且随之。进有疑而退有死，即忠义之士解体已，矧若辈乎！甚非设官初意也。苟不改弦，则巡检可无设矣。

又曰：夫寇贼奸宄，虽至治之世，不能尽弭。然弭之之术不可不讲也。吾常北滨江，南滨湖，四通八达，绾毂舟车之口，无有阻塞，故滨江则有江盗，滨湖则有湖盗。由南而至者，则浙之衢人为甚；由北而至者，则扬之渔舟为多。凶年饥馑，救死扶伤而起者不与也。滨江之人，不知礼法，骋其雄勇，习于济汨。望两淮诸盐场，盈盈一水，凌风驾涛，朝发夕返。令食浙盐，贵而且恶，虽有密网，乌能禁之？故千石之舟，百尺之樯，一时鳞次，捩柁扬帆之夫，走死如骛之士，中坚洞骨之器，不戒而集。盖其始，未尝不以自御，而乘便则以御人，寻常以御人于江，而伺巧则亦窃发于内地。其行劫多至一二百人，少亦不下五六十。往年劫泰兴，劫金坛，且劫郡城、无锡诸富室，一夜劫宜兴河桥镇九十余家，皆此辈也。滨湖之寇，悉在归、乌、长兴，然亦二途。归、乌多水，非舟不行，故贫家亦具一舟，富室或至数百。小者仅受三四人，大者可百石，操之常用三十余人，四橹八跳，益之以桨，日可三百里。秋冬间，时有三、四舟或六、七舟，经行各郡县，不问昼夜，唱号鸣锣，无所顾忌，遇舟则劫舟，有导之陆亦登陆，登陆则以夜。往时白昼杀人于宜兴西氿，杀巡检于夏渚，劫郡城东南缘湖诸富家，则此辈也。长兴多山，径路丛杂，即久居者数迷焉。贫者无论，即巨室无他业，惟习为盗以为生计。间有不愿为盗者，有司急捕之，则众执以应，盖借是以除异己者，俾后之人不敢有两业也。适与宜兴接壤，宜兴独受其毒。往长兴臧氏与宜兴蒋氏争田，诉之县，臧氏不胜。时方栖稼于亩，一日，臧氏千人奄至，数顷之禾，瞬息席卷而去。其以夜劫者不可胜计，时劫妇女以取赎。其行劫率以竹为梯，越屋而入，至其欲劫之所，如取诸寄。被盗者明知其人，罔所控诉。盖以隔属故，即有司间移文捕之，适为彼中有司及应捕人役促贿耳。吾役往，亦颇有厚赠，卒不发一人也。更急之，则群盗出而以枉控彼抚按，又其党出而保给之，更移文于吾有司，捕人以相抵，则其所恃以必不败之术也。衢州之盗，多以行货为名，熟伺诸藏而后发，不用众而用寡，多不过二十余人，常以雨盖为炬，以长柄斧为械。视其扃不固，则舁石撞之以张威；扃固，则逾垣而入以掩其不及。其斧所拟，无坚室矣。扬州渔船，春秋两至，舟亦可受五、六人，然常联舸数十而至，以西湖及宜兴诸氿捕鱼为由，土人渔舟往往为之向导。遇客舟则数舟攒之，虽有勇者，不胜其四面受敌矣。迩年游方僧道，更多为盗，然亦非有土人和之，不能独骋也。衢盗似久不至，惟日劫宋典者类之。渔盗亦不能为大害，即禁之俾不至，无难也。独濒江濒湖之盗，弭之不易耳。嘉靖末年，江盗猖獗，诸当事颇以为忧，设法剪除，二三年间，诛戮流窜，几无遗类。既而长子养孙，复守其业。盖习以成俗，势不能革。乃者永生洲拘官缚卒，几至大乱。其焰之复炽可知已。归、乌水盗，往尝一创于哨官姚恕矣。时恕以捕盗功新任哨官，督兵华渡。恕亦多募吴江水兵自随，湖寇适至，谓往时水兵尔，甚易之，迎敌，见恕兵便习，器械犀利，遂为夺气，不数合，杀死一人，生擒九人，余悉弃舟遁。恕复用类推迹其所过抵，因而捕获者又十余人，余党唱言大举入报，恕亦备之惟谨。然诸盗实有势豪为渊薮，会势豪父子相继死，家败众散，亦不复至，郡境稍宁。惟长兴之盗日炽。议者谓江盗势不能除，莫若有所用之；湖盗势不能捕，莫若有所摄之。缘江诸盗，有不可与为善者，亦有可与为善者，令得录用，被冠服之荣以夸炫其闾里，所至愿也。今水不设耆民捕盗乎？即以此辈充之，廉其可用。俟其有劳，则稍进之为哨官，为千总，其有勇健家丁，即录为兵。狼子野心，卒不收拾，则戮以儆众。即有未及收录而窃发萑苻，责成此辈，朝发而夕擒矣。《传》曰：御失其道，狙诈作敌；御得其道，狙诈作使。此之谓也。毋论收一人得一人之用，且收一人减一人之贼矣。先是抚台赵公尝以倭警问计，余说云然，赵公颇采而行之。不久，以擢去，事竟寝。然此非抚台不能也。国家于省会之交，无不设官兼统，俾得联属，大则如郧、赣；次则江西九江道之辖湖广、兴国等十四州县，湖西道之辖福建崇安等六县；再次□□□则府卫相通，如德州卫之属河间，嘉兴守御千户所之属苏州之类是也。惟长、宜两兴，则绝不相蒙。先是乌镇同知尝属江南抚按，吴江一县亦受其要束矣。既而法纪渐弛，文移遂绝。宜兴史孟麟在省中，目睹其害，疏请常州特设二守一员，专于宜兴、乌溪住扎，兼管长兴。铨部以二守权轻，恐不能行，即仿江西九江诸道带管闽、楚州县事例，专设一道为宜，下所司议之，湖州守巡竟格不报。为今之计，惟江院兼摄，势无窒碍。何者？抚按司道，浙、直原有定辖，不能相借。惟江院原主捕盗，彼中无与抗衡，以江兼湖，何辞之有？既不繁于添设，又不苦于遥制，令可必行，捕无不得矣。独频年饥馑，斩竿揭挺、探囊胠箧之盗，在在有之。应捕人役，例纳其贿，为之获持。捕牒未下，彼已先期灭迹矣。万一捕获，则令攀陷平民。窝盗之害，有不忍言者。第有司能如龚遂之治渤海，上也。不然，即于诸应捕皆知其能之所宜，尽力与否，俾其输写心腹，无所隐慝，如赵广汉，可也。求得其偷盗酋长数人，把其宿负，令致诸偷以自赎，如张敞，可也。江陵当国，捕盗条格甚严，时亦稍稍敛戢。今且朦胧玩愒，惧督责而不以闻，听纵横而不加诘，采左右之言，持可否之见，抑强为窃，抑窃为妄，知而不捕，捕而轻纵，致使被劫者不敢以首，胜、广之变，恐必由之矣。

内运河有常镇巡河指挥一员，自白家桥上至京口，皆其信地。西滆沙子湖哨船，万历十年设，委武举官一员哨守。华渡哨，东南去城六十余里。其地河道丛杂，溧阳、宜兴米麦货船欲渡苏、湖往来，必由此河。盗船多自湖州渡湖入港，假充哨船，每至辄有五、六只，每船一、二十人，结艅行使，多入下埠，以进内地，或由无锡径越宜兴、溧阳，白日公行劫杀。万历十五年，添设兵船，委哨官一员往来巡守。南太湖哨，万历十六年添设兵船。

正统八年三月，漕运总兵官都督佥事武兴、巡抚侍郎周忱等奏：常州府武进县民言漕舟出夏港，溯大江，风涛险阻，害不可胜言。常州城西有德胜新河，北入江，江北扬州府泰兴县有北新河，中间有淤浅者，俱宜浚之，以避大江险阻。浙江都司署都指挥佥事萧华言：永乐、宣德间，漕舟自常州府孟渎河出江，入白塔河，江行不逾半日。今孟渎河淤浅，请浚之。广东按察司知事黄武、浙江处州卫指挥使牛通皆以为言。事下臣等计议，华等所言皆有据，请先浚孟渎河。其白塔河有四闸，可于其中大桥闸筑坝，候运河水泛，则开闸行舟，水落则仍闭塞。德胜河亦宜修浚。惟北新河计当役一十五万五千人，一月方完，比者，连年灾伤，不可兴大役，请俟浚理孟渎河、白塔河、德胜河完再议。上从之。

宣德四年八月，御史陈祚言：扬州府邵伯闸坝，旧设官二员、民夫二百三十人，置盘车挽过舟船。今高邮湖堤及仪真瓜洲堤岸高固，河水积满，舟经邵伯，皆是平流，闸坝官夫，尽为虚设。而白塔河上通邵伯，下注大江，凡直隶苏、松、常州及浙江诸郡公私舟楫，以孟河至瓜洲，江涛险恶，多从白塔河往来。然河既浅狭，且有不平之处，若遇少水，未免艰阻。如以邵伯闸坝官及夫移于白塔河，稍加疏浚，又置闸积水，以通浙江、苏、松之舟，实为利便。上命行在工部勘实，果利便则从之。

六年九月，直隶武进县民奏：闽、浙官民船只及今漕运，必由本县孟渎河出，逆行三百余里，始达瓜洲坝，往往为风浪漂溺。县旧有新河四十余里出江，正对扬州府泰兴县新河，入至泰州坝一百二十余里，至扬子湾出运粮大河，比今白塔河尤为便利。第岁久泥淤，难通重载，乞加修浚，实为便利。命平伯江陈瑄、侍郎周忱审计。

天顺元年十二月，尚宝司少卿凌信奏：江南运粮者，泛大江至瓜洲坝，有风浪之险，宜从镇江府里河。而里河自新港至奔牛一百六十余里，河道浅狭，又有三坝，大不利车盘，七里港口又有金山横阻，江水不得入，以故粮舟多冒险损坏。宜通七里港口，引江水灌入，浚新港至奔牛一带为便。奏下，工部覆奏，宜令管理粮储河道官佥都御史李秉及郎中沈彬提调附近有司通浚，从之。

正德二年九月，复开白塔河及江口、天桥、潘家、通江四闸。先是总督漕运都御史洪钟言：苏浙运舟，由下港口并孟渎河，溯大江以达于瓜洲者，远涉二百八十余里，往往覆于风浪。惟孟渎河对江有夹洲，可抵白塔河口，旧设四闸，径四十里至宜陵镇，折而北，即抵扬州之运河，于舟行甚便，请开浚如旧。至是成。

无锡县志

险要

无锡南据太湖，北距大江，东邻于海，其要害有二焉：百渎、小渲、双河、高桥、东亭、五丫浜，内一险也；四河口、五牧、斗山、宛山、荡口、顾山、望亭、独山、白茆山、闾江山，外一险也。战守有方，水陆有备，攻掠之患，吾知免夫。

独山在无锡西南三十里，梁溪之水，至此入太湖，盗艘必走处也。谓宜添设巡检，严其守御，太湖内外之寇可以无患矣。

双河口在县治西北五里，南通太湖，北达高桥，高桥为武进、江阴要道。贼自江阴来者，必出高桥过双河；自太湖来者，必由西溪过双河。双河者，四塞之冲也。高桥虽设巡检，而羸脆卒仅足以供巡逻之用。若多垒之日，而不以重兵于双河控扼，非万全之策也。

望亭在县南五十里，与长洲分界，巡检司在焉。其地东通蠡湖，西通太湖，号为贼薮。嘉靖甲寅，倭自浒墅来过此，闻新安有土兵，以为苗兵也，转而南，县城赖亡恙。谓宜加增备御，以遏贼北行之冲。

团保之法：每家三丁则出一丁，十人为甲，甲长统之。五甲为保，保长统之，而皆听于团长。书为一牌，悬于团长之家，自备器械，注于名下。在乡则各村各镇，在城则一坊一街，择有材勇为众所推者为团长。于寺观场圃之间，习为战斗击刺之法，分番较核。无事则农工商贾，有事则鞭弭橐鞬。其临事畏缩者，治之以法。大约一乡一团，或大市雄镇、居民稠密者，结为大团，偏坊僻聚，村墟旷远，则自为一保。倭夷往来要害之地，或十里、五里而一团。当关喉舌之路，跨河襟带之区，为一团。星罗棋布，脉络相连。一团受敌，邻保相率以合围。官兵出剿，各乡因之而向导。

田赋

桑丝绵绢后俱并入秋粮夏麦内征收，最后则惟存秋粮平米一项，而不复有夏麦名色矣。

国初粮额，抄没田最重，官田次之，站田又次之，民田最轻，无虑数十则。前巡抚周文襄公忱立法：原额四斗以上，则纳金花白银轻赍折色；三斗以下，则纳白粮糙米重等本色。视田则轻重为损益。法非不善也，但因田则太多，书算巧于飞诡，阴受富民之嘱，则以官作民，暗行掊克之术，则移轻作重，愚民无知，莫能究诘，虚税日积，贻害浸深。至嘉靖十六年，本府知府应槚议，查原额田粮，正米数少者耗米递加，正米数多者耗米递减，裒多益寡，将合县田粮，均为官、民二则：官田每亩平米三斗三升二合，民田每亩平米一斗五升九合六撮九圭。仍逐年会计，每平米一石，验派本色米三斗八升、折色银二钱四分八厘。其白细粳糯米、次等白粳糙米，皆准米科数，谓之本色；其金花白银，皆计银扣派，谓之折色。撮烦就简，较若画一，使百姓易晓，而书算无所施其术，富民无所售其奸。申呈巡抚欧阳铎详允遵行，于是民困少苏矣。

国家承平日久，土田多未核实，垦辟者不行开报，而鬻田者每存虚额。故或有田而无粮，则坐享其利以至于富；或有粮而无田，则日受其害以至于逃。逃户之粮，累及粮长里役，民间嚣然不宁。是以尚书顾鼎臣于嘉靖间三次奏请清查苏、松、常、镇、杭、嘉、湖七郡钱粮，然能行之者，惟苏州知府王仪，而他郡之受害如故。应公之法虽善，然但可以革区书紊乱之弊，而不能救小民赔偿之苦也。至嘉靖三十二年，邑人侍读学士华察倡义捐赀，俾耆老诸人赴京引例陈请，世宗皇帝准令户部议处，覆行抚按，转行督粮参政翁大立专委本县知县王其勤丈量，严立隐匿之禁，痛惩稽缓之徒，三阅月而毕。仍将新量田土分为三则，共核出无粮之田一千六百余顷，铲去无田之粮八千余石，非惟赔补者得以蠲除，而通邑赋额亦得以轻减矣。

练兵

嘉靖三十三年，会计（注九）坐派海防银四千九百七两三钱九分九厘，征收备用。三十八年，巡抚翁大立批开原派海防养兵等项名色，一切革去，仰县即于实征平米上每石征银六分，俱作练兵。是年该银一万四千七百二十一两有奇。此后数目大略相同。隆庆元年，减派银七千二百十三两五钱；六年，减派银二千四百八十七两九钱四分。以后年分，兵银递减，会派征解。

按练兵之银，始因御倭而设，本非得已，而亦未见实有可用之兵也。况寇炽之时，止征四千有奇；寇平之后，反增一万，诚为无据。乃今郡邑以抚字为职，抚院重邦本之思，递年减派，岂亦有裁革之渐邪？

工料

常州府书册，通计五县每年于秋粮折银内扣义役银二万两，专备各部料价不时坐派之用，原无定数。至嘉靖三十六年，为三殿灾，会计坐派本县工部四司料价银五千三百七两二钱有奇，即于秋粮平米内每石加增银二分一厘六毫二丝，征解本府，转解工部，分解工部四司。

按工部题派料银，盖因旧征不到而新立额定之数。今有司既遵新额另征，而义役之征如故。况大工已完，此银未革，当事者独不为小民轸念耶？

贡课

巡盐察院立法，定令本县巡盐民壮弓兵四十二名，每名一月限获盐百斤，以一岁计之，通共该盐四千二百斤，计纳银一百六十九两四钱四分，遇闰加银十四两一钱二分，名曰欠获盐船银两，俱扣巡检司弓兵名下工食银贮库，解府转解运司充课。

论曰：任土作贡，王政之所不废也。今郡邑不以方物献而折银征解，已非《禹贡》之初意矣。若盐课不足，乃于巡兵工食内扣充，奈之何巡兵不为盐蠹也，左亦甚矣！（注十）

《江阴县志》

起科则例

旧额官田每亩科麦二升至二斗六合九勺止，科粮五升一合至四斗一升七合一勺止，凡一百七十八则；官地每亩科麦二升至一斗二升止，科粮二升五合至二斗八合止，凡九则；民田、地俱每亩科麦二升，各一则；民田科粮五升一合至一斗八升九合九勺一抄六撮止，凡四则；民地每亩科粮五升一合，凡一则；官山每亩科粮五升至一斗六升止，凡三则，另一则每亩科租钱二文；民山每亩科租钱二文，一则；官滩每亩科粮四升五合，一则；民滩每亩科粮一升，一则。

嘉靖十六年，巡抚、都御史欧阳公铎奏定官田地、民田地各为一则，夏税入秋粮，抵斗同征，正耗加耗，通算均派。官田地每亩科平米三斗，民田地每亩科平米一斗六升二勺七抄八撮，官民山滩每亩科平米四升一合三勺，另官民山一则，每亩科钱二文。

征收则例

官田地止征正麦，民田地每石加耗麦一斗二升；官田地每亩加耗米二升，民田地每亩加耗米九升。山滩塘荡及滩转新田，俱止征正粮。欧阳公例见上。

文襄公事迹

一、立综核田粮法。苏、松诸府流民弃田，为豪猾侵据，贻累细民代供税赋。乃令每里选强力者五人或十人，充田甲，分主弃田耕之，而输其赋。由是野无旷土，民免横征矣。宣德六年。一、奏立部运细米法。苏、松、常三府上供细米，民自转输，劳困无度，累岁愆期。乃奏每府造黄船二十艘，令民运而官督之，所至官司应给人力。宣德八年。一、立水次仓。先是诸处税粮，俱里胥粮长就私家征索，推敛无艺。乃于附城水次设仓，总征并蓄，而时出之，今民径自送纳，较之往昔省减二分之一。宣德八年。一、立均征加耗法。云云清完。宣德八年。一、奏立济农仓。奏疏以为苏、松尝云云兼并。诏可。宣德九年。

按：先王制邑以里，里有疆亩，其可垦不可垦，赋一定而不可易也。《汉志》郡县则壤成赋，必先举其户若干万、口若干万，著之以为数也。垂法之意，深矣。国初，定垦田几一万顷，赋额可稽。自成化以来，田数稍加，而赋日增广，岂未垦之土，民尽垦之若是其广乎？说者谓未科之田，弊端滋多，其概有二：书手之家，暗剋征收人户，积分成亩，积亩成顷，遗诸子孙，私食其利。一旦异心，旁有私怨，首入于官，尽为公赋矣。又有亡业之人，当其乏绝，本无田宅典质，将祖父遗有未科，或本无未科，诡言实有，出售富家，收其虚粮在户，如贷本出息，然不久告归本户，官发其奸，则又升科矣。境内之田，惟有此数，虚数在官，则实病在民。有图欠，有陪粮，有亏亩。民耕一亩之田，仅得九分，其赢者不过奇数而已。惟新堪田亩，系是边江浮土，有涨有坍，势不可常。宜另为一则，定其段落，筑以田围，沟以限之，石以识之，明籍在官，引丈可验，不使告升者以多作寡，告坍者以寡作多，则虚实相当，利害不偏，升除各得其故矣。其奸猾隐税之家，善匿而未露，亦可因是而根究也。昔人论前代最户口、定垦田大数见减益之差，以明政化，其意盖并行而不悖也。

姚文灏《导河夫奏议》

臣惟苏、松、常、镇沿江近海泄水港浦，潮沙之积有常，而疏导之功不继，所以患多而利少也。前代或设撩浅之夫，或置开江之卒，专一浚治，不限时月。近岁役夫皆临期取于里甲而无经制，小民劳扰而吏缘为奸。富者有累年而不役，贫者无一年而不差。查得今江北运河捞浅等夫，及嘉兴府海塘沓石等夫，俱是均徭派拨，事体有常而公私不扰，缓急有备而功绪以成。臣欲乞朝廷下各府，将导河夫役，悉照运河及海塘夫，每年于均徭内定拨，专一疏导，循环不已，庶几无患。报可。于是又以为民有耄稚、富贫、壮病不齐，不可并驱于力役，乃令每里佥夫一名，每夫办纳工食银三两，内地州县俱输滨江官司收贮，遇有兴作，给散役民，计日论功而偿其直。不惟使民见利忘劳，而贫者因得以售食其力。于是公私称便，而历古之积患，一朝都除矣。

《河防记》

江阴南挹太湖，北绕扬子江。太湖之水，由无锡入于运河。运河之水，自五泻堰入者，达于经河，出夏港而入江；其东自高六堰、自转水河入者，达于东境之河港而入江；其西自洛社河、自横林河、自七市堰、自丁堰、自黄汀堰入者，达于西境之河港而入江。

江阴之水有二：北自黄田港（注十一）流注诸河，达于境，谓之江潮。南则太湖梁溪之水，溢于无锡之运河，自五泻诸堰而来；西则丹阳练湖、白鹤诸溪之水，溢于武进之运河，自黄汀诸堰而来，达于境，谓之河水。夫水之来也，有所受，而后水能为利；其溢也，有所泄，而后水不为害。是故四境之内，其在东也，凡为沟港泾者十三（鲥鱼港、赵婆港、白沙港、石牌港、石头港、西雷沟、东雷沟、蔡港、私港、范港、谷渎港、令节港、界泾），惟谷渎港、蔡港、石头港（注十二）为大。其港身袤四十余里有差，口北通大江，腹里南通应天等河，跨崇仁、宝池、清化、化成、白鹿五乡，资溉民田最博。横河贯其中。今既填淤，水绝壤断，诸港不通，虽有江流之入，中遏而不逝，岁受旱患者也。其在西也，凡为河港者九（夏港、流皮港、新沟河、申港、芦埠港、利港、立埭港、五斗港、桃花港），惟申港（注十三）、芦埠港、利港为大。其港身袤三十余里有差，南通武进纲头河，北口通大江，跨永陵、良信、来春三乡，民田多赖为利。中有顺塘河横亘其间，梗塞不通，岁旱益甚。其崇沟河长十六里，隶来春，沿秦望山下，通南山塘河，河阔水滥，山水迸发，田没无救，旱时又以田低于河，罢人力，谷不易熟，此则水旱并患者也。桃花港近利大河，与武进半之，通则分受其利，塞则均害焉。其在西南，则青旸一乡，有前渟塘、九顷圩、后渟塘、三尖圩、谢庄村等处最为洼下，多被水灾。其次塌水港河口浅隘，中流微细，遇旱稍患之。余壤沃肥，种粳稻，岁入亩可一钟，旱患不及。其在东南，是为东顺、西顺、长寿、凤戈、金凤五乡，田多高卬，汤村、东新、南新、李岸、官禄、倪塘、清溪、太清、长寿、直塘诸河联络其中，疏之则治。其冯泾河约袤十里，界萧岐、花塘、高岸、上庙堂四处，河身狭小，西通经河，东通长寿河，流波俱不能纳，此则水旱俱患者也。傍有黄天宕，地形下，土性疏恶，水至弥漫，其害尤剧。凡高卬者，利江潮之灌注；凡低洼者，苦湖水之泛溢。江潮由诸港以入，而众河为之接引；湖水由诸港以出，而众河为之受泻，此其大较也。支分而委治之，则存乎其人。前辈凿河穿渠，纵横曲直，灌注辐辏，各有条理，废一不治则害生，尽废而不治，则害成不可图也。汉人有言：通沟渎，蓄陂泽，所以备旱也；观地形，令水工准高下，开大河，泄暴水，筑田围，所以防涝也。江阴河港潮沙易壅，势不能久，近者一、二年，远者四、五年，通治之，劳民不可殚纪。凡沿江去处，宜设闸座，以时启闭。每春捞浅，理其闸外，工减数倍矣。其横河往尝设闸，力不能守，终至于废。又惧劳民，数年而不一浚，弃地为河，弃河为草莽，其利害大小何如也？潮沙之淤，以渐而积，疏浚之功，当有次第。如某河、某港淤浅，宜五年而一开；某河、某港淤稍深，宜三年而一开，计用夫力若干、工食若干，每岁征收导河夫银两，不得别项支用，画以一定之数，立为循环之法。而官所不足者，临时复责之近便得利人户，则开浚之役岁有而不为劳，民饶而少害，岂非兴利除害，皆可豫见定计者乎？

姚文灏《修筑圩坦事宜》

一、圩田内外所作横塘直浦、大岸小塍，亦是古人井田之遗法。古之井田，赖沟浍封畛以备旱涝；今之圩田，赖塘浦岸塍以备旱涝。但井田之沟浍封畛多且阔，圩田之塘浦岸塍少且狭，所以古之水旱易备，今之水旱难防。然尝考其故迹，又知塘浦岸塍初作之时，亦多且阔，所以狭少者，乃后人惰於修浚而坏之。当思百姓欲饱食，必须尽力于塘浦岸塍之役；官府欲足民，必须尽力于塘浦岸塍之事。大抵不论低田、高田，俱以十分为率，低田以一分为堤岸，高田以一分为沟池，则余九分可以永无旱涝。一、五等圩岸式。田低于水者，底阔一丈五尺；田与水平者，底阔一丈四尺；田高于水一尺者，底阔二丈二尺；田高于水二尺者，底阔一丈；田高于水三尺者，底阔九尺。面阔比底各减半。高亦以水为准，外面各离水八尺。若溪湖冲激去处，愿增者听。一、各图圩岸，俱著排年分管。若本图元有十圩，则每甲一圩；若不及十圩，则将大圩分辏之；若十圩以上，则并小圩兼管之。分管既定，然后立封牌为志。一、封牌以石为之，长五尺，阔四方各一尺五寸，皆竖于圩南。上二尺五寸四面刻字，前云某字圩，后云某县几都图几甲排年某人，左云官民田若干，右云粮若干，下二尺五寸培而筑之。一、应修圩岸，该管排年量田高下，照依五等岸式，督率圩户各就田头修筑。不论有田多寡，但以田头阔狭为则。假如田头阔五丈者，即修岸五丈；阔十丈者，即修岸十丈。或有逃户田头及沟头岸，则众共修筑。其圩心田户，若有径塍者，自修径塍；无径塍者，与众同修逃户及沟头岸。排年则管修一图圩岸，粮耆则管修一区圩岸，各县治农官则提督一县，各府治农官则提督一府。若一图圩岸不修，罪坐排年；一区圩岸不修，罪坐粮耆。等而上之，一县一府，责各有归。一法：不论田头阔狭，但论有田多寡，照田出人，照人分岸，一总修筑，亦可。一、有等极低圩岸，又系贫难及逃绝户田产者，治农官务要督令该管粮耆，将概都或概图有圩人户，照田起倩借力，并工修筑。一、高乡沟渠，亦须并工开浚。其法亦令粮耆将概区人户照田起倩，通作一处，会同里老，相勘本区该开河渠几处，某渠为急，某渠次之，某渠又次之，议定依次并工开浚，周而复始。工程小者，或今年开几渠，明年开几渠；工程大者，或今年开半段，明年开半段。一、低乡有等大圩，一遇雨水，茫然无救。该官人员，务要督率圩户，于其中多作径塍，分为小圩。大约频淹去处，一圩不过三百亩；间淹去处，一圩不过五百亩。一、圩田外有等坦田，往往被灾而不敢作灾，深可悯惜。今后俱要筑为圩岸。一、低圩岸内再帮子岸一条，高及一半，如阶级之状，老农谓之抵水岸。一、圩岸上俱要砌内外车场，高低水洞，不得因车水放水，辄便掘岸。一、凡边临湖荡，圩岸外须种茭芦以御风浪。其狭河宣泄去处，却不许一概侵种，以遏水势。一、高乡田亩去水窎远，无从车灌者，令田户于田内开塘蓄水备旱。或所开之塘渗漏不蓄水者，于他处挑取黏土，和灰筑底，自然蓄水。一、近山高田无水车灌者，令得利户于山坳田尾共买地开塘，以收蓄泉源及雨水，亦可备旱。一、高乡河岸临水二三丈间，不许人翻耕种莳，以致浮土下河，止许栽茂茅桑枣等项。一、近时水道大半筑塞，官府惮于修桥，则筑塞沿塘河口；百姓懒于修圩，则筑塞通水沟头，小利大害，上下不知，必须渐次开通。若是泄水隘口，虽盗桩鱼簖，亦不宜概钉。一、凡紧要泄水河内，但依古人建造水桥，宣泄快便，不得辄造石桥，遏束水势。

赵锦书江阴县志后

郡县分土而治，其政若易也。而川谷异制，民生异习，则其所以为休戚者，亦因以异，而施之于政，缓急亦不能以皆同。以不能皆同之政而杂然施之，此郡县之治所以未易言也。江阴素称殷富，为国家财赋之区，而地多高卬，民常苦旱。昔人并开诸渠，皆自江以达于运河。议者因谓以泄震泽之水，使入于江，而不知其正欲引江之流以便乎农也。惟其潮汐往来，沙滩易积，疏浚未几而湮阏如故。故言水利者莫急于江阴，而言治水之难者亦惟江阴为甚。其东私港、谷渎之间，接乎常熟之庆安，去县九十里而遥。其地枕江以为险，其民负盐以为利，法制既疏，习染遂恶。小者揭竿党聚，肆行村井；而大者治舟航，挺矛刃，公肆钞掠于洪涛巨浪之中，至抗衡官兵而莫之惧。吏捕者少则不能得，多则遂遁而入于海。故江阴素称多盗贼之扰，而言弭盗者亦卒无良策。夫其急与扰也，则政莫有先焉者，而其难与无良策，则亦以因循旷废之余而欲得夫久安永逸之道尔。盖为政之道，犹之治心。治心者日省察之，而后私伪无所容，而本体常明。为政者日饬治之，而后衅孽无所萌，而民生常安。今或积数年不浚，而一旦欲诸渠之并通，居常无以稽察其出入，先事不能逆折其萌芽，而欲寇窃之不作，此虽下湿素安之地，尚亦不可，而况欲以是得之于江阴乎？故为政者，诚加之意，时而考之，毋忽其安，岁而计之，毋畏其艰，则施之有序，事固无不可为者。故治水难矣，而计亩以授功，分年以治事，所谓导河夫银者，又为之岁蓄以待需，则官府为岁举之常而无并集之扰，百姓以弥月之劳而获十年之利，即诸渠亦未尝不可通也。至于盗贼之变，虽无常形，而先事立防，则若保甲之法，编集提督之有方，会哨之舟，彼我往来之无间，则亦可以消其未形之恶，褫其不肖之心，而即不幸有变，亦不至于滋蔓而难图矣。盖崇本以清源，因时以制变，贤哲之士，自有良图，而天下之事，则未有无序而可行、懈弛而可幸于无祸者也。此其大端也。予之始从政于此也，睹民物而恻然，视案牍而茫然，徒切焦劳，罔裨治理。今而后知江阴之政，其先且大者实在于是，则又以积废之余，未能兼举，而且自惟鳏旷罪深，莫克是终之为惧。于是丁未十有二月，《江阴县志》成。邑之事，巨细既有载矣，而于斯二者，则予不能不深致意焉，以俟后之君子也。邑故有志，今志作于大司成水南张公。其遗文故实，多采诸旧志，而提纲以示之准，纠缪以协于贞，芟芜以归于核，搜逸以入于详，使灿然足以信今而传后，从政者有所于稽，则公所自得者居多。其共缮之费，取诸岁会之余，而公自授馆讫于告成，尽谢廪庖之馈，省金凡若干两。同修邑志者五人，亦多所谢却。而刘生珪、林生文焕中以病亡，蒋生龙复与计偕，孜孜夙夜，克相厥成者，则多徐生鸣玉、吴生胤之功焉，皆读志者之所不可不知也。

《靖江县志》

靖江之田赋，与他县亦略异。他县赋有恒数，则田有恒额，酌其肥瘠而亩科几何，虽百世不刊也。靖邑之赋，定于五万三千六百，而田有涨坍，时多时寡，不逾年而辄易，则科赋之轻重因焉。其言曰：坍则通县包赔，涨则阖户沾惠。盖则壤之成，不得缘坍而减，自不得缘涨而增也。故他县册称铁板，靖册独称鱼鳞。鱼鳞者，参时势而先后次之，非一成不易之则也。司牧者诚有意民岩，是不可毋详审焉。

郡判吴绅《军籍听原籍充伍议》，略云：解查补伍，费神费牍，劳民伤财，而逃隐买补之弊，终莫能革。每见审并一军，动扰排里，本管误脱，刑累伤生，攒造册籍，岁无虚日。及其已解在卫，徒靡口粮，一遇征发，恐有失利，不敢调用，仍募民兵。夫当无事，民既出力以养军，及其有事，民又出身以代死，均之赤子，一捐一怜，不同若此者，何哉？法使然也。若止本籍当军，无绝无逃，无查无勾，私家军庄，足供常膳。有事赴戍公家，重资其行，民壮不必别审，而卒伍自有定分，军卫不必纷错，县令足以统制。或就其军数多寡，调委武员一二，协同所在丞簿帅领操练，总辖于附近卫所。虽或临阵有伤，余丁自甘充补。彼利常饷行资之厚，谁肯认缺？此则一举而百省者也。窃闻正德初年奏行事例，凡军逃者，许就逃至处所自首，即于其地收伍，原卫开除。愿留原卫者听，不复原籍勾查。新犯者，自当照例问遣。此亦顺民情以求实用之一端。今查靖江见在并户存军六百二十四名，差合近年募兵之数，若以排年编户轮年操备，又不若即军籍者尤为便利也。深惟民兵、卫兵，天下行之久矣，孰不知卫兵虚名、民兵实用之辨，第卫兵生长行伍，习戈矢如耒耜，民兵取于畦亩市井间，训练有难易耳。若取吾说行之，则可无二者之虑矣。

江阴李诩《戒庵漫笔》

余邑有匠班银匠户，每名出银四钱五分，此定于国初，而户籍一成不变。夫银以匠名，为其有匠利而课之也。今其子孙不为匠者多矣，犹可责其办者承租户，而力亦胜也。中间有绝户，有逃户，则里甲赔补，出于无辜。有零丁，有乞丐，遇每追并，必至于尽命。何无一人以通变之法闻于司牧者乎？排年十年一编审，可照例行也。核见在匠作均派之，当无难者，留心民瘼之君子当亟行之矣。

《靖江县志》

靖之田赋，与他县略异。他县田有恒额，则赋有恒数，虽百世可不刊。靖赋定于五万三千六百，而田有涨坍，时多时寡，科赋之轻重因焉。坍则通县共加，涨则阖户共减。故他县册称铁板，靖册独称鱼鳞。

邑之田有官田，田所入，以供官府盈绌之需，但不缺国赋，而不服杂徭者也。有民田，听民自为种佃，而供上之课，服上之徭役者也。有沙田，如积荒沙田、飞沙田，滩初成而转科之沙田，或官或民，其赋徭俱如上，而税额则稍轻矣。有滩田，滨江涨处，已出水、未出水，俱谓之滩，亦有官民之别。其赋与徭俱极轻。有山田，惟孤山之十五亩，岁课钞钱三十文。有土官庄田，嘉靖四十一年，鸿胪序班邓钦承奏其祖尚书邓明系安南国输忠纳款人员，久有赐土，清出孤山等处田十顷十三亩，抵补坍没田十顷，赋徭原三升三合，至万历初年，奉例起科附籍甲外，仍不许子孙擅卖，坍者令告明抵补，有碑刻幕厅。

沿江要害，西有圌山门、永生洲（属镇江），在江北，则黄家港（属泰兴），江南，则俞塘等港（属武进），而邑之小沙团、太平、夹黄等港逼之。东有巫子门（系海口），江北，则狼山（属通州），江南，则福山（属常熟）、杨舍（属江阴），而邑之永庆团、青龙等港逼之。防上流，须守小沙团、太平等港；防下流，须守永庆团、青龙等港。其西北接壤维扬处，则有镇海市、生祠堂、永定营、阴沙等处，为江南、北丛杂之地，最易生奸。

本县信地，南自皇都港至天生港（计里三十），东南自天生港至青龙港（计里四十），东北自青龙港至孤山港（计里四十），北江自孤山港至侯家港（计里三十有奇），各以兵船布列。

按：小沙、永庆两团去邑最远，奸宄易生，而黄家港、俞塘港与夫刘家沙、唐沙等处，尤为盗薮。亡命逋儿，日飞帆出没于烟飚波浪中，声势不相犄角。谓宜于小沙团设一重兵，兵船分置太平、夹黄等港，与隔江孟河相联，则上流截矣。复于永庆团设一重兵，兵船分置青龙等港，与隔江杨舍相联，则下流截矣。今计不出此，总司两哨，俱安坐邑治，而兵船数只俱集澜港，徒取便宜，不顾要害，亡论东西有警，鞭长莫及，亦岂固一隅以卫金陵之意哉！况斗大一城，仓库巡警，自有巡捕员役，卒有不虞，居中策应，复有总司，是宜断断改图者。至西北永定一营，向为争界设。今连年寇氛，江淮为梗，关系更重。第土兵百名，不当一旅，且不谙步伐，不习止齐，耰锄数事，信可刮干戈鋋乎？是可不为绸缪阴雨计也？

总练司，万历十九年，以倭警设。统练水陆官兵。水陆营哨官各一员。除汰革外，实存水营官目兵二百二十五员名，陆营管目兵一百八十五员名。

永定营，天启七年设，在靖、泰分界处。统辖哨官一员、识字一名、百长一名、哨长五名、土兵一百名。官廪兵粮，地方有田人户出。

朱得之曰：国初惩倭之诈，缘海备御，几于万里。其大为卫，又次为巡检司，大小相维，经纬相错，星罗棋布，狼顾犬防。故所在制有数百料大船、八橹小船、风尖快船、高把稍船、十桨飞船，凡五等。至如定海、昌国，贡道所经，切近彼岛，则船数倍蓰他处，而以时出哨，各有限准。至各港次嶴所，又设水寨营栅以止舍之。所以制御之者綦密矣。岁久人玩，法去盗生，二十年来，山颓澜倒，当事者见不可用，遂别募以充，远征以御，改造巨舰，一切从宜，而旧法因废不讲，则亦惩咽之过矣。愚窃谓卫所军壮、巡司弓兵之类，宜因旧法，务足故伍，或抽羡丁，或佥壮士，而以其半哨守，其半团练，更迭肄之，俾皆可战。或虑一时未习，不足应猝，则量留旧募与新调之选以备缓急，久之或可尽罢，一守石浦而循焉。虽然，此特治标云耳。若夫约己裕人，宜民酌损，修明法纪，变易风俗，力挽衰颓黩冒之习，务敦忠实节爱之政，是谓自治，是谓先为不可胜，则存乎其人焉耳矣。

陈侯函辉议　靖江三面临江，东北通圌、狼，东南接江阴，战舰艅艎，久宜日习。若陆行出西门，延袤而北，通泰兴不过六十里耳。其间别无险阻可凭，关河足恃，惟是泰、靖交界之地，有河一线，划分南北。原有永定一营，民兵百人，屯集其地。使此河不塞，固垒深沟，尽可界限戎马。奈连年淤塞，仅存河形，不独旱涝无资，封豕长蛇，不犹枕席过乎？更二十里，则有镇曰生祠堂，系北来便道，为盐盗出没之地，关切尤近。于此设立营堡，因林就薮，可以设伏。稍折而东，则孤山一垒，亦可乘上临下，处处伏兵，所谓守在藩篱者也。

宜興縣圖
西至溧陽縣九十里
臨津城
平陵城
永世城

南至長興縣
宜興縣
陽羨城
張王廟
北至武進縣五

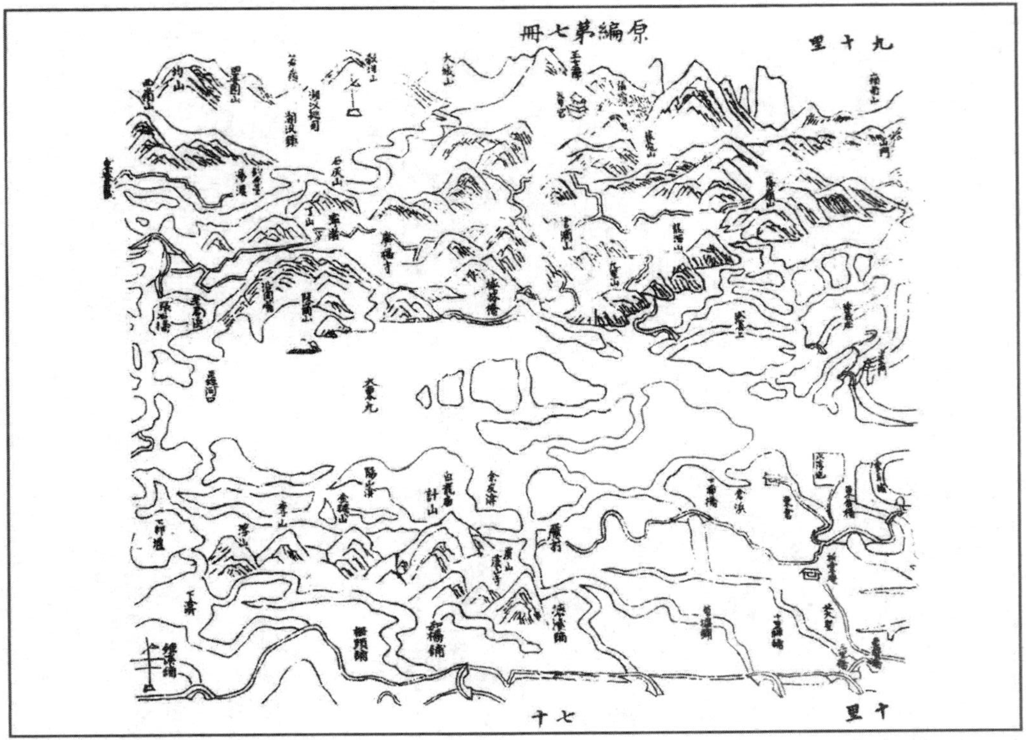
原編第七冊
九十里
十里
七十

東至東太湖三十里
竹山
蜀山

《宜兴志》 百渎

在县东南五十七里为上渎，在县东北五十里为下渎。旧以荆溪居数郡下流，遂于震泽西沿疏为百渎，以分其势。虽总谓之百渎，而有上下之别。又开横塘，袤四十里以贯之，濒湖畎亩皆通焉。《方舆胜览》云：横塘直南北以经之，百渎列东西以纬之，疏分溪流以下震泽。宋治平中，令楼冏尝浚四十二渎，余多湮废。单锷《水利书》云：自芜湖、溧阳伍堰达吴江，犹人之一身，伍堰为首，荆溪为咽，百渎为心，震泽为腹，盖为脉络相贯也。旧志载渎名七十有二，率在本邑。然晋陵新塘乡雅埠村，实号百渎口，亦有隶其间者，独阙不书，今亦详疏于后：陈庄渎、北津渎、中津渎、南津渎、吴渎、五干渎、伍贤渎、牛路渎、马巷渎、欧渎、褚店渎、龚师渎、李庄渎、新曹渎、彭渎、许墓渎、俞家渎、寺庄渎、高庄渎、毛渎、吴溪渎、台庄渎、赵庄渎、北朱渎、赵渎、后师渎、梁新渎、南朱渎、王塔渎、师渎、汤师渎、许家渎、高径渎、李家渎、徐渎、符渎、葛渎、墓渎、黄渎、前黄干渎、鸭含渎、官渎、朱渎、臼渎、砻渎、新渎、大浦渎、历渎、茭渎、社渎、庙渎、蛇渎、马家渎、郑渎、握渎、盛渎、汤渎、土渎、西市渎、魏渎、凌渎、吕渎、坞渎、虞渎、何谈渎、岸渎、蔡渎、须渎、蒋渎、后黄干渎、定跨渎、河渎、竹门渎，已上七十三渎属本县；永昌渎、苦丈渎、前塘渎、新塘渎、陈埭渎、堵墟渎、杨巷渎、甑箄渎、大墟渎、长令渎、沙塘渎、古龙渎、丫臼渎、庄墅渎、阴阳渎、无口渎、市桥渎、梅塘渎、乌渎、山渎、蠡渎、胡渎、芦渎、草渎、杭渎、双渎，已上二十六渎属武进县。周渎在县荆溪南一里，与荆溪接；东湛渎在县东北十五里，西通运河，东入横塘；西湛渎在县北十五里，通湛渎，入运河；草塘渎在县东北二十五里；黄渎在县北四十五里；楼公渎在县北五十里，宋熙宁间，令楼闶所开，故名；湫渎在县西北二十七里，北入洮湖。已上七渎，俱见郡志。今考乡都所隶，有在百渎数外，亦名渎者，并附于后：蒙渎、孤渎、公渎、缪渎、鱼渎、良心渎、旱渎、祖渎、李渎、稍渎、礼渎、上角渎、马渎、省渎、卞渎、钟渎、涣渎、妙干渎、韩渎、上百渎。

《宜兴县志》

国初，民田每亩起科五升，止带七耗（以备鼠雀）。此其经制也。其官田，则抄没入官，科则各异，此其变制也。若宜兴、武进，则又以伐吴兵饷不给，预借一年，并征一斗七合，此其权制也（是时无锡尚为张士诚所据，江阴虽已归附，以当兵冲免借）。及吴平定赋，无锡、江阴俱照旧额，惟武进、宜兴守臣不敢申明预借情由，只据并征为额，亩科一斗七合，此则因权而遂失其经也。及宣德间，巡抚周忱以皇都北徙，粮运艰苦，建议官、民田并令加耗，其田则重者耗少，田则轻者耗多。官田额重，坐派每金花银一两，折米四石，并征粮多，坐派每官布一疋，折米一石。诸凡上供下用，一切取给余米，赋外更无科敛，此又善处权变而默寓反经之意也。至嘉靖戊子，知县丁谨具减赋奏。（直隶常州府宜兴县知县臣丁谨等谨奏，为开辟荒田以给贫民事。臣谨仰蒙圣恩，叨授兹职。自嘉靖六年十一月初一日到任以来，夙兴战竞，图惟补报。切见本府属县武进、无锡、江阴、宜兴，前代税粮，额设每亩实征五升三合五勺。至正丁酉，武进、宜兴先归天朝，无锡、江阴附近苏州，尚为叛贼窃据。天命征剿，苦战十年。大军乏食，至丁未年，权于武进、宜兴预借次年秋粮，民田每亩五升三合五勺，并作一年起科，遂征一斗七合。至戊申为洪武元年，常州府知府赵良贵以为无锡、江阴税粮俱照旧额，独武进、宜兴则并旧额，及预借之数，概作实征，未曾分豁。宣德年间，巡抚、尚书周忱独怜二县粮重，奏乞金花银六万四千两，每两折米四石，官布八万疋，每疋折米一石，尽派二县。岁远政更，金花银每两折米二石八斗，省出之数，反包别用，官布八万疋，亦为松江、嘉定二处分去三万疋，是二县虽有银布之名，殊无银布之利，赋重之苦，其来如此。又况本县地方，西南连长兴、广德山陇，山水时发，冲成涧壑，东北接沙子湖、太湖水乡，湖水时涨，没为沙渚。加以灾伤叠遇，田渐抛荒三分有一，地利寻缩，正税仍旧。民不能堪，逃亡日甚。见此民困，罔不痛心。臣伏睹嘉靖六年二月十三日诏书内一款，各处荒白田地，小民岂无愿开垦耕种者，亦由官吏里甲，逼其认粮当差，不敢承种。有司即便出给告示晓谕：但系久荒田地，许诸人告官承种，免其差役三年，三年之后，如果成熟，方才量纳轻粮。及奉诏书内一款，板荒、积荒、抛荒田地，遗下税粮，派民陪纳，所在官司，须出榜召募，不拘本府、别府军民灶匠，尽力垦种，照数出与由帖，永远管业，量免税粮三年。钦此钦遵。臣随出榜谕，凡荒田图分，责令里老、排年详开某户下田若干，及田主之存否、荒芜之情由，据实呈报。臣即随地踏勘，每图委公直一人，往来劝课：凡愿开垦，除力能自为之家，其余无力，俱于导河夫银项下计费量支。其不自具农器者，给以农器；其乏米粮者，许里排保给，于济农仓内多寡给与，仍限秋成照数输仓。成功之后，遵承诏书，仍免粮役三年，每户给帖以照，且刻石县门，逐一开名，俾世业其田。备由于嘉靖七年二月二十一日，申蒙巡按、直隶监察御史刘景宇批，参申尽心民事，新政可嘉，除另行外，俱依拟行，工完具数造册回报。臣益加招谕，随据成任等乡二十四等都民史纶、李旦等陆续愿告开垦，臣随踏勘明白，估计工力，督责以底成功。通计给过银二千三百二十六两四分，锹锄六百六十九把，米六百六十九石九斗。开过荒田二万二千一百八十七亩，算过埂塍三万四千六百一十八丈六尺，高阜去处，开过半荒田五千四百六十七亩。除洪水冲成涧壑、不堪耕种外，犹可开垦而无人承佃者甚多。仍出榜晓谕：若有所在军民人等愿复业开垦者，一体照例施行。切惟圣朝财赋尽出东南，而宜兴实东南之巨邑，人民寥落如此，不亦甚为可忧也耶？幸蒙皇上恩诏下颁，恤民以及于力本，仁哉皇心，民皆感激，协力开垦。故本县久荒之地，多成可耕之业。信乎皇上感民之诚，万民应上之速也。臣顾目前之利虽已兴，日后之弊尤当究，诚恐开垦之田粮，积年之久，不能常如初赋之轻；豪强之人户，见利之兴，不免妄起纷争之讼。又况各户旧积抛荒之逋，既遗里甲代输之患，今援三年免税之例，应减里甲代输之难。于本年四月二十九日，备将前项缘由，并工完数目造册，申蒙巡按、直隶监察御史刘景宇批开参申阅册，处免有方，防弊远图，恤民至计，具见初政之善，但事干税额，必须请夺，仰县径自具奏施行缴。臣遵行奏请，伏乞皇上勒令户部详加议处，将前项所招之民各开之田，转行抚按，着落有司刻石注名，俾永执业。业既有主，不听豪强之争，如或有争，治以强占之罪。所免三年之赋，暨冲成涧壑之田，悉作轻赍。或将本县余米，或将差徭剩编等项官钱，查支包补。及思金花银两、阔白绵布轻赍，原系奏请以给宜兴、武进者，亦乞转行巡抚衙门，金花银两，每两照旧折米四石，官布为松江、嘉定分去者，照旧复还，尽派宜兴、武进。仍将年例岁派耗米，比照江阴、无锡，减半科征，以补二县重额之数。如此，则本县失业之田变为成业之田，重输之赋均为薄输之赋，民食日充，国赋易足，臣与万民不胜感戴之至。）行勘间，本府知府张大纶勘得无锡之粮，得与江阴同；宜兴、武进，反不得与无锡比，委系不平。然旧额卒难擅改，但议取彼之余，包此之耗，此又善体文襄之意而权不戾经也，宜民其少苏矣！嘉靖丁酉，知府应槚议，查前项田则弊多，奏允将合县田粮，均为官、民二则，本、折二色。此其立法简便，使百姓易晓；弊端潜销，而奸民不得售其术矣。至甲子，知县郁言于丈量之后，又总官、民为一则，而本、折色仍之，法益简便。但民田原税，一斗八升奇，今加二斗奇，裒官以益民，似也。若荡塘滩淹，原税三升奇，今加三升九合奇；山脚地五升奇，今加五升九合奇。又田地每亩虚增二厘。夫荡滩等通县加税，宜均粮之轻也，而反益重；田地通县无粮者查出，宜补粮之实也，而反加虚。岂丈量之际，委托匪人，不能仰体长民者之德意，而或诬上行私以致然耶？尚俟留心于民瘼者一加察焉。

国初，每户各给户帖，备开籍贯、丁口、产业于上，军匠籍例不分户。每十年一造册，其丁口添减、田产开除，皆照见额，法已密矣。但岁久人玩，弊端渐生，或有户无人（花分之弊），或有人无户（诡寄之弊），或载丁不实（谓已死无以为赂，则不开除），或实丁不载（谓已成丁而受其赂，则隐不上册），其户口之或多或寡，册俱不足凭也。为今之计，务在申明脱漏之条，兼仿隋人貌阅之法，不论土著寄庄（本县富室，多有借托他处显宦，捏作寄庄，以隐蔽自己田产、冒免差役者。然他宦既于其本所获优免矣，此处田产，纵委自置，岂容重免？），一以律施之，见丁立户，尽革花分、诡寄之私，据户编甲，勿纵因仍（谓失除丁）、躲闪（谓失收丁）之计。夫如是，则即甲可以稽户，即户可以验丁，一整核之下，永无虚丁、空丁之弊矣。钱粮何患于逋追，役使何忧于偏重耶？

《镇江府奉旨增造座闸记》 姜宝

我镇江府丹徒、丹阳两县所通舟之河为漕河，河绾东南运道口，地形高于常、苏不啻三四五尺，每冬月水辄东西泻。西以江潮冬枯，则泻而西入于江、常、苏，霜降水落也，则又泻而东下如建瓴。然西下，京口闸之板谓可防水西走矣；东注，则无可奈何。以漕舟之艰于行也，往往议挑河。两县河身亘长百五六十里，不问河流浅深，率多为坝以戽水。河浅深不一，又亘长难于水之去。比挑未及半，而漕舟首尾相衔至，辄又停工以放运。水既戽去时，则又难于来。每年循习如此，国计民生两有妨。所司每相袭为故常，徇工吏及营求督工员役之言，遍开挑图抵塞，而不知往迹之有可寻由来，玩弛又如此。万历十年，前抚台龙渠郭公思极谬采及刍荛，下所司令覆议，宪副及泉李公颐檄行府，府太守文台吴公扮谦悉心力搜访而劈画议以上，郭公是之具疏得请。于是量地远近，添造丹徒之大犊山、丹阳之黄泥坝与陵口先所造凡三闸，各委官设夫以司启闭。议如志书所载，每年蓄练湖之水以济运浅当撩浚者，如丹徒之夹冈、猪婆滩，丹阳之黄泥坝、陵口、青阳等处，两、三年间或一修举，部议著为令甲，永不许大开河为民病。民感三公恩，举手加额，焚香诵功，德遍两县。两县新令长马公邦良、周公应鳌恐久而或致寝格也，请于新太守见复范公世美书来请记。予尝统论我镇江诸闸由运河直达者七：丹徒自京口闸、南闸东至于大犊山所增造闸凡三，丹阳自吕城闸、陵口闸、尹公桥闸西达于黄泥坝所增造闸凡四。丹徒傍出而临江为新建闸，为丹徒镇闸，闸凡二，丹阳麦舟桥南去金坛者，闸凡一，与夫吕城镇青龙桥外一坝，皆防其水之去。

丹阳之支河则陈家桥、太平河口闸凡二，皆借其水之来。是于岁漕计所并宜究心者也。又尝筹之黄泥坝所新造，其初南实而北虚，虚则裂颓且崩矣。后即改而为，今他闸得无有似之者乎？法当审核而实其虚。前此陵口闸出在水面者，徒取闸形具而中，两傍不如式，板不得入于函，其下盖有漏卮焉。后即亦改而为，以督理匪人也，难保一无瑕而全，然兼并他闸，得无亦似之乎？法当审核而坚其瑕。吕城镇闸与武进县奔牛镇之上下闸底，初均平，后来武进之新闸废而拆为书院石料也。冬月水消减，奔牛两闸底遂。复盖君之学素精脉理，其浮沉盈缩之数，贯彻幽微，故用药出群医意见之表，而疾病疕疡求以全活者，户外之屦籍籍也。今观其济急拯危，身任其责，则有体物之仁矣；精诊切而权变其药，则有达理之智矣；不以贫富为报施，则有轻财之义矣。由其道，虽未与越人、郭玉、宋清者等，其去今之医也不亦远乎！吾又见君谦虚退让，循默恬雅，有儒者者风。今之儒者，自负其道，每见医者轻之，一旦居士大夫之任，视民疾苦，漠然无动于中，而惟知黩货为身家计，是反医之所不如矣。夫若然，则何君之览，非但优于医也已。

唐顺之《镇江丹徒县洲田碑记》

古者与天下为公，而泉布其利，然山川林麓天地之产，金石、铅锡、萑蒲、盐蜃、鸟兽、翎革之琐细，莫不为之厉禁。而名山大泽，虽封诸侯不以及者，非自封植也，惧夫利孔不窒而争讼滋繁，则是以其利人者为人害也，其虑可谓深矣。丹徒环江为邑，沿江上下，多有芦洲，其为利甚巨。而新故之洲，时没时长，故不入版籍，而人据以为私。每一洲出，则大豪宿猾人人睥睨其间，毕智殚贿，百计求请，或连势人以摇官府，必得乃已。及不可得，则仇其得者，而相与为私斗。甚者构亡命，挺矛矟，阴贼公哄于丛苇高浪之间，相杀或数十人。官司逮捕，辄反覆解脱，狱案满筐箧，积十数年，不可诘绝。故洲之争未已，而新洲之争又起。于是丹徒之视芦洲，如悬疣枝指之著体，非特其悬与枝而已，且痛连于骨体而怵于心，蓄为肿蛊，不治日深。而丹徒绾水陆之口，厨传日费数十金，谓之班支。郡邑公私筵燕，诸所狼藉，岁费且数千金，谓之坊支。闾里骚然苦焉，不可以已也。莆田林侯既莅郡，日夜问民所利病，除所不便，深知班、坊苦民而未有以处也。适会有洲田之讼，于是慨然谂于众曰：吾欲祛两害，以兴两利，可乎？且夫古者山泽之利，其权一归于上，而今擅于下。古有遗人掌客，道路委积宾旅禀饩之奉，其费一出于官，而今役乎民。权宜归于上者而擅于下，则孔漏，孔漏者启奸而人以殃；费宜出乎官者而役乎民，则敛重，敛重者积蠹而人以贫。今若一切反此二敝，使擅乎下者归之于上，役乎民者出之于官，塞其漏孔而蠲其重敛，因天地之赢，以济人事之乏；收豪民之腴，以代贫人之瘠，是芦洲之果为兹邑利也，而又何病乎？众欢然曰：侯议是。侯又以丹阳水陆之冲，与丹徒同，而并练湖田为豪民所擅，与芦洲同，思推所以处丹徒者处丹阳也，乃并二议以请于巡抚公，巡抚公是之；请于巡按公，巡按公是之。既得请，于是痛绳其豪之争洲者，与其侵湖者，而归之官，而两邑废寺之田附焉。总洲与湖田、寺田之所入，而勾其赢缩，以代故时班、坊之所出。裁其滥而存其不可已者，于是出入之数，大略相均。以嘉靖癸卯九月而计籍成，如其籍而行之，遂以为故事。邑人既深德侯，而恐后之人不能守侯之法也，而又恐豪者恶是之病己而欲坏之也，相率请于邑令茅君，而凿石以记。凡洲田与寺田之在丹徒者，为亩共五千三百九十五，岁入租二千九百石有奇，易金可若干两，芦薪岁易金可百两，山薪岁易金二十六两，以代故时班、坊之所出，定其额，凡为金四百两而羡。凡湖田与寺田之在丹阳者，为亩共三千四百五十有奇，岁入租千七百石有奇，易金可若干两，湖鱼岁易金可二十两，以代故时班、坊之所出，定其额，凡为金四百两而羡。藏其羡以待收岁之所不及，而间出其羡以赈凶饥。自癸卯九月至乙巳五月，总羡金九百八十二两，米千五百九十石有奇。其纤悉列之碑阴，其区画出入，则计籍具存。林侯，名华，字廷份，笃志古道，为政一本经术。余尝为序其《口义》者，其惠爱在民多可书，兹以记洲田也，故不及。

镇江府志

均田法

人民之丁产事业，官府必有册；土田之鳞次栉比，乡里必有图。按图以稽其荒熟、为某人见业，则田不可隐；按册以稽某家某户、占田若干、坐落某处，则税不可逋。嘉靖九年，大学士桂公萼尝建议清图清籍，该户部看得。图者，地图也，所以图其地亩坐落之形。洪武二十年，核实天下地土，遣监生丈量，画图，编号，名鱼鳞图。籍者，册籍也，所以籍其丁产多寡之数。我朝十年攒造一次，名为黄册。前列里甲格眼，后开入户丁产税粮，分别旧管新收，开除实在、已为定规。二项合行，各该巡抚官查照施行。

按凡丈量田地，必如国初之制，造为鱼鳞图，始可以杜绝奸弊。盖古者田为母，人为子，故易考；后世田不为母，反以田系户，户有升降，田有转易，过割之际，欺隐之弊，由之而生。田土者，不动之物也，而可以飞洒，可以隐没；税粮者，随田者也。而或有田无税，或有税无田，则以惟在里书之笔端，官府无可按据以知其实也。鱼鳞图者，田仍为母也。田有区段，各有四至，内开某人见业。乡有封界，又有大四至，内计为田若干，自一亩以至万亩，自一里以至百里，各以邻界族次而往，造成一图，则一县之田土、山乡、水乡、陆乡、洲田与沿河有水利常稔之田，其间道路之所占几何，皆按图可见。故《周礼》地讼以图正之。可见图之与册相须，而不可无者也。图者以土统人也，所以立砧基册者；以田归户也，所以稽常税而定科差。桂公清图清籍之请，朝虽不果行，而其在武康、成安二县，皆尝正图籍，均里甲，民皆称便。有司者师其意可也。

国初，承兵乱之后，所在萧条，人聚者地始辟，人稀者地亦荒。地无主则丘墟，邑无人则空城，故州县不得不计户以定里。如江南华亭，大县也，计八百里；四川遂宁，亦大县也，才十四里。皆非其疆界之实数也。邑既计户以定里，故册亦以田而系户。自是相因之道在有司，得其人则欺隐之弊自无。纵有丈量，必得其实，而浮粮自豁。惟丈量一事，须聪明、强力、耐劳而肯尽心，又习知方田之法者，始能究竟其事。事完，鱼鳞图归户册，县总者收贮在库，官府掌之，乡总者，收贮在乡，里老掌之，皆丈量官用有印信，专官以掌之。县乡相对，总散相符，前后相付，不使奸人得以磨灭改易，则在在之田赋常清矣。

田赋有定额，不可加损。朝廷岂不知后来有新垦获利者，例当升科起税，而宁以与民，使得以赢补乏，不缺朝廷之常额足矣。昔王端毅公巡抚江南时，以各处临湖边江滨海田地东坍西涨，名曰新增，实非旧额，将此等钱粮不入黄册，另造白册，以补小民之包赔。此意可师也。

量田者欲以核实也，核实者欲使小民不当虚粮，国家不失旧额也。讵以增额为功，当事者或误听人言，虑其亏折，乃短小其弓步，侵至于道路，不空留其田外之沟塍，是岂朝廷核实之初意哉！虽然，膏腴硗瘠，苦乐相悬，核实调停，尤须加意经赋册一款云。比见丹徒西南，一望荒山，旧亦起粮，计一千九百三十顷。彼其原无种植，徒以荒草供额赋，亦足悲矣。丹阳、金坛亦然。但其山不加于丹徒，故如是者少耳。夫二邑荒山虽少，而望水赔粮之荒田亦不为鲜。姑举金坛西北建昌圩积板荒田言之，数及五千八百七十三亩六分三厘五毫，地势低洼，而水时盈尺，土脉沙瘦，而草不及寸，莽无畛域，照甲摊粮。谓荒山以荒草供额赋，而荒田以清流供额赋，其害等耳。但丹徒荒山逼近大河，故上人目击而悲；建昌圩荒田僻处遐陬，故小民向隅而泣。荒内间有百之一二附田，可垦成熟，升科者不与除荒，额外增熟。熟田尚难一田两税，荒田讵可重复科征？似此情由，不容不动上人轸念者也。

马政

按种马，凡马一儿四骒为小群，五十匹为大群。每匹佥殷实者一人为马头，每骒马一匹，养之者十五丁；儿马一匹，养之者十丁，均出草料银七两二钱贴与马头，作为养马之费。但马头百般搜索，只充私囊。马虽枵腹不顾，及马倒死，又敛马丁银买补，指一科十，民不胜苦。其备用，亦系马头类收输官，于群之内择有力者一人为群长，以典一岁备用上马等项银两。又每群设兽医一名，其工食，群长给之。

又按旧种马俵养于民，计岁科驹，择其尤者解京，给散军士。后因道远马毙，民苦赔偿，某年间奏准免其本色，岁纳折色，名曰备用。每儿马一匹，征银二两五钱七分二厘；骒马一匹，征银三两八钱七厘二毫。凡儿之一、骒之四，共银二十四两，作马一匹，解太仆寺。其备用银俱出于马丁，每丁二钱五分有奇。然亦贫富众寡，或数人为一丁，或数户为一丁，非人各为丁也。

国初，惟人丁多者养马，故有“粮逐水田丁逐马”之谣。

嘉靖十六年，巡抚欧阳公赋役册开马政二事，一曰种马，二曰马价，三曰场租。

十卷《清屯种》引兵部尚书胡世宁一条。慎募调引兵部尚书杨博一条。十二卷《征解库藏事宜》。

沙田　巡按路御史疏

户部题覆巡历已周等事。奉圣旨常熟、江阴新涨田粮派给学公用、夫马工食外，充饷无几，明系借题消靡，并江阴包补老区，嘉定详抵坍粮，俱示明悉，着该抚按确查具奏。其泰兴沙田画界已明，即起科充饷。苏、松、常三府，属先经勘定，银米自七年起，登入会计，作速解部交纳。

江阴县详：沙田一项，不知起自何年。查嘉靖二十九年《县志》内，载有“新堪田亩，系江边浮土，涨坍不常，宜另为一则，定其段落”数语，至海都院建议。此项田亩皆属江心浮土，倏忽沧桑，不可定为正供，必须另立沙田一项，五年一丈所由来也。至万历二十九年，郝知县以各院道衙门经临，居民等役编派坊里承值，答应烦苦，始列款请编于沙田内支用，以省编累。申称本县每年坊里供应之费，该银八百七十两八钱有奇。今自徭编法行，不容复派之民，而此项苦无所出。查有沿江新涨沙田一带，旧为豪民垦占，获利甚厚。节称消长不常，其赋税半不入会计，奸猾乘此影射规避，有司难于查比。今查实在升科沙田，除已编入会计外，其余未入会计申报院道支用与未申报本县支用者二项，本、折色合之，每岁可得银六百二十四两三钱有奇。合无即将此项征抵前费，尚少银二百四十六两五钱有奇，仍于二十七等年已征在库沙田银内支凑，蒙院道准如议行，勒石垂示。后因新设学院、兵道海防厅移驻江阴，一切铺设，新增各役额无正派，查有绩涨沙田，加至二千五十一两七钱七分九厘，今奉明旨尽裁充饷。但各役原食沙粮，难令枵腹供事，若欲加入徭编，势必难行。合无止照崇祯四年奉文查汰各役工食，并余米银，共四百一十四两五钱零，登入会计，其余仍抵各役工食，则惠此江民，曷其有极矣。

常熟县详：富龙沙原报升科米二百一十八石有零，折银一百九两三钱三分四厘。崇祯元年，奉各院批发苏州府学为养士之需。至崇祯六年六月二十五日，烈风骤雨，前田随潮坍没。查天启七年，原田一十七顷三十五亩有零，今仅存六顷七十二亩；原草滩四十二顷，今仅存一十二顷；原水滩二十顷，今仅存七顷。先经该沙佃户自陈赴告，蒙学院甘御史批仰理刑周推官，转行本学教授朱万寿亲诣富龙沙踏勘，减征银七十二两九钱。厅卷可据，委无别项欺隐。

嘉定县详：本县沙田蒙前院饶御史具题奉旨清查，已经前任来知县躬亲丈勘，勉将沿海一带五、七等都地方原额田荡共该三千七百一十七亩零，上如二斗原则，酌加五升不等，共升米一百五十石二斗。又吴淞江涨盈沙田荡三十八亩七分七厘不等，科粮九石一斗七升零，具详两院会疏。自七年为始编入会计，解部充饷，无容别议。止因部覆有详抵坍粮外一语疑似，致烦明旨覆查，不知所加之数原在于斗则，沙田上酌量加科，非以无粮之田详抵坍粮，而以其余者报部也。

崇祯十年七月初六日，奉圣旨该部知道。

四府荒田、洲田、勋田、僧田

吏科陈启新独违时尚，直布痴忠，泣陈天下大病根，仰恳圣明大振作，力复祖制，以破群迷，急解民危，以平诸乱疏，奉圣旨奏内各款尔部覆酌，可行的着各该抚按及屯盐御史逐一查核，造册奏报，不许蒙混玩延，亦不得纵役滋扰。仍将屯书全本颁发，酌量长便，有部疏未尽的，另议奏夺，该部还立限去，其分路差官及借母钱等事，宜俟清查有绪再议。

巡按御史路振飞回奏：苏属寸壤皆赋，并无官田名色，即长、吴两县间有之，然亦肇自国初相沿，管业已久，诚不宜取赎，以滋纷扰。至荒田一项，吴中田土皆海滨湖浒，其间坍涨靡常，宁无微溢？然其赋税之出，则因肥瘠为高下，不能比而同之。即如辽饷初兴，该银三万二千五百三十五两八钱零，部中原照万历六年《会计录》计亩而派，乃在该府则惟遵奉部坐银额，将阖属田地山荡高低派征，共足应解之数而止。嗣后一加，再加，三加，悉依此法通融酌派。是以上不亏于饷额，下不苦于荒区，原非胶于一辙，概派一分二厘，亦非敢于征多解少，纤毫侵没、挪移于其间也。至于地亩较溢而粮数如常，又因坍者皆久沿重则之田土，涨者只新升升合之荡滩，此之曰顷、曰什，仅抵彼之曰什、曰亩。故每岁所升总亦无几，得以补苴概县积坍荒粮，苟不失部派原额为幸耳。内惟吴县稍余一斗七升七勺，又已详抵钦葬坟粮，别无可供搜括。其洲田一项，襟湖带海，地薄土疏，洲渚湖滨，易坍难涨，间有升粮，随即详抵坍课。顷自崇祯二年奉文清查，原无余税可征。今惟常、嘉二县新涨洲田，亦经丈勘起科，造入迩年会计，别无隐漏。牧马草场，原无建设。僧田惟龙兴寺有钦赐，坐落长洲、嘉定二县，国初以来，岁输租粮解寺。顷自崇祯二年奉文照依民田起科，已将加科银两造入会议，款下解部充饷，无可复议。勋田唯长洲县有西宁侯禄粮田一项，计岁米一千一百石，先年钦赐已久，非干私种。

松江土狭民稠，寸壤皆登赋籍。荒田一款，自洪武年间旧有定额，历弘治十五年而一减，万历六年而又一减，迄今实在四万二千四百七十七顷三亩三分八厘五毫。《会典》志书具载，及节年会计册可考，并无积荒可以开垦。至于洲田，实无新涨，间有河滩成熟荡田，俱已升入会计，岁输粮税，别无隐漏。其牧马草场、僧田、勋田俱无。

常州府并无官田、荒田、洲田。

镇江原无官田、荒田，其洲田唯徒、阳二县所有。新涨沙洲预先告佃，五年一次。例蒙芦政亲临丈勘，以抵坍没，每有亏额不敷，委无隐匿。至牧马草场，每年输纳草场租银，载入考成，俱系全完解部。僧田，徒、阳、坛三县有钦赐金、焦、甘露、鹤林、万寿、崇禧等寺，纳粮不当差，田土系历来刊入全书册内，每年会计可稽。勋田，府属三邑有徐、李、赵等府庄田，遵奉钦赐例应纳粮不当差，并无投献。

皇庄田地，唯徒、阳二县籽粒洲田，每五年一次，芦政分司亲临丈勘，遇涨升科输纳，籽粒遇坍除豁，并无隐混。

崇祯十年七月初六日，奉圣旨：该部知道。

附注

注一：此钦赐田地之例，故录之。

注二：此以下周文襄事迹。

注三：《嘉兴志》：嘉靖二十六年，知府赵瀛照苏州府均科。

注四：《□□□志》：景泰□□□右佥都御□□泰继周文□□抚知前免□诏恩未□□乃推广调□□令以五升□□倍其赋而□□之重者止□□额。

注五：《无锡县志·里役》：国朝编氓，以一百十户为一里（在城曰坊，在乡曰里）。每十一户，择丁田多者一人为首（谓之排年），领人户十人（今谓之甲首）。十户之外，谓之畸零带管。每年轮排年一人为总甲（讥察地方争斗盗贼），次年为里长（在城曰坊长，勾慑公务）。里长之中，每乡择丁田近上者一人为乡长，或有三四人朋充者。（今谓之乡头），又次年为粮头（催办钱粮），又次年为书手（攒造册籍）。

每里选年高有德者一人为老人（责以劝善警恶，厚伦正俗。近年乃令催办钱粮，而良民羞为之矣）。二十二乡，以税之多寡分为十三区，每区设粮长二人（征收解运），塘长二人（修筑圩岸，督民务农）。书手之中，每区选二人为区总（分管一区户籍）。合县有县总一人（掌管通县钱粮数目）。均徭：旧法每图人户分为十甲，故均徭里甲，亦十年一编。然十甲田地多寡不等，故徭役亦轻重不齐。正德间，本府同知马某议将通县田地均分十段，别造十段文册，每年编审一段，民颇称便。然造册之时，富民多为挪移躲避之计，况人户消长不一，或有产去而差存者，讼牒纷纭，官民俱病。至嘉靖十六年，本府知府应槚议将各县丁照黄册，田照实征，岁岁通编，每丁银一分，每民田一亩银七厘。然以丁银太重，小民多称未便。且每年十甲尽编，比旧止编一甲者，户产数目顿增九倍，官府编审亦难。嘉靖二十一年，本府知府张志选行本县知县万虞恺查议，仍照旧规十段分编，申蒙巡抚夏邦谟详允遵行。隆庆四年，复奉巡抚朱大器明文，议将均徭总作一条编法，将合县田地每亩派银一分六厘四毫，每丁派银二分二厘八毫（此外又有小人丁银五厘九毫三丝），征银贮库，当官募役，惟府县斗级审点力差自行应当。共该银差银一万六千八百五十六两九钱，力差银二百两。十甲均编，岁岁输纳。又于隆庆六年，奉巡抚张佳胤、巡按李学诗明文，会议前项徭银，派入秋粮会计带征。按均徭一条编法，征银顾募，善则善矣，但秋粮带征，累及粮长，而丁银岁派，不便小民，为有司者须别为议处可也。

注六：先是一应库贮纸价赃赎等项银两，俱责架阁库吏经收。嘉靖十一年，巡抚陈令每岁于均徭人户内审编库子收掌，遂为均徭第一弊政。

注七：《淮安府志》：一条鞭法，盖取宋人雇役之义而神明之。其法尽括州县一岁之役若干种，费若干□，一因户定则，因则征银。隶不下乡，民自投柜，当官给取，役无指名。详在成规中，而行之，实自□山阳往上上□多规脱，其不□者即递年□役，岁至六七□金而止，而别□飞差下下户，□岁亦不下□金。乃今丁三□而止，而三次□柜均徭正役□不佥轮即□则之中，或有倒置，大都轻减矣。

池州知府王顺云：海中丞行条编法诚善，然有司每不能奉行，岁增赋若干，名曰公费，代里甲而轮年，备役于官，江南有两条编之注。

注八：《上海志》言北运输纳繁难之害，自嘉靖壬戌，户科右给事中赵灼奏立禄米仓，并收各衙门巡粮，而输纳顿易。

注九：《溧水县志》载：嘉靖三十五年，操江史院以扣减民壮工食为名，坐派江防银七百九十二两。万历间，又增派兵饷银三百余两。隆庆元年，户部札付坐派济边银三百八十四两。其海防料价二项同无锡。

《高淳县志》：迩来额外之征，岁增不已。如江防、海防、工部料价、兵部草料供应、机房备用等银，则自嘉、隆以迨今未止也。如营兵、牙兵、内监、柴夫炼灰、各役工食、纲司水脚等项，则近年加编者沓至也。夫一时应卒暂为权宜之计，民固望其事已则止也，孰意一增遂成定例，又孰意纷纷名色科敛者，且日烦日益，一至此哉。

注十：《上海志》：鱼课本出河泊所，自革衙门县课钞，填入户由，征米入仓，后多逃绝，遂以派之里甲，于是纳鱼课者皆有田之人，而渔户不输一钱矣。

注十一：黄田港东引长河，西至九里河口，折而北贯城中，出黄田闸，北入江。夏港南引五泻堰，过青旸，北至山塘河口，折而东过岑镇，出蔡泾闸，北入江。

注十二：石头港自定山南三河口导长河而东北折，经横河，出镇山，东入江。蔡港在白龙山北，自白塘桥西引长河，北至恩庄折而西，又北折经横河入江。谷渎港在县东六十四里，自北角引长河，北经横河入江。

注十三：申港在县西三十里，自王山石堰北行入江。芦埠港在县西四十五里，自武进顺塘河、郑渎北行二十五里入江。利港在县西五十里，自顺塘河鬼泾口东北行二十五里入江。

天下郡國利病書（四）

全本点校

〔清〕顾炎武 著

团结出版社

图书在版编目(CIP)数据

天下郡国利病书 / (清) 顾炎武著. -- 北京 : 团结出版社, 2024.3

ISBN 978-7-5234-0254-2

Ⅰ. ①天… Ⅱ. ①顾… Ⅲ. ①中国—地方志—明代 Ⅳ. ①K290.48

中国国家版本馆CIP数据核字(2023)第127426号

出版: 团结出版社

(北京市东城区东皇城根南街84号 邮编: 100006)

电话: (010) 65228880 65244790 (传真)

网址: www.tjpress.com

Email: 65244790@163.com

经销: 全国新华书店

印刷: 北京印匠彩色印刷有限公司

开本: 145×210 1/32

印张: 106.5

字数: 2389千字

版次: 2024年3月 第1版

印次: 2024年3月 第1次印刷

书号: 978-7-5234-0254-2

定价: 680.00元 (全五册)

目 录

浙江备录下

《嘉兴府志》

国初，凡灶丁，皆发团煎鬻。正统中，侍郎周忱始议分附场为滨灶，远场为水乡灶。滨灶鬻盐，水乡灶出工本米。后滨灶逋课累水乡，改议水乡自纳折色盐银，设百夫长集收。百夫长往往过征，灶为之困。成化末，都御史彭韶改议水乡灶尽归民役，其折色银归粮耗带征，滨灶丁缺，补以旷丁，不足，补以水乡。初，三场各有草荡若干顷，灶户既给卤地，复给草荡，煎鬻易办。自乡灶归民，原拨草荡，乃立荡户，岁征其入曰荡价，三场各设收头征之，欺弊视百夫长尤甚。嘉靖中，有司改议荡价并归秋粮，而水乡荡尽给滨灶，然于灶虽优而民则病矣。昔商人中盐一引，才输边粟二斗五升，恒操其赢。灶户办盐一引，给工本钞一千五百文，可易米一石，故课易办，盐有余积。民户口得于运司支口食盐自给，有司固征其入曰盐粮。自钞法不行，灶户日以耗散，商人每引增至银二两，口食盐亦不复给，商民盖交病之。然盐口之税，官吏每口一十二斤；市民六斤，每斤纳钞一贯；乡民二斤二两五钱，每斤纳米四升三合二抄五撮。盐虽不给而原额固在，有司并其额入税粮内带征。食盐废而私盐日炽矣。有司知其原，复其旧制，草荡以归灶，不以税民，盐口以惠民，不复并税，则私盐息而商利倍，边储尚亦有赖哉。

府境之水，其大者三：曰漕渠（俗呼运河），曰长水塘，曰海盐塘，而漕渠最大。隋大业庚午，炀帝发众凿渠，拟通龙舟；起余杭，尽京口，广十余丈，胜千斛之舟。本朝用为孔道，入府境，历崇德、桐乡、秀水三县，凡一百二十七里。西南自湖之德清县金鹅乡界，二十五里至崇德，穿县壕北出。又二十里至石门塘（注一），折而东，湾环如带，曰玉湾（春秋吴越置石门限处，今桐乡县西北二十五里，东北隶本县，西北隶崇德，居民互市于此，亦名石门市，宋置石门镇）。入桐乡境一十八里（注二），东迳皂林市（在清风乡古皂林寺西，有元将路成营。本朝大将军徐达讨张士诚，获其俘六万于此。今皂林巡检司及馆驿、便民仓及皂林驿在焉。今嘉靖甲午，始徙驿于县治西南），又东二十五里，入秀水境。又东三十里，绕府城，出杉青闸（在县北五里，宋尝置吏，有廨宇及帆亭。北有百步桥，今置巡检司），受穆溪水（在县东北四里，水接上谷湖，入太湖），为北漕渠（俗呼北运河），又二十三里为王江泾（在漕渠之东，相传王氏、江氏居积于此），亦名闻川，东三里为闻家湖（宋闻人氏家焉。相传闻人尚书而佚其名，川上有闻川市，亦名王江泾市，旧在官塘之东，宋徙置塘西，有王江泾巡检司），东北界于吴江。长水塘之水源自海宁诸山，出峡石，东北流二十里，出吴老桥，入嘉兴县境，东过练塘（在县南二十五里，一名练浦，吴王练兵之所，东南通海盐之横塘，）其支流北注秀水西界之幽湖（在县西南四十里）。又北十里，入桐乡界之濮院镇，而合于漕渠。其正流三十里，至城南，潴为鸳鸯湖（在县南三里，湖东有烟雨楼，五代时，中吴节度使景陵王钱元璙筑台为登眺之所，以其在府治之南，又谓之南湖云）。又支流东北三里为螺潭（在秀水县南五里），与鸳鸯湖水并泄于彪湖（在县南二里，一名马场湖，中有濠股塔）。其一，北经宣公桥，循城而北，与秀水合，并会于北渠，分流入相家湖，又东北十五里；其一，北流入嘉兴境之芦墟塘（在县西三十六里），又东北二十七里，入吴江界。其一，东流为茜溪（在县北一十二里），十六里北流为斜塘（在县北二十四里，一名平川，一名西塘，村落甚众，有陶庄税课局），又北流二十里，入吴江界。其一，东北流四十里，合王宿泾、北尤里港（俱在县西北二十四里）诸水，入祥符荡（在县北二十四里，周二十余里），东北流十里，入吴江界。一自熙春桥（一名衙前桥，在县东二百步），东行八里，至凤凰洲，中泾天马（今呼西马）、驷马（今呼东马）、双溪、会龙诸桥之北，为六里街，人烟物货坌集，倍于城中。凤凰洲逆流中据，分会龙以东之水，南曰汉塘，北曰华亭塘。汉塘（唐太和七年所凿）东入平湖县境，行五十余里，为市西河（与汉塘接，至新丰十八里，嘉兴五十四里）。东经县治（注三），又东三百步入当湖，即汉武原县陷为湖者，周四十余里。又东三十里入泖港（东北至广陈二十七里），归于东泖，接华亭界。（按《韵书》泖即华亭水也。《祥符图经》谷泖南出泖桥，东南至广陈，又东至当湖，又东至捍海塘而止。朱伯原《续吴郡图经》泖在华亭境，海盐芦沥浦行二百余里，南尽于浙江，即谷泖之故道也。又云，自泖而上，萦绕百余里，曰长泖。陆道《吴地记》海盐东北二百里有长谷，即谷泖也。今按本县旧隶海盐，《图经》惟本县有华亭乡，乡之南即当湖，湖之东北有泖港，蜿蜒至于横泖，此为本邑之泖也。其泖桥三泖，则在今华亭县界，然当湖乃泖所自出。泖港、横泖为三泖之上流，虽有谷泖、长泖上中下三泖之殊，其实皆一泖流通也。广陈东至当湖，东字当作西字。）华亭塘入嘉善县境，东北行三十里，经县治前，南合白水塘（在县南十二里）、旧庙塘（在县南□□里）、大云塘（在县南二十里），又东二十四里入华亭界。又自县西南分华亭塘水，绕县治后而东十二里曰魏塘河，亦名武塘，前与太平河会流，南入华亭塘，东入菖蒲塘。又自县西半里曰伍子塘，南引胥山以北之水，北经双葑港、平山塘、会西塘（在县北二十四里，有西塘镇），入祥符荡。稍东为菖蒲泾（在县东北三里，有东西二泾），北经胡塍塘、叶荡，又东经张泾汇（在县东十二里）、莲花泾（在县东十八里），北会风泾之白牛塘（在县东北与二十四里）、与查家荡（在县东北二十六里）、祥符、叶荡诸水，俱会于章练塘（在县北三十六里）。风泾之水，又东为秀州塘，折而北，过泖桥，与章练塘之水皆入于泖。一自东郭湖，西经麟湖（在县西□□里，与秀水县分属，有东西二湖，俗呼东曰六百亩荡，西曰千亩荡），北流于夏墓荡（在县西北三十六里下保西区），又北达于汾湖，北入淀山湖。海盐塘之水发源于海盐西南境澉浦诸山，合流东北二十五里，为横塘（即海盐塘），又三里入嘉兴县境，为彪湖。

海塘去郡城百里而远，亘海盐、平湖二县之境，延袤百七十里，南与会稽、四明相望。旧志载，秦始皇于此尝欲架桥跨海，今有石突屹海中者，今犹指为桥柱云。宋志，海盐东南五十里，有贮水陂，南三里有蓝田浦，东三里有横浦，东通顾邑，南入海。又有三十六沙、九涂、十八冈及黄盘七峰，布列海壖。今县治去海仅半里，旧陂塘之迹悉沦于海，而金山相去益远。潮汐自龛、赭上潬，洄流激射海宁黄湾境，至秦驻、白塔间，势复涌撼，游涛乘风，坏民庐，伤禾稼，为全吴忧。堤议亟。唐开元筑太平堤。历宋绍兴间，海盐令丘来筑堤二十里。咸平间，转运使常懋筑新塘三万六千二百五十尺。元至正甲辰，县令顾泳筑捍海塘四万八千尺。而塘故土堤易坏，由是桑田渐为海。明兴，奠海之政益详，而堤顾数圮。洪武三年，诏宋署令治堤，易土以石，凡二万三千七百尺。后十七年，是堤竟以潮溃。本司参议阎察发民丁筑之，未几复溃。诏右通政赵居任发苏、松等七郡民增筑之，随复溃。洪熙、宣德间，役无宁岁。巡抚侍郎周忱谓石堤内虚，乃筑土五丈实其里，募郡民七百人部分筑之，按堤尺度，俾分护桩石，严其禁防，岁以为常。未十年，海大溢，塘悉溃。知府黄懋以闻，诏懋为复堤，堤凡麋银三十九万八千两有奇。越十有九岁，景泰甲戌，又溃。佥事陈永因旧址更为新堤，堤成，广百二十尺，高十之二，麋银视旧损十之三。后十有八岁，海大溢，堤尽圮，民溺死者无算。时参政邢简、佥事赵铭因遗石修筑之，不甚坚，自是毁败数修，民多困殆流移。久之，宪副杨瑄仿宋王荆公治鄞时定海塘法，砌石坡陀，以杀潮势，内实磊石，以防内溃，堤竟完好。先是，郡岁贮堤费银七千有奇，有司操其奇赢，土民以兴筑为利，辄盗取桩石去，冀速圮。当事者巡省不时，不睹其风涛荡溅之状。杨堤固坚，久不加葺治，余十年，亦竟溃。弘治戊申，侍郎彭韶按视海邦，檄郡募工，令通判蹇霆、知县谭秀起蓝田，北抵丫义，为堤九千余尺，植桩叠石，外纵内横，以渐坡陀，略如杨法，下广一十五丈，上广三之二，高十有八尺，内实土如其高。役夫二万五千人，麋银四万五千两。后十余年，海溢，堤决龙王庙，知县王玺余二百尺。癸未秋，潮大作，泛滥百里，旧堤悉圮。督水郎中林文沛究所圮堤，无虑数十处，而王所修独存。乃按王所筑法，择方石纵横交错，补葺诸圮，自丫义口南抵宋庄，所筑凡一万三千七百尺。后十岁，佥事蔡时立分地程工法，度堤丈尺，酌势烦易，配以里甲，使人自为力，期以三岁。会成，增补教场堤亦一千七百尺。大都海塘受患，东北风为烈，而天阙迤南当其冲，教场迤北，势差缓矣。正德以来，天阙外堤毁撤，而内堤独当其冲，势甚单孑。夏浚知海盐，议作复堤，盖即以今之内堤作外堤也，因条八事，竟弗克施。后佥事黄光升通约前法筑堤，志勤力殚，绩用可述。按海堤自金山内徙，渐及百里，滨海居人值三秋大迅，潮天连雨，东北风张甚，或山抬海唑（海人验候云，山抬风潮来，海唑风雨多，皆不诬。抬谓海中素迷望之山，忽皆在目。唑读如磋，万喙声也），海鸥啾啾鸣；或是年后小至七日逢壬，辄忧海溢。余闻海人言，为之恻然。余尝游会稽，观汤守绍恩所筑三江堤，植址沧溟，横亘千尺，未尝不叹其奇。询诸父老，辄言汤守之诚恳，竟以集事。然其事大类朱子筑黄岩塘法，用铁为盈丈巨盘，置之潮冲，潮至盘所辄不复作，岂金固止水物耶？今龛赭以东，海壖坟起五十里余姚兰风诸乡，海水北却亦十许里，具可种艺。明越海堤，宋元以前修治最数，入国朝来，工役顿省，实大势致尔。镜观乘除陵谷转徙，则郡境捍海之役，亦安知后此无息肩时邪？

《海盐县志》

食货篇

凡赋役以户口田土编里甲，出税粮与泛差，其正也。税粮改为增耗，为均则；泛差改为甲首钱，为均徭，为条鞭银，与今之为均甲为敛解，其变矣。而课程，而盐课，又其余焉。凡此皆东南所同，宁独余邑？法之弊，递相为救，而渐调于平者，率渐觭于重。数十年来，有一厘改，定有一增派，征敛之日繁，亦时势所必趋也。兹以款若数及诸所条议备著于篇，虽籍在一邑乎？它郡国概可推已，倘亦经国君子所必采究者焉。

户口　户口隐漏，为当今宇内通弊，不独东南然也。乃东南隐漏所繇，独多者，又自有说。国初编审黄册，以人户为主，凡一百一十户为一里，里长之就役，以丁数多寡为次，是赋役皆以丁而定，丁之查核，安得不明也。后渐参验田粮多寡，不专论丁，而东南开垦益多，地利逾广，其势不得不觭重田亩以佥派里役，于是黄册之编审，皆以田若干为一里，不复以户为里。人丁之附田以见者尽花分诡寄之人所捏造，而非真名，滋生者不入册，乌有者终游移，至田去名存，无人顶认，而籍滋脱漏之奸，民增赔赋之累矣。此江北之以丁定差者，今尚有真户籍；江南之以田定差者，今概无实口数，弊所为独甚也。

勾军　万历四十三年，御史李公邦华通行浙省将军户分为七款：一为有军在卫，并无继丁在籍；一为丁尽户绝，止存军产；一为丁尽户绝，向存户名未除；一为原注奏豁，近经辨豁；一为新军全家赴卫，本籍并无户丁；一为新军虽有户丁在籍，不系在卫所生。以上六款，备将略节刻为书册销除，遇勾照册回覆。其有军在卫，有丁在籍者自为一款。另给循环簿稽查，以备勾补。其檄文曰："勾补军丁，在国家为必不可废之法，在民间为大不忍闻之事。祖宗朝尝遣清军御史巡行天下，专敕清查，民间纷然，不胜困累。今上二年，允廷臣奏请，始罢专遣，而并归本院，盖欲与百姓休息德意。四十年间，确守成宪，非奉单不行勾，非造册不岁清，似若令小民去汤火而奠衽席，而恶知本原之地，未经搜剔，名为休养，仍滋蟊蠹，老奸巨猾，盘据为害，弊深于下而泽不究于上，所从来矣。试举其略，国初法意主严，事率引例，故遣戍独多，每一州县无不以千数计，积传至今，有一邑而万计者。此为千为万之家，相传二百五十余年。子孙之消长，家业之兴废，沧桑不知几变，乃按籍而稽军丁者如故也。当未奉勾单之日，人以为于衙门无相涉也，然孰意十年则有兜底册之攒造乎？五年则有继丁册之攒造乎？此二册者，纸张笔墨何以出，患花派之无名乎？抄写工食何以给，患需索之无术乎？有派有索而民，扰可知已。然此犹论于无事之时也，一奉勾单，所勾多不过三四名，少不过一二名耳。部檄一下，县票随出，追呼临门，举家惊惧，巧者百计营脱，悍者健足窜避，展转结勘，乃得一丁起解。而军装之措置，军妻之佥娶，长解之路费，卒然科敛，纷纭告扰，一家之人，肝脑涂地矣。然此犹论于有丁之家也，其有丁尽产绝无从勾补，单到之日，有司漫难申覆，不得不行查取给。于是无亲房则问族属，无族属则问里长，产业指东画西，姓名移花接木，得钱即姑为回销，无贿仍不与开除，一番吓诈，何异劫掳？然此犹论于勾单之有据者也。甚至单中所载有姓名而无住址，有县分而无都图，事涉渺茫，莫可穷诘，则乃遍行搜查，此都尽，复寻之彼都；一里完，又觅之他里。捕风捉影，沿门挨户，究竟终是乌有。初发不胜株连，徒饱差腹，何益行伍？然此犹系奉勾之不能已者也。至若积年奸书，通同清军县丞衙老蠹，家藏底册，世传衣钵，自恃惯熟，几如狐之凭城。民畏欺弄，恰似羊之见虎。岁时买求，各有定额。即无单勾之事，亦非造册之年，又不必县官之片纸点墨，而岁岁一度下乡，索取常例，小民见之，尊如神明，奉若祖考，上则银钱布花，下尽黍稻鸡犬，争先献纳，莫之敢后。其实此事原为祖宗门户，见丁科派，富者不加，贫者不减。富者措处犹易，贫者出办殊艰。

本院为诸生时，亲见寡妇孤儿之家，苦无立锥，朝不及夕，仅畜一母彘，亦为军书常例夺去，仰天悲号，顿足痛哭。言之至此，令人哽咽。乃有司何尝得知？天高难呼，穷民无告，种种情状，有更仆不能悉者。嗟嗟！世之大逆不道，率服上刑，然一命既了，别无蔓延，其子孙安然无恙，邻里岂曾受累？乃问军之家，虽罪犯深重，然视死刑犹下一等。倘世世被害无穷，是法反加于刀锯之上，岂立法之本意哉？吾侪拜官于朝，食土之毛，身在地方，要以勤恤民隐为急，即法不可废，奈何令吾民有此椎骨剥髓之患，根深蒂固之忧？本院为此，日夜思所以剔法之蠹，济法之穷，因而博访故实，斟酌事宜。今时与诸有司之实心为民者约，将此事立一成规，可使一定之后，贻百姓以安枕之利，世世无清军之扰。但愿各有司查照后开条款，如治家事，细心料理，不使中间再有遗漏，则无量功德。各属任之，本院职掌攸关，得免于瘝旷之愆，为荣多矣。于是本县入循环簿听勾补军户止存二百有奇，向来清勾之累，解发之苦，不祛而尽苏矣。”国初籍诸工匠，更番赴京工作，名曰轮班匠。原籍有月粮，工所有直米。成化末年，始有出银代班之例，其定为每名每年出银四钱五分。自嘉靖四十一年始，盖旧规班数少者一年，多者四年，以四年一班，当出银一两八钱计之，故年征银四钱五分也。

税粮　国初江南正赋止有两税，而转输之费，俱不入额，盖其时奠鼎金陵，地近易达，故即以运纳借之民力，不称厉也。迨改宅幽燕，道里艰阻，小民远运抵京，正粮一石，率用米至于三石，财殚力罢，势须厘改。宣德五年，周文襄公忱始于额外加征耗米，用以兑军支运，而漕政因之渐定。其法正粮一石，加耗七斗，而支兑远近就中伸缩有差，于是民得免远漕之苦。法行至今，所谓税粮改为增耗者，此也。然是时田土起科，尚分官民等则，民田以己业税轻，轻之极，亩止三升，而耗之增也无几。官田以承佃税重，重之极，亩至七斗，而耗之增也愈极。虽尝调剂其间，重者准折金花，轻者尽派白粮，而则之名目既众，下之奸弊自繁，鬻业者既减额以求售，豪强者复行贿以游移，版籍同彼丝棼，讼牒几至山积。于是嘉靖二十六年，知府三原赵公瀛创议，田不分官民，税不分等则，一概以三斗起征，而山荡滩浜池溇水面瘠薄之地，亦各自为一则，以出正耗之征焉。至今百余年间，田册截如，税额井如，虽三尺童子可按亩输赋，不至为豪里猾算所欺，则赵公之遗法存焉矣。所云增耗复变为均耗者，此也。

泛差　尝读洪武令甲，凡十年编审，人户分上中下三等，大小杂泛差役照所分等则点佥。所谓杂泛差役者，即今均平中额办、坐办、杂办各款，均徭中各衙门人役工食众诸委琐之费，为两税中所不载者，自有此不得已之征索也。但两税出于田亩，一按籍而数定，杂役佥自丁力，非精衡则等淆，轻重稍或失平，苦乐遂至偏畸。故事，里甲应各办之次年，即佥均徭，民颇病其数。天顺中，改为上下五年，名曰两役。其役之在各办者，则里长敛钱从事，称甲首钱。提牌承应，计日而轮。无事或不破一钱，事繁至立费千镪。既有此不均，而均徭之役于各衙门者，远则为银差，雇值费犹有限；近则为力差，身家累更无穷。巡拦斗级，倾产于官物之包赔；应捕巡盐，亡躯于仇对之报害。而弊丛法穷，又不得不改弦而别调矣。嘉靖之四十四年，南海庞公尚鹏来巡浙土，洞晰两役为民大害，乃始总核一县各办所费及各役工食之数，一切照亩分派，随秋粮带征。分其银为二款：一曰均平银，一曰均徭银。岁入之官，听官自为买办，自为雇役，而里甲之提牌轮办与力差之承应在官者，尽罢革焉。此杂泛差役改为一条鞭之始。民至今得保有田庐妇子者，皆庞公赐也。两役外尚有驿传一款，先亦选丁粮殷实者，发江北养马及充本府水站防夫。正德中，改入秋粮，而民兵之设，其工食即照里配入秋粮者，亦在嘉靖五年之初，是皆先庞公而作法为行条鞭者之权舆矣。胡震亨曰："余观于计籍而不能无忾叹也。往庞公均平款及丁田料银三千五百有奇，今三办银五千一百有奇矣；均徭银四千二百有奇，今合之民兵五千五百有奇，又合之驿传兵饷则一万二千一百有奇矣。内府供办之额，尚仍其旧；有司宴馈之礼，非远于初。或冗役之失裁，及兵额之渐溢，累成繁浩之费，尽从田亩而征，虽前弊得清于归一，而后害又伏于偏重矣。昔并赋之丁，丁犹能自诉其难供；今尽赋之田，田安能自辨其无出。此两役未罢之初，民犹有吁减之路；条鞭一设之后，民日受例增之累也，谁其节省以慰吾老羸之望乎？则以俟持筹之君子。"

粮长　洪武初，州县粮万石，例设粮长一人，主征收运纳之事。已复增设粮长正副各都区二人，每年令赴京面听宣谕，关领勘合，事竣仍亲赍奏缴。有犯杂犯死罪及流若徒者，止杖而贯之，其待之厚如此。是时全浙粮长仅百三十四人，而盐一邑可知矣。父老相传，古有大粮长，声势赫奕如官府者是也。后民贫不能充其选，区或分三四人。正德中，遂有串名法。至嘉靖间，吾邑额定粮长，大抵四十二人为常。均平事例行后，始照里分，每岁轮一百六十一人为粮长，征收秋粮，其运纳银米诸差，亦佥其人为之，复名之曰解户。盖其役与国初之粮长同，而其人之分任者，较之国初不止数倍矣。又里长十年之中，充粮长者一次，充见年者亦一次。见年者，即直日提牌敛里甲钱以奉各办之役者也。条鞭行而见年无所事事，遂取十甲分为上下，令见年亦催征五甲粮税，兼任城垣圩堰等役，以分粮长之劳。其法意甚善，而行之既久，繁费渐多，仅仅三百二十亩之家，十年中迭支两役，欲产业不耗且破，不可得矣。大率今民役粮长最重，见年次之，调剂之使重者减而轻，则历政具有条议存焉。

万历三十五年，光禄寺丞郡人徐公必达具题白粮利弊，内开官解一款云："差解各役，惟解米非民不可，若绢银等差，决宜官解，但水脚宁过从厚，即于条鞭内派征，盖官代民解，而民厚出水脚以供官，官与民两得也。"疏下户部覆，今后北差除白粮外，其绢解即付之总部府佐；南差除糙白外，其绢银等差即付之管押县佐。又须度其道里，酌其费用，宁加厚水脚，派征通县，以官府代民解之苦，亦恤下之仁。以合属答官解之劳，尤供上之分，矧所省于需索杂费不知其几云云。奉旨，依拟行。

三十八年，通行敛解事宜，布政司为议立委官敛解类解钱粮，以清弊蠹，以省津贴事。照得两浙为东南财赋之区，亦为奸猾积弊之薮，然而浙西为甚，嘉湖为尤甚。白粮解户重役，惟嘉湖有之，百姓已不堪重累，而又加以各项钱粮，头绪繁多，故有一项之银，即有一项之解。各县俱于开征之前，编佥解户，其中钻刺躲闪，弊不胜穷。及编佥既定，征完各项银两，给批起解，解户承领银批到省，势必投歇，彼歇家与吏胥内外相构，倚衙门为垄断，百计需求。上纳钱粮，有打点使用之费；投批挂号，有稽延盘缠之费。甚至有积猾包揽，并其银而侵用之，并其批而沉匿之。种种弊端，莫可究诘。故近日嘉兴、海宁士民习见解户之苦，乃于解银项下议增津贴，付之官解，然见所议津贴数多，加派日繁，民命日蹙，几不聊生矣。本司承乏钱谷，有激于衷，爰陈一得之愚，求以革弊而苏民。窃闻他省曾有类解之法，今欲行之杭州等九郡；有敛解之法，今欲行之嘉湖。盖道路有远近，钱粮有繁简，不可执为一例也。嘉湖钱粮最多，弊孔亦最多，且去省甚近，舟楫往来甚便，委官敛解，每府不过数日可完。假如各县钱粮，本司酌其缓急，定为先后，填簿分发各县征收，照限起解。每于双月初旬，将征完某项某项钱粮若干，即填入格眼簿内，逐款类报本司，一面将银倾销足色成锭，听候本司委首领官一员，即发所填簿收执，顺路挨次到各县，与县正官当堂逐款照簿，凭颁定法马，一一允明。惟京库银两，照京库法马兑准，俱要足色足数。逐锭用县印竹纸实糊银上，外用绵纸包裹，竹纸细条封口，仍用县印，县官亲填职名花押，各项银数，逐款开列。总类一批，给付委官回司投收，本司止验封收银，该库官攒无能高下其手，委官亦止照封投纳，衙门各役、可免措索之需。至发解之日，本司即以原封给发，其有零数者兑找。间或偶拆一封称兑。若有短少，责在该县印官赔补。如或印封损动而有亏欠者，于委官名下追补。收完之后，本司径差吏赴院挂号，挂完，俟下次委官发县附卷查盘。如此，则一批而可兼数十批，一可免挂号销号之烦，一可免侵欺营运之弊，一可免佥解贴解之苦，不惟诸凡积蠹扫荡无余，而目今缙绅耆老纷纷条议，俱可存而不论矣。时左辖吴公讳用先，直隶桐城人（注四）。

胡震亨曰："官解之法善矣，议者犹惧领解之官，他日或以烦劳辞役，有仁政不终之虑。意惟有严核帮役之银，使帑赀不竭；稍宽路费之额，使人情乐趋。庶几法行可久。郡绅徐公必达有疏云，藩臣吴用先行官解法，省佥各县解户甚多，父老岳涕诵德。但羡耗净尽，浙竟作贫藩，官贫，吏书并贫，人情贫久生他心，且合计以图变法矣。必敕抚按著为定例而后可。”又云：“各县空役贴银，必如海盐初议，配与解官及承役人对支为妥。欲维法于不坏者，公数言尽之矣。”

北运历年条议

按北京白粮押运一役，惟东南五郡有之。吾邑粮仅四千，船止十篷，而大家巨室立破于是役者，不知凡几矣。万历三十五年，郡绅徐公必达为光禄寺丞，管理白粮，因上疏极陈其弊：一曰军前民后之狃成说；二曰监兑供亿烦费；三曰官户难催；四曰船难雇觅，多索诈延挨；五曰水脚短少不时给；六曰各关搜货纳税稽留；七曰风涛漂没；八曰丁字沽驳船、张家湾，车运繁难；九曰到京露积，最苦风雪偷盗；十曰批文耽阁；十一曰差解烦多，殷实不足。并切中利病。得旨多所厘革。今嘉湖巡道方公应明尝身董是役，悉利弊尤深，因采公疏及前后台省疏附以已意，为北运便民总略，颁六议属邑，蕲在必行。撮其大要于左。

礼科都给事中陆树德疏曰：“东南财赋之来，有军运以充军储，有民运以给宫府，人皆知军运之重，不知民运之苦，尤有深可悯者。夫军运以十军运米四五百石，民运以一民亦运米四五百石。军运船皆官所造而军不知，民运船则民自雇而官不知。军运以军法结为漕法，一呼百应，人莫敢犯。民运以田里小民供役远道，语言鄙俚，衣服村贱，人人得而侮之。军运经各该分司衙门，无抑勒需求之苦；民运经各该衙门，动以迟违情由问拟工价，并诸杂色使用，每一处辄费银十五六两，少亦不下十两。军运过洪闸，一钱不烦，洪夫闸夫共与挽拽；民运每过一洪，用银十余两，过一闸，用银五六钱，所过三洪五十余闸，费可知矣。其最苦者，船户皆江淮奸民，惯造此船装载白粮，每雇船价及撑驾夫价计不下二百余两。粮一入船，其驱使粮长，不啻奴婢，每日供奉船长及撑驾夫，不啻奉其父母。盖粮在船中，即粮长身家所系，吞声忍气，曲为顺从，势不得不然也。其最所畏者，军运每凌虐民运，有等豪恶之军，故将己船撞擦民运之船，民船板厚而军船板薄，微有损伤，即便蜂攒鸦拥，尽入民船，百般挟诈，不厌其欲不已。苦之在途者缕缕若此，其他入京揽头之需索，入仓交纳之艰难，又有不可胜言者。尽斯民筋力之脂，竭斯民愁叹之气，米始就仓，困苦极矣。嘉靖十年以前，民运尚有保全之家。至嘉靖十年以后，凡充是役，未有不破家者。近来东南流离日众，逋负日多，邑里萧条，盗贼滋起，莫不由斯。根本重地，一至于此，诚不可不深虑也。臣产东南，亲见此苦，常切痛心，询诸父老，咸谓宜将白粮并入运军顺带，使民出所有以益军，军出余力以代民，似亦无不可者。但今年限期已迫，尚未敢轻议上请。今所当议者，合无将民运并入议单，兼责之漕臣，令各该参政一体督促进闸，总运参政督催至京，则军运不敢肆其凌虐，船户不得恣其奸贪，而洪闸亦可无需索之患。如有此等，许不时呈告以凭警治。伏乞敕下该部会议施行，仍要申示各该衙门人役不得过为抑勒，以滋民怨，以生物议，庶乎民困少苏，民心欢趋，而益以彰我皇上惠养元元之初政矣。”

工科给事中归子顾疏曰：“职惟国之赋役，莫重于东南，而赋役之艰难，莫重于民运。民运之苦，弊不在额外之有加益，而在额内之有亏损。救弊之方计不必议加以其本无，而但当议还所固有。试举其受累之甚，大都有三：一曰水脚之侵没，二曰沿途之需诈，三曰交纳之留难。请不避烦缕，一一具陈焉。夫运粮之有水脚，每船不下百金，一无亏损，似亦可济春办之耗拆，长途之劳费，交纳之赔偿，独奈何侵渔者众也。米未下船而先行盘诘，牌票百出，索取千方；船尚未募，而妄为好歹，胥吏哆口而谈，长令拱手而听。各官原有费额，另纳公堂使费银两；各项原有编银，复索轿夫修船工食；既有总部协部之官，已而添官押役，厩长立而马益瘦。原有替运替帮之役，已而添役押帮役人多而羊益獖。且扛头把持，而水手任其雇募；兜揽纷纭，而撑驾听其迟速。盖粮未行而水脚已耗过半矣。是水脚之侵费，不可不重加裁革也。至如粮船之行往返六千余里，涉险数十余处，其间触石惊涛之险，栉风犯雨之危，小民已不胜匍匐，而皇店皇木之暴戾抑勒，关津闸坝之阻滞留难，快船官座船之欺凌需索，重至叠出，不惟诈财，且阻去路，而早则起车，迟则守冻，耗费不赀。且州县查验矣，又有淮安理刑之验，通州粮衙之验，何为者也？况淮安之验验其少，少则罪之；通州之验验其多，多又罪之。少不可，多不可，为之民者安所逃罪乎？若不于沿途一带禁革，使得于受害地方官处告明重惩以法，民困何苏？是沿途之需诈，不可不重为议处也。若夫交纳之累，尤有不可胜言者。五经科道，七经内官，挂号三十二衙门，亦云琐矣烦矣。而粮米入城，先讲使用，初入仓庾，各役先索常例，管门者有钱，把斛者有钱。夫收粮用斛耳，而有数铢粒于掌上，有选铢粒于盘中者，选毕则每石而收之，收重有罚，收轻有罚，总之各衙门之收米不一，有每石费五钱者，甚至有一二两者。况近时之新斛，比国初之斛，多有异同，赔补甚难。且迟留有罪，违限有罪，京中之罪未偿，而府州县销批之罪又至。噫，可叹也！则交纳之弊，又不可不重为裁革者也。”

浙江巡按方公大镇疏曰："臣尝咨访白粮解户之苦，大都二端：其一在未解之前，苦于水脚之侵分；其一在既运之后，苦于关津之多故。水脚侵分之弊，近在地方，臣等力得而禁之；而关津多故之弊，远在道路，臣等口得而言之，力不得而祛之。臣召经知解户细询其状，则曰，自南而北，有浒墅关纳料之税，有扬州钞关验契之税，有淮安工部板闸纳钞之税，有清江浦户部纳钞之税，工部抽单之税，有徐州户部报舱口之税，普宁店之税，有临清纳钞纳公堂之税，有广安店之税，有工部领砖之税，有丁字沽皇店之税，巡检司追纳底载之税，计每船费银七十余两，而临清一关尤甚焉。此外又有新河倒班雇募短纤撑夫之苦，有台儿庄、济宁、南旺袁老口阻浅起驳之苦，有河西务另雇民船倍出水脚之苦，有王家务遇冻赁房、冻米搬运狼藉之苦，有起车陆运倍出脚价并车夫偷盗之苦，有德州河西务等处皇店照票勒索之苦，有军船凌挤、暑雨蒸拆之苦，有交纳内供用库光禄寺保识多索使用及勒耗米之苦，有交纳禄米仓筛头歇家、长班拏桩掣斛之苦，有南北十五衙门批回役销守候留难之苦，计每船又费银三百余两。而雇船、雇夫与席草包索、饭食、神福一切诸费又不与焉。盖白粮一船，负富户之虚名，到处以为奇货而渔猎之不厌。在上在下，不惟不体念，且加龋龁也。此所谓远在道路，臣等口得而言之，力不得而祛之者。今若不察道路关津之弊，为之区处，而但于地方议津贴，议造船，喋喋不休，是地方施之于粮解者日弥厚，而粮解施之于道路关津者亦日弥多，漏卮尾闾，终无益于粮解之毫厘；而牟食茧丝，徒有损于地方之什伯矣。何以起吴越之瘠于沟中而衽席也！"

方公北运议曰："或问曰，役莫苦于北运，身既亲之矣，可得历历而言与？对曰：北运之不先也，始有所羁而不能先也，中有所阻抑而不敢先也，前有所畏避而不欲先也。何谓始有所羁而不能先？夫运必资舟楫，无水脚价，则失其资矣。今不请托，则不得也；不兑支民间，则不得也；不营求比限，则不得也；不钻求放单，则不得也；不扣除公堂，则不得也。未涉江淮，已为鱼肉，安得冬理舟米，春济东风之便乎？是水脚价为北运之命脉，最宜当官而见给，粮时而早给，破陋规而全给者也。何谓中有所阻抑而不敢先？白粮上供，漕粮军饷，轻重自殊，乃先漕后白。强军既逞横江湖之上，而上人更助漕沮白，不买帮，则不得行也。打诈欺凌，百疏而不一戢。其最苦者，漕白相值，遇险破舟，而令白赔漕。私诈未遂，钻求公断，私诈十余金而不得，公断百余金而莫谁何。此窦一开，则从来漕规一变，是倒授强军以恐喝之柄也，后之粮解将益喘息而不敢动矣。第不知白粮遇漕破舟，将借谁以偿其苦也。不宁惟是，淮上游徒，赇得缉盗未消之批，遍搜粮艘；沿河刁棍，怙恃村里乌合之众，强御粮行。部官身亲而目击之，非不执有三尺，彼借口差委，将解诸院道，实繁有徒，将发问该管有司，又非所属之吏也。不过稍加督责，否则惟听饱其欲去矣。即去已羁程数十里矣。甚至关闸之间，止司启闭，商贾攸往，一见粮艘，无禁而生禁，必得重贿以导之行，则觊奇货而思居，不啻市无赖之人也。是处处皆北运之强御，何如重部官之权，俾得直陈军丁强横诈害之状，以为军官殿最，备两台考察之一端，则军官自为制。以民粮分入军帮可，以一府之民粮合入军帮亦可也。至关闸为扰，彼自以官品偿之；若棍徒为梗，则有司之不自戢其宇下也。在两台一传示而有司禁之自止。由是运官更时其起居，审其风波，无怠无急，则众役无险危之苦，自无死亡之患也。何谓前有所畏避而不欲先也？苦莫苦于守冻，彼何敢后而忘其苦？意必较守冻而苦又甚焉者矣。盖守冻临济，每名打点不过五十金，而一至河西天津之间，则内监以起车为例，所费不赀，每名非二百金，则百五十金也。照顾不及，搀和水土，窃取米数，且有连车推入私室者矣，且有抢夺近地而无人问之者矣，且又日逼月运，不及其半，而春融冰解，数万可旦暮至者矣，即部院布以宽政，或车十之一，或始议终免，而一闻起车之议，则一番催促，一番打点，未几而催促随之，是以起车为虚名，而史书受实利，先至者首被害也，何如守冻远者用五十金而不惊其心也。且勿论往岁，即今之役，议起车者数矣，民之私用，不知其几，而所车不过二千石，不识内府何以支其虚以待冰泮之际哉？似不如永裁起车之利，以塞吏书口实，则各役无陆运之费，争脱守冻之苦，又何乐栖栖河上逾岁而不得至也？然愚又有说焉，白粮之弊，国家利于早，各衙门吏书利于迟，迟则安受守冻之金，故先至者非起车别无苦之之术矣。甚至交纳衙门及一切保识，欲借先至之人，开增例之端，势不得不倍加摧抑而使之遂所求也。所以然者何也？彼皆视条陈为虚文，徒指弊立法，而事竣之日，无人据往议而按其实，信其赏，必其罚，是以小人无忌，指弊而弊在，立法而法亡矣。使诚能悉粮解始末之苦，则人人踊跃而前，未离本地，所省已多，然后照往岁有司扣除水脚之数，改造粮船，如漕船式，则不数年可造轻舟数十，白粮未有不早供公家之需，而勿重烦庙堂之议也。”

推收　万历三十九年，知县乔议，鱼鳞册乃原丈之根，其中号段卖者照此号而除，买者照此号而收，号内有分收若干者，俱照除注明，有何差讹重造之弊？自卖主或写号不明，或记号差讹，或此户已收而彼户未推，或此图已推而彼图失收，或一号而两主重收，或两号而误归一号，或有分收不为注明而一并除去，或祖旧册而讹以传讹，又或有方收此甲复收彼甲顷刻而两三转移者，至使里长无处办粮，里书亦忘其源派，大造差讹，良由于此。今本县照每图原丈册籍，刊刷推收号票，如一图天字一号起至几百号止，即照区图多寡，挨号填实推票，印发里书，每里照图原丈分发收田者，应收某号，即与该书揭票此据以为除，彼据以为收。分收者里书另写一号票，用私记合同，印钤于官票之上，仍付区总处挂号，方准推收。如此，揭一票，去一号矣，焉有重收之弊？一推一收，照号造册，焉有增减之弊？此图有推，彼图无收，不准作除；此图有收，彼图无除，不准作收。有田之家应收田亩，毋论十号百号，俱许揭票总钉，交与里书立户，有何差讹，其中如有方行新收入甲又复转收别区别图以希规避者，查出即行究罪，里书同坐。

盐课　国初场有团，团有灶丁，丁给卤地草荡及工本钞煎办。商中买者输刍粟于边，赴场支盐掣卖（洪武初，亦以四百斤为一引，后行改办小引，每引二百斤，灶丁每岁办小引盐十六引，每大引给工本钞一贯，是岁给钞八贯，办盐三千六百斤也。时钞八贯，值米八石）。成化中，分引目之半为折银。嘉靖中，复并改本色为折色盐银，半解京济边，半给商自赴场买盐运掣，尽变纳支本色之旧。岁课日诎，率又从有司责办，盐银不尽出盐场，出民田包补十七八矣。一曰带征水乡盐折银。灶分滨海水乡，自正统中巡抚周公忱始，时钞法不行，工本无出，因分附场为滨灶，令煎办，远场为水乡灶，令代出工本米。后米不能办，则纳折色盐银。银又不能办，则改水乡灶尽归民，授民役，银归民，粮带征。成化末，都御史彭公韶议也。是为民代水乡灶输盐银之始。一曰重征水乡荡价，民荡认纳银，水乡荡业归滨灶，荡价民粮带征矣。后夏公百年，而运司以压欠商价多，奉院檄下县，问故时水乡荡属县否，属县则宜增税。县未稔盐往牒也，谩以民荡亩若干对，因概加税若干。一荡价也，民代输者一，民荡代输者又一。万历三十九年事也，邑人侍御彭公尝请之，竟未豁（两浙鹾规载，万历四十二年，盐院杨公鹤檄文云，万历三十九年，前院某具奏清丈各荡升科提补商价，可为苦心，但一时承委官奉行未善，未免一概派加，兹逢恩诏推广皇仁，本院上疏部覆量减一半，凡重叠加派者，自四十二年为始，照数减免云云。本县民荡初派每亩一分六厘七毫，今减为八厘三毫八丝，时杨公亦未悉此荡为民荡，只照灶荡例减半，若知为民荡，必厘正全豁矣）。今盐利实入县官者益无几，而卤地与荡价灶丁佃之，海上民坐享其入，岁不下三四千金。有司欲问之，则诡以灶困耸上听，不察其实曲护之，不知民实为灶困，灶故未尝困，抑又不第无困已也。始乎调停，卒乎偏瘠肥不可返。盐政之失，实不能无追憾于作法者已。兹以国初迄今盐课款额备列于后，庶异时厘正者有所稽焉。

知县樊维城议，国初灶户办盐，官给卤地、草荡及工本钞米以为之资。草荡薪采有限，全赖钞米，每引一石者，足充牢盆费，故所收盐利为最多。后钞法坏，工本无出，灶丁徙业者以卤地草荡佃之，人取息抵课，而家于水乡，称水乡灶；其仍居海滨称滨灶者，仅余三之一焉。昔之名臣如周文襄者，来巡海上，亦姑随顺人情，免水乡之煎办，而令其代出钞米以给滨海灶；乃米实难办，法终不行。迨彭公韶巡视，直怜其困，弛之为民，水乡尽得落籍，而应办盐斤则带民粮征银解运司，本县田亩始有二千三十金之加，民代水乡灶受累。此时水乡所遗草荡，若即并归滨灶，犹可计草价以派盐斤，少损民田带征之数，乃官与征银一千八十两解运司，代之趱集。至前任夏始议并给滨灶，失之已晚。顾又予之荡而贯之草价，反将此一千八十金者带征于民粮，复以两场为惠不均，更包补鲍郎四百六十金以均之，合前共三千五百余金。而此外徭银抵课本县及嘉、平二县代解者，复有五百五十金之多。重叠包赔，不一而足。于是两场课银，尽皆民为灶出，谷土为盐田出。海砂所办者犹有千金余，鲍郎直三百五十金而已，更以官吏工脚之俸粮工食、县司所设之盐课给赏计之，所费又七百余金，取以相当，实入之利，益复无几。窃谓国家盐策之失算，无如此邑两场甚也。总之一钞法不行，本绌无以生息，遂行权宜苟且之术，贻累于民而无益于国至此。今欲修复之，亦求之国初给灶之旧而可矣。夫国初所用给灶者，非前所云工本钞及卤地草场三者耶？工本钞不易复，卤地草荡自在，即卤地时有坍涨，荡之无亏损有垦辟者又在。今两场灶丁所受草荡每丁多者三十余亩，少者亦不下二十亩，每亩佃客纳草价五六分与灶丁，其耕熟者分为上中下三则，增派税银，自三分至一分五厘解运司，大约灶丁所得草价多者每岁一两余，少者亦不下八九钱，而卤地之佃与人者，又可得银二三钱不止，至问灶丁所纳于运司者，每丁税额实不过二钱有奇而已。向惟责其煎办每年每丁须纳盐三千六百斤，值银七八两之多，故给之草荡，给之工本米，优厚如此。今因工本米不给，盐课俱带征于民粮，止责其纳银二三钱矣，此即卤地之入足以之，有何所困而必须优厚之也？乃空掷此草荡与之，令岁享草价之厚入，岂非当事者失于筹及，相沿冒滥未裁乎？抑鹾司积胥猾吏欲留此以取分于灶户，故相隐而不发至今乎？夫民为灶困，田粮为盐课出办，亡论矣。荡固国家地土也，草价固国家地土所产也，不办盐而收息，有此理否？即办盐而以一二两之入，输一二钱之税，十而纳一，又有此理否？民之田可令代征，灶之荡胡不可加征也？灶之荡可自佃之而收价，荡之价胡不可改之为税，如民田一例征之，以补盐课，以减本县带征之课也？计两场耕熟之荡，海砂可得三四万亩，鲍郎可得数千亩。今分三则起税，解运司者不过千金，若以民田税银额论之，尚可亩加银五六分，当得银三千也。其未垦者，亩可征银二三分，两场为亩九万余，又可得银二千余也。今莫若尽以其荡归之有司，将佃客姓名籍之于册，一如编审里长之法，荒熟各自为里，亩多者为役头，亩少者为甲户，立限征银，解之运司，除抵海砂课银一千有奇、鲍郎课银三百有奇外，尚多三千余金，则以一千金抵本县代纳之荡价，以二千金抵本县带征水乡之盐银，绰然有余，民可苏而国计可裕。其两场卤地，尚有一万六千余弓，减佃价之半而征之，尚可得银一千六百，则或归场官收解，或归有司照前法征银，亦无不可。总之今日海上煎丁，俱非真灶，编排直捷，征银自易，正不必令多人豫于其间，恣其中饱而无益于国也。斯议也，不知者以为创说，而实非创也，芦沥已先行之矣。考之两浙鹾规载，万历四十二年，芦沥场灶赵志奎等建议，照荡佥役，毋沿照丁给荡之空名。盐院杨以为不易之论，将荡户名下实查荡产亩数，按籍佥差，其贫灶之有丁无荡者尽免其役，因以其法入之复命疏中，至今芦沥称便。夫芦沥亦海邑析之平湖者也，三场事体元同，芦沥可行，海鲍独不可行乎？但行之则于民于国便，于奸灶、于鹾司胥役俱不便耳。夫立法而欲使小人称便，欲使小人无梗，千古无有。深于计者，要在独断独行而不为所挠阻，斯得矣。

戍海篇

倭亦名日本，其国西南至海，东北大山，地分五畿七道三岛，即班固书所云“会稽海外有东鳀人”者是也。其人魋头，断发跣足，轻生好杀，多狡谋，喜为盗贼。汉唐来通贡中国，未闻入犯。后至宋，沿海开市舶，径道益通。元人承之，奸阑出入者浸多，勾引广，于是患始兴。先是，元至大中，有倭泊庆元焚掠，衅早兆矣。而国家初平海内，所歼灭群雄方若张皆在海上，故部党逋诛不能出者，则窜而之海岛，纠群倭入寇掠，以故警之发乃在开国时。

《高皇实录》载，洪武二年，倭犯山东、淮安。明年，犯浙东、福建。其五年，寇我澉浦，杀略人民。而长老亦言洪武四年，有海民沈保童用竹筏载倭登掠海盐事，县首被倭患如此。上念区寓新奠，海堧独婴虿毒，亟遣帅巡御，又即家起信国公和，相视并海要害筑城置卫所，统官军，各占信地戍守，其法甚备，于是盐之卫所始建。一曰海宁卫指挥使司，在县城内；一曰澉浦守御千户所，在澉浦镇；一曰乍浦守御千户所，在乍浦镇，今析属平湖。二所隶卫，卫隶浙江都指挥使司，以内隶于左军都督府。有烽堠，有寨，凡五十有七，联布海岸，南属之海宁所，北属之金山卫境。汛月各以军五人守之，辽海洋船火，报声息。有战船，为大青，为风尖，为八浆，凡七十有二。其五百料者，以军百人驾之，汛月出海洋巡倭。大汛二三四五月，小汛九十月。此五月风多从东北来，倭人犯易也。之三城鼎足称重，其后澉有小警，旋就晏宁。先臣郑晓曰，洪武末年，海中方张诸逋贼，壮者老，老者死，以故沿海郡县得休息，谓此也。永乐中，益严汛守。其七年有沈家门远哨之议。沈家门在定定海洋外舟山、普陀间，往倭人入贡，每泊船于此。信国经理时，因立水寨防御，至是调卫所战舰协哨，盖欲聚重兵一处，壮两浙声援。然此山去东浙为近，去西浙实千里而遥，非本卫冲要必守之地。洪熙元年，巡抚浙江右布政使周干请撤归近海各守信地。宣德初，行在兵部又以为言，皆未果撤。至正统间，倭警作，频年寇大嵩，寇桃渚，且寇我乍浦者再，朝廷命侍郎焦公宏巡视海防，因渐有厘改焉。先是卫五所并在卫署，至是以乍浦新中患，所军单弱，奏调后所移署乍浦城贴守。其北十里梁庄堡地尤冲，增拓为城，以指挥一人统官军戍焉（徐泰曰："浙西并海之地，海盐为要，海盐乍浦为要，乍浦当西海口，可泊，往往致寇。国朝既设守御所，正统间，倭夷登岸，吏兵不能支，故复以后所协守，至今海口梁庄等砦岁必专官设备，监往事也。"）。而澉浦所亦调湖、严、海宁三所军，遇汛协防。添筑二所城及县城南北二辽望台，并省烽堠与寨为三十七所，其沈家门戍亦以其时撤回，增设骑操马一百五十四匹传递塘报，在海岸设防。而战舰则减为小尖哨船二十，备乍之西海口，不复远汛。申饬虽详，事稍异开国时矣。成弘而后，海上久无事，罢三所之戍澉者。诸弁寝尚文雅，绌言兵军，亦服四民业者多虚尺籍（大司马谭公纶有云，自昔卫所空虚，徒存尺籍，非真无军也。家道殷实者，读书求举而外，往往纳充吏承，其次赂官，出在为商，其次业艺，其次役占，其次搬演杂剧，又或通同卖放回附近原籍，岁收常例，皆不操守。至于补伍食粮，则反为疲癃残疾老弱不堪之辈。军伍不振，战守无资，弊皆坐此。至于逃亡故绝，此特其一节耳)。至嘉靖中,海船废尽,马额亦减,武备衰耗,极而倭变。适大作初,国家仿宋元遗制,开市舶宁波。嘉靖之二年,因是有宋素卿、宗设之哄。既而革舶司,禁番船往来,顾不能尽如禁,率泊近岙,私与内豪市。内豪更狡,积渐赊负弗偿。诸奸商益仇,愤起为贼,勾倭人沿海寇犯不休。朝廷为设巡抚及总制大臣兼辖浙、直、福督剿,若朱公纨、王公纡、张公经、李公天宠及胡公宗宪,先后来莅师,而卫所军不堪用,则募民为兵,用之兵制因大变(都督万表云,向来海上渔船出近洋打鱼樵柴,无敢过海通番。近因海禁渐弛,勾引番船,纷然往来海上,各认所主,承揽货物装载,或五十艘,或百余艘,成群合党,分泊各港。又各用三板草撇脚船不可胜计,在于沿海兼行劫掠,乱斯生矣。自后日本、暹罗诸国无处不到,又诱带日本岛倭奴,借其强悍以为护翼。徽州许二住双屿港最称强,后被朱都御史遣将官领福兵破其巢穴,焚其舟舰,擒杀殆半,就双屿港筑截,许二逸去。王直亦徽州人,原在许二部下管柜,素有沉机勇略,人多服之。乃领其余党,改住烈港,渐次并杀同贼陈思盼、柴德美等船伍,遂致富强。以所部船多,乃令毛海峰、徐碧溪、徐元亮分领之,因而海上番船出入关无盘阻,而兴贩之徒纷错于苏杭,近地之民自有馈时鲜,馈酒米,献子女者。自陷黄岩,屠霏衢,而其志益骄。其后四散劫掠,各通番之家则不相犯,人皆竞趋之。杭城歇客之家,贪其厚利,任其堆货,且为之打点护送,如铜钱用以铸铳,铅以为弹,硝以为火药,铁以制刀枪,皮以制甲及布帛、丝绵、油麻、酒米等物,无不赍送接济,而内地之人无非倭党矣。按郑晓吾学编《日本考》言,海寇之起由于内豪赊欠其货,因而仇愤劫掠。据万都督所云,又起于自相防卫,自相吞并,遂尽变为盗贼。合观两说,当时寇起之原始尽)。先时浙有把总四,临诸卫即选卫指挥充之,至是分六总,改钦依以都指挥体统行事，重其权。浙西者曰海宁总，驻乍浦（《海防类考》云，两浙原有考选把总四员，分为定临观一总，松海昌一总，金盘一总，海宁一总。嘉靖二十八年，分定海临观为二总，松海昌国为二总，共六总。三十六年，以六把总事权不重，题奉钦依以都指挥体统行事，始由朝授焉）。先时设总督备倭都指挥，临各总列御都司，至是以都司权轻，设总兵定海，节制两浙，别设参将四，奉敕统领六总。浙西者曰分守嘉湖参将，驻县城（《海防类考》云，洪武三十年，设总督备倭都指挥一员于都司，统沿海各把总。嘉靖三十一年倭变，以督阃权轻，策应不前，添设参将驻定海。三十五年，复设总兵官于定海，改参将于临山总督，备倭都司裁革；寻设杭、嘉湖及温、处、台、金、严参将，共四参，分守统御，而定海总兵居中调度节制各参总焉。《会典》云，嘉靖三十二年，添设杭、嘉、参将；三十四年，改为嘉、湖参将；三十五年，改设专驻海盐。建置年岁较《类考》尤详）。先时有海道副使兼巡两浙，已分设参政理浙西，至是复增设副使备兵杭、嘉、湖，名其兵之区曰嘉兴区，用上承督府下监本区之总参驻郡城（《海防类考》云，巡视海道旧制以侍郎都御史领之，洪武三十年后，始领于按察副使。嘉靖初年，驻省城，遇汛，巡历全浙沿海地方。二十三年，驻台州；二十七年，改驻宁波，仍巡历沿海。至三十二年间，以倭变，始添设杭、嘉、绍、台各府兵备，而海道所辖止宁、绍区矣。添设参政事《类考》不载，惟景泰旧志云，正统七年倭奴登乍浦，初设布政司参政一员，奉敕专一提督海道，因设分司公署。又钱薇集云，正统间，奏设藩参一员，驻扎盐城，理海防。自刘瑾革去，而经理遂泯，必有所据）。而陆兵则郡城设五营，县城设二营，乍浦二营，澉浦一营，合十营，营各五百余人（遇汛分派沿海循塘拒守，汛毕仍守城池）。水兵郡城亦五营，营之人数同陆营（平时截守郡境水港，遇警听调邀击）。而海上募福苍船七十七艘，兵二千余人，立海盐、乍浦、澉浦三关，分三总戍守兼出哨羊、许二山。羊山至许山一潮，许山至乍浦亦一潮。倭来至陈钱山合船，自陈钱至羊山复占风分船犯浙、直，故羊许尤浙西门户。永乐时，哨沈家门则已远。正统时，撤而泊乍之海岸，则已近。惟哨羊、许于浙西海径有合尔（《海防类考》，各区战船先年俱于卫所食粮旗军内选驾海宁，总计二十只，后损者不修，缺者不补。嘉靖三十一年倭变，船无可用，海宁总改募福苍等船七十七只，官为给税）。至其他征调客兵，如坑兵、邳兵、漳兵、广东、山东兵、狼土兵及横江乌尾船兵往来游击者，又不在前所设营哨数（坑兵，处州守银坑之兵，刘大仲尝统五百人守盐，屡有战功，后败歿。邳兵，参将汤克宽家丁也，守城却敌甚得其力，时凡三百人。漳兵，漳州兵参将卢镗、张铁部下皆有之，倭中多漳人，战时兵有与贼通败事者。广兵三十五年调至，守盐一千二百人。山东兵，故老言三十四年尝调至宿城外，掠奸索食不减于贼。广西田州狼兵亦三十四年调至，土妇瓦氏率之过盐，进捣金山，贼失利而归。广东乌尾横江船较福船尤大。三十五年调一百八十艘分拨浙、直海洋在前给税海舰之外。此外又有湖州水兵，指挥徐行健所统，有四百人，然用之陆战不可晓）。尝考胡公用兵时，故籍岁费饷六十八万有奇，而嘉兴七邑所增田亩额饷几五万，挖括奇羡充饷银又不下二三万，并以给本区增设兵，则兵数之多可知已（采九德《倭变事略》云，时每田一亩出兵饷银一分三厘，沿海之民膏血几尽）。惟时县境大小战不知凡几，砂腰、新塘两战，杀指挥三人（满朝、马呈图、采炼），千百户七人（王继隆、姜楫、杨臣、康绶、王相、吕凤、姚岑）；孟家堰杀指挥一人，全军并覆（指挥李元律与处州千户薛炯、宁波百户宋应兰并死于阵，时兵士死者一千四百七十五人）；北王桥之战，亦杀指挥一人（徐行健又指挥姚弘战于松江陶宅死）；卫城、澉浦再被攻，赖参将汤克宽、令郑茂、指挥徐行健、尉李茂力守得完。而攻乍，乍竟破，城中人大半歼于后。诸贼以掠饱不得去，诱之伪降，离解其党，使自相缚以效功，于是陈东、叶麻絷，徐海亦燔，王直受饵就阱，诸主名贼帅及群倭相继尽，海上始就宁。胡公功实多，然东南郡县大抵皆残，我三城四郊外民庐稀，烟火欲断矣。嘉靖末，以警息，有销兵之议，始汰兵备，令巡道兼摄（初称杭、嘉、湖兵备，今以嘉湖分巡道兼摄，因称嘉湖兵巡道，乃驻郡城云）。隆庆三年，汰诸营郡城及卫所三城，合留兵五营。又汰海盐、澉浦二关水兵，留乍浦一关，居平泊守，临汛出哨，且有抽选军丁补兵之议。四年，巡抚谷公中虚始定嘉兴区兵制曰，陆兵凡一营五总：中总守嘉兴，左后总守海盐，右总守澉浦，前总守乍浦曰水兵一关，凡四哨：一哨羊山，一哨许山，一哨乍浦西海口，一哨白塔港。其哨守之规则：每遇汛月，各总递移屯就远，以资防御。中总屯海盐，左总屯盐之龙王塘，前总屯梁庄，后总屯乍浦城，右总屯澉之南海口。水哨兵远出海洋，各哨所占山岙南与临观海哨会，北与直隶金山、吴淞海哨会。哨陆有筹，哨水有符，稽验各有法。而陆兵募兵一总，军兵与民壮兵各二总，水兵耆舵募兵贴驾用军兵。时当事者以军与民壮并元在食粮之额，用以充抵民兵，则兵数不亏，饷数自减。盖于总参新法中，仍参用军伍存卫所初建意。兵制有变，而得其善者，此制也（《海防类考》云，倭乱时，两浙召募陆兵不下十万余，续因减免饷银，议将水陆募兵渐次汰减，选取民壮弓兵、军兵抵用。至隆庆四年，督抚军门谷题准各区水陆官兵内嘉兴一营五总，募兵一总，民壮军兵各二总，海宁总水兵留用民捕耆舵兵九百一十五名，加添军兵五百二十三名，谓之贴驾军。是以饷数减除而兵数反加，足敷防守。又王兵宪樵《携李记》曰，自倭乱平，三关改为四哨白塔港为一哨，兵船九艘，哨官一人领之；乍哨为一哨，兵船八艘，参将、中军、把总领之；许山为第二层门户，立为一哨，用苍船二艘、沙船、小哨船、叭喇唬船共十六艘，水兵把总一员领之；以羊山为第一层门户，立为一哨，用船如许山之数以备倭，把总亲督领之。据此则当时船亦减为五十三艘，数有可稽者。民壮始于正统时，后正德中每县额十人，寻又定为每里一人，初为力差，嘉靖五年，工食派秋粮中带征，始有额饩。《会典》隆庆四年，题准浙江通省额设民壮，除留看守各府州县城池库狱外，其余征收工食，挑选精壮之人，设立队伍，听各该总参都把总官与军兵合营操练。县旧志隆庆三年，以兵饷缺乏，奉文议革民兵，在于海宁卫并澉乍七所军兵挑选足数，各总以海宁卫指挥统领，哨官以各所百户统领，军兵粮在于军储仓本折关支）。万历初，水兵贴驾者复改用民兵，仅存军兵之半（军院方议革水哨军兵一百八十名，募民兵补之，在万历二年）。时以倭警久息，始裁五总中哨，又裁白塔港哨船之半。不数年，釜山见告海上，复修备旧所，裁者多补。又有乍浦地尤冲，兵止一营为弱，增设军兵一总（名左）营，而称旧左总为中左营，旧中总为标营。汛时左营屯乍，后营改屯龙王塘，南标营自守郡城听调发。移屯之规稍变，其黄道关旧置澉浦关处亦增设哨船，以白塔港为中游左哨，此为中游右哨。而每遇汛期，督抚军门檄嘉湖兵巡道同分守参将督发兵船出戍海洋，督抚则间岁一亲行焉（陆兵练习，每总以中哨三队习鸟统，每什以二人习刀牌，二人习狼筅，四人习长枪，二人习钩镰短枪。暇时俱习弓弩。临敌鸟铳冲阵，则刀牌手护之；刀牌手冲阵，则长枪手护之；弓弩枪镰手冲阵，则狼筅手护之。长短必相间而进，而火器尤利于用。其各营百子铳、鸟统、火药、火绳、铅弹、喷筒及水哨发船税本区嘉靖中贡将军铳佛郎机之类，皆官银造发，各有成额。所募福苍等船，皆官为给税。隆庆后，改为官造官修，以致侵克弊多，不堪经久。万历二十五年议令各捕预领税银自造，充为私船，庶免他弊。定限三年燂洗，四年轻修，五六年重修，七年拆造。遇修造年分，船兵照限放班，舵兵改食兵粮，扣省余饷抵凑船税。今计各船每年每只税银，福船七十四两三钱四分，苍船二十四两，沙船内一等二十五两，二等二十二两，小哨船一十二两，唬船四两，本区船税共该银一千一百二十二两六钱八分；其银于嘉兴府额派料银并扣省月粮银内支给。网船系各队兵自造自修，例不给税。按福船中为四层，高大如楼，敌舟小者相遇即犁沉之。沙船能调戗，使斗风。苍山船有二层，隘于福船，而阔于沙船，用之冲敌颇便。而捷叭喇唬底尖，首尾如一，旁有十桨，破浪如飞，尤便追逐哨探之用）。

原編第廿二冊

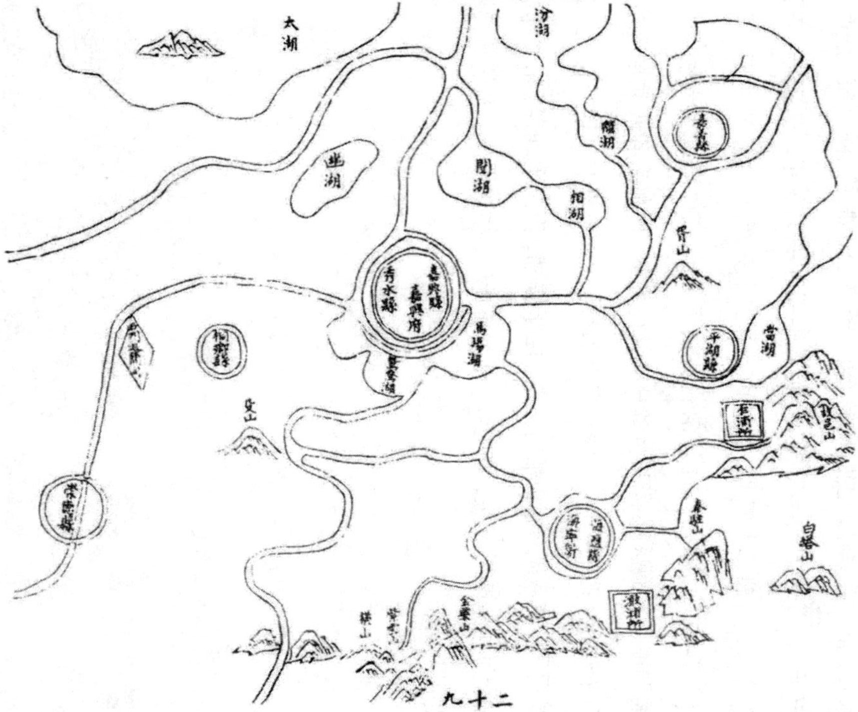

《嘉善县志》

知县章士雅《正疆界议》

凡宇内之设为州县者，鲜不画疆分界而治矣。独嘉善则可异焉。其初，割嘉兴以分县，而壤地在华亭、吴江之间。其田额视各县独重，盖全浙之税，莫重于嘉郡，而嘉郡之税，莫重于嘉善。每亩赋额，无论田之高下，概以三斗三升三合起科，而徭平又五升有零，其视嘉兴多九升八合三勺矣，视秀水多三升三合八勺矣，其视崇、桐且半倍矣。田不加腴，而赋有偏重，且地势卑下，东接三泖，西连震泽，凡遇水灾，半为陆沉，而积逋数倍于各县矣。以故奸民自嘉隆来，往往将田诡收嘉、秀以就轻粮。其始则曰与彼处兑换，而究则兑者复去，而去者不返。此弊之流，至万历九年丈量特甚。盖当时以佐贰掌印，推去嘉、秀者三万一千二百三十八亩八分八厘三毫。至十二年，袁乡宦廛请还三千三百四十亩一分，而余田沉埋如故。以三万亩之虚粮，复加本县，民亦何以堪？近里递钱来等虽具呈院道，而彼顽民与积书互相交结，变幻百端。如监生金折，一人而隐田千亩，不惜贿货以植党与，诡词匿呈，殽乱视听，本县徒费期年之力，而尚不得一亩复还。盖其隐去田粮，不在此县，亦不在彼县，而置于无何有之乡，食王土而不输王贡，获利已久。本县以空文求讨，而彼以实力求脱。闻往年守令，亦有以此召谤而不得竟其事者，是以奸计益多，良民益病，可为拊膺痛恨者，此也。

《崇德志》

崇邑田地相埒，故田收仅足支民间八个月之食，其余月类易米以供。公私仰给，惟蚕息是赖，故蚕务最重。凡借贷契券，必期蚕毕相偿。即冬间官赋，起征数多，不敢卖米以输，恐日后米价腾踊耳。大率以米从当铺中质银，候蚕毕加息取赎。然当铺中持衡搭色，轻重其间，庾囷狼籍，一出一入，子钱外不止耗去加一矣。以故民间输纳，利蚕毕，不利田熟也。前征追比之难，有由然矣。

《安吉州志》

论曰，苕水发源天目，瀸泉泠涧，衍迤四境，而丰邑居其上游，即旱涝稍易为备。惟吉山盘地蹙，其势仰，仰故不能潴，所受仅里外二溪，而复辖于梅溪。其道隘，隘故不易泄。考其初，西亩诸湖、小山诸塘间用导川蓄润以供灌溉，而分众流。今二溪既沙石善淤塞，又旁缘竹树为梗，而湖塘业已半为桑田，益隘且仰，故往往雨暴至，辄怀襄崩割，少暵遂成焦土。如是而望岁无凶歉，民不耗病，难矣！议者谓水道亡策，独湖塘故迹壅者浚之，废者复之，梗者除之，庶几钟泄之上计。或乃以工力繁浩，且致民成业为虞。昔李冰凿离堆，史起决漳水，岂其不损一镪，不破一塍？而古今以为伟绩，顾利害小大经理方略何如耳。苟不惟民患是图，拘文牵俗，猥曰毋动为扰，不已过乎？乃近时复有沿溪水利之税，是以尺寸迁徙靡常之地，而加恒赋以重困吾民，益非法矣。

《绍兴府志》

军制

皇明绍兴府设三卫五所，隶浙江都指挥使司，仍总辖于左军都督府，此宋禁军例也。而各卫所复有带管及召募名色，宋厢军例也。弓手领于巡检司，堰营土寨鲜焉，规模与宋不相远。其军始调自南北从征者，继乃抽台、温等处民四丁之一以充伍焉。指挥，郡将也；千户，则营将；百户，镇抚队将。大务取防海，居常则用以弭寇贼。民既出食食军，则守本业，率妻孥戮力，他无预矣。承平久，无所事军，江南诸省率用以转漕，舍刃持橹。浙虽有海备，亦半漕焉。忧国者或谓东南士卒罢于转漕，殆非也。余曩为职方主事，尝摄入卫班军。班军数万人，自正德来，俱作役司空，度匠作曰白金五分，岁可省冬官六七十万金；若以还营，则为队而已矣。入卫者习为工，或不具兵器；闻输作则便，闻营操乃顾，不甚称便也。晋人有言曰，“巧于用短”，兵亦宜然。故九边军亦大率用输作，而揣其锋于家丁，筑城垣，治器械，攻灼灼矣，廪粮月给不虚耳。司空城旦，犹司农篙师也，何为罢乎？卫军既骄，阵没者又以死事录功，有司惮用之。正德中，王晋溪本兵乃起民兵之议，今民壮快手捕盗等名色是也。是亦厢军类也。而沿海则多用义乌兵。先是，嘉靖中，金、衢比郡有矿贼逾山抵义乌，义乌乡兵击胜之，斩数魁。其技以长枪胜，乡人私相传，稍得兵法。自兹远近竞募，南至闽广，北至蓟，咸义乌兵。故恶少子弟不习为耕，则习为兵，美食好衣以待募，义乌人大患之。而往昔兵法或乃废，不知徒目皮于婺州也。卫家说曰，故者不挑补，逃者不清勾，军政何赖？然额粮固省矣。

今俗呼卫者曰军，而募者曰兵，兵御敌而军坐守，兵重军轻，军借卫于兵，壮军乃复充兵，其变势也。不以漕，将何之乎？石曼卿以建乡兵显名，至或用之捍敌，则笑曰："此得吾粗也，不若募敢行者。"余姚江南兵自具食，无适帅，却贼于后清桥；谢生军勇敢五百人，声赫赫四驰，竟败死。卫人与自卫异，虽精犹粗矣，况驱市人而战者乎？故曰粗也。兵日增，军日损；兵日骄，军日懦。此无足患者，患异日之兵复如军耳。义乌之待募者可睹矣。迩稍裁饷，遂有壬午二月之变，而汛时恐缺需，则每每以海艘传羽书，令人耳目惊也。兵不战不利，战又下策，不忘战之术，盖难言哉。

嘉靖初，巡视海道副使驻省城，巡历全浙沿海。二十三年，移驻台州。二十七年，改驻宁波。三十年后，地方多事，分守参议驻绍兴，寻改副使整饬兵备，称兵巡道。隆庆二年，以海道兼理宁绍兵备，绍兴仍以参议分守。先年浙江沿海原设总督备倭都司一员，考选把总指挥四员，统辖卫所，而分定临观为一总。嘉靖三十八年，分守定海总、临观总，全浙共六总。三十一年，添设参将一员驻定海，分守宁、绍等处。三十四年，贼破临山卫，则添设总兵官一员，驻临山。三十五年，移总兵驻定海，而参将驻临山，专统陆兵。三十六年，六把总俱授以都指挥体统行事。隆庆二年，参将改驻舟山，专统水兵，以定海游兵把总调临山，领陆兵。万历十二年，裁革陆兵把总，俱属临观把总统辖，驻临山。

兵部尚书谭公纶昔为海道副使，尝建议云，卫所官军，既不能杀贼，又不足自守，往往归罪于行伍空虚，徒存尺籍，似矣。然浙中如宁、绍、台、温诸沿海卫所，环城之内并无一民相杂，庐舍鳞集，岂非卫所之人乎？顾家道殷实者，往往纳充吏承；其次赂官出外为商；其次业艺；其次投兵；其次役占；其次搬演杂剧；其次识字，通同该伍放回附近原籍，岁收常例；其次舍人皆不操守。即此八项，居十之半，且皆精锐。至于补伍食粮，则反为疲癃残疾老弱不堪之辈。军伍不振，战守无资，弊皆坐此。至于逃亡故绝，此特其一节耳。今可委贤能有司，同该把总官往各卫所，督同掌印等官，不必论其伍分，先核城中街巷计有若干，每街每巷共有门面若干，户分格眼纸一张，谕令自开：房屋几间，男妇几口，某系精壮，某系老弱，至于釜灶床铺若干亦俱实开，贴于大门上。乃各委官持簿籍，领各伍官旗，沿街履户逐一面诘该管官旗有无隐漏，并执结明白，然后比对户口文册，庶几可得十之七八。于是取其见在人数，通行挑选精壮者存留食粮，老弱不堪者通行革退，即以户丁精壮余丁选补。如果在营故绝无丁者，除本省地方照旧行勾外，其他省人民屡勾无解者，不必驾言单勾，即查照近例，严选别户精壮余丁补伍。至于充纳吏承、违例役占者，通行禁止。其卖放逃出外行商、业艺、投兵、搬戏及隐容在籍，收取常例等项，俱责令该管官旗及家属人等免其前罪，通行勒限招回，一体选补。务使食粮者皆精锐之士，无复以老弱充数；不食粮者，照依保甲之法，编定守城，如百姓守城之例，不得以无粮藉口。该管守旗招徕补充至五分以上，即量行奖赏。其有仍前纵容卖放者，掌印及诸伍官旗，听各道从实查参，轻则问罪降级，重则绑解军门，治以军法。如此，庶军政可肃，战守有人，不至临时纷纷请兵矣。自嘉靖三十一年以来，两浙召募陆兵不下十万，近年渐次汰减，选取民壮弓兵正军抵用。在绍兴募兵民壮、军兵各一总，临观总留用民捕耆舵兵五百二十四名，加添军兵二百三十九名，并原用军兵一百二十一名。万历二年，加复临观总民兵一百四十三名（今查总数不甚合）。倭乱之后，民财竭矣，减兵而选军，盖取足于正例。原在食粮之额，虽加至一石，比之全给兵饷者已省矣。乃日久弊生，正数逃亡，余兵夤缘补役，月给之储与民兵无异，且强悍难制，是以又有复民之议云。训练之法：临观一总水兵每春防汛毕，六月中，兵船收港，七八两月，留舵稍守船，俱听把总督同哨官在定海卫教场，至九月初上船防，遇小汛，十一月中起至来年正月止，俱在定海关水寨，同定海总三日一次训练。临山营陆兵，每年汛期，调发沿海防守，听把总督同卫所官与宁波兵合营训练，汛毕回营，遇三六九日，临山把总自行训练。水兵长技，军火互用，如贼船离远，则以鸟铳、百子铳、发贡为先；贼船逼近，则以长枪、镖箭、藤牌为便。各派器械，泊守本境，遇掣与陆兵齐操。陆兵长技，长短相济，中哨三队俱习鸟铳，每什以二人习刀牌，二人习狼筅，四人习长枪，二人习钩镰短枪，暇时俱习弓弩。如鸟铳冲阵，则刀牌手护之；刀牌手冲阵，则长枪手护之；弓弩枪镰手冲阵，则狼筅手护之，兵制之常经也。

哨探之规　各区官兵分拨小哨、叭喇唬网船，轮流远出外洋，往来哨逻，仍与邻近兵船交相会哨。烽堠拨军辽望，遇有警急，通行飞报。其出哨者，抚台有单，汛兵皆会哨取单。宪司仍刊刷哨符，发各总照依派定处所给符，往来会哨交符。俱填发日、到日时刻，汛毕简核，不许近洋交单。其沿海烽堠台寨置立循环哨筹，每日南北各递发一筹，彼此循环，毋分雨夜，逐墩递送，传报有无声息。责令陆路官置簿登记递到筹号、姓名、日时，每五日类驿飞报。各将领皆亲督兵船出洋哨探，遇贼船经由信地，即从实飞报某处贼船几只、大约贼有几何，传报邻境，分投防御应援，即急督官兵相机夹剿。其远哨兵船见贼即报，不拘定信地，其虚张声势及望风轻报者，覆实治罪。若贼在洋抢掳而隐匿不报者，处以军法。

沿海渔税　永乐间，以渔人引倭为患，禁片帆寸板不许下海，后以小民衣食所赖，遂稍宽禁。嘉靖三十年后，倭患起，复禁革。三十五年，总督胡宗宪以海禁太严，生理日促，转而从盗，奏令渔船自备器械，排甲互保，无事为渔，有警则调取，同兵船兼布防守。先是，巡盐御史董威题定渔船各立一甲头管束，仍量船大小纳税，给与由帖，方许买盐下海捕鱼。所得盐税，以十分为率，五分起解运司，五分存留该府听候支用。每年三月以里，黄鱼生发之时，各纳税银，许其结船出洋捕鱼，至五月，各令回港。万历二年，巡抚都御史方弘静复题令编立船纲纪甲，并立哨长管束，不许搀前落后。仍拨兵船数只，选惯海官员统领，于渔船下网处巡逻，遇贼即剿。说者曰，海民生理，半年生计在田，半年生计在海，故稻不收者谓之田荒，鱼不收者谓之海荒。其淡水门海洋乃产黄鱼之渊薮也，每年小满前后，正风汛之时，两浙渔船出海捕鱼者动以千计，其于风涛则便习也，器械则锋利也，格斗则敢勇也。驱而用之，亦足以捍敌；缉而税之，尤足以馈军。向乃疑其勾引而厉禁之，遂使民不聊生，潜逸而从盗矣。故缉名以稽其出入，领旗以辨其真伪，纳税以征其课程，结䑸以连其犄角，而又抽取官兵以为之声援，不惟听其自便为生，且资其捍御矣，岂其取给于区区之税以助军兴之万一耶？

说者曰，剿倭之策，海易陆难，然水战又以犁沉贼船为上计，缚贼次之。陆战以摧锋陷阵为上计，斩获次之。惟重水战之赏，则贼不得登岸，边民不知有兵，四境晏然矣，此海防要策也。

山阴柯桥西去府城三十里，水汗漫多支流，陂深堰曲，难以屯兵，利主不利客。三江闸北去府三十八里，山、会、萧、赖此蓄水，宜防守。古博岭西南去府城四十五里，与诸暨枫桥接壤。国初胡将军大海克诸暨，自兹路来戡越郡。嘉靖三十三年，倭夷扰山阴，亦由枫桥进，山间寇盗俱由此入境。旧有枫桥巡检司，今基址尚在，似宜复设。抱姑堰西去府城五十二里，上连镜湖，下接小江。

会稽曹娥埭东去府城九十二里，江水湍急，隔断两岸，逼江而营，利守不利战。石堰东去府城三里，诸水之会，可驻兵卫城。驻日岭西南去府城八十里，诸暨界，元末裘廷举聚乡兵处。

萧山西兴镇西去县城十里，逼钱塘江险，宋时有寨。

新林铺东去县二十里，宋时有寨。黄岭、岩下、贞女三镇，西南去县一百里，唐刘汉宏尝分兵据守，钱镠击破之。诸暨长清西南去县城五十里，元时有关。

阳塘西去县城五十里，元时有关。湖头铺南去县城五十里，元时有巡检司。

管界东去县城八十里，唐宋有寨。五指岩西南去县城六十五里。

国初李将军文忠筑新城，拒谢再兴。余姚李家闸东南去县城三十里，是四明东门，元时有巡检司。梁弄西南去县城四十里，人烟凑集，亦一巨镇，是四明西口。筀竹岭西稍南去县城三十里，与上虞接境。上虞梁湖西去县城三十里，是曹娥江东岸。百官渡西南去县城四十里，亦邻于江，唐时旧县址。縻家山东南去县城四十五里，元时有巡检司，当三县界，地甚僻。

佛踪山西北去县城四十里，宋元有寨。智果店东北去县城十五里。

嵊清风岭北去县城四十里。白峰岭西南去县城八十里，唐宋有长乐寨，元有巡检司。三界北去县城六十里。

新昌黄罕岭北去县城五十里，其地形可入而难出，唐王式败裘甫于此。

三溪渡西去县城十二里，唐裘甫败三将处。关岭东去县城七十里，接天台界。以上皆内地宜设备者也。

三江所不滨于海，地势稍缓，然去省城八十里，海上有警，烽火于此通焉。嘉靖三十五年，倭寇突犯攻城，我兵敌退。

临山卫坐当冲要，东接三山，西抵沥海，嘉靖三十二年，倭贼攻陷。沥海所东卫临山，西捍黄家堰。三山所界于临观之间，东西策应。观海卫三山为右翼，龙山为左翼，居中节制应援，地属慈溪而辖于绍兴，犬牙势也，不欲以全险与宁波也。龙山所北对金山苏州大洋，东对烈港。伏龙山独临海际，去所仅十里，乃贼船往来必由之路，临观一总之咽喉也。封守慎固，省城安枕而卧矣。地属定海。嘉靖三十四五年间，倭贼屡登犯。金家奥丘家洋连界，东对烈港海洋，北望洋山、三姑大洋。嘉靖三十六年，倭舶盘据月余，为我兵所捷。若突腹里，由雁门岭、凤浦湖一带至慈溪县，直抵宁波府，极为险要。今汛期拨标兵分哨，若渔船下海捕鱼，则轮拨临观兵船一枝，系泊澥渤海洋，盘结奸细。

关四，三江所一，曰大闸关。观海卫三：曰丈亭，曰长溪，曰柱湖。

隘六，临山卫三：曰泗门，曰乌盆，曰化龙。三山所一，曰眉山。沥海所二：曰施湖，曰四汇。旧以二处海水冲激，夷船易泊，特立寨，委官一员旗军五十名守之，今废。

敌台四，三江所一，曰蒙池山。临山卫一，曰罗家山。沥海所一，曰西海塘。龙山所一，曰龙山。

烽堠三十七，三江所六：曰航乌山，曰马鞍山，曰乌烽山，曰宋家溇，曰周家墩，曰桑盆。

临山卫九：曰赵岙，曰乌盆，曰庙前，曰荷花池，曰方家路，曰道塘，曰周家路，曰四门，曰夏盖山。沥海所三：曰槎浦，曰胡家池，曰楗树。三山所八：曰历山，曰眉山，曰徐家路，曰撮屿，曰胜山，日蔡山，曰吴山，曰浒山。观海卫六：曰向头，曰瓜誓，曰西陇山，曰新浦，曰古窑，曰西陇尾。龙山所五：曰龙头，曰龙尾，曰石塘，曰青溪，曰施公山。寨一，萧山县曰龛山寨，扼钱塘江下流，实郡西臂。嘉靖三十二年，贼登犯，三十四年，复歼贼于此。彼时尝置寨焉，有委官一员、军一百名守之，今裁革。厂一，曰矿山厂。以上皆海岸宜设备者也。

港七：曰三江港、临山港、泗门港、胜山港、古窑港、烈港（并见《武备志》）、清溪港（由此可入金家岙）。

浦四：曰金塾浦，为定海慈溪相界之地，北连大海，西连伏龙山，贼船由东北来，必由此系泊，嘉靖三十八年，贼登犯；蛏浦（见《武备志》）。松浦，在古窑东；堰浦，在古窑西。门二：曰蛟门，直观海卫；鳖子门，直萧山县。口一，曰狮子口，直龛山寨。嘴一，曰西汇嘴，在黄家堰。嘉靖三十二年，贼登犯。溇一，曰宋家溇，在三港东，嘉靖三十五年，贼登犯。

海中山六：曰西霍山、黄山、胜山、长横山、扁樵山、球山。

礁二：曰筊杯礁、柴排礁。石一，曰平石。以上皆海港及海洋宜设备者也。

浙江沿海先年原有战船五百四十八只，内有四百料（用军一百名）、二百料（用军七十五名）、八橹风快、铜斗、高把梢、十桨（用军五十名）、风快（用军二十名）等项名色，俱于卫所食粮旗军内选驾，后因驾哨不便，损缺不修补。嘉靖三十一年，来临观改募苍山平底船一百二只。嘉靖三十五年，又调广东乌尾横江大船一百八十只，分拨浙直海洋哨御。后临观总又议定福、苍、沙、渔叭喇唬船二十八只（内细数见前，俱系私造给税。福船以钞尺自面梁为界，每尺税银一分，苍船二十四两，沙船并铁头船十九两，小渔船十六两，小哨船梁头一丈以上者十二两，八九尺者九两五钱，叭喇唬船四两，每年共该给银六百五十五两四钱，又闰月银三十三两五钱。将绍兴府额征民六战船料银五百二十六两五钱并临观二卫军兵扣抵战船粮银及各总造船停支税银辏给）。旧例，三年小修，六年重修，九年拆造。今改为一年二年燂洗，三年轻修，四年重修，五年拆造（私税兵船每年出海防过大汛，不准借税，俱令该管捕盗自修。出防小汛回关，福船拆造限六十日，行府量借税银三十两；重修限四十日，量借税银一十五两；轻修限三十日，不准借税。苍沙鱼船拆造限五十日，苍船借税二十两，沙渔船借税一十五两；重修限三十日，苍船借税十两，沙渔船借税八两；轻修限二十日，苍沙渔船俱不准借税。小哨叭喇唬船拆造限二十五日，小哨船借税五两，叭喇唬借与年给税银三两；重修限十五日，轻修限十日，不准借税。其口粮捕盗耆民队长照旧全支，造修限内，将舵工暂改支给兵粮帮工拆造。福船与帮工民兵五名、军兵五名，苍渔船各民兵四名、军兵四名，沙船民兵三名、军兵三名，小哨船民兵二名、军兵二名，叭喇唬船原无军兵贴驾，止准民兵二名，其余民兵薪水俱行停止不给。其重修轻修，止准捕盗耆民队长口粮一名，余兵俱行住支，不准帮工之例。各船税银自拽船上坞之日住扣，所借税银限一年之内扣还；船若过限不完，捕兵口粮截日住支，船完出水开支，通限正月十五日齐完）。说者曰，探哨莫便于刀舸，冲犁必资于楼舰，福船形势巍峨，望若丘山，建大将之旗鼓，风行瀚海，扑贼艇如鹰鹯，此海防第一法也。然而转折艰难，非顺风潮莫动，或造作脆薄，又苦飓浪难支，惟利深洋耳。若小哨叭喇唬之类，则追剿便捷，易于趋利。故好事材官遂为小船当增，大船当减，且云于料作为省。岂知小船止利于零贼之追捕，而不利于大举之仰攻，岂可因噎废食耶？

《水利志》

八邑自嵊、新昌外，其六邑俱以湖为水库，农夫望之为命，盛夏时争水，或至斗相杀。然上下历代则田日增，湖日损，至今侵湖者犹日未已。地狭人稠，固其势也，迩来丈田之议起，湖中熟田率多起科。乡长老云，湖中不宜有田，有田妨水利，起科非便。而或者又谓不起科止损县官粮，田固在，近湖应荫田亦不缘遂患旱。家为一说，莫知然否。总之湖为远利，今侵者虽莫能禁？然要为干法，若以起科召之，则田湖者乃为公家增赋，豪户竞争先矣。旧侵者斟酌半存之，严禁将来，因时为师，亦中策也。水自溪入湖，泄于河，注于江，达于海，防其泛滥，则堤塘堰坝时其启闭则闸水门，分引水则砩，灌田通舟，鱼虾菱芡，利害尽矣。

海塘最长而工力大，起萧山之长山，抵余姚之上林，接慈溪至定海，逶迤五百余里。中更七县，而五为绍兴境。萧山北海塘在县东北新林、白鹤两铺之间，长二十里，西自长山之尾，东接龛山之首，为海水出没之冲。山阴后海塘在府城北四十里，亘清风安昌两乡。会稽海塘在府城东北四十里，东自曹娥上虞界，西抵宋家溇山阴界，延亘百余里，以蓄水溉田。后海塘在府城东北八十里，周延德乡纂风镇，凡三千七百一十一丈。上虞海塘在县西北宁远、新兴二乡，东自余姚兰风乡，西抵会稽延德乡。余姚海塘在县北四十里，县之北壤，东起上林，西尽兰风七乡十八都。萧山西江塘在县西南三十里，邑之尽处也。塘外为富阳江，受金、衢、严、徽四府之水，其上源高势若建瓴，萧山在其下流，独赖此一带之塘捍之。自桃源十四都临浦而至四都褚家坟，南北四十里，所以防上江之水。在县之西，谓之西江塘。江至四都，则折而东矣，故自四都而至龛山，东西六十余里，所以御大江之潮。在县之北，谓之北海塘，皆沿浙江为之（邑人黄九皋书）。

《会稽县志》

山阴量山法　山有高危险峻尖峰平冈凸凹深湾远坞，一概量冒，以致奸弊易生，隐缺无计。今开示量山，递年将山分作金木水火土五形，明立五般算法，则行算无差，弓步可核。如金形山，法当三不等量算；木形山，法当横直丈量；水形山，中广几处；火形山，一直量至山峰，横量山脚，折算积实见数；土形山，或量中广，或分二段半月形量算，或四不等亦可。一湾一坞，统作一号者，内分一侧一面一陇，查照形式分量，逐段填写弓步。一号之内，大约凸凹者，务要中广，方得实数。又耆民赵德仁等呈内云，量山不比量田，俱是斜尖凹凸不等，号大则弊多，号小则弊少。凡百亩以上，定有弯陇，不能尽量入册，务须分号，方无遗漏。或以三直三横法量，搜弊始尽。今呈数法，伏乞裁处。一，乞令递年量山，每号就注某山、名某、形某、以某法量之，如此开造册报，临擅易知。一，山如船形者，内有弯凹；蛇形者，中起高陇，如两傍牵量，便是作弊，必须当心直量，中阔处横量，以梭形准之，方为无弊。

国初山赋甚轻，每亩科钞五文，而徭则以百亩仅准为一丁，故山常无定亩，即私贸易者亦多不清核，谚曰“呼山喝水”，言但以目力具大约也。历百七十年，有司丈量皆不及。至嘉靖二十五年，会稽知县张鉴实始丈田，因并及山。沿海老人某乘此谓山利颇厚，始请改五十亩为一丁，实则未经覆度也。迨军兴用缺，兵食岁增，派田照丁，派山照亩，则一丁之山，视田几加二倍，而山之不足亩者，始重困矣。嘉靖四十四年，知县张进思至，复议核之，令民自报，则山额视旧减十四。邑人季本移书为陈核法，且请复轻赋如旧，而进思以擢去，庄国桢继之，亦将履山，隐山者不利其履，竞以难阻。时本已殁，会有持书草以白者，国桢从之，定制仍百亩准一丁，而缺额则每亩概增以取盈焉。虽数未尽核，征未尽均，然准丁一事，民颇便之。于时山阴知县杨家相亦量山阴山，其缺数亦以其地及偿焉。诸邑无量者。

马尧相云，会稽水源，自西南而流入东北，在昔与海潮相通，湃泻不节，民受其病。自汉马臻筑镜湖以受诸山之水，沿堤置斗门堰，以时启闭，水少则泄湖之水以灌田，水多则闭湖泄田之水以入于海，九万膏腴，咸沐其利。厥后增筑海塘，开玉山陡门，而湖之堤渐废。宋时虽有复湖之议，而今则有不必然者矣，何则？会稽支分派别之水，其源数十：其横而受水者，则曰运河焉。自鹅鼻山逶迤东北，出入千岩万壑中而流者曰平水，北会西湖、谢湖、周湖、孔湖、铸浦上灶诸水，经若耶樵风泾而分为双溪，西会禹池，通鸭塞港，抵城隍而入于官河，遂由吊桥梅龙堰而东，会浪港，经大湖头、划船港而入于官河，遂由石堰而下；又源出宝山者曰御河，北流会鳗池，西折通洞浦，入官河，而为独树洋，遂由董家、皋部二堰而下。又源出诸葛山曰青塘等溪，西入卢家荡，南接富盛溪，北流入官河，为茅洋，为白塔洋，遂由樊江、茅洋、政平、陶家、瓜山五堰而下。又源出白木岗曰伧塘溪，会谢憩、康家、泉湖、西封等湖，出于泾，入于河，遂由夏家、黄家、彭家三堰而下。再东为东关河，有白米堰，东流为曹娥，南折为蒿沥，俱旧有斗门遗址尚存也。凡诸河道纵横，一皆镜湖遗迹，而诸堰下注玉山斗门以入于海，用是观之，田之沿山者受浸于泉源，而其滨海者取给于支流，既获其租，又免其患，两利而兼收者，实赖后海塘以为之蓄泄也。是以前乎汉而无海塘（注五）；则镜湖不可不筑；后乎宋而无镜湖，则海塘不可不修。然又有可虑者，盖浦阳、暨阳诸湖之水，俱入暨阳江，西北折而入浙江，其势回环，不能直锐，遂逾渔浦流注钱清江，北出白马等闸，以入于海。迄今闸久淤塞，水道不通，一有泛溢，则必东注，而以会稽为壑，虽有玉山斗门，不足以泄横流之势，每于蒿口、曹娥、贺盘、黄草沥、直落施等处开掘塘缺，虽得少舒一时之急，而即欲修补以备潴蓄，则又难为工矣，是以不免恒有旱干之虞。为今之计，莫若浚诸河渠而使之深，则可储蓄而不患于旱，近守南大吉之法可遵也。又增修堰闸而使之多，则可散泄水势而不患于潦，旧令曾公亮之迹可复也。又修筑海塘而使之完且高，则可捍御风潮而不患于泛溢，近岁知县王教土塘榆柳之议不可易也。三事既举，黎民尚亦有利哉。若夫县之东北，有湖曰贺家，周围数乡，虽曰鱼鳖茭芦，其利颇博，但地势最下，非若昔之镜湖水高于田，则今固不能使此湖之水倒行而逆流也。又有县之东南沿舜溪两岸而田，虽地势高峻，然各有泉可蓄，若曰珠、曰舍、曰汤、曰长、曰嬉、曰石浦、曰舒屈、曰招福、曰丁家、曰鹁鸠、曰沥上、曰沥下、曰白荡、曰洗马等湖，惟各因其势而利导之，则其田皆可获矣，此皆在所必讲者也。

金阶云，按诸乡之田（一都至二十都、三十一都、三十二都，凡二十二都），其地卑，其土泥淖，其水钟聚，不患其不蓄，而患其所以泄之者，有弗时也。山乡之田（二十一都至三十都凡八都），其地高，其土砂砾，其水涌，不患其不泄，而患其所以蓄之者有弗豫。山乡东南，又有范洋之湖（二十四都），为众山之壑，淫雨浃旬，洪水泛滥，所谓内涨也。内涨不泄，遂成积患。故涨于内者，求所以泄之而已。诸乡东北，又有纂风之镇（三十三都），为大海之滨，飓风时作，巨涛啮汰，所谓外涨也。外涨不防，遂成坍江。故涨于外者，求所以防之而已。一县之水，其利害大略如此。今之志水利者，不究其原而徒泥其迹，于利害所在，漫不加省，抑惑矣！矧河道纵横错杂，其名琐屑，又不能具载，今姑求其源，溯其流，以志其水道所经，俾牧兹土者，得考其利害而为之兴革云尔。

宋《会稽志》

筑城之法（注六）　城身高四丈，城阔五丈，上敛二丈；若城身高三丈五尺，则址阔四丈三尺七寸，上敛一丈七尺。城外筑瓮城，去大城十五步（瓮城圜一面包城，城高厚与大城之数相等），瓮城外凿壕，去大城三十步，上施吊桥。凡为三壕：第一重阔二十步，深二丈，水深四尺至七尺；第二、第三重，递减五尺。壕之内岸筑羊马城，去大城五步，高八尺，址阔五尺，上敛二尺。自上三尺开箭窗外至壕垠留一步，埋设鹿角。大城上每三十步置马面敌楼各一座，女墙相去各十步。凡楼橹之法曰垂钟版，曰拐子木，曰伏兔子，曰手把腰福，曰鹰架，曰踏空版，曰叉柱版，曰护柱板，曰胡孙柱，曰鄣水版，曰马面，曰梯，曰马垠踏道，曰蛾眉砖踏道，曰笆，曰草橔，曰牛革，曰毡，曰大小索，曰铁雁钩，此其名数之大略也。并塞控厄之地人人习知，故其筑城也易为力，而坚致可守。内地既非临边，又郡邑安固，无寇盗之虞者久，虽兴版筑，或出草创，故略书梗概，欲在官者知城池之不可忽如此。

《邵武志》

凡筑城大约隔两箭路，即筑方台，出城之外，而建楼其上，俾三面发矢，以敌攻城者，故名敌楼，亦名箭楼。

《山阴县志》

越之地，南盘山谷而高，北抵沧海而下。高者水之所出，总其派盖有三十六源焉；下者水之所归，故海为越水之壑也。宋以前，镜湖潴三十六源之水，水多则泄民田之水入于海，水少则泄湖之水以溉民田。湖水由堰闸达于玉山斗门（在县东北三十三里，唐贞元元年，观察使皇甫政建闸，计八门：北五门隶山阴，南三门属会稽，泄三县之水出三江，入巨海），地力尽而岁事登，旱潦不能使之病，此古山阴之水利也。自后镜湖废为田，源既漫流，水无所潴，兼以浣江之水，灌于西江（浣江在诸暨，与东阳义乌浦江之水合流入西小江，经萧山入于海），山阴遂成巨浸，时遇淫潦，水势泛溢，惟一玉山斗门不能尽泄，知府琥及知县焕虽建扁拖诸闸以济之（扁拖闸在县北三十里小江之北，其闸有二：北闸三洞间，成化十三年，戴琥所建，南闸五洞间，正德六年，张焕所建，有郡推官蒋谊及尚书王鉴之所撰记。蒋谊记其略曰："绍兴，古会稽郡，山阴、会稽、萧山良田千万顷，一遇淫雨，则溪水横流，遂成瓮形。浮梁戴君廷节以御史出守兹土，深恤民患；以为小江决不可复开，碛堰决不可再筑，故于山阴新灶、柘林各置一闸，以泄江南之水；又于扁拖、甲蓬各置一闸，以泄江北之水；复于萧山之龛山、山阴之新河各置一闸，以泄湘湖及麻溪之水，而后水有所归，无复向日之漫漶，而三县之田可以望秋成矣。"王鉴之记其略曰："山阴附郡之邑，面山而负海，四乡之田，视水之盈缩以为丰凶。正德戊辰，泰和张侯主奎出宰吾邑，谓农事莫重于水利，恒切究心，以三邑之水皆宗于玉山、扁拖二闸，旱则储之以资灌溉，潦则决之以防浸淫；然环郡之地，亘数百里，溪壑暴涨，二闸岂能速退！故于泾溇之区，倚玉山为固，增置水闸，以分泄玉山斗门之水，则三江之至柘林，患可除矣；复于扁拖故闸左右，增置斗门六洞，以泄小江南北暴涨，而三邑居民亦可均受其利矣。"）。

而犹未能分杀其暴涨也。乃为决塘之计。塘决而狂湍迅涌，势不得不骤涸，然后苦疲民以筑塞，功未成而患旱干矣。水之为害，非不可去也，患去之无其方耳。今之言者，罔不以水利为建明，然图其功而过于凿，水利虽不言可也，善虑者亦行其所无事而已。今碛堰既决，诸暨之水已无所患（堰既崩，金华诸水迳由渔浦入钱塘，知府彭谊所建白马闸废不用），其境内水之以溪名者，曰相溪，曰上浅溪，曰余支溪，曰白龙溪，曰南池溪，曰兰亭溪，曰离渚溪，曰芝溪，曰虞溪，曰白石溪，曰道树溪，曰大梅溪，曰巧溪，曰麻溪，曰帝子溪，皆水源也。水之以河名者，为运河，为城河，为府河（多为市民填占窄狭，嘉靖三年，知府南大吉按图籍多方浚辟，将遍周诸河，未竟而去），为乡都诸河，皆水道也。水之以湖名者，曰青田湖，曰英茶湖，曰芝塘湖，曰瓜渚湖，曰黄湖，曰牛头湖，曰黄垞湖，曰白水湖，曰感圣湖，曰秋湖，皆水泽也。水源必浃之使达，水道必浚之使深，其诸水泽宜查复旧额，令圩人杜侵填，广停蓄以资灌溉焉。若今三江之应宿闸（注七），则所以为蓄泄之计者至矣（三江闸去县东北三十八里，三江城西门外凡二十八洞，筑堤百余丈）。盖海门山碛，地当尾闾，为三邑之水口，万川会流，泄之易如建瓴（注八）。知府汤绍恩于是建为水溅，筑土塘，开新河，经理咸备（侍郎陶谐记曰："绍兴属邑八，惟山阴、会稽、萧山土田最下，苦于潦。守此者尝设王山匾拖两闸以泄之，潦甚则暂决海塘以疏之。然两闸口狭甚，水至此则却行汛浸数百里；决海塘则激湍猛悍，并大为田患。嘉靖丙申，西蜀汤公绍恩来守郡，悯之，求所以制水者，乃走海口曰三江者相度之，得海口山，首尾相延数十丈，间有石横亘如甬，公乃驰归，谋于僚属，即白于御史周公汝员。既得可，乃择干民百余人以长之，役丁夫数千人辇巨石与山甬石相牝牡以槛（注九），锢以秫粥灰，上纵横梁驾之，中槽以复板，为洞二十有八，其长望首尾之山，石刻水则以准，其北接以土堤数十丈。始苦淖莫测，先以铁，继用笸箩，发北山石投之，左右亦用石，其长四百丈，广四十丈有奇，闸始于丙申七月，六易朔而成。其费银凡六千两有奇，赋于三邑之亩，丁夫料于编氓，率更番以后。塘始于丁酉三月，五易朔而成，其费银数视闸，役丁亦然，又以其羡置小闸于其要处者五。于是水不复却行，塘亦不复再决且筑，若向者诸患。而潮汐为闸与土塘所遏，不得上渐，得田万余亩。堤之外有山翼之，淤为壤亦渐可得田数百顷。其沮洳可蒲可苇，其泻卤可盐，其泽可渔，其疆可桑，其途可通商旅。是举也，既有塘以为之蓄，而又有闸以为之泄，则涝不虑乎溢，而旱不虑乎涸矣。故今之议者曰，前乎汉而无海塘，则镜湖不可不筑；后乎宋而有海塘，则镜湖可以不复也。若夫县之东南，田附山麓，地势高浚，然各有泉可给，是以或引之而为沟，或障之而为碑，或浸之而为湖，或潴之而为塘，因其势以利道之而已。”）。**以内之玉山闸、扁拖闸、泾溇闸**（在玉山之北一洞，正德六年，知县张焕所建）。**撞塘闸**、（在玉山闸之东北一洞，嘉靖十七年建）。**平水闸**（在三江城西门之南，嘉靖十七年建）**为内防，以知府戴琥原定水则，而时遵其启闭焉。其于旱潦何患哉**（知府戴原定水则，种高田，水宜至中则；种中高田，水宜至中则下五寸；种低田，水宜至下则，稍上五寸亦无伤；低田秧已旺及常时及菜麦未收时，宜在中则下五寸，决不可令过中则也；收稻时宜在下则上五寸，再下恐妨舟楫矣。水在中则上，各闸俱用开至中则下五寸，只开玉山斗门、匾拖龛山闸；至下则上五寸，各闸俱用闭，正二三四五八九十月不用土筑，余月及久旱用土筑；其水旱非常时月又当临时按视以为开闭，不在此例也）？**顾其时力之所未及，庸有待于善继者**（或谓闸以速成，石槛尚未平密，且木板犹多渗泄，今宜于旱干之候，缮治石槛，更易木板，板中实以土，勿令渗泄，方为永利。其土塘宜于两涯甃以坚石，以防溃决，备塘犹不可废）。**良有司因其迹勿坏其绪，振缉而使之大备焉。越之人将万世永赖之**

也。至于官塘（旧名新堤，即运道塘，在县西一十里，自迎恩门起至萧山界，唐观察使孟简所筑；国朝弘治间，知县李良重修，甃以石）、南塘、（即鉴湖塘，自府城南偏门西至广陵斗门六十里，汉太守马臻所筑以捍湖水者也，有十一堰五闸，然今堰闸或通或塞，或为桥，往往为居民填占。嘉靖十七年，知府汤改筑水浒，东西横亘百里，遂为通衢）、界塘（在县西五十里，唐垂拱三年筑，与萧山分界，故名）、昌安塘（在县东北十里昌安门外，直抵三江海口三十里，洪武二十年，筑城三江，因为堤塘，置铺舍焉）、西小江塘（在县西北三十里，宋嘉定间，太守赵彦倓筑，以御小江潮汐）、大江堤（去县西南一百余里，即临浦坝，每遇江水涨漫，则溢入为山、会萧三县之患，或者谓直帖堤内，矴桩阁木，砌巨石而高筑之），则障民田，通行旅，固不可弗之缮治。其后海塘（去县北四十里，宋嘉定间，太守赵彦倓筑，起汤湾迄于王家浦共六千一百六十丈，甃以石者三之一，是塘实濒大海，怒涛巨浪，昼冲夜激，若修缮过时，则田庐为之漂没矣），则所以御风涛，捍潮汐，民之免于鱼鳖者，胥此也。时省而甃筑不废，非海邑之大防乎？夫镜湖不可复矣，讲是三者，盖不必镜湖而利甚博也。予为邦土计，叙其简且要者著于篇，俾言水利者缘旧而为功，勿徒纷忧云尔。

《浙江通志》

余尝过鉴湖，父老诸生往往论及水利，余进而问之，其言曰，自禹功告成于会稽，而南山之下始有土田，越人滨江者犹居岛中，田于沙上。是时立国于山南，生聚未繁。自越范蠡北徙城于卧龙山麓，汉马臻筑塘于城南，受千岩万壑之水，积以成湖，曰鉴湖。通二十余堰，慎蓄泄，节旱涝，灌田九千余顷，遂使沙莽化为膏腴；时尚未有后海北塘，故鉴湖塘堰不可废。唐宋以来，后海北塘成，蓄水于北塘之南，南塘之北者，在会稽有三大湖：一曰贺家池，一曰俞林大坂荡，一曰东大池；在山阴有三大湖：一曰青田，一曰瓜滋，一曰狭猹；在萧山有一大湖：曰湘湖，灌田共数十万顷，奈何沧桑变易，而湖沙日涨，葑泥壅塞。西南有富阳江所引五郡十县之水，东南有浦阳江所引五泄溪七十二湖之流，会于沙际，龃龉不得入海。时或雨山雨，□□震怒旁溢，攻溃堤塘，遂以萧山、山阴、会稽为壑，兼之后海风潮忽作，若三日不退，则村落为沮洳；十日不退，则生灵为鱼鳖矣。且又往时运道，一在湖中，一在江海上；在湖中者，东自曹娥循湖塘经城南至西兴；在江海上者，宋都钱塘时，凡闽广（漕运）入钱塘者，必经绍兴北海上，凡塘下泊处辄成大市，今皆废矣。前人谓西江古道当通，鉴湖旧浸当开。此时正宜开通，而其势颇难，惟在决去涨沙，增高堤防，疏筑沟洞，开坝通闸，则斯民庶乎其无旱潦之虞矣。余谓之曰，世有神禹，则天下无龙门，不然，开江固难，决沙亦不易也。有长民之责者，可不随时相度以为之所哉？

夫湖以溉田，而浙东尤资其利。但沧桑变易，而涨沙葑泥日渐增长，民遂因以为田，自是争讼日繁，而宁绍为甚。有司知任侗故事，只欲废田为湖，而不知泥沙壅遏，不能积水，虽废其田无益也。况湖亦未必尽可为田，其稍低处所，就责限为田得利之人，浚去泥沙，筑成河道，俾之通流；稍有淤浅，即时挑浚，则田不妨而湖不涸，两利俱存矣。

上虞 万历元年，乡民王茂贞上奏得旨，下工部咨移两台行会稽知县扬维新、上虞知县林廷植会，勘得三湖创自汉唐，潴水灌田，实五乡民利。祇因各湖高阜处所，原有额田，小民因将近田湖地，屡次占种，各经奏勘立碑禁革，豪民仍复侵占。至嘉靖（注十）三十九年以后占种，议令复退为湖，以后凡有仍前冒占者，无论多寡，比依强占官民山荡湖泊问拟杖一百，流三千里；盗决者，比依盗决河防，毁坏人家，漂失财物，淹没田禾，犯该徒罪。以上为首者，问发充军事例，随行上虞县查照。原议筑塞孔堰闸，修理小穴等闸，每闸设闸夫二名，湖东湖西老人二名以司启闭。曹稽沟闸仍旧为便，不许迁移。备将改正过缘由刻立碑石以垂永久。万历二年十二月二十一日奏可。

知县扬为栋勘议：查得上妃、白马二湖，自东汉有之，后因溉田不足，唐民居五乡者割田为夏盖湖，湖形上妃，高与夏盖埒，接诸山涧之水，由穰草堰入于夏盖湖。白马比夏盖略低，则筑孔堰接山涧之水，由石堰入于夏盖湖。而夏盖则总纳二湖之流，傍通三十六沟闸，疏派于各乡，灌田十三万有奇，当一邑之半。譬之人身，以上妃、白马为咽喉，夏盖为心腹。昔曾勒之碑石，云占湖一亩，妨水利一十六亩七分。祇缘湖滨高阜处有额田，而得田家遂倚田侵占，然犹未敢公然无忌也。至嘉靖四十一年，署县林判府丈田缺额，而占田者乘机夤入册中，为废湖张本，虽经王茂真具奏奉旨行委会、上二县知县勘议，将三十九年以前者准为田，以后者悉铲复为湖，其孔堰则坚筑之使无泄也。已复详奏。复至万历九年，又经丈量，即三十九年以后续占者且混入册矣。至万历十三年，朱知县议复西溪湖，铲去民田，给帖拨补，而奸民移坵改换，借号影射，悉行侵占。且于春水溢，则开孔堰，排已之浸溢以便东作；夏水涸，则盗决石堰，反利人之潴蓄以赡灌溉。是上妃、白马独有利无害，而夏盖湖不惟无水之源头，昔也由喉注腹，今则由腹而逆出于喉，屡经荒旱者盖以此。而今权宜利害有两议焉。查得茂真奏复抄招三湖额田共二千五百六十亩九分，即将三十九年以前者准为田，止田九百四十一亩，连前不过三千五百余亩。今据白马湖居民称额田七千余，上妃称额田三千余，况有夏盖未查，除前三千五百外，尽皆续占。但原卷已毁，幸有四十一年鱼鳞图及林通判丈量十二格册可考也。欲为久远之计，合照万历四年之议，将原额田并三十九年以前入册者及朱知县拨补西溪湖田四百九十余亩，查出某湖若干，分别丈量，许其为田，令得田之家自筑高堤，用防水潦，以外悉退为湖。此一议大有益于五乡十三万之田，而颇不利于两湖数千亩久假不归之田。非卓有主持力排群议者不能行。其孔堰照今所勘水势，自桥板量下低至三尺八寸积水以此为准，则白马不但额田无妨，即续占者亦与田底平也，宁至淹没上妃湖尤无碍，合将闸改溜水石坝，旧闸门广止六尺以直而泻，今增一长二尺以横而泻，逢有余则，自泄止平石则则常潴矣。其三十六沟易泄去处，如朱家滩亦宜改为平水石坝，泄其汎滥固其停蓄如前制。其长坝、谢家塘系土筑而不免拖船，宜改筑以石。其陆家沟、河清沟其土薄也，渔者易于盗决，宜令得利民修闸四丈余，则夏盖即不能实受二湖七十二涧之水，苟非大旱，亦可无患。彼白马占田之民，犹以苦水为辞，不知坝之取准于田底，则断无没田之理。至妄诉民为鱼鳖，今勘居民住址去额田高甚，岂复有低等洼田者耶？则改溜水石坝之议，所宜亟行矣。此一议则大有利于上妃、白马，而小不利于夏盖。不必搔动上妃、白马占田之家，而亦可少安五乡人民藉荫之意，似为易行。至于夏盖新池新田者必严为铲毁，以杜将来效尤之势。不然，则日侵月削，数十年后，不至如上妃之尽占为田不已也。

知县徐待聘申文：上妃、白马在夏盖之上流，接诸涧水，停蓄夏盖，故必二湖之水满而溢，然后上妃由穰草堰、白马由石堰转入夏盖，由夏盖分注三十六沟以资七乡之灌溉。而论势则湖东低于湖西，不止寻丈，若东凿孔堰，使二湖之水下走余姚，则二湖可成沃壤，夏盖之水反由石堰尽流至孔堰，为二湖占田者之利，而夏盖渐为陆地。是昔之建二湖也，所以培夏盖之源，而今之占二湖也，徒以决夏盖之水，三湖者将存一湖，而其源不长，其涸立待矣。自湖东刁民之盗占而又惧湖西之必争也，于是投托势宦以相影射，独不思割田为湖者何心，占湖为田者何心。顾以升斗之微，而忍为刁豪者树赤帜，亦可怪已。湖西之与湖东争，剥肤之灾也，为公也；府县之伸湖西而抑湖东，从民之原也，亦为公也。良民敢怒而不敢言，有司能议而不能任，所以屡奉明旨，虽经宪详，而屡议屡罢，上妃、白马之占田日加益也。为今之策，莫先于塞孔堰，孔堰塞则田不泄，水不泄则田不成，湖东虽欲窃据，无所用之。其次改长坝，修沟闸，增湖塘，以至查核占田帖田，申严故决盗种，之数者，不可缺一，庶三湖还其故道，而七乡受其永赖矣。一筑孔堰。上妃、白马之占为田也，皆由附近居民私开孔堰，将二湖之水一泄而东注余姚，不烦工力，便成膏腴，故占田者四起，而夏盖湖之水源已竭。湖东、湖西之争未已者，全在此。若改堰为溜水石坝，溢则流，平则蓄，庶上妃、白马之水仍归夏盖湖，而七乡十三万之田俱资灌溉矣。两湖额田之形原高于湖，彼藉口于潦之为害者妄也。其改坝规制丈尺具前议中。一改长坝。长坝与余姚接境，乃三湖各沟闸诸水所合流之处，其泻于姚，势如建瓴，故孔堰固三湖之尾闾，而长坝尤三湖之漏卮也，虽常建闸以时启闭，近因兴船欲避梁湖之官税，往往取道百官等镇以达长坝，而该土豪民又利其私税，遂使闸无寸板，一任水之奔注，船之往来，恬不为怪。闸旁坝原系土筑，船既由此拖过，则坝易坍塌，又何怪三湖之水不蓄，而一遇天旱，即苦弗岁也。七乡民所以请改闸为坝而坝必用石也，其谢塘之利害亦如长坝。一修沟闸。夏盖湖东西共有三十六沟以分注其水，又有塘以捍海之咸水，有闸以蓄湖之淡水。其西固无恙也，惟东二都至五都如陆家、河清及小穴、夏山等处，泥土浅薄，易于盗决，故土豪因而偷水灌田，又因而拖船捕鱼。近该勘视大非旧制。若春雨连绵，山水泛溢，其溃也可立而俟矣。应令管湖老人及圩长将各沟作速修浚，无致倾泄，其闸亦以次辑理坚固，庶咸水不入，淡水不出，而七乡之田无旱干之害也。一增湖塘。夏盖湖三面枕海，其北与杭之盐官相望，所恃障海捍田者全赖湖塘。今塘皆坍塌低狭，仅存一线之路，盖非独湖东之盗决，其北新涨沙地，渐成沃土，及属之灶户者，假灶名色，显然决湖之水以自利。水多从旁孔出，故塘之削也滋甚。及今不为修筑，或风涛冲激，或淫雨浸溃，将海潮直入其腹内，其始寻丈，其究滔天，悔何及乎？应照原议，令得利人夫修筑，阔四丈有余以防奔溢之患。一查占田帖田。占田非由祖业，非由价买，夏盖湖之窃据者，较之上妃、白马稍难。上妃、白马一决孔堰，便成田矣。若夏盖之占湖者，虽假工力，藉经理，然大山下荷叶山、冯家山、鹅儿斗等处在在皆有肥田，皆不止数百亩，而每亩皆岁收十锺，自种自食以官湖为已业，尚亦有利哉。近又有借还湖之名而敢为占田之倡者，则西溪湖之业主是也。朱知县议复之日，恐豪民为梗，遂以新涨沙地给帖抵补，而湖田亦在内。有帖止一亩而包占几十亩者，又有假托有帖而移坵换段恣其侵渔者，非独复一湖，废一湖，于民情为甚拂，而以有限之官湖，供无穷之欲壑，其势不并夏盖而尽田之不止。今除嘉靖三十九年及万历四年入册作额田外，均应裁之以法，亟为铲复者也。不然，今年具奏，明年具呈；今年勘议，明年究招，而卒无了案，使占田者坐享其厚利，诚不知其所终矣。一严故决占种。法不立则民莫知所从，法不严则又易犯。三湖潴水灌田，据湖经称占湖一亩，妨碍灌田一十六亩七分，其非他湖之比也明甚。今上妃、白马仅存涓流，皆为刁豪占据，而夏盖亦渐失其旧，屡奉明旨铲复，卒束之高阁而未终局者，则以上之姑息太过，故数十年筑道旁之舍，致占田者日加益也。夫强占官民山荡及故决河防，律例凛然，谁敢干之？岂堂堂三尺，独不行于三湖耶？此后应照律例究拟，仍追籽粒，庶占者、决者惧法而不敢肆无忌惮，亦复湖之一端也。海塘在县西北宁远、新兴二乡，东自余姚兰风乡，西抵会稽延德乡。元大德间，风涛大作，漂没宁远乡田庐，县役阖境之民植楗畚土以捍之，费钱数千缗，完而复圮。后至元六年六月，潮复大作，遂成海口，陷毁官民田三千余亩。余姚州判叶恒相度言海高于田，非石不能捍御。府委恒督治，适满代去，县尹于嗣宗募民出粟筑之。至正七年六月，大潮复溃，府檄吏王永议筑，永劝民田出粟一斗以相其役，伐石于夏盖山。其法：塘一丈，用松木径尺长八尺者三十二列为四行，参差排定，深入土内，然后以石长五尺阔半之者平置木上，复以四石纵横错置于平石上者五重，犬牙相衔，使不摇动。外沙窊窞者叠置八重，其高逾丈，上复以侧石钤压之，内填以碎石，厚过一尺。壅土为塘附之，趾广二丈，上杀四之一，高视石复加三尺，令潮不得渗入。塘成，凡一千九百四十四丈，历加修筑。通明坝（廿二都）在县东三里，宋嘉泰元年置。海潮自定海历庆元南抵慈溪，西越余姚，至北堰几四百里。地势高仰，潮至辄回，如倾注。（注十一）上枕运河，下通省河，商船必由于此。宋蔡舍人肇明州谢表云："三江重复，百怪垂涎；七堰相望，万牛回首。"盖自浙江抵鄞有七坝，此第五坝也。中坝（一都）又名新通明坝（注十二），去县十里，在郑监山下急递铺西南。永乐间，鄞人郑度以船经旧坝，滩流壅涨，盐运到，需大汛，始得达，舟常坐困，建言将县东北旧港开浚，自黄浦至郑监山置新通明坝，往来便之。嘉靖初，有奸民私置幽洼泄水，如县杨公绍芳廉知之，遂鸠工坚塞焉。（注十三）梁湖坝（十都），在曹娥江东岸，每遇风潮冲损，移置不常。元后至元间，怒涛啮溃，邑簿马合麻重建。入我明嘉靖年间，江潮西徙，涨沙约七里，知县郑芸浚为河，移坝江边以通舟楫，坝仍旧名。蒿坝（十一都），坝近蒿山，长十丈，绍兴、台州二府往来必经之地。

《嘉泰志》　辨郦道元注浦阳江之误

今按《上虞县志》，曹娥江始实名浦阳，其源自东小江，亦由浦江来。《十道志》，婺州浦江，江之导源出此。是知浦江一源而分二派：一北由诸暨直下，至山阴、萧山间，为钱清江。郦所谓"迳诸暨，与泄溪合，余暨之南，与浙江同归海，至会稽，与浙江合，自临浦南通"者，皆是也。一则纡而东，至嵊县，出始宁门，乃折而北，至上虞、会稽间，为曹娥江。郦所谓"东回北转，迳剡县始宁、虞宾、余姚西北”者，皆是也。谢康乐山居，目击为赋，又自为注，不应有误。惠连谓“昨发今宿”，若钱清似不须隔宿。余暨乃萧山旧名，非诸暨。曹娥未溺之前，江固当有名；且今曹娥庙当运河渡口，故其名特著。若稍南稍北，又自不以曹娥名，谓当时曹娥名未著，亦名浦阳。似是，郦说亦未甚牴牾，但身则实未至浙东，秖据籍檃括，不免稍有淆错耳。

水碓

诸暨、嵊山家多有之，藉水之力以舂，有三制：平流则以轮鼓水而转，峻流则以水注轮而转。又有木杓碓，碓干之末刳为杓以注水，水满则倾而碓舂之。唐白居易诗“云碓无人水自舂”是也。又水磨，以水转轮，以轮转磨。又水车，置流水中，轮随水转，周轮置大竹管，经水中则管皆满，及转而上，管中水乃下倾，用以代桔槔。制皆机巧，韵书：水碓曰轓车。

《宁波府志分野》

《周礼》大司徒以“土宜之法，辨十有二土之名物”，保章氏“以星土辨九州之地，所封封域，各有分星”。后世说天之学皆因之，然皆迄无定据。独僧一行谓天下山河之象，存乎两界，而以星辰河汉别其阴阳升降，配以古今舆地，是曰分野，则诸家说天之祖也。春秋州鸠、裨灶之徒，所论诸国分星详矣，然不及吴越。宁波故《禹贡》扬州之域，于春秋为吴越地，于分野则始见于《周礼》。郑玄注曰：“星纪，吴越也。”范晔志：“星纪起斗十一度至婺女七度，于辰为丑，于分野为吴越。”然则郡之所占，盖斗、牛、女之次矣。《晋书》星纪起斗十二度（比范志减一度）。费直星纪起斗十度（比范志多一度）。终婺女五度（比范志减二度）。蔡邕星纪起斗六度（比范志多五度）。终婺女二度（比范志减五度），一行星纪起斗九度（比范志多二度）。终婺女四度（比范志减三度。诸说星纪丑分皆不同，盖当时布算之术各有所授，故其说各因之）。然语斗、牛、女为吴越之分一也。班志：吴，斗分野；越，牵牛、婺女分野。此又分星纪为二，而吴与越又自有分矣。以事应验之，汉桓帝熹平间，荧惑入南斗，会稽许昭聚众为乱，攻破郡县（此见斗又兼属越）。献帝建安初，岁星、荧惑、太白，聚牛女，孙策权开江东（此见牛女又兼属吴）。陈之末，有星孛于牵牛，叔宝亡（此又牵牛兼吴越）。迩嘉靖癸卯七月，荧惑入南斗，占主东南大饥荒。是冬及明年春，自淮扬大江而南，历苏、松、浙东西，斗米数百钱，道殣相望（此斗又兼吴越）。然则星纪之在吴越，又不可分矣。春秋越得岁，吴伐之，卒受其咎。此又实有所分，与班志合。然以天官书论之，又别有指（按迁史《天官书》岁有赢缩，趋舍而前曰赢，退舍曰缩。赢，其国有兵不复；缩，其国有忧将亡。吴越均在星纪，然吴在越北，越在吴南，岂是时岁之所入，适历北而南？吴当其退度而缩，越当其进度而赢，故越有吴兵，卒不使吴得复，而吴因以亡乎？此当验岁之退吴而进越，不当言越之得岁而吴之不得岁），正不可以此而分星纪矣。有辩星纪之非吴越者曰，吴越南，星纪北，然以历家仰仪之理推之（仰仪反以观天，取光之所烛为验），则星纪在北而光烛于南，其以吴越当之者从星纪之所烛也。《春秋元命苞》：“牵牛流为扬州，分为越国。”虞翻曰：“会稽上应牵牛之宿，下当少阳之位（此又不及斗婺女）。”

盖举其中牵牛，则前后二星皆举之矣。故言吾郡之分星，其为星纪也信矣。若其他有应在星纪而不专于吴越者，又有占吴越而不止于星纪者。《天官书》岁右转居丑，与斗牵牛俱出东方，名曰监德，其失次，有应见柳，早水晚旱。班志亦曰，岁星正月晨出东方，石氏名曰监德，在斗牵牛失次早水晚旱（按二史所具略同，然柳为鹑火，荆豫分，是星纪又应荆豫）。又班志，孝景元年正月癸酉，金水合于婺女。婺女，粤也，又为齐。二年七月丙子，火与水晨出东方，回守斗。十二月水火合于斗。斗，吴也，又为粤（按吴越为斗女固矣，然又以女占齐）。故三年，有七国之祸，吴、胶东、胶西、淄川、齐遂破灭，伏尸流血其下。孝武建元三年四月，有星孛于天纪，至织女（织女为婺女北星），占曰："有女变。"陈皇后废（则女又占后宫）。元鼎中，荧惑守南斗。南斗，越分，越有吕嘉王后之乱，汉兵诛南越（此又及于南海，不止会稽之越）。元帝初元元年四月，客星大如瓜，在南斗第二星东。五月，渤海水大溢。六月，关东大饥，琅邪人相食（此则南斗亦占齐分）。哀帝建平二年二月，彗星出牵牛，夏贺良等请改元，建号曰陈圣刘太平皇帝。未几，卒有王氏之篡（此牵牛又系汉室兴亡之运）。《星经》：北斗玉衡第六星主扬州，以五巳日候之，以丁巳日候吴郡会稽（此吴越又应北斗之第六星，不止占星纪矣）。一行所论星纪分野，自庐江、九江负淮水之南，尽临淮广陵，至于东海（登莱），又逾南河（豫州），得汉丹阳、会稽、豫章、西滨、彭蠡，南涉越州（此宁绍），尽苍梧（广西）、南海（广东），古百粤之国（又不止一赵佗之粤）。循是求之，自有大司徒保章氏之说，而郑玄所定分星因焉。时所谓吴越者，自勾吴、于越之地言之也。周之初，淮夷犹在中国之外，于吴越宜益远矣。虞肇十二，《禹贡》九州，则司徒、保章之星土宜止此。而春秋乃以吴越定星纪，是已阔于《周礼》之初意，况自吴越之外，而有一行所陈如斯邈哉。及推之迁史、班志、《星经》等著，而星纪之占，又不止吴越；吴越之应，又不专星纪。班志复曰，牵牛，日月五星所从起，历数之元，三正之始。而迁史亦曰，斗、牛、女察日月之行以揆岁星顺逆，此岂星纪之次，本有定分，而其所关者大，有不限于吴越之区者乎？若夫北斗玉衡，执天之抠，九星宜各有分主，而吴越亦与丁巳之占，岂其他所入之度有深浅缓急，而其岁月日次，亦有辛壬癸甲久近晨夕之异致乎？此固今灵台司历者之职，而分符治郡者所当躬修而俟应者也。子产之言曰："天道远，人事迩。舍是则吾不知之矣。"

《宁波府志》

海防书

祖宗之制，于边海郡县，经营控制，为备盖至严也。语形势之远，起辽海而终琼崖。考浙之东西，首澉、乍而达蒲、壮。吾郡南达台、温，北连溟渤，并海几六百里。置卫者四：曰观海，曰定海，曰昌国，而宁波卫则附于郡城。卫之隙置所者十：曰龙山，曰穿山，曰霩衢，曰大嵩，曰钱仓，曰爵溪，曰石浦前后所，舟山则悬峙海中，而中中、中左二所在焉。所之隙置巡检司一十有九：曰螺峰，曰岑江，曰岱山，曰宝陀（四司环置舟山之四面，隶宁波府），曰甬东，曰大嵩（隶鄞县。）曰松浦，曰向头（隶慈溪），曰鲒埼，曰塔山（隶奉化），曰长山，曰穿山，曰霞屿，曰管界，曰太平（隶定海），曰爵溪，曰陈山，曰石浦，曰赵嶴（隶象山），莫不因山堑谷，崇其垣墉，陈列兵士以御非常。复于津陆要冲，置为关隘：曰东津，曰西渡，曰桃花（隶鄞县，国初皆置船防守，后裁革。今复置列兵船，以备倭寇冲突），曰定海关（在南薰门外，最为冲要。旧制额设指挥一员、旗军五十名，盘诘舟航，以防奸细。官哨战船亦泊于此。今增协守民兵，福苍大小战船，悉为停泊），曰舟山关（旧制额设官军盘诘，停泊战船，今增置福苍等船防守），曰丈亭关，曰长溪关，曰杜湖关，曰石浦关，凡九。曰湖头渡寨（今迁塔山巡检司于此），曰竹头寨，曰长山寨，曰小浃港隘，曰青屿隘，曰砣头隘，曰钱家隘，曰梅山隘，曰慈嶴隘，曰横山隘，曰螺头隘，曰碇齿隘，曰小沙隘，曰沈家门水寨，曰路口岭隘，曰岱山隘，曰大展隘，曰何家缆寨，曰仁义寨，曰赤坎山寨，曰黄沙寨，曰松岙寨，曰土湾寨，曰南堡寨，曰游仙寨，凡二十有五，皆屯兵置舰以为防守。其中若定海关、舟山关、湖头渡寨、沈家门水寨、游仙寨、南堡寨、小浃港隘最为要害，自昔至今，尤致严焉。定海置烽堠一十三，穿山烽堠十，霩衢烽堠六，大嵩烽堠六，舟山烽堠二十五，观海烽堠六，龙山烽堠六，昌国烽堠三，石浦烽堠二，钱仓烽堠五，爵溪烽堠四，咸设旗军以瞭望声息，昼烟夜火，互相接应。若霩衢之三塔山、舟山之朱家尖，矗峙最高，所望独远，故设总台，多拨旗军，戒严尤至。设总督备倭，以公侯伯领之。巡视海道，以侍郎都御史领之（洪武三十年以后，总督领于都指挥，海道领于宪臬）。定、临、观三卫设一把总指挥，松、海、昌三卫设一把总指挥，金、盘二。卫设一把总指挥，海宁卫设一把总指挥，分方备御，各有攸司。海上诸山，分别三界：黄牛山（在慈溪县北大海中，与海盐县海洋为界）、马墓、长涂、册子、金塘、大榭、兰秀、剑山、双屿、双塘、六横、韭山、坛头等山为上界，滩山、浒山、羊山、马迹、两头洞、渔山、三姑、霍山、徐公、黄泽、大小衢、大佛头等山为中界，花恼、求芝、络华、弹丸、东库、陈钱、壁下等山为下界。率皆潮汐所通，倭夷贡寇必由之道也。前哲谓防陆莫先于防海，沿边卫所置造战船，以定、临、观三卫九属所计之，五百料（止定海港一只）、四百料、二百料、尖舡等船一百四十有三；昌国卫四属所，四百料等船六十有七。量船大小，分给兵仗火器，调拨旗军驾使，而督领以指挥千百户。每值风汛，把总统领定、临观战船，分哨于沈家门。初哨以三月三日，二哨以四月中旬，三哨以五月五日。由东南而哨，历分水礁、石牛港、崎头洋、孝顺洋、乌沙门、横山洋、双塘、六横、双屿、青龙洋、乱礁洋抵钱仓而止（每哨抵钱仓所，取到单并各处海物为证验）。凡韭山、积固、大佛头、花恼等处，为贼舟之所经行者，可一望而尽。由西北而哨，历长白、马墓、龟鳖洋、小春洋、两头洞、东西霍抵洋山而止（哨至，亦取海物为验），凡大小衢滩浒山、丁兴、马迹、东库、陈钱、壁下等处，为贼舟之所经行者，可一望而尽。即由此南通于瓯越，北涉于江淮，皆以南北两洋为要会。而南北之哨，则以舟山为根柢，昌国战船，南哨则抵于松门，北哨则抵大嵩。分哨之期，有同于三卫，而与松海哨船别统于把总。至六月哨毕，临观战船则泊于岑港，定海战船则泊于黄崎港，昌国战船则泊于石浦关（海中至六月十二日为彭祖忌，飓风大作，舟必避之），仍用小船巡逻防守，备至密也。今日之倭奴，更不可以春汛期（自三月至五月为汛期，六七八月风潮险恶，舟不可行，九十月小阳汛，复可渡海，亦有停泊海岛，乘间而至者，故今四时防倭也），而备御宜益加严矣。皇上轸念元元，震耀神武，命将兴师，以诛不庭。举祖宗之旧章而振饬恢弘之，设总督直隶福浙军务大臣及巡抚都御史，命卿佐以督察军务，督视军情（三十四年，命工部尚书赵文华督察军务，三十八年，命右通政唐顺之督视军情），以藩臬分任兵备。调发广东横江乌尾船二百余艘，改造福清船四百余只（停造五百料等船，于军四民六料银增给价值，改造福船），雇税苍沙民船复数百只。召募福建、两广、邳徐、山东、松潘、保靖、永顺、桑植、麻辽、镇溪、大庾及苍处等兵不下十万。敕镇守总兵驻扎临山（今改扎定海责任与巡抚同），协守副总兵驻扎金山（今改扎吴淞责任与巡抚同），参将分守各府（杭嘉湖一参将、宁绍一参将、台州一参将、温处一参将、责任与兵备同），把总统辖诸卫（旧制四把总今分为定海为昌国为临观为松海为金盘为海宁六总裁去备倭总督而各把总俱以都指挥体统行事），复有游击、游兵、统兵等职，以督水陆之兵（皆题奉钦依以都指挥领之）。一时任事之臣，非不据殚谋画，务底安攘，而豺豕日繁，烽烟未靖者，盖以蹊径日开，而告急者多，则疲于奔命；庾帑日匮，而资用者乏，则窘于设防；粮饷不时，而冻馁者众，则怯于应敌；主兵不实，而召募者多，则难于行法，此皆用兵之大患也。试举目前之事筹之。倭奴入寇，自彼黑水大洋舟行一二日，抵天堂山，复一二日渡官绿水，抵陈钱、壁下，渐经浊水，西北过步州洋、乱沙入盐城口，可犯淮安；入庙湾港，可犯扬州；再越而北，则犯登莱矣。西南过韭山、大佛头、积固山，入黄华港，可犯温州；入桃渚、海门、松门诸港，可犯台州；再越而南，则涉闽广矣。正西过茶山，入瞭角嘴、大江口，涉谷椟、狼、福山诸港，可犯通、泰、瓜、仪、常、镇，过马迹滩、浒羊山，历崇明、七丫、白茅、刘家河、吴淞、黄浦、白沙湾诸港，可犯苏、松；过大小衢、徐公、石塔山、马鞍山，登梁庄、西海口、西嘴头，可犯嘉、湖；入鳖子门、赭山、钱塘江、则薄于省城；登龛山、乌嘴头，可犯萧山县；过渔山、两头洞、三姑山，入蛏浦、三江，可犯绍兴、临山、沥海、三山；过霍山洋、五屿、烈港，表登掘泥（注十四）、乌山、平石，则薄于吾郡之观海、龙山、慈溪；登丘家洋、官庄、龙头，则犯定海之西北界；过岱山、长涂、兰秀山、剑山，登干览、大小展，则东北一面可入于舟山；过乌沙门、顺母涂，登沈家门、谢浦，则东南一面可入于舟山；过大小干山、十六门、嵾山、盘屿，登关山螺头，则西南一面可入于舟山；过东西肯、长白礁、马墓港、册子山，登岑江碇齿，则西北一面可入于舟山；由舟山之南，经大猫洋，入金塘、蛟门，则竟趋于定海城下；过穿鼻港，入黄崎港，则犯穿山；过崎头、洋双屿，入梅山港，则犯霩衢；过青龙洋，入大嵩港，则犯大嵩；由东西厨入湖头渡，则犯奉化县及象山县之东界；过韭山海闸、门乱礁洋，登蒲门，则犯钱仓所；过青门关，登白沙湾、游仙寨，则犯爵、溪象山之南界；入石浦关，则逼石浦城与昌国卫。宋时尝于招宝山抵陈钱壁下置十二水铺，以瞭望声息，在当时已病海气溟濛，风雨冥晦，难于接应。今浙直兵船，督领于游兵把总等官，谓宜自春历夏及小阳汛期，直隶船北哨至茶山，瞭角嘴海洋（江北淮扬沿海复设总参、游兵等官，督领兵船，哨守各洋港），南哨至羊山、马迹滩、浒衢山等处（苏、松、常、镇兵船于游兵外又分别枝哨守各洋港）。浙船南哨至镇下门、南麂、玉环、乌沙门、普陀等山（温、台兵船又分别枝哨守各洋港）。北哨则交于直海（宁、绍兵船、于游兵外又分一枝哨守马迹，一枝哨守两头洞，一枝哨守衢山，一枝哨守长涂，一枝哨守普陀）。陈钱为浙直交界分路之始，复交相会哨，远探穷搜，遇有贼舟，即为堵截，驰报内境，俾为预防。复于沈家门列兵船一枝，以一指挥领之；马墓港列兵船一枝，以一指挥领之。把总则驻扎舟山，兼辖水陆。而总参标下，各选练精兵三千，以听征剿。定海则屯聚重兵，屹为巨镇。贼或流突中界，则沈门、马墓兵船迤北截过长涂、霍山洋、三姑，与浙西兵船为犄角，而吾郡之北境可以无虞；迤南截过普陀、青龙洋、韭山、青门关，与昌国石浦兵船为犄角，而吾郡之南境可以无虞。贼或流突上界，则总兵官自烈港督发舟师，北截于七里屿、观海洋，而参将自临山洋督兵船为之应援；南截于金塘、大猫洋、崎头洋，而石浦、梅山港兵船为之应援，则沿海可以无虞。是故今日之海防会哨于陈钱，分哨于马迹、羊山、普陀、衢山诸处，为第一重，出沈家门马墓之师为第二重，总兵督发兵船为第三重。巨舰云驰，倭夷之舟航弗与也；火器飚发，倭夷之短兵弗与也。以我之众，制彼之寡，以我长技，制彼短技，折蛇豕之势，而免内地震惊之虞，斯策之上者也。万一疏虞，而贼得登陆，由掘泥历乌山鸣鹤场，逾杜湖岭入慈溪，由平石历沈思桥，逾孔家岭，入慈溪，渡丈亭，走车厩稠岭寨、石塘湾，涉鄞之西乡，可达于郡城，则观海、向头、松浦之守不可以不严，而慈溪新城之建，实所以扼其冲。由丘家洋越雁门岭，由官庄越桃花岭，由龙头越凤浦岭，渡青林、李溪，可达于郡城，则龙山管界之备与岭口把截之兵，不可以不严，而丘洋、金岙石墙之筑，实所以扼其冲。由定海港可直走宁波，则西渡、东津、梅墟、桃花渡之备，不可以不严，而招宝山筑城设险，实所以扼其冲。由夏盖山走梁湖通明坝，入四明梁同，出樟村、小溪栎社，可达于郡城，则临山、沥海、庙山之防，不可以不严。由四门、石堰渡、姚江入樟村，以达于郡城，则三山之防，不可以不严。由小沙港循长山桥、郧山桥、七里店走甬东，可达于郡城，则港口置兵船防守（港口置铁发贡重五十斤者一座，调发福船二只，苍船四只，防守港口，添设本港民八桨船十只，汛期则巡逻哨探，暇则容其樵采。）与甬东巡司之备，不可以不严。由穿山、矻头逾育王岭，历宝幢、盛店，可以走甬东，则穿山、横港水陆之备，不可以不严。由尖崎逾韩岭，涉东湖，可以走甬东，则霏衢、大嵩、霞屿、太平之备，不可以不严。由赵岙、白沙湾走象山，渡黄溪，历仇村，道陈岭，入干坑、横溪、桃江，可以走甬东，则钱仓、爵溪诸滨海之备，不可以不严。由昌国、石浦、桃渚、健跳、黄岩、宁海经铁场、缸窑、黄溪、青岭，入奉化，渡蒋家浦，越鄞江桥，达郡城之西南，则缸窑、黄溪口与诸险隘之防，不可以不严（近设蒲门、青门、锯门、金井头等隘）。凡此皆倭寇所经之故道，为郡城根本之虑，凡在事任者所当宣猷而致力也。然郡之舟山，故县治也，四面环海，其中为里者四，为岙者八十三，其五谷之饶，鱼盐之利，可以食数万之众，不待取给于外。初以承平无事，止设二所守之，军卒不过二千四百有奇，而岁月既久，逃亡且大半矣。重以城垣低薄，不足为固，万一夷且生心，据以为穴，则险阻在彼，非有劲兵良将卒未易以驱除。而彼方挟其利便，四出攻剽，则滨海郡县，容得安枕而卧乎？此今日之所当首以为忧，盖不止如双屿、烈港之为贼窟而已也。夫海防莫急于舟师，合定、临、观、昌各港福苍官民船可二百艘，八桨小网船倍之，今复增造福苍沙船五十只。旧例船价六分则征于里甲，四分则扣于军储，以充造作。三年则轻修，六年则重修，九年则拆造。其价扣除于月粮，变卖于钉版，而仍给公帑以佐之。今之造船给税，又数倍于昔矣。昔之出海旗军，食粮八斗，五斗安家，三斗随行。今之给饷水兵者，又数倍于昔矣。公私安得不困哉？

且昔日之水军，固皆尺籍之编伍，未始征兵于外方也。间有老弱杂揉，佣夫冒充，固可简而汰也。自巡抚朱纨过惩前弊，谓土军积脆不振，乃悉从罢免，专募福清兵船，用之戍守，用之攻击，率以亡命剐掠之徒，而克敌忾干城之役，于时识者已谓前门拒狼，后门进虎，而将来之患，至不可祛除矣。即今分舟而伍，则诡名以冒粮，一或不遂，即有脱巾之变。奉调而行，则劫掠以饱欲，一或抗拒，即有杀戮之惨。及其临阵格贼也，非其生同里閈，则其素所交通之人也，啖以甘言，尝以隐语，即倒戈而反走矣，故屡战而屡北。自兵兴以来，以福兵而取胜者能几何哉？夫习知其不可而必欲用之，有御寇之名，而无御寇之实，此诚所谓大舛也！为今之计，渐罢客兵而兼用土著，使久而习其扬帆捩舵之法、战攻冲击之技，宜无不便者。况宁、绍之民，流亡直隶，投充水兵者亦不下万计。彼闽人固能施长技于浙海也，浙人又能施长技于直海也，归吾浙人而行于浙海，又奚不可哉？（此言用土人可以省募水兵。）或谓今之水战，止能要击去贼，而于来者未能遏其锋。夫来贼锐而去贼惰，击惰易而攻锐难，人情所习知也。然击来贼者，譬之扑火于方然之始，火灭则栋宇可以无虞；击去贼者，收燎于既烬之后，此其利害则有间矣。自海上用师，击来贼者仅一二见（戊午参将张四维擒朱家尖之寇，己未总兵卢镗歼三爿沙之寇），而要去贼者，亦不过文其纵贼不追之罪耳。今若以击来贼之赏，优于追去贼之赏；以纵来贼之诛，严于纵去贼之诛，而当事者同心戮力，急如救焚，尽遏海外方来之寇，则边鄙又何不宁耶？（此言水战以击来贼为奇功）。或谓我兵陆战，每退怯而鲜成功。夫倭奴常败于水而得志于陆者，非其勇怯有殊也。交兵海上，吾特以战舰之高大，帆船之便利，火器之多取胜耳。至登陆而沉船破釜，所以一其志也，环龟自守，专其力也，顾能饱以饥我，逸以劳我，伏以伺我，佯北以诱我，盖其以狡狯习兵深入重地之穷寇，与吾柔脆之兵相角逐，胜负之数可坐而策也。诚能察彼己之情，即以其胜我者而胜彼，握符驭众者，复以威克厥爱行之，宁不足以殄灭兇顽耶？（此言陆战当以谋勇兼全胜）古之善用兵者，必先明其赏罚，故金帛之赐，茅土之封，非滥捐之也。庄贾之诛，宫嫔之戮，非妄以立威也。以为不如是，无以驱之死地耳。国家著令，于败军之罚严矣（见《兵律》飞报军情条下）。今复奏拟五等赏功之例：曰论首级（凡水陆主客官军民快临阵擒斩有名真倭贼首一名颗者，升授三级，不愿升授者赏银一百五十两；获真倭从贼一名颗，并阵亡者，升授一级，不愿者赏银五十两，获汉人胁从贼一名颗者，升授署一级，不愿者赏银二十两），曰论奇功（如在海洋遇贼，有能要击冲沉船只或追逐登山，使贼不得登岸；如贼既登岸，有能冲锋破阵，奋其声势，或追出境，或逼下船，使地方不致受祸；或所部兵少而擒斩多者，均以奇功论，听总督即时具题，巡按作速勘报，超格升赏），曰分信地（凡守备把总及海防民兵府州县佐各有信地，如贼至不能拒守，致贼突入者，固当律以守备不设之罪，若能奋勇鏖战，获有首级，功罪相当者，亦许湔赎；若罪小功多者，仍以功论。如贼从别港路出境，有能邀截擒斩、打获船只，所得货物尽行给付，仍照例升赏。至于故纵出入本港，专图邀取贼赃者，听督抚官参究重治），曰计职任（如武将自守备把总以下，文官自海防民兵同知以下，所领军兵民勇五百名部下，临敌擒斩真倭，每五名颗升一级，十名颗加一级，千名部下，每五名颗升署一级，十名颗升实授一级，各以则例递升至三级而止。如获功之前或以后失事革职者准收赎，若总兵副总兵之与巡抚，参将之与兵备，水陆士卒俱听统领，战守机宜俱听调度，除在下有违节制者免究外，其余功罪参将照所属分论，兵备随之，总副合所属通论，巡抚随之。但今经理之初，暂将临山总兵分理海防，金山副总兵分理陆地，其功罪亦当查照分别重轻，俱听总督巡按酌量时势，究核情实，明白具题），曰处报效（凡有官员举监生员人等督领家丁赴军门随贼截杀，得获功次，及仗义输粟者，俱听军门及抚按官临时酌拟奏请，从厚升赏，以为怀忠募义者之劝。至于耆民统领沙兵，或属把总，或属府县官管辖者，所获功次，仍照部下功论拟升赏）。必如是而行之，则有功不至于滥赏，有罪不容于倖免，而将士戮力用命矣（此言赏罚之令当严）。或谓定海沿边旧通番舶，宜准闽广事例，开市抽税，则边储可足而外患可弭。殊不知彼狡者倭，非南海诸番全身保货之比，防严禁密，犹惧不测，而况可启之乎？况其挟赀求利者，即非脯肝饮血之徒，而损性命犯锋镝者，必其素无赖藉者也，岂以我之市不市为彼之寇不寇哉？殷鉴不远，元事足征。当商舶未至而绝之为易，贸易既通而一或不得其所，将穷凶以逞，则将何以御之耶？今之寇边者动以千万计，果能一一而与之市乎？内地之商，闻风胆落，果能驱之而使市乎？既以市招之而卒不与市，将何词以罢遣之乎？夷以百市，兵以千备，夷以千市，兵以万备。犹恐不足以折其奸谋，我之财力果足以办此乎？且市非计日限月之可期也，彼之求市无已，则我之备御亦无已，果能屯兵而不散已乎？此皆利害之较然者也，乃谓可以足边储而弭外患，不已大缪乎？（此言番船不可通。）是故修治垣隍，慎固城守，一策也；编立保甲，内寓卒伍，一策也；讥察非常，严禁阑出，一策也；绥抚疮痍，固我根本，一策也；此皆所以治内也。修复墪堡，严明烽堠，一策也；缮治器械，查复战船，一策也；出哨会哨，悉遵旧规，一策也；据险守要，联络响应，一策也；此皆所以治外也。至于练主兵而免调募之扰，足财用而资军兴之需，聚刍粮而给饷以时，严赏罚而功罪不掩，设画树防，出奇应变，为吾之不可胜以待敌之可胜，则在中外任事之臣加之意可也。

《兵政书》

国初以全额之粮养全伍之卒，以全伍之卒充四境之备，故海波澄宴，狼烽息烟几二百年，号为太平。间有疥癣之虞，遣一偏师应之，即望风而解遁矣。乃今尺籍空虚，仅存罢羸，原额三万有奇（注十五），今已耗损大半。一遇小警，辄狼顾鱼骇，选懦观望，以战则败绩，以守则不足，乃至征发四方，召募非类，如狼苗等兵，布满海宇。而供亿浩繁，帑藏不继，遂至存留京运，挪贷盐本，抽取香钱，以取办支吾，犹为不足。而料民丁田，曰兵费，曰兵饷，曰兵米，诸色目殆十倍往昔。兵无休期，征无停日，而闾阎郊遂之间，十室九空矣。当事之臣，可不为寒心哉！今欲为安攘久远之计，非他也，不过举祖宗之成宪，军复军之旧额，粮复粮之旧额，振刷耗蠹而责其实效，调停法意而与时宜之耳。何以明之？清勾之法既坏，里书脱漏户籍，勾补者百无一至。即有至者，本管过为诛求，收伍未几而旋即窜匿矣。至于犯法充新军，所在种种，夫岂少也？而法网不严，曾未有隶尺籍而荷戈殳者，兼之汰黜之令过严，异姓充投及无妻者辄俱罢革，虽赘婿义子，一切不录，军安得复旧额乎？岁拨粮储，止准见在军伍，他皆谓之羡余，归诸计部。其存留者，又拖欠于奸民，侵欺于豪长，官司置不为问，而廪庾之储曾不及逋欠之半，粮安得复旧额乎？故军日销，粮日耗，以至不可简阅，虽谓之无兵亦宜，况可恃之以折冲御侮，为万里长城乎？军既销，势不得不募客兵；粮既耗，势不得不额外科征。矧今募兵他省，动越数千里，征发仅千百人，未及至而已捐官帑民需不訾矣。况至者未必皆精，以之赴斗，往往贪饵致败。恐官府之诘之也，即又弃戈而鼠走，所过道路，率又逞其狼豕贪残之性，白日剽掠，皆夜则污渎妇女，一或捍拒，则露刃而哗，杀人无忌。由此而观，客兵有害无益明矣。况使之久居内地，间熟道路，习知土风民俗之事，必有不戢自焚之祸。如元末苗帅杨完者，流毒吴楚，盖可鉴已。为今之计，莫若奏复全额原粮，尽充该卫所养兵、募兵之用，不得复以羡余解京，而悉禁拖欠侵欺之奸，不得以国赋润豪猾。如又不足，不得已而加赋于吾民，当不如今日之甚矣。其足兵也，仍严行清勾之法，移查原籍有无丁壮，可补者补之，即赘婿义子，年力强壮，俱准收充原额。如原籍果系亡绝，即于所在卫所简见在丁壮，补足行伍，不必执空籍以靡岁月。其犯罪充军者，严为解发，明隶尺籍，如近年兵部题准事例，不得有所隐脱。又不足，则召募土著之人膂力精壮者，程能试补，仍复其身而给之食。立以程限，以二十岁为始，五十而罢复为民。有疾病原复民者听，不苦之以终身，不陷之以永远，则人皆鼓舞争为兵矣。仍藉应募他郡者，责令来归，其册籍则岁注之，给以悬牌，严其虚冒私替之弊。当其精壮善斗之时，得以尽力武事，而不出二十年后，复为平民，则皆知自律而重犯法，不至叫呼无赖为凶人。如此，则军无缺额，粮不虚縻，而必无不任战之民，死于无罪者矣。夫吴越之人，以舟楫代舆马，以江海为坦途。伍员对阖闾，以舟军之教，比陆军之法，大翼当陆军之车，小翼者当轻车，突冒者当冲车，楼船者当行楼车，走舸者当轻走骠骑，况今日之边防恃舟师为长技，以火攻为要术乎？旧制官哨战船势钝而难进，铜铳碗口，力疏不足以及远。迩乃更用福苍等船，即大小翼楼船之遗制。用八桨小渔船以突冒周旋，其轻捷视骠骑。以发贡佛狼机代炮石，以鸟嘴铳代大黄参连弩，而奋迅着物，无坚不碎，又制之最良者也。群而肄之，刑赏以劝惩之，有不足以贾勇而威敌哉！况保乡井之人与去乡井之人，其踪迹不同也；自卫其骨肉庐舍与卫人之骨肉庐舍，其情不同也；官司自驭其民，与驭千万里外不根之人，其约束不同也。主兵渐强，则客兵自可次第罢遣，斯非计之得者乎？若夫三军之司命，则在将帅。今之世禄纨袴，固有宣力翼戴长于驭众者矣，宁无朘削以自肥，用贿以干进者乎？畀之兵柄，求无败事，不可得已。昔者晋悼公使栾纠为戎御，以训诸御知义；使荀宾为戎右，以训勇力之士可以时使。山林草泽行伍之间，未尝无干城腹心之士也。欧阳修所谓求贤劳之士，不必限以下位；战略之人，不必试以弓马；山林之士，不可薄以贫贱。以非常之礼待人，人亦以非常之效报国。又谓取禁军、厢军年少有力者，不拘等级，因其技同，每百人团为一队而教之，校其技精而最勇者，百人之中，必有一人，得之以为裨将；合十裨将而教之，又于其中择有见识知通变者，十人之中，必有一人，得之以为大将。此一人之智勇，乃万人之选也。即是说而推行之，拊髀之思，庶几可慰乎。若夫各县民壮，巡司弓兵，皆膺编户之徭，而司防御之责者也，今官府既占之以为勾捕跟随之役，而积年市猾，又据以为窟穴，或以钱乙而代赵甲，或以一人而包数人，支粮有名而戍斗无实，官司查点，则倩募以代应，不知弓矢何物、击刺何技，又可驱之以赴敌乎？今宜如海道副使谭纶编立队伍，团聚训练，责统领之官，严勾稽之法，明赏罚之令，不许虚隶尺籍，不许私擅占役，是亦足兵之道也。议者谓尽罢兵费兵饷诸征，而总括一县丁田，增编民壮，择其壮勇有抵业者，乡举里保，以之训练，以之调遣，亦可以渐代客兵，而桀骜亡窜，皆不足患矣。议者又欲以乡兵代官兵，奏疏文檄，积满案牍，而迄未有能行者，何也？惧调遣之失业也，纠聚之妨农也。差官审编，又不以贤能正官，而率以佐贰首领。所至之地，富者行贿求脱，强者挟诈求脱，故册籍未定，而委官之囊橐已满。其充数者，非贫难下户，则蠢愚无智，而乡长甲长，则无赖猾氓也。谓宜明示号令，不调遣远出，不纠聚妨农。委贤能正官亲诣关厢村落，备查编户，随其住居相近，团聚大庄，以二十二家为一甲，就中选有力量者二名，立为甲正甲副，置牌一面，上书甲正某人、甲副某人、居民某人某人；仍于五甲之内，选其才能服众者，立为乡长，使之统领，总置一牌，上书乡长某人管一甲正几名、某人某人、甲副几名、某人某人、各该居民若干、某人某人，列于各甲正甲副之后。仍令每家书写排门粉壁，互相讥察，各备锋利器械一件。每乡长管下，置大旗一首及合用铳炮等项，听从乡长统领，前至空间处所演习武艺。一遇有警，即便升旗举炮，各率牌内之人同赴要害地方，设法把守，并力截杀。仍于通行街巷路口，树立壮固木栅，堆积石块，以便拒守。其居民或多或少，随宜团练，不拘定数，仍照兵部题奉钦依事理，保甲领袖，先行给与冠带，以为激劝，有功之日，一体升赏。庶几家自为守，人自为战，不待调发之劳，而坐收保障之绩矣。

《田赋书》

自昔神农教耒耜，轩辕立经画，田制肇矣。然而正亩丘，开民粒，有树艺之利，而无公敛之法，故后世并耕之说资之。及后稷教稼穑，夏禹定九贡等田之上中下而成其赋。商复为助，周复为彻，制什一以正其供，而天下之中正始度矣。春秋作田赋书，作丘甲书，四征公室，求视郲滕，于时赋已无经。况战国瘠民以厚兵，重敛以崇侈，大桀小桀，益不可胜言矣。汉高之兴，易暴为仁，文景继之，又玄默以尚俭，其取民之制，至三十而税一，或并蠲不征，其为民惠泽甚渥也。然当时议者又有名三十税一，实什税伍之讥，此岂非额外之横征弗孚于德意哉？唐之租庸调，最为近古。国朝之制，大略仿之，即田而税，轻者庶几于三十之一（民僧道等田粮），而重者已几于十之四五（官田粮），又合户之身田，而总括之，以为五年十年丁差之制，则其役敛之重又甚矣。洪武四年，始令户部给天下户口由帖，略如今花户短册之制，存户，存丁男女，存事产。既而为隅轮图，则备坊巷河渠邻比居址，而不及其事产。嗣后信国公汤和大计吾郡之田而尺籍之，每邑凡几乡，乡之田凡几万千百十顷，顷分亩丘，丘分字号，经界既正，编为排花，鳞次而不可乱。其税则上下其田之则而差之，凡民田之重者亩不及六升，而轻者才一升有奇。其肥瘠之数盖大较不甚相远也。而田之名目，则种种不一，民田而外有官田，有僧田，有道田。而僧道又别有旧田，有续田。官田有抄没，有为事，有涂涨，有拨赐，有书院，有学，有庄，有院，诸名色不可殚纪，而其税且倍蓰或什于民田（官田重者，亩五斗或七斗有奇，僧道夏税至五升有奇）。统郡之周，凡田共二万三千八百六十五顷四百一十二亩有奇，凡税共一十九万一千三百六十二石有奇。各随民之所占而隶其籍，某户占某乡某号田若干顷亩，为税若干石斗升合勺。田有买卖，税有去来，十年则大造黄册而开会之，某户买某户某乡号田若干顷亩，为税若干石斗升合勺；某户除与某户某乡号田若干顷亩，为税若干石斗升合勺此其手实于官登之同版，宜画一不可奸也。然其弊有不可胜言者，大约田不均而名目烦，则其弊在法而不在人；赋一定而科敛重，则其弊在官而不在法；田画一而欺隐作，则其弊在民而不在官。夫扬州之田下下，其壤定矣。吴越有耕民而无其地，其地狭矣。故郡之田，虽县以五分，乡以数十辨，其肥瘠可略见也。即一乡之中，近河渠而沃衍者为肥，其余为瘠。河渠之深者为肥，浅者为瘠。深而有源者为肥，无源为瘠。初以肥瘠税亩，然未必一一皆中，况农之勤惰，又自为肥瘠于其间，又非乡田为之也。闻之故老云，鄞田翔凤乡最肥。往时信国量田，民故决湖淹其田，信国谓为水乡，特轻其税，亩升八合有奇，即此知科则之重轻，亦非平赋之准也。田始占于寺曰僧田；始占于观曰道田；始入于官，佃之民而官收其租曰官田。今此三田，皆散于编氓而户占之矣。即如广德湖之官田，远自宋熙宁间，官收其租以为公费，今之税额即当时之租额也。易而胜国，又易而国朝，乃其额，则因宋之佃租以为税法。其他均一乡也而肥瘠顿殊，隔一塍而上下特异，此可不为之变通哉！故尝类郡之田而约其数，鄞之官田，得民、僧、道田六之一，慈、奉、定得十之一，象得四十之一，统而均之，不过稍益民僧道田之税额，而官田之重税可办矣。可均农田，可免重税，可正骗卖（近因官田价廉，乃称民田骗售于人），可革欺隐（弊户则埋见后），此善之善者也。嘉靖辛卯间，鄞令黄仁山曾欲举此，迩定海令宋继祖大为会计，册而上之粮道，嫌于变乱版籍，卒格不行。若其田赋之输，奉有著令，每夏毕则征夏税，秋毕则征秋税，五年则征丁田，十年则征徭役。二税有本色则输米麦，有折京则输银解京，而秋米本色，自嘉靖初以转输海仓不便，且海下官兵又便于得银，故复半为本色，半为折银（价石五钱五分），贮之府库，按时而给，谓之府折。其官之催征，先期立为限程，俾见年里役纠其不率，该催促其输，递年分其办，细户上其供，上下相安，无异议矣。丁田正差，以人为丁，以田准十五亩为丁。至黄仁山始视差法，准十亩为丁，此略从轻民之意也，然田之重已加十五矣。仁山又于附籍寄庄户，每田二十亩则增一丁，则又加十五矣。然此时以惩诡户之弊也，今则不论诡户，皆如仁山加之丁矣。官田旧以税重，凡丁差皆不及（今定海仍然），今则半民田矣。又一切诸料价及兵费，皆以田派，曰以轻无田之小民也。然田未必皆腴，又时有水旱凶荒之灾，计租之入大约虽腴田，亦半税于官矣。又迩佥修城大户以田，倭米大户以田，买硝黄等大户以田，一切额外之征以田，其赔偿之费至售田以供而尤不足，故俚人之谚曰："将钱买田，不如穷汉宴眠"。又曰："有田膺户门，因田成祸门。"伤哉，风矣！国初田粮皆有定数，自洪武以来，凡几造黄册矣。然今之粮，皆洪武初年之粮，而今之田，则什二三耗，非洪武初矣。大抵水冲沙塞，柴没根深及逃绝弃业者无岁无之，而新涨海涂、江途诸田又不报官起科，然则田安得不耗乎？又况猾民作奸（注十六），乃有飞洒、诡寄、虚悬诸弊，故无田之家而册乃有田，有田之家而册乃无田，其轻重多寡，皆非的数，名为黄册，其实伪册也。何言乎飞洒？富人多田，患苦重役，乃以货啗奸书，某户洒田若干亩、某户洒田若干分厘、某户洒粮若干升斗，某户洒粮若干合勺。积数户，可洒田以亩计，洒粮以斗计；积数十户，可洒田以十计，洒粮以石计。而书手则岁收其粮差之箅。其被洒之家，必其昧不谙事，或朴懦不狎官府者也。甚有家无立锥之业，而户有田亩粮差之需，至岁佣其身以输，犹不给，孰知而闵之乎？何言乎诡寄？多田之家，或诡入于乡宦举监，或诡入于生员吏承，或诡入于坊长里长，或诡入于灶户贫甲，或以文职立寄庄，或以军职立寄庄，或以军人立寄庄。夫乡宦于各县占产寄庄，犹可言也，而本县寄庄，何为者哉？军官占产寄庄，犹可言也，而军人寄庄，何为者哉？率不过巧为花分，以邻国为壑耳。何言乎虚悬？赵甲有田而开与钱乙，钱乙复开与孙丙，孙丙复开与李丁，李丁复开与赵甲。李丁有开，赵甲不收，则并田与粮而没之矣。然飞洒者，损人以裕已者也；诡寄者，避重而就轻者也；至虚悬，则一切欺隐以负国课耳。又有弊者，则专货书手，悉以田归书手户，粮亦随之。书手乃径豁其田，而粮则于十年之中，岁洒合勺于一里百户之内，渐以消豁，此以影射为奸者也。又有粮存而田不称，则捏则官田，以一埋十，此以那移为奸者也。又有买田十而止开其八九，有遗一二于原户；又或收田而不收粮，俾卖主受其害，而已得减输。此以买户为奸者也。又有田本轻则，而开作重则；田本八九，而多开为十，以归于人，因得轻税之田。此以卖户为奸者也。又有买户已收其田矣，而于卖户则不为除，使一田而两户粮差，此以干没为奸者也。或欲加之粮也，则不加其户之田亩，而以重则移轻则，或岁为之飞洒，见其粮之增也，则反诬为虚悬。此以欺罔为奸者也。凡此神妖鬼怪，不可殚述。填于红图，不可改矣，则改于黄册；印于黄册，不可易矣，则公为洗补。不得于小里，则货都总妄坐于小里；不得于都总，则货县总妄坐于都总。虽历届更代不常，其为故智一也。不惟是也，每遇一丁差之际，即数取富户之贿，为之厚减其产以呈于官，俾得轻鲜。适有发其隐者，即复暗贿该吏，盗库册洗补而改移之。如赵甲本田若干，移之别年钱乙之户，假以为证，既而首者知之，复发其事，乞证于府册，盖是时县之吏与同弊矣，复谋盗府册洗补而改移之如县册。首者复知，将复发之，无何，即贿以乞免，而其事竟不白。嗣后钱乙知之，曰我无田，是赵甲窜而归我，我将首之。甲无何，乞券于乙，甘就乙户而膺其丁差，且贿之。凡此皆意外不可穷之奸，幸已发之，而官不为之竟其戮，然则睥睨者又何所畏而不为哉？今欲使开会者准排花，因字号，不得无因而冒开，则排花之存于民间者，多非洪武间之旧，而字号之制于亩丘者，或子孙分析，则以一号而分为二三；或富户兼并，则以二三号而合为一号。又皆漫不可据以为信也。欲于开会之时，官为履亩，俾户插田号，亲为丈量，则于丈量之时，又潜通里书，裒减以从轻，既不得一一皆实，而况籍之于丈量之册者，又未必一一对记于黄册，此又徒为之劳扰也。欲以税契为准，则郡之故事，实钱实契者自恃无他，率不税契，而中有奸弊者，反税契以为他日事发之证，此又税契之不可凭也。凡此弊端，虽巧于为术者，皆未有能剔其隐，然则终付之无可奈何而已乎。嘉靖七年间，郡丞曹山尝为之法，视户之田多粮少者，谓为飞洒，则以田而驮粮。粮多田少者，谓为虚悬，则以粮而驮田。若近矣，而孰知奸民之善弊者，粮洒于人，则必扣粮而减田，田既虚悬，则必捏则以从粮，曾未有多少形迹之可稽。其有多少形迹，可驮田而驮粮者，多良民之被害于弊书者也。故山清查之法，为良民之害者十七八，而所得于弊户之情者才十二三，又非计之得者也。嘉靖十年，鄞令黄仁山素威严，因令书手皆得自首其弊，凡四五届黄册之隐，皆悉陈于官。是时书手惮山峻罚，首告略尽。奉化令陈缟又设为投匦，使人皆匿名投首，间所得奸弊亦十七八。然二令竟不能终黄册之事以去，而民之奸且复故矣。昔信国量田之时，任严刑，重击断，且当圣代开国之际，犹不能改前朝官僧等则之制，以重贻后世揑则影射之奸。而况于今日习熟神鬼之徒，又何以毖其后哉？自今观之，积蠹虽难以尽厘，而清查亦不容但已。试举其浅近者言之，凡有数端：一曰开首告之门。凡书手之弊，本人知之，他书手知之；各户之弊，本户知之，本里人户知之。今须先令各书手、各人户自首其弊，或严刑以威之使言，或宽法以诱之使言，其自首不尽者，许他书手出首，又不尽者，许本里知因人出首。自首者准免本罪，其首他书手、他人户者，亦准免本身应得之罪，即以弊书弊户之赃赎充赏。其有不自首而事发觉者，则重惩之而没入其田。凡得书手之弊窟，则把其阴罪，而令举首以自赎。又兼行投匦之法，以一例十，以十例百，循则求之，弊源或可塞也。二曰严保勘之法。册之将造也，令各花户各将旧管新收开除实在，分为四项：某乡某项某则田若干、粮若干、麦若干，其新收开除者，备开收除某都某图某人合递年里长所管十甲首为一册，互相保结。又合一图十里长所管百户为一册，互相保结。又合一都百里长所管千户为册，互相保结。其册一样二本，官为钤印，一存在官，一给与执照。以后但有亏弊，连坐保结之人。其各年各都各图田粮，必须总撒相合，有一不合，即为奸弊，尤不可不究也。三曰清书手之户。奸书作弊，多以己户为之出没，须查其田多而粮少，或田少而粮多；或前届少而今届多，或前届多而今届少；或有田而无粮，或有粮而无田；或欲垛粮，以民田为官田；或欲洒粮，以官田为民田。一一究其下落，则不必尽穷花户，而其端已可概见矣。四曰明收除之数。夫造册收除，不过一买主、一卖主而已，即寄在他户，亦即所寄之户开会，此除彼收，本无不明，而奸人则诈为展转，甲除与乙户，乙户又除与丙户，至三至四，有除而无收，即为虚悬，如前所云矣。其为此者，非实有是数番，不过涂人耳目，使官府不能穷诘耳。今若严为之禁，如赵甲既开与钱乙，则钱乙不得复开与孙丙；周戊既开与吴已，则吴已不得复开与郑庚。但有展转，即系亏弊，究问如律，没入其田，庶几其可也。五曰革田粮重会之弊。夫造册开会田粮本一事也，如某除与某人某乡某则某项田若干，该粮若干，该麦若干，其买主照数收户，各以过桥数为据，此其授受甚明而其事甚约也。而奸书欲为蠹弊，乃贿买该吏，欺诳官府，会田一番，会粮又一番，会麦又一番，既得纵其求索而粮不随田，因得以轻为重，以重为轻，以多为寡，以寡为多，弊始百出矣。如谓数目难清，则田粮相随者反难，而田粮分为二者反易乎？如谓查算不及，则一番反不径约，而两番反为便利乎？此积一府数十年之弊，所当力变者也。六曰禁洗补之弊。今夫民间之质剂不敢洗补，防变诈也；士人之书疏不敢洗补，嫌不恪也。况黄册之造，以献天府，以定官赋，以察民伪，重大莫加焉，乃容有洗补乎？盖奸狡之徒，正以此行其变幻之术，重改而轻，轻改而重；多改而寡，寡改而多；有改而无，无改而有；赵甲改而钱乙，钱乙改而孙丙。或掩饰既遂而复反之，或清查不及而卒不变，奸始不可穷矣。今宜于清审既定，通造黄册，虽一字不许洗补，如其有之，当痛惩其人，即十易不为过。盖巧者足以眩人之目，而一鉴之于天日，则纤悉毕见，以是禁椎埋之奸，亦或一道乎。七曰重诡寄之役。民之为诡寄者，非好为是纷纷也，不过欲避重役而就轻役耳。近者县令曾承芳凡于寄庄附籍等户皆佥以重差，此最善于厘弊者。间有迹同而非诡者，则在临时审察之。大率真者十不过一二，而赝者则十之六七也。其灶户亦宜定为之限，每户办盐一丁，准免田差若干亩，盐丁优免之外，悉照民户编差，则诡寄灶户者宜可少革矣。极而论之，昔之册无弊而继则有弊，继也弊少而今则弊多，岂今之人尽不如昔哉？亦由官府有以驱之耳。官府之驱之者何？政苛而役重，民困不啻水火，甘犯王诛以逃一旦之命，岂其得已哉？何言乎重役？馆驿馆夫倍役目者率百数十金，巡盐应捕倍役目者率四五十金，府县库子倍役目者率二三十金，司狱司狱卒倍役目者率一二十金，一入其中，富者破家而贫者亡命，岂其初则然哉？用度日侈，诛求日滥，包揽之市棍日肆，吏卒之需索日繁耳。又况皇木解户之数，倭米大户之数，应者丧魄，谈者辄为吐舌哉！故今欲革黄册之弊，非调停重役不可，非均官民僧道田之则例不可，非举按前数条之积弊不可，而大要则在贤有司耳。有子产之智，则民不能欺；有西门豹之威，则民不敢欺。非此二子而有恳恻为民兴利除害之心，即不能尽洗而更之，亦可以得十之六七矣。其调停重役，语在《徭役志》中，倘采而行之，不惟一方之利，虽以推之天下，可也。

生员丘绪《东钱湖议》

东钱湖，一名万金湖，故会合七十二溪之流，停蓄甚泓，而注溉三县七乡之河，其利赖甚博也。自昔尽七乡之河，足资三次放泻之益，虽亢旸赤地，而苗不患槁，称为沃野。至于今，则淤葑不治，而侵塞填壅者相寻，兼之漏拽无禁，遇旱开放，不盈半河，洼者不支十日，而亢者一不沾溉，欲民之无饥，不可得已。是故浚湖之议，在今日当亟讲而力行之者也。浚治之目有八：一曰固湖防。夫防以止水，所以广潴蓄而捍溃决也。今湖之为塘者八，其尤长者，则高秋塘、方家塘、梅湖塘也。夫塘短，则两山夹隘脉或横亘于下，其势常固；塘长，则两山不接，皆客土所成，其势善崩，非至坚厚不固。曩年方家塘决，二十里之外皆为鱼鳖，其已事可征已。今欲浚湖使深，土无所归，宜以所浚之土即加塘上，倍阔二丈，增高五尺，则虽侵湖二丈之水，而所浚之土，既得所归，堤防之筑又日以益固，可永免溃决之虞矣。二曰明水则。夫湖水淼漫，莫知多寡，必置水则以准之，然后蓄泄以时，而湖水可常盈也。自沿湖居民或侵填以为居室，或樊植以为园林，土薄势卑，湖水一盈，辄掩其则，至有窃减以就低者。御史张景虽尝改正，然亦未能通当旧则也。今必于固堤之后，准定水则，使一湖之潴恒足三河之用，即没入居室园林，皆所不恤，则所害者少，而所利者众矣。况其地本侵湖，不治其罪，亦已幸矣，而况可复加顾虑乎？三曰严侵塞之禁。侵湖之家，以水为病，春夏水盈，辄偷启诸闸而纵泄之，欲湖之无涸，不可得已。故既立水则之后，凡水所不及之地，白僭为业者，必严加丈量，永从重则起科，而籍之以排花流水，使尺寸不得隐，则重科之害，庶是以抵白僭之利，而民或者其有警心矣。盖已成之业，不忍遽坏，姑以是抑之。嗣是而犹有仍前侵塞，必重为之罪。且并坐其塘长及里邻，凡并湖之民，皆许举首，则厉禁之严，庶几民知重犯法矣。四曰重漏泄之罚。东钱之闸有四：曰钱堰，曰梅湖，曰平水，曰高湫，皆湖之所由以为盈涸者也。比来塘长闸夫，皆取贫杂小户充之，既不能多损功力，又不肯爱惜湖水，旧闸徒设，不用板筑，但取薪茅杂沙土壅之。恐其决也，则减从低下，不与水则相平，水一逾则，荡无限止，尽皆溢泻。且以捕鱼为利，时常偷放，平时无半湖之蓄，又何望其为旱干之备哉？今必取近湖富户，差点闸夫，而塘长亦以士人之家任之，则彼当自顾惜，而盗泄之患可止矣。倘或仍踵前弊，闸门不固，土筑欠高，或包揽与人，或巡哨不谨，则重加赎罚不少宽减，能无惧而知谨乎？五曰去茭葑之害。夫湖之所以淤塞者，以茭葑蓴蒲菱芡之属滋蔓其中，日久湮积，而茭葑之害，实居大半。自昔至今，亦屡尝浚之矣，然或少除葑草，而根在复生，或薙之未出湖堤，而旋复委置，其在今日，则芜没益甚矣。谓宜课七乡食水利之田，始令亩先出银一分，不足则增加之，务以茭葑尽去为止。而所去茭葑，必募船装载出湖，直至江浒交卸，差其船之大小而优给以直，令细民乐于应募，而绝其种之复生，则民固不免于出银之费，而要之以佚道使之者也。虽尽七乡之民而户征一人助役，但毋令逾旬焉，有不乐趋者哉？即怨生一时，而惠及百年，长民者宜不惮为之矣。六曰公水草之利。凡湖中水藻之生，可以粪田。往时沿湖居民，随其居址山场所远，各出力采卖，虽其利甚微然亦足以为小民之一助。乃今豪贵之家，依势作威，悉行标管，至粪田之时，重价勒民货卖。近湖之民，或有取其虆梩者，辄肆笞棰，诬一偿百。夫僭七乡公有之物，夺小民近便之利，此岂人情王法之所宜哉？浚河薙葑之后，当无此患。但水土之性，自能化生，不久滋蔓，则作俑之后，岂能免专利者之心哉？此在当路者不畏强御，严为禁止，而一以公之于民，则济民者庶不至于病民矣。七曰筑堤以通道。茭葑可以舟载，而浚湖淤土不可以舟载。今口高秋、栗木等堰，凡往韩岭及上下水者，皆舟于湖，屡有不测，欲去淤土而便行人，莫如即其中径直处，取淤土而为之堤。起邵家山，跨杨家山麓，计其长不过四百余丈，阔四丈，高四之一。固之以石，植之以木，则土有所归，湖之潴停益富，而行者有陆走之便，甚大利也。或者以卖石固堤费当不赀，不知湖心之土，欲以力致他所，其费更何如也！以此贸彼，宁为失计哉？后梅湖与大湖之间，旧有一堤，宜亦增高倍广，以去两涯下之淤，斯可矣。八曰因土以成山。夫湖之浅泞可浚也，而间有不可浚者，何也？溪涧沙土，随横潦而出，壅塞浮涨，几与堤平。豪贵之家，遂僭为田，边湖小民，率行佃种，如近年下水湖口之为者。此废湖之渐，甚不可不虑也。盖既耕为田，其势苦洼，必泄水以便业，水泄则滩涨皆出，效尤而耕之者踵至矣。如此不已，湖欲无废，不可得已。然涨土积高，不可以顷亩筹算，不欲尽出于湖之水，即百千之众，谁能毕之？不如因高成丘，随其所在，聚为山阜，傍树榆柳，使不为波涛所啮。如方家湖塘之下，有河一带，非舟楫所通，即以傍近淤土填之，既而成田，官卖以充淘湖之费。又其地远山谷者，即随高低大小，聚而堙之，则淤土可以尽去，而蓄水必多，七乡灌溉之利，万世当歆诵之矣。或曰，子之议则得矣，其如工费钜万，民不能堪。何哉？曰昔人有言，不一劳者不永逸，不暂费者不久安。西门豹为十二渠，民颇烦苦之，豹曰："民可以乐成，不可与虑始。今父老子弟虽患苦我，然百岁后期令父老子弟思我言也。"其后渠成，民卒利之，数百岁后，犹颂其功不衰。况今民失湖利，数苦旱灾，思欲浚治久矣，因而率作之是为所欲与聚，将并患苦而无之矣，何不堪之有哉？今观唐之陆南金、宋之李夷庚，凡浚湖有成绩者，皆祠之不忘，盖可知矣，何独至于今而疑之乎？

宋吴潜以观文殿大学士沿海制置使判庆元府，宝祐六年，准枢密院札子：勘会边声日急，贼谋叵测，合严行措置。仍自金山以至徘徊头，创立烽燧，接连澉浦，行下定海水军一体措置。联络声援专委官同统制，按视险要，均布地界，置立烽燧，分为三路，皆发轫于招宝山。自招宝山至海洋壁下山者共十二铺：招宝山带东北取至烈港山一铺，约一潮可到，傍近虽有七里屿、铁杵山，俱是小山，每有风潮，海浪皆冲激而上，不可置立烽燧。烈港山西北取至五屿山一铺，约一潮可到，傍近别无以次山屿。五屿山东北取至宜山一铺，约一潮可到，傍近别无以次山屿。已上三铺，若天气清明，烟火旗号仅可相应；遇海气冥濛，雾露遮蔽，风雨晦暝，皆难应号。宜山西北取至三姑山一铺，约两潮可到，傍近别无以次山屿。相隔稍远，不问晴明阴晦，烟火旗号皆难相应。三姑山东北取至下干山一铺，水路约一十五里。下干山东北取至徐公山一铺，约一潮可到，傍近别无以次山屿。其二铺汛息，与烈港至宜山三铺同。徐公山带西北取至鸡鸣山一铺，约四潮可到，傍近别无以次山屿，其汛息与宜山至三姑山相类。鸡鸣山直东取至北砂山一铺，止隔一港，烟火旗号皆可相应。北砂山直北取至络华山一铺，约一潮可到，傍近别无以次山屿。络华山东北取壁下山直西至石同山一铺，风水便半潮可到。稍逆，一潮。傍近别无以次山屿。二铺汛息与徐公山至鸡鸣山铺同。自石同山东北以至西北，别无山屿，皆深洋大海，浩浩无垠，是为壁下山一铺。其自招宝山沿海抵向头寨者共九铺。招宝山二十里，至陶家酒店一铺。陶家店约十八里，至贝千念五家前一铺。贝千念五家前约二十余里，至澥浦山正觉寺前一铺。澥浦山头约一十五里，至沙角山头陈亚三家前一铺，沙角山头约一十余里，至伏龙山尾徐亚三家前一铺。伏龙山尾约一十五里余，至施公山王友二家前一铺。施公山约一十八里，至周家塘盐场周太家前一铺；周家塘盐场约二十里，至下泽山头林太家前一铺。下泽山头约一十余里，至向头山分戍营外翁太家前一铺。其自招宝山沿江达本府看教亭者共五铺。招宝山约一十五里，至石桥渡沈季二太家前一铺。石桥渡约一十五里，至马阻汇徐盐户家前一铺。马阻汇约一十里，至路林杨再八太家前一铺。路林约一十二里，至白沙王太家前一铺；白沙约八里，至本府看教亭一铺，用兵五名，合干人一名，往来照管巡辖，及招宝山一铺增差合干人一名，沿海以至向头，沿江以至府城，亦如之。铺兵口券，每半月一番支给。每夜发更时，自看教亭赍号火平安牌至帐前传入，押教报覆。盖法当于奉国楼置立一铺相映，以内郡耳目易骇，遂从看教亭密传一牌，竟达辕帐。而沿江沿海，号火疾驰，观者悚慑。

《舟山志》

舟山　古邑治，四面环海，东接普陀、桃花，南连崎头、横水，西接长白、马墓，北连长涂、剑山。自所城至东塘头烽堠程一百里，至南舟山烽堠程三里，至西碇啮烽堠程六十里，至北干览烽堠程三十里。其地之险者，东则塘头螺门一带，地势辽阔，而塘头极险，逐利者常于此处勾引盗艘。南则曹山、谢浦、梅家塾、螺头、天童密迩所城，关系匪轻，而梅家塾直对曹山大洋，倭奴曾经入据。西则岑江、碇啮、大沙、小沙、干览、马岙一带，地形广远，虽有马墓兵船，然相去遥远。嘉靖时，王直辈曾自岑江登岸，窃据芦花岙结巢。北则柯梅、白泉、大岙、钓屿等地，而柯梅亦曩时倭夷蟠踞为巢穴，所当在在严防者也。盖舟山周围皆海，贼舟无处不可登岸，而东之沈家门，切近乌沙门，去普陀不远，一望海洋，浩淼无际，岛夷相连。嘉靖乙卯夏，倭船百余只，突犯普陀而入据之，遂至东陲鼎沸。及征兵七省，费金钱四十余万，幸而扑灭。皆由平日无备，致此祸患。实南北两洋扼要之区，为舟山最冲险之地，宜设重兵以守之。今参将标下官兵分派三信，一时有警，策应不前，深为可虞。按地之极冲者，沈家门诚重矣，而渐出塘头，亦正不轻，皆昔系倭奴流突之处，今属盗贼窥伺之区。次冲者，岑江、碇啮二处，涂浅易登，入犯为易，且自蛟门至横水、崎头等洋，海面四达，均宜设兵船防守。夫定邑为宁郡咽喉，而舟山为定邑门户，攘外正所以安内。舟山固，则定邑固；定邑固，则宁郡以达绍郡俱固。有地方之责者，不可不深长虑也。

东五潮至西庄石马山，与高丽国分界。西二潮至蛟门，与定海县分界。南五潮至隆屿，与象山县分界。北五潮至大碛山，与苏州府分界。东南五潮至韭山，与象山县分界。东北五潮至陈钱壁下，与海州分界。西北三潮至滩山，与嘉兴府分界。

水程　定海关东约六十里至金塘，金塘约九十里至舟山，舟山约一百四十里至普陀。定海关南约三百里至昌国、青门，青门东约一百五十里至韭山，青门南约二百里至牛栏基，牛栏基约一百里至金齿门。定海关北约六十里至烈港，烈港约百里至两头洞，两头洞约二百五十里至羊山。

山　翁洲山自四明之东湖、小白、宝幢、育王，迤逶而走大谢、伏黄牛，越金塘、策子，而崛起于岑港之西山。山稍北，发二大脉，而南北岐之。西北一带约六十里余，曰乌丘山、紫窟山、大沙山、青屿山、五百呑山、大周岭山、寺岭山、獭洞岭山、大烦河山、长青岭山、平石岭山（山椒多方广石，碧流双涧，左右引映，下颇夷旷）、马呑山（平衍环带，原隰之膏腴，唐开元时议立城于其间，缘北面土硗，不果）、五雷山、小扈山、虞呑山、小芦山、千览山，旁之支脉曰三江山。横缩而东，曰长呑山、大虞山、东湖山、白泉山、田呑山、祝家山、丘家山、北掸山、吊峙山、柯梅山（地旷坦，田膏腴，嘉靖间，倭结巢），析而为炭山、余山、小梓山而尽（此属富都乡）。其去海中附丽者曰岑港山（总哨兵船泊处）、西堠山、桃摇山、西庄山、鱼龙山、长白山、马墓山（北哨兵船泊处）、官山、岱山、兰秀山、灌门山、长涂山（定北分哨驻此）、南掸山、浦东山、紫微呑山、天童山、南山、溪口山、王家岭山。折而为虹桥山、青岭山，突兀而起曰双髻山（宋志双髻山二峰如髻，矗立天表，特出群嶂，众山罗列。城之四出诸山，环绕起伏，咸所自也。相传葛稚川炼丹处），镇鳌山旧县治据其麓，山判而为二：支脉左曰州衙山、巉岩多怪石，巅平可构屋）翁山（一名观山，去城东南半里，乃受降黠贼王直处。嘉靖癸亥春，都督卢镗、知县何愈、都指挥李典建文笔于其上，今废），曰舟山（在城南三里，其形如舟，因名）、关山（圆峰耸矗，为城之内案，上有洋山庙、关山烽堠）；右曰晓峰山（城西五里，屹起峰峦高一里许）、长岗山、王家山、金家山，引而为茅岭山、马横山、里呑山、野呑山、螺头山（城西南有岛，突起海心，其状如螺，故名）。缩一脉，发自北之五雷山，迤东而行，曰烦河岭山、金字山、叠石岭山、东皋岭山、东湾山、王家山、龟山，山之外曰淡水坑山、东江山、青雷头山、石同门山（东南海中，数峰崛起，潮汐经流其中，旁为十六门，亦名为十六门）、杨呑山、陈岙山、小严山、甬东山、谢浦山、鼓吹山（世传徐偃王战场，山岭平坦，可容数百人，每风雨，隐隐有乐声）、石弄山（山石玲珑，云影穿漏，故名）、桃花山（东海中，世传安期生炼丹之所，尝以醉墨洒石成桃花纹，故名）、刘岭山、石墙墩山、沈公岭山、石门山、吴山、翁浦山（又名翁洲山，去城东四十里，葛仙翁炼药于此。宋乾道中，耕者得一铜鼎，无足有耳，耳不穿窍，中容一斗，其煤墨未泯，识者为炼丹器也。徐偃王尝居此，城址犹存。唐置翁山县，以此命名）、陈岙山（偃王列阵处）、牙头山，山之里曲曰茅洋山、泄岙山、龙塘山、田岙山、王大扈山、大蒲岙山、芦花山、丘家览山、塔岭山（昔有人登山，常见老僧趺坐石上，因叠石为塔而礼焉，故名之）、小扈山、大展山、下塘山、沈家门山（正兵哨驻处）、普陀洛伽山（东海中，约一潮可到，佛书称海岸孤绝处也。一名梅岑山，或谓梅福炼丹于此，因名。有善财岩、潮音洞，乃观音大士化现之地。僧德韶凿石甃桥，宋宁宗题额曰大士桥）、东霍山（东北海中，世传徐福至此，有石基盘。修竹环之，风枝扫拂，常无尘垢）、玉峰山（在岱山鹞子尖巅下，冈峦秀拔，林樾苍润，时有白雾蒙抹其巅）、寺钟山（在秀山之巅，有古石佛殿址，阶砌犹存，旁有一井，遇阴晦，隐隐如钟声）、佛屿山（在秀山之巅，一峰特立，俨如佛像，旁睨如背负一佛）、碓砧山（在岱山北，海中屹起，形如碓砧）、黄公山（东海中，或云晋黄公能以幻术制虎，毙于此山，故名）、顺母山（东海中，有石如牛形，人谓石牛）、竹屿山（西南海中，隔岸止十余丈，丛竹生焉）、盘屿山（与竹屿山隔海对峙，山势盘旋，故名）、黄杨山（城东北，巉岩险峻，一峰杰出，曰黄杨岩）、西兰山、大若山、圣岸山、渤涂山（旧名浮涂）、巉岩山、滕岙山、峠峉山（俱南海中）、小竿山、大竿山、昆斗山、麻岙山、蛟山、登部山、马秦山、黄公山、徐公山、双屿山、石珠山

(俱东南海中)、东勾曲山、石马山、岙山(俱东海中)、浪港山、深水山、蛇山、竹山、洋山、东兰山、元霍山、西枯山、东哓山、东枯山、桑子山(旧名桑石)、石蜀山、东朐山、穿石山、北壁山、大衢山、小衢山、三星山、冷屿山、西须山、须皓山、洛华山、青阁山、马迹山、丁兴山、洋山、陈钱山(一名神前,俱东北海中)、大碛山、东乳山,东岱山、西朐山、大洋山、吊屿山(俱北海中)、回峰山、西良山、二姑山、西岱山、正策山、吴农山、如岸山、横子山、西桑山、五屿山、宜山、龟鳖山(俱西北海中)、嘉门山、小茆山、三山、大茆山、砂罗山(俱西海中)。

岙　金家岙(地窄颇腴)、茅岭岙(土瘠,多湖田)、虹桥岙(逼窄,土瘠)、烦河岙(地广而瘠)、青岭岙(水田少,多产水竹)、王家岭岙(地窄)、溪口岙(土颇腴)、圆垆岙(地窄迫瘠)、小泉岙(窄瘠)、侯家岙(地颇腴)、紫微岙(土肥力倍,虽值俭岁,不至荒乏。内有鹿夫善射,曾胜倭寇)、寺岙(卑狭)、芋岙(地平妥)、天童岙(地旷,高下相值,多鱼盐之利)、里岙(上瘠,多盐田)、野岙(颇坦)、盐仓岙(田地颇腴)、鹿颈岙(腴瘠相半)、黄泥岙(土肥)、石头岙(土颇腴)、西岙(土肥)、大砂岙(地旷,居民多资菽粟、竹木为生)、岑江岙(冲要海口,贼累登劫。嘉靖丁巳冬,倭夷据此,焚掠一空。今居民虽筑墙自卫,岁久亦坏,须备御以遏贼冲)、青岙(土瘠,产竹)、小砂岙(土瘠,居民捕鱼为生者多)、碇齿岙(土瘠,居民多资渔)、五百岙(土旷,居民多资渔樵),已上属富都乡。马岙(地坦而腴,高下百余顷)、杜家岙(窄瘠。嘉靖壬戌春,把总章延廪斩倭夷百数于此)、千览岙(山水颇奇,田地殊沃)、小路岙(逼瘠)、黄沙岙(土瘠)、后岙(瘠窄)、西岙(窄)、白泉岙(土膏腴)、茅洋岙(地阔而瘠)、蚕岙(窄)、孟家岙(窄)、柯梅岙

（向奉倭夷所巢之地）、**北掸岙**（地颇腴）、**钓屿岙**（土旷而肥，多渔盐之利，因近海口，每被登劫）、**长岙**（窄瘠）、**炭山岙**（地高低）、**外岙**（多盐卤）、**大展岙**（地旷而瘠，民以樵渔为生）、**小展岙**（地窄瘠）、**塔岭岙**（土颇腴）、**小蒲岙**（土窄而腴）、**芦花岙**（地旷颇腴）、**大岙**（肥瘠相半）、**邵岙**（地腴。嘉靖丙辰春，倭夷百余，自谢浦、梅家塾徙巢于此。冬十一月，参将张四维统湖南桑植兵剿歼之）、**蒲岙**（地旷，肥瘠相半，多资鱼盐）、**南岙**（地窄而腴）、**司基岙**（坦旷）、**祝家岙**（窄肥）、**施家岙**（土颇腴）、**吴山岙**（地旷、肥瘠相半）、**郑岙**（土瘠）、**泄岙**（土窄瘠）、**龙塘岙**（窄瘠）、**苔浦岙**（窄颇肥）、**东湖岙**（土卑而瘠）、**麻岙**（窄而瘠）、**陈家岙**（平坦）、**甬东岙**（坦旷颇腴，多藉鱼盐）、**大杨岙**（旷而瘠）、**小杨岙**（瘠而窄）、**东岙**（窄而腴）、**西岙**（窄瘠）、**郎家岙**（颇腴）、**大苹岙**（地旷而腴）、**下烦河岙**（民藉樵猎为生）、**附洞岙，已上东北隅地**（注十七）。

港　**舟山关港**（城南三里，官哨船只停泊于此）、**岑港**（去城北四十五里，相传六国港口，南北舟航，鳞集于此。潮自桃摇西后二门会竹屿溪头之派，而漫涨于西南之大洋谓之横水、（注十八）。

双屿港（去城东南百里，南洋之表，为倭夷贡寇必由之路。嘉靖间，总制军务朱公纨命备倭都指挥卢镗率兵众堵塞之）、**烈港**（去城北百十五里，逼近金塘山。嘉靖三十五年，都督卢镗擒斩倭酋辛五郎等三百八十余于此，勒石更名平倭港）、**马墓港**（去城北海中百余里）、**长峙港**（去城南关外一二里，鱼盐樵猎之利颇饶）、**长涂港**（在岱山西南）、**穿鼻港**（潮入松子渡，舟过横水，风色不堪，率泊此）、**沈家门港**（总哨兵船驻此）、**白沙港**（大小渔船泊此）、**石牛港**（总哨兵船泊此）、**岙山港**（通城樵渔络绎之处）、**青龙港**（兵船停泊）、**沍**

泥港（兵船会哨）、豕吞港（在盘峙之东，南北潮流汇处）。

烽堠二十八　舟山、外湖、螺头、鹿颈（近海，民少势孤，常被贼登犯）、蒲沙、西山、碇齿、崎岙（即大沙地方，贼常于此登舶）、郎家契、袁家契、三江（与沙岙相连，贼常登犯）、干览、朱家尖（已上属中中所）、青雷、谢浦、石墙、包家、石同、沈家门、接待、赤石、小展、钓屿、程家、石掸、塘头、西契、顺母涂（已上属中左所）（注十九）。

寨三　沈家门寨（原系水操之地，有军防守，近皆取回。番船去来，皆泊于此。内有赵岙、南岙、芦花岙、大岙，去寨三五里。向居民筑墙大岭，阻截总路，近径由水路，或间道而入，屡被劫掠。更须慎御，庶克有济）、干览寨、西契寨。

隘六　碇齿隘（与外港相对，居民势孤，累被登劫）、螺头、小沙、路口岭、岱山、大展。台一，青雷头。

自夏少康封庶子无余为诸侯，以主祀事，是为越国。而鄞、□、句章三县，为越东采邑。句践无余后也。周敬王四十六年，为吴所灭，寻复封之。既而反国，尝胆励志，遂灭吴，欲置夫差甬东君百家，是其地也。周属越，秦属会稽句章郡，至汉，成帝阳朔元季，以寇警徙句章，后汉、晋、齐、梁皆因之。唐武德四年，析句章，置堇州；八年，废堇州为□县，则其地属□。明皇开元二十六年，置明州，析□置翁山县，因采访使齐瀚之言也。代宗大历六年，废于袁晁之乱。五代改□为鄞，则其地又属鄞。宋端拱三年，置盐场。熙宁六年，析□东之海中洲，因部使薛戎之言也。以蓬莱、安期、富都三乡置尉，以主斗讼盗贼之事，已而创县赐名昌国，盖王安石宰县，悯其繁剧，故分之。元丰元年，复益以定海之金塘乡，共四乡为下县，而明之属县凡六矣。绍兴十三年，户部员外郎沈鳞编类籍，户计万余，而丁口再倍。建炎中，高宗航海，舟次昌国县。金人白明州引兵攻定海县，破之遂以舟师绝洋犯昌国县，欲袭御舟。至崎头，风雨大作，和州防御使枢密院提领海舟张公裕引大舶击散之，虏乃去。元至元十五年，升为州。至正十八年，为方国珍所据。国朝洪武二季，改州为县；十二年，立昌国守御千户所，时明州卫守御千户慕成立地五百丈，未竟。次年，指挥许友展跨鳌山成之。洪武十七年，我太祖以东南控海之地，乏兵以守，恐致寇害，命设卫所及岑、宝、螺、岱四巡司隶于县。兵民乂安，教化流洽，海东一隅，规模宏远，诚驾宋轶元，为我明边陲捍御。于以睹皇祖抚御鸿猷，建于不拔，孰不愿循此以往，世世无改哉？迨二十年，汤信国奉诏处置地方，据画到各所在地图，革卫县学较，而迁其民于内地，夷县为二所，带属定海县。噫！信国是举，与我皇祖改州为县，增立卫所之意，不亦天渊也耶？

旧邑曰翁山，宋志云，县城周广五里。熙宁六年，析三乡益之，改名曰昌国，始筑城凿池。至元中，升昌国为州。自宋元以来，倭夷微弱，不足为患，耕渔之民惟知供赋，各安其生。国初夷氛渐炽，我太祖绝其朝贡，严以备之。洪武二季，增葺昌国，城池改州为县，设立卫所，练兵恤民，以固封守。城高二丈四尺，址广一丈，周围一千二百一十六丈，延袤五里。辟东西南北四门，门各有楼；穴水门于东南，各置吊桥，罗以月城；城之上，有雉堞二千六百七十三，警铺六十。外为濠，自东南及西一千二百六十丈，北际山，不设。十七年，改昌国卫。二十季，汤信国公徙卫于象山县之东，存中中、中左二千户所，属定海卫；

革县，存民五百余户，属定海县。敕命总帅居守。永乐十六年，都指挥谷祥以地冲要，重加修缮。正统八年，户部侍郎焦公宏以城大兵少，裁东北隅半里，今广四里半，濠随城广。城门凡四，门各署名：南曰文明，濠桥外木栅曰迎恩；东曰丰阜，外木栅曰宾阳；西曰太和，外曰西安；北曰永安，外曰北固。西北跨镇鳌山，东抱霞山，余皆平陆。嘉靖四十年，都督卢公镗、海道谭公纶增筑敌台二十处，以备用武，岁久倾圮。万历甲寅年，副镇张公可大修筑，增埤浚隍，以次受工，修完城身九十八丈九尺、女墙一千四百十丈三尺、四门大城楼四座、兵马司房四座、箭楼五座、敌台八座、铁木门十八扇、吊桥二座、石堤四十一丈，此因其旧而葺之者。又南门月城一座，二十丈；水门一座，九丈；兵马司房二座；总台铺一座；箭楼四座；敌楼五座；窝铺三十八座。

洪武二十年，废昌国，隶定海县。议得沿海地方原设总督备倭都司；后倭寇为患，督阃权轻，策应不前，添设参将一员，驻扎定海，分守宁绍地方。嘉靖三十四年，倭破临山卫城，抚按题请添设总兵官一员，驻扎临山。三十五年，又议得定海为倭夷贡道，关隘尤冲，乃改驻定海，其参将改驻临山。隆庆二年，军门谷题改驻舟山。

胡宗宪《舟山论》

信国公汤和经略海上，区画周密，独于舟山似有未妥者。益洪武间倭犯中界，犯玉环，犯小蒦寨，皆浙东海滨，信国所亲见也。其来也，自五岛开洋，冲冒风涛，困眩精神者数日，至下八、陈钱而始少憩。然孤悬外海，旷野萧条，必更历数潮，泊普陀、乌沙门之类，而后得觇我兵虚实，以为进止。若定海之舟山，又非普陀诸山之比，其地则故县治也，其中为里者四，为岙者八十三，五谷之饶，鱼盐之利，可以食数万众，不待取给于外。乃倭寇贡道之所必由，寇至浙洋，未有不念此为可巢者。往年被其登据，卒难驱除，可以鉴矣。我太祖神明先见，置昌国于其上，屯兵戍守，诚至计也。信国以其民孤悬，徙之内地，改隶象山，止设二所，兵力单弱，虽有沈家门水寨，然舟山地大，四面环海，贼舟无处不可登泊。设乘昏雾之间，假风潮之顺，袭至舟山，海大而哨船不多，岂能必御之乎？愚以为定海乃宁绍之门户，舟山又定海之外藩也，必修复其旧制而后可。

《衢州府志》

防矿兵　嘉靖四十五年，设兵三总，共一千六百二十三员名匹，内一总支徽州协济兵饷，俱屯插府城。训练。嗣后地方稍宁，减兵一总，免支徽饷，实存官兵二总，名为前左二营。其营兵一总听守备管领，一总于所属指挥千百户中选堪用一员领之，听守备节制。万历十九年间，因夷情重大，添设威远营官兵一总，计五百七员名，听守备训练。万历二十年七月，分发二哨调征宁夏，仍存三哨与防矿官兵并为左右二营，每营复为五哨，共计官兵一千九十员名匹。万历二十四年八月内，奉文挑选每营复并四哨并中军员役共计八百八十二员名匹，续又奉文减去右营医生，将左营医生隶之，实存官兵八百八十一员名匹，每年兵粮俱系本府给发。

《开化县志》

开采　万历二十六年，矿税事起。有谓开化六都、大尖坞八都、乌哨坞及四都三处矿洞可开者。时采矿曹内监委官马忠挟诸商至县起工，先挖大尖坞，开两月，采矿砂四千斤，约百斤烹得银一两，不偿所费。于时邑侯刘文孙防范周详，奸徒敛戢。及内监亲临，侯不激不随，调停上下。然矿利既目击乌有，又不肯空返，侯不已，议将云雾山官木召拚，得四百金，抵兑矿价。内监既去，矿洞仍封，苛敛不行，民不知役，地方晏然，仁侯之力也。后三十年而有议采木云雾之事。

云务山者，邑宦宋氏山也。僻在二十四都界德兴，延袤颇广而中阻深。嘉靖间，吾氏与宋构讼。吾黠甚，扬言此山薮盗为不轨，以耸当道而倾宋。勘者至，则植帜举烟惑之。宋宦长者，不与争，入此山于官而讼遂息。官为令每五年一焚林箐。迨万历中，刘邑侯有拚木抵矿之议，土人李辛戒等纳价四百拚之，盖宋氏所遗尽于此番矣。不知何故，山名四驰，奸徒垂涎。天启初，有耸两台原自备工本采木助辽饷者，事下本邑。已而竿椟纷至，皆大力者主之。王侯家彦曰，此非躬勘，无以塞馋口。遂深入其阻，据实申报，邑人亦始知此山之实无木也。然奸徒意未已，竟走京师。适大工兴，旁搜利孔，言路霍掌料遂有摭其说以闻者，甚谓山方千里，木可栋明堂，地可兴屯。旨既下，浙上下愕眙，利害叵测。邑巨姓及邻山居氓汹汹将逃徙，而但侯宗皋方下车，毅然身任之，亟往勘，如王侯言，则陈七不可、一不必，侃侃争之。未几道尊孙校芳、郡尊舒崇功覆勘，知侯议不可夺，遂详抚台潘疏请罢采。当是时，珰锐意黄山之役，以为云雾即黄支别，于是浙缙绅在京者合疏称云雾属浙，与黄山了不相干，因以伸抚台之言，竟得旨报罢；第严居民窃取之禁。

金竹岭巡检司在县北六十里，因六都、八都矿洞地方遭处州矿贼窃发，特设防警于此。迩来矿虽久闭，而徽严之界多盗，巡检遂住马金镇，以便弹压巡缉，第当以御暴为功，勿以处嚣为利，则官与地宜矣。

华埠兵营在县南三十里。隆庆间，二十七八等都屡被流寇劫掠，因设营于此，把总一员，哨官五员；每哨管兵百名，以时操练，各处巡哨，寇盗敛迹，兵民相安。后兵经调发，遂不复设，止本府兵二十名，每季更番戍防。叶溪岭盖开、常、玉之交，寇盗出没地也。近年盗屡发长峰地方，邑侯但建议："华埠与叶溪岭相去十五里，华埠一大村落，人烟辏集，无所用兵。惟叶溪岭最为孤寂，山北界德兴、玉山，山南即开化、常山，四县隔界，足音罕至，宜行旅往往白昼被劫。而叶溪为孤峰绝顶，以二十人而终日枯坐一穷山，四顾无邻，其势必不能持久。今本县亲履其地，再四筹度，与其虚设此哨，有防护之名，无防护之实，政不如移守石门，于防守最为吃紧。盖石门为常山要地，而长峰一带逼近石门，其中穷源僻坞，层岫叠嶂，本人迹不到而实盗贼出没之区。其缘崖而上，即为叶溪岭，以故大盗每暗伏丛薄，欺行客之不见，一到前即掳劫而去，径过叶溪，莫可踪迹。是守长峰，正守叶溪之扼要也。虽长峰为无人之境，而与石门鸡犬相闻。合将守叶溪兵移守长峰，而即以石门为歇场，昼则分班巡哨，夜则团聚石门。长峰无人家蓄，木惟柴棘最深，尤易藏垢纳污，伏乞牌行常山县，每年秋冬放火尽焚其林，庶盗贼无埋身之所，而望风巡哨者亦易于瞭视，不复再有豺狼当道之苦矣。"

遂移戍坞口。

白石寨在县西六十里，二十五都每遇盗贼窃发，男妇登此寨避之，贼不敢近。

《兰溪县拓城议》

邑束衢、婺两江之水而东输于钱塘，南欲拒北，则邑为衢、婺之门户；北欲御南，则邑为杭、严之屏蔽。门户破而后衢、婺可攻，屏蔽固而后杭、严可守。且当衢处要衢，时有矿寇之变。城仅丈余，东南则民居接比于城，高且过之；西则面溪临险，而民皆架屋其上，故虽名为城，实非可缓急恃也。建议者谓非拓城不可守。顾东南迤逦山麓，若易为力，而北隅卑下，受诸谷之流而当其洼，势不可以城，然卒之以费不赀而无所于谋，议竟寝。

东阳县　马鬃岭寨在县东南二百四十里，地势险峻，延袤三十里，金华、台州之咽喉也。嘉靖三十五年，主簿陈仕筑御倭寇。白峰岭寨在县东七十里，石栈萦纡，东通嵊县，嘉靖三十五年筑以防倭。乌竹岭寨在县东北四十里，上接鹭鸶岭，以达诸暨之乌岩，与嵩岭、大小岭相连。嘉靖三十七年，乡民围结防倭。夹溪岭寨在县东百里，岭与天台相虬错，岩障巉嵲水束两崖下汇为十八涡，嘉靖三十四年筑。

汤溪县　山口寨在县南十里二都，大岩寨在县东南二十里十三都，苏村寨在县南五十里十六都，皆本朝正统十三年按察副使陶成筑御括寇。

金华　鹿田为兰溪之间道，大阳岭为浦江之险道，箬阳辅仓为武义汤溪之险道，义乌路多平衍，惟东北要害。兰溪，旧有下、淮、戌三河，戌当建德之交，防睦寇之正道也。盘山绝顶有古城，岩与崧山相联络。相传黄巢为寇，乡民于此避乱。北可以入浦江。东阳，东通仙居县及玉山废县。元初，台寇杨镇龙自此入县治。虽置永宁巡司，其势弱，故马鬃岭、白峰、嵬山、夹溪皆当防守。又乌竹通鄞越，亦为要路。义乌，南通永康，东通东阳，而西通诸暨。元末张士诚尝自诸暨入寇。永康，正道自却金馆可抵处州，其间道去县八十里为棠溪，可通缙云、仙居。旧有孝义巡司在灵山，去县百里，与棠溪联络。其傍箭山、青石、三峰、密浦皆崭巖险巇。由孝义五十里至马鬃岭，为最险。又一道自缙云出至永康榉溪，历金仙寺（注二十），取道双牌，循青山，度胜龙桥以达东阳之石门、安文、黄弹坑、大盆山。武义，间道自丽水、宣平皆可入。正统末，括寇至羊棚峡为巢穴。浦江，西北抵富阳，与严陵仅隔一水，其山险箐密。我朝天兵取婺，胡大海先已攻下兰溪，可谓西扼其吭矣。及圣祖亲征，乃自兰溪入浦江、义乌，取道至郡城，则又东拊其背，由是遂降。汤溪，东北为辅仓、箬阳，实与金华接境，幽邃可避兵，然与括之遂昌、宣平相邻，故苏村为要道。又大岩地方东通金华，西通龙游，北通兰溪，此当三路之间道也。若出山口，则为平原。若从处公岭，可入处州，其傍有大竿、小竿之地。

《义乌县志》

矿防书

太史公曰："天下熙熙，皆为利来；天下攘攘，皆为利往。"

利者，争之首而乱之阶也。有虞氏藏金崭岩之山，用塞贪鄙之俗，为世虑深矣。周官金玉锡石之地，设矿人之官，为厉禁以守，犹惧民之有争心也，物其地图而授之，巡其禁令，古圣王岂不欲损利以予民？而顾严为之禁者，防其源也。往元时，江西丰城民告官采金，经久地产竭，卒以贻患。永乐中，浙温处，闽福建当开场置官，令内臣主之，督以宪臣，己不赏所费而罢。由此观之，山泽之利有限，或暴洩随竭，或采取岁久而尽，非人力所可必得之物。而不轨逐利之徒，睥睨其间，适用启乱。故利孔不可使开于上，自上开之，则弝臣增课之说乘是而进，而监采以为民厉。利权不可擅于下，自下擅之，则奸民铸炼之术乘是而起，而倚山以为盗薮，上下之俱伤，必繇此矣。县之南五十里为八宝山，以坐落第八保，故名。而流俗传以为宝者，舛也。山广袤可五里许，林麓错绣，中盖有龙潭马迹之遗焉。其壤与永康接界，而逼近处州。嘉靖三十七年，永康盐商施文六载盐过闾里，熟睨八宝山之麓一带小山，土色照耀产矿，辄起盗心，乃构党方希六等九十余人，由枫坑到山挖掘。近坑居民觇知之，奔报平望倍磊之豪有力者。而陈大成、宋廿六等聚族谋曰："夫夫也而贪无艺，实逼处此以与我旦夕争此土也，吾属无噍类矣。"则投袂而起，共率子弟诣坑，手搏方希六、吕廿四等十四人解县。而赵公故长者，念邻属不忍置之城旦鬼薪，第善谕遣之，而贼于是稍稍纵矣。是年六月十九日，施文六复讧众千余人据坑，而贼故恃头领金周谢素骁勇，能飞刀刺人，则大张赤帜于山林，示为国增课，招引亡命，益无所顾忌。陈大成等仍督众子弟奋前捽擒十一人，解府收系，而郡侯李公因出示，坑场杀死者不论。乌人奉是檄也以往，则无不控拳砺刃，愿为上用者。于是已得赵公趣兵剿贼之令，陈大成遂统率陈榆、陈禄、陈文澄等亲兵数百，追逐上山。是时薄暮，日光反射，天忽微雨，贼望之色尽赤，目炫气夺。我兵周麾以登，疾战，遂戳死首恶施文六、金周谢等三十人，群贼披靡遁去。贼既收合余烬，计复修父兄之怨，念莫可鼓行者。而处州人善炼矿，以强悍闻，乃潜以银沙和入土矿，往给景宁、龙泉等县人民，煽聚惯贼杨松等三千余人，至七月廿一日，峰拥到山，斩山木而材之，竖立栅寨，冯陵我境土，卤掠我材墅，居民大震。于是赵公遍檄各都选兵防禁，且悬赏以购于市。而童蒙亨者，习阴阳家，谓我将以三寸舌退贼师，而赏赍可立致也，则介马而驰之。贼竟拥之队中，不得还。侦报者以告，于是遂进师。先合，不利，却。陈春五十三、宋桂三十六等死之。已各都冯、陈、杨、王以兵至，与本都陈、宋并力进发，而陈大成等椎牛以飨士，宋氏亦各出私财犒之，遂领兵三千人踊跃逆击，裹贼师，随而殪之，俘馘三百余人，而童阴阳遂被贼矢穿耳而亡。于是十月，处贼以败回恚甚，乃大集师，聚至万余人，为檄告都民趣具食，供刍粟以从。遂于初九日分兵一支从天龙山来，一支从时溪岭来，一支从挂祇岭来，一支从枫坑岭来，口吹竹筒，响声震地，与我兵陈禄等遇于全庄，截杀，斩其七人。时贼全队屯扎山上，自万围尖至官畲岭，旌旗蔽山，我师议不亟剿之，彼且盘据，难以卒拔。乃期会各都兵，初十日屯平望，十一日次坑，已进至上陈、塘塍。贼下山接战，陈禄、陈炎廿二、陈希四等率众奋击，陷其前锋，赤岸、葛仙、岘畴、青口、田心诸兵从旁击其左右，贼众大溃，所击杀数千人。会次日，天大雪，奔喙余孽，重之以冻馁；即幸脱锋矢，死相枕籍，已有逃至武义白溪口，回视伙之继奔，若我兵追蹑，争渡溪水，相继蹂践溺死不可胜数，于是已平矿贼。四府陈公临坑慰劳居民，睹尸积成丘，用石封瘗，民始骎骎安业，不敢复言矿事矣。自是之后，邑侯相继间临，巡捕官每岁冬到坑封验一次。已三十八年，有坑总之设。已四十五年，有官兵之戍，互相严守，提防甚密。今上即位之二十一年，边陲多故，帑藏空虚，或欲开矿以佐军国，下其议于府县，于是本县知县周士英为具陈矿所以不可开状，事遂寝，封闭如故。

《民兵书》

盖召募非古也。古者兵出井田，司徒致民，司马致节。无事则以时属民而较登其夫家之众寡，急则比什伍，简兵器，以鼓铎旗物帅而至，人尽兵也，安所事募？募者，起于兵农之分而师武之不足也。自汉武帝盛兵以威四夷，增置羽林校尉之属，而又不爱通侯爵赏以风海内，则募兵始此，而兵制浸坏。陵夷以至末季，大盗群起，往往召募增兵，创立名号，为陷陈义从积射等类，冗滥不可较，而国力枵然，迄不振以亡。唐初制府兵，兵平日皆安居田亩。国大师下符契于州刺史，乃发；事竣，将解兵归朝，而士卒赐勋加赏，遂罢归。盖犹兵农合一之遗焉。已变而为彍骑，已又变而为藩镇，其极也，将卒犷悍跋扈弗为用。宋制禁厢兵曰保捷，曰振武。庆历西师之后，大募兵充禁旅防守，不耕而聚食者百十万。而是时所募之兵，绵坊市无赖，安豢养，势不能不惰骄。及驱之赴敌，多呰訾而不肯应，赏赍稍不称，辄圜视而呼。盖名虽为兵，而实呰窳不可使之人也。明兴，分军民籍，而民力农养兵，兵守戍卫民。天下久平，卫所军日耗而变剧。正统末，令府州县招募民壮，所在官率领操练，有警调发，而民复有兵。正德中,计丁粮编机兵银,人岁工食七两有奇,大县至累千金。于卫兵外复取民财而购民为兵,其天下益多故。财耗兵脆,卫军仅名额而机快徒虚名,曾不获一旅一卒之用。有急辄复议募以已难,而征兵之令纷纷下郡县矣。嘉靖二十八年,题准土著居民有能率众报效招至百名以上者给冠带,三百名以上者授散官,则名色头目之媒也。四十二年,令副参游守等官自募家丁,报名在官,一体给粮,则将官私募之囮也。万历三年,议准募浙兵三千人,各给鸟铳赴镇,以备冲锋攻击,则南兵调北之渐也。自是之后,北孽胡则募,南孽倭则募,中孽寇贼则募,师旅亟动,百姓罢敝,然而募者犹踵接乌邑。夫以百里之生聚,而当四方之征召,日削月耗,犹为乌邑有人乎?语曰“毋为戎首,反受其祸”,盖谓乌邪?国家无大兵革,二百余年于兹矣。乌俗之于骠黠,虽其天性然哉,然承平日久,耳目所渐渍谣俗被服,率多耽于佚乐;闻金鼓则心悸,睹旌旗则色变,试之兵不习也。长老曰,乌兵之起也,则以矿寇。先是,嘉靖三十七年,处州不逞之徒,煽讧入我南鄙,井堙木刊,民大震恐。倍磊陈氏首纠义旗,衷其师击之,尽殆,死者以泽量。而民因是骎骎玩兵器于掌股之上,武夫之勃兴,自此始已。倭寇蜂起,参将戚继光购剿贼之首事者,而陈大成等率众应召。三十九年,统兵赴台防守。四十年,破倭于白沙洋,俘斩以千计。调往江福援剿流寇,及攻久屯贼巢,所向殄灭,以军功显。而子弟多食租衣税,悬金以诧闾里,人益骛于战功矣。由此观之,初兵之起也,敌加于已,藉以自救,是谓应兵。其既也,贾其余勇,惟利是徼,是谓贪兵。卒之事变多故,征发日骚,武勇陵迟,耗蠹萌起,物盛而衰,固其变也。今上即位之二十年,孽臣刘东阳以宁夏叛,筑壁坚守,王师环而攻之，已又决河灌之，弗能下。于是议者发乌兵三千人趋之，兵出之日而人人忧其弗反也。至则蹈瑕乘间而入，上功幕府，所获辎重，不可胜数。君子谓是役也，水攻不如吾甲攻之剽而疾也。是岁也，关白倡乱海岛，席卷朝鲜而墟其国，我兵是以有辽左之役。遇倭于碧蹄，王师不戒，败绩，我兵死事者百余人，报至而哭泣之声相闻闾巷。于是倭势日益猖獗，与吾界鸭绿江而国，扬声入犯。而深计者且谓戎心叵测，指淮口则咽喉绝，扼天津则腹臂断，躏吴越则手足痹，蹑留都则根本摇。而士气久靡，营卫列屯之军徒负尺籍名，至不能受甲。乃纷纷议募，而征师于乌，则自杭省至，则自吴淞至，则自留都至，则自淮扬至，则自辽津至，街巷之间，靡然发动。而一二缘事将官，假借总哨，饵给纨绔子弟，垂橐千金，而不佐国家之急。是后干戈日滋，行者赍，居者送，中外骚扰而相奉，财赂衰耗而不赡，赋税既竭，犹不足以缮粮馕。大司农言，于是稍稍议罢，而所遣天津兵三千人，中道发回。士卒以月粮不给，辄脱巾鼓噪，赖当事者曲慰劳，乃止。自兵散田里，农种失业，衣食亡赖，辄多穿窬拊捷、抽箕逾备之奸，户扉不宁，桁杨者背项相望也。无几何而浙、直所募之兵，辄复窜迹而逃，弗为用。主者治逋逃之罪，曰：是前之三尺籍固在，而奈何纵之去也？则乌是问。盖至是则兵与民交受其敝，而后知兵之流毒远也。善乎，司马光之论民兵也！当韩魏公柄国政，欲刺陕西民为义勇，司马光力争以为不可，略曰，凡民生长太平，不识兵革，所事惟田亩力作，虽日教阅，独旗号鲜明，钲鼓备具，可美观而止，一遇寇敌，即瓦解星散，溃败立至。自后放汰还农，则惰游已久，不复肯服稼力穑如异时矣。又田产空尽，流落无归，强者为盗，弱者转死，长老至今于邑长叹，此可为永戒而不可复也。况今既赋敛民之粟帛以赡军，又复籍农民之身以为军，是一身而兼军民之任也，民之财力，何得不屈？此前事之不忘，后事之鉴也。夫乌今实类是，览里老之呈牒，可悲焉！呈称念邑僻处山乡，向服礼教，不谙兵务。始自嘉靖三十七年，勦灭矿贼有声，倭寇扰浙，因而召募，无有宁日。京省守御，乌兵居多，十室九空，朝不保暮。近来京师各省冠盖相属，下县招兵。官府穷于支应，小民艰于供役。应募者皆精壮，留家者尽老稚；田业失种，税粮何供？切念普天俱属王民，乌俗独罹剧害。恳乞怜准转详，俯拯民困。繇里老以言，小东痯叹于惮人，北山感慨于王事，乌盖兼之矣，安有为一方阽危若是而上不惊者？万历二十二年，知县周士英上计于朝，已岁事竣，乃为我父老具疏以闻曰："臣闻民者，邦国之本也；兵者，卫民之具也。国籍兵以威，而尺伍单弱，则兵病；欲实其兵，而数疲民以逞，则民病。古者寓兵于农而民不废耕作，是以无所受其病而兼获其用。今者驱农为兵而民窜入兵籍，是以未尽获其用而偏受其病。臣窃惟浙东义乌一县，兵不得解甲而为民，民不得息肩而无事于兵者三十余年，而未有如今日之甚者也。臣叨任义乌，兢兢职守，何敢越俎而议，以干罪戾？然历任以来，伏睹征兵之令，无岁而不至；荷战之夫，无家而不出。人民流窜，而户口消耗；里分兼并，而粮差困赔。邑有憔悴之风，民多死伤之泣。询之父老，得之道路，无不痛心疾首，极言兵害，则臣亦安忍避一时之忌讳而贻百姓无穷之祸哉？夫乌邑地方百里，旧俗淳庞，民居乐业，并未知兵。自嘉靖间，处州矿贼作剧邻壤，而兵始兴。继以倭奴侵扰，练兵浙东，而兵始著。嗣后酿成厉阶，父不得恤其子，兄不得顾其弟，妻不得有其夫，历年来散于北边、散于闽广者，几数万众，倭平而生还者，十无二三。民方救死扶伤之不暇，而复重之以檄召之纷纷，祸将安极？臣初到任，不旬月而金陵、淮扬、蓟镇、吴淞、浙省等处募兵官员，踵接肩摩。一时赢粮景从，之金陵者二千有奇，之淮扬者一千有奇，之吴淞者五百有奇，之蓟镇者一千有奇，之浙省者一千三百有奇。又民不趋官募，则趋私募，畸零比耦，结队往投者难以备载。蕞尔弹丸之邑，生齿几何？而比岁投募已五六千人，则是空邑之子弟以赴之，而闾里户丁，何得不屈？臣按祖制，洪武三年，以版籍核天下之丁甲，丁二等：曰成丁，曰不成丁。民始生，登其名于籍，曰不成丁；年十六，曰成丁。丁成而役，六十而免。府州县验丁册口多寡、事产厚薄，以均适其力，盖至慎重也。查得乌民户口，自嘉靖四十二年以至隆庆五年，共一万五千五百一十丁，万历九年户口仅存一万二千九百三十丁，反至亏失原额。比十九年定图报丁登册，充足额数，而各里以人丁虚耗，纷纷控告，不下数百辈。臣谕以申请详豁，民乃安定。良由师旅频仍，丁壮离散，年老者未行蠲除，童稚者先以编役，而逃亡远窜者，则累及里役之包赔，此民之所以嚣嚣苦不宁也。且今弊窦百出。奸伪多端，蠹国耗民，其害有五，臣请得而熟数之。古之凡民，长大壮健者皆在南亩，农隙则教之以战。今一遇兵兴，辄奉檄坐募，以尺度量民之长大而试其壮健者，招之为兵，其所留以缘南亩者，皆老弱也。夫八口之家，能耕者不过二人，投募者多，则力耕者少，使良畴委而不开，桑柘弃而不采，欲令家丰人给，不可得也，害一。人情唯安于土著而重去其乡，故人人自爱而知畏法。自兵端一开，而民倚边为奸薮，囊箧者家于是，逋责者家于是，钳徒者家于是，虽有作奸犯科、椎埋剽窃之辈，而身捍文网，辄逃之尺伍以解免，而藐上法若土苴也，害二。兵不素定，而一时号召，大抵取盈于城市之游惰，朝甲暮乙，东鹜西投，鼠窃蝇营，诡冒影射，按籍而稽其人，多不可晓者。比及逃亡，移文勾摄，牵扰里排，莫可究诘，未免徒耗衣装，滥叨粮饷，害三。今之把总扎付，非虚名耶！然上设名色以饵民，而下假名色以钩利，纨绔之子，谋充头目，馈遗如市，多者百金，少者不下五六十金，甚至有废产破家，展转被绐而讦告者。计民间金帛之费，屑越于道路，而肥募官之私橐者比比是也，害四。夫既以募民为兵，则其姓名已隶于官府之籍，行不得为商，居不得为农，而仰给于官，势遂不可以罢去。设汰之使归，彼退而顾其田庐之荒弃，计画无聊，未有复能生还者也。此不为沟中瘠，则为萑苻啸耳，是使民掉臂有事之日，而弄兵潢池者，必此失业无赖之流也，害五。兼是五害，而上犹募焉无已，臣窃恐非直为一家一邑之忧，而土崩瓦解之形将在于此，当事者岂可泄泄然而不为之处哉？臣愚以为今之所号南兵，大率浙以东人也。浙东六郡，而婺居三之二，婺属八县，而乌又居三之二。然尝试求之，乌之民非果有投石超距、材官蹶张之能也。一旦闻召而顿足袒裼以应者，则其家不聊生而藉以糊口耳。他郡山岩窟穴之民，负气好刚，忠勇而愿赴用者无处不有。自今请奉明旨，申禁各省卫所衙门，勿得重以私募招诱乌民。万不得已征兵东浙，谓宜疏请于朝，敕部以檄下之抚院，院下之道，道下之府，分督所属州县随地召募，不拘方隅，各极简选，精锐可致。仍令已募之兵，年五十以上，愿复为民者听。其方募而待用者，年二十以上则收，限十年而除其籍。如是，则方始募之日上，已明示其聚散之权至役竣而汰之，则无怨。且使民心知其不出十年而复为平民，则计必顾后，不至叫呼无赖而自弃其身于边塞。民得更代而为兵，兵得复还而为民，此苏轼募兵之议可通于今日也。而要之中原之长技，有不专在浙者。臣又以为远募之兵，各须资遣，道路辽远，劳费倍多。始发有征行之难，事久有逃亡之患。今之辽、蓟、山、陕等处，古称用武之地，村落百姓，习于战斗，识敌浅深，爱护乡里。即不待驱使，犹愿自备衣粮，共相保聚；若令召募，立可成军。昔成化中，北虏毛里孩连寇延绥，先臣卢祥言营堡兵少，而延安、庆阳府边民多骁勇，与胡虏狎，敢战，奏请点选民丁之壮者，编成什伍，号为士兵，得兵五千余人，人免租六石，户三丁，委官训练听调，而延兵盛强，虏遂不敢弯弓内向。此在延绥一镇行之，已有明效，若使九边在在练习土著，抚以恩厚，民必欢欣踊跃，愿出死力，又安在其不如浙兵也？夫惟士兵以渐而多，则民兵可以渐省而无用。民兵可以无用，则乌兵可以息肩而归农，休养生息。数十年之后，户口可充，征赋可缮，庶乎其犹有支也。臣不自揣，越分僭言，自知无所逃刑。然窃念汉龚遂之治渤海也，令民去刀剑而买牛犊，殷然收富庶之效。臣今之治义乌也，听民辍锄耰而佩刀剑，嚣然丧乐生之心，则岂惟有负皇上今日所以课责群吏之意，而尸禄苟安于旦夕，使人实谓臣传舍其邑，而秦越其民也，则臣亦无以下谢诸父老矣。伏乞皇上怜臣犬马微诚，俯垂采择，敕部查议，从长计处，以拯一方之倒悬。宗社幸甚，生灵幸甚。”奉圣旨，兵部知道，而大司马以时方用兵，不报。二十三年，东征兵卒以微赏鼓噪，至移兵潜剿，不分玉石无辜骈首就戮者数千人，其惨盖不可胜言矣。《编户书》徐干曰，夫治平在庶功兴，庶功兴在事役均，事役均在民数周。故民数者，为国之本，而庶事之所自出也。《周礼》，“司民掌登万民之数，自生齿以上皆书于版，岁登下其死生。三年大比，以万民之数诏司寇，司寇献其数于王，王拜受之，登于天府。”如此其重也。闻之，治古之世，民各安其居，乐其业，车马不疲罢于道路，万民不失命于寇戎，豪杰不著名于图书，不立功于盘盂。七十以上，上所养也；十五以下，上所长也；十六以上，上所强也，则民数之蕃庶滋殖，岂非其累世所休养致然哉？逮至汉唐叔季，灾害生而兵凶作，丈夫从军旅，老弱转粮饷；户版之纪纲罔辑，土断之条约不明。富人多丁者，为宦、学释老以免责，而下户残瘁，率逃为浮人，而土著益寡，则其弊不在官而在民。长吏以增户辟税为课绩，而各招浮荡，析实户，张虚数以邀誉，诸死徙阙税者，抑配于土著，而土著益困，则其弊不在民而在官。自昔叹之矣。而今之弊，则不在民，不在官，而在边徼。令边与邑争民，民走集如市，亦极敝已。记曰，凡民自七尺属诸三官，农攻，工攻器，贾攻货，时事不共，是谓大凶。吾未见夺之以兵事而使聚者也，我国朝令民以户口自实，洪武十四年，始颁册式于郡县，军民人匠等户，各以本业占籍。男子始生，登其名于籍，曰不成丁。十六曰成丁，丁成而役。六十而免。妇女若不成丁不役，十年乃大计生齿老幼存亡而更籍之，册成，一以解京，余司府县各存其一。凡百差科，悉由此出，无复前代纷更之扰。然洪武间，民甫脱汤火而就衽席，按乌籍，人户二万八千九百七十二，丁口十四万三千九百三十三。历成、弘以来，休养生息，户口固宜月积岁滋，乃今版籍所载，户不及二万，口不满八万，顾犹减于国初时也。然则登耗之故可知已。自嘉靖兵兴，征书旁午，民之揭家而往者，由两畿以及边徼，蔑地不有裒而聚焉，不下万指。户残于奔窜，口毙于杀伤，则又何怪乎其逾损于昔也！迨万历二十年，轮值大造，各里报丁填图，而县寻升迁，未及清核存亡虚实之数，遂至里有赔累不堪者，为讼诸藩司，下其牒于县。于是二十三年，知县周士英覆加详审，除虚加无米丁三百五十四丁，增有米丁四十八丁，通共实在人丁一万四千六百五十二丁。盖据丁产为宗，所豁除者多羸弱下户逃亡物故之流，而量于有粮人户酌增数丁以补其阙，是亦割此益彼，补偏救弊之权也。然因是而深叹概县之弊，大都患在不均。夫宽狭硗腴，不同乡而同役；贫富有无，不同赀而同征；奔亡乔徙，不同土而同隶；强弱众寡，不同殖而同派。丁多家给者以众输加轻，丁少家窭者以力单加重。又版籍漫漶，里胥夤缘为奸，多巧避失实。豪右售赇，转相蔽匿；贫弱抑勒，辄报科差。而里之豪有力者，藉口差徭名目，即又更赋诸十甲。十甲多单下户，易虐使往往阳浮科敛之，所出有倍于所征者。强者吞食饕餮，弱者椎肌剥髓，相推于逃亡死徙，而民益戚。然则长民者将任其若存若亡而不为之籍邪？则非国家之制也。将一一计而籍之而增辟户税邪？则又非生民之道也。计莫若与时推移，每及攒造之年，视耗损益均剂之，而仿丘文庄丁田相配之法，以田一顷配人一丁，当一夫差役。田为母，人为子，子随母而益损。所籍即豪有力数溢于额，辄裒之；口即羸弱下户额不及数，仍减算。即户岁滋，足成赋，不责其羡；即未浮，则例概摊减，不为加科。常使民寡征求之扰而优其力，国有民人之实而无其名，是谓不齐中之齐，而公私两便之术或不出此。若必料民数而尽籍之册，将户未必增而民先告厉，孰与夫听民自便之为得也。后之籍民者，毋宁使人谓令令实生我，而谓令浚我以生乎？

《田赋书》

我国家稽古定制，即田而税，其每岁取民者，有夏税，有秋粮，有盐米，有额办，有坐办，有银力差。自军国重需及职负供馈，一缕一粒，悉财度画，一著为令。是时干戈甫定，列屯聚食者奚翅千万，而免租之诏，无岁无之，其为民惠泽至渥也。历二百祀于兹，财赋灌输，天下度田非益寡而租税非日减也。长吏引辍持筹，邑有若干步亩之数矣，而国计廪廪忧不足于上，民垦田发草，善治之则亩数盆，而食不能人二釜者犹众也。则患生于上溢而下漏，溢则物力必屈，物力屈则民贫，民贫则奸邪生，而扞文罔逃国税之私纷纷起矣。乌广输方百四十里畸，提封万顷，居民胪列而棋置。大都垦田什居伍，山泽园陵薮牧什居三，陆地硗确什居三。野多坡坂，土杂沙石，不皆可田，而又数苦旱熯，望岁于天者。失天之权，则人地之权亡，非他有技巧能以传糈搏生也。尝考国初官民田土八千七百四十一顷，夏税麦二千一百一十七石有奇，秋粮二万二千五百七十五石五斗有奇。宣成以后，减科米一千三百七十七石。隆庆二年，裁定夏税仍旧额，秋粮二万一千二百石八斗有奇。其赋法：夏税石征二钱五分，秋粮官米石征银二钱五分有奇，民米本折色石征银或五钱七钱有奇，总之税粮每岁共征银一万二千四百一十四两五钱有奇。田三等：曰官田，曰僧田，曰民田。官田有抄没，学院、义庄诸名目，赋最重而免其差；僧田属之寺观，半占于民，而赋稍重；余尽为民田，而等赋各以其地宜为差，具如期征输。初夏税、秋粮之入区，设粮长收解。已豪右力能为细民轻重，得阳浮科敛之辗转为贸易，久之课不上，而荡者将国税为淫浪。事觉，至贸田宅，质妻子，累亲戚倍偿，陨身灭世。于是编里甲为差次，分上中下三等，从公佥充，以均其力。又其后诸名里甲值后者，公私费钜不訾，给不能一二，而共者十百，中人之家大率破。而历朝厘正更创，则十段锦，一条鞭之法行而民咸称便矣。夫十段锦之行也，自嘉靖四十四年始也。其法每年算该银力差各若干，总计拾甲之田派为定则，如一甲有余，则留二甲用，不足，即提二甲补之。十年轮次编佥，而徭役解费于是乎给，其极也，多为市猾所揽收，至解户有分毫不沾惠者，而差解亦病。一条鞭之行行也，自隆庆四年始也。其法通计每岁夏税、秋粮存留起运额若干，里甲银力徭差诸费额若干，照数编派，开载各户由帖，立限征收。其往年编某为某役，某为户头贴户者尽行查革。若起运完输，若诸役钱，皆官府自支拨，势不得复取赢，于民固便，然议者犹以为旦旦而号之，农氓无终岁之乐；户户而比之，县官有敲朴之烦。甚至事有不得已，或借私以补公；势有不容缓，或移甲以纾乙。其弊曷可胜数也？虽然，齐民狃于所习，中士溺于所闻，自条鞭行而见年里役纠其不率，该催促其输，递年分其办，细户上其供，上下相安，盖已一成不可变矣。吾独怪夫法久民玩，奸伪萌起，一切欺罔以负国课者，比比是也。方洪武十九年，上念民贫富不均，而赋税多不以实自占，往往以田飞洒、诡寄、昏赖推挪，遣国子生临县将各乡田土一一经量，编画鱼鳞图以记之。自后岁久，册渐漫漶，至亡失不可问，而田得买卖，粮得过都图，推收虚伪，弊丛如蝟，告讦日滋，至嘉靖间而极。万历初，我皇上用辅臣议，行丈量法，大均天下之田。于是知县范儁履亩清丈，以等则既多，而里胥得上下其手，莫可方物，乃统县之田，分为八乡，以一法概量之。稍别科则，民田重者亩不及四升，而轻者才三升有奇。是时法严令具，人习步算而赋均，民间虚粮赔累之弊尽汰。独其高田与水田同则，如同、明等乡被害犹寡。永、祈二乡高居八九，水才十一，而以崎岖硗确之田，输陆海沃野之赋，有罄田之出而终岁不足餬口者，则民且欲脱屣去之矣。又国家诸料价及兵费皆以田派，计租之入，大约半税于官，额外之征岁倍，诸不暇论，即如加派田亩，初每亩税三分之一，计增兵饷三千两有奇，及倭平而此赋不为蠲除，著为定额。万历二十年，有岛夷之乱，复募兵防守，而披戈占籍之徒，率皆衣食县官，莫能给，则又复议派兵饷，田地山每亩加银一厘五毫。已二十一年，每亩又加一厘五毫，通算总加三厘，共增兵饷银二千五百四十七两有奇。沿至二十四年，奉抚院刘汰冗兵，减除饷银六百八十五两六钱有奇。然总之自嘉靖至今，饷银犹派征四千八百六十二两七钱有奇，而民困未尽苏也。夫数口之家，一人蹠耒而耕，不过十亩；中田之获，卒岁之收，不过亩四石，妻子老弱仰而食之。时有潦旱灾害之患，而征赋兵革之烦费，频岁无休时，故富者鲜十百人之生，而贫者多不赓本之事，逃绝弃业者往往而是。而里魁夙猾，舞文作奸，窟穴蠹食其中，至不可殚诘。诸如故老所传鱼鳞图及赋役册，业已化为乌有，而奸利万状，有巧历所不能得，而况其凡乎？试举其积弊言之，有田之家，患苦赋重，贿啖奸书，将米粮岁洒合勺于百户之内，积合勺成升，积升成斗，积斗成石，渐以消豁。而被洒者竟莫知所从来而岁为之赔偿，名曰“飞洒”。又患田并户则米多，米多则差役益重，则分析其田，或诡之亲邻，或诡之佃仆，又或为之寄庄，而彼此规避以幸脱重役，名曰“花诡”。又家自为户，粮差业该承领，而故以其米留挂于粮户，常祠藉口众共，不落户眼，终岁昏赖，名曰“虚悬”。又有地无立锥而户留虚米者，有田连阡陌而籍无担石者，有留卖户不过割及过割一二而代为包纳者，有过割不归本户，有推无收，有总无撒，而影射脱漏者。在册为纸上之桑，在户皆空中之影。以致派粮编差，无所归着，豪猾欺隐，贫弱赔补，而民愈益穷。户口消耗逃亡，多有黠者籍逋逃为推委，而粮愈益虚。自非综核清查一大振刷之，则又何以毖其后哉？故尝为之说曰，今之官不胜其烦而民不胜其扰者，则亩数之混淆不为清也，册籍之脱略不为核也，推收之棼乱不为禁也。王制十年一大造，令开载事产厚薄，按籍科征，而挽近直循故事，以虚文应耳，即所号为实征，亦大率袭祖名，甚且联二姓以朋充耳。而民间田粮又岁岁收除，迄无定辙，以致册籍纷更。里胥因之恣奸，飞洒增减，信意出入，若茧丝牛毛，莫得而穷竟其端绪，有自来矣。昔丘文庄著论，欲令县册详于司府，如诸司职掌所载，凡各田土必须开具各户若干及条段四至，俾官民有所稽考质证，不至混而无别。今莫若仿而行之，督令里书查算都图事产，各归子户，备造的名，登之征册。先将田地山塘每亩该米、该麦、该银、该徭科则，先列于首。以县额而至乡额、都额、图额、甲额俱明注丁田银米优免实征数目，序列于次。至于花户逐名之下，则详开田若干、地若干、山若干、该征米若干、银若干，附列于后。图敛而总于都，都总而会于乡、乡会而完于县，务期总撒相符，不得合勺舛谬。每册造二副印钤，一存县，一发该图各甲收执，照数征输。然里胥必且以为花户滋多，收除不一，而有托烦扰为口舌者，余谓当册成之日，仍宜酌定五年一次推收，著定为例。其每岁田有买卖或价已杜绝，令卖契之外，另书推米付约一纸，赴官税印收照，以杜复诈。钱粮即令得业人禀白代纳，直至轮年，方许推收。有故违者，书役坐赃究罪。自后每年照额科征，以省临期查算。如是则以一番之会造而贻累年之便利，何惮而不为此？夫亩数辨，则人有定输矣；花户详，则粮无昏赖矣；推收定，则籍无窜奸矣。纵弊窦未必能悉除，而由此以渐推之，奸状可穷而竟也。呜呼！树木者忧其蠹，壅苗者除其蟊，牧民者不可不熟察此论也。

《婺星所舍辩》

封域分星妖祥之说，见于保章氏久矣。然而谓婺郡为婺星所舍者，其说则甚长，不可以不辩。窃考《星经》，周天五十一万三千六百八十七里六十八步一尺八寸二分，此天之围数也。夫围数三则径一，实得十六万二千七百八十八里六十一步四尺七寸二分，此天之径数也。至于二十八宿度数，每一度计一千四百六里二十四步六寸四分有奇，则凡三百六十五度四分度之一，正合周天之数明矣。若以周天之数限于十六余万里之内，自昔帝王而下，辟地之最广者无如秦始皇、汉武帝、唐太宗，计其四封之境，亦不过二万余里，此外为里者，犹十四有余万。今星家论著星宿所入度数止以角、亢、氐为郑分，一曰韩、房、心为宋分，尾、箕为燕分，斗为吴分，牛、女为越分，虚、危为齐分，室、壁为卫分，奎、娄为鲁分，胃、昂、毕为赵分，觜、参为魏分，井、鬼为秦分，柳、星、张为周分，翼、轸为楚分。若以地域二万里计之，不过得星之一十五度耳，而乃以三百六十五度尽入于二万里之内，其理果何谓乎？此外十四余万里或大海，或广漠，四夷及百蛮在其间者，星宿或无所隶属焉。此其可疑者一也。又况尾、箕为东方之宿，而乃主北方之燕；危、虚为北方之宿，而乃主东方之齐；奎、娄在西，而东主鲁；井鬼在南，而西主秦；毕昂正西，而北主乎赵；角亢正东，而中主乎郑；以至吴越居东南，乃属北方斗、牛、女之分；宋与卫邻，乃属东方房心之分。周在河阳，既以为南方七星、张之次，而班固复以子为周；赵在河北，既以为西方昂、毕之次，而班固复以寅为赵，则东西南北互易，其位靡有定据，是星之与土各自异方矣。此其可疑者二也。又如北斗之度，居乎天中，犹可谓主乎九州。若夫五车九坎皆在牵牛之南，偏居一方而亦分主列国，何耶？此其可疑者三也。至论其躔次之疏密，地壤之广狭，则又有疑焉。宋卫之与燕，逾越甚远，而房、心、尾、箕实连而为次；鲁卫与赵疆理不入，而奎、娄、昂、毕实贯而为列；自斗、牛以至室、壁皆北方之宿也，而南起二广，东亘江浙，过宋鲁而北终于齐卫，则自吴越而至齐、至卫，皆连乎是七宿者也。夫尾、箕乃幽燕之分，而斗、牛二宿承之闽广，幽燕、吴越相望，判乎其不相入矣。自井、鬼以讫翼、轸，皆南方之宿也，而西起秦雍，南带四川，又北析入于三河成周，而南始入于楚，带乎衡湘；则自秦雍而至楚、至衡湘，皆连乎是七宿者也。角、亢乃郑之分，与楚为邻，翼轸而下，角、亢连之。秦雍、荆衡里道绝远，杳乎其不相比矣，星甚相迩，其地绝相远，其故何耶？此其可疑者四也。而又于南则分野太疏，于北则分野太密。宋郑二国同在豫州之东，为里几何？而乃当夫角、亢、氐、房、心之五星；鲁卫二国，密比乎兖徐之间，所封尚狭，而乃当夫室、壁、奎、娄之四次；周迁洛阳，其地尤褊，而分秦与楚之外，亦独占夫柳、星、张之三次，北之分野可谓太密矣。斗、牛、女止三宿耳，而南起二广，东抵福建、二浙，北至江南两淮，远据江南之九路；井、鬼二宿耳，而北起于秦、南及四川以至于泸南溪洞，云南大理诸国，奄及西南之二方，南之分野可谓太疏矣。或疏或密，所隶不等，其又何耶？此其可疑者五也。或者求其说而不可得，则曰其国始封之日，推岁星所在而言。谓如岁星在斗牛，而吴越始封，而斗牛属吴越，自以谓得其说矣。而不知太史公《天官书》谓木火金水土各以其舍命国，则不但独指岁星而已也。虽然，二者之义蒙，则于斯皆谓未然，何者？姑以婺女一星考之，《星经》云，兹星明，则天下丰，女功储，大国充富。夫二十八宿随天运转，靡一息之或停，辉光所烛，下及万方，何有乎分野之局？婺星凡十一度，计一万五千四百七十里，岂但临乎婺郡而已。此星一明，丰及天下，其照临之远且大，鈇可想矣。窃以谓天道流行，其大无外，其小无内，初何有于限界？星，天星也，亦何限哉？大抵宇宙间万象异形而同体，三才异位而同神。盖自有交相感应之理，此其械括之所系，渊乎至哉！尝考左氏所载，高辛迁阏伯于商丘，主辰，故辰为商星；迁实沈于大夏，主参，故参为晋星。夫商丘岂必上当辰？大夏岂必上当参？唯人既主是星而为之祀，则是星之休咎亦随其地而应焉。杜预注谓主辰、主参，为主祀是也。能知乎此，则蒙所谓前之五疑者有不待辩而自明矣。是以胡人共主于昂宿，则昂亦应之。其余蛮夷诸国亦必于星宿各有所主，特中华不得而尽闻耳。然后知分野之说，即星之所应言之，则可；以地验之，则不可。此杜元凯主祀之言，实为古今确论，虽圣智莫可易也。蒙近为宝婺观作《重建记》，谓郡因所主宇而祀之，非有局于分野，既不误于岁星所封，亦不拘泥于五星所舍命国之论，实有合于元凯主祀所注，足以释千古之疑，而举天下莫能破焉。明道先生谓："天地间只有一个感与应而已，更有甚事？"伊川先生谓："感通之理，知道者默而观之”。是虽概为事而言，然主祀之义，亦可验于此矣。蒙庸取是而为辩。金华郑宗疆题。

《金华县志》　王祎记

元至正十年，肃政廉访使董守悫均役之法：下令使民有田者，各以状自陈所有之田几何，复俾各都之役于官者曰里正、曰主首者与练习田事之人履亩而核其得业之人为谁，又稽故所藏籍以质其是否，三者克合，乃定著为籍。其以田之图相次，而疏其号名亩税粮之数与得业之人于下者，曰“流水”，亦曰“鱼鳞”；以人之姓相类而著其粮之数于后者，曰“类姓”；以税粮之数相比而分多寡为后先者，曰“鼠尾”。每籍于部者三：一上于廉访司，一上总管府，一留本县。为籍既定，然后按籍而赋役。其法即每都之田而计各户税粮之所在，役即随之；而受役之田，恒不出其都。第以田多之最者为里正，次焉者为主首，而主首有正有副，正者在官，副者则相助征督税粮焉。其田多者兼受他都之役而不可辞，少者称其所助而无幸免，高下平正，较若画一。

苏伯衡记洪武四年郡倅王纲量田之法：令都择一人焉为量长，保择一人焉为里长。都以五十步为率，筑堠一焉表其都之界；保以三十步为率，筑堠一焉表其保之界。田以区为率，树木表一焉书其甲乙之次；树楮表一焉，书其多寡之数。而旁都比保，分曹易地，相司察焉。有田者则各以名数自占书于表而树之田间。择吏之清强者分董其役。金华土田，自洪武四年勘量后，至弘治十八年，上司复委本府推官叶相重行检踏，开除新增，一一明白。重造流水籍册，见存本府库房，其各都图都长、甲长俱各收执一本，凡有争讼，易于查考。近因岁久损失，及有盗换隐匿之弊，宜于岁终拘集点视，庶获久存，亦清讼禁奸之要务也。

军匠　国初军役，多取于归附投充之众，其后又多以罪谪发，本县各都图军户见在共二百三十户，俱有籍册可查。其清理之法，有因逃故而解补者，有户无壮丁而以幼丁纪录者，有原逃不在而挨解者，有在营有丁而解查者，有丁尽户绝者，有挨无名籍者，有改调别卫而误勾者，有同名同姓而冒勾者，有分析在前而充军在后、充军在前而分析在后者，有以义男女婿而冒替者。每年本县拘各里里老清审具结造册送府，本府又行清审造册送清军御史及布按二司查照。其应解者，本县就佥里长押解，取具批回附卷。凡工匠之役于京师，有轮班者，有存留者，又有机籍而执役于府之织染局者，其事不一。轮班以各色人匠编成班次，轮次上工，以一季为限，工满放回，周而复始。有五年一班者，有四年一班者，有三年一班者，有二年一班者，亦有一年一班者。今则皆以四年而一班，其或造作数多，则撮其工焉。诸匠皆免本户差役二丁，若单丁重役者减其役，老疾无丁者免其身。其存留在京各色人匠，则廪食于官，每月上工一旬，而以二旬为歇役。其隶于织染局者，则拘役在官，递年织造段匹以供用焉。后因存留者或有逃故，而轮班者又或失班，乃命清军御史及各司府州县清军官员清理解部，而造册以缴报。近年又有纳价准工之例，则在乎清理者之审其宜焉。

《永康县志》

役之别，有坊里长，有粮长，有均徭，有驿传，有民壮，本非役而人以役视之者，有老人。

坊里长　在周为乡遂之职，初不以为役也。汉承秦置亭长，或送徒，或畜马，皆得使焉，则渐近于役矣。唐及宋初，皆置里正，南渡后为保正长。按《唐书》，睿宗时御史韩琬言，往者里正每一员缺，充者辄数十人。近年差人以充，犹致亡逸。其卒侪于役而人畏其难，则唐中叶以后事也。宋初为差役，熙宁为雇役，元祐复为差役，崇宁又为雇役。其后民间之好义者，悯役之难，又相率为义役。终宋之世，公争于朝，私讲于野，以为一大议论，而斯民之畏役者，其困卒莫之少纾也。夫既以为役矣，乃无籍定不易之次，但随时差充，则劳逸疏数将有倍蓰不齐者，民恶得无偏困乎？雇役，聚众人之财，以募一县之役，若可无偏困之累，然徒得浮浪之人充之。古人所以制乡遂之意，盖荡然无复存矣。至于义役，民则义矣，将何以处司投者乎？元以五十户为一社，置社长一人，乡置里正一人、主首一人。尝观黄文献公所撰《鄞县义役记》，其制亦犹夫宋而已。今制每年里役其长一人，籍定其次十年，而遍其役期之先后，无得而私焉。验其丁粮之多寡以为任役之轻重，其役费之予夺无得而私焉。其籍每十年役遍一更造，人有生亡，则登下之；田有卖买，则推割之。其长不任役，则选同甲与比甲之次丁粮足任者代之。户有逃绝，必补其数。此法行而差役、雇役、义役诸纷纭之议皆可以无讲矣。但其役之设也，本以承勾、摄督、催征而已，后乃凡百科敛皆在焉。嘉靖四十五年，侍御庞公尚鹏按浙，加惠里甲，振刷夙弊，凡公用支应夫马等项俱酌定其数，一例编银，征之于民而用之于官。

粮长　即汉之啬夫与宋之户长也。今制，每区设正粮长一人、副二人，每区岁轮一人赴京关给勘合，亲听敕谕，归乃下乡催办税粮完纳，填写勘合送县，奏缴北京，既建，仍岁降勘合，南京户部关缴如初，盖责慎之意，其重如此。岁久消去，有司乃权令众户朋充，今且有十人而朋其一者矣。近乃举而宁之，革之诚是也，如高皇帝之约束何？有志于奉国恤民者，尚无废画一哉？

均徭　自粮里正役之外，凡诸执役于官者，通曰均徭，即周礼所谓服公事者是也。均徭非役名，乃所以制役之意。盖自昔之议役者，其制莫善于此矣。按《宋史》，其役有衙前，即今之解户、库斗；有承符、手力、散从官，即今之学隶、弓兵。旧志熙宁雇役，岁奴免役钱九千八百贯有零，非尽为役费也，禄官更备水旱，皆取足于宽剩钱之数，故其取之多如是，诸贤所以亟争之也。元之役有祇候、禁子，有弓兵，有站夫，有铺兵，与今制亦略相出入，其所以为役之法，莫得而详。今制凡杂役皆点差，而以上中下三等定其轻重。盖有司得随事专制，非若里甲有一定之役次，是以放富差贫挪移作弊之戒于律，令每丁宁焉。弘治元年，始定均徭之制，其制照里甲定籍，年役一甲以五年与里甲互役，总验一县之丁粮，配诸当役之数，通融而审编之。凡役期之先后、役值之轻重，有司者皆莫得而高下焉，此诚所谓均徭者矣。且兼宋人差雇二法，分为银力二差。银差者，征银入官以充雇值而免其役，即熙宁免役法也。力差，但准银以定差而不征银，听其身自执役，或倩人代役，即元祐差役法也。其参酌事理，曲尽人情又如此。近或有非役而因事征银者亦附焉，岂有取于宋人宽剩钱之类欤？

驿传　即元之站夫也。自汉以来，驿传之马皆官置之。站夫之名始见于元，盖自此遂为民役矣。国初，驿站之役皆点充，所谓丁佥也。其后渐之，通验田粮朋补之，所谓粮佥也。县额：远方，马七匹；本县华溪驿，马五匹、骡三头、驴五头、递运夫三十五名。诸役之中，其最重难无如远方马头者矣。于是议者定为免役征银之例，而患始除。近又通计一县民粮之数，配以所须马价等银，计米征之，岁随税粮征完解府，以候远近诸驿之关领者给焉。

民壮　古者乡遂之民，居则为农，出则为兵。农虽兼兵之役，而未尝别出养兵之费，亦庶几乎劳而不费者也。后世为兵者，既列屯坐食，资农以为养。及兵之不足，又集农以充兵之役焉，亦异乎古矣。宋河北有弓箭手，陕西有义勇，或给田以募之，或免役以集之，犹未户使之为兵也。自熙宁中，王安石创行保甲之法，而民始有户兵之累。民壮之役，亦颇类此。洪武初，立民兵万户府，简民间武勇之人编成队伍，以时操练，用以征战。事平，还复为民。此民壮之权舆也。然其所立，止要害须兵之处，所简亦止武勇任兵之人而已，曷尝通行郡邑，户使之为兵哉？太平之后，旋已罢矣。正统十四年，令各处招募民壮，就令本地官司率领操练，遇警调用，事定仍复为民。民壮之名始于此。其费视税粮居其十一，后乃老羸残疾皆窜名以苟衣食，不过以充候人之役而已。

老人　即汉之三老，掌教化者也。洪武中，令天下州县里设老人一名，以耆年有德者充之。置甲明亭，颁教民榜，凡民间细事，俱听进亭老人会众剖断。有不服者，乃经有司。其赴京奏事称旨者，即授以官，任亦重矣。后因所任非人，有司概轻遇之，于是耆年有德者多避不肯为，而其乐为而不辞者举皆人役也。

是岂太祖设立老人以助宣教化之初意哉?

风俗　邑之弊俗所亟宜更者有八:曰淹女,曰火葬,前已具之。曰健讼,民间少失意则讼,讼则务求胜,既问无冤矣;不胜必番讼之。所争之端甚微,而枝蔓相牵,为讼者累十数事不止。每赴诉会城,久持数词。于巡院,则曰豪强;于盐院,则曰兴贩;于戎院,则曰埋没;于藩司,则曰侵欺;于臬司,则曰人命强盗;于水利道,则曰淤塞。随所在遍投之,唯觊准理,即涉虚坐诬不恤,而被讼者且破家矣。曰起灭。民之阴鸷而黠者,上不能通经学,下不肯安田亩,以其聪明,试于刀笔,捏轻为重,饰无为有,一被笼络,牢不可出。凡健讼者之为害,皆此辈尸之也。人有指斥其恶者,则以他词中之,即有司且有拘制,上下莫之谁何者矣。曰扛帮。城中歇保户与讼家为地者,每偏相佐佑,曲为陈禀,以乱是非,或伺而遮之,俾其情不获上达,稍与抗,则结众殴辱之,使负屈而去。故人家有讼,必重贿歇保之桀黠者,以为羽翼。盖未至于庭,而所费固已不赀,此贫弱所以重受困也。曰揽纳。浮浪无籍之人,代当粮里而包收之,营点奴头而侵剋之,求田问舍,娶妇嫁女,或以耗诸声妓之娱,罔顾后患。一遇追并,多方诡避,及发觉,则诸宗族亲戚邻里及素所拂意之人,令其陪偿。或牵连数十人,又弗克完,则有司官吏或并受课殿之罚,公私盖交病焉。曰聚集。民健而不知法者,遇有争竞,辄逞凶聚众,多或百人,少亦不下十数人,鸣锣持杖,交相击斗,不惟大狱缘之而起,而习乱之风不可长也。曰投兵。自海壖告警,金华之民夤缘募兵,侥幸为把总者往往富累万金,贵登高品,初无汗马之劳,冒膺胜敌之赏。以致力田之民,卖牛犊,铸刀剑以应招募者,所在成群。始自义乌,连及东阳,今且浸淫而至于永康矣。以今则坐失耕稼之夫，以后则酿成盗劫之患，其为害不浅也。《阴符经》曰：“火生于木，祸发必剋；奸生于国，时至必溃。”《易》曰：“涣其群，元吉。”此正识微虑远之君子所当涣之以元吉之治，勿使其时至而溃者也。塞涓涓以杜江河之流，伐毫厘以省斧柯之用，其在于兹乎？然救弊之术，岂有他哉？照之以明，断之以公，操之以信；果如当其罪，必惩罔宥，则一举而民志定，民俗变矣。

原編第廿二冊

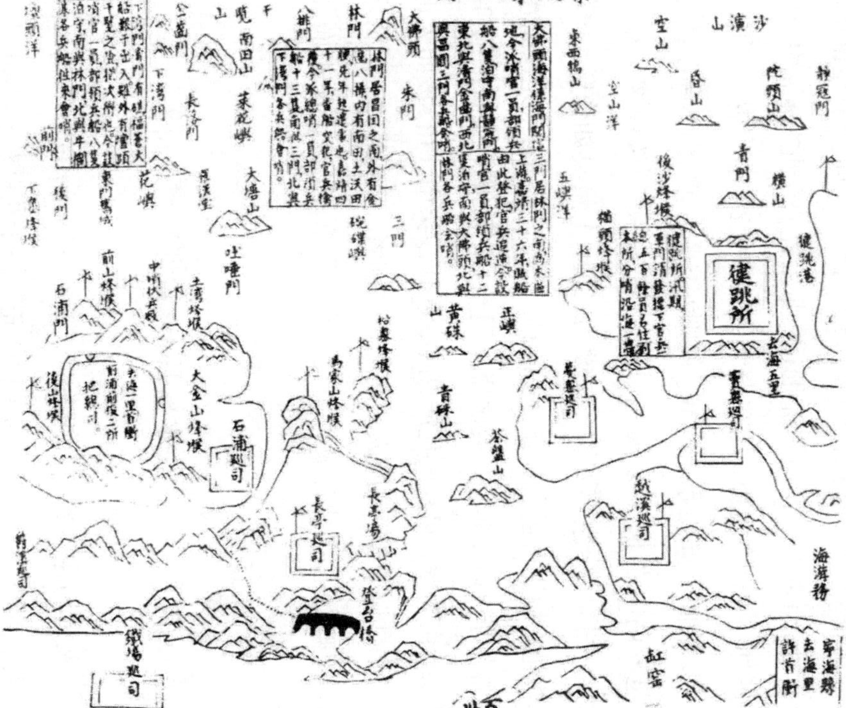

沙濵山
空山
昏山
𫐐頭山
靜寇門
空山洋
東西鶴山
青門
横山
後沙烽堠
五嶼洋
健跳港
健跳所
猫頭烽堠
去海五里
正嶼
黄珠山
青珠山
茶盤山
越溪廵司
海游務
寧海縣去海里許首將
虹窑
鐵場廵司
登台橋
長亭廵司
長亭湯
馬家山烽堠
松嶴烽堠
石浦廵司
大金山烽堠
後山烽堠
石浦門
前山烽堠
中所伏兵廠
土嶴烽堠
吐嗤門
大塘山
三門
林門
大佛頭
南田山
萊花嶼
長洛門
下湾門
公嶴門
花嶼
東門寨城
後門
下金漆堠
前門
牛欄基洋

《宁海县志》

宋胡融曰，宁海水利，讲之旧矣，然皆不得其要领，冒尔为之，卒无成绩。且如官庄、大岙、竹口、梅林、九顷，田畴开辟，虽号出谷处，畎浍沟洫与夫河渠无可倚赖。周世宗显德中，祖令孝孙，元祐中，本路罗提刑适，非不究心于此，未审年岁，寻皆废坏。故吾乡之田，凡在路北者，凶岁多，丰岁少。大抵河渠之利，独便于苏、湖、杭、越。何则？土平水缓，势不湍激故也。吾邑界两山之中，春夏溪流暴涨，奔放冲突，声如雷霆，小小堰埭，一扫而尽，岂容潴蓄？故尝为之说，上策莫如作陂，下策莫如浚池。相视吾邑，土疏而多沙石，山峻而不钳镙，无逶迤漫泉沮洳大泽可以作陂，上策之说不可行矣。不得已，则有下策耳。合以十亩为率，问其田凡属几主，裒其钱买田一亩，浚而为池，遇旱则共以灌溉，一应人户有田在高仰者，二依此例推而行之，如此，则吾邑之地皆成良田矣。虽曰下策，犹愈于束手而无策者乎？

《永嘉县志·盐课》

永嘉场在二都，东邻大海，其乡一都至五都。国初以濒海故，尽占籍为灶，灶户一千四百，正丁一千九百九十。每大丁一，贴办小丁五，额办盐六千七百四十五引三百三十五斤二两五钱，岁支工本钞一千三百四十九锭八百三十文。每灶分与沙坛一亩，仍官给铁锅牢盘一口，及山荡采樵，以资耕煎。区分二十四团，总催八十名，分立八扇，每扇岁一人征收课盐贮之仓场，候商人执引，以次照支，谓之常股。后因边储急用，召商中纳，越次支给，谓之存积。成化间，御史林诚以仓盐多耗，疏令沿海灶盐并输半价，始分折、本二色。其折色盐三千一百五十三引三十一斤，该银一千二百六十一两二钱三分一厘，输运司解京。本色盐三千五百九十二引三百斤十五两二钱，内存积四分，常股六分。后因商人支给不时，而仓廒所积复有浥漏耗损之患，官府必责其取盈，总催往往破产以偿，不胜困累。弘治间，侍郎彭韶廉知其弊，奏并征折色计银一千四百一十五两三分，解纳运司给商，任其到场买盐听掣，商灶一时称便。嗣后盐法渐坏，优恤罔加。国初所给工本米，继易以钞，及钞法不行，工本遂废，而又身膺二役：县有里长，场有总催；县有甲首，场有五长；县有收头，场有解户；县有支应，场有直日。灶之与民，苦乐居然可见。为有司者，顾以灶得盐利，每困苦之，凡杂办征输，悉与民埒。且商人到场买盐，贫灶率先贷其银，而商人乘之以射利，数月之间，必取倍称之息，每盐一引，视常价仅得半之。用是，日苦窘急，逃亡数多，而额不可减。正德间，当道议将灶户田每五十亩准一小丁，以足原额之数，庶几得通变之宜。然旧额沙坛外有沙城拦护，节年风湖冲拓，沙坛半入于海，耕办寡资，益不堪命。邑人封通政王钲深用悯恻，嘉靖十三年间，具奏乞照各场水乡例，将旧征折色盐课，敷之通县，并请修筑沙城。事下，巡盐御史杨春芳、行知县周琓会议，奉按验将折色盐银派通县照田办纳，灶困稍苏。至嘉靖二十七年，巡盐御史鄢懋卿因诸生张埝、冯瀚等言，乃就沙城旧址筑以石堤，保存余沙，分给各灶，每丁所得视旧额不啻减半云。

《永嘉县志》

先是浙东设总督一员，金盘名色把总一员。嘉靖三十五年，始改设参将驻扎盘石卫，复设钦依金盘把总，专管水关，统领兵船驻扎瑞安。隆庆年间，移驻宁村所，其南北要隘如黄华、蒲岐、石马、梅头、飞云镇、下门等处俱设名色把总，带领水陆官兵，画地防汛，每总不分水陆，俱设兵五百名，以募兵兼卫所选军充之。黄华关、飞云关、江口关、镇下关各设总哨官一员，哨官一员。黄华关属乐清县地方，原系水寨，派盘石卫官军防守。嘉靖三十一年，改设总哨官带领民捕军队舵兵，泊梁湾海洋。飞云关属瑞安县地方，原系水寨，派温州卫官军防守。嘉靖三十年，改设总哨官，带领民捕军队舵兵，泊凤凰海洋。江口关属平阳县地方，原系水寨，嘉靖三十八年，改设总哨官，带领民捕军队舵兵，泊洋屿海洋。镇下关属平阳县地方，原系水寨，该金乡卫官军防守。弘治年间废。隆庆四年，题设总哨官，带领民捕军队舵兵，泊官岙海洋。参将标营左右中前后五营，每营设名色把总一员、哨官五员，各领官兵一枝。标营平时屯插盘石卫，汛期出守黄华、蒲岐、梅头海口，专御洋田岙、曹田、日团一带地方。

左营平时屯插蒲壮二所，汛期出守上魁海口，专御盐浦镇下一带地方，并哨福建流江界。右营平时屯插盘石后所，汛期出守石码海口，专御三屿、盐盘、沙角、南渎、平山、白沙一带地方。中营平时屯插金乡卫，汛期出守大濩海口，专御石塘潼、头七溪、大小渔野一带地方。前营平时屯插平阳县，汛期出守仙口海口，专御柏城、汶路口、眉右、宋埠、陡门、江莱一带地方。后营平时屯插海安梅头，汛期出守前后冈海口，专御场桥、长沙、永嘉、场沙村、黄石浦一带地方。珠炎营名色把总一员、哨官五员，领民兵一枝，平时屯插炎亭，专御珠明、石坪、大岙、舥漕、洪岭一带地方（往年每大汛，军门调发标下二营，前来协守此处。万历十九年，因警息议免调发，以本处民兵分布防守，省费不赀）。大汛以春分二月中，此阳和方深，东北风盛作，日本岛夷与诸国互市，或乘风剽掠，可以猝至温、台，故防之。夏至后南风盛，海水热，蛟龙起飓风作，彼既难来，我亦难哨，故此时撤防。小汛以十月小阳，东北风与南风时或连作，故防之。冬至后海寒，北风欲沍，故十一月撤防。惟四月渔船出洋，乘掠盐米壮男，不敢深入内地。九十月海外诸国互市者皆乘东南风之广中香山，遇船劫掠，故小汛亦不可不防也。镇有三关：曰黄华，曰江口，曰飞云。而黄华悬于海外，倭船外洋来者必经其地，故于黄华海口联舰哨守，则北可以扼梁湾之冲，南可以扼南麂之冲，分布制截，寇自不得深入，此御倭之策，莫先于防海也。又按民间田地起科征税，岁供官军月粮，承平日久，徒籍虚名以糜廪食。自有倭患以来，官军一无所用，于是酌议募兵，率用土著，间收义乌、武义之民，分拨各总，大约共若干名。又于常赋之外科派练兵银以给兵饷，视官军月粮不啻倍之。而督兵诸官类选民人稍知兵事者，充为名色把总、世官指挥千百户等，间一委用。迄今四十余年，海上不无警报，募兵不敢议，而卫所官军尽为虚设，此东南疆圉安危至计，不可不加意而振刷也。又稽初设官军时，行伍悉充，而民赋所输，计足供给。今官军消耗将半，而民间赋额然犹不减，此其故非奸胥侵渔，则豪军冒领。近议欲查追余粮以充运军之需，是岂法纪所宜哉？

永嘉县　沿江有三洲：西洲、蒲洲、任洲，入江有十三浦：上戍浦、竹浦、桑浦、瓯浦、西郭浦、外沙浦（注二十一）、黄石浦、白沙浦、梅岙浦（注二十二）、礁头浦、河田浦、象浦（注二十三）。通江凡四港：安溪港、菰溪港、荆溪港、楠溪港。瓯海一名蜃海，去郡城东六十里，江流东至盘石宁村，会于海洋，茫无际涯，是谓瓯海。自宁村而南，积沙成城，以捍潮势。沿海皆沙涂，亭民取咸潮溉沙晒卤煮盐。瓯海之长潮，西至白沙接安溪（由江南岸则自北门憩节亭历江山、永清（注二十四）、定安（注二十五）、迎恩门（注二十六）、西郭，过吴崎、桑浦、屿头、岩门、竹浦、塔头、山林头、吴渡、上戍、浦口、江南、张岩、外村、西洲峄、驿头、殷溪、椪溪至茭茭洋渡抵青田县界。由北岸则自罗浮河田（注二十七、注二十八）、泥涂马岙、礁头、梅岙、鸡笼屿（注二十九）、小荆、荆溪、港口、白壤、上菰溪、港口灵凌福、白沙茭、茭洋至安溪港，亦抵青田县界），北至潮际，接楠溪（舟过北岸，由千石入楠溪港。潮至潮际），退潮东去，北至馆头（抵乐清县界）（注三十）。

瑞安县　安阳江（在县南门外），旧名安固江，吴时名罗阳江，唐时名瑞安江，又名飞云渡（江之源有二：其一自建宁政和县界温洋迤逦南来，至百丈（注三十一）。口而罗阳（注三十二）大洪、莒江之水会，至三港为大溪；其一自处青田县木凳岭至陀溪而三坑之水转至陶山南口，为小溪，二溪宛转合流而入于江，凡数百里焉。其夹江南北岸诸山之水，派流颇多，皆入于江）。其长潮西上，一抵三港，一抵陶山港；潮际，其退潮江口东接洋屿入海，南次横河（注三十三），次俞木，抵平阳县境（注三十四）。

平阳县　横阳江（在县西南二十五里，旧名始阳江），一港入顺溪，分源东流合睦村、周岙，入东南流合横口三桥，出逶口江；一港自梅溪（注三十五）出汇梅浦；一港自闽峤诸山涧谷出松山（注三十六）、平水；一港自宋兰洋分东西源出燥溪而止（注三十七）。海在县东二十五里，北自瑞安县界榆木浦起，经斗门、仙口（注三十八），自仙口南经江口（注三十九），小茄、南监、邪溪、盐亭抵大奥、王孙、蒲门，自蒲门抵堕项岭、俞山，自俞山抵福宁县烽火寨止，横亘三百余里。

沿海巡检司一十处管烽堠九十三所。馆头巡检司管拨：白沙山（注四十）、南岸山（注四十一）、三屿山（注四十二）、屿头山、黄华山（注四十三）、洋田山、盘屿山（注四十四）、田湾山、馆头山、茅竹山（注四十五）、下关山、上关山、瞿屿山（注四十六）。中界山巡检司管拨：枫叶山、东白山、蜜辣山、黄家山、殊磊山（注四十七）、川石山、大奥山、长沙山、沙下山、沙汇山、洛湾山。北监巡检司管拨：楚门山、茗坑山、乌岩山、苏家冈、后轿山、西团山、湖头山、赖头山、前山、化山、下山头、芦湾。小鹿巡检司管拨：马鞍山、灵门山、鱼井山、于江山、丫髻山、三山（注四十八）、石桥、西门、乌沙门、亭头、东门。蒲岐巡检司管拨：岐头山、水奥山、高松山、南浦山、缆屿山、蒲奥山、栀头山。梅头巡检司管拨：鲍田、前山、钱家步、前塘路、岩井山、白岩、南岸渡头、横河、塘路、郑家庄。下村巡检司管拨、拦头、濛湾、刘家山、小王孙、大王孙、后嵯、关山、玄中岩、下村头。小渔野巡检司管拨：大濩山、卑湾、上洋山、奠山、凤凰山、白崎山、浪荡头、半塘。江口巡检司管拨：屿门山、蔡家山、麦城山（注四十九）、福全山、司前塘、塘岸。仙口巡检司管拨：白洋、石剌山（注五十）、斗门、风门、塞平山、烽火山。防御倭寇官军战船于莆门、小渔、野青、奥门、中界山、楚门等处海口湾泊堤备，遇有警急，即便策应追捕。

附注

注一：受塘左之泾十有八，塘右之泾十有三。

注二：受塘南之泾五，塘北之泾六。

注三：南受陶泾水。

注四：若杭州近在会城，不必委官，而温处等府，处浙上游，本司委官往返，动辄千里，势不可行。其双月类报钱粮及类批销批，一如前法，但各府如期差一首领官敛收类解；其兑银验银俱封银，俱责成府首领官与县官逐一仔细，不可违错，责有所归。至于本司委官并各府委官每次给应付一张，以颁文之日为始，回衙之日为止，计日给银三钱供给；到各县，于该县备用银内动支；出府境各驲，于廪给银内动支。每县不得过两日，到省计日定限，不得耽阁延滞。其有钱粮应在府给发者，即贮府库；应县给者，即贮县库，不必解司，止申批札发。其各县原议津贴银两，悉行裁革，不得重科加派，累害小民。如此行之，计通浙所省可得万金，其于革弊益民，不无小补矣。详两院，如议通行。

注五：张元忭曰，按曾、王、徐三公之议非不凿凿可听，然在当时已窒碍不可行。至于今又数百年矣，无论二千顷之膏腴，民命所赖，即庐舍坟墓，于其上者无虑千万家，若铲而为湖，是激洪水于平世也。且昔之为湖者，将以蓄水耳，今既有海塘，有三江闸，谨修筑，时启闭，可永无患；而又蓄此二千顷之水，徒以鱼鳖，兹土将安用之哉？如此而犹存三公之议者，姑以备旧制云尔。

注六：刘忠显韐。

注七：二十八洞以二十八宿为号，故名应宿。知府萧艮干立水则于三江闸，书金木水火土五字，水至金字脚，各洞尽开；至木字脚，开十六洞；至水字脚，开八洞。夏至火字头筑，冬至土字头筑。

注八：嘉靖十六年。

注九：闸用巨石，牡牝相御，煮秫和灰固之。其石激水，则剡其首，使不与水争。其下有槛，其上有梁，中受障水之板，板横侧掩之。石刻水平之准，使启闭维时。堤筑以土，其淖莫测，先没以铁，继用箘范，发北山石投之，两旁甃石，弥缝峭格。周施堤，厚且坚，水不得复循故道。其近闸，磬折参伍之，使水循涯以行。其财用出于田亩，每亩科四厘，计三邑得赀六千余两，其丁夫起于编氓。

注十：三十九年，有民徐应元等欲佃为实业，呈蒙里门都御史胡批府行县勘明不准，但所占前田尚未吐出。至嘉靖四十一年，蒙遇丈量，该本府通判林仰成即作原田丈出，多数入册粮差讫。丈量之后，各民复占成田太多，且地势渐低，必泄水，方可播种，因大开孔堰等闸，以致湖水少滀，灌溉无资，一遇旱魃，五乡遂至啼饥。及今不禁，则侵占之渐犹不可止，而五乡之害，又不可言，所以王茂贞等有今日之奏。相应查照原额，尽行革复。但念前田承业既久，粮差已定，卒欲更复，不无动众之患。议将嘉靖三十九年以前占种者仍旧管业，置立疆界，分别湖田。

注十一：盐船经此，必需大汛。若重载当徙，则百舟坐困，间日不得前。于是增此坝，分导壅遏，通官民之舟；而北堰专通盐运。

注十二：在县东十里石湫坝也。宋时在急递铺侧名通明北堰。明洪武初鄞人郑度逢言开浚，移郑监山下，又名郑监山堰。

注十三：余姚下坝一名新坝，亦石甃，西去中坝十八里，东至县四十里，左江右河，河高于江丈有五尺。明越舟航往来所必经，然坝高，舟难猝上，又候夜潮乃行，率夜半，始群至坝下；至则各登涯争先拽缆，每相持，或竟夜不车一舟。遇雨雪之夕，衣服濡湿，饥寒僵缩，股栗不禁，尽死力争之，尝有斗而死者。

注十四：慈溪西北一百里连岸。

注十五：数详《兵卫志》。

注十六：《绍兴府志》，会稽县知县张鉴申文，为弊之端有四：一则诡粮绝户。盖某户本无田无粮也，奸人贿书，忽寄升斗于上，明年倍之，后年又倍之，积至岁深，存者不下十百，多则不知其所自来矣。二则产去粮存。盖卖田者利于重价，将官作民，将湖作站，摘粮代办，故则不知其所去矣。三则三转一关。如赵甲之田，本无卖出买入也，册时故为推收，一推于钱乙，再推于孙丙，更转于李丁，而复还本户。或于孙丙而摘粮，改多改少；或于李丁而摘粮，改官改民，去者无求，而来者无辨矣。四则借名脱实。如本户田粮本无故也，忽捏坍毁积荒诬词，告官勘量，遍借别处坍塍废址，冒认己业，贿勘者捏数回官，贿奸书推粮存里，始则朦倍，终则规脱矣。

注十七：岭：西屹岭、沈公岭、东皋岭、石家岭、油岭、张家岭、洞岭、沙岗岭、泄岭、漫石岭、茶茶岭、新岭、大干岭、桂岭、芦花岭、西岙岭、大岭、塔岭、龙塘岭、小展岭、摩鼻岭（已上东乡），晓峰岭、茅岭、野岙岭、郑思岭、寺岭、长青岭、藤坑岭、鲍家岭、小岭、岑江岭、夹门岭、清岭、朱和岭、大周岭、平石岭、柯梅岭、白泉岭、西皋岭、叠石岭、黄泥岭（已上西北乡）。

礁：丁家樵、在内境之海，西一潮可抵；左茅洋，右螺洋，乱石崭然中起，潮大则没，舟人不戒，触之辄坏。先昌国令王与善立石表以示往来者便之。缸爿礁、金砂滩际南海中。分水礁。莲花洋中。

磕：丘家磕、城东六十里大岙之南。干磕、城北三十五里。刑马磕。在岱山之东北，名秦头，相传隋骠骑将军陈棱伐琉球，至此刑马祭神。

湾：施家湾、在城南东江浦之内，战船收泊之处。弘治以前，田皆斥卤，今悉成熟而腴。白棋子湾、与黑棋子湾相对，螺蚌之甲，随潮上下，淘洗成质，莹洁光润，欲得之者，撒白米易之。黑棋子湾。在乌石塘之右，其形圆巧绀滑；欲得之者，祷于神，撒黑豆易之。

塘：乌石塘、在东海中，马墓山之阳，绵亘百余丈，高可二丈余，枕海之滨，表里一色，圆巧若龙鳞然，下注民田，皆成沃壤。天色晦冥，则光怪间错。故老相传，此塘一夕暴风雨卷挟而至者，塘有三：一在舟山下塘头；一在桃花岙，百年之间，或卷沙以为堤，或推石以为塘，捺就膏腴，不藉人力。然则海变桑田，非诞谩也。徐偃王祠在城东三十里之翁浦，俗呼为城隍头。按《十道四蕃志》云，徐偃王城瀹洲以居，其址尚存。史载偃王败，北走彭城武原东山下以死，疑非此海中，而韩文公为衢州碑曰偃王逃战，不之彭城而之越之东隅，弃玉几案于会稽之水。则《十道四蕃志》或可信也。

注十八：岑港有龙洞，其神甚灵异。其出入地方，可得而知：竹叶向内，则龙在洞；竹叶向外，则龙在外海。向有一人，失足入洞中，云，洞直通响礁门，洞内俱干，复得出。万历二十六年，有施姓者，因天旱祈祷无雨，施愿舍身，为一方请雨，随至龙洞口投下，继而尸即浮起，顷刻大雨如注。

注十九：关一，舟山关，在城南二里。

注二十：在永康东北一百十里。

注二十一：朱村浦。

注二十二：梅奥山在仙桂乡。

注二十三：象浦山在三十六都。

注二十四：府东北门。

注二十五：府西北门。

注二十六：府西门。

注二十七：罗浮山距孤屿一里。

注二十八：在府北。

注二十九：在府北仙桂乡。

注三十：南次龙乐湾，次崎头，舟行至此，始出江口入大海；分南北行，谓之转岐。崎北至青岙山门，而永嘉之海境尽矣。

注三十一：百丈山在泰顺北三十五里。

注三十二：罗阳在平阳西南十五里，陶山在县西三十里，木凳岭在县西芳山乡。

注三十三：横河在县南南社乡，南通平阳万泉乡，东连沙塘斗门。

注三十四：由江南岸，则自双门外历宁村、沙城、梅头，抵瑞安界；由江北岸，则自罗浮、华严（山在府北八里）、楠溪港、强奥、挂彩（在府东北二十）、象浦口、馆头、青奥（在海中）、鹿西（在海中），东抵乐清界。

注三十五：在平阳西三十。

注三十六：县西南八十。

注三十七：燥溪山在县西南七十，燥溪在县南五十。

注三十八：仙口山在东二十五里。

注三十九：县南二十。

注四十：府西北二十七都。

注四十一：乐清永康乡。

注四十二：同上。

注四十三：同上。

注四十四：乐清西五十。

注四十五：府东南五都。

注四十六：府东二十。

注四十七：府东海中。

注四十八：平阳西南五十。

注四十九：平阳南十。

注五十：平阳东十里。

江西备录

形胜

大江迤西，川谷环萦。惟十三郡，罗列《图经》。吴头楚尾，粤户闽庭。形胜之区，险兼阻并。彭蠡汪秽，庐岳峥嵘。左江右湖，风气澄清。勿谓壤遐，近于藩屏。绵溪延岭，控带荆、衡。既固我圉，亦诚厥町。俯安封域，仰佐升平。

东有海盐章山之铜，三江、五湖之利，亦江东之都会也（《汉书·吴分野》）。

水陆四通，山川特秀。咽扼荆、淮，翼蔽吴、越（雷次宗《豫章记》）。

襟三江而带五湖，控蛮荆而引瓯越（唐王勃《滕王阁序》）。

洪、江、饶、虔、吉、信、抚、袁，悉属治所（唐韩愈《滕王阁记》）。

为淮、海之襟带，作吴、楚之把握（唐封敖《记》）。

南距五岭，北奠九江（宋范致虚《记》）。

江西路环数千里，为郡十有三，为县五十有三，控引荆、湖，襟带吴、越，为上流重地（宋李纲《乞差军马札子》）。

江西一路，辅翼建康，驻跸之所，蔽障闽、广，接连荆、湖，自江以北，控引淮西（李纲《条具防冬利害》）。

钟陵奥区，楚泽全壤。天开翼轸之疆，地扼江湖之国（宋王应麟《玉海》)。

江西之为省，东接闽、浙，西连荆、蜀，北逾淮、汴以达于京师。据岭海之会，斥交、广之境，蛮服内向，岛夷毕朝。提封数千里，隆兴则其治所也(元虞集《江西行省惠政碑》)。

星丽斗牛，地兼吴、楚。据百粤之上游，壮雄藩之重辅(明胡俨《滕王阁赋》)。

统三府论之，江西诸水，总汇鄱阳湖，泻注大江。匡庐山障之，饶州在其东，稍西北而南康，又稍西北而九江。其地东接徽、衢、池、庆，西接蕲、黄，武昌大都，为豫章北户云。以繁剧论，则饶州为上，九江、南康次之；以冲要论，则九江为上，南康、饶州次之。此其大凡也(明王世懋《三郡图说》)。

环郭外者为龙沙，龙沙之外，滂濞长逝为大江，大江之外，嵚崎罗列为西山，西山之杪，北峙为匡庐，大江之隈，东汇为彭蠡(明潘恩《揽秀楼记》)。

江右地分，河山间方，广数十里，统十有三郡(明钱习礼《亭记》)。

负江依湖，南临两广，北接宣、杨，西控楚，东翌浙(明邓元锡《方域志》)。

南昌在湖之南。湖东为抚州，东南为建昌，又东为广信。湖西为临江，西南为袁州，又西南为吉安。湖西北为南康，又西北为九江，东北为饶州。而九江牵制沿江诸郡，且与南康密迩，巨湖吞浸，实要害之重关也。瑞州却湖而负山，南安、赣州去湖益远，在省治极南，以五岭为屏翰，而汀、漳、雄、韶(明郭子章《郡邑表说》)，诸山跨络，林箐茂密。斯为盗薮，故设督抚重臣以临之。

江西三面距山，背沿江、汉，当吴、楚、闽、粤之交，南昌其都会也。九江为江、楚锁钥，赣州介在南服，南安阻凭庾岭，南康、饶州夹彭蠡以列郡，而康不逮饶。吉安、抚州人才甲诸郡，建昌事简而殷，瑞州地僻而阜，广信冲而疲，临安冲而逸，袁州密迩楚境。此江右之大较也（刘斯枢《程赋统会》）。

南昌府

在江、湖之间，东南一都会（宋曾巩《修城记》）。

漳水北经南昌城，西历白社，又北历南塘，其东为东湖（曾巩《徐高士祠记》）。

兹郡之胜，实为东湖（宋杨亿《涵虚阁记》）。

大江之西，处都会而山水佳者，洪为最（宋余靖《洪州学记》）。

列岫横青，龙沙飞白，迤逶突兀于江干之西（明范涞《钟鼓楼记》）。

地势自虔州北折千里，或浸为湖，或耸为阜，似日者，似月者，似虎踞者，似龙蜿蜒者，悠悠累累，息于章江之滨（明万恭《南昌学记》）。

平原绵衍，赣、汝交流（《南昌形胜志》）。

群山翼赴，众水朝宗（同上）。

新建，江右之钜邑也，境益会省（明陈宏绪《新建学记》）。

层峰叠嶂，秀出云霄，多仙灵窟宅（明喻均《新建志》）。

厌原奇丽，双江汇环，盖都会雄观（《新建前志图记》）。

洪都壮邑，厥水惟丰。池水跃龙，芙蓉浴日（宋刘乡《丰城志序》）。

丰城为县，壮哉一旦，紫气腾踔，上薄斗牛，而物华天宝，人杰地灵，益翕炳焕（宋徐鹿卿《丰城志序》）。

丰城为吉、赣下流，地势洼甚，春夏水暴，至汇为巨泽，县兀然居中（宋刘德秀《丰城堤记》）。

章水经北，曲江汇东，带二水之长流，襟三江之长雄（宋王孝友《丰水赋》）。

罗山峙其南，赣江环其北（元《富州形胜志》）。

丰城古泽国也，当五郡之水冲（明李琯《仙坛石埽记》）。

进贤为豫章壮邑，延袤凡数百里（明王一夔《进贤成化志序》）。

台山列屏，曲水萦带（明陈应元《进贤修学记》）。

邑东有河，其源出临川之槲岭，迂回百余里，合东流至邑（明王英《进贤县青龙桥记》）。

北湖澄渊，缑山砥柱，洞阳荡其西，瑞洪浸其东（万恭《进贤县形胜记》）。

豫章郡，三江之都会，奉新县，五岭之要冲（宋杨万里《南津桥记》）。

气象平衍，面势洪博。北趋江、淮，南抵闽、粤，道路四达，商贾会通（宋桂如篪《奉新华丰楼记》）。

南昌之属邑，唯新吴为最，冯川敌其阳，其地有高山峻岭（明吴彦弘《奉新通化桥记》）。

奉新在豫章西山之西，越岭之东，山川秀丽（明赵理《奉新志序》）。

山从修宁，若拱，若揖，若波之涌，若龙之蟠，若骧之腾，似旗者，似鼓者，似笔者，似剑戟者，东奔数百里，乃播为大陆，衍为周原（万恭《靖安学记》）。

绣谷雄盘，桃源纡阻（《靖安形胜志》）。

武宁为隆兴西南壮邑，山刻而水驶（元范梈《武宁学记》）。

武宁最山川胜处，西江为尤胜。幕阜、九宫，绵亘二山，秀出云表，盖吴、楚相入处也（宋杨恢《武宁王清万寿宫记》）。

环武城皆山，苍崖翠壑，古涧生风，峭壁层峦，飞泉瀑布（宋白玉蟾《武宁涌翠亭记》）。

武宁为县，僻在万山中，当修江上游，水泉灌溉之利，峰峦岑郁之美，亦望县也（明陆深《县志序》）。

陆有剑阁列栈之雄，水有玉峡诸滩之险（《武宁志》）。

宁州者，江右之大西蔽也（明万思谦《宁州铜鼓营记》）。

南山排于前，凤山峙于后，清流急湍，环抱左右（明杨信《宁州冠云亭记》）。

南昌郡，故川陆一大都会也。仰虔、吉以控岭表，倚湓浦以通江、淮，而形胜之险，实与诸郡共之。东南则章、贡、盱、汝诸水建瓴，而潴于鄱阳，南、新、丰、进之滨，号称泽国。其西层嵚鸟道，绣错楚疆，奸萌易于啸聚。自平华林码磁以后，奉、靖二邑，至今晏然。若宁州，僻在郡隅，镇之以兵甲，戍之以铜鼓石营，事乃有备。然兴国、瑞昌之寇孽，多流入于宁武，伏戎肘侧，盖尤不可无牖户之防焉（《南昌范志·疆域论》）。

瑞州府

西江道院，南服名邦（宋辛料院《贺筠州尤守启》）。

筠为州，在大江之西，其地僻绝（曾巩《筠州学记》）。

断岩深壑，宛若洞府（《蜀江志》）。

瑞本古筠，郡治在凤山之阳，锦水自西南来，折而东注，界为两崖（明沈东《瑞州修城记》）。

瑞城据锦水两崖，在南曰南城，在北曰北城（明吴山《修城记》）。

高安郡于江西称“道院”，郡治在山间，而最高处有碧落堂，下俯万山，一水穿城，南北岸万家鳞鳞，楼台皆可指数（明欧阳修道《重修碧落堂记》）。

据凤山，面锦水，昂然一郡之胜（明朱继祖《学记》）。

前瞻荷岭，后倚华林（南唐殷崇义《祈仙观记》）。

高安本豫章属邑，居溪山之间（宋苏辙《圣寿院记》）。

高安为江西上县（元李涧《张令祠记》）。

上高，筠之小邑，介于山林之间（苏辙《上高学记》）。

上高城周五里，蜀水中亘，为关者四，分峙水南北，所以丽内外，谨出入也（宋江湘《重修上高城关记》。）

上高治北而市南，一溪自万载发源，合新昌水，下走高安（宋冯椅《上高浮虹桥记》）。

山川映秀，带丽如染（明黄景《上高学记》）。

负敖峰，迎锦水（明吴学诗《上高正德书院记》）。

林壑盘纡，川原回绕（宋刘愿《新昌县谯楼记》）。

溪山深窈，左右拱揖（宋雷孝友《新昌县门记》）。

前则诸蛮戟列，后则叠嶂屏张。桂峰卓于左，螺山踞于右。盐溪合月湾而东环，东溪合北流而西绕（明王相《迁新昌学记》）。

南屏翰苑，北枕石门，桂岭、螺山，东西对峙，盐溪一派，曲折于禄陂、顾渊之间（《新昌形胜志》）。

郡在会省西南，山纡水回，虽属上游，势渐险隘，此高安、上高之名所由起也。上高又在高安上游，西滨万载，地势陡绝。

新昌本割两高之地为县，形胜在季孟间，西接皂山，北接八叠，则亦骎骎傍楚而峻矣（《瑞州山川图》）。

袁州府

州小地狭（韩愈《袁州谢表》）。

山水秀丽（《太平寰宇记》）。

枕吴头而盘固，压楚尾而仰上。连属群峪，回环千里（宋李问《仰山赋》）。

屏秀江、淮，襟带湖、湘，山平广而无高险，水远秀而无深险（宋阮阅《郡城记》）。

城郭并邑，在迤逦众山之中，如图画屏障（宋祖无择《广丰堂记》）。

气雄形壮，诚江右一巨镇（明张春《袁州城记》）。

袁州，江右大郡，当湖、湘之孔道（明申时行《袁州府题名记》）。

袁郡东十五里曰上浦，当楚、蜀、滇、黔孔道（明邹守益《广润桥记》）。

袁州大郡也，山水秀丽，为江右奥区（明吴节《袁州府学记》）。

状元洲雄居中央，回澜砥柱，一郡锁钥（明袁业泗《卢洲三元阁记》）。

宜春为郡，在江右上游，山川完固（虞集《宣奉尊经阁记》）。

袁为州，负山带水，一水清泻东北，入于大江，负城两崖，东乃惊湍，奔驶激射，不可以舟（宋滕强恕《平政桥记》）。

袁在万山中，山势嵯峨，盘曲从西南来，有峰独秀出于城南者，曰湖冈（明江皋《湖冈台记》）。

分宜为袁钜邑，山水秀朗，仙台外倚于仰山，秀江东驰于彭蠡（明汪谐《重修分宜学记》）。

分宜邑治，前瞰秀江，源发于楚萍，至此渟滀，而邑西东，限以两山，束以巨峡（明严嵩《分宜万年桥记》）。

钤冈列嶂屏围，四山周合，宛若城堞（《分宜形胜志》）。

袁之西南，有县萍乡，水山淑清，罗霄、杨岐，秀气所挺（宋刘清之《萍乡学记》）。

袁州之萍乡以繁剧称，厥壤沃而僻（宋卓津《题名记》）。

山水明秀，拱揖环抱（明简迪《重修萍乡学记》）。

北介两省，当滇南、蜀、楚之冲（明袁一唯《湘东营房记》）。

北祖杨岐之脉，凤翼飞翔，南滨塔岭之朝，笔峰卓立。左肩罗岳，右臂徐仙，川澄玉鉴，洲拥金鳌（《萍乡形界志》）。

地势隐然，负山带江（宋徐昇《万载县治记》）。

万载介群山之间（宋杨应《万载学记》）。

山有金鸡、白塔、紫盖之名，水有龙江、锦江、清泉之号。岩之可称者，仙游、龙成也。桥之可题者，双虹、南浦也。诚一郡之胜也（吴节《万载谯楼记》）。

万，岩邑也。其山崒嵂，其水萦回（袁业泗《万载志序》）。

宜阳多山水，而万载特佳胜（明潘文奎《桐冈书屋记》）。

万载当郡北，更北则宁州境，东上高，西刘洋、鹅、鹤诸峰障之（郭子章《郡邑表记》）。

左鹅峰，右鹤岭，月台居前，紫盖翼后（《万载形界记》）。

临江府

据瑞、筠之蜿蜒，枕金凤之迤逦。东拥阁皂之葛峰，西亘蒙山之巨岳，南环玉笥，北接剑江（《隋志》）。

当南粤、虔、吉舟车四会之冲（南唐吴鸾《建清江县议》）。

临江大郡，谯楼伟观。大蒙亘其北，阁皂峙其南。赣江、渝水会流而来，金凤、双洲障汇而潴，诚西江之雄也（明王臣《临江谯楼落成宴集序》）。

临江若太阴半月之形（《地理志》）。

郡居江藩之枢，掖袁控瑞，通梁、粤，带虔、吉（郭子章《郡邑表记》）。

临介在江、楚，有阁皂、玉笥以作其镇，赣、袁、喻、峡以表其流，苞稸灵异（《临江县志》）。

清江县治在萧水之上、章山之阳，石龙、金凤，地灵攸存（明敖英《清江县题名记》）。

临江为江西大郡，而清江又丽郡之望邑，势控上游，山环水秀（明钱溥《清江学记》）。

清江之有水患，自昔已然（明程远《重修沙泊题碑记》）。

清江居丰城上游，水自吉文，经玉峡，历金川，至龙洲、凤城、萧滩，则曲折回互，与地势相环抱（明张澈《清江送别诗序》）。

当水陆之冲，通八省之利（明熊化《樟树镇记》）。

淦居洪州上游，有金沙、玉笥之胜（明张鏊《新淦志序》）。

占西江之上游，表东南之孤清（明金幼孜《玉笥山赋》）。

新淦与白下、螺川无以甚异，城头山突起其侧，又一邑之门户也（明曾同亨《城头文昌塔记》）。

新淦与吉州俱属湖西，其邑群峰卓举，川光明媚（明邹元标《新淦学记》）。

东有柱、天二峰，西迎章、贡二水，南障玉笥、羊角，北峙凤山叠障(《新淦形势说》)。

章、贡之巨浸,澎湃西北;湄、湘之碧涧,萦绕南山(明陈以运《新淦志序》)。

其治在四大山之中,秀水渊注(虞集《新喻学记》)。

临四邑,独喻限长江上游(明刘崧《新喻新城记》)。

葛峰环其东,蒙岭据其北,钟山、鼎山之秀,位乎西南之郊,虎瞰山独隐然居其中,世传五星奠位(张澈《新喻县治记》)。

袁江之水逶迤来朝,悠扬萦回于虎瞰中峰之下,以达于大江(明傅鹗《新喻镇远楼记》)。

蒙,喻邑之镇山也。冈阜盘礴逶迤,诸泉随之而注,以达于渝水(张春《新喻通济桥记》)。

峡江据临上流,道里四会,星使辐辏(曾同亨《黄邑令碑记》)。

峡故隶淦,与吉邻壤(明钱德洪《峡江志序》)。

吉安府

府治据江上流(宋朱晞颜《修吉州城状》)。

南接赣江,北临淦水,面控袁州、长沙,环抱几千里(宋刘弇《送吉安守序》)。

咽喉荆、广,唇齿淮、浙,江山映带,在肩宇间(宋刘彦《登谯楼记》)。

五峰相次,颇类五老(《方舆胜览》)。

神冈揖其前,螺山峙其后,江流回合,东走其下,古所谓天作之邦(郭子章《郡邑表记》)。

吉州庐陵,古称大县(宋胡铨《吉州学记》)。

吉安于江西为剧郡,庐陵于吉安为剧县(元揭傒斯《移庐陵县治记》)。

山环水外，水环郭外(《庐陵形胜志》)。

目螺川而望东南，其青青者，皆青原也(墨历《青原山水记》)。

泰和据郡上游，城于古西昌地，控途水陆，道交、广者由之。行商往来，通货南北(明王陶《泰和县治记》)。

泰和古南平郡，地势西北高而东南低，故大江北汇流为四溪，而入于江(明严万全《溪柳书院记》)。

前挹澄江，后引科岭，金鱼插其左，龙洲翼其右，此西昌山川之胜(明徐叔伦《泰和扳桂楼记》)。

吉水山渐开，远溪益深广(明刘定之《重建吉水学记》)。

三面阻江，不隍而固(陈氏《文江政略》)。

吉水负山襟江，沙屿萦纡，龙飞凤翥之概，杰出于青原、白鹭间(明王雅《重修吉水县堂记》)。

仁山崒嵂，文水萦回(邹元标《吉水仁文书院记》)。

东山蜿蜒镇其后，字水交流环其前，五冈蹲西，玉峡峙北，巽峰、太平、仁山、墨潭，映带左右，控上游而为吉郡之喉嗉，非他县之可拟也(《吉水形势说》)。

庐陵之东邑为永丰，有山丛丛，有水溶溶(揭傒斯《永丰恩江桥记》)。

永丰，江右名邑，与文江、安成、西昌并峙而争雄(明吴期照《修恩江志序》)。

永丰三面距山，有鳙岭、五花之险(郭子章《郡邑表记》)。

安福介吴、楚之间，开阃专城，有掌固之职(明张鳌山《四城楼记》)。

山水瑰丽，东阳、白云诸峰，献秀出奇，不可名状，泸水折北而东走，势若苍龙（《安福地理志》）。

武功山自萍乡诸山蜿蜒而来，将起二峰曰泸、曰潇，武功当二峰之中，号为三奇（明赵仪可《葛仙坛记》）。

龙泉据吉州上游，西扼郴、衡，南控虔化，东连分水，北绾新州，固四塞之区也（郭子章《郡邑表记》）。

地界两川，神秀所蟠（胡铨《万安县厅楼记》）。

当水陆之冲，舟中漕运，交会于兹（明王汝南《万安县志序》）。

俯惶恐滩，背粤王台，耸芙蓉而列金鹅，由章、贡鼓棹中流，划然开目，为庐陵最上游之胜（《万安风土志》）。

陈白沙以金鹅嶂胜于鸦峰，芙蓉山过于桃峡，诗云："水作青罗带，山为碧玉簪。"可以知形胜矣（同上）。

右枕重冈，前引列峰（元李祈《永新县筹胜亭记》）。

宁据吉上游，崇山峻岭，介新之西偏（邹元标《永宁志序》）。

宁处万山中，险阻四塞，非舟车辐辏之会（郭元章《郡邑表记》）。

抚州府

与两粤、七闽犬牙其疆（唐独孤及《抚州新亭记》）。

居山川风云之会，二水绕郭，五峰镇城（宋州守家坤翁《景定志》）。

濒汝水以为郡，灵谷、铜陵诸峰，环列如屏障（宋谢逸《文集序》）。

川融山结，钟奇毓秀，江右之巨镇也（宋赵与铺《千金陂记》）。

连山高陵，野林荒墟，远近高下，壮大闳阔，怪奇可喜之观，环抚之东南（曾巩《拟岘台记》）。

地方千里，介江湖之表（虞集《抚州谯楼记》）。

抚为江西大郡，其地西南负山，至郡治而衍平，旷然数百里，下控江湖（明邵宝《抚州志序》）。

因崇邱以为城，依大溪以为隍（明成亦堂《重修拟岘台记》）。

州治包五峰于内，因山为城，因川为池（《抚州旧志》）。

临川附郡郭，幅员五百余里（郭子章《郡邑表记》）。

宝唐，崇仁水源之所自出也，迤逦而东，凡一百二十余里，合支流远近者五：曰西宁，曰芙蓉，曰巴源，曰杯山，曰罗山。凡一山之水，支派再三，舒徐入境，洄旋于崇仁之邑治，两溪始平（宋何异《塘堤记》）。

西峙者罗山，南峙者巴山（宋李燔《崇仁学记》。）

崇仁，抚之壮邑（明时季照《华藏寺记》）。

骈山贯江，风物繁衍，下瞰临水，极目如练，重阜外罗，平原中豁（《崇仁形势说》）。

金溪，抚之东境（元程文海《重修县治记》）。

金溪之山，翔跃犹龙（明宋濂《金溪庙学碑》）。

金溪县南，盱水与清江合流于汝，名曰东漕，其地为四达之衢（宋濂《金溪义渡记》）。

山溪纡阻，非兵车之冲（明徐善庆《金溪筑城记》）。

西连闽建，北接安东（明赵秉忠《舆地图记》）。

地界饶、信、盱、汝之间，山川秀异（明徐孟恕《金溪志序》）。

上幕前峙，卓笔后拱。含辉纳秀，占溪山胜处。襟带八闽，奇分五岭（《金溪形胜说》）。

宜黄上接虔化，旁属南丰（宋邹极《宜黄审政堂记》）。

宜、黄二水合流于东北：一水自南绕东趋北者，源远而流稍大；一水自西绕南趋东者，源近而流差小（元吴澄《宜黄西恩桥记》）。

宜黄居临汝上游，当宜水、黄水合流之间（明谭纶《宜黄城记》）。

宜黄僻在一隅，而山水清越（明周梦若《仙岩元宝观记》）。

抚之属邑五，惟乐安僻在万山中，舟楫不通，崎岖扼塞，行者病焉（元吴当《题名记》）。

枕山踞湖，象山、龙冈峙左右，前则太华、芙蓉、鹿角、白石，诸峰林立，环治有溪曰金鳌，此一方胜概也（明胡直《乐安县治碑记》）。

乐安距府独远，介于吉、赣（郭子章《郡邑表记》）。

山高而水驶，地固而气完（《乐安形势记》）。

东乡宅奥窳，故为寇区（明王宗沐《修学记》）。

接桃峰之胜，据长林之险（郭子章《郡邑表记》）。

溪深而谷窈，石峭而泉洌（《东乡志》）。

建昌府

林奇谷秀，水绕山环（刁尚能《建武军罗城记》）。

地气殊异，山川炳灵（唐颜真卿《麻姑仙坛记》）。

建昌为郡，据江西一道东南上游，其地山高而水清。（宋朱子《建昌华进士题名记》）。

山清水秀，冠于江表（宋郑文宝《江表志》）。

吾不知几千百里之广，但觉土老而石顽，顶天而直上。验地势之所极，固亦东南之藩障（宋李觏《麻姑仙赋》）。

左临盱水，右瞰麻源（《舆地纪胜》）。

建昌在江西，号为佳郡，地介、粤闽（宋陈起《王侍郎祠记》）。

东南连瓯、闽，属章、贡，而西北邻郡疆界相入，错综如绣（吕维中《建昌鼓角楼记》）。

抗御七闽，索制八粤。五岭咽襟，三吴喉带。盖江藩南镇关键也（郭子章《郡邑表说》）。

揽烟云草木之奇，俯千岩万壑之秀（罗大临《南城县厅题名记》）。

盱水南通闽、广，北抵荆、湖（明刘翊《南丰通济桥记》）。

阻山带河，风气茂密，实称奥区（明江冕《修南丰县谯楼记》）。

军山峙于右，何竺峰峙于左（明王玺《南丰修学记》）。

倚琴台以为之固，绕盱水以接其流（《南丰形胜志》）。

南丰，盱水上游，东南胜邑，层峦叠巘，环峙回封（明熊秉衡《南丰兜港桥记》）。

南城之东南鄙，与闽接壤，析为新城县，其山独秀奇明丽（吴澄《送新城尹序》）。

其山磅礴而清润，其水通畅而渊沉（虞集《新城学记》）。

黎川故形胜地，所谓旷如奥如者，郊关以外皆有之（明黄昕《新城皆春堂记》）。

天峰崇峻，石峡嵯峨，不郭而固，不池而险（《新城形胜志》）。

箫曲、日峰，东岩、石峡，四面环向（明朱徽《新城谯楼记》）。

广昌居盱江上游，其地多佳山水（钱习礼《清溪书院记》）。

东邻南丰，西接宁都。石城四境之内，山高而秀丽，水深而清洁（明何文渊《广昌县志序》）。

前对蟾石，后据龙冈。禅岭协笔耸于左，乌石列屏居于右（《广昌形胜志》）。

山川绸缪，溪涧萦回（明邓文器《泸溪序志》）。

泸地僻处一隅，环四面皆峻岭急流（明邓可权《泸溪桐步桥记》）。

泸阳叠障帷列，萦水带环（明吕应元《泸溪秀水沟记》）。

去郡最远，隔界于新城金溪，东接闽之光泽（郭子章《郡邑表记》）。

广信府

信之为郡，江以东望镇也。牙闽控越，襟淮面浙，隐然为要冲之会（宋王雷形《信州城记》）。

形胜地势来自灵山，中道起石，如龙鬣隐见，至郡而伏。怀玉耸峰出其隅，森直犹束笋，阴阳之胜，甲于天下（宋韩元吉《信州牙门记》）。

当吴、楚、闽、越之交，为东南望镇（宋李弥大《法海院记》）。

据省会上游，灵鹫干霄自武夷来，秀色吞匡庐，而水溪靓玉，萦绕彭蠡（郭子章《郡邑表记》）。

北枕灵阜，南带冰溪，东挹琅峰，西瞻层巘（《广信府志》）。

山川明秀，原隰丰衍（《上饶县志》）。

江西山水冠天下，而上饶又冠江西，鹅湖、博山、龟峰、怀玉，号称形胜，而灵山尤秀绝（宋释觉范《信州大军寺碑记》）。

岩壑深秀，县据南北冲（元张翥《玉山武安塔记》）。

玉山犬牙闽、越，盖豫章第一门户（郭子章《郡邑表记》）。

连闽、越，控吴、楚，乘轺之使，聚粮之旅，过是都而问津者，毂相击，履相错（明夏子阳《玉山西济桥记》）。

武安、三山列于前，怀玉、三清耸于后。冰水萦回，映带左右（《玉山县志》）。

弋阳葛溪驿，当西南水陆之冲，其龟峰、马鞍、宝峰、南岩、岑岫，莫不争奇献秀，若渴虹奔骑，络驿而来（明李奎《弋阳县溪山胜览桥记》）。

葛溪，弋阳之别名也。介乎闽、浙之交，山川秀丽，称东南诸邑最（明李玘《葛溪十詠序》）。

山川之美，著自古昔。军阳龟峰，奇秀迥绝，而葛溪、武石诸水，萦回映带，诚一方之形胜也（明黄易《弋阳学科目题名记》）。

南襟百越，北带三吴，台岭前瞻，庐峰回盼（南唐陈乔《新建龙虎山张天师庙碑》）。

居吴、楚之中界，据番水之上流，南控瓯、闽，东连江、浙，后枕峰峦之雄秀，前临溪水之萦回（明王增祐《贵溪县上梁文》）。

象山奇伟，芗水深长。虎伏龙蟠，历代出神仙之地；川鸣谷应，至今祀忠孝之神（《贵溪县形胜说》）。

铅山为八闽门户，钲鼓之音，昼夜不息。其地凭高控流，环数百里之势（明丁洪《铅山紫溪桥记》）。

铅山据江右上流，襟喉八闽，控带两浙（李奎《铅山学记》）。

铅山在郡南偏，与闽地相错如绣。山高而峻，水清而驶，悬泉飞绕郡郭而入于江（曹鼎望《大义桥记》）。

东倚鹅湖之胜迹，西联铜宝之名山，南扼八闽之喉吭，北接两浙之要会（《铅山县志》）。

五山辐辏，蜿蜒如龙（宋真德秀《永丰龙山书院记》）。

永丰古扬境，当吴、越之交，多深山巨谷（明石怀《永丰县志序》）。

由仙霞而东，为浙之西户；由盘亭而南，为闽之北门。万山耸簇，如长蛇，如天堑（吕怀《建永丰县城碑记》）。

南距竑山，北控灵鹫，拓阳诸关扼其左，西岳一峰障其右（《永丰县志》）。

县依高山，山皆岩石，当一郡噬脐之间，径路旁达闽、歙（明异竟容《兴安县新城记》）。

兴安崇冈叠巘，山势盘折，在信州则为西境，亦稍稍比于闽矣（郭子章《郡邑表记》）。

兴安壤偏赋鲜，而地当孔道（明欧阳洵《兴安刘令祠记》）。

南距闽、越，北接徽、宁（明郑以伟《兴安通慧桥碑》）。

饶州府

彭蠡既猪（《禹贡》）。

地居澹浦，邑带鄱川（唐王德琏《饶州记序》）。

饶为沃野（唐元稹《饶州刺史判》）。

濒江之地饶为大（唐刘禹锡《集》）。

洪崖、凤游之所磅礴，鄱湖、锦江之所涵渟。灵淑之气，蔚为人豪（明陈于庭《饶州府志序》）。

南接豫章，西接楚，东姑蔑，北鹊岸，东北鸠兹，西南艾，西北瀔，延袤千里，山川序列，道路回达（《饶州府形胜说》）。

水汇西南，山环东北（《鄱阳志》）。

余干，吴、楚冠冕，左抵羊角峰，右曳弋阳溪，后枕平旷，远倚吴山，前襟越水（《明一统志》）。

其地滨彭蠡而接广信，负山阻水（元李谦《饶州记》）。

饶为江右大郡，土地肥衍（明舒清《重修府治记》）。

余干，彭蠡上游，为越喉舌（晋谢安《与冯内史书》）。

乐平山水，重冈盘纡，由东而来，县治实据其趾（明许锡

《简静堂记》)。

乐邑既胜于水，复雄于山(明陈九德《乐平镇西楼记》)。

北至康峰，南滨章岭。内河源发镏山，分两支而环县治。外河注潆洎水，横一邑而汇鄱江。洪岩郁葱，万山森秀(《乐平形胜志》)。

北岭如拱如揖，洎江如环如抱(明黎澄《乐平泮池记》)。

乐平东抵德兴，西连鄱阳，北界浮梁，而南则广信接壤焉。土地方平，山气粗峻(郭子章《豫章书郡邑表说》)。

浮梁山水之胜名鄱阳，百里内奇峰秀巘，间见杂出(宋程俱《饱山阁记》)。

二水环县，诸峰玉立(元李午《浮梁化成堂记》)。

上达徽、祁，下通鄱县，居二省三郡八县之间(《浮梁县志》)。

浮无天险，而包山阻河，城郭之固，五方之豪，丛于景镇(同上)。

饶邑多以水胜，独德兴在万山中，崒嵂回环，苍翠万状，可亚匡庐。东距浙，北距新安，三省交牙，四塞为境(明祝世琳《德兴县志序》)。

烟火百里，鸡犬相闻(明董仲可《重建德兴县治记》)。

广山包络，大湖限带(明夏寅《德兴县学记》)。

玉真山峙其后，云锦溪环其前(《安仁县志》)。

万年四会之区，饶郡一奥壤也(明王銮《万年大捷桥记》)。

其山险，其气劲(郭子章《郡邑表记》)。

环山叠嶂，高阜停云。万斛峰拱于前，万年峰盘于后(《万年县志》)。

南康府

庐山南国之德镇（《梁元帝碑》）。

瞰七泽，真如掌；瞻九河，真如带（梁沈璇《简寂观碑》）。

南瞻五岭，北睇九州（唐欧阳询《西林寺碑》）。

匡庐奇秀甲天下（唐白居易《草堂记》）。

匡庐天下之名山，江表之胜概（南唐冯延巳《开先寺记》）。

蜿蜒蝉联，指列条敷，亘五百里，实湓城、星渚之奥区，洪州诸郡下流之屏障（《匡庐山志》）。

灵谷烟云，庐山风月（《翰苑新书》）。

负匡庐，面彭蠡，南国咽喉，西江锁钥（《南康形胜志》）。

星石浮南，鞋山锁北，山泽雄奇，带砺险固（《南康府志》）。

本军边临大江，旧有石砌堤寨，堰住西湾水汊，藏泊舟船（朱子《乞修石堤札子》）。

彭蠡之险，在吾户外（宋吕祖谦《紫阳堤记》）。

山岳配天，庐阜标其秀；江湖纪地，彭蠡擅其雄。盘址崔巍，层渊秘邃（宋晏殊《重修真如院碑记》）。

庐阜诸山，耸然特起，骈首而立者八九，又高且大者五焉，有冠剑巍峨之貌，无草木滋湄之容（宋赵师夏《六老堂记》）。

踞匡庐而绾彭蠡，足称奥区（明张位《重修白鹿洞记》）。

岩壑幽邃，林木翳然，其名教一乐地也（明葛寅亮《重修白鹿洞书院记》）。

自五老峰来，绝壁悬天，一峰南下，如顿万马，可三十里，崛起一山，而四山环之（《白鹿书院形胜志》）。

左蠡扬澜，翼若游龙，而益平山横亘其间，如榜斯揭（明高赢《南康府学记》）。

彭蠡湖汇江西十三郡六十余县之水，由湖口以出于江，每春夏雨集，峡水盛长，江流湍急，而湖水势缓，复为江流所遏，则水益涨，弥漫数百里（明陈敏政《重修紫阳堤记》）。

本军都昌县，地实濒江，然上有棠阴，下有楮溪，大小五寨，近者四五十里，远亦不过百余里，逐处可以卓望把截（朱子《论都昌创寨札子》）。

都昌依山枕湖，全省要会之地（明万浩《新建都昌城记》）。

环山带水，形甲东南（明王尧臣《修都昌县厅事记》）。

两水掖之，其状如带。西山、云居环之，其状如翼（宋王容《建昌学记》）。

修江衡前，名山峙右（虞集《建昌学记》）。

建昌，鄱湖上游，控修江诸阜，洪所恃北门也（张鳌《建昌县城记》）。

四面诸山，环拱若抱，涧浍清历如画（明余祐《安义县治记》）。

自匡庐、云居迤衍而成邑（明杨三省《安义大唐寺记》）。

宝峰、西山，映带左右，龙江澄碧，淙淙几案间（明刘同开《迁安义学记》）。

九江府

过九江，至于敷浅原（《禹贡》）。

浔阳陆通五岭，北道长江，远行岷、汉，亦一都会也（《晋地道记》）。

源二分于崌、崃，流九派乎浔阳，鼓洪涛于赤岸，沦余波乎柴桑（郭璞《江赋》）。

南面庐山，北背大江（《图经》）。

山亚五岳，江比四溟（《明一统志》）。

左挟彭蠡，右傍道川（《方舆胜览》）。

浔阳乃天下江山眉目之地（白玉蟾《授墨堂记》）。

德安接岷山之脉，彭泽挺文笔之峰，蜀江下湖口，孤山峙鄡镇，实吴、楚襟喉，江右冲要（《九江府志》）。

东连安庆，西接蕲黄，南与南康、建昌邻，而北渡黄梅，京师孔道出焉（郭子章《郡邑表说》）。

山拥千峰，江环九派（《德化形胜记》）。

左贯彭蠡，右环金带（明刘钟《德安县志序》）。

控匡庐而注彭蠡，龙虎乌龟，环拱而翼卫（明姚文燕《重建德安学记》）。

接岷山之派，向博山之阳，形如凤举，势若屏开（《德安形胜记》）。

东北汇两湖之水，西南耸万叠之峰，形若栖鸾，势如盘石（《瑞昌形胜记》）。

古赤乌邑，幅员不知几百里。其西南隅薄于柴桑之壤，乃与江州、蕲州二卫屯田相错如绣（明李盛春《瑞昌大塘堰碑记》）。

雉外群峰环拱，如舞如飞，山明而水丽（文德翼《重修瑞昌学记》）。

瑞昌于九江，称最僻县，居瀼溪之北，亦山邑也（郭子章《郡邑表记》）。

湖口砦窳地也，然秀色揽庐，文渊吞江（明叶初春《湖口学记》）。

湖之为邑亢而窄（张鳌《湖口成德书院记》）。

铁屏横峙，石钟环抱，据江、湖之险，当吴、楚之冲（《湖口形势说》）。

彭泽地狭山峻（唐狄仁杰《免民租疏》）。

彭泽居彭蠡下流，滨大江，阻叠障（明雷礼《彭泽修学记》）。

环山为治，独缺其西北，而江走其下（明丁湛《彭泽柳州记》）。

据彭蠡，跨海门，砥柱横江，龙城四塞（《彭泽形势记》）。

去小孤山十里而近，其境西南接湖口、都昌，东北逾马当山，交望江，江右之境尽焉，而小孤又江右一门户云（郭子章《郡邑表说》）。

南安府

南安，江西之南境（宋苏轼《南安军学记》）。

南扼交、广，北距湖、湘（宋范大用《祠记》）。

凡台省命使之宣布，广海筐篚之献纳，莫不道出兹郡（元张鉴《重修南安路记》）。

控广引闽，据上流，遏边徼（元伍庠《总管府治记》）。

南安介万山间，得掌平之地为郡治，峰峦连络不断，鸣溪曲涧，自聂都而下，莫测其源（明金渊《金鳌阁记》）。

庾岭，两广往来襟喉，万足践履，冬无寒土（明桑悦《重修岭路记》）。

当五岭之最东（《舆地广记》）。

面庾岭，据高原，临章水，扼上流（金润《南安城记》）。

接南荒之地，迫东粤而带郴、桂，表以庾岭、旭山，汇以章水、蓉江，蔚然南徼形胜（郭子章《郡邑表记》）。

崌岭峙其南，黄岭盘其北，龙泉山谷峻深，溪洞绵亘。惟邑处四境之中，章水缭绕，秀峰壁立（宋郑霖《新建南康县治记》）。

睠维南野小邑，实据西江上流，衣冠文物之名区，财赋舟车之都会（元王元渤《南康鼓楼上梁文》）。

堤岸旷衍，波澜老成，独秀峰屹立云表，势若插天，其余江山，环拱如画（明钟赟《南康通济桥记》）。

江之南，诸溪壑之水，尽流而会于马山之麓（明陈荣《重修筑水堤碑记》）。

庾岭所衍，章水所经，而邑治建焉，东南奥区也（明刘宾《南康训导厅记》）。

南安壤地横水，剧盗盘踞之，山溪深阻险恶，攻不可入（明刘节《王文成祠记》）。

上犹之地，山崎峻而水激括（元孔思文《上犹学田记》）。

溪洞广袤而邑落其中，民以山环而俗淳，亦以山深而藏寇（元黄文杰《重修上犹县治记》）。

上犹民稀而地僻，岁稍凶，山洞愚氓啸聚为寇（明黄仲昭《修城记》）。

上犹为江藩边邑，接壤雄、韶，万山会焉（郭子章《郡邑表说》）。

崇义称南部奥区（明万梦桂《县治题名记》）。

众山壁立，路如鸟道（刘凝《崇义形胜志》）。

赣州府

虔于江南地最旷，大山长谷，荒翳险阻，交、广、闽、越铜盐之贩，道所出入（宋王安石《虔州学记》）。

贡源出新乐，章出大庾，合流城郭，于文为“赣”，奇峰怪岩，环视万状（宋赵忭《章贡台记》）。

南州自豫章右上，其大州曰吉，又其大曰虔（李覯《虔州柏林书院记》）。

接瓯、闽、百粤之区，介涧溪万山之阻（宋洪迈《表》）。

赣之为州，控江西之上流，而接南粤之北陲，故里岀一路之兵钤，而外提二境之戎柄，其地重大（杨万里《章贡道院记》）。

赣之为邦，其山耸而厉，其水湍而清（杨万里《赣县学记》）。

南方之山衡为宗，自衡袤而南稍东为大庾，袤而北又稍东为盘古。其地界闽、越，故吴上游，今隶赣（宋曾丰《盘古山记》）。

赣于江西为枢府，其城据章、贡二水合流之处，山川雄秀（明彭时《迁学记》）。

宅江西之上游，当五岭之要会，其地与闽、广、湖湘诸郡邑犬牙相错（明罗钦顺《重修府城记》）。

南赣四省咽喉，而粤则南赣肩背，郴、衡其左腋也，汀、漳其右臂也（明何廷仁《送王中丞序》）。

赣地最雄钜，崆峒摩天，章贡激石（郭子章《郡邑表记》）。

赣州据吴之背，扼粤之项，而雩都则又赣之咽喉也（元陈至言《祠记》）。

众山环列，孤峰中崎（宋周颂《雩山庙碑》）。

雩邑形势，据赣上游，山水之所会，九邑之所通也（明袁淳《雩郡志序》）。

青山黛环，巧比叠削，城房壮丽，地大以延（明解缙《雩都乐善堂记》）。

由午岭隘南接信丰而连龙南，由丰口隘东接会昌而迫安远。山泽不逞之徒，间道窃发，故惟城为要（明黄弘纲《雩都城记》)。

邑介山谷间，群山竞秀，若拱若揖，一水漪绿，映带其前(明李涞《雩都勤政楼记》)。

前临南山，后峙浮屠，碧桃之水绕其东，九日之冈盘其西(胡俨《信丰谯楼记》)。

通天下大县四十，其隶于江西之赣者二，而兴国居其中(宋朱梦龙《庄令祠记》)。

兴国地僻谷荒，山嵯水悍(郭子章《郡邑表记》)。

两都壮其祖龙，五岭提其泛驶，经以濊川，抱以潋水(明卢宁《兴国朱华塔记》)。

赣十县水多，飞流奔湍，行崖峡间，宁都独平川漫流(明罗玘《送平令之任宁都序》)。

赣东之邑宁为大(明黄克缵《宁都志序》)。

宁都为赣大邑，东有佛祖岭，西有金精山，奇螺之石拱于南，梅江之水绕于左(明陈勉《宁都拱辰楼记》)。

赣之属曰会昌，州壤接闽、广，实边徼重地(元程从礼《会昌州厅记》)。

其地僻远且险(明董越《会昌公馆记》)。

会昌实巢峒出没之区，羊角水在上游，命将耀兵，当东偏一面(郭子章《郡邑表记》)。

安远岩邑也，磛磄峻嶒，盘回湋渺，诚僻陬一奇壤(明林有科《安远志序》)。

濂江在章、贡，虽僻远，名邑也(邹元标《安远学记》)。

欣山拱翠，濂水浮清，马鞍列嶂，熊岭浮几。崇峦广谷，耸拔者堪供游憩，险绝者可资保障(《安远县志》)。

瑞金地接闽、汀，在属邑最为僻远（董越《绵江公馆记》）。

万山连亘，人迹稀少。其深阻处，常为盗区（明罗璟《瑞金城记》）。

襟山带江，风藏气聚（明潘季驯《瑞金学记》）。

军门龙山峙其前，铜钵、龙雾映于后，隘山、闽峤亘其左，螺峰、石塔抱其右（《瑞金形胜志》）。

龙南僻处万山中，视他邑规模差小，以要冲言，则非小也（明杨拱《龙南城记》）。

丛林里落，纷错相望，雉堞井门，层矗绵连，据三江之会者，是为邑城（明王宗徐《龙南汴河堤记》）。

南际万山，盘错萦纡百余里，水行者必道龙头，会一邑千脉之注，湍悍峻驶，乱石交错其中，廉利如剑（王宗徐《新开龙南山路记》）。

石城环县皆石，矗矗如城，有龙岩瀑布、石�参天之奇（郭子章《郡邑表记》）。

四山如城，龙渊虎垒（《石城形胜志》）。

定南新创邑，据虔上游，故为盗区（郭子章《定南学记》）。

长宁帽山插天，邬水经地（《安志》）。

水利

江西水之上源，其大者为章水，《汉志》曰豫章水，《山海经》、《水经》曰赣水。出南安聂都东山沙溪洞（属崇义县西南界），方石五色，水如滴漏，至洸心桥始大。东流经大庾县，合巘山和溥水、云山密水、了山灵岩水、大里水、黄公坑峒山水、傀傴山大明水、大庾岭峤水，北流入之，广东仁化所出之平政水，合凉热水（《寰宇记》云昔名豫水），东北流入之，经南康县西南为南野口，合莲塘、蕉溪诸水及布尾之封候水、镬山西符水、禽山禽水、过山过水，东流为芙蓉江，澄渌泓深，东山有港、有桥，皆以“芙蓉”名也。西北崇义县有樟山之潜水、湖南益浆之麟漳水、牛皮龙水、玉泉山之义安水、大嶂山之带围水（即横山），经上犹县界上犹江，源出湖广郴州桂阳县，流经琴江口，营前彭山水入之，过大犹嶂，合稍水（出石溪）、料水（出料村）、造水（出老寨背）、闻水（出益浆）、石门水（出百丈洞）、米洲水，皆从东南流入章水至南康沙口，又东经赣州城西，环城而北，与贡水会。贡水，《汉志》曰湖汉水。贡水发源福建汀州新乐山，西流经瑞金县陈石山绵江水，流至五十里入之，又合乌村智水、铜钵山豉水、罗田浮图水，经流会昌湘水上源为羊角水，北流过龙石绵、湘二水，始合为湘洪水，渊深多怪石，蛟龙居之，盘古山墨斗湾诸水皆会而入贡水。安远濂江水南流入之，经雩都南为雩水，合金溪水（出鸭公嶂）、化龙水（出鸡公山）、罗芽汉水（出慈果岭）。其东北石城之琴水，出鹰子冈，合坝水、宁都之梅水，出梅岭（在邑北一百二十里，非大庾之梅岭），合白沙江（出武头峰麓）、白鹿江（出石城）、璜溪。又合东江之鳌溪、小溪，西江之龙弯溪、桃溪（出飞林山），会于吴口渡，西南流入雩水，绕城而西出雩都峡。其北兴国之潋江，源出桐林坂及蜈蚣山，合濊水（出大平乡蓝坡）、黄田水（出清德乡）、龙下川（出曹溪西流）、长信、衣锦二泷，西南流入雩水。其南则定南员鱼溪，出南坑坳，龙南桃水，出冬桃山，合筋竹、葛溪诸山水，为二江口，经信丰，为桃江，源出龙南桃岭，合黄田江（出始兴大竹园、保昌靠头、龙南樟木垇诸处)、方溪水(出龙洲)、北江水(出犹山)、大乐口水(出大庾界枫山)、安乐乡三江水(一为新田江,出安远、会昌界;一为周坑江,出会昌游鱼山;一为寺坪脑江,出会昌赣县上下坪)、巫水(出中坑洞)、禾溪口水(出长老山)、绵水(出绵山)、安息江水(出安远东坑),东北流至双溪口。又北为乌漾,又北会于雩水,故雩都为众水之汇也。贡水又西经赣州城东,环城而北,与章水会,二水合而为赣。此齐都官尚书刘澄之说,相沿已久,虽郦道元讥其以字说水,亦未远失水实,若谓县治居二水之间,因以名县,则说尤允矣。城中凰皇、嘶马、金鲫三池,福、寿二沟之水通之,长步水出黄家山,东流入之,龙溪水出黄竹岭,北流入之,梁水出龙头岭,西流入之,皂水东流出皂中入之。凡北流三百里,历十八滩,经万安龙溪水,西流入之,绵津溪水出双坑及长仙,合流入之,蜜溪水出鹅公嶂,西流入之,水甘洌,可瀹茗。十八滩中,惶恐滩最险,上有神潭,潭傍种茶甚美,故谚云"蜜溪水,神潭茶"。赣江折而东流,苏溪水由九石陂入之,云冈水出朝天桥入之,韶江水合黄鹄水,东流入之,武朔溪受风、雨、云、雷四潭之水,西流入之。其西龙泉遂江水,源出左右二溪,至李派渡合为一,东北流入之。经泰和,江流澄澈,故曰澄江,永新拔铁山出之,牛吼水合龙泉之射洲江,东流入之,麻斜溪水合李陂溪水,出西江口入之。赣江又北经永丰西,报恩江发源宁都西北界,古名濒水,以汉孝子欧宝庐墓救虎,虎衔白鹿以报,故更名,西流合葛溪、黄竹溪、白水、麻江、龙门江诸水,流绕邑城,下流为英潭。其南沙溪、箫泷,发源兴国界,西北流,合孤江、储溪,出庐陵张家渡,入赣江。江水又北经吉安城东,白鹭洲在焉,宋江文忠万里始建书院,合习溪水(出吉塘渡)、螺湖水（出五里冈、冷水坑）及横石江水（在吉水西北界）。安福之卢水发源卢潇山西，受永新之禾水、胜业水及溶江（在永新东界），合毛停水、阔水、郭水（出郭山，上通宜春）、同水（出游岭）、赤谷水（出分宜界）、智溪（出宜春桑田东麓）、荷溪（出鸽湖），东流与王江会。源出陈会山之舟湖水，合修水于书冈下，达于王江，又东流合泰和之禾水，一名早禾江，经庐陵神冈山下，同入于赣。其自富田合明德水而入者，为庐陵之王江。庐水下流与清溪水相合者，为庐陵之庐水。赣江又北经吉水南为文江，永丰、英潭之交会也。江中有青湖洲，二水绕之，状若吉字，故滩曰吉阳，县曰吉水。又云两水交合如“文”，故名之，亦曰字水。合义昌水（出文昌乡，上通萧泷），阳丰、永丰幽溪、沙口诸水入之。南溪水出中鹄乡，东流出柘口入之，经峡江东流折北，旧为玉峡，镇江水于中而不得溢，合停头水（出七里洞）、暮膳水（出石牛岭），自古山漕溪逆南流入者为仁和水，自漕溪北入者为莲花潭水，经新淦西，湄湘水发源高岭，合秀溪水西流入之。蓝陂溪发源百丈峰，合金滩水东流入之。赣江又经临江郡城南为清江水，盖袁江、赣江二水，会于万硕洲南，绕城而北，故名临江。明成化末，赣水暴冲蛇溪水为铜锣江，没田亩以千计，直北流三十里与袁江会，于是临江城临袁不临赣也。袁江者，发源萍乡罗霄山，下为罗霄水，东流至宜春西为稠江，折而北，澄清深碧，名为秀江，合麟桥江（其源为清沥江，出老山）、仰山水、九曲水、鸾溪水，经分宜南为清源渡，合赤江、杨江、野江、介溪、竹桥诸水，东流经新喻南为渝川。县本以渝水名，唐后讹而为喻。西合严塘江、阪陂江、画江，东合距江（出分宜）、灼江、颖江（发源蒙山，合八十四源，即太平江水）、长宣江（出璜綵岭）诸水，凡九十九湾，八十八滩，紫洲、东瀛洲联亘以障之，下清江而合于赣。赣江又北流至清江镇，淦水发源离岭，会沉香溪水，一名閤山水，出羊湖西注之。萧水亦名小阳水，出古清泉里，二源汇于香田，由萧洲桥历萧滩镇东注之，经丰城西为剑江，绕而北历苦竹、杨林、金滩诸洲，丰水出杯山东，北流由三溪会罗山之富水，东流而受百斤湖（广百余顷，溉田五百余顷）、株湖（长十余里，溉田千余顷）、铜湖（亘三十里）、赤湖（广二里，溉田二百余顷）、平港湖（溉田二百余顷）诸水，又会猴峰之槎溪水，合流出小港口，入赣江。江水北流雩韶水，出抚州横汊河，合隐溪水西流入之。过龙雾洲，即金钟口是也，杭溪水出介山，汇为药湖，合瑞州水东流入之。瑞州水自万载西南八叠山有金钟湖，东流为龙江，历鱼鳞滩，合康乐水，东流经上高南为凌江，新昌之东溪来自奉新，西溪来自宁州，皆南流入之。合盐溪（在新昌西门外）、清溪、秀溪（一名查溪，有晋陶渊明遗迹）、白竹港（出高岭）诸水，又合滕江水，受小水（出烟竹岭）、易乐水（出千陀岭）、斜口水（出蒙山）、六口水（出上夫）、石洪港水，东流贯高安城南为锦江，一名筠河，《汉志》曰蜀水。分一支亘南城为市河，东会于象牙潭，受钟口（出荷山）、龙口（出蛟湖）、华阳（出新喻小溪）、龙陂（出米山）、梅口（出萧坊斜溪）诸水，东流抵新建界，黄源（出萧峰下）、铜源（出香城山）、芭蕉源诸水入之。北流经南昌府城西，为章江。麦源水出西山上风雨池，注梅岭下为吴源水，合白石源水入之。宁州修水出黄龙山，山与湖广通城县连界，水行修远，故曰修江。郭璞谶云：“有水名修，有鱼名鯈，天下大乱，此地无忧”。受杏苑水（出幕阜山，亦连通城）、百菖水（出大湖山）、武宁乡水（出大沩山，连湖广浏阳、兴国州及新昌界，乃盗贼薮泽也）、东津水（出州南东津山）、洪水、滩水（灌毛岭山下田三十顷）、鹿源水、腰带水（出凤凰山），过州城东，受安平水（出毛竹山）、鹤源水（出湖广连界九宫山）及泰安乡敛口、梁溪诸水，东北流经武宁县南，合义溪水、官塘源港（亦名腰带水，出神童山）、鲁溪水，南受清江（出银炉山）、长田（出牛皮洞）、杨浦、石镬（俱出严阳山）、凤口（出三卷山），北受茶培（出伊山），东北受陂田（出升仁乡）、箬溪（出丫髻山），东受碛溪（出双峤山）诸港水，东北流靖安城西，双溪水出毛竹山（兴宁州界）一支历南源诸都东北流达于追里，一支历中下燥坑合流受桃源水（出九洞南流）、石掌滩水，东南流抵奉新与冯水合（出邑南百丈山）。龙溪水（出药王山）、华林水（出华林山）萦纡西来入之，而皆会于修水。安义之龙江水、兆州水、东阳新径水合于邑东，为三合水，并蛟源（出宝峰山）、白武斛源（二水俱出靖安界）诸水，东流合于修水。又东北流经建昌县南，合檀陂水、云居山之枫林、西江、白沙、云门诸水，东流入之。又合珠溪水，一名青树湾，汉元和间出明月珠，大如鸡子，即此。达于章江，会于彭蠡，星子六溪十八湖之水入之。德安博阳川东南流入之。又北为女儿港，德化水入之。港口白沙水碛，初日照之，灿然金色，曰金沙洲，明师歼陈友谅之卒于洲上，是为西鄱阳湖。南昌城中之水曰三湖、九津。三湖者，苏圃迤北曰北湖，由广济桥至洪恩桥曰东湖，同仁坊二小桥至两学宫，抵水关闸曰西湖，总名曰东湖，古称十里，后仅广五里，岁额鱼课一百二十金，明万历中，郡邑捐纳，禁不复渔。九津者，义取“洪范九畴”，所以泄三湖水。广润门二津，惠民、进贤、顺化、永和、德胜五门各一津，章江门二津，津各引水归濠。水关桥置内外闸，湖水盈则放水，西达章江，江湖俱溢，则闭外闸，使江水不得浸入，乃开内闸，引湖达濠，绕广润、章江、德胜、永和四门而东注归蚬子、艾溪二湖，出牛尾闸，趋杨家滩，入于湖。盱水发源血木岭，过崖山北流为巴溪，又北为小勋溪，过白水镇，经广昌县南为平西大河，合南村、石壁、青铜诸港水，北流经南丰西，会沧浪水（出新城界）、军港（出军山）、蔓翠湖诸水，北流经建昌郡城东川门为盱江。《说文》“日始出”曰盱，清明之意也。一名盱姥江。盱村有老母，生三子，服三铢衣，喜食鱼，日于黎沮泽中取二鲤，久之能变化，遂仙去也。合东江（出覆船山）、石头港水，一名梅溪（出梓木山），新城飞鸢水，亦名悲猿港，合荀溪西流入之。东北流经金溪，西合齐冈、清江、石门、涂岭、后车溪（出韩婆岭）、东漕港诸水，经抚州东为汝江。上流为金溪水，出上幕岭，水色如金，与苦竹、赤桥二水合流，由梦港环城而北，江广流缓，渟潴如湖，名曰瑶湖。宜黄章水发源箬岭，北流与军峰宜水合，又北流与黄土岭黄水合，二水合而名县也。崇仁巴水出临川山，为临水之源，东北流至严陀，大盘山宝唐水会之，芙蓉山之书堂十洞，二水分流，会于李河埠而与之合，东流会华盖山之西宁水，曲折数百里合青水，东流过黄洲，有长桥束之，水灌则涌激如奔马，过左港，合罗山水，东流合孤岭水，北流合大浮山水、高峰山水、石牛源水，经白鹭渡为临川，至西津合汝水。其北连礬水，发源长冈，出黄塘桥，东流入之。水比他水独重，昔入取以充漏，刻无差节。诸水相合，由金玉台出乌鹊石折而北，过虎头洲，至金鸡城东乡三港水，合金桥、延桥二水，西流入之。东北流，合西洛水，入武阳水。进贤通济港水出香炉山，流为九曲，至臧溪湾，合獅山之院泽水、优游源，北流入洪源湖，一名日月湖。湖有小山，东为日，西为月，涸则二，涨则一，中有石滩。谶云：“日月湖明良将出，石人滩合状元生”。东历回龙洲，连军山湖。湖延袤五十余里；北为白沙湖，与南昌大沙、小沙二湖接。邑西罗溪岭水流为清溪，合南阳水为青岚湖，与洞阳、武阳合为三阳水，至南昌东北入湖。玉溪出怀玉山，西流合沙溪水、平溪水，又永丰溪源出福建建宁盘亭，西流入之。过广信城南为上饶江，西流合储溪、宋溪、葛溪诸水（皆出灵山），为弋阳江（一名弋溪）。信义港自福建邵武分流入之。西流合明溪水，过桃花滩，经贵溪南芗溪水，合箬溪、湖陵、戴星诸溪水，过白茫洲，洲上昔产郁金香草，故名贵溪也。经安仁南为安仁江，一名锦江，亦名云锦溪，水云荡漾如锦也。白塔河合王石、乌石、鹅湖、河陂诸涧之水，与之会蓝溪水，三源合流入之。建昌之泸溪水，流百三十里亦入之。西北流经余干桐口滩，分二派。西北流者，由布村趋龙窟河，受润陂水（三源，一出李梅峰，一出临川大梅岭，一出进贤赞王岭），过样林云雾洲，至瑞洪镇入于湖。东北流者，由八字嘴又分二支：一受古埠水（二源，一出贵溪鹤岭，一出安仁洪大源），趋冯田，过黄坊，合沙港水；一由破穴入市河。中有越水，波纹或圆如镜，或长如练，味甘且重，陆羽取烹茗，谓味似镜湖水，故名越也。出西津，俱会珠湖，趋饶河口。故老云，余干水国，塞破穴则龙窟为大河，塞布村则沙港、西津为大河也。鄱水发源江南祁门环中，合大共山之霄溪，禾戍岭之柏溪，及椰木岭、武陵岭、卢溪山诸水，西流出经浮梁东之梅村，始容舟，三十五里会天宝水，十数里会横槎港水，至臧家湾合江家山水，南合历降水、鲤鱼桥水、黄坛水、柳家湾水，西合大演水、洗马桥水、画坞溪水，流为昌江，过景德镇，经饶州鄱阳南为鄱江。乐平洎川发源德兴洎山，下泊滩里西流与大溪会，溪出江南婺源，合浙江开化寅港水，至湖口与长乐水会，水出大茅山，合桐川、横溪、瑞港（出石榴源）诸水，至桐山港口，合建节水，水出弋阳雾山，下俱西流归大溪，入乐安江，江水源出徽州芙蓉岭，内河、吴溪诸水皆西流入之。万年之殷河汇竹屯河、文溪、南溪诸水，又书源出之，九芝水注之而入鄱江。江受北珠、南珠、枫木、角尾、大雷、白水诸湖之水，环饶州城西，折而北，至双港口分为二：一支西经棠阴镇，出饶河口，会余干水入于湖；一支西经尧山港，由老鹳港汇为乌玲湖，出虬门入于湖，是为东鄱阳湖。湖阔四十里，袤三百里，南跨南昌，西接南康，东抵饶州，尽汇诸江之水，古称彭蠡，一名宫亭，一名杨澜。近都昌者为左蠡湖，近湖口者为土目湖，北为皂湖、白洋湖，又北为西仓湖、劳渡湖，为白虎塘，皆在鞋山（亦名大孤山）上下，由湖口出大江。此豫章水殊源同归之大概也。瑞昌芦泉、鱼泉、石房、大堰、梅溪、白龙诸泉，潴为赤湖，流为瀼溪，东流九江城西，入龙开河。东通湓浦港，白乐天听商妇琵琶处。南通濂溪港，宋时周元公所寓也。东流入浔阳江。湖口沙头港发源黄土岭，接沙头河入大江。沙头一名麒麟河，系明万历中增设湖口关税，商舟往来所泊，易以嘉名，如杨港曰武曲港，黄牛洑曰文昌洑，老鸦矶曰凤凰矶之类是也。彭泽、青山、大泊诸湖，瀼子、胭脂、筲箕、横山诸港，皆滨大江。此虽水之别入于江，而在《汉志》豫章郡境内，亦当随地以附见者。究心水利者，盍详考焉。

《九江府志》

设关用钞法，料船丈尺榷之，自宣德四年始。九江关与临清、淮安、金沙并设户部主事分司监之，岁周而代，自景泰元年始，至者自李蕃始。初以部题领精微批行事，其奉敕书并给关防，自隆庆三年始。关时罢，时复之，时分司，时易以府佐。其遣分司不复易，自正德五年始。隆庆三年，命九江、扬、杭近府三关商税，行各府掌印官收解，其河西务、临清、淮安、浒墅，委廉干佐贰五日一送，贮府州库，府州正验解，移文主事稽查，各具数报部。万历二年，以九江关去府城二里许，大江洪波激舟，维缆无处所，乞照河西务等例。诏许之。今每季开府佐名谓之协关，然亦未尝与关事。勅书仍令主事填单，发九江府掌印官验收解如前例矣。

船料不下五尺，大不溢三丈六尺。五尺，钞二十贯五百五十有五，钱四十三文奇十之一（钞一贯，折银三厘；钱七文，折银一分）。大则渐差上之。初本色，既折色，既兼本折以为常（今每解至京，必易钱钞入内承运库，遂以有用化无用矣）。诸关空而不课，九江课空，课脚船。凡船，盐船大，苗船速，苗船上水输下水，下水达行，免船。九尺以下者，月二行；一丈以上者，月一行；余行不免。木簰无涨船不料，涨船料如常船（今不尔也），划船达行，旧课岁一万有奇，累增二万五千两。天启元年，军兴用不足，加增课之半。

嘉靖四十二年，给事中张鸣瑞建言，请移关湖口。下抚按议，未便，添设湖口厂，算安庆入鄱阳湖往来舟船，府佐董之，以其料附关。隆庆元年，御史张启元言湖口两山夹峙，岸石巉阻无迁，江水激励万商，遂罢湖口厂。

万历戊戌春，九江奸民冯万善，先以领解麂皮胖袄入京，耗蠹尽，计无所出，与其党朱国泰、熊文耀、杨华春诱中人以矿税之利，进湖关图。上俞之，为遣奉御李道，万善等号为本头，翼以都下无赖。秋九月，至湖口，始立厂。初料船，中分江关额抄。既见货税可居，奏请征商，遂有督理湖口、蕲黄、安庆之号。括行旅，舐肤入髓，稽盘泊久，暴雨疾风，漂没相继，风激涛奔，舟维絷不及施，有阑上下者，辄张弓矢射之，痛哭之声不绝。开黄牛洑为文昌洑，杨港为武曲港，栏佗鹅洲八里江，名为蚁舟，实令近岸，得洞悉货物之底里而锱铢算之。巡拦刘世臣追粮舟入湖不及，驾言南康纵之。奏入，有旨逮南康守吴宝秀、星子令吴一元、巡司某。逮之日，宝秀夫人投缳死。壬子，武林葛寅亮兵称江州，绝道使，不受馈遗，檄守备江西同知湖口县为约束。时缉其横魁毙之狱，次者椎楚囊三木市中。先是税厂独本监功令，见者咋舌。葛下车，发禁缉告令数十楮，重揭之厂壁，商民始知有宪台纪纲矣。久之，抚按交章奏请撤监税，最后道亦自辞。诏暂令南、九有司领其事，以其金钱附省监潘相。泰昌登极，尽罢之。

《事宜志》

事以时起，以时救，不可预。然而历观前画以迄于今，举所举，杜所杜，无以异也。敏者以有余，玩者以不足。

民耕而获，即乐岁不赡也。益之以楚乃赡。官无囷仓，家无盖藏，负米而入市，携量而出粜，一有缓急，不五日，城中食尽矣。宜官为常平以储之，户宿岁粮。社谷隶于公则耗，隶于民而官稽之，则困主者，莫如官为之所以储之，而主者在民，籍其数而勿稽也。

征粮投柜，户胥算之，管库者守其藏之为出纳，邑所同也。差书所独也，兼算、掌出纳，而邑无藏矣。非惟无藏也，并无数，非惟无数也，并无钱谷。然固结而不可解者，何也？差书之始进，有豪焉，捐金以为之费，费于官曰公堂，自官以下役于官者，无不贿也。约五百金，而官之不肖者饵其半，然后公帑惟豪所为矣。比始痛革，勒在丹书，城旦其胥，而甚昵者罢其令，然犹得无有耽耽者乎？南康有差书，九江有差书，九为甚；九江之差书，瑞为甚。

民无逋，粮易征也。而漏卮于透支，其弊始于胥史而成于官。透者多役人之岁食与各兵之饷，透一岁则剋十之二，二岁三岁则剋其半。剋其半者，此其不肖不独在胥史也。均一岁而与夺异，均一役而迟速异，或预食数年之饷，或经数岁枵腹，则贿之至不至与夫胥史之为也，是在令。

透支而钱谷耗，兑支而钱谷淆。胥史尽岁征之有以饱干没，而出空由以抵之，令无贿者自相兑。又或乘急而质其由，或乘县令之聩而冒两由，质由与执由者杂，冒由与本由杂，而钱谷如乱丝矣。杜透不杜兑，害未已也。

卫屯兑支，其乱尤甚。岁额子粒二万三千四十石有奇，除军舍月口粮坐抵一万四千九百九十四石有奇外，实征八千四十六石。又除运军粮票兑销外，实征见米三千一百八石有奇。听给官军俸粮，其豆麦折银，亦除坐抵兑销外，每年实该折银七百两有奇，听给各官钞银，困有余粟，帑有余金，而今官军有枵数年之腹者，又兑支乱之也。今总核而出纳之外，有军三，有分数，俱亲为比征而贮之郡库，以时给。

国初战争之余，民多死徙，田芜秽，发卫士耕而戍之。其后流徙之归者畲所弃，若高衍腴沃，皆卫屯也。久而卫官并吞其业，贫军鬻其业，奸军展转其业，今惟供士民之诡蠹而已。葛屺瞻始清其受屯之人及余丁而籍之，余再籍之，然不足以塞窦十之一。夫屯既不必耕，而卒既不必屯矣。一卒之田，私受授者为缗二十以上、三十以下，以平值算之，有三于此者。若官为鬻之，而取其岁粒以饷卒，卒之腹更饱，而国且得金钱十万，又得择趫卒而食之矣。即不然，著屯者保任既明，人图其貌，令无得朝甲而暮乙，其尤愈于籍乎？即籍也，五年必更核之。

盐额岁二万二千引（每引六十五包），今不能什之一。巡缉之役，逼征其私而罢民。士驿骚其业，奸牙空其赀，无赖伺其来为罗，囤户擅其不来为利，商俱告改他贩，而额犹在，则潜于柄鹾者悬为县官考成，即督檄如雨，终不至。浔盐终岁涌贵，或船余小贩，水经陆负时小泊，而巡役暨无赖子，籍鹾禁御而夺之。不察者或以为法应尔。夫法岂肥奸而淡民也哉？故浔盐之壅不在商，而浔法之行不在私。（近为开官店，禁水巡地棍之需索于商者，革郡邑卫胥常例，止令投单于道，听商自择牙人，道为填簿。如更欲改择，则更报之。严绝豪有力及罢民买囤，及压契、套契、诈欺诸弊。诸弊既绝，而商不以额至，则罪在商矣。具文鹾使者，严督究商。）

德化马价三十有二，益以关差十金，稍无厚焉者，而马愈困，牧人愈逃匿。何也？黠者养马而利于佥家，温者以为岁更，无岁不佥，无佥不索货，货饱则仍代为任之，以一马而代二马之任而马乏，不能货，则必贫者也，则令任之而马逃。盖自胥史、里甲至于马户，无不利佥报者也。德安民乃愿以马归里。余张檄众访之，咸曰便。乃著为令，通行他邑。领价于官而雇民于市，官不得佥报，市不得索货矣。关金四百有奇，旧为郡私，吴守养源捐以济马。（檄曰：据德安里递桂嘉盛等呈称，愿认县邑差马，前去雇募市民走递，不致违误。照得各都里递，散住乡村，焉能身自养马以供驿传之役？纳银于官而雇差于市，自为良法。无奈德安累经不肖之官，加以胥史习为掯侵之弊，所纳之银，入于官帑而不发于马户，或行半发，或每马县官扣若干，胥史扣若干。即其扣而后发，亦须央情托分，一马所得不过数金，而欲供终岁络绎之差，马户安得不逃？马户既逃，势必报补，则又以佥报为奇货，遍诈富民。或户房与马户串通，故令之逃，又行佥诈，而其所佥诈者，即前所纳银于官之里递也。是里递既纳官而雇役，又被诈而受殃，前后两重，不如仍归里递自养之便。故有此呈。不知里递即自认养马，亦不能不雇市民，但使市民不逃，则佥诈自绝。其所以逃者，以领银之掯勒短少也。但使领银不掯勒短少，则市民自然不逃。至于兵房马户之串逃而佥诈者，以其佥之于官也。但使一里递认定一市民，则佥诈自然可杜。今当以一百一十二号之马，配定一百八十里递。某里第一甲雇马户某人，第二甲雇马户某人，当官派认，投状注册。投注之后，某甲之银，即与某马户当官交付。马户不得于受雇之日故行掯勒，亦不得于受雇之后复行推诿。里递不得不行审实，将无身家之人，致有逃亡，亦不得推称私兑，延挨搪抵，致马户有所藉口，以误差使。其后再有马户欠缺，亦即于原认里递另雇充役，不得于各里递遍行佥派。至于里递原有额编养马之银，不烦再派。里递不得藉马为名，私派各花户帮助银两。如有此等，许诸人首告，枷号究罪。若此，则马虽养于市民，而不可得而逃；责虽承于里递，不可得而扰；银虽交于当官，不可得而掯，庶有瘳乎？至于在县之马价十七两，通远驿之马价十四两，尚须一概摊匀，以均多寡。在县之九十二马，与通远驿之三十马，尚须每季轮番，以供劳逸。此本道面谕桂嘉盛等而皆以为便者也。然而法欲宜民，事须博访。里甲一百八十人，未知皆如桂嘉盛等一十八人之咸以为宜否。仰该县官吏照本道行牌抄写十九榜，其一榜县前，余则每里分与一榜。榜右粘连空纸一段，令各甲皆填注姓名，姓名之下皆填注或便或不便。牌限三日内遍发各里，五日内缴。既而里民咸称便。德安、湖口及饶州之民各愿比例，遂通行之。）

马不佥报矣，而引马、折马、恤马不除，犹困也。马户吐刚而茹柔，势不及，则玩不应以困行者；势及，则为行者所困。役夫亦如之，上官之承舍，达官之奴隶，异省之邮符，皆害马与役夫者也。郡邑不能抗，无如验号于道而严核之。验号于道而吐刚，犹无益也。

曹翰克江州，堕城七尺。今城或非畴昔，然睥睨不计焉，丈而已。其因山累之者，跛牂牧之，江泛，艨艟可以及陴，此法所忌也。张直指议崇四尺，度税羡四千有奇。张去，左藩贷以饷宗，遂不果。诚欲巩之，终不果已乎！

黄梅、德化，错壤而殊省，盗与民俱不可问。此其小者也。浸假江上有事，其能指臂使而埙篪应乎？一瑕则俱瑕矣。吴守秀议以黄梅归九江郡，遇有盗起，南北夹攻之。议虽不行，不可易也。

讼之无情，无如盗与七杀。讼杀者，必令其负尸而验之，市人及邑门，郊人及郭门，验弗逾日弗委佐，验伤与陈牒合则理之，虚而不合则存其词而籍之，以证再讼。令之职也，本窃而词以劫者、未窃而词以劫者、舍盗而指其仇者、与盗通而诬人以货者、捕之与盗市者、捕之噬人者、煅炼人者、告盗而与盗解而自息者、公举盗而以为私者、公保任盗而以为私者，明者难，瞶者易，悍者不再计，此可以观政矣。

江防之役，遏其下河则无扰。守备之获盗者，令必无刑焉而送道面谳之，则无朦。

陈氏之余，聚族而居洪上下者，阻而逋盗，悍而犯禁，轻而易动。虽然，犹喜其朴也。信之易孚，惠之易怀，信惠既行，威之易威也。瑞昌据其口，缉捕馆处其腹，安得良吏而与之？

瑞、兴乡立，而瑞人跳而为兴，而粮不可催。肇陈口缉捕馆立，而奸不可问。夫肇陈，系衔于楚而兼辖于江，其役与糈，二省共供之。其贤者不至，不肖者与衙胥交手而肆其虐，既援江以虐江，复依楚以抗江，是官为衙胥役，而辖是官者为官役也。起柯、陈之衅者，必自此矣。

两省交辖，其势固然。莫若罢缉捕馆，移瑞昌县治于肇陈，或属之江，或属之楚，皆可。异日必有思余言者。

卫军分值信地，向无一人戍者。官司经临，则或先以少钱觅土人应须臾。防馆江巡，则其胥先告卫军随以往，若无失伍，然幸其不常戍，诚常戍，是即不靖于江者也。余尽撤其军千二百人归营团之，有三益：夫训士则无如躬矣，驭轻则无如重矣，弭盗则多一窦无如杜一窦矣。

烟墩，正德间，江上多游寇。兵备副使冯显十里设墩，效边陲之制。滨江十余所：白石矶一，回风矶一，柘矶一，茭石矶、香炉墩、时家路口一，官湖一，凤凰山、高庙一，赤湖港一。江南地形蛇曲，林木密蔽，水气昏暖，不便侦瞭。寇之来也以舟，乘风之便，待举烽火，缓不能先，墩无所用之，今废。

《庐江四辨》卢藩之言辨矣，然亦《东汉地理志》《水经注》《浔阳记》周景式《庐山记》有以启之。尝即其说求之，所可疑者六焉：其一，《山海经》言三天子都在闽西，注云：在歙东，浙江出焉。《水经》言浙水出三天子都，注云：在黝县，乃今徽州之境。秦鄣郡、汉丹阳郡，故鄣县地。庐山相去数百里，而谓之天子都，然则庐山在歙东耶？亦有所谓浙江者耶？其二，《山海经》言庐江出三天子都入江，彭泽西。《水经》言庐江出三天子都，北过彭泽县西北入江。《汉书·地理志》宛陵县彭泽聚在西南，又豫章郡有彭泽县。《禹贡》彭蠡泽在西，是彭泽聚与彭泽县为二地，要之远于柴桑，庐山安得以为名耶？其三，《西汉郡国志》注云：庐江出陵阳东南，北入江。又汉庐江郡即今庐州安庆地，皆不在彭蠡西。卢藩曰，庐江在彭蠡西涯，何耶？其四，秦无庐江郡，汉初亦无庐江郡，郡立于汉武帝时。周景式《庐山记》《浔阳记》曰，庐山秦属庐江郡，何耶？其五，浔阳本以蕲之浔水得名，在江北。《汉书·郡国志》注云，《禹贡》九江在南，地与枞阳接。庐江可以有浔阳，浔阳安得有庐山耶？其六，汉时庐山南北，皆豫章郡柴桑县地，属吴国，不属淮南。《三国志》周瑜治兵柴桑，不言浔阳，以江南惟柴桑也。是时柴桑有湓口关。其后晋惠帝元康元年，始以豫章等十郡置江州，无浔阳。其后永兴元年，始以庐江之浔阳、武昌之柴桑，置浔阳郡，治江州。其后安帝义熙八年，省浔阳入柴桑县。其后唐又改柴桑为浔阳县。然则江南有浔阳，盖晋永兴后事。方浔阳隶庐江时，不在江南，及移江南时，不属庐江。卢藩曰，庐江有浔阳，浔阳有庐山，又何也？或曰：以庐山之为南鄣也，后遂傅会为天子鄣以合于《山海经》，不识然否？《蓉塘纪闻》，王莽以豫章郡为九江，柴桑县为九江亭。则九江之名，讹也久矣。

上饶知县李鸿《封禁考略》

要害

信古荒服，所谓吴头楚尾是也。秦尚为不垦之土，汉武帝征闽、越，由分水关入，而道路始通，不及贡赋。东吴始建郡治，析为二县。历晋至唐，徙废不常。乾元初，信州始有画壤云。宋平江南，分为江东路，于铅山分水关置驿，由崇安入闽，又于永丰柘阳关亦置驿，由浦城入闽。是为二大关，相去数百里，而其间空弃数百里，在分水、崇安之东，柘阳、浦城之西者，则所谓封禁山是也。在昔寇乱，大抵由此酿衅，是以传禁不通人烟。入我明而始益严扃钥，因以得名。其隶建宁者，姑未暇述，其在广信者，实名铜塘，俗传产铜，殊未可深晓。今《江西通志》及《郡志》皆云此山在府南百里，险绝陡峻，称为一郡要害。山有九井，幽路逼侧，须备历险阻始达，余则不可复入矣。人迹既远，平陂远近，皆不可得而知也。峭崿蒙茸，攀援藤萝，仅得至半，卑者则汇为水泽，临为绝壑，毒龙猛兽之所居也。

前世传此山周围数百里，实广长各三四百里。北东西三面，则属广信属邑之上饶、永丰、玉山，南东西三面，则属福建建宁之浦城、崇安。虽绾带三省，而去浙尤为密迩。永丰小路，一通衢之江、常，一通处之龙、景，皆仅数十里，是谓三省之交。其在分水、柘阳二关，别有小径可通往来者。往时大盗叶宗留、邓茂七、陶得二等，令其党阴通间谍，人不复知，载在《鸿猷录》可考。又自铅山接弋阳、贵溪，别通邵武、延平、建宁三郡，皆在万山间，远者相去数百里，近者百余里。嘉靖四十年，邵、延山寇突至贵溪江窑山，所经弋阳亦被焚掠，皆由此道。赖都御史谭纶、总兵戚继光击却之，即其地也。水脉数十条，总为三支：一支合上饶、永丰，经贵溪，下流入湖而合于江；一支合崇安、浦城，由福州；一支自永丰至江山，会台、衢，经钱塘。皆入于海。此其壤境相通之大概也。

封禁一山，有内外、新旧二处，其界则始前代。永乐、宣德间，矿徒入山，久之矿乏山崩，没死者甚众，今名陷坑，俗名陷人坑。此为封禁内山之门户也。自此而外，如叶坊、舒里、已坑与永、铅二县所属各隘，诸土名不可胜记。则自正统讨平宗留之后，概为设禁，今已尽成宿莽矣。内山深邃，奸宄易于托迹，非设外禁以固护之，则寇盗冒险一入，即可列栅自守，因以其间时出剽掠，为害滋蔓矣。前自此山径路稍通之后，即为亡命渊薮。其始托名采木，实则利于铜铁，或妄意其间有银矿也。考之往牒，大抵盗首以此诱聚流民，流民不知，从而蝇集。始则各挟所有，以铜铁贸易，往往相矜以利。又割取自长之菽粟，或击鲜烹肥，恣意无禁。初不忧其乏，已而积久食尽，于是劫之为盗，自相部署，出没无常，实计出于无聊耳。

凡盗入据，旧巢见在，不烦再辟，且山居饶材，易为营创。游手好闲者，所在而有，利之所在，人必争趋，旬月之间，数万之众可立聚也。山故多铜铁，可成矛戟，藤竹之属，可为弓矢簰盾，以战以守，隐然一巨敌也。仰攻深入，岂易为力哉？

历代法令

唐郡治初开，为乱者众。史载唐季群盗依以为巢，宋范汝为内讧，闽邵、延间有贼党据此，造器械以助汝为，自范寇平后，始立诸寨，《闽志》备存。后之增设诸隘自此始。元时尤为盗薮，法令最严，常虑宋室遗胤，有潜入以图兴复者，是以累加防守，逋民逃匿，辄加重刑，或合山焚之。

国朝，上遣大元帅胡大海经理东南，诏以上、铅、永属广信，福建以浦、崇属建宁，浙江以江、常属衢州，龙、景属处州，禁互相侵越。以此山独当三省之中，非荒度所及，第令封守如故而已。最后草窃时发，乃因有司所请，以上饶四十九都，五十二、三、四等都，永丰十五、十九等都，铅山十三等都，每都各置十堡，添设里老，画地盘诘，不许阑入，犯者处以极刑，家属流放。

永乐十年，诏三省会议铜塘果否荒僻不堪建治，据实以闻。时各省会勘如前，惟令各县分别所隶，驱逐逋匿。每岁本府行上、永、铅三县，会同福建浦、崇二县官查考一次，详报各该上司，即有疏虞，奏闻。

宣德七年，浙江豪民项三等聚众潜入铜塘，又于四十二等都地名包公尖、五十都地名横山头、五十三都地名洪水坑等处，起立垆场一十三座，聚众万余，因而流劫。抚按三司临勘具奏，寻敕福建行都司合兵擒获，槛送伏诛。

正统七年，浙江处州贼王能、郑祥、四苍、大头、叶宗留等聚众千余，入山盗矿。十年，掠永丰。调南昌前卫广、铅二所官军及六县民壮与王能等战，官军被杀者甚众。永丰知县邓颙同老人余斌入山，招抚贼首王能等三十五人听命，给与札付，将永丰二十四都瘠荒田地给与耕种，以充快手，协同六县民壮于永丰之横山头设教场，以时操阅。复令以计诱郑祥、四苍、大头等三百余人，悉斩于永丰之十五都，独宗留等与其部下遁去。十三年二月，宗留聚众盗掘处州少阳坑。九月，历云和，至政和之少亭，皆无所得。谓其徒曰："与其取于山，劳而无功，孰若取于民。"众从之。时余党尚数百人，势遂复振，攻掠政和县。还庆元，遣人招龙泉良葛山人叶七为教师，由浦城流劫建阳，所过焚掠，分众扼守铅之车盘岭，行旅断绝。闽贼邓茂七亦起于邵武，东南大震。上命都御史张楷，偕都督刘得新、陈荣，帅兵往讨闽寇。至广信，宗留率其党时出抄掠，楷留不敢进，闽中日益告急。浙江藩臬请楷便宜移兵先击宗留，可无后顾。江西按臣亦言叶寇近咫尺，危在旦夕，大臣为国家排难，专之可也。楷不知所从。有指挥戴礼奋身愿往剿之，楷乃命率兵五百以往。十三年十一月，贼至黄柏铺，戴礼兵击之，死伤相半。宗留衣绯率众前，中流矢死，官兵不知为宗留也。贼退奔入山，复拥叶希八为渠帅，劫车盘岭，率众驻十三都，欲由铜塘回浦城。都督陈荣谓楷曰："受命讨贼，今延平事急，而铅道不通，大军密迩，二贼并炽。今遣部将往，朝廷谓我辈逗留，将若之何？"楷不得已，乃命荣率兵二千与戴礼合。至铅之祝公桥，军无纪律，猝遇贼突前邀战，官兵大败，荣、礼皆死。楷惧，闻刘得新已率江西兵趋建宁，遂取道径往闽中，行委浦城县丞何率军快数千，永丰县令邓颙亦率本府六县民快以应。十一月十五日，与希八合战横山，败绩。颙被执不屈，骂贼死。镇守侍郎杨宁时在会城，乃与三司议调南昌前卫及广、铅二所官军，并集六县民壮，会于横山。相持数月，仅无亡失而已。朝廷闻败，遣尚书金濂、宁阳侯陈懋、保定侯梁瑶、平江伯陈豫等率京营及南、直、江、浙等兵讨之。以中官曹吉祥、王瑾为监军，兼制三省。吉祥等素作威福，濂等以计留之于浙，而与懋及郎中陆移兵驻广信，分道入福建。未至，希八乃使人从铅、弋间道厚自结于茂七，互为声援，此入彼出，官兵首尾不能相应。楷至建宁，屡战，时有小胜，辄以捷闻。会贼党适有内却，楷阴以计招下其党张由孙、罗汝先等，许以擒贼立功。由孙等诱邓茂七出战，败死，并擒其侄伯孙与家属悉俘献京师，闽寇悉平。希八以失援势稍弱，然犹据铜塘，且耕且守。已而复由浦城、政和，与陶得二、杨希、陶秉伦等合，掠处州及金、衢等处。诏令张楷移师讨处寇。楷至，有千户沈俊者，自言其部下皆丽水人，亲属多陷贼中，遣所亲信以往，宜可得要领。楷从之，乃令入山晓谕，至以老母百口为誓。得二出见，楷优加赏赉，令招余党。希八寻亦出降，始知宗留已死。濂等时在广信，得报，亦以铜塘寇平闻，遂罢兵。因与守臣会议善后事宜，乃奏以附近民山凡去铜塘数十里内者，悉加封禁。如上饶五十二都三堡至八堡民田粮七十八石，及五十三、四等都，东至永丰十五等都，西至铅山十三等都，山塘地皆不得耕种。录居民通贼者，尽行诛戮，家产入官。被寇者量行给复，徙之他所。浦城、崇安视此例。凡诸洞向通往来之路，悉甃石为障。余当溪水之冲，不可施以人力者，仍如宋元故事，于上饶设高洲、枫林、张湾，永丰设鉉山、军潭、港头，凡六隘。择素有恒业居民，充为老人，添设快手，月给口粮，令各分守信地，统以寨官，随军操演，禁不许停插异郡商民，及于隘内往来。以月之朔望申报，违者籍没戍边。自是禁防愈密，而地方始得宁息矣。

正德十年，奸民某者，始在外山盗木，渐入内地，采铁聚众，应铅山民周、吴、李为乱。巡抚都御史韩雍督兵征剿，尽获乱民。因即旧界立石示禁，每隘各立寨官，复益兵快，扎诸里老协同管守。

嘉靖三十四年，南昌人某同方士陶仲文奏请重建许旌阳铁柱宫。因言工费动以万计，今帑藏空虚，实不能给，请以广信封禁外山所蓄树木，采取庀工，不足则以平洋坑所产矿银助之，得请。仲文又以箓法得幸，持之甚急。该部覆行抚按勘报，三司会议皆言平洋坑、封禁山，皆从仙霞岭发脉，南干自草萍直走留都，载在天下舆图及《朱子大全》，可考也。开凿贻害，请为万世培固陵寝，为地方拯活生灵，亟赐停止。奏上，肃皇帝未之许也。会阁臣揭言，鼎建真君宫宇，凡以祝皇上无疆之福也。人臣仰荷国恩，即竭帑藏，捐私财助之，固所不恤，况乃取于山林之产乎？顾以伤动龙脉，上关陵寝，非臣等所敢任也。不如令江西布政司发库金数千建之便。上从之，言者亦不之罪。

四十一年，龙游人祝十八聚矿徒数百，从江山经玉山程村，往浦城，欲邀众分劫平洋、铜塘，为官兵所拒，不得进。退至常山，复振集四百余人，杀伤县兵，突前至草萍，过玉山，屯吴村。令其党余狗为觇，为柘阳巡检司所执。事闻，巡抚江西副都御史胡松奏曰："今广信上、永二县所辖铜塘、平洋地方，绾带衢、建，实当闽、浙之交，有岩峒溪壑之阻，擅铅矿材木之饶，为方可数百里。正统间，闽贼邓茂七等盖尝盗冶其中，知县邓颙追捕被害。该前守臣请兵剿灭，遂将前山封禁，内有官民米七十余石，议令该都十里均赔。其后输纳不前，复奏令均派概县，有籍可核。自正德以及嘉靖之初，闽、浙诸寇往往窃据地方，居民被其蹂躏，至于累年而后定。即今流棍乘江、闽用兵多事之时，纠党操戈，托名盗采，意实伺便劫掠。臣会同巡按江西监察御史陈志查得铜塘山场之与平洋坑，均为盗所垂涎。而平洋坑地，尤浦城、江山二县之界，重山复岭，叠嶂层岩，一转折十数步之外，即主客尔我不相睹接。凡兹丑徒潜伏草莽，俦侣后先，则为道路之行人，俄而暗号一呼，挺戈齐奋，则数百千人可立而聚。往江、常、浦三县，各相视为秦、越，且地方奸恶亦多观望成败，幸其得开，则可随行分窃以自为利。是以甘心为之耳目，居停接济者，亦复不少。佥谓必须比照汀州武平之属岭北，潮州程乡之属漳南故事，而以福建浦城、浙江之常山、江山所属之盆亭、溪源、高泉、仙霞、小竿诸巡检司，悉听江西分守湖东道管辖提调。责令盘诘探报，可以先期为备，如遇各贼屯聚，一体召集乡兵，首尾应援，阻截遮击。势盛则移文建宁兵道，严、金、衢、温、处守巡各道，速发援兵，协力驱逐，违期者，听江西抚按参论。仍乞敕下兵部查议，果于事体可行，请赐不坐名敕书一道，专令分守湖东道参议驻扎广永丰县，训练营乡等兵，控扼禁缉，逆折潜消。幸今永丰缮造有城，落成伊迩，可以屏维藩翰。其于闽、浙三省抚按司道，止于文移往来，一切参谒仪文，截然无与。庶乎于事可豫，于官可常，于职不旷，产贼之源稍清，而受贼之委可疏而塞矣。”疏上，敕下兵部如议。

万历二十八年，江西矿税窑木腾骧左卫百户赵应璧奏：“臣同土民俞文、刘安、袁仁、吴华等亲诣本省德兴、玉山等县地方，勘得云雾山场，毘连开化等县，山势陡峻，内有鲁坞源、小葫芦、大葫芦、东坑、雷坞、大满、野猪塘等处，穿心四五十里，周围百十余里，遍产大木森肥，矿沙涌盛，官不征粮，民不佃种。向蒙总督浙、直、江西都御史刘畿于本山分水四至之外，地名荒田坞、仓坛、西源、黄冈岭界，立牌封禁，蓄养此木数百余年，若有以待皇上今日营建大工之用。伏乞天恩加敕潘相，督集杭、芜木厂商牙，将本山官木，大者解为三殿之材，小者着商变价，又可增课数万两等。”因奉圣旨：“这奏内江西山场地方出产大木，或可三殿有用，不必差官以滋骚扰，就着本省钦差督理矿税开采木窑事内官潘相，会同抚按等官，查勘明实具奏，解部应用。其浙江官山等处出产土回青，便着该省钦差开矿内官刘忠，会同彼处抚按等官查照开采，解进应用。立限与他，该部院知道。”广信知府陈九韶议以是山自叶宗留窟穴盗矿以来，虽久已封禁安辑，而不轨生心利孔者，窥伺而动。今若开山通路，木植渐空，砍伐之场，便为矿场，势必弃采木而争言矿利矣。山势颇阔，随其指向矿脉，何处不可开挖。始犹报监开矿为名，久之奸徒聚结，累月连年，官未必收其十一之利，而构争扰攘之乱，皆由此始。于是抚按会议于广信府所属七县，包纳山价银三千两，续议加增土产折价银一千两，一并解进助工。其土产折价，岁以为常，事竟寝。

《吉安志·徭役》

旧于十甲之内，十年轮当一差。虽曰一劳九逸，顾其应值之年，数繁役重，力且不胜。况以民事官，入役之初，常例费已不赀，而责办于上，需求于下，有编银一两而费至十倍、百倍、数百倍者，苦乐不均。于是豪民巧为规避，户之低昂，吏得私易之，而低者反昂，昂者反低。民之穷困，十户而九。隆庆间，始易为条编，分均徭、里甲、民兵、驿传，名曰四差。计四差之银，通融各为一则，摊分十年输纳。斗库诸役，出自官募。夫一分为十，则役轻；征价于官，则民便。轻重通融，苦乐适均，则差平而吏不得持低昂之柄，是宜乎万口称便矣。然议者或谓旦旦而号之，农商无终岁之乐，户户而比之，县官有敲扑之烦，则不若征其价而仍复轮差为便。斯盖长吏自为计之说也。夫十而一之，孰与夫一而十之？矧齐民朝不谋夕，谁乃岁积其一以待十年之输也？今岁输十之一，役轻易办，一输之外，民可闭户而卧，孰谓其无终岁之乐耶？其视轮差之岁，苦于弊多费重以致鬻儿破产者，万万相悬矣。大都兹法之行，利于下，不利于上；利于编氓，不利于士夫；利于闾阎，不利于市胥。必欲维之而使不变，其说有二：夫议法者始乎宽，则其将毕也不弊，盖始事亦尝从宽议矣。后乃一二沽名者，减其数以悦上，上之人从而悦之，于是数核而用不舒。夫千金之子，尚交而市义，犹且见大而捐其细眇。况乃主一郡一邑，顾使之秤薪而数粒，束缚之若湿薪然，岂可久之计哉？又兹法之行，本以恤民，而所官募之人，若库役、斗级、禁子、扛夫之类，此岂独非民也？不损其直而使之微有利焉，斯皆所以永条编之法者，是在乎良有司加之意耳。郡民诚蒙条编之利，愿百世守之弗易。惟就中少救其偏敝，可也。倘舍此而复轮差，则何异夺衽席而涂炭之。仁民者其必不忍于斯矣。

《赣州府志》

成化十九年（注一），以闽、广交界盗贼生发，于会昌、龙南、石城设守备行司，安远、瑞金设堤备行所，又于会昌设长沙营，设羊角水堤备所，龙南又设堤备行所。成化二十三年，流贼攻破信丰县城，江西巡抚李都御史昂请罢原设会昌守备，改设参将，统领汀州及武平、上杭各卫所官军并赣、雩、兴、宁民兵共七千员名，驻扎会昌防御。弘治四年，以地方宁息，议裁参将，照旧设守备官。嘉靖十五年，南、赣督抚王都御史浚疏请设坐营官于镇城，专司团练。嘉靖三十六年，范都御史钦请复参将。嘉靖四十年，陆都御史稳因广贼张琏称乱，兵权无统，会题改南、赣参将为伸威营副总兵，原统部下南、赣、雄、韶、惠、潮、汀、漳、郴、桂、抚、吉各府卫州县军兵三千，驻扎平远县，以便调度。其南、赣参将改设守备，长沙营、羊角水各添设把总一员。嘉靖四十一年，江西纪功，段御史顾言题改副总兵为镇守总兵，重其事权，仍驻平远。后两广军门急在防倭，移总兵于潮州。嘉靖四十三年，吴都御史百朋议得潮州相距南韶诸郡道里甚远，如使水陆二寇俱发，总兵何能兼制猝应。南赣内地，应照先年复设参将，统摄赣营、汀、漳、南韶、郴、桂、长沙营、羊角水堡等处守备、坐营、把总等官，专一防御山寇，仍听总兵节制。其南、赣守备，应行裁革。隆庆五年，改建参将衙门于镇城。万历四年，江都御史一麟剿平黄乡贼巢，奏设长宁县，议将长沙营把总调守长宁。

屯田

论曰：赣卫所屯粮，岁计二万有奇，将以充军实，裨国计也。乃今岁额不充，一军以上，率仰给于有司，军未赡而民已告病。此其故何也？曩谓屯官之倒持其柄也，书识之窃弄其权也，豪强之并兼其利也。岂不诚然乎哉？年来出内属之有司矣，而敲扑未省，逋负犹多，又何也？得无以积弊相沿，久则难变耶。夫屯田，一人止许一分，一户止许二分，此成法也。占种屯田，典卖屯田与人，至五十亩以上，军发边卫，民发口外，此明例也。

法例昭揭如日星，而军若民公然弁髦之。豪强之有所凭者，占田二三分，甚至五六分，积岁应纳之粮，分毫不输，无敢诘问。其他城社之奸，敢于包侵，巧于影射，晏然坐食，而公家之赋若罔闻焉。所苦者直一二贫军耳，债家既夺其田，复重其息，粮则令之代比，差则令之白当，追呼逼迫，即庐舍妻孥不能保，安问田之有无？加以驾运之赔累，杂役之奔驰，奈之何其不逃且窜也？高皇帝度诸道膏腴田土，分予卫士，使各屯种以自食其力，载之鱼鳞图册，纤悉具备，宁料其法敝坏至此极乎？兹欲穷源及委，查照鱼鳞老册，根寻原屯坐落，一一踏勘丈量。系原业者，仍归本主，系典佃者，即令退还。其逃绝荒田，另召余丁承种。屯额既清，屯政自举，一切奸弊将无所容矣。然此一大更革，非饶有才力不能任，非假以事权不可行，非迟以岁月不克就，谈何容易！无已，则以一岁官军俸粮尽数扣兑，递年卫官造册送府查核。扣兑屯粮既尽，然后取补于有司，是或一便也。否则，令屯军当秋收时，俱纳本色上仓，即充每年积谷之数，扣银在库给军，盖屯军上纳子粒。此令甲也，亦一便也。若曰扣兑有磨算之难，责之能者，数目不患其不清；纳谷有守候之难，监之有司，入仓不患其不速。是在处置得宜耳。虽然，立法易，行法难，行法于一时易，行法于久远难，何也？以行法者不皆立法其人也。即如万历间，郡丞祁公汝东目击运军之苦，建议以田定运。田分上中下三等，上田连运三年，中田二年，下田纳徭。法初行时，简易直截，上下称善。公去而法稍变矣，欲变法而先去其籍矣，籍去而田则贸乱，互相推展矣。以肥为硗，以成熟为荒废，每至临运，猾者巧脱，贫者泣隅，驱之上运，如赴汤火。卒之运事败而官与俱败，是岂法之咎哉？嗟乎！有治人，无治法，盖自古记之矣。

盐税

国朝天顺五年，户部陈郎中俊、叶都御史盛，题称江西南安、赣州二府，相去两淮穹远，溪滩险峻，盐商少到，军民食盐全仰给于广东，商人有愿南、赣二府发卖者，于南雄府每引纳米二斗，折银二钱充饷，而后出境。成化间，本府佥立盐行，每年征银四十两，谓之水面。弘治九年，金都御史泽驻节于虔，有兵事，加水面至百二十两。正德六年，兵备王副使秩，议得广盐先蒙两广总督衙门许行南、赣二府发卖，南雄照引追米纳价，类解梧州军门充饷。今议许下袁、临、吉三府发卖，由南雄曾经折梅亭纳银，止在赣发卖者免税，下袁、临、吉者，每十引抽一引。闽盐自汀州过会昌羊角水，广盐自黄田江、九渡水来者，未经折梅亭纳米，在赣发卖，每十引抽一引，装至袁、临、吉者，每十引又抽一引，以助南、赣军门军饷。正德九年，题奉钦依，广盐止于南、赣，袁、临、吉仍行淮盐。正德十二年，都御史王公守仁疏请通盐法，暂行袁、临、吉三府，事宁停止。嘉靖五年，都御史潘公希曾复题广盐行袁、临、吉地方，经南雄太平桥税过者，每十引抽一引半，未税者，每十引抽二引，每引折银八钱，贮府库以备军饷。及南、赣卫所官军月粮、各堤备官军口粮之用。嘉靖十三年，巡盐御史执奏，覆议仍旧。嘉靖十五年，都御史王公浚奏除袁、临二府仍行淮盐，南、赣、吉三府行广盐，抽税如前，以十分为率，量存其二以备军饷支用，八分解部济边。万历十三年，巡盐御史力请改吉入淮，虔台疏争之，户部从中持不决，下两藩议。广东屯盐佥事陈公性学议得广之盐引，每岁一十二万有奇，其行于江西五府者强半，自袁、临之路不通，盐多壅滞，民困渐滋，众商方纷纷求复袁、临旧额，仍今忽有改吉入淮之议，不益商民之困乎？夫江、广地方，控带群蛮，襟会百粤，桴鼓之警，岁常有之，兵馈多取给于商税。以南、赣、吉三府之民，岁且消盐二十余万，计税饷之所入，大约吉安十之八，南、赣十之二。若以吉安复食淮盐，是十去其八矣，饷将焉赖哉？况保昌县虚粮数多，先经两院具奏以盐税抵补五千五百余石，数十年来，民获苏息，此行盐之利也。又南雄原有黄田江南大坊等处抚民，强者驴载，弱者肩挑，咸借通盐以资衣食。东海之良民新民，撑驾艚船以供日用。若改吉入淮之议成，闭塞西关，货积而税减，不惟两省兵需无出，保昌浮粮何以抵补？新抚负贩之徒何以倚赖？二十七场之灶丁家口，必束手坐困，而百万船夫生理无依，奈之何不穷且盗也？夫盐法之行，固以利国，亦以便民。南雄地方，界连南、赣二府，而南、赣又接壤于袁、临、吉安。其盐顺流而下，计日可至，势易而费省，故其价也贱。若淮盐数千里逆水而上，江湖浩荡，滩石峻险，舟行累月不能至，而又有覆溺之患，势难而费倍，故其价也贵。以民情度之，未有不苦贵且难而乐贱且易者。禁其所乐而投之以所苦，其谁与之？今天下一家，或淮或广，孰非王民？矧广盐久行，何必过为更张，瘠广而益淮哉？吉安之人闻此议，而淮商又簧鼓其间，以故贾贩不敢承买广盐，而广盐集于南雄境者日壅，商人不告引者数月矣。此非特两广之忧，亦南、赣诸郡之忧也。倘轸念兵饷重务，会同江西抚按酌覆，将广盐照旧行南、赣、吉三府，庶国计民生两得之矣。于是户部复以吉还广。先是司榷之官，每季委属府佐贰官管理，季终更代。万历十年，南、赣（督抚）张都御史焕奏改本府捕盗通判专理榷务，捕事改属清军同知，专官自此始。万历二十七年，税监潘相到赣，将创立衙门，坐收两关之课。赖李督府坚持不阿，止以解部八分额数，割以与之。即各边每岁亏二万之饷，而两关则免重税之苦矣。

杂税

正德六年，王副使秩既酌议抽盐之法，又将广、闽各项货物，逐一估定规则，立厂盘掣，抽分助饷。

解额

两桥税银，每岁大约三万有奇。在税监未到之前，以十分为率，盐税八分解部，二分留饷；杂税五分解部，五分留饷。解部总以二万，留饷总以万余计，此其常也。旧例五年一解，如部有急咨取，或三四年一解，其解五六七八万不等，总视每年收数为盈缩。自谢都御史立月比之法，隐漏渐少，故解部与饷用外，尚有余积，可备地方缓急。万历二十七年，税监至，增收上水货税约近五千两，又于下水原税内加增近一万两，每岁共约新旧税银近五万两，以三万八千五百两解税监转解，余则存留备饷。每年定夏冬二解，数尽监额，军饷自是不继，动及旧存，以致库藏无二年之积，殊可寒心。万历四十二年六月，奉旨减免新增税七千两，而起解犹三万有奇。今幸税监尽撤，上下水加增税悉蠲，商贾通行，公私庶有济乎。

嘉靖二十一年秋，安远黄乡保新民叶廷春恃众生变，人情汹汹。兵备副使薛公甲计擒之，并其二子伏法，众遂定。黄乡离安远县治三百余里，与广东平远、和平、龙川等处接壤，中有大帽山，绵亘数百余里，人迹罕到，大盗窟穴其间，最后有叶芳者，自程乡入并诸贼，有众七千，分为七哨，自号满总。先任巡抚周公南招抚之，王公守仁尝用以平桶冈、浰头及宸濠，然骄横不受约束。芳死，其兄廷春代领其众，肆暴尤甚，至逼旁近居民窜徙者百七十人，乘新旧督抚交代之际，将为乱。幸薛公先计擒之，选叶金为千长，抚定其众。新督府虞公守愚至，议于地名田背筑城堡，添设巡检司，并移安远堤备之兵驻扎其地，与弓兵相兼防守。又议会昌长沙营增筑墙垣，盖造营房，分原守千人为三班，一班防守，二班留卫，以省行粮。又迁羊角水堡，筑城三百余丈，中建公馆营房，以便官军居民护守。议上，悉从之。

嘉靖三十年冬，和平岑冈贼李文彪称乱，都御史张公烜督兵讨之。高砂千长陈贵爵与贼通，漏师。贼袭执指挥金爵为质，挟招，不许。大兵既集，贼出战，贵爵为外应，我兵北。贼遂围拥漳州府通判谢承志、南安府推官冼沂、赞画邵应魁，入营求招。乃遣指挥谢敕往谕。贼党李子文谋以貌似文彪者杀之，函其首，并还被掳官，诣军门请降，遂撤兵。后侦知其伪，再遣敕入巢，切责贼众，将子文械送辕门伏诛，并杀陈贵爵，而文彪竟得逃死。

三十六年三月，龙南贼赖清规据下历保以叛，近保被胁者皆从之。清规本平民，素有机智，尝从征三浰有功，后充本县老人，善为人解纷息斗，县官常委用之。偶以族人狱事干连，法应配。时一郡倅署县事墨甚，闻清规家颇饶，索贿，贿入不厌其意，再四逼迫之，无奈逃匿，而倅踪迹之益急。因而聚众拒捕，遂反。龙南之横江、信丰之员鱼迳、安远之大小石伯洪，俱为所胁。合岑冈贼李文彪、高砂贼谢允樟，号三巢，而清规为雄，啸聚十年，杀人以千万计。

四十年，饶平贼张琏故为斗库，侵欺挂法，遂以失计良家子称乱，闽、广诸巢贼附之。夏五月，流入兴国，自龙砂出梁口、万安及泰和，杀汪副使一中，执王参议应时，势益猖獗。还过衣锦乡、长信里、温陂等处，焚劫一空。新督抚陆公稳遣安远令石廪领黄乡叶槐等兵御之，擒斩数十人，贼败走出境。

四十一年，奉诏会师二十万，分为七哨，大剿张琏。两广兵驻潮州，福建兵驻漳州，江西兵驻建昌，赣兵驻汀州，监军御史段公顾言驻节赣城，纪验功级。时督抚陆公稳总江、浙劲兵六万，属俞参将大猷将之。琏出攻漳州，诸帅乘虚捣其巢，琏亟回自保。于是大猷计诱贼党郭玉镜等卖琏以献。两广以饶固其地，不肯予虔哨，夺琏去。琏既擒，诸巢贼俱无固志，或抚或剿，悉就平定，乃班师。

四十五年，都御史吴公百朋亲督参将蔡汝兰等官兵进剿下历，捣其巢，贼首赖清规伏诛。先是吴公疏请讨贼，奉诏剋期进兵，而郡守王公扆力主招抚，则请单骑入下历，吴公佯许之。清规急欲缓兵，闻府主来抚，率众顿颡待命，且开道护送出境。吴公乘贼懈，亟移镇信丰，檄兵备参政李公佑，督诸路兵四万三千有奇，于六月初二日分哨进攻。初三日，长沙营把总暴以平首破杨梅牌，断贼右臂。兵逼大巢，贼出战，皆失利，我兵遂夺神仙岭险隘。贼惧，退保铁炉坑。同知李多祚督黄乡兵冲击，俘斩甚多。贼犹据寨顶固守，纵火四面焚之。贼奔樟木岭，各路兵奋力夹攻，贼度不能支，复奔入羊石、铙钹二寨。清规率亲信五六百人，踞铜鼓嶂。嶂为龙川地，昔侬智高所据为窟穴者。汝兰选劲卒六千人，从间道围守三寨，而自以大兵殿后。又架天车，为仰攻计。坐营王如澄冒矢石先登。七月初四日，破铙钹寨。初六日，破铜鼓嶂。清规计穷，谋夜走葫芦峒，为隘兵所厄，反走回苦竹嶂，匿茂林中。副总孔宗周侦知之，领兵搜获，清规自杀，戮其尸，发长七尺。下历平，高砂谢允樟悔罪自缚，诣军门献地乞招，愿为编户。乃即其地建定南县。是役也，督府吴公主之，兵使李公佐之，而夺险摧坚，决策制胜，则蔡参将汝兰之功为最云。

万历三年，都御史江公一麟、知府叶公梦熊计歼黄乡保贼首叶楷等，荡其巢穴。黄乡寇盘据有年，流毒地方。叶公故惠州人，稔知其害，意欲图之而未有间。三年四月内，会其保民刘载永、严顺民等请增设县治。公与江公谋曰：是其众可携也。宜先招集其各保子弟来郡城就塾师，读书习礼。已而，果有四五十人来，即楷亦遣其子六人至，然心实恚忿载永辈所为，仇视之。七保人从此亦与之构怨，稍稍瓦解。叶公乃密致载永、顺民及尹明遂、温时选等数人于郡斋，与同寝食，盖伐谋伐交，日夕计画甚秘。又遣梁正环、陈俊、赖琪等，阴执招降旗数十，免死票三千。又悬赏格，令之伺便行事，散其党羽。布署既定，已侦得其内溃状。九月，乃发兵。二十日，分道入。正环等竖立降旗，分散免死票。众各星散，无与官兵敌者。楷势孤，走匿赖舍庙。兵围之，火其庙，楷遂焚死。事平，奏立长宁县。

论曰：余次《营建志》，盖深有感于今昔之故云：祖宗时，自城垣廨署，下及舟梁器具，一切缮治，咸极坚致精良，久而毋坏。其后所费浮旧额，乃硗确偷窳，曾不能当其十一，报竣未几，旋即圮败，岁岁耗费官帑无已时。岂工拙之相悬哉？非然也。祖宗时，法令肃毖，上下无敢陨越，有所兴作，董视唯谨，财力相覆，不使夤缘奸利得滑其间，非坚致精良，曷以逭责乎？近世士大夫，务为宏度远心，厌薄米盐琐碎，兴作不甚訾省，委之从史冗员，受成而已，物料工作，百不如前，而旁侵私割，沿为故常，即有觉察，又虞重拂人情，小小补葺调停，以幸无过，谁为执其咎者？有虚费而无实用，职此故也。往见留都岁举城工，糜县官钱若尾闾。万历戊戌，温陵李相国为南少宰，摄工曹，议修外罗城一百三十里。则并力而先事一隅，须表里坚厚，乃渐及四隅。今罢役且二十年，无再筑者，岁岁省水衡万余金，公私赖之。然则弼亮之业，盖自克勤小物始也夫。

张弼《均利记》

曰：梅岭道路，乃南雄、南安两府共给其役，共享其利者。故骡驴驮载，少壮担负，皆于中途转换。盖因民情土俗以为定例，自前代已然。而洪武初亦因之而设小岭中站，递送官物，公私皆习而安之，无所争也。自景泰初，因军饷而以南、赣皆为广东行盐地方，则南雄之货过岭者益多驮担，可得厚利。南雄之民始创南货过北者直至南安城下，北货过南者直至南雄城下之议。其议似公，未悉委曲，故官无确断，民起私争，杀伤狼藉，文移旁午，商旅不通，两府交病。凡二十年间，屡断屡争，卒无宁岁。盖由未尽委曲，不知中途转换之故，断不可易也。其故何哉？盖北货过南者，悉皆金帛轻细之物；南货过北者，悉皆盐铁粗重之类。遇南者，月无百驮；过北者，日有数千。过北之货偏多，则南雄独擅其利矣。南雄擅其利，而应夫役之常固宜。南安既失其利，而夫役之常则不可辞，无利有害，将何以堪？此民之所以必争，虽严刑重罚而不能禁也。自古中途转换而不可暂易者，其中委曲，乃如此不明乎？此所以久而未定。弼自成化戊戌之夏到任，军民男妇哭诉者，日数百。徐阅成案，既争而断，既断复争，由当时文移鲜得其肯綮，致是纷纷也。遂据父老之辞，明利害之要者，达诸江西、广东藩臬与巡历镇守诸处，檄弼至中站，会南雄知府贵溪江公璞，合两府军民父老访议，定中途转换法，分争始息。

《处置柯陈议》 郭造卿

湖广武昌之兴国与咸宁，及江西九江、瑞昌、宁州、武宁为邻，而飞龙山最险，惟有一路可入。柯氏世据其巅，本伪汉酋长之裔也。柯凡三族，共数千人。而陈氏亦巨族，助虐聚党为逋逃，主分其群于长江、洞庭、鄱阳间行劫，名挂二藩，案牍如山。有司莫之谁何，因循互阁，恐激之而叛，第包荒以延岁月耳。故武昌捕之，则以瑞昌为窟；九江捕之，则以兴国为薮。当承平之世，于名藩之界，而乃容此恣睢以为大盗首乎？然其酋不能擒者，四五十余年。职密画设间而致柯彩凤、栖凤于狱，因迁官去，其余党尚多未捕。胥谓苟安，姑且置之。职尝守汀，闻正统间，宁化县陈正景者，武断其乡，江西建昌邓茂七依之，初为防甲长，后坑田主翁，因拒捕称乱，而沙尤之寇蜂起，至陷各城，杀大将。及方面有司，劳朝廷遣侯伯领京军征之乃弭，由于扑之不早也。今柯党瑞昌之徒，置田产于兴国，而不敢取其赋税。有司虽为曲处，名其田为瑞昌里而令其输纳，乃彼恣睢自如而不悛。职参闽藩，闻弘治间参藩蔡潮因省城南门外有车家如柯者，入贺密奏而灭之，没其产，墟其地，署其木臬，题曰“车家绝地”以示戒，后之囚犯斩首，以此为藁街。闽人颂之，为其遏乱萌而保善类。潮子孙云、程辈贵盛，皆其除恶安善之报也。今奏必覆勘，则泄而逃，或聚而叛，此固不可密除者，若必如潮之灭其党，或非胁从罔治之义，但听其恣睢，安知其不为正景、茂七者乎？今宜诛其狱酋，而谕余党毋恃负固，令输赋税。或割其数里，一归之瑞昌，专责其守，令勿使两藩互避。或将瑞昌、武宁、兴国、咸宁而割为一县，即县不可立，于其边中，或设抚民馆，或设守备司，或专属九江道，或专属武昌道，而专管抚捕，事宁依旧分辖，则二藩大蠹以除，可无他日忧矣。

《虔台续志》 谈恺

谈恺虔台续志序

古者列国皆有史官记时事，今府县有志，实仿之。赣州府，古虔州也。有府志矣，复志虔台，何也？御史大夫莅治之所曰台，台在赣，而所辖之属则在于江、湖、闽、广之交，为府八，为州一，为县六十四，为卫七，为所二十八，非赣志之所能该也，故别为志云。台之建自弘治乙卯，迄于嘉靖甲寅，已六十年。凡锡命之隆，征讨之绩，抚绥辑宁之略，开谕训迪之词，前志或有所遗，近事多未之载，此续志之所以不能已也。爰命教谕陈灿、训导汪大伦等，征诸文献，稽诸故牍，辑而续之。而立例，而修词，予固不能辞也。

赣州府

赣县之东，路通雩都，有文滩一隘；西通南康，有黄土岭一隘；南通信丰，北通万安，有婆婆一隘。

宁都县之东，路通石城，有东龙、田埠二隘；西通兴国，有青塘一隘；南通雩都、瑞金，有排云、白鹿、长胜、下河四隘；北通广昌，有秀岭一隘。一浰头流贼，于正德五年临县劫掠二次。又本县东山坝老贼李延等，潜伏铁马寨等处，立号分夥，劫掠窝逃。嘉靖三十一年，知县潘翊、典史梁富春捕获，解送军门，拟斩待决。

兴国县之东，路通宁都，有瓦子碓、寨上、南村洞、刘坑、梅箬、衣锦寨、油洞、花桥八隘；西通万安，有槎园、温坡埠、头企岭三隘；南通赣县，有龙沙庙前荷树陂、墟下、垓头坪、龙子四隘；北通庐陵，有回龙、濠头、方石岭、杨梅迳四隘。

会昌县之东，路通武平，有分水、羊石、湖界三隘；西通信丰，有劵山一隘；南通信丰安远县，有清溪、羊角水二隘；北通雩都、宁都。一、本县羊角水堤备所及长沙营守备府各于嘉靖二十二等年，奏筑城垣各一座，戍兵防守。一、本县中坑峒，旧为盗贼出入要冲。正德辛未及嘉靖甲辰、乙巳，贼首钟仕高、李得裕、何积玉、蔡子显、钟廷庄等各来攻劫，知县汪颖、涂麟先后统兵杀退。

瑞金县之东，路通长汀，有古城一隘；西通宁都，有平地栋一隘；南通长沙、武平，有桃阳栋、新迳二隘；北通石城，有鹅公栋一隘。一、本县弘治十八年，流贼入城劫库，知县万琛战退被杀。嘉靖十八年，流贼侵境，知县王鈇统兵捕获贼首刘松一等。十九年，王鈇奉委统兵，又剿团蹊山，获贼刘操等，各解送军门，斩首枭示。

石城县之东，路通宁化，有站岭一隘；西通宁都，有铁树一隘；南通瑞金，有蓝田、秋溪二隘；北通广昌，有耸冈、坝口、南岭三隘。一、本县站岭界连宁化，前后二十里许，并无人烟，客商往来，多被残害。嘉靖二十八年，奉军门起造营房，分兵把守。

信丰县之东，路通会昌、安远，有石口、鸦鹊二隘；西通大庾、保昌，有九里、竹篙二隘；南通龙南，有陂头、平冈、杨梅三隘；北通赣县、南康。一、本县石背，地险山固，旧为盗贼丘永全等巢穴，今已听抚安靖。

安远县之东，路通会昌，有黄竹湖、藤岭、雁洋坪、十二排四隘；西通龙南，有长布、上保二隘；南通兴宁、和平、程乡，有老虎、刘畲、都司三隘；北通会昌，有黎坑砌一隘。一、本县堤备所在黄乡、田背城堡，官军分屯把守。一、本县大帽山，去治所二百余里许，界连闽、广边徼，旧为贼首张番坛等据住。正德辛未年，番坛纠集岩前、悬绳峰、挂坑障、黄沙、大刘畲贼党谢得珠等，大峰障、甕渎、五子石、十二坪、香炉嶂、鸬鹚角、军山、笔圆子岩贼党黄镛等，丹竹楼、淡地、双桥、黄竹湖、顶山、寒地、甑背贼党何积钦等，流劫各府县地方。都御史周公请官军捣其巢穴，追捕前贼。时叶芳等自愿投招，安插石溪等地，居住当差。

龙南县之东，路通安远、和平，有油潭水、杨陂二隘；西通信丰，有樟木、黄藤迳二隘；南通和平、翁源，有横冈、南迳口二隘。一、本县高砂、上蒙、新兴、下历、太平等保，旧为盗贼徐允富、王受、黄秀玑、谭宗尚、徐允沐、赖振禄等巢穴。正德年，都御史奏请讨平向化。

雩都县之东，路通瑞金，有龙潭、葛坳二隘；西通赣县，有牛岭、峡口二隘；南通信丰，有丰田、马岭二隘；北通兴国，有砌下、左坑、佛岭三隘。

乡兵：信丰石背，会昌长河，龙南高砂、南浦、汶龙，安远黄乡、双桥。

南安府

大庾县之东，路通南康、信丰，有赤冈、双坑、划船三隘；西通桂阳，有吉村、右源、沙村、浮江、内良五隘；南通保昌、仁化，有梅岭、游仙二隘；北通龙泉、崇义、上犹，有牛尾、佛子、云山、龙华、宰屋、樟兜六隘，又峰山里民筑城堡一座。一、畲贼谢志山等，正德十四年，盘据本县南源山作乱，都御史王公奉请剿平。其左溪等巢，今割入崇义县。一、畲贼李文彪等，嘉靖三十一年，流遁本县浮江等处劫掠，都御史张公委本县主簿阎安同官军杀退。

南康县之东，路通万安、赣州，有潭口隘堡；西通大庾、崇义，有甘竹、西堡、麻斜、莲塘四堡；南通信丰、赣县，有龙回、牛牯二堡；北通龙泉、上犹，有塘江、城埠、崇文、担柴、沙溪、湖头、油槽、河田、石塘、李姑十堡。一、畲贼谢志山等，正德十三年，流住本县鸡湖，结党作乱，都御史王公奏请讨平。其鸡湖等巢，今割入崇义县。

上犹县之东，路通崇义，有淡竹、南北村二隘；西通崇义，有赖塘、三门、麻阳三隘；南通信丰，有石龙一隘；北通龙泉、桂东，有峒口、匹袍、平富、卢王、大雷五隘。一、畲贼谢志山等，正德十二年，本县横水、茶寮、桶冈、长流坑合党为盗，劫杀民财，都御史王公奏请讨平。其横水等巢，今割入崇义县。一、畲贼李文彪，嘉靖三十一年，流扎本县义安、铅厂等处，劫杀人财，都御史张委本县主簿林桂同官军拒战，得捷，遂退。

崇义县旧为横水、桶冈之地，都御史王公平定后立县，东通上犹，西通桂阳，有长流、流决、古亭、聂都、关田五隘；南通大庾，有蛇头、小坑二隘；北通龙泉、桂东，有上保、严湖、石玉三隘。一、本县关田、聂都等处，被李文彪等流劫住扎，知县王廷辉、典史廖佑统兵杀退，招抚回巢。

南雄府

保昌县之东，路通信丰，有平田坳、不劳石、南亩三隘；西通始兴，有百顺侧一隘；南通龙南，有冬瓜一隘；北通大庾，有红梅、百步、羊头三隘。一、本县中站被李文彪等越来屯扎，申奉军门守巡衙门会议，建立城池，拨官军于营房把守。

始兴县之东，路通信丰，有沙田、花腰、石桂、丫山、猪子峡、凉口五隘；西通曲江，有杨子坑一隘；南通翁源，有河溪庙一隘；北通保昌，有上台、黄塘二隘。一、本县铁寨被李文彪等流劫占住，同知包耀杀退。

韶州府

曲江县之东，路通始兴，有古羊、总铺、木坪、小坑四隘；西通乳源，有林桥、白茫、黄公岭三隘；南通翁源，有白沙一隘；北通仁化，有上道一隘。一、本县幽溪、烈溪、葵溪、罡背等处，界连乐昌，旧猺贼巢穴，申奉上司征剿平靖。一、本县河西，被大、小罗山猺贼，由黄公岭越林桥突入住扎劫杀，官军追捕奔遁。

英德县之东，路通翁源，有沙口、三板滩二营；西通阳山、清远，有流寨、黄峒二营；南通清远，有蚊虫石、大庙二营；北通曲江、乳源，有麻步、大塘、燕石、虎尾、金皂、鱼梁、丹竹迳七营。一、本县棘背、黄村、蜡坑、将军陂、黄竹坑、奇塘、观音大坪等处，界连清远、阳山，多系猺獞巢穴，不下百数，今以知县谌廷诏招安宁靖。

仁化县之东，路通保昌，有风门凹一隘；西通乐昌，有七里、赤石迳二隘；南通曲江，北通桂阳，有城口一隘。

乳源县之东，路通曲江，西通阳山，有黄金峒一隘；南通英德，有月坪、高车岭、沙岭脚三隘；北通宜章、乐昌，有破篾坳、大布、黄公岭、平隘头四隘。一、本县小水山，被畲人袁周、胡园等，透引贼首邓仲玉等，于正德年间，劫掳郴、桂地方，申奉抚按衙门，遣通判王政督率官军讨平。

翁源县之东，路通河源，有甲子砌、冬瓜岭、葸茅坪三隘；西通英德，有江镇一隘；南通英德，有佛子凹一隘；北通龙南、始兴，有桂山丫、大平迳、南北岭、东桃岭、银场五隘。一、本县黄峒，旧为贼首刘杨保等巢穴，申奏抚按衙门调兵讨平。

乐昌县之东，路通仁化，有铜锣坪一隘；西通乳源，有塘口村一隘；南通乳源，北通宜章，有象牙山一隘。一、本县象牙山、老虎峒、山采岐、狐狸坪、平石峒、凉口峒等处，旧为贼首高快马、龚福全、李斌、雷伯全等巢穴，正德十二年，王兵备奏请调取各省官兵剿平。

潮州府

海阳县之东，路通饶平，西南通揭阳，北通大埔。

潮阳县之东，路通大海，西通靖海、揭阳，南通惠来，北通府城。

揭阳县之东，路通海阳，西通长乐，南通潮阳，北通海洋。一、蓬州守御所在鮀江，有石碇、飞泉、七成径、际内、官硕等处关隘。

程乡县之东，路通大埔，西南通兴宁，北通武平。

饶平县之东，路通诏安，西通府城，南通海岸，北通和平。

惠来县之东，路通潮阳，有箭竹凹一隘；西通海丰，有大麻一隘；南通大海，有天门岭一隘；北通揭阳，有虎头沙一隘。

大埔县之东，路通永定，西通府城，南通饶平，北通程乡。一、本县原系饶平湾州、清远二都地方，内有小靖、看牛坪、塘坑等处，界连上杭，旧为盗贼谢相、傅大满巢穴，讨平，都御史聂奏请立大埔县。一、看牛坪新民刘金等，结夥阮公仁为盗，流劫龙岩、连城地方。嘉靖三十二年，军门遣官领兵擒贼，阮公仁等斩首，刘金、刘全投招。一、嘉靖三十三年，倭寇撑驾大弯尾等船，乘风从漳州外洋，突来潮州柘林等处地方打劫，指挥黑孟阳进兵御战，擒斩徐碧溪、方四溪首从若干人。

惠州府

归善县之东，路通海丰，西通东莞，南通大海，北通博罗。一、本县南去大海界乌洲及记心洋二处，旧为海寇巢穴，今皆安靖。

海丰县之东，路通惠来，西通归善，南通大海，北通长乐。

博罗县之东，路通归善，西通东莞，南通归善，北通增城。

河源县之东，路通龙川，西通龙门，南通博罗，北通龙南。一、本县岑冈，去治所三十里许，北通龙南上、下历及安远黄乡保等处，旧为招抚贼首李鉴巢穴。嘉靖三十一年，贼子李文彪作乱，流劫各府县地方，都御史张公遣官军捣其巢穴，分兵追捕至崇义稳下，令指挥谢敕招回，见今安靖。

兴宁县之东，路通程乡，有迳心一隘；西通长乐，有筠竹岭一隘；南通长乐，有水口一隘；北通安远，有龙归、罗冈二隘。一、归善、海丰、长乐、河源、龙川界上砌、头大山等处，积年贼首杨立等聚众作寨，四出劫掠。嘉靖三十三年，岭东佥事尤瑛擒获首从若干人，申呈军门，奏请定罪。

汀州府

长汀县之东，路通宁化，有桃阳洞一隘；西通瑞金，有古城、鸡笼山、黄峰岭、九砌四隘；南通上杭、武平、连城，有佛子、长桥、分水凹三隘；北通石城，有镇平寨一隘。一、本县鸡笼山、黄峰岭、长桥等处，界连上杭、武平、瑞金诸邑，其间崇冈纠结，旧为盗贼巢穴，今已荡平。

上杭县之东，路通龙岩，有虎冈、芦丰、上南坪三隘；西通武平，有葫芦冈、兴太冈、荷树冈、赖溪口四隘；南通大埔，有军营前、新长岭、郭公栋、银子坳、鲜水塘、水溪口、寒陂七隘；北通长汀，有羊蹄岭、挑排、彩眉、板寮、檀岭五隘。一、本县上南坪界连龙岩，军营前界属境内，旧为寇盗巢穴，今已征讨，而葛用贤之后葛用贵盗心复萌，聚众劫掠。嘉靖三十二年，都御史谈公严令防截，随有巢内刘凤爵将用贵生擒来降，斩首枭示，凤爵等抚安。

宁化县之东，路通清流，有金钱隔一隘；西通石城，南通长汀、连城，有木马、竹篙岭二隘；北通建宁，有石溪、紫云、严塘、车桥四隘。一、本县堑头界连石城，前后二十里许，并无人烟往来，客商多遭残害。嘉靖二十七年，同知劳樟经过其地，申奉都御史议建营房十间，令宁化、石城分兵把守。后宁化裁免，至今地方安靖。

归化县之东，路通将乐及沙县，有下坊、沙溪二隘；西通清流，有三溪寨、水口、五通坳三隘；南通永安，北通宁化，有岩前、胡坊、铁岭三隘。

连城县之东，路通永安，有秋家岚、横山二隘；西通长汀，有新泉一隘；南通上杭、龙岩，有白岭、朗村、丰头、廖天山四隘；北通长汀，有石固城、乌石二隘。

清流县之东，路通归化，有铁石、虎山二隘；西通宁化，南通长汀、连城、永安，北通宁化，有金钱隔一隘。

永定县之东，路通南靖、龙岩，有西坪、水槽、抚溪、湖雷、吴坑五隘；西通上杭，有折滩、鼓楼冈、锦丰窑、黄师凹、黄沙港五隘；南通大埔、南靖，有箭竹凹、新村、瓦子坪、月流、岐岭、苦竹六隘；北通上杭，有虎冈、黄沙潭、长流、险石四隘。

武平县之东，路通上杭，有金鸡岭、檀岭二隘；西通安远，有郑家坪、蟠龙冈二隘；南通程乡，有处名、钵盂、水口三隘；北通长汀，有湖界、牛轭岭、硿头三隘。一、本县境内岩前、象洞、郑家坪、蟠龙冈、钵盂、水口，与大帽山、挂坑障、悬绳峰诸贼巢，俱相邻近。先是张番檀、李四仔、何积玉、谢得珠等聚众作乱，正德辛未年，都御史周公讨平。

漳州府

龙溪县之东，路通同安，有柳营、江龙岭二隘；西通南靖、漳平，有大深一隘；南通漳浦，有福河一隘；北通长泰，有华封、大寨、涵口、苦竹、汰口、良村六隘。一、本县八、九都月港，本名月泉，距漳城四十里，逼近海沧，俗习旷悍，喜好争斗。后设安边馆于兹，诸岛夷舟舶所辏泊处也。

长泰县之东，路通同安，有白桐一隘；西通龙溪，有鸬鹚一隘；南通龙溪，北通安溪，有磨枪、上宁、林口三隘。一、本县朝天岭高山险阻，去治城三十里鸬鹚、林口等处，旧为盗贼巢穴，今皆讨平。

漳平县之东，路通安溪，有石碓、石门、华口、南坑村、卓安头五隘；西通龙岩，有三峰、朝天岭二隘；南通南靖，有云洞、香树岭、下马坑三隘；北通大田，有禾头、白泉、长塔三隘。

龙岩县之东，路通漳平，有倒岭一隘；西通上杭、永定，有水槽、东坑、萧坑、黄坑四隘；南通永定，有缘岭一隘；北通大田，有寨门山岭、狗骨岭二隘。一、本县深山巨壑去处，概系猺苗杂居，时或乘隙啸聚劫掠，惟缘岭隘界连永定，旧为盗贼出没要路。嘉靖三十二年，流贼突来乌泥隔等处作乱，知县汤相统兵杀退。

南靖县之东，路通龙溪，有宝潭迳一隘；西通永定，南通漳浦，有深窦、三角、枫林迳三隘；北通漳平，有深渡、凉路、员沙、河溪、猫子峰、苍岭、寒婆关七隘。一、本县窠岭界连龙岩，旧为盗贼出没要路。嘉靖□□年，申奉都御史守巡衙门会议，行县将窠岭设立隘所防御。

平和县之东，路通南靖，有卢溪、东团二隘；西通饶平、大埔，有象湖山、朱公畲二隘；南通漳浦、南靖，有半地、三角迳二隘；北通永定，有赤栋、高砌硿二隘。一、本县卢溪、象湖等处，旧为南靖县地，界连汀、潮边徼，盗贼詹师富、李子钦等据以弄兵。正德丁丑年，都御史王公讨平，请立县治。

漳浦县之东，路通大海，西通诏安，南通大海，北通龙溪。一、本县二十三都，洪武年间，立镇海卫，东北为浯屿水寨，西南至诏安，及广东大城所界，枕山面海，雄峙一方。外布玄钟、铜山、陆鳌三所，安集及陆鳌、峰山、陈平、古楼山、泊浦、洪丘、大澳、灯火山、东山、洋林、盐仓、黄崎、渐山、埕东澳、洪淡、南山十七烟墩，哨船二十只，官军分守。

诏安县之东，路通漳浦，有深田一隘；西通饶平，有红花一隘；南通大海，北通平和，有九上落一隘。一、本县二、三、四、五都，旧为漳浦县地，当闽、广之交，山海之会，盗贼出没不时。嘉靖九年，都御史周公请割南诏等里立，名诏安县。

郴州

郴州之东，路通兴宁，有西塘洞一隘；西通桂阳州，有长塘铺一隘；南通宜章，有折岭一隘；北通永兴，有白芒一隘。

宜章县之东，路通桂阳、乐昌、乳源、连州，有里田、松华、新车、黄竹塘四营；西通临武，有黄沙一堡；南通乳源，有笆篱、粟源、凤头、大糍、糍粑、山门、高山、迳口、南源九营；北通郴州，有樟桥一营。一、本县莽山峒，旧为猺贼王福安、李稿等巢穴，正德十三年，招抚向化。

桂阳县之东，路通龙泉、上犹，有益将一隘；西通宜章，有蟠龙溪一隘；南通仁化，有山口一隘；北通桂东、兴宁，有何家山一隘。一、本县热水及蓑衣岭、老虎大人、延寿城、溪峒东坑岭、癞痢寨等处，旧为贼首黄锦兰、刘伏兴等巢穴，正德十三年，招抚向化。

兴宁县之东，路通龙泉，有新坑一堡，西通永兴，南通桂阳，北通郴州。

桂东县之东，路通上犹，有寒口一堡，西通兴宁，南通桂阳，北通崇义，有烟竹一堡。

永兴县之东，路通酃县，西南北俱通郴州。

嘉靖二年（注二），罢榷税。折梅亭有税，始于南安知府张弼奏设，一助该县夫马之费，一为督府军饷之需。后因南赣用兵，议移折梅之税于龟角尾，南北货物一并抽税。正德十六年，奉旨停革，而折梅亭照旧抽分。然每年税入止有二百余两，助公不多，扰民实甚，乃奏请停革。

六年，三浰新民曾惟德、王尚琦等纠集龙南县民谭崇尚、李正琏反于龙南太平保等处。督抚、右副都御史潘希曾命赣州府通判董鸣凤、指挥刘镗由龙南进，惠州府推官李乔木、指挥周楫由和平进，南雄府推官赵珩领始兴等县官兵策应以讨之。二月壬戌，江西兵与贼战于太平保，失利。复命同知伍佐、指挥姚玺统赣兵继之。又檄都指挥吴山督江西兵，陈鉴督广东兵，协力进剿。三月壬辰，战于龙南太平保，擒斩贼首曾惟德等。甲申，战于中浰，擒斩贼首鬼吹角等。丙戌，广东兵追贼至九连山前，夺回被虏官员董鸣凤，共擒斩贼首从八百六十八名颗。奏捷，奉敕褒赏。

十五年，督抚、右副都御史王浚陈时政四事。其一，控制要害以固地方。窃见大产一方，下接福建和平，上通汀南贵竹寨，又与海阳之丰政、程乡之万安都，去大埔有二日之程，实隘口要害之处，盗贼出没之区。请于此添设一巡检司，以控御盗贼。再照三河巡检司，近大埔三丫河口，不过盘诘奸细而已。切见东去地名乌槎，而大产村又有分水一河，由梅子潭出至乌槎，盗贼出没，必由此过渡，商船多被劫掠。合将三河弓兵原额五十名，加添三十名，一以盘诘三河，一以防守乌槎。如此，则大产控其喉，乌槎扼其尾，而盗贼自不敢犯。又议南、赣、袁、临、吉五府得行广盐，乃两广、南赣二督府前后奏请以济军饷也。

正德十四年，常议罢矣，而都御史潘希曾奏请复之。数年以来，积税二十六万，解送户部大工木料之用。今若一切议罢，则府库虚竭，倘有警急，何以取用？合将袁、临二府复行淮盐，南、赣、吉三府许行广盐，其抽税以十分为率，如遇地方无事，量留二分以预备不虞，八分起解以为各边军储之用。十七年，立大产巡检司。十八年，流贼入寇瑞金，知县王銥率兵擒之。十九年，流贼入宁都，瑞金知县王銥击获之。二十年，程乡贼首王五、蔡子显等聚众劫掠乡保，安远县告急。乃命赣州卫指挥斯邦爵、主簿蔡思贤等领民兵击捕，与贼遇于白土，贼伏兵四出，殊死出御，官兵败绩，斯邦爵、蔡思贤等遂死之。二十一年，叶廷春者，满总叶芳之兄也。芳死，廷春代领其众，劫掠乡保，逼窜居民。县官惧其为变，副使薛甲委官授策，擒斩渠魁，并其子叶桂、叶材杀之，乃授叶金为千长，俾统其众。白土之败，官兵被杀，都御史李显以闻。钦命守巡官以下俱戴罪擒贼，虽歼渠魁蔡子显、黄济孙等，而其余党潜窜出没，未能尽扫。二十一年，督抚、左佥都御史虞守愚设计悬赏格，获贼蔡子昌、王汝銮、郑昌友等三十九名，残寇悉平。二十二年，大埔流贼谢相等寇永定，典史莫住战死。夏四月，大埔典史邓世贵剿平之。捕上杭盗王五等，会昌盗叶珊，龙南盗陈英、萧拱等。悉平之。

《城羊角水疏》略云，谨按羊角水者，接壤广东之惠、潮，福建之汀、漳，诸寨峒贼欲过江西，必从此入，从此而西，则经长沙营以犯南赣，从此而北，则经会昌以犯吉、抚诸郡县，譬诸户限，往来所必由也。先年置堡瞭望，属之会昌千户所，亦专为江西而设。缘置堡之初，主于瞭远，未暇虑及民居。其地有居民千家，悉置堡外，堡中通无居民，止有孱军五十人。每贼一至，仅足闭门自守，居民咸逃避山谷，贼肆行劫掠，饱其欲而后犯诸郡县。今据堡旁居民周廷试等赴臣泣诉，自成化年间至今，被贼焚劫七十二次，旧民存者今止三分之一，目今遗黎愿出为朝廷更筑堡城以就民居，庶几室家有托，有事愿为尽力保守。且思惟古之作事者，因民则易成，有备则无患，今利害如此，而民又乐为之，事无便于此者。况民居依堡，则顾家之念重，因而用之，皆胜兵也。卒有小儆，自可捕获，万一有大寇，数千屯驻其中，上之可以相度机宜，捣其巢穴，下之可以联络声势，遏其奔冲，贼欲入则狼顾，恐吾之议其后，欲掠又无以资。上兵伐谋，其此之谓乎。诏可，遂城之。

《城黄乡设巡检司疏》略云，臣所管辖地方，俱系江、湖、闽、广边界去处，高山大谷，接岭连峰，昔人号为盗区。然其最剧，莫如黄乡新民。其地属赣之安远，名虽一乡，实比大县。中间大帽一山，环绕三百余里。正德年间已前，大盗如李四子、张时旺、张仕锦、何积玉、朱贵、强风等，恃险凭高，巢窟其中，因而摽掠居民，攻陷城邑，害及四省。最后有叶芳者，自广东程乡入，并诸贼而有之，有众七千，分为七哨，自号满总，言满有其众也。先任巡抚、都御史周南度未易破，因而招抚。至于都御史王守仁用以平桶岗，平浰头，平宸濠之变，虽多赖其功，然骄横颇甚，不受约束。其后两广提督、都御史姚镆奉命征岑猛，调至中途，一啸而散。叶芳故后，其兄叶廷春代领其众，比年以来，肆暴尤甚。臣未至前三月，旁近居民，被其逼窜县城者百七十余人。县官惶惶，朝夕防其为变。幸该道官委官授策，擒斩渠魁并其子叶桂、叶材，及捕获党羽，呈解军门，正诸典刑。选叶金为千长，抚定其众。臣至之日，又选其子入学，以安其心，各民始知向背。去年贼首曾守华拥众三百余人，出而抢掠，与叶金争为千长。各民因而诛之，头目人等并叶芳子叶松，捕诸党羽并首级赍解到臣。臣面谕以朝廷德威，各民且喜且惧，咸愿修筑城堡，添设官员，以统摄地方，为之保障。臣度事理可行，因访诸知事者。咸云筑堡有三利：堤备有军兵，则昔年强梗之徒，有所严惮而不敢为恶，一利也；留此一种人以为江西门户，则惠、潮诸盗不敢深入，二利也；各贼所最惮者黄乡土兵，在外有官兵护其妻子，既无内顾之忧，且不敢生事，三利也。又云，易失者时，难乘者机。往年诸贼迭相盘据，而官军不能制者，机未至也；今日不烦一卒，而各贼以次授首，各民自愿更化者，机已至也。失今不为永图，卒有奸人复踵故习，并叶金之众而有之，虽动兴大众，绵历岁时，未易图也。况各新民已有业产妻子，不比往年流劫无定。如遂为之设巡检司，筑墙堡，添堤备，以弭其变，而又立小学以化其俗，诚图大于细，计之得者也。臣又再访地方人等，所言亦各相同。当委瑞金县知县赵勋、赣州卫千户杨忠，督帅各民前去相度地名田背者，为各贼出入咽喉之地，先与筑砌墙围，画基盖屋，即欲迁叶金入居其中，地方已定，人心已安。如蒙皇上俯从臣言，乞敕下该部添设巡检一员，铸印选官，仍容臣移安远堤备之兵，驻扎其地，与弓兵相兼防守。并赐与司名堡额，以为永图。则弹压有要，而赣州以南，可得精兵数千，万一有事，因而用之，偃草破竹之势也。疏入，明旨允下，遂城之。

《营长沙迁巡检司居之疏》略云，臣谨按赣之长沙营，设于成化十九年。先因会昌贼朱绍纲反叛，朝廷命总兵官率兵讨平之，始即其地立营，添设守备官一员，统兵千人，驻扎其地，每岁奏报，率以为常。其地介安远、会昌二县之间，密迩赣之黄乡，闽、广之象洞、背寨、溪南等诸寨洞，贼欲犯南赣，必从此入。当时奏建，未为无意，祇缘未曾筑有城堡，守备官升迁不常，兼之已后贼势猖獗，孤军无所凭籍，守备官寄居会昌城中，各军散寄民居，遂致颓圮不修，至今空有堤备之名，而无防御之实。臣到任之日，访知其故，即行该道转行守备指挥金恩、会昌千户所千户石璧，相度地宜，修复故垒，仍添砌墙垣一百五十余丈，盖营房，设衙门，迁守备官入居其中。目今军有凭籍，可永守矣。臣又思兹地颇险，旁有山亘长数十里，一人守之，可使千人不过。目前仰赖皇上德威，地方颇为无事。以兹险地，少置兵亦足备御，今屯兵千人，岁费行粮五千四百石，似为太冗。但系制额，兼恐万一地方有事，未敢轻减。臣量为处置，将千人分为三班，岁轮一班防守，二班留卫所差操，有事则三班齐发。庶几旧额不失，岁可省粮三千六百石，以十年计之，可省三万六千石，储积以待，亦足以备不测之患。再照营之东有河口巡司一所，设于营未立之前，衙门久废，巡检僦民屋以居，止有弓兵三十人，不足为地方之轻重。臣欲迁入堡中，与军兵相兼防守，则官有归着，气势亦增，似为两便。臣前具题，乞随宜迁改衙门，即此意也。如蒙敕下该部详议施行，则粮饷不废，而军兵亦足，地方之保障益固矣。疏入，诏旨悉从其议，遂营之。

二十三年，义民赖荣祖擒贼首朱猴子，及斩其弟荣昌、荣德。大埔贼首葛瘦头、上杭溪南贼首葛得旺等，连结寇掠，义民赖荣祖击获之。流贼入归化，知县陈彷率兵与战擒之。二十四年，溪南盗张文政伏诛，其党刘全杀其众以降。立八面山营寨（注三）。

二十五年，漳贼曹宗权等为乱，知府顾四科督兵剿平之。

二十六年，覆鼎山盗起。先是，蒋璇、雷士贤、雷是贵、汤信四、李四一等俱系流民，占畬大坂地方，各负武勇，因天旱乏食，聚徒百余，奔入覆鼎山中，假称都总将军名号，劫掠乡堡。事闻，督抚、右副都御史朱纨命都指挥佥事俞大猷领漳州之兵，指挥陶以居领泉州之兵，两路夹攻。七月十七日，直抵安溪、龙溪二县合界覆鼎山下立营，各贼惊溃，将贼巢尽烧，随擒得首从贼汤信四等二十九名，平之。悬绳峰盗寇武平，千长锺仁凤击获之。

二十七年，督抚、右副都御史龚辉遣兵剿白叶洞（注四）贼陈荣玉、刘文养等，平之。剿永定县（注五）苦竹大山贼萧铁古等，平之。

《疏地方三事》：一设堡镇以据险要。臣闻御贼之计，防守为先，防守之设，得地为要。盖白叶坂之地，后有覆鼎、大珍、小珍，前有露林、白岩，右有荒田、大坂、尤龙，左有佛耳诸山，俱各群峰插天，深林蔽日，其为盗贼之所蟠据者，势使之然也。其盗贼入寇之路，西则由新坑口云岭而犯宜招龙涓里及龙溪县诸处；东则由白叶坂经佛耳山麓而犯多乡旧寨下湖、感德诸里及安溪县诸处。盖白叶坂为贼之腹心，而云岭则其咽喉也。为今之计，合无于白叶坂、云岭地方，各筑保镇一座，周围大约阔一百二十丈，高二丈五尺，于中建置官舍，四围列以营房，以为官军住扎之所。其防守之兵，合无比照汀州府盘龙隘事体。白叶坂堡于泉州卫拨军二百名，云岭堡于漳州卫拨军二百名，各差素有勇略千百户一员，统领前去该堡防守。以上官军俱一年更替，每军一名，月给行粮四斗，官给俸米一石，仍许带军伴二名，亦照军士支粮。以上俸粮，行漳、泉二府支给。轮替之时，各卫所掌印官预先挑选，发彼交替，如期不许迟误。龙溪、安远二县巡捕官每月一巡，漳、泉二府巡捕官每季一巡，兵备道半年一巡，交相查点督责。如贼犯西路，则云岭堡当先，而白叶坂堡出兵应之；贼犯东路，则白叶坂当先，而云岭堡出兵应之。呼吸相通，声势联络，庶东西有备，而贼无可乘之隙矣。一给山田以便耕守。臣查得覆鼎山、白叶坂之麓，俱有山田，询诸土人，半系贼人之所开垦，半系窝主陈弼等物业。系贼人者，贼人赖以养赡；系陈弼等者，因道路辽远，不能自耕，往往招募外郡流移之人耕种。夫流移者，平素习非之人也。业主利其耕田而不问其来历，流移者乐有所托，而因肆其狂图。是前田，盗之招也，及成之后，所积之谷，难以搬运，又无外人贩籴，不过卖充贼人之粮，是前田又盗之资也。今陈弼等已经擒获，若不及时区处，则桀黠之徒，冒认为业，其招募流移之人，佃耕如故也。既有招募，则贼徒之所以乘机而窃入者如故也。贼徒既入而群呼类聚，其所以蟠据为害者，又复如故矣。合无行漳、泉二府，督令龙溪、安溪二县掌印官，拘集各该里长，亲诣覆鼎山、新村坑口、白叶坂地方，履亩严查，为田若干亩，载黄册米若干，新垦未升科若干，系某人管业，或某贼占耕，一一开报，责令俱籍入官。其在新村坑口者，与云岭堡军耕种；其在白叶坂者，与堡军及弓兵耕种。每年收其三分之一，付本堡统兵官掌之，以为纳税修城之用。分巡道明立簿籍，稽查出入。其二分与耕者，以为衣食之资。候造册年分，即以二堡立户，载其产税，永久不许私自典卖。如是，则且耕且守，不惟官兵有所赖籍，而风声感召，民必翕然趋之。大约不过十年，深山穷谷，当无不垦之田，而屹然二镇，当不殊于都邑矣。移大产巡检司于小靖（注六）遣兵讨武平悬绳峰挂坑障反招贼刘海等，灭之。《议处地方事宜疏》略云，议照白叶洞、苦竹大山、悬绳峰三处，为闽之边鄙，江、广界冲，极其险要之地。盗凭出没，肆毒地方，已非一日。虽尝节行擒捕，未获底平。顷者仰仗圣威庙算，渠魁党羽，擒剿始尽，巢穴一空，地方称庆。及今殄灭之余，当为善后之计。乞将南诏所官军每年拨军一百名，委千百户一员，统领于白叶洞住扎防守，及将武平县象洞寨巡检司官兵，移置悬绳峰，仍编弓兵三十名，以协防守。其各营堡公廨，即建于各贼巢穴去处。其永定苦竹山通贼要路，如坪水澳、望天丘、洋竹山，并南靖、龙岩二县下芜山、巢岭、缘岭等处，俱行各立隘所，即择本地功多力众，人所推服者，给以冠带，帖为捕盗义民，及立千百长名目，责其率兵防守。其余分班巡逻，入山伐木，与勘田召佃收税入官，以充弓兵工食，官军行粮，余银抵纳浮粮，及建立营堡公廨隘所动支银两。一应事宜，悉听所议，仍行该道逐一委官，悉心料理，务臻成效，以绝盗源。

二十八年，移象洞巡检司于悬绳峰，并立关隘，籍贼田以资兵饷。

二十九年，龙南民激变，遣会昌知县涂麟抚平之。

三十年，流贼入保昌，官兵讨平之。和平岑冈新民李鉴，旧为池大鬓贼党，脱罪招抚，所部犹存。先年越过龙南县高沙保，杀死谢碧家属三百余口，因此负罪惊疑，日竖旗整兵，大肆猖獗。督抚、右副都御史张烜集兵讨之，以十二月十二日攻外巢。贼见四围兵集，俱并入岑冈大巢。有高砂千长陈贵爵，潜与贼通我军号色，并诱执千户宋恩、哨官唐孟冕等，以缓我师。至十五日，我师方得齐会各哨进兵。黄乡千长叶金兵众奋勇先举，冲锋破巢，各哨鼓噪而入，俘获颇多，夺回被虏千户宋恩等三员。贼悉众以遁，留伏兵二十余，披带我军号色，混入我军，遂杀千长叶金、百长叶宝等七人。我兵少却，遂溃围而出。十七日，我兵追贼，败之于陈坑。二十日夜，贼使张仕成等劫营，我军擒之。二十二日，败之于青草洲。二十三日，败之于梅子山。二十四日，追贼于五花嶂，互有杀伤。二十七日，贼遁翁源据险，我军追之，与之相持。二十九日，与贼交锋，连日多有擒斩。贼始谋遁，我兵败之于沙水、于铅厂、于关田、于寒洞、于峡迳，贼势少衰。又被陈贵爵透露号色，贼溷我军，杀伤及死者四十余人。

三十一年正月，知县施廷美、经历吴保等，乃召老人刘湘、千长谢允樟及其弟陈贵康，谕以朝廷正法，示以灭宗赤族之祸。贵康乃密请以大义灭亲，遂斩贵爵及其子四人，并从逆余仁珠首级六颗，函送军门。乃下令释其余党，令再整义兵从征。烜遂移镇南康，贼退据沙溪，我军败之。初四日，贼袭我军于稳下，虏指挥金爵为质，使贼党杨月亮乞招。乃遣南安府推官冼沂如贼巢，按其真伪。谢承志、邵应魁以兵继之。贼见冼沂至，且喜，既而望见官兵旗帜，疑为袭己也，遂殊死出战。我兵遇险，未及成列，遽与交锋，遂败。通判谢承志、推官冼沂、赞画邵应魁，俱被围拥入营。四月，复遣指挥谢敕如贼巢，谕以歼灭首恶，开释胁从之令。贼党李子文乃阴谋于各酋，以其状似文彪者押至谢敕前斩之，函其首，并释被虏官四员，同诣军门乞降。遂撤兵招抚。后察李文彪亡命未死，前级系伪，仍遣谢敕入巢，切责招总张仕诚等。李子文乃阴令文彪出逃，以掩欺诳张仕诚痛恨子文始为伪级给招，今又主令文彪出逃，共将子文械送军门，考问得实，遂死于狱。大埔贼首温师荣、苏玉等，哨聚李子寨为巢，劫掠乡村，平和知县赵进督乡兵平之。委潮州卫官兵戍大埔县乌槎堡。城中站。

三十二年，大山、罗山诸贼来流劫英德、乳源二县，虏千户白璋。盗劫南雄上朔地方，知府高冕督兵战却之。官兵讨永定、大埔诸贼，其党擒酋首葛用贵、陈秀奇、阮公仁以降。

三十三年，倭犯潮州柘林，官兵击败之。广之惠州，有砌头、大山，与禽鸟嶂、天字嶂、清溪嶂、白云嶂、洋鸟潭、龙潭、园墩、黄沙、蓝溪、金鱼、丫髻等山，盘据归善、海丰、惠来、龙川四县，联络险阻。上杭县盗杨立、杨二，纠合关亚、苏江、小李、黄目等，巢穴其中，推陈宗祐为首，劫掠四方。嘉靖二十九年，凑聚锺远通、陈耐等五百余人，号为大总、天总、满总、禽总、书总等名目，山内扎立营寨，开张五色旗号，杀人祭旗，分宗出劫。余大老牯等傍巢结屋，为之缉探接济，节年打劫归善、揭阳、惠来、海丰等县。上年缉知陈宗祐潜在潮州府城，擒获之，而四出劫掠不绝。岭东道佥事尤瑛调兵征剿，平之。杨立余党温象，自称飞天大王，劫掠揭阳等县，虏千户王日秋等，据丹竹楼、阳峒，知县吴卜相计擒之。

附 注

注一：赣抚弘治八年，以广、闽连界，盗贼生发，添设江西巡抚一员，特敕副都御史金泽驻扎南赣，后以十七年事平裁革。正德元年，巡按御史臧凤奏复设巡抚。六年，以副都御史周南巡抚。十二年，加巡抚南赣佥都御史王守仁提督军务。

注二：《虔台续志》缺中册。

注三：在兴宁、桂东交界。

注四：议将贼据白叶坂旧基筑立营堡。

注五：议将本县与龙岩县界巢岭地方设立隘所。

注六：以小靖地方与看牛坪、圹坑二巢密迩故也。

湖广备录上

《全省图经》

荆域故称山水瑰奇，郡邑棋布。谈者各据专胜，耳食于所闻，致相牴牾，总之，则折衷于《禹贡》者为著。昔禹之导山也，始于汧、岐，以次及于“熊耳、外方、桐柏，至于陪尾。导嶓冢至于荆山，内方至于大别，岷山之阳至于衡山，过九江至于敷浅原”。“嶓冢导漾，东流为汉，又东为沧浪之水，过三澨，至于大别，南入于江。”“岷山导江，东别为沱，又东至于澧，过九江，至于东陵，东迤北会为汇，东为中江，入于海。”夫熊耳西导，循桐柏之源至陪尾，以奠汉阴诸山，然后上溯岷、嶓，析为二导之。至其归也，则嶓冢汉、漾咸至大别属之江；岷阳江、沱咸过九江，受汉水之输达诸海。故曰“荆及衡阳惟荆州，江、汉朝宗于海”，此其大势也。据以考论全荆流峙之次，则西北而析，东南合之，相比揽结，若天堑焉，岂非形势雄奥之国哉？乃摭旧志，原本于禹迹诠次之，令后此得观览焉。

南纪之山，自岷、嶓西北行，入于雍，骧首汧、陇，负终南之阳，摽二华，揭熊耳，掩上洛，迤而北，入庸、麋之墟，其郡为郧阳；有锡义山焉，汉水经之。东接谷山，遮桐柏，至栲栳、太平，其州为随，槎水出其东。其山曰厉山，有二穴，其下有九井焉，炎帝之所出也；其崛起为大洪，亏蔽云日，麓走京岭，掖以五叶之山，逆汉而趋，群冈翼之，其山曰纯德，其郡为承天，澨水出焉。折而东，历冥阨三塞，蹠二吉、安、寿之间，至章山、陪尾郡焉，是曰德安；涢水出其西，漳水合之，若螮蝀然。东度九嵕，连嵯峨、武矶，至于临皋、赤鼻，其郡为黄州。又东出为分流白云，至于凤凰，其州曰蕲，巴、浠之水出焉（以上，《禹贡》“熊耳、外方至于陪尾”之支。黄州以接近陪尾，并入之）。

自嶓冢绕汉源西上，趋而南，得南漳之荆山（《禹贡》荆山）；迤而峙于均州之南境，攒立岌業，其山为太和，是为神皋祝厘之宫；郡曰襄阳，隆中在其西，鹿门在其东，波汉之阳，岘山屏焉。从鄢城（今宜城县）逾漳，入于荆门，经内方（《禹贡》内方在荆门州），由西山，迹故郢，至于章华，原野畇畇，四望如砥，其郡曰荆州；上控三峡，江水出焉，播为大江。带于郡，遵绿林，出高氏故堤，望寿宁，引句澭诸澨（《禹贡》三澨在今沔阳州），接黄蓬，历乌林、阳台、临章，以尽于大别，其郡为汉阳；汉水经之，入于江（以上，《禹贡》导嶓冢至于荆山、内方、大别；导漾为沧浪、三澨，至大别入江之支）。

自岷山西南出徼外，包夷落，其南入佷山，经施州卫之连朱，黔水出焉，咽抗诸蛮，掖蔽武陵。当洞庭之西，其峙曰二酉之山，武山之石室也，其郡为辰州；是多溪流，辰、沅纪之。从壶头达思梅，览大浮，以入桃源，其郡常德，德山丽焉，洞庭滨焉。逾资源，循胜山、武冈、耶章、高丽，临邵水之阳，而郡曰宝庆；有夫夷之水，都梁入之，会于资。由龙山而东，陟青阳，表以祝融、紫盖、岣嵝诸峰，为衡山，镇位朱火，是曰南岳，其上有禹碑；有蒸水焉，合于潇、湘，其郡衡州。循衡山之麓，西南驰，直抵蛮徼，介牂牱、武陵，得靖州之飞山、青萝；跨粤西柳、桂之交，络湘源，缘留洞、大凑以迄永山，其郡为永州；九疑之山，舜之所藏也；水二：曰潇，曰湘。沿九疑，背绕衡阳，南趋石马、黄相，临郴州渐水，以接粤东之大庾岭，引而西南，经赣、吉、袁、筠之境，入茶陵，历云阳、石姥、阳岐，至妙高峰，为长沙之郡；其岳麓有禹碑焉，湘水从郡北入洞庭。浏阳而北，转玉笥、白鹤，至于巴丘（《禹贡》东陵），其郡岳州；其浸洞庭，九水归之（《禹贡》九江），岷江注焉。沿东陵，掠金紫，上赤壁，瞰陆口，达下隽、龙泉，摩鸡翅以极于黄鹄之矶，是为武昌会郡。复从樊口，历黄始、龙蟠，尽兴国州之域，北望蕲、黄，群山对踞，矗立如壁，江、汉从夏汭合流，束扼其中，乃下彭蠡，东北放诸海而壑（以上，《禹贡》岷阳至衡山，过九江，导江为沱，过九江，至东陵，北汇入海之支）。

《山堂考索》

江南所恃以为固者，长江也。四川之地，据长江上游，而下临吴会。盖江水出岷山，经夔峡而抵荆楚，则江陵为一都会。沅、湘众水合洞庭而输之江，则武昌为一都会。豫章西江与鄱阳之浸，浩瀚吞纳，而汇于湓口，则九江为一都会。

督抚

巡抚湖广兼赞理军务都御史一人，开府会城，楚之全域咸归节制，景泰年设。

提督军务抚治郧阳都御史一人，驻郧阳府。先是郧县地界雍、豫间，山箐茂密，僻逖郡治。成化元年，饥民啸聚山谷，抚之复叛，兵部尚书白圭帅师往征，乃平。七年叛，都御史项忠驱之去。二十年叛，都御史原杰平之。朝议建抚治郧阳，即郧竹山地置竹溪县，割郧阳地置郧西县，并郧、房、竹山、上津等县隶之；其河南割南阳、汝州、唐县地，置桐柏、南召、伊阳三县；陕西升商县为州，割其地置南召、山阳二县，并割汉中、洵阳地，置白河县；寻以荆南、上下关南、商洛、汝南道诸郡皆属抚治。弘治五年，都御史戴珊疏于郧阳府增置保康县。嘉靖间，割德安，隶抚治。隆庆末，议裁去。万历二年，都御史孙应鳌奏加提督军务之衔。

总督川贵湖北都御史一人。嘉靖二十九年，麻阳苗叛，命都御史张岳讨平之，寻镇其地，开府沅州。四十二年，议革。后以巡抚贵州都御史兼领湖北一道。

台察

清军巡按监察御史一人。旧制：十年一差，按历郡国，勾稽军籍登耗，核其数，上之大司马。后革，兼领于巡按御史。万历二年，部议复差。

省辖

清军右布政使一人，清军副使一人，屯田副使一人，分巡武昌兼兵备佥事一人，以上俱驻会城。分守上荆南道兼九永兵备参政一人，驻澧州；分巡上荆南道兼施归兵备副使一人，驻荆州；施州兵备佥事一人，驻夷陵，今革，以荆南分巡兼领之；分巡下荆南道兼郧襄兵备副使一人，驻襄阳；分巡上湖南道兼郴桂兵备副使一人，驻衡州；辰沅兵备副使一人，驻沅州；蕲黄兵备副使一人，驻黄州，今革；分巡荆西兼兵备佥事一人，驻沔阳；下江防兵备佥事一人，驻蕲州；上江防兵备佥事一人，驻岳州。

帅领

镇守湖广挂平蛮将军印总兵官一人。国初开镇辰州，后徙常德，今驻会城。先年侯伯若都督无常员，今皆用侯伯，参将、都留行司、守备、卫所皆辖领之。镇筸参将一人，辖镇溪军民所、苗民土军筸子坪长官司、滑石江土巡检司，守御湾溪、阴隆江、爆木、洞口、大凹、新地、寨阳、都容、牛隘、南阳等堡。清浪参将一人，领清浪守备一，辖平溪、清浪、偏桥、镇远四卫，鲇鱼站、南宁嘴、平溪寨、太平哨、岳山哨、梅溪站、梅花哨、通济柳塘平哨、平蛮哨、德胜永定哨、武安大胜哨、相见站等堡。靖州参将一人，领靖州、永道、武冈、郴桂守备四，辖靖州、铜鼓、伍开三卫，汶溪等九所，麻阳哨、小坡、蓬溪哨三堡。兴都留守司正留守一人、副留守一人、佥书一人，领卫三：显陵、承天、沔阳，守御所二：德安千户所、随州百户所。湖广都指挥使司军政掌印一人、佥书二人，领卫二十有四：武昌、武昌左、黄州、蕲州、岳州、施州、九溪、永定、长沙、茶陵、宝庆、衡州、永州、宁远、辰州、沅州、平溪、清浪、偏桥、镇远、常德、靖州、铜鼓、伍开。郧阳行都指挥使司掌印一人、佥书二人，领卫五：郧阳、襄阳、荆州、荆州左、瞿塘，守御所八：均州、竹山、房县、枝江、夷陵、远安、长宁、忠州。三江守备一人，初黄州岐亭设守备一人，后革。万历二年，都御史赵贤、御史李栻会题请复岐亭守备，移驻于三江口，辖武昌、武昌左、黄州、蕲州四卫并赤壁巡司弓兵，主巡徼江洋，有警则与洞庭守备相策应；秋冬水涸，则巡缉麻城、黄陂、黄安，以防山寇。镇筸守备一人，辖地与参将同。清浪守备一人，辖平溪、清浪、镇远、偏桥四卫，鲇鱼等十七堡。靖州守备一人，辖地与参将同。初，参、备同驻靖州一城，万历二年，兵部以给事中张楚城疏，请将参将移驻铜鼓，守备移驻伍开，下其议于所司。时都御史赵贤、御史李栻会议题覆移守备于伍开，参将仍驻靖州，不时巡历铜、伍二卫，从之。永定守备一人，景泰□□九永守备一人，驻九溪。正德间，并入施州。嘉靖初，□□驻九溪如故。隆庆二年，议以岳州通判理饷于九溪，守备移驻永定，辖九溪、永定二卫，大庸、安福、添平、麻寮四所，并桑植安抚司上下二峒。洞庭守备一人，辖岳州卫澧州所华容、鹿角、安乡、瓦口四哨。郧襄守备一人，驻襄阳，辖襄阳、郧阳二卫，竹山、房县、均州三所。永道守备一人，辖永州、宁远二卫，锦田、枇杷、桃川、宁远、江华等所，白鸡、峡镇等十五营堡、关隘。郴桂守备一人，辖郴州、桂阳、宜章、广安、宁溪五所。荆瞿守备一人，辖施州卫大田所施南、散毛、忠建、金峒、龙潭、东乡、忠峒、忠路、大旺、高罗、容美、盘顺、木册、忠孝、镇南、东流、腊壁、唐崖、上、下剌峒各宣抚、安抚、长官、蛮夷官诸司。

《繁简考》

湖广襟带江湖，泽多田少，民俗剽轻，鲜思积聚，且道通九省，冠盖辐凑，邮驿苦之。即今宗室日繁，徭赋日重，采办之后，财力愈难，故其民率呰窳而难治，此其大较也。武汉、德安民贫地瘠；承天陵寝所在，费冗事繁；荆、岳、潜、沔之间，频遭水患，盗且乘之；近日郧、襄大水，尽损田庐；长沙地虽稍沃，税粮甲于他郡；黄州浇顽，常德困惫，辰、沅半为贼穴；麻阳溪洞诸蛮，连结永、保，每肆劫争，去岁支罗之害，实由于此；衡、永僻饶，宝庆简静，庶几可为，然已非复曩时比矣。

武昌府

地居津要，三国时为吴用武地。（夏口、鲁口，吴尝置督将于此。宋初，镇武昌。建炎中，议移镇建康，两浙西路安抚使叶梦得上疏曰："建康居东南要津，实恃大江以为险，然自豫章而东，长沙而北，江陵而西，上行数千里，控扼之会，皆以武昌为襟带。孙权建鼎，抗魏制蜀，倚为用武之地，故周瑜、吕蒙因之以破曹操，擒关羽。晋元帝南迁，首命陶侃以龙骧将军为太守，故苏峻之乱，卒赖其效。宋、齐之后，专事陇、蜀，不以为意，侯景长驱，无所忌惮，遂致梁祸。唐以鄂岳为一道观察，尝委以重臣，至牛僧孺罢相，文宗复以鄂州为武昌军，置节度使，特命僧孺守之。则历代兼制江湖之意，大略可见。故知武昌实江东镇戍之中，非但捍御上流而已也。"）顺流南下，控扼数千里，曰大江；峭峙江口，与大别对，曰黄鹄山；环山而城，天堑为固，乃今雄奠藩服，控驶吴、楚焉。东北为夏口城，（见前）梁为曹公城（梁武帝起义兵，遣曹景宗筑曲水城。及武帝攻郢城，又遣王世兴屯兵于也）。宋为万人敌城（鹄山顶旧有城，建炎中，草寇作乱，郡守命其上以强弩射之，寇退，因名），依冈负险，扬殳截流，敌不能窥焉。外此险而可据者，江夏东北四十里曰烽火山，其上为烽火城（见前），二百里曰金城山（吴将陆焕屯兵处）。北三十里为浒黄洲镇，南五里为鲇鱼口镇，南六十里为金口镇（各设巡检司）。

武昌北枕大江，西北五里曰樊口（港口仅容一舟，最称扼塞。《史记》云，西山锁樊口之险，是也），东一里为金子矶（设巡检司）。西四里为樊山戍，吴、晋以来戍守。唐有樊山府，南唐为樊山砦。东为鸡鸣关，为上碛矶（在上碛湖口，江流险绝处），东三十里为赤土矶（设巡检司，今裁革）。西九十里为白湖镇，南百二十里为金牛镇（各设巡检司，按县南有铁山、牛马隘、虾蟆石口，而金牛镇为最要，盖山寇出没之冲也），其江洋关隘曰三江口（地左通团风，右通七矶，三江合流，延袤广阔。先年设有巡司，嘉靖中，议革，乃致盗贼乘虚出没。万历二年，下江防佥事戢汝正议呈巡抚都御史赵贤、巡按御史李栻，行布、按二司覆议详允会题，添设守备一员，管辖武、左、黄、蕲四卫，于三江口住扎防守，与洞庭守备迭为表里，上下应援。即于各卫轮拨军余共二百名，并移黄冈县，议革赤壁巡司，存留弓兵一百名有奇，责付本官管领哨守，无事则训练武艺，有警则操舟截捕。滨江有黄子矶，世传黄巢置砦于此）。嘉鱼西七十里曰赤壁山、乌林矶（见前），西北八十里为石头口镇（设巡检司）。东北为岳公城（宋岳武穆征杨么，于此筑城屯兵）。四十里为簰洲镇（设巡检司）。蒲圻西八十里为羊楼镇（设巡检司）。咸宁西五里为成山古寨（见前）。崇阳南六十里曰东关，曰高枧山（寇盗经由要路，近设千总一人，督率民兵守御。通城东南五十里曰幕阜山（见前））。兴国南九十里为阖闾山，其下为阖闾城（世传伍子胥屯兵于此。《史记》："吴王阖闾九年，子胥伐楚。"是也）、子胥城（《武昌记》云："吴王阖闾与楚相持，伍子胥屯兵于此。"），西北三里为古龙关，东六十里为富池镇，北六十里为黄颡口镇（镇各设巡检司）。大冶东九十里曰西塞山寨（即道士洑矶也。设巡检司。吴孙策攻黄祖，晋刘毅攻桓玄，皆破之于此。唐曹王皋攻淮西，亦砦于此山。东北四十里磁湖寨，东九十里李家港寨，东北四十里铁山寨），西南六十里为花油树堡（堡据猴儿山，路通江西瑞昌，盗贼出没之冲。嘉靖中，同知林爱民立寨守之。隆庆四年，奉当道议，下江防道岁差武职一员，领兴国、大冶民兵哨守），西南四十里为黄茅寨（形势峭峻，可避寇乱）。通山东南二十里曰朦胧岭堡（成化间，县设三十五堡。嘉靖间，地方屡警，知县吴道夫编立一十九堡，上三都六，下三都一十三）。

凡为关三，寨六，堡二十一，巡检司十有二。

夫鄂都自赤壁鏖战，吴人能以弱制强，此有天幸，非地利也。逮圣祖坐缚陈理之后，百姓不见兵革已二百年矣，上下宴然，遂称乐土焉。顾城守之势，虽倚江为堑，而周览四遐，旷无崇山复岭为之扼塞，乃上接洞庭，下通彭蠡，又故盗薮也，倏而鸟翔，倏而兽逸，闯然一叶，箭激往来。往岁一叶青山，已亡陈利兵而谁何者，况其甚乎？顷岁始集艨冲，练勇敢于鄂，时其江溢，令考证而游耀之，雄矣！顾上、下两江防之门户未捷，中权之制，智者有隐虑焉。

汉阳府

魏、晋、宋皆为沔口重镇（汉水入江处，谓之沔口。屈完谓楚“汉水以为池，虽众无所用之”者。魏初定荆州，屯沔阳，后移理夏口。晋陶侃为荆州刺史，镇沔口。宋绍兴中，贼人李成留汉上，经营襄、邓，赵元镇乞下湖北帅司提备贼情，上疏曰：“昨据本路制置使岳飞，申诸处探报李成、刘麟会合金寇，有直趋蕲、黄渡江之计。臣以本路正当要冲，控扼江、湖，实系行省利害。”“今李成尚留汉上，虽未闻追袭之耗，而经营襄邓，用意不浅。盖轻兵追袭，为患速而小；占据上流，为患缓而大。”“上流一失，即自汉阳而下沿江诸郡，皆顺流可至之地，不可一日弛备，非特防秋而已。”“所有汉阳沔口，系汉江下流，湖北帅司所隶，更望降旨严切戒约，过为提防，庶免意外不虞之患。”），长江之险，与武昌共为门户，曰大别山。（春秋时，蔡侯、吴子、唐侯伐楚，舍舟于淮汭，自豫章与楚夹汉，子常济汉而阵，自小别至于大别，即此。）吴之所守者，禹功矶也（即吴王矶，在府城东北。吴、魏相持时，皆守此矶以为险固），矶之旁为铁门关（古置戍守）。商舶鳞集，阛阓外屏，则今汉口（属汉阳，设有巡检司）。而蔡店、沌口、新滩、百人矶、（俱属汉阳，各设巡检司。）刘家隔（属汉川，亦会镇，设巡检司及县丞一人，专驻捕盗），要皆防御当严之地。（汉、沔之间，湖泊辽旷，萑苇茂密，盗贼窜匿之区也。正德间，丘仁、杨清倡乱于汉川之同塚，啸聚万人，立寨沔阳麻洋，伪称大王，劫乡破邑，屡挫官军。台臣奏闻，以右布政陈镐、副使蒋升率汉，土兵擒之。嘉靖间，汉川风门河一带上下数十百里，群盗出没，截杀商船。知县昌应时率兵捕之，盗拒战，割应时左耳去。隆庆元年，群盗白昼入刘家隔市镇，杀捕盗人役，解其肢体，地方团保不敢窥。其猖獗如此。）

凡为关一，巡检司六。

地接会郡，陵谒所经，水陆交挽，奔奏之臣，乘轺浮舳，衔尾而取道，故供亿视他郡独繁，乃仅仅取给于两县，其朘剥可知也。矧其地当汉水下流，岁一泛溢，导之不注，防之难遏，则荡为沮洳之场，吏第束手耳。故其民不得已，弃耒耜而丐命于湖泽，可念也。然两县土风剽悍，汉川为甚。刘家隔吭扼雍、梁，腋引吴、越，为商舶之辏，稍称繁般。乃游民时群不逞，出没飘忽，莫可谁何。所为不虞之戒，弥甚武昌云。

黄州府

于三国为魏重镇（见前），介淮、楚之会。为黄之左臂，曰蕲阳（《余章记》：蕲为江湖绝处，诚意公谓蕲江为诸省要会，舟航往来必由之冲)。长江、彭蠡，上下相接，波涛滈渤，盖崇关天堑，英雄每凭恃焉。故蜀汉拒魏，必伸好江东，以藉长江之险。金人渡淮，岳节使乞亲至蕲、黄，以议攻却。高皇帝于此首殪伪汉，成万世鸿业。迩嘉靖中，抚臣屡疏，始设宪臣专督江防，与洞庭上游分上下焉(嘉靖丙辰，巡抚翟赞请设江防，未行。戊戌，巡抚陆杰复以为请，始命佥事饬下江防兵备，驻蕲州)。

黄冈西五十里为团风镇(设巡检司)，一百里阳逻堡(设巡检司，见前。百十里有武矶山，后汉黄祖屯兵阳逻，蒐武其上)，百三十里曰沙武口(即沙洑口，夏贵与元伯颜战地)。乃若麻城北接河南光、汝之竟，山谷盘阻，穷民逋匿，剽夺为奸，有司捕问，彼此相持，凭藉险僻以为窟穴。宋时据地设险，五关其要也(五关宋建，后圮。李埴奏乞复之。《玉海》载：淮南之关，黄之大活、白沙、木陵、阴山，即五关之目也。其关俱属麻城。虎头关，县北七十里，抵商城县界，形势峻险。今立巡检司镇。元定宗元年冬，权万户史权耀兵淮南，攻此关寨，进围黄州。张柔从世祖攻鄂，亦乘此关。世祖乘大胜关，与宋兵遇于沙窝，柔子弘彦击破之，进与守关兵战，大破之。黄土关，县北九十里，抵光山县界，形势耸峭。金兴定五年，复伐宋，仆散安贞本名阿海，出息州，军于七里镇。宋兵据净居山，遣兵击败之。宋兵保山寺，纵火焚寺，乘胜追至洪门山。宋兵方浚濠立栅，安真军亟战，夺其栅。宋黄统制团兵五千保此关。关绝险，素有备，坚壁不出。安贞分左右军会巅瞰之，守关者夺气，不能战，攻之，溃，遂夺此关。入梅林关，拔麻城县，抵大江，至黄州，克之，进克蕲州，杀略无算，获宋宗室男女七十余口献之。白沙关，县北九十里，亦抵光山县界。去黄土关密迩，虏人往来，俱由此关。山路峭壁，委折而上。梁武帝置沙州，治白沙城。后魏因之，又置建宁郡，领建宁县。大城关，县北九十里，抵罗山县界。元世祖己未八月入此关，宋戍军皆遁。寻遣廉希宪招诸军破之，悉纵淮民之被俘者。阴山关，县北六十里，不甚高峻，而横斜盘绕。据高临下，北望二十里，皆在目中。虏人初破黄土、白沙，亦由小迳以犯大城。骑兵数千先至关内，适射雉者六七人与之遇，遂用弩连毙两骑，虏疑其有伏，因退走不敢犯关。后魏任城王澄督淮南，遣其长风戍主奇道显攻梁阴山戍，破之，斩其戍主龙骧将军都蛮侯梅雨祖云）。**外此为修善关**（在五关之旁），**一百里为长岭关**（北抵商城县界。嘉靖中，盗起九龙湾，兵备佥事沈宠议建守备府于此，寻为裁革），**北八十里为木陵关**（齐、陈分界，齐置此，隋废。一曰穆陵关。唐元和十二年，李道古代柳公绰镇鄂，讨吴元济。道古自将出木陵关，士卒骄不能制，故战不力，敌易之。梁天监三年，夏侯夔为征远将军，西阳、武昌二郡守，遣将攻平靖、木陵、阴山三关，克之。陈因定州刺史田龙升之叛，令刺史周炅讨之。龙升使高景安军木陵、阴山为声援，而升引军别营山谷拒战。炅乃分兵击之，龙升大败），**为黑石寨**（亦抵光山县界。又有康寨，下有包家庄，西有大言牌，俗传关索西征经此），**东六十里曰龟峰山**（见前），**西四十里为铁壁关**（嘉靖中，西山盗起，分巡佥事林遂议设鹅笼山巡检司），**七十里为岐亭城**（旧为岐亭废县。嘉靖中，盗起西山，抚按奏设兵备府，添注巡捕通判一人住扎，统督黄冈、麻城、黄陂三县民兵防御。通判罗瑞登建议创设公署，伐石甃城。四十二年，以新置黄安县议革。按隋杨素居永安，造大舰，大举伐陈。陈南康内史吕仲肃屯岐亭，素乃登陆先攻其栅，仲肃军卒夜溃），**一百里为台山寨**（元世祖伐宋，至淮西台山寨，命董文炳往取之。文炳驰至寨下，谕以祸福，不应。命文炳免胄呼曰："吾所以不极兵威者，欲活汝众也，不速下，命屠寨矣。"守者惧，遂降。郑鼎从世祖南伐，初破大城关，继攻台山寨，擒守者胡知县。熊吉曰：麻城四固之区，自昔南北分据，是为必争之地。在吴、魏则满宠、陆逊角其智，在晋、赵则毛宝、石虎效其力，唐李道古乘五关而元济诛，宋李埴修五关而蒙古遁，元必忽烈、张柔入五关而鄂州镇。昔人所谓固江者以淮，而不以江，真有以识乎地险也！守土者内缮诸关，外严列戍，于守国其庶乎）。**黄陂西三十三里为石阳故城**（吴征江夏，围石阳，不克而还，即此。刘表为荆州刺史，以此地当江汉之口，惧吴侵轶，使黄祖于此筑城镇遏，因名黄城镇），**北八十里为大城潭镇**（设巡检司）。**蕲水西北二十里曰神山**（吴孙权进兵赤壁，屯驻此山），**西南四十里为兰溪镇，西七十里为巴河镇**（各设巡检司），**北为胜家河堡**（地界罗田、黄冈、麻城之交，为商旅通途，顷年盗贼出没。万历乙亥，知县刘宪请于院道，立堡胜家河阜，议以卫官一员住扎，督率守御民兵，本县六十一名，黄冈、麻城、罗田各一十三名。**罗田为凤凰关**，关有石刻云凤凰把隘关。又有铜锣关、石门关、瓮门关、青苔关、栗子关、松子关、平湖关，八关惟瓮门、青苔、松子、栗子、铜锣最为要害。**为光山寨**，又为周家寨、石珑寨、鼓羊寨、熊岩寨、猴猪寨、观音寨、望英寨、斑竹寨，九寨皆依山据险，邻淮、豫之僻，去治辽远，盗贼由此出没，武备不可弛也）。**东北一百里为多云镇**（设巡检司），**西七十五里为滕家河堡**（嘉靖二十二年，本县剧盗窃发，兵备佥事沈宠议详抚按处，给银五百余两，檄行本府同知陈然踏勘，得滕家河要地，聚罗田、麻城二县民力创置，岁委本府卫官一员，二县各拨民兵六十人，更番守御。近议革卫官，兵付多云巡检带管往来督捕为便，犹未举行也）。**黄安割三县肇置**（嘉靖四十二年，麻城县人李大夏等奏称本县金场姜家畈接壤黄冈、黄坡边隅，地近信阳、光山、罗山等州县，路通牛头山、牢山等寨，地僻民顽，官难遥制，盗贼出扰，数被劫杀，乞于姜家畈建设县治，保障地方。事下巡抚陆杰备行各司道勘议。

于时委黄州府同知袁福征经始建县，原设岐亭捕盗通判掣回本府，其民壮移留新县守城。巡按唐继禄疏略曰：姜家畈其地虽属麻城，而中和乡、两河口诸处则隶于黄冈、黄陂二县，由畈而东，乃桃花镇，则宋、元之故县，而岐亭镇，则隋、唐之龙集县也。自古兵争陆扰，俱常设关置站矣。逮我朝一统，则东路趋舒、蕲，西路趋郢、襄，官使绝不经行，政令卒难宣达。宜乎税粮被其逋负，而上累有司；乐土被其创攘，而下伤民命。且密迩承天陵寝，接壤德安藩封，三县之要害，一方之隐忧系焉。建设县治，在今日所当急为之所者），**东十五里曰三角山**（邻接游仙山、柴家山，嘉靖四十二年，流寇啸聚，本府同知袁福征知会河南信阳兵备，调兵协剿，焚其巢穴），**北九十里抵黄陂界曰老君山，西九十里为仙居山**（亦盗贼出没要害地也），**北十五里为五云山**（嵸巃霞举，止通一径，中有稻田，登之可瞰城中虚实，此诚萧墙之险，不利于窃据者。顷邑人耿定向为筑讲堂于山中仰天窝庵侧，游僧恶少，无容驻足矣），**北百里曰天台山，上为黄杨寨**（其上宽平，可容千家，以牛耳崖为北门，甚险。元兵乱时，遂为黄杨会众所据。今为游僧所专有。此地四隅各远县治，且宽平峻险，终为贼盗渊薮，豫宜防制。山有石刻二，一云，端平初，襄、汉、西淮为鞑扰乱，丁酉岁，浮、光失守。彼时欲立寨安众，而难得地利，独此山鼎峙，形势险峻，四面如壁，止通一人往来，石窍泉涌，冬夏不绝，遂集众在上创寨。由是光、信残破之民，拥堡来依，屯聚十万众，果能全活。戊戌，丞相史嵩之都督荆、湖，孟珙制置差官旌赏，请总众防拓江西，授命加职连岁捍守获捷。淳祐三年，义阳李太守知黄州，麻城民户复业，检校本职，先守兹寨有功，遂檄再往经理九村，捍御五关。其一嘉熙元年刻云：绍定乙未、丙申，荆襄失守，连年侵入淮西，有彼近光山县第三都水吉保操正将部本部民，修开小台山石门以防拓老小牲畜，鞑兵数攻不利，退兵，衄而去。为双山关，距木陵关十里，抵光山县界。两崖万仞，一窦九折，怪石欲坠，惊涛如雷，过其下者，虽勇夫健儿，未尝不汗浃发指，诸关不足言险矣。今设巡检司），北三十里为中和镇，为双城镇（各设巡检司），北五十里为吕王城，西六里为金局关（又曰黄陂站，接壤罗山），北百二十里为石门关。蕲州北百八十里为大同镇，西八十里为茅山镇（各设巡检司），北十里曰兜矛山（元末兵乱，土人立砦于此），北一百二十里曰燕子崖（元至正间，汪不花团聚乡兵立寨于此，御红巾贼），东南八十里曰翻车河城（黥布背项羽归汉，于此水涯筑城。按《水经注》：蕲春县有五水蛮，左冯居岨藉山川，世为抄暴。宋世沈庆之于西阳上下诛伐蛮夷）。广济南九十里为武家穴，西南七十里为马口镇（各设巡检司）。黄梅北二十里为龙平山（一名凤平，形势峭险。宋时戚方尝于此置寨），南百里为清江嘴镇（设巡检司），西南七十里为新开口镇（设巡检司）。

凡为关二十，堡三，寨十有二，巡检司十有八。

黄州之于荆域，岂不称要地哉？凡郡之带汉者，襟江者，枕沅、湘与洞庭者，其流皆汇于武昌以下黄州。而黄州乃以百雉之城，横括而束握之，犹门户之于堂奥也。乃其所籍与守者，朽舻钝卒，毋足以当缓急。异时洞、蠡绿林，闯然一叶，往来箭激，巡徼之夫，第目逆而送之，太平偷惰之习，大抵然矣。在元末季，蕲、黄俶扰，蔓于海内，此已事之鉴，智者可勿虑乎？顷三江之备豫矣，疑未可以空名拥也，盍策其以绸缪焉。

承天府

春秋时鄢郢名都，在晋则石城重镇也（郡跨大江之东，因山以为固。晋羊祜立石城即此。《图经》云，子城三面墉基，皆天造也。本朝筑城浚池，以为垣蔽）。近扼襄、邓，远控黄、鄂，汉水濒郡之西，浸汇如襟，历潜、沔，入大江，帆樯南指，彭蠡、建康皆下流也。山川环阻，封疆雄固，龙蟠虎踞，足称帝宅。闭宫攸奠，屹乎巩万世之基。顷年抚臣建议，欲益兵荆州，而割汉、黄军伍以卫郢城，良有见于辅车相倚之势也。斯固捍护园陵之重计矣。（嘉靖庚子，都御史戴时宗议，以承天府旧为安陆州治所，旧时议割安陆等州县军卫以属抚治，盖当时有事之际，实欲藉安陆等处内地之兵，以成控制三省之势。今既为陵寝重地，则又当藉荆、襄、郧三府之力，以为保护之规。向年割承天以属巡抚，不但于控制三省规模稍失，而且于陵寝重计，虑亦未周，万一郧、襄有警，则二府之地既已坐困，而内地又无可调之兵，法当受弊。但承天府县既已奉有特旨，今留守二卫，其势再难分割。窃以物之所坏，必先于边，今荆州跨楚地上流，古人以为最重之地，实安陆之边也。原设左右等卫，为楚地万年重计，尚当于荆州益兵。今又割左卫以益承天，势愈单弱，若荆州有事，则承天必不能安枕而卧矣。或谓趁乘军士未动之际，再加熟议，于汉阳、沔阳、黄州内地军卫，各割一二所，凑为护卫，则犹可以防其萌也。）

其险而近郡者，钟祥西北十五里为飞山，其上为飞山堡（四面陡绝，其上平广，夷人保险之所。宋大观初，于此置堡），西十里为马王城（楚马氏时，飞山峒酋潘全盛遣其党阳承磊略武冈。马氏遣吕师周讨之，援萝蹑石，直抵飞山，分军布栅，全盛大骇。承磊来战，师周破其军，缚降者为乡导，袭飞山，擒全盛，斩之，尽平巢穴），为诸葛营（诸葛亮抚溪峒诸蛮，尝驻军于此），西乐城（周三十里，甚险固。城侧有谷，名容裘谷，道通益州。山多郡獠，诸葛亮筑山防之。梁州刺史杨亮乃即险之固，保而居之，为符坚所败。后刺史姜守、潘猛亦相仍此城。城东容裘溪水注之，俗谓洛水。水南遵巴岭山东北流。左有故城，凭山即险，四面阻绝，言汉昭烈遣黄忠据此以拒曹公），皆古所必守也。今之关三：（南门）阳春门外为南津关，城北十五里为直沙关，南三十五里为唐港关（国初每关设军五十人戍守，后并省）。其诸地险，京山西九十里曰耶屈山（山势突起，绵亘数十里，实为兴都左镇云），潜江曰俞潭城（在棠梨冈）。沔阳之关四：为荆江口关（城外半里），襄江口关（城外里许），北四十里为范澱关，六十里为侯埠关，为沙镇，为茅镇（镇各设巡检司）。属尖刀嘴之东北，抵汉川界，曰鸡公洲（大盗啸聚猖獗，劫杀人财。嘉靖甲子，分巡吴佥事议呈两院，详委沔阳卫百户一员督领哨兵驻彼防守，迩来稍获宁谧）。属沙镇之东曰邵洲脑（联络九真白湖（即太白湖），四望一壑，黠寇潜匿枝浦，伺商舶经由，劫掠为梗。万历癸酉，分巡佥事余一龙议呈两院，详允行州设哨船五只，定委沔阳卫指挥一员，督领沔阳州及景陵、潜江民兵分布巡缉。江洋自此稍静矣）。景陵东八十里为乾镇（设巡检司）。荆门大江北岸，与荆门山相对，曰虎牙山，其上为虎牙关（州南五里，下有虎牙溪。昔公孙述遣田戎等依二山作浮桥拒汉兵，汉遣岑彭攻之。偏将军鲁奇船逆流而上，直冲浮桥，因飞炬焚之。彭长驱入江关），西曰蒙山，上有西堡寨（世传元壬辰中，红巾贼起，乡人立以避难），北一里为东关（宋知州聂炳与红巾贼战于此），南二百里为东寨（红巾贼起，千户梅春立以御寇），东南一百四十里为沙洋镇（宋将边居谊筑为新城镇，设巡检司），东为建阳镇，北九十里为乐乡镇，百二十里为仙居镇（各设巡检司），二十里为收溪寨。当阳东四十里为磨城，为绿林寨（见前），北六十里为长坂（见前），百里为漳河口镇（设巡检司）。

凡为关九，寨四，堡一，巡检司七。

德安府

北通豫、淮，南开江、汉，应山之高贵山、孝感之黄茅岭、随州之栲栳山，皆与申之三关，形势联络，上接襄阳，下连泗、凤，《图经》所谓中络也（华翠微《谠议》云，"汉中之地，屯黄冈、汉阳，以断安、复之冲；屯襄阳、樊城，以断唐、邓之冲。此其选择形势，精据利便，固无可议。"然"取汉而言，自长乐、平林、新店、阳城、石井河、步石河而入安河，固足以入汉；自桐柏范庄、马冈、补口、劝羊湖、营河而入随河，亦足以入汉矣。然应山大靖，尚有乡兵围结；土门九里，尚有旧关故垒，敌虽赴险而来，亦不足畏。至若自唐州、潮阳分界山至枣阳，自车桥、汤川至郢州，自湖洼走马岗、道人林、上石至随州，则北自唐、邓，南至汉水，无林可依，无涧可隔。虽有滚河守把之卒，而地无关隘，不足以扼其冲；虽有华阳、枣林义勇之兵，而势非险阻，不足以抗其锐。贼若劲征此径，突入汉右，复取樊城柳林山、谷石堰、长兰、白木等处，直渡汉水，北据荆门虎牙、斑竹、马梁诸关，以为自固之策；南据江陵、建阳、潜江，以为屯守之计。置襄阳于不攻，而前袭荆南，则襄阳已在其圈圆之中；弃光化于不争，而远凭巫峡，则光化已居其囊括之内。所谓三巴之险已塞，而吴、蜀有离析之忧；荆、襄之区不完，而江、淮无犄角之势。此随州、枣阳之虚实，荆、襄之得失系焉。近日诸将，惟以重兵固守神马坡、樊城，而车桥、胡洼、上石，反视为不急之所，故贼兵大入于安、复、郢、随之境。""自今宜令行下帅臣，搜寻险隘，分兵固守，差官节制，明立斥堠，近置策应。"）。一带峰峦险峻，惟诸关鸟道仅通往来，楚北要害，莫重于此。隋以随起，唐于安陆置都督府，金、元南侵，以得三关为利，自古用武之地也。正德中，流寇入境。嘉靖中，移镇平靖关南，与申阳共守之（应山县知县王朝璲议得城外四山环绕，塔儿冈、杨通冈、应台山、东岳观尤高平近县，登之可窥城中虚实。县东丛山峻岭，武胜关、黄土关、土门冲、草市冲、九女岩等处隘口，仅通盗贼出没之处。行者关尤为要害，比年流贼劫掠，皆由行者关入。假令狂夫领众先据，有居屋建瓴之势。请将平里市巡检司官兵，徙至于此，使之常川盘诘，巡逻各关各冲，一遇有警，率众保御），复设宪臣专督江防湖禁，以饬备焉。

其诸地险，安陆为诸葛寨（在罗陂村，旧传蜀诸葛亮所立），南二十里为高窍镇。云梦东十五里为兴安镇。设巡检司。应城北二十五里为崎山镇（设巡检司）。孝感东北三百里为九里关（即古大隧塞），北百二十里为新店小河溪（设巡检司。溪即汉王常起兵新市邻接之地，迩来鞠为盗区。万历二年，兵备余一龙遣兵守御，歼其渠率，稍获宁辑），东四十里为马溪河（设巡检司）。随州接壤河南曰李家坝（随当晋、魏之冲，先茅贼寇境，隆庆间，添设同知，建公署于连界李家坝、出山店之阳，团练民兵。近按院陈于階谕令整办器械，申饬防御，民以安枕），北八十里为仵水关，西北八十里为唐县镇，一百八十里为出山店，为梅丘镇，为合河店（各设巡司），西八十里为铁岭寨（南百二十里青林寨，北八十里天王寨。西南一百二十里曰大洪山。连接京山，高十余里，四面陡险，上有田畴，中襟大湖，云气淼茫，可容窜伏。靖康中，避寇之人立寨栅自保，贼竟不能破）。应山北六十里为平靖关（即鄳阨塞，今设恨这关巡检司。诸关寨皆险固，平靖尤为要害）。黄土关东一百二十里为武胜关（即古直辕塞。《左传》定公四年，蔡侯与吴子、唐侯伐楚，还塞大隧、直辕、郾阨。注：三者汉东之隘道，昔人谓坚守三关，则安陆以南可以无虞），东北二十里为凤见关，百三十里为武阳关，北九十里为白雁关，东二十五里黄陵寨、平康寨（宋人避兵处），北四十里为锅底寨、兴安寨（险峻加于诸寨，杨平章立），东北四十里为牛心寨、鸦狐寨，八十里为婆婆寨（旧传妇人聚众避兵处。西北五十里铁城寨。东北六十里龙爬寨）。

凡为关八，寨十，巡检司十。

德安郡邑，其山皆自郾阨之塞蜿蜒而南，出为高原。其平陆曼衍，山溪雨集，湍淘激触，时或弥漫，然立可待涸，故鲜水患，犹足为乐土。乃今庐井田畴如故，而雕弊之形渐见者，何也？赋役日起，而游民之耗食者众也。至于孝感裔境，与罗山、信阳，三方介踞，复岭长林，盖昔周平王所为戍申之地，而卒伍弗守，漭然迥野，故盗得恣睢焉。迩始缮治捧堡，陈兵而捍掫之，董以百夫长，然后疆御渐戢，而申、安之间，稍稍称奠枕矣。故轸民之勤，与之休息，驱浮细而缘南亩；不尔，归其籍诸戍卒守望者，令与团保相表里，而严其逸盗之罪，嗣后无弛备焉，郧民其有赖哉。

荆州府

自古为重镇，居江左上游（春秋时，楚子自秭归徙都荆渚，传国六七百年，固据险致然也。左司谏吴表言大江之南，上流最急者，荆南之公安、石首），介巴、蜀要会（湖北要会在荆峡。刘表时军资寓江陵，昭烈时，重兵屯油口，关羽、孙权则并力争南郡，陆抗父子则协规守宜都，皆荆峡之封境也）。濒城东北，纳沮泽诸汇，绵亘数百里，为江陵天险，曰海匮，亦曰北海（见前）。三国时，北得之，则据吴、楚上游以制南土；南得之，则据襄、汉要地以图北方。故魏武一平荆渚，遂欲睥睨长江；周瑜方镇海陵，辄计长驱中土。若西陵，则为之门户（西陵即夷陵，吴人于江碛要害处铁锁横截之，又作铁锥置江中，以逆巨舟舰。晋王濬作大筏触锥，作火炬烧锁，于是船无所碍，遂克西陵。陆抗上疏略云，臣父逊昔在西陲，陈言以为西陵国之门户，虽云易守，亦复易失。则匪得失一郡，即荆州非吾有也。如有不虞，当以死力争之），襄阳则为之北津（自江陵而图北方，必经襄阳。则襄阳固荆之北津也）。本朝鄢、郢之地，镇以重臣，有声援犄角之势，无南北必争之虞。嘉靖间，宛、许寇乱，已切于邻之震（癸丑秋，巨寇师尚诏为乱，旋殄戮），而居守虑攻，封疆吏能无先事之防哉？迩者抚臣建议，欲于荆渚厚益兵卫以增重式廓（议见承天险要注），盖亦宋人固江陵以重上流意也。（宋理宗时，中书舍人远甫札子，一曰固江陵以重上流之势，谓以京、湖诸郡，仍旧并归一帅，总制江陵，且拨湖南九郡隶之，庶几形势便顺，事力从容，经理上流，莫急于此。建武初，孔雅圭徙南郡太守，魏人入寇，上表曰：匈奴为患，自古而然。今宜早发大军，广兵势，征犀甲于岷、峨，命楼船于浦海。俾沿江入汉，云阵万里；自青徂豫，堠骑森罗。据险要以夺其魄，断粮道以折其胆。多设疑兵，使精析而计乱；国列金汤，使神分而虑屈。何忧玉门之下，无款塞之期哉。）

其诸地险，江陵西三十里为虎渡口镇，东南十五里为沙市，一百二十里为郝穴口（各设巡检司）。公安西北三里为油河口（设巡检司）。石首东二里曰龙盖山（上有石秋，号曰龙穴。唐李卫公征萧铣，取道江陵，屯兵此山），**南六十里曰焦山**（与东山控接华容县界。相传焦公于此耀兵），**东六十里为调弦口**（设巡检司）。**监利南一百四十里为白螺矶，东八十里为瓦子湾，西三十里为窑圻**（各设巡检司），**松滋南九十里为西坪寨**（昔人屯兵处。宋、元时置有巡检司），**百里为红崖寨**（设巡检司）。**夷陵境为安蜀城**（陈宣帝征江陵，后周军于峡口，筑垒以备之），**为陆抗城**（在孤山下），**西北五里为赤溪，东合大江**（晋陆抗讨步阐筑城之所），**二十里曰峡口山**（两岸壁立，蜀江西来，波回最恶。梁武陵王纪伐江陵，湘东王绎遣人屯兵于此以拒之），**北十五里为南津口**（设巡检司），**金竹坪**（设巡检司，今裁革）。**长阳为梅子八关**（四在江南、四在江北，俱元时建，以备峒蛮。今改设蹇家园、渔洋关二巡检司），**南七十里为古捍关**（本佷山县地，盖楚肃王相蜀处，即捍关。李熊说公孙述东守巴郡，距捍关之口。张仪说楚舫船载卒下水而浮，不至十日，而距捍关。《盐铁论》"楚自巫山起方城，属巫黔中，设捍关以距秦"，是也。又界鱼腹，有江关。《公孙述传》使任满"下江州，东据捍关"；遣田戎、任满"出江关，下临沮、夷陵间"，是也。又七里为红崖寨，又十里为风火寨，三十里为小城寨，五十里为山寨，三百五十里为珍珠寨），**为招来堡**（近夷人界，弘治中，设枝江守御千户所守之）。**宜都东北五十里为普通镇**（设巡检司。按吴应台议：成化间，流贼出没，奏设守御。近司署坏敝，官僦民居，家寄僧舍，新志谓极当裁革。但地僻山多，鼠窃贻患，何如存羊，颇示畏警。兹欲增修，不如暂罢守御一年，征收弓兵工食，用以近山买田，栖官之家众，依寺构司，为官之巡所。庶规制更新，而地方永赖矣）。**远安南七十里为南襄堡**（成化中，设远安守御千户所守之）。**归州曰弱关**（《水经注》：弱关在建平秭归界，昔巴、楚数相攻伐，藉险置关，以相防捍），**东十五里为南逻口，西九十里为牛**

口镇（各设巡检司），二十里为猫儿寨。兴山东一百二十里为箬叶坞（路上郧、襄，长四十里，丛林怪石，过者聚众方入），为高鸡寨镇（以金竹坪巡检司移置于此）。巴东东北三十五里曰石门山（见前），西南五十里曰安居山（山高千仞，广百里，四面悬崖绝壁。上有三路，一稍平坦可行，二路陡峻难上。昔多避兵于此），西北六十里曰小戒山（其山极高峻，惟通一道，从崖峰间过，止容一人。过此山，则地平旷，容百余家。昔时居民多避兵于此），五十里为连天关（设巡检司），南五百里为石柱关（设巡检司），此皆必守之地也。

凡为关十有二，堡二，寨八，巡检司十有八。

夫荆州地衍而物丰，悬衡区夏，故三国鼎踞，阚然交而争也，夫亦以其形势便哉。国家分树同姓，以行部使者专按其地，郡领州县，多夹江而参布之，若锁钥然，故余二百祀而提封晏如，以势得也。顾松滋而上，地与山半；江陵而下，地与泽半。依砠之民虑旱，而厥守在夷；环沮之民虑潦，而厥防在寇。比岁江水数溢，民靡宁宇，其高原则熯虫黑鼠为灾，称惫极矣。乃三峡之北，洞庭之西，所谓夷若寇者，亦时时烦刁警焉。今楚诸郡吏束手而乏善策者，不荆独哉。戒戎备，葺提防，乞蠲恤，补荒栅，其要务矣！

岳州府

古有苗氏之地，九江翕会，介潭、鼎、巴陵之交，曰洞庭，盖实建康上游，东南巨浸（左司谏吴表言，江南七渡，上流最急者，岳之北津）。宋绍兴间，杨么据以为衅，岳制置击之，其技始穷

（杨么乘大水破鼎州，仍走入洞庭，浮舟以轮激水，其行如飞，旁置撞竿，官舟迎之辄碎。湘州制置使岳飞伐君山木为巨筏，塞诸港汊，以腐木乱草浮上流而下，择水浅处，遣善骂者挑之，且行且骂。贼怒乃战，则草木碍塞，舟轮不行，飞急击之。贼奔港中，为巨筏所拒，官军乘筏张牛革以蔽矢石，举巨木撞其舟尽坏。么计穷，赴水死）。**每岁夏秋之交，岷、峨水溢，自荆渚泛湖，波涛浩渺，往往寇盗乘之，操舟啸聚，莫可诘御**（按荆寇入湖有三道：或由荆江顺流直指城陵矶；或由调弦口入夏水，经华容；或由虎渡达会口，下安乡，溯景港、黄洋，入赤沙。故成化中，指挥卜马祥、刘震三面受攻，身死士溺，而盗卒莫获也）。**乃今设立江防统率守备，而禁斯厉矣**（洞庭湖延袤千里，自古盗贼渊薮。东接长沙府，设有鹿角、营田、乔口三巡检司及湘阴、磊石、六子口、鹿角四哨官军防守；西南接常德府，设有古楼、鼎港、小江三巡检司及洪沾、沅江、明山三哨官军防守。东北下流通嘉鱼、武、黄一带，长江湾汊尤多，迳通沔阳湖，流贼出没，沿江设有城陵、白螺、鸭栏、茅埠、石头、簰州、新滩、百人矶八巡检司及东江、茅埠、竹林湾三哨官军防守。西北上流荆河，设有瓦子湾、窑圻、黄家穴三巡检司及华容、安乡、羌口三哨军兵防守。嘉靖初，设江防兵备佥事统摄之。先是成化间，设巡视戎职，以都指挥体统奉敕守备。自设江防而守备之敕裁矣。其守备所辖，自湘阴、沅江下通监利、嘉鱼云）。**若夫边境邻接瓠夷，重冈互林，险阨斯大。洪武间，山酋覃厚连构诸峒为乱，寻致荡平，獠夷率服**（洪武三年冬，覃厚叛，以江夏侯左丞周德兴帅兵至慈利。厚恃巢穴险固，分党守要害。德兴命奇兵破其数栅，直捣温汤。厚犹率众守关，德兴拔其关，贼乃大溃。明年三月，擒厚以归。又洪武二十二年春，千户夏德忠诱九溪峒蛮复叛。上命东川侯胡海讨平之）。**乃建九溪、永定二卫，以塞溪峒襟喉**（九溪去府八百四十里，永定去府九百三十里。二卫与下大庸、安福、添平、麻寮、桑植，俱慈利县地）。**九溪东通容美**（宣抚司），**西达桑植**（安抚司。上下二峒，其余十八峒为桑植、美平、朝南、那步、人士、黄河、鱼龙、夹石、若南、捍坪、蚕辽、金藏、柘山、烂岩、黄家、板山、龙潭、书洛，皆属桑植），**苗獠出没，初置添平、麻寮以捍于东，其隘各十**（添平、麻寮，皆守御千户所，每所掌印土官千户一员、巡捕汉官千户一员。添平所属十隘为：鹞儿、龙溪、长梯、磨冈、遥望、渔洋、石磊、忠靖、走避、细沙；麻寮所属十隘为：黄家、九女、靖女、拦刀、青山、山羊、樱桃、曲溪、梅梓、宋所。每隘各土官百户一员掌印，以防守容美夷寇。隶籍土军，则皆石门、慈利二县民充之）；**置安福以控于西，其关有四**（安福千户所，防御桑植二峒夷寇。四关为九渊、闸口、野平、□江，每关旗甲一人，督同哨瞭人犯把守。其在慈利者，又有油罗、大泉、于制、野鸡等关）。**而永定西通永顺**（永顺宣慰司，亦苗夷出没之地，隔永定百二十里），**北抵九溪，控扼南裔，与九溪相为唇齿**（距九溪卫一百八十里），**兵防久废**（本卫军千余人，先年以其半调守清浪，以其半镇戍广西，今竟不复），**三关之险，仅寄空名**（三关：龙伏，去卫西北百二十里；后坪，去卫东南四十里，皆永顺夷人出没之所，久不置兵把守；黑崇，去卫东南百三十里，先年设百户一人，把守桑植等处峒寇，今防守藉于九溪，本关亦尽废弛矣）。**所藉以捍御者，为大庸一所**（守御千户所，去卫三十里。其卫所军士，俱国初江、浙、苏、松等处人民隶戎者。其属大庸者，又有那平、边岩、下青鱼滩三关）、**茅冈一隘而已**（正统中，招抚才五十户，立其酋为峒长，今附属永定卫，令其世守兹隘，自耕自食。盖亦徙存守隘之名，而非我族类矣。其金藏、桑汉二隘，太平、百丈、新政三关，咸属永定焉）。**备御之阙，有隐匿焉。**

外此称险者，巴陵南五十里为鹿角镇（设巡检司。按巴陵有道士洑，地志即古之东陵。《庄子》载，盗蹠死，利于东陵之上，盖据波凭涛以济其奸凶。其地至今犹为盗巢云），临湘北十五里为鸭栏镇，西南四十五里为城陵矶（各设巡检司，又设有土门巡检司）。平江东南二里曰昌江山（吴将鲁肃屯兵处），东北百里为石牛山（山多岑石，有大寨，石大者可容万人。又有密岩寨、黄阳寨），长寿乡有长寿镇（设巡检司）。华容南为古楼寨，南五十里为赤亭城（见前），六十里为明山鼓楼（成化初，洞庭贼出没，州卫分兵哨守。设有巡检司），东北百十里为黄家穴（设巡检司）。澧州泗水口为粮仓哨（州北七十里，东接安乡湖口，北连荆江。每值水溢，荻芦蔽岸，枝港四通，为盗渊薮。隆庆三年，分守冯成能创设兹哨，岁遣千户一人，督统操兵戍守，地方赖之），东三十里为嘉山镇（设巡检司），西北二十里为三江口关，七十五里为古城冈（相传昔人屯兵之所，今营门遗址尚存）。安乡为小黄山（元熊义山筑城其上）。慈利为白抵城（见前），宾郎洞（见前），为安福寨（又为索口寨、西牛寨、武口寨、礼州寨），东九十里为羌口镇（成化初，洞贼出没，州镇分兵哨守）。乃其北连獠峒，则石门夙称岩邑，可令失守哉！（成化二十一年，以县无城池，议拨九溪卫官军五十二员名哨守。）

凡为关十有八，寨九，隘二十有二，峒二十，哨八，巡检司八。

概论经岳之略，则石门、慈利，山涧崎岖，篁筰蒙茂，是迩九苗；洞庭漭浩，达于岷江，建瓴而下，扬舲风骛，顷刻千里，萑苇之盗，时或肆志焉。故分澧守臣饬备九、永，江防专道弹压洞口，用以扼吭溪峒，横鐍江湖，而坐销逆节也。法曰：恃吾有以备之。澧之控，日虞其反侧，盖岌岌然矣，江防上游，得亡单弱之虑乎？诚募勇敢，益艨艟，选地而署之，令民又各以其族自为图保，诸翼夷者、蕴寇者，令诇察之，军卫之职守望也。或选懦偷惰，籍以为市，而纵其出没者，必置之法焉。即有狡若杨么，技若盘瓠，不烦尺组缚矣。若乃华容、安乡，岁苦水患，蓬累而处，几无人色；巴陵、江、湘，庐井不改，雕瘵半之，邦本之虑，不当懔懔而衔恤之乎？

襄阳府

为历代攻守之地（商王中兴伐楚，《诗》颂殷武、周宣伐淮夷，《诗》赋江汉，皆其地也），引唐、邓为屏蔽（河南唐州、邓州），依荆渚为唇齿，方城、汉水，屹然天堑，故进可以荡秦、赵，退可以保上流，其险诚足固也。春秋时，楚成恃此，旅拒桓师（齐桓攘楚次陉，问其包茅不供，成王恃有方城、汉水，应对不屈，后始服来盟）。南宋时，为伪将李成所据，遣将岳飞收复之（绍兴中，襄阳为成据，朱胜非谓当先取之，上曰："今就委岳飞如何？"时飞为江西制置使，驻军鄂岳，赵鼎曰："知上流利害，无如飞者。"上命飞收复，率王万等自鄂渚趋襄阳，朱胜非许飞讫事建节，赵鼎请上亲笔，诏监司帅守饷飞军无阙。飞等进军，于是刘豫求救于虏。虏乃以兵俱来，我师与遇，连战，大破之，遂复襄阳及郢、随诸州。飞分遣王贵、张宪连击贼兵，又复邓州，军势大振。上谓宰执曰："岳飞既收复襄、郢，粘罕闻之必怒，况今已是六月下旬，便可讲防秋事。倘虏人南来，朕当统诸军分途迎敌，使之无遗类，即中原可复。"初飞遣张宪引兵攻随，月余不能下，牛皋请行，乃裹三日粮往，粮未尽而城破。飞进复郢州，董先颇有功。李成闻郢州失守，乃弃襄阳遁去，与虏伪合兵屯邓之西北。飞遣王贵、张宪至城下，贼兵来战，董先出奇兵邀击，大破之。贼将高伸入城据守，将士蚁附而上，遂克之。飞移屯德安。捷奏至，上曰："朕素闻飞行军极有纪律，未知能破敌如此也。"）。本朝克伪汉以举全荆，则鄢城四战之地，皆今日当守之域。顾所辖州县，间列万山中，逋流啸聚，为患叵测。乃设台臣开府郧阳，裂地合驭，其台臣先后建白备御之谋详矣（巡抚原杰疏见文编。又巡抚王恕疏略曰：襄阳、荆州二府地方，接连陕西、四川、河南要害去处，因无盘诘，各处流移军匠、僧道人等往往来彼，或耕山，或结庵，岁久为非。看得房县板桥山、谷城县石花街、南漳县七里头、襄阳县油枋滩、当阳县漳河口，俱系强盗出没紧关去处。合无将前项地方，每处设立一巡检司，佥点弓兵，常川盘诘，附籍者听其生理，不附籍者发回，私造庵观者拆毁，无度牒者解发问罪还俗，无文引者不许擅入前项山场，则关防严谨而盗贼渐消矣）。申严预计，责在官封疆者非乎？

其诸地险，襄阳西南三里曰虎头山，其上为鹿门堡、新城堡（见前），西三十里为油枋滩（贼多出没，设巡检司），西北三里为樊城关（设巡检司），为柳关，西有七里店关，七十里为双沟镇（设巡检司），九里为老龙堤关（东临汉江，西抵万山，袤十里。襄阳城东赖此捍护），十里为东津渡关、高头堡、石门堡，南七里为凤林关，九里为观音阁关。宜城东为犂丘城。南漳西北七十八里曰荆山（三面险绝，惟西南隅通行），西三百里为玛瑙关，西七里为七里头镇，东五十里为方家堰，西南百五十里为金厢坪（以上三处各设巡检司），西三百五十里为隘门关。谷城南六十五里为高山堡，西五十里为石花街（设巡检司）。光化西二十五里为左旗营（设巡检司）。均州西八十里为黑虎庙（设巡检司），东南八十里为小江口关，北五里为槐树渡关，六十里为油瓶关。

凡为关十有二，堡五，巡检司九。（按唐宪宗经略诸镇，宰臣李吉甫尝图上地形，坐览要害，遥定策画。后三百六十有三年，刻板于襄阳，岂非以襄为要地哉？）

襄阳居楚、蜀上游，晋庾亮谓此地其险足固，其土足食，诚天然之形势也。且东瞰吴、越，西控川、陕，南跨汉、沔，北接京、洛，水陆冲辏，转输无滞，与江陵势同唇齿。昔之英杰，以此郡当建业为左右臂，地利无敌焉。顾国家承平既久，武库矛戟，俱化为铁锄，横衢四达，吏日吮民之膏以润輶轩之毂，不且坐罪矣，奚暇为邦本计。设中原有事，能无烦于经营乎？故襄阳之患，不在水旱，而在要害之无处。往年尝筑樊城，议者迂之，故旋筑旋圮。夫襄之于樊，犹武之于汉也，一水衡之，南北之犄角固于是乎在。城复不起，将撤其蔽而召之寇也，即方城、汉水，于地利何有哉？

郧阳府

僻在荆北一隅，接壤雍、豫。国初流逋甫定，成化中，寇起，乃设重臣控制，为中原巨镇。寻置郡县及都司兵卫，守以官军，百年宁谧，其功隆矣。正德中，添设总兵，旋罢（至正间，流逋首难，至杀襄州总管而莫之能制。国初令申国公邓愈以大兵扫其穴而空之，禁流民不得复入。成化初，又有刘千斤之乱，乃尚书白圭、抚宁伯朱永、总兵李震会兵讨平，增设防守，始以副都御史杨璿抚巡其地。未几，李胡子、小王洪等复乱，右都御史项忠平之，遂留抚其地，未几，召还。不数年，流民复聚，左都御史原杰至，处置附籍丁口，设府县以统理之，都司卫所以控制之，郧始有府及司卫，时成化十三年也。是年，湖广镇守等官奏荆、襄二府，山深地广，流民为患，难于抚治。乃敕修理太和山少监韦贵兼分守荆、襄地方。先是原杰荐御史吴道宏于上，奉敕巡按湖广，提督八郡军民。事竣，进杰兵部尚书，留道宏按其地，抚治荆、襄之任，则河南巡抚李衍摄之。至十五年，始命道宏抚治郧阳等处。提督抚治之名自此始。抚属之地，北至华阳，南跨江、汉，西连嶓冢，东尽浊水，南北一千四百里，东西二千五百里有奇。其山脊起于汧、陇，东为秦岭，标以二华，揭以熊耳，为南条之大宗。秦岭而西，擘为岷、嶓，余支盘踞于江、汉之间者，武当为长。秦岭而东南，为卢氏之熊耳；又东而南至桐柏，为胎簪；至信阳，为天目。凡抚属之水，华、嵩以北，舞、叶以东入河，岷、嶓以西入江，秦南、嶓东之水，则皆入于汉。其北则蓝、武、尧、蕡、饶风、大散，峭壁万重，为秦、楚门户。其西北，则褒斜、骆谷，悬栈五百里，为巴、蜀之咽喉。荆、瞿在其西南，则三峡滟滪、九江之险皆在焉。南临荆、楚，古今用武之地。信阳虽居中土一隅，然蕲、黄之富饶，英、六之险隘，为奸民首难之地，扼吭拊背，信阳实与颍州声势相倚，其所系亦重矣。汉、商、竹、房间，连高夹深，奔崖峭壁数千仞，郡邑辽远，有尽日之力而不与人遇者。监司不能以时巡历，故流逋屡猖，虽设官抚治之，乃其统体分裂，莫能相一，苟图官责于己者，正以邻国为壑而已。自设抚治，统理牵联，纪纲严密，遂为中原一巨镇。剧贼势穷，欲依以自固，则不得入矣。正德二年，都御史汪舜民莅任，寻以地方无事召还。八年，蓝、鄢流民廖时贵、喻思俸相继为乱，上命都御史彭泽督兵进剿。乃复以刘琬抚治郧阳如故，添总兵李瑾，合谋抚宁，一扑尽灭。事平，李瑾召还，内臣乃分守。嘉靖十年，都御史胡东皋疏劾太监王敏婪扰，罢去。自是名号虽存，不复预民事矣）。顾其地错万山，绵亘巀嵲，流逋四集，莫可诘御（成化乙巳，唐、邓盗起，抚院遣都指挥康泰平之。

弘治庚戌，竹山寇野王纲作乱于洪坪，康泰复平之。弘治庚申，何淮作乱，遣佥事李善击之于宜城。正德间，川、陕、蓝、鄢诸盗起，刑部尚书洪忠、都御史林俊、抚治都御史刘琬以川、陕兵擒之，磔诸襄市。正德辛未，直隶、山东盗起，纵掠南北，官军莫敢格。刘琬会同太监周景督兵御之于唐县，贼度不能南入，遂东入庐、凤。嘉靖癸未，徐学作乱于均州、盐池，都御史徐蕃遣指挥孙昂讨平之。又赵政乱，遣指挥李镛击破之。己丑，杨时政等为乱，流劫商南、上津、南郑诸县，都御史潘旦遣都指挥王言剿平之，立庙川堡。己亥，平、利、竹、房群盗起，各聚众依险行劫，至杀竹溪主簿，势最猖獗。都御史王以旗遣都指挥张坦、郧阳府同知白浚会擒之，斩于郧市)。是以前后台臣抚临其地，取次讨平，设险之虑周矣(正德、嘉靖间，凡数窃发，皆立平之。盖统驭权尊，加以兵壮，关堡之设，日益精密，即有卒然之变，无足虑矣)。

郡城东百二十里曰黎子山(有关，今废)，七十里为梅子关，为磐石，六十里为雷峰垭(设巡检司)，百二十里为炮峪关，西北七十五里为青桐关、李四关，百三十里为小关，南为龙门天马关，西南为石门关，为九室关，百八十里为黄竹关。其诸地险，竹山西四百里为邓家坝堡(抚治潘旦疏建，近于界丛中陕西等处寇盗巢穴，建设衙门一所，岁拨官兵缉捕。又距县九十里，通陕西、四川，则为洪坪堡。西百里上官渡堡。北百五十里四庄坪堡)，西北三十里为圣母寨，西百五里为中山寨，西十五里为黄茅关，西北二百里为吉阳关(设巡检司)。房县在唐有京西平安关(咸平五年置)，西南三百里曰马口良堡(抚治原杰疏建)，东十里为汤池关，西三十五里为房山关(又北十五里高枧关，东三十里马栏关，东二百里牛心关，西二百五十里瑶峰关，南六十里云峰关)，西北百五十里为板桥山（设巡检司）。上津西南五里为姨娘寨，南五十里为杨六郎关，东北七十里为绞上关，南百二十里为江口镇（设巡检司），西北百五十里为北山寨，通四川径路则为庙川堡（抚治潘旦疏建）。竹溪西六十里为土关，西南五十里为五陵关，东九十里为尹店（设巡检司），为寨五（峒溪、得胜、将军、红心、羊数）。郧西治西为南门堡，东五十里曰方城山（见前），南五里曰马鞍山口堡（高峻，多梅、兰），为关二（鸡岭、马鞍），寨二（金花、廖家）。保康西一百二十里曰望夫山，其上有堡（抚治叶照建，其疏略曰：保康县望夫山，林木稠密，人烟稀少。东抵马良坪，通荆州远安地方；西抵栢木、寿阳，通房县地方；南抵兴山，通四川地方；北抵武当，通荆州谷城地方。四通八达，截山小路，盗贼出没要害之处，如遇窃发，委离县堡窎远，急难扑捕。立堡分戍，民得安生矣），为马良坪堡（知县苏惠和建）。其余保丰地方，通南漳、保康二县各九十里，则为常坪堡（原拨荆州右卫官军防御，见移有七里头巡检司）。襄阳县距府九十里，北为太山庙（见移有油枋滩巡检司）。远安南为襄堡，枝江为招来堡，江陵为孙黄渡，淅川一百余里为金子堡、吴村（乃郧县、卢氏交接之地），泌阳为象河关，新野为青衣岭，邓州为党贼口（又名顺阳川，路通内乡、淅川、均州、光化，各去一百里，流移杂处），内乡为夏馆山、半川堡，褒城为鸡头关（有巡检司，系入栈险要），西乡为秦、蜀要害，交境为盐场关（有巡检司，离县甚远，系先年贼巢），平利二百余里，通湖广竹溪及四川大宁、盐井，大路为镇坪（有巡检司），凤栖一百五十里为柴关（即留坝巡检司，林深山险），商州一百八十里为武关（有巡检司），一百六十里为秦岭关（有巡检司），洛南为王家庵堡（因广贼王九宰为害，所设营堡）。此皆接境要害，故详摭焉。

凡为关三十，堡十有四，寨十有一，巡检司十有三。

郧阳介雍、梁之交，控引宛、洛，蔽翼襄、郢，其地多崇冈丰箐，民事愤悍而悍拘柙，虽岁时群处，往往以财力相雄长，有侠风。四方游民，其琐尾仳离与挺而走险者，多逸其中，久而滋煽，因易为乱。承平以来，剧盗数起，一方俶扰，四藩同忧。始议更邑为郡治之，继命中台大臣开府秉钺，为镇重焉。然后威略亢稜，逆节销伏，称康久矣。谚曰："何知盗穴，山若苇苗。"今四民安堵如故，但其山势岩险，骈附称盗穴者，盖多有之，往岁保康杀长吏之事可鉴矣，即安暇犹宜兢兢云。

常德府

古黔中地，九江包乎东南，五溪萦乎西北（洪武十四年，五溪蛮叛，命周德兴讨平之），乃荆、岳之肩臂，苗、獠之咽喉也。汉建武中，溪蛮负险猖獗，伏波进营壶头，而贼人乘高守隘以偾其师（按常德之险，莫先壶头，山险水湍，石齿齿溪流中，一夫守之，千人莫当。汉征五溪，耿舒请从充道，马援不从，卒营壶头，竟以险不克进，大众怫郁行死，而援亦身毙，悲哉！盖壶头俯滨大江，辰、溆二水经焉。资水界今辰、常之间，清浪驿，则五溪蛮出入路也。瓮子洞入常德境，据我兵上游，蛮或骚动，升险鼓噪，如建瓴水，我兵仰攻，势必难入，故善战者必先夺之）。宋绍兴巨寇杨么破鼎，而帅臣疏请鼎、澧之间，宜宿重兵以图恢复之渐，识者韪之（李纲疏略曰：荆、湖之地，号用武之国，宋保有东南，控驭西北，当于鼎、澧、荆、鄂皆宿重兵，庶西蜀之号令可通，襄、汉之声援可接，乃恢复中原之渐也）。本朝于其地初建总戎，秉钺阃外，乃后移镇会省（国初于有苗遗种，随地设官，又虑吏治弗及，孽牙滋长，爰命勋旧大臣，假节钺出镇，挂征南将军印，肇建帅府于常德。嗣后都督王信复建帅府于武昌。寻以常德帅府拓为藩封，而镇远侯顾淳始疏请永镇武昌云），统以江防宪臣，严之以兵巡哨守，既云密矣。顾永顺之径路未防（郡西北冈市、蔡家堰、盘塘、麻溪观诸处，介乎石门、慈利之间，通永顺夷，乃其路之小而狭者，以非官道，故无关隘防守），而沅陵之丛山犹障（郡西南通沅陵，其桃源诸驿，山僻民稀，时多劫夺，今设白马、高都二巡检司以防之），燕子洞之逋流剽掠（洞在长沙安化县。国初有流贼张广胜数百人为乱，百户杨镇计擒之），而洞庭夹之，守御日弊（先是以郡临洞庭，盗贼出没，立洪沾、沅江、明山三哨，分卫余军各五十人防守。嘉靖初，设江防佥事于岳州，兼领常德。七年，佥事陆钺始令指挥一人巡江，自郡东德山潭历龙阳、天心、小河，抵沅江哨；又自沅江之邹家窖、窖南抵长沙，历洞庭夹，而至洪沾哨；又自洪沾越南石潭而至明山哨。乃小江、武口、鼎港、古楼诸巡检司胥隶焉，调发缉捕，殆无虚日，而巡视洞庭戎职复兼统之，然悉属江防节制也。顾洞庭夹为盗贼巢穴，民以网罟为生，夏散冬聚，易与为奸，华容、沅江，中人无百金之产，职此故也。隆庆元年，兵备姜议设水操军二百四十人，置战船一十二只，分江、河、淮、海四号，哨守龙阳至沅江、洪沾至明山二处江洋，警备渐严矣）。方今奕世承平，脱或变生不测，屏捍之谋，诚当如宋人所谓募戍兵、除戍器者矣（绍兴六年，知鼎州张觷请置弓弩手，上从之）。而壶头之守尤宜加之意焉（壶头不守，则鼎、澧俱困，而荆可窥。迩来常德之兵，调戍广西及靖州、道州诸处，几千余人。嘉靖间，沅州添设帅府，复调百二十人，兵分势弱，隐忧匪细）。

其他可凭之险，武陵东为张若城（秦白起遣将张若筑此拒楚，后汉梁松伐蛮又修之），**西为司马错城**（秦使错与张若伐楚黔中，相对各筑一垒，扼五溪咽喉。马援后又修之），**南为善德山，其上有南城**（宋宣抚使韩宣以城守不固，筑城于上。元时于冈市、南城、潜水等处各设巡检司，今废）。**桃源西南十里为白马渡，南一百二十里为高都镇**（设巡检司，元置麻溪、苏溪巡检司，今废）。**沅江西三里为刘公城**（相传昭烈尝徇武陵、长沙、零陵、桂阳四郡，因立城。元置齐湖巡检司，今废）。**龙阳东百二十里为鼎港口，西北四十里为小江**（各设巡检司），**其为堡十有四**（为横山、黄港、龙渡、凤桥、罗平、黄公、梅溪、城陂、周湾、陶堤、武坪、纯阳、濠州、芙胜。宋置碍溪堡、花岩堡，今废），**则一方防御之要也，乃其营伍单虚，当有轸长虑者矣**（国朝初，总制官胡汝招抚七十路头目，并陈友谅漫散军，共千人为守。后调苏、常军，又调襄阳军补役，并各处充拨隶卫者，合旗军五千六百三十人有奇。后调靖州、广西、道州更戍旗军，洪沾、明山、沅江哨守旗军，各若干人。嘉靖二十八年，添设总督军门，议本卫拣选旗军一百二十人，分为二班，行委指挥二员，每五个月轮换围随。今本卫旗军，较之原额，十丧七八，见在者止有一千一百零一人，仅足以充靖、广、道、沅等处更戍之役。巡捕、巡江及洪沾等三哨调拨不敷，则抽选近例充实营伍，领田屯操，并舍余丁壮者补之。顷年镇、筸诸苗株出劫掠，恃其崖薮，屡抗王师。每遇征讨，本卫旗军悉听调用，军伍空虚，识者忧之）。

常德之西南壤接五溪，其诸蛮错居，剽狡乐祸，自汉已然，非可以礼义法制柔也。至于岷江泛冒，横束洞庭，辰、沅诸水，靡所注泄，则逆而陆浮，故龙阳、武、沅，岁罹水患。于是当事者为修槐花、大围、小汍、西湖诸堤捍之，然后皋隰田庐不至为水腹吞没者，以防固也。顾水之荐至也，民或知先为虑，他徙以避，即跋涉尔，犹能扶旄提儿以幸旦夕。而地无重兵，脱诸蛮群不逞，枭张境内，风驰云驶，铤镞相逐，元元将何恃而应御之？故防夷之策，视防川尤宜慎固焉。

辰州府

为武州之障蔽，据溪峒之上游，重冈复岭，截然险峻。诸蛮据此，叛服靡常，崇古患之。唐于此置都督府，历代据地设险，以阴折其踯躅之孚，往事诚可鉴也（宋乾道中，前知辰州张木邵请岁增给民钱一万，俾本州募强壮禁军，或效用二百人，分屯卢溪等处，以防诸蛮，庶使边患永清，可免异时调遣之费。康定中，辰州蛮酋彭仕义内寇，命校书郎雷简夫往，至则督诸将进兵，筑明溪上下二砦，据其险要，拓取故省地石马岩五百余里，仕义内附）。顾麻阳蜡尔、镇筸、铜平诸山，为苗巢穴，周回千数百里，悬崖鸟道，丛箐栉比，岚瘴蒸郁，阴雨恒多，视诸溪峒，独称阻绝，往往乘晦冥据险为乱（嘉靖初，山酋龙求儿僭称苗王，南结贵州土獠，西诱酉阳诸蛮，连亘各寨，流毒三省。皇上震怒，特命台臣万镗会同都御史车纯，调集兵粮，兼行抚剿。癸卯，永顺、保靖土官彭宗舜等取次攻克之。按万镗疏有曰：此夷先是宣德七年，用兵十二万，攻围九个月，剿贼过半。正德七年，用兵五万，攻围四个月，剿少抚多。今初拟用兵六万，期以半年。臣博访各贼巢穴，如蜡尔等山，接连三省，当其险绝之处，晦冥之时，一夫拒守，百夫莫前。与其多兵以冒险而犯欲速之虞，不若减兵以存粮而图持久之效。乃减兵三万，大抵以剿之威，行抚之恩。今虽平定，但地方大坏极敝，苗夷易动难安，目前虽已宁帖，而后患所当预防。遂条上方略，专意防守，不事征进。后至丁未，遂大用兵，两省骚动，迄无成功。万又尝有书与中朝人士，其略曰：苗贼巢穴，如蜡尔、雷公等山峒，接连湖、贵、四川，周回千数百里，猩猸所居，人迹罕至。其悬崖鸟道，莫可跻攀，狭路羊肠，不容并足。且竹箐丛生，弥望无际，幽岩曲涧，在在皆然，鳞次栉比，殆无空隙。人非侧肩偻背，莫能入也。贼从内而视外，则明，每以伏弩得志；我从外而视内，则暗，虽有长技莫施。审据军前汉、土官员，曾经两广、滇、蜀等处征进者，皆云山峒之险峻，各省亦有之，至于竹箐之深阻，则所未尝见也。其地利之难如此。苗巢所居，率皆险僻幽翳，天晴之日，亦将午而后开朗，未晡而已晦暝，但遇稍阴雨，霏雾迷濛，寻丈莫辨。计其阴雨，十常六七，盖山岚瘴湿，气候郁蒸之所致也。其天时之难如此。先年土官守法，易以驾驭，苗夷椎鲁，易于牢笼。自正德以来，边方多故，土官征调，皆雇倩此苗以为前锋，用能克敌称强。及至近年，土官构仇，各厚饵此苗，以助攻杀，因而起衅生乱。由是土人与苗，互结姻亲，情多牵制。且其伎俩，亦为贼所窥破，无复畏惮。今用土兵，不免前弊，欲摈而不用，彼以切近之地，素稔之情，不但引诱窝藏，在所必有，甚或借兵赍粮，岂能尽防？况湖、贵官军，皆不足用。湖、广除永顺、保靖之外，其余土酋可调之兵，能出千数者无几。至于贵州，舍酉阳、平茶之兵，愈少而愈难矣。必欲别省调兵，则又不谙地理，成功难必，而其沿途扰害，尤不可言，决难轻调。其事势之难如此。苗贼尝言“朝廷有千万军马，我有千万山峒”。又云，诸葛亮有七纵七擒，我苗有三紧三慢。所谓紧者，军退则突出劫掠；所谓慢者，军临则散漫潜藏。又云，不怕官府军多，只怕官府粮多。盖以军虽多而山箐深险，力未易施；粮若多而围困久长，势将自毙。然彼明知道路梗涩，粮运甚难，料不能多，故为此言。其狡夷叵测之难如此）。嗣后专命大臣一人，总督而制御之，寻以事宁召还，久之以宪臣领其地，而群苗底定矣。

其诸地险，府城西南百三十五里为刘尚城（今城虽废，亦足以控扼诸蛮），西北三百里为高岩镇（设巡检司），西三百里为镇溪（设巡检司），为大剌镇（设巡检司，在保靖地，名虾里井）。沅陵南城外为南水关，西为西关，一百八十里为浦寨，一百九十里为黑栗寨，百三十里为麻夷洑寨（皆夷人出入之冲，宋置砦以控扼之），为池蓬寨，设巡检司。西北百二十里为司明溪寨（俱宋时置，今设巡检司），二百里为会溪镇寨（设巡检司），三百五十里为清水堡（永乐初建，有营垒房屋，辰州卫岁拨官军屯守，控扼蛮夷）。卢溪西二十里为徭獠寨，九十里为河溪寨（设巡检司），二百三十里为镇溪军民千户所（宋于此立寨。本朝洪武中，建所，以镇崇山、沿场、高岩等处，分蛮长石答冲等四百一十二寨，隶辰州卫），北三里为虎头寨（元末兵燹，土人杨添宜立寨以障居民），西南三十里为院场坪（设巡检司），一百二十里为招谕寨，西北百五十里为子寨（皆宋建，为蛮夷所居，保障边围），南三十里为蛮溪堡（又四十里为新池堡，六十里为浦口镇，六十里为溪洞堡，设巡检司），西南七里为阴隆江堡（在镇溪千户所，又四十里为爆竹堡，五十里为洞口堡，六十里为都溶堡，七十里为牛隘堡，七十五里为南阳堡，八十五里为大凹堡），西四十里为寨阳堡（以上十一堡，俱隶辰州卫）。辰溪东南一里为渡口镇（设巡检司）。溆浦东二十里为红旗洞（五代马希范遣兵收武陵诸蛮，至此屯兵。山高脊平，可屯数万人），三十里为镇宁堡（设巡检司），南四十里为据老寨（又为桶溪隘、顺溪隘），八十里为龙潭堡（设巡检司），北二十里为长坡隘（又六十里为白露隘），东六十里为思溪隘（又为油良隘，八十里为苦练黄梅隘），东北六十里为瀼口隘。沅州西为西关（洪武初建，以稽往来。今设渡口巡检司），二十里为若溪寨，一百里为浆州寨（本唐舞州，后改曰浆州。宋废为寨），东四十里为罗旧站堡，西四十里为白茅滩哨堡（又五十里为冷水站堡，九十里为晃州站堡，设巡检司。以上四堡，俱隶沅州卫），西一百二十里为鲇鱼站堡（又一百三十里为南宁哨堡、一百五十里为平溪站堡、太平哨堡，以上四堡，俱隶平溪卫），西一百九十里为岳州哨堡（又二百里为梅溪站堡，二百一十里为梅花哨堡，以上三堡，俱隶清浪卫），西二百三十里为平蛮哨堡（又二百四十里为德胜哨堡、永定哨堡，二百五十里为武安哨堡，二百六十里为大胜哨堡，二百八十里为相见站堡，以上六堡，俱隶镇远卫），西三百五十里为柳塘站堡（又三百八十里为苍平哨堡，以上二堡，俱隶偏桥卫）黔阳西南四十里为托口寨（九种诸蛮之卫），东南五十里为洪江寨，北二百步为黔阳堡，南二十里为竹滩堡，东一百里为安江堡（一名安江颠，设巡检司。以上三堡，景泰初，因溪峒獠贼出没设立，俱隶沅州卫，岁拨官军哨守）。麻阳东北五十里为岩门寨（设巡检司）。余寨五十有四（为阳民、鬼板民、鬼者民、桃枝民、新寨民、高蓬民、平郎民、项勒民、大哨苗、孟洞苗、小积苗、高砦苗、崇山卫苗、東那苗、彪山苗、下水苗、板橙苗、红岩苗、沙溜苗、盘孕苗、西酉、排那苗、大略变、中略变、小略变、爆木坪、老麻苗、亚保苗、谷扯苗、小五图、孟叟苗、恶党苗、冷水溪、地耳苗、昔郎苗、毛江苗、大五图、哼啰关岩洞苗、板栗苗、团溪苗、小八坪苗、彬木苗、亚吾苗、回保苗、留纹洞、科铁炉、大塘、盘营苗、老奔苗、上岩口、下岩口、高都民、邬牌、得天冲）。

凡为关三，堡三十有六，寨七十有一，隘八，巡检司十有六。

夫五溪种落，实繁有徒，大率皆槃瓠后，恣睢而骁桀，上下山阪，捷若猱腾，轻若鸷举，时出摇撼，为齐民忧，故历代为戍守之区。嘉靖间，诸蛮啸聚，豨突蚁合，数兵之无功，乃简命大臣，开府于沅，檄诸道军采阻深入，以次底定。嘻！亦勤矣。闻诸蛮初起，虑戍卒谯呵，往往啖以利，还或以所掳为谢，久之益狎；乃结诸奸豪，令先事为乡导，稍蚕食民之盖藏以赏我兵。异时当事者虑激生变，因幸一切予之抚以苟目前，坐是诸蛮有所恃，愈益骄恣不逞矣。此其衅盖华人阶之，岂尽蛮俗悍哉？今威略震叠，诸徼外皆奉约束，齐民嬉然获就衽食无他虞。第先虑而设防，则迹诸前事，察其所以阶之者，毋覆蹈焉，可矣。

长沙府

古有苗国之南境，为宋重镇（宋传云，重湖通川、陕之气脉，九郡扼蛮猺之襟喉。中兴以来，谓之重镇）。洞庭据东南都会之上流，巨寇据以为乱，故今五岭、三湘之间，皆长薮大泽，寇每乘之啸聚奔驶（国初湘乡土酋易华及陈友谅降臣周文贵俱叛。上命杨璟、张滕宗讨华，平之。文贵复攻掠辰州，上谕璟曰："湖南地接溪洞，恃险负固，叛服不常，宜多方以取之，薄其山寨，绝其樵采。乌合之徒，志在剽掠，既无所得，势必溃散，乘机剿捕，胁从开释，收复镇静，以绥远人。"于是璟与张彬分兵进讨，诸洞蛮皆溃，文贵遁走宝庆。洪武二年，陈友谅故将饶鼎臣以茶陵叛，潭州指挥严广讨平之。于是浏阳土酋黄宁、茶陵乡土酋谭悦道、湘阴土酋吴仁琮、湘潭土酋刘玉、湘乡土酋李祥、攸县土酋王崇德皆款附。嘉靖中，大沩山贼为乱，都御史翟瓒讨平之)。为封疆计者，其当申严防御于此矣。

处此险而可据者，长沙距县十里曰北关，东五里为东关，西五里为西关，北二十里为鹅羊寨，西北九十里为桥口镇(设巡检司)，善化东四十里曰关山(见前)，南五十里为暮云市(设巡检司)，西北五十里为靖港(唐李靖讨萧铣，驻兵于此)。湘潭南二十里为下摄镇。设巡检司。湘阴北六十里为营田镇(设巡检司)。浏阳东百五十里为翟家寨(设巡检司)。醴陵北十五里为石门关，二十里为建安寨(高三百余丈，周十里许。元末民避兵处)，益阳北五十八里为五溪(一名军山，吴潘濬讨五溪蛮，曾营于此)，西曰西山(唐李靖尝驻兵于此)，九十里为渌口镇(设巡检司)。益阳东南二里曰龟台山(相传吴鲁肃驻兵于此)，西南五里为濑潭(汉昭烈入蜀，留关羽镇荆州。后吴遣吕蒙取桂阳、长沙、零武三郡，羽争之。吴使鲁肃屯益阳以拒关羽)。湘乡南五十七里为武障市(设巡检司)。攸县为大洲堡(嘉靖甲子，都民刘庚甫户丁百余人结党作乱，佥事苟延庚安抚之，为之立堡，岁佥茶陵卫官一人，督县民兵守备)，东二十里为芙蓉寨，三十里为铁钉寨，西六十里为香炉寨，南四十五里为凤岭镇(设巡检司)。安化之险隘曰梅山(梅山在宋环列溪洞，熙宁天子顾宰相曰：重湖之间，蛮猺错处，非所以限华夷，同风俗，宜开招而统领之。议遣中书房检正章惇措置。会湖南转运判官蔡烨以图来献，乃以惇察访湖南、北事。烨领湖南道转运副使，合谋经制)，龙塘寨(宋茶法严甚。邑伊溪、中山、资江、东坪产茶，不种而生，味稍佳。民趋其利，奸者乘间啸聚，至抗巡尉，习不轨，黎虎将、赖文政因而为乱，杀掠为患。大帅王侍郎奏于资江、龙塘建寨，命将统之，岁一易戍，民赖以安。宋诸寨栅皆险要地，寨有团保守御，以备盗贼)。东八十里曰司徒岭(崇冈峭壁，鸟道崎岖。宋上将王仝驻兵于此，以拒猺寇），西五里为梅子口寨，东南七十里为七星寨，东北九十里为守溪寨，西北百二十里为白沙渡寨，西南九十里为游浮寨（五代蛮獠为边患，宋太宗讨平之，因立五山寨以防御），一百二十里曰黄罗岩（见前），南五十里曰大雾山（峻岩深谷，云雾常覆其上。宋建炎中，金骑至境，刘廷佐驻兵于此）。茶陵东八十里为视渡口，（设巡检司。又为寨十：曰花石、虎背、严和、古城、老虎、白石、高水、仙女、会仙、麻石。右十寨，元末置，俱州民避兵处）。

凡为关五，堡一，寨二十有二，巡检司九。

长沙土野沃衍，下有洞庭之输，泉源瀵瀵出山址，故鲜水旱，称善郡。其民袯襫而事钱镈，以殖衣食，无所仰于四方。乃他方游民，徒手张颐就食其间。居停之家，初喜其强力足以任南亩，往往僮客蓄之。久而游民多智辨，过其居停主人，其主人亦逊谢以为不及，因请诸赋役，愿与共治，或就硗确荒芜田予以垦，而代缮其赋，不以实于官。及其久也，游民或起家能自稼穑，异时居停者或稍陵替，致相倾夺，间有田则游民业也，而赋役皆主者任之。故土户强则役客，客户强则累土，讼狱兴而不可止者，其来渐也。核其强弱而均之，因业而定之籍，毋使蒙冒而争焉，司土者其加之意哉！

宝庆府

介衡、靖、辰、永之间，有辅车之势，地若僻安，而境内武冈、城步诸徼，溪洞苗蛮，弹压是取焉。宋以大猺洞地置五寨，则戎备之严，所从来久远矣。

其为设险，则邵阳之堡三（白水、沙平、永靖，各设官一员，督领操丁防御。万历二年；知县欧阳模于城外四方各设守望楼一座，以便巡逻），北八十里为隆回镇（设巡检司），为巨口关（在新宁五都），东为白马关（安平二都）。新化之隘五（黄桑隘、樟木隘、石门隘、凿鼻隘、道田隘），其堡三（黎平、花桥、纸钱，各设官一人，督领操丁防御），北百里为苏溪（设巡检司）。武冈之堡六（桐木、九溪、白仓、歇岭、太平、安乐。以上六堡，设官军戍守），东百五十里为紫阳镇（设巡检司），南六十里为石门（设巡检司），北百四十里为四硖口（设巡检司）。城步据蛮洞扼口，苗路凡七（城步图苗路四：曰风界、塔溪冲口、大古山、连荷山，大水洞苗路三：曰旧宅界溪山、斜头山、洞头山。七路原设款丁，共计六百二十人守把）。新宁邻接猺、苗，置哨守二所（衡州哨守千户所，长沙哨守千户所，俱在县治西百步之外，每年轮拨千户一人，领班旗军百余人哨守），东九十里为靖位镇（设巡检司），百二十里为枫木岭关，皆其可据者焉（属邑与西粤全州接壤，是以山猺洞蛋劫杀之祸，无岁无之，而城步荼毒尤惨。顷者靖武间有警，朝议敕武臣分阃防御，驻扎武冈，列戍轮守，民以宁谧）。

凡为关三，堡十有二，寨五，隘五，苗路七，巡检司六。

邵陵地控溪峒，其篁竿诸蛮，荒憬弗率，惊扤刍荛，盖自古患之。国家分布戍卒，遮列险要，断其出没，责以卫所，而诘戎宪臣，与郡邑长吏，时谨视之，为备盖甚设也。顾其重跰累茧，历险捷飞，来往飘忽，莫可踪迹，则吾所为防御者，岂必逐逐然角技于山阪为武哉？要务防吾之戍卒，使其守望侦谍，咸有实伍，毋事虚名，其阳戍而阴翼夷者，必重绳之。民有矫黠不逞，窜身荒徼，以逋赋役，或牟为奸利，潜与引导，令保伍以实闻于官；不尔，发且连坐，获导夷者以获夷之赏予之。而又令各以便选地力为团，与戍卒，则声势联络，法度修明，诸夷将慑息矣。

衡州府

控引交、广，联络溪峒，而猺、獞依山负固，窃发为患，守者恒豫计之（嘉靖中，兵备副使陈卿尝于演武之地，督筑垣堑，外辟沟濠，而于兵戍以时搜阅，深得除戎豫备之意）。

其险有可凭者，府境西八十里曰钟武城（汉置县，汉末贼尝据此，孙坚平之）。湘江东岸为江东镇（设巡检司），南二十里为松柏市（设巡检司）。衡山治南为岳津镇（又为雷家埠、草市，各设巡检司）。耒阳西南五十里为罗渡镇（设巡检司）（注一）。安仁西二十里曰杨梅峰（见前），西为月岭（其上宽平，邑屡遭寇孽。正德中，委官罗宓明率邑人立寨保障）、相公山寨（诸葛武侯驻兵于此），南五十里曰曹婆山（山势崄巇，径路幽僻，旧有寨，今为山寇巢穴），七十里为潭湖镇，北三十里为安平镇（各设巡检司）。酃县为黄烟堡（岁拨衡州卫百户一人领军把守）。桂阳东（注二）一里为匹袍峒（在归善乡，相连桂阳县，与江西接界。其峒乃上犹所辖，近年因招残党，遂尔作乱，负固于此。正德十六年，南赣都御史王守仁率兵夹攻，始平其穴）（注三），东一百里为鱼黄峒（在归善乡，近江西大庾县界。正德中，盗贼侵境，结巢于外，土兵破灭之。其峒田连阡陌，民之膏腴也，今各田主招人聚居耕种），北八十里为泗洲镇（设巡检司），南六十里为牛桥（设巡检司）。临武西北二里曰舜峰山（旧名千仞，其上平衍，邑民避难，尝据其巅，筑栅固守），为太平营（在官山后，知县郭弘德建）、走马营（先在板寮营，以其地不据险，今迁走马坪，故名。近拨杀打手五十人把守），南五里为鸡头营（近拨杀打手四十人把守）、黄茶坪（此地有镇守馆，嘉靖中，知县谭孔言勘系贼寇迳行要路，议建，襄阳路指挥一人领军哨守），三十里为韭菜营，西三十里为水头营（近拨杀打手三十人把守），西北八十里为两路口（设巡检司）。蓝山北四十里为乾溪（设巡检司。又西一里为小山堡，西四十里大桥镇，西二十里张家陂，东二十五里毛俊堡。各设巡检司）。

凡为寨二，堡一，营五，巡检司十有六。

夫翼轸之精，下当衡山，据五潴之上游，跨两粤之裔域，故湖南奥区，称衡州焉。乃其俗杂三方，地纡溪箐，岩居谷饮之子，狃习穷僻，惮于检柙，闻官师则震慑，望公府则愓息，故多束手而听于里魁，请以服勤所得共赋役，佐以食饮道里用度诸费，予里魁代之输。顾里魁非尽行谊人也，间取而干没之，急则以为已输，而以逋坐原予者。官处斋阁，按籍而责征，则逋负胪列，命操绁而逮之。彼其人至，亦不知谓何，而积逋至此，不已，则饮泣称贷代之矣。故甲之傲里者，固十有四；里之啮甲者，则十有九，而山谷之民为甚焉。司牧者其储神察之也。

永州府

据潇、湘上游，地引洞庭，畛接西粤（接广西全州壤）。而山猺洞蛋，窥伺劫杀。昔元世祖时，湖南寇乱，骚夷永、宝，而左丞刘国杰寻讨平之。当时制御方略，今可以不讲耶？（元至元二十五年，湖南盗詹一仔作乱，诱永、宝之众，啸聚四望山，久不能平。刘国杰破之，斩首盗，余众悉降。乃相要地为三屯：在衡曰清化，永曰乌符，武冈曰白苍。迁其众守之，每屯五百人以备贼，且垦废田榛棘，使贼不得为巢穴。降者有故田宅，尽还之；无者，使耕屯中，后皆为良民矣。）

险在四境者，零陵北七十里为高溪市（设巡检司）。祁阳治东为归阳市，六十里为白水市，北六十里为江湘市，百里为永隆太平市（各设巡检司）。东安东北一百里为芦洪市（设巡检司）。道州南四十里曰蒋居山（地名四眼桥，本州要害首称之，联络九疑苍梧之墟，其深阻不可穷，苗夷据之以为渊薮，居民岁受其害），其上为四营（滴水营、清边营、周塘营、中军营），又为镇南营（知州罗斗建，简杀手精锐者守之。又营阳乡有白鸡营，营乐乡有营乐营，俱有哨守官军）。宁远北八十里为白面寨（设巡检司），为太平营（正德间建，又为扼蛮营、永安营、桂里营、大阳营。宁远为楚边境，知县周谅虑其有警，请建营以控制之）。演口为演武营（滨江山谷险邃，界于两粤，自昔猺民杂居，时肆剽掠。嘉靖辛丑，知县李公相其山势环合处，辟路树营，募兵为镇，猺患遂息），又为营十（望墩、振瞻、大富、铜铃、勇敢、三斗、平定，以上俱嘉靖间建。隆坪，隆庆三年建。逍遥、新田二营，万历二年，管县事知州蔡光建），永明南八十里曰荆峡镇山（两岸对峙，若城垒相扼，仅通一小江，泄桃林、扶灵之水，西入广右，实永明之关隘。昔差镇官，熙宁中省之，令寨兵御守焉），为桃川市（设巡检司），为白象堡，西为白石墟（各设巡检司），营十有三（鹅山、潘家、斗罡、岩口、靖西、石螺、土寨、小水、苦子、茶柘、养牛山罡、杨柳、乂山），江华南六十里为锦冈镇，百里为涛墟，东二百里为锦田寨（各设巡检司），营二十有四（高寨、神仙、山爻、白芒、金鸡、车下隘、大关、平赖、得胜、永昌、虎威、豹韬、镇远、折冲、克敌、静南、镇中、矮岭、见龙、牛礶、富累、望高、大源、五里）。

凡为堡一，营六十，巡检司十有三。

异时言者以永郡为古苍梧之野，当湘、漓之交，唇齿全、桂，请割隶粤西。天子下其章，令两藩熟计以闻。时楚中议者以衡、永壤接，永郡割，则衡阳孤，即酉阳、邵陵将鲜屏蔽，声势不相贯。且永民世楚已久，一旦隶粤，虑土俗弗宜，请如故便。从之。故永之不改隶者，势不可也。若乃复岭长林，岨介蛮落，时或狶突，以惊耘牧，而马鞍岭、荆峡镇尤称要地，严兵防戍，及今宜为石画焉。

郴州

地当五岭之交，蜿蜒磅礴，连亘江、广，峰峦陡绝，其关隘独称险阻。猺贼峒蛋，栅居山巅，断木悬石，俟过者推蹶斩绳，虽千万人皆仆壑成齑，以是易肆剽掠（正德间，猺人东自龙泉、万安、大庾，南自保昌、曲江、仁化、乐昌、乳源，西自连州、连山、阳山、宁远、蓝山、临武，北自桂阳常宁，剽掠大肆）。正德初，奉命征者不敢捣穴，遂蔓延莫支。久之，台臣会兵夹击，其患乃息（正德间，都御史秦金会同南赣都御史王守仁、两广尚书陈金，命将官屯兵于兴宁之新沟，以扼其路，贼还伏起，歼厥渠魁焉。先是土人龚福全倡乱，伪称大王，与其党刘福兴等据乌春山、腊栗寨等处。十二年，秦金奏闻，即诏金讨之。金乃驻扎郴州，分布诸将进讨。以前哨守备指挥王翰、监兵副使陈壁自桂东进，左哨都指挥王廷爵、监军参议黄质自桂阳进，右哨守备指挥李璋、监兵王济、兼率永顺宣慰彭世麒兵自郴州进，后哨都指挥刘宗仁、监兵佥事顾英自临武进，又以参将副使恽巍驻兵两路口策应，而右布政使方璘督饷不匮。乃能直捣巢穴，斩首三千余级，擒福全等磔诸市。郴、桂遂平）。

其险可据者，州西八十里为石陂镇（设巡检司），**永兴西南五十里为高亭镇，西北六十里为安福镇**（各设巡检司）。**宜章东六十里为赤石镇，西南八十里为白沙镇**（各设巡检司），**南八十里为笆篱堡**（洪武中置，从知县王均实请。永乐间，调郴州所官军防守）。**县东八十里为里田堡**（正德间，调长沙、永州二卫官军哨守），**北隅为召募堡**（即宋之永戍寨也。成化八年，设守御千户所，调茶陵卫后千户所五百户官军戍守，黄沙、栗源隶焉。堡今废），**西南九十里为黄沙堡，南三十里为栗源堡**（洪武二十七年，因杜回子、冒阿孙啸聚为寇，命总兵大将军统兵剿平，立此二堡，俱永乐间奏调茶陵卫官军防守。又县西南六十里为凤头营，东二百二十里糍粑营，东三十里紫溪营）。**在城为瞿塘哨、荆州哨**（正德间，奏调官军轮班戍守，设守备一人在城驻扎）。**兴宁之要害曰新沟，东五十里连桂东之境曰八面山**（注四），**其上为马瑙堡**（山最险峻，延袤二百余里，登之可见郴、衡、吉、赣诸郡。隆庆二年，猺、獞猖獗，于山间建堡。又建永安堡，二堡岁拨官军守御），**北三十里为州门**（设巡检司），**南五十里为滁口**（设巡检司）。**桂阳为广安守御千户所**（洪武末年，桂阳县锺均道扰乱，诏以汉、达官军千人往戍，遂留七百员名而设所焉。筑垒县东，相距八里。成化中，吴都御史始迁入县城。弘治中，流寇复乱，请调长沙等卫官军五百员名，而以黄州指挥二人领之，分班防守。今茶陵卫指挥代之。按本县嘉靖四十一年，广东流寇窃发，权调阳山杀手五十五名，暂营社稷坛侧。迩来侵毁遗址，而杀手冗食之兵，盘踞骚扰，议当另迁隙地，庶于事神治民为均便也）。东四十里为益将，南四十里为长乐山口，东北四十里为濠村，西北六十里为镇安。（以上四处，各设巡检司）。桂东北五十里为烟竹堡，东南三十里为寒口堡，南四十里为新坑堡（三堡岁拨官军戍守。按县界八面山中，有三洞：曰上，曰中，曰雷家，素为贼窟。嘉靖末，中洞猺黄积珠等大肆劫掠，署县事训导时化成以闻。南赣督抚陆稳密令武生周以临，檄乡官周珙及周延论等，生擒积珠等一十七人，械送军门，枭磔于市。隆庆丁卯，雷家洞上、下连各洞蛮谢福通等结聚剽掠。事闻，南赣军门吴百朋取次剿平），东八十里为高分堡（设巡检司）。

凡为堡十，哨二，营三，巡检司十有二。

负山之民，质愿而多劲，非独习尚，亦风气然，此修教设礼，《汉史》所以循卫飒也。今揉渐于熙化，庶埒中州，顾其地远京师七千余里，主爵者类以荒僻拟之，铨授之际，无所遴择，故州邑长吏，大氐皆循习故常，辄托于孤远，往往无以自见。盖祖宗之所重，而时俗视之以为无当于缓急也。即有不御之权，将安施乎?

靖州

古唐渠阳军，据辰、沅之上流，为重湖保障，南服要区，与蛮壤相犬牙。夷人族种，蟠踞溪峒，道路阻绝，中国之兵入践其地，不能长驱。且其境与宜州群苗相接，势成犄角，表里为患。是以宋人议弃渠阳，非以不便于攻守故耶（乾道八年，知贵州陈义上疏言渠阳民不服役，田不输赋，其地似若可弃。然为南楚要区，或控制失宜，或金谷不继，或兵甲少振，蛮獠则乘时窃发，勤劳王师，朝廷当重守臣之选。崇宁初，戍兵三千人。建炎以来，每于都统司或帅司摘兵二百人，以备屯戍。其凶悍者，以州郡不能制，遂慢守臣，反通猺蛮以扰编民。州郡飞白主帅，不敢治，比得报，已晚矣，故戍兵敢肆其恶。一旦有警，复安能为用？臣以为宜听守臣节制便。帝嘉其言。苏辙论渠阳蛮扎子云，"访渠阳诸夷，蟠据山间，道路险绝。昔郭逵知邵州，困于杨光僭；李诰自沅州入境，过界即败。夫逵、浩皆西北将，有败而无成者，地形不便也。今闻朝廷已指挥诸道发兵，数目不少，然将非其人，臣恐既不得战，又不能守，老兵费财，渐至腹心之患，深可虑也。今朝廷欲弃渠阳，然其中屯戍之兵，不下数千，义难弃之虏中为鱼肉。要使略行讨定，使之畏惮，守首出渠阳兵民，然后可行。臣访闻湖南、北士大夫，皆言群蛮难以力争，可以智伏。欲遣将相兼守镇，必用土人；欲行窥伺攻讨，必用土兵。捨此欲以中国强兵敌之，终不得其成算。然此可以智伏，临事制宜，难以豫度也。又闻渠阳诸蛮与夷州群夷相接，宜蛮部族众，多与渠阳诸夷合谋作乱，势亦猖炽，卒难剪灭。乞指挥广西预行招抚，虽不得其用，但弗与协力，亦不为无益也。"）？

其后峒苗倡乱，州城几于失守。时当事者若邢公势处孤危，乃能奋发利御，迄于凯旋，抑亦控扼险固致然也（宋靖州教授李诵《平蛮记》略曰：宋淳熙三年，中峒姚民敖等及诸团争附为乱，其众数千，其锋甚锐。前守司公景辉遣戍将田琪暨州兵守密崖，又进守西楼，以断寇路，增陴浚隍，募忠义乘城。且告急于朝，而乞兵上司，军书羽檄接迹于道。诸司各遣官招抚，而夷情反覆，侵侮不已。会景辉领祠欲还，有旨趣今守邢公迁亟上，并诏司宪下常德府盗贼司，合兵掩捕。四月，邢单骑来次三田；越二日，至于贯堡。未及战，而戍将田琪冒险轻进，为姚家团所衄，琪死，窜奔者归，举城震骇。邢独奋然开虎符，收溃卒，酌之酒而授之戈，勉以忠孝，使军事判官舒显祖尽率以往。又荆、鄂之兵始至城外者，咸督发之。翌日，复扼西楼，贼乃不敢越境。是日孤城殆不可保。已而徭人获之，随捣中峒，覆其巢穴，追逃蛮，略大、小汶川，还取桃溪堡，所过皆望风詟慄。乃即来筑台歃牲以受其降卒，复置寨宇而归其市民。既毕，劳诸酋长，引民敖戮于寨门外，而传其首于辰、沅。于是东至金竹、容峒，南至罗章、龙岩，西至湖耳诸道，北至林源、三江，咸洗污俗而为新民矣）。国初苗夷倡乱，旋平定之（洪武二十五年，靖州山寇王汉等叛。三十年，古州蛮寇林宽叛。命大将胡海、指挥齐让等前后讨平之）。乃界伍、靖之间，厚增兵卫（靖州卫、铜鼓卫、伍开卫，守御千户所十一），以险绝苗路，守以州牧，参以武帅（靖州有参将驻扎），甃城建堡，据地设险，则在昔议弃之地，皆今日贡赋之域也。

其诸可凭之险：州境西北一十五里曰飞山（见前），北十五里曰香炉山（诸苗负固之所），西一百二十五里为零溪（设巡检司），北四十里为金滩堡，一百五十里为茅营堡。会同为丰山堡，南三十里为连山堡，东北五十里为洪江堡，西北六十里为浪江堡，西百里为远口堡（设巡检司），北三十里为五招堡，六十里为相见堡（已上九堡，永乐间，都督梁福议筑，俱靖州卫官军哨守），西南六十里为地灵堡，西七十里为黄强堡，六十里为黄檐堡，九十里为镇远寨（设巡检司），东九十里为若水寨（设巡检司）。通道西南五十里为收溪寨（路通广西界，设巡检司），西北五十里为播阳寨（设巡检司），城之外有长安堡（常德卫官军戍守），为流源堡（已上二堡，嘉靖间议筑）。绥宁一百一十里曰枫木岭（苗戎出没之所），关为东关、西关，东北四十里为黄石堡（又为关陕堡、蓝溪堡、多龙堡，又为江口堡。已上五堡，嘉靖间议筑，九溪、荆州卫、城步县官军哨守)，东北二十里为武阳寨，一百里为老鼠隘，北八十里为青坡寨(设巡检司)，西南百二十里为临口寨(设巡检司)。若溯州卫所曰铜鼓，四面相距之地，与贵州相犬牙，皆群苗出没之所，湖北要害之地也(卫城四围高山，可以屯兵。城东三里曰楚王山，上有楚王旧垒。三十里至枫香堡。先因水冲，苗夷为患，设立堡城，官军轮班哨守。四十里至黄泥关，山隘可据为固。五十里至纠坡堡。先因吴峒苗夷为患，嘉靖初年，设立堡城，官军轮班哨守。一百里抵靖州治。西为石炭堡，为营寨，为山洞屯。西八十里抵藕洞苗寨。一百二十里抵清水江，深山丛林，系生苗巢穴。江水可通竹木簰筏，至靖州所属远口堡。大江南三十里，抵贵州亮寨蛮夷长官司，伍开卫设拨新化守御千户所捍御。五十里至纯寨守御千户所。一百里抵贵州黎平府赤溪长官司，地界联络苗巢。山路三百里可抵贵州镇远府治)。其曰伍开，实诸蛮之咽喉，迩抚臣专命裨将掣甲士千人以往，武卫用奋，令号乃行(按佥事陈束《阅视靖州碑》文：嘉靖戊戌仲春，大中丞顾公由武冈入靖，大阅武于西郊，爰命守备袁桂往镇武开)。其为堡四：曰罗团，曰铁炉(二堡岁委千百户二人，领拨旗军哨守)，曰宁溪(隆里所原设边塞，洪武间，钦调本卫指挥一人王思明，领旗军一百人镇守。嘉靖以来敉宁，迩因宁溪地方山箐险阬，苗蛮出没，剽杀商贾，参将衙门议设兹堡，借拨隆里哨军防御，民患少纾矣)，曰苗坡。

凡为关二，堡二十有九，寨七，隘一，巡检司八。

国家之设守令也，以州境山川险错，蛮落邻接，故不以属郡而直隶于藩司，盖宠以事权，弹压荒徼，为边氓计也。顾诸蛮性习，虽椎结侏离，犷悍弗制，而指心为约，刻木为契，即终身不渝，岂尽与人类异秉畀哉？所贵司牧者酾德震威，先声风驰，制诸未发，而遮险列戍，日堤备之，玩者必法，彼荒憬之众，其不蛾伏而屏息无几也。乃若州去藩司方千余里，岁时建白，例必得请，乃按章行之，固也。籍令捍御机宜，睹于眉睫，必候报可乃举，得无有日中弗彗，坐致失时之虑者乎？诚急假之专断，弗束以格例，宁独渠阳守令便也，即事功可冀矣。

施州卫

介荆、梁之会，东遮南郡，西蔽酉阳，南北并连溪峒，军民错居。本朝废州置卫，诘戎兵以镇蛮夷（军皆迁诸内地令城守，民则服属诸苗也）。嘉靖中，增设守备，寻命参戎辖制悍卫，法意深远矣（先是四川巡抚刘大谟、巡按王珩会同湖广抚按题奉钦依，改调九、永守备一人，于施州卫驻扎，钤束川、湖土司。未几，大谟用副使柯相等议，会题疏略云，施州卫并各土夷司，地居险阻，性类犬羊，屡出境抢虏人财。该管官员，既无钤束之方，且有通同之弊。原议添设守备官员，似乎名位颇轻，徒尔纷更无益。合从今议，添设参将一人，请敕于施州卫地方驻扎，庶武备严明，遐迩怀畏，而地方可保底定，军民永赖无虞矣）。乃其戎备，固在溪峒邻壤焉。

取诸可据之险：东曰连珠山，其上为五峰关，东南二百里曰东门山（山有关，相传夷、夏分界），一百七十里曰石乳山（上有关），西北三百里曰七曜山，其上为梅子关，三百五十里为铜锣关（右三关，奉节县官兵把守），西为老鹰观。大田为深溪关（酉阳路口）。施南东百里为小关。散毛为散毛关（散毛路口）。忠峒为土地关（忠建路口）。大旺为野猫关刺若洞路口）。忠建东南三百里为胜水关，三百里为虎城关，三百里为野熊关，三百里为野牛关（右四关俱忠建境）。其属五寨土司者，曰阴隆江，曰杜望，曰滑石江（各设巡司）。

凡为关十有四，巡检司三。

水利

武昌府

《水经》云，江水又东得白沙口（注：右迳赤壁山北。江之右岸有船官浦。江水东迳白虎矶北）。鄂县北右得樊口。江之右岸有鄂县故城。右岸有厌里口安乐浦。又东过下雉县北。

江夏县，大江（江自嘉鱼入江夏境，会沔水流。然大江逼绕会城，旧恃金沙洲障之，迩来洲徙，水泛横流，直冲江岸，侵啮城趾，岸石崩陁，屡行甃治，而城患恐未已。若城内明月湖水起，赖有长堤障之，平湖门至文昌门（注五）可免啮城之患矣）。堤三（长堤在平湖门内。政和间江溢，漂损城垣，知州陈邦光、县令李基筑以障水，至今赖之。郭公在湖心，自长街东至新开路二里。宋都统制郭果所筑，因以氏堤。万金在县西南昌堤之。宋绍兴间役大军筑之，建压江亭）。

武昌县，大江（治边大江，诸湖水涨，滨水田地多致淹没）。堤七（东皋即义堤，在学官前，教谕朱瓒筑。水泾在县东二十里，嘉靖庚申，大水冲决。清思在虎头山下（注六）。石盘在县东五里。南湖桥在县南二里。丁桥在县西七十里。以上六堤，岁久湮塌。万历二年，知县李有朋重筑。马桥在县西二十里，景泰间修，旋废。知县李有朋顷议修筑）。

嘉鱼县，大江（历陈家汉入江夏界，近世沙涨，横亘数十里，故今县治去江口仅七里）。堤三（通江在县东北，自龙潭山（注七）至鱼山驿，高凡丈许，广三之，翼之以柳。弘治中，知县姜溥筑。嘉靖癸丑，知县吴翰重筑。新堤在县北，地势卑下，其承上流若建瓴，不数年溢为潴泽。春水泛涨，与蒲圻、咸宁、江夏三邑均罹水患。宋政和间，知县唐均集四邑之民筑之。靖康兵兴，堤坏。至乾道初，知县陈景去旧堤三百步，因两山距杨家潭上横亘为堤，是名新堤（注八）。成公堤，元皇庆元年知县成宣筑，堤因氏焉。上自马鞍山，下自三角铺，捍护四邑。天顺、成化，水啮堤圮。弘治间，知县姜溥首白于都御史谢绶，补筑，阔三丈，高一丈余，环堤植柳。正德间，复圮，会岷、湘二水，涨迫湖潴，滨江田地被淹，民逃赋缺。于时都御史吴廷举上疏请筑之。疏下抚、按委官查勘修筑，近复为洪水冲决。隆庆辛未，知县刘元相申请修筑。万历癸酉，知县杨光宇勘议江夏、咸宁、蒲圻、嘉鱼四县协筑，每年各县于均徭内编银募夫，详允，自万历二年始）。

蒲圻县，蒲圻河（至陆溪口出大江。邑西北近水，西良、黄土、皂潭等处最称卑下，田易浸没。春夏之交，自崇通而下，积雨泛溢，动辄经旬，为山水害。自沔、汉而上，川江涨入，由北而东，为江水害。乃承天堤防，又以壅水为害也）。

咸宁县，西河（每湖水泛溢，滨河者苦之。旱则可以灌田）。

崇阳县（注九），**崇阳河**（出通城至壶头山下，有石洪滩，甚险。滨河者一值水涨，辄被漂损。旱亦资灌溉焉）。

通城县，秀水（与陆水、隽水合而通江。其黄沙等港俱会焉。会水涨，则田地不免于冲淤）。

兴国州，长河（州境多水，然皆汇于长河而泄于富地。若海口湖、漳源湖则直放于都江，而水之势差杀矣。长河自排市以下，河较宽，水易泄，不至为害；其排市以上，若鸡口、慈口、龙港、山溪等河，春雨浃旬，则山水暴涨，田禾淹淤，无岁无之。甚至有冲拔树木，荡徙庐舍者矣）。**堤三**（樊公即朝天堤，在州西五里古龙关下，上有石桥，元末驻兵，久圮。永乐间，知州樊继修堤，受名焉。恩波在州东北半里。良荐桥，州北二十里。隆庆元年，州同王可大重修）。

大冶县，县前河（西源于西阳、茅潭诸里，绕洪滨桥合流而东，至县前为金湖，直放漳源口，而入于江。雨淫，山水突发，滨河者实受其害）。

汉阳府

《水经》云，江水左迳上乌林南，东迳大军山南，左迳百人山南，又东迳鲁山南。江水左得湖口水，通太白湖，及东合滠口水，上承涢水于安陆县，东迳滠阳县北，东南注于江。江水又东，湖水自北南注，谓之嘉吴江。汉水又东迳沌阳县北。

汉阳县，大江（郡城与武昌对峙，大江环抱，东南汉江合滠水、沔水、沌水，与大江会于郡北。涨则弥溢于诸湖，为卑洼田地之害）。**湖一**（郎官。弘治时，湖可纵舟游，城内水汇于湖，乃自水门入江。自濒湖居民各于屋后培土拓构，而湖遂堙，今才存一沟耳。近年城屡圮，以水无所潴而横溢为灾也）。**堤十二**（免溺，在县北二里。正德初，知县蔡钦筑。自铁门关接汉水亭。今亭废，义民周南佐以石桥其亭所，水涨不圮。东、西杨树、室安、李家、莲花、青草、山嘴、石林、潭家、万家、谢家、郑家，俱在平塘河泊所）。**陂十三**（内高作在县西六十里。按旧志，陂修筑于宋淳熙乙未。戊申夏，水涨崩褫，冬，本郡奏请修之。庆元庚申，太守赵郧条陈利害，有旨假出戍水军修筑。经始于嘉泰辛酉冬，壬戌春工讫。堤首尾置青龙、水济二闸，延袤四百八十七丈，高七尺至一丈五尺，阔一丈至一丈五尺，分层级以杀怒湍，城郭始固）。

汉川县，汉水（盖汉水经流汉川者）。堤二（吴公旧名和公。成化庚寅，都御史吴琛筑，因以氏堤。堤一自县东至甑山十五里，一自县北和公城（注十）至刘家隔十五里。吴先筑甑山堤路，次筑和公堤路，沿堤植柳；复于甑山麓凿石甃砌水洪；设梁闸以泄水势；又于刘家隔河口布桩板，培筑高埠以便行旅。湖垸在县北二十里杨子港。嘉靖乙巳，都御史姜仪命于关前河至港筑湖垸堤，夹植以柳）。

黄州府

《水经》云，江之右岸，东会龙骧水口。江之左有武口水，上通安陆之延头，东迳若城南，又东过邾县南，又东迳邾县故城南，又左迳赤鼻山南，左则巴水注之，又东迳軑县故城南，东会希水口，又东迳西陵县故城南，又东过蕲春县南，蕲水从北东注之。

黄冈县，大江（城西）。河七（沙、沙武口、街埠、感化、旧州长、上巴、道观俱通大江，内道观河出崎山龙井，经龙冈山阳，泄于鲍湖，灌溉利之。乃每值泛涨，其害于诸河为甚。嘉靖癸丑五月霖雨，水溢廛市中，杀人以千计，田被冲压者千余顷）。堤八（老观河、旧州长河、中州、沟儿口、丘陵湖、龙坑、白米河俱在慕义乡。摄河在五重乡。俱知县简霄修筑）。坝五（毛林口、巴毛湖、黄舍潭俱在慕义乡。知县简霄修筑。八大王在城东南三里，安国寺左，中有田，筑此以捍后湖水涨。紫荆港在庶安乡。故积水溉田，岁久倾颓。正统二年，邑人袁知州率乡民重修之）。

蕲水县，浠水（至南溪口入大江，水涨没两岸，学官前水高丈许）。堤二（王公，在巴河镇。春夏水涨，民病涉。正德甲戌，知县王伯筑，故以氏堤。自江浒抵镇市，凡长三十丈，广四丈，高一丈，甃用条石，夹植以柳。万工，在县西南回风矶上。正统乙丑，知县胡奎筑）。

罗田县，官渡河（县前山水起可通筏运载，旱则滨河者间为引水溉田）。

麻城县，县前河（发源光山界下，接新州长河，入团风江。熊吉曰：县前河会东、北二境之水，每春夏骤雨飘风，则怒涛如山，滨溪之民，岁苦垫溺。弘治辛酉，推官罗翰起沙堤于中流，盖障之使东也，寻就飘没。正德戊寅，知县王世禄寻河之故而浚之，水乃分流，欲再浚之，以调去，新河复淤，而旧河之害如昔，于是有迁县迁学之议。推官严肃复治之，开新河，固旧岸，奈桩短石单，堤筑未固，开河之土去不盈尺，雨下淖流，岁久填塞。凡三治，迄无成功。今之议开河者曰：凿之使深，比旧河加二焉；一篑之土，必置于数十步之外，无使其淖复壅焉。每冬涸时浚之，则水有所归，不待障而自东矣。水既东，则旧河自淤积三十年之外，可耕牧矣。岸无事于固也，固岸者曰：开河以杀水势。然春秋之水岂能尽受乎？民居学宫，危若累卵。惟密布松桩于下，而以铁锥引之，深入四五尺，则基可固矣。叠石于上，每直引二三层，用横石以系之，则壁可坚矣。石壁之内实以小石乱砾，然后以土继筑之，水之入也，遇石砾而上，则中空可无虑也。乃募民筑室于其上，或官自为之，与里房合为东街，而沟乎其室之前檐，使水潦从沟中行，则内陷可无虑也。又植木栅于石壁之外，其末高与崖齐，约以横木，每丈余则以一木系诸岸，水虽力有激则反者，三数年之后，木朽而吾壁之土与石合一。栅之外植高柳，根日盘织于下，而枝扶疏于上，可以代木栅矣。又立为系籍属之有司，凡木石皆责之受廛之民，少有疏失，与盗者同罪。数年之后，俟其休养安集，然后税其廛，以他日修浚之费，则水患庶乎可避矣）。

黄陂县，县前河（通沙口，入汉江。春夏水涨，则武湖、牛湖泛溢为沴，河侧田地被淹，漫入县前阛市矣。按黄以陂名，而河塘陂堰以万计，实利溉灌。迩来豪强兼并，塘稍作为丘亩，册籍盗报田粮，而潴水之泽易潦易涸，昔人谓代天施长，地力安在哉？）

黄安县，河三（县城东里许为东流河，县东为谢家店河，俱逶迤入团风江。西三十里为双河与西河，合流为两河口，经黄陂滠口入汉江）。

蕲州，大江（城西），**坝一**（永安州西北十里赤东大湖中实当孔道，方春水起，夏秋漫没，驿使经行，必迂途广济，方抵州治。间以轻舠绝渡者，往往覆溺于风涛。先年州民顾益筑三墩于湖中，便舟子依泊，岁久崩褫。万历二年，乡官顾阙首议修筑，捐赀经始，佐以率钱，可期就绪矣）。

广济县，河二（梅川在县南，流入武山湖。两岸田可千顷，旱则赖以灌润。连城，正统初，父老陈鉴奏浚之，以便运艘）。**坝一**（武家穴在县南九十里，临江，上自盘塘，下抵黄梅杨家穴，长一百九十里，岁时修筑，以防江溢）。

黄梅县，县前河（其源有三，春夏山水不时发，旱受灌溉焉）。**坝一**（唐思穴自杨家穴至宿松分界。按邑当江、汉、九江下流，故岁苦涨溢。今坝起自广济之武家穴、龙坪，至邑境之蔡山、孔家龙、唐思穴、清江镇、杨家穴，虽延亘百里，然岁复为水冲决，漫没禾稼，民日狎游鱼鳖中。盖黄梅最下，而彭蠡水又来突之，故其害视广济尤酷烈也）。

承天府

《水经》云，沔水又东，敖水注之。又东南与臼水合，自荆城东南流迳当阳县之章山东，又东南迳江夏云杜县东，夏水从西来注之。涢水南过江夏安陆县西，夏水又东至江夏云杜县，入于沔。

锺祥县，汉江（自北来，经石城，与城北龙母等湖通，下至汉川，入大江。沿江者，多病昏垫。大都锺祥之水利少而害多也）。堤六（汉江自报恩寺南，长三十里，旧堤卑薄易决。嘉靖中，守备太监张方增筑。始固寺侧一，长一里。递运所前一，长一里。子胥台东一，内有三塘四埂。吉祥寺前一，长一里。李万湖一，长五里）。坝一（黄沙在县东一十五里）。

京山县（注十一），县河（会阁流河、姚河诸水，经治城南，下合滋水，入汉江。水泛则淹田啮城址。嘉靖中筑堤捍水，城害始息）。泉二（温汤（注十二），灌溉稻田，其收数倍。五泉（注十三），泉有五穴，涌如沸鼎，横流入市，清泚可爱，民田赖之，岁不忧旱）。堤五（县河，嘉靖中，河啮城址，推官蒙询筑；小河、林里泽俱在羊亭村，正德中筑，嘉靖中水决，更筑之；鲁班在七宝村；汉江在县南，长百余里）。

潜江县，潜水（汉水别流，自锺祥入境，经芦洑河，三分流俱入沔阳界，岁苦水患）。堤八（高氏，在县西北五里，相传五代时高季兴所筑，因氏焉。起自荆州绿麻山，至县南沱埠渊，延亘一百三十里，以障襄、汉二水。莫家潭长一百丈。以上堤，正德中布政周季凤筑。夜汉口在江、汉畔，弘治中，知县史华筑。正德中崩决，通判赵景鸾改筑新堤，长三百六十余丈，复增修月堤。白洑垸边临汉江，成化六年，水决二十余丈，八年，知县江志修。江汉垸长六百余丈，身甚厚广。班家湾长一百六十丈。俱正德中布政周季凤筑。车老垸，县南临汉江。太平垸长六百丈，正德中，都御史秦金檄通判赵景鸾、知县莫瑚筑，长一千余丈，坚固可久）。

荆门州，汉水（下入汉江，与诸湖通。水大不至冲泛，盖东赖王家堤以障之，东南赖绿麻堤以障之尔）。

当阳县，沱水（经县境与沮水、漳水复合入江。水大则冲泛，滨河者苦之，旱则引水入陂）。

沔阳州，汉水（与江水、夏水、漕河通诸湖入汉。然沔阳之水界于江、汉之间，江溢则没东南，汉溢则没西北，江、汉并溢，茫然大壑，为害尤甚）。**堤六**（长官在州南，起监利，至汉阳，长一百余里。白石湖在西北五里，其堤自剅口起至新间铺止，约五里有余，高三尺余。两傍植柳，下为水沟，沟之外田亩错列。高堤即复州故城为堤。江堤自龙渊、花坟、牛埠、竹林、西流、平放、水洪、茅埠、王沙，凡九区，长万余丈。汉堤自大、小朱家冈、沧浪、南池，凡五区，长万丈。江、汉二堤，嘉靖初，知州曾洵奏下都御史黄衷修筑，后复冲决。十九年，都御史陆杰、佥事柯乔，江堤增筑黄帅庙、何家泽、茅通、天井等处，又塞茅埠诸口，延袤几五里；汉堤增筑柴木垸、道人腰河诸堤，又塞剅河口，长百余里。斑堤在州西北四十里白湖村）。

景陵县，城南河（经县城南入汉。下流为义水，水溢为害）。**堤七**（永丰在县东北，长一里。周公在县南，自东至南横长三十里。旧堤卑薄，弘治间，知县周端增筑。斑堤在县下白湖村，世传鲁斑筑，以防京山山水。古堤有二：一在县东北，上下有剅防，一名穴河，一名莲花。遇旱则贮湖水灌田，泛则开剅防淹，水势高则不开。成化间，知县姜绾重修。弘治间，川、襄、洞庭水泛，冲陷，知县周端重修，以杀水势。便堤在县南车湘渡，护七十余垸。议城古堤，又名老龙堤，在县西南。宣德中筑，知县姜绾、周端前后修举）。

德安府

《水经》云，沔水又东南，涢水入焉。涢水东南迳随县西，

滠水出江夏平春县西，南过安陆，入于涢。

安陆县，涢河（绕城西东流入云梦泽，会汉水入江。山水突发害田稼；旱则可引溉田。盖州县诸河，水旱利害，举相同也）。**堤一**（李公在县西涢水左，正德间，知府李重修，故以氏堤。先是涢涨，民多垫溺，至是获免）。

云梦县，县河（县南里许，涢水之支也，会孝感之水，达于江）。**湖六**（孟家（注十四）、石羊（注十五）、郑铜（注十六、注十七）、紫云（注十八）、杨林（注十九）、台湖（注二十））。**堤三**（史河在县西北三十里安陆境，涢水故道经县，民便之。弘治间决，应城故道塞。嘉靖间，知县潘渊筑此河，复故道。沿河在县西南，正德间，知县余权筑。漏灌在县西南五里，每夏涨，北河水由此冲入石羊湖，民田被没。嘉靖间，知县郭贵德筑此以捍之；复决，王廷佐重修）。

应城县，西河（在县西，会汉江。县北又有杨家河，濒河者咸资溉焉）。

孝感县，澴水（俗曰西河，在县前，下入汉江）。**湖六**（后湖）（注二十一）溉田甚博。正统间，知县罗勉以湮塞，复加修筑。羊马（注二十二）、白陂（注二十三），县丞卢哲修筑。董家（注二十四）、东山瀹河、注泉（注二十五））。

随州，涢水（绕州前，南流入汉江。又有六河：扶沟（注二十六、注二十七）、浮缨（注二十八）、鲁城（注二十九）、金水（注三十、注三十一）、石鱼（注三十二）、武河（注三十三），皆绕州境，民利之）。

应山县，汶水河（在县前，又有河五：黄沙（注三十四）、方家（注三十五）、白泉（注三十六）、汉东（注三十七）、大洪（注三十八），舟楫不通，滨河者多资灌溉）。

荆州府

《水经》云，汉水自关东迳弱关、捍关，又东迳信陵县南，又东过夷陵县南，历峡，迳宜昌县之插灶下，又东迳宜昌县北，又东过夷道县北，夷水从佷山县南，东北注之（注：又东过枝江县南，沮水从此注之）。江水又东迳上明城北，又东迳江陵县故城南，又东迳郢城南，又迳南平郡孱陵之乐乡城北，又东，右合油口，又东迳公安县北，大江右得龙穴水口，右迳石首山，又东迳赭要，又左迳白螺山南。

江陵县，大江（城南七里）。堤五（新开在县东一百二十里，成化间，知府李文仪重修，后圮。正德间，布政使周季凤筑，长四百五十丈。寸金在龙山门（注三十九）外，五代时蜀孟昶将伐高氏，欲作战舰巨筏冲荆南城，梁将军倪福可筑是堤激水以捍之。宋吴猎尝分高沙（注四十）、东浆之流，由此堤外，历南纪、楚望诸门（注四十一），东汇沙市为南海。黄滩在县东南二十里，上当江流二百余里之冲，一决则江陵、潜江、监利民为鱼鳖，诚要害也。成化初，知府李文仪沿堤甃石。正德十一年，知府姚隆增筑月堤三处，约千余丈，今势渐崩颓。李家埠在县西三十里，自万城至镇流砥六十里，当水势之冲。弘治十三年，堤决，淹溺甚众，知府吴彦华修筑坚厚，至今赖焉。谚云，“水来打破李家堤，荆州便是养鱼池。”关系至重。文村在黄潭堤东三十里，弘治十四年，水决，知府吴彦华修筑四百余丈。正德十一年，水决，知府姚隆重为修筑）。砥一（镇流在县东十五里，突出大江数十丈，捍激江水，声如迅雷。盖江势东下，镇砥于此，则水势延缓，而黄滩之冲少杀，沙市之地可保。成化初，知府李文仪砌以巨石，纵横相压，其势甚坚，水患稍免。后居民渐窃其石砥，堤少坏。正德中，布政使周季凤重加修筑。按《杜预传》：预都督荆州，旧水道惟沔、汉达江陵，千数百里无通路。预乃开杨口，起夏水，达巴陵千余里，内泻长江之险，外通零、桂之漕）。

公安县，石浦河（正统初，知县俞雍筑坝潴水，以便漕运）。堤七（赵公在县东三里，斗湖在县南半里，油河在县西三里，仓堤在县东北二里，横堤在布政分司，以上五堤，俱宋端平三年，孟珙筑。沙堤在县东南八十里，正德十一年，水涨，旋筑旋坏。十三年，抚治都御史汪鉴之委教谕张澜上自灌阳，下至新开，相距一百二十余里，通修筑之。大江御水在县东北，未详何代所筑，上接江陵，下抵石首，长一百里）。

石首县，长河（即大江，又有便河达洞庭，年久淤塞。正统间，知县盛奇浚通，商民便之）。湖三（平湖（注四十二）、熟田（注四十三）平址（注四十四）（注四十五））。堤六（黄金在县南五里，元萨德弥实筑。万石在县西五里，宋县令谢麟筑。新兴在县西南七十里，萨德弥实筑，以防竹林港水患。杨林在杨林口，正德初，布政使周季凤创筑，长百丈有奇。风火在县南二十里，正德六年，知县马祥筑。百家在县北四十里，其地为水所圮，百家合筑此堤）。

监利县，鲁洑江（南通荆江，北入沔、汉，水涨为害独甚）。河一（新冲通江陵漕河，民居辐辏，赖以溉田）。湖三（南江（注四十六）、小沙（注四十七）、盛洪堰（注四十八））。堤五（黄师在县西四十里，滨大江，岁久湮颓。正德十一年，监生张安上请行修筑。新冲在县西南五十里，滨大江，极为险要。朱家埠在县东三十里。龙潭口在县北，长百丈，正德中，布政使周季凤筑。把火在县北五里）。

松滋县，川江（岷江至此分为三派，复合达江陵，入大江。盖峡水到此展荡，大不利于涨溢矣）。堤一（大堤（注四十九），自堤尾桥直抵虎渡，延袤八十余里。洪武二十八年重修）。枝江县，沱水（县南四里有推乌滩，水涨湍急如雷，舟经此最险，滨水者危之）。湖一（老雅在县西一里，今为田）。

夷陵州，浣纱河（与赤溪东合，水泛则濒河者受害）。堤一（二公在州东门外三里，当荆、襄、巴、蜀之冲，傍有民田。成化二十二年，知州周肃筑，行旅便之）。

长阳县，清江（南至宜都入大江，其流独清）。

宜都县，汉洋河（会清江，入大江）。溪三（苍茫在县东五十里，灌田可千余顷。富金在县西三十里。白岩在县西三十里）。

远安县，洪岩洞（注五十）（洞泉流出油溪，可溉田十余亩）。溪一（罗汉）。湖一（笕水源（注五十一）出鸡头山石孔中，土人为笕，引水灌田）。

归州（州旧志未载水利，有溪七，滩十有一。惟空舲峡滩夏秋水泛，必空舲乃可上。自州至长阳四百里内，峡水奔急，石迹险恶。吒滩水石相激，中有石如瓮，舟行至此多覆）。

巴东县，巴江（在县前，凡蜀诸水，皆合而东注焉）。

兴山县，泉一（清泉，学官后，澄澈清漪，深可数丈，引流出观澜门外，会香溪，入大江）。

岳州府

《水经》云，江水又东，左得二夏浦，又东迳彭城口，自彭城矶东迳如山北。夏水又东过华容县南。澧水出武陵充县西，历山东，过其县南，又东过零阳县北。湘水又北至巴丘山，入于江。

巴陵县，大江（会洞庭诸水，入临湘）。湖四（洞庭、青草、赤沙、云梦，每夏秋水泛，与洞庭合为巨浸，淼漫无涯，为害最钜）。堤

四（偃虹在县西北，宋守滕宗谅筑。永济在县北城陵矶南。李公（注五十二）在县东厉坛，尽城陵矶，长十五里，地故湖路，水涨病涉。弘治间，知府李镜筑堤建桥，夹堤植柳，人甚便之，因以氏堤。白荆在县东南十里，堤有桥，久圮，夏水人遭昏垫。成化间，知府吴节重修）。

临湘县，大江（至城陵矶东下经此，岷江合涨，亦能流害）。**水一**（湘江，三湘、岷江合流经此水，沿江田地，一水乡也）。**堤一**（赵公在县东一里，元泰定间，县尹赵筑，因氏焉）。

华容县，华容河（南达洞庭，岁有泛涨之患，乃郴桂之漕，赖此通焉）。**堤五十五**（杨柳在县东北。放生池在县东。斗子在县西湖，每值旱潦，实利蓄泄。县堤在县河之滨，周围十五里，民实赖以免溺。垸堤在县境，濒洞庭，临大江，夏秋水泛，民多阽溺，有司屡筑随坏。正统间，员外王士华重修，内有四十五垸，至今赖之。万庾在县北十五里。安津在县西一十都内，有十台、九堰（注五十三），皆利灌溉。正德十年，洪水冲崩，田被淹没，都御史秦金措置，谕民修筑。蔡田在县西三十里。渊德在县西北十五里。李家垸在县东南三十里墨山下大湖畔。斗门在县西三十五里。刘家垸在县西四十里黄洋渡之南。东西在县四十里。纸方垸在县东北七十里。黄田垸在县西五十里。姜家垸在县东。黄家垸在县西南。上路垸、下路垸俱在县西。碾溪渡、胡家垸、吴小垸俱在县南三十里。宋阳西小垸在县南。桃树垸、林家垸、马儿垸、宋家垸、左陂垸、蔡刘垸俱在县西。许小儿、江家垸、陈家垸、鲁家垸、逐备垸俱在县西北四十里。涛湖垸在县北二十里。黄湖垸、张师垸俱在县西七十里。新堰垸在县西六十里。白坝垸、杨家垸俱在县西南。黄公垸、徐家垸、高小垸、清水垸、杜家垸、龚家垸、吴家垸俱在县西六十里。柳木垸在县西六十里。马家垸在县东南五十里。朱家垸在县东二里。陈家垸在县东北十五里。李家垸、赵家垸俱在县东。

金二垸在县西六十里。以上诸堤连遭水冲，正德十三年，都御史吴廷举以赈济至，议令在垸者修堤，属知县李文泮督修各垸，田畴获免淹没。官桥垸在感化乡，长二百二十丈，阔一百五十丈）。塌一（安津在县西北三十里，在昔筑此以防水患。按其地古有营田、官职田，最为低洼，惟堤不崩溃，岁入有望矣）。

平江县，卢水（会汨水、纯水入洞庭，泛溢为害）。

澧州，澧水（至城下合涔、澹二水入于洞庭，水起偪城，为害最钜）。

石门县，洞三（仙女在县南紫和山下（注五十四），流泉不竭，赖以溉田，下合水道。龙泉（注五十五）、民安（注五十六），二洞出泉，溉田甚广）。**泉二**（龙王（注五十七）、独石（注五十八），俱赖溉田）。

慈利县，溇水（水南至观音嘴，会澧水，江涨则溪涧为一，害较甚焉）。**泉一**（语泉（注五十九），出三眼中，流至通济铺前溪，溪为骤涨，溉田甚广）。

安乡县，澧水（南流而东入洞庭，水起，上接下汇，害不下于溇水也）。

襄阳府

《水经》云，汉水又东迳襄阳县北，又迳平鲁城南，又东过中卢县界（维水自房陵县维山东流注之）。又东南流迳犁丘故城西，又南过邔县东北，又南过宜城县东（夷水出自房陵县，东流注之）。又迳鄀县故城南，又东北流，又屈东南，过武当县东北，又南迳谷城东，又南过阴县之西，又南过筑阳东（筑水出自房陵县，东过其县，南流注之）。又东迳隆中。漳水出临沮县东荆山。

襄阳县，汉江（出大安军，下入汉江，水涨不免啮城。恃有大堤，东临汉江，西抵万山，袤十里余防护之）。**堤二**（老龙在县西三里，即大堤也。救生在县西南五里）。

宜城县，汉水（由襄阳经县东，北下入汉江，泛涨无岁无之）。**闸一**（青龙在古羊社）。

南漳县，蛮河（经县至宜城，入汉江。水起泛溢，滨河者频受其害）。**堰十一**（内武安、灵溪于诸堰为大。武安即秦将白起攻楚引鄢水灌城者。唐大历间，节度使梁宗义修之。宋至和间，宜城令孙永知襄州增筑。淳熙间，制置李曾伯修。灵溪即古木里沟，始开于楚。汉南郡守王宠又凿之。宋治平间，宜城令朱纮复浚。元大德中，政院同佥李英再筑二堰）。

枣阳县，沙河（河达汉江，山水突发，冲决可虞）。

谷城县，古羊河（西流与粉水合，达汉江，水泛亦能为害）。

光化县，汉水（汉江水起，经县，甚则东南境及滨河者均受冲决之患）。**堤一**（石堤，汉水东，宋李仲芳筑，居民赖之，今废）。

均州，曾河（出太和山，通平堰、龙堰，可以灌田）。

郧阳府

《水经》云，汉水又东迳魏兴郡之锡县故城北，又东过郧乡县南。沮水出汉中房陵县。淮水东南过临沮县界。

郧县，汉江（由汉中经府城北，东南至汉阳入江。间值水溢，不免啮城，恃有捍江堤以障之）。**河一**（赵河，流至县东为盛，水堰溉田甚广）。**堤一**（吴公在县东南，旧名捍江堤。成化十三年，都御史原杰修之，以防汉水。明年，江涨堤崩，御史吴道宏增筑，高八尺，阔倍之，长三百余丈，军民德之，堤受名焉）。

房县，南枧河（流经谷城，入汉江）。

竹山县，北星河（北来入庸水东注，水起则溢，旱则滨河者可资灌溉）。**水一**（堵，东入汉江，水涨，滨水者每引入堰溉田）。

郧西县，南门河（注六十）（又有五里河（注六十一）与此河合流，达于汉，水溢此河与房河，苦无大患）。**泉一**（娘娘洞（注六十二）下出如沸鼎，垂如素练，声如震雷，麓田悉资灌溉）。

保康县，苏泉（在县后山下，民故取水于河，知县苏惠和悯其险远，疏导山泉，绕流县侧，民咸称便，泉因氏焉）。

常德府

《水经》云，沅水又东北过临沅县南。

武陵县，便河（一曰玉带，水起不能为灾）。**水三**（枉。朗，谓之朗江。沅，东流自龙阳入洞庭，皆不利于泛溢）。**堤十**（槐花在县清平门（注六十三）外一里许。柳堤在县东门外，通北门。花猫在县东门外，临大江。南湖在县西十五里，系官路。屠家、皂角俱在县东三十里。以上四堤，嘉靖十三年大水冲决，知县钟銮修。赵家在县西，近大江，自南湖至河洑，知府欧阳恂修。东田在县东十五里。长江在县东二十里，春夏水涨，与江相通。宿郎堰在县东九十里，周九十七里，捍湖障江，广、德二村居民于内耕种，知府欧阳恂、方仕修）。**渠二**（古史在县万金村，古名后乡渠，又名石英渠，唐刺史温造知朗州，开此灌田。永秦在县北一十里，唐光宅中，刺史胡处立开此通漕，且为火备。西北二十七里有北塔堰，刺史李琏增修，引注白马湖及生渠之水，又名润禾堰）。

桃源县，延汉水（流入沅水，时有山水泛涨之害）。**溪二**（大敷、黄石俱与沅水合，水时骤涨，然旱则滨溪者便焉）。

龙阳县，白沙江（在县西）。**水四**（西、芷、沧浪、鼎口俱与大沧

（注六十四）、安乐（注六十五）等湖通，入洞庭，水泛则诸湖暴涨，常德水患惟龙阳为最）。**堤十一**（大围在县北，周回三万五千八百余丈，正统十一年，县丞王赋，成化十三年，知县周泰建。弘治十五年，大水冲决，知府李哗重修。正德间，大水民逋，都御史秦金招抚赈济，蠲免所负，委教谕杨丈升督修，民得复业。嘉靖初，水复作，堤坏，民被淹没，知府欧阳恂修。嘉靖五年，知府方仕重修。嘉靖十三年，复决，知县薛炳委官修筑八百余丈。萧公大在县东北十五里。小汎洲在县西二十五里。大汎洲在县西四十里。灰步、李公在县北二十五里，俱正德十二年修。嘉靖十三年，大水，俱决，知县薛炳重修。南城在县东南半里。河洪在县西一里。陡门在县西三里。股堤在县东南五里。新堤在县西五里）。**障二**（南港在县北四十里，内水湮二座，正德十二年修。保安在县北五十里，内有水墩二座）。

沅江县，沅水（逆行会鼎水，入于湖。水起合涨于诸湖，亦为民病）。**堤一**（西湖在县西半里，成化初，本府通判徐璟修筑，知县金路重修）。

辰州府

《水经》云，延江水又东南至武陵酉阳县，入于酉水，酉水东南至沅陵县，入于沅。

沅陵县，北江（自酉阳施、汉诸水入沅水，山水涨，合于江，滨江者受害矣）。**水三**（沅、辰、施、黔俱入沅水）。

卢溪县，卢江（又名卢水）。**水一**（高岩水（注六十六），自岩穴中出流，与镇流合，入卢水）。

辰溪县，溪五（辰、洞水，水自大酉洞中出，经邑前而下。桑、助、嵩）。**潭一**（龙（注六十七），其深叵测，有龙居之）。**涧一**（注六十八）（龙门，涧深流长）。

溆浦县，双龙江（水泛则县前及滨江者罹害）。**洞二**（锁子在卢峰山西北向。对马在泽山之西南。二洞有水流出，俱足灌田）。**山溪一**（注六十九）（桃溪，水出卢峰山麓，可资灌溉）。**潭一**（注七十）（卢深在县西五里瓮溪洲，尾以桔槔，引水灌田者十数余家）。

沅州，㵲水（自镇远下流于沅水，州与黔阳俱有山水泛涨之害）。

黔阳县，黔水（县前入沅水）。**溪六**（小龙、大龙、稔禾、洪江、砂、雷腾）。

麻阳县，锦水（县前入沅江，江水起，此水亦为泛涨）。

长沙府

《水经》云，澧水又东至长沙，下隽县西北，东入于江。沅水又东至长沙，下隽县西北，入于江。资水又东北过益阳县北，又东与沅水合于湖中，东北入于江也，东北过湘南县县南，又东北至临湘县西南，东入于湘。湘水又东北过阴山县西，洣水从东南来注之，又北过醴陵县西，漉水从东注之，又北过临湘县西，浏水从县西北流注之，又北过罗县西，涢水从东来流注之。漓水出阳海山（注：南与沩水合，出西邵陵县界，而东南流至零陵县西）。

长沙县，湘水（环城而下，潇、蒸、沅之之水入，会众流以达于洞庭）。**水四**（穿、漏、浏阳、沩，浏阳水出大围山，溉田数万亩，泛则与罗水合并为害）。

善化县，湘江（县境）。**堤二**（梅在岳麓咏归桥畔，有梅森然。柳在岳麓书院路口，逼近江堧）。

湘潭县，涓水（至本县龙口东入湘）。

湘阴县，汨罗江（源出豫章，流经县，分二水：一南流曰汨，一经古罗城曰罗水，至屈潭复合）。**湖二**（东湖，受拨水入江。青草，傍有叠石，水落则见山足，水溢则与洞庭混为大壑矣）。

宁乡县，玉潭江（三水合流，环县而东至新康口，汇入湘江。按长沙地故卑湿，众水所就，故横溢为祸，潭之州县皆然也）。**湖一**（东沧，周十里）（注七十一）。**坝一**（段江陂石，在县西六十里）。**泉二**（观音在县东（注七十二），不待车戽，其水下流之田，自循定则，以次灌注，因名为不争田。三停（注七十三），岁旱则居民壅其下流以灌田畴，复名好塘坝）。

醴陵县，渌江（至江口入于湘）。**泉一**（注七十四）（醴泉，灌田可千顷）。

浏阳县，龙津水（泛则合浏水为害）。**岩一**（古风，溪水内出，可以灌田）（注七十五）。

益阳县，资江（过沅江入洞庭）。**堤五**（蔡家在县东五里，甘溪在县东十五里，沙头在县东三十里，蓝溪在县南二十里，羊角在县东三十里）。

湘乡县，涟水（水至县南，汇而为潭，又东过石潭而入于湘江）。**水八**（丰溪、捲簾、竹洞、温湄、清波、鸭桥、尧塘、侧水）。

攸县，灌田江（注七十六）（夏旱引以灌田）。**水三**（攸、洣、银坑俱合流至茶陵江口）。

安化县，资江（水经县出益阳，入洞庭）。

茶陵州，东江（自酃县来，雨淫则泛涨，害且及于攸矣）。**水一**（饶水，可灌田）（注七十七）。

宝庆府

《水经》云，资水出零陵都梁县路山，东北过夫夷县，东北过邵陵县之北。

邵阳县，水二（资、邵，合流经新化、益阳，入洞庭，而滨江水势险恶，为害可虑也）。

城步县，江二（蒋江，县南一里。青溪，县北二十里）。泉一（龙，其水清洌，冬夏不竭）。

新化县，资川（合资、邵、都梁、夫夷，经县下入洞庭，泛则此川为害，尤甚于四水也）。坝四（百社在县西南，滩头在县西南，连溪在县东南，温江在县北）。

武冈州，水二（都梁泮，与都梁水合，水泛则州之南与滨水者均受害矣）。坝一（官陂在州南百步余，旱甚引水灌溉，相传下有神符云）。

新宁县，夫夷川（出全州，过此至邵阳，会资水）。

衡州府

《水经》云，湘水又东北过酃县西，承水从东南来注之。钟水出桂阳南平县都山北，过其县东。耒水又西北过耒阳县之东，又北过酃县东，北入于湘。溱水出桂阳临武县南，绕城西北屈东流。

衡阳县，湘水（至县东北流，入长沙界。又有水曰蒸，东流经县界，北会于湘。二水时苦泛溢）。

衡山县，湘水（湘江泛溢，受害与衡阳等）。

耒阳县，耒水（出桂阳之耒山，至耒口入湘。又有水，一曰浔，水泛俱为害，而大陂市则赖江水以灌溉）。

常宁县，江三（一东，一西，一北，水周城外，泛溢所当预防矣）。

安仁县，江四（排山、滩头、油波、浦阳俱与永乐江合，故江涨之害为甚）。

酃县，洣水（水发则茶陵、洣江大涨，下入攸县）。

桂阳州，水十（舂、岿、潭流、湖屯、黄田滩、马迹、流渡、湟、桐梁、沙溪俱经州境，山水突发，俱足为患）。

临武县，石江（又赤水江，俱与武溪合，江涨则滨江者害将不免）。水三（高安，长江北流出水尾，合桂阳舂水入于湘。华阴西流出蓝山，合舜水，时苦泛溢）。

蓝山县，水十（津、英溪、蒙溪、岿、龙溪、干溪、蓝溪、楼溪、廖溪、东楼，诸水泛涨，亦可虞也）。

永州府

《水经》云，湘水出零陵始安县阳海山，东北过零陵县东，又东北过泉陵县西。深水西北过零陵营道县南，又西北过营浦县南，又西北过泉陵县，西北七里至燕室邪，入于湘。

零陵县，湘江（出兴安阳海山，流至湘口，与潇水合。春夏江涨，为害颇大）。水三（潇、贤、永俱合湘水。按：召信臣为零陵太守时，行视郡中水泉，开通沟渎，起水门，广灌溉，民获其利。作均水约束，刻石田畔，以防纷争）。

祁阳县，江四（清、三、北河、小东，清江与北河合，俱入潇、湘）。塘一（梅塘在县北七十里，其水冬温夏寒，会湘江东注）。

东安县，芦洪江（流出江口入湘）。水一（祐，出恭和中乡，东流入清溪，合流入永。湘水时泛溢）。

道州，水四（营、泡、龙遥、下洑俱与沲水合。龙洑与宜水合，泛则滨水者受害）。

宁远县，舜水（与沲、潇二水合流入湘。又曰春流，经蓝山入湘。山水起，则二水俱涨，为害殊甚）。

江华县，水四（沲会潇水入江。砯与沲合。泰。折俱与冬冷水合）。

郴州

《水经》云，钟水与灌水合（注：灌水即桂水也）。又北过魏宁县之东，又东北入于湘。耒水出桂阳郴县南山，又北过其县之西，又北过便县之西。

州，水二（三川泉，通陂堰，至秀水，分三派。寒溪，入郴水。俱利灌田）。湖一（北湖，水流七里入郴，田受溉焉）。泉一（温泉（注七十九），下流数十亩田，常十二月下种，明年三月谷熟，年可三登）。

永兴县，水二（四十二渡，源出干溪，上流四十五里，灌田。长安源出郁凤山，西流七里，灌田三十顷）。

宜章县，水二（宝云山，深十丈余，可以灌田。平禾，一派自漕田出，灌田；一派自将军庙一汇）。湖一（仰天在县北十里黄岑山东，旷平无山阜，山有涌泉，停蓄周围三十里，其水夏月极冷，可以灌田）。岩一（艮岩，中有泉，遇旱祷祈，其应如响，泉左右流出灌田）。

兴宁县，资江（至旧县横流，合泸渡。其水清沉流邃，滨江者实利灌溉）。

桂阳县，水六（东坑、孤山、屋岭、耒、淇江、蓬塘俱入江注湘，春夏时有泛涨之患）。

桂东县，水二（郴江源出黄岑北，沿清骡下流，会耒水及白豹水，入湘江。牙江源出五盖山，至此灌田八十顷。按周璟为郴州太守，郡接南海，自暴亭至曲江，水势险迅，行旅号咷。璟开六泷以合真水，泄其势，郡人便之）。

靖州

《水经》云，沅水出牂牁且兰县，为旁沟水，又东至镡城县，为沅。

州，渠河（环城会于郎江，滨河者每厮水灌溉）。堤一（江东，永济、天顺间，都御史吴琛属知州蒋淇修治。河东有田数百顷，淇乃召民相土，得楠木湾可潴水，乃措白金三镒，佣民筑坝，通渠引水，以资灌溉）。

会同县，江四（洪、郎、沅、文溪，沅与郎合，而文溪入洪。然洪江受渠河、潭溪、郎江，流及沅州。若水众流会于此，水泛则此江之害为大）。水一（若有两源，远来会于若水，同入洪江）。

通道县，罗蒙江（源有三，又芙蓉江来自绥宁）。

绥宁县，小洪江（县西门外）溪三（茶、大金、大冻）。

施州卫　水二（朝贡、铁沟俱入清江）。溪一（九渡，至都亭里入清江。居民引其水溉田，可数千顷）。

附 注

注一：常宁东五十里为白沙堡，南三十里为黄茅堡（旗军一千一百五十名、民壮一百二十名）。东南六十里大凹山有永安营。界接桂阳，连石灰山、六子凹、泗竹山、石羊坑等处。其山谷深林密，别无坦途，惟谷口有路，上通衡头、阳隔洲、白沙堡等处，横过天堂，则抵烟竹湖、梅埠桥而直出回龙市，即宁桂通衢，中间四十里杳绝人烟，多系临、蓝无赖之徒，倚坑盗锡，啸聚劫掠。正德年间，设营防御，后废弛。其址在山径，离回龙市窎远，设遇有警，势难接应。万历二十年复建于谷口三分之处，去孔道隔数十丈，营与市烟火相望，拨常宁所千户一员领军防御。

注二：属桂阳县。

注三：属桂阳县。

注四：桂东、西六十里。

注五：二门俱在西。

注六：县东三里。

注七：县北。

注八：成公堤自鱼山水驿起，至簰洲下夹口止。

注九：疑即通城之陆水。

注十：东十七里。

注十一：县前河在县西南下流，至景陵蒿台湖，入汉江。

注十二：县南十五里。

注十三：县西五十里。

注十四：东南十里。

注十五：东南三十里。

注十六：南三十里。

注十七：一作衕。

注十八：南四十五里。

注十九：南五十里。

注二十：南六十里。

注二十一：西北隅。

注二十二：东南二十里。

注二十三：县东。

注二十四：东五里。

注二十五：县西。

注二十六：州西。

注二十七：一作恭。

注二十八：州西。

注二十九：北一百十里。

注三十：一作圣。

注三十一：西八十三里。

注三十二：大洪山下。

注三十三：州西南。

注三十四：东五十里。

注三十五：东三里。

注三十六：东三十里。

注三十七：西四十里。

注三十八：西南三十里。

注三十九：西门。

注四十：高沙湖在县西北七里。

注四十一：一名公安门。

注四十二：东南十里。

注四十三：西南四十八里。

注四十四：一作坪址。

注四十五: 南四十余里。

注四十六: 西十里。

注四十七: 北三十里。

注四十八: 县北。

注四十九:《县志》起自县东五里。

注五十: 县北五十里。

注五十一: 笕水口在县西北八十里, 南流入沮水。

注五十二:《府志》无李公, 而有九龙、即北湟岸。南津县南。

注五十三:《府志》止载其五, 有黄封、县河之滨。安公、明公。并安津湖侧。

注五十四: 东南十里。

注五十五: 西北二百五十里。

注五十六: 西北三百五十里。

注五十七: 南十五里。

注五十八: 西北三十五里。

注五十九: 三浯泉在县西北六十里三浯山下, 泉列三眼, 中有龙洞, 一日三潮水, 涌出高二三尺, 流至通济铺前, 溉田甚博。

注六十: 县南五里南门山下。

注六十一: 五里河在县东五里, 至县前与天河合流, 入南门, 会汉水。

注六十二: 西北八十里娘娘山。

注六十三: 西门。

注六十四: 东十五里。

注六十五: 南八十里。

注六十六：高崖水在县西四百五十里。

注六十七：东一里。

注六十八：西五十里麻阳界上。

注六十九：西南八里。

注七十：县西。

注七十一：西南五里。

注七十二：七十里。

注七十三：在县东八十里，瀑流经八十里入湘。

注七十四：西五里。

注七十五：东五十里。

注七十六：东九十里。

注七十七：东十二里。

注七十八：寒溪水在州西二十里，源出坦山，北流入郴。春夏尤冷。

注七十九：温泉在州北二十里，平地涌出如汤，东流合郴水。

注八十：南三里。

湖广备录下

沔阳童承叙《河防志》(注一)

凡水在上流者，江、汉最大，其流俱至云梦而合，地洼水潴，故为巨泽。当尧之时，洪水横流，禹治水荆州，导汉过三澨，至于大别；导江过九江，至于东陵；沱、潜既道，然后云土梦作乂，《传》言水落而土见，可耕治也。《周官·职方氏》：荆州之薮曰云梦。汉司马相如赋《子虚》，称楚有七泽，云梦其一，泽方九百里。此皆作乂之余。至周迄汉，犹为薮泽。杜预曰：云梦跨江南北。郭璞曰：安陆、枝江，俱有云梦城。胡三省曰：云梦甚广，后世悉为邑居聚落，则易薮泽为坟壤矣。盖汉最浊。《汉书》云：河水一石而六斗泥。泾水一石，其泥数斗。汉水之泥，亦不啻是。每与江湖水合，其滓必澄，故常填淤，而沮泽之区，因成沃野。南宋张兴世居临沔水，门前忽生洲屿，大数十顷，是一证也。惟江清不易淤。然《荆州记》：江陵初有九十九洲，后其洲满百，则江亦有时而淤。盖所谓土作乂者，其由来者久矣。

故沔居泽中，土惟涂泥，而竟陵、云杜，颇多高卬之田，民渐芟剔，垦为阡陌。然江溢则没东南，汉溢则没西北，江、汉并溢，则洞庭、沔湖汇为巨壑，虽尧横流之时，禹未导之日，不是过也。故民田必因地高下，修堤防障之，大者轮广数十里，小者十余里，谓之曰垸，如是百余区。其不可堤者，悉弃为莱芜，莱芜之地，常多于垸。汉贾让曰：内黄界中有泽，方数十里，环之有堤，民起庐舍其中。东郡白马、黎阳，故大堤皆数重，民居其间，其制颇与垸同。盖自汉已然矣。

汉唐以来，沔堤修废，无所于考。五代时，高季兴节度荆南，筑堤以障汉水，自荆门、绿麻出至潜江，延亘百三十里，因名高氏堤。而江堤亦自监利东接汉阳，长百数十里，不知何时所筑，名长官堤。沔皆赖焉。宋乾道七年，湖北漕臣李焘请修江陵、潜江里社、虎渡二堤，诏明年修筑。绍兴二十八年，监察御史都民望言江陵东沿江北岸古堤，名曰黄潭。建炎间，邑官开决，引江水为险阻以御盗。既而夏潦涨溢，荆去复州千余里，皆被其害。近因民诉始塞之。乞令县官随方修补，从之。元季沔乘兵燹之后，人物凋谢，土地荒秽。明兴，江、汉既平，民稍垦田修堤，是时法禁明白，人力齐壹，堤防坚厚，湖河深广，又垸少地广，水至即漫衍，有所停泄。贾让所谓“大川无防，小水得入，陂障卑下，以为汙泽”，使秋水多“得有所休息，左右游波，宽缓而不迫”是也。故自洪武迄成化初，水患颇宁。

其后佃民估客，日益萃聚，闲田隙土，易于购致，稍稍垦辟，岁月浸久，因攘为业。又湖田未尝税亩，或田连数十里而租不数斛，客民利之，多濒河为堤以自固，家富力强，则又增修之。民田税多徭重，丁口单寡，其堤坏者多不能复修。虽垸必有长以统丁夫，主修葺，然法久弊滋，修或不以时，故土未坚实，丁夫或非其数，故工尚卤莽。夫垸益多，水益迫，客堤益高，主堤益卑，故水至不得宽缓，湍怒迅激，势必冲啮，主堤先受其害。由是言之，客非惟侵利，且贻之害也。然大水骤至，泛滥汹涌，主客之垸皆为波涛，虽曰主害，亦非客便也。故《汉书》曰：左堤强，则右堤伤，左右俱强，则下方伤。其谓此欤？贾让曰：堤防之作，近起战国，壅防百川以自利。齐与赵、魏以河为竟，赵、魏濒山，齐地卑下，作堤去河二十五里。河水东抵齐堤，则西泛赵、魏，赵、魏亦为堤，去河二十五里。虽非其正，水尚有所游荡，时至而去，则填淤肥美，民耕田之。或久无害，稍筑室宅，遂成聚落。时至漂没，则更起堤防以自救，稍去其城郭，排水泽而居，湛溺自其宜也。其事颇类于沔。

成化甲午、弘治庚申，水大涨，正德丙子，复涨，丁丑如之，皆乘舟入城市。堤防悉沉于渊，民浅者为栈，深者为巢，飘风剧雨，长波巨涛，烟火断绝，哀号相闻，湛溺死者动以千数，不特漂没田庐而已。此则民救死而不免也，何有于堤防哉？故沔民之敝，始于成化，极于正德，疮痍至今未之复也。

江出岷山，其源实自西戎万山，来至嘉州，而沫水自雋州合大渡河，穿夷界千山以会之，至叙州而马湖江会之，又十五里而南广江会之，至泸州而内江又自资简会之，至重庆而嘉陵江自利、阆、果、合等州会之，至涪州而黔江合南夷诸水会之，至万县而开江水自开、达等州会之，夫然后总而入峡。是江自峡而西，受大水凡八。及出峡而下岳阳，则会之者洞庭湖所受湖南北诸水也；又自是而下鄂渚，则会之者汉口所受兴、元诸水也；又自是而下黄州东四十里，则会之者巴河也；又自是而下九江，则会之者彭蠡（今名鄱阳湖），所受江东西诸郡水也，又自是而下，则会之者皖水所受淮西诸水也。夫然后总而入海。是以自峡而东，又受大水凡五。略计天下之水会于江者，居天下之半，其名称之大而可考者凡十有三，故曰江源其出如瓮，而能滔滔万里达海，所受者众也。

《三江总会堤防考略》

按湖广境连八省，凡秦关、巴蜀、中原、贵竹、岭右诸水俱注之，导为三江，潴为七泽，即《禹贡》江、汉、九江、沱、潜、云梦之故区也。江发岷山，抵巴东，入荆壤，流至岳阳，与洞庭水合，其受决害者，惟荆州一郡为甚。汉发嶓冢，抵上津，入郧地，流至汉阳，与大江水合，其受决害者，郧、襄、承、汉四郡，而襄、承为尤甚。九江是沅、渐、元、辰、叙、酉、澧、资、湘诸水合流入洞庭湖，沿汇入百里，经岳阳楼西南，出湖口，与江流合，其受决害者，常武、岳阳二郡也。三水总会于武昌，其江身始阔，直注而东，以故武昌、蕲、黄之境，若无大水害。大较堤防多在襄、承、常、武、荆、岳间，盖古七泽正地也。汉唐以来，代苦水患，至宋为荆南留屯之计，多将湖渚开垦田亩，复沿江筑堤以御水，故七泽受水之地渐湮，三江流水之道渐狭而溢，其所筑之堤防亦渐溃塌。迨我国家二百年来，水或时汜，堤或间决，惟嘉靖三十九年庚申岁，三江水汜异常，沿江诸郡县荡没殆尽，旧堤防存者十无二三。而后来有司虽建议修筑，然旋筑旋崩，盖民私其力而财用赢诎之势异也。

《州江堤防考略》

江陵城地东南倾，故缘以金堤，自灵溪始，桓温令陈遵造。

遵善于防攻，使人打鼓，远听之，知地势高下，依傍创筑，略无差失。

江陵东北七十里有废田，傍汉古堤，坏决凡二处，每夏为浸溢。唐贞元八年，节度使嗣曹王皋始命塞之，得其下良田五千顷，亩收一钟；又规江南废州为庐舍，架为二桥。

宋乾道七年十月，湖北漕臣李焘修江陵、潜江县里社、虎渡二堤。

张孝祥知荆南兼荆湖北路安抚使，筑寸金堤以免水患。

宋汪烨倅江陵郡，郡有三海八柜，恃为险固，豪右据以为田。烨力复之，又筑寸金堤以捍江，政绩甚伟。

按《禹贡》："岷山导江，东别为沱，又东至于澧，过九江，至于东陵，东迤北会为汇，东为中江，入于海。"今澧州、巴陵，正澧与九江、东陵故地也。江水方出三峡口，如建瓴势，夏秋一涨，顷刻千里。然溯夷陵而上，山阜夹岸，势不能溢；嘉鱼而下，江面浩阔，顺流直注，中间郡县，两岸俱平衍下隰，水易漫流。但江当江陵、公安、石首、监利、华容间，自西而北而东而南，势多迂回；至岳阳，自西南复转东北，迸流而下，故决害多在荆州夹江南北诸县。县各沿岸为堤，南岸自松滋至城陵矶，堤凡长亘六百余里；北岸自当阳至茅埠，堤凡长亘七百余里，咫尺不坚，千里为壑。且决口四通湖泊，盗贼窜伏其间，江陵之龙湾市，监利之分监所，公安、石首、澧州、安乡之四水口，嘉鱼之簰洲、东江脑，俱为盗贼薮。盖以堤防不修，则津渡散漫，盗可四出故也。自元大德间，决公安竹林港，又决石首陈瓮港，守土官每议筑堤，竟无成绩，始为开穴口之计。按江陵路旧有九穴十三口，其所可开者，惟郝穴、赤剥、杨林、采穴、调弦、小岳六处，余皆湮塞。迨我国朝，六穴复湮其五，故堤防不时泛决，然未甚也。惟嘉靖三十九年决后，殆无虚岁，而荆、岳之间，几为巨泽矣。

《荆州府堤考略》

江水之患，全在荆州一郡。夹岸南北凡六县，北岸则江陵、监利，堤凡四万九千余丈；南岸则枝江、松滋、公安、石首，堤凡五万四千余丈。嘉靖庚申岁，洪水决堤，无虑数十处，而极为要害者，枝江之百里洲，松滋之朝英口，江陵之虎渡、黄潭镇，公安之瑶头铺、艾家堰，石首之藕池诸堤，冲塌深广，最难为力者也。每岁有司随筑随决，讫无成功。至四十五年十月，知府赵贤估议请筑，务期坚厚。自丙寅历戊辰，凡三冬，六县堤稍就绪，始立堤甲法：每千丈，堤老一人；五百丈，堤长一人；百丈，堤甲一人、夫十人。江陵北岸总共堤长六十六人，松滋、公安、石首南岸总共堤长七十七人，监利东西岸总共堤长八十人。夏秋守御，冬春修补，岁以为常。然荆州郡治滨江，郡西上六十里有万城堤，在当阳、江陵之界，嘉靖十一年一决，直冲郡西，城不浸者三版；十二年，有司挽筑，更筑李家埠重堤护之；三十九年，又决，此堤乃郡治之大要害也。当阳县有司每以害及江陵，漫不加意，近日尽属江陵修理，始得无虞。

《枝江县堤考略》

按志：江流至此地分派，如木之有枝，故以名县。县东至江陵，南至松滋，西北至宜都，周围广三百八里，县治颇依高阜，向无堤防。惟县东南有百里洲，延袤百里，南有芦洲、澌洲、洋洲、滗洲，皆夹生大江之内者。故北自百里洲、杨林洲、赛砖滩、蒋斗湾、窑子口，至流店驿，复转北自董滩口、土台、古城脑而下，至嚾嘴滩、流店湖，又自嚾嘴滩而南，转至澌、洋洲、观音寺，直抵松滋朱家埠，对岸皆有堤，举其最要害者，莫过于古城脑、蒋斗湾二处，系通洲上流，一决则势若建瓴，莫能捍御。又洲内军民杂处，互相规避，故堤工视他县尤难。

《松滋县堤考略》

按县地势平衍，三峡之水迸流至此，始得展荡，势若枥马脱缰，随性奔逸，最难防御。而本县又当公安、石首诸县之上流，江堤一决，正冲诸县胸腹而下，其形势尤为要害。县东五里有古堤，自堤首桥抵江陵之古墙铺，长亘八十余里，且旧有采穴一口，可杀水势。宋元时故道湮塞。迨国朝洪武二十八年决后，时或间决。自嘉靖三十九年以后，决无虚岁，下诸县甚苦之。较堤要害，惟余家潭（注二）之七里庙、何家洲之朝英口、古墙之曹珊口为大，其余五通庙（注三）、胡思堰、清水坑、马黄冈等堤，凡十有九处，中多獾窝蚁穴，水易浸塌。

《江陵县堤考略》

按县沙市正古江陵地，陵阜自荆门西北来二百里临江，正扼水冲，南有虎渡穴口，分流入洞庭，北有章卜、郝穴二口，杀流出汉口，而谭子湖、洪水渊、三湖等处俱为湖渚蓄水地。故赵宋以前，无大水患。迄元以来，沙市高陵半崩入江，章穴口复湮。逮我国朝嘉靖十一年，决万城堤，水绕城西，决沙市之上堤而南。二十一年后，又以浮议筑塞郝穴口，诸湖渚又多浅淤。三十九年，一遭巨浸，各堤防荡洗殆尽。四十五年后，有司稍稍修复，然不如古堤之坚矣。

《公安县堤考略》

按县东西广一百三十里，南北袤一百一十里，地皆平旷。县治旧在柴林街，因避三穴桥水患，移至江皋，势若原陇。宋端平三年，孟珙筑堤防以御水，有赵公堤在县东，斗湖堤在县南，油河堤在县西北，仓堤在县东北，横堤在布政分司后，世传为五堤云。至元大德七年，行林港堤大溃，自是堤不时决。迨国朝修筑沿江一带堤塍，西北接江陵上灌洋，东南接石首新开堤，堤凡万有二千五百余丈。其间雷胜旻湾、瑶头铺、艾家堰、竹林寺、二圣寺、江池湖、狭堤渊、沙堤铺、新渊堤、郭家渊、施家渊诸堤更为要害。成化五年，决施家渊；弘治年间，决狭堤渊；正德十一年，决郭家渊；嘉靖十一年，决江池湖；三十五年，决新渊堤；三十九年，决沙堤铺；四十年，决深渊堤；四十四年，决大湖渊及雷胜旻湾；四十五年，崩洗竹林寺；隆庆元年，崩洗二圣寺；二年，决艾家堰。水患殆无虚岁。县境内有军湖、贵湖、纪湖、重湖、大金、洋溪诸湖，惟大金一湖，通虎渡枝河，江涨湖溢，毛、穗诸里军民常苦之。

《石首县堤考略》

按县东西广三百八十里，南北袤一百里，俱夹江南北，而县治一面滨江，势复下隰。自元大德七年，决陈瓮港堤，萨德弥实挽筑，再筑黄金、白杨二堤护之。不一岁，陈瓮再决，赵通议始开杨林、宋穴、调弦、小岳四穴，水势以杀。迨我国朝，四穴故道俱湮，堤防渐颓。嘉靖元年，决双剅垸；三十四年，冲洗戴家垸；三十五年，决车公脑；四十五年，决藕池。顷年始修南岸，自公安沙堤至调弦口，堤凡四千一百余丈；北岸自江陵洪水渊至监利金果寺，堤凡千有余丈。其间杨林、瓦子湾、藕池、袁家、长剅，尤为要害。

《监利县堤考略》

按县东至沔阳，西至江陵，南至华容，北至潜江，周遭四百五十里，正江湖汇注之地，势甚污下，乡民皆各自筑垸以居。而县治临江，有一枝河流贯城中，岁苦水患。元大德间，赵通议开赤剥穴，江流以杀。迨我国朝初，此穴已湮，乃筑大兴、赤射、新兴等二十余垸；成化间，又修筑黄师庙、龙潭、鼍渊等一带诸堤；嘉靖十八年，筑塞十八湾河，又塞祝家垱，其垱随决；至四十四年，堤决黄师庙、李家埠、何家垱、文家垸、金沙湖诸堤，而大兴垸亦大溃，尝一修筑，自龙窝岭至白螺矶，凡二百六十余里。顷年江势南啮，而水患渐消矣。

《汉江堤防考略》

张柬之罢政事，愿还襄州，乃授襄州刺史。会汉水涨啮城郭，柬之因垒为堤，以遏湍怒，阖境赖之。

王起为山南东道节度使，地滨汉江，塘堰联属，吏弗完治。起至部，修复与民，著为水令，凶年有赖。

李仲芳知光化军，汉水暴至，作石堤以御之，民赖其利。

卢钧判户部。会昌元年，汉水害襄阳，拜钧山南东道节度，筑堤六千步以障汉暴。明年春，堤成。

乾道八年，荆南守臣叶衡请筑襄阳沿江大堤。

赵延进为襄州总管，筑堤捍水，易甃以石，民多赖之。胡烈守襄阳，筑堤捍水，百姓歌之。

庆元庚申，赵郧守汉阳，修筑高作陂堤，于堤首尾置青龙、水济二闸，分层级以杀怒湍。

陈桷，绍兴三年，出知襄阳府，汉水漂荡室庐，修筑堤岸，赖以无误。

按《禹贡》："嶓冢导漾，东流为汉，又东为沧浪之水，过三澨，至于大别，南入于江。"今考《汉江图》，西自汉中流至汉阳大别山，出汉口，与江水合，即汉水故道也。水多泥沙，自古迁徙不常，但均阳以上，山阜夹岸，江身甚狭不能溢；襄、樊以下，景陵以上，原隰平旷，故多迁徙；潜、沔之间，大半汇为湖渚，复合流至乾镇驿中分，一由张池口出汉川，一由行筒河出刘家隔。以故先年承、襄一带，虽迁徙而无大患者，由湖渚为之壑，三流为之泻也。正德以来，潜、沔湖渚渐淤为平陆，上流日以壅滞。嘉靖初年，承天石城故道改徙沿山湾。二十六年，决荆门沙洋镇。三十九年，决红庙堤。四十五年，决襄阳老龙堤。宜城故道改徙鸨潼新河，而竹筒河复湮浅十余里，下流又日以涩沮。故迩来水患，多在荆、襄、承天、潜、沔间矣。

《郧阳府堤考略》

按郧阳郡西北控扼秦、豫，东南接连荆、襄，四面皆叠山峻岭，属邑半依山城，独郡治孤立川原之间，正当水冲。故上津、竹山诸县，虽临汉滨，不必堤防，其水患只在郡治，而御水又以城为堤，自古无大决害。至嘉靖四十五年九月九日，冲决东南门外土堤，城半崩塌，民多漂没。

《襄阳府堤考略》

考襄阳古有大堤曲，是堤防之设，自商周已然矣。汉寿亭侯决水灌樊城，是汉水为襄、樊患，最切要害。我朝水流故道，不溢为灾，故大堤渐塌，民多侵为己业，而有司并无筑堤虑。嘉靖四十五年，洪水四溢，郡治各州县城俱溃，民漂流以数万计。郡西老龙堤一决，直冲城南而东，故郡治之患为尤甚。副使金巨龙、秦淦、徐学谟先后条议估修，逾二年，工成。

《襄阳县堤考略》

按县堤防，全在襄、樊二城间。盖二城并峙汉水中流如峡口，且唐白河从北来横截汉流，以故波涛激射，城堤为患。按古大堤，西自万山，经澶溪、土门、白龙池、东津渡，绕城北老龙堤，复至万山之麓，周遭四十余里。年久堤溃，而龙池、东津一带，又多浮沙。国初修截堤一道，自长门至土门，今半颓塌。至嘉靖四十五年，老龙堤一决，余皆洗尽。顷年并力修筑，北自老龙堤至长门，皆沿城甃石，高凡三丈许；南自万山麓至土门，则仍古大堤；东南自土门至长门，则仍旧截堤，高凡二丈许，厚凡五丈许。樊城北旧有土堤皆决，面江一带砖城尽溃，然樊城溃，则襄城无恙，其利害之轻重，又不可不审者也。

《宜城县堤考略》

按县东至枣阳，南至安陆，西至南漳，北至襄阳，只一面踞山，三面临江。江故道绕龙凤山而下，去城二十余里，旧有使风、龙潭二港，接大江流灌入城壕，然未闻为城患也。迨嘉靖四十五年九月，江溢，直冲迎水洲而下，改徙鸨潼河，新洪逼城五里许，又由使风、龙潭二港，冲洗南北城楼，自此水涨径撼城堤，殆无虚岁。近议筑使风、龙潭二港，父老皆谓港口不塞，城堤终难保障也。

《承天府堤考略》

按江故道逼近郡治石城而下。嘉靖初年，徙新洪，绕沿山湾东，去城弥远，水患日甚。考其故，在丰乐，则旧有九龙滩、龙抗港、桐木岭、金花、熨斗等湖之分泄；至石城，则旧有城北湖池河、殷家等河之注蓄，今皆淤平，军民官庄，争垦为业，而下流竹筒河复淤，下滞上汜，固一郡水患之原也。属邑大半滨江，而受害甚者，北岸则钟祥、京山、景陵之红庙，南岸则荆门、潜江、沔阳之沙洋也。

《钟祥县堤考略》

按县自石城而上至丰乐驿，凡二百二十余里，旧无堤塍，每水泛涨，西岸则漫至沿山冈，东岸则漫过池河等湖，亦薄长冈而止，盖以湖为壑，以冈为堤也。自石城而下，由蔡家桥、板桥湾、上下流涟、马公洲、小河口以达于南河，迂回三百余里，土人总名之曰红庙堤，最为要害。然尝考之，蔡家桥旧有口，通二圣套入湖，杀汉势；又有流涟、金港二口，通枝河，达赤马、野猪等湖，由青树湾入军台港，大分汉流，以故堤得无虞。今半湮塞，不可复疏。嘉靖二十八年以来，诸堤尽决，有司屡议屡辍，盖由官庄及荆州右卫与景陵、京山三县军民杂处其间，互相推托，而格议挠法者，则官庄之佃民为尤甚云。

《京山县堤考略》

按县治依山为城，其境土半系高阜，自古无水患，但下里有一面逼近汉江北岸，上则接连钟祥及荆州右卫，并官庄等处诸堤，下则有小河、南河、紫金潭、拖船埠等处，直抵景陵界，地势下隰。自嘉靖三十年来，钟祥、官庄、右卫之堤一决，遂冲入本县拖船埠等六十余处，连岁屡筑决，讫无成功。盖本县堤防与钟祥、景陵、官庄、右卫诸堤相为唇齿，一处不坚，势难独保也。

《景陵县堤考略》

按县治低洼，围绕四汊、竹台等湖，即《禹贡》三澨故地也。汉水至此分流，一由黑流渡经张池、竹筒二河，分入汉川、刘家隔者为正流；一由小河口经渔新河、巾台河、牛角湾，出风门者为枝流。二流会合，经涢口、蔡店，并出汉口，此水故道也。嘉靖二十六年以来，四汊等湖半淤浅平，而竹筒河、牛角湾二处水道中湮，故县治长苦水患。其最要害者，青山颈、林里泽、急走湾、上下洲河，直冲县治，抵杨林垸，灌海堰，则一邑皆为水壑矣。又有塔儿湾决口在潜江，而景陵实当其害，俱可虑也。

《荆门州堤考略》

按州堤防要害，全在沙洋镇一带。夫此镇控荆门、江陵、监利、潜江、沔阳五州县之上流，汉水自芦麻口直冲沙洋，北岸旧有堤，接连青泥湖、新城镇，由沈家湾至白鹤寺，不刹脑至潜江界，凡二十余里，惟沙洋堤势独宽厚，军民廛居其上。嘉靖二十六年，堤决，汉水直趋江陵龙湾市而下，分为枝流者九，以此五州县岁遭淹没。二十八年，承天有司官修筑，议多异同，乃不塞旧决口而退让二百余步，中挽一堤，反成水囊，北浪一入，势难东回，其堤不一岁再决。旧江身渐狭，南北相对止二十余丈，决口东西相对约三百余丈，反为正派，几不可复障而东矣。隆庆元年春，始议承天、荆州二府修筑，至二年秋八月告成。北岸自河家嘴至南岸新堤头，长凡四百七十七丈五尺余，阔凡二四丈许，高凡五丈许，当堤心铸二铁牛镇之。此堤一成，淤沙日积，势可永久。但此堤与红庙对岸，红庙居民，每遇水涨，多有欲盗决此堤以泄水者，故盗决河防之禁，尤不可少弛也。

《潜江县堤考略》

按《尔雅》云，水自汉出为潜。潜江之得名以此。宋乾德间，县治在道隆乡，后患水，迁之斗堤，即今县治也，周广七百二十八里，皆为重湖地，民多各自为垸。故南则淘湖、牛埠，北则太平、马猖，西则白洑、咸林，东则荷湖、黄汉等，凡百余垸，俱环堤而居。五季时，筑花封、高氏等堤。至国初，修筑各垸堤塍，又有潭子湖、四港、甘心口各枝河分杀水势。嘉靖三十九年，诸堤半决，而枝河更多湮塞，民甚苦之。隆庆二年春，尝兴工修筑，然有马家垸一决口在景陵，而潜江实受其害，此又所当预图者。

《沔阳州堤考略》

按州旧以富饶称，盖以地当江、汉之间，最多湖渠，民便鱼鲜利；又因湖渚环堤为垸，而业耕其间，诚乐土也。自五代时，高季兴节度荆南，筑堤以障汉水，自荆门绿麻山至潜江，延亘百三十里，因名高氏堤。而江堤亦自监利东接汉阳，长百数十里，名长官堤。沔皆赖焉。迨我国朝，堤防渐溃。至成化甲午、弘治庚申，水大涨。正德丙子，复涨。丁丑，如之。皆乘舟入城市，溺死者动以千数。其后都御史秦金、布政使周季凤以江水常决监利之车木堤，汉水常决潜江之班家堤，俱修之，其丈以千百计，然未能高坚，水至即崩。嘉靖甲申，知州储洵疏陈堤防利害于朝，事下抚巡举行。按察副使刘士元复建议龙渊而下，凡九区，为要冲，宜先治，益以沧浪而下，凡五区。于是龙渊、花坟、牛埠、竹林、西流、平放、水洪、茅埠、玉沙濒江者为堤，统万有余丈，大小朱家冈子、沧浪、南池濒汉者为堤，统几万丈。丙戌夏月，汉水连溢，而沔赖以完。至庚寅，汉水决拖船埠，西湖水溢，沔之西北遂为巨浸。顷江堤自西流窝直抵玉沙堤，凡二万六千二百余丈，其决口数百处，故州民岁苦水患。有司屡议修筑，竟以钱粮无措而寝。

《汉川县堤考略》

按县东至汉阳，南至沔阳，西至景陵，北至云梦，正当汉江下流，故有长湖、横湖、观湖、龙车、小松等湖以蓄水，又有城北南湖、鱼湖、蓼湖、西岗、水洪等垸以御水。且汉江至此分流，一由张池口经县治，一由竹筒河出刘家隔，二水复合流出汉口，故无大水患。嘉靖三十九年，汉水大溢，各垸堤俱溃，而竹筒河中塞十五里许，其张池口江身又复浅狭，以故水多壅滞于钟祥、景陵间，而刘家隔之估舶不得通于汉川，民亦病之。顷年查勘，上自河口，中经排子口，至东湖流水口，大约淤塞一千三百一十二丈。上河口地势稍低，不便受水，改从沙台寺前，去旧口约数十丈许；中排子口至东湖流水口，旧河身甚曲，新改直势以顺水性，约直二百丈零；下口叫子台出风门，又半淤，计二百丈余。抚院刘公悫奏留赎锾一万余两，募夫开浚，亲临阅工，乘流下上，河势大通。自春二月兴工，至三月告成。

《汉阳县堤考略》

按县旧有襄阳口，在汉口北岸十里许，即古汉水正道。汉水从黄金口入排沙口，东北转折，环抱牯牛洲，至鹅公口，又西南转北，至郭师口，对岸曰襄阳口，约长四十里，然后下汉口。成化初，忽于排沙口下、郭师口上，直通一道，约长十里，汉水径从此下，而古道遂淤。且汉口虽为汉水泻流之地，但为江水汹涌，横截其口，流不能泄，复逆折而上，故太白、新滩、马影、蒲潭、沌口、刀环等湖易以泛溢，而春夏水涨，郡治常苦浸没之患。其障御全藉大别一山，故从来未设堤防。

《九江堤防考略》

岳阳门西下瞰洞庭，每夏秋风涛漱齿城趾。又岳为荆、潭、黔、蜀四会之冲，舟之往来湖中者无所寓泊，宋守滕宗谅筑偃虹堤于金鹗之右，远迩蒙利。

巴陵白荆堤，宋庆历间完筑。

临湘赵公堤，元泰定间，县尹赵宪筑。

按《禹贡》："九江孔殷。"谓沅、渐、元、辰、叙、酉、澧、资、湘九水会合，汇为洞庭一湖是也。今以国朝郡县志考之，辰、常、衡、永、枝河会流于洞庭者，无虑数十水，而其会众流而注之湖，则有三焉：曰沅江、湘江、澧江而已。沅发自牂牁，经辰溪，合麻阳诸溪洞水，过常武，出湖之北；湘发自广西兴安海阳山，至分水岭，分为二派，一为漓水，一为湘水，至永州合潇水、汨罗，过长沙，出湖之南；澧发自武陵古充县，东流过武水口，合焦溪、茹溪诸水，经慈利、石门，至澧州，出湖之西；而渐、元、辰、叙、酉、资共合流而汇为洞庭，以为之壑，故沅、辰、衡、永、长沙得免水患。惟常武当沅江之下流，岳阳当江、湖之会合，故岁遭浸溺，而堤防之设，最宜急图者也。

《常德府堤考略》

按郡治与武陵、龙阳二县，地皆滨江，自古苦水患。南朝齐永明十六年，沅、靖诸水暴涨，至常德，没城五尺。宋淳熙十六年，没城一丈五尺，漂民庐舍。后唐同光初，沈如常砌二石柜御水，以保障城垣，至今赖焉。元延祐六年，郡监哈册于府学前又砌石柜一座，高二丈余，而水势以杀。迨国朝嘉靖元年，大水决堤防；十二年，江涨几破城垣；三十九年以来，岁遭淹没。顷年修筑郡治沿江一带及武陵、龙阳二县槐花、宿郎堰、大围等堤，民始有宁宇。

《武陵县堤考略》

按县临江多设堤防，故郡城清平门外有槐花堤，又有花猫堤，县西十五里有南湖堤，又西三十里有皂角堤。嘉靖十三年俱决，知县钟銮重修。县西自南湖至河，有赵家堤，又东九十里有宿郎堰堤，周回九十七里一百一十步，广、德二村民居之，俱知府欧阳恂、方仕先后修成。三十九年以来，诸堤复决，知府叶应春估勘，大修宿郎堰堤，修决口一十二处，计长二千二十余丈；槐花、佛子、南湖等堤，修决口二十四处，计长一千九十余丈。其宿郎堰又有水墩二座，以便蓄泄，曰上墩，曰下墩，各长九尺，高六尺，阔五尺。

《龙阳县堤考略》

按县北有大围堤，周回三万五千八百余丈，有孔家、车轮等墩五座；又北二十五里有李八堤，周回二千八百余丈，内有水墩二座；又北四十里有南港障，周回五千七百五十余丈，内有水墩二座；又北五十里有保障，周回三千五百三十余丈，水墩一座；县西一里有河洪堤；三里有堤门堤，又西二十五里有小汎洲堤，周回四十丈，内有业塘墩二座；又西四十里有大汎洲堤，周回一千八百六十余丈，内有江西、金钗等墩四座；县东十五里有肃公大堤；又灰步堤，周回三千一百余丈，内有范阳墩一座；县南五里有新堤，东南半里有南城堤，五里有股堤，诸堤并设，故居民得倚以耕种。正德十二年，灰步、南港障堤浸塌，重修。嘉靖十三年，决大、小汎洲及肃公、李八等堤，俱知县薛炳重修。三十九年，诸堤复溃。四十四年，知府叶应春估议大修大围堤，修决口二十处，长凡四千五十余丈；南港障堤修决口四处，长凡一千一十余丈；大、小汎洲堤修决口一十一处，长凡二千三十余丈。其大围堤又修木墩五座，以便蓄泄，曰车轮墩，曰孔家墩，曰沽湖墩，曰伍家墩，曰姚家墩，各长一十二丈，各高七尺，各阔六尺。

《岳州府堤考略》

按郡治城西岳阳楼一带，正临洞庭湖，春夏水涨，波涛撼城，势甚可虑，宋守滕宗谅筑偃虹一堤障之。迨国初，堤渐崩洗，城渐退缩，近年移城于冈阜。至嘉靖三十九年以后，冈阜半摧，而悬城孤危，岳阳楼亦将颓塌。知府李时渐雇募夫役，取办砖石，缮修城垣，自岳阳楼而南，凡二百六十余丈，城下筑土堤以障水。其属邑临湖，常苦水患者有四：安乡、华容、巴陵、临湘也。但安乡四面皆水，势难设堤；临湘半依山城，犹可捍御；巴陵堤防，只在江北诸里；惟华容四十八垸之堤，最为要害。

《巴陵县堤考略》

按县正当洞庭湖沿汇之地，故有枫桥、白石等湖，又有南津、乾沙等港，湖水一泛，半没田庐，然东南诸里，尚倚山阜。其最要害者，江南则有永济一堤，自演武厅至城陵矶，系知府李镜创筑；江北则有固城垸堤，与监利接境。嘉靖三十九年，诸堤俱决。隆庆元年，知府李时渐、知县李之珍修筑。

《华容县堤考略》

按县北临川江，南筑洞庭，中有斗子、澌城、褚塘、苏池等，凡十有三湖。南北水涨，殆无遗土，非环土为垸，则居民不能以旦夕安也。故南则有上路、木城、官垸等垸，北则有伍田、涛湖、安津等垸，西则有白梅、龚湖、蔡田等垸，东则有章华、黄蓬、纸方等垸，大小凡四十八垸。嘉靖三十九年，江湖水溢，诸垸堤尽溃，势难尽筑。其垸大最为要害者，惟官垸、涛湖、安津、蔡田四垸，各周回四十余里，本县钱粮，半出其内。

《修筑堤防总考略》

近年深山穷谷，石陵沙阜，莫不芟辟耕耨，然地脉既疏，则沙砾易崩，故每雨则山谷泥沙，尽入江流，而江身之浅涩，诸湖之湮平，职此故也。今可尽心力以捍民患，惟修筑堤防一事，是故备考古人营度之法，而参以土俗布置之宜，可经久而通行者，盖有十焉：一曰审水势。东洗者必西淤，下涩者必上涌，筑堤者审其势而为之址，而最难御者，莫如直冲之势。议者退为曲防，故荆州虎渡、穴口之堤，先年愈退愈决，而近日直逼江口以遏水冲，乃得无恙。他如顺注之倾涯，则堤势宜迂；急湍之回沙，则堤势宜峻。二曰察土宜。一遇决口，必掘浮泥见根土，乃筑堤基；其所加挽者，必用黄白壤。三曰挽月堤。洗在东涯，则沙回而西；淤在南塍，则波漩而北。故往往古堤反抱江流者，为水所啮，即临倾涯之上，势甚孤悬，必先勘要害之地，而预筑重护之堤。四曰塞穴隙。獾属蝼蚁窠穴，秋冬水涸，偏察孔端，极抵而填塞之；春夏水涨，巡视堤内有水浸透者，即探其原而为之防。五曰坚杵筑。木杵不如石樗，石樗不如牛轹。六曰卷土埽。塞决口为上，护成堤次之。法：埽以萑苇为衣，以杨柳枝为筋，以黄壤为心，以谷草为绋纚，因决口之深浅，水势之缓急，而为长短大小者也。若堤方初成，土尚未实，必以杨柳枝为埽，横栖于堤外，则可御波涛而堤无恙。七曰植杨柳。八曰培草鳞。九曰用石甃。当冲放之要处，若非石堤，必不能回水怒而障狂澜。十曰立排桩。将大木长丈余，密排植于堤之左右，聊以绋纚，结以竹苇，故风浪可及排桩，而堤得恃以不伤也。

《护守堤防总考略》

决堤之故有三：有堤甚坚厚，而立势稍低，漫水一寸，即流开水道而决者；有堤形颇峻，而横势稍薄，涌水撼激，即冲开水门而决者；有堤虽高厚，而中势不坚，浸水渐透，即平穿水隙而决者。要皆修筑既疏，而防守复怠，故坐致此患耳。故防范护守之计，条议有四：一曰立堤甲。每千丈佥一堤老，每五百丈佥一堤长，每百丈佥一堤甲，凡堤夫十人。一应堤防事宜，官司责成于堤老，堤老责成于堤甲，堤甲率领堤夫守之。而有垸处所，亦设有垸长、垸夫，其法与堤甲同。仍不论军屯、官庄、王府，凡受利者，各自分堤若干丈，凡守堤者，各自派夫若干人，一有疏虞，罪难他诿。二曰豁重役。凡堤老、堤长、堤甲及垸长、垸甲人役，各复其身，每遇审编，即与除豁别差，则彼得一意于堤防。三曰置铺舍。查照漕河事例，于堤上创置铺舍三间，令堤长、人役守之，则往来栖止，不患无所，而防护事务，亦庶几不至妨误矣。四曰严禁令。凡有奸徒盗决，故决江、汉堤防者，即照依河南、山东事例发遣，揭示通衢，以警偷俗。

《开穴口总考略》

穴口所以分大江之流，必下流有所注之壑，中流有所经之道，然后上流可以分江澜而杀其势。楚有三大水，惟川江独据中流，故穴口在南者，以澧江为所经道，以洞庭为所注壑；在北者，以潜、沔为所经道，以汉口为所泻地，故川江独有穴口。然古有九穴十三口，江水分流于穴口，穴口注流于湖渚，湖渚泄流于枝河，枝河泻入于江海，此古穴所以并开者，势也。今日生齿渐盛，耕牧渐繁，湖渚渐平，枝河渐湮，穴口故道，皆为廛舍畎亩，他如章卜等穴故道，无复旧迹矣，此今穴口所以多塞者，亦势也。虎渡流注澧江，同入洞庭，江南之溪水俱注之；郝穴流出汉口，与大江复合，而江北之溪水俱注之。众水会合，则流行不绝；注泻有壑，则水道不壅，此二穴所以独存也。盖穴口之枝流多湮，则江水之正流易泛，将来浸决之患，其可免乎？故荆南以开古穴口为上策，此固溯源探本之论也。然近年郝穴筑塞其口，今岁议开旧口，必先将枝堤修筑就绪，然后开水门以受江流，方无东西泛溢之患。是穴口之有故道者，尚且开浚之难，况故道湮没者乎？元大德间，曾开六穴，郝穴、赤剥、杨林、采穴、调弦、卜岳之故道并开矣。今只存郝穴，而他皆不可识焉，此果人谋之疏略耶？抑地脉水势之靡常故尔耶？此所以知开穴之难，亦抑势有所不可行也。然荆南人犹幸虎渡、郝穴可以分大江南北之势，但二穴枝河，中多淤塞者，使复湮如诸穴，则荆南昏垫，可忍言哉！

《浚淤河总考略》

汉水迁徙，湮塞为灾。议者曰：上流之迁徙，其害小；下流之湮塞，其害大。故襄、承之防水，惟以修筑堤防为上策，而其迁徙之势，非人力所能为也。若竹筒一河，上接汉流，下通汉口，真如咽喉，不可一日或塞者。且查勘水道，惟中淤十五里，而其淤平绝流者，又只七里许，今日治水急务，其必以浚此河为先乎？近行承、汉二府有司官募夫开浚故河，已通流矣。但溪水之泥沙，迸至竹筒河下口，遇刘家隔河水一涨，则沙回而淤，随淤随浚，自可无目前大梗之患也。

《总论略》

今日欲济民艰，莫急于防水患；欲防水患，莫急于修决堤，浚淤河，开穴口。至欲为千百年经久之谋，其首务盖有二焉：一曰明职掌以便责成，二曰处钱粮以裕工料而已。近日九原设有水利专管者，专一管理堤防事务，不许别委以妨职事；其未设有专官地方，亦议委该府佐贰官一员总理，该州县佐贰官一员分理，故迩来水利官各知用命以求自效。但堤防有不时之费，而钱粮无额设之储，水利官虽欲求尽其职，而工料不敷，终难措手，此议处钱粮，尤为堤防之首务也。

论曰：自大禹治水后，则《周官·稻人》，贾让三策，儒者至今谈之。余蒿目楚疆，为之咨询，乃知时异事异，其迹或不能尽沿，要在观变度宜，善体其法用之，即禹功可冀也。夫鸿蒙肇辟，中国之水，皆冒而陆浮，禹始治而纳之地中。其法有五：坚则凿之，盛则酾之，浅则瀹之，大则决之，急则排之。而其要则有二：曰经，曰纬。夫汉之南入，江之北汇，兹非《禹贡》所列为楚大经者乎？然汉则东为沧浪，过三澨，乃至大别；江则东别为沱，至于澧，过九江，至东陵，乃迤北而汇焉，随地注泻，使游波宽缓，不相激薄，何其纬之有绪也！经纬既备，水为安流，故总谓之导，言顺其道行之尔。平成既久，民多滨水为居，或填筑而业之，故潜、沔之间，所谓沧浪、句亶诸澨，皆大不容刀，甚或至不可辨，而澧水与江，相去凡百余里。禹时之九江，犹受岷江之输，今九江自相经纬，潴为洞庭，且与江、汉敌大矣。故禹所患者，经不足以持纬，其治法后纬而先经；今所患者，纬不足以受经，其治法后经而先纬。此《周礼·稻人职》曰："稻人掌稼下地；以潴畜水，以防止水，以沟荡水，以遂均水，以列舍水，以浍写水。"说者谓虽主治泽田，而最得治水纬法。阡陌既变，故道湮没，智巧之士，始堤而障之。夫堤虽起于后世，然周之防，禹之排，实肇端焉。顾专事堤岸以捍冲流，则必有利有不利，惟审势度宜，坚为之堤以御水之经者，而又分注以漕，使有所游荡，股引取之，则经纬得其理，水奚从孽哉？贾让徒以当时缮堤，犹筑垣而居水，数逢其害，遂指为下策，盖有激乎其言之，非通论矣。至徙民当水冲者，不与争咫尺之地，而岁取治河费以业徙民，今议者犹称引以为上策。顾楚地方数千里，泽居之民，租赋半出其中，即如让策捐弃之，于国计不大耗损乎？假令民徙而水不止，业之将安穷也？暗于用矣。若乃就河堤，多穿漕渠，张水门，以分杀水怒，其中策几得之。闻诸长老言，江、汉之区，异时穴口无虑数十道，民环居堤上，水有所泄，岁不为患。顷以豪右规利，诸穴口日渐筑塞，故水患荐至。于是当事大臣采其议，为增修郡邑沿江、汉之堤，相故道，择其最急者，为开浚小河、陈洪、谢家、泗港诸口，以泄汉流；开浚郝穴、虎渡、采穴、新冲诸口，以散江涨，使民得堤为卫，不患昏垫矣。

湖广省志　辩疑部

郧国。《沔志》谓郧在景陵。《汉志》：景陵有郧乡。《水经注》：巾口，水西有竟陵大城，古郧国也。《通考》：郧在江夏云杜县东南，今安州。按《左传》杜预注：郧在江夏安陆县东南，有云梦城。郧子与楚同爵，地分东西。今德安，古安陆，故郧国在郢之东，而其属随州、应城、云梦又在景陵之东。郧子会随、蓼、六伐楚而筑蒲骚，今应城、郧、随、蓼、六皆在郢之东，而蒲骚在四国之中，其西与楚效郢邻。假令郧在景陵，然所伐在西，乃却走而东筑，欲何待耶？乃景陵，郧国城。盖楚灭郧子，封其臣为郧大夫，称近邑，故城北非郧子故国也。夫动、郧先后异书，当时固有间矣。

邓国。杜预谓："颖川召陵县西南有邓城。"孔颖达曰："贾、服以邓为国，言蔡、郑会于邓之国都，释例以此。颖川、邓城为蔡地，其邓国，则义阳邓县是也。以邓是小国，去蔡路远，蔡、郑不宜远会其都，且蔡、郑惧楚，始为此会，何当反求近楚小国而与之结援，故知非邓国也。”夫孔氏之言如此。《文献通考》：邓国在河南新野之颖州陵县，又为邓州，实申伯、邓侯二国之地。《一统志》亦以邓州为邓国。然襄阳府东北二十里有邓城，固春秋邓国地也。盖楚伐申过邓，是时楚都在今荆州，申在今信阳，楚由荆州抵信阳，其道必经襄阳。以是言之，邓为襄阳地，信矣。况鄾为邓南鄙，今鄾在襄阳，去邓不远，则邓亦襄阳也。惟邓州亦邓国地，因以邓名耳。

樊国。《国语》云，王以阳樊赐晋。注云，阳樊野王县，即今河内县，然考此县无樊国。《诗》注谓宣王命樊侯仲山甫筑城于齐，而尹吉甫作诗送之。岂山甫初封樊侯，宣王命之城齐，其后遂以阳樊名之欤？《诗》注又谓樊在东都畿内，今济源温县地。然考鲁庄公二十九年，樊皮叛王。杜注云，樊皮，周大夫，樊其采地，皮名。至三十年春，王命虢公讨樊皮。夏四月内辰，虢公入樊，执樊仲皮归于京师。彼《诗》注所谓东都畿内者，毋亦据此樊皮之樊，以为山甫所封之樊欤？乃山甫封国，故在襄阳尔。

云梦泽。云梦县南皆大泽，云梦泽自此始，故名之。《禹贡》云土梦作乂，本二泽。然二泽合称，其来已久，传记所指，合析不同。《周礼职方》薮曰云梦。《司马相如传》：楚有七泽，其小者名云梦，方八九百里，南有平原广泽，缘以大江。而班生志地云：华容、枝江若江夏之安陆，皆有云梦。裴骃云：孙叔敖激沮水，作此泽。张揖云：楚薮也，在南郡华容县。郭璞云：江夏安陆有云梦城，枝江亦有之，华容又有巴丘湖，俗云即古云梦泽。张揖云：在华容者，指此。《春秋文耀钩》云，大别以东，至富春、九江、衡山，皆云梦地。唐安审晖败唐兵于云梦泽中。史炤曰：云梦，泽名。祝穆曰：郧夫人弃子文于梦中，言梦不言云。楚子避吴入于云中，言云不言梦。二事皆在安陆，一以为云，一以为梦，凡此皆合称也。惟胡三省《辨误》：《禹贡》云梦，孔安国云在江南。《左传》：楚王以郑伯田江南之梦。《汉志》：云梦泽在华容南。沈立云：云即今王沙、监利、景陵等县，梦即今公安、石首、建宁等县。《汉阳志》云，云在江之北，梦在江之南。此则析而称之。按杜预云，云梦跨江南北。而蔡沉《书传》云，云梦方八九百里，跨江南北，华容、枝江、江夏、安陆皆其地。合而言之则一，别言之则二泽也。《禹贡》云，云土梦作乂，盖泽势有高卑，故水落辨迟速，人工有早晚尔。此说得之。

楚子城。旧志云，在随故光化县。楚子伐随，军于淮、汉之间，城此。按随南封百里，实古郧后。八年，郧与随及蓼、同伐楚，是其敌也。楚若由此伐随，必假道于郧，郧许之乎？庄王四年，楚伐随，除道梁溠以临随。溠偏西可通郢，楚地可由此入也。然曰军于淮、汉之间，淮在随北，而蓼又楚之敌，其必由唐、厉入乎？唐、厉在淮、汉之间，皆楚私属也。楚子城其光化之故城，或故安化之城未可知，必以为楚人之筑，妄矣。应山颜木《随志》。

黄国。颛顼之裔也。《左传》桓公八年：楚子合诸候于沈鹿，黄、随不会，使薳章让黄。而黄始见于经。则黄与随为邻。僖公二年：齐、宋、江、黄盟于贯。则黄又与江为邻。至十二年，黄人恃诸侯之睦于齐也，不共楚职，曰：自郢及我九百里，焉能害我？楚遂灭黄。杜预注云，黄国，弋阳县。按弋阳县，今河南光州也。而杜佑《通典》亦曰：光州，春秋时黄国也。而其于黄州则云：后为黄国之境。《文献通考》以此为据，而《一统志》因之，止据黄国之境之词，遂以黄州为黄国。而于光州注下乃云为弦、黄、蒋三国地。盖不复考之《春秋》，渐失其真矣。《楚纪》亦谓黄州为古黄国，且曰至黄冈，观黄子故墟，怪叹东坡《赤壁赋》略黄子，咏孟德，为未考。然于旧都所在，亦犹踵误焉。今考诸书，杜预去古未远，释经之初他无淆乱。杜佑以是宗之亦为有据。窃谓黄之邻随，邻江，正为黄冈、麻城之地，距荆州适九百里，又东坡《指掌图》亦复相同。则又黄州之治，信非古黄故国，而其四境则黄国所有之地也。

邾国。周初封邾于鲁，至列国灭之，徙封于黄。乃自杜佑而下，其说皆未深考。佑《通典》谓黄州，春秋时邾国地，且引《史记》云，黄帝之孙有陆终者，产六子，第五别为曹姓，历代不绝。至武王伐纣后，封其裔子挟于邾，为诸侯。又于兖州地，亦指其为邾国之境。而曰：邾国，陆终之子曹姓所封，今邹县也。今黄州亦邾国地，陆终之后所封。盖陆终有六子国为国也。测其意，盖以黄州为曹挟受封之地，而山东邹县之邾，反谓为陆终别子所封。然后陆终六子封魏，封韩，封彭，封邾，封楚，安得封邾独两授耶？《通典》去古未远，其讹已如此。其后《通考》遂本之。《一统志》知谓黄州、兖州并为邾国，而不知黄州之邾，固自兖州徙而来者也。《楚纪》又谓楚灭黄，徙邾君，然考春秋，楚灭黄在鲁僖公世，而楚宣王伐邾而徙之，则在战国之后，固非一时尔。

右俱《湖广省志·辨疑部》，有竟陵、云杜、环岳郡、义阳新市、黄岘关、石城、竟陵注各一条未及录，俱可备《沿革考》。

《承天府志》

山川

南国之纪，汉、沔章章著矣。域内东岸诸山，自二室、桐柏而来，盖中次七经之山也。西岸诸山，自荆山、景山而来，盖中次八经之山也。

汉东诸山随州之大洪山南十五里曰城子山，上有古城。又西南十里曰黄仙洞，又西南七十里曰白水岩。又西二十里曰盘石岭，有上盘石、中盘石、下盘石，言其石路盘回也。又西十五里曰龙爬山，又西北二十里曰纯德山，旧名松林山，今为二圣陵寝，钦定封号序于五镇之次。又西南十里曰天子冈，在纯德山左。又北三里曰九龙冈，又南曰子胥台。又南曰樠木山，楚武王庙在焉。冈横亘而西曰石城山，山左支曰从岵山，右支曰阳春台，对峙而南，回合相拱，如龙盘虎踞。龙飞旧邸，实宅其中。邸前隆起曰兰台，即楚王披襟当风处。今邸前时乘御天坊居其上，去汉江不百步而近。江自西北而南，而东，环绕迳前，曲屈而出，定为天险。盘石西南二十里曰清平山，岳怀王、常宁公主二墓在焉。又西南十里曰宝鹤山，郢靖王墓在焉。又西二十里曰瑜灵山，梁庄王墓在焉。龙爬山南十里曰丘公垱，善化公主墓在焉。大洪山西二十里曰界山，又六十五里曰花山，又西北四十里曰焦山（自城子至焦山，凡二十一山，并隶钟祥）。大洪山东南三十里曰太阳山，又东十里曰关山岭，富水出焉。又西南六十里曰金子山，潮水泉在焉。又南十里曰横岭，潮水迳焉。又东南八十里曰石人山，上有一石类人，因名。又东南六十里曰张良山，峰峦高峻，峭壁间有一横径，多马迹。又东十五里曰京源山。横山西北六十里曰聊屈山，一名卢屈山，臼水出焉。又南六十里曰潼泉山，又西南二十里曰磨石山，滏水出焉。潼泉山东南二十里曰仙女山，峭壁插天。又东南三十五里曰空山洞，又东北二十里曰惠亭山，西南五十里曰子陵山，中有严子陵读书台。又西南六十里曰宝香山，一名石人山。又东五十里曰火门山，一名天门山，唐陆羽庐于火门，即此（自大阳至火门，凡十六山，并隶京山）。火门山西南十五里曰青山。惠亭山东南七十里曰五华山，上有伏羲庙，旧有古风城。又西十五里曰龙穴山，傍有龙穴陂，因名，一名龙尾山。又西八十里曰白螺山，下有珍珠坡。又东南六十里曰巾戍山，晋元熙二年得铜钟七口于此（自青山至巾戍山，凡五山，并隶景陵）。

汉西诸山南漳之四望山南八十里曰石人山，入荆门界。又东六十里曰屏风山，绝顶平衍，中有两泉。又东四十里曰斑竹冈。石人山南三十里曰仙居山，又南百里曰西山。又东曰象山，一曰蒙山，两峦对起如蛾眉，旧名泉子山，山麓有蒙、惠二泉。又南三里曰虎牙关，孟子港水出焉。又南二十里曰卓刀石。又东南一百八十里曰内方山，在汉江上，即《禹贡》所谓内方也，一名章山。虎牙关东北四里曰东山，又东北三十里曰灵鹫山，有穴曰龙洞，深五里，石台甚高。又东北四十里曰三尖山。西山东五里曰太子冈，元文宗自潜邸归，即位，尝住此冈（屏风、三尖、太子冈、内方山并隶钟祥，余隶荆门）。远安县之鬼谷洞山与当阳接壤，沮水迳焉。又南五十里曰玉泉山，下有玉泉、珍珠泉出焉。又西南九十里曰紫盖山，《寰宇记》：紫盖有南、北二山，顶上四垂若繖状，林石皆绀色；下出彩水，甘馨异常；上有丹井，下有古寺。沱水迳其西。又沮水北三十里曰铁人谷。又西南四十里曰张飞山，东有长坂，曹操追昭烈，张飞拒后，即此。又南十五里曰金龙潭山。又南二十五里曰玉阳山，邑名玉阳，盖取诸此。又东南二十五里曰许由山，又南五十里曰圆台山，又东南六十里曰绿林山，即王莽末起兵处（玉泉至绿林，凡九山，并隶当阳）。江之乌林矶北一里曰黄蓬山，又东二里曰香山（二山并隶沔阳。）

汉江按《水经》，沔水自武都至乐城称沔，度口至姚方称汉，襄阳至沙羡又称沔，其实一水也。今郢城上溯宜城，下至，沔阳东岸迳钟祥、京山、景陵三县，西岸迳钟、荆、潜、沔四州县境。沔水迳故鄀县南入境，今荆门界汉江北有县故基。南岸有石崖，俗名石梁山，山上有台，即《水经》所谓“南临沔津；津南有石山，上有古烽火台。县北有大城，楚昭王为吴所迫，自纪郢徙都”者也，丰乐河注之。又南迳石城，即郡城。又南十里为涮马滩，南与臼水合，东南流迳内方山东，又东会权口，即古之权国也。东南与阳口合，迳古云杜县东，夏水从西来注之。又东迳左桑，又东合区亮水口，又东得合驿口，又东谓之横桑，又东谓之郑潭，又东得断沔，又东与力口合，出境至汉阳入于江。

汉东诸水敖水源出黄仙洞西南流，合枝水注于沔，实曰敖，即今直河。按《水经注》：敖在新市县东北，又大阳山西，南流迳新市北，又西南而右合枝水。今溯其源非是，岂郦氏亦传之误与？丰乐河原出大洪山西北，流迳盘石岭，灌田甚广，民赖以丰。枝水出横岭西北流，迳古鄀县界，西南迳秋城西南，左注敖水。龙鹜湖在府城南三十里，水溢达于沔。青泥池在樠木山下，《三国志》乐进与关将军相拒青泥山（敖水至此，并隶钟祥）。臼水源出聊屈山，合澨水，注于沔。楚昭王奔随，济于成臼，即此。澨水源出磨石山下，纳新市仙女洞泉、潼泉，迳景陵县界，入于汉。《禹贡》过三澨。平坝河在县东北百二十里，源出大阳山，东流为杨家河，迳汉阳界入汉。富水河在县东九十里，源出关王岭，东流为三汊河，石板河注之，迳应城县界入汉。汉江北十里水溢而汇曰泗水，即泗汊湖（臼水至此，并隶京山）。汉水自京山小河口分流，迳青山东南，至三汊河，巾水来注之，俗名石家河，源出青山，南流与小河合。《水经注》：巾水出竟陵县东一百九十里，西迳巾城，城下置巾水戍。西有古竟陵大城，古郧国地，郧公辛所治，所谓郧乡矣。昔白起拔郢，东至竟陵，即此也。今有巾港市，岂即其处欤？又迳景陵前曰羲河，迳杨林口，亦名杨水，至便河口复入于汉。《水经》：杨水纳巾吐柘。柘今未详所在。汉水自牛蹄口分流曰车湘港，至横林口，复入于汉。溾水，即城隍台河，经新阳县南，县治云杜，胡城分，云杜立。溾水又东，又东南流注霄城县南大湖，又南入于沔水。是曰力口。回河，亦名会河，本京山县前河，东流迳五华山皂角市，出牙儿口，注于汉。柳家河源出龙穴山，入风波湖，迳杨林口入汉。县东、西、南俱有湖（巾水至此，并隶景陵）。

汉西诸水权水源出西蒙诸山，迳太子冈，会流为曹将军港，迳内方山东南流，迳古权国城，东南有那口城，又东入于沔。阳水一名建水，今名建阳河，又名大曹河水，本龙坡合白中、昏官三湖水，迳大阳垴入于汉，谓之阳口，一名中夏口。南宋元嘉中，通路自湖下注阳水以广运漕。《水经注》以汉东杨水即为此水，误矣。直江源出白家山，南流长湖，会谷后港，入潜江界平塘湖，达三湖以合沔水。白龙潭在灵鹫山下，深长五里，流迳朱家埠、浰河口入于汉。东五里曰曹将军港，即权水，唐曹全政、刘巨容尝败黄巢于此。孟子港源出虎牙关，迳建阳驿，入三湖，唐孟浩然尝往来于此。蒙泉、惠泉源出象山，分为二派，后名其北曰蒙，南曰惠。宋知州彭乘为三沼，共延至竹陂河入汉，民引以灌田（权水隶钟祥，阳水以下，并隶荆门）。沮水源出房陵县，过远安县，与漳水合流，俗名河溶，通沱水，至枝江县入于江。漳水源出漳县，南迳当阳，与沮水合流入江。《左传》“江、汉、睢、漳，楚之望也。”即此。沱水分自大江，迳当阳、枝江交界，会于潜。《禹贡》“岷山导江，东别为沱，”即此。河溶有金沙滩，其地多流沙，烨烨如金。绿林山水流迳圆台山南，汇为熨斗陂，郡守吴猎常遏走马湖、熨斗陂之水，西北至李公匮以陷戎马（沮水至此，并隶当阳）。潜水即汉水分流，始入曰芦洑河，迳县界，东南流为上新口、下新口，入沔阳界；又自排沙渡东流为深江，入沔阳界；南流为恩江，十里许，复与潜合，县令敖钺所开。沱水乃江水自郝穴口溢入，东北迳三湖、芝江湖，至县南二里为马市潭，潭北五里有沱埠渊（二水并隶潜江）。潜水一自潜江县排沙渡至深江，入州西北界，迳刭河、范溉关、栗林、麻港、南湾至黄荆口，入下帐湖，东会于白湖。又自范溉南播于刘家渡，入三江口；又自栗林口播于蒋家湾，迳莲台，趋大口，合黄荆口水。一自上新口迳鲇鱼套、白汊口，一自下新口迳伯口至柳口，折而为漕河，俱达三江口，合流迳沧浪，即《禹贡》所名，屈原逢渔父处，又迳候埠关趋于白湖。又自柳口东播于菱蒿汀，至直步，夏水从西来注之，迳螺子渎、渣潭，东北趋大阳脑，入于襄河。又自渣潭东南迳小阳、张家池、坝港入阳名湖，汇于白湖，出沌口入江。江水自巴陵迳白螺山南，又迳乌林南，东过茅埠口，又东过竹林湾，又东过新滩、水洪二口，又东北过沌口，东流与汉水合。夏水今名长夏河，《水经注》：即睹口，为中夏水。《舆地广记》：夏水入沔，谓之睹口，冬竭夏流，故曰夏水。自监利入，东为大马长川，过沙口，又东北过柴林河，至直步，与汉水合。复车河江自茅埠灌蓬湖，湖东为河，迳牛埠、三湾、平放，东出新滩口；又自三湾迳斗湖，至杨名，汇于白湖。州东有湖曰太白，一名九真白湖，众水所会，由沌口入江（潜水至此，并隶沔阳）。

附考水道

郢中自石城而上，百二十里为丰乐河。河之左，分支三十里自龙港出（今塞），又五里曰九龙滩，再分播为龙爬港，经土门之烂泥诸河，一出桐木岭东岸（今塞），一出金花滩（今塞），一出熨斗湖（故道尚存），西渡则为花山湖。江之东，山落平陆，走三十余里滨汉而止，其西撞钟山在焉。汉水自襄、樊而下，至此又一冲要。熨斗湖而下为湖口（今塞），旧河深广与大河等（今废）。又其西为严山湖，严山之傍有港曰冷水，而不见其上流所自入。石城当其下，严山峙其上，水道迅急，素无堤防，旁带陂湖，渐加湮塞（此以上考汉水之上流者）。

水自石城以下，委而为三，西岸支分三十里出流港，此元人侵宋荡舟处（今上口湮塞）。又五里自塘港出杨家港，凡二十五里（故道尚存）。山曰龙尾，尽处为石牌，汉水至此，西逼石牌，东逼官庄大堤，又一冲要。故柴湾之堤常毁，开流连口，则免此患。山南分支曰三汊港，不十里分为张长口，皆回薄西山，出马良口。三汊口为石牌居民所塞，张长口为冯家垸居民所塞，以致水势腾激，而高家脑之堤常毁。若开二口，可免此患。石矶西障是为小别，小别之东为茶园矶，南三十里为老口，二十里为六马口。南北二湖，实为水区。二口属小江湖，为湖内居民所塞，以致臼口以下之堤常毁（此以上考汉水之委于右者）。

石城南五里许曰二圣套，又五里曰蔡家桥，相传汉水由此分支。往时有堤亘其间（今毁），堤内之小灌千工坝、茶陂垸，历胖张岭而入赤马、野猪湖之白鹭湖。岐而东，汇于竹根荡，为东泉港；岐而西，入三汊港，下青鱼滩，历南港，由葱担沟会于赤马、军台港、长滩河（此段考蔡家桥之支水而遂及其委）。

由蔡桥至此，迂回凡二百余里。倘因其已决之势，导水中行，挑筑圩岸，以防水入害民耕稼；并山而东，多为陂塘以溉下田，则其利亦不细也。由蔡桥大河之滨三十里至流连口，近年被塞，大为民害。水东北分行，转而西南，抵三汊港，与蔡桥小会。又四十里至金港（近塞），水支分而北，而东，由青树湾入赤马、军台港、金港而下，三十里为小河口，水势到此渐杀。渡而西，再渡则下为沙洋之倒口（今筑）。大河东行绕多宝湾，此处地兼京山、景陵冲要。不五里为丁家河（今塞），又三十里曰泗港，泗港之内曰泗汊湖，周亘数百里，旧可容水，诸大姓塞之矣。又三十里曰张济港（今塞），又二十里曰黑流渡（今塞），又九十里曰干滩镇。汉水自小河支分，由景陵县治以下，西入便河，复出此，与大河会。少下则田儿河，为承天府属之南界河，岐而东为葫芦湾，凡一百二十里，入风门；岐而西南二十里为张池口，入五湖、团洲；又东岐四十里曰小李滩，为竹筒河上口（旧湮塞），水转西南，入鸡公洲、丽水洪，今虽开复，渐淤矣。是为汉川之西北界（此以上考汉水之委于左者）。

由沙洋倒口，沿河东行一百二十里，汉别为潜。又六十里西分入狮子河若行筒河（淤塞），舟行多由此。再分入小堤口，迤南为仙桃嘴，狮河之水亦会于此。小堤口迤东，即干滩镇，遇水涸时，大舟不行（此汉委之接沙洋倒口者）。

小河之内，行六十里曰南河，蔡桥、流连口、金港口之水皆从此出。盖自蔡桥至此，迂回几三百里，往时之水，安得而不缩？再六十里至青山，水来自东，遇水顿止。从此历景陵县治，水环如带。盖由小河口出鸭儿口，与竹筒河会，凡三百里（此汉委之入于景陵者）。

京固山邑，然土田滨汉江者，厥害惟均。沱、潜出于江、汉，使江、汉之水并溢，则为害滋甚。乃家自为垸，以冀一岁之获，岂长策耶？荆门自沙洋之堤一筑，而荆南岁蒙其惠，郢北成沮洳矣，所谓以邻国为壑者，非耶？夫江、汉、沮、漳，楚之望也。自杜预凿开阳口，其水达巴陵，而沮、漳合流，是为新步，通南江，至荆南为沙津。沔之湖大者数百里，小者不啻数十里，其诸污潦不与焉。长波巨浸，渺渺相望，何其夥也。然其北多在景陵，李老为大；其西多属监利，西湖为大；其南黄蓬为大，其东太白为大，诸湖皆逶迤入太白。故沔，众水之汇也；太白，沔水之汇也。故沔之水，潴于太白，泄于沌口，地之势然也。景之水患，无岁无之，盖潜、沔等耳。

《禹贡》（注四） 三澨之水，一云在沔阳，一云在京山，而景陵有三参水，又有三汊水，云是三澨，俱无的。据蔡沈注，则磨石山发源者为澨。盖源出仙女洞，发为司马河，傍有司马墓，故名。又南迳蒲圻寺，又南为夏洋港，迳杨家洚，合长滩旧水，注小河，此一澨也。据《京山志》，谓马溪河为澨。盖马溪河发源赵横寺黑龙洞，回而东流，南迳马头山，又东南为官桥河，又东为马溪河，此一澨也。据《沔阳志》，则石家河为澨。盖石家河发源空山洞如意寺甘家冲，为双河口，为雷公潭，迳白土苑，又东南为石家河，而以石家为巾，马溪为杨水，以澄水泾龙陂迳郢之道，其言甚核，此又一澨也。

宋石才孺《郢州土风考古记》

按班固《汉书·地理志》：秦置南郡，县十有八，曰江陵、宜城，曰若，曰郢。释之者曰：江陵，故楚都；宜城，故鄢；若作鄀，楚别邑，故郢。又按《史记·楚世家》：芈氏居丹阳，在南郡枝江县。文王始都郢，平王城郢，昭王徙鄀，襄王徙陈，考烈王徙寿春，曰郢。繇是言之，楚之都邑可想见也。后世不博考熟究，异口同辞，以今郢州为郢都，流俗信之。尝观楚成王使斗宜申为商公，沿汉溯江，将入郢，王在渚宫下见之。夫沿汉而下，溯江而上，则郢在江上而不在汉上，沈括存中盖尝论之矣。今江陵实有渚宫，而县之北有纪南城。楚武王伐随，卒于樠木之下，今郢州东门外山，旧名樠木山，上有楚武王庙，则武王自丹阳出师至此而卒，岂后世见武王卒于此，因以为郢都邪？此又不然矣。虽然，释汉史者曰故郢，而郢为州，为富水郡，或废，或置，见《唐书·地理志》，谓之郢，不无说焉。楚屈瑕将盟贰、轸，郧人军于蒲骚。莫敖患之，斗廉曰："君次于郊郢以御四邑，我以锐师宵加于郧，若败郧师，四邑必离。"已而败郧于蒲骚。夫郊郢者，讵非郢州乎？昔蒲骚，今应城也，距郢州甚迩。楚师之出，斗廉之败，莫敖之次郊郢，以师行道里推之，一宿为舍，再宿为信，过信为次，则知正在郢州也。

龙飞殿即旧承运殿，在郡城正中，后为穿殿，又后为启运殿，殿前为左右廊，而东西亦各有回廊；正南门曰龙飞，左为东顺，右为西顺；又南为丽正门，门之外左为鼓楼，右为钟楼；又南为重明门。是为外朝之制。

卿云宫即旧前寝宫，在启运殿之北，前为卿云门；门内东出为日升，西出为月恒，后为穿殿。

凤翔宫即旧后寝宫，在卿云宫之北，后为凤翔门；由凤翔而北为弘载门，门内东为关雎门，西为麟趾门；周垣之内为六所，六所之外为连房，为盐库等房。是为内宫之制。

隆庆殿即旧家庙，在正殿之东，安二圣神主于其中。后以穆宗年号，礼官议上改为庆源殿，命守备内臣以四孟及朔望致祭。四孟如太庙之仪，朔望如奉先殿之仪，乐舞用八佾，旧用九十六人，今五十四人。

纯一殿即旧书堂，在龙飞殿之东。初献皇别号纯一道人，又岁时祷祀，必致斋于此，故以为名。

中正斋在卿云门之西，上在潜邸时，讲学于此。

泰禋殿在东北，嘉靖十九年，上以旧邸世子府未备，乃命补建，定以今名。殿之前为门曰泰禋门，殿后为永配殿，左门曰保和，右门曰太和，又后为宫。宫之前殿曰受命御极之殿，后殿曰青霄殿；宫前门曰启祚，后门曰福宁。外有库楼连房，其西通于隆庆殿，曰光熙门。山川社稷坛在邸内之西南。若銮驾库、御马房、广充库、广充仓，典宝、典膳、典服三所俱在邸内。

邸之四门：南曰丽正，东曰春晖，西曰秋朗，北曰弘载。

邸之外，其南门曰重明，前为御沟桥，桥南为坊。扁之南向者，中曰时乘御天，左曰云行，右曰两施；其北向者，中曰龙潜旧邸，左曰圣作，右曰物睹。坊前碑亭二：左为恩诏文碑，右为圣谕文碑。坊后东西各为一坊：左曰从岵街，右曰阳春街。若郡城之南门楼，其规制与京师埒，匾曰："显亲达孝"，上大狩时从顾璘之请，故特表题之。

从岵山在旧邸外东南，不甚高，上多茂树，可以憩望。献皇国事之暇，尝登之，因制《汉江赋》。嘉靖十年，命建碑亭，勒赋于石。

阳春台在旧邸外西南，盖取宋玉辞以名之。台高数丈，俯瞰汉江，烟云竹树，郁丽可爱，郡中胜观也。献皇尝率侍臣登之，因制《北望》诗，既而作《阳春台赋》以自儆，遂不复登焉。嘉靖十年，命建碑亭，勒诗赋于石。

《承天府志》

户口

《周礼》大司徒掌人民之数，以佐王安扰邦国，而夫家之众寡，则乡师、遂人各以其岁时校而登稽焉，欲知其存亡多寡之实而为之施政也。承天，盖古郢地，负山带湖，一郡生产，不当江东一大邑。自肃皇龙飞以来，注念枌榆，生养休息，四方繦负日至，百姓盖殷殷庶矣。但频年积荒，困于供亿，而土著之民，贫者或逋窜、转徙、物故，而司籍莫为损削；殷富之民，诚大且众矣，其间桀黠者，率贿胥吏而漏其籍，使所编浮于所登，是使国版不足凭而赋役无由均也。况在沮洳之乡，淤水成腴，而浮食奇民，操其重资，乘急贳贷，腾踊其息，积重累困，夺居民之业，并其身而有之，故丁壮盈室，而藉口客丁，免于编列。夫已擅地利，长子孙矣，而客之也可乎？嗟乎！弊也由来久矣，故综核之政，虚实之源，消息之法，非良有司莫与计也。

田赋

《禹贡》称荆州“厥土惟涂泥，厥田惟下中”，而汉江、云梦之间，司马相如极言其饶，则楚之赋当甲于天下，而郢又甲于楚则可耳。乃者田日朘削而赋日殿，则何也？郢中东、西、北三面俱山，而南则拥大湖，汉水又建瓴下，盘绕其中，疆域虽辽远乎，则亦既山居其三，水居其四，田已不能有其十之二矣。故山原树艺，雨泽不调，则倚耜而待槁；其沿陂塓而耕者，潦至弥望，蛟鱼且宫之，田乌得尽辟，而赋乌得尽登也？况皇庄之岁入，各王府之禄赋，几与惟正之供埒；其豪黠之并兼椎剥，渎乱无纪，甿有袯襫而缘南亩者，终岁服勤，所获即以代输而尚虞不足。湖田所淤，复为若辈所藉业，小民曾不得濡足而收半穗，有司亦不能履亩而裁其短长，税其羡以补沿江之崩削者。且飞影之窦百出，投献之计万变，当事者即日加意撙缩，而额赋取盈，吾惧民之日毙也。

徭役

夫力役之征，圣王不废，然而岁用民力不过三日，务不告缺而民不告病也。汉有徭，唐有庸，宋有差、雇二役，而民始萧然多事矣。明兴，以里甲籍民，犹古比闾族党之义，而力征则用宋法，差、雇兼焉。迨后条鞭法行，而民始稍苏矣。盖公费节，则里甲岁裁；繁简悉，则邮传屡更；约束严，则纵恣尽戢。长民者力为调停剂量，顾审编未尽当，则宿弊未尽厘。何者？有司之耳目一，而造欺者千万其耳目，彼豪有力者，先操其赢以神通于里魁胥史之手，而上下之，所欲轻则富可贫，所欲重则贫可富，有司拱手听焉。间有发其奸者，绳之三尺，不过惩一儆百，而百之作梗如故也，何怪乎民尚有不均叹也！夫承天系陵寝重地，官多事殷，辞谒者时无停轨，而公费日削，夫马日羸，而供亿日益不给。乃田连阡陌、甲第如云者，安享逸豫；而贫者食于官，日夕奔走。更所谓协济之法，秦越视之，彼此移督，漠然如袖，不得已而称于富豪，彼则权母而取盈，此则息子而受毙，是坐困之术也。故丁粮之实弗核，协济之法不更，欲上下不交困，必不得之数已。

兵防

承天古岩郡，今为陵寝重地，负山阻汉，实天设之险。自肃皇改安陆卫为承天卫，复撤荆州左卫而置显陵卫焉，拱护非不严整。顾北近随州洪山，先年为老马刘巢穴，至郢则不俟经宿；又北近郧阳，万山错杂，乃刘千斤、石和尚乱处，其路亦通于郢；丰乐河当水陆之冲，实咽喉地也。向议欲于显、承二卫各调一所官军驻于此，无事则耕，有事则守，仍令留司选择训练，庶可无北顾之忧。其西则荆门州，又其西则当阳、玉泉一带，石壁峭立，实郢中门户，昔红巾贼曾战于此，尤当厚为之备。若迤南则潜、沔、景陵，湖陂薮泽，不下数百区，且与武、汉、荆、岳为比邻，而白螺、洞庭之寇常啸聚于此。近虽设有卫所，远近相望，水陆相应，而官不习战，民不习兵，武备单弱，有桑土之计者，尤所当轸念云。

钟祥县北九十里至丰乐驿，抵襄阳宜城界，山势微小，县卫官民搀杂。东有花山、龟山、白水岩、鸡笼诸山，俱抵京山界。

其台陂、花山诸里，皆开垦地也。东南至郢东七十里有聊屈山，地势虽高，俱系土著之民耕于其中。水则自丰乐而南至石牌、旧口、沙洋一带，皆系长江，延袤百里。先是因盗贼出没，设丰乐哨官兵巡守。

京山县宋家河、坪坝诸处，间有峻岭，实通衢也。多宝湾、下洋港、拖船埠接流大江，多小寇。

潜江县先因蚌湖、芦洑头、浩子口、班家湾诸处接通江、汉，舟楫往来多寇窃，已于蚌、芦二处议设哨兵，其拖船埠则有沔阳哨官巡守。若班家湾、浩子口，亦一要险也，似应加兵防范。且县治滨临大江，高者为堤，卑者为湖，虽非战场，而小寇时警，亦当预备。

荆门州治四维湖山相半，如沙洋等处，素称盗贼渊薮。先年已议改捕盗通判住扎本处，又与乐乡、仙居、建阳、新城各设巡检，互相巡警。他如仙居要道，山势嵯峨，峰峦险峻，亦设巡司侦卒，不时纠察。

当阳县山溪夷险，古战场也。水则有沮、漳二河，路则通巴、蜀、滇、贵。昔因刘、石之乱，漳河设巡检司防守，又有淯溪铺、河溶市皆立有约保，应援巡逻。

沔阳州四面皆湖，一望苇荻，盗贼出没，稽缉为难。而沙镇去州百五十余里，地既绵远而民又犷悍，往往跳于法外，昔陈友谅起于此，所称最要害之地，当事者尤宜兢兢。

景陵县治环河带湖，岁为积水浸溺。其所辖市镇，如皂角铺地据高阜，通商贾舟楫。先因盗贼出没，将乾镇巡司官兵改移防守。近议欲掣回旧镇，但地当三府四县之交，居民错杂，控制辽远，此司似不可掣。又渔泛泽与本市相近，议将黑流渡哨兵移此备御，而黑流渡以沔阳卫千户一员统兵哨守。若乾镇则止留弓兵十名，向委附近河泊所官带管，非法也，今并河泊所官亦裁革矣。恐盗贼有窥伺之虞，不可不预为之计也。

李维桢参政游朴《大政记略》

州幅员数百里，山居十之七，水三之。士大夫散处四境，视州城如寄，而市豪聚城中。其始舆台、五伯之属，至微细耳，交关曹掾为奸利，羽翼成而胆势益殖，小民有讼，贿豪为居间。其党拳勇者任受刑，桀黠者任对簿，无不捷矣。所得贿赂日益富，则使其徒为州胥史，已为郡胥史，又以其赂通监司若两台之为胥史者，两台耳目寄之十五郡司理，又以其赂通十五郡司理侦事者。明比构会，阴操州长吏佐幕短长，所不便，予下考，千里之外，其应如响，即士大夫惴惴惧不免，而不肖者欲有所甘心，或阴用之。于是视士大夫、州长吏蔑如，即郡若监司若两台，且玩弄掌股之上。长吏至与具宾主礼，仰其鼻息，舞文犯科，不可穷诘，岁加州赋数千金以实其橐，若固有之。夫纪纲风俗之敝坏，莫甚于今日，而尤莫甚于楚，楚莫甚于我郡。自江陵败，大臣往往为湘累，堂廉冠履，陵夷澌尽，士大夫垂首结舌，吏无所忌惮，城狐社鼠，又从而为之釜鬵，情日壅塞，权日旁落，威日假借，而横民出焉。其种有六：曰土豪，曰市猾，曰讼师，曰访窝，曰主文，曰偷长。根株窟穴，常相通为用，如荆门（注五）豪兼六者而有之。其党以千计，其赀以万计，其功繁拜请，妖讹汹沸，远则楚十五郡，上则辇毂，力折权行，岂一朝一夕之故哉？

袁国臣《潜江县清田记》

潜之为邑，当汉下流。自嘉靖以来，汉水数涨，涨则田没而民徙。田没则经界淆，民徙则故业失，猾里豪右，往往乘此蚕食之，渔田屯田与民田犬牙错。而民田之税，较渔、屯所输，不啻十之七八，小民欲纾目前之急，率影射以售。以故阡陌其田，无升合之税；税数十石者，地鲜立锥，弊也久矣！

孝感

澴河（一作环）源出河南信阳州，至天磨河入境（河中有大石，高数丈，如磨），迳九里关、黄茅（注六）岭，南流绕三里城，迳新店，清风涧之水注之，为双河口，为詹家河。径二郎畈，为太公潭，至观音厓，杨陂港之水注之（水出大山，俗称扬鞭口），大悟之水亦注之（出大悟山），为小河溪（治北百二十里），折而西流，至两河口，与黄沙河、烂柴港、苦竹港之水合而南流，迳九子墩（注七），绕旧南义阳城，为晏家河，为方家河。塔儿潭、淮水注之（水出治境东北诸山），磨陂之水亦注之（泉涌陂中，灌田千顷，西南流至北而入），分为二支（治北六十里）：其东播者乃名环河（治北五十里，水自信阳来，至此旋绕山谷，故名环河），为绕龙潭、丘址港，下流合于西河；其南播者为白沙河，迳赵师埠，又迳黑龙墩，注于响水潭。复分为三支：其一高埠潭，迳何家埠；其一注上沙港，至沙港口，合沙港之水，南流径安家嘴，又径陶家嘴，后河之水注之，乃与东播澴河之水会焉；其一西南流注于陡冈埠，径枯河，又径蔡家渡，合东河之水，注于老鹳潭。乃又分为三支：其一合深沟桥（注八）之水，注于白龙潭，入于汉；其一径入埠口，合云梦县河之水（涢水东支），南流径窝儿潭，又径注泉湖，入于汉（治南二十里）；其一逆流绕治西南隅，合于西河（在治西），朱思湖、白水湖、后湖之水注之，绕治南而东，径乌龙庙，郭家潭、徐潭港、董家湖之水注之（治东五里，以董水名，水出十五里港，过李师桥，注于湖），自龙宫潭（治东十里），曲折东流（有相见湾），又径陈八埠、毛陈渡至羊马湖口，羊马湖、注泉之水注之（治东二十里，水出乌龟石，过许家河，又过高阜桥，入于湖），流至竹子港。复分为二支：其一南流为东山沦河（治东东南三十里），径算河至涢口入于汉；其一东流度北泾嘴至马溪河口，与马溪之水合焉。马溪之水，则纳浐川河、陡山河、蒲湖诸水同流者也（浐川流至三汊埠，径陡山河，又流至清溪潭，入蒲湖。三水同入马溪河）。又东南流，境径杨家寨、磨石滩河、鄢家埠至沙口、黄陂境，入于江。

《一统志》曰：义阳城在孝感县北二百里，梁置，西魏废。考《南北史》，西魏于平氏县置义阳郡，盖古申国之地，今之信阳州是已。刘宋改义阳郡为宋安郡。南齐改置司州，而义阳城未尝置于孝昌也，岂即南义阳之废城耶？《梁书》武帝天监三年，魏陷司州，诏以南义阳置司州。夫梁、魏之时有义阳郡，又有西义阳郡、南义阳郡，西义阳在今随州之境，而南义阳则未知的在何处。《一统志》谓梁以宋安郡为北司州，黄陂县为南司州，则南义阳郡似当在黄陂之境，今云在孝感县北一百里，则与罗山、应山为近，岂南义阳郡初置于孝昌之境，而黄陂之南司州乃其徙置耶？

《一统志》云，新市在孝感县。《后汉书》：南新市侯国，属江夏郡。《宋书》：荆州江夏郡亦有新市县。唐杜佑《通典》“郢州富水县”注云，后汉新市县故城在县东北，宋淳熙丙午、富水县令张实修县志，虽辨析新市，而未尝援及孝感，故孝感、新市之名不彰。窃谓前汉《地理志》江夏郡无新市县，而王常起兵，则在前汉之季，是王常起兵之新市，乃安陆乡聚之名，非县名也，盖在孝感之北境，今之新店是已。其后光武起于舂陵，招致新市之兵，后汉《地理志》始有南新市侯国。宋《元和郡国志》《元丰九域志》俱云，后汉分安陆，立新市，在南新市。县置于后汉，盖在今京山之南境，富水之新市故城是已。岂可以后汉之南新市，即以为前汉王常起兵之新市哉？

《魏书·地形志》曰：南司州宋安郡有东随县。注云，东随县有黄岘关。考黄岘关，即今孝感九里关，在南北朝谓之东关。《隋书》文帝开皇九年，改东随为礼山县，即今应山也。历代地形分割不一，今之孝感疆域，袤出黄岘之外数十里，由县治以抵北界，约有三百余里，岂魏时孝昌地狭，而黄岘内外旧属东随耶？抑割孝昌之黄岘以益东随耶？然魏改孝昌为岳州岳山郡，则地固未宜割也，岂孝昌、东随以黄岘为界耶？不可考矣。

《孝感县志》　赋法

盖岁时输纳，征粮征银，约有两者。粮则收息，未秋踢尖斛面，其害为易究耳。至于征银，则咫尺之书，百蠹穴焉，有司者势必派之史胥矣，寄之里役矣。而户册收头，勾连局阵，曰派数，则户不书总，而不示人可稽也；曰正耗，则明加暗加，而人不敢谁何也；曰拆封，则合并而出，而业已叩众羡为羡也；曰巡查，则廒经可以卒办，而如其触手于素也；曰收户，而重糈者至，则粮可吊，而愚者以丝粟飞也；曰出米，而厚赂不至，则总不改，而贫者以駑骀纳也；曰当年为累，则预能诡寄于他籍，而十年可遁也；曰蠲租令至，则计能匿之于未输，而支吾事后也；曰比卯，则豪有力者计必抗拒而攻史胥之阴，而为支吾于逃亡也；曰士绅重免，则无粮者势必跳匿，或朦胧其籍而两存之，甚且人亡而未除其数也。此皆种种辛螫，攘肌及骨，然且市民之出办一，而村落者倍蓰之；乡民之出办者倍，而疮痍者又倍蓰之。至摇手目慑，相与语曰："宁为佃作户，无宁有粮差。"粮差不必多，而室庐必尽，鸡犬必空，终岁勤动，不足中巨猾一饱矣。

归州志

丹阳为楚始封，郭璞注云，在秭归县东七里。相传今之南逻口。《方舆胜览》云，丹阳城即楚王城，今长宁千户所城是也。则丹阳疑即夔沱之上楚台山，恐以南逻为丹阳者误也。白沙市在州东八十里，与夷陵界。据陆游《入蜀记》，为楚之故城甚明，但不知徙之何时，疑在宋以前也。宋淳熙间，秭归城在今治卧牛山麓，考之范成大《入秭归》诗注并陆游记，皆然。而曰端平徙夔沱，疑即楚台山，今之圮城也。曰洪武初徙丹阳，又曰四年徙长宁，当元末伪夏明玉珍据其地，至四年方克平之，不应洪武初徙，四年又徙，疑传之者误。曰徙新滩，徙南浦，考之新滩决不可城，别无所据，南浦境内无此地，考在夔府，疑亦传之者误。大都归峡中地，无平旷，惟楚台山较今治稍宽，距今治五六里。今治确为秭归旧治，而丹阳、楚台、长宁、夔沱，疑一地而易名耳。南逻口、白沙市城迹俱存，相传古越州，又以为先主筑，为关索筑，则事之或然而远不可知者也。

《归州巴东兴山说略》

州县辖内约共千里，非不广也，而山石硗确，地无平衍，农不宜谷，蚕不宜桑，仅资桐茶黍粟漆蕨以为生理，四方之豪有力者，每挟轻货而取重息以愚弄之，故其民日贫而俗日益偷。析而论之，归、巴则冲，兴山则僻，归之民悍而狡，巴之民疲而顽，兴之民愚而诈。轻督之则玩而不吾听，重绳之则逃，甚则抗而敢于犯，其大都也。较而论之，兴山粮少易完，民犹畏法；归州以四汉里而驭一夷里，犹易与耳，惟滨江一带，无赖恶少，最当严而束之，龙城夷里逋负成癖，当亟为之核也；巴东以四汉里而驭四夷里，逋负之不完，勾摄之不赴，大率由此。且也夷民不遵条编，不奉追呼，管粮官履门征收，完仅过半。每年正、二、三、四月，轮当见年，自备土物赴县，雇募夫马为应使客，率多逾期，为四汉里累。然而族属众大，倘得其欢心，一呼百应，蜂屯蚁聚，其勇敢赴义之风，亦他郡邑之所不及。

《巴东说略》

治负山面江，逼不可城，民居才三四百家，而幅员宽广，深山穷谷，距县险远，则保障之难也。编户凡八里，额丁六千五百七十丁，山田地七百六十八顷九十三亩有奇，夏税麦六百五十三石有奇，秋粮二千二百二十一石有奇，编银五千有奇。而八里分为前后，前四里汉民疲困不支，后四里夷民逋负梗化，则催科之难也。地当楚、蜀孔道，西接夔、巫，南连施、建，十四土司之冲，舰艘轮蹄，水陆辐辏，则供亿之难也。邑南三四百里之间，有野三关、连天关、金豁口，有红沙堡，邑南八十里有杨柳荒堡，各设巡检千百户官军兵有差，以御非常，匪徒虑夷民之内讧，实以防土蛮之外侵也。巴山驿设在县东半里许，或谓当徙之江北岸公署之左以便供应，亦一策也。门扇峡万流而上小高山一带地方，实楚、蜀分疆，昔为盗薮，险足凭耳。余捣其穴而擒其众，江洋始静。恐数年后犹有窃发之虞，不可不严为之防也。

《岳州府志》

土田　孙斯亿曰：泥涂之田，惟华容、安乡多焉，他不尽然，抑中下未足该之。夫华容分东、西二乡，西之田屡困水灾；石门分南、北二乡，北之田重为獠酋所据。而慈利十六七等都，类没永定生校，巴陵苦冲疲荒芜，平江困豪侠隐射。古者田分九则，华容田高下悬绝，即九则且不可，况屯壤衍沃间错，讼竞琐黩，虽有智者，亦无如之何。若澧州利在平陆，其富厚也宜哉。

永定卫土田沃衍，亦边境乐地，但官贫兵富，至相结为婚姻，以长幼为坐次。生徒豪放，卫校畏之，侵慈利壤田而不服徭役，当路亦无如之何。然儒风浸盛，亦彬彬可观云。

大庸所崇山外屏，少见天日，壤狭事繁，视篆者困于徒马，至称贷不足。俗又信鬼，刺肤血以事关神者，千百成群，甚可笑也。

九溪卫士伍疲耗，诸生间揽屯税，然纪法严明，上下有体，视永定差胜。

安福所荒野之地，土人不知甲子，而军旅耗散，视诸所加甚。

添平所土酉纵放，据石门半境而不服徭役，好远结权势人，士族嗜利者不耻与为婚姻，亦可慨矣。

麻寮所较添平稍贫，然地险俗谲，上下以伦理相犯，争讼连年，亦无足道者。

桑植司盘瓠之裔，终古夷俗，父姬兄妇，配合自由。迩年以征倭累富，稍慕华风。

《华容志》 陈士元论

《禹贡》："九江孔殷，沱潜既道。"今详《水经》水道，澧水出予邑而会赤沙湖，沅水当邑之南，大江绕邑东，河亦自江出，亦谓之沱。由是观之，予邑固大江、九江之冲也。江之水，较汉稍清，故不易淤，澧、沅则清而莫淤。夫自杜预开漕以泻江势，而邑东之湍悍稍纾，西邑之流澌浸巨，故江水横截予邑，注之洞庭，弗啻绕其东北尔已。

闻之长老，唐宋间，邑西寂无民居，而范晦叔《岳阳风土记》亦谓华容民多以舟为居，常产即湖地，建宁南堤，决即被水患。建宁，今石首；南堤，即今之所谓调弦堤者，夏秋必决必溢，故二邑江患相表里；乃安南港所厄，则湖水也。至和迁县，筑堤为防，仅可障官署，堤之外皆弃之鱼鳖。然湖水势缓，日夕弗逾寸许；江势猛迅，来或数丈，震撼撞击，若利斧巨石。邑民谓湖为水胎，水胎巨，复益以江堤，靡弗决者。

闻之宣德间，人吏乘舟入县署。正统，知县杨鐩以为请，天子遣工部员外郎王士华、右布政使蹇贤奉敕驻邑中，相便宜筑堤四十有七，并县堤为四十八垸。九载，士华迁仪制郎。其后土人往往择少高之地筑之，今之垸或百余区，最巨者安津、蔡田官垸，延袤咸十余里，小者田仅百亩而已。一遇涨潦，堤或冲决，则禾稻室庐，咸付泥滓。冬月水退，有司乃发粟集民修之，每垸择其有智力者一二人为圩长，十余人为小甲，分地而筑，计功而食，至良法也。厥后有司视为贿阶，圩长藉为赀府，岁初必敛长甲楮直，甲又按丁无索常例钱。豪势家比弗供役，有司下垸，假点选以献朴征赎焉，而于堤之坚脆、工之勤惰，举弗闻也。所发之粟，类为长甲侵猎，是以愈修愈塌，随筑随决，以利民而实害之。且予邑垸民，心殊力惰，少旱则决堤引水，坎穴丛楚，甚者以施筌蒙罟，有识小言，反相抵诟滋隙，或少加补塞，亦弗坚实，以疏土而浸逆澜，即顷刻可摧也。

今之计莫若督民于垸中凿陂，而严其禁防，谨其蓄泄，乃安津有安津湖，蔡田有蔡田湖，官垸有田家湖。洪武中，革税弛之，民既田。正德末，知县李文泮创取私课肥己，名为水面钱，今渐增几百金者，一切裁之，斯堤可无决，而旱亦无可畏矣。尝闻正德戊寅，都御史吴廷举奉敕赈荒，萃民修垸，因而食之，由是诸垸几复士华之旧。所惜者，李文泮攘剥钱粟，徒恃虚文。嘉靖癸卯，知府陆埘复发郡粟增修，而知县赵占亦袭文泮故智，是以讫无成功。呜呼！使士华弗逢杨鐩，则垸必艰立，西鄙至今弗尚为莱芜场邪？予又见垸民往往于垸外水滨垦植黍粟早稻，水小泛，则阻其港汊，积久而淤，渐成塍畦，水大至始莫援，谓之湖田。湖田无税额，三载一熟，熟则倍获厚利，此所谓涸梁山泊可得良田万顷，而王安石惧无贮水之地者也。

夫堤防起于战国，圩田、湖田起于宋政和以来，古无有也。使遇贾让、杜预，则诸垸尚在兴废之间，矧垸外乎！苟目前之利，而昧经久之计，诚不可不思也。然有洞庭为之潴，斯亦不至大害。若绍兴所议修圩守臣赏罚，则今日之急务矣。至于调弦开塞之义，虽靡成说，以势观之，塞固涨而西，开亦漫而东，今开者几百载，即欲塞之莫能也。善为水者，因时补葺可耳。

《永州府志》

国初官予民以食盐，计丁口而收其盐钞，因以通于天下。其后有商人引盐，民自买矣。既已征商，而民间盐钞亦复不免，酌取之谓可，则盐课之当蠲者一也。国初尝设河泊所官，收鱼户鱼油翎鳔，后析改麻铁铜漆。嗣又革河泊所官，令州县带办，永属鱼课，惟零陵、东安、永明征之渔户，而道州、宁远、祁阳、江华则并于人户丁粮内带办。则一郡之中而设法互异，鱼课之当调停者又一也。

永州府营十一（在迎恩亭左）：演武营（在太平乡演口）、永安营（在太平乡湾井）、扼蛮营（在仙政乡下观）、望墩营（在永乐乡东城）、太阳营（在大阳乡廖洞口）、振膽营（在广济乡桥下洞）、大富营（在西乡白水岭）、铜铃营（在广济乡富村）、三斗营（在东乡石家洞）、平定营（在县城东）、隆坪营（在南乡一千山口）。

永明营六：教场营（在县东）、鹅山营（在允平乡大村（注九））、潘家营（在允平乡潘家村）、斗罡营（在允平乡洋岩村）、岩口营（在兴化乡张家村（注十））、靖西营（在永川乡清溪猺村（注十一））。

道州营七：白鸡营（在营阳乡（注十二））、中军营（在蒋居村四眼桥（注十三））、靖边营、滴水营、周塘营、教场营、营乐营（在营乐乡）。

祁阳营一：永镇堡（在管家岩，其地产银矿。先是为蓝山、临武之人盗发，往往争竞杀人。万历十二年，奉文立堡）。

宁远营十有四：太平营（在太平乡九疑口（注十五））、桂里营（在丹桂乡桂里源（注十六））。

江华营二十有七：教场营（在县南）、高赛营（在从化乡（注十七））、神仙营（在兴德乡岭东上段（注十八））、白芒营（在大同乡（注十九））、金鸡营（近白芒）、山爻营（在太平乡（注二十））、车隘营（地接白芒）、大关营（与白芒相近）、涛墟营（近白芒）、平赖营（在从化乡岭东下段）、得胜营（在县北）、永昌营（在县北）、虎威营（在县东）、豹韬营（在县西）、镇远营（在太平乡蓬田）、折冲营（在太平乡小源）、克敌营（在太平乡大坝）、靖南营（在兴德乡花江）、教场营（在枇杷所下洞）、矮岭营（在兴化乡矮岭山口）、见龙营（在兴化乡鲤鱼井）、牛磁营（在谢沐乡甘棠树）、富素营（在兴化乡富素村）、望高营（在西栎村）、大源营（在大源洞口）、五里营（营近矮岭）。

桃川守御所营有十：石磥营（在永川乡鸡嘴岭）、镇峡关（在永川乡隘口）、土寨营（在永川乡古凋猺口）、小水营（在崇福乡石枱岭）、苦子营（在崇福乡牛罡岭）、茶磊营（在崇福乡老虎冲）、养牛罡营（在永川乡枧头）、杨柳营（在崇福乡两江口，即碌碧岭营）、乂山营（在崇乡牛拦乂山口）、兴武营（在本所南门外）。

按旧志云，永为近边地，不运粮，不京操，惟分戍以防猺、獞。有轮戍，有永戍，有近戍，有远戍。其法以正军一千四百四十人四分之。以一班轮戍广西柳州府，以指挥一员领之；以一班轮戍小水营，以指挥一员领之。三年而代，得代而归者，操守于本卫。又选在卫余丁常川防守各营。又有奉调世守东安县者，又有戍守广西兴安县、戍守祁阳县永镇堡、戍守本府永安营者。往时户籍不明，屯田侵隐，有一军而占田一二百亩者，有一军而田不满二三十亩者。至万历九年，该卫申详本道，转详两院，奉文清丈，多者摊之，不足者补之。官舍之家，起报余丁，上纳子粒，田虽明而册尚未定也。迨至十七年，守道马公行委本府林推官改正鱼鳞册，而又造归户册。每军给由票一张，上载土名田数，计田五十一亩八分。军无不均之叹，粮无窃冒之弊，其制详且善矣。又将各军子粒抵兑月粮，官免征收之劳，军无包赔之扰，便官便军，诚为两利之法。恤军属者详察而遵行不变，边军枵腹之苦，其永有瘳乎？

昔吴起相楚，南并蛮越，遂有洞庭、苍梧之地。秦昭王伐楚，略取蛮夷，始置黔中郡。汉兴输赋，谓之賨布。光武时，武陵蛮入寇，将军刘尚战没，又遣伏波将军马援击破之。永和初，武陵太守上书欲增蛮赋，虞诩独奏以为不可，其后果增布违旧约，遂举种反。东晋时，因刘、石乱后，蛮遂北迁陆浑以南，偏满山谷。宋、齐以后，群蛮酋帅，互受南北朝封爵，至后魏末，暴患滋甚，僭称侯王，屯据峡路，断绝行旅，周武帝遣陆腾大破之。隋置辰州以处蛮。唐置羁縻州以领之。宋太平兴国中，梅山洞蛮寇劫商人，乃发潭州兵击平之。八年，溪、锦、叙、富四州蛮相率诣辰州，愿比内郡民输租税，诏不许。自后首领入贡不绝，每加赏赐存恤之。此诸蛮叛服之迹见于宋以前者。以今观之，道居洞庭之南，苍梧之北，溪峒蛮越杂居，其叛服不常，与古无异，然其抚绥制御之策，亦在乎斟酌古今之宜而已矣。

我国朝近宋，而制蛮之法亦莫详于宋。隆兴初，右正言尹穑言湖南州县地界与溪峒蛮猺连接，以故省民与猺人交结往来，擅易田产；其间豪猾大姓，规免税役，多以产寄猺人户下，内亏国赋，外滋边隙。宜诏帅臣遣吏亲立封堠，不许省民将田产典卖与猺人，及私以产业寄隐。

嘉泰中，湖南安抚赵亮励言湖南九郡皆与溪峒相接，其地阔远，南接二广，北连湖右。其人狼子野心，不能长保其无事，或因饥馑，或因仇怨，或因劫掠，或至杀伤，州县稍失提防，则不安巢穴，越界生事。莫若选择土豪为人所信服者为总首，以任弹压之责，潜以驭之，凡细微争斗，止令总首弹压开谕劝解，自无浸淫之患。盖总首者，语言嗜好皆与之同，习知其利害，审察其情伪，而其力足以惠利之。诸司谓亮励所言以蛮猺治蛮猺，其策莫良，宜从之。

嘉定中，臣僚言熟户山猺峒丁，有田不许擅鬻，任其耕种，但以丁名系籍，每丁量纳课米三斗，悉无他科，既乐其有田之可耕，生界有警，极力为卫，盖欲保守田业也。今州郡漫不加恩，山猺峒丁有田者悉听其与民交易，而丁米挂籍自如，催督严峻，多不聊生，往往奔入生界溪峒，受雇以赡口腹，或为乡导，或为徒伴，出没省地，为害甚大，宜明敕湖广监司严禁。从之。

又石湖范氏曰：猺人常以山货、杉板、滑石之属，窃与省民博盐米。山田易旱干，若一切闭截，无所得食，且冒死突出，为毒滋烈。沿边省民因与交关，或侵负之，与缔仇怨，则又私相仇杀。余既得其所以然，乾道九年夏，遣吏经理之，悉罢官军，专用边民，籍其可用者七千余人，分为五十团，立之长副，阶级相制，毋得与猺通；为之器械，教习使可捍小寇，不得报官，猺犯一团，诸团鸣鼓应之。次告谕近猺，亦视省民相团结，毋得犯法，则通其博易之路，不然绝之。彼见边民已结，形格势禁，不可轻犯，幸得通博买，有盐米之利，皆欢然听命。最后择勇吏将桑江、归顺五十二猺头首深入生径，亦以近猺利害谕之，悉从。乃为置博易场二：一在义宁，一在融州之荣溪。天子诞节，首领得赴属县与犒宴，诸猺大悦，伍籍遂定，保障隐然。万一远猺弗率，必须先破近猺，近猺欲动，亦须先胜边团，始得越至城廓，然亦难矣。此宋之诸臣所论制蛮之法也。其真得猺之情，审事之当，尽事之宜，亦可行之于今者。

然观今日之所施为，或者法古之遗意欤？今之所谓良猺禀听官府号令，即宋之所谓熟户近猺也。其田有税而无役，即宋之丁米而无他科也。其耕民田者，富民役属之，有盗贼亦可用以御之，即宋之任其耕种，生界有警而极力为卫也。每溪峒间猺所聚居，必立猺老以长之，小争则猺老迳自分解，大事不决，乃讼于官，府即宋之设为总首以任弹压之责也，即诸司所言以蛮猺治蛮猺之意也。各乡计民多寡，设为团夫，择其势力可以服人者为团长以率之，其迫近溪峒要害之处，又设营堡，召募勇力者，谓之杀手，分布各营以守之，摘拨卫所官统领旗军哨守团营，一遇有警，则团夫杀手协同官军声援剿杀，此即宋之团结边民，形格势禁之意也。猺以山货易民米盐，而有司亦时有米盐之犒，此即宋之民与博易，官为羁縻之法也。其立法可谓详且密矣。然近年以来，犹有剽掠之患者，固其猺性之常然，或边民生隙，扇动良猺，乃致勾引广西诸峒生猺以为吾民之害耳？抑或饥寒所迫乎？又或兵防废施，蛮猺有所窥乎？其抚绥制御之方，防闲攻剿之略，信乎不可以不讲也！

按猺峒一曰白岭，一曰顾村，一曰薤菜，一曰马江，一曰石源，一曰横岭，一曰乱石等处，猺峒俱系奉文招抚之猺，准纳粮不当差者，听本州调度，原各隶千长，今复置猺官，其制驭之法，视昔不啻凛凛备焉。

按潇水三：一在州西北二十五里，出潇山下，其下有泉名潇川，故其乡号曰潇川乡，绕宜山下，从宜江口出，与沱水合。其一小潇水，在小西门城外官塘，穿城而入，由潇源坊绕至玉城山，前有石鳌鱼逆水而生，须鳞鬐尾俨然，相传每水流涌，首尾皆动。山下有石鳌、相公二神，居人共祀之。近石鱼为沙砾壅塞。万历戊子，守备彭显谟开之，未竟，水复从玉城桥出，亦与沱水合，即在潇南驿潇阳楼之下。其一出九疑朱明峰，南流百里至三江口，东北与沱合。均曰潇水，均入沱水，又二百里至永州，合湘水流，故云潇湘。今与湘水同称并传者，当以潇川为主(《道州志》)。

宁远县南六十里为九疑山，亦曰苍梧山。《汉志》注：九疑在营道南。《汉记》注应劭曰：舜葬苍梧九疑山。文颖曰：半在苍梧，半在零陵。晋郭璞曰：其山有九溪，皆相似，或曰九峰参差，互相隐映，望而疑之，故名。九峰各有一水，四水流灌于南海，五水北注于洞庭。峰九：一曰朱明(注二十一)，其下潇水源，南流至三江口，东北与沲水合（注二十二），在舜峰西十五里（注二十三）。二曰石城（注二十四），其下沲水源南流至江华县前，又西过道州，至三江口与潇水合流（注二十五），在舜峰北十五里。三曰石楼（注二十六），其下巢水源，北注与瀑水合流县南，是名子江，在舜峰东三十里。四曰娥皇（注二十七），其下沲水源，在舜峰西六十里。五曰舜源（注二十八），其下瀑水源，北流至县东，西折而北，与潇、沲二水合，亦曰华盖，实中峰也，此峰最高，上多紫兰，在舜峰北二十里。六曰女英（注二十九），其下砯水源由江华东南与沲水合，在舜峰西北五十里。七曰箫韶（注三十），其下奔水源北注与瀑、巢合流县南，在舜峰北五十里。八曰桂林（注三十一），其下汱水源，南流至江华，合沲水，在舜峰北十五里。九曰杞林（注三十二），其下泂水源，即岿水，东流经蓝山县，又东北经桂阳州，在舜峰西六十里（注三十三）。

《州志·辨苍梧》：《礼记》舜葬于苍梧之野，或以为南越地。舜时十二州，初未有越。汉元鼎六年，苍梧始为郡。考之苍梧在楚者，其地名；在越者，其郡名云。

《衡州府志》

险要

衡当楚上游，为郴、桂之咽喉，交、广之门户。各属邑联络溪洞，猺、獞依山负固，不时窃发。其市镇关津设立巡司者，业有防御，至永（注三十四）福乡之三合桥（注三十五）、长乐乡之沙坪、慕化乡之水口町，则邵、祁、衡、潭、湘乡、新化通焉。深山穷谷，幽箐丛林，盗贼奸宄，神出鬼没，盘据山险，若虎负隅，四路生发，皆此为招寇之薮，固郡中之大要害也。嘉靖癸丑，巨盗李万琦等猖獗于慕化、永福各处，致杀官兵，始设立水口堡，拨官军民壮杀手防守焉。而沙坪堡则设自隆庆六年，千户史官与有建立功。三合堡则设自万历二年，各调官兵守之，以防窃发，地方始得安枕矣。然戒险于平，防患于预，诚不可一日少弛也。若衡山之草市（注三十六）、大洲，耒阳之罗渡（注三十七），常宁之杉树、黄茅、衡头（注三十八）、白沙、黄峒，有九溪十八峒，延袤百里；安仁之杨梅峰、曹婆山、大源冲、唐公渡、彭蠡（注三十九）、金紫山，山势绵亘，接连他邑；酃县之黄烟，桂阳之泗洲寨（注四十）、牛头坌、白水、茶山等处，临武之舜峰山、禾仓堡、莽山、连州、荆竹、大罗之境，且四面受敌；蓝山之镇南、浆峒、西关、芦葱、大麻、芒东、龙川、北川等营，荆竹、高良源等猺，东北之两头寨，西北之官寨，其山蜒蜿盘郁，上可容千人，凡此皆各属险要之地。而太洲界在衡阳、安仁、攸县，贼徒潜藏，出没叵测，嘉靖癸亥，猖獗尤甚，百户孙承祖战死，兵连岁不得休。至于常宁、桂阳，地产铅、锡等利，富商大贾贸易其中，四方亡命之徒，往往依之，凭山阻险，实为盗薮。旧虽设堡于黄烟各处，立营于西关各隘，顾地接邻壤，势相倚伏，此扑彼发，彼灭此生，非我族类，能保无异志耶？镜往防来，选练调习，图之于无事而不自失其险要，则策之上矣。

按湘、楚之俗尚鬼，自古为然。《书·吕刑》著三苗昏乱，相与听于神，至舜命重、黎，绝地天通，而其俗始正。下逮屈原，已千有余年，原为叙正巫者事神之辞，以寓其忠爱之意，其说见于《离骚》。以今观之，则原时所祀尚在，正典世变，江河愈趋而下，今非原之时矣，风俗所祀，所尚鄙俚，可付一笑。因编《祀典志》，略著数条末简，以俟为政及观风者采焉。

衡人赛槃瓠，病及仇怨，重事误祈许。盘古赛之日，巫者以木为鼓，圆径手一握，中小而两头大，如今之杖。鼓四尺者谓之长鼓，二尺者谓之短鼓。巫有练帛长二三丈，画自盘古而下，三皇、五帝、三王及诸神，靡所不有。是日以帛尽悬之长竿，鸣锣击鼓吹角，巫一人以长鼓绕身而舞，两人复以短鼓相向而舞，计昔所许若干会为所舞之节，随口而唱，无复本据。仇怨重者，夜至野地，灭灯烛，谓之盘黑鼓。每舞罢一会，则滋口饮食，极其村野。夫民之初生，有盘古氏者出而御世，为三才首君，史称盘古，言元气浑浑然盘固也。今以木为鼓，以绕身为盘，以灭烛为黑鼓，何所取义哉？吁，失之远矣！

风俗合二三十家共祀一大王神，其神或以其山，或以其陂泽，或以其地所产之物，而得名辄加以帝王、圣贤、公相之号。如愚家溪田所祀云“平王相公大王祠下”，城外敝居所祀云“南平水东三圣公王祠下”。其他如“高山椒甫大王祠”，询之，云其山多产椒；“土硃大王祠”，其地产红土。其他不能枚举。愚忆继天抚世曰王，主宰天下曰帝，大而化之曰圣，复而执焉曰贤，首五爵以无私为德曰公，长六卿辅其君曰相。今乃妄乱称呼，甚至加之土地所生之物，其为讹妄不经，莫此为最。常欲言之有司，请一厘正焉，然卒未暇也。

风俗事女神，每家画一轴，神分班而坐，多不可数，中标题云“家居侍奉李家天子三楼圣贤神仙”，两旁题云“三千美女，八百娇娥”。岁晚用巫者鸣锣鼓吹角，男作女妆，始则两人执手而舞，终则数人牵手而舞，从中翻身，轮作筋斗，或以一人仰卧，众人筋斗，从腹而过，亦随口歌唱。黎明时起，竟日通宵乃散。夫女子本以阴柔之质，死而为神，如节妇、烈女，庸或有之，他不尽然也。今云“李家天子三楼贤圣”，何所据哉？可一笑也。至如师巫盗取庙中神像首以为魇魅，收阴兵以作下坛，书符篆以为青筒，鄙俗怪诞，不可尽书云。

“青山侍郎行祠”，其所祀神无所考，或云为南岳六部之一，故云“侍郎行祠”。愚意侍郎之名，起于近古，周以六典建官，国朝用《周礼》，有六部之名。岳山与天地相为终始，国朝正其号曰“衡山之神”，又焉有部？使有部，则自六典未建侍郎之名，未起时又以何官为属？此皆讹谬不通。且以为土神而误袭侍郎之号，则衡阳境内原无青山之高大可以表识也。嘉靖辛卯，例毁淫祠，地方妄援引以惑有司，此祠遂幸免云。

正统三年八月甲子，命湖广布政司正官督衡州府、县修理南岳神祠像设。先是巡按湖广监察御史陈祚奏南岳神庙殿宇门廊旧有二百余间，规制广大，年久朽烂颓塌，塑像倾坏，不称神灵。臣考之典籍，山川岳渎，皆是阴阳气化所成，即非人类肖像可似，止宜设坛致祭，不当立庙。故宋儒张栻曰：“川流山峙，是其形也，而人之也何居？其气之流通可相接也，而宇之也何居？”钦惟太祖高皇帝鉴前代之谬，凡诸岳镇海渎革去帝王位号，惟存本称，如南岳止称南岳衡山之神，仍诏天下遵守，甚盛典也。惟前代塑造后妃、侍御、寝殿、朝堂，因循未革，今坍塌已甚，非用工七八万，莫能复旧。乞礼官会议，因其颓废之余，革去庙宇像设，照依朝廷祭祀山川制度，内筑坛壝，外立厨库，缭以周垣，附以斋室，每遇春秋精严祀事，则礼制合经，神明不渎。奏下行在礼部尚书胡滢等议，称衡山塑造神像、寝殿、朝堂，历代相因，积有年矣。国初更制神号，不除像设，必有明见，所言难准。宜令有司役民趁农隙采木烧砖，置办颜料并工修理，其余房屋，如本山道众或好善军民情愿修补者，听。上从之。

衡为五岳之一，地脉发于岷山，由蜀入黔，迢递九疑，连络五岭，横亘其南，即南方之干也。其初为黔岭，沅、澧二水夹之，而地尽于德山。其次为骑田岭，湘、滨二水夹之，而地尽于岳麓。其次为郴岭、桂岭，左洞庭，右彭蠡，而地尽于匡庐。其末为梅岭，逶迤而东，分为三支：一为金陵，一为古杭，一为四明，而地尽于海。骑田岭从湘水纡曲而来，湘水自九疑出，分为二：一入洞庭，一入粤西。水支南北流，而岭亦有骑田之势，故名骑田。自骑田入楚，蕴结磅礴，平展数百里，突起南岳，高可三十里。

《南岳记》云，南岳周回八百里，回雁为首，岳麓为足。

旧志云，自回雁至仙顶七峰，在衡阳县界；自祝融至天柱五峰及金简、降真、芙蓉等五十五峰，俱在衡山县境；其碧岫、屏障、日华岳麓，则在长沙府界，共为七十二峰。紫盖、云密、天柱、石廪四峰，皆去衡山县西北三十里。

《辰州府图经》

侯加地曰：尝考衡山之西，洞庭之北，为辰州。辰之舆地，质之《禹贡》。岷山之脉，其北一支为衡山，而尽于洞庭。洞庭受沅水、辰水、溆水、元水、酉水等，输而汇衡山西南，直抵苗徼，介牂牁，入武冈望乡山度分石（在今会同县）。东临沅州之明山，经沅水（源出四川播州，经沅州，故名。沅水至辰州，合元水），又折而东，历牛坡（即黔阳牛角坡），连赤竹，至于龙标，县曰黔阳。黔水（即黔江，源出牂牁，流经县前，入沅水）西合沅水焉，由板门（在今沅州）迤龙门，转西晃，以雄一县之镇，是为麻阳。锦江（自铜仁发源，接龙门）绕于邑前，会沅，东北复同龙门诸溪（龙门溪、西溪、龚溪、蛮村溪、白旗溪、梁源溪俱东北会），入辰水。自望乡山西接马鞍，绵亘顿家倚桃谷，俯龙堆鄜梁之阴，邑曰溆浦，溆水出焉（下流入沅）。西转卢峰，延袤嵯峨，接岫房、连，上趋熊首，其县辰溪，辰水出之。又自岷山西南出徼外，包夷落，南入佷山，分经施州卫之天柱，引秀屏、保靖，历镇谿以迄虎头山，为卢溪县。五溪播其西，沅水经其北，合于卢水，折而东注焉，自佷山分经永定卫，南越天门，逾施溶，掠茗山、明溪、小酉，达罗星，转下于飞霞山之麓，县曰沅陵。西有酉水，南有辰水，合流为沅（会合以上诸水，过常德，同入洞庭），直从三峿山历湖头，尽明月山之阴，下接桃源，过武陵，其中最高者曰桐木山，皆邑地。

《辰州府志》

各哨所总说

侯加地曰：按边哨称镇筸，镇筸即古巫、黔极北地，记曰三楚之阃，五溪之徼，是也。西北有溪曰镇，东北有坪曰筸子，故统括曰镇筸云。其五寨，则主将驻扎地，迤而北，则长宁、箭塘、盛华、永安、永宁、凤凰、王会；迤而东，则清溪、靖疆、洞口、箄子；转而之东北，则乾州、强虎；转而之西，则石羊、小坡，其他小营堡各附其地，而以镇溪所终焉。辖地广袤八百余里，东距卢溪，南抵麻阳，西接乌罗，北连永、保，东南一百里界乎辰溪，东北二百里界乎沅陵，西北三百里界乎蜀之酉阳、石耶、邑梅，西南一百五十里界乎黔之铜仁。其中苗獠杂处，种类甚繁，边民屡遭劫掳，各哨惟图自保，不相救援，非所以安边也。当事者宜按哨之缓急，酌地之险夷，整肃边筹，永湔愒习。如五寨哨系中军重地，则岩坎江之防饬宜先；长宁哨最密迩苗穴，则麻黑冲之暗越宜虑；乾州哨城连守备而屯饷易危，则暴木冲诸路不可不堑；永宁哨地近贵苗而募兵易挠，则火草岭一吭不可不扼（今添设王会哨）。麻阳之库狱，赖小坡而保，故雷打坡之四处埋伏，防出没也；仓厂之积贮，恃石羊而完，故水田营之把塞屯军，杜窥伺也。箄子哨地邻洞口，而上下营之戒严，实彼先声；洞口哨壤接清溪，而乌牌隘之坑堑，诚伊左臂。强虎哨虽雄据万山，然三面受敌，一不设备，而都罗鬼党跳梁矣；永安哨虽外倚藩蔽，然强寇在旁，一不加警，而田冲、岩坎揭竿矣。他如王会哨之皮冲江口、盛华哨之都梅坡、箭塘营之石灰窑、靖疆营之油草塘，要害相均，哨伏宜谨。

五寨哨倚参将镇城，东至石羊；南抵永安，切近贵苗；西邻岩坎，直通黑龙潭、冷昔生寨，设立岩坎江小营防御；北接长宁，通杀牛坪、三箭塘、湄狗等巢，青山、木林二处各立小寨。设炮楼五：曰奇山，曰芦狄，曰永丰，曰蒿莱坪，曰平寮。设隘门三：曰西隘，曰北隘，曰永丰隘。苗路如湄亮、布管、罗铁、岩坎，乃其大门。与长宁会哨于岩坎，与清溪会哨于湄亮。夜游木林哨，截大路之险；设伏雷公田，防迳路之袭。此本哨之吃紧也。城内长官司直隶布政司。土酋里甲无制，差役繁苦，一马一差，较县差数倍，甲民强半逃窜。镇斯城者，不可不加意调停云。

长宁哨　旧名长冲，东抵清溪，南连五寨，西至岩坎、江青山、白岩诸路，北至杀牛坪、三箭塘、哱啰关、湄亮等苗巢。此守最为险要，设炮楼二：曰奇梁，曰后山；设隘门三：曰上隘，曰下隘，曰奇梁。与永安会哨于穿洞，与五寨会哨于岩坎。夜游青山，邀岩坎之路；设伏潭颈，防牛隘之来。此本哨之吃紧也。

箭塘营原系长宁哨信地，东至长宁，南连盛华，声援相倚，西抵苗巢，北接清溪。设炮楼一：曰长凹，内石灰窑等处系苗出要路，最宜防遏。又近于火烧滩召降叛苗龙六保，责成把守。此本营之吃紧也。

盛华哨　旧名鱼洞坡，万历三十六年建，东至清溪，南抵永安，西、北俱接苗巢。设炮楼一：曰永镇，以通箭塘烽燧。与箭塘营会哨于田家寨，以遏都梅、长凹苗路。惟是哨据徼外，隔越大河，春水泛涨，舟梁不通，每虞应援难及，不可不虑也。

永安哨　旧名牛拗堡，东至五寨及长宁，通黄腊等民寨，南抵都罗、金子江民寨，西距永宁营，北连乌巢江，路通川、湖、贵三省苗巢。设小营一：曰黑潭营，以苗把侯胜刚守之。设炮楼五：曰黄腊，曰菖蒲，曰岩坎，曰下山，曰洛濠。设隘门二：曰菖蒲隘，曰黄腊隘。设永顺土兵营，担承苗路。惟岩坎、老田冲、马颈潭为会归之所，朱冲口旧营、黄岩坡旧隘为总要之区。与长宁会哨于穿洞，与永宁会哨于马颈潭。夜游瓦厂隘，设伏老田冲，此本哨之吃紧也。

永宁哨　旧名丫剌关，隆庆三年建，东连永安，南抵小坡，西至凤凰营，北连贵苗，即古总兵营是也。设小营一：曰龙鄂营，以苗把龙文忠守之。设炮楼三：曰总兵营，曰大汉，曰木星冲。苗路如郎中江、岩洛寨、天马山等处，乃其门户。与永安会哨于木星冲，与凤凰会哨于郎中江，与王会会哨于天星塘。夜游娄塘关，设伏岩洛寨，连束窝里熟苗，使之把隘。此本哨之吃紧也。

凤凰营旧名溪公寨，正楚北极边，东至郎中江，接连永宁，南抵天星塘，接连王会，西邻贵州龙潭，北逼生苗巢穴。设炮楼一：曰许保囤，其地联络上、下岩口、枫香树、田坪、犵狫、茶林、太阳等生苗巢。与永宁会哨于郎中江，与贵州龙潭会哨于十八溪。此本营之吃紧也。

王会哨　旧名火草岭，万历三十六年建，在楚疆绝徼，为两省要害之区。东与永宁、凤凰比邻，西与黔省民苗接壤，南抵铜仁，北迄苗境。设天星塘炮楼一所，有栗树坪、皮冲江口等处，系苗出要路。与凤凰营会哨于栗树坪，与永宁会哨于天星塘。此本哨之吃紧也。

清溪哨　东抵五寨司，管下黄茶民寨，南距杀牛坪民寨，西连牛隘苗路，通三箭塘苗寨，北经黄岩江，达洞口于中设黄岩江小哨。设炮楼五：曰黄土凹，曰杉木坪，曰高凹，曰黄岩江，日龙滚坡。设隘门一：曰南隘。诸苗乘间窃发。必龙井、湄隆、大面山、三箭牛隘为总会之所。与靖疆会哨于湄龙，与五寨会哨于湄亮。夜游杉木坪，截柴山之路；设伏高凹，防清水塘之虞。此本哨之吃紧也。

洞口哨　东至五寨司，管下都吾石榴坡；南近清溪，约中立靖疆子营，接大坪等生寨；西连大禾冲，通三汉江、地岭坡、回保诸苗穴；北抵箄子坪，又名后寨，直通大、小略变、红岩、下水等寨。设炮楼三：曰乌牌，曰高凹，曰鸡子。设隘门一：曰东关隘。设保靖土兵营担承。诸苗出劫，则总门、新寨、都良田为必由之路。又有土桥、瓮洞，去本哨较远，俱宜防守。与箄子会哨于总门，与清溪会哨于湄隆。夜游黄连塘，御后寨之冲；设伏乌排江，据都良田之险。此本哨之吃紧也。

靖疆营东至帽子坡，民寨南至黄岩江、清溪交界，西至木里苗寨，北至高罗、洞口哨交界。设炮楼三：曰油草塘，曰高罗，曰升平。设关隘一：曰黄岩江，如板田陇、万溶江、木栗坪、龙井、木里等处，俱苗贼出没之所，虽有降苗一类，叛服无常。与洞口会哨于高罗山，与清溪会哨于黄岩江。此本哨之吃紧也。

箄子哨　有长官司，附土巡检司，东抵辰、卢界，南至洞口哨，西接三蹬坡，系苗出要路，北连湾溪小哨，直抵乾州。设小营二：曰火麻，曰炮水。设炮楼五：曰狮子坡，曰岩凹，曰鈇铁，曰瓮洞，曰上营。设隘门四：曰南隘，曰西隘，曰茶溪隘，曰冲星隘。设保靖土兵营担承。内都罗溪、三蹬坡、老虎洞、双汊溪、得禾冲为诸苗要路。与强虎会哨于樏木坪，与洞口会哨于总门。夜游山羊洞，扼大田之警；设伏一渡水，塞双汊溪之路。至于山羊，议增小哨，哨迤北修筑边墙。此本哨之吃紧也。

乾州哨　倚守备镇城，河通辰、常二府，故积饷在焉。东至卢溪县蛮夷民寨，南抵五寨土民寨，西连箄子坪苗寨，北距镇溪所苗寨。设小营三：曰湾溪，以连强箄之势；曰冲果，以捍辰、卢之民；曰乾宁，以塞都罗溪、茶坪凹之口。设炮楼四：曰岩牛，曰望成，曰桐木，曰枇杷，以便瞭守传炮。如万桐、竹刷诸苗，于三汊为必由之路。与强虎、箄子、洞口发兵会哨，遥振军威，扼关守之，此本哨之吃紧也。又此方熟苗，时常出入贸易，鱼盐布帛之区，奸宄窥伺之地，在当事者谨严之。城中卫卒闲散，巡守犹用哨兵，非所以均劳逸也。至于饷米，今俱改折矣。凡遇各兵历过一月，即当于次月朔日查实在兵数给与，不必候假格册，则一切营干揽兑之弊自息，而富商亦无所牟大利矣，又何至一兵而先写半年，每筹而仅得低银数分者哉？

强虎哨　东抵乾州哨，南接湾溪小哨，西距劳神顺苗寨，旁通鸦鹊、昔郎等寨生苗，北至镇溪管下地岑民村。设炮楼三：曰麻冲，曰三都，曰麦地。设隘门二：曰东隘，曰西隘。设永顺土兵营担承苗路。如桃花寨、琴图、龙爪溪、鬼侯、鬼党、都罗溪为必由之地。与乾州会哨于桃花寨、滑板溪，与筸子湾溪会哨于樏木溪、都罗溪。夜游龙爪溪，设伏琴图关，此本哨之吃紧也。

石羊哨　东至岩门巡司，通辰州府大路，运河经焉，先年为积饷之所，废弃仓场，委宜议复；南抵水田营，通麻阳，达沅州；西接清水营，直达永宁、铜仁苗穴；北距五寨，接清洞、干筸等哨。附设水田中营一。设炮楼八：曰龙公寨，曰芭蕉溪，曰银壶寨，曰沙子凹，曰洞溪，曰南高楼，曰头栗山，曰中栗山。设隘门六：曰太平隘，曰成佛隘，曰五龙溪，曰白茅隘，曰杨柳隘，曰双江口隘。苗每跳梁，安、宁、洛、濠为必由之路；有警应援，安、宁两哨为扼吭之区。如米岩溪、洞下江，皆宜会哨。此本哨之吃紧也。

小坡哨　东抵铜信废哨，南接沅州后山乡，西邻贵筑施溪界，北连永宁，直通贵苗亚寨。本哨为麻阳屏翰，麻阳为辰、常襟喉。先年德、靖间，鹿龙山贵苗直犯沅之江西街丫喇关，湖苗偏满麻之潭家寨，幸调汉、土官兵堵截，百姓稍宁。隆庆三年，守备陈师表议改丫喇关为永宁哨矣。嗣后本哨陆续添设小哨四：曰水塘凹，曰清水塘，曰十八坪，曰杜壤，势成犄角。设炮楼八：曰铁山，曰石榴坡，曰竹山，曰观音，曰太平，曰黄土田，曰上高，曰南木山。设隘门七：曰铜钱湾隘，曰上隘，曰下隘，曰乾竹隘，曰骂劳隘，曰小桐隘，曰新路坡。所有偏口：雷打坡、亚鱼潭、蜡螃溪、新田、张湾坪等处，皆苗出总路，分兵哨守。此本哨之吃紧也。

镇谿所东至沅陵县界二百里，南至乾州哨十里，西至酉阳界二百里，北至保靖界百里，所辖原系卢溪县五种蛮民。洪武初，有不服造册者，该县主簿孙应龙以举孝廉来任，入洞招抚各夷。渠首恳称有司衙门赋役重大，我苗土地，俱系刀耕火种，难以应当，方才作耗，乞为奏闻，另设衙门管束，务使差徭轻减。孙应龙带领渠首杨二等赴京，奏设镇溪军民千户所治，将该县原纳钱粮一万三千有零，奏除一万石。洪武二十年二月，蒙旨于江西建昌守御千户所取正千户段文赴京，领到五百八十六号铜印一颗，亲奉太祖高皇帝临轩遣行，谕曰："朕有一丸地方，几寨苗民，取你这老头目前去，开设镇溪衙门，好生抚管夷民，此地乃碗酒块肉之所。"又曰："清水白米自来柴，久后子孙享用无穷。尔兵部再取副千户二员相兼管事，将招苗孙应龙升所镇抚职事。吏部选吏目一员与他收管钱粮，布政司拨司典吏四名与他书办。"钦赏段疋表里、牙笏、宝钞、银带等物，以礼筵宴，即日起程。于贵州乌撒卫取副千户陈牙，四川泸州卫取副千户宋贵，于本年五月内前到镇溪，开设衙门，建立制度。将地方一百二十四寨分为十里，令杨二等充百夫长管理；将不成户数畸零苗寨一百三十二名，编充不支粮土军，护守城池印信。寇乱奉调，聚则为军；事平班师，散则为民，故名军民所。其俗多祖槃瓠，悍犷不常，国初畏伐，颇贡常赋。后管理土官征调冒爵，秩过掌所，致所官法令难行，兼各下乡淫索所民，遂多黠纵，始称难治，常贡因寝。下四里颇遵汉法，纳粮当差，但与永顺连壤接争，委勘经百余年乃结。独上六里苗民，阳顺阴逆，叛服不常，与保靖司搀界，地方却系永顺担承，永欲藉报保仇，动辄唆苗攻保，保屡招附，苗又反复难驯，后来永、保互有构借，为边境忧。至于第九里大稍寨苗民，不遵王化，纠拽出没，边燧时闻。竹巢、古隆，诚宜把扼。议令永顺舍目坐寨，抚谕侦探，自往设汉官千户四员，抚苗巡捕，久居边地，与夷姻联。今于辰州卫推选掌印官，以便弹压。第镇苗素称骁悍，奉调为军，则约束不遵；班散为民，则猖狂是肆，责在永顺担承约束之，而当事者又时有衣袽之防，庶边萌可潜消矣。

附龙首营在麻阳滥泥乡，万历三十四年建，东至新营、锁住，南至麻伊、下汉，西至高村、梅树坪苗路，北至山窑村、冷家凹苗路。惟此一路，地僻人稀，密迩镇苗，实系襟喉要害之地，最宜防守。此本营之吃紧也。

附拱辰营去郡城北七十里，旧奇坪岩凹地，外二里生苗，属土官张胜藻管辖，反居十三哨之内，为腹心害。万历四十一年，新创此营，真足扼其咽喉。顷者苗更跳梁，直犯郡郭外，劫掠而去，哨官防守之谓何？土官担承之谓何？释而不问，有负此营矣。

侯加地曰：五谿之防，莫创于苗，大都其丑贪饵汉物，习剽轻生而无远志。种分生、熟，生惟熟所向往，生悍熟狡，互相林蔓焉。其甚者，蠢尔奸民，复乡导之，苗不在藩篱外也。又其甚者，哨兵本捍御固吾圉，逞逞脱巾呼道上，自决其藩矣，势难禁犬羊之不闯也。昔议防苗，今议防兵，兵与苗并议防，五谿渐多事矣。方书云，急治标，缓治本。筹边者宜善胗焉，毋徒曰营哨星罗，形势有可恃也。

《永保总说》

侯加地曰：哨所之后，附以土司，盖为永、保与沅、庐接壤，而表里营哨，受辰府节制，所从来矣。先年大征诸苗，直指奏闻，以各该苗寨分责各土司官承管，遣卫官坐镇，相兼治理。各哨守拨有土兵，亦既烦岁饷矣。司属有经历、都事、吏目，皆流官，原非无事乂者，今皆视为冗员，而镇官权亦渐轻。汉民逋逃奸宄，俱以司为壑，当事者宜虑其后也。

永顺司，国朝洪武二年内附，升为宣慰使司，隶湖广都司。又割新添葛蛮安抚司之南渭州及白崖长官司、思州安抚司之施溶州，腊惹洞、麦着黄峒、驴迟洞、施溶溪四长官司。又并三溪置上溪州，复置田家峒长官司。其会溪属沅陵，有巡检司在焉。正德初，有明辅者，以辰州府学生嗣宣慰使，从征十余次，颇以礼法自守，诸峒翕然向慕。

保靖司，本朝初置保靖州安抚司，洪武六年，升宣慰使司，隶湖广都司。初领长官司二，今增置长官司五，并领之。其一为五寨：朱沱、乌引、芦荻、杜望、白岩五峒也。自唐命田氏世官斯土以控蛮夷，宋、元因之，本朝初，寨官田文归附，始置今司。其一为箄子坪，永乐三年置。其一为茅冈隘冠带长官司。其一为两江口。其一为镇远臻剖六峒横坡，俱长官司。而境内阴隆江、杜望、滑石江三巡检司则直隶湖广布政司。其大剌巡检司属辰州府云。

又曰：按古夷狄效贡，有加赏，无增爵，盖防微杜渐，虑至周也。保靖狭而单弱，且无他觊；永顺地阔蓄饶，声名文物，彬彬埒中土，使者驰骑都门，络绎不绝，无以有窥伺之萌乎？去岁以区区楚材之贡，徼天子宠诰，进阶都阃，将且与司道颉颃，安能受辰府节制哉？倘后有贝珠、獒马之贡，汉廷将何以待之？滥恩而骄夷，当事者溺其职矣。窃恐在笥渐轻，外衅潜启，杞人之忧，又不独在防苗也。

苗徼

洪武初（注四十一），以漁溪属卢溪县，改夜郎，立崇山卫，后省卫，置崇山千户所，管辖悍犷，奈官卑势孤，不能钤束。

十四年，镇筸治古答意苗首乱，命总兵官杨仲名率师征剿，寻就招抚。

二十八年，苗有不服造册者倡乱，庐溪县主簿孙应龙入洞招谕，领苗长杨二赴奏，准轻赋，另给重赏发回。始割庐上五都蛮民分为十里，置镇溪军民千户所，隶辰州卫，每十年，照州县例，攒造丁口解查。

永乐五年，镇筸苗复叛，命总兵官张驷统兵征剿，馀党亦各就招。

十二年，以都督梁福挂征蛮副将军印镇守，驻辰州。

洪熙元年，以都督萧绥挂印镇守。

宣德六年，镇筸苗酋龙三、白大虫、黄老虎、石计聘等，纠结贵州铜仁、平头诸苗为乱，命都督萧绥、都御史吴荣率汉、土兵一十二万讨平之。班师后随叛，诏绥等各戴罪征讨，乃冒暑夜驰，直抵池河扎营，掩杀过半，贼党窜伏深箐，围困九月，诸苗出降，几至绝种。乃设湾溪等十堡，拨军防守。

景泰七年，苗复叛，命兵部尚书石璞讨平之。

正德七年，苗酋龙底羊、龙江西、龙成酒、龙强杀、龙同保等，啸聚川、湖、贵界中，大肆猖獗，诏遣巡抚贵州都御史魏英兼制湖广、四川汉土衙门发兵抚剿调度，未几，以致仕去。寻敕都御史杨茂元代之，咨行巡抚湖广都御史刘丙亲诣辰州驻镇。先是知府戴敏、指挥高勋、王爵陆续抚出镇筸苗犯龙麻羊等共六百三十二人，丙以罪重者八十二名监候，余各省发。复趋沅州，会同都御史杨茂元，调集三省汉、土官兵，委分守右参议张继、兵备副使徐潭、分巡佥事田墀随营监督，用苗民龙真等为向导，进至高岩坪、爆木坪立营，攻破亚西、回保、孟洞、束那、米那、张兵马等寨，斩首七百五十八级，擒获三百四十二名口。

八年，兵攻留绞洞寨（注四十二），斩获千余，抚下苗贼三百余名口。仍委兵备徐潭、同都指挥潘勋、知府戴敏、指挥王爵等搜捕余苗。议请添设守备，领敕镇乾州，兼制土官，弹压边境。以故各土畏惧，诸苗慑服，十余年间（注四十三），赖以少安。旋因土官谋削去控制敕命，致守备权轻，诸土相抗，辄暗纠报私，养成黠悍，横噬三边，酿至嘉靖中年，苗果大叛。

先是嘉靖十五年，贵州铜仁司管辖且逞寨苗吴朗拱纵酒捆缚佃户，其家生员告呈铜仁府，知府魏文杖毙之，其子吴柳苟遂纠党攻劫乡村。思石道兵备佥事田汝成及守备指挥苟瑞，令邻封四川平茶司土官杨再显招抚，魏文许将叛苗地方割与酬功，付以铜仁司印信契券，再显果招安苗贼。后贵州巡抚不允前许，始取契券焚之，以银一千两赏其劳，再显失所图，遂扇苗出没为乱，守备荀瑞因之失职。

十六年，以都指挥邵鉴代之，鉴多谲诡，言湖广苗人听铜、平叛苗纠拽，所劫财物藏于筸子坪苗头龙老恰、龙党叟寨内。镇筸守备陈表令土官田兴爵诱出二苗，擒解辰沅兵备道监候，老恰毙于狱，党叟寻释放。

十八年，老恰男龙母叟见父死，深恨田兴爵，遂聚众攻劫该司，得禾冲等二十一村。其后大、小略变与亚西等塞苗头龙求儿等，见彼劫据获利，因纠铜、平苗寇，劫夺两省油蓬、平头、五寨等处。守备陈表以此被劾回卫，以清浪卫指挥佥事朱衣守备镇筸。时值岁荒，军士缺食，未可驱战，朱衣借银粜米百余石，调集镇溪所上六里土兵六百，委土指挥田应朝督率。

十九年正月，进入爆木坪，遣苗头廖羊保等分头招谕。是时苗尚知惧，每寨各出牛马，求退我师。至三月，因五寨司奸细苗民侯答保刻箭诱筸子坪、团溪、板栗、恶党及铜仁旦逞诸苗，出劫麻阳谭家村。又镇溪亚西苗龙柳比等复叛，出掠平头地方，其管理龙腾霄率兵掩捕被伤，苗知祸大，遂屯聚蜡尔深山（注四十四）。辰沅兵备副使李瑜调征永、保土兵，委平溪卫都指挥高岗凤，同朱衣率保靖兵六百，进抵筸子坪恶党寨；委沅州卫指挥周宝领永顺兵四百进抵五寨司步欵寨，抚定大、小略蛮、排那、孟叟、亚保、回崖口等十一寨，苗头龙远、吴得狗等咸请随军征讨，生擒首恶龙答已等七十七名，俘获贼属五十二名口，并擒获奸细侯答保，解道羁候。瑜又遣辰州卫守备尤钦、傅启忠，同高岗凤督永、保、镇溪兵一千，进入蜡尔山，斩获苗首二十八颗，生擒一人。功几成，偶奉湖广抚、按两院火牌，严令退兵，随将叛苗余党招抚安置。

二十一年，筸子坪乌牌寨苗龙母叟纠合龙求儿及铜、平苗贼，攻围麻阳县城，该县朱知县中途遇执，幸以计脱。湖、贵抚按奏闻，诏遣都御史万镗勘处，应否剿抚，听其处置。

二十二年六月，万镗遣指挥李勇、着落统兵参将高岗凤、都指挥潘玙、守备李英、荀瑞，督令抚苗土官田应朝及永、保两司官舍，带领乡导健步人等，抚出贼首龙求儿、龙母叟，并从恶龙柳补、吴老瓦等；及贵州该道守备官丘润等，陆续抚出从恶麻得盘、吴旦逞等共五十余人。万镗临辰州，查得叛苗余寨未尽归降，再加招谕。续据两省抚苗委官回称：各苗执迷不从，行劫无忌，且阻留抚苗百户二员于山内。乃调永、保、酉、平等处兵及二省附近官军一万一千七百名，令辰州卫守备尤钦、指挥吴山、何清、沅州卫指挥叶森，督永顺宣慰彭宗舜及镇溪土官田应朝所领兵，入高岩立营；守备铁冠、辰州卫指挥贺凤、陈官，督保靖宣慰彭荩臣并筸子坪土官田兴爵等所领兵，入爆木坪立营；守备周宝、荀瑞、辰州卫指挥张一夔，督原调防守五寨、麻阳地方土兵，于丫剌关把截；镇筸守备李英往来总为提督，俱听参将高岗凤、都指挥潘玙调度。是时苗贼蓄食颇多，且知有险可恃，群聚抗敌，势益张大。复添兵万余，次第搜山，斩获首级共七百七十八颗，生擒七十九名，俘获贼属男女共二百三十三名口，夺回原委抚苗百户姚伏、黄金二员，并被掳男妇七十七名口。因暑雨连绵，难于粮运，且草木蒙密，瘴毒易生，师难久暴，遂班师。乃议量留永、保土兵与镇筸、五寨司兵，相兼防守。

二十三年十月，先是筸子坪土官田兴爵系辰州狱，诸苗以其地主贿脱归事之，兴爵大淫虐以逞，苗怨怒，毁其公署以叛，蔓引镇溪苗亦叛。会贵州铜、平官责苗不输税，因移督土官挈印走，诸苗复骚然并起。

二十四年，万镗复临辰州，集诸路兵讨之。时有言镇溪土指挥田应朝可任使，镗因署为巡捕。而应朝实狡黠多智，尝阴构永顺、保靖相仇杀，而两利其贿，至是益肆为奸利，战则庇贼强梁冒功赏，或抚则反覆要重货，夷实未尝见利。督抚监司不察切任之，故功久未成。镗召苗酋，谓必得质乃出，于是以千户往质，苗酋龙子贤来见，镗执之以闻，诛之，苗亦杀所质千户以报。继遣两省监司挟所隶土官诣贼营谕抚，犒以牛酒，计口给食，予其魁龙许保冠带。时湖苗岁苦被兵，听抚，而贵苗未大创，内实骄横，阳许之，遂罢兵，召镗为刑部尚书。未几而龙许保、吴黑苗复叛，焚掠州县无宁日。

二十七年，乃命总督两广侍郎张岳为都御史，移镇辰州招讨之。岳至，议者犹谓抚便，会苗复寇旁县，于是力主用兵，令参政王崇辑抚湖苗及近贵猖獗诸寨，以庚戌九月进近讨破之，俘斩二千余，执许保母女妻妾，寻购获许保。捷闻，罢兵，而止留参将石邦宪等搜捕。

三十年二月，许保、黑苗复纠合湖广附贵叛苗寇思州府。府中故用瞿塘卫卒践更戍之，闻寇平，城守稍懈，贼因诈为瞿塘践更卒猝入城，杀居民，掠帑藏，执知府李允简等去。邦宪等亟分兵邀其归路，诸苗惧，纵允简等归，遁入林箐。时谓酉阳宣抚冉诸实阴主贼掠思州，岳令秘之，而檄与永、保二宣慰会兵讨湖苗助逆者，斩其渠首数十人，馀党复抚定。而田应朝恣横尤甚，又合酉阳兵攻平茶，多阻挠官军。岳召之不出，侦知其恃叔田勉骁悍为牙距，乃先计执勉，杖杀之。应朝惧窜苗寨，累遣人自陈，许其以功赎罪，又不出，遂削其巡捕。应朝势益穷蹙，因永顺宣慰投见军门，岳姑杖之，而令从征苗，击杀斩首，悬于市。时诸苗略定，惟许保、黑苗未获，悬赏以购。邦宪密遣人贿抚苗麻得盘等，侦许保至龙田寨家，诱饮，及醉缚之。疏闻，伏诛。诸守臣争欲罢兵，岳以黑苗深匿未除，必且生患，乃纵还其亲党，而密督诸土官索之。

三十一年八月，刘甫等迹知黑苗，袭斩其首以献。朝议设三藩总督，留岳镇抚，开府沅州。岳乃疏罢湾溪等堡，更设一十二哨：曰乾州，曰强虎，曰箄子，曰洞口，曰清溪，曰五寨，曰永安，曰石羊，曰铜信，曰小坡，曰水塘凹，曰水田营，连镇溪所共十有三，各哨以土兵犵蛮等数百余人，复召募打手数千人戍守。又增设参将壹员领敕控制诸土，驻麻阳镇守，而守备属焉。岳握兵久，斟酌善后事宜，藉兵备副使高显、参将孙贤共成其绩，边境少安。

三十三年，议移参将驻扎五寨司城，就便调遣，边防益周。

三十八年，四川容山土舍张问、韩旬争印，相仇杀，劫镇远军屯，都御史王崇讨平之。

四十二年，沈给事奏以贵州巡抚兼制湖北、川东，罢总督，设兵备于沅州，撤民兵，移粮选募犵、凯等与投顺苗人，分列屯戍，又以土民参错耕种，外以民兵遥振军威环卫之。制曰：可。隆庆、万历以来，铜信、水塘、水田等哨以次议裁，而永宁、长宁、杜壤等营又接添控穴，诚撤所宜先而增所未备也。迩来苗种日繁，而奸民窜入者岁久亦习为苗，故苗且日狡。

万历十五年，刺杀箄子哨督备指挥高松乔，官兵莫敢谁何。

万历二十九年，偏沅军门江铎乘征播之馀，征剿贵苗皮林等寨，辰郡亦不免骚然烦费。

三十六年，兵备袁应文增盛华、王会营哨（按设盛华，徒为私人盛蠡应管兵计耳。蠡应遂以兵九十名卖坐寨苗人，至今为心腹之祸）。

四十二年，署府印同知刘应卜因苗频次出劫沅陵之深溪、浦口，复劫至春伊溪，离郡城仅三里，详议三道，于奇坪、岩凹、总路设立营隘，奉守道蔡复一命名拱辰营，以卫郡治，可谓因事制宜之一策矣。

民苗哨寨

永顺、保靖二宣慰司，其地广袤，连跨几二千里，皆介峙万山，民苗错居，各为寨栅以守。故自永顺东北迤东而南，西界保靖，为寨七十有五：曰铁匠民寨，曰摆上民寨，曰曹那苗寨、拐苏苗寨、上补天苗寨，曰竹寨民寨，曰五奴民寨，曰老鼠村苗寨、张兵马苗寨、竹科苗寨。迤前为崇山卫，称为古昔流放驩兜之所，有城守之，旁卫为寨：曰达河，曰黄马，曰龙高，曰朱虎，曰田河，皆苗寨也。又前为江底民寨，为扯亚寨、木坪寨、溪舟寨、杜望坪寨，皆民居之；次为立反苗寨，为石官司寨、老土田寨、姑木牌寨、恶党寨、铁门关寨、红崖寨、下亚保寨、亚保寨、平郎寨、亚高占寨、马勤寨、鲊得寨、拐糯寨，皆苗居之。其平郎、亚高占之间，为高崖巡司。复由拐糯西，为溪头、上劳、双寨、补那，民寨凡四；又次为米婆、老白二苗寨，茶阳、横溪二民寨间之；次为大铅场、董奇、丙正、鬼者、鬼板、地母村六寨，皆苗居之。又前为地岑民寨、铁寨民寨，旁为镇溪军民千户所，缭以周城，兵戍之。所之右为冲葛民寨，为强虎哨，有城，城侧为洞头、三蹬坡二苗寨。越小溪水为剌峒寨、鸦溪寨，皆民也。鸦溪之旁为哨者四：曰冲木林小哨，曰大坡小哨，曰马滚小哨，曰三汊小哨，皆群苗出没之所。其侧为留绞寨、葫芦寨、乌牌寨、都罗溪寨，皆苗落也。稍前为乾州哨，为镇筸守备署，皆有城；为湾溪哨，哨据磴道，石梁跨小溪，最为险绝，盘屈而长曲，尽前为奇梁隘。复自守备署转而东南，历两溪，为河溪民寨，隔溪为小庄寨、平哲寨、冲省寨、独崖寨、梁寨。复前为高凹哨，为阴隆堡，皆民居焉。复上为筸子哨，为洞口哨，皆有城守之。自筸子、阴隆而南界麻阳，迤西界施溶溪，北界铜仁、酉阳，以尽保靖之东北，为寨四十有五：曰沙子凹，有城，曰乌引民寨，曰清溪哨；其城视沙子凹大倍之，接奇梁隘焉。自乌引跨山渡溪水，为麻阳界，转西南为高村民寨，隔溪为神堂湾。复自湾渡溪为崖门巡司，西上为小田民寨，接石羊哨。哨之左为五寨参帅署，环以城，城中有五寨长官司，前为五寨哨城，后隔山为黄蜡洞隘，左越溪为长冲哨，有小城，下为廖铁塘寨，上为孟叟寨，为老菜溪寨、回保寨、爆木坪寨、田坪寨、大五图寨、冷水寨，皆苗居之。次上为箭塘营，为盛华哨；又次上为永安堡，为水塘凹，为水田营，大小皆有城。其水塘西，则麻阳县也。从县西北，上为铜信废哨、小坡哨，皆小方城绕之，下为龙首营，其上哨西越溪水为施溪长官司。二哨之旁皆苗寨：曰板栗，曰亚吾，曰哼啰关，曰弟尚，曰琴图，曰桐木坪，曰下崖峒，峒前为永宁营，城如二哨。迤而西，为凤凰营，为王会哨，旁复苗寨环之，曰小稍，曰崖峒，曰旦逞，曰江崖，曰打麻。旦逞迤东为池河营，与下亚保、红崖诸寨接。由打麻越山而北，为湄亮营，苗所居，种落尤盛；为黄胡寨、排鲊寨、下水寨、米那寨、池已寨、鬼党寨、小铅场寨、着安寨、思女寨。复自鬼党跨溪，为糯塘寨、思保寨、棓子寨、杉木寨，而都衙一民寨间之，界乌罗。复上为铜仁府，路通酉阳宣抚司，曰军勺寨，曰龙田寨，曰沙溜寨，曰仁沙寨，皆界酉阳；其下为彪山寨，为闷洞寨、洞鲊寨、小莽寨，界保靖，皆苗落也。其入路有二：自东路入者，由慈利可抵永顺，直达保靖、酉阳，至铜仁府，中有大小溪流可渡；自西路入者，起自石羊哨，从西而北，由水田营、水塘凹入麻阳县，出铜信、小坡二哨，可通施溪长官司。又自石羊哨转西而南，过小田民寨，将至五寨哨，分南北二路：北路入五寨城，迤北入永安哨，经弟尚、板栗二苗寨间，通永宁营；南路离五寨渡溪，一小支通长冲哨（今改长宁），其大支经奇梁隘，绕洞口哨城外，入筸子哨城。出渡溪，经湾溪哨下，入镇筸城，从东门出，通镇溪所，从北门出，转西通强虎哨。其镇筸城外迤北一小支，经湾溪哨，与乾州哨通；又奇梁隘一小支，通清溪哨，经沙子哨，自南趋北，与大支合。又卢溪县西二百三十里，其路亦通镇溪所。

侯加地曰：辰府据三楚上游，外控蛮夷，内护陵寝，重冈复岭，崒嵂巑岏，诸蛮负固，叛服靡常，从古患之。唐于此置都督府，历代因地设险，以阴折其踯躅之孚，往事诚可鉴也。顾麻阳、蜡尔、镇溪、筸子、铜平诸山为苗巢穴，周围千数百里，悬崖鸟道，莫可跻攀，且竹箐丛生，鳞次栉比，殆无空隙，人非侧肩偻背，无能入也。贼从内而视外则明，每以伏弩得志；我从外而视内则暗，虽有长技莫施，此万公镗所以叹地利之难也。山岚瘴气，郁蒸多雨，霏雾幂蒙，寻丈莫辨，此万公镗所以叹天时之难也。土官构仇，各厚饵苗以助攻杀，因而启衅生乱，由是土人与苗互结姻亲，情多牵制，且其伎两亦为贼所窥破。今用土兵，不免前弊，欲摈而不用，彼以切近之地，素稔之情，不但引诱窝匿，甚且借兵赍粮。况楚官军皆不足用，除永顺、保靖之外，其余土酋可调之兵，能出千数者无几。至于贵州，舍酉阳、平茶之兵，愈少而愈难矣。必欲别省调兵，则又不谙地里，成功难必，而其沿途骚害，尤不可言，决难轻调。此万公镗所以叹事势之难也。苗贼尝言“朝廷有千万军马，我有千万山峒。”又云，诸葛亮有七纵七擒，我苗有三紧三慢。所谓紧者，军退则突出劫掠；所谓慢者，军临则散漫潜藏。又云，“不怕官府军多，只怕官府粮多。”盖以军虽多而山箐深险，力未易施；粮若多，则围困久长，势将自毙。然明知道路梗涩，粮运甚艰，必不能多，故为此言。此万公镗所以叹狡夷叵测之难也。其后专命大臣一人总督制御之，寻以事宁召还，久之以宪臣领其地，而群苗底定矣。先是议设参守以镇之，十二哨以捍之，边防已周。第日久苗齿繁息，情同鬼蜮，兼外省逋逃诸奸，挟贸易为名，深入巢穴，交通诸苗。苗借彼为侦伺，遍历村寨，窥测殷实，勾引苗众，潜为向导，乘夜劫掳，边民受害，迄无宁日。及闻哨楼传炮，苗遂散伏，哨兵稍集，苗已入巢，无复穷追。所以玩愒日久，养成丑苗黠悍，轻视官军，无所畏惮。虽有食粮顺苗，亦复阴助为孽，甚至杀官斩兵，莫敢谁何。近且纵意横行，怙恶梗化。迩来岁歉，哨兵缺食，脱巾鼓噪，几成大变。虽今渠魁就擒，而兵士莫利从戎，往往掉臂而去，营伍且空虚矣。今年苗氛日炽，杀掳居民不下二三百名口。参戎以七千兵捣巢两头羊，忽有兵卒践石落岩下有声，以为有伏苗，四散奔北，自相蹂躏，而新置火器铁甲，曾不一效用，尽抛掷于溃乱之场矣。岂惟士不用命，良由控制无方，练驯未至，而先时制胜之策未之讲也。余故铺列寨哨如右，使知险要何在，以图善后；又采名公条议凿凿可行者，亟录以俟摘举，与边防未必无小补云。

《边防条议》 游震德（分守参政）

一、审要害。查得恶苗寨分前后左右，穿心仅百余里。宣德七年大征，草薙存不满百。彼时于楚设立乌巢关，黔设立龙势关。及正德七年再征后，楚奏设镇筸守备，并湄亮营、丫刺关，黔设立铜仁守备，并亚寨关、地架关，俱皆逼近苗寨，弹压得宜。及嘉靖二十九年用兵之后，设立麻阳、小坡、铜信、水田等哨，去丫喇二十余里；洞口、筸子坪等哨，去湄亮五十余里；中间荒弃五寨故土，绵亘亦计五十余里，去苗愈远而设备愈多，形势愈分而费兵愈众，不惟杀伐之威未伸，亦于防守之计未审。今欲修设旧关，控扼要害，地广人稀，事势不易。惟有招抚流亡，使黄腊等寨，都溶等堡，筸子、洞口、永安等哨，生聚繁盛，气完势重，然后责令土司进逼丫喇、湄亮，或据池河，画疆设守，则一十三哨之兵可以渐省，而湖北之民可更生矣。

又议 王士琦（清军带管兵道）

一、重责成。查得食粮顺苗协守地方，既假内向之名以冒军饷，常肆外合之计以贻民害。如生苗出劫，彼实暗勾之，及各哨官军赎取户口，亦复就中分利。合无设法禁谕，凡粮苗各该防守地方有人户被掳，即将各苗本季应给饷银收贮不散，必待送出户口，然后补给，若过季始送，则前季全扣不给，庶彼知勾苗所分之利，与安坐时给之饷，劳逸多寡，得不偿失，而非心自阻矣。至于顺苗逆苗，种类本无分别，而服饰亦无异同。查计食粮顺苗若干名，每名给以腰牌，正面刻记年貌住止与食粮哨堡把守信地，背面送道画押刻印，俾之出入悬带。如无腰牌，即系面生可疑之人，即时拘究。放粮时验牌给散，庶狡悍就我羁縻，而粮饷亦免虚费矣。

一、禁私货。照得鱼盐布疋，我之所有，而苗之所资，乃射利之徒，往往私贩前货，冒禁获利，踪迹诡秘，出入难稽，一与争竞，遂酿衅孽。合无今后凡各商贩，必于所在官司讨一印票，以便查验。如某处某人于某地买某货，至某地发卖，止许写大地名，不许丛杂混开，凡所在官司关市，验实放行；若无印票，即同私贩，重治没官。如贩至各哨发卖者，除兵民外，其余止令食粮苗长赴本哨交易，不许贩商擅进巢穴，与诸苗交通，违者以军法从事，庶交易不妨而祸衅可弭矣。

一、编乡兵。照得镇筸营哨，相距各数十里，惟土城内颇有房屋，出城则崇山峻岭，一望莽苍，绝无人迹。惟编立乡兵，可以召号走集，居址错联，渐实荒落。然有兵则饷随，无从处办，而屯种之法，可亟讲也。访闻各哨土甚膏腴，溪洞之水，足资灌溉。合无行令各哨细查该哨附近居民，不论土著流寓，悉听籍名。照各州县立保甲之法，一甲五户，一户若干丁，联为乡兵。空闲地土，任其自议开垦，各分畔塍，创结茅庐，十年以内，虽有丰收，亦免科其粮税。每岁终，哨官造册开报乡丁某某，垦田若干，申抚夷官，止为稽核以杜争冒。抚夷官仍每岁于各哨官中，择其善能劝相开垦最多者，验详特行优奖，以示激劝。久之阡陌既富，则庐舍栉比，即以此众抽选训练，平居而互相守望，有警则协为防守，庶屯卒亦募兵矣。

又议 蔡复一（分守按察使）

一、革冒粮。兵饷告乏，瓶罍交罄，食一兵，须得一兵之用，老弱者宜汰矣。此外尚有虚冒之弊，或久亡而不报，犹领现粮；或诡顶而无人，混销额糈。如杜壤营薛茂创薛文、薛武等名，以图侵银入橐，已经本道访出，移兵道革事矣。至奸贪酿患，尤莫甚卖粮与苗，每名受赂七八金，纸上摆守，巢内关支。夷性至贪，一得粮便据为子孙之业，欲加清革，动称激叛。甚或懦官怯战，饵以逃故兵粮，买求平安；黠官要功，许为申请名粮，捏称降服。已卖者痈之祸方深，擅许者诲盗之萌宜剪。合无行抚夷官阅历各哨，将卖苗兵若干名，尽行查出。系远年官卖，其官已故者，姑照北边收降鞑例，责取本苗入营编队，食粮防御，身终住止，不肯入营，即行革除。如系近年官卖，其官尚存者，不论在哨革哨，提问审实，责将原粮赎回，仍照本道去年议允条款。今后有擅卖兵粮一名者，问罪住俸终身，以后追退户口，只用兵威勒取，不许准粮启衅，庶可近壮实力，抑且远杜忧虞矣。

一、创反侧。能忧镇箪者，生苗也，然本道则不忧生苗而忧熟苗。夫生苗巢穴甚远，有重山以环之，有熟苗以间之，其去我民风马牛不相及，何知某村寨奇货可居，某径路直达可由，某哨隘疏防可掩哉？则熟苗为之向导也。查得先年投抚把路苗人，食粮不过百数十人，其后日新月盛，兵不能战，则饵恶苗为羁縻之资；兵不能守，则养顺苗求捍蔽之用，通计营哨共一千余名，岁粮割兵饷十之二矣。此外尚有挟抚之粮，哨官私于打手凯兵内那给者不与焉。使其内向无他，犹可言也。今则羁者不羁而捍者不捍，岂惟不悍，且引生苗以虔刘我边陲，荡摇我保聚，剽残我赤子。每次入劫，生苗几何人，皆此曹与叛民作祟耳！且官粮之外，胁称耽守某村，勒取岁月常例，名曰烟火钱，既廪于官，又食于民，倏为顺苗以领粮，又倏为生苗以行劫，是彼两利而我两害也。如去年劫洞溪，掳妇女万氏，逼赎数十两，即粮苗麻老二之巢；今正月，又掳本妇以去，而劫王会、都桐寨，掠三十余口者，亦有麻老二子弟。举一麻老二，而千余名可知矣。以剜肉医疮之饷，反成藉兵赍粮之祸，岂不痛哉？本道悬令，地方被劫，查何寨把路之苗，将应放粮革住，擒贼献人，方准补给。而各弁皇皇，恐失其欢，节次行查，并无一报。畏熟苗如此，况生苗乎？又安望其能捍巨寇乎？夫吾兵政不修，顺苗皆寇，何苗可恃？吾兵政果修，兵可制苗，又何恃于苗？合无行参守官，以后苗路失事，申严革粮之法，务在必行。如查有勾逆内犯实迹，明谕各苗，某人负恩作乱当讨，罪不他及，即挑选精兵擒治，庶跋扈跳梁者破豺狼之胆，即阳附阴梗者亦革鸱鸮之音矣。

一、杜滥增。苗粮已设者虽难裁革，而豢养之饷，秋毫皆系民脂，岂容无节？访得各哨原来不限定额数，哨官造册，往往凭意增添。往得不能尽知，以近数年计之，如五寨旧四十八名，今六十七名矣；洞口旧二十四名，四十年冬，尚止三十四名，而四十一年春，造四十九名矣；清溪旧四十六名，今五十一名矣；乾州旧十名，今十六名矣。其他加增二三名者，难以琐列。滥觞已不可寻，横波亦宜力制。合无行抚夷官今次阅哨，将各哨食粮苗人清查实数，诈冒者除之，姑将现在限为定额，以后不许擅添一名，如本苗故绝无子者，将原粮作缺，不许他苗冒顶其粮，仍待效顺有功之苗，方许申详给赏。额数已满，虽有顺苗效劳宜赏者，不妨优赍银两，亦勿轻许名粮。盖赏费银于一时有限，而粮遗患于后日无穷也。

一、遏投住。哨民败群者已能为害，又有逃避差徭，负罪逃奴，投入熟苗寨种地分租，因熟苗以通生苗，望为窟穴，久则引生、熟苗出劫，又或帮其寨苗仇杀。如近有木里寨半熟半生之苗，流民投住数十家，因苗寨结仇，为他苗掳去。此曹甘心从夷，乃其自取，而为中行说于蛮地，则边境大蠹贼也。合无行参守哨官严禁，除以前元有民寨外，不许流民于近苗远哨地方从新创房居住，不遵者守哨官验明烧毁，尽数驱逐。熟苗寨旧民，被苗劫杀者，不在失事之限。凡熟苗与苗寨民，不许纵入内地潜窥虚实。其思汉愿回者，听告守哨官押解本道，发州县递回原籍当差，行李货物，不许官兵侵动，违者依抢夺律问罪。敢新投苗寨者，被擒以谋叛论。仍行辰、麻、沅、卢州县行保甲法，将附苗民村挨门造册，时相觉察。有久出不归者，呈官查究；纵容户口投苗者，事发连坐；远方流民从本保甲经过寄宿者，亦要诘问来历，如系投苗，即扭住送官，毋得窝容奸细出入，自贻焚劫之患。外夷之防既峻，则猾夏之祸不作矣。

一、责担承。永顺约束镇苗，保靖约束筸苗，每岁俱有担承忍结到部。营哨原设抚苗防守舍把头目，月食廪粮，正分北三苗疆以戎索之意也。今则担承毫无实效，认结只属虚文，就中筸苗，猖獗尤甚，历数冬春二季入犯，十三镇苗而十七筸苗也。夫两宣慰司受国恩，世有爵土，生苗皆其部落，命悬掌握而坐视匪茹，虎兕出柙，典守何存？虽在我疆吏，自当厉兵固圉，惟敌是求，不必专倚土酋为缓急。然担承题奉明旨，分管义表靖恭，而罔思厥居，弃命废职，则嫌于欺君；徼宠灵以保世勿绝，岁额粟粮，既逋贡赋，戎籍豢养，又糜金钱，而隶也不力，以部苗为边陲忧，则昧于报德，亦非土司所以懔天威、顺鬼神、传训子孙之道也。合无请发宪檄，传谕二宣慰司，恕其已往误事之咎，责以将来报国之忠，将原认担承苗巢，严加钤制，如有侵轶，奉令捕擒，即发兵歼厥首恶，献俘馘于官，优赏如格。本院还朝，廉其约束有功、忠力不懈者旌奖之，不如法者戒饬之，其尤甚者，闻诸上而加赏罚。荣辱既分，趋避必勇，不惟固吾圉，而激励土司勉为忠义，以保业享名，施恩更厚矣。至五寨、筸子坪二长官司，滑石巡检司与营哨错处，均当奉法竭力。而筸子坪尤有辖四十八苗寨之责，如该管寨苗犯顺，合切责土官协同营哨计擒首恶，追还户口，有功奖赏，敢有怀奸漏情、阴阳取利、胁诈苦主者，提问治罪。譬驭马者衔辔在手，不刚不柔，则四牡之力可尽也。

又议　马协（辰州府知府）

一、议哨墙之缮。查嘉靖年间，参将孙贤立烽堠，建营隘，筑边墙七十里，人恃为金城，以故苗患遂鲜，民皆乐业。后不缮修，倾颓殆尽。当事者不继前人已成之绩，乃创为增哨之举，遂以十二增为十八，兵愈分则力愈寡，将愈多则费愈侈，从何出办？悉兵士膏血也。膏血既吮，尫羸渐成，敌忾何由？此苗氛渐炽，内祸日烈也。哨官不为自强之计，甘为媚苗之术，今日许苗粮几筹，明日许苗粮几筹，一哨唱之，众哨从而和之，彼增则此添，此添则彼增，今计苗一岁食粮四千五百余两，何曾使苗不内寇乎？不特不能使不寇也，或食粮于东而行劫于西，或食粮于西而行劫于东。不止豢苗者不敢言，即被害者亦不敢显举其名，真所谓畏苗如虎、自视如鼠者也。今诚昉昔人故基，自五寨司奇梁隘起，直至乾州哨望城坡止，悉筑墙高一丈二尺，基厚五尺，或内有可补者补之，或全无宜创筑者筑之，东西仅仅七十里，大哨十里，次者七八里，小者三四里。绳铁桢干之具，取诸逃扣人力，用兵卒及墙内人家，计丁分日，轮班助之。墙成，上用木架茅草覆之，为一劳永逸之举。夫督工不得其人，则亦虚糜工力，宜委文官贤而才者一员，与哨官监修。修后墙嵌片石，刻兵夫姓名于上，日后倾圮，责令重修，哨官计数罚治，或无不殚心力者矣。若夫上洞山险溪界，不能筑墙，宜于紧要去处设立隘门一座，用兵守之，朝启夕闭，盘诘往来，不宁遏苗人，亦所以杜内逆之出也。凡有交易，止在墙外，计墙东西苗巢多寡，应有几处，建立几所，明白各定月日，用兵监之，不许纷扰。苗不许入墙，民不许越市，如违，各治以罪，庶险有可恃而奸不复萌矣。

侯加地曰：防苗惟筑墙为第一义，然须砌乃佳，磷磷皆是，非必取之他山也。山险不能筑者，则因险为墙，如西北边法，劳均而垂久，费少而利宏，不犹贤于十万师乎？

省志论曰：政之所贵者，名与实也。今天下名存而实亡者，孰若兵政哉！而楚为甚。异时计军额而饷之，军有登耗，则饷用裒益，此定数也。今举尺籍按之，则军之耗者浸浸半矣，而岁给不升斗杀，是孰食之也？诸卫所屯田，岁令卒士释戈鋋，就钱镈而耕，而登其子粒以佐军费，缮戎器，法诚备矣。乃官怙其腴，而归其硗埆舄卤者于卒士，甚则代官而输之税；或民之豪有力者窜取而兼并之，阴匿其逋额，即令屯部使者莫可究诘，储料安所赡乎？国初惟置世籍弓兵，楚人谓之垛充，其民壮无有也。后以额军消缩，始募民之娇健者为民壮弓兵，而县官为籍民丁亩输养之。夫兵以卫民，故民为养焉，贵相当尔。乃今兵不足自卫，而张颐以哺于民，复勤民之财力以为之卫且养者，是何解也？险要之区隘，苗落所出没者，故事，兵壮与官军参戍之，夫为其能峻防也。乃狡黠梯利，假之道而坐分其卤获，而扞掫谯呵之责，辄偷惰若儿戏矣。又况名为戍守，而身役于官，日以供执殳、事輶轩迎送之役者乎？故核耗军之粮以省募民之费，而又兵禁其私役者，屯禁其私食者；险要苗落，禁其缊奸而私假之道者，庶兵政修举，不至名存实亡矣。呜呼！岂独楚事然哉！

《筹边录》

分守湖北抚苗督饷按察使蔡复一条议《兵政详》

为戎政未修，夷氛日炽，谨陈末议，以固边防事。

照得今春苗孽跳梁，通计十八营哨，入犯一二十次，所杀掠无虑百数十人，亦云棘矣。窃惟今镇、筸之苗，视倭、虏易与者二：而难亦有二。耽耽剽财质子女以媒赎，无长驱之雄，启疆之狡也；种落可五六万，而巢穴星散，无君长期会约束，势不能大举也，此所谓易也。难者，虏阻边墙，倭阻海，而苗错壤营哨，无一垣之限，民寨罗列，收保清野之法，无所用之。虏防秋，倭防两汛，而苗日夜伺我，无时不可攻，无地不可躏蹂也，则难易之大较也。然难易从敌立形，必我先自立，而后敌形从之。今我且未能为我，则难者固难，而易者亦何尝易哉？推毂以命将，而溺职者即将也；设将以制兵，而召侮者即兵也；饷兵以卫民，而讹祸者即民也；植土司以佐兵威，抚粮苗以增民捍，而蠹兵者即土司，痡民者即粮苗也，又何怪乎难者之愈难、而易者之不易也？本道谓今欲制苗，不必求诸苗，惟求诸我而已。我实能将，实能兵，实能营哨，戎政修明，而夷不駾喙者无之。其事惟归一实，而其法惟专于任劳任怨。谨据见闻心思所及，开坐条款，一面会同兵道，督辰州府抚夷官及参守营哨等官，着实整顿，理合呈详，伏乞宪批，严加训饬，地方幸甚。

计开议将有三：

一曰重责成。参守哨官于兵略夷情必日夜讲求，如农之有畔，熟险阻于目中，而规利害于掌上，然后守可固而战可克。今之将领，率不经心，无论出奇制胜，即本道著令，苗犯必诘所从入道，以正疏防之罚。而今春失事多次，行守备查报，竟若罔闻。又民寨分属信地，系去夏参将自议覆行，而至今屡催未报。夫擒首恶，追陷民，犹可诿曰有待，若苗劫内地，出从何巢，归从何迳，岂不章灼，果此尚不知，则木偶奚殊？或知而故隐，则蔽蒙太甚。合无请宪令申饬参守营哨官，将练兵、守检二事，实用心力，以窥伺之智料敌，以妬人之心责已，以推避之精神整顿军政，以顾惜之体面校勘职业，惟据现在画地，以防堵为功，疏虞为罪。就一哨而失事有几，则哨官之伎俩可知；通诸哨而胜败若何，则参守之短长自见。更严行守备，今后凡报苗寇掳掠，要查系何巢穴种落，从某关隘阑入。如劫内地者，尤必查从何哨路经过，禀报守兵两道，以凭处分。罚不逾时，而无所几幸解免，则各哨炮楼巡守，自凛凛加严，而苗警可稀矣。

二曰严制驭。今得功者纪录待荐奖，而目前不艳也；疏防者诘责戴罪，或行住俸，而目前不耻也，是未尽制驭之道也。兵法：主将得径决罚偏裨以下。合无著令，今后哨官遇苗入，堵截无损，得功三名级以上者，除兵照赏格外，行府动库银打造花红，送该哨官鼓吹旌奖，仍加纪录。如本哨信地失事，及纵苗越哨，陷户口数多者，除头目防兵捆打外，哨官系指挥，兵道行提到道责戒；千百户、参将径行责戒，俱戴罪防御。若祸惨罪大者，提解捆责，并从重究革。其参将、守备钤辖各哨体统，原严调遣分布，不用命者，自当径行究治，不得一味纵徇，以致陵夷。

三曰审机权。本道于诸款言之详矣，尚有机权所在，宜阴用而不可示人者，姑略言之：本道观今苗种，其剽悍挟长技胜汉人，其狎险阻耐饥渴劳苦胜汉人，其决前轻死胜汉人，特可制者，分而不合耳。幸彼中无大酋，如嘉靖时，龙许保者有之，则湖北忧方大也。赵充国言湟中诸羌欲钞边必解仇，屯聚边将宜以计破散之。善制夷者，能使夷自斗，常分而不合，则患不及边，虽及边，而病不极。今生、熟苗寨时相仇杀，此我之利也。使心计之将能善用间谍，精选而厚抚之，视诸巢人众而其长自雄能角立者，纵使反间，或乘其微隙，或反其要约，或借事佯泄口语，或为某某怀入犯而某先告我，或为某欲取某自效而微宣之，或生致某苗而言某某所擒获，使诸苗酋互怀疑愠而隙不可缝，因以刺得其情形。彼所欲劫，我必知之，我常为主以待客，而制之易易矣。用谍非财不可，钓鱼者必弃饵，斗犬者必投骨。官为捐金，资之勿爱也，此阴符家所必出。虽今诸弁未足领此而常识此意，亦可引伸控驭之方略，且安知果无其人哉？

议兵有七：

一曰简精锐。卒不任战，是谓糜军。选练四要：曰力，曰艺，曰胆，曰矫捷。而苗路山谷林箐，尤非便地利知险阻者不可。哨官需索常规，往往充以放债工匠游食之人，外此则多武冈、新化、邵阳等处犯罪逃亡者。游惰坐食，则不可执戈；流人非土著，则战不力而易噪。其上访得御苗惟本地团练乡兵及麻阳犵狫兵，悉地形，谙夷情，习苗技，最可用。合无于春季放饷，唱名领封，逐一简选，有懦弱不堪及虚名寄充者，即清出作缺。至补兵闻求，积弊牢不可破，宜令抚夷官一路出示，有骁勇土著民兵及犵兵，俱准报名投见，验其膂力，技艺过人者，不拘多少，彙造三册，报守兵两道及辰州府。所汰退兵缺，即以此人充之，收补未尽者，又可留为下次报缺批顶之用。以后放饷，府县官俱照例举行，仍将唱放过兵卒有无老弱揭报。其在营各兵，严责哨官着实操练，不许买闲，守备仍不时阅校。如此选练得法，行之一年，兵可渐精，其视向之糜军，势相百也。

二曰除戎器。器械不利，以卒予敌。苗之长技在弩矢铦镞，数寸中要害立死，袒裼当之必无幸矣。兵家制器，必审彼己之短长而精用之。御弩莫若甲，而胜之者惟火。此间三连短铳，仅供传号，不可杀敌。前此参将有火器之议，格不行。本道入辰，力主其说，动辰库银，委辰州卫掌印指挥姚之屏募匠制鸟铳三百门，及火箭、火笼等药，而甲则未之及也。访得贵州铜仁兵日给九厘，尚自备衣甲，今我兵食饩，多者日将三分，少者亦可一分。去年放过银，每人领十八九两，且岁省其掊克科赎之费，以此置器械衣甲，亦充然有余。而临阵可以救死扶伤，克敌可以先登取赏，是正为兵计，而非以为厉也。合无行参守哨官，春季放饷，即严督各兵将领到银，置造衣甲及犀利枪刀弩箭器械，仍时加点阅，不许典卖，自危身命。然自造之甲，爱惜工财，差可护身，难以陷敌。今本道自捐供应纸赎银一百两，合无于辰库贮银，再行动支凑前数，仍委姚之屏造坚甲三百领，长短为上中下三制，完日与鸟铳酌哨分大小分给，为冲锋破敌之用。庶甲可御苗长，火器可制苗短，而执讯获丑不难矣。

三曰申策应。善制兵者，分而能合。哨官合本哨为一人，而参守又合诸哨为一人，则是常得千人之用，何苗不摧？今所患者，哨兵数百，而实无百人之用也。以本哨言，炮楼不守，伏路不勤，每日游巡，仅以十数人了事。游兵遇敌，本营不救，是分布无法也。邻哨有警，高坐不赴，参将调发堵截，哨官惮与苗遇，领兵于苗迹不到之处，而虚要路以待敌，苗过，则曰道偶相左耳，与北边假按伏以避虏之弊正同，是救援不力也。合无行守哨官，将本哨兵除分守小营外，通计在营兵数，编以什伍法，分为三大队，每日轮一队守炮楼，伏路把隘，一队游巡接应。此二队俱应出营，敢躲闲在营者，捆打贯耳游示。如某处炮响，游巡兵驰往截杀，哨官亲赴督战。苗势大，连传三炮，仍添拨在营队兵再行接应。至邻哨闻警，法当赴援，亦须分定地面，如犯某哨之东，则专责东邻哨应援，西、南、北亦然。当援不援者，与失事同罪。庶兵有率然之势，而苗亦不得以一处牵制我疲于奔命矣。

四曰守要害。苗路多岐，紧关冲险者拨兵把截，预备伏弩击石，寇至矢石交发，安能飞度？其炮楼等项，据守备金有声呈报，有坏当修者、元无当添建者、失险当改徙者，俱批行动工修筑矣。至偷路去处，或猱崖可越，或鸟径仅通，又当增险为守，用力锄凿，设法堵塞。仍仿铁蒺藜法，多砍棘刺，漫布涂上，暗削竹签木桩，埋钉土中，以陷其来。又苗善用弩，利于茂林，凡近苗林箐，酌留我兵塘伏之处，余俟天霁风高，纵火焚烧，使狡夷不得潜藏，登高瞭远，洞无遮蔽，亦夺其所恃之一法也。击苗或逆其出，或扼其归，俱当伏要害以待。先要哨探真确，谍而得情者厚其赏。如报某巢苗出劫，预檄近巢之哨伏兵截之。盖入劫之地虽多，归巢之路必一，既严防以遏侵轶于前，又用奇以击惰归于后，设阱待虎，未有不擒者也。

五曰革冒粮。营中虚冒之弊不一，或久故不除，或诡名虚顶，已经严行察汰。至于奸贪酿患，尤莫甚卖粮与苗，每名受赂七八金，纸上摆守，巢内关支。夷性至贪，一得粮便据为子孙之业，欲加清革，动称激叛。甚或懦官怯战，饵以逃故兵粮，买求平安；黠官要功，许为申请名粮，捏称降服。已卖者养痈之祸方深，擅许者诲盗之萌宜剪。合无行抚夷官，阅历各哨，将卖苗兵若干名，尽行查出。系远年官卖，其官已故者，姑照北边收降鞑例，责取本苗入营，编队食粮防御，身终住止，不肯入营，即行革除。如系近年官卖，其官尚存者，不论在哨革哨，提问审实，责将原粮赎回，仍照本道去年议允条款。今后有擅卖兵粮一名者，问罪住俸终身。以后追退户口，只用兵威勒取，不许准粮启衅，庶可近壮实力，抑且远杜忧虞矣。

六曰明赏罚。镇、筸赏薄而后时，故军士不劝。本道去夏以来，一变其法，遇斩获真苗，盘擒奸细，血战阵亡，登时例动库银外，另捐廪赎犒之。然斩获阵亡，就中勇怯难易，亦有差等。合无酌定，凡苗众结阵出劫，官兵堵杀鏖战擒斩者，每真苗一名，赏银五两；零星潜出流劫，伏路游巡，截擒斩级者，每名赏银三两；汉逆助劫阵擒者，每名赏银三两；身带凶器，挑送粮食接济，及为奸细侦探盘获者，每名赏银二两。凡汉逆俱要擒解审实，不许擅戮，以防妄杀平民之弊。其随苗阵拒战者，不在此论。我兵摧锋陷阵，乘此得胜，其奋勇之人，临阵被杀者，恤银五两，混战被杀者，恤银三两。家有精壮丁男弟姪，验明俱准补兵缺，杀贼报效。如战败奔走，被苗赶杀者不恤。奋勇陷阵重伤者，赏银一两，轻伤三钱；混战重伤者，赏银五钱，轻伤一钱；奔走被赶伤者，亦不赏。守哨官从实分别核报，不许徇私颠倒取究。目兵观望退缩，致本队兵损失三人以上者，捆打一百棍革役，仍枷号两个月，有伤者免究。苗入经由信地，炮楼不报，应守隘路不截，致杀掳人口者，捆打八十棍，枷号一个月。寻常察点炮楼把隘失误者，捆打五十棍。若遇大战，主将申严号令，临阵退缩者，自照军法处斩。以上俱候详允刻示遵行，庶赏信罚必，未战而气自倍矣。

七曰权剿抚。兵法欲战必守，欲守必战，故战中有守，守中有战。战中有守者，致人而不致于人也；守中有战者，制人而不制于人也。不能战而谈守，未有不坐困者也。辰、沅生事之土官、喜事之黠民，纷纷请剿，兵几万，饷几十万，本道尽绌罢其说矣。今乃兼剿言者，彼所谓剿，离抚为剿；而本道所谓剿，即抚用剿也，非剿则不能行其抚也。苗虽数万，散处各寨，不相属，少者寨数十人，多至百余人止耳。入犯皆先杀牛剁聚，事毕鸟兽散云，甚若易制，而辄为所困者，战威不立之过也。故事：失陷户口，责哨官追退，又戒以勿得启衅。故十年积弊，惟敛兵银赎取，今又严敛赎之禁矣。既不敛赎，又不用兵，则苗岂有坐而送人之理哉？虽本道申令，勒担承粮苗追取，不退者革其粮，然掳掠利多，革粮害少，彼且甘心矣。况哨官畏苗如虎，支吾解脱，未必实行乎。去岁各哨退百余人，然该府损赎数十两、盐数十包，而土官田景逢、景珠等，分外私科失主每名银二三两，富而急还人者倍其数，视赎回不甚远也。夫苗利劫质，非与斗不杀人，人虽入巢，犹赋粥以活之，待赎故也。不以武胁而以货取，虽重民命，而实餍苗欲矣，是诲之劫也。今春掳掠不翅百余人，又将何以赎之？本道谓当雕剿一二巢示创。犬羊之性，没利畏威，种落顺逆不一。吾战威立，逆者可顺；而战威不立，则虽顺岂有不化为逆者哉？合无行抚夷官阅哨日，唤出食粮苗长，薄赏鱼盐，责令入巢，传示练兵制器欲讨罪之举，顺者咸与并生，逆者决不轻宥。速献所掠户口，准与赎罪。如逆命不悛，俟吾兵卒已练，器械已利，择其恶极，如两头羊、官庄等寨，迅加扫殄，彼将痛而服矣。夫战，危事也。不能缚之入犯，而欲取其在巢，又疑形也。然势固不同，入犯则彼乘我之不备，捣寨则我掩彼之不意；入犯则无所不攻，备多而力分，捣寨则厚集吾众，气盛而势合；入犯则决于原野，火器力散，捣寨则薰其窟穴，火器力聚；入犯则角斗，捣寨则用奇，此制人制于人之别也。此当待练兵制器有成之后者也。能惩其一二巢，而余戢以恩信，则诸巢啮指相戒，所谓剿以行其抚也。

议粮苗有三：

一曰创反侧。能忧镇、筸者，生苗也，然本道则不忧生苗而忧熟苗。夫生苗巢穴甚远，有重山以环之，有熟苗以间之，其去我民，风马牛不相及，何知某村寨货财可取，某往路直达可由，某哨隘疏防可掩哉？则熟苗为之向导也。查得先年投抚把路苗人，食粮不过百数十人，其后日新月盛，兵不能战，则饵恶苗为羁縻之资，兵不能守，则养顺苗求捍蔽之用，通计营哨共一千余名，岁粮割兵饷十之二矣。此外尚有挟抚之粮，哨官私于打手凯兵内挪给者不与焉。使其内向无他，犹可言也，今则羁者不羁，而捍者不捍，岂惟不捍，且引生苗以虔刘我边陲，荡摇我保聚，剽残我赤子，每次入劫，生苗几何人？皆此曹与叛民作祟耳。且官粮之外，胁称耽守某村，勒取岁月常例，名曰烟火钱，既廪于官，又食于民。倏为顺苗以领粮，又倏为生苗以行劫，是彼两利而我两害也。以剜肉医疮之饷，反成藉兵赍粮之祸，岂不痛哉？本道悬令，地方被劫，察何寨把路之苗，将应放粮革住，擒贼献人，方准补给。而各弁皇皇，恐失其欢，节次行察，并无一报，畏熟苗如此，况生苗乎？又安望其能捍巨寇乎？夫我兵政不修，顺苗皆寇，何苗可恃？吾兵政果修，兵可制苗，又何恃于苗？合无行参守官，以后苗路失事，申严革粮之法，务在必行，如察有勾逆内犯实迹，明谕各苗，某人负恩作乱当讨，罪不他及，即挑选精兵擒治。庶跋扈跳梁者，破豺狼之胆，即阳附阴梗者，亦革鸱鸮之音矣。粮以诱其顺，兵以威其逆，熟苗受约束而生苗患不减半，未之有也。

二曰杜滥增。苗粮已设者虽难裁革，而豢养之饷，秋毫皆系民脂，岂容无节？访得各哨原来不限定额数，哨官造册，往往凭意增添。往者不能尽知，以近数年计之，往往十增其三四。滥觞已不可寻，横波亦宜力制。合无行抚夷官今次阅哨，将各哨食粮苗人清查实数，诈冒者除之。姑将现在限为定额，以后不许擅添一名。如本苗故绝无子者，将原粮作缺，不许他苗冒顶其粮。仍待效顺有功之苗，方许申详给赏。额数已满，虽有顺苗效劳宜赏者，不妨优赍银两，亦勿轻许名粮。盖赏费银于一时有限，而粮遗患于后日无穷也。

三曰禁侵削。各哨遇放苗粮之时，只系苗头总领，无从稽察，往往哨中积棍通同侵克。至有放债私典苗粮，虚名冒顶，既违国法，且久假不归。苗以失利生怨，未免酿成仇杀，宜防其渐。合无行抚夷官今次阅哨，量动逃扣银买备盐包，放粮日传谕苗长，率领顺苗出见，每名赏盐一斤，将粮银唱名给散，谕以恩威，效力把路，勿怀二心，自干天讨。仍每名给小方纸印票，为下次领粮之照。后季委官至，缴验前票，方准散给，仍给新票为照，再后季仿此。其缴过票，俱类钉申兵道察验，哨官书识头目。有侵克苗粮者，准本苗赴委官告究，参呈问罪。仍严禁客土汉民，不许私买苗筹，违者治罪，本银没官。其粮苗把截获功，及预报某巢生苗由某处内犯得实者，申道行赏。创反侧，则苗知畏；禁侵削，则苗知怀，柔其搏噬之凶，为我雕狗之用，或出于此。

议汉民有三：

一曰防启衅。设哨之初，专以捍蔽辰、麻、沅、卢州县，某营哨地，惟五寨司土民、筸子司苗民而已。间有客民生理，犹未甚夥也。因五寨、筸子土官，招集流民垦耕，而吾民富而商者、贫而流徙者，环哨插居，渐以成聚。其中有豪猾险健之徒，交结哨官，把持乡社，既放债以折兵粮矣，又使子弟冒兵而耗不役之饷；既逼债以致兵穷矣，又唆各兵讨饷而发大难之端。甚至私买熟苗之粮，公行冒领；交通生苗之货，外启窥伺；又或欺凌贫弱，准折妻子，致无告者挺身以投夷，怀仇者纠苗而释憾。凡勾苗内劫，非射利则泄忿，此豪民实开之衅也。合无行抚夷官阅哨，会同参守，将哨中客民虚名冒兵，尽行汰革，以后放债与兵，不得指准月粮。散饷俱面给兵领，听自算还，不许债主投状领抵。苗粮一概禁断，敢擅买者，照前款议，究罪没官。仍严禁不许役贫凌弱，武断一方。凡贩买俱照旧规，赴该哨来格所，听健步禀哨官，通知熟苗，两平交易，不许擅遣家丁入巢引苗，出外窥探。其交易止许鱼盐饮食之需，不许用牛，诸苗刀耕火种，得牛则以供剁款祀鬼，歃结入寇而已。尤不许用硝磺兵器违禁之物，违者商民健步，俱以接济论。哨官受贿畏徇，不能觉察者究革。内衅既绝，外侮可销。

二曰遏投住。哨民败群者，已能为害，又有逃避差徭，负罪亡奴，投入熟苗寨，种地分租，因熟苗以通生苗，望为窟穴。久则引生、熟苗出劫，又或帮其寨苗仇杀。如近有木里寨半熟半生之苗，流民投住数十家，因苗寨结仇，为他苗掳去。此曹甘心从夷，乃其自取，而为中行说于蛮地，则边境大蠡贼也。合无行参守哨官严禁，除以前元有民寨外，不许流民于近苗远哨地方，从新创房居住，不遵者守哨官验明烧毁，尽数驱逐。熟苗寨旧民被苗劫杀者，不在失事之限。凡熟苗与苗寨民，不许纵入内地，潜窥虚实。其思汉愿回者，听告守哨官，押解本道，发州县递回原籍当差。行李货物，不许官兵侵动，违者依抢夺律问罪。敢新投苗寨者，被擒以谋叛论。仍行辰、麻、沅、庐州县，行保甲法，将附苗民村，挨门造册，时相觉察，有久出不归者，呈官察究。纵容户口投苗者，事发连坐。远方流民，从本保甲经过寄宿者，亦要诘问来历，如系投苗，即扭住送官，毋得窝容奸细出入，自贻焚劫之患。外夷之防既峻，则猾夏之祸不作矣。

三曰绝勾引。生苗入犯，固由熟苗与投住之民，睥睨肆毒。而临时又有内地奸民，勾通接济，或分队潜入，而会于某处；或先期散伏，而发于某时。其至必有所藏，其饥必有所食，若无勾通接济，则何以能来，来又何以能久哉？近五寨哨捕获卢溪客民刘通文、刘通武，搜出兵器饭食，供称与苗交通，约于溪口送饭。而箭塘营于香炉山下堵苗，阵擒三名：田帮魁、田老四、张回香，皆麻阳民，引苗报仇，劫溪口、长冲等处，杀高参将家丁及标兵数人。大抵边境之祸，熟苗十三，叛民十六，而生苗才居一二。勾引不绝，欲遏外贼难矣。本道严行各哨关防，报称哨地与苗原无界限，各民手不持刀弩，身不带禁货，隘兵拦阻，动称妄拿平民告害，以致出入莫可究诘。不思越度关津，已有禁条，况越哨乎？又何必盗形具而后为捍罔也？访得青黄不接之时，四外流民，藉口艰食，或云趁口边哨，或云移粟苗巢，或云投耕某山，或云探亲何寨，此皆勾引之别名耳。合无严行参守哨官，于官私路迳，分拨防兵，常川把截，但遇汉民流徙到彼，无论趁口探亲等项，尽数阻回，不容越度，敢恃人众势强抢过者，放炮发兵，追擒治罪。如有窃入苗界、踪迹可疑者，即便拿住，搜有违禁器物，勾通情由，以奸细论。空身者，解道枷号，递回州县收管。盘验员役，论功行赏，若疏纵失防，为别处觉发者，将前经过门隘兵役问罪。勾引尽绝，苗夷茫然不知内地虚实，又恶敢狎入不测之渊哉？

议土司有二：

一曰核戍兵。永顺兵三百，分隶永安、强虎，保靖兵三百，分隶洞口、箄子。领兵舍把头目，合镇溪所乾州哨，约四十余名，皆廪于官者也。无事则荷戈乘障，有警则擐甲先登，方有裨边圉之用。今则强半子虚，大都恇怯，本道委守备金有声阅哨，洞口土兵，点一百名不到，永顺兵虽在哨，而缩朒不听调遣。夫縻空名之饷，而饷不用之兵，皆与无兵同，然则调发何为，裹粮何益哉？合无严行参守及二宣慰司，以后委官放土兵饷，俱照哨兵例，察点实在，方许散给，点名不到者，扣银还官。其随营土兵，务要选练精壮，严守信地。苗寇生发，听参守哨官号令，分遣堵杀，有功依赏格一例给赏，不用命者，舍把头目，革去廪粮，治以军法。营哨实增六百人之用，军容益壮，苗丑寒心矣。

二曰责担承。永顺约束镇苗，保靖约束筸苗，每岁俱有担承认结到部。营哨原设抚苗防守舍把头目，月食廪粮，正分北三苗疆以戎索之意也。今则担承毫无实效，认结祗属虚文，就中筸苗猖獗尤甚，历数冬春二季入犯，十三镇苗，而十七筸苗也。夫两宣慰司受国恩，世有爵土，生苗皆其部落，命悬掌握，而坐视匪茹，虎兕出柙，典守何存？虽在我疆吏，自当厉兵固圉，惟敌是求，不必专倚土酋为缓急。然担承题奉明旨分管，义表靖恭，而罔思厥居，弃命废职，则嫌于欺君；徼宠灵以保世勿绝，岁额粟粮，既逋贡赋，戎籍豢养，又縻金钱，而隶也不力，以部苗为边陲忧，则昧于报德，亦非土司所以凛天威、顺鬼神、传子孙之道也。合无请发宪檄，传谕二宣慰司，恕其已往误事之咎，责以将来报国之忠，将原认担承苗巢，严加钤制，如有侵轶，奉令捕擒，即发兵歼厥首恶，献俘馘于官，优赏如格。本院还朝，廉其约束有功、忠力不懈者，旌奖之；不如法者，戒饬之；其尤甚者，闻诸上而加赏罚。荣辱既分，趋避必勇，不惟固吾圉，而激励土司，勉为忠义，以保业享名，施恩更厚矣。至五寨、筸子坪二长官司，滑石巡检司与营哨错处，均当奉法竭力。而筸子坪尤有辖四十八苗寨之责，如该管寨苗犯顺，合切责土官协同营哨，计擒首恶，追还户口，有功奖赏；敢有怀奸漏情，阴阳取利，胁诈苦主，提问治罪。譬御马者御辔在手，不刚不柔，则四牡之力可尽也。

《彙参失事条陈申饬并自劾详》

为疆场破坏日深，边民涂炭已极，谨备列偾事之状，直穷受蠹之原，并自劾抚苗失职，以听处分事。

照得本道去秋受事之初，即两发告示，布威德以怀夷落，恐哨官苛贪启衅，则有剋赏粮之禁矣；恐奸人阑出勾引，则有饬保甲之防矣。而鸮音自若，乃知苗非可空言抚也，官之师旅，实有所缺。于是昧议戎政条款，俱蒙两院批允，本道与兵道力督将吏举行，而辰州府抚夷官佐之；继捐俸廪，并动库银，锻造鸟铳铁甲，器械略设，而以赏罚厉其后，庶几收小愒之效。然两道止持文墨议论而已，练兵守险，则参守哨官事也。讵意柔情易恣，惰气难程，岂但无鼓舞手足之能，且无发露耳目之畏。本道心苦形瘅，口顽听藐，而疽蚀鱼烂之祸，日甚一日。如今年七月起至十月止，共杀死兵一十七名，烧杀死户口三十二命，掳去男妇二百六十余名、牛马五六百只，毁房屋一二百重，他杂物不计。元元何辜，真可痛哭流涕长太息矣！最可怪者，一兵不练，火攻不习，委官拟汰老弱，则多方为丐免，曰熟知苗路也，在胆不在力也。事逼则驱羊格虎，有并火器委以予苗耳。尤可恨者，一哨苗入总路，不过数处，如靖疆之高罗、油草，永安之朱冲口、洛濠、菖蒲塘。永宁之龙鄂总兵营，其要害人人能言之，而游巡炮隘，俱为虚名，苗往来若无人。甚至越哨深入七八十里，本哨兵尚若罔闻，将领不之按，即两道严按，亦寝不报。在事诸将失事之罪，一以国法绳之，无所逃矣。

若夫积蠹之原，总由大小将领，无安边境立功名之志，而一以管兵为利媒，爱钱与惜死之心两合，痼疾牢不可砭。其显然易见者曰占兵。去秋本道已条陈两院颁禁矣，今访各哨私役，多者数十名，役于官，则不复问击刺之事，而战卒愈少。犹之卒也，何彼袖手而我荷殳？士皆解体，而战气愈亡矣。如五寨兵额最缩，在哨不满百名，而哨官董筹呈详园头吹手、门子、教士等役，共占三十余。董筹所指，必非自列，其属参府可知也。参将有班军百五十人，守备有班军百人，皆兼坐行二粮，不战不守以奉奔走，犹不足而侵及哨兵乎？田单编妻妾行伍之间，彼何人斯？其为蠹一也。占兵未已，又有卖兵。健儿多穷儿也，负技力自效，孰肯输财？亦安所得财？惟不任战者，其补伍必有恒馈，而哨官居为奇货，即汰壮而进羸弗恤。而委官欲清之，且若夺乳婴口，苐然以不肖之心应之矣。其为蠹二也。兵卖闲矣，苗攻哨亦可畏也。况今饷悬指二年后，重以事故革退之不虞，则虽卖而其利未博，惟与苗为市，可以餍其婪心。而苗以死保粮，守为世物，其甘而必得之也。一名赂十余金以上，既可德苗，又可肥己，而缓养痈之祸于岁月，是卖兵者转而卖苗。其为蠹三也。苗岂能终抱饵而止劫哉？有朝受糈夕行剽者矣，于是卑词与约，苟完本哨而已。饵于东而劫西，饵于外而劫内，我勿与知，以卢、麻二县边民为壑。甚乃戒隘兵勿举炮，谓闻炮不赴，责在官而重，失炮不举，责在烽堠而轻，是卖苗者巧而卖路。其为蠹四也。

凡此四蠹，总属膏肓，而卖苗、卖路，尤不治之疾。粮苗千余，岁银四千五百两而赢，岂制饷之初，预派此豢苗之额哉？始滥觞，末江河，计万历来新增者二百名，为金六七百，此外盗气血附颈之瘿也。其以兵卖苗者，各哨共一百一十余名，皆以汉名附籍，而以苗身坐寨，此内盗气血附心之痞也。且历观数月劫案，越靖疆洞口，则北中卢溪；越永安、永宁，则南中麻阳，深入七八十里，何所过哨路，反获寂然？苗不犯哨，哨不堵苗，而卖路之证，不既昭昭耳目乎？夫设哨为内地捍耳，麻阳虽有清水、石羊诸小哨，然第二重门户也，其兵寡；永安、永宁等，则第一重藩篱也，其兵多。藩篱不守，门户薄矣。拒敌而伤，犹曰格斗，哨民被掠，犹曰逼虎穴，若包有鱼以及宾，户进狼而入室，开关延寇，何异党苗而助之攻哉？且各哨兵募苗在营者，种本犬羊，悲存狐兔，出与苗遇，往往交臂相送，而卖路之祸愈极矣。上下相蒙，以养苗为当然，以养苗而劫为固然，以纵苗过为不得不然，日蚀月烂，兵尽化苗，必无湖北，不至大征不止。至于大征，而费财费人，各又巨万计，祸又何可言哉？故今湖北殆不可为矣。非不可为也，爱钱惜死之弁为之蠹也。

割瘿削痞，骤者必死，惟实其元气，使气血归于益人，而不为彼盗，则如瘿痞者，固可以守而坐消。明法制，别贤不肖，以夺其爱钱惜死之心，而四蠹可剔，兵可强矣。窃谓本院宜著令，苗入本哨与格者，有损失亦薄其罪；纵使越哨，即以贼侵境内掳掠人民，充军律治之。厉卖兵卖苗之禁，犯者虽主将无所贷。其现在各官，分别提问戴罪如法。而先年卖粮与苗之余万钟、潘弘祖、刘宗舜、濮朝东、王盖臣，仍批本道提究。使知挟私坏边计者，虽事在数年前，犹有冷面无情如本道者，痛追绳之，庶几戒贪懦之后车，而今日之瘿与痞，犹可守使勿溃，而急理气血以待其衰止也。

至哨务虽多，总不过"练兵守险"四字。本道原议已悉，特苦参守哨官不肯实举，今又议约束以督其必行。一曰束队伍以行简精锐之法。五人为伍，五伍为队，居而练，出而战。律以止齐，一人斩级，四人助力，分别同赏；一人被杀掳，四人割耳，捆责枷号，一伍有失，队长连坐，则静相保，动相救，勇怯相习。其老弱者，伍中恐为累，自不肯留，而买闲冗食之弊，无所容矣。二曰把苗路以行守要害之法。每哨苗入总路，察明几处，每处拨兵若干名，五日一换，俱载簿稽察哨守，时时巡阅，失伍者捆责。苗过炮楼不报，游巡不堵，参将吊簿察提，连簿移解兵道，簿上不注，即系哨官卖闲。三曰立会哨以行申策应之法。在本哨，则某处游巡兵与某处会；在邻哨，则某哨游巡兵与某哨会，俱画定界限，以辰、酉两时为节。仍设令箭号旗，辰会一处，箭递换一处，酉会一处，箭仍归本处，俱载入苗路簿中。应会不会者，将不到全队本日口粮，扣赏独到之兵，另行捆责。如有苗警，队长拿解，治以军法。四曰练火攻以行除戎器之法。鸟铳手延请教师练习放打，务在精熟，可以命中。临阵前卫以挨牌，旁夹以长枪刀弩。每出，将火药预分数包，一放之后，牌兵枪刀兵接战，铳手又可入药再放，仍要悬带腰刀，以防敌杀。放打不中者，铳手捆责。若铳手被杀，同伍兵连坐。五曰责欺纵以行明赏罚之法。任法生怨，任怨生谤，谁不知之？而不敢避者，官守之凛志，民害之痛心也。今各哨失事重矣，参守于哨官，惟恐有伤，并不敢问一卒。苗过总兵营、木星冲，而永宁之目兵不究；苗过朱冲、菖蒲塘，而永安之目兵不究；苗过高罗、油草，而靖疆之目兵不究。官可猫鼠，而简书不足畏乎？卒可骄儿，而闾井之荼毒不足念乎？知其卖路而姑息之，是一纵也。大小相师，阳为不觉以避不战之罪，是欺也。前高参将讶本道屡批操切，贻书谓九边各道与总、副、参、游同心，故能立功名。夫边上掩败饰功、徇情破法之态，岂本道所能哉？畏官守故也，痛民害故也。军法惟赏罚二端耳。今擒馘之赏，阵亡之恤，道府未尝小吝，而决罚不明，哨官犹可诿诸两道；而头目队长防兵，断宜责参守，严绳其失伍，而痛治其疏防，无监司日仆仆向各哨提小兵之理也。设簿稽查之法既立，再有庇徇回护者，欺纵之罪，守备则两道参提，参将听本院裁处。以上五款，原是兵法之茶饭，将守之耕织，今无一留心下手者，不得不越樽俎代为区画，而束以必赴，已通行参将、守备及辰州府抚夷官矣。本道之所得为能为者止此，法立而犹玩愒，则当以三尺鞭其后。

抑营哨之败人败事，亦既发露无遗矣，乃本道瘝官府咎，尤有不得而自掩者。苗不靖而始议兵，湖北抚苗者何官哉？古之守令，积其恩信，犹能怀来羌族蛮部，为不侵不叛之臣。而本道抚绥期年，叛者四起，其咎一也。申饬戎政诸款，谬谓行之可以改壁垒旌麾之色，而半年于此，将领阁之如弁髦，边疆啖之如画饼，本道还质之如说铃。有盟不践，为欺大矣，而何以责人之欺？其咎二也。臣子之衡功罪者，惟事与言，询事事废，考言言浮，误疆圉而陷生灵，非本道推纳之沟中乎？且从来分守，催饷外无越思，今本道目击镇、筸膏肓之病，慨然与兵道许副使约，共厘振之。兵道忠勤公正，戮力同心，无人不共推敲，无事不相咨确，而毫无补于胜局。有器于此，一人举之未胜，助以一人而重自若，则助者惭矣。况静听舆诵，颇谓本道去岁勒石革镇、筸常例，严杜科敛，今年又清查苗粮，不许私卖，责选实兵，不许私顶，将领失其垄断之望，皆有重足束手之叹。即高参将书与本道，亦云水太清则无鱼，其教戒甚切，惜不能从耳。故秋冬诸警，营哨恣苗出入，如履无人。以形袭常之寡患，而综核之失策，是藏怒于本道，而迁祸于边民也。本道任法任怨，未见其利，先受其病，然则诸将战不力，皆本道之咎。而驽骥并骖，骅骝莫展，累许副使自劾者，亦本道负之也。

语曰："责人则明，恕己则昏。"志曰："施其所恶，自上而下；施其所爱，自下而上。"若批根将领而匿瑕监司，是本道智昏于恕己，而本院法格于行近，其谁肯服？伏乞本院特赐纠参，重加镌降，以为失职之戒。目前人心倍加警惕，疆事或可整顿，仍将本道所列蠹原之说存之，使后有任臣良将，得以考据叹息而经营，本道虽身退甘之矣。

《议添募兵筑边墙》

为苗氛甚恶，黔患震邻，谨陈目前急务，以固边防事。照得镇、筸苗枕川、湖、贵之交，苗巢中踞，而三省外环之。宣德间，总兵萧绶大征，后再征于成化，又再征于正德，又再征于嘉靖，率未有五十年不用兵者。由嘉靖来六十余年矣，苗粮愈繁，汉逆愈夥，兵防愈坏。至今日奸弁懦兵通夷之民，与苗为一，而其害独良民受之，其忧独两道受之，此膏肓贞疾，未易药石救也。请先言其病，而后议所以药之之策。

自边墙坏而入犯路多，如四达之衢，而营卫病矣。自范参将仲仁创无益之哨，以兵粮卖苗，兵力益寡，而四肢病矣。自高参将居仁畏苗如虎，令附哨居民，请苗耽保，犬羊益骄，而神气病矣。自各哨官募苗为兵，仗之赂苗自免，为苗兵者，居则以情相输，战不以矢相遗，养痈待溃，而腹心病矣。大哨兵不满三百，信地长二十里，短亦十余里，苗无不攻而合，我无不守而分，其不胜一也。苗有苗兵以为外间，有逆民以为内间，有健步以为反间，而我食粮军健，反不肯以苗情报我，贸贸然不得要领，其不胜二也。边民耕种远哨五六里，往来不可诘，苗往往深入百里，流剽数日，所至皆有奸细为之造食谍报，而我兵调发数十里，赴敌疲于奔命，其不胜三也。纠劫无报，而不能行健步之罚；入边无炮，而不能行巡兵之罚；堵切无效，而不能行官目之罚；杀掳数百，席卷以归，而参守未闻鞭一人，贯一人耳，本道安得人人而执之？其不胜四也。

各哨之病，无不然者，而莫甚靖疆、清溪、洞口，尤莫甚靖疆。盖北之乾州以强虎为外捍，筸子以火麻、炮水二小营为外捍，独清、靖、洞，苗一阑入，则直抵麻阳、卢溪村寨，恣其掳掠，入无重关之闭，出无再截之虞，故祸偏中三哨也。洞口、清溪，尚多山险；其兵壮懦参，尚可练；山坡旷地，尚可耕以待饷。独靖疆边苗皆平原，无可守之险；地狭有主，无可垦之场；兵穷救死不赡，无战心，屡败之后无战气，故祸尤专中靖疆也。况贵州铜仁有事，水硍、黄栢等山，连兵三月未解，胜败相当，掳其哨官平溪卫百户陈汤铭，而后赎回。放一被掳妇，断其手；一被掳民，剐其肉，传语镇道速抚我，其鸱张如此！闻贵院颇决意主剿矣，黔兵利则驱苗入楚，而楚有豕突之忧；黔兵不利，则骄苗并轻楚，而楚有蜂起之患。此皆不可讳之祸也，安可漫然不为之计哉？

为之计，不过剿、抚、守三者而已。剿之法：一曰大征。缙绅士民，愤苗荼毒者，无不攘臂于犁巢扫穴之举。夫苗则诚毒矣，葛伯仇饷，残一童子耳。今两年沿边，涂锋刃者以百计，俘夷巢者以六七百计，淫辱妇女，斩截婴雏，财畜罄于掠，庐舍罄于焚，田地罄于卖赎。诚得声其罪而潴之，膏诸苗以衅鼓，岂不摅生灵之宿愤，振华汉之天声？而势固未易言也。大征必合二省之力，即楚一路，必得兵三万，饷十万，十万之饷安所出哉？次则雕剿，而雕剿亦未易行也。凡雕剿如迅雷不及掩耳，必先有一枝致死之兵，自为一军，在贴守之外，而后可以独往独来，敌不能测，伸缩如意。今摘调之各哨，其众为乌合，悬令于数日，其机为先泄，无论驱市人，即人人投石超距，而苗已知之，有以相待矣，弱则入箐以老我，强则扼险以覆我，岂望其有尺寸之功乎？古之善雕剿，有临发而兵未知何往者，今安得此将？即有将，安得兵而用之？故曰未易行者，此也。

至于抚，原与剿合之双美，离之两伤。我创以兵而后抚，则避死就生，避害就利，其抚必来，其来必固。今苗蹂疆场如籍稻，所获不赀，我不能有所芟剪，而曰抚尔勿为寇也，彼犬羊，如蝇之集腥，豺之耽血也，岂肯弃实利而听甘词哉？其势非啖以兵粮数十名，无所用之矣。啖以兵粮，是赏其往劫，而诲其新寇也。丑夷斩刈吾赤子，不能诛，又不耻献纳，此则今将领饶为之，而本道虽死不能从也！故今日言抚，非但将领抚首恶者为掩耳盗铃之谈，即本道抚余党以孤首恶者，亦未免泥羹嚼蜡之说，何也？兵威不立，则余党决不肯帖耳就吾羁縻，而首恶未可孤也。

力不能剿，势不可抚，则坐而待毙乎？惟有料理战守一法而已。战守之法，不过本道累详练兵、守险两言而已。守险有要著，曰固筑边墙；练兵有急著，曰暂益战兵。边墙筑于孙参将，数十年倚为固，其后圮者续修不如法，犹存旧墙之半，至三十三年，尽坏于洪水，而十年之苗患始增剧，则无墙之验也。使有故墙，苗虽众，必先挖墙，不能猝入；即入而掳掠归，止此一路，不能他出；且所掠人畜，安能急出？我兵据墙邀击，彼不能无伤，人口可夺也。先年有堵之墙下，获级数十者，固其成事也。计长宁、盛华、箭塘不用墙，筸子强半倚绝崖为城，溪为池，亦不用墙。其宜筑墙者，下则由筸子接湾溪、乾州二十里；上则由洞口之孤魂塘接靖疆、清溪至奇梁营三十里。下路可缓，上路三十里，计不过五千丈。旧墙虽尽而迹犹存，今当计一劳永逸。墙址阔四尺，收顶三尺，高九尺；址用三层石，苫盖以草；墙外取土，因为深濠，濠外栽竹签棘刺。募民夫，以兵力佐十之二，计每丈费官银三钱，五千丈用千五百金。往时兵多虚冒，其逃故扣粮之日，哨官以实私橐。自本道两年在事，严加稽核，赏功吊死，制铳造甲，皆有籍，计现在辰、沅二库所积，已千数百金。此例在正饷外可动者，诚用以筑边墙，为小民保障。筑完之后，岁于逃扣内，别贮五十金为修费，遇小小淋圮，即呈详动买灰料，而役兵力筑之勿坏，此百年之利也。

然交夏多雨，非八月不可动工；九月民又收获，非冬不可并工；非来年二月，不可竣工。苗岂能待哉？从八月始，又为檠瓠狺吠之时，边墙未就，彼突而入，不必满千，即数百人，而我兵无所不分，仓卒之间，安能集数百人御之？且役夫满野，不遗之禽乎？彼不利边墙之立，时以百苗蹂我，能从事版筑乎？欲责本哨兵扎营以护役夫，彼从间道潜入内地，不首尾牵制乎？欲筑边墙，其势不得不暂益战兵，夫各哨非无兵之患，无战兵之患也。本道遍阅诸哨，惟强虎哨数十兵及民寨兵，永安百兵，王会七八十兵，筸子之廖家三十兵可战。验兵以力，教兵以技，其于战皆属第二义，战之胜，惟有胆耳。哨兵儿戏者多，本道虽汰换，法不能尽汰。募兵虽多壮丁，然皆农民，驱而与苗角，未能无色战也。苗兵虽敢死，而狐兔情多，不肯致力。惟镇、溪之土兵，王会一带之仲、獠二家兵，技勇埒苗，而离筸苗六七十里，无姻亲，可用。为今计，须精募二百名，统以能将，驻靖疆为游兵，左顾清溪，右顾洞口，苗入则直往搏战为锋，而各哨助之，诚得一胜，则苗胆自破，兵气自张矣。修筑边墙，即以此一枝兵，及三哨之半，出墙架梁，苗必不敢动，墙工可就也。

添兵便当添饷。本道反覆筹之，此兵非长设也，不过一岁之计耳。兵备道原有奇兵一营，内打手凯兵共三百名，以备调发，其实如土鸡刍狗，无益于用。然不可骤去，去则为变。即各哨兵虽弱而不敢多汰者，职此之故。参守张良相云“小则为盗，大则勾苗”，是也。本道于奇兵缺二十名，已悬不补，渐渐汰其老弱，附近诸哨，亦用此法。俟边墙成后，即将此增募一枝之兵，收入奇兵营，不尽者填补各哨之缺。如此，奇兵皆得惯战之卒，有虎豹在山之势，而增饷可罢，故曰：不过一岁之计也。计一岁增兵，饷当二千金。本院原发助饷余税银二万两，贮辰州府库，分毫未动。窃谓于中动二千金，为募新兵一年之费，尚一万八千两，以给镇、筸营哨额兵四十三年夏秋工食，亦不为少也。骤费二千金钱，本道非不惜之，然择害就轻，择利就重，若不暂设此一枝惯战之卒，八九月苗必大举，复有十八寨之祸，边墙决不可成，虽取失事哨官诛之，犹未能益于成败之数也。此策不用，则当听将领以兵粮三十名豢苗，可弭旦夕，然十年便为金三千，且其隐忧伏祸，不可胜言矣。本道目击镇、筸苗患，过于今之倭、虏。虏隔边墙，倭隔巨海，而镇、筸无短垣之蔽；虏防秋，倭防汛，而镇、筸惟五、六、七三个月稍缓，其余无非跳梁之日。计惟暂益战兵，坚筑边墙，募兵之费，取现发助饷余税，不过二千金；边墙之费，取本道所节省逃扣银，现在不过千五百金。逃扣无损于正饷，而余税本院破格济边者，今边民涂炭已极，取二千金以为之捍御，何惮不为哉？

边墙成而兵益练，则制苗有余矣。且一年内有此精兵二百，自为一军，可以出奇，新任又得良将，相机成功，未必不在此著也。即贵州镇道雕剿水硍、黄柏山，从二月至今，所费以数千计，皆思州、铜仁、思南等府搜括库藏，又编发乡兵，骚动一路，诚愤苗祸之无极，虽费不得已也。黔以苗为腹心患，而上下以全力图之，故所苦在遭时之诎。楚以苗为肢节患，而辰、沅距省千六七百里，情状难以纸悉，故所苦在伸志之难。然肢节疽蚀，腹心能晏然已哉？

伏乞本院察本道言非敢欺谬，准于助饷银内，动二千金为募兵之费，止以一年为限，边墙工完，即将新兵尽收补奇兵营及各哨兵缺，以省添饷。其边墙工仍听本道委官估计，于辰、沅二库节省逃扣银内，动一千五百两，兴工修筑，严加稽覆，不得浮冒以蠹财，亦不得过缩以废守，度此费尚可量省，所省尽数还官，庶边防有赖矣。

《酌议四卫兵饷详》

为酌议兵饷虚实裒益，以固边防事。

照得疆场之事，惟兵与饷而已。制兵有多寡，当视地之缓急，急而无兵曰玩寇；制饷有厚簿，当视事之安危劳逸，逸而倍饷曰蠹财。以兵制饷，以饷制兵，必能相为有。实不能有，而名有之曰糜军。

湖北有三镇，各设参守：曰镇筸，曰清浪，曰五靖。以地之急，兵之习劳冒危，则镇筸为最，清浪次之，而五靖三年无一苗警，可谓缓矣。靖州哨兵仅充守备该州杂差，此外操且不数数，无论战也。五开哨兵，并杂差无之，其兵多为豪门富家僮干所买顶，各有数两顶首。而中军官至有以拨送乡绅，为架房修墓之役者。盖惟其安且逸之无所用，故至于此，亦可慨矣。

以兵之多，则镇筸为最，以数千计；五靖次之，以八百计；若清浪旧惟参将标兵百名，然三年未尝一与苗斗，不为用也。又有犵兵二百名，然每名月仅粮银一钱五分，饩之不饱，难责死力，且分散十七处，多者不满三十名，少仅六七名，势孤形格，不可用也。其实兵为用者，惟两道四十二年创设守备所领，及沿沙哨兵一百五十名而已。以偏、镇上下百余里之路，两江苗寇鸱张之时，官商护送往来如织之役，而仅兵百五十名当之，无惑乎苗之有所侮而逞也。

以饷之厚，则五靖为最，镇筸次之，而清浪不足言矣。镇筸粮最厚者曰凯兵打手，每名岁支口粮工食共银九两二钱四厘，如是止耳；次曰犵兵，每名岁仅支口粮鱼盐银五两七钱二分四厘；次曰蛮兵，每名岁仅支口粮鱼盐银三两九钱零；次曰乡兵，每名岁支口粮二两一钱而已。独靖州凯、募二哨，凯兵岁支口粮工食九两二钱零，与镇筸打手等募哨岁支银七两八分，已在镇筸犵兵之上矣。五开有客、土、凯三哨，土、凯兵每名岁支银八两二钱八分，减于靖州凯哨，而优于募哨，已不为不厚也。至客兵一哨，冒滥之极，有可骇者。镇筸参将亲兵十六名，清浪参将亲兵十五名，每名岁不过支打手银九两二钱零耳；独五靖参将亲兵十六名，每名岁支银一十一两六钱八分二厘。以五靖较镇筸，劳险百不一，较清浪十不一，而独亲兵银岁多三十九两八钱有奇，何也？镇筸兵冒刃捍矢与苗角，死伤月有闻，客兵有之乎？镇筸兵调发救援，近四五十里，远者百余里，或三四日夜不归，裹餱粮，犯风露，披烟卧草，客兵有之乎？乃客兵七十二名，岁支银一十一两六钱八分二厘，较镇筸最厚之打手，尚多二两四钱七分八厘，何也？清浪新募兵一百五十名，仅食犵兵粮岁五两七钱零，其格斗防御与打手同，无打手之粮，而任打手之役；而客兵不任打手之役，反独厚于打手之粮，又何也？凡兵惟头目哨长有加饷，以司领率，严责成，至队长未有加饷之理。且队长者，以古司马法，则五伍为队，二十五人是也；以戚都督继光战法，则十二人是也。今五开客兵仅七十二人耳，业有哨官以统之矣，而仍设哨长二名，每名岁支银一十三两四钱五分二厘，队长十名，每岁支银一十二两三钱九分，岂七人便为一队乎？惟务多创名色以厚领粮，而不思其何取。且就五开三哨衡之，土、凯二哨兵各一百五六十名，其哨队长俱无加粮，而客兵独有，又何也？

夫厚糈以易士死，亦何所爱？然责之贵实，施之贵平。不战不守而奉市人，非实也；血战者薄而休居者厚，非平也。窃谓亲客兵宜裁如镇筸打手之数，哨队长量加酌损，以蒙安之卒，而等享日战之饩，彼亦何说之辞？即谓客兵征皮林之时，曾得其力，食粮已久，难以骤裁，然尔来十五年矣，此十二名之哨队长、七十二名之兵，岂尽旧人无恙哉？本道访得中有事故者、卖缺者，皆系本地人买顶，而仍以客兵支粮，顶替多而旧兵无几也。况十五年食不征不战之厚饩，即从今一体量裁，夫岂为过？不然，查其的在行间而今尚骁勇可推锋者，量异之，可也。若靖哨有中军官，募、凯各有哨官，而又赘设练兵百户二员，岁费廪给二十八两有奇，深为无益。原额凯兵二百名，募兵一百七十一名，而二十七年征播，创添三十名，相沿不撤，亦为冗食。此在靖哨，已经本道径行裁汰，计从今八月起，岁省靖州丰积仓米一百五十九石三斗、库银一百七十两零九钱二分矣。惟五开哨属参将为政，非本院檄行不可。诚俯从本道末议，通计五靖二哨，一岁可省银四百四十两零三钱九分，米如前数，以银九十两零七钱九分、米一百五十九石三斗还靖州仓库为兵备，尚该银三百四十三两二钱。著令靖州每年解沅州协济，募偏、镇兵六十名，每名照犵兵例，岁支银五两七钱二分整，内以二十名添沿沙哨，以二十名添守备募兵，以二十名添老何哨，则偏、镇一带又增一臂之用矣。

或谓沅、靖二饷各有挈瓶之守，安得轻移？不知从二库自视，则有藩畛，从两院视之，何彼何此？医之用针，引正气以逐邪救虚，右乏则取左，左乏则取右，一人之身，岂相厉乎？今四卫肤疮已极，而五靖髀肉久肥，则损五靖之滥而不使蠹财，因以补四卫之羸而不至玩寇，正权缓急为地方之道也。乃若清浪糜军有名无实之弊，则尤不可不立法一更张之，以变弱为强。故事：永定卫拨军三百六十名，沔阳卫、枝江所各拨军百名，德安所拨军七十名，共六百三十名戍清浪哨，五年一换，各有官领之。官军除本卫所俸粮外，上下班往来，在途则有澧州、常德、辰州、沅州各支行粮，到哨则官有廪给口粮不等，军月给口粮米四斗五升。迩年班军不尽足数，截长补短，可六百名，计一岁该支辰、沅二库廪给口粮银一千四百六十七两四钱有奇。夫使六百军而诚可与苗勍也，则清浪不屹然一重镇哉？

乃今卫所军皆象人矣，而班军尤甚。本道尝按籍过堂而阅之，大抵皆老幼恇怯，面有菜色，身不能具介胄戈殳，耳目不识金鼓旗帜，作何进止？久立且仆矣，况能与苗争一旦之命乎？且所阅之军，又皆十三无人，临时觅市棍应点者也。自其出门时，领军官固以包买矣；比抵哨，则参将、把总等官，又恣意卖闲矣。夫班军之制，戍清浪哨，以各领班官分之，而以一清浪把总辖之。哨者，巡缉之义，则上接镇远，下接平溪，皆当相其要害，分布防御，以静边尘者也。乃分发焦溪等堡，不能二百人，而四百余参将、守备、中军、把总私据而役之，门子、军牢、轿夫、匠作，无不取用，月纳班钱而聚之城中，听其经营生理，果何法耶？焦溪堡距清浪三十里，永定班官军所守也，班军三百余，止予之七八十名，去岁屡告失事，本道移参将李一鸣，添拨班军协守，已有手本移道遵行在卷。而今七月，本道檄诘指挥吕登明，据禀依旧止七十三名在堡，李参将阳发添八十三名，皆军牢轿伞之役，止有虚名，绝迹不到堡，此又何法耶？即班军之在堡者，织草履、开歇店而已，贼在堡外打劫，而闭门不敢出。且每月一钱八分之粮，安足糊口？其不能自给，无赖者勾苗行劫窃，为商旅患。地方不惟无班军之利，且受班军之害矣。远戍异乡，鹑衣縠食，各官需索，穷不堪命，疾病死亡，招魂无所，此班军之苦也。军不能捍苗，则苗劫益甚，苗患益惨，而绳失守之罪，系逮追讯，财罄命随，如去岁黎平府解银吏至武定被劫，贵州勒焦溪堡官军赔偿，扣廪粮四十余两，其他罪罚，难缕指数，此班官之苦也。毫无裨战守，而官军反受其累，祗以供武弁役占需索之资，则安用此军为哉？

夫卫军五，不能当募兵一，诚将班军尽数撤回，即以辰、沅岁饷一千四百余金募壮卒，照犵兵给饷，可得二百五十人，各军之上班屯田军户，俱有帮贴。远戍五年，捐乡土，背父母妻子，生死不可知，其害可谓痛矣。今既免之，宜稍收其免班银，每班五年，一年纳银五钱，其纳班者，照依往日上班例免其操差。或以太闲，令一班之众，分为上下半年两操，除操练半年外，卫所杂差，一切蠲免，军必乐从。计六百名，每年可得银三百两，解沅州收，给此三百，兵又可募五十人。以三百兵分布清浪，胜于六百老弱恇怯之军，功相百也。有靖库协济募兵六十，清浪撤班军原饷，并免班银，募兵三百，四卫益此三百六十精兵，威必大振，苗可駾喙，可无议征剿；即议征剿，而实兵为急，此法亦不可不行。盖裁五靖之滥以济四卫，是制肝养肺也；去清浪班军之虚，而募兵实清浪，是以人治人也。在五靖不减兵额，在辰、沅不益兵饷，而四卫兵可以有易无，可以强易弱，地方可以安易危，本道窃以为便计也。

谨将议裁五靖官兵银数及清浪班军每年支领饷银数，造便览册具详。伏乞本院裁夺。其客兵减饷之议，仍乞宪檄行五靖参将张良相，再议有无妥便回复。然本道谓参将亲兵，决当先裁，照镇筸主将之例，以为士卒倡。计此项银三十九两零，连裁兵二名，饷十六两零，共五十六两，加以靖州撤哨官二员，裁兵三十，省饷银一百七十两九钱二分，共银二百二十七两零，已足募四十兵，宜先断行之。即募以益偏镇防守，余俟客兵决裁，议定募添。其班军议撤，原军有无愿纳免班银，或再行上荆南、荆西道，询永定、技江、德安、沔阳卫所军情，议报本院定夺，地方幸甚。

《再详》

永定卫清浪两班军陆百六十六名，每班该三百三十余名；沔阳卫清浪两班军二百名，每班该一百名；德安所清浪两班军一百六十名，每班该八十名；枝江所清浪两班军二百名，每班该一百名，五年一换。实在清浪者，通计四卫所，共六百一十余名，此其大较也。然逃亡甚多，重以老弱事故，日削日耗。计各军上班，永定、枝江至清浪一千五百余里，非二十余日不达；德安、沔阳至清浪二千五百余里，非四十日不达。各军捐坟墓，弃亲族，有尽室以行者，有伶仃独往者，无待至戍所，而道途宿飧，已受其困矣。换领班官有见面之费，起行有祭旗科敛之费，经道府过堂支行粮有打点之费，至清浪参守、中军、把总有常例之费，岁时有买闲纳班钱之费，领班官在哨衣食使用，皆取诸军，有杂派之费，各军本地预领月粮，仅充资斧，到哨月支行粮四斗五升，岁银二两二钱零，殆半尽于诛求矣。长征羸卒，糊口无资，开茶汤店，捆屦佣作，不能救饥，又安望擐甲执兵，与苗争一旦之命哉？六百戍卒，除焦溪、老何等哨堡，分去百余，在清浪城者四五百人，仅供役占，恣科索而已。焦溪距清浪三十余里，戍军八十，正月苗焚城外一市数十家，闭堡自守，莫敢一问。本道移参将再拨八十余名协守，而七月得胜营，八月鬼路溪，又闻失事。总之，五六百人无一人之力，岁糜行粮一千四百余金，不得一金之用，徒留此一役为蠹饷之漏卮、沉军之苦海，岂不可痛哭流涕长叹息乎？

穷军视赴班，与就死同，而边地视此军，与土鸡刍狗不鸣不吠同。然土刍无资于饮食，而军且糜饷，抑又甚焉。存之以滋军困，招寇玩，两害也；撤之以行粮募兵，军解倒悬，兵得实力，两利也。去利就害，何惮而不为也？计一千四百余金以饷犵兵，可养二百四十五名。本道前详固曰五疲军不能当一实兵，其实十不当一也。此特就辰、沅现支行粮言耳。本卫所月粮有六斗八升不等，数比行粮更多，若合二粮以募土著，得兵可倍。然本道思之，各军皆垛充祖额，军伍不可除，则月粮难以解充兵饷。似宜以该班之年，免其差操，令纳免班银；更酌道里远近，如差操全免，永定、枝江每名岁纳银七钱，德安、沔阳每名岁纳银一两；合操免差，永定、枝江岁纳银四钱，德安、沔阳岁纳银六钱。其银半解沅库，半解辰库，充募兵饷，另为一款，庶本卫所之军伍不失，而辰、沅之兵饷稍济矣。

《议四卫练兵募兵详》

为清卫占，核堡滥，议立练兵募兵之法，以责实用，以固边防事。

照得楚四卫与黔共治之，而官道村落，廪廪日忧苗，非苗之足患，而无兵之患也；又非无兵之患，而无饷以募兵之患也。取于额外，而疲民不堪命，可加征乎？求诸额中，而现赋尚多欠，况远逋乎？可谓难矣。然而未难也！以本道思之，难莫如勾践，栖会稽之后，地不增广，而贡献日增多，又不为楚之乞师，蔡之请粟，兵饷何所出？而二十年之后，遂以治劲吴。最难莫如田单，困即墨之中，以孤城残卒，与燕持久，敌围不解，而外援都绝，兵饷何所出？而二年之余，遂以复全齐。无他，不过即所有之民而教训之，所有之财而节缩之而已。故在勾践，则缩衣并食以养战士，君亲耕，夫人亲织。而传田单者，亦曰妻妾编于行伍之间，不独无滥役以縻军，无滥费以蠹财已也。使今治四卫者，能如勾践、田单，而兵食何不足哉？然以今四卫事势，未如越、即墨之急，而治者亦非必如勾践、田单之过自苦也，惟在矢实心，求初制，化虚为实，移无用为有用。

祖宗经制，最为精密，岂有四卫无兵无食、无可御苗之理？盖自沅州以西，设平、清、偏、镇四卫，冷水、晃州等八堡，卫军以供战守，而堡军以护往来，即御苗之兵也。岁所供给钱粮，即兵之食也。顾在今日，卫不为卫，堡不为堡，而俱化为驿，疲精于迎送，竭力于舁抬，夫迎送舁抬诚不可少，何至尽今卫军堡军之数以充之，而别不得其丝毫之用哉？则又不专在迎送舁抬，而卫堡官役占买闲为之祟也。以卫言之，现在食粮平溪军九百余名，除杂役外，本道清出归操五百七十名；清浪军七百余名，除杂役外，本道清出归操四百八十名；偏桥军一千一百余名，除杂役外，本道清出归操七百零二名；镇远军一千余名，除杂役外，本道清出归操六百零八名。使以现操军简汰团练，岂不足助御苗之一臂？而今非惟防御无资也，即迎送亦称苦。跟役虽本道限定额数，而悍弁名退实占，又有势豪包役，惰卒买闲。据五月清浪掌印指挥孙惟忠禀，以四百八十归操之卒，听差不满百人；平溪掌印指挥袁输禀，卫军有穷年无一差者，有一月困数差者，闲占益多，则差益重。其差有远差，如省比缴通关等项；有费差，如跟表解银俱派使用等项，而走差者穷矣。此外又有条编银，有修城，有二百户所共养一马，供旗吹骑坐，有经过驻扎官，办酒取卷箱。卫官利有票取，取一派二，而通卫军俱穷矣。当兵乏饷艰之时，可惜数千卒筋力膏脂，用之无名，此卫军之弊也。

以堡言之，祖军消乏，而录余丁；余丁不足，而募市人。查平溪志书，平溪堡正军余丁，召募仅一百八十名；鲇鱼堡正军余丁，召募仅一百九十名，官路扛轿，俱取定其中，未尝称困。至万历十六七年，乃以堡军难支为辞，而平、清、偏、镇四卫各募夫六七八十名不等，以应抬扛，而堡军止专管轿差矣。差既减一半，则军额宜稍裁可也。乃不惟莫之裁，而日增月益，计现在平溪军二百五十二名，比旧额多七十二名；鲇鱼军二百七十七名，比旧额多八十七名；其他若清梅二堡，则旧额二百，加为二百七十四名；相见堡则旧额二百，加为二百六十名；柳塘、堡则旧额二百，加为二百六十二名。差愈简而军愈多，何耶？鲇鱼一堡，尤为滥极。柳塘、相见上下各六十余里；清梅下四十，上八十；平溪下三十，上四十；独鲇鱼下至晃州，上至平溪，各三十里。路较柳塘、相见，不及其半，而夫数反过之，又何耶？查此二百七十七名，内系三十九年兵道不察，妄准增募三十六名。以军饷儿戏，恣泄漏卮，亦可痛矣！夫四卫公差应付，总与辰、沅等耳。四卫有黔道府州县之差，辰、沅所无；则辰、沅亦有守兵两道府州县之差，四卫所无也。谓黔官用夫力独勤，黔必不受也。且云、贵之游宦者，无不经辰、沅，而辰、沅之游宦者，绝少到云、贵，则四卫之轿扛差，尚宜比辰、沅加省也。辰、沅各驿，或七十里，或八十里，冷水、罗旧则九十里；而四卫各堡或三十，或四十，或六十，惟清浪距镇远八十里耳，是四卫路又比辰、沅加近也。至辰、沅船溪、马底山路之峻险，又四卫所未及也。今查辰、沅各驿夫之极多者，如辰阳附郭，不过百名，而轿扛俱在其中矣。堡军既不抬扛，则夫仅当辰阳之半，而多至二百六七十名，可乎？即以军粮银少，募夫银多，然每军岁银四两，募夫岁银七两，计七军当四夫，二百六十名为夫一百五十，是辰阳以五十夫应轿差，各堡以一百五十夫应轿差也。且就四卫论，轿、扛两差，劳逸正等耳，惟游宦挈家者，轿多于扛；若解饷银，解黄册，解火药军器，解历日试录，则皆有扛无轿也。清浪扛夫七十，平溪扛夫六十，偏桥、镇远扛夫各八十，而独抬轿站军各二百数十，是以半应扛差，而以倍应轿差也，可谓平否？据经告发者，冷水堡军一百六十六名，而管堡官王之屏役占纳班钱九十名；清梅堡二百七十余名，而管堡官月应秋、胡位役占纳班钱七十余名。其余各堡，虽上下猫鼠，无人首发，而占闲虚数，总不相远，可谓非冒滥否？此堡军之弊也。

以不为用之人，糜无用之饩，而不一清理，徒曰无兵无食，岂生民膏脂，仅以资侵牟、养游惰已乎？本道推究其本，卫军之弱，始于屯粮之揽占，利归势豪，而军不得饱；堡军之滥，由于应付之轻给，牌票半人情，而官得藉以为辞。苟能坚执三尺法，尽清屯粮以还军，而即现军以求精壮，上下除公差外，不以一人情票徇人，核站军之数，止足实用，视驿夫而止，则四卫可以岁得五百壮兵，立化为富强之国，而势固不能行也。不能行者，本道能自言之，能自守之，而事有不尽由本道者，非本道之所能为，必有勾践身亲耕，夫人亲织，田单妻妾编行伍之心，而后可以实政张强势也。惟于十分之中，师其一二，去虚滥之太甚，而酌时势人力之所能为者，则本道窃有二议焉。

卫军祖军，不可撤也，量于中挑选壮丁，免其杂差，为练兵营，以充防守。堡军募市人，可减也，量于中稍裁其太多无实者，以其粮添募战兵。约平溪现操军，选出八斗粮一百二十名充练兵，而以四百三十名走差；清浪现操军，选出八斗粮九十名充练兵，而以三百九十名走差；偏桥现操军，选出八斗粮一百三十名充练兵，而以四百四十三名走差；镇远现操军，选出一百三十名充练兵，而以四百五十八名走差。凡练兵除条编外，修城、养马、迎送、杂差俱免，惟常川在营，专听印捕官团练，遇警堵截防御。虽此军未必能冲锋破敌，然清浪现有参将标兵一百名，又新募兵一百二十名，镇远有守备标新议募足一百五十名，平溪有新议募兵六十名，偏桥有东西奇兵营一百名，即以练兵之军，随兵出哨追捕，自壮声势。此军除杂差外，尚每名岁该纳条编银二钱，本应尽免，然新行挑拨，恐未必得壮丁，未有实用；宜出示晓谕，果选得精壮出力御苗，连条编银俱免，官为措处。计四卫练兵四百七十名，条编银止该九十四两，辰库军粮存一银尚有余剩，岁捐九十四两，而得四百七十人之力，何惮不为乎？但恐练未成而银先为虚，故本道姑留一着，以观其后也。四卫添此四百七十人，而防御稍有资矣。其留走差者，俱责印官置簿输拨，周而复始，不许买闲偏累。每卫走差，少者三百余，多几五百，岂尚不足？而重差之害，亦可省矣。

堡军酌地之远近、差之烦简，定罗旧堡裁六名，以一百九十名为额；冷水堡裁十名，以一百六十六名为额；晃州堡裁十五名，以一百九十名为额；鲇鱼堡裁六十七名，以二百一十名为额；平溪堡裁四十一名，以二百一十名为额；清浪、梅溪堡裁四十名，以二百三十四名为额；相见堡裁四十名，以二百四十名为额；柳塘堡裁四十二名，以二百四十名为额。除罗旧、冷水、晃州所裁三十一名，所减银径存贮沅库外，计鲇鱼、平溪、清浪、梅溪、相见、柳塘六堡共裁夫一百九十名，辰、沅二库，岁共省银七百六十两。内募添镇远守备标兵三十名、偏桥沿沙哨兵二十名、乾田冲兵一十五名、清浪哨兵一十名，共七十五名，每名岁给银五两七钱，共该银四百三十二两，辰库支给尚剩银二十四两。平溪卫募兵六十名，每名岁给银四两八钱，该银二百八十八两，沅库支给尚剩银一十四两。其兵饷数目，彼此多寡，本道另有一册备细发挥，颇为详明。至卫军选为练兵，堡军裁为募兵，则苦累终不可不恤，冒滥终不可不禁，本道亦另有禁约条款，列为一册，伏乞本院览察裁定批行。

再照卫军挑选，但恐有名无实耳。至堡军议裁，必有倡为苦累之说，荧惑聪听者。然事不难明也。请本院将另册细观之，岂辰、沅驿路远者，夫或百名，或八十名，兼应桥扛两差而足，各堡差路近者，军以二百余名，专应抬轿一差而不足乎？同一站堡耳，岂三十年前，以军一百八九十名兼应轿扛两差而足，今日军以二百余名，专应抬轿一差而不足乎？同一今日耳，岂各卫募夫以七十名、八十名应扛差而足，堡军以二百余名应轿差而不足乎？同一今日堡官耳，岂自己役占买闲，则泠水去九十名，清梅去七十名而足，上司清核，则仅减二三十名而不足乎？使综核名实者按之，则本道所定，必尚以为滥，而不得病其过刻矣。若禁约条款，皆人情所不便，而怨之所丛。然本道思之，古人身耕妻织、妻妾编行伍之间，尚能为之，而今人稍稍节人情、恤军力，独不能为乎？本道不敢以此薄待今人也。本道以身议法，则必先以身守法，若有法外累卫堡官一差，轻以夫马徇人情者，愿听三院参处。盖今日以苗横兵孤、民困财尽之日，加赋不忍施于下，请饷未必得于上，不得不稍厘冒滥，以求一二分实用，而非乐于多事任怨也！其卫军业径行挑选，堡军应裁，及召募新兵，俱以四十四年正月初一日为始，禁约候本院批允日刻榜晓示遵守。

原編第廿五冊

百廿二

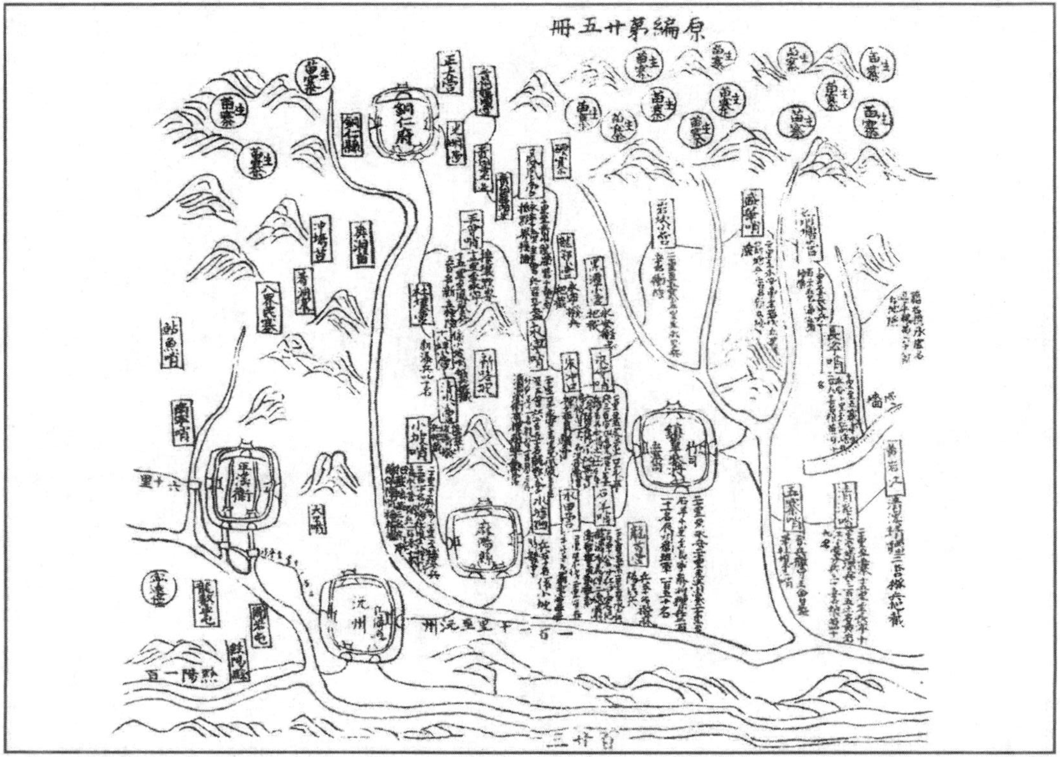
原編第廿五冊
銅仁府
銅仁縣
麻陽縣
沅州
一百二十里至沅州

镇远府

原編第廿五冊

百廿五

湖广等处提刑按察司清军驿传带管辰沅兵备道布政司右参政兼佥事王士琦为巡历竣事，敬陈末议，以备采择事（注四十五）。

一、议专官以资弹压。照得兵备所辖沿边一十五哨，为苗夷出没之区，土汉杂糅之众，其军实险隘，情形变态，必须目击而调剂以振刷之。但巡历频仍，未免供亿劳费。然则初任实当一巡，岁固不能数数然也。查得辰州府同知虽职在清戎，实为闲局，若蒙本院特檄行令，专管抚夷，兼理清军，凡各营哨一应放给军饷，汰补卒伍，建葺营堡，皆属提衡。每年偏历查核，其各官贤否，以本官开注者为重，则上之责成既专，下之观听自一，令无不行，而事无不集矣。不特此也，永、保二司时相仇杀，保靖土司稍驯善而属苗则强，永顺土司虽富悍而属苗则弱。每一构衅，顺司常捐重资以募镇溪之苗来相协助，近日清水哨之报杀掳，正其余孽也。故麻阳县官民佥议欲于镇溪所改建县治，盖欲从中安抚钤制，使诸苗不敢轻动，而麻阳、辰溪、卢溪之民稍得安枕，特不便暴言其故耳。但建县事体甚大，须条议详妥，具题待覆，非阅岁不能经始。若抚夷同知，则可朝委而夕受事矣。令之巡历镇溪时，加意善抚近来向化诸苗，更择其子弟之稍清秀解事者，呈详提学道先给衣巾，俾之渐习华风；召见谆谕，以本院威德鼓舞而招徕之，则效顺者不约而至矣。近来沿海各府，皆委同知专理海防，盖以同知官秩稍崇，事易展布。今既专任抚夷，各营哨可凭调度，兵威亦大震肃。即中有梗化助逆之苗，必皆触目戒心，不敢仍蹈前辙，听土司颐使。纵或跳梁，该厅详请以各哨兵擒薙之，易如振落耳。此尤目前之要著，于建县不相妨而两相剂也。

一、处流民以绝乱本。照得镇、筸苗巢，俱系麻阳、辰溪、庐溪、沅陵及附近隔省流民，或躲避粮差，或脱罪亡命，寄寓于此，实蕃有徒。若其流毒地方者有二：一曰勾苗肆害。生苗田地须人耕种，彼等相率投附，名曰趁土聊生，实则为苗乡导。如向年出劫麻阳之滥泥、卢溪之宁滩、辰溪之龙门溪等处地方，相去离苗巢约三五日，非此辈引路，生苗何以知内地虚实，辄敢长驱耶？及至当阵擒获，解道批发，有司审鞫，无人质证，任其遮饰托词，先年被苗捉掳，今押令挑担出寨，问官不能洞烛其奸，多从滥释，后来者益无所忌惮，而边患无宁日矣。一曰饵苗规利。向来此中生苗凡掳去人口，不加杀戮，且养膳之以待取赎，时常劫掠，盖藉此为一利窦也。流民习知其故，奸黠者遂独缚茆寮一间，逼近生苗出入必由之路，觇知苗出，故将家口行立近傍，诱其捉掳，然后举火自焚寮上苫盖茆草，肤诉附近营哨，谓被焚掠，哨守官军恐致上闻贻累，相沿遮掩，私共率银付伊取赎。使仅以一二赎回人口，而八九匿润私囊。然则是百姓受苗之害，而流民得苗之利也。兹欲尽逐，则人多住久，恐致嚣骚。合无此后严示，凡官军当阵擒获，虽系流民，即与苗同，问官不容展脱。其流民安插之处，必须四五家相为联络，且附近营哨，方许居住。严禁之后，有仍敢创缚独寮，故意逼近苗夷出没之冲者，该哨官军即时焚毁，并将本人及家口解送附近有司，递解回籍。庶奸徒亦知贪生畏法，而导苗之积弊永绝矣。

一、别属苗以重责成。查得食粮顺苗协守地方，既假内向之名以冒军饷，常肆外合之计以贻民害。如生苗出劫，彼实暗勾之，及各哨官军赎取户口，亦复就中分利，其狡桀非一端也。合无设法禁谕，凡粮苗各该防守地方有人户被掳，即将各苗本季应给饷银，抚夷官收贮不散，必待送出户口，然后补给。若春季被掳而夏季始送还，则春季全扣不给。庶彼知勾苗所分之利与安坐时给之饷，劳逸多寡，得不偿失，而非心自阻矣。至于顺苗、逆苗，种类本无分别，而服饰亦无异同，最难讥察。行令各哨，查计食粮顺苗若干名，每名给以腰牌，正面刻计年貌、住止与食粮哨堡把守信地，背面送道尽押刻印，俾之出入悬带。如无腰牌，即系面生可疑之人，即时拘究。放粮时验牌给散，庶狡悍就我羁勒，而粮赏亦免虚费矣。

一、责管束以遏衅萌。照得镇筸各苗，每藉口报仇，恣意劫掳，而所以致此者，则有故也。查今各哨苗粮，除正饷外，复有盐菜等银，豢养非不厚也。第解饷到哨，未必人人亲领，不过哨官目把收贮给散而已。各哨官目既已作弊侵扣，复倚借各项名色扣减。夫苗姓本贪，况若其鱼肉，安得不成积恨？遂因而藉口报仇，攻劫村落。如先年劫本司地方新地凉伞坪，捉掳户口四十余名，皆以减骗饷银为辞，虽终加剿捕，而地方之害已不胜言已。今之沿袭敝习，依然未改也。合无责令各哨官将苗粮分别款目，一姓列陈一册开报。每一姓择一忠顺者以为总领管束，其杂姓而名数不多者，分附其下。凡解钱粮到哨，令伊尽数唤出所统散苗，到哨亲领，如有不明者，尽法重治，责令赔偿。其中或有阳顺阴逆、时常作歹者，各苗把即于此时禀报，将粮饷革除。如抗违不报，详请各兵雕剿之，庶恩威兼济，而苗患永杜矣。

一编乡兵以实荒徼。照得镇筸营哨相距各数十里，惟土城内颇有房屋，出城则崇山峻岭，一望莽苍，绝无人迹。惟编立乡兵，可以号召走集，居址错联，渐实荒落。然有兵则饷随，无从处办，而屯种之法可亟讲也。本道遍历各哨，足迹所至，见其地土色甚膏腴，溪涧之水蜿蜒时出，足资灌溉，而建瓴倾泄，又无庸忧涝害稼也。问之土人，云曾有私开一二亩者，岁颇有获，若令召集开垦，无不乐从。合无行令各哨，细查该哨附近居民，不论土著流寓，悉听籍名，照各州县立保甲之法，一甲五户，一户若干丁，联为乡兵，空闲地土，任其自议开垦，各分畔塍，创结茆庐。十年以内，虽有丰收，亦免科其粮税。其垦田之处，仍刻碑晓示，召人聚耕。已垦之田，岁终哨官造册开报乡丁某某，垦田若干，申抚夷官，止为稽核，以杜争冒。抚夷官仍每岁于各哨官中择其善能劝相开垦最多者，验详特行优奖，以示激劝。久之阡陌既多，则庐舍栉比，即以此众抽选训练，平居而互相守望，有警则协为哨防。且有利无害，人皆乐趋，各护其私，捍御更力。自此屯卒亦募兵也，彼生苗者，不待慑以兵威，而犊牙駾喙，边患自杜矣。

本道所辖哨十五：曰乾州，曰强虎，曰篁子，曰洞口，曰靖疆，曰清溪，曰长宁，曰五寨，曰永安，曰永宁，曰凤凰，曰石羊，曰小坡，曰盛华，曰王会。边卫有六：辰属曰平溪，曰清浪，曰偏桥，曰镇远；靖属曰五开，曰铜鼓。

《宝庆府志》

府邵阳关　有三：东南西关、巨口关（北六十里）、白马关（东北五十里，今废）。寨有八：唐隆道寨（东十里，元守将名）、杉木江寨（东西十五里）、羊田凹寨（东七十里）、同保寨（西二十里）、云飞寨（西北六十里）、五百寨（南三十五里）、大争寨（北四十里）、竹林寨（西二十里）。

新化寨　有五：仙姑寨（西十里）、老虎寨（西六十里）、南山寨（西南十里）、罗洪寨（西南七十里）、黄阳寨（西北三十里）。

城步峒　有五，中有寨四十八（苗民居之）。扶城峒，其寨十三，曰枫木林、下团、丹口、丹冲、下家、大寨、茅田、岩头、上枫林、上边溪、伴水、灼灼（今新分一寨为下桃林）。隘口一，曰梅子。横岭峒，其寨三，曰牛石、上火、下火。隘口二，曰伍川、伏子。莫宜峒，其寨十三，曰江头、藤坪、白水头、层头、水口、垄底、岩子坪、都温、独树、大地、初水、独宿、大候。隘口二，曰横水、蒙蚕。蓬峒，其寨十一，曰横水、桥头、上岩头、中坪、长滩、条寨、新寨、大寨、灾坪、暖水、黄茅坪（今新分一寨曰下岩头）。隘口一，曰皮水。栏牛峒，其寨八，曰城溪、猎屋、上坪、水温、分界、上小言、侯家、栏牛（今新分四寨，曰下坪水、下小言、小坪水、下栏牛）。隘口二，曰牌子、篁子。团有蒋家团（南一里，近议于伍峒中各轮设一团长，自相催督，以杜追求之扰）。

武冈关　有三：东西南关、石羊关（东二十里）、紫阳关（东百五十里）。寨有五：同保寨（北五十里）、南山寨（南十里）、连山寨（南二十里）、刘和寨、狮子寨（俱南五十里）。隘有十一：白竹隘、岩家隘、广子隘、皮水隘、横水隘、施岩隘、芭蕉隘、横波隘、神童隘、石羊隘、蓼溪隘。

新宁关　有一：北关（一里）。隘有五：石门隘（南三十里）、盆溪隘（西六十里）、黄柑隘（西六十里）、凿鼻隘、道田隘（俱东百里）。寨有四：伞柄寨（西十五里）、大对寨（西南二十里）、鸡笼寨、蒋公寨（俱东）。团有二十五：长湖、田心、大甲（俱县近里）、上富、下富（俱县西北）、石幕、莲村、坪头（俱江口里）、崀山、鹿坪（俱盆溪里）、石门、罗背、山瓜、赤木、檀山（俱赤墟里）、高桥、烟村、白沙、笼头、岩村（俱河口里）、赤竹、笑岩、鹅口、斗石、小溪（俱零阳里）。猺峒有八：麻林峒、大绢峒、深冲峒、罗绕峒、黄卜峒、桃盆峒、茶冲峒、圳原峒。

盐政

郡邑初食淮盐。嘉靖初年，因广西军兴饷乏，五属议食粤鹾之三，淮鹾之七。万历三年，奉旨概食南盐，五属召商报名，赴广西上银，买盐若干包，配买客盐若干包，官盐未免析阅，所为息者，惟仗商盐耳。舟由广西至全州、兴安、东安盘斗，至白牙桥改包过山，至唐田市下河，至府报税，以广西发引为据。近市猾充商报名，将名卖与白牙市商人买盐，盐囤彼市上，以空引借盐船报税，故本郡属盐有甚贵之患。

戍堡

永靖堡，邵阳县中乡一都，隆庆二年因盗建。白水堡，邵阳县隆回五都，嘉靖十二年因苗建。分水堡，邵阳县安平一都，万历四年因盗建。花街堡，邵阳县上贤一都，万历四十七年因盗建。沙坪堡，邵阳县隆回五都，因李成贤乱建。万历三十六年革，崇祯六年复建。花桥堡，新化县大阳九都，因安化、湘乡接壤多盗，嘉靖乙未年建。新安堡，新化县石马五都，地邻溆浦，嘉靖辛酉建。纸钱堡，新化县永宁七都，因玄溪贼薮，嘉靖乙未年建。以上八堡，每堡掺丁二十六名，督率官一员。油溪堡，新化县东北八十里，地连安化，嘉靖壬寅年建，乡兵蠲差戍守。白仓堡，去武冈一百五十里。山口堡，州西五十里。九溪堡，州西九十里。歇场堡，去州八十里。太平堡，去州五里，嘉靖庚申年建。安乐堡，去州三里，嘉靖庚申年建。桐木堡，去州一百里。樟木堡，新宁县西六十里，万历八年建，宝庆卫军四十名、官一员哨守。

军丁

宝庆卫五所，原额旗军五千六百名，事故未补。嘉靖年，存一千三百三十名。崇祯十一年，见存一千二百名。一轮戍武冈三百五十余外，一轮戍广西班军共二百名。起于弘治年，因浔、梧苗乱，借调卫军防守。事平，题留。屡议撤还，未果。

洪武四年，武冈寇杨清甫叛，江阴侯讨平之。二十四年，武冈峒苗叛，判官徐彝死之。永乐十一年，武冈蛮叛，镇抚康信战死。正统□年，新宁峒苗杨文伯乱，总兵李震平之。景泰元年，伍开苗獠作乱，劫掠新化甚惨，寻去。八年，城步峒苗肆虐邵、湘，杨海清追战，死之。弘治□年，新宁游苗劫乡落，百户李俊死之。十七年，武冈蛮李再万作乱，后讨平之。正德十四年，流贼入新化城劫杀，寻捕获之。嘉靖五年，武冈贼首段文鉴据牛栏山等处，杀掠无数，屡年始攻杀之。三年，流贼入邵阳境，义民胡景隆死之。十年，流贼劫掠邵阳，义民贺冕等弟侄四人死之。十四年，城步苗杨晟松等劫掠，守备周诰抚之。十四年，玄溪贼李万昊作乱，新化知县利宾以计平之。二十六年，武冈贼首翟廷相据大凹等处杀掠，后六七年，始讨平。二十年，李承贤倡乱，私造旗符，互约以八月会兵入寇两广，玄溪诸贼暨武冈等民皆受约。知府陈楠疏闻，旨下，檄本府五州县民兵讨平。三十八年，广猺入寇武冈，杀死文包巾，伤残无数。越明年，攻城步，焚治劫库，檄麻林苗截杀之。四十五年，广猺窥伺城步，千户李东御之。万历十一年，玄溪诸盗出没剽掠湘、宁、安、溆，骚扰不宁，知府胡梗、知县姚九功以计擒之。崇祯十年，隘贼四炽，掳掠武冈，乡兵奋击之，把总高死之。十年秋，土寇魏龙宇、黎高峰、李大用等作乱，遣兵讨平之。时盗盘据湘乡界，以天王寺为窟穴，肆行焚劫，临、蓝诸寇，相为犄角，长、宝郡邑，几无宁宇。枢府仿征播议，复设都御史台于偏、沅间，以统我师，相机抚剿。上可之，遣武进陈公建牙出镇，而巡道鄞县高公，躬擐甲胄，率师于征，士气鼓奋，败贼于桃花江，一奔黑田，再奔龙山。穷兽思攫，复逼郡城，仅七十余里。幸抚台已檄郡司理李梦日据要堵险，预简乡勇，以扼其吭；又与材官尹先民分道而驰，壁垒相望，以分其势。食尽力殚，贼势穷蹙，渠魁次第就馘，余胁俯首赴降，不匝月而巢空党散。

《郴州兵戎志》

郴当楚之僻也，邃洞深谷，徭苗杂处，且地界于吉、赣、南、韶诸郡，险阻啸聚，无赖者从而和之，动辄难制。国初特设兵卫，弘、正之间，又辖都台。而正德丙子之变，则兵疲数郡，祸结几载；嘉靖间，又复作梗，征之逾年，曾不能少折彼气，彼且易我而兽张矣。嗟夫！兽聚非谙于行伍也，蓝缕非坚于甲胄也，乃奋臂一呼，此辄辟易，则国家之养卒将安为哉？按尺籍而给廪饩，非不犁然充目，及缓急，辄不得力，而区区募民壮杀手，大率计郴五邑之民，皆以一家奉一兵矣。呜呼！民出粟以食卒，卒出力以捍民，是两赖也。乃今卒不能捍患，而民且又为兵，呼市人而授之甲，为介犊而驰耳，安用焉？安用焉？故恒为之说曰：与其縻廪饩以食无用之兵，孰若联乡保以行寓军之法。其著为令，令民自相为保。一乡之中择其右者为百长，乡皆听之；数乡之中择其右者为千长，数乡皆听之。无事则群习击射，有事则互相救援。如一乡有警，近者为之并力，远者为之声援。当贼之前者，则伏以遏其归；在贼之后者，则赴以蹑其后。追而得贼，与以获所卤之赀，且有赏；纵而不援，责以偿所掠之赀，且有罚。乡民有犯，其能熟一艺者免，否者治。教训十年，民皆精卒，是故田野皆储饷也，锄挺即戈鋋也，篱落即亭障也，呼号即钲铎也，比闾即营伍也，裳衽即旗帜也，父兄即偏裨也。桓桓威武，莫非爪牙，虽擒薙而除之，可矣，又何蠢蠢者之足患乎？

附注

注一：童司业又有《沔阳州重修堤防记》，略云："按《禹贡》：江出岷，漾出嶓为汉，汉东南流为沔，皆潴于荆、沔之阳，荆州域也。《水经》称沔出武都沮县东狼谷中，流注汉，则汉、沔又异源而同流。沔径江夏云杜县，夏水注之，今景陵有云杜城。蔡《传》亦云夏出江入沔，故沔，江、汉之沱、潜，云梦之沮泽也。然西南皆濒江。江至荆实汇众流，如沅、澧、潇、湘，每溢则横溃漫衍，颇清而后落，其浸沔又不啻岷出者。汉则岁常六七至，最浊而落早。故沔旱湿下卤，大泽重湖，民出则为环堤曰垸，垸且百有余区。江溢，则害西南；汉溢，则害东北，合则浸及四境，故沔恒荐饥。"

注二：县东二十里。

注三：县西临大江。

注四：《左传》有句澨、章澨、雍澨、薳澨，皆水滨地名也。

注五：《六安府志》言富室子弟输粟为史胥，辄睚眦纵恣，莫敢谁何。至市，人诋"入儒门不若入公门"。《赣志》亦有此言。

注六：县北二百五十里。

注七：县北七十里。

注八：县南五里。

注九：县西北。

注十：县东南。

注十一：县西南。

注十二：州北。

注十三：州东南。

注十四：州西。

注十五：县东南。

注十六：县南。

注十七：县东。

注十八：县西。

注十九：县南。

注二十：县北。

注二十一：在石城峰南十五里。

注二十二：一云与瀑巢漭合流，又东北至永州城外湘口，会于湘。

注二十三：舜峰在舜祠西十里，山峰鼎立，其下众山环立，上有飞泉，望之如练。按舜峰不列九峰之内，乃为九峰朝宗，特列于首。

注二十四：在舜源峰东南十里。

注二十五：一作四。

注二十六：在舜源峰西南十二里。

注二十七：在舜源峰东南一里。

注二十八：在万寿峰南二十里。

注二十九：在舜源峰东南一里。

注三十：在石楼峰南十里。

注三十一：在舜源峰东南七里。

注三十二：在舜源峰西南五里。

注三十三：泗、洑二水，旧不载所注何地。

注三十四：西北一百里。

注三十五：西七十里。

注三十六：南十三都。

注三十七：西南五十里。

注三十八：衡头市东三十里产锡，白沙堡市东五十里产锡。

注三十九：彭蠡市南三十里，西八里。

注四十：北八十里。

注四十一：《省志》：苗有二种：自武陵西，历佷山、连朱，接荆、夔裔境，为南郡、巴、巫诸蛮，出廪君；自武陵而南，历酉阳、沅、靖，奄及郴、桂，为武陵、五溪诸蛮，出槃瓠。

注四十二：入天生砦囤，绝蛮饷水道。贼困死者千余，乞降。铜仁遂平，置镇筸守备以制御之。

注四十三：十二年，郴、桂土人龚福全倡乱，伪号“延汉大王”，其党龚福兴分据乌春山腊栗寨，伪署总兵。巡抚都御史秦金以闻。时赣贼据横木、桶冈方炽，与福全声势相倚，王守仁方奏檄湖兵夹攻。于是诏以江西属守仁，郴、桂属金讨之。金移镇郴州，部署诸将，前军由桂东进东水，左军由桂阳进汉黄热水，右军由郴州进紫溪，后军由临武进芭篱堡，克日齐举。继以右、后二军地广贼众，分帐下兵益之，攻破诸巢，擒刘福兴等，斩首二千余级，惟首恶龚福全遁保马山禾仓石寨，据险未获。乃悬五百金购福全，促诸将暨宣慰彭世骐等会兵进讨，抵寨下，转战数合，贼败，获其姪秀等，焚毁庐舍，俘福全及其妻女。余魁高仲仁走仁化。诸营兵会广兵搜捕，擒斩殆尽。诏即其地诛福全，郴、桂平。

注四十四：湖、贵间有山曰蜡尔，绵亘三百余里，诸酋居之。虽分隶两省，其蟠结窜徙，实相薮匿焉。然各受土官束辖，有户籍，稍输赋。其属镇溪千户所者，所垦多卢溪田，供徭役。

注四十五：万历三十八年。

福建备录

《海防总论》 周弘祖

沿海自广东乐会县，接安南界起，历海、条、粤，为文昌界。铺前港为会通界。神应港、丰盈浦为琼州界。麻头浦、吕湾浦为临高界。田禾湾为儋州界。峨诈山为昌化所界，历白沙营，为感恩县界。大洞天、小洞天为崖州界。牙娘澳、双洲门为凌水县界。七十二径、牙山、淡水湾为钦州界。革木营、乌雷山为灵山县界。青婴池、杨梅池、平江池为廉州界。邵州为永安所界。沕洲为康海所界。涠洲为锦农所界。调洲、独猪山为石城千户所界。硇洲、小黄程、汾洲为宁川所界。青聚山、罗浮峰为神电卫界。海凌山为双海所界。小获山为海朗所界。中获山为阳江所界。大获山为新宁县界。西熊山、鹗洲山为新会县界。万斛山、上川山为顺德县界。石岐峰为香山县界。蛇西山、大南常山为南海番禺界。乌沙洋为白沙巡司界。九星洋为福永巡司界。珊瑚洲、渡杯山为东莞县界。合兰洲为大鹏所界。马鞍洲为铁冈驿界。宁洲山、桔州山为惠州界。记心洋为平海所界。徐娘山为海丰县界。大星尖山为捷胜所界。吉头峰为碣石卫界。前标峰为甲子门所界。陶娘湾、靖海岙为靖海所界。大浮山、玉屿山为朝阳县海门所界。小柑山为蓬州所界。大柑山为大城所界。大京山、九猴山为饶平县界。计五千里，抵福建。

南澳山为玄钟所界。历侍郎洲、石城屿为铜山所界。历鸿儒屿、沙洒岙为陆鳌所界。大澂屿、壁洲山为镇海卫界。小澂屿为月港界。旧浯屿为高浦所界。澂禾山、大担山为中左所界。小担虎头山为金门所界。大登山、小登山为福全所界。大捕山、小捕山为永宁卫界。埕埭峰、獭窟峰为崇武所界。沙塘湾为惠安县界。乐屿、白屿为峰尾巡司界。湄洲山为南泉寨蒲禧所界。石狮峰、小澳峰为平海卫界。埕口、三江口为冲心巡司界。纲山、王家屿为万安所界。六湖山、碧水岛为镇东卫界。踵门山为蕉山巡司界。日屿、月屿为梅花所界。即会城、三波礁、五虎粤为连江界。下干塘、四屿为定海所界。花瓶为北茭巡司界。飞鸾渡为宁德县界。青山峰为大金所界。天干山、丁家程、大俞山、三星山、流江为福宁州界。计二千里，抵浙江。

悬中峰为蒲门、庄士二所界。历长沙门、大昆山为金乡卫界。凤凰山为平阳所界。铜盆山为沙园所界。仙口峰、飞云渡为瑞安所界。大衢山、海安港为海安所界。霓岙披山为宁村所界。黄华港为磐石卫界。大岩头为磐石后右界。前山、霍斗门为蒲岐所界。九眼塘、斗门关为三山巡司界。丫髻峰为楚门所界。临门溢为隘顽所界。省梅坑为沙角巡司界。大陈山、石塘港为松门卫界。金清闸、西屿闸、水丰闸皆朱文公所造，为新河所界。金沙滩、铛礁为海门卫界。海门港为海门前所界。五屿为桃渚所界。三门山为健跳所界。石蒲港为前后二所界。青苔湾为昌国卫界。小目山为爵溪所界。西厨山为前仓所界。孝顺洋、白涂为大嵩所界。大射山为穿山后所界。洛茄山、长白山为中左所界。大鱼湾为长山巡司界。招宝山、巾子山为定海卫界。金家岙为宁波界。

丘家洋为慈溪界。金墊浦为龙山所界。松浦港为松浦巡司界。黄山为观海卫界。破山浦为三山所界。化龙浦为余姚界。临山港为临山卫界。西海塘为上虞界。渔山、蒙池台为绍兴三江所界。鳖子山为萧山界。和尚山、栲门为会城界。茶浦门为海宁所界。大衢山、小衢山为澉浦所界。桑扶山为海宁卫界。西海口、马迹山、北丁兴、殿前山、淡水门为乍浦所界。计二千七百里，抵南直隶。

二姑山为金山卫界。胡家港为金山巡司界。上钓山、中钓山、下钓山、大盘山为青村所界。蒲岙为南汇所界。陈前山、茶山为南跄巡司界。宝山为上海界。永字山、分水礁、海礁山、采淘港为吴淞所界。浪冈山、顾泾港为嘉定界。竺箔沙、送信嘴、小团沙、新安沙为太仓界。太阴沙、管家沙为崇明界。福山、狼山、三槿口为通州千户所界。唐家港、海门岛为泰州界。乱沙、新洋港为盐城界。开山、淮河口、莺山为安东界。蚄山、高公岛为海州所界。清河口、已头河为赣榆界。旬岛、劳山岛为安东界。孤耆山为石臼所界。计一千八百里，抵山东青沉峰界。

历胡家峰为高港巡司界。沙嘴峰为灵山卫界。黄埠峰为夏河寨界。洋河峰为胶州界。大劳山、田横岛为鳌山卫界。走马峰为即墨界。马山为浮山所界。旬岛、赤岛为雄崖所界。吾岛、徐福山为大山所界。巨高岛为大嵩卫界。竹岛为海隅所界。松岛、莫邪岛、漫鸡岛为靖海卫界。佛岛为津宁所界。五叠岛、下劳山为寻山所界。歇马墩、洛口堡为成山卫界。海牛岛为不夜城界。窦家峰为百尺岩所界。古陌顶为威海卫界。父岛为金山所界。新安堡、戏山峰为宁海卫界。海鸡山为灶河寨界。武家庄为马埠寨界。洋山为莱州界。八角岛、碗蚁岛为登州界。刘家洼为卢洋寨界。沙门岛为解宋寨界。单山为黄县界。桑岛为马停寨界。龟岛为昌邑县界。歆末岛为寿光界。都里镇为蒲台界。青岛为利津界。黄岛为宾州界。直沽口为宝坻县界。塔山为卢龙卫寨界。南半洋山为昌黎县界。计一千二百里，抵辽东。

北半洋山为山海卫界。蔬菜岛为中前所界。牛车岛为中后所界。孤山为中右所界。向阳岛、罗儿岛为金州卫界。石滩岛为左所界。东云岛、黄驼岛为盖州卫界。屏风山为复州卫界。凤凰山为中左所界。女儿河为中屯卫、右屯卫界。辽河渡、古寺岛为广宁卫界。麻田岛、平岛为海州卫界。汤站堡为镇辽所界。临江为义州界。计一千三百余里。为鸭绿江，朝鲜界。

总其入寇，则随风所之。东北风猛，则由萨摩，或由五岛至大小琉球，而视风之变。北多则犯广东，东多则犯福建。正东风猛，则必由五岛历天堂官渡，而视风之变。东北多，则至乌沙门、分艅，或过韭山、海闸门而犯温州；或由舟山之南而犯定海，犯象山、奉化，犯昌国，犯台州。正东风多，则至李西岙、壁下、陈钱、分艅，或由洋山之南而犯临观，犯钱塘；或由洋山之北而犯青南，犯太仓；或由南沙而入大江，犯瓜、仪、常、镇。或在大洋，而风歘东南也，则犯淮扬、登莱。若在五岛、开洋，而南风方猛，则趋辽阳、天津。防倭者以三四五月为大汛，九十月为小汛。向之入寇者，萨摩、肥后、长门三洲之贼居多，其次则大隅、筑前、筑后、博多。博人善造舟。而丰前、丰后、和泉之人，间亦有之，乃因商於萨摩而附行者。

广东列郡者十，分为三路，高、雷、廉近占城、满剌诸番，烟烽希旷。中路东莞，东路惠、潮，皆倭寇不时出没之地，而东路尤为要冲。若柘林者，则又必东路控贼之咽喉门户也。无柘林，是无水寨矣，无水寨，是无东路矣。琼州四面环海，东西九百里，南北一千一百四十里。长山峻岭，三黎错居其间，而五指腹心，尽为黎据。群冈之中，定安尤险，稍或撤备，门庭皆劲敌矣。顷因辛丑之乱，举兵讨平，事虽大定，险终在夷。议者欲于罗活岗据以重兵，断其往来擤伏。噫！必如是而后为久安之计乎？福洋烽火门寨设於福宁州，所辖官井、沙埕、罗浮为南北中三哨。后官井添水寨，则又以罗江、古镇分为二哨，是在烽火、官井当会哨者五。小埕水寨设于连江，所辖闽安镇、北茭、焦山等七巡司，为南北中三哨，是在小埕当会哨者三。日南水寨设于莆田，所辖冲心、蒲禧、崇武等所司，为三哨。而文澳港则近添设于平海之后，是在日南当会哨者四。浯屿水寨设于同安，上自围头以抵日南，下自井尾以抵铜山，大约当会哨者二。铜山水寨设于漳浦，北自金山以接浯屿，南自梅岭以达广东，大约当会哨者二。由南而哨北，则铜山会之浯屿，浯屿会之日南，日南会之小埕，小埕会之烽火，而北来者无不备矣。由北而哨南，则烽火会之小埕，小埕会之日南，日南会之浯屿，浯屿会之铜山，而南来者无不备矣。哨道联络，势如长蛇，防御之法其能逾此耶？总计八闽之地，二面当海者二，兴、泉是也；一面当海者二，福、漳是也。其要害地，如晋江、深扈、獭窟、兴化、冲心、平海、龙溪、海门、漳浦、岛尾、南靖、九龙、寨溪是也。然莫有如福宁之尤险者。三面孤悬海中，如人吐舌，贼人必首犯之。旧寨设于州东北六十里三沙海面，后焦宏倡议弃徙松山。今必复旧而后可乎？浙江沿海旧设四总，今增为四参六总矣。四参者：杭、嘉、湖一，宁、绍一，台一，温一也。六总者：定海、昌国、临观、松海、金盘、海宁也。悉其防御之制，自内达外，有三重焉：会哨於陈钱，分哨于马迹、羊山、普陀为第一重；沈家门、马墓之师为第二重；总兵督发兵船为第三重。备至密也。乃若定海者，是宁、绍之门户，舟山者，又定海之外藩。其地则故县治也，为里者四，为岙者八十有三。五谷之饶，鱼盐之利，可供数万人，不待取给于外，非若普陀诸山比也。

国初置昌国卫于其上，屯兵戍守，诚至计也。信国经略海上，以其民孤悬，徙之内地，改隶象山，识其小而未见其大也。苏、松为畿辅望郡，滨于大海。自吴松江口以南、黄浦以东，海壖数百里，一望平坦，皆贼径道。往因不能御之于海，致贼深入，其祸惨矣。今建议者曰：松江之有海塘而无港口者，则自上海之川沙、南汇，华亭之青村、柘林，凡贼所据以为巢穴者，各设陆路把总以屯守之。而金山界于柘林、乍浦之间，尤为直、浙要冲，特设总兵以为陆路各将之领袖。又于其中添设游兵把总一员，专驻金山，往来巡哨，所以北卫松江，而西援乍浦也。至於苏之沿海而多港口者，如嘉定之吴松，太仓之刘家河，常熟之福山港，凡贼舟可入者，各设水兵把总以堵截之。至于崇明，孤悬海中，尤为贼所必经之处，特设参将以为水兵各将之领袖，又于其中添设游兵把总二员，分驻行治营前二沙，往来巡哨，所以远哨海洋而遮蔽港口也。外内夹持，水陆兼备，上之可以御贼于外洋，下之可以巡塘而拒守，亦既精且密矣。乃若淮、扬二郡，介于江、淮之间，东濒大海，三面堤防。考其形势，起自东南蓼角嘴，抵姚家荡，绵延四百里。除安丰等三十六场俱在腹里，未为要害。要害之处，乃通州也，狼山也，杨树湾里河镇也，徐东、徐西等场也，蓼角嘴、吕四场也，掘港、新闸港也，庙湾、刘家庄、金沙场也。其尤要者有三：曰新场，为其出入至近，逼扬州也；曰北海所，为其通新闸港且有盐艘聚泊也；曰庙湾，为其为巨镇而通大海口也。须设三把总以驻之，仍用陆路游击一员，驻扎海安，则东可以控狼山、通州、海门之入，而西可以捍御扬州矣。倭患之作，岭峤以北，达于淮、扬，靡不受害，而山东独不之及者，岂其无意于此哉？良以山东之民，便鞍马，不便舟楫，无过海通番之人，为之向导接济耳。所虞者，登、莱突出海中，三面受敌，且危礁暗沙，不可胜数，非谙练之至，则舟且不保，何以迎敌而追击乎？故安东以北，若劳山、赤山、竹蒿、旱门、刘公、芝界、八角、沙门、三山诸岛，乃贼之所必泊，而我之所当伺者。若白蓬头、槐子口桥、鸡鸣屿、夫人屿、金劳、石仓庙，浅滩乱矶，乃贼之所必避，而我之所当远者。当事诸臣，无恃其不来，恃吾有以备之，造舟选卒，练习故当。将来庙堂或修海运以备不虞，亦大有赖焉，独御寇云乎哉？辽东，古营、并地也，其背为沙漠，花当、吉列迷诸部落在焉。其面为沧溟，其余气为朝鲜。国朝设沈阳、辽阳、三万、铁岭四卫，统于开原，以遏北秋之冲。金复、海盖、旅顺诸军，联属海滨，以防岛夷之入。东北藩篱，可谓固矣。洪武初，倭奴以玩南方之心而玩辽东，辽人以御北狄之法而御倭寇，斩灭无遗，海氛荡熄。刘江、金线岛之捷是已。二百年来，边备无故，倭敢遽犯哉？但地方千有余里，马步官军九万员名，止藉山海关一路馈饷，我朝北都燕，而远漕江南粟，又自京师达于辽阳，飞挽不继，何以食之？此其患非渺小矣。迩者登、莱运米，达辽甚便，惜未多耳。愚谓国初军屯商中之制，至为精当，而大坏极敝。司国计者，当深念而亟图之，不当专责幕帅而已也。

兵事

泉州

正统间，建昌人邓茂七聚众杀人，县官捕之，遂拒捕，率党劫上杭、汀州。正统十三年，据杉关，攻光泽县，大掠，顺流而下，攻邵武，掠库藏，数日至顺昌县。时尤溪炉主蒋福成亦号集炉丁，劫取聚落，旬日至数万人。袭尤溪，与茂七声援，遂攻延平，合拒官军，官军皆没。御史丁宣等发牌招之，茂七等杀赍牌使者，据王台地方，立总甲里长，杀张都司，势益炽。遣贼将陈敬德由德化寇永春。永春民郭荣六击破之。馀贼吴都总等分寇诸县，远近望风降附。将攻郡城，郡守熊尚初请调卫军未下，自提民兵与晋江簿史孟常、阴阳正术杨仕洪拒于城南古陵坡，被执，皆死之。巡按御史张海上其事，上遣都督刘得新、陈荣与都御史张楷等，亲谕“务要剿灭尽绝”。陛辞，又谕：“你每不可迟，福建一方百姓，望你每来救他，务要将贼人杀灭尽绝。”楷等分道入闽，乃平诸贼，亟贼首赴京，八闽始定。

弘治四年，漳平盗温文进寇安溪，攻陷县治，永春、南安、郡城一时骚动。副使司马垔督官民兵讨平之。

正德中，广东盗屡寇南安（注一）、永春、德化、安溪等县。

嘉靖元年秋，广东盗犯永春。二年正月辛亥，泉兵与广东贼战于高坪，败，掳泉州卫经历葛彦。乙酉，漳、泉合兵复战于安溪之霞村，掳漳州府通判施福。七月，贼入兴化。三年十月，按察司佥事聂珙督同六县兵合击贼于德化之（注二）小尤中，团歼之。二十六年，剧寇陈日辉聚党，据安溪覆鼎山、大小尖、白叶坂诸峒。是冬，寇同安。分巡佥事余爌督兵讨平之。时漳州月港家造过洋大船，往来暹罗、佛狼机诸国，通易货物，海道不靖。是年，新设总督闽浙都御史，厉禁通番，获通番者九十馀人。都御史朱纨、行海道副使柯乔、都司卢镗就教场悉斩之。寻论发，柯乔、卢镗皆拟重典。后恤刑郎中陆稳乃奏释之。漳、泉寻复通倭，倭亦以巨航至。漳、泉人往往有诈负其值者，遂生嫌隙，而倭患萌矣。三十五年，倭自福清海口入寇，泉州卫指挥童乾震引兵迎战，死之。倭复至郡城下，陷崇武，入永春、安溪。三十七年四月，倭犯安平市，陷福清、南安、惠安。知县林咸御贼于鸭山，死之。遂犯郡城。三十八年，倭犯郡城、同安。三十九年四月，陷崇武，入永春。七月，陷安溪。四十年，倭掠同安、晋江、仙游。叛民吕尚四聚党攻陷永春。掳知县林万春。贼褚铎攻南安，执招抚千户王道成，遂攻德化。知县张大纲戒壁严垒，乘机出战，大破之，直追至巢。尚四走死，擒铎，二贼悉平。四十一年二月，倭陷永宁卫。是时土贼谢爱夫等并起，掳人，发冢，挟赎。指挥欧阳深、参将黎鹏举等合兵连破七寨，斩贼首韦老等。六月，深遣人抚谕其党，夜解散万馀人，黎明进击，擒江一峰、李五官等，斩之。十二月，广贼陈绍禄三千余犯永春。先是倭在福清未回者，适浙直总督遣参将戚继光领金华兵来援兴化，至次宏路驿，一夜剿之。兵无所犒赏，寻还浙江。新倭自海口登岸，遂攻，围兴化城数月。时都督刘显屯江口，距城四十里，不敢进，遣五兵诣城约援，为倭所获，杀之。以从倭汉人诈为刘兵入城，分守参政翁时器、参将毕高并中其计。十一月二十八日夜，五人在城杀人，倭乘乱攻城，城遂陷。据城三月，凡杀署印同知一人，士夫十余人，大家小民无数。至正月始去，屯平海卫。上命戚继光以都督总兵福建，提浙江兵未至。时广东总兵俞大猷奉遣应援，以南赣兵为军门所留，新募漳兵未可以战，惟先把截海港，毋令船得脱去。指挥欧阳深奉遣应援，与贼战于平海之东萧，死之。四月，戚兵至，遂直抵平海卫城，破其巢，歼灭无遗。四十二年十月，倭复攻仙游五十余日。时浙兵更番未至，戚总兵俟久，恐城中力竭，乃率见在兵破其西寨，遂与谭巡抚连兵尽破其东南二寨，贼遂溃。四十三年正月，贼入泉郡境，攻安平。戚总兵兵续至，贼闻引去。戚追剿直至漳州，贼复奔潮州，为广东总兵俞大猷截杀无余。四十五年春，有倭航百余徒突至永宁，戚总兵截杀之。

隆庆三年四月，倭二百余犯同安，分巡佥事苏愚遣指挥张奇峰督土兵往歼之，自是倭绝迹矣。

兴化

嘉靖二年七月，广寇申大总犯莆田，典史汝艮战死。三十七年四月，倭犯府城，自是连岁入寇。四十一年十一月二十八日夜，倭陷府城，同知奚世亮、训导刘尧佐死之。贼复破平海城，罢游巡抚，逮翁分守，谪戍。

漳州

正统十四年，邓茂七党杨福陷漳浦、南靖、长泰、龙岩，又围漳城。漳州卫指挥顾斌败走之。嘉靖二十九年，赣州峒寇李文彪等作乱，漳州府通判谢承志率兵御之，为所获。三十五年十月，倭犯诏安。三十六年六月，海寇许老、谢策等焚月港。三十七年冬，有海寇谢老、洪老（即洪迪珍）等诱倭三千余人，船泊浯屿。次年正月，由岛尾渡浮宫，直抵月港，夺港中大船，散劫八、九都，珠浦及官屿等处，复归浯屿，自是连年焚劫府属各县。三十九年五月，饶贼张琏僭称伪号，袭陷云霄城。是年，龙岩、南靖、平和、诏安各处，俱被倭、饶杀掠，草寇乘风窃发，郡无宁土。四十年正月，月港二十四将反。先是丁巳年间，九都张维等二十四人共造一大船，接济番船，官府莫能禁。戊午冬，巡海道邵梗差捕道林春领兵三百捕之。二十四将率众拒敌，杀死官兵三名，由是益横，遂各据堡为巢。旬月之间，附近地方效尤，各立营垒，各有头目，名号曰“二十八宿”，曰“三十六猛”。是年春，攻破虎渡城，又攻田尾城、合浦、渐山、南溪诸处，滨海之民，害甚于倭。是年，龙溪县二十三四等都并海沧、石美、乌礁等处土民俱反。闰五月，饶贼袭陷镇海卫，八月，陷南靖县。四十一年三月，饶贼复入南靖县。十月，海贼吴平引倭袭陷玄钟所。四十二年十二月，龙岩县土贼苏阿普、曾东田等作乱，杀漳平知县魏文瑞。四十三年二月，倭贼数千人，自兴化、仙游县来，总兵戚继光追至无象铺，大破之，斩倭首三百余级。是年，斩二十四将贼张维。四十四年，剿杀龙头寨贼首曾东田、马元湘等。四十五年五月，吴平夥党林道乾等犯诏安。十月，总兵戚继光剿灭之。

隆庆二年，吴平夥党贼首曾一本犯诏安，九月，复寇饶平、诏安。副总兵张元勋领兵由陆路截杀于盐埕，又大败之于大牙澳。三年五月，曾一本贼船数百屯于云盖寺、柘林等澳，闽、广军门会兵，于六月内进兵剿灭之，边境始安。万历十一年四月，奸民吴双引等谋乱，诛之。二十年二月，长秦县民董公等反狱，斫知县李学诗，不死，捕得诛之。

福宁州

自嘉靖三十四年以后，倭无岁不犯州境。三十八年三月，倭数千攻州城。署州事武平县知县徐甫宰悉力御之，倭退。四月，陷福安。丁巳，参将黎鹏举自嵛山冲倭舟为两截，压沉其一舟，追驰三沙，至火焰山，以火攻，大破之。六月，鹏举（注三）被逮去。七月，倭破桃坑寨。八月，连攻柘洋堡，不克。四十年三月，倭据云淡门。十月，陷宁德。四十一年八月，浙江参将戚继光帅婺士八千，歼倭众千余于横屿。四十二年五月，倭寇流江、沙埕、烽火寨。把总朱玑率舟师破之。把总王如龙追倭贼于小石岭，大破之。四十三年四月，参将李超破倭贼千余于水澳。

《闽中经略议》　郭造卿

《闽经略》之大者，系于督镇。盖闽之巡抚，自正统前侍郎杨勉始也。至成化末，王继而后，或罢遣矣。嘉靖间，胡琏、朱纨、王忬兼闽浙巡视，事平而不常设，专设自阮鹗始。未几而兼提督军门矣。《玺书》：居漳则于防山寇为疏，居省城调度，则去南粤太远。以地理较之，沿海州县，通潮、汝者六县，而抵大海者十五县耳，尚有重岩叠障者三十七县，为盗贼穴窟者，何乃遗之乎？然诸县属之南赣军门，建、邵、延三郡及福、兴、漳、泉、山县皆当居中绾毂，而四出策应，然后可也。置节镇与立会省不同：会省取舟楫所集，以为民生便；节镇取道理所均，以为控制便也。如总兵镇镇东，则镇军门无如泉，左兴右漳，其城高如省中，而加广五百十九丈，且无省城九山及诸公署，而阛阓星联，科甲鼎盛，壮哉郡也！宜为镇者一。闽郡城大者三：福也，建也，泉也，皆昔僭伪所都，故恢辟若此。历考僭据，而泉之唐末，王、留、陈三姓尤久，故其城尤大，而非当上游之冲。宋末蒲寿庚、元末那兀那纳虏酋所据，流毒福、兴甚炽，为无重臣镇之耳。今福有三司三县，建有都司二卫，而泉独一县一卫，以制甚大易据之郡，他日之忧，当不下于唐、宋、元之季世矣！宜为镇者二。沿海州郡外卫，备倭者一，其带守御所，不过一二三耳。独泉外卫一而带所五及十五巡司，独多于他郡者，盖其滨海最广而其地重故也。宜为镇者三。沿海国初岛民多内徙，而泉同安之嘉禾、浯洲诸岛不徒，二守御所及盐场诸巡司居之，迩来所城陷其一矣。且外屿彭湖最大，有三十六岛与琉球，直视他岛为独远，不预为之所，渐为海寇所据，则其巢难攻，往年之覆辙可鉴。宜为镇者四。夫均闽海也，而漳、潮多寇者，为私通多而向导熟，救援便耳。故南粤甚多，而闽漳多，泉次之。其北邑惠安而上，非为卤掠不从之矣。故惟梅洲、云霄、月港、海沧、桑屿、刘店及同安、晋江二三海堧也。《玺书》：镇漳亦为此耳。今安边馆又开番市，匪军门镇之，如戎心叵测何？但镇漳则反测不安，是急而之海也。居会城，则此去远而彼无忌矣。惟居泉弹压此辈，其势易于搜捕，且今会城迤南，不敢睥睨焉。宜为镇者五。海上难以里度，惟视风之顺逆。若沿海之陆，其程可计。省城南行六驿至泉，漳城北上至泉凡五驿，则其道里稍均，可通上下羽檄，而左右策应，不至于后时。宜为镇者六。夫上下各云四郡，在山海分言也。其实建连福州，汀连漳州，而邵、延居兴、泉之直北，即汀为闽西极边，泉至其界五百五十里，若汀至福州，则千余里也。故其由水至延平，又陆抵泉四百里，其由漳至者，陆路七百余里耳。建由东溪下，邵由西溪下，皆会于延而入泉。泉属德化，西至延界二百余里，北至福之永福二百余里。即福虽隔府，而其西北古田、闽清皆可由永福入泉，非惟漳泉便，而福、建、邵、汀、延盖无不便也。宜为镇者七。闽驿详于通衢，而深山茂林独少，是以官吏罕至，而奸宄逋亡，沙、尤邓寇，猖獗至炽，坐此耳。汀、漳初设兵备诸臣，经画为通道置驿，故其盗区渐弭。自省城而下，峡江涛险，宋初泉人避之，于北门而往，有驿二三，由尤溪入福，此其故道可考也。倘军门移镇，而寻故迹于大田、德化置驿，则山路四达，可无盗贼忧矣。宜为镇者八。若以户口税赋论之，虽无赢于福，而福有三司台院，加以军门总兵，民不胜其疲矣。而泉为开府，虽其愚民一时或恐烦扰，而福独匪民，可使有不均之叹乎？然供储皆八郡所萃，军门多巡他郡，岂能常居此？如居此，则视之如家，必多方经画，不惟城池加金汤之固，而舟车所会，冠盖所集，俨然齿于上国矣。宜为镇者九。夫泉自宋盐场多于他郡，而番舶于此置司，故其郡为独富。余力及于桥道，而寺观甲七闽。今科甲虽侈于昔，而桥道之类多废，则其富盛不及昔者尚多耳。迩者番舶为漳所移，而盐利兴之未善，必得开府画之，则令重而民尊，以遏外夷；则舶可兴，以复古制；则盐利可通于地方，所益良多，而军兴可以佐费矣。宜为镇者十。故移镇莫善于泉，为山海皆可区处也。兹第就闽而论之，若经略之远者。如旧军门汪道昆所奏：福、广共设总兵镇漳、潮，二省各副总兵，则福居五寨之中，而广居三路之中，听其调度为宜。然温、福之间，尤为上游要路。元末方国珍逋而入闽，国朝汤大夫潜而取闽，皆是道也，岛夷入必先此。今虽陆寇稍戢，安保后日无事乎？一当有事，则犹增总兵矣，此一时权宜之术，而非可以常设者也。若今副总兵于南澳，而掣肘于二省，奔驰于一隅，则其不便亦甚矣。且南澳孤山延袤既广，而无卫所，非所以壮形势也。无论琼、崖、儋、万，立州郡于孤岛中，即嘉禾、浯洲孤屿，而各列守御所，南澳可不为之所乎？故必移卫及所，方可以重帅府以藉其掎角。其如繁费何哉？夫潮今有柘林守备以控南澳，而漳有铜山寨，足以扼其吭喉。但当遴将简卒，持粮治舰，而左右会师漳下潮之大城、潮上漳之玄钟，使接壤之粤，不得蟠以为窟。漳于铜山而北至担屿，以会浯屿，浯屿会南日于平海，南日会小埕于南交，小埕会烽火于西洋，烽火出北蒲门以会温之金盘，而南下亦如之，此其大势也。视寇之所在，而总兵往赴之。贼在温而镇烽火，贼在潮而镇铜山，御不使入，此定策也。安用副总兵而待寇以烦民乎？且潮、漳各有参将，其事权与之颉颃，而两部遵奉不一，其文移尤难行于州县，盖视之犹赘旒也。然昔漳南设参将，为有潮寇耳。北路重地，仅设守备，所辖本卫二所。小埕水寨即在定海所外，有警辄闭所城，而罪则不之坐。盖以陆藉口，为其无与于海，即守备之贤者亦无以行其令矣。宜改守备为参将，而管峰火、小埕二寨，防北户而重锁钥。南参将则管浯屿、铜山二寨，为此声援，而山海俱听其令。兴化守备南日水寨，南北参将皆得调之，方如常山蛇势，首尾及中，击则皆应矣。是故加副总兵，不足为南路重，而改设参将，所以重北路者大，则总兵居中，而辖二参将，如命左右手，五寨皆所提挈，而臂指之势成矣。况广综理亦密，而足为守助乎？宜罢副总兵，于彼此各便，不者宜为之处而重其事权。若城池诸费，皆不可缓者也。

《闽中兵食议》

今夫浙、广沿海，其府有卫，如金、衢、韶南诸府，不近海者，惟以守禦所，而闽、延、邵、汀、建，非海郡皆有卫。建之卫且二，其视浙均，多于广矣。虽守御所视二省去半，然闽地隘，如此足矣。有二都司，五水寨，旧额共马步官军四万八千二百余员名，视浙之三万九千九百余员名、广之三万九千四百余员名，其军尤多，自昔然矣！则外非疏而内甚固。今军丁虽减，而食多留以充饷，况州县弓机，其兵又方余乎？机兵每名有加二分之一者，弓兵每名有减二分之一者，以所加减之食充饷，又有机若干名，全以充饷者。此外备用存留，有丁料及仓粮折色、浮粮馀剩、鱼课、寺田、海田、商课之租税，并诸司之罚锾，皆可以佐军兴。迩者军门有减有增，其作为不同，无非为地方计耳。以余计之，今贼之据者，不过万馀，而闽捍寨有卫所之兵，机弓为州县之卒，且十余万矣。惟择将而简练之，无供亿之烦，可得水陆精兵两倍于敌，则闽无不足之兵，自无不足之食，兵食之外，亦无不足之费。其所以不足者，客兵未除也。客兵为用，则军卫州县之兵皆无用矣。于客毋论加食，第俭之而日二分，其所岁费已为额外，况安家行粮及将领之猥琐乎？夫闽昔藉于浙，其将实良，故其兵足恃也。今殊于昔矣，而藉之犹故，此何异于阖庐之宫，皆以之为孙武之师；泜上之众，亦以为淮阴之士也耶！是以有限之财，而养无赖之兵矣。则浙兵之宜除，不可不早计也。或曰："子所言者，兵之常经，倘贼过万馀，则何以御之？"夫海寇则海兵，浙、广之不如闽久矣。山贼弄兵，乃专藉客兵攻之，然其厄塞未闲，岁月徒困，不如土兵，海内皆然。以土兵而当山寇，亦未见其不足也。至于大势若不可支，亦以土兵未练，不得不藉客兵声威耳。至收功而土居多，倘而既练，又奚患乎？今闽无事，且勿过计，但经常而为之理，先正名而责实可也，名曰“旗军”；补羡丁而勿侵冒，名曰“弓机”。还旧额而勿加减，勿充饷之故而盈缩巧取，勿团操之故而虚蠹岁月，则名实核矣。此在司戎司牧者得人以练之，盖非言之所能尽也，诚图表里之策，画急缓之宜，顺远近之势，制轻重之权。则即在闽土，自分主客。如上四郡，凡沿江浙、广之界勿召，召延、建、邵、汀五卫，延二守御所及连城、清流、归化、邵武、泰宁、建阳、建安、瓯宁、南平、将乐、尤溪、顺昌、大田、永安、沙县十五县之军兵，选四千为四营，分四道于四府。下四郡一州凡沿浙、广海之界勿召，召福、兴、漳、泉六卫，龙岩一守御所及古田、永福、闽清、怀安、候官、仙游、德化、永春、安溪、南安、宁洋、长泰、南靖、平和、龙岩十五县之军兵，选五千为五营，分五道于四府一州。各道监之，为之调度。农隙则阅罢而归，寇警则檄至而集，随军门总兵所往，即为操兵策应。赴伍则优常给，远征则加行粮。其不召者，各守其土为主，而征者为之客。山海小警，则各就近而调。如海猖獗，则上四营援之，如山猖獗，则下五营援之，各边疆坚守如故，此非奇正之术乎？其间通变，尤存乎人，自非大乱，未有全闽皆寇区也。倘又不支而用召募，山乡各有强丁。有饷而自有兵，事已则散归于田亩。迩来所虑在海，其舟卒尤为易集，不待甚练，亦可以战。两舟交锋，非胜则败，四面皆水，非但背水已也。同舟为命，胡越同心，一舟自为一队，一队自为救援，必兵士众，乃不疲于更战。然实在舟楫壮而冲压不动，镖石多而击杀不竭，尤以火药、火器为威，多蓄则益胜矣。其至要莫如辨风色潮期，取上风上潮以战。失此，虽十万不能以敌千余。经年多募，亦无益也。贼每避下风，入岛以待顺风之月乃出。当先期预防之，过期则可罢矣。此皆因意外以保万全，稍变通而即足用，奚至张皇而他借乎？或曰："军兴非直兵饷，而城堡、楼船、器械、间谍、赏恤之费，计当安出，乃可不诎。"夫闽语有云：三山六海一田，田俭则赋俭。所有鱼盐，仅足为民生需，取之而充国计，虽什百之一二，然舍是，非桑、孔则无可为矣。故闽承平不谓不安，省事不谓不危。何者？兵集饷难，况一切之费乎？故军兴而加赋，此为救解之术。当莆中郡破，言官闽人陈懋观、林润、曾承芳上言：闽饷多赖之时，用兵二万八千，共银二十八万馀两。半战半守，守食如常数，战者，日给四分，一年十四万四千两，但不战且罢缩其饷而乘之，出入十万足矣。常赋亦已足供，而可与民休息，外此则闽业不出鱼盐。旧鱼米三万一千九百六十余石。弘治中，折之石为银三钱五分，民甚便，盖万余两也。然海未尝尽变桑田，人未尝久废网罟，而课失征，吏无得问，何故？国初之籍，核于校尉严甚。自海岛内调，民失业多年所，为他姓豪夺，而轻重失均，逋赋者众。且惟备卫所用，不关白有司，吏胥为政而多干没，是以籍存而户逃绝，官设而令废格也。嘉靖末，民愈趋海，争者日众，乃取而充饷，檄问其赋，则额多亡失，而户逃绝者半，吏亦莫能穷竟之矣。讵知户虽绝而地有主，惟匿者无税，输者无业，课之失征，往往由此。渔户王宝所以奏而欲厘之也。兹宜翻故牍，以近年为始，必满其额。且新授札，勿究久占之罪，勿追已牟之利，开其首匿，与之更始，彼此参覆，通融而配。户绝地存，承其地者代之，不必尽复于本里；地夺户在，当其户者复之，不必远偿其旧课。清于官者听之，贸于私者听之。民虽纷争，务得大体。其无地手取，谓之浮业，废绝者多，一切蠲之，以所增补所缺。但地若干，则税若干，海县不必于取赢，山海亦可以过半矣。乃定其册，乃立之甲，有正有副，以科其众。如户口版籍，十年而重编之，若隆庆之元福清令所厘，及万历初惠安令之重编可镜已。河泊所官之设，最不均者，如莆田之数，不及沙县与福清。彼二邑者，其所各一，而莆以三，故当裁也。漳之海县，有米而不设所，何也？他县虽弊，其制犹存，独泉属县，尤非旧制。盖渔课网罟，与海扈等地，本不相侵，制具存也。为扈者曰所，其米重；为荡者曰亩，其米次之。他为网罟诸业利薄，故米尤轻。今泉之扈荡，在课册者少，而多窜于黄册，岂制哉？地非有力者不能蓄，小民既课于所，而又纳其地租，故民偿私而负公。至烦县为之征，加以澳甲，又饷兵船，不胜其苦，此所当清理者也。然悉理不过万余，兹其少者耳。盐旧十万五千三百余引，而泉有其六。故所辖场七，而泉有其四，是倚办于泉者。视兴之上里，福之海口，牛田为多也。久之，私盐白易售，入仓者杂黑。商无获不肯冒海，而支守者苦之。因援折米折银，浔美、□州、浯州为三所军饷，惠安输之运司。此固丁夫之便，未必商人所乐从。夫商初往辽海为转道，顾以闽海为远哉。今海口三场甚便，商惟以引为名，其入场既寡，且黑杂，实于商无与，丁夫如故事支吾，亦无嫐财更费之苦。曩泉若此，则固不废矣。榷会者不察其故，遂以三场折引视泉三四倍，半引视泉三十余倍，故议增其价。浔美最重，浯、□次之，惠安又次之。据法，盐则折则盘当毁。今不毁，第取其税而奏比漳浦。漳浦之抵浮米，民非灶户，地非场属。盘三万有奇，可榷五百两，泉榷宜如之，乃其入仅仅不能半漳浦，且藉口于竭泽之嗟，此其故难言之矣。惠安令不恤众议，所著政书具在，倘因而请复其旧，不亦韪乎？然闽盐之引，视广将倍之，而岁入三万，其转输万有二千，非惟课不之及，而饷相去尤甚，此又何也？盖广初行岭右、湖南，又达江右五郡，而南赣、两广军门之所取饷。闽仅千里内，初惟出之西路，今益以东南二路，其行盐亦惟数县。汀州以去西路远，久为南赣借行广盐。漳之远鄙，亦数毂于潮矣。其课纤啬，有由然也。今之兴者，为国忠计，但当考其所以废，而后知其所以兴矣。泉四场之引，共六万五千奇，原输者如数，已足军食费。今又比海口半引，令其先纳三钱。其愿为上游三路者，与其复旧通行。旧引之积久者，亦得此分。部疏增至六钱，则子母赋之，年不下数万，不必召远商。而漳、泉之人，昔苦盐壅阏，其利微渺，今价倍而得高赀，彼将争先为之矣。如泉以为不可兴，则广昔之废者海北诸场，今奚尝不复通之邪？此计部言官所以亹亹不已，而行之存乎人，非人则言无益耳。汀盐运之福漳，虽令甲以汀为闽行盐地，而率难行者，其势于潮为便矣。汀通福溪有四县，险远，通漳惟永定，其由陆则益难。潮自三河至武平所，而陆由羊角水可百里，入会昌下赣，此间道也。由潮而至上杭，经税至汀为正道。陆有二道：一由古城下赣，一由白水入抚。过此则多淮盐矣。是汀虽非产盐之区，而实为通盐之路，亦江、广之咽喉，为闽西外府也。宋时通之，寇且踵作，而必禁之，宁讵能乎？盖汀行广盐。宋守所奏天顺后广盐通行，正德都御史王守仁复申请矣。故凡入汀境，往会昌者，武平榷之；往瑞金者，上杭榷之；或往抚者，长汀而薄榷之，固商至愿也。若闽往者勿榷，为原行盐地，以寓抑彼申此。昔漳柳营江通汀，原有掣验所，今改巡司，而利废矣。若闻汀不榷，闽商当乐从此而往，闽盐因以渐复，实相济而非相厉也。福、兴之盐自有转运司存，而其以船为量，视海内之弊最甚。其说最长，存之未论。凡闽盐得刘晏辈理之，岁可得十余万。今第善通之，一二万有之矣。然此亦常课也，而操奇莫羸于市船。泉有市舶提举司，在水仙门外，宋元祐初置，后废，崇宁初复置，南渡时罢而复置。其提举多儒绅，为名吏者众。而所来之国，必所市之货，具于志可考。泉在宋富饶本此。自元以夷人提举，而诸夷为虚，人或惩之，因废市矣。国初立市舶司，七年罢，仍复之，为琉球入贡。其国与泉之彭湖山直，而受贡于此。不使外夷窥省城，犹浙置之宁波是也。后番舶入贡，多抵福州河口。因朝赐通事三十六姓，其先皆河口人也，故就乎此而内官提举其事。成化都御史张瑄奏移省城内，则失策矣。尚有进贡厂怀远驿于城外，使臣容其入见，余则停居於驿。而今此禁尽弛，贡夷纵横城中矣。浙尝有日本，广有佛郎机之爱。琉球今虽恭顺，不可不预为防也。闽因罢诸番市，而利皆归于广。漳人垂涎而引广夷入境。正德广之禁严，番舶入漳、泉，而广失利。于是两广都御史闽人林富奏言通之，有四利，语在奏疏中，而舶复通焉。嘉靖初，革市舶内官，而言官因请并罢市舶，善哉！尚书郑晓之言也。所当罢者内官，非市舶也。夷中百货，皆中国不可缺者。夷必欲售，中国必欲得之。以故圣训虽绝日本，而浙、福、广三市舶不废。盖东夷有马市，西夷有茶市，江南海夷有市舶，所以通夷狄之情，迁有无之货，收征税之利，减戍守之费，又以禁海贾，抑奸商，使利权在上，可谓訏猷矣。朱纨之忠清，卿执所不敢轻议，特审画未宜，此海邦之所追叹也。即今浙、闽夷祸为酷，而广多其土酋。市夷之助虐者寡，则可概见。故漳之安边馆，初为禁之，今为通之。而海澄为县乃戢，其明效可睹也。第漳听其便，而无重臣为辖，利之所丛，其害之蘖乎？不如复祖制，市舶仍立于泉，移安边馆于此焉，而军门镇之。贡使由此入省，而藩臬可以亟遣他番，如宋旧规，许通其互市，而榷从广例。此又出鱼盐之外，其利如川方至，以佐军兴，而奇赢所操多矣。噫！民之常赋不加，鱼盐处之得宜，而市舶又善通之，何不安生而为盗乎？

《闽中分处郡县议》

古制盗贼者，惟用粮二千石及健令擒制之耳。今守令主饷而权既轻，且闽迩来郡各分以守巡，则郡守权益轻矣。但闽视沿海诸藩为小，戍卫最密，寨所罗列，经画可谓至备矣。第郡县因循，处置尚多乖方，故自海寇猖獗，他藩破县者有之，而郡破自兴化始。兴化本唐游洋镇，隶于泉州莆田县。宋初以游洋山寇屡作，乃分而为军。其制郡有四等：曰府、州、军、监，此特以比下州耳。元列为路，今因为府，为其科甲盛也。科甲既盛，则徭役多复，而田产逾制，细民日困。考闽随攻随陷，未有如兴化者。元十余年间，因土酋引夷，仇杀而陷路城及二县者各三四次，流毒福清、惠安，数百里为墟。迩倭变，既陷府，又陷平海，而仙游坚守，幸不陷，盖国小民贫而力不堪矣。旧志言：宜降为州，有所为而发也。郡人御史林润愤陷城之变，上疏请惠安及福清益之，而二县不听，乃罢。夫惠安属泉，自县至泉一驿耳，至兴则二驿也。舍近就远，不听固宜。福清至宏路驿，之省、之兴，各经一驿，俱一百二十里。然就会城讼狱征纳，即可竣事，安能往兴而复至省中，奔走而重劳乎？故汪中丞、戚都护议于待宾里、迎仙寨、江口为县，割福清近江附之。时闽中所属，凡请置五县：漳、守、善、干、济，而宁洋海澄县矣。江口及福州之水口、福宁之穆洋者不果。固郡州守之不力，亦其地势审度未宜也。夫江口置县者，谓其江广，梁凡六十有四，辟旧寨为城以据之，则福、兴之间，贼难于奔突耳。然江口百余家，其地如覆盆，不足以居众民。第辟塞垣为堡以扼长桥，或于桥中为高关，如泉之万安桥，则寇不能径逾矣。此江又为莆田、福清之界。北岸即福清光贤里，离桥不能半里许。当漆林之南有枋头，当驿路旁。地有中、左、右三区，面临大江。其民业海，惯于滨涛。合三区为县，治其中区，而左右翼之。地不改辟，为城可千余丈；民不改聚，为廛已二千余家。寇至扼以长桥关寨，而此城负山带河，势不能猝攻，二郡可无流突忧矣。在福清宜割安香、光贤、南日、江阴及临江下图。昔之不听者，通县非数里也。莆田宜割广业、待宾、奉谷、武盛、新安里共为一县。盖福清自蒜岭邑以南，言语与莆同，婚姻与莆通，其川合于江，而蒜岭诸山为限。

宋《莆中图经序》云，莆地遍迫，由蒜岭而南，有为谏大夫者，居漆林云，则是地原属于莆。惜《图经》无可考矣。莆田之屡陷多由东北隅。未陷之先，未尝不增城建台，而不知于此置县，外失其重险故也。贼由海入，多自东北。今有此县，不惟民由江海至县，便利于府。而武盛里有平海卫嵌头巡司；新安里有莆禧所吉了巡司，为水寨地；奉谷里有青山巡司；待宾里有迎仙巡司；福清江阴里有壁头巡司；光贤里有蒜岭驿，俱当属之。是一卫、一所、一水塞、五巡司、一驿以控江海之间，而绾毂福、兴之口。虽有增者，不过四五里，而其险壮，盖有金城之势矣。第枋头有县，迎仙巡司可革。南日里原与福清隔九海，以其远岛而弃之，故调移其民，居于枋头等地。而于兴则近地也，既县枋头，则当复其故里，以待旧民复业矣。江阴里亦孤岛也，昔幸免于调移，而设壁头巡司守之。今二百年民安业如故。况南日为旧水寨地，可不移迎仙寨以控海上乎？且以江阴里观之，则福清昔所移者，南日、海坛二里。海坛周围数百余里，其地可为一大县。视之嘉禾、浯洲去同安为近，乃浯洲、嘉禾不移，而民安业如故。今海坛之民盗耕百余年，居民数万户，而为土豪私赋税。海寇常惮其强悍而不敢犯之矣。其民既不可复徙，可委而为大寇之资乎？昔同安之古浪、大登诸屿，同海坛、南日而徙矣。成化六年奏复，迩年军门又稍征饷于海坛。昔所调移者，散处他里已久，而常赋不阙，则此又起新赋矣。若及江阴、时和、永宾、平北等里，一二近屿，其时同移，今为民所盗种者，一比古浪、大登而复之，则福清虽见割数里，而海坛既复，原分为上下二里、四都、八图及江阴等近岛，为赋视今所割数里相当。福清民以海为业，当鼓舞而无不从矣。以县言之，倭寇陷县，未有如福宁。戊午夏陷宁德，秋陷福安、仁戌，冬陷寿宁、政和，四境皆陷，而州亦仅免者耳。然宁德、福安为其通海故陷，寿宁、政和属建宁府，居福宁之内而亦陷者，二县常往福宁盗贩盐徒，因以勾引倭寇而入也。元末红巾，则由建而往陷福宁矣。此是四县者，其势为存亡者也。寇平之后，建议州北当政寿之界于穆洋立县以控之，不果。而戚总兵以福宁虽直隶州，而事权不如府重，实保界东瓯，为贼首入之区也。乙卯由此而破仙居，其遁亦必由之。非惟扃闽，实以障浙，三面独突海中，为闽第一重地。若增县穆洋，再割附县益之，而可升为府，议者骇之矣。彼尝平寇，往来至熟，尤娴于兵事，岂无见而言之哉？余尝考之，江之南安府，秋米二万石，共辖里六十；广之廉州府，秋米二万六千，共辖里七十有六。而福宁州，秋米二万八千五百余石，带辖二县，共一百二十八里。若以为府，过南安、廉州多矣，且其广四百五十里，袤九百六十里，闽中府大者，疆域未多过之矣。兴化外县惟一，而此外县二，既升为府，则州为县，凡三县。其视兴化，统辖尤多，为府未尝不可也。若割近县附之，则当以政和、寿宁。政和本宁德县之关隶镇也，但宋升为县，而益以建安五里，而属建宁久矣。寿宁又政和、福安二县地，景泰六年所置也。其不属福宁州者，为去州远耳。而寿宁东南至福安之界八十里，越政和而赴府甚远，宜割以畀福宁可也。又按古田、杉洋，去县百五十余里。昔议设县，不果，乃设福州捕盗通判一员镇之，以治宁、福、政、寿、松溪一带矿徒，今颇宁戢，犹虑窃发。官本遥制，竟非久治。或割数里以附宁德等县，而福宁为府以制之，此则杉洋通判可减也。若寿宁附之，而穆洋可勿设县，但府治本州，僻在东北，寿宁、杉洋以为远矣。度其地里中无如福安，东南至州二百里，南至宁德二百里，西北至寿宁二百里。将设穆洋城费而广其故城，公署费而为府宇及学。然入府既有卫，而此亦移卫，但如广高州之带海，惟设千户所协守御。而神电卫在外县，则此移所而卫，可以不移矣。州如国初，仍为福宁县，此其大略也。

斯疆域既均，而保障为壮。闽之东北，山海皆赖以安矣。福州府属当倭寇后水口地方，为转运分司上郡盐徒所聚，倭寇广兵过之，屡经焚劫矣。群小乘倭肆志，兵备之舟方舣，而彼挟刃鼓楫，莫敢谁何。故时议建县，为自延至省凡经六驿，沿岸而无一县，故至盗贼充斥。载考是地为古田旧县，今水口驿其故地也。盖闽溪石多滩急，至此稍缓，而下无石滩，舟楫可集。延福驿路至此适中，其设县固宜。原议移闽清县于此，虽省张官置吏，但闽清至此六七十里，为东北极界，而其所辖图里多在西南，去北二百里，不便，将割候官、闽清等地为之可矣。但此地峻坂临岸，惟有驿地颇宽，民廛如带，浚扼高山，越衢庋木，岑楼出水而居。县须有城，衢外之屋俱毁，城中一带甚逼，后跨崇岭，虚而难守，故竟不果，良有以也。然此地有转运分司，有驿及递运所，未尝无官，得贤分司足治矣。今所掣验者，造舟为梁而已。水势至此已平，当石滩之上，有能累石为堆，以木为梁，不过一百六十余丈，当不难于建宁城外之长桥者也。且多富商，愿助者众，课鹾之羸，犹足佐费。永无每岁缮舟之烦，而扼桥掣验犹便，群小之舟莫横矣。故县不设，未为失策也。福近怀安县，宜减矣。第考长乐虽辖百五十里，旧县治在敦嘉里上，元初移于今治，而城外为江，即闽县之界。今长乐如孑，盖失半身也。且右界自营前江至长乐为近，去闽县为远，又过峡江，民甚不便。长乐之东北，闽县之东南，皆滨大海。闽县所辖最远，西至海一百九十里，至长乐县一百里，势不能以远控，宜自峡江以南近里割与长乐。长乐方有右臂，不惟追征勾摄为便，而江海之防尤利矣。又历考闽属，自国朝来，每因寇乱，设县即定。建宁之设寿宁，延平之设永安、大田，漳州之设漳平，及近日宁洋、海澄，而无不定者。独汀州当三省之交，成化六年设归化，而其地盗少；十四年设永定，而窃发间有者，盖南通潮、漳而北上杭，三图皆寇薮也。迩日乃靖者，赣分大埔，而又立平远耳。平远未立之时，程乡立太平营城，设抚民通判主之。官无常居，不实抚恤，乃因立为县，则有司存。而其学校、祀典、乡饮酒礼，民日由之，遂渐从善而归治。若当数十年一乱一征，其糜费残戮亡算，何如一劳永逸，而化其为衣冠文物之区乎？故平远立而潮贼宁矣。余尝驻汀，前汀守吴兴徐公，当寇猖獗，未遑立县，乃建议立抚民馆于三图，逼抵贼巢，本为权宜之术也。然近日三省山寇数十年一作，及剿有数十年之安。惟三图，百余年无秋冬间不啸聚，屡扑而不驯服。其山林险密，尤异他区，邻省山寇，共推之为主耳。参将俞大猷尝至上下水诸寨，其民七十三户。上状言三图溪南东接永定，西毗程乡，北仰上杭，南联大埔，四通而易诱惑，恃险不难作乱，虽设抚馆，要之不如县便。且峰市附近，又通闽广要路，地虽褊小，犹可以为善国，上下水间有河坪，地势宽广，山溪环抱，堪筑县城，就近抚治。宜割上杭来苏三图、四图，溪南三图，永定溪南一图、四图，共五里丁米为县，如昔永定之例。大猷上其议，未行。或以在二县之民，以割地为难，其费出于汀属有司，又以扰民为词。不知此方未宁，二县及府首受其祸；既宁，先获其福矣。或以官多为费，不知将盗贼之地，养治贼之官，以设官之扰，省用兵之费，盖有久利而无害者也。今三图余党，虽就抚而叵测，若汀分土安民，此一方最急，论弭盗绝源，在三省尤先者也。即割二县地而动一府费，宜所必从者，第行之何如耳。来苏各图田粮，为他图所已收割者，宜从地而归新县。虽纷争之门已杜，而旧城之赋实减。上杭既分永定矣，而犹为河坪，于四十里而割其三，恐称不给。长汀有五十九里，宜割附近上杭之平源、丹溪等图，二三图补附之，不患乎不均矣。其河坪今方移抚民馆筑城其中，不如就而立县。如平远之立于太平营者为便。既已有城，而县学公署，借上杭河税用之足矣。夫此数者，皆属大计，但郡县幸乱已定，则息肩而税驾，非以疮痍未复为辞，则以茧丝未蓄为虑。夫先阴雨而绸缪可也，既漂摇稍宁，可不为御侮计乎？迩之力任宁洋、海澄者，岂不良二千石哉？以次第筹之，河坪有垂成之势，江口当亟兴之役，而怀安之减，长乐之增，百利而无一害，第勿因循斯成矣。福安之策尤大，见目前者为迂，筹日后者为切，则俟之君子焉。

《防闽山寇议》

夫防山寇，建、邵、延、汀有守巡、都司、守备足赖矣。第闽入国家版籍二百余年矣，苞桑之策，正宜承平预之。在内，山寇第其小者耳。若境外大寇，必当为之所。唐之入闽也，自虔入汀，而元亦破汀关先入，则于建而邵、延因以不守。元末红巾寇起，则先入邵。国初之入也，邵、建及海，凡四道焉。海道所入，今当守烽火矣。其初定闽，先置上四郡之卫。延在内地，而建、汀、邵为边疆。汀之长汀，隘岭为僻道，其府卫一；邵之光泽、杉关为间道，其府卫一；独建有二道：于崇安曰分水关，于浦城曰仙霞关，故府卫二，而以行都司镇之。仙霞关当浦城之冲，天兵再入乃克，是以夷浦城，而关属浙之江山，取犬牙相制意也。至正统，有处寇奏筑，成化十年，加以守御所。而崇安及光泽，迩年因流寇继城矣。但卫所初建，多因乱浚，民不足守，而召募以充之耳。今则民居繁庶，而军馀丁亦众，可以别移，乃株守则非也。宜如北塞边关，因山据险为城，建宁二卫，各移一所，出守分水、杉关，卫所皆行都司所属也。分水、杉关其地可以作城。杉关虽属邵，而府惟一卫，不可轻调，故调之建、宁焉。既有以守御，即其官以讥察，而二关巡司自可以省矣。即将省巡司弓矢十年之费，可以于垣；又十年之费，可以置营；又十年之费，而公署罔不备矣。但仙霞既属浙，而闽于梨岭等地，宜相形制以立重关，而移浦城千户所镇之。浦城、闽浙捷径行者，视分水、杉关犹众，彼客有驿而此无者，盖分水为大关，中历江西铅山、广信、玉山，乃接浙之常山，为三藩所取道。邵武杉关虽僻于浦城，而出则江西建昌，各以一府当之耳。崇安、浦城皆建所属，江山、常山皆衢所属，故减一路为省费计，不知由江山、浦城者多，则由崇安、常山者少矣，而由分水者，惟江右之所取道耳。二道分往，其费亦分，且广信亦省，而皆受其利矣。浦城在宋有临江、渔梁、大湖、盆亭四驿，则在江山必有驿迹可知。非惟便旅人，亦以杜奸宄也。此三关者，因江浙军门各居省城去远，故为之过虑焉。而汀不虑者，为有南赣军门障之，且隘岭天堑，数卒当关可阻，况入隘一舍，即为府卫者乎？

猺人，楚、粤为盛，而闽中山溪高深之处间有之。漳猺人与虔、汀、潮、循接壤错处，亦以槃、蓝、雷为姓。随山种插，去瘠就腴。编荻架茅为居，善射猎，以毒药涂弩矢，中兽立毙。其贸易商贾，刻木大小短长为验。今酋魁亦有辨华文者，山中自称狗王，后各画其像，犬首人身，岁时祝祭。族处喜仇杀，或侵负之，一人讼，则众人同；一山讼，则众山同。常称城邑人为河老，谓自河南迁来畏之，由陈元光将卒始也。国初设抚猺土官，令抚绥之，量纳山赋。其赋论刀若干，出赋若干，或官府有征剿，悉听调用。后抚者不得其人，或索取山兽皮革，遂失赋，官随亦废。往往聚出为患，若往年南胜李志甫辈之乱，非猺人乎？今山首峒丁，略受约束，但每山不过十许人，鸟兽聚散无常所，汉网当宽之尔。

《上南抚台暨巡海公祖请建彭湖城堡置将屯兵永为重镇书》 沈铁

谨陈为处置彭湖，启基善后，永固闽疆事。红夷潜退大湾，蓄意叵测，征兵调兵，殊费公帑。昨僭陈移檄暹逻，委官宣谕，约为共逐一节，未知可允行否。若彭湖一岛，虽僻居海外，实泉、漳门户也。莫道红夷湾泊，即日本、东西洋、吕宋诸夷所必经焉。地最险要，山尤平坦，南有港门，直通西洋，红夷筑城据之；北有港门，名镇海港，官兵渡彭居之；中间一澳，从南港门而入，名曰暗澳，可泊舟数百只。四围山地，人云可开作园，栽种黍稷瓜果等物，牧养牛羊牲畜，未可遽垦为田，以山多顽土，无泉可灌故耳。今欲使红夷不敢居住彭湖城，诸夷不得往来彭湖港，其策有六：一曰专设游击一员，镇守湖内；二曰召募精兵二千余名，环守湖外；三曰造大船，制火器，备用防守；四曰招集兵民，开垦山场，以助粮食；五曰议设公署营房，以妥官兵；六曰议通东西洋、吕宋商船，以备缓急。此六议似宜斟酌举行者。

夫彭湖险地，什倍南澳。南澳地在海岛，夙盗薮也。万历初年，抚台刘凝斋公祖，移会广东制台，题设副总兵坐镇于中，抵今兵民完聚，田土开辟，屹为海邦重镇，倭夷不敢窥伺，漳、潮、赖以安枕，信明验矣。今彭湖可仿而行之，请设游击一员，坐镇湖内，仍设左右翼把总哨官，为之辅佐，择闽中惯历风涛、谙练水路者充之。无事则演艺守汛，有事则料敌出奇，俾诸夷不得窥中土，并议久任责成，凡兵之进退，粮之出入，咸游击是赖。三载皆加衔，六载成勳，特升大将。每岁或委廉干佐贰，不时查点，如兵士有虚捏，月粮有尅减，参处查究，追出银两，以充兵饷，庶知劝惩，永奠沃壤，殆与南澳一镇，并为闽中屏翰矣。此设游击之策一也。

夫有官守，必有兵戍，戍守哨探之兵，非二千余名不可。每名月粮九钱，此定例者，其粮饷或出自漳、泉二府，或支自布政司库。原有定议，沿海滨捕渔之民，慎择以充之；或拨出洋远探若干名，遇贼则攻击之；或拨港内守城若干名，有警则应援之。游击标下亲兵，与把总哨官人役，各自另设，不许占用；水陆戍兵一人，不许虚冒，戍兵月粮一分，其月粮按季关支，该道委海防馆照名数鏨凿包封，逐名唱给，不许将官总哨代领，以防克减；尤不许防馆吏书，需索常例，以夺兵食。此游兵营堡宿弊，亟宜申明禁革之。凡汛地之守探，具数总报院道，以便查考；夷情之缓急，飞报院道防馆，以便调度，一或误事，自有军法，庶水陆并避，犬牙相制，彭岛一带，可保无虑。此议戍兵之策二也。

夫各寨游每船板薄钉稀，委官制造，价银十不给半，一遇海涛，便自溃裂，安可出战？今宜令驾船者领价监造，每船历几汛方许修理，载几汛方许改拆，而拆造仅给半价，则造船驾船，均出一手，或不敢以敝漏之舟自试蛟龙之窟耳。若火药尤红夷所惧者，中左所火攻已破其胆，大舟四集，自尔宵遁，则火舟当多备明甚。而大铳大船尤不可少者，宜造大船十余只，安置大铳十余门，布列港口，俟寇至夹攻之。夷酋惮我长技，不惟不敢侵我疆土，且远遁无敢再出矣。此议造船火器之策三也。

彭湖山地，虽云顽土，不堪垦田乎？而遍度膏腴之区，或可布种禾谷者，即黍稷麻豆、柑蔗果木，均可充兵民口食之需，须广招同安、海澄、滨海黎庶乏田园可耕者，多四五百人，少亦二三百人，俾挈犁锄，种子以往，就居拨地，听其垦种，每人量给二三十亩。仍带妻子，方成家业，并畜牛羊，捕钓渔利，少资糊口。仍禁游击总哨各官，不许科索粒食；各戍兵下班之日，有能用力种植者亦听之。明示十年以内，决不抽税。俟十年以后，田园果熟，酌量每亩抽银二三分，以为犒赏官兵之用。务使兵民相安，永远乐业。此议召民开垦园地之策四也。

若官既守海，必有公廨居之；戍兵寓民，亦须藉营房寮舍为藏身计。今议盖游击府公署，或在镇海港口，或在娘妈宫前，当查旧基拓充之，标兵量拨百名，环扎左右；仍设仓廒数间，为贮粮之所；择宽广为教场，以备操练；而暗澳口相对二铳城及东北面大中墩，各量置营舍，以为守御，方免各兵暴露。船兵营兵，轮流拨用，少均劳逸。即召募种植，居民或令自盖房舍，或官量给房价，咸附兵营居住，相依为命，守望相助。此议设官廨兵营之策五也。

夫彭湖大湾上下，官兵船只把港，则番船不许出入，红夷不许互市，无待言者。然泉、漳二郡商民，贩东、西二洋，代农贾之利，比比然也。自红夷肆掠，洋船不通，海禁日严，民生憔悴。一伙豪右奸民，倚藉势宦，结纳游总官兵，或假给东粤高州、闽省福州及苏、杭买货文引，载货物出外海，径往交趾、日本、吕宋等夷，买卖觅利，中以硝磺器械，违禁接济更多，不但米粮饮食也。禁愈急而豪右出没愈神，法愈严而衙役卖放更饱，且恐此辈营生无路，东奔西窜，如李旦、黄明佐之俦，仍走夷乡，代为画策，更可虑也。不如俟彭湖岛设兵镇后，红夷息肩，暂复旧例，听洋商明给文引，往贩东、西二洋，经过彭湖，赴游府验引放行，不许需索阻滞。回船之日，若带有夷人在船，即拿送上司，以奸细论，庶可生意饱商民之腹，亦可以夷货增中国之利。俟彭湖设官建城之后，可徐议为之。此议通商便民之策六也。

以上迂议六款，前五款，似可为彭湖善后之一助，后通商一款，亦聊备后日通变之微权，伏望台不弃迂朽，仍会藩臬巡海守巡司道、泊总兵副参等衙门，面议停妥，一面题请，一面举行，非但彭湖一岛堪与南澳并称重镇，而八闽士民，永有攸赖矣。

崇祯十二年三月，给事中傅元初《请开洋禁疏》言：今军需孔亟，徒求之田亩，加派编户，此亦计之无如何也。然利害有宜剖晰，时势有宜变通。如闽中洋禁，曾奉明旨。然臣闽人也，谨查先臣何乔远曾有疏议，谨其详概，则又未始不可采行者，臣请得按论之。万历年间，开洋市于漳州府海澄县之月港，一年得税二万有余两，以克闽中兵饷。至于末年，海上久安，武备废弛，遂致盗贼劫掠，兼以红毛番时来倡夺船货，官府以闻，朝廷遂绝开洋之税。然语云，海者，闽人之田。海滨民众，生理无路，兼以饥馑荐臻，穷民往往入海从盗，啸聚亡命。海禁一严，无所得食，则转掠海滨。海滨男妇，束手受刃，子女银物，尽为所有，为害尤酷。近虽郑芝龙就抚之后，屡立战功，保护地方，海上颇见宁静。而历稽往事，自王直作乱以至于今，海上固不能一日无盗，特有甚不甚耳。海滨之民，惟利是视，走死地如骛，往往至岛外区脱之地曰台湾者，与红毛蕃为市，红毛业据之以为窟穴。自台湾两日夜可至漳、泉内港。而吕宋、佛郎机之夷，见我禁海，亦时时私至鸡笼、淡水之地，与奸民阑出者市货，其地一日可至台湾。官府即知之而不能禁，禁之而不能绝，徒使沿海将领、奸民，坐享洋利。有禁洋之名，未能尽禁洋之实，此皆臣乡之大可忧者。盖海外之夷，有大西洋，有东洋。大西洋，则暹罗、柬埔诸国，其国产苏木、胡椒、犀角、象牙诸货物，是皆中国所需；而东洋，则吕宋，其夷佛郎机也，其国有银山，夷人铸作银钱独盛。中国人若往贩大西洋，则以其产物相抵。若贩吕宋，则单得其银钱。是两夷者皆好中国绫缎杂缯，其土不蚕，惟藉中国之丝到彼，能织精好缎疋，服之以为华好。是以中国湖丝百斤，值银百两者，至彼得价二倍。而江西磁器、福建糖品、果品诸物，皆所嗜好。佛郎机之夷，则我人百工技艺，有挟一器以往者，虽徒手无不得食，民争趋之。永乐间，先后招徕，东西二洋入贡之夷，恭谨信顺，与狡悍不同。至若红毛蕃一种，其夷名加留巴，与佛郎机争利不相得。曩虽经抚臣大创，初未尝我怨，一心通市，据在台湾。自明禁绝之，而利乃尽归于奸民矣。夫利归于奸民，而使公家岁失二万余金之饷，犹可言也。利归于奸民，而使沿海将领，不肖有司，因以为奇货，掩耳盗铃，利权在下，将来且有不可言者。窃谓洋税不开，则有此害；若洋税一开，除军器、硫磺、焰硝违禁之物，不许贩卖外，听闽人以其土物往，他如浙直丝客、江西陶人，各趋之者，当莫可胜计，即可复万历初年二万余金之饷以饷兵。或有云可至五六万，而即可省原额之兵饷以解部助边，一利也。沿海贫民多资以为生计，不至饥寒困穷，聚而为盗，二利也。沿海将领等官，不得因缘为奸利，而接济勾引之祸可杜，三利也。倘以此言可采，则今日开洋之议，洋税给引，或仍于海澄县之月港，或开于同安县之中左所，出有定引，归有定澳，不许窜匿他泊。即使漳、泉两府海防官监督稽查，而该道为之考核，岁报其饷于抚臣。有出二万余之外者，具册报部，以凭吊用。臣乡弁郑芝龙屡立奇功，既受延世之赏，仍责以海上捕盗贼，诘奸细，使人与船无恙，计年量加升赏。窃考有宋之季，市舶司实置在泉洲，载在旧制可考。广东香山澳亦见有税额。闽、广一体耳，此非臣一人之言，实闽省之公言也。伏乞敕下闽者抚按，查洋禁果否尽闭，开洋果否无害有利，广询泉、漳士民，著为一定之规，庶奸利可杜，兵饷可裕矣。

《八闽通志》

食货

民惟邦本，而食货则所以养其生、资其用者也。闽地负山滨海，平衍膏腴之壤少，而崎岖硗确之地多，民之食出于土田，而尤仰给于水利；民之货出于物产，而尤取资于坑治。凡是数者，非独民赖以生，而土贡财赋亦由是而出焉。尝考之于史：唐之时，民物犹未甚蕃，故其贡赋亦未甚夥。及王氏僭伪，遂以区区数州之地，而供宗庙百官之费。寻复兄弟相残，分裂割据，百役繁兴，用度不足，乃增田亩山泽之税，至于鱼盐蔬果，无不倍征，民之财力，至是竭矣。宋兴，犹未能尽革。南渡以来，军国之需，皆仰给于江南，供亿繁重，固其宜也。至我国家，稽古立法，贡篚有常，赋入有等，而凡前代一切无名之征，始尽除矣。

《福州府志》

户口

论曰，予尝考历代草创，井邑萧条，盖百姓新去汤火故尔，及治平日久，则未有不滋殖者也。旧志载正德时户口，视洪武间，不能增十之二三，顷视正德，又无所增矣。夫国家治平，晏然无事，二百年于兹，即前古未有也。休养生息，涵濡汪秽，固宜数倍于国初时，而民不加多，岂有是理哉？抑或有司未稽其实，而奸胥蠹吏，得为侥幸者地耳。旧制，凡十载一籍其民，大抵足旧数而止，此敝政也。夫一邑之户，始衰而终盛，一族之人，始寡而终众，奈之何必因其旧也哉？是故豪宗巨家，或百余人，或数十人，县官庸调，曾不得征其寸帛，役其一夫；田夫野人，生子黄口以上，即籍于官，吏索丁钱，急于星火，此所以贫者益贫而富者益富也。又自倭寇以来，军储征求，催督旁午，皆出于田，瘠土之供竭矣。不毛之宅，无职事之人，终日美衣甘食，博奕饮酒，市井嬉游，独不可稍举古人抑末之政，以纾力本者之困也耶？为今之计，欲使户无匿丁，则莫若凡讼于官者，必稽其版，凡适四方者，必验其繻，则户口可核。户口可核，则赋役可均。不惟足国裕财，驱民于农，亦无便于此者矣。

土田

土田之目有二：曰官田，曰民田。若职田，若学田，若废寺田，若没官田，若官租地，皆系之官而佃于民者。与民自占田及寺田，官未斥卖，悉书于籍。其则有轻重，官田有科米三斗上下者，以三钱五分为率，五斗者三钱而止，七斗者二钱五分而止，总之称官折而蠲其别差。若民田之米，自五升而上，其则不一。其间有水塌沙崩，浮粮未豁，新垦初垦，未及首正升科者。万历七年，抚按会题奉旨稽核，履亩丈量，均匀摊补。其亩视田高下为差，其则以县原额为定，截长补短，彼此适均。则壤成赋，民间无不税之田；计亩均粮，公家无不田之税，法最善也。其后县官更代不常，而积猾奸胥，挪移改换，悉易其籍，除一蠹，复生一蠹，卒无有能究诘之者。

秋粮

国朝定制，宇内郡县，输粟京师。后以闽远隔山海，令官田米各分本、折，每石以五斗折色征银解京，以五斗本色米存留各仓。民米以十分为率，七分各征本色派仓，三分征折价银解京，即金花银。至沈御史灼奏准，凡官米俱折银解京，免输仓。民米每石半本色，米五斗输仓，为官吏、师生俸廪及军士之月粮。半五斗折色，征银二钱五分。中分其半解京，其半凑补各仓粮给军。解京者加杠索五厘，输仓者加耗米五升。岁以秋杪督粮道坐派各县，于十月开仓入之。

纲派

宪纲经用者，名曰纲银（注四），以见役坊里长供之。若庆贺、接诏、迎春、视学、祀典之当举者，乡饮酒之再行者，校文阅武之赏赍者，贡士于礼部者，资其路费；邑之废、疾、孤、寡，给其衣粮。行部及士大夫之往来者，有饩牵牢醴。官长始至，有郊劳、致馆、门祭、堂燕、舆盖器什，冬夏易其研席，岁终供桃符、花灯。正杂诸纲，一切取办，至无算也。国初，以里甲系民，十载番役，所领惟催征勾摄。载在令甲。雇役使支应官府诸费，未知作俑何人。坊里供役，势易陵迫，杂物私馈，多为縻费。吏皂如虎，抑索沓至，故有米石丁一而费至数十金者，坊郭之长尤苦焉。嘉靖末，诸监司始议官当著为令，以丁及米若干，征银若干，责办该吏支应，诚良法美意。但坐派于见年之里役，名犹未除。

万历六年，巡抚庞公尚鹏、巡按商公为正协议行一条鞭法，尽以周岁经用多寡，籍其县之丁米，岁一征之。

论曰：古布缕之征，今夏税是也；古粟米之征，今秋粮是也；古力役之征，今徭纲诸力差是也。自唐立两税法，后世遂因以为常。乃今并取之一时，即两税之法亦邈不可复矣。

徭役

徭，力役之征，古法也。国朝酌而行之，编于属县。人在官者，视事繁简，给其稍食，有银力二差，亦宋雇役免役之遗意。力差，若两院督府、上司府县各衙门门子、皂隶、书手、库子、狱卒、铺兵，儒学殿夫、门子、斗级、库子及驿馆夫、仓斗级、巡检弓兵、税课巡栏，各分司公馆与书院祠坛门子、桥渡、厂夫之属。银差，若长夫上中二解户，各衙门祇候马夫、儒学斋夫、膳夫、借拨皂隶之属。往者岁一编之，以见年里甲后五年应役。其中银差稍轻，力差如斗级、铺兵、馆夫诸属，所费溢额派倍蓰，其甚者则库子。库子本备管收役使耳，县官视为甲干，公私之费，悉兹取给，其破产者什之九。隆庆间议以县吏充库子秤收，宿弊稍蠲，而若铺兵、斗级有代者，犹多索雇值。万历六年，行一条鞭法，以十年总编，尽清官户之重免者，诸邑丁米稍裕，与雇值又多赢馀，无复轻重不均之叹矣。

丁米料

国朝上供之数，洪武间有杂色、翎毛皮角弓弦箭及荒丝之贡。永乐以后，有红白糖、药味、黄白蜡、细茶、牲口、诸色物料。有额办、岁办、杂办，为本色，或为折色。额办有定额，岁办不常征。杂办于二办之外，又有泛杂名目。在成化间，所办不过十三种，弘治间，增至二十三，正德间，所贡繁多。倚办该年里甲，名数细碎，增减因革，有司莫能究诘，吏胥因缘为奸利，虚派侵没，其弊益滋。沈御史灼始通计各县应办物料，融派丁米，概征银（注五）八分，送府转输，民以为便。嘉靖二十六年，议附由帖征银解布政司，类输京师。先是征派视料数稍益，后因倭寇军兴，复增其数以补足军需。万历六年，庞都御史尚鹏议行一条鞭法，酌盈济虚，复以八分为末减，而民益称便矣。

矿冶

论曰：山冶之当罢也，汉时大夫文学详哉其言之矣。惟是矿祸最烈，亡命无赖，逋逃作奸，小则争掠，大则啸聚，盗之囮，寇之薮也。材记今上壬辰，浙人王君锡奏开易州矿，旨下大司徒议。时材叨户垣，闻其交结夤缘，将必得请，遂偕马右谏邦良执奏，谓圣明在宥，奸人以利罔，不宜听。且易州邻虏，万一剽聚，持之急，则北走胡，是兆祸也。疏入，上幡然逐之，令勿潜住别生奸。越数年，新建张学士位秉政轴，以为利出于天地所自然，可益国无病民，采之便。上从其言，而毒流区宇矣。材曩侍交戟下，每见上睿智天纵，夐出千古，独辅之者非其人，率不能以道佐人主耳。今东南之力已竭，轮台之悔尚稽，谁生厉阶，至今为梗。呜呼！长国家而务财用，必自小人，讵弗信夫！

盐课

闽之场，其隶吾郡者，福清有二：一为海口场，一为牛田场。其卤地皆掌于司，附海为盐户，主煎作；依山为灶户，供薪木。后专曝晒，令灶户以银代薪为雇值。盐灶户每米一石，准夫一丁，着令复其身，仍给工本钞，日办盐一斤四两，积三百六十日为一引四百五十斤，以入于仓，严私贩之禁。计民男女成丁者，岁给盐三斤，征米八升，谓之盐粮。后罢米折钞，每丁口岁纳钞六贯，每贯折钱二文，中半折之为钞三贯，钱六文，闰月则算而加之。仓盐给口食，余者以给商贩。久之，民不复支盐，纳钞如故。其私盐担负不及数，于法无禁。私贩多白盐，易售，入仓类低黑肴杂卤壤，贾人又虑就场险阻，辄置引市私盐充数。由是仓盐积久亏耗，丁夫困于赔累，依山户县又不免其杂役，编户重称困矣。后遵户部奏准，各折银米以足军需，遂罢办盐入仓之例，工本钞亦复住支。

论曰：闽之壤十五依山，十五襟海，非若江、淮、吴、楚之郊，舟帆所毕通，车毂所交集也。行盐之界，不过依山四郡止耳。地非广轮，贾无赢簏，时逢平世，市绝横征，则商固可执筴而取余，官亦可持筹而收积。乃今增引加课，骈拇枝指，疐尾跋胡，得以锱铢，失以十伯，于是商日困而榷日棼矣。

鱼课

国初立河泊所榷渔利，遣校尉点视，以所点为额，纳课米。其后渔户逃绝，米责里户办纳不敷，乃有折征之令。每米一石，半纳本色五斗，折色五斗，输银二钱五分，编户犹称重困。至弘治七年，巡按御史吴一贯奏准不分本折，并征银三钱五分。

军政

卫兵有三：曰征操军，曰屯旗军，曰屯种军。征操军者，入则守城，谓之见操军，以时训练，出则守寨，谓之出海军。按季践更，均月给米八斗，如银则月给四钱。惟外卫所军，有出外海及守烟墩者，每月给一石，如银则月给五钱。更有选练备战余丁，亦月给米八斗。其军户有幼弱及老疾者，则优恤之，或月给七斗、六斗、三斗，各有等差，如给银，则视其斗数以定多寡。屯旗军者，乃国初奏红牌及样田事例之屯军也。屯种军者，即见在顶种之屯军也。此二项军，第岁视受田之数，输粮于官，并不沾官饩。自正统间，邓茂七之乱，郡方戒严，调屯军以为防守。始有给八斗者，今已报罢。客兵者，旧制无有也。嘉靖三十六年，郡苦倭寇，巡抚始有调广西向武州兵御之者，未几遣归。四十一年，倭又入寇，巡抚告急邻省，总督都御史胡宗宪遣参将戚继光以所练义乌兵八千人，自浙来援，与倭战，大捷。明年巡抚谭纶与继光复以浙兵平兴化之寇，斩首万余级。乃奏留浙兵戍闽，散于八郡，而开府与帅府驻在省会，故聚兵尤多。令环处教场，统以将领，名曰浙营。其营有六，人数大抵不下三千余人。

海防

水寨。自洪武初命江夏侯周德兴经略海徼，备倭卫所、巡检司，筑城数十，防其内侵，又于外洋设立水寨，初惟烽火门、南日山、浯屿，至景泰间，增置小埕、铜山，共五寨。成化末，当事者以孤岛无援，奏移内港。内港山澳崎岖，贼舟窄小，易趋浅水，而兵船阔大，难于迎敌，遂致失利。嘉靖四十二年，巡抚谭纶始请复旧制五寨，以扼外洋。其原属福州者，烽火门与小埕。后烽火改属福宁，惟小埕专属焉（南日旧隶福清，今属兴化；浯屿属泉州，铜山属漳州）。隆庆初，始添设海坛、浯铜二游兵。

万历初，寻增南澳、嵛山、湄洲三游，海坛游则属福州（嵛山属福宁州，湄洲属兴化，浯铜属泉州，南澳属漳州）。寨游各有把总一人统其众，寨总由武进士或世勋高等题请升授，以都指挥体统行事，谓之钦依。游总由抚院差委，或以指挥及听用把总督领，谓之名色。各为分汛地，严会哨，贼寡则各自为战，贼众则合力以攻。时值春秋二汛，必驾楼船以备海外。宪司巡海道与郡海防馆，视防守之疏密而差次殿最焉。小埕水寨在连江县定海所前，今定额船四十六只，官兵一千六十四名。北与烽火门会哨，南与南日会哨，西洋、下目、下竿塘、白大皆其汛地，省会之门户也。海坛游在福清海坛山（山故唐牧马地，宋初置牧监，寻罢，听渔民就耕，增兵守之。洪武初，守备李彝要金于坛，众弗与，彝奏徙其民于内地，遂为盗种之区。隆庆初年，始建游兵于此），额船三十只，官兵六百六十九名，泊海坛汛地，与南日兵船协守。按寨与游之初设，寨必用世胄及勋升者，欲尊其体统，令有以御舟师，慑众志也。至游第用材官及良家子，所以便吾鞭弭，可使飞伏应援耳。故寨为正兵，游为奇兵；寨可以分疆言，游难以汛地执也。近概题请钦依，其设一游一寨相间以居，俾分疆不淆而汛地各守，此徒足途观听耳。夫指臂不联，则秦、越异视，辅车既隔，将唇齿莫依。幸无事也，若势成犄角，倘变起仓卒，而观望参、商，庸足赖乎？殆与先臣请设立之意异矣。把截寨凡十有一：长乐四（广石，黄崎，仙崎，东山），连江（光临里），福清六（松关、永平、白鹤、峰头、大丘、牛头）。捍寨凡十：闽县一（古岭），长乐一（大祉），连江一（北茭），福清七（松下、平北里、平南里、沙坞、连盘、长沙、峰头）。烟墩凡六十有七：闽县十一（凤岫、长崎、琅崎、海屿、象洋、拱屿、东崎、猴屿、旺崎、盐仓、鼓山），长乐二十有二（醇酢、广石、魁洞、棋山、斗湖、浪头山、旒山、大屿、甲峰、塔山、蕉山、牛山、湖头、圣浪山、山亭山、流水、壶井、小祉、江田、石门、石浓），福清二十有七（松下、峰前、大丘、后营、白鹤、大娘、垅下、汶流、桃屿、茶林、谯积、仙岩、前晏、白沙、塔山、马头、党头、蟹屿、前村、洪坑、峦山、西岭、蒲海、石马、陈塘、双屿、峰头）。

戎器

兵器甲胄干戈之属，卫所军匠为之，有定式，有成数，都指挥视其利钝而藏之库。三卫旧各有库，弘治四年，始设武备库，合而藏之。铳炮、火箭、喷筒之属，谓之火器，三卫置局藏之，其外卫所则取兵器于库局。又有岁造解京军器，府卫并造，取办于料银，不足，征之屯耗，折钞卫所造，故有军三民七之目。防海之舟，曰官船，曰快船，曰哨船，委指挥一员造之。三卫旧各有厂，景泰间，始并为一厂，在河口。隆庆元年，改设于橘园洲。郡寨游外更烽火、南日、浯屿、铜山四寨，不隶福州卫，亦造舟于此。

论曰：郡之戎器，岁有督造，顾器一而值十，工之家四，胥之家六。甲胄苦恶，器械朽钝，所从来矣。上下相蒙，刓弊相续，久之皆乌有也。至于战舰，其费倍蓰，岁縻金钱，秖实奸橐。收汛撤兵，守之则羸卒；连艘积水，触之则虚舟也。夫器不坚好，卒不服习，趋利弗及，避难弗毕，尘饭涂羹，直儿戏耳！噫，安得临敌合刃，如楚之剑戟利，而教习水战，若越之舟师也？岂忧倭奴哉？

屯田

屯田之制，固古者寓兵于农意也。我国初籍民为军，乃讲此政。度郡属地闲旷者，或取诸废寺及籍没之产，听其耕作以为屯田。而我郡在城三卫与镇东一卫，亦不下四千余顷，顾国初新附之籍，有从他卫所徙而至者。海滨幅员未广，军士亦有屯他郡之田者。外又有红牌及样田诸例者。要之在洪武时军，则称旧屯；在永乐时军，则称新屯。而屯无论新旧，每分给三十亩，岁输正粮一十二石，馀粮一十二石。正粮给本军月饩，馀粮给守城军士，固其概也。第征粮设正馀两额，又各取盈于十二石之数，法非什一，军士稍厌苦之。后论者乃罢其正粮不复征，馀额又减其半，只征六石。复计其田之腴瘠，分为本折色。本色为存留，挽粟入仓，以给军士之月饩，折色为起运，纳价于屯官，以备军兴及解京之杂需。至折色之中，又分为旧额新增而稍差等之。比岁终，宪司之督屯使者，祇其赋之登耗，以署卫屯官之上下考。

论曰：国初屯制，一军一馀，各受三十亩而耕。持戟之士，即荷畚之农，故士无旷伍，屯无溷冒也。自后以来，军馀半居市廛，不能亲操耒耜，于是始有寄佃于土人而分其息者，有私兑于他姓而更其名者，又有丁尽籍空而转为别军所承顶者。世久弊滋，举数十屯而兼并于豪右，比比而是。昔林文恪先生谓宜因均田之会，无惮跋履，尽括旧屯，并其新垦，勿令豪强更得侵冒。择其膏腴者给卫丁壮，令自食其力，有急用之，则可以渐省客兵，此亦汉人实塞下之良策也。其议洵不可易，第顶种已越百年，转鬻不下数姓，若徒取之豪右，则彼原以厚直售之；若欲付之丁壮，则彼又不能以空拳得之。捉襟掣肘，策将安施？是故清屯之议，尚当熟图，必使民收旧直之偿，军获实屯之受，而后两得其当也。至于征赋颛属卫所之官，愚亦以为否否。夫国家武臣，不典钱谷，何独于卫官而宽之？夤缘请托，进司利权，染指既甘，漏卮无当，因而覆券者，何可胜数！倘分之附近各县，并为带征，则官保其先世汗马之勋，军免于频岁侵渔之苦矣。

福州潮汐

闽之水，海为最大，自东迤南，襟带五县。闽之东南，长乐之东北，连江之东南，罗源之东，福清之东南、东北，皆海也。海潮从东南来，南则由粗芦门北涌，东则由闽安镇西涌，皆会于马头江，复分为二：一入西峡，一入南台，复合于马渎、竹崎，与水口下之溪相接，乃回流而汐焉。是潮也，在永北、合北地方，犹兼咸卤，至马头江，则皆淡矣，濒海可田之地。唐太和中，闽县令李茸筑石堤，跨闽与长乐东界以障咸卤，垦田无数。又有一等洲田，潮至则没禾，汐而无害于禾，不假人牛而收获自若。有力之家，随便扦插，但东流西复，迁徙不常，利害亦相当云。今将潮信具列左方：每月（注六）初一、十六，寅正三、申正三；初二、十七，卯初三、酉初三；初三、十八，卯正三、酉正三；初四、十九，辰初三、戌初三；初五、二十，辰正三、戌正三；初六、二十一，巳初三、亥初三；初七、二十二，巳正二、亥正二；初八、二十三，午初初、子初初；初九、二十四，午初三、子初三；初十、二十五，午正一、子正一；十一、二十六，午正四、子正四；十二、二十七，未初三、丑初三；十三、二十八，未正二、丑正二；十四、二十九，申初一、寅初一；十五、三十，申初四、寅初四。此海潮之候也。江潮常缓海潮三刻，至入府城内外，诸河则愈缓矣。又当视其近远为先后，各以意推。其他海舶贸易往来淮浙交通之间，各以十五潮为率。

《建宁府志》

浦城县

塔岭隘（在总章里）、**筋竹隘**（在毕岭里）（注七）、**小峰隘**（在通德里）（注八）、**刘源隘**（在官田里）（注九）、**长叫隘**（在高泉里，西距县治一百里，东距龙泉县一百里）、**岩坑隘**（在高泉里，叠石为门，西距县治八十里，东连庆元县界）、**毛源隘**（在高泉里，西距县治七十里，东连庆元县界）、**小坑隘**（在高泉里，西距县治六十里，东连庆元县界，南接松溪县界）、**南溪际头隘**（在大石里，叠石为门，西距县治八十里，南接松溪县界）、**葛山隘**（在大石里，西距县治八十里，东连龙泉县十二都）、**溪源隘**（在郊阳里，蔡家岭根西，距县治五十里，东至龙泉县六都溪头界六十里，南至庆元县界八十里，北至雁塘里小井岭遂昌界一百里）、**黄二仰隘**（在登俊里东源尾，南距县治八十里，东接龙泉县界一百五里）、**牛岭隘**（在雁塘里，西距县治八十里，北接遂昌县界二百五十里，东接龙泉县界百里）、**豪岭隘**（在孝悌里，北距县治一百里，东至龙泉县界二百三十里，西至上元里翁源岭隘三十里，南至松溪县界八十里）、**翁源岭隘**（在上原里，北至县治七十里，东至松溪县界七十里）、**际溪隘**（在孝悌里，北距县治一百里，东至龙泉县界二百三十里，西至上原里翁原岭隘三十里，南至松溪县隘八十里）、**寨岭隘**（在忠信里，南距县治八十里，东至遂昌县二百三十里，北至江山县二百里）、**靖安隘**（地邻永丰，正德七年，调民兵把截饶寇，一时无立营之所。知县孙懋相形胜议立于此）、**枫岭**

隘、**竿头隘**（正德七年立匾曰：新关已上三隘，俱安乐里。隘皆以地界江浙，因山川之险，设民兵以守者也。各有望楼一间，后厅三间）。

松溪县

铁岭隘（在东关里，东距县治二十里，与庆元县界）、**寨岭隘**（在东关里，西距县治一十里，与政和县界）、**岩下隘**（在皈伏里，东北距县治三十里，与庆元县界）、**黄沙隘**（在永和里，北距县治四十里，与庆元县界）、**山庄隘**（在永和里，北距县治五十里，与浦城庆元县界）、**黄土隘**（在永和里，东距县治六十里，与浦城庆元县界）、**荷岭隘**（在豪田里，南距县治八十里，与浦城庆元县界）、**翁源隘**（在庆原里，南距县治四十里，与浦城县界，以地连温处，防制与浦城同）。

政和县

岭腰隘（在感化下里一都，西距县治三十里，距坝头隘一十五里，东连庆元县界，其地两山突起，峻绝险阻）、**坝头隘**（在感化下里四都，至县一十五里，其地两山夹耸，中瞰深溪，地连温处，防制亦与浦城同）。

寿宁县

西溪小青田隘（在北隅四图，去县西三十里，与庆元县界）、**葡萄隘**（在政和里七都，去县西南一百四十里，与古田、政和、庆元三县界）、**碑坑隘**（在政和里八都，去县西南八十里，与庆元县界）、**下党坑头隘**（在政和里八都，去县西南八十里，与庆元县界）、**峡头隘**（在政和里十都，去县西八十里，与庆元县界）、**洋婆墓头隘**（在政和里十都，去县西七十里，与庆元县界）、**白岩后隘**（在政和里十都，去县西九十里，与庆元县界）、**青草拗隘**（在政和里十二都，去县西北一百里，与景宁县界）、**三坑隘**（在政和里十二都，去县西北一百里，与庆元县界）、**黄洋凹隘**（在福安里一都，去县北一百二十里，与泰顺县界）、**石门隘**（在政和里八都，去县西一百三十里，与政和县接界，地濒山海，隘制与浦城同）。

《延平府志》

正统十二年，监察御史柳华按闽，时承平日久，境内晏然。华至，檄各郡县，凡城廓乡村之中，大小巷道，首尾各创立一隘门，门上为重屋，各置金鼓器械于其上，又于乡村各立望高楼。乃编其各乡居民为什伍，设总小甲以统率之，夜则轮番直宿于隘门之上，鸣鼓击柝以备不虞。有不从令者，听总小甲惩之，而不悛者，许总小甲闻官处治。由是总小甲各得号召其乡之人，而强梗狡猾之徒，往往别生枝节以侵夺于民。沙有邓茂七者（注十）及弟茂八，时编为乡之总甲。乡旧有例，佃人之田者，岁还租谷外，有鸡鸭之类以馈田主，辞曰“冬牲。”茂七倡乡人革之，田主不敢与较。既而又倡议以为乡民佃田，其合还之租，各令田主自备脚力，担负以归，不许辄送其家。田主因诉于县，逮之，茂七等率众拒捕不服，县乃下巡检司追摄，茂七等因杀弓兵数人。县遂以闻于上，遣民壮三百人往捕之，茂七等又聚众格杀官兵殆尽。至是势不容已，乃刑白马祭天，歃血誓众，遂举兵反，时十三年之二月也。旁近尤溪县民亦闻风而起，乌合之众，旬日间至十余万人，于是僭称王号，伪署官职，八郡骚动。诏遣兵讨之，以都督刘聚为总兵，都督陈韶、刘德新为左右参将，佥都御史张楷监军，贼犹未下。十四年，复命宁阳侯蒋懋为总兵，保定伯梁珤、平江伯陈懋、崇信伯费钊为副总兵，都督范雄、都督佥事董兴为左右翼总兵，太监曹吉祥、陈梧为监军，刑部尚书金濂参赞军务，御史丁瑄、张海记功。是年二月，茂七率众来攻郡城，与官军战于水南，为乱兵所杀，福建始平。景泰元年，其余党罗丕等复率其众寇沙县，朝廷又命范雄及太监廖秀奉御马讨平之。于是推究致乱之原，置柳华于辟。嘉靖四十年，山寇苏阿普、傅诏五等聚众攻掠沙县、尤溪、永安、大田，火焚城外民庐以千计。郡守周贤宣以计剿之，余党遣林天赠引谕招降，贼方平。

沙县

三代寓兵于农之制远矣，汉有南北诸军，唐有府兵，宋有卫禁诸兵，法皆有因，中或变坏。惟我朝军卫，不循古始，创较画一。内设亲军都督府，外立都指挥使司以参统之。卫有定所，额有定数。军之佥充，皆各州郡之罪谴者，既羁其身以隶夫卫籍，复别其家以异夫民户。有所逃亡，列于兵部移单原户取补之。岁月既久，逃亡已多，册籍贸乱，于是特差宪臣，而郡县复专其官于佐贰，每岁一清理焉。他不能知，自沙言之，其殆繁扰妨民，费靡而不适于用者乎！何则？凡军之清，不论有无，通都排年里老，悉行赴官，造为册结。老幼逃绝，据纸上之陈耳复解之府，拘集劳候，比县加重且久焉。开单勾取，本无买补者固不待论，其有丁可解者，则长解之。编轮道路之盘用，司府之倒换，摄系逾旬时，往返动万里，然解者文未销回，而所解之丁已先至其家，或避而之他者，多有之矣。因仍辗转，行伍何由实？勾取曷从已乎？夫军事之大者也，所以壮国威而备非常，制四夷而宁祸乱。坐视销缺固不可，然徒妨民而无益，亦岂盛世之宜乎？是故司国柄者，不可不为之所也。

粮之出于田也，由毛发之生于肌体也。有是田则出是粮，有是肌体始生是毛发，曷为乎其浮也？江、淮、河、海之滨，沙流之转徙，潮汐之荡汩，地去额存，或不免焉。以沙言之，负山阻溪，生齿既繁，开垦日益，惟加增可耳。乌乎！浮议者多谓邓贼乱平之后，认辨不全。永安分析之余，规画未尽，然此特其一耳。以今观之，要皆奸狡之飞诡而雄豪者之欺隐矣乎。监临者，前尝持檄清之意，非不美也。其所据以即事者，推收之错误者耳。至于册籍之改洗，段落之易移，正管之失实，则固未之能悉也，而自谓足以尽之，不其过乎？（旧有清浮粮册在于户房。）夫粮，众役所从起也。富者田连阡陌，坐享无苗之利；贫者地无置锥，反多数外之赔。富益富，贫益贫，其不均有如此者，民之病孰为之大乎？尝计环沙之域，五百里而俭，山林溪谷之外，为田无几，固可履亩而核也。诚得夫精敏干练之人，按其都图，逐一丈量，三月之前，凡占有田者，责其质剂之文契、取租之簿籍、分析之家状，举封送官，有欺隐者，听其首报。查果相同，惟升将来之科，不究既往之失；其不然者，不惟升科而已，并追罚其积年之获与罪焉。持以至公，断以必行，半载之间，可刻期而毕矣。夫如是，则田亩明；田亩明，则粮苗实；粮苗实，则册籍清而差役定，贫富均而奸隐绝，不惟去其额外之有浮，实足以定无征之赔补，一劳永逸，其利夫民也，不特小补也已。

以予观于沙也，而知国家于民也。法之周也，取之悉也，民之应乎上也，其力竭也，官职之未易修也，实惠之未易徧也，化理之不易章也，何也？古者什一而税，役于民者岁三日。汉唐盛时，三十税一，二十始传与夫租庸调已矣。宋中叶后，外奉夷狄，内崇侈靡，民不堪命，竟趋于亡。元起朔漠，科条简省，惟法制不立，贪墨纵肆耳。我朝圣祖应天启运，稽古定式，中正明当，远媲成周。草创之初，蠲诏屡下，祈天永命之基，端在是矣。百余年来，蠲免未闻，而州县之征，则日趋于繁且重焉。自沙言之，粮出于田，差本乎丁，固矣！而又有军与匠焉，鱼课盐粮焉，六分丁料焉，纲银秋祭焉，驿传水夫民快工食焉，府县之流差焉。计其一岁之所出，为粮五千八百石余，为银一万四千九百两余，而官吏之掊，称纳之加添，额外之摘补，无碍之科派不与焉。司以是责之府，府以是责之县，县以是责之里甲，杂然而并至，卒然而取应。里甲之中，夫长有奸良，丁户有逃移，里地有近远，粮产有虚浮，天时有旱潦，固不能一律以齐也。则必比并之，拘系之，鞭械之矣。而又加以讼牒之究诘，往来之迎候，前后之积垛，如是而欲鸣琴卧阁，不以难乎？上之稽乎其下，某件已未完而已矣，下之自计其绩，某件已完解而已矣。此之未能，则虽龚卓之行，夷宪之节，不免于议矣。兹为职岂易于修，而况夫化理也哉！呜呼，国家之所以设官，与官之所以自负，民之所以为望者，固非止于是也，而其势则不得或易也。虽然，即其急缓而为之后先，调其分数而与之制节，因法以施而不倚法以病，如朱子所谓“民不告劳而官无废事”，中智之士则殆庶几矣！夫窃有志而未能逮也，材哲者自当以贤圣为期。三代既降，人物又何足云乎哉！

《邵武府志》

邵武县

寨四，隘三：**水口寨**（在县东十六都（注十一），宋绍兴二年设。元改为水口巡检司，廨宇居水之南，隘门在水之北，今仍其旧。黄镇成《复城碑》云“水品扼邵武之冲，素称险固”。）、**拿口寨**（在二十二都）（注十二）、**杨坊寨**（在县东大都）（注十三）、**同巡寨**（注十四）（在三十二都（注十五）。已上三寨，俱宋绍兴二年设，元改为巡检司，洪武十年革）、**黄土岭隘**（在二十九都）（注十六）、**神宿隘**、**大竹蓝隘**。（在五十一都）（注十七）。

光泽县

关二，寨一，隘十有一：**杉关**（在九都，山岭（注十八）石山崭绝，仅容单车，古称“瓯闽西户”）、**铁牛关**（在二十七都，太和山二关俱唐广明元年设，宋元因之，国朝洪武三年，徙大寺寨巡司于杉关寨，兼守铁牛关）、**大寺寨**（在县西北，旧设巡检司于此，后徙于杉关）、**铁牛隘**（在二十七都）（注十九）、**孔坑隘**（在十三都）（注二十）、**岩岭隘**（在七都）（注二十一）、**风扫隘**（在十二都）（注二十二）、**极高隘**（在六都）（注二十三）、**高岭隘**（在九都）（注二十四）、**羊头隘**（在八都）（注二十五）、**关隘**（在九都，八隘并界于新城）、**云际隘**（在二十五都，界于铅山）（注二十六）、**昂山隘**（在二十九都）（注二十七）、**火烧隘**（在二十四都，并界于贵溪）（注二十八）。

泰宁县

寨十四，隘一：**盘龙寨**（注二十九）、**南石寨**（在将溪）（注三十）、**钟石寨**（在福兴下）（注三十一）、**羊头寨**（在南会）（注三十二）、**济龙寨**（在南会）、**虎头寨**（在梅口）、**麒麟寨**（在开善）（注三十三）、**大寨**（注三十四）、**刀背寨**（在仁寿）（注三十五）、**黄茜寨**（在瑞溪）（注三十六）、**福缘寨**、**登云寨**（并在瑞溪）、**青山寨**（在长兴）（注三十七）、**三门寨**（在梅口）、**茶花隘**（在安仁保路，通江西）（注三十八）。

建宁县

寨五，隘十有六，隔一：**军口寨**（在赤上保）、**西安寨**（在里心保，唐义宁军故地。南唐废军为寨，名永安，后改为镇，又为场。宋建隆元年，升为县，迁治于濉江之北。四年，复置寨于此。绍定五年，又分总领刘纯忠武军守之，驻新城保，今名。元为西安巡司，国朝因之，洪武三年，迁置今所）（注三十九）、**永平寨**（在新城保，即罗源、筋竹寇区也。二寨并在县西）（注四十）、**将屯寨**（在县南将屯保，梁镇将谢望常驻兵于此）、**巢隔**（亦在将屯保，唐陈岩率民兵于此，以御巢寇。巢为隔绝，不能进，故名）、**罗汉寨**（在北门，宋乾道四年，张魏公浚奏调汀州驻扎左翼兵屯戍以御何白旗之寇，即此）、**朝天隘**（在蓝田保）、**蟠湖隘**（在上黎保）、**岭头隘**（在周平保）（注四十一）、**丘家山隘**（在周平保）、**界头隘**（在都上保）、**小拗隘**（在新城保）、**茱萸隘**、**丘坊隘**、**紫云隘**（俱在客坊保）、**沙罗隘**（在静安保）（注四十三）、**九傀儡隘**（在隆安保）（注四十四）、**卷岭隘**（在吉安保）、**竹溪隘**（在永城保）（注四十六）、**禅尖隘**（在桂羊保）（注四十三）、**松根下坊径隘**（在赤上保）、**界牌隘**（在洛阳保）。**杉关**

一线远通江右，乃寇盗从入之区。建之丘坊、茱萸、小坳界头，连接广昌、石城、宁化，汀寇凭之为窟穴。正德嘉靖间，屡中流贼之祸，倏去突来，蠕动难制，已事可迩论也。

《汀州府志》

长汀县

古城寨（在县西六十里，属古贵里，今置巡检司）、白花寨（在县东南一百二十里，属宣河里（注四十八）半溪石山下，其上平，四围险塞，可容千余人。乡民避患于此，遗址犹存）、九砌隘（路通江西瑞金县界）、隘岭隘（路通瑞金县界）、镇平寨隘（路通江西石城县界）、七岭半岭隘（路通石城县界）、牛姆山下隘（路通江西会昌县界）、桃杨洞隘（路通瑞金县界）、分水凹隘（路通江西会昌县交牙界）、黄蜂岭隘（路通武平县界。已上八隘俱巡抚都御史金泽添设，总甲机兵人役守把，以备不虞）。

宁化县

安远寨（在下土，今置巡检司）、丘源径隘、石灰岭隘、杨梅径隘、砌头岭隘、芒苓径隘（已上五隘，俱巡抚都御史金泽添设，总甲机兵守把）。

上杭县

梅溪寨（在县东二十五里梅溪口，宋设官兵守戍于此，今废）、雷公寨（在县之西北）、石壁寨（在挂袍山上）（注四十九）、武婆寨（在胜运里安乡石山）（注五十）、王家寨（在胜运里干田）、丁光围

寨（在胜运里上南湖。已上五寨昔年乡民避寇居此，遗址犹存）、**新城长岭隘**、**寒陂隔隘**、**径矶石隘**（在溪南里）（注五十一）、**狗闷岭隘**（在胜运里）、**桃牌岭隘**（在古田里）（注五十二）、**洋头岭隘**（在白砂里。已上六隘俱巡抚都御史金泽添设）（注五十三）。

武平县

三折溪寨（在三折溪之西，当汀、赣、潮三州界首，宋设巡检，土军戍守于此，今废）、**象洞寨**（在县南一百里，今置巡检司）、**永平寨**（在县四十五里，地名帽砌，今移巡检司在背寨）、**水口山下隘**、**金鸡岭隘**（俱通上杭县）、**章金地隘**、**钵盂岭隘**、**簇坑隘**（俱通程乡县）、**龙溪隘**、**黄田隘**（俱通安远、会昌、羊角水等路）、**背寨隘**（今移永平寨巡检司于此）、**崆头隘**、**湖界隘**（三隘俱通会昌县）、**蟠龙岗隘**（通程乡县界）、**郑家坪隘**（通安远程乡县）、**檀岭隘**（通蓝屋驿路）。

清流县

北寨（在县北，即屏山三顶，下险上平，元行省平章陈有定于此垒石为寨，聚骁勇保守县境，赖以无虞，今基犹存）、**南寨**（在县南，山势险峻，顶上宽平，可容千人。元陈友定垒石为城，与北寨相夹守御寇，旧迹俱存）（注五十四）、**石龙寨**（在县北十里许，山峻顶平，左通宁化。元时，平章陈有定垒石为营，故址犹存）。

连城县

北团寨（元在县二十五里，后毁于兵，今巡检司移驻县侧）、**冠豸寨**（在莲峰山上）、**旗石寨**（在县南南顺里）（注五十五）、**西宝寨**

（在县西南顺里田心）、**马鞍寨**（在县东南顺里石门岩右）、**城石寨**（注五十六）（在县东北安里揭坊）（注五十七）、**山容寨**（在县东北安里溪源）、**石嵩寨**（在县北北安里）、**凉伞寨**（在县南河源里壁坊洲）（注五十八）、**张源寨**（在县南河源里招福寺）、**团兵寨**（在县南表席里湖里岗）（注五十九）、**旗山寨**（在县南表席里席湖营东）、**石榴寨**（在县南表席里溪源隔口北）、**金石寨**（在县南表席里朗村官庄。已上十三寨，实乡民保障之所）、**秋家岚隘**（在姑田里东北，通永安等处，山形险峻，约五十余里）、**廖天山隘**（在姑田里南路。龙岩山路崎岖，林木障蔽，约二十余里。上二隘，弘治初年奉巡抚都御史金泽榜文设）（注六十）。

归化县

明溪寨（在县治西二里土坊，宋设巡检，土军戍守于此，今废）、**中定寨**（在柳杨冈，宋设官兵巡戍于此，今废）（注六十一）、**平安寨**（在县治后山上，高而险隘，顶上宽平，元末行省平章陈友定立栅屯戍，今基尚存）、**万安砦**（在县西四十里，柳杨宋曾氏妇于此立五砦以御贼，贼平，赐名万安，古址犹存）、**黄杨寨**（在县东八十里岩前，宋设巡检，土军屯戍，今废）、**南平寨**（注六十二）（在潭飞砌，宋设官兵巡戍，今废）、**北安寨**（在招贤里，宋设官兵守戍，今废）、**沙溪隘**、**淳化隘**、**铁岭隘**、**夏阳隘**（已上四隘俱巡抚都御史金泽添设）。

永定县

兴化寨、**太平寨**、**三层岭寨**，**折滩隘**（在县西南溪南里）、**锦丰窑隘**（在县南溪南里，路接广东界）、**三层岭隘**、**杨梅崇隘**（在县东金丰里）、**缘岭隘**（在县东丰田里，路接漳州界）、**蔡坑隘**（在县西北胜运里。已上六处俱系旧隘）、**水槽凹隘**（在县西北胜运里）、**大富隘**（注六十三）（在县西溪南里）、**金鸡岭隘**、**河头隘**（在县南溪南里）、**箭竹凹隘**、**武溪隘**（已上六处俱巡抚都御史金泽添设）。

天顺六年，上杭溪南贼反。先是，溪南人李宗政愤嫉邑之富豪侵夺，有司弗禁，乃招诱流亡，聚众攻破县治，纵兵劫掠。监军暨三司官驻兵汀州，恃城自保，不敢进。监察御史伍骥，安福人，奉命按福建，道至浦城，闻事急，径驰至汀州府，檄三司进兵，众犹豫未决，公独携数百兵抵上杭，因一致仕教官谕以朝廷意。明日，贼下寨，来者数千人，骥谕以祸福，皆感泣，贼闻而降者数万人。其渠魁亦欲降，会有议给其降而诛之者，贼谍知，遂复反。骥躬督将士逼贼巢而营，贼悉力来拒。骥命都指挥丁泉领奇兵出贼后，焚其寨，戒以勿深入。泉乘胜直捣贼营，伏发，力战，死之。丁虽亡，贼亦创甚。骥督战益急，宗政等皆就擒，遂平贼，乃班师。仍奏设上杭守御千户所，拆汀州右千户所军一千余人，以守备上杭城。骥因积苦瘴乡，回京疾作而卒。成化十四年，上杭县溪南贼首钟三等哨聚劫掠乡邑，诏起右佥都御史高明抚捕之，未至，贼已平。明乃躬诣上杭，招抚流亡，遣副使刘成擒获贼首黎仲端，平其余党。民既安所，乃奏立永定县。

二十三年，上杭贼首刘昂、温留生纠武平所千户刘铎、佃人丘隆等数千人，攻掠江西石城、广昌、信丰，广东揭阳等县，杀官劫库。三省奏闻，添设汀漳兵备佥事伍希闵讨平之。奏添设若菜、鼓楼冈二巡检司，并守备都指挥专驻武平守御。

弘治八年，上杭来苏里贼首刘廷用、张敏、陈宗寿等聚众攻劫江西瑞金、会昌、宁都，转掠广东程乡等县。就任升广东左布政使金泽都察院右副都御史，节制江西、广东、湖广、福建四省，统辖汀、赣、潮、桂等八府地方，俾专镇于江西赣州，比照梧州中制事例以抚捕之。八月，泽莅任，悉平群盗。仍具奏每县添设巡捕主簿一员，职专捕盗。

正德二年，剧寇李四子等作乱。四子，广东沉香县人。时沉香、石骨都、松源等处盗贼窃发，武平岩泉里界于江广，李四子乘机结党，抢夺货物，平粜稻谷。一时乌合之众，闻风猬起。岩泉贼首陈裕应之，遂分作二十营寨。七年，会三省官驻扎上杭，四处把截，断其粮道，遂擒贼首李四子等，枭首军门，招抚胁从，而余党悉平。十二年，岩泉孽寇刘隆等复炽，节制右副都御史王守仁平之。

《兴化府志》

寺租充饷缘由

嘉靖四十二年，闽省兵兴，军储告匮，军门议将各寺田产，扣除迷失崩陷外，每实田十亩，扣抽六亩充饷，四亩还僧。充饷者每亩征银二钱，内除一钱四分办纳粮差，尚银六分解司。隆庆元年，军门涂泽民明文，将寺观庵院官民田地山荡，俱照黄册原额尽数查出，各依原议六分充饷事例，官田每亩征银二钱，内扣一钱五分粮差；民地每亩征银一钱，内扣三分粮差；山荡每亩征银五分，内扣一分粮差；民田每亩征银二钱，内扣八分粮差，俱存县贮库，随项支纳。其扣馀官田每亩银五分，民地每亩银七分，山荡每亩银四分，民田每亩钱一钱二分，县征解，府转解。荒芜迷失产业，申请停征。按寺田四六充饷，实出军兴权宜之策，后沿为例，遂不可更，故随时斟酌不同。万历六年，军门庞每十亩只抽二亩；十一年，军门赵每十亩议抽四亩五分；十六年，军门周每十亩只抽三亩，大抵旋行旋止，此僧所以告困也。田鬻寺废，比比然矣。

盐课

上里场盐课司隶福建都转运盐使司，莆以灶户役者，凡二千五百六十六家，分为三十一团。有总催，有秤子，有团首，有埕长，皆择丁粮相应者为之。其册十年一造，随丁粮消长。每盐一引，重四百斤。每岁共办盐二万二百引一百八十斤零八钱，内依山灶户，该办盐一万五千八百九十二引二百六十二斤七两四钱。初由煎煮，依山灶户出备柴薪银两，附海用力煎办盐斤，有无相须，称为两便。后由曝晒，近海灶户渐生勒掯，依山遂至靠损，讦告分巡佥事牟俸，定与则例：每依山灶户，该纳盐一引，出银二钱五分，交与附海代替晒办还官。每岁总催人等各照团分催征，总计银三千九百七十三两一钱六分三厘八毫。继缘干没多端，逃窜百出，官府思系国课，未免重复追征，因奉户部勘合，该听选官曾音德奏，准将依山灶户折征银两通解盐运司，候客商开中对引买盐支用，民以为便。

民间户役最重者，莫如盐户。盖军户则十年取贴军装，匠户则四年轮当一班，盐户既与军民诸户，轮当本县十年之里长，又轮当盐场之总催、团首、秤子、埕长。依山者谓总催、团首，附海者谓秤子、埕长。总催、秤子，即民之里催也；团首埕长，即民之甲首也。每十年攒造盐册，又往省赴运司候审。至见当之年，正差之外，凡盐司过往，公差牌票下场，及该场官吏在官人役等费，轮月接替支应，赔贬需索之苦，过于民矣。况场官白首穷途，吏胥门隶，复不可制，加以积棍包当多取，上下交征，非竭泽不甘。又军民诸户递年均徭驿传之编，凡民正米一石，只派银二钱上下。盐户每年每丁既纳银二钱五分，每粮一石纳银五钱五分，尚有私贴脚费及雇募盐丁等役，轻重悬绝。嘉靖四十三年，攒造盐册，时残破之后，滨海死亡殆尽，运司以该场价不满原额，将各户新收田地，每顷加收虚丁四口，比诸国制，又加多银五分。盐仓原置附场常璜山后，因附海人户告准各就地方置立仓廒，便于修葺看守。在南洋者三仓，在北洋者三仓。隆庆二年，盐商告复附场常璜山，建立仓廒三十一间，征输运纳，但离海窎远，搬运看守不便。自嘉靖以前，通就海口、牛田二场买盐应帮，而上里场之盐，只到场空剪引目，盐引依时索价。上璜仓之设，实虚名耳。屡经告复旧处，或从改折便民，当事者乌得以因循为无事哉？附《盐法议》：万历四十年，莆田县布衣陈天叙目击灶户之苦，因赴京奏请为盐法弊害，恳恩比例酌处，急苏民命事。运使江大鲲详院道，蒙批司府会议，本府知府马梦吉议上里场附海本色，照依浯、汭、浔渼、惠安四场事例，改折全课，利民等情。据此，查得上里场附海盐斤，旧制仓立随团灶户，输盐于仓，以俟商人到场支盐，此成法也。嗣后仓移上璜山，商又因海运危险，绝不到团，只将引目赴场空剪，惟听奸侩勒索灶户折价，商人仅得三分之一，赴海自买盐，虚言样船到港，某日开驾，将引照盐过镇，则商人之不支盐，非变法乎？既不支盐，复令灶户输盐入仓，盐之所输无几。进仓使用常例，每冬计费四两，每团十冬，计三十六团，所费不知凡几，此纳盐之害也。盐朝进而暮输，仓随盖而随撤，出巡边储两次查盘，仓盐俱无，奸棍乘机科敛，经营免罪。各冬之中，狡猾者少费，愚朴者多费，少者数两，多者十数两，以通团计之，所费不知凡几。贫而拟徒，抑又甚矣，此查盘之害也。派盐出商，奸侩胥徒贿赂相通，有应派而不派，未应派而先派，稍不如意，故留廒底盐，不尽派以延查盘。是以有穷灶数年不派，而数经查盘者，此派支之害也。商人到场出支，则店家下乡勒索私价，每引得银一钱二分，只以四五分还商，仍将货物抵折。商灶原不会面，有已收作未收，收多作收寡，奸侩以空剪引目制商人，商人亦自非法而曲从，竭民膏血以饱奸贪。既已上盐，又折私价，私价之外，又有出仓常例汤水等费，此折私价之害也。折价之时，不问各冬，只责见年。中间各冬有引多者，有引少者，如一冬见年中，九冬具系见年代纳。轮流见年，则轮流代纳，多者与少者纳，易于除还；至少者与多者纳，则无可除，未免赔累，此折私价不均之害也。本府目击民艰，甚切恫瘝。合无照依上里场牙侩年与商人抵折五分之价，令场官收贮，不许生事多索，各冬多寡自行办纳。见年只理催攒，不得赔累。商人赍引到场，照引给价，听其海口买盐，查盘稽其完否，不完者罪。如是则商灶两得其便，牙侩莫施其奸，成法不必尽更，虚设盐仓可废，无辜之罪赎可尽蠲矣。运司署印支如璋议仓立附场，以官为守。听商来支，盐完则灶无问可也。场官报完，商如不至，罪坐在商，与灶无预。官收官放，牙侩何所厕其奸；随足随支，查盘无罪可声矣。带管盐法道吕纯如议举灶户告诉之情则甚苦，据商人支盐之名则甚正。名正者有国初之经制在，制据难轻变，自当持成法以防趋便之私情。告苦者有本院捐赎之德意在，赎可尽捐，又何必用查盘以致灶民之藉口。本道谬为两言以蔽之：改折之议，官不可著之令也。而查盘之役，及今犹可报罢也。他如随场立仓，以官为守，盐一完则灶无问，商不至则罪在商，该司之议，已为得之，颛候宪示以衷群情。军门丁继嗣批，据该道覆审，谓灶户惧罪而议告折，商人执旧制之义支盐，已娓娓言之详矣。但国初经制，据难轻变，改折之议，似不可执以为常；设查盘之役，可以报罢，则已之可也。诸如随场立仓，以官为守，该司之议甚善，俱如照。按院陆梦祖批，海灶输盐，商引剪支，二百年令甲俱在，况上里场受盐更多乎？商灶不务完盐，擅叩九阍，欲挠国法，大不可训，道司办之悉矣。场官立仓为守，完盐不罪灶，不支止罪商，彼又何说之辞？悉照行。惟是查盘一废，则盐之为官为私，灶之孰完孰欠，一仕纵横，谁其问之？以后盘之无苛，如有力改稍力，稍力改，决不轻拟，徒与以法外之仁，可也。

墩台　（旧志所载，凡墩台五十九所，万历二年，分守宋豫卿巡历沿海，查出见存仅一十七所，俱已倾坏，行本府动支帑银从新改筑。）小澳、蔡山、石城、砺前、埕口、石井、三江（注六十四）、新浦、石狮、湖边、澄港、崎头（凡一十二所，属平海卫）、文甲、山柄、西山、火头、东湖（凡五所，属莆禧所）。

民兵

国初卫所设置军伍，各寨巡司编签弓兵，皆以防御寇盗。景泰间，柄兵者建议，凡临敌失一军以上，与失机罪同，而民兵之制起矣。

巡司

前志论曰，巡尉职逻警，宰四封，非冗官也。本朝周江夏经营炎海，于吾郡东南建平禧卫所。又念南日、湄洲至迎仙，环海二百余里，疏节阔目，非一卫一所能遥制之，乃于隙处又设六巡司，司各有寨城，有官有射手百，间杂以房帐墩台斥堠相望，壮哉！昔人之纡策也！自兵政陵夷，巡警失职，当道者遂赘疣之，乃减削射手数，移以饷水陆兵，存在寨堡，仅三之一耳。不知六司络绎，分则自卫疆场，合则以五百兵并力剿捕，悬军插羽，唇齿相依。又附寨村落去郡城迢远，有警各携老稚，挟衣粮，驰入寨城避锋镝，此又坚壁清野意也。昔贤才智岂下今人？而故轻变置之，胡为乎？昔宋燕达守延州怀宁砦，以五百兵破羌胡三万骑，彼其官非巡尉，其兵非射手耶？

客兵

闽中陆设卫所，海立水寨，皆是本地军兵，原无客兵名目。自嘉靖寇起，始设参将游击，带领各处客兵。四十三年，专设中路守备一员，以都指挥体统行事，辖福州、兴化、平海、泉州、永宁各卫所军并兴、泉二府陆路客兵。守备衙门坐镇本府，取道里适均，有警便于应援。除泉州一营外，本府二营初只分扎城内民舍，隆庆六年，始置营望仙门外旷野去处。每遇操练，调入城内教场较阅。春秋二汛，移屯平海、莆禧、吉了城内。万历十九年，添设一营曰兴泉营，本府北门外安置。至二十年，改为兴化新营，俱守备领之。二十五年，以有朝鲜之警，复设右营，一营北门外西庚地方屯扎，以旧营为前营，新营为左营，共三营，设游击领之（游击，二十四年冬，军门金学曾奏立，革守备）。三十一年，军门朱运昌将右营一营调守平海，建城安插，前左二营仍驻守府城团练防御。汛期，每营拨守一哨出守贤良、文甲、滨海扼要地方，量拨兵队分扼三江。汛毕，拨兵二三十名哨探信地，以防不虞。收汛，全营操守。

水兵

国初立水寨三：烽火门（属福宁州）、南日山（属兴化府）、浯屿（属泉州府）。景泰间，增置小埕（属福州府）、铜山（属漳州府），共五寨。后以各寨在涨海中无援，奏移内港。本府南日一寨，移入新安里吉了澳，官府文移，仍以南日水寨称。当时拨兴化、平海、泉州三卫旗军，充为舟师，各卫拨指挥一员，总管所部之军，谓之卫总，又选各卫指挥才能出众者曰把总，行事视都指挥，而卫总听节制焉。兴化卫指挥一员，平海卫把总指挥一员，泉州卫把总指挥一员，南北海洋哨捕百户六员，守备双屿，改移三江口指挥一员。成化年间，巡抚都御史张瑄欲军休息，分为三班（上班今年二月上，明年二月下；中班今年八月上，明年八月下；下班明年二月上，后年二月下），轮流更代。卫总一年一换，把总五年一代，不欲数易以废寨事。升平日久，武备废弛，倭舶多由内港登岸。盖内港山澳崎岖，贼舟窄小，易趋浅水，而兵船阔大，难以迎敌，皆为无用之器。嘉靖四十二年，军门谭纶、巡按李邦珍、总兵戚继光会议题请复旧制五水寨，以扼外洋。将烽火门、南日山、浯屿三鯮为正兵，铜山、小埕二寨为游兵，选各卫指挥千百户有才力者充五寨把总，以都指挥体统行事，分信地，明斥堠，严会哨，定功罪。五寨兵船，每寨各屯扎二哨，又分二哨屯扎大洋贼船必经之处，其余各寨附近紧要港澳，则分哨往来，以防内侵。又于道里适均海洋，定为两寨会哨之地。盖倭贼由浙而南，则烽火门为先，故分兵屯扎于烽火以上之井下门，而与浙船会哨，南则与小埕会哨于西洋山（属罗源县）。小埕则分扎于西洋，而与烽火会焉，南则与南日会哨于梅花所之南茭。南日则分扎于松下，又移至南茭，与小埕会焉。本寨屯扎兵船则移至平海卫，前与浯屿会哨。浯屿则分扎于湄洲山，而移与南日会焉。又兵船二哨屯扎于料罗，移至担屿，与铜山会哨。其铜山兵船，则二哨屯扎浯屿，又二哨屯于沙洲山，由此而南，则为广东界矣。信地既定，兵势联络，贼寡则各自为战，贼众则合力并攻，以击外洋之来贼为第一，击去贼次之。失贼弗击与致贼登岸者，查照信地论罪。五寨把总俱属督府监军道提督，惟铜山一寨去省路远，听该道于漳州调阅，随汛督发本寨坐驾官员，把总以都指挥体统行事，指挥佥事一员，协总一员，前后左右各哨官一员，各卫所抽充本寨，征操军共八百九十八名，分驾哨船十只。自是夷遭创距（嘉靖四十二年，为总兵戚继光所破灭），边境稍宁。万历二十四年，夷酋关白侵犯朝鲜，羽书杂沓，海上戒严。巡抚都御史金学曾委分守张鼎思、都司邓钟躬历信地，规画万全。议题请添设嵛山、海坛、湄洲、浯铜、玄钟、台山、彭湖诸游于一寨之中。以一游间之。寨为正兵，游为奇兵，错综迭出，巡徼既周，声势亦猛。且寨与寨会哨，东西相距，南北相抵，而支洋皆在所搜。游与游会哨，东西相距，南北相抵，而旁澳皆在所及。如闽浙分界，则烽火门为先，盖倭船必由此南下。扼要津，守门户，诚关防之一大关键也（始倭之通中国，实自辽东，今乃从南道浮海，率自温州、宁波以入。风东北汛，自彼来此，可四五日程，盖其去辽甚远，而去闽浙甚迩也）。故烽火全力守官澳，北与浙船会哨，而南与小埕会于罗浮。小埕兵船二䑸，一䑸屯西洋，一䑸屯竿塘，北与烽火会哨，而南与南日会于松下。南日兵船二艅，一艅屯苦屿，一艅屯旧南日，北与小埕会哨，而南与浯屿会于大、小岞。浯屿兵船二艅，一艅屯崇武，一艅屯料罗，北与南日会哨，而南与铜山会于担屿。铜山兵船二艅，一艅屯镇海，一艅屯沙洲，北与浯屿会哨而南与广船会。若诸游屯扎，则嵛山屯西洋礌山，台山屯东涌官澳，海坛屯苏澳龙王宫，湄洲屯贼澳大、小砟，浯铜也担屿等处。而会哨则北标与海坛会于下木，海坛与湄洲会于西寨，湄洲与浯铜会于围头，浯铜与南澳会于陆鳌。信地分明，兵势联络，大都规模建置，不外戚总戎范围中也。寨、游俱属分守，巡海二道总镇游击提督及清军海防同知稽核。

自倭变之后，议者以三江地方为吾郡门户，海流至此，分为三路：一路稍北，通端明陡门，入北洋涵头等处；一路稍南，通林墩陡门，入南洋黄石等处；中流通宁海桥，直抵熙宁桥、白湖等处，距郡城二里许。计自海洋入三江口（注六十五），自三江口入郡城，不半日可到。议设指挥一员守备。防汛之时，拨军一百二十名，澳船六只，坐驾防御。至收汛之时，拨军三十名，调船二只巡守。万历二十七年，分守冯孜以指挥无益防御，徒肆渔猎，遂议裁革，然亦因噎废食之论。近同知汪懋功议春秋二汛收，泊三江之刘澳，有警便于四应，已经题允遵行。海防馆同知汪懋功修陈南日寨兵船，收泊刘澳及区画南日山事宜。夫兵船当汛时，棋布星列，在在周防，可无置喙。惟收汛时，寨游之船，尽入泊吉了内澳，但湄游与吉了不远，泊之于此，或发或收，无甚阻阂。至若南日四十余艘，并聚此澳，既非五都之冲，又无扼要之险，不过藉以避飓台，免震荡耳。然自吉了沿崖一带，以至莆禧、平海、三江，远及万安、苦屿五六百里，无舟停泊，瞭守空虚，万一当发汛之时，北风汛烈，大䑸团聚吉了之中，卒难出澳。倭帆据我上游，虽有一二小防船只巡徼在外，犹孤羊而遇群虎也。合无于汛毕之时，将湄洲游兵船原泊吉了，以南日寨船撤泊三江。今复亲履其地，遍览形势，去三江不远曰刘澳者，四山藩蔽，又且宽广，更善于三江，昔戚总戎曾泊船于此。矧在三江口外为南日右哨信地，况南日前哨苦屿去此仅二潮水，左哨万安去此仅一潮水，右哨南日山西寨去此止半潮水，后哨平海亦一潮水，居中四达，随发随至，孰与远停吉了之阻哉？若夫南日山居民，始焉浮居，今成土著，徒羶沃饶之利，罔顾堂幕之灾。今既不能徙而之他，独不可预为安全之策？诚如宋时沿边弓弩射之法，仿而行之，择其丁壮，时其训练，获倭者叙之，擒盗者赏之。若虞其犷悍也，则以乡保倡乡民，未必逆也；若虞其艰费也，则以船器充兵器，未必乏也；若虞其鸟兽散也，则南日山四面阻海，势无所逃也。惟弓矢之备，于民难需，古云“矢石如雨，”则石亦戎事　所不废，况从高捣下，尤捷于矢，取之无禁，用之不竭乎？至于筑堡之议，诚为万全，但费钜工烦，取民则敛怨，取官则无赀，有未易言者。惟择要地创一墩台，取其足以备一时之瞭望，早知备御，可也。如此，则乡兵虎视于南日，楼船龙矫于要津，陆营鹰扬于沿岸，声势相倚，应援交济，藩篱设而门户固矣。

中路游击

嘉靖间，倭薄兴化，福建抚按请置参戎以专统将领，复罢参戎而置守备，以都指挥体统行事。万历二十三年，题请改游击衙门，钦降旗牌三面、敕书一道，加设中军把总一员，哨探把总一员，掌号把总一员，以便弹压。其管辖水陆：南日一寨，海坛、湄洲二游，兴化前左右、泉州新旧共五营，钦依名色，各把总悉听节制。自福州左右中镇东、兴化、平海共六卫，莆禧、万安、梅花共三所，巡检一十八司，大小职官凡有浚削月粮及包军占屯，大者申文，小者辄自约束。

《福宁州志》

乡堡

州松山堡（一都）（注六十六）、赤岸堡（二、三都）（注六十七）、三沙堡（五六都，旧置烽火水寨，后以孤岛无援，烽火徙松山）（注六十八）、牙裹堡（内有巡检司，旧在西岭，因倭徙）、横山堡、云阳堡（俱七都）（注六十九）、潋村堡、才裹堡、才外堡、秦屿堡（俱十都，箕笤巡检司今徙此）（注七十）、屯头堡、黄崎堡（俱十一都）（注七十一）、水屿堡、澳腰堡、钓澳堡、南镇上澳堡、下澳堡、甘家崎堡、屿前堡、店下堡、沙埕堡（近浙莆门，今成镇市，委官抽税，烽火官兵守之，俱十二都）、巽城堡（十三都）（注七十二）、小村堡、流江堡、南崎堡（俱十四都）（注七十三）、前崎堡、蔡江堡、窝口堡（俱十五都）（注七十四）、桐山堡（高家一姓所筑，今芦门巡检司徙此。十七都）（注七十五）、塘底堡（十九都）、藤屿堡（二十都）（注七十六）、东安新堡（与柘洋巡检司城隔溪，嘉靖己未筑，三十一都）（注七十七）、南屏堡、沙洽东西二堡（四十都）（注七十八）、古县沙塘堡、上洋堡、下村堡、蚶澳堡、洪江堡（四十一都）（注七十九）、渔洋堡、武曲堡、传胪堡（四十二都）（注八十）、小麻堡、厚首堡、武崎澳堡、长溪堡、积石堡、罗湖堡、闾峡堡（俱四十三都，高罗巡检司今徙此）（注八十一）、棠源堡（四十二、三都）、竹屿堡（四十四五都）（注八十二）、霞江堡、涂湾堡（四十六、七都）（注八十三）、长边堡（四十八都）（注八十四）、文星平堡（五十一都）（注八十五）、下浒堡（延亭巡检司今徙此）、塘头堡（万历元年，海贼破堡，杀戮殆尽）、赤崎堡（俱五十三都）（注八十六）。

按海滨南有大金，北有松山，俱屯重兵，巡司居中。先年屡议裁革，况今弓兵十二，可当勍敌乎？如南镇、流江既设哨兵，则青湾、筼筜二司仅存其一，而大箬哨兵居守延亭，则延亭为冗员。且四巡司兵燹之后，旧址荒榛，僦居州城。即今青湾移牙里，筼筜移秦屿，延亭移下浒，高罗移闾峡，芦门移桐山，皆非旧地。泰顺、高场原为大盗营窟，居民骚扰，累岁不休，乃置芦门巡司，今弃芦门而桐山矣。脱矿寇复作，将谁移乎？至于乡堡之设，有司听民自筑，不免多滥，如古县一村而三堡鼎建，沙洽一埠而二堡角立，似宜并而为一，庶便于守。不然，力弱势分，鲜克济矣。福安廉村堡、三塘堡、鹿湾堡、黄崎镇堡（白石巡检司今移于此）、苏洋堡。

厂隘

州东关（东门外建善寺前）、西关（西门外教场左）、西城关隘（涵口巷南养济院边）、倒流厂、官田、湖坪、杨家溪、钱王、龙亭、王头陀、杜家、蒋洋（以上东北路上截）、五蒲、万里林隘（原盗窟。嘉靖戊子，同知赵廷松建康夷楼，以兵守之）、虎巢、白琳、王孙乞儿厂、岩前、马山头、半岭、水北、分水隘（以上东北路下截）、九岛岭、十八折、栖圣岭头、鸳鸯隘、白箬隘（以上西路）、尤家湾、暗桥（以上南路）、福安大莱、松罗、中岭、五岭、宁德南城关（今名龙门。嘉靖间，县丞李诏设民兵把守）、南靖关（在二都，山岭头罗源界，嘉靖间开路，设民兵守）（注八十七）、白鹤界、金垂界、闽坑界。

烽燧

州中军瞭望台（龙首山东）、松山烟墩、台屿（并一都）、后崎、赖离（并三都）、州离智、烽火峰、东壁、大青浩、小青浩（并五都）、梅花（七都）、南金、金家山、三石、大峰（并八都）（注八十八）、黄崎、白岩（十一都）、南岭、白露、水澳（十一都）、沙埕（十五都）、古县（四十都）。右二十一墩，并洪武二十年置，福宁卫拨军哨守。长门烟墩、北山岭、积石、闾峡、赤崎、南山、小南、罗浮（并四十三都）、下浒、塔尾、青山、界石（并五十二都）（注八十九）、石湖、下篔、车安、刘全、关崎（并五十三都）。右十七墩，并洪武二十年置，大金定海拨军哨守。

古关

分水岭（与温州平阳交界）、叠石关（在十八都，与分水岭皆闽王立，以防吴越之侵）（注九十）、后溪关（在柘洋，闽王时立，宋时，建宁贼范汝为由政和来攻，长溪人姓王褒者，率守，吴贼不得过而归）、营头关（在四十八都。霞浦山前有小屿，跨海路通大山中，可容数百人）。

古寨

三沙（在五都）、清湾（在五都）、丁家（在一都）、小筼筜、黄崎、大篔筜（并在十一都）、南镇、水澳（并在十二都，通前八寨，皆洪武间置，福宁卫军防守）、下浒（在五十一都）、延亭、西臼（并在五十三都）、车安（五十三都）、高罗（在四十二都，通前五寨，洪武间置，大金所军防守）、莆门镇（在十四都，与温州界）、箬头寨（五十三都，先年曾移烽火寨于此）。

军政

州初惟有卫军与民壮，无所谓土客兵也。嘉靖间，倭变，选军余五百名，于本等月粮外，各给饭食银三钱，谓之军兵；又选民壮及募乡兵共五百名，各给饷银有差，谓之民兵。巡道舒公春芳令习边铳、鸟铳，倭贼攻城而不能犯，铳之力也。嘉靖三十六年，倭寇犯闽孔棘，于是军民两兵罢，而土客两兵出矣。嘉、隆间，土客更易不常。万历初年，募松溪、政和等处土名一营，驻扎城西，名左营，后增募一营，驻扎城南，名右营。十九年，军门赵公参鲁以倭警复从本道李公琯议，募浙兵，以一营防守鉴江，为一州二县之应援，汛毕撤回团练，驻扎城东，名福宁营。三营并峙，兵威振矣。不戢而焚，尚廑当事者之虑也。

五年考选军政，卫所指挥千百户才堪备倭者，即署备倭职衔烽火寨把总，以福建十六卫中选一员任之。卫总听把总节制，以福宁卫、福州左中二卫中选一员任之，又选千百户分守海洋要害。至嘉靖末年，议把总奉钦依一员卫总罢，设协总一员，至万历初年亦罢，而千百户诸员不用矣。

论曰：州之沿海有墩台以瞭外洋，各路则有厂隘分兵哨守，此陆路之扼塞，守在堂阶矣。至于海洋，则官澳镇、下门、闾峡、大金为内地之咽喉，台山、嵛山、七星、礵山为外洋之门户。既入内地，则东南之陆路，寨屿、三沙为最要；至松山，则去州十里而近，西南之陆路，闾峡、大金、黄崎、下浒、宁德、鉴江为最要；至渔洋，则去州亦二十里而近。倭奴之来也，不乘南风，则乘北风。然南风则入吴越为最便，北风则入闽为最便。旧制，设烽火于五六都三沙海面。正统九年，以海面风波，不便泊舟，乃移寨于一都之松山。把总一员，则由两院荐举，兵部选差，奉钦依以都指挥体统行事。仍设中军游把总一名，领兵哨守，往来应援各处要害，故不谓之寨而谓之游。万历二十年，改守备为参将，节制水陆，改中军游为嵛山游。二十八年，增设台山一游。春秋二汛，参将总镇嵛山，分遣陆兵守各要害。水兵则烽火寨把总案屯松山，分前哨于官澳，后哨于斗米澳，左哨于镇下门，右哨于三沙，旧烽火台山、嵛山两游，各守本处，可谓周于虑矣。戚都护元敬有言曰："防海有三策：海洋截杀，毋使入港，是得上策；循塘拒守，毋使登岸，是得中策；阻水列阵，毋使近城，是得下策。不得而守城，则无策矣。"吁！格言哉！

户口

按《周礼》，司民掌登万民之数，自生齿以上，岁皆登下其死生，至察矣。然古者一国仅足当今之一县，又司民世守其官，视编列若支属也，安能隐其子姓之多寡。且役民之制，家无过一人，岁无过三日，居君之土，食君之毛，曾何爱于三日之力以抵欺其主上哉？国朝洪武二十四年，户给一帖，以书丁产，岁核于有司，十岁而登之黄册。然郡邑大夫，数岁一更，若过实之于传舍，不甚急也，而户帖遂废。吾州之籍，自嘉靖以视洪武，户减三之二，口减五之三；自今以视嘉靖，不能加其什一。虽或时有盗贼荒扎之菑，而以数十年之生聚，乃不足以补其一年之耗，则隐口之弊，不敢谓其必无。顾令甲役民之制，丁赋三钱，以佣值计之，是一岁之役，五倍于周，而兴事任力又不与焉。上但期于足用，不必计于隐口与否；下虽受重役之名，而实分输于数丁，上下固两得之矣。第此惟族姓繁夥者得以蒙浩荡之恩，而单门弱户，分无所之，重役如故，至于以有身为患，不足悲乎？（《隆庆志》）

纲派

国初之制，以一百一十户为一里，同一格眼册，谓之一图。惟其丁粮多者为长，在城者坊长，在乡者里长，每图分为十长，每长属以十户，为甲首。州县每年役其一长，使供公事用度，使奉公事役使。十年而周，十长既周，复编如故。当在国初，官吏守法，量入为出，而民无愁叹之声。其后法网稍疏，暴官或剥民以媚上，奸民或瘠人以肥己，于是成、弘之间，乃令见役里长随其丁田赋钱输官：以供一年用度者，谓之纲，以雇一年役事之佣者，谓之徭。既出此钱，则归之农。惟一里长在役，以奉追征勾摄。然法虽具而所入不足以供所费，则又倚办于里甲。里甲既输钱而又治办，则向者所赋之钱，悉充县官私橐，是重利县官耳。于是乃不赋钱，第复国初之制，以丁粮定班，纲则使自供用度。然而官吏益视里甲为外帑，縻费无厌，不至尽破其家不已。徭则有银力二差：银差输官，加者不过权衡之赢；力差则注榜数两而费至数百两者有之。夫劳其一年，逸其九年，法非不善也。然有治法，无治人，乃使一年之劳，尽倾其数十年之积，役法之弊至此，而民殆不堪命矣。至于赋法，虽仍旧制，但条目烦琐，愚民不知其云何，输此责其负彼，输彼责其负此，里长愚则胥欺其里长，里长黠则胥与里长共欺其甲首。万历六年，庞都御史尚鹏奏行一条鞭之法，总计米之石所当输粮税科之数，丁之一所当输钞科之数，又总计一州一邑纲徭兵站岁费几何，分派于丁米，官以其所输者为之雇役。旧之九逸一劳者，今以十而匀之。吾州之条鞭，每米一石，除存留本色输仓外，合折色夏税料纲徭站民壮，共征银一两三钱七分有奇，每丁合盐、钞、纲、徭、兵，共征银三钱。此其大凡耳，若遇科举及他公费，多则增，少则减，然亦无几也。民但计其丁米当输几何，不必知其某赋几何、某役几何。至于见役之年，但存其名，而一切公事公费皆不与焉。官但计民之丁米当输几何，亦不必知某赋几何、某役几何。至于公事公费，一切不以慁民，盖自条鞭之法行，而民始知有生之乐。虽三王之政，何以加此！然其所当用之财与其所当役之人，未尝尽废也，今列其数于左。

《福宁州志》　海潮之候

每月以朔望为期，以“涨半满，退半干”六字为准。如初一日寅时涨，卯时涨半，辰时满；巳时退，午时退半，未时干。大率两日同一潮汐之时候以掌轮之，自寅逆数至丑，周而复始，一定不差。一日合而一周，月大月小，潮亦随之。但外海、内海、大港、小港之期候稍有不同，总不差晷刻耳。渡海者亦以此法算行舟泊舟之程，若邮舍然。海边捕鱼者，则有起水、小水之说。如月头以十一二为起水，至十八九止为小水；月尾以廿七八为起水，至初七八为小水。起水则捕鱼，小水则止也。

海潮，人皆言因月，唐卢肇独言因日。余尝游海上询之故老，月初出则潮初上，月卓午则潮满，月西转则潮渐退，月没则潮退尽。北方月出，则潮复上斗北，月中则潮满，月东转则潮渐退，月没则潮退尽。卢肇言：日是太阳，水是纯阴，日西入地时，阴避太阳，东海潮上；日出时，水乃西流，东海潮下。且箭之急疾，昼夜不能行万里，海之深阔，洪波荡漾，如何日夜能行数万里乎？又肇之所言，昼夜方是一潮，知肇不曾海上游行。其文经进，朝臣无有诘难者。余曾较勘，东莱与胶西陆地相去二百里许，水行迂回则千里许，潮信不同：莱北潮上，即胶西潮下；胶西潮上，即莱北潮下。北到南海，约近万里，据大体北海潮上，则江淮以北皆潮满；南海潮上，江淮以北皆潮下，即是如何？登、莱、即墨，盈缩不同，又见四方大海潮流各异耳。世间之事尚不能究，况天外之事乎？大抵海水盈缩，譬乾象纵横耳。于理则无有边际，随风飘荡，莫能定准，何乃昼夜循环，不差度数，亦圣功道力不可思议耳。丘长春之说如此，可与卢肇余靖及《天原发微》之说相参耳，故备录之（《升庵集》）。

泉州卫屯田

国朝洪武初，命诸将分军于龙江等处屯种，自是立法渐密，遍于天下。大率卫所军士以三分守城，七分屯种，又有二八、三七、四六、中半等例。泉州屯种军士，大约以四六为率。在洪武间者为旧屯，在永乐间者为新屯。每军给田二十四亩或二十六亩，随田远近肥瘠以为等差，岁征粮二十四石，内正粮一十二石，纳于屯仓，按月给与屯种军士，余粮一十二石，运赴城仓，给守城者，此寓兵于农之意，亦良法也。但田在丛山之中者五分之四，时军士皆非土著，水土异宜，病死逃亡者过半，田多荒芜。正统三年，每军止征余粮六石，免征正粮一十二石，听其自给，而屯仓废，然是时屯种皆正军也。至正统末，沙、尤寇发，暂取屯军回伍以备战守。兵乱日久，田之荒芜愈多，于是始拨余丁补种，故军田土每军各顶三名。然水崩沙压，豪家侵易，所存田亩仅足一名之数，其余皆虚填也。弘治末年，倪给事中清查屯田，不知田亩存没之故，于每军三户内抽出一户半，别作新增两征。监司由是督输，军士不堪，至饶御史始令停征。后屠御史奏请开豁，计今屯种军士田亩所入，有赔输者，有仅输者，求其如国初得正粮以自赡者十无一二矣。

盐有煎法，有晒法，宋元以前，二法兼用，今则只用晒法。其煎法月以二信候潮卤。潮退，卤沁土中，遇烈日结生白花，聚之以实于卤丘，复取咸水淋之。卤丘者，穴土为窟，其下为溜池，有窍以相通。用芦管引之，水渍卤丘，循管注池中。投鸡子、桃仁，以浮为节，则卤可用，乃泻卤于灶旁之土斛，以管引注盘上煎之。盘编竹如盘状，用蛎灰涂焉。大盘日夜煎二百斤，小盘半之。其晒法亦聚卤地之尤咸者晒曝，令极干，实于漏丘，渗入溜池，复取池中水浇之。如是者再，则卤可用矣。晒卤之盘，石砌极坚密，为风约水，故广狭无过数尺。一夫之力，一日亦可得二百斤。宋时盐价，斤为钱十，贵倍之，今日价极高，不过钱二文，以晒法无柴薪费故也。

农桑绢课　我朝度旷地之在官者予民种桑，亩四十株，科丝五钱，每丝一斤四两，成绢一疋，长三丈，其余两为寸尺之差。诸县岁科绢一十疋，一丈六寸八分。异时农桑具文无实数，每疋始征银一两六钱三分有奇，均里甲丁粮科之，非旧制矣。

国朝役民之制，一里十甲，更番应者谓之正役，其余俱谓之泛役。泛役有三：以隶兵门斗凡在官诸色人役给使令，以驿传三等马首人夫等专接递，以机兵、弓兵防盗贼。各以丁粮审差，则例各见于后。里甲，凡家十为甲，别推一产力多者为之长；甲十为里，里有百家，并十长一百一十家，循环役之。每岁里长以其甲之十家出办上供物料及支应官府一岁经常泛杂之费，至第十甲。编造黄册，则有书手一人、贴书二人。其在城郭为坊长。每里又有总甲一人，掌觉察地方非常之事；老人一人，主风俗词讼。凡总甲、老人执役不限年。

徭役　凡徭役，以次差甲之应役者米一石，准夫一丁。当役之年，辨其老弱不任役与有职事及盐户免役者，各以应役丁米填各衙门差使，应出力者大约不逾二十日，应出银者大约不逾八钱。若一岁丁米能盈缩于当役之数者，亦微增损以均云。

泉州潮汐总叙

泉州大海浸于东南，百川悉自西北归焉。惟德化水隔阳垅，返归永福、安溪、永春，地高潮不能达，其流至南安双溪，始与潮接。纳潮者惟晋江、同安、惠安三县，而南安之溪，则接晋江之潮者也。晋江之潮，北入洛阳江，西入浯江、笋江（二江无限界，只上下流尔，总名曰晋江），东南入安海港。南安仅抵双溪口，同安仅抵县前东西二溪，惠安则溪不入潮，其所入之处，则添崎、峰崎二港，辋川、仪场、大岞、獭窟四澳。然南安自双溪下接金溪、黄龙溪，晋江则笋江下接浯江、两涯小港，潮皆可通，与同安东西溪之潮，去海道远，水淡可耕。若洛阳江、安海港及惠安诸港澳，近海则水咸矣。其潮候，则溪、江、港、澳及海，亦差有先后云（注九十一）。

海潮候（注九十二）

初一十六辰戌中　初二十七已亥初　初三十八已亥中　初四十九已亥末　初五二十子午初　初六二十一子午末　初七二十二丑未初　初八二十三丑未中　初九二十四丑未末　初十二十五寅申初　十一二十六寅申中　十二二十七卯酉初　十三二十八卯酉中　十四二十九卯酉末　十五三十日辰戌初　此以潮平时为候，洛阳江、安海诸港澳，缓海潮三刻，浯江、笋江、东西溪又缓三刻，金溪又缓一刻，双溪又缓一刻，此诸潮先后大略也。近潮居民以指掌布十二时，复以“长、半、满、汐、半、竭”六字顺推亦准。但潮有小大，候因之而有迟速，尚当按刻为正。

《泉州府新志》

田土

国朝凡天下田地、山林、海塘、海荡等悉书其名数于籍。其田之等有二：曰官，曰民。若职田，若学田，若废寺，若没官，若官租，皆系之官。职田者，唐制职官所分之田也；学田者，府县以赡学校之田也；废寺田者，寺额废而入官者也；没官田者，籍没之家入官者也，又有原没、今没之别；官租田者，籍没之田而募人耕种者也。民田苦徭役重累，官田有折解而无徭役，故豪家操鬻田者之急，或强冒官产，或减亩合券，乃鬻田者亦久操之。悬产不推，迄于死徙，其子孙稚弱沦亡，竟无从究诘。间或有水漂沙压，田去产存，饔飧无资，而追呼日逼。凡此二者，不得不号吁于官，官司怜之，浮粮之名所由起矣。顾又有宿奸巨蠹，入钱里胥，飞诡旁射，以滨溪滨海崩陷为词，名曰浮粮，而皆实产也，其巧诈不可胜穷。迩岁田价腾踊，人争寻丈尺寸之利。近田闲土，岁有垦辟，揃削山麓，填夷沟岸，而界至相邻，彼此互争。旧日水漂沙压之地，有田主未能垦复，而他人乘间营之者；有田主垦复如旧，而未及受产，为他人首告者，讼端繁矣。

万历十年，朝廷下方田之令，泉惠安、安溪二邑，官民皆难与虑始，第均摊浮粮于业户而已。晋江令彭国光励精集事，履亩定则，分上中下，派产业户，随丘段各授一纸，汇登簿籍，每亩派官米若干、民米若干、钞米若干。寺田之已经找买及见在寺者，一概丈量洒派。计溢额一千四百八十顷八十九亩有奇，而产米亦增五分之二，即洒浮粮而均摊之，不至是也。人始谓惠安、安溪之士民，有远虑先见焉。他县行之，亦或有遗议，《德化志》具言之矣。然自是浮粮除免，疆理不淆，争讼为之稍息，而独寺僧之与民间相告言也，则积岁不休云。先是嘉靖中，有大工之役，费无所出，令民间找买寺田。逮季年，闽中中倭，兵饷匮乏，抚按复议寺在僧存者，内将四分给僧焚修，六分抽饷，行之已久。万历十九年，倭警复闻，先后巡抚复相继清查助饷，乃有司奉行太过，而奸僧寻端起衅，告讦纷纷。既准行查报，府中申详请将库收官帖，尽行提查，无库收者征银若干，无官帖者征银若干，捕系置对，蔓引株连，民甚病之。尚宝卿永春人李开藻贻书方伯范公涞，其书缕缕千余言，大略谓寺田奉旨变卖，业在嘉靖中年找买后，既经丈量，已摊入黄册，岁办粮差，与民业无异。七八十年间，时事迁改，其子孙不能守，鬻之他人，库收官帖，安得一一分折？历年既久，安能一一存留？而有司毛举数罟，展转追求，至比于民间贴契之说，猥鄙特甚。且令胥役居为奇货，黔黎日困陷阱，非仁人所忍闻也。李尚宝素楗户不与外事，亦无寺业，其书侃直谆切，范方伯以白抚院，事遂寝。

赋役

我朝赋役，远监宋代，曰官米、民米，即公田、民田之赋也；曰秋粮米、夏税钞、秋租钞，即两税之赋也；曰鱼课、盐课、铁课、酒税、商税，即杂变之赋也。役法有力差，有银差，如上下衙门库子，主官物，似宋之衙前，而流弊亦似之。坊里长，即宋之督赋税者也；机兵、弓兵、民壮，即宋之逐捕盗贼者也；书手、隶兵、祗候、门子、斗级、狱卒、铺司兵、斋夫、膳夫、马夫之类，即宋之给使令者也。创造之初，法制未备，承平之后，蠹弊渐滋。洪武初年，官米轻重不同，重者至一石，轻者亦至一斗。宣德五年，乃下减分之令：凡官米征一斗至四斗者，减十分之二；四斗一升至一石以上者，减十分之三，遂为定则。官米旧时本折中半，折色米征银解京，本色米存留各仓。民米旧以十分为率，七分征本色派仓，三分征折色解京。正德十四年，御史沈灼奏官米俱折色解京，民米俱存留各仓。官米分四等征纳：三斗以下，每石折银三钱六分；三斗以上，每石折银三钱三分；五斗则米每石折银三钱；七斗则米每石折银二钱五分。如晋江、同安，米多于解京原额，则以解剩官折拨仓，与民米兼充军粮；如南安、惠安、安溪、永春、德化，官米不足解京原额，则取民米之折价者以足解京之数。其民米并秋租钞米半纳本色，半纳折价，每石折银五钱，新增起科米，并浮粮米，俱全征折价，每石二钱五分，相兼分拨各仓。凡官民米皆有加耗，每官米一斗加耗三合五勺，民米一斗加耗七合，其耗米准备仓廒亏损，已复纽入正额支销。其后坐派各仓民米，每正耗米一石，又增耗米五升，亦作正额，支销如例。此法行，民称便至今，而独里甲之役，有甚为民苦者。始坊里长在官，专掌催钱粮，勾摄公事而已，其后乃以支应官府诸费，若祭祀、乡饮、迎春等事，皆责措办，浸淫至于杂供私馈，无名百出。一纸下征，刻不容缓。加以吏皂抑索其间，里甲动至破产，此其弊与宋时等矣。正德十五年，御史沈灼议将通县费用分正杂二纲，以丁四粮六法科派，正纲费用可得稽按，杂则私而难核，其供馈繁靡如故也。嘉靖十六年，御史李元阳悯闾阎受弊，再议征银储库，用度各有定则。但额外费繁，支应不给，仍令里长贴办，称为班次。又杂泛名色猥琐，甚或借办铺户，全不偿价，或半给者有之，较其一年供亿，倍于二纲之数，而里甲困惫，不减前时。徭役最重者，莫如库子、夫廪保。库子主策应心红纸札、酒席下程之费，而官司之昏聩者，媚奉过宾，泥沙钱谷，私衙传索，亦复不赀。嘉靖之季年，邮券滥冒，往来如织，至者皆多拥宾从，行李辎重过当，夫廪保之供给，殆不堪命。于是抚按两院始令各县除正杂之名，止称纲银，以丁四粮六审定规则。又谓十甲轮差，遇有本甲丁米少者，则银少而差轻，或本甲丁米多者，则银多而差重，未免有不均之叹。乃又令各县将实差丁米，分为十段派编，其法颇称详明，然民困犹未甚苏息。既而都御史汪道昆以总兵戚继光荡灭倭寇，实藉金华兵之力，遂调金华兵戍守，议加派军饷，丁四粮八，奉旨定赋，而民又增一役矣。至万历初年，都御史庞尚鹏始议一条鞭之法，通府州县十岁中夏税秋粮存留起运额若干，纲徭兵站加银额若干，通为一条。其曰纲银，则院司郡邑之供应，祭祀之费用，生员之试赏，举贡进士之盘缠，牌坊皆统焉。其曰均徭银，则诸司之祗候、隶兵、库子、门子、仓库夫、坛夫、斋夫、膳夫、陂夫、馆夫、狱卒、斗级、弓兵、铺司兵、巡栏之役皆统焉。即库子、驿站之徭差，旧时最为民所苦者，一概通融均派。供其入者民，司其出者官，而奸徒之抑勒需索，无所藉手，著为令甲，民甚以为便。盖赋役之法，始也烦，继也简；始则赋役分为二，今则合而为一矣。

上供三办

唐初土贡甚少，有蕉布、生苎布各一十疋，绵丝、蜡烛。末年方镇擅命，托进奉之名以赡私橐，于是有圣节、大礼、供军等名。宋兴，虽裁损其数，而名尚未尽革也。治平间，曾贡山姜花、橄榄子、荔枝，后皆罢之。元丰中，贡绵一百两、蕉葛五十疋；上供银旧额二万四千两；其岁办则大礼银二千两，三年一贡；圣节银一千两；天基圣节银二百两；又有在京吏禄钱、在京官员役钱、僧道免丁钱。绍兴中，令州买木绵布五千疋，为奉使赐予及使者私觌之用，遂为例。又有统制官供给钱、经总制无额等钱，名色繁多，皆官司随宜措办。国朝洪武间，有杂色皮、翎毛、角弓、弦箭之贡，永乐间有白糖、霜糖、沙哩别之贡，后以经费所需，始派各色物料：额办药材、牲口、历日纸张、段疋、弓弦箭、军器、杂皮、翎毛等物；岁办蜡、茶、水牛、底皮、石、大青、黑铅、银硃、铜铁、金箔、牛筋、绵羊皮、楠木、柁木、杉木等物；杂办生漆、棕毛、杂皮、黄蜡、水胶、白麻、布疋、纸张、纻丝、线罗、荒丝、铁线、木炭等物。弘、正间，递增之，皆倚办于该年里甲，而名数烦碎，或增或减，或征或否，自有司莫能详其来历。吏胥因之为奸，虚派侵克，岁益滋甚。至征解之时，主吏勒索无厌，往往耗折逋欠。正德十五年，沈御史行八分法，通融各县应办物料，就于八分银两支解本府，佥长解办本色，解部交纳。嘉靖二十六年，议附由帖征银解布政司支应。

杂课

农桑绢　宋时令长吏劝民广植农桑，有伐以为薪者罪之，而调其绢细丝绵以供军。南渡后，军储不足，丝绢并半折钱，疋二千。我朝洪武初，令民有不种桑麻木绵者，罚之布帛。后又令民于在官旷地种桑，每亩四十株，科丝五钱，每丝一斤四两，成绢一疋，长三丈余。乃有司苟且具文，奉行不虔，遂变而征银，每疋一两六钱，水脚二钱八分，俱于通县丁粮办纳，非旧制也。

鱼课　五代闽时，凡江湖陂塘，皆收其课，宋至道间，除之，然州县尚有采捕舟船之税。我朝始立河泊所，以榷沿海渔利，定纳课米。其后渔户逃绝者多，额课办纳不敷，乃有折征之令，每米一石，半纳本色五斗，折色五斗，为银二钱五分，人尚以为病。弘治七年，巡按御史吴一贯奏准不分折色，通征银三钱五分，渔民乃得苏息。蔡文庄公为作《吴御史利民一事记》。

铁课　宋开宝中，设诸州坑治场务二百有一。泉州产铁之场，在永春曰倚洋，安溪曰青阳，德化曰赤水，而晋江之石菌、卢湾、牛头屿、长箕头，惠安之卜坑、黄崎、礁头、许埭、港尾、沙溜、卢头峰、前牛埭皆有铁砂。庆历三年，立法禁兴贩入海，后有诏许于两浙货卖，未几罢。至淳祐中，永春东洋、肥湖，德化信洋、上田、丘埕，铁砂尚有业作者，通判掌之。诸县岁有炉税钱，解送建宁府坑冶。我朝悉罢官坑冶铁，课均敷丁田出办。

商税课　宋诸县各有税务，其在城者曰都税务，在外者外税务。政和、绍定间，盈缩不常，于是有侵渔追赔之弊。至濮守斗南，乃取前十年月课，逐月定额，税钱十分为率，以其一纳总制库，其一纳财计司，余八分从州纳。诸县税务初建，后皆罢废，丞簿兼掌之，其税目有遗利钱、赔纲钱、糜费头钱等名。国朝洪武初，府置税课司，县置税课局，令商税三十税一，巡栏者收所税，以季终交于局官。而民间田土交易，官给工本墨，令自填写，为之印识以照之，亦收其税。永乐七年，遣官点视，按为定额。至正统初，诏革税课司局，钞不及三万贯者，有司兼领之。后货物弛不复税，课额倚办于巡栏，岁编有力人户充之。其名目有商税课、门摊课、桐油课、果木课、蜂蜜课、窑冶课、铸泻课、蛎房课、面税课、契本工墨课。

酒税课　榷酒酤始于汉武，宋闽中无禁，及元有之，至元二十二年罢，令诸路榷酒曲如京师例，而福建课额并入盐运司。二十八年，依旧令有司办之。我朝因仍未革。

市舶税课　宋开宝二年，置市舶司于广州。雍熙中，遣内侍八人赍敕书金帛，分四路招致商人之往番国贩易者。元祐中，置市舶司于泉州。南渡后，舶司岁入充盈，然金银铜铁海舶飞运，所失良多。元至元二十一年，设市舶司于杭、泉二州，独泉州于抽分之外，又取三分之一以为税。凡金银铜铁、男女，并不许私贩入番。大德七年罢，寻置寻罢者三四。国朝禁海船不许通番，其诸番入贡者至泉州，惟大琉球所贡番物则市舶司掌之。成化八年，市舶司移置福州，而比岁人民往往入番商贩，所贩国名曰吕宋，诸番以时萃焉。其税则在漳州海澄，海防同知掌之，谓之市舶司，可也。万历三十二年，矿税役兴，有妄男子张嶷上书，言夷中有机易山者，产金可采，因入吕宋国中。漳、泉二郡贾客奉以为天使，吕宋夷人虑我欲图其国，俟嶷去，尽屠诸贾人。而近日之趋利者，航海不休，将来隐忧非小。

已上三办杂课，曩惟鱼课派滨海四县，余皆七县匀派。今不尽然，则以条鞭法行，取具额数，而科举进士牌坊于课办名色无与焉，实皆丁料余银也。

盐课

国朝晋江、同安、惠安各有盐场畦丁，盐课司掌之。晋江曰浔渼场、□洲场，同安曰浯洲场，惠安曰惠安场。场分五团，团有总催一人，秤子一人，团首四人。其畦丁之家，每米一石，准夫一丁，免杂泛差役，曰令办盐一斤四两，积三百六十日，为引之四百斤者一引零五十斤，以入于仓，严私贩之禁。计民成丁男女岁与盐三斤，征米八升，谓之盐粮。正统初，罢米折钞，以仓盐给口之余给商贩。久之，民口不复支盐，而纳钞如旧，亦因以私鬻。时贩卖多白盐，而入仓之盐类夹杂低，黑鬻无所售。又贾人惮海道之险，往往就场置引，捐盐而去。于是仓盐积久亏耗，丁夫困于赔累矣。弘治十三年，盐运司严贞奏将浔、□二场盐每引折米一斗，派纳泉州府附近永宁卫并福全、金门等所仓，给官军月粮。十四年，御史莫立之奏准将惠安场盐每引征银七分解部，遂罢办盐入仓之例。其后又奏晋江、同安二县盐场，每引米一石，折征银五钱三分，充永宁、福全、金门三仓军储。凡引米引银于各场盐户照丁产科受办纳，其户口盐钞后定本色钞每钞一贯，折征银三厘，折色钱每钱七文，折征银一分，起解南京库布政司库府库，以备官员折俸。嘉靖七年，御史聂豹议将户口钞价并入八分料银内征纳，盖以八分之银太多，故取三分以足盐钞也。九年，以南京监察御史粘灿言下，福建巡按御史施山议上，将浔渼场盐课米，每石折银五钱，加耗修仓银三分，追解泉州府贮库支放。十九年，令浯洲、□洲二场俱折银五钱，如浔渼。嘉靖末年，当事者以御倭之后军饷不充，复有仍征本色之议。或议设牙行抽分，或议加征充饷。邑人御史吴从宪言诸当道，悉厄不行。万历二年，朝旨设运判一员驻扎黄崎分司，运副移驻水口，运同移扎泉州，专督理泉、漳二府盐务，给票抽税。顾泉州所产盐，由海入溪，溪船所通不远，贩徒赀本有限，所载盐货仅可聊生而已，其利甚薄，而法终不可行。八年，裁革福建，添设运判一员，运同仍驻水口，副使驻扎黄崎，各分司管理如旧。

屯田

国朝屯田实仿宋制，大率卫所军士以三分守城，七分屯种，又有二八、四六、一九、中半等例。泉郡屯种军士，大约以四六为率。洪武二十年，令屯军种田五百亩者，岁纳粮五十石。三十五年，始定科则：每军田一分正粮十二石，收贮屯仓，听本军支用；余粮十二石，给本卫官军俸粮。永乐三年，令各屯置红牌一面，写刊于上，令千百户分管各屯，总以提调都指挥。所收子粒，多寡不等，除下年种子外，俱照每军岁用十二石正粮为法比较，将剩余并不敷子粒数目通行计算，定为赏罚，不许管屯官员人等巧立名色，因而分用。二十年，诏各都司卫所下屯军士，其间多有艰难办纳子粒不敷，除自用十二石外，余粮免其一半，只纳六石。正统十年，奏准福州左、右、中卫并延平卫屯田，准照民间秋粮事例，每石折银二钱五分解京济边。福州左、右卫屯，则在惠安、永春者也。凡诸令甲，具载会典。第田多在丛山中，军士率从他郡调至，水土不习，以渐逃亡。至末年，沙、尤寇发，暂调回屯军备寇。寇乱日炽，田亩日荒，于是始拨余丁补种故军土田，顾名之曰余丁者，岂必故军之子孙房族，而冒顶之弊起矣。方拨田之初，报占不审，有田一顷重报两三军，两三军共争一田者；有牵纽肥硗苟求具数者；一户之田分报军民，时移世变，民隐其田而争于军者。虽云每军各顶三名，仅足一名之数而已。成化初，遣官清理，始除其虚数，稽其实在，分配贬补，务足粮额，遂有正种、贴种、朋种、品搭种等名目。此时率三四五军而并一军，由是额减于旧，每屯之军多不过四十名，少正二十名而已。弘治末年，屯军灾亡益众，倪给事中奉命清查，欲得原额，多侵民田，几至激变。虑妨复命，乃将成化中稽实配补之田，分抽一半，别作新增，两征其租，军士大困。至饶御史始令停征，后屠御史奏请开豁。嘉靖中，管屯郑佥事将屯田听人请佃，论者非之。万历十年以后，复行清丈，遗失亩分，藉是得复，而豪民顽佃，转相承兑，移瘠换腴，终不可革。今依故籍而列其卫所，撮其总数，注其屯坐，备著于篇。

《隆庆志》曰：屯田以田业军，寓兵于农，最为良法。但其田业迩多顶兑于豪家，征侵于官旗，不如计粮给军，令其自取为粮，止豪家之兑，免征收之弊，而除其原坐给军民粮以充军饷。分巡佥事何全、知县谭启尝建此议，以上下交阻而止。天下之事，功不归己，多恶其成。信乎，立事之难也！

武卫

国朝洪武初，以郡治建泉州卫，旁列五所。已乃城水澳为永宁卫，城小兜为崇武所，城厦门为中左所，复于大担、南大、武山外建浯屿水寨，扼大、小担二屿之险，绝海门、月港接济之奸，与福州烽火、小埕、兴化南日、漳州铜山声势联络，其为全闽计甚周。先年，烽火、南日二寨移入内澳，浯屿寨复移厦门，纵贼登岸而后御之，无及矣。嘉靖戊午，浙江舟山倭徙巢梅柯，复驾舟出海，泊于浯屿，负嵎莫撄，四出剽掠，兴、泉、潮、广并受其害。越一载，乃扬帆去，此已事之殷鉴也。谭巡抚纶、总兵戚继光议请复旧，旋复旋罢。近又移浯屿水寨于石湖，说者谓滨海四郡，隔藩篱而怀酖毒，原非便计，乃石湖则于内地尤近，置鲸波若罔闻矣，倘亦一长虑乎？

旗军

《隆庆志》云，国初泉、永二卫尺籍，有归附军，有投充军，有谪发军，有改调军，或为正管军，或为带管军，共万二千有奇，比制额过之。其训练岁二月中旬至夏至止，七月中旬至冬至止。出海备倭，以中下班更迭。月支亦有定制，石二斗为军总旗，八斗为差操正军，加行粮四斗为出海备倭军，六斗为只身纪录军，三斗为老幼存恤军。三分守城，七分屯种，粮出于所种田，而以余粮输官，为不支粮屯军。本府原派广平等七仓秋屯盐本折色九万四千有奇，亦定制也。民出谷养兵，兵荷戈卫民，兵食俱足，民亦不困。太平日久，军政不修，逃故日多，清勾无法，于是所存视制额仅五之一。屯因失额，操因失伍，及至有事时，乃抽选军户以兼团练，谓之余丁军；招集市井无赖，谓之募兵；调于各省，谓之客兵；又增派民户丁粮于旧制外，以为一乡防守，谓之民兵与乡兵。兵增于卫所之外，饷增于本折之外，皆一时权变，非国家经常之规矣。足食足兵，修举振饬，必自查复旧制始。

巡司

《隆庆志》云，洪武至正统年间，经略诸臣江夏侯、焦侍郎等官，自福宁州以达漳、泉，置卫所共二十五，巡司四十有五，水寨五处。卫所巡司以控贼于陆，水寨防之于海，则知巡司衙门虽小，而与水寨同时建设，所以联络声势，保障居民也。迩年兵饷缺乏，扣银解充，似亦一时不得已之权。今海防无警，生齿日繁，彼处离城窎远，则流官弹压与弓兵防守，皆似难免者。况土民鱼盐为生，惯习风涛，尤堪水战，飞石放镖，乃其长技。近年屡与贼斗，贼亦畏之。若以弓兵工食就彼招募土民，籍之于官，且耕且守，禁其剋削，作其锐气，即胜兵千余，不召而集，恐客兵不及也。

客兵

闽中陆设卫所，海立水寨，皆系本地官兵，原无客兵名目。自嘉靖季年，都督戚继光用浙兵剿倭寇著绩，嗣而抚按请设参将、游击等官，带领各处客兵，来去不常。至隆庆四年，院道议募浙兵一营，题设名色把总一员、哨官四员，招募客兵六百名，扎守府城（注九十三）。

水寨官

旧制水寨统以指挥一员，谓之把总。嘉靖四十二年，军门谭纶题奉钦依比照浙江定海等关把总，以都指挥体统行事，于是浯屿寨为钦总，其浯铜游兵把总及万历二十五年新设彭湖游兵把总，俱军门扎给名色者。

水寨军兵

旧时水寨舟师皆拨各卫所军。南日寨则拨泉州卫，合兴化、平海二卫，共一千五百余人；浯屿寨则拨永宁卫福全所，合漳州卫，共二千五百余人。近来军伍缺乏，寨卒悉系募兵，而卫所军止贴驾船。浯屿兵一千七十名（粮每月九钱，布政司发给），贴驾军五百八十名。浯铜游兵五百三十六名（粮俱布政司发给），贴驾军三百名。彭湖游兵八百五十名（春汛粮支给于泉，冬汛粮支给于漳）。

兵船

浯屿寨管福、哨、冬、鸟等船四十八只，浯屿游管冬、鸟等船二十二只，彭湖游管哨船二十只。按福船势力雄大，最便冲犁，所以扼贼船于外洋。事久备懈，皆放贼船入港，始议迎击。港中山澳崎岖，贼船窄小，反易趋避，而大船转动多碍，皆为无用之器，故寨中有福船，又有次号哨船、冬船，以便攻战，小号鸟船、快船，以便哨探，或助力袭击。如福船出洋犁贼，贼船势将内逼，哨、冬船与鸟、快船急抢上风，又出贼船之内向外逐打，务逼使出洋，内外夹击收功。如一概从外追打，逼贼登岸，具有军法。

信地

浯屿寨兵分四哨，出汛时，一屯料罗，一屯围头，一屯崇武，一屯永宁。每汛与铜山、南日两寨及浯铜游兵合哨，稽风传筹。浯铜游兵分二哨，出汛时，一屯旧浯屿，一屯担屿，每汛与浯屿寨兵合哨。惟彭湖游兵专过彭湖防守，凡汛春以清明前十日出，三个月收，冬以霜降前十日出，二个月收。收汛毕日，军兵放班，其看船兵拨信地小防。

按泉郡滨海，绵亘三百里，与岛夷为邻，其最险要宜防之地有三：一曰崇武，在惠安之东北，接湄洲，与兴化连界，西通泉州大港，东接海洋，南与祥芝对峙，正当泉之上游，海寇入犯，首当其冲。一曰料罗，在同安极东，突出海外，上控围头，下瞰镇海，内捍金门，可通同安、高浦、漳州、广、潮等处，其澳宽大，可容千艘，凡接济萑苻之徒，皆识其地以为标准。嘉靖间，倭寇由此登岸，流毒最惨。一曰旧浯屿，在同安极南，孤悬大海之中，左连金门，右临岐尾，水道四通，乃漳州、海澄、同安门户。国初设寨于此，最为远虑。至崇武而南有永宁，料罗而上有围头，旧浯屿之北有担屿、烈屿，南有卓岐、镇海，皆海寇出入之路，抑其次也。今汛兵屯崇武、永宁分哨，则獭窟、祥芝、深沪、福全一带有赖；屯料罗、围头分哨，则□洲、安海、官澳、田浦、峰上、陈坑一带有赖；游兵屯旧浯屿、担屿巡哨，则镇海、岐尾、乌沙港一带有赖。彭湖绝岛旧为盗贼渊薮，今设有游兵防守，则贼至无所巢穴，又泉郡藩篱之固也。乃若选将校，核卒伍，修艨舰，明赏罚，使水军狎风涛而不敢偷安内澳，则在人而不在地。

寨隘（烽燧附）

晋江县寨十有七：北曰万安（洛阳桥、惠安县分界），南曰潘径（十都，隶福全所）；东南十有五：曰吴山，曰中寨，曰坑尾，曰沙堤，曰新寨，曰尾寨，曰古云，曰沙浦，曰仓后，曰东店（俱二十都），曰龙婆，曰湖边，曰东浦，曰深芦，曰龙尾（俱二十一都，俱隶永宁卫）。烽燧十有二：西曰安平（隶福全所），南曰龙坡，曰古云（俱二十都，隶永宁卫），曰坑山（十六都），曰东门外，曰洋下（十五都），曰陈坑，曰石菌，曰潘径，曰隘埔，曰石头，曰萧下（俱十都，俱隶福全所）。

南安县，寨（无）。烽燧四：西南曰石井（四十三都），曰溪东（四十五都），曰街内，曰下吴（四十六都，俱隶金门所）。

同安县寨十有四：浯屿为海防重镇（另志见前），东曰刘五店、澳头（十七八都），曰牛岭，曰秽林（俱三十都），曰欧山（五都）；西曰青崎山，曰洪山（七八都），曰西山（一二都），曰天宝（九十都，俱洪武二十一年建，隶金门所）；西南曰下崎，曰大员堂，曰马銮（俱十五六都，隶高浦所），曰东澳，曰五通（俱二十二都，隶中左所）。烽燧十有四：南曰白石头（十都），曰刘山，曰西芦上（俱十一都，隶高浦所）；东南曰叶了（十九都，隶金门所），北曰东关浔，曰亨泥（俱四五都，隶高浦所）；西南曰厦门，曰欧舍，曰径山（二十二都），曰东渡，曰下尾，曰流礁（二十三都），曰井上，曰龙渊（二十四都，俱隶中左所）。

惠安县寨四：北曰白水（在白水铺南，一名陈同。元季寇作，乡人筑以自固。正统年，知县闭祯重建，兵守之）；西北曰东坑（在日曝岭西五里）；西南曰虎窟（在县西南山谷间，崇山夹峙，狭径仅通人行）；东南曰青山（二十六都，洪武二十一年建，隶崇武所）。澳有五：曰崇武，曰獭窟，曰小岞，曰黄崎，曰峰尾（俱有城垒，控制大海）。烽燧二十二：东北曰海头（六都），曰下头（七都），曰后黄，曰峰尾（俱八都），曰大山，曰高山（俱九都），曰萧山（十都），曰炉头，曰下朱（俱十一都），曰后任（三十四都），曰白沙（十九都）；东南曰白崎（二十三都），曰柯山（二十四都），曰獭窟（二十五都），曰大岞，曰古雷（俱二十七都），曰赤山（二十八都），曰埕埭，曰小岞（俱三十都），曰尖山（三十一都），曰青山，曰马头（俱三十二都，俱隶崇武所）。

安溪县寨二：曰白叶板（在县崇信里，嘉靖二十六年，贼陈日晖据覆鼎诸岗，往来经此。佥事余爌请建围以石城，发泉州卫千户一员，领军二百及弓兵一百名戍守其地，今废），曰磐宗寨（在新溪里赤岭村）。隘十有一：曰东岭（在依仁里东岭下），曰典林（在崇信里，正德十年，知县彭黄建），曰眉田（龙涓里，正德十三年，知县张俊建），曰大深（感德里，弘治四年，贼温文进立寨于此。十年，知县彭黄建），曰磨枪（新康里），曰打鼓（来苏里，嘉靖三年，强贼新大总于此扎营。正德十六年，知县龚颖建），曰东溪（崇善里），曰燕尾（龙涓里，俱知县龚颖建），曰鳌头（崇信里，军寨山之下，知县彭黄建，今废），曰白泥（长泰里，今废），曰桃舟（感德、常乐二里间，以上寨，皆诸县连界，盗贼往来之地，最为关系）。

永春县寨二十七：曰南峰（在一都龙坑村），曰占仔（在一都占隔村)，曰**碧溪**(在一都敷尾村，嘉靖二年，知县柴镖征捕，驻此修筑)，曰**蝴蝶**(在三横村)，曰**金鸡**(在上店洋村北)，曰**石鼓**(在仙华村)，曰**陈坑**(在陈坑村)，曰**山中上、下**(二寨在上泰村)，曰**龟洋马头**(在龟洋村，以上四五都)，曰**大模**(在六都，溪边村西)，曰**陈岩**(在岩口村北，国朝萧安六建。峻险壁立，中清泉四出，又有萧公路，昔有萧姓者，倾资开以通龙、尤二县，凭虚架石，下临深谷)，曰**道场**(在高丽山之巅，势极宽广，可容万人)，曰**仙亭**(在十都，东园村后)，曰**银瓶**(在十一都石壁山西，峻险壁立，中有清泉)，曰**双鱼**(在留湾山顶，以山名双鱼，故名)，曰**王山**(在县钟山后，已上十四都)，曰**陈占**(在石谷山，鳞石巉岩，半壁有洞，深广莫测，昔有剧盗陈占据此虎食。兴、泉二郡，郡县不能讨，至用大师而后平。今县库尚有炮石)，曰**湖安**(在湖安山)，曰**白鹤**(在白鹤山顶，峻峭壁立，环障清泉四出。正统十四年，尤麟儿修筑，贼酋陈敬德攻之不克，引去)，曰**石壁**(在南洋村)，曰**覆船**(在蓬壶村)，曰**横山**(在溪逸村)，曰**猫岩**(在山兜村，已上二十二都)，曰**磁灶**(在磁灶村后)，曰**苦崎**(在田地村前)，曰**河坂**(在河尾村)，曰**张林**(在山前山下，已上二十三都)。**隘二十二**：曰**樟坑**(在三台山下，路通漳平)，曰**任田**(在岱山下，路通尤溪)，曰**白山岭**(在东湖山下，路通安溪)，曰**吴畬**(在三都东山下)，曰**上畬**(在白岩山下)，曰**芦地**(在新犁山下，自任田至此，皆嘉靖二年知县柴镖建)，曰**吕平**(在悬鼓洋头)，曰**山中**(在七都西北)，曰**许平**(在七都西)，曰**高平**(路通安溪打鼓岭，知县柴镖败贼于此)，曰**上达**(在白芒坑山后，已上二隘知县柴镖建，)曰**横龙径岭头**(在横龙径岭头)，曰**西向岭**(在西向岭)，曰**泥门**(在十四都白岩桥北，已上二隘俱知县柴镖建)，曰**东关**(在十五都)，曰**梅坑**(在十七都)，曰**塔岭**(在县北二十都)，曰**白隔**(在县东北十八都)，曰石狮山（在十八都，涂桥村东），曰口苦竹（在十九都苦竹村，已上五隘，知县柴镖建），曰头隘（在大剧岭头），曰苏坑英山（在二十一都东，知县柴镖建）。

德化县关四：曰官井关（在杨梅中团），曰汤尾关（在汤泉下），曰岩市关（在小龙中），曰平卢关（在东西团）。隘十有三：曰苏坑隘（在坊隅，通永春），曰剧头隘（在坊隅，通永春），曰盖福洋隘（在坊隅），曰上漈隘（在永丰里），曰石门隘（即平卢隘，在东西团），曰油竹隘（在杨柳中，大官岭下），曰蛇岭隘（在杨梅中），曰汤岭隘（即汤尾寨，在杨梅上），曰尤床隘（在汤泉），曰赤岭隘（在汤泉上），曰蕉岭隘（在小龙中），曰长安隘（在黄认团），曰伏虎隘（在汤泉上万丰岩，至元以地接汀、延二县，拨军守御。已上寨隘，皆山县交接处最要）。

按泉郡西北负山，安、永、德三县与汀、漳、延、平为邻，各处逃民，间作不靖。先年在在设有寨堡，或遏贼所必由，或守贼所必据，其建立防守，大抵出于民为多。东南濒海，接近岛夷，晋、南、同、惠诸寨皆为备倭，如围头、乌浔、深沪、蚶江等澳。其土民惯战，海贼所畏，兵亦赖之。嘉靖季年，倭寇充斥，村落之民，多以寨坚人强得免者。承平以来，各寨仅存其名。迩年巡抚朱、徐二公曾屡行申饬各乡都筑堡防虞，然上有经营之勤，常患于民不可使知，下有出办之繁，常苦于官不能尽亮。非早计而预筑，不得坚完，然无故而兴役，又涉谤端，自非瞭若观火，忧切桑土之长，孰能曲突徙薪于必然而未然之际哉？

《惠安志》载候潮之法，以太阴每日所躔天盘子午卯酉之位而定其消长。月临于午，则为长之极；历未及申酉，则消。消极复长，以至于子，又为长之极。自是至卯而消，复至于午而极盛，此其大较也。然月顺天右行，积三十日始一周天。每日临子午卯酉四时，位有先后，故潮因之亦有昼夜早暮之不同云。初一、初二、十六、十七，潮至在己亥二时；初三、初四、初五、十八、十九、二十，潮至在子午二时；初六、二十一，潮至在丑未二时；初七、初八、初九、初十、二十二、二十三、二十四、二十五，潮至在寅申二时；十一、十二、二十六、二十七，潮至在卯酉二时；十三、十四、十五、二十八、二十九、三十，潮至在辰戌二时。右分为六节，应月消长。月行虽有常度，大率朔望前后则行疾，至上下弦则行稍缓。月行疾，则度盈而潮盛；月行缓，则度缩而潮微。水阴气，月为阴之母，其相应如此。

凡炼铁依山为窑，以矿与炭相间乘高纳之。窑底为窦，窦下为渠，炭炽，矿液流入渠中者为生铁，用以镆铸器物。复以生铁再三销拍为熟铁。以生熟相杂和用作器械，锋刃者为刚铁也。今安溪湖头、覆鼎及德化等处尚有业作者。

宋初郡守皆以提点银铜公事入衔，元丰以后，坑闭，去提点之号。今制禁银冶，凡言凿山得矿者，多谬妄不足信。又宋时有淋铜，兵士月给衣粮，往充潭州永兴场铸工。淋铜者，以生铁锻成薄片，浸胆水中数日。水蚀铁生，赤煤炼之，三炼成铜。胆水出信州。大率用铁斤有四两，得铜一斤。

蔗糖。取蔗入碓杵烂，用桶实之。桶侧近底有小窍，其下承以大桶。每实一层，以薄灰洒之至满，淋以热汤，则浆液自窍流出，注于大桶，酌入釜烹炼，火候既足，蔗浆渐稠，乃取油滓点化之，挹置大方盘中，俟其凝结，是为黑砂糖。又取黑砂糖入釜烹炼，劈鸭弹搅之，使渣滓上浮，辄去其渣，复以粗瓷器（上广下锐，如今酒家漏卮者，有窍），当其锐，以草塞窍下，承以瓷锅，挹糖浆入器中搅之，及冷凝定沥入锅为糖水。至霉雨候，用赤泥封之，约半月而易封。伏月剖封出糖，则糖水沥尽，其凝定者遂燥结无湿气，是为白砂糖。其响糖、糖霜皆煮白砂糖为之。

蓝淀。蓝有二种：叶大高者谓马蓝，小者谓槐蓝。郡中多槐蓝，霜降后割取，浸巨桶中，再越宿乃出其枝梗，纳灰疾搅之，泡涌微白，久之渐青。泡尽，淀花与灰俱降，乃澄蓄之而泻出，其水则淀可滤而染矣。

《漳州府志》

迁《史》称“江淮以南火耕而水耨，饭稻羹鱼，无积聚而多贫”，今漳俗良然，岂吴、越、瓯、闽风壤同耶？陈氏纳土，括地以献，其后赋条纤碎，自紫阳作守，时以为病。夷考今制，等则淆杂，租税相诡，不均不实之弊，今犹昔尔。土之所产，既不足食其人民，往往旁趋于山海鱼盐，其为利博而害亦随之。事势之流，未知所底，是以合考壤赋力役，旁及额外诸征，其细目未能悉数，而大纲则具矣。将讨求民瘼，于是乎在，作《赋役志》。

田赋考

漳南负山阻海，介于闽、粤之间，一都会也。地多冈阜林麓，杂以海堧斥卤，溪涧流潦，决塞靡常，其称沃野可田者，十之二三而已。国朝洪武初，令天下田地、山林、溪塘、海荡等悉书其名数于册。田二等：曰官田，曰民田。官有官田，有职田，有学院田，有没官田，凡断入官者，皆谓官田，盖仿近世公田法。民所自占得买卖之田，有新开，有沙塞，与寺观田皆谓民田，盖仿昔口分田法。官民田各准田则起科，而等则各以其地宜为差，山塘溪荡亦如之（旧志云，按职田者，唐制职官所分之田也；学田者，府县以赡学校之田；废寺田者，寺废而田入官；没官田者，籍没之家入官者也，有原没、今没之别；官租田者，籍没之田而募人耕种者也；僧道田，即民田给与僧道者也。又有驿田，未详所谓）。租三等：曰秋粮米，曰夏税钞（民田），曰秋租钞（官田）。其秋粮有本色，有折色，俱称米。以谷至秋始成，而折色以米直为断也（官田钞，旧例每钞一贯，折米四斗。钞五贯为一锭，每锭折米二石）。各省直有正运粮米，八闽以阻远，漕挽所不及，故类解折色。初时官米本折中半，折色米征银解京，本色米存留各仓。民米以十分为率，七征本色派仓，三折解。正德间，御史沈灼奏准，凡官米俱折银解京，民米俱存留。官米仍分四等征纳（三斗以下，则每石折银三钱六分；三斗以上，则每石折银三钱三分；五斗，则每石折银三钱；七斗，则每石折银二钱五分），以官田赋本重，故折银递减以宽之。其民米并秋租钞米，半纳折色，半纳折价（每石折银五钱）。惟新增起科米及浮粮米，俱全征折价（每石二钱五分），著为例。而若土贡物料及诸差徭，俱于丁米出办，凡民米一石，准丁一丁；贡料以丁若米对编，有八分法（每民米一石，每丁一丁，岁征银各八分办料，隆庆以后，改七分）；里甲纲银及民兵饷，有丁四粮六法。均徭有银、力二差法。驿传银则专论米石（自嘉靖四十三年以后，米二石，征银二钱四分）；食盐钞则专论丁口。盖民米一石，自折价五钱，外纳差银，不啻倍之，于是民田赋视官田为重。后乃以官米三石，准民米一石，秋租钞与民米同科，惟驿传一差，在官米得免派云。而漳所属各县之田，大较有五等：平旷沃衍，恒得水泉灌溉者为洋田（先得水者为上，用人力转致者次之）；依山崖，地稍瘠薄而有水泉者为山田（其田中无水泉者为下，又有坑泷之田，不忧旱而忧水，其田下上）；傍溪湖，积沙土，填筑而成者为洲田（地肥美，然时有崩决之患，得淡水者其田上中，近海潮者中中）；筑堤障海潮，内引淡水以资溉者为埭田（其田时有修筑之费，或久旱则水咸卤，其田中中）；滨海咸卤，无泉水及淡潮者为海田（雨阳时若，所收亦多，旬月不雨，则弥望皆赤，其田为下）。五等高下，官民田参错其间，而南方地宜稻，岁再熟，独淤泥田岁一熟焉（即大冬稻）。其受田之家，后又分为三主：大凡天下土田，民得租而输赋税于官者为租主。富民不耕作，而贫无业者代之耕，岁输租于产主，而收其余以自赡给，为佃户。所在皆然，不独漳一郡尔矣。惟是漳民受田者，往往惮输赋税，而潜割本户米，配租若干石，以贱售之。其买者亦利以贱得之。当大造年，辄收米入户，一切粮差皆其出办，于是得田者坐食租税，于粮差概无所与，曰小税主。其得租者，但有租无田，曰大租主（民间买田契券，大率记田若干亩，岁带某户大租谷若干石而已）。民间仿效成习，久之，租与税遂分为二，而佃户又以粪土银私授受其间，而一田三主之名起焉（按佃户出力代耕，如佣雇取值，岂得称为田主？缘得田之家，见目前小利，得受粪土银若干，名曰佃头银。田入佃手，其狡黠者逋租负税，莫可谁何。业经转移，佃仍虎踞，故有久佃成业主之谣，皆一田三主之说阶之为厉）。甚者大租之家，于粮差不自办纳，岁所得租，留强半以自赡，以其余租带米，兑与积惯揽纳户，代为办纳。虽有契券，而无贸本交易，号曰白兑，往往逋负官赋，构词讼无已时。其田滨溪湖坑泷，为水所崩陷，田去而粮差存，或民间利卖田价多而推粮数少，诡秘年久，以致本户有粮而无田租可配者，均号曰虚悬，于官与民均病焉。（龙溪知县计元勋云，“漳民利卖田多价，减则立契，推粮数少，致买户得无粮之产，卖户存无田之粮，谓之虚悬。又有势豪之家，揽受他人田地立户，一利避差，一利帮贴，久假不归，遂成诡寄之悬。又有买人之田，但觅租利，田不收户，每遇比征，累其赔纳，甚至一二十年，仍不过割，渐渐人亡事远，终成不了之悬。又有狡猾之徒，先将实田倍得高价，存下虚粮，每石出银十两，召卖与人，有愚而贪者，受价认米，自酿难解之悬。又有奸党成群，探有升科田米，遂纠弊户连呈，假公济私，夤缘冒豁。且虚悬之米豁而无升者有之，一米两豁者亦有之。种种情窦，未易枚举。）其典卖不明，诡诈庞杂，至陈奏相攻讦，莫如僧田；而海滨民犬牙争馇，至纷斗相贼杀，又莫如埭田。埭田者，即傍海洲田也，当龙澄接壤江海之中，浮三洲，曰许茂，曰乌礁，曰紫泥。地虽斥卤，而筑长堤以捍潮水，岁长泥泊，久且可田。土人射利者争趋焉。预输佃价于官，给长单，画分界（以某甲起至某甲止），岁岁望水输粮。然沧桑之变，或不能待，至垂白长子孙而不得田者有之。于是展转换卖，非复其故。有赀力者稍筑成田，则喧豗四起。某以阄分争，某以赀本争，又某以旧田地毗连争，其所不胜，不得不依附势门，构怨煽祸，至累岁狱讼而不能决。僧田者，漳自古称佛国，自唐迄元，境内寺院大小至六百余所，今废寺多所并入，而合为五禅寺（开元、法济、净众、南山、龙山），带粮米二千三百二十余石（各县寺观亦有苗米，帷五禅最多）。或云，此即五代时定拨民田给僧者也；或云，先年僧粮概免差徭，故民间租诡寄僧户；或因而施与之。僧本无田，但有租，亦若大租主及白兑之类，是不尽然，间有之焉。自成化以后，凡寺田一应徭差兵饷，与民田丁米通融编派。嘉靖二十七年，奉部行勘合，寺观田地五顷，内抽一顷征银（每亩征银一钱）备赈，未几停止。四十三年，时军兴多故，福建巡抚谭纶议寺田俱以十分为率，以四分给僧焚修，其六分入官（每亩征租银二钱，内一钱二分充饷，八分粮差），是为寺租四六之法。四十四年，巡抚汪道昆又题请额加派，民间每丁征银四分，米一石征银八分，专备军饷之用，号曰丁四米八，而僧与民俱重困（按黄册登带，每僧田一亩，带正耗米五升三合五勺，计田一十八亩七分，该米一石。旧例每僧米一石，带租多者十一二石，少者七八石，多寡相兼，大率米一石得租十石。今每亩征银二钱，是每米一石，该银三两七钱四分，计租十石，止值时价银二两五钱至三两止。今征饷银至三两七钱，则租价外，当赔银七钱。其法太重，难以征纳）。隆庆二年，巡抚涂泽民又议，将六分入官，僧田照租估亩，亩征银二钱或至四钱，俱于田户名下并年倍追。四年，开元寺僧净慧等具奏事下本布政司转行府议，是时知漳州府事罗青霄以民间丁四米八征太重，请蠲减其半宽之（改一丁征银二分，米一石征银四分）。事允行，及是议僧田，拟照例半征（每田一亩，原饷银二钱者，减一钱），具申布政使司覆议转详，而当事者竟持军饷议，不准减，仍旧征纳云。其后僧徒告累，屡增减不一（万历十六年，以前奉文减免四分之二，每亩止征银六分，后又量增二分，共征饷银八分）。万历二十三年，户部据抚臣题覆僧田每亩定征饷银一钱二分。二十五年，巡抚金学曾以倭警，议增兵饷。以旧例，虽四分焚修，然寺大田多者，所得利尚厚，下所司议寺田除二千亩照旧四六给，其余悉按亩征饷银一钱二分。惟田不及二千亩者，仍其旧（后定余田分为二八，二分焚修，八分充饷）。所征饷倍于异时，而寺田累极矣。大抵漳民俗所困苦者，田则浮粮虚悬及白兑揽纳诸弊，役法则里甲、均徭、驿传、苗当之类。民当直年夫保，立破家。寺田始则缁流以丛林为传舍，巨室以常住为奇货，或乘急称贷，以子母钱入其租，则民为僧病。久之，民已成业矣。或经转移数手，而僧徒动以豪强兼并为名，今年告入官，明年告输饷，以致重征横敛，相率欲弃田而不可得，则僧又为民病。夫僧之田地粮差，既与民同，则亦民尔。今民有百亩之产，经鬻他姓，便非己有，其子孙挟索不遂，至欲以已弃之业，告充公家之用，不待识者，知其为奸民矣。今一髡抱牍，而当道遽然其信，请清丈则听，请加赋则听。盖此一时权宜赡兵之策，庸知民间剥肤及髓，有不可言者乎？故田土税粮徭役诸弊，非尽奸伪而不可诘，在上者平其政而已。遵条鞭之令，则役困甦；善清理之法，则白兑息；按甲乙而酌处填筑之费，则洲田清；惩奸僧而杜绝献饷之议，则民业定。

条鞭法始于王宗沐所著《均书》中，厥后都御史庞尚鹏始奏行之。《均书》云，一条鞭法者，通府州县十岁中（今每年督粮道派征一次），夏税、秋粮、存留、起运额若干，均徭、里甲、土贡、顾募、加银额若干，通为一条，总征而均支之也。其征收不轮甲，通一县丁粮均派之，而下帖于民，备载岁中所应纳之数于帖。分六限纳之官，其起运、完输，若给募，皆官府自支拨，盖输甲，则递年十甲，充一岁之役，出骤多易困。条鞭，则合一邑丁粮充一年之役，所出少易办。譬则十石之重，有力人弗胜，分十人而运之，力轻易举也。诸役钱分给主之官，承募人势不得复取赢于民，而民如限输钱讫，闭户卧，可无复追呼之扰。均徭革定名徭编之旧，照司府例纳银，为募人工食费，又甚便。诸递运夫马，俱官吏支应，势不得多取，即用之不敢滥。征附秋粮，不杂出名目，吏无所措手。人知帖所载（每岁并输），可省粮长收头诸费，为民利可胜道哉？万历初，罗知府为《正田赋》，议曰：漳属长泰等县，田惟一主，惟龙溪、南靖、平和等县，一田而有三主，此外又有白兑之名。辟如田十亩，带米九斗六升三合，大租人得租十石，内抽出租五六石，带米白兑与积惯豪猾，代为办纳。夫以九斗六升三合之米，岁纳本折色、机兵、驿传米八丁银等项，该银一两二钱有零。若以十石租配之，犹自足办，惟白兑家止得租五六石，值银愈少，而欲其办纳粮差，其可得乎？况此辈第贪目前小利，不顾身家后患，稻谷入手，旋即荡费，何有存留以待输纳？又追征杖并，不完一二，钱粮逋负，词讼日兴，皆此之由。近者南靖知县曾球欲将大租粮米，革归小租输纳，原无价买者，则不必贴。有价买者，着令小租家贴还，如小租不愿出贴，大租之人能照原价与小租承买者，亦从其便。白兑本属影射，令还业主，各收米入户办纳，是亦深知时弊，切于为民者矣。但人有贫富差等，田有上中下则，以此法行之富民，并上中则之田，亦易为力，行之贫户，并下则之田，则人情未便。今合酌量适中，如以十亩之田为率，该价银八十两，今则以银配田，出银六十两者，则给与七亩五分；出银二十两，则给与二亩五分；无银出者，则不必给。此则不论田则高下，止照价银分田，则田因银为多寡，无出贴承买之烦；粮因田而办纳，无有粮无田之病矣。（按此议今亦难行。时分守道参政阴公武卿覆议云，均平之法，莫善于丈量，其次即在于清查。今丈量难得其人，且非一时所能干理，合行该府。除长泰已经丈量，南靖县见该知县曾球查理外，其龙溪、漳浦、平和、海澄四县，即行各该正官，乘今大造黄册，顺带清查，令各户将实在事产，另造小册，明开本户实在田产若干顷亩，坐落某地名，带管民米若干，或自耕种纳粮，或系佃户某人认佃，每年纳租若干，或田主一人自收，或大租主某人分收若干，小租主某人分收若干，逐一查审明白。如系田主一人收租者，粮差自办，无事更张外。其有大租主、小租主分收者，斟酌民情土俗，善为区处，或大租并为小租，或少租并归多租，或照租分类，各自办纳。大要粮出于租，于使租粮相配，田土相管，轻重适均，粮额无失。备造实征文册，查照征纳，用垂永久。其白兑冒顶者，示谕自首改正，免究前罪，如仍通同隐蔽，许里长知因人等首告，从重问罪，田产入官。虚悬粮米者，责令得业人户照亩收割；崩陷难收复者，查勘新垦田地抵补；典卖不税契者，责限三个月之内赴县验税，姑与免罪。如隐匿过限，查出依律究问，追价入官，务使积弊一洗，田赋均平，粮差易于征纳，小民不至偏累等因。转呈抚按详允，事格未行。万历四十年，龙溪知县计元勋再申前议。）而寺租征饷过重，今巡抚都御史丁公继嗣始檄言寺观田地，旧例四分焚修，六分充饷，厥后东征事急，饷苦不足，旧院随权改二八输以充饷。原议事平即止，而不虞迄今相仍，是遵何说也？夫以四六追征，入之僧者少，而出之官者多，僧已不胜其困，况复僧得其二，官取其八，除纳饷外，焚修度日，僧亦何所利焉？于是有饷无所出，弃寺而逃者；有转拨他人，令之代纳者；甚至展转拨卖与夫挟仇盗献，尽入势豪之家。又有一种无赖游僧，入寺占据，并其业而空之，饷日益亏，而僧日益窘，所从来矣。合行酌议，除设有寺观以来，原定二八者，仍旧征收外，其自东征来暂改二八者，田若干，地若干，原经免过若干，被人侵卖若干，俱于该府县清查的确，造册类报。如果于僧有碍，于饷未甚亏损，不妨照旧例四六追征。诸如势豪盗献与夫游僧占据，一切禁革，不得藉此停免，反滋谿壑。檄下所属遵奉行，而龙溪县备申南山寺饷照复旧例。巡按御史陆梦祖详示云，饷自有额，清冒自可足饷。寺田几何，而时时较量于二八、四六之间，动称充饷乎？南山等寺，俱照开元寺四六开征，如抚按臣言，其于轸念茕困，意深远矣哉！

论曰：余读《淳祐志》，宋侍郎庄夏《奏住卖寺院田状》，其言与朱文公、真德秀、赵以夫诸君子似相抵牾，然其意有足师者。不惟僧失业，而生计日蹙，其害实且移之于民。今民间以僧租累破产者岂少哉？言赡兵食者，动以为奇策，何欤？漳俗租税分合，所在不一，善治者不易俗而化，独虚悬、飞诡之害，则里胥缘而为奸，难穷诘。今第序次其略，其所未备，以俟明习于钱谷者。

四差

役法有四：曰里甲，曰均徭，曰驿传，曰机兵。里甲役起于户，每百一十户为一图，图为十甲，甲有长以统其十户（籍在坊，谓之坊长；籍在里，谓之里长），岁轮一甲应役。其初催钱粮，勾摄公事而已，其后官府供应一切取办，而里甲称累。均徭以十甲轮差，十年一次，按其丁粮多寡而均役之。若上司、祇候、夫皂、管库之类（应出银者，谓之银差，应出力者，谓之力差）。驿传役起于田，以民米分别等第，编夫马首（每民米一石，抽四斗五升，入驿支应），备夫马廪给口粮，以待大小公役及使客之有符验者。机兵以备寇盗，按丁粮通融编银，给与团操守城者为工食，皆所谓力役之征也。而驿传之为民害尤甚，旧例夫马首截排日子依次应当，五年一周，谓之苗当。正德间，改征银（每米一石，征银一钱二分）解官，给发铺陈马匹，支银买办，谓之官当。未几，复变苗当。嘉靖中，罢苗当，又议募民之有强力者，给银养赡策应，曰养赡夫役。又议设夫保十名，于均徭内编佥，专一在驿领银供应。民间一值徭编夫保，家立败。每使客至驿追呼急迫，或分外需索折干，费用动以百计。领官银，则官吏迟留扣折，十不给五。乡民至捐产赔累，其鬻妻子、殒身命者有之。万历七年，题准行一条鞭（时军门庞公尚鹏所建议），其法不论四差，通计一县岁所应起存支用差银若干两，俱于丁粮内均派之，征银在官。而若官府所当取办，使客所当供应，在官诸役及机兵所当雇募，悉官为给而不与于民，而里甲照旧催征。自条鞭以后，有司有擅用里役者法参奏。总纲机徭站，名四差银，数百年民所疾苦，一蠲除之，小民荷国恩甚厚。良法美意，虽万世守之，可也。

土贡

土贡物料，旧俱于见年里甲丁粮内出办。正德十五年，行八分法，各县应办物料，就于八分银内支解本府，编佥长解，买办本色，解部交纳。嘉靖三十七年以后，征银同水脚银解布政司，委官买办本色赴京交纳。先是解户管解，多至破产。自万历年行一条鞭法以后，前项料银于秋粮内附征，先尽起运，无佥解买办输纳之累，民称便矣。

《癸酉志原载寺租议》

寺租之由，访之故老，其说不同：或云前代给僧之田；或云檀越舍施入寺；或云二者之外，又有民户拨寄之田，盖先年僧粮概免杂差，故诡寄僧户，日久为业，此亦有之。但此后来之弊，其间未必尽然。然自国初以至于今二百余年，僧惟管租而不管田，田土民间得相买卖，惟寺租不敢埋没，有田者输租，取租者纳粮，其来非一日矣。所以拖欠钱粮者，盖以一僧入寺，举家父子兄弟群聚而食，耗费已多。又因粮差浩重，辄将租谷减价，预先典与富民或田户，但济目前之急，不顾日后之虑，然及官司追并，楚挞万状，不敢亏累田户者，以分定故也。近者军门过听，以此田多系势豪占掌，欲重加追征以固抑之，而承委官员失于奉行，辄将田户拘扰，重复科派。甚至奸僧倚称四六名色，将无米肥租私隐入已，止存瘦田，将租虚估亩数，令民倍纳。不知此田多是民间小户置买，如龙溪、南靖等处，民田带僧租者，十居三四，岂可尽谓豪民？设有占掌，僧家岂肯忍受？且如海澄等处，僧田一亩，民间置买多者十余两，少者亦七八两，岁收稻谷，乡斗止七八石，与佃户均分一半，得谷四石，内除纳僧租一石七斗，止存谷二石有零，所获无多。特以生长此地，当耕此田耳，而乃欲令其倍纳军饷，在富民犹不能堪，在贫民何啻剜肉？如近年之事，民田一亩，值银七八两者，纳饷至十余两，往往相率欲弃田逃走，其不酿成大患者幸也。今虽设法调停，定价征纳，然窃思田户纳银三钱与纳僧租一石有零，其价亦颇相当，但粮差未知何人供纳，且其间乡斗得官斗七八升者有之，得四五升者亦有之，斗色不齐，是又难于折算。及粮差不完，其势非再取于民，必再取于僧。既取之民，又取之僧，重征横敛，将何时而已也？近该本府知府罗悯念僧民重困，欲将饷银再减一钱，征纳稍宽，未奉明示。以愚肤见，止是照旧田粮分管，依见行民田事例，追纳军饷。其管粮于寺中，择有行止身家僧以充之。仍严禁不许将租先行贱典，违者将本僧及典主从重治罪。如欲照依近议，另追六分军饷，不必以租估亩。惟在以米配租，如每米一石，该租十石，共值时价银二两五钱，除纳本折丁料兵快驿传米四并年例纲银，共该银二两一钱，余银四钱，就将充饷。如以间有陷江浮粮，或照近例，再减银二钱，每米一石，止追饷银二钱，则比之民田米四事例，已有五倍之重。其四分焚修，止追粮差，免纳军饷，俱于各僧名下追征，不必累及田户。俟地方稍宁，即行停止。如此，则事体出于画一，而各僧免陈奏之扰；有司易于追征，而百姓遂田里之安矣。妄议如斯，惟有司者裁之。

或又有云，此租若不归一，钱粮不免拖欠，欲令每寺止留僧数名，或照近议四六之数，以四分给僧，六分归民。通籍原额租米若干，将六分之租，每石科米四升，尽散与田户为业。其四分者照旧取租，各办纳粮差。中间如有冒名诡寄者，许其自首还主，如违，查出没官。但奸僧去籍已久，米数虽载在册，租额不得查考。或云，旧有砧基簿，系元时遗制，具载田段、租米甚明，但僧匿不肯出。或云一本在府库，求之亦无有，今欲清查租额，必先下令，各田户凡带僧租者，俱许从实报官。不报者查出，或被首，定行没入。然后以米（配租），使租米归一，则僧不欠粮，民不苦累，尤为经久可行。今将诸说俱存之，以俟采择。（“砧基”，据丘文庄《衍义》补，漳人云“站基”误。）

盐法考

国家置六转运以统领天下盐策，而福建有都转运盐使司。漳于八闽，仅处一焉。其地东南濒海，土人以力画盐地为埕，漉海水注之，经烈日曝即成盐，与江淮浙诸场煮海所成末盐稍异，疑《周礼》所谓盬盐者也（盐未炼曰盬盐，已炼曰散盐）。

本朝天下郡县所在，有盐粮，又有盐课。盐粮者，略仿齐管子盐策，计口食盐，计盐籍钱之遗法。凡盐皆食于官，若男子以丁计，妇人以口计，岁各纳米入官，支与盐（每丁口纳米八升，支与食盐三斤）。后盐不支，民纳米如故。天顺间，因钞法不行，乃罢米，折征钞贯（每口征钞六贯，每钞一贯，折铜钱二文，中半兼收，为钞三贯，钱六文）。弘治间，钞贯钱俱折征银（钞一贯，折征银三厘；钱七文，折征银一分）。嘉靖七年，御史聂豹以民间丁料银太多，请以丁料盐钞合足其数（每丁料银七分八厘，于内折出止算六分，盐钞每丁征银一分八厘，共合七分八厘之数）。隆庆二年，盐钞另派征，有闰年无闰月，银数有差（有闰年，每丁派银一分六厘七毫八丝七忽七微四渺，无闰年每丁派银一分五厘四毫八丝六忽一微），是为盐粮定例，而盐课者，则隶转运使司，召商开中，给引于该行盐地转鬻，而输国课之盐也。盐运司故有纳课盐场，凡七所，其上三场为上里、海口、牛田。原定附海去处办纳本色，召商开中，运盐由水口往延、建、邵三府及所属县转鬻焉。有引，有课，有禁例，是为西路盐。下四场为惠安、浔渼、□洲、浯洲（俱泉州辖内），盐低黑，商人不愿中纳，岁折银赡军。而漳州无盐场，惟漳浦、潮东等处有晒盐丘盘。嘉靖二十七年，巡按胡御史委勘漳浦盐丘，每方一丈，征银三分，名曰丘税。泉、漳俱非行盐地，无盐引正课及诸禁例，听民间从便贸易，或有司薄征其税，以佐军食，是为南路盐。

大抵盐虽漳产，而直甚贱，计一石所售，直不过二三分。晒盐民原非灶户，以赀直转佃盐埕，终日胼胝炎烈中，所成盐不过二石。其间阴雨靡常，不能常得盐。匹夫匹妇之负担，不能以几转之于淖漉荒卤之滨，而致之市落山谷，或觅舟牛任载，又不胜雇赁之费。盖用力劳而得利微甚矣。惟是漳所属县，若龙岩、漳平、宁洋皆山邑穷僻，民间不能致食盐。而浯、□民鬻盐者，辄用海舟载至海澄，歇泊埠头，转驳小舟，溯西北二溪，出华封，往龙岩诸邑散卖。又自宁洋而上，达马家山，越永安，蔓延、建、邵所属行盐地，其徼利什倍。以故漳民射利者，往往垂涎于此，动以通商裕课怂当道听，而阴图窟穴其中。自隆、万以来，纷纭告扰，为民害无已时。万历四年，题设南路分司，以盐运同知一员，驻扎泉州，往来于漳之柳营江，专榷盐（每盐三千斤，税银一钱五分）。合漳、泉二府，岁仅榷盐课一千八百两，于国课已微，而奸商牟利者，藉官票贱买贵卖，勒晒盐之家，尽入其税，民大纷扰。是时知漳浦县事房寰议，以为漳浦东南滨海，西北负山，附海者鱼盐，居山者耕牧。川陵险窄，舟车不通，其民或负薪米至海以易鱼盐，或持鱼盐入山以求薪米，皆彼此自为相通。山间之民，数日食无盐，则病，必商人领票肩盐入山行卖，势不能家给人足，匪惟深山之民终岁无盐，而商且自病矣。海滨之民，一日不卖盐，则饥。若晒盐，家必积累亿万斤，求富商大贾而后售，不惟商人力有所不能，而民先告饥矣。且奸商江瑞、武益等皆市井游手，家无儋石，投靠宦门，把持中外，既不能尽所产之盐而买之，又不能遍一邑之民而食之。徒见老弱匍匐，穷日之力，辛勤负薪米涉山谷，易盐数斤。辄要而夺之，甚且尽其身之所有。又持盐而恐吓卖者，必倾其家而后已。今县民告诉，鼓噪号啕，若漫不加恤，必激而为乱。漳州一府，盐税不满千两，以县计之，不满百两。朝廷榷其税一，而奸商罔利百倍之；奸商得其利百，而小民受害千倍之。以百两之税，病百里之民，必非司国计者之意。况以已然之害，而将酿必然之祸，岂为民牧者计所敢出哉？于是逐去江瑞等，令晒盐户代领商票，每盐丘税及一两以上，再领一票，听其照旧互相交易。议上，盐运分司者不能夺（时漳浦一县，照晒办盐埕纳课，共银五百六十九两二钱三分九厘），后因课微而官专，于万历七年（注九十四），罢南路分司，其税银均派二府，于晒盐丘盘及载盐船只征纳焉（蔡文《闻见录》云，盐运分司岁计课入不及千金，而一时衙舍之建，每岁兵卒廪粮之费，不啻过之。官私盐斤，漫无稽考，徒为奸民作蠹之地）。未几而浔渼盐民施惠等复告充饷，浦民亦有匿名告除丘税通商课者。盐运司下其状，欲籍邑之船只为盐船，令装盐出澳，尽榷之。知县朱廷益申前议力争，事得寝。自是，漳浦盐征丘税如故。

万历二十六年，有诏遣诸中贵人分行天下，大采榷。而福建有矿税使，凡诸关津饷税毕籍献，而盐课亦在榷中矣。先是龙溪有石马镇，为诸商货船之所往来。当事者以兵食不给，量榷其货税，而盐商另自为行。府给票，令由西北溪散行鬻诸县（年定饷银六十三两）。经过所在，有司盘验之。及中贵人至，旧商汪邦辅等告援为例，愿增饷一倍，请给宪票行盐。事下盐法道行运司议，以为运司盐课，大半取足于西路，而漳属私盐，往往由宁洋道直达永安、沙顺等处。向者盐票给自府县，尚不足以行远，若以挂号之船由、照卖之宪票而假之以惯贩之盐徒，何往不可？其势必且由漳平之新桥、龙岩之万安、宁洋之马家山直走永安、沙顺诸境，与西路分道而驰，角鯮而售，不至阻塞西路盐政不止矣。是以一镇之盐而贻害一路之商，以百金之税而阻塞万金之课也。于是石马镇盐票，仍听本府给与，而盐运司票罢不给。

盖自宋时，汀与漳接境，而龙平、水头二官铺，业不能罢设。今龙岩、漳平、宁洋三县，民食不可无盐。利之所在，民趋走若骛。非官为置榷，则豪有力者专其利。其势固不可禁，独透越私贩，为西路正课病，法当峻防之尔。若漳浦、诏安、海澄皆滨海产盐地，民已计口输课，又按丘盘而征之税，称网密矣。倘重为榷禁，则边海民盐无所售，负贩者无以糊其口，生齿繁而贫困剧，必无畏死而轻犯法。往年，卢溪、三饶皆深山民不得盐食，聚为乱害，已见于前事矣。凡土人之侈言漳盐利者，皆驵侩巨奸，不可信。

万历三十九年，知漳州府事闵梦得备陈盐政事宜，以为盐政之坏，所在皆然，然不过私贩以妨国课已耳。而此中则有私埠、私牙，以剥商害民，其弊亦移之国课。盖私贩者，攘攘逐利，犹虞官法绳其后，稍缉之而党可立散。此中之私牙、私埠，皆有力者主之，而亡赖棍徒望风奔附，公然悍网，而有司莫敢谁何，坐令官引之盐屈于私贩，以致延平、建宁所属岁销引不及一二分，职此由矣。因详其利害，条为六议：一曰严透越之防。漳盐价贱，稍运而之他，贵至数倍，以故行险嗜利之徒，轻于犯法。查自龙岭而下，有浦口焉，由良村山兜可接安溪之感化里；自龙岭而上，有涵口焉，由大深可抵安溪；有华口焉，由溪南可抵大田。自漳平而上，由双溪口至新桥、罗溪、西洋，可抵永安；又由小溪、水口至大陶、小陶，亦抵永安；又由水口至万安，可通连城。自宁洋而上，由马家山可抵永安，是皆透越地也。浦口埠头已革，涵口山路颇艰，若溪南、新桥、罗溪、小溪、水口、万安诸处，皆藉名官商，据要设埠，其所透越，视马家山不啻什百。人但知马家山之为尾闾，而不知溪南等处之皆漏卮也。今宜于各地方严加稽察，有仍前违禁透越者治如律。一曰均鬻贩之利。漳属行盐地，凡有三截：自漳浦、海澄、诏安产盐之所，盐户载至石马镇，听民间散买散卖，此一截也；石马、紫泥、马岐、江东、香洲五澳之民，自石马转买至龙岭下转卖，此又一截也；漳平、宁洋之商自龙岭接买，运至华封，装包纳税，载往本县发卖，此又一截也。三者之中，县商利最厚，盖其居重驭轻，高下在手，既显握通邑火食之柄，且潜开旁径透越之门。故子钱所入，恒倍其母，盐户、澳商比之悬矣。乃有窜名县商，而复至石马与盐户交易，非所称左右望而罔市利者乎？今著令盐户至石马而止，石马以西不得越焉。澳商断自龙岭而下，县商断自龙岭而上，递相灌输，各止其所，庶利均而且易于稽查，是亦一便也。一曰酌澳盐之额。往者漳盐方行无碍，民间价值甚贱，而境外透越亦少。自宁洋定包以后，奸民藉官商之名，以恣其夹带，而盐法始坏。夫漳、宁二县，岁额盐一万二千包，今溢至三万余包矣（原包税三百六十两，后增至九百一十余两）。推求其故，缘徒定虚名于岭之上，而不限实额于岭之下。余盐到岭，澳商宁肯载回，势必尽委之华封盐店。以故，盐店得贱收之，而私贩之盐旁溢四出也。然则欲清透越之源，宜自定澳盐始。据宁洋县申称生齿日繁，额盐不足，合量加二千包；龙岩县节惠、万安二里、量定二千五百包；由华封至涵口，系龙溪之二十五都，人烟稍众，量定一千二百包。通计新旧，虽似加增，而实裁万二千余包，与其阴纵之以蠹法，何如明宽之以惠民乎？一曰清冒籍之商。漳、宁虽云偏小，以本邑之民，充本邑之商，岂患无人，而须借才于邻邑乎？前此二县之商，率皆龙溪之人，夤缘投认，根深蒂固，莫可驱除。有司或一清查，此辈辄百计沮挠，恣行谤讪，不惟事权牵制，而法纪陵夷极矣。宜迩此更张之会，尽为荡涤，以漳平者还漳平，以宁洋者还宁洋，而龙岩节惠、万安二里亦还之龙岩。惟龙溪之二十五都，仍归之龙溪耳。即土著之商，亦不许豪家包揽，行令各县酌量坊里食盐之多寡，每盐二百包，佥商一名，即于本里中选诚实殷户充之，不惟异县不得阑入，而他里亦不得冒认，庶无强凌众暴之虞，且有随取随足之便。一曰著贸易之规。五澳盐船，多寡不齐，先年定为分澳、分日之例，但往者澳商、县商，自相交易，故此法可行。今强半为华封之人包买包卖，则所称分澳、分日，徒虚语耳。今欲革除此弊，宜以澳商、县商两相配搭。每季之首，本府当堂阄定某澳某商之盐，卖与某县某商，大书告谕于龙岭下，使彼此各有适主，而包买包卖之计无所施，法亦无善于此者。一曰定埠头之税。漳属之盐，已经计丘征饷，则以漳盐行于漳境，皆官盐也。先是石马镇无税，而今每价一两，抽银二分矣；华封关无税，而今每盐三百斤，抽银三分矣。乃宁洋每年复征埠头银一百二十两，不几于侵肌竭髓乎？以此项奉院台详允，登入正饷，未易请蠲。今漳平、龙岩与龙溪之二十五都既定有包额，则埠头之税不宜异同。且华封盐税，每年几及千金，经今裁定，顿减四百余金，将以何者补解盐税？则埠头似不容已者，除宁洋盐包税银外，余盐一万四千五百包。若征埠税以抵华封缺额，亦略相当，斯亦酌盈济虚权宜之术。要之，此项名目，俱非惟正之供，俟罢榷之后，各县税应一例停免，是所颙望于将来而预祈于今日者也。诸议俱关白院道详允行，今漳南盐政称画一云。

洋税考

嘉靖中，有佛郎机船载货泊浯屿，漳龙溪八九都民及泉之贾人往贸易焉。巡海道至，发兵攻夷船，而贩者不止。总督闽浙都御史朱纨获通贩者九十余人，悉斩之，而海禁严。三十六年，海寇许老、谢策等突至月港，大杀掠。明年冬，诱倭寇三千人，再抵月港，散劫八九都，往来浯屿间。寇累岁不息，土人乘机为叛，号“二十四将”，沿海骚然。四十三年，巡海道周贤宣计讨平之。其明年，奏设海澄县治。隆庆初年，巡抚福建涂泽民题请开海禁，准贩东西二洋。通政唐顺之有云，国初，浙、福、广三省设三市舶司。在浙江者，专为日本入贡，带有货物，许其交易；在广东者，则西洋番舶之辏，许其交易，而抽分之；若福建，既不通贡，又不通舶，而国初设立市舶之意，漫不可考矣。舶之为利也，譬之矿然。封闭矿洞，驱斥矿徒，是为上策；度不能闭，则国收其利权而自操之，是为中策；不闭不收，利孔漏泄，以资奸萌，啸聚其间，斯无策矣。今海贼据浯屿、南屿诸岛，公然番舶之利，而中土之民，交通接济，杀之而不能止，则利权之在也。宜备查国初设立市舶之意，毋泄利孔，使奸人得乘其便，其于海禁，利害晰如也。然市舶之与商舶，其说稍异。市舶者，诸夷船泊吾近地，与内地民互为市，若广之濠镜澳然；商舶，则土著民醵钱造舟，装土产，径望东、西洋而去，与海岛诸夷相贸易。其出有时，其归有候。广洋巨浸，船一开帆，四望惟天水相粘无畔岸，而海人习知海道者，率用指南针（即罗经）为其导向。相传有《航海针经》，针或单用，或指两辰间。以前知某洋岛所在，约更时当行水路几许，打量水深浅几托（方言几仞为几托），海中岛屿作何状，某洋礁险宜慎，或风云气候不常，以何法趋避之。异时海贩船十损二三，及循习于常所往来，舟无恙若安澜焉。盖海滨民射利精如此。东洋若吕宋、苏禄诸国，西洋暹罗、占城诸国及安南交趾一皆我羁縻属国，无侵叛，故商舶不为禁（东洋有吕宋、屋同、沙瑶、玳瑁、宿雾、文来、南旺、大港、呐哔啴、磨荖英、笔架山密雁、中邦、以宁、麻里吕、米六合、高药武运、福河仑、岸塘、吕蓬，西洋有下港、暹罗、旧港、交趾、柬埔寨、丁机宜、顺塔、占城、麻六甲、顺化、大泥、乌汀礁林、新州、哑齐、交嵧吧哪、彭西宁、陆坤、占陂、高趾州、篱木、高堤里邻、吉连单、柔佛、吉宁邦日隶、安丁义里、迟闷、苏禄、班隘，又有鸡笼、淡水，不系东、西洋船数）。而特严禁贩日本者，比于通番接济之例。先是海澄未置县时，有靖海馆，以通判一员司巡缉。其后请设海防同知，易靖海馆为海防馆。万历二年，巡抚刘尧诲题请舶税充饷，岁以六千两为额，委海防同知专督理之，刊海税禁约一十七事（时海防同知沈植条陈）。其禁压冬议，以为过洋之船，以东北风去，西南风回，虽回缓亦不过夏，惟自倭回者，必候九十月间风汛。且日本无货，只有金银，凡船至九十月方回，又无货物者，明系展转交倭，纵有给引，仍坐以通倭罪。同綜船夥及澳甲等，许其举首给赏之。于时凡贩东西二洋，鸡笼、淡水诸番及广东高雷州、北港等处商渔船引，俱海防官为管给。每引纳税银多寡有差，名曰引税（东、西洋每引纳税银三两，鸡笼、淡水及广东引纳税银一两，其后加增东、西洋税银六两，鸡笼、淡水税银二两。万历十八年，革商渔文引归沿海州县给发，惟番引仍旧）。每请引，百张为率，随告随给，尽即请继。原未定其地，而亦未限其船。十七年，巡抚周采议将东西二洋番舶题定只数，岁限船八十八只，给引如之。后以引数有限，而私贩者多，增至百一十引矣。其征税之规，有水饷，有陆饷，有加增饷。水饷者，以船之广狭为准，其饷出于船商；陆饷者，以货之多寡计值征饷，其饷出于铺商。又虑有藏匿，禁船商毋辄起货，以铺商所接买货物应税之数给号票，令就船完纳而后许鬻卖焉（注九十五）（西洋船面阔一丈六尺以上者，征饷银五两。每多一尺，加银五钱。东洋船颇小，量减西洋十分之三。陆饷，胡椒、苏木等货计值银一两者，征饷银二分。鸡笼、淡水，名曰小番，地近船小，每船面阔一尺，征水饷银五钱。陆饷亦如东西二洋之例）。加增饷者，东洋中有吕宋，其地无出产，番人率用银钱（钱用银铸造，字用番文，九六成色。漳人今多用之）易货，船多空回，即有货亦无几，故商贩回澳，征抽水、陆二饷外，属吕宋船者，每船另追银百五十两，谓之加增（后各商苦难输纳，万历十八年量减，止征一百二十两）。每年至五六月、七八月间，风汛届期，各商船回至海外，俱由南澳、浯铜诸水寨及岛尾、濠门、海门各巡检司信地经过，随报府县及海防馆，逐程拨船护送，防寇掠，其实稽察隐匿饷税者云。自万历四年，饷溢额至一万两，刊入章程录。至十一年，累增至二万两有余。二十一年，报倭警，禁止通贩，而海滨民苦为生难，辄违禁私下海，或假借县给买谷捕鱼之引，故越贩。于是巡抚许孚远深念之，恐复为变如嘉靖时，出示招谕，凡留贩人船，不论从前有引无引，日远日近，俱准驾回，照例报官纳饷。一切私通及压冬情，罪悉宥免。是时越贩商人胡台、谢楠等二十四船，闻抚绥令，皆驾船回澳报饷，与正引之商一例征纳。二十二年，饷骤溢至二万九千余两，然则海民趋利之情与商舶通塞之利病，其大略可睹矣。其后当事者疑税饷多寡，海防馆所报不尽实，始议仿各处关税之例，岁委各府佐贰官一员轮管之，示清核，毋专利窟。而泉州以兵饷告匮，分巡兴、泉道建议于泉州中左所设官抽饷，如漳之海防例，令漳民贩西洋，泉民贩东洋，毋相搀越。事并下府议，时漳民纷称不便，乃具详言本府属县岁派额饷数少，民又多逋，军需往往告匮。即隆庆间开设海澄舶税仅数千金，万历间增至一万两。以此佐之，犹且不敷，动请司饷济给。考之累年，各请发司饷二万两，往牒具在也。迨十三年以后，舶税增至二万余两，兼以概府尺土半廛。凡属官者，靡不括以充饷，即铁炉、牛行、渡船、网税，搜无遗利，始免仰给司帑，然亦必县饷舶税尽数征完，方克有济。查见在十县饷额共三万七千七百九十余两，凑舶税二万余两，大都在六万上下，而水陆官兵月粮、修船、置器、犒赏诸费，岁不下六万两。如万历二十一年，禁海饷绌，则括府县帑藏及借诸站剩等银支用，岂有赢余积藏于库哉？漳、泉均为海郡，兵饷并属吃紧。饷在漳则漳利，饷在泉则泉利，其便均也；漳饷匮则请在漳，泉饷匮则请在泉，其不便亦均也。今欲以东、西洋分属漳、泉，割漳饷以赡泉兵，不惟漳之兵食无所措给，从此私贩之徒，缘为奸利，不漳不泉，东影西射，公然四出，不可究诘者，又当什百于昔日。本府筹之，未见善画，在彼府计其无弊何如耳。惟是榷税不专责于海防官，听上裁，于是漳、泉分贩议罢不行，而题请改设饷馆，给关防。

会上方大榷天下关税，二十七年，中贵人衔命至闽，凡山海关津之税，毕搜罗以进内帑，而舶税归内监，委官征收矣（时议委三司首领一员与内监委官协管）。于正税外派办进方物，费不赀，重以委官需索。土人狡谲无忌惮者，投充为巡拦，恣扰害。漳民情用汹汹焉，赖有司调停安辑之，不为变。而是时漳、泉民贩吕宋者，或折阅破产。及犯压冬禁，不得归，流寓夷土，筑庐舍，操佣贾杂作为生活。或娶妇长子孙者有之，人口以数万计。而同安人张嶷者，谬奏言海有机易山，与福建相近，地产金，若采取之，可得成金无算。有诏遣中贵人委官往勘视，而吕宋番闻之大恐，以中国将略取夷地，诸流寓人皆内应也。于是尽坑杀漳、泉民之在吕宋者以二万人。事闻，张嶷以欺罔首祸置极刑。三十四年，有旨封闭天下矿洞，其各省直税课，令在所有司照常征解。命甫下，海内忻忻，有更生之望，而所在税盐，仍奏请转解税课，及办进土产方物。且言税归有司，于地方无所事事，乞召回。于是旨纷出，先后互异，税银准解工部，又总解税监分进内库，土产方物准折办。又敕该监照旧办进，其布政司银既汇解，而税监者又欲州县有司径解及代办方物，有司莫知所适从。事纷然久之，布政司乃具咨呈户部，请画一。而部咨回覆，以藩司一邦之主，若金花税粮等银，何莫不由藩司，而州县敢于径解乎？近者南赣巡抚题奉明旨，各处税课，都着类总解税监，分解应用。是各处者，指各省直言也。类总解监者，明令布政司类总也。若由州县径解，当云各解，何须类总为乎？土产方物，乃税监芹曝之诚，非有司贡献之礼。抚臣既题准折办，及措处加平等费，续奉明旨照旧办进，并未有有司备办之旨。谨始虑终，正在今日，该省抚按亟当移会该监，备将历来明旨开导其详，使知“类总”二字。旨意昭然，径解之举，终属悖谬矣。自是议稍定，当事复申前饷馆委官之议，以海澄洋税原议轮委各府佐贰征收。但外府之官，远来住扎非便，而增设供应人役，所费亦繁，不若于本府佐贰五员内，岁委一员管理。事无专属，既于原议不悖，且于事体为宜，议允行。本府官承委，岁一更代云。

先是投矿税为羽翼者（注九十六），探知海夷有别种，号红毛番，饶财宝，擅给中使文移招谕以来，船泊彭湖。其人非东西洋种人，发纯赤，强而多力，以船为家，于海岛诸港门贩鬻为生涯。其船宏壮甚，出没海洋怒涛中，亡所损。为兵器自护卫，若佛郎机铳、发贡铳之属，亦甚具。其交易颇以信义，怒辄杀人，海岛中诸夷恒畏避之。利中国罗绮、缯布、器皿诸货。诸奸人啖以利，谓漳之南澳、彭湖岛可以市舶。红夷者，以为信，至凡数船。事闻，抚按行守巡道议，以市舶必不可许，且奏下兵部，覆疏请明旨诘责中使，令所在守将督信地兵严拒之，红夷船始去。而漳、泉间射利者意觖觖，以为此不费航海，而坐收远夷珍宝，利百倍，若之何乎失之？呜呼，其亦不思甚矣哉！夷性无常，非我族类。而海边恶少民，尤习狙诈，无事犹将勾引接济，为寇攘地，况日夕与豺狼处，非欺负货物，激怒夷而至为变，则将为阴阳播弄，啖夷以玉帛子女而为之向导，患之至也，其何日之有！若嘉靖中，倭寇藉入贡，蹂躏宁、绍间，皆起于市货不售，土人贪戾无行者为构，诱煽乱祸，蔓延至不可解。殷鉴不远，为闽计可复尔耶？或曰：红夷性朴直，非狡倭比。是又不然，独不闻广香山之有澳夷乎？其初亦寻常贩易，今结聚日众，盘据濠镜澳，诸作奸犯科者，悉亡命藏匿其中。筑崇城百雉，扼险阻兵，势骎迫于省会，若瘿之附项，疽之附骨，治之不可，养之日深，当事者厪以为忧矣。今之红夷，其强鸷出澳夷上，迩年与澳夷争市舶地，相贼杀广之海上。澳夷辄不胜，而高峻其城郭以防御之。其人魁伟者，殆防风氏之骨专车焉。可玩其狡不如倭而垂涎以为利薮，此奸人之以国为尝者也。第今东南隐患，又不但此。顷抚臣奏言，闽地斥卤硗确，田不供食，以海为生，以洋舶为家者，十而九也。况今军需国课，半取给于市艘，岂能禁之不去？但奸民有假给由引，私造大船，越贩日本者矣。其去也，以一倍而博百倍之息；其来也，又以一倍而博百倍之息。愚民蹈利如鹜，其于凌风破浪，直偃息视之。违禁私通，日益月盛。有暗结婚姻，有私受夷职，甚者或卖船以资敌。我无晋魏绛之五利，而彼饶中行说之三窟，长此安穷？况今琉球告急，属国为俘，而沿海奸民，扬帆无忌。万一倭奴窃据，窥及鸡笼、淡水，此辈或从而勾引之。门庭之寇，可不为大忧乎？请申饬沿海，清查由引，严禁压冬，不许私造违式大船。及以引饷事权，归海道管核便。疏下兵部覆如议行，而沿海民大黠猾及凭藉有势力者，借东、西洋由引而潜趋日本，时时有之。禁虽严，未全戢。

论曰：海舶非正赋也，而志之赋役何居？嘉、隆之际，月港之乱，余不忍闻焉。自设县弛海禁以来，使穰穰者骛于利，潜销磨其不逞，吾又得操其什一以资军匮，庸讵非算乎？顾今东、西洋利浸薄，贾人侵假而阑入倭境，又重设额外之征，横征敛以困辱之。兽穷则逸，鸟穷则攫，况轻悍习乱者，其又曷不至焉？呜呼！谨衣袽者念之哉！

杂项饷税

漳自军兴以后，军费日重，正赋之外，有加派，有改派，有措处。加派者，旧额所无，如丁四米八之类是也。改派者，系别项原额钱粮，但改他用，如抽解仓米、扣解水脚之类是也。措处者，计出苟且，济急一时，如寺租、盐税之类是也。先是府有税课司，县有税课局，嘉靖中，裁革司局官，止令府县带管（今无征）。而又有鱼课、铁课、杂色课诸类。鱼课者，榷取鱼利，漳州不设河泊所，而鱼课米之征，各县带管（先年纳米，弘治七年，御史吴一贯奏准每石通征银三钱五分），岁解银于布政司充兵饷。铁炉课者，闽中古有官坑冶，而若龙溪、龙岩、长泰、漳平皆产铁地。天顺间，征钞。正德以后，折征银，俱于炉户征纳（龙溪铁炉二十四所，龙岩铁场一所，长泰铁炉四所，漳平铁炉一所，课银甚微，今增至二百九十余两）。杂色课者，酒醋、房屋诸税，旧折收钞贯，后改入八分料银内支办，今亦有新增充饷者。而商税多者，毋过于番舶引货，别有考。大率为措处兵饷而设。山海川泽诸利，搜括无遗矣。

屯田考

国初制，天下所在卫所分军立屯堡，且耕且守，约以十分为率，七分守城，三分屯耕，盖仿古屯营法云。其法每屯百户一员，统旗军一百一十二名，每军给田三十亩，岁输正粮十有二石，余粮如之。以正粮给本军，余粮以给官旗月俸及守城军士之用，俱于屯所置仓收贮，其口粮就仓给支。洪熙元年，以屯军办子粒艰难，令减半，余粮征六石，其正粮免征，听自给，遂为定例。漳州府置卫者二（漳州卫、镇海卫），为守御千户所者四（龙岩、陆鳌、玄钟、铜山）。军人分三七屯守，而屯军所受田，率二十九亩（或二十八亩零，或二十七亩零），年纳粮六石，谓之细粮。而永宁、泉州二卫者，故泉州辖也，屯军或于龙溪，或于漳浦、南靖、长泰等处屯种。盖旧制屯无定在，择便开垦，故犬牙参错如此。其后粮有本色，有折色。本色输米，俱卫管屯官催征，而府管粮佐贰官一员监同收支。折色每粮一石，征银二钱五分，则管粮官征收解部，而省有屯田佥事一员总理之。海内承平久，屯日废圮，至正德末年而甚。嘉靖初，诏言国家设立卫所，置屯田，令军士耕种，纳余粮以充税饷。近法久人玩，奸豪官舍军余等霸占多有。各该巡抚督率管屯官，查某卫某所屯田若干顷，分屯军若干名。其系年久故军之田，听各官舍军余领种。如军存无田力作者，查令退还。其领种故军之田，以人户为限（人一分，户二分），余退还以给新附无业之军。内有田园庐舍修种已成愿卖者，听平价售值。管屯官具查核上其要于部以听会。令具下两京各卫所，于是屯军失额事故者，诸舍余人等得拨给顶种。及新开垦田地，亦拨舍余耕种。各办纳折色银解部，每粮一石，折银二钱五分，谓之新增粮银。而续所清丈出失额事故者，亦输折色如新增之例，谓之续增粮银，而卫与所一例征收矣。久之，屯军复私相典代，或力不任耕而抛荒逃窜，民间冒名顶占，或有田无军，或有军无田，或一军补三四屯，一屯而二三军共者有之。万历初，知府罗青霄议以为旧例屯军一名，配正军一名。迩来各卫所动称军士逃亡，然军虽逃亡，而田不与之俱亡。若欲清查，不必以军寻田，惟在以田寻军。令每县于民田之外，取具邻里结状，查系屯田界段，逐一丈量。每三十亩为一分，屯军一丁，配正军一丁。如有田而无军者，即系包占，严行追究，务足屯军正军之数。如此，则不惟田不隐匿，而军亦不至缺伍，军食足而弊可清矣。先是卫所舍余顶补故绝军田者，量输银入官，称拨佃。万历五年，行清丈法。十五年，以所丈量各屯田亩之数，具报于督屯道，给由帖。若某段落坐址某乡，或本户军，或顶故军田若干亩，岁应纳本折色若干石，备书于帖。诸屯军及舍人余丁受田者，各付一为照，谓之屯田帖，而总其数于管屯官所，自是漳屯政稍有绪。然当履亩时，丘段广狭，势不能无弊隐。其侵占迷失，肥硗互换，民与军相为比，鲜举首，即举首，未必尽实。屯田虽具，终不能禁军贫者之以由帖为货也。迩者，当事疏请欲大行清理，委官按丘段，寻索旧额，混占者奏请追夺。疏得旨，第部覆议有云，海内屯政之弊，至今而极。其始，军有逃故，而田有顶代，既则典卖相仍，而田归豪右之手又久，则丘段换移，而屯失本来之额。粮日以逋，军日以耗，虽履丈量而不可清，悬厉禁而不可革也。时有清理屯田之议，则亡赖又得因以为利，而豪巧猾者，又从而阴阳其间，公举私首，肩摩踵接，断墨未干，侵冒如故。抚臣所谓有司不果于奉行，奸猾得肆其变乱者，亶其然乎！切惟欲行清屯之法而无挠法之害，莫若就额粮之完欠而分别之。有田无军，田必势占；有屯无粮，屯必迷失，就中而为之清理，庶有当焉。果有清出屯地以养军丁，以充贴驾，饷不增而兵足用，策无便于此者。独刁军暗受势贿，告讦蝟兴，得田入手，潜复典卖，则前弊未清，后害相踵。或有司不自躬亲而委之佐领，其间弊端，尤难穷诘。要在设法之详审，委任之得人何如耳。使法禁行而豪右屏息，公家利而闾阎不扰，则善矣。大都屯政废弛，不独漳一郡，所在皆然。今漳镇二卫及四守御所，催征如异时，而泉州、永宁二卫军，自正统间取回守城及逃亡事故尤多。奏拨金门、高浦二千户所军人耕种，纳粮本折色如例，然亡虑皆民户顶种者矣。

论曰：古者兵农合一之制，今屯田为近，然其弊也，屯军徒寄空名，而田非其有矣。异时以典卖军田为讳，今民间显然相授受，按亩估值，其价几与民田埒，虽屡下清核之令，不能禁。嘉靖中，兵部尚书胡世宁有云，“各卫三分之田军多抛荒，而民垦纳粮。若一一清夺还军，非惟失利，而且失民，不为有益，盖难之也。”旧例，军民田存留本色，俱派仓上纳，后民米尽改折而屯粮输仓，犹仍其旧。屯以赡军，若新增续增田之折银解部，非制矣。近受田者，往往惮纳本色而潜输折价，仓庾之数，有名无实。岁稍荒歉，米值踊贵，而贫军辄无以糊其口。猝有不虞，能堪守圉耶？窃谓欲清屯政，与其举行丈量之法，徒滋纷嚣，不如核实本色，俾无亏额；而穷治其藉口拖欠者，则所惩有限；而要挟求索者，不至蔓延。若曰客兵饷不足，当尽籍诸屯田为兵饷助，则今山海关津，括无余利，犹未足供冗食，而欲取给于清丈屯亩颗粒之赢余，其难矣哉！

兵防考

洪武三年，置漳州卫指挥使司，其属为经历，为镇抚，为千户所者五。五千户所各统百户若镇抚，后设镇海卫，所统亦如之。又置陆鳌、铜山、玄钟守御千户者三，卫军可五千余人。所军可千余人，耕其屯田而食之。成、弘间，又调镇海之后千户所戍龙岩，而以漳州卫之后千户所戍南诏。此卫所始末之大较也。铜山，漳滨海之重镇也。国初，遣江夏侯周德兴入闽，筑城备倭，置五寨，铜山其一焉。寨在井尾澳，景泰间，移今西门澳。初以卫官有才望者统其事，而后更以钦依把总一人。玄钟澳属焉。（《筹海图编》曰："漳州府所辖漳浦一县最近海屿，设水寨者二：铜山西门澳为把总水寨，而玄钟则受其节制者也。故今止以五寨为名。岁拨镇海、漳州、永宁卫及玄钟、铜山所军分番巡哨，而北自金石以接浯屿，南自梅岭以达广东，险扼所系，匪浅浅也。"）隆庆六年，知府罗青霄议置土兵五营分镇诸处，或废或存。万历初年，又为铜山置浙兵营。而郡西之浙兵营，则自万历十一年为吴双引唱乱而设，盖主与客交驻云。彭湖在漳、泉海外，与倭仅隔一衣带水。嘉靖以来，曾一本、林凤辈往来啸聚其间，数为边患。壬辰，朝鲜告变，时传倭且南侵。当事谓不宜坐弃彭湖，为设官兵据险戍之。又虑孤岛遥悬，汛期分诸寨兵，递为声援，以水犀杜其凫溪。此营寨始末之大较也。

漳入明故领县五。成化间，以温文进之乱，割龙岩、居仁等五里置县漳平，谓险远难制也。正德间，象湖诸处乱起，虔抚都御史王守仁督兵讨平之，复采乡三老议：以为芦溪等处，地里遥远，政教不及，酿成大祸；今动三军之众，合二省之威，虽曰歼厥渠魁，扫除党类，特一时之计，未为久远之规；乞于河头中营添设县治，引带汀潮，喉襟清宁，政教既敷，盗贼自息。上疏请于朝，置平和县。嘉靖初，以南诏广寇出没，置诏安县。月港者，龙溪海上一大都会也。自内外贼盘据为难，烽燧传警，岁无虚日。都御史朱纨疏请建邑，不果。后郡守唐九德力持其议，都御史汪道昆为更请置县海澄。而是时又以初平苏阿普等于杀狐岭，割龙岩之集贤里，置县宁洋。国家剖牧民之符，非惟临长百姓。夫亦以父母孔迩，威信易敷，赤子潢池，弄兵自息，设险守固，胜于数十万甲兵也。郡又有海防同知，春秋防汛。近又特设督捕通判驻云霄，丞主海上事，而别驾职内贼。此郡邑始末之大较也。

漳初未有大帅建牙者。嘉靖二十八年，以军兴，设参将一人。三十五年，益以水陆参将二人。三十八年，请分福建为三路，三将军主之。其驻漳者为南路，所辖自诏安、广东界北达祥芝，盖镇漳而兼控泉矣。先是南澳尚未开府，每汛期专驻玄钟，后南澳既设，移驻铜山。万历二十年，议者谓偏处一方，移驻鹭门，居中调度焉。而南澳者，在闽、广交，夙为逋薮。吴平、许朝光巢穴于山，曾一本、林道乾游魂于海，至合两省会剿始平。迨议善后，题设副总兵官，协守漳、潮。拓地创镇，无事则玉斧弹压，有事则金钲穷追，兼制两省，秩亚骠姚。此将帅始末之大较也。

夫弘、正以前，承平既久，人不知兵，故规制尚略。嘉、隆之间，所部云扰，岁岁苦兵，故规制浸详。然卫所，官大则金绯，小亦列校，岁縻月俸钱甚奢。其铮铮者多脱颖以出，树勋他处。而卑者长旁棨戟，乘坚策肥，刻削自封，恣睢自豪，至不识韬钤为何物，战场为何事，告以鼓鼙声，心悸欲绝，且凭空顿于户下，安望其缓急使乎？若正统邓茂七之寇，指挥顾斌拥兵铜陵，募敢死士入卫，遂大破贼，二百年来，一人而已。彼镇海为饶贼所陷，诸将束手，坐观板荡，此曹之肉，岂足食哉！至于卫所军，世守尺籍，执其钝器，不能刑鸡鹜，无论即戎。脱有变，弃甲不暇耳。国家养兵世世，仅得其空名，宇内皆然，不独漳也！正统、天顺间，所在招募丁壮为民兵（即快手机兵之属），而巡司故有弓兵，俱有司操练。然今民壮仅供公门役使，弓兵所缉，里闬鸣吠，及负担兴贩而已。议者始复仰借于客兵，乃客兵之大利大害，亦略可言。方嘉靖鼎沸时海内名将如戚继光、俞大猷，俱统重兵入漳征剿。海上父老，犹能言继光时事。贼围孤城急，复四出摽掠。父老扶携登望女墙上，冀援兵旦晚且至。嗣见远烟数点，影响似旌旗状，忽炮响，官兵业抵近郊，与贼接战，大破之。盖继光每出师，或急或缓，人莫能测。贼侦继光方与所在当道欢饮，解甲犒师，似未即发，继光已夜从间道急进。出没甚神，贼猝不意，辄狼戾死甚众云。蔡陂之役，贼又预度继光当至，设伏待之，卒然蜂起，兵为少却。继光斩前怯者数人，身自督战，贼竟溃。四十四年，海寇吴平据梅岭，继光兵来，贼遁入南澳。继光追击之，俘斩万五千人，贼潜遁赴海，而漳遂平。自漳中贼奴，而继光之功，亦与之终始。漳人为之语曰“俞龙戚虎，杀贼如土”，皆他路兵也。然事急则征召，事平辄复遣去，征召至而屠戮者已饶受其祸矣。故迩者为客兵置营，居守如土著。顾在壬戌，参将杨缙以东莞兵来，愿为漳备御。贼实约东莞兵为内应。缙下令，漳民不得夜开门，开门辄兵之。漳大骇，诸生相率诣当道固争，富家夜自为登埤固守，不呼而集。次日清明，东莞兵从南郊辱人妇女，睥睨杀人，郡守始下令乡兵截杀之。须臾，东莞兵头脑被地几尽，所部始宁。万历癸未，吴双引之事觉就诛也，有司者虑之，议驻客兵于西郊。其后长泰囚越狱刺杀县令，囚实与客兵约为外应。先一日，客兵以庭殴罗中军，有信改期不得达。囚出登城四顾，外无援者，始就擒。虽社稷有灵，未焰旋熄，不可不谓往事之明鉴也。

夫漳所最苦者，莫如倭。嘉靖时，闽浙初置巡抚，则以倭故。倭非能自来也，起于中国之民为之乡导。都御史朱纨练兵甲，严纠察，按诸通海者若干人，悉诛之。纨竟为朝议所中，忿恚自杀。舶主土豪，益自喜为奸，走波涛中，交相往来。后乃大举入寇，而海寇应之，至陷城郭，祸坟墓，男女骈戮，远近震骇，此亦神人之大痛矣！网以乱至而密，密则已晚；网又以乱解而疏，疏则安穷。比岁海滨人视越贩为常事，诡给沙埕引，无不诣山城君者。当事忧之，严为令，与民更始，有更犯者，无赦。夫越贩起于富人射利，其意元非勾贼，唯是输其宝货，露其情形，此其渐不可长者耳。禁越贩自是防倭急务，未可谓越贩之门一杜，而倭便不复来也。海上行劫，何处无倭奴？犯渔舟，居贾舶，旋复散去。不逞之徒，搏手无生活，日觊波心，与夷杂处。彼狡焉有窥中国之心，何日忘之。中山之藩破矣，长蛇封豕，荐食未央，故待敌宜预也。向者夷从西方来，贾胡别种也。发尽赤，巨舰迎波，结中贵人以互市，请如东粤香山故事。当事持不可，参将施德政躬抵彭湖，宣威耀武，与夷相持者久之，夷乃去。其后数岁，更入海上，申前请益力，当事严缉居民不得与售一钱，乃更掉指东粤以往。若辈仅以声势恫喝，然舟大不便动转，即有变，火攻可烬耳。防之无使登岸，彼将自消其食指；威之无使见瑕，彼将自戢其杀机。后此出没尚未有常也，故防敌宜周也。

国家皇灵旁畅，然二百年中，深山穷谷之区，小丑间发，始而鼠窃，继而狼噬，驱之则终兽散，至二十四将而祸烈矣（丁巳间，洪迪珍等二十四人共造二船接济番舶，因以为号。其后据巢杀掠，官兵不能制。详见兵乱）。鲸鲵之不净，以烦县官，安能便置反侧于度外？万历以后，带牛佩犊之萌，旋就诛灭，然余党尚未悉散。往者漳浦见告，人或讶其太张皇，然与其张皇也，犹胜坐视。必以踪迹之尚未露也，而概置之罔闻。人心愈怠，城守愈疏，脱有真变，烽火在庭而不悟矣，讵细故哉？语云，涓涓不止，流为江河。今近郊之内，夜半杀人，劫掠财物，肆行无忌，比比有之。夫固揭竿之渐也，故缉敌宜严也。漳浦林太史偕春之论兵防曰：筑土堡，练乡兵，而又以外贼宜守，内贼宜攻，纚纚甚悉。此自倥偬时事，非所施于承平，且卫所营寨诸军，是亦乡人也，是在练之而已。客兵久于吾土，耳目肝肠，岂尽异类，是在制之而已。张万纪为铜山把总，每雨云阴晦，意贼且出，辄驾小舟，身携一剑，以骁勇数辈自随，装束如渔人，因以诱贼。贼相遇，手自击杀之，或死或缚。万纪虽屡经险阻，神意逾王。海上数年间得安枕无恐者，则万纪力为多。是外贼未尝不可攻也。顷岁，中丞台巡历海上，一切与将士综核名实，乃其选将仅骑射故事，所选兵令抱石以试勇怯，著令甚迂，而所用又非所择，则何取焉？往事材官及兵目人缺应补者，将军与郡国议上，主者裁决之。比岁多自旗门出，所不知何人，坐名送寨。彼其人与地既不相习，而部曲侪伍又不相能，安望得其熊罴之用哉？谚曰：文臣宜不爱钱，武臣宜不惜死。然吾谓武臣爱钱，正军政所为败坏而难于收拾，第必自文吏大臣始。夫将将者之原既清，下方自肃。不然主者以缛节望之大帅，大帅以望偏裨，偏裨以望卒伍，转相克剥，尤而效之，而兵日贫，因以日怯，虽今日更张，明日整饬，徒侈麋文，何裨廓清之方略矣！郑尚书晓曰："福建海抱东南，汀、漳外寇内逋，与南赣声势联络，海物互市，时起兵端；此其治乱，非徒一方之机局者。"诚哉是言也！故为差次梗概，以备稽阅如此。

监司

本朝所在郡县，置监司弹压之，曰分守，曰分巡，其在滨海，则又有巡海。漳在国初属福宁道。成化六年，汀、漳、潮、赣诸处盗贼出没，始设分守漳南道，驻上杭，辖汀、漳二郡，遥制江西之赣州，而巡海道旧驻会城。嘉靖九年，都御史胡琏议以漳州海寇纵横，巡海使者远在数百里外，缓急非宜，疏请开镇于漳。是巡海虽全制闽中海上事，而漳若其专制者，盖四十有余年。万历间，承平既久，巡海道复归会城，而漳州奏请特设分守漳南道，自是而率属兴治，莅兵抚民，守巡并主其权。巡海道但司海禁，春秋防汛，耀其甲戈，或间岁一至，他郡邑事不复相关矣。近三十八年，抚臣陈子贞议重巡海之权，疏请一切军政，俱巡海主之，守巡勿复与知。然营寨事无巨细，欲尽赴会城，上下辽隔，不若守巡就近料理为便。且巡道故尝奉敕称备兵使者，安得不问兵事哉？故疏虽下部，竟不果行焉。守道初设布政司参议，后间出以参政，近有自按察使或副使兼官至者。巡道初设按察司佥事，后间出以副使，近有自参政兼官至者。巡海道初设按察司副使，近有自布政司兼官至者。

南路参将

（按参将官级亚于漳、潮副将，而序次在前者，以漳为所专辖也）

漳州南路参将，原未有专设，嘉靖二十八年，浙直军门朱纨题请福建添设参将一员。至三十五年，巡抚王忬题改设水陆参将二员，然未有专管汛地。三十八年，巡抚刘焘题请福建分南、北、中三路，添设参将三员，以漳州为南路，并水陆为一参将奉敕分守。所辖铜山、浯屿二寨，浯铜、彭湖二游，漳州、铜山二浙营，陆鳌一土营，漳州、镇海、泉州、永宁四卫，南诏、龙岩、陆鳌、铜山、玄钟、崇武、福泉、金门、中左、高浦十所，自祥芝以至大城，皆为汛地，盖控漳而兼制泉也。先是南澳未设副总，遇汛则参将专驻玄钟，调度水陆防御，南澳设后，移驻铜山。万历二十年，倭躏朝鲜，议者谓铜山偏处一方，始兼移驻中左所，居中调度焉。

铜山寨

洪武初年，皆以卫官考选备倭，带领军兵出守铜山。嘉靖四十二年，题准改设钦依把总一员，非汛时月，团泊寨澳，轮番出哨，小防缉盗；汛期，则分四哨，前哨镇海，左哨陆鳌，右哨沙州，后哨鲎壳澳。各防汛信地皆险要，而横屿、菜屿、井仔湾、大、小甘山，则外洋岛屿之最险者。

漳州浙兵营

府城外浙兵营始于万历十一年，因叛民吴双引等谋为变，当事集议，特设浙兵一营，驻扎团练。营设于西教场。迩以浦头至镇门一带，河道萑苻窃发，肆掠商舶，议设哨船二只，轮营兵坐驾，随潮往来巡缉。平时则府城内外以至镇海、井尾等沿海万松岭、岩亭孔道，皆更番哨守，有事则专听征调，随贼所向，相机征剿。

铜山浙兵营

铜山浙营始于万历九年，为沿边海警而设，驻扎铜山所城外。平时则团练弹压，自铜山以至玄钟、诏安等沿海油柑岭、凤山等孔道，皆其哨守，有事则专听调度征剿。

陆鳌土兵营

陆鳌土兵始于隆庆六年，因诏安县五都土瘠民贫，寇盗蜂起，当事者议设土兵一营，抽选贫民充之，为弭盗安民计。初守铜山，续与浙营对调，扎守陆鳌城外。平时则操练弹压。自该营北抵莆头，南至古雷等沿海，与内地云霄堡，皆其哨守。有警则随贼向往剿击，用为哨探向导耳目。

彭湖游兵

彭湖一岛在漳、泉远洋之外，邻界东番，顺风乘潮，自料罗开船，二昼夜始至。山形平衍，东南约十五里，南北约二十里，周围小屿颇多。先年原有民居，隶以六巡司。国初徙其民而虚其地，自是长为盗贼假息渊薮，倭奴往来，停泊取水，必经之要害。嘉、隆之季，万历初年，海寇曾一本、林凤辈，尝啸聚往来，分艅入寇，至烦大举捣之始平。盖闽海极远险岛也。壬辰岁，倭犯朝鲜，时有侵鸡笼、淡水之耗。鸡笼密迩彭湖，当事者集议不宜弃，乃设官兵先据险戍之。二十五年冬，初创一游一总四哨，冬鸟船二十艘，目兵八百有奇。二十六年春，又虑孤岛寡援，增设一游总哨，舟师称是。又于海坛、南日、浯屿、浯铜、铜山、南澳六寨游各抽哨官一人，领坚船三只，汛时远哨该岛以联声势。后虑兵饷难继，裁去一游，而海坛、南日、南澳三处远哨船渐各停发，今仅有一总二哨，冬鸟船二十艘，官兵八百五十有奇。月糈则漳、泉共饷之。

南澳副总兵

南澳在闽、广之交，夙为盗贼逋薮。先年山寇吴平、许朝光，海寇曾一本、林道乾等，聚众为乱，荼毒生灵，至合两省会剿始平。万历四年，建议善后，题请设协守漳、潮副总兵官，专驻南澳，始创镇城。无事坐镇弹压，有警督兵穷追，兼制两省。事权归一，居然海上一重镇也。所辖南澳游兵、柘林守备二寨，防倭中哨二游，福、广二营陆兵。按《癸酉志》，南澳去玄钟澳口约三十余里，属广东饶平。洪武间，居民负险作乱，遂墟其地。其澳周围六七百里，有青澳、后泽澳，夷船多凑泊于此。而深澳尤为形险，小舟须鱼贯而入，官兵攻剿，势甚掣肘。嘉靖间，潮州府用木石填塞澳口，未几，倭人用善水者捞起木石，澳口复通。嘉靖四十四年，剧贼吴平鸠集结巢，大兵征剿，贼党虽散，其地尚为贼窝。万历初，同知罗拱辰相视其地，议设参将一员，统兵屯扎，筑城三座：一在深水澳，一在云盖寺，一在龙眼沙，互相联络。立墩台瞭望，调兵哨守。计三处田约四五万亩，可召军民给牛耕种。罗公当时计划，可谓周悉，自后题设协守副总兵驻扎，遂岿然重镇矣。

南澳游兵

南澳游兵，设于万历四年，见额福哨冬鸟船三十四只，官兵八百七十四员名，遇汛贴驾征操军四百二十名。非汛时月，团泊游澳，轮番出哨；汛期，则分布宫仔、前胜澳、清澳、云盖寺等信洋防守，并专属副总兵统辖调度。

城堡

漳州土堡，旧时尚少，惟巡检司及人烟凑集去处，设有土城。嘉靖辛酉年以来，寇贼生发，民间团筑土围、土楼日众，沿海地方尤多。

龙溪县石美土城（在二十九都，距郡城东七十里。嘉靖三十六年，里人请建城，广一千四百五十丈有奇）、福河土堡（在十一都傍河之涯，里民筑土成之）（注九十七）、天宝土楼、塔尾土楼、墨场土楼、山尾土寨（俱二十一都）（注九十八）、埔尾土楼、丰山土楼、汰内西坑土楼、上坪土楼、归德上村土楼、华封土楼、狮陂土楼、宜招土楼（俱二十五都）（注九十九）、坂上土楼、埔尾土楼、马岐土围（俱二十六都）（注一百）、官埭土楼、东洲土楼、玉洲土城、流传土围（俱二十八都。）（注百一）、白石土楼、新埭土围、梁齐土楼（俱二十九、三十都）（注百二）、长桥土城（在郡城北十里长桥地方，尚书林士章砌石私筑家焉）。

漳浦县云霄土城（注百三）（在六都南境，唐为故州治地。正德元年，寇起，乡民所筑。嘉靖三十九年，为饶贼所陷。隆庆六年，知府罗青霄重修，设海防馆其内，以督捕通判居守之）、西林土城（在六都）、赤湖土城（在十七都）（注百四）、前涂土堡（在六都，始累土为之。嘉靖三十七年，倭乱，更砌以石）、埔尾土堡（在六都，去云霄九里。始累土，后稍缘以山石。正德二年，山寇环攻七昼夜，不能下。嘉靖三十六年，倭寇突至，所在残毁，独是堡坚守。旬余，倭不能克，竟为所摧。自是寇不敢犯境。寇退，乃更拓基，砌以砖石）、洋下土堡、岗屿土堡、梅安土堡（俱六都）、下屿土堡、东窑土堡（俱七都）（注百五）、娘仔寨土堡（八都）（注百六）、桥头土堡、埭头土堡（俱九都）（注百七）、杜浔土堡、官仓前土堡、下尾土堡、西山土堡（负山带海，殊为险固。今为势豪强拆，渐圮）、屿头土堡、高山土堡、香炉埭土堡、（俱十都）（注百八）、梅月土堡、佛潭桥土堡（砌石为之，雉堞雄壮，在十七都）、东坂土堡（在二十三都）（注百九）、磁灶土堡、赵厝城土堡、檺浔土堡、白埕土堡、横口土堡（俱二十八都）（注百十）。长泰县石高寨（注百十一）（在方成里，宋蔡君泽尝保此避贼）、天成寨（注百十二）（在钦化里，朝天岭之南）、泰安寨（宋时设有寨官，今废）。平和县龙峰头土堡（注百十三）（在清宁里大峰山之南）、溪口土堡（在清宁里，路当平和、南靖、漳浦之交，居民辐辏。嘉靖间，寇乱，居民累土为城，因溪为池，饶寇过，不敢犯）、西山土堡（在清宁里，与溪口堡相望二里许。嘉靖间，乡官李文察率族筑之）。诏安县岑头土城（注百十四）（在三都，围八百四十丈）、梅州土城（砌石雄壮，在四都）（注百十五）、土桥土城（今圮）、上湖土城（嘉靖二十四年筑）、甲洲土城（嘉靖二十五年筑）、白叶堡（注百十六）（在二都白叶洞，故贼巢也。贼首陈荣玉、刘文养等出没潮、广之间。嘉靖二十七年，南赣军门行府檄平和知县谢明德、典史黄瑜、诏安典史陆铁统兵深入其阻，荡而平之。因奏请置堡及建营房，拨官军戍守，岁收贼田之租，以给粮精）。海澄县九都土堡（在县西，自东至西不满百丈，而文庙学官及饷馆在焉。前分守道费公议拓石城，未就）、龟屿城（万历初，同知罗拱辰筑城屿上，名八卦城，功甫半就，后为势家撤去。其地砥柱海口，实为郡城门户，又为澄之险要。先是，知府罗公议移海门、濠门二巡司屯城其上，未果）、港口堡（在县北）、草坂堡（在县南，已撤）、下塔颜厝城土堡（在六七都）、珠浦堡、广林堡、虎渡堡（俱八都）、屿上堡、田尾堡（俱九都）、长屿堡、何山堡、石囷堡、钟林尾土楼、登瀛土楼、青礁土楼（俱一二三都）、田尾土楼（九都）。

关隘

关隘之设，所以防奸细，备寇盗也。漳所属地方，凡扼要之处，俱设有关隘，亦名把截所。旧时尝于就近各卫所拨旗军，无卫所处拨义民乡夫守把，今久废矣。龙溪县福河把截所（在县东十一都）、新岭把截所（县北二十五都，离城百余里）、柳营江把截所（县东二十八都，接泉州界）。漳浦县吴田把截所、北岐把截所（俱六都）、港口把截所（九都）、埠头把截所（十五都）、井尾把截所、大径把截所（俱二十三都）。龙岩县雁石关（县东北三十里）、黄坑隘、水槽隘、东坑隘、萧坑隘（俱表政里）、九曲岭隘、倒岭隘（俱龙门下里）、三峰岭隘、廖天山隘（俱万安里）。长泰县林口隘（旌孝里）、鸬鹚隘、下翁隘（俱石铭里）、上宁隘、磨枪隘、白桐隘、（俱善化里）、朝天岭隘（即巡检司）。南靖县韩婆径隘（在县北永丰里，弘治间，漳南道佥事杜启创建，甃石为门，门上置更楼）、水尾寨隘（县西清宁里）。漳平县三峰隘、叶口隘、安井隘、赤坑口隘（俱居仁里）、禾头隘、白泉隘（俱和睦里）、长塔隘、卓安隘、石门隔隘、南坑村隘、石锥岭隘（俱感化里）、朝天岭隘、下马坑隘、香树岭隘（俱永福里）。平和县高砌隘、朱公畬隘、曹充隘、赤珠隘、三莱洲隘、茶寮隘（俱清宁里）、半地隘、三角隘（俱新安里）。诏安县南诏把截所（三都）、陈平渡把截所（五都）、老虎关、关砂岭隘、牛掌隘（俱饶平界）、龙过关隘（平和界）、十八间洞（云霄镇界）、梅岭安边馆（在海滨，嘉靖甲子，剧寇吴平巢于此。都督戚继光追逐遁去，收其余党尽歼之，筑京观于此）、走马溪（内有东澳，为海口藏风之处，寇船往来俱泊焉，呼为贼澳。上二处非关隘，以险要附见焉）。

墩台

墩台，即古之斥堠也。漳自国初沿海地方，相度地里远近，各置墩台。贼至，举烽火为号，以便防御。漳浦县墩台十座（白塘、大径、流会、皂岐、江口、小澳、灯火山、湾角、埠头、高山塔），诏安县墩台三座（梅岭、洪淡、古楼山），海澄县墩台三座（海沧、青浦、月港），陆鳌所墩台三座（陆鳌、洪丘、峰山），铜山所墩台三座（泊浦、陈平渡、瞭望），玄钟所墩台八座（南山、东山、盐仓、东湾、黄崎、渐山、洋林、瞭望）。

《海澄县筑塞港口议》

《癸酉志》云，县治之设，业有成绩，且城垣壮固，亦似可守。但凡设城邑，必以水泉为先。今城中卤地，不可为井，惟汲淡潮城外。万一寇至，水门关闭，安所得水？又县治去海咫尺，贼舟无所防限，乘风顷刻，直至月港。潮涨之时，舟高于城，深可危惧，所以议者辄有筑塞港口之说。但其间利害相半，众论不一，具载如左。

一议云，今县治滨海，潮水由海门入，中流有泥仔、乌礁、许茂三洲，分为二派：一派迤东，从海沧而上；一派迤南而西约十里许，至月港。咸水夕涨，沿边土田失收。且奸徒驾艇为非，往来不测，贼舰乘潮，瞬息可至。若从下流于泥仔、尾隘处设法填塞，海咸不通，淤泥数年，可以成田。西溪并南溪淡水，汇于八九都，灌溉永赖。且海船必由东北沿海沧、石美而上，横过福河，下至港口，水道迂曲，信宿方达月港。奸贼出入，势甚掣肘。况堪舆家谓此方闭塞，可固内气。若此举可成，亦兴利扼险，为新县奠安之良策也。查得嘉靖十六年，乡民曾请乡官御史陈迁鸠工垒石兴筑，未及成工。今一带基址，俱生泥泊，因而为之，其力为易。

一议云，县治所以设于月港者，正以其地近海，潮汐吞吐，气象豪雄，舟楫流通，商贾辐辏。今若填塞，则商贾舟楫无所停住，或泊于坝外，则有风波冲击之虞。若由福河入月港，水道迂远，其势非在福河，必在石马，而近县之处，泉货不通，生意萧条，深为未便。且江流泛涨，功恐难成，即幸而成，势必溃决。三洲地方，先受其害。就使不决，北边石美一带不能免于崩颓。且旧有二港泄水，江东南门二桥以里尚有洪水之灾，若止留一港，则下流壅塞，水灾愈甚。今若欲兴水利，须另设法疏通；若欲为县防患，莫若查照当日原议，于港口再立一桥，筑垣其上，接连港口九都二堡，下设水闸，以通小船，其大船止泊于闸外，仍于闸外多布石钉，不许大船近闸。如此，则不惟城中居民无乏水之忧，贼船不得突至城下，而港口九都二堡亦可恃以无虞矣。查得近日修造浮桥，势难御贼，且滞商船，又有修补之费，恐非长策。按，二说俱存之，以俟采择。

布政莆人翠渠周瑛《〈漳州府志〉序》

我国家疆理天下，以司统府，以府统县，此其大纲也。以吏、户、礼、兵、刑、工分管庶务，此其节目也。大纲者，古今通制，而节目乃仿《周官》而推行之也。欲论治体，宜有考于是。自祝穆氏著《方舆胜览》，而修郡县者多祖之，往往标题山川，点抹风月，寄兴声趣之表而治体微矣。

《漳浦志》

邑之田名“白沙地”，比它邑独硗瘠，故科粮稍减。而田之等有五：一曰洋田（平旷沃衍，水泉常满，先得水者为上，用人力转致者次之），一曰山田（依山靠崖，地多瘠薄。有水泉者其田亦中，无水泉者为下。又有坑垅之田，不忧旱而忧水，其田下上），一曰洲田（填筑而成，地多肥美，然时有崩决之患。得淡水者，其田上中，近海潮者中中），一曰埭田（筑堤障湖，内引淡水以资灌溉，然时有修筑之费，且天时久旱，水亦咸卤，其田中中），一曰海田（其地滨海咸卤，内无泉水，外无淡潮。雨旸时，若则所收亦多；旬月不雨，则弥望皆赤地。其田为下）。受田之家，其名有三：曰大租主（共此一田，出少银买租，办纳粮差），一曰小税主（出多银买税，免纳粮差，俗称粪土），一曰佃户（出力代耕，租税皆其办纳）。名则不同，价直亦因之。今深山中，巅崖皆开垦种艺，地无旷土，人无遗力，然土田日增而顷亩粮税日减，即国家不尽民之财力，而弊端所在，有司者宁可不察其故乎？盖豪户猾书交互为弊，有私自垦田而全不报官者，有辟地数顷而止报升合者，又有隐匿腴田而捏作陷江者，有飞诡税粮而幻去亩籍者。夫是以新额无增于前，而原额日减于旧，职此之故也。今欲稽之，其必行丈量之法乎？

海跨邑之东南，弥望无际，潮至而网取鲜物者谓之网门，有深水网，有浅水网；潮涸而手取鲜物者，谓之泊网。门之下即泊也，有泥泊，有沙泊。泥泊产鲜盛，沙泊次之。网泊以水涨涸为限，各有主者。往百年，滨海民以力自疆界为已业有之，于今必以资值转相鬻质，非可徒手搏之矣。顾其为值一而利十之，明年利辄盈其值。环海之利，岁收不啻四五千金，其所输官课未及五十分之一也。利广，故争辄起，往往斗夺，以必得为快，其势必归于巨室。彼附海之奸民窥其利也，亦时乘间群而驾舟，逞干戈以强捕其所有之物。诘于官，非缩首而窜，则聚党而噪，官亦莫谁何也，其故皆起于利耳。我朝钱法，遇改元，即随年号各铸造通用，但民间使用，则随其俗。如闽中福、兴、汀、邵、福、宁皆不用钱，漳、泉、延、建间用之。泉、漳所用之钱与延、建异，泉又与漳异，或以七八文或以五六文而各准银一分。漳郡如龙岩、漳平亦不用钱，其同俗者，龙溪诸县。而诸县所用，又有美恶不齐。诏安极精，漳浦次之，龙溪则极恶，亦用之，又非时制钱，乃宋诸年号，民间盗铸传用者，而又数年一变。以吾一邑言之，嘉靖三年、四年用元丰钱；七年、八年废元丰钱而用元祐钱；九年、十年废元祐钱而用圣元钱；十三、十四年废圣元钱而用崇宁之当三、熙宁之折二钱；万历三年废崇宁钱，专用熙宁钱；五年废熙宁钱而用万历制钱；方一年尔，万历钱又置不用，用，者，以抵铜而已（万历钱估一文值银一厘，今三文准银一厘）。方其用之时，民间惟藏钱，凡田宅蔬菜之属皆用钱，交易契券亦以钱书。乡村自少至老有不识银，一村之中，求一银秤无有也。及其废而之他也，即官府厉禁不能挽之回。每一更变，则藏钱者辄废弃为铜云。今民间皆用银，虽穷乡亦有银秤。

《南靖志》

按南靖王田不经清丈，区亩税粮，原无定额，奸民乘之，欺隐日滋。间尝核通县田亩不下三十万，其登赋税者十五万九千有奇，除此外皆他邑豪所踞者也。且所谓一田三主之弊，尤海内所罕者：曰大租主，一曰业主，一曰佃户。同此田也，买主只收税谷不供粮差，其名曰业主。粮差割寄他户，抽田中租配之受业而得租者名曰大租主。佃户则出资，佃田，大租业税皆其供纳，亦名一主。此三主之说也。又有一田而载官米若干在赵甲户，又载民米若干在钱乙户，不成四主乎？且贸易相承之时，更有以租田诡为税田而减米求售者，初不过利买者之重价，久之粮无从办，则投告买主收米矣。买者既费高值，又收额米兑租。无赖之辈往往持此以骗富室。或租入仕宦，则不敢投告，而岁久遂为悬粮。故有田连阡陌而户米不满斗石者，有贫无立锥而户米至数十石者。版籍既不足据，流弊因而愈甚，即贤有司苦心调停，亦治其标而已。盖经界不正自紫阳治漳，日恨之矣。

南靖土壤东连龙泰，西接平和，南界浦澄，北抵龙岩、漳半之间，亩多而壤沃，视他邑颇胜。第兵燹之后，民多流离，境内田亩归他邑豪右者，十之七八。土著之民，大都佃耕自活，其他豪得田者，惮于立户当差，则又飞诡其田米。每米一斗，割租谷或数斗、或一石以与诡寄之家，使之代纳粮差，名为配米大租，遂有一田三主之说。得租者不能常守，又或减米而卖其租，遂有虚悬之号。讼端纷纷，多从此起。又卖田者见昔贱而今贵，则索买者之增价，或一索，或再索，或屡索，其名曰洗业。索而不遂，则告与借，告车估，缠讼不已。又势族豪门或欲夺人之产，则使卖者告赎，而彼从中主之，不论年月久近，不顾事理可否。盖漳俗缙绅日盛，则田价日高。田价日高，则趋利者日众，而官民日益多事矣。又南靖欺隐之弊视他邑尤不可言，盖靖地广饶，豪右视为利薮。其风俗乔朴，而气势又复琐尾，豪右殊无顾忌之心，故报赋不报赋，只听其方便何如耳。未暇远引旁证，且如乙未筑城，计亩出费。本县但令约保各自报其约内田亩，旬月之间，报亩二十四万三千七百有奇，查其登版征赋者，不过一十五万九千一百有奇耳。况访得势豪之田，约保所不敢报者，尚十之三四也，犹为有法乎？尝窃计之曰，乡使南靖之田地，得如他处之清丈，不致干没于权豪，则不必如今之七科八科。即上者，五升科之，次者三升科之，下者二升科之，可以岁足一万七千之额，官课裕而民困亦苏。惜租米为梗，影罩百端，势日轇轕而不可返，此紫阳所以有遗恨也。

《平和县志》

近来大歇岭一路，萑蒲剽掠，商旅路梗。害因高山障翳，内为官寮，林木菁黯，蔽亏天日，人迹往来绝少，故强寇潜聚巢穴，出没行劫。前路东场乡兵悬远，应援不及，后路自桑坑、葛竹通芦溪、大埔，逃窜甚便。芦溪置漳、汀巡检司，所以卫县，但弓兵设少，乡兵统练无人，以故剿除甚难，防守不易。崇祯六年，知县王立准计擒贼魁李芒、白虎、汤秀豺，劫掠遂息。崇祯十年，流贼劫小芦溪，磔杀官兵李虬，署县通判朱统鉟率兵亲捣巢穴，擒斩贼夥汤耀廷等，余党遂平。

县芦溪等处，王文成公设县时，原有三团六隘，各置隘夫防守，塞大埔、上樟溪、可塘、永定、大溪及南靖船场各处地方往来路口，以截盗贼出入，久皆废弛。崇祯六年，知县王立准修复三团，各练乡兵八十名，又议添五隘，申详院道。批允十隘各建栅设寮，督夫防守：赤珠山隘、曹充隘、朱公畲隘、根竹隘、三莱洲隘（王文成旧设，朱统鉟新修）、龙过冈隘、仙人洞隘、朱家山隘、柏崧岭隘、白土岭隘（以上五隘，知县王立准增设，署县事通判朱统鉟重修。各隘捐俸，置有军器）、宝珠径隘口、双坑仔隘口、赤珠山隘口、马溪隘口、高砌隘口、冷水坑隘口、赤石岩隘口、矮子坑隘口、大窠头隘口、深渡径隘口、龙过冈隘口、南岭门隘口、半地隘口、三角径隘口、大伯径隘口。

平和一田有三主，其弊肇于南靖粪土大租之说。买田者为田主，买租者为租主。其田原载粮米，租主全不收入户，只将田租之内抽出三分，付与兑米人户，代办条差。而兑米之人，名曰白兑，递年取租纳官，谓之米主，乃佃耕人户，年供三主之租，得不困苦乎哉！

按平和田有三主，大租粪土之弊，总之粮不随田故也。前径知县谢明德议将逐亩丈量，底慎平则，论田几亩，纳租几石，田与赋随。凡买粪土者必买大租，大租粮米即割入户，使富室无蟠据之利，势豪无攘取之横，贫佃无蚕食之忧。享租者有定赋，应役者有实业，而官府亦无白兑飞射减米加租之患。其法良善，卒格不行，以山田崎岖故耳。然买田必买大租，粮米即割入户，此法终不可易也。

正德癸酉间，芦溪荐管贼反，南赣、汀、漳军门王守仁以提督至，合二省进兵讨平之。嘉靖丙午间，诏安县白叶洞贼陈莹玉、刘文养寇二省，南赣军门檄平和知县谢明德率典史黄瑜，越戊申春正月，以象湖小篆乡兵讨平之。己未二月，有倭寇数千自潮州来诏安、云霄、南靖，杀掠无数。至平和之清宁里，知县王之泽率兵御之。辛酉饶贼张琏攻城，知县姜遂初协同官兵坚守。兵巡漳南道，金坐镇此地，提兵进剿。俞都督大猷统兵屯扎柏嵩岭，讨平之。崇祯庚午，广贼叶老婆攻城，知县袁国衡等拒却之。辛未，贼首陈剪二聚夥数百，据老虎耳山，僭称陈元帅，假至正元年号，连攻破土城，杀罗登九等。约正监生叶元省举义旗，集家兵，购雷首等为乡导，径捣老虎耳贼巢，斩剪二于沙坪，余党奔散。丁丑，芦溪山寇汤耀廷等敌杀官兵李虬，署县通判朱统鉟平之。

《诏安县志》

兵防

蒲葵关百里而遥，控漳引潮，则浦治之南诏场也。周、汉之《职方》无考，唐嗣圣（即垂拱）三年，左郎将陈元光筚辂篮缕，以建州治，立行台于四境，命将分戍，四时躬巡，南诏保其一也。自下游抵潮之揭阳，宋置有沿海寨，元为万户府，俱调官兵屯守。时代堙沕，故垒无传，国初仍谓南诏场。弘治甲子（十七年）冬，寇盗充斥，地方骇鹿，始调漳州后卫所官军，置守御南诏千户所。嘉靖十年，设诏安县治，从县治而东三十里至玄钟千户所，洪武二十年，江夏侯周德兴为备倭而建也。所之城外又有南澳游营，专治水兵，距南澳总戎镇一苇航之，与柘林、铜山诸营所鼎峙相望。百里之内，扎以二所，兼连营镇，不可谓无兵。而统兵诸将，大则开府建节，小亦分符列较，不可谓无将。此何论弹丸之安堵，以之保障遐荒，折冲瀚海而有余矣。而频年以来，鲸氛屡煽，兽莽时伏。吴平、曾一本诸贼，构乱东南二十余年，军兵莫敢谁何。俞大猷戚继光两将军以客兵入援，而后海静山宁。崇祯初年，海寇周三老、刘香复发沿海等处地方，窜逃，则山谷皆满（各处皆然），屠戮，则城堡俱空（岐头堡）。十里内外营，所谓诸军兵环列也，立视其毒而莫之救；毋论民不得而请之，官亦不得而责之。盖所则藉口于钥城，而不肯援乎野；营亦驾言于汛海，而不肯援乎陆。迨各逼其围，司钥者或逃城而之野，守汛者多弃舟而奔陆。征拨则交有所委，战守又两无所效。其势且至于募土兵，藉乡兵。乡兵之藉，官无养兵之费，民有备兵之用，岂不甚善？但须听民间之自卫，不宜属官府之调拨。自卫之，则民也，而调拨之，即兵也。既出赋以养兵，复出身以当兵，弃本业而间戎行。兵民交戾，其制决无以善后。而多行召募，亦未为计之得也。使军尽有用，亡待于兵；使军尽无用，亦亡庸于军。今卫所之尺藉，继世縻糈，旷而不驭，更觅亡命之恶少以为兵。抱石以试之，纷呼以阅之，其揭旗而奔驰者，仅同儿戏，不知养之者何需，而练之者何为也。近日当事者蒿目时艰，厪沿海之隐虑，于是有听县节制，拨守要害之议。此其制甚善，要须度营所地方之远近，酌军兵劳逸之机宜。不疲其力，而有以耀其武，如万历甲寅、天启乙丑已行之实效。每险置铺，更番轮守。远不过数十里，多不过数十人，合营与所而均调之，一岁一人，不过十余日，计程责守，赏罚随之。军兵习险要之防，而寇盗潜啸聚之踪，其振武修备，不犹愈于揭旗而驰、抱石而试乎？况乎文武合筹，则兵民安；利害相关，则同仇切。措置得其宜，绿林之豺，玄海之鲵，将缩瓜解鬐而不敢逞矣。故尝论之，山海之寇，纵之则滋蔓，扑之则立烬，何者？寇能荷戈而逞，不能负耒而耕。伏山之寇，由于近村之窝囮；帆海之寇，由于奸商之接济。及蠢滋之方萌，制附近之奸，严出海之禁，彼亦焉能枵腹而求逞也哉？毋论内寇，即如嘉靖之季，倭夷内讧，能有片帆还者乎？向令当事者早从巡抚朱纨之议，尽法通倭之豪右，严行保甲之规条，闽、浙之高枕岂待俞、戚而收功？顷者，红夷间至，朝泊夕歼，不移旬日，彼利水而不利陆，扼之无使登舟，将自销其食指，何况师武臣力之用命乎？大约天下之事，豫而图者易为力，溃而维者难为功。东南无大盗而有小奸。小奸者，大盗之渐也。惟其小而不足畏，故其发也恒足以乱天下。涓涓不息，遂为江河，理势固然，无足怪者。今日沿海之民，以保甲为故事，以小逞为习惯，啸而往，挈而还，设财自卫，官不能问。坊里之间，祀神结会者，动数十人，计数十方。一人忿恚，一会哄起，礼让不能化，法令不能戢，缓急有变，化为异类也不难。是不可为寒心乎？故今日之民，有乱之萌，无乱之形，则饬法宜肃也。今日之军，有军之费，无军之用，则征调宜参也。今日之兵，不必广饷以募兵，但须选兵而核饷，则冒滥宜清也。而后桑土绸缪，封豕不突，潢池无弄。制治保邦之猷，其在斯乎！其在斯乎！

要害守兵

县治丛山阻海，寇盗出没，设险守要，置为关隘墩堡。或调官兵协守，或如民兵共守关隘，以防奸细，备寇盗。近卫所处，则拨旗军轮守；无卫所处，则拨乡夫把守。城堡旧惟巡检司及人烟凑集之处，设有土城。自嘉靖辛酉以来，盗贼生发，民自为筑，在在有之。凡诸关堡俱缘升平日久，今昔异宜，废圮者多。惟要害地方，不当废圮。自凤山岭一路至磨西桥等处，地险民嚣，伏莳窃发。万历甲寅年间，漳之防海卢申请，每五里置一警铺，召铜山浙营分汛迭守。天启二年六月，汛兵撤回，派附近居民把守。而责守不严，去住不以其时，其黠者往往藉兵为寇。至天启六年，而寇盗之猖獗极矣。知县朱始建议详行，拨南诏所军五十名汛守半沙、古林，相见岭深、田铺等处。崇祯八年，所军停止，知县王又就近村拨乡兵轮守，日差快手二名，执循环二面，巡视督守。今复自大兴至云霄，仍调铜山浙营兵一百名汛守，道路渐清。乡兵、营兵之防守，其得失利害，盖可睹矣。

关隘

南诏把截所（在三都）、陈平渡把截所（二所，国初建置，拨漳州卫铜山所军守把，今俱废）、分水关（即漳、潮巡检司）、古关、半沙关（俱在四都，原有兵十名把守）、老虎关、窟龙关、关砂岭隘、牛掌隘（以上俱在二都，与饶平界，三饶反时轮兵把守）、龙过冈隘（亦在二都，与平和界）、瑠岭、竹西岭（俱在三都，潮寇流劫，海寇登陆，俱拨附近乡民及营所军兵于此防守）。

城堡

金石巡检司城（在五都，城围一百一十五丈，广九尺，高一丈五尺，东西南三门）、**洪淡巡检司城**（在五都，城围一百一十丈，广八尺，高一丈五尺，东西二门。二司俱洪武二十年周德兴创筑，城系土围，岁久渐圮）、**漳潮巡检司城**（在三都，元设于南靖埔平定南寨后，改设五都，是为东沈赤山巡检司。洪武二十年，改设于此，建置石城。天启间，知县周立改筑新城于其南，未成而辍。城无居民，亦无廨署，本司侨居，县治觉察，最为不便。此司实漳、潮接壤要区，盗贼荆棘，不可不经理）、**南陂土堡**（在二都）、**岑头土堡**、**宝桥土堡**（正德三年筑）、**甲洲土堡**（嘉靖二十五年筑）、**溪南土堡**、**仙塘土堡**、**咸英土堡**、**仕渡土堡**（俱在二都）、**象鼻土堡**（距县治五里，乃水口咽喉之处。嘉靖间，海寇吴平犯诏，堡长阮仕笃等率其族拒守，与贼持三日夜，贼不能取胜，乃解去，诏赖以安。天启、崇祯之间，海寇复至本县，栅木于堡下之江以御贼舟，征军兵守御于此）、**上湖土堡**（嘉靖二十四年筑）、**梅州土堡**（正德三年筑）、**后沟土堡**、**马厝城堡**（俱在四都）、**张塘土堡**（在五都）、**川陵土堡**（同知罗青霄建，俱五都）。

险扼

葵冈山（在县东四十五里，跨于深田铺，上下两山相峙，号相见岭，有古关隘，叠石为之。宋为沿海道巡海所，近以上湖、海州、后沟诸村，豪黠劫掠，拨浙兵守之。距五里馀而至大兴公馆，乃诏安、云霄孔道之中。天启丁卯年间，郡守余姚施公准六都保约呈请，设乡兵六十名，把总一员领之。孔道防守驻大兴公馆）。**乌山**（在县北三十里，一路通平和，由笼盛石而进；一路通云霄，由水晶坪而进；一路通本县四都，由马洋、长田径而进；一路通本县三都，由溪东、龙冲而进，皆丛山幽谷。天启癸亥间，沈金目等聚巢为寇，旬日之间骚动县治，然多是近村奸民影附出劫。官军灼知其情，密拘附近居民以为乡导，侦其粮尽复出，伏其归路而扼之。百户易弥光冒险深入，荡其巢穴。北蓟、马头诸乡民翼以长戟劲弩，遂尽歼之。此山乃诸方奸民啸伏之处，不可不料理也）。**十八洞**（即檬仔林山，在县北五十里。从乌山入，山势巃嵸，崖石森列，有石屋数十处，可容百余人。嘉靖间，山寇出没，进士蔡一楠被掳在此，官兵莫何，旋乃散去。天启二三年间，乌山贼起，营此以为别窟，官兵剿之底定。今寇盗虽息，而奸慝尚薮。一旦窃发，往事可为明鉴，识者且有隐忧矣）。**六洞**（在县西北六十里，联接金溪诸山，旧有银矿。奸民藉官射利，往往生事呈采。正德初，浦令胥文相奏罢之，堙塞已久。万历年间，奉勘合开采，陵谷为墟，商贾杂遝，豪民假虎，鸱张更甚，二都之民，岌岌惊变。幸内旨停革，民乃安堵。今洞已封闭，仍以南诏所千户一员更番守之，然盗矿如故。异时开采薮聚，能免绿林之啸哉）。**白叶洞**（在县西六十里诏安、饶平接壤之区，丛山峻崖，贼倚为巢。嘉靖二十七年，剧寇陈莹玉、刘文养出没潮、汀之间。南赣军门檄平和知县谢德明，率典史黄瑜与诏安典史陆铗以象湖小篆乡兵征剿平之。议改置五都洪淡司于此，而村落稀远，难于屯扎，因置营房，拨军轮守。今营地被居民侵占，应查）。**河灶径**（在县西八十里，峻崖深谷，鸟道崎岖，乃二都来县孔道之中，又饶平、平和商旅之路。此径有别途通南坑社、白叶洞、挟子崎等处，盗贼出没。往年陈莹玉、刘文养等搆乱白叶，此其门户，近多伏莽。宜就径中择其稍平衍者建铺一区，拨兵轮守。未至此径三十里是谓半皮径，逾此径二十里是谓五通宫，饶贼张琏僭号时，攻掠漳郡，皆此经过。今已拨南诏所军轮守矣）。**安边馆**（在四都之梅岭，原设机兵二十四名、小甲一名，置捕盗主簿屯驻防卫。嘉靖甲子间，吴平结巢于此，都督戚继光追逐，远遁，歼其余党，筑为京观，为一方要害也。后因南澳设镇分游，乃撤捕厅，移建县西）。走马溪（在五都海滨，内有东澳，为海口藏风之处。凡寇船往来，俱泊于此。嘉靖间，给事中杜汝祯、参政曹亨、副使方任等相视，镌"天视海防"四字于石，未及经理。亦一方之要害也）。

墩台

墩台即古之斥堠也。国初，沿海地方度地里之远近，置为墩台，拨军守望。贼至，烽火为号，以便防御。诏安墩台（旧志载梅岭、洪淡、古楼山三座。嘉靖二十八年，抚院檄知县李尚理修之，今只有二座：一在洋林，乃玄钟对峙，原属玄钟所，嘉靖四十二年，倭陷玄钟，官军伤残稀弱，移寄南诏所，今属南诏所；一在洋尾墩，万历二年，知县詹立添设）。玄钟墩台（旧志载南山、东山、盐仓、东湾、黄崎、澌山、洋林七座，今只有四座：曰南山，曰东湾，曰黄崎，曰盐仓。崇祯二年，巡海道已议，撤东山、澌山二座，而洋林一座移寄南诏所矣）。

南澳游兵

寨游之设，古未有也。洪武二十年，为闽海防倭至计，遣信国公汤和、江夏侯周德兴分行海上，置水寨三：曰烽火，曰南日，曰浯屿；置游营三：曰海坛，曰浯铜，曰玄钟，岁拨卫军操驾巡哨，选各卫指挥才能出众者，充把总领之。弘治间，海宇晏清，倭不为患，民狃承平，寨游俱废。嘉靖四十二年，倭寇交讧，督抚谭纶、巡按李邦珍、总兵戚继光奏复寨游。寨以钦依把总领之，游以名色把总领之，玄钟游听铜山寨节制。万历四年，巡抚刘尧诲建议，改玄钟游为南澳游，题授钦依把总，视都指挥以重其权，听漳、潮副总兵统辖调度。澳之东南属游哨守，澳之西北属广东柘林寨哨守，专治水兵。非汛期月团，则泊游澳，轮番出哨；汛期，则分布防守。原额福哨冬鸟船四十只，官兵一千八百三十五员名。自万历二十四年至天启二年，陆续裁减外，尚存冬鸟船三十四只，官兵八百七十四员名，遇汛贴驾征操军四百二十名。自天启末年、崇祯初年，船被海寇杨六、周三、钟斌、刘香等相继焚毁，不复造偿。崇祯六七年，只得奉文裁减二十四只，惟余十只。十年八月，又减二只，只存八只。因饷诎，只定哨官四名，捕盗十名，共官兵七百二十一员名，每月支粮银七百六十四两七钱，岁支银九千一百七十六两四钱。其贴驾镇海卫、陆鳌、铜山、玄钟三所，征操军四百二十名，俱停止不调。

本游汛地

汛有春、冬二期：春以清明前起，计三个月而撤；冬以霜降后起，计两个月而撤。期至，则整搠舟师，听漳、潮副总兵与漳南分守道、海防馆督发汛地，四哨轮守：一哨守云盖寺等处，一哨守青澳等处，一哨守娘宫前走马溪等处，一哨守胜澳及前浯等处。各有会哨，上自胜澳以至娘宫前二哨兵船，赍筹簿与铜山水寨会，下至青澳以及云盖寺二哨兵船，赍筹簿与广东柘林防倭兵船会。瞭望鲸氛，剿捕倭寇。自汛守不严，寇盗无警，海上脊脊多事矣！

一、胜澳。在唧石湾之海口，相去里余，有水源一处。无论发汛、收汛，兵船俱扎于此。可泊东北风船五六十只，内通诏安，外通大海及前浯、礁屿、云霄等处。小寇屡屡窃发，去娘宫前约水程五十里，信地次冲，一哨兵船防守。

一、娘宫。前可泊东北风兵船四五十只。一面汪洋，一面大山，山有水源一处，倭寇取汲于此。上至铜山、鲎壳澳，约水程三十余里。信地极冲，一哨兵船防守。

一、青澳。在南澳之外，内有大湾，可泊西南风船数只。其地浅狭，出入取水甚难。东有墩台，拨兵瞭守。其地居民数百家，田园数百亩，外有小屿三里至九归澳，九归澳五里至金较椅。信地次冲，一哨兵船防守。

一、云盖寺。在南澳山之东南，可泊西北风船五六十只。其地出有水源，二穴相联，倭寇常汲于此。旧有三宝寺，时有云气遮盖，故以得名，不知建自何代，废址犹存。信地极冲，一哨兵船防守。

以上汛地，俱属本游哨守，此外又有彭山与南澳相对，西至云盖寺，约四五十里，北至胜澳，约百余里，顺风一潮可到。其山有三：曰南彭，曰中彭，曰北彭。三山列峙海中，周围各一里许。又一小岛曰北尖尾，四面皆危石暗礁，可寄泊，不可久住。中彭上有泉，海舶过者必取汲于此。其下即黑水外洋，乃商渔同集，夷船必由之处。原设远哨官一员，驾船往来防守，以饷诎议裁。

按海上防守，莫急于船，而所造战船大号者，官给五六百金，其次亦三四百金。每岁收葺，一船且数十金，然皆侵欺隐匿，苟且答应。防海使者岁一阅视，只坏船而饰以新灰，望之若新整，即之实破溃，故其船只可泊港，不堪征战。贼人目官舰为草坪，谓其冲之则立散，燎之则速烬也。诸将领亦利船之速坏，冀其新造，可以滥支。崇祯元年以来，海氛屡煽，焚毁殆尽，当事者不敢建议更造，只饰议裁减，并其所谓草坪者而尽去之矣。原额四十只，今只八只，猝有叵测，如杨六、刘香之猖獗，不知能以桴筏御海否也？东南半壁，未得高枕而卧矣！

南澳副总兵

南澳在闽广之交，去玄钟水口约三十余里。洪武间，居民负险作乱，遂为贼薮。其澳周围百余里，有青澳、后泽，夷船多泊于此。而深澳尤险，小舟须鱼贯而入，官兵攻剿，势甚制肘。嘉靖间，潮州府用木石填塞澳口。未几，倭人用善水者捞起木石，澳口复通。四十年间，剧贼许朝光、曾一本、林道乾、吴平等聚巢出没，荼毒生灵，至合两省会剿始平。然余党虽散，尚为贼窝。万历四年，漳州海防同知罗（讳拱辰），相视其地，议设参将一员，统兵屯扎。筑城三座：一在深水澳，一在云盖寺，一在龙眼沙，互相联络。立墩台瞭望，调兵哨守。有田三处，约五万亩，召军民给牛耕种，可以扼寇盗之险，而免输将之劳，计划甚周。自后题设协守漳、潮副总兵，专驻此地，无事坐镇弹压，有警督兵穷追，兼制两省，事权归一，海上一重镇也。所辖南澳游兵、柘林守备二寨，防倭中哨二游。福、广二营陆兵，标下额设中军、把总、旗牌、掌号、哨探、队目、兵丁、塘健共一百四十一员名。

铜山浙营（虽属铜山，而汛守地方，俱在诏安，故并志之）

浙营距铜山城里许，万历元年，为沿边海警而设。官兵原额裁减外，《壬子志》记存四百五十员名，平时则团练弹压，自铜山以至玄钟、诏安等，沿海油柑岭、凤山、古林等处孔道皆其哨守。有事则专听调度，随贼所向，相机征剿。

兵事

国朝正统十四年，邓茂七作乱，寇汀、漳间。漳寇乘之，攻围南诏城八阅月。耆民涂膺、许尚端等计御之。

嘉靖二十五年，白叶洞贼陈莹玉、刘文养等据洞反。南赣军门檄平和知县谢明德、典史黄瑜、诏安典史陆鈇等，以象湖小篆乡兵讨平之。三十五年，有倭冠自漳浦地方登岸，屯住诏安及六都后江头土城，焚掠无计。漳倭患自此始。三十六年十二月，有倭船泊于浯屿，寻去潮州澄海界登岸，袭陷黄岗土城，劫掠诏安地方。三十七年三月，有倭寇数百人自潮州突至三都径尾村屯聚，杀伤男妇二十一人。本年五月，倭劫五都东坑口土楼，杀掠男妇五十余口。十二月，倭由四都至县治四关外，烧毁房屋二百余间，杀死男妇一百余口，又连劫港西土楼，杀掠五十余口。本年，百户邓继忠督兵与倭遇于深田隘，擒其从陈来成等四人，斩真倭首级二颗。三十八年二月，倭寇数千自潮州来，屯住西潭村，烧毁房屋一百五十七间，掳掠男妇九十口，杀死四十三人，又攻破岑头土围，烧屋杀人无计。三十九年六月，三都溪东村顽民钟宗桓等为乱，逼攻县治。知县龚有成扑灭之。本年九月内，饶寇陷二都赤岭寨，烧屋杀人不计。本月，又攻大布寨（饶寇，即张琏也）。四十年二月，饶寇突至县北门外，掳掠男妇以去。后总兵俞大猷督师剿捕，副千户许瀚阵斩其伪将占总兵等，贼锋披靡。瀚论功，升钦依铜山寨把总。本月，倭寇屯住溪东村，突至西关外，烧屋杀人。三月，倭寇数千，屯住三都土桥等处。知县龚有成召民兵与战，被杀死六十余人。自三月至五月，扎住东关外，分夥焚劫。本年十月，倭屯下美村，围后溪寨，知县龚有成发鸟铳手助之，死守二十日，围解。四十一年六月，海寇许朝光犯玄钟所。本年十月，倭寇数千攻围本县木栅，知县龚有成御退之。本月二十二日，海贼吴平引倭贼袭陷玄钟所城，百户罗伦等被执，千户周华死之。四十二年，海寇许朝光自铜山登岸，攻围畲安土堡，杀掳六百余人。四十三年，倭突劫点灯山、白叶洞等处，百户邓继忠讨之，擒其倭呿吱咾、咤咾等。又有流倭突至金溪、东、西沈等地方，千户张凤廷督兵剿御，同梁知县家丁梁锡等擒其真倭四人、通事一人，又斩倭贼首级四颗。本年五月，贼吴平假以招抚为名，入据梅岭堡，劫掠各村，拆毁房屋数百间，载回梅岭，构为贼巢。四十四年，吴平谋入梅州土围，劫掠一空。五月，攻破厚广上围。六月内，吴平贼数千围攻县城，烧毁木栅及西关外房屋。知县梁士楚御退之。（本年，巡抚汪道昆决策，命戚继光讨吴平。旬日，贼缚其枭党陈进卿献于师，诸军夜从间道夹进，大破之。贼遁入南澳，继光追击之，俘斩万五千人。贼首吴平潜遁，都司傅应嘉、把总许瀚等，率舟师追至交趾洋而还。）四十五年三月，吴平夥党林道乾等船五十余只，自走马溪登岸，攻陷五都山南村土围，又攻厩下村土围，焚杀不计。本年，吴平夥党曾一本等船百余只，自泊浦澳登岸，劫掳港口等村。

隆庆二年九月，曾一本夥贼劫掠饶平、诏安县境，副总兵张元勋领兵由陆路截杀于盐埕，斩首三百余级，又大败曾一本于大牙澳，斩首三百余级。三年五月内，曾一本诱倭千余，泊船于云盖寺、柘林等澳，闽、广军门会兵船剿灭之。五年六月，广贼杨老等大船三十余只来泊南澳。月余，谋犯闽地，佥事梁士楚督同海防同知罗拱辰统发兵船追杀之。

万历三十二年，海贼周四老猖獗，知县黎天祚擒其二魁，缢杀于城上以徇，贼平。四十六年，海贼袁八老大船数十只，沿劫诏安海滨地方，后招抚之。

天启四年，贼首麦有章、沈金目等在于乌山、橡仔林等处聚党结巢穴，流劫各村堡，夜至县城外焚掠。不数月，百户易弥光率官军协同乡民讨平之。六年，海寇杨六、杨七等船百余艘直至玄钟、胜澳、卸石湾等处，烧兵船二十余只，仍登岸焚毁居民房屋店舍四十余间，沿劫海宾地方，杀戮无计。

崇祯元年五月初三日，海贼周三老驾船百余只，泊卸石湾港内，登岸焚屋六十余间，杀伤二十余人，掳去十余人，拥贼众直抵玄钟所北城下呐喊。城上矢炮交下，及乡兵设伏合攻，乃退。本年，有贼数十人驾小艇，直至城外东溪劫掳，人人莫敢敌，后自退去。本年五月初七、初八两日，周三老贼船奄至内港象头、仙塘、东崎头、西崎头等处，焚掠甚惨。西崎头土城内人遁去，仅存十四人，贼尽屠之。六年，海贼刘香有船千余艘，沿劫诏安、玄钟各处，杀戮无计。本年十月初十夜，刘香驾船二百余只，泊卸石湾登岸，焚屋三十余间，拥至玄钟北城下，城上射却之。七年，有红毛番船泊铜山及五都地方，焚杀甚惨，后被官兵纵火焚之，船毁被掳，夷无一人还者。

剧贼吴平，四都人，为人短小精悍，有智略。为儿，与群儿牧，即部署诸将，号令皆如法，群儿已畏服之，往往多奇异。已为人家奴，厌之，去为盗，盗掠其主人。德主人翁，善遇之。其主母尝苦平，平令贼以壶水系其两乳，令裸身磨米，身动则壶水摇，以此为乐。平既为盗，不肯居人下。先后巨贼，如许朝光、林道乾、曾一本等皆骁勇，胆力过人，然必推平，平亦偃然居群贼上。戚南塘号名将，犹惮平。平所设奇，皆与相当，号为劲敌。此其英雄必有大过人者。平败，遁南澳，料大师且追之，与其徒百余人驾小舟遁去。舟用短桡，如今俗名鲎脚桡，百人齐荡，舟小力疾，虽淤泥浅水，其行如飞，平竟以此得脱。或言林道乾今王东南海岛中，平亦变姓名，浪游江湖间，皆不可知。然往有人亲见平鲜衣怒马，在京浙间为富商大贾。平已炙其面，面皆炙疮，人无有识者。后平又乘肩舆，过故友处，掘取金银诸宝物。后不知所之。

附注

注一：南靖、长泰、晋江。

注二：县西北一百八十里。

注三：《志》云，时军门阮鹗主和，分巡舒春芳与鹏举主剿，阮大怒，逮黎妻子于狱，杖杀其家丁四五人。

注四：《漳州志》：纲银即里甲。正德十五年，巡按御史沈灼议以丁四粮六，通融科派，分正、杂二纲。嘉靖四十四年，除正、杂二纲名色，止称纲银。纲银云者，若网在纲，一举而尽也。

注五：《漳州志》：正德十四年，御史沈灼行八分法，每丁石岁征银八分以充办料。隆庆五年，奉勘合，每丁石派银六分，续奉加派七分云。

注六：《通志》：初一、十六起子午。

注七：毕岭县西北九十里。

注八：通德县西北七十里。

注九：官田县北四十五里。

注十：《汀州志》：茂七，沙县人，巡按御史柴文显立为会长，因杀人，为县官所捕，遂率所部反（与此不同）。

注十一：十六都，县东一百六十里。

注十二：二十二都，县东八十里。

注十三：六都，县东五十里。

注十四：县南五十五里。

注十五：三十二都，县南四十五里。

注十六：二十九都，附郭，俗名东厢。

注十七：五十一都，县西北七十里。

注十八：九都，县西七九十里。

注十九：二十七都，县西北一百二十里。

注二十：十三都，县西一百六七十里。

注二十一：七都，县西六七十里。

注二十二：十二都，县西一百五十里。北一百。

注二十三：大都，县西一百三十里。

注二十四：九都，县西九十里。

注二十五：八都，县西北八十里。

注二十六：二十五都，县东北一百四十里。

注二十七：二十九都，县北一百里。

注二十八：二十四都，县东北一百二三十里。

注二十九：在城步，城步县西五里。

注三十：将溪，上保县东北二十五里，下保县东北三十里。

注三十一：福兴，下保县北二十五里。

注三十二：南会县西二十里。

注三十三：开善县南四十里。

注三十四：同上。

注三十五：仁寿县南四十里。

注三十六：瑞溪县西二十里。

注三十七：长兴县北十五里。

注三十八：安仁县北五十里。

注三十九：里心县西四十里。

注四十：新城县西六十里。

注四十一：周平县南四十里。

注四十二：都上县东南三十里。

注四十三：静安县北六十里。

注四十四：隆安县南六十里（一作西北八十里）。

注四十五：安吉县北六十里。

注四十六：永城县东四十里。

注四十七：桂羊县北七十里。

注四十八：宣河县西南一百四十里。

注四十九：山在县前五里。

注五十：胜运县南。

注五十一：溪南县南。

注五十二：古田县东。

注五十三：白砂县东。

注五十四：即石洞。

注五十五：南顺县南四十里。

注五十六：石城。

注五十七：北安县北六十里。

注五十八：河源县南八十里。

注五十九：表席县东南一百一十里。

注六十：姑田县东九十里。

注六十一：柳杨里县西四十里。

注六十二：据此南平、北安已入归化，则潭飞砌亦当入归化。

注六十三：本志埠。

注六十四：去府二十里。

注六十五：去府二十里。

注六十六：一都，州东十里。

注六十七：二、三都，州东十五里。

注六十八：五、六都，州东北六十里。

注六十九：七都，州东北七十里。

注七十：十都，州东北一百里。

注七十一：十一都，州东北一百一十里。

注七十二：十二都、十三都，州东一百二十里。

注七十三：十四都，州东一百四十里。

注七十四：十五都，州东一百五十里。

注七十五：十七都，州东一百五十里。

注七十六：二十都，州东北一百一十里。

注七十七：三十一都，州西北一百二十里。

注七十八：四十都，州南三十三里。

注七十九：四十一都，州南四十一里。

注八十：四十二都，州南三十五里。

注八十一：四十三都，州南五十五里。

注八十二：四十四、五都，州西南五十五里。

注八十三：四十六、七都，州南四十五里。

注八十四：四十八都，州南七十里。

注八十五：五十一都，州南一百里。

注八十六：五十三都，州南一百里。

注八十七：二都，县东五里。

注八十八：八都，州东北八十里。

注八十九：五十二都，州南七十五里。

注九十：十八都，州东一百六十里。

注九十一：《漳州志》：夫天地间惟一气平，海潮者，地之喘息。《记》云：卯酉之月，气以交而丰，朔望之日，气以变而盛，故潮独大。此以余月余日论也。周翠渠云，海居地上，地有俯仰，潮因有往来。气升于北，则北盈而南虚，地必南俯，故潮皆南趋；气升于南，则南盈而北虚，地必北俯，故潮皆北趋。此以地乘气，潮因地论也。惟俯仰之形与喘息之义，略有异矣。月临于午为长之极，历未及申酉，则极消。月临于子为长之极，历丑及寅卯，则极消，此以太阴之天盘论也。若每日之子午亦有潮退，每日之卯酉亦有潮至，至于八时皆然，昼刻不见太阴，安得复论“天盘”乎？余安道云，海之极远者，其得气尤专，故潮亦因之。东海、南海，其候各有远近之殊，岂非方之不同而气有独盛欤？若昼潮大于春夏，夜潮大于秋冬，潮之极涨，常在春秋之中，涛之极大，常在朔望之候，则天地之常数通四海皆然者。至如墟海之半月东流、半月西流，桂林之子时潮上，午时潮落，纪传两载各殊，不敢为之臆说。

注九十二：《通志》：初一、十六起已亥。

注九十三：至万历二十年，海上有警，院道又议添新浙兵一营，亦题设把总一员，哨官四员，以旧营见在者，就中裒益，每营各额定五百七十五名。至万历三十三年，以饷诎裁减，每营官兵定以四百五十员名为率，内把总一员，哨官四员，哨长、高招一十七名，队长、书记四十九名，把总、家丁二名，健步二名，四哨官、家丁、健步各一名，兵夫杂流三百四十七名；每营每月约支粮银四百六十两有奇，俱派在本府七县征给。至于春冬二汛，旧营分兵二哨守料罗，一哨守安海，一哨守围头，兼顾福全，一哨守府城。近议以安海为泉郡门户，奸盗出没之薮，题设专官驻镇其地，防守宜亟。而围头尚在福全内地，且有浯屿寨右哨兵船在围头洋，捍卫于海，兼有巡司福全所，犄角于陆，议将围头一哨陆兵掣撤，添守安海。其新营，二哨守崇武，一哨守永宁沙堤，一哨扎守府城。

注九十四：闻之故老，当移驻盐运分司时，主者意诸商，资累巨万，若徽贾然，已廉知为市井佣，分司者大诟恚，已而南路盐竟罢榷。

注九十五：贩东洋船照西洋丈尺税，则量抽十分之七。贩万索照西洋丈尺税，则量抽十分之四，后改十分之二。一丈五尺以下者，止抽十分之一。

注九十六：米粟果。红毛番本名米粟果，佛郎机与国也。其国当中国之背，晨昏昼夜皆相反，去此四万余里。由西洋来者，转大浪山，大险远；由东洋来者，至末利加国，半年程。更造舟，又逾半年程，至吕宋，或径达中国。末利加有石矶阻海，如南之万里石塘也。佛郎机于诸夷多所款服，又内据耆山，得中国贿帛，雄富诸番。米粟果性贼嫉，尚仇杀，海外夷与佛郎机俱畏之。常至中国，望南澳、广东，及掠岛屿人为向导，俱不得达。万历癸卯，泊下港，劫舟商，投译书两台内监。五月，自泊舟彭湖，求互市。内监遽上闻，愿征饷数十万。事下两台，力持为不可，亟命督府驱之。先遣檄与其酋，且侦舟。舟长五十丈，横广六七丈，五桅，上皆以铁为网，外漆打马油，其光可鉴。夷人皆深目长鼻，赤须朱发，长躯七八尺，能华言华字。读檄讫，投帽于地，恚曰："中国人疑我耳，我金钱满艘，岂遽去哉？"导檄者遍视舟，至中舱，奉天甚谨。又出一画轴，皆华人衣冠，与其酋像群坐，曰："此吾祖也，曾与中国人结兄弟，甚好，今乃相忘。"又至舵后观铜盘，略如中华罗经，大径数尺，译言"照海镜"，识此可海上不迷。又悬自鸣钟，日夜司更，不击自鸣。其舟内设三层，壮者居上，稚子居下，皆有家室。层设铳三十六枚，外向三层皆然，名"麦檖铳"。其中桅之下置大铳，长二丈，中虚如四尺车轮，云发此可洞裂石城，震数十里。"中国人逼我时，烈此自沈耳，不愿为虏也。"其言语桀黠，多类此。往复数次，竟欲求彭湖为香山，且中有主之者也。已闻舟师大集，有献火舟策者。十一月，乃徙去。然海上奸民私贸易，夷已梱载归矣。

注九十七：十一都，府南二十里。

注九十八：二十一都，府南二十里。《省志》一十里。

注九十九：二十五都，府西北二百里。

注一百：二十六都，府东一十五里。

注百一：二十八都，府东四十里。

注百二：二十九、三十都，府东六十里。

注百三：六都，县西南七十里。

注百四：十七都，县东五十里。

注百五：七都，县东南三十里。

注百六：八都，县南四十里。

注百七：九都，县南五十里。

注百八：十都，县南五十里。

注百九：二十三都，县东一百里。

注百十：二十八都，县北一百里。

注百十一：方成县东九里。

注百十二：歙化县东南十里。

注百十三：清宁县东北。

注百十四：三都，在县西二十里。

注百十五：四都，县东四十里。

注百十六：二都，县西一百二十里。

天下郡國利病書（三）

〔清〕顾炎武 著

全本点校

团结出版社

图书在版编目(CIP)数据

天下郡国利病书 / (清) 顾炎武著. -- 北京 : 团结出版社, 2024.3

ISBN 978-7-5234-0254-2

Ⅰ. ①天… Ⅱ. ①顾… Ⅲ. ①中国—地方志—明代 Ⅳ. ①K290.48

中国国家版本馆CIP数据核字(2023)第127426号

出版: 团结出版社

(北京市东城区东皇城根南街84号 邮编: 100006)

电话: (010) 65228880 65244790 (传真)

网址: www.tjpress.com

Email: 65244790@163.com

经销: 全国新华书店

印刷: 北京印匠彩色印刷有限公司

开本: 145×210 1/32

印张: 106.5

字数: 2389千字

版次: 2024年3月 第1版

印次: 2024年3月 第1次印刷

书号: 978-7-5234-0254-2

定价: 680.00元 (全五册)

目录

山东备录下

《东昌府志》

《田赋论》

余尝遍问南北田赋，官莫病于诡没多端，民莫苦于兼并无厌。之二者，江南滋甚。吾郡无深山大泽之专殖，又鲜强宗巨室之奸法，独里胥狐伏鼠没其中，一强察长吏，履亩按图，旬日可清理，情伪易睹也。令所患，患弗均耳。夫州县有冲僻，提封有广狭，土壤有沃瘠，赋上下错出其间，郡至嘉、隆之际，阖境疲累，俗所称“金濮银范”者，今靡敝不昔若矣。濮故河壖弃地，岁穰亩收一钟，犹不失为乐土。馆陶、博平地僻，民勤稼穑，善营殖。恩县、武城、舟车之会，田平衍，人仅足自给。堂邑、朝城、莘县、冠县、夏津、地肥硗相间，赋不甚上下，独聊城以附郭，故称困。丘县古名斥丘，以地多斥卤，风景萧然，清平飞沙澶漫，邑迤西北，民饶桑麻之利。最下为高唐，弥望瓯脱，土旷人稀，茌平地薄，当午冲、观城蕞尔之区，如蜗濡不能自润。此一州两邑者，赋等兄弟之国，犹病不任，按籍相提，岁征且过之，譬如满堂欢笑，一夫向隅。彼借推代之说，讼牍呶呶，事远难稽，为民上者，奈何不剂量其轻重而裒益之？又各州县步尺参差，大小亩悬殊，规画不一，人得以意长短广狭，其间建步立亩之法可讲也。

《户役论》

条编法，《兖州志》论之晰矣，大概谓便不便埒。要以国家三等九则之制，规画较然，不欲使二百年成法，夺于新议耳。夫因时之弊以立法，因法之弊以救时。正德前，民朴，畏法自重，差役稀少，有司第其赀产登降之，旬日立办。嘉靖间，赋役横出，门户稍上，破产相寻，于是黠者工其术于诡寄析分，饶者恣其费于结纳请托，每至审编，弊端如牛毛茧丝，虽廉令察宰不能根究窟穴。豪吏猾胥，播弄上下，浆酒藿肉，其门如市。柳子厚所谓“富户操其赢以市于吏，有富之实，无富之名；贫者无资以求于吏，有贫之实，无贫之名，州县皆然。”万历十五年，条编法行，吏无巧法，民鲜危役，阖境帖然，如就衽席。近议有便有不便者，夫条编非尽便也，相提而论，便多于不便也。世所称不便者，大概谓贾贩得脱免，是为利末而病农；门丁不加征，是为幸富而祸贫。夫丁银所出几何，土人列肆，可屈指数也。临清多大贾，业征房号钱，且其人皆侨居，不领于有司之版籍。独云田无等差，斥卤茅沙与平皋腴壤，按亩科征，诚非鸬鸠之平耳。顾往日所称便者，今亦不便，何也？夫革大户，便也。柜头易名，犹大户也。如兑军存留临清仓，赔累如故，是移大户之累于柜头也。里甲并入均徭，便也。闻各州邑当甲供亿如故，是重费也，无岁不里甲也。头役不赔，群户不扰，便也。严期征输，举贷子钱，往还城市，苦加秤头，孰与各役打讨，随家所有给之之为两利也。夫此三者，非条编之害也，不善行条编者也。语曰：“有治人，无治法”，今郡属已条编矣，诚不必更弦而治，使司牧者捡勘沙碱薄田差次折征，而又裁里甲之费恤柜头之苦，严令平秤，无借火耗之名以加铢两于百姓，则条编非祖宗法也，将不得为救时之法乎哉？（《高唐州志》，乡为土民，屯为迁民。迁民者，洪武二十四五年，迁南人填实高唐，遂以旷地给之，初制然也。今编各乡皆为土著，而无复乡屯之辨矣。）

《河渠考》

元初粮运，自浙西入江淮，溯黄河至中滦，陆运至淇门，由御河舟达于燕。世祖至元二十年，以江淮水运不通，命兵部尚书奥鲁赤等，自任城穿渠，导洸汶、泗水北流，至须城、安山，入清济故渎，经东阿，至利津河入海。后海口沙壅，又从东阿陆转二百里，抵临清，下御漳。以道经茌平，夏秋霖潦，转输艰阻，二十六年，用寿张尹韩仲晖、太医令史边源言，复自安山西南开渠，由寿张西北过东昌，又西北至临清，凡二百五十里，引汶绝济，直属御漳，建闸节水，名会通河。国朝洪武二十四年，河决原武黑阳山，由旧曹州郓城西河口，漫安山湖，而会通河塞。永乐九年，以陆运劳费不赀，由济宁州同知潘叔正言，遣工部尚书宋礼等，发山东丁夫十六万余人，疏浚元会通河故道，自济宁至临清三百八十五里；又筑坝戴村，遏汶水分流南旺，北达临清，会通河始复。正统十三年，河决荥阳，自开封北经曹濮，趋漕，决沙湾东堤入海。景泰四年，左佥都御史徐有贞奉命往治，浚广运渠，起张秋金堤，达于大潴，逾范暨濮，上设九堰，建泄水诸闸于东昌、龙湾等处，以宣其流，而沙湾塞。至弘治六年，都御史刘大夏筑堤黄陵冈，由是河南徙，始不病漕。卫河，即御河也。始隋炀帝导卫辉百门泉，东北引淇、滏、漳、洹之水，御以巡幸，赐名御河。卫流湍悍，益以汶，七八月间，洪涛峻泻，水势冲激，数败舟。弘治三年，侍郎白昂出治河，建临清东闸。正德间，都御史刘恺建南版、新开二闸，以后岁遣都水司主事一员治河。嘉靖七年，主事郑允璋奏革闸务，并隶砖厂，营缮司河道改属张秋都水司。三十一年，大水，卫河决，工部员外郎周思兼督众筑塞。隆庆三年，总理河道都御史翁大立檄州县各裁闸坝夫役无事之食者，改编银差，贮府备用，津老罢弗设。万历十九年，漕流艰涩，工科都给事中常居敬行河，疏请府北二十五里增建永通闸一。自会通河开，迄今二百余年，决塞不常，前后治河诸臣，经营无遗力，境内诸役以间征调徐兖挑筑，岁食不足，百姓私益其直，濒河诸州邑困甚。河道经由凡一州七县。

聊城县 河之东岸南自本县之皮家塞，北至博平之梭堤六十里；西岸北自堂邑之梁家乡，南至阳谷之官窑口六十五里，置浅铺二十有三（北坝口浅、徐家口浅、柳行口浅、房家口浅、吕家湾浅、龙湾浅、宋家口浅、破闸口浅、林家口浅、于家口浅、周家店浅、北坝口浅、稍张闸浅、柳行口浅、白庙儿浅、双堤浅、裴家口浅、方家口浅、李家口浅、米家口浅、耿家口浅、蔡家口浅、官窑口浅，二十三铺浅夫七十人）。置闸四：周家店闸（南接阳谷之七级下闸十二里，闸官一员、夫三十人）、李海务闸（南至周家店闸十二里，夫三十人）、通济桥闸（南至李海务闸二十里，闸官一员、夫四十人）、永通闸（南至通济桥闸二十五里，闸官一员、夫三十人）。官窑等处减水闸五。

博平县 河之东岸，北自清平界，南至博平之梭堤三十七里；西岸，北自清平之丁家口，南至魏家湾四十里，置浅铺六（朱家湾浅、减水闸浅、老堤头浅、袁家湾浅、朱家屯浅、梭堤浅）。老堤头北减水闸一。

堂邑县 河之西岸，北自清平之魏家湾，南至聊城之吕家湾三十五里，置浅铺七（涵谷洞浅、新口浅、土桥浅、中闸口浅，马家湾浅，北梁家乡浅、南梁家乡浅）。置闸二：梁家乡闸（南接聊城之通济闸三十里，闸官一员、夫三十人）。土桥闸（成化十二年建，南至梁家乡闸十五里，夫三十人）。土城中减水闸二。

清平县 河之东岸，北自潘官屯，南至博平之减水闸三十九里；西岸，北自临清之潘家桥，南至堂邑之涵谷洞三十三里，置浅铺九（潘家浅、张家浅、左家浅、李家浅、丁家浅、赵家浅、戴家湾浅、十里井浅、魏家湾浅，铺夫四十五人、捞浅夫六十六人）。置闸一：戴家湾闸（南接堂邑土桥闸四十八里，闸官一员，夫三十人）。魏家湾李家口减水闸二。

临清州 会通河之东岸，赵货郎口，南至板桥三十四里；西岸，北自临清之二哥营，南至板桥三十一里。汶河北岸，板闸河东至潘家桥二十里；南岸，板桥东至赵家口二十三里，置浅铺十九（破牍口浅、沙湾浅、潘家屯浅、潘家桥浅、北土门浅、郭家庄浅、上口厂浅、王家浅、丁家马头浅、陈家庄浅、白庙浅、夏仗柳浅、赵家口浅、孟家口浅、罗家圈浅、吊马桥浅、尖冢浅、房村厂浅、撞圈浅，浅夫一百七十一人）。置闸二：新开上闸（南接清平之戴家湾闸三十里，闸官一员、夫八十四人、溜夫四十人）。南极闸（南至新开上闸五里四十八步，夫四十人、溜夫一百十五人）。

夏津县 卫河之东岸，自桑园南至临清之赵货郎口四十六里；西岸，北自武城之刘家道口，南至清河之渡口七里，置浅铺八（横河口浅、大口子浅、小口子浅、郝家圈浅、草庙儿浅、新开口浅、裴家圈浅、赵货郎口浅，浅夫八十人）。

武城县 卫河东一里，始恩县之白马庙，南至夏津之桑园一百四十四里；西岸，始故城之郑家口，南至夏津之王家庄一百一十四里，置浅铺二十九（桑园浅、商家浅、徐家道浅、白龙头浅、白家圈浅、大龙头浅、湾头浅、柳林浅、大还河浅、高家圈浅、耿家林浅、陈家林浅、何家堤浅、半边店浅、丁家道浅、陈家桥浅、方浅、刘家道浅、侯家道浅、周家道浅西关浅、南调嘴浅、北调嘴浅、绝河头浅、小流浅、孟家庄浅、王家庄浅、张家庄浅、果子口浅，浅夫一百五十一人）。

恩县　卫河之东岸，自四女树至武城之白马庙七十里，置浅铺七（白马庙浅、高师姑浅、滕家口浅、四龙浅、八里堂浅、新开口浅、曹家口浅，浅夫七十八、捞浅夫二十八人）。

《临清志》

国家漕运之渠，其大派北惟黄河，南惟大江。帝都始创大江之东，继据黄河之北，适二流会极入海之地，故曰天下之水，涓滴皆漕。吾州又汶、卫二流之中会，故曰第一津。汶流者，会通河也。元至元间，自安民山开渠，导汶绝济，直抵临清，建闸三十有一，度地高下远近，以节蓄泄。永乐九年，用济宁同知潘叔正议，命尚书宋礼、都督周长，发山东丁夫六十万五千，浚而通之，以罢海运者也。卫流者，永济渠也。始隋炀帝导卫辉苏门山百门泉，东北引淇、淦、潼、洹之水为大河，御以巡幸，赐名御河（或曰，汉屯氏河即此），流八百里为元城，又百五十里入临清，会汶水以达京师者也。二水各能为利害。初会通入卫，自吾州北河也，中缩而尾回，数坏舟，乃凿南河；南河值涨，则势若建瓴，或卫之降流，滚沙以塞涸，则闭闸蓄水，百夫挽进，日不数船。卫水既湍悍，而南河近复增入，七八月之间，洪涛奔驶，堤下处一啮，而衍漫常数百顷，土人谓之决口子。

既漂民室庐，没禾稼，漕艘力不支；或流入则数百之众水牵浃旬不可出。嘉靖壬子，大水，工部员外郎周思兼杀牲为文，与河伯誓，日三出浮小舠犯波涛间，身自罢之。而督塞逾急，至废寝食，郡尉治水弛，即市杖之，民急畚土，负薪以献。州南白庙口北八里圈，尤最决处，屡以身当水中，民固止之，曰："国计诚不损，又而等出水患，宁灾我躬不恤也。"民万人遮道，以首抢地。是岁河不决。

置牌四：曰会通，曰临清，皆胜国旧址。永乐九年，尚书宋礼复置（在汶北支，今废）；曰新开上，曰南版，永乐十五年，平江伯陈瑄创（在汶南支）。桥五：曰广济，兵备副使陈璧创；曰德绍，旧设，久废，工部员外郎封祖裔复造（在卫河）；曰弘济，都御史翁世资创（在汶河南支），三桥皆造舟也；曰永济，知县奚杰创，以木四十尺撑水中，上为大筏绝河，望之如飞虹，俗名天桥；曰通济，当汶水北泻处，初副使陈璧以造舟，嘉靖戊申，工部郎中严中、通判程鸣鹤议改石桥如闸制，水涨涸，以时蓄泻（在汶河北支）。浅铺十有九：破闸口、沙湾、潘官屯、潘家桥（在汶河）、北土门、郭家庄、上口厂、王家浅、丁家马头、陈家庄、白庙、夏枝柳、赵家口、孟家口、罗家圈、吊马桥、尖冢、房村厂撞圈（在卫河）。渡七：窑口、新开口、沙湾（在汶河）、长虹、通济、新开、真武庙（在卫河）。坝一，在中洲，元人设以掣船，国朝犹用之，正统间，工部樊郎中议罢。洲一，盖汶卫环流，其中有可居之地也。延袤二十里，财货聚焉。自胜国来，名之曰中洲。其东砌以石，如鳌头突出，筑观音阁其上，四闸建左右如足，广济桥尾其后，知州马纶题曰鳌头矶，俗谓之观音嘴。

职官

临清襟控江淮，形错畿甸，雄峙中原，乘其厄塞，故谋国者每有先事之图，文庄公丘浚谓京师四辅之一，布政使夏寅论天下之势，肃愍公于谦议林胡之侵，皆向意兹土，论说不置。故景皇帝来，因事制权，屡以文武重臣奉敕相临，顾事竣，多返去。又英皇帝出中官为镇守，为督饷，独更代数十年不绝。嘉靖己丑，文定公张孚敬亦疏而罢之。凡此皆非常设，要亦有事地方，志不可逸。今所存仓部、金部、缮部使者三，按察兵备副使一，则建台任事，与置守者并著令甲，因得详其名籍载于篇。户部督储主事，永乐间肇设，岁出主事一人，奉官符督理仓务。仓二：曰广积，曰临清。岁额河南开封、山东济南诸府米，又麦折米，约十一万石奇，以备漕米四百万之不足。初征本色，嘉靖末，以道远收折色招籴，近悉解赴太仓。二仓旧贮常百万，数年挖运借赈，存者什一矣。又仓一，曰常盈，岁额济南诸府麦米五万石奇，为临清州卫、任城卫俸，旗军孤老粮，旧属州，景泰间，军横不可制，因改隶焉。户部榷税主事，宣德十年，临清设关，以御史或郡佐辜榷，兼专职。正统、成化间，再罢。景泰、弘治初，再复，乃岁出主事一人，奉宫符莅之，督收船料商税之课。课无定额，大约岁至四万金。钞不盈百贯者，谓之小税，掌于税课局官，而以州印票防之。旧征钱钞如制，近参取折色，分季解京，以充内帑。嘉靖庚寅，以东昌府幕一人为监收官。工部营缮员外郎，永乐间设，初侍郎或郎中，后以主事，奉宫符督征山东、河南、直隶、河间诸府砖价，于临清建窑厂，岁额城砖百万。嘉靖五年，仁寿宫役，尚书赵璜请简命员外郎一人莅之，三岁一代。由是砖值改出部帑，而辟陶召商，视初加倍蓰矣。嘉靖七年，主事郑允璋奏汰都水分司，以漕闸之务兼隶焉。兵备副使，我国家设外台，曰按察使，又诸所要害，出使贰一人，提兵莅之，曰兵备，制也。临清既大城名都，而商贩之夫，日益屯聚，自都御史贾俊之去，舲辙之蝟集，奸宄之电掣，或时出意外。成化甲辰，始钦制关防，以副使潘瑄受简命分署，问理刑名，操练人马，协同抚按，控制一方。

兵防

古称帅师必有股肱羽翼以成威神，言将卒无相离也。故视地建牙，岂徒注官已哉！临清改卫，只以官迁，而卒若屯越在五百里外，即有于迈，夫谁与从？识者谓之无卫，非虚语也。尉缭子曰："建城称地，以城称人。"新城僻隅坤、巽，所谓大不可守也，平山卫接壤而近，移而实之，兵备副使齐公之鸾尝先事为图矣。如是，则退可以守，进可以战，以人称城，无亦古人之讦猷乎！

《武城县志》

甲马营驿递虽为所属，而两地策应，未尝少减。上官陆行者，夫马仆从，动以百数，里甲雇觅费用不赀，邑疲而地复冲，亦难乎其为民矣！至于均徭重难，益加呻吟之声，观其二年一差，已无息肩之日。门丁疲薄，而编差额数反倍。查得附近州县，门丁二银，与编差额数相当，倘有不足，每门丁银一两，加至八分，多至一二钱、三四钱而止。兹邑素称极累，门丁二银，不勾旧额编差，故有明加、暗加之数。东郡诸县编差加银之累，未有如武城者也。况此徭役之外，又有大户之差，养马之费，走递夫、修河脩城夫之增，虽癯翁孩童，有不免者，民何不幸而生兹邑也！平居无事，犹可苟且目前；万一边陲有警，或遇河决，四境尽为污池，惟有流移转徙，为盗偷生而已。

《朝城志》

夫建置岂独垣宇坛壝而已哉！备物致用，立成器以为天下利，是器亦有不可得而缺者矣。每台省按部一切兵用之器，皆僦于民家，且僦值常与器值倍，曾不信宿而其费动八千计，长吏往往有因而被黜者。然至今未之有改也，何欤？程子云："为政须有纲纪文章。"良有司苟不以赂计者，可不致意乎哉！

《青州府志叙》　知府王家宾

郡故有志十八卷，盖冯海浮先生同二三君子所纂录，而杜郡守思以钱比部有威成之。上下数千年，亦既条次有则。第壬戌以来，岁将周甲，而人事之纪阙如也。钟黄门龙源即旧例辑具大凡，不独五十余年间颟若列眉，而拳拳品隙，以衷于口不必然而心然者，斯亦黄门之蔚斑矣。志成而不佞方东，不遑授简，今且折肱于里，然无敢略方书不按也。乃稍稍披其大略而言曰：郡齐履也，即旧履不尽隶宇下，而间附以它属。美哉河山，亦海岱间一都会也。周之盛，胙大师以表东海，王室之不坏，系伯舅是赖。

洎小白以夷吾霸于鄄，而南遏楚，北伐山戎，中包诸宗侯，以外抚吴越，盖六乘三兵，王室复奠。当是时，供亿非乏，而节制之师，威天下有余力焉。其在于今，河山犹故也，毂击肩摩连帷挥汗之氓非寡也，其它聘问会盟，车马玉帛，视昔不翅省矣，而土之毛不足以糊口，家之藏镪不足以奉耕耘。故乐岁苦于上给，而一不岁，反待给于上。往一妖女子，至仰勤王旅。顷以饥驱之民，遂揭竿于市。夫今人读法家十八篇，犹若嗛嗛，而通货积财，能以国宁，顾或逊焉。何也？间尝按牍而阅，郡领州邑十有四耳，户可三十万，口可百五十余万，而地濒海，饶斥卤，水居十一，山居十三，其田可十三万六千有奇，而岁办不下七十万。其用于土，则居有干陬之役，行有传舍之役；其用于上，则内以六宫，外以百官六军，有供亿之役，有输挽之役。盖属城不雄于它郡，而赋时倍之。且生齿日繁，舟楫不通，公私取给于山坂蹊涧之田，而叹溢虫蠹，岁或仍焉。兼以俗好任侠，居平鸣瑟跕屣，六博蹋鞠，时饶鲜衣怒马之费。慨不快意，以躯借交报仇，藏命作奸，剽攻御敚。故岁饥辄盗，盗起辄兵，疮痍逋窜，十室而九。大约大豪挟中猾以用饥驱之民，每十数年一变，而一变之后，辄数十年不易复。夫疮痍未复，灾盗丛仍，守上者宁得咎吾民乎？盖尝论之，昔之齐地，能专用其主，故上亦能专用其民。其钱谷兵甲，从意调兴，而意所欲为，得一切便宜破法从事，无论铸山煮海，犹在握也。即富彦国活河朔五十万，亦富行其德耳。今长吏束手受空民，宁惟无以予之，抑且有以索之，皮骨既销，征求未已。念催科以拙罚，有不问抚字以劳赏矣。及岁不三釜，则物力秋毫有主名，而帑庚固无左食之需；兼之北屋磬悬，旁邑踵困，有叹蒙袂于空眷耳。往不佞尝矫以清源之榷赈畿辅，而主人不受也，即不佞几中于法。嗟乎！兵缺饷，索之民；民缺饷，索之上，其遣官发帑，谁非诟租吏所不遗余力而课者，其以惠既乱也。汉诏以小民安田里而无愁叹，责在良二千石，而曰“与我共此。”呜呼！小臣无良也，敢谓约结。倘庙堂有与共之思乎？其轻徭薄赋，惠我瘠民，徐以举贤尚功而四维之也，宁得侈霸业焉。黄门取义远，乃不佞为睫论，无亦折肱按方书者，遂次其语于简。

齐桓公墓有水银池，金蚕数千箔，珠襦玉匣，缯綵不可胜数。又云，晋曹嶷为青州刺史，愍帝建兴中，发齐桓公及管仲冢，尸并不朽，缯帛万匹，珍宝巨万。《太平广记》：贝丘东北有齐景公墓，人开之，下入三丈，石函中得一鹅，鹅回转，以翅拨石；复下入一丈，有青气腾空如陶烟，飞鸟过之辄堕死，遂不敢入。《酉阳杂俎》：又晋永嘉中，曹嶷于青州发齐景公墓，得二尊，形如牛象，皆古之遗器。临淄自古为都会，承富庶之风，陵冢隆阜，葬埋皆奢，然率起后来发掘之祸。谚传临淄出古物，盖本于此。大概铜器仅有存者，亦略已尽矣。耆老云：古墓多有用五行葬者，作难发，谓发时见横大木甚壮，缴斧凿莫施，是为木葬；有圹中密塞，须用火烛之，烛之则火大燔，是为火葬；又晏子墓有发者，初若闻戈戟声，骇不敢入，继则见水泉若涌，莫知所从，是为水葬。余说盖不可知，独晏墓终不见发者，岂其功德及民者深，信有鬼神呵护于百世之后邪？（《县志》）

《禹贡》称海滨广斥，谓如今高家港以往耶？其地都无所生，妇人有白首而不识五稼。岁时盘荐，惟鱼飧尔。

《青州府志》

乐安

按管子称海王之国，谨正盐策。故其告桓公伐菹薪，煮海水为盐，正而积之，十月至于正月，成三万钟。公使粜之，得成金三万斤，而国兴霸。夫此一海也，在昔则擅利鱼盐，而今也则濒海千里，一望萑葵。岂天地自然之利，独盛于昔而啬于今耶？议者乃谓国家设立盐课，贩禁太严，民不专利，故无所藉赖于海。此宜若可以富国矣，然而盐灶丁户，十室九窜，长芦运政，未见其有利益。何也？奸伪日滋，而苟且之患多也。予常见青之大豪巨猾，交通巡盐武臣，因而垄断于乐安盐场地方，辇致车载，月无虚日，而武衔亦得以坐致千金。其承委上官巡缉者，不过以肩负筐担者，罹法网而塞督责，矧于中顾亦有以贿免者尤多也。奈之何国课不日损，民生不日削耶？

李舜臣曰：嘉靖癸卯秋，小清河出水，为高苑，博兴害。陈推官珪为躬行水，历乐安以上数城，核厥所由，为漯、白云湖、沙河、孝妇诸水故入小清者。小清道今多淤，计当于柳塘诸口，各有所筑浚。曰，苟不察上流之形，而徒议于高苑以下有来之势，患何由平乎？然余读宋史，乾德四年，“清河水溢，坏高苑县城，溺数百家。”“元丰元年，章丘山河水溢，坏公私庐舍城壁，漂溺居民。”窃以当是时患所从，必有如陈所指，可弗务哉？济故有堤曰利农，沈令清所筑，而陈及徐令贞良浚济，自毛家口属之新桥，前后劳诸贤，于民岂不赖哉？（注一）

博兴

大学士刘珝《小清河记略》，济青之区，有河曰大清，曰小清。小清源出历城之趵突泉，汇淯漯笼诸水，东北抵乐安高家港，入于海。大清，则济水渠也，自东阿之张秋，东北抵利津富国盐场，入于海。往年舟楫浮于二河，商盐通于齐鲁，诸道水利，鲜与为俪。自永乐以来，堙塞不通，水失其经，一值大雨，茫茫巨浸，坏民田庐。成化癸巳，参政唐言相视地形，令水工准高下，自历城浚至堰头，又至乐安，小清通矣。自张秋浚至平阴之滑口，大清通矣。大小清既通，水循故道，退出各县官民可耕之田数万顷，民用大悦。其河内备浅，又置潴水闸；防溢，置减水闸，闸傍各凿月河。总闸三十有八，浚通水路五百二里，于是青船入于济，济船入于张秋，人称大便。太仆卿顾铎《修博兴小清河记略》：小清河去博兴城南五里许，频年为患，积不治者久矣。嘉靖甲辰，郡宪罗江陈公治之，抵小清之上流，及诸水之来汇，入乐安之尽境，穷入海之下流，相度地形，斟酌利害，见定议决，众乃大集。始事于三月，毕工于五月，又多插柳以固岸之善崩，修铺舍以防民之盗决焉。永谋遗爱，爰及博人，是可记也。虽然，予有说焉。小清河可考者三：尝读汉《卜式传》，吕嘉反，卜式上书武帝，欲率博昌习舟之民以行。又读集传，王师范据青州叛，恃博昌之水，不备于北，则当时茫然巨浸也。历下之趵突泉，章丘之白云湖，淯漯、沙沟、养马、孝妇、汉凑七河，白条郑黄二沟，尽归博昌，入海者入海，不入海者不入；所以，民习操舟，恃水为险者，皆以此。而不入之水，如今清沙泊、鱼龙湾，即苏麻大泊、浒山泊，不与区区之水争地也。此其可考者一也。至伪齐刘豫之时，因都大名，改趵突泉及章丘诸水，为今之小清河，下与乌河合流。济水劲猛，能荡涤垢浊，以故常流无虞。而海上之盐场，傍河之州县，货物皆得达于历下，又入大清，抵张秋。此其可考者二也。以后致废，不知何时，成化癸巳，山东参政唐公源洁力请修之。乃寻刘豫时故迹，疏之浚之，皆复其旧，又多置闸所，又开支脉沟，遇大水，则开闸分流，以杀其势，旱则闭之，河常无虞。东方盐货，仍得抵于张秋，博兴居民，半移今之湾头店，则利故也。此其可考者三也。今则趵突及章丘淯、漯诸水仍入大清，而小清之上流为平地行车矣。止孝妇等河，诸水来汇，然旱则涸而断流，潦则溢而为灾，一断一溢，迄无宁岁。罗江被征行矣，寻唐公之故迹无望矣。他日抚我东土，或参我东藩，其为毕此事以惠我青土之民，因并记于此。

知县陆南至曰：余尝过乐安，观小清下流，皆行地中，而博巨坊如城，水从脊领而行，以灌输乐安，非其地势然耶？古称治水导其下流，夫博安所导之？贾让三策，水入陂障，使秋水得有所休息，左右游波，宽缓而不迫，岂与水争尺寸之地哉？昔人弃官湖数十里之地，以杀猝至之水，民赖以安。用此策矣，迩年新城塞姚家等三口，尽湖墉履亩税之，此野兔市兔之说，计以笼利耳。然水卒不得灌入湖中，无所休息，而横溢冲溃，博之东堤始多虞矣。每春秋水涨，湾头堤决，则城南三十二灶一夕为湖，舟行抵市门，此又博兴近日之忧也，司土者不可不讲求焉。

高苑

知府杜思《小清河论》，愚按小清河为高苑、博兴之害，濒河居民，盗决构讼，终岁无已。盖小清河自省城以东，青州迤西，诸山之水皆会焉。一遇霖潦，汹涌泛溢，堤岸浅薄，第不盗决，亦不免于漂溺，故前辈欲开柳塘口，以杀上流之势。盖柳塘口以西，地形稍下，会省城以东北流诸水，径入大清为顺。若开柳塘，则不但分上流之水以入大清，而青州迤西诸河，亦得以杀其东来会合汹涌之势，是即大禹治水，因其势而利导之策也。或者但欲拓小清河，使之宽大深广，令有所容受，则必若大学士刘珝所论而后为益也。矧时无任事而功费不赀乎？愚谓柳塘口不开，虽拓小清河，无益也。然则为东方保厘之计者，何惜于一柳塘口之工，而不为青济无穷之利耶？近议欲挑乐安清水泊以达于孝妇河，浚支脉沟以入于小清河；又有欲疏孝妇河，自杜张口止于岔河嘴之南五十里，浚小清河自樊家口，止于乌河湾头之西八十里，是亦目前治标之一节也。

府推官马从聘《小清河议》，看得小清河一道，由济南府趵突泉发源，以下接会淯漯、浒山、孝妇诸水，行章丘、长山、高苑、博兴、寿光、乐安以入于海，此河之源委也。但自高苑以上，河由地中，故能顺受诸水而无害；至高苑以下，地形渐洼，筑土为堤，地高丈许，载河以行，始能达下；河身既高，故新城、高苑、博兴之水，俱不得入河。每遇天雨骤兴，水无通泄之所，则三县各有水患，不独新城一县为然也。惟新城在河南岸，原有清沙、麻大二泊，周围各三四十里，为新城受水之区，中生鱼藕菰蒲之利，新民取之，倚为世业。倘遇雨水暴涨，则傍湖民舍，亦被淹没，每欲横穿河堤北岸，使水泄于高博之境。夫二县地形本下，二百年来所以不陷于沦胥者，止凭此一线之堤耳。此堤一决，河水建瓴而下，是无二县之民矣。况湖泊不起科，而二县俱征粮地土，傍湖之民有数，而二县则数万之生灵，其利害之轻重大小，可不较而明者。故高博二县之众，胥力以护此堤，诚以河堤所系，若斯之重也。今陡被新民纠众盗决，遂使沃壤万顷，化为巨浸，国计民生，未知何出，此岂渺小细故哉？卑职故曰明杀新城者四人，暗杀高苑者不知几千百人也。乃新民无知，见河身干淤，认为己有，遽然布种麦禾，冥顽不灵，一至于此，尚可与之言利害、较是非也？先是前任新城赵知县慨然建议，欲横穿小清北岸，于高苑地方，另开一河，以泄泊水而归之海。使其说可行，则既可以免昏垫之患，又可以息争斗之端，亦何惮而不为之？但高苑、博兴原不通海，必由寿光、乐安，而后可达于海，奈高、博地下，形如釜底，乐安、寿光反以渐而高，今筑堤载河，下流必壅，如之河能使径达于海也？恐河堤一穿，则高、博二县反为新城注水之区矣，即今二县被决之害可知也。但知去己之害，而不顾贻彼之害，正所谓以邻国为壑者耳。展转思惟，苦无长计。惟思地名湖泊，其来已久，较之南方诸湖，虽大小不同，其理则一。若可泄水归海，变泽薮为膏腴，古人当先为之矣。何从古以来，未闻有泄湖以成田者，势不可为也，而独欲强行之今日乎？若虑水为灾，莫若徙民就岸，即湖泊之利为迁徙安置之资，不得已而为权宜之计，惟有此耳。伏乞裁酌施行。

本县知县冯文盛《支脉沟议》：支脉沟之不可开者有五：民田不可夺也，地势不可强也，财力不可轻也，城池不可忽也，邻患不可贻也。新城所称支脉沟者，诬指马家泊一带，为可东注入海。自万历二十一年，被新城盗决樊家口，淹没高苑，浸淫东邻二百余里，马家泊积水不可布种。藉令可东注入海，高苑何惮不为，而使马家泊千顷田土，为累岁积水之区乎？今泊下之沟，并无形迹，一旦强夺民田，而曰此支脉沟也，愤怒且丛兴，昔人有云“众怒难任”，可挟其独臆，而谓人言为不足惜乎？此谓民田不可夺，支脉沟之不可开者，此其一也。博兴迤北有土岭一道，约长十五里，横亘东西，自博兴抵乐安亦如之。地势高厚，欲加挑浚，深为未便，先是两府亲诣踏勘，文卷俱存可查。昔人云，为高必因丘陵，为下必因川泽。今欲损丘陵为川泽，得无违地利哉？此谓地势不可强，支脉沟之不可开者，此其二也。东土接年被涝，疮痍未起，迄今麦已黄死者半，欲开此沟，必深浚河身，必厚筑河堤。谓以数百之金、数千之夫，五日而讫工，所不能也。窃意虽万金不足费，虽万夫不足役。今之新城，犹昔之新城也。昔之湖泊，何以不税，而今何以有税也？以数百金之税，尚忍不能舍，而动糜万金，劳数邑之民，以事新城三庄之民，非计之得者也。此谓财力不可轻，支脉沟之不可开者，此其三也。高苑地最洼下，自蔡家口望邑治，若井底然，今谓建闸止泄水三分之一于高苑，骤闻之则美，深味之则疏。小清河底视平地尚高丈许，欲令泄水二分于小清，一分于高苑，多就高而少趋下，此必无之理也。如决蔡家口，开支脉沟，则水不注小清，耑趋高苑，无论田庐，即城池未可知也。嘉靖间，新城黄知县力请决蔡家口，朦胧申允。决开口子，水遂滔天。如本府潘公申文所称，被淹之民，或牵裾以趋他邑，或起爨而就高阜，满耳哀哭之声，举目崩角之状，凡有人心，所不忍见。事既狼狈，主议者咋舌以去，而民困亟矣。前人已误，后人岂容再误？今新城民杨孟秋不鉴覆辙，尚袭故智，脱淹没我土田，坍塌我城池，虽食孟秋之肉，未足以谢高苑之民也。此谓城池不可忽，支脉沟之不可开者，此其四也。谈止高苑，犹曰私其己邑耳。自新城决水之后，淹及博兴，博兴之水，聚而未消者三年矣，每念为之怃然。若复开沟，以水济水，谓博兴何？宁独博兴也，乐安岁苦水涝，恃堤自固，如导水决堤而入，乐安之民，其能免乎？此谓邻祸不可贻，支脉沟之不可开者，此其五也。拂民心，违地势，殚财力，病人之土田城池以及其邻，卑职之所未解也。数邑之民，众于三庄；军国之赋，重于私税。今急三庄而害数邑，非仁也；恋私税而亏正供，非智也。不仁不智，非政也。且清沙泊之水患，乃孝妇河之决而下注，非以小清之故也。小清河虽稍有逆流，为水几何。查其泊在长山新城之西北隅，每年六七月，山水泛涨，往往决长山之杜张庄诸口而入，则清沙泊之受水，实长山遗之也。今不争于上游之长山，而争于下流之高苑，何也？盖水浑则利其来以沃田，水清则欲其泄以布种，此二百年来所为盗决而不已也。为今日计，惟有严杜张庄之口以障其源，浚小清、孝妇之滞以导其流，固南北二岸之堤以防其溃，而又疏视水之沟以分其势，可永无患。此之不务，而欲开支脉沟以壑人，亦左矣！

《小清、孝妇源委议》，勘得新城所议小清、孝妇源委，其误有四；而筑岸另成一渠，其害有六。古小清向程儿头北流，宋刘豫据青州时，因此河为害，改而南，语具志中。今乃以为国初德府运临淄砖石，借水成渠。及查小清与临淄地方，绝不相通。青州亦有衡府，应修宫室，岂不能取临淄之砖石，而以资德府也，其误一。又称孝妇河、高苑分流一支，名曰支脉沟，正东与郑黄沟、汉溱河合流，至乐安入海。由彼所称，正孝妇河也。以下合流，亦名小清。而指之曰支脉沟，是何言也？查支脉沟泄马家泊一带水，迳乐安入于海，语亦具青州志中。夫曰泄马家泊水，则高苑境内之水，非为泄小清之水也，安得以为孝妇之支流也？其误二。国初小清运盐，后因淯漯横冲小清北岸柳塘口而下，河遂断流，盐船不能达济，以致病商，而八场止办折色，此小清通塞之源委也。今仰瓦坝子等口，尽改入大清，而小清之所受者，独白云浒山诸水耳。上源虽淯漯等大小六十九道，合流小清，是未足为清沙之害也。白云、浒山之水，十年间才一涨耳，小清河迄今干涸无水，不知清沙之受水，全在孝妇之决口，而归之小清，其误三。又以高苑未奉明旨堵绝故道，则当起宋刘豫于九原而责之，不当以罪今之人也。高苑立官看守河堤，乃奉抚按明文，古碑见存。何者？清沙泊自古潴水无粮之土，而高博等县皆征粮之土也，若任其淹没，国税焉出？今新城之民，享鱼藕之利，无分毫之粮，而贻高博等以淹没之害；白日聚众，执持凶器，决口伤人，此奉何处明文也？不以犯禁淹没各县征粮地土为罪，而以堵绝故道责高苑，其误四。此所谓四误者也。

古小清在高苑者，则今之北门城濠；在博兴者，即今之县治是已。欲复古小清，则未闻废人之城门县治，而以泄无粮之泊水也。古小清不可复，而索支脉沟之故道，以罪高苑不肯开，此非高苑之所敢任也。下流诸邑，佥谓不可，谁能强之？淹一泊无粮之土，所害几何？脱有泛滥冲决以淹各邑，其害大矣。凡举事须权其利害之大小轻重，以为行止。事在下流各邑，不在高苑也。支脉沟不可开，而议欲小清之外再筑一岸，以成大渠。夫地里之河，方可长久；地上之河，经水即淤，今之小清可鉴已。前此推官陈尝大浚矣，近年亦小浚矣，不旋踵而淤。今欲于小清外再成一渠，当亦不旋踵而淤耳。兴数万之众，费数万之金，以成一淤塞之渠，必为识者所笑，其害一。不事挑浚，而筑土为岸，窃计所筑之土，将焉取之？势必多掘民田，方成此岸，是于渠之外又添一渠也。夫尺寸之土，皆民间世业，夺而为渠，亘数百里，计其地价，当亦不赀。一泊无粮之土，所值几何？而令数邑之民，坏征粮之土，失世守之业，以成二渠也，悲夫！其害二。掘田成渠，又欲占田成岸，据称用九万之夫，数日可毕。窃计高苑丁不盈万，册籍可证，将安所借民也？欲泄无粮之泊水，而劳大众以兴无益之役，其害三。又称筑渠因旧创新，可省四十万金。窃计挑土成岸，与浚河等耳，恐数十万之金，不可得而省也。既欲省金，势必强而驱之，人各有身，谁能为此三庄无粮之泊作奴仆也？此一役也，众怒必兴，其害四。孝妇、小清等河，各系千百年古堤，且时有冲决，淹没田庐，今新筑一岸，新城能保此岸遂无失乎？窃计其不能也。千百年之古堤，尚有冲决，一旦之新岸，岂无疏虞？以数邑之田庐而沟壑之，仁者不忍也，其害五。田庐无论已，四方多事，城池所系匪细，奸民节年决口，高苑幸赖有护城古堤，昼夜防守，以苟旦夕。漫延及博兴城，前已塌矣，塌后而修，又经决口，复几殆矣。若新筑一岸，势必冲决，田庐不已，必及城垣，其害六。此所谓六害者也。

夫欲开纪家口入大清，而齐东畏其害；欲开支脉沟入海，而博兴、乐安畏其害。驱水害人，难以强矣，而欲建无益之渠以滋六害，舛之舛者也！读之士大夫，皆称焦家桥、杜张庄一带河防不谨，以致清沙受水，宜责之顶河人役，设铺看守，卑薄者筑之，一有冲决，责有所归，清沙可免水矣。至于新城奸民决开樊家对过二口，前此议筑塞矣，卑职往视之，如一堵墙然，水至即坏，此口七年不筑。又新决史家口、黑水湾二口，二年不筑。何者？奸民借口导泊水归河，其实欲乘便盗决小清之北岸耳。夫既利浑水淤地，入得数倍；及水既清，遂以邻为壑，灭绝天理，至此极矣。每议及此，辄曰工大难筑，些须之水，即灌入泊矣。己享浑水之利，而使人受洪水之害，无粮之土，悉化膏腴，而征粮之土，尽成沟壑，若之何？孝妇河自焦家桥以下抵博兴，河身大窄，且多淤滩，如盆河口南岸一淤滩，广数丈，突兀而当河之中流，水至不下，不得不溢出为患，一处如此，他可知已。今之计，当严焦家桥、杜张庄等一带之河防，筑樊家、史家、黑水湾等各处之河口，而孝妇河自焦家桥以下抵博兴，量挑宽广，除去淤滩，水自顺流而东矣。至小清在高新之间者，自黑水湾而下，淤泄处所，亦量加浚，令得泄白云、浒山之水。假令决口不筑，亦不敢议及此也。若劳民伤财而成必淤之渠，则非所敢闻也。

沂水

沂水县学教谕傅履重《水利论》，万历庚寅夏，大旱。郡奉台檄议兴东方水利，下之县，县教谕南安傅履重论之曰：州邑之有山川，匪特壮一方之形胜，其于生民之休咎尤要焉。甚矣，水利之不可不讲也，然不可以概论也。沂水为邑，自穆陵而下，山谷盘错，历百里而后为县。其地缘冈阜之间，无滥车之水，瘠亢少腴，一遇旱魃为虐，则民嗷然忧岁。愚询诸故老，谓泉源水泽之利，必有未通者，佥曰无之。又详究其山川源委，乃谓沂止有二水：由东北来者为沭河，由北来者为沂河。二河，沭颇大，发源于沂山下，由马站赵北湖绕城而北，复转而东。所经之处，在檀山，则有黄花水；在络山，则有吕清水；在青山，有袁公水；在屋漏以南，有鹤水，皆会聚于沭河。泛滥奔溃，淤沙弥望，即极力修筑，随筑随淤。纵稍有停蓄，不过资朝夕汲井灌园之用，未有如江南之可以陂潴而田者，此沭河之不能为利也。沂源出蒙阴，鲁艾诸山，皆涓滴细流，自石罅中出，经数十里，不足滥觞，而沙石更多。比近县稍大，而河形散漫，水势尤浅，浮芥可舟；

而两岸既高且远，不可以机械而上，此沂河之不能为利也。要之二水其源皆微，而其委皆散。夏秋霖潦，则暴涨汪洋，浸及城廓；冬春时，则仅一勺，遇旱而涸可立待矣。盖沂地多山，其水多自高而下，欲为堰，则冲决之势难支；欲为闸，则散漫之流难敛，此所以田家无所资其浸灌，商贾无所资其舟楫也。公私告匮，厥有由然，故语之以水利，无论畏事者束手，即喜事者亦扼腕而无所措也。夫天下之事，穷而不知变，固失之于胶柱；苟不真见其形而遽谋其利，不几于凿空乎？论既上，事遂止。

矿洞

孟丘山铅洞（在益都县金岭镇南五里，去县七十里，去淄川县六十里）、略水银洞（在临朐县，去县六十里）、黑山银洞（在临朐县，去县七十里）、金星头铅洞（在沂水县，去县一百二十里）、史家窝铅洞（在沂水县，去县七十里）、葫芦棚铅洞（在沂水县，去县八十里）、汶蒙峪铅洞（在沂水县，去县一百二十里）、两县山银洞（在蒙阴县，去县八十里）、胡石铅洞（在莒州，去州一百七十里）。

孝廉刘璞记曰：万历二十五年，矿事起，上遣内官监太监陈增督山东矿务。于是栖霞金洞，临朐破丘、莒州胡石港银洞，官给夫置棚厂开采。增所至，颐指长吏。至莒，知州谷文魁恐其迁怒，骚扰地方，供张颇盛。增约束参随，得不甚横，但索阿堵而已。后增舟至莒，查矿利无获，银之解监者不如数，谷知州请以正额加银包采，省开采之费。申之当道，可之。于是以乡民为洞官，封口罢采。会益都县知县吴宗尧与增抗，露章弹增。命不下，增章上。上怒，逮宗尧至法司，令各监考察各地方官贤否，兼知查盘事，专举劾。增遂遣原奏官顾其礼查莒州，其礼肩舆唱驺，旌旄夹衢，行牌禁肃，坐司院，阅城视仓，声赫藉甚。既增以开采久，干没货山积，遂不复巡游，驻扎徐州，据河漕之冲。其礼亦专制仪真榷税，以盐贾为奇货，一倾夺不下千万，视北方蠛蠓也。增初所携厮役数十人，并充原奏官，散置诸城、日照、莒北乡等处，以本地无赖人为向导，先疏知富室者名，所邻魁然之丘，指为金薮，分牌强督；不如指，即捉至寓，捆笞几毙。闻之有司，俱短气无敢谁何，罄所有赎之，始免其人，又波及无算。盖莒之大乱者三年余，而增、其礼利在南方，不复顾及北方，于是所遗向导，为被害者鸣之官，论如法徙遣。其礼以捕盐贾，急疾暴死舟中。数年，增亦以赃罪昭露，蒽甚，仰药死，厮役俱拟重辟。

徭役

按参政王宗沐条鞭法，通府州县十岁中夏税秋粮存留起运额若干，均徭里甲雇募加额银若干，通为一条，总征而均支之。其征收不轮甲，合一处之丁粮，充一年之用也。况均徭不均，今合民间加纳之银，俱入官正派之数，通轻重苦乐于一邑十甲之中，役人不损值，而徭户不苦难。其收支委之吏，则毫末呈禀于官，需索者不得行，而诛求自敛。又以时得代，不久苦查盘。吏有身役，固不窃库银而逃，岁加脚费，而折耗赍之，势不得自盗。诸递运夫马，俱官吏支应，势不得多取，用之不敢滥。诸不可悉道，大都如此。吾州条鞭以丁地兼编，省去九则之名，而收粮户仍佥民间，不招商。应是役者多干没，大耗银所入既易，不无冒破，而府差州役胁索之。又有通融之费，及亏正额，因而破产以偿者甚多。于是弄法者波及良善，上下视此辈如穿窬矣。要之，条鞭行久，官不问民贫富，民不虑则重轻，即佥粮户犹胜于不条鞭者也。又云，小民畏则甚于畏差，畏则之虚名，尤甚于畏差之实祸。虽差由则迁，有差无则，计一了差则帖然。若有则无差，以为重则之压身，不知何日可去，而寝食有不安者。择患宁轻，故条鞭为便也。

《临朐志》

马珩曰，朐之山有二脉：自沂山来者，沙石山也，水率杂沙；自嵩山来者，青石山也，水率杂石。石不能远徙，沙无所不至，故游河之为民灾，上下数百里，而朐为剧。当其怒冲也，土膏日削，而国赋岁增，将不知其所终也。

王家士曰，或有问于予者曰：履亩而税，法也。今征赋不以地而以力，或相倍蓰，何居？公平之政，固若是乎？曰：江河趋下，诡寄日滋，富者多无粮之田，贫者反输重税，且有无地之粮矣。抛荒流移，相寻不已，安得不裒多益寡，以贫富之力定乎？曰：清查诡寄而峻法惩之，彼何说之辞？曰：予尝力行之，重惩里书，十得其四五，厘正之止矣。人亡籍去，无隙可查者，将奈之何？故莫若行丈量之法，沟渠道路川流沙石、山坂不毛之区，捐以与民，取四境可耕之地，沿坵履亩丈量而通计之，则壤定赋，轻重适均，诡寄将安所施乎？岂惟惠此贫黎，免于流窜，而富者亦有利矣。

知县葛臣《济水清河图论略》

高苑县地势为济水所经，涛山浪屋，溺民杀稼，地脉为济水所泻。六月如水，一望无际，率沮、洳斥卤之墟矣。然不但此，上有新城、长山、邹平居其上流，使守堤幸完，则上三县申吾高苑以邻国为壑；下有博兴、乐安、寿光居其下流，使鼠穴或溃，则下三县申吾高苑图浑水之利害，可胜言哉！欲因宜便民，转害为利，有二道焉：其一，通舟楫以资贸易。大学士刘珝《小清河记》云，济青之区有河曰大清，曰小清。小清之发源出历城之趵突泉，中汇淯、漯、笼诸水，东北抵乐安高家港，入于海。大清则济水渠也，自东阿之张秋，东北抵利津富国盐场，入于海。往年舟楫浮于二河，商盐便于齐鲁，诸道水利，鲜与为俪。自永乐以来，堙塞不通，水失其经，一值天雨，茫茫巨浸，坏民田庐，弗以数计。成化癸巳，参政唐言相视地形，令水工准高下，自历城浚至堰头，又至乐安，小清通矣。自张秋浚至平阴之滑口，大清通矣。大小清既通，水循故道退出，各县膏腴可耕之田数万顷，民用大悦。其河内备浅，又置潴水闸；防溢，置减水闸，闸傍各凿月河总叠三十有八，浚通水路五百二里。于是青船入于济，济船入于张秋，人大称便。臣俯仰今昔，国初通盐商舟楫，自乐安高家港等各盐课司以达济南府历城县燕家渡，下卸道里，城店俱存。旧时民富庶者，清河通舟楫之交，居民遂鱼盐之利。高苑因设税课一局，岁得商税银一百六两一钱九分五厘，上堪以资国用，下堪以业贫民。今是水如故，舟楫不通，课局亦革，四野斥碱，无可耕之田，小民株守困穷庐之内，无怪乎民之昔富而今贫。是其为已试之成法，在今当急与以安民阜财于目前也。其二，兴稻田以教务农。元史虞集曰：“京师之东濒海数千里，北极辽海，南滨青齐，萑苇之场也。……用浙人之法，筑堤捍水为田，听富民欲得官者合其众，分授以地，官定其畔以为限。能以万夫耕者，授以万夫之田，为万夫之长千夫、百夫亦如之，察其惰者而易之。一年勿征也，三年视其成，以地之高下定额，于朝廷以次渐征；五年有积蓄，命以官，就取储给以禄；十年佩之符印，得以传子孙，如军官之法。则东海民兵数万，可以近卫京师，外御岛夷；远宽东南海运，以纾疲民；遂富民得官之志，而获其用；江海游食盗贼之类，皆有所归。”臣遍访士民，有谓地碱难稻，有谓引水灌田有害者。载观《周礼》“草人掌土化之法，以物地相其宜。而为之种，凡粪种碱泻用貆”，释者曰，凡粪种者，皆取其粪和水渍其种也；碱泻者，逆水之处，水已泻去，而地为碱卤也。貆；貉类。窃编求貆粪以渍种，躬相地形以潴泄，虽未大成，试似颇验。徐察是水原委，上而白云湖一带，汪洋无际，而小清河一带，渗泄甚微。若开通舟楫，备浅置潴水闸，防溢置减水闸，则蓄泄有方，即禹沟洫之遗意，周公潴防之成法。变沧海为桑田，化斥卤为膏腴，淳于瓯娄满篝之祝，东坡霜风绿锦之咏再见于今矣。是其为未试之良法，在今当渐举以安民，阜财于后也。

诸城县志

丈田论曰，余早岁闻诸耆宿云：洪武初年，朝廷分遣监生并秀才丈勘北方田地，而本县丈勘者，为小王秀才云。王不知何许人，其丈地以赋役为名。计亩准折，如肥地一亩，折赋役地三亩；稍次者一亩折二亩；又次者一亩折一亩半。照地折亩，按亩征粮，以为重轻差等准则。至嘉靖中，一切地亩，犹折算赋役名色，后则改为上中下、又下下及洼下五等而已，不复用准折法也。县境之内，地远且多，又山岭多、荒多、瘠薄多，更与灶地相邻者多。而难丈者，唯信阳、望仙二乡也；其与二乡皆相反而易丈者，惟城阳一乡也；余五乡，难易等耳。再照国初步弓用小，而亩以二百四十步，故洪、永间，地皆至一万五千顷零，与今时同也。万历元年，赵县步弓用大，而亩以三百六十步，故地止八千七百余顷而已。然通融算数，派征税粮，不在亩与步弓之大小也。夫田地不明，必须丈勘；丈勘不易，必务严密。是故重欺隐之罪以防奸宄，严抶同之禁以防贿买，分荒熟之实以防混淆，定步弓之度以防短长，谨丈册之藏以防洗改，躬抽段之核以防蒙敝，申复丈之例以防估终；凡此七防，皆所以为严为密者也。不严密，民不畏服，弊反丛生，徒成骚扰，益增民瘼，虚博丈田之名奚取哉？

《官庄论》曰：邑介山海之间，土广人稀，非直硗确之处，耒耜不及，即于平壤，亦多弃之，盖地无穷而人力有限故耳。况加以饥馑差徭之累，逃亡日众，所遗田亩，尽为荒闲，从来久矣。闻正德间，有抚院某者，建议拟徙西三府贫民来为土著，开垦荒田，以尽地利而厚民生，后竟以版籍难紊中罢。至嘉靖中年，荒垦方多，然蒿莱弥望者，尚在在有之，而望仙、信阳两乡尤甚。万历丁亥，永年张候大谟准贫民陈告，创立官庄四十五处，专以垦荒为主。其法于凡荒田不拘年之浅深、地之远近、主之有无，通令贫民拥帖开耕，遂为已业，庐舍井灶，即立于其所，名曰官庄，若谓官设之也，而人不敢贸易争夺之焉。一时贫民，胥悦而安之。数年之后，余尝于春秋之交，过二三庄，我黍与与，我稷翼翼，柳阴桑影，犬吠鸡鸣，蔼蔼成荫，可喜也。然庄以官名，则官当作主，时着意安集之；不然，差徭靠损，致复流移，庄又成墟，此将来可虑者。比闻近年以来，境内荒田，开垦殆遍，山腰岭顶，五谷并殖，岂非官庄之立，动民力穑之心乎？呜呼！善政要在养民，养民要在薄赋，薄赋要在控田，控田要在清欺隐，垦荒芜。而垦荒之法，至立官庄而良莫加焉。自今以后，诚能有兴无废，有增无减，俾贫民永赖以生以养，将见户口可增，里社可充，以复国初之盛，端在于此。

《封建论》曰：琅邪郡即东武县，今县内南城是也，为国封侯，自郭蒙始。城阳郡在今县城北六十里，为国封王，自景王章始。以后两汉封建，城阳独盛，琅邪次之。若莒、平昌、东莞、高密四郡，其先亦皆属琅邪郡内，然封建较之，琅邪城阳，斯少微矣。晋元南渡之后，五胡窃据，封建侯王，无复可考。宋齐梁陈，偏安南土。惟元魏北齐时，封爵冒滥，多用山东州县之名，然亦未有胙土之实。唐制诸王，亦存虚名，受封之始，内府需给，其后不过食解租于京师，不得治于其国，封建之制，废几尽矣。肃代而后，承以五代，入于宋金，方舆稔祸，更遭李全父子据有青齐徐土，虽与封建，殆无着所。宋人鉴藩镇之祸，诸王封爵，仅止其身，子孙得以荫仕为环卫官，廉车节钺，以序而迁，如庶人贵官世禄之例，王爵无世及也。未几国步南迁，青徐境土悉入金元，尚何封建之有？

潮汐

先儒潮汐之论甚详矣。皆谓潮之迟速大小有常，一禀于月，月之所临，则水往从之。而又推本于周天度数，谓月加子午，则潮长，或不然之，谓非加子午，乃加卯酉也。其说亦互异难信矣。其谓潮之极涨，在春秋之中；潮之极大，在朔望之后。又云，“减于大寒，极阴而凝；弱于大暑，畏阳而缩。”数语稍明，其馀难晓。今询海上居人云，每月自十三日起汛，潮日壮一日，十七日十八日愈壮，二十日始衰，至二十六日而衰止也。又自二十七日起汛，潮日壮一日，初一初二愈壮，初五日始衰，至十二日而衰止也。一月之间，潮凡再壮再衰，汐亦如之，其期不爽，故谓潮信。又以二十日、初五日为断水日，言壮潮之水，至此日而断也。究其所以然之故，虽有余襄公安道详说，亦无人折衷之矣。

海水不溢

或问：“海百川浚之而不溢者，何也？”余闻之先达曰：夫水在下，地在上，若浮乘然。气激于虚，泉涌而上，即地下之水，非别有生化者。人之脉出自涌泉，而升于百会，可推矣。阴乘乎阳，云升而雨，即地水之气，非别有种子者。人之液郁热于中，汗沥于外，可推矣。由是观之，地上地下，而云而雨，一贯之道也，但有升降变化之殊耳。东流者，即上涌者，上涌者，即地下者；地下者，即东流者。上涌无穷，故东流亦无穷耳。观此，则升云无穷，降雨无穷，亦可推矣。然则有消散乎？曰，有之，微乎微耳。水之大势几大无与焉。谓沃焦釜，乃出妄度，海之不溢，以地下皆水，四海会通，地浮水面，何溢之有？

捕鱼

海上渔户所用之网，名曰作网，以绳结成，其目四寸以上，上网有浮木，下网有坠石，每网一贴，约长二丈，阔一丈五尺。数十家合伙出网，相连而用。网至百贴，则长二百丈。乘海潮正满，众乘筏载网，周围布之于水，待潮退动，鱼皆滞网中，众齐力拽网而上。若鱼多过重，拽不能胜，则稍裂网，纵鱼少逸去，然后拽之登岸，可得杂鱼巨细数万，堆列若巨丘，贩夫荷担云集，发至竟日方尽。作网之外，又有蒲名。其法用楷条葛绳，编若疏帘形，每方阔四五丈，高五六尺，亦相接用。乘潮未至，先于滩内下桩木，隔数步一下，下至二百余步，以蒲立缚于桩，鱼随潮浮水面而至，皆入蒲中。及潮退，鱼从水底寻溜而出，为蒲所隔，不得出，众悉下水，以手摸之，或以网打之，得鱼亦多。然视作网所得之多，相去远矣。

煎盐

灶丁择晴日，于早潮后午前，各持锹于海潮内稍高处，以锹起其土，匀撒地上，令日晒之。稍干，盐色浮出，收其土作堆，已复起土撒晒之，如此数次，土积已多。先于四傍高地上挖一池，大小任意，内坚筑之，又于池之下方相距步许，作一深窟，谓之投井。内亦坚筑之，以堆土置之池内，汲海水满注于池，淋其土成黑汁，自池中为渠，流入投井，谓之卤汁，以镬煎之。每一镬容汁二石，烧草五束，盐煎得八斗。视灶丁工力厚薄，以为煎盐多少，任其发卖于领有盐票者。此煎盐之大略也。解盐夜遇南风，池水自结成盐，坝夫捞之而已。花马池盐，余曩兼理盐法，亲视汲池水浇池傍畦内，日晒之即成盐，工力皆省。独海盐劳费人力，故曰煮海，言其难也，信哉！

种稻

海上斥卤原湿之地皆宜稻。播种苗出，芸过四五遍，即坐而待获。但雨旸以时，每亩可收五六石，次四五石。种多，惟名各将黄、小红芒者尤佳，米雪色，气香味甘滑，可比盩厔线稜、无锡之秔。秋收见户舂米，贸迁得高价，可比鱼盐。若江南水田，虽纯艺稻，然功多作苦，农夫经岁胼胝泥淖之中，收入反薄，亩多二三石，次一二石。不如此中海稻，功半而利倍也。盖琅琊之稻，自古称名，属县高密西南有稻国，齐孝王子定为稻侯，其异如此。

《益都县志》

要隘

镇二：城西南一百八十里为颜神镇（去县治迂远，山林崇密，盗贼藏匿为患，以府佐官一员弹压董治。嘉靖中，兵宪王公世贞创城之，盖称重镇云），西北七十里为金岭镇（淄川、长山、新城、高苑、乐安、博兴六县之民错处，故犷悍难治，盗贼易发，旧设官兵防守，仍选委千总督同义民领本镇及西河等处枪手巡缉。后苦税监中撤。四十六年，余申文请复旧额，召募义勇专缉防仁智一乡十六社而镇始晏然矣）。店六：城北四十里为朱良店，西北五十里为南仇店，东北四十里为口铺店，城东三十里为洰洱店，五十里为尧沟店，东南四十里为郑母店（俱道路迂回，民居所沓，或为盐徒经由之途，或为登莱出入之界，盗贼易发，旧以区长防守）。关二：在郡西境为徐关（齐之隘也，顷公与晋人战败入自徐关，即此），在颜神西南为青石关（俗名杨家关，关形两山壁之险峻，连亘数里）。自临淄起至莱芜长三百里为长峪道界，南山中官司罕至，其民顽悍犷鸷，盗贼之薮也。宜选委义勇官分领近地枪手，往来巡防，与颜神镇、金岭镇官兵犄角策应。

户口

旧制户分九则：上上户，派门银九两，每丁派银一两七钱一分；上中户，派门银八两，每丁派银一两五钱二分；上下户，派门银七两，每丁派银一两三钱三分；中上户，派门银六两，每丁派银一两一钱四分；中中户，派门银五两，每丁派银九钱五分；中下户，派门银四两，每丁派银七钱六分；下上户，派门银一两六银七分，每丁派银五钱七分；下中丁，派银三钱八分；下下丁，派银一钱九分。自万历二十年条鞭之法行，户不分则，均之田亩，每丁例编银一钱七分，后因加派兵饷，增至二钱七厘。

《蒙阴志》

蒙山之阴，山径也。元无驿政，即旧编内有里甲夫马十二匹，止以供上司巡历，亦非为驿设也。自顺治癸巳，寇息道通，议省青州一路，归并蒙阴，为五省通衢，置驿遂始于此。计蒙距沂州二百二十里，甲设青驼寺一驿，各路驿站相去多六十里许，而蒙以山蹊石径，独百一十里为一站。加之大差一至，而驿吏已先遁焉，夫马力几何，其能堪此？且廪给口粮，总无额设，则供应之艰可知也。请于蒙阴、青驼之中，添立一驿，以解倒悬，岂非今兹之所祷祀而求者哉?

《寿光县志》

户口

国朝均徭,分为九则。审编则轻重因乎贫富,可谓尽制矣。法久弊滋,有司改弦调编,盖有四利三害者焉:头役无包赔之苦,收头免侵牟之患,里甲免见年之费,均徭无诡寄之忧,此四利也。不论赀本,则商贩漏网;门银易以地银,则贫户受病;包纳荒田,则里甲难支,此三害也。去害就利,莫若严明于审编,使丁无所漏,而富家大商无所欺匿,庶庸银益多,而富商时出调银以佐征派缓急,编氓庶有瘳乎!所宜留神筹画者矣。

田赋

近世石画之臣,论国朝田赋,从轻渐重,盖有四事焉:因事加赋,或已竣而未除;缘灾蠲租,或已收而他抵;或裒益于盈虚而阴移其弊;或羡溢于铢两,而明浚其膏。是则然矣,然未除布开豁之令,已收抵来年之租。移弊则洞究其隐,浚膏则严惩其贪,未甚害也。惟灶地七顷,不敌民地一顷之赋。灶户将民作灶,逃赋运司,奸农以灶影民,减赋草荡。若不严加查究,则草地日多,谷地日少,而良民受包纳之累矣。今宜乘丈量某坵灶地若干,除草荡勿论,凡系种谷地,悉依农田起粮,仍以濒海荒陂足其亩数。奸灶妄诉,则威之以刑,宁使农民均摊,赔其灶地之赋,必不可使一亩粮田作灶地也。夏梦祯曰:问灶地之赋偏轻,计亩银止六厘,何也?曰,肥地非灶,即硗地亦非灶,灶固耕稼之所弃，而蓬蒩之所生也。原设法之初心，正欲俾瀚海余波化作利府，而斥卤不毛，并获滋息，国利矣，民亦不病。奈何久而蠹民，且牢不可破也。并曩清丈而贞之砥者，亦私徙之数里而南也。且倩势要之情面，借凭社之神丛，侦本县新故递代之候而上下其手，曰抗上台易蹶，银众派易胜，随至朦除多许，而秘鬻之于奸民，以致灶固灶，民亦灶，野外灶，负郭亦灶，弊孔千出，莫可谁何！愚谓清灶有捷策四，有正策一。何谓捷策？据存库丈地册而静自披阅，勿假左右，凡距城不远，及城东南西而灶者，立拘严惩，作一榜样，捷策一；威严已著，人应胆破，因宽出首之路，明示以自首者贷，或詟慑而稍自供也，捷策二；诸灶同心，自恃醵金通神，端不甘自首，因开告讦之门，明示以实揭者赏额若干，即于诡灶地者严追赏之，捷策三。间尝进灶户而问之，伊曰："予家有灶地若干亩，先世鬻于某家，今第讨完额银焉耳，安知地落何所乎？"他问之，亦皆然。是奸猾乃佃灶者也，非灶也。此其奸又非披册所能杜也，则以灶与佃灶者面质其地，亦一策也。何谓正策？民灶一概清丈，凡近城与东西南三面之灶悉入民粮，即灶之宅园膏腴亦入民粮；灶额果亏，即以草地足之。伊或争曰："非古灶也。"宜叱之曰："草地蒙茸，每亩不及六厘之息乎？"伊何辞乎？此正策也。说者曰："神宗初，程公试丈地于先，既而徐公（注二）丈地于后，顷商丘王公杼亦丈之，均不能寝其奸。何也？"愚以清丈之侯，躬历郊野，间一抽查；清丈之后，明申各上台曰：民灶分剖已晰，灶额已足，后仍有刁诬者，上台幸烛其奸，勿辄容其肤受。将民灶草各地勒诸碑刻，并以碑刻呈各上台，庶后之奸民知罚所不宥，或惕息而不敢有动乎。

《含烟小记》均地鱼鳞凡十四则　胶西旧守王星华著

阡陌既开，以后限田变而为兼并；兼并既久，豪猾隐占，奸胥剥蚀。赋之不均，从经界始，鱼鳞之法，于是乎始。作此鱼鳞者，细如发，密如网，诚后世焚林竭泽之智术。不知善以用之，遂成良法，顾奉行者何如耳。奉行之法，大约为之于堂上者十之五，为之于田间者十之五。孚以忠信悬以大法，拮据三月，可以告成。此万民之利赖，而百世之规画也。具十四条于左：

一、颁发弓式，当以官弓五官尺者为准。此式藏之太府，颁于藩司、各府州县，咸象而取则焉。官弓五官尺，积二百四十弓为一官亩。弓有定，亩亦有定，此天下通行之法，千古不易之制。何独至东齐而各处造弓不等，不特弓有大小之殊，亩亦有大小之别？多一番折算，便多一番上下其手。须下画一之令，废大弓而独存官弓，废大亩而独存官亩，痛快直捷，官民两便。

一、地土夙弊，其根底俱在户房县总，钩连飞隐，莫可穷诘。幸值朝廷清地之日，方是诸奸漏地之时。况权一借手，选役布人，无非登垄、发册、收册，罔不居奇。里社派钱，秽布道路；奸胥既饱，怨丛官身。惟择士民之殷富而诚实者，授以规画，分派责成，必爱身家而重犯法，户房县总，所宜痛绝而不使与者也。

一、每社公议社长一人，下则有知地人、弓手、写手、算手，俱要老成练达。如小社，亦须两三路；大社，则必五六路。人数多寡，照社分大小酌派，力分易集事，合有成。

一、每路各备扛连纸册十本，每本一百张，本面用厚壳，上注社名及社长等名，送官，内宅用印上号，即分给社长领去。

如丈一坵完，登时眼同注定印册，其地形方员长短湾尖，各画一图，图上编顺号，号详上戴下履，图旁注业主，图下注四面弓口，积算明白，注定几亩几分几厘几毫，即此便是鱼鳞细册。其必立填印册者，防私改之弊也。如先写私册，后登印册，便藏弊端。丈后余剩印册，仍缴官验销。

一、每路各备应用木橛，上阔下尖，削白，明书四至、弓口亩数及业主姓名于上，每坵只用一橛，插钉地角，以便抽丈。其木撅俱着业主自备。

一、每路俱照官弓式样各造一张，送官验准，用印刻木弓。筍用铁搭，恐懈则宽；弓脚用铁锥，恐走则滑。如防弓有损坏，易之以木尺、竹尺亦可。

一、奸民每每借名隐熟，如灶地、屯地、学地等项，须合丈入册，丈完照原数分别除去，存者皆为民熟，借隐之窦自塞。

一、各路各聚贤劳竭蹶从事，即小有所费，不过纸张饭食而已。同社自用，所需无几，一杂以衙役，便生事端。有司催趱抽丈，止带一书一门两役，薄供自具，何必烦民？

一、旧鱼鳞册、村落条段册、征粮底册尽提入内备查，不许增减、洗补字眼。

一、积算亩数，集各社算手封识公所，择老成忠信者总督其事，切不可以本社算手自算本社，须错综互易。如一社有册十本，即用别社十人分算，各各穷日之力，算完速缴，则奸民不得择人而贿之矣。

一、造完鱼鳞册，另造顺甲总册一本，各户之下须造四柱，照此法过割，有此户新收，便有彼户开除，实在之数，紧紧押定，不走一丝，诸弊尽绝。

一、地数多寡，原系各社分管，下如互相交易，便提出本社，聚归业主名下，竟有一社之地而朝东夕西者，数年之内而此盈彼缩者，差役不均，苦乐悬绝。惟过人不过地，人有互移而地无转徙，历千百年社分生成地数不得有消长矣。

一、鱼鳞册既成，每户照册上田段各给号单一张收执，明开坐落亩数、四至、图形。后遇交易推收，即将号单粘入契内。如无号单，便有卖田一亩而买主勒掯止收九分七厘者、止收九分五厘者，兼并之端一生，包空之苦渐积矣。

一、过地、征粮分造两册。过地，则以社为主，人户散于各社之下，社分则地不得混也；征粮，则以人为主，地土聚于各人之下，人定则粮不得混也。两者相为表里，公私两便。

以上十四条皆法也。行法之本，则在乎信。用足尺官弓，则民悦服；使不费闲钱，则民乐从。此所谓信也。规摹全备，奸猾敛手，均地之政，永维不坏，方为上不病国，下不病民；不病民者，不病国之本也。

《安丘县志》

论曰：余观条鞭法，非即宋免役、雇役者哉？行之有十利焉：通轻重苦乐于一邑十甲之中，则丁粮均而徭户不苦难，一也；法当优免者，不得割他户以私荫，二也；钱输于官而需索不行，三也；又折阅不赔累，四也；合银力二差，并公私诸费，则一人无丛役，五也；去正副二户，则贫富平，六也；且承禀有制，而侵渔无所穴，七也；官给银于募人，而募人不得反复抑勒，八也；富者得弛担，而贫者无加额，九也；银有定例，则册籍清而诡寄无所容，十也。所谓此法终不可罢者邪？然。四差合征，则力难毕完；输银在官，势且轻用，以难完当轻用，则折阅必多。一旦有意外水旱灾伤之蠲，部派军兴诸卒然之务，将于何取给之？若欲预为之羡以备蠲减，如宋曾布所言，则浚民者将濡首焉，是先病之也，于却虑岂有当哉？余以为莫若搜田。盖田宽则赋缩，赋分则徭轻，相为低昂者也。昔洪武时，尝遣国子生武淳等核实天下田土，作鱼鳞图册，各有定额，安丘均田，得一万二千二百二十三顷九十五亩有奇。已复令山东等处额外荒田，尽力开垦不起科，以此知安丘之田，未垦者尚多也。二百年来，民昌物阜，其间垦者必众，而赋不加缩，何也？尝即李翱平赋书推之，法半步曰武，二武曰步，步方六尺（今钞尺）二百四十步之谓亩，三百有六十步之谓里；方里之田，五顷有四十亩；十里之田，五百有四十顷；百里之邑，提封田五万有四千顷。除山泽邑居，三分去一，为田三万六千顷。安丘绝长补短，地方百余里，除今诸额外，尚余二万二千三百余顷，此岂尽荒者哉？则良田匿而未尽出者容有也。今法，开垦者亩科粟三升，俟大造之年，升其肥饶者为下则，似亦详矣。然豪有力者，所垦连阡接陌，不纳一粟；小民方襏襫而冀半穗，乃辄履亩而谷之，是为豪有力者敺也，将奈何？今邑令熊公稍一稽察，即得若而顷，固知法无不弊，在奉行者何如耳。倘嗣是者无堕其绩，则十年之后，可得田四分之一；又于良田飞诡影射者，尽法搜罗，使豪猾无所窜匿，则可得田五分之一，总之得弱半焉。夫多一分田，则减一分赋，即折半计之，亦可减租赋之十三四矣，其于民力不愈宽哉？即有意外之蠲派，其额当不溢于今日，岂直为此廪廪也！苏绰有云：今所为制，若张弓然，非平代法也。后之君子，孰从为弛之？呜呼，长民者念之哉！

益都

金岭镇系重地，镇以官兵，仍选风力官领本镇及胡田并孟丘山前后十数庄枪手巡防，又于柳行东西，东侯高等庄各立庄头一人，不时稽查，以绝铅矿之徒投寓，与颜神镇、长峪道官兵犄角策应。颜神镇添设官兵防守，仍选委千总督同义民领本镇及八陡、西河等处枪手巡防，与金岭镇、长峪道官兵犄角策应。长峪道自临淄起至莱芜，长三百里，界两山间，中通淄河。官司罕至，前此莫闻，屡询互蔽。及亲历南丘、朱厓、马禄、太河、源泉、邀兔崖、石马，直抵青石岭，始得其故。俱系要地，而朱厓、源泉二集场尤甚。其民至老不识城府，亦不在编民之列，顽悍犷鸷，盗贼之薮也。且西去府六十里，遇巨山十数重，即通北路。选委义勇官，一住朱厓集，一住源泉集，各分领近地枪手往来巡防，遇有盗贼及盐矿徒，并力擒之。仍不时差官密防，以防隐蔽。与颜神镇、金岭镇官兵犄角策应。洰洱店在县东三十五里，至尧沟十五里，东为登莱通衢，团长住尧沟防守。小涧店接临朐赤涧店十五里，路颇迂僻，区长住赤涧防守。懒柳树在县东北十五里，至口铺店二十五里，接昌乐，盐徒经由之路，区长住口铺防守。郑母店在县东南四十里，居民二千家，路接寿光、昌乐界，区长守之。

临淄

石槽城在县东二十里，东接寿光，盐徒必由之路。白兔丘集在县北三十里，东北通乐安，盐徒往来由此。淄河店在县南十五里，系重要路，义民协同巡检官守之。陆天务在县西四十里，通高苑、博兴、长山、新城界，系盐徒要路。

博兴

利城镇在县东三十里，系盐徒要路。黄店村在县北一百里，系盗贼之区。柳桥镇在县南二十里，系盐徒要路。陈虎店镇在县西二十五里，系盗贼之区。于家林村在县东北四十里，接高家度镇，系盐徒要路。

高苑

郑家店在县东北三十里，系盐徒必由之路。柴家店在县北十五里，系盐徒要路。田镇在县西北三十里，系盗贼出没、盐徒经行之路。岔河至通济桥在县南七里，系盐徒要路。

乐安

南路大王桥去县二十里，居民五百家，与彭家道口相连，盐徒经由之路。东路从王家岗来，过高家港，过王家店、小张、张郭，过临淄大夫店，令住王家店咽喉之地守之。西路从新镇来，过新店、田家庄、新集、碑寺口，往博兴县，宜防守。中路从小清河起，过神堂、燕儿口、尹家店、石村，过杨赵，往大夫店去，定令在石村守之。塘头寨添义民，率领民壮与百户协守。马市添义民，率保甲枪手巡守。

寿光

侯镇在城东五十里，去广陵镇十五里，通潍县大路，南通临朐，盐徒之路，义民领民壮枪手，协同广陵镇巡检兵防守。官台场在县北八十里，产盐。义民领民壮枪手守之。彭家道口寿光、乐安二县之界，盐徒自官台场、高家港、新镇场皆由此，义民领民壮枪手守之。姬家桥、张家庄集在县西北三十里，盐徒往来之路，义民领枪手守之。

昌乐

远里店在县东二十里，接潍县界，盐徒多由此。尧沟店在县西二十里，系盐徒经行处。唐郡店在县南七十里，接临朐、安丘界，盐徒多由此。埚坨店在县东南六十里，接安丘、潍县界，宜守之。

临朐

破丘在在县西八十里，通八陡集，经时布庄、露疃诸路，本集居民三千家，今亏其大半，宜守黑山、略水二洞。上庄田村庄城东南十里，盐徒小路。西庵庙在城西十里，盐徒之路。穆陵关、蒋峪、辛寨店俱盗贼往来之路。柳山集，通益都县，郑母集，盐徒之路，以上各设区长防守。白塔集在太平岭东南，牛沐岭之东，即安丘县，差义勇官领枪手防御，与镇集为犄角之势，又领兵策应，以防突来之盗。

安丘

东南石埠与莒州管师店相近，时有盗贼。西南牛沐店系莒州、临朐三界，有山多盗，且与太平岭相近，宜守此。景芝店四达之路，亦重地也，委官同区长守此。马思店在县北二十里，通潍县，巨盗窃发，宜守此。

诸城

黄草关在县西南一百里九仙山西，盐徒自新泰、莱芜、莒州、沂州来者会此，委区长防守。锦衣卫口在县南一百二十里，系九仙山南口，通莒州、日照、安东、赣榆，盗贼之区，委区长守此。吴太坟在县南九十里，系九仙山北路，通东莞、安丘、临朐、颜神，盐徒之路，委区长守此。柴沟在县东北一百里，接高密，且僻远多盗，委区长守此。李长集在县北六十里，与安丘接界，委区长守此。在城并只沟集西路一路，委义勇官守此。

蒙阴

九女关系南北通路，盗贼要区，委义民在长马庄守之。高都店、恶沟去县三十五里，与新泰县通，盐矿徒俱由此，四顾六七十里无人迹，委义民在高都店守之。寨子黄庄通大王庄，多盗，委义民官在寨子守之。坦埠、旧寨系莒州盐徒要路，委义民官住寨守之。鲁村、张庄系矿徒出没之地，委义民住张庄守之。桃曲店与紫金关策应，亦重地，委义民住桃曲守之。

莒州

东莞集在州北一百二十里，与安丘接，系重地，委区长防守。管师店在州东北九十里，与诸城县接，亦重地，委区长防守。公婆山在州西三十里，与沂水接，盗贼往来小径，委区长防守。十字路葛沟在州南一百一十里，与沂州接，盐矿盗贼要路，委区长与两巡检司协守。屋楼镇在州东四十里，与诸城、日照接，亦隘地，委区长防守。

沂水

蒙山东垛儿庄集在县西南一百五十里，北通蒙阴，南通费县，盗贼之薮。山有观庵七十二处，委义勇官率枪手三百名守之。下位铺在蒙阴坦埠集左，在县正西六十里，系盐徒要路，委区长率枪手二百名守之。述水马站、高桥在县正北，穆陵关来路，盗贼出没无常，委区长率枪手三百名守之。苏村集在县正南五十里，通郯城、沂州、宿迁，响马出没之途，委区长率枪手三百名守之。河阳集在县南一百里，接连葛沟、沂州界，响马来路，委区长在本集防守。东里店在金星头，汶蒙峪来路，委区长及义勇官守之。

日照

巨峰寨在县西南七十里，莒州邳徐盐徒要路。风火山在县正南六十里，通安东卫大路，去涛洛场十五里。沈疃集在县正西七十里，莒州界，盐徒盗贼小路。两乡集在县正北五十里，去九仙山锦衣卫口十五里，盗贼之路。红宁沟在县西北一百里，通安丘小迳，盗贼出入之处，以上各委区长守之。

长山

宰村去县三十里，焦家桥去县三十里，各有居民三百家，俱盐徒要路，委义勇官于焦家桥防守。长白山在县西南三县之界，有夫庄居民三十家、董家庄居民五十家；在山下，回路峪居民三十家；在山麓间，系盗窝；委义勇官董家庄防守。城东石村、房镇常有响马截人，设东路巡逻官防守。城南周村店居民三百家，与淄川接界，群盗走集之所，设巡逻官防守。

淄川

磁窑务集山南通莱芜，西通章丘，去淄川二十里，土人凶野，盗贼之会。龙口店在县东南十五里，居民三百家，人性凶野，万山要地，设义勇官防守。王村集在县西五十里，西北去长白山四十里，长山、章丘、邹平三县之界，大山连亘，盗贼渊薮，委义勇官守之。西峪庄在县正东长峪道，居民稀少，立区长领枪手镇之，连风水店、傅家庄，委义勇官守之。

新泰

两县山在县东北四十里，与蒙阴相接，产矿，东通蒙阴石槽庄；西通高峪铺，达青州大路，设官及区长，往来两县山高峪铺巡逻接守青泥沟一带。张家拦在县西北三十里，去宫山峪十五里，多盐徒，设义勇官及区长，守张家拦兼逻宫山峪等处。酒台庄在县东南三十里，东通蒙阴汶南集二十里，西通泰安州泉河庄七十里，盐徒要路，设官及区长，守酒台庄，巡逻庄兼逻汶南泉河一带。黄草关在县西北七十里，去雁翎关十五里，通莱芜、兖州，盐徒要路，近有上四庄巡检司弓兵二十名，添设乡长，住雁翎关，与上四庄官兵，协力防守。牛家庄、洪沟崖、横山口西通泰安，南通泗水，盗贼之区，设义通官及区长，住横山口，乡长住张庄，在牛家庄、洪沟崖两庄之间往来巡守。

莱芜

大王庄在县西北六十里，南去刘元帅寨十里，累生变逆；东西北三路皆阻高山峻岭，惟南面通刘元帅寨，为泰安山、颜神山径僻路，可以扼截，若守刘元帅寨，即大王庄无虞矣；委义勇官及乡长守之。夹谷岭在县西南三十里，与新泰杨柳店接，盗贼之区，委义民官守之。绿豆山在县西北九十里，与章丘县长春岭接，多盗贼，有王许店可截，委区长守之。香山在县西七十里，东通绿豆山，西通泰安州界，北通章丘县，盗贼之路，有水北店可截，委区长守之。李新庄、颜庄在城东五十里，矿徒出没，委义民官守之。青石关经吐子口过刘元帅寨，下泰安，系要地，委义民官守吐子口，与寨犄角策应。

《兵防论》

按青齐为京师左辅，各卫所官军分班（注三）入卫，制也。二百年来，颓敝已极。补救之术，不过曰清勾、拨补二者而已。然清出者十无二三，解卫者旋复脱逃，是清勾难济实用矣。不得已乃以官舍余丁拨补，徒费虚名，无益行伍，久则惧其拨补并见在者而亦逃。况地方频年水患灾伤，民穷财尽，官府追征钱粮，京边之外视为缓赋，以此军士月粮鲜有及期者，勉给春班，而秋班又至矣。夫补军则卫所难堪，支粮则全军难给，故京操启行，不但额数不敷而已，班军枵腹趋役，武臣坐是黜罚，亦何益于事哉？闻之昔年，京操称能办者至京，往往借贷招募壮勇，将班军亏欠之数尽额补给赴工；比其返也，查扣在卫月粮陪补。故官无欠军之罪，而军无勾摄之扰，此或一策也。又有司追征月粮，一时难于辏办，而班军戒行，促迫间有借支别项者，颇称权宜，比在有司之贤者专之耳。如近日河南民兵防秋，而彰德府每借之河道银以济用，旋以民兵银追征，至日还之，缓急不失，而事体两便，此又一策也。今若于五年推选之日，必择武臣之贤而才者为京操官，不使蹋茸姘婀之辈参于其内，每京班赴操，仍三令而督责之，缺伍之军随宜而招募之可也。回班之日，听其查扣月粮补还，亦无不可。盖京营得尽人之役，而本兵无挂班之檄，与全军等耳，操官亦何惮于扣除之嫌哉？月粮全给，招募自便，操官贤善，侵渔可免。或曰，班军缺伍，招募非制也，今边关新军不奉诏行之乎？月粮借支，非法也，今边粮起解不挪移仓口乎？此又调停缓急，不可以胶柱为也。审能行之数年，则军士知月粮不亏，咸有乐行向往之念，不必清勾拨补，而行伍得休养充实之资，操官免降调之苦，而国家获拱卫之益矣。故曰，政无全善，存乎其人。

《登州府志》

元人通海运，于沙门岛设监置戍。其时与城北为二社，皆蓬莱之民也。我国朝漕会通河，海运浸废，二社之民，无约束之官，乏通济之利，遂移附近郭，失有恒业，而岛屿聿空矣。然膏腴沃壤，不受耒耜，亦一遗利也。近分营军屯种于中，岁有收获。后又招民开垦，满篝满车，悉土之毛，悉可以果生人之腹也。于以称生之之众也非乎？故议复二社之业，讲询消弭之策，经国者酌之。

《周礼》遗人掌乡里之委积，以恤民之艰厄，后世惟朱子之社仓得其意焉。自社仓转为县仓，县仓转为郡仓，去民益远，则泽不下究，而古意失矣。国初预备仓在黄县者凡八所，在宁海州者凡五所，余者可以类推焉，夫社仓在国初已行之矣。

船只　有淮船，有辽船，有鱼船，有塘头船，有太仓船，有瓜洲船。船无定数，以粮为数，大者载粮千余石，次七八百石，又次四五百石，或二三百石，雇募者十之七，官造者十之三。

《福山志》

营后墩（在县东北一十五里）。灶后墩（在县北二十里）。郭家庄墩（在县西北二十五里）。八角墩（在县西北四十五里）。鸡鸣墩（在县西北三十五里）。白石墩（在县西北五十里）。磁山墩（在县西北四十里）。城阴墩（在县西北三十里）。右七墩福山备御官军守瞭。棋掌墩（在县西北一十五里）。浮栏墩（在县西北二十里）。右二墩孙介镇巡检司弓兵守瞭。木作墩（在县东北二十里）。埠东墩（在县东北二十五里）。熨斗墩（在县东北三十里）。现顶墩（在县东北三十五里）。清泉墩（在县东北四十里）。右五墩，奇山守御官军守瞭。

嘉靖十七年二月，山东巡抚胡缵宗奏："青、莱、登三府地方，旧有元时新河一道，南北距海三百余里，舟楫往来，兴贩贸易，民甚便之。比岁淤塞不通，商贾皆困。原设闸座，故迹犹存，惟马家濠中多顽石，乃元人疏凿未竟者，今已募夫凿通。尚有停口窝铺浅隘者一百余里，淤塞者三十里，乞动支官帑开浚，永为民利。"工部复如缵宗议，诏从之。

三十一年十二月，工科右给事中李用敬奏开胶莱新河。其略谓：迩者河道湮塞，深妨国计，闻之胶莱之间，有新河一道，在海运旧道之西，乃元人欲开通，以避海涛岛屿之险而未成者。先是，山东巡海副使王献，悯登莱之民，土瘠人稀，生理不足，皆由舟楫不通。尝接元遗迹，凿马壕石底，以通淮安商贾，建新河等闸八座，以蓄泄水患；导张鲁白现诸河，以济水道。见今淮安之船，由淮河直抵麻澳，即新河之南口也；由海仓直抵天津，即新河之北口也。自南口以至北口，仅三百三十余里，各有潮水深入，中有九穴湖、大沽河诸流可引。其淤塞未通宜量加浚者一百五里，宜深加浚者三十余里。元人用功，已开其三。今之用功，当任其二，此皆彰明可见者。乞选才望官一二员，会同抚按官亟为修举。疏入，工部覆行所在抚按详议具奏。

三十四年二月，罢开胶莱新河议。先是，御史何廷钰请疏浚新河，诏遣廷钰往会山东抚按官勘报。至是言胶莱新河一带，系元人已开故道，特因马家壕南北长四里，内有石冈难凿而止。前海道副使王献，曾鸠工聚财，焚以烈火，凿通北濠，随于分水岭南北河道，并力挑浚，设立闸座八处，工已十之三四。寻以本官迁去，工竟未就，即合此濠旧迹犹存。特两岸沙土，日久颓下，遂致淤塞，挑浚亦不甚难。至于分水岭地本高阜，故白河之水至此分流，然度其地势，终不甚峻。今在南者为积沙所淤，水惟北流，若加开浚深广，中间虽有砌沟滩濑诸石，亦自人力可施。司道诸臣至称旧估二百七十余万，恐必有增无减；其委官通判罗士贤等所估，亦称一百六十万两。臣虽心计不足，如士贤所拟数二分之，岁给一分，年终总挈工费几何，而次岁固可定矣。其通海一节，则中间地势既高，若必使两潮相接，须浚深及八九丈，恐滨海之地，凿下数尺，水泉溢出，人无所置足，势必难成，而所费真不下数百万矣。计惟一味引河，添设上下闸座，疏理各处泉源，随宜因势而为之；虽未免重费，而视凿通两潮，犹为稍省。第现河之流，不雨即涸，而白河其流亦微，遇夏秋水泛，则二河自合，而沙恒多。其胶河无沙，视现白二河源亦稍盛，顾又在分岭以北，不达于南。张鲁河虽无源，而中有泉，亦必从东都伯之地引之，计二十余里，然后可通。沽河水势大而沙尤多，若于吴家口闸之下，因小派而引之，可以济南行之水；但恐沙随水走，河溢受淤。盖新河原系人力所开，南北俱潮水所入之地，惟其势不甚峻，故水泛不甚冲决。而水因潮逆，则沙虽随水泛而流，亦因水缓而停，必须岁岁挑浚而后可。此司道诸臣所虑泉源不足者也。臣意于疏理之时，广加寻引，而于王副使所设八闸，如陈村杨家圈已损坏者，兴而葺之，其余完存者添而修之，及胶河等处之口，亦添设小闸，大约共计大小十三四座。所增既密，启闭以时，自足济用，若犹虑水泉微小，闸不足恃，则如委官筑坝之说，亦可潴蓄不泄。诸臣乃复虑山水骤发冲激之虞，及出入河海船只搬驳，虑患计费至此，可谓纤悉无遗矣。至于南北两海，臣备查博访，知之颇悉。在北者无风可以篙行，南自淮安海口，由云梯关至马家濠，风便不过三四日之程。中有莺游山，可以湾避。又沿海岸一路，系行盐地方，少加疏达而行，尤为稳宜。且新河南北迂回，计二百四十余里，俱挑深广，为力固难，然不计工费而为之，则亦无不可成者。其所难者，则如诸臣之虑，所引泉源，恐或未足，岁加挑浚，其费无穷。兼之此时南北兵革未宁，而近日灾伤尤异，常时工役，今且暂停，此役一兴，虽假以三年之从容，亦须每岁给以银两五十余万。当此财力诎乏之时，何从出办？又况开河建闸，所费已百万以上之财，而三四次转驳，必须多造船只，其费益无所出，东土穷荒，公私俱竭。此河若开，又必循会通河设官编夫体例，方可永久通行，不无愈增亏损，此则又当相时审力而治之者也。乞下工部酌其行止，得旨报罢。

万历三年八月，南工部尚书刘应节等为漕渠可虞，议开新河，以永裨国计事。仰惟我朝定鼎燕京，势极西北，一切军国重需，悉皆仰给东南。在祖宗时，犹藉海运之利，转输万里，以给边饷。自会通河开，海运始罢，致使国家万年之命脉，仅恃一线之咽喉。于是有识之士，谓宜别通海运一路，与漕河并行，以备意外之防，后竟留遮洋一总者，存此意也，其虑远矣。矧今黄河不驯，漕渠多故，经理无策，至厪宵旰。万一河流他徙，转运不通，彼时仓皇而后为计，不亦晚乎！近该河道都御史傅希挚有见于此，广求运道，议开泇河，亦思患预防之意。职等愚陋无知，谬有一得，敢为我皇上陈之。切谓海运之所以可虑者，特以有放洋之险，覆溺之危，二者而已。欲去此二患，而坐收转输之利，惟山东胶州一河，南自淮子口入海，由斋堂岛鹰游口入淮，以抵淮扬，贾客往来，殆无虚日。风顺不过五六日之程，亦人所共知也。中间未开者，不过胶州以北、杨家圈以南，计地约有一百五六十里，其间深沟巨浸，尚居其半，应挑浚之工，不过百里。且平原疏通，无高山长坝之隔也；畚锸易施，工费不剧，非有甚劳民伤财之患也。往时诸臣建议盖屡及之，朝廷亦屡遣重臣往勘之矣。然累年经营，迄无成效，此其故何欤？缘勘事者未睹开河之利，遏计未形之害，止据见在故河，而未暇别求便道。殆不知故河纡曲，长亘二百六十余里，岁久积沙，阔至三十余丈；且一水中分两海，浚之浅，则潮不通，浚之深则力难措。水至则必淤，沙高则必崩，于是有人力莫施之议。潮既不通，河复浅阻，于是有引水灌输之议。既而潮必不通，河不可浚，求诸远近，又无水可引，于是开河之举，因而报罢。兹事有因，非当事臣工任事之不力也。臣等之愚，以为欲开胶河，必通潮水，必舍故河而寻便道。查得胶州南自淮子口、大港头出海，由州治而西，抵匡家庄约四十里，俱岗沟黄土，宜用挑治。自刘家庄北抵抬头河、张奴河，至亭口闸三十里，俱黑泥下地，水深数尺，宜用挑浚。自亭口闸历陶家崖、陈家口、孙店口，至玉皇庙，约六十里，河宽水浅，宜从旧河之旁另开一渠。玉皇庙至杨家圈二十里，水势渐深，约五六尺，宜量行疏浚。杨家圈以北，则悉通海潮，无烦工程矣。大抵此河以工力计之，宜开创者十五，挑浚者十三，量浚者十二；以地势论之，宜挑深丈余者十一，挑深数尺者十九。以水圭测之，高下悉有准；以锥探之，上下皆有石，似的然可开，无复可疑。矧此功一成，几有数利也：海潮所至，划然成渠，以后可免驳浅之费、挨帮之守、挑浚之劳，其利二也；循港而行，遇风而止，外无放洋覆溺之害，内避黄河迁徙之虞，其利三也；漕运之粟，率数钟而致一石，海运脚费既省，则免支加耗，自宜减省，其利四也；吴越荆湖诸省之粟，查照先臣丘浚所载议，一半入海一半入漕，海既通便，可复迅速，彼或有滞，此尚可来，是两利而俱图之，其利五也；海舟一载千石，足载河舟所载之三，海舟率十五人，可减河舟用人之半，退军还伍，俾国有水战之备，可制海边之寇，其利六也；仍查复国初济边事例，每年改拨数荡石，以济辽蓟军饷，亦可省空运之费，免招买之苦，其利七也。要之以万夫之力，兴数月之工，掘地止数十里，所费仅数万金，审时量力，似无甚难，亦何惮而不为耶？窃惟胶河之设，事理甚明，若往还会勘，则筑室道旁，竟成聚讼；若委用不得其人，则推艰避事，又成画饼。合无免行覆勘，但简命实心任事大臣一员，往督其事，一切河海运道，查照前议，并未尽事宜，悉听便宜行事。应会议者，会同漕河抚按诸臣，计议妥当而行，则任用既专，肤功可奏。若治无效，愿请并治臣等之罪。又查得班军四枝，除二枝赴边外，尚有六千在籍操练，一枝屯住胶州，一枝屯住青州，及查即墨一营，亦为附近。合于该营起军数千，连前班军，约近一万之数，然后度地以分工，量工而论日，免其操练，专事工作。仍于月粮之外，每日给银四五分，以佐其费而作其气，庶众竞劝，不世之功将不日可成矣。倘蒙圣明允纳，敕下该部详议，速赐施行。得旨："这胶莱河议节，经行勘，俱为浮议所阻。刘应节等既的有所见，不必覆勘，就着徐栻改工部右侍郎兼都察院右佥都御史，会同山东抚按官，将开浚事宜一一计处停当，具奏来行。朝廷屡议开河，止为通漕，与治河事务不相干涉。再有造言阻挠的，拿来重处。"

四年正月，开浚新河。工部右侍郎兼右佥都御史徐栻等议，新河二百五十八里，中间凿山引水，筑堤建闸，工必不可议省。漕河旧规，每方广一丈、深一尺为一方，每方二工，计工给银四分，共该银九十万八千七百六十六两八钱，费必不可不储。得旨："胶河在嘉靖间，该道官自行开浚，工已十之六七。当时未开请给钱粮，多用夫役。今特竟其未成之绪，纵工费艰钜，何至动称百万。据所委勘各司道官多推艰避事，其中工程道里丈尺，大率虚估，未见详确，显是故设难词，欲以沮坏成事。且就近有司官员岂无堪用者？乃委及王府长史。长史以辅导为职，岂宜侵有司事？徐栻始议云何，今观其所措画，殊无诚任事之忠。户工二部具会同原建议、刘应节并工科勘议，以闻。"

徐栻又言："前题匡家庄地委高峻，难于施工，改扦黄阜岭，道里稍近，而高处亦复不减，泉水仍不可通。惟治都泊由船路沟一带，原系便路。相传谓都泊为水所汇，船路沟为行舟，似有待于今日。在黄阜岭迤北，既远共高峻；在分水岭迤南，又避其淤沙，地形平衍，水势浸漫，且旁有可济之河水，有可引之源泉。其上流为沽胶等河，浚之以为血脉；其下流为张奴等河，浚之以为经络。各建闸座以通其咽喉，广开水柜以滋其荣卫，立堤塍以障其流沙，开月河以泄其溃溢。或遇大旱水浅，仍照会通河事例，预造驳船，以备驳浅。每年春初大挑，务期通利。其海仓口等处俱有旧设仓廒，仍查复制造，以备积贮。是可以备海运之长策，称转输之便途矣。”报可。

刑科给事中王道成言：“新河一事，刘应节主通海，徐栻主引泉。臣愚以为胶州在两海口之中，土最高厚，万一坠石隐伏，挑浚安施。至于漕运纤长，河泉干息，易盈易涸，闸柜徒劳。况海船、河船、决难通用，而山东钱粮不满二万，即南北区处，百万易备，使复有不足，其将再请乎？”疏入，上曰：“人臣任事最难，已令虚心议处，不当预为难成之说以恐之。”命仍前议。

新河之工，巡抚御史商为正力言不可开，刘应节亦请停止，部覆委应停罢。上令召应节及栻还，应节复上疏曰：“伏念臣至愚极陋，无所知识，顷以运道梗阻，辄不自量，越俎而陈胶河之议。继因当事诸臣，议处未妥，又蒙皇上任使，赍敕前往胶莱地方，勘议河工。臣复不自量，力陈胶河可开之状，期为我国家永建转输之利。讵意众见不同，流言蜂起，庙堂主持不定，漫然两可，而中止焉。窃惟今之运事，自徐邳而南，以至淮扬，溢决淤塞之患，盖无岁无之矣。顾黄河未至遽迁，运道尚无大阻，又其时海上多瘟疫之灾，国帑乏赢余之积，新河报罢，孰曰不可？但谓河不必开，可也。若乃归咎于河，而曰河不可开，则诬甚矣。河形俱在，众目共睹，非微难见之物也。水土之工，即庸众与知，非有神幻不可测度之事也。是役也，在元人已为之建闸置坝，故迹犹存，比因淮子口石砑森立，伤船甚多，遂以罢运。是元人之无成，其患不在开河之难，而在淮子口伏石之险也。我朝嘉靖间，海道副使王献复举而行之。其用工次第，不急于治河，而首务于开山，于是凿通马家壕，无复石之虑矣。乃南北引潮，舟楫毕达，中间未及通者仅三十余里。而本官不留，以升迁去任，是王献之无成，非河之不可尽开，欲尽开之而无及也。臣生长胶莱之间，遍历河海之上，奉朝廷之简书，藉国家之全力，目击可为之状，又得任事之人，乃竟不能寻元人已试之迹，收王献垂成之功，徒为此河增一不可开之案，且重杜后来任事者之心，臣等之罪大矣。天事苟利国家，死生以之，今河是非不明，臣之心迹弥晦，辄敢不避嫌怨，冒昧再陈，惟陛下少垂察焉。谨按胶莱新河，南北海口，相照约三百里，除麻湾口以南直抵淮扬，海仓以北直抵天津，贾客往来，岁无虚日，无容别议外，其壁沟河以北，应该量挑者，约一百七十五里，深挑者约五十里，共二百二十五里。其河两岸之土如胶，一水中流若练，下无流沙，旁无疏土，谚谓“铜帮铁底”，殆非虚语。止有沽河积沙一段，约长至五里，乘潮行舟，本自无碍。当事者以为不然，乃议开壁沟河十三里，直接黑龙溪，正以避沽河之沙也。又有白河一道，正当分水岭之冲，岁久积沙，约长三里，初议水之来处，叠坝建闸，足以障之。当事者又以为不然，乃议创开船路沟七里，正以避白河之沙也。夫河之有沙，犹山之有石也，但问其为害不为害，可治不可治而已。今以数百里之河，经千百年之久，流沙之积，才有此数，一除可尽，则亦何害于河哉？此南北全河形势之大较也。夫地有定形，则高下有定准，然而每一丈量，则逐手高下，辄至相悬。臣督同部道诸臣约量地势，截水为坝，使坝坝水，水自为平，水与海面相照。乃知由麻湾而北，以至壁沟河口，地面高于海面者，才得制尺五尺；由壁沟河以至吴家口，地高于海面者，约一丈五尺；由吴家口以至分水岭，地高于海面者，共约二丈二尺四寸，正与王副使原丈数目相符，止多四寸。过此而至崔家口，则渐低五尺四寸；由崔家口而至赵家铺，则渐低一丈五尺；由赵家铺而至刘家铺，则渐低二丈；由刘家铺而至海仓口，则渐低二丈四尺四寸，又与南海平矣。此以上但对海面而言。臣等先估，谓当视海面，仍挑深五尺，使海水流通，是无问潮不潮，常有五尺之水也；再益以潮，是常有丈余水矣。如此，则引水建闸，皆可勿问，此南北地形高下之大较也。每地一里，约三百六十步，每步折制尺五尺，共约一百八十丈。今全河应修之地二百二十五里六十六步，以深阔折算，共约四万五百三十三丈。照依西河规格，每地方广一丈、深一尺，为之一工，共约五百七十五万七千四百一十四工；每工给银四分，共该银二十三万二百九十六两有奇。此修河相沿之通例也。大约以人夫四万为准，每日约工四万，计一百四十四日，约工五百七十五万七千四百一十余工，可以竣事。此又以深于海者言也。若乘潮放船，但以海面为准，不必更深，可当前工之半。又或括取地方见在班军壮快等项，可约万余人，每月除原有月粮工食外，量给盐菜银一二分，则所省又十之八九矣。此全河总会工费之大较也。夫河之为患，惟海潮不通耳。海水既通，潮水继之，朝夕而生，万古不爽，非若秋水行潦盈涸无常之可虑也。是河也，地形中高，帮底既固，稍加堤防，功可经久，非若浮沙疏土，崩决无常之可虑也。由是新河既成，两河并运，以居常言之，在新河，则南北直隶输转甚便，可省数月之程及一切盘驳折耗之费；其在西河，粮数既分，运事自速，亦可以免挨帮之守与积水之艰。以遇变言之，彼或有滞，此尚可来，既可以备漕河改徙之虞，亦可以防奸宄意外之患。其在东土，则商贩悉通，足资贸易，荒歉有备，不致流移。以之而通运于边方，则蓟之永平、辽之广宁等处，一水可达，亦可免招买之难，挖运之苦，此新河利害之大较也。要知今日开河之议，虽经由南海一日、北海三五日，沿涯循港，万无一失，原非元人黑海开洋之比。是役也，系河运，非海运；系疏导，非开凿。可用海船，亦可用河船。有裨于西河，非欲废西河也。若兹岂惟宦游者不能知，即土住者亦未之尽知。况前河先系山东抚按揭报，以为便利，臣奉命往勘，亦多用诸臣之议，中间但稍易其凿湖引泉之谬，转为通潮之策。其称海口淖沙，查无踪迹。分水岭视之海面，亦尚高二丈余，别无异说也。不意臣所措画，尽成谬妄，流言飞语，传布两京，以致通漕大计，因而中止。夫西河之告变者屡矣，庙堂岌岌求善复之策，亦甚殷矣，万一黄河改徙，运道艰难，即有深谋远虑之士，出而应卒然之变，既将以今之公案，为复之殷鉴，谁能复任天下事哉？伏乞敕下该部，将臣终议与前案并存，庶是非不淆，利害易睹，即此河今虽不开，后必有开之者矣。”

三十七年，巡漕御史颜思忠疏陈新河可开之状。先是议者以国家漕运专事会通一河，欲开更胶莱，以防不虞，会以人情不调报罢。思忠言：胶莱新河，南自麻湾通南海，北自海仓通北海，地之相距，计三百四十里。中间河宽水深，工力省便者，麻湾至把浪庙等处，约共百九十里；河窄水浅及全未挑修者，把浪庙至陈村闸等处，约共百五十里。分水岭地形颇高，尤宜深浚。约略其费，可不及十五万，大都小沽河以灌中段，大沽河以灌陈村之南，白水以灌分水岭，高旺山河以灌新店之北，以及中间诸河泊之水以济助之。凡有水来，必挟沙至，黄洳二河，岂无冲沙，焉得一一躲避？惟当仿临清、济宁事例，建闸设夫，时常修浚，于大小沽河上源，修置土坝以障沙来，或建造斗门以防水涨，因势利导，随机曲防，在临时酌量行之耳。

隆庆五年，河道溃决，户科宋良佐请复海运。时山东巡抚梁梦龙极言可行，谓海道多潢，犹陆地多岐；海人行海，犹陆人行陆；傍海而行，非横海而渡。今踏出海道，傍海居多，较元人殷明略踏出之道，尤属稳捷。遂以山东布政王宗沐为总河，专司海运。至万历元年，以龙斗伤船七只议罢。海运既罢，宗沐请复遮洋总，言国初海运，岁运七十万石，以给辽东。后会通河成，海运遂废。然尚留遮洋一总，原有深意。至嘉靖末年，给事胡应嘉建议裁革，并入山东、江北诸总，前制尽罢。应嘉以乡土之故，忍变成法，有识者未尝不扼腕而叹。近因河道淤阻，当事诸臣复起新议，劳费更多。海运二年，道路稍谙，今虽议罢，宜查复遮洋一总，即改海运把总为遮洋把总，领兑河运北粮。从之。越二年，亦罢。

崇祯十二年十月，沈廷扬奏言：从高邮城北二百七十里以达庙湾，入海七百里，达胶州之麻湾，入新河二百七十里，至海仓，绕过马家濠，不惟避成山之险，而淮口阴山诸险皆避之。此二百七十里，皆低洼易开。由海仓入海至天津一千八十里，共二千八百里，则河漕不如海运之便。开胶莱又不如高邮径至麻湾入新河之尤便。下部议。

十三年七月，临清副总兵黄胤恩上海运图云："海运当讲者三，臣见河渠淤浅，必加挑浚，而海无之；河水旱干，必藉湖泉，而海又无之，此难易审矣。海中之险，共畏者成山尔。山内有曲径可通，山外更大洋可行。淮沙船直走大洋，转刘公岛至登州，此夷险明矣。当日辽事初起，陆运费每石至二两五钱，臣改海运，每石一钱七分，辽饷三百四十余万，计省金四百余万，此省费较然矣。"

又疏："海运将淮扬重船运至胶河，轻船接至莱河，其间通浚小河，多造脚船，如通州抵坝故事，于岭上建仓驾车，仿古河阴洛口之运，待回空受载。自淮河抵胶，自海仓抵津，计日直达，即成山一转，亦缩近数倍。每年三运四运，无不可者。"

十六年十一月十五日，考庶吉士毕，上于德政殿召对，因问曹樱："曾请开胶莱河，已发银十万两，曾否支用？昨计臣倪元璐奏，有养鱼池通漕便道，欲遣贺王盛踏看，是否可行？"蒋德璟对："胶莱原有马家濠，元时所凿，嘉靖、万历中皆再凿，欲以避成山之险，然尚未通。"陈演奏："闻尚有数里。"德璟奏："只有十四里未通。"演奏对："即凿通，如沙潮一冲，恐又于淤塞。"璟对："前倪元璐奏欲于未通处所用陆运，将漕米搬过，亦是一策，然两边船只及车夫，亦费区处。"上曰："养鱼池见在何处？"璟对："在文登县，因贺王盛曾令文登，故知之。"上曰："即遣贺王盛去勘来，并前户工二部所发银十万两，通查来看。先生每拟旨行。"按胶莱新河，开之欲避成山之险耳。忽议及文登之养鱼池，此贺王盛之妄。

大学士丘浚《海运论》

海运之法，自秦有之。唐人亦转东吴粳稻给燕幽，然亦给边方之用而已。用以足国，则始于元焉。初伯颜乎宋，命张瑄等以宋图策，自崇明由海道入京师。至元十九年，始建海运之策，命罗璧等造平底海船，运粮从海道抵直沽。是时犹有中滦之运，不专于海道也。二十八年，立都漕运万户府以督岁运。至大中，以江淮、江浙财赋府每岁所办粮充运。自此以至末年，专仰海运矣。海运之道，其初也，自平江刘家港入海，至海门县界开洋，月余始抵成山。计其水程，自上海至杨村马头，凡一万三千六百五十里。最后千户殷明略者又开新道，从刘家港至崇明州三沙放洋，向东行，入黑水大洋，入界河。当舟行风信有时，自浙西至京师，不过旬日而已。说者谓其虽有风涛漂溺之虞，然视河漕之费，所得盖多。故终元之世，海运不废。

我朝洪武三十年，会通河通利，始罢海运。考元史《食货志》论海运，有云："民无挽输之劳，国有蓄储之富，以为一代良法。"又云："海运视河漕之数，所得盖多。"作元史者，皆国初史臣，其人皆生长胜国时，习见海运之利，所言非无所征者。窃以为自古漕运之道有三：曰陆、曰河、曰海。陆运以车，水运以舟，而皆资乎人力，所运有多寡，所费有繁省。漕河视陆运之费省十三四，海运视河运之费省十七八。盖河漕虽免陆行，而人挽如故；海运虽有漂溺之患，而省牵率之劳，较其利害，盖亦相当。今漕河通利，岁运充积，固无资于海运也。然善谋国者，恒于未事之先，而为意外之虑。今国家都幽，盖极北之地，而财赋之入，皆自东南而来。会通一河，譬则人身之咽喉也，一日食不下咽，立有死亡之祸。况自古皆是转搬，而以盐为佣值，今则专役军夫长运，而加以兑支之费。岁岁常运，储积之粮虽多，而征戍之卒日少，食固足矣，如兵之不足何？迂儒为远虑，请于无事之秋，寻元人海运之故道，别通海运一路，与河漕并行。江西、湖广、江东之粟，照旧河运，而以浙西东濒海一带，由海通运，使人习知海道，一旦漕渠少有滞塞，此不来而彼来，是亦思患豫防之先计也。家居海隅，颇知海舟之便，舟行海洋，不畏深而畏浅，不虑风而虑礁。故制海舟者，必为尖底，首尾必俱置柁，卒遇暴风，转帆为难，亟以尾为首，纵其所如。且暴风之作，多在盛夏，今后率以正月以后开船，置长篙以料角，定盘针以取向，一如蕃舶之制。夫海运之利也，以其放洋；而其险也，亦以其放洋。今欲免放洋之害，宜预遣习知海道者，起自苏州刘家港，访问傍海居民、捕鱼渔户、煎盐灶丁，逐一次第踏视海涯，有无行舟潢道、泊舟港汊、沙石多寡、洲渚远近，亲行试验，委曲为之设法。可通则通，可塞则塞，可回避则回避，尽图具本，以为傍海通运之法，万一可行，是亦良便。若夫占视风候之说，见于沈氏《笔谈》。每日五鼓初起，视星月明洁，四际至地，皆无云气，便可行舟。至于巳时则止，则不遇暴风矣。中道忽见云起，即便易柁回矣，仍泊旧处。如此，可保万全，永无沉溺之患。万一言有可采，乞先行下闽广二藩，访寻旧会通蕃航海之人，及行广东盐课提举司归德等场，起取惯驾海舟灶丁，令有司优给津遣。既至，访询其中知海道曲折者，以海道事宜，许以事成，加以官赏；俾其监工，照依海舶式样，造为运船，及一应合用器物，就行委官督领。其人起自苏州，历扬、淮、青、登等府，直抵直沽滨海去处，踏看可行与否。先成运舟十数艘，付与驾使，给以月粮，俾其沿海按视经行停泊去处，所至以山岛、港汊树标帜，询看是何州县地方，一一纪录，造成图册。纵其往来十数次，既已通习，保其决然可行无疑。然后于昆山、太仓起盖船厂，将工部原派船料，差官于此收贮，照依见式，造为海运尖底船只，每只量定军夫若干、装载若干。大抵海舟与河舟不同，河舟畏浅故宜轻，海舟畏风，故宜重。假如每艘载八百石，则为造一千石舟，许其以百石载私货。三年之后，军夫自载者，三十税一；客商附载者，照依税课常例，就于直沽立一宣课司收贮，以为岁造船料之费。其粮既从海运，脚费比漕河为省，其兑支之加耗，宜量为减杀。大约海舟一载千石，则可当河舟所载之三，河舟用卒十人，海舟加五，或倍之，则漕卒亦比旧省矣。此又非徒可以足国用，自此京城百货骈集，而公私俱足矣。考宋朱子文集，其奏札言："广东海路至浙东为近，宜于福建、广东沿海去处，招邀米客。"《元史》载："顺帝末年，山东河南之路不通，国用不继，至十九年，议遣户部尚书贡师泰往福建，以闽盐易粮给京师，得数十万石，京师赖焉。"其后陈友定亦自闽中海运，进奉不绝也。况今京师公私所用，多资南方。货物之来，苦于运河窄浅，舳舻挤塞，脚费倍于物值，货物所以踊贵，而用度为艰。此策既行，南货日集于此，空船南归者，必须物实，而北货亦日流于南矣。今日富国足用之策，莫大于此。说者若谓海道险远，恐其损人费财，请以元质之，其海运自至元二十年始，至天历二年止，备载逐年所至之数，以见其所失，不无意也。窃恐今日河运之粮，每年所失，不止此数。况海运无驳浅之费，无挨次之守，而其支兑之加耗，每石须有所减，恐亦浮于所失之数矣。此策既行，果利多而害少。又量将江淮荆湖之漕，折半入海运，除减军卒以还队伍，则兵食两足；而国家亦有水战之备，可以制服朝鲜、安南边海之夷，此诚万世之利也。章句末儒，偶有臆见，非敢以为决然可行，万世无弊也。念此乃国家万万年深远之虑，姑述此尝试之策，请试用之。试之而可，则行；不可，则止。

《海道经》

元至元二十年，克取江南。二十一年，起运海粮，擢用朱清、张瑄万户之职，押运粮船三万五十石。赐立海道万户府、千户所、百户所，虎符、铜牌、素银牌、面，各领品职，成造船只，大者不过一千粮，小者三百石。自刘家港开船，出扬子江，盘转黄连沙嘴，望西北沿沙行驶。潮长行船，潮落抛泊。约半月或一月余，始至淮口，经过胶州、海门、浮山、劳山、福岛等处，沿山一路，东至延真岛。望北行驶，转过成山，望西行驶，到九洋，收进界河，两个月余才抵直沽，委实水路艰难，深为繁重。二十六年，增益粮米八十万石。是岁正月装粮在船，二月开洋，四月到于直沽交卸，五月回还，复运夏粮，至八月，又回本港，一岁两运。是时船只鲜少，人民恐惧。二十七年，朱万户躬请长兴李福回朝奉押运指引，自扬子江开洋，落潮往东北行驶，出离长滩，至白水、绿水，经至黑水大洋望北，寻望延真岛，使转成山，正西行驶，流入沙门岛，开放莱州大洋，收进界河，远不过一月之期，近不过半月之限，俱至直沽。以漕运利便，是岁，加封朱万户为浙江省参政，张万户为浙江盐运司都运之职。每岁专从此道驾驶船赴北京，将及二十余年。至大德七年，当蒙官司招顾两浙上户，造船运粮，脚价一十一两五钱，分拨春夏二运。

延祐以来，各运海船大者八九千石，小者二千余石，是以海道富盛，岁运三百六十万石，供给京师，甚为易便。迤南蕃海船，皆从此道贡献，放效其路矣。

预备缓急

如遇顺风使帆之时，水势颠猛，便减帆幔，投奔港汊稍泊，不得贪程。恐风势不止，天时昏暮，迤逞前行，不知宿泊，多有疏失，不可不知。遇顺风正使帆间，忽转打头风，便当驶回风寻港汊为稳，勿得当洋抵陲，指望风息，恐致疏虞。如缓急猝暴风，奔港滩不及之时，急抢上风，多抛铁锚，牢系绳缆。如重载船，则频频照看水仓，怕有客水侵入，随处扎艌。如小船，则看风色如何，别寻泊处。如春夏间，于港汊内泊船，须要多用壮绳，深打桩橛，不以早晚，恐有山水登洪冲突之患。

《海运志序》

余往嘉靖辛亥，视学广右，时吏事寡，暇辄取全史读之。睹古人攻战处，以按覆舆图，其地里险夷远近，如在几席间。后移官江西，罗文恭公出广兴舆图相质正，余为刻于省中，因益知海道自淮循岸屿，薄燕蓟，便甚。宋宣和间，议攻辽，而诸臣不知出此，仅遣高药师以一舟使金，往返若陆。其后元人通海运，于都燕为得策，且悉考当时载籍，无言海中坏运舟者，意即有之，不多故不道也，藏其语二十余年。隆庆辛未，余起家复守藩山东，会河漕告病，朝廷遣科臣按视，欲开胶莱河以避大海通运，事不就。余曰：即大海可航，何烦胶莱河也？叙其说上抚台，以米试之，验。语闻，会科臣疏上，遂下通运之命，而余亦叨转督漕，身践初议，募舟集粮。时中外尚疑骇，谓不知何若。乃行仅逾月，十二万石悉安行抵岸，而天下臣民，始信海道之可通矣。开久废以佐河漕，安六军之心，销奸萌之志。国家都燕，大海在左肱，此专利也。一百六十余年来，群臣论著多而未果行。兹遇圣君贤相，英谟立决，而微臣沐适奉庙略，叨奔走，再辟兹途。在国输常暂多寡，惟意所施，非宗社万年灵长，宁遂效斯计耶？今而后，始敢布其说，取前后题请移册，及海上道里行计，类为志，凡二册，檄庐州守张君大忠刻之，以识大都云。时隆庆六年七月吉，钦差总督漕运兼提督军务巡抚凤阳等处地方都察院右副都御史临海王宗沐书。

《海运详考》

山东布政使司左布政使王宗沐呈为海运事。近接邸报，见户科给事中李贵和有开胶河之疏，随经工部覆题，奉有钦依，差工科左给事中胡槚亲临相度。窃计朝廷以邳河近年间多淤塞，漕舟不通，故欲为国家虑至深远，别通一路以防不虞，诚大计也。该职查得胶莱河之开，始于元世祖至元十七年七月，总管姚演奏事，下丞相阿合马与百官集议开凿，以钞万锭为佣值，仍给粮食，世祖从之。十八年九月，丞相火鲁火孙又奏请免益都、淄莱、宁海三州一岁赋入，折佣值以为开河之用。三十一年，御史台言，胶莱海道浅涩不能行，遂废。而所恃以漕达于京师者，惟恃阿八失所开济州河。其后漕臣囊加解孙伟言，漕海舟疾且便，而右丞麦木丁亦言，阿八失所开河，益少损多。是时漕臣忙兀解遂招集南人，运达万石，与囊加解孙伟言合。诸臣请用军验试，遂移阿八失河所用水手及军万人，船千艘，畀扬州省教习漕运，以平滦船从利津专事海运，而济河亦废。夫以元人之虐用其民，其开胶莱河，史臣称其所费不赀，而卒无成效，固不能强以全盛之力，与河争利者，此其终不可成之明验也。夫邳河既未能猝通，而胶莱又恐不足以济，故以愚见莫如径通海运。今诚得二万金，以六千金造船六只，以余银募登莱海岛居民，约船大小，每船须五十人上下。以三只自登州而北至直沽，三只自登州而南至淮安，每船皆给以公文，及赍带重物，到彼处官司交投为验，还归登州。凡可往返三两转，即系海道通行，然后通议造船派运之法，悉依元人规制，详见后条。银发海右守巡及海道督造募招，每船给一大牌，通书船上水手姓名；又每人给一小牌，俱书年甲籍贯，以防改替。仍每船给书工一人，以便图录标记停泊山崖之名。则明年之春，即可以所造之船，先赴淮安，兑运止数万石，如元人初年之例，其事之必可成。及悉查历代成算与较量本朝河运利害，俱逐款开载于后，职以为有十二利焉：自古运漕，以建都为向往，汉唐都秦则通渭，宋都梁则通汴。我朝定鼎幽燕，地势极北，所恃者在邳河一线之路，近又淤塞，有识寒心。今所费不多，而别通海运，两漕并输，国计益足。彼不来而此来，先臣丘浚固已言之，此国家至深至远之计，一利也。漕河身狭，闸座珠联，漕船势必立帮以防争越，挨守日久，则百弊生而军食费。今海运开洋，不必挨帮，二利也。查据议单，每岁漂流挂欠，不下数十万，挂欠由人，漂流由天。然即漂流之中论之，有人船米俱在者，有人在而船米亡者，有船坏而米尚可捞于湿者，情态万状。报入户部，不过行勘，然有司之勒停与吏书之隐匿，有实漂流而以为虚，至死狱中而责偿不获；有不漂流而以为实，各分其利，而亏损在官。今海运既通，则虽有漂流而无挂欠，而漂流亦不待于勘报稽违，以误总计，三利也。今漕河浙江、苏、松、常、镇、宁国、太平共粮一百八十六万石，每石扣过江米七升，共该费米十三万二百石，而入淮以后，遇浅盘驳，脚价之费不与焉。今海运既通，则过江米与夫盘驳之费，省者不下数十万，四利也。漕河运军兑米已毕，惮于空归牵挽之劳，往往将船凿沉而逃，每岁计费不赀。今海运无船，将不能归，则沉船可省，五利也。宋人运船，归则带盐，丘浚亦有此论，其事体未敢遽议。然今各军有行粮，有赏钞，有安家，今诚通海运，舟大而人多，许其稍带南货，免其抽税，而渐减行粮诸色，每岁之省亦不可计，六利也。漕河运军行粮，有派在水次随支者，每每征收不齐，其后改征本色四五钱不等，而官给不时，守候颇艰。今通海运，则须尽给而后开帮，凡一应料价、轻赍、月粮等项，有司皆不容缓，料理自齐，七利也。议单浙江、江西、湖广，随船耗米，每石至七斗六升，其余道里渐近，虽有递减轻赍，然其费亦不赀矣。所以然者，为其行日久而耗多故也。今海运乘风，势甚汛急，则耗米亦可稍议裁节，其赢亦多，八利也。京师王畿，四方走集，近者累岁为行户市买，民间负累，辅臣曾形章奏。今海运既通，百货合凑，则物价稍轻，行户亦宽，自成富盛。往唐陆贽当德宗之乱，以京师米贱，奏请出粜，关中为之价平。今国家承平，万无此理，然以货推米，则深计者所不废，九利也。辽东孤悬，饷馈甚艰，往年灾荒，天子为之宵旰东顾。海运既通，则辽东缓急可饷，如洪武三十年故事，十利也。历朝漕运，皆率雇募，而惟本朝用军，历朝漕运率皆转搬，而惟本朝直达。军无更休，而直达路远，在途更时，牵挽疲劳，还家未煖席，而官司已点再运矣。今海运既通，则每行五鼓开船，而巳时即泊，每岁止春初入兑，而夏尽即休，疲困亦苏，十一利也。兑运之时，军弊百出，盗卖侵尅，甚或官军俱逃，其有军市而官不知，则拖欠之官，在刑部狱者，往往相比也。今海运自开洋之后，欲盗而谁与为市？已盗而逃将焉往？十二利也。国家承平二百年矣，私忧诚不胜拳拳，顷岁久卧林下，颇考其详。兹辄因胶莱之议，用布始末，以仰慰庙堂不惜帑费，为国家建长远不拔之盛心。此系元人与国初已享之成利，犹之耕熟田也。而管见迂疏，又以为万万必可成就。所有考据利害，详悉俱载后条，伏惟钧台赐裁择焉。倘可转闻，再加酌议，见之施行，则宗社幸甚。职愚无任仰望昧冒之至。

计开

一、海运在先朝始末。查得海运之说，倡自唐咸通中，议而未详。至宋神宗熙宁七年，京东路访察邓润甫等言：山东沿海州郡地广，丰岁谷贱，募人为海运，山东之粟可转之河朔，以助军兴。诏京东河北路转运司相度，卒不果。其后元世祖至元十九年，伯颜思灭宋时，载图籍由海之事，以为海运可通，力请于朝。遂命上海总管罗璧、朱清、张瑄等，造平底海船六十艘，运粮四万六千余石，从海道至京师。然创行海洋，沿山求墺，风信失时，明年始至直沽，朝廷未知其利。是年十二月，立京畿、江淮都漕运司二，仍各置分司，以督纲运。每岁令江淮漕运司运粮至中滦，京畿漕运司自中滦运至大都。二十年，又用王积翁议，广开新河，然新河候潮以入，船多损坏，民亦苦之。于是罢新开河，颇事海运，立万户府二，以朱清为中万户，张瑄为千户，忙兀解为万户府达鲁花赤。二十四年，始立行泉府司，专掌海运，增置万户府二，总为四府。二十五年，内外分置漕运司二，其在外者，于河西务置司，领接运海道粮事。二十八年，又用朱清、张瑄之请，并四府为都漕运万户府二，止令清、瑄二人掌之；其属有千户、百户等官，分为各翼，以督岁运。至大四年，遣官至江浙，议以嘉兴、松江秋粮、并江淮、江浙财赋府岁办粮全兑运，海漕之利，至是始傅，而到京者已三百万有余矣。初海运之道，自平江刘家港入海，经扬州路通州海门县、黄连沙头、万里长滩、开洋，沿山墺而行，抵淮安路盐城县，历西海州、海宁府、东海县、密州、胶州界，放灵山洋，投东北，路多浅沙，行月余，始抵成山。计其水程，自上海至杨村马头，凡一万三千三百五十里。至元二十九年，朱清等言其路险恶。明年，千户殷明略又开新道，从刘家港入海，至崇明州三沙放洋，向东行，入黑水大洋，取成山，转西至刘家岛，又至登州沙门岛，于莱州大洋入界河。当舟行风信有时，自浙西至京师，不过旬日而已，视前二道为最便云。但风涛不测，粮船漂溺者，间亦有之，然视河漕之费，则其所得盖多矣。历岁既久，弊日以生，水旱相仍，公私俱困。疲三省之民力，以兑岁运之恒数。而押运监临之官与夫司出纳之吏，恣为贪黩，脚价不以时给，收支不得其平，船户贫乏，耗损益甚。兼以风涛不测，盗劫覆亡，由是岁运之数，渐不如旧。至正元年，益以河南之粟，通计江南三省所运，止得二百八十万石。二年，又令浙行省及中正院财赋总管府，拨赐诸人寺观之粮，尽数起运，仅得二百六十万石而已。及汝颍倡乱，湖广、江右相继陷没，而方国珍、张士诚窃据浙东西之地，虽縻以好爵，资为藩屏，而贡赋不供，剥民自奉。于是海运之舟，不至京师者积年矣。至十九年，朝廷遣兵部尚书伯颜帖木儿、户部尚书齐履亨征海运于江浙，由海道至庆元，抵杭州。时达识帖睦迩为江浙行中书省丞相，张士诚为太尉，方国珍为平章政事。诏命士诚输粟，国珍具舟，达识帖睦迩总督之。既达朝廷之命，而方、张互相猜疑，士诚虑方氏载其粟而不以输于京也，国珍恐张氏掣其舟而因乘虚以袭己也。伯颜帖木儿白于丞相，正辞以责之，巽言以谕之，乃释二家之疑。先率海舟，俟于嘉兴之澉浦，而平江之粟展转以达杭之石墩，又一舍而后抵澉浦，乃载于舟。海滩浅涩，躬履艰苦，粟之载于舟者，为石十有一万。明年五月，始抵京。是年秋，又遣户部尚书王宗礼等至江浙。二十一年九月，又遣兵部尚书彻彻不花、侍郎韩祺往征海运一百万石。二十二年五月，运粮赴京，视上年之数，仅加二万而已。九月，遣户部尚书脱脱欢察尔、兵部尚书帖木至江浙。二十三年五月，仍运粮十有三万石入京。九月，又遣户部侍郎博罗帖木儿、监丞赛因不花往征海运，士诚托辞以拒命，由是东南之粟给京师者，遂止于是岁。此载在元史大略也。又考元臣《罗壁传》曰：壁与朱清、张瑄首部漕舟，由海洋抵杨村，不数十日，入京师。赐金虎符，进怀远大将军，管军万户，兼管海道运粮。二十四年，乃颜叛，壁复以漕舟至辽阳注海，抵锦州小凌河，至广宁十寨，诸军赖以济，加昭勇大将军。二十五年，督漕至直沽仓，潞河决，水溢，几及仓，壁树栅，率所部畚土筑堤捍之，升昭毅大将军。《王艮传》曰："艮迁海道漕运都万户府经历，时绍兴之官粮入海运者十万石，城距海十八里，岁令有司拘民船以备短送，吏胥得并缘以虐民。及至海次，主运者又不即受，有折缺之患。艮执言曰：'运户既有官赋之直，何复为是纷纷也？’乃责运户自载粮人运船。运船为风所败者，当核实除其数。移文往返，数岁不绝，艮取吏牍披阅，即除其粮与钞，运户乃免于破家。”《王克敬传》曰：“克敬擢湖南道廉访使，调海道都漕运万户，是岁，当天历之变，海漕舟有后至直沽者，不果输，复漕而南还。行省欲坐罪督运者，勒其还趋直沽，克敬以谓脱其当年而往返若是，信可罪；今蹈万死，完所漕而还，岂得已哉？乃请计石数，附次年所漕舟达京师，省臣从之。”《黄师泰传》曰：“师泰江浙行省参知政事，二十年，朝廷除户部尚书，俾分部闽中，以闽盐易粮，由海道转运给京师，凡为粮数十万石，朝廷赖焉。”《张思明传》曰：“初立海道运粮万户府于江浙，受除者惮涉险不行，思明请升等以优之，因著为令。”又查得宋史开载：“建隆中，女真尝自其国之苏州，泛海之登州卖马，故道犹存。至重和元年，汉人高药师者，泛海来，言女真建国，屡破辽师，登州守臣王师中以闻，诏蔡京、童贯共议，遂使武义大夫马政同药师由海道如金。金主与粘没喝议，遣渤海人李善庆、女真散睹，持国书并北珠、生金等物，同马政来修好。诏蔡京等谕以攻辽之意，善庆等唯唯。居十余日，遣政同赵有开赍诏汲礼物，与善庆等渡海报聘，行至登州，有开死。会谋者言辽已封金主为帝，乃诏政勿行，止遣平海军校呼庆送善庆等归金。”职惟元人开国幽燕，享海运之利已几百年，其全盛之时，固无庸论，及至正之末，天下分崩，犹能使张士诚运给数年。若夫宋之赵有开、马政又以孤舟凿空开道，由海往来报命，则海道之可通，又不待元而始可信矣。

一、海运在本朝始末。查得我朝洪武三十年，海运粮七十万石，给辽东军饷。永乐五年，礼部会官议北京合用军饷，本处税粮子粒并黄河漕运，未能周急，必藉海运，然后足用。即目海船数少，每岁运不过五六十万石，且未设衙门专领，事不归一，莫若于苏州、太仓城内，专设海道，都漕运使司堂上官，于文武中择公勤廉干者以充，行移与布政司同。各处卫所见有海船，并出海官军俱属提调，以时点检，如法整治。奉太宗文皇帝圣旨：“运粮的事，再议了来说。”至九年，以济宁州同知潘叔正言，命工部尚书宋礼、都督周长等发山东丁夫十六万五千，浚元会通河，自济宁至临清三百八十五里，于是漕舟始达通州。十年，礼以海船造办太迫，议造浅船五百艘，由会通河运淮、扬、徐、兖等处岁粮一百万石，以补海运一年之数。十二年，平江伯陈瑄等始议原坐太仓岁粮，苏州并山东兖州送济宁仓，河南、山东送临清仓，各交收。浙江并直隶卫分官军于淮安运至徐州；京卫官军，于徐州运至德州，各立仓厫收囤。山东、河南官军，于德州接运至通州交收。名为支运，一年四次。十三年，增造浅船三千余艘，海运始罢。遮洋船每岁于河南、山东小滩等水次，兑运粮三十万石：内六万石于天津等卫仓收；二十四万石内十四万石，连耗折银六钱，俱从直沽入海，转运蓟州仓收。其后巡抚侍郎周忱言：“里河民运，多失农月，请如永乐初令，民运于淮安、瓜州，补给脚价兑与军，军民两益，卫所出给通关付缴。”从之。宣德八年，参将吴亮言：“江西、浙江、湖广：江西船，各回附近水次领兑；南京江北船，于瓜淮领兑；其淮徐临德诸仓，仍支运十分之四；浙江苏松等船，各本司府地方领兑不尽者，仍于瓜、淮交兑；其北边一带，如河南彰德府于小滩，山东济南州县于济宁，其余水次仿此。”成化七年，都御史滕昭议罢瓜淮兑运，里河官军雇江船，于江南水次交兑。民加过江之费，视远近为差。十年，议淮徐临德四仓支运粮七十万石，改就水次，兑与军船，名为改兑。每年议派多准其数，然不为常例。又查得《平江伯陈瑄传》载：永乐初，充总兵，帅舟师海运，岁米百万石，饷京师、辽东。请建百万仓于直沽尹儿湾，城天津卫，籍兵万人戍守。舟经海岛，下令交市，人不敢哗，两便之。《江阴侯吴祯传》载：戌定辽时，总舟师数万，由登州转饷。海道险远，祯善调度，兵食充足。未几，召还，自此遂罢海运。然山东登州卫海船犹设一百只。正统十三年减免，止存十八只，岁拨五只，装运青、登、莱三府布花钞锭一十二万余斤至辽东，余泊海滨以备海寇。弘治十六年，又减四只。其十四只分派湖广、江西各四只，就彼成造；浙江福建各三只，每只解银五千两，赴部买料成造。正德四年题革，各布政司每三年征价解部，三府布花准收折色。正德五年，仍旧打造。嘉靖三年，本部议得海船之设，本为装运布花，防御海寇，今布花已收折色，若资此以为战舰，恐遇风则奔驰莫止，临阵则重大难旋，题请停罢。夫登州船至嘉靖三年而始革，遮洋船至嘉靖四十五年而始废，今漕河浅船，亦自海运四百料钻风船改造，则海运虽罢不行，而其余规尚有考。故职以为譬耕熟田者，诚以二祖之神谟，不可终废也。

一、漕运既久，势必变通。查得开国定都，必通漕运，运法既久，势须变通。故历代漕法，因时改张，汉人尚矣。唐都关中，江淮漕租米至东都，陆运至陕而水行。至开元十八年，裴耀卿始一变而为转搬，自江淮漕者，皆输河阴仓；自河阴仓西至太原仓，谓之北运。韦坚二变，迨汉隋运渠，起关门，抵长安，通山东租赋，乃绝灞浐，并渭而东，至永丰仓，与渭合。刘晏三变，由润州陆运，由扬州簿送至河阴。李泌四变为入渭，船方五板，输东渭桥，遂罢南路陆运。牛仙客五变为和籴，而其后遂终唐世。宋人都大梁，初开四河以漕，而汴为重。开宝八年，一变而为纲运。嘉祐三年，二变而为造船补卒团本路纲。熙宁二年，薛向三变而为募客舟，与官舟分运。元丰五年，陈佑甫四变而为汴河量纲。崇宁三年，曾孝广五变而为直达纲，而亦终宋之世。我朝初仰海运，永乐十一年，始为海陆兼运，继而为支运，为兑运，为改兑。即今不惟运之在官军者弊端百出，耗折数多，而河之渐南徙者，决壅不常，梗塞为病。酌时事之急，以求必济之经，舍海运则安所求哉？通计河海二运，俱不能无利害。然圣人立法，不能使天下之纯有利而无害，惟酌其多寡之分而决其权，使不可穷而已。河运之利，在腹里无盗贼之警，在安流无风涛之险。然近年风水之漂流，官军之侵盗，岁亦不下十余万，在户部不过扣羡余起存各项，以补足四百万之额。然直达之旷日持久，则军无宁岁，洪河之转徙无定，则期限难必。而况侵盗而逃，利归刁奸之手；摊派及众，偿出在运之人，是以官军交病，岁渐凋瘵。以职前所述十二利者详筹度之，则利在海行为多，而其所患者，不过风涛之漂没而已。行之既久，湾泊得地，占风顺时，则可以保自完归。而每年早定兑期，必开洋于首春之候，则又不待规避，而猛恶之风涛，亦不相逮矣。且又计之，今运河之梗，见储于邳州之下者，已三十余万，而停之二年，即使海河二运利害相当，犹当询求以纾南顾之忧，而又况其利害相十五也。伏惟筹国者幸加意焉。

一、初寻海道之议。查得海运不行，已近二百年，固未敢遽造舟载粮而长往也。自闽、浙而至苏、松，自苏、松而至淮安，自淮安而至登州，其间虽未直达，而本界往来，固未尝乏绝，特自登州而至直沽则已绝。北海途遥而利寡，民或未之常经尔。即今春半，则自登州发舟，尚可南北分行，北尽直沽，南尽淮安，即如前募人造舟，可以寻导而验试之。稍涉夏初，则但可北行，而南向之舟不可发，势须自淮安发舟，寻道至登州。今登、胶之间，往往有淮货，则民间小舟未尝不通，故识为募人初试，仅二万金而足者此也。如募人而自有舟，则兼给以其舟之值，赍持百给皆应优厚，但欲使人乐于应募而通行。凡中道礁梗之处、停泊之岛悉加标记。往来三数次，则即可载粮，以试舟为引导，可也。以试舟之水手，分布粮船，亦可也。又行之二年，则人益习其险，而粮舟因可云集，故元初止四万，而其后乃至三百万余。我朝一统，而南运为富，即今扬州以及江西、湖广皆仍旧由仪真入河，而但以浙江、苏、松、常、镇、宁国、太平，自海运出，则固已一百八十六万矣。自此进退损益，惟吾所欲，而尚何难之有哉？初造试海船，人与费皆不多，无庸设专官及估费，故不悉道。

一、海道既通，造船通运之议。查得海道前已试验通行，因可造船开运。但山东登州颇据海道之中，北入直沽，而南至淮安，约量适均，但登州无木，舟但可以小试，而不可以供载粮；登州人寡，募但可以初试，而不可以足漕数。则须于江淮间更造船只，而别选水手，此其所当议者一也。元初水道称刘家港，在今嘉定县，元末贡师泰则出福宁州。我朝永乐间，则漕粟皆顿太仓州，见今河漕则淮安为聚集，拟通海运，则须定起帮之地，此其所当议者二也。漕舟既通，南货渐富，则盗贼出没，势不能无，故元有仙鹤哨船，而国初环海列有备倭屯戍徼巡之官兵，所必修复，此其所当议者三也。运船带盐，始自宋人，其后丘濬亦有此议，然于盐法不无稍碍。而运军航海冒险，非有以稍酬之，又无以使之鼓舞而尽其力，非盐则货，此其所当议者四也。河运用军，则各卫自有官统押，故可但以都御史纠绳之而已。若海运风涛，官非久习，则辄眩吐不支，故元人设专官为都转运司，秩正三品，而朱清、张瑄但加职而不易职，此其所当议者五也。海行习险，必海旁之人，故元人雇募水手，移置扬州，尤须教习，而丘浚亦云，须募闽广之人，募则有费。抑移河运之军粮以充募乎？抑宁教习水军乎？此其所当议者六也。河运以近多淤塞，故求海运，而元人亦以江南诸郡粮充运额。如必以淤塞为虑也，则湖广、江西、淮扬、真庆皆在黄河之南，以及白粮船禄米仓府部等衙门粮米，将并归海运乎？此其所当议者七也。江南海运，粟输太仓开洋，此永乐间故事，计亦以避丹阳、奔牛一带浅涩也。并归淮安出海，则船厂总运皆聚于一处。若江南仍自刘家港太仓启行，则厂官势必分建，此其所当议者八也。海运粮船，至直沽交卸，元人于此置广通仓，停顿转搬，各有经费，拟今河运议单桃花浅以北事体，或官另设船，或雇民经纪，其所当议者九也。元人分荥阳等纲为三十，每纲皆设押纲官二员，每船三十只为一纲，船九百余只，运粮三百余万石，船户八千余户，纲官以常选正八品为之，此元人全额也。今截淮北之粮，归于河运，则船之大小，与户之多寡，差有节裁，此其所当议者十也。事当新建，则百议俱出，规条纷拏，必当究尽利害，始可以久。自十事之外，有未详者，俟通行议运之日，博采群策，以成画一，固不得惮于更张而坐失大计也。夫海运之利，较著如此，而久不及者，夫岂狃于河运之安行，且惮于更张之烦费哉？户部总司天下之大计，而必得在外任事之臣。淮漕虽据运道之中枢，而未悉登州以北之路，谈风涛之险，则听者易容；戒首事之端，则言者啃舌。然不知久而狎之，自当益习，此赵充国所以云屯田久住，从枕席上过师也。不然，元人立国，固亦有六宫百司之饷给，而自至元以迄至正，享其利已几百年。而虽二祖之冠绝百代，犹不能弃其成功而据其见利，故职谓欲切时务而虑深远，以为足国之资，计无便于此者矣。

海运里程

第一程：自淮安府开船，至八套口，共计三百余里，系河道，可为一程。

第二程：自八套口开船，至莺游山，共约二百四十里。用东南风，一日可到，为一大程；如风不便，九十里可投五丈河，又西北一百余里，可投狭口湾泊，容船五百余只。

第三程：自莺游山起，东北远望琅琊山，前投斋堂岛湾泊，约四百里，用西南顺风，一日可到，为一大程。岛西面泥滩二里，可容船百余只；如船多，岛东北三十里有龙湾口，可泊船二百余只。中间所过水面，东北涛落口，约一百九十里，可容船十余只；又东至夹仓口二十里，可容船二十只，回避望海石；又东至石臼海口三十里，可容船六七只，回避石臼拦、胡家拦、曲伏桃花拦；又东至龙王口四十里，可容船三十只，回避黄石拦；又东至龙潭二十里，可容船百余只，回避木瓜岛；又东至二十余里，回避胡家山。以上堪湾泊海口五处，应回避七处，俱用西南风，回避西北、东北、正北风。其余滴水口、沙湾口二处，系西南径过避路，如遇紧急，亦可湾泊。

第四程：自斋堂岛等处开船，正东由胶州灵山岛，东北望远劳山，前投福岛湾泊，共约二百余里，用西南顺风，半日可到，为一大程。此岛方圆二十里，西南有泥滩二里半，可湾船六七十只；如船多，岛迤西五十里董家湾，阔大，堪湾船三百余只；中间所过水面，东四十里回古镇海口，可容船三百余只，回避梅子嘴；又东至灵山岛五十里，岛西南嘴可容船二十只，回避东北、正东风；岛东北鼓楼圈容船十余只，回避正北、西北风。此处虽可容船，不宜久住。又东北至唐岛六十里，可湾船二百余只，避东北、正北风，回避露明石；又东至小青岛五十里，可容船三十只，避正北、东北风；又至董家湾六十里，回避捉马嘴。以上堪湾泊海口五处，应回避三处，俱用西南风，避西北、正北、东北风。

第五程：自福岛开船，东二里回避老君石，远望田横岛，约一百五十里，用西南顺风，为一大程，半日可到。此岛方圆三十里，可湾船二百余只；如船多，岛东北十里有阔落湾，容船二百余只。中间所过水面，东北由小管岛六十里，可容船二十只；又东由大管岛十里，可容船十余只；又东至田横岛七十里。以上堪湾泊二处，回避一处，余有淮口港，可容船十余只，系背路，遇紧急亦可湾泊。

第六程：自田横岛，由青黄岛，远望槎山前，投玄真岛湾泊，共约四百余里，用西南顺风，一日可到，为一大程。岛东西长五里，遇北风，湾南面；遇东风，湾北圈，可容船百余只。东北岸下水底三孤石，傍多隐石，该回避。遇船多，岛迤西五里朱家圈，可容船百余只；又西五里宋家圈与草岛前，可容船五六十只。中间所过水面，东十二里阔泊湾，容船二百余只；又东至杨家沟港三十里，可容船三十余只；又东至十里，回避刘家岭；又东至草岛嘴三十里，可容船五六十只；又东至青岛三十里西圈，可容船十余只；又东至黄岛三十里西南滩，可容船十余只；又东北至宫家岛三十里，可容船三四十只；又东径过苏岛，直至玄真岛、朱家等圈一百五十里，回避朱家圈西柳蒲与沙嘴玄真岛西嘴与岛东岸三孤石。以上湾泊六处，回避五处。其余行村寨、马公岛与何家马头乳山寨、上港口及靖海卫北张濛岛，皆是背路去处，如遇紧急，亦可湾泊，回避靖海排又石里岛、娘娘庙嘴。

第七程：自玄真岛开船，稍放洋行，东转杵岛嘴，北过城山头，西北望威海山前，投刘公岛湾泊，二百四十余里，用南风为顺风，一日可到，为一大程。容船六七十只；如船多，岛迤西十里威海东门口、教场头坞口，可容船三四百只。中间所过水面，东至镆铘岛西头、季家圈三十余里，可容船二三十只，避东北、东南风；南三里，回避矾石；又东三里鹿岛，可容船一二十只，避北风与东风；又东七八里，回避凹屋港；又东十五里，回避墨石岛；又北十余里，回避杨家坟；又北二里，回避饿狼鸥石；又西北四十余里养鱼池，可容船二百余只，避东风与东北风；又东北二十余里黄埠嘴，可容船一百余只，避东北与北风；又东南一里，回避成山头；又东七八里，回避殿东头。此二处稍险，须放洋远避。过此转西三十余里，骆驼口圈里东岸下，可容七八十只，避东北风；又西三里李丛嘴，可容船二三十只，避西北风；又西十五里柳夼海口，可容船五六十只，避西北、东北风；又西七八里，回避青鸡岛与鸡鸣岛相联水底礁石；又西直至刘公岛一百里，回避岛东南礁石嘴；又西六七里黄泥崖，可容船二三十只；又西六七里沙嘴儿，可容船二三十只，俱避东北、正北风；又西二里小黄岛里口，可容船三十只，避四面风；又西十里卫东门口教场头坞口，湾船四百只，避西北风。以上湾泊十处，回避十处。其余宁津所西北崮山海口、寻山所西南青鱼滩、家鸡汪，皆是背路去处，如遇紧急，亦可湾泊。

第八程：自刘公岛开船，西北十余里，回避王家嘴；又西十余里，回避靖子嘴；又西十余里，回避小杵岛、绕绕嘴；西南远望芝罘岛湾泊，共约二百余里，为一大程，用东风、东北风为顺风，半日可到。岛东西长二十里，东头回避胜子嘴圈，又西大口婆婆口，可容船一百余只，避北风、西北风；又西三里，回避宅窠；如船多，岛迤东三十余里崆峒岛前，可容船二三十只，回避东南沙港；又北三里夹岛，可容船六七十只，避北风。中间所过水面，迤西一百四十里，养马岛东迁上老鸦港，可容船三四十只，避西北风；又岛西头回避炼石嘴；又转岛里龙王庙前，可容船二三百只，避西北、东北、正北风；又西北五十里，系崆峒岛；又西三十里，系芝罘岛。以上湾泊四处，回避六处。

第九程：自芝罘岛开船，西六十里，过龙洞，直西远望长山岛，西投沙门岛湾泊，共约一百八十里，为一大程，用东南风，一日可到。岛东南汪周围二三里，可容船一百余只，避西北、东北、正北风；如船多，岛迤东南六十里，新河海口，可容船五六十只，口外不宜住船，口里避四面风。中间所过水面西六十里，八角嘴，可容船六七十只，避西北、正北风；又西五里，回避龙洞嘴；又西五十里，回避四石；又一二里，入刘家汪海口，可容船一百余只，避四面风；又西二十里，回避湾子口东北沙港；又西二十里，回避抹直口金嘴礁石；又西三里，入新河海口，回避观音嘴石；西北四十里，回避长山岛东南嘴沙港；又西十里，系沙门岛。以上湾泊三处，回避六处。

第十程：自沙门岛开船，西南远望三山岛，约二百余里，计为一大程，用东风为顺风，半日可到。岛南面黑港，可容船三四十只，避北风。中间所过水面，南三十里，回避大石拦；又西六十里，桑岛前面，可容船五六十只，避东北、西北、正北风，回避岛东北二处礁石；又西四十里崾屼岛，回避岛东西北三处礁石，岛南宋港，可容船四五十只；又西四十五里，回避羊拦礁石；又西十五里，系三山岛。以上湾泊二处，回避四处。

第十一程：自三山岛开船，过芙蓉岛，直西投大青河口湾泊，共约四百余里，计为一大程，用东风与东北风为顺风，一日可到。可容船五百余只，避北风与东北风。中间所过水面，西五十余里，芙蓉岛，回避东沙港；转西南面，可容船四五十只，避东北风；又西五十余里，回避虎头崖与东北碎石；又西五十余里，回避海仓口椿木闸石；又西一百一十里，系洱河口，河口外有沙岭，船难进泊；又西四十余里，系小清河，船难进泊。以上湾泊二处，回避三处，还有三处小河口，俱不堪湾泊。

第十二程：自大清河开船，投大沟河，约一百六十里，用西南风，一日可到，为一大程。可容船一百余只；如风不便，六十里投绛河，可容船二百余只；又至大沙河三十里，可容船一百五十只，靠北岸有沙岗，回避。以上湾泊三处，回避一处。

第十三程：自大沟河开船，投大沽河湾泊。约二百余里，可容船二百余只；如风不便，七十里投乞沟河湾泊，可容船一百余只。俱无回避，其桑句河窄小，不堪湾泊。

自淮安府起，至张家湾止，海道水程共计三千四百五十里。

钦差整饬登州海防、总理海运兼管登莱兵巡屯田道山东等处提刑按察司副使陶朗先为海运事。照得海运初行，庙议止令三犋牛交卸，本道以三犋牛陆路抵辽阳七百余里，脚费尚多，且一路山径崎岖，恐不能急达，因查出由登莱直抵盖州套一途，在水运者，未免独任其劳；而由盖套至辽阳，止二百七十里，陆运者实大省其费。业已查完海内运道全图，刊布员役，不拘南北直隶、山东辽东，凡可通舟楫之处，一一载入图中，不啻详矣。但前图合海内而言，则于山东不能独详，故止及路径，而不及各属上载海口、搬运里数也。今东省粮数，加至六十万石，而沿海州县皆属凋罢，甚至新派承运者且目眩心骇，而未知所措，动称离海鸾远，转输不便。押运员役，因而任意耽延，众口一词，惟不运之为快。殆未知水陆路程，非漫无稽查之物，辽左一区，亦非星河天汉必不可到之乡也。今本道通将济、青、登、莱四府运粮州县各上粮海口及运行里数逐一考镜编辑，并海路画图及风候口号，汇为全书，刊发州县，暨运官运役，令其省览遵行。其淮安截漕由海入山东界者，自莺游山以西皆属通衢，本道于莺游山以东接引入辽；天津截漕由海入山东界者，大沽河以北，皆属通衢，本道于大沽河以南，接引入辽，俱另设员役，拨给向道，其程图亦即具此册中矣。须至册者。

计开

济南府运粮州县：

齐河县 东门外大清河上载，至洛口四十里，至济阳县八十里，至齐东县八十里，至蒲台县一百五十里，至利津县五十里，至牡砺嘴一百二十里，至大海口十五里，至丝汪口七十里，至汪河口七十里，至米河口三十里，至鱼儿铺淮河口八十里，至海仓四十里，至芙蓉岛一百二十里，至三山岛八十里，至峭岘岛一百二十里，至桑岛八十里，至庙岛七十里，至鼍矶岛一百七十里，至羊砣岛二百五十里，至皇城岛一百里，至铁山六百五十里，至西北老猫圈五十里，至牧羊城一百里，至羊头凹八十里，至双岛六十里，至猪岛一百五十里，至中岛二百五十里，至北信口一百八十里，至盖州套三百二十里。

历城县 正北陆路十八里洛口上载，至济阳县八十里（前进与齐河县同路）。

济阳县 东门外大清河上载，至齐东县一百五十里（前进与齐河县同路）。

齐东县 北门外大清河上载，至蒲台县一百五十里（前进与齐河县同路）。

青城县 正北陆路二十里大清河上载，至蒲台县一百里（前进与齐河县同路）。

武定州 正南陆路六十里大清河上载，至蒲台县七十里（前进与齐河县同路）。

阳信县 正南陆路一百二十里大清河上载，至蒲台县七十里（前进与齐河县同路）。

章兵县 西北陆路六十里至济阳县上载，至齐东县八十里（前进与齐河县同路）。

滨州 正南陆路二十五里大清河上载，至利津县五十里（前进与齐河县同路）。

蒲台县 北门外大清河上载，至利津县五十里（前进与齐河县同路）。

利津县 东门外大清河上载，至牡砺嘴一百二十里（前进与齐河县同路）。

海丰县 东北陆路八十里大沽河上载，至绛河一百二十里，至牡砺嘴七十里（前进与齐河县同路）。

沾化县 东北陆路九十里九山河上载，至绛河十五里，至牡砺嘴七十里（前进与齐河县同路）。

青州府运粮州县

高苑县 西北陆路五十里大清河上载，至牡砺嘴一百八十里（前进与齐河县同路）。

博兴县 东北陆路六十里三岔镇上载，至牡砺嘴一百五十里（前进与齐河县同路）。

乐安县 西北陆路一百里至蒲台县上载（前进与齐河县同路）。

寿光县 东北陆路八十里米河口上载（前进与齐河县同路）。

临淄县 西北陆路一百二十里至蒲台县上载（前进与齐河县同路）。

益都县 西北陆路一百八十里至蒲台县上载（前进与齐河县同路）。

临朐县 西北陆路二百里至蒲台县上载（前进与齐河与同路）。

昌乐县 正东陆路一百三十里鱼儿铺淮河口上载（前进与齐河县同路）。

安丘县 东北陆路一百五十里鱼儿铺淮河口上载（前进与齐河县同路）。

日照县 西南陆路四十里淘洛口上载，东南陆路二十里夹仓口上载，至宋家口五十里，至斋堂岛二百里，至塘岛一百里，至青岛九十里，至符岛四十里，至管岛六十里，至田横岛八十里，至蒲岛一百四十里，至黄岛三十里，至坑岛四十里，至瓮岛六十里，至靖海卫张家口四十里，至马头嘴四十里，至嘉鸡汪一百二十里，至倭岛二十里，至养鱼池六十里，至成山嘴六十里，至招羊口四十里，至鸡鸣岛四十里，至刘公岛六十里，至养马岛一百六十里，至芝罘岛四十里，至八角口八十里，至庙岛一百里（前进与齐河县同路）。

诸城县 东南陆路一百二十里董家口上载，正东陆路一百四十里夏河城上载，至斋堂岛二十里（前进与日照县同路）。

莒州 正南陆路一百六十里夹仓口上载（前进与日照县同路）。

沂水县 东南陆路二百里夹仓口上载（前进与日照县同路）。

蒙阴县 东南陆路一百四十里至沂水县转运夹仓口，陆路二百里上载（前进与日照县同路）。

莱州府运粮州县

潍县 正东陆路一百二十里鱼儿铺淮河口上载（前进与齐河县同路）。

昌邑县 正东陆路六十里鱼儿铺淮河口上载（前进与齐河县同路）。

平度州 正北陆路一百二十里海仓口上载（前进与齐河县同路）。

掖县 西北陆路五十里新河口上载，东北陆路八十里三山海口上载（前进与齐河县同路）。

胶州 东门外陆路三里淮子口上载，东南陆路六十里女姑口上载，至青岛九十里（前进与日照县同路）。

即墨县 西南陆路五十里女姑口上载，正南陆路九十里董家湾上载，正东陆路六十里金家口上载，至蒲岛一百五十里（前进与日照县同路）。

高密县 东南陆路二百里淮子口上载，至青岛八十里（前进与日照县同路）。

登州府运粮州县

招远县 正北陆路一百里岈屼岛上载（前进与齐河县同路）。

黄县 东北陆路二十里黄河口上载，至庙岛六十里（前进与齐河县同路）。

蓬莱县 正北天桥口上载，至庙岛六十里（前进与齐河县同路）。

栖霞县 西北陆路一百五十里至天桥口上载，东北陆路一百二十里八角口上载（前进与日照县同路）。

福山县 西北陆路四十里八角口上载，至庙岛一百里（前进与日照县同路）。

宁海州 正北陆路十里养马岛上载，西北陆路二十里龙门港上载，至芝罘岛四十里（前进与日照县同路），西南陆路一百三十里乳山寨上载，东南陆路一百三十里郎郎口上载，至马头嘴七十里（前进与日照县同路）。

文登县 正南陆路五十里望海口上载，西南陆路八十里长湾口上载，东南陆路一百二十里马头嘴上载，正东陆路一百里倭岛上载（前进与日照县同路）。

莱阳县 正南陆路一百一十里金家口上载，东南陆路一百里行村寨上载，至黄岛一百里（前进与日照县同路）。

一附潮汐

潮汐乃天地呼吸之气，即运艘趋避之关，舟人泛洋，不可不察。以南海而言，每月二十七日潮生，渐长，至初一日寅时大潮，辰时潮退。大潮自初一、初二、初三、初四日渐消，至初五日潮落。小信潮至十三日、十四日潮生，子时潮满，丑时潮退。十六日、十七日、十八日大潮，十九日渐消，二十日小信潮午时满，未时退。每月如此，东海亦然。以北海而言，与二海稍异。每月十三日大潮渐长至十七日午时潮满，申时退。二十日退潮至二十七日为小潮，二更潮满，寅时退。至二十八日又渐长为大潮，至初一日、初二日午时长满，未时退，初三日渐退。初四、十二日退为小潮，二更潮满，寅时退。周而复始，每月如此。

一附占候

八卦定八门，八门用九星得三奇。

八门诀曰："甲戌、壬子居坎，丁辛、乙卯坤传。戊庚甲马震相连，丁癸辛鸡巽伴。丙庚鼠行乾位，己癸卯至西边。丙壬骑马去游山，乙巳鸡飞离面。"九星诀曰："甲子回头起艮，甲戌飞入离宫。猿猴走入水晶宫，甲午坤中不动。曾见龙兴震地，更看虎啸生风。九星各自显奇功，主曜临之发用。"

一宫休门居坎水，八宫生门居艮土，三宫伤门居震木，四宫杜门居巽木，九宫景门居离火，二宫死门居坤土，七宫惊门居兑金，六宫开门居乾金（以上八门属五行解）。坎宫天蓬水，艮宫天任土，震宫天冲木，巽宫天辅水，离宫天英火，坤宫天内土，兑宫天柱金，乾宫天心金，中宫天禽土（以上九星属五行解）。冬至起，阳遁九局用事；夏至起，阴遁九局用事。遁时法语所谓“甲巳还加甲，乙庚丙作初。丙辛生戊子，丁壬庚子俱。戊癸推壬子，遁时从子数。”是也。以年月节候照此法推之以定吉凶，百不失一。

凡孤虚之乡及日时俱忌之：

年孤虚：甲子旬中，孤在戌亥乾，虚在辰巳巽。甲戌旬中，孤在申酉兑，虚在寅卯震。甲申旬中，孤在午未离，虚在子丑坎。甲午旬中，孤在辰巳巽，虚在戌亥乾。甲辰旬中，孤在寅卯震，虚在申酉兑。甲寅旬中，孤在子丑坎，虚在午未离。

月孤虚：正月，孤在艮，虚在离。二月，孤在艮，虚在坤。三月，孤在震，虚在兑。四月，孤在巽，虚在乾。五月，孤在巽，虚在乾。六月，孤在离，虚在坎。七月，孤在坤，虚在艮。八月，孤在坤，虚在艮。九月，孤在兑，虚在震。十月，孤在乾，虚在巽。十一月孤在乾，虚在巽。十二月，孤在坎，虚在离。

日孤虚：子日，孤在亥，虚在辰。丑日，孤在子，虚在午。寅日，孤在丑，虚在未。卯日，孤在寅，虚在未。辰日，孤在卯，虚在酉。巳日，孤在辰，虚在戌。午日，孤在巳，虚在戌。未日，孤在午，虚在子。申日，孤在未，虚在寅。酉日，取在申，虚在寅。戌日，孤在酉，虚在卯。亥日，孤在戌，虚在辰。

时孤虚（与日同）东方朔占：子日东风，卯日雨；丑日东风，辰日雨；寅日东风，巳日雨；卯日东风，午日雨；辰日东风，未日雨；巳日东风，申日雨；午日东风，即日雨；未日东风，申日雨；申日东风，子日雨；酉日东风，丑日雨；戌日东风，寅日雨；亥日东风，辰日雨。又曰：甲子日雨，丙寅日止；乙丑日雨，丁卯日止；丙寅、丁卯日雨，即日止；戊辰日雨，夜半止；己巳日雨，立止；庚午日雨，辛未日止；辛未日雨，戌时止；壬申日雨，即日止；癸酉日雨，甲戌日止；甲戌日雨，即时止；乙亥丙子日雨，即日止；丁丑日雨，至夕止；戊寅己卯、庚辰日雨，即时止；辛巳日雨，壬午、癸未日止；壬午日雨，即止；癸未日雨，甲申日止；甲申日雨，即止；乙酉日雨，丙戌日止；丙戌日雨，夕止；丁亥日雨，即时止；戊子日雨，庚寅日止；己丑日雨，壬辰日止；庚寅日雨，即时止；辛卯日雨，癸巳日止；壬辰日雨，辛丑日止；癸已、甲午日雨，夕止；乙未日雨，丁酉日止；丙申日雨，夕止；丁酉日雨，己亥日止；戊戌日雨，辛丑日止；己亥日雨，即时止；庚子日雨，壬寅日止；辛丑日雨，壬寅日止；壬寅、癸卯、甲辰日雨，即日止；乙巳日雨，丙午日止；丙午、丁未日雨，即时止；戊申日雨，庚戌日止；己酉日雨，辛亥日止；庚戌日雨，即时止；辛亥日雨，癸丑日止；壬子日雨，癸丑日止；癸丑甲寅日雨，即时止；乙卯日雨，丙辰日止；丙辰日雨，丁已日止；丁巳日雨，即时止；戊午、己未日雨，即时止；庚申日雨，甲子日止；辛酉、壬戌、癸亥日雨，即时止。又曰：子日雨立止，不止寅日止；丑日雨，寅日止，不止至卯日止；寅日雨，立止，不止卯日止；卯日雨，立止，不止巳日止；辰日雨，立止，不止戌日止；巳日雨，未日止，不止申日止；午日雨，立止，主十日阴；未日雨，申日止，不止戌日止；申日雨，夕止见月，不见月，主久阴；酉戌亥日雨，立止，不止俱主久阴。又曰：五狱之风，以纳音为论。甲子、壬申、甲午、庚辰、壬寅、庚戌为阳商，乙丑、癸酉、辛亥、乙未、辛巳、癸酉为阴商，丙寅、戊子、、甲辰、甲戌、丙申、戊午为阳征，丁卯、己丑、乙巳、乙亥、丁酉、己未为阴征，戊辰、庚寅、壬午、壬子、戊戌、庚申为阳角，己巳、辛卯、癸未、癸丑、己亥、辛酉为阴角，庚午、丙戌、戊申、戊寅庚子、丙辰为阳宫，辛未、丁亥、己卯、己酉、辛丑、丁巳为阴宫，甲申、壬辰、丙午、甲寅、丙子、壬戌为阳羽，乙酉、癸巳、丁未、丁丑、乙卯、癸亥为阴羽。宫风当日雨，商风七日雨，角风九日雨，征风三日雨，羽风五日雨。又曰：宫风近十里，中百里，远千里；征风近七里，中七十里，远七百里；羽风近六里，中六十里，远六百里；商风近九里，中九十里，远九百里；角风近八里，中八十里，远八百里。又曰：凡风发初迟后疾者，其来远；初急后缓者，其来近；动叶则十里；鸣条则百里；摇枝二百里；落叶三百里；折小枝四百里；折大枝六百里；飞沙走石千里；拔木五千里。又曰：凡大雨非常，满三日三夜者，天下尽风也；一日一夜者，千里之风也。京房曰：乾位，西北风从乾来，为折风，主人不利；坎位，正北风从坎来，为大罡风，宜先发，同发主人不利；艮位，东北风从艮来，为小罡风，主人不利；震位，正东风，从震来，为究风，亦名婴儿风，主人利；巽位，东南风，从巽来，为小弱风，宜后发，主人利；离位，正南风，从离来，为大弱风，宜后发，主人利；坤位，西南风，从坤来，为谏风，宜后发，主人利；兑位，正西风，从兑来，为冲风，宜先发，为客利。凡子日，风从午上来；午日，风从子上来；甲日，风从庚上来；壬日，风从丙上来，皆为冲破。甲、乙日风从庚、酉、辛、申上来，壬、癸日风从辰戌、丑、未上来，皆为刑克。余皆仿此。李淳风曰：凡海中气如鱼龙形，或如积土，或如累盆，朝东暮西，日或掩之，此皆风雨之气也。朝视日上有黑翳如雾，或日色旁射，或惨淡黄白者，其日有风雨；已晚，日欲有之，其夜风雨。云气如乱穰，大风将至，视所从来避之。云厚而润，大雨暴至。四始之日有黑云，气如阵、厚重而润者，旬中多雨。日始出有晕如车者，其日雨。云气如黑蛇冲日者，其下有大风雨。月初生色青，多雨；白而润者，大雨。苍白气入斗门者，多大风。黄云蔽北斗，明日雨；白气掩北斗，三日内雨；青气掩北斗，五日内雨；天无云而北斗上下独有云，五日内雨。日入后，有白光如气，自地至天，直入北斗，其夜必有大风。太白出气，必有风雨（所指处必有变）。辰星出气，大雨水。先雷后雨，其雨必小；先雨后雷，其雨必大。苍黑云细如栉绵蔽日月，五日内雨。云如两人提鼓持桴，有暴雨。黑气如群羊奔，如飞鸟，五日必雨。黑气如浮船，必雨。黑气如牛彘，主暴雨。黑气如水牛，不出三日有大风。四望见青白云，名曰天塞之云，雨征也。六甲日无云，一旬少雨。月离毕之阴，则雨离毕之阳，则晴。日旁有赤云如珥，不有大风，必有大雨。

世俗出行，有大小红沙之忌。大红沙曰：春鸡亥子忌行装，夏兔龙蛇不敢当。秋马未羊冬牛狗，行船走马谨须防。小红沙曰：孟月常居酉，仲月巳上加。季月归丑上，此是小红沙。

海上舟人不辨南北，考之趋避瞀然罔知。编有口号，歌以教之。其占晴曰：早起满天晴，日出渐渐明。早里雾露云，晌午日蒸曛。日光明又彩，久晴定可待。暮日光烛天，晴明且又炎。暮看西边清，次日主晴明。红云日暮起，晴明便可许。夜观魁斗净，明日天色正。电光起西南，明日天炎炎。游丝天外飞，久晴定可期。白虹若下降，恶雾尽消亮。西南北微风，可喜天晴融。其占风曰：魁罡气白黄，堤防风势狂。早间日晒耳，狂风即时起。早白与暮赤，飞沙及走石。午前日忽昏，北方风怒嗔。午后日昏晕，风起须当慎。日月忽然圆，风来不等闲。云掩日不动，风势如山重。返照色黄光，明朝风必狂。天道忽昏惨，狂风时下感。天色黄复赤，狂风在顷刻。黑云片片重，眼底主狂风。黑紫云如牛，狂风急似流。云势若鱼鳞，来朝风不轻。黑云北方簇，暴头风太毒。黑云半开闭，大飓随风至。云起乱行急，风势难支直。乱云来似绞，狂风来不少。辰阙电光飞，大飓必可期。连日雾朦胧，必定起狂风。星辰若昼见，顷刻狂风变。其占雨曰：雨自云中出，须兼风信测。节令方位从，便知吉与凶。春嫌逢虎啸，夏忌龟蛇到。乾亥怕交秋，纯金冬更愁。先风后复热，雷雨将訇砉。风东云却西，大雨不须疑。日落云堆里，晴明未敢许。朝霞照地红，午后雨相逢。海水忽然黑，恐有蛟龙出。黑云风后生，须臾雨不轻。白鸟桅杆站，半夜天须变。雨脚忽斜连，三日雨绵绵。雨后风仍暴，来朝还有暴。雾后色仍昏，来朝雨必倾。虹见雨不止，霪霖从此始。雷重电不高，次日雨滔滔。月晕明而阙，来朝雨可决。太白角放光，风高雨亦狂。忽然腥风喷，大暴难投奔。无端寒气冲，风雨斗蛟龙。海鱼吐沫起，越日必风雨。黑雾罩船头，须防风雨稠。雨中黑复亮，倾盆难计量。细浪忽回环，前途风雨漫。其占报曰：正月三至八，行船去还泊。十三至十七，观灯风最急。二月二与九，玄武风必有。三月三日晴，还要过清明。四月浴佛雨，初八、十八里。五月端午前，风高雨亦涟。二九是分龙，须防风雨冲。更有雪至忌，即将正月记。六月忌彭祖，十二前后数。七夕降黄姑，望后风始和。八月大潮日，南北各不一。七八两月中，三日一换风。九月重阳暴，舟子须停棹。前三与后三，劝君莫等闲。十月忌初五，海猪要起舞。十一、二月间，铁汉也停船。

海运故道

一自南京开洋，出龙江关，靠东边行，到观音山中洪，一路好行。至矾山北，有浅滩，中洪可行。望方山东边中洪一路浅滩，直过斩龙庙止，至鲥鱼厂。东路至龙潭驿，一路水紧，北边中洪可过。径到仪真中洪，北到金山寺西首十余里，水紧不可抛锚。寺北中洪都可行，到焦山门，仔细戳水行。西南嘴有浅滩，唤做姜婆沙。西北下戳水，中洪好行。南有浅滩，过山中洪一路好行。转往南有水是洪。至丹徒县南有隔壁沙滩，中洪行，到五圣庙中洪好行。围山西南嘴一路浅滩中洪，到孟子河西南好行。东北中间浅滩沙嘴占多是洪，有芦青嘴东南冲出有三四里，转过南中洪戳水行，便是黄山东北浅滩，冲出大江，中洪行。望西边紧水洪，过东有马驮沙，西南嘴冲出带一条，东南也有沙带，一路中洪可行。南有江阴县地方抛船，江阴县西边是夏港，过江阴县中洪，到巫子门浅塞，打外洪过，唤做宝船洪。望见西北蛤蟆山，可转中洪，到是蛤蟆山西有浅滩，望北好行。南是谷渎港，中洪有浅滩，舟行多碍可防。占南有洪照黄思铺，占南岸行到夷铺洪，南有浅滩，北边是洪，到福山港中洪，到白茆港，北有狼山。望东北戳水，中有浅，北有洪，径到了角嘴南路，于刘家港抛泊。

海运新道

《元史》:"初海运之道,自平江刘家港入海,经扬州,路通州海门县黄连沙头、万里长滩,开洋沿山墺而行,抵淮安路盐城县,历西海州海宁府东海县、密州、胶州界,放灵山洋,投东北路,多浅沙,行月余,始抵成山。计其水程,自上海至杨村马头,凡一万三千三百五十里。至元二十九年,朱清等言其路险恶,复开生道,自刘家港开洋,至撑脚沙,转沙嘴,至三沙扬子江,过扁担沙大洪,又过万里长滩,放大洋,至青水洋,又经黑水洋,至成山,过刘家岛,至之罘、沙门二岛,放莱州大洋,抵界河口,其道差为径直。明年,千户殷明略又开新道,从刘家港入海,至崇明州三沙,放洋向东行,入黑水大洋,取成山,转西至刘家岛,又至登州沙门岛,于莱州大洋入界河。'当舟行风信有时,自浙西至京师,不过旬日而已,视前二道为最便'云。然风涛不测,粮船漂溺者无岁无之,间亦有船坏而弃其粮者。元至元二十三年,始责偿于运官,人船俱溺者,乃免,然视河漕之费,则其所得盖多矣。"

登州卫墩六座:曰蓬莱阁,曰田横寨,曰西庄,曰林家庄,曰抹直口,曰教场。刘家汪寨墩五座:曰缴家庄,曰湾子口,曰淋嘴,曰西峰山,曰城儿岭。解宋寨墩三座:曰木基,曰解宋,曰虚里。杨农店巡简司墩三座:曰黄石庙,曰城后,曰石圈。高山巡简司墩二座:曰大山,曰高山。芦洋寨墩六座:曰郭家庄,曰磁山,曰鸡鸣,曰八角嘴,曰城阴,曰白石。孙夼镇巡简司墩三座:曰旗掌,曰塔山,曰岗嵛。福山备御中前千户所墩二座:曰灶后,曰营后。奇山守御千户所墩四座:曰木柞,曰埠东,曰熨斗，曰现顶。清泉寨墩二座：曰清泉，曰石沟。宁海卫墩六座：曰后至山，曰草埠，曰小峰，曰戏山，曰貉子窝，曰马山。金山备御千户所墩五座：曰庙山，曰凤凰，曰小峰山，曰骆驼，曰金山。威海卫墩八座：曰绕绕，曰麻子，曰斜山，曰磨儿山，曰焦子埠，曰陈家庄，曰古陌顶，曰庙后。辛汪寨巡简司墩一座：曰辛汪。百尺崖备御后千户所墩六座：曰望天岭，曰蒲台顶，曰百尺崖，曰嵩里，曰老姑顶，曰曹家岛。温泉镇巡简司墩二座：曰可山，曰半月山。成山卫墩十座：曰白峰头，曰狼家顶，曰高础山，曰仲山，曰太平顶，曰夺姑山，曰马山，曰崮嘴，曰俞镇，曰里岛。寻山备御后千户所墩八座：曰青鱼，曰葛楼山，曰马山，曰杨家岭，曰小劳山，曰黄连嘴，曰古老石，曰长家嘴。宁津守御千户所墩八座：曰慢埠，曰龙山，曰羊家岛，曰芝蔴滩，曰万古，曰柴家山，曰青埠，曰孟家山。赤山寨巡简司墩一座：曰田家岭。靖海卫墩二十座：曰柘岛，曰铎木，曰郭家口，曰石岗山，曰唐浪顶，曰标杵顶，曰苽蒌寨，曰狗脚山，曰石脚山，曰路家马头，曰赤石，曰长会口，曰红土崖，曰明光山，曰青岛嘴，曰姚山头，曰峰窝，曰浪浪，曰大湾口，曰黑夫厂。海阳守御千户所墩七座：曰乳山，曰帽子山，曰驴山，曰白沙，曰峰子山，曰城子港，曰小龙山。乳山寨巡简司墩一座：曰里口。大嵩卫墩七座：曰望石山，曰擒虎山，曰草岛嘴，曰辛家寨，曰刘家岭，曰麦岛，曰杨家嘴。大山寨备御千户所墩二座：曰大山，曰虎巢山。行村寨巡简司墩三座：曰高山，曰田村，曰灵山。福山备御中前所堡二座：曰福山，曰芝阳。奇山守御千户所堡二座：曰黄务，曰西牟。宁海卫堡一十二座：曰宋家，曰曲水，曰管山，曰板桥，曰石子现，曰榜栳观，曰汤西，曰脩福，曰杏林，曰峰山，曰辛安，曰芜蒌。金山备御左千户所堡四座：曰邹山，曰清泉，曰石沟，曰朱家。威海卫保四座曰曹家庄，曰豹虎，曰峰山，曰天都。百尺崖备御千户所堡三座：曰芝蔴岭，曰窦家崖，曰转山。成山卫堡九座：曰神前，曰祭天岭，曰报信口，曰堆前，曰歇马亭，曰洛口，曰石础，曰北留村，曰张家。寻山备御后千户所堡七座：曰曲家埠，曰胜佛口，曰大水泊，曰老翅，曰纪了埠，曰蒸饼，曰青山。宁津守御千户所堡九座：曰帽子山，曰崮山寨，曰高楼山，曰拖地岗，曰王家铺，曰大顶山，曰土现口，曰龙虎山，曰崮山。靖海卫堡八座：曰蒸饼，曰孤西，曰憨山，曰望将，曰坟台，曰店山，曰葫芦山，曰起雨山。海阳守御千户所堡十座：曰乍山，曰猪港，曰扒山，曰桃村，曰孤山，曰黄利河，曰孔家庄，曰撇雨山，曰老埠港，曰汤山。乳山寨巡简司堡二座：曰长角岭，曰高庄。大嵩卫堡五座：曰小山，曰黄山，曰青山，曰管村，曰界河。大山寨备御千户所堡二座：曰双山，曰黄阳。

附注

注一：《乐安志》曰，淄水自临淄入乐安地界，土疏，每秋夏大雨时行，西南山壑之水咸萃，而河渠浅狭，岸复善崩，则恣为民病。即余所见，己酉以来，淄决朱家道口凡一再徙，坏民田舍，不可胜计；乃三决曲堤，顺流而北，几没城垣。微杨、吴二令塞之于前，姜令塞之于后，吾邑其水居乎？

注二：徐当作施，通判施以敬。

注三：卫所抽选内操，昉自永乐；其轮班入卫，岁有定额，则自正统己巳之变起也。

山西备录

尧时龙门未开，吕梁未凿，河出孟门，江淮通流，无有平原高阜，群臣举高阳鲧治之。鲧治水始于冀州，兴徒役作九仞之城，九载讫无成功。始冀州者，理其脊也，且尧都平阳，冀州为急。后禹嗣兴，仿父绩用弗成，劳身焦思，躬执耒臿，以为民先，亦始于冀州。然鲧之罔绩，不失于始冀，而失于崇防；禹之成功，不得于始冀，而得于凿龙门、排伊阙。盖治湮与止沸同，止沸者扬汤不若去薪，治湮者崇防不若决注。窃思禹之治水虽始冀，必先导碣石九河，以达其入海之路。下流既疏，则上壅自杀。是故龙门可凿，伊阙可排也。今云中之境，鲧堤累累，而禹迹无闻。考之于书，亦惟"恒卫既从"一言而已。夫云中地势，天下极高，是岂仍须堤防以事障塞邪？禹工一施，海道无阻，则夫云中自高之水、一决注之耳，无余力也。朱子曰："云中正高脊处，自脊以西之水，西流入于龙门西河，自脊以东之水，东流入于海。"意与此同也。

《诗》云："薄伐猃狁，至于大原。"《传》云："大，音泰。大原，地名，亦曰大卤，今在太原府，阳曲县。至于大原，言逐出之而已，不穷追也。"按大、太二字，音本不同。《禹贡》"既修太原"，在冀州，《诗》"至于大原"，在雍州。周都丰镐，猃狁侵镐及方，至于泾阳，非自冀州太原而入。《地里志》，泾水出定安泾阳县，今原州百泉县笄头山也。则《诗》所谓泾阳，指此地而言。泾阳东北至太原二千余里，山川险阻，黄河介其中，安得饬戎车日行三十里，逐雍州泾阳猃狁，由冀州太原而出乎?《禹贡》“原隰底绩”，蔡传引郑氏云，“其地在今邠州。”唐有泾原节度使，今固原州，即唐原州故城。汉唐以来，又以河南地为五原郡，则诗人所云“至于大原”者（注一），指原州而言，非冀州之太原也。朱子在南渡后，未至北方，传偶误耳。

《九宫私记》曰：“余尝至雁门，抵岢石，见诸山往往有剧削之处，逶迤而东，隐见不常。大约自雁门抵应州，至蔚东山三涧口诸处亦然。问之父老，则曰古长城迹也。夫长城始于燕昭赵武灵，而极于秦始皇。燕昭所筑者，自造阳至襄平，武灵所筑者，自代并阴山至高阙，始皇所筑者，起临洮，历九原云中至辽东，皆非雁门岢石应蔚之迹也。及读史，显王三十六年，有赵肃侯筑长城事（注二），乃悟。盖是时三胡尚强，楼烦未斥，赵之境守，东为蔚应，西则雁门耳。故肃侯所筑以之。则父老所谓长城者，乃肃侯之城，非始皇之城也。迨武灵既破胡，则并阴山至高阙。始皇既并天下，则起临洮至辽东。所保者大，则所城者愈远也。

周元王二年，代子会赵无恤于夏屋，无恤杀代子，遂袭代，灭之。时无恤姊为代子夫人，因使人迎其姊，姊乃磨笄自杀。代人因名其山曰磨笄。然磨笄之辨，诸家不同：有谓在保安州东，即鸡鸣山者；有谓在飞狐县东北百五十里者；有谓在山东济南府长清县者。要皆求之于典籍文字之间，而不稽之于道里徒步之下，是故语意近真而指摘各异，考者转增疑惑，莫可较一也。夫代为蔚地，其去济南辽绝甚矣。长清之山，本名马头，可无辩也。鸡鸣在蔚东北百五十里，其去恒山则又倍之，岂所谓自上临下可见之地邪？况保安，上谷属也，春秋之际，东胡据之，元非代壤，而谓夫人者望夫于此，自杀于此，不亦谬哉！考之魏土地记曰："磨笄山在代郡东南二十五里，一名马头山。"夫代郡废城在蔚城东，今其东南二十余里，所谓马头山者，人人知之，但不知其即为磨笄耳，而顾他求之，可乎？又《括地志》曰："磨笄山在飞狐县东北。"蔚州去山近，舍之不言，飞狐去山远，取以为较，遂使考者不循其故，不玩其微。求之于蔚东北之道里，则以鸡鸣为是；求之以马头之名称，则以长清为疑。盖琐琐于典籍文字之间，而不于道理徒步之下也（注三）。

苏秦说赵肃侯曰："山东之国，莫如赵强。赵西有常山，南有河漳，东有清河，北有燕国。秦之所畏害于天下者，莫如赵。然而不敢伐赵者，畏韩魏之议其后也。然则韩魏赵之南蔽，韩魏不能支，必入臣于秦。秦无韩魏之隔，祸必中于赵。"此述赵形势而为之谋也。言秦必不敢越韩魏以攻赵，是矣。然今日常山、河漳，犹夫故也，又东连上谷，兵援警接，如肩臂手指，而胡骑之南，乃无议后之虑者何？曰：西失丰胜，则不足以邀寇之归；东弃开平，则无能为大同三关攻其必救也。

楼烦子不可考，其受封之始，或曰：夏后，国于今宁武；商以来世为荒服；周成王时，其君入朝于京师。战国之时，东胡、林胡、楼烦杂处冀北，并号三胡。考之古牒，东胡、林胡，胡也；楼烦则否。何者？上古之时，并建要荒，以为藩屏，天下有道，莫不来王。春秋德衰，外衅时作，荤粥、猃狁之裔，东胡、林胡之类，以渐南徙，而若代、若楼烦，近其害者染其污矣。传世既久，概名曰胡，虽楼烦有不自知也。是故周王会有楼烦，而无东、林胡。又东、林悉以胡名，楼烦独有国号，其源未可同也。或曰：王会何以无代？曰：代，子姓，殷之同宗，周人盖不跻之荒服。

周赧王九年，赵武灵王议胡服曰：“吾国东有河、薄、洛之水，无舟楫之用；西有楼烦、林胡、秦、韩之边，无骑射之备，将何以为守？昔简王不塞晋阳以及上党，而襄王并戎取代以攘诸胡，此愚智之所明也。遂胡服，招骑射，略中山地至宁葭，西略胡地至榆中，林胡王献马。乃命代相固主胡，致其兵，用以攻伐，此中国用胡兵之始也。明年，又破原阳为骑邑，胡服率骑，出逾九隈之固，绝五陉之险。然胡服之令，公子成争之；骑邑之破，牛寡争之，而武灵不听。由是黄帝尧舜之衣裳，变而为贝带师比矣；成周之六射五驭，变而为鞍马控弦矣。用夏变夷之道废，而反见变于夷狄之俗，可叹也哉！”

周赧王十五年，赵武灵王南攻中山，北破楼烦、林胡，攘地北至代，西至云中、九原，于是置云中、九原、雁门郡，又于代置代郡。夫武灵之攘胡，自谋秦始也。盖其始立，秦与韩、魏败赵兵，斩首八万，此武灵之所愤也。故西置昭襄以结好于秦，南使仇富以通和于韩、魏，而复内招骑射之强，外辟三胡之地。楼烦可以礼服，则遇其王以致其兵。林胡宜用兵威，则驱其类以空其地。由是云中、九原可以直通秦中，而咸阳以后危矣。究其为谋，非旦夕也。然胡服之令初行，而大陵之梦已兆。函关之符甫出，而沙丘之祸遂行。事起于憎爱之微，变发于肘腋之近。后世愤秦虐者，往往感焉。岂非正己之功亏，而治人之欲速，闲家之道歉，而谋国之愿违也耶？故尝曰：齐桓伯而不王，其功至于反左衽被发而不能立一王之治；武灵夷而不伯，其功至于辟地千里而不能合天下之从。管仲，伯佐也，强国止于其身；肥义，夷佐也，身卒不免于难。虽然，下甲九原，直窥秦中，示天下以形势；礼遇楼烦，借其兵力，得处变之权宜，盖至是，则秦有腹背之虞，而胡失连衡之势矣。

蔚城东二十里许有故墟焉，俗呼代王城，周回二十五里。九门遗趾俱在。金波泉发源其北，夹城东南流，即《搜神记》所谓始筑时亡西南板于泽中自立者也。长老曰："盖昔有代王者居是城，与燕约相救，置传鼓为信。胡大入，传鼓，燕救不至，代王出奔，国为墟。"又曰："废城南数里小山，即鼓台也。"余寻之，果然，今仍名擂鼓堝，其言有证矣，而竟不知所谓代王者何人也。《一统志》曰："蔚东有代王城，即汉代县故城，文帝封代居此。"郡旧志亦云："夫文帝封代固矣，约燕相救，胡至出奔，文帝无是也。"《史记》曰："文帝都晋阳，迁中都，其幸太原也，复晋阳中都三岁租，而蔚无闻焉。又文帝分其故国王二子，武为代，都晋阳；参为太原，都中都。皆即其故都，而蔚不与焉。"然则，谓蔚之废城为文帝所居，可乎？文帝自代入奉宗庙，其故都亦必培植以示不忘，而遂谓为墟，可乎？及考之《高帝纪》，十一年，下诏曰："代地居恒山北，与夷狄边（赵乃从山南有土边），数有胡寇，难以为国。颇取山南太原之地益属代，代之云中以西为云中郡，则代受边寇益少矣。"乃立子恒为代王，都晋阳（注四），后迁都中都。夫蔚废城，代故都也。汉高众建，王喜因之。其谓"数有胡寇，难以为国"者，以喜之奔还也。颇取山南太原之地益属代，则代南矣。云中以西为云中郡，则云中不属代矣。汉又有代郡，则代亦不属代矣。代不属代，而存其名，此后人之所疑也。是故知文帝之封代，而不知其未尝至蔚也。知晋阳中都之复租，而不敢援以为证也；知文帝之未尝被胡出奔，而不敢为之辩也；附会之说纷然矣。且王喜之封也，与卢绾同时，草昧之际，披荆棘，立城邑，日不暇给。燕代与国，土壤接近，则相为救也必矣。燕救不至，王喜出奔，长老所传，信而有征也。鉴王喜之失国而徙都，因代之南徙而置郡，此高帝之筹，而代因之南也。郡志不询长老之详，不考史文之实，不稽十一年之诏，见一代王城，遂指为文帝，误矣。

平城有三，皆在冀北：一曰平城，古城也，汉高围白登之所至者，为今大同；一曰新平城，拓跋猗卢新城也，其子六修之所居者，在今马邑县地；一曰小平城，亦古城也，秦蒙骜之所拔者，今神池稍南宁武关地也。小平城见吞于秦，而两汉无闻，新平城见据于六修，而魏不复见，俱废久矣。独平城，魏以为都，后复为镇，称京置府，至今显焉。地之兴废，果有数耶？抑流峙风气，如形家者说耶？

大同之地，古云中、九原、定襄、代郡，赵、秦、汉之所置也。赵并代以有代，斥胡以有云中、九原而置郡，则皆于赧王之十五年。于是秦因之为三郡，汉增置定襄，为四郡。夫秦汉时，天下不过三十余郡，而此地处其四，则夫西北之陬，岂止是哉？故尝曰，三代以来，东南之地渐辟，而西北之地渐沦，固理势之自然也。今以其故城考之，则云中在胜州榆林，五原即废丰州，代为蔚废城，定襄在今府城西北，皆非今府城也。以其属考之，则云中有咸阳、陶林、沙南、北舆之属，九原有临沃、文国、武都、曼柏之属，定襄有成乐、桐过、襄阴、复陶之属，代郡有高柳、卤城、班氏、平邑之属，皆非今所属也。然则今大同者，云中之东境，定襄之南境，代郡之北境，而九原之南邻也。是故合其全，则四郡不得不纪，指其实，则代南境为太原，云中、定襄西北境与九原举在塞外矣。

并州大抵恒山以旁之郡，帝舜始置，分冀北境者也。《周礼》，正北曰并州，其镇曰恒山。春秋元命包曰：营室流为并州，分为卫国。夫不以卫水、恒山为号，而曰并者，盖以其在两谷之间也。汉《地理志》，并州所属十郡，而云中、定襄、五原、代、雁门已居其五，西河、朔方乃武帝新置之郡，而朔方汉末复治五原，则又得其六矣。远于是者，南不过上党、太原，西不过上郡而已。故曰“并州大抵恒山以旁之郡”也。一废于夏初，而成周是建；再废于汉末，而黄初复仍。将寰宇之广，必剖析而后行，亦疆域之形，有一定而不可易邪？虽然，汉以前之并，并之全也，十郡隶而北境过其半。魏所置之并，非并之全也，陉领以北，举弃之胡。盖虽有新兴之名，而无其实矣。置乌桓于塞外，而寇盗繁，分鲜卑于塞内，而郡邑废。后来晋人五胡之乱，亦自并州始。履霜坚冰，斯可畏之甚乎？

汉宣帝以匈奴旁塞，遣后将军赵充国屯五原、朔方、云中、代、雁门、定襄、右北平、上谷、渔阳九郡，将四万骑，此汉代联九边为一，而总之以一大将也。今时九边之骑，岂止四万，而不可以一将总者，丰胜之沦于西，大宁之隔于东也。

隋文帝开皇间，突厥启民归男女万余，长孙晟奏请徙五原，以河为固；于夏胜之间，东西至河，南北四百里，掘为横堑，令处其内，使得畜牧。王司马琼谓掘堑始见于此。余按“堑”亦作“壍”，亦作“渐”。《秦纪》“始皇通自九原至云阳，边山险，堑谿谷。又堑山堙谷千八百里，又堑河旁。”《汉高纪》“深堑而守。”《晁错传》“高城深堑木樵。”潘岳《马汧督诔》“剫以长堑。”刘良注：“剫，掘也。”梁书《韦睿传》“夜掘长堑。”则掘堑之事，盖有之，非始见于隋也。

汉元光二年，匈奴入武州塞，夫秦塞远矣，大抵阴山高阙之间也。《史记》曰："蒙恬斥逐匈奴，收河南地为四十四县，筑长城，起临洮，至辽东，延袤万余里。"盖是时云中、五原皆为郡，故长城在其北也。关志曰："秦并赵，筑长城于岚州紫塞。"则是以秦塞为岢岚偏头间也。夫秦之所备者大，起临洮，则西境全；历云中、五原，则咸阳以后安；至辽东，则宣大之南，雁门宁武偏头之北，俱为内境矣，必不复于岚州别为塞也。然则何以曰"岚州紫塞"？曰："赵肃侯备三胡，筑长城矣。"岚州之塞，或肃侯之故，而汉所谓武州塞也。

唐武德三年，高祖召刘世让，问以备边，对曰："突厥数南寇者，以马邑为之中顿也。如使勇将屯近地，厚储金帛以招降者，数出奇兵，略践禾稼，不逾岁，马邑可图也。"帝曰："非公无可任者。"乃使来屯朔州。夫马邑为郡，汉唐急之。然汉以韩王信肇祸，唐以苑君璋启衅，故匈奴突厥率垂涎焉。昔王恢之诈，首以马邑诱胡，而刘世让此论，亦曰突厥之数南寇，以马邑为之中顿也。岂其形胜有余，殷盛自昔，为犬羊香饵邪？盖尝考之，古马邑，今朔州也。汉唐之初，边邑疏旷，云中、五原举在丰胜，是虽偶有失得，不为剥肤。若夫马邑，则南接雁门，东引燕代，马邑失据，将并土震摇，并土震摇，斯河洛纷扰矣，是故其急之也。于戏！沿革无常，而形势有定。若朔州者，非今日所当急者耶？

考之旧史，宋尝于边境置四军：曰崇化，曰火山，曰岢岚，曰楼烦。岢岚虽重兵，而移置岚谷；楼烦虽旧号，而颇近静乐。盖岢岚本以岢谷得名，而楼烦则自并北管之后以渐南矣。独崇化为今之宁化，去宁武为近。火山属有偏头，去偏头为近，实今日二关之所宗也。于戏！周人城朔方，不闻有雁门也，李牧备雁门，不闻有宁武也。中国遗祸之浅深，不亦大可慨邪！

宋熙宁八年，诏韩缜割分水岭以北地界契丹，东西失地凡七百里。其后契丹复包取两不耕地，下临雁门，遂启用兵之衅。夫宋人所割分水岭之地，今不可考矣。然尝登雁门，逾夏屋，极目于勾注广武之间，而知陉山形如人字，一脊中分。山南据脊，则利归山南；山北据脊，则利归山北。辽人所索，必此地也。不然，则彼以射猎畜牧为业，每每空千百里之地以养禽兽，而顾独拳拳于此三十里间邪？夫宋君可与有为者，神宗也，今其言曰："所争止三十里，大臣殊不究本末。"夫斥卤沙碛之场，连阡弥望，虏所不争。隘塞险易之间，不十数里，利害即相悬矣。神宗但喜其道路之不遥，而不究域民之大限，斯惑也已！神宗所恃以有为者，王安石也。今其言曰："将欲取之，必固与之。"夫如其非义，一介不以与人，一介不以取诸人。安石但知冀望于未获之石田，而不知致惜其守成之要地，惑又甚也。君臣如此，尚何言哉！卒之粘没喝之师，一出云朔，遂下太原，非以雁门失守与？李绛有言曰："边城要害，当谋之边将，规河塞之外于庙堂之上，鲜不败事。"其谓是夫！或问："宋失幽蓟矣，粘没喝之师何以先下太原？"曰："宋失幽蓟，白沟为界。既无大险，素所重防，雁门则石晋之所未割，太原恃之为藩。宋弃分水岭不以为意，而辽金知之，以为出奇之路也。"

国初置东胜诸卫，然多事草创，什伍虚耗。至正统十四年九月，虏寇拥逼，诏徙诸卫内地，遂弃东胜，此我朝不复四郡之实也。洪熙、宣德之间，玩常而不思其变；景泰、天顺之际，守近而不谋其远。由是偏头邻于犬羊，而全晋以北单矣。岂惟全晋，五原、云中，赵武灵所欲下甲咸阳者也，此而不守，则左臂断，全陕危矣。可胜惜哉！于少保公极力于独石，而不注怀于东胜，其意何也？

总督宣大余子俊言边务曰："自古命将出师，诛暴禁乱，见可而进，知难而退。进退之间，非车不可。臣奉命以来，熟看大同地方，山川平旷，宣府地方，一半相等，门庭寇至，车战为宜。今为军之计，大率以万人为一军，战车五百余辆，用步军十八人驾拽，行则继以为阵，止则横以为营。车空缺去处，用鹿角柞补塞。凡战士器械不劳马驮，干粮不烦自赍。若使虏贼合众对垒，彼用弓矢，止有百步技能，我用枪炮，动有三四百步威势。如相持过久，彼将分散抢掠，我则出兵，或首遏其骄横，或尾击其惰归，前项车营，取便策应。运有足之城，策不饲之马，此亿万年守边简易之法也。前此李贤于景泰时，亦疏称边境俱用战车，可以横行沙漠，不但驱之出境而已。近观各边所造战车，上安神枪铳炮，规模亦似可取，施之战阵，多不济用者，何哉？盖此车之造，止可为自守之计，非临阵取胜之术也。今边防之地，非山涧则沙碛，贼虏之来，疾如飘风，纵马一驰，倏忽数里。仓卒之际，车何能自随？若虏乘风纵火，则与陈涛斜之事一律矣。余谓制虏之术，莫如拒马鹿角，攒竹长牌，马上可以带之，随军而行，一则可以拒战马之冲突，一则可以遮胡虏之乱矢。御虏急务，莫先于此。昔吴璘拒金人于鸡头关，实藉此具，踵而制之，可也。"

山西土瘠民贫，村落细民多不能屋宇，乃就高地凿土为窑以居之，夏凉冬温，颇利于贫家。孟子所谓"上者为营窟"，《汉书》所谓"瓯脱"，是也。

正统三年七月丁亥，巡按河南监察御史丁璿以直隶宁山卫远在山西泽州之境，其屯田布于河南大名诸郡县，屯卒散居，卫官巡视不及，往往纵恣为盗。请以宁山卫或隶河南，或隶山西，且将散居屯卒编之成屯，庶卫官得以不时巡督，有为盗者连坐之。事下兵部议以宁山所以控制河南、山西，二都司规画已久，难以改隶。其编屯连坐之法，请如其言，从之。

嘉靖三十三年五月，山西巡按宋仪望言，桑干河发源于金龙池下瓮城驿古定桥，会众水东入芦沟桥一千余里。在大同，则卜村稍有乱石；在府，则黑龙湾有石崖颇险。其险与乱石不越四五十余里，水浅处亦深二三尺，诚疏凿之，为力甚易。当时抚臣侯钺尝驾小舟至怀来，过卜村，逾黑龙湾，坦行无虞。又自怀来载米三十石，逆水而上，竟达古定桥，则河足便漕，有明征矣。时朝廷新行挖运之法，山谷崎岖，率三十石而致一石。部臣谋所以易之，未得其便。及仪望疏下兵部，任其可行，且称都御史赵锦常使人从桑干河水行千里，直抵大同城下。若稍加疏凿，不惟通漕，且因可以捍边。诏会工部议之，工部谓远河重役，请俟详勘举行，遂报罢。

《吴甡抚晋疏》

雁门广武为代州第一扼要之冲。广武西接盘道梁十余里，俱有砖墙。其西白草沟路通代崞，前岁虏从此出口。盘道梁为中路最冲。阳方一带，山坡平衍，处处可以阑入。去岁贼犯苦森梁，距阳方堡不数武，而将官退守一城，任其阑入。今旧墙改土为砖。历广武而东，寺儿沟、水峪皆有险可据，惟胡峪口宽衍。过胡峪三十里为马兰，垣墙甚坚，山势亦峻。又十五里为茹越，虏屡从此出入。小石两旁山虽层叠，多可逾越。其北关城西面为山水所坏，塌五丈余。过此为北楼，其形势全在，设兵两山之颠。前岁虏不攻北楼城，而从西山驾梁入口，莫之能御。北楼以东为平刑，其冲隘甚多，贼南犯广昌、灵丘，则平刑首当其冲。三关西中两路尚有边墙，东路无边墙可守。边以内一望平原，虏由阳方入，则阳武峪为扼要之地，由白草沟茹越小石入，则繁峙、代州为扼要之地。若大势南下，则原平、忻口、忻州为扼要之地。过忻州四十里，为石岭关，有险可守。唐时设防，稍存遗迹，今荡为平丘。旁多小路，可以南通阳曲，西走静乐，过此则直抵太原。太原之东南则榆次、寿阳、平定而通固关，仅三百余里；太原之西则太原县、清源、交城、文水而入汾州之境；太原之南则徐沟、祁县、平遥、介休而入平阳之境。是故论地利，则三关稍有险阻，有守兵把住阳方、盘道、梁神池、白草沟、茹越、小石、北楼、平刑等口，乃可使虏不窥犯内地，在在平夷。有战，兵扼击于代州、原平、忻口、忻州、名岭关等处，则太原或可无虞也。虏若从大同边口入犯，则走井抨、应朔而犯神池、阳方、盘道梁等口，再东则广武、白草沟、菇越、小石、北楼处处当防。若从宣府入犯，则走蔚州、浑源州而犯平刑、北楼、小石、茹越等口，再西则盘道梁、阳方、神池处处当防。崇祯八年，虏入阳方之苦森梁，肆掠于原平、忻州、定襄，总督亲领标兵迎击于原平、崞县、代州之间，虏亦旋遁。前岁臣驻忻州，扼其南下之势，虏故折西东掠定襄，逼近五台，以五台山险，不及掠而遁。

大同置镇，与宣府同。夫西北形势重宣大，宣府之藩篱不固，则隆永急矣；大同之门户不严，则太原急矣。然宣大地方，本相联属，以今京师较之，则京师以宣大为障，而宣府又以大同为障。我高皇帝汛扫腥膻，以大同川原平衍，虏易长驱，兼与保定、山西相为唇齿，特建重镇，以为倒马、紫荆、雁门、宁武之捍，设诸卫所，错落其间，各屯重兵以镇压之。而镇巡其地者，又尝于九十里外筑小城，曰小边；于百里外筑大城，曰大边。其于边防，亦既云固。然岁久倾圮，继事者虽尝缮修，浸为风雨之摧剥，小边之外，悉为虏牧矣。顾镇城东西，犹有聚落高山二堡为两掖，而北无藩障，独当虏冲，为备甚难。于时巡抚张文锦城红寺、胪圈、窑山、水头、沙河五堡，说者谓得扼险之要。惜其发戍失宜，以及于难，继事者遂以为戒。嘉靖十八年，总督毛伯温极言建堡之便。诏下巡抚史道，乃躬履其事。以镇胡地险，移置稍西，名镇边堡；水头地僻，移置稍东，名镇川堡；沙河地沮洳，移置河南，名镇河堡；红寺仍旧，改名弘赐。又于弘赐西置镇虏堡，倚地召军，三面开耕，一面御敌。二十二年，总兵周尚文复增筑靖虏五堡，以翼弘赐，筑灭胡九堡，布列于西，以障威平。各招募边人为军，垦地资养。又于塞外筑拒墙五堡，以厚屏其肩背，亦各募兵戍守。后督府翁万达与巡抚詹荣议自丫角山至宣府李信屯，通修筑长城，城有台以利旁击，台置屋以处戍兵，而城下则留暗门以便出哨。盖保障复故，而规制为密焉。然议者犹谓拒墙五堡，在长城之外，屯戍孤而塞人惧，非计之得也。乃又城外筑塞，如偃月形，东西皆附于旧塞。自是塞垣内外，恒如对垒，虏不敢窥，而边氓稍稍靖矣。然尝谓宣府之备紫荆、倒马，必于蔚州；虏寇之犯蔚州，必于阳和。盖阳和开山口以东原未设险，拒守不便。其鹁鸽峪、铁裹门、水峪、瓦窑等口，俱系虏冲，此之不慎，中原骚动矣。必严诸口之戍，则虏不至阳和天城；谨白登之地，则虏不至顺圣东、西川；设蔚州之伏，则虏不至广昌、广灵，而紫荆、倒马高枕矣。若右卫之北，有兔毛河口，直通塞外，又最为要害。盖兔毛之水，派流平衍，中难为窦，涯浒土壤，旁难为墩，守者病之。故太学生陈善议以岸筑高墉，与长城等，随水曲折，长数里余，河流宽不百步，而两岸乘墉者以火石下击之，可保必守。斯亦备边者之所当预图哉。

雁门，古勾注西陉之地。重峦叠巘，霞举云飞，两山对峙，其形如门，而蜚雁出于其间，故名。《舆图志》曰："天下九塞，雁门为首。"国朝洪武初为代县，寻改州。以地密迩云朔，接壤沙漠，开置振武卫，辖六千户所，乃即代北四十里置雁门关。关外大石墙三道，小石墙二十五道。北为广武站，隘口十八；东为水峪，为胡峪，为马兰，为茹越，为小石，为大石，为北楼，为太安，为团城，为平刑；西为太和（一名白草沟），为水芹，为吊桥，为庙岭（一名夹柳树），为石匣（一名雕窝梁），为阳武峪，为玄冈，为芦板口，各有堡。正德十一年，都御史李钺增筑土堡十有一座于北口：在关东者七，在关西者四。又于通贼要路，咸斩崖挑堑，间以石墙。然广武当朔州马邑、大川之冲，通忻代崞、峙诸郡县之路，虏从大同左右卫而入，势当首犯。东越广武，则北楼、平刑皆为虏冲。西越白草沟，则夹柳树、雕窝莫非要害。雁门警备，于是为急矣。

宁武，古楼烦地，据两关之中，旧为宁武屯。自正统巳己以来，虏数侵轶，都御史李侃奏宜置关屯戍，于是因旧名立关，以宁化所隶焉。堡凡十二：东为大河，为阳房，为朔宁；北为神池，为大水口，为利民；西北为黄化岭，为土棚，为义井；西为宁文，为二马营；西南为西镇。而宁文又实与宁武相为犄角，以扼西山之险。嘉靖十三年，都御史任洛自雕窝梁至达达墩筑边八里二百二十步，砌以石。然自阳房口而西，尚缺藩篱。夫阳房，西陉之隙漏，为朔州大川之冲，通忻、代、岚、永、诸路，平衍夷漫，虏虽拥十数万骑，皆可成列以进。往年虏寇内地，率由于斯。十八年，都御史陈讲以旧边不可恃，乃寻王野梁废迹修复之，东起阳房，经温岭、大小水口、神池荞麦川，至八角堡，悉筑长城，凡百八十里，且筑且属，土石相半，外为壕堑。二十三年，都御史曾铣谓边墙高厚，弗称雁门，乃复增筑之。盖三关中路之备，于是称壮焉。

偏头，古武州地，东连丫角山，西逼黄河，与套虏仅隔一水。其地东仰西伏，故名偏头。宋自南渡后属金元，为偏头关，国朝因之。堡凡十有八：关以东为马站，为八柳树，为老营；东北为小营，为水泉；北为寺堰，为滑石涧；西为桦林，为楼子营，为罗圈，为杨免，为唐家会，为五花营，为得马，为灰沟；南为永兴；东南为八角，为长林。大边在关北一百二十里，起大同之崖头，至黄河七十里，无墙而有藩篱。成化二年，总兵王玺复于关北六十里，起老营丫角墩，至老牛湾，筑墙二百四十里，号为二边。而三墙则在关东北三十里，起石庙儿至石梯墩，凡七十里，为总兵李瑾所筑。四墙在本关二里，起鹰窝山至教场一百二十里，为兵备张凤羾所筑。后复以时增修，比之二关，尤为慎固。盖山西惟偏头亦称外边，与宣大峙。宣大以蔽京师，偏头以蔽全晋，全晋安，则京师安矣。彼雁门、宁武，虽概称三关，而其缓急则与偏头异。论者谓偏头倚大同为蔽，足为太原之障。然虏自西北马邑而入，则大同之援兵不能及。况遇河冻，虏犯岚静，多由偏关出没。国初建将屯兵，首先偏头，盖以此也。若老营堡东接平虏，去大同边不远，寇警时至，使得骁将劲卒且屯且守，则丫角墩而南，阳房口而东西，乌用是纷纷也。往岁老营将卒鏖战于荆家庄，斩首于三马营，有自虏回者，问虚实，先曰"老营黑油帽子"云。治兵者优之刍茭行糗，而鼓超距跃矢之勇，边障其倍气乎。

按地里，起宣府东路之四海冶，迤逦而西，历北中二路，抵西路之西阳河，为大同界。大同东路之东阳河，迤逦而西，历北中二路，抵西路之丫角山，为山西界。山西之老营堡，迤逦而西，历水泉、偏头，抵保德州，为黄河界而止，计一千九百二十里有奇，皆逼临虏巢，险在外者也，所谓极边也。山西老营堡转南而东，历宁武、雁门、北楼，至平刑关尽境，又转南而东，为保定之界，历龙泉、倒马、紫荆之吴王口、插箭岭、浮图峪，至沿河口，又东北为顺天之界，历高崖、白羊，抵居庸关而止。共二千五百里有奇，皆峻山层冈，险在内者也，所谓次边也。我国家奠鼎燕京，外边西连延绥，东距蓟州，势相犄角。至于为京师屏蔽，则宣大为特重，非他镇可比。合言之，则大同川原平衍，又最称难守；次宣府，次山西之偏老。分言之，则大同之最难守者，北路也，次中路，次西路，东路。而山西偏关以西百五十里恃河为险，无待防秋。偏关以东之百有四里，则略与大同之西路同焉。夫大同为山西藩篱，本相联属，曩因虏越大同入山西，当时地方诸臣误以大同为难与共事也，乃独筑宁、雁以东至平刑边墙八百里于腹里，掣回大同备御之兵，以守诸关，已非国初经略之本意。继因守兵不敷，添设太原等处参游兵马七营，召募客兵，佥派民壮，分布摆守，公私转输，内地骚动。所谓财匮于兵众，力分于备多者，正谓此耳。近年兵部侍郎翁万达与巡抚杨守谦会议，以扼其要害，则人聚而力全，二镇边墙，接连仅七百余里，则地近而费省，欲罢宁、雁之戍兵，以并守大同，大同有备，则山西可保无事。将来客兵可以渐掣，供亿可以渐省。所议似为得之，但内外二边皆所以捍蔽燕晋，保障黔黎，外边苟得骁将，防守维严，虏固不能窥矣，万一失防，胡马深入内地，忽睹崇墉横阻，军容雄盛，既虚守戍之冲其前，又虑游骑之尾其后，凶威少挫，实由于斯。若因并力于其外，而遂疏略于其内，未免弃重险而启戎心。昔人谓全晋之安危视三关，而几辅以西、大河以北安危视全晋，则三关之守，固不得不严以审。况保德逼近黄河，多系套虏渡口，苟控弦引弓之胡，望月捣虚，深入流毒，何可胜道？故三关立镇，与大同略等。自是忻、代、沁、辽之间高枕，而恒岳大河之内不震不悚，此宁、雁之戍兵所以难遽罢也。盖详于外防，固以捍内，而量为内备，亦所以资外。惟内外共贞，不分彼此，而并力防守，不劳大费，所备者寡，所守者要，则于民政边防，可谓两便之矣。

土堡。相度地宜，依山据险而为之。各堡积矢石，备器械，官有廨宇，士有营舍，而仓廒草场咸备焉。语曰："百人之堡，千人不能攻。"其势便也。大同、三关诸营堡，图说固已系而载之矣。然边方乡落，民堡尤多，有一乡数堡，一堡数家者。又素无弓弩火器，虏入，守空陴坐视，恒有陷失，杀戮甚众。前督府翁万达令并民堡，孤悬寡弱者废之，编其民于附近大堡，协力拒守。每堡择才力者为堡长，次者为队长，堡长得以制队长，队长得以制伍众。每五十名为一队，每队奇正各半，队长二人，一统其正，一统其奇。居常则人守一陴，奇正相间。一方有急，则三方应援；奇者赴之，正者摄守。又多造火铳、飞炮、佛朗机之类，分给堡寨。初，虏之攻堡也，声其诸处而掩其一隅，诱之策应而乘其不备，乡民无远识，往往扰乱以堕其计。今奇正相间，一调一守，规画密矣。乃若腹里故无土堡，自庚子辛丑，虏势鸱张，残贼内地，于是各修堡以备之，而因地团聚，为制不一云。

堑窖。多凿于近垣，以阻侵轶。凿地横亘曰堑，间凿间否，形如品字，有隆有伏，互相倚伏，曰窖。盖城堡所以能御患者，以有堑窖为恃也。嘉靖二十一年，总督翟鹏用参政胡松议，自镇边堡而东至阳和后口，镇河堡而西至老营堡，凿为长堑。初，诸堡及烟墩亦各挑挖沟堑以遏虏寇，或穴地为品窖。然议者谓中国设险有三：垣、堑、窖。垣最可恃，窖次之，堑又次之。益垣者因高远眺，敌无所逃，乘险下拒，已易为力。堑则沿守者无所依蔽，眺望者不获远施。尝计一虏挟一束刍，则万虏顷刻之际可平数丈也。若窖有隆伏，平之反难。夫自迩年多事，虏骑驰突，中国困于格斗，疲于奔命，于是守境之议兴，设险之法密矣。堑窖之设，固秦人堑山堙谷之意，惟先练其士卒，固其藩垣，则堑窖亦守国之所不可废者矣。

烽墩。多设于边境，以时侦望。盖山西濒虏，屯牧连野，堤守失严，变将随至，必相地形高耸足以远眺者，筑立墩台，设军戍守，一旦有警，昼则鸣炮，夜则举火，庶警报易以飞传，兵马便于召集。旧志载大同三路烟墩共二百三十五座，蔚州并属县接边腹里烟墩共四十六座，代州并雁门关烟墩共二十二座，宁武关烟墩七座，偏头关三路烟墩共八十九座。后总督余子俊言御边莫先设备，设备在于添墩，议每城二里，须墩一座，以十人守之，墩设二悬楼以施炮石，非但瞭望得真，炮石亦可以四击。盖炮石所及，不下里余。今以两墩共击一空，无不至之理。但两墩相去，其间一里，炮石虽及，岂能一一命中？一墩戍守，不过十人，狙击虽雄，岂能使之必奔？然边塞父老至今归功肃敏，以为一劳永逸，虏数十年不轻南下，势之所值异耳。要之速于传报，以知敌情虚实、虏众多寡，则烽堠之设，固不可已也。顾人心玩愒，瞭望欠严，传报或迟，遂至失事。使总戎者修葺坍塌，俾其完固，稽查督守，预为戒严，则为守边防虞之助，亦岂其微哉！

虏情。尝闻边人之谈虏情者曰："百骑不越城，千骑不越路，万骑不避镇。"言虏骑愈多，则所入愈深也。又曰："镇守战，原野撼；分守战，山谷断；守备战，溪岸判。"言所统既寡，则相机其宜也。然虏情先后巨细不同，而应变规画亦随以异。夫自鱼台失利，虏人肆欺，重以云中之变，叛人为之向导，虏遂侈志，谓可凭陵。然小举不过本路，大举亦不过宣大两镇而已。自十九年，虏自弘赐入，于是有太原之谋。盖以边徼重兵，生养不富，纵有所获，未足致饱，以故直逼朔应，南入阳武，肆毒于忻、代、岢、石之间。然掠太原，必深入，深入，必资禾，而皮褐不便暑湿，驰突苦于泥淖，一遇邀击，则全军危矣。故复有畿甸之想。夫自萌畿甸之想也，于是有紫荆之叩。盖以太原路远，阻隔大同，纵使获至，亦必难返，以故直入广昌，南犯诸隘，极锋于浮屠插箭岭之间。然抵广昌，必由蔚州，由蔚州，必道南山，非二日不能越广灵，非五日不能出灵丘，未获叩关而马力疲矣，故复有阳和之役。此虏情之三变也。方其有太原之谋也，而我日备宣府，及其有畿甸之想也，而我日备朔应，则凡数年之经营劳悴者，咸与虏左矣。夫不挈轻重、较远迩以为备，但见虏近之地，即从而为之防，是何异于刻舟求剑哉！兵法曰："攻其所不守，守其所不攻。"此在制敌者审之而已。

虏候。尝询之境外，谓虏于明水湾、柳川铺、火焰山、大黑山、松树山驻帐，则必犯偏头；羊园子、石佛堂、桃花寨驻帐，则必犯岢岚；毡帽山、大黄石、鸽子堂、野马川、下水海、沙嘴、牛站口、牛角川驻帐，则必犯大同；察罕恼儿、迤都山、奇黄山驻帐，则必犯宣府。边人亦每以是为候云。又塞外剪子关、青梁寿、实虏骑屯聚之处，驻此未有不犯阳和者。往岁沿边所用觇逻之人，以夜为日，视险如夷，或远探贼营，或深入贼垒，虏人畏之而不敢近，边人恃之而得以先知。近时所用，徒有虚名，贼将至而不知，虏已出而方觉，缓急何所恃也。宜遴选哨探之人，厚其酬赏，使密于探伺，虏之动静，既可以先知，我之战守，亦可以预计。何路为贼所必入，当据险以遏之；何路为贼所必归，当按甲以邀之；昼而张疑以分其势，夜而衔枚以劫其营，则御敌得坐制之策，先人有夺人之功矣。

防秋。国家御虏，四时不彻备，而独曰防秋者。备虏之道，谨烽明燧，坚壁清野而已。至秋，则农人收获，壁不可坚，禾稼栖亩，野不可清。虏或因粮于我，得遂深入，而秋高马肥，又恒凭强以逞。故防秋之兵，远地调集，主客相参；步军受障，马军列营，视四时独加严焉。然兵以防秋，秋尽而彻，此自常规。若自夏徂冬，聚而不散，则客兵承调，去家一二千里，朔风凄肌，馈饷不给，鹑衣野处，龟腹徒延，此亦情势之所宜恤也。至于本路土兵，仍旧戍守，而夏有修墙之役，冬则偏头防河，皆所不废。谚曰："冬不可以废葛，夏不可以废裘。"盖言豫也。若一报掣兵，诸防悉解，事起仓卒，束手无措，又岂备豫之道哉(注五)？

诘边。曩岁边卒偷玩，关塞不严，盘诘鲜实，禁罔多漏。精兵良铁，皆为虏有；汉人逋逃，为之耳目，虏入道里必知，至有杀掠时呼人姓名者。嘉靖二十四年，督府翁万达下令诘边，且督诸将分遣间谍往来塞外，多方巡徼，于是境上始严，虏莫窥我虚实。及二十七年春正旦，督察少怠，虏伺便烧暗门入，驱羊马数百去。夫一旦稍弛，虏且逞志如此，则夫逻徼传箭之法、墩卒偃旗之令、间谍密越之警，固当申严而慎固之也。

招降。往时归正人至境上，墩军以为奇货，往往执杀，伪为首功，遂有南望号泣，不敢近塞。及乘间窃入被执、抵为虏谍者。夫被虏之人，本我赤子，一陷遐荒，永隔天日；万死为谋，窃命南窜，此其残喘惊魂，可为哀怜者也。登我垣塞，如睹所生，而凶悖墩卒，杀之以规利。贪淫将校，假之以邀功。甚者败绩而惧获罪，又有寻功抓级之事，邀杀被虏，冀赎前愆。如此，则被虏者去而从贼，尚可得生，还从我军，顾不脱死，孤穷困厄，莫可控诉。先总督尝须招降赏格，于是一年得降口数千百。边人曰：是不惟全生命而革伪级，惜官禄亦钜万矣。

用间。胡世宁曰：今之备边，莫先用间。窃计各边军士不下数十万，虏骑控弦不过数万，然彼常寇我有余，我尝御彼不足者，盖由彼能用间而我不能耳。故彼常虏掠因粮于我也，而我则困于远输；彼常入屯我重地也，而我则散地难战。如彼欲专攻大同也，而佯为移攻宣府之形，彼惟分遣数骑也，而诳为将发大众之语，使我被虏之人，闻之见之，阴纵归报，我且疑且信，而各边屯戍，愈分愈寡，愈久愈疲，彼则专攻我一处，而力常有余。此能用间之利也。往年长夏屯我大同，彼犯兵家之忌矣。使我有间，知彼虚实，谙彼道途，设奇制胜，出其不意，彼将进无所获，退无所归。乃坐失机会，非不能用间之弊哉？今彼有虏掠探听入境之人，为我所获者，我惟不逞小忿，免其诛戮，不惜厚赏，悦其心志，因而用之，则彼中酋长有心慕中国者，我得以知而招怀之，有自相猜忌者，我得以知而携贰之，有阴为间谍者，我又得以知而诳惑之。由是五间可以次第毕用，而我师所出，动中机会矣。

入贡。北虏之在我朝，其始也，入贡于成祖之三驾，其继也，款塞于成化、弘治之间。今上之十一年、二十年、二十六年，俺答入凡三款矣，是固夷狄慕化之心。若通贡之后，上之人视为已安，而督励之政稍弛；下之人习为无事，而夺勇之气或怠，则乘隙而窃发，其祸不可长也。此所以威弃之命屡下，而诏申严守备，可谓得自治之策矣。然说者谓始而拒之，终而许之，使日有冀望，不至甘心为恶，则威惠并著。彼阳和之三战不前，两镇之边工几就，俺答屡使求贡，自誓不扰，于是宣布天子之威德，容其向化。且及边警少息，我之治备更获详密矣。或曰，贡使往返畿辅，窥我险易，不知此易防也。馆其人于大同，进其方物于京师，不亦可乎？

右所志皆系于大同三关急要害也。然关隘之置，外遏寇敌，内诘奸慝，匪可以承平而忽之者。故于内地关隘、属国险阻，具列左方，见国朝慎固封守之意。

天门关在阳曲县西北六十里，路通旧岚管州，宋设戍兵，金置酒官，今废。其东北崖，隋炀帝为晋王时所开，名杨广道。石岭关，在阳曲县东北一百二十里，忻州南四十里，乃并、代、云、朔要冲之路。旧有戍兵，金置酒官，今废。马陵关，在太谷县东南七十里，榆社县西北九十里。相传为庞涓自刎处。又五代梁伐太原，刺史张归厚自马陵关入，即此。隆州谷关，在祁县东南九十里，南通沁州，北通徐沟县，两壁皆山，道傍有水，名胡甲水。国朝洪武三年，置巡检司，今裁。伏马关，一名白马关，在孟县东北七十里，又东北四十里有榆枣关，滹沱河所经，路通真定府平山县界。鹿径岭关，在静乐县西六十里，路通岢岚州界。旧置巡检司，今革。两岭关，在静乐县东六十五里，南通阳曲县。国初调太原左卫官军守。洪武八年，改置故镇巡检司，缭以土城，周围三百五十步，高一丈一尺。楼烦镇，在静乐县南七十里，东临汾水，西抵周洪山，通交城县。本宋金县治，元改置巡检司，国朝因之。洪武二年建。娑婆岭隘，在静乐县东八十里。国初调太原左卫官兵守。洪武七年，置巡检司。土城如两岭。其西五十里有马家会隘口，东北十里有石神岭隘口，通忻州界，西北三里有桥门岭隘口，其东南十余里有杨家沟隘口，南十里有悬钟岭隘口，通忻州牛尾寨。杨家寨，在河曲县西北七十里，旧调镇西卫官军守，今革。得马水关，在保德州东北一百里。洪武九年，置巡检司，缭以土城，周围一里，高一丈二尺。天涧堡隘，在岢岚州北五里两山之间，北通大同，南通本州。三井镇、在岢岚州东北四十里三井村。国初置巡检司，今革。二郎关，在岚县北二十五里；元大德十一年，置巡检司，缭以土城，围一里，高一丈。国朝因之，洪武十八年重建。天村寨，在岚县北二十五里，城围二里，高一丈五尺。洪武九年，镇西卫调官兵守，今罢。乏马岭寨，在岚县北六十里，城围三里，高一丈五尺。洪武九年，镇西卫调官兵守，今罢。孟家峪，在兴县西南五十里黄河崖，路通陕西神木县。洪武三年，置巡检司。近有穆家峪，旧置巡检司，寻革。界河口，在兴县东六十里，路通岢岚州。洪武三年，置巡检司。盂门关，在石州西南十五里（注六）。洪武十八年，置巡检司。赤坚岭一名赤洪岭，在石州北一百八十里。洪武三年，置巡检司。苇泽关，在平定州东北八十里。隋于此置县，亦名苇泽，后废。井陉关一名故关，在平定州东九十里，汉韩信击赵，东下井陉，即此。洪武三年，置故关巡检司。其南三里有甘桃口，北十里有娘子关，俱路通直隶真定府井陉县界。赤塘关，在忻州西南五十里，昔田父刘赤塘隐此，故名。寨西隘口乃云内镇也，一名云内堡，在忻州西北五十里；洪武间，置巡检司。沙沟寨，在忻州西北七十里。洪武间，置巡检司。牛尾庄寨，在忻州西南九十里白马山西南，路通静乐县界。洪武七年，置巡检司。平刑岭关一名瓶形，在雁门东二百三十五里，路通灵丘县，西北连浑源州大寨口，南接真定府阜平县界。嘉靖二十年，贼由此出，今设有守备一员、百户一员、征操马军五百名、守堡旗军一百八十四名。又雁门关东有水峪、胡峪、马兰、茹越等十隘口，西有太和、水芹、吊桥、庙岭等八隘口，各设戍兵，统以千户或百户。已附见雁门并三关图，兹得而略云。石佛谷有二：一、崞县西三十里，北接朔州界。元末用石垒寨；国朝因之。南通庙岭，其西北有郎岭关。洪武七年，千户王原筑。一、在五台县东南五十里百兰都。大峪口、在五台县东北五十里福胜都，路通直隶真定府阜平县，西通崞县。永乐八年，置巡检司。高洪口，在五台县东南七十里，南连石佛口，北接大峪口，路通阜平县关口山。洪武九年，置巡检司。饭仙口，在五台县东北一百二十里；永乐九年，置巡检司。其西南二十里有狐野口，又西北二十里有赵胜口。太平关，在襄陵县南三十五里，太平县北二十五里，旧名故关镇。龙化镇，在翼城县东四十里，南连绛州，北接浮山。张村坌，在蒲州东六十里。洪武间，置巡检司。阴地关，在灵石县南二十里汾水西。灵石口在灵石县北四十里冷泉镇。洪武八年，置巡检司。永宁关，在石楼县一十五里，西临黄河，路通陕西绥德州清涧县。窟龙关，在石楼县东北六十里，东接孝义县，南接隰州，北抵宁乡县。以上二关俱国初置巡检司，今革。上平关，在石楼县西北九十里黄河岸，路通陕西绥德州。洪武六年，置巡检司。永和关，在永和县西北六十五里黄河岸，路通陕西绥德州。洪武十三年，置巡检司。乌仁关，在吉州西六十里，西临黄河。洪武六年，置巡检司。又《一统志》载有蒲州大庆、风陵二关，原属陕西。平渡关，在吉州西北一百二十里，西临黄河。洪武六年，置巡检司。龙尾碛在乡宁县西一百里，冬结冰桥，路通陕西韩城县。洪武二年，置巡检司。

武平关，在绛州西二十五里；北齐时，屯兵于此，以防周寇。长乐镇，在解州东门外十里路村。洪武八年，置巡检司。圣惠镇，在安邑县西南二十里。洪武四年，置巡检司。留庄隘，在闻喜县东南七十里中条山上，南通垣曲县，北接绛县冷峪口。石佛寺口，在大同府城西三十里，左卫东一百十里，有墙堡。开山口，在大同府城东北五十里，山口有谷，名开山谷。河西有大寺、小寺二口，又南有黑峪口。兔毛河口，在大同府城西北二百里，右卫西北二十里，建墙堞一座。其西三十里，又有小隘口。阳和口，在阳和卫西北十五里，东西十五步，墙高一丈八尺，名前口。行东北二十里，有将军口，石墙高二丈。又东二十里，名后口，南北六十步，墙高二丈八尺。虎峪口，在阳和卫东北二十里，东西十五步，墙高一丈。白垆峪口有二，俱在阳和卫城东北；大口去城三十里，小口去城一十五里，东西各有一百余步，石墙各高二丈五尺。威宁口在阳和卫西北七十里，东西五十步，墙高一丈五尺。白阳口，在天城卫北二十里，东西六十步，墙高二丈五尺。榆林口，在天城卫西北三十里，东西五十步，墙如前。砖磨口，在天城卫西北三十里，南北五十步，墙如前。水磨口，在天城卫西，北四十里，南北五十步，墙如前。偏岭口，在怀仁县西南五十里，北有大峪、小峪、芦子、阿毛四口。神池口，在朔州西南九十里。正统十三年，置巡检司，东南有土城基。杨六郎寨，在马邑县西五十里，雁门关北口东山上，其西五里，有佳吉寨。三冈四镇，在应州东：赵羁冈去城二十五里，西黄花冈去城二十里，南护驾冈去城三十里；东边镇去城二十里，西司马镇去城一十五里，南大罗镇去城四十里，神武镇去城四十里。黄沙口，在应州东南六十里，北接牛槽峪，南通代州大石口。龙湾峪口，在山阴县西南四十里，过东有五人、盆子、沙家、赤石四峪，俱南通代州胡峪口。过西有龙湾峪，南通代州水峪口，又有东寺、西寺、白树、棘料、石门、宽峪、水峪七口，今俱塞。磁窑口，在浑源州南一十七里恒山石胁，路通灵丘县；洪武初，置巡检司；上有“磁窑天险”四大字，其西八里，又有李峪口，西南十里，又有大小凌云二口，南通代州北楼口。乱岭关，在浑源州东四十里恒山右胁，路通蔚州，国初置巡检司。大寨头关，在浑源州西南一百一十里，东南连紫荆关。洪武九年，置蔡家峪巡检司。九宫口，在蔚州东南三十里九宫山，路通易州，金章宗尝避暑于此。洪武间，置巡检司。五义山口，在蔚州西北三十里五义村，路通大同府，蔚州卫官兵守。石门口，在蔚州西南四十里太白山，旧名隘口关，路通灵丘、广昌二县，宋朝杨将军尝守此。国朝洪武间，置巡检司。其东有龟峪，路通广昌县。神仙口，在蔚州北五十里芦子涧，路通保安左卫。蔚州卫官兵守。鸳鸯口，在蔚州东七十里，近壶流河，两山相峙如鸳鸯，故名，路通保安右卫；永乐十三年，置巡检司，今革。美峪口，旧在蔚州东一百二十里，其山秀丽，故名，路通保安州，直抵居庸关。永乐十三年，置巡检司，十六年，徙建董家庄。兴宁口，旧在蔚州东北一百二十里，路通大同宣府。永乐十三年，置巡检司。天顺间，知州史魁请徙北口关。平顶岭在蔚州西北一百五十里，路通大同宣府。永乐十三年，置巡检司。焦山砦，在广灵县东北十三里焦山村，洪武间筑，围二里十步，墙高一丈五尺，壕深一丈五尺。加斗砦，在广灵县东南十五里加斗村，洪武中筑，围一里二百步，墙高二丈五尺，壕深二丈。土岭砦，在广灵县城西二十里，洪武中筑，围二百步，墙高一丈五尺，壕深一丈。瓦房砦，在广灵县东北三十里瓦房村，洪武中筑，围一百三十二步，墙高一丈五尺，壕深二丈五尺。林关口，在广灵县西南十里林管山，路通灵丘县。景泰初，徙平岭关巡检司于此。其东三十里有直峪口，又东十余里有唐山口及桦涧岭、火烧岭二口，今俱塞。水南寨，在灵丘县西南五十里，高四里余，其北有河水，寨在水南，故名。顺城寨，在灵丘县一百里，高五里，其塞峭壁如城，故名。又牛栏、观音二寨俱在灵丘。宁净口，在广昌县东南三十里，接浮图峪，路通易州五虎岭。浮头峪，在广昌县东三十里铁岭下，路通紫荆关；以上二口，俱景泰三年筑堡设戍兵。对节寨以山水枝节相对，故名，与馒尖、窟龙、孟良、榜栳、夹鞍五寨俱在广昌县。倒马关在广昌县南七十里，路通保定府唐县，相传前宋杨彦朗过此，倒其所骑之马，故名，有戍兵，其西十里有岳岭口。金锁关一名向阳峡，在汾州西三十五里，岩险插天，中断如关，为汾石咽吭，汉晋皆置关守之；洪武初，置巡检司，寻罢。黄芦岭关，在汾州迤西六十里；宣德四年，置巡检司。温泉镇，在孝义县西九十里高唐山之侧，南通吉隰州，北连宁乡石州。置巡检司二处。自高唐以南为南温泉，属隰州，此为北温泉，属孝义县，今名温泉镇。关子岭，在介休县东南六十里，路通沁州沁源县，南接太行，北连汾晋。洪武五年，置巡检司。普同关在平遥县南五十里普同谷口，东南曰绵上，通于沁源，西抵关子岭，南入岳阳，东接太行，北连汾晋。洪武五年，置巡检司（注七）。土河寨，在武乡县东七十里，西南北三面阻绝深涧，东面有墙，今名土河村。绵上关，在沁源县北八十里绵上都；洪武四年，置巡检司。黄泽关，在辽州东南一百二十里太行绝顶，山势险峻，其路盘旋曲折，故名十八盘，元旧关，路通河南彰德府武安县。洪武十一年，置巡检司。围三百六十步，高一丈。松子岭关，在和顺县北三十五里，路通真定，五代末，河东守险之地；国朝正统八年，置巡检司。黄榆岭关，在和顺县东八十里太行山顶，路通顺德府。洪武三年，置巡检司。十八盘隘在壶关县东南八十里，路通彰德府林县。正梯隘又名梯头隘，在壶关县东一百一十里，路通彰德府林县，以形险若梯，故名。槲林隘，在壶关县东南一百二十里羊肠坂，路通卫辉府辉县。长平关，在长子县南四十里，高平县北四十五里，以古有长平郡得名，即秦白起坑赵卒四十万处，隋置关，唐因之。一名江猪岭，以上有石猪之形云。五巑关在襄垣县西南七十里。正统元年，巡抚侍郎于谦请置巡检司。壶口故关，在黎城县东北二十八里。按《前汉书》上党郡有壶口关，《文献通考》黎城有故壶口关，今吾儿峪即其地；洪武二年，置巡检司。天井关，在泽州南四十五里太行山绝顶，即孔子回辙处。横望隘，在泽州南八十里太行山绝顶，即狄梁公望云思亲之处。洪武二年，置巡检司。南距怀庆府碗子城一十里，有柳树隘口，路通本省清化镇。永和隘，在陵川县南六十里，路通怀庆府修武县。国初设巡检司，既革而调宁山卫官兵守，今亦罢。五度关隘，在陵川县东南八十里，路通卫辉府辉县。初以宁山卫官兵守隘，今罢。荆子隘在阳城县南八十里，路通怀庆府济源县。今怀庆卫官兵守。东乌岭关在沁水县西北五十里。宣德四年，置巡检司。

屯田。圣祖监古立法，凡天下兵卫邻迩闲旷之地，皆分亩为屯，倚耕以守。尝于洪武二十五年，谕宋国公冯胜等曰："屯旧守边，今之良法；与其养兵以困民，孰若使民力耕而自卫。"于是命胜、友德及安庆侯政、西凉侯玙等至太原平阳，阅民户四丁以上，籍一为兵，赴大同屯田。无事则耕，有警则战。国无养兵之费，下无供边之劳，制诚善矣。然而饶沃或兼并于豪强，荒瘠或困乏于牛种，耕敛或夺于私差，输纳或胁于包揽，田虽岁有登稼，而兵则家无遗秉，卫所虽有屯田之官，而反因以侵渔。于是屯田之政为虚文，而兵食益困，竭民之脂膏以养兵，而兵未尝饱，涂兵之肝脑以卫民，而民未尝安。此岂法之立端使然哉？谓宜寻求往迹，肃清屯弊，立为简易之法，以复屯种之旧，使屯无旷土，军有余粮，则百姓不困于馈运，四方不苦于预征矣。昔汉晁错请文帝募民耕于塞下，而匈奴竟不敢侵。唐窦静请高祖屯田太原，而岁收粟千余万斛。元和中，振武军饥，李绛请开营田，使卢坦经度。四年，得田四千八百顷，岁省度支钱二千余万缗。此近事之效也，今独不可行乎？昔有议者云，大同二边抵三关五百余里，不可耕者二，其三皆腴地也。东西一步，得地四顷有余，一里得地千顷有余。天城西抵偏关，长八百里，该地九千万顷。为田者四，不尽垦者五。人给一顷，可赡五十万人，三人一军，可得军十六万，说亦辨矣！或犹以虏骑侵轶为虞，则当如李牧之谨烽火以料敌，赵充国之用游兵以防敌。况近堡立庄，以时耕获，虏岂能为吾患哉！然屯政之宜，其法在于召佃，而其要则尤在于蠲逋薄征。通而行之，亦存乎其人焉耳。

国朝于会城置都指挥使司，领太原诸卫。又于大同置行都司指挥使司，领大同诸卫。卫属都司者八，属行都司者十四。卫各五所，惟太原左卫增中左、中右，潞安增磁州守御所，振武增中后及雁门守御所，汾州以新置，只左右中三所。诸卫属外又特设七所，属都司者七，而属行都司者三。卫所之官，各有定员，分督于兵宪，其参将、游击、守备、协守、都指挥，则随地量设，以司攻守。而沿边居多，又特置总兵以专握兵事焉。卫所之军，各有总旗，有小旗，有操军。操有演武场，军屯有田，军器有局。而沿边原伍之外，又有常备，有畬上，有召募，有改拨，有修守民兵。然民兵暂调赴边，协同修守；平留本地护守城池。岁时教阅，各州县巡捕官领之。若境土虽在山西而属于他处者，为卫二、所三。隶后军都督府，则有泽州宁山卫、平定州守御所，隶宣府万全都司，则有蔚州卫、广昌守御所，而隶潼关卫，又有蒲州守御所焉。

大同镇守总兵官一员，永乐七年置，佩征西将军印，驻镇城专总兵事。

大同协守副总兵官一员，宣德七年置，与总兵官同驻镇城。

三关镇守总兵官一员，嘉靖二十二年置；初宣德四年，置总兵官，镇守三关，驻偏头，成化十八年，罢总兵官，置分守参将；弘治十四年，复罢参将，置协守偏头关副总兵官，宁武隶焉，至是移置宁武镇守，铸印建节，与宣大同。

参将一十二员，分驻省城、代州、偏头、利民堡、北楼口及大同之北东路、北西路、中路、东路、南路、西路、兵车营。

游击将军七员，以时应援，不常所驻。

守备一十八员，分驻广武、偏头、平刑、神池、利民、八角、老营、北楼、西黄河、镇西卫及大同之蔚州、镇边、镇川、镇河、镇虏等堡。

协守都指挥一员，弘治十五年置，驻平虏。

《晋谭》 范守己

平阳府赵城县有豫让桥，郡县志俱云让死所也。按《水经注》引魏《土地记》曰：“太原城东有汾水南流，水上旧有梁，清洴殒于梁下，豫让死于津侧，亦襄子解衣之所在也。”则豫让桥在太原明甚。况智伯决晋水以灌晋阳，襄子结韩、魏以灭智伯，原在此处，不应更至赵城。顺德府亦有豫让桥，俱出附会。

《霍州志》云，霍山西有观槌峰，余问其名义，不知所解。按《水经注》：“彘水西流，迳观阜北，故百邑也，原过之从襄子也，受竹书于王泽以告襄子。襄子斋三月，亲自剖竹，有朱书曰：‘余，霍太山山阳侯天吏也，三月丙戌；余将使汝反灭智氏，汝亦立我于百邑也。’襄子拜受三神之命，遂灭智氏，祀三神于百邑，使原过主之。世谓其处为观阜也。”据此，则观槌者，观阜之讹尔。《水经注》又云，“霍太山有岳庙，庙甚灵，鸟雀不栖其林，猛虎常守其庭。又有灵泉以供祭事，鼓动则泉流，声绝则水竭。”所谓观槌者，岂以鸣鼓致泉而名之乎？否耶？

潞安襄垣县西六十里有褫亭驿，朱彝器《汾上续谈》云，“《左传》晋城虒祁，即其地也。《前汉书》曰：‘铜鞮有上虒亭，下虒聚’，其字正作‘盾’。余疑其地去绛远甚，晋侯不宜作宫于此。及阅《水经注》：‘汾水迳绛县故城北，又西迳虒祁宫北，横水有故梁，截汾水中，凡有三十柱，柱径五尺。’《水经》又云，‘浍水出河东绛县东，浍交东高山，西过其县南，又西南遏虒祁宫南，又西至王泽，注于汾水。’合而观之，虒祁宫在绛县西南明甚，安得以褫亭为虒祁也。至于崔知古遇虎妖为妻事，附于褫亭，尤为不根。”

《水经注》云，“鞮水出铜鞮县西北石磴山，东南流，迳李熹墓前，又东迳故城北。城在山阜上，下临岫壑，东西北三面，岨袤二里，世谓之断梁城，即故县之上虒亭也。又东迳铜鞮县故城北，城在水南山中，晋大夫羊舌赤、铜鞮伯华之邑也，汉高祖破韩王信于此。又东南迳项城西，即县之下虒聚也，又南迳胡邑西，又东屈迳其城南，又东迳襄垣县，入于漳。”据此，则虒亭正古之铜鞮县地，不为虒祁尤明。变虒为褫，未知何义。

桑钦云，“沁水出上党沮县谒戾山，南过谷远县东，又南过猗氏县东，又南过阳阿县东，又南出山，过沁水县北，又东过野王县北。”而郦道元云，“或言出谷远县羊头山世靡谷。”二说不同。案谷远即今岳阳、沁源二县地，无所谓羊头山者。今志，沁有二源：一出沁源县西北绵山东谷，一出县东北马圈沟，俱南流至交口合，迳县城东，又南迳岳阳东境，又南迳沁水县东古端氏县界。亦不知何者为沮县，何者为谒戾山也。《山海经》云，“谒戾之山，沁水出焉。其东丹林之水出焉，南流注于河。婴侯之水出焉，北流注于汜水。”注谓汜水迳中都县，入邬陂，归于汾流。则谒戾即今之绵山矣。大氐介休以南，灵石以东，沁源以北，其山众多，今通谓之绵山，不知在古各有名谓也。又按司马孚《请修石门表》云，"沁水源出铜鞮山，屈曲周回，水道九百，自太行以西，王屋以东，层岩高峻，天时霖雨，众谷走水，小口漂迸。所称沁源，又与诸说顿异。

明道遗书云，"泽州北望有桑林，即成汤祷雨处。"《泽州志》云，"伊侯山在城西北二十里，成汤祷雨，伊尹从之，降毒龙于此，上建伊尹祠。"按成汤都亳，先在商丘，后移偃师，去泽州远甚，安得逾太行而祷雨于此?《穆天子传》曰："天子里圃田之路，南至于桑野，北尽经林。"《左传》，昭公十六年九月，郑大旱，使屠击祝款竖柎有事于桑山，斩其木，不雨。子产曰："有事于山，艺山林也，而斩其木，其罪大矣。"夺之官邑。《战国策》，张仪说韩王曰："秦下甲取成皋宜阳，则鸿台之宫、桑林之苑，非大王之有已。"《穆天子传》又曰："庚午，天子饮于洧上，乃遣祭父如圃郑；辛未，天子北还，约于渐泽，食鱼于桑野。"观此，则桑林之野，在吾洧北明甚，且去亳不远。汤之所祷，在彼不在此矣。

《泽州志》云，"回车辙在城南天井关石上，辙深尺许，长百余步。世传孔子将见赵简子，闻杀窦鸣犊舜华，至此回车。"又云，"天井关有孔子庙，在城南四十五里回车处。"按《水经注》："邘水出太行之阜山，南流迳邘城西。京相璠曰：'野王西北三十里有故邘城，当太行南路，道出其中。'邘水又东南迳孔子庙东，庙庭有碑。魏太和元年，孔灵度等修复。野王令范爱众、河中太守元真、刺史咸阳公高允表闻立碑。"碑云："仲尼伤道不行，欲北从赵鞅，闻杀窦鸣犊，遂旋车而返。及其后也，晋人思之，于太行岭南为之立庙，盖往时回辕处也。”又云，“鲁国孔氏官于洛阳，因居庙下，以奉蒸尝。”是回车之说，所从来久矣，第诸书俱载孔子临河而返，何尝到太行南麓耶？其庙为孔氏子孙官洛阳者所立明甚。原在野王县北二十余里，不在山北天井关也，安得车辙百步许，遗于关下？《水经注》又云，“沁水出山，过沁水县北，南迳石门，谓之沁水口；西有孔山，山上石穴洞开，穴内石上有车辙牛迹，耆老传云自然成者，非人功所就也。”据此，则沁口又有车辙矣，不但天井关为然，皆不可晓。

《史记》“魏伐赵，断羊肠坂。”《正义》曰：“羊肠坂在太行山上，南口属怀州，北口属潞州。”正今所由万善星轺驿路也。《水经》又云，“汾水出太原汾阳县北管涔山。”《注》云，“汾阳县，汉高帝十一年，封靳强为侯国，后立屯农，积粟在斯，谓之羊肠仓。山有羊肠坂，在晋阳西北，石磴萦委，若羊肠焉，故仓坂取名矣。”是二处皆有羊肠坂也，有谓晋阳西北者为是，谬矣。汉《地理志》云，“壶关有羊肠坂，长三里，曲盘如羊肠。”是又不独管涔山也。

忻州有九原驿，志云，“城西有九龙原，亦名九原，赵文子与叔向游处。”天庆观碑亦云然。余按《水经注》“侯甲水出原平县胡甲山，西北迳太谷，谓之太谷水，出谷西北流，迳祁县故城南，西接邬泽，是为祁薮也。《尔雅》所谓‘昭余祁’矣。又西迳京陵县故城北，于春秋为九原之地也。《国语》赵文子与叔向游处。故其京尚存。汉兴，增陵于其下，故曰京陵焉。甲水又西北迳中都县故城南。春秋昭公三年，晋侯执陈无宇于中都者也。汉文帝为代王，都此。甲水又西合婴侯水，迳邬县故城南，谓之邬水。又西北入邬陂，归于汾流。”中都，今平遥县，京陵在祁县、平遥之间，其去忻州三百余里，安得以九龙原为九原也？原平县在今祁县、武乡间。

《代州新志》云，“代，古唐国；秦改雁门郡；汉营阴馆，即今治；魏徙雁门，治广武，今州西故城，寻还阴馆。”按《水经》云，“湿水出雁门阴馆县东北，过代郡桑干县南，又东过涿鹿县北。”郦道元云，“湿水出累头山东北流，出山，迳阴馆县故县西，县故楼烦乡也，汉景帝后元三年置。湿水又东北流，左会桑干水，又东北迳魏亭西，又东北迳白狼堆南，又东迳班氏县南，又东迳北平邑县故城南，又东迳狋氏县故城北，又东迳道人县故城南，又东迳昌平县故城北，又东北迳桑干县故城西。”魏《土地记》曰：“代城北九十里有桑干城，城西渡桑干水。”又按郡志，应州，古唐国，赵为代郡山阴，汉为阴馆县、蔚州，秦为代县，汉为代王国，而元魏置桑干县于朔州，地皆在今大同部内。若阴馆为今代州，则湿水何缘得东北流，逾崇山叠嶂，达于代郡之桑干也？

代志又云，“瓶蹬，穆天子至此作黄竹诗。《水经注》曰：陉山南北有长岭，岭上东西有通道，即瓶蹬也。”盖谓瓶蹬在代州境内，故但言《水经注》，而不言出某水条下。余按《水经》言汾水南过平阳县东，又南过临汾县东。郦道元注云，“天井水出东陉山西，南北有长岭，岭东西有通道，即瓶蹬也。《穆天子传》曰：乙酉，天子西绝瓶蹬，西南至盐。’是也。其水三泉奇发，西北流总成一川，西迳尧城南，又西流入汾。”盖言天井水出东陉山，西北入汾耳。其山在临汾县东南，与盐泽相近，故云“天子西绝瓶蹬，西南至盐”也。不在代州明甚。

郡志云，“丹水出发鸠山，旧号泫水。旧志引《方舆胜览》

云，‘白起坑秦卒于此，流血成川，故名丹水。’恐未可据。”按《山海经》云，“谒戾之山，沁水出焉，其东有林焉，名曰丹林，丹林之水出焉，南流注于河。”又曰，“发鸠之山，漳水出焉。”是丹水不出于发鸠也。《水经注》云，“丹水出高都县故城东北阜下，俗谓之源源水。《山海经》所谓丹林之水，即斯水矣。泫水导源泫氏县西北玄谷，东南入高都县，右入丹水。《上党记》曰：‘长平城在郡南山中，丹水出长平北山南流，秦坑赵众，流血丹山，由是俗名丹水。’斯为不经矣。”由此观之，丹、泫本自二水，乌得谓丹水旧号泫水也？血流成丹之说，自古而云然矣，不为无据。州志谓长平北山为丹朱岭，解云：尧封丹朱于此。颇谬。又有谓为丹朱陵者，谓丹朱葬此，皆丹林之误称也。其谓长子为丹朱封国者，亦误。

志称藐姑射山在平阳城西二十五里，平山其支阜也，平水出焉，至襄陵县城北入汾，又名晋水。按《水经注》云，“汾水过平阳县南，与平水合，平水出平阳西壶口山。《尚书》所谓‘壶口治梁及岐’也。其水东迳狐谷亭，又东迳平阳城南，东入汾。俗以为晋水，非也。”据此，则平水所出为壶口，不为藐姑射明甚。安得援庄子之言以重其地？

徐沟县有驿名同戈，义不可解。《水经》云，“洞涡水出沾县北山，西过榆次县南，又西到晋阳县南，西入于汾。”而郡志谓洞涡水出乐平西流，经平定州榆次县，至太原县入汾。则流经徐沟、阳曲二县之间矣。同戈之名，其洞涡之讹音乎？《水经注》又有原过水，南流注于洞涡水，西有原过祠，盖怀道协灵，受书天使，传芳后日，水取名焉。今志作源涡水，亦同前谬矣。

《左传》，魏献子为政，分祁氏之田以为七县，分羊舌氏之田以为三县。司马弥牟为邬大夫，贾辛为祁大夫，司马乌为平陵大夫，魏戊为梗阳大夫，知徐吾为涂水大夫，韩固为马首大夫，孟丙为盂大夫，乐霄为铜鞮大夫，赵朝为平阳大夫，僚安为杨氏大夫。邬城在今祁县西，梗阳（注八）、涂水俱在今榆次县，铜鞮为今沁州襄垣地，杨氏为今洪洞县，祁平、阳盂今仍古名，惟平陵、马首不知所在（注九），祁县驿名贾令，其以贾辛之故欤？

河东盐池，《山海经》谓之盐贩之泽。《水经注》云，“涑水西南迳监盐县故城，城南有盐池，水承盐水，出东南薄山，西北流，迳巫咸山。又迳安邑故城南，西流注于盐池。《地理志》曰：盐池在安邑西南许慎谓之盐盬，长五十一里，广六里，从盐古声。吕宿曰：沈沙煮海谓之盐。今盐池紫色澄渟，浑而不流，水出石盐，自然印成，朝取夕复，终无灭损。唯水暴雨澍，甘潦奔泆，则盐池用耗。池西又有一池，谓之女盐泽，东西二十五里，南北二十里，在猗氏县故城南。春秋晋大夫曰，邹瑕地沃饶，近盐。服虔曰：‘盐，盬也，土人引水裂沃麻，分灌川野，畦水耗竭，土自成盐，即所谓盐鹾也，而味苦，号曰盐田。’盐盬之名，始资是矣。”观此，则今之晒盐，其来亦久。而味苦不堪食，正所谓盬也，与自生石盐，价当倍蓰矣。《诗》云：“王事靡盬。”盬当是苦意，靡盬，言不苦也，近注欠妥。《左传》，晋侯梦楚子伏己而盬其脑，当是用盬盐揉入脑中。故子犯曰：“吾且柔之矣。”杜元凯训盬为睫尤无义意。

灵石县南道沿汾水上（注十），崎仄危顿。县志云，“隋开皇十年，文帝欲幸太原，傍汾河开道，获一石，有文曰：‘大道永吉’，因以为瑞。遂于其地开设县治。”则未开道之前，其险当不止此。《水经》云，“汾水南遇寇爵津。”注云，“在介休县之西南，谷谓之雀鼠谷，数十里间道隘，水左右悉结偏梁阁道，累石就路，萦带岩侧。或去一丈，或高六尺，上戴山阜，下临绝涧，俗谓之为鲁般桥。盖通古之津隘，亦在今之地险也。”按寇爵津正今（非是）灵石地，禹工未施之先，当与龙门同一嶮岨矣。

桑干河，《水经注》谓出桑干县西北，上下七泉，即索涫水，东南流，右会马邑川水，又东南右合湿水，湿水出阴馆县累头山一曰治水，至此相合，桑干、湿水并受通称矣。又东迳班氏县南，如浑水注之，如浑水出凉城旋鸿县西南五十里，东流迳水固县，又东南至班氏入湿水。以今考之，元魏桑干县在今朔州马邑境内，而汉之阴馆为今应州山阴县，亦与马邑接壤，班氏则在今应州东北也。是桑干出马邑县，右合山险之湿水，至应州东，与如浑水合。古则随地异名，今通谓之桑干矣。但今志称湿水为㶟水，又谓为索涫河即桑干之源，则非也。

《国语》“子夏教授西河。”《汾州志》以为在其境内。《水经注》云，“徐水出梁山，东南流，迳汉武帝登仙宫，东迳刘仲城北。又东南迳子夏陵北，东入河。”《水经》云，“河水又南迳子夏石室。”《注》云，“南北有二石室，侧临河崖，即子夏庙室也。”又云，“横汉水出三累山，东流注于居谷，溪侧山南有石室，西北面各有二石室，皆因阿结牖，连扃楼阂。北坎室上有微涓石溜，丰周瓢饮，似是栖游隐学之所。昔子夏教西河，即此。”由是而观，不在汾州明甚。

《河汾燕间录》

闻喜之裴，自后汉裴辑而下，葬北仓村，数里间，凡五十二人皆尚书侍郎、国公将相，亦宇内之罕有也。

《新唐书》“突厥围炀帝雁门，帝从围中，以木系诏书，投汾水而下，募兵赴援。”今雁门近滹沱而不通太原，去汾水绝远，史言失实。

晋水涧行类闽越，而悍浊怒号特甚，虽步可越处，辄起涛头，作澎湃，源至高故也。夏秋间为害不细，以无堰堨之具尔。予行三晋诸山间，尝欲命缘水之地，聚诸乱石，仿闽越，间作滩，自源而下，审地高低，以为疏密，则晋水皆利也。有司既不暇及此，而晋人简惰，亦复不知所事，甚为可恨。闽谚云，“水无一点不为利”，诚然。亦由其先有豪杰之士作兴，后来因而修举之，遂成永世之业。故予谓闽水之为利者，盈科后进；晋水之不为利者，建瓴而下尔。

石炭，即煤也，东北人谓之楂（上声），南人谓之煤，山西人谓之石炭。平定所产尤胜，坚黑而光，极有火力。史称女娲氏炼五色石以补天，今其遗灶在平定之东浮山。予谓此即后世烧煤之始。

榆次志

水利。褚鈇曰：水利之兴，其来尚矣，即神禹尽力沟洫，成周设立遂人之遗意也。以代天施，以益地利，以供国赋，以育民生，胥于是焉赖之。长人者诚念小民之依，宜各渠定为经制，核其田亩，公其夫役，均其水程，此其大纲也。仍令择人经理，毋受赂私鬻；刻期挑浚，毋旷日费财；捻阄轮灌，毋恃强夺利；启闭以时，毋淤塞累众；登报以实，毋影占偷奸。诚如是，则法制一立，万世永赖，争斗息而讼狱省。古郧旁稻粱之咏、谷口禾黍之谣不再见于今乎？苟平时略不加意，一旦有不测之旱，而欲暴巫尪卦风伯，何益哉！

张鹤腾曰：先民有言，地者，诸生之根菀；水者，地之筋脉具材也。禹治水自冀始，而经画视诸州独劳。盖兹土崇山复阜，其水枯旱而运，淤滞而杂。旱所时有，流火千里，利水若喝饮焉。均程厘弊，褚先生论之辨矣。独计地有上下，田有远近，而百姓一也。勺水澍霖，谁不纷然待命？势必先上渠，数覆波横，方及下流，至则苗槁矣。孰若一上一下，递后递先，阳年先上渠而沿下，阴年先下渠而溯上，庶灌溉均，无不公之叹。血脉既通，地利自溥，将人和天助，雨旸亦时若矣。

风俗。史记事曰："尝读《周礼》，见乡师、乡大夫最重矣。其次党止，里宰皆得与乡党州里之政，而成周化洽。秦汉以来，亦有三老、啬夫、乡亭检民善恶，而民有但闻啬夫不闻郡县者矣。我太祖损益千古之制，里有长，甲有保，乡有约，党有老，俾互相纠正。当时民醇俗美，不让成周。讵意今功令旁午而教几顿乎！诚遴重乡约或里中士夫有行者，采请之如乡师、乡大夫之例，而约讲副与什伍亦相表里。凡民间有一善，与众扬之，署异之；有一不善，与众戒之，扑记之。赏不在富，罚不在贫。又憬省有书，与人以自新之路而不苛，则风声一树，远迩响应，宁有俗不三代也者，何也？官与民疏，不免传舍相视。彼同井者，指视不可欺；获戾于众，势无可逃。故其言易入，其化速肖。而自古训民成俗者，不能外也。如曰是将滋扰，则因噎废食之说也。"

赋役。阎朴曰："役法莫详于《周礼》。师有兵役，田有徒役，人有胥役，里有乡役。有司徒焉，因地之善恶以均役；有族师焉，校民之众寡以起役；有乡大夫焉，即年之老少以从役；有均人焉，论岁之丰凶以行役。其役虽众而岁不过三日，盖佚之也。后世政烦令剧，至有银差、力差之说，营办多方，勤动不息，而吾民始重困矣。汉王符有云“疗病者必知脉之虚实、气之所结，然后为之方，故疾可愈而寿可长。为国先知民之所苦、祸之所起，故奸可息而国可安。”今日贼良民之甚者，莫大于里胥欺而低昂乱。盖贫者无赀以求于彼，则有贫之实而不得贫之名；富者操其赢以布之，则无富之名而有富之实。故贫者愈踣，富者愈恣。愚民转相慕效，以为不如是不足以自庇也。此其敝岂一日之渐哉！”

张鹤腾曰：“条鞭之注始于大理，白公栋创之东阿，后司国计者以为便，遂著为令甲，山陬海澨，罔不尽然一囊于此法。”

平定州志

职官。愚按汉左雄疏略：“吏数变易，则民不安，久于其事，则民服教化。其有政理者辄以玺书勉励，增秩赐金，或爵至关内侯，公卿阙，以次用之。今俗浸雕敝，巧伪滋萌，谓杀害不辜为威风，聚敛整办为贤能，理己安民为劣弱，奉法循理为不化。髡钳之戮，生于睚眦；覆尸之祸，成于喜怒。监司则项背相望，与同疾疢。观政于亭传，贡成于期月。虚诞获誉，拘检离毁，踊跃升腾，超等逾匹。考奏捕案，亡不受罪，会赦行贿，复见洗涤。”千古吏蔽，雄言言刺骨。我朝吏治沿革，李献吉业详之矣。倘庙堂佥谋，譬如琴瑟不调，必更而张之，期于可鼓，则左雄氏所论威福之路塞，虚伪之端绝，迎送之役损，赋敛之源息。释此，其道何由哉！

秩祀。愚按，祠庙自祀典神祇外，古帝王如太皞、女娲非民间所得祀，东岳非本境所宜祀，关真君祠不时增建，多至二三十处，与其余不在祀典者，皆黩祀也。如妬女祠、黑水神祠、崔府君祠，妖妄不经，皆淫祠也。春祈秋报，以社以方，载于风雅。太祖高皇帝许民间每里一坛，令祭五土五谷之神，以里长主祭，祭毕饮酒其中如乡饮，式载在会典。今民间俱废不行，而但取小大王、龙王等神赛祷，杂奏伎乐，士女纵观，甚为不雅。司风教者宜考古正今，尊制厚俗，庶使民不惑于非类，浸浸然兴于礼教云。

《盂县志》

按经国之制，筑土为城，凿堑为隍，以其设险固国，有神道焉。故自唐宋以来，相因致祭，然本以义起，非古典也。国初承前制，城隍封广鄀侯，既致之以人，则貌之以像，固无怪者。三年改正祀，典止称城隍之神，与山川云雨等合坛而祭，则以地道事之矣。然则崇事之所，宜坛而不屋，主而不像，始为得其情状，仰合乎圣祖表正之典。今乃巍然堂陛，而俨然冠冕，是与宋世举岳渎之谬者等也，岂圣王设制之本意哉！考礼君子，不能无议于此。

寺观。自三代之治废，而佛老之教兴，而寺观之设始遍于天下矣。盖其炼形羽化之术，既足以移乡人之好尚，而崇山幽谷之奥，又足以来文士之登适。且刻印具官，特教祝厘，亦制典所不废者，安得而不志邪？然古者绝地天通，民以不渎。淑誉独怪若地之人，无间贤愚。祠堂之礼废而不讲，特惑于祸福感应，辄自立寺，饰偶标木，抹碧涂金，拂经隳典，莫此为甚。噫，是谓不知类者也！苟移此心以事君，则为忠臣；移此心以事父，则为孝子，惟仁者智者能之。仁者急爱亲而不遗，智者权轻重而不乱。

征榷。宋设酒务以办课利，立税亭以征商税。其经总制司所取，则商税、酒课额外之续增者耳。至于二者之常，则名故存，别入版帐，经总制钱不尽该也。元初酒酤用榷法，至元二十二年悉罢，听民自造，而定其课入，俾之各输钞贯，按季解发。今也亦然。

盐法。宋之立法，贮盐于常平仓，官自运卖。后令铺户衙前，取盐运赴县仓，纳其脚力钱，则官给之百姓，计丁给盐而征其钱，以充官。迨其弊也，官取民丁之食盐卖之取钱，以供别需。至今人户所纳盐钱则立为常赋，盐不得而钱不可免矣。今也亦然。

匠役。凡工匠皆隶于工部，役于京师，有住坐者，有轮班者，又有存留本府而执役于织染局者。大抵住坐者则廪食于官，每月止役一旬；轮班者则周而复始，每班止役一季，役满放回，填给勘合执照。若造作数多，奏闻起取。若无工可造，听令自行。先是，各色工匠编班不等，洪武二十六年，照诸司役作繁简更定班次，或三年，或二年，诸匠皆免本户差役。二丁若单丁重役，除其一役。老疾无丁者，免其本身。法至备而恩至渥矣。后因住坐、存留者或有逃故，轮流赴工者或有失班，仍命清军御史行各府州县，清军官清解造册缴部，然有纳价准工事例，司清理者宜审处焉。

役法。役法莫详于《周礼》。师有兵役，田有徒役，人有胥役，里有乡役。有司徒焉，因地之善恶以均役；有族师焉，校民之众寡以起役；有乡大夫焉，即年之老少以从役；有均人焉，论岁之丰凶以行役。其役虽众，而岁不过三日，盖佚之也。自后世政烦令剧，有正役焉，有杂役焉。正役者，里长、甲首十年轮役一次，转以催办钱粮，勾摄公事。又选年高有德者一人，为老人，给以教民榜，劝善敦俗。有粮头以征驭税粮，有书手以典司册籍，总小甲以巡捕奸慝，皆所谓正役也。杂役者，有以银代人者，曰银差；有人自应役者，曰力差，亦政所不可阙焉者。但今之正役，索费百端：有以灯油钱名之者，有以柴炭钱名之者，有以下程钱名之者，有以折干钱名之者，有以管饭钱名之者，有以银朱钱名之者，有以募马钱名之者，有以支应钱名之者，加之以里老之科害，而民困不可言矣。杂役则出入于里胥之手，贫者无赀以求，于彼则有贫之实，而不得贫之名；富者操其赢以市之，则无（疑）贫之名而有富之实，故贫者愈踣，富者愈恣。愚民展转相慕，以为不如是不足以自庇也。甚至卖田而鬻女，或死亡而转徙。况兼边鄙多事，或派之以买马，或派之以籴粮买草，遂使村墟成空，忍闻仳离之叹。呜呼，弊也久矣！汉王符有曰“疗病者必知脉之虚实、气之所结，然后为之方，故疾可愈而寿可长。为国者先知民之所苦、祸之所起，故奸可息而国可安。”愚深以望之从政者。

名宦。秦罢侯以来，独两汉吏治卓然可称，由当时长吏不数易。二千石以下并自辟官属，而文禁疏阔，颇得与民便宜，以务教化为业。或拜，则天子亲见问览，考其得失，而以治行闻者，宠之玺书、黄金、赐爵至关内侯。公卿缺，则往往次选所表用之。故天下才智经术之士，各得一其心志耳目，以图久远，吏治修而民蒙其利也。明兴，高皇帝以敦实务民，览纳吏治。数传之后，天下犹想见其风采。是时，国家法例未尽，意犹近古，百执事以九年叙满，其功最者，或入为列卿，或长藩臬。弘治、正德以后，率三岁一易，或再岁一易，而书其最以上之天子之庭者，率习文法、亟管钥、治簿书为首功，学士大夫、世隽茂才，颇希务民，亦亟为转徙而无固志，岂其才之不同与？亦国家之制有所未伸与？或与古者之意浸远矣。

教官。古者学校之制遍天下，而不特置师，儒之官以隶学宫。其德行道谊之所书，会民，读法、乡射、养老、献狱、讯囚、籥舞、弦歌、军旅、俎豆之所考习，司徒之属以领之。其师而事者曰三老。三老者，诏于天子，无北面，此大学之略也。下及州县，岁时会民、读法，亦自州长党正领之，别有乡老赞贤大夫书其贤者，能者以献于王，德尊而望重，其教易行。隋唐以来，广置学宫，采秦汉故事，曰博士，博士之秩不及百石，爵列日轻，而教颇放失矣。高皇帝定天下，首诏诸州县各立学，置师一人或二人，必择经明行修者署之。有能举其职而最书于朝者，或擢为国子祭酒及翰林侍从之职。睿宗（当作英宗）以后，稍集所司议改著为令：凡郡五人、州四人、县三人例，录天下诸郡县岁贡之士领之，间有由举人、进士除授者，特千百之一二而已。而其至也，长州县者与监司藩臬者之临，率以簿书升斗之吏蓄视之，而不复知礼貌之以尊其权，是以其望易狎，而其气易衰。间能诵法孔子，以师道闻，按故事，亦必待以授州县之吏而止。其取之也太滥，其待之也太亵，而其录之也太轻。呜呼！今之为轮辕弓矢者，必择匠氏之能者，丰其饩禀，厚其值，然后轮辕弓矢之材可饰也，而况于国家之养士乎？淑誉颇愤惋，为国家发议，申古者尊师之意，然后人伦明，教化可兴也。

《祁县志》

煎取土盐，昔时民得自便，无禁敛之例。自隆庆间，鹾使者议给煎户印票，定额起课，每盐百斤，领票一张，纳银六分，然犹未甚困也。其后发票日增，课银亦日增，无论煎卖多寡，一概坐名散票，计票取银，今益至一千三百票，征银七十八两。催比孔急，民不乐煎，甚有池灶已坍而票银未豁者。窃恐产盐微利，将不久而亦湮矣。

《静乐县志》

芦芽一山，崔嵬特拔，高出云霄，而磅礴盘据，可数百里。宁武、朔州处北麓，忻州、崞县处东麓，岢岚、五寨处西麓，岚县、静乐处南麓，而山之左与盘道梁等山襟带相连。曩时林木参差，干霄蔽日，遮障胡虏，俨然天堑长城。迩来禁令稍弛，有借称王府势宦斫伐者，有假托寿木、桥梁采取者，有贫民小户盗贩圈板者，络绎道路，日夜不休。追惟建置之初，勘破全晋之形胜，以为中有宁武关，东有雁门关，西有偏头关，皆通贼路口、中外咽喉之地，故设兵御备，屯军戍守，有如山木荡然而屏翰尽撤，则白登以南、并州以北，何处非胡马长驱之路？即三关亦无险可恃矣。

知县王近愚包修城垣疏略：芦牙禁山，砍伐殆尽，道路四达，虏骑无遮。从水泉营下岢岚，入静乐；从宁武下宁化，入静乐，俱为坦途，鸣鞭即至。大同地方，郡有卫，邑有所，修守有资，以故虽处极边，安静如堵。静乐接壤沙漠，巨冲要害不减于大同。况东路雁门关元设雁门千户所，迤南四十里为代州，设振武卫，卫有六千户所；又有守备统军一营守御之；西路偏头关千户所，迤南一百八十里为岢岚州，内设镇西卫，卫有五千户所，亦有守备统军一营守御之。中路宁武关与东西两路并称重地，号曰三关，迤南一百八十里为静乐，亦宜设一卫所防守，以仿两路之制。但添设钱粮，招致军马，似有难处者，察得平阳、潞安、泽沁等处，有元设卫所者。祖宗创建，固不敢轻议，第今时异势殊，边方为急，腹里为缓。泽州与河南接境，系腹里地方，并无边情，设宁山卫止以弹压盗贼，防备不虞。他卫皆五所，独宁山有六所，若调一所于静乐，在宁山犹为不少，而此处良足多矣。余尝至雁门，抵岢石，见诸山往往有斫削之处，逶迤而东，隐见不常。大约自雁门抵应州，至蔚东山三间口诸处亦然。问之父老，则曰，古长城迹也。夫长城始于燕昭、赵武灵王，而极于秦始皇。燕昭所筑者，自造阳至襄平，武灵所筑者，自代并阴山至高阙，始皇所筑者起临洮，历九原、云中，至辽东，皆非雁门、岢石、应蔚之迹也。及读史，显王三十六年，有赵肃侯筑长城事，乃悟。盖是时三胡尚强，楼烦未斥，赵之境守，东为蔚、应，西则雁门耳，故肃侯所筑。以之则父老所谓长城者，乃肃侯之城，非始皇之城也。迨武灵既破胡，则并阴山至高阙。始皇既并天下，则起临洮至辽东，所保者大，则所城者愈远也。考之旧史，宋尝于边境置四军：曰崇化，曰火山，曰岢岚，曰楼烦。岢岚虽重兵而移置岚谷，楼烦虽旧号而颇近静乐。盖岢岚本以岢谷得名，而楼烦则自并北管之，后以渐南矣。独崇化，为今之宁化，去宁武为近；火山属有偏头，去偏头为近，实今日二关之所宗也。于戏！周人城朔方，不闻有雁门也；李牧备雁门，不闻有宁武也。中国遗祸之浅深，不亦大可慨哉！

《繁峙县志》

繁峙界二山之中，北控十口，南对五台。十口旧在山前，今在山后，谓之后口，地皆浑、应，而边属山西。嘉靖二十三年，设平刑关守备一员总领之。至三十六年，北楼新设守备一员，分凌云迤西六口属之，而平刑止隶其四。北楼旧有游击一员，领兵三千，以备宣大三关调遣。今蒙巡抚魏改为参将，专备入援，总管十口。其地延长三百余里，村庄百余座。晋代二藩争占为庄，后皆勘革还林，今为浑、应居民所据。此山谓之禁山，林木封殖，为山西藩蓠。近被居民砍伐，日见其濯濯矣。十口形势，大石、小石、茹越、马兰为最冲，贼入数次。北楼、凌云次之。平刑四口皆总于长柴岭、磁窑口，若二处不守，则四口皆不足恃矣。其南五台一带，繁峙居民甚少，皆系四野流民，自行开垦，遂成村落，亡命不逞之渊薮也。往往为他郡豪右及振武卫官侵为己业，间有不得其平者，即投献王府。寺僧多有妻妾，子孙如林，自相师弟，世世不绝，而愚民犹供奉之，惑亦甚矣！山内有峨口、南峪口、白坡头三路，皆可通龙泉关，至北直隶地方。近日沿途添设钱粮，以为入援之备。然道路纡回数百里，恐缓不及事。大抵县治虽十八里，而东西南北周围数百里，军民杂据，地里窎远，最为难治。有心于化理者，其深思之。

平刑关。（本瓶形县，东北一百四十里，接灵丘县界，前设巡简司，后设官军把守）、平刑岭口（去关城三里）、团城口（县东北一百十二里，接浑源州界）、太安岭口（县东北一百一十里，接浑源州界）、**葫芦头口**（县东北一百里）、**凌灵口**（县东北八十里）、**北楼口**（县东北一百十里，接应州界，旧设巡简，今革）、**大石口**（县东北五十五里，接应州界）、**小石口**（县东北四十里，接应州界）、**茹越口**（县北十里通应州，旧设巡简司，今革）、**马兰口**（县西北二十里，通山阴县界）。

《保德州志疆域》

保德州在太原府西北隅，东西广一百一十里，南北长一百四十里，周围四百里。西南由土门铺至兴县界九十里，至兴县城共一百八十里。稍西由冯家川至兴县界九十里，至兴县城共一百六十里。逾河由府谷小木山至神木县，共一百六十里。西至韩家川河畔四十里，逾河由府谷大堡村至永兴堡，共一百二十里。西北至柴家窳河畔三十里，逾河由府谷熟芝坪至镇羌堡，共八十里。北至河畔一里，逾河至府谷县城三里，至孤山堡共四十里，榆林兵马从此渡河过州入卫。东北至铁匠铺河畔十五里，逾河由府谷水寨寺至木瓜园堡，共四十里，至清水营共七十里，至黄甫川堡共八十里。东由天桥铺至河曲界三十里，至河曲县城共六十里，由高地堎舞至河曲界四十里，至三岔堡共一百四十里；由雁门紫荆至北京，共一千五百里。由王家塞至河曲界六十里，又五十里至牛栏村，系保德州地。东南由胡家庄至岢岚州界七十里，又四十里至苍水山，系保德州地。南由大塔铺至岢岚州界七十里，过水峪观，由三道梁至岢岚州西门，共一百七十里，由一道梁至岢岚州北门，共一百八十里，从此至太原府共五百里。由太原府至北京，共一千七百里，至南京共三千七百里。

论曰：保德逼河而城，东北至正西皆河也。河自天桥过城下，皆西行，至韩家川，则折而南，形如偃月，几一百五十里而遥。河外俱府谷县地，俱套虏一马可到者。嘉靖间，套虏七犯保德，虽有孤山、木瓜、清水、黄甫、暨镇羌、永兴等堡，曾不能遏其冲，尾其后，击其半渡，邀其惰归。自互市以来，果有愈于昔乎？各堡游棍，每每假名徊种，大肆劫掠，河东一带，迄无宁宇。来不可测，去不可追，即河畔田熟，亦往往不保。至三十七八年，而猖獗极矣！今虽暂戢，果可长保无事乎？西南至正南，皆与兴县接壤。身为兴人，后者，遗庸遗调；地为兴人有者，遗粮遗草，督之不能，关之不得，调停未易行也。正南至东南，皆与岢岚州接壤，如三道梁、一道梁，皆盗贼渊薮，三十七八年，道几不通。年来虽颇静，然尚时时窃发，防御未易及也。东南至正东，皆与河曲县接壤。如高地垓、猪槽窳亦系盗冲，巡缉未易施也；苍水等山，插入岢岚幅员内；牛栏等村，插入河曲幅员内，皆距州一百三四十里，教化未易洽也。天桥以西，故皆保德武氏地也，后被河曲李姓者买其地，遂夺占保德鱼矶，屡毁保德界石，不知疆域定自朝廷，果可听强有力者淆乱之否乎？经界又未易正也。是四顾我疆，无一差强人意者，及历览区域，又皆沙梁跷确，求一平原沃壤不可得。旧有河滩数处，又被河水冲没，无一存者。故计道里动称百余里，而计粮则仅二千石有奇，计丁则仅七千人有奇。诚以路不通商，地无所出也，人将何所倚以为命也？惟在抚有疆域者，披图警心，时廑舞匪茹之虑，力靖萑符之奸，而又悯其苦，恤其生，庶蚩蚩之民，可望存活于万一耳。

《河曲志》

《史记·赵世家》曰："西有林胡、楼烦。"《括地志》云，"林胡，西胡国名，在朔州、岚州以北，春秋北地地。"如淳曰："林胡，即儋林，为赵武灵王所灭。"《史记·匈奴传》曰："晋北有林胡、楼烦之戎。"今按，吾河曲正在晋北岚、朔二州之北，南去岢岚州一百八十里，东南去朔州三百里，然则，谓河曲之为古林胡地也，是矣。岢岚州本胡地，楼烦王所居。元魏置岚州，因山为名。又按《文献通考》："大山军本岚州地，刘崇置雄勇镇。宋太平兴国七年，建为军，有雄勇、偏头、董家、横谷、桔槔、护水六寨，属河东道。"

老营堡在县东北一百七十里，周围二百八十步。成化十二年，杜侍郎置广积仓于此堡。正德十三年九月二十一日，武宗皇帝西巡，驻跸于此。八柳树堡在县东北一百四十里，周围二百八十步。水泉营在县东北一百八十里，周围三百六十步。滑石涧堡在县东北二百四十里，周围二百六十步。马站堡在县东北一百四十里。永兴堡在县东北一百二十里。八角堡在县东一百三十里。弘治六年，兵备副使胡汉创建，因迁岢岚州永宁驿于此堡。长林堡在县东北一百五十里。桦林堡在县北一百一十里。楼子营在县北九十里，周围四百六十步。正德十三年十月初四日，武宗皇帝西巡，驻跸于此，次日，乘楼船沿河两岸钓鱼，凡二回渡河过陕西（注十一）。五花城堡在县西北五十里，周围五百步。得马水堡在县西北四十里，周围二百三十步。杨免堡在县西北一十八里山岗上，周围一百步。杨家寨在县西北六十里，周围七百九十步。旧调镇西卫官兵守御，今革，遗址尚存。元太捕寨在县西北四十五里得马水沟内，南北西三面俱高崖，惟东面一路极险，长数百尺，阔二尺许，两傍俱高崖，诚避兵之要地也。俗传为元太捕所据，未详其人。善寨在县东五十里，有地名太子店，俗传谓唐将单雄信所据之地，未知是否，今有瓦砾尚在。石梯隘口在县西北一十五里黄河崖东，旧名阴岭关。成化十二年建，名石梯隘口。东枕高岗，西临黄河。边墙在县西北，一十五里黄河岸畔，接石梯隘口。成化二年，总兵官王玺修筑，高一丈三尺，阔一丈二尺，收顶八尺二。十二年，兵备副使郝志义委本县典史昝恭领十八州县民壮重修，沿河迤北至老营堡鬆角墩，接朔州界，延袤二百四十余里（见《三关录》）。得马水巡检司在县西北四十里嘉治都，地名得马水。洪武九年，置巡检司，缭以土城，周围一里，高一丈二尺，东西二门旧属保德州。嘉靖五年，奏准改属河曲，今移置于县西北六十里唐家会。

《代州志》

雁门、平刑、盘道梁，为扼塞。由雁门东顾则平刑，西顾则盘道梁。介乎东者，则水峪、胡峪、马兰、茹越、小石、大石、太安、团城、凌云、葫芦焉，介乎西者，则太和、白草、八岔、小莲、夹柳、燕水、雕窝、玄崮焉，是所名千人隘者也，自宋有之。而阳明堡（注十二）正走晋阳道，大中丞许公守谦、兵备使张公惟诚念其城土而非埴，恐异时壁不坚，乃石其基，砖其墉，帑出俭而工则倍之。代临边，虏常出入其地，民未可以散处，故官为之堡。都村中民自为堡官，堡有警，间遣官兵守之，多不过百人，百人能御零寇耳。多分兵，则大都又虚，俱收敛入大都，则间有不及，且民亦苦移徙。或五里为一大堡，周围五里内遇有警，俱入大堡。大堡合三堡之兵并二十里内之丁壮守之，则数千众未可以时日破也，且五里内，其移徙者亦易矣。备兵使者设于成化二十二年，督理偏头、宁武、雁门等处，称雁门道。嘉靖戊午，以三关边地多八百里，势难遥制，乃分二路，设偏宁道。至己未，改偏宁道为岢岚道，驻偏头关，更设宁武道。久之，移太僕寺兼兵巡使镇其地，而在雁门者，则辖广武、平刑、北楼三备御，仍住代州，称雁平道，且节制东路。北楼两参府兼垦塞下田。洪武初，有守备府。嘉靖十九年，虏连岁入寇，由火烧梁、白草沟入，而犯太原之南，边报日急。议欲以重将镇代，乃移守备于广武，而设参戎于代，称东路，与北楼相犄角，而备三关，其兵则隶宁武之元帅府。三关旧守备三、游击将军一、总兵官一、兵备使一。总兵辖游守各占信地，而兵备理粮饷。督抚驻太原，居中节制，不自涉边，竟嘉靖庚子。后虏频岁入犯郊冈，都御史则自六月杪至代防之，仍檄守巡清军驿传、屯田、盐法六七道，画地而分其防。亡何，以诸道尽北则太原虚，乃设宁武兵备使，改偏宁为岢岚，兴雁平道遂成鼎足，各守信地，其都御史无事，则至十月还太原。

烽堠，广武墩南十三里至雁门北口，北口十里至雁塔，雁塔十里至南口，南口十里至代。广武西二十里至太和岭，太和二十里至水勤口，水勤二十里至吊桥岭，吊桥三十里至庙岭，庙岭三十五里至石匣口，石匣十里至阳武峪，阳武二十里至玄冈口，玄冈三十里接宁武关之芦板寨。广武东十五里至水峪口，水峪三十里至胡峪口，胡峪二十里至马兰口，马兰三十里至茹越口，茹越三十里至小石口，小石十里至大石口，大石四十里至北楼，北楼五十里至太安岭，太安五十里至团城口，团城五十里接平刑关之平刑岭。广武北浑源州之传烽代者，由山南孤山等墩，应州之传烽代者，由山南羊群等墩，山阴县之传烽代者，由山南北塔等墩；而传崞忻州者，北则由芦板，东则由代柏林崖至班聂。

秦分天下为三十六郡，有雁门郡、代郡。汉仍秦。雁门郡界连峙、崞、马、应，及大同之东，代郡则今蔚州。高帝命陈豨监赵代兵。豨反代，高帝诛豨，定代地，封子恒为代王，都中都，则蔚州东二十里有代王城，是也。代王入嗣天子，修代来功。《史记》注云，中都乃汾州平遥县者，亦误。盖汾在汉为西河，旧志以代郡山川人物混次而类编者，似以代州为代郡，不知州名代自隋始。柏林寺在晋王墓之侧，后唐同光三年，庄宗建之以奉王香火。院内传遗像一轴，共七人：王著绯袍据胡床坐；其右，冠王冠而衣黄者，亚子也；其左，冠虎头而衣青者，存孝也；其二东向侍，其二西向侍，莫知为谁。王挟矢睨视之，盖王目眇，画笔为王讳之，如此画甚工。武宗过代幸寺，持真像去，今摹像留寺中。银铜今闭塞，然闻一升砂止淘银半钱，盖金气之啬如此。

《忻州志》

忻，三边孔道，全晋后藩，诚重地也。唐宋（注十三）戍石岭、赤塘二关，郡置防御团练使。国朝边防在云中、雁门，以此为内地，遂不设兵。然与沁、隰、平、定相提而论，则边腹有分矣。彼皆建所，此何独无之？嘉靖庚申岁，虏由宁武诸口入犯，受祸甚惨，省会戒严。忻口迤西东高、西高等都，一带平衍，虏渡沙河，直抵郡城，入云内口，过赤塘，直抵省会。抚台魏公长虑，调太原沁戍防秋，沁人惮往返，咸愿析附。窃欲议将治东废王府，详建所治，以防戍实之。因郡粮额重，兵食难议，未果，寻亦罢戍，仅本郡壮兵二百余耳。虏款后，率多调遣，近年调发几尽。倘一旦有警，驱市儿登陴，恐无济缓急也。

寨堡：故郡堡（治东五里）、东楼村堡、西楼村堡、段家庄堡（俱治东十里）、曹村堡、石家村堡、魏家庄堡（俱治东十五里）、北胡堡、太延堡（俱治东二十里）、令归堡、董村堡（俱治东二十五里）、双堡、郭家堡（俱治东南十五里）、虎头山寨、游邀堡（俱治东南二十里）、龙王寨、定兴寨（俱治东南二十五里）、黄堂寨（治东南三十里）、新庄堡（治北三十里）、代郡堡（治东北三十五里），以上永丰乡。兰村堡（治西十里）、晏村堡（治西十五里）、白阳寨（治西一十五里）、白石堡（治西三十里）、月除堡、南张村寨（俱治西四十里）、冯村堡、北社堡、西社堡、石水村寨、下舍堡（俱治西五十里）、高家庄寨（治西五十五里）、田家峪寨、三交堡（俱治西六十里）、魏家沟寨、王家寨（俱治西七十里）、蔡尖寨（治西七十五里）、官庄堡（治西南五十里）、高崖寨（治西南七十里）、牛尾庄寨（治西南一百里）、上寺堡（治西北六十里）、蒲阁寨（治西北七十里）、沙沟寨（治西北九十里）、豆罗堡、麻会镇堡（俱治南二十里）、关城堡（治南四十里）、韩严堡（治东南十里）、西张堡（治东南十三里），以上集贤乡。匡村堡（治西五里）。逯庄堡、解原堡（俱治西十里）、流江堡（治西十五里）、张村堡、依提寨、王要村堡（俱治西二十里）、合索堡、作头寨（俱治西三十里）、东呼延堡、杨家庄堡（俱治西三十五里）、下闹峪堡、上闹峪堡（俱治西四十里）、六石堡（治西北二十五里）、西冯城堡、嘉禾堡、明望寨

（俱治西北三十五里）、南营屯堡、奇村堡、王村堡（俱治西北四十里）、苗庄寨（治西北五十里）、米家寨（治西北六十里），以上九原乡。北赵寨（治西北二十里）、秦城堡、顿村堡、尹村堡（俱治西北二十五里）、南高寨（治西北五十里）、东高堡、西高堡（俱治西北六十里）、阳胡寨（治西北七十里）、杨村堡、播明堡、泡池堡（俱治北二十五里）、部落堡（治北三十五里）、淤泥堡、吴家堡（俱治北四十里）、忻口镇堡（见上）。猫寨（治北五十里，元时戍兵，正统末，虏入，有石巨常射退四十七骑，乃引去）、高村屯堡（治东北四十里，以上金山乡）。

郡关郛墙卑薄，卤土渐颓，贫民艰于修筑。窃欲乘戍卒更高厚之，以当事议撤，弗果请。万一虏侵，恐不可守。云内赤塘一带，西南直通晋阳，虏曾出没，东高、西高，地俱平衍，虏渡沙河，即可长驱抵郡，均之当虑。寨堡即星罗乎，第可守者，黄堂、明望、虎头、龙王、高崖、米家寨、猫寨、东楼村、北胡、高村、忻口堡二十余处而已。小民惩往年北赵、张村之变，惴惴残破，遇警弃去，多伏深窨嶮沟，视修理不啻驱之陷阱也。似当酌助官修，增高益厚，多置军火器械，令民积粟穿井，安宅其中，庶有固志，第未易言耳。

郡境村落约三百许，皆有梵寺数楹，最小者亦斗室供香火，僧无精行。贫民为僧佣作者，挈妻傍居，流娼僦居僧舍，荡子谐狎，藉资衣食者，更从曳之，深可扼腕。缘胡元素崇佛教，故滥觞至此。计非庐居人人不可，第乡人就此避虏，岁时祈报，未易议革也。

郡田赋。先年，分丁、站、春、秋四项征收。岁首先比丁、站，逾月而报完，赤历验发后，始征夏、秋，输亦十之八，转输有备，而边粮之外，王粮亦完十之二三。近行一条鞭法，管粮官专督之，而丁站十逋其三矣。前人催科之法，有第逋负甲乙叙征者，民恐己之甲也，则递输；有不问甲乙间摄者，民惧摄之不测也，则争输；有勾牒已具而故稽之者，民畏牒之或下也，则亟输。郡民急公者固夥，其惯逋者，三法皆不能慑，即拘及，且怀金受笞而去。不得已，先责多逋者，而站银混于派中，丁银数少，遂得规避。边粮急逾星火，随征随解，逋民探知解完，即不输纳，而王粮以逋为常，不能报最矣。库无剩金，上供之需，未开征时，即催解完，东支西吾，官甚病之。乃知虽有良法，便良民而顽民则敝，便全完而逋欠则敝，法固无如人何也。郡粮昔年定则，皆丈地，书识上下其手，多不均平，缘官不能履亩，即履亩亦不能区别地色也。但悬绝不至霄壤，姑仍其旧。然有必当变通者，如符村、重新、高留、白村、平张、淤泥等处，多有斥卤砂石，无岁不派，无岁不逋，空名鲜实，反使逋粮者引以藉口，大属亡谓。萧楼、郝曹、金奇等村，段石等庄，新涨引淤之地，谷粟不啻倍收，十三中粮，十七下粮，无粮者更不知几。似应清刷，概派上则。积荒议豁，重则议减。赋税既均，催科亦易。窃曾建议及此，因首地粮经报部不果行。因思将此地加额，每亩以一升五合解丰赡库，余入州总，则部额如故，而民赋亦均，或苏民裕，国之一策也，敢告之来者。

郡南门外旧有王家庄渠、东门外渠、野场渠、故郡渠、北胡渠引水灌田，以故粮派上则。郝村、萧村、楼村、曹村，原系下地轻粮，近年开渠，上流淤，灌上地甚多，上流引水，则下流涸，是上则之地反不当下地之收获。窃意合前后村通匀水利，亦合前后村通匀地粮，乃为均平。不然，讯村民愿水地者，则计水所到而征以上粮，愿旱地者，则征以下粮，而禁勿侵水，庶民各安心，而免争夺之祸矣。郡山多石，薪木绝少。石炭南资阳曲，北资玄冈，数日始得往返。玄冈路遥崎险，隆冬尤苦之，往往人牛僵仆，此他邑所无之艰也。众谓东西南山亦产石炭，苦不能识，因募阳曲窑户，令开鉴售鬻，皆言顽石无炭避去。设有虏警，积薪当虑耳。

《绛州志》

平原堡在城北十里，苏村堡在城北三十里，泉掌堡在城西北三十里，周村堡在城西三十里，樊村堡在城西南二十里，曲村堡在城南二十里，兰村堡在城南三十里，杨庄堡在城东南二十里，平原墩在城北一十里，义泉墩在城北二十里，三林墩在城西一十里，古交墩在城西二十里，周村墩在城西三十里，狄庄墩在城东一十里。

地有定在，粮以推收无定在，里书诡寄，往往由之。谬议一策，似可杜奸。如一里若干村，一村地若干亩，粮若干石，里书编征，照村不照甲。或彼村之人，此村有地，亦于此村编征；或此村之地，彼村新买，第易买者之名，地在此村犹故也。一村之中，人相习，地段相知，少有增减，人人得而举发之矣。

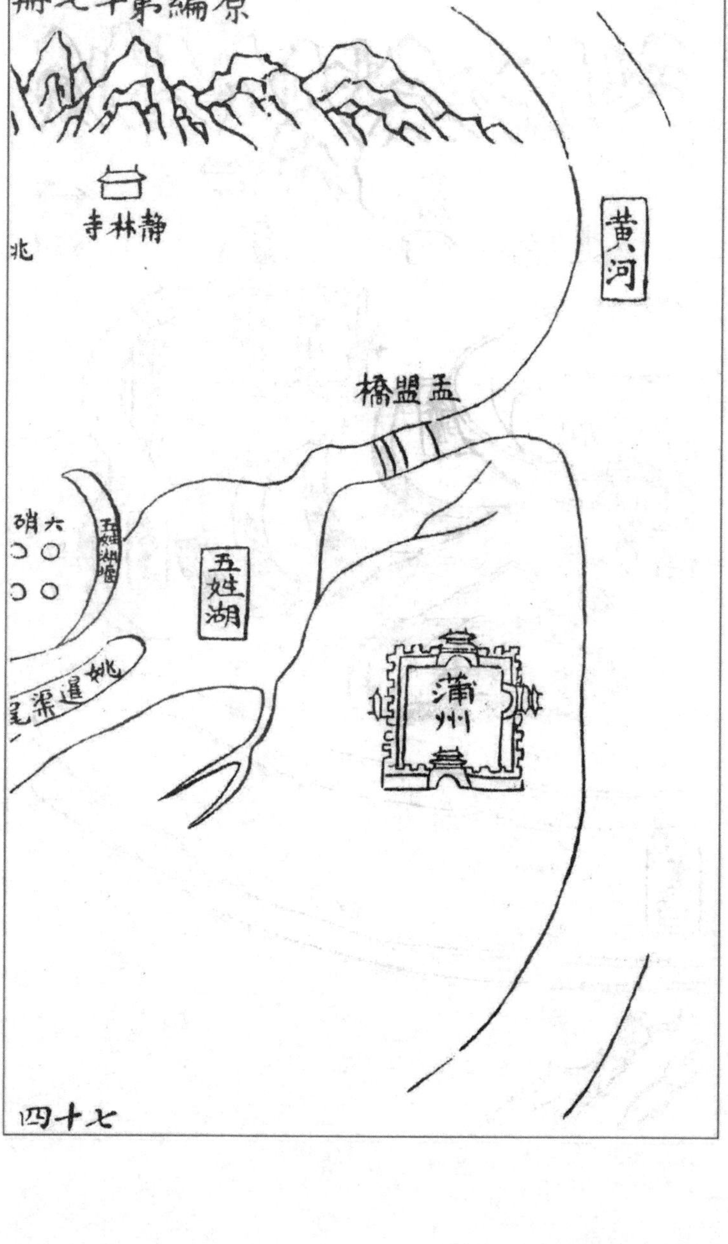
靜林寺
黃河
孟盟橋
五姓湖
五姓湖堰
六
硝
姚暹渠
蒲州

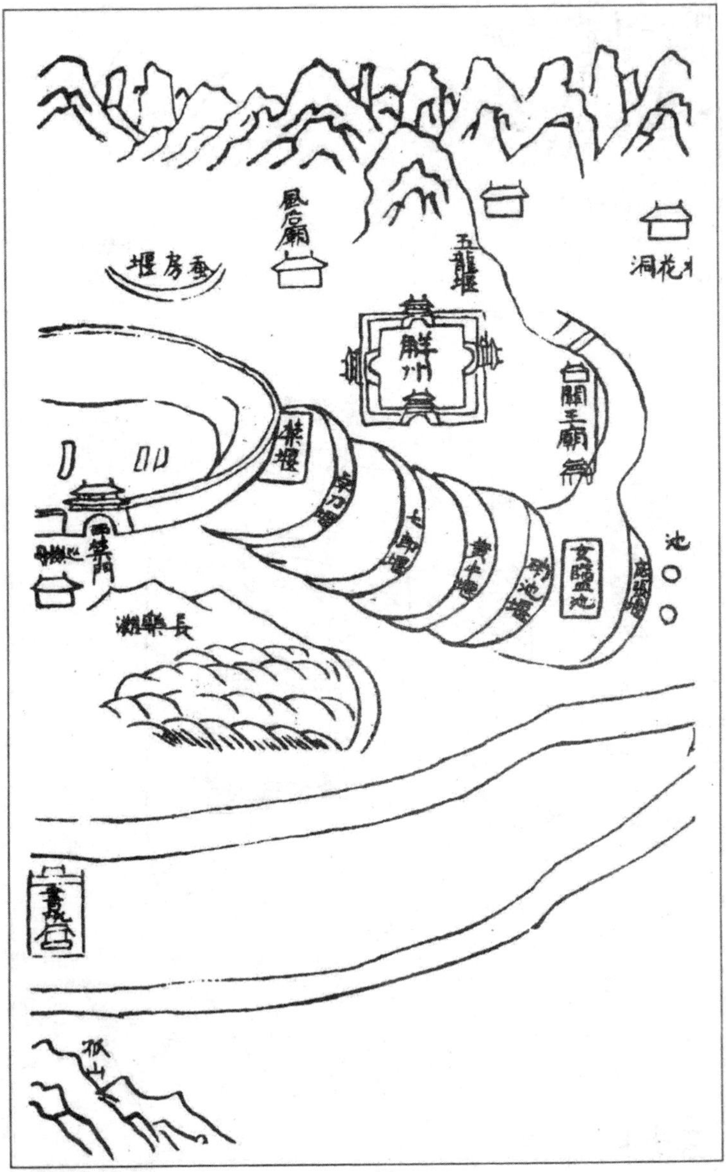

風后廟
蚕房堰
五龍堰
解州
關王廟
禁堰
七郎堰
黄牛堰
女鹽池
禁門
長樂灘
孤山

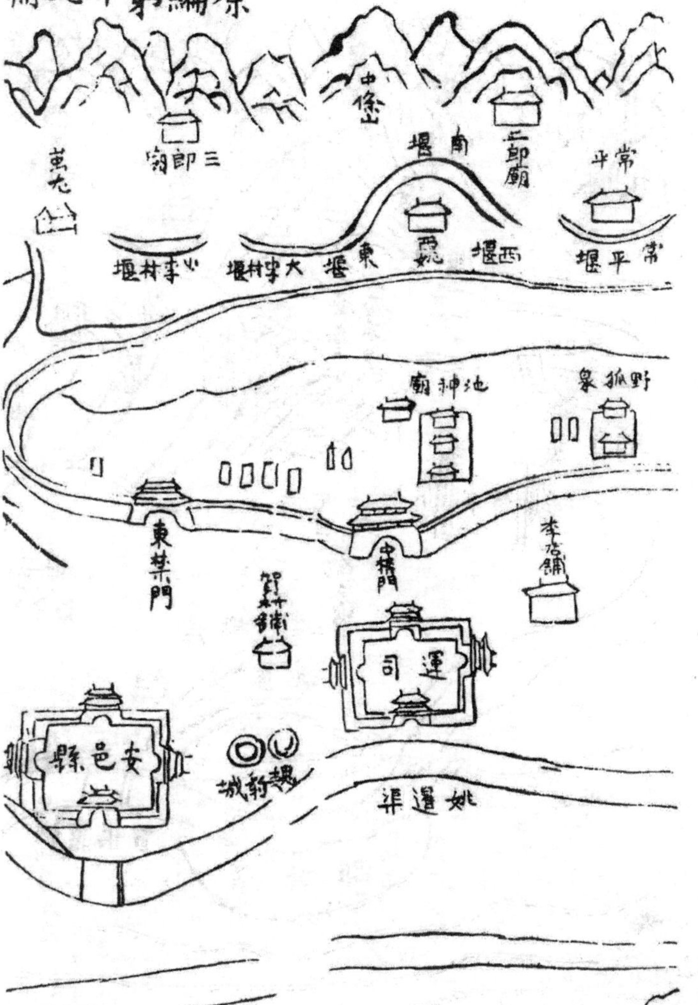
中條山
三郎廟
二郎廟
南堰
常平
小李村堰
大李村堰
東堰
西堰
常平堰
池神廟
野狐泉
東禁門
中禁門
運司
安邑縣
姚暹渠
涑水河

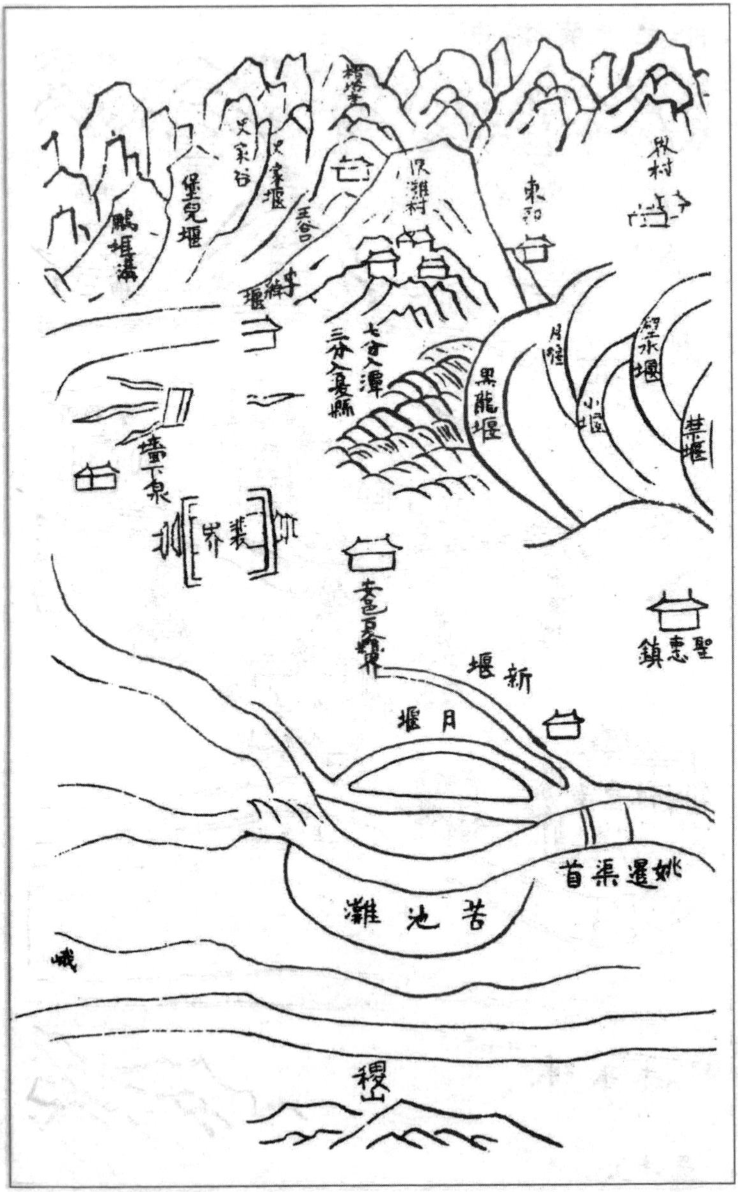
史家谷
史家堰
黑龍堰
小堰
禁堰
聖惠鎮
新堰
月堰
姚暹渠首
苦池灘
稷山

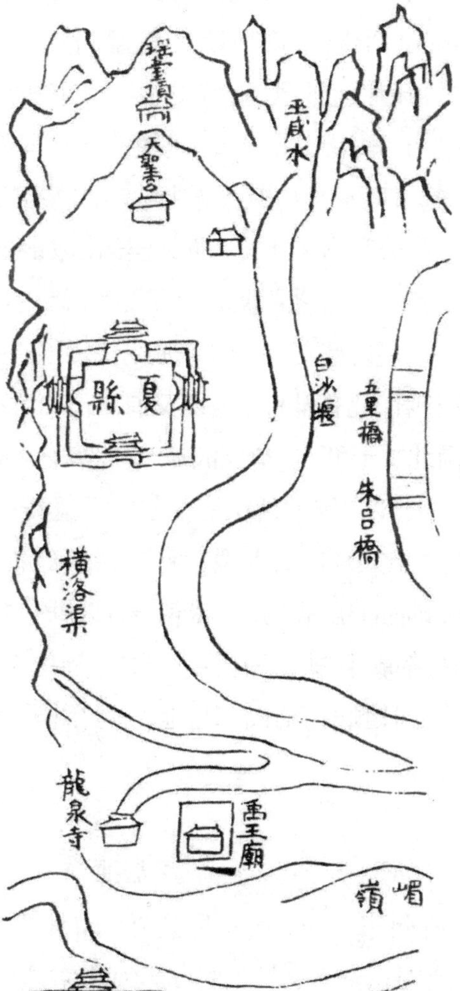

池之大患全在客水故環池遠近各因地埶
築堰以防之其詳載于叙渠堰及渠堰志

《水经注》

涑水又迳安邑故城南，又西流注于盐池。《地理志》曰："盐池在安邑西南。"许慎谓之盐盬，长五十一里，周一百一十四里。吕宿曰：沈沙煮海，谓之盐。河东盐池，谓之解盐。今池水东西七十里，南北十七里，紫色澄渟，浑而不流。水出，石盐自然印成。朝取夕复，终无减损。唯水暴雨澍，甘潦奔泆，则盐池用耗。故公私共堨水径，防其淫滥，故谓之盐水，亦为堨水也。故《山海经》谓之"盐贩之泽"也。泽南面层山，天岩云秀，池谷泉深，左右壁立，间不容轨，谓之石门。路出其中，名之曰径，南通上阳，北暨盐泽。池西又有一池，谓之女盐泽，东西二十五里，南北二十里，在猗氏故城南。《春秋》成公六年，晋人谋去故绛，大夫曰："郇瑕地沃饶，近盐。"服虔曰："土平有溉曰沃，盐盬也。"土人乡俗引水裂（疑衍）沃麻分灌川野，畦水耗竭，土自成盐，即所谓盐鹾也，而味苦，号曰盐田。盐盬之名，始资是矣。本司盐都尉治领兵一千余人守之。周穆王、汉章帝并幸安邑，观盐池，故杜预曰，猗氏有盐池。后罢尉司，分猗氏、安邑，置县以守之。

盐池

解州东三里，接安邑县界。周官"盐不炼而成"，盖解盐也。余闻崔敖曰："盐池乃黄河阴潜之功，浸淫中条，融为巨浸。"吕泾野氏亦谓盐池之成以大河，北自蒲州，折而东向，转曲之间，渐渍蓄汇，有此奥衍。今陕西花马盐池，亦近黄河折流之处，理或然也。然盐藉主水以生，缘客水而败，故治水即所以治盐。大抵池形若腰盆，东西长而南北短。南枕条山，雨水易迫，然非泉渊所出，且横亘有护实堤，为仞高厚，依山有桑园、龙王、赵家湾、大小李、西姚诸堰，纵有飞瀑，亦各容阻，甚至毁墙而已，多不能入。北沿旷壤平丘，与水隔绝，二隅无足为虑。若东西尽处，则俱逼禁堰，池分一墙外，即客水所钟。次东禁堰者，有壁水月堰及黑龙堰，次西禁堰者，有卓刀、七郎、硝池堰，各从东西，自高而下，多则缺，少则漫，禁堰不能受，则入池矣。黑龙堰之受害，实原于苦池。苦池乃姚暹渠蓄而复流之所也。硝池（即女盐池）之受害，实原于涑水，涑水盖在姚暹之北，势高于彼者也。二水皆自东北而西南，故出自夏县，由巫咸谷来者，为姚暹渠，北合洪洛渠，东合李绰渠，总经苦池，迤逦西向，自安邑历解州，抵临晋，入五姓湖。出自绛县山谷，由闻喜东北来者，为涑水，亦从西行，受稷王、孤山、峨嵋坡诸水，经猗氏，抵临晋，亦入五姓湖。五姓由孟盟桥注黄河，则极矣。姚暹首中太狭，涑水中尾亦多窄。苦池在安邑，不胜挛绰、洪洛、姚暹渠之受，其势必自东北泛溢于黑龙，入黑龙，则壁水、小堰、月堰不能支，而竟冲决于东禁。谏水在临晋，不胜山坡之受，其势必自西北横溢，破姚暹而奔胜于硝池。入硝池，则黄牛、七郎、卓刀不能支，而竟冲决于西禁。况东北又有涌金泉，亦注于黑龙，西北又有长乐滩，亦注于七郎。故筑东禁以及黑龙，筑西禁以及硝池，治其标者也。浚姚暹以导苦池，浚涑水并归五姓，治其本者也。切水脉者，缓于南北而急于东西，先于根本而后于标末，惟严其防障于东西之近堰，而于姚暹、涑水源流归宿之处，循故道而加浚焉；则客水不浸，主水无恙，盐课充而边储足矣。

盐池在中条山北麓，西距解州东门，东距安邑南门黑龙堰，长六十里，广七里，周一百二十里。近安邑者为东池，近路村者为中池，近解州者为西池，三场亦以是得名。池底淤泥，滋生盐根，形如水晶。夏日骄阳薰蒸，南风动荡，上结盐板，光洁坚厚，可胜行立。板上水约三寸，翻腾浪花，落板即成颗粒，古谓之漫生盐，今谓之斗粒盐。更时霡小雨，则色愈鲜明，故曰颗盐。宜及时捞采（注十四）。若遇大雨，盐复解散。秋冬池冷地枯，不能生盐。间或有之，硝碱相杂，味亦不正。然中池北百步许，有淡泉一区，味甚甘冽，俗谓盐得此水方成。其西北七里，又有女盐池焉，据地高阜。唐开元中，置女盐监。生盐淡苦不可食，时或生硝，亦名硝池。而六小池及静林诸涧，每水溢，则奔趋女盐池，为盐患。苦池在安邑东，于盐池亦切近，故环池有墙，傍墙有堰，皆所以障客水而护盐池者也。

料台在池之北阜，垦地为之，以堆盐其上者也。每台高二尺五寸，长八丈八尺，广二丈四尺。盐堆一千引，上覆以茅，然三场每岁额盐四十二万引，料台四百二十座，苫盐草十有六万八十束，户八千有三百三十四，盐丁万有二百二十三。场料各百有四座，脚道皆六，其盐户，惟中场三千六十四，东西二场皆二千五六百有奇云。吕泾野氏曰："料台积盐，贵精不贵多。若捞采非时，或收泥沙硝碱，国课虽充，不堪食用，价轻商折矣。且料有美恶，吏缘为奸，阴或换橛。近岁编定料台次第，每掣止挨台次轮装，此可永久行者也。"

盐丁。十二州县脚道既有定所，盐池既有三门（谓东中西三禁门也），往者或言出入不便关防，捞办之时，多由中场。然附近犹可，远者劳于居止，饮食艰苦，众萃一所，又有旅火之费。兼之炎蒸汤沸，急须得水，远丁安能遂欲。故富者雇人捞办，贫者力不能支，又兼打草修堰诸役，率多逋逃。若三场捞办，仍旧于附近禁门出入，各照池分采取，则旅舍薪水，所便甚多，民利亦均。至捞办之时，夤夜而入，日午少息，亦可以救其厄苦。不然，前此集众开门强出，间有伤损，亦其验也。

商人输边支盐，号长股盐，或纳银运司，参支号存积盐。迩年或拘集各处盐商、店户、车户、矛人及有力者，报名于官，先输银价，然后支给，号曰搭卖。又或遇法概革本引，则丁商重困，今幸其免夫。

额课。洪武初，定以岁办盐三十万四千引。成化二十二年，增课十有一万六千引，共四十二万。内以一十二万六千引为存积，二十九万四千引为常股。除各项食盐三千引外，统以定价，每引三钱二分计之，可得银一十三万四千四百四十两。八万输宣府以济边需，余尽输山西布政司，抵民粮之逋欠者焉。至正德十五年间，该沈府奏请禄粮，户部题奉钦依。候明年盐花生结，行委守巡该道亲诣盐场，拣选盐丁，除额盐责令先行捞办，余外另捞二十万引。举行之后，如果官民便利，以后年分，务照此例施行。余盐之论，实昉于此。

天启四年四月，巡按山西御史李日宣请以解、蒲二州十县分立河中府，以运使兼摄知府，运同兼摄清军，运副兼摄管粮，运判兼摄理刑，奉圣旨：吏部知道。

《解州志》

河东盐运司在州东四十里安邑之路村。唐盐隶度支；五代汉置榷盐使于解州；宋以守贰领之，总其事曰制置司；

元初置转运司于京兆。国朝天顺间，始隶山西布政司，编户八千四百二十二，盐丁万有七千五百四十八，分脚道十有八，俱籍蒲、解、安邑十二州县。

解盐池上

解盐池在州东二里中条山麓（注十五），长五十里，东距安邑县南十里，阔七里，周回百有二十里。去平地深数仞，如盆底，水常停蓄渗漏，润下作咸，四时皆或有盐，惟盛夏风日炎烈，生盐独多、且嘉，故俗曰盐池。夏日，近安邑者，为解盐东池；中经路村城南二里，为解盐中池；在解地者，为西盐池，三场亦因是名。池内北百步许，有淡泉甘冽，俗谓盐必得此水方结。池外诸涧谷水皆四来奔赴，池水溢，则盐不生，故历代皆筑堤堰及禁墙。

女盐池在解盐池西北七里，据地高阜。唐开元中，置女盐监于解，时或生盐，淡苦不可食。其后水多，但生鱼，亦嘉。又生硝，亦名硝池。北受姚暹渠决溃之水，南受中条山各谷之水，水涨能淹没民田屋，至于蓄汇太多，则东趋禁墙，为盐池害，故筑硝池堰以防之（注十六）。

城北滩受女盐池水，地势亦西高东下，水溢为患盐池，故东筑永安堰，又东筑七郎堰以重障之。

城东滩，内有数泉，亦受城北滩以上诸水，切近禁墙，中筑卓刀堰，若风雨大，辄溃决，尤为盐池之要害焉。

六小池在女盐池西北四里：一曰苏老，二曰贾瓦，三曰金井，四曰熨斗，五曰永小，六曰夹凹。水多淤没生草莱，水溢，亦能南入女盐池，为盐池患。

静林涧在六小池西南十五里，源出中条山顶，北流，经红脸沟，可溉田，余流入临晋洫水滩。涧东三里有张公泉，在山谷中，遇旱，以数十老妇执箕帚祷于庙，劚其泉，辄得雨。此二涧泉水大，与盐池亦相涉，故旧有底张堰以障西水，不使入女盐池也。

胡村涧在张公泉东五里，源出中条山阴。又东五里为桃花涧，水出中条山顶。又东二里为小水涧，出白龙谷。又东一里为荻子谷，水皆北流，入于女盐池。

大水涧在白龙谷东三里，源出五龙谷喷雪岩之南十余里，北流至城南，绕城而西，过石桥，会小水涧，入女盐池。其自城南分入通济渠者，穿城过均惠亭，溉城中官民园圃。

堡子谷水在大水涧东二里，源出中条山中，北流入盐池南沟。

金盆水亦出中条山，趋盐池南沟，其东有关云长祖居，又名曰小圣沟，水数溃南禁墙，有金盆堰以防之。又其东有小龙五涧水。二郎、三郎谷诸水皆出中条山阴，北流趋禁墙，而蚕房、常平、西姚三堰所由设。

姚暹渠在盐池北十里，旧名永丰渠，源出夏县巫咸谷，西流五里，经夏县南门外，又西五十里，经安邑县下留村（注十七），苦池水入之，又自安邑城北西流六十里，经解州北境。隋大业间，都水监姚暹重开此渠，因号焉。又西六十里，入临晋境之五姓湖，达于蒲州之黄河。若山水涨漫，则横流四出，决堤溃堰，或入长乐滩，或入女盐池，亦入解盐池矣，故有姚暹堰。

长乐滩在盐池北七里峨嵋之坡阴，周围二十余里，亦生鱼，或北受姚暹渠水，西南能决诸堰，为盐池患，故有长乐堰。

东高腴滩在长乐滩西北数里，其西为西高腴滩，又西北十五里为西辛庄滩，东起贾村，西接临晋诸滩；亦或北受姚暹渠水。南入女盐池，或入城北滩为盐池患。

洗马滩在西辛庄北二十五里，东北为南扶滩，西北为卫诸滩；卫诸西北十里为三娄滩，东二十里为罗权滩，又北十五里有小张坞滩。诸滩半花碱地，不可耕，且或为盐池患。

黑龙潭在安邑县东南十八里（注十八），与解东池相邻，深不可测。或曰、盐池利害，亦系此水。故有黑龙堰（注十九）。

巫咸水出夏县东五里巫咸谷中，其西入黑龙潭。相传能坏盐池，故俗曰无盐河。又东南二里为玉溪，司马温公读书处。

涌金泉出夏县墙下村，经安邑县东南陶村，西入黑龙潭，相传能益盐池，如淡泉云。□□□□涌金泉东十里，出中条山谷，经夏县，入安邑苦池，可溉田。

□□河在横洛渠北三十里，形势盘曲如龙，亦可溉田。又有甘泉在闻喜县东二十里，其泉出东镇村，南入涑水河。又东四十里有董泽，即舜封董父豢龙之所。出董氏泉，引渠溉田，余入涑水河。南四十里有秦王涧，传为唐尉迟敬德跳涧之所。其南有马跑涧泉，传为秦王饮马之所。其东又有黄芦泉、暖泉、温泉、冷泉诸水。

涑水河在闻喜县南十余步，源出绛县横岭山乾洞，伏流盘束地中而复出，西流经县南，其东合甘泉，引为四渠：曰东外、蚕寺、观底、蔡薛、溉田百有一十八顷，西流经夏县界西三十里，即司马温公所居地。又西至安邑县北二十里，又西入猗氏县境，南入临晋境五姓湖，过蒲州孟明桥，入黄河。智伯曰，绛水可以灌安邑。是也。是水旧经州三娄里，或为盐池患。巡盐御史曾大有导之，使如今行。

泾野吕氏曰（注二十）：予尝三上中条，东至平陆，西至芮城陌底镇，见黄河自龙门南来，转而东行，密迩条山之阳，而盐池正当其浸汇处。又尝历寻条山北面泉谷，若五龙、荻子、白龙、黑龙、黄花、静林、王官谷，又东至黑龙潭、苦池、涌金泉、横洛渠，未尝不穷其源而溯其流，尝其味而瞰其脉，则皆汩汩，奔赴盐池，日夜不息。疑亦黄河之所溃也。夫盐池正如尖底盆，其中自有数泉，然亦诸溪之所萃乎？故夏旱则多盐，若遇雨水，则池已不暇自救，又增以诸泉，安望其能盐也？故盐池非水则涸，多则溢，涸则枯，溢则淡而不生。故池水贵少，客水之入，贵清而恶浊，故池西北水多淤泥，池甚忌之。若淡泉并其外，涌金泉、黑龙潭皆清流也，池所喜纳。故世谓盐得此水方结。若潭边置一木闸，因池水之涸盈以为开闭，亦种育之道也。其池西卓刀、七郎、黄牛、硝池诸堰，甚为盐池要害。一遇震雨暴风立圮，费财无纪，官民劳无虚岁。若欲一劳永逸，官为出工价作石堰，留闸口，亦视盐池水之多少以为潴泄，则虽烈风震雨不能荡损。又北浚姚暹渠，使深至丈有五尺，宽三四丈，水不南溃，则其堤堰亦可省筑。又或于中条山麓诸涧之水傍山势西导三十余里，使派入民田，遇旱则令入硝池，此皆可使盐花岁岁生结者也。

运使方启参清理盐法事宜（注二十一）

其一，折禄之病国。窃惟河东之盐原自天成，捞采藉人，虽课以四十二万引为额，而数常靡定也。时或恶其弃地，采之稍盈，盖所以备意外不时之用。藩王窥之，遂假余盐之说，奏讨抵禄。倡自沈藩，因致延蔓。二十年间，奏讨者十有二府，计银一百八万二千六百八十余两。以盐价引各三钱二分较之，几及正课之半。取此与彼，其数自亏，是安得不病国哉？夫职有专掌，事有攸司，藩封岁禄，掌之司府，征之州县，成法也。如其征之不足，时当权处，亦止宜查催运司盐价解赴布政司补给，斯惠得均溥于宗藩，而官得各尽其职任。不此之出，乃使王府官校径赴盐场支卖，纷纷争利，而盐法大沮，盐商坐困矣。朝廷利权所在，似为诸王侵夺之，此其渐不可长也，又岂止国之病哉？推原其故，皆由豪猾官校拨置使然。盖以盐折禄所得之价，止于正数，所余之利，尽归官校。利归于已，势藉于人，何惮而不为？此辈不除，终无止日。况禄米催征差人州县者，已有明例。盐法至重，而为其所大坏，不尤可禁之著为例乎？及查三十三年，该巡盐侍御宋公仪望目击事体非便，奏奉钦依，尽革余盐名目，总增为六十二万引。除各食盐及变价充解宣大年例，余剩银两俱解布政司，听候饷禄缓急支用，再不许各王府奏讨，阻挠盐法。钦此钦遵外，讵意方尔奉行，辄复如故。续该本司查得山西抚按衙门前后奏准勘合，凡有禄粮去处，俱自二十九年以前者，暂行停止，备由呈允，始得禁戢。数年之间，各解银两，不惟完足，且补逋欠，此其故岂有他术哉？食盐之人口有限，行盐之地方有界，其数止此耳。或云敦睦亲族，哲王盛节，宗藩贫乏，宜所当恤。此说固然，但以力能奏讨者，断非贫乏之辈；越境支盐，亦必有力者所为，其神出鬼没，奸似过之。故其欠禄之数，自嘉靖元年以迄于今，岁月久远，官吏更代，文案烂浥；又且衙门隔别，何可查对？恐其宗属亦可欺瞒，今犹支未尽绝，冒滥之弊，宁有绝极乎？况此奸人往往驾言盘费之说、打点之说、消折之说，展转算除，几何而得入贫乏之手哉？前者抚按衙门所以奏停者，亦未必非此之由。乃今奏讨之疏，又复频下矣。开支之势，似若难遏其流。敢乞急为题请，严立法禁，追究拨置之人，以塞侵夺弊源。仍乞明文行司，截日停革，庶蠹弊可得厘正，而额课可得充盈矣。夫知所以益国课，而不知所以处宗藩，亦非谋国之良。盖税粮额数有定，宗派生息日藩，圣人推思，虽欲其不穷，而礼制终有所限。适今不为之处，窃恐十世之后，尽以天下税粮给之，计其数，亦有所不足，又岂值规规于盐利哉？

其二，编籍之病民。窃惟池盐生结，每于春夏，秋无水潦时亦成之。然必丁夫齐心并力尽池捞采，始得课有盈余。但丁夫额编于平阳所属蒲、解、安邑等十四州县，册有定籍，籍有常数。二百年来，户籍之消耗不一，丁数之亏损不少。有司者按籍清审，监临者据册稽勾，数不充额，并其老少咸列册中。况当盐生之时，正值农作之候，人废生业，逃亡更多。又盐丁狡猾，事熟人顽，富者脱于贿，贫者兼其役，故州县丁夫，止有虚名，而运司捞采，无藉实用。虽尝招募各色人等，而工价所费似亦不赀，人争趋利，请托遂行，是以徒费工价而盐斤竟虚，甚非计也。以职愚见，莫若令原定州县照依额数挨里轮派，不许与当差年分相妨。如每里十甲，先将一六甲、次二七甲、次三八甲，隔甲顺年审其丁。多人户，家有五人，可任也者一人。总计可任之人，如数赴池，仍照额例捞盐千引，给银八两。是虽役其力，亦足偿其劳，有丁之家，恐未必不乐于趋事也。又盐丁奉例俱得优免差役，今既废而不用，自不得再冒盐籍。向所优免者，均摊之概县，不亦稍觉轻省耶？此于非盐籍之民，亦不可不谓之一便。夫有丁之家既可役，而通县起集，则人亦众，轮以五年，则力可苏，况又差徭摊之而轻，工银计引而给乎！是其所以役之者实利之，非病之也。其若盐籍穷困者，亦得以渐蒙休养之恩，富豪者，不得以独擅优免之利。又其裒多益寡、徒有于无均平之政，尤今日之所当讲。且如曲沃、太平素称富庶，见役之数多者二十余人，少者不及十人，猗氏临晋似觉凋敝，乃或至于五六千丁。邑治之高下既已不侔，而盐丁之多寡又复悬绝，如此偏而不举之弊，从可知矣。补偏救弊，是可弗之行乎？

其三，私煎之病商。窃惟咸卤之地，俱可成盐，缘以法例有禁，巡警有人，故奸狡之徒，虽切怀利之心，犹惧刑罚，畏而不敢。今河东行盐地方既远，运司统摄不及，州县视国课为末务，小民以煎盐为生计。虽设巡盐职官，徒有名存。虽编应捕人役，止勾公事，上下混同，眇无法网。以故煎熬土盐，无处无之，囤积贩卖，遂谋大利。夫以土盐煎之立成，其事甚便，买之如携，其价必廉，民乐于易得易买，而不知有法有禁，官盐何由而可行？商人安得而不病哉！间有奉法州县，稍知禁戢，则官盐亦或行乎其间。然多搀和，未必全行，终以腾贵。止图便易，所发官盐，能得几何？先时，巡盐察院立为州县打卯条格，坐以职名，给以文簿。簿开盐犯盐赃，退引每于朔日，百里者按月，二百里者间月，三百里者按季，俱赴院执簿查点，以所获赃犯次数，定其罪罚轻重。至今举行，遵奉惟谨，亦可谓官知其职人知其法矣。然地里有所及、有所不及，岁月有所限、有所不限，法度有所畏、有所不畏。甚至贩徒攒银处罪，纸上虚文，徒以苟免刑罚，竟无益于事实，况又当此玩弛之时乎！近蒙题准，勅令各处屯田佥事带管盐法，是诚职有专掌，事有专责，私贩戢而官商通，固可揣其必然矣。以职愚见，更烦察院巡历行盐去处，亦如两浙故事，身经其地，事得其详，可以区画盐捕兴革，可以廉察；盐政臧否，可以缉访；盐贩奸弊，可以查比。盐役功绩虽不能保其法无漏网，或庶几乎物无遁情矣。其若私煎所在，自陕西言之，则有华州之苍头镇，朝邑之盐池凹，华阴之胡庐，咸阳之木厂等滩，富平之师家堡、平里、王家村，蒲城之高树、王子明等村，临潼之康桥、灵口，同州之羌白、雷家等镇。最大者灵州之花马池也。一省如此，其余皆可类推。然若非盐院遍历周遭，灼知肯綮，或直行，或题请立成规以示诸司，恐不免终为沮隔者藉口舍禁去，几以干百姓之訾矣，其何以有补于盐法哉。

其四，占田之病池。窃惟盐产于池，惟河东为然。盖四面高阜，而池最汙下，水之流聚停蓄，积久润而作咸，理则然耳。但池止四十余里，水多而泛溢，气味自薄，虽日晒风飘，盐终难成。故池之四围筑立禁墙，池外随宜，各为渠堰，所以防客水也。其旷闲滩地，远池而东南延袤稍广，所以杀水势以护池，且以备渠道崩溃，预防水患也。节年以来，渠堰稍坚，水患渐免。滩地之低洼者芦苇盛生，高燥者五谷可播，是以凡其势之可得有为与其力之可以能行者，俱假佃种之名，以遂侵占之计。虽尝领之于官司，而实据之为己有；虽尝认纳其籽粒，而实未入于仓廒。本以官地之所出，反为私家以益其富，此其计不亦左乎？然无害于盐池，犹之可也。今者，天时旱涝不常，而地则原湿不等，公私利害，人情之向背必偏。故当其涝也，下湿者不利，则暗开近墙之小堰以泄水，及其旱也，原田必伤，则又暗开通流之大渠以灌溉。惟知利田以图己私之便，而不知堤防少渗。水之就下，势渐莫遏，冲激奔溃，未免弥漫，浸及禁墙，其为盐池之患，抑岂小小哉？纵即障塞，不使大坏，然必动工役，稽时日，费木石，谓不劳民伤财不可也。较利害将安在耶？如以地产养人，惜其遗利，当于渠堰稍远之处，置土以为封墩立石，以定界限。

尽收官宦举监生员吏承之占种者入之官，召小民之愿耕者佃之，随民力而给之顷亩，计田亩以科其税粮，仍造为册籍，编为排甲，亦如黄册格式。其佃民秋夏之所输入，即以充本司官吏俸给。原派安邑县仓粮行令改派别仓，或王禄，或边饷，亦未必无小补云。夫滩地佃之小民，必不敢越法以侵决渠堰，必不敢恃顽以拖负公税，渠堰固而客水有所蓄泄，是池之大患暗消也。公税足而俸给有所出办，是地之余利兼溥也。原派仓粮，更资他用，除一害而三利兴，则是可行耳。

《汤沐渠堰志》（注二十二）

解盐藉主水以生，缘客水而败。主水乃池泉之渟蓄，斥卤之膏液，客水乃山流之涨泛，渠渎之冲浸。世知是盐成于风日，不假煎沥，不知堤防少亏，决注已甚，洁者污，醇者漓，凝者纾矣。故治水即所以治盐也。然客水有远近，其设防有疏密，贻患有大小，而施功有缓急。大抵池形若腰盆，东西长而南北短。南枕条山，雨水易迫，然非泉渊所出，且横亘有护宝堤，为仞高厚；依山有桑园、龙王、赵家湾、大小李、西姚诸堰，纵有飞瀑，亦各容阻，甚至毁墙而已，多不能入。北沿旷壤平丘，与水隔绝，二隅无足为虑。若东西尽处，则俱逼禁堰，池分一墙，以外即客水所钟处，次东禁堰者有璧水、小堰、月堰及黑龙堰，次西禁堰者有卓刀、七郎、硝池堰，各从东西自高而下，多则决，少则浸，禁堰不能受则入池矣。黑龙堰之受害，实原于苦池，苦池乃姚暹渠蓄而复流之所也。硝池之受害，实原于涑水，涑水盖在姚暹渠之北，势高于彼者也。二水皆自东北而西南，故出自夏县：一由巫贤谷、白沙堰为姚暹渠，北合洪洛渠；一由王谷口，为李绰堰，西合姚暹渠。总经苦池，迤逦西向，自安邑历解州，抵临晋，入五姓湖，此姚暹之渠道也。出自绛县山谷，由闻喜东北来者，为涑水，亦从西行，受稷王、孤山、峨嵋坡诸水，经猗氏，抵临晋，亦入五姓湖，此涑水之河道也。五姓由孟盟桥注黄河，则极矣。姚暹首中多太狭，涑水中尾亦多窄。苦池在安邑，不胜李绰、洪洛、姚暹渠之受，其势必自东北泛溢于黑龙。入黑龙，则璧水、小堰、月堰不能支，而竟冲决于东禁。涑水在临晋，不胜山坡之受，其势必自西北横溢，破姚暹而奔腾于硝池。入硝池，则七郎、卓刀不能支，而竟冲决于西禁。况东北又有涌金泉亦注于黑龙，西北又有长乐滩，亦注于七郎。此东西隅水患之大约也。故筑东禁以及黑龙，筑西禁以及硝池，治其标者也。浚姚暹以导苦池，浚涑水并归五姓，治其本者也。急则治标，其功疾而小；缓则治本，其效迟而大。切水脉者，缓于南北，而急于东西，先于根本，而后于标末，虽严其防障于东西之近堰，而于姚暹、涑水源流归宿之处，常不忘其所有事焉，则客水不侵，主水无恙，盐利不竭，边储永济矣。

中条山在盐池南五里（注二十三），西起蒲州雷首，延袤数百里，东接太行，南跨芮城、平陆诸县，北跨临晋、安邑、夏县、闻喜，绝巘奇峰，层见叠出，正对运司南门，天然图画也。迤西有王官谷，东二十里有静林寺，高峙翠微，古柏森蔽。静林寺东十五里为桃花洞，昔人见洞旁泛桃花，故名。东上八里为直岔岭，少东为菸子谷，又少东为五龙谷，在解池正南五里，其东岫有石岩，岩水飞洒而下，俗曰石岩喷雪。其岩上有“酒岛字”。谷口西上南十里为横岭，即中条山脊（东有墩迹，五代汉防宋巡逻之路)。其下为弓张沟，又东为堡子谷，又东为仙女洞，亦名玄女洞。其中积水成潭，又名黑龙潭，雩祷有应。潭东十里为大虎谷，谷中有将军堡，堡后有凤凰嘴，嘴西过连云栈，至横岭，有阳关寨，寨下有胆礬窟，其旁有百药草。又东南为檀道山，其下为檀道谷，中有盎浆泉，渟涵不流。东亦有胆礬窟，路通河南灵宝浢津渡。又东南为白径岭，双石壁立，左右参天，中不容轨，亦名石门(即秦败晋师于石门处)。又东十五里为分云岭，岭颠出云，东西分布，世传尸盐泽者也。稍西有风谷洞，若半井，投叶即飞，风出则飞沙拔木。其旁又有盐风洞，洞口若盆，仲夏应候风出，其声隆隆，俗谓之盐南风，池水得此，一夕成盐。其上有天井山。谷口旧有风神祠。又其东为车辋谷，谷有银砂洞，禁不采。又东为二郎谷，岭多古洞。又东为虞坂，一名盐坂，俗曰青石槽，在安邑东郭南(即晋荀息假道伐虢处)。坂东为巫咸顶，俗曰摇台顶，商相巫咸巫贤隐处，孤峰峭拔，苍翠摩空，下有巫咸祠，旁有巫咸谷，谷中有水亦名巫咸水(在夏县东五里)。又东十五里为柳谷，唐阳城隐处。又东二十里为凤凰山，其东为汤山，上有汤庙，下有郭璞书堂，山亦产铜(在闻喜县南十八里)。汤山东为秦王岭，上有镇风塔、蚕姑庙。又东二十里为盘盘山(在闻喜县南五十里)。又东二十里为紫金山，又为凤凰原。由东而北为峨嵋岭，高二里，形如峨嵋，土厚，宜五谷(在闻喜县东)。由北而西为玉钩山(在安邑县东北二里)，状如玉钩。又西为鸣条岗，即商汤伐桀地，北为峨嵋坡，东自曲沃，西抵黄河，其阳跨闻喜、夏县、安邑、猗氏、临晋、荣河，正运城北屏也。又北为孤山，下为安邑之相里。又北为稷神山(在稷山县南五十里)，上有稷神庙，后稷始播谷于此，而山阳多夏县、闻喜之地。又南为紫金山，在池北二十里，旧产人参。峨嵋坡在池东五里，盐池北岸。逍遥坡在运城西北四十五里，为女盐池北岸，雷首山南。迤东三十里为舜所耕之历山，在芮城县北。历山东北三十里为青龙洞，洞有青龙泉，旱祷必雨。洞东二十里为甘枣山。甘枣东十里为石钟洞，世传石钟炼士修道于此，顶悬一石如钟，水注其下。又东五里为清凉寺。又东十里为娥英庙。又东为虞芮二君祠，下有让田。又东为吴山、中条山之支（在平陆县西北五里），其山高平，上皆民田，南麓有吴泰伯庙，故名。东为傅岩，即殷相傅说隐处，旁有圣人涧。涧东十里则为砥柱峰，又名三门，在黄河中流，其形如柱，高二丈余，砥柱旁有老君炉，东岸为碛津，西有禹庙。又东四十里为箕山，山峰高峻，形势类箕，故名，山下有许由塚，清涧在箕山之南，即巢父洗耳处，东有白玉窍，号锡窟，东北则为王屋山矣。中条名谷峻巘，不能缕析，此其大都云。

黄河（注二十四）在蒲津门外（注二十五），禹导河积石至于龙门，经河津、荣河、临晋而来，南流至华阴，东折至芮城南二十里，走平陆，至砥柱，过孟津等处，为逆河，入于海。县北五里有大安池，居民引以溉田，余流入黄河。西北三十里有妫汭二水，在历山下，东西相距二里。南流者为妫，北流者为汭，合流入黄河（即尧厘降二女处）。西二十里为葡萄涧，南入黄河。其西北十三里有地皇泉，流经魏文侯故城，合通泽泉，亦可溉田，伏流入沙。少东有龙泉，在古魏城中。西北隅上有五龙庙，旱祷必雨。又东北八里有鹿跑泉，一名静深泉，在中庄里，平地上清澈见底，大旱不减，霖雨不溢。上有龙神庙。居民引水溉田。

大抵诸水皆黄河之涌溢也。鹿跑泉北三十五里有恭水，源出甘枣山，流入黄河。北二十二里有奥祝泉，在中条山北麓，石岩流出。相传魏文侯自安邑率军至此，众渴，文侯默祝，以鞭指之，乃得泉，故名。东北三十五里有洹泉，出中条山清凉寺古洞中，南入河，一名洹泽。黄河自平陆县南三里东流五十里，至砥柱、三门、集津，达于垣曲。《水经》云，禹因鉴砥柱山以通河，三川既决，谓之三门。又旧石刻云，南曰“鬼门”，中曰“夜义”，北曰“入门”。县北五里有三汊涧，其源出中条山东西二沟，流与涧合，故名，可溉田，余流南入于黄河。河东二十里有圣人涧，一名沙涧，（注二十六）发源傅岩下，南入黄河。涑水河在闻喜县南十余步，源出夏县横岭山，西流经县治，南稍东，合甘泉引为四渠，西流经夏县界西三十里，即司马温公所居地。又西至安邑县北二十里，又西入猗氏县境，南入临晋五姓湖，过蒲州孟盟桥，入黄河。是水旧经解州三娄里，数为盐池患。御史曾大有导之，使北去澮泉，在安邑西南一十八里盐池北百许步，味甚甘冽，俗谓盐得此方成。涌金泉出夏县墙下村，经流安邑陶村，西入黑龙潭，盐泽得之则卤波生花，有禅盐池，如澮泉。

古迹之可据者，如运司遗址在解州崇宁坊。又镇山坊有盐场旧址。关壮缪故居在州东十八里常平村，今改为庙，其先茔即在村南。隶安邑者，帝舜陵在县西北三十里鸣条岗之阳，孟子谓舜卒于鸣条，即此。陵高三尺，方广四十余步，甃以甓，古柏数十章，皆大十余围，内外地共百余亩。县西里许有魏豹城，魏文侯所筑，后魏豹居之，故名。县南五里有韩信城，信屯兵于此以虏豹者。县东南十三里有张良城，今名张良村。东南十八里有娄室城，则金将娄室所筑也。县南二十里、距盐池二里许有蚩尤村，相传黄帝杀蚩尤，身首异处，故别葬于此，而其迹已泯。关龙逄墓在县城东北二里。段干木墓在邑之上段村。卫瓘墓在王范里，卫玠墓即在其西。虞坂在县东郭南三十里，俗名青石槽，晋人伐虢假道于虞，即此地。明侍御张士隆凿道以通盐车焉。夏县有夏城，今为禹王城，在西北十五里，夏禹所筑。城内有青台，高百尺，相传禹娶涂山氏女，女思故乡，筑此台以望远，后人立禹庙其上。司马温公故居在城中，墓在西北二十里鸣条冈，其祖父十七墓俱存焉。

运司旧在解州，元解盐使姚行简徙治路村，一名圣惠镇，即今运城，城周九里十三步。

长乐巡检司在城西三十里姚家庄，圣惠巡简司在城东二十里。盐池巡简司在池南西姚村。禁垣旧环池筑拦马墙，自安邑抵解州百四十余里。成化间，侍御王臣初至，题奉钦依于拦马墙外，又筑禁墙二千五百余堵。禁门三：北与运城南门相对，东去安邑五里，西去解州十里；三场盐各由其门出入。

判曰（注二十七），盐池之成，亦黄河北自蒲州折而东向，转曲之间，渐渍蓄汇，有此奥衍。今陕西花马池盐亦近黄河折流之处，恐或然也。故唐博士崔敖曰："盐池乃黄河阴潜之功，浸淫中条，独为巨浸。"盖有所见矣。

解盐池下

解盐池（注二十八），尧时洪水方殷，池尚淤泥，《禹贡》"盐絺但见青州。"周官有盬盐谓不炼治而成，盖解盐也。故图经引《穆天子传》，有"安邑观盐池"之语。

《左传》，鲁成公六年，晋人谋去绛，诸大夫皆曰：必居郇瑕氏之地，沃饶而近盬。郇瑕，即解地也。

秦取之以自丰，其利二十倍于古。

汉兴亦以山泽为私奉。盖武帝元狩中，兵连不解，县官大空。富商大贾，冶铸鬻盐，财或累万金，不佐公家急。乃以东郭、咸阳、孔仅为大农丞，领盐铁事。五年，仅、咸阳言："山海天地之藏，宜属少府，陛下弗私以属大农佐赋，愿募民自给费，因官器作，鬻盐官为牢盆。浮食寄民，欲擅斡山海之货以致富羡，役利细民。其沮事之议，不可胜听。敢私铸铁器鬻盐者，釱左趾，没入其器物。"卜式为御史大夫，见郡国多不便，县官作盐铁，苦恶贾贵，强令民买之，乃因孔仅言事，上不悦。元封元年，因桑弘羊请置大农部丞，分部主郡国，置均输盐铁官。是时，盐官凡二十八郡，河东安邑为首。而郑当时举齐之大鬻盐者，解盐在官，始悉。宣帝地节四年，减天下盐贾。元帝初元元年，罢盐官，寻复之。明帝时官自鬻盐。肃宗建初中，又议复盐官，郑众谏不从。和帝即位，罢盐官。献帝建安初，置使者监卖盐。

从魏宣武时，河东盐池富强者专擅其食，贫弱者不能资益。延兴末，复立盐司，量其贵贱，节其赋入，公私兼利。孝明即位，御史中尉甄琛表称，《周礼》，山林川泽有虞衡之官，为之厉禁，故虽置有司，实为民守。今县官鄣护河东盐池而收其利，是专奉口腹不及四体也。明帝遂罢其禁，与百姓共。

隋开皇三年，盐池亦与民同。

唐玄宗开元元年，河中尹姜师度以安邑盐池渐涸，开拓疏决水道，置为盐屯，公私大收其利。左拾遗刘彤请检校河南盐利，于是使师度除蒲州盐池以外，自余处更不须巡检。盖唐盐池十有八，井六百四十，然皆隶度支。其蒲州、安邑、解县有池五，总曰两池，岁得盐万斤，以供京师，计百五十余万缗。四方豪商猾贾杂处，解县主以郎官，其佐贰皆御史，盐民田园籍于县，而令不得以县民治之。宪宗讨淮西，度支使皇甫镈又加剑南、东西两川、山南西道盐估以供军。初，德宗贞元中，盗鬻两池盐一石者死，以至元和中，减死，流天德五城。镈奏论死如初，一斗以上，杖背，没其车驴，能捕斗盐者，赏千钱，州县团保相察，比于贞元加酷矣。自兵兴，河北盐法羁縻而已。至皇甫镈又奏置推盐使，如江淮摧法，犯禁岁多。户部侍郎、判度支卢弘正以两池盐法敝，遣巡院官司空舆更立新法，其课倍入，迁权榷盐使。以壕篱者，盐池之堤禁，有盗盐与鬻碱者，皆死。盐盗持弓矢者，亦皆死。兵部侍郎、判度支周墀又言，两池盐盗贩者，迹其居处，保社按罪，鬻五石，市二石；亭户盗粜二石，皆死。是时，江吴群盗以所剽易茶盐，不受者焚其室庐，吏不敢枝梧，镇戍场铺堰埭以关通致富。宣宗乃择尝更两畿辅望县令者为监院官，户部侍郎裴休为盐铁使，上盐法八事，其法皆施行，两池榷课大增。其后兵遍天下，诸镇擅利，两池为河中节度使王重荣所有，岁贡盐三千车。中官田令孜募新军五十四都，运转不足，仍倡议两池复归盐铁使，而重荣不奉诏，至举兵反，僖宗为再出。大抵解池盐，唐隶度支，专佐军国。自代宗大历间，赐名宝应、庆灵池。周显德中，世宗谓侍臣曰："朕览食末盐，州郡犯私盐，多于颗盐界分，况末盐煎炼搬运，费用倍于颗盐，今宜分割曹宋十余州，令食解州颗盐。"宋颗盐仍出解州安邑、解县两池，以户民为畦夫，悉蠲其他役。每岁自二月一日垦畦，四月始种，八月乃罢，官廪给之。安邑池每户岁种盐千席，解池减二十席，募兵百人，人自为护宝都，以巡逻之，以给本州及三京，京东之齐、兖、曹、濮、单、郓州军，京西之滑、郑、陈、颍、汝、许、孟州，陕西之河中府、陕、虢、庆成州军，河东之晋、绛、慈、隰州，淮南之宿、亳州，河北之怀州及澶州，诸县之在南河者（至道三年，两池得盐三千七万三千五百四十五席，席百有一十六斤半，此其最多之数也）。仁宗天圣八年，上书者言陕西禁盐，得利微而为害博。两池积盐为阜，其上生木合抱，数莫可校，请听通商，宽百姓力。乃诏罢三京二十八军州榷法，听商贾入钱京师榷货务，受盐两池。然税课之入官者颇耗。自元昊反，聚兵西边，用度不足，因诏入中他货，由是羽毛、筋角、漆钱炭、瓦木之属，一切以盐易之，猾商贪贾，乘时赇吏为奸。至入椽木二，估千钱，给盐一大席，为二百二十斤。虚费池盐，盐值益贱，贩者不行，公私无利。乃诏复京师榷法，凡商人以虚估受券，及已受盐未鬻者，皆计值输亏官钱。内地州军民间盐，悉收市入官，官为置场，增价而出之。复禁永兴同华耀河中陕虢解晋绛庆成十一州军商盐，官自辇运，以衙前主之。又禁商盐私入蜀，置折博务于永兴、凤翔，听人入钱，量民资厚薄，役令挽车，转致诸郡。道路糜费，役人竭产不能偿，关内骚然。所得盐利，不足佐县官之急。并边诱人入中刍粟，皆为虚估，腾踊至数倍，岁费京师钱币反多。太常博士范祥乃请旧禁盐地，一切通商，盐入蜀者亦恣不问，罢并边九州军入中刍粟，第令入实钱，以盐偿之；视入钱州军远近，及所指东西盐，第优其估，总为盐三十七万五千大席，受以票券，即池验券，按数而出，尽弛兵民辇运之役。从之。数年，猾商贪贾无所侥倖，关内民安。其后三司言，京师商贾罕至，则盐值踊贵，请得公私并贸，而余则禁止官鬻，皆从之。两岁，役畦户以解、河中、陕、虢、庆成民为之，官司旁沿，侵剥为苦，乃诏三岁一代。尝积逋盐课至三百三十七万余席，诏蠲其半。中间，以积盐多，特罢种盐一岁或二岁、三岁，以宽其力。其后减畦户半，又稍佣夫代之。五州之民，得安田里，无追逮侵剥之扰。是时分为两池：东安邑池，西解县池，皆置官八，而州有榷盐院，守贰领之，总其事曰制置。陈尧佐为本司都运使，岁减冶数十万以便民。神宗熙宁七年，中书议陕西盐钞，大出虚钞，而盐益轻，以钞折兑粮草，有虚查边籴之患，请用西蜀交子法，使其数与钱相当，可济缓急。诏以内藏钱二百万缗，三司遣使易吏行四路请卖盐引。又令秦、凤、永兴盐钞，岁以百八十万为额，河南北、曹、濮、秦、凤等处，皆食解盐。自仁宗时，解盐通商，官不复榷。哲宗元祐元年，户部及陕西制置解盐司议，延庆渭原环镇戎保安德顺等八州军皆禁榷官自鬻，以万五千五百席为额，听商旅入纳于八州军折博务，算给交引，一如范祥旧法。其出卖到盐钱，以给转运司籴买。徽宗崇宁元年，解州贾瓦南北圆池，修治畦眼，拍磨布种，通得盐百七十八万二千七百余斤，州具以闻。初，解梁之东有六盐泽，绵亘百余里，岁得忆万计。自元符元年，霖潦池坏，至是乃议修复。四年，池成，凡开二千四百余畦，百官皆贺。其役内侍王仲千实董之。仲千以额课敷溢为功，然议者或谓解池灌水盈尺，暴以烈日，鼓以南风，须臾成盐，其利则博。苟欲溢额，不俟风日之便，厚灌以水，积水而成，味苦不适口。崇宁间，蔡京始变盐法，俾商人先输钱请钞，赴产盐郡授盐，欲囊括四方之钱，尽入中都，以进羡要宠。民间食盐，杂以灰土。解地天产美利，乃与粪壤俱积矣。初，熙宁八年，三司使章惇言："东西永利两监盐岁课旧额二十五万余缗，自许商人入中粮草，增饶给钱支盐，商人得钞千钱，售价半之。县官阴有所亡，坐贾获利不赀。又私盐不禁，岁课日减，今才十万四千余缗，若计粮草虚估，官才得实钱五万余，视旧亏十之八。请如解盐例，募商人入钱请买或官自鬻，重私贩之禁，岁课且大增。并边市粮草，一用见钱。”乃诏官自运盐，鬻于本路。知太原府韩绛言其不便，请通商。乃令商人输钱于边，给券于东西监请盐，以除加饶折籴之弊。仍令商人自占所卖地，即官盐已运至场务者，令商人买之，加运费。初，熙宁五年，京西漕臣陈知俭言，非民所赖，乃罢之，第令输钱。故宋于解池之盐，朝廷专置使以领之，北方之盐尽出于池。元因乎宋，皆领在官。东池二场：曰常满，曰盐北。西池二场：曰紫泉，曰会商。场设官四员、三监池、一领县事。

国朝仍置都转运司于路村，裁元四场为东西二场，每场官二员，额办课三十万四千引。成化乙巳，巡盐御史吴昣奏添中场，亦设官二员，岁增课十有一万六千引，共四十二万引。

禁墙。旧时池之周围筑拦马墙，自安邑界村抵解州禁堰百四十余里。成化甲午，监察御史王臣、协运使孟淮奏发盐丁筑禁墙于拦马墙外，计二千五百余堵，高丈有三尺，阔八尺，未就，王以疾卒。乙未，监察御史袁祯毕焉。然墙虽完筑，仍有缘越窃盐者。丙申，监察御史陈鼎于上又接筑之，每堵高八尺，通高二丈有一尺，阔如故。

盐制因革，古今不一。宋西池两场盐出解州。解县尉郑咸图序曰：解州盐池自解县东抵安邑之南，凡五十里，南北广七里，中随两池之境分之，曰解县池、安邑池。其雇于官而捞者，曰揽户，治畦其旁，盛夏引水灌畦而种之，得东南盐风，一夕成盐，取而曝之，已乃贮之庵中。其外作重堰，曰护池堤，设逻卒百余人，曰护宝，以防盗取者。解县又有六池，大唐开元中置女盐监，后遂废。而今犹或自生盐，然味涩苦，不可食，官禁其取，以防杂伪。而安邑又有苦池，西流过解，为姚暹渠，并其它水，皆置堤，防甚谨，以虞泛滥。盖池南谷水清洁，入池无害，独此诸水汙浊，则能败盐。元至元二十二年，亦复置盐运司于解州。二十九年，罢解盐使，徙运司于路村。西场盐仍由池西北隅出解州。先是，置盐运司于路村东，中西场各有场门出盐，各随场分。成化九年，运使孟淮协御史王臣筑禁墙，后遂塞，古之东西二场门路村专利，人甚不便。二十二年，御史吴珍奏淮复开二场门，乃置西分司于解州，西场由池西北盐出解州，东场由池东北盐出安邑，并新添中场，由池北盐出路村，分司官各照场放支，盐利均而商旅便。

料台。筑为高基，以堆盐其上者也。台在池之北阜，垦地作之。每台高二尺五寸，长八丈八尺，广二丈四尺。盐堆一千引，上覆以茅，延还数十里，望之若草舍。初，宋元间设盐庵，其制：基长八十一尺，广二丈，高三尺，而上为庵，庵之内长如基损九尺，而广则损四之一焉。庵八间，上亦覆以茅。曝盐极干，然后收入。至国朝，盐皆漫生课羡于古，故置料台云。然三场每岁额盐四十二万引，料台四百二十座，苫盐草十有六万八十束，户八千有三百三十四，盐丁万有二百二十三，场料各百有四座，脚道皆六。其盐户惟中场三千六十四，东西二场皆二千五六百有奇云。判曰：料台积盐，贵精不贵多。若捞采非时，或收泥沙硝碱，国课虽充，不堪食用，价轻商折矣。且料有美恶，吏缘为奸，阴或换撅。近岁编定料台次第，每掣止挨台次轮装，此可永久行者也。

盐丁。十二州县，脚道既有定所，盐池既有三门，往者，或言出入不便，关防捞办之时，多由中场。然附近犹可，远者劳于居止饮食，艰苦百状，众萃一所，又有旅火之费。兼之炎蒸汤沸，急须得水，远丁安能遂欲？故富者雇人捞办，贫者力不能支，又兼打草修堰诸役，率多逋逃。若三场捞办，仍旧于附近禁门出入，各照池分采取，则旅舍薪水所便甚多，民利亦均。至捞办之时，夤夜而入，日午少息，亦可以救其厄苦。不然，前此集众开门强出，亦其验也。

商人输边支盐，号长股盐。或纳银运司参支，号存积盐。迩年或拘集各处盐商、店户、车户、牙人及有力者报名于官，先输银价，然后支给，号曰搭卖。又或遇法概革本引，则丁商重困，今幸其免夫。

车户掣放，亦宜大早。若至禁门，验名即放，不拘班次，间一称试，甚便。盖车人惟恐盐多夹带，没其车牛，其出入尤依各门，则人畜无冻馁死伤之苦，夺利争讼之弊。往者或止由中禁门出入，惟附近者甚利之。

《运司新志》

六小池，除苏老池及熨斗池、夹凹池外，一曰永小池，一曰贾瓦池，一曰金井池，亦间或生盐。隆庆间，正课不登，计无所之。御史部永春奏请括此数地，如唐宋旧制，归之于官。泄地中积水，去两岸淤泥，于盛夏种之，及时收采。修墙建舍，立法捕巡。合少成多，未必无助。部覆报可。此时大池水溢，各商无可掣支，亦无力完课。因招各处有力之家，随意封纳，随时制放。

后因向年压待诸商，万无补掣之望。万历四十年，盐台杨鹤许令于女池开荒浇晒，准半报以恤久困。每十车，五车工本，五车自报。天启六年，盐台黄宪卿允勤民之请，于金井南北池开荒浇晒。因凿井筑垣，修盖官厅，所费颇多。许照压待商人例，准其半报。其永小、贾瓦二池，勤民自备工本浇晒，或准一年一更，或准三年一更，每十车准三车工本，其七车准挨支商人带报，每年多寡不等。积铢两之获，以补正课之缺焉。崇祯以来，尽行荒废，积水汪洋而已。

姚暹渠在池北十里，旧名永丰渠。源出瑶台顶下巫咸谷，西流五里，经夏县南门外，又五十里经安邑县苦池滩，会洪洛渠禹王庙之水、中条山李绰堰之水，合流一处，由杨家庄入渠，经安邑城北、运城北，西流六十里，经解州北境，又西流六十里至临晋五姓湖，又西达蒲州，入黄河。隋大业间，都水监姚暹重开此渠，因号焉。其后入河之路渐断。嘉靖初，侍御朱公实昌浚之。五姓湖在临晋境内，受涑水并姚暹渠水，恐水溢为盐池患，故筑堰防之。女盐池在解州西北七里，据地高阜。唐开元中，置女盐监于解。亢旱则生盐，淡苦不可食。水溢生鱼，减生硝，亦名硝池。吞吐姚暹渠、中条诸谷，澎湃之浪涨，则淹没田庐，冲决禁墙为池患，故筑硝池堰，重加黄牛堰，以杀其势。六小池在女盐池西北四里：一曰苏老，二曰贾丸，三曰金井，四曰熨斗，五曰永小，六曰夹凹，皆受静林涧水，入临晋洫水滩。涧东三里有张公泉。二涧水大，与盐池相涉，故筑底张堰以障之。七郎堰在盐池西。解州北滩，西高东下，女盐池决，则洪涛巨浪直犯盐池，故东筑永安堰，又东筑七郎堰。解州东滩，有数泉，又受北滩以上诸水，遭大水辄溃决，为盐池患，故筑卓刀堰。长乐滩在池北，西接临晋诸滩。若姚暹堤决水，即南趋女盐，或涌北滩，为盐池患，故筑长乐堰。五龙谷堰在池西南，因条山有五龙谷，水势洪涌，筑北堰排入硝池，以防池患。西禁堰在西禁墙下，与卓刀、七郎诸堰相连，为客水之备。白沙堰上接瑶台，下抵苦池，在盐池之东，排东南条山诸谷大雨澎湃之浪，并坐咸谷、莲花池、洪洛渠、禹王城泉源之水，俾由苦池入渠。此盐池在东第一堰极长且险，每遇山水暴发，驱石冲激，沙堤难支，夏县生灵，以堤为命，不但盐池之患也。李绰堰南自王谷口起，由东转折西北，至苦池滩止，共五堰，现存其三，而四堰五堰皆废。排东南条山诸谷暴雨之水，并白沙堰溃决之水，俾由苦池入渠。此盐池从东第二保障，距运城颇远，不可不加意防守也。黑龙堰在池东南，自东郭北抵任村，受中条、磨儿盘、窑子沟、界滩山泉之水，并防李绰堰溃决之水，中有黑龙潭，深不可测。唐开元中，于此置庙，今基址存焉。璧水堰在池东南，自界村北抵圣惠镇，受山坡之水。恐黑龙堰万一溃决，故又筑此小堰以御之。东禁堰在东禁墙下，长一千六百二十丈，阔二丈五尺，与璧水堰相邻，防东滩各水之患。大李村堰、小李村堰、西姚东堰、南堰、西堰、蚕房堰、常平堰、龙王堰、金盆堰、桑围堰、渠村堰、赵家湾堰俱在池南，长阔不等，各就地势筑堰以防南山瀑注之水焉。按姚暹渠东自安邑杨家庄起，西至临晋五姓湖止，高下各因地势，阔俱四丈，渠水决则南趋，为盐池害最甚，故筑长堰以防之。又有涑水堰在姚暹渠北，以防涑水暴长，则泄入姚暹渠，此为涑水之备云。

《闻喜曲沃辨》

今之闻喜，古曲沃也；今之曲沃，古新田也。何以知之？按《史记》，晋昭侯封文侯弟成师于曲沃。注《索隐》曰：“河东之县名，汉武帝改曰闻喜也。”盖曲沃后改为桐乡，桐乡后改为闻喜，此不及桐乡者，省文耳。《晋语》“骊姬请使申生处曲沃以速县。”韦昭解曰：“曲沃，晋宗邑，今河东闻喜是也。”《春秋》“鲁襄公二十二年，晋栾盈入于曲沃。”林尧叟注曰：“曲沃在河东闻喜县。”前汉《地理志》，河东郡县二十四，有闻喜。注曰：“故曲沃。”后汉《郡国志》曰：“闻喜也，本曲沃。”晋《地理志》曰：“闻喜，故曲沃。”《文选》潘岳《笙赋》曰：“河汾之宝，有曲沃之悬匏焉。”注，引《汉书》曰：“河东郡闻喜县，故曲沃也。”《纲目集览》曰：“闻喜本绛州曲沃县，汉武改闻喜。”此非闻喜古曲沃之证乎？鲁成公六年，晋迁于新田曰：“有汾浍，以流其恶。”至后，魏始置曲沃县，亦犹武帝改修武焉获嘉，其后又另置一修武也。今曲沃人识其邑里，皆曰新田郡。而汾、浍二水见在其境内。《曲沃志》亦曰：“即春秋晋新田地。”此非今曲沃古新田之证乎？或曰诗传既曰，唐侯子燮改国号曰晋，后徙曲沃。则曲沃即晋都矣。又曰，昭侯封成师于曲沃，岂其以都邑而封成师乎？曰：“《史记》不云乎，曲沃邑大于冀，冀晋君都邑也。”盖是时，晋自曲沃迁都于冀，而以其故都曲沃封成师，是为桓叔也。其后，桓叔之孙武公卒，灭晋而代为诸侯，仍都曲沃。至其子献公，始都绛，即今绛州也。至景公，复自绛迁于新田，复命新田为绛，而以故都之绛为故绛。《山西新通志》于曲沃、绛县皆曰“春秋晋都新田地”，诚是也。至汉始以绛为绛县，未有曲沃也。至后，魏始置曲沃县，即析绛县地而置之也。要皆古之新田也。知此则三县之沿革甚明，而曲沃之新志多误。夫晋之故，晋人所尝知也，不可以不辨。

余既为此辨，后见大人李廷宝氏已先有曲沃辨，谓今之沃即桓叔所封之沃，与余相左。余始就其明者辨之。宝曰："鲁成公六年，晋人谋去故绛（注二十九），韩献子曰：'不如新田土厚水深，居之不疾，有汾浍以流其恶。'今浍水在沃南二里，汾水在沃西一十八里。故《通考》以曲沃为春秋时晋所都新田之地。若今之闻喜，则去汾浍远矣。"宝之此证，谓今曲沃即古新田，诚是也。然以此证今之沃，为桓叔所封之沃，则非也。何者？桓叔所封之沃乃古曲沃也。既以今之沃为新田，又以今之沃为古沃，岂以新田、古沃为一地乎？如其一地也，则晋人谋去故绛，当云复都曲沃，何以言迁于新田也？夫迁者，远害就利，舍旧图新之谓，未闻复故都而可谓之迁也。故都之水土，晋人知之，当必熟矣，又何待韩献子熟计之而后知也？宝盖以《通考》之曲沃为古曲沃，不惟失马氏之意，且自为矛盾甚矣。其他证亦多类此，要不俟乎余之赘也。

《平定州志》

程敏政谥议曰："关将军羽仕汉，封汉寿亭侯，谥壮缪。"而今之祠匾止题曰"寿亭侯"，不书谥，意以"汉"为国名，故不书；以"缪"为恶谥，故削之，为神讳也。以予观之，书爵既已脱误，而讳书谥者尤非。考之史，汉寿本邑名，在犍为。史称"费祎遇于汉寿"。而唐人诗亦曰"汉寿城边野草春"。是以知汉寿者，封邑，而亭侯者，爵也。东汉之制，有县侯，有乡侯，有亭侯，皆以寓食人之多寡。今王“汉”而以“寿亭”为封邑，误矣。又昭烈《劝进表》其首列衔曰“前将军汉寿亭侯关某”，若以“汉”为国名，则不当以错置于职名之下。至于谥法，武功不成曰“缪”，而缪、穆古通用，若秦穆公、鲁穆公，在《孟子》汉穆生、晋穆彤，在史皆为“缪”。盖伤公之死国，故以壮缪节惠。而宋岳飞谥武穆，意与此同。今乃讳之以为恶谥，岂理也哉！神之谥号，在古为重，而世俗踵弊，殊无知者，故为订之。愚按，汉前将军汉寿亭壮缪侯，将军之本号也。宋徽宗始加崇宁真君，而胡元遂封义勇武安王，皆为渎礼，相沿已久。国朝程侍郎敏政辨论颇详，故附诸此。

路史辨帝舜冢

孟子曰：“舜生于诸冯（即春秋之诸浮，冀州之地），迁于负夏（卫地），卒于鸣条，东夷之人也。”（在河中府安邑。或云，陈留平丘有鸣条亭。然汤伐桀，与三朡昆吾同时，三朡在定固，鸡条义不得在陈留。又，安邑有昆吾亭，显其非是也。）诸冯、负夏、鸣条皆在河南北，故葬于纪，所谓纪市也（详纪中，纪在河中府皮氏）。今帝墓在安邑，而安邑有鸣条陌，其去纪才两舍。帝记言河中有舜冢，信矣（亦见《广川冢学》）。而《竹书》《郡国志》等皆言帝葬苍梧，则自汉失之（《礼记》是）。至郑康成遂以鸣条为南夷之地，不已疏乎？（孟子言诸冯、负夏、鸣条，伊训言亳鸣条、三朡，皆卫晋之地，岂得越在南夷哉？故宰羊云，舜卒鸣条，去所都蒲阪七十里，无缘葬于苍梧四千里外。而司马考异，乃乌苍梧为在中国，非必江南，然无明文。且谓江南，抑又疏矣。）夫苍梧自非五服，人风裸划，地气高瘴，在虞夏乃无人之境，岂巡狩之所至邪？方尧老舜摄也，于是乎有巡狩之事，今舜既已耄期倦剧，形神告劳，释负而付禹，则巡狩之事，禹为之矣，岂复躬巡狩于要荒之外也哉？（云唐虞三代以五岭百粤。五岭，二在桂，三在道。）是以刘知几之徒，得以摭厉王流彘、楚帝迁郴及夏桀、赵嘉之事，而疑舜禹之明德。泌尝考之，象封有鼻（今道州），故墓在于始兴（《幽明录》云，始兴有鼻天子冢、鼻天子城，即《南康记》南康县鼻天子城者，亦见《实宾录》。盖地后贯南康，晋人不明为何人，乃象冢也）。义均封于商，故女英之冢在商。（事见刘禹锡《嘉诏》《广记》等世纪云，"舜三妃，娥皇无子，女英生商均；女英盖随子均徙于封所而死，葬焉。有说别见。"）其余支庶或封巴陵，或食上虞，采西城邑池阳，与夫怀戎、衡山、长沙、无锡，故其墓或在江华，或在巴陵、上虞。（荆湖之浙，虞帝之迹，编所在有。《风土记》，上虞有舜冢。《郡国志》云，上虞东有姚丘，舜葬之所。东又有谷林，云舜生之地，复有历山，云舜耕于此，而嘉禾降之。又越之余姚，《余姚山记》以为舜父所封。而《风土记》乃云、舜支庶之所封。又会稽山有虞舜巡狩台，台下有望陵祠，云民思之而立。《风土记》云，舜，东夷之人，生于姚丘妫水之汭、损石之东。今姚丘山在余姚西六十，上虞县之东，本作桃丘。又始宁界有舜所耕田，始宁乃故上虞之南乡也。今有吴北亭、虞滨，皆在小江里，去县五十，对小江北岸，临江山上有立石，谓之损石，俗呼为公嶄。又余姚有渔浦湖，《舆地寰宇记》以为舜渔于此。沈稷谓湖今在上虞，而今冷道乃有舜庙。徐俭碑谓是舜之所都，而营浦南亦记有舜巡宿处，而道州学西有虞帝庙营，其它盖不胜纪。如营道庙旧在太阳溪，溪今不知处。汉以来，庙九疑山下，至唐不存；元结建之州西，置庙户，刻表勅并状；僖宗时，士胡曾权延唐始复之九疑。国初王继勋奉诏修，岁春秋降祠版，盖皆其后祠之。）禹为天下，帝之诸子分适它国，其之巴陵者，登北氏盖从之，故其墓在于巴陵（黄陵也。登北氏，帝之第三妃）。帝之三妃，不得皆后于帝死，肓既葬于陈仓，则其先死矣。（肓即娥皇。《汉志》，陈仓有黄帝孙舜妻肓冢。）既黄、英各自有墓，则黄陵为登北之墓审矣。（世以湘阴黄陵为舜妃墓，而临桂县城北十余里，有双女冢，高十余丈，周二里，亦云二妃之葬，俱谬。今江华太平乡有舜寺，湘阴有大小哀洲，《图经》以为二妃哭舜而名，亦妄，特舜女也。）惟登北氏从徙巴陵，则其二女理应在焉，故得为湘之神，而其光照于百里，是皆可得而考者，胡自氛氛而争为尧之二女乎？（舜之二女，一曰霄明，一日烛光，登北氏之所生。有辨别见。）虽然，虞帝之坟，在在有之，何邪？（《海内南经》，苍悟山，帝舜葬其阳。《大荒南经》，帝舜葬岳山。又《海内北经》，有帝舜台之类。有陵台说别见。）盖古圣王久于其位，恩沾于倮禹，泽及于牛马，赴格之日，殊方异域，无不为位而坟土，以致其哀敬而承其奉，是以非一所也。颛、喾、尧、汤之墓，传皆数出，汉远郡国，皆起国庙，亦是若也。是则九疑之陵，或弟象之国所封崇矣。（汉惠帝元年，令郡国诸侯王立高庙。今山阳县西四十五，高庙也。至元成时，郡国祖宗国庙百六十七所。自高祖至悼皇考，各居陵旁立庙，并京百七十六国中，各有寝便殿。）不然，商均窆也，《大荒南经》云，“赤水之东，苍梧之野，舜子叔均之所葬也。”而《九疑山记》亦谓商均窆其阴。岂非商均徙此，因葬之，后世遂以为虞帝之坟邪？（《山海经》古书也；第有尾，多冲决，后世不考。按《海内朝鲜记》云，南方苍梧之众，其中有九疑山，舜之所葬，在长沙零陵界中，此世所凭信者。盖后人所增，长沙零陵，名出秦汉，非古明矣。）尝又讯之，大传符子之书，虞帝逊禹于洞庭，张乐成于洞庭之野，于是望韶石而九奏。则帝盖尝履洞庭而乐韶石，亦既逊位而归国矣。（逊禹后十八载乃崩。九山皆石，峻耸特立，亦谓之韶石。）故《集仙录》言帝得修身之道、治国之要，瞑目端坐，冉冉乘空，而至南方之国，入十龙之门，泛昭回之河，其中有九疑山焉。历数既往，归理兹山。是则九疑之游，特梦想之所届者，是以蔡邕《九疑碑辞》乃云“解体而升”，而胡曾《九疑碑图》且谓“今无复墓”，然则苍梧之藏，有其语而已矣。（《真源赋》云“因南狩走马逐鹿，同飞苍梧，莫知所去”。盖证。）河中之垅，焉可诬也。世远论略，而诸生若信苍梧之言为出于经，而予之言亦难乎为信也。李白云：“重瞳孤坟竟何是”，则虞帝之冢不明，自昔以为恨也。（王充谓舜禹皆以治水死，葬于外。按是时水平已久，柳潦关刘知几之说当矣。然谓舜因天下无事，肆觐南巡零陵桂林，不期奄化，而因葬之，至比始皇、孝武、章帝之崩，载归路寝而后成礼，又大妄矣。）《书》云“陟方乃死”，说者以陟方为巡狩，孔氏谓升道南方以死。韩愈非其说，曰：地倾东南，南巡，巡非陟也。陟者，升也。方乃死者，所以释陟为死者。苏轼亦谓陟方犹升遐，“乃死”为章句，后学误以为经文。《书》云：“商礼陟配天，惟新陟王”，故汲纪年，“帝王之没皆曰陟”，然则在位五十载陟者，为纪帝之没明矣。（苏渭“陟方犹升遐”，误矣，盖未见纪年矣。）解者又何必区区以非五服之地，巡狩所不至言哉。（传又谓伐苗民而崩于苍梧。伐苗乃禹也。颖达云，时苗民已窜三危。）韩非曰：“商周七百余岁，虞夏千余岁，而不能定儒墨之真。今欲审尧舜之道于三千岁之前，意者其不可必乎。无三验而必之，愚也。非能必而据之，诬也。”故明据先王必定尧舜者，非愚即诬也。予既考定有虞若三妃，有鼻诸孤之墓，一旦明白，历历可知如此，抑不知予之愚诬邪？韩子之愚诬邪？

《芮城志》

薛一鹗曰："芮之田赋最重，然民力农作自足以供之。但沟崩水冲及久逃失迷为人所侵者，则有粮而无地；新垦山涧、久退河滩，其沃壤特甚，则有地而无粮。贫家卖地，欲其易售，则以有粮作无粮，以平地作坡沙，于是地去而粮存。黠者买地，稍增价银，则以有粮作无粮，以平地作坡沙，于是粮少而地多。此田赋所以不平，而征纳者两难也。呜呼，革此弊者，其惟在于均地粮乎！近日之讲求是矣。"又曰："民逃之由有三：曰岁凶无储蓄之素，曰牧民者不能节省而里甲之费侈，曰逃亡者之赋役不为豁处，而责见在者之代偿。丁逃，则令户代之，户逃，则令甲代之，甲逃，则令里代之是也。今有大家，令僕夫十人者，各举百斤之负，一孱者力不能支，潜遁去，此宜暂置其负，以招徕其人，或另补以人可也。乃并其负于九人，人愈少，则负愈重，于是又有遁去者，则并其负于八人，于是又有遁去者，则并其负于七人，七人者不俱遁乎！呜呼，此司牧者所宜念也！"

元毛麾《康泽王庙碑记》

《水经》云，"平水出平阳西壶口山。自壶口西南二百余里，曰平山，水潜出其下，曰平水。"州图经亦曰："晋水其源，乱泉如蜂，房蚁穴釁，沸于浅沙。平麓之间，未数十步，忽已惊湍怒涛，盈科涨溢。南北溉田数百顷；东汇为湖，曰平湖，泉旁旧有龙祠，宋宣和中封康泽王。”

乔宇《鼓堆泉记》

自太原西南，其泉溉田最多，利民久者，莫若晋祠之泉。自平阳西南，其泉溉田最多，利民久者，莫若龙祠之泉。自绛州以北，其泉溉田最多，利民久者，又莫若鼓堆之泉。其泉发源于九原山之西北，突有二山，高圆如鼓，则泉以形似而名。泉上有塠如覆釜形，履之，声如鼓，则泉以声似而名。泉有清浊二穴：清在北，浊在南。北穴为石口，尺五许，汇而为池，幅员一丈，其深称是。池溢而南，折而东流。南穴为土口，尺许，亦汇池，溢而北，折而东，合于清流。泉之西，则隆然高厚，其南北皆平畴低野，亦资泉而溉。其东则经连纬通，溉田至于绛州方五十里，而南并入于汾焉。穴上二山在西者，昔人楼其上，敞然三楹，壁间有唐宋石刻，樊宗师、司马君实者皆在焉。

王翰《游三门记》

三门集津在平陆县东六十里，道通东西，延至黄堆，循河东下，再行十里至其处。河南山脊峻下，其尾属于北山，凿山作三门以通河流。南为鬼门，中为神门，北为人门。又北为开元新河，又以中为夜叉门，北为金门。新开河为公主河，未详其说也。鬼门迫窄，水势极峻急。人门水稍平缓，直东可五十步。中流有小山，乃底柱也。东又十步，其水潆回，谓之海眼，深不可测。神门最修广，水安妥，盖唐宋漕运之道。山岩上有阁道，且牵泐石深尺许。正南下五步，有石耸起，侧视若香炉然。东又三十步，一峰可高数丈，不甚奇。新开河南北广约计二丈，其岸石如甃，又直如绳取者。行百余步，与神门水合。其南一峰壁立，度二百尺，极奇秀，石纹青黄相杂。其巅多鹄鹳巢，垒石为炉形，非飞举者不可至，不知其始。有人谓老君炼丹炉，盖以神之也。其新开河左就岩石下刻宋金人题名并诗，且刻"翠阴禹功"二岩，稍东刻"忠孝清慎"四字，字画若颜鲁公书者。其南山上有石巉然，如鸱蹲者，人号为挂鼓石，盖禹用以节时齐力也。自新开河东口涉水上山，上旧有开化寺，今不存。有小祠，像龙神，前碑剥落不可磨，不知何时立。檐下二石，其状如碑，无字，上作三窍；一碑，金兴定十二年修禹庙记也（考之史，兴定止五年，疑大定之误）。而至西可二里，上山谒禹庙而还。

河运。冀州，尧、舜、禹所都，三面距河，其八州贡赋皆以达河为至。秦使天下飞刍挽粟，转输北河。汉兴，张良以河渭漕挽为便。其后，番系言漕更底柱之险，败亡甚多，而底柱之东可无复漕。成帝绥和二年，求能浚川疏河者，待诏，贾让奏析底柱。隋开皇二年，沿河置仓，运米以给长安：陕州置常平仓，华州置广运仓，遣仓部侍郎韦瓒向蒲陕募人，能于洛阳运米四十石经底柱之险、达于常平者，免其征戍。十五年六月，凿底柱。唐亦转东南而河有三门底柱之险。贞观十二年，帝发洛阳，观底柱，祠禹庙。显庆元年，苑西监褚朗议凿三门，山为梁，可通陆运，发卒六千凿之，不成。其后杨务廉又凿为栈，以挽漕舟。开元十八年，宣州刺史石耀卿上漕事便宜，曰："汉、隋漕路濒河，仓廪遗迹可寻。可使江南之舟不入黄河，黄河之舟不入洛口，而河阳柏崖节级转运，水通则舟行，水浅则寓于仓以待，则舟无停留，而物不耗矣。”玄宗未谕。二十二年，耀卿为京兆尹，请罢陆运，而置仓河口。河口在郑州，使江南漕舟至河口者，输于仓，而官为雇役，分入河洛，置仓三门东西，漕舟转其东仓，而陆运以输西仓，复以舟漕，以避三门之险。玄宗然之。至是以耀卿为江淮河南转运使，置河口输场，场东置河阴仓，西置柏崖仓，三门东置七津仓，西置盐仓，凿渠十八里，以陆运自江淮漕者，皆输河阴仓，自河阴西至太原仓。仓在陕州西六里，谓之北运，自太原仓浮渭以实关中。玄宗大悦。天宝元年，穿三门运渠。

开元新河在三门北，一小河，俗名公主河。唐陕郡太守李齐物凿底柱为门，以通漕，开其山巅为挽路，烧石沃醯而凿之，然弃石入河，激水益湍怒，舟不能入新门，候水长，以人挽舟而上。米堆山在三门东。德宗时，秦漕不可改，岁运经底柱多覆。河中有山，号米堆，运舟入三门，雇平陆人为门匠，执标指麾，一舟百日乃能上集津。唐贞元二年，李泌开运道成。泌为陕虢转运使，自集津至三门，凿山开道十八里，以避底柱之险。益开集津仓山西径为运道，属于三门仓治。上踏以为空车，费钱五万缗，下路减半。

《潞安府志·关隘》

《汉书》，上党郡有上党关（魏寄氏县有上党谷，先属猗氏，今属屯留，此西关也）、壶口关（今吾儿峪，先属壶关，今属黎城，此东关也）、石研关（研音陉，未详何地。按上党旧辖沾县，北接井陉，亦辖涅氏，北通盘陀，皆石径，故名此北关也）、天井关（今属泽州，此南关也）。当时全据诸险，足称四塞之国，后虽割裂分属，然亦随要害之地而设守。长子有长平关（此必与高都泫氏分裂后置也），有谷关（在羊头山下，载《魏史》），有横水巡检司（元置，西控平阳）。襄垣有井谷关（后魏置，北齐废）、汧谷故关（见《唐书》）。而后魏又载石井关，岂即石研关耶？今所存惟壶口关，即吾儿峪巡检司（元更此名，今因之）。正统间，抚臣请于五瓒山置关（属袁垣县，驻虒亭镇，北控沁州，后裁去）。嘉靖中，青羊寇平科臣夏言请置玉峡、虹梯二关，各设巡检司（皆属平顺，东控林县。夏言《〈玉峡关铭〉序》曰："玉峡关旧曰风门口，在隆虑万山之巅，为两河三晋之界，盖天作之险也。前此弗设守，庸讵往往凭阻以拒，命吏乃即是关焉。"《〈虹梯关铭〉序》曰："玉峡关西来余百里，近蚁尖寨，千峰壁立，中通峭峡，状如风门而小，下则无底，底壑石磴齿齿，盘回霄汉，望之若虹霓。然比岁青羊之寇，凭负以拒汴师者，此也，故号洪梯。予易以今名，亦因以关焉。"）。其山径仅通人行者，有槲林隘口（在羊肠坂上，通辉县）、十八盘隘口（通林县杨家石塘口）、漳义隘口（两山壁立，漳水通流，涯浒仅可人行，通林县，俗称漳义关）、马踏隘口（在窦口峪，亦仅容人行，俗称马踏关），皆在壶关、平顺东境。潞泽之交，横亘一山，起丹朱岭，至马鞍壑，有古长城一道，岁久倾颓，然遗迹尚在。登高望之，宛然联络。中有营垒，以询土人，皆曰梁晋交兵，筑以相拒。考之五代史，一夹寨书，一甬道书，未有长城百里而不书者。今陵川呼此山为秦岭，以为秦筑。以事考之，则长平之役，秦人遮绝赵救兵及刍饷而筑也。当时秦为客，赵为主，客居主地，设伏出奇，引四十万人入于计中，四十七日至于尽降尽坑，略不相闻，非其势压山川，安得咫尺千里？计此城必此时筑，以限赵之南北也。

嘉靖间，边患孔棘，各县乃于民居繁衍村落督建城堡以保卫民。群雉云连，崇墉棋布，似亦足恃以无恐。未几而吏缘为奸，索瘢擢发，设为不可结之局以难居民，而要厚实，叫嚣冲突，日夕不休。民怒不敢言，于是告并告废，当道亦悉其不得已之情，而亟准之。民惟恐其坏之不速，而贻复举之患也，相与隳其墉，平其基而后快，更不念异日边患之再棘矣。是岂愚无远虑哉，切于近忧故也夫？城以卫民，而乃益其祸，穴之足以穿墉也如此。

上党初置郡时，奄有潞、泽、沁、辽之地，居太行之巅，据天下之脊。自河内观之，则山高万仞；自朝歌望之，则如黑云在半天。即太原、河东亦环趾而处于山之外也。乃其势东南绝险，一夫当关，万军难越，西北绝要，我去则易，彼来则难。夫非最胜之地哉？是以西伯戡黎，祖伊恐以戒纣。秦取上党，遂拔邯郸而亡山东诸国。何者？其势去也。安史以后，河北连衡，燕幽海岱之间，尽入于逆孽之手，而终不能越太行取尺寸地，则唐置昭义，扼吭拊背，其势得也。不独此耳。魏、齐、周、隋、梁、唐、晋、汉以及十六国之君，分方窃据，互相吞食，得此者昌，失此者蹙，先至者胜，后至者覆。匪直人谋，实势之使然也。所恨元魏无谋，作俑分置，其后沿革无常，遂令昔时全胜之地，至今不能复合。泽分太行之南，沁、辽分太行之北。岳阳，谷远地也，而入于河东；乐平，沾县地也，而入于太原。则潞止据太行之东偏耳。泽州独当一面，差足撑持。沁、辽偏落一隅，似难孑立，藩篱不固，堂奥中其得晏然而已乎？吾以为天下之势，当如视听相资，呼吸相应，方其无事，各慎封疆而修内政，野无不耕之田，人有知方之勇，则深山大泽，皆金汤也，图积窖藏，皆府库也，农工樵牧皆甲卒也。一有缓急，则电掣星驰，或犄或角，使一郡常蓄数郡之威，而敌不知其所攻，乃审势弃便，更番迭出，使敌有顾此失彼之虞，而又不知其所守。以其余力南下太行，可以援中州，东出磁、邢，可以援赵、魏，由间道，可以援平阳，由驿途，可以援大卤。则上党常为天下之中坚，天下常倚上党为磐石矣。然瓜分而约之，终不能合，盍就今日之府，而以三州复来属，犹然故上党郡也，为力不更易哉？

周再勋《壶关县志序》

壶在今日为上党偏僻下邑，当时重关天险，俯视中原，固箭括之通天，而秦、晋、燕、齐之门户也。自商封同姓为黎侯，壶即在其境内，乃负固党恶，西伯首戡之。克商之后，又欲筑宫于五行之山，睠睠于上党不置者，可见凭高扼险以鞭弭宇内，虽古圣人不能易也。后灭于狄，复并于晋，又为三晋裂而有之。先属赵，后属韩。野王之役，复归于赵。遂有四十万长平之祸，而山东之国以次兼并矣。鲍永误用，田邑璧马，遂输于洛阳，而光武以兴，拔邺进围壶关不能卒下，辄重魏武屠城之怒，岂非以其险要必争，得之则兴，失之则亡也哉。故上党不拔，天下不可以得志也，壶关不下，上党不可得而拔也。自晋室南迁，遭刘、石、符秦、慕容以至魏、齐、周、隋相侵相并，此为要冲。昭义之设，唐以制河北，终唐世，河北三镇不能侵尺寸之地者，壶实为虎豹金汤也。自宋改隆德军为无事之镇，潞亦为无事之州矣。张开及元兵之大战也，即于壶关决胜。关保虎林赤之遏曹州贼也，亦大破于壶关。夫山河如故，设险依然，何以正德六年，蓟贼逾太行自壶关南界入潞郡，大掠雄山乡而去？崇祯十五年，叛将任国琦夜逾壶口，袭北董等镇，长驱歌舞而归，所谓“守或非其人，化为狼与豺”者，非邪？尝披往牒，壶亦尝为郡矣，但后世代有沿革，建置屡更，分割渐成，蕞尔其实，今之长治、潞城、黎城、平顺，皆其故地也。自泽潞分壶，遂独为咽喉重地。承平日久，武备浸弛，而壶口一关，今亦分析于黎城县界，并无一骑一兵，城戍要害者，止有弓兵数人，讥商盘诘，然皆有名无实，不堪御暴。未雨既眇绸缪，堤决从何堙塞，是在当事者熟思而早计之耳。

《大同府志》

土堡

聚落堡（在府城东六十里，天顺三年建筑，周围三里一百三十步，高三丈一尺，门二：东曰镇安，西曰怀远，设站马戍兵。弘治十三年，因增展北面添设仓场，以备屯兵之用）、**红寺儿堡**（在府城北五十里，正统元年建筑，周围一里二十步，高二丈三尺，遇警设兵）、**高山堡**（在府城西六十里，天顺二年建筑，周围三里十步，高三丈一尺，门二，设站马戍兵）、**沙河堡**（在府城西北六十里，正统初筑，周围二里三十步，高二丈五尺，前卫哨马营）、**怀仁堡**（在府城西南八十里，永乐九年筑，周围三百五十五丈八尺，高二丈七尺，壕深一丈七尺）、**赵麻堡**（在府城南一百二十里，永乐九年筑，周围一百三十丈，高三丈，壕深一丈五尺）、**第三柞堡**（在府城南一百二十里，洪武七年筑，周围一百三十丈，高二丈七尺以上。七堡俱大同前卫屯军居）、**长安堡**

（在府城东南五十里，周围二百二十四丈，高三丈，原开八门，今塞六存二）、**神泉堡**（在府城东一百二十里，周围一百二十丈，高二丈，壕深二丈四尺，原八门，今存一）、**漫流堡**（在府城东一百四十里，周围二百八十丈，高三丈，壕深二丈，原八门，今存一。以上三堡俱大同后卫屯军居）、**鸦儿崖堡**（在府城西一百二十里，永乐二十一年筑）、**平番镇堡**（在朔州城北六十里，永乐二年筑，周围一百八十五丈，高二丈五尺，壕深一丈二尺，遇警设兵。）、**黑龙池堡**（在朔州城东北六十里，周围一百九十丈，高二丈四尺，壕深一丈二尺）、**九姑村堡**（在朔州城西九十里，周围一百九十四丈，高二丈二尺，壕深二丈）、**旱井堡**（在朔州城西北九十里，周围二百四十丈，高三丈，壕深三丈）、**西骆驼堡**（在朔州城西北一百里，周围一百三十九丈，高二丈六尺，壕深二丈余。以上六堡俱朔州卫屯军居）、**暖会堡**（在朔州城西北七十里，周围一百四十步，高一丈四尺，永乐二年筑，本卫哨马营）、**新城堡**（在右卫城南二十五里，周围一百九十丈，高二丈五尺，壕深一丈五尺，窝铺十二座）、**大树柳堡**（在右卫城西南三十里，周围一百九十六丈，高二丈五尺，壕深一丈三尺，窝铺十二座）、**牛心堡**（在右卫城东南四十里，周围一百四十丈，高二丈五尺，壕深一丈五尺，窝铺十二座）、**苍头河堡**（在右卫城西南五十里，周围一百三十丈，高二丈五尺，壕深一丈五尺，窝铺十二座。以上五堡俱大同右卫屯军居（注三十））、**薛家马营堡**（在右卫城北二十里）、**王忠官屯堡**（在右卫城南四十里。以上二堡俱大同右卫哨马营）、**净水瓶堡**（在威远卫城西北六十里，宣德间筑，周围一里八十步，高二丈八尺，门二，遇警设兵）、**白登堡**（在阳和卫城南三十里，永乐九年筑，周围二里一百八十步，高三丈，壕深一丈五尺，门二，窝铺十二座）、**关头堡**（在阳和卫城北七十里，宣德间筑，周围二里四十二步，高三丈二尺，遇警设兵。以上三堡俱阳和卫屯军居）、猫儿庄堡（在阳和卫城北一百里，永乐元年筑，周围二里四十步，高一丈五尺；其北二十里，有口子墙，高一丈五尺，本卫哨马营）、上畔庄堡（在天城卫城西南二十里，周围一百九十七丈，高三丈，壕深二丈门二，窝铺十三座）、米辛关堡（在天城卫城南二十里，周围三百二十丈，高三丈三尺，壕深二丈，门二，窝铺十二座）、方城堡（在天城卫城南七十里，周围二百四十丈，壕深一丈，门二，窝铺十二座。以上四堡俱天城卫屯军居）、长胜堡（在天城卫城北六十里，永乐元年筑，周围五百二十丈壕深一丈，门二，本卫哨马营）。

续设：师子屯堡、南徐沟堡、永靖堡、窟坨屯堡、东井子堡、小石庄堡、白蛇口堡、上泉旧堡、永康堡、榆林堡、清顺堡、沙岭堡、按马西沟堡、金盆屯堡、罗文皂堡、胡疃堡、金家庄堡、按马东沟堡、杨太监堡、西师家堡、大石庄堡、吴屯新堡、小岭儿堡、下富家堡、董家庄堡（以上堡寨共二十五座，俱阳和卫）、桥头堡、恶石村堡、滴滴水堡、李官人屯堡、田官人屯堡、上庄堡、吴家堡、杨家堡、卢花港堡、管家堡、东柳林堡、东师家堡、王官人屯堡、都司口堡、司报堡、石墙框堡、上泉新堡、碾儿头堡、赵家村堡、地石其寨（以上堡寨共二十座，俱高山卫）、郭镇堡、谷山东堡、谷山西堡、水桶寺堡、石庄儿堡、十里铺堡、萧家屯堡、许家堡、栾寨堡、双寨儿堡、清河堡、张家庄堡、马家皂堡、定安营堡、虾蟆窊堡、上龙池堡、西要泉堡、王进堡、谷家堡、安家皂堡、枳楞屯堡、沙沟村堡、鲍家屯堡、河南堡、小涧村堡、中沙河堡、榆林屯堡、原家皂堡、风神庙堡、游家店堡、南孟家庄堡、北孟家庄堡、西坦坡堡、赵家沟堡、盆儿井堡、常家庄堡、杨家庄堡、大堡村寨、芦子疃寨（以上堡寨共三十九座，俱天城卫）、任家湾堡、李山堡、李家堡、永嘉堡、寒门堡、四方涧堡、朱山堡、枳儿岭堡、萧墙堡、长安堡、桃园堡、石羊庄堡、阴山下堡、谷家堡、神头山堡、姜家屯堡、阴山上堡、乔子烟堡、武家庄堡、平安堡、东要泉堡、娘子城堡、柳树屯堡、卞家屯堡、东马房堡、二十里铺堡（以上土堡二十六座，俱镇虏卫）、豆家坊堡、墙框堡、青磁窑堡、王家庄堡、石佛寺堡、韩家岭堡、驼子村堡、安祥寺村堡、干河屯堡、赵家寨堡、刘晏庄堡、黄昏城堡、大要屯堡、上花园屯堡、友宰村堡、南家堡、西段庄堡、柳东营堡、盐房营堡、罗家庄堡、周家堡、南息村堡、小石寺村堡、沈家庄堡、吉家庄堡、王银庄堡、善利村堡、榆林村堡、上希庄堡、北山屯堡、艾家庄堡、利仁皂堡、小村儿堡、秦城村堡、姜女村堡、安家堡、白庙堡、麻峪口堡、晏头村堡、龙花皂堡、利家庄堡、娘子城堡、裴家庄堡、水磨头堡、雷家庄堡、贵人村堡、上深井村堡、瓮城口堡、阳和坡堡、北信庄堡、上里店堡、米家庄堡、麦皂村堡、石山子堡、碾窑子寨（以上堡寨共五十五座，俱大同前卫）、三十里铺堡、孤店堡、周士店堡、河村堡、邢家庄堡、北庄堡、上庄堡、解家庄堡、俞家峪堡、补村堡、神峪村堡、浅井堡、干庄子堡、蔡家庄堡、积稔堡、许家庄堡、圪老山堡、赵石场堡、水头儿堡、东小村儿堡、高家庄堡、毕家皂堡、深井村堡、党留庄堡、咸坡村堡、秋林堡、四十里铺堡、东马铺堡、卧驼山堡、迎恩新堡、二十里铺堡、西紫峰堡、东紫峰堡、康家店堡、唐家堡、官补子堡、贺家店堡、东平村堡、马连庄堡、崔家水堡、峰稔山堡、恶峰涧堡、吴家窊堡、辛庄儿堡、杜家庄堡、千千村堡、米家庄堡、马官人屯堡、水峪村堡、关庄堡、白马镇堡、上庄堡、南庄堡、俞涧村堡、拒家山堡、水头儿沟西堡、五十里铺堡、彰家庄堡、吊儿嘴堡、养老窊堡、下庄堡、桃花庄堡、贾峪皂堡、李家寨、寺儿寨、驼子寨、于家寨(以上堡寨共六十七座,俱大同后卫)、小金庄堡、马道头堡、羊圪塔堡、端午村堡、大峪河堡、南荆庄堡、缪家堡、石墙框堡、窟沱店铺堡、东留庄堡、东荆庄堡、乐安堡、韦家堡、榆林堡、大金庄堡、施家口堡、双碾儿堡、白烟墩堡、施家堡、三十里铺堡、红岸儿堡、三井屯堡、南榆林屯堡、米家庄堡、瓦窑屯堡、小榆林堡、毛官人屯堡、磁窑屯堡(以上土堡二十八座,俱大同左卫)、杜家庄堡、廖家堡、葫芦屯堡、曾子房堡(以上土堡四座,俱云川卫)、东花石堡、沙家堡、张尽堡、窑子头堡、观音堂堡、张家堡、新屯堡、白指挥堡、金家窑子堡、草沟堡、蔡家堡、蒋家堡、十里铺堡、杂不刺堡、双山堡、北花园堡、西碾子堡、小猳子堡、麻黄头堡、偏岭堡、南花园堡、梁信堡、沟儿李堡、喇鸡屯堡、东油房头堡、胡指挥堡、马莲滩堡、金家屯堡、西油房头堡、东碾子头堡、老幼屯堡、大狮子堡、八里庄堡、占官人屯堡、知土岭堡、善家堡、黄土坡堡、张浩堡、缤家堡、偏岭堡、骆驼山堡、破庙儿堡、蒲州营堡、破房儿堡、下泥沟堡、玉井堡、酸刺河堡、南祖堡、下石井堡、崔家堡、马营儿堡、范官人堡、彭家堡、双河堡、叶家堡、白头李堡、刘家堡、石头马营堡、顾家堡、曹旗堡、破堡子堡、油房张堡、十百户营堡、姜家窑子堡、郁见官人堡、高罕屯堡、盘石岭堡、老墙框堡、秦昶堡、宣阳堡(以上土堡共七十座,俱大同右卫)、三岔堡(系玉林卫)、史家屯堡、郝官人屯堡、郝二官人屯堡、钱官人屯堡、善家沟堡、榆树墩堡、后所铺堡(以上堡七座,俱威远卫)、前干沟堡、狮子村堡、西花板石堡、旺家村堡、小涧堡、石湖堡、破石槽堡、水头儿铺堡(以上堡共八座,俱平虏卫)、细水儿堡(系井坪守御千户所)、荞麦川堡、奶河堡、郑家坡堡、张家堡、金城屯堡、裴家堡、王万庄堡、榆林堡、上原观堡、化家庄堡、沙楞河堡、旱井堡、金家庄堡、蔡家庄堡、东水窊堡、南槽村堡、涂皋堡、上红崖堡、王家庄堡、面高堡、神武村堡、徐村堡、西石峰堡、旦子山堡、窑子头堡、下小峰堡、水涧铺堡、双碾儿堡、东唱峪堡、窝窝会堡、下木角寨、中牌子寨、史家口寨、蒋家峪寨、枪峰岭寨、曹家马营寨、上中小峰寨、红沟寨、白道沟寨、下井寨、胜佛崖寨、石虎山寨（以上寨堡共四十二座，俱朔州卫）、白方子堡（系山阴守御千户所）、李磨疃堡（系马邑守御千户所）、康兴庄堡、赤堡村堡、穗稔堡、吕花疃堡、望孤堡、冻牛坡堡、庄窝村堡、阎家洞堡、吴见城堡、赵村山堡、马营堡（以上土堡共十一座，俱安东中屯卫）、占定桥堡、沙岭堡、马坊堡、侯大庄堡、独角寺堡、北独角寺堡、南言庄堡、温家庄堡、西豆家坊堡、下米庄堡、时家庄堡、店上村堡、陈家庄堡、秦城堡、徐疃堡、瓮城口驿堡、西谷庄堡、西册田堡、董家庄堡、上高家庄堡、海里村堡、水泊村堡、独树儿堡、东长安村堡、半坡村堡、东沙窝堡、东窑子头堡、大王村堡、恶石村堡、鱼儿涧堡、东王家庄堡、下水地堡、东常城堡、上喻涧堡、上水地村堡、茹家村堡、西小窑子头、安留庄堡、高家庄堡、康泉头堡、平望堡、奉义堡、煤峪口堡、永定庄村山寨、厚子口山寨、拖家村寨、王家园山寨（以上堡寨共四十七座，俱大同县）、圪塔头堡、四老沟堡、白垛村堡、赵马寨堡、李八庄堡、黎家寨堡、西井村堡、河家堡、要集堡、芦子口堡、半截桥堡、南安庄堡、曹四老庄堡、海子村堡、闪家砦堡、小寨儿堡、安七疃堡、赵家疃堡、刘晏庄堡、黑里寨村堡、北窑村堡、鹅毛口堡、夏石庄堡、边家店堡、石家庄村堡、小白村堡、盐房营堡、南家堡、东作庄堡、陶家寨堡、三台岭村堡、小峪口堡、南辛村堡、北辛村堡、新庄子村堡、日中城堡、田家庄堡、孟家庄堡、上南头村堡、清水村堡、安大庄村堡、白家村堡（以上土堡共四十二座，俱怀仁县）、下团堡、高家庄堡、河会堡（以上土堡三座，俱朔州）、西河底堡、鄯和堡、泥河堡、羊圈头堡、狗圈堡、河林禽堡、紊罕铺堡、旧广武站堡、大堡村堡、祝家庄堡、张家口堡、王仪村堡、七里河堡、烟墩堡（以上堡共一十四座，俱马邑县）、黄花营堡、安银子堡、武家店堡、上马峪堡、三门城堡、石桥儿堡、边要村堡、黄嵬儿堡、贾庄堡、崔家庄堡、接马峪堡、下社堡、北娄堡、杨家庄堡、砂城堡、胡疃堡、罗家庄堡、小石堡、茹越堡、东霸堡、拆里堡、小站堡、北曹庄堡、桥头堡、下马峪堡、大北头堡、冯家庄堡、刘义堡、东安峪堡、下社堡、望岩堡（以上堡共三十一座，俱应州）、孙家庄堡、河头村堡、别古寨堡、郑家庄堡、下安银子堡、张羊寨堡、辛留村堡、黄嵬子堡、北盐池堡、高山疃堡、李朱庄堡、小大要堡、杨家庄堡、故驿堡、沙嘴堡、周家庄堡、双山子堡、上安银子堡、北辛寨堡、康家庄堡、大大要堡、黄昏城堡、沙岭村堡、小圪塔堡、吴家庄堡、康院疃堡、羊圈头堡、南崖庄堡、榆林子堡、神泉堡、凉亭村堡（以上堡共三十一座，俱山阴县）、李峪堡、荆家庄堡、下疃堡、北榆林堡、西留村堡、水磨疃堡、裴村堡、水头堡、南榆林堡、西坊城堡、驼峰堡、田村堡、贾庄堡、下凌云堡、王家庄堡、李道口堡、蔡村堡、吴城堡、窊里堡、许村堡、河河堡、辛庄儿堡、西河口堡、郭家庄堡、东威毛堡、紫峰堡、毕村堡、花家疃堡、韩村堡、臧家庄堡、顾官堡、寇家寨堡、南阳庄堡、黎园堡、蔡家峪堡、下盘铺堡、碾槽寨、羊头崖寨（以上堡寨共三十八座，俱浑源州）、故城堡、马家庄堡、均子疃堡、下营村堡、沙涧堡、深涧堡、辛兴堡、李邻堡、王家庄堡、红涧堡、杨家庄堡、陈家涧堡、南苏家疃堡、暖泉堡、冯家岭堡、宋家庄堡、中绫罗堡、周家庄堡、白家庄堡、南留庄堡、咸周村堡、崔家寨堡、悬空山堡、王良庄堡、大炭口堡、千里村堡、水北堡、北江堡、八空堡、双塔堡、洗冀堡、西合合堡、坊城堡、小关子村堡、柳子疃堡、麦子疃堡、长宁堡、北苏家疃堡、莎泉堡、木家庄堡、埚里堡、破寨、北口寨、五岔寨、郎牙寨、大宁古寨（以上堡寨共四十六座，俱蔚州）、中焦山堡、西加斗堡、土岭堡、冯家庄堡、罗家庄堡、榆林村堡、瓦房堡、八角村堡、作疃堡、井子窊堡、榆林庄堡、平水城堡、羊圈堡、殷家庄堡、旧一斗泉堡、前泉堡、西石门堡、东石门堡、宜兴堡、新一斗泉堡、南百家疃堡、南村堡、梁家庄堡、风西村堡、直峪村堡（以上土堡共二十五座，俱广灵县）、东河南堡、红墙儿堡、落水河堡、三山村北双埚堡、石家田村蒋家寨、温子铺村黑崖寨、白旷村霑峰寨、门头村深沟寨、招柏村雍泉寨、刘家村贾金寨、大涧旧寨、石磻村庞金寨、张家村高崖寨、下关顺城寨、东驼水村温石寨、赵壁村观音寨、花山村三桲寨、泽水河石角寨（以上堡寨共一十八座，俱灵丘县）、上屯堡、城子堡、上庄堡、周村堡、梼老寨、青云寨、鹅桥寨、石门寨、孔隆寨、黄崖寨、云川寨、贾儿安寨、虎头寨、木积寨、孟良寨、天齐寨、斗机寨（以上堡寨共十七座，俱广昌县）、创修：塔儿村堡、下梁言堡、彭家屯堡、青河堡、大白邓堡、燕窝堡、吴家河堡、北徐家屯堡、四百户堡、洪顺堡、贾峰屯堡、西岭屯堡、萧家屯堡、杨家屯堡、李家山堡、杏园儿堡、西王家堡、吴官人屯堡（以上土堡一十八座，俱阳和城）、红河头堡、南平村堡、水头村寨、马啼沟寨（以上堡寨四座，俱朔州卫）、老僧窊堡（系浑源城）、施家会堡、秦城堡、堡村堡、恶石村堡、南宿沟堡、康石庄堡、箭插村堡、上神峪村堡、新庄儿堡、正峰涧堡、山自造堡、上东水地堡、西水地堡、东水地堡、解家疃堡、上驼房堡、古定桥堡、佛堂寺堡、王渐疃堡、南东庄堡、杨骨庄堡、别猬寨堡、小盐房堡、谢家店堡、瓮城口驿堡、落州营堡、鲁沟村堡、下驼房堡、浮头沟寨（以上堡寨二十九座，俱大同县）、东河堡、西河堡、吴家庄堡、王宜堡、户世庄堡、萧家寨堡（以上土堡六座，俱应州）、沙掘鍋堡（系浑源州）、草地村堡、长罗寺堡（以上土堡二座，俱怀仁县）、帐头堡、小洪济堡、安居坊堡、蒯儿村堡、南小圪塔堡、北小圪塔堡、胡疃村堡、后羊圈头堡、东小河堡、西小河堡、南马河疃堡、户石庄寨、北麻疃寨、东五佛图寨、西五佛图寨（以上堡寨共一十五座，俱山阴县）、西汉庄堡、撅头涧堡、高家庄堡、单后村堡、许家涧堡、白草窑堡、上陈庄堡（以上土堡七座，俱蔚州）、井窊庄堡（系广灵县。以上创修堡寨，俱正德九年总制都御史丛兰添设）。

关塞

关市之设，以察异言异服之人。云中，京师右屏，迫于北虏，阴隘戍守尤为严密，具录于篇，以见设险守国之意，系于苞桑之戒也。

大寺口（在府城北二十里）、小寺口（在府城北二十里）、石佛寺口（在府城西三十里，左卫东一百十里，有墙堡）、东尖峪（在府城西南四十里）、黑峪口（在府城西四十里）、开山口（在府城东北五十里，山口有谷，名开山口；河西有大寺、小寺二口，又南有黑峪）、兔毛

河口（在府城西北二百里，右卫西北二十里，建墙堞一座，其西三十里又有小隘口）、**阳和口**（在阳和卫城西北十五里，东西十五步，墙高一丈八尺，名前口；行东北二十里，有将军口，石墙高二丈；又东二十里，名后口，南北六十步，墙高二丈八尺）、**虎峪口**（在阳和卫城东北二十里，东西十五步，墙高一丈）、**白垢口有二**（俱在阳和卫城东北，大口去城三十里，小口去城二十五里，东西各一百余步，石墙各高二丈五尺）、**白杨口**（在天城卫城北二十里，东西六十步，墙高二丈五尺）、**榆林口**（在天城卫城西北三十里，东西五十步，墙高二丈五尺）、**砖磨口**（在天城卫城西北三十里，南北五十步，墙高二丈五尺）、**偏岭口**（在怀仁县城西南五十里，北有大峪、小峪、芦子、阿毛四口）、**沙净谷**（靖口）（在朔州城北三十里内，正统十四年置巡检司，今革）、**神池口**（在朔州城西南九十里，正统十三年置巡检司，东南有土城塞）、**杨六郎寨**（在马邑县城西五十里、雁门北口东山上，其西五里有佳吉寨，详见太和岭下）、**三岗四镇**（在应州城。东，赵霸岗，去城二十五里；西，黄花岗，去城二十里；南，护驾岗，去城三十里。东，安边镇，去城二十里；西，司马镇，去城一十五里；南，大罗镇，去城四十里；北，神武镇，去城四十里）、**黄沙口**（在应州城东南六十里，北接牛槽峪，南通代州天石口）、**龙湾峪口**（在山阴县城西南四十里，过东有五人、盆子（注三十一）、沙字、赤石四峪，俱南通代州胡峪口，过西有龙湾峪口，南通代州水峪口。又有东寺、西寺、白树、枣料、石门、宽峪、当吊七口水。峪即代州水峪口，七口俱塞不通）、**磁窑口**（在浑源州城南十里，恒山右胁。路通灵丘县。洪武九年，置巡检司。其西八里又有李峪口，西南十里又有小大凌云二口，南通代州，北楼口）、**乱岭关**（在浑源州城东四十里、恒山右胁，路通蔚州，洪武七年，置巡检司）、**大寨头关**（在浑源州城西南一百一十里，东南连紫荆关，洪武九年，置蔡家峪巡简司)、**九宫口**(在蔚州城东南三十里九宫山，路通易州，金章宗尝避暑于此；国朝洪武间置巡检司，永乐十三年修其东；有永宁、松子二口，俱塞不通)、**五义山口**(在蔚州城西北三十里五义村，路通大同府，蔚州卫官兵守)、**石门口**(在蔚州城西南四十里太白山，旧名隘口关，路通灵丘、广昌二县，宋朝杨将军尝守此；国朝洪武间，置巡检司，其东有龟峪，又名北名，路通广昌县)、**神山口**(在蔚州城北五十里芦子涧，路通保安左卫，蔚州卫官兵守)、**鸳鸯口**(在蔚州城东七十里，近壶流河，两山相峙如鸳鸯，故名；路通保安右卫，永乐十三年，置巡检司，今革)、**美峪口**(旧在蔚州城东一百二十里，其山秀丽，故名；路通堡安州，直抵居庸关，永乐十三年，置巡检司，十六年徙建一百四十里董家庄)、**兴宁口**(旧在蔚州城东北一百二十里，路通大同、宣府；永乐十三年置巡检司，天顺间知州史魁请徙北口关)、**平顶岭**(在蔚州城西北一百五十里，路通大同、宣府；永乐十三年，置巡兰司，今革)、**焦山砦**(在广灵县城东北十三里焦山村，洪武间筑，周围二里十步，墙高一丈五尺，壕深一丈五尺，南门)、**加斗砦**(在广灵县城东南十五里加斗村，旧有遗址，洪武间筑，周围一里二百步，高二丈五尺，壕深二丈，南门)、**土岭砦**(在广灵县城西二十里，洪武间筑，周围二百步，墙高一丈五尺，壕深一丈，南门)、**瓦房砦**(在广灵县城东北三十里瓦房村，洪武间筑，周围一百三十二步，墙高一丈五尺，壕深二丈五尺，南门)、**林关口**(在广灵县城西南四十里林管山，路通灵丘县，先置巡检司，后革，今蔚州卫官兵守；景泰初，徙平岭关巡简司于其东三十里，有直峪口，其东十余里有唐山口及桦涧岭、火烧岭，二口俱塞险峻)、**三塄寨**(在灵丘县城北十五里，其顶有三塄，故名)、**水南寨**(在灵丘县城西南五十里，山高四里余，其北有河水，寨在水南，故名)、**牛拦寨**(在灵丘县城东南六十里，高五里，以状类名)、

观音寨（在灵丘县城西北六十里，上有观音庙，故名）、**顺城寨**（在灵丘县城南一百里，高五里，其寨峭劈如城，故名）、**宁净口**（在广昌县城东南三十里，接浮图峪，路通易州五虎岭）、**浮图峪**（在广昌县城东三十里铁岭下，路通紫荆关。以上二口，俱景泰三年筑堡设戍兵）、**馒尖寨**（在广昌县城东北三十里，以形似名）、**窟龙寨**（在广昌县城西北三十里，其砦窟穴甚多，故名）、**孟良寨**（在广昌县城东三十里，前宋孟良在此，故名）、**对节寨**（在广昌县城南四十里，其山木枝节相对，故名）、**栲栳寨**（在广昌县城西南四十里，以状类名）、**夹鞍寨**（在广昌县城西北四十五里，以形似名）（注三十二）、**倒马关**（在广昌县城南七十里，路通保定府唐县；相传前宋杨彦朗过此倒其所骑之马，故名；有旧城遗址，今有戍兵，其西十里有岳岭口）（注三十三）。

《新志》

阳和道所属，新平路四堡、东路八堡：（大市场二处），平远堡，嘉靖二十五年筑，隆庆六年砖包；新平堡，嘉靖二十五年筑，隆庆六年砖包，系一处大市场，乃黄酋子、松木段、奈哈木、阿摺等台吉部落每年一市，有赏宴；保平堡，嘉靖二十五年筑，隆庆六年砖包；桦门堡，万历九年筑，二十年砖包（以上新平路）。永嘉堡，嘉靖三十七年筑，万历十九年砖包；瓦窑口堡，嘉靖三十七年筑，隆庆六年砖包；李家寨堡，嘉靖四十五年筑，累土；镇宁堡，嘉靖四十四年筑，隆庆六年砖包；镇口堡、镇门堡，并嘉靖二十五年筑，隆庆六年砖包；守口堡，嘉靖二十年筑，隆庆六年砖包，系一处大市场，乃兀慎摆腰五路把林等台吉部落每年一市，有赏宴；靖虏堡，嘉靖二十二年筑，隆庆六年砖包（以上东路）。

分巡道所属北东路八堡：（大市场二处），得胜堡，嘉靖二十七年筑，万历二年砖包；镇边堡、镇川堡，并嘉靖十八年筑，万历十九年砖包；弘赐堡，嘉靖十八年筑，万历二年砖包，每岁与虏互市，巡抚总兵弹压之所；镇虏堡、镇河堡，并嘉靖十八年筑，万历十四年砖包；嘉靖十八年五月，城弘赐五堡。先是，张文锦以筑堡致乱，水口诸堡遂废。是后虏无岁不犯，犯无不至镇城下。尚书毛伯温既总军务，行边还，叹曰："国初置镇于此，以北无山险，独当虏冲也，是谓可以藩蔽雁门、紫荆矣。然镇北属堡不立，斥堠不施，其何以遏驱追奔相犄角邪？"奏言，向张文锦之遇害，实用人之失当，而非为谋之不臧，备条上事宜，报可。于是巡抚史道总兵梁震，奋然筑弘赐、镇边、镇川、镇虏、镇河五堡。镇羌堡，嘉靖二十四年筑，万历二年砖包，系一处大市场，即得胜市，乃虏王东西两哨部落，每年一市，有赏宴；拒墙堡，嘉靖二十四年筑，万历二年砖包（以上北东路）。嘉靖二十四年八月，城镇羌四堡。自弘赐诸堡既立，镇城赖以保障。至是，巡抚都御史詹荣、总兵周尚文复议于弘赐之北添设军堡，以相犄角。城废，水口堡，改名镇羌；废宣宁县，改名拒墙；废乱草营堡，改名拒门。又于灭胡堡北增筑拒马堡。各募军屯守，镇羌、拒马设守备，拒墙、拒门设把总，指挥统之，是谓塞外四堡。

大同道所属，北西路九堡、中路十一堡、威远路四堡：（小市场共四处），助马堡，嘉靖二十四年筑，万历元年砖包，系一处小市场，乃近边诸夷一月一市或二市，无宴赏；拒门堡、保安堡，并嘉靖二十四年筑，万历元年砖包；灭虏堡，嘉靖二十一年筑，万历元年砖包；宁虏堡，嘉靖二十一年筑，万历元年砖包，系一处小市场，乃近边诸夷市，期宴赏同助马；破虏堡、威虏堡，并嘉靖二十一年筑，万历元年砖包。嘉靖二十二年，总督翟鹏凿长堑，既成，总兵周尚文曰："堑成而无堡以守之，与无堑同。"于是于堑内城灭虏、靖虏、破虏、威虏、宁虏五堡，招募边人为军，垦田资养，置把总指挥统之。后复城灭胡、破胡、残胡、败胡诸堡，布列堑内。云冈堡，嘉靖三十七年筑，累土，万历二年改建冈上（以上北西路）。北西路尚少一堡，当是靖虏；三屯堡，隆庆二年筑，累土；破胡堡、残胡堡、马堡，并嘉靖二十三年筑，隆庆六年砖包；杀胡堡，嘉靖三十七年筑，隆庆六年砖包，系一处小市场，近边诸夷市，期宴赏，同助马；马营堡，万历元年筑，累土；铁山堡，嘉靖三十八年筑，隆庆六年砖包；红土堡、黄土堡、牛心堡，并嘉靖三十七年筑，隆庆六年砖包；云阳堡，嘉靖三十七年筑，累土（以上中路）；云石堡，嘉靖二十二年筑，万历十年，总兵郭琥以堡山高无水，防守为难，且离边太远，缓急无济，乃于抵边王石匠河另筑堡一座，砖包，仍旧名，为一处小市场，近边诸夷市，期月或一或二，无宴赏；威胡堡，嘉靖二十二年筑，万历十年砖包；威平堡、祁家河堡，并嘉靖四十五年筑，累土（以上威远路）。

分守道所属西路三堡、并坪路四堡。（小市场二处）

败胡堡，嘉靖二十三年筑，隆庆六年砖包；迎恩堡，嘉靖二十三年筑，隆庆六年砖包，系一处小市场，近边诸夷市期月或一或二，无宴赏；阻胡堡，嘉靖二十三年筑，隆庆六年砖包（以上西路）；灭胡堡，嘉靖二十二年筑，隆庆六年砖包，系一处小市场，杂夷市期，宴赏同迎恩，将军会堡，万历九年筑，累土；乃河堡，嘉靖四十五年筑，隆庆六年砖包；西安堡，嘉靖四十年筑，万历二年砖包（以上井坪路）。

高山城，嘉靖十四年筑，万历四年砖包；云西堡，嘉靖三十七年筑，累土，上二堡不属路，大同道所属；

许家庄堡，嘉靖三十九年筑，万历二十九年砖包，不属路，分巡道所属。

乡堡（内地村落与城相远，因筑城外堡以避虏患，或官筑，或民自筑；或兵守，或民自守不一）

大同前卫堡寨五十五座，大同后卫堡寨六十七座（并同旧志），大同县堡村二百一十处，怀仁县堡村八十四处，朔州堡寨三十九座，马邑县堡村五十五处，应州堡寨一十七座，山阴县堡村五十八处，浑源州堡寨七十座，蔚州堡寨一百三十四座，广灵县堡寨七十二座，灵丘县堡寨二十六座，广昌县堡寨三十一座（并与旧志不同，今不能全录）。东路参将驻天城城，所辖阳和、天城、靖虏、瓦窑、守口、永嘉、镇口、镇门、镇宁九城堡。新平路参将驻本堡，所辖新平、平远、保平、桦门四堡。北东路参将驻得胜堡，所辖得胜、镇羌、弘赐、镇川、镇边、镇虏、镇河、拒墙八堡。北西路参将驻助马堡，所辖助马、拒门、灭虏、威虏、宁虏、破虏、保安、云西、云岗九堡。中路参将驻右卫城，所辖左卫、右卫、杀胡、破胡、铁山、牛心、残胡、马堡、云阳、红土、黄土、三屯、马营河一十三城堡。威远路参将驻本城，所辖威远、云石、威胡、威平、祁家河五城堡。西路参将驻平虏城，所辖平虏、迎恩、败胡、阻胡四城堡。井坪路参将驻本城，所辖乃河、井坪、灭胡、将军会、朔州、马邑、山阴、应州、怀仁、西安十城堡。

洪武七年，置分巡按察司；永乐六年，置巡抚都御史；七年，置镇守总兵官；洪熙元年，初命文臣赞理军务，是年，置分守东路参将；宣德元年，初命御史巡按；七年，置协守副总兵；景泰元年，置分守中路参将；三年，置分守西路参将；五年，置分守冀北道，驻镇城，后移驻朔州；天顺元年，置户部督饷郎中；成化七年，置游击将军；弘治十三年，添置西路协守都指挥；嘉靖十八年，置分守北路参将；二十二年，置分守南路参将；二十五年，置朔州兵备道，后移驻阳和，为阳和道；三十七年，置大同兵备道，驻左卫城。

成化二十一年夏四月，总督余子俊筑长城，起大同中路，至偏头关界，六百里。时子俊欲大筑城增堡，而媒孽者以为糜费，旋止。嘉靖二十一年，议修大同边垣，总督樊继祖恐虏蹂躏，不能筑。巡抚龙大有谓外边远，不可筑，内边又难为力，俱乞停止。本兵张瓒覆言："大同地方，先年既设外边，又设内边，以界限华夷，尺寸皆金汤也。今圮壞不修，恐醜虏窃据，永无恢复之期。昔河套弃而陕右多事，西河弃而甘州多事，大宁弃而蓟州多事，三岔河弃而辽东多事。惩前虑后，乃知两边修筑，亦一时权宜，但地方广远，公私匮竭，果难为力。"停止。二十五年春三月，筑长城，总督翁万达与巡抚詹荣议曰："今堡寨虽备，而外拒守，必得长城；长城必有台，利于旁击；台必置屋，以处戍卒，近城必筑堡，以休伏兵，城下数留暗门，以便出哨。自阳和至宣府李信屯，旧无城，自丫角山至阳和，旧有堑或城而不固。"于是议通筑、补故、创新，凡三百余里，敌台、暗门如制。三十一年，诏补边垣。时总督翁万达建议："边垣自修筑来，颇称完固，后以通市，故为虏撤毁，所在破缺。”兵部尚书赵锦请檄镇巡官极力修补，给事中李幼滋因言敌垒卑小，宜于垣上增筑高台，营建房庐，以置火器兵械，乃诏抚镇斟酌行之。三十七年，总督尚书杨博请筑大同边墙，以为经久治安之策，约当用银二十九万，半取足本镇，半请给内帑，乞下所司详议。兵部覆言：“大同自并边之议兴，而三边之斥堠渐疏，塞外之防废，而右卫之藩篱不固，遂致胡马长驱，凭陵近郊，前事不远，后事之鉴也。博所请工钜费少，诚救边远图，宜发太仓银十万五千两、太仆银三万五千两，听其随宜经略，工完之日，俱籍以闻，报可。

嘉靖二十年，虏款大同塞求贡。时小王子部落俺答阿不孩强盛，屡患苦边。至是遣所掠中国人石天爵、真夷肯切款塞，言其父諰阿郎在先朝曾入贡，蒙赏赍，且许市易，汉达两利。近以贡道不通，每岁入掠，迩因人畜多灾，卜之神，言入贡吉。若许即趣一人归报，当约束其下，令边民垦田塞中，夷众牧马寨外，永不相犯。否则，徙帐北鄙，而纵精骑南掠。意虽诚恳，而语多要挟。抚臣史道疏请廷臣集议。时虏待命边外，屡向哨卒恫进止。一日，邀守墩百户李宝，以虏酒席地饮之，载以马，拥入俺酋营，与之欢宴。虏尝有执戍卒掠其衣粮者，俺酋痛惩之，遣夷使送哨卒衣粮还。巡按御史谭学复以闻，因请速定大计。准贡，则后虞当防，不准，则近害立至。且请多发兵粮，遣知兵大臣趣临调度，相机绥勦。兵部覆议从之。八月，命樊继祖总督宣大，发帑金九十万，遣科部官赞理。时边备大疏，而继祖又不能防，天爵逸去，具以我边无备告，虏酋吉囊俺答相继入寇，大掠而去。纪功给事中张翔翼、徐爌言继祖拥重兵厚饷而怯懦、纵寇深入不职状，罢去。每岁虏寇，钞如故，不复言贡事矣。二十五年，俺酋遣夷使保儿寨等三人贡九白驼、九白牛、白马及金银锅各一讲好，申前约。而家丁董宝袭杀之，以首功报。总督翁万达言，虏入贡执物已有验，宝妄杀邀功，请枭示，报可。明年夏，俺答复乞贡，督臣万达为请。巡按御史黄汝桂言，虏自火筛为梗，废贡礼已四十余年。往年石天爵倡入贡之请，屡踵诈谋，蹂掠不已，岂可轻信，堕虏计中？乞严敕督抚防御为急。时曾铣谋复河套，上方向之，故力绌贡议，从之。十七年求贡，拒之；十八年求贡，拒之。万达上言："虏耻求贡不遂，将纠众聚兵，甘心一逞。臣等虽奉严旨，计惟战守，但兵家之事；必揆彼己。使虏匪茹连犬羊数十万，肆其暴悍，则非墙堑兵敌可抵，乞庙谋从长速断。而虏亦以我兵积怯，射书来言，许贡则贡，否，且入关抢夺畿辅。"因溃入，攻毁大同左右威远塞堡五十余所而去。明年庚戌八月，虏遂聚众十余万窥大同。而咸宁侯仇鸾为总兵，实无筹略，阴狡用厚贿贿虏，无寇大同而移兵东。东即犯蓟，溃边墙而入古北口，我兵莫御，遂长驱逼京师。上乃大惊，募民间材力子及坊甲保伍合四万余与，在营军老弱共可八九万人城守，而檄四方勤王。伊鸾既便虏大入，提兵驰居庸首应檄。于是上以为忠，令领中外诸军事，进止一以付之。虏于城外掠御厩马，执内臣，坐演武堂上，陈所掠妇女满前纵饮，焚官民庐舍，火日夜不绝。致嫚书于上为言贡事，廷臣噤无可否，相嵩犹谓贼抢食不足虑。于是礼部尚书徐阶言，上莫拒其贡，以计缓其期，俟勤王师集而再议之。不然，逼而见许，何异城下之盟。而司业赵贞吉亦请下罪己诏，厚立赏格，人必自奋捐金不十万而虏可尽。俱报可。会虏先以辎重行，徐引众出塞，鸾见虏退，乃侈言大举北伐。于是以大同副总兵徐珏为总兵，而大括积储，佐军兴以畀鸾。鸾帅重师并宣大镇兵，声言击虏而不敢出塞，夜袭杀近边老弱数级，还。不问。虏虽数寇得利，而实贪内地财物，犹每以贡市为请。鸾亦欲啖虏，得暂时无事，以塞己责。于是密遣斯养时义结俺酋义子脱脱，使俺酋以贡布为请。而鸾力主之，言皆永乐、成化间故事。而本兵赵锦、相嵩议皆与鸾合，遂起前都御史史道主其事，开市场于大同塞内。虏驱马至城下，计值取价，易马二千四百余匹。事竣，俺酋贡九良马，朝廷降敕厚赍之。虏遂要求无已，又请以牛羊换米豆，朝议不可，召史道还。逾年，虏好遂绝，时时躏入，寇钞益急。自壬子后十余年，间或一入，或再入，无虚岁。虏不请贡，边臣亦绝口贡布议。隆庆四年十月，把汉那吉挟其妻突入边，总督王崇古留之，喜曰："吾知所以制虏酋矣。"那吉俺答孙，少失父，育于酋，妇所钟爱，因娶妇与俺酋相失，愤而溃入。酋妇日夜反唇，索那吉甚急。而俺酋亦悔念，泣目尽肿。众议犹谓孤竖无关重轻，徒挑虏衅。崇古持之甚坚，曰："吾拘留之，以观俺答之急不急。急则因以为市，今尽执我叛人赵全等还我而后遣之；弗急，我因得抚纳那吉，俟俺酋老死居之塞外，使招其故部落，我翼护之以间黄台吉。"上乞廷议，独是崇古。虏果悔祸，执叛人来献，易还那吉，且愿世服属无贰。于是遂订盟，通贡市马如约。上乃御文华殿，与辅臣李春芳等议封贡事宜，一从崇古议：封俺答为顺义王，其妾为忠顺夫人，诸虏皆以次受封，比于属国。初，虏酋贪我财货，市其夙愿。自以数寇掠得罪中国，那吉来归，意必已甘心之，闻无恙，且喜且愧，于是一意贡市，无变志矣。岁费马价银十万两，抚赏二万二千两；岁额贡马五百匹，市马一万四千五百匹。辅臣、当事之臣俱各升赏有差。于是辅臣李春芳、高拱等疏言："顷北虏款塞，三陲晏然。边氓释戈而荷锄，关城息烽而安枕。此自古希觏之会，实我皇上圣德诞被，神武布昭之所致也。嘉靖中，虏屡求贡，边吏仓卒不知所策。于是黠虏怨愤，拥众大举直抵京畿，二十余年无宁日。遂使边境之民，肝脑涂地，屯田荒芜，盐法阻坏，帑藏倾竭，士马罢顿。是往岁其计之明验也。今天祐国家，使其孙委命自至，赖朝廷处置得宜，彼遂感恩慕义，称藩请贡，是朝廷安攘之机，天赞我也。且自庚子猖獗以来，先帝切宵旰之虑，屡诏修边，尺寸未成，寻丈已坏，积岁糜费，不可胜纪。今虏既效顺，国家间暇，得以积钱谷，修险隘，练甲兵，开屯田，理盐法，出中国十一之富，以收胡马之利；招携贰之人，以散勾引之党。即有沉机密画，亦得次第行之。虽犬羊叛服靡常，无终不渝盟之理。然有一年之日力，则有一年之成功，得数年宁静，我安顿定而布置周，兵食充而根本固，常胜之机在我矣。彼寻盟，则示以羁縻，背约，则兴问罪之师，伸缩进退，自有余地。此要领之图，谋国者本画之所在也。若苟安旦夕，因顾后患，则良时一过，不可复得；边备浸弛，愈难振扬，卒然有变，将何以应？则臣等一念谋国之忠，反成他日误国之罪。此在今日不敢不尽言者也。乞严敕督抚将领诸臣，改弦易辙，务臻成效。每年特差才望大臣、风力科道，分投阅视，若钱粮，若险隘，若兵马器械、屯田盐法诸事，每岁拓广整顿，条实具报。著有成绩者，与擒斩同功，仍袭故常者，与失机同罪，则边方之实政日兴，中国之元气日壮，天下幸甚。”俺酋封王十三年，以万历九年卒。子黄台吉以十年十月收婚，忠顺袭封，十三年卒。子扯力良收婚，忠顺袭封，三十五年卒。扯酋长子朝兔台吉早亡，以故四年未封。而朝兔子小石兔次宜嗣，亦以收婚，酋妇听封焉。

《云西地理图说》 韩应元

天下大镇有九，而大同最为要冲；大同为道有四，而云西尤为要冲。盖当迅扫胡元以来，国初既逐胡元于此，特设巨镇，地控沙漠，南障幽冀，据天下上游，而诸卫所因以次开设。考之载籍，洪武二十三年，始于大同西南一百二十里，建左卫一城。于左卫西北七十里建右卫一城。自东胜失守，云川、玉林等卫内迁，则西北一带虏患，此独当之矣。正统以后，虏势日强，乃又于左卫正西六十里、建威远一城。天顺间，于左卫大同中界、建高山城。四城相距、不远百里，互为声援。晏云西一路之所昉也。嘉靖二十三年，总兵周讳尚文者，忧应援之计、又不足恃，乃刻意守御，增筑破虏、灭虏、宁虏、威虏四堡，皆在左卫之东北；又增破胡、残胡、杀胡、灭胡四堡，俱在右卫之左右。二十四年，建设助马、拒门二堡，是于诸堡之外，又增一藩篱也。二十五年，添建保安、马堡二堡，内密之防，又增一屏障也。外守长边，内固卫堡，星罗棋布之势成。北虏百余年来，不敢南向长驱者，诚以此思患详、防守密也。自此，迨尚文没，俺酋遂尔无忌，大肆凭陵。兼以逆贼赵全、周源、宋锦、丘富、李自馨等，叛入虏巢，每以子女玉帛歆给俺酋。俺酋入其谋，动拥数万骑攻陷城堡，期于必克，恣掠汉财，以满溪壑。复于丰州故境，营聚部落，号板升，以诱处我逋逆。遇入寇，则赵全统之为先驱，盖欲以华攻华，而彼得以休息。自是边氓复不堪命矣。三十年，庙议乃移副总兵于左卫，统奇兵三千以备之。三十六年，全劝俺酋以大众围取右卫，俺酋遂移穹庐屯城南，以示久意。游骑四掠，百里之外，无复行旅，凡历数月，内外援绝，岌殆矣。赖我世皇明圣，纳谏臣言，敕起兵部尚书杨公于居庐，而先命左侍郎江公任总督事，调山西宣大之兵、咸集于左卫。江公筮日祷祭，躬率诸将挥兵，冒雨直薄虏营，虏震恐不敢与战，解围遁去，数万生灵，始获更生。捷闻，召江公还，杨公即奉命至，经略其地。虑虏、镇城左右卫之间者：曰云冈，曰云西，曰云阳，曰牛心，曰黄土，同红土，沿途，则每二里许置一墩，外浚长壕，以防零骑侵掠。奏请添驻兵备宪臣一员，其副总兵同驻左卫，整饬兵饷战守诸务。于是法纪昭布，形胜增雄，战守有据，而丑虏围困之谋少寝矣。三十八年，则增筑祁家河堡于威远之东。隆庆元年，则增筑威平堡于威远之西南。三年，又增筑三屯堡于左卫之北。而马营河堡，则万历元年之增筑也。宿兵置守，一如诸堡之例。总计云西一道所辖城堡共二十有八，边垣共二百五十三里。近看得各城堡，惟右卫砌以石，左威二城砌以甓，馀皆土筑，且卑而薄，不堪保障。向者与虏日追逐于疆埸间，固未遑议此，今值诸酋款贡，实有闲暇可乘。已将右威二城鼎新高坚，仍砌以甓，其余各堡，或石或甓，并所属边垣，自某处起至某处止，亦俱增修过半。惟左卫为费颇钜，已经筹计，于来岁肇工，竣事可待也。其助马、宁虏、杀胡、云石四堡，则各有市口一区焉。夫云西一道始惟三城耳，自国初迄今几三百年，而增置至二十八者，良以驭夷之道：守御为先，随时观变，以伐虏谋，守边者之长计也。然尝考之地志，右卫之境，西距丰州、仅三百里，自俺酋强逆，而此地密与之邻，彼未必不视为罝中兔也。戊午之役，论者谓使王师旬日不至，则右卫必不支，而全镇将不知所终矣。其关系天下岂小哉！厥后把汉之降，虽自平虏入边，而讲通贡，虏使往来，皆经于此，实以遍远故耳。故谓云西时为大同要冲者，非诬也。方今天威庙算，臣服北虏，贡琛献表，比于诸藩，万世治安，固在是矣。然万一虏或改图，则此地必先受敌，其势然也，是可不加之意乎？绸缪牖户之谋，城复于隍之警，诚有一日不可弛者。备云西，所以备全镇；备全镇，所以备天下也，非乎？然计厄塞，稽远近，审形势，匪图莫彰，谨绘图如右，而偕述其建置经画之迹于左，以俟经国大君子有考焉。

尹耕《代国考》

自汉以来代国有三：曰山北也，山南也，山东也。山北之代，旧国也，始于商汤，歷代因之。齐桓之所服，赵襄之所并，代成安阳之所封，公子嘉之所奔，赵歇、陈馀之所王，夏说之所守，王喜之所弃，陈豨之所监，皆是也。今蔚之废城也。山南之代，徙都也，始于高帝十一年，分山北为郡，而稍割太原地益之以自为国。文帝之始封中年之所徙入，继之所自临幸之所复，以及子武子参之所分，后武徙淮阳子参之所合，皆是也，所谓晋阳中都也。山东之代，再徙也，始于武帝元鼎中，汉广关以常山为阻，徙代于清河，后王莽继绝，改号广宗王义之所都，子年之所废，如意之所复，皆是也；所谓清河也。

《代郡考》

古代郡，今蔚州也。考之前汉，代所领县十八，代为蔚，灵丘、广昌为今灵丘、广昌，延陵、平舒为今广灵，东安阳为蔚废安定县，马城为马邑，阳原为弘州。桑干三合高柳，皆近塞地，且如为中部都尉治。卤城近三合，当城直桓都，皆不在南。所不可考者：道人、班氏、徐氏、北平邑而已。后汉所领县十一，皆前汉之故，而无延陵；且如阳原三合灵丘、广昌、卤城。晋所领县三，广昌、平舒而加富城。后魏所领县四：平城、太平、武周、永固，曷尝南及代州邪？自乌桓、鲜卑之杂居，而边土渐夷；建安、黄初之不竞，而边郡多废。自兹以降，元魏属之司牧，齐人止置灵丘，而代遂不郡矣。唐之初也，代陷于突厥，乃因隋改雁门为代郡也，则置代于雁门。因后周置蔚州于灵丘也，则侨治蔚于阳曲，又侨治于秀容，皆非旧也。迨贞观破突厥，置郡灵丘，而仍蔚旧称。天宝更名，复号代郡，而仍雁门旧地。自此以后，更变不常，要不出此，遂以代为代，以蔚为蔚，而不知蔚之旧为代，代之旧为雁门也。

汉崔实政论

曰：仆前为五原太守，土地不知缉绩，冬积草伏卧其中，若见吏以草缠身，令人酸鼻。吾乃卖储峙得二十余万，诣雁门、广武，迎织师，使巧手作机，乃纺以教民织。

《旧唐书·唐休璟传》

超拜丰州司马。永淳中，突厥围丰州，都督崔智辩战殁。朝议欲罢丰州，徙百姓于灵夏，休璟以为不可，上书曰："丰州控河遏贼，实为襟带。自秦汉已来，列为郡县，田畴良美，尤宜耕牧。隋季丧乱不能坚守，乃迁徙百姓就宁、庆二州，致使戎羯交侵，乃以灵夏为边界。贞观之末，始募人以实之，西北一隅，方得宁谧。今若废弃，则河旁之地复为贼有，灵夏等州，人不安业，非国家之利也。”朝廷从其言，丰州复存。

《李景略传》

丰州北扼回纥。时风言回纥将南下阴山，上以景略为丰州刺史兼御史大夫天德军西受降城都防御使。迫塞苦寒，土地卤瘠，景略约己节用，与士同甘苦。凿咸应、永清二渠，溉田数百顷，公私利焉。二岁后，军声雄冠北边。

《张仁愿传》

先朔方军北与突厥以河为界。河北岸有拂云神祠，突厥将入寇，必先诣祠祭酹求福，因牧马、料兵而后渡河。时默啜尽众，西击突骑施娑葛，仁愿请乘虚取漠南地，于河北筑三受降城首尾相应，以绝其南寇之路。太子少师唐休璟以为两汉以来，皆北守黄河，今于寇境筑城，恐劳人费功，终为贼虏所有。仁愿固请不已，中宗竟从之。仁愿表留年满镇兵以助其功，咸阳兵二百余人逃归，仁愿尽擒之，斩于城下，军中股慄，役者尽力，六旬而三城就。以拂云祠为中城，南直朔方；西城南直灵武，东城南直榆林，与东西两城三垒相去，各四百余里。皆据津济遥相应接，北拓地三百余里，于牛头朝那山北，置烽堠一千八百所。自是突厥不敢度山放牧，朔方无复寇掠，减镇兵数万人。

臣按朔方军，即今河套地也。唐初与突厥以河为界，则是固常守河矣。而张仁愿所筑三受降城，皆在黄河之北、大漠之南，史谓中城南直朔方，意今河套之地。西城南直灵武，意今宁夏之地。东城南直榆林，意今在绥云之间，今其故址无复可考。说者多谓东胜州，即古东受降城所在。其地今有断头山，地最肥腴，且宜马，疑即史所谓牛头朝那也。国朝设东胜卫于此，其后移于内地。宣德、正统间，往往有建议者，欲复其故，然而卒不退焉。夫自古守封疆者，必据险阻；然守险也，不过其险，而守于险之外，若即险而守，则敌与我共其险矣。是以古人之守江也，必守淮，而河亦然。唐人御突厥也，始以河为界，其后张仁愿乃建三城于河之外焉，是即守江之意，益择其要害之地，扼其吭而折其胁也。是以唐自有此城之后，朔方益无寇，岁省费亿计，减镇兵数万，此其明验也。今日边城营堡，措置已定，固无可更革之理。然事有暂劳而久安，费少而效大者，古人亦不惮改作，在乎行之有其渐，处之有其道焉耳。臣故微举其端，而不敢尽其说，以俟后之经国远图者云。

战车（总督军务太子少保户部尚书余子俊成化二十二年造）

造车之法：轮（高四尺四寸，每只辋九个，厚二寸五分），车头（每个长一尺一寸，里边为大头，径过一尺一寸五分，外边为小头，径过九寸五分），轴（长六尺），辕（长一丈二尺五寸），前头推车横圆扛（一条，长五尺五寸），厢（高一尺八寸，长五尺五寸，阔二尺九寸），周围厢板（厚四分），厢前头横轸木（高四寸，厚三寸五分，长四尺三寸），后头横轸木（高五寸，厚三寸五分，长四尺三寸），厢内后头向外陷炮（三个），其陷炮木（阔三尺一寸，入深二尺一寸，厚五寸，量炮之大小用之），**厢四角立柱**（在前者高一尺五寸五分，卯在外，在后者高一尺四寸五分，卯在外，立于前后横轸木之上，柱外用木陷），**铁桩**（各高二尺二寸），**四桩轮**（用炮一个），**陷炮虎尾木**（通长五尺二寸），**厢后板画虎头**（高二尺三寸，厚五寸），**造榨之法：顺身木**（一根，长五尺二寸，两头各径过二寸七分，各用铁箍钩环），**穿角木眼**（阔一寸二分），**榨角木**（八根，上头长二尺八寸，下头长二尺四寸，各长五尺二寸，上锐下齐），**造桩之法：桩**（一根，长四尺三寸，上齐下锐，上用铁箍，下用鐏，中用贯绳，圆环二道）。

附 注

注一：《平凉府志》今朱子注大原，读大为泰，以为山西之太原。非也。玁狁侵西周，其去也，宜从泾北平凉之大原以出，取道便易，安有渡黄河而至山西之太原者哉？刘向谓千里之镐，非镐京之镐，则所侵当在平凉之北无疑矣。

注二：《保德州志》长城在州南偏桥村，西抵黄河，南接兴县八十里。考《关志》，秦并赵，筑长城于岚州紫塞。是时云中五原皆为郡，则宣大之南、河保之北，皆为内地，必不于岚州别为塞也。盖赵肃侯尝备三胡筑长城矣。岚州紫塞，此长城殆肃侯所筑与？

注三：尹耕磨笄山辨节文。

注四：如淳曰，《文纪》言都中都。又文帝过太原，复晋阳中都，二岁似迁都于中都也。《正义》曰，《括地志》云中都故城在汾州平遥县西南十二里，秦属太原郡。

注五:《太原府志》三关旧守备三、游击将军一、总兵官一、兵备使一。总兵转游守各占信地,而兵备理粮饷,督抚驻太原居中节制,不自涉边境。嘉靖庚子后,虏频岁入犯郊垌,都御史则自六月杪统标下军三千人至代州防之,仍檄守巡等六七道划地而分其防。无何,以诸道尽北,则太原虚,乃设宁武兵备道,改偏宁道为岢岚道,驻偏关,与雁平道遂成鼎足,各守信地。其都御史则至十月还太原。岁以为常焉。

注六:今当移在普同关之后。

注七:方山城在永宁州北一百四十里。万历二十五年,巡抚魏题请方山乃三晋要害之地,五县不接之所复筑城池。

注八:梗阳在清源县,不在榆次。

注九:《元和志》马首故城在寿阳县东南十五里。

注十:此冷泉关,下文所引郦注,则介休县之雀鼠谷也,判然二处。

注十一:河会营即路泽营,在县北四十三里。

注十二:州西二十二里。

注十三:唐宋于石岭、赤塘二关皆戍兵于州,置防御或团练,使实为重镇。国朝拓境既远,边防在云中、雁门,此似为内地。然近年虏势猖獗,由宁武诸口入犯此境,最为虏冲。或谓于此宜设兵戍,比石隰、平定诸处;况彼皆在腹里,此近边重地,顾独不然与?又曰,国制凡地近边塞要害或险旷啸聚多盗,皆设兵戍,此州近边,过于平定;多盗,可方磁隰,乃不设卫所防御者,盖缘昔时全盛,云中守固,虏鲜入寇,民亦殷阜,奸宄不作。近年边烽常警,岁岁防秋,民穷财尽,盗亦繁兴,则兵防为恃亦甚急也。旧设惟有民兵三百，千百长领之。巡捕官督之以守城备盗；乃复每年调取其半赴边比，盖单弱，人情恇惧。今计防御卫所，卒难添设，惟始将此民兵免调，使常全在州操备，庶少得济。彼既有帮丁，自备军装资用，不费公帑，甚为便益。其戍边省南诸处民兵自足，免此近边一二处，岂即少此数也？（《旧志》）

注十四：《运司新志》近年盐不生花，唯以畦种为事，竭力浇晒，不能充额。

注十五：《解州志》（一）。

注十六：重加黄牛堰以杀其势。

注十七：苦池滩会洪洛渠禹王庙之水、中条山李绰堰之水，合流一处，由杨家庄入渠，经安邑城北、运城北，西流六十里，经解州北境，又西流六十里，至临晋五姓湖，又西达蒲州，入黄河。

注十八：《安邑志》（十五）。

注十九：唐开元中，尝于此置龙池宫。

注二十：《解州志》（三）《河东运司志》。

注二十一：湖广巴陵人，举人以临河知府升任。

注二十二：《解州志》（二）。

注二十三：以下《运司新志》。

注二十四：《解州志》（四）。

注二十五：在州之芮城县西二十里，自蒲州经县境，东注平陆县界。

注二十六：自黄河至沙涧，俱本《解州志》。

注二十七：《解州志》（五）。

注二十八：《解州志》（六）。

注二十九：《曲沃志》，自昭侯封成师而沃著。秦并天下，沃夷为县鄙，更名左邑；前汉因之。而元鼎间，帝驻跸桐乡，闻南粤之捷，遂县闻喜；则今之闻喜，犹我之桐乡也。嗣是曰绛邑，仍曰曲沃，名随代移。沃，自若也。后周移治乐昌，隋再迁绛北，总之不离封城。而司马贞注《史记》，颜师古注《汉书》，林尧叟注《春秋》，皆以古曲沃为今闻喜，则误矣。

注三十：止四堡，恐有遗漏。

注三十一：榆林口前有沙家寺及村，辽太尉沙公墓在焉。水峪口通代州南山大小十余口。

注三十二：北二十。

注三十三：威宁口在阳和卫西北七十里，东西五十步，墙高一丈五尺。水磨口在天城卫西北四十里，南北五十八步，墙高一丈五尺。四老口、鹅毛口、大峪口、鹁鸽峪口、陈家峪口、马什岭口、小磨口、石井口、吴道口、芦子口、小峪口、红山峪口、炭岭口、上十三口俱怀仁县(《府新志》)。

陕西备录上

《雍谭》 范守己

《汉书》云，“文王作丰”。颜师古注曰：“今长安西北界灵台乡丰水上是。”而杜元凯注左氏则曰，“丰在始平鄠县东。”是在长安西南矣。未知孰是？今按《大雅》云“既伐于崇，作邑于丰。”又曰“丰水东注，维禹之绩。”又案丰水出终南山，东流过鄠县，与铜水合，北流入渭。鄠，古崇国也，则丰在鄠县可知。若在长安西北，则丰水正北流，不可云东注矣。

《汉书》云，“武王治镐。”师古曰，“今昆明池北鄗陂是。”《说文》曰：“镐在上林苑中。”镐与鄗同。皇甫谧《帝王世纪》曰：“武王自酆居镐，诸侯宗之，是为宗周。今沣水之东、长安之南三十里，去酆二十五里，镐池即其故都。”郦道元《水经注》曰：“自汉武穿昆明池，镐京基构沦陷，今无可究。”是镐在丰东无疑。《小雅》云：“猃狁匪茹，整居焦获；侵镐及方，至于泾阳。”正指镐京而言。盖镐与泾阳相距不远，焦获亦在泾阳境内。泾阳在汉为池阳地，《汉书》“池阳”下注云，“《尔雅》十薮，‘周有焦获。’郭璞曰：‘将瓠中是也。’”则焦获在泾阳可知，方则或非朔方耳。刘向以镐为千里之镐，不知所据。

颜师古曰：“灞、浐、泾、渭、沣、镐、涝、潏，是为八川。”案相如《上林赋》曰："荡荡乎八川，沣、滈、涝、潏、泾、渭、駈、浐。"有駈水而无灞水，岂駈即灞之本名耶？又案《汉书》"浐水出蓝田谷，北至霸陵，入霸水。霸水亦出蓝田谷，北入渭。"颜师古曰："滋水，秦穆公更名，以章霸功，视子孙。"霸水之不为駈水可知矣。

故长安城在今西安府西北，北临渭水。《三辅旧事》曰："城南为南斗形，北为北斗形。"今观城形，信然。及阅《汉志》及班、张二赋，皆不言及。后见长安故图，其城南面三曲，正南曰安门，亦曰鼎路门，独凸出向前；左曰覆盎门，右曰西安门，各缩后数丈。北面亦三曲，东北独凸出数丈，其西以渐而缩，东北第一曲无门，次西一曲有二门：东曰厨城门，西曰洛门；又次西一曲无门；又次西一曲有一门，曰横门。东面无曲，其直如引绳，有三门：中曰清明门，北曰宣平门，南曰霸城门。西面二曲，西南独凸出，亦有三门：中曰宣城门，在曲中，西北向；南曰章城门，西向；北曰雍门，亦西北向。盖其城沿渭水而筑，故其曲折皆随水浒，初非有意为斗形也。唐人谓为北斗城，偶以形似言之耳。

船司空，汉县名。颜师古曰："本主船之官，遂以为县。"在今华阴东北渭水入河处，其南为桃林塞，即今之潼关也。

郃阳，汉县名。应劭曰："在郃水之阳也。"师古曰："即《大雅大明》诗所谓'在郃之阳'。"案《大明》诗云："在洽之阳，在渭之涘。"今郃阳去渭颇远，尚隔朝邑。

杜阳，汉县名，有杜水，南入渭。颜师古曰："《大雅绵之》诗曰：'人之初生，自土漆沮。'齐诗作自杜，言公刘避狄而来，居杜与漆沮之地也。"案杜阳，今为麟游县；漆在今邠州三水县；沮即洛水，为洛川县，相去颇远，谓土为杜阳，可乎？朱传为是。

邠州，旧有三原，古栒邑。《汉书》云，有豳乡，公刘所都。颜师古曰："栒，读与荀同。"案汲郡古文"晋武公灭荀，以赐其大夫原氏黯，是为荀叔。"臣瓒曰："荀当在晋之境内，不当在扶风。今河东有荀城，古荀国，则不为栒邑明甚。"又案左氏云："毕、原、酆、郇，文之昭也。"又云："郇侯贾伯伐晋。"《诗》又云："四国有王，郇伯劳之。"是郇为周之同姓，与荀为二国。然则所谓栒邑者，得非郇伯之故地耶？而字形不同，恐亦未然。

《汉书》云："池阳县有巀嶭山，在北。"师古曰："巀嶭，即今所呼嵯峨山。"长安故图云，"池阳，今三原县。"案今嵯峨山在泾阳县北，则池阳为泾阳明甚。故图谓为三原，而以泾阳为古沈阳、云阳地，恐未然也。《后汉书》云："云阳有荆山，禹铸鼎处。"今其下有荆渠。不闻泾阳有荆山也。

《地道记》云："池阳有巀嶭山，有鬼谷。"案《史记》，鬼谷在颍川阳城，不在池阳。

胡松与知旧书云，"泾州以泾水得名，回中山在其城北一里许，其下为泾河。汉文帝时，匈奴入萧关，烧回中宫，即此地。予尝至泾州，其守亦告曰：'此回中也。'西门外有山突起，如万斛囷，其上有王母祠，俱言汉武帝幸回中，即此。予亦信之。"案《后汉书》"右扶风汧县有回城，名回中。"注云，"来歙开道处"，则回中之不为泾州明甚。

汉有泾阳县，属安定郡，非今之泾阳也，当在平凉府西北。《汉书》云，"泾阳县西有开头山，《禹贡》泾水所出。"颜师古曰："开，音牵。此山在今灵州东南，土俗语讹谓之汧屯山。"而郭璞注《山海经》，乃曰：泾水出朝那县西丹头山。案朝那，今固原州，不闻有丹头。师古之言，似为有据。

《后汉书》云，“朝那有湫渊，方四十里，停不流，冬夏不增减，不生草木。”案胡松与知旧书云，“朝那湫有二，俱在今固原境内：一在州东二十里，一在州西三十里。水各方数十里，深不可测，传蛟龙藏其中，世邈忘其本名，土人呼为东西海子。而西海子水流百数十里，经隆德、静宁界，即好水川也，宋与夏人战场在焉。”然则《汉书》所谓“停而不流”者，岂独指东湫言邪？抑汉时未有西湫邪？湫即秦文王诅楚处。

平凉西有瓦亭驿，在华亭固原界上，乱山纷错，至不可列骑。其道西北通固原以走宁夏，西南过六盘山走甘肃，亦要地也。案《后汉书》“乌枝县有瓦亭，牛邯军处。”《前汉书》作乌氏，则瓦亭之名，其来久矣。

《汉书》，北地郡有归德县，县有洛水，出此蛮夷中入河。是不独河南鄜州，各有洛水而已。

《长安图志》载，唐太宗昭陵在醴泉县北五十里九峻山上，其规模皆太宗所自经营。贞观二十八年八月毕工，先葬文德皇后长孙氏，为刻蕃酋之形，琢六骏之像，以旌武功，列于北阙。其诸蕃酋长贞观中擒伏归和者，琢石肖形状，而刻其官名，凡十四人；六骏：一曰青骓，平窦建德时所乘；二曰什伐赤，平王世充时所乘；三曰特勒骠，平宋金刚时所乘；四曰飒露紫，平东都时所乘；五曰拳毛骏，平刘黑闼时所乘；六白蹄乌，平薛仁杲时所乘，各有赞语，四言四句，此则翁仲石马所自始也。至武后之葬乾陵，则石刻酋长六十一人，高七尺；石人二十，高一丈五尺；石马十六，高九尺；飞龙马二，高一丈五尺；石狮四：其二高一丈五尺，其二高丈有二尺；朱雀二，高六尺，不止如昭陵而已。至今犹杂卧草树间。

《临潼志》谓临潼在秦为栎阳，汉高葬上皇其地，改为万年县。案《水经注》："浊各水出，原注郑渠，又东经太上陵南，北屈与沮水合，至白渠，与泽泉合，俗谓之柒水，又谓之柒沮水。绝白渠，东迳万年县故城北，为栎阳渠。城即栎阳宫也。汉高帝葬皇考于是县，起坟陵，署邑号，改曰万年也。《地理志》曰："冯翊万年县，高帝置。"阚骃曰："县西有泾渭，北有小河。"由是观之，万年在渭水之北，泾水之东，高陵阜平之间，不在骊山址下明甚。

公刘居邠，在今邠州三水县。梁山在其南，今在永寿县西南，去邠不百里而遥，西南距岐山三百余里。《孟子》所谓"去邠，逾梁山，邑于岐山之下。"言正符合。或谓为韩城之梁山，非是。《邠州志》载履迹坪隘巷诸迹，谬妄亦甚。盖后稷生部，今武功，不在邠州也。其所谓"皇涧凌阴室"，犹为近似。

泾州西门外有回山，上有王母祠，志谓为汉回中道。案文帝时，匈奴入萧关，烧回中宫。武帝屡幸回中，似不在此。泾水经泾州城外，啮城东南下，汭水注之。汭水出陇州北弦蒲薮，东北流入泾。《诗》所谓"汭鞫之即"者，即此。

皋兰山在兰州南城外，有五泉雷唐之盛，第童无草木，望之一土石陵阜尔。其高数百仞，横亘数十里。山下沃野可耕，一望平畴，东至阎王沟约四十里，居民赖之。

鄠县故崇侯国，文王取之作丰邑，在长安南七十里。有汉陂在紫阁峰下，环抱山麓，方广可数里。中有芙蕖、凫雁之胜，杜子美有"半陂以南纯浸山"之句，指此。

说经台在盩厔县东二十里终南山坳上，松阡石迳，迤逦以上。最上有洞可容数十百人，盖老子与关尹喜传经处。

秦汉时有函关而无潼关，潼关之名，不知所自始。唯《水经》云，“河水南至华阴潼关，渭水从西来注之。”《注》云，“河在关内南流，潼激关山，因谓之潼关，有灌水注之。灌水出松果之上，北流迳通谷。世亦谓之通谷水，东北注于河，《述征记》所谓‘潼谷水’者也。”或说因水以名地也。河水自潼关东北流，水侧有黄坂，谓之黄卷坂，傍绝涧，涉此坂以升潼关，所谓“溯黄卷以济潼关”矣。据此，则潼关汉魏已有，第非以潼水得名耳。今城中有水北流，俗呼为潼水，则古之所谓灌水矣。

潼关河北有风陵，世以为女娲陵。《水经注》云，“关之正北隔河，有层阜巍然，世谓之风陵，戴延之所谓风塠也。”不闻称女娲陵。

元学士潘昂霄《穷河源记》

河源在吐蕃朵甘思西鄙，有泉百余泓，或潦水，沮洳散涣，方可七八十里，且泥弱不胜人迹。近观弗克，傍立高山下视，灿若列星，以故名火墩脑儿，译言星宿海也，群流奔湍，近五七里，汇二巨泽，名阿剌脑儿。自西徂东，连属吞噬。广轮马行一日程，迤逦东骛成川，号赤宾河。二三日程，水西南来，名以里木，合赤宾。三四日程，南来名葱兰。又水东南来，名里也木，合流入赤宾。其流浸大，始名黄河。然水清，人可涉。又一二日，岐裂八九股，名也孙干论，译言九渡通，广六七里，马亦可渡。又四五日程，水浑浊，土人抱革囊乘马过之。民聚部落，纠集木干象舟，傅毛革以济，仅容两人。继是两山岐束，广可一二里，或半里，深莫测矣。朵甘思东北鄙有大雪山，名亦耳麻不莫剌。其山最高，译言腾乞里塔，即昆仑也。山腹至顶皆雪，冬夏不消，土人言远年成冰，六月见之。自八九股水至昆仑，行二十六日程，河行昆仑南半日程，既又四五日程，至地名阔即及阔提，二地相属。又三日，地名哈剌别里赤儿，四达之冲也。多寇盗，有官兵镇防。昆仑迤西，人简少，多处山南，山皆不穹峻，水亦散漫，兽有牦牛、野马、狼、豹、羱羊之类。其东山益高，地亦渐下，岸狭隘，有狐可一跃之者。行五六日程，有水西南来，名纳邻哈剌，译言细黄河也。又两日程，水南来，名乞儿马出，二水合流入河。河北行，转西至昆仑。北二日程，地水过之，北流少东，又北流入河。半月程，至归德州，地名必赤里，始有州事官府。州隶河州，置司，土蕃等处宣慰司所辖。又四五日程，至积石州，即《禹贡》积石云。

《升庵集》

按《史记》云，河有两源：一出葱岭，一出于阗，合流东注。蒲昌海伏流地中，南出积石，其山多玉石，武帝因按古图书名河所出山曰昆仑。班固以骞为未尝见昆仑。唐薛元鼎使吐蕃，自陇西成纪出塞二千里，得源于闷磨黎山，中高四下，所谓昆仑。水东北流，与积石河相连，河源澄莹，冬春可涉。下稍合流，色赤益远，他水并注，遂浊。吐蕃亦自言昆仑在其西南，故蔡氏尚书《禹贡传》兼取二说，而归是于薛，然皆非耳目闻见之实论。元至元十七年，命都实佩金虎符往求河源，自河州四阅月始抵其处。学士潘昂霄述其所见为志，谓河源出吐蕃朵甘思西鄙，云云。自发源至汉地，南北溪涧，分流合派，莫知纪极。至积石，始林木畅茂。及考临川朱思本，得译出梵字图书，其间分合转折，与志或异，而昆仑积石地域远近，大要相同。大概谓河源东北流，所历皆西蕃地，至兰州凡四千五百余里，始入中国。又东北流，过胡地凡二千五百余里。始考张骞使西域，所至惟大月氏、大苑、大夏、康居，其余旁国皆得之传闻，徒见盐泽伏流，至于积石再出，遂谓此为河源，诚未睹昆仑。班固非之，宜矣。元鼎虽亦以使事往吐蕃，然履历有序，其言昆仑山水委曲可信，故蔡传以元鼎之言为近。然亦未究极至。元有天下，薄海内外皆置驿使，通道绝域，如行国中。都实又特以河源事往，所诣多乡道指授，其所纪载当有证据。然后知于阗盐泽、昆仑积石皆河流所经，主源犹远。譬之常山之蛇，张骞见其尾，元鼎见其腹，而都实所至，昂霄所纪，庶几见其全体矣。

《积石山辨》

俞安期曰：余志湟中，赋黄河，历考载籍，则今所称积石山在河州西宁境者，皆讹。是积石者，即汉之河关县山也。唐咸亨中，薛仁贵征吐蕃，败绩大非川，失积石以东之地，乃以河关静边镇置积石军。其后，又陷于吐蕃久之。长庆中，刘元鼎使吐蕃，遂指积石军为积石山，后世纷纷祖其说，以攻《山海经》及《水经》诸书为荒唐也。按《山海经》云“积石之山，其下有石门，河水冒以西南流。”郭璞注云，“山在河关县西南羌中。”班固《西域传》云，“河有葱岭、于阗两源，合而东注蒲昌海，一名盐泽，其水冬夏不增减，潜行地下，南出积石山，为中国河。”范畔《汉书》并同。《水经》与《山海经》文合。郦道元《注》谓之重源。《后汉书》曰："段颖自湟中追烧当羌，且斗且行，四十余日，遂至河首积石山，出塞二千余里。"《隋书》曰"宇文述追破吐谷浑，得地四千里。"注云，"有积石山，河水所出，又有乌海。"唐贞观中，李靖等西征吐谷浑，军次鄯州，始议所向，穷追出塞，行空荒之地二千里，乃次星宿川，达柏海，上望积石山，观河源。嗟乎！《山海》《水经》固为荒唐，而两汉书及隋唐之史所载，皆尽非乎？况张守节为唐开元中人，作《史记正义》，犹云河州有小积石山，河源出大昆仑山，入盐泽，东南潜行，入吐谷浑界大积石山，又东北流至小积石山。则《禹贡》所导积石山尚在。今所谓星宿海河源之上，独不观唐史所云"次星宿川达柏海，上望积石山"之文，可为的证乎！

河源古无所见，自元人始求而得之（按《元史》，禹贡导河，止自积石。汉使张骞通西域，惟见二水交流发葱岭，汇于盐泽，伏流千里，至积石而再出。唐薛元鼎使吐蕃，访河源，得之于闷磨黎山，皆未穷其源也。元有天下，人迹所及，皆置驿传。至元十七年，命都实佩金虎符，往求河源，自河州之宁河驿，西南登山，至杀马关，林麓穷隘，一日至巅，西去愈高。四阅月始抵河源，是冬，还报，并图其城传以闻。其后学士潘昂霄从都实之弟得其说，撰为河源志；临川朱思本又从八里吉思家得所藏梵字图书，而河源始有传矣）。初名星宿海（按《元史》，河源在朵甘思西鄙，有泉百余泓，沮洳散涣，弗可逼视；方可七八十里。履高下瞰，灿若星列，以故名火敦脑儿，火敦，译言星宿也），群流奔辏，汇巨泽二，东流为赤宾河（按《元史》，自星宿海群流奔辏，近五七里，汇二巨泽，名阿剌脑儿，自西而东，连属吞噬，行一日，迤逦东骛成川，号赤宾河），自是受诸水，其流浸大，始名黄河（按《元史》，又二三日，水西南来，名亦里出，与赤宾河合。又三四日，水南来，名忽阑，又水东南来，名也里木，合流入赤宾，其流浸大，始名黄河），又东为九渡通，又东入峡中，其深叵测。又东受怀理河水，又东曲而北百余里，又曲而西二百余里，又曲而北百余里，又曲而东至昆仑（按《元史》，始名黄河处，水犹清可涉；又一二日，岐为八九股，名也孙干论，译言九渡通也，广五七里，可渡马；又四五日，水浑浊，土人抱革囊，纠木干象舟以济，自是以下，两山硖束，广可一二里，或半里，其深叵测。朵甘思东北有大雪山，名亦耳麻不莫剌，其山最高，译言腾乞里塔，即昆仑也）。南受二水，复曲而北，而西，而北，而东，至贵德州（河州西南地也。按《元史》，河行昆仑南半日；又四五日，至阔即及阔提地，又三日，经哈剌别里赤儿北，是地山势穹峻，其岸狭隘，有狐可一跃而过之处；行五六日，有水西南来，名纳邻哈剌，译言细黄河也；又两日，水南来，名乞儿马出，二水合流入河，河水北行，转西流，过昆仑北一向东北流；约行半月，至贵德州，地名必赤里，始有州治官府，州隶吐番宣尉司，司治河州。世言黄河九折，彼地有二折，言乞儿马出及贵德州必赤里也）。经积石，至河州。又东北受九水，至临洮（按《水经》，河至此东北流，有北济川，乃北谷乌头川、临津白土川两川，大夏、洮漓诸水注之）。又东受湟水，至兰州（按《通志》，河东过金城允吾县，今兰州境也，湟水从西来注之）。又北受高平水（按《水经》，河至黑城东北，高平水注之。高平水出今镇原县）。又北过灵州西，宁夏东；又东过新秦中北（今河套地），受五水，至圁阳县（今葭州也。按《水经》，河自朔方以东至圁阳，有石门、白渠、颓太、罗南诸水注之）。又南受十三水，出龙门（今郃阳县。按《水经》，河自圁阳以南，有端诸次汤奢延陵离石契大蛇辱蒲丹黑洛诸水注之）。又南受七水，至华阴（按《水经》，河自龙门以南，有汾畅谷崌谷陶渠俗涑渭注之）。大抵自河源至华阴，通计九千余里，而东入河南境矣（按《元史》，思本云，“河源东北流，所历皆西番地，至兰州四千五百余里，始入中国；又东北流，过达达地二千五百余里，始至河东境；又南流一千八百里，东入河南境矣。”）。

泾水

源出安定郡岍头山，流千余里，皆在高地，东至仰山谷，乃移平壤，故于此可疏凿以溉五县之地。夫五县当未凿渠之前，皆斥卤硗确，不可以稼，自被浸灌，遂为沃野。秦名郑国渠。初，韩欲疲秦，使无东伐，乃使水工郑国间秦，令开泾水，欲以溉田。中作而觉，秦欲杀国，国曰：“臣为韩延数年之命，然渠成，万世利也。”乃使卒就渠。溉注填阏之水，溉舄卤之地四万余顷，收皆亩一钟，于是关中无复凶年。汉名白公渠。太始二年，赵中大夫白公奏穿此渠，首起谷口，尾入栎阳注衺渭二百里，溉田四千五百余顷，因名白渠。民得其饶，歌曰：“田于何所？池阳谷口，郑国在前，白渠起后。举锸为云，决渠为雨。泾水一石，其泥数斗。且溉且粪，长我禾黍。衣食京师，亿万之口。”唐永徽间，雍州刺史长孙祥奏毁渠上硙碾，以复水利。至大历中，田才得六千二百余顷。广德十三年，嗣薛王知柔为京兆尹，以郑白渠梗壅，民不得岁。乃调三辅治复旧道，灌浸如约，遂无旱虞。宋名丰利渠。大观中，诏开石渠，疏泾水入渠者五尺，下与白渠会，溉七邑田五千九十余顷，所谓洪堰者是也。淳化初，有民杜思渊上书、言泾水内旧有石翣，以堰水入白渠溉田，岁收三万斛。其后石翣坏，三白渠水少，溉田不足。乾德中，节度判官施继业率民用稍穰笆篱栈木，截河为堰，壅水入渠，民虽获利，然凡遇山水暴至，则堰辄坏。至秋治堰，复取于民，民烦数役，终不能固。乞依古制，调丁夫修叠石翣，可得数十年不挠，一劳永逸矣。诏从之。元名王御史渠，亦名新渠。初，大德八年，泾水暴涨，毁堰塞渠，陕西行省命屯田府总管夹谷伯颜帖木儿及泾阳尹王琚疏导之，起泾阳、三原、栎阳、高陵用水人户及渭南、栎阳、泾阳三屯所人夫共三千余人兴作，水遂通流如旧。其制编荆为囤，贮之以石，复填以草，以土为堰，岁时葺理，未尝废止。及琚复任陕西诸道行御史台监察御史，建言于丰利渠上更开石渠五十一丈，阔一丈，深五尺，自延祐元年兴工，至五年，渠成，堰水入渠。至正初，御史宋秉亮又于渠岸高处开通鹿巷，以便夫行。廷议允可。遂发丁夫开鹿巷八十四处，削平土垒四百五十余步。陕西行省左丞相帖里木儿遣都事杨钦修治，凡溉田四万五千余顷，而醴泉、泾阳、三原、高陵、临潼、栎阳、云阳、富平，咸被其利。至国朝，河底低深，渠道高仰，水不通流。成化间，巡抚陕西都御史项忠上奏于朝，得允，遂起醴泉、泾阳、三原、高陵、临潼、富平六县蒙水利人户，仍旧迹而疏通之。于平地则度势高卑而穿渠，遇山石则聚火熔铄而穿窦，不二年而成，遂名曰广惠渠，凡溉田八千二十二顷八十余亩，又溉西安左前后三卫屯田二百八十九顷五十余亩，每亩收谷三四钟。抑古今水利有消长，常闻前人相视斯渠，其说有三：一曰尽修渠堰之利，二曰复置板闸之防，三曰开通出土之便。然其要又在选委得人，不当惜费。且郑渠起于瓠口，今骆驼湾西北是也，上至白公渠口二千七百余步。白公渠口，即今小龙潭下是也，上至宋丰利渠五十六步。已上三堰，西北高而东南低，泾水自仲山出，由高而下，河岸去水渐高，今量得郑公渠口至水面，计高五十余尺；白公渠至水面，计高一丈三尺，相悬如此，虽欲不改，不可得也。今丰利渠至水亦高七尺有余，方新渠未开之时，每岁差民起立石囤堰水，费役甚广而水益艰涩，是以王御史于上流窄处凿渠，止用囤一百八十个，宜其省费而水可通也。然其底亦高河水三尺，所立囤堰，厚止三重；河流深处，囤之高者，乃至一丈五尺，浮坐于地，每遇河水泛涨，不禁冲突，易于倾坏，反不若宋渠之堰，凿石安立桩橛，犹以为固也。今泾水石底安桩石痕犹存，是以用费益多，民力益困，询诸众，皆言新石渠起于山脚，地势高于接流，其底犹有三尺未开，宜凿渠底，通行计料，再令开凿，加深八尺。如此，不待囤堰之设，先有五尺自然之水入渠，其囤但比水高五六尺，则渠受水之多，不言可知。宜计旧堰广狭、新囤高下，即今三重之上，截作九重，囤堰既低且厚，纵遇小涨，只于囤上漫流而过，不至冲激倾倒。设使囤坏，亦不妨自然入渠之水。此法之外，无以复加。且骆驼湾百余步，渠身两壁开凿切口二道，当时设此，恐遇泾水暴涨及洪堰倒塌之时，即下此闸，以备浊水淤淀渠道。平流一闸，在退水槽近下十步，渠身两壁亦有切口四道，盖注罢浇田之后，水既无用，遂开此闸退水还河。又当河涨之时，或汹涌之浪不能卒下，或已下而散漫，用防不虞。此皆古人良法，不可废而不知讲也。

漕运

汉娄敬说高帝西都长安，张良进言曰："关中阻三面而独守一面，东制诸侯，安定河渭，漕挽天下，西给京师。诸侯有变，顺流而下，足以委输，敬说是也。"上从其议，定都焉。武帝时大司农郑当时言于帝曰："异时关东漕粟从渭上，度六月而罢。渠下民田万余顷可得以溉；此损漕省卒，而益肥关中之地，得谷。"上以为然，发卒穿渠以漕运，大便利。人有上书欲通褒斜道及漕，事下御史大夫张汤。汤问之，言抵蜀从故道，故道多阪回远，今穿褒斜道，少阪，近四百里。而褒水通沔，斜水通渭，皆可以行船漕。漕从南阳上沔入褒，褒绝水至斜，间百余里，以车转从斜下渭，如此，汉中粟可致，而山东从沔无限，便于底柱之漕。且褒斜材木竹箭之饶，拟于巴蜀。上以为然，拜汤子昂为汉中守，发数万人作褒斜道五百余里。道果便近，而水多湍石，不可漕。隋开皇元年，为开漕渠，命太监率水工凿渠渭水，经大兴城北，东至潼关，漕运四百余里，关中赖之，命名曰富人渠。开皇二年，以京师仓廪尚虚，议为水旱之备，诏于蒲陕以东募人能于洛阳运米四十石，经底柱之险，达于常平广通仓者，免其征戍。其役以渭水多沙，流有浅深，漕者苦之。四年，诏左庶子宇文恺率水工凿渠引渭水，自大兴城东至潼关三百余里，名曰广通渠，转运通利，关内便之。炀帝大业元年，发河南诸郡男女百余万开济渠，自西苑引谷洛水达于河，又引河通于淮海，自是天下利于转输。唐漕运渠在长安县。天宝二年，京兆尹韩朝宗引渭水入金光门，置潭于西市，以贮材木。大历元年，京兆尹黎干自南山谷开漕渠，抵景风延喜门，入苑，以运南山薪炭。太和初，岁旱河涸，掊沙而进，米多耗。秦汉时故漕兴城渠在咸阳西十八里，李石为相，奏咸阳令辅辽治之，东达永丰仓。自秦汉以来，疏凿为沟渠，自咸阳抵潼关三百里，可以罢车挽之劳。其后湮废，自此复之。宰相李固言以为非时，文宗曰："苟利于人，阴阳拘忌，非所赖也。"议遂决。堰成，罢挽车之牛，以供农科，关中赖其利。五节堰。唐《地理志》，汧源县有此堰，引陇州水通漕。武德八年十二月，水部郎中姜行本奏开通运，许之。广运潭《明皇杂录》：天宝元年，韦坚为陕西郡太守，兼水陆运使。以坚泊汉隋运渠，起关门，抵长安，邃山东租赋，乃绝灞、浐并渭，东注永丰仓，下与渭合。又与长乐坡濒苑墙，凿潭于望春楼下，运漕一年。坚命舟人为楚服作歌，而陕县尉崔成甫又广之，使人立第一船为号头，又使人鸣鼓吹笛以和之，众艘以次辏楼下。明皇升楼，诏群臣临观，大悦，赐其潭名曰广运。宝历中，敕太仓广运潭今后令司农寺收管。是岁，漕山东粟四百万石至京师。华州华阴有漕渠，自苑西引渭水，因石渠会灞、浐，经广运潭，至县入渭。天宝三载，韦坚开。天宝元年，陕西刺史李齐物穿三门运渠。正月辛未，渠成。户部侍郎裴休为转运使，以河濒县，令董漕事，自江达渭，运米四十万石。居三岁，米至渭者百二十万石。凡漕达于京师，如此而已。代宗广德二载，刘晏领渭事，晏即盐利雇佣，分吏督之，随江、汴、河、渭所宜，江船不入汴，汴船不入河，河船不入渭。江南之运积扬州，汴河之运积河阴，河船之运积渭口，渭船之运入太仓，岁转粟百一十万石，无升斗溺者。德宗真元初，闵辅宿兵米斗千钱，太仓供天子六宫之膳，不及十日，禁中不能酿酒。以飞龙驼负永丰仓米给禁军。江淮米不至，六军脱巾于道，上忧之。会韩滉运米至陕，上喜，谓太子曰："米已至陕，吾父子得生矣。"皇明天顺中，延绥用兵日久，户部尚书杨鼎上言曰："阿罗出住牧河套，入寇迨今三年，费用浩繁，凡银两引盐、牧马征运之法尽行，尚为未足，又起预征之利，民困财竭，所不忍言。惟黄河乃汉唐漕运河，即今盐船木筏，往来不绝，其间虽有三门折津之险，而古人倒仓之法，为当三门之上，有小河径通延绥，如以所运粮草各贮水次，溯流攒运，庶几运饷可足而民力苏。或摘漕运数千粮赴陕，就令教习山西、陕西、河南之人，待舟楫通，乃许回运，且可顺带解盐数十万以充淮课，则国利大有增矣。"诏悉从之。或曰，此难事也，他人不能达。所司复请举行，吁，亦晚矣。竟沮其议。

按西安之境曰郑白、曰六辅渠者，皆秦汉时所凿；曰龙首、曰通济渠者，赵宋及我皇明时所凿。此外南山诸谷之水，多流而入渭，倘皆自山麓凿而为渠，以溉稻及禾，则东西千里，尽为沃壤，又何旱熯足患之有又？诸边与虏壤相接，有河有湟，地平而水多，为沟为洫，以灌以溉，则堤防逾于城隍，收获易于转输。馈饷省，金汤设，外靖而内安矣。

《旧唐书食货志》

开元十八年，宣州刺史裴耀卿上便宜事条曰："江南户口稍广，仓库所资，惟出租庸，更无征防。缘水陆遥远，转运艰辛，功力虽劳，仓储不益。窃见每州所送租及庸调等，本州正、二月上道，至扬州八斗门，即逢水浅，已有阻碍，须留一月以上。至四月以后，始渡淮入汴，多属汴河干浅，又盘运停留，至六七月，始至河口，即逢黄河水涨，不得入河。又须停一两月，待河水小，始得上河。入洛即漕路干浅，船艘隘闹，盘载停滞，备极艰辛。计从江南至东都，停滞日多，得行日少，粮食既皆不足，欠折因此而生。又江南百姓，不习河水，皆转雇河师水手，更为损费。伏见国家旧法，往代成规，择制便宜，以垂长久。河口元置武牢仓，江南船不入黄河，即于仓内便贮。巩县置洛口仓，从黄河不入漕洛，即于仓内安置。爰及河阳仓、柏崖仓、太原仓、永丰仓、渭南仓，节级取便，例皆如此。水通则随近运转，不通即且纳在仓，不滞远船，不忧久耗，比于旷年长运，利便一倍有余。今若且置武牢、洛口等仓，江南船至河口，即却还本州，更得其船充运，并取所减脚钱更运江淮。变造义仓，每年剩得一二百万石，即望数年之外，仓廪转加。其江淮义仓，下湿不堪久贮，若无船可运，三两年色变，即给贷费散，公私无益。”疏奏，不省。至二十一年，耀卿为京兆尹，京师雨水害稼，谷价踊贵，玄宗以问，耀卿奏称：“昔贞观、永徽之际，禄廪未广，每岁转运不过二十万石，便足。今国用渐广，漕运数倍，犹不能支。从都至陕，河路艰险，既用陆运，无由广致。若能兼河漕，变陆为水，则所支有余，动盈万计。且江南租船，候水始进，吴人不便漕挽，由是所在停留，日月既淹，遂生窃盗。臣望于河口置一仓，纳江东租米，便放船归。从河口即分入河洛，官自雇船载运。三门之东置一仓。三门既水险，即于河岸开山，车运十数里。三门之西，又置一仓，每运至仓，即盘下贮纳，水通即运，水细便止。自太原仓溯河，更无停留，所省钜万。前汉都关中，年月稍久，及隋亦在京师，缘河有旧仓，所以国用常赡。”上深然其言。至二十二年八月，置河阴县及河阴仓、河西柏崖仓、三门东集津仓、三门西盐仓。开三门山十八里，以避湍险。自江淮而溯鸿沟，悉纳河阴仓。自河阴送纳含嘉仓，又送纳太原仓，谓之北运。自太原仓浮于渭，以实关中。上大悦。寻以耀卿为黄门侍郎同中书门下平章事，充江淮河南转运都使，以郑州刺史崔希逸、河南少尹萧炅为副。凡三年，运七百万石，省陆运之佣四十万贯。旧制：东都含嘉仓积江淮之米，载以大舆而西，至于陕三百里，率两斛计佣钱千，此耀卿所省之数也。明年，耀卿拜侍中，而萧炅代焉。二十五年，运米一百万石。二十九年，陕郡太守李齐物凿三门山以通运。启三门巅，输岩险之地，俾负索引舰，升于安流，自齐物始也。天宝三载，韦坚代萧炅，以浐水作广运潭于望春之东，而藏舟焉。

顺治十七年八月，御史高疏言：当年蜀省初辟，地荒民逃，大兵云集，粮饷为急，故议岁发银两于秦之汉巩等属，招买粮米，运送略阳，转输川北，为进取之资。每米一仓斗，价银一钱三分，运价银一钱五分。各府州县距略近者数百里，远者不下千里。其间山径崎岖，车载难行，多用驴运，每壮驴一头，止驮五斗。穷民肩荷，不过二斗有余，跋涉长途，苦楚万状，方得抵略交仓。盘费数斗，始完粮一斗。大约往返月余，皮骨消磨殆尽，至饥寒老弱病死中途者，年来不知凡几矣。以秦民如此之难，然仅达略阳耳。自略阳以及保宁，又经千里，虽设有营将督理运事，而挽船水夫仍用秦蜀之民，至由保宁复运重庆，又经二千余里，船则官船，水手、水夫实皆派取百姓。计每运米一船，用水手二名，每名工食银十三四两不等，水夫六名，每名工食银十二三两不等。凡此皆里下私相帮贴，控诉无门者。夫川北州县罹灰烬之后，只此一事，每岁运至四五次，赔累至千百两。苟有济于兵食，民苦亦所不辞，然仓米屡经船载，浥烂陈朽，半不堪尝。散给兵丁，率贱鬻于市买应口熟食，为一时充肠之计。是以有用之金钱填无益之溪壑，无怪乎两省岁岁转输，而川兵时时困乏也。

宋郑文宝字仲贤，父彦华，为千牛卫大将军。灵州为继迁所困，文宝议以银夏斥卤不毛，利在青白盐，请禁陕西勿市而食河东盐，以困继迁。乃诏陕西敢市夏盐者抵死。数月，民犯者众，戎人乏食，益寇边，屠小康堡，属族羌万余亦叛。河东商贩少利，率南出唐、邓、襄、汝，逃之陕，民无食盐。乃命知制诰钱若水驰视，悉弛禁，使仍市大戎盐，乃定。戎盐，今花马池大小盐池也。宋人不能禁诸境外，而今顾禁诸境内，凤、汉之民是以乏盐，而冒禁私贩者众矣。

《范文正集》

连花堡在镇戎军西南，与德胜堡相连。又定川砦、诸葛亮城皆在镇戎界，尝有蕃贼至此，公遣张达侯往救应。

长武寨在泾州西，贼寇边，公与都监张肇部领军马，离邠州，取长武路，往泾州策应。后又闻贼分军回奔保安军上面，公又差巡检宋良蕃部、巡检赵明部领蕃汉军马往长武把隘。

万安镇去保安军八十里，初延州有一将军马在保安军驻扎，费用粮草供应不办。公乞将保安军所驻军马抽退于万安镇就食粮草，却将万安镇一将军马抽退延州，亦只八十里。

马铺寨通近后桥白豹寨，每有贼马出来。公修此砦时，兵马不多，只是据河西山坡，特重下砦，不与追逐。其砦城十日内泥筑并泥饰了当。

木波寨在环州，正当贼来大川路，惟赖诸寨蕃部熟户同共防托。公恐熟户二心，未可倚仗，遂保举种世衡知环州，以牢笼蕃部。

定边砦在环州，公尝令刘贻孙至此相度葫芦泉一带立寨，接连镇戎军去处。明珠、灭臧二族在环州之西、镇戎之东，二族之北有葫芦泉。公并兵于其地，修起城寨，招抚二族。

华池、凤川、平戎三寨皆在庆州东，平戎去延州德静砦七十里，华池去德静一百一十里，凤川去德静一百二十里。公指挥庆州并诸寨，并权住入中白米，却告示客旅，并令于东路延州接界平戎镇添价入中白米。

庆州路有美泥、虐泥、大拔城等处小砦，公只差兵士百十人防托，如贼马大段入寇，便令归侧近大城寨内一处防守，所贵不致枉陷军民，人心稍安。

薄家庄在岢岚军、火山军之间，公以火山军城中无水，兼地窄狭难守，奏乞于中路薄家庄择地共修城寨。

东关城在岢岚军山寨外，公以岢岚城小，将东关城筑作大城，检计到土工五十二万七千九百四十五工。

神堂堡银城寨在麟南五十里，公令经略司相度兴修，令人户耕种住坐，续修神树寨并堡子。府州于鞋斜谷端正平等要害处，置大寨两坐，又置堡子三座。

笮箓城在秦州，田况尝请修筑，公奏乞依田况所奏，早赐指挥。

佛空平、明珠等族所居，公尝令蒋偕烧荡其地族帐。

金明城在延州，公奏议近重修金明城，且托得北面。又东北废却承平、南安、长宁、白草等寨后，东西四百里更无藩篱可以御寇，候金明城了，方修宽州以御东北。

凤川寨在庆州东城被山坡，直下临注。或有西贼围闭，矢石入城，御捍不下。公牒李丕谅、宋良同往凤川，相度得本寨东烽火台山上四面牢固，及山脚下有好水泉，可以置寨。令弓箭手兵士等夤夜兴工，山上只筑女墙，四面削崖。近下低处筑城，围入水泉。续又牒本州通判范祥相度，令新修砦城，分擘街巷，修盖军营仓房草场廨署，及城上皆安置敌楼。

唐龙镇与契丹对岸，在府州之北、丰州之东。其东南火山军对岸。公奏乞招诱唐龙镇七族人口。

故宽州在延州东北三程，公言昨废却承平、塞门等砦，惟此一处最为控扼蕃贼。牒监修官相度，一并下手修筑。后又奏乞以宽州城为青涧城。

鄜城县在鄜州南，至同州河中府各四程，北至鄜州两程，至延州五程。公乞朝廷建鄜城县为军，以康定为名，管鄜城县，并于同州割一县为之属。建仓廒、营房，所有同、华、河府苗税，于此送纳。后公又令知鄜州李丕谅相度，丕谅差刘袭礼将带匠人往鄜城，修展城墙高一丈，底阔四尺五寸，面收一尺五寸，盖马棚瓦舍三百间，系得马二百匹，安下得兵士四千五百人，兼修露圈二十八个，计度到二万九百九十五工。

延州城在宽州东南四十里，公尝请于朝，乞以延川县为延州城云。彼中人烟不少，更有井泉，胜于宽州城。

肃远、马岭、定边、永和、安塞等砦在环州界，初，诸寨城墙低下，壕堑浅狭，公牒环州那厢兵军士及和雇人夫修筑。

细腰城，公令蒋偕等所筑。公又勘会本城至环州定边砦三十七里，西至镇戎军干兴寨六十里，南至原州柳原镇七十里。量其地界远近，所修城寨地土并侧近蕃部，元属环州，兼本是环庆路擘画修建，兼细腰城东北板井川是西贼来路，在细腰城、定边寨之间，系属环州地分，缓急若有奔冲，即须定边砦与细腰城互相救援，就环州节制甚顺。奏乞朝廷拨属环州。

万安寨在延州西北，往保军路中路旧无城砦。公差周美、郭庆、杨麟部领延州肤施、两施人户并厢军修筑，计度到六万一千六百五十七工。并修筑敌楼战棚。

丰林县地在延州东二十五里，就崖为城。青化镇在延州东六十里。公差陈永图部领临真、丰林两县人户修筑，计二万六千五百五十二工。

甘泉县城在延州南八十里。公差任世京部坊州、丹州人夫修筑，计六万五千三百四十五工。

承平砦在延州东北二百里，在青涧城西八十里。把截得承平川大路寨北大里河约六十里，自来蕃族在大里河北居住，公尝请复修此砦，以遏蕃贼，不使过河云。初修之时，则部署司那兵马大为之备，毕工之后，只销得二十人驻扎。

南安寨，在延州东北二百七十里，在青涧城正北七十里，北至绥州四十里，去无定河二十里。公尝欲修之，以其去水泉稍远，朱志、种世衡欲于青涧城北四十里商馆铺南安寨中路，创修一山寨。

榜栳寨，在延州北八十里，尝为贼所破。公相度旧砦南五里，地名龙平口，兴置一寨，把截安远、塞门、龙口川贼马来路。

胡家川寨，在延州。初，胡继谔乞修鹞子城，公差殿直杨麟兴工麟州，申称计七万四千工，恐难了当。公遂差推官何涉与胡继谔相度，于胡家川庄北面书按山上修筑一砦，计三万三千余工。下面川口是德靖砦，保安军来路，地势委是要害，只差本族熟户人工，官给日食，拜差厢军三百人往彼助工。

三关城，在延州，公牒招讨那拨诸州差到兵士五千人兴修。

义莲铺，在延州，康定二年四月，公差使臣赶杀西贼，抵此，夺得人马骆驼牛骡。牢山驿、新店驿在麟州，至延州一百六十里。间常因朝臣上言减废。公尝与明镐至此，军马疲乏，无支请草料去处。公言鄜延路最是屯兵去处，日有军马及使命过往，遂牒延州修补二驿。每有过往使命军马，或遇晴明，直到中路甘泉县，即支给一日口粮等物。若遇雨雪及山河水涨，即于新店牢山止宿。

葫芦泉，在环州定边砦，与镇戎军乾兴寨相望，八十之间，为义渠、朝那二郡之阻。其南有明珠、灭臧之族。公尝言，能进兵据葫芦泉为城垒，北断贼路，则二族自安，宜无异志。后竟于此地筑城，招服明珠、灭臧二族。

永洛城，在朝那之西、秦庭之东。公尝奏言，策应军马由仪、陇二州十程始到。如能进修永洛城，断西贼入秦庭之路，其利甚大非徒通诸路之势，因以张三军之威者也。

《大学衍义补》

自昔守边者皆袭前代之旧，汉因秦，唐因隋，其边城营堡，往往皆仍故迹。惟我朝守边，则无所因袭而创为之制焉。盖自唐天宝以后，河朔以北，多为方镇所有，具朝廷所自御者，突厥、吐蕃、南诏而已。五代以来，石晋以燕云赂契丹，而河西尽属拓拔氏。宋人以内地为边境，金元以夷乱夏，无有所谓边者。我圣祖得天下于中国，盖当夷狄极衰之际，遍于西北边城，立为蕃府，统重兵，据要害，然皆在近边，而未尝远戍境外，如唐汉之世也。洪武之初，西北边防重镇：曰宣府，曰大同，曰甘肃，曰远东，曰大宁。永乐初，革去大宁，惟存四镇。宁夏守镇肇于永乐之初，榆林控制始于正统之世，其余花马池等堡皆是边境多事之秋创置者也。方今北虏入寇之地，其要害之处，朝廷处置，固已严密，但所谓黄河套者，尚若阙焉。何也？前代所以废弃之者，以其边城之防守在内，而其地在外故也。今日吾之守镇，顾有在河套之外者，秋高马肥，风寒河冻，彼或长驱而入，屯结其中，以为吾内地之扰。幸其素无深谋，未用华人之计，不为据地之争，是以亟来亟往，有获即去，似若无足为意者。然谋事贵乎先，防患贵乎豫，往者彼固尝深入矣。议者虑其为吾内地害，百计谋所以驱而出之者，未得其便，幸其自去矣，遂无有一人议及之者。万一再来，何以处之乎？夫事之未来者，虽未能逆料其有无，计之万全者，不可不先为之擘画。臣愚过为之虑，今日西北诸边，祖宗以来所以备御之具，固已详尽，惟此一处，偶未之及。非遗之也，芽蘖未萌也，今则已暴著矣，所以先事而豫为之防者，兹其时乎？自昔中国守边者，皆将卒守其内，而拒戎虏于外。兹地，则虏反入吾之内，而吾之所守者反在其外焉。彼所以从入者，必有其路，所以屯聚者，必有其所，所以食用者，必有其物，皆一一推求其故，于其所经行之路，则预扼其要冲，于其所屯聚之处，则先据其形势，勿但幸其眼前之无事，而必为后日之远图。议者若谓置为城守，则馈饷为难，将至于汉人之劳费。

盍思赫连之建国，元昊之列郡，皆在此地，何从得食乎？宋史明言其地饶五谷，尤宜种麦，汉人于境外轮台之地，尚为之屯营，况此乃在黄河之南，次边之地乎！臣请下合朝议，当此无事之秋，虏人远遁之际，遣通古今议事体大臣，躬莅其地，详察可否以闻。倘以为可行，或于河之南，筑城池以为之镇遏，或于河之北，据要害以为之扼塞，或沿河之壖，设营堡以防其径渡。事必出于万全，然后行之，不然，较其利害足以相当，姑仍其旧，可也。

皇明置都指挥使司以领卫所，置总兵、参将、游击、守备以司攻守。又理以宪臣，监以御史，抚以都宪，统以总制。各卫所官军分番教阅，置屯遣戍，要在三边四镇（延绥、宁夏、君肃、固原）之地。其内地乡兵，则各州县巡捕之官，岁时教阅，以护守城池，备遏盗贼者也。陕西都司领卫二十五、守御千户所四：西安左卫、西安前卫、西安后卫、延安卫（堡十五、墩九十七，神木县堡五、墩八十三）、绥德卫（墩十四）、庆阳卫（堡三、墩一百一，环县堡一、墩一百一）、平凉卫（堡十、墩七十）、固原卫（寨二、堡五十四、墩一百五）、靖虏卫（堡二、墩三十一）、汉中卫（堡一）、宁羌卫、巩昌卫（堡八十九、墩十，宁远县堡寨一十九）、秦州卫（堡寨一十九，礼县墩一十三）、岷州卫（茶埠峪寺寨五十一，西固城堡一十四、墩一十五）、临洮卫、兰州卫、河州卫（堡三、墩二十一、寨二十七）、洮州卫、榆林卫（堡八、寨十五、墩一百五十）、宁夏卫、宁夏前卫、宁夏左屯卫、宁夏右屯卫（堡五十六、墩一百八十一）、宁夏中卫（堡十一、墩七十五）、宁夏后卫（堡三、墩二十八，兴武营堡一、墩二十一，广武营堡一、墩二十六），凤翔守御千户所、金州守御千户所、灵州守御千户所（堡十三、墩三十八）、文县守御千户所。

行都司领卫十二、守御千户所三：甘州左卫、甘州右卫、甘州中卫、甘州前卫、甘州后卫（堡十六、墩九十五），甘州群牧所（堡三十），肃州卫（营五、堡三十七、墩六十二）、西宁卫（堡五、墩二十六）、庄浪卫（堡八、营五、寨七、墩口五十七）、镇番卫（堡十三、墩十九）、永昌卫（堡十三、营七、墩九十二）、山丹卫（堡十六、墩六十五）、凉州卫（堡二、营七、寨十六、墩八十六），高台守御千户所（堡四十三、墩三十四），镇夷守御千户所（堡十二、墩三十三）、古浪守御千户所（堡四、墩十八）、白马城堡（凡六）。

固原镇。（弘治十四年，火筛由花马池寇平凤，临巩，兵部建议设大臣开府固原，总制三边军务，每岁六月至九月，巡抚陕西都御史驻扎于此。弘治十八年，总制建议暂移陕西镇守，总兵于镇操练防御，兵备、游击及守备亦驻于此。固原守备所守地方，自下马关至西安州；兰靖参将分守靖虏守备地方，自干盐池至平滩堡；兰州千总官所守地方，自条城至积滩堡。其分守参将驻扎于兰州城，守备官则驻扎于靖虏卫，洮岷河参将驻扎于洮州卫，分守地方自临巩以至于归德著落寺。其岷州卫驻扎边备及守备，抚治番夷。河州卫亦驻守备官。）

榆林镇。（巡抚都御史管粮佥事，总兵、副总兵、游击、方面都司俱内驻扎。本镇所守中路十二营堡，东由高家堡，西至清平堡。东路参将驻扎于神木堡，分守九堡，东由黄甫川，西至柏林堡。西路管粮佥事驻扎于靖边营，参将驻所于新安边营，分守十三堡，由东陇州城至盐场堡。）

宁夏镇。（巡抚都御史管粮佥事及管粮通判、总兵、副总兵、游击、方面都司俱内驻扎。监牧参议及东路参将驻扎于花马池，分守地方，自花马池至横城堡。中路参将驻扎于灵州，分守地方，自镇远关至韦州城。西路参将驻扎于宁夏中卫，分守地方，自广武营至常乐堡。）

甘肃镇。（巡抚都御史行太仆寺正卿、少卿管粮副使及总兵、副总兵、游击、行都司都指挥俱驻扎于甘州城。庄浪卫驻扎参将，分守沙井驿以西、镇羌以东。内西宁卫驻扎兵备副使及守备官。凉州卫驻扎副总兵、分守参政及领班都指挥，打班堡以西真景驿以东。肃州卫驻扎兵备副使及参将，分守地方，自深沟驿至嘉峪关。）

潼关卫。（隶中军都督府，而官军则陕西例得调用，内驻扎兵备副使兼分巡同华，辖河南、夏乡、灵宝，山西蒲州地方。）

屯堡一百一十二

愚按三代而下，兵防之政，我皇明为盛。我皇明兵制之备，将士之勇，陕西为盛。汉唐方隆之时，世以帝女、天孙、嫱嫔和戎，宋以金币和戎，张元一浮薄士耳，一佐元昊，即举世不能以御，其武备皆可知矣。追原其故，前代之得天下，皆有资于匈奴，故世受其患。我太祖皇帝则不然，龙飞淮甸，用夏变夷，扫荡乾坤，洗涤日月。使宇宙无腥膻之气，华夏还礼乐之风，既非前代创业者所可班矣。其兵防之制尽善，而陕西又加密焉。统于兵部，则周官司马之制也；属于五府，则府兵寓农之意也。诸鄙既各有兵，而腹里又有防秋之制；诸将既各有兵，而应援又有游击之制；关津既各有兵，而凡城市乡村又各有民壮兵快保甲之制；郡邑既各有兵，而深山穷谷又有巡检巡逻捕虎射熊之士。况八郡三边之地，人闲骑射，士长韬略。故麓川有蠢，资三原杜氏而平；荆襄有变，赖石渠王公而平。戎在禁近，则兹土一王戮之而平；虏围京城，则兹土二石破之而平。南山王虎之乱，原都御史杰用土兵而平；北山薛贼之乱，王都御史尧封用民兵而平。

廖贼四川之乱，幸庵率关中甲士而平；刘贼中原之乱，咸宁偕兰州儒臣而平。往年樊绅之变，乾州用二三士夫而平；近日矿徒之乱，抚臣用二三守令而平。盖关中无士非将，无民非兵，罝兔之士，古称干城；斥堠之妻，今常折馘。况天设百二之险，地藏九死之区，虏敢匪茹，蹈我机阱，则外有众歼之祸，内遭覆巢之惨，其不畏之哉？今考内外兵防之制，志其大概如此。

天启四年四月，甘肃巡抚李若星疏请添设知府。略云：辽东甘肃止设卫所，不设府县，以数百万军民付之武弁之鱼肉。顾武弁希吮屯余之膏血，而播酷虐以开怨府。屯余深恨武弁之陵轹，而怀反侧以酿乱阶。在辽东则愿归酋，不愿归中国，而三韩已沦于腥膻。在甘肃则愿归海虏，不愿归中国，而五凉几莽为夷薮。总因无守令抚循其疾苦，保护其妻孥，遂嚣然丧其乐生之心，铤而走险，掉臂不顾。然则知府一官，可不亟议添设乎？近仗皇威，人心稍戢。虽有克兔一战，金痍创死渠酋，又有阿坝青羊水之战，少有擒薙，然海虏支派，蕃衍今古。六三保台吉兄弟多人拥兵讲市，每欲大入；歹成亲孙屡聚沙岭，侦探声息，狂逞复仇。甘肃之危，几因累卵，岂可优游坐视，不急为之料理乎！

陕西行太仆寺所属：平凉卫、庆阳卫、秦州卫、固原卫。

陕西苑马寺所属：长乐监：开成苑、安定苑、弼隆苑（革）、广宁苑、黑水苑（添），灵武监：清平苑、万安苑、定边苑（革）、庆阳苑（革），同川监：（已上四监俱革），天兴苑、永康苑、嘉静苑、安胜苑，威远监：武安苑、陇阳苑、保川苑、泰和苑，熙春监：康乐苑、凤林苑、香泉苑、会宁苑，顺宁监：云骥苑、升平苑、巡宁苑、永昌苑。

甘肃行太仆寺所属：甘州左卫、甘州右卫、甘州中卫、甘州前卫、甘州后卫、永昌卫、凉州卫、庄浪卫、镇蕃卫、山丹卫、西宁卫、肃州卫，古浪千户所、镇夷千户所、庄浪千户所。

甘肃苑马寺所属：（以下俱革），甘泉监：广牧苑、麒麟苑、温泉苑、红崖苑，祁连监：西宁苑、大通苑、古城苑、永安苑，武威监：和宁苑、大川苑、宁番苑、洪水苑，安定监：武胜苑、永宁苑、青山苑、大山苑，监川监：暖川苑、盆水苑、巴川苑、大海苑，宗水监：清水苑、美都苑、永川苑、黑城苑。

程大昌《鄠杜记》

杜县与五代都城谨相并附，故古事著迹此地者多也。语谓"城南韦杜，去天尺五"，以其迫近帝都也。今循杜县地望，从西及东，以次言之，庶其有伦也。县境西抵鄠县，东抵蓝田，故宣帝微时上下诸陵，尤爱鄠杜之间。杜即杜县也，鄠即鄠县也。或言杜县之东有杜原，而此之下杜在其下方，故以杜名，此全不审也。凡世之名地而分上下者，以水之上游下流而言之也。中国之水，万折必东，故东地常居西地之下流。今杜县正在杜陵之西，而反为杜原下流者，南山凡水皆碍东地之高，而皆西向丰镐以行，故杜陵遂为杜县上流，而杜县反名下杜也。杜县之北，即汉都城之覆盎门矣，故此门一名杜门。杜门，即青门也，在汉都城为东面南来第一门，即邵平种瓜之地也。宣帝既建杜陵，又即县南四十里葬许后，故其地又号少陵原也。凡宜春下苑，皆少陵地也。其地亦为曲江，曲江之北，又为乐游原及乐游苑及汉宣帝乐游庙也。庙至唐世，基迹尚存，与唐之曲江芙蓉园、芙蓉池皆相并也。杜甫乐游园诗曰："公子华筵地势高，秦川对酒平如掌。"秦川，即樊川也。坐中得见秦川，则可知其高矣。凡此皆古事之在杜境，而推方可图者也。

《兴平志》

嘉靖四十一年，知县章评丈量地土分为六等：一等，马嵬韭菜地；二等，水浇稻蒜葱地；三等，平地；四等，高原平地；五等，坡地、沙地并渭河退出堪种滩地；六等，渭河退出明沙嫩滩地。斗阳子曰："予观兴平田亩，北所谓高原而南则下湿也。北利涝，南利旱。北之水有高五十丈者，稍旱则涸；南则又有渭河之害。王府奸军辄以河治滩为言，不知初制盖指临川寺一带老岸也。今以新滩者，皆欲占据，则河之崩日倒北矣，岂皆其地乎？"

项忠《泾阳县广惠渠记》

书载六府，而以水为先。渠堰之修，所以兴夫水府之利，以足夫民食也。故予于郑白渠，不得不因其坏而谋众重修，加意而开广之也。按志，郑白渠在泾阳县西北七十里仲山下，原有古迹洪堰一所，分闸泾水，以溉田亩。自秦而下，历代凿之者不一，故渠亦因之而变名有六，惟郑白渠独加显焉。其曰郑国渠者，盖六国时韩苦秦害，乃使水工郑国说秦凿泾水溉田以为间，故名也。曰白公渠者，盖汉泾河被水冲低，水不能入渠，太始二年，诏中大夫白公于上流接开石渠，引使通流，故名也。谓之六辅渠者，汉倪宽为左内史，请凿六辅渠以溉田，遂名焉。谓之丰利渠者，宋大观中，诏开石渠，疏泾水入渠者五尺，下与白公渠相会，工毕而赐名焉。迨元至大元年，泾河又低，水不能入渠，监察御史王琚又于上流接开石渠，故今名为王御史沟，又曰新沟焉。然此六渠也，历代浇灌醴泉、泾阳、三原、高陵、临潼、栎阳、云阳、富平八邑田土，多寡不一。郑国四万余顷，每亩收一钟；汉百二千七百余顷；宋二万五千七十有三顷；至新渠莫详其数，而世以为利者若此。元后至于今，河底低深，渠道高仰，水不通流，废弛湮塞几百年矣。予昔忝臬司之长，今叨巡抚之寄，历官久此，窃思兹渠能仍旧迹而疏通之，则前人之功，庶保其复续，而今之为利，得不同于昔邪？遂询谋佥同而具实以闻。上可其奏，命下之日，予檄醴泉等六邑蒙水利人户于彼就役之，先以右布政使杨公璿董其事，未克成而以升任去；复以右布政使娄公良、右参政张公用瀚、余公子俊、按察副使郭公纪、左参议李公奎继之，务毕其工，有底于成，然后渠成水行，功克就绪矣。考之疆界，不异于昔，计今溉田：有司则八千二十二顷八十余亩、西安三卫屯田则二百八十九顷五十余亩。每亩收谷三四钟，比旧田亩盖减其数，谷视昔有加者，得非民有欺隐，亩有阔狭，抑古今水有消长，或因兵燹坑阜之不齐与？是皆未可知也。争则虑军民弗堪，在继政者赋不加增，徐加考焉。今渠成，二司诸公属予取名，为文以纪其实。抑尝闻前人相视斯渠，其说有三：一曰尽修渠堰之利，二曰复置板闸之防，三曰开通出土之便。今渠修矣，土通矣，但板闸之防，不可不加意焉。盖骆驼湾百余步，渠身两壁，开凿切口二道，当时设此，恐遇泾水暴涨及洪堰倒塌之时，即下此闸，以备浊水淤淀渠道。平流一闸在退水槽近下十步，渠身两壁，亦有切口四道，盖住罢浇田之后，水既无用，遂闭此闸，乃退此水由槽还河。又当河涨之时，或汹涌之浪不能猝下，或已下而散漫，用防不虞，此皆古人良法，不可废而不行。今二司又将各闸移修，以时开闭，则浊泥不得入渠，疏通之功可以减半。迨今而后，虽天不雨，而有蒙雨之休，虽地不利，而有得利之美，随所意用而自无不足，则吾军民之仰赖何可既邪！故取渠名曰“广惠”。后之继政者，时加修葺，可保悠久，否则予不敢知也。

上饶娄谦《平凉利民渠记》

陕之平凉郡治，东抵泾州，有平衍壤地，广袤数百里，而泾河之水，实经流其间，引以浸灌，则土田膏液，年谷可拟丰登，尚何熯旱之足恤乎？特图志所载，故无渠埭，而居人习以成俗，举目前填阏之水，则信其奔流，置为弃物。成化甲辰岁，夏秋不雨，属岁大侵。侍御史中丞南舒郑公时实受简命重托，镇抚关中，常符移六道，周诹民隐，兴堰洫以佐耕。至冬，会邛焚有警，告变日急，上命版曹亚卿妫川李公衍，畀以节钺之寄。越今年乙巳春，推毂入境内，即檄吁守臣疏决河渠以劝农事。其弭灾兴利之心，盖与中丞公不谋而自同也。佥宪阳城李君经分道关西，首以所部平凉之地论列请命，二公曰：“急图之，勿后也。”宪使巡平罗君明而与闻之，亦力赞兴事。维时李君续食平凉，敦琢官属，荒度土功，适郡之豪右强梁，龃龉百出，君则不暇顾恤，毅然调役。属工始自府治城北，瀹暖泉以灌蔬圃，而官民赖之。继分引泾水，五里铺至东二十里铺为一渠，杨家磨抵四十里铺为四渠，袁家庄至七十里铺为二渠，迤东至九十里铺，北引泾水一渠，南引金龙池白水驿河，二渠合流花家庄，东行三十里，逾平凉境，连亘开一大渠。又流四十里，抵泾州城西，会汭入泾。官路之南，渠不可通，乃疏百泉王村等沟，析为七渠。泾河之北，河岸渐高，又疏金池无窑等沟，析为六渠。州城西引汭水，帮城北析东山下，荫注附郭田园，独令成一沟，别为一十一渠。州城之东，地高河下，难于筑堰。隶南山者，引木家沟至范家沟作一十五渠；隶北山者，曰路家沟，至白水沟，作为一十一渠。而计之以渠则六十有二，以道里几二百里许，以溉田则三千顷有奇也。渠之制：深十五六尺，浅者亦居其五之四；广六七尺，窄者亦居其三之二；长短大率不齐，惟视水力所至，故不限于丈尺也。渠当路冲则就渠负土，通为梁，以便行旅。又建石刊木，架水槽以接不通，垒堰坝以固河防。始事于是岁三月之朔，民欢趋之，百日而告成，部吏工匠皆无所预，惟拱手以受李君成算而已。未几，亚卿公按节平凉，因命之曰“利民渠”。于是渠水衍溢，土脉渐渍，来年获收成之望，秋田遂长养之天，其功甚大而费则省。

崇祯二年知县路振飞甲文

窃照泾阳迤南有泾河一带，直通渭水。渭水商贾，舳舻相望，而泾则任其安澜，弗载舟楫，是天地以自然之利予泾人而不知也。其可以运粮筏木姑勿论，即如石炭一节，泾邑人稠地狭，莫可樵薪，而止藉于任辇之些须供炊爨，往来之力甚艰。故每炭一石贱不下四钱，贵则五七钱不止矣。民间有淫雨冰雪而不能举火者，非尽无米之苦也。本县有见于此，每至泾岸，则临流相度，问之舟子，舟子曰：“泾河水急石多，浅深不一，商船不敢往来。”本县使吏同水夫沿河踏验，虽甚浅处水亦尺许，深者竟蒙冲巨舰一毛矣。职欣然谓是可舟也，然又恐偶尔难行，民间惜此小费，反阻后来兴利之端。乃先自为刀船，使水夫驾之，临潼县地名交口，运炭一次，往来止三日，而炭已卸装，视任辇者盘费省十之七。又令水夫马守仓等各渡余船并前船，预支以工食，连运数次，在前每斗炭四分，今止二分五厘。至于雨雪载涂，轮蹄阻碍，其为利益，尤倍平日。况河道疏通，而渭川之粟、之木、之杂货，亦安往不供泾民用哉！伏乞批示，今后造船往来，任民自便，商货无税，私船不扰。河中偶有沙石处，官为设法疏浚，庶令民情欣然，乐就而利益弘矣。

《渭南志》

《薛腾蛟序》

渭南称望县，疆域甚狭，广五十里而近，袤百里而遥。南有山溪，北有沙卤，渭不灌溉，时有冲没，而赋溢汉中一郡。渭南不当汉中二十之一，民之贫，以税之多苦矣。逮隆庆初，有令丈地均粮，有司不能履亩，但令自报，奸民或隐或寄，或窜之军屯王庄，或为邻封所攘，黠吏干没其间，地以益少，税以益多，而民愈苦矣。万历十二年，有再丈之令，有司废格不行四境于邑。

山川

曰灵台山，在县东南，峭拔方整，其色苍郁。上有塔七，取象于北斗，曰七星塔。稍西曰半截山，有庙，祀蚕神。东曰羊峪河，又东曰黑掌峪，又北曰寺峪，峪口有泉，凡十，故其村曰十泉村，坡曰雾子坡。黑掌之东曰葫芦峪，又东曰箭峪，山曰箭峪山，有岭焉，曰箭峪岭；又东南曰青冈坪，由坪至东西川之南曰大岭，故其川总曰大岭川。又东南曰小秦岭，岭北属渭南，南属商州。其羊峪、黑掌、葫芦三峪之水俱东北合流于赤水。赤水（注一）在县东，旧名清水河。灵台之西南曰曹峪，旧志云，“宋曹皇后故里。”考宋史，后，真定灵寿人，仁宗后也。云“故里”，误矣。峪有水曰曹峪水，其北川曰曹峪川，又西北曰伴红坡，曹峪水经其右，北入于遒。曹峪之西南曰凤凰山，山之南，巍然高耸者曰玄象山，晋王嘉后隐处，一曰倒兽山。其峪曰倒兽峪，相传周处杀白额虎于此，故名，俗又曰大峪。其水曰洋河，源自玄象山西北，入于遒。大峪之西曰小峪山，水曰小峪河。又西为黄狗谷，谷之中曰清水河，一曰清涧，北流，与小峪河俱入于遒。小峪河经花园村东，清水河经西，故其川曰花园川，宜稻。川之西曰望竿岭，岭之西南曰武渠沟。由黄狗谷入，折而东南。有山二：曰南月圆，曰北月圆，清水河经其中。南月圆山巅有池，曰仰天池，巅之田，可耕者千数百亩，池当其中，四面俱悬崖千尺，通唯一径，盖可避世者。又北出谷口，折而之西南，曰马鞍岭；又西南，曰分水岭。东北麓水入于遒，西南麓水入于蓝田，故曰分水岭，岭有堠子镇。东南曰坑峪，入峪东南，有庄二：曰南古，曰北古。由北古庄之东，至青冈坪；其南古庄之南曰七岭，逾岭，即大岭之南北川。又南为大岭庙。坑峪之中，有岔曰白杨，沟曰铁洞，曰松柏，渭南蓝田人杂处焉。由分水岭西北，经中宋村之北，曰牛思岭。岭东北曰严坡，东曰严峪，相传严子陵隐居处。

峪之南曰马峪，有泉曰石泉，故其乡曰石泉乡。泉之东南曰石鼓山，遒水出焉。旧志云，“遒水出石楼山”，考《一统志》，石楼在盩厔，盖石鼓讹为石楼耳。遒水北流，经石泉、严峪、望竿岭、西武渠沟，东至清涧头，始与清水河、小峪河、羊河、曹峪津水河诸水合而北流，至丰原北麓之口，经密畤台之右，循县城，北入于渭。渭发源巩昌鸟鼠山，东流至临潼交口渡之东，入渭南境，又东折而至县城之北，曰上涨渡；又东南流至仓堡嘴，曰下涨渡；又东北折而流，曰蔡渡；又东至大李渡，入华州境。其东南附城曰神川原，有坡二。在右者附城盘折而下，曰西坡，坡之下，折而之东，遵原之北麓，旧有井凡九，曰魏王井，相传西魏王都长安所甃者，今堙塞莫可考矣。附原麓者，曰风云雷雨山川坛，坛之西南有泉，其水甘，故曰甘泉。附泰宁宫，回旋而下，曰东坡，坡底有井，亦清冽。又东有泉，曰蔡泉，一曰蔡顺井。凡此皆魏王井也。又东原上有巘凡五，如人指，曰五指山，回抱关门，地圾后毁削亡存矣。小原之南，高者曰丰原，东西亘县境，南抵灵台、玄象诸山，虽大旱不至无禾，故曰丰原。原之中，遒水经焉，故其川曰遒河川。川之东曰东原，西曰西原。东原之西，有胡城坡，以地有胡城，故名。又东曰柳侯坡，有池焉，曰灵池，在坳底村之西。旧志云，“后魏永熙元年，水自涌成池，故曰灵池。”胡城之东北，盘旋而下，曰龙尾坡，坡底东西各有泉：东曰梁泉，西曰姜泉。东西遵原之麓，旧有泻水渠，今废。梁泉之东曰明光谷，又东曰三娘坡，其北当原之岸，横耸下临大道者，曰仓堡嘴，以旧有仓堡城，故名。折而东南，曰广乡原，东接赤水原之北陆，二水出焉。有谷二：曰东阳谷，西阳谷，其水各以东西阳谷名。东阳谷，晋王嘉初隐处。其水北流至官路，南北突如脊，故其水分东西流，其地曰分水岭。其水浊，其泽膏，甚利灌溉。岭之东南曰露台坡，坡之南曰钓鱼峰，以王嘉钓此名。其东即赤水，赤水与东西阳明光谷之水俱北入于渭。其龙尾坡西当遒川口，曰风门。风门西阜之坳，当原之半，有泉涌出，悬流如练，曰瑞泉，每旱取水祷雨多应，故名。其上曰朝元洞，又上曰秦女峰，北折而西，曰灰堆，世传始皇焚书所，堆上曰灰堆坡。又西曰罗家坡，又西曰双城坡，又西曰芝山，又西曰沈家坡，有谷曰社化谷，其水浊，其泽沃，甚利灌溉。又西曰梁店坡，又西曰城店坡，又西曰冷水，发源于马峪老池头，北流，经南洛底，又北出于江村渠泉二里间。东曰驹儿岭，岭之北曰白庄沟水，水西北流，与冷水合，又西北至三岔河。又西北曰青原，一曰新丰原，即西原也。又西北至临潼零口镇，冷水至此北入渭。青源迤东曰羖羝坡，坡之清涧头东原有泉焉，曰龙泉，其水清，甚利灌溉，宜稻。龙泉西南有泉，曰灵源泉，其地即西魏灵源县。折而东北，曰雾子头坡，坡之东，姚堡之北，曰吕家沟。其县城北秦村西南曰丰草原，其土润，其植蕃，其形蟠螭，西北抵富平石川河，东南至水手里，曰龙背，故其寨曰龙背寨。又折而东北，曰齐家滩，又东北曰七岔口，又西北曰交斜镇，有池，曰古湫池。又东北为来化镇，有池曰莲花池，即莲勺县故址也。又西为甘泉社，有井二：曰东咸井，西咸井，其水浇，其味咸。又折而西北逾下邽，西至棠村里，有原焉，来自三原界，东抵下邽，旧曰村原，后以莱公改曰仕原，其乡曰仕原乡。又折而西南，曰杜桥岭。又下邽东南有陂，曰金氏陂，汉昭帝以金日磾有功，赐此陂。唐武德初，引白渠灌之，置监苑。渭上子曰："按龙尾坡旧有泄水二渠，以防大水骤至，则由渠分流，西入遒河，东入明光谷。后渠道渐淤，每值暴雨，则水自丰原直下，奔溃横溢，汜涌于东关，桅桓倾庐，毒不可言。今渐成大壑，西逼城堑，东逼民居矣。及今不理，为患曷极。兹欲预防，亦唯修复二渠故道，毋致浸淤尔矣，轸民瘼者鉴焉。”

古迹

县故城，按《长安志》云，“在县城北，周一里余二百八十步，崇一丈。”注曰：“县故城，符坚所置。”又云，“《括地志》曰：‘县故城在县治东南四里，西魏文帝大统十六年筑。’”注曰：“《括地》所引，当是南新丰县。”《志》又云，“县城周三里余二十步，崇九尺。《括地志》谓隋炀帝大业九年筑，则今县城基是也。”下邽废县城在县北，遗趾尚存。其居廛生计，犹井井殷庶可观。甘泉城在下邽东，《一统志》云，“赫连勃勃所筑。胡城在县南，旧传休屠王部落降汉者居此，故又曰休屠王城。”胡城之南为姚堡城，又南为张堡城，又南为严堡城。青原堡城在县西南青原上。密畤台，《一统志》云，“在县西南，秦宣公作以祀青帝者。”今其趾犹存。步高宫在县西南，一曰市丘城，与步寿宫皆秦建。旧志云“遒水南总五水，单流北注，经秦步高宫东，又历新丰原东而北，经步寿宫之西”者，是也。即是度之，则步寿宫当在风门之东矣。崇业宫在县东，旧志云，“隋炀帝大业中置，游龙宫在县西。”《两京道里记》云，“唐开元中修，取黑龙饮渭名之耳。”甘泉宫，唐主客员外郎卢象驾幸甘泉诗云：“传闻圣主幸新丰，清跸鸣銮出禁中。细草终朝随步辇，乘杨几处绕行宫。千官户从骊山北，万国来朝渭水东。此日小臣徒献赋，汉家谁复数扬雄。”夫渭南本汉新丰地，故西原称新丰。后魏徙治于明光原上，称南新丰，则新丰为渭南昭然矣。《雍录》谓关中古宫，以“甘泉”名者三：一在渭南，秦建；一在云阳，汉建；一在鄠，隋建。夫渭南、云阳、鄠皆有甘泉，故其宫皆以“甘泉”名。渭南者在城东南神川原北麓，即秦甘泉宫。考之《史记》：“始皇迎太后于雍，入咸阳，复居甘泉宫。”夫称“复居”，盖自秦先世矣，非始皇建也，隋特袭秦旧耳。又《史记》“始皇道九原，抵云阳。”《关辅记》曰：“甘泉宫，一曰云阳宫，又曰林光宫。”《汉书注》曰：“林光宫，秦二世造。”然则云阳甘泉宫秦时已有，非汉始建也。是三宫皆秦建，《雍录》以为秦、汉、隋，误矣。

物定仓，按旧志：“在下邽南渭河岸上，汉仓名也。”《西京杂记》曰：“物定仓收贮五谷，各定其性分，不浥坏，故曰‘物定’。秦、汉、隋、唐皆于此置仓，后废，俗讹为‘武底’。”

鸿门亭，《长安志》云，“即汉高帝见项羽处。坡口名半日村。”《太平寰宇记》曰：“村以山高蔽亏，阳影常照其半，故曰‘半日’。今考鸿门亭乃在临潼东北，地有鸿门坡，故以名亭。”《两京道里记》曰：“新丰，汉高会项羽处，东去渭南境二十里。至所谓半日村者，亦无可考，而《长安志》载之渭南，不知何据。”唐郎士元有半日村别业，士元尝为渭南尉，置别业于半日村。钱起有题士元半日村别业诗，士元亦有酬王季友题半日村别业诗。

西魏孝陵，按《长安志》，在县东南里广乡原。据今乃任东原郭许里田村之东。考《长安志》，富平亦载有后魏孝武帝陵。及考《北魏书》，武帝永熙中，丞相高欢谋逆，进逼洛阳，将军王思政劝帝西幸长安，帝至稠桑，略阳公宇文泰遣大都督赵贵等迎帝于东阳驿，入长安。高欢于是立清河王，徙都邺，是为东魏。始分为二，长安称西魏。既而帝崩，葬孝陵即广乡原。原有谷曰东阳，故驿曰东阳驿。以泰初迎帝于此，遂葬原之上。富平者，误之耳。

《渭南志》

汉初，此地渭河之南，东置郑县，西置新丰县，河之北分置下邽、莲勺二县，属内史。建元中，析内史为左右内史，以新丰、郑、下邽隶右，莲勺隶左。太初中，改右内史为京兆尹，左内史为左冯翊，而以渭南为密畤县，隶京兆尹。或曰，建武中，省密畤，入新丰，旧史失传。三国时，魏改京兆、冯翊为秦国，寻改为京兆国，四县地仍隶之。晋复改为京兆、冯翊二郡，而以新丰、郑隶京兆，下邽、莲勺隶冯翊。苻秦复割新丰、郑二县地，改置渭南县于今治，隶京兆。元魏孝昌中，徙置今县治于明光原上，为南新丰县，仍置渭南郡。西魏时，析置灵源、中源二县，改南新丰为渭南县。后周建德中，渭南郡暨灵、中二县并废，入河南县隶雍州。隋开皇中，复徙县于今治，隶京兆郡。唐武德初，以渭南隶华州，寻改隶雍州。天授中，于零口置鸿州，渭南隶之。大足初，废鸿州，并入渭南，隶雍州。周显德中，改隶华州。宋建宁初，改华州为镇国军，而以渭南、下邽隶之。皇祐中，改镇国军为镇潼军，二县隶如故。熙宁中，省渭南县为渭南镇，并入郑县。元丰初，复置渭南县，仍隶镇潼军。金改镇潼为金安军，二县隶如故。元改金安军，复为华州省，下邽入渭南，名曰并管，仍隶华州。明兴，洪武初，并仍元旧。十四年，始去并管下邽，名总曰渭南县，仍隶华州。嘉靖三十九年，改直隶西安府。

《渭南志》 南师仲南《遒桥记》

渭南当午道之冲，而水之称巨者二：在北曰渭，在南曰遒。渭发源天水之鸟鼠山，从西北来，去邑不五里，复折而东，上下两渡，俱可以舟。遒则发源境内之石鼓山，去邑七十里余。而石泉、严峪、武渠、清涧、清水、小峪、羊河、曹峪诸水，汇而北流，出丰原之口，经密畤之右，绕西门而入于渭。旱则成陆，涝则建瓴，其波涛泛溢，视渭加险焉。

汉武帝元光六年，大司农郑当时言："异时阙东漕粟，从渭中上，度九百余里，时有难处。引渭穿渠，起长安，并南山下，至河三百余里，径易漕，度又可溉渠下民田万余顷。"天子然之，发卒数万人穿渠，三岁而通，人以为便。按渭南旧志谓汉漕渠在县北一里，则当时渭河去县远可知。《泾阳志》谓秦时郑国渠水注洛，汉时由石川河注渭。今考石川河乃在下邽西北，而当时渭水故道，今不可详矣。

渭河，东西亘县境百里余，率二三十年一徙，或南或北，相距十里余。两岸民田，无论没于河者，空输上税；即沐而出者，尽为沙皋，不堪耕种矣。终年逋负，间至破产，苦哉！县东关北崖下，昔有稻田数百亩，恒稔，米且佳。盖崖下有泉十余，又间穿井，井只一丈，可用桔槔，取水溉田。嘉靖中，余犹目睹其盛。乙卯，会地震，泉半湮，而桔槔亦废。又常见遒河西湄人恒筑堰作渠，自风门达之西关，北至槐衙，计溉田可数十顷。间亦作桔槔以济旱涸，乃地震后亦尽废不理矣。谓非人力惰而生计疏邪！南宗伯曰："水利自古记之。自渭水不肥田之说兴，而渭南水利遂报罢矣。汉武穿渠易漕，溉渠下民田万余顷，居者称便，非渭水邪？开渠以溉，筑堤障之，随时导利，因势防害。史义伯言之既详，行之有验，非口说者；倘采择而致行焉，实万世之利也。"

赤水介于渭华之境，滨水而居者为东西镇。西隶渭，有堡。附堡田往称膏腴，顾自嘉隆中奔流数薄，堡墉渐圮，迤北尤冲决甚，畦垅变为沙汀，不翅千亩多矣。田日硗确，而赋犹取盈，居民殊苦之。张尹栋观水度势，谓非堤莫以障其流，障之而杀其势，且足引以溉田也。遂规事筹费，状上，都御史萧公可之。檄下，栋乃鸠工构材，遴父老之良者董其事。于是溯厥上流，自堡东南隅，循浒抵北隅，植柳以万计，筑土其中，高七尺，厚十尺，而杀其上，得厚三分之二。延是而下，正当衡决之冲，乃密竖坚木，甃以修石，亘百尺，高厚视上堤，下穿水眼，以通灌溉。且度沮洳广袤，宜播稻，复授方略，自堡东北隅开渠至西北隅，汇于北门左之古渠，北流枝分。凡堤内阡陌各次第疏通，咸就条理。灌则计亩，定以时刻，豫杜贪豪纷呶。不逾时而工告竣矣，洎秋大水，不为堡患，田亦称有。

《武功志》

漆水在县东门外，今谬为武水。自豳岐之间来，县北受浴水，南受漳水入渭。郑渔仲序地理略谓天下如指诸掌而信，漆由富平入渭之说，盖《括地志》未审豳岐泾渭脉络所在。富平在泾东，漆在泾西，安有岐梁之水越泾而东，再至富平，始入渭也？

《诗》云："自土沮漆"，《汉书》云邰在漆县。今邰封里有漆村，是也。

《武功邰郿辨》

世称郿为武功地，有斜谷水、太白山。余综其实，不然。按《元和志》，邰在渭水南，为汉郿县地，西南二十里有故邰城，有后稷姜嫄祠。罗泌路史亦云。考五代都雍总图，其说以渭为经历秦水大散、陈仓至武功，受斜谷水，东为邰县，又东迳雍，雍今府治也，其邰平阳郿俱傍渭水南，而北与雍岐周相直。然汉《地理志》，右扶风有邰、郿、武功各为县。邰下注："周后稷所封。"郿下注："有成国渠，为右辅都尉治。"武功有："太乙山，垂山皆在县东，惟斜谷水出衙岭山，北至郿入渭，有斜水祠。"不言武功。即邰为后稷封域，而唐志以邰为郿县地。《水经注》："武侯驻郿，使孟琰据武功水东。"《唐书》《地理志》及胡三省注《通鉴》，俱谓郿有东西原，为武侯所据地。则知县东南有太白山，又南为武功山，此山之水则为武功水，经流县境，今失其称名定处耳。故地理家但括全境，以郿即武功，并有其山水云。至汉永平八年，始自渭水南徙武功于故邰城，尚在今县东北四十八里，与唐志路史合。惟隋徙武功于中亭川，则距今治远七十里，颇不干涉矣。郑樵述地理略谓渭水东过陇州汧源，受汧水，又东过凤翔郿县受斜谷水，并太白山，皆在今县境内，故康太史志武功谓"武功、太白两山，斜谷水属郿"。若据今武功县以言邰、郿，并求武功、太白山，斜谷水，何从得之？则知世以郿为武功者，盖据古地望，非可概于今也。

《平阳封域辨》

按《魏书地形志》，太平真君六年，分雍置周城，隶秦平；改郿曰平阳，隶武都。武都者，虢也，与郿、平阳，同域者也。《史记》，秦宁公徙平阳。《世纪》曰，“郿之平阳亭。”徐广曰，“郿有平阳乡。”故《通鉴》前编本经世书直作“宁公徙郿”是也。乃《括地志》云，平阳故城在岐山西四十六里，为宁公徙都处，有平阳乡，有平阳聚。胡氏注岐山县亦云，“武德七年，移治龙尾城，在平阳故城东北。”凡两见，则何也？按都雍图说，濒渭水南，自西而东，由郃及平阳，始及汉郿县地，直北则为雍与岐周。又按秦都世次，自周东迁，始有岐西或营邑在郿，或徙居平阳，或居封宫，卒葬平阳，皆此一地也。至德公复徙居雍，则平阳在今县境西，滨渭，当岐西南此与？或言武公葬宣阳，聚东南者合，而雍又越渭，在平阳周城西北矣。胡氏注《通鉴》于“元载请割郿虢”称后魏于郿置平阳、周城二县，西魏复改平阳为郿城，后周废郿入周城，盖周城界雍、郿间，可以言分雍置周城，亦可言于郿置周城，平阳也。则《括地志》以平阳在岐山西，盖魏王泰正就武德七年后言之，与《魏》志胡注未始相悖，独《雍录》收秦杂宫以平阳封宫属华山下，则隔越六七百里，斯为不审的耳。大昌新安人，其所述《雍录》，如以郃在平阳西，此类多不可据。

郿子郇国

按国名记“夏后氏后有微”。注曰：“郿子爵本扶风郿阳，今岐之郿县，有郿乡。纣徙畿内。则在聊城。”或云在鲁，故亦注曰郿。《春秋》，庄公筑郿。《公羊传》作“微”。然则古微、郿同音而通用欤？又称周后有荀，侯爵。珣，郇也，在徛氏。臣瓒引汲郡古文，晋武公灭荀，以赐大夫原氏黯，是谓荀叔。又云，文公成荀。今河东有荀城，为古荀国。然唐置郇州于郿，领凤泉。武德三年，州废。考氏族略，周文王第十七子封郇侯。左氏传曰：“毕原酆郇，文之昭也。”郇侯贾伯伐晋，是也。其国故城在邠州三水县，其后以国为氏。然汉志，右扶风故有栒邑，注曰：豳乡，《诗》豳国公刘所都。此邠州，三水之栒，从木。河东有猗氏，无“荀”字。惟臣瓒以荀当在晋之境内，从草。至《风俗通》引《左传》则称今渭水南有故郇城，在郿，从邑。此则《诗》所谓“郇伯”，而唐改郿为郇州者也。

《终南太白说》

终南山横亘关中，南面起秦陇，彻蓝田，凡雍、岐、郿、鄠、长安、万年远且八百里，而延袤峙踞其南者，皆此一山也。故韩愈南山诗曰：“西南雄太白，突起莫间篁。藩都配德运，分宅占丁戊。逍遥越坤位，诋讦陷乾窦。”如《关中记》谓“终南，山之总名，太乙山之别号”，此其例也。《水经注》武功终南，引杜预为据，而曰“此山亦名中南，亦名太白”。其曰终南，固无间乎？武功与万年至云太白，则旧隶武功，为冬夏积雪，望之皓然，故名。《雍录》谓古图志无言太白即太乙者，惟《长安志》，万年炭谷有太乙祠，始可命为太乙，而非武功之太白，则古文以武功终南为太乙者，殆误。认武功太白而莫或正之耳。其山高大，多出物产，夏书曰“终南惇物”，秦诗曰“终南何有？有条有梅”。惇，厚也；厚物者，即东方朔所谓玉石、金银、铜铁、豫章、檀柘百工可以取给、万民可仰足者也。是自尧、禹、周、汉，皆谓终南饶物产，不当别有一山，自名厚物。班志引古文，而以太乙为终南，垂山为厚物也，误矣。盖以太乙、太白为终南，则可，而分太乙、太白、终南为三，则不可。故李吉甫在元和间核关中终南所历而著诸郡县，自郿、鄠、武功至长安、万年皆著终南，且曰在某县某方几里，则太白专属县境，太乙专属万年，而南山在关中者，统名曰终南云。

《褒斜同谷说》

古今志褒斜者，皆谓南北同谷。惟何氏雍大纪不然，谓自秦入蜀有三谷四道：西南曰褒谷；南曰骆谷，从洋入；东南曰斜谷，从郿入。其栈道有四出：从成和阶文出者，为沓中阴平道，邓艾伐蜀由之；从两当出者，为故道，汉高帝攻陈仓由之；从褒凤出者，为今连云栈道，汉王之南郑由之；从城固洋县出者，为斜骆道，武侯屯渭上由之。此四道三谷余未履其地，但就其所分疏求之。夫既以骆谷为南，则斜谷当在西南，且斜、骆二谷地望各异，何得概称一道，为武侯屯渭经由耶？盖褒谷在蜀汉西北，不得为自秦入蜀之路。若从秦川言，则南曰骆谷，在盩厔，西南为郿，则斜谷耳。乃讹西南曰东南，将以郿在周至之东乎哉？故程大昌述高帝之入关也，正月羽封沛公为汉王，都南郑，封秦将章邯为雍王，都废丘。四月，汉王人蚀中，至南郑。蚀中不见地书，以地望言，关中南面碍山，不可直达，其有微径可达汉中者，唯子午关，在长安南次。西有骆谷关，又西则褒斜也。此蚀中，非骆谷，则子午耳。若大散则在西南，不与咸阳对出，非其地矣。其年五月，汉王引兵袭雍，则自褒斜出，盖雍之陈仓也。汉兵既出，章邯走废丘，遂定雍县，东围废丘，邯自杀，复遣樊哙、周勃引兵下郿，安得谓骆谷在南，而斜谷又在东耶？又按郑氏地理略，当蜀魏时，陈仓东北十五里为郿城，亮攻陈仓不拔，又攻郿不能克，乃引还。国志虽无其文，而渔仲博雅，必有所据，则高帝后亮亦攻陈仓及郿，而不独屯渭上，由斜骆道矣。盖骆谷出扶风，隔南山，中有三岭：一曰沈岭，近芒水，在盩厔；一曰衙岭；一曰分水岭，固郿、斜谷水所从出以入渭者也。乃知斜、骆二谷在南山中，其脉势实相联接，缘本著末，则郿与盩厔皆有骆谷，而雍大记乃统称斜、骆道云。所以记事者又有“玄僖西幸由斜谷”之说，见次《柳氏旧闻》及张彭耆《旧传》。

甘泉

秦宣太后杀义渠王于甘泉。始皇二十七年作甘泉宫前殿。二十五年，欲游天下，道九原直抵甘泉，乃使蒙恬通道，自九原堑山，堙谷千八百里，道未就而行出。二世起林光宫，从广谷五里。汉文帝三年，帝如甘泉。十年冬，行幸甘泉，帝自甘泉之高奴因幸太原。十四年，匈奴入寇，候骑至雍，甘泉遣兵击之，出塞而还。武帝元朔四年冬，行幸甘泉。元狩二年，遣骠骑将军霍去病击匈奴，得休屠王，祭天，金人祠诸甘泉以为天神主。五年，天子病鼎湖甚，巫医无所不致，不愈。游水发根言上郡有巫，病而鬼神下之。上召置祠之甘泉，及病，使人问神君，神君言曰：

“天子无忧病，病少愈，强与我会甘泉。”于是病愈，遂起幸甘泉，病良已。置酒寿宫，寿神君。神君最贵者太乙，其佐曰大业司命之属，皆从之，弗可得见。闻其言，言与人音等。时去时来，来则风肃然，居室帷中。时昼言，然常以夜。天子祓，然后入，因巫为主人，关饮食。所以言，上使人受，书其言，命之曰“画法”。其所语，世俗之所知也，无绝殊者；而天子心独喜；其事秘，世莫知也。元鼎二年十一月，上待方士李少君于甘泉宫。四年六月，汾阴巫锦得大鼎于魏脽后土宫旁，河东太守以闻。天子使验问，巫得鼎无奸诈，乃以礼祠迎鼎至甘泉，从上行，荐之宗庙及上帝，藏于甘泉宫，群臣皆上寿贺。五年，上幸甘泉，立太一祠坛，所用祠具如雍一畤而有加焉。五帝坛环居其下，四方地为餟食，群臣从者及北斗云。十一月辛巳朔冬至昧爽，夫子始郊拜太一。朝朝日，夕夕月，则揖；而见太一如雍郊礼。其祠列火满坛，坛旁烹炊具。有司云“祠上有光”，公卿言“皇帝始郊见太一云阳，有司奉瑄玉嘉牲荐飨，是夜有美光，及昼，黄气上属天”。太史令谈、祠官宽舒等曰：“神灵之休祐福兆祥，宜因此地光域立泰畤坛以明应，令太祝领秋及腊间祠，三岁天子一郊见。”以李延年为协律都尉，作十九章之歌，以正月上幸用事甘泉图丘，使童男女七十人俱歌，昏祠至明。夜尝若有神光如流星，止集于祠坛，天子自竹宫遥拜，百官侍祠者数百人，皆肃然心动。元封元年，帝行自云阳北历上那、西河、五原，出长城，北登单于台，至朔方。还，祭黄帝冢桥山，乃还甘泉，类祠太一。又令民能入粟甘泉各有差，以复终身不告缗。一岁之中，甘泉仓满。二年，作甘泉通天茎台，从公孙卿“仙人好楼居”之言也。六月，诏曰：“甘泉宫内中产芝九茎连叶，上帝博临，不异下房，赐朕弘休，其赦天下，毋自复作。赐云阳都百户牛酒。”作芝房之歌。冬十二月，帝还祠太一，拜德星，赞飨曰：“德星昭衍，厥维休祥。寿星仍出，渊耀光明。信星昭见，皇帝敬拜，泰祝之飨。”五年冬，帝南巡狩，至于盛唐，遂北至琅邪并海，还幸甘泉。太初元年冬十一月，柏梁台灾。祠后土，东临勃海，望祀蓬莱。春，还，受计于甘泉。天汉元年春正月，行幸甘泉，郊泰畤。四年春正月，朝诸侯王于甘泉宫。太始五年春正月，行幸甘泉宫，飨外国客，令天下大酺五日。征和二年，帝行幸甘泉。巫蛊起，黄门苏文亡归甘泉言状。四年夏六月，自泰山还，幸甘泉。后元元年春正月，行幸甘泉，郊泰畤，遂幸安定。二年秋七月，朝诸侯于甘泉宫。宣帝神爵元年春正月，帝如甘泉，郊泰畤。二年正月，上行幸甘泉，郊泰畤。四年，上行幸甘泉，郊泰畤。有神雀五采，集甘泉泰畤殿，赦天下。五凤元年，上行幸甘泉，郊泰畤。甘露元年，行幸甘泉，郊泰畤。匈奴呼韩邪单于遣子右贤王铢娄渠堂入侍。三年春正月，行幸甘泉，郊泰畤。匈奴呼韩邪单于稽侯栅来朝。黄龙元年，上行幸甘泉，郊泰畤。匈奴呼韩邪单于来朝。元帝即位，遵旧，间岁正月一幸甘泉，郊泰畤。施恩泽惠事，所过毋出田租。初元二年正月，行幸甘泉，郊泰畤。赐云阳民爵一级，女子百户牛酒。三年，罢甘泉宫卫，令就农。百官各省费。四年行幸甘泉，郊泰畤。赦赐民爵一级，女子百户牛酒，鳏寡高年帛。所过毋出租赋。永光元年春正月，行幸甘泉，郊泰畤。赦云阳徒，赐民爵一级，女子百户牛酒，高年帛，行所过毋出租赋。五年，行幸甘泉。建昭二年，行幸甘泉，郊泰畤，赦。成帝建始元年，作长安南郊，罢甘泉祠，从丞相匡衡、御史大夫张谭之奏也。是日，大风坏甘泉竹宫，折拔畤中树木十围以上者百余。永始三年冬十月庚辰，皇太后诏有司复甘泉泰畤。四年春正月，行幸甘泉，郊泰畤。神光降集紫殿，大赦天下，赐云阳吏民爵，女子百户牛酒，鳏寡孤独高年帛。元延二年春正月，行幸甘泉，郊泰畤，待诏扬雄奏《甘泉赋》。四年，行幸甘泉，郊泰畤。绥和二年春正月，行幸甘泉，郊泰畤。成帝崩，皇太后诏有司曰："皇帝即位，思顺民心，尊经义，定郊礼，天下说熹。惧未有皇孙，故复甘泉泰畤、汾阴后土，庶几获福。皇帝恨难之卒未得其祐，其复南北郊长安如故，以顺皇帝之意。"哀帝建平三年，寝疾，乃令太皇太后诏有司曰："皇帝孝顺，奉承圣业，靡有懈怠，而久疾未瘳。夙夜惟思殆继体之君不宜改作，其复甘泉泰畤、汾阴后土祠如故。"上亦不能亲至，遣有司行事而礼祠焉。平帝元始五年，复南北郊，罢甘泉祠。

云阳

少昊青阳氏葬云阳。秦始皇二十七年，北击胡，悉收河南地，因河为塞，筑四十四县城，临河徙适戍以充之。而通直道自九原至云阳。徙五万家于云阳，复不事十岁。汉武帝太始元年，徙郡国吏民豪杰于云阳。昭帝后元二年秋七月，追尊赵倢伃为皇太后，起云陵，以其地置云陵县。始元元年夏，为太后起园庙云陵。三年秋，募民徙云陵。四年春三月甲寅，徙三辅富人于云陵，赐钱户十万。成帝鸿嘉二年春，行幸云阳。平帝元始五年，罢云陵，以其地属云阳县。三国魏司马宣王抚慰关中，罢云阳为县，以其地置抚夷护军。晋元康初，赵王伦迁征西将军开府仪同三司，镇关中，复罢护军。氐羌反，又立护军。秦苻坚于巀嶭山北永安镇置三原护军即姚苌宫三原故县地也，今在本县境迤西有孟侯原。后魏太武帝太平真君七年，罢护军于永安镇，置三原县，又别置云阳县。曰别置则在嵯峨山前，非雍畤故地。俱属北地郡。建德二年，废建忠，置云阳郡。周高祖有疾，还至云阳，命中山公护受遗辅嗣子。冬十月乙亥，崩于云阳宫。武帝建德二年秋七月庚申，行幸云阳宫。四年秋八月丙辰，行幸云阳宫。六年□月癸巳，行幸云阳宫。宣帝宣政元年夏五月癸巳，帝不豫，止云阳；六月丁酉，还京。隋文帝开皇三年，罢云阳郡。唐高祖武德元年，析云阳，置石门，仍置三原县于永安故城。三年，以石门温秀置泉州。以治水冲城，徙云阳于南十五里。太宗贞观元年，废泉州省温秀，更石门曰云阳。八年，省云阳，更池阳曰云阳。十三年春三月壬寅，云阳石燃方丈，昼则如灰，夜则有光，投草木则焚。武后天授二年，以云阳、泾阳、醴泉、三原置鼎州。大足元年，废鼎州，以云阳县隶京兆府。代宗永泰元年，诏李光进屯云阳。武宗会昌四年冬十一月，猎于云阳。后唐庄宗同光元年，以云阳县隶耀州顺义军。宋太宗太平兴国二年，以云阳县隶感德军。淳化四年，以金龟等六乡建为县，属永兴路。宣和初，改隶邠州。建炎四年，没于金，金隶京兆府路。金隶耀州，元隶奉元路。至正元年移县治于三水，改为三水县。十八年复徙今治，属凤翔府邠州。皇明改奉元路为西安府，以县属焉。成化四年分建三水县。

《淳化志杂辩》

甘泉县一隶延安府。《雍录》："古以甘泉名宫者三：秦之甘泉在渭南，一也；汉之甘泉在云阳县磨石岭上，二也；隋之甘泉在鄠县，三也。”《长安志》曰：“磨石岭山有甘泉。”《十道志》曰：“甘泉出石鼓西原，汉甘泉宫在山上，即秦林光宫旁也。此则取石鼓甘泉以名者也。隋宫在鄠县西南二十里，对甘泉谷。”秦之甘泉，史尝明言在渭之南。《秦始皇本纪》：“迎太后于雍，而入咸阳，复居甘泉宫。”徐广曰：“表云，咸阳南宫也。”秦时咸阳跨渭南北，则此宫不在渭北之咸阳，而在渭南之咸阳也。又《本纪》曰：“始皇诸庙及章台、上林，皆在渭南。”已而更命为极庙，“自极庙道通郦山，作甘泉前殿。筑甬道，自咸阳属之。”则甘泉前后，必近上林，即鄠县也。由是观之，则秦之甘泉，与隋之甘泉，正同一地；若秦之林光，至汉犹存。汉武元封二年，始即磨盘岭山秦宫之侧，作为之宫，是为汉甘泉矣。孟康注《郊祀志》曰：“甘泉，一名林光。”师古曰：“汉于秦林光旁起甘泉宫，非一名也。”师古之说是也。元封二年，以前史之所记，文景皆尝临幸甘泉，而不曰甘泉有宫可幸，当是秦之林光，远在磨盘岭上，不烬于火，而尚可用也。《战国策》，范睢说秦王曰：“大王之国，四塞以为固，北有甘泉谷，南带泾渭，右陇蜀，左关阪。”夫睢指甘泉谷为秦北面之塞，即云阳县甘泉山也。甘泉山，即车盘岭也。武帝虽别创甘泉一宫，而秦之林光如故也，则谓甘泉宫在林光宫旁者也。且武帝之为此宫也，不独以备游眺也，采信方士明庭之语，求以自通于仙，故增之又增之，如泰畤，如仙掌露盘及泰一诸画象，尽在其上也。此山高出它山，南距长安已三百里，而望见长安城堞。其上有通天台，云雨悉在台下。自武帝后，山上宫殿台观略与建章相比，而百官皆有邸舍。故帝以五月避暑，八月乃归也。《元和志》曰：“当其登山，必自车箱阪而上。阪在云阳县西北三十八里，萦纡曲折，单轨才通；上阪即平原宏敞，楼观相属也。其萦纡曲折，故名‘车盘’也。匈奴入寇而烽火通甘泉、长安两地者，以入主时往甘泉，不敢主定其处，故烽火两通也。”

《三辅黄图》：甘泉苑，武帝置。缘山谷行，至云阳三百八十里，入右扶风。周回五百四十里，苑中起宫殿台阁百余所，有仙人观、石阙观、封峦观、鳷鹊观、御宿苑在长安城南。又曰：“汉畿内千里，并京兆治之，内外宫馆一百四十五所。”班固《西都赋》云：“前乘秦岭，后越九峻；东薄河华，西涉岐雍；宫馆所历，百有余区。”秦离宫二百，汉武帝往往修治之（按此则甘泉宫，《三辅故事》所谓“北至甘泉九峻，南至长杨五柞，连由四百余里，通内外都城”而言也）。

铜人，秦铸铜为长狄之象，始于秦世，汉亦仿铸，而又增大。《三辅黄图》：“甘泉宫通天台上有承露盘，仙人擎玉杯以承云表之露。元凤间自毁，椽桷皆化为龙凤，随风雨飞去。”此即甘泉之铜人也。《三辅故事》曰：“武帝铜露盘，承天露，和玉屑服之，欲以求仙。”班固《西都赋》曰：“抗仙掌以承露，擢双立之金茎；轶埃墙之混浊，鲜颢气之清英”。张衡《西京赋》曰：“立修茎之仙掌，承云表之清露；屑琼蘂以朝餐，必性命之可度。”按凡此记此赋皆指武帝所铸捧盘承露也。《魏略》曰：“明帝景初元年，徙长安钟虡、骆驼、铜人、承露盘，盘折，铜人重不可致，留于霸城。”又《汉魏春秋》曰：“明帝徙盘，盘折，声闻数十里；金狄或泣，因留于霸城。”故李贺《金铜仙人辞汉歌》叙云，“魏明帝青龙九年八月，诏宫官牵车西取汉孝武捧露盘仙人，欲立置前殿。宫官既折盘，仙人临载，乃潸然泣下。”其歌曰：“魏宫牵车指千里，东关酸风射眸子；空将汉月出宫门，忆君清泪如铅水。衰兰送客咸阳道，天若有情天亦老。携盘独出月荒凉，渭城已远波声小。”辩曰：“魏方来徙，人存而盘已折，则承露之具不全，魏人安肯载之以东也。至谓铜人就载泣下，则怪之又怪者也。李贺所言，又并此而加怪焉者也。贺之诗辞曰：‘衰兰送客咸阳道’，又曰‘渭城已远波声小’，咸阳、渭城皆在渭北，若铜人自此地徙移，则必自甘泉来。甘泉铜盘、元凤间口已摧毁，虽其椽桷亦化龙凤。则汉明之世，已无铜人可徙，而况能及曹魏也乎？则谓携盘而出咸阳渭城者，又谬也。况魏明帝青龙之五年，已自改为景初元年，则魏世自无青龙九年，贺之说出于妄信，益可见矣。又况人盘力重，长乐正在平地，徙之尚折，甘泉山高险，一名车盘，为其不可直度，而须迂向取径，若车盘然，此之铜人，岂可全体移载也哉？又汉武所铸，如飞廉龙马之属，汉明帝皆尝迎而取之，其人力可胜者，已遂致之洛都矣，独金狄重不可前，乃遂弃诸霸城而已。然则移徙铜人者，乃汉之明帝，而非魏之明帝也。《魏略》所言正是误认汉明以为魏明，世人随而和之，不足凭矣。世人但见魏明创铸二狄，故并移弃霸城者而归之魏明也。若谓汉明时已尝补铸，则董卓先在东都，凡其龙马皆尝取之以为钱材，决不肯毁小而存大，此自可以意逆也。”

祭天金人，《匈奴传》曰：“霍去病出陇西，过焉耆千余里，得匈奴祭天金人。”师古曰：“作金人以为天神之主而祭之，即佛像是其遗法也。”按今世佛像，不问范金捏土采绘，而其像通身黄色，则皆本诸铸金也。武帝既得此像，遂收而祠诸甘泉，以其得自休屠分地之内，故系之休屠也。汉志谓冯翊云阳有休屠祭天金人者是也。云阳县者，甘泉宫地也。休屠已降，而为浑邪王所杀，武帝嘉其向己，遂并与金像而尊之。既已祠诸甘泉，又取休屠王列之典祀，而名之以为路径神也。（见《祀郊志》。）日磾者，休屠太子也。武帝以其父故而宠养之，赐姓曰金，则又本之金像也。已而日磾之母死，帝画其像于甘泉，而题之日休屠王阏氏也。夫惟宝其像，祠其父，姓其子，纪其母，直皆以其来降而尊异之也，自此以外，史无他门也。班固，汉人也，具著其实，首尾如此之详。至曹魏时，孟康注释汉志，始曰匈奴祭天处在云阳县甘泉山下。秦夺其地，后徙其像于休屠古地，而又为去病所获也。自此说既出，而晋史隋史亦皆据信，入之正史。予以世次先后考之，未敢遂以为然也（右休屠金人及径路神祠之辩）。

杜佑曰："冒顿以秦二世元年自立，击走月氏。则是秦二世已前，月氏之地，未为匈奴所有，休屠未得主典其地，安能徙像以置，而不为月氏所却也？"则谓避秦而徙休屠古地者，理之必不可者也。则孟康之语，显为无据，不待多求矣。若夫金像之所自来，则于是有考，而非避秦以徙之谓也。《张骞传》曰："月氏者，敦煌祁连间一小国也。"敦煌，沙州也；祁连，天山也，本皆月氏地也。沙州天山之间有城焉，名为昭武。昭武者，即佛之号释迦弃其家而从佛之地也。月氏既为匈奴所破，则逐散窜乎葱岭之西，为十余国。凡冠昭武为姓者，皆塞种也，塞则"释"声之讹者也。此地兴崇释教，而月氏国焉，故金像遂在其地，而为去病所得也。用何说以为主执，而云自秦地而徙之月氏也（右辩甘泉非匈奴祭天之处，秦未尝夺其地，其金人乃自休屠古地移徙来者，非自甘泉而徙去也）。

扬雄《甘泉赋》曰："翠玉木之青葱兮，璧马犀之璘彬。"左思讥之曰："果木生非其壤，于义虚而无证也。"李善引汉武故事，则曰："上起神屋，前庭植玉木，珊瑚为枝，碧玉为叶。"若如所言，则是木也，盖用珊瑚、碧玉装饰为之，其谓"翠而青葱"，皆状碧玉之色而已，非真有是木根著其地也。至《黄图》，则又有异矣，曰："甘泉谷北岸有槐，今为玉木，根干盘峙，三二百年木也。"《十道志》所记亦同。杨震关辅古语云，"耆老相传，咸以为此木即杨雄之谓'玉木青葱'者也。"详此二说，又直谓木本槐也，而名之以为玉木焉耳。予即本赋上下文求之，则雄指殆可类推也，曰"璧马犀之璘彬"，则非有真马真犀也，直以璧玉刻为其形焉耳，世固无璧马璧犀也。又曰："金人屹以承虡"者，虡，钟也，则比木虡加珍矣，故夸之以见其盛也。于是合三者言之，则玉也，璧也，金也，实非土毛，而皆假物为之。则汉武故事所著，大为可据也。若指其木以为槐，亦自一时所见。然槐叶望秋先零，不贯四时，其碧不长，恐非雄之所夸也。

铸鼎荆山即嵯峨山，其山阳为鼎州，其南为湖县，其西为冶谷，皆黄帝铸鼎之证。《帝王世纪》曰："黄帝铸鼎于荆山，鼎成，崩于荆山之阳。"《长安志》载嵯峨山事曰："黄帝铸鼎此山，今河南阌乡有鼎湖驿，亦传为黄帝崩处。"然荆山既有鼎州、湖县、冶谷及仙里、仙发诸村，则鼎成仙去之迹甚明。而阌乡无他左证，况桥陵去此地近，当以《世纪》为是。又史载黄帝铸鼎于荆山，今山阳有鼎州，则此山为黄帝铸鼎所在，帝时名荆山也。按《禹贡》："导岍及岐，至于荆山。"今岐山东惟峨山为大，禹纪事，乃略其大而详其细，不记其山而叙其麓，有是理也。又按宋敏求《云阳志》曰：嵯峨，一名巀嶭山，又名慈峨山。"《四夷郡县图记》曰："山顶有云气即雨，人以为候。昔黄帝铸鼎于此山。”观此则此为荆山，其证甚明。诸儒以富平为荆山者，信误矣，误矣！又按仙去之说，犹言实天云耳。由秦皇、汉武好仙，方士欲售其术，故以黄帝为乘龙上天，此妄诞无稽之语也。后人不察，以为实事。殊不知天一日而旋一周，朝在九霄之上，则夕在九泉之下，其运转之疾，无可比方。人坐车轮而运于地者，顷刻晕眩，乃运于天之上，其能生耶？（右升仙之辩）。

梨园，在光化门北。光化门者，禁苑南面西头第一门，在芳林景曜门之西也。中宗令学士自芳林门入，集于梨园，分朋拔河，则梨园在太极宫西禁苑之内矣。开元二年，置教坊于蓬莱宫，上自教法曲，谓之“梨园弟子”。至天宝中，即东宫置宜春北苑，命宫女数百人为梨园弟子。即是梨园者，按乐之地，而预教者名为弟子耳。凡蓬莱宫、宜春院，皆不在梨园之内也。上素晓音律，时有李龟年、贺怀智皆能以伎闻，安禄山献白玉箫管数百事，皆陈于梨园，自是音响绝不类人间。此之玉箫所陈者，乃始正在梨园也。《长安志》又曰：“文宗幸北军，因幸梨园，又令太常卿王涯取开元雅乐，选乐童按之，名曰云韶乐。乐成，献诸梨园亭，帝按之会昌殿。”此之会昌殿也者，即在梨园中矣（右梨园弟子之辩）。

岐阳石鼓，《元和志》曰：“石鼓文在凤翔府天兴县南二十里（周文王之都，秦雍县，汉右扶风，唐岐阳县）。”石形如鼓，其数盈十，盖记周宣王田猎之事，即史籀之迹也。今武帝祠有石鼓，文多剥落，其可辩者，惟魏文帝太和六年，（乃宋顺帝昆明元年也）。有“艾经艾程邑士夫敬谒，政和六年”“尹天觉、张光、李法、石彦政、种浩率胡临宰王仲武、簿张仲恭、尉步子厚、寄居刘直道，缘仲秋检踏屯田，恭谒武帝庙畤，孝昌乙卯（乃梁武帝大同元年也)。十月三日”等字样。按此皆南渡以后登临姓名,其所谓“石鼓西原”者,盖以形言,而非歧阳之石鼓也(右石鼓西原之辩)。

蔡邕独断曰:“天子出,车驾次第,谓之卤簿。有大驾小驾,有法驾。大驾祠天于甘泉备之,百官有其仪注,名曰甘泉卤簿。中兴以来希用之。”按邕此记,则惟郊天甘泉,乃是大驾。大驾行,则公卿皆从;若用法驾已下,则公卿不从矣。若夫汉昭仪之谓法从者,虑卤簿中有从宫焉,人或非之,故立为之名,而曰法从也。言天子在行,则其宫贵皆当以法得从也。扬雄见之,果设却妃之讽,则其预立此名,盖以自文,本非公卿扈行正语也(右昭仪法从之辩)。

凤翔府志

田赋

田以出赋,赋以准田,古之制也。八属各有是田而各有是赋也。宜若一定弗易而往往有不然者,其故可推知也。故里甲贫民多至流移豪右者,或据其业,久假若真,即又张大声势,而流移者惧自远徙,于是户口渐减矣。况老书黠算,交倚责重,反覆相幻,以故诡寄田粮,多寡交错,诸役纷纭,日异月殊;虚陪课程,指名责实。此奸伪日滋,积弊日深,若一长吏清心严法,而可革祛者也。至如镇原县分粮三百石,派于凤翔县各里。凤翔县派牛站于平凉府各递运所若干,每年征银靡定。宝鸡县地方远僻,人多诡行,岁征税粮,稽迟涉难。汧阳县雪白里原自麟游县出分者,征纳赋税并各杂役,十惟一二,玩法久而负固深。顽民老不识官长面者，观风君子，经略全陕，调停酌中，使斯民共沾圣王之化，无俾有不均之叹焉。其物产也，天时之失，宜地气之运动；昔日所丰者，今日或牿矣。日浸月滋，而八属各产土物，则为生民日用之养。物类之有无不可以相通，此造化机缄之妙，当途君子岂能容心于其间耶！

汉中府志

水利

南郑县 廉水河堰、石梯堰、杨村堰、老溪堰、红花堰、黄土堰、石门堰、石子拜堰。其山河、马岭、野罗、鹿头，见褒城堰志，盖两县共利之也。

褒城县 山河堰在县南长三百六十步，横截龙江中流而东绕，资以溉田，乃汉相国萧何创筑。为丰储计，曹参落成之。古刻云："巨石为主，琐石为辅，横以大木，植以长桩，列为井字。"蜀诸葛亮驻汉，踵其迹。宋吴玠、吴璘相继修筑，至今利赖。其下鳞次诸堰皆渊源于此。金华堰，县东南六里乃山河堰水折流之总渠也。

第三堰，县南五里，乃龙江下流，分东西两渠。南、褒、汉中共之者：高堰、舞珠堰、大斜堰、小斜堰、龙潭堰、马湖堰、野罗堰、马岭堰、鹿头堰、铁炉堰、四股堰。流珠堰，县南八十里。星浪喷迅，势若流珠，亦萧何所筑也。嘉靖二十八年，堤岸倾圮，用力实难，邑监生欧本礼相方度宜，浚源导流，编竹为笼，实之以石，顺置中流，限以桩木，胼胝数月，方克毕工，至今赖之。

城固县 杨填堰，县北一十五里，出胥水河，宋开国侯杨从义于河内填成此堰，故名。城固县用水三分，洋县用水七分。五门堰，县西北二十五里，出胥水河，元至正间，县尹蒲庸以修筑不坚，改创石渠，以通水利。弘治间，推官郝晟重开之，俱有记。百丈堰，县西北三十里，横截胥水为堰，润百丈，故名。高堰、盘蛇堰、横渠堰、邹公堰、承沙堰、倒柳堰、西小堰、上官堰、枣儿堰、周公堰、沙平堰、东流堰、坪沙堰、西流堰、流沙堰。鹅儿堰，县东北十里，宝山之麓，相传二龙化鹅，戏水堰崩，故名。

洋县 斜堰，县北五里，堰居党水下流，岁苦冲崩。万历十七年，知县李用中以石条横甃数丈许，仍东开土渠，灌溉资之。土门堰，县北十里。党滨堰，县北一十五里。堰水所给甚远，下有断涧二，岁每为板槽引水，值水横发，槽辄沦落，田涸槁，民甚苦之。万历十五年，知县李用中创石槽二，极为完固，始永济矣，有碑记。苧溪堰、二郎堰、高原堰、三郎堰。

西乡县 金洋堰，在县东武子山后，有大渠一支，分小渠二十有五，其名不具载。五渠堰、官庄堰、平地堰、空渠堰、东龙溪堰、西龙溪堰、惊军坝堰、洋溪河堰、高川河堰、高头坝堰、长岭冈堰、黄池塘堰、罗家坪堰、梭罗关塘堰。

沔县 马家堰、石门堰、白崖堰、石燕子堰、天分堰、山河堰、金公堰、三岔东堰、三岔西堰、石剌塔堰、罗村堰。金泉东南四十五里源泉涌出，灌田千余顷。莫底泉，东南四十里泉出不竭，俗传无底，灌田百余亩。

宁羌州 七里堰，州西七里，嘉靖间，知州李应元修，溉田十余顷。他近溪处所多有小堰。

按筑堰溉田，为利最大，厥工亦最难。岁出桩赀，岁动夫力，苟无法以变通之，则利源反为害丛矣。故议者谓篆囤之宜置也，拍筑之宜坚也，冲崩之宜稽也，堰长之宜择也。夫册宜清，桐口宜石，而灌序之宜定也。盖囤置则桩可省，筑坚则堤无溃，冲崩稽而补修有数，干没者何所作其奸？堰长择而督率得人，规避者何所施其巧！夫册综以清，斯无偏苦之忧；桐口砌以石，斯无盗挖之弊；若上四下六之次序有定，则上坝下坝之分愿各得所称，水利者，信乎其为美利，而积于不涸之源，流于不竭之潴矣。

茶课

西乡县二万九千六百八斤五钱。何大复曰："汉中之茶产于西乡，故谓尽茶地。"余问之，不然。西乡茶地，惟三里耳。三里去县又四百里，经于豺虎寇盗之窟。比以加赋其民，昼夜治茶不休，男废耕，女废织，而莫之能办也，于是乎有逋户焉。

陆文裕公《知命录》

咸阳西三十里，马嵬镇在焉；又西四五里，即马嵬坡，杨妃葬处。夷然一垅，当路傍，问之土人云，"杨妃粉，挖土四尺余可得，如礓砂石，研之可傅。"想亦一时傅会之谈。

汉中形势绝佳，渭南诸山深厚七百余里，拥蔽其后，西南巴蜀，东接荆襄，不惟挽输之易，而饶沃亦甲天下。曹洪谓"三岳、三涂"皆不及，非虚谈也。异时亦一都会之地。

益门镇，在渭南二十里，而风景气候，与关陕迥别，秦汉界限，天地自然之理也。自此入连云栈七百余里，惟凤县岭、鸡头关二处最险：凤岭则迤逦而高，鸡关则陡峻而袅。自入武关而南，栈阁始相连属，有甚孤危处，真天下之险道也。武关以北，栈道才十一尔。按宋《大安军图经》云，桥阁共一万九千二百一十八间，护险偏拦，共四万七千一百三十四间。本朝洪武间，普定侯所修连云栈桥凡四十五处，共九百六十七间。方正学《发褒城过七盘岭宿独架桥阁诗》，“一桥至一百四十二间，今桥无数处，有一桥才十余间，而行旅无阻，想渐次开辟矣。”

金牛事载蜀记，胡曾咏之，前人多有辨其非者。今沔县西百里，金牛驿在焉。西十里余，入所谓五丁峡。峡本天成，断非人力所能与！实汉水之源，至若险陡厄隘处，似有斧凿如栈道者，或五丁所为，传疑可也。入峡二十里，东西相对两岩，上有石钟石鼓，形像宛然。民间有谣如地铃者曰：“石钟对石鼓，金银有万五，若人识得破，买了兴元府。”贾胡过其下，疑有宝，凿之，金钟形有残阙焉。

宝鸡南二十里为大散关，和尚原在焉。山自西来，即秦岭一支，不独为秦蜀之界，亦中图南北之界也。凡水在岭南者南行，通名曰江。水在岭北者北行，通名曰“河”，朱子释河，亦曰北方流水之通名。

《延绥镇志》

河东刘敏宽曰：按榆塞，古朔方地，河流自西而东，由宁夏横城折而北，谓之出套。北折而东，东复折而南，由黄甫川入葭州界，谓之入套。纡回二千余里，环抱河南之地，谓之河套。自古郡县绣错其中，明初即唐受降城故地，营东胜，跨河北以卫套中，我人登城一望，则平沙漠漠无林阻，见百十里而遥，匹马一人不能隐，敌辄望城引去，遂远居沙漠，河限之而套为内地。时候河冰，乃乘间入犯，我所防者，秋冬耳。春夏得以其余力田套中，修城守。其往来侵边，惟辽东宣大，宁夏甘肃、庄浪一带，频茹其毒；而延庆无患者，河套蔽之也。迨东胜不守，外险既失，彼始渡河无所忌矣。先是镇兵驻绥德，苦于遥制，遇敌入犯，比出兵，每不及而返。其后都御史余子俊抚延绥，相度形势，东至清水之紫城，西至宁夏之花马池，筑边墙二千里，增置营堡，创榆林卫，移绥德重兵镇于此。清厘陕人有伍籍诡落及罪谪者，徙实之，择其才子弟，为建学立师教之。又开界石外地，兴屯田，岁得粮数万石。事皆创始，而经画焕然。自是榆为雄镇。弘治中，朝廷清明，河曲无患，然东胜终已不复，法久复玩，边墙日颓薄不治。而乩加斯兰每岁八月，自河西入套中围猎，春出剽宣大以为常。七年，火篩寇固原，诏起都御史杨一清总制三边，于是始复申搜套复东胜议，而卒不果行。孝宗之后，逆瑾专政，以修边过费，而边备日弛。嘉靖中，总督侍郎曾铣上复河套议，而终梗之。又前之言套可搜者非一人，而王越行之有明效，使当时力主之，何至有后患哉！

中路，论曰：榆林城在常乐、保宁之中，文武开府其间，五营重兵，彪腾虎踞。且左山右水，固天设之岩疆，全镇之上游也。保宁、波罗，相去八十里，中虽有响水一堡，去边七十里。旧恃无定河为限，所虑者，冰坚之时耳。今河水浅不足恃，宜于保宁、波罗之间，添置一堡，移响水之兵守之。怀远、威武、清平边垣虽临险阻，高峰峻坂，似若可据，然冲口实多，川面平衍。如西川小理河汊坝，最为首冲。若或大举南驰，则安定、白落、卧牛诸城悉被其毒矣。且东起常乐，西抵波罗，沿边积沙，高与墙等，时虽铲削，旋壅如故，盖人力之不敌风力也。保宁昔称水泽之区，年来潴水渐涸，马无所饮。倘保宁日就凋疲，则归德之饷道可虞，是今之首当加意绸缪者也。然犹有隐忧焉，保宁、常乐、实扼归德、鱼河、大川之冲，雕阴上郡，在在可虑。今虽设有中协副将一员，可以聊属一路，但兵不满二千，马止于数百，苟且支吾以幸无事，岂完策哉。

东路，论曰：榆林东路黄甫川堡与晋之岢岚楼子营仅一河之隔，迤西至双山一十二城，冈阜交错，深堑高崖，蜿蜒四五百里。东南逼临大河，故东路之利，利在险也。虽间有窃掠，而大举深入，则昔多未有。然秋则虑人双山之大川，南近米脂为最冲；冬则虑黄甫之河冰，一马可度。随时设备，其容缓乎？且密迩葭州、府谷、神木、吴堡诸邑，军民杂居，牧保为难。为东路计者，当以捍御责之将领，收敛责之有司，庶壁可坚而野可清矣。

西路，论曰：延镇西邻宁夏，与花马池接壤者，定边之盐场堡也。定边转而东，为砖井龙州十五营堡，皆依山临堑，倚险可守。然宁塞柳树涧平川错杂，为延安之门户，居常小窃，秋高大举，较之镇靖、靖边，犹为要害。柳树涧迤西，则旷野平原，无险可据。新安边、新兴、石涝、三山诸堡，设在腹里，议者欲分其军丁添贴守瞭，未必非补偏之一策也。砖井去定边五十余里而遥，欲于瓦扎梁增设一堡，如镇罗堡故事，以便接应；或以兵粮无措，竟同筑舍，奈之何哉！定边西郭外南北二沙，最为边患，除之复聚，徒烦畚锸之劳，不若增筑砖墩之为因地制宜也。

《砥斋集·延安屯田议》

屯田之制，实始金城。相其临戎广野，使戍卒耕稼其间，以十一二输官，十八九自赡，历代行之，法尽意美。明太祖屯田遍天下，九边为多。而九边屯田，又以西北为最。其垦田之令，以边方闲田许军民开种，永不起科。开屯之例，军以十分为率，以七分守城，三分屯种，有额内、额外之殊。然法久弊生：瘠田荒芜不治，腴田为豪强兼并，或官校侵夺，汩没混乱，徒有其名。此体国经野者所盱衡而叹也。今延安、绥德、宜君等处各设兵防，人不下数千。大乱之后，闲田颇广，诚大修屯政，耑任责成。谕令所在地方有司并镇守将官一心规画，设给牛种，每军一人量给闲田若干，务有余裕，则军为乐业。措置已定，请旨永著为令。内省帑运，外省民输，期年之间，将变荒碛为丰壤，易流徙而乐康，足食足兵，未有善于此者。经界在田，开列在籍，非高远难行之事，非幽隐难察之情，特在以实心实任之耳。至如地方水泉可引灌溉者，令有司相度高下，经营蓄泄，有成功者，特与荐剡。尤所谓富国至计，一日之劳，百世之利矣。

庆阳府

安化县 驿马关在城西南九十里，周一百四十步，内置巡检司。槐安镇在城北一百五十里，道路宽平，最为要害。宋范仲淹置镇于此增筑，周围六里，城门楼橹悉具，又多设仓廒，且道通定边、花马池诸处，又相为应援，足以控制外夷，藩篱中夏矣。五交镇，在城东北一百一十里，北至宁夏界五十里。马镫寨，在府北七十里。横山寨，在府北一百里。绥远寨，在府北一百里。怀安寨，在府东二百里，东接延安府界。金汤寨，在府东二百里。白豹寨，在府北三百里。寡阜寨，在府北三十里。大稷砦，在府北三百里。柔远砦（见上），宋范仲淹所筑，周二里，今废。槐安东谷砦，在府东北一百七十里。道通安寨川，范仲淹置。槐安西谷砦，在府西北一百八十里。道通环州，宋范仲淹筑。永和砦，在府西北一百里，西控大现川，宋范仲淹筑。美泥砦，在府西南一百里，宋范仲淹筑。雪泥砦，在府西南一百五十里，宋范仲淹筑。荔原砦，在府东北一百五十里，宋蔡挺筑。天固砦，在府西南八十里，地即彭原废县。通远砦，在府□□□里，宋筑。定边城（见上）。董志堡，在府南一百二十里。赤城堡，在府南七十里。温泉堡，在府南八十里。秦霸岭堡，在府南一百一十里，并嘉靖中筑。

合水县 凤川镇，在县东北五十里，宋范仲淹置，控子午岭入西夏界，东接本府一百五十里。华池镇，在县东一百里。平戎镇，在县东北一百八十里，宋范仲淹置，西接本府二百六十里。白牛寨，在县东三十里。

环县 清平关在县东二十里。箫关，在县西北二里，即灵武地。石昌镇，在县西三十里，道通马岭威州一带，宋范仲淹筑。马岭镇，在县南一百二十里。安化寨，在县东三十里。安塞堡，在县西四十里，宋范仲淹筑。平远砦，在县东三十里，东控大现川，宋范仲淹筑。围堡砦，在县北一百五十里，宋范仲淹筑。徐家窑砦，在县北一百三十里。木钵城（见上）。

宁州 复桥砦，在州东五里。早社镇，在州南三十里。新庄镇，在州西三十里。焦村镇，在州西五十里。南义井镇，在州北三十里。凤凰堡，在州北五十里，嘉靖中筑。

真宁县 桥山寨，在县东三十里。安兴堡，在县东南一十五里。湫头堡，在县东南五十里。委家堡，在县东七十里。解家堡，在县东北四十里。山河堡，在县东北六十里。西峪堡，在县北二十里。高石堡，在县西北二十五里。

《吴甡按秦疏》

延庆近边苦寒，民多穴处。昔人于山峰要险处设立堡寨，以御虏寇，今其基址依然。臣在延庆日久，习知其俗，尝劝谕父老：山寨可以避虏，讵不可以避盗？凡数家之村，露处之氓，皆当聚处山寨，寨有城，有井，有窑。大者容千人，小者亦容数百人。据险固守，有一夫当关之势。若广蓄粮粟，多备火器，无不可守者。

《平凉府志》

《山海经》："西去华七百里，曰高山。"是时洪水未溢，高下砥平，道直而径。禹治洪水，水疏土崩，山川瓜分。升高历险，涧坂悬绝，道阻且纡，今乃千里矣。禹书曰："泾属渭汭。"平凉之水，泾汭为大，分水之源，实维高山。高山东南为小陇，西北为萧关。大原冈峦，纠联不绝，咸源、华亭、白岩泾出湫头东北，西面笄头，放之平凉。越泾而邠汭来汇之，逾鸡口、泾阳、三原以汇渭而入黄河。汭源湫头东南，密迩于泾，东汇华亭，西汇崇信诸水，北过泾州之西以入泾。山多石砂，水皆清粼。华亭南境远门川诸水，乃东汇赤城、良原、灵台、远溪诸水，北至亭口以入泾。镇原汇庆阳南阳之水，过泾州之北，以入泾。山多黄壤，水皆浊流。以众水汇萃，渊平可舟，《诗曰》“淠彼泾舟”，是也。自兹以上，溪涨峻驶，奔流可方（机也）。咸疏为磨硙，以治面造纸，灌溉田园，亦患冲决，利害相兼矣。咸出高山之阳。高山西南隆德、静宁，是谓山后之水，乃由巩昌之清水县以入渭。高山西北镇原之阴，固原诸水汇为东西海子，北为黑水，东北以入黄河，寒不任灌溉，浅不胜舟楫，颇为磨硙，才足汲牧，其利微矣。咸出高山之阴。

平凉城南北之水皆入于泾，泾出府城西南七十里笄头山下，今曰箕裘巘，声之转也。巘，山顶也。地属华亭白岩里，百泉之讹也。前即湫头山，朝那湫在其巅。其下为汭，合华亭、崇信三水过泾州西，回中而东入泾。皆可引而为渠，轮而为磨，以治谷香及纸，分溉田园，民所利也。百泉中泾东过空同，至龙尾山之阳，则六盘、牛营迤东，北山诸水汇焉，而泾流始大。东去府城西北一里而遥，阴疏为中内外三渠，阳亦一渠，东西二十里为磨以百数，咸估五七百金。分流溉园，咸亩直十金以上或至三十金，少者亩三五金。池塘台榭、花卉竹木相望，而杨柳尤多，皆诸宗豪贵产也。卉以石榴、山茶、牡丹、芍药、菊为丽，鱼以金银、玳瑁为上，竹以凤尾为贵，他殆难枚举也。嘉靖庚戌以来，水旱不均，旱则争决泾涯以增渠而莫或闭。潦水大至，泾乃弃故道而大决诸渠，漂毁园池、台榭、植物，城北盛观荡为砂砾，唯东方尚存其半，西北所余无几也。今方讲求导闭之术，法当于城西为大堤以捍泾而曲，置水门以通渠，不可缓也。北城之闉，温泉出焉，即古柳湖，为韩之囿，楼观陂塘、鱼柳荷蒲甚盛。作土城、砂堤以护其北，泾不能侵，此其证也。泉东流过陶将军万竹园，余北郭之居，溉地三里而既。东郭新街厢之中，桥曰太平，水曰小谷，即浚谷也。谷高数丈，郡南山诸泉汇焉。阔及步，源远三十里，入于泾，东西溉园各里许。而山水暴涨盈溢，嘉靖六年六月，遂漂破东郭室庐，溺居民以万数，沸声如雷，有漂至西安尚生者。分守参议闽人陈君毓贤始筑夹河城，今随坏辄筑。又东二里曰岨谷，东南山泉所汇，阔及步，源远八里。溉视浚谷而暴水颇减，亦筑夹城，北入于泾。自此而东，则南北山谷之水咸入泾，而民以利汲灌，多负水以居，暴雨至，漂溺亦多矣。

历考诸州县志，父老所传与余所见，徭租逋负立法之弊有十二，而赇盗不与焉。国初以江南赋数多失实，诛户部侍郎郭桓等，而秋粮事发之民皆充军，天下震惧。西人质朴，自占户率数十石粮，有官者或至百石。初，诸将失利定西，元将王保保大掠西民，而北州县空虚，民单丁为户，无妻为丁，名曰“好汉粮”，有司得免咎。是时注简吏清，民唯办正徭粮而已。徭无私役，粮以地所出大小麦谷豆，斗斛平概，一夫一妇，牛二犋，垦闲田二顷，荒肥畅茂，风雨时调，可获三百石。以十之一纳官，三十石而至足矣。输仓即受，固无留难索取折银也，故徭赋易足。民支盐于官，里长总车运之，牛车递行，每岁不过银三分，而一家之食盐足矣，更不买盐而食也，故公私皆利。然单丁无妻者，一世而绝，每十户有一二户焉，而八九已代输不支矣，立法之弊一也。自占粮虽多，荒地山林亦广，固将以子民，使生息开垦也。子孙多而开垦溥者，地必大；子孙寡者，尚不能守其原业，田亩日削，不均之弊二也。不均必讼争，讼争必买求，将安取财？故田园折而输宗室、豪强、军校矣，侵陵之弊三也。健讼者胜，不讼者负，良善蒙辜，奸猾肆志，风俗之坏四也。又增监苑、卫所、旗校官吏诸人，十倍州县，尽夺民地，地无定分，而宗室、豪强、军校益乘势侵渔，游民、商贾、盗贼附势射利，富强兼并，官法莫之能御，而里甲日益侵削，不存十之二三。夫以十存二三之民与业，而代输十失七八之粮与徭，势必流亡，大弊五也。高皇时，驸马都尉欧阳伦殴递运载私茶，兰州大使以闻，即诛伦及阿奉诸官吏，而赏大使。是时驿递非奉符验，遵定数，孰敢冒滥？故驿递清乐而里甲不扰。今官之百费倚民取办，而吏胥因缘为奸，民一当里甲，充驿递，焚室庐，殴妻子而奔亡矣。甚乃杀其襁负，有死之志，无生之乐。盗贼群起，法不胜奸，夷狄乘之，四隅交难。广设戎职，增募军旅，而民病愈甚矣，此其大弊六也。三岁考绩，三考黜陟，弘治以前，未之有改。然典宪简严，都御史、御史风裁彰灼，故吏久而民不烦也。是二察院者，如网有纲，纲举而目张，如桶有箍，箍固而无漏。今则漏网吞舟，计日牟利，送往迎来，取办顷刻，乞贷陪偿，生理灭矣，大弊七也。官既知其弊，宜大有以救之，乃以官吏犯法之物，例归于公。官之迎送既不能免其一，而输公复加为二，民力且尽，公无所得，大弊八也。民少官多徭必增，又重以土兵提编，徭大增而民丁少，日增日盛，其弊九也。粮改征银，粜禾数倍输银，加耗又将倍之；承平久垦地利瘠薄，所收不给官粮，何以自给？其弊十也。力差准银又寡，一人终岁坐食，以役非十金不能，而馆库诸役，又将资公费，终岁至百金以上，其弊十一也。今徭役之目曰贡物，盖无几也，泽至渥矣。曰历银，曰科贡费皆礼也；曰门，曰皂，给使也；曰库，曰斗，守财也；曰弓兵，曰民壮，曰机兵，捕御也；曰土军，征役也；曰铺司兵，巡递也；曰驴夫，曰马夫，曰牛夫，供馈公命也，皆官所需而不可缺一焉者。曰里甲老人，非徭也，所以董治教者。今舍隶弗役，而役民壮机兵，非制也。甚又以里甲充隶，以市民充隶。原设卫所，大则征讨，小乃捕御，无卫所者，乃设弓兵，无巡检者，乃签兵壮。今平凉卫所四布，余军不以捕御，而为卫官私役；巡检司以十数，而弓兵咸纳月估，不以捕盗，不应公役，而加以兵壮，重以土军，顿设之军，食民租，衣民徭，隐没弗究，而民之代军役者四焉，其弊十二也。曰民校厨，事新封郡王也；曰养牲户，曰乐舞生，曰斋郎，奉王祭也；又曰陵户，坟僭称陵，而私役民，殆无法矣。群牧所弗养牲，军校之余弗充乐舞、斋郎给新封之校厨，皆非也。民校取一人焉，足矣，或户取之；户畏病，辄行赂祈免，或举州县取之，官虑其弊，乃议解银十二两，祈以免役也。既又役校而解银，其绝而弗嗣者，官弗检收，而新封者又辄签，民病极矣。夫非理役民弗畏忌也，而又索其进退交际之货贿，民是以重病，其弊十三也。

平凉县为里二十三，原户二千五百三十，规方几百五十里；地非不广，民非不足，顾今衰微，不能自存，何哉？盖尝深思其故矣。天造之始，大乱甫定，南山泾滨咸森莽斥卤之地，以待开垦。未几而建苑马监牧焉，固夺诸民未垦之田也，计亩过府赋数等。又有平凉卫之屯焉，复取民未垦之田十一。百年后又建固原卫，继又增置苑监，唯意之所取，凡民田之绝弗业者，举以予之。而宗室男女封者盈千，生各有田业，殁各建茔域，僮仆守卫悉取诸至近而足，又不啻十之五。而民始大困，赋始大殿，近府之县，平凉、华亭尤甚，而公私匮竭矣。两寺监苑长史合属之官吏，隶与门库督府戎帅三卫所之官长吏从又盈千焉，禄皆增赋于田，徭皆增取于民，民日疲而徭日倍，地益削而赋日加，以百五十里之地，而达官贵人以千计，如之何其可足也？军隶之食于官者又几万焉，乃一人耕而食数人，如之何其责有司以取盈也？坐食犹未已也，又为之里甲驿递，以送往迎来，取办俄顷而动用百十金，民是以不堪其求，而唯祈流亡之速矣。物极则变，变则通，通则久。省冗食、节浮费，以通变宜民，此仁圣之事，广大之业也。谨书此以俟。

凡设重臣，贵便宜，利民去害，故取民之财，必揆义，定制不可权宜也。诸凡科索，生于兵兴，出自上命，或弗得已，犹之可也。若平凉食盐钞银，其始也，因官有盐以市民，披籍计口取其值，而里长公具牛车输之里中，仍计口给盐，是官受银而民资食也，上下相资，非牟利也。上自王府，下及官吏贫民，皆有食盐，无复买盐于商者矣。而官复召商种盐，商将何所卖之？缘弘治以后，虽计口收钞银，唯王府及达官支盐，而府司吏民皆莫或运支，第市商盐而食。故民虚纳银于官，复市盐于商，官收倍利，民获二害。其钞银乃以给宗室折俸。今百官折俸，例皆虚名，未有实支，而宗室复得钞银以折俸，往往知其弊，亦莫肯实输钞银，而宗室折俸亦不冀其必得也。姑以其文符市诸奸宄，得估五之一焉，所获亦甚微，估符者必赇所司，严征于民，与奸宄之徒各分其二焉。重困黎民，而利斯人，余不知其何说也。昔抚山西，凡核宗室请折钞之文，必命之以助补正禄，盖谓此也。以法言之，商盐既大行于民，则官不当取盐钞银；百官折俸既虚，则宗室势不当独给。况本身正禄尚缺，乃以给奸宄，为赇吏窠，尤所不可。用以补助正禄，礼也，大要计臣不肯正法守而出纳倚办吏胥，此民之所以日困也。奸者能赇求，而君子耻之，此君子之道所以日消，而四维扫地矣。呜呼，痛哉！

平凉九里之城，三里之郭，王而国者一焉。其护卫一，凡四所，亡虑四千户，而仪卫典仗十百，犀牧一千，敬依自占相埒，不啻万人焉。王而郡者二十，有典仗仗户各百者四，又有奉祀安王坟五百七十户。近虽改属平凉卫而尚未听命。仗有户五十者二，其余亦不减三十户，而私人不与焉，盖又不啻万也。将军以下至乡郡殆逾千矣，役多者数百人，少者以十数，又不啻万焉。城郭不啻盈矣，而两寺平凉卫官兵之居，亦三分之一，县之所存，盖无几何，故民不及百廛，又多僦屋而居，山川民居盛衰亦如之。呜乎！产金之山，靡植卉草；探珠之渊，不栖鱼鳖；茂林之荫，罔生庶植；艳冶之妇，弗育子姓。此盛彼衰，理势然也。城郭繁而民赋寡，纨绮众而闾里耗，私家强而官政衰，有由然哉！然则将奈何？曰：世禄之家禁渔利，坟兆之赋定蠲制，品式之具贵详明，里甲之衰宜合并，官府之简必忠贤，庶几扶衰救弊有其渐焉。舍是则非所敢知也。

置邮传命，振古有之，周礼详矣。而《国语》单襄公知陈之亡，以其废宾馈之礼。汉法，得乘传者，唯奏事、将兵、征贤而已，它毋与焉。本朝因之，飞骑以驿，运载以递。民田出租，身出徭，桑出调，货出课，亦已周矣。以田租之夥者，分上中下，而为驿是重纳租也。而又以其租之夥者焉，是重困大户也。法当乘传者，不独济行而已，而狡者因之求富；司驿递者不独事上传命而已，亦各求富，百需皆至，取办顷刻。公使既饫腆鲜，或复索馈贿。中使、武夫、权要骑驮动以百数，复索过关至百十金。回蕃贡夷，殖货牟利，亦至百十，经费旬月。大户百年之家，不足此曹一饭之费，而缙绅行役，宾客亲故之往来，无不由之。狡者或假为故官及州县小吏，或赇求伪造公符，唯其所欲，莫不破家。兵部虽严加例禁，而风声流被，闾关下民，莫敢谁何。又重为召募司驿递者，取见面钱于大户，得十余金焉；应募者又得十余金焉，奸人把持其中，立旧帐还库补给之名，而大户百金之产，入役即竭矣。故一闻此役，不逃即死，而公务百役，亦俱废矣。乘传者困于难行，遂捕市人以充之，而城郭市廛尽闭矣。呜乎，噫嘻！仁人君子宁不思所以救之乎！

陕西行太仆寺之职，司陕西都司所统西安等四十八卫所、清水等七十四营堡骑兵之马政，以敕命制驭官吏军士，以会计其瘠死而纠治之，岁终则以其数献于朝。视其屯之荒者，缩其值军之赢者，裒其财，以益市骑兵之马，为价年额九千二百八十六两五钱九分。库贮之，以待市马而时给之。

苑马寺之职，主二监七苑牧马之政事。凡蕃马市马之牧养，度其地宜，均其事力而给饲之，以时其水草字育而稽其数，以岁终献之朝。物故者收其皮肉筋角之直，弗字者揽其租所值之入，以益市马，而悬衡其价，季会其要，而岁考其成，以罚其不登者。军需马则以其马之弗字者予之，予马之良驽，必视其军骑射之良否，而高下俵之，则无争而马政平。其畜马之久，近亦视其地之肥瘠而阅实之。凡俵马，亦度其牧之能否而赢缩之，则牧不病。

天有天驷，天子有牧仆之职。自轩辕以来，坟典经史不绝书，逮周始详。穆王征犬戎，责以不享，在今平凉之域，而八骏皆是物也。孝王命秦非养马汧，渭大蕃息。宣王中兴，此物闲则北伐猃狁，南平荆蛮，大搜郑圃，皆以车马之盛为言。秦乌赢谷量牛马，即乌氏人，而汉文景时，阡陌成群，六郡良家驰射是利。马援之边郡，田牧数年，得畜产数万。唐人养马，亦于泾渭，近及同华，置八坊，其地止千二百三十顷，树苜蓿茼麦（今雁麦），用牧奚三千，官寮无几，衣食皮毛是资，不取诸官。盖合牧而散畜之，牧专其事，不杂以耕。而太仆张万岁、王毛仲，官职虽尊，身本帝圉，生长北方，贯历牧事，躬驰抚阅，无点集追呼之扰、科索之烦，顺天因地，马畜滋殖，万岁至七十万六千，毛仲至六十万五千六百有奇，色别为群，号称“云锦”。地狭不容，增置河西。史赞其盛，图传至今。夫岂有它术哉，法简而专，诚而不二故也。玄宗既以嫌诛毛仲，后遂以付安禄山。禄山统北方三道，又使兼掌京西牧马。地既隔越而职守难专，重以匈胡叛逆，覆用蹂践唐室。其余存者，犹足以资肃宗之中兴。宪宗命张茂宗监牧，茂宗不能远略，乃籍汧陇民田，人争言其不便，牧事遂废，唐亦丧乱。由此言之，人事得失，马政盛衰，益昭然矣。自宋以来，马藏民间，泾原为边重镇，日不暇给，然颇贸易番马，以给战士。金元悉从民牧，兵兴随宜取用，官以无事。

皇朝远稽周唐，大振马政。自大将军得李思齐、李茂之骑，继破王保保，虏马驼杂畜数十万。御史大夫丁玉、凉公蓝玉四征西番，部族悉服，乃制金牌合符，番人以马充差。

朝廷以茶为赉，体统正而名义严，马日蕃庶，始置苑马寺联以监苑，巡以御史。日久法弛，弘治末年，命都御史杨公一清董治之。公振肃纪纲，增置官属，搜括垦田，益市民马，一时观美。然三年二驹，其计利深矣。数年之后，所利不补所费，何哉？岂非官多牧扰，法烦敝生，缙绅衣锦，难御边塞之风霜，而肩舆驺从点集追呼，非孕字重累之所能堪乎？且牧地十七万七千余顷，养马一万四千余匹，牧军才三千三百余人，田重牧轻。皮肉收银三两有奇，公用银三千余两，责之三千三百余人，物轻输重。每岁各各入贺，督监参谒不绝迁代，岁月繁促，南北习俗异宜。道路往来劳费，牧人之不支如此。州县地不逾二万顷，为粮站徭二十余万，轻重之相悬如彼。嘉靖三十七年，平凉通判嘉定陈应祥举籍平固以北皆为牧地，民村落室庐皆度为牧，代之养马偿驹，遂号二税。按制，先定州县因税，后以隙地为牧，本自相间，安得齐一？应祥务虚名而民重被病，牧既少获，种马日削，责民市马，吏缘为奸，民不堪命矣。世之君子，其思有以善后哉，今粗举其大端云。

马于兵政为最大，故古以司马名官。官重兵而优与马，则兵得以欺谩抵易，而马愈不振。官重马而罚过深，则兵困而马日耗。大要稽马之实，在将领而不在仆牧之官。使马勿耗，在调发之简便，饲牧之以时，而不在乎法令之具备也。官不得人，则法愈严而敝益滋，不可不以情察也。

固原北四百里有大小二盐池，畦水日暴成粒，无事爨煮，所谓青盐，入药者也。原设批验所二：一在固原州，一在庆阳府北红德堡；主验放盐引。巡抚都御史张公敷华以固原经过盐车，于静泾二州立厂市收课，以备赈济。弘治十四年，总制秦公纮移厂市固原，固原兵备主其课引银，移批验所于庆阳；庆阳兵备主其割引银，以备边用。固原立五盐厂，置老人斗行，每厂五百引，引以序市，铸铜板印票。兵备道给老人送州印钤，以实盐数、商名，方许市，每车收门盐一斗五升，石收票银五厘。州库收备军需，批验所引收卧引银一钱，州库收备买马，而斗行又纳州公用银十八两。嘉靖二十八年，知州倪云鸿又增斗底矛银一钱五分，计一厂五百引，共该银七十五两，咸备公用，以苏里甲之困。然斗行过取斗底，而豪猾为斗行倍收私放，官少利，而商与里甲交受病，良有司尚有以驭之哉。

总兵官　洪武初即有此号，盖大将元帅职也。于兵无所不统，给将军印，以便征伐。陕西难为镇守，不给印。初以侯伯都督为之，逮总兵出镇，猥多侯伯少习边事，而武臣以勋阀致位都督者盖鲜，乃往往以积劳推荐指挥，假以署都督佥事之号，而充总兵。故人微位重，鲜胜任者，而缙绅视之益轻矣。

国初，塞宁夏东胜，属之大同，守在河外。而河套为内地，无事设兵。地虽空虚，而边民降虏，耕牧鱼盐，衍沃孳息，自食其利，官不病民，军不烦饷，公私俱利。成化以来，始弃东胜，虏乘虚入寇，势必增兵。固原以北，民悉为兵，粮费增多，官弗克供。中套为塞，蹙境弃饶，田野狭隘，军民争讼，毋获奠居，公私交病。议者以四夷之守在九边，而固原、延绥最精入，卫所恃重，以督府建阃，其兵为尤重焉。虏既侵犯弗时，调遣无节，疲于奔命，马易损毙，而兵绝生息，理势然也。节缩财用，以补骁腾之骑，计远近利害，以息奔驰之弊，杜债帅侵渔，以强折冲之兵，君子盖日望之。呜乎！岂易遽以言哉！

官军常牧马东西海，鞑靼为寇，先据水泉。刘文赵瑛之歼虏于黑水，盖以两海牧马诱之深入，而先北度水泉，迎击其渴。刘公天和遂铁柱泉置城，以便转盐，盐利广而寇患稀。苑牧军闻牧有东西海之名，遂诉诸茶马御史，下通判陈应祥检治，应祥希御史意，尽以予苑军，司兵者弗敢诤。自是战马无所牧，而坐食官刍，枯乏不给，困毙日甚矣。盐车起花马池，至固原五六百里，道远乏绝，虏易要掠，故城韦州下马关，以顿舍转输，寇至有备。盐饶美而估廉，公私咸利。贪吏乃反设法禁诸城置顿使，直至固原以困之。又河东盐自黄河南徙，重以地震，水泄解池，地日高而河润卑少，多硝苦而罕卤甘，民弗堪食，则青盐有羡利，而关辅病乏盐。盖宇宙洪河，至此一变，通口宜民非上智达道者，其孰能识之？

泾州庠生王宁《穷汭记》

汭水纪于《禹贡》。《广韵》，汭，音儒。《说文》，汭，从水，从内，训曰两水，合流之谓也。又曰小水入大水之名。质其实，雍、豫二州有专名之者，有通名之者。专名者，以义也，通名者，以类也。以类通名，如“会于渭汭”，“东过洛汭”是也。盖渭自鸟鼠而东逝，泾出笄头而北来，二水至高陵而汇于河，经龙门，东注豫州洛，由熊耳东北入河。既皆小水入大水，且两流合为一，以故不曰泾渭，而曰渭汭，不曰河洛，而曰洛汭。由是推之，则凡诸州之水，类于是者，皆不拘于定名，而得通称为“汭”也。以义专名者，“泾属渭汭”是也。汭在华亭城东三里，乃两水合流，而其北源西出小陇山之马峡，俗呼北河；南源西出陇山之仙姑峪，俗呼南河。北河环朝那山前，盖山有古朝那王庙。其西北有湫，东去县东三里，而别称为雨山。南源环王母山，山巅有古王母宫，东去四里，别称为仪山，俗呼为四头山。仪州实以是名也。仪雨两山南北对峙，豁开如门，故两水合而东流，名之曰汭也。又二水交流而下，亦专名为汭也。汭汇为深潭，潭名合水，水之北岸，一台高广平夷，荆榛瓦砾错杂，相传禹王庙也。北陟两山之巅，遥见东南，隐隐峰峦，侵入太虚，陇州吴山也。沿汭峡，峡石三十里，皆断崖摧壁，神禹疏凿之迹也。峡行十五里，南堧有女神之庙，匾曰“抵汭元君”，土人呼“底茹娘娘”，“汭”读为“茹”，茹孺同音。庙东十五里至石堡，汭北受柴邸水，源出朝那湫山之阳，而阴即为泾水。又东五里，至安口枧、牛心山，南受武村水，汭至是益大。北有断万山、白马铺岭。柴邸而来南有五马山，自石柜寺、武村而至，两壁削立，巉岩百仞，束汭于中，雪浪湍激。经行五里为屯城，唐李元谅屯兵扼吐蕃者也。屯东为崇信川，汭水益大，深不可涉，湍不可乱，行旅皆袒而济。又东二十里，北过崇信县城，崇信人曰汭水。绕北又东七十里，东过泾州，过回山，乃属于泾。弘治戊午，督学宪副虎谷王公按泾州，试诸生，竣乃涉水登王母宫，宁从行。王公东眺曰：“北流而浊者，何水乎？”宁对曰：“泾也。”“南流而清者，何水乎？”宁对曰：“汭也。”公曰：“是《禹贡》雍州属泾之汭乎？周《职方》，其川泾汭乎？昔公刘有汭鞫之，即吾过豳西行三十里涉一大河北入泾，是何名乎？”宁曰：“灵台之达溪也。”公曰：“朱子注，汭鞫之，即曰豳地日广也。试且广求之，斯地有百泉乎？”宁曰：“去华亭西北三十五里山，朝那湫阴有泉百余为泾源，乃百泉也。”“有溥原乎？”宁曰：“亭口灵台之西，汧阳陇州之北，华亭龙门之东，有广原。唐尉迟敬德破突厥、郭子仪破吐蕃之西原也。李元谅开美田千顷，号曰良原，今为溥润原。”公曰：“此与吴山南北乎？”宁曰：“正相南北。”公曰：“必兹西去百里外有两水合流者，始可谓之汭矣，若其穷之乎？”宁计华亭至泾程一百三十五里，果符公言。还白之公曰：“朱子注

《诗》，言汭水出吴山西北者，以名山而志名水，穷源溯流也。今遂谓出陇州东，入于泾。今陇水乃汧入渭，去泾远矣，且将置溥原于何地乎？”按宁之论，汭谓小水入大水，是矣。然达溪虽经流灵台，源出武村西南远门川，诸水合良原、灵台诸溪以入泾，皆汭也。

《华亭县志》

《禹贡》，汭水之源，周曰卢国，后为戎那，属义渠。秦灭之，置朝那县，属北地郡。其南，属陇西郡。隋大业初，改朝那曰华亭。唐属陇州；贞观中，置仪州，寻废。后唐同光中，复仪州。宋初，因之，附郛华亭，领安化、百泉；咸平中，复割凤翔之崇信、赤城隶之；徽宗时，省州为华亭县，与安化、崇信属渭州。金立渭州为平凉府，改安化曰化平。元并化平入华亭。

先是，疆宇广阔，后割萧关北三十里为群牧所，县西六十里为韩府敬依田，东三十里为武安监，而地浸狭。今仍并故韩府地入华亭。

都卢城在县西北境，今都卢山下有故址。《尚书·牧誓》：“微卢彭濮。”《传》曰：“卢彭在西北。”（按《左传》，罗与卢戎两军之。）

安化城在华平里，宋建县，金改化平，今为镇（县北一百二十里）。

朝那湫在县西北五十里湫头山，山最高，池广五亩，亭泓莫测。秦惠文王将伐楚，投诅文于此。

汭水源一出县西北马峡口诸泉，为北源；一出县西南仙姑山诸泉，为南源，逾县三里合而东。

古百泉在县西北笄头山，山与空同连属，即湫头山，阴山下有泉百馀，流为泾，是曰泾水之源。《诗》云：“逝彼百泉。”今距县五十里，有百泉县故址（畾然山其上曰湫头，秦朝那故湫也。又北曰乌龙山，其上曰笄头，下有百泉，流为泾。西北曰高山，《山海经》所称也。益西北曰六盘，其东曰瓦亭山，东二十里曰金佛峡，古弹筝峡也。又北二十里曰牛营山，古曰萧关，又西北二十里，曰斡耳朵，元安西王六帐房皆陇也。高山东下曰都卢，曰聚粮平，又东达崆峒山）。

弹筝峡，在县西北瓦亭东二十里，峡奇险，水声激宕如弹筝，唐宋为戍守要地。旁有佛寺，俗称金佛峡。

古瓦亭，在县西北一百八十里，后汉隗嚣遣牛邯军瓦亭。唐肃宗幸灵武，牧马于瓦亭。宋吴玠与金人战于瓦亭，大破之。今置驿，仍设守备一员，统兵驻防。

古萧关，在县西北接界二百里，汉文帝时，匈奴入萧关，即此。东接镇原，北通固原镇，今曰牛营山（牛营山在华亭、镇原、固原之交，东北距镇原和戎原七十里，西北距固原五十里）。

古高山，在县西北境（即六盘山）。《山海经》：“数历之山，又西百五十里曰高山，其上多银，其下多青碧雄黄（晋大兴三年，高平郡界有山崩，中出数千斤雄黄），其木多椶，其草多竹。泾水出焉，而东流注于渭，其中多磬石青碧。”县西北石香炉峡、松子峡暨朝那湫之下流汇于马峡口，循华尖山，经县城北而东，曰北河。县西南之水源于齐山，循仙姑山，经县城南而东曰南河。皆汇于东峡口，是曰汭。又西北大会坡诸水曰新店川、柴坻川，东出东峡之东，西南十八盘诸泉曰木贼沟、延官沟、水磨川、武村川，东至断万山之麓，皆汇于汭水。又南则屯头三乡二川，东经崇信之赤城、灵台之良原，而东入于泾。又南则海龙诸泉，循东南而下，入于汧。又大会坡西北十里曰百泉，流为白岩川，暨西北圣女川、化平川、龙家峡川，皆汇于空同之前峡，又西北曰焉支山，前后暖水川、鲍家川，皆出沙棠川，汇于空同之后峡。又西北曰卧阳川、蔡家川、瓦亭川，俱出金佛峡，循府川而东，至于龙音寺之东麓，与空同前后峡之水合，是曰泾。诸水皆东流，惟萧关斡耳朵之水北流，不与泾汭通，循固原而北入于河。马铺岭关，地界平凉。金佛峡关，三乡关地在崇信陇州之交，并华亭而三。以上三关旧各设巡简一员，今革。

武全文《汭源辨》

曰：后世称汭水者，以误沿误，千载滋疑。止缘朱子注《诗》“汭水出吴山西北”，蔡氏注《禹贡》“出弦蒲薮之西北”，遂不复详察其地，而以陇州汧源县为汭水之源。今考陇州诸水，皆由汧入渭，不与泾通，此不待辨而知其与汭无涉也。惟吴山、弦蒲薮二说，先儒抑岂无据而妄称之？考古志，华亭有陇山，有汭水，纪载甚确，则汭水出华亭固无疑矣。吴山即陇山，华亭与陇州山连壤接，境内诸山皆属陇，人曰小陇山。且唐宋之际，县旧属陇，尚未入平原也，则朱子所称吴山西北，安知不在华亭境内，而必执陇以问汭耶？载考弦蒲薮在今陇州蒲峪，是汧陇之两薮也。而其西北即为华亭西山，是蔡氏之说亦非剌谬，后人不深考西北之义，误以汭水为汧，则泥古所致。不审于《禹贡》泾属渭汭及《公刘》芮鞫之什，果何所解也？是不可不辨。

武全文《泾源辨》

曰：按《地志》，泾水出原州百泉县笄头山，《山海经》则曰“数历山之西百五十里曰高山，泾水出焉”。考高山在平凉郡西，水由瓦亭川而东，笄头山在平凉西南，下有百泉，流为泾，皆汇于郡城之西数里。如以《地志》为据，则百泉为源，高山为支；以《山海经》为据，则百泉为支，高山为源。两说并存，则泾水向北有二源，与汭同矣。揆二水之形，百泉诸水大倍于瓦亭川水。《水经》，小水入大水，以大纳小，不以小纳大，则泾源当在笄头。以地里计之，高山距平凉一百二十里，地颇远；笄头距平凉四十里，地较近。且瓦亭居空同之西北，笄头出高山之东南，似入不当以远者为支，近者为源；下者为源，上者为支者。无已，则随山而度其势，循流两考其源。百泉之水，由空同而东下，山环水涌，其势澎湃，于势为最顺，高山之水，西出瓦亭川，地远流细，北乱于泾，势则以逆矣。然则《山海经》称“泾水出高山”，何以故？曰高山又接终南，原本太华，雄峙，陇山，西北笄头密迩，高山视之，如泰山培塿。然故志山者，舍车而从高，犹志水者舍小而从大。统笄头于高山，而泾水因之。朱子注汭源曰：“吴山，义固与高山同也。”

《巩郡记》

巩郡迫近戎羌，虽河迤西北，俱有边镇，而陇迤西河之干、江（白水江）之浒，不可无备也。是以国家既已分置卫所矣。又设参将守备以统之，阅之，而边徼之防御始周且严。其诸却虏和蕃，高城深池，贸茶货马，岁听总督尚书抚绥，中丞经略，巡按侍御纠察，而其防益密矣。

马政

茶马　岁征茶于汉郡（一百万斤）。故事官军转运，今招商采运矣。设转运茶站于秦州、陇西、伏羌、宁远（今省）。以交于洮州茶马司（今令商人自交），设批验所于洮州，茶引有数（视商），茶篦有数（视引），茶高有数（视产），私采有禁，私市有禁，通番有禁，出境有禁。岁易马于番，因劳番。巡按御史监察其事，边备按察副使、参将都指挥招诸番及其马于岷而劳之易之。劳远近若干族，易番汉若干匹，枹罕若干匹，洮阳若干匹。其马行行太仆寺烙记，给各边官军骑操，发苑马寺畜牧（牧惟骒马）。

盐马　岁征盐于西和（一十三万一千九百四斤十一两；有闰月，一十四万三千五十一斤）。于漳（五十一万六百六十七斤；有闰月，五十五万六百七斤）。招商纳马支盐，每上马盐百斤，中马八十斤。其马给军骑操，或折银给军易马，亦行行太仆寺烙记，亦发苑马寺畜牧。私市有禁，私行有禁。洪武间，岁差行人司行人省谕。永乐间，岁差监察御史巡察。弘治间，特差左副都御史杨公一清总理。正德间，仍差监察御史巡察。

兵政

设洮州卫于西顷之东，洮之阳，岷州卫于岷之南，洮之阴，靖虏卫于积石之浒，乌兰山之麓，西固城所于武都山之西，白水江之东，阶文所于羌之隘，陇蜀之阻，而巩昌、秦州诸卫为之辅，陇关、洮关为之翼，若长城（《史记》云起自临洮县），黄河则其要会焉。洮州分守参将都指挥一人，以陕西都指挥为之，驻节于洮。岷州守备一人，亦以都指挥或署都指挥或指挥，以都指挥体统行事者为之，驻节于岷。靖虏守备都指挥一人，驻扎（当作节）于靖虏。西固城守备都指挥一人，驻节于西固。阶文守备都指挥一人，驻节于文。

鸟鼠子曰：陇西西近羌，北近戎，故其地昔杂以戎羌。今戎犹在塞北，而羌去塞西远矣。是故洮、岷守以参将；并西固、阶文御以守备，而秦、巩诸卫，阶、礼诸所，每岁都指挥或指挥一统旗军丁壮，一统游兵，以备御于原州，于庄浪、甘、凉州，听总督司马抚绥，中丞属总戎都督列屯于诸边营以防虏。然靖虏卫近边，虏苟内寇，即可至靖虏；至靖虏，即可至安定、会宁，故靖虏防以守备，而安定、会宁皆屯以指挥。近言者奏以秋冬分守三百驻会宁，分巡宪佥驻安定，而通渭亦防以官兵，其诸守御严矣。但将不皆颇、牧，兵不复汉唐，不容不廑，当宁西顾也，敢告诸筹边者。

番无稷也，羌人以牛羊乳及芜根为食，以茶为饮，非茶则无以为饮，而食之不多。汉郡产茶，民不得自相贸易也，于是立中茶法，命秦陇商领茶引，采茶于汉，运之茶马司，榷其半，易马于番（汉亦有之），而以其马分给于苑马寺，诸苑牧之，以兑御边官军。是故岁敕侍御史监察之而行，行太仆寺、苑马寺卿佐领其事。国家于筹边，不其详尽矣哉！

鸟鼠子曰：国家马政、兵政备矣，然兵不加强者，岂有他哉，食不足耳。盖不惟边储之多逋，而屯田亦未必皆治也。甚矣，天下卫所屯田之无补于官也。凡郡县之野，田地之膏腴者，皆军屯，而岁无积，月无支，止悬一空札耳。影射之奸，兑易之诡，夫何可胜言哉!

《九域志》

秦凤路(即秦陇凤翔阶成路)

通远军 镇一:(大中祥符七年,置威远砦;熙宁八年,改为镇)。**威远**(军东南一百里),**城一**:(元丰四年置),**定西**(军北一百二十里),**砦六**:(建隆二年置永宁,天禧元年置来远,二年置宁远,熙宁元年置通渭、熟羊,六年置盐川,元丰六年以兰州通西砦隶军,七年,废来远砦),**永宁**(军南一百二十里)、**宁远**(军东南七十七里,领广吴、哑儿二堡)、**通渭**(军东七十里,领七麻一堡)、**熟羊**(军北四十里)、**盐川**(军西三十里)、**通西**(军北八十里),**堡一**:(熙宁四年置),三岔(军北三十五里)。

秦州 监一:(开宝初,于清水县置银冶;太平兴国二年,升为监,隶秦州),**太平**(州东七十里),**城二**:(建隆二年,置伏羌砦;熙宁元年,置甘谷城;三年,以伏羌砦为城),**伏羌**(州西九十里,领得胜、榆林、大像、芳园、探长、新木、圣林、再龙、石人、驰项、旧木一十一堡),**甘谷**(州西北一百八十五里,领陇阳、大甘、吹藏、陇诺、尖竿五堡),**砦止六**:(建隆二年,置定西;开宝初,置弓门;开宝元年,置三阳;天禧二年,置安远;庆历五年,置陇城;治平初,置鸡川),**定西**(州西北四十五里,领宁西牛鞍、上硖、下硖、注鹿、圆川六堡。阙二字原本作罡字),**三阳**(州北四十里,领渭滨、武安、下蜗牛、闻喜、伏归、殃口、照川、土门、四顾、平戎、赤涯、秋西、青远、近秋一十四堡),**弓门**(州东北四十里,领白榆林、长山、郭马、静塞、定平、永固、邦蹉、宁塞、长焦九堡),**安远**(州西北一百二十五里)、**陇**

城（州东一百二十里）、**鸡川**（州北二百里）。**堡三**：（开宝九年，置穰穰塞，当作砦，太平兴国四年，置冶坊砦；庆历五年，置达隆；熙宁五年，改冶坊，八年改穰穰并堡），**穰穰**（州东八十里，领白石、古道、中城、东城、定戎、定安、西城、雄边、临川、德威、广武、定、挟可、镇边一十四堡），**冶坊**（州东北一百二十里，领桥子、古道、永安、博望、威塞、李子六堡），**达隆**（州西北一百五十五里）。

岷州和政郡　**砦五**：（雍熙二年，置临江砦，隶三州，熙宁六年，隶州仍置荔川；七年，置穰川、闾川、宕昌），**临江**（州南一百四十里），**荔川**（州东八十里），**穰川**（州东一十里），**闾川**（州东一百二十里），**宕昌**（州南一百二十里）。**堡三**：（熙宁七年，置遮羊、谷藏；十年，置铁城），**遮羊**（州东一百里），**谷藏**（州西四十里），**铁城**（州东八十里），**监一**：（熙宁九年置），**滔山**（州西一百五十步）。

乌鼠子曰：代传至宋，而后天下有城，有砦。砦以备敌，城亦以备敌。至砦设知砦，城亦设主将，而边徼之地始纷纷矣。

《武经总要》

秦陇凤翔阶成路

秦州天水郡（本秦初封之地，在沂渭之间，诸羌杂处。唐武德初，置都督府。天宝后，陷于吐蕃。至宣宗时，复为内地，土壤辽旷，尤宜畜牧。其东，入陇州界，故关山路，西又蕃界一百九十里；南，凤州界，一百八十里；东北，陇州界，一百四十里。宋朝建为雄武军节度，扼巴蜀之境，限河湟之城，其西又控党项吐蕃、陇古山之外，今之一都会也。置砦二十三以守御之。知州旧兼缘边都巡检使，今置秦陇凤翔阶成六州军马步军都，部署以下兵官，以州为治所），**砦二十三，州境旷**

远。曾(当作曹)玮在边，增筑弓门、冶坊、穳穰、静戎、三阳、定西、伏羌、永宁、小落门、威远十砦，浚壕三百八十里。永宁(建隆中筑，西北控毚谷路，至兰州五百五十里，旧号尚书砦。至道中，赐今名，置稻田以为险固。东至伏羌砦三十里，西至来远砦二十里，南至小落门三十里，北至宗哥城九十里)、伏羌(本唐初伏州，复改为县，天宝复陷于吐蕃，宋建隆中，酋长尚波干献地，特置砦戍守。东至定西砦四十里，南至永宁砦三十里，北至夕阳镇三十里)、小落门(在伏羌砦西，有落门谷，良木所产。先为羌戎所据，雍熙中知州温仲舒发兵取，颇致骚动。诏中使视之，言得地甚利，遂置砦，迄今为内地。祥符中，再修。东至永宁砦三十里，西至威远砦八里，北至来远砦二十里)、弓门(太平兴国中筑，在赤城川东坡上，管小砦五。东至陇州故关七十里，西至冶坊砦四十里，南至穳穰砦六十里，北至边壕，西南至州百五十里)、定边(至本州一百八十里，东至陇州定戎镇四十里，西南至清水县，八十里，西至弓门砦三十里)、冶坊(太平兴国中筑，在卧牛山东，管小砦。东至弓门砦四十里，西至壕门外蕃界五里，南至穳穰砦四十五里，北至熟户二里，西南至州一百二十里)、穳穰(开宝中筑，控穳穰川一带，管小堡十一。东至冶坊砦四十里，西至静戎砦四十里，东至州百五十里，东南至清水县十里，北至蕃界一十里)、静戎(太平兴国中筑，在长山岭下，管小堡五。东至穳穰四十里，南至三阳砦四十里，西至陇城五里，北至番界五里。开宝中重修)、三阳(开宝中筑，扼都谷口，庆历中置，开稻田四百顷以捍贼路，管小砦十六。东至静戎砦四十五里，西至定西砦十三里，南至州三十五里，北至蕃七里)、定西(太平兴国中筑，管小砦四。东至三阳砦十五里，西至伏羌砦七十里，东至州四十里，北至蕃五里)、威远(祥符中筑，旧名枭篦，改赐今名。东至小落门砦五里，西至壕门外蕃部三里，南至马骏砦十二里，北至来远砦八里）、**安远**（天禧中筑。东至伏羌砦三十里，西至来远砦十里，南至落门砦三十里，北至生户五十六里）、**临江**（雍熙初筑，在渭水之南，与汉阳水合流，俗谓之西江。东至良恭故县四十里，西至蕃界五十里，西北至将鸡砦四十里，北至蕃界五十里）、**陷山**（太平兴国中筑。东至虎谷砦镇七十里，西至良恭镇九十里，东北至长道县界九十里）、**来远**（至州一百一十九里，东至永宁砦二十里，西至永宁砦郢南谷一十一里，南至威远砦崛埚十里，北至渭河穷边）、**小落门**（至州百四十里东至永宁砦三十里南至威远砦八里北至来远砦二十里）、**宁远**（至州一百三十里，东至来远砦定边堡十里，西至熟户，南至马家族四十里，北至于家部族二十里）、**榆林**（至州三百四十五里，东至良恭镇五十里，西至临江砦四十里，南至蕃界二十里，北至管下将鸡砦十里）、**将鸡**（天禧中筑。东南至古良恭城四十里，西至临江砦五十里，南至驼项砦十五里，北至番界约百里）、**马骏**（在州西马骏岭下。东至故城镇五十里，至州百九十里，西至壕外蕃界五里，南至长道县三十里，北至威远砦界八十里）、**静边**（祥符中诏筑于南市城。西南至州百五十里，东北至德顺军八十里，秦渭相接，控扼西戎之要）、**陇城**（唐县也，至德后陷于吐蕃，宋庆历中建砦，与德顺军水洛城、结公城二城相援。东至弓门砦六十里，南至白石堡四十里，北至瓦龙谷堡四十里，东南至冶坊砦四十五里，东北至水洛城五十里，西至穬穰砦六十里）、**达龙谷**（庆历中筑。东二钟川约四十里，西至西界生户约百里，南至安远砦六十里）。

阶州武都郡（本白马氏之地，西魏置武州，唐大历中陷于吐番，大中二年收复，立武州，寻改今名。东至兴州三百里，西至宕州二百七十里，南至文州百五十里，北至成州二百六十里）。**砦二：峰贴峡**（捍吐蕃并控宕州路。南至宕州七十七里，北至州二百里）、**武平**

（地居险要，多生户蕃部，往年频者聚劫。庆历中，改就苦李平筑城，赐今名，与沙滩、峰贴峡二砦防托应援，管清冈峡、围城谷、斫安三堡子。东历鼻山石妇口，西青冈峡沙滩川）。

成州同谷郡（古白马氏所居国，其地险固，唐至德后，吐蕃侵扰，百姓流散，因废为镇；咸通中，人户渐复，再置州。其东至凤州界五十五里，西至秦州界百五十里，南至州界五十里，北至秦州界七十里，东南至宕州三百五十里）。

论曰：羌戎即叙，种落实繁。古之申远略制旷俗者，重降附之爵，用羁縻之策，罔不纳质向化，叩关请吏。今之夷人内附者，吐蕃、党项之族，散居西北边，种落不相统一，款寨者，谓之熟户，余谓之生户。陕西则秦陇、原渭、环庆、鄜延四路，河东则湿石、麟府二路。其酋长则命之戎秩，赐以官俸，量其材力功绩，听世相承袭。凡大首领得为都军至主，自百帐以上，得为军主。又其次者，皆等级补指挥使以下职名。其立功者，别建为刺史、诸卫将军、诸司使副使，至借职殿侍，充本族巡检，绥怀族帐，谨固疆界。器械糇粮，无烦于公上（蕃部巡检有诸司使副使承制崇班供奉官至殿侍，受俸准正员官，添支亦如之。诸刺史、诸卫将军者，授俸准蕃部官首领都军主副军主、副都尉候指挥使、副兵马使者，其月给自三千至三百为差。每岁冬，人给伯服红锦者七种、紫缕者二种，以官差次；十将已下，皆给土田。景德中，镇戎军曹玮言蕃部兵最为精锐，其列校皆朝廷补授，多衰老，愿者有择本军人充从之）。凡四路总六百七族，十五万五千六百人，马三万四千三百匹。其隶鄜延路，皆居延州保安（疑）官界，隶（疑衍）奏邠宁路者，居庆州界，隶泾原路者，居原渭州镇戎军界，隶秦凤路者，居秦凤州界。所以离戎丑之势，张蕃翼之卫也。又若戎兵防边之制，前世率皆代更，俾之乘隙，为费甚大。故晁错建策，不如选常居者，为室，具田器及募民徙塞下，所以减赡边之用，得习俗之便。国家用是法，于西陲募土人为弓箭手，给田二顷，出一甲士，至三顷，方出战马一匹。税租徭役，悉为蠲复；器械粮饷，毕其自给。分堡垒，使相聚居，设营校之名，循卒伍之制。亦置指挥使，仍置弓箭手，巡检以护领之，每战则常为诸军前锋。凡四百九十二指挥，三万二千八百五十人，马九千五百九十匹。此修塞御戎之至要也。

故渭州陇西郡（汉阳有坂名曰陇坻，今朔城处其西，故曰陇西，镇狭首等十一县。风俗尚武力，习战射。西汉六郡良家、东汉十二郡骑士，其一出陇西。唐置州，升为都督府。广德中，西戎犯边，洮、兰、秦、渭尽为虏境。废城在秦州永宁砦北七十里，熟户张香儿族帐之所。东至秦州三百里，西至岷州三百里，南至成州四百里，北至兰州四百里）。

金州会宁郡（古西羌地，秦并天下，属金城郡，汉帝分天水、陇西、张掖各二县属金城、安定二郡。此为枕杨县，地属金城。后魏置会宁县；西魏因在会州，寻废；唐复建州。东至故原州四百里，西至凉州六百里，南至兰州四百二十里，北至灵州六百里）。关二：马兰（会宁关西四十里）、会宁（州西北一百八十里）。

洮州临洮郡（本羌戎地，秦分三十六郡，西临洮，即其地。洮水出西羌中，北至枹罕，东入河。周恭帝置州；唐隶陇右道；天宝初，哥舒翰破吐蕃于临洮城西二百里，遂以其地为神策军；后唐长兴中，建为保顺节度塞外十镇，洮州则其一也。今邈川大首领唃厮罗立文法制，诸羌款塞为藩臣，其部族在洮河之地。康定中，命为节度使以羁縻之。东至岷州百七十里，西无州县，南至叠州百七十里，北至河州三百一十里）。

莫门军（在洮河，唐凤中置），**山海三：洮水**（《汉书》，洮水出西羌中，北至枹罕，东入河）、**青海**（在吐谷浑国甘松之南，洮水之西，其海周四千余里，中有水山。其俗至冬辄放牝马于其上，言得龙种。吐谷浑常得波斯草马，放入海，因生骢驹，能日行千里，故称青海骢。隋将段文振征吐谷浑，出伊吾，逐贼于青海。唐天宝中，筑神威军于青海上，吐番攻破，哥舒翰筑城于青海之中龙驹岛，吐蕃遂不敢近青海）、**金山**（会州之西，青海之东，甘之南，邈川之北。蠕人虏世君金山之阳；山之西南，薛延陀旧地）。

岷州和政郡（秦陇西郡之临洮县地，蒙恬击胡出塞，筑长城起于此，通道九原至云阳。后魏大统中置岷州；唐武德初，置都督府；天宝初，改名和政郡；至德后，陷于虏。东至故渭州三百里，开元中置八驿，西至洮州一百七十里，南至怀安二百五十里，北至兰州狄道县五百二十里）。

文州阴平郡（古氐羌之地，汉开西南夷，置阴平道，属武都郡；西魏置文州。西至龙州四百里，南至阆州二百四十里，东至扶州界一百二十里，北至阶州六十五里，西南陆行六十里扶州界，又九十里至扶州，又三百里至松州，西北吐蕃界九恭岭一百二十里）。**桥一：阴平**（邓艾伐蜀，由阴平道景谷凿山通道作桥，自此桥始）。

右砦与《九域志》所载小有不同。

国朝

陇西 关六：后川（北十里）、**乌隆**（二十里）、**三角**（西十里）、**首阳**（四十里）、**药铺**（五十里）、**赤山**（东十里），**砦一：熟羊**（西四十里），**堡三十六：红岸、谢家、铁山、刘家、汪家、汪家高山、**

新添谢家、大平、韩家、张家、郑家、石门（俱县迤西）、齐家、冯家、汪家、宋板坡、药铺山（俱县迤南）、娥羊、塌麻、坡林、郭家、姬家、关南、刘家（俱县迤东）、石家、唐家、陈家、乌隆、高家、李家、韩家、戴家、董家、王家、榆木岔、蒋家（俱县迤北），营七：汪家、畅家、李家、张家、袁家、红岸、王家、何家。

会宁 堡一：水泉：（北四百二十里通古会，宋赐名怀戎）正川（亦县北）。宁远。关五：广吴河（西三十里），水关（东南四十里，俗称为水关子）、马务（四十五里）、大树（八十里）、文盈，砦十四：纪家（西三十里）、石门山（四十里）、滩哥（南三十里）、马务山（六十里）、立界岭、僧官寺（俱东南二十里）、松山头、三十里。木家岭（四十里）、斗底山（西南十里）、讨纳平（七十里）、党总旗（东北十里）、大平头（二十里）、禄寺川、马龙川（俱三十里）。

伏羌 砦六：永宁（西四十里）、小落门（五十里）、大落门（六十里，宋祥符中修）、威远（七十里，宋祥符中筑，见上），堡一：达龙谷（宋庆历中筑，东至鸡川四十里，南至安远六十里）。

通渭 关三：华川（西四十五里）、闭门（东三十五里）、石远关（今莫详其处）、堡三百余：中林山（西十五里）、石硖嘴、汤峪（俱二十里）、渭阳（三十里）、石岘（六十五里）、锦鸡硖（七十里）、城川（八十里）、高山子（东五十里）、石山（六十里）、高窑（八十里）、甘果（九十里）、塔泥（南二十里）、党卜湾（五十里）、苏羊坪（六十里）、椅子山（六十二里）、达隆（七十里）、孙家坪（三十五里）、罐子川、稳西坪（俱一百里）、陇阳（北二十五里）、李家嘴（三十五里）、石峰堆（四十里）、白阳（五十里）、石佛、油房沟（俱东北五十里）、石硖、坚鸡（俱六十里）、耕种（六十五里）、蔡家（七十里）、红土嘴（七十五里）、鸡窝（东南九十五里）、响窯（一百里）、观木嘴（一百二十里）、幽江（西北六十里）、四个堠子（六十五里）、寺罗坪（西南八十里）、卖扇川（九十里）、石沟（东北七十里）、长义岔（七十五里）、大湾、深沟、董合、斗底、大岔湾（俱县境七十里）、高厓（县境五十里）、山砦（县境八十里）、悬空、蛇尾头（俱县境九十里）、第八岔、坡龙沟（俱县境一百里。右皆堡之紧要者，余载县志）。

安定 关一：巉口（北四十里），堡：青岚峪（东三十里）、秦义岔（四十里）、害口岔、南山、大西口中滩（俱六十里）、三九岔中滩、小南岔（俱七十里）、石峡、大西口张生（俱八十里）、大西岔、高山寺（俱九十里）、唐家（南二十里）、旱岔、好地掌（俱四十里）、八泉子岔（四十五里）、马家营（五十里）、达子岔（五十五里）、姚家岔（六十里）、达子岔雷家（六十三里）、白骨岔、平川（俱七十里）、北岔（八十里）、韩家（八十五里）、第二堵（九十五里）、马堂（一百里）、香泉峪、内观营（俱西四十里）、大撒口、七里站（五十里）、榻寺、青土坡（俱六十里）、南岔东岳（七十里）、烽火岔（北二十里）、石家（五十里）、中川（六十里）、花川（七十里）、车道岭（九十里）、满家、峡口（俱一百里）、九条岔（一百二十里）、南山顶（一百四十里）、关川（二百里），砦一：熟羊（南百八十里，又见陇西）。

漳 堡二：盐场（东盐井谷）、三贫（南三里）。

西和 堡三：祁山（北七十里，诸葛亮屯兵处）、铁城（东二十里，宋熙宁中建）、谷藏（西十里，宋熙宁中建），营一：鄚公（西南三里，唐行军元帅鄚国公窦轨讨薛举余党，尝营于此，遗址尚存）。

成 关一：黄渚（北一百里），堡一：白还（北二百一十里，宋绍兴间置，令废）。

秦 关二：西关（又云秦州西关，今西关无险阻，恐是关子岭，其险如关，可以捍御）、大震，砦四十：沙陇头、横河谷、翟家平、社树平、马跑泉、马房山、东柯谷、花南务、卧牛山、白石谷（俱州东南）、贾家川、百顷原、北稻务（俱州东北）、放牛谷（在州西）、瓦子平、平兰、杏树湾、青草岭、草川、牧丹园、堡岔谷、马鞍山（俱州西南）、吕家平、剪子岭、蜘蛛谷（俱州西北）、三阳川（在州北）、女儿沟、姚家庄（俱州南），堡三：皂郊（州南三十里，见上）、刘沟（宋熙宁二年，夏人寇秦州，攻刘沟堡陷之）、蜗牛（州北三十里，三阳川，即伏羲画卦台）。

徽 关三：虞（州南五十里，宋吴玠破金人撒离喝处）、仙人（六十里，吴玠破金虏处）、青泥（在青泥店，宋乾德中，节度使崔彦进帅师凤州，至河池，取青泥关路，下兴州，克蜀）。

阶 关十：青厓（州南九十里，旧设以防番者）、峰贴（西百四十里，正统间废）、中砦（北二百里，成化间指挥王文所建，今废）、望贼（北百八十里）、石（东百九十里）、牛头（南五十里）、黄柏（东三百里）、白马、虾蟆（俱东三百五十里）、山揄（南百五十里）。

七防 砦十三：峰贴（西百七十里）、五虎（东百三十里。硙纳山，耕者常得古器）、烟墩堡（西三十五里）、龙王山（三十七里，俱嘉靖间置）、黄鹿坝（四十里）、枣川、小山平（俱四十五里，守备王文置）、清江坝（五十里）、陈家坝（七十里）、构林平（七十五里）、白鹤桥（八十里）、水罐峪（九十里，俱洪武间置）、鹿坝（八十里，嘉靖间置），屯三十一：横川、白马庙、朱栏、孤魂庙、石碑（有宋吴挺碑，因名）、小川子、索池子、中、丰泉、小湾儿、吴家平、大麦谷、小麦谷、黄家、索落、高桥、泥阳、小泥阳、府城、中、大营、平落、东固城、沈家湾、马嘴石、石嘴头、抛沙河、西高山、南平、高家村。

秦安 关三：卧马（东北一百二十里，古为关，今废）、躔移（北四十里，古为关，今遗址犹存）、马颊（北二十里，古为关，今无复遗址矣），砦三十一：呐叭、干硙城（东十里）、白鹤湾（二十里）、高峰（四十里）、九龙山（六十里）、狮蛮（九十里）、卧马关（百里）、花山（南五里）、剡家湾（三十里）、田夹沟、第七沟：中、下（俱东南十五里）、上（二十里）、观耳峡（西二十里）、墨土山（三十里）、扁坡（西南三十里）、玉钟峡（北二十五里）、锦带山（四十里）、河西（西北五里）、岳家堡（三十里）、曜紫岭（三十五里）、马颊沟：上、中、下（四十里）、神仙岭（西北六十里）、总（东北三里）、好地嶂（四十里）、马骆川（七十里），堡五十一：河西、娑罗湾、西断山、马颊、安川、武峡、大山、第七沟、田夹沟、东川、圆树、中岭、黄演湾、罗池、干湫（二），马颊（二）、高堐、南济川、陇城、断山（二）、干湫、石峡、南山、三甸川、照坡、高妙（二）、麻谷、宜硙、锦带、暖泉、把龙、业盐坡、拔坡、陇滩、叶甲、玉钟、南岭、水夹峡、王甲、乢铁山、高甲、神坡、了中、鸡川、闭门关、琵琶、衍阁、卧龙、螺泉、郭嘉。

清水 镇六：白沙（东三十里）、百家（六十里）、盘岭（七十里）、恭门（东北六十里）、阎家（八十里）、张家川（北七十五里），堡十四：窦家、花延（俱北二十里）、韦家（六十里）、谷麻（七十里）、崔家、冶坊、到铃（俱八十五里）、化林（西七十里）、申家（七十里）、大原（百里）、如刺峡（东北八十里）、杏林（北五十里）、任家（百里）、杜家（东四十里）。

礼 关八：洮平（西二百里）、牛脊（西南八十里）、野麻（二百里）、夹箭岭（南百二十里）、银尾子（百九十里）、尖岔（北八十里）、大树（百里）、潭渡（东南百八十里）、砦三十六：红土山（东四里）、高坡山、蒲济湾（东二里）、黑漆庙、长道（俱四十里）、隔虎谷（六十里）、簸箕湾、梨园谷、楷子山（俱七十里）、保子山、左谷沟、稍谷沟（俱八十里）、南丹谷、宽川子、余旗、黑谷、马槽沟（俱九十里）、北坡、横河（俱百里）、翟家（南十里）、汉阳、大山沟（俱二十里）、水磨川、雷王山（俱六十里）、核桃山、西谷沟（俱八十里）、麻池子、泉谷（俱九十里）、大潭（百二十里）、上河坝（北十五里）、杏树凹、高家山（俱四十里）、平泉（五十里）、楸子山（西十里）、窑谷、沙马山（俱三十里）。

两当 砦一：冯家（在县东南五十里，山巅之上平阔如掌，上下四旁可屯千户，昔年兵荒，人多避此；杵臼庵址，俨然尚在）。

文 关三：玉垒（东百二十里）、火烧（北十五里）、临江（北百二十里），砦十三：安昌河（西七十里）、哈喃（八十里）、阴平（九十里）、大黑沟、东屯（俱百一十里）、马营（百一十五里）、镇羌（百二十里）、铁炉（西南四十里）、松平（西北百三十里）、阳汤（百六十里）、九原（百三十里）、阳汤屯（百四十里）、临江屯（北百二十里），堡一：楼舍（西北一百四十里）。

洮 关九：高楼（卫东五十里）、三岔（四十里）、黑松岭（三十里）、八角（北百四十里）、大岭（七十里）、黑石嘴（东北四十里）、石岭（北十五里）、羊撒（三十里）、旧洮州（西七十里），砦五十二：郑旗（四十里）、张雄（二十里）、东石旗（三十五里）、秦百户（二十五里）、温旗（二十五里）、杨花（二十里）、琵琶刘（十里）、马旗（二十里）、朱旗（五里）、张旗沟（五里）、马仲得沟（十五里）、刘旗（三里）、张仲和（二里）、上匾都（十里）、下匾都（十里）、戚旗（十五里）、后川前（五十里）、后川后（五十里）、占旗（五十里）、武旗（五十里）、水磨沟（四十里）、陈旗（四十里）、石羊保（四十里）、小儿湾（三十五里）、石门口（三十五里）、韩旗（四十五里，以上俱东路）、刘顺川（五里）、著泥（十五里）、杨赟（二十里）、孟总旗（三十里）、李刚（三十里）、杨升（四十里）、旧洮州（五十里）、沙巴儿（四十里）、冯旗（四十里）、孙百户（四十里）、火焰（三十里）、王怀（二十五里）、杀人（三十里）、白土（二十五里）、水磨川（十五里，以上俱西路）、羊撒（三十里）、甘沟（六十里）、冶里（九十里）、刘家沟（九十五里）、八角上（一百二十里）、八角下（一百里）、景古城上（一百六十里）、景古城下（一百五十里）、阿骨山（一百五十里）、赵总旗（一百四十里）、莲花山（一百四十里）、秋谷（一百三十里，以上俱北路），堡二十二：资福（五十里）、常旗（十五里）、纳郎（四十五里）、黎园（十里）、琵琶刘上川（十里）、丞相沟（五里，以上俱东路）、黄胡子（五十里）、俺奔（五十五里）、杨升（四十五里）、普藏（六十里）、古尔占（六十里）、土门儿（三十里）、驴房（十里，以上俱西路）、石岭儿（十五里）、大草滩（二十里）、八角（一百二十里）、白松沟（五里）、小岭儿（四十里）、甘沟新（六十里）、乱石滩（八十里）、石庙儿（八十五里）、茄尔羊（九十五里，以上俱北路）。

岷 砦五十八：答笼沟（东二十里）、野人沟（四十里）、茶埠峪（十五里）、梅川（三十里）、班哈山（五十里）、申都沟（八十里）、永宁（七十里）、红土坡（二十里）、红堐（五十里）、冷落山（五十里）、氆氇（七十里）、各路山（六十里）、砖塔寺（七十里）、酒店子（东北九十里）、栗林（南三十里）、禄撒（十五里）、西固口（六十里）、陵兀赤（三十里）、占藏笼（二十五里）、谷刚都（七十五里）、柏杨林（一百一十里）、分水岭（四十里）、大沟（十七里）、甘（三十三里）、哈答川（六十五里）、赏家族（七十里）、新桥（西四十五里）、脚力（南八十里）、颠角（南九十里）、高桥（九十五里）、何家（百二十里）、宕昌（百四十里）、老鼠川（百七十里）、新城子（百五十里）、曹家庄（西十五里）、骆驼巷（四十里）、中（三十二里）、庙儿沟（二十五里）、深沟（四十里）、下冷地谷（六十里）、野狐桥（四十五里）、上冷地谷（七十里）、桥头（四十里）、坎卜他（四十一里）、鹿儿坝（西南四十里）、马相沟（西三十里）、高石堐（五十里）、章哈沟（西南二十里）、老鸦山（东三十里）、镇羌（西南二十里）、吾麻沟（西南三十里）、三岔（西八十里）、木昔（西南二十里）、柏木赤（西南二十里）、怕石沟（西南五十里）、水磨沟（北五十里）、马堐（七十里）师婆沟（南百四十里）。

附 注

注一：相传晋周处斩蛟于此，又名赤水河。

陕西备录下

《巩昌府志》

巩为国家西北门户，番虏乘垣，无一墙之限，套酋瞰室，仅衣带之隔。阶、文、西、固之间，番族动辄蠢蠢。三面濒夷，四境宿兵，地莫重于此者。故自周秦开疆，汉唐置吏，以至今日，无岁不寻于干戈，饬备当如何者。今新疆虽建，边长兵寡难恃；戎镇虽设，饷匮卒饥堪虞。侥幸惟恃其不来，单弱何称于有备；故庙堂西顾而嗟，疆臣蒿目而筹，无不为三面兢兢云。

洪武二年夏四月，大将军徐达进兵陇右，巩昌元守将总帅注庸归附。秋七月，大将军徐达遣将来伐，南境秦、徽、阶、岷、西、礼、成、文，北境安、会、渭、秦俱归附。三年，伪夏平章丁世贞会吐番攻文州，守将朱显忠死之（攻城四十日，援兵不至，部下皆曰：与其陷死地，孰若出城求生路乎。显忠厉声曰：为将守城，城存与存，城亡与亡，岂有求活将军耶？忠知下有携心，独领家兵二百人突围力战，死于阵。死三日，救至，番虏遁）。四年，议征西虏，征西将军冯胜、副将军傅友德、陈德出陇西，攻下甘肃，河西平。五年夏四月，邓愈、沐英等征西番，分兵为三路，并力齐入番部，抵川藏，覆其巢（西至昆仑山，斩首八千级，俘男女一万名口、马五千、牛羊十三万，番人震慑，愿求内附。封其酋僧为法王，佛子随俗，以神道设教；后更驭以茶马，番遂受羁）。十一年春二月，曹国公李景隆率师建岷州卫于祐川。十二年秋七月，西平侯沐英率师建洮州卫于洮州。十三年，开设文县守御千户所（土官赵逵垛集土民为军，隶陕西都司。十五年，改隶秦州卫。十八年，裁军，文县以千户领县事）。二十七年，千户张哲据火烧关，断临江桥以叛。命平羌将军宁政讨平之（先是哲得龙马于古教场，心自负。妖人霍佛奴谓哲有天命，遂叛。政兵至，连战大败，军皆降，哲窜入林，搜得诛之）。天顺二年，设靖虏卫于旧会州（旧会州原在河上，元移会州于西宁城，空其地。国初残虏远遁，惟建巡司。己巳之变，虏复猖獗，残胡迭烈逊踏冰度河入寇，遂改巡司，设卫名靖虏，从都卫史陈镒、总兵郑名之请也）。六年，复设文县。成化四年，置洮岷边备，以饬兵驭将，防制番虏（以洮岷、阶、固、徽、成、文、和分隶之）。八年春，设立全陕巡抚以察吏抚民，督储制番。首以右都御史罗汝敬为之（初巩西南以茶马驭番给兵，或以宪司，或以行人，无定差，久不能无弊。台臣王绍建议用重臣，廷议设都御史督理之，兼赞兵务。后设监察御史纠茶法，专理其事。都郡史巡抚全陕，遂为定制）。八年，设分巡陇右道，以臬司副佥为之。正德七年，蜀盗攻陷徽州城邑，焚掠殆尽。八年夏六月，蜀盗复至徽州南鄙，按察佥事李璋帅三卫兵迎击，破之。十年，套虏深入抢掳临之兰、金，巩之安、会、渭、秦。十五年八月，西固番侵掠阶、成，总制、尚书王琼遣镇守刘文帅师问罪，破其八族，受降而还（斩首前后三百级，愿奉约易马者三十六族，与订盟）。十六年，设临巩兵备道，以臬副驻兰州。嘉靖四年，陇东流贼百余攻秦安，邑令张继先督民兵二百人战于束龙谷，执其魁，余散去。五年，贼复至，三百余人据秦州桃花山四劫，知州王卿、都指挥尹谟讨平之。十三年春正月，回贼马兴鸠众千余人据阶州铁炉山以叛，杀千户王灵凤。秋八月，套虏入犯，自秋历冬，掠安定、会宁、通渭。十四年夏五月，贼兴再犯徽、成，杀指挥王煦（兴诡言受招安，当事者遣煦往谕，语不合，遂见杀）。秋七月，巡抚都御史黄臣亲督大军讨兴，平之（黄闻煦被杀，大怒，督参政陈时明，分巡佥事纪常，参将崔嵩、韩选、白浃，指挥种继，率大军遇于石门，大战，破之。灵凤子印身先士卒，射死兴于阵，手斩之）。万历三年夏四月，番乩力哑犯阶州，执守备范延武（守备被执，番以刀挟之令跪，守备不跪，炙以火，守备大骂，番惧，留之）。四年春三月，分守参议刘伯燮、副总兵孙国臣兴师问罪，得乩力哑，诛之（大军以正月至阶，番入材榨路口，兵不得交，相持月余，计无所施。哑忽遣番状谢罪，请降归国。臣议曰：师老矣，姑因之踏经罚九九与和约给赏，南门入，西门出，杀六十五人，番始觉，遁。执哑杀之。枭其首于番界）。五年，设兵粮道，驻靖虏卫。十八年，海虏大举入寇，逾临洮，掠渭源，游骑至郡东焦家铺，城中戒严（总兵刘承嗣、参将邓凤、游击孟孝臣、郭有光四将兵战于朱家山，败绩，虏遂深入，杀掳甚惨）。四十五年秋八月，新疆传警，分守陇右道按察使朱燮元督兰靖参将张世成、杨麒提兵躬御，却之（时公兼摄临巩道，闻警，星夜驰至洪水，督兰靖参将张世成、杨麒往御之，虏闻有备，夜遁去）。秋九月，川虏犯旧洮州，兵备右参政毕自严督同副将李国柱提兵躬御，却之（虏牧两川，中隔番帐。侦探不能远，又烽火失传，以夜半猝至，故戍卒近番，颇罹其害。公闻警驰至，而副总兵李国柱率洮州兵亦至，相持数日，我军以大将军炮击之，虏死炮下者甚多，惟斩获四级，虏始遁去）。四十八年秋七月，海川二虏犯洮、岷，守道张公士俊闻警，驰赴督兵将御，却之（时洮岷道阙，公代署。警报踵止，居民遑遑走避，远近戒严。公星夜至洮岷，督各将领清野坚壁以待，虏知有备，留牧十余日，潜遁）。

巩昌府志

警备

论曰：警备，官政事也。旧志不载，岂以府属辽衍，卫所周罗，区区警备为迂，为细乎？不知事虽细而关系甚大，言若迂而利害最切，是不可不纪者。盖巩南苦番，北苦虏，而中路横加以猓夷矿徒，会、静之间，鞠为盗薮。今且聚众入城，明火肆劫，凶丑群聚，拒捕戕官。虽岁荒民穷，啸聚出于有因，然玩愒废驰，戎心启于无忌。使处处皆严巡徼，即奸徒何地安着？故兵彻州郡而五胡兴，职罢典兵而群盗起。自古天下多事，发难于夷狄者十一，首事于揭杆者十五，有炯鉴也。细乎？钜乎？州县未必皆有卫所，而处处俱设教场，非徒设也。迂乎？切乎？故修则为实政，废则为故事。记警备者，盖预备以待警，非因警而始备。忧深思远之明哲，当无俟余言之毕矣。

墩堡（此民间墩堡也，其沿边墩堡，见边政别考）。

陇西县 关：后川、药铺、赤山，隘：（五）沙湾口（匾曰陇右咽喉）、截道、深安、乌隆、锦布，堡：（四）赤亭、科羊、白土坡、荆河岩，砦：汪家、宋坂、榆木、石门，镇：（三）熟羊、锦布、北二十，墩：（六）赤山、岳家、北山、仁寿、乌隆、烽火台。

秦州 关：（三）秦州关（即关子镇）、石棂、现子，堡：（八）牡丹原、皂郊、剪子岭、铁炉坡、三阳川、刘沟、街子口、东柯峪，砦：四十。沙陇头、横河谷、翟家平、马跑泉、马房山、东柯峪、花南务、卧牛山、白石谷、红崖子、原店、甘涧谷、贾家川

（俱州东南）、小家谷、女儿沟、瓦子平、平阑、杏树湾、青草岭、牡丹园、草川、堡垒谷、马鞍山、姚家庄、徐家店、茹林平、店头庙（俱州西南）、百顷原、北稻务（俱州东北）、吕家平、剪子岭、放牛谷、蜘蛛谷、咸泉谷、花园头、铁炉坡、松树坡（俱州西）、三阳川（在州北），镇：（四）社树坪、草川铺、上三十、下三十。

徽州 关：（二）虞关（有署，有官，有吏，弓兵三十名）、仙人，镇：木庐、火钻。

阶州 关：（三）望贼关、七防关、石关、白马，民堡：（二十四）段河、嘴头、麻池、仙人、硙子、桑家、潘家、大坪、桥南、高杜、月圆、宗家、崔家、闫家、如水、陈家、姚家、李家、徐家、何家、下曹、上曹、董家、赵家，设堡官六人，各管四堡；遇变，与砦军挟刀同御。

安定县 关：（一）巉口（注一）（有署，有官，有吏，有弓兵），隘：（四）青风峪口（注二）大西口、双峪口、硖口（注三）堡（二十），永城（注四）、高山（注五）、张生（注六）、中滩（注七）、唐家（注八）、雷家、（注九）、韩家（注十）、平川（注十一）、东岳（注十二）、青土（注十三）、袁家沟（注十四）、李家硖（注十五）、塌寺（注十六）、岳家沟（注十七）、烽火岔（注十八）、石家（注十九）、苏家（注二十）、满家（注二十一）、圆嘴（注二十二）、关川（注二十三），砦：（九）秦义岔（注二十四）、永安营（注二十五）、小南岔（注二十六）、姚家垒（注二十七）、北岔（注二十八）、泉子岔（注二十九，注三十）、梽子岔（注三十一）、烽火岔、九条岔（注三十二），镇：（二）秤钩湾驿、西巩驿。

会宁县 关：（二）乌兰、青家（有署，有官，有吏，弓兵十一名），堡：（十七）河崖、白杨、白虎山、高庙山、红山、厍家硖、王家崖、张家团、胡家山、高山、赵家山、西南岔、麦子岔、高原滩、大卢、金龙峪、野力麻，镇：（五）翟家、干沟、郭城、陡城、水泉，墩：桃华山、老李岔、西宁城、闹店子、罐子、碾夺山、巉崖山、木瓜山、万家山、稍岔、俄东峪、安马岔、东岔山、韩，地方保甲各备器械，以时瞭望，斥堠有警，则举烽为号。

通渭县 关：闭门、华川、石门，隘：（七）田家硖、砥石硖、淡家硖、石嘴硖、袁家硖、金带硖、藺家硖，堡：（二十）中林山、石岘子、汤峪、高山寺、石山、高窑、干锅、苏羊坡、椅子山、石崖峰、蔡家、白杨、鸡窝、红土、长义、斗底岔、高崖、山砦、悬空、第八岔，砦：渭阳、坚鸡、四罗、山砦、坡龙，镇：（七）雞川、安远、蔡家、白塔、寺子、义冈、铺路，新增墩台八座：（知县刘世纶创建。盘路坡、马儿湾、十八盘、藺家硖、吴家河、倒回沟、猫儿现、野狼现）。

秦安县 关：（三）卧马、躔移、马颊，隘：（四）罐儿峡、神仙岭、鹞子岭、断山，堡：（三十六）西河、西断、安川、武峡、大山、东川、圆树、中岭、高崖、南济、石峡、南山、三甸、照坡、高妙、麻谷、宜碚、锦带、暖泉、把龙、拔坡、陇滩、叶甲、玉钟、南岭、王甲、乩铁、高甲、神坡、了中、鸡川、琵琶、衍阁、卧龙、螺泉、郭嘉，砦：（二十二）呐叭、干碚、白鹤、高峰、九龙、狮蛮、卧马、花山、刿家、田夹、第七、观耳、黑土、扁坡、玉钟、锦带、河西、岳家、曜子、马颊、神仙地、马骆，镇：（三）莲花、陇城、鸡川。

宁远县 关：大木树、马务、水关、文盈，隘：（六）鲁班山口、花崖山口、石门山口、大阳山、砚石硖、木林峡，堡：（八）喝龙、焦赞、沙团、雷家、广吴、滴水、佛儿、花崖，砦：（十五）

瓦舍坪、禄龙庙、立界岭、僧官寺、马山、松山头、党总旗、木家岭、大平头、纪家、禄寺川、马龙川、双龙山、讨纳平、野寺，镇：（六）滩奇、绑撒、青瓦、四门、纳泥、乐善。

伏羌县 关：（一）槐树，隘：天门山堡、黄羊（在邑东南二十五里，周围五十丈，墙高一丈五尺，底阔八尺，顶阔四尺，门北向，壕深八尺，口阔一丈。老人一名经管，有警，收保石人中里、二里人民）、石硖（在邑东北三十里，周围五十丈，墙高一丈五尺，底阔一丈，顶阔五尺，门南向，壕深一丈三尺，阔一丈，耸出渭河，一面倚山，三面阻水，生成险峻。有警，收崄中、崄下、崄上三里民）、见龙（在邑西南离城四十五里永宁镇西，周围七十丈，墙高一丈五尺，底阔八尺，顶阔五尺，楼门北向，壕深一丈，阔一丈二尺，一面倚山，三面悬崖，颇险。收永上、安边、渭阳三里民）、延泉洞（在邑西二十里石崖之半，高险。有警，可收敛铺居人民）、永新洞（在邑西三十里石崖之半，有三官殿，高险），镇：永宁、小乐门、礼新，砦：威远。

清水县 关：（一）盘岭，隘：（五）玉屏山、小陇山、坂坡峡、石牛峡、轩辕谷，堡：（十五）杜家、华林、申家、窦家、华延、旧城、冶坊、茹刺、大元、杏林、韦家、峪麻、崔家、倒淋、铁石砦、靖戎，镇：（八）白沙、秄穰、弓门、冶坊、张家、百家、汤峪、闫家。

西和县 隘：（三）土桥、屏风峡、青阳峡，堡：（七）岐山、铁城、木门、保子、横岭、仇池、宝泉、谷藏，砦：南岈、北岈，镇：盐观、白石、永宁、大潭。

礼县 关：（五）洮平、牛脊、野麻、尖岔、木树，隘：夹箭岭、隔虎谷、马槽沟，堡：（一）岐山，砦：（八）红土、高坡、簸箕湾、保子山、南丹、大山、雷王山、楸子山，镇：（二）长道、大潭。

两当县 隘:（三）董真峪、银瓮峡、青杠坡，堡:天门、擂鼓、寨山、贾家，砦:（一）冯家，镇:（五）杨家、刘家、合四、前川、杨坪。

成县 关:（一）黄渚，堡:白还。

文县 关:（三）玉垒:火烧、临江，隘:（四）阴平道、吧咱、叱豁尾、邓艾城，堡:玉皇、黎坪、马家、赵村、清泉、鹞子、楼舍、那塞、乔帐、庵理、乡岩、张家、麦鹅、松树、新舍、侯家、赦书、老罗、草坪、潘家、刘家、风坡、郑、左家，砦:安昌、哈喃、阳汤、大黑。漳县。堡:（二）凤台、盐厂，镇:三岔，墩:（四）闫家、凤凰、药山、空耳头。

边政

今天下号称泰宁巳，顾独患苦虏。九边之患虏，秦为最。秦患虏，陇右为最。盖东夷縻以贡市，云中、上谷羁以市赏，国家岁不过费一郡之租，一象胥领之疆臣，期而毕事，有高枕卧耳，然犹叙劳绩焉。无奈套虏之黠而海酋之骜也，是飘欻不受羁绁者。套虏西，则靖固戒严，海虏东，则临巩惊扰，今且牧两川矣，然又苦番。番自癸酉大创之后，南境稍戢，往独急兰靖，近松虏逐新疆启西北无虞，而今时所宜急筹者，无如洮岷旧洮州矣。洮州原设守备，改参将，今又以副总兵领之。临洮设镇戎，备非不周，然旧洮州之兵食独单，非完计也。说者以为镇戎为海虏设，而驻临洮，鞭虽长，不及马腹，若虏入洮境而待应援，江虽决无济涸鳞。今即不能移镇戎于洮州，秋防时移住三月，亦得备堂奥，固不若备门户也。旧洮设守备，不若设守御千户，所募而守，固不若自为守也。矧前所屯寨在焉，又甚便乎，筹边者其以为然否？

夫武署，为边政考也，而先之以监司者何？盖监司奉玺书而镇边庭，外以靖疆固圉，内以察吏安民，凡所以规调兵食，驱策将领，拊揗疲瘵，绸缪户牖者，皆揆文奋武之专司。其运筹折冲，将吏咸禀受节度焉，固师中之丈人而建节之大帅也，故首列之。洮岷边备道驻节岷州公署，见建置。副总兵府，在卫城西。

旧洮州堡。在洮州卫西七十里，原洮州卫旧地。移卫而东，以其地为堡。自海虏逼两川，遂为重地。原设操守，隆庆五年，改设守备。

靖虏卫。

永安堡。在卫东北一百三十里。隆庆元年，虏酋宾兔率轻骑自老龙湾踏冰渡河，内掠白草原、会宁地方，当事者议于隆庆五年建堡裴家川，名永安，移靖虏守备于此，改北路游兵戍守，仍隶靖虏参将。

打剌赤堡。在卫东八十里。本宋之镇戎堡，筑以防夏者。堡废，趾存。成化十年，巡抚都御史马文升复修。因地冲兵单，以本卫中千户所官军填补，驻操守一员。

干盐池堡。在卫东一百二十里，周四里有奇。宋之定戎堡旧趾也。成化十八年，巡抚阮鹗修筑，以本卫右千户所全伍官军填补，扎操守一员。

平滩堡。在卫西九十里，旧兰州地。成化二十二年，虏犯大浪口，守备廖斌获捷，乃建堡，摘拨步军九十八名，操守领之，遂隶于本卫。

芦塘堡。在卫北二百二十里，黄河外，新疆内，原松虏着力免牧地，自新疆启建。堡内设参将一员，领芦沟守备一员；小芦塘、索桥防守二员，专备新疆与靖虏。参将犄角而守，亦与洪水三眼井为声援。芦沟堡在卫北一百四十里。万历乙未秋，套虏从长滩水沟时常入犯，丙申，议建此堡，内设守备一员，领中军一员、坐堡一员，专备套虏。

分疆

论曰：分疆信地也，自古防边者先分布矣。警备不豫，则罅隙可乘；画地不明，则推诿易起。必统领者若元气周流，脉络关节无不贯注，而后荣卫调。分职者若臂指流行，五官四体无不辐辏，而后一身强，此分疆责成意也。至若游兵，应援无定，具常山率然之形，比邻同室相关，效被发缨冠之义，又非分疆所必限矣。

巩南境。洮岷边备道驻节岷州卫，有中军，有把总，有操守，有卫所官军。

道属。西起旧洮州朵的河，历洮岷、西固、阶、文界，四川青川所延长一千九百里，西南起两川古叠州，东北至巩昌府漳、成二县界，横亘八百里。

洮州副总兵驻扎本卫，领旧洮州、阶州、西固、文县四守备，岷州一操守，有中军，有两哨，有卫所。其地随道属，第一意治兵，不与民事。

卫境。东至岷州界五十里，至卫一百二十里，西至番界一百里，南至生番界一百三十里，北至临洮府二百三十里。

旧洮州堡地界，西迤边墙二百里，东至洮州七十里，南邻番界八十里，西北去番虏三百里。

岷州卫地界。西至洮州一百二十里，南至阶州界四百里，东至西固界二百里，北至临洮府二百三十里。

西固守御所地界。东至阶州一百六十里，西至番族二十五里，西北至番族三十里，东南至阶州界一百二十里，南至番族二十里，西南至番族一十五里，北至本卫三百三十里。

阶州守御所地界。东至成县二百八十里，西至西固城界一百六十里，南至文县界二百五十里，北至西和县界二百九十里。

文县守御所地界。东至四川青川千户所界四百里，西至古扶州生番界二百里，南至上丹堡生番界五十里，北至阶州一百一十五里。

靖虏（注三十五）兵粮道驻节本卫，有中军，有两哨，有卫所官军。

道属。东起固原西安州界，西抵兰州一条城，北至新疆，南临安会，延袤约一千里。本卫驻参将一员，领永安守备一，干盐打刺平滩、大庙、哈思吉分水岭、水泉、陡城八，防守各有信地，与芦塘参将犄角而守，有中军，有把总，有卫所官军。

芦塘堡地界。东至倚黄河三百里，北抵边墙一百里，西望洪水三眼井，东南接永安。

永安堡地界。西领索桥堡至河，北领塔儿湾至河，东联大庙、芦沟二堡，南接裴城、水泉二防守。

芦沟堡地界。东界锁黄川二百八十里，西界永安堡，南界本卫一百四十里，北界中卫香山二百四十里。其干盐打刺等十一大堡各有分界，志不详。

要害

论曰：要害者，为害之要地也，必彼可为害，我可扼吭。如洮岷之旧洮州堡，绾番虏腰领北境，靖虏之锁黄川、永安、芦沟诸堡，杜山后之窥伺，遏踏水之奔冲，斯称要害，所当备矣。其他琐琐山谷，微微蹊径，奚要害之足云。然卫志有之，姑存其名以备考。

洮州卫。旧洮州入路：一路自丹把川由札奄三岔，至榨堵墙，透官洛恶藏入；一路自西边挖墙填堑，渡朵的河，犯旧洮州窥岷；一路自九条岭入；一路自马莲滩透马旗堡入，犯卫窥岷；一路自搭连川透土门堡，直犯临洮；一路自黑石嘴透遭接寺，窥岷；一路自白松岭、大草滩、大山口窥临洮。洮岷为秦陇藩篱，洮又岷之襟喉，旧洮又洮之门户。洮当孤悬绝域，环诸番，迫强虏，备稍疏，岷先震，邻临巩不得安枕卧矣。以上皆极冲要害而戍堡单弱，自非增九条丹把之戍，相为声援，恐旧洮孤危，不可恃也。

岷州卫。一路烟刺勿杓等族生番自中寨骆驼巷大沟入；一路铁占等七族生番自马烨仓鹿儿坝后沟入；一路麻子川属番勾引打刺等族生番，自分水岭入；一路自西湾濠寨西通海虏，东犯临巩，最宜首防。一路官洛恶藏等族属番自着古滩锁沟偷入作贼。以上虽有入犯之路，然无拥众之强，或乘间窃发，则歼厥渠魁。倘大肆猖獗，则倾彼巢穴，未足深患。所可虑者，火酋诸虏驻牧西海，往来两川，朵的河遗孽生齿日繁，逾洮闯岷，窥犯临巩，包顶土门，往往得志。缘其深入不忌，料我议后无人，急须足兵益饷，扼要设防，壮在山之大势，伐穿窦之狡谋，斯番虏兼制之要计也。

西固城守御所。一意备番，他无所防。然番入之路有之：一路自消水沟入，犯两河口、沙川寨等处；一路山后坡平道儿等族生番自核桃坡入，掠横岩近郊；一路自黄水湾错落坪透涧溪沟入，犯平定寨等处；一路自西寨坡入，有边墙一道堵之；一路自柳坝通西、礼、阶、岷。

阶州守御所设所。虽止防番，然去郡渐远，矿盗茶徒、回夷乱民不时窃发。其来去亦各有路，今记之。一路自角弓峪通西、礼生番盗贼出入之路；一路大竹坪林壑险峻，矿徒回民往往窃据；一路自三岔口黄杨坪通木竹慈竹或至城下，昔掳守备范延武从此入；一路自大石河乘其坪旷无险，恣意出没。入路非一，尽备不能，盖由人情偷惰，彼此推诿，故彼得出其不意。及酿成大患，动兵縻饷，为害非小。曷若专有责成，俾不因循偾事。七防责任巡检，丰泉责任游徼，大竹坪责在防矿，大石河严编保甲。时其盘诘，各尽厥职，何忧寇盗？

文县守御所。一路自哈南寨入，一路自阳汤寨入，一路自松平寨入，一路自东屯入。昔人建有守备，行重可知矣。按邑志曰："昔人建置，军民相参，堡寨联络，备非不善，奈何番甫戢宁，守者轻其易与，上下懈弛。乙丙之难，率由四路入，如蹈无人之境，非细事也。"又四寨之外，皆梗楠杞梓之材，守者公然深入采取，作器贸易，大开门户，是诲之盗也。司守者尚其革夙弊，慎侦探，明烽燧，严盘备，庶可无后患矣。或又以守备坐城中，不足耀武，何若移驻东屯行署。又四路适中之地，东望玉垒，南镇虎穴，节短应速，似亦策之得者。

靖虏卫。一路自塔儿湾乘冰渡河，由锁黄川、青沙现入，犯安会；一路自迭烈逊老龙湾入，犯靖宁、隆德；一路自梁泉经青沙现，无所不犯；一路自莽牛口经打刺赤入，犯卫南境；一路自哈思吉入犯；一路自烔同沟经营房滩入，犯安会；一路自三角城入犯。

附论曰：靖虏昔苦松套二虏交讧，其要害颇多。自新疆既启，松虏远遁，边内建堡，设将置戍，开屯芦塘与红水，东西犄角，靖之西北境即称内地可矣。惟是东境尚苦套酋，往往踏冰深入，往犹窃出山后，今公然取道山前，锁黄川、海纳都一带，旷远难防。隆静、安会，每被其蹂躏，永安裴城二堡，兵单不足御，游兵观望，又不得力，今虽建芦沟堡，设守备，差足辅车。若欲为静隆、安会万全计，非锁海二川适中处再建一堡，置将宿兵不可也。然建堡置将岂易言哉！

关梁

洮州卫　黑松岭关，东三十里；黑石嘴关，东北四十里；大岭关，北九十里；石岭关、八角关，北一百四十里；旧洮州关；西七十里，此系要害；羊撒关，北六十里；凤山桥，北四十里；旧桥，东南四十里；新桥，西南四十里。

岷州卫　石关儿，东一百三十里，西控虏羌，东维秦陇，天然之锁钥也；野狐桥，西四十里，由洮入岷必经之路。

西固城守御所　化石关，北九十里；平定关，西北三十里；杀贼桥，东南七十里；邓邓桥，东北一百里；兰峪桥，东南二十里；两河口桥。

阶州守御所　望贼关，北一百八十里；七防关，东八十里；石关，西二十里；白河桥，东南二十里；石门桥，北五十里；栈道，东一十五里。

文县　人烧关，东南十里，昔元人烧关入蜀，故名；玉垒关，东北二百里，晋邓艾入蜀之路；临江桥，山势巉岩，长虹特起，昔张哲据此以断援兵。

马政

附论曰：有兵则有马，马之须，于兵甚急也。我国家之马政其法不啻备矣，然无如西塞之招商榷茶，羁番易马之为得策也。盖番地不产五谷，所食惟青稞菽豆，硙作炒面，杂以羌箐酪浆，非茗饮辄病废食，不可须臾离，若潜制其命者。初，奉金牌纳马者，不过必力等若干族，因立守御所于浩亹防之。成化以来，黑章咂等族叛服不常，阻寨道路，守御废而羌横。自亦不刺驻牧西海，洮河二卫，番夷大罹其害，往往失故土，昵近汉疆，欲资我保护，多内附，求纳马。盖虏为驱鱼之獭，番若依人之鸟，于是置洮河西宁三茶司，额设监收一员，各大使一员，董之者兵宪而台史监察之。为西南永利，实巩之南境，故考之。

《岷州卫志》曰："国初议招番军，止八名耳。近年增添太多，耗费愈甚，而民兵又有戍凉、戍洮、戍阶之分。自两虏窥洮，声震于岷，当道者见番军不得力，欲以其饷募兵，以资防御。窃意番军难以遽革，而客兵徒以縻费，莫若限番军之数以省饷，扯回戍兵以壮卫，则兵食不加而自足，是岷之长算也。"

兵卫

论曰：卫以兵为名，非止防夷，亦以御侮，则兵是赖也。卫额五千，而见兵财半，馀皆安在乎？即半，亦未必尽在卫，一遇操阅类，仓卒雇市人以充额，即失额，主者不问矣，是尚谓有兵乎？无兵矣，尚谓有卫乎？弊由清勾为故事而考课不严，征调只虚文而稽核无法，加以屯粮兑支成风俗，军无固志，主管以卖脱为应得，下循常规，欲卫之有兵，不能也。无兵矣，尚论简练耶？器械耶？说者谓非痛革积弊，大加振刷不可。第上之绳约解纵久，收拾不易，下之心志纽习熟，促并翻骇，恐猝未易振也。以当承平，不妨相安无事，一旦缓急，能无束手，是当事者所宜念也。

纳马夷人

本卫境六十六族：列咂族、瓦麻族、上下扯巴族、巢窝族、郭着族、哈尔木车族、驼奄族、纳郎族、甘藏着落族、香藏族、木舍族、列咂扳地族、卜札族、川多族、底思当下族、碾斑族、卜剌族、喘奇儿族、夫剌族、膻藏族、紫你巴族、雀奇族、劳昝族、答失下族、满松族、哈杓族、奔古八族、六卦族、紫藏族、札来十族、多奄族、禄尔族、阿爵十族、芎原族、相古族、尔着五族、苫苦族、多藏族、阿让尔族、札的族、川卜族、郭锁六族、挣多族、尾子族、哈古四族、麻六族、紫龙族、揽龙四族、捏日族、雞翎族、沙麻儿族、答紫族、团咂族、阿让尔族、着泥寺、着落寺、上冶三族、木九族、恶藏族、官洛族、阿中族、火巴族、落巴族、饿狸族、参多族、答力族。岷州境七十六族：节藏族、多牟族、小五平族、竹力族、西宗族、青沙坡族、哈瓦族、大的族、捏东哈族、巴奄族、榆树族、恶卜赤族、忍藏族、水平族、三角坪族、鹅儿族、居木族、青石山族、真文族、占藏族、小青石族、札工族、竹林族、上搭剌族、竹泉族、竹席族、下搭剌族、栗中族、栗林族、麻子川族、七的族、多纳族、峰崖山族、真庄族、七龙族、长麦山族、阴山族、板藏族、昔藏寺族、峰崖族、尖藏族、竹园庄族、墙匡族、六工族、西宁沟族、剌即族、居占族、太平头族、剌答族、汤吉族、坎卜他族、北咂族、着咂族、上罗卜族、塞卜族、在堡族、下罗卜族、哈即族、多知族、上芭篱族、竹林族、鹊中族、上索咂族、北咂族、八哈族、狼岔峪方、蜜多族、下索咂族、赏哈族、汤的族、憨班堡族、札剌族、剌哈族、锋铁城堡。

番之环洮岷而居者，生熟不下六七百族，其纳马入贡者财十之二三。无论生番跳梁，即熟番居近川口者，如必力、阿力、他杓、刚札、甘加五种，毡帐轻迁，与虏不易，而桀骜亦与虏同。近虽贪茶茗，就抚赏，恐野性终不易驯，是番族中所当加意防范者也。

防御

论曰：防御者，扼要而御患者也。自古筹边者尚之，为其足以制敌而自卫也。今之所谓防御者，吾惑焉。吃紧要堡当防必矣，乃斗筲小聚，零星羸卒，或三五十名，或一二十名，缚柴拦马，垒石塞壑。小入不足以堵截，大举或反以损威，此何为者也？尽形图本，不过涂塞标号。粮籍不无虚冒，何若专力要堡，其他无益。分布各路总计不下五六千人，似宜收回本镇，以壮军伍。但当远斥候，谨烽燧，则收保早而备御先。战为先发，守为有待，胜算固在我矣。何赖琐琐之细谨乎？故今第详其大者，余惟记名以备览。

杨恩《首阳山辩》

首阳山，在中古以前，一山耳。自孔子称伯夷、叔齐饿于首阳之下，其名遂与五岳争高。后世好奇之士争欲私之。《说文》以为在辽西；刘延之以为在偃师；马融以为在蒲坂；《方舆胜览》以为在陇西；曹大家注《通幽赋》，亦云在陇西；《庄子》云“北至岐山，西至首阳”，故《索隐》以为在岐山之西，寰中遂有五首阳。后来不知何时断以河东蒲坂者为是，即其地祠而祀之，至今相因，以为此夷齐饿处，他首阳皆废矣。

野史杨子曰：河东之首阳，非夷齐饿处也。然则何者为是？曰，陇西者为是。何以明其然？有五证焉。史称黄帝采首山之铜，铸晰阌原。注“山在蒲坂”，止名首山，不名首阳。《禹贡》曰“壶口雷首，至于太岳”，注“雷首在蒲坂南”，止名雷首，不名首阳。《春秋传》曰“赵宣子田于首山”，止名首山，不名首阳。使蒲坂果为首阳，何为经史俱不著阳字？唯《唐风》有之，而毛氏《通考》则曰“采苓乃秦风之首，误收唐风之末，篇次相连而错耳，”亦以首阳在秦不在唐为断，此可据明甚。乃安成刘氏注《唐风》，求首阳不得，以意度之曰“即古之雷首”。夫雷首可以为首阳耶？《书》曰“道渭自鸟鼠”，《传》曰“渭水出陇西首阳县。县以山名”，今鸟鼠与首阳并峙，昭昭若此。《传》为汉儒所作，去古未远，今舍经传明书之首阳不信，而猥以首山、雷首当之，奈何不信孔子而信刘氏耶？此一证也。

又论世者原心，夷、齐既以耻食周粟而去，亦必远引，其心始安。蒲坂去丰镐不四百里，固周之畿内地，避周而顾居畿内，不食其地之粟，又食其地之薇乎！陇西古西羌地，至周孝王时，始封非子于秦，开天水郡，则周初尚未属版籍，夷、齐固乐居之，此一证也。

夷、齐之诗曰“登彼西山兮，采其薇矣”，是明言山为西山也。蒲坂之山，据堪舆大势为北山，据周都为东山，据蒲坂为南山，非西山而云“西山”，夷、齐岂不辨方隅者耶？陇西在天地之西，首阳又在陇西之西，颜师古亦云“当以陇西为是”，此一证也。

又山名首阳，以居群山之首，阳光先被之耳，蒲当舆地胸腹之间，不得言首，又负坎而立，亦何得言阳？即称山南曰阳，亦蒲之阳耳，“首阳”云乎哉？不过以雷泽发源为雷首，以中条起处为首山，于首阳无当也。天下之山，自昆仑来，此北戒者。陇上诸山为头颈，终南、太白、太行、中条为胸腹，医无闾为尾。陇西地高山峻，与东海对立相望，曜灵出海，阳光首照，又一证也。

夷、齐采薇而食，是山有薇矣。今蒲坂首阳，薇所不产，每致祭则取于别所，后来好事者移植，亦复不多。陇西蕨薇，遍满山谷，土人以之代食，且储以御饥；贾人转贩江南京都，皆陇西产，又一证也。

夫是数者有一焉，亦足以明此是而彼非矣，况历历若此乎！只缘近代以来，陇右人文湮郁，著述鲜少，遂为河东搂取；更千百年无拈出者，可为太息矣！夫忠孝节义，天下之公理；贤人群子，古今之共师。吾而诚有志乎千古，犹旦暮万里为比邻。河东陇西孰非我闼，在此在彼，岂必深辩。但以神之享祀，必顾其安；而祠之安神，当求其是。二贤之神游于陇西，今时之祀，举于河东，谓二贤昧初心，入周畿而歆之乎？是更千百载犹饥也，可哀也。当道贤人君子诚念此而兴复遗迹，表章崇祀，比于河东，世世勿绝，则二贤之心白，而风化所关非小也。斯区区所以致辩之意矣。

《阶州志》

斩贼关（旧名望贼，在州东北一百五十里，路通沔、略，宜防）、七防关（州东北三百余里，距略埝阳甚近，川湖要路，商贾络绎。旧设官吏弓兵，盘诘抽税，后奉文革税焉。近被贼扰，民去其乡，商不出途，荒山僻径，劫掠公行，已成蓁莽矣。为地方计者，当急思整顿之良策也）、**上下板桥**（州西北十里，郭参将设有军守）、**柳坝**（州西北三十里，通西礼，土番盗贼出入之路，有墩）、**米仓山堡**（郭参将设，有军守，今废）、**中寨**（州东北二百里，通西礼，番盗出入之路，有墩军守）、**吊子峪**（州西北一百三十里，通西礼，番盗出入之路，有墩）、**太石河**（与西礼连界，土番土贼、矿徒回倮每聚为患，宜设法防御）、**太石山堡**（郭参将筑，山高路峻，要害宜防）、三岔口、**黄杨坪**、**木竹坪**、**慈竹坪**（以上四处皆在耿盆峪最深处，昔年西番事掳范守备于此。因议添设寨堡于三岔口四处，军民固守未果。此间多民地，采樵所出，州城并附近居民赖以举货防）、**石关**（州西十里，郭参将设军守）、**雨水沟**（州西三十里，通西礼，番盗出入之路，有墩）、**石门桥**（州西五十里，西番惟上下打牙族、刮族最强盛，隔岸烽火岭为入犯生事之路，必经此桥，宜防。石门沟、通西礼，番盗出入之路，有墩，宜防）、**角弓峪**（州西八十里，通西礼，番盗出入之路，有墩，宜防）、**白鹤桥**（在角弓峪江西岸，番之熟径，宜防）、**杀贼桥**（州西一百二十里，西固交界，西蕃必由之路，安家堎、林家山两族最强，曾内犯伤官兵，宜防。按阶内地凡各番及土贼茶徒矿回出入之路，各有墩堡，兵壮防守十减八九矣。七防关责在巡简，丰泉山责在防守官，大竹坪责在防矿官，惟是太石河、红石庄、大水坝、铁甲山、野马河皆番民与西礼岷土番连界，矿回盗贼之薮也，平坝无险可守，惟有严编保甲，择地方不时稽查，以清窟凶，此巡捕官所宜每饭不忘者也）。夫关隘以诘奸而堡寨以收保，此亦官政所最急者。挽近多重边堡而轻忽民堡，殊不知虏闯而入，则不趋边煲而趋民堡矣。避有备，攻无备，弗可轻也。况今贼氛未靖，处处宜防。使各堡编民俱修备修守，互相绸缪，则长城宁独在边防哉！

险要虽以防番，然去郡渐远，矿盗茶徒、回夷乱民不时窃发，其来去径路宜纪之以备侦防。一路，自角弓峪通西礼，生番盗贼出入之路；一路，大竹坪林壑险峻，矿徒回民往往窃据；一路，自三岔口、黄杨坪通木竹、慈竹，或至城下，昔年掳守备范延武从此路入；一路自大石河乘其坪旷无险，恣意出没（以上入路不一，尽备不能。惟人情偷惰推委，奸诡通同市利，故彼得出其不意时为地方大患耳。若专有责成严加约束，防范侦探，俾不因循偾事，则又司疆者之责也）。

矿贼　大金厂、小金厂、鲜家沟、龙窝子、大竹坪（系成县军屯，防守官军）、丰泉山堡（系矿贼入蜀要路，有官军防守）。

回贼　马陈二姓，每数十人挟妻子、马骡，迁徙抢掠，得财即去，而各屯军余窝留分利，最宜严禁。

土番　土番上接岷，下连西礼。每每窝盗，事发差捕，则聚众持挺拒敌，即编立保甲庄头，终为难驯。

军余　锁池、小川、犀牛江等距州数百里，每村以千百计，往往以窝矿窝回为地方害。邻近州县以非辖难制，阶营又以鞭长不及，有心地方者宜留意焉。

洮岷

旧洮州堡，在洮州卫西七十里，南接生番，西邻川虏，二夷内侵，必从此入。临巩门户，洮岷咽襟，西北筹边，兹首冲重地也。内设防守一员，有中军，有坐堡，额兵一千见六百员名，马四百一十八匹。按洮州卫原以防番，无虏患。自正德间，亦不刺窃据西海，而洮始防虏，频年内犯，往往得志。至十八年，由官洛直犯临洮，损兵折将，洮非昔日之洮，视诸边为首冲，旧洮川当其锋，而甘不他官洛恶藏土门等皆其入路。近虽筑边一道，低薄难恃，虏来动以万计，而卫兵不足三千，众寡之形，未阵先辨。何以足兵？何以足饷，何以为久安长计？任疆场之寄者，枕戈而筹之可矣。

古尔占堡，在堡西十里，有防守官一员，旗军二十七名，马一十七匹。

官洛堡，在堡西二十五里，有防守土舍一人，管番夫一百三名。

恶藏堡，在堡西二十里，有防守土舍一人，管番夫一百三名。

迤东杨升等一十二堡，堡虽小，俱系要冲，其防守军各不过二三十名。地冲若彼，备单若此，挹萧苇以捍冲流，举杯水以浇舆薪，宁有幸乎？保疆者何以筹之？西固迤东，专力备番，堡无要者。

靖虏卫

芦塘堡，在卫北二百二十里，黄河外，今为内地。南倚黄河，不虑踏冰之入；西连洪水，气势相依，以靖镇而论，新疆第一要堡也。内创设参将一员，有中军，有两哨，有坐堡，军屯环列，以御松酋。

芦沟堡，在卫北一百四十里，东通锁黄，扼套虏之冲；西连永安，绾松疆之要。新设守备一员，领中军一员、坐堡一员，拨正游等营军一千二百一十名守御。

打刺赤堡，在卫东七十里，驻操守一员，嘉靖十七年，中千户所官军三百八十七员名守防。

干盐池堡，在卫东一百二十里，驻操守一员，以本卫右千户所全伍官军三百一十九员名防守。

平滩堡，在卫西九十里，旧兰州境，成化二十二年，虏犯大浪口，守备廖斌御战大捷，乃建堡，拨本卫步军九十八名戍守，遂隶于卫。驻操守一员，领官军一百三十八员名守防。

永安堡，在卫东北一百五十里裴家川。隆庆元年，虏自老龙湾犯入郭城驿，至卫城外，掳掠甚惨。固原军门王公崇古议建今堡，靖虏守备移驻防守，仍隶靖虏参将。

小芦塘，在卫东北二百里，黄河外。本年同建此堡，分拨标下兵一百五十名防守，官一员，为辅车之势。

索桥堡，在芦塘东四十里，黄河北岸。本年同建，转输民运以便支给，防守官一员，领军一百名，专一防河，管理船只。

徭役

论曰：闻之法不轻变，治惟随俗。故曰随俗而治者，吏习而民安之，言弗执也。以余观于巩之徭役，而知新法条鞭之为北境累矣。何者？盖南境气候既燠，物产复饶，有木绵粳稻之产，有蚕丝楮紵之业。又地僻力余，营植不碍。民间贫富，不甚相悬，一切取齐，条鞭奚不可？北境则不然，地寒凉，产瘠薄，即中路又苦冲烦，贫富相去，何啻倍蓰。然条鞭未行之前，民何以供役不称困？盖富者输赀，银差无逋；贫者出身，力役可完。且一身既食于官，八口复帮于户，讵惟存贫，兼复资养，吏习民安，兹其效矣。自条鞭既行，一概征银，富者无论已，贫者有身无银，身又不得以抵银，簿书有约，催科稍迫，有负釜盂走耳。征输不前，申解难缓，挪借所不免也。以拆墙垒壁之计，见捉襟露肘之形，官民不两病乎？驿所之病亦复类此，前已略言之。盖彼以包赔致流窜，是走递而累户口；此以应急损边廪，又因差而累钱粮。条鞭之于北境，宜耶，不宜耶？名曰均徭，均耶，弗均耶？必百姓曰均，斯均矣。

里社

论曰：夫户口里社所以记版籍也。然版籍如常，而民生日瘁者何？则名存实亡，籍在民流，偏枯赔补，日损不支耳。盖征发者按籍取赢，赔补者分外竭力；力尽则逋，势所必至。则今之版籍，乃贫小之赘疣，公府之虚券也。以虚券而责实征，譬之半疋制长衣，奚止捉襟露肘？羸夫肩重担，能无颠仆倾踣？又如内耗之人，仪貌容观，岂不伟然，而精神气脉，消铄殆尽，止可苟岁月，而能当寒暑哉！且如安定籍二千二百矣，实在止四百，是以四百应二千二百之役也。通渭籍一千六百矣，实在止六百，是以六百供一千六百之用也。又富者以羡赀买轻，贫者以无力肩钜。他邑皆然，陇西尤甚。官避耗减之名，而开除不列，民困赔累之苦，而控诉无门，此而不变，势将何极？变之奈何？则垛残甲以攒里，严欺隐以清门，是今日所宜急讲也。语曰“不患寡而患不均”，均则徭赋通匀，居者无偏重偏轻之弊；供输平等，流者有渐还渐复之机。无以虚大致逃亡，是求多反损之道也；以攒减还流窜，是名损实益之法也。此可为尹晋阳告，敢为王胶东望哉！

驿递

论曰：今之驿递，在在称病矣，其病始于召募。自余记省，二十年以前,官民相安,不闻称病也。盖彼时酌丁力佥编,其所佥者,皆丁多粮广之大户。盖粮广则地腴力厚,出备不难;丁多则众擎易举,流行无滞。即以各属概计之,每处户不下二千余,本驿所编马驴牛不及二百头,岂二千户之中不能选二百富大之户乎?此所以二百年来不称病也。召募乃于原额丁粮之外,率增十分之五以给募夫,又令其自行打取。夫富户应役时,其阖户出备,视原额不啻倍之,虽倍而力大不觉也。今即增五分,反免五分之费,是于旧差中减五分也。若零丁小户,丁粮之外,原无他扰,今概增之五分,是贫小之民替富民包赔也。定门则何为?又自行打取?则小民之埘鸡畜豕,方应里积衙皂之吞噬;而破衣短襦,又遭站户之褫剥,力难自活,有负釜盂逃去耳。试查二十年以来户口十分减去二三否,则其病不但在驿所,而且及户口。里甲日耗所由来已故。条鞭虽良法而俗有弗宜,未有不反为害者。今募夫小民均称苦累,有愿复粮编之请。语曰"穷则变",长民者,其何以调剂之?

《临洮志》

洪武二年,大将军徐达进兵克秦陇,乃遣冯胜统诸卫兵进征临洮,李思齐穷迫,遂以城降。顾时戴德各将本部兵征兰州,克之。残元王保保(注三十六)自甘肃以兵来袭兰州,奄至城下,守将指挥张温击却之。大将军帅诸将西征吐番,克河州(招谕吐番元帅何锁南、普化鬼六等皆纳印请降),追元豫王至西黄河底黑松林,杀阿撒秃子于河州。四年,议征沙漠,以宋国公冯胜为征西将军,傅友德陈德为副。出临洮,攻甘肃。五年,邓愈、沐英等至西番，分兵为三道，并力齐入番部川藏，覆其巢穴（穷至昆仑山，斩首不可胜计，俘男女一万口、马五千、牛羊十三万）。三十一年三月，肃王自甘肃移兰州（前以甘肃兵变不常，遂题请移于此）。弘治十五年，兵备副使高显、守备杨佑统兵袭番夷锁南温古六失加，败之。正德九年，命总制都御史彭泽逐北虏（虏住牧西海泽，命总兵官徐谦帅万人征之）。十年，套虏深入，掠临洮寺处，总制都御史邓章调官军，不能御。十三年，虏复潜入临洮。嘉靖四年，设钦差户部郎中，住兰州，督理甘固边储，自姜志德始（先是，正德五年，御史潘仿建言，添设户部员外周汝勤，未几，裁去。本年，以兵部尚书金献民、郎中胡宗明题改设户部郎中）。

八年，洮岷番侵临洮，总制尚书王琼遣镇守都督刘文等进兵击破之。十八年，设临巩兵备道。敕命按察司官驻兰州，整饬军务。二十一年春正月，北虏潜入兰州，大肆抢掠。万历三年，西羌札着他等入犯郡境，杀掠人民，固镇总兵孙国臣统兵分五路，由旧洮州入剿，大灭之（洮郡推官刘希稷监军，斩首二百四十余颗，烧死男妇数百，夺获夷器辎重三千有奇）。十八年七月十三日，虏酋火落赤由河境入犯临洮，临巩兵备佥事郭宗贤、固镇总兵刘承嗣督兰州游击孟孝臣兵马，大战于和政驿，败之（斩首十余级，火酋次子把罕兔、长婿拜言他卜囊俱中炮死于阵）。十五日，郡四郊皆虏，道路堵塞，人心危惧。孝臣自改河领兵，潜至南川下营，贼势稍解。十六日，游击刘子都搜虏至十九原，虏自河西红道峪潜入，子都遇战奋击，贼势大众，力屈而死。十八日，临洮知府岳维华分遣民兵，相机击虏，斩首五十余级（先是贼方入境，维华调度守城，旦暮登埤，不辞劳瘁，传檄收歛境内，幸保无虞者，皆维华力也）。虏屯营朱家山。二十七日，总兵刘承嗣督领参将邓凤、游击孟孝臣、郭有光等，提靖、固、延、宁四处兵马，与贼大战。时秋雨淫霖，浃旬日不止，盔甲弓箭俱湿，我兵不得骋。贼乘势大举，承嗣遂败绩（是时死于阵者：指挥李如玉、千户魏承勋、李国瑞、把总何天衢）。虏追承嗣甚急，孝臣死救入营得免。火酋始入犯，甚狂逞，兵无纪律。我兵零星堵剿，逐至郭麻滩，遂失势，觅去路不得，先发弱虏析各柞口奔出，留精兵尾后。至八月初二日，尽出境（夺获原掳男妇一百六十名口、牛羊器物万计）。十九年正月，火酋部落潜住莽剌之南山，固镇总兵尤继先统领番汉官兵袭击之，大创贼兵（斩首一百四十二颗）。七月，陕西巡抚都御史叶梦熊防秋，驻临洮（自此遵廷议，每岁秋初移镇临河，冬初回省）。二十一年，移陕西参将彭振云领兵防范临洮，未几，改副总兵。二十三年，改副总兵为临洮镇（以五府都督官守之，设坐营都司一员、千把总官六员，募兵一千五百，甘凉等操兵马并降夷俱入营伍）。二十四年正月，昆着等酋纠合真相等酋假抢番窥犯内地，兵备佥事张栋会同临镇总兵官刘綎，遣大兵入剿，贼迎敌，我兵全胜，追至巢穴，虏复大溃，余奔逃（斩首一百二十有奇，生擒八名，获头畜一万八千有零）。二十六年三月，虏酋着力兔等住牧松山，缘我兵收降剿斩数多，议欲仇犯，兵备副使张栋会同临镇总兵官陈霞调大兵，分五路堵剿，至六个井，大破之，迄四月，逐虏远遁（斩首六十一颗，收获马驼牛羊、辎重器械无算）。四月，虏复寇乌兰，兵备副使张栋遣兰河二营兵马由照山子渡河追袭，虏大败。自是，虏不敢窥松山（斩首二颗，生擒一名，夺获夷器甚众）。五月，虏沙害海豸等率众自大岔口归降，栋收之，发临兰二营，给月粮马匹，听操遣（男妇三百名口，马驼牛羊毳幕甚多）。十一月，总督尚书李汶、陕西巡抚贾待问以松虏远遁，徼临巩兵备副使荆州俊议处恢复（自成祖逐胡虏于三受降城外，河套尚无虏，松山皆为内地。至成化初，东胜地一失，孛罗据套，松山尽为虏有。迄庆历间，款市既启，着力兔宰僧阿赤兔等酋盘据松山等处，于是兰靖每被荼毒，凉庄遂成一线。彼且呼朋引类，抢汉掠番，甫一登高，尽窥内境。二十三年，奉檄遣兵深入松山，追杀松虏，馘青酋于乙未之夏，馘永酋于乙未之秋；丁酉冬，则破羊川之犯；戊戌春，遂伐西宁之谋。所以着羊诸酋，知西海不能渡，松山不能守，旋遁沙碛，适贺兰，而松山复为中国物矣，乃议恢复）。十二月，临洮府同知冯恂、兰营游击阎逄时带领兵马，自金城关由大岔口出塞，踏勘双墩子、红水、芦塘等处，议筑长边（恂等勘得双墩子以东至红水河四十里有水，可以筑墙；红水河以东三十里，俱石山无土，不堪挑筑，应砌石墙。自咸滩墩至小芦塘旧墩，至索桥三十里，川险间断，或筑墙，或挑壕，各相便宜）。二十七年正月，虏聚众屯住团卜山，窥伺内地。临巩后备副使荆州俊遣河营副总兵周国柱统兵击，败之（斩首十五颗，生擒二名口，夺获达马七十五匹，器械夷物甚多）。二月，总督李汶会同陕西巡抚贾待问、甘肃巡抚徐三畏、临镇总兵官孙仁、兵备副使荆州俊等亲诣松山，条议修筑（注三十七）。分工举役，选各营精锐兵马，设伏要害去处，提防虏扰（河东自永安堡索桥起，修芦塘川等城三座，补修芦塘湖大城一座，至双墩团庄分界。河西自泗水堡，修游玉门儿等城三座，补修扒沙营城一座，至双墩团庄分界。是年五月告成）。兵备副使荆州俊据兰营报，遣通丁真夷往松山芦塘巡哨，遇虏对敌，胜之（斩首二十三级，擒获妇女二口）。设立将领兵马粮刍，以备分守（自永泰川以东，设芦塘参将一员小芦塘操守一员，隶靖虏道。永泰川以西，设红水游击一员、中军一员、把总二员、坐堡一员、马步兵一千名，三眼井操守一员、坐堡一员、马步兵五百名，各于兰州卫分拨粮料，俱随原卫关支，隶临巩道）。三月，副使荆州俊调集兵马，搜剿虏酋遗孽，松山犁然一空（恐虏酋窥伺，督发临兰二营内丁降夷昼伏夜行，直抵青羊水，剿除萌孽，斩首二十余级，松山自此始空）。四月，虏酋潜入松山扰筑，谋夺故巢。副使荆州俊发兵伏黄沙掌，袭击，败之。追至中卫，虏遁去（斩首七颗，夺达马一匹、甲二副）。五月，虏精兵住抗那，将纠众渡河，侵犯内境。州俊遣哨丁崔彦明等伏和尚坪，俟虏半渡，齐出扑射，败之（斩首二级，人马被射溺死者甚众）。虏贼潜至灵匝山，抢掠番汉，牧放牛羊，荆州俊遣兵由藏山对敌三次，大破之（斩首二十一级）。二十八年正月，副使荆州俊招降达番川藏六卜等千余名，火酋觉，发兵来夺，州俊随遣官兵迎护降番，遇虏连战，大胜，虏披靡远退（直至交子冈，斩首十九级，夺获夷器甚多）。三月，州俊建弘济桥于囤子沟，以济缓急（兰与河由囤子沟通道，止距二百里，中界洮河，水势汹涌不可渡，彼此策应，必由临洮，缓急不能相济，当事者苦之。遂檄通判徐有登督修浮桥于此，计阔四十一丈，船十二只）。六月，总督李汶檄参政荆州俊加修红水、三眼井二堡。二十九年二月，荆州俊计处松山善后事宜（先是红水止设守备，因极边冲要，改守备为游击，增兵马。又以城池窄狭，复自旧城东西南三面展修新城一百四十九丈）。五月，火永等酋结好，率众占据莽捏收番，用图报复。兵势压境，荆州俊檄将领设伏兵，胜之（斩首三十四级，夺达马二十三匹、夷具千五百有奇）。三十年正月，参政荆州俊以番虏哱罗台失等率众归附，收之（遣河营参将姚德明出境巡视，至却逊界口，哱罗台失等男妇一千七百六十五名携马牛旃赝降）。虏土灭恰等侵掠河境，州俊发番汉官兵至古尔半，大破之（斩首五十有五，生擒七，获牛羊二千三百有奇，辎重甚多）。二月，荆州俊遣哨丁真夷兵侦虏至卜浪五都儿，遇敌，胜之（斩首四，获达马一百三十有奇）。酋子揣库儿寇逼河境，州俊遣番兵哈番板等击破之（斩首二，获达马二十一匹，辎重亦多）。八月，虏屯据松山之北，总督李汶檄洮、固二镇兵由芦塘出边捣巢，贼大创（斩首二十一，获达马四十三匹）。八月至十月，州俊收红水等处降夷共八起（男妇百七十有五）。九月，真相台吉等酋提兵，谋雪土灭恰仇，州俊协同总兵官孙仁调遣诸营兵至节子冈，大战，获全胜（斩首二百十三，获达马百三十有二、辎重数万计）。十月，虏尚窥伺内地，州俊遣官兵巡哨至沙窝，遇，战胜之，余虏北遁（斩首三，获达马一匹，夷具甚多）。十一月，西羌六丑力节等作逆，临镇总兵官孙仁督兵由宕昌五路进剿，大灭之（仁即先年固镇总兵官孙国臣子，羌人前后为逆，孙父子相继剿之，斩首二百五十余级，夺获夷器四千，并燔其族）。十二月，大酋部落从沙沟过冰桥，住达子州，谋犯河州。州俊遣官兵破于陇羊硖（斩首四，获达马一匹，夷具甚多）。三十一年五月，总督李汶、巡抚顾其志上疏，议修（注三十八）老虎城，改为永泰城（时缘松疆新复，沿边千里所设墩堡无几，达近难以应援，遂筑此城，设副总兵，统辖芦塘参游兵马）。六月，撤移兰州参将等官于新疆驻扎（初兰州诸营堡原以备御松虏，既有新边，即属腹里，于是撤兰州参将并党家等堡操守于新疆城堡。更于城以南筑小堡二：一名镇虏，一名保定，添设墩台二十余座，拨军守了）。八月，虏窃挖红水新边，州俊遣兵堵剿于白墩子，余虏惊奔（斩首二十八，获达马六匹、牛十一只，夺夷器甚多）。冬，虏众屣冰南犯，州俊会同总兵孙仁，遣骁骑相机拒剿，至把撒等川，火攻，破之（斩首十七，获达马二匹，夺夷器甚多。时火酋小婿摆兔他卜囊死于阵）。

三十三年七月，属番扳只杀千户张燧，巡抚顾其志会军门李汶，檄参将姚德明勒兵问状，得三渠魁，仍还所掠，以番俗罚九九，遂平。八月，荆州俊因事揆策，复立番站，以通道路（河州至归德。国初设站者六：曰三岔、骂沟、讨来、保安、红土边多、清水，每站设番官一员，如腹里驿丞例，各给印信站马，应付往来公使。非图借力于番也，明荒服同轨之义，联远人携二之心。万历二十年，总兵尤继先统兵西征，以军装员累番马递送。自是番疲于力，并废其驿，而道路为之不通。顷因挫哈之变，州俊多方筹策，查照原设驿递，如天岔等站，仍旧复立，每站各选番官一员，各军五名，各马八匹，番人亦无梗化者）。

水利

狄道县

唐古泉水，由清水渠至番城，灌田地二百余顷。洮河水，由深沟儿至郡城西，灌田园百余顷，年久淤塞；万历乙巳，知县阎士望疏通之。三岔河水，至野门口，灌田地百余顷。柳林沟水，由好水沟至洮河，灌田地一顷二十五亩。合水沟水，至康家崖，灌田地一顷五十亩。新店子沟水，至税家湾，灌田地一百顷。太石铺沟水，由古城至洮河，灌田地八十余亩。牛头沟水，至朱家沟，灌田地三十顷。安家河湾水，至李家湾，灌田地五十亩。中铺沟水，由蒋家山根至沟口，灌田地二十顷。

兰州

阿干水，自分水岭分为二：南流金县，为浩亹河；北流兰州，为阿干河。由西园引至城内，灌阿干等里田园九十九顷一十一亩。五泉水，自皋兰山下至南园，灌田园二十五顷五十六亩。黄峪沟水，在州西七里。笄篓沟水，在州西南六里。金沟水，在州西二十里。东柳沟水，在州东三十里。西柳沟水，在州西五十里。五沟灌溉，所资不同。共计田地三百余顷。崔家崖坝、教场后坝，皆东西（注三十九）二川所资水利于黄河者，灌田园二百余顷。

金县

马家沟水，灌田地一十余顷。小龛峪水，灌田地九十余亩。官沟水分流马家沟，由常川入城，灌田园一顷。

河州

老鸦山口水，至九眼泉，有古迹渠，成化癸卯，守备康永开坝百五十里，灌田地一千顷。年久湮废，隆庆间，参将张翼、知州聂守中仍疏通之。万历壬辰，知州耿德章复浚之。后官渠坝口多冲坏；万历壬寅，知州陈文焯相势，新开长渠一道，自焦家坝北折入九眼泉三十里，灌溉仍故。

漫湾渠水，永乐间，都督刘钊创开；万历癸卯，知州陈文焯复浚，灌田地一百顷。

矿洞

兰州北二百五十里松山之南，矿炉三十座。

窑冶

狄道县瓦窑十座，铸泻炉四座，兰州磁窑三十四座，瓦窑十座，铸泻炉一座。金县磁窑二座，瓦窑□□，铸泻炉一座。河州磁窑七座，瓦窑十一座，铸泻炉三座。

茶马

地亩 成化改元，兵部以马政议行屯田于滨边卫所，每地一顷，岁征银一钱，以备买马之用，名曰“地亩”。

桩头 成化丁酉，以所给战马倒折，系在家者奏准。在外各边，照京营马队官军事例，马主出桩头银两则次，以罚调养失宜及走失被盗者，名曰“桩头”。系都指挥者出银三两，系指挥者出银二两五钱，系千百户镇抚者出银二两，系旗军者出银一两五钱，系走失被盗者，各加银五钱。

朋合 成化丁酉以所给战马倒折，系在阵者，奏准在外各边，照京营马队官军事例，每岁以六个月为率，各出朋合银两则次，以备置买战死马匹。每月都指挥指挥一钱，千百户镇抚七分，旗军五分，名曰“朋合”。

收领 先是，地亩、桩、朋银两，敛于无事之日，类解陕西行太仆寺收贮，以备原卫所官军买马，拖欠则催征，告领则核给。嘉靖己丑，总督王琼奏请各卫自行收支，节省冗费。后因卫所作弊，至癸巳岁，巡茶御史郭圻仍令解贮本寺，如遇买补，必须呈报茶院，批行该道勘实，方许给领。如拖欠三年以上者，虽有银两，不准给发。若积贮虽多，亦不准别卫借用。迩来卫所征解，多不及时，弊且滋生。万历甲辰，巡茶御史史学迁按洮，清查严督，其地亩等银，不时征解如期，而收领之弊窦且尽息矣。

疆域 河境原近西海，番虏环据。洪武丙辰，征虏将军邓愈穷追番部至昆仑山，道路疏通，奏设必里卫，分二十一族，颁降金牌二十一面，为符纳马。永乐丙戌，都指挥刘钊奏立守御千户，设屯十一处。成化以来，黑章咂等族移帐，侵扰屯寨，阻塞道路，累尝抚化，而叛服不常。正德初，虏酋亦卜剌等部落潜据西海河洮二卫，属番大罹其害，失其故土，侵逼汉疆。遂设河州茶马司，额设大使一员、监收官一员。

岁用茶 每岁用茶易马赏番等项共五万一千二百篦有奇。

岁中马 每岁中马原额年例一千五百四十匹，分给各镇官军骑征，余者发牧作种（万历戊子后，因库有积茶，番有余马，节次增中，河州增至三千四百五匹，五司岁计一万二千余匹。至庚子岁，巡茶御史单三才因马增多，引茶缺少，题准每岁额定三千四十匹）。

岁给马 延宁轮流一千三百匹、固原七百五十匹、兰州归德景古等营三百七匹、河州营五十匹、苑马寺九十三匹。

纳马番族 河州乢藏族、老鸦族、弘化族、珠珍族、灵藏族、加哑族、西番州族、达子州族、揽觉族、白章哑族、令哑族、剉哈族、子刚巴族、罗思囊刺族、龙卜族、保安站族、思拜思族、朵工族、列思巴族、双逢族、引札目族、黑达子族、英雄族、撒刺族、边多族、火蓝族、拾藏族、铁巴族、朵藏族、川藏族、着亦哑族、思囊哑色纳族、哑泥族、青寺尔族、龙瓦尔族、朵日族、果尔族、阿思工族、汪束族、川撒尔族、大安族、巴哈族、吉巴族、乞台族、火尔藏族、吉哑族、羌刺族、远竹族、沙藏族、紫儿加族、使哈族、乞加加族、失加右族、牙卜灭六族、朵加尔加族、冲不鸾车族。

税课

兰州税课局带收甘州官茶。先是，因甘肃孤悬河外，原非行茶地方，亦无招中事规。嘉靖癸亥，巡茶鲍御史看得该镇番族颇多，比照洮河西宁事例，题准于甘州建设茶司。因商人苦于运拽，调停折中，收贮兰州。自隆庆庚午岁起，将洮河西宁三茶司商人择其节年完茶数多者，各给甘州茶一引，运至兰州税课局带收。其应易马者，迎运甘州；应给商者，令本商运至西宁等处货卖。则商有一半脚力省，称两便矣。迩来官司及拽运渐起弊端，商颇称累。万历甲辰，巡茶御史史学迁按洮，檄该局收纳，不得留难，仍缉脚力沿途窃茶者重治之，商颂在道。

堡寨

狄道县所辖民堡六座：郑家堡、漆家堡、沙泥堡、骆家堡、杨家堡、康家堡。临洮卫所辖堡五座：官堡、高崖堡、何家堡、庆平堡、铜钱岔堡。渭源县所辖民堡四座：马家堡、耿家堡、王家堡、南川官堡。兰州旧辖民堡八座：桑园儿堡、柴家台堡、达家台堡、张家湾堡、黄峪沟堡、八盘堡、阿干镇堡、小马莲滩堡。兰州卫旧辖堡一十六座：把石沟堡、什字川堡、西古城堡、积积滩堡、马家湾堡、安宁堡、十里店堡、东岗镇堡、东古城堡、夏官营堡、柳沟店堡、朱典营堡、石头沟堡、甘草店堡、三角镇堡、茨坪刘家堡。中护卫所辖堡六座：盐场堡、一条城堡、买子堡、秦旗营堡、佃子川堡、张家堡。

新疆　红水河堡，在州北五百四十里，周围一百二十丈，高三丈一尺，阔二丈，壕深一丈五尺，阔称之。内设游击中军公署各一所，经过公馆一所，仓场各一处，关王庙宇一处，营房俱全。后因改将增兵，复议旧堡三面接筑新城一百四十九丈，角台、楼铺、门洞全，外条耕牧团庄一处。三眼井堡，在州北五百里，城池高阔如红水，内设操守公署一所、经过公馆一所、关王庙宇一处，营房仓廒全。以上二堡，万历二十七年，兵备副使荆州俊创建。永泰城，在松山，红水迤南一百二十里，周围四百八十丈，高四丈，阔三丈。内设副总兵一员、千把总官五员、马步军二千名，仓场各一处，仓官一员。保定堡，在天池水永泰迤南一百五十里，周围一百六十丈，高三丈五尺，阔二丈五尺。内设操守官一员、马步军一百五十名。镇虏堡，在滚巴川，保定迤南一百二十里，周围高阔尺丈、额设官军名数，与保定同（按此一城二堡草创未及，万历三十二年，总兵李汶会巡抚顾其志议奏添设，盖谓红三二堡去兰远甚，城孤援寡，因是度程途，察险夷，建立三城，与红三相唇齿。而副总兵统辖芦塘等处，势若列星，便若臂指，倘一有事，自不患彼此，非辅车也）。金县所辖民堡八座：清水堡、定远堡、宋家堡、魏家堡、邵家堡、龛谷塞堡、窦家堡、上刘家堡。河州所辖民堡一十一座：和政堡、定羌堡、银川堡、长宁堡、俺歌堡、韩家堡、尹家堡、吹麻堡、黑石山堡、高陵山堡、红土坡堡。河州参将营所辖堡一十座：大通堡、党家堡、弘花堡、龙沟堡、景古城堡、马家滩堡、双城堡、吹麻堡、千观台堡、陡石关堡。河州卫所辖寨四座：十里屯寨、水泉坪寨、安远坡寨、古城寨。归德游击所辖堡一座、寨六座：归德堡、周鉴寨、王源寨、刘庆寨、李钊寨、康泰寨、杨鸾寨。保安操守所辖堡一座：保安站堡。新修起台堡大城一座，周围一百六十丈，关城三面一百一百丈，高三丈五尺，阔二丈五尺。内设守备中军公署各一、所过往公馆一所、关王庙一所，营房俱全。万历二十九年，兵备右参政荆州俊创建。

关隘

狄道县关一座：摩云岭关，在县北一百五十里。兰州关一座：金城关，在城北二里，黄河北岸，宋绍兴四年置，据河山之险以为固。国朝景泰间，守备李进凿石重建；万历二十五年，兵备副使张栋易土为砖，有记。河州关二十四座（注四十）：积石关，在州西百二十里，乩藏关，在州西七十里，老鸦关，在州西九十里；土门关，在州西九十里，槐树关，在州南七十里，杀马关，在州南八十里，陡石关，在州南八十里，崔家硖关，在州，樊家硖关，在州，五台关（注四十一），在州，西山小路关（注四十二），红崖子关（注四十三），莫涎关（注四十四），石嘴儿关（注四十五），朵只巴关（注四十六），船板岭关（注四十七），西儿关（注四十八），乔家岔关（注四十九）雅塘关，（注五十），思巴思关（注五十一），大马家滩关（注五十二），小马家滩关（注五十三），麻山关（注五十四），安龙关（注五十五）（注五十六）。

塞垣

兰州参将所管，边墙四道：河南大边一道，东自靖虏卫大狼沟起，至迤西沈峪骨硖止，通长四百余里。河北边墙一道，自盐场堡起，至沙冈墩止，长五千六百二十丈。桑园儿筑砌边墙，共长七百一十三丈。桑园儿小边，齐岘口起，至小水河止，长四百五十丈。红水游击所管边墙一道。新边自芦塘交界永泰川起，至迤西扒沙交界双墩子止，通长九十里。

河州参将所管边墙四道：大通河边墙一道，自大通河起，至迭逊沟止，通长八十里；河北大通堡边墙一道，长二百九十丈；河南大夏河边墙一道，长一百四十丈；石砌莺窝硖边墙一道，长二十五丈。

烽燧

兰州参将营所辖墩台一十七座：猴子山墩、古城角墩、高岭儿墩、烟洞沟墩、峰台山墩、一豁岘墩、定火城墩、老鹳窝墩、黑窑洞墩、三十六盘墩、看泉山墩、彬草山墩、石山墩、土人川墩、望远山墩、羊角山墩、滚巴川墩。庄营二处：野狐桥团庄、猴子山营房。兰州卫所辖墩台二十七座：黑石头墩、白虎山墩、镇宁墩、东岗镇墩、沙岗墩、齐岘口墩、窦家崖墩、鸡爪山墩、上碾堡墩、结家嘴墩、第三都墩、闫家坪墩、扎马台墩、古浮桥墩、深沟儿墩、土圈山墩、黄上坪墩、狼儿山墩、卧龙川墩、车道岭墩、密不老墩、水泉儿墩、安家山墩、崔家崖墩、青石嘴墩、高山墩、横岭墩。中护卫所辖墩台四座：鲁谷儿墩、王信沟墩、尖山儿墩、西坪墩。红水游击营所辖墩台三十一座：永太墩、青石嘴墩、太山墩、乱山墩、麻黄墩、沙梁墩、城东墩、城南墩、城北墩、西界墩、黑石墩、平川墩、镇虏墩、平虏墩、城南墩、城北墩、旧古墩、板井墩、威远墩、靖边墩、咸井墩、骚狐泉墩、三山墩、八字山墩、靖虏川山墩、顽羊山墩、骆驼山墩、龙头山墩、锁寒山墩、平川墩、灭胡墩。营房二处：骚狐泉营房、锁寒川营房。河州参将营所辖墩台七十座：崔家源墩、干沟源墩、小黑水墩、张百户寨墩、舡板岭墩、干沟山墩、刘家山墩、安家山墩、孔家寺墩、青石山墩、朱家台墩、党家源墩、党家山墩、大通源墩、黑山石墩、勉哥山墩、黎哥山墩、小川山墩、飞山崖墩、荀家山墩、康家山墩、段家山墩、弘花寺墩、上沙子墩、下沙子墩、满古都墩、哈唇墩、火烧沟墩、白路湾墩、川城儿墩、苦水泉墩、焦家山墩、党家山墩、高嘴山墩、韩家寺墩、双城山墩、川撒山墩、节子凹墩、箭山岭墩、旦陇坡顶墩、果麻岭墩、经厂岭墩、酸茨石岭墩、李子坡墩、打儿加墩、葱花岭墩、石嘴岭墩、山寨岭墩、任家山墩、王尔山墩、丘家岭墩、槐山岭墩、火烧岭墩、灭儿古山墩、的巴山墩、槐关岭墩、乩藏山墩、起台墩、潘家岭墩、柏杨中岭墩、牛头山墩、石嘴山墩、牛安山墩、柔柴凹墩、八阳山墩、老马安山墩、陕藏山墩、青山墩、鹿场山墩。归德游击营所辖墩台十座：山坡墩、官田墩、下马厂墩、撒通山墩、寺角嘴墩、马连墩、王屯寨墩、周屯寨墩、通小山墩、芦子沟墩。

《河州志》

烽堠二十一处：崔家原墩，州西二里；乾沟岩墩，州西十里；小黑水山墩，州西十五里；张家寨墩，州西三十里；船坡墩，州北四十里；白马庙山墩，州东五十里；红崖子山墩，州北二十里；安家山墩，州东北五十里；下胖哥山墩，州东北百里；刘家山墩，州东北百一十里；干沟山墩，州西北百二十里；孔家寺山墩，州西北百五十里；青石山墩，州北百五十里；朱家山墩，州东北百五十里；党家山墩，州北二百一十里；大通原墩，州东北百五十里；黑台山墩，州北二百六十里；免哥山墩，州东北二百七十里；梨哥山墩，州北二百八十里；小川山墩，州东北二百九十里；党家原墩，州北二百三十里。

万历二十七年《李汶疏》

看得松山既空，故疆已复，其经理善后，最为吃紧。而善后云者，非筑边建堡，设官屯兵，其道无由也。今会官踏看松山东西一带延长四百余里，堪修长边一道；河东自永安索桥至小松山双墩分界，共一百八十里。河西自泗水土门至小松山双墩分界，共二百二十里。在河东则芦塘川应设参将一员，兵马二千名，筑城一座。芦沟口以西红水河应设守备一员，兵马五百名，筑堡一座。芦塘湖设防守一员、兵马一百名，筑堡一座。在河西则扒沙营应设参将一员、兵马二千名，帮筑旧城一座；阿坝岭应设守备一员、兵马五百名，筑堡一座；裴家营、土门儿各设防守一员、兵马各一百名，筑堡各一座，屯戍协守，相为声援。等因。照得自国初驱胡虏于三受降城外，则河套贺兰尚且无虏，松山故自宁区。即成化初，虏据套，虽或不无西讧，然互往有时，松山亦非瓯脱。惟是隆、万间款市一起，招致宾酋等盘窟其中，庄、浪从此遂成一线，而兰、靖、庄凉则无处无时不荼毒。且伪造妖书红旗传播，胡立起于草地以摇远迩，虽屡入屡挫，窥犯犹昔，幸今恢复，亟宜修守。查得自凉之泗水以至靖之索桥，横亘不过四百里许；乃旧自永安历皋兰渡河，逾庄浪以至凉，则一千五百里。舍此四百里不守，而欲守一千五百里之边，果孰难而孰易？修此四百里之边墙，又何难而何阻？勘得自镇番以至中卫，烽堠相望，迄今旧址犹存。其修边也，虽皆主于筑墙，然遇沙卤则挑壕，遇崖绝则削堑，取其足以遏奔轶斯已也。工俱自今春三月起，至冬十月止为便。

《吐蕃传》：“初，太宗平薛仁杲，得陇上地；虏李执，得凉州；破吐谷浑高昌，开四镇。玄宗继收黄河碛石、宛秀等军，中国无斥候警者几四十年。轮台伊吾屯田，禾菽弥望，开远门揭候署曰‘西极道九千九百里’，示戍人无万里行也。乾元后，陇右、剑南、西山三州七关军镇监牧三百所皆失之。宪宗尝览天下图，见河湟旧封，赫然思经略之，未暇也。”宣宗大中三年二月，复三州七关。明年，张义潮奉瓜沙伊肃甘等十一州地图以献（《会要》五年七月纪五年十月，沙州人张义潮以瓜、沙、伊、肃、鄯、甘、河、西、兰、岷、广十一州归于有司。十一月，置归义军，义潮为节度使。其后河渭州虏将尚延心献款收二州。咸通二年，义潮奉凉州来归。七年，仆固俊取西州，收诸部；十月，斩恐熟）。

长庆二年，刘元鼎使吐蕃，逾湟水，至龙泉谷，西北望杀胡川，哥舒翰故壁多在。湟水出蒙谷，抵龙泉，与河合。其西三百里曰紫山，直大羊同国，古所谓昆仑者。东距长安五千里，河源其间，流澄缓，下稍合众流，色赤，行益远，它水并注则浊，故世誉谓西戎，地曰河湟。

西宁卫

东至庄浪卫境三百里，西至西石硖七十里，又西出塞外至罕东卫故地五十里，南至黄河三百里，北至大通河二百六十里。东南四百里并河州界，东北六百里至古浪城，西南一千五百里抵安定卫故地，西北六百里接永昌卫境。北去行都司一千二百四十里，东去陕西布政司二千三百里，并有古之西平、乐都、西海、浇河四郡之地；十五为蕃部所居，而纳马易茶，犹为服属。

洪武元年正月，甘肃省理问所官祁贡哥星吉归附（此西祁始祖）。二年，都督沐英略地昆仑，讨蕃部，平之。四年五月，元西宁州同知李南哥以州归附（此东祁二李始祖）。五年，始置西宁卫。八年，立安定、阿端二卫。十年四月，命征西将军邓愈、副将军沐英讨土蕃，至昆仑山大破之。十九年，命长兴侯耿炳文城西宁。三十年，罕东酋长锁南吉剌斯入贡，置罕东卫，以锁南吉剌斯为指挥佥事。置西宁茶马司。招罕东等四卫、甲冲等十三部纳马易茶。永乐四年，置苑马寺于碾伯城，置曲先卫。洪熙元年，安定王叛，命会宁伯李英西征，至昆仑山鸦零阔，平之。宣德八年，改西宁卫为军民指挥使司，领左、右、中、前、后、中左六千户所。弘治五年，遣指挥哈林诣西宁，求安定王族孙陕巴，袭封哈密忠顺王。正德四年，北虏头目阿尔秃厮、丞相亦卜剌窜入西海，攻破西宁诸蕃。先是，比虏小王子怒阿尔秃厮亦卜剌欲杀之，二酋俱奔河套，拥部落至凉州，乞空闲地居牧；凉州将吏闭门不敢应。凡十余日，始大掠入西海，攻破西宁安定王等部，夺其印诺，诸蕃散亡，遂据有其地。此西海住虏之始。七年闰五月，海虏入犯北川，守备江淮追至旱坪山，击败之。七月，指挥甘俊袭击海虏于红柳滩。八年正月，海虏犯南川，守备金冕御之扁道岭，败绩，指挥使陈治死之。九年，命总制都御史彭泽、总兵徐谦西征海虏，北虏亦卜剌复入西海。先是，总兵徐谦帅万人讨虏，西海虏闻，南渡河，大掠洮岷属蕃，未久复回，继为小王子所收。阿尔秃厮亦卜剌二酋俱北徙，未几，亦卜剌闻小王子复有杀害意，仍窜入西海。十一年正月，海虏犯南川，守备神楫御于扁道沟，百房葛镇、丁显死之。巴沙咎哑诸蕃部叛，百户佛玄战水磨沟，死之。总兵徐谦率兵袭巴沙等叛蕃，败之。十四年十月，隆卜部乌思巴尔诸蕃酋叛，千户李淳战，死之。十一月，革哑部蕃镇南温古六失加侵掠弘化寺，兵备副使高显、守备杨佑帅兵袭至摆羊戎山，破之。嘉靖二年闰四月，海虏入犯北川，守备杨佑击于清水沟，败之。八年，比虏阿尔秃厮入西海，与亦卜刺结姻。九年，叛蕃掠碾伯。四月，指挥彭果击叛蕃于土官沟，败之。十年，海虏入犯西宁，守备彭杲败之。十五年正月，套虏入犯西宁，闲居总兵官鲁经、参将冶鸾败之。二月，守备崔骐伏兵思巴务峡，袭击海虏，败之。十六年二月，守备崔骐败海虏于铁佛寺。二十年正月，套虏入犯下川口，都指挥祁凤御走之。吉囊犯西宁，总兵杨信、副总兵王辅等败之。二十二年，昝咂部蕃酋却星吉出掠，守备许世爵追败之。俺答阿不孩来牧，海虏回犯凉州。十一月，守备许世爵扑杀蕃酋。二十三年五月，海虏犯南川，守备薛卿御之王狗尔峡。北虏由西海归套。二十九年，尔加定部蕃攻掠碾伯，守备唐勇捣巢，败绩。三十年，昝咂部蕃攻掠红崖堡，百户刘清总旗孙瑞先等死之。碾伯操守贺有年追击叛蕃，战死之。兵备副使范瑟置定西门于冰沟南，控扼叛蕃。三十一年，守备郑晓击虏于燕麦川。三十二年，设加和尚尔加定聚昝咂诸蕃部攻掠堡寨，兵备副使范瑟率兵讨破之。三十三年，署事参将金鉴御海虏于沙棠川，败之。三十四年闰十一月，参将张廷辅击叛蕃于沙棠川，败之。三十六年，海虏犯南川，大掠五日而还。六月，操守彭汝为追击尔加定诸部叛蕃，死之。八月，昝咂部蕃出掠红崖沟。十月，叛蕃出掠水磨沟，复掠钟家庄。三十七年五月，叛蕃出掠白石沟。七月，红帽儿蕃入掠瞿昙寺。十月，昝咂叛蕃入掠杨官沟。十二月，昝咂叛蕃入掠簩不只沟，碾伯操守严威击走之。叛蕃复掠西水磨沟。三十八年正月，剌咂部蕃出掠土官儿沟，操守杨真御走之。参将张世俊击叛蕃于干沟，败之。一月，剌咂部蕃复掠黑松峡于家寨。九月，海虏犯南川，庄浪参将周钦合御之。三月（疑），海虏入犯一周，参将张世俊遣指挥罗松伏兵沙山尾，击败之。四十年三月，叛蕃掠颜只沟，操守严威击破之。四月，革咂占咂叛蕃从南山掠马哈刺沟。参将崔骐御海虏于摆羊戎山，击走之。

隆庆二年，思我思哥部蕃出掠，兵备副使侯东莱督参将陈恺掩击，获其豪酋。千户钱世盈与红帽儿贼战，死之。六年，参将萧文奎帅奇兵掩击却尔加部叛蕃，斩其豪酋。万历九年，哈咂部蕃入掠思打岔硖，百户郭承勋、刘世爵追出塞外，中伏死之。十三年，兵备副使燕好爵帅兵持哈咂部蕃，破之。十四年，套虏庄秃赖入掠碾伯等处诸番部。十五年九月，松虏入掠燕麦川蕃部，兵备佥事万世德御走之。松虏再犯北川，万世德御走之。十六年九月，海鲁瓦刺他卜囊入掠南川蕃部，副总兵李魁等御于王狗尔硖，死之，覆其军。十七年，哈咂部蕃入犯三川，防守百户刘存仁追战，死之。九月，套虏卜失鬼入掠瞿昙寺等处。十八年正月，昝咂部蕃入掠沙棠川，防守百户刘世臣追战，死之。五月，顺义王扯力艮送佛至西海，因掠洮、河二州。七月，诏遣兵部尚书郑洛经略西海，松虏宰僧阿赤兔入掠隆卜部蕃。十九年正月，经略尚书郑洛檄副使石槚、参将祁德招收诸生蕃部五万八千有奇。九月，总兵张臣赞、画佥事万世德、参将鲁光祖等出塞逐虏，至西海焚仰华寺。二十三年九月戊寅，海虏瓦刺他卜囊大寇南川，兵备副使刘敏宽、参将达云御于捏尔朵硖，歼之。十月辛酉，海虏瓦刺他卜囊聚纳刺诸虏入寇西川，都御史田乐、副使刘敏宽帅参将达云、游击张应学、余世威、邓荣祖等合御于康缠沟，大败之。壬戌，都御史田乐、监军同知龙膺亲督诸营兵追虏出塞，至白石崖，大败之。二十四年，议城刺哈山通归德路，议置玄朔城于玄朔山西。九月，西宁营哨骑同刺卜尔部蕃御虏于西海之明沙，斩首十五级。海虏永瓦诸部遁居盐池，脑火酋渡河而南(已上《龙膺志》)。二十五年七月,永召卜寇西川,兵备刘敏宽、参将赵希云御于刺牙壑,兵败,希云死之;北川守备王汝翼、中军彭大胤死之。二十六年,永召卜归套,火落赤牧西海请款,许之。是年,海虏大举入寇,副总兵李魁御于湾沟硖,死之。三十一年,火落赤犯西川,兵备李有实、参将张大纪破虏于巴尔革。三十四年,城威远、北川、平虏、南川、伏羌。

是年,思各迷犯抢南川,守备李希梅死之。四十三年,火落赤卒子黄台吉牧西海。四十七年,黄台吉犯沙棠川,兵备李作舟、副总兵王汝金御于燕麦川,却之。天启七年,黄台吉犯西宁,兵备宋祖舜、副总兵梁甫等御,却之。崇祯三年,黄台吉兄弟杀乞师套虏王超兔,大头目威镇入据海,兄弟悉杀之,许款。七年十月二十七日,镇海民马安邦叛,兵备孔闻籍同妻女自焚死。太监张守礼、守备丁孔胤、中军李本隆、百户张尔靖等死之(时张太监因买马激变)。十一月,掌教冶秉乾西纳班着尔领真平之。十年,套酋瓦刺大骨什巴都尔黄台吉攻哈酋超兔,杀之,收其众,许款。十二年十一月,巡抚吕大器勦巴哑加尔朵番,斩级一千五百。十六年十二月,伪防御使齐之宸、制将军鲁文彬至西宁。十七年正月,土官祁廷谏、子兴周执文彬,杀之。伪总兵贺锦破西宁,兴周复击锦于南川伏羌堡,杀之。兴周入西海。

昆仑山,在卫治西北,故临羌县境。《汉书地理志》注云,“昆仑在临羌西北,有王母祠、石室、仙海、盐池,西有弱水、昆仑山祠。”唐长庆中,刘元鼎使吐蕃,云,“三山中高四下,曰紫山,古所谓昆仑,虏曰闷摩黎山。”元潘昂霄《黄河志》云,“吐蕃朵甘思东北鄙有大雪山,即昆仑。自山腹至顶皆雪,炎夏不消，远年成水。”洪武间，西平侯沐英、征西将军邓愈追羌俱至此山，非古所谓昆仑也。自酒泉太守马岌傅会立西王母祠，故得是名（见《昆仑积石二山辨》）。

积石山，去卫治东南三百里，故龙支县南境，两山夹峙，多巨斧痕，河出其中，相传即禹所导处，恐非。按张守节《史记正义》云，“河州有小积石山，河出大昆仑，经于阗，入盐泽，潜行入吐谷浑界大积石山，又东北流至小积石山。”

东吴俞安期《昆仑积石二山辨》云：按范晔《汉书》志郡国云，“临羌有昆仑山。”班固《汉书》志地里“其金城郡临羌县”下注云，“西北有西王母石室、仙海、盐池，西有弱水、昆仑山祠。”至唐而吐蕃自云昆仑山在其国中。长庆中，刘元鼎使吐蕃，称“三山中高四下，曰紫山，古所谓昆仑，虏曰闷摩黎山”。胜国潘昂霄《黄河志》云，“吐蕃朵甘思东北鄙有大雪山，即昆仑。”国朝洪武三年，西平侯沐英，九年，征西将军邓愈，追羌人至此山，咸云昆仑，此始于凉张骏时马岌傅会献谀之言也。马岌为凉酒泉太守，上言酒泉南山即昆仑，周穆王见西王母，谓此山宜立西王母祠，以禆朝廷无疆之福。骏从之。西王母既祠，厥后范晔遂以昆仑载之临羌，而注班固《地理志》（注五十七）者，亦约晔书张大之。约诸地志，酒泉之南山，非临羌之西北乎？然《禹本纪》云，“河出昆仑，昆仑甚高，二千五百余里，日月所相避隐为光明也，其上有醴泉、瑶池”，去嵩高五万里，地之中也。龙鱼河图云，“昆仑山，天中柱也。”《水经》云，“昆仑墟在西北，去嵩高五万里，河水出其东北陬。”《淮南子》云，“高万一千里有奇，上有木禾珠树，沙棠琅玕在其东，绛树在其南，碧树在其北。”佛图调《西域志》云，“阿耨达大山，其上有大渊水，即昆仑山。”康泰《扶南传》云，“天竺恒水之源，乃极西北，出昆仑山。”《穆天子传》云，“天子自昆仑山入于宗周乃里西土之数，自宗周瀍水以西，至于昆仑侧瑶池上，万有一千一百里。”郦道元注《水经》，按是数说，参以《山海经》，谓里至互殊，“非所详究”。盖考之《山海经》而不悟昆仑有海内大荒之别也。《山海经》之《海内西经》云，“海内昆仑之墟，在西北，帝之下都，方八百里，高万仞，百神之所在。河水出其东北隅，入禹所导积石山。”郭璞注云，“言海内，明海外复有昆仑山。”又《山海经》之《大荒西经》云，“西海之南，流沙之滨，亦水之后，黑水之前，有大山，名曰昆仑之丘，其下有弱水之渊环之，其外有炎火之山，投物辄燃。有人，戴胜，虎齿，有豹尾，穴处，名曰西王母。”是有二昆仑焉。盖穆天子所登，《山海经》所谓海内之昆仑。班固《西域传》所载南北有大山，中央有河，东西六千余里，南北千里，东则接汉，扼以玉门阳关，西则限以葱岭。计其里至，度其在所，是介葱岭于阗之间矣。葱岭以西为天竺国，又西有大昆仑，是为天柱，是为地中。《山海经》所谓大荒中之昆仑，《西域志》所谓阿耨达大山，《禹本纪》所谓去嵩高五万里，《水经》所谓“河水出其东北陬，屈从其东南流”又“南入葱岭山”，者是已。班固所谓“河源一出葱岭，一出于阗”，是其重源也。张骞寻河源，至乎于阗葱岭，以为河源。而司马迁遂有乌睹昆仑之论。不信夫《禹本纪》《山海经》之载。又言九州山川，《尚书》近之。独不睹《尚书》亦有“织皮、昆仑、析支、渠搜”之纪乎？又《水经》载，河水由葱岭迳西域十三国而注泑泽。班固《西域传》云，河有葱岭、于阗两源，合而东注蒲昌海，一名盐泽，即泑泽也，“去玉门阳关三百余里，广袤三百里。其水冬夏不增减，潜行地下，南出积石山，为中国河。”范晔云，西域内属诸国，自玉门、阳关西至葱岭六千余里。其纪河源与固同。夫汉自敦煌西至盐泽，列起亭障，戊已校尉屯于车师，都护之府道于乌垒，介西域之中，督察动静。是葱岭、于阗之流，入于蒲昌，汉之官卒、目所经见，班固记之，谅非绵邈计度之辞。《水经》所载十三国，郦道元亦引固、晔之书入证，往往吻合，是非诞妄。至云，“盐泽之水，泗端电转，为隐沦之脉，当其澴流，飞禽上经，无不坠之，是即河水所潜，出于积石。”亦岂臆造？由汉以来，彰彰较著。嗣后唐咸亨元年（注五十八），薛仁贵征吐蕃，败绩大非川。二年，乃以河关静边镇置积石军，久之，遂讹“河关两山夹峙，河出其中”者，为禹贡所导之积石，矧又辅以马岌西王母之祠、范晔临羌之纪，昆仑既在河关之上，益为积石明证乎？《水经》云，“河水南至积石山，下有石门，河水冒以西南流。”郦道元谓之“重源”。东方朔《十洲记》云，“昆仑南接积石圃，实昆仑之支辅”，与《水经》“南至积石山”之文合。《山海经》云，“积石之山，其下有石门，河水冒以西南流，万物无不有。”郭璞注云，“山在金城河关县西南羌中。”《后汉书》云，“段颍为护羌校尉，追烧当羌，且斗且行，割肉餐雪，四十余日，遂至河首积石山，出塞二千余里。”隋置河源郡积石镇，命刘权镇之，统远化、赤水二县，在古赤水城，又在曼头城西。宇文述追破吐谷浑处，所谓“得地东西四千里，南北二千里，置郡县镇戍，徙天下轻罪居之”者也。注云，有积石山，河水所出。又有乌海，贞观中，诏李靖、侯君集等西征吐谷浑，军次鄯州。始议所向，后战于曼都山，穷追出塞，登汉哭山，复战于乌海，破天柱部于赤海。君集道宗行空荒之地二千里，乃次星宿川，达柏海上，望积石山，观河源。自是以上，曷尝言积石在河关也？唐置军而更名积石，借其嘉称，犹之征吐谷浑近在青海，而以君集等为积石道、鄯善道、赤水道、且末道、盐泽道也，岂实隶其地邪？亦置河源军于鄯城县，又非河源郡之故地可证也。逮至开元中，张守节作《史记正义》云，河州有小积石山，河源出大昆仑，入盐泽，东南潜行，入吐谷浑界大积石山，又东北流至小积石山。指河源所出者为大昆仑，似以临羌山为小昆仑矣。又以河关为小积石，吐谷浑界者为大积石，其名迹未尽溷也。肃、代之季，吐蕃据有河湟，华夷隔越，既易五朝，历数十年，邈无经载。长庆中，刘元鼎使吐蕃，胡怪乎以河关为积石、紫山为昆仑、以积石冒出之流星宿川为河源也。而杜佑之《通典》、欧阳玄之《广记》、马端临之《通考》、以至邓展、都实、潘昂霄辈，不悟置军名所由起，浸寻相延，遂坚执元鼎之说，极诋《山海》《水经》以及班固、郭璞、郦道元之俦。呜呼！曲士拘儒，经见不广，凡于知识未逮者，辄为荒唐，诚谚所谓"少所见，多所怪"。妄鼓笔札，而令前人之与古迹受诬千载，直如长夜。至于昂霄之志一行，奉为指南，而我明按河关者，建立禹庙，祀在有司，积石之讹，益莫可辨，昆仑之墟，终古下移，深可慨惜矣！客有难余者曰："《尚书》昆仑析支，差次叙之，在所相去，似不应遥。范晔称金城之西南，滨于析支，则临羌之有昆仑，独不可以理推之，而乃信不可知之载牒以置辨乎？"余曰，不然。《水经》云，河自朔方东，转迳渠搜北，盖渠搜在今榆林北，析支、渠搜亦差次叙之，相去大远。又析支即河曲羌所居，盖都实所称九渡水是已。又称繇九渡至昆仑，行二十六日程。河始行昆仑南。经叙昆仑在析支之上，又岂应山在析支下哉？蒲昌之水，潜出积石，既有经证于汉，而昆仑流入葱岭，独无是理乎？矧《尚书》亦称道沇水，东流为济，溢为荥，东出于陶丘。沇水亦既潜而复见，《尚书》亦诡诞矣。余赋黄河，悉陈群籍，究其源委，会通其故，乃备列之，以发千百年之覆云。

雪山，西去卫治百余里，上有积雪，四候不消，望之若银屏。相传有虫，其形类蛆，谓之雪蛆，大可斤余，味极脆美。

金山，西去卫治六十里，上有湫池，遇旱祷之常雨。隋炀帝征吐谷浑，宴群臣其上，后图吐谷浑于覆袁川，命元寿南屯金山是也。

热水山，西南去卫治五百里，山南出热水，流入青海；山北出冷水，即西宁河源，古所谓湟水也。

拔延山，在卫治西，故化隆县境，隋炀帝征吐谷浑，大猎此山，长围周亘二千里。隋《地里志》云湟水即其地。

连云山，在卫治西吐谷浑界，隋开皇间，山响称万年者三，诏颁郡国，仍遣使醮于山所，其日景云浮于上，雉兔驯坛侧。

大非山，近青海，吐谷浑尝逾山入寇。

都曼山，在卫治西，荫孤吴仁以轻骑破吐谷浑处。

库山，在卫治西，唐任城王道宗破吐谷浑伏允于此。

騩山，在卫治西，按《山海经》云“騩山去太华二千八百五十七里，是錞于西海凄水出焉，西流注于海”，则是山在西海之东，而为西宁境内之山也。

戎峡山，在卫治西，湟水所经也。

唐述山，南去卫治二百八十里，郦道元云，“山甚灵秀。山峰之上立石数百丈，亭亭桀竖，竞势争高，远望嵾嵾，若攒图之托霄上；其下层岩峭举，壁岸无阶，悬岩之中多石室焉。室中若有积卷，名积书岩，世士鲜有津逮者。每见神人往还，彼羌目鬼为‘唐述’，因名其山，指其堂密之居谓之唐述窟。其怀道宗玄之士、皮冠净发之徒，亦往栖托焉。”

石城山，西南去卫治二百八十里，即石堡城。崖壁峭立，三面险绝，惟一径可上。隋史万岁《石城山诗》曰“石城门峻谁开辟，更鼓误闻风落石”是也。

阿剌吉山，东南去卫治一百八十里，一名大山，连延高大，大河左绕，西宁前捍也。

金娥山，在卫治西北七十里，俗名娘娘山，恐即隋炀帝宴群臣山也。

覆袁山，在卫治西北临永昌卫界，隋炀帝征吐谷浑至此。

车我真山，在覆袁山西，炀帝征吐谷浑伏允遁去，遣其名王诈称伏允保此山。

土楼山，在卫治北，郦道元《水经注》云，“上有土楼，北倚山原，峰高三百尺，又若削成。楼下有神祠，雕墙故壁存焉。”阚骃《十三州志》曰，“西平亭北有土楼，神祠今在亭东，北五里湟水迳其南。”

骆驼山，在卫治东北三十五里，天顺中，宣城伯卫颍击叛蕃巴沙部，进次此山。

玄朔山，北去卫治六十里，上有五峰。

雾山，在卫治北三百里，《水经注》云，“湛水东南流至雾山，注浩亹河。”

红崖山，东北去卫治八十里，其土赤，因名山。半有石洞，中有佛阁，志称“红崖峙其右”，是也。

峡口山，东去卫治三十里，汉名湟狭，郦道元谓之漆峡。地极险阻，为湟鄯往来咽喉地，唐人尝筑省章城，控制要害。

清江山，在宋德固故砦北二十五里。

承风岭，在卫治西塞外，唐李玄敬与吐蕃战青海，败绩，还走屯此；黑齿常之率死士袭击吐蕃处。

赤岭，在卫治西临吐蕃界，开元中，立分界碑。

大非岭，在卫治西南，薛仁贵征吐谷浑置重栅于此岭。

扁道岭，在牛心川。

星岭，在长宁谷，隋炀帝征吐谷浑过此。

乩毡岭，宋属西宁州，政和中，置制羌砦。

黄坂，在长宁州，晋西平太守曹祛遣麹晁拒张实处。

五里坂，宋都护张严与金人战死处。

青唐巃，苗履与金人战死处。

牛心堆，在卫治西南，李靖征吐谷浑败其兵于此。

雁谷，在故临羌县西，汉护羌校尉邓训掩击羌迷唐处。

龙泉谷，在卫西八里，有龙泉，疑即西川称龙泉谷也。唐刘元鼎使吐蕃，逾湟水，至龙泉谷，谓哥舒翰故壁多在湟水。

蒙谷，刘元鼎使吐蕃出蒙谷，抵龙泉，则蒙谷在龙泉东也。

湟谷，在卫治西南，段颎率义从胡破羌处。

丁令谷，在宋清平故砦南，崇宁中置，隶积石军。

大允谷，在黄河北烧当居处。

保敦谷，在卫治南一百八十里，宋王赡遣李实逾南山入保敦谷，讨荡叛羌。崇宁三年，筑绥平堡于此。

允吾谷，在汉允吾故县西。

唐翼谷，在允吾谷西，汉马伏波追破西羌处。

和罗谷，在故湟水县西，汉陇西太守遣李睦击羌处。

唐谷，在湟水县，谒者张鸿、长史田飒击烧当战没于此。

三兜谷，在卫治西北，临永昌卫境，汉护羌校尉傅育战处。

长宁谷，在卫治西北，今谓之北川，隋炀帝征吐谷浑入此。

雅都谷，在故浩亹县西，汉马武与羌人战处。

宗谷，在大硖口西三十里，宋王厚征溪赊罗撒右军出宗谷口，即此。

承流谷，在碾伯城西，郦道元云会达扶东西二溪水又期顿溪谷二水，北注之吐那孤长门；两川南流注湟水，是至大硖口入湟也。

丁羊谷，属古湟州境，出金。宋政和间，金坑得矿成金。

琵琶峡，在覆袁川东，隋太仆卿杨义臣屯兵于此围吐谷浑。

东西邯，南临黄河，汉马武破羌于此，即邯川之东西。侯霸请置东西邯屯田五部，列屯夹河是也。

苕藋，地名在卫治西北，临永昌卫境。晋义熙中，南凉以北凉兵至此大掠五千余户而还。

九曲，在卫治西南，唐天宝中，哥舒翰收复其地。

西海，西去卫治三百余里，《水经》注云“西平二百五十里”者，有讹字也。世谓之青海，阚骃所谓卑禾羌海，周数百里。北有盐池，有鱼无鳞，背负黑点。海中有山，至冬冰合，游牝马其上，得龙种，日行千里，称青海骢。王莽讽卑禾羌处西海地，置郡，即此。隋炀帝置马牧于此，求龙种。苦拔海，在尉迟川西。

黄河，南去卫治南二百八十里。按《水经》“河水迳西海郡南”“又东北流入西平郡界”“迳黄河城南”。郦道元注云，“西北去西平二百一十七里，又东迳白土城南，又东与湟水合。”

湟水，其源出西塞外，流经卫治北，东至汉允吾县，东入黄河。古湟中之名，由是水也。今谓之西宁河。《通志》及行都司志疑苏木连河者，非也。《水经注》云，湟水迳龙夷城、西海，皆在临羌新县西，又东经戎峡山，即西塞外之石峡也。自塞外以至迳西平城北，咸无南注之文，安得指卫北山阴之水为湟水也？

浩亹水，一曰阁门，东去卫治二百五十里，今谓之大通河。旧志谓在卫城西二百里者，似非。按范晔《地志》云，浩亹水东至允吾，入湟水。郦道元《水经注》云，浩亹河出西北塞外，迳敦煌、酒泉张掖，南迳西平鲜谷塞尉故城南，又东迳养女山北，又东迳浩亹县故城，东流注于湟水。又东迳允吾县北。由此考之，大通河非浩亹乎？大通河起于宋筑大通城于河上，亦犹宋改鄯州为西宁州，遂呼湟水为西宁河也。

羌水，出卫治西南。迳临羌故县东北，流入湟水。

卢溪水，出卫治西南庐川，东北流注湟水。

临羌溪，水发故临羌新县西北，迳其县，东入湟水。常溪在卫治东，水注安夷川。

宜春水，在卫治东北七十里，水出宜春溪，西南流至石峡堡，南入湟河。

勒且水，其源出平戎东南勒且溪，昔勒且羌种所居也，北流至大峡口，北入湟水。按《水经注》云，湟水有勒且之名，即此号也。阚骃云，金城河与勒且河合，是已。

来谷水，出碾伯东南山中。

乞斤水，出碾伯东南山中，与来谷水合，至石嘴儿关，北入湟水。

六谷水，在故破羌县东南，北流入湟水。

唐述水，迳唐述山，南注湟河。

大谷水，在浇河故城北。

卢水，按隋《地理志》在化隆县境。

宗水，在卫治东。《一统志》谓来自青海，迳卫境，入湟水，南有宗谷口。非矣。

牛心川，在卫治南，旧志指为那孩川古麒麟河，俗谓之南川。按郦道元《水经注》云，牛心川水出西南远山中，东北流迳牛心川，东又北迳西平亭西，东北入湟水，又迳西平城北。则南川为牛心川无疑矣。

郡孙川，在卫治南五十里捏介朵峡，西水流注牛心川。

长宁川，在卫治西北。按《一统志》谓伯颜川，旧志谓车卜鲁川，一名干尔朵川，俗呼为北川，皆此川也。晋置长宁县于此。郦道元《水经注》云，水出松山，合养女川，南入湟水，即隋炀帝所入长宁谷也。《隋炀帝纪》云，“四月，帝巡河右至西平，五月庚辰，帝入长宁谷。”

养女川，在卫治北，水迳养女山，注长宁川。

景羊川，西北去卫治五十里，水东注长宁川。

晋昌川，在长宁川西北，水流注长宁川。伏溜川，在西石硖东，东北流注湟水。石杜川，在伏溜川东，东北流注湟水。蠡川，在石杜川东，东北流注湟水。龙驹川，水出卫治西南山下，北流注湟水。杀胡川，在卫治西，唐刘元鼎使吐蕃至龙泉谷，西望杀胡川是也。大非川，在王孝杰米栅西，临吐谷浑界。良非川，在西塞外。尉迟川，在石堡城，故振武军西。白土川，在白土城东。覆袁川，在卫治西北，临其州境，隋炀帝西征困土谷浑于此。

廉川，在卫治北界，按杨统云，浩亹镇北据廉川，秃发乌孤所都。《乌孤传》云“尝登廉川大山而泣”，即此。以地考之，即今之大通河，古浩亹水。乌孤所都廉川堡，是在河北，今庄浪卫境矣。沙棠川，在卫治东北，《水经注》谓之甘夷川。永乐中，置牧马苑，更名广牧川。吐那孤川，在卫治东，湟水北。长门川，在卫治东，湟水北。安夷川，东去卫治六十里。控众川。合安夷川东入湟水。达扶溪，按《水经注》，“东西二水，参差北注，东出承流谷，南注湟水。”是在大峡口北也。阳非川，在碾伯东，会流溪细谷三水至马哈剌铺，东南入于湟水。破羌川，在故破羌县东，左入湟水。宗哥川，在古宗哥城北，即湟水也。至宗哥城，遂名宗哥川，随地异名耳。邈川，在鄯州境，唃厮罗所都，宋建湟州于此。伏罗川，未详所在，吐谷浑伏罗来居之。麒麟河，在卫治南，按《晋书》南凉王秃发乌孤时，麒麟游于绥戎，故名。宋史《地里志》云，“绥戎城在西五郡鄯城县西一百里”，是非今之南川也。苏木连河，在卫治北山阴，旧志疑为湟水，非也。菊花河，在大通城西六十里。乳骆河，在临东砦东。溜溪，在监治西，临羌新县故城西南，又东北流入湟水。白盐池，在西海上，今为海虏所据。拂鹈泉，一名鹏鹈泉，在卫西南古石堡城，吐蕃以五万骑入振武拂鹈泉，钞回鹘还国者，是也。五泉，在卫北。《水经注》云，“发四平亭北，雁次相缀，东北流至土楼南。”

广利渠，在卫治东，宋何灌引邈川水溉湟，开田千顷是已。

西宁州故城，元时筑，今半在城南，颓垣高峙，尚有存焉。

安夷县故城，东去卫治七十里，汉置是县，隶金城郡。章帝建初中，拜度辽将军吴棠领护羌校尉，居安夷，是又为都护治，今谓之平戎城。按郦道元《水经注》云，湟水又东迳安夷故城。

城有东西二门，去西平东七十里是也。

倚郭县故城，在卫治南四十里，崇宁三年置，即今之南川伏羌城地也。

鄯城县故城，在卫治西，今之西川镇海堡地，仪凤三年置。按唐《地理志》云，“有河源军西六十里，有临蕃城。”唐《地理志》云，“有土楼山。”非此地耶？

长宁县故城在卫治北四十里。晋《地理志》云，“西平郡有长宁县。”今之北川总堡是其地也。

乐都城，东去卫治一百三十里，今谓之碾伯城。郦道元云“湟水迳乐都城南”，是已。南凉秃发辱檀都此。今碾伯城西二里有二城，若连环，约三里，未详所置。

破羌县故城，东去卫治一百七十里，汉宣帝神爵二年置，城省南门。阚骃《十三州志》云“湟水在破羌县南门东过”，是已。隋改为湟水县，即今之老鸦城地也。

龙支县故城，东去卫治二百七十里，一曰龙耆，汉拜曹凤为西部都尉治此。郦道元云“湟水又东南迳小晋兴城北，故都尉治”。又阚骃曰“允吾县西四十里有小晋兴城”，是在今之古鄯地矣。唐上元中，吐蕃攻没鄯州，以龙支城属河州，故与河州近也。宋《地里志》云“南至廓州分水岭四十里”。按《汉书》霍去病逐诸羌，及渡湟，筑令居塞，或云龙居塞，疑亦此也。及考《水经注》云“润水出允吾县北、令居县西北塞外，南流迳令居县故城西，又南迳永登亭西，历黑石谷，南流注郑伯津”。是令居又在湟水北，而今之庄浪卫境矣。姑备列之。

允吾县故城，东去卫治三百一十里，在今古鄯东四十里。按《地理志》谓湟水至允吾入河，乃今竟称允吾为庄浪卫境。以隋改故广武郡都尉治为允吾县，始允吾在庄浪境耳，汉允吾是在湟水南也。按郦道元云“湟水又东迳允吾县，北为郑伯津”。则允吾在湟水南，是为西宁地界无疑。阚骃曰“允吾西四十里有小晋兴城”，小晋兴城为今之古鄯地，计其里至与夫形势，是在今之下川口也。

浩亹县故城，东北去卫治三百里，在宋大通城西北，汉置县，王莽更名兴武。

大通城，在卫治东北，旧名达南，控扼夏境。宋崇宁中，收复湟鄯，乃筑塞拒守。水曰大通，古浩亹水，西宁后距也。又有三角城，元筑以控要害，垣址尚存。

湟河郡故城，在卫治西南，前凉张骏分浇河郡地为湟河郡。

晋兴郡，在卫治东南小晋兴城南，晋永宁中，分西平郡界，置郡，统左南等县。

廓州故城，在卫治西南二百二十里小积石山，本浇河郡。宋少帝景平中，拜吐谷浑河豺为浇河郡公，即此。《水经注》云，浇河郡有二城，东西角倚。隋因之为浇河郡，宋为宁塞城，后废，今为蕃族所居。

西海郡故城，在临羌新县故城西三百里，王莽遣使讽卑禾羌献地内属，奏置西海郡是也。龙夷城故先零地，阚骃《十三州志》曰，“城在临羌新县西三百里。王莽置西海郡治此城，魏郭淮与羌治无戴战于城北。”

湟中城，故小月氏地。《十三州志》曰，“西平张掖之间，有小月氏国。”

鲜谷塞尉故城，在卫治西北，临甘州界。郦道元所谓“浩亹水东南迳西平之鲜谷塞”，是也。

赤城，郦道元“湟水迳赤城北”。

护羌城，故护羌校尉治，在临羌县故城西南。汉章帝建初二年，以武威太守傅育为护羌校尉，移居临羌，即是城也。

临羌县故城在卫治西塞外。王莽更曰监羌，汉武帝元狩元年，封孙都为侯国，谓之绥戎城，非也。

临羌新县故城，阚骃曰，“临羌新县在郡西百八十里，湟水迳其南。城有东西二门，西北隅有子城。”

龙驹城，在卫治西南，今之西川地镇海堡东。

宁西城，在倚郭县西四十里。

宣威城，在倚郭县北五十里，宋高永年战死处。

临藩城，在卫治西，唃厮啰置，通青海高昌储国。

广威县故城，属廓州，本化隆县。唐先天中曰化成，天宝元年更是名。

达化县故城，在积石军东，晋置，属浇河郡。

米川县故城，在卫治南二百里。王厚云沿河西至廓州六十里，唐贞观中置，后改米州。

省章故城，在小峡口，宋筑之以控制要害。

积石军故城，在卫治南二百三十里，本汉金城郡河关县地。唐咸亨中置军，隶陇右节度府，后没吐蕃，宋收复，置溪哥城，元符中为溪巴温所据，大观中臧征扑哥以城降，即其地置积石军。

宁塞军故城，在积石西，唐为宁边军。

宛秀城，在积石西八十里，唐天宝中，哥舒翰置宛秀军以实河曲，是也。

肤公城，在廓州城北二十里，去卫治西南二百里。旧名结罗城，宋崇宁中，收复，改是名。

来宾城，在肤公城东一百三里，属乐州。

石堡城，在卫治西南二百八十里。唐开元十七年，吐蕃陷此城，留兵据之，侵扰河右。命信安王祎与河西陇右同议攻讨，诸将咸以石堡险远难攻，祎不听，引兵深入急攻，拔之，命曰振武军。二十九年，复为吐蕃所陷，董延光攻之不克。八年，哥舒翰复拔之，置神武军。

德通城，本辖令古城，宋政和中，刘法解振武军围，筑此。

应龙城，在石堡城西，唐天宝中，哥舒翰筑，置神威军。

古骨龙城，在石堡城东。政和中，熙河经略刘法大破夏人于此，后赐名振武城。

石城，南近黄河，昔段颎击羌于石城，投河坠坑而死者八百余人，即于此也。

左南县故城，南临黄河，在石城西一百四十里。晋惠帝永宁中置，前凉张瑁从左南缘河而截赵麻秋军，是也。

白土县故城，南近黄河，在唐述山，晋永宁中置。《水经》云，“河水又东迳临津城北，白土城南。”《十三州志》云，“左南津西六十里有白土城，城在大河北，而为缘河济渡处。”魏凉州刺史郭淮破羌遮塞于白土，即此处矣。

邯川城，南临黄河，在白土城西。汉建元初，以牛邯为护羌校尉，故川有邯名。

黄河城，在卫治东南。《水经》云，“河水又东北，迳黄河城南。”郦道元注云，“西北去西平二百一十七里。”前凉张骏分浇河郡地为湟河郡，疑即此城。而《水经》黄字讹之耳，历考载牒无黄河郡县之名也。

逢留河城，南临黄河。永元五年，贯友代聂尚为护羌校尉，攻迷唐，斩获八百余级，收其熟麦数万斛于逢留河上，筑城以盛麦，作大船，于河峡作桥。

河源军故城，唐置在故鄯城县西南，去卫治一百二十里，一云赵充国停候地。

白水军故城，在鄯城县西六十里，唐开元中，郭知运、张怀亮置。

绥戎故城，在鄯城县西一百二十里，南凉时麒麟游于绥戎，即此。

定戎城，在绥戎城西南六十里。

绥和守捉故城，去卫治西南二百五十里。

令州守捉故城，在卫治南一百八十里。

安人军故城，一曰安仁，在卫治西南。

威戎军故城，在卫治西北三百五十里，唐开元杜希望收吐蕃置。

树敦城，贺真城，二城为吐谷浑巢穴。元魏恭帝三年，凉州刺史史宁破吐谷浑南山与突厥木杆迫拔之。

曼头城、赤水城，隋大业中，裴矩击吐谷泽，拔二城。

同波堡，在肤公城南一十五里。

同波北堡，在廓州西半里。

安川堡在湟州西南八十里。

宁川堡，在安川堡南四十里。善治堡，在通济桥北。

大同堡，本古骨龙城接应堡，宋政和八年赐名。

石门堡，在德通城北，旧名石门子，宋政和中赐名。

顺通堡，在积石军故城东八十里。

峡口堡，在故湟州界，王厚收复。南宗堡，在临宗砦北一十五里。

通湟砦，在故湟州东三十里。

瓦吹砦，在来宾城东北界一十七里。

安陇砦，在故湟州西南四十五里。

德固砦，在绥远关西界二十里。

临宗砦，在宗谷南，去故湟州分界一十一里。

绥边砦，在卫治东北，旧名宗谷是也。

宁塞砦，在廓州城东一十七里，南至黄河一十五里。

怀和砦，在肤公城西五十三里。

堡塞砦，在卫治南保敦谷。

清平砦，在保敦谷西三十里，在故倚郭县南五十里。

黄沙戍，在达化县东。

绥远关，旧名洒金平，在湟州西，即今之大峡口也。

浩亹隘，在卫治东北，故浩亹县境。汉光武建元中，先零诸羌数万拒浩亹隘，马武与马援击破之，即是处也。

虎台，西去卫治五里，有台九层，高九丈八尺，相传南凉王所筑，秃发辱檀子名虎台，或是其所筑也；或曰将台，亦传南凉所筑。

王孝杰米栅，在尉迟川西。

风伯古祠，在北川，郦道元云在长宁亭南山上，春秋祭之。

西平亭，魏黄初中立，西平郡凭倚故亭，增筑南西北三城以为郡治。

长宁亭，在养女岭南。郦道元云，“去西平亭西北四十里。《十三州志》曰，六十里远矣。”晋建长宁县于此。

邯亭，在邯州城南，近黄河。

罗亭，在积石山北，后汉段颎破羌处。

开元分界碑，在赤岭西，唐开元中，许吐谷浑互市，信安王祎、张守珪定封界于赤岭之西。

洪济梁，在积石山西一百八十里，有金天军。唐哥舒翰拔洪济城。长庆中，刘元鼎使吐蕃，由洪济梁南行寻河源，是也。

通济桥，在湟河上，即振武城浮桥。

西宁卫城，古湟中地。西汉为金城郡西平亭，魏晋为西平郡，元魏隋为鄯州，大业中复为西平，唐为鄯州西平郡都督府，没吐蕃，号青唐城，宋复建鄯州，崇宁中，改西宁州，元因之。在明洪武十九年，命长兴侯耿秉文率陕西诸卫宰士筑之，基割元西宁州故城之半，周围九里一百八十步三尺。

碾伯城，东去卫治一百三十里，即南凉乐都城故地。唐为湟州；宋唃厮啰称邈川城；元符中，改湟州，升飨德军节度治；宣和中，改乐州。明洪武十九年，置嘉顺马驿，又置右千户所；嘉靖三十三年，增置守备；万历十二年，改置游击府。城高四丈，下厚三丈五尺，广袤三里三百一十八步。

古鄯城，东去卫二百七十里，西汉为龙支县故地，为西部都尉治；晋为小晋兴城。明洪武十九年，置古鄯马驿；万历十二年，置守备。

镇海城，西去卫治四十里，唐鄯城县故城地。明万历二十一年，置游击府。

巴州城，在碾伯东南八十里。明洪武十九年置巴州马驿；嘉靖元年，置防守官。

平戎城，东去卫治七十里，汉安夷县故城地。明洪武十九年，置平戎马驿。嘉靖元年，置防守官。

老鸦城，东去卫治一百七十里，汉破羌县故城地，隋改为湟水县。明洪武十九年，置马驿。嘉靖元年，置防守官。

水沟城，东北去卫治二百一十里。明洪武十九年，置水沟驿；嘉靖中，置防守官。

铁厂，在北山五十里。万历二十四年，都御史田乐檄兵备按察使刘敏宽募铁师采矿烧铁，后时不给，久废塞焉。

《西宁卫志》

西宁方隅千余里，火真墩其南，生蕃聚其北，东接松虏，西阕海酋，而宾兔、巴兔、着力兔、克臭、哈坛巴都、沙刺、纳刺、永郡卜、瓦刺他卜囊校联绕之。西宁如以孤絙悬弹丸，掷之群虏掌中，左右前后无所倚仗，堂皇篱落自为中外。吁，危矣！所恃者，迩年硖砟暗门边墙水洞、城堡、营寨、墩堠栉次鳞比，在在创造，时时增修，足少恃焉，因为之考。

堡寨

南川，去卫治南十里有沈家寨；十五里有靳家堡、水磨堡；又一里为陈家堡；二十里有总堡水泉儿堡，桑家山城；三十里有老幼堡、王斌团庄、高峰山城、徐家山城、新添堡；又三里为井家山城；五里为孙家山城、甘家山城；四十里有毛家寨；又五里为伏羌堡，置守备官；去东南五十里有乞达真寨，一名田家塞；

又东南五里为石嘴堡；万历二十四年，议大修边榨，增置有党兴沟口马营；又八十五里有刺哈山城，增置将领官，通归德路。

西川，去卫治西五里有杨家寨；十里为盐庄山城、刘家寨；又五里为高台堡、彭家寨；二十里有杏园儿堡、深涧堡；又五里为三旗堡；三十里有陶家大堡；又五里为乌思巴堡、宋家堡、双山堡、陶家小堡；七里为花园堡、汪家寨；四十里有镇海城，万历二十一年拓建，置参将官；又有巴浪堡、两旗堡、徐家堡、双寨、杨圈堡、朱家堡、马家崖堡、景家山城、吴中寨、李家团庄；又五里为东山城堡、小泉堡、新园堡、寺儿寨；五十里有韦家寨、西山城堡；又五里为甘河新堡；六十里有康缠堡；又五里为葛家寨；七十里有乣迭堡，万历二十三年，新置防守官；又五里为石峡山口马营；西北四十里有沈家堡、万家山城；又五里为王家堡；西南八十里有康缠沟马营。

北川，去卫治北十五里有大旱坪堡、刘家下寨；二十里有刘家上寨；又五里为小寨堡、蔡家堡、高峰山城；八里为孙家下寨；三十里有孙家上寨、红崖山城、双庙堡；又五里为王家堡；四十里有总堡，旧置守备官；又有鸳鸯堡、诸二沟堡、贺家寨；又五里为靳家堡；五十里有小干沟堡、杨家寨、高墩堡、杏园堡、宋家堡、高台堡；又五里为大寨堡、黄家寨、鲍家上寨、完家堡、李巴堡；六十里有邵家堡、吴家堡；又五里为东刘堡、景阳川堡；七十里为陶家寨、临水堡、石山堡；又五里为新添寨、老幼堡；八十里有玄朔城，万历二十四年议建于暗门马营内，移置守备官；又有平虏堡，旧为古城；又有庙沟山城；西北六十里有苏家堡、姚家堡；七十里有清水沟堡；九十里有毛家堡。

威远，去卫治之东北三十里有三旗堡；又五里为骆驼山城；四十里有五旗堡、甘家堡、雷家堡、破寨堡、盐场堡；又五里为陶家堡；五十里有总堡薛家山城、新园堡；六十里有曹家堡，旧为石硖堡、黑鼻子崖堡；又五里为双树堡、高墙堡；七十里大通苑堡、新添堡、董家寨、纳零沟魏家堡；八十里有俞家堡、蔡家下寨；又五里为凉州营堡；九十里有威远营，置游击官；又有班家湾堡；一百里有马圈堡、蔡家堡、老幼堡、万历二十二年，增置兴屯堡；东二十五里有傅家山城；四十里有高寨；七十里觉化寺堡；八十五里张家寨。

城东，去卫治二十里有罗家湾堡；三十里有小峡口马营；三十里铺堡；又五里为中寨堡；四十里有红庄堡、白土坡马营；五十里有东营儿堡；又五里为张旗堡；六十里为石青堡；其南十里为寄彦才堡；又东五里为西营儿堡；七十里有平戎堡，置防守官；其南十里为观音堂大寨；八十里有河滩寨；又九十里有高店堡；一百里有马哈剌堡、马鞍山营；一百二十里有深沟堡、旱庄堡、弩木只沟营；又三里为七里店堡；一百三十里有碾伯城；又三里为水磨营；五里为罔子堡；一百四十里有汤官堡、扬官堡、石嘴堡、王官儿堡；其石嘴堡北二十里为胜蕃沟马营；一百五十里有双塔堡、高庙堡、羊脑子沟马营、李二堡；又五里为藩旗营、周旗营；一百六十里有红水堡、薛旗营、李招哈山城；又五里为赵家下团庄堡；一百七十里有虎狼沟堡、长里店堡、赵家上团庄堡；一百八十里有阿蛮堡、杏园儿堡、老鸦城堡、楪尔沟营；自老鸦城北四十里为水沟堡、竹林沟马营；二百里有虎刺孩山城；其南二十里为路家堡；又五里为松树湾堡；二百十五里有米剌沟新添堡；其南十五里为李二堡；二百二十里有石嘴堡；二百二十里有上川口堡；其南五里为吉家堡；又南五里为万象堡;又南五里为祁家山城;又南五里为巴州寨;又南五里为细巷堡;二百五十里有下川口堡;其西南十里为李铁堡;又五里为武家堡、红嘴堡;又五里为高庙堡;又五里为北乡堡、哈家堡;又五里为总堡镇远堡;又十里为慈利寺堡;又三里为郭家山城;自下川口堡东南十五里有西纳堡;又南二十五里为南乡堡;又十里为镇宁堡;又十五里为双泉堡;又西南七里为鲍家堡;自西纳堡又东五十里为甘家堡;又东十里赵芳山城;又东北二十里为静觉寺堡;西南十里为高泉堡;又西南二十里为张家寺堡;自赵芳山城东四十里有鄂家堡;南三十里为朱家堡;又西南十里为祁家堡;又三十里为祁家山城;又二十五里为韩家堡;又二十里为静宁寺堡;自祁家山城东十五里有吕家堡;又西南二十里为赵木川山城。

硖榨

马鸡沟峡榨,次冲,距卫治东南八十里,伏羌堡三十里,水草沟二十里,秋子沟四十里,西川七十五里,双山堡六十五里,骂雨沟二十五里,碾伯一百八十里,平戎七十里,寄彦才沟五十五里。虏零入,申中族蕃南川兵出水草沟,西宁兵出秋子沟,岭西川兵、双山堡兵出骂雨沟夹击之,碾伯平戎兵赴寄彦才沟应援。虏大入,诸兵于伏羌堡,上下合击之。

王沟尔峡榨,次冲,距卫治南八十里,伏羌堡四十五里,硖口十五里,分水岭二十里,西川八十里,双山堡六十里,孤山儿二十里,碾伯一百八十里,平戎七十里,寄彦才沟三十五里。虏零入申中族蕃,南川兵出峡口,西宁兵出分水岭,西川兵、双山堡兵出孤山儿夹击,碾伯兵、平戎兵赴寄彦才沟应援。虏大入,诸兵于伏羌堡上下合击之。

捝尔朵峡榨，极冲，距卫治南九十里，伏羌堡四十里，暗门，三十里，扁担沟四十里，西川七十里，塔尔湾五十里。虏零入，则申中族蕃南川兵出暗门，西宁兵出扁担沟，西川兵出塔儿湾分御；虏大入，则诸兵又于水草沟上下合击之。

术哈尔峡榨，次冲，距卫治南八十里，伏羌堡五十里，本川暗门三十里，扁担沟四十里，西川四十里，双山堡三十里，班撒儿暗门三十里，碾伯二百一十里，平戎一百四十五里，寄彦才沟八十里。虏零入，申中族蕃南川兵御暗门；西宁兵出扁担沟，西川兵、双山堡兵出班撒儿暗门分御；碾伯、平戎兵赴寄彦才沟应援。虏大入，诸兵于申中族上下合击之。

经纳峡榨，极冲，距卫治西南一百一十五里，西川七十里，班撒儿暗门四十里，塔儿湾三十里，南川五十里，南川暗门四十里。虏零入，则班撒儿族蕃西川兵御暗门，西宁兵出塔儿湾，南川兵出暗门分御。虏大入，则诸兵又于班撒儿暗门上下合击之。

打石榨，极冲，距卫治西南一百一十里，甘河暗门六十里，西川六十里，大康缠沟六十里，班撒儿暗门四十里。虏零入，则坡家族蕃御甘河，暗门、西川兵出大康缠沟，西宁兵出班撒儿暗门分御。虏大入，则诸兵又于班撒儿暗门上下合击之。

大磨石沟榨，极冲，距卫治西南九十里，西川三十里，大康缠暗门二十里，甘河暗门二十五里。虏零入，则剌卜尔族蕃御榨，西川兵出大康缠暗门，西宁兵出甘河暗门分御。虏大入，则诸兵又于大康缠暗门上下合击之。

白崖子榨，极冲，距卫治西南八十里，西川三十里，大康缠暗门二十里，甘河暗门二十里。虏零入，则剌卜族蕃御榨，西川兵出大康缠暗门，西宁兵出甘河暗门分御。虏大入，则诸兵又于大康缠暗门上下合击之。

白石头、下盘道二榨，极冲，距卫治西南九十里，哈加沟三十里，西川三十五里，第四沟十五里，小康缠沟十五里。虏零入，则速尔吉御；哈加沟西川兵出第四沟，西宁兵出小康缠沟分御。虏大入，则诸兵又于小康缠上下合击之。

白石头、东拦二榨，极冲，距卫治西九十里，鸾巴蕃营二十里，西川三十里，大康缠沟二十五里，甘河暗门四十里。虏零入，则速尔吉御；鸾巴蕃营西川兵出大康缠沟，西宁兵出甘河暗门分御。虏大入，则诸兵又于鸾巴蕃营上下合击之。

洛拦榨，极冲，距卫治西八十里，西川三十里，洛拦口五里，康缠沟二十五里。虏零入，则达我失族蕃堵榨；西川兵出洛拦口，西宁兵出小缠沟分御。虏大入，则诸兵又于小缠上下合击之。

西石峡，榨极冲，距卫治西九十里，扎麻隆二十五里，西川三十里，佛尔崖十五里，赏失蕃营三十里。虏零入，则扎麻隆族蕃御榨；西川兵出佛尔崖，西宁兵出赏失蕃营分御。虏大入，则诸兵于扎麻隆蕃营上下合击之。

锁思党榨，极冲，距卫治七十里，西川三十里，奔巴尔沟十五里，西纳下寺三十里，北川八十里，截山沟山岭十八里。虏零入，则奔巴尔族蕃西川兵堵榨；西宁兵出西纳下寺，北川兵出截山沟山岭分御。虏大入，则诸兵又于西纳寺上下合击之。

剌撒尔榨，极冲，距卫治西七十里，西川三十里，赏失加蕃营一十五里，西纳下寺三十里，北川五十里，乩迭沟十五里，车道岭十里。虏零入，则思打隆西纳等族五蕃营御榨；西川兵出赏失加蕃营，西宁兵出西纳下寺，北川兵、乩迭沟兵出车道岭分御。虏大入，则诸兵又于西纳寺上下合击之。

小寺沟山崖榨，次冲，距卫治西北八十里，剌撒儿十五里，西川四十五里，剌科五里，北川七十里，乩迭沟三十里，红岭儿二十五里，鲁尔加营十五里。虏零入，则隆奔族蕃出本榨，剌科土巴各营蕃在本地，思打隆族蕃出剌撒尔，西川兵赴剌科，北川兵、乩迭沟兵赴红岭儿夹击；西宁兵赴鲁尔加营援之。虏大入，诸兵于剌科营上下合击之。

大寺沟峡，次冲，距卫治一百里，剌撒尔二十里，西川五十里，剌科十里，鲁尔加营二十里，北川五十里，乩迭沟三十五里，红岭儿三十里。虏零入，舍舍尔族蕃出本榨，思打隆族蕃出剌撒尔，西川兵出剌科，西宁兵赴鲁尔加营，北川兵、乩迷沟兵赴红岭儿夹击。虏大入，诸兵于剌科营上下合击之。

北插峡榨、鹿石山崖、隆思哥榨三处，次冲，卫治西北一百二十里，本榨口二里，北川九十里，乩迭沟五十里，土巴营三十里，西川八十里，剌科三十里，上鲁尔加营三十五里。虏零入，隆奔、安卜藏二族蕃出本榨口，舍舍尔小寺沟剌科各族蕃在本地，北川兵、乩迭沟兵出土巴营，西川兵出剌科分击；西宁兵赴上鲁尔加营夹击之。虏大入，诸兵于剌科营上下合击之。剌尔宁榨极冲，距卫治一百二十里，西川五十里，剌科蕃营三十里，北川六十里，乩迭沟四十里，土巴蕃营二十里，上鲁尔加营四十里。虏零入，则舍舍尔族蕃御榨，西川兵出剌科蕃营，北川乩迭沟兵出土巴蕃营，西宁兵出上鲁尔加蕃营分御。虏大入，则诸兵又于剌科蕃营上下合击之。

大乩迭沟脑，极冲，距卫治一百二十五里，西川八十里，刺科营三十里，北川九十里，乩迭沟四十里，土巴蕃营三十里，上鲁尔加蕃营四十里。虏零入，则隆奔、班卜思邦巴二族蕃御沟口，西川兵出刺科蕃营，出北川，乩迭沟兵出土巴蕃营，西宁兵出上鲁尔加营分御。虏大入，则诸兵又于刺科蕃营上下合击之。

柏杨沟榨，极冲，距卫治九十里，本沟口十里，西川六十里，刺科蕃营二十里，北川七十里，乩迭沟三十五里，红崖儿二十里，小山硖口二十里。虏零入，则隆奔、土巴二族蕃御沟口；西川兵出否刺科蕃营，北川乩迭沟兵出红岭儿，西宁兵出小山硖口分御。虏大入，则诸兵又于土巴营上下合击之。

老虎沟峡榨，极冲，距卫治西北八十里，本沟口五里，北川四十里，巴哇冲车所族蕃营五里，庙沟十里，密纳族蕃三十里，金冲沟脑十五里。虏零入，则北川兵巴哇冲车所族蕃御河口；西宁兵出庙沟，密纳族蕃出金冲沟分御。虏大入，则诸兵又于庙沟上下合击之。

小山峡榨，极冲，距卫治西北八十里，本峡口十里，西川六十里，乩迭沟新添堡二十五里，北川五十里，金冲沟三十里。虏零入，则加尔即族蕃西川兵、乩迭沟兵御峡口；西宁兵出乩迭沟，北川兵出金冲沟分御。虏大入，则诸兵又于加尔即蕃营合击之。

娘娘山崖、石城子崖，极冲，距卫治九十里，本山硖口七里，密纳族蕃三十里，北川三十里，清水沟十里，苏姚二堡二十里、乩迭沟三十里，西川六十里，加尔即族蕃营十五里。虏零入，则密纳御硖口；北川兵出清水沟，西宁兵出苏姚二堡，乩迭沟西川兵出加尔即分御。虏大入，则诸兵又于苏姚二堡上下合击之。

大暗门水洞榨，极冲，距卫治七十里，北川二十里，河东老幼堡二里，西川八十里，清水沟脑十五里。虏零入，则北川兵左御；水洞榨右御；暗门西宁兵出河东，老幼堡西川兵出清水沟脑分御。虏大入，则诸兵又于古城上下合击之。

细沟儿榨，极冲，距卫治七十里，北川二十五里，毛家山十里，小甘沟口十里。虏零入，则班古族蕃北川兵柜榨，西宁兵出毛家山北川兵出小甘沟分御。虏大入，则诸兵又于毛家山上下合击之。

圆树儿榨极冲，距北川三十里，西宁八十里，小甘沟脑五里，西川九十里，毛家山五里。虏零入，则六古咂族蕃北川兵柜榨；西宁兵出小甘沟，西川兵出毛家山分御。虏大入，则诸兵又于毛家山上下合击之。

北川札板山山崖，极冲，距北川守备堡三十里，圆树儿榨十里，西宁八十里，小甘沟脑六里。虏零入，则白朵脑、矛家二族蕃拒榨；北川兵出圆树儿沟，西宁兵出小甘沟分御。虏大入，则诸兵又于甘沟上下合击之。

北石峡榨，极冲，距卫治一百里，兴屯堡十五里，峡口十里，术尔即山一十五里，北川四十里，岳木沟一十五里。虏零入，则薛咂族蕃祁家土兵、兴屯堡兵出峡口，西宁兵出术尔即山，北川兵出岳木沟分御。虏大入，则诸兵又于石峡口上下合击之。

边榨燕麦川长边，极冲，距卫治一百一十里，滥泥沟三十里，兴屯堡二十里，北川六十里，西川一百三十里，上沙儿十里，红崖子六十里，哈剌只沟六十里。虏零入，则咎咂族蕃祁家土兵出滥泥沟，西宁兵、兴屯堡兵出燕麦川，北川兵、西川兵出上沙儿分御；碾伯兵由红崖子应援；哈剌只沟于本处敛备。虏大入，则诸兵于兴屯堡上下合击之。

葱槛蹇口榨，次冲，距卫治东北一百八十里，碾伯六十里，药草台十五里，马哈剌沟二十里，古鄯一百五十里，虎狼沟二十里。虏零入，瞿昙寺蕃出木榨，碾伯兵出药草台，西宁兵赴马哈剌沟，古鄯兵赴虎狼沟夹击。虏大入，诸兵于大峡口上下合击之。

思打岔峡榨，次冲，距卫治东南二百九十里，上川口七十里，古鄯八十里，普化寺山四十里，碾伯一百七十里，米剌沟六十里，虎狼沟七十里。虏零入，普化寺蕃上川口兵出本峡，古鄯兵赴虎狼沟夹击。虏大入，诸兵于普化寺山上下合击之。

杏儿沟榨，次冲，距卫治东南三百九十里，古鄯一百二十里，杏儿沟口三十里，碾伯二百七十里，张家小寺八十里，巴州沟一百六十里。虏零入，哈咂寺蕃古鄯兵出杏儿沟口，碾伯兵赴张家小寺，西宁兵赴巴州沟夹击。虏大入，诸兵于张家小寺上下合击之。

以上峡榨皆海虏入寇道也。盖西宁旧防羌未防虏，故惟榨为多。虏一闯榨，官军不知所之。乙未创虏，遂议迎堵方向为之图说，曰：西宁边榨共三十八处：极冲二十七处，次冲十一处。三面环列，逼近虏窠。胡马秋高，奄忽而至。各营将士，闻警莫之，至于近境。诸蕃各有派定关隘，若不豫加申饬，临时漫无适从。兹则绘图注说，刊布悉知。胡骑零来，则各趋信地；虏众大举，则齐赴合营。机宜务欲按图，兵马无烦再调，以战以守，或庶几乎。然此道其常而已矣。顾变化难执一律，而运用在乎一心。如虏分道而我多援，则分而应之，伏而邀之。如虏分道而我无援，则择而敛之，合而击之。如虏谋不秘，我侦豫明，则集兵榨内以待之。如烽火失传，腥羶内蹂，则统众相机而向之。恪导其常而勿背，通达其变而勿胶。务先为不可胜以待敌之可胜，立于不败，不失为敌人之败，夫然后为善之善者与。

蕃族

申中族，一名申冲。洪武三十年，招抚居牧归德硖，后徙塞内孤山滩古牛心堆西也。去卫治四十余里，有城廓庐室，四畜为业，户三百，口六百有奇。授指挥，一岁输马三百五十有奇。其俗多毛布，男子衣二截，上修倍下，下多纵缝，各衣兽皮，贵贱有异。女子椎发被颊而下，贵者首项饰珍珠、珊瑚、琥珀、车渠、玛瑙、腊珀、海螺之属。饮食恒牛羊、胡饼重名酪。间猎黄牛、黄鼠、獐鹿、野牛马、雉、兔食之。岁以麝香、犏牛、绒尾、马尾、土豹狐皮出市。婚礼以马为聘，贵者十余匹，下亦二三。特不联帐居蕃部姻，恐其叛乱而蔓累之。每岁元旦及至日万寿节，十三族受爵大酋咸赴卫城随班。朝贺次日，宴于卫堂，颁賚而去。

隆卜族，居牧塞外，去申中南百余里，有上下二族。西邻思果迷，东接占咂，南至黄河，东西二百里。无城郭，多毳帐，间有庐室。户二千，口四千有奇。国师一。风俗略与申中同，往往不率国章。先是乌思巴尔诸酋叛掠，千户李淳，捣其庐帐，诸部意憾。正德十四年冬十月，复入大掠，淳追击出塞，中伏被执，寸莝其尸。自是叛乱靡定，不内属也。其后愿受大明寺藏僧锁南坚错要约，万历十八年，松虏宰僧阿赤兔入掠其部。十九年，经略尚书郑洛因其挫衄，遣使致锁南坚错收抚之，开族八十有奇。有：格路族、岳哈族、多巴族、沙尔瓦族、阿班族、速古族、亦思教族、思朵族、哈革失加意族、且尔卜族、角家族、朵尔只受族、擦卜族、隆藏族、出加族、托擦族、亦即隆族、哈日卜尔巨族、沙刺卜尔巨族、东尔业族、拨绰卜陋族、尔家加族、甘多唐族、擦尔郎族、纳咂族、篾其族、阿卜答尔加族、卜尔巨族、星尔结族、哈巴族、赏巴族、毡加族、阿宗卜尔巨族、且答卜尔巨族、哈尔官族、思计加族、哈尔加族、阿受卜咂族、哈墩族、擦尔加族、着咂卜尔巨族、刺加卜尔巨族、答尔郎族、穷卜族、多擦族、思加巴族、东尔结族、官撒尔族、押尔结族、麻尔结族、毡巴族、丁刚族、仓思巴族、薄卜不尔巨族、加洛卜尔巨族、枸尔莫卜巨族、恰尔结族、仓帖尔卜巨族、哈尔囊答族、杓尔藏族、阿尔族、别尔结族、答尔加族、康卜利族、色结族、班家族、赏加卜尔巨族、星华族、青右尔族、尔加刺族、班麻族、总思加族、沙藏族、尔加星华族、沙卜刺族、扎关卜尔巨族、尔莫族、尔选咱族、尔角你族、阿洛受族、坎奔族、赏尔革族、亦尔咂族、锁卜族、东奔族、板羊结实族。合输马五百五十有奇。

占咂族，一曰章咂。洪武十三年，招抚居塞外。西接下隆卜，东邻革咂、居处服食皆同，往往结连二族，叛服靡定。嘉靖四十年，出掠马哈刺沟，输马久绝。万历十九年，经略尚书郑洛遣使招谕之，互开其族。有：锁南族、速俄族、六卜族、阿尔结族、朵藏族、哈撒尔族、思冬加族、和尔加族、多尔利族、尔加藏族、的咂族、思冬干族。哈卜郎族、合尔族、思纳加族、克墩族、答尔巴族、朵尔只族、思打革族、哈加族、辨朵族、官他族、沙麻尔族、沙卜族、思冬正族、巴尔革族、丹麻族、哇剌宗牙族、宗受尔加族。总计输马三百匹有奇。中多兵备刘敏宽复招徕者焉。

革咂族，一曰哈咂。洪武十三年，招抚居塞外。在占咂东，古鄯之西南也。无庐室，多罽帐。户四百，口九百余。其俗略与占咂同，驯犷靡常。正德十四年，蕃酋锁南温古六失加侵掠弘化寺，守备杨佑袭破之。嘉靖四十年，由南川掠马哈剌沟。万历九年，入掠思打岔硖，百户郭承熏、刘世爵追出塞外，中伏而死。十三年，兵备副使燕好爵帅兵捣其巢穴，斩馘一百三十有奇，获生畜二千有奇。有牛一身两头。十七年，入犯三川，防守百户刘存仁追战，死之，输马遂绝。十九年，经略尚书郑洛招收，不至。二十三年，兵备刘敏宽遣人慰谕，并其属族。有掩官族、科元族、答加族。岁总输马四十有奇。

打卜受族，居牧塞内古鄯西北之松树湾，会宁伯李氏族也。口一百有奇。岁输马一十五。

洛巴族，居牧塞内，在古鄯西。户一百，口二百五十。岁输马二十有奇。

古迭族，在古鄯西，与打卜受邻，指挥东祁族也。口一百有奇。岁输马二十。

珍珠族，居牧归德硖，兵备刘敏宽新招抚之。户一百有奇，口五百。岁输马一百余。

匹那尔卜族，居牧古鄯西，鹫峰寺属族也。新开，输马二十有奇。

思果迷族，一曰果迷卜咂。洪武十三年，招抚在上隆卜西，去卫治一百五十余里，盖古浇河郡地。有上下二族，其饮食居处不异隆卜。又朋哈沙族，向弗效顺。万历十九年，经略尚书郑洛遣使招抚，三族来归，岁输马约五十匹。盈缩不齐，时或不至。二十三年，兵备刘敏宽招谕马，复归顺为我西海耳目，有斩获功。

申藏族，洪武十三年招抚，十三族之一也。居牧上思果迷，西近青海汉西海郡地。其种族久已散亡。

日觉剌麻族，往居牧仰华寺，寺焚，东徙。岁输马三十有奇。

隆奔族，洪武十三年，招抚居牧塞内外周西纳，南西北三隅有城郭庐室；塞外者列帐，有虏警，徙塞内。俗同申冲、西纳也，有国师指挥。岁输马一百三十有奇。其支属有奔巴尔族居西石峡，户一百有奇，口二百五十。岁输马一百五十。

西纳族，洪武十三年，招抚居牧塞内湟水北，西去卫治五十里。敕封演教寺一处，居西纳川河北黑嘴儿。其香粮地土、住牧山场自镇海西门巳上，至小康缠、大康缠、四珞塔往下甘河透河北多巴古城、西纳川上寺、乩迭沟、小山硖口止。敕有界址。又沙塘川光科尔国师田地亦各有地界，俱永乐八年九月十六日颁。西纳族下有多巴禅师、光科尔国师、哈尔指挥、多巴指挥、西纳千户、鲁尔加千户、马胜百户等百户一十三员。又所辖隆奔一十八族于户营、西纳百户剌沙营、多巴完冲扎扎营、坡加营、思卷完卜隆奔国师、隆奔囊锁、隆奔百户、隆奔完卜、元旦头目，且令思加大僧、哈住绰舍舍官、卜扎失英巴头目、英尔盖舍人、班的翟头目、郭尔各头目、设纳完卜迷剌阿纪尔箭杆头目、黑革日安卜藏隆思个隆奔指挥、小国师剌卜尔牙胡尔班的撒麻尔罕冬大人、摄那族塔尔寺班沙尔昂藏族长头目俱住居西纳川，属镇海营地方参将所辖。岁各输马不一。

巴沙族，决武十三年招抚居牧塞外，去卫治北一百余里。北至大通河，西至北川塞外，东接大通城，广袤五百余里。无庐舍，多罽帐，其俗与诸蕃酋无大异。所属有督咂、思俄思哥等小族，恃险阻，数出掠。正统十三年，蕃酋凡洛叛，遣指挥祁贤捕获之。天顺元年，四出侵犯凉永庄浪，西宁攻破城堡，戕杀官军，劫掠生畜无算。镇巡会请击之，总兵官卫颖、副总兵毛忠帅兵由骆驼山讨之，俘斩七千七百有奇。至正德十一年，又入掠水磨沟，百户佛玄战，死之。是年，总兵官徐谦率兵袭击，破之，其族遂散，而昝咂族渐强盛。

昝咂族，巴沙小族也。巴沙散弱，全有其地，南北百余里，东西三百里。支属散处，各自为族，无统摄。有：大昝咂族、小昝咂族、上昝咂族、中昝咂族、下昝咂族、六古咂族、薛咂族、札尔的族、巴咂族、巴的族、设加族、思冬沙族、阿洛受族、思哥迷族、刺咂族、亚思革族、仓阿思加族、冲咂族、马其沙族、马其冲杓族、思蛮咂族、诸贡族、奔阿族、思加济族、阿洛朵只族、北俺官族、哈尔麻族、工巴族、舍加族、写尔定族、茶住族、麻尔日族、麻居族、而思各迷族，有国师金印小札尔的族，其婿也鲜迷族。居大通川者，则输马于庄浪。大昝咂户一千五百，口四千，刁犀利善使。巴咂户三百，口八百有奇，带甲胜兵三百。海虏云红帽善箭，昝咂善刀。恒畏之。嘉靖九年，掠碾伯。四月，掠土官沟，指挥彭杲击败之。二十二年，酋长刼星吉出掠，守备许世爵追败之。二十九年，尔加定族攻掠碾伯，守备唐勇间道捣其巢，颇多杀获。及兵还，蕃贼邀于道，我兵据险力战，勇额中矢，兵遂败绩，指挥陈龙、赵威死之，杀伤百余人，所获俘馘生畜尽亡。三十年，聚众攻掠红崖堡，守备俞京帅兵往救，怯不敢进。麾下指挥赵芳、百户刘清、总旗孙瑞先、舍人李继志率勇敢三十人出营先进，与战，势孤，为贼所围，清与瑞先三十余人皆死之，芳中三刀，继志中七刀。京闻败，遂弃营遁，军士大乱，丧亡不可胜计。官军二千，未遇贼而溃，京止遣戍。是年，又犯碾伯，操守指挥贺有年追击，死之。三十二年，设加和尚尔加定聚诸族攻掠堡塞，兵备副使范瑟破其众。三十四年闰十一月，入掠，参将张廷辅败之于沙棠川。三十六年六月，尔加定又掠潘其营，操守指挥彭汝为战死。八月，掠红崖沟。十月，掠水磨沟，复掠钟家庄。三十七年十月，掠杨官沟。十二月，掠驽木只沟，操守指挥严威击走之。是月，复掠西水磨沟。三十八年正月，剌哑族出掠土官沟。二月，复掠黑松硖于家寨。四十年三月，部人掠颜只沟，操守严威击走之。至万历十八年正月，入掠沙棠川，防守百户刘世臣遇害。其蹂躏我二地，荼毒人民不可屈指计，而我兵不能灭创；种类日繁，负险为固。十九年，经略尚书郑洛鼓蕃族以逐海虏，遣使招抚之，得工巴以下七族，而大昝哑始归焉。二十三年，兵备按察使刘敏宽、参将达云御虏，两川出胜兵三百五十助战，破虏之后，颇畏威力，令诸族岁输马六百五十有奇。顾无禀，命之主龥其号令，设我将士削弱，不能保其帖然也。

思俄思哥族，亦巴沙族属也，居卫城北塞外昝哑部中。天顺七年，巴沙纠犯沙棠川。隆庆三年，出掠平戎道上，参将陈恺掩击之，至其帐，贼罔知也；诛其首恶，不敢复出。后肃州南山僧来居其族，凡昝哑族属咸师事之，习其教焉。岁输马三十有奇。

巴哇族，洪武十三年招抚，初居牧北寨外，与巴沙邻。巴沙屡纠其族及其族所属阿尔加仓叛，天顺七年，入掠沙棠川；大破之，其众寖弱。正德十一年，总兵徐谦袭巴沙，而巴哇亦散亡，流处沙棠川北川哈刺只沟，居庐室。岁输马三十，颇效顺焉。

卜札尔的族，居牧红崖沟脑，有城堡，处庐室，盖肃州西山僧乌思藏所遣来。居塞内，开族，输马五十有奇。

麻加族，居牧塞内碾伯北胜蕃沟，有城堡，居庐室。户八十余，口二百。岁输马一十有奇。

奔剌族，在塞内红崖沟，居庐，至有僧自南来居此，遂开族输马。户才二十，口五十有奇。

四卫

罕东卫，西北去卫三百里，西戎之别也。洪武三十年，酋长锁南吉剌斯入贡，因置卫，以为指挥佥事，给金牌，输马易茶。永乐三年，吉剌斯同兄塔力袭吉剌斯兄等贡马，以塔力袭为指挥，奴奴为指挥佥事，各赐冠带币钞。宣德三年，敕指挥祁贤往其卫招抚叛亡。正统六年，又遣都指挥哈剌卜花往谕之。正德四年，为北虏阿尔秃厮亦卜剌入掠西海，据有其地，部落散徙。初，一百余口在乞达真依申中族居牧，今依西纳族，为其所役，口仅五十，岁输马二十有奇。

曲先卫，在罕东卫北，亦西戎部落也。元置曲先答林元帅府。永乐四年，置卫，以土人散西思为指挥同知，给金牌，输马易茶。宣德四年，散西思叛，遣指挥李文讨之。五年，都督史昭以安定王亦攀丹、指挥桑哥等进讨，平之。正统二年，其头目黑麻乩遣指挥火丁等入贡方物。七年，遣指挥祁贤往其卫招抚指挥准者罕都立诸蕃族。正德四年，为北虏攻破，部落散亡。

安定卫，在曲先西南黄草滩，哈密忠顺王脱脱之族也。洪武六年，命宣威将军朵尔只失结招其王烟帖木儿。七年，遣使入贡。八年，立其卫。洪熙元年，叛，命会宁伯李英进讨，至昆仑鸦零阔，俘获人畜十万三千有奇。捷闻，必欲得其王，复追擒之。遣使宴劳将士，功赏有差。寻赦之，给金牌，输马易茶。宣德五年，以其兵讨曲先阿端，遂平其国。正统六年，遣指挥哈剌卜花抚谕其部。十二年，部人占麻力邀杀其军，遣指挥祁贤捕获。弘治中，哈密为土鲁蕃所破，遣大臣经略哈密，无有支庶因先安定王亦攀丹与先忠顺王脱脱同族，遣指挥哈林至其卫，求为后，得族孙陕巴。十三年，命指挥祁贇取陕巴母、却失吉妹、必力干弟打思哈等赴甘州，转送哈密。今忠顺王乃陕巴后也。正德中，为北虏攻破，据其地，仅存遗孽江缠尔加等僧俗，口四十有奇，徙居沙棠川威远堡东，岁输马一十有奇。

阿端卫，在曲先西南，鞑靼之别也。其地广袤千里。洪武七年，酋长撒力畏兀儿遣使贡铠甲刀剑，赐以织金文绮，命立为四部，给与印章：曰“阿端”，曰“阿真”，曰“苦先”，曰“帖里”。八年，立为阿端卫，俱遣使入贡。宣德中，与曲先卫叛，都督史昭以安定王军讨平之。七年，遣指挥祁贤招抚，立诸叛蕃。正德中，为北虏残破，散走赐支河曲，今不知在所矣。

海虏

西宁，原系羌地套虏亦卜剌，于正德初，以获罪酋长，叩关乞降。彼时守臣仓卒无应，遂致阑入海上，破安定四卫，据其金印，据其地焉。正德九年以后，总督彭泽、杨清、王瑷、王宪等相继经略。至嘉靖三十八年，俺答由镇羌入西海，分犯凉永西宁，欲随草久牧。至四十年，以中湿肿足而归，遗永邵上枝窠居海上。万历四年，俺答求建仰华寺，套虏往来不绝。十六年，瓦剌他卜囊犯抢西宁，掩杀副将李魁及千把总指挥八员，领兵官四十余员，全军覆没。十八年，顺义王来海上，套虏卜失兔、松虏宰僧阿赤免遂聚牧青海，肆出抢掠。上遣大臣郑洛经略于此，虏王东归，松套各虏亦随之。往复遗火落赤真相台吉、纳剌台吉、沙剌台吉、哈坛把都儿、南把兔尔台吉、着力兔等部与永邵卜蟠据杂处。永邵卜、凡剌他卜囊部落并收蕃计几万人、纳剌、沙剌二台吉约千人、哈坛把都约五百人。火酋头目部落始仅数百，继收武宗塔尔诸蕃，及渡归德，收哈家诸蕃，殆三十余众，住牧莽捏二川，真酋兄弟所部亦仅数百，收有河南蕃族共二千余，时复北渡，与火酋来去靡常。其专牧海上者，则永瓦、纳剌、沙剌、哈坛、南把兔尔数部也。永瓦二酋自二十三年西南两川大遭挫衄，馘级七百有奇，击死无算，乞款不许，遂遁，海脑火着、纳剌诸酋亦乞款，不许，俱各远徙，无复敢窥伺边垣者。

经略郑洛备御海虏事宜疏略

曰：西海者，羌蕃住牧之区，流虏依恋之处。可以掠蕃，可以窥汉，化蕃为虏，流毒甚易。西宁行百里许而出石硖，即为塞徼，又西行四五百里，乃为青海，周环七八百里。其西有大小盐池，西南通乌思藏，西北通瓜沙哈密，皆可牧可猎之区，广汉无际，欲提兵于此，竞利毡裘，难矣。进兵之路，惟西宁颇易，而西宁以西有扁都口可进，照惟可以防其北溃，而到海则远。东有绰逊河口可渡，然惟河以扼其南奔，而到海则又远。即使兵众食足，西宁裹二十日之粮，由石硖进甘凉；裹一月之粮由扁都口进河东；裹月余之粮，由绰逊口进，然亦未必能得志而绝群丑者，何也？我进则彼退，我愈进则彼愈退，况大汉穷荒，我军深入，粮糗刍料何以随载？缓急失接，何以救援？此海上出兵之难也。臣昼夜熟计，有可举之事数端。

一曰严借路，甘镇一路乃入海门户也。诚使镇巡诸臣恪遵明旨，闯边则杀，扒墙则杀，掠内则杀，则匈奴之臂必断，海虏之势自孤。虽有小丑，穴中鼠耳。藉虏受赏于东，欲启疆于西，在各镇则革市捣巢以牵之。在甘镇则陈师鞠旅以御之，诸虏有不内顾而外畏乎？此蚕食海虏之第一义也。

二曰急自治。自治之策，莫要于设将、增兵、制器。西宁之碾鄯，海上视之犹称腹里；西川、北川、南川、沙掌川逼临海道，皆当虏冲。北川原设守备，西川近设游击，增兵三千，画地分守。独沙棠川平原广衍，应设守备一员，省碾伯兵四百补之，庶便防御。西宁参将应改为协守副总兵，与甘凉分为三协，乃渐积刍饷，使常有万兵一二年之供，修治神枪火炮，演习障法，使一可当十，可横行匈奴矣。

三曰鼓蕃族。环河湟皆蕃，而海上之蕃最有气力。其族有七，总名曰红帽蕃子。又大海西南有阿尔列蕃一族焉。其部落最众，先年曾杀火酋兄歹言黄台吉，其强悍与虏埒也。惟是镇巡道将留心招来。归顺，则辑宁之；陷于虏，则诱而出之；为虏掠，则出兵救护之。其能斩级，则照例陆赏之，赶来马匹，即给而奖之。使海上诸蕃皆为我耳目羽翼，而虏视之草木皆兵，又安能宁处海陬也。

四曰扼川底。瓦剌达子与套虏世仇，回回入贡，中途屡被流虏劫掠。今回夷与瓦剌结亲，皆欲甘心于虏者。此来之虏既不许借道内地，倘由川底行走，得其情形，则召号回夷勾引瓦剌会兵于嘉峪关西北，我亦张兵关外，为其声援，虏必畏而不敢来，海虏之势孤矣。

五曰饬茶禁。海上蕃夷以茶为命，中国之制，惟熟蕃则易茶，禁生蕃则不许。然生蕃托熟蕃以交通，海虏附蕃族以私贸，甚有奸商私载入蕃地，奸夷私载抵虏穴，以收厚利，虏亦乐居海上矣。今严为之禁，无许私茶出境入虏，则海虏自困。或有如俺答中湿肿足而归者矣。

六曰议雕剿。春寒马弱，侦其往收近塞，则轻师潜出，打其帐房，使老小辎重牵顾不及，而又诸蕃赶其马匹，虏必不能宁居海上矣。

七曰重首功。虏未款之先，入犯则环塞，军民得而杀之，虏亦不敢轻入。自款之役，虏抢蕃族犹迎敌，继因虏酋四行罗织，官为追罚诸蕃，蕃遂甘心附虏，阳为掠蕃，阴为掠汉，汉人亦畏虏，不敢杀，且有送添巴者矣。臣入西宁，访知此情，乃大修播告，明示赏格，杀虏级来献矣。海虏罪恶屡著，不鼓遣民杀之，是自馁也，非边臣保疆安塞之忠也。臣已三令五申：虏入必杀，杀虏必赏。仍遍示蕃汉军民，但虏近边窥伺，或假以买卖掠蕃者，许乘便杀之，每级即给银五十两，愿升者拟升，使蕃汉军民皆晓然知杀级之获大利且速得也，宁无拼身命以图虏者乎？第年来法令不信久矣，血战而隔年不叙功，万里无告之军民，且向有因杀虏级而反获罪者矣。将吏灰心，岂独蕃汉军民皆丧气也？

八曰议招降。查得先年虏有率众四五十名或百名以上降者，授以镇抚千户官职，十名或二三十名，亦各给赏。招降有功，参守等官例亦分别升赏。今赶马捣巢之后，虏必震惊，而贫夷强虏必有畏杀内附者。若各将领有招来之法、安插之术，美其服饰，优其粮石，则各酋岂无望风投进者乎？虏渐披离，是亦清海之吃紧矣。然西宁弹丸之地，蕃汉杂居，僻在一隅，馈运艰甚。臣入皋兰查问西宁积聚，仓廒无粮，草场无草，其时青黄不接，贸易无措，监收官下乡散银，土民皆掉臂入山而去。臣与各将吏委曲调停，凡军粮马料皆以豆麦青稞相兼而支，乃积得万军十日之粮草，仅供万军出塞十日之支。故今议剿虏者先养士，又养士者先积饷，然积饷十万，则未可以旦夕举也。

附注

注一：北四十。

注二：东三十。

注三：北九十。

注四：东二十五。

注五：东七十。

注六：东九十。

注七：东九十。

注八：南三十。

注九：南五十。

注十：南五十五。

注十一：南九十。

注十二：西三十。

注十三：西三十五。

注十四：西四十五。

注十五：西五十。

注十六：西四十五。

注十七：西五十。

注十八：北二十。

注十九：北三十五。

注二十：北四十。

注二十一：北四十。

注二十二：北九十。

注二十三：北一百二十。

注二十四：东三十五。

注二十五：东四十。

注二十六：东八十五。

注二十七：南三十。

注二十八：南三十五。

注二十九：南三十五。

注三十：本志有好地掌，南四十。

注三十一：南五十。

注三十二：北九十。

注三十三：北六十。

注三十四：东六十。

注三十五：巩北境。

注三十六：王保保于兰州城东北筑城以居，城有二：一在东关坡，一在金城关北。

注三十七：疏云，松山地方原系国家幅员，疆土界在甘、宁、固原三镇之间，水甘草茂，田美林丰，正、嘉以前，悉为两河屯牧之区。自镇番以至中卫，烽堠相望，迄今旧址犹存。惟于隆、万间，故酋宾兔率领子弟，号召诸部暗聚其中，遂为渊薮，从此□□庄凉始为一线，逼径兰靖，中卫痈结内蚀，环三镇数千里增城筑堡，设将添兵。洎款市之费不赀，而狡酋东勾西连，愈渐强大，抢番掠汉，羽翼日增。于是东达兰靖，西指凉庄，北通朔方，总两河封城，无处不遭蹂躏，无地不被荼毒三十余年。

注三十八：疏云，新疆红水去兰州五百余里，地旷人稀，中包原隰险阻、谷虏巢穴。日久习知地形，乘隙蹈辍，突入突出。勘得老虎城地里适中，土脉水草俱便，应建大城一座。第南离兰州尚有三百余里，应再筑镇虏、保定二小堡。兰州参将兵马当时原备松虏，今红水、芦塘既筑大边，保障于外，兰州即为腹里，况有该道驻扎原设参将移之新堡为便。兰州系藩封之地，亦不可无捍御。今查景古城止因十八年火酋内犯，添设守备官军，嗣后既设临洮总兵镇守该堡，近在七十里之内，兼制为易，此官似属冗员，应改为兰州守备，移驻盐场堡内卫，肃藩外援新堡，其景古城堡改委操守统领。

注三十九：黄河水东西两川为翻车导引，可资灌溉，自本州人段续创始。万历三十七年，郎中王聘贤捐金为水车八，授居民之有田地者。民间因河为磨，船缆所在易圮城基，利微而害巨，议者欲禁毋行，宜也（《兰州志》）。

注四十：洪武年开设，每关官一员、军五十名守把，一年一换。

注四十一：已上三关本志无。

注四十二：山口在州西九十里。

注四十三：山口在州西七十里。

注四十四：泥沟山口在州西七十里。

注四十五：山口在州西九十里。

注四十六：山口在州西七十里。

注四十七：山口在州南六十里。

注四十八：脑山口在州西九十里。

注四十九：山口在州南八十里。

注五十：本志无。

注五十一：山口在州南八十里。

注五十二：山口在州南一百七十里。

注五十三：山口在州南一百四十里。

注五十四：山口在州南九十里。

注五十五：俺陇在州南二百里。

注五十六：本志有贾剌麻山口，在州西一百里；火烧岭山口，在州西九十里；沙沙剌麻山口，在州南八十里；宁河关，在州东南六十里。

注五十七：《地理志》，小字当出班固自疏，而后汉郡国志乃刘昭，非范晔也，俞误。

注五十八：嗣后唐咸亨中，薛仁贵征吐蕃，败绩，失河湟以西之地，移置积石军于河关静边镇，今河州所谓积石山以西地也。久之，遂讹河州以西之山为积石，而以积石东北星宿川为河源，而昆仑益为明证，遽入于酒泉、临羌之境矣。且《尚书》昆仑析支渠搜，次第叙之。天析支，即河曲羌所居都。实所称九渡水。渠搜在今榆林北，去析支之下五千余里。昆仑应在析支之上。而都实称自九渡行二十六日程，始至昆仑南。则昆仑在析支之下矣，有是理哉？

四川备录上

道路

自成都府锦官驿，由府属之新都军站，广汉驿，北由潼川州境古店军站、五城驿、建宁军站皇华驿、秋林军站云溪驿，保宁府境富村军站柳边驿、龙山军站锦屏水马驿、槐树军站、施店军站、柏林军站柏林递运所，龙潭军站问津水马驿、沙河军站、神宣军站神宣递运所，抵陕西宁羌州境为北路。自广汉驿西北由成都府境金山驿、西平驿、武平驿、小溪驿、溪子驿、水进驿、小河驿、三舍驿抵松潘卫为北路。由成都府境唐安驿，邛州境白鹤驿，雅州境百丈驿、雅安驿、新店驿、箐口驿，黎州境沉黎驿，越雋卫境河南驿、镇西驿、利济驿、龙泉驿、泸沽驿，建昌卫境溪龙驿、泸川驿、阿用驿、禄马驿，会川卫境巴松驿、大龙驿、会川驿、腰驿、黎溪驿抵云南武定府北界马西南路。由府蜀之龙泉驿、阳安驿、南津驿、珠江驿、安仁驿，敘州府属之龙桥驿，重庆府境峰高驿、东皋驿、来凤驿、白市驿、朝天驿渡江，由百节驿、百渡驿、东溪驿、安稳驿，播州境松坎驿、桐梓驿、播川驿、永安驿、相川驿、仁水驿、湄潭驿、鳌溪驿、岑黄驿、白泥驿抵湖广偏桥界，又自湘川驿、西南昌田驿、沙溪驿、黄平驿抵贵州之兴隆卫界，为东南路。由成都府境永康驿、大平驿、寒水驿、安远驿、护林驿抵茂州，自茂州折而西北，由长宁驿、来远驿、归化驿、镇平驿、古松驿亦抵松潘卫为西路。又自锦官驿递运所水路，由成都府属广都驿、木马驿、龙爪驿、眉州境、武阳驿、眉州驿、石佛驿、青神驿、峰门驿，嘉定州境平羌驿、凌云驿、嘉定州递运所、三圣驿、沉犀驿、下坝驿，叙州府境月波驿、宣化驿、真溪驿、牛口驿、汶川驿、叙州府递运所、李庄驿、龙腾驿，泸州境江安驿、董坝驿、纳溪驿、泸州递运所、泸川驿、黄舣驿、神山驿、牛脑驿、史坝驿，重庆府境汉东驿、石门驿、石羊驿、焚溪驿、铜罐驿、鱼洞驿、朝天驿、重庆递运所、木洞驿、龙溪驿、蔺市驿、涪陵驿、东青驿、酆陵驿、花陵驿、云根驿、忠州递运所、漕溪驿，夔州府境瀼途驿、集贤驿、万县递运所、巴阳驿、五峰驿、南沱驿、永宁驿、夔州递运所、高塘驿抵湖广巴东界为东路。又自陕西汉中南界水路，由九井驿、朝天驿、问津驿、龙滩驿、虎跳驿、苍溪驿、盘龙驿，顺庆府境龙溪驿、平滩驿、嘉陵驿，重庆府境太平驿、合阳驿、上沱驿至重庆府入大江，为北水路。又自叙州府水路，由马湖府境罗东溪泥溪驿入东川军民府，自泸州境纳溪驿、纳溪递运所、渠坝水驿、大洲水驿、峡口水驿入永宁宣抚司，为南水路。又由永宁永安驿、永宁驿、永宁递运所、普市驿、摩泥驿、赤水驿、阿永驿，乌撒府境层台驿、周泥驿、瓦甸驿、黑张驿、普德归驿，抵贵州北界，为陆路。

松潘　威茂　安绵

松、叠、威茂皆氐羌居之，自汉以来，叛服靡定。

国朝洪武十一年，御史大夫平羌将军丁玉克服其地，设松州、潘州、茂州三卫，叠溪、威州二千户所。洪武二十年，并松潘二卫为松潘卫军民指挥使司。宣德四年，调成都前卫后所为小河千户所，增置城堡，添调成都利保等卫所，官军更番戍守。先年，兵备提督皆侍郎都御史，成化初，改设按察司副使，总理松茂兵粮。后因南路梗塞，茂、松不相通，又龙州相去辽远，分设松潘威茂安绵道兵备，又设镇守总兵官，以侯伯都督充之，挂“平蛮将军”印。成化初，改分守副总兵，协守左右将军，南路东路二游击将军，俱以都指挥充之。正德五年，添设石泉坝底守备，以都指挥体统行事。又松潘、障腊地方，相隔六十余里，皆有隘口可通北虏。嘉靖十一年，虏贼深入为害，巡抚都御史宋沧议于障腊后山岭建靖虏墩，西小高岭建御寇墩，设戍守之。嘉靖二十年，巡抚右佥都御史刘大谟、巡按御史王珩奏设守备指挥，亦与都指挥体统行事，增官军二千员名，修筑边墙一万三千五百三十丈，深挖坎阱二千五百六十四口，及于大坝建立一堡，西山平坝更修一墩，以防虏骑侵扰之患。有四州三近障腊。今阿失寨即上潘州，班班簇则下潘州，二州之间则中潘州。去松不二三日，故城遗址尚存。惟松州今为卫城军屯堡，与障腊诸番犬牙相参，原隰之利颇丰，虽无厉禁，然亦不相侵夺。自松达茂不三百里，路循河岸，夷碉棋布山岩，视之如蜂房。保县有堡，过汉索桥，则古维州故城，三面临江，殊陡险，盖董卜韩胡宣慰司与杂谷安抚司交界处。城与李德裕筹边楼遗址尚存，旧碑景泰间为叛夷王永所毁。州址今为杂谷碉寨，迤北则古无忧城，然皆名存实亡，不复为我有也。大抵松叠皆夷，茂汉夷相半，然皆置卫所备守不废者。盖松叠所以厄塞吐蕃，叠则松茂脉络。昔人谓吐蕃入寇，必自黎文；南诏入寇，必自沉黎；吐蕃、南诏合入寇，必于灌口。灌口失守，则长驱于蜀。然则三城，边藩篱；灌口，叠、茂喉襟；威、茂，灌口障蔽；峨山，全蜀巨屏。实天设险以限华夷者也。

松潘则副总兵一员驻扎松潘卫，游击将军一员驻扎小河千户所，左参将一员驻扎龙安府，游击将军一员驻扎障腊屯堡，把守指挥五员分督关堡，自松潘以东望山关、雪栏关、风洞关、松林堡、红崖关、三舍堡、镇远堡、小关子堡、松丫堡、三路堡、师家堡、四望堡抵小河千户所，蜂崖堡、叶堂堡、马营堡、水进堡、镇夷堡、铁龙堡抵龙州宣抚司。又自松潘以南红花屯堡、熊桢屯堡、西宁关、山屯堡、安化关、镇革堡、新塘关、艾蒿堡、归化关、北定关、蒲江关、平夷堡、金瓶堡、镇平堡、镇番堡、靖夷堡、平定堡抵叠溪界。又自松潘以北谷粟屯堡、高屯子堡、羊裕屯堡、唐舍屯堡、谭廊屯堡、障腊屯堡抵吐蕃洮河界。以上关堡并墩台共八十七处，戍守主客官军、舍余游兵共一万一千六百八十四员名，每岁额坐松潘等一十六仓粮米共九万九千三百八十石有奇。按松潘乃西蜀之重镇，诸番之要区，东运龙安，南接威茂，北抵胡虏，西尽吐蕃，西北又与洮岷连壤，镇城衙门关堡之外，四面皆番，故经略者谓蜀之各镇，惟松潘纯乎边者也。万历六年，兵备副使杨一桂以人荒、没舌、丢骨等寨番民连年侵扰，条陈十款：一曰雕除恶寨，二曰充实行伍，三曰议处充发，四曰揀拨戍守，五曰革去游兵，六曰定委要害，七曰联络墩堡，八曰设立草场，九曰招复逃亡，十曰年终奖戒。呈允施行，切中边务。茂、叠则右参将一员驻扎茂州，州有茂州卫；游击将军一员驻扎叠溪千户所；各路把守指挥五员分督关堡。自茂州以北镇戎堡、椒园堡、长安堡、韩胡堡、松溪堡、长宁堡、穆肃堡、实大关新堡、马路堡、小关子抵垒溪千户所，北行至汉关墩、新桥堡、普庵堡、太平堡、永镇堡抵松潘界。又自茂州小东路土地岭堡、镇夷堡、关子堡、神溪堡、土门堡、桃平堡抵安绵界。又自茂州南路迁桥墩、黎兰头、白水墩、盐盔头、独脚门楼、瞰远墩、四顾墩、羊毛坪、五星墩、文镇抚村、大宗渠、石鼓村、七星关、雁门堡、青波堡抵威州，州有千户所。至汶川堡、彻底关抵灌县界。又至威州西路，则保子关、坡底堡、坝州堡、干溪堡、镇夷关、新安堡抵堡县堡县堡，四围皆番境。以上关堡并墩台共一百二十处，戍守主客官军、兵快羌番共一万四千二百五十二员名，额坐广备等二十四仓，粮米一十万三千九百一十七石有奇。安绵则守备指挥二员，以都指挥体统行事，一驻扎石泉县，一驻扎平番堡；把守指挥四员，分督关堡。所属各路：曲山关、擂鼓坪堡、后庄堡、香溪堡、叠溪堡、西溪堡、灵鹫堡、睢水关、视曹堡、绵堰堡、马尾堡、白水堡、龙蟒堡、三江堡、观子堡、徐坪堡、平通堡、大方关、大印堡、茅堆堡、山茅堡、徐塘堡、坝底堡、石板关、石泉堡、白印堡、青岗堡、石泉城、上雄关、平番堡、奠酒哑堡、赤土坪堡共二十五处，戍守官军、兵快共六千四百五十二员名，额坐大印等仓粮米共三万一千一百一十八石有奇。嘉靖二十三年，游击周庚妄杀讨赏番人著儿柘等。二十四年，白草等一十八寨番蛮聚众于羊甬、白泥一带劫掠，攻克平番奠酒二关，截占漩平，以阻石泉兵粮之路。巡抚都御史张时彻督同副总兵何卿调集官兵剿平之。

《蜀中风俗记》

汉《地理志》云，人食稻鱼，俗不愁苦，而轻易淫佚。然地沃人骄，奢侈颇异、人情物态，别是一方。

隋《地理志》云，蜀地四塞，山川重阻，水陆所凑，货殖所萃，盖一都之会也。风俗大抵与汉中不别，其人敏慧轻急，貌多蕞陋，颇慕文学，时有斐然。多溺于逸乐，少从宦之士，或至耆年白首，不离乡邑。人多工巧，绫锦雕镂之妙，殆侔于上国。贫家不务储蓄，富室重于趋利。其处家室，则女勤作业，而士多自闲。聚会宴饮，尤足意钱之戏。小人薄于情礼，父子率多异居。其边野富人，多规固山泽，以财物雄役，故轻为奸藏，权倾州县，此亦其一厄也。

《益部耆旧传》云，杨统曾祖仲续举河东方正，授郫令，甚有德惠，人为立祠。乐其风俗，于是居焉。《汉书》：扬雄之先、扬季官至庐江太守。元鼎间，避仇溯江，处岷山之阳曰郫。有田一廛，有宅一区，世世以农桑为业，其俗之隩厚可知也。温江，故郫所分。

《益州记》云，彭之土地肥良，比于郫邑，号“小郫”矣。江原之地，特好美田，葛公云，益州所需，悉仰于蜀，即此。《华阳国志》称其俗好歌舞，危弦促管，声尤激切。而陆游谓唐安有三千宫柳，四十琵琶也。

《永康图经》：其俗刚悍，颇尚气节，而杂夷风。县西五十里有蚕崖关，以扼西山之走集，而边徼从此分矣。威茂，古冉太原市駹地，土地刚卤，不生谷粟麻菽，惟以麦为粮。自古及今，并无两税。

《寰宇记》云，州本羌戎之人，好弓马，以勇悍相高，诗礼之训缺如也。男子衣羯羊皮鞈靼，妇人多戴金花，串以瑟瑟，而穿悬垛为饰。叠石为巢以居，如浮图数重。门内以梯上下，货藏于上，人居其中，畜围于下。高二三丈者，谓之鸡笼；十余丈者，谓之碉。亦有板屋、土屋者。自汶川以东，皆有屋宇，不立碉巢。豹岭以西，皆织毛毯，盖屋如穹庐。其地多冰寒，盛夏凝冻不释。夷人冬则避寒，入蜀佣赁自食；夏则避暑反落，岁以为常，故蜀人谓之作五百石子也。西入松州，苦寒特甚，日耕野壑，夜宿碉房。刻木契以成交易，炙羊膀以断吉凶。人人精悍，习战斗矣。

简州治阳安，宋关耆孙碑阴记云，东普慈，西成都，有东之朴，有西之文，盖尝出磊落瑰奇之士焉。绍兴黎持《道院记》云，阳安邻于会府，而有江山之胜；处于高仰，而有鱼稻之饶。民事狱讼，比之旁郡，十无一二，凡隐于吏者乐趋焉，人目之为西州道院。《寰宇记》云，郡有獽人，言语与夏不同，嫁娶但鼓笛而已。遭丧乃以竿悬布，置其门庭，殡于别所，至其体骸燥，以木函盛置于山穴中。按李膺云，此四郡獽也，而今则文质彬彬矣。

资中或治盘石，或徙内江，皆谓之中水也。《图经》云，王褒起资中，以文词显，于是东梓为多士之国。刘光祖记云，蜀东十数郡，山水之秀，不敢与资中抗，文物亦然。

陵州以盐井为业，以道陵得名。《丹渊集》云，州在崎岖山谷之中，城垒邑屋与峦岭涧壑相为上下。所领县四，户口裁三万，税钱止千三百缗，租不满万石。土田瘠卤，民颇善耕稼，然其性椎质，各守护本业，不喜作诉讼事。又郡县志云，俗愿悫而好静，公议而无私，有古淳质之风。今亦恐渐讹矣。

汉益州或治广汉，或治绵竹。古语云，“大旱不旱，蜀有广汉。”《蜀记》云“浸以绵洛”，故广汉谓之渊府也。新都与成都、广都各为三都之一，故号名城，兼有金堂山焉。绵竹以姜诗力孝，宅曰泛乡；以任安教授，俗侔洙泗。德阳有望秦之里，彰明有廉逊之泉，皆以人重也。

《郡国志》云，左绵界东西二川，北负梁雍，风气所濡，各得其偏，故其俗文而不华，淳而不鲁，刚而不狠，柔而不弱。《三国志》：先主入涪，宴于山上，顾谓庞统曰：“此州之民，其富乐乎？”陈谿唐昌《草市记》云，诸葛武侯以蜀胜脆，故令邻邑翊日而市，意在习其斤力，而俟之征徭。又每及上春，以蠢为名，因定日而有所往也。

《寰宇记》云，龙州风俗与剑州同，然山高水峻，人多瘤而痴聋，盖山水之气使然。

江油令许醇《民谣序》：“所向皆山石，少平陆，鲜谷稻，人悉仰食于绵、剑邻邑。”旧经云，岩居谷处，多学道经，罕有儒术。

嘉州教授任熙明题名记云，“蜀为西南巨屏，由汉以来，号为多士，莫盛于眉、益二邦，而嘉定次之。”张刚《通义图序》云，“后世以蜀学比齐鲁，而蜀之学者，亦独盛于通义。”《政和御笔》：“西蜀惟眉州学者最多”。《修谯楼记》云，“其民以诗书为业，以故家文献为重，夜燃灯诵读，声琅琅相闻矣。”苏轼《远景楼记》云，“吾州之俗，有近古者三：其士大夫贵经术而重氏族，其民尊吏而畏法，其农夫合耦以相助。盖有三代汉唐之遗风，而他郡莫之及也。始朝廷以声律取士，而天圣以前，学者犹袭五代之弊，独吾州之士，通经学古，以西汉文词为宗师。

方是时，四方指以为迂阔。至于郡县胥吏，皆挟经载笔，应对进退，有足观者。而大家显人，以门族相尚，推次甲乙，皆有定品，谓之江乡。非此族也，虽贵且富，不通婚姻。其民事太守县令，如古君臣，既去，辄画像事之。而其贤者，则记录其行事，以为口实，至四五十年不忘。富商小民，常储善物而别异之，以待官吏之求。家藏律令，往往通念，而不以为非，虽薄刑小罪，终身有不敢犯者。岁二月，农事始作。四月初吉，谷稚而草庄，耘者毕出，数十百人为曹，立表下漏，鸣鼓以致众。择其徒为众所敬畏者二人，一人掌鼓，一人掌漏，进退坐作，惟二人之听。鼓之不至，至而不力，皆有罚。量曰计功，终事而会之，田多而丁少，则出钞以偿众。七月既望，斩艾而草衰，则仆鼓决漏，取罚金与偿众之钱买羊酾酒，以祀田祖，作乐饮食，醉饱而去，岁以为常，其风俗盖如此。故其民皆聪明才智，务本而力作，易治而难服。守令始至，视其言语，辄了其为人。其明且能者，不复以事试，终曰寂然。苟不以其道，则陈义秉法以讥切之，故不知者以为难治云。”文同《桂花阁记略》云，“印为要州，地物繁缛，俚师陋士，亦备文采，章逢彬蔚，实逾于他邦矣。”《华阳国志》云，秦惠文、始皇克定六国，辄徙其豪侠于蜀，资我丰土，家有盐铜之利，户专山川之材，居给人足，以富相尚。故卓王孙家僮千数，程、郑各八百八，箫鼓歌吹，击钟肆悬，富侔公室，豪过田文。汉家食货，以为称首。盖亦地沃土丰，奢侈不期而自至也。宋张上行曰：“此郡昔有四利，今有四害：曰茶，曰盐，曰酒，曰铁。他郡或有其一，或有其二，而吾邛独全。昔以为利，国竞豪富，今以为害，民皆贫薄矣。”

《梁益志》云，大小漏天在雅州西北，山谷高深，沉晦多雨。旧说黎州常多风，雅州常多雨，故谓黎风雅雨。《九州要记》云，“沉黎县即诸葛武侯征羌之路也，每十里作石楼，令鼓声相应。今夷人效之，所居悉以石为楼。地多长松而无杂木。”孙渐《清啸楼记》云，“襟带邛笮，羁縻诸蕃。”《郡县志》云，“宋初，曹光实父子以忠义奋，迨皇祐，始有登科者。”《寰宇记》云，“黎州番部与汉人博易，不使见钱，汉用绸绢茶布，番用红椒盐马。”又云，“邛雅之夷獠、妇人娠七月而产，产毕，置儿水中，浮者取养，沉者弃之，千百无一沉者。长则拔去上齿，加狗牙以为华饰。今有四牙长于诸牙而唇高者，别是一种，能食人；无长龄者否。俗信妖巫，击铜鼓以祈祷。至今芦山县新安乡五百余户，即其遗人也。”

叙南，古戎州，取“西戎即叙”之义，蜀人呼“叙”为“遂”，不知何所本。《华阳国志》称其民征巫好鬼妖。《图经》云，“夷夏杂居，风俗各异，蓬户茅檐，髽髻诡服，顿首拊掌而歌。”

江阳土地虽迫，山川特美，盐井鱼池，一郡丰沃。《华阳国志》云，“俗好文刻，少儒学，多朴野，盖天性也。汉光武时，被谪不使冠带者数世。其后文风，则自宋尚书杨汝明始，创五峰书院，以为士友会课之所，而士翕然兴起矣。”

戎泸皆有诸葛武侯庙，每岁蛮人贡马，相率拜于庙前。庆符有顺应庙，乃祀马谡者，岁以三月二日致祭。马湖之夷，岁暮百十为群，击铜鼓，歌舞饮酒，穷昼夜以为乐。其所储蓄，弗尽弗已，谓之诸葛穷夷法。

《寰宇记》云，“大凡蜀人风俗一同，然边蛮界乡村有獠户，即异也。今渝之山谷中有狼猺，乡俗构屋高树，谓之阁阑。不解丝竹，惟坎铜鼓。视木叶以别四时。父子同讳，夫妻共名，祭鬼以祈福，是所异也。”

《华阳国志》：“涪陵山险水滩，人性戆勇，多獽蜒之民；县邑阿党，斗讼必死。无蚕桑，少文学。汉时赤甲军，常取其民；蜀丞相亮亦发其劲卒三千人为连弩士，其性质直，虽徙他所，风俗不变。”

巴子之时，陵墓多在枳，其畜牧在沮，今东突硖下畜沮是也。又立市于龟亭北岸，今新市里是也。《龟陵志》云，“风土煦暖，五月半早稻已熟，便可食新；七八月间，收割已毕，故有乐温之号。”

《水经注》云，“平都县有天师治，兼建佛寺，甚清灵。县有市肆，四日一会，南宾郡所辖也。”《忠州题名记》云，“有巴蔓子仗节死义之遗风，故士颇尚气；有甘兴霸、文广休任侠之余烈，故士多倜傥。”黄鲁直《四贤阁序》云，“郡自开元以前，讫于会昌，刘士安、陆敬舆、李宏宪、白乐天，四君子者，相继出守，凛然犹有生气。忠民每以此自负，而郡守至者必矜式焉。”

《黔州图经》：“地近荆楚，候如巴蜀，五溪襟束，为一都会。路途阔远，亦无馆舍，凡至宿泊，多倚溪岩，就水造飧，钻木出火。”黄鲁直与秦太虚书曰：“某屏弃不毛之乡，以御魑魅，耳目昏塞，黔中一老农耳。”其作《县题名记》云，“黔江县治所，盖未开黔中郡时歌罗蛮聚落也。于今为县，二乡七里，户千有二百。其秋赋佣雇，不登三十万钱，以地产役于公者八十有五。其义军，二千九百，招谕夷自将其众者五百七十。其役于公之人，质野畏事，大略与义军夷将领不殊也。使之非其义，或跳梁不为用；决讼失其情，或掳掠以偿直。暗则小智者亦混疆畔而为欺，懦则细黠吏亦能用其柄。市麝脐以百计，市蜂蜡以千计。

贫则夷以长吏为侮，宽则以利啖胥徒而免，苛猛则鸟兽骇而奏箐中矣。至今得其人，栉垢爬痒，民以安堵；而异时号为难治，吾不知其说也。”

《常璩志》：“郡与楚接，人多劲勇，少文学，有将帅才。”宋何郯《夫子殿记》云，“夔为州，于巴东最大，其风俗嗜好语言，较楚荆不甚远。当列国时，楚显显多良才，夔为楚疆，至今未闻有用儒显者。民家子弟，壮则逐鱼盐之利。富有余赀，辄以奉事鬼神，它则不暇知耳。”李贻孙《都督府记》云，“其人豪，其俗信鬼，其税易征，其民不偷也。”

宋肇《诗序》，“夔冬暖，雪不到地，惟山高处白。”《杜诗注》云，“峡土硗确，煖气既达，故民烧地而耕，谓之火耕。”

开州、都梁、南浦、云安皆汉朐忍县也。注云，“其地下湿，多朐忍虫，故名。此虫为瘴，善中人，避之则吉。”《盛山学记》云，“士以绩文相高，有温造、柳公绰之余烈。”《梁山军题名》：“其民未尝造难听之讼以溷有司，守居萧然，阅旬无讼牒至厅下。军西之田，独平衍可耕，前涪后峡，挟以夔万，皆崇山还委。”《南浦记》云，“土地多泉，民赖鱼罟，西魏于此置鱼泉县也。”

《通川图经》云，“水航于蜀，陆肩于雍，楼雉丹漆，廛用珠玉，土居十万户，水居三千户。”《九域志》载，男女不耕桑，货卖用杂物以代钱。常氏《马鸣山志》称其持金易丝枲者，不绝于道矣。

《大宁监图经》云，“一泉之利，足以奔走四方，吴蜀之货，盛萃于此监。地接朐忍，多瘴，土人以茱萸咽茶饮之，可辟岚气，以其味辛，名曰辣茶。”《题名记》：“大宁僻在东南，轩冕者寡，而封畛之内，皆乐善之编氓也。”

夫竹枝者，闾阎之细响，风俗之大端也。四方莫盛于蜀，蜀尤盛于夔。杜子美《白帝》诗云，“破甑蒸山麦，长歌唱竹枝。”《万州图经》云，“正月七日，乡市士女，渡江南蛾眉碛上，作鸡子卜，击小鼓，唱竹枝歌。”《开州志》云，“俗重田神，男女皆唱竹枝。”《巫山志》云，“琵琶峰下女子，皆善吹笛，嫁时群女子治具，吹笛唱竹枝词送之。则夔俗比比如是矣。”刘禹锡《竹枝词》九首序云，“四方之歌，异音而同乐。岁正月，余见建平里中儿，联歌竹枝，吹短笛，击鼓以赴节。歌者扬袂睢舞，以曲多为贤。聆其音，中黄钟之羽，卒章激讦如吴声，虽伧伫不可分，而含思宛转，有淇澳之艳。昔屈原居沅湘间，其民迎神，词多鄙陋，乃为作九歌。到于今，荆楚歌舞之。故余亦作竹枝九篇，俾善歌者飏之。附于末，俾后之听巴歈者，知变风之自焉。”《遵义图经》云，“其俗敦庞淳固，以耕植为业，鲜相侵犯。天资忠顺，悉慕华风。”

《元史·地理志》云，“夷夏杂处，遵文教，守礼法。夷椎髻披毡，以射猎伐山为业，信巫鬼，好诅盟。”

《方舆胜览》云，“累世为婚姻，以铜器、毡刀、弩矢为礼，燕乐以锣鼓横笛歌舞为乐。会聚贵汉服，出入负刀弩，交易与华人不侵，此亦属县之大较也。”

应劭《风俗通》云，“阆中有渝水，实民多居水左右，天性劲勇。初为汉前锋陷阵，锐气喜舞，帝善之，曰：‘此武王伐纣之歌也。’乃令乐人习学之，今所谓巴渝舞也。”《隋书·地理志》称，其风俗与汉中不别，质朴无文，不甚趋利，虽蓬室柴门，食必兼肉。好祀鬼神，尤多忌讳，家人有死，辄离其故宅。崇重道教，犹有张鲁之风焉。每至五月十五日，必以酒食相馈，宾旅聚会，有甚于三元时。按《苍溪志》，北八十里有岐平镇，每五月初间，四方商贾、辐辏贸易以万计，号为岐平会，亦古今相沿之概也。

宋太守李献乡《南楼诗序》云，“地暖风清，民淳事简。”冯忠恕记云，“其地平衍而沃，其民恭俭而文，在西南为佳郡，不减成都。”

《利州图经》呼为小益，对成都为大益也。旧志云，自城以南，纯带巴音；由城以北，杂以秦语。

汉李尤《蜀记》：“蜀山自绵谷葭萌道径险窄，北来担负者，不容易肩，谓之左担道。故少陵《愁坐》诗云，葭萌氐种迥，左担犬羊存。”

保宁一府，四月新丝出，输县官缗，过此则逋负矣，俗因谓之蚕粮。

《十道记》云，“广汉之地，有盐并铜山之富，蔬食果实之饶，此后汉冯灏刺奢之说所由作也。”《玉堂遗范授高璩剑南东川节度使制》云，“梓潼奥区，贤彦徊翔者矣。旧经称其俗好胜尚气，不耻贫贱，士通经学古，罕为异习，岂非相沿以使之然欤！”文同《乐间堂记》：“中江为梓之三万户县，生齿既众，分地既狭，其争斗之辩，侵越之诉，番已遽作纷午交衍，鞭之庭而械之狱者亡虚日。所决一未餍其愿，则号冤唱屈，奔走跳荡于劝农使前者，绝复续焉。士大夫以无可奈何而适为之令者，何尝不望名而起畏。河南廖君自福昌移治于此，闻其所以为政之大抵也，无急击，无缓纵，棼以栉之，结以觿之，摩抚柔愿，规厉陶突，善端奸几，观听而尽。民自戒告，舞敢欺渎，曾未逾岁，已底无事云。”

蜀山谷间民皆冠白，言为诸葛孔明孝服。所居深远者，后遂不除，出《乙卯避署录》，今蜀人谓之“戴天孝”。

《蜀中方物记》

川西井

《蜀都赋》：家有盐泉之利。《华阳国志》：蜀郡广都县有盐井，又有小井十数所；键为郡牛鞞县有阳明盐井。又云，李冰识齐水脉，穿广都盐井诸陂池，蜀于是盛有养生之饶焉。《郡国志》云，唐武德二年，分魏城置盐井泉县，以地有盐井，民得采漉，为四方贾售之地。按广都，今双流；牛鞞，今简州；魏城，今属左绵也。《寰宇记》云，益部盐井最多，而陵井最大，在仁寿县，纵广三十丈，深八十丈，汲以大牛皮囊，刑徒充役甚苦。后废陵井，更开狼毒井，今之煮井是也。又云，仁寿县五井，二井存：曰营井，在县南二十五里，隋大业元年开，水淡遂废。至宋乾德三年重开，日收盐四十斤。曰蒲井，在县南四十里，唐武德初开，水淡遂废。至宋太平兴国三年重开，日收盐三十八斤五两。三井废：曰赖宾井、石羊井、赖因井。

有丽甘井，取王女美丽，其盐味甘为名。又有聂甘井，古盐井也，其傍有神庙，谓之聂社云。

又贵平县一井，曰上平，在陵州东北九十三里，唐朝日收盐一石七斗五升，与百姓分利，伪蜀废。乾德三年重开，日收盐一百七十斤。《益州记》：“贵平有主井官，有两灶二十八镬，一日一夜、收盐四石，如霜雪也。”

《寰宇记》云，“井研县二十一井：曰研井，在陵州南百三十三里。唐时日收盐八斗，贞观二十一年崩坏；总章二年重修，伪蜀浅塞；宋乾德三年重开，日收盐四十九斤。曰恩陵井，在州南一百九里。唐时官私日收盐五斗五升，龙朔元年坏；上元元年重开，伪蜀浅塞；乾德二年重开，日收盐三十斤一十两。曰棱井，在州南百里，日收盐五十三斤八两。曰律井，在州南九十里，日收盐五十五斤。曰田井，在州南百五十一里，日收盐三十六斤，俱乾德重开。已上五井存。曰獠母，曰还，曰赖伦，曰石烈，曰茫，曰宋，曰桶，曰柳泉，曰赖郎，曰遮，曰新，曰董村，曰潘令，曰小罗，曰依郎，曰带，已上十六井废。”

《寰宇记》：始建县七井：曰罗泉井，旧废；至宋乾德三年重开，日收盐三十五斤，今存。曰塔泥井、石缝井、赖胡儒井、赤石井、赖子井、赖溲井，已上六井废。

文同《丹渊集》云，“井研县自庆历已来，始因土人凿地植竹，谓之卓筒井，以取咸泉，鬻炼盐色。后来其民尽能此法，为者甚众，遂与官中略出少月课，乃倚之为奸，恣用镌琢，广专山泽之利，以供侈靡之费，豪家至有一二十井，其次亦不减七八。曩时朝廷尝亦知其如此，创置无已，深虑浸久事有不便，遂下本路转运司止绝，不许开造。今本县界内已仅及百家，其所谓卓筒井者，以其临时易为藏掩，官司悉不能知其的实多少数目。每一家须役工匠四五十人至三二十人，皆是他州别县浮浪无根著之徒，抵罪逋逃，变易名姓，来此佣身赁力。平居无事，则俯仰低折，与主人营作；一不如意，则递相扇诱，群党哗噪，算索工值，偃蹇求去。聚墟落，入镇市，欲博奸盗，靡所不至；已复又投一处，习以为常。”按始建今入井研县。

沈存中《梦溪笔谈》云，“陵州盐井（注一）深五百余尺，皆石也。上下甚宽广，独中间稍狭，谓之杖鼓腰。旧自井底用柏木为幹，上出井口，自木管垂绠而下，方能至水。井侧设大车绞之。岁久井管摧败，屡欲新之，而井中阴气袭人，入者辄死，无缘措手。惟候天雨，则阴气随雨而下，稍可施工，雨晴复止。后有人作木盘盖井上，满中贮水，盘底穿小窍酿水，一如雨点，谓之雨盘，令水下终日不绝，如此数月，井管为之一新，而陵井之利复旧。”

川南井

《华阳国志》：南安县有盐溉滩，李冰所平也。在汉有盐井，按今嘉州之红崖，是其故处矣。《寰宇记》云，荣州有盐井五十七所。《朝野杂记》云，彭山有端应井，味稍硝，得隆荣卤饼杂煎之，然后成。元丰、崇宁两尝禁止，以食者多病故也。

杜预《益州记》云，益州有卓王孙井，旧常于此井取水煮盐。又火井县西五里有静边盐井，皆邛州地。《华阳国志》：孝宣帝地节中，穿蒲江盐井二十所，增置盐铁官。《寰宇记》：蒲江县金釜等八井、见岁出课盐六万三千斤。《东坡志林》云，蜀去海远，取盐于井，陵州井最古，淯井富顺监亦久矣，惟邛州蒲江县井乃祥符中民王鸾所开，利人为至厚焉。《雅安志》：州南十五里，多白石盐，土人钻取之，名曰盐崖。

《华阳国志》：江阳县有富义盐井，以其出盐最多，商旅辐凑，言百姓得其饶富，故名。按此井深二百五十尺，凿石以达咸泉口，俗亦称玉女泉也。乾德四年，割为富顺监，而县废，管盐井大小六，岁出盐货三十余万贯。《胜览》云，盐井惟富顺监最大，旧日为额八百余斤，今日额千五百余斤。杨光《清操堂记》：三荣、富顺产盐，其地号为贪泉矣。《富顺志》云，富义井在县西一里，近年为淡水渗溢，灶丁淘远近旧井赔课，而此井遂废。令盐井十四曰：邓漆园、秦家富、小新、罗米、谢家、来周泉、狗鸣、鹤圆坝、罗芹、月岩、溪口、石栏相者是。

长宁县淯井，在县北宝屏山下。《舆地纪胜》云，淯井脉有二：一自对溪报恩寺山趾，度溪而入，尝夜有光如虹，乱流而济，直井所；一自宝屏随山而入，谓之雌雄水。初、人未知有井，夷人罗氏、汉人黄姓者，因收而辨其咸，佥议刻竹为牌，浮于溪流，约得之者以井归之、汉人得牌、闻于官，井遂为汉有。后人立庙祀黄、罗二神。按《十州五团记》：羁縻十州献其盐池官，后为淯井监。《一统志》亦云，长宁冶北淯井二脉，一咸一淡，取以煎盐。塞其一，则皆不流，谓之雌雄井矣。唐贞观五年，置南通州，析置盐泉县以隶之。王象之谓叙州近边之地，别无盐泉。意者即今长宁之境，则唐初必输官矣。元岁课办盐三十万斤，今岁课办盐四十二万五千五百斤。按唐筠州下有盐水县者是，志云，筠连县南二十五里亭台山，像若亭台状，溪边有盐井，即不桶井。

吉州刘立之通判泸州，州有盐井，蜀大姓王蒙正者，请岁倍输以自占。蒙正与庄献明肃太后连姻，转运使等皆不敢予夺。君曰：“倍输于国家，犹秋毫耳，奈何使贫民失业？”遂执不与。见《欧阳修传》。《华阳国志》：“定筰县渡泸水宾刚徼白摩沙夷有盐池，积薪以齐水灌而后焚之，成盐。汉末夷皆锢之，张嶷往争，夷帅岑槃木明不肯服，嶷擒而杀之，厚赏余类，乃安。”今北沙河是也。

川东井

《华阳国志》:"巴郡临江县枳东西百里,接朐忍,有盐官,在监涂二溪,一郡所仰。其豪门亦家有盐井。"《水经注》云,"江水又东迳临江县南,王莽之盐江县也。自县北入盐井溪,有盐井营户沿注溪井水矣。"《郡志》云,"武隆县距白马津东三十余里,江岸有咸泉。初,康定间,有程运使舟次鹖岸,闻江中有硫黄气袭人,谓此必有咸泉。驻舟,召工开之,果得咸脉。是时两岸新蒸赡足,民未知烹煎之法。乃于忠州迁井灶户十余家,教以煮盐之法,未几,有四百余灶。由是两岸林木芟薙童然。"《寰宇记》:"彭水县东九十里有盐井一,今煎;昌元县南北五十里井九山侧亦有盐井。"

荆州图副云,八阵图东南三里有一碛,东西百步,南北广四十步,碛上有盐泉井五口。《寰宇记》云,夔州永安宫南碛上盐井,以木为桶,昔常取盐,即时沙壅,冬出夏没。又云,诸葛盐井有十四,自山下至山上,其十三井常空,盛夏水涨,则盐泉迤逞迁去于江水之所不及。《荆州记》云,朐忍县北岸有阳溪,溪南有盐井百二十所。按阳溪水源出云安县北六百里。又《水经注》:朐忍县翼带盐井一百所,巴川资以自给。粒大者方寸,中央隆起,形如张伞,故因名之曰"伞子盐"。有不成者,形亦必方,异于常盐。王隐《晋书·地道记》曰,入汤口四十三里有咸石,大者如升,小者如拳,煮之水竭而盐成。盖蜀火井之伦,水火相得,乃佳矣。《水经注》:建平郡北井县南有盐井,井在县北,故县名北井,建平一郡之所资也。

宋开宝六年,以夔州大昌县盐井镇置大宁监,治距宝山十有七里,距大昌六十九里,其土多石,刚裂不受陶冶。官民屋宇、多覆茅竹及板，以瓦者无几。突小，不谨辄火。饮食旋给，不忧冻馁，不织不耕，恃盐以易衣食。

淳化中，将作监丞雷说知监事，见井场人户争汲，强弱相凌，多抵于讼，乃于穴傍创石为池以潴水，外设横板三十窍，承以修竹，谓之笕筒。

盖咸泉初出，势暴不可遏，故疏池为墟，而三杀之。泉流既平，均节入笕，无复奔冲不平之患矣。至嘉定中，岁久弊滋，事闻于朝，遣荣州资官令孔嗣宗按置，穷访民瘼，有不便者皆除之。泉自穴入笕，跨溪为洪而分之，南得十三，北视南加二，各立长以司其平。岁一易笕，其法视旧益详矣。民为立祠，号孔长官祠。

段氏《游蜀记》云，通、开二州，有盐漆之利。宣汉长腰井场咸源出大江龙骨窟中，滩名羊门，两崖峭峻，咸源自出，遂煎成盐。《寰宇记》曰，开县温汤，其井有三：曰柏木，曰龙马，曰杉木，俱出白盐。

川北井

《华阳国志》：巴西郡南充国县，和帝时置，有盐井。《蜀都赋》注：充国县有盐井数十。《益州记》曰，南充县西南六十里有昆井，即古盐井也。《南部志》：县西五十里宝马寺有宝井，出盐，日可易一马，人共宝之，故名。《寰宇记》云，新井县，武德元年，割南部晋安地置，界颇有盐井，因斯立名。

晋太康《地记》曰：梓潼县出伞子盐。《九州要记》云，玄武县盐井二：近江水淡，煎盐不成，飞乌县管井七，现煎三井，余塞。

《寰宇》云，郪县盐井四十三眼，二十二眼现煎，余废。志云，梓州旧无盐井，有僧一新者，不知何代人，指地教人凿井，咸泉涌出，为利无穷。及卒，土人置寺，奉其遗躯，为塔祀之。《寰宇》云，涪城县管盐井五十五所，十眼煎，余塞。又云，富国监者，本梓州郪县富国镇新井煎盐之场也，宋置监以董其事，兼领通泉、飞乌等井，地去梓州九十里。又云，通泉县管盐井七十四所。

《蜀记》云，灵江东盐亭井，古万安县也。《周地图记》，梁大同元年，于此立亭，因井名县，管盐井三、煎一。有女徒山在县东二十五里，从阆州新开县界来，故老相传，昔有女徒千人，于通泉县康督井配役，遇贼于此，乃于山顶置栅御捍，遂破贼，俗为之置祠。今富顺盐井，皆妇人推车汲水。由此而论，则女徒之山可录矣。《寰宇记》，东关县管盐井四，现煎三井，余废。永泰县管盐井五。

井课

杜氏《通典》云，蜀道陵绵等十州盐井，总九十所，每年课盐都当钱八千五十八贯。注云，陵州盐井一所，课都当钱二千六十一贯；绵州井四所，都当钱二百九十二贯；资州井二十八所，都当钱一千八十三贯；泸州井五所，都当钱一千八百五十贯；荣州井十三所，都当钱四百贯；梓州都当钱七百一十七贯；遂州四百一十五贯；阆州一千七百贯；普州二百七贯；果州二十六贯。

《图经》云，唐万岁通天二年，右补阙郭丈简奏，陵井监卖水，一日夜得四十五函半，百姓贪利失业。长安二年，停卖水，依旧税盐。先天二年，加课利，岁有三千六百二贯。伪蜀时，井塞。宋乾德三年，平蜀，陵州通判贾琏重开旧井，一昼夜汲水七十五函，每函煎盐四十斤，日获三千斤。至雍熙元年，春冬日收三千八百一十七斤，秋夏日收三千四百四十七斤，盖水源之有长短也。

《朝野杂记》：仙井岁产盐二百余万斤，隶转运司；蒲江亚之，隶总领所；大宁监二百五十余万斤，岁取其四分，隶总领所；淯井监四十余万斤，岁取其赢五万余缗，为军食之用。自祖宗以来，民间自煮盐，岁输课利钱八十万缗。赵应祥变盐法，增至四百余万缗。又逃绝之井，许人增其额以承认。盐既益多，遂不可售。绍熙三年，杨嗣熏总计栈阁助筒二千，盐由是顿易，自后井户稍纾，而民间食盐愈贵矣。

太平兴国初，有司言昌州盐岁收虚额十一万八千五百余斤。及开宝中，知州李佩率意掊敛，以希课最，于岁额外，别役部民煮盐，民甚以为苦。转运使以闻，诏悉除之。

夔府旧志：昔大宁盐井隶监，淳熙甲辰，部使者杨公辅更法，归之漕司，监不复与。熙宁中，岁额四百余万斤；绍兴中，以二百四十万斤为额，闰年加十万斤，为二百五十万斤。

《宋史》：熙宁中，蜀盐私贩者众，禁不能止，欲尽实私井，运解池盐以足之，议未决。神宗以问修起居注沈括，对曰："私井既容其获买，则不得无私易，一切实之，而运解池盐，使一出于官售，此亦省刑罚，笼遗利之一端。然忠、万、戎、泸间夷界小井尤多，止之实难，若列堠加警，恐所得不酬所费。"议遂寝。按括本传云，"市易司患蜀盐不禁，欲尽实私井，而辇解池盐给之。言者论二事如织，皆不省。沈括侍侧，帝顾曰：'卿知籍车乎？’曰：‘知之’。帝曰：‘何如？’对曰：‘敢问欲何用？’帝曰：‘北边以马取胜，非车不足以当之。’括曰：‘古人所谓兵车者，轻车也，五御折旋利于速，今民间辎车重大，日不能三十里，世谓之太平车，但可施于无事之日尔。’帝曰：‘人言无及此者。’遂问蜀盐事，对曰：‘臣恐得不足偿费。’帝颔之。明日，二事俱寝。”

井法

《类要》云，盐泉有绞洪，引泉踏溪，每一笕用一洪。其笕与洪每年十月旦日，以新易陈，郡守作乐临之，井民相庆，谓之绞洪节。

《志林》云，庆历、皇祐以来，蜀始开筒井，用圜刃凿如碗大，深者数十丈，以巨竹去节，牝牡相衔为井，以隔横入淡水，则咸泉自上。又以竹之差小者，出入井中为桶，无底而窍其上，悬熟皮数寸，出入水中，气自呼吸而启闭之，一筒可致水数斗。凡筒井皆用机械，利之所在，人无不知。《后汉书》有水鞴，此法唯蜀中铁冶用之，大略似盐井取水筒，太子贤不识，妄以意解，非也。

近时射洪士人马骥撰《盐井图说》云，盐井其来旧矣。先世尝为皮袋，井围径三五尺许，底有大塘，利饶课重，工力浩钜，非一载弗克竣。今皆湮没殆尽，不可考。民循故业以纳课，率多从竹井制，其施为次第，在井匠董之。凡匠氏相井地，多于两河夹岸、山形险急、得沙势处，鸠工立石圈，尽去面上浮土，不计丈尺，以见坚石为度，而凿大小窍焉。大窍，大铁钎主之；小窍，小铁钎主之。钎一也，大钎则有钎头，扁竟七寸，有轮，锋利穿凿；兴井日，北口傍树两木，横一木于上，有小木滚子，以火掌绳钎末附于横木滚子上。离井六七步为一木桩，纠火掌篾而耦舂之，滚竹运钎，自上下相乘矣。匠氏掌钎篾，坐井口傍，周遭围转，令其窍圆直。初则灌水凿之，及二三丈许，泉蒙四出，不用客水，无论上石钎，触处俱为泥水。每凿一二尺，匠氏命起钎，用筒竹一根，约丈余，通节，以绳系其稍，筒末为皮钱，掩其底，至泥水所在，匠氏揉绳伸缩，皮歙水入，挹满搅出，泥水渐尽，复下钎凿焉。次第疏凿，不计功程力，大较至二三十丈许，见红石岩口，大窍告成矣。随议下竹，竹有木竹、桦竹二种。木竹，取坚也，刳木二片，以麻合其缝，以油灰衅其隙；桦竹出马湖山中，亦以麻裹之。木竹末为大麻头，累累节合，下尽全竹，四溃淡水障阻，不能浸淫。乃截去大钎头，用钎梢凿小窍，法如大窍然。凿至二十丈，中见白沙数丈，有咸水数担，名曰腰脉水。去咸水不远，寻凿之，而咸水渊涓自见也。水有广水，昼夜力汲不竭，然味近淡；有咸水，昼夜计有数，然味亦不见齐，有一担而煮盐五六斤者，有八九斤至十二三斤者，顾遇何如耳。厥工既就，始树楼，架高可似敌楼，上为天滚，有辘轳声。制筒索吸水，如前吸泥水法，而枢轴则管于车床也。床横木为槃，槃有两耳，作曲池状，左右低昂逆施，左揖地右伸，右揖地左伸，循环用力，索尽筒出，咸水就灰笆泼水，而煎烧有绪矣。转辘轳者，盖三人为之。力厚者，则制牛车，车状大力逸而功倍也。此自成井而论耳。若拙凿之际，钎偶中折，而坠其中者，或遭淤泥作阻者，其出法亦巧，而为器亦异。钎带火掌篾而堕者，以搅镰钩出，为力易易。惟钎半堕、或止钎堕头者，取之之法，制为铁五爪，如覆手状，爪背入木数寸，以竹三尺许，劈碎一尺，缠扼爪木令坚致，上一尺亦劈碎，则活系橦子钎，不令拘泥偏向，中一尺通其节，以待橦子钎假道挞伐。垂爪入井，爪定所堕钎头，匠氏从上督索橦子钎，由筒中击木，木击五爪。数击，则爪攫剿钎头者牢，不可以游滑自匿，虽欲不出，不可得矣。若被淤泥填溢大小窍，犹关格症然，甚者制为搜子，以和解其胶密。搜子者，铁条之有啮齿者也。未甚者，制为漕钎以冲击其脂凝。漕钎者，橦子钎之有啮齿者也。支解既析，则为刮筒以取其泥。刮筒之制，与盐筒殊科，不通其节，而每节之始凿为方口，投井中吸泥，亦如汲水式。盖水可以疏通翕受，泥则逾节不可，是则匠氏作法意也。嗟乎！一井之成，其次第节目如此，亦云劳矣。乃劳归灶丁，利归商贩。富灶任逸，佣灶任力，终岁穷日，疲竭若何，而征输又告急矣。至有坍塌而干赔国课者，有逋负而逃徙流离者，是在上之人，宽一分则民受一分之赐云。

《蜀都赋》云，蜜房郁毓被其阜，山图采而得道。《华阳国志》：宕渠县有石蜜，宿山图所采也。《本草》：石蜜出益州及西戎，炼砂糖为之，成饼块，有黄白色。《寰宇记》：茂集达三州产蜜，资州产甘蔗。《容斋随笔》云，糖霜之名，唐以前无所见。自古食蔗者，始为蔗浆，宋玉《招魂》所谓“肠鳖炮羔有柘浆”，是也。其后为蔗饧，孙亮使黄门就中藏吏取交州献甘蔗是饧，是也。后又为石蜜，南中《八郡志》曰：“榨甘蔗汁曝成饴，谓之石蜜。”《本草》亦云，炼糖和乳为石蜜，是也。后又为蔗酒，唐赤土国用甘蔗作酒，杂以紫瓜根，是也。唐太宗遣使至摩揭陀国，取熬糖法，即诏扬州上诸蔗，榨渖，如其剂，色味愈于西域远甚，然只是今之沙糖。蔗之技尽于此，不言作霜，然则糖霜非古也。历世诗人模奇写异，亦无一章一句言之，唯东坡过金山寺，作诗送遂宁僧圆宝云："涪江与中泠，共此一味水。冰盘荐琥珀，何似糖霜美？"黄鲁直在戎州，作颂答梓州雍熙长老寄糖霜云："远寄蔗霜知有味，胜于崔子水晶盐。正宗扫地从谁说，我舌犹能及鼻尖。"则遂宁糖霜见于文字者，实始二公。甘蔗所在皆植，独福唐、四明、番禺、广汉、遂宁有糖冰，而遂宁为冠。四郡所产甚微，而颗碎色浅味薄，才比遂之最下者，亦皆起于近世。唐大历中，有邹和尚者，始来小溪之繖山，教民黄氏以造霜之法。繖山在县北二十里，山前后有蔗田者十之四，糖霜户十之三。蔗有四色：曰杜蔗，曰西蔗，曰力蔗，《本草》，荻蔗也，曰红蔗，《本草》，昆仑蔗也。红蔗止堪生啖；力蔗可作沙糖；西蔗亦可作霜；色浅，土人不甚贵；杜蔗紫嫩，味极厚，专用作霜。凡蔗最困地力，今年为蔗田者，明年改种五谷以息之。霜户器用：曰蔗削，曰蔗镰，曰蔗凳，曰蔗碾，曰榨斗，曰榨床，曰漆瓮，各有制度。凡霜，一瓮中品色亦自不同，堆叠如假山者为上，团枝次之，瓮鉴次之，小颗块次之，沙脚为下。紫为上，深琥珀次之，浅黄又次之，浅白为下。宣和初，王黼创应奉司，遂宁常贡外，岁别进数千斤。是时所产益奇，墙壁或方寸，应奉司罢，乃不再见。当时因之大扰，败本业者居半，久而未复。遂宁王灼作《糖霜谱》七篇，且载其说。予采取之以广闻见。

王廷相《严茶议》

蜀中有至细之物，而寓莫大之用，君子不可以轻视之者，茶是也。五谷饔飧，非不美也，食牛羊乳酪者，则不以为急；布帛帷帐，非不丽也，御穹庐毡裘者，则不以为重。茶之为物，西戎吐番，古今皆仰给之。以其腥肉之食，非茶不消；青稞之热，非茶不解。故不能不赖于此。是则山林草木之叶，而关系国家政理之大，经国君子，固不可不以为重而议处之也。蜀茶自唐王播、始榷税以利国，宋初则买茶于秦、凤、熙、河等路博马，又置茶场于成都买茶，贸易取息，以为熙、河博马之费。建炎以后，罢成都茶场，设买马二务：一在成都买川马，一在兴元买秦马。元榷成都茶，于京兆巩昌治局发卖，惟取其利。我朝洪武中，川陕皆置茶马司，收巴茶易马，颇获其利。至成化中，议者以马之用急于三边，而川马远不可至；茶之利分于川蜀，而洮河所利则微。故川中茶马停止，而独行于河州。是以川茶惟严禁约，而诸番无以仰给矣。近年以来，法弛人玩，虽有禁茶之名，而无禁茶之实，商贾满于关隘，而茶船遍于江河，权要之人，每私主之以图利。迩者巡按卢公稍一盘诘，即得十数余万，则其平日可知也。夫茶可以利朝廷也，今利归私门矣；可制诸番之命也，今仰望于商人矣。以中国御番之大权，而倒持以授之于商贾，不惟自失其利国之具，而反害之矣。为今之计，莫要于严私茶之禁，绝商贾之贩，使茶利之权在官，则诸番可以坐制。何也？茶者，番人之所必欲得者也。私茶不行，番人仰于官矣。以茶易马，虽不可遽复，而使之输青稞以服役，独不可乎？或者曰，青稞之输，彼之旧贯也，茶则我之实利也，彼来贡之，我以是赏之，不几于相易乎？彼之利于我者微，而我之失其利者大，不几于失伦乎？吁！是皆以小利言之，不知彼输于我，义也；我赏于彼，德也。我因以行其羁縻之道，彼亦以为职分之常，久之边防可以宁谧，而我兵亦无调度之费、战伐之苦，以此较彼，所得孰大小哉？夫番仰茶于官，权在国也；边鄙因之无虞，利在民也。一禁茶之间，使权归于国，而利及其民，较之纵禁通商，使利归私室，而害及于边者，所得又孰多寡哉？

《蜀都杂抄》

岷、嶓、潜、沱之义难解。今蜀山连绵延亘，凡居左者皆曰岷，右者皆曰嶓；凡水出于岷者皆曰江，出于嶓者皆曰汉；江别流而复合者皆曰沱，汉别流而复合者皆曰潜。恐属方言尔。故岷谓之汶，今汶川是也，汉谓之漾，或谓之沔，或谓之羌。今沿汉水而东，有宁羌州，有沔县，又东有洋县，即古洋州也。洋、漾声相近，岂皆得名于汉水云？

按《华阳国志》云，汉有二源：东源出武都氐道漾山，因名漾，《禹贡》，流漾为汉，是也。西源出陇西嶓家山，会白水，经葭萌入汉；始源曰沔，故曰汉沔。

成都学宫前绰楔，题曰“神禹乡邦”。予始至视学，见而疑之。昔尧舜禹嗣兴，冀为中州，两河之间，声教暨焉，而舆地尚未拓也。后千余年，而周始有江汉之化。至秦盛强，蜀始通焉。彼所谓蚕丛鱼凫、鳖灵望帝者，文物未备，且在衰周之世，蜀之先可知也。禹都在今之安邑。鲧实四岳，封为崇伯。崇今之鄠县，其地辽绝，何得禹生于此乎？新志亦以此为疑。问之人士，皆曰禹生于汶川之石纽村，禹穴在焉。检旧志称唐《元和志》：广桑县有石纽村，禹所生也，以六月六日为降诞云。是盖几于巫觋之谈。至宋计有功作禹庙碑，始大书曰：“崇伯得有莘氏女，治水行天下，而禹生于此。”其言颇为无据。有莘氏于鲧，亦不经见。按莘，今之陈留，与崇近，鲧娶当或有之。鲧为诸侯，厥有封守，九载弗绩，多在河北，今诸处之鲧城是已，安得治水行天下乎？又安得以室家自随荒裔之地，如石纽者乎？予益疑之。虽有功亦曰“稽诸人事，理或宜然”，盖疑词也。此必承《元和志》之误，而后说益纷纷矣。此虽于事无所损益，而蜀故不可以不辨。按扬雄《蜀都赋》止云禹治其江，左思《三都》所赋人物：奇若相如、君平，文若王褒、扬雄，怪若苌弘、杜宇，僭若公孙、刘璋，皆列，独不及禹生耶？至宋王腾不平左词，作赋致辨，颇极辞锋，亦云岷山导江，历经营于禹迹。其后云，鲧为父而禹子，此概人伦之辨尔，亦不言禹所生也。又按《华阳国志》载：“禹治水，命巴蜀以属梁州。禹娶于涂山，辛壬癸甲而去。生子启，呱呱啼，不及视。三过其门而不入室，务在救时。今江州之涂山是也，帝禹之庙铭存焉。”《志》作于晋常璩，可谓博雅矣。况留意蜀之材贤，然亦不云禹所生也。今徒以石纽有“禹穴”二字证之，又安知非后人所为耶？禹穴实在今会稽，窆石在焉。古称穴居，众词也。禹平水土时，已为司空，恐不穴居。今言穴，盖葬处，非生处也。《古今集记》则云岷山水源分二派，正南入溢村，至石纽，过汶川，则禹之所导江也。由是言之，石纽盖禹迹之始，而非谓禹所生也。又按涂山亦有数说：江州，今重庆之巴县，有山曰涂；凤阳之怀远，古钟离也，自有涂山，启母石在焉。江州，治水所经：钟离，帝都为近。未知孰是。苏鹗又云，涂山有四，皆禹迹也。并指会稽与当涂云。宋景濂游山记甚详，然亦不能决。孔安国曰：涂山，国名，非山也。《史记》所载：启，禹之子，其母，涂山氏之女。又似姓氏，犹今司马氏、欧阳氏之谓，恐亦非国名也。聊附所疑于此。

郑刚中《思耕亭记》(注二)

嘉陵之源，发于凤之大散，旁由故镇，缭绕渔关，循崖而出，力未能载。自渔关下武兴，浮三泉，南流二百六十里，至于亭下，又顺流入阆，东走安汉，疾趋于合之汉。初则会东西二川，并势望夔峡之道，争门而出，回视渔关，不知其高几里，皆终岁漕饷之所浮。水既不得平流，皆因地而浅深，自滟滪逆数至渔关之乐水，号名滩者六百有奇。石之虎伏兽奔者，又崎岖杂乱于诸滩之间。米舟相御，旦昼犯险。率破大竹为百丈，有力者十百为群，背负而进，滩怒水激，号呼相应，却立不得前。有如竹断舟退，其遇石而碎，与汨俱入者，皆蜀人之脂膏也。小人恃有此，颇复盗用官米，度赃厚罪大，则凿舟沉之。岁陷刑辟与籍入亡家者，亦累累而有。故漕粟之及渔关者，计所亡失常十二，吾然后知田之不可不耕也。武侯以草庐素定之画，频年兵出，皆以食尽而归，则西南转饷之艰，盖千古矣。吾君诚心善邻，边鄙不耸，命中外以宽厚之泽，荡洗烦苛，塞卒十万，今皆弃弓掩甲而卧。吾诚能借其余力，杂耕关外，卒以平岁缦田为准，不计狼戾，第得粟一钟，即减漕粟三钟之力。俟诸营储食，能如晁错所为足支五岁，则时赦农租，当下天子之诏。凡此皆某临流之所深念者。

杨慎《禹穴考》

司马子长自叙云，“上会稽，探禹穴。”此子长自言遍游万里之目。上会稽，总吴越也；探禹穴，言巴蜀也。后人不知其解，遂以为禹穴在会稽，而作地志者，以禹庙旁小如舂臼者当之。噫，是有何奇而辱子长之笔耶？按蜀之石泉，禹生之地，谓之禹穴。其石杳深，人迹不到。顷巡抚仪封刘远夫修蜀志，搜访古碑刻“禹穴”二字，乃李白所书，始知会稽禹穴之误。大抵古人作文，言简而括，若禹穴在会稽，而上云“上会稽”，下又云“探禹穴”，不胜其复矣。如《禹贡》曰“云土梦作乂”。又云在江南，梦在江北，五言而括千余里。又曰“蔡蒙旅平”。蔡山在雅州。蒙山，云南，今名蒙乐山，上有碑，具列其事。亦四字而括千余里。郑玄、孔颖达、蔡沉、夏僎，皆所未至，而谬云蒙山亦在雅州。

颜真卿《鲜于氏离堆记》

阆州之东百余里，有县曰新政。新政之南，数千步有山曰离堆，斗入嘉陵江，直上数百尺，形胜缩矗，欹壁峻肃，上峥嵘而下回洑，不与众山相连属，是之谓离堆。东面有名堂焉，即故京兆尹鲜于君之所开凿。

《峨眉县志》

盐法自古有之，逮管子以是而富国，吴王以是而禁民，法网遂密，小民不得恣其欲矣。然皆以煮海为利，所出无穷，所入亦无穷。若西蜀所煮者，不过一盐井耳。浚之甚难，非二三十丈不可竟业；取之甚苦，非四五六日不可贮盐，且所煮之数，不足以偿其所税之数。峨眉旧原无井，即间有一二，邻接县境，近皆塌塞枯涸。今亦于民粮征派干赔，每年纳盐课银三百七十六两零五分三厘。民穷固甚可悯，而国课又难骤蠲，反覆筹之，无所措置。有司徒其热肠，其转移轸恤之权，实自上操也。

按自峨眉西去，为龙池，为中镇，为猡猓，地多产铜铅木板，亦有银矿，苦不可得。椎埋为奸，诱人入山，鬻与夷为奴，获牛马厚利。将鬻时，钳其首，涂以漆，令牧牛羊并六畜，每日以荞麦饼充餐。又有名为土老，受雇工值为人操小舟，送木片出滩，最险，落下如入阱中，土老与小舟同入水，须臾并浮出。然南溪叙戎之民，以诱略为业，故巡简司带弓兵镇守。

建昌沿边诸堡

建昌卫所属纸房堡、泸州堡、高山堡、沙坪堡、德力堡、黄泥堡，建昌前卫所属青山堡、松林堡、平蛮堡、镇夷堡，宁番卫所属泸沽关、铁厂堡、北山堡、太平关、冕山堡、巡哨堡、李子坪堡、双桥堡、白石堡、三桥关，越隽卫所属青冈堡、蓼叶堡、木瓜堡、镇远堡、坪坝堡、苦菜堡、平夷堡、八里堡、河南堡、晒经关堡、白马堡、镇蛮堡、李子坪堡、临河堡、炒米关、小哨堡、长老坪堡、溜冰堡、新添堡、黄泥堡、九盘堡，会川卫所属虎头关、甸沙关、迷郎关，盐井卫所属箐口堡、双桥堡、凉山堡、鸳鸯堡、新添堡、马蟥堡、土功堡、双桥堡、杭州堡、绍兴堡、六马堡、镇南堡、定远堡、镇西堡、新化堡、明远堡、济平堡、康宁堡，共六十二处，各于本卫拨军守备。成化二年，设建昌兵备道副使；十六年，设分守太监；嘉靖四年，设守备官一员，以都指挥体统行事，守备宁越地方，驻扎镇西守御千户所；嘉靖七年，又设守备官一员，亦以都指挥体统行事，守备黎雅地方，驻扎雅州宁御千户所；嘉靖十年，巡抚都御史宋沧、巡按御史丘道隆题奉钦依，取回分守太监。盖建昌一镇，土沃物繁，虽孤悬一隅，而汉夷相安，较之松茂边情，万万不相侔。隆庆三年，改建昌兵备副使为兵粮道，兼管分巡督理粮储。隆庆六年，逆酋安文等因与土官瞿氏争袭，统率夷贼首恶阿贵佐、擢拍、白牛、芦阿阿支、撒他等临城攻构，扰害地方。万历元年四月十九日，文等率各夷蛮扎住木拖村、凹郎河等处，虏劫人财。建昌道兵备副使杨芷会同监理通判王爵牌行各卫官齐集兵夫人等，严守城池。先令旗军周英等前去安文等贼营宣谕利害，阳为抚安，以便整搠。将原募兵勇八百余名分扎城关要害，调取土舍安镇，土官家丁逆止糯、姑咱、计始撒剌各率部兵驰赴土官院南门桥截杀。各贼恃其党众，于本月二十一日突至本司城下，芷亲督兵驱战，授以方略，官兵奋勇截杀，擒斩数百人，夺获甲马器械若干。自是夷虏既遭惩创，始知国法，而建昌六卫军民得安枕矣。万历三年，巡抚都御史鲁省吾、巡抚御史郭庄题奉钦依，将建昌前卫并入建昌一卫。

建昌兵备邓《条议》　建夷负固一隅，蛮烟瘴疠。自大渡河起至金沙江止，一千五百六十里，皆危坡峻岭。而五卫八所各据要领，又皆与西番东猓百十余塞掣肘为邻。我汉人所藉以往来者，止有一线鸟道，回绕屈曲，殆三千余里。以三千余里之鸟道，经百十寨夷之隘口，虽有营堡，稀若晨星，岂能保无疏虞？此其无月无日无时无刻而皆当为防。五卫八所每岁额办屯粮五万余石，村屯星散，既不能如松潘之归一，兼以前岁大举比之遵义兵不满四万，限不过五月，元凶虽已授首，逋酋岂能尽歼？伏莽假息，尚繁有徒。建南系全蜀籓篱，查《蜀志》，唐天宝以来，南诏岁为边患。大历十四年十月，南诏合吐蕃师一十万三路入寇，而一路自黎雅过邛崃关，陷诸郡邑。太和三年，复陷邛、嶲，逼成都，劫玉帛女子以去。咸通十一年冬，蛮贼围成都，矢石如雨，蜀地大震。十四年，又入寇，造浮桥，济大渡河，至新津而还。明年始修邛崃关、大渡河诸城栅，内地稍戢。至宋艺祖以玉斧画大渡河，而边患遂与宋祚相终始。自大渡河起至金沙江止，计修旧营五十六处，增新营七十七处，共一百三十三营堡。夫边职之汉夷并设也，谓九种丑类，非兼土司不能联属也。查国初宁番土酋怕兀他从月鲁帖木儿为乱，我太祖命总兵徐凯征讨，遂废土改卫，止将环居西番编为四图，听我羁縻。会川盐井虽设土职火头，然皆各有分土，不甚桀骜。越嶲邛部土官岭柏应自岭凤起构难，移之柏香坪，今可无虑。独建昌安土官虽有总辖之名号，原无一定之寨分。先年旧居卫城，万历丙戌，每夜出城劫村，甚者左右两所官军不堪荼毒，至有率众攻城以讨贼者。丁亥，周宪副光镐请于两台，奏调土汉官兵剿伐，始定。虽将土官移居于城外之东街，第去卫城不数步，夷丁出入终不能禁，此所谓腹背之一大疽也。查安氏世职以来，安华、安仁、安夷、安忠四世相承，谓夷犹多慑服。嘉靖末，忠妻凤氏权摄夫职，是以成尾大之患。凤氏死，疏属安登冒嗣，夷心不服，是以有厮养卒逆止之变。安登死，其妻瞿氏绍良更无能节制，是以安文频岁为叛，至有临城劫掠之惨。瞿氏绍良死，安世隆嗣，而其妻沙爱以逾城淫奔为安世隆所逐，又为群奴力怕等复煽诸夷拥沙爱为主，且与世隆相仇杀，是以贻本边不了之祸。今安崇业又以远枝承继，且性狡猾。迩者奉旨雕剿，屡漏泄卖放，及闻善后留兵，益怏怏不乐，每日垂头丧气，如有所失。此酋不死，建南之祸未息也。兹幸天斩其嗣，据建昌通学生员佥呈乞停土官之继，仍复国初责成四把事约束之例，以绝祸本，以救边民。第土嗣虽绝，尚有土妇。先年夫亡妻继之规，倘瞿氏不鉴覆辙，则异日嫠嗣已绝，即不议继可也。矧四把事原同土官管束部夷者，彼皆系籍夷种，熟知夷情。今其弟男子侄又多入泮，属我编氓，倘四把事果堪约束，亦可以代土官之责，更为驾驭之便。

本边自善后，滇蜀之路大通，商贾络绎，即五卫耕屯赶脚之夫亦往来如织。每一瘴发，道殣相藉，其最惨者，曰大渡河，曰金沙江，曰甸沙关；而甸沙关二三百里驿站甚长。

重夔

重、夔二府去会城颇远，所属达东、太平、大宁、太昌等州县，山深地旷，流移逋逃易于啸聚为盗。正德间，群盗蓝廷瑞、鄢本恕、廖麻子等相继倡乱，为蜀中大害。又所属黔江、武隆、彭水、忠、涪、建始、奉节、巫山、云阳等州县界，与湖广之施州卫所辖散毛、施南、南崖、中路等夷司犬牙交错，加之播、酉、石柱等司土汉相杂，争斗劫害，无岁无之。弘治元年，设兵备副使驻扎达州，统辖重庆、黔江并湖广、瞿塘、施州、忠州等卫所，而达州、东乡、太平三州县又调聚重、夔、新宁、梁、垫、长寿、铜梁、合巴、蓬渠、营山、岳池、邻水、大竹等卫所州县军快共一千名团操防御。嘉靖十年，于黔江千户所与散毛宣抚等司交界设立老鹰等三关五堡，就于该所摘拨官军守把。嘉靖二十年，改调九永守备官一员于施州卫驻扎，约束散毛、施南、中路等司蛮夷，兼制酉阳、石柱二宣抚司，石耶、邑梅二长官，司黔江守御千户所，并听川湖守巡官节制。嘉靖末，大足县民蔡伯贯以幻术愚众，攻破合州、定远等州县，黄中盗据云、万山中，旋即剿除。万历初，添设捕盗通判一员。

麦子山(注三)延袤数百余里，东抵湖广当阳、房竹及本省守昌等县，北邻陕西平利及本省东太等县，西南三面与本省奉节、云开、万等县连界。内有红线岩、筛罗坝、栗子砦、双古坟四处，原有古砦旧基，可容百万余人。壁立万仞，四面俱是悬岩，止有一线之路可通，上有平田古井，足供衣食。山腰天生石门一座，若被贼把守，再无别路可登。山内虽有新旧居民千有余户，但地广居散，力分势寡，难以守御。况北连万顷柴山，常有各省流民一二万在彼砍柴以供大宁盐井之用，一遇饥荒即投入山，据险流劫，尤为可虑(注四)。

巴通

通江介秦蜀之境，蕞尔孤城，设在万山间，崇林绝桥，一睇数百里，夙号巨寇出没之薮。成弘间，鄢蓝猖獗，陷破城邑，都御史林彭先后提师，数年始平。嘉靖间，何贼猖乱据险，糜费兵勤三省，凡四载始议招安，至廑当宁西顾。今万历丁巳，秦中黠叛唐王辈啸聚山林，竿旗挺刃，剽杀生民，掠男女、畜物、金帛、器用归窟。秦山旋归旋复，至山中獗猾亡赖子多从之。当路遣守备邓起龙斩首数十级。

国初吐蕃、播州、酉阳、石柱、永宁、平茶、石耶、邑梅诸部咸以土人领之，盖以夷治夷，不欲烦中国意也。独芒部等四军民府假之名号，兼设流官，岂以声教渐被，犹可从汉道处之耶！曩岁都蛮剿平，迩则建昌底靖，各土夷畏威顺治，乃芒部改为镇雄陇氏，未复实授。惩创方切，悔艾可知。而东川、乌蒙二府又复凋弊孱弱，自植弗暇，羁縻为宜。外惟乌撒崛强一隅，往往侵掠邻夷，蹈为奸利，视诸番高冉奢罗等部反有意外之之虞，岂其习使然哉？亦有所恃故耳。盖其地有盐池、银矿之利，藏亡舍死，率以为常，势不自弊不止也。故议者谓永宁参将，施泸二守备皆切要慎重之地，而叙泸、重夔二兵备其防尤不可缓焉。建南虽未即开设郡县；近经条画善后，庶几少安。水蔺之役，外构内讧，黔中复主偏听，顷赖两台题奏，处分已妥。顾险阻易为凭陵，犬羊不难蠢动，所为建堡设险，练兵贮积，上则调情攻心以成羁縻，恩威或未可偏也。

《夔州志》云，万县南岸一带地方壤接施夷，各土司环列四境。蜀汉时置南浦县，后代因之。至元省入万州。相去辽绝，民又顽犷，乃致奸巧之徒鼓扇其中，故黄中之乱，殆有酿而成之者。中虽剿平，而处置未妥，其间狡猾之民，动犯法禁，稍闻捕缉，即徙入夷，名曰投峒，间引土夷劫掠我山民，侵夺我畜产。又巴南富豪惧夷侵掠，私据险要，筑堡自守，名曰立寨。因见地方旷远，兼持家丁，众强不供租佣，不服拘唤。查得先年黄巾既平之后，节该院道酌处地方善后事宜，有议复南浦县治以绥边民者，有议委捕盗通判驻扎黄荆坝者。自今观之，复旧县者，久安长治之策也；议捕守者，安内攘外之权也。

附 注

注一:《宋史》,陵州有盐井,深五十丈,皆石也。底用柏木为干,上出井口,垂绠而下,方能及水。岁久,干摧败,欲易,则阴气腾上,入者辄死。惟雨,则气随而下,稍能施工;晴则亟止。杨佐以木盘贮水,穴窍洒之如雨卤然,谓之雨盘。如是,累月井干一新,利复其旧。

注二:利州。

注三:兵备副使张俭麦子山议。

注四:今于石门双古坟、筛罗坝等处通贼要路设立关堡,邻近居民编为夫甲,轮流守把,杜贼入路。

四川备录下

《蜀中边防记》

川西

松潘 漳腊 小河

松潘道开府松潘卫。与副总兵官一员分城而居；参将一员，旧驻小河千户所，今移驻龙安城；游击将军一员，驻扎漳腊堡；守备都指挥一员，驻扎平番堡；其余把守练兵官各有差。

按《后汉书》，建武九年，司徒掾班彪上言：旧制凉州部置护羌校尉，持节领护，理其怨结；岁时巡行，问所疾苦。又数遣驿徒，通导动静，使塞外羌夷，为吏耳目，州郡因此，可得儆备。今松潘备兵，即古护羌使者之职也。

《寻江源县记》云，松州平康县羊膊山下有二神湫，乃大江始发之所。自羊膊岭散漫，始未滥觞，东南百余里，至白马岭，同行二千余里，至龙洞水障，始于是也。《志》曰：江发源于临洮之木塔山，至山顶，分东西流者，即岷江也。由草地甘松岭八百里至漳腊，其水渐大。漳腊由镰刀湾达松潘，于下水关，入红花屯，达垒溪。至穆肃堡，黑水从南合之，入深沟，经茂州，南至于威汶，转银岭，合草坡河，至蚕岩、入灌口，分道而下。由威至玉垒山，为玉轮江，至汶，为阜江；至灌，为沫江。《志》又曰：卫北三舍有龙潭，四序渊澄，其深莫测。有岭，谓之小分水岭。又有大分水岭，山高峻而水派流，在卫北二百里外。

《四夷传》曰：西羌之本，出自三苗，其先为伯夷甫，炎帝之裔。帝母育于姜水，而以姜为姓，故诸羌亦姓姜。其国始近南岳，及舜徙之三危，今河关之西南羌地是也，滨于赐支，至乎河首，绵地千里。赐支者，析支也。王政修则臣伏，德教失则寇乱。本无君长，夏末及商周之际，或从侯伯征伐有功，天子爵之以为藩服。羌爰剑者，秦厉公时，为秦所执，以为奴隶。羌人谓奴为无弋；故号为无弋爰剑。后得亡归，将其种人，南出赐支河。其后子孙各自为种。或为氂牛种，越嶲羌是也；或为白马种，广汉羌是也；或为参狼种，武都羌是也。至爰剑曾孙忍及弟舞，独留湟中。忍生子研，故羌中号其后为研种。汉景帝时，研种留何求守陇西塞，于是徙留何等于狄道安故。及武帝西逐诸羌，乃渡河湟，筑令居塞，始置护羌校尉。从爰剑种五世至研，研最豪健，以研为种号。十三世至烧当，复豪健，其子孙更以烧当为种号。滇良者，烧当之玄孙。时王莽末，四夷内侵，及莽败，众羌还据西海。光武之世，以牛邯为护羌校尉，即此地也。及烧当至滇良，世居河北大允谷，种小人贫。而先零卑南，并皆强富，数侵犯之。滇良父子积怒，从大榆中入，掩击先零卑南大破之，掠取财畜，夺居其地，大榆中由是始强。滇良死，子滇吾立，附落转盛，常雄诸羌。在晋内附，以其地属汶山郡。宋齐亦得之，后为西魏所有焉。《魏书·邓至传》：王像舒冶者，并白水羌也，常为羌豪，自称邓至王。其子舒彭遣使内附，拜龙骧将军、益州刺史、甘松县开国子、邓至王。请以封爵授子彭奋，高祖许之，拜奋建忠将军、甘松县开国子。即为小藩，朝贡相继。关中乱，乃绝。后魏末，平邓至番，始统有其地。后周保定五年，于此置龙涸防。天和元年，改置扶州，领龙涸郡。隋初废州郡，以其地并入汶山、同昌二郡。唐武德元年，置松州。贞观二年，置都督府，松、踞、懿、嵯、阔、邻、雅、聚、可、远、奉、严、诺、峨、彭、轨、盍、直、肆、位、玉、璋、祐、台、桥、序等二十五羁縻州。永徽之后，生羌相继服叛不常。仪凤二年，复加整北督文、扶、当、柘、静、翼六州。都督羁縻研州，剑州，探邱州、屺州、毗州、河州、干州、琼州、犀州、拱州、龛州、陪州、如州、麻州、霸州、澜州、光州、至凉州、蚕州、晔州、梨州、逻州、思帝州、眺州、戍州、统州、谷邛州、乐容州、达违州、卑州、慈州、凡三十一州。据天宝之载薄松州都督府督一百四州，其二十五州有额，户口颇多，但羁縻逃散。余七十九州，皆生羌部落，或臣或否，无州县户口矣。天宝初，改松州为交川郡。乾元初，复为松州。按贞观之时，分十道，松、文、扶、当、悉、柘、静等州属陇右道。永徽之后，割属剑南道也。

《寰宇记》云，松州治嘉城按嘉城县。按嘉城县，即后魏白水羌像舒治所据也。其子舒彭遣使朝贡，拜龙骧将军，始置甘松县矣。后周之陇涸防及改置扶州，皆治于此。隋曰嘉诚，唐曰嘉城，则为松州之所治也。

《志》云，甘松岭在卫西北三百里，州以此名。按《山海经》云，甘松岭，亦谓之松叶岭，即江水发源于此，土人谓之松子岭也。又有石门水，自龙州石门山连亘，经郡界合江，故曰石门水矣。

《寰宇记》曰，松州属县有平康、交川。按平康县，晋属汶川郡，隋属会州，后废。唐垂拱元年，割交川及当州、通轨、翼斜三县，置平康县，属当州。

交川县，后周天和中置，隋属会州，唐改属当州。《志》云，平康、交川二废县俱在卫治西。

《通志》曰，潘州者，唐广德初年，松州陷于吐蕃。五代诸羌各据其地。宋崇宁，取邦、潘、垒三州，初属吐蕃首领潘罗支，此潘州之名所由起也。元属吐蕃宣尉司。国初洪武十一年，御史大夫平羌将军丁玉克复其地，设松州、潘州二卫，后并为松潘卫，镇守兹土者二十年。后复改松潘等处军民指挥使司，隶四川都司，属川西道。领守御千户所，曰小河；安抚司四：曰八郎，曰麻儿匝，曰阿角，曰芒儿。《志》云，八郎山在卫北三十里，山下为八郎安抚司也，长官司十七：曰占藏先结，曰蜡匝，曰白马路，曰山洞，曰阿昔，曰白定，曰麦匝，曰者多，曰牟力结，曰班班，曰祈命，曰勒都，曰包藏，曰上阿昔，曰思曩儿，曰阿用，曰潘干寨。各降符印，列为守土焉。复立番僧二人为国师：曰商巴，曰绰领；二人为禅师：曰黎巴，曰完卜，亦皆佩银章也。

《西边记》云，国师商巴，佛教也；禅师黎巴，道教也。其寺观散居寨落，以主化导番夷。丁大夫时，设铸金银锭，有足或无足者，赏及诸番，番呼曰丁大夫宝。重五六两者，番价值三五十两，其家有一二锭，遂名为财主。锭发夜光，称神异矣。

《龙涸志》云，男曰安达，女曰白麻，多种青稞圆根，好用羶羊、麦粉。《宋史》云，松番之俗，日耕野壑，夜宿碉房，刻木契以成交易，炙羊膀以断吉凶，精悍善战斗也。

《志》云，其地广六百七十里，袤千六十里，编户通二十一里，东至龙州界一百九十里，西至牟力结吐蕃草地界四百八十里，南至叠溪守御千户所界二百里，北至陕西洮州卫界八百六十里，距成都七百六十里，雪岭面于东，洮河界其西。雪岭，其色如银，俗呼为宝顶山。蚕崖路险，人迹罕到，即老杜所称“松州雪岭东”也。洮河发源岷山，北流入陕，为临洮府，南入川，与江汉会矣。

《三边志》曰，金蓬山在东南五里，羌金蓬者居之。山下石崖镌“永泉”二字。正统初，都督李安以剑斫崖而得二水，亦名文武水。

红花、牛心二山，各去卫十五里，峰峦圆秀者，牛心也。红花有屯田，是名红花屯矣。又东四十里为火焰山，山无草木，其色如赭。

《四夷考》云，宣德二年，松潘千户钱宏，闻有交趾之役，惮于远征，乃诱蛮族入寇，侜张奏报，得留不遣。蛮自是煽祸，攻围城堡。调官军五千讨之，至威州黄土铺，失利，道遂不通。三年，命总兵都督陈怀等帅西军四万，由洮州入松潘解围，犹弗克靖。八年，复请川贵官军协力从事，始克成功。正统四年，都指挥赵谅诱执蛮酋国师商巴，以犯边闻，遣都督李安征之。寻诛谅诬妄，蛮乃服，然犹二三。十四年，始设松潘巡抚都御史一员，以都御史寇深及侍郎罗绮相继临之，咸有成绩。绮还京，提督文臣不复更置，但以备兵使者整饬之而已。天顺五年，蛮截我粮道，入龙安、石泉等处。成化十三年，势益猖獗，复敕抚臣张瓒调汉土官兵五万，由东南二路分进，剿灭白羊岭，鹅饮溪等二十一寨，斩蛮首级四百余颗。于是商巴等二十六族诣军门献马纳款，各谕以利害，遣之。十四年正月，复攻黄头，复水诸寨，前后杀获男妇七百余人，赭兵碉房九百，坠崖死者不可胜计，亦一大创矣。弘治间，跳梁如故，南路梗阻。正德二年，副总兵杨宏诱杀绰岭寺国师雪郎王出，自后本寺小宛卜等动称报仇，松城之外，不敢昼牧。嘉靖十一年，敕副总兵何卿来节制诸军，相机剿讨乌都等十一寨，皆次第平，而诣军门送款者日至矣。卿家视松州，诸所缮缉，百废具兴。藩篱以固，兵威亦震，百蛮喘息不敢动。垂五十年来，生齿日繁，复萌戎心，时出杀人，剽掠行旅。万历八年，兵使者杨一桂是以有三寨之役，又雪山国师喇嘛等四十八寨勾虏为患，边氓岌岌。十四年，都御史徐元泰是以有会剿之役。及丙申九月，秋高虏突，由寒盼、黄胜、草场分道驰入，围漳腊，守备张良贤率兵破之，斩首六级。又攻镇虏，百户杜世仁死战，斩首四级，城得保全，世仁死焉。又攻制虏台，前后斩首十一级，虏遁去。良贤追至思答弄，又大破之，斩首十六级，虏乃失利去。初虏之入也，袭我无备，侦者不知其数。及遁去，巡视营垒，不下五千余灶。未几，有番妇逃回，言所斩虏级中，有大落赤之姪小王子在焉，虏以此必欲报仇，故昔之松潘重在番，今之松潘重在虏矣。

《四夷考》曰，松潘西至流沙关，相连天竺，西南达红土坡生番，多系北虏出没，地势辽绝，非可限域。惟是南通叠、茂威、灌，东通小河，龙安，北通漳腊，墩台守御凡八十七所，戍守主容官军舍余游兵一万一千六百八十余人，岁额坐边仓一十六处，粮九万九千三百八十余石，而增设之处不与焉。

《东路经略志》云，松潘以东，望山关、雪栏关、风洞关、松林堡、红崖关、三舍堡、镇远堡、小关子堡、松丫堡、三路堡、师家堡、四望堡凡十二处，抵小河千户所，四崖绝壁，一线之逼，附近水牛毛、公羊洞诸番未甚桀獗。今以三舍关为始，第其里次。

三舍者，去卫城九十里而遥也，为小河适中地，有把守指挥一员管辖，上至望山，下至四望，共十三关堡。羊肠鸟径，峭壁危湍，险峨万状，番夷往往潜伏而窥伺焉。三舍上十里为伏羌堡，伏羌上十里为红崖关，红崖上十五里为松林堡。《志》云，黑松关在治东七十里，松林上九里为风洞关。《志》云，风洞关在治东五十里，洞深不可测，多恶风，午辄大作，作则灰沙蔽天，人马皆辟易。寒气袭人，触之多横死，否亦喘息旬日，盖山岚郁蒸之气所发也。关北盐开墩，即古盐川废县。风洞上五里为雪栏关。《志》云，治东三十里雪栏山，四时积雪不消，俗呼为宝顶山，关在山下。雪栏上十二里为望山关，关上八里，即松州也。三舍下十里为镇远堡，镇远下八里为小关堡。《志》云，小关子在治东百二十里。小关下八里为松垭堡，松垭七里为三路堡，三路下八里为师家堡，师家下八里为四望堡，又二里为小河所矣。

《南路经略志》云，松潘以南，红花屯，熊桢屯、西宁关、小屯堡、安化关、镇华堡、新塘关、艾蒿堡、归化关、北定关、蒲江关、平夷堡、金瓶堡、镇平堡、镇番堡、靖夷堡、平定堡，凡十有七处，抵叠溪界。

《四夷考》曰，南路自西宁关起，以至平定堡，河东大姓，属牛毛土官管辖，河西小姓，属羊毛土官管辖，即志所谓牛脑羊脑也。不服冠带，不受约束，喜则同部落席地欢饮，怒则持刃彼此相击，尊卑之序荡然矣。万历初年，河东颇肆凭陵。十四年，征之，捣其巢穴，斩首二千余级，焚碉房千余座，始倾心向化，埋奴誓愿认守地方，迄今不敢犯。河西恃有长江之阻，逆我文告，其时亦震詟，移遁深箐，隔岸罗拜乞降，许之。有国师喇嘛湾仲者，潜献皮币于土鞑，乞师伏于铁炉沟，以牵制我，乘便邀击；事觉就擒，其谋始破而胆落也。

《归化关志》云，在司南百里。《寰宇记》：霸州有归化县，置在移村，各有部落主持，无征科。今虽失故处，而关名实因之。地形险要，上至西宁，下至镇江，关堡凡九，把守指挥一员，以龙溪等寨大小横梁，为诸番所出没也。归化上七里为龙韬堡，龙韬上十里为新镇关，新镇上十里为百胜堡，百胜上五里为安化关，安化上七里为云屯堡，云屯上八里为西宁关。《志》云，在治南三十里。西宁上八里为雄溪屯，则南路之首也，铁炉沟诸夷在其界矣。归化下十二里为北定关。《志》云，北定关有祠，祀二边、史、刘、方五将。正德六年，僧番云栏王出谋为不轨，宁将指挥边辅、史宽，百户刘贤、方捷撄锋死战，辅、宽遇害于黄土坡；贤、捷被执至寨，缚柱，将剖其心，二将骂不绝口而亡。事闻，与子孙进一级承袭，辅弟轮承兄职。嘉靖七年，巡南路，至北定关，遇横梁茹儿等番，轮率其仆边永兴、军余史卜匝等数人与战，已取胜，值天雨溪泛，诸番四集，轮被伤，永兴负轮行数十步，至崖不能进，执刀乱挥，知不可支，乃伏于轮身，主仆俱被害。事闻，赠轮都指挥佥事，永兴百户，史卜匝等俱厚赉优恤焉。北定下十有一里为镇江关，别拓、大小耳别等寨，在其界内。《寰宇记》云，归化县有大聋山、小聋山，在霸州西北一十里，号符坚城。又云，于小聋山上村置牙利县，即大小耳之故迹也。镇江下四里为平番堡，平番下八里为平夷堡，其地宽平，仅容千骑，为四十八寨饮盟歃血之地，即黄沙坝矣。万历十四年，建城堡，设守备一员、把总练兵官一员，管辖自西宁关至平定堡焉。镇平关上七里为金瓶堡，金瓶堡上六里为平夷堡，镇平下七里为镇番堡，镇番下八里为靖夷堡，靖夷下八里即平定堡也。平定下八里为永镇堡，系松茂二镇交界处，镇平堡则指挥一员守之。

《北路经略志》云，松潘以北，谷粟屯、高屯子、羊裕屯、唐舍屯、谭廓屯、漳腊屯，以上凡七堡，抵吐番洮河界。《四夷考》云，漳腊堡设在河东，去城三十八里，松州之背也。旧制驻扎守备一员，管辖上下关堡，为寒盼口，上、中潘州，上、下羊洞等隘口。自漳腊北去，辽廓幽远，一望无际，盖万骑可从容矣。近改设游击一员以镇压之，良审所重也。漳腊上十五里为镇虏堡，在东河元山子上。《志》云，堡在漳腊东北十里。堡后天险墩，堡前观化墩，河东于襄台，河西制虏台，声势相望。然直北为敌贡坝，旧掘品字赚坑数百，中置锋刃木签，口覆芭土，以掩其形。又北去三里，曰城墙岩，东临河畔，西抵山麓，掘壕宽深丈许，横截六百余丈，明断彼路。河西川盼沟壕堑之制亦如之。越沟二十里，登阿玉岭之巅，可眺黄胜草场。《志》云，黄胜在漳腊西南十里也。场之东有阿玉口，凡二十里，透岭出川盼，则可南可北，惟所驰驱。议者于天险观化二墩，克拓宽广，石砌墙垣一周，外掘壕堑，以防冲突，亦庶几隘其吭云。镇虏堡上二十里之栢木桥，即界外矣。漳腊下七里为虹桥关，系松城北隘。《志》云，松州北二十里有落虹桥，长二十丈，饷道所必经也。虹桥下七里为谭廓屯，谭廓下七里为塘舍屯，塘舍下六里为羊裕屯，下六里，即松城。又虹桥下八里为高屯子，高屯下七里为谷粟屯，谷粟下十里亦即松城也。离松十四里为流沙关，乃北虏经由地，每秋防必加意焉。松城下五里为红花屯，红花下七里为雄溪屯，雄溪左十三里为东胜堡，岁熟番受赏，可称无事。惟是虹桥西北十五里为绝塞墩，北界黄山尖，杀鹿塘、黄胜草场等处，路通洮岷。先年陈怀率兵由此道入解松围，今为番虏间阻，以其往来射猎于斯也。下潘州、白利等番，挟牛羊毡毳来，或由阿玉岭，或由铁门墩，出抵寒盼，祈命诸寨，贸易茶斤，岁以为常。稍失防范，衅端辄起，且阻绝长沟，救援难及，形势孤悬，所最当筹度。议者于墩前石砌联城一座，直抵河下，以通水道。又依山掘壕，绝其乘高，则于覆压乎何有？

《古迹志》云，潘州故城在卫北七百五十里。汉武帝时，逐诸羌渡河湟，居塞外，筑此城，置护羌校尉以御之。宋时分上、下、中潘三州：今阿失寨，即上潘州；班班簇，即下潘州；界二州之间，则中潘州也。其地愈北，山愈平夷，旧漳腊之设，在下潘州。

侍郎罗绮《漳腊新记》云，距松卫治之北百里曰漳腊，即古潘州也。城之故趾尚在，其下有岩穴，空洞幽邃，广可容列骑，深亦不知几许。南有玻璃泉，冬夏渊然不涸。其土地膏腴，山川秀丽，盖自唐盛时所开拓，虽隶版图，而土蕃酋长，犹然窃据，所谓但羁縻之而已。宋元以来。无复中国有。我朝混一华夏，极天极地，莫不臣服。洪武十一年，王师始下潘州。入与编民赋役无殊，乃于其地达置屯堡，使土卒且耕且守，数累十年，足食足兵，边人安堵。宣德丁未，守将失驭，氐羌蜂起，梗我饷道，燹我关塞，而潘州复为所据者，凡二十有八年。景泰辛未，予奉命来镇兹土，不揣思欲平复之，乃大集诸酋，陈以逆顺祸福，无不稽颡听命，于是复增置城池桥橹，凡战守之具，视昔有加焉。不殚一石之粟，不劳一人之力，而数千百顷沃饶之地，遂复为我有。又晏然置城于其间，俾兵农杂居，累岁丰获，边人安枕，实朝廷威德所及，予何功之与焉？或者以潘州之城，与唐世筹边楼相颉颃后先，予亦岂敢多让？景泰六年记。

曹学佺曰："今之漳腊，去松州一舍而遥，非百里外之漳腊矣。前张后弛，势使然也。予以庚戌署潘司事，料松边兵食，闻鞑虏住牧于漳腊城内，有百五六十帐，殊骇听闻。乃檄漳腊游击何奋武，得回牒云，谨按漳腊一镇、五隘九屯、一十八墩堡，延袤二百余里，襟带山河，杂居夷虏，所由来矣，前不具论。万历二十四年，火落赤入寇，彼时内有守备张良贤救应，以截其锋，外有合坝犄角，以牵其势，虽虏众攻围镇虏三昼夜，而不能破。于时掌堡百户杜世仁也，岂异人任？而其父子督军兵数百人，乃能射死小王子，斩首数十级，松漳卒赖以无事，而合坝遂因之住牧焉。续在三十三年，废将李宗望代庖漳腊，又有合儿顿、夺咱、毛儿扛等鞑接踵投居，会治兵使者，亦署官也，侈然有张伐之意，辄抚赏安插。牛马羊只布满山溪，毛帐毡房星列草地，犹肘腋间眠虎豹，门庭内牧犬羊。逐之，恐衅端自此发也；听之，恐祸本无所终也。彼其往来漳松之间，岂惟共我水草，利我盐茶？凡仓库之虚实，军兵之强弱，道路之冲要，无不尽知。万一生心，何以制而御之？惟是高屯堡者，在虹桥之内，御寇之下，谭廓之西，正适中要地，实乃松镇以北之藩屏也。议设把守一员，拨唐顺等军五十名，以耀威武而坐隘其吭焉，诚为长策矣。第当展筑屯基，宽包隙坝，贯路于中，不惟容众，且可据险。缘由到司覆看得松潘者，蜀西之门户；漳腊者，松潘之咽喉也。自土鞑合坝、合儿顿等住牧其中，毡房毳室，以百五六十计，犬羊之性，驯扰无常，非我族类，其心必异，岂非他日之隐忧哉？昔者隋唐之祸可鉴已。但既来之，则安之，可以理而谕也。方来者所当拒，可以势而禁也。惟是漳腊之镇虏堡，原设把守一员，地方辽阔，势本孤悬，今且伏戎在内，万一有变，声息不相闻，何暇左右顾？议者以高屯堡要害之处，添设把守以遏其冲，且与漳腊为犄角，诚策之善者也。该堡事务，仍令本官兼摄巡视，军兵即在各营抽选，亦无所糜费矣。若夫整行伍，除戎器，绸缪未雨，有备无患，此该道将之事也。”时当事者如议行之。

小河千户所，国初洪武十一年，与松潘卫同置，在卫东百九十里。宣德四年，调成都前卫后所官军实治之，仍隶松潘。按小河之地，古名涪阳，以水出松潘分水岭，入涪江也，地在涪水之阳矣。

《志》云，所北二十里师家山，一名文山，宋时师、文二大姓居之。山麓有文山关，又有师家铺，则界于龙州也。东有狮峰，西有象岭，各离一里许，有灵泉焉，出狮峰下。

《经略志》云，松潘又东为堡七：曰蜂崖、叶棠、马营、水进、镇夷、乾坤、铁龙，乃抵龙安。《四夷考》曰，小河之下，铁龙之上，惟叶棠为要隘，有叶棠把守官辖之。东通白马、毛公，西逼竹头、野猪、白草诸寨。上六里为峰崖堡，峰崖上十里，即小河也。下四里为马营堡，马营下七里为水进堡，水进下八里为镇夷堡，镇夷下十里为乾坤堡，乾坤下二十里为铁龙堡。堡有两山对峙，峭壁万仞，二水会流，深不可测。上为铁索桥，索凡六条，各长一十五丈，引于河之西岸，系以铁柱，中道板荡，行者戒心焉。嘉靖间，龙州宣抚薛兆乾作乱，斩铁桥以拒官兵，旬日，松州米贵如金矣。铁龙下十五里，即龙安府云。

《唐史》，太宗置松州都督府，督羁縻二十五州。为踞州，贞观元年置，领镇县二：江源、洛稽。懿州，五年，置西吉州；八年，改为懿州，县领二：阔凉、落吴。麟州，五年，置西麟州；八年，去西字，领县七：硖州、和善、敛具、硖源、王交、利恭、东陵。雅州，五年，置西雅州；八年。去西字，镇县三：新城，三泉、石陇。聚州，三年置，领县五：都流、宁远、临泉、临河，其余厥、调、凑、殷、匐、器、迩、率、钟，并诸羌部落，遥立之而已。

可州，四年，置西义州；八年，改为可州，里领县三：义诚、清化、静方。远州，四年置，领县二：罗水、小部川。奉州，三年，置西仁州；八年，改为奉州，领县三：奉德、思安、永慈。岩州，五年，置西金州；八年，改为岩州，领县三：金池、甘松、丹岩。诺州，五年置，领县三：诺川、归德、篱渭。蛾州，五年置，领县二：常平、郫川。彭州，三年，置洪州；七年，改为彭州，领县四：洪川、归远、临津、归正。轨州都督府，二年置，领县四：通川、王城、金源、俄彻。盍州，四年，置西唐州；八年，改为盍州，领县四：湘水、河唐、曲岭、祐川。直州，五年，置西集州；八年，改为直州，领县二：集川、新川。肆州，五年置，领县四：归唐、芳聚、鉴水、磨山。位州，四年，置西鉴州；八年，改为位州，领县二：位丰、西使。玉州，五年置，领县二：玉山、带河。嶂州，四年置，领县四：洛平、显川、桂川、显平。祐州，四年置，领县二：廓川，归定。台州，六年，置西沧州，八年，改为台州。桥州。六年置。序州，十年置。嵯州、阔州，十年置。右俱贞观之时，招慰党项羌者，旧属陇右道，改隶松州都督府。永徽已后，或叛或臣，制置不一，今并废省，聊备古迹而已。

《唐书》，吐谷浑，西羌名，正益州西北，去青海二十五里，古析支之地，汉西羌之别种也。魏晋以降，西羌微弱。周灭宕、昌、邓、至之后，党项始强。南杂春桑，迷桑等羌，北连吐谷浑。

其种每姓别自为部落，一姓之中，复分为一小部落，大者万余，其小者数千骑，不相统一。有细封氏、费听氏、往利氏、颇超氏、野辞氏、房当氏、米禽氏、拓拔氏，最为强族。贞观五年，诏遣使开其河曲地为六十州，内附者三十万口。有羌酋拓拔赤词者，甚为浑主伏允所昵，与之结婚，屡抗官军。后与其从子思头并率服，与诸首领归款，列其地为懿、嵯、麟、可等三十二州，以松州为都督府，羁縻存抚之。拜赤词为西戎州都督，赐姓李氏。自是从河首积石以来，并为中国之境。后吐蕃强盛，拓拔氏渐为所逼，遂请内徙，听移部落于庆州，因置静边等州以处之。故地陷于吐蕃，不去者为其役，吐蕃谓之“弭药”。又有黑党项在赤水之西，李靖之击吐谷浑也，浑主伏允奔于黑党项，居以空闲之地。及吐谷浑举国内属，其黑党项首领号敦善王，亦贡方物。其雪山党项，姓破丑氏，居雪山之下，贞观初，亦尝朝贡。又有白狗、舂桑、白兰等诸羌，自龙朔以后，并为吐蕃所破而服属焉。有附国者，在蜀郡西北二千余里，即汉之西南夷也。嘉良夷即其东部，所居种姓自相率领，不属统一。隋大业五年，附国王遣其弟子宜林、率嘉良夷等六十人朝贡。嘉良有水阔六七十丈，附国水阔一百丈，并南流，以皮为船而济。南有薄缘夷，风俗亦同。西有东女国，东北连山绵亘数千里，接党项及诸羌界。其地南北八百里，东西千五百里，无城栅，近山谷，傍山险。俗好复仇，故垒石为巢而居以避患。其巢高至十余丈，下至五六丈，每级以木隔之，基方三四步，巢上方二三步，状似浮图，于下级开小门，从内上通，夜必关闭，有二万余家。俗有重罪，止于罚牛。妻其群母及嫂。兄弟死，父兄亦纳其妻。好歌舞，鼓簧吹笛。死者无服制，置尸于高床上，沐浴衣服，被以年甲，覆以兽皮，子孙不哭，带甲舞剑而呼云："我父为鬼所取，我欲报冤杀鬼。"

其人轻捷，便击剑，漆皮为牟甲，为弓，长六尺，以竹为弦。以皮为帽，形图如钵，或戴幂罗，衣多毛毡，全剥牛脚皮为靴，项系铁钱，手贯铁钏。王与酋帅金为首饰，胸前悬一金花，径三寸。其土高，气候凉，多风少雨，土宜小麦青稞。山出金银，多白雉。水有嘉鱼，长四尺而鳞细。

东女国者，西羌之别种也，以西海中复有女国，故曰东以别之。俗以女为王，东与茂州党项接，东南与雅州接，界隔罗女蛮及白狼夷，有八十余城。王之所居，名康延川，中有弱水南流，亦用牛皮为船以渡，户四万余众。女王号为宾就，有女官曰高霸，平议国事。在外官僚，并男夫为之。其王侍女数百人，五日一听政。女王死，国中多敛金钱，动至数万，更于王族求令女二人立之，大者为王，次为小王，若大王死，则小王嗣立，或姑死而妇继，并无篡夺。所居皆重起屋，土至九重，国人至六重。王服青色绫裙，下领衫，其袖委地。重妇人，轻丈夫。文字同于天竺。以十一月为正，每至正月，令巫者赍酒淆诸山中，散糟麦于空，大咒呼鸟。俄时有鸟如鸡，飞入巫者怀中，因剖其腹视之，有一谷，来岁必登，若有霜雪，必多灾异。其俗因之，名为"鸟卜"。隋大业中，蜀王秀遣使招之，拒而不受。唐武德中，女王汤傍氏始遣使贡方物。自永徽七年，至于天宝元载，朝贡不绝。其后复以男子为王。贞元九年，其王汤立悉与哥邻国王董卧庭、白狗国王罗陀忽、逋祖国王弟邓吉知、南水国王姪薛尚悉曩、弱水国王董辟和、悉董国王汤悉赞、清远国王苏唐磨、咄霸国王董藐蓬各诣剑南西川，乞内附。其哥邻等国，皆散居西川。弱水国，即唐初女国之弱水部落。其悉董国在弱水西，故亦谓之弱水西悉董王，旧皆分隶边郡，祖父例授将军、中郎、果毅等官。自中原多故，皆为吐蕃所役属。其部落大者不过三二千户，各置县令十数人理之。土有丝絮，岁输于吐蕃，至是悉与之同盟，相率献款，兼赍天宝中国家所赐官诰二十九道以进。节度使韦皋处其众于维、霸、保等州，给以粮种耕牛，咸乐生业。立悉等数国王自来朝，召见于麟德殿，授立悉银青光禄大夫归化州刺史，邓吉知试太府少卿兼丹州长史，薛尚悉曩试少府少监兼霸州长史。董卧庭行至绵州，卒，赠武德州刺史，命其子利罗为保宁都督府长史，袭歌邻王。立悉妹乞悉漫，颇有才智，从其兄来朝，封和义郡夫人。其大首领董卧卿等，皆授以官。俄又授国王兄汤厥银青光禄大夫、试太府卿，青远王弟苏历颠银青光禄大夫、试卫尉卿，南国王薛莫庭及汤悉赞、董藐蓬、女国唱后使汤佛庭、美王钵南郎唐，并授银青光禄大夫、试太仆卿。其时西山松州生羌等二万余口，相继内附，其黏信部落主梦葱、龙诺部落主辟葱皆授试卫尉卿。立悉等并赴明年元会讫，赐以金帛，各遣还。至八月，召韦皋统押羌蛮及西山八国使，其落部至今犹代袭刺史等官，然亦潜通吐蕃，故谓之两面羌也。

威州保县 茂州 叠溪 汶川 灌县

威茂道开府茂州，辖威、保、叠、茂诸将领，而参将一员，驻扎茂州；游击将军一员，驻扎叠溪，实左右之。

《威州通志》曰，《禹贡》“西戎即叙”，今松、茂、威、保以接于吐蕃是也，亦谓之西番。先本羌属，凡百余种，散处河、湟、江、岷间。其酋发羌唐旄等居析支水西南，凉秃发利鹿孤之后也。利鹿孤有子曰樊尼，初利鹿孤卒时，樊尼尚幼，弟溽檀嗣位，以樊尼为安西将军。后魏神瑞元年，溽檀为西秦乞佛炽盘所灭，樊尼招集余众，投沮渠蒙逊，以为临松太守。及蒙逊灭，樊尼乃率众西奔，济黄河，逾积石，居跋布川，或逻娑川，于羌中建国，开地千里。樊尼威惠夙著，为群羌所怀，皆抚以恩信，归之如市，遂改姓为窣勃野，以秃发为国号，语讹谓之吐蕃。其国都城，号为逻些城。隋开皇中，有论赞索者，居牂河西。唐贞观中，始通中国。既而灭吐谷浑，尽有其地焉。按吐谷浑，鲜卑种也。沈约《宋书》曰："谯纵乱蜀之岁，鲜卑阿豺遣其从子西疆，攻吐谷浑敕来泥，拓土到龙涸、平康。元嘉二十七年，鲜卑虑索虏复生，遣使上表云，若不自固者，欲率部曲入龙涸、越隽门。"并求牵车，献乌丸帽、女国金酒器、胡王金钏等物，太祖赐以牵车者也。

唐初贞观八年，吐蕃弄赞奉表求婚，不许。乃进兵攻破党项及白兰诸羌，率其众二十余万，顿松州西境，遣使贡金帛，云来迎公主。又谓其属曰："若大国不嫁公主与我，即当入寇。"遂进攻松州，都督韩威轻骑觇贼，反为所败，边人大扰。太宗遣吏部尚书侯君集、牛进达等率步骑五万以击之，进达先锋自松州夜袭其营，斩千余级，弄赞大惧，引兵而退，遣使谢罪，因复请婚，太宗许之。弄赞乃遣其禄相东赞致礼献金五千两，其余宝玩数百事。仪凤三年，今益州长史李孝逸、嶲州都督拓王奉等发剑南山南兵幕以防御之，往剑南兵幕于茂州之西南，筑安戎城，以压其境。俄有生羌为吐蕃乡导，攻陷其城，遂引兵守之。时吐蕃尽收羊同党项及诸羌之地，东与凉松茂嶲等州相接，南至婆罗门西，又攻陷龟兹、疏勒四镇，北抵突厥，地方万余里。自汉魏以来，西戎之盛，未之有也。开元二十四年，散骑常侍崔希逸为河西节度使，于凉州镇守。时吐蕃与汉树栅为界，置守捉使，诏以岐州刺史萧炅为户部侍郎，判凉州事，代希逸为河州节度使。鄯州都督杜希望为陇右节度使。太仆卿王昊为益州长史、剑南节度使。分道经略，以讨吐蕃，仍令毁其分界之碑。二十六年四月，杜希望率众攻吐蕃新城拔之，以其城为威武军，发兵一千以镇之。其年七月，希望又从鄯州发兵，夺吐蕃河桥，于河左筑盐泉城。吐蕃将兵三万人，以拒官军，希望引众击破之，因于盐泉城置镇西军。时王昊又率剑南兵攻其安戎城，先于安戎城左右筑两城，以为攻拒之所，顿兵于蓬婆岭下，运剑南道资粮以守之。其年九月，吐蕃悉锐以救安戎城，官军大败，两城并为贼所陷。昊脱身走免，将士以下数万人及军粮资仗等并没于贼。昊坐左迁括州刺史。以华州刺史张宥为益州长史、剑南防御使，主客员外郎章仇，兼琼为益州司马、防御副使。宥既文吏，素无攻战之策，兼琼遂专其戎事。俄而琼入奏，盛陈攻取安戎之策。上甚悦，徙宥为光禄卿，拔琼知益州长史事，代宥节度。二十八年春，兼琼密与安戎城中吐蕃翟都局及维州别驾董承宴等通谋，都局等遂翻城归款，因引官军入城，尽杀吐蕃将士，使监察御史许远率兵镇守之。上闻，甚悦。中书令李林甫等上表曰："伏以吐蕃此城，正当冲要，凭险自固，恃以窥边，积年已来，蚁聚为患；纵有百万之众，难以施功。陛下亲纡秘策，不兴师旅，顷令中使李思敬晓喻羌族，莫不怀思，翻然改图，自相谋陷。神算运于不测，睿略通于未然，累载逋诛，一朝荡灭。又臣等今日奏事，陛下从容问臣等曰：'卿等但看四夷，不久当渐摧丧。'德音才降，遽闻戎捷，则知至与天合，应如响至，前古以来所未有也。请宣示百僚，编诸史策。"手制答曰："此城仪凤年中，羌引吐蕃，遂被固守。岁月既久，攻伐亦多，其地险阻，非力所制。朝廷群议，不合取之。朕以小畜无知，事须处置，授以奇计，所以行之。获彼戎心，归我城守，有足为慰也。”其年十月，吐蕃又引众寇安戎城及维州，章仇兼琼遣裨将率众御之，仍发关中纩骑以救援焉。时属凝寒，贼久之自引退。诏改安戎城为平戎城。大历三年，剑南西川亦破吐蕃万余众。五年五月，徙置安、悉、拓、静、恭五州于山陵要害之地，以备吐蕃。大历十一年正月，剑南节度使崔宁大破吐蕃故洪等四节度，兼突厥、吐浑、互变羌、党项等二十余万众，斩首万余级，生擒蝎城兵马使一千三百五十人，献于阙下。牛羊及军资器械，不可胜纪。十二年九月，入寇坊州，掠党项羊马而去。十月，崔宁破吐蕃望汉城。十四年八月，命太常少卿韦伦持节使吐蕃，统蕃俘五百人归之。十月，吐蕃率南蛮众二十万来寇，一入茾州，过汶川及灌口；一入扶文，过方维、白坝；一自黎雅过邛崃关。连陷郡邑。乃发禁兵四千人，及幽州兵五千人同讨，大破之。十二月，崔宁复奏于西山破吐蕃十万，斩首八千，生擒九百人。

德宗之世，万年韦皋为西川节度使，城龙溪，筑西山堡，以纳降羌。皋以云南蛮众数十万与吐蕃和好，蕃人入寇，必以为前锋。四年，皋遣判官崔佐时入南诏蛮，说令向化，以离吐蕃之助。佐时至蛮国羊咀咩城，其王异牟寻忻然接遇，请绝吐蕃，遣使朝贡。其年，遣东蛮国鬼王骠傍苴梦、冲苴乌等相率入朝。南蛮自嶲州陷没，臣属吐蕃，绝朝贡者二十余年，至是复通。五年，皋遣大将王有道简习精卒，以入蕃界，与东蛮于故嶲州台登北谷北谷大破吐蕃青海、腊城二节度，斩首二千级，生擒笼十五人。其投崖谷而死者，不可胜计。贞元八年，皋攻吐蕃于维州，败之。获其大将论赞热，献于京师。先是，盐州城为吐蕃所毁，塞外无保障。九年，诏城盐州。策虏且来袭，令皋出师牵围之，皋命大将董勉、张芬分兵出西山、灵关，破峨和城、通鹤军、定广城，逾滴博岭，遂围维州，搏栖鸡，攻下羊溪等三城，取剑山屯，焚之。南道元帅论莽热来援与战，破其军，拔白崖，焚定廉故城。凡平栅堡五十余所，斩首二千八百级，乃城盐州。由是西山羌八国酋长，皆请入朝。十六年，皋复败吐蕃，克峨和城，独维州不下。十年，皋累破吐蕃一万余众于黎州、嶲州，吐蕃遂大搜阅，筑垒造舟，潜谋寇边，皋悉挫之。于是吐蕃酋帅兼监腊城等九节度婴笼官马定德与其大将八十七人举部落来降。定德有计略，习知兵法及山川地形。吐蕃每用兵，定德常乘驿计事，蕃中诸将，禀其成算。至是自以捍边失律，惧得罪而归心焉。十七年，吐蕃昆明城管麽些蛮千余户又降。赞普以其众外溃，遂北寇灵朔，陷麟州。德宗遣使至成都府，令皋出兵深入西山，以纾北顾。皋乃令镇静军兵马使陈洎等统兵万人，出三奇路；威戎军使崔尧臣兵千人，出龙溪石门南路；维保二州兵马使仇冕、保霸二州刺史董振等兵二千，趋吐蕃维州城；中北路兵马使邢玭等四千，趋吐蕃栖鸡老翁城；都将高周、王英俊兵二千，趋故松州；陇东路兵马使元膺等复分兵八千人，出南道雅黎嶲路；又令镇南军使御史大夫韦良金兵一千三百续进；雅州经略使路惟明等兵三千，趋吐蕃通租、偏松等城；黎州经略使王有道兵二千人，过大渡河，深入吐蕃界；嶲州经略使陈孝阳，兵马使何大海、韦义等及麽些蛮东蛮三部落主苴那时等兵四千，进攻昆明城、诺济城。自八月出军齐入，至十月破蕃兵十六万，拔城七、军镇五、户三千，生擒六千，斩首万余级。遂进攻维州，救军再至，转战千里，蕃军连败；于是寇灵朔之众，引而南下，赞普遣论莽热以内大相兼东境五道节度兵马都统群物大使率杂虏十万，来解维州之围。蜀师万人，据险设伏以待之。先出千人挑战，莽热见我师少，悉众来追，发伏掩击，鼓噪雷骇，蕃兵自溃，虏众十万，歼夷者半，生擒论莽热，献诸朝。进皋检校司马、中书令、南康郡王，御制纪功碑褒赐之。皋治蜀十三年，凡破吐蕃四十八万，斩首五万余。

后自南诏入寇，败杜元颖，而郭钊代之，病不能事事。文宗太和四年，以李德裕检校兵部尚书、成都尹、剑南西川节度副大使、知节度事、管内观察处置西山八国云南招抚等使。德裕乃大葺关防，缮完兵守。又遣人入南诏，求其所俘工匠，得僧道工巧四千余人归成都。扶残奋懦，皆有条次。成都既南失姚、协，西亡松、维，清溪下沫水而左，尽为蛮有。始韦皋招徕南诏，复嶲州，倾帑以结蛮好，教之战阵文法。裕以皋启戎资盗，养成痈疽，第未决耳。至元颖时，遇隙而发，故长驱深入，跋剔千里，荡无孑遗。今瘢痍尚新，非痛矫革，不能刷一方耻。乃创筹边楼，按南道山川险易与蛮相出入者图之左，与吐蕃密迩者图之右。其部落众寡，馈餫远近，曲折咸其。乃召习边事者，与之指画商订，凡虏之情伪尽知之。又料择伏瘴旧獠，与州兵之任战者，发遣狞耄十三四，士无敢怨。又请甲人于安定，弓人于河中，帑人于浙西，由是蜀之器械皆犀锐。率户二百取一人，使习战，勿贷事，缓则农，急则战，谓之雄边子弟。其精兵曰南燕保义、保惠、两河慕义、左右连弩；骑士曰飞星、鸷击、奇锋、流电、霆击、突骑，总十一军。筑伏义城，以制大渡清溪关之阻；作御海城，以控荣经犄角之势；作柔远城，以扼西山吐蕃；复邛崃关，徙嶲州治台登，以夺蛮险要。简去属兵羸弱者四千余人，复募少壮得千人，募北兵得千五百人，与土兵参居，转相训习，日益精练。初蜀人多鬻女为人妾，德裕为著科约，凡十三而上，执三年劳，下者五岁，及期则归之父母，以繁生齿，威惠大振。太和五年，吐蕃维州将悉怛谋以城降。维距成都四五百里，因山为固，东北由索丛岭而下三百里，地无险，走长川不三千里，直吐蕃之牙，异端戍之以制虏入者也。其地南界江阳岷山，连岭而西，不知其极；北望陇山，积雪如玉，东望成都，若在井底。一面孤峰，三面临江，是西蜀控吐蕃之要也。至德后，河陇陷蕃，唯此州尚存。吐蕃利其险要，将妇人嫁与此州阍者。二十年后，妇人生二子成长，及蕃兵攻城，二子内应，其州遂陷。吐蕃得之，号曰无忧城。贞元中，韦皋镇蜀，经略西山八国，万计取之，不获。至是悉怛谋遣人送款，德裕疑其诈，遣人送锦袍金带与之，讹云候取进止，悉怛谋乃尽率郡人归成都。德裕乃发兵镇守，闻之于朝。时牛僧孺沮议，言："吐蕃之境，四面各万里，失一维州，未能损其势。比来修好，约罢戍兵。中国御戎，守信为上。彼若来责曰：'何事失信？'养马蔚茹川，上平凉坂，万骑缀回中，怒气直辞，不三日至咸阳桥。此时西南数千里外得百维州，何所用之？徒弃诚信，有害无利，此匹夫所不为，况天子乎？"上以为然，诏德裕以其城及悉怛谋等悉归之。吐蕃戮之于境上，极其惨酷，德裕终身以为恨。会监军使王践言入朝，盛言悉怛谋死，拒远人向化意，帝亦悔之。武宗朝，召僧孺出为淮南节度。德裕面奏曰："臣在先朝，出镇西蜀，其时吐蕃维州首领悉怛谋虽是杂虏，久乐皇风，将彼坚城降臣本道。臣寻差兵马，入据其城，飞章以闻，先帝惊叹。其时与臣不足者，望风嫉臣，遽献疑言，上罔宸听，以为与吐蕃盟约，不可背之，必恐将此为辞，侵犯郊境。诏臣还却此城，兼执送悉怛谋等令彼自戮，复降中使，迫促送还。昔白起杀降，终于杜邮致祸；陈汤见徙，是为郅支报仇。感叹前事，愧心终日。今者幸逢英主，忝备台司，辄敢追论，伏希省察。且维州据高山绝顶，三面临江，在戎虏平川之冲，是汉地入兵之路。初，河陇尽没，此州独存。吐蕃潜将妇人，嫁与此州门子。二十年后，两男子长成，窃开垒门，引兵夜入，因兹陷没，号曰无忧。因并力于西边，遂无虞于南路，凭陵近甸，宵旰累朝。贞元中，韦皋欲经略河湟，须以此城为始，尽锐万旅，急攻累年。吐蕃爱惜既甚，遂遣舅论莽热来援。雉堞高峻，临冲难及于层霄；鸟迳屈盘，猛士多糜于礌石。莫展公输之巧，空擒彼将而还。及南蛮负恩，扫地驱劫，臣初到西蜀，众心未安。外扬国威，中辑边备，其维州执臣信令乃送款与臣，臣告以须俟奏闻，所冀探其情伪。其悉怛谋寻率一城之兵众并州印甲仗，塞途相继，空壁归臣，臣即大出牙兵，受其降礼。南蛮在列，莫敢仰视。况西山八国，隔在此州，北带使名，都成虚语。诸羌久苦蕃中征役，愿作大国王人，自维州降后，皆云但得臣信牒帽子，便相率内属。其蕃界合水、栖鸡等城，既失险阨，自须抽归，可减八处镇兵，坐收千里旧地。臣见莫大之利，乃为恢复之基，继具奏闻，请以酬赏。臣自与锦袍金带，颙俟诏书。且吐蕃维州未降已前一年，犹围鲁州，以此言之，岂守盟约？况臣未尝用兵攻取，彼自感化来降。又沮议之人，不知事实，犬戎迟钝，土旷人稀，每欲乘秋犯边，皆须数岁就食。臣得维州逾月，未有一使入疆，自此之后，方应破胆，岂有虑其后怨，鼓此游词？臣受降之时，指天为誓，宁忍将三百余人性命，弃信偷安？累表上陈，乞垂矜赦。答诏严切，竟令执还，加以体被桎梏，舁于竹畚。及将就路，冤叫呼天。将吏对臣，无不流涕。其部送者，便遭蕃帅议诮，曰：既以降彼，何须送来？乃却将此降人，戮于汉界之上。恣行残害，用固携离；乃至掷其婴孩，承以枪槊。臣闻楚灵诱杀蛮子，春秋明讥；周文外送邓叔，简册深鄙。况乎大国，负此异类，绝忠款之路，快凶虐之情，从古以来，未有此事。臣实痛悉怛谋举城受酷，由臣陷此无辜，乞慰忠魂，特加褒赠。"帝意伤之，寻诏赠悉怛谋右卫将军。

初，赞皇作《西南备边录》，其序略云，"吐蕃开衅，河陇失险，缔从南诏，协以谋我，井络坤维，我圉孔棘。守臣韦皋凿清溪道，要结蛮好，犄鹿效顺。乃纂集事状，为卷十七。质币结辙，阖户诲盗。爰命德裕，改纪其政。乃达筹边楼，立雄边子弟，作仗义、御侮、柔远三城，以扼虏冲。犹虑敌去而备弛也。凡兵将粮械之数，城镇种落之名，岁计经用之目，讲求利病，辑为一书。诸郡虚实，外夷情状，条分缕析，灿如指掌。创立障垒，咸以朱书图之，仍总绘小图，标之酋卷焉。"按《备边录》第四卷，叙维州本末尤详。唐末吐蕃衰弱，种类分散，入内属者，谓之熟户，余谓之生户，薄示羁縻而已。宋时朝贡不绝，其首领唃厮罗始居鄯州，后徙青塘，即青塘岭也，青羌所居矣。《宋史》，吐蕃青羌首领奴儿结等，为边害十余年，制置使留正以计擒杀之，尽歼其党。赵汝愚代为制置使，奴儿结弟三开复叛，汝愚县重赏以间群蛮，三开不能孤立，忧死，汝愚以定青羌功加秩，即此种。元宪宗始于河察州置吐蕃宣慰司都元帅府云。

《保县志》云，"出县循南岸行一日，又北渡大江，至杂谷安抚司、可八十里，又十里为无忧城，故址尚存。"按杂谷，即古维州，唐太和中，陷于吐蕃，其酋即悉怛谋种矣。

国初有阿漂者，以捍虏功，授敕印，为杂谷安抚同知，岁输薄粮于维州番仓，三年一贡。其地有上碉、下碉，去无忧城百里，去县倍之。前临沱水，后倚高山，南接三姐，西接孟董，南抵达思，北抵东布，又东至八棱碉，与鞑虏密迩。岁终发番兵万余，备粮械，入碉防守，至次年除夕更班，保边放宁，以杂谷为之保障也。达思蛮长官、金川禅师及打喇儿草坡六寺、龙山以西诸寨皆隶焉。

达思蛮长官司在杂谷西五十里，其先严泰与阿漂同功，给印信，授为长官。

《寰宇记》云，隋开皇六年，以石门镇近白狗羌，故于金川镇置金川县。唐武德七年，以属维州。贞观初，废。三年，复置。按今金川寺，其故处也。寺僧巴橐监藏及莽葛刺，以有戒行，得称蕃都纲。永乐初，黄毛鞑犯界，金川僧招麻喇防御有功，事闻，赐号演化禅师及敕命银印，俾其徒世守焉。地居杂谷安抚之东，管十五寨。东北至八棱碉，西至保县，南至棱城百五十里。后渐衰弱，见驱于杂谷，迁其族于董卜界上。《志》云，教场是金川寺地。未详。

打喇儿寨土舍居威南路，在文镇河西，先曾纠黑虎夷为边害。正德间，归顺，奏准纳贡，颁赐敕书冠带，无印信，遇贡，赴杂谷起文。又有只台寨蕃。

《保志》云，西北生番，有孟董十八寨，三国孟获、董卜之裔也，谓之孟董蕃，亦名董韩胡。唐时哥邻君、董卧庭等求内附，处其众于维坝等州，居小铁围山，去县可七八日程。东抵杂谷八棱碉，模坡河在东，如卜河在北，即古之孙水也。南流雅州，以牛皮为船，既渡，则曝皮于岸上，候干，复用焉。永乐八年，归附进贡，授宣慰使司都指挥同知。贡道有三：一由杂谷八棱碉出保县，一由清溪口出崇庆州，一由灵关出雅州。近与杂谷不睦，故直由雅安。

又曰，松茂、威、叠，大势如一身然：松潘，首也；叠溪，项与喉也；茂州，腹也；东之土门，西之威与汶保，其手足也。然余皆在江内，惟保独居江外。县以东为旧番，即箐上里之编户叛去者。地土相连，樵采共路，怀异志而漏华情，莫此若矣。又云，县北熟番二股：一路为水田、星上、龙山等寨，向背不常；一路为近县玉山十二寨，稍稍易驯。正北野番，有梁荒梭城五十余寨，直连松州黑水，号为野营，国初御史大夫丁玉，用色银铸锭以诱之，即此夷也。

《维州志》曰，白狗岭与大雪山连，后有白狗羌居之。《寰宇记》曰，白狗国者，西羌别名，与会州连接，胜兵一千。唐武德六年，有使朝贡。开元二十九年十月，白狗国四品笼官苏唐封及狗冉川五品笼官萨阿封等至京，各赐金紫玉帛以遣之。贞元九年七月，其王陀罗忽与女国等诣剑南西川节度使韦皋内附，诏授试太常卿兼保州司马，至今子孙承袭其爵云。按白狗国、女国，俱在西山八国之数，韦皋使衔兼节制西山八国，即此也。

《四夷考》曰，维州路生蕃最多，有名色可考者曰：孟董、梁黄、梭城、月上、星上、龙山、龙溪、大寺、小寺等寨，设一关六堡以戍之。关曰镇夷，堡曰保县，曰新安，曰乾溪，曰西平，曰坝州，曰坡底。而坡底附近龙山、竹打、大寺、小寺、蒲乞、太子愤等寨，而龙山最强，旧有龙山戍，有城。《唐书》，广德元年，吐蕃陷维州笼山城是也。

坝州堡附近龙溪、卜南、木上诸寨，与北路黑苦、三姐生番相通，每岁耕获，既有盖藏，辄以砺兵劫夺为事，按即保霸蛮也。《方舆》云，威州保霸蛮者，唐保霸二州，天宝中所置，后陷没。酋董氏世有其地，与威州相错，因羁縻焉。嘉祐、熙宁中，常请朝命。政和初，知都成，庞恭、孙达言开拓，置官吏，乃以保州地为祺州，霸州地为亨州，授其酋刺史团练史。

按《宋史》，董氏世知保州。太平兴国六年，保州刺史董奇死，以其子诏重继之。又云董仲元者，袭职二十余年，安静无事。嘉祐中，益州钤辖司表其善抚蛮夷，乃真命为刺史。其时有鹈州，亦遣人贡马。鹈州未详，疑即古定廉县，今之金川寺，故史谓西南边地有鹈州、保州矣。

《四夷风俗记》曰，维州诸番日务射猎，夜宿碉房，炙羊膀以卜吉凶，分善恶以为黑白。以战死为善终，以相杀为厮打，父子兄弟，大则仇杀，转眼相背，不知骨肉，有大小姓，犹言大小族也。董卜、金川，俱属小族；杂谷、达思，俱属大族。《志》云，其生一产双子，乳右者为小。又云，射旄牛者为大，射绵羊者为小。二姓相间而居，丁大夫玉克复其地，始分之，盖使犬牙相制云耳。

岁时不用官历，知岁时者为端公。如辰年，则画十二龙，或卧或行，因形而推之，他像亦然。番僧衣佛经，推算日月蚀，及甲子建除，毫厘不差，大率以十月为一岁。嫁娶，富者以猪羊、毛毡、布疋、粟麦为礼，其赔装资，必须生子之日，数人俟于路口，其女潜出，要至其家，方焚香宰羊牛会亲。

人死，则坐尸于水架上，置之仓舍，衣帽弓矢，俱如生佩服。端公咒经，献以猪羊，用火烧之。男子剪发，止留其顶，发下垂服，用作力麻，不穿袴，不洗面。妇人俱编发如缕，饰以海巴砗磲。

茂州《华阳国志》，冉駹国，汉时作以东北君长十数，冉駹最大，武帝元鼎六年所开，以为汶山郡。至宣帝地节三年，夷人以立郡赋重，帝乃省并蜀郡，为北部都尉。其山有六夷七羌九氐，各有部落。其王侯颇知文书，后汉灵帝时，复分蜀郡北部为汶山郡。蜀建兴十年，汶山平康夷反，姜维讨之，始服。《寰宇记》云，石室，冉駹夷人所造者十余丈，山岩之间，往往有之。

《宋史》，茂州羌蛮，地方数千里，旧领羁九州，皆蛮族。蛮自推一人为州将，常在茂州受处分。旧州无城，惟植鹿角。蛮以昏夜入州，掠人畜货卖，遣州将往赎之，习以为常。宋神宗熙宁八年，范百常知茂州，民请筑城，既而蛮酋诉称城侵其地，乞罢筑，百常不许。九年三月，始兴工，静蛮数百奄至，百常率州兵击斩数人，蛮乃退，百常迁民入牙城。明日，蛮数千人四面焚鹿角及庐舍，引梯冲攻牙城，矢石雨下，百常悉众乘城拒守，二酋长为木偏所杀，蛮兵乃却。茂州南有鸡宗关，通永康军；北有陇东道，通绵州，皆为蛮所据。百常募人间道诣成都，又书木牌数百，投江中告急，蜀绵兵救之，蛮始解围誓和。自是蛮人稍定，百常亦以筑城生患，坐夺一官。既而生羌合群蛮复至，相距七十日。诏遣内押班王中正将陕西兵来援，入恭州、宕州，诛杀颇众，蛮遂降。政和五年，有直州将郅永寿、阳延俊、董承有等各以地内属，诏以永寿地建寿宁军，延俊承有地置延宁军，然与亨、祺二州，皆非扼控之所，未几，皆废。

《一统志》云，国朝设茂州以统羌民，设茂州卫以统军伍，军居城内，民居城外。羌凡和誓，输牛羊棘耒耜各一，乃缚剑门于誓场；酋豪皆集，引于剑门下遇，刺牛羊豖血歃饮之。掘地为坎，缚羌婢坎中，加耒耜及刺于上，投石击婢，以土埋之。巫师诅云："有违誓，当如此婢。"

《土夷考》云，茂州东路生番，白草最强大，而白草又与松潘黄毛鞑虏相通，桃红、青片、板舍次之，白苦、水磨、岐山又次之。有犯守官，辖桃坪、神溪、夹山等凡七关堡。

桃坪者，去白草、青片诸番，不四五十里，志谓古桃关也，见《水经注》。关通西城之路，北当风穴，一二里间，昼夜沙石，飞扬不息。《寰宇记》云：故桃关在汶南八蛮界，公私之路，俱从于此，有绳桥渡江，认守桃坪者为陇木司。

陇木头长官司，茂之陇木里也。国初以酋长归附，授承直郎，世袭长官，岁常贡马二疋。所属玉亭、神溪十二寨，俱为编氓，有保长统之。

又有静州长官司，茂之静州里也。袭官贡马，与陇木同。正德间，与岳希、蓬节孝为乱，攻茂城，断木道七日，节贵弟车勺潜引水以活我军。事平，使车平袭职，管法虎、核桃沟八寨，编户为氓，有保长统之，认守北定门至关子堡。按静州，即唐之悉唐县矣。《宋史》曰，涂、静、当、真、时、飞、宕、恭等九州蛮皆羁縻州也，环茂州而居，州不过数十里而已。按唐茂州都督府羁縻州九，静州其一，已见前矣。维翼二州，后进为正州，即今叠溪所也，第其名与《宋史》不同，附载之以俟考焉。

涂州，唐武德元年，临涂羌归附，置，领临涂、端源、婆览三县。贞观元年，州县俱省。三年，又分茂州之端源戍置涂州，县有端源、临涂、悉邻三县，与州同置。炎州，贞观五年，生羌归附，置西封州；八年，改为炎州县，有大封、慕仙、义川。彻州，唐贞观五年，西羌首领董州贞归化，置县，有文彻、俄耳，文进。向州，唐贞观五年，生羌归化，置县，有俱左、向二。冉州，本徼外敛才羌地，贞观六年，置西冉州；九年，去西字，县有冉山、磨山、玉溪、金水。穹州，贞观五年，生羌归附，置西博州；八年，改为穹州，县有小川、彻当、壁川、当博、泰耳。笮州，贞观七年，白狗羌降附，置西恭州；八年，改为笮州，县有遂都、亭劝、北思。恭州，开元二十四年，分静州广平县，置恭州，仍置博恭、烈山二县；天宝元年，改为恭化郡；乾元元年，复为恭州，本属陇右道，后割属剑南道，其属县有和集、博恭、烈山。《土夷考》曰，茂州南路生番，惟曲山三寨，界在西南两路之间，称强恶，余皆熟番。有把守官，辖雁门、文镇、七星、宗渠四关堡，河以外，则属岳希蓬也。岳希蓬长官司，国初归附，赐袭长官；三年，贡马二匹。正德间，长官坤卜作乱，伏诛，使其弟坤元袭职，管波西、水西、渴渴、勒都等七寨，隶茂州卫当差，编户于州水西里，有保长统之，认守勒都龙嘴等地方。《土夷考》曰，茂州北路有长宁安抚司，其先历日寨首也。国初归附，屡有从征功，赐敕印，世为安抚司，月俸四石，三年一贡。久未袭官，使土舍护印而已。姓苏氏，管凿溪、章贡等六寨，有把守官，辖长宁、实大、韩胡、椒园、松溪等八关堡。长宁堡、实大关附近巴猪五族，及大小历日，称最强悍。韩胡堡附近恰列寺、韩胡、碉水、磨沟等寨，而恰列寺皆番僧也，原给有敕书，三年一贡。椒园堡附近后沟乌都及河东之法虎插共六寨，俱静州属羌也，往来茂地贸易，与居民伍。松溪堡附近黑苦七族，番众二千有奇，嘉靖间，攻围堡城，绝我饷道，要我重赂，乃解；至今尚岁费抚赏四百金有奇。

《经略志》云，正德十三年，巡抚都御史宋沧克平坝底白草诸寨，诸夷献侵地二千余顷，又克平茂州鸡公寨。十五年，长宁等处深浅诸寨番蛮声言复仇，求索赏需。兵备副使朱纨督同参将游击将军提兵捣巢，擒其首恶，余党俱以次降，年例赏需，尽行裁革。至今西陲妥靖，诸蛮不复弄兵开边隙矣。

“予分守川西，询诸有司，议戍军曰，夫戍军之设，盖谓边地空虚，人烟稀少，故今汉彭、双温等处，抽丁充戍，其法诚为至善。然岁久月易，其中有当调停者，何也？戍军每年九月拨发，十月到边，往往非死则病，非病则逃，毫无实用。试言其故，盖汉彭等处，风气温和，即冬无霜雪，而蔬菜俱备；茂、叠塞垣，风沙惨烈，虽夏不消冰，而百物不产。以故戍军到边，寒暖不合，饮食不调，多生疾病。当有司促迫上道，哭别父兄妻子，若永诀者。至殷实之户，强壮之丁，多有展转规避。惟无告穷民，不获已就列，或又阖户共雇一乞丐无赖之徒以充数。比及到边，身无完衣，腹无饱食，囊无半粒，手无寸铁，奄奄扶杖而行，致使番夷倚山而笑曰：‘戍军来也！’病者病，死者死，逃者逃，边隘曾不得借其一臂之力。嗟，嗟！似此景象，在安常处顺，猥云有饷有兵，倘一旦羌夷窃逞，而欲其斩将搴旗，挞伐用张，得乎？是至苦者莫如戍军，至无用者亦莫如戍军也。然则奚术而可？亦惟是裁省抽发，召募土著，乃为常胜之兵焉。何也？茂、叠不产五谷，不养蚕桑，人所为命者，惟恃军饷耳。且如五口之家，须应军二名，方得温饱；不然而应军一名，且见菜色；如无军可应，则无生可度，动见逃窜，如今之灌、郫、广、汉，往往有茂、叠逃民，盖以此也。倘以职言为不谬，将戍军之粮，召募土著之民，人人有粮，人人可兵，不出三年，逃避者必回故里，地方之集聚日益众，边塞之军兵日益精。在平常无事，足以壮国威；苟一旦临戎，则人自为家，家自为守，可必其用命。在内地无戍军之苦，在边庭有敢勇之卒，窃意羌番虽狡，亦无所用其谋矣。职书生也，不敢言知兵，但此明白易见，断断乎其可行者，通变宜民，是在今日耳。随经移会该道，转行成都府茂、汶、保、灌等州县。回覆间，适予署司篆，看得戍军之议，或因或革，非止一次，每盈庭不决者，盖由行月二粮，全改半改，未得其肯綮故也。何则？月粮者，祖军之额，不可移动者也。行粮专为更番戍守设耳，若免其戍边，而不动其月粮，则人皆乐从矣。且卫所得裕差操之役，军户永免津贴之累，而所利更广矣。查威、茂一带班军，以三十六七等年计之，各该一千二百余名，折支司府民屯实米，并布花银共五千五百二十余两，此其大较也。合无比松边例，裁去班军前项银两，支发该边，自行召募，每名工食，每日给银二分，共募兵七百七十名，与主军分认地方差使，不得紊乱。仍附官兵会计之后请发，不得别立名色增补，是尺籍虽稍亏，而边方得实用也。”时如议行之。

叠溪，古氐羌地，汉为蚕陵县，属蜀郡；晋属汶山郡；后周置翼斜郡；隋初，废郡，以县属会川；大业初，属汶山郡。

《寰宇记》，唐武德元年，复改汶山郡为会川，领翼斜、翼水、左封，凡三县。其年，即以三县置翼州。五代至宋元，皆为羌人所据，不置州县。本朝洪武十一年，平羌，始置叠溪右千户所，隶茂州卫。二十五年，改守御军民千户所。

其地东西广六十五里，南北袤九十五里，东至牦牛山五里，西至黑水生番六十里，南至茂州界三十里，北至松潘界六十五里。

《图经》，性犷勇悍，不习诗书，近渐染声教，习尚衣冠，远者不通汉语；衣皮褐，丧不棺而火化。耐饥寒，叠石为巢以居，所名本此。

其土产牦牛、毛毯、酥油、麝香、香猪、白蜜、犏牛、马鸡。其山北有蚕陵，东有牦牛，南有排栅，东北有云峰，各去所城五六里。城西三里，即汶江也，源出松州，与黑水合，流入茂州。城南有玉津泉，甃以铁瓦，接引至城下，居人汲之不竭。有古积雨台，今为观，在治南。有石轮寺，沿崖皆佛相。《志》云，唐贞观中，李将军广所镌也，在治北四里。

废翼州城在治南，《寰宇记》云，唐武德元年置，取郡南翼水为名。六年，自左封移州治翼斜。咸亨三年，置都督府，移就悉州城内。上元二年，罢都督，移还旧治。天宝元年，改为临翼郡。乾元元年，复为翼州。

废蚕陵县在治北，汉治蚕陵县，属蜀郡，莽改为步昌也。《寰宇记》，卫山县，本汉蚕陵县地。注：《汉书》，蚕陵故城在翼州水县西，有蚕陵山。隋改为斜翼县，治七顷城。唐贞观十七年，移理于七里溪。二十三年，以英国公李世勋为叠州都督。天宝元年，改为卫山县。又曰，翼水县，亦蚕陵县地，隋初置，取县西南翼河为名。按后周之龙水县，隋改翼水，水在所治南五十里，一出松潘，一出黑水，翼如也，即汶江矣。

废悉州城在治东南四十里，唐显庆三年，割左封县界内悉唐川，因立为悉州，领悉唐，左封、识臼三县，以羁縻羌人，其首领有董系北射任刺史。自后射卒，以左封县令董俱悉冻任刺史，兼敕以父死子继。咸亨元年，移治左封，载初元年，移治匪平川。

废左封县址，同悉州。《寰宇记》云，左封县本属翼州，在当州东南四十里，唐显庆元年，乃于县治悉州焉。

废归城县，唐垂拱二年置。废真州，唐天宝五载，分临翼郡之昭德、鸡川两县，置昭德郡；乾元元年，改为真州，取真符县为名。其一曰真符县，唐天宝五年，分鸡川，昭德二县，置真符县，州所治也。其二曰鸡川县，唐先天二年，割翼州水县置。天宝五载，改属真州。其三曰昭德县，旧识臼县，属悉州；天宝元年，改属翼州，仍改名昭德县；五载，改属真州。按《通典》有鸡川，昭德二县。《唐书》云，开生獠新置，即不还年月，今茂州鸡宗关名本此，地亦相近。

《四夷考》曰，叠路生悉最恶，而五巴猪为尤甚，牛尾、麻搭，杨柳、麦儿次之，凡四十八寨。其地南连黑苦，西通黑水，北接松潘。频年虏去汉人，多卖入黑水。加兵征之，即逃入黑水。黑水盖广饶之地，远近莫知所纪极也。

《志》云，叠溪千户所，领长官司二：曰叠溪司，在治北一里；曰郁即，在治西十五里。叠溪郁氏，洪武十年，以土酋归附，世其官。永乐中，颁给印信，除流官吏目一员，凡三年，贡马四匹。今长官郁孟贤辖河东熟番八寨，皆大姓，及马路小关七族，土舍郁从智，辖河西小姓六寨。此六寨素枭黠，地土广远，牛羊稞麦露积，名虽熟番，与生番等耳。

郁即长官啖保，万历十八年，与黑水松坪攻我新桥，明年，伏诛。先是，汉关墩附近勒骨诸小姓属于郁即，至是改属郁氏。

新堡附近为巴猪大寨，众逾千数，其人形如魍魉，性喜黠盗，虽受岁赏月粮，縻耗而已。自嘉靖二十三年以来，屡经渡河，虔刘我民军，攻掠我城堡，稔恶不悛，数将贯盈。议者欲于旧关脑搭桥进兵，及马路堡后长宁沙坝潜师绕其后，上下夹攻，可大创也。

永镇堡附近为牛尾寨，万历八年、十二年，与麻搭济恶，颇肆杀掠；十四年，征之，逃入黑水，献出番牌投降，埋奴为誓，乃免。

太平堡附近为杨柳沟，河西强种也，与松潘之大小耳别同枝，向称猾梗。万历十四年，征之，不获；后四年，乃纠松坪，白泥黑水三千余番，同陷新桥；十九年，复大征，亦埋奴求免。

灌县 汶川

《西边志》云，灌县獠泽关，景泰七年立，去董卜韩胡可千里，番民至关市易，唯大黄茶药而已。去关七十里为惹龙关，加渴瓦之地也。

加渴瓦寺，亦董卜韩胡支派，正统中，调征草坡，宣慰司遣僧锁南列思巴来赴，赐号崇教翊善国师，给敕印，使分管摩多集、塔藏里旧寺等十三寨都纲。麻喇者，成化间孟董梁黄之乱，调发协征，遂就汶川涂里山巅居焉，国师久未承袭，以土舍护印而已，獠泽等关，是其认守。

汶路生番，惟草坡骜黠，有三寨在河西山外，一径通董卜宣慰，一径通孟董、梁黄。向以假道骚动，十八年，征之，始震詟，输荞莜于汶川，听约束于寒水矣。

寒水土巡检司高氏，其先曰银儿，直隶霸州人，洪武七年，授职防守河西，住苏村寨，三年贡马二匹。正统七年，草坡改汶川，司印为所劫；景泰间，重颁授之，调征龙溪卜南诸寨，屡立战功；隆庆间，草坡复攻破苏村寨，遂移住河东。

龙安府 青川 石泉 安县

安绵道开府绵州，辖龙安、青川、石泉、绵州诸将领，守备指挥一人，比都指挥体统驻石泉，而龙安参将同城以居。

龙州，古氐羌地，汉曰阴平道。注云：有夷之地曰道，如风氐道、甸氐道之类是也。北部都尉治此；永平后，始称郡；自后或称江油，或称平武，或曰龙州，或曰龙门，或改灵应郡，或改郑政州，时代不同，因革亦异。宋景定间，临邛人薛严以进士来守是州，捍卫有功，得世袭焉，家谱为战国薛居州之后也。国初，其裔薛文胜归附，乃授知州。时千夫长陇西李仁广，提领官高邮王祥，给我饷馈；蜀平，赐李州同知，王州判官；宣德中，以征松潘功，陛州为宣抚，薛氏世宣抚使，李为副使，王为佥事，各统土兵五百，分守白马、白草、木瓜子三番。嘉靖末年，薛兆乾谋逆，伏诛。遂改宣抚司为龙安府，割成都之石泉，保宁之江油，及青川千户所隶焉。降兆乾庶弟袭土知事，王氏、李氏俱袭土通判，列衔本府，分守如前。仍移小河参将于府城弹压之。附郭平武县，万历十九年始设也。江油地虽腹里，然实运粮之咽喉矣。

《益州记》曰，江水自白马岭回行二千余里至龙涸，又八十里至西陵县，又百二十里而至北部。北部，即龙州也。白马岭，即白马番地，隶王通判，在府正北三百里，北通阶文，西抵漳腊。其生番号黑人，延袤数百里，碉房不计，有名色可举者，凡十八寨，寨多不过四五百人，少可百人而已，设有散牌，总牌等名目以约束之，番僧舍诸号诱化之，法甚密也。嘉靖元年，白马跳梁。用兵五千，分五路而进：一由铁龙堡，一由黄羊关，一由三舍堡，一由北雄关，一会兵陕西，由阶文入。大创之，而喘息听命矣。

白草番隶李通判，在府西南四百里，东抵石泉约七十里，西抵南路生番，南抵茂州番，北抵平武县境，盖唐吐蕃赞普遗种也。上下白草凡十八寨，部曲素强，恃其险阻，往往剽夺为患。嘉靖二十五年，大征，用兵三万七千，一由龙州，一由石泉，一霸底，所斩获甚多。事平，增双溪，大鱼，永平、奠边诸堡，革抚赏，断盐茶，予以白旗，永塞入龙之路。于是霸底、河西、风村等十一寨，永平、河东、北草等十七寨，周数百里，男女四千余人，相率来降。许其蓄发顶巾，送子读书，习学华语，岁输粮蝎为氓。编走马岭一带为十村，由平一村以至平十村也；射溪沟一带为八村，自一化以至八化村也。村立一长，长即旧番牌之号。又有风村岭等二十寨，尚仍旧名，亦同时归顺者，事在万历十七年。

木瓜番隶薛知事，在府上游，近小河千户所境土迫促，种类不蕃，虽有五寨，约男女不二三百人。先是统于薛氏，受其岁赏，嘉靖二十三年，勾引白草番反，为之向导。事平，止许岁至小河领赏，不得度大鱼关。

青川千户所，白马番之后路，东抵白水阳平关，陕西宁羌州界；西通白马路，转古城驿，而抵龙安；南至椒园堡，丛林密菁，多盗贼；北通青塘岭，直达阶文。《寰宇记》云，后魏之马盘县也。有马盘山，高三千三百丈，其形似马盘旋而上。隋改马盘为青川县。《图经》云，清水出啼胡山，阔五丈，东流入利州界，其水清美，亦云啼胡水矣。《志》作“醍醐”，盖美名之。《图经》曰，青川东三百四十里为白水江，邓艾伐蜀，尝作浮桥于此。按《华阳国志》，平武县有关尉，自景谷有步道，经江油左檐出涪，邓艾伐蜀道也。

《志》云所十里有大雄山，峻极出于云表，即北雄关也。近又设关，墙垣营垒，完固堪守，稍前为瓦舍坝，乃熟番保保住种地，其众怯弱易驯。按《广舆考》有思曩安抚司，设于此矣。

石泉北邻土永平，西连青冈坝底诸番，最称强悍，坝底守备驻扎县城。

复土堡在县西北，稍南为青冈，各相去十里许。介二堡间有青泗口，路通坝底、河东、河西、白草、青片诸生熟夷，隶石泉地备提调。

东二十里为永平堡，设在山崖，形势斗峻，控制白草诸番隘口；永平西三里为奠边关；关南里许为大草坪；火草北十五里为万安；东二十里为喜定，俱永平把守指挥提调。

北四十里为坝底，其地东抵通宁，西连白草，南距石泉，北通青片堡；其南十五里为石板关，东十五里为石泉堡，又五里为白印墩，坝底把守指挥提调。

大印堡设于山阜，巍然天险，亦白草番出没之要路也。堡西二十里为茆堆；又五里为山茅；山茅东一舍为徐塘；徐墉一舍为伏羌；伏羌伏北两舍为大方关，关与大印相首尾矣，故属大印把守指挥提调。

安县东至涪城，西极绵竹，南通罗江，北达石泉。境内虽无夷族，然而迫邻睢水、曲山、叠溪诸关堡，则天池、大坝、白草、青片等寨亦其接壤也。曲山关介在当县、石泉、平武三路。睢水关为当县、绵州适中之地，面山负水，平衍沃饶。关西一舍，名绵堰堡，绵水发源于此。关东一舍，名叠溪堡，乃白草番后路，形势孤悬，安绵倚为保障，设有官军乡勇，属睢水关把守提调。

上川、南道

建昌道开府建昌卫，辖行都司三员：一署篆，一操练，一屯局。近改屯局为游击将军。守备二员，一驻镇西所，一驻雅州所。近又增设会盐守备一员，领卫六：曰建昌，曰建昌前卫，同一治；曰会川，曰盐井，曰越嶲，曰宁番，自为治。

建昌卫，本汉邛都国地，汉武元封六年，以广汉之西部、蜀郡之南部为越嶲郡，即此。《水经注》曰，嶲山有嶲水，言越此水以章休盛也。王莽改为集嶲矣。嶲水，即绳若水，似随水地而更名焉。郡领邛都，苏示、阑、台登、会无、大筰、定筰、三绛、毕水、安上、马湖十一县，或治邛都，或治会无，迁徙不常。《十道志》云，魏晋以还，蛮獠恃强险钞窃，乍服乍叛；至齐，复来纳款，因为嶲越獠郡以统之。按《总志》作“巢郡”，即獠也，是蜀音之讹。巢种每三年一栉发，其日，宰牛羊以祭天及祖父，始加梳，世俗“巢头”之说本此。

《寰宇记》，后周武帝征越嶲，开地，立严州，取其严敬为称。隋开皇四年，改为西宁州，又改嶲州。唐武德初，嶲州领越嶲、邛部、可天、苏祁、台登五县。二年，又置昆明县，三年，置总管府。贞观，二年，割雅州阳山，汉源二县来属。八年，又置和集县；天宝元年，改越嶲郡，依旧都督府。乾元元年，复为嶲州。至德后，没入番，贞元十二年，复。太和中，徙治台登县。按汉台登在今治北百里外，隋台登在大渡河北，未详孰是。《总志》，唐懿宗时，郡为蒙诏所据。改曰建昌府，以乌白二蛮实之。元至元间，置建昌路，又立罗罗斯宣慰司以统之。国初洪武间，克元将月鲁帖不儿贾哈剌，因罢宣慰司，置建昌卫，改建昌路为府，旋废，改卫为军民指挥使司，编户通计六十七里。

其形胜金沙江画前，大渡河界后，牛栏江镇左，打冲河御右。其幅员东西广五百五十里，南北袤九百二十里，东至乌蒙府界五百里，西至常郎堡生吐蕃界五十里，南至云南武定府界七百八十里，北至宁番卫百九十里，至越嶲卫二百八十里，至盐井卫三百里，至会川卫五百里，至省城千四百八十里。

《九州要记》云，嶲之西有文夷。人身，青而有文，如龙鳞于臂胫之间。将婚，会于路，歌淫相感合，以为夫妇焉。又穿鼻儋耳种，瘴气，有声，着人人死，着木木折，号曰“鬼巢”也。有濮夷，在郡界千里，常居木上作屋。有尾，长二寸，若损尾，立死。若欲地上居，则预穿穴以安尾，亦名尾濮。有木耳。夷死，积薪烧之；烟正，则大杀牛羊相贺以作乐；若遇风烟旁散，乃大悲哭。

《本志》云，东门十部蛮，群居竹篱板舍，不事修饰，刻木为信，裙不过胫；或时乘马，则并坐横足。酋长死，无子，则妻女继之。俗尚火葬，而乐送以鼓吹，为送终。有疾者不用医药，召女巫，以鸡骨卜；事无巨细，皆决之巫。善制坚盾利刀，又能作弩，置毒其末，沾血立毙矣。

《上南志云》云，建昌城外二河、曰怀远，曰宁远，俱流入泸水，以合金沙江。泸水在治南十里，外有光福寺，旧泸山寺也。《元史》云，其水深广而多瘴，鲜有人行，春夏常热，可炖鸡豚。然诸葛武侯渡处，尚在下流，与会川卫相近。《志》云，海子在城东十五里，人多游泛其中。又东南十五里螺髻山，以形似名。东百三十里曰凉山，群峰竞爽，四时皆寒，近松坪腻乃之界。

按汉置越嶲郡，所领县十一：曰邛都，曰阑，今越嶲及邛部长官司是；曰定筰，今之盐井；曰会无，今之会川；曰苏示，今之礼州；曰大笮，今之黎州；曰马湖，今之马湖府；曰台登，解已见前；曰三绛，今属云南；惟安上县有水路，诸葛武侯由之入越巂者，别将高定元，自卑水多为垒守焉。孟康注，卑水曰班水。《华阳国志》以为或去郡三百里，或去郡八百里，俱晋时省，有名而已，是在道将已失考矣。《志》又云，治南一百八十步，有德昌旧府；三十里，有武侯故城；东一里，有永定旧州；二里，有孟获城；东三百里，有元时北社县，国初改为碧社。东四百里，有元时中县，其先曰中州也。

《土夷考》云，元至正间，置建昌路，以其地为建安州，隶云南行中书省。洪武四年，镇国上将军罗罗斯宣慰使安普卜之孙配，率众归附，遂命以招安旁夷，有功，授昭勇将军，子孙世袭。寻改授土指挥使，带衔建昌卫，不给符印，置院于城东郭外里许，使居之。所属有四十八马站火头，吐蕃僰人子伯夷摩些，貉鹿、猓猡、鞑靼、回纥诸夷种，散居山谷间。北至大渡，南及金沙，东抵乌蒙，西迄盐井，延袤殆千余里。昌、普济、威龙三州长官司隶之，有把事四人，世辖其众，皆节制于阃卫诸师。西夷大酋，此殆为称首云。配六世孙安忠无后，妻凤氏管事。凤氏死，族人安登继袭。复无子，妻瞿氏管事，以族人世隆嗣。世隆复无子，继妻禄氏管事。近日禄氏死，以族侄安崇业嗣。所辖有四驿：曰禄马，阿用、白水、泸沽，各以百里为差，并凉山、拖郎、桐槽、热水等夷，亦皆以弱强为向背矣。

按禄氏与崇业不相能者十数载，又养那故为假子，其恶奴禄，祈从曳之甚力，岁相仇杀无宁宇。予以庚戌署司事，移会该道，悉心调停，稍就约束。因看得夫亡妻继，固诸夷家风也。然亦有说焉，藉令禄氏者，党逆奴，养假子，而谋绝安嗣，祸之不悔，日相寻于干戈，其谁能许之？今那故杀矣，禄祈逐矣，安崇业嗣定矣，是于复仇之义得，而姑姪子母之分明也。如此，即顺夷猓之情，奉钤束之诫，其于理法，亦未尝废也。崇业父子，承宗祧以他日，修职业于兹时，如山之固，岂俟河之清乎？时崇业管土操捕，听继不久，即真长官司矣。

礼州千户所二：曰后，曰中，在卫北六十里，汉之苏示县也。颜师古曰："示读如祇。"《后汉书》，永平中，越嶲太守巴郡张翕政化清平，得夷人和。在郡十七年卒，夷人爱慕，如丧父母。苏祈率二百余人，赍牛羊送丧，至翕本县安汉，起坟祭祀，即此夷也。《华阳国志》，汉末苏于县夷王及弟隗渠、数背叛，安南将军马忠诱杀之。周《地图经》云，武帝天和三年，开越嶲，立苏祁县，于县置亮善郡。志谓隋名苏祇，唐名苏祈，皆一义也。唐末，吐蕃乌白蛮迭据其地，号么龙城。元置礼州，今为二所，因其名。

应劭注《汉书》云，苏示县西北有尼池。按今池曲是也。师古曰，夷池"尼"古"夷"字。《寰宇记》云，尼池名本出《山海经》，未详。

打冲河千户所在卫西百四十里，唐之沙野城，元泸州之地，本名黑会江，又名纳夷江，源出吐蕃，流合金沙江。

德昌千户所在卫南百四十里，元置定昌路，寻改德昌。本朝于此置所，因其名。

昌州长官司在卫南二百里，宋之阿屈部也。至元中，置昌州于此，德昌路总管府居其中。洪武元年，卢尼姑归附贡马，使世袭昌州知州。二十七年，平月鲁帖木儿之乱，改长官司，遇朝觐之岁，具所管夷民木册附进。

普济州长官司在卫西南二百四十里，本圩甸夷也，后属屈部卢鲁世居之；元置普济州于此。国朝洪武十八年，土官吉撒加归附，赐给印敕，授普济州知州，后改为长官司。

威龙州长官司，卫东南四百一十里，夷名巴率，有三部；至元中，并三部置威龙州，属龙德昌路。洪武初，土官白氏来贡，给授印敕，世袭，与昌州普济同，惟所认粮差多逋负，不及二司如约耳。《上南志》云，大渡河入云南之驿途，夷名巴翠部，又名沙娲部，其酋卢荒种也。《九种志》云，貉鹿之人，身体矮小，居山野草房，男女俱用白布缠头，身穿短衣，常带弓弩捕鼠，开种杂粮为生。病以牛羊猪胎为药，婚姻酒食类西番，丧葬类猓猡，独于烧骸处拢一草根，顿小篮内，回家以宗祖云。

会川卫

《上南志》云，会川在汉，风琶之蛮，台登之墅，而越嶲郡之会无县也。《寰宇记》云，会川县本汉邛都县地。唐上元二年，移邛都县于会川镇城内安置，以川原并会，故名。南诏得之，置会川都督府，号清宁郡；宋时属大理，为会川府；元置会川路，治武安州，隶罗罗所慰司；国初复立会川府，领武安，永昌、麻龙等州，寻改为会川卫军民指挥使司，领迷易千户所，城周千二百五丈有奇，编户十八里。

《志》云，安武旧州在卫南十里，永昌旧州在卫西五里，即会同府也。麻龙旧州在卫东五十里，地名棹罗能，元时属闷畔部。东南百里外，又有旧通安州，旧姜州、旧隆州，俱元时置。

《华阳国志》，会无县山色青碧，故其东南葛砧蜜勒诸山，或产石碌，有三色；或产石青，有四色；或产矿银。《志》云，治内宝藏寺落成，未榜而密勒山银场始出，因以宝藏为名。又有胜功寺，金碧交辉，边隅之望刹也。

《寰宇记》，会川县南有大冢，诸葛武侯驻师此地，士卒多疠疫死，设此葬之会无川傍。川上有深岩，岩中多仙人葬，莫测其来，远望如窗牖，其棺内多碧骨如珠。《华阳国志》，会无县路通宁州，渡泸得住狼县，故濮人邑也。今有濮人冢，冢不闭户，其穴多有碧珠，人不可取，取之不祥。《本志》云，卫城东有玄泉，色近黑，民赖以灌田，常以仲春月祀之。

《十道记》云，泸水出番中，入黔府，历郡界，出拓州，至此，有泸津关，关上有石岸。高三十丈。四时多瘴气，四五月间发，人冲之死，故武侯以夏渡为艰。水浚急而多巉石，土人以牛皮为船，方涉津涘。《水经注》云，泸峰最为高秀，孤高二千余丈。是山于晋大康中崩，震动郡邑，水之左右，马步之径裁通，而特有瘴气。又云，晋明帝太宁二年，李骧等侵越嶲，攻台登县，宁州刺史王逊遣将军姚岳击之，战于堂琅，骧军大败，岳追之，至泸水越水，死者千余人。逊以岳等不穷追，怒甚，发上冲冠，恰裂而卒矣。

《志》云，会川南八十里泸沽河，源出少相公岭，入金沙江。又云，西南二百五十里金沙江，源出吐蕃，东流泸水，至黎溪，接马湖。江有岚瘴，隆冬人过，虽袒裼皆流汗，帷雨中及夜渡无害。夹岸皆石，江中沙土色黄，故曰金。一在武定之南，一在桃安之左。《容斋随笔》云，淳化间，嘉州士人辛怡显使南诏，至姚州，其节度使赵公美以书来迎云：“当境有泸水，昔诸葛武侯戒曰：‘非贡献征伐，不得渡此水；若必欲过，须致祭，然后登舟。’今遣本部军将赏金龙二条，金钱三十文，并设酒脯，请先祭享而后渡焉。”

《华阳国志》，三缝县，一名小会无，音“三播”。通道宁州，渡泸得蜻蛉县。有长谷，古时坪中有石猪子母数千头。长老传言，夷昔牧猪于此，一朝猪化为石，迄今夷人不敢牧于此。

《水经注》曰，蜻蛉水又东，注于绳水。绳水又迳三缝县西，又迳姑复县北，对三缝县，淹水注之。三缝，小会无也，故《经》曰，淹至会无，注若水。水迳会无县，县有骏马。河水出县东高山，山有天马径，厥迹存焉。民家马牧之山下，或产骏驹，言是天马子。河中有贝子胎铜，以羊祠之则可取也。按《后汉书·安帝纪》曰，永初六年，诏越巂郡置长利、高望、始昌三苑，皆马矣。又令益州郡置万岁苑，犍为郡置汉平苑云。

迷易千户所在卫西北八十里，元置。国初为会川千户所；洪武十五年，改今名。

《卫志》云，南六十里有迷郎关，即《寰宇记》之迷水镇也。有滇池，方三百里，源深阔，下流浅狭，有似倒流，故名滇池矣。

《土夷考》曰，迷易土官，贤姓也。初，云南景东府僰夷头目阿骇徙其属来住种。洪武十六年，归附，以随征东川、芒部二府效劳，授世袭副千户，该所印信，以武弁推选。今土官贤氏居城外，专理巡捕，管束八百户僰夷而已。

《土夷考》云，会川卫东南十里为石婆堡；又四十里为虎街堡；四十里为姜州堡，会盐守备司驻扎其中。卫西南三十里为箐山口，又八十里为火烧腰驿，去驿五里为五里坡，又十五里为蜜郎关，路通红卜苴夷寨。五十里为七墩堡，路通黎溪州夷寨。按《志》，黎溪旧州在卫南百五十里，唐时南诏阁罗凤徙白蛮戍此，即白夷也。城后为罗罗蛮所据，宋属大理，元始置州。《九种志》云，白夷人头裹黑帕，戴笋箨尖帽，以佣田为生。妇女养蚕收丝，织作亦巧，谓之白夷锦。无论贵贱，人有数妻，妻妾奉夫甚严，妇女不妒忌，夫宿妻房，妻事之如婢。饮食凡草木无毒者，六畜外，鼠蛇蛙蝇及飞生虫，皆瀹食之。谚云，青青白夷菜，动动白夷肉。婚姻，男家先用碗水浇女足，谓之水授妇。战阵所获，谓之王旗妇。初生小儿，即抱于河中洗之。男女日日浴于河中，居多近水，束装日如远行，故迁徙无定焉。死有棺槨葬埋，名坟曰罢休。又有一种扑厮，夜变为鬼，盗人财物，及掘新坟尸，咒使变鱼形市之。《志》云，黎溪驿北有荷花池，盛夏香来，可以辟瘴，为夷方胜处，驿去七墩十五里，又八十里为塔甲渡巡检司，又四十里为松坪关，关近滇境上，金沙江去松坪关可三十里云。

盐井卫

治在建昌西三百里，城周六百五十丈，编户二十六，古定筰县也。《华阳国志》云，筰，筰夷也，南中曰昆明，越嶲曰筰，皆一种也。县在越嶲郡西。渡泸水，宾刚徼，曰麽沙。《夷志》谓麽沙。《夷志》谓麽些人病，则刺肉取血；有誓，则击石，或挞狗者也。

《寰宇记》云，昆明县，本汉定筰县也。唐武德二年，于此置昆明县，盖以南接昆明夷为名。天宝中，又置昆明军以镇抚之。《通志》云，唐末南诏得嶲，以昆明县为香城郡。宋时为贺头甸部，属大理国。元至元中，于黑白盐井置闰盐县，又于此置柏兴府，隶罗罗斯宣慰司。国初改柏兴千户所，旋改今卫，又于二井置盐课司，司在治东。

《华阳国志》，定筰有盐池，积薪以齐水，灌而后焚之，成盐。汉末，夷皆锢之。张嶷为太守，往争，夷帅岑槃木明不肯服。嶷擒挞杀之，后赏赐余类皆安，官迄有之。《寰宇记》云，定笮民取井水，先积薪，以烧火，过，以水浇灰，即成黑盐，炼之。县又有铁石山，山有岩石，火烧之成铁，为剑戟，极刚利，此在卫西北七十里矣。

《志》云，卫南十里柏林山，山多松柏，其绿参天，柏兴府之名取此。西三十里有斛僰和山，产金为利，窦揭勒蛮所居。隋唐之世，于此置金州焉。

《土夷考》云，盐井之沙坪驿在泸河西，去建昌仅四十里，又十五里为纸房堡，十里为泸州堡，元泸州治所也。河东之高山堡，路通马者、马罗诸夷。去高山二十里为沙坪堡，通麻科、七村、牙矿诸夷。又十里为德力堡，通禄马、禄曹诸夷。又十里为河口驿，即打冲河也。去驿三里，河东为中前所，河西为中左所。

《上南志》曰，卫东北百八十里，打冲河索桥，两山壁立，水势汹涌，狼牙相拒，舟楫不通。桥两崖用大石堆砌，树洞门二座，每洞树将军柱一百八根，洞门外立井口大柱四根，上穿篾缆十八条，系于将军柱上，缆上铺板三十六，逗两旁，用小缆挂系如槽，横四十二丈，边陲之天险也。庄安世《渡泸初略》曰，盐井城池颓坏已久，军民逃散，日甚一日。今高山、箐口之墟，人迹蹬然，卫驿仓库，鞠为荒草。推原其故，盖由索桥之险难通，粮运不及，是以皆转徙而之河西矣。迄今聚为室家，享成世业，计屯田千二百一十八分有奇，而附城之屯，所出不过豆麦而已。泸州一带，驼运入盐井，必经索桥，约路二百八十余里。又夷人河遮与切儿卜构祸以来，仇杀无虚日，不为渊殴鱼耶？

《土夷考》云，去打冲河二十里为梅子堡，通禄马、禄曹诸寨。又十里为禄马堡，十里为绍兴堡。又五里为平川驿，五里为杭州堡。又十里为双桥堡，十里为土功堡。又十里为马蝗堡，十里为新添堡。又十里为鸳鸯堡，十里为凉山堡。又十里为高山堡，十里为箐口堡。又十里则卫治也，内有盐井驿。自卫至云南永宁府界七百八十里，丽江府界五百里。

马剌长官司在卫南三百里，元之落兰部也，其村落多白夷居之。《盐井志》云，白夷之近汉者能知天变，遇日月食，少长男女、争击箕杆盆勺成声，仰天拜慰。婚姻泼水为媒证；产子三日，则浴之河；死用块葬，名罢休。老人、妇人穿无折桶裙，谓脂粉为解老。又能种绵养蚕，以织染为五色丝绒，提机作花，每段宽尺余，长二丈一尺，粗者为锦，细者为绣。

《土夷考》曰，马剌，又名瓦剌，土官姓阿氏。国初归附，授职世官，旧部落仍俾统管，赋本卫秋粮百二十石。其地接壤云南北胜州，称宽饶庶富，人亦优驯。

打冲河宁御千户所，国初立中左一所，今分为五，在卫北百六十里。唐为沙野城，今沙平递运所，其旧址也，元为建昌府泸州之地。

左所土千户，所姓剌。洪武二十五年，征月鲁帖木儿贾哈剌，土人剌他效顺来归，其子剌马非复贡马赴京，授本所副千户。永乐十一年，升正，以别于四所。地与丽江，永宁二府为邻，丽江上官木氏每来侵之，土地夷民失其半。右所土千所，姓八，先年与各所同进马，后议留马协济驿递，免贡。中所土千户，姓剌；前所土千户，姓阿；后所土千户，姓卜。已上五所，俱土著人，以国初归附，授官贡马，事例皆同。但与丽江接壤，为所蚕食，不克自振，惟日事强免害而已。

越巂卫邛都长官司附

《志》云，汉邛都及阐二县地也。邛都，即当卫治；阐县，即邛部长官治，在建昌北二百八十里，石城周二百九十丈，不及四里。治北半舍外有旧城，《寰宇记》所谓奴诺城，诸葛武侯征蛮所筑，憩军之所，以奴诺川为名矣。

其界东至马湖沐川司，南至宁番小相公岭，西至喇八关外，北至大渡河南岸。高山峻岭，居十之九，地土瘠薄，不产五谷，惟畜养牛马射猎，以供饔飧。《唐书》云，邛部于诸蛮中，最骄悍狡谲，招集番汉亡命，侵攘他种，闭其道以专利；曰大云南蛮，曰小云南蛮。《续博物志》云，蜀蛮邛部川都王蒙备死，气未绝，其妻子以锦数疋相续，系死者，曳之于地，置十数里外高山上，令气绝。乃复以锦被裹而埋之，会其族哭焉，名作鬼亲守。近州蛮人说其事。

《后汉书·西南夷传》，自滇以北君长十数，邛都最大，武帝初置邛都县，无几而地陷为汙泽，因名为邛池，南人以为邛河。注云，邛池在越巂县东南。《寰宇记》云，隋开皇六年，置越巂县于此，属西宁州，后改属巂州。

李膺《益州记》云，邛都县下有一老姥，家贫孤独，每食辄有戴角小蛇在床间，姥怜而饴之，后稍长至丈余。令有骏马，为蛇吸杀，因责姥出蛇，姥云："南在床下。"令即掘地，深无所见，益迁怒杀姥。蛇乃感人以灵，言令何杀我母，当为报仇。此后每夜辄闻雷风，四十许日，百姓相见，惊感语："汝头那忽戴鱼。"是夜，方四十里与城，一时俱陷为湖，土人谓之为陷河，惟姥宅无恙，迄今犹存。渔人采捕，必依止宿。每有风浪，辄居宅侧，恬静无佗。风静水清，犹见城郭，楼橹宛然。按国朝嘉靖十五年二月二十八日丑时，建昌宁、番二卫，震地，如雷吼者数阵，司及二卫公署、内外民居城垣，一时皆塌，压死都指挥一人，指挥二人，千夫长四人，百夫长一人，所镇抚一人，吏三人，士夫一人，大学生一人，土官土妇各一人，军民夷獠不计。水涌地裂，陷下三四尺，卫城内外，若浮块而已。震至次日初六犹不休。陷河之说，殆是实然。

卫南有罗罗河，东流与大渡河合。卫北鱼洞源出吐蕃，又流与罗罗河合。按《南中八部志》邛都县东南数里有河，纵广二百里，深百余丈，河中长鱼一二丈，头特大，遥视之如戴铁釜，即鱼洞河也。或云即是陷河。

《志》又云，南十五里金马山，文昌帝君降生地，有祠焉，即佗书所称“诞于越嶲之间”矣。南四十里小相公岭，石磴崎岖，自麓至顶十五里，武侯所开也。《志》又云，西五十余里大雪山，四时积雪，与小相公岭接，夷名阿露山。北三十里石岩洞，可容十余人，南北厓傍有石版，扣之有声铿然，谓之琼钟。

《寰宇记》云，邛部县，本汉阑县，汉书“阑”作“阑”。师古注，音兰。周武帝天和三年，置邛部郡于此。隋皇三年，罢郡，改为县，仍带邛部镇。

《唐书》至德初，南诏陷嶲州，勿邓两林蛮遂羁属吐蕃。贞元中，复纳款，以勿邓鬼主苴嵩兼邛团练使，封长川郡公。而雨林都大鬼主苴那时遗韦皋书，乞兵攻吐蕃，皋遣将刘朝彩等持兵应之，大破吐蕃于北谷，诏封苴那时为顺政郡王，苴梦冲为怀化郡王。已而梦冲复附吐蕃，皋召至琵川，斩之。至宋开宝初，邛部都鬼王阿伏常遣子入贡。《通志》云，置邛部安抚招讨司，已改邛部州。国初，岭真伯归附，尚称招讨使，于是以为邛部军民州。永乐中，改长官司，使岭氏世守之，属越嶲卫。

《土夷考》云，万历初年，土官岭柏死，孽子应升负印去，柏庶沙氏争之不得，逆酋阿堆等拥沙氏，焚利济站庐舍，拥兵临城，总戎刘显诣彼勘处，沙氏悔祸，杀阿堆等自赎，显遂以印归之。后沙氏淫于族人阿祭，负印去。祭死，其子岭凤起嗾他番刺杀应升。当事者因平蛮之师，诱凤起絷之，收其印而诛行刺者百余人，印无所归，缄而置之库中。所部夷无统，肆行为盗。乙酉、丙戌间，黑骨夷阿弓等，手刃送哨官于小相公岭，刳其肠，而普雄酋姑咱等，乘势蜂起，邮传告绝，远近震恐。岁丁亥，动大兵，斩馘千数，道路始通。凤起旋亦病亡，其东近峨眉者数百家，相率归附，因置平夷归化二堡以居焉。详见峨眉三枝瓜下。他部落乃奉应升妻李氏为主，岁时起居不绝，而猪猡、铁口，普雄三村最桀骜，苟驾驭得宜，亦足藉其死力，以捍野外生番也。

《土夷考》又云，大渡河南岸为临河堡，与河北羊肆崖汉水口相对。堡之上，通大小冲山及海脑坝。僰夷村，旧僰人聚落也。《九种志》云，僰人，重儒敬佛，居傍城郭，与汉人无异。相见之礼，惟长跪不拜，亦有读书入学者。临河堡之下，通鬼皮、罗黑、麻溪、片马厂诸夷，山径峻绝，通望山在其处。《寰宇记》，黎州通望军，在大渡河南三十里。唐至德元年，在通望山下，山自河南与朝阳众山相连，入嶲州界。遇临河十里为镇蛮堡，又名大树堡，在两山峡口，北临大渡河，与河北羊脑山相望，为大小冲番往来之所。五里为火烧营，五里为李子坪，七里至听经关。《志》云，关在越嶲卫东三百里高岭山。关傍广石，即三藏法师晒经处，未详。又十里至白马堡，为猪猡铁口诸番市易处。十里至河南驿，八里至八里堡，路通草八、柏桥、普马等寨。又十里，即平夷堡也，在高山峡内，路通笋坑、红水、黑麻等寨。十二里至古隘堡，路通那历、姑马洗、乃易集、户水、八拍等寨，其南隘广不盈丈，两岸壁立千仞，峡内水淙淙奔流，即韦皋所置清溪关也（详见黎州），唐琉璃、仗义二城，俱在其处。二十里至平坝堡，輶轩于此设食焉。有古隘口，路通泥水二十户等寨，与暖歹诸夷相邻。又十里至镇远堡，东连暖歹椒围、燕子窝诸夷，西通洗马姑、赤利、草必落等寨。又十里为镇夷堡，在高山稍平坦处。又十五里，即镇西千户所。

镇西所，宁越守备驻此城。城负南高阜，南临深坎，西通竹麻哨、阿迷罗等寨，东通暖歹瓜罗米颇、柯罗回诸夷，屹然一要害；去所五里为海棠关；又十里为镇西驿；又十五里为清水堡，东通戴罗，白石，干沟，西抵竹麻、洗马姑等番，有兵戍之；又二十里为寮叶堡，在峡内平地，亦于此饬厨传焉；又十五里为梅子堡，路通蜡梅、得那补、虾蟆窝等夷，焚劫无虚日；二十里为利济驿；十五里为青冈关，关北通猪儿姑、青冈，通广洪、鱼洞诸寨，越嶲之门户也。鱼洞者，水入鱼洞河矣；又十五里通济堡，在嶲水西岸；十里为越嶲卫在嶲水西广平之地，群山环绕，西通羊圈托，鸟雪山，东通普雄，大小赤口、马湖诸夷，邛部长官司，旧设治东，属其提调。去卫十五里，有龙泉山。《寰宇记》云，要冲城下有龙泉水，出龙泉山也，下为龙泉驿。又十五里为炒米关，在高山峡内，关即韦皋所筑要冲城矣。有镇雄堡者，去道五里而近，路通普雄两河口等处。十里为通相堡，一名小哨。十五里为长老坪，在小相岭之北，西通羊圈、托乌，东通普雄、黑骨头诸夷。又十里为相岭关，关设在小相岭绝顶；又十里为靖边堡，在相岭南，通宁番卫界三渡水外生番，东通桐槽、那贾、沈喳等夷，过此有新添、九盘、白石、登相四堡，共四十五里，以备行者。又十里为双桥堡；十里为猓猡关，旧为猡猓窟穴也。《九种志》云，猡巢人性最恶，刻木为信；男子摘须，腰系皮绳，名饥饱索，以帕裹头，夜不解刀。居山顶，以板盖屋，刀耕火种，性喜猎，凡有事，以艾灸羊膀骨占吉凶，出入必以凶器。男女纽发盘头上下，身衣土绣花长衣，赤脚无履，外披细褶毡衫为上盖。饥食荞麦饼；婚姻以牛羊马礼；酒席铺松毛于地，盘脚坐松上，男女分席，杀牛羊剥皮猪，用火烧半，割碎和蒜菜，谓之吃牲。饮泡咂酒，木碗木杓，即其器皿，食肉以竹签为筯。丧礼，男女俱无棺椁，富家以绵段缠之，故谓之巢郡，又谓之罗罗也。过关五里为湾村；又八里为巡哨堡，地稍宽平；又十里，则宁番卫之冕山关矣。

宁番卫

元时于邛都之野立府，名曰苏州，借苏示之义以名之也。国初土官怕兀它从月鲁帖木儿为乱，于是废为卫，降官为指挥。环而居者皆西番种，故曰宁番。城周凡二千丈，在建昌北百九十里，东连越嶲界，北至西天乌思藏，西邻三渡月落口，编户仅四里，有冕山、镇西、礼州等四千户所相钤束焉。《渡泸初略》曰，旧额宁番一卫，为屯者凡九十有二，今无一人存矣。行数十里，鸡犬无声，人烟绝迹，间有一二存者，亦刀锯之孑遗耳，结草为衣，尫羸一骨，此其状何可令人见者！《上南志》曰，卫南五里曰南山，山势屹然子午针也，产白铜。《华阳国志》，邛都南山出铜。即此。《志》又曰，卫南三十里西山下响石，长七尺，阔三尺八寸，厚三尺，击之，声如云板。《志》又云，东百二十里有温泉，四时皆暖，可以疗疾。《华阳国志》，邛都县有温泉穴，下流可治疾病。余多恶水，水神护之，不可污秽及沉乱发，照面则使人被恶疾。《水经注》云，昔李骧败李流于温水。是也。

《土夷考》云，宁番蛮凶犷强悍，刀耕火种，迁徙无常，不以积藏为事。《上南志》云，西番人身长大勇猛，占住山头，性甚恶。男子发结成条，面多垢积，身带凶器，叛恶不常；妇女发亦结编，悬带珊瑚、翠石为饰，身着短衣，盖以羊皮。食以青稞、磨面作饼，酥油煎茶为饭。风俗，女在父家，为非无禁；嫁后有犯，夫永逐之，所生男女亦弃去。酒席泡咂酒，杀牛羊肉食之。病不服药。请番僧诵经，杀牛祈攘。及死，将生前所偏毡喜鹊窠帽弓刀装敛，盛以木桶，于山岭盖一小房，停放封闭，永不复观。

《土夷考》曰，夷之错居卫东南、东北者颇驯扰，惟西去月落、三渡水、妙竹等一十九寨，恃其险阻，常引水外生番，不时入寇。自万历丁亥，建立定番堡，募兵戍之，稍敛迹不敢出没。九盘、白石、泸沽峡、老君关等旧称险绝，一夫荷锸，千骑辟易。其间铜槽、铁厂诸夷，尤肆其蜂虿，行者股栗焉。

冕山桥设千户所一。冕山者，山形如冕，方山也，在所西三里。所去卫又百里，元苏州地，我朝正统七年置，以属宁番者。

《土夷考》云，冕山桥去冕山关五里，在孙水之浒。桥因汉址而冠以今名焉。按《史记》，司马相如定西南夷，桥孙水。颜师古曰，于孙水上作桥也。孙水源出于台登，俗谓之长河。《志》云，卫治东有长河，南流会泸水，过建昌卫，而入金沙江，即孙水也。冕山关堡，与建昌犬牙相错，建昌之泸沽驿去冕山所六里，与桐槽站同处，驿属建昌，而供张骑乘，则宁番土官职也。

去桐槽八里为太平关，关在孙水上，有渡，军守之。十里为盐井哨，路通东山铁厂，军民杂聚冶铸之所。又去建昌之泸沽关，即泸沽峡，两山壁立，峡深百余丈，阔不盈寻，孙水流其中，淙淙有声，人行东山岭上，俯视魂摇。南北长五里，中有观音岩、老君关，栈道危峻，设泸沽巡检司于泸河东。去巡司五里为镇夷堡。过此历五十里，为平蛮、松林、深沟、龙溪、平哨之名。又十里，则建昌卫之礼州城矣。城在泸河东，自礼州行四十里，历安宁、北哨、青山、理经四堡。又十里至建昌卫，卫在山麓，泸川驿在城西，窑山堡在城南十里泸水之上，禄马驿在泸水北，去建昌城两舍。自禄马南行，历巴西、鹿角、凹脑、者黄泥、什结诸铺，至阿用驿，凡一百二十里。自阿用至白水站八十里，中隔半站营、金川堡焉。自白水三十里至可郎铺，系威龙州地，夷猓出没之乡。又二十里为公母石。《志》云，两石相随，人或分之，明日复合，土人呼为公母石，犹言翁姥也。又五里为甸沙关，建、会二卫分界处，北界威龙司，南近迷易所，东连普雄、法果等夷。又二十里为麽些塘，旧麽些夷之垒也。《上南志》云，麽些人身长色黑，男子发扭成索，白手巾缠头，身着短衣，足穿皮鞋，身垢不洗，常带凶器，内着黑大编毡，外披衣甲，畜犏牛山羊，以艾炙羊骨占。妇女纽发细编，短衣赤脚，内披短毡。尚以羊皮、青稞、荞麦、乳饼、酥油、煎茶充饥，病不服药，杀猪羊祭鬼求安。婚姻亦以牛羊为礼。丧葬不用棺椁，将猪取去肠肚带毛，用物压扁，名曰猪膘，用绫段布疋裹尸，同用柴烧化，取顶骨，并手足四肢，挂悬崖绝顶上。后三年，杀马，延番僧作佛事，尽将骨弃去。

《志》云，冷水沟、夷门、木木界，在甸沙麽些之中，时为道路梗；又十里为巴松驿；又二十里为分水岭；二十里为火烧铺；又十里为虎头关；十里为虎头铺，俱威龙夷之区；又十里为周官嘴；十里为大龙驿；又五里为寒婆营，寒婆营乃接镇西所矣。此二十余里，有路通麻龙、仲村、卷卜、法果等夷，不时为患。

万历壬子岁，建南告急，正值开科，当事者策诸生，而予代为之答曰：夫建南者，非汉所称西南夷，而唐所称六诏之属者哉。至我明来，部落散处，君长不齐，约其九种；可得而言曰：一、僰人，二、猓猡，三、白夷，四、西番，五、麽些，六、狢鹿，七、鞑靼，八、回子，九、渔人，是也。而猓猡最狰狞，迩时习为边患矣。执事以战守剿抚机宜下问，欲得一当而计安万全，甚盛心也。某不敢以臆对，语云，“前事之不忘，后事之师也。”请溯其开闭之因，叛服之状，而后计有以处之者乎。粤自洪荒入秦，西南夷未尝与中国通也。通西南夷，由汉武帝始。武帝之遣唐蒙也，从笮关入，见夜郎侯，谕以威德，约为置吏，其意在渡牂柯江，出奇以制东越耳。治道无成，蜀巴震惊，乃用司马相如谕告之非上意。是时，邛笮君长闻南夷得赏赐多，欲请吏。上问相如，相如曰：“邛笮冉駹，近蜀易通，置为郡县，愈于南夷。”于是以邛都为越嶲郡，笮都为沈黎郡，而除边益斥矣。此开之始也。蜀汉建兴之岁，昭烈崩陨，益州郡耆帅雍闿等缚太守张裔与吴，遣孟获诱扇诸夷，越嶲夷王高定等皆叛应闿，诸葛武侯以新遭大丧，抚而不讨，务农积谷，闭关息民，民安食足而后用之。及将南征，参军马谡曰：“南中险远，不服久矣，虽今日破之，明日复反。今公方倾国北伐以事强贼，彼窥吾势内虚，而叛亦速。若殄尽遗类以除后患，恐非仁者之情，且又不可仓卒也。夫用兵之道，攻心为上，攻城为下。心战为上，兵战为下，愿公服其心而已。”武侯卒用其策，生擒孟获，使观营阵之间，获曰：“向者不知虚实，故败；今祗如此，即易胜耳。”乃七纵七擒之，获始拜曰：“公，天威也，南人不复反矣。”侯即其渠率而用之。或以为谏，侯曰：“若留外人，则当留兵，兵留则无所食。又夷累有废杀之罪，自嫌衅重，若留外人，终不能信，皆不易也。今吾欲使不留兵，不粮运，而纲纪粗实，夷汉粗安故耳。”于是悉收其豪杰孟获等为官属，出其金银、丹漆、耕牛、战马、以给军国之用，终侯之世，夷不复反。此抚而剿，剿而抚之之术也。唐开元之岁，南诏强大，五诏微弱，乃赂王昱，求合六诏为一，朝廷许之。于是以兵威胁郡蛮，连击破吐蕃，横行边郡，而鲜于仲通有西弥河之败，李宓有太和城之败，至全军皆没，令彼筑京观焉。而陷越嶲，据清溪关，骎骎及泸水矣。韦皋乃屯重兵于嶲州，扼西泸路。是时南诏异牟寻欲诱之先攻东蛮，皋不可，曰：“嶲州宾往来道，扞蔽数州，虏百计窥，故严兵以守之。彼东蛮者，敢怀贰乎？”大历之岁，吐蕃、南诏合入寇，悉众二十万，三道而趋，曰：“吾欲取蜀以为东府。”乃遣神策将李晟发邠、陇、范阳兵，亦以三道而环救之。晟追击，大破之于大渡河外，吐蕃南诏士卒饥寒，殒于崖谷，死者不胜计。吐蕃悔怒，杀诱导使之人，而南诏始请内附矣。皋奏宜招纳之，以离吐蕃之党。复与异牟寻约，筑大城于境上，置戍相保，永同一家。出朝廷所赐器物、笛工、歌女，命之曰：“当子子孙孙尽忠于唐。”此守而战，战而复守之之策也。宋太祖平蜀之后，取地图观之，乃以玉斧画大渡河曰：“与夷为界，凡我疆吏，固守封圻而已。”此闭之之始也。元以蒙古为驱除难，建昌会同置府，邛部柏兴置州，若内地然。至我太祖，混一宇内，神武不杀，其大无外，普氏倡之，次争归顺，乃兼设夷汉之官，并用文武之道，为卫所者九，为学校者三，为长官司者四五，而关堡驿递，盖不啻棋布而星列矣。此复开之之由也。说者曰，汉武帝穷边极远，逞一时之侈心，而基后世无穷之祸患，为计失矣。然风气欲开，则有以使之不得不开者，固非其计失也。又曰，宋太祖重内轻外，不欲以无益之地而损百姓有限之财力，为计得矣。然风气闭，则有以使之不得不闭者，亦非其计得也。说者曰："今之世，患无武侯耳；使有侯者出，七纵七擒，天威所慑，北面稽首，终身不敢贰。"然未及十年，而夷帅刘胄叛矣。至于延熙，则太守张嶷始复平定越巂郡矣。安见其兢兢于侯之盟誓约束也？又曰："今之世，患无韦皋、李晟耳，使有韦、李者出，提兵转战数千里，斩首数万，馘断吐蕃之臂，而臣服南诏，如指掌然。"然未及数年，益州、永昌、蜀郡诸夷皆应越巂叛矣，太和、咸通之岁则南诏且再入成都矣。又安见其惴惴于昔之救死扶伤也？大抵犬羊之性，嗜杀而少仁，好谲而无信，以战争为日用，以掠劫为耕作。其始而请置吏也，贪赂耳；其有时而乍降服也，畏威耳。是故或窥中国之虚焉而叛，或恃部落之强焉而叛，或拊之因循也而叛，或责之严急也而叛，或被人诱使之而叛，或自己仇杀而叛，或见可欲也而叛，或修复旧怨而叛，曷尝有数十年耕凿山谷间，嬉嬉以游，与边陲共保安静而无事哉？我明开国，不烦一镞之矢、一介之使与夫锱铢尺寸之金帛，而望风输诚，请为臣妾；得报可，而拜一官爵，携印绶以夸示于族类，保守其封疆，以北诸汉宋之为开而黩武，闭而损威，或致劳民伤财之怨，与夫失地退守之辱者，其得其失为何如也？国初至今，二百五十年所矣，在宁番有土酋怕兀他、从月鲁帖木儿之乱，而总兵徐凯定之；在越巂，有土官岭凤起及黑骨夷阿弓凹乞之乱，而总兵刘显定之。所闻大征，不过此两者。其他画地而守，聚族而居，纳租税，饬邮传，未尝辄敢效而尤之。夫以将，不必忠武、南康、神策也；以战，不必七纵七擒杀获数万人之众也。而安堵之日多，蠢动之日少，以比诸唐蜀之今日服之，明日复反，长史遭执缚之惨，内地受剥肤之虞者，其久其暂又为何如也？独此数年间，渐不驯于汉法，而勾引乎生蕃，或跳梁于冕山所，或啸聚乎邓家湾，或利济站之围而解散复合，或梅子堡之役而杀戮相当。近者南关之烽火且逼近于大将军，镇西之梗塞且垂涎乎大渡河，亦可谓猖獗之甚，滋蔓而难图者矣。以故羽书之告急无虚日，孤军之待援如汤火，而烦下执事者忧也。生请先言时势之难易、今昔之不同也，而后及于剿抚战守之机宜，可乎？何谓难？夫蜀以国事付诸葛，出将入相，惟其任之，调兵调食，如出一手。又且积蓄数年，民丰用足，而后及于师旅。今不能也，既当仓卒之时，又多掣肘之患矣。武侯征而服之，用其豪帅，出其军资，不留兵，不粮运，但使夷汉粗安，专心北伐，未尝再一渡泸。今亦不能也，军民与之错处，行旅出于其途矣。何谓易？在唐之时，六诏合而为一，南诏又与吐蕃合而为一，动辄数十万众，势若常山之蛇，彼声东以击西，我救此则失彼。而今无是也。南诏隶于滇中，吐蕃隔乎松茂，若风马牛之不相及矣。李晟之捷，特将邠、陇、范阳兵五千，直自邛崃关追击之于大渡河。韦皋之捷，先断吐蕃为二，且借资于异牟寻之兵五千。而今无是也，如云之士卒在前，天险之泸河在后，我操必胜之势矣。是故蜀汉之所易者，而我之所难也；李唐之所难者，而我之所易也，其时势之不同如此。以今日论之，非战不能解围矣，非剿不能以詟服矣；以他日论之，非抚不足为结局矣，非守不足为长策矣。然剿之与抚，可互用也，贵因乎时；战之与守，必兼资也，贵乘乎势，此固智者能言之耳。而剿之首务在动兵，曰雕剿，曰大征，多寡则相悬矣。其实有可以相通者，何则？汉河平之岁，西南夷尝相攻矣，遣太中大夫张匡持节往解之，不从命，乃刻木像汉使，立道旁射之。杜钦说大将军王凤曰，蛮夷轻易汉使，不惮国威，恐议者巽耎，复守和解，则彼得收猎其众，狂犯守尉，远岁湿暑毒草之地，虽有孙吴、贲育，若入水火，往必焦没，智勇无所施。宜阴敕旁郡守尉练士马，大司农预召谷积要害处，选任职太守往，以秋凉时入，诛其王侯尤不轨者，而后可定。诸葛武侯之南征也，别遣马忠伐牂柯，李恢向南中，而后渡泸，生擒孟获，是当其时，虽无大征雕剿之说，然必练士马，积粮谷，相时而入，分道而进，其功乃可成也。盖非大征，则兵食不能厚；非雕剿，则智勇无所施，愚所谓可相通而用者也。而战之先资在馈饷，曰主饷，曰客饷，彼此易推诿矣。其实为缺一不可者，何则？蜀建兴之岁，都督张翼用法严，激夷帅叛。丞相亮以参军马忠代翼，令还其人，檄召谓翼，宜速即罪，翼曰："吾临战场，代人未至，当运粮积谷，为灭贼之资，岂可以黜退之故，而废公家之务乎？"于是统慑不懈，代到乃发。忠因其资破贼。唐之旧制，岁杪运内粟以赡嶲州，起嘉、眉，道阳山江而达渡，乃分饷诸戍，常以盛夏之地苦瘴毒，辇夫多死。后改命转邛、雅栗，以十月为漕始，先夏而至，以佐阳山之运，不涉炎月，远民乃安。是当其时，虽无主饷、客饷之说，然必自实于内，接济乎外，有灌输之功，而无偏倚之患，其成始可饱也。盖非主饷，则恐道绝；非客饷，则恐中枯，愚所谓实缺一不可者也。抚之之说，益州刺史张乔常用之矣。越嶲夷封离反，杀长吏，焚掠百姓，骸骨委积，千里无人。乔遣从事杨竦与战，斩首三万余级，获生口千五百人、资财四千余万，悉以赏将士。封离等惶怖诣竦乞降，竦厚加慰纳。其余三十六种皆来降附，竦因奏长史奸猾侵犯变夷者九十人，皆减死。由此观之，非诛渠帅之黠恶者、与吏士之贪残者，不能听吾抚也。守之之道，西川节度使李德裕尝用之矣。朝廷命德裕修清溪关，以断南诏入寇之路，德裕曰："通蛮细路至多，不可塞，惟重兵镇守，可保无虞，但黎雅以来得万人，精加训练，则蛮不敢动矣。"乃请甲人于定，安弓人河中，弩人浙西，器械犀利。又率户二百取一人习战，缓则农，急则战，谓之雄边子弟，以制大渡河清溪关之阻。且谓傍人建言者，盖由祸不在身，望人责一状，留入堂案，他日败事，不可令臣独当国宪。朝廷皆从其请。德裕乃练士卒，葺堡障，积粮储以备边，蜀人粗安。其后李师望请移理邛州，于是声势不相及，南诏复骚动，遂入成都。由此观之，非临河之区，为屯田之计，不能壮吾守也。或曰：若子之说，则师之不可已矣。然兵非难而饷为难，目前之饷固难，久后之饷尤难，若必增兵以守之，则不几岁岁而增饷乎？曰：建南前者无兵也，尺籍之士，以五万计，不为不多矣。一士一田，无待取给于外矣。今所存者不能十分之一，士岂尽失伍乎？田岂尽抛荒乎？无乃强半实债帅之腹，而入豪强之手乎？亦无乃所以资寇兵而赍盗粮乎？则简稽而重训练之，胡可已也？增募之兵，以四千计，亦不为少矣，游击材官，各以若干隶之矣。今用命者不能十分之一，岂众寡不敌乎？岂前后牵掣乎？无乃贪饵而动失虎豹在山之势乎？亦无乃望风而遁，乏鸷鸟必击之威乎？是责成而严赏罚之，胡可已也？此在大渡河以南者言也。河北富林至于黎州，非所称笮关沉黎之地乎？

汉置两部都尉，一治旄牛，主外羌；一治青衣，主汉民。唐李赞皇实屯万人于雅黎，盖重之矣。今仅仅一游戎，提兵不满五百，且控制天全六番地，于河以外不暇指顾，无乃太疏乎！盖欲援建昌，先问越嶲；欲援越嶲，先问黎州，此必然之势也。文武将吏，如阃司之佥书，威茂之验粮官，皆高坐无事，若加以职衔，常驻此地，练兵理饷，造舟治具，与雅黎分两翼，与越嶲相表里，有急赴援，声息易通，一二日间羽檄竟达成都矣。且二十年前，全蜀无民兵也，大征之后，各以其州县之繁简，为召募之相称，岁约靡饷十数万矣。播之役，割而代彼戍者，盖三分之一。今播享太平十余年，可分其半于黎，成都之免戍西边者，移其戍于黎，合之可得客兵三千矣，而黎雅之地亦自有军也。自有屯也，恐名存而实亡者，亦不下于建南。所以简稽而训练之，责成而赏罚之者，亦当以建南为例，可得主兵数千矣。又合而计之，则赞皇之万人，其庶几乎。虽然，此善后之虑，而永远之图也。若夫目前将士，已渡泸矣，冲锋陷敌之功，非有投石超距之勇者不能；捣巢入穴之险，非其游兵间道之奇者不能。总之与其以少而尝敌也，不如厚集于河南北之间；与其驱市人而用之也，不如预讲乎坐作进退之法。若夫见可而进，相机而动，虽呼吸不能喻其神，烟云不能喻其变矣，岂搦三寸管作纸上陈言所能逆料哉？

黎州 雅州 峨眉县 天全

黎州

《水经注》曰，江水自笮道与濛溪分，至蜀都临邛县，与布仆水合，布仆自徼外成都西沈黎郡来。按沈黎，即笮道。《寰宇记》云，夷人于大水之上，置藤为桥，谓之笮也。

《蜀记》，周赧王三十年，诛蜀侯绾，置守。蜀守张若因取笮及其江南地。《史记》，笮都，古西南夷，自越巂以东北，君长十以数，笮都最大。秦时尝为郡县，至汉兴而罢。自唐蒙使略通夜郎，而邛笮之君请为内臣。及汉诛且兰邛君，并杀笮侯，乃置笮都县。注《汉书》曰，旄牛县岁贡旄牛尾，以为节旄也。元鼎六年，以为沈黎郡。至天汉四年，并蜀为两部，置两都尉：一居旄牛，主徼外夷；一居青衣，主汉人。后汉永平中，益州刺史梁国朱辅慷慨有大略，宣示汉德，威怀远夷。自汶山以西，前代正朔所不加，白狼、槃木、唐丛等百余国，户百三十余万，口六百万以上，举种奉贡称臣仆。辅上疏曰：臣闻诗云："彼徂者岐，有夷之行。"《传》曰："岐道虽僻，而人不远，诗人诵咏以为符验。"今白狼王、唐丛等慕化归义，作诗三章。路经邛来大山零高坂，峭危峻险，百倍岐道，襁负老幼，若归慈母。远夷之语，辞意难正。草木异种，鸟兽殊类。有犍为郡掾田恭与之习狎，颇晓其言，辄令讯其风俗，译其辞语。今遣从事史李陵与恭护送诣阙，并上其乐诗。昔在圣帝，舞四夷之乐，今之所上，庶备其一。帝嘉之，事下史官，录其歌焉。《远夷乐德歌》诗曰："大汉是治，与天合意，吏译平端，不从我来。闻风向化，所见奇异。多赐缯布，甘美酒食，昌乐肉飞，屈伸悉备。蛮夷贫薄，无所报嗣，愿主长寿，子孙昌炽。"《远夷慕德歌》诗曰："蛮夷所处，日入之部；慕义向化，归日出主。圣德深恩，与人富厚。冬无霜雪，夏多和雨；寒温时适，部人多有。涉危历险，不远万里，去俗归德，心归慈母。"《远夷怀德歌》曰："荒服之外，土地硗埆；食肉衣皮，不见盐谷。吏译传风，大汉安乐。携负归仁，触冒险陕；高山岐峻，缘崖磻石，木薄发家，百宿到洛。父子同赐，怀抱匹帛。传告种人，长愿臣仆。”肃宗初，辅坐事免。是时郡尉府舍，皆有雕饰，画山神海灵、奇禽异兽以眩耀之，夷人益畏惮焉。和帝永元十二年，旄牛、徼外白狼、楼薄蛮夷王唐缯等，遂率种八十七万口归义内属，诏赐金印紫绶、小豪钱帛各有差。安帝永初元年，蜀郡三襄种夷与徼外汗衍种并兵三千余人反叛，攻蚕陵城，杀长吏。二年，青衣道夷邑长令田、与徼外三种夷二十一万口，赍黄金牦牛旄，举土内属，安帝增令田爵号为奉通邑君。延光二年春，旄牛夷叛，攻零关，杀长吏，益州刺史张乔与西部都尉击破之，于是分置蜀部属国都尉，领四县，如太守。桓帝永寿二年，蜀郡夷叛，杀略吏民。延熹二年，蜀郡三襄夷寇蚕陵，杀长吏。四年，犍为属国夷寇郡界，益州刺史山昱击破之，斩首千四百级，余皆解散。灵帝时，以蜀郡蜀国为汉嘉郡。

《十六国春秋》曰，李雄有蜀，置沉黎、汉源二郡。《周地图记》，天和初，破羌夷，得此土，因立黎州及沉黎县矣。《寰宇记》云，隋开皇改黎州为登州。炀帝初，废州，并其地入临邛郡；唐置南登州。大足元年，割汉源、飞越二县及巂州之阳山县，置黎州；神龙三年，废；开元三年，又置；天宝元年，改为洪源郡；乾元元年，复为黎州，领羁縻五十五州；僖宗又置永平军。宋复为黎州，继升平阳军节度，领汉源、通望二县，治在汉源。《通志》云，元属吐蕃等处宣慰司。国初洪武八年，省汉源县，改为黎州长官司。十一年，升安抚司，并置大渡河守御千户所，隶四川都司，属上川南道。

《元和志》曰，黎州之地，关沫若而徼牂柯，处越巂、邛蜀之中。樊柔直《侯宝堂记》云，全蜀五十余州，沉黎为襟喉地，以南邻六诏，而西接吐蕃也。

《后汉书》，筰都夷，其人披发左衽，言语多好譬类，居处略与汶山夷同，土出长年神药，仙人山图所居也。《蜀郡记》曰，诸山夷獠子娠七月生，生时必临水，儿出，便投水中，浮则取养，沉则弃之。按沉黎之名，或取此，而乐子正以为黑水所经矣。《宋史》，黎州诸俗尚鬼，以主祭者为鬼主，其酋长号曰都鬼王。

宋郡守余授《朱缨堂记》，蛮商越驵，毡裘椎髻，交错于阛阓中。《寰宇记》，番部蛮夷混杂之地，元无市肆，每汉人与蕃人博易，不使见钱，汉用绸绢茶布，蕃部用红椒盐马之类。

《志》云。国初安抚副使马芍德筑沉黎城，今司治也。沉黎驿在其北二里，而汉唐宋之黎州，则理在汉源县，今废为镇，去司南二十五里。

《寰宇记》云，汉源县，汉沉黎县地；宋立郡于此。隋仁寿四年，置县，以大川之源为名。长安四年，巡察使殷祚奏置黎州，后刺史宋乾微奏废入雅州。开元三年，又置黎州，以县来属。按此即旧黎州也。

《方舆胜览》云，黎城中有汉越嶲旧太守任贵，蜀汉姜维、赵云、马忠诸祠，又有玉渊书院，宋开禧初，知县薛绂建。《志》云，废汉源县东有唐三王墓。《唐史》邛黎间有三蛮王，使伺南诏，卒，葬于此。盖恭化王刘志辽、和义王郝全信、遂宁王杨清远也。《北梦琐言》，邛黎之间，有浅蛮焉，世袭王，号曰刘王、杨王、郝王。岁支西川衣赐三千金，俾侦云南动静；云南亦资其觇成都盈虚，恒持两端而求利焉。遇元戎十年，即率界上酋长诣府庭，号曰参。元戎不察，自谓威惠所致。其来参必潜禀于都押衙，以候可否。或元戎慰抚稍至乖方，即教其纷纭。于时帅臣多文儒，不欲生事，都押衙席其利，亦要姑息，故蛮夷得以凭陵无忌。王建始镇蜀，绝其旧赐，斩都押卫山行章以徇。邛峡之南，不立一堠，不戍一卒，十年不敢犯境。末年，大将许存征徼外蛮，为三王泄漏军机，于是召而斩之，时号英断，边患屹然矣。

《舆地纪胜》云，黎州初设茶马、买马两务，成都则市于文、黎、珍、叙等州，号川马。五代王建大阅于星宿山，官马八千，私马四千。建起家骑士，有国之后，于文、黎、雅、茂等州市胡马，十年之间，远及兹数。按《通略》，韩亿知益州，移永康鬻马场于州黎境上，以灌、茂地接蕃部，岁来互市，觇我西川，故徙于此。旧载在川南，以今度之，与大渡河相近。但今市马者由川北之中江县，而转贩入黎、雅，其时势与事不同如此。

《志》云，圣钟山下有古城，昔人于山中闻钟声及五色光，掘之而得巨钟，故曰圣钟山。城即古黎州城也。又云，古黎州城在大渡河外。按《元和志》，南唐以来，徙治大渡河内，而水源在城外，韦皋始筑今城，东西南三面邻绝涧，惟北面稍平，地多井泉，与诸城镇戍烽火相通，诚西南之险要矣。

《志》云，韦皋所筑土城，国初安庆侯即故址砌为石城，今大渡河守御千户所是也，在司治西北隅。

大渡河源出吐蕃，经黎州城南九十里，东注嘉定，入于江。临河有大渡巡检司戍之，隋大渡县设焉，今废为镇。若唐之大渡县，则在芦山县界。

《方舆》云，唐时大渡之戍一不守，则雅黎、邛嘉成都皆扰。宋初建隆三年，王全斌平蜀，以图来上，议者欲因兵威复越巂，艺祖以玉斧画此河曰："外此吾不有也。"于是为黎之极边。昔时河道平广，可通漕船，自玉斧画后，河之中流，忽陷下五六十丈，水至此澎湃如瀑，从空而落，舂撞号怒，波涛汹涌，船筏不通，名为噎口，殆天设险以陷夷狄也。父老云，旧有寨将欲载杉木板，由阳山入嘉定贸易，以数片试之，板至噎口，为水所舂没，须臾，片片自沐水浮出，蛮人闻之，益不敢窥伺矣。

《寰宇记》云，大渡河在通望县南一十五里，自吐蕃界经雅州诸部落，至当州东，流入县界。《志》云，废通望县在司治东南九十里，其北有罗目溪水，入峨眉。有通望山，自大渡河南与众山相连，入巂州。按通望，本汉旄牛县地，在大渡河北，汉水西，今有古旄牛城在。俗呼为牛头城，语讹也。隋大业二年，改为阳山县，因县南朝阳山为名矣。《志》又云，大渡镇西有阳山废县，唐初属登州，后属黎州也。

《十道志》云，隋仁寿四年，罢大渡镇，置登州。大业二年，废登州，又立阳山镇。唐武德元年，改置阳山县，属登州。贞观二年，割属巂州。开元初，改为登台县。贞元五年十月，剑南节度使韦皋遣将王有道等与东蛮两林苴那时勿邓梦冲等帅兵于故巂州台登北谷大破吐蕃青海、猎城二节度，杀其大兵马使乞臧遮遮悉多杨朱，斩首二千余级，其投崖谷赴水死者不可胜数，生擒笼官四十五人，收获器械一万余事，马牛羊一万余头匹。遮遮者，吐蕃骁勇者也。或云尚结赞之子，频为边患。自其死也，官军所攻城栅，无不降下。蕃众日却，数年间，尽复巂州之境。贞元十三年五月十七日，吐蕃于剑南山马岭三处开路，分军下营，仅经一月，进军逼台登城。巂州刺史丰高任率领诸军将士、并东蛮子弟、合势接战，自朝至午，大破犬戎，生擒大笼官七八，阵上杀获三百人，余被刀箭者不可胜纪，收获马畜五百余头匹，器械二千余事。太和六年，李德裕复修邛崃关，移巂州于台登城，以扞蛮夷。

《华阳国志》云，台登县有孙水，一曰白沙江，入马湖水。《水经注》，孙水出台高县，即台登县也，南流迳邛都县，又南至会无入若水。

《志》云，孙水，俗谓之长河，天全长河西，以在孙水之西也。《九州要记》曰，台登县有奴诺川，鹦鹉山、黑水之间，若水出其下，即黄帝子昌意降居处。《水经》曰，若水出蜀郡旄牛徼外，东南至故关。郦善长注曰，按《山海经》，南海之内，黑水之间，有树，名曰若木，有若水出焉。又云，灰野之山有树焉，青叶赤华，厥名若木，生昆仑山西，附西极也。《淮南子》曰，若木在建木西，木有十华，其光照下地，故屈原《离骚·天问》曰“羲和未扬，若华何光”，是也。然若水之生非一所，黑水之间，厥木所植，水出其下，故亦受其称焉。若水沿流，间关蜀土；黄帝长子昌意德劣，不足绍承大位，降居斯水，为诸侯，娶蜀山氏女，生颛顼于其野，有圣德，二十登帝位，承少皋金宫之政，以水德宝历矣。

《水经注》又云，大渡水出徼外至旄牛道，南流入于若水，又迳越嶲大筰县入绳。《山海经》曰，巴遂之山，绳水出焉，东南流，分为二：其一枝东迳柔广县，注于江；其一，南迳旄牛道，至大筰，与若水合，自下亦通谓之绳水矣。

《寰宇记》云，废飞越县，本沉黎之地，唐仪凤四年，分汉源于飞越水置县，属雅州。大足元年，属黎州。按《志》飞越山下有唐时三碉城，即三交城也，疑即古飞越县矣。又云，唐飞越县在旧县西北百里飞越山下，其山两面接羌夷，为沉黎西境要害之所。

《方舆》云，汉水发源自飞越岭。《寰宇记》云，汉水在汉源县西百二十里，从和姑镇山谷中，经飞越县界，至通望县，合大渡河，不通舟船。每至春冬，有瘴气，中人为疟疾。《志》云，汉水，俗呼流沙河，源出越山，流经司南二里，东入于江。

《方舆》云，废琉璃城在大渡河南，太和五年，节度使李德裕筑，以蛮界琉璃溪为名也。赞皇又筑伏羲城，以制大渡清溪之险。按今司南九十里有古溪清关，乃韦皋所凿，以通好南诏者。自此出邛部，经姚州而入云南，谓之南路，在唐为重镇焉。孙樵《书田将军边事》云，田在宾将军刺严道三年，能条悉南蛮事，为樵言曰："巴蜀西通于戎，南逼于蛮，宜其有以制之者。当广德、建中间，西戎而饮马于岷江，其众如蚁，前锋魁健，皆擐五属之甲，持倍寻之戟，徐呼按步，且战且进。蜀兵遇关，如植横堵，罗戈如林，发矢如虻，皆拆刃吞镞，不能毙一戎，而况陷其阵乎。然其戎兵践吾地日深，而疫死者日众，即自度不能留，亦辄引去。故蜀人为之语曰：'西戎尚可，南蛮残我。'自南康公凿青谿道以和群蛮，俾由蜀而贡，又择蛮子弟聚于锦城，使习书算，业就辄去，复以他继。如此垂五十年，不绝其来，则其学于蜀者不啻千百，故其国人皆习知巴蜀土风山川要害。文皇帝三年，南蛮果大入成都，门其三门，四日而旋。其所剽掠，自成都以南，越巂以北，八百里之间，民畜为空。加以败卒贫民，持兵群聚，因缘劫杀，官不能禁。由是西蜀十六州，至今为病。自是以来，群蛮常有屠蜀之心。居则息畜聚粟，动则练兵讲武。而又俾其习于蜀者，伺连帅之间隙，察兵赋之虚实，或闻蜀之细民，苦于重征，且将启之，以幸非常。吾不知群蛮此举，大剑以南，为国家所有乎。每岁发卒以戍南者，皆成都顽民，饱稻饫豕，十九如瓠，虽知镇鼓之数，不习山川之险。吾尝伺其来，朔风正严，缓步坦途，日次一舍，固已呀然汗矣，而况历重阻，即严程，束甲而趋，拔戟而斗耶？加之为将者刻薄以自入，馈饵者纵吏以鼠窃。县官当给帛，则以苦而易良，当赈粟，则以砂而参粒。如此，则边卒将怨望之不暇，又安能殊死而力战乎？此巴蜀所以为忧也。”樵曰：“诚如将军言，苟为国家计者，孰若诏严道、沉黎、越嶲三城太守，俾度其要害，按其壁垒，得自募卒以守之。且兵籍于郡，则易为役；卒出于边，则习其险。而又各于其部缮相美地，分卒为屯，春夏则耕蚕以资衣食，秋冬则严壁以俟寇虏。连帅即能督之，岁遣廉白吏视其卒之有无，劾其守之不法者以闻。如此，则县官无馈饵之费，奸吏无因缘之盗，兵足食给，卒无胥怨，于将军何如？”田将军曰：“如此，何患？”遂书，按予议撤威、茂戍军，听其自募，实本此策。而日后有求复者，读是书，庶几了然矣。

《志云》，司治五里有邛徕山，言邛笮之人入蜀，从此山而来也，亦界山矣。《汉书》作“郲”。《华阳国志》作“崃”，《水经》作“来”，《开路记》作“莱”，其说不同。《方舆胜览》，距州七十里邛崃间，昔有杨氏妇造阁其上，傍有阁道碑。《水经注》云，汉武元封四年，以蜀郡西部邛笮县，理旄牛道。天汉四年，置都尉，主外羌，在邛来山表。自蜀西渡邛笮，其至险有弄栋八渡之难，杨母阁路之岨，是也。

《汉书》王阳为益州刺史，行部至邛崃九折坂，叹曰：“奉先人遗体，奈何数乘此险。”后以病去。及王尊为刺史，至其坂，问吏曰：“此非王阳所畏道耶？”吏对曰：“是”。尊以其驭曰：“驱之，王阳为孝子王，尊为忠臣。”今有祠在山下，又有叱驭桥在司境内。太守李石为碑记云，“九折坂峻绝造天，曲回九折，乃得度其巅；九夏凝冰，冬绝行迹也。”

按九折坂，地里诸书以为在百丈驿，想必后人移置近界矣。

《胜览》云，笋筤山在州西北五十余里，有前筤、后筤，以山多笋，故名。春时州人百十为群，入山断取。绍兴间，始立笋租以赡学，岁收缗钱八十千，土人名为钱筤山。

《胜览》又云，白崖山在州西北二百五十里，山外即生番界，险峻不通人迹。《志》云，在西北二十里，山之右有风穴如井，不知浅深。穴口四围，津津如汗，间有气出，腾空如白云，须臾，风起怒号如雷。里人见云即知风：气散则风定，细则风小，盛则风猛。窒其穴，风虽少而民多瘴；开之，风如故而瘴亦衰。山之北又有穴，大如车轮，俯而入其中，空阔数十步，泉声琮琤，石髓凝结，其幽致不可名状。俗呼仙人洞，即此。

张华《博物志》云，蜀南沉黎高山中，有物似猴，长七尺，能人行，名曰玃，路见妇人，辄盗之入穴。俗呼为夜叉穴，西番部落最畏之。按《寰宇记》谓在汉源县境，或即邛崃山中耶？《记》又谓山峡有一石洞，壁间有夜叉像，土人祠之，号穿崖将军洞，按在今庆历乡。

《寰宇记》，唐乾元中，黎州所统五十五州，皆徼外生獠，羁縻而已。其名曰：罗岩州：索古州、秦上州、辄荣州、剧川州、合钦州、下蓬州、柏坡州、博庐州、明川州、脆脧州、蓬矢州、大渡州、米川州、木属州、河东州、诺筰州、甫岚州、昌明州、归化州、象川州、聚夏州、和良州、和都州、附树州、东川州、上贵州、滑川州、北川州、古川州、甫萼州、北地州、苍荣州、野川州、邛陈州、贵林州、护川州、牒琮州、浪弥州、郎郭州、上钦州、时蓬州、俨马州、撅査州、邛川州、护邛州、脚川州、开望州、上蓬州、北蓬州、剥重州、久护州、瑶剑州、明昌州。按只五十四州，少一州，承《旧唐书》之误也。时代已远，或鞠为丘墟，或荒为部落，或为关堡别名，皆不可考。

《经略志》曰，黎雅诸夷即天全六番诸部，散居二州之间者，宋时屡为边患。孝宗乾道四年，威州保宁县探知风流等部欲入抄掠，知县张文礼闭绝蛇浴山路，不许来往。番从蛇浴岭后斫生路，至村攘劫，宣抚司委知永康军李繁等讨之，番部来降。十一月，砂平蕃首高志良至碉门互市，与居民，斗山鹧，不胜，乃诣寨官喻炳陈诉，炳决责之，志良衔恨去。明年正月，来攻碉门，制置司遣李俊御之，兵未至，志良已有悔意，欲偿还所烧庐舍，更以钱赎罪。守臣不能身任其事，付之兵官，兵官既欲邀功，而喻炳亦觊报怨，遂潜入砂平，焚其屋庐。蕃人初皆潜伏，官军乘势掳掠，蕃鸣角聚众以出，遂失利，蕃人追至荣经芦山而还。乾道九年，青羌吐蕃奴儿结等坐黎州负其马价，侵掠安静寨，推官黎商老等御之，败死。安抚司委钤辖李彦坚往援，始赴州悔罪，买马如故。十一月，复犯安静，至大小坝，杀虏军民千余。黎州守郡降年及通判吕宜之招邛部川蛮兵并力击之，乃遁。淳熙二年五月，奴儿结等同元虏汉人诣州，州犒之。然以互市久不得通，方怨望，而白水寨将王文才又与婚姻，诱之抢掠，知黎州陆柬之计枭文才于市。我明于黎州设安抚司，天全六蕃设招讨司，盖以夷治夷之意也。自洪武至今，边方以静。雅州所属与招讨夷人或时有争讼者，盖境土相连，势使然耳。

《四夷考》云，洪武初，黎州长官司土舍马芍德征讨有功，加升安抚司，以芍德为安抚副使。万历十九年，副使马祥无后，其妻瞿氏掌司事，取瞿姓子抚之，将有他志。祥侄土舍应龙居松枰，遂兴兵攻城取印，番众因而乘会剽劫。于时参将吴文杰方有征东之役，移师剿平之。二十四年，奏将该司降为土千户所，安抚降为千户，于司南三十里大田山坝立千户所，俟应龙之子新受承袭；司署改为雅黎游击府，上七枝编为民户，属大渡河千户所当差，下七枝仍旧属松坪马氏约束焉。大抵司东三十里为天冲山，险绝无路，止通樵采而已。唐古木碑所云“沉黎界上，山林参天，岚雾晦日”者也。西二十里为黑崖关，关外系本司管辖上七枝等夷。又一路由椒子冈至冷碛寨，直抵长河，则为大西天乌思藏进贡路。南去大渡河可八十里，中立文武、销瘴、香树、黑石、流沙等堡，直抵泸河，近河有避瘴山，夏秋之交，境多岚瘴，飞鸢群集，至立冬前，瘴已，乃飞去。土人避瘴，恒以鸢为候，故名销瘴山也。东南则安抚所辖下七枝熟夷之界，其名曰落凶，曰吽哄，曰沙马，曰俺立，曰母姑，曰阿辉，曰他他。又自炒米城以抵松坪寨，连接峨眉，凡三百六十里，高山峻坂，密树深箐，为安抚族人居之。按《九州志》，黎州石楼之地多长松，不生杂木，即松坪寨是也。《志》云，司南百里临大渡河，有韦皋所筑要冲城，俗呼沙米寨，亦作炒米城矣。

峨眉

峨眉县边邻松坪、木瓜、大小赤口等处，原设六乡。西南二面临夷，三十里至高桥，十里至土地关，二十里至龙池场，二十里至大围关及中镇巡检司，五里至铁索桥，五里至射箭下坪，三里至射箭上坪，此县之旧界也。

坪外八里至黑龙溪，四里至虎皮冈，始分两岐：右路由上马胜溪至金口厂，为邛部司新附籍之民，名归化乡，有阳化堡设焉。由金口厂二十里至楠木园，五十里至天池，八十里至万家石，三十里至松坪，则黎州土舍马应龙所居矣。左路由下马胜溪，至古金寺，渡中镇河，有中镇巡检戍之。又十七里而至太平墩，墩又两岐：右路过杨村，行百里，乃至猡徊，猡徊亦新附夷种也；左路上蛮鬼冈，冈势险峻，树木丛杂，入冬徂春，烟雾不收，雨雪层积，即夷人亦鲜踪迹。又十五里至空木，即永宁墩，八里乃至栖鸡坪，今筑平夷堡处，城池候馆咸备焉。由栖鸡五里至冷溪，二十里至热水河，十里至四百囤。又二十五里而至西河，设有镇远墩。过墩四十里，为杀马溪。悬崖峭壁，中逼河流，人过此者，两头牵索，缘索而步，至下山处，名为溜马漕。又五十里，则木瓜夷种之巢穴也。木瓜有二：有小木瓜，旁通西赤口，去暖歹只二日；过木瓜桥头，稍前十里，为大木瓜，即今三枝降夷处所，一枝凶瓜，一枝匪瓜，一枝卜特瓜。过大木瓜五十里，为利济山，极高峻，与大凉山相接。又五十里至大赤口，口外，则马湖之地矣。卜特之先，分自大赤口，凡十二枝，腻乃卜特其最著者，世居西河，属马湖土官安氏钤辖。自改流日，诸瓜叛入邛部，归岭氏，其地自西河至大小赤口、凉山、雪山等处，周围蟠据，北连建城越，西接嘉峨，南通马湖，窟穴蹊径，四藏而八达焉。嘉靖末，诸瓜畜牧蕃盛，心怀内扰，邛部长官岭柏已不能驭。及死，其妻马氏为政，腻乃虐柏等叛，出凉山，会同西河匪瓜白禄出沙坪，于是嘉峨犍为一带邻边居民不能安枕。建昌上下南三道督邛部发兵至栖鸡坪，截杀之。我师未集，潜从冷溪而渡，直捣栖鸡，坐制我死命，而瓜锋于是益炽矣。乃议大征，分为建越、马湖、中镇，三路而进，直捣巢穴，瓜始惶骇请降，歃血自誓不复反。主将檄令各推酋长纳贡，罢兵。于是凶瓜推牛撒为长，匪瓜推阿书为长，卜特推阿魁为长，愿各约束其部落，永作属夷，岁贡良马三匹，匹输三金，峨眉县为进之。十三枝瓜夷积聚虚实，牛多不过六七十头，马四五十匹，羊二三百只耳，岁费官兵粮饷三千二百五十两有奇，恢复侵占田地，旬七盘子至米麻岭共四千八百六十四亩，岁征租可四百四十七石有畸。说者谓其常图恢复云。

雅州

《禹贡》，和夷底绩。《雅安志》云，和水在州南四十里，源出蛮界罗岩州，而入平羌江。《图经》云，和川路在严道县界，西去吐蕃大渡河五日程，从大渡河西郭至吐蕃松城四日程，羌蛮混杂，连山接野，鸟道蟠空，不知里数。

《寰宇记》云，雅州管和川、夏阳等羁縻四十六州，其首曰罗岩州，去当道四百八十里，曰当马、三井、东锋、名配、钳恭、斜恭、画重、罗林、笼羊、林波、林烧、龙蓬、索古、敢川、惊川、蜗眉、木烛、百坡，以上十八州，去雅州近者四百余里，远者不及五百里，去罗岩自一里至六十里为极，惟当马去罗岩二百里焉。

曰当品、严城、中川、钳矢、昌磊、钳并、百颇、会野，以上八州去雅州近者二百六十里，远者六百三十里，去白坡近者三里，远者六十里。

曰当仁、推海、作重、祸林、诺笮、金林、平恭、布岚、欠马、罗蓬，以上十州去雅州近者五百七十里，远者六百二十五里，去会野近者三里，远者六十里。通罗岩共三十七州，和川路之界也。其次曰论川州，去当道五百八十里；曰远南州，去让川州二十五里，至州五百六十里；卑卢州，去夔龙州二十里，至州五百六十里；夔龙州，去卑卢州二十里，至州五百六十里；

耀川州，去金川州一十五里，至州五百六十里；金川州，去耀川州一十五里，至州五百六十五里；东嘉梁州，去金川州二十里，至州五百六十里；西嘉梁州，去东嘉梁州一十五里，至州五百六十五里。通论川共九州，夏阳路之界也。

《寰宇记》云，贞元中，吐蕃七部落来降，界近雅州，因安置于和川等路。其名曰吐蕃笼官杨矣、蓬费、东君等部落六十人，在蛮宿川安置；吐蕃业城首领笼官刘矣本等部落，在本部安置；吐蕃会野首领笼官高万唐等部落，在本部安置；吐蕃逋租城首领笼官马东煎等部落，在夏阳路安置；吐蕃国师马定得并笼官马德唐等部落，在欠马州安置；吐蕃嘉梁州降户首领笼官刘定等部落，在夏阳路安置；吐蕃嵬笼城首领铄罗莽酒等部落，在和川路安置。按《宋史》，雅州西山路蛮有部落四十六，唐以来皆为羁縻州。太平兴国初，首领马令膜等来贡，并上唐朝敕书告身，凡七通，咸赐冠带，其首领授以官。

《上南志》云，雅州通西番路有三：曰灵关、碉门、始阳也，而碉门最为要害。按灵关镇在卢山县北八十二里，《蜀都赋》，"廓灵关而为门"，是矣。《四夷考》云，碉门等处安抚司，元时设在雅州，寻改吐蕃宣慰使司。国初宣慰余思聪、王德贵归附，始降司为州。又碉门百户所，设近天全六番之界，所有茶课司，以平互市之官也。

《志》云，始阳山在芦山县东十里，俗呼罗绳山，《寰宇记》以为蒙山，西魏置始阳县于此。杨用修云，《史记·西南夷传》自嶲以东北，君长以十数，斯笮都最大。注：斯及笮都，二国名也。"徙"音"斯。"相如《难蜀文》，"略斯榆"，谓斯与楪榆也。此"斯"，即南西夷之"徙"。《玉篇》作"郪"。注，狄国，夏为防风氏，周为仿，汉之賨叟，地在蜀之边也。

《图经》，卢山县新安乡五百余家，獠种也。其妇人娠七月而产，置儿向水中，浮者取养，沉者弃之，千百无一沉者。长则拔去上齿，加狗牙，各以为华饰。今有四牙，长于猪牙而唇高者，别是一种，能食人。无长齿者，不能食人。俗信妖巫，击铜鼓以祈祷焉。

《土夷考》云，荣经县界悬崖栈道之间，有杂道长官司及飞越庙，县西北有紫眼夷，编氓殆半里，其地名紫眼关，与西番相接，广可四十里，袤百里，自壅溪飞水小路，直透冷碛番。以上关堡，大渡河官军戍之。东西峻岭，中流一河，大坝、简车等五姓夷结茆以居，五姓各立老人，有讼不立公庭，惟听老人处分而已。然赋税亦不后时，盖为茶商捷径，有利存焉。正西万里乾河，直通碉门，则天全招讨之地矣。

陈子昂《谏雅州讨生羌书》："将仕郎守麟台正字臣子昂昧死上言：窃间道路云，国家欲开蜀山，自雅州道入讨生羌，因以袭击吐蕃。执事者不审图其利害，遂废梁凤巴蜒兵以徇之。臣愚以为西蜀之祸，自此结矣。臣闻乱生必由怨起，雅州边羌，自有国以来，未尝一日为盗，无罪受戮，其怨必甚，怨甚惧诛，必蜂骇西山。西山盗起，则蜀之边邑，不得不连兵备守，久兵不解，则蜀之祸构矣。臣闻吐蕃桀黠之虏，君长相信，而多奸谋，自敢抗天诛以来，向十二余载，大战则大胜，小战则小胜，未尝败一队，亡一矢。国家往以薛仁贵、郭待封为虓武之将，屠十万众于大非之川，一甲不归。又以李敬玄、刘审礼为庙廊之宰，辱十八万众于青海之泽，身为囚虏。是时精甲勇士，势如雷云，然竟不能擒一戎，馘一丑，至今而关陇为空。今乃欲以李处以为将，驱憔悴之兵，将袭吐蕃，臣窃忧之，而为此虏所笑。且夫事有求利而得害者，则蜀昔时而通中国。秦惠王欲帝天下而并诸侯，以为不兼賨，不取蜀，势未可举，乃用张仪计，饰美人，谲金牛，因间以啖蜀侯，果贪其利。使五丁力士，凿山通谷，栈褒斜，置道于秦，自是险阻不关，山谷不闭，张仪蹑踵乘便，纵大兵破之，蜀侯诛，賨邑灭，至今蜀为中州。是贪利而亡，此往事也。臣闻吐蕃羯虏爱蜀之珍富，欲盗之已有日矣。然其势不能举者，徒以山川阻绝，瘴隘不通，此其所以顿饿狼之喙而不能窃食也。今国家乃乱边羌，开隘道，使其收奔亡之种为向导，是以借寇兵而为贼除道，举全蜀以遗之，此危道也。蜀西南一都会，国家之宝库，天下珍货聚出其中，又人富粟多，顺江而下，可以兼济中国。今执事者乃图侥幸之利，悉以委身西羌。得西羌地不足以稼穑，财不足以富国，徒杀无辜之众，以伤陛下之仁，糜费随之，无益圣德；又恐侥幸之利，未可图也。夫蜀之所宝，恃险者也；人之所安，无役者也。今乃开其险，役其人，险开则便寇，人役则伤财，臣恐未见羌戎，已有奸盗在其中矣。往者益州长史李崇真，将图此奸利，传檄称吐蕃欲寇松州，遂使国家盛军以待之，转饷以备之，未二三年，巴蜀二十余州，骚然大弊，竟不见吐蕃之面，而崇真赃钱，已计巨万矣，蜀人残破，几不堪命。此之近事，犹在人口，陛下所亲知。意者必有奸臣欲图此利，复以生羌为计者哉！且蜀人尫劣，不习兵战，一虏持矛，百人不敢当。又山川阻旷，去中夏精兵处远，今国家若击西羌，掩吐蕃，遂能破灭其国，奴虏其人，使其君长系首北关，计亦可矣。若不到如此，臣方见蜀之边陲不守，而为羌夷所横暴。昔辛有见被发而祭伊川者，以为不出百年，此其为戎乎，臣恐不及百年而蜀为戎也。”

天全六番招讨使司

古氐羌之地，晋以前无闻焉。宋齐、梁土豪迭相雄长，名属益州。西魏为始阳县地，属蒙山郡。后周因之。隋初，郡废，属雅州。唐为羁縻州，隶雅州都督府。《总志》云，五代王、孟之间，有高囊阁藏杨夹失朵只儿二酋归附，始置碉门、黎、雅、长河西、鱼通、宁远六军民安抚司。宋隶雅州。元宪宗时，复置六安宣抚司，属吐蕃等处宣慰司。后改六番招讨司，又分置天全招讨司。国初并天全六番招讨使司，隶四川都司。

其地东西广百九十里，袤二百一十里，东至雅州界五十里，西至长河西司百四十里，谓之乾溪，南至荣经县界六十里，北至灵关道及董卜韩胡百五十里，去成都五百四十里，为南诏之咽喉。辖部落凡六，曰：马村、苏村、金村、杨村、陇东村、西碉村。或谓六番之名始此，非五代碉门、黎、雅等六名也。《上南志》云，洪武六年，诏西夷酋长至京，授职赐印，因俗为治，立都指挥使司二：曰乌思藏，曰朵甘；指挥使司一，陇答卫也；宣慰司三：朵甘、及董卜、韩胡，长河西鱼通宁远也；招讨司六；万户府四，及别思寨安抚司、木瓦都指挥葛刺汤千户诸部落，是为三十六种，以时朝贡焉。

《志》云，天全招讨司，设在碉门城，即元之碉门安抚司也，中有碉门百户所，属雅州千户，设在正副二招讨及朵甘宣慰界。渡河以西，又有真官招讨司及鱼通安抚冷碛十八寨，为三十六种番夷出入之路。

《志》又云，司治有诸葛武侯庙，治东二十里有卧龙山，相传，武侯征孟获，驻宿其上。又十里，有泉从石龙口喷出，谓之龙泉，其源发大悲寺内，寺在司东四十里。又十里，则多功山也。昔大禹疏凿以通峡水，故名。《志》，又有镇西山，姜维伯约驻师其下，在司东二百十里。又二十里有女城山，相传杨招讨家女将守此，垒石为城尚存。又有玄窑、白厓，皆出圣灯芝草。玄窑高峻清绝，在东南八十里；白厓矗立如雪，在司南里余。近白厓，又有玉垒，穷冬积雪，土人以玉堡呼之。《图经》，自长河西至董卜寨二百余里，皆绕雪山而行，路由打箭炉而进，有哈日寺，在乌思藏中。元世祖欲郡县六番之地，以吐蕃僧八思巴为大宝法王帝师领之，嗣者数世。其弟子赐号司空、司徒、国公，佩金章玉印，前后相望。大宝法王而下，有大乘法王、阐教王、阐化王、护教王、护法王，通谓之乌思藏六番也。以其地连天竺，有大西天、小西天之域焉。雪山尽处有大铁围山，山有法佛、德行、刺麻等寺。

《游梁杂记》云，乌思藏所产：细画泥金水幅佛像、铜渡金佛像、金塔、舍利、各色足力麻、铁力麻、氆氇、左髻、犀角、珊瑚、唵叭。其贡道由董卜、韩胡、长河西、朵甘思之境，自雅州入京。大乘、大宝二法王差僧徒阐化、阐教、补教赞善进之。

《志》云，天全男不习工艺，妇不事纺绩，惟以耕种为业。番汉淆居，碉房绝岭；治化渐摩，礼义日生。

下川南

叙马泸道开府马湖，统辖叙、泸二卫、乌蒙、乌撒、东川、镇雄、永宁等府司。参将一员，驻札永宁；游击一员，驻扎建武。实左右之，但永宁者兼贵州迤西等处地方，故称川贵参将云。《汉书·西南夷传》，唐蒙至夜郎，夜郎旁小邑贪汉缯帛，以为汉道险，终不能有也，乃且听蒙约。还报，以为犍为郡，治道，自僰道至牂牁。《水经》，若水又东北至犍为朱提县西泸江水。郦道元曰，朱提，山名也。应劭曰，在县西南，以氏焉。犍为属国也，在郡南千八百许里。建安二十年，立朱提郡，郡治县故城。郡西南二百里，得所绾堂琅县，西北行上高山，羊肠绳屈八十余里，或攀木而升，或绳索相牵而上，缘陟者若将升天，又有牛叩头、马搏颊坂，其艰险如此也。

旧志，唐置晏、高、筠、定、连、萨、巩等十四州，隶戎州都督府。唐末，废四州，存十州。宋神宗时，十州夷内附，隶泸川郡，前晏、高等州皆在焉。元置戎高、巩、筠、连四州，隶叙州宣抚司。至元十三年，宣抚使昝顺招谕酋长得兰纽得贡卧等，率众归附，因设大坝总管府，得兰纽授都总管，得贡卧充同知，其罗星长官以黎州同知李奇为之，上下罗计二千户，俱得姓者为之。

《舆地志》曰，叙州三路蛮：西北曰董蛮，正西曰石门部，东南曰南广蛮。董蛮在马湖江右，僰侯国也，其酋董氏。南广蛮在庆符县。石门蕃部，与监洮土羌接，按唐兴播等十二州之地，其人精悍，善战斗，自马湖南广诸族皆畏之，盖古浪稽、鲁望诸部也。

《志》云，宋大观中，夷酋罗永顺、杨光荣、李世恭等各以地内属，诏建滋、纯、祥三州，在庆符县西。《元史》，四十六囤蛮夷，所领豕蛾夷地在庆符南，唐定州之支江县也；其长官司在高县西三十里落骚乡。《文献通考》云，獠蛮不辨姓氏，所生男女长幼次第呼之，其丈夫称阿谟阿改，妇人阿夷阿等之类；今稍从汉俗，易为罗杨等姓。依树积土，以居其上，名曰杆栏。杆栏大小，随其家之口数。杆栏，即夷之榔盘也。制略如楼，门由侧启，构梯以上，即为祭所，余则以寝焉。又云，夷有姓氏，男织班布缠头，衣裳俱如华制，行缠以班布为之。女绾发为髻，缠以班带，簪缠用银，两耳各穿两孔，上贯钗，下贯环，富者叠贯之。衣尚左衽，下着桶裙，间以组彩，长覆膝下。初娶不论物采，惟通媒妁，杀牛豕以为礼，即引归。惟老死后，方大索婚价。饮食喜啖蝌蚪。又云，僰有姓氏，用白练缠头，衣尚青碧，背领袂缘，俱刺文绣，裳胯覆膝，亦织班带以为行缠。当佩双刀，善使劲弩。女绾发撮髻，饰以簪，压衫之前后左右，文绣绚烂，长裙细褶，膝以下亦刺文绣，行缠杂以青紫，出则着单履，性淫。婚则论财，丧则戚怜咸娶，挝鼓作乐至夜，男女杂遝。自有番书，卜日不同于中国。

李京《云南志》云，白人者，汉武帝开僰道，通西南夷道，戎州旧县是也，今转为白人矣。白人语：着衣曰“衣衣”，吃饭曰“咽羹茹”，樵采“曰折薪”，帛曰“幂”，酒曰“尊”，鞍鞊曰“悼泥”，墙曰“砖垣”。男女首戴次工，制如中原。渔人蒲笠差大，编竹为之，覆以黑毡。亲旧虽久别，无拜跪，唯取工以为次。男女披毡椎髻；妇人不施脂粉，酥泽其发，以青纱分编，绕首盘系，裹以攒项黑巾耳，金环象牙缠臂，衣绣方幅，以半身细毡为上服。处子孀妇，出入无禁。居屋多为回檐，如殿制。食贵生，如猪牛鸡鱼，皆生盐之，和以蒜泥而食。每岁以腊月二十四日祀祖，如中州上冢之礼。六月二十四日，通夕以高竿缚火炬照天，小儿各持松明火相烧为戏，谓之驱禳。

又云，土獠蛮在叙州南，乌蒙北，皆是。男子及十四五，则左右击去两齿，然后婚娶，猪牛同室而居。无匕箸，手抟饭而食之。踏高撬，上下山坂如奔鹿。妇人跣足高髻，桦皮为冠，耳坠大双环，衣黑布衣，项带镴牌以为饰，出入林麓望之宛如猿猱。人死，则以棺木盛之，置于千仞巅崖之上，以先堕者为吉。山田薄少，刀耕火种，所收稻谷，悬于草棚之下，日旋捣而食。多以采荔枝、贩茶为业云。

《唐书》，戎州都督府羁縻州九十有二。宋初见《寰宇记》者，合叙、泸只载四十余州而已，他不可考。乐子正曰，羁縻诸州，除没落云南蛮界一十五州，其余虽有名额，元无城邑，散在山峒，不常其居，抚之难驯，扰之易动。其为刺史，父子相继，无子，即以其党有可者公举之。或因春秋有军设，则追集赴州，著夏人衣服，却归山峒，椎髻跣足，或披毡，或衣皮，从蛮夷风俗。无税赋以供官，每年使司，须有优赏。不拘文法，今并存之，要知古迹而已。

悦州，在戎州南二百十七里，管县六：甘泉、青宾、临川、悦木、夷口、胡播。

移州，在州西南五百八十七里，管县三：移当、领何、汤陵。

扶德州，唐开元十八年七月割入，在东南四百五十七里，领扶县三：德、宋水、洞阴。

筠州，在四百一十七里，管县八：盐水、筠山、罗余、临居、澄澜、临昆、唐川、寻源。

连州，在州西南四百余里，筠州析出，管县六：当为、都宁、逻游、罗龙、加平、清坎。巩州，仪凤二年，开山洞置；天宝元年，改为因忠郡；乾元元年，复为巩州。在南三百十里，领县五：哆楼、比求、都善、播郎、婆婆，按即珙县地。巩州者，今之罗星渡；哆楼者，今在城之高楼坊；婆婆，今江安县界之婆婆村；比丘，今之九塞；播郎，今贵州界之安静长官司；都善，一名都坛，今名梅得，此本志所载也。

宋州，领县四，户六十九：洞龙、洞支、宋水、卢吾，输纳半税，按高县西五十里有宋水。

南州，在州西五百三十五里，盈州析出，管县三：播政、百荣、洪泸。

德州，在州南五百六十四里，管县二：罗连、万崖。

为州，在南四百九十里，管县二：扶、僧罗。

洛州，在南四百二十七里，管县四：临津、宾夷、葱药、曾口。

志州，在西四百五十六里，管县四：浮萍、鸡惟、夷宾、河西。

盈州，在南五百六十七里，管县四：盈川、涂赛、播陵、施燕。

献州，在南六百六里，管县七，名缺。

武昌州，在南一千二百一十七里，管县七：洪武、罗虹、琅林、夷郎、来宾、罗新绮、婆婆。

景州，在南三百九十六里，管县七，名缺。

播狼州，在南二百八十七里，管县三：播胜、从颜、顺化。右十七州，唐时隶戎州南广溪洞獠。

协州，在州西南，八百里，天宝中，因云南离叛被破，今移置在西南四百九十三里，管县二，名缺。

靖州，在西南五百一十里，管县二：靖川、分协。

曲州，在西南九百里，天宝中，因云南破，移在开边县界，去县一百二十七里，管县二：朱提、唐兴。

播陵州，在南五百七十七里，管县二，名缺。

钳州，在西南四百五十七里，元无县，从开边县析出。

哥灵州，在西南一千四百里，管县三，名缺。

切骑州，在西南一千一百里，管县四：柳池、奏禄、縻托、通识。

品州，在西南二千三百九十五里，管县三：八秤，松花、牧口。

从州，在西南二千六百四十二里，管县六：茫化、昆池、武安、罗材、梯山、南宁、碾卫州，在西南九百九十七里，管县三，名缺。

涪州、裥违州，俱归马湖。右十二州，管县三十七，唐时在石门路，并无税赋，供输相承，在《图经》上标名额耳、石门，今叙州之庆符县也。

长宁州，领县四，户三十八：婆员、婆居、青卢、罗门。

淯州，久视元年置，领县二，户一十五：新定、固城。

高州，领县三，户二十一：裥巴、移甫、徙西。按长宁、涓州，俱长宁地。高州，今之高县也。

晏州，仪凤三年，开生獠置。天宝元年，改为罗阳郡。乾元元年，复为晏州，领县七，户七十七：思峨、裥阴、新宾、抚来、哆岗、罗阳、思晏。按兴文县有晏峰，即思晏县也，七县今为砦矣。

定州，领县二，户一十六：支江、抚德；按筠连有定川溪，旧州治在溪南。

萨州，仪凤二年，招生獠置；天宝元年，改为黄池郡；乾元元年，复为萨州，领县三：枝江、黄池，按《珙县图》有古萨川，即上下罗计。

纳州，仪凤二年，开山洞置；天宝元年，改为都宁郡；乾元元年，复为纳州，领县七，户百六十八：罗围、播罗、施阳、罗当、罗蓝、都宁、罗掌，边徼溪洞，输纳半税，按珙县有都宁驿，与建武相近。

奉州，仪凤二年置，领县三，户三十九：峒里、峒巴、蓬罗；按《宋史》，奉州，乃泸州部西南边夷。

思峨州，天授元年置，领县二，户三十七：多溪、洛溪；按泸州宪纲有思峨洞，已上供输淯井盐紫竹也。

蓝州，仪凤二年置，领县一：胡茂。

顺州，载初二年置，领县四，户五十九：曲水、顺山、灵岩、来猿；以上输纳半税。

能州，大定元年置，领县二：曲水、甘泉。

浙州，仪凤二年置，领县四：浙源、越宾、洛川、鳞山；以上连接黔府生蛮，承前不输税。右十三州，唐时隶泸州。

建武千户所

春秋僰侯故地，汉为西南夷部，叛服不常，诸葛武侯征抚之，置铜鼓、埋镇诸山，稽就帖然。唐仪凤间，开拓夷徼，于本部置晏州罗阳郡，领七县。宋熙宁间，晏州仪夷献地，隶泸州郡。政和间，夷卜笼谋叛，据五斗坝，复据九丝天险，号九丝山都掌。元至正间，本部归附，升为戎州，统辖水都四乡、山都六乡。本朝改州为县，隶叙州府。水都则阳顺阴逆，山都则獗猖日甚，先后凡十有二征，俱弗克。万历元年，剿平之。用兵九阅月，事告成。始改戎县为兴文，水都震惧，悉归编户。于山都六乡适中处建武宁城，拓地五百余里，东至永宁宣抚太平长官司八十里，西至珙县百五十里，南至镇雄府安静长官司八十里，北至叙附长定县百五十里。设镇守总兵、安边同知、坐营守备及建武守御千户所。环四山而翠连云、贵，襟三水而清派叙、泸。招集流移，建学育才，夷风丕变矣。万历丙申、丁酉间，虏酋火落赤率其部入寇松潘，乃移总戎之西，改设游击于建武，建武兵亦移入松，而所存无几焉。

武宁蛮好着芒心接离，名曰"苧绥"，尝以稻记年月。葬时，以笄向天，谓之刺北斗。相传盘瓠初死，置于树，以笄刺之，下其后为象临。《本志》云，平蛮城，即九丝城，壁立万仞，周围三十余里，上有九岗四水，极广，可以播种，仅通一径鸟道，真天险也。去镇一十五里为左榜山，今立头腰尾三堡墩矣。

大坝总管府，元至元十三年，蛮夷宣抚使昝顺遣官招谕戎州酋长得兰纽、得贡卧，率敛蛮民归附。十七年，朝见，遂设大坝总管府得兰纽授都总管、得贡卧充同知，其罗星长官以黎州同知李奇为之。上罗计夷酋得赖阿当，以至元十三年归顺，授上罗计蛮夷千户。下罗计夷酋得颜个，以至元十三年归顺，授下罗计蛮夷千户。

马湖府

《寰宇记》，戎州都督更有羁縻州五。按即今之马湖属也。其在唐，或隶戎州，或隶石门路。驯州，在戎州，西北七百三十三里，管县五：驯禄、天池、方陀、罗藏、播骋。骋州，在西一千三十三里，领县二：斛木、罗相。浪州，在西一千三百四十三里。贞元十三年五月十七日，西川节度使韦皋奏置，管县五，名缺。右三州，在马湖江。滈州，在南九百一十二里，管县三：拱平、扫空、罗空。洄违州，在南九百三里，管县三：洄连、罗名、新戍。右二州。在石门路。《土夷考》云，马湖，即牂牁地也，旧有驯、浪、骋、滈、垌、违五州属焉。高州，在府东南百里外，属叙州府，犹有故址可寻。而驯、浪、骋之在西南者，计三千里外，与建昌邛部相连，漫无所考。垌、违州亦府西界。总之，昔为羁縻而已。国初安济归附，授土知府，五传至安鳌，四叛，改流官为。弘治九年，详《靖边录》中，仍以泥溪、沐川、平夷、变夷四长官司隶之。泥溪、平夷，皆王姓；蛮夷，文姓；沐川，悦姓也。环而星列于外。万历十七年，始设屏山县，附郭焉。东界叙府百一十里，西界建昌千二百里，南界乌蒙百四十里，北界犍为二百里。

《水经注》曰，鳖县，故犍为郡治也，县有犍山。晋建兴元年，置平夷郡。有鳖水，出鳖邑西不狼山东，与温水合。温水，一曰鳖水，出犍为符县，而南入鳖水。鳖亦出符县南，与温水会。阚骃谓之阚水，俱南入鳖邑。鳖水于其县而东注于延水，延水又与汉水合，出犍为汉阳道，王莽之新通也。按鳖县半属平夷地矣。

《土夷考》云，泥溪傍府而居，其东西北三面连接乌蒙，与猡回杂处，所受田赋与华民一体。奉征调，可得夷兵三百人，受宁戎巡检司约束。

平夷地土最狭，错于泥溪、蛮夷之中，相去各四十里，东去泥溪三十里，有书楼峰，我朝薛文清公瑄父为平夷司吏目，随任读书于此。

蛮夷司民少夷多，故以名司。其夷种有四山、龙源、青冈、黄郎、磨坡等处，与建昌、乌蒙、沙骂接连。有兵征调，可得夷兵千。设有桧溪、烟溪三堡及龙源巡检司防守。去司治二十里有水海，旧有龙生于水中，马湖得名本此。

沐川司东界宜宾，北界犍为，南界泥、平、蛮三司，西抵建昌、越嶲邛部，新设安边厅守备司，皆其辖内，地故最广，田土亦饶，而民狡好讼。离府可三百里，过此自西迄北，大凉山以外，尽皆夷地，文法所不能尽拘耳。

安边厅在新乡镇，即赖因乡也。东接犍为，南接本府，各二百里，西接建昌千三百里，北接大凉山五百里。十六年，马湖改流，于此建城垣，设安边同知一员，驻扎其间。又于烟草峰设守备司，以资弹压。北有水池，为后营；南有大河坝，为前营；中有两河，为中营。三营官兵，约千四百四十余人，以成犄角之势。盖于诸夷所出没处，扼其吭而守之也。其水池一带，则界老莺山；大河坝一带，则界大凉山；雷坡、黄郎等处，则界分水岭。庶几西陲一雄镇云。

泸州卫

洪武初，调陕西长安卫军征云南回，使驻守泸州。成化初，以都掌之乱，迁于宋江渡。按在州南百里，城周三百丈。去卫南一舍有洞归堡，两舍有定远堡，三舍有太平堡；东南百里有水峡堡；北五十里有江门堡，百三十里有太州堡；西北百六十里有三层堡，又二十里有渠坝堡。其地东连罗罗羿子，北抵九支挫州，西通长戎、九姓、马湖、建昌，南接东川、芒部、乌蒙、乌撒，盖西南夷要害之防也。《本志》，东抵永宁卫，西至九姓长官司，各十里，南至太平长官司五十里，北至纳溪县界四十里，辖左右中前四千户所。

乌蒙军民府

古为窦地甸。汉为牂牁郡地。唐时乌蛮仲牟由之裔曰阿统者，始迁于此地甸。至十一世孙乌蒙始强，号乌蒙部。宋时封阿杓为乌蒙王。元初归附。至元间，置乌蒙路隶乌撒乌蒙等处宣慰司。其时李京景山为宣慰副使，兼管军万户即著《云南志略》者。元末，彼土有阿普者，仕为总管。洪武初，招集邻酋效顺，于是改宣慰司为军民府，以阿普为土知府，设流官通判、经历、照磨各一员，隶四川布政司，属川南道，编户一里而已。其人有罗罗、夷人、土獠三种，错杂而居。男子年十四五，则击去左右两齿，乃娶。出入佩刀，相见以去帽为礼，架木为棚以居。东西广五百一十五里，南北袤七百六十里，东至乌撒府界二十五里，西至建昌卫界四百九十里，南至东川府界百三十里，北至叙州府界六百三十里，至成都千三百里。

《志》云，铁炉山在治东三里，以形似名。凉山在西百里，高广千寻，绝顶平旷，蛮人避暑之地也。雪山有积雪，春夏方消，在府西百三十里。其西南有撒由河，源出净山；北流与龙洞河合。龙洞河在司东北一舍，源出石洞中，以为洞者有龙。金沙江在西南二百里外，源出吐蕃，流入府界，与马湖江合。

《志》又云，夷语以“五”为“我”，以“横”为“未”，东二十里即我未山，有五峰横列，故名。以“平坦”为“朴窝”，东南一舍有朴窝，盖四望平坦也；以相对为博特，东南十五里有博特山，以与府山相对也。以“陡峻”为“撒途”，东北八十里一山峻绝，故曰撒途山。

东川军民府

古东川甸，乌蛮仲牟由之裔骂弹得之，改曰那札那夷，属南诏，蒙世隆置东川郡。后乌蛮闷畔强盛，自号畔部。元初置万户府，至元中，改为闷畔部军官，后改为东川府，隶乌撒、乌蒙等处宣慰司。洪武初，仲牟由之裔禄氏设姑归附，乃授为东川土知府，隶云南布政司。十六年，改为东川军民府，添流官通判、经历、照磨各一员，立营长六头目九，管摄其间，隶四川布政司，属川南道，编户一里。

《元志》云，东川有乌蛮、白蛮、僰人、罗罗四种。乌蛮富而强，白蛮贫而弱，居多版屋，俗尚战争，类土蕃之风。僰、罗通诏之夷人，而罗即爨也，性劲而悍，摘须束发于顶，覆以白布尖巾，衣以毡，履以革。僰人椎髻披毡，戴毡笠，用毡裹其胫，蹑皮履，以贸易为业。

东西广四百二十里，南北袤三百七十里，东至乌撒界百二十里，西至会川界三百里，南至云南寻甸府界二百二十里，北至乌蒙界百五十里，至成都千四十里。《志》云，府治在万额山下，山形上阔下锐如猪，治内有大石如牛卧，叩之有声，夷人以为石鼓也。治南有白婆山，山顶有四时泉，西五十里纳雄山，夜静时闻人声，以为神也，岁五谷熟，必于此告成焉。

东川大王祠，蒙氏所建，绛云弄山之神也。山高峻可百里，上有十二峰，下临金沙江，在府西南二百里，一名乌龙山。

金沙江，一名纳夷，又名黑水，源出云南武定府，下流入济虑郡，夷人凿木为槽，以渡此水。牛栏江在治东南三舍，源出寻甸军民府，下流合金沙江，江阔水急，夷人用藤索横江，贯以木筒，过者缚身筒上，游索以济。

《土夷考》云，嘉靖中，土官禄信长子天恩死，天恩妻阿福自掌府事。李子天宠以弟当继袭，有妻设豸，与目把私通，弑天宠，而与阿福争印，妯娌自相攻杀，颇称多事焉。盖府虽隶于蜀川，而城郭衙舍设在滇黔之中，道路险巇，兵马素强，以是为桀骜云。

乌撒军民府

旧名巴凡兀姑，后名的巴甸。唐时乌蛮之裔孙曰乌些者居此，至阿蒙始得巴的甸。其东西又有芒部、阿晟二部，皆他酋所据。宋时乌些之后曰折怒者，始并其地，号乌撒部。元至元中，始内附，置乌撒路招讨司，寻改为军民总管府，又改军民宣抚司，后改乌撒乌蒙等处宣慰司。元末，四川分省右丞那者以其地来归，于是改乌撒军民府，以那者知府事，隶云南布政司。十六年，改隶四川，设官与乌蒙东川同，今土官安氏，其裔也。

《经略志》云，乌撒府编户二里耳，而富盛甲于诸夷；积累日深，有可虑者。其产有刺竹及猿，山崖险扼，襟带二湖，羊肠小径，十倍蜀道也。

《图经》云，乌撒之地，东西广四百四十时里，南北袤三百五里，东至播州宣慰司界二百五十里，西至乌蒙府界百九十里，南至云南沾益州界九十五里，北至芒部府界二百一十里，至成都千二百五十里。

《志》云，七星关在府东南百七十里。又云，东门之外名驼关，有石如橐驼，立关下。又云，有老鸦关、善欲关，俱在府东三百里，贵州毕节卫人戍之。

《志》又云，东南三里有大隐山，东北百四十里有乌门山，两崖相对如门然，东二百里有翠屏山。

又云，东南百七十里有石洞，洞容百余人，穷处又得石窦，游者以炬入，不知远近而出。

盘江在治西百五十里，流入叙州，养马川在治东百四十里，夷人牧马之处，一名墅马川。治西一舍有七渡河，南三舍有可渡河；西南百十里有九十九渡水。

镇雄军民府

《通志》云，古为屈流大雄甸，昔乌蛮之裔阿统与其子芒布居此地，其后昌盛，因祖名，号芒布部。宋置西南番部都大巡检司，元至元中，置芒布路，隶乌撒乌蒙宣慰司。

本朝改为芒部府，初隶云南。洪武中，升为芒部军民府，隶四川布政司，属川南道。

弘治间，土官陇慰先娶水西女冲中，生子曰庆与寿。继娶乌撒女冲叔，生奸子、陇政。既而双仇杀，水西则为陇寿之助，乌撒则为陇政之党。嘉靖三年慰死，嫡子寿继职，庶子政谋寿，杀之。都御史王轨奏调官兵，擒政及其嫂支禄，系狱死。奏改流镇雄府，设经历、照磨、教授各一人，立怀德长官司于却佐、威信长官司于母响、归化长官司于夷良、安静长官司于落角，以重庆府通判程洸为试知府。明年，洸方募民占种夷田，于是水西乘机勾引陇寿之党沙保为乱。沙保者，故水西媵奴也。与寿部下阿得狮子吼等破府城，逐洸，劫其印。川贵会奏，动三省官兵剿之，沙保诈称已死，主者弗察，误以捷闻，各升赏有差。七年，沙保等复聚寇掠。奏闻，会议土官土舍，或争袭，或仇杀，兴师问罪。甫定之后，建议者即欲改设流官。及流官再设，而土夷随叛，杀人夺地，比昔尤甚。盖作恶者不过一二人，今乃以一二人之恶，而遂致改易一府一州，拂其本心，违其约信，所谓犯众怒也。是以屡剿屡乱而兵军卒无宁日，合无先有土官恶逆被显戮者通拘所部头目，令其自保应立力足以制服夷众之人，或土官之子孙弟侄族人，俱为众所推服者。于是议以陇胜为知府，为聘永宁宣抚奢爵女奢氏为妻，更名陇安，授女官知府。安擒献沙保，地方颇宁。安死，子陇清袭。清生子来凤，早卒。次子来龙尚幼，生母奢氏更名陇高，护印抚子；而陇清妻者氏与之争目把，各私所好，仇杀二年。委官勘处。令二妇同掌，兵戈始息。及后者氏耄，而来龙妻禄氏再赘水西，安尧臣盘据其地，印为携去，陇不绝如线。万历戊申年，以永宁之役，尧臣发兵助恶，始驱之去。而蜀中欲立阿克，黔中欲立普德，相持良久。者氏恐一旦填沟壑，乃两废之，差官会勘，以夷汉目把所共愿立者为主。于是始易阿破为土知府，而尧臣不敢复垂涎矣。

《图经》云，芒布部广袤二百七十里，东南俱抵乌撒。不及三十年，以阿赫关为界，西至乌蒙界二百四十里，北至珙县二百二十里，以乐安山为界，至成都可千里。司北百八十里勿食料溪，源出乐安山也。司南二十里外苴斗河，源出六丈箐，经七星关，其山川险阨，地势崎岖，左峙绰忸，右绕硌砌。其风俗劲而愚，朴而野。男业耕稼，妇绝粉黛，崇信巫鬼。其土产有石瓜树，生蓏坚如石，能已心痛。《志》云，芒部司西南有鼠街，其俗夷人每遇子日，则交易于此。

又云，夷语以首为乌，以立为通，司北五里乌通山，如人翘首而立，故名。以清气为绰忸，司东二十里绰忸，山有爽气也。

以松为托，以沙石为诺，司西南二百里外托诺河，岸侧多松柏沙石，故名。又有硌砌雄山，见《通释》。

永宁宣抚司

《通志》云，晋置永宁县，属云南郡；宋及周隋因之；唐改置蔺州，属益州；宋初，州废，为江安、合江二县之境，后设永宁路，迁至马口崖渔漕溪侧。元因之，领筠连州、腾川县，隶四川行省，寻改军民宣抚司。明玉珍改设永宁镇边都元帅府，仍设宣抚司。国朝洪武中，宣抚使禄照归附，改为永宁长官司，割筠连属叙州。后仍升宣抚司，属川南道，司治旧在马口崖，即宋乾德所改也，开熙间，迁于界首。国初土官禄照因蛮夷千户所旧址迁焉。环城皆山，叠翠如屏，红崖镇北，渔溪横南，亦山水之汇也。

《唐书》，天宝载，伐南诏，由西路进，起泸州，沂永宁，走赤水，连曲靖。曲靖，古味县也，设邮传自元始。《志》云，普市驿在司东五十里，摩尼驿在南九十里，又五十里为赤水驿，又四十里为阿永驿。赤水有卫，普市摩尼有千户所，皆属黔。

《土夷考》云，卫西至纳溪县，南至镇雄府，各四百里，北至合江县百六十里，东至播州界二百五十里。职官宣抚仍旧，加设土官同知一人，流官经历、教授、税课局、递运所大使各一人并九姓、太平二长官司，编户七里。其风俗，刻木为信，巢居箐寨，不事商贾，惟务农业。垂髻跣足，悬带弓弩。《巴蜀耆旧志》云，永宁，即古宁州，极西南有闽濮、鸠獠、僄越、裸濮、身毒之民。土地沃腴，黄金、光珠、琥珀、翡翠、孔雀、犀象、蚕桑、绵绢、彩帛、文绣。又有貊兽食铁，猩猩能言，其血可以染朱罽。有大竹，名濮竹，节相去一丈，受一斛许。

《志》云，赤水河源出芒部水脑涧，流经司东南，绕赤水卫。卫东二十里有雪山，穷冬积雪，夏至方消。

沽溪在司南半舍，源出蛮界，流入渔漕溪，溪在九姓司东马口崖下。

司北有海漫山，延袤八十余里，起伏不绝，如海之汗漫，故名。西北两舍，有高瀑自山顶飞来，如匹练也。西南一山，圆莹如珠，曰西珠山，有仙婆墓，在西山乌降山下铜鼓溪崖，相传有女子名满者，有道行，及笄不字，能前知吉凶，卒葬于此。

九姓长官司

唐宋以前俱蛮地，元立夷民罗党九人为总把，至元初，称为九姓罗氏党蛮夷长官千户，国初改九姓长官司，编户五里。

初，宣抚奢效忠名其妻曰世统，妾曰世续，而无子，取亲枝崇礼者抚之。万历十九年，世续鸠崇礼，据印自官，又养水西安强臣妻弟阿利为子。世统争之，兵连祸结，且二十余年。后以崇礼之弟崇明嗣其官，追印畀之，而印实为安尧臣携之镇雄矣。三十五年，都司佥书张神武质世续于庭，而印不可得，遂拘系之。恶目阎宗传等请兵水西，来袭永宁，城中有备，不得志，而移祸于摩尼普布二所，焚劫殆尽。摩普乃属黔省，怨蜀甚，而大中丞乔公恶尧臣之党恶也，动大兵以驱之（详见镇雄下），蔺局亦从此结矣。

上川东

遵义道开府夜郎，与总戎同城而居。近以建南有事，大将军移镇，以游击一员代，其他材官将领各有差。岁抽通省民兵五千名，敛其食饷而已。说者谓荡平既久，当以播供播，勿烦内地为也。然盈庭不决，则任事之难耳。

《汉书》，南夷君长以十数，夜郎最大，在蜀徼外，其国临牂牁江，江广数里，出番禺城下。按战国时，楚顷襄王将庄蹻从沅水伐夜郎君，至且兰，逐船于岸而步战。既灭夜郎国，因留王滇池，以且兰有逐船牂牁处，乃改其名为牂牁。牂牁，系船筏也。武帝时，使唐蒙通夜郎国，于是以夜郎旁小邑立犍为郡，戍转相饷。数岁，士罢饿离暑湿，死者甚众。西南夷人数反，发兵兴击，耗费无功。帝患之，使公孙弘往视，问焉。还，言其不便，乃且罢，独置南夷两县一都尉。元狩元年，张骞言使大夏时，见蜀布、邛竹杖，问所从来，曰从东南身毒国，可数千里，得蜀贾人市。或闻邛西可二千里，有身毒国。于是乃令王然于、柏使始昌等间出西南夷，往身毒国，至滇，道皆为昆明所闭，莫能通身毒。及南越反，上使发南夷兵。且阑君小邑，乃与其众反，汉发巴蜀校尉击破之，遂平南夷为牂牁郡。夜郎侯始倚南越，南越灭，恐惧，遂入朝，封为夜郎王。昭帝始元元年，牂牁、谈指、同并等二十四邑，凡三万余人，皆反，遣水衡都尉发蜀郡犍为兵击牂牁，大破之。后始缯叶榆人复反，钩町侯亡波率其人击之，有功，汉立亡波为钩町王。至成帝和平中，夜郎王兴、钩町王禹、漏卧侯俞，更举兵相攻，牂牁太守请发兵诛兴等。汉以道远不可击，遣太中大夫张匡持节和解，并不从。杜钦说王凤曰："匡使和解蛮夷，王侯不从，不惮国威，其效可见。恐议者选软，复守和解。太守察动静有变，乃以闻。如此，则复旷一时，王侯得收猎其众，申固其谋，党助众多，各不胜忿，必相殄灭。自知罪成，狂犯守尉，远藏湿暑毒草之地，虽有孙吴将、贲育士，若入水火，往必焦没，智勇亡所设施。屯田守之，费不可胜量。宜因其罪恶未成，不疑国家加诛，阴敕旁郡守尉练士马，大司农先积调，各积要害处，选任职太守往，以秋凉时入，诛其王侯尤不轨者，即以为不毛之地，亡用之人，信不劳中国，宜罢郡，放弃其人，绝其王侯勿复通。如以先帝所立，累世之功，不可隳坏，亦因宜其萌芽，早断绝之。及以成形，然后兴师，则万姓被害矣。"凤于是荐陈立为牂牁太守，至牂牁，乃从吏数十人出行县，召兴，兴将数千人往，立数责，因断兴头，出晓其众，皆释兵降。兴子邪务收余兵，迫胁南二十二邑反，并又击平之。

《华阳国志》，元鼎二年，开牂牁郡，属县十七，户六万。及晋，属县四，户五千而已。公孙述时，三蜀大姓龙、傅、尹、董氏与牂牁功曹谢暹保郡，闻世祖在河北，使使由番禺江出朝贡，世祖嘉之，号为义郎。按遵义之名始此。《方舆》云，遵义军俗以射猎伐山为业，信巫鬼，重谣祝，好诅盟，外痴内黠，安土重旧。凡交易，刻木为书契，结绳以为数；其桀黠能言议屈服种人者，谓之耆老。其婚姻以铜器、毡刀、弩矢为礼，其燕乐以铜锣、鼓、横笛歌舞为乐。其所居无城池之固，架木为阁，联竹为壁，开窗出箭，以备不虞，出入佩刀弩自卫。至与华人交易，略无侵犯，有礼义之风。凡宾客聚会，酋长乃以汉为贵。其民端庞淳固，以耕殖为业，天资忠顺，悉慕华风矣。

《寰宇记》云，西南诸夷，汉牂牁郡地，唐置费、珍、庄、琰、播、郎、牂、夷等州，按播州之名始此。其地北距充州百五十里，东距辰州二千四百里，南距交州千五百里，西距昆明九百里。无城郭，散居村落。土热多霖雨，稻粟皆再熟，无徭役。隋大业末，首领谢龙羽据其地，胜兵数万人。《四夷述》云，牂牁蛮姓谢氏，旧臣中国，世为本土牧守。隋末，大乱遂绝。唐武德二年，其酋领谢龙羽遣使朝贺，授牂州刺史，封夜郎公，胜兵战士数万。于是列其地为牂州，属黔中羁縻，后为正郡。

《寰宇记》云，牂州辖三县：曰建安，即州理；曰宾化；曰新兴，其地与播州同。《唐书》，武德二年，立充州，因是置播、牂、等部。梁氏《十道志》云，开元初，犹有此郡、后之郡国记录，乃无此名。《寰宇》又云，充州牂牁都尉居之，县有梓潼、底水、思土、思渝。《历代史》云，充州在牂州北百十里，开元二十五年，其酋赵君道来朝。王建僭伪，不通中国。首领五姓，龙、方、张、石、罗，而龙氏最大。后唐天成二年，牂牁清州刺史宋朝化等来朝。其后孟知祥据西川，复不通。乾德三年，平孟昶。五年，知西南夷南宁州蕃落使龙彦瑫等遂来贡，诏授彦瑫归德将军南宁州刺史，蕃落使。开宝四年，彦瑫卒，子汉瑭嗣，诏袭父职。太平兴国五年，夷王龙琼琚遣子并诸州蛮七百四十四人以方物名马来贡。雍熙二年，夷王龙汉璿自称权南宁州事兼番落使，遣牂牁诸州酋长来献方物名马，并上蜀孟氏所给符印，授汉璿归德将军、南宁州刺史。其后夷王龙汉、龙汉墝相继遣使贡方物，授汉墝宁远大将军，封化王。景德四年，西南蛮罗瓮井都指挥使颜士龙等来贡。士龙种落遐阻，未尝来朝，今始至，诏馆饩赐予如高溪。

《播州志》云，唐末，南诏陷播州，太原人杨端应募复之，遂有其地。四传至杨昭，无子，维时宋益州刺史杨延昭之子克使广西，与昭通谱，以其子贵迁后之。从狄青南征杨文广，即延昭之孙也。在播州者，传至粲而益大，鉴乃其裔云。

《四夷还》云，东谢蛮渠帅，姓谢氏；南蛮别种，在黔州之西数百里，地方千里，有酋长，即谢元深也。其一族不能女，自云高姓，不可下嫁。唐贞观三年，元深入朝，冠乌熊皮冠，若今之旄头，以金络额，披毛帔，韦皮行縢而著履。时中书侍郎颜师古奏言："昔周武王天下太平，远国归款，太史乃集其事为《王会》篇。今万国来朝，至如此辈章服，实可图写，今请撰王会图。"诏从之。开其地为应州，隶黔州都督府。南谢首领谢疆与西谢蛮邻接，与元深俱来朝，拜为南寿州刺史，后改为庄州是也。其地宜五谷，无文字，刻木为契。散则山谷倚树为巢，居无赋税之事，皆自为生业，刀剑不离其身。男女椎髻，以绯束之，后垂向下，冠熊皮，披猛兽革。南接守宫獠，西连夷子，北至白蛮。按南寿州，即分牂牁所者。或云，楚威王时有庄蹻，将甲士二万人入牂牁，故取“庄”为州名。开元《十道记》有此郡额，后之志录并废。元领县八，皆贞观以来相次建置，永徽以后并省，其名曰：石牛、南阳、轻水、多乐、乐安、石城、新安、宾化。

《四夷述》又云，西赵蛮在东谢之南，并南蛮别种，其界山洞深阻，莫知里数，南北十八日行，东西二十三日行。赵氏代为酋长，有万余户，自古不臣中国。唐贞观三年，遣使入朝。至二十一年，于此置明州，其地东至夷子，西至昆明，南至西洱河，土俗与东谢同。《唐史》，贞元十三年，西南蕃大首领、正议大夫、检校蛮州长史、继袭蛮州刺史、资阳郡开国公宋鼎，左右大首领、朝散大夫、前检校邛州刺史谢汕，右大首领、继袭摄蛮州巴江县令宋万，传界首子弟大首领、朝散大夫、牂牁录事参军谢文经。黔中经界招讨观察使王础奏：“前件刺史，建中三年，一度来朝贺。贡方物，自后不令随例入朝。今年恳诉，称与牂牁同被声教，独此排摈，自惭耻，谨随牂牁等朝贺。伏乞特赐优谕，兼同牂牁刺史等授官。其牂牁蛮两州户口殷盛，人力强大，邻侧诸番，悉皆敬惮。请比二州，每三年一度朝贺，仍依牂牁例，轮还差定，以才干位望为众所推者充之。”敕旨：“宋鼎已改官讫，余并依奏。”

《寰宇记》曰，唐时黔州都督府，管播州下五十三州曰：南宁州，本清溪镇，唐末置，在黔州西南二十九日行，从南宁州至罗殿王部落，八日行，与云南接界，曰充州，曰琰州，曰犍州，曰庄州，曰明州，曰牂州，曰矩州，曰清州，凡九州，每年朝贡：曰牁州，袭州、峨州、蛮州、邦州、鹤州、劳州、羲州、福州、鼓州、儒州、鸾州、令州、郝州、普宁州、总州、船州、勋州、功州、敦州、候州、晃州、茂龙州、整州、悬州、乐善州、契州、添州、延州、双城州、训州、卿州、抚水州、思源州、逸州、殷州、南平州、卢州、姜州、稜州、鸿州、和武州、晖州、亮州，凡四十四州，洞内羁縻而已。

《土夷考》云，东至偏桥卫，南至养龙坑楚黔二省界，四至泸州合江县，北至重庆綦江县，俱川省界，此今之播州也。明兴，杨鉴率众归附，以其地为播州宣慰司，授鉴宣慰使，领播州，余庆、白泥、容山、真州、重安六长官司，草塘、黄平、瓮水三安抚司。自鉴至相，十世矣。嘉靖十七年，杨相父子争职，议勘，相不敢入播，客死水西。万历元年，杨应龙袭职，即相之子也。世有逆德，应龙淫杀无忌。初，黄平、草塘、白泥、余庆、重安五司，凡承袭表笺须宣慰司印文，乃达，往往索贿无厌，此衅端所由起。又其地有七姓之民，应龙寄以腹心，七姓人藉龙为奇货，縻费金钱累巨万。久之，龙觉其欺，乃稍稍收其权，遂交仇怨，七姓叩阍鸣冤，且反噬龙矣。应龙娶妻张氏，失宠，其族弟瑞龙聘田氏，应龙强委禽焉。万历十五年，田氏生子，方弥月，与应龙在室共语，族弟继龙偶入户，遁去，应龙见而立斩之。田氏曰："妾非张，何例视我？"应龙怒曰："我不杀此奴，今效尤耶？"乃立杀张首，并剐张之母等。张阖族奏应龙杀妻并妻母兄弟等命，下川贵勘处，应龙初亦抗拒不出，已闻议抚，乃俯首出听勘。勘龙革任，罚赎金四万，免死。会朝鲜告急，应龙计以征倭赎前愆，朝廷可其奏，遂得解网，然疑畏日甚，进退维谷。二十三年应龙子以赎金未完，死渝州狱中。应龙亲率蛮兵驱僧千余至，发丧。二十六年，托献大木，所过无不残灭。朝议应龙虽经勘问，皆务姑息，非镇摄蛮夷之策。于是天子赫然震怒，命将兴师，大集三省之兵，猛将谋臣星聚云合，而又特遣总制侍郎邢玠以临之贵州，支可大抚湖广，江铎抚偏桥，李化龙总督川、贵、湖、广之师，会军重庆府。二十七年正月，进兵。六月初六日，破海龙囤。二十一日，俘入重庆，死于途。事平，剖播为二，四川遵义府属三县一州，贵州平越府属四县一州，改流设官，详《平播全书》中。

《土夷考》又云，播州长官司治附郭，长官王姓，其地左抵永安驿，右抵海龙囤，间杂杨氏腹里。播事讧，长官王积禄甘为应龙死党，亦其势不得不尔。今多属遵义县，夷汉民各半。

余庆长官司在司南百六十里，元至正间，毛岊从宣慰杨加祯征蛮有功，授校尉本部长官，后改为余庆州，俾毛氏世为土知州，本朝仍为长官司。其地接连播州七牌苗巢，左抵湄潭，右抵瓮水，上达乌江，下至岑黄，于播最近。杨氏不靖，毛匪宁宇焉。荡平后，改余应县，属贵州平越府。

白泥长官司在司东南三百里，宋景定中，杨万从征八播蛮，有功，授白泥长官。元改为白泥州。本朝复改长官司。其地上抵草塘，下抵偏桥，镇远带其左，黄平列其右，土田阔饶，士马强健，实甲诸司，与杨氏不睦，七姓之一也。

容山长官司在司东三百二十里，长官张姓，其地界湖贵间，于八司中独为外服，溪山荒旷，土田卤瘠，中国商贩不到。其人以射猎为生，以劫杀为业。自嘉靖间，为臻洞苗所残破，数十年来，民夷桀骜，土田荒芜，长官不能治也。旧有湄潭驿，荡平后，改湄潭县，属贵州平越府。

真州长官司今改真安州，详见名胜。

重安长官司在司东南四百里，宋元黄平府地。国初头目张佛保招抚苗蛮，有功，授正长官。冯铎从宣抚杨鉴征麻哈，有功，授副长官。多生苗，去播最远，原属黄平，故知有黄平，不知有播。《图经》，其地东至宣化司界，北至杨义司界，各二十里。南至凯里司界十里。西至清平县界五里。

草塘安抚司在司东二百二十里，介瓮水黄平之间，其地环江，土饶裕，颇有华风。宋咸淳间，有云南贵者，商贾入滇，因边警，投杨宣慰邦宪为头目。元世祖时，云贵孙帮佐有战功，授都匀军民府知府，始有草塘地。国初，宋显威从杨鉴归附，改授安抚。其地东至黄平司椒溪、暖水界，西至高平、瓮水二司界，南至平越卫界，北至播州杨梅、浪子界。

黄平安抚司在司东南三百里，旧为黄平府，实杨镇子孙世守之。元世祖时，黄平蛮叛，杨宣慰汉英讨平，其将罗季明功多，遂以土授罗氏，改隶播州。洪武初，罗镛从杨鉴归附，授黄平安抚。其地广饶险固，有城垣足据，扼云贵之门户，为诸司之襟带，盖西南一要境。旧设通判一员，总辖诸司，又设千户所驻扎司城，听通判调用。城中夷汉杂处，昔杨酋不道，首与为难者也。其地东至湖广偏桥卫五十里，西至贵州平越卫，南至清平卫，各三十里，北至白泥司界百五十里。荡平，改黄平州。

瓮水安抚司在司东一百二十里，宋绍兴间开设，长官犹姓，景定中，进士犹道明，播人，盖其族也。洪武初，犹恭归附，授安抚，密迩于播，亦与杨酋交恶。其地东至播四牌界二十里，西至黄滩关十五里，南至水西界二十里，北至麻子水界二十里。荡平，改瓮安县，属平越府。

南平 平茶 邑梅 酉阳

《史记》，高帝为汉王，发夷人还伐三秦。秦地既定，乃遣还巴中，复其渠帅罗、朴、昝、鄂、度、夕、龚七姓，不输租税，余户乃岁入钱，口四十。《宋史》，渝州蛮者，古板盾七姓蛮，唐之南平獠也。其地西南接乌蛮、昆明哥蛮、大小播州，部族数十居之。治平中，熟夷李光吉、梁秀等三族据其地，各有众数千家，间以威势胁诱汉户，有不从者屠之，没入土田，往往投充客户，谓之纳身，税赋皆里胥代偿。藏匿亡命，数以其徒伪为生獠，劫掠边民，官军追捕，辄遁去，习以为常。密赂黠民，觇守令动静。稍筑城堡，缮器甲，远近患之。熙宁三年，转运使孙固、判官张诜使兵马使冯仪、弁简、杜安行图之，以祸福开谕，因进兵复宾化砦，平荡三族，以其地赋民，凡得租三万五千石、丝绵一万六千两。以宾化砦为隆化县，隶涪州，建荣懿、扶欢两砦。其外铜佛坝者，隶渝州南川县。地皆膏腴，自光吉等平他部族据有之。朝廷因补其土人王才进充巡检，委之控扼。才进死，部族无所统，数出盗边。朝廷命熊本讨平之，建为南平军，以渝州、南川、涪州、隆化隶焉。

《渝州志》云，黔涪徼外有西南夷部，汉牂牁郡，唐南宁州，牂牁、昆明、东谢、西赵、充州诸蛮，相为联属。宋初以来，有龙蕃、方蕃、张蕃、石蕃、罗蕃者，号五姓蕃，皆常奉职贡受爵命。治平四年十二月，知静蛮军、蕃落使、守天圣太王龙异阁等入见，诏以异阁为武宁将军，其属二百四十一人名授将军及郎将。熙宁元年，有方异琉，三年，有张汉兴，各以方物来献。授异琉静蛮军、汉兴捍蛮军，并节度使。六年，龙蕃、罗蕃、方蕃、石蕃八百九十人入觐，贡丹砂、毡马，赐袍带、钱帛有差。其后比岁继来，龙蕃众至四百人，往返万里。神宗悯其勤，诏五姓蕃五岁听一贡，人有定数，无辄增。及别立首领，以息公私之扰，命宋敏求编次《诸国贡奉录》、客省四方馆撰仪，皆著为式。元丰中，张蕃乞添贡奉人至三百，诏不许。故事以七十人为额，不许。七年，西南程蕃乞贡方物，愿依五姓蕃例注籍，从之。元祐二年，西南石蕃石以定等赍表，自称"西平州武圣军"。礼部言，元丰著令，以五年一贡为限，今年限未及。诏特令入贡。五年，八年，绍圣四年，龙蕃皆贡方物。龙代于诸姓为最大，其贡奉尤频数，使者但衣布袍，至假伶人之衣入见，盖实贫陋，所冀者恩赏而已。元符二年，又有牟为蕃入贡，诏以进奉人韦公忧、忧市、公利等为郎将。诸蕃部族数十，独五姓最著，程氏、韦氏北附五姓，号"西南七蕃"云。

酉阳宣抚司

隋《图经集语》云，黔中是武陵郡酉阳地。按汉酉阳在今溪州大乡界，与黔州约相去千余里。今之三亭县西百九十余里，别有酉阳城，乃刘蜀所置，北汉之酉阳也。《贞观地志》言，刘蜀所置酉阳为汉酉阳，盖误认汉涪陵之地也。

《寰宇记》云，酉阳，古蛮夷地，春秋属楚地，秦昭王取之，隶黔中郡。汉以酉阳县地置武陵郡，寻置牂牁郡。吴分置黔阳郡。隋以县属巴东郡。唐武德初，徙县治务川。四年，招慰司冉安昌以务川当牂牁要路，须置郡以抚之，复于县理置务州，领务川、涪川、扶阳三县。至贞观元年，以废夷州之伏远、宁夷、思义、高富、明阳、丹川、六县，废思州之丹阳、城乐、感化、思土、多田五县来属。其年，省思义、明阳、丹川三县。二年，又省丹阳一县。四年，改务州为思州，以界内思邛水为名。其年，以涪川、扶阳二县。八年，又以多田、城阳二县俱割入费州，又废感化县。十年，又以高富县割人黔州。十一年，又省伏远县，但领务川、思土、宁夷三县。开元四年，又以州东立思邛县。二十五年，割宁夷县属夷州。天宝元年，改为宁夷郡。乾元元年，复为思州。黄巢之乱，酉阳蛮叛，驸马冉人才征之有功，留守其地。五代时，中国无主，冉氏遂据之。按《志》，宋政和六年，复于务川县置思州，领县三，酉阳隶焉。复升为州，知州冉守忠善于抚字，酉人怀之。元李冉氏世知本州。明玉珍僭据，以酉阳州为沿边溪洞军民宣慰司。国朝洪武初，冉如彪纳土归附，仍为酉阳州，后升为酉阳宣抚司。令冉氏子孙世袭，领石耶洞长官司。永乐中，改隶重庆府。建立学校，俾渐华习，三年入觐，十年大造，略比诸郡县。

《志》云，司西北百八十里酉阳山，入黔江县界。《郡国志》云，小酉山入龙标界，即王昌龄谪处也。《水经注》云，酉水北岸有黚阳县。许慎曰，温水南入黚，盖鳖水以下津流注之通称，故县受名焉。酉乡溪口在迁陵县故城之五十里，左合酉水，酉水又东际其故城北，又东迳酉阳故县南而东出也。两县相去，水道可四百许里，于酉阳合。《志》云，司东南九十里三江山，江源出酉阳，与二小溪会合，平茶水东注辰州大江。

其地广袤七百里，东至保靖宣抚司办；西至彭水县界；南至平茶长官司及思南沿河界，各三百里，北至大田军民千户所界四百里。当思南之要卫，接荆湘之边境，山蹊阻深，易为凭借，古号难治。人分三种：曰犵獠，曰冉家，曰南客。暖则捕猎山林，寒则散处岩穴，借贷以刻木为契，婚姻则累世为亲。编户十三里，其属有九溪十八洞蛮，惟是九江、后溪西南一带，近为镇篁苗残破，境土日削，莫克恢复，常告急于我焉。

石耶长官司，酉阳属地也。先朝自宋杨昌安者窃据其地。昌安，太原杨业之裔，宣和间，征伐有功，蛮人畏服，因世为石耶土知府。洪武初，杨金隆归附，改立长官司，设长官二员，皆杨氏世职。别设流官吏目一员，主其租税。附庸酉阳觐贡，不亲至京师。人织斑布以为衣，佩长刀而捕猎。编户二里，镇蛮洞而带五溪，连黔彭而接荆楚，东至石凯子界，西至平茶司界，南至邑梅沙子凹，北至酉阳石闲囤，与镇筸苗密迩，地势孤悬，不减于二酉也。

《志》云，石耶人呼石版为巴贯，冶南一里巴贯山，言此山多版石也。又二里有石崖，土人呼为密那崖，崖下有洞，世传有道人修行其中，每以饼饵献游者，在洞中，犹见熟面，持出洞外，则石矣。

平茶长官司

秦属黔中郡。三国属吴，为黔阳县地。隋属巴东郡。唐武德初，属思州。天宝间，属宁夷郡。五代陷于番。宋政和间，始得其地，置平茶洞。元初，改溶江、芝子、平茶等处长官司，隶思州安抚司，以其地授杨大雷为土知府。洪武间，杨抵刚归附，改授长官司，隶酉阳宣抚；后改隶渝州，觐贡赋税，大略与酉阳同。编户三里，所属有五种夷，言语侏离，性好捕猎，火炕焙谷，野麻缉布，巫祷治病，歌唱送殡，号为南客。

其地广袤一百二十里，东至石耶长官司界一十里，西至贵州乌罗长官司界一十里，南至洞仁府界一百里，北至酉阳宣抚司界五十里。以二酉为藩篱，石耶为襟带也。

《志》云，治南诸葛洞，相传武侯征九溪蛮，夜宿洞中，石床存焉。又云，侯于洞中以一握粟秣马，化为石粟，至今神之。西三十里白岁山，高耸插天，土人言此山白则有年，积雪为白也。山之水，一流入东南，名哨溪，以溪声如鸣哨；一流入西南，为满溪，以其水常溢不流。治北有高秀山，丹崖翠壁，望如画图，《土夷考》所谓“地多秀山，耸插翠云”者矣。其人骁悍善战，万历初年马湖之役，长官杨光祖之功为多。

邑梅长官司

宋末，太原杨光甫据其地。元改为拂乡，以杨氏为土知府。明玉珍僭据，改为邑梅沿边洞军民府。洪武初，杨金奉归附，立为长官司，编户五里，初隶酉阳，永乐初，改隶渝州。

其地广九十里，袤三百三十里，东至湖镇溪千户所界七十里，西至贵州乌罗长官司界二十里，南至平头著可长官司界一百里，北至酉阳宣抚司界一百三十里。其人语异蛮音，衣穿斑布，用木浪槽为臼而舂稻粱，沥苦蒿水代盐而鲊宿肉。婚姻以牛只为等，疾病以巫祝为医。竞私斗，昧公义，虽有勇敢，徒以阶乱，然不能禁草苗之蚕食也。《志》云，司西南六里寿山，林木丛茂，屹立层汉，苍烟翠霭，四时不凋。东三里黄牛山，相传土官杨四舟高殿，始自乌罗过此，见土地膏腴，宜耕稼，因喜，椎黄牛以享众，故名司。南八里有韭山，昔人遗韭于山颠，因蕃衍，生韭长丈余，四时皆有，土民采食之。西北二十里凯歌河，行者至此，必讴而渡，俗呼凯过河，河干有凯子寨焉。

下川东道

石砫宣抚司

秦属黔中郡，汉置牂牁郡，晋析为夜郎郡。《寰宇记》，夜郎郡有且兰县，汉武时，使发南夷兵征南越，且兰不从，乃反。汉发巴蜀校尉击破之，遂平南夷，以为牂牁郡。乐史注云，今涪州之义泉郡也。后周于石砫地置施州，唐改为清江郡。《方舆胜览》，施州，东晋末，桓元诞窜太阳蛮中，筑城临施水，号施王城，子孙袭王。至后周保定初，平之，以其地置施州，而清江郡隶焉。州乃施王之余址，故以为名，寻改为亭州，又改为庸州，又为清江郡，恭帝复置施州。《土夷考》，唐改施州为清江郡，宋改清江为南宾县。按唐武德二年，分浦州武宁县西界，置南宾县，属忠州也。武宁今改巡检司，在司北百里外。

《志》云，司东北百四十里有山，形如张盖，俗曰石凉伞，即石幢之说也。按《寰宇记》，牂州有建安县，汉牂牁郡也，有高连、石门、四十九头、木瓜诸山，有古牂牁郡城。《华阳国志》云，牂牁郡上当天井，故多雨潦，今有古城在郡西，即汉天复之时所保于此，有石潼关。《华阳国志》云，且兰县西南有地，名石潼关、柱蒲关。《汉书》亦云，牂牁郡有柱蒲关。石砫之名本此。

《志》云，司治南百五十里里大峰门山，两崖壁立，中通行人，有古垒。按《方舆胜览》，东门山在歌罗寨西北五十里，东即夜郎故地，古来夷夏分界，入贡之门户也。又云，竹王祠在歌罗寨西北五十里东门山，崇宁间，赐灵"惠庙"额。歌罗寨，本夜郎县，唐置珍州。乾德四年，蛮酋珍州刺史田景迁内附，纳土以西江为界，自是西江以北，所谓夜郎县故地，尽入施州矣。竹王，即夜郎侯也。

《胜览》又云，施州驿北有马公泉，未详。《志》云，司西北二百里外有马头山，山顶有马黄庙，祝马伏波、黄山谷处。盖山谷入黔州安置，取道施州，故人慕而祠之。

其封域东至黔江县界二百里，西至酆都县界，南至武隆县界各百七十里，至忠州界百二十里，编户三里。其民悍而好斗，兵马称强，间有所调遣，辄踊跃趋赴。《舆地纪胜》云，施之地，虽杂夷落，犹近华风，故乡音则蛮夷巴汉言语相混。其山冈砂石，不通牛犁，唯伐木烧畲以种五谷，隆冬可单，盛夏可袂矣。

《方舆考》云，施州蛮者，夔路徼外熟夷，盖唐彭水蛮也。咸平中，施蛮尝入寇，诏以盐与之，且许其以粟转易，蛮大悦，自是不为边患。后因饥，又以金银倍实直，质于官易粟，官不能禁。熙宁六年，诏施州蛮以金银质来者估实值，如七年不赎，则变易之，著为令。熊本经制淯井事，蛮酋田现等内附，施黔北近蛮子，弟精悍，战斗趋捷，朝廷尝团结为义胜军。其后泸州、淯井、石泉蛮叛，皆获其用。

《梦溪笔谈》，忠、万间夷人，祥符中，尝寇掠，边臣有务怀来，使人招其酋长，禄之以券粟。自后有效而为之者；不得已，又以券招之。其间纷争者，至有自陈："若某人才杀掠若干人，遂得一券，我凡杀兵民数倍之多，岂得亦以一券见给？"互相计较，为寇甚者，则受多券。熙宁中，会之，前后凡给四百余券，子孙相承，世世不绝。因其为盗，悉诛锄之，罢其旧券，一切不与。自是夷人畏服，不复犯塞。《渝州志》云，宋景定中，蛮酋大虫马什用、同知向士壁率师大败元兵，继平九溪洞夷，授镇国上将军，领铜牌铁印，石砫安抚司大使，世守其土。元改石砫军民府，寻升安抚使司。后以生夷作乱，为定虎什用获，受赏，改升石砫宣抚使司。明玉珍僭据时，为先纳牌印，授砫石安抚司。

国朝洪武七年，克复，安抚使马克用出降，次年，升石砫宣抚，管辖土民，世袭，隶重庆。嘉靖四十二年，改隶夔州。

《土夷考》云，施州忠路安抚司，本石砫马氏姻戚，因争边界，捕杀不休。盖马氏内不和于妻子，外不睦于族人，仇杀讦奏，动寻干戈，非一日矣。近又与其同知陈思虞讦奏，系夔狱中未结。

《经略志》云，重、夔二府所辖播酋石砫等土司及黔江、武隆、彭水、忠、涪、建始、奉节、巫山、云、万等十州县，皆称关徼，与湖广施州卫所辖散毛、施南、唐崖、忠路、忠建、忠孝、容美等土司之地鸡鸣相闻，犬牙交制。弘治元年，于达州设兵备副使，统辖重、夔、黔江等地及湖广瞿塘、施州等卫所。正德间，蓝鄢作乱，调各土司征剿，因而觇知蜀道险易，居民村落，不时出没行劫。施卫官旗，贪其子女财帛之遗，相与表里为奸，违例婚媾，故诸夷得逞焉。嘉靖十年，于黔江千户所散毛宣抚司中界，设立老鹰等三关五堡。二十年，川湖会题，设九永守备官一员，于施卫驻扎，俾其约束两省徼土夷司，川湖守巡得胥节制之。

《北史》，后周恭帝二年，巴西人谯淹扇动群蛮以附梁，蛮师向镇侯、向白虎等应之，向五子王又攻陷信州，田乌度、田唐等抄断江路。文子荣复据荆州之政阳郡，自称仁州刺史，并邻州刺史蒲微亦举兵逆弘命。诏田弘、贺若敦、潘和、李迁哲等讨破之。周武成初，文蛮州叛，州军讨定之。寻而冉令贤、向五子王等又攻陷白帝，杀开府杨长华，遂相率作乱，前后遣开府元契、赵刚等总兵出讨，虽颇翦其族类，而元恶未除。天和元年，诏开府陆腾督王亮、司马裔等讨之。腾水陆俱进，次于汤口，先遣喻之。而令贤方增浚城池，严设杆御，遣其长子西黎、次子南王，领其支属，于江南险要之地置立十城，远结涔阳蛮，为其声援。令贤率其卒固守水逻城。腾乃总集将帅，谋进促。咸欲先取水逻，然后经略江南。腾言于众曰："令贤内恃水逻金汤之险，外托涔阳辅车之援，兼复资粮充实，器械精新，以我悬军，攻其严垒，脱一战不克，更成其气，不如顿军汤口，先取江南，剪其毛羽，然后游军水逻，此制胜之计也。"众皆然之。乃遣开府王亮率众渡江，旬日，攻拔其八城，凶党奔散，获贼帅冉承公并生口三千人，降其部众一千户。遂简募骁勇，数道分攻。水逻路经石壁城，险峻，四面壁立，故以名焉。唯有一小路，缘梯而上，蛮蜒以为峭绝，非兵众所行。腾被甲先登，众军继进，备经危阻，累日乃得旧路。且腾先任隆州总管，雅知其路。蛮帅冉伯犁、冉安西与令贤有隙，腾乃招诱伯犁等，结为父子，又多遗钱帛，伯犁等悦，遂为乡导。水逻侧又有石胜城者，亦是险要，令贤使其兄龙真据之。腾又密告龙真云，若平水逻，使其代令贤处之。龙真大悦，遣其子诣腾，乃厚加礼接，赐以金帛。蛮贪利既深，仍请立效，乃谓腾曰，欲翻所据城，恐人力寡少，腾许以三百兵助之。既而遣二千人衔枚夜进，龙真力不能御，遂平石胜城。晨至水逻，蛮众大溃，斩首万余级，令贤遁走而获之。司马裔又别下其二十余城，获蛮帅并三公等。腾乃积其骸骨于水逻城侧，为京观，后蛮蜒望见，辄大哭，自此狠戾之心辍矣。时向五子王据石墨城，令其子宝胜据双城。水逻平后，频遣喻之，而五子王犹不从命。腾又遣王亮屯牢坪，司马裔屯双城以图之。腾虑双城孤峭，攻未可拔。贼若委城遁散，又难追讨。乃令诸军周回立栅，遏其走路，贼乃大骇，于是纵兵击破之，擒五子王于石墨，获宝胜于双城，悉斩诸向首领，生擒万余口。信州旧居白帝，腾更于刘备故宫城南八阵之北，临江岸筑城，移置信州。又以巫县、信陵、秭归，并筑城置防，以为襟带焉。天和六年，蛮梁冉祖熹、冉龙骧及反，诏大将军赵訚讨平之，自此蛮群惧息，不复为寇。

川北

板盾蛮

《华阳国志》，秦昭襄王时，白虎为害，自秦蜀巴汉患之。秦王乃重募国中，有能煞虎者，邑万家，金帛称之。于是夷朐忍廖仲药、何射虎、秦精等乃作白竹弩于高楼上，射虎中头三简，白虎常从群虎瞋恚，尽搏煞群虎，大吼而死。秦王嘉之曰，虎历四郡，害千二百人，一朝患除，功莫大焉。欲如要，王嫌其夷人，乃刻石为盟要，复夷人顷田不租，十妻不算，伤人者论，煞人者顾死倓钱。盟曰："秦犯夷，输黄龙一双；夷犯秦，输清酒一钟。"夷人安之。汉兴，与阆中范目从高祖定秦，有功，高祖因复之，专以射白虎为事，户岁出賨钱口四十，故世号白虎复夷，一曰板盾蛮，今所谓弓头虎子者也。顺、桓之世，板盾数反，太守蜀郡赵温恩信降服，于是宕渠出九穗之禾，朐忍有连理之木。光和二年，板盾复叛，攻害三蜀，汉中州郡，连年苦之。遣御史中丞萧瑗督益州兵讨之，连年不克。天子欲大出军，时征役疲弊，问益州计曹，改以计略，益州计曹掾程包对曰："板盾七姓，以射白虎为业，立功先汉，本为义民，复除徭役，但出賨钱口岁四十。其人勇敢能战，昔羌数入汉中，郡县破坏，不绝若线。后得板盾来，虏弥尽，号为神兵，羌人畏忌，传语种辈，勿复南行。后建宁二年，羌复入汉，牧守遑遑，复赖板盾破之。若微板盾，则蜀汉之民为左衽矣！前车骑将军冯绲南征，虽授丹阳精兵，亦倚板盾。近益州之乱，朱龟以并凉劲卒讨伐无功，太守李颙以板盾平之。忠功如此，本无恶心。长吏乡亭，更赋至重。仆役过于奴婢，棰楚隆于囚虏。至乃嫁妻卖子。或自到割陈冤，州郡牧守不理，去阙庭遥远，不能自闻，含怨呼天，叩心穷谷。愁于赋役，困乎刑酷，邑役相聚，以致叛戾，非有深谋至计，僭号不轨。但选明能牧守，益其资谷，安便赏募，从其利巢，自然安集，不烦征伐也。昔中郎将尹就伐羯，扰动益部百姓，谚云：'虏来尚可，尹将杀我。'就征还后，羌自破退。如臣愚见权之，遣军不如任之州郡。"天子从之，遣太守曹谦宣诏降赦，一朝清戢。按此蛮北道巴渠间常有之。

《寰宇记》云，汉末天下乱，自巴西之宕渠迁于汉中扬车坂，抄掠行旅，号为杨车巴。魏武克汉中，李特祖将五百家归之，魏武又迁于略阳北，复号之为巴氏也。

《后汉书》云，板盾蛮，其在黔中五溪长沙间，则为盘瓠之后；其在峡中巴梁间，则为廪君之后。按杜光庭《录异记》，李特，字玄休，廪群之后。昔武落钟离山崩，有石穴二所：一赤如丹，一黑如漆。有人出于赤穴者，名务相，姓巴氏；有出于黑穴者，凡四姓：皋氏、樊氏、柏氏、郑氏。五姓偕出争长，于是务相约以剑刺穴，能著者为廪君，四姓莫著，而务相之剑悬焉。又以土为船，雕画之而浮水中，曰："若其船浮者为廪君。"务相船又独浮，于是遂称廪君。乘其土船，将其徒卒，当夷水而下，至于盐阳。盐水神女子止廪君曰："此鱼盐所有，地又广大，与君俱生，可止无行。"廪君曰："我当为君求廪地，不能止也。"盐神夜从廪君宿，且辄去为飞虫，诸神皆从，其飞蔽日，廪君欲杀之，不可别，又不知天地东西。如此者十日，廪君即以青缕遗盐神曰：“婴此宜之，与汝俱生；不宜，将去汝。”盐神受而婴之。廪君至砀石上，望膺有青缕者，跪而射之，中盐神。盐神死，群神与俱飞者皆去，天乃开玄。廪君复乘土船，下及夷城。夷城石岸曲，泉水亦曲，望之如穴状，廪君叹曰：“我新从穴中出，今又入此，奈何？”岸即为崩，广三丈余，阶级相承。廪君登之，岸上有平石，长五尺，方一丈，廪君休其上，投策计算，皆著石焉。因立城其旁而居之，其后种类遂繁。秦并天下，以为黔中郡，薄赋敛之，岁出钱四十万。巴人呼赋为賨，因谓之賨人也。王维《送李梓州诗》“賨女输橦布”，本此。獠盖南蛮之别种，初出自梁邑之间，自汉中达于邛笮，川洞之间，所在皆有。俗多不辨姓氏，又无名字，往往推一酋帅为主，亦不能远相统摄。父死则子继，若中国之贵族也。獠王各有鼓角一双，使其子弟自吹击之。按蜀本无獠，李势时，诸獠始出。巴西渠川、广汉、阳安、资中、犍为、梓潼山谷间十余万落，攻破郡县，为益州大患。自桓元子破蜀之后，力不能制。又蜀人东流，山险之地多空，獠遂挟山傍谷，与夏人参居，近者颇输租赋；在深山者，仍不为编户。至梁武帝，梁、益二州岁岁伐獠以自禅润，公私颇藉为利。后魏正始初，梁将夏侯道迁举汉中附魏，魏遣尚书邢峦为梁、益二州刺史以镇之。其后以梁、益二州控摄险远，乃立巴州以统诸獠。后以巴酋帅严始兴为刺史，又立隆城镇，管獠二十万户，所谓北獠是也，岁输租布。魏明帝孝昌中，据城叛，梁、益二州遣将计之，攻陷巴州，执始兴，斩之。后梁、益入梁，自北又属梁矣。后周武帝平梁、益之后，令所在抚慰，其与华人杂居者，亦颇从赋役。然天性暴乱，旋致扰动，每岁命随近州镇出兵讨之，获其人以充贱隶，谓之压獠焉。复有商旅往来，亦资以为货，公乡逮于民庶之家，有獠口者多矣。然其种类滋蔓，保据岩壑，依林走险，若履平地，性又无知，殆同禽兽，诸夷之中，最难以道义招怀也。依树积木以居其上，多曰干栏，干栏小大，随其家口之数。好相杀害，多仇怨，不敢远行，性同禽兽，至于忿怨，父子不相避，惟手有兵刃者先杀之。若杀其父，走避于外，求得一狗以谢其母，然后敢归。母得狗谢，不复嫌恨。若报怨相攻击，必杀而食之，递相劫掠，不避亲戚，卖猪狗而已。亡失儿女，一哭便止。亲戚比邻，指授相卖，避卖者啼叫不服，逃窜避之，乃将买人捕逐。若亡叛，获便缚之，但经缚者，即服为贱隶，不便敢更称良矣。执盾持矛，不识弓矢。用竹为簧，群聚鼓之，以为音节。能为细布，色至鲜净。大狗一头，买一生口。性尤畏鬼，所杀之人，美须髯者，必剥其面皮，笼之于竹，及燥，号之曰鬼，鼓舞祀之，以求福利。俗尚淫祀，至有卖其昆季妻孥尽者，乃自卖以供祭焉。铸铜为器，大口宽腹，名曰铜爨，甚薄且轻，易于熟食。《酉阳集俎》，獠妇七月生子，死则竖棺埋之。木耳夷，旧牢西好鹿角为器。其死则屈而烧之，埋耳后小骨类人，黑如漆。小寒则梧沙自处，但出其面焉。《续博物志》曰，宁国论云，蜀中本无獠，晋末李雄之乱，山谷洞中壤壤而出，转转渐大，自为夫妇而益多。夫土乾则生蚤，地湿则生蚊，积谷则生蠹，腐肉则生蛆。蛆化为蝇，蝇又自生蛆，蛆又自生蝇，岂有穷乎？

浙江备录上

《江防辑略》

浙江之源，始于黟县林历山一线之微，合流万壑，终于钱塘江之鳖子门而入海焉。故鳖子门者，乃省城第一门户。石墩凤凰外峙，乃第二门户。此外无山，惟羊许山独立海中，东接衢洋，西控吴淞江口，此为第三门户。羊许二山有防，然后石墩凤凰有蔽；石墩凤凰有蔽，然后钱塘鳖子门可守；鳖子门可守，然后省城无恐，此其大略也。沙起钱塘，东至吴淞，曾无间断。海外诸沙，亦向此而转，惟平坦延旷，故贼皆可登。是苏、松、杭、嘉四府连壤一脉，利害安危、辅车相倚者也。然险要之防有二：曰海洋，曰江洋。往者倭寇结巢金山、柘林，贻害浙之昌化、富阳、石墩、渔浦，此海洋之患也。沿江多盗，劫掠客船，此江洋之患也。今欲求省城无虞，当守附海之三关；欲求三关宁谧，先防大海之羊许。羊山孤悬大海，去乍浦太远，我舟顿此，设遇东北飓风，贼舟便捷，彼此齐驱，胜负难必。许山岙门浅狭，止可避东南之风，贼乘东北风利，吾开舟亦为并驾。惟海盐白塔山去秦驻山不远，四风皆便，贼由大洋而来，随处可击。是海盐一关，尤四面之控制也，惜乎逼于内地，非早见预待之所。贼由羊山直进犯海盐者，必藉乍浦三关兵船以御之。乍浦海中有山，至下八山为极远，此外则茫洋无山矣。倭船之来，必到八山之尽陈钱壁下山取水，候风流犯。先年兵船畏彼中风涛危险，止分守八山之内港。每年黄鱼生发之时，各府渔船俱聚八山相近内洋下网，遂致倭贼抄掠人船，引劫各处。隆庆三年，军门谷公中虚设立游哨兵船，委把总一员直哨壁下等洋，遇贼即剿，然后内港无虞。若八山无哨逻之兵，万一倭贼掳渔樵人船，扬帆至鳖子门，再驱土人驾使入江，为害不小。虽有绍、嘉二区防犯兵船，然遇雾雨黑夜，咫尺难辨，海洋辽阔，深有可虞。是鳖子门之险，与下八山之哨首尾相应，尤为紧要者。尝闻之海宁父老言，邑中南有赭山，实惟江门；东有黄湾，尤通海港，两端相距百四十里，而中无城守。先年岛夷屡犯，首趋龛赭，后据石墩，人民死徙，不可胜纪。苟有岩城扼其险要，使贼无驻足之地，东不得以过袁花而至硖石，南不得以犯省会而浮钱塘，县治得此两翼，庶不独当风涛之冲，凡此皆防海之总要也。江洋之患，须严督巡江兵船之哨探，戒备沿江渔船之剽掠，是防江之总要也。又闻之钱塘江兵船二十艘，原议汛期出鳖子门哨探，平时分定地方，上抵富阳，迤南与严州兵船交会捕盗。近来玩愒殊甚，每日泊船徐范二村江滨，专攻手艺，不习兵防，且目兵脆弱，船械朽敝，岂惟不能出洋，江上亦难展布，虚縻粮饷，恐误军机，所宜速行议处者也。若训练江洋之水兵，控扼海洋之门户，庶乎江海互摄，内外交防，省会无虞，两浙无恐。守两浙者，即所以犄角苏松；守苏松者，即所以巩固金陵。唇齿两全，首尾相应，制内御外之长策无逾于此矣。

《联苏松常镇并浙之嘉湖杭严八府属一督抚以保江南腹心议》

今西北尽戎马之场矣，识者谓江南丰芑，必当巩固以备巡幸，且财赋所自出也。然其腹心则在苏、松、常、镇、杭、嘉、湖七府之地。以形势言之，北则长江天堑，南则钱塘襟带，东则大海汪洋，西则万山屏蔽，真山川天险以卫此神皋。乃以地本一区，属分直省，臂指不应，吭腹不通，莫若合七府属一督抚，驻扎镇江，巡历苏杭，改吴淞副将为大将，改海盐参将为副将，设镇江京口一副将。如常山之蛇，以镇江为首，苏州为腹，杭州为尾，湖州、带山、松江负海为左右翼，常、嘉为喉脘肠胃诸经络，严州虽稍窎远，然地连杭界，高踞山巅，抗蔽钱塘，不可它属，以之为足，然后可以扼险守要，而南都之左凭翊以固。不然，自苏、松、常与杭、嘉、湖接境诸地既无山海之阻，又无关隘可塞，划然中断，譬之人身恰至腰膂，分为两截，其何能生？今试言其边腹水陆之不可分者有八：江海入口处，北自镇江、京口，南尽杭州钱塘江之鳖子门。自京口镇而下为常州之孟河（水营把总），江阴之黄田港（兵备道水陆营），为苏州常熟县之福山港（水营把总），系江海接界。绕过嘉定县之吴淞镇大海（总镇驻扎水陆各营把总），为太仓州（兵备道）之刘家河（游击水陆把总），为松江上海县之黄浦口崇缺口（兵防现海塘），再至金山（无海口，参将水陆把总），而直隶之兵防已尽。过此为浙江之乍浦港（所军）、澉浦港（所军）、海盐港、鳖子门（参将），而大海从鳖子门而入钱塘江，直抵杭城下，上溯严州以上诸山溪滩，千里之间累若贯珠，以沿边水路之不可分者一。太湖浩荡广八百里，在苏州之西，常州之南，湖州之北，所属县有长洲、吴县、吴江（苏）、武进、无锡、宜兴（常）、乌程、归安、长兴、德清（湖）等县，此中腹水路之不可分者二。平望（吴江）莺脰湖、滥溪等处为苏、嘉、湖三府之咽喉，所跨县有吴江、归安、乌程、嘉兴、秀水（嘉）等县，此中腹水路之不可分者三。潮天、独墅、淀山、沉湖、泖湖等处为苏、松、嘉三府之间道，海船可入，所跨县有长洲、昆山（苏）、华亭、青浦（松）、嘉善、海盐、秀水、嘉兴（嘉）等县，此中腹水路之不可分者四。运湖如带，长亘八百里，自杭之北新关至镇之京口，历杭、嘉、苏、常、镇五府，此中腹水路之不可分者五。海塘长亘五百里，自杭之鳖子门筑起至松之黄浦口，塘岸高阔如城，一骑可到。中间设立宝山（所军）、川沙（水团把总）、青村（所军陆营把总陆路官）、南汇（所军选锋把总）、柘林（陆营把总陆络官）、金山（卫参将水陆两营把总，已上直境）、乍浦（所军）、澉浦（所军）、海盐（参将，已上浙境），诸卫所营寨，设金山、海盐两参将以弹压之，而金山以上属直，乍浦以下属浙，彼此不知，坚瑕莫辨，此沿海陆路之不可分者六。宜兴以上即至溧阳（应）东坝，直接芜湖，若从芜湖过坝，竟入常州内地；稍南突，便从广德入湖州之长兴县。宜兴、长兴二县对峙，所当联络陆兵固守，此中腹陆路之不可分者七。官塘延亘，如运河之界可以马步并达，中无险要可断，此中腹陆路之不可分者八。有此八不可分，又有三大害：一曰吴耕浙贩。浙之米价每溢于吴，浙商舳舻昼夜不绝，居民不射利者又乐与之，以致吴民尝苦饥而浙商倍获利。自用兵以来，江广之米渐以难致，全赖此本地之粟。而秋成之后，搬运一空，吴人不能越境而戢诸商，此其为害者一。一曰吴盗浙窝。嘉湖之间，湖荡寥阔，爰有巨憝庇匿奸盗，每聚至千人，劫掠于吴而逃庇于浙，官兵互相推诿，文移莫可勾摄，此其为害者二。一曰吴盐浙榷。苏松沿海亦有盐灶，而不设运司，分隶于浙；夫盐产于吴，而税归于浙，当此兵兴之际，独不可以佐吴力乎？况乎私盐出没，亦不能行其清核，此其为害者三。夫直隶四府皆卫江海浙之四府，惟杭、嘉临海。我苏松四郡既出兵力以卫浙，而浙反以累吴，平时尚然，若一旦有事，必至此坚彼瑕，此备彼隙，一处溃防，则在在无用。故以八府合属一抚以统三镇，而杭嘉四府亦宜设处兵饷以佐协守，则地势既专，地利亦尽，此保江南之急着也。其浙抚则移驻浙东绍兴，以保障宁、绍、温、台、处、金、衢七府，以为江南尻脊外蔽可耳。盖浙海要冲皆在浙东，若宁波之定海关以及台、温南北洋诸境并温、处万山如天台（台）、雁荡（温）、括苍（处）、四明（宁），四大山，亦皆在浙东，浙抚允宜坐驻绍兴以控制外海，并摄诸山伏莽之寇，此不易之定论也。

《万历四十二年巡盐御史杨鹤疏》

浙直沿海，自信国公经略以来，至嘉靖末年，筑城建堡，添设营寨，棋布星密，足可防御。但今识者尚有遗议，谓舟山仍宜复县，以固浙东之藩；金山亦宜建县，以联浙直之势；吴淞城宜移近李家浜，以扼三江之水口；太仓宜分一卫于崇明，以控苏松之上游，是亦一议也。说者谓倭奴与三吴对峙，东南、东北、正东风，俱可入犯，乃日日夜夜时时刻刻所当防者。吴中惟春汛，游兵一营出守洋山，以三月初十日往，五月二十五日收撤，止防七十五日。况修理船只，措处钱粮，往往至四月初始过洋，是一汛实防止四十五日耳，而冬防则不渡海矣。清明以前，小满以后，倭奴遂不可扬帆乎？夫洋山、马迹、苏窦、蒲岙等山，我兵防守，则为信地，万一未汛之先，收汛之后，倭奴突至而据之，是一对马岛故事矣。以吴下形势言之，洋山、苏窦，海外之天险也，藩篱也；南沙，海上之要害也，屏翰也；吴淞、刘河，则苏松之门户也；福山、杨舍，则留都之门户也。今惟守门庭而忽藩屏，非胜算也。谓宜于苏窦、岙中屯游兵营兵船于内；高山置堠，数百里帆樯尽在目中；沃壤屯田，千余名官兵可供糈饷，岁可省帑金万余。倭奴入犯，可以扼吭而拊其背。且也，苏窦一山，绵亘海中，通倭之去与倭奴之来，必由之路，使此处常有官兵，则勾引接济之奸绝，而窥伺窃发之祸消。海中增一道金汤，吴下多一重藩屏，防海上策，莫过于此。惟是渡海屯田，是一大作用，难与拘挛者道耳。臣巡历越中，周行海上，见温、台、宁、绍皆介海滨，而钱塘乃在里海。以臣计之，昔日之倭，非今日之倭；今日御倭之局，非昔日御倭之局。台州四塞之国，昔年倭寇内犯，先臣戚继光杀戮始尽；温州环海而居，然崇山叠障，难以散掠。此皆非倭所利也。宁波为浙之门户，重兵扼控定海是矣。然贼避实击虚，必不更往。人言慈谿之龙山、平石，实为间道，使倭由之入，政如斜谷循秦，阴平入蜀，我反在外，彼反在内，是不可疏于防也。虽然，臣所虑者乃在钱塘，鳖子门之险，卒未易犯，然江潮三日不至，何常之有？岛夷之所垂涎，通番下海之徒，潜为内应，患政在此耳。罗木营之兵，今犹善战，然详于陆而略于水。臣尝言之当事，谓省会腹心，亦宜沿江置舰，使之戈戟如林，楼橹相望，亦所以内壮根本，外消窥伺，南北两游兵，议撤其一置此地，此断断可行者也。至于金塘、玉环诸山，且屯且种，足食足兵，自是万全无患。如谓信国起遣，恐异日者藉寇兵赍盗粮，则舟山孤悬海外，比之金塘、玉环逼近门庭者，相去天渊矣。

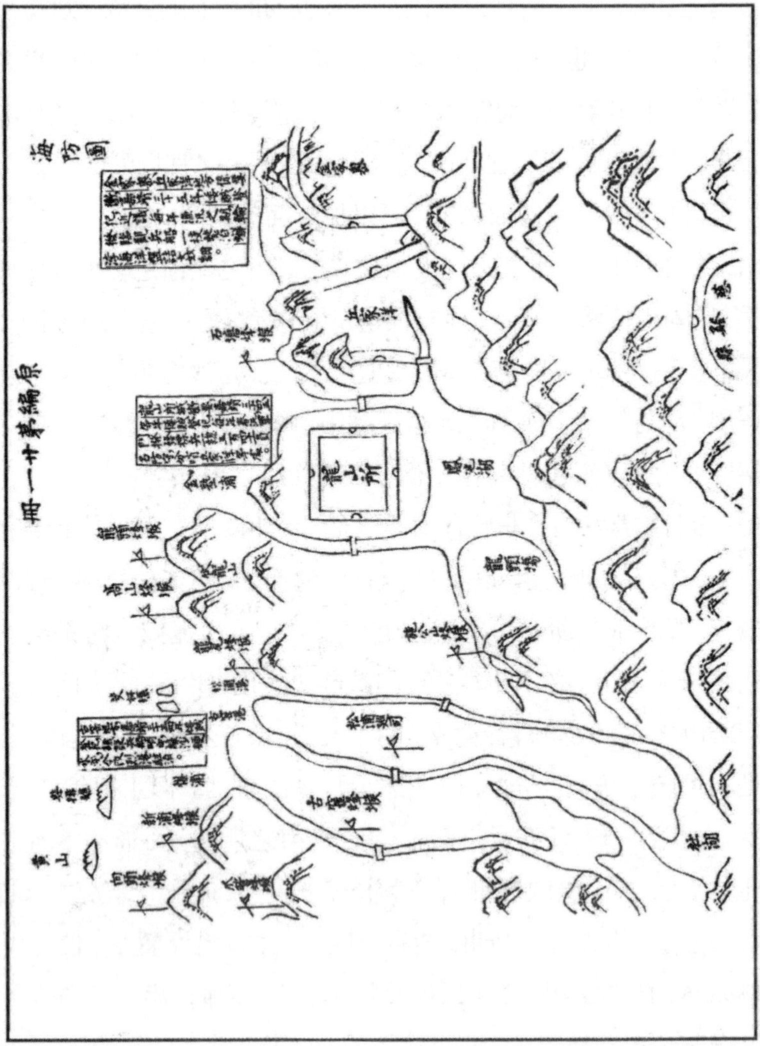

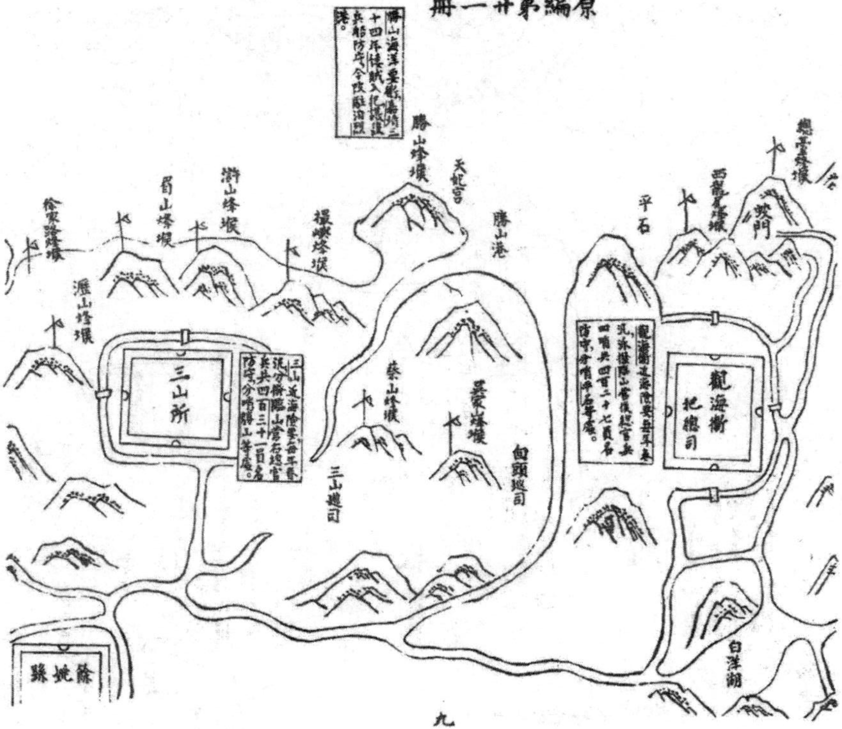
勝山海洋要衝，嘉靖三十四年倭賊入犯，議設兵船防守，今改駐泊瀝港。
三山近海險要，每年春汛，分撥臨山營右總官兵共四百三十一員名防守，分哨勝山等處。
觀海衛近海險要，每年春汛，派撥臨山營撥總官兵四哨共四百二十七員名防守，分哨平石等處。
勝山烽堠
天妃宮
勝山港
滸山烽堠
眉山烽堠
徐家路烽堠
瀝山烽堠
三山所
泰山烽堠
三山巡司
平石
觀海衛
把總司
白洋湖
餘姚縣

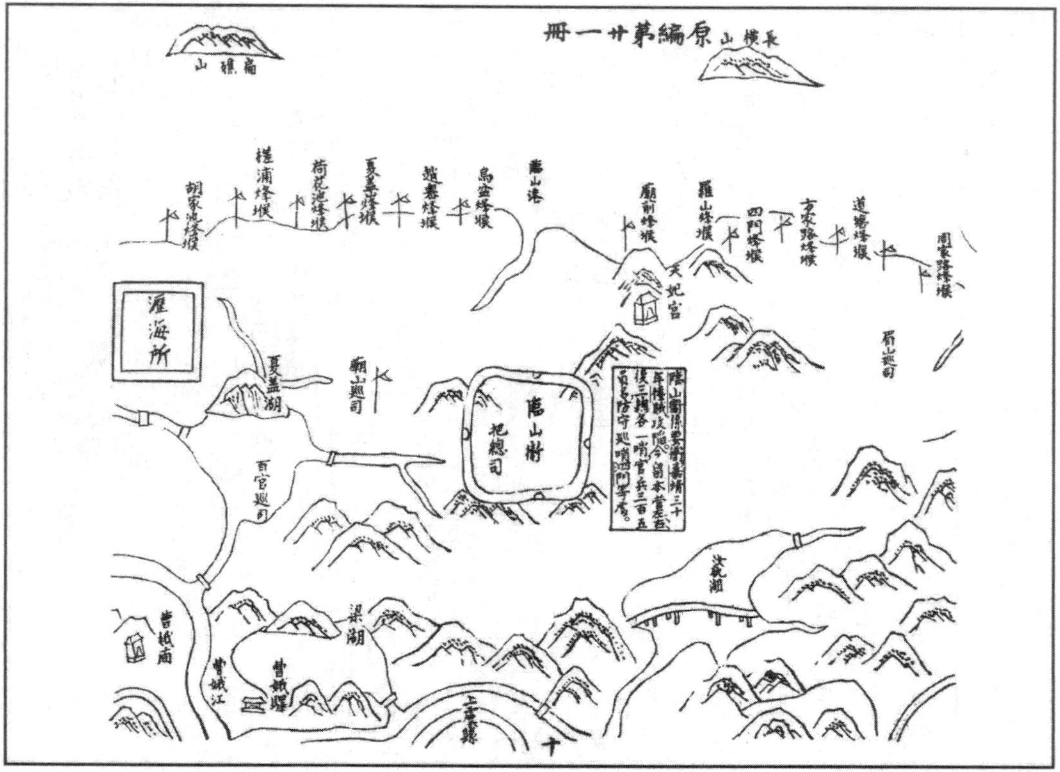
原編第廿一冊
長横山
扁旗山
胡家池烽堠
荷花池烽堠
夏蓋山烽堠
烏盆烽堠
臨山港
廟前烽堠
羅山烽堠
四門烽堠
方家路烽堠
道塘烽堠
周家路烽堠
天妃宮
眉山巡司
瀝海所
夏蓋湖
廟山巡司
臨山衛
把總司
臨山衛係要衝嘉靖三十年倭賊攻陷。今留本營左右後三哨各一哨官兵三百五百名防守巡哨關門等處。
百官巡司
汝仇湖
梁湖
曹娥廟
曹娥江
曹娥埭
上虞縣

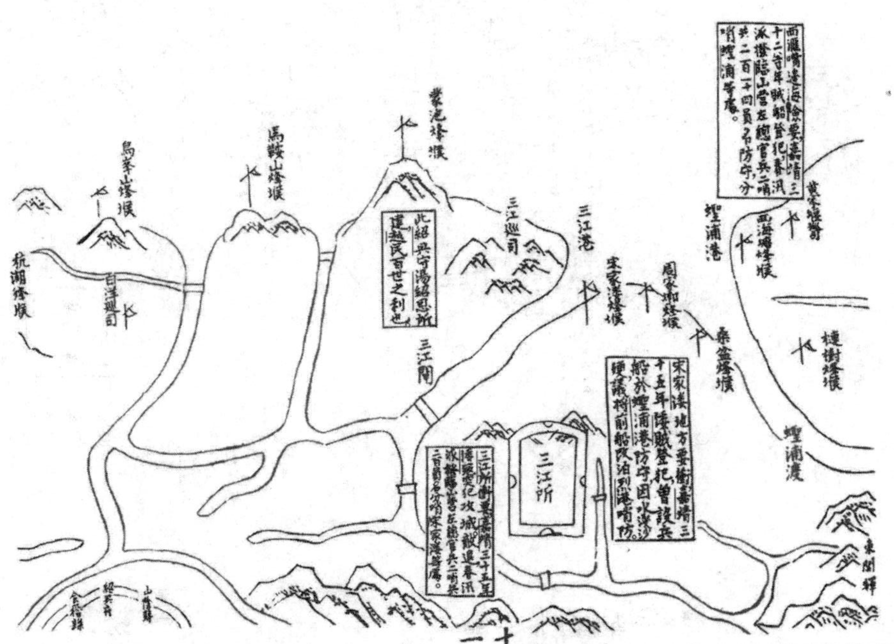
西滙嘴邊海險要，嘉靖三十二年賊船登犯，春汛派撥臨山營左總官兵二哨共二百一十四員名防守，分哨瀝海等處。
宋家漊地方要衝，嘉靖三十五年倭賊登犯，曾設兵船於瀝海港防守，因水淺沙硬，議將前船改泊烈港哨防。
三江所衝要，嘉靖三十五年倭寇犯攻城，敗退。春汛派撥臨山營左總官兵二哨共二百員名，分防宋家漊等處。
此紹興守湯紹恩所建，越民百世之利也。
烏峯山烽堠
馬鞍山烽堠
蒙池烽堠
杭湖烽堠
白洋巡司
三江巡司
三江港
三江閘
三江所
宋家漊烽堠
周家埛烽堠
桑盆烽堠
西滙嘴烽堠
瀝海港
槿樹烽堠
瀝海渡
東關驛
山陰縣
紹興府
會稽縣

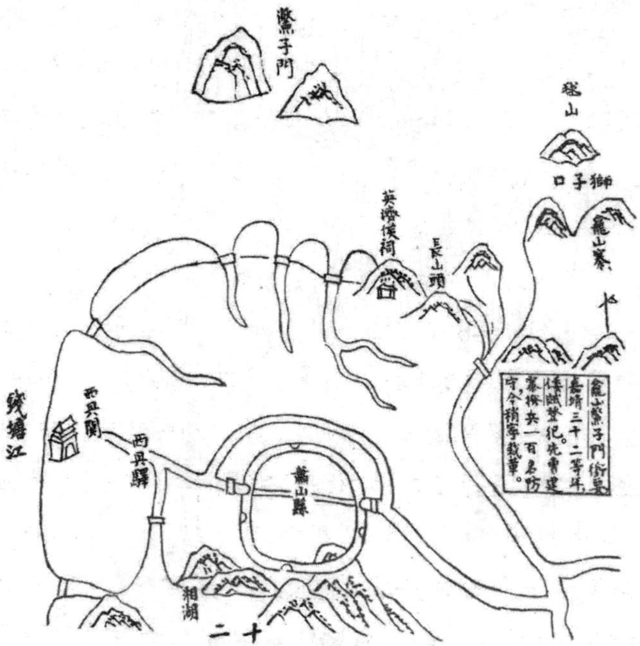

鱉子門
赭山
獅子口
龕山寨
英濟侯祠
長山頭
錢塘江
西興關
西興驛
蕭山縣
相湖
龕山鱉子門衛所
嘉靖三十二等年，
倭賊登犯。先曾建
寨撥兵一百名防
守，今稍寧，裁革。

洪武四年十月，日本国王良怀遣其臣僧祖来进表笺贡马及方物，并僧九人来朝，又送至明州、台州被虏男女七十余口。先是，赵秩等往其国宣谕，秩泛海至折木崖，入其境，关者拒勿纳，秩以书达其王，王乃延秩入。秩谕以中国威德，而诏旨有责让其不臣中国语。王曰："吾国虽夷狄，僻在扶桑，未尝不慕中国之化而通贡奉，惟蒙古以戎狄莅华夏，而以小国视我。我先王曰：我夷，彼亦夷也。乃欲臣妾我，而使其使赵姓者述我以好语，初不知其觇国也。既而使者所领水犀数十艘，已环列于海岸。赖天地之灵，一时雷霆，风波漂覆，几无遗类，自是不与通者数十年。今新天子帝华夏，天使亦姓赵，岂昔蒙古使者之云仍乎？亦将述以好语而袭我也。"命左右将刃之，秩不为动，徐曰："今圣天子神圣文武，明烛八表，生于华夏而帝华夏，非蒙古比；我为使者，非蒙古使者后。尔若悖逆不吾信，即先杀我，则尔之祸亦不旋踵矣。我朝之兵，天兵也，无不一当百；我朝之战舰，虽蒙古戈船，百不当其一。况天命所在，人孰能违？岂以我朝之以礼怀尔者，与蒙古之袭尔国者比耶？"于是其王气沮，下堂延秩，礼遇有加。至是奉表笺称臣，遣祖来随秩入贡。诏赐祖来等文绮帛及僧衣。比辞，遣僧祖阐克勤等八人护送还国，仍赐良怀大统历及文绮纱罗。六年，倭夷剽掠海滨，德庆侯廖永忠上言曰："臣闻御寇莫先于振威武，威武莫先于利器用。今陛下神圣文武，定四海之乱，君主万国，民庶安乐，臻于太平。而北虏遗孽，远遁万里之外。独东南倭夷，负其禽兽之性，时出剽窃以扰濒海之民。陛下命造海舟，剪捕此寇以奠生民，德至盛也。然臣窃观倭夷鼠伏海岛，因风之便，以肆侵掠，其来如奔狼，其去若惊岛，来或莫知，去不易捕。臣请令广洋、江阴、横海水军四卫，添造多橹快船，命将领之，无事则沿海巡徼以备不虞；若倭夷之来，则大船薄之，快船逐之。彼欲为寇，不可得也。”上善其言，从之。十四年七月，日本国王良怀遣僧如瑶等贡方物及马十匹。上命却其贡，仍命礼部移书责其国王及征夷将军。

是年十月，衢、处、温三府山寇吴达山、叶丁香等连结作乱，命延安侯唐胜宗、右军都督佥事张德总兵讨之，明年正月，贼平，人赐田一庄。

十五年，倭国使臣归廷用来贡，备倭指挥林贤交通枢密使胡惟庸诬为寇盗，以计擒之，遣还夷使，私其货物。中书省举奏其罪，流贤日本。十六年六月，夷船一十八只寇金乡小濩寨，官兵敌却之。明年，胡惟庸伪差庐州人李旺充宣使，以还林贤。贤率倭兵四百余人，与僧如瑶来献巨烛，中藏火药兵器，图谋乱逆。比至，惟庸被诛。朝廷治其逆党，处贤极刑，夷兵发云南守御。降诏切责倭国君臣，诏曰：“曩宋失驭，中土受殃，金元入主二百余年，移风易俗，华夏腥膻，凡有志君子，孰不兴忿？及元将终，英雄鼎峙，声教纷然。时朕控弦三十万，砺刃以观，未几，命大将军肆九伐之征，不逾五载，戡定中原。蠢尔东夷，君臣非道，四扰邻邦，罔知帝赐，傲慢不恭，纵民为非，将必殃乎？故兹诏谕，想宜知悉。”仍著训典曰：“日本虽朝实诈，暗通奸臣胡惟庸，谋为不轨，故绝之。”命信国公汤和经略沿海，设防备倭，尤严下海通番之禁。永乐二年四月，对马、望岐等岛海寇劫掠穿山，百户马兴拒战，死之。寻寇苏、松诸处。日本国王源道义出师，获渠魁以献，而尽歼其党类。四年，上嘉其勤诚，遣使赍玺书褒谕之，给勘合百道，定以十年一贡，船止二只，人止二百，违例则以寇论。仍命俞士吉充都御史，赍白金彩币并海舟二艘赐之，封其国之山曰“寿安镇国之山”，勒碑其上。上亲制文曰：“朕惟丽天而长久者，日月之光华；丽地而长久者，山川之流峙；丽于两间而永久者，贤人君子之令名也。朕皇考太祖圣神文武，钦明启运，俊德成功。统天大孝高皇帝智周八极，而纳天地于范围，道冠百王而亘古今之统纪，恩施一视而溥民物之亨嘉。日月星辰，无逆其行；江河山岳，无易其位。贤人善俗，万国同风。表表于兹世，固千万年之嘉会也。朕承鸿业，享有福庆，极天所覆，咸造在廷，周爰咨询，深用嘉叹。迩者对马、台岐暨诸小岛，有盗潜伏，时出寇掠，尔源道义能服朕命，咸殄灭之，屹为保障，誓心朝廷，海东之国，未有贤于日本者也。朕常稽古唐虞之世，五长迪功，渠搜即叙。成周之隆，髳微卢濮，率遏乱略，光华简册，传诵至今。以尔道义方之，是大有光于前哲者。日本王之有源道义，又自古以来未之有也。朕惟继唐虞之治，举封山之典，特命日本之镇，号为‘寿安镇国之山’，锡以铭诗，勒之贞石，荣示于千万世。”明年，倭复入寇，平江伯陈瑄督领海运与倭寇值于沙门岛，追至朝鲜洋，尽焚其舟，斩获无算。九年以后，贡者仅一再至，而其寇松门、寇沙园诸处，则时或有之。十九年，犯辽东之马雄岛，为总兵刘江尽歼于望海埚。又明年，复寇浙东，为朱亮祖破之于温州，徐忠破之于桃渚。

永乐间，安吉吴贵归作乱，长兴相继骚动，官兵屡失利。阳武侯薛禄帅兵讨之，御史祝某监军，奉命克定之日，尽歼二邑。祝偕禄至境上，一鼓擒其首恶。因议二邑之民胁从者少，祝驰奏请贷，恐不及事，兼程而进，往复才半月，祝竟以劳卒。

宣德三年闰四月，行在兵部奏浙江布政司周干言：“浙江海盐县地临海岸，每有倭寇。洪武中，设海宁卫及澉浦、乍浦二千户所，陆置烟墩，水备战船，了望巡守，因得无虞。永乐七年，尽拘军船赴沈家门立水寨防守，撤去烟墩。倭冠乘虚，连年纵掠。水寨相去海盐千里，不能救援，民甚苦之。请如洪武中防守，今累覆勘皆以为便。”上曰：“古人云：‘利不十，不变法。’凡谋事须为永久之计。其再令巡抚大理卿胡概与三司计议果孰为便，然后处置。”既而倭国入贡逾额复增定格例，船毋过三只，人毋过三百。八年，倭王源道义卒，遣使吊祭。十年，嗣王上表谢恩。正统四年五月，倭船四十余艘夜入大嵩港，袭破所城，转寇昌国城，亦陷。时备倭等官以失机被刑者三十六人，惟爵溪所官兵擒获一贼首，名毕善庆，诛之。七年，倭船九艘使人千余入贡，朝廷责其越例，然亦冀其慕化，姑容之。

十四年，处州叶宗刘作乱。宗刘，宣平人，尝为矿盗，习武艺，后充处州府隶役，府官有远行者，辄用之以自卫。积久玩肆，多不法，恐见收逮，遂率众为乱。推陈鉴葫为主，陶德二为辅，自领兵阵，以残狠立威，相传有二飞剑能杀人，官兵追之，屡败绩。贼乘胜进攻府城，兵备佥事王晟躬往招抚，肩舆出城，入贼阵，贼就杀之以祭旗。晟子甫六岁，亦自投城下，死之。御史李俊、知府张佑凭城固守，官军与乡兵戮力出战。初以防牌冲阵，贼运矛钩牌。又用巨竹丛稍剪出锋芒，煮以沸油，甚为坚利，名曰龙铣，用之开阵，济以铳炮，会都指挥脱某者，部下皆北军，精弓矢，累战累胜，贼不能当，遂易视之。贼乘间猝至，不甲而战，矢尽技穷，贼奋枪夹击，军败。止余一骑，攒矟刺之，脱犹死战不挫。叶宗刘曰：“是何此人难杀之甚？”陈鉴葫（在山）上应曰：“杀人先杀马，马既仆，人将安往？”宗刘用其说，脱为所杀。时福建沙县民邓茂七反，改号僭拟，与处响应。宁阳侯以征南将军挂印征闽，道经处州，叶宗刘伪设田夫百余，耘于野中，伏枪泥淖下，唱山歌以眩之，道傍列阵挑战。宁阳侯左右曰，受命征闽贼，不征处贼。宁阳侯不听，遂出与战。贼佯北，引入山隘，田夫奋枪蹑后，杀败官兵，获征南将军印，贼行文移辄用之以自侈。且分兵通邓茂七，茂七亦畏其狠且狡，又恶征南印章，拒之曰："汝今未能破一城，尚须自力据城邑以待我。"贼归，百计攻城，造吕公车，高临城上。城上人大怖，亟祷于山神丽阳公，呼声动地。须臾，轮摧车陨，城中士气咸奋，贼穷蹙。巡抚兵部尚书孙原贞许贼自新者免死，立功者赏官，于是贼自杀贼，定盟出降。台臣见之，犹自疑畏，称鉴葫曰陈先生，诱入囚车。至京，议将免死，遇脱都司子疏雪父冤，陈鉴葫伏诛。叶宗刘历功北边，赏以武职，逃归，伏诛。

景泰六年，倭夷寇健跳，官军城守不得入。天顺二年，遣使来贡。成化二年，倭称入贡，遂破大嵩诸处。官兵因潮落沙浅，夜围其舟，樯灯达曙不移，舟已乘潮遁去，灯皆悬于篙尾，篙皆卓于沙上，乃诈设以款追兵。台阃大臣坐失机获罪。十一年，遣使周玮入贡，敕谕倭王宜恪遵宣德中事例。

正德二年，孝丰广苕贼汤毛九作乱，时知州廖纪遣义勇严雷率民兵往捕之，雷为所杀，自是势益猖獗。十三年，巡按御史鲜冕以闻，命都御史张津督兵讨之。会金坛令刘天和有能名，津檄至军门赞画，贼闻风请降，遂平。

四年，倭使宋素卿来贡，请礼孔子仪制，朝议弗许。素卿，即鄞人朱缟，少鬻于夷商汤四五郎，越境亡去，至是充使入贡。缟在倭国伪称宗室苗裔，倾险取宠，争贡要利；沿海奸豪效尤通番，遂习以为常云。

六年，江西永新黄浩八供里役，为粮长，多逋负，官府征之急，同役避征者相率入据姚源洞。官军攻之，拥众过常山，犯衢州之开化，据濠岭及华埠，都指挥李隆督兵征之，退归江西。浙兵既散，贼复至。李隆复进兵，海宁吕千户号双刀，一矢不虚发，贼败走，吕追之，恃勇深入，至一山湾，遇贼，死之。官兵俱溃，李隆所统者止余六骑，擂鼓招兵，力衰鼓绝。隆自鼓以继之，溃兵未集。贼望见山顶有甲兵百万，遂惊走，且掷还吕千户首以款追兵。李隆整兵守开化。白都司守马京街，贼夜斫营，虏之。都司姜洪战于严坑，贼先堰水以待，官军渡溪，则决水以截其后，都司、指挥、千户、百户皆为所虏。李隆竭力拒守。京军至，贼退归江西，合兵剿除之。

十四年，浙江镇守太监毕真初由宁藩宸濠贿赂权贵镇守江西，改迁浙江，实与濠定谋，将据浙响应。以江西部兵数百自随。至浙时，戎服入城，操弓矢，耀威武以詟服一方。入府衙，阴制盔甲兵器甚多，密与左右约，待濠起事，即应机举火焚城市。巡院三司如出救火，即投之火中。御史四川张淯知之，戒民间蓄水谨备，计不得施。濠败报至，真即拥所部奔逸出城，城门戒严不得开，市巷皆设兵固守，遂缚真械送京师，处以极刑。

嘉靖二年四月，倭船三艘译称西海道大内谊兴国遗使宗设入贡。越数日，倭船一艘使人百余，复称南海道细川高国遣使宋素卿入贡，导至宁波江下。时市舶太监赖恩私素卿重贿，坐之宗设之上，且贡船后至，先与盘发，遂致两夷仇杀，毒流廛市。宗设之党追逐素卿，直抵绍兴城下。我兵戒严，倭乃还至余姚，遂絷宁波卫指挥袁琎，越关而遁。时备倭都指挥刘锦追贼，战没于海。定海卫指挥李震与知县郑余庆并力固守，一日数警，而城卒无患。既而倭为暴风漂入朝鲜，国王李怿擒获中林望古多罗，械送京师，发浙江按司与素卿监禁候旨。法司勘处者凡十数次，而夷囚竟死于狱。倭奴自此惧罪逋诛，不敢款关者十余年。十七年五月，倭船三艘使僧石鼎周良来贡，朝廷复申十年一贡之例，责令送还正德以前勘合，更给勘合，遵照入贡。二十三年四月，使僧释寿光等百五十人来贡，验无表文，且以非期却之。二十六年四月，倭船四艘使臣周良等四百余人来贡，仍以非期发外海岙山停泊一年，期至方许入贡。十九年，福建系囚李七、许一等百余人逸狱下海，同徽歙奸民王直（即王五峰）、徐惟学（即徐碧溪）、叶宗满、谢和、方廷助等勾引番倭，结巢于郭衢之双屿，出没为患。巡视都御史朱纨调发福建都指挥卢镗，统督舟师，捣其巢穴，俘斩溺死者数百。余党遁至福建之浯屿，复帅镗剿平之。纨仍躬督指挥李兴帅兵发木石塞双屿港，贼舟不得复入。诸奸豪通番资易者，各以失利，口语籍籍。纨解官去，东南自此多事矣。二十七年，王直仍招集倭夷，联舟栖泊岛屿，与内地奸民交通贸易。时广东海贼陈四盼等自为一党，王直用计拼杀，叩关献捷，乞通互市，官司弗许。三十一年二月，王直令倭夷突入定海关，移泊金塘之烈港，去定海水程数十里而近，亡命之徒，从附日众，自是倭船遍海为患。是年四月，贼攻游仙寨，百户秦彪战死。已而寇温州，寻破台州黄岩县，东南震动。三十二年四月，贼薄省城，指挥吴懋宣率僧兵御之于赭山，力战，死之。贼陷昌国城，百户陈表持兵相拒，毙贼数人，死之。自是倭船至直隶、苏、松诸处登劫，皆依烈港王直为窝堵。参将俞大猷以舟师捣之，直复至倭岛。是月，复攻陷临山城。六月，寇嘉兴、海盐、澉浦、乍浦、直隶、上海、吴淞江、嘉定、青村、南汇、金山卫、苏州、昆山、太仓、崇明诸处，或聚或散，偏于川陆。凡吴越之地，所经村落市井，皆为丘墟，而柘林、八团诸处，胥作贼巢。三十三年二月，贼由赭山、钱塘至曹娥，涉三江、沥海、余姚，直走定海之王家团。复有盘据普陀山，焚劫海盐龙王塘、乍浦、长沙湾、嘉兴、嘉善诸处者，有攻直隶之昆山、苏州、松江诸城者，既又奔萧山，分寇临山、沥海、上虞，转攻嘉兴。官兵与贼战于孟家堰，指挥李元律、千户薛纲、宋应兰死之。又贼徒四十余突至百家山，百户赵轩、梁瑜战死。又寇沈家河、智扣山、黄湾诸处，都司周应祯战（死）。入寇蒲门壮士所乘舟遁出金山洋，突入松门关，薄于灵门台州。又贼二百余人登自海门港，直趋台州、仙居、新昌、嵊县，屯于绍兴柯桥村。又贼二千余人焚劫嘉善，广西领兵百户赖荣华战死。三十四年正月，领兵佥事任环与贼战于吴淞江采淘港，斩首二百余级，既而我军失利。四月，贼众四千攻围金山城，寇常熟（注一）。先是，徐惟学以其侄海（即明山和尚）质于大隅州夷，贷银使用。惟学至广东南岙，为守备指挥黑孟阳所杀。后夷索故所贷于海，令取偿于寇掠，至是海乃偕夷酋辛五郎聚舟结党，众至数万，入南畿浙西诸路，据柘林、乍浦，余众数千寇王江泾。巡按浙江御史胡宗宪令人载药酒诱贼，贼中毒，死者过半。仍督参将卢（注二）镗与总兵俞大猷统浙直狼土等兵大战，贼大败，斩首三千级。贼复一支走崇德以向省城，一支寇苏州、常熟，多内地通番奸民为之向导，常熟知县王铁与致仕参政钱泮俱为所杀。已复攻围常之江阴，连月不解，县乞援兵于府，兵不至，知县钱錞死之。贼复寇唐行镇，游击将军周璠迎敌，死之。别有贼九十三人，自钱塘白沙湾入奉化仇村，经金峨，突七里店，敌杀宁波卫百户叶绅。由甬东走定海崇丘乡，复折而趋鄞江桥，历小溪樟村，敌杀宁波卫千户韩纲。走通明坝，渡曹娥，时御史钱鲸便道将还慈谿，适与之值，遇害。已而过萧山，渡钱塘，入富阳严州，寇徽州之绩溪县。卢镗先以劲兵出油口溪扼之，贼奔太平府，渡采石江，道南京城下，京营把总朱襄蒋升被杀，城门昼闭。贼鼓行东掠苏州。复有贼千余，由掘泥山登犯观海、慈谿、龙山、定海县诸处。六月，复有贼数千自柘林走海宁，直抵杭州北关外，屯聚劫掠。时朝廷以御史胡宗宪有才略，可大任，遂进都御史，提督军务，与督察军务工部侍郎赵文华协谋，奏乞遣使谕倭王以弭边患，令生员蒋洲陈可愿充市舶提举以往。是年九月，贼徒二百余人登据舟山之谢浦。复有贼数百由海门登劫仙居、黄岩，官兵追之，贼奔奉化，走鄞江桥，出四明山，至绍兴之龛山，宗宪督参将卢镗帅梁高等兵击斩之。十一月，贼众二千余人乘舟遁出南汇口。复有攻犯温州、瑞安者，守备都指挥刘隆战死，随流劫仙居、天台，至嵊县之清风岭，宗宪督容美兵尽歼之。又有福建流贼由台、温至宁海，抵奉化之枫岭，敌杀慈谿领兵主簿毕清、义士杜文明；与象山流贼合伙，突过四明山，攻犯上虞，渡蛏浦港，寇萧山，壁于钱清。胡宗宪亲督兵备副使许东望等统麻阳土兵进剿，斩首五百余级。余孽复由诸暨出东阳、临海，至太平蒲岐巡检司，得舟而遁。三十五年二月，使夷生员陈可愿偕毛烈及夷商松柴门妙善等七百余人乘舟进泊于马墓港，自言直抵倭岛，遍谕丰州、马肥、前平、飞兰诸岛，悉已禁止寇掠。然无稽之语，漫不足信，开市之议，私相许诺，纳款请罪之表未至，而福州、直隶沿海告警者踵接。据夷商自日本来者，云，日本国主懦弱不制，诸岛各恃强争据，王直所窜即西海道，有丰前、丰后、筑前、筑后、肥前、肥后、萨摩、日向、大隅九州。其所称曰前平，曰马肥，曰飞兰，曰花脚踏，曰鸟渊，曰太村津，曰何马屈沙，曰他（家是）曰卒之毛儿，曰沉马，曰美美，曰空居止，曰通明，曰巨甲，曰庙里，曰日高诸处，皆筑肥丰州之地，总辖于丰后州王。大隅州悬隔一海，亦为听命。山口王居日向、萨摩之间，亦渐并于丰州王矣。九州入日本国越断港而东，水陆程途计经旬月，舟行而西仅五六日，而已入我浙江、直隶界矣。天朝颁赐勘合，贮肥后州，亦有贮山阳道周防州者，各道入贡必纳赀，请取勘合而行。频年寇边，实九州岛夷也。时徐海久据柘林、乍浦，是年四月，将寇南京浙西诸路，出嘉兴至皂林，遇游击将军宗礼帅骁骑五十人，突之，杀贼甚多。既而复战，死之。贼遂攻围巡抚浙江都御史阮鹗于桐乡，窘甚。时胡宗宪（注三）新受总督军务兵部左侍郎之命，旧兵不满千人，乃用计陷贼，围解。贼乃别遣夷船二十三艘，领众千六百，登劫鸣鹤场。又夷船八艘，贼众千余，登劫临山、三江。越数日，两贼合攻观海龙山城，突入慈谿县治，时县原无城郭，知县柳东伯负印而走，贼杀乡官副使王镕、知府钱焕，焚劫士民，极其惨毒。从丈亭港出，欲窥宁波府城。卢镗帅兵乘轻舟沿江上下，随贼向往，用鸟嘴铳击之。贼疑，退屯海口，据掠货财多所遗弃，贼后至者拾取之。是月，贼众五百余冲突南奔，将往福建，温州府同知黄钏领兵至分水岭堵截，被贼伏山谷中绕其后，杀之。贼遂趋莆田之广头登岸，流劫而西，复入浙境，据仙居县。时阮鹗始出自桐乡围中，宗宪檄咨鹗统督兵备副使许东望、参将卢镗、台州知府谭纶、指挥伍维等进剿，尽歼贼于仙居。又贼一支寇直隶江北扬州，又一支寇江阴、无锡诸处，所向焚劫。先是，赵文华督察军务复命，至是进工部尚书，奉敕提督军务，许以便宜行事，总领涿州、保定、河间及河南、山东、徐沛等兵南来。各贼闻大兵至，退遁常州桃花港，陆续出海洋去讫。时宗宪日与徐海对垒，数遣死士入海营中反间，海果缚其党陈东等八十余人乞降，宗宪计征兵且至，佯许之。及文华至（注四），遂与定谋进剿，大歼贼于沈家庄，徐海溺（死获），其尸枭示。于是辛五郎帅余党乘舟遁至烈港，宗宪约文华复用兵要击之，俘斩三百余，辛五郎与叶麻等囚至京师，献俘告庙，挫尸枭示。余贼据定海丘家洋，夜溃围逾桃花岭，渡李溪，走鄞之西乡，由元贞桥走奉化、宁海，与官兵战于台州之两头门，把总范指挥死之。遂从宁海走温州，至福建，得舟而遁。谢浦之贼移据吴家山，自秋及冬，屡攻弗克，胡宗宪督麻阳兵当岁除乘雪夜，袭破其巢，悉斩之。三十六年四月，贼寇直隶之通州、海门，突流扬州庙湾港，宗宪遣副总兵卢镗追击，冲沉其五舟，斩首四十余级。贼出东安县，复依船为巢，池河守御刘显将百人击破之，斩首百余级，余党遁去。七月，生员蒋洲与倭酋德阳左卫门善妙松柴门等五十余人乘舟进泊舟山，宗宪上其事于朝。九月，王直等亦偕夷商、水手千余乘舟进泊岑港，声言欲诣军门乞降，然而五旬不至。宗宪乃设间谍委曲谕之，直乃遣其养子王滶来见，仍遣之还。十一月，直乃桀然诣军门，遂执之，下按察司狱，上疏，得旨诛直于市，枭示海滨，妻子给功臣之家为奴。

《绍兴府志》

倭至绍兴城下，月余不能入，素卿匿于城西之青田湖，宗设求之不获，退泊宁波港，指挥袁进邀之，败绩。贼攻定海城不克，遂出。备倭都指挥刘锦追击于海洋，复败没。贼船去，被风漂一艘于朝鲜，朝鲜王李怿擒其帅中林望古多罗，械致京师。先是，素卿已下浙江按察司狱，遂下浙江并勘讯，久之，皆死于狱。十九年，闽人李光头、歙人许栋逸福建狱，入海引倭，结巢于郭衢之双屿港，出没诸番，海上屡警。二十七年，巡视都御史朱公纨遣都指挥卢镗等擒李光头，焚其营房战舰。六月，又擒许栋，贼渊薮空焉，而歙人王直收其余党为乱。三十一年，叩定海关求市，不许，遂移巢烈港，官兵袭之，移马迹潭。三十二年四月，贼萧显自平湖来，参将汤克宽邀击于鳖子门，破之。是月乙未，贼陷临山卫。已夜，参将俞大猷破走之。八月，贼林碧川等自崇明修船为归计，都御史王公抒度其必入浙，预令都指挥刘恩至、指挥张四维、百户邓城分为二哨，一自观海临山趋乍浦，遏其来；一自长途沈家门设伏，邀其去。贼果南遁，官兵与遇于普陀临江海洋，败之。十二月，贼寇沥海所城，千户张应奎、百户王守正、张永俱死之。三十三年正月，萧显败于松江，南奔入浙，镇抚彭应时御之，败死。贼进至海盐之二十里亭，参将卢镗追击，败之。贼由赭山遁走，止屯三江，历曹娥、沥海、余姚，挫于龙山，围于定海，困于慈溪。卢镗及刘恩至张四维、潘亨分道夹击，大败之，斩萧显。九月，林碧川、沈南山等率众自杨哥入，掠浙东萧山、临山、沥海、上虞；十月，寇观海卫。十一月，贼自仙居向诸暨，知县徐榧用赞画周述学计，鸣金鼓，发火炮，贼遂由山径入山阴境。至府城南，疑不敢入，乃往柯桥，遇乡民姚长子，贯其肘，使为导。长子绐之西，而密谓乡人曰："俟贼过某桥，若等急毁之，我死不恨。"遂陷贼于化人坛，四面皆水。总兵俞大猷、会稽典史吴成器各率兵奋击，怒剿之，斩首二百余级，贼竟杀长子。三十四年四月，松浦贼自钱仓白沙湾抄掠宁海，趋樟村，百户叶绅、刘梦祥、韩纲俱死之。遂至上虞东门外，烧居民房屋，渡江，遇御史鄞人钱鲸，杀之。至皋埠，兵备副使许东望、知府刘锡、典史吴成器各率兵围之。至夜，贼乘兵倦遁走。五月，杨哥贼犯余姚，省祭官杜槐率乡兵御之，斩酋一人，从贼三十二人，槐力竭死。既而贼犯鸣鹤场，卢镗击败之。松浦贼寇爵溪所，不克，进寇余姚。初，余姚后清门外有桥，先三日毁之。贼至，适潮涨甚，不能渡，望洋而叹。江南乡兵奋击之，贼去，寇三山所。把总刘进恩受院檄他部，甫离所一舍许，闻报，即驰还固守。霖雨，城圮数十丈，或劝朝恩突走，朝恩曰："世受国恩，今正报效之秋，岂可以事权去辄规避也？"遂躬捍圮所督战，复作木城障之，城上矢石如雨，不能中贼，朝恩曰："此幻术也。"投以生犬首，发矢中其酋，贯喉而毙，贼惊溃走，朝恩追斩数级。六月，杨哥贼自观海出洋，都指挥王霈等邀击于霍山洋，败之，沉其舟。是月，参将卢镗败贼于马鞍山新林，复追败于胜山龟鳖洋。十一月，松浦贼复自温州登海，历奉化，遂犯余姚，参将卢镗遇于丈亭，令所部兵能倭语者倭饰，绐贼曰："余姚兵盛不可敌，吾等宜南行。遂逶迤入四明山中。兹地险巇僻远，避寇者恒之焉，居民弗虞寇至，不为备，焚劫尤惨。时天大雪，镗尾其后，经历文某与接战于苦竹岭，副使孙宏轼又调奇兵，与战于析开岭，于翁家村，皆不能胜。至斤岭，余姚谢生军及之。谢生者，太学生，名志望，文正公曾孙也。捐家赀，募勇敢五百人，分三队，张左右翼御贼，酣战自卯至午，杀贼九人，射伤二三十人，矢尽力疲，犹奋呼陷阵。生貌美皙，贼意其帅也，丛刃杀之。会卢镗军亦至，复战于斤岭，于梁衕，贼少却，走龚家畈，复至上虞东门。河南毛葫芦兵迎战于花园，损二百余人，贼遂从北城外由百官渡曹娥江。余姚库生胡梦雷与从兄应龙、操六等，率乡兵邀贼，战于东关，死之。贼顺流而西。是时提督胡公宗宪方在浙西剿川沙之贼，移檄诸将，无力战者，乃身率大兵至。于是佥事李如桂、王询，指挥杨永昌，知事何常明，典史吴成器等并力追战于瓜山，又大战于三界。先是，许东望请以山阴人金应旸为赞画，团练乡兵千余人，宗宪又益以武生项益隆所领处州兵二百人，至是与贼迎战于五婆岭。时贼百余，官兵数千，见贼即走。处兵与贼血战，自辰至巳五十六人死于阵，而应阳手刃数贼，竟死之，贼亦被杀死十余人。是日，宗宪斩不用命者兵五人于五云门。翌日，贼遁丁村，卢镗追击之，斩首二十六级，贼大惧，以银物饵之，我兵溃。次日暮，何常明哨贼被杀。宗宪督兵次长山，闻报，大怒，拔剑欲自刎，李如桂夺剑救免。丙午，宗宪壁龛山之巅，卢镗以丁村功献，宗宪恐贼渡钱塘江也，促镗再战。镗曰："士疲矣，休养数日乃可。料兹贼须镗了，非兹毛头所能也。"宗宪佯诺，与山阴人故郎中王畿计之，畿密谕亲兵曰："尔等豢养久，未立战功，今贼将灭而诸将逗遛不进，且卢参戎以毛头目尔，尔能无耻乎？乘其不意袭之，贼可尽也。"众踊跃请效死，即令吴成器兼率以进，不数里，遇贼，死战，无不一当十，贼遂大败，循海而走，奔匿于龛山之坡下小堡内。我兵乘势围攻之。贼登屋掷瓦，瓦尽，继之以枪；枪尽，投刀；刀尽，乃下死守。我兵急攻破之，悉斩首以献。时日且暝，宗宪命取贼心啖之，选狰狞首级二十余颗置案上，每颗为饮一觥。暨晓，诸营方知破贼，相率入贺，宗宪谓镗曰："再迟一二日，何如？"镗大惭服。闰十一月，松浦贼复自温州南麂山来，至平阳之三港，守备刘隆、千户郑纲、百户张澄皆战没。贼遂趋台州，渐北向，欲与绍兴贼合。提督胡宗宪令天台以南，知府谭纶兵击之；新昌以北，容美宣抚田九霄兵击之，吴成器为先导。十二月乙未，贼抵新昌，焚民居，杀戮一二百人，屯醴泉。知县万鹏率民兵拒之，不克，贼亦去。闻绍兴贼已破，畏谭兵及土兵，犹豫莫定所往，至嵊之上馆岭，会容美兵陈而待：田九霄以正兵当其前，田九章援兵继进，左翼则留守王伦伏兵当之，右翼则经历毕爵伏兵当之，以一部诱贼出战。良久，伏兵起，左右夹击，而指挥吴江率部兵绕贼后，且多张旗帜为疑兵，贼四面受敌，遂大溃，且战且走，我兵追之，入清风岭，俘斩一百七十余。是贼之未败也，淞浦贼又有自福宁州来者，越平阳、仙居至奉化，与钱仓贼合，几七百人，入绍兴，势益滋蔓。田九霄既破贼清风岭，提督胡宗宪复命副使许东望、杭州府同知曲入绳同九霄往邀之，遇贼于西小江桥，仅隔一河。宗宪于马上自持一帜，作指挥状示之，贼止聚观，宗宪笑曰："此易与耳，若不顾而南，其气未可乘也。"即率兵渡河，九霄邀其前，入绳袭其后，贼见两兵夹至，大怖，走后梅，匿民舍，官兵围之三匝，纵火夹攻，死者甚众。周述学曰："贼至夜，必南逸，急设伏邀击。"山阴知县叶可成曰："西岭之巅可伏也。"从之。时值天雨，夜二更，大雾，咫尺莫辨。贼乘黑冲围，典史吴成器故善战，驱兵奋击，颇有擒斩。然脱走者众，果由西岭南遁。夜将半，岭畔伏兵起，贼惊溃，遂大败之，斩首及焚死者二百有奇。余奔太平蒲岐港，官兵追之，贼坚壁不出，乃夜逼垒，投以火器，贼惊起，自相攻杀。比明，乃遁出洋，得脱者无几矣。三十五年四月，贼周屹勾引丰洲贼数千人，自鸣鹤、临山、三江登掠。次日，合寇观海卫，弗克。寇龙山所，庠生李良民率兵御之，乃解去。掠慈谿县，时县无城，被害甚惨酷，知县柳东伯募都长沈宏举族御之，斩首数百级，贼遁。欲入掠余姚，卢镗遏之于丈亭，大败之。五月，贼分二支复入：一扰慈谿县，一攻龙山所，所中兵击贼数十人死，乃解去。卢镗复追败之，擒周屹，余党遁入五峙洋。八月庚寅，卢镗击苏常遁贼及宁绍余党至夏盖山三江海洋，与战于金塘、马墓之间，大败之，沉舟数十，斩首六百五十有奇。乙未，贼八百余至慈谿，据丘王二家为巢，进寇龙山所。参将卢镗、戚继光，副使许东望、王询各率部兵二千，把总卢锜等亦率部兵二千，游击尹秉衡率北兵三千，遇于鹰门岭等处，连战皆败。九月己未，提督阮公鹗亲督官兵来，稍稍破之。贼夜遁，鹗又督秉衡、锜追至桐岭，误中伏，贼夹击我，我兵大败，贼至乐清出海。三十六年十一月壬子，王直（注五）款定海关，执无印表文，称丰洲王入贡，且要求互市。先是，军门大臣以直为乱，因于徽州收其母妻及子，下金华府狱。后胡宗宪为提督，乃出之，给以美衣食，奉之为饵。会朝廷遣宁波庠生蒋洲、陈可愿充市舶提举，宣谕日本国王。宗宪因密谕令招徕王直。至是直来，宗宪已晋总督，列状上请，诏不许，命相机擒剿。宗宪奉诏，秘而不宣，驰驻余姚，以夏正为死间，谕直来见。直遣义子王滶及叶宗满先来，至余姚。宗宪盛陈军仪，纳其降，且与连床卧，因露诸将请战书十余通于几上，而含糊作寐语，大略欲全活直之意。然滶出，犹询城守具，察兵数，宗宪恐其逸去，乃命二人同往见按院藩臬，延缓之。又命直子澄以血书谕直，复发金帛间其党，直乃因夏正报曰："即归命，但部兵无统，欲得王滶摄之。"卢镗曰："以犬易虎，不可失也。"宗宪遣之。越数日，直不来，复命刘朝恩、陈光祖、夏正、吴成器、陈可愿往说之，且以夏正、娄楠为质，直乃入见卢镗于舟山中所城。宗宪驰至定海，直来见宗宪温语慰之，遂执送按察司狱，疏直罪状上请。三十八年十二月，得旨，斩于杭州市。

嘉靖三十一年，倭有犯吾境者，海氓徐经十持大梃踣其二帅，其首殊钜。三十二年，倭登自胜山港，掠第四门；四月，攻临山卫，陷其城。三十三年，倭大掠梅川、上林、龙泉等乡。三十四年五月，省祭官杜槐率乡兵御倭，斩酋一人，从贼三十二人，槐力竭死，邑城戒严。时黄山、后清二桥甚雄壮，乡荐绅以倭将至，议毁之，人犹二三，已竟拆焉。后清桥压没十余人，怨詈盈道。后三日，倭至，边潮涨甚，不能渡。江南乡兵遥为声援，不敢逼倭，列江滋间。邑募猎夫射虎者踞城楼上发弩，射中一人，其矢傅毒血，濡缕立死，倭舆尸去。其冬，倭复历奉化，转战至四明之斤岭。先是邑人以四明山僻，多避寇于此，倭猝至，各鸟兽窜，被祸尤惨。时太学生谢志望（文正公玄孙也）募勇敢五百人，分三队，张左右翼，御倭酣战，自卯至午，杀贼九人，射伤二三十人，矢尽力疲，犹奋呼陷阵。生貌白皙，倭意其帅也，丛刃杀之。生之客身拥蔽生而被杀者亦十数人。会参将卢镗兵追及，与倭战于斤岭，于梁衕，倭尽焚其庐舍，却走。已复由百官渡曹娥江，邑庠生胡梦雷与从兄应龙、操六等率乡兵邀战于东关，死之。三十五年，倭掠云楼乡之乐安湖，乘夜至城下，黎明西门将启时，倭执诸生王某为导，大呼寇至，急闭门拒之，倭亦引去，某竟得脱。是时死事雁门岭者则有邑庠生倪泰员。三十六年，总督胡公宗宪以贼由王直，设计招之，直先遣养子滶及叶宗满来见，宗宪驰驻邑城，纳其降慰，谕之，已果自至，倭患遂渐息矣（注六）。

《浙江通志》

余尝观志地里者必及其形势风俗，而两浙之地里，则议者又谓浙西宗杭，而严嘉湖为支郡。浙东一宗绍，而宁、台、温三郡为支；一宗金华，而衢、处二郡为支。盖习见赵钱都杭，勾践都会稽，隋唐置司金华，枝叶庇本之义也。若以天下大势观之，江浙地非上游，自古英雄起事，率非首务。但今财赋尽在东南，而吴越唇齿，未必非奸宄之所窥伺。杭、嘉、宁、绍、台、温六郡濒海，倭奴岛夷频年骚动，固当慎固封守矣。若南都宣、润诸处，天堑浩淼，实浙之屏蔽；衢严当闽、歙数道之冲，山岭险巇，实浙之咽喉。古称会稽、丹阳总属扬州，盖实相依倚者也。苟居多故之时，宣、润不守，衢、严不备，则乘间窃发，遂难支持。是故金元南下，驰骛江皋，长驱明越；方腊荷锄，奋臂横行杭婺诸郡。此皆前事之明鉴也。宋陈同父独谓杭城可灌，盖亦未之思耳。至若处州一路，高亢幽阻，兵临他境，若高屋建瓴水。且其地金毂所生，其人鸷猛好斗，乃穷栖根本之地，亦不可不先事而预防也。此两浙形势之大都也。

《贡赋志》

国朝两浙民数，自洪武迄兹百九十余年来，宜益滋殖。乃考今籍，户口土田不加多，赋役不加少，至于等则名色，又纷纠琐屑，不可尽识殚书，是何议民之详也。即今倭夷入寇，兵事倥偬，财用匮乏。夫财用匮乏，则征敛之名多；赋役繁重，则规避之弊巧。相因之势则然耶！闻诸人之言曰，田苦则多，赋苦名多。失实不均，长奸滋弊，失其次矣。苟废上中下三则，计亩均赋，约以布缕粟米力役之征，而尽废无艺，是或救弊恤民之一道。嗟乎！赋犹不均，况均田乎？名犹不定，况责实乎？羲黄邈矣，禹贡周官亦过，计乃若出入文网，涂民耳目，则诚无艺矣。

盐课

浙滨海而盐策兴，汉初吴王濞置司盐校尉于马嗥城，以煮海富。武帝时，始置盐官，法毋得私鬻。孙吴置司法都尉，构其利。唐置盐铁使，设场监于湖越杭州，岁得钱累十万缗。宋置都大发运使及提举官，设盐场于杭、秀、明、温、台五州，令商人输刍粟得盐，南渡后，属漕司。元置两浙都转运盐使。至元十四年，置司杭州。大德三年，置盐场于浙东西。至正二年，置检校批验所四于杭、嘉、绍、温、台。国朝仍置都运司，专掌盐政，增置嘉兴松江、宁绍、温台四分司，督盐课。又置宁波批验所，而分温台批验所为二，掌掣挚。又置盐课司于盐场，隶都运司者二：曰仁和、许村；隶嘉兴分司者五、西路、鲍郎、芦沥、海沙、横浦；隶松江分司者五：曰浦东、袁浦、青村、下沙、青浦；隶宁绍分司者十五：曰西兴、钱清、三江、曹娥、石堰、鸣鹤、龙头、清泉、长山、穿山、大嵩、玉泉、昌国、岱山、芦花，隶温台分司者八：曰长亭、杜渎、黄岩、长林、永嘉、双穗、天富南监、天富北监。场立官一人，大者二人。团立总催十人。凡为场三十五，为团五百有一，为丁七万四千四百四十有六。丁皆给滩荡，授煮器，率办盐一引，官给工本米石。引四百斤，岁得盐二十二万二千三百八十四引三百四十九斤二两。洪武十七年，易工本米以钞，引二贯五百文。二十三年，改办小引：丁岁十六引，盐工丁八引，余工丁四引，引二百斤，岁得盐四十四万四千七百六十九引一百四十九斤二两。边商中盐者，每大引输银八分，官给引目，支盐于场，率小引二而当大引一，引耗五斤，各为袋，场截其引角一而归之。已告验于运司，截引角一。已掣挚于批验所，又截引角一。盐过二百有五斤者，没其余。已鬻于限地，南止温处，西止徽信，北至镇江，西北止广德，其地之吏又截引角一，乃反引于官，官司诘禁如律。二十七年，复灶户杂役有差。永乐初，改令边商每大引输米二斗五升或粟四斗，边量米粟贵贱、道里近远险易以为引目。正统二年，并岱山芦花场于大嵩场。三年，遣御史巡督盐课，改令边商兼中淮浙盐，淮盐十八，浙十二；淮盐输米麦，浙盐得输杂粮。又用侍郎周忱议以灶去场三十里者为水乡灶户，不及三十里者为滨海卤丁，水乡丁岁出米六石，给滨海丁代煎。四年，复灶户税粮，毋远运（工本钞自此罢给）。五年，并昌国场于穿山，添设下沙二场、三场，置场官，岁办盐课，率以十八给商之守支者，曰常股，二贮场仓。

候边乏召中，曰存积，价存积重，常股轻。十四年，增存积盐为十四。景泰元年，遣侍郎清理盐法，改令水乡灶丁岁输米六石贮场仓，官为给滨海灶，又增存积盐为十六。二年，令商报中引目到场，迟一年以上者，即于常股盐内挨支。三年，罢巡盐御史，寻复遣。六年，运司同知黄彪疏罢水乡输米，仍煎盐。成化五年，户部疏令水乡灶丁岁办盐二引以上者输米四石，三引以上者米六石，并故所得草场，仍给滨海灶代煎。七年，定存积为十四，常假十六（至今因之）。十年，巡抚右副都御史刘敷以滨海逋课累水乡，疏改水乡盐引折银三钱五分，场各输于其长，运司会而输诸户部，备边用（此水乡输银之始）。十二年，诏核水乡荡价解运司（此草荡征银之始）。十八年，增置天锡沟场，置场官。二十年，御史林诚以廒盐多耗，疏令滨海灶盐并许输半价，浙西引三钱五分，浙东引二钱五分，岁十月输京师（此滨海本折色盐之始）。二十一年，增边商浙盐价，每大引输银一钱六分。松江府知府樊莹疏请以荡价抵水乡课盐之半，立荡户收之，余半于各县秋粮加耗余米带征，而丁尽归有司应民役（此州县包补水乡额盐之始）。弘治元年，侍郎彭韶疏减滨海折半盐价，浙西引输银三钱，浙东引一钱七分五厘。二年，疏鬻两浙余盐引价一钱四分（此本处卖盐之始）。又疏减水乡岁课引输银三钱，滨海岁课常股引输银一钱五分，存积输盐如故。三年，御史张文疏令滨海灶丁去场三十里内者煎办，三十里外者输银视水乡，浙西引三钱，浙东引二钱。十二年，废宁台二批验所。御史蓝章增余盐价引一钱八分。都御史王琼、御史邢昭继增之，引价二钱。正德六年，增边商浙盐价每大引输银一钱八分。八年，减余盐价，引仍一钱八分。九年，御史师存智疏请以本色引盐，即于两浙开中，引价三钱，盐贵则稍昂其值。批验所割没余盐，亦遂与商听输价：嘉兴批验所引五钱，温州二钱，绍兴四钱，杭州四钱五分，岁输于户部。凡商盐余盐及包束，不得过三百斤，违者没入之。嘉靖六年，增边商浙盐价，每大引输银四钱（引价于是极重）。七年，御史王朝用疏令滨海折色盐，水乡灶盐，引输银二钱三分七厘贮运司，而以二钱给商买盐，曰买补；三分七厘暨诸割没余盐价银，仍输于京师（此给商买补之始)。十一年,户部疏减甘肃浙盐价,每大引输银三钱。御史李磐疏均两浙给商出买补盐数,东西各九万九千三十引,其在温台者,兼支二万六千八十五引派如故。今为盐场仍三十有五,团仍五百有一,丁一十六万五千五百七十有四,率三人而输一人之课。滨海本色盐岁二十一万三千二十二引七十九斤二两有奇,中为存积盐八万五千二百八引一百九十一斤十两有奇,常股盐一十二万七千八百一十二引二百八十七斤七两有奇,折色盐岁一十二万七千三百四引一百八十三斤十五两有奇;为银三万一千七百六十六两七钱有奇,中为给商银二万五千四百七十两一钱三分有奇,解京银六千二百九十六两五钱七分有奇。水乡折色盐岁十万四千四百四十二引八十五斤十五两有奇,为银二万九千一百八十三两二钱九分有奇,中为给商银二万八百八十八两四钱八分有奇,解京银八千二百九十四两八钱一分有奇,草荡价银岁八千八百七十七两六钱九分有奇,余盐银以称掣多寡为算,无定额。

《通志论》曰:"尝谓义以生利,利以和义,故为政上者利民,其次不与民争毫末之利,以致大利,下者务自利。"予读汉《食货志》,观所称太公立圜法,管仲权轻重,周景王更铸大钱,退而考盐法之颠末,未尝不用怃然也。夫盐之为利,固王者所与百姓共也。谋国者以为加赋于田亩,不若取财于川泽,是故不得已专之。顾其始也,一引之值,为粟数斗,而其后或三倍焉。夫值廉,则市者众;市者众,则粟常积。故官无转输之劳,无寇抄之虑,而诸边富强。值高,则趋利者不赴;趋利者不赴,则粟常乏。故金币积于内帑,而塞下不得食,转输寇抄,官以为任而商不与其忧。其在缘海,盐积而不售,窃贩鬻以自给,则私盐之盗起，夫此岂非与民争毫末之利，遂以失大利哉？是故王者不言利，非恶利也，知害之有重于利也。商利之臣，其言非不可听也，其在目前非不足以为快也，然而其究未有能利者也。孟子曰："仁义而已矣，何必曰利？"呜呼，可与语仁义者，斯能明利害之实也夫！

《兰溪志》

三代之时；以盐充贡而已，官未尝榷之以为利也。自齐相夷吾，而盐利始兴；汉用桑、孔，而盐禁始重。其源一开，不可复塞。唐刘晏上盐法轻重之宜，令亭户粜盐商人，纵其所之，此商盐所由始也。郡一有常平仓盐，每商人不至，则减价以粜，官收厚利而人不知贵，此官鬻盐之所由始也。国朝有厂口支给之食盐，有客商中卖之引盐。

商盐　客商输粟于边，官给引目，支盐于场，任其货卖。然虑其私贩之为患也，特差御史一员往来巡视，而军卫有司皆有巡盐官员，鬻盐所在又有巡盐火甲，关津巡检又专为之盘诘，其禁治之严如此。又恐其旧引之影射而为弊也，故支盐出场，而经过关津，盐引有截角之法；卖盐既毕，而住卖官司，旧引有缴纳之例。其防范之密如此。

食盐　有司开具户口名数，今人赴运盐使司关支回县而计口给散，市民官吏则令其纳钞，乡民则令其纳米，各随所便。其后有司以关支搬运之艰，故其盐不复请给，而纳米纳钞，则仍其旧云。

《宁波府志》

国家开设盐司，匪直足国裕边，亦以惠养元元，法至一矣。其后课者不力，罔以给商，乃每引暂折银三钱以畀之，比之中纳利且数倍。成化间，巡盐御史林诚以为利归于商，孰若利归于国。奏以灶丁盐课一半征银解京，是谓折色；一半存场给客，是谓本色。夫灶户所业者盐耳，不征盐而征银，非私鬻不办，私鬻，则奸诡不可尽诘，网亦稍疏，而盐政自此坏矣。已而有巡盐应捕之设，意在禁奸饬法，而覆与奸商为市，是又益之蠹也。乃复断以期月，程其所捕不如数者，罚之出银以输岁算，其费非十倍役银不止。又况田野之氓，不习江海，率募市猾充之，被绐弄而空家室者十且八九，其害可胜言哉！谓宜复中掣之初规，严私盐之厉禁，罢免徭之役，岁以额编民壮定其班次与其期日，使之分番警捕，欺诡宜可少戢。即捕不如数，而罚银以偿，终不至如徭编之甚，而亦无负乎盐司之征矣。

《会稽县志》

两浙运司三十五场，灶丁十六万五千五百七十有四，岁办额盐四十四万四千七百六十九引一百四十九斤二两。而甘肃、宁夏、固原延绥、大同、宣府、榆林、代州等九边，边各置镇，镇兵多寡，所在不同，姑以每镇万人论之，必七千为主，三千为客。而镇台召商中纳，如满千引，必派七分为常股，三分为存积。甘肃险远，引输银三钱，其他八镇，引输银三钱五分。即前七百引，为银二百四十五两，又分而三之，中取二分贸米，一分贸草豆，实之边仓以给主兵，而商则赍引到场，挨次守支。常股之盐，尚余存积三百引，则与守支异目矣。必临调官兵，然后召商中纳，其价独重，易粮给兵如前，而赍引到场，得越次先支，此国初法也。成化以后，渐亦难行。如商引合支常股，而本场独有存积；合支存积，而本场独有常股。既不得通融，复不许更煮。又或盐积而商久不至，则耗盐；商至而盐久不出，则病商。于是当事者疏请合计全浙灶丁与九边报中引目，不论常股存积，悉议征银于灶丁，引二钱三分七厘，总输于运司。商至，引给银二钱一分八厘，随得返边报中，环转不休，而引目仍听其转贸徽浙内商，令内商得以自贸灶盐，初法尽改矣。

万历十八年两浙巡盐御史韩介通额引疏

臣查行盐之地，大概不过分上中下三则。其地不产盐，又去场最远，此私贩绝迹不到之地，是为上则。行盐甚易，派引原自不少。其地虽不产盐，而去场少近，私盐往往出没其中，是为中则。行盐稍难，派引亦不及上则之半。然而统谓之引地，虽其近派额数或有敷有不敷，卖销或有前有不前，而要之有司责也。严私贩，则官引通；官引通，则额销足。一申饬之力，不必另议。独是下则地方，或坐落斥卤之乡，或附近煎熬之所，家家户户，买食私盐，即律亦谓老幼军民在所不禁。以故其地派引多不过几百，少不过几十。而又有派票不派引之地，盖票盐较引盐为贱，去私盐之价不甚低昂，行之颇便。臣查直隶如嘉定、青浦、靖江等县，浙江如嘉、秀、崇、永、乐、平等县，皆派引原少，俱宜以行票之法，兼疏引目。如嘉定一县，昔派三四千引而卖销不前者，近经臣稍示通融，该县土商遂攘臂争先，愿领销引一万二千。虽见在议行，然民乐贱恶贵，情可概见。官盐一贱，则孰肯不食官盐，而必冒禁触法以食私盐乎？是所以使私贩不禁而自绝，官盐不疏而自通之一法也。然此惟宜通融行于下则附近盐场，原不便于行引之地。若朝东暮西，倏忽移易，则奸人必且乘机射利，泛滥引界，其为盐法之蠹，将又甚焉。相应严行申禁，引地止令通融一处，无令援入别境，违者仍以私贩究问。

会稽亭户煎盐法：以海潮沃沙暴日中，日将久，刮碱聚而苫之。明日又沃而暴之。如是五六日，乃淋碱取卤，然后试以莲子；每用竹筒一枚；长寸许，取老硬石莲五枚纳卤筒中，一二莲浮，或俱不浮，则卤薄不堪用，谓之退卤，莲子取其浮而直。若三莲浮，则卤将成；四五莲浮，则卤成可用，谓之足莲卤，或谓之头卤。然石莲试以卤，取最后升者为足莲，足莲乃可验卤。有无足莲者，必借人已验莲卤，较莲之轻重为之，然后为审。（闽中之法，以鸡子桃仁试之，卤味重即正浮在上，卤薄则二物侧浮，与此相类。）凡煮盐，编竹为槃，中为百耳，以篾悬之，涂以石灰，才足受卤，燃烈焰中，卤不漏而盘不焦灼。一盘可煮二十过，近亦稍用铁盘。

《孤树裒谈》

国朝（注七）班户口食盐于天下，而岁收其钞，曰户口钞，盖以盐课钞也。今盐不班已数世矣，而民岁折银钱户口钞如故，天下咸病，于是然无一人言于上者。祖宗之良法美意不得推行，而末流之弊，又不得停止，良可慨夫！

《钱塘县志》

陈善曰："筑塘之患有二：曰估价太廉也，责成太亟也。往者万历乙亥，塘决六和塔之下数百丈，命人修筑，予尝一至其地，询诸工匠，每石一块，止银八分，每人一工，止银二分。夫官以廉直而觅工，人以刻期而供役，故事图苟完，不为久计，所筑之塘，惟用烂石草草叠成，不实以土，潮水一至，寻筑寻圮，其何以善厥后哉？必也，于近堤浅沙之上，立荡浪木桩数百千以捍之；而其叠砌之法，不恤工力，务为远图。多委廉干之吏，分投察视，或编立字号，各任其责，所任已完，更番代换，毋令其久役思归，怠于将事。至于桩木，必须易杉以松，庶可永久。而又仿宋人捍江兵士之意，每岁编置巡江夫数十名，令其往来察视江塘，少有倾颓，即加修治，庶乎修理及时，而工力可省；显患既弭，而隐忧亦消，百世可久之策也。"

《西溪丛语》

旧于会稽得一石碑，论海潮依附阴阳时刻，极有理。不知其谁氏，复恐遗失，故载之。观古今诸家海潮之说者多矣，或谓天河激涌（葛洪潮说），亦云地机翕张（见洞正二真经）。卢肇以日激水而潮生，封演云月周天而潮应。挺空入汉，山涌而涛随（施师谓僧隐之之言），析木大梁，月行而水大（见窦叔蒙《涛志》）。源殊派异，无所适从；索隐探微，宜伸确论。大中祥符九年冬，奉诏按察岭外，尝经合浦郡（廉州），沿南溟而东，过海康（雷州），历陵水（化州），涉恩平（恩州），住南海（广州），迨由龙川（惠州），抵潮阳（潮州），洎出守会稽（越州），移莅勾章（明州）。已上诸郡，俱沿海滨，朝夕观望潮汐之候者有日矣（汐潮退也）。得以求之刻漏，究之消息（消进息退），十年用心，颇有准的。大率元气嘘翕，天随气而涨敛；溟渤往来，潮随天而进退者也。以日者，众阳之母，阴生于阳，故潮附之于日也；月者，太阴之精，水乃阴类，故潮依之于月也。是故随日而应月，依阴而附阳，盈于朔望，消于朏（敷尾切）魄；虚于上下弦，息于辉朒（女六切。朔而月见东方也），故潮有小大焉。今起月朔夜半子时，潮平于地之子位四刻一十六分半。月离于日，在地之辰，次日移三刻七十二分。对月到之位，以日临之次，潮必应之。过月望复东行，潮附日而又西应之。至后朔子时四刻一十六分半，日月潮水，俱复会于子位。其小尽，则月离于日，在地之辰，次日移三刻七十三分半。对月到之位，以日临之次，潮必应之。至后朔子时四刻一十六分半，日月潮水，亦俱复会于子位。是知潮当附日而右旋，以月临子午，潮必平矣；月在卯酉，汐必尽矣。或迟速消息之小异，而进退盈虚，终不失其期也。或问曰："四海潮平皆有渐，惟浙江涛至，则亘如山岳，奋如雷霆，水岸横飞，雪崖傍射，澎腾奔激，吁，可畏也！其涨怒之理，可得闻乎？"曰："或云，夹岸有山，南曰龛，北曰赭，二山相对，谓之海门。岸狭势逼，涌而为涛耳。若言狭逼，则东溟自定海（县名，属四明）吞余姚、奉化二江（江以县为名，一属会稽，一隶四明），侔之浙江，尤甚狭逼，潮来不闻涛有声也。今观浙江之口，起自纂风亭（地名，属会稽），北望嘉兴大山（属秀州），水阔二百余里，故海商舶船，畏避沙潬，不由大江（水中沙为潬，徒旱切），惟泛余姚小江，易舟而浮运河，达于杭越矣。盖以下有沙潬，南北亘连，隔碍洪波，蹙遏潮势。夫月离震兑，他潮已生，惟浙江潮水不同；月经乾巽，潮来已半，浊浪堆滞，后水益来，于是溢于沙潬，猛怒顿涌，声势激射，故起而为涛耳，非江山浅逼使之然也。”

《宁志备考》

宁城之南，亘于东西者，曰捍海塘。唐书《地里志》曰，盐官海塘长一百二十里，开元时重筑（曰重筑，则前此有筑可知，但无可考）。昭宣帝天祐四年秋八月，吴越国筑捍海石塘，时钱镠为吴越国王（曰石塘，则前此所筑未必皆石，石塘当自是始）。宋孝宗淳熙四年，临安府筑海塘。是年九月，海塘为潮所冲，坏二百余丈，事闻，诏筑之（按史止言临安府，不言某县，然府属之受海患者，惟仁和盐官，而盐官尤剧，法不得遗盐也）。宁宗嘉定十二年，盐官海失故道，潮冲平野二十余里，至侵县治，芦洲港渎及上下管、黄湾、黄岗等盐场皆圮，蜀山沦入海中，聚落田畴，几失其半，咸水淹及四郡。时守臣上言，盐官旧去海三十余里，无海患，故盐灶颇盛，课利易登。去年海水忽涨，横冲沙岸，每一溃裂，辄数十丈，日复一日，芦洲港渎，荡为一壑。今潮势深入，逼近居民，万一春水骤发，怒涛奔涌，海飓佐之，呼吸桑沧，百里之民，宁不俱葬鱼腹乎？况京畿赤县，密迩都城，内有二十五里塘，道通长安闸，上彻临平，下接崇德，漕运往来，客船络绎。今海水入塘，两岸田亩皆被淹没，及今不治，恐里河堤岸久之亦必溃裂。乞下浙西诸司，条具筑捺之策，务令捍堤坚壮，土脉充实，庶不复罹前剧。诏从之。嘉定十五年，都省臣上言，盐官海塘冲决，上命浙西提举刘垕专任其事。垕上言，盐官东接海盐，西距仁和，北抵崇德、德清，境连平江、嘉兴、湖州，南濒大海，原与县治相去四十余里。数年以来，水失故道，早晚两潮，奔冲南北，遂至县南四十余里尽沦入海。近县之南，原有提海古塘，亘二十里，今东西两段，并以冲毁，侵入县治两旁，止存中间古塘十余里。万一水势激荡不息，不惟盐官一县不可复存，而向下地势渐卑，恐咸流沿漫，将苏、秀、湖三州等处田亩皆不可种植，其为害非独一邑也。详今日之患，大概有二：一曰平地陆沉，一曰咸潮泛溢。陆沉者固无力可施，其泛溢者，恒因捍海塘冲损，每遇大潮，必盘越北注。今亟宜筑土塘以捍咸潮。其所筑塘基，南北各有两处：在县东近南，则为六十里咸塘；近北，则为袁花塘；在县西近南，亦曰咸塘；近北，则为淡塘。尝验两处土色虚实，袁花塘、淡塘差胜咸塘，且各近里，未至与海潮为敌。势当东就袁花塘、西就淡塘修筑，庶可御咸潮之盘溢。其县西一带淡塘，连县治左右，共五十余里，合先修筑。若县南去海一里余，县治民居尽在其中，幸古塘尚存，此何可弃之度外也？今将现管桩石，就古塘加工，筑垒一里许，为防护县治之计，其县东民户日筑六十里咸塘。万一又为海潮冲损，则前功尽弃，当计用木石修筑袁花塘以捍之。上诏可。

元世《修塘总纪》

盐官州治旧去海岸三十里，有捍海塘二，后又添筑咸塘，在宋时亦尝崩陷。至成宗大德三年，塘岸崩，都省委礼部郎中游中顺（一曰诏礼部尚书游）暨本省官相视，会虚沙涨，虽于施力，议中寝。至仁宗延祐之已未、庚申间，海汛失度，累坏民居，陷地三十余里。时省宪官共议，宜于州治之北，添筑土塘，然后筑石塘，东西长四十三里。未几，沙复涨，议复寝。至泰定即位之四年二月，风潮大作，冲捍海小塘，坏州郭四里。杭州路上言，与都水庸田司议，欲于北地筑塘四十余里，而工费浩大，莫若先修咸塘，增其高阔，填塞沟港，且浚深近北备塘濠堑，用桩密钉，庶可护御。江浙省准下本路修治。都水营田司又言，宜速拨丁夫，堵闭水冲入处，其不敷工役，于钱塘、仁和及嘉兴等附近州县诸色人户内斟酌差倩，不则沦没不已，旦夕诚为可虑。工部议："海岸崩摧，重事也，宜移文江浙行省，督促庸田使司、盐运司及有司发丁夫修治，毋致侵犯城郭，移害居民。"五月五日，平章秃满迭儿、茶乃、史参政等奏言："江浙省四月内潮水冲破盐官州海岸，令庸田司官征夫修堵，又令僧人诵经，复差人令天师致祭。臣等集议，世祖时，海岸尝崩，遣使命天师祈祀，潮即退。今可令直省舍人伯颜奉御香，令天师依前例祈祀。"制曰："可。"既而杭州路又言："八月以来，秋涛汹涌，水势愈大，现筑沙堤塘岸东西八十余步，造木柜石囤，以塞其要冲。本省左丞相脱欢等议，要置石囤四千九百六十，抵御冲啮，以救其急，拟比浙江之石塘，庶可为久远计。其工料用钞七十九万四千余锭，粮四万六千三百余石，接续兴修。"致和元年三月，省臣奏："江浙省并庸田司修筑海塘，作竹籧篨，内实以石，鳞次垒叠，以御潮势。今又沦陷入海，见图修治。倘得坚久之策，移文具报。臣等集议，比重事也，旦夕驾幸上都，分官扈从，不得圆议。今差户部尚书李家奴、工部尚书李家宾、枢密院属卫指挥青山、副使洪灏、宣政佥院南哥班与行省左丞相脱欢及行台、宣政院、庸田使司诸臣，会议修治之方。合用军夫，除戍守州县关津外，酌量差拨，从便添支口粮。合役丁力，附近有田之家及僧道也里可温答失蛮等户内点倩。凡工役之时，诸人毋或阻坏，违者罪之。合行事务，提调官移文禀奏施行。”有旨从之。四月二十八日，朝廷所委官暨行省台院及庸田司等官议：“昔大德、延祐间，欲建石塘，未就。泰定四年春，潮水异常，增筑土塘，不能抵御，议置板塘，以水涌难于施工，遂作籧篨木柜，间有漂沉。欲踵前议，垒石塘以图久远，为地脉虚浮，比定海、浙江海盐地形水势不同，由是造石囤于其坏处垒之，以救目前之急，已置二十九里余，不曾崩陷，略见成效。庸田司与各官同议，东西接垒石囤十里，其六十里塘下旧河，就取土筑塘，凿东山之石以备崩损。”文宗天历元年十一月，都水庸田司言，八月十日至十九日，正当大汛，潮势不高，风平水稳。十四日，祈请天妃入庙，自本州岳庙东海北护岸，鳞鳞相接。十五日至十九日，海岸沙涨，东西长七里，南北广或二三十步或数十百步，渐见南北相接。西至石囤，已及五都修筑捍海塘，与咸塘相远，直抵岩门障御石囤。东至十一都六十里塘，又东至大尖山、嘉兴等三路所修处海口。自八月一日至二日，探海二丈五尺。至十九日、二十日探之，先二丈者，今一丈五尺；先一丈五尺者，今一丈。西自六都仁和县界赭山、雷山为首，添涨沙涂，已过四都、五都盐官州郭东西二都，沙土流行，水势俱浅。涨沙东过钱家桥海岸，原下石囤、石柜并颓圮，水息民安。于是天历二年，遂改盐官州曰海宁州。

国朝永乐六年，海宁县海决，陷没赭山巡检司。九年秋，诏修海宁海塘。先是，工部上言，海宁、仁和二县，风潮溺死居民，漂荡庐舍，坍塌城垣，请发军民修筑。诏许之。自是工役起，是年冬十一月，塘成，合仁、宁二县，计修筑者万一千一百八十五丈。

十一年夏五月，大风潮，仁和县十九都、二十都皆沦入海。诏兵部侍郎张某往筑海岸，役军民十万，计浙东西诸郡俱为骚动，死者载道。三年间费不啻十万，而患率如旧（按实录是年止言仁和，但仁宁二县接壤。是时修筑，宁必与焉。观十六年之遣祭于宁不于仁；又云为屡被潮患，连年修治迄无成功，则大较可知矣。故并录之）。

十六年冬十一月，诏保定侯孟瑛、礼部侍郎易奠祭海神于海宁。时濒海诸县，屡被潮冲，连年修治，迄难底绩，故有是命。既祭，后患颇息。

十八年，通政使岳福上言："今岁仁和、海宁二县夏秋霖雨，海潮泛涨，塘之沦入海者千五百余丈，赭山、岩门山旧有海道，今皆淤塞，故潮势愈猛，患滋大，请亟修筑。"诏从之。

成化七年闰九月，工部侍郎李颙奉命来宁祭海神。

十二年夏，浙江守臣上言，杭、嘉、绍三府海宁、海盐等县海塘，冲坏数多，亟宜修治。部议令各府先以在官物料支用，不足，则于附近无灾处所移借协济。诏从之。

十三年二月，海宁县海决，时潮水横冲，一溃数仞，逼荡城邑，濒海之祠庙庐舍器物、沦漂略尽。县官上其事于府，府上之镇巡，因命采石临平、安吉诸山。初用汉捷絙法不就，乃断木为大柜，编竹为长络，引石下之，泛滥乃定。仍作副堤十里，以防泄卤。一时富民，争相赈施，凡七越月而役竣（按郡志云，成化间海宁潮水直逼城下，知府陈建议开支河筑内堤于以泄水捍冲，疑即此时也）。万历三年夏五月，飓风大作，海啸海盐及海宁，宁民溺死者百余，漂房屋二百余间，塘圮，咸水涌入内河，坏田地八万余亩。时县官估计应修塘凡二千三百七十八丈，计修筑工料银应五千二百二十八两。四年九月，会知县苏湖新莅任，巡抚徐拭察其才可任事，遂以塘付之。湖定议以五年二月十三日筑工，至四月而役竣，计费才一千九百七十六两。

崇祯元年七月二十三日，海啸海宁，杀人无算。是日午前，风日清朗，才过午，狂飓猝发，雷雨如注。申酉间，忽报海啸。登城望之，见潮头直架树杪，庐舍荡析，濒海居民有举家毙者，有一家十九口止存二者。延至夜半，风涛稍杀。厥明，县官出勘，城东西被灾者凡四千余户，横尸路隅，殆不忍见云。事闻于朝，议修筑海塘。时县令谢绍芳属衙官张瑞杰董其役，张第以修河塘法从事，未几，潮啮之，旋筑旋圮，逾年，绩弗成。于是三台卑临相视，议工费，抚按会题宁邑履亩加赋一分，合计之得九千余金，而道府捐助，又各有差，于是郡丞刘元瀚奉台命来董其役。

陈善海塘议曰，海宁县治南濒海，海之上郎塘，塘距城仅百步，东抵海盐，西抵浙江，延袤百里。塘西南有赭山，南与龛山对峙，夹为海门，是为海潮入江之口，说者谓海涛浩瀚，至此束不得肆，辄怒而东回。及其回也，又有石墩山以障之，则益怒，而于是东西荡激，害乃中于宁。查宁邑旧志，塘之外（注八）有沙场二十余里，沙场之内，有棱地草场桑拓枣园一百六七十项有奇。乃今悉荡入海，孤城若块，万姓如鱼。脱更内蚀，沧桑之变，在转盼间，凛乎危哉！宋元以前勿论，我明自洪武至万历，海凡五变五修筑矣。永乐九年，海大决，保定侯孟瑛奉命，征九郡之物力，历十三年而始奏功。嗣后成化甲午，弘治壬子，嘉靖戊子，迄今万历乙亥，海或溢或决，塘随筑随圮，虽劳费不如永乐之甚，公私亦既骚然。夫海决宁邑而役及九郡者，何也？宁地于吴为陲，于越为首，地形最高，故俗谚相传谓吴江塔巅与长安坝址并。有如宁海一决，注之列郡，如建瓴然，则障宁者，即所以障列郡也。万历五年春，巡抚徐公按治宁，海多溃阙，为之骇诧。因与水利陈公诏翕谋合虑，察县尹滇南苏公可属大事，即以其役委之。苏亦毅然身任，阅三月而役竣，修坍塘一千六百六十三丈，筑新塘三百二十丈，其费公帑止一千九百余金，亦可谓事半而功倍矣。然余更有说焉。海宁之塘，与海盐异。盐塘有大患，亦有大利；宁塘似无显患，而实有隐忧。盖盐塘有内河可开，故潮势至此，既为分杀而引其流，更能使草场悉为膏腴，是大患弭而大利兴也。若宁塘逼近城郭，无内河可开，幸潮势缓于盐耳；设一旦海啸，直薄邑治，其为隐忧可胜道哉！闻宁邑额设捍海塘夫一百五十名，每岁编派役银三百两，为之令者，诚加意海防，每遇潮汛，即遣官巡视；稍有倾圮，即委廉能吏领银修筑，毋令涓涓不止，此亦撤桑之计也。万一天祐宁民，塘十年无恙，则银之积益富，纵兴大役，亦不必派及平民矣。至如筑塘之法，余窃有取于海盐。乙亥之决，海盐为甚，其修筑也，造完前坍石塘七百五十丈及原欠石塘八十三丈二尺，修砌半坍石塘一千七百九十二丈，筑旧土塘二千二百一十六丈，筑新塘七百一十丈五尺，新开内河白洋三千三百九十五丈。而其为费也，始计之，谓非三十万不可，及抚台徐公亲行海上，命有司详估价值，曰十六万足矣，众乃哗然骇其太简。及工告成，费止十万余金，减原估五万四千有奇。是徐公之施德于浙民大也。至其虑湍激之为害也，有荡浪木桩以砥之；虑其直薄堤岸也，为斜阶以顺之。其累石也，上则五纵六横，下则一纵二横，石齿钩连，若絙贯然，即百计撼之，其能摇乎？修宁塘者，诚一准海盐新塘之式，是则一劳永逸之计也，安得任事若徐、苏二公者与之筹海事哉？

按陈先生议，其言宁塘之利害与盐异，似也；而其所以异，则非也。宁城之逼海者在南，而盐城之逼海在东，余三方皆实地，皆有内河可开，安在海盐之势可杀，而宁独不可杀哉？余窃谓盐之患大，宁之患小。盐东面距海，塘自北而南，潮则自东而西，涛头直冲塘肋，故塘易圮而为害剧。若宁则南面距海，塘自东而西，潮亦自东而西，涛头直冲龛赭海门，宁特其经行处耳。当经过时，遇旁有隙窦，自然不免渗入，盖隙窦之引潮以入，非潮之决塘以入也。此宁患之所为小于盐，而其为力亦易于盐者也。乃当事者动忧金钱不继。夫宁自严尹宽建议后，额设海塘夫一百五十名，年储投银三百两为修筑费，亦既著为令矣。倘能以此三百金随时补缉，小有溃决，即图敛塞，亦何至一溃不可支者？如有力者负而趋，曾无分毫及塘何？乃今一议工役，非请给上司，则加派编户，盖塘不修而民以海病，塘修而民又以塘病，此其故难言之矣。而说者曰，戊辰之变，安见宁患之小于盐？夫戊辰之变，虽十仞之塘，弗能御也，是岂由人力哉？宋神宗熙宁元年，诏杭之长安、秀之杉青、常之望亭三堰，监护使臣并以“管干河塘”系衔，常同所属令佐巡视修固，以时启闭，从提举两浙河渠官胡淮请也。长安三闸，绍圣间，提刑鲍公请筑，累沙擺木为之；后坏于兵火。绍兴八年，运使吴公请易以石。迨绍熙二年，提举张公重修，设闸兵百二十人为额，居处有屋，车注有具。崇宁二年，又于闸旁易民田以浚两澳，环筑以堤。其后澳岸毁坏，居民侵之，兵额亦复废缺，遂失旧制。嘉定元年，岁饥，邑令潘景夔曾建议复澳之旧，而费大役广，议卒中寝

（图经）。光宗绍熙元年，盐官令陈恕修筑二十五里塘，塘在县西北，由县治达长安镇，旧因河流决溢，两崖倾圮，甚为民病，恕募民浚河，即以其土筑岸，视旧加广一丈，加高二丈，以石甃之，遂无崩决，民号为耳棠堤。宋绍圣中，浙部水溢，诏赐缗钱议赈。时两浙转运使毛渐上言，钱不可继，宜亟治水。乃按钱氏有国时故事，起长安堰至盐官，彻清水浦，决其水入于海（按清水浦今不知何处，渐亦不知宋何帝时人，姑录郡志附于宋末）。元顺帝至正十年，海宁州达鲁花赤当住、知州张光祖修长安三闸。长安旧有两澳，环筑以堤，上澳九十三亩，下澳一百三十二亩，水多则蓄于两澳，旱则泻注于三闸。入元，澳为民所侵，庸田司命住与光祖修复之。西河灌田议曰："杭州城北上塘濒河田，由仁和抵盐官，昔称千顷，今益数十倍，而地高水下，常若旱。自先贤放湖入河，引河溉田，而岁始登（先贤谓白苏二公）。"陈善治河议曰："海昌父老尝为余言，邑中水利，计修治者，在先审河之浅深、塘之险易与笕闸之坚瑕，惟兹诸河，硖石深，九曲深，园花之东、长安郭店之南皆半深。运河浅，二十五里河亦浅，市河尤浅。故园花自转塘以上，长安自坝以下，郭店自镇以下，运河二十五里河皆田漕两病，是所宜亟复者也。其塘则园花固，新塘固，六十里塘亦固；而运塘旋筑旋决，其势险，淡塘咸塘，并海尤险，更宜为之计久远；撤桑之虑，不可一日忘矣。"

《北新关志》

建置　前主事高凌汉曰，弘治前，船税之收者，钱与钞。正德间，船税之收者，则折银也。北新关在正德以前，船料输户部者，不过三四千两；商税发布政司者，亦不过四五千两。初未有余银解之南部。弘治六年，诏淮安、扬州、杭州钱粮少处，南京户部各差官一员，照彼中则例，每钞一贯折银三厘，每钱七文折银一分。当时法简税少，不伤民之心，亦不尽官之法。解不必如旧额，收不必有羡余，铨部亦不以此考殿最。自后冒廉名，希最迁，求倍旧额以解，著为定例，有增无损，作俑者可尤也。

则例　王廷干曰，闻之龚茂良有言，法本无弊，而例实败之。法者，公天下而为之者也；例者，因人而立以坏天下之公者也。昔日之患，在用例破法；比年之患，在因例立法。故法常宽，例常靳。用例破法，其害小；因例立法，其害大。今观则例中色目太多，取民已甚，似亦因例立法者。欲概有所蠲，则恐妨经费，如更请畸零折估，尽捐以予民，是亦宽分受赐之心，于国计民生，未必无少补也。许天赠曰，三代取民皆什一，独不为征商例。汉武帝商缗有算，则例之始矣。然例贵适均，若漫以己意轻重其间，多取以自封，或例所不载，必牵合使无遗算，独不哀我惮人，亦可少息乎？近行例以百一，其凡可按籍而稽，然间有重者三五十分税一，若红黄铜、胶枣之类是也；轻者三五百分税一，若绢、草席、锡箔之类是也。前主事奚世亮曾为改定，第减不任德，而增反丛怨，人情何厌，势不能久，则信乎任事之难矣。窃谓裒多益寡，此称物平施之义，即身府辜功，亦何足避？敢附所见以质后之君子，当必有斟酌而通行之者。荆之琦曰，则例之名，起于周官经治之成，汉家决事之比。而以定商税，则自宋艺祖之榜务门始，我明会典亦具载焉。是皆虑赇吏旁侵，防奸驵诡免，不得已而立之平，俾无骫于绳之内耳。然则缘物定，例与时迁，用日加诎，则例日加繁，而例外之例，复有比例焉。

今日之比，后日之例，更以一时权宜，执为数岁常额，而商立槁矣。夫税出于商，而船料所出亦商也。且税出产，税行货，税住卖，总一物值，而输于官者宁止百一，此岂立法初意哉？愚谓税从重者，可比例增收；则税从轻者，亦可比例蠲免。小船免矣，负贩小商独不可免乎？零寸蠲矣，畸零折估独不可蠲乎？今国步多艰，大农仰屋，廷议且资饷各关，何敢遽议裁损？要于则例之中，常存宽恤之意，通于情与法之间，度本末而立之衷，是亦催科中抚字也。

人役　主事奚世亮人役议曰："本关人役，有无工食而徒役其身者，此辈岂皆知礼义，重廉耻，宁甘心冻馁而不忍去哉？其玩法害人所必至者，故余自到关，有一名工食，始留一人着役，其余无工食者，皆尽去之。"

课额　七税课司局，原额岁钞二百三十八万八千八十贯九百八十一文。国初俱收本色钞，解京存留未有定制。宣德四年，本关初立，亦取本色船钞，解送内府交纳。正统七年十一月，令商税钞存留给官军俸。成化元年，税料俱钱钞中半兼收。弘治元年六年，钱钞改收折银，本关岁料，约计银四千余两。十年，复收钱钞。正德元年，奉例每商税钞一贯，折银二厘。七司局岁钞，共折银四千七百七十六两一钱六分一厘九毫六丝二忽。六年，本关兼收商税原额，并羡余银两，仍发布政司收贮。嘉靖二年，始以商税余银解本部。八年，船料钱钞改解折色。二十二年，始解钱钞余银，以后额课岁增，本部酌各年之中，计一年船料买钱钞银四千七百五十四两三钱八分九厘二毫五丝，余银一千五百六十四两八钱一分七里七毫五丝。商税原额银四千七百七十六两一钱六分一厘九毫六丝二忽，附余银二万三千八百七十九两八钱八分七厘九毫一丝，共银三万四千九百七十五两二钱五分六厘八毫七丝二忽，著为额。继因兵燹，稍损于旧。迩年以来，渐逾志数，然亦不可为准，其解存互有因革。嘉靖二十三年，令船料量征折银解送南京工部，帮助铸钱之用。二十八年，户部题准船料本折递年轮流征解。三十三年，议支船料折银一半，解南京工部铸钱。三十四年，题奉钦依存留商税余银之半，备本省兵饷。四十年，议留船料折银，赈济直隶饥民。四十三年，令商税余银尽解户部接济边储。隆庆元年，令船料尽数折银解部济边，各路费俱于余银内支给，近行杭州府收解量议裁减。

万历二十六年，奉户部札付，议加兵饷银一万两，候东征事竣停止。本年增解税料银六千两。至二十八年，每年共解四万二千两有零。复因添设税监，奉抚按二院会题，东征所增六千两尚在未免，议充内臣额数，抵助大工。又据商民告困，每正银一两认加四钱，完纳本关类解，遂加带征税料并海税、糖靛、月票、牙侩，岁增二万一千七百两。三十九年，主事黄一腾仍有羡银增解税料七千余两，每年四万九千七百两有零为额；其带征自四十二年内奉恩诏减免三分之一。自此止征解一万四千四百六十六两六钱零。天启元年九月二十一日，为钦奉明旨，广集廷臣会议辽饷。军国大计在此一举，恳乞圣明乾断力行事，奉户部札付，加原额一半，增银二万两。天启六年五月初一日，为遵旨会议事，奉户部札付，议增银二万两。崇祯元年十月内，题为军饷维艰等事，每两加羡五分，增银四千两。二年五月内，题为会议，已经宸断事，每两加羡五分，增银四千两。三年三月内，题为遵旨酌议措饷未尽事宜事，每两加羡二钱，增银一万六千两。七年十二月十六日，题为酌增榷额以补旧饷之缺事，奉户部札付，每羡余银两加银六分，增银六千二百四十两。至此始有十一万二百四十两之额矣。

钤辖 杭州为税课司局者七：杭州府税课司，在省城内洋坝头，去分司东南二十里，城内商货所聚；江涨税课分司，在武林门外，去分司东南十里，路通北新河，水陆冲衢；城北税课分司，在省城艮山门内，去分司东南十五里，地通水门上河，亦商货出入之地；城南税课分司，在凤山门外，去分司东南三十里，通闽、广、江西、徽州、浙东等处；横塘临平税课局，在仁和县临平镇，去分司东北四十五里，路通省城长安，亦一大镇；西溪税课局，在钱塘县西溪留下，去分司西南三十里，通余杭等处；安溪奉口税课局，在钱塘县安溪镇，去分司西北三十五里，通余杭、嘉、湖各府。旧属之府及县，自弘治七年，属本关兼管。正德六年，行本关主事监收。隆庆二年，敕各司局官听本关考核，各衙门不得差占，妨废职业。为所者二：杭州府批验茶引所，在钱塘县城南上隅二图洋泮桥，去分司东南三十里；城南河泊所，在钱塘县城南下隅二图浑水闸，去分司东南三十里。今奉钦依，将杭州府批验茶引所事务归并杭州府税课司兼摄，城南河泊所事务归并城南税课司兼摄。司局之外，又有三小关：东新关，属仁和县一都七图，去分司之东南八里。北通海宁、苏、松等处，南通省城。商船自长安镇入者，过此关而至省城，自回回坟、艮山门、陆家场、德胜坝等区出者，过此至长安镇。设关以稽查商税，兼收船料，过此则为城北务税课分司矣。板桥关，属钱塘县调露乡，去分司之西北一十里。西南通临安、余杭等县，东接大关省城，北通嘉、湖、苏、松等处。旧为女儿关，隆庆元年，该员外郎钟君道查修各关栅，勘得板桥委系总路，若于此立栅，则杨家、老人等桥直至余杭一带，俱免钉桩，比女儿关为便，遂改差官解于板桥关收钞，而钱粮亦稍增焉。观音关，属钱塘县调露乡，去分司之西南五里。通余、临、于、昌等四县。旧时商货从此出者，与守关人役交通，指以进大关税过为名，一概混过。近议另设免票，有票可查，方与放行。各差官看守桥门，仍置木栅以防走漏焉。许天赠曰，按官制，天下税课司局凡四百六十余所，其所收钞，皆存留为官吏旗军俸钞之用。盖以通钞法而纾民力，其与古之供王膳服者奚异？杭州府及仁、钱二县所属七务课司局，西安二溪僻在山野；岁入有限，临平虽名为镇，亦止通长安一路；独环城内外，商贾辏集，设四税课司，可尽商利。但司局之外，有小关；小关之外，有各桥门。增一关，则启一害；役一人，则生一蠹。彼司局官吏及守关人员岂皆知法禁，重廉耻？加以巡拦总小甲之属，率包替积棍而委之以收钱钞，验票由，司启闭，欲不欺公玩法，得乎？故或索照票常例；或发过客行囊；或与脚夫党结，僻径偷挑；或与船户扶同，晓夜包送，隐匿者恣脱，报纳者被留。奸弊百出，不可胜计。呜呼！下之纵简，常视上之宽严。惟包揽者、冗滥者、需索卖放者，痛治以法，虽不能尽绝弊端，庶几少儆，即商民之利多矣。语曰："治道去泰甚。"愚于关政亦云。

区行　关法旧有区行。区者，照省城内外，小河驳运船只起科；行，则牙人报名给票，为商货贸易者也。大明律私充有禁，各区行始赴关告帖焉。许天赠曰，前主事高君凌汉论本关船料，正德以前，岁折银仅三四千两，所征料止船之出入本关者而已。乃其后将城河驳运船及诸牙人皆输钞，而区行之名始立。嘉靖初年，钞尚少，课亦稍增。今岁料六七千两，而区行一千六百余两，已居四分之一，其于国课不为无裨矣。总而计之，区船一千二百余只，行户三千五百余名，每名季钞少者仅二三十贯，查核稍不至，则经收、管数、催征诸役，并得侵渔为奸，故记籍必明，上纳必稽，给票必审，庶可绝诸弊。且区钞责纲首，其办纳为便，独行户四散，或居山僻之乡，或在浙直之界。夫有司止征一州县钱粮，犹往往逋负，矧部臣督收于政令不及之地乎？窃意省城行肆，未必人人办钞，何必远求？莫若立为定制，限以道里。市镇在百里内，许牙行不时告认，其余隔属地方，一切停罢，可也。催征之法，附关定立行首，稍远责诸保人，庶亦省事之一端欤。

《余杭县志》

本朝田土，多因前代旧籍，自是有官田、职田、没入田、府县学田、废寺田、祗候等田，山地荡亦如之。洪武初，令各处荒闲田地，许诸人开垦，永为己业。所谓地无不耕之土，而民用足矣。今将官民田地名品、等则，通具于后，使人知所始也。

官田　籍没之田，官募人耕租者。国朝以前皆有之；又开垦荒田；官湖田，俱为官田。洪武初，宣城等府减半征收，余畿外州县皆全征。职田。品官职分之田，孟子曰：“卿以下必有圭田。”隋开皇间始名职田。宋天圣间，诏罢天下职田，寻复之。至绍兴间，职田纳产钞若干，则田已召募民间耕租矣。没官田，籍没之田。宋绍兴间，人户田产不上砧基簿者皆没官；国朝凡民间有犯法律后籍没其家者，田土合拘收入官。废寺田，宋大德五年，朱熹知漳州，请以废寺闲田召人承买，不惟田业有归，亦免租税失陷。国朝废弛寺观遗下田庄，令各该府州县踏勘，悉拨与招还无业者，为废寺田。

府县学田，宋天圣五年，建府学田。大德五年，增县学田。朱熹奏乞学田召人承买。绍兴六年，余杭进士叶置等状请佃到本县止戈乡潘维正官田八顷七十三亩，许佃户承买，指挥纳钞入官。国朝府县学田租税，此也。

白云宗田。元仁宗朝，台臣言白云宗总摄所统江南为僧之有发者，不养父母，避役损民，勒还民籍。延佑六年，中书省臣言白云宗总摄沈明仁强夺民田二万顷，私赂近侍，已奉旨追夺，清汰其徒，还所夺民田。大德十年，罢江南白云宗僧录司，汰其民归州县，僧归各寺，田悉输租。畏吾儿田，元太宗时，畏吾儿国来归。至元二十七年，抄收色目畏吾儿人户。今国朝称畏吾儿田是必得罪没入之田也。财赋田，元置财赋提举司，立籍财赋佃户。国朝称财赋田，此也。站田，元立站赤户，以富民充之。又立站铺，以贫民充，国朝称站田，此也。弓兵田，宋建炎间，置诸县弓手。元设弓兵以防盗，验民户丁田多寡，立定额数。国朝称弓兵田，此也。铺兵田，元设铺兵，先以富民充役，后民有规避差发者罪之。国朝称铺兵田，此也。祗候田，元中统五年，每户限田四顷，除免税以供铺马祗应。今国朝称祗候田，或起于此。旧有田，前代田旧有之名。国朝复业人民，丁少而旧田多者，不许依前占获，止许尽力耕垦为业。户绝田，户内丁口尽绝之田，前代尝搜括逃绝田产，召人租种。嘉佑二年，诏天下没入人户绝田，募人耕收。宋隆兴元年，人户抛下田屋，如有归者，依旧主业，出二十年无人归认，亦依户绝法。国朝户绝田，多类此。重租田，豪右之田，平时尽意加租一石，抄没入官，其簿籍租税，即为原额。杂地，杭志有杂产，今杂地恐类此。白地，元中统五年，诏凡种田者，白地每亩输税三升。绍兴间，括民白地钞。《金陵志》有白地房廊钱。今国朝白地恐即此类。官山，宋孝武时，官品第一第二，听占山三顷，其余照品第有之。亦有没入官山。国朝官山租税，恐多类此。

盐粮课钞皆始于南唐，此额外之征，非正赋也。官不能自卖，而俵散抑配之法行，计口以课盐钱，望户而征盐米。宋元因之。迨至国朝，盐亦官给，计口征米，以充边储。天顺间，市民罢米折钞。今盐无可支，民之输纳者如故。又盐米随秋粮上仓，不无带耗之征；盐钞逐户碎收，难免指丁之害。弘治间，都御史张公缙尝知本府，深究此弊。后巡抚南直隶，作支移之法，就于该年均徭里甲内带审，不过十大户出银抵补，足以祛一邑之弊，此一策也。若乡民盐口，原额不过一万六千二百八十一口，使任凭里书，不照原额，逐户逐丁科派，害岂胜言哉？如得照依正统年间知县郭南所奏，将秋粮拨剩余米，存留在仓，抵补别项税粮，免其重征，则先王惠养之政，通变之术，莫过于此。若再十年一次编定；设有消长，量为增损，惟在不失原额。户给小票，以凭收照，宿弊永可除也。愚领志事，悉意搜研，稽政问俗，得其弊源如此，不可不直书云。

附注

注一：《崇德志》，是年正月，贼入崇德。

注二：布政胡松纪，文多不录。

注三：时胡中丞奉命代张督府，经甫八日，麾下卒仅三千及参将宗礼所部河朔兵八百人。急檄河朔兵屯崇德，自引兵屯塘栖，阮中丞鹗入保桐乡，礼与裨将霍贯道帅骁骑五十人突出，杀数十倭，已而大呼众力战，复击杀百余倭。礼令严肃，自崇德至皁林，不及炊，兵饥疲，为倭所乘，遂没。倭乘胜围桐乡，督府收兵还省城，用邑人吕纲言，希周归安茅塞副坤计遣辩士下海论王直，直遣养子毛海峰款定海关谢罪；督府因遣海上华老人说海降，海怒，将斩老人。而所幸王夫人故倡也，名翠翘，曾居海上，识华老人，为之请，得解。华老人归，具为督府言状，乃更遣罗中书诣海说降，阴贿王夫人，令从臾之。海遣人谢，因要督府犒而释桐乡围。

注四：茅坤纪剿见《宁攘录》。

注五：田汝威《王直传》。

注六：倭事见《浙江通志》（六十卷），当与《殊域周咨录》并看。

注七：《吉安志》，国初计口支盐，计盐征米。今盐不复支，而纳钞如故，民亦曰之而不知也。

注八：县志，海去县十里。赵维寰言，万历丁巳至宁城南，见沙涨三十里许。天启乙丑，再至，海逼城下仅百步。丁卯戊辰，沙复涨十里许。及崇祯己巳秋，十里沙堤不半月忽荡尽，潮复逼城下。然戊辰之七月二十三日，海啸杀人无算，是时沙堤十里，宛然无恙，而卒无救于宁，则沙之有无，亦何关利害乎？

天下郡國利病書（二）

〔清〕顾炎武 著

全本点校

團結出版社

图书在版编目（CIP）数据

天下郡国利病书 / (清) 顾炎武著. -- 北京：团结出版社, 2024.3

ISBN 978-7-5234-0254-2

Ⅰ. ①天… Ⅱ. ①顾… Ⅲ. ①中国—地方志—明代 Ⅳ. ①K290.48

中国国家版本馆CIP数据核字(2023)第127426号

出版：团结出版社

（北京市东城区东皇城根南街84号 邮编：100006）

电话：(010) 65228880　　65244790 （传真）

网址：www.tjpress.com

Email：65244790@163.com

经销：全国新华书店

印刷：北京印匠彩色印刷有限公司

开本：145×210　1/32

印张：106.5

字数：2389千字

版次：2024年3月　第1版

印次：2024年3月　第1次印刷

书号：978-7-5234-0254-2

定价：680.00元（全五册）

目录

江宁庐州安庆备录

江宁府

南京

都城

六朝旧城，近北覆舟山，去秦淮五里，至杨吴时改筑，跨秦淮南北，周回二十里，近南聚宝山。皇明定都，大建城阙。城之域，惟南门、大西、水西三门因旧，更名聚宝、石城、三山。自旧东门处截濠为城，开拓八里，增建南门二，曰通济、正阳。自正阳而北，建东门一，曰朝阳。自钟山之麓，围绕而西，抵覆舟山，建北门，曰太平。又西据覆舟、鸡鸣山，缘湖水以北，至直渎山而西八里，建北门二，曰神策、金川。西北括狮子山于内，雉堞东西相向，建门二，曰钟阜、仪凤。自仪凤迤逦而南，建定淮、清凉二门，以接旧西门。而周九十六里，外郭西北据山带江，东南阻山控野。辟十有六门：东六，曰姚坊、仙鹤、麒麟、沧波、高桥、上方；南五，曰夹冈、凤台、驯象、大安德、小安德；西一，曰江东；北三，曰佛宁、上元、观音，周一百八十里（《京城图志》）。

皇城在都城内之东，钟山之阳，前与正阳门直对。正南门曰洪武，内曰承天门、端门，端门之北有左右阙门。洪武之东曰长安左门，西曰长安右门。东近北曰东华门，内曰东上南门、东上北门。西近北曰西华门，内曰西上南门、西上北门。北曰玄武门，内曰北上东门、北上西门。近子城东曰左阙门，西曰右阙门（《京城图志》）。

大内六门：正中曰午门，左曰左掖，右曰右掖，东曰东安，西曰西安，北曰北安。午门之内大殿之前曰奉天门，左小门曰东角，右小门曰西角，东西隅有东西角楼，东角之南曰左顺门，门之南曰文渊阁，西角之南曰右顺门。奉天门之内大殿曰奉天殿，东曰文楼，西曰武楼，殿之左曰中左门，殿之右曰中右门。大殿之后曰华盖殿，华盖之后曰谨身殿。由左顺门入东曰文华殿，由右顺门入西曰武英殿。谨身之后为乾清宫，宫后曰坤宁宫，又二殿曰柔仪、春和（《京城图志》）。

旧内在都城内大中街，元南台地也。国朝取建康，始宫于此。

天地坛在正阳门外之左，初建圜丘、方丘于中都洪武门外之东，分祀天地。按《京城图志》云：圣祖宸断，以王者父天母地，无异祀之理，乃建坛于此，合而祭之。以仁祖淳皇帝配享，左右列坛，以日月星辰、岳镇海渎、风云雷雨、山川太岁、历代帝王、天下神祇、城隍之神从祀。每岁以正月中旬行郊礼。自是年谷顺成。

社稷坛在端门之右社街门之内，亦圣祖谓五土生五谷以养民，乃合祭于一坛。

太庙在端门之左庙街门之内，初设于中都皇城内。

龙江坛在金川门外。《图志》云：国朝新建，为行幸出师，亲王之国祀于此。

功臣庙在鸡鸣山南，祀国朝开国元勋，功在社稷、泽及生民者。

孝陵在南都外城内钟山之阳。懿文陵附于其侧。

长安左门之南，列宗人府，次吏部、户部、礼部、兵部，至工部而止。后设詹事府、翰林院、太医院。长安右门之南，列中军都督府，次左军都督府、右军都督府、前军都督府、后军都督府，至太常寺而止。后设通政司、锦衣卫、钦天监。列鸿胪寺、行人司于长安右门之西。以刑部、都察院、大理寺为三法司，设于太平门之外。以国子监为成贤之地，设于鸡鸣山之阳。光禄寺、尚宝司、六科，禁官也，设于禁内。以太仆寺典牧，设于江北之滁州。五城兵马指挥司防捕之官，设于都城之内外。三十七卫，散设于都城之中。其隶属诸司，不详载也。

棕园、漆园、桐园并在钟山之阳，园各植万株。初海运作海舶，防倭作战舰，所需甚繁，故植之，免取于民。

花果园在城南，姜菜园散在城隅，香稻田、番麦厂并在城东，以享庙。

靛园在城西北，红花地在城北，供丝染。

鲥鱼厂、冰窨在城北，临大江，以充时贡。

琉璃窑、石灰窑并在城南，石土厂在城北，红土厂、竹片厂、砖厂、瓦厂并在城西，以备工作。

黄船厂、宝船厂、拨船厂并在城西，以充运载。

苜蓿园在城东，以处牧放。

职官

都御史五人（北台四人，南台一人）：**总督漕运兼巡抚一人**（治淮安，国初舳舻侯朱寿、航海侯张赫领海运，又置漕运使。永乐中，罢使职，专命武臣总之。景泰间，始命尚书或右都御史或侍郎、副佥都御史，总督漕事，兼抚淮、扬、凤、庐、徐、滁、和七郡。以侯伯充总兵官，挂漕运印，兼镇淮南，锦衣指挥充参将，协同。近都御史或惟副佥，总兵惟都督，参将惟都指挥者），**总理粮储兼巡抚一人**（治京府，统制太平、池、徽、宁国、安庆、广德、松江、苏、常、镇江，兼理浙西杭、嘉、湖税粮），**总理储赋一人**（近巡抚治，专督三十六卫军储出纳，及浙江、江西、湖广、直隶刍谷），**督治江防一人**（即南台治，见《戎备总志》），**总理河道一人**（治济宁，以工部侍郎兼都御史总理漕河，自仪真直抵卫河。近或无工部衔者）。

监察御史十有一人（北台五人，南台六人）：**巡按郡县三人**（一治太平，按六府一州；一治泗州，按四府三州；一治苏州，按四府），**提督学校一人**（治都城内，按畿内郡县诸学，以作多士），**治鹾法一人**（治扬州，察鹾奸，禁私贩），**治屯田一人**（南台任之，察诸卫屯种之弊），**清戎二人**（无常任，多以南台任之），**江防二人**（以南台分治，一治安庆，一治镇江。见《戎备总志》），**监储一人**（以南台者督治凤阳诸郡仓储，近监催）。

户曹主事五人：**监督三人**（一治徐州洪厂，一治淮安清江厂，皆北曹；一治浦子城，以南曹者任之），**榷税二人**（一治扬州，一治苏州浒墅，皆设关，征算商船料钞，岁输于京）。

刑曹主事一人：**司理一人**（治淮安，理督漕台院之刑）。

工曹郎中一人、主事七人：**总理漕河一人**（治高邮，非定治也，以郎中任之），**漕艎厂一人**（治淮安，司造艎料），**治洪闸四人**（一治徐州洪；一治吕梁洪，治漕艎之险；一治沛县监闸，皆北曹；一治淮安板闸，兼算商船料钞，以南曹者任之），砖厂一人（治仪真，江南造城，砖积于此。每公私船过闸坝，计船为多寡，借运于京师，以南曹者任之），榷木税一人（治芜湖，取商木之税，岁输于京，近以南曹者任之）。

按察分司治畿内者四人：浙江按察副使治兵备兼治水利一人（治太仓州），山东按察副使治兵备一人（治徐州），河南按察佥事治兵备一人（治颍州），江西按察副使治兵备一人（治九江，并见《戎备志》）。

南京宫殿

南京新宫，吴元年作。直洪武门，门当辇道，设櫼木，止车骑中突，进之设下马牌，则大明门。循皇城而北，长安左右门。其直大明门曰承天门，门内左太庙，右社稷坛。庙门左右，皆樊松竹杂灌，内庑左右，各有井亭、左右角门。过石梁明庭，上须弥座，座凡三重，皆可路。庙九楹，檐际皆有网丝，中设灵座，南向一，东西向各三，皆设灵衣。后寝殿各有灵床，床左右悬灯，床前素壁，壁前各设方木椅，藉黄褥，列以裳衣，椅麓设履。庙左神宫监、社稷坛，按五方色，自前门入，北有行礼殿、具服殿。其直承天门曰端门。进至午门，两观雄丽，俗称五凤城楼也。左置钟鼓，下承以砖堙，高皇帝御枪及他锁子革纸铠甲在架。楼窗缭丝，日映其上，尤夺目。傍为左右掖门，进之三殿。奉天殿直午门，大朝会之所，有东西角门，中左、中右门，两庑左文楼，右武楼。奉天门外两庑，曰左顺门、右顺门，后文华、武英二殿。中华盖殿，后谨身殿，进之乾清宫，又进之坤宁宫。

初，大内填燕尾湖为之，地势中下，南高而北卑。高皇帝后悔之，二十五年，《祭光禄寺灶神文》曰："朕经营天下数十年，事事按古有绪，维宫城前昂中洼，形势不称，本欲迁都。今朕年老，精力已倦，又天下新定，不欲劳民，且废兴有数，只得听天。惟愿鉴朕此心，福其子孙，云云。"皇城自长安左、右门北，又东、西安门，北玄武门。

吴人黄省曾尝记大内，略曰：循城之东，经八宝库、古今经籍库、东华门内，观太孙宫、东宫之前多梅，宫各有宝座龙床，床皆五彩雕镂，前阶三梁以上，凡宫隔以弄壶。入文华门，殿制颇小，西观奉先殿，殿亦有灵床座，如太庙寝室，以岁时荐享，不在是，多尘。又观兴庆宫之前除，积水几尺，宫内藏衣扇等物，箱千余，各系标牌，有彩金龙凤红箱七八座，列于中。又观大善殿在小城之上，由左门入北转上，至南殿，有网丝门凡六，云圣祖览诵之所。其后有石假山，下通石梁、石山、钩阑。下山循而入，为望江楼，高际霄，已不可梯。楼后为九五飞龙殿，间凡九，除多萱草，底宫有天宫，壁藏佛龛。转至内花园，中有亭，亭四面，各有五色琉璃石台一座，可以登游。台峙玲珑古石各五，中峻次卑。台之两崖，各函石缸二，缸水清，烛须眉。园内多梅、竹、松、柏，百卉俱足，晶莹特异尘世。又观西宫，栿以黑金为之，往往用马。宫后有御用厨灶，为铜砖所叠。宫间五，中设沉香宝座，两间门相对，门叠虎头于楔上，各有龙床，床各含小床，可以周回布席，床面朱华格眼，或剔地起突，云龙盘凤。宫之前，窗皆四斜，球文格眼，或龟背罗文叠胜，门钮皆络膝红金为之。左右箱宫凡十四。又左右翼十二院，院各宫三间，左右为房，房有壁箱八，朱龙金凤为饰，皆左右启。傍屋三间为厨，咸铜灶。厨北有小屋三间，厨前石井宫除。前又殿五间，中有沉香宝座，座有金椅，左右有龙床。出宫是为棕殿，鸱吻檐脊，皆棕所成，四周为格，凡四十，壁粘黄绫。又经武英殿至大庖，大庖祭器皆木，色咸朱。凡祭，列于红几，几上咸刊定荐物品位，祭则携几以往，由西华门西上门以出。

旧内城，六朝旧都，元之南台，当京城中，国初驻此。吴元年，作新宫于东城，接钟山之麓，右珍珠桥，历竺桥，南出大中桥（古白下桥），入秦淮，西达三山门。

谈迁《枣林杂俎》曰：崇祯中，太监刘若愚著《酌中志》，有大内规制，已尽宸居之概矣。今孙侍郎北海《春明梦余录》间本刘氏约之，予又为删润焉。

《吴谭》　范守己

《汉书》吴县云，南江在南，东入海，扬州川；毗陵云，江在北，东入海，扬州川；芜湖云，中江出西南，东至阳羡入海，扬州川。是孟坚所谓三江也。今案南江即娄江，在昆山县南；中江即宜兴之西九水，与溧阳、高淳、当涂水相流通者，今筑东坝绝之，使不东下矣；北江即扬子江。《禹贡》云，三江既入，震泽底定。意或指此。盖震泽所包者广，凡扬州之湖陂俱是，不独言太湖也。今人以专太湖为震泽，而谓吴淞为南江，娄为中江，白茆为北江，误矣。

《后汉书》云，震泽在吴县西，后名具区泽。案《周官职方氏》，扬州薮曰具区，川曰三江，浸曰五湖。则泽自泽，湖自湖，明甚。《尔雅》云，吴越之间有具区。郭璞曰：吴县，南太湖也，是以太湖为具区矣。岂震泽即太湖耶？若尔，则扬州之薮，即扬州之浸矣。多草木曰薮，多水曰浸，合而一之，可乎？

郭璞曰：太湖中有句山，山下有洞庭穴，潜行水底，无所不通。今谓之包山。又谓洞庭山，误矣。

郭璞曰：阳羡县有张公山，洞密有二堂。今宜兴东南有张公洞，予与韩克一曾入其中，信为瑰奇，然不知孰为二堂也。县西北又有善卷洞者，上下二重，若堂室然，岂璞以善卷为张公耶？

《越绝书》曰：毗陵县南城在荒地，上湖中冢者，季子冢也，名延陵。《皇览》曰暨阳乡。今案季子冢在江阴县西南，不知汉时毗陵城在今何地，去其冢当不远。今谓武进为毗陵，误。

吴越之地，秦置会稽郡，治吴县，领县二十六，北至曲阿、丹徒，南至富春，东至鄞、句章，西至阳羡、乌程。西汉因之，项羽杀会稽太守殷通，在今吴县。后汉顺帝时，移会稽郡于山阴，以其地置吴郡，割富春、余杭以北十三县，属之丹阳郡，汉初为故鄣郡治。故鄣郡在安吉州北，武帝更名丹阳，移治宛陵，领县十七，东至句容，南至黟、於潜，西至芜湖，北至江乘，内有丹阳县，不知今何地。晋改为丹杨，以城西有山多赤柳故，当不在句容东也。唐置丹阳县于丹徒东，不知何据，考之，乃古曲阿县地。孙吴割会稽、丹阳地，置吴兴郡，治乌程，其临安、余杭、武康、於潜、故鄣、安吉皆属之，与吴郡、丹阳，谓之三吴。

丹阳郡旧有石城县，《汉书》云，县有分江水，首受江，东至余姚入海，过郡二，行千二百里，是汉时江水曾分流东南入海也。未知何代湮塞尔，其县不知在今何地。案《晋史》，建业秣陵江乘属丹阳郡，石城属宣城郡，则非今石头城可知。今谓石头城为石城，误。

故鄣郡，汉初所置，高帝封吴王濞，王会稽、豫章、故鄣三郡，是也。武帝元封二年，改故鄣为丹阳。《汉书》原无秦置字，范晔《后汉书》妄云，秦鄣郡，武帝改名。盖见鄣郡上有故字，遂谓非汉郡。不知故鄣自是县名，汉高以之立郡尔。故鄣县在今安吉州境内，古鄣地也，非谓故时之鄣县。《晋书》承讹，遂大书云，秦始皇并天下，置鄣郡，大误。案秦分天下为三十六郡，无所谓鄣郡者。刘敞谓故鄣非郡名，亦未是。

陈沂《金陵图考》云，秦并天下，以金陵地属鄣郡，改楚金陵邑为秣陵县，及东游会稽，过吴，从江乘浦渡，置江乘县，皆统于鄣。鄣郡不详治所，志云，在石头城地，史载吴兴郡西，金陵本吴兴西境也。案孙皓割会稽、丹阳地，置吴兴郡，治乌程，领十县，西北至于潜、故鄣、安吉而止，距金陵不啻四百里，谓金陵为吴兴西境，可乎？史谓吴兴郡西，正指故鄣县，非石头城也。

《文献通考》云，吴主孙权初镇丹徒，谓之京城，后都于秣陵，改为建业。《金陵图考》亦云，建安十三年，孙权领丹阳郡，自宛陵还治秣陵，改秣陵为建业郡，在淮水南。案《吴志》，建安五年，曹公表权为讨虏将军、会稽太守，屯吴。九年，权弟丹阳太守翊为左右所害，以从兄瑜代翊。十四年，刘备表权行车骑将军，领徐州牧。十六年，权徙治秣陵。明年，城石头，改秣陵为建业。是权未尝领丹阳郡，亦未尝镇丹徒也。徙治秣陵，为建安十六年事。

宜兴县有东九水、西九水，居人不识其义，加“水”为“氿”。郡县志、《水利考》诸书，俱作“氿”字。案“氿”音轨，侧出泉也，岂得音九？《汉书·地理志》云，北江从会稽毘陵县北东入海，中江从丹阳芜湖县东北至会稽阳羡县东入海，南江从会稽吴县东南入海。《水经》及《荆州记》云，江出岷山，至浔阳，分为九道，东会于彭泽，经芜湖，名中江，东北至南徐州为北江。《金陵志》云，中江旧经溧阳州界，今永阳江，亦名九阳江，在州西北三十五里，即其遗迹。前汉《地理志》、桑钦《水经》皆云，出芜湖县西南，东北至阳羡入海。开元间，蒋日用作《宜兴城隍记》云，此县南压中江，风波不借，云云。景福三年，杨行密将台濛作五堰，拖轻舸馈粮。其遗迹在溧阳界银林、双河东坝之地。苏东坡奏议云，溧阳县之西有五堰，所以节宣九阳江之众水，直趋太平州芜湖。后之商人，贩卖簰木，东入二浙，以五堰为阻，因给官中废去。五堰既废，则宣、歙、金陵九阳江之水，或遇暴涨，皆入宜兴之荆溪而入震泽矣。时元祐六年也。是时中江尚通。其后东坝既成，中江遂不复东，惟九阳江水入荆溪耳。据此，则东九、西九，正所谓九阳江也，何得为“氿”乎？

秦淮，旧云秦时望气者言，五百年后，金陵有天子气，始皇于是东游以厌之，乃凿方山，断长垄，为渎入江，故曰秦淮。案桑钦《水经》言，淮水出陵阳县东南，北入大江。《实录注》亦云，本名龙藏浦，有二源：一出华山，经句容西南流；一出东庐山，经溧水西北流，至江宁方山埭而合，西注大江。则非始皇所凿明甚，故昔人多云淮水，不云秦淮。祥符《江宁图经》云，淮水去县一里。山谦之《丹阳记》云，建康有淮，源出华山。《舆地志》云，淮水发源华山，在丹阳之界。徐爰《释问》云，淮水西北贯都，吴时夹淮立栅，宋元嘉中，浚淮，起湖熟废田千余顷，是也。惟孙盛《晋春秋》云，是秦所凿，不知何据。或曰，方山西渎三十余里，秦凿也。

《金陵图考》云，孙吴都城在淮水北五里，据覆舟山下，周回二十里十九步。今据覆舟山南距淮水，仅五里耳。案方圆围径法，周二十里十九步，方五里有余也。岂当时都城北负覆舟山，南临淮水邪？又何以云在淮水北五里也？又云，都城之正门曰宣阳，又南五里至淮水，有大航门。岂古时里数狭小邪？抑淮水迁徙无常邪？

《江乘地记》云，石头城山，岭嶂千里，相重若一，游历者以为吴之石城，犹楚之九疑也。山上有城，因以为名。建安间，孙权修理，改为石头城，用贮军粮器械。案今石头城山不二里许，所谓千里相重者，岂以沿江诸山，尽名石头城邪？

《金陵志》考证曰：案《宫室记》，吴迁都建业，有曰太初宫者，即长沙王故府；有曰台城，盖官府之所寓也；有曰东府，盖丞相之所居也；有曰西州，盖诸王之所宅也；有曰仓城，盖储蓄之所在也，皆不出都城之内。盖台城在宫后，即吴之苑城。宋元嘉二年，于台城东西，开万春、千秋二门。侯景攻台城，烧大司马门。大司马门，宫府前门也。则台城与府宫为一可知。又案《宋书》，徐羡之住西州，高祖尝思之，即步出西掖门往见焉。则西州似在都城内。又案《晋书》，谢安镇新城，欲须经理大定，自江道还东，雅志未就，遂遇疾笃，上疏乞返旆，诏许还都，闻当入西州门，自以本志不遂，慨焉自失。及薨后，有所知羊昙者，辍乐弥年，誓不由西州路。尝因石头大醉，不觉至门，左右曰："此西州门。"昙悲感不已，因恸哭而去。则西州门又似都城西门也。又案晋安帝义熙十年冬，城东府，在青溪东，南临淮水，去台城四里。则东府不在都城内矣。

《舆地志》云，石头城环七里一百步，缘大江南抵秦淮口，去台城九里。若尔，则石头城在都城西，别为一城矣，何周札开门迎王敦入石头城，而都城遂不复守也？使当时严守都城，则敦虽据石头，亦未必旬日能陷都城，何至使敦军劫掠，内外官皆奔散，惟有侍中二人侍帝邪？岂石头城即都城之门户，别无城隍可守邪？则所谓西阳等门者，又何门哉？

东莱吕氏《十论》

《吴论》

孙权起于江东，拓境荆楚，北图襄阳，西图巴蜀而不得。北敌曹操，西敌刘备，二人皆天下英雄，所用将帅亦一时之杰。权左右胜之，而后能定其国。及权国既定，曹公已死，丕、叡继世，中原有可图之衅，权之名将，死丧且尽，权亦老矣。世人谓权之所以为固者，东南之地；所以为强者，东南之兵。此大不然！夫东南之地，天下至弱，而孙氏之地，又为六朝最弱，独权守之而固；东南之兵，天下至弱，而孙氏之兵，又为六朝最弱，独权用之而强。长江而上，达于江陵，转江陵之南，扼于巫峡，上下千里，可航而渡者凡几？可扼而守者凡几？道路坦然，非有潼关、剑阁之阻也。自广陵而渡京口，自历阳而渡采石，自郏城而渡武昌，易若反手。江陵破，则上流无结草之固；濡须破，则江上不知所以为计。地之形势，可谓弱矣。权之兵众，皆江南舟子，绵力薄才之人，区区捃拾盗贼，驱猎山越，以宽行伍，兵亦可谓弱矣。然权用之，如此之固且强，何也？盖权之所以自立者，有谋而已。不独用其臣之谋，而又自出其谋，内以谋用众，外以谋应敌。所以地狭兵少，处天下之至弱，而抗衡中原，成三分之势者欤！

始权之初立，曹操下荆州，移书吴会，举国震骇。权闻鲁肃之言，翻然而悟；闻周瑜之议，奋然而起。一举而走曹操，存刘备，基王伯之业。此用周瑜、鲁肃之谋也。及刘备借荆州而不反，关羽颉颃于上流。权谓养关羽，使北吞许、洛，全有江、汉，回舟东下，谁能御之？欲图之，惧曹操之乘其弊也。乘羽北逼许、洛，曹公以朝命见招，权乃上笺击羽以自效，使吕蒙、陆逊一袭而得之，全有荆楚，西闭刘备于三峡，北释曹公之患，以安江东。此用吕蒙、陆逊之谋也。方曹丕已禅汉，天下愤怒切齿之时，权知刘备必报关羽，恐曹氏掎其后也，乃于是时释其愤切之心而称臣于魏，受其爵封，击备而走之，此权之谋也。及魏责任子而权不遣，西患未解，而北患复起，权之计宜乎穷也。权知刘备以复汉为名，而曹操篡位之罪甚于杀关羽，备亦欲结已为与国，而专意北图。于是遣使讲和，以中备之欲，遂得息肩于西，而专意于北，拒魏而退之，此权之谋也。方曹操之反自乌林，愤权而东征，谓权恃水以自固，故以舟师下合肥。权若拒之于江南，则曹公水军入江，权军不战自溃矣。故逆拒之于濡须，使操虽水军无所施，步骑虽多，濒阻江洳，春水方生，义无所用，操叹息而退，此又权之谋也。操既还，自他人观之，大则追军逐北，小则自足称雄。今权不然，反请降于操。盖权料操之内忧尚多，北有未定之河北，西有未复之关中，操欲伐之而虑东南之变，非大定不往也。故称降以少厌其意而安之，使操不复虞东南，而尽力西北，已得于其间益缮战守之备，以待其再来，此权之谋也。方曹丕之责任子不得而南征也，权见丕不知兵，不如其父，而老臣宿将，亦不尽力如操之时，始却之于濡须而再来。权之意以谓丕不知兵，非使之深入疲竭上下之力，则不止；非使之临江而反，则丕必不休。故开而致之濒江而不与之战，挑之而又不应，使之力尽而自还，又小发以警之，魏自是不复敢南出，此又权之谋也。权又以为兵久不用，则士气钝；疆场久安，则人心逸，且使敌人晏然，积以岁月，坐以成资，非计之得也。故两谲淮南之将，致而击之，所虏获足以自资，而敌人之资，又为之破坏，此亦权之谋也。权又以谓所用多南兵，便于舟楫，短于陆战。故用兵未尝一日舍舟楫而乘胜逐北，亦不肯远水以逐利，虽有大举长驱之计，亦不敢行以侥一时之幸。故曹休败而不敢追，殷札献言而不敢用，此亦权之谋也。权之受封吴王也，尽恭以受其爵命，使其国中知己为百姓屈也；与邢贞为盟，阴以怒其群下，方且为进取之计，而自卑屈如此，此亦权之谋也。故权之为国，自奋亦用谋，自屈亦用谋，胜亦用谋，负亦用谋，动无非谋也。故能以一江为阻，而与曹、刘为敌。

然权起非仗义，徒知以割据为雄，不能兴汉室以倾天下之心。使当汉末大乱，权能招徕中原之士，广募西北之兵，辑马步之锐，挟舟楫而用之，鼓行北出，水陆并进，孰能当之哉？当曹丕之立也，权又能求汉室子孙而辅之，出师问罪，刘备必亦连衡而掎角，中原之士，挟思汉之民，必有起而应我者矣。权不知出此，徒自尊于崎岖蛮夷山海之间，故虽力为计谋诡诈，然基业仅足以终其身，而无足以遗子孙；仅足以保其国，而不足以争衡天下。惜哉！然使权不为计谋以自立，则虽其身不能终也，况子孙乎？其国不能保也，况天下乎？何以言之？权没未几，诸葛恪一用之而仅胜，再用之而大败，孙綝用之又败，江淮之间，惴惴而已。上流借陆抗之贤，挟以重兵，仅能支襄阳一面，抗死则亦惴惴然矣。借使孙皓不为暴虐，亦岂能久存也哉？后世不察权以计谋自立，而区区欲效权之画江为守，是不察夫形势甲兵之最弱也。古人唯陆抗知此，抗言于孙皓曰："长江浚川，限带封域，乃守国之常事，非智者之所先。"审抗此言，则当时之形势为不足言，而所谓智者所先，则有道也。抗可谓善论孙氏形势者矣。

《晋论》（上）

东晋之始，形势与吴相若，然吴北不能过淮，而东晋时得中原之地；吴旋为晋灭，而晋更石勒、苻坚之强，终不能破。其君臣人材，去吴远甚，而其固如此者，晋以中原正统所系，天下以为共主故也。以正统所系，天下共主，而百余年不能平天下，雪仇耻，恢复旧物，晋之君臣，斯可罪矣！

《诗》美宣王曰："内修政事，外攘夷狄"。齐威公、晋文公、越王勾践，皆国中已治，然后征伐。今夫晋室南迁，士大夫袭中朝之旧，贤者以游谈自逸，而下者以放诞为娱，庶政陵迟，风俗大坏。故威权兵柄，奸人得窃而取之，小则跋扈，大则篡夺。士大夫虽有以事业自任者，亦以政事不修，财匮力乏，而不得尽其志。可胜惜哉！《易》曰："君子藏器于身，待时而动，何不利之有？"夫政事已修，任属贤将，而待可为之时，时而进焉，则无不成矣。晋既内无政事，外之任属又非其人，虽有中原可胜之时，而我无以赴之，虽赴之而败矣。故褚裒北伐，蔡谟曰："今日之事，必非时贤所办"。殷浩之再举北伐，王羲之曰："区区江左，固已寒心，力争武功，非所当作。"又曰："虽有可喜之会，内求诸己，而所忧乃重于所喜。”由是观之，晋之政事不修，任属非其人，虽有中原可乘之时，亦无能为也。然谟之言，大抵谓任属非其人，故曰：“非上圣与英雄，自余莫若度德量力。”羲之之言，大抵谓根本不固，故曰：“保淮非复所及，长江以外，羁縻而已。”二君虽相当时之失，然尽如二君所言，则东晋未有复中原雪仇耻之期，端坐江左以待衰弱灭亡而已。此知其一而不知其二也。

夫东晋之初，其强弱何如三国之吴、蜀？当时有志之士，尚能欲自强而不肯休，诸葛亮、诸葛恪之语最善，然亦知其一而不知其二也。亮之言曰：“先帝知臣伐贼，材弱敌强，然不伐贼，王业亦亡。惟坐而待亡，孰与伐之？”孔明之治蜀，可谓有政；蜀之任孔明，可谓得人，然未有可乘之时。恪之言曰：“今所以敌曹氏者，以操兵众于今适尽，司马懿已死，其子幼弱，未能用计智之士。今伐之，是其厄会。”恪之言，知可乘之时，而不知所修之政，而自量其材，与夫所用之人也。是故孔明无成，而恪卒以败。观蔡谟、王羲之与诸葛亮、恪之论，正相反而各得一偏。世之人好兴作者，必以孔明、元逊之言为先；而安偷惰者，必以蔡谟、王羲之之言为是。酌厥中而论之，藏器于身，待时而动，内修政而外攘夷狄，圣经之言不可易也。后世亦曰：“事贵乘衅，”又曰：“上策莫如自治。”盖急急自治，政事既修，恢复之备已具，事会之来不患无也。一旦观衅而动，将无往而不利矣。若内虽有自治之名，而无自治之实，徒为空言，玩日引岁，端坐而守，而待贼虏之自灭，非愚之所敢知也。苟不相时，先事妄发，小者无功，大者覆败，一旦机会之来，事力已竭，不能复应。东晋之事，如此者多矣。

《晋论》(中)

孟子曰:“入无法家拂士,出无敌国外患者,国常亡。”夫无敌国外患者,谓国安可也,乃曰常亡,何哉?盖既无法家拂士,又敌患不至,则君骄臣纵,入于危亡而不自知,东晋之末是也。晋之始也,敌国云扰,强臣专制,上下惴恐,如处积薪之上而火燃者,故君无骄泰之失,而臣下自以危亡为忧。是以内虽王敦、苏峻反叛相寻,桓温擅权废立;外则石氏之兵,三至江上,苻坚淝水之役,江东几至不保,然当时人主恐惧于上,而王导、温峤、陶侃、谢安、谢元之徒,足以尽其力,故至危而复安,将亡而复存也。及桓温既死,苻坚复亡,上流诸镇皆受朝廷号令,非有间者跋扈之人也。姚氏自守于关西,慕容相践于河北,非有向日边境之忧也。君臣上下,自以江东之业为万世之安,心满意足,孝武渐生奢侈于上,道子之徒窃威柄于下,谢安、谢玄至以功名自疑矣。安、玄既死,其政愈坏,甚于已危将亡之时,泯泯靡靡,不自知也。已而君臣兄弟之间,争权植党,上流之患复开,不待外敌之强而国遂亡矣。圣人于无事之时而为持盈守成之戒,可不信夫?况东晋仇耻未复,遽以无事自处,不其愚哉!

《晋论》(下)

杜牧谓宋武不得河北,故隋为王,宋为伯。愚谓不然。并吞海内之形势,关中为重,河北次之。关中者,周、秦、汉用之;河北者,光武用之,皆用之以取天下也。曹操、石勒以河北取关中,苻坚以关中取河北,三人者皆吞海内十有八九而不能并。东晋之后,元魏以河北取关中,后周以关中取河北,隋、唐以关中取天下。以此论之,用关中并天下者五而不得者三,用河北并天下者一而不能者三。则关中为重，河北次之，顾不信乎？宋武帝非独不得河北，暂有关中而已，何尝得之哉！宋武起于布衣，身经百战，战胜攻取，仿佛曹操，司马懿而下，不可比也。举东南至弱之兵，练而用之，践西北至强之虏，前无横阵，旁无坚敌，逆河而上，开关而入之，用之如建瓴破竹之易，可谓奇矣。然得关中而不守，翻然东归，失百二之地于反掌。暮年慷慨，登寿阳城楼，北望流涕而已，可不悲哉！

愚谓宋武之失关中，其罪有三：一则好杀伐而不得中原之心，二则急窥神器而不能快中原之愤，三则倚南兵而不能用中原之人。夫宋武下广固，欲尽坑其父老，韩范力谏，犹诛王公以下三千人，没入妻孥。前贤论之，以谓举事曾苻、姚之不如，有智勇而无仁义，岂不当哉！其一失也。宋武帝之不为晋室藩辅，天下所知也；然辅晋而行，能仗大义，使中原知为晋雪百年之愤，天下其孰能议之？其子亦不失天下。今急为篡夺，大业不终。曹操犹能曰："天命有在，吾为周文王，终身辅汉而不取"。宋武识虑，不及操远矣。其失二也。宋武之北伐，魏主以问崔浩，浩尝策之，以为必克而不能久。裕之取燕取秦，西北之人未尝据连城、举大众来附之者，裕独用南人，转战山河之间，往返万里。使裕收燕之后，选用燕之豪杰，广募壮勇以倾三秦，得秦之后，选用秦之贤杰，广募壮勇以倾河北，分爵裂土，以功名与众共之，攻伐元魏，则中原尽得矣。东扫慕容之余烬，西剪赫连之遗种，以裕之智勇，王镇恶、檀、传、朱、沈之徒为爪牙，而谢晦之徒主谋议，何为而不成？裕之施为，既已不能选用燕、齐贤杰，广募壮勇，而区区用远客之南兵，纵无所练之士卒，南兵独用，已败不可支。其失三也。

盖南北异宜，攻守异便，南兵不可专用有三：虽勇而轻，一也；利险不利易，易困难久，二也；易乱难整，三也。项羽之破赵，一以当百，高祖征黥布，张良戒毋与楚人争锋，然羽、布皆为高祖以持重困之。此虽勇而轻也。吴王濞之反，有田将军者，请急据洛阳，曰汉车骑入梁楚之郊，则事败。此利险而不利易也。吴、楚屯聚数日，无食而溃；裕军至长安，已讴歌思归。此易困而难久也。裕军至长安，日暴市肆。此易乱而难整也。裕既无中原之众，欲以南兵守关中，人无智愚，皆知不可也。裕之东归，世以谓刘穆之死，急于篡取。愚以谓正以南兵不能守关耳。裕见己所行事，已失中原之情，欲全军共归，则惜关中不忍弃之；欲不归而守，则南人思归既甚，将溃而归矣，裕之首领未可保也，况关中乎？数十年之得，一朝失之，古今所惜。然则后之欲恢复者，得中原之郡县，可不以裕为深戒哉？

《宋论》

宋文帝以河南之地为宋武帝旧物，故竭国家之力，扫国中之兵而取之，卒无尺寸之功。史称文帝之败，坐以中旨指授方略，而江南白丁，轻进易退。以愚言论之，文帝不用老将旧人，而多用少年新进，使专任属，犹恐不免于败，况从中以制之乎？锋镝交于原野，而决机于九重之中；机会乘于斯须，而定计于千里之外。使到彦之辈御精兵，亦不能成功，况江南白丁乎？然江南之兵亦非弱也，武帝破燕，破秦，破魏，则皆南兵也，何武帝用之而强，文帝用之而弱也？南兵不可专用，岂无北方之人可号召而用之乎？盖武帝失之于前，而文帝失之于后也。

自古东南北伐者有二道：东则水路由淮而泗，由泗而河；

西则陆路越汉而洛，由洛而秦。自晋南迁，褚裒、殷浩、桓温、谢玄，皆独由一路以进，至于武帝，则水陆齐举，故能成功。今文帝专独用南兵，而专恃水战舟楫之利，虽尝使薛安都等尽力于关、陕，而孤军无援，形势不接。此三者，文帝之所以败也。使文帝得贤将而任之，屯于淮外，委以经略，不独用南兵，而号召中原之众，不独恃舟楫，而修车马之利，则虽未能坚守河南，亦不至于一败而失千里之地，再败而胡马饮江也。文帝修政事，为六朝之贤主，而措置之谬如此，可不戒哉！

《齐论》（上）

天下之情，艰难则勤，承平则惰，勤者虽弱小而奋，惰者虽盛大而衰。夫元魏以夷狄之强，据中原之地，士马精健，上下习兵而喜战。道武以来，战胜攻取，未尝少挫，几并天下。然至孝文之时，议举兵伐齐，而在廷之臣皆以为不可，虽驱之以威，莫肯行也。与向者习战之俗，何其相反哉？盖自道武没，更以母后幼主持政，群臣皆生长安佚，非复昔日马上之士也；稍备朝廷宫室之美，非复昔日计牛马锥刀之利也；美衣甘食，冬温夏凉，非复昔日习饥馁之劳也；高谈徐步，可以致大官，取卿相，非复昔日竞战国攻取之勋也。故虽夷狄而流为承平无事矣。夫以中国礼义维持，而承平无事日久，犹且以骄淫致乱，况夷狄上下，无礼义之维持，稍稍无事，则志气满矣，制度侈矣，子女盛矣，土木兴矣。此盖以夷狄天资骄淫之性，而入中国纷华之域，必至于此，此慕容、苻、姚所以不能久也。元魏居于云中，未甚变其俗习，然犹上下厌兵畏战，国主亲在行间而不肯前，至于迁洛之后，其国衰矣。切譬之夷狄，鸷鸟也，去其利爪而傅以凤鸟之羽，则无德可昭，无威可畏，取死于虞罗必矣。然元魏既衰之后，宋氏多事，齐氏享国日浅，梁武谬于攻取，待元魏至于国分为二，然后自斃。若使南朝有英武之主，智谋之士，蓄开拓之备而伺其隙，则元魏岂能据有中原如是之久也哉？

《齐论》（下）

齐氏享国日浅，虽无境外之功，而疆埸之间亦无失矣。太祖初立，魏以刘昶为主入寇，高宗之篡，魏又入寇，皆有以为辞矣。然是时魏之入寇，无他奇策，而齐御之者亦无高计，胜负相当。魏不能渡淮南，定汉、沔，齐之大镇无伤焉，齐亦不能追击，魏全军而反，然魏得沔北数城，齐不能复取也。齐之君臣，度未足以开拓，故亦不敢深为报复之计，待其通使于我，然后归其俘而纳之，亦计之是者也。然夷狄无常，和好不久，高祖与之讲和五年，而以明帝篡立为辞，分道入寇。夫魏孝文岂专为名义者哉？求土地之获而已。使齐氏自通好以来，边备不修，一旦变起，国中未靖，外难又至，岂不殆哉！夷狄和好之不可恃，自两汉以来然矣。

《梁论》（上）

陈庆之以东南之兵数千，入中原胡马强盛之地，大小数十战，未尝少挫，遂入洛阳，六朝征伐之功，未有若是之快者也。然卒以败归，理亦宜然。何以言之？夫孤军独进，不能成功，自古以然。当时梁武使诸道并进，乘魏人上下崩离之际，分取郡县，河南之地，必可取也。庆之既至洛阳，纵士卒暴市里，此岂吊伐之师乎？当时能整军阵，宣布梁德，取不乐尔朱氏之人而用之，改立魏主，则河南之地，虽不版图，必当为附庸之国矣。南人善战伐而少马，庆之能鏖北兵于平原旷野，使挟骑而用，胡可敌哉？自入敌地，务广骑兵，使不乐南之人，与南人善射参用之，纵不能守洛阳之地，多得骑军，犹足以归壮国势，且安得有嵩阳之败哉？然庆之与元颢更相猜忌，则广兵之计，颢必不行。以此观之，庆之进退专之可也，颢之成败不可任也。恤颢之成败而不恤军旅之众寡，非计之善者也。夫庆之固奇才，未易议也。著其所不及，以俟有庆之之才者试观焉。

《梁论》（下）

梁之亡也以侯景。武帝纳景，得祸也速，受祸也重。元帝仅能灭景，而卒不能振其国家。悲夫！昔冯亭以上党输赵，平原欲受之，赵豹曰，圣人甚祸无故之利；太史公曰，利令智昏。武帝之纳侯景是也。夫景自以猜疑不容于高氏，反覆南来，既非吾兵威之所加，又非吾驰说之所下，忽以三十州数千里之地来归，斯可谓无故之利矣。武帝思虑，朝臣谏说，非不详矣，始疑而卒纳之，可谓利令智昏矣。赵之与梁，得地无异，而受祸相似。赵致长平之师，几至国亡；梁致台城之陷，亦至于亡国，是祸又甚于赵也。赵有强秦之敌，摧之以致祸；梁氏既无强秦之敌，而独一侯景，已足以致乱，是又出于赵之下也。然则，在武帝勿受可乎？曰：方高氏、宇文制东、西魏，与鼎立三分，地广兵强者胜，如之何勿受？受之有道乎？曰：景之初叛，先降西魏，二人已觉其诈，于谨则请加爵位而勿遣兵，王思政则请因而进取。乃使思政与李婥、赵弼赴之，故已制其肘腋矣。已而思政入颍川，逐景出之，则已倾巢穴矣。而又召景入朝，则伐其奸谋矣。

景既不入朝，思政遂据景七州十二镇之地，是魏因纳景，不血刃而取千余里之地。武帝施设罗网，略无西魏之一二，何为而可纳？武帝既信其奸诈，而以羊鸦仁应接，鸦仁非景敌也，不足以制景。一失也。又信朱异，舍鄱阳王范，而以渊明为帅，卒有寒山之败，致军折于外，景益无所惮。二失也。景之地不得尺寸，既失景地，何用于景？不杀而废之，可也，反豢养于边陲。三失也。方景之未来而贰于宇文，说辞自辩，不能逆折其情，则曲意为诏以安之。既而奔亡入境，不能制蓄，遂舍钤键而纵之；盗据边疆，则又从而与之；跋扈不逊，则又虚辞而说之。高氏以渊明为间，则又不能推大信于景而欺之；谋反已露，则又不能逆击而讨之。梁之失也如此，其所施之方略，所用之将帅，与西魏何相万万也！故非独不得景尺寸之地，而又不得景丝毫之力，而受丘山之祸。由梁武所用非其人而制置失其宜故也。夫无故之利，无时无之，方略制置，尚鉴兹哉！

《陈论》

陈之形势，不足道也。视吴又无江陵，自峡口至海，尽江而已。使孙权复生，且不能守，况叔宝之淫昏乎！盖自晋以来，习于水战，以江自恃，初不知我能渡，敌亦能渡，何足恃哉？以愚观之，江若大河之比耳。大河犹有悍湍之虞，若江则顺风登舟，一瞬可济。虽有京口、采石、浔阳、武昌、巴陵，号为控扼，岂秦关、剑阁之比哉？守江之计，必得淮南以为战地，荆楚控扼上流，又有舟师战于江中，然后可粗安。孙权之拒曹操，东晋之拒苻坚，宋之拒魏太武，齐之拒魏孝文，是也。若曰亡淮南、荆、襄，而独凭恃洪流以为大险，岂不可笑也？今陈既失淮南，又失江陵。吴阻长江，又有南郡，一旦王浑之师入自淮南，杜预之师入自襄阳，王浚之师从江而下，沿江镇戍，不能御也。陈阻长江，又失荆州，一旦贺若弼出淮南，秦王俊出荆、襄，杨素之师泛江而下，沿江镇戍，能御而不能破也。盖无淮南、襄阳，则自广陵至于峡口，皆可渡。吴、陈三世之后亡国已幸矣。唐末杨行密据有江、淮，既死而李升取之，建都金陵，以孙权自处。方其有淮南诸郡，则阔步高视，东攻二浙，西取湖南，南取闽越，南方莫强焉。及淮南为周世宗所取，则自窘以至于亡，亦失淮南则不能守江南之明验也。王羲之云，保淮非所及，不如保江。盖见吴之能守，而未见若陈若南唐不可守者也。后之智计君子，既有见焉，谨勿割弃荆、淮而为守江之论也。

《山堂考索》

两淮山势由少室而来，至于桐柏而愈大，自桐柏而降，危冈断堑，累累相属，接于巢湖几一千里。淮东川泽之国，凡小洲大渚、沙屿石碛，水势环绕，人所不到之地，皆水寨也。自谢杨、县杨、石镜、老鹳、新开诸湖而言，凡四十余处，而相通之寨九。淮西山林之地，凡幢岭峭拔、上平下险、无路可登，人所难到之地，皆山寨也。自六安、信阳、舒城、南巢、庐江诸沿边而言，凡九十四处，而外有无水之寨六。

唐氏曰：自古天下裂为南北，其得失皆在淮南。晋元帝渡江，迄于陈，抗对北虏者五代，得淮南也；杨行密割据，迄于李氏，不宾中国者三姓，得淮南也。吴不得淮南而邓艾理之，故吴并于晋；陈不得淮南而贺若弼理之，故陈并于隋。南得淮，则足以拒北；北得淮，则南不能自保矣。

江防 徐孚远

长江自蜀峡而下，至于瓜、仪，首尾数千里，国家无处不设守，兵分守地，然特以备小偷出没，期于会哨无大警而止耳，不足以当巨寇也。何也？沿江之守，聚则不少，分则不多，扼险不过数处，而分地乃有百千，宜其无所恃缓急也。承平既久，武备日弛，近者流寇发难，往来攻掠，无所禁御，而自长江以南，限以一水，仅而自完。然贼之欲窥此非一日矣，蕲、黄之间，为其孔道，不足复言，又尝下至淮浦，上溯井络，竟长江所极，无地不控，一处不牢，则所至靡烂矣。然不据我要地，示以形势，而缘江为守，此正宋臣汪立信所言，长江七千里，百里万人，当七十万乃足也。即国家安得此兵力哉？

愚尝考之，自汉以来至于国朝，缘江而渡与扼江而守之事，而后贼所欲渡之处，我得据险以制之，缓急轻重之势，可验而知也。贼今者分半自郧、房而至洋、梁，将入夔州，使蜀人拒之，不得入峡，则乘江而下，其一道也。刘先主伐吴，令将军黄权督江北诸军，而自率诸将自江南巫峡而出；晋人伐吴，王浚、唐斌以巴蜀之师由峡江；隋伐陈，杨素以舟师下永安，出蜀江；唐讨萧铣，李靖自夔州顺流东下峡江；吴曦举蜀降于金，约以舟师，由嘉陵东下，是也。既已出蜀江，则由荆门、夷陵而至江陵，其一道也。魏文帝伐吴，吴将朱然守江陵，时江水浅狭，魏将夏侯尚作浮桥以攻城；晋伐吴，杜预向江陵；宋南郡王义宣、荆州刺史沈攸之皆自江陵下；西魏伐梁元帝，于谨渡汉，自黄华四十里至江陵；隋伐陈，荆州刺史刘仁恩出江陵；唐伐萧铣，李靖自荆门宜都进至江陵；黄巢在荆门，为曹全晸所败，收众渡江；宋太祖伐江南，遣曹斌自荆南发战舰东下；元伐宋，伯颜已东下，宋将高达以江陵降，元主喜曰，荆南既定，守鄂之军可以无忧，是也。由江陵北至襄阳，其一道也。晋杜预镇襄阳以图伐吴；梁武帝自襄阳起兵；隋伐陈，秦王俊出襄阳；元伐宋，围襄阳数年而后下，是也。自襄阳至竟陵出汉口，其一道也。隋伐陈，秦王俊屯汉口，节度诸军；梁武帝遣王、曹诸军自汉口济江；元伯颜由襄阳入汉，声言取汉口渡江，遣奇兵袭沙芜口夺之，因同汉口开坝，引船入沦河，转沙芜口以达江，是也。由汉阳北至黄州府，循西陵旧迹以下，其一道也。陆抗表吴主曰，西陵国之藩表，既处上流，若一旦失之，敌便顺流，星奔电迈，此安危之机也；元世祖南伐，至黄州，渔人献舟为乡导，世祖登香炉山，俯瞰大江，元将董炳文言于世祖曰："长江，宋所必守，臣请尝之。"率艨艟鼓櫂疾趋，北军遂渡江，是也。既已渡江，即抵武昌，其一道也。魏武帝临江，周瑜住夏口；宋荆州刺史沈攸之南下，齐高帝以夏口冲要，乃以柳世隆行郢州事以拒攸之；梁武帝起义，自围鲁山以拔夏口；黄巢渡江，攻下鄂州；元人渡江，亦先取鄂，是也。夏口既下，或顺流至九江，其一道也。沈攸之南下，齐武帝曰，寻阳地居中流，密迩畿甸，乃留屯湓口；梁武帝拔夏口，即缘江上道至寻阳，江州刺史降；金兀术南寇，一军自蕲、黄犯九江，是也。既至寻阳，即直指石头，其一道也。宋孝武之讨元凶，桂阳王休范之起兵，皆自寻阳抵石头，是也。至芜湖据姑熟，其一道也。梁武帝受江州降，遂至芜湖，是也。或掠江西，亦一道也。黄巢渡江，掠饶、信等州，金人渡江，由大冶趋洪州，是也。如我军固守襄、汉，贼无顺流直下之势，复从蕲、黄步来，则庐州其一道也。吴人时从合肥以攻魏，而作堰濡须以自保；魏武军居巢，吴大帝守濡须；隋伐陈，韩擒虎出庐州；杨行密在庐州，自铜官渡江袭宣州；金人自柘皋河入寇，刘琦拒之于此；金主亮南侵入庐州，是也。和州，其一道也。苏峻自历阳反，陶回请庾亮守江西，当利诸口，亮不从，峻济自横江，登牛渚；宋元嘉中，魏主南侵，遣永昌王仁出横江；侯景攻拔历阳，自横江济采石；陈高帝秉政，梁任约等自采石径向石头；隋伐陈，韩擒虎自横江宵济采石；隋辅公柘自历阳渡江，取丹阳；宋曹彬自采石以浮桥渡；金兀术南寇，分一军自滁、和入江东；宋虞允文舟师败金主亮于采石；开禧构兵，金人进围和州，屯于瓦梁河；我太祖自和阳渡牛渚矶以拔采石，是也。太平，其一道也。王敦反，举兵姑熟；苏峻袭破姑熟，以取盐米；梁武帝东下，据姑熟；侯景自采石袭破姑熟；韩擒虎自采石进攻姑熟，半日拔之；金人乘杜充无备，渡江拔太平；元人败贾似道于池之丁家州，太平遂陷；陈友谅陷我太平，奄至石头，是也。扬州及瓜、仪，其一道也。魏文帝伐吴，亲临广陵者再；桓玄篡晋，刘毅等袭斩桓弘于广陵，即济江；宋文帝元嘉中，魏主南伐，遣鲁秀出广陵，魏主自出瓜步；宋废帝之乱，崔慧景自广陵济江；隋伐陈，贺若弼于广陵济江；金主亮南侵至瓜州，临江筑台；李全谋反，欲取扬州以渡江，既闻二赵入扬州，攻之不克，是也。通、泰，其一道也。唐江淮都统遣将邓景山，自海陵济江趋常州以拒刘展；金人南下，宋高宗在镇江，问群臣去留，吕颐浩欲留，王渊言镇江止可捍一面，若金人自通州渡江以据姑苏，则奈何？是也。既已渡江，不趋金陵而趋京口，亦一道也。宋崔慧景渡江至京口，徐州刺史开门纳之；唐刘展邀节钺举兵，自广陵渡江，袭下蜀，陷润州，而后攻升州；孙儒举淮、蔡之兵渡江，至润州，而后南攻宣州；虞允文已破金人，谓李显忠曰，敌入扬州，必与瓜州合，京口不可无备，显忠分兵，允文还镇京口，是也。

凡此诸道，自来入江之事，备其变矣。要而论之，则有二焉：自荆楚入江者，顺流而下，全乎用舟楫者也；自淮甸入江者，截流而过，不必预谋水师，掠舟而济，济则弃之可也。从荆楚而来者，彼则聚众而进，我当量远近而为之备。远则锁绝襄樊，已过则立栅湓口，近则屯守梁山，又近则保石头，据新亭。此江左立国守御故事也。从淮甸而来者，彼则无所不攻，我则无所不守，当宿重兵于淮南，就其缓急而为之分配，使我常有出而向之之势。昔韩世忠屯兵八万于山阳，而金人不敢南下，保江之要，无出于是也。若退而自保，则形势与敌共之矣。叶適知建康，上言，孙氏尝以江北守江，自南唐失之，今乞兼制江北，宋朝从其言；赵范上书史弥远曰，敌若有淮，则长江以北港汊芦苇之处皆可潜师，江面数千里，何从而防？即此知守于江外，不当守于江内也。从荆楚而来者，非有强敌，即大将握重兵而轻下流者也。如其来也，势必重大，未有偏师出不意而至者也。故不宜轻与接战，须扼险以老之。昔之善守者，每避其始至而击其惰归，敛我实力而聚于坚城也。从淮甸而来者，则不当以势力多少论也。自曹氏父子及符秦、元魏，拥众百万而不能渡江，而苏峻、侯景之徒，轻兵数千，径至京邑，莫可控御。故扼險而不进，虽众不足；越险而卒至，虽少有余。我太祖既渡江，谋下集庆，或有以晋、隋之事谏上以兵力不足者，上曰，我已控上流，可遂克也，卒不烦攻而下。此二路用师多少之数也。荆襄远而乘水竟下，则似远而实易；淮甸近而水陆兼进，主客相持，则似近而实难。昔郝经为元世祖谋下江南，欲以轻兵缀襄汉，而别出二军：一军出寿春，一军出维扬以渡江。以虚用襄汉，而以实用淮扬者，远近之势也。然其后伯颜南伐，自率大军由襄阳入汉，令刘整一军出淮南，整白伯颜欲自扬州渡江，伯颜不可，而遣阿术溯流至青山矶渡江，遂入鄂，刘整以功后阿术为恨。此则淮南渡为难，而襄汉渡为易也。

今观流贼，乌合乞活之徒，饥则四掠，饱则他徙，乘瑕而进，遇坚而退，非有牵此出彼之奇，非有用实击虚之势。其所赖枭贼，皆以骑取胜，则一意用骑，虽从贼之人，所在如云，然不能整练步兵为一军，使步骑兼济，而况能释鞍马而事舟楫，以与我争江湖之利也！唐末之乱，剧贼黄巢始自淮南渡江，入宣、浙，至湖南，沿湘江而逼荆、襄，复渡江而西，大掠诸州，又自采石渡向北，且水且陆，时北时南，岂尝豫蓄舟楫，临渡而用之乎？则其实有过人之材，能因势而设奇也。今此流贼，其不能已可见矣。特其在楚既久，穷困无所掠，或欲沿江东下，以延旦夕之命。江湖群盗及舟师贾客，可掠以载者，所在不乏。如其顺流缘道，乘隙登岸，西则饶、信，东则宣、歙，无向不可。我岂得坐守石头，不为之所哉？愚以为御荆楚入江之贼，当于樊、襄二口练治水军，张设形势，断其来路，如宋人之所以拒元师者，则贼必不敢舍长用短，窥我江道矣。不然而纵其入江，从下拒之，则气夺而易溃；从上邀之，则已过而难及，未见其得算也。虽然，江南之立国，自上流下攻者九，而成事者三而已。若自历阳、姑熟而至者，往往一举而破石头。秦、毕、孙、杨之时，江淮云扰，南北无复障蔽，固其所也。至于王敦、苏峻之徒，京邑清阏，藩镇森立，而一旦发难，遂已不支。然则金陵之守，不足恃也。贼若自淮而窥江，则江外重地，上自寿春、合肥，下自真州、瓜步，必得精兵数万，分隶其间，自为首尾，往来击应，而又先搜巢湖之水贼，练通、泰之盐徒，安插溧水、阳羡之怨民，无使从贼，为之接济，则虽有强敌，犹不能不临江叹息，况于此辈蚁聚豕突，能为我患乎？宋自瀛公之时，元人势重，然其谋臣犹谓不当一路进军，欲下襄、樊，必出淮南以牵之；欲下淮南，亦先绝襄、樊之援。然则使荆楚之贼不临江汉，则虽突至江北，未敢遽图截江，使江北之守，屹成重镇，则在楚者，亦未敢肆志南下也。

守江犹守边，惟当扼其险要，不能尺尺寸寸为守也。贼不知大势，岂能出古人用兵牵制之法以困我？但方今江、楚二省皆大阻饥，万一内变小动，便枕席上渡贼矣。故重兵镇要害，固是长策，而有司抚绥之功，尤至急也。

长江天险，虽限南北，然必待人而守。不然投鞭而渡，直易易矣。请于古今形势而凿凿出之，谭江防者，应无能出其右。

《建康论》 周弘祖

建康，古扬州地，六朝旧都也。祖宗创业，实基于此。江限南北，古今恃为天险。江北则徐、颍二州，地跨中原，瓜连数省，并称雄镇。故淮安特建兵府，守以文武重臣，虽职司转运，亦示控扼之势焉。江南则安庆当长江委流，西控全楚，为江表门户。其十卫陈列江北者，浦子口五卫：和阳、龙虎、应天、横海、武德，直当龙江下关，处东西之中；江淮卫设江浦县，沈阳右卫设和州，以防上游；英武卫设红心驿，飞雄卫设池河驿，广武卫设朱龙桥，当凤阳、滁州之中，以防北冲。仪真之东、镇江之北，有扬重镇在焉，不为虑也。都金陵者，宜守淮以防外庭，守武昌、九江以蔽上流。守淮之势，东固淮安、泗州，自丹阳而扬州，而淮安，而泗州，乃全淮之右臂也。西固凤阳、寿州，自采石而和州、而寿州，乃全淮之左臂也。东无淮安，虽得泗州而不为用；西无凤阳，虽得合肥而不为用。上游之势：沅湘诸水，合洞庭之波而输之江，江西诸水与鄱阳之浸汇于湓口，则九江为之都会。故九江所以接武昌而蔽金陵，若用于天下，则徐、邳、临清，淮安之应也，荆州，武昌之应也，而襄阳又荆州之应也。固荆州，可以开蜀道；固襄阳，可以控川陕；固临清，可以通燕冀；固洛阳，可以制潼关。其西南守江西以运百粤，其东南守浙江以治闽吴，皆金陵之门庭帑藏云耳。

刘季裴曰：自古守淮，莫难于谢玄，又莫难于杨行密。谢玄以八千人当苻坚九十万之众，清口之役，杨行密以三万人当朱全忠八州之师。众寡殊绝而卒以胜者，扼淮以拒敌，而不纵敌以入淮故也。

张虞卿曰：历考前世南北战争之地，魏军尝至瓜步矣，石季龙尝至历阳矣，石勒寇豫州，至江而还，此皆限于江而不得骋者也。然江出岷山，跨郡十数，备之不至，一处得渡，皆为我忧。使我斥候既明，屯戍惟谨，士气振而人心固矣，恃江为阻可也，虽兼长江之险亦可也。苻坚百万之众，马未及一饮江水，谢玄八千锐卒，破之于淮、淝，岂非其效欤？不然，伍巢以奇兵八百泛舟即渡，吴人有“北来诸军乃飞过”之语；韩擒虎以五百人宵济采石，守者皆醉，遂袭取之。由是观之，徒恃江而不足与守，鲜克有济矣。曹操初得荆州，议者曰：东南之势，可以拒操者，长江也。操既得荆州，蒙冲战舰，浮江而下，则长江之险，已与我共之。独周瑜谓舍鞍马而仗舟楫，非彼所长，赤壁之役，未有成功。至于羊祜之言，则以南人所长，惟在水战，一入其境，长江非复所用，他日成功，略如祜言。故臣以谓，有如瑜者为用，则祜之言，谓之不然，可也；无如瑜者，则祜之言，不可不察也。彼为说者谓敌人以马为强，而江流迅急，渡马为难，敌人便于作筏，而江流迅急，非筏能济。是未知侯景以马数百，一夕而渡，王浚自上流来，未尝作筏也。州县一也，有最为要害者；津渡一也，有最宜备豫者。苻坚自项城来寿阳，侯景自寿阳移历阳，孙恩自广陵趋石头，王敦渡竹格，苏峻泛横江，侯景渡采石。考前世盗贼，与夫南北用兵，由寿阳、历阳来者十之七，由横江、采石渡者三之二，至于据上流之势以窥江左者，未论也。

宋之论边防要害者有曰：自古倚长江之险者，屯兵据要，虽在江南，而挫敌取胜，多在江北。故吕蒙筑濡须坞，而朱桓以偏将却曹仁之全师。诸葛恪修东兴堤，而丁奉以兵三千破胡遵之七万。转弱为强，形势然也。淮甸郡县，不必尽守故城，各随所在，择险据要，置寨栅，守以偏将。敌来仰攻，固非其利，若长驱深入，则我缀其后，二三大将，浮江上下，为之声援。敌之进退，落我计中，万全之策也。又有曰：无为军巢县之濡须，及东、西关，山川重复，盖昔人尺寸必争之地。大率巢湖之水，上通焦湖，濡须正扼其冲，东西两关，又从而左右辅翼之。馈舟既已难通，故虽有十万之师，未能便寇大江，得逞其志。淮西虽号地平，而水陆要害，皆可战守，稍加措置，未易轻犯。又有曰：若金重兵出淮西，则池州军出巢县，而江州军出无为军，便可为淮西官军之援。又有曰：自建康至姑孰一百八十里，其险可守者有六：曰江宁镇，曰冈沙夹，曰采石，曰大信口，其上则有芜湖、繁昌，皆与淮南对境。其余皆芦荻之场，或碕岸斗绝，水势湍险，难施舟楫。又有曰：采石渡在太平州界下，马家渡在建康府界上，宣化渡在府界下，采石江阔而险，马家渡江狭而平，相去六十里，皆与和州对岸。昔金人入寇，直犯马家渡，杜充以万众不能捍，亦尝分兵犯采石，太平州以乡兵御之，遂退。虽杜充处置有未尽善，亦形势使然。马家渡比采石尤为要害。又有曰：和州乌江县界，可自江北车家渡径冲建康府马家渡，滁州全椒县，可自江北宣化渡径冲建康府之靖安。兼泗州盱眙有径小路，由张店、上下瓦梁、盘城，亦可径至宣化，不满三百里。兀术曾于此路来至六合下寨，并自上瓦梁下船，直至滁河口，可以入江。宜于靖安渡、冈沙夹相对三处防守。所有北岸滁河口、宣化两处来路，应和州东地分，宜严切堤防。又有曰：昨来金人自黄州张家渡渡江，由湖北鄂州武昌县上岸，方入兴国军大冶县界，取山路以犯江西，宜于兴国军大冶县通山等处，摆布防拓。又有言曰：汉阳沌口，系汉江下流，湖北帅司所隶，尤宜严切堤防。

嘉靖二十九年，定沿江信地，责令将领防守。南湖觜守备，南岸自城子镇至马当，北岸自龙坪至小孤山，二百六十余里，领原设兵船，而以九江一卫属之。安庆守备，南岸自香口至池口，北岸自小孤山至六百丈，二百九十里，领水兵五百名，而以安庆一卫属之。新复荻港把总，南岸自池口至大信，北岸自六百丈至西梁山，三百二十里，领水兵六百名，而以建阳一卫属之。游兵把总，南岸自大信至高资，北岸自西梁山至黄天荡，三百三十里，领水兵一千二百余名，而以游巡军兵相兼分布。圌山把总，自高资至安港，一百五十里，领水兵、民壮八百名，而以镇江一卫属之。仪真守备，自黄天荡至新港，一百四十里，领水兵三百名，而以仪真一卫属之，瓜洲镇巡江卫总操江水兵亦属焉，仍与扬州府江防同知协同防守，本镇民事则同知理之，守备不与。三江会口把总，自新港至庙港，一百五十里，领水兵八百名。南湖觜守备驻扎湖口，安庆守备驻扎雷港，荻港把总驻扎荻港，游兵把总驻扎上新河，仪真守备驻扎仪真江口，圌山、三江会口各驻扎本处，不许仍前住居城市。

建炎南渡，司谏吴表臣上疏言：大江之南，上自荆、鄂，下至常、润，不过十郡之间，其要不过七渡。上流最急者三：荆南之公安、石首，岳之北泽；中流最急者二：鄂之武昌，太平之采石；下流最急者二：建康之宣化，镇江之瓜洲。此七渡当择官兵守之，其余数十处，或道路迂曲，水陆不便，非大军往来径捷之处。

《武弁袭替疏》

南京兵部署部事、南京工部尚书臣丁宾等谨题，为留都武弁穷极堪怜，乞赐议处，以彰国恩，以恤祖功事。武选清吏司案呈：照得每年春秋二季，遇有各卫指挥千百户老年病故，其弟男子侄，具告袭替通状到部送司，行卫拘集告舍亲、管保官、邻族人等，研审明白。又行该府查勘，果无违碍，本司仍诣山教场比试各舍弓马，得中者取具官吏人等保结前来，备由案呈本部具奏。又将原来情节分别类另咨文，连人起送兵部，查对先年贴黄功次来历相同，类送中军都督府，候钦差内官，同五府、锦衣卫、给事中等官比试，开列等第，送回兵部，方行具本连人引奏。钦准选授祖职，给凭咨回南部，通行各官到任支俸，此从来旧例。近有南京和阳卫舍人褚维藩父故业已三年，因贫不能赴袭，每起送届期，即称往返多费，揭借无由，屡告案候，催至今春，始得起送。又查有兴武卫舍人刘汝存、龙江右卫舍人张国相、江淮卫舍人李文元、金吾左卫舍人戴志德等，俱在京贫苦身故。府军左卫舍人周时缙、孝陵卫舍人刘世文、飞熊卫舍人汤执中、兴武卫舍人王存仁等，俱选回在途贫苦身故。为照南京各卫军官，俸薄差繁，日损月瘠，食无半饱，身无完衣。每值赴北袭替，盘费无措，或指俸米而揭借，或向亲友而哀求，或卖房屋以充费，或鬻儿女以营资，万苦千辛，痛心酸鼻。至于在北听选守候，动经数月，多因资斧罄乏，饥寒莫救，而陨命异乡者，岁岁有之。亦或分文难办，称贷无门，甘弃祖荫，终世不得袭者，卫卫有之。此辈始祖皆高帝与文皇帝开国靖难之功臣也。以汗血之勋劳，无罪而一朝绝之，深可悯也。且使留都武臣，渐就凋零，而卫所空虚，亦可虞也。本司职专选法，若不急为区处，恐失祖宗酬功至意。再照南都各卫军官，俱从国初升授官职，世系贴黄，版载南都，较与在外省直卫所，及都司所属者不同。具本部每春秋二季保勘，其稽查功次，至详且慎。若照北部事例，会同各卫门官比试，具由类奏，即移咨北部，候命下准袭，不惟可苏武弁之困穷，而且可全功臣之世爵，此亦圣朝之至仁厚泽也。查得国初南京总小旗补替，至北京并枪。正统二年，兵部左侍郎邝埜题请，改于南兵部会官监并。南京各文职官，往时考满，俱赴北京。万历四十一年，吏部尚书赵焕题请，改于南吏部类咨考满。夫旗役之劳费可恤，何独疲乎军官？文臣之间关当念，何难曲体乎武弁？合无题请下兵部覆议，以后南京袭替舍人，具告通状到部，听本司研审明白，仍复查勘考与贴黄功次来历相同，果无违碍，照依北部事例，会同守备及五府、锦衣卫、给事中等官比试，备将对比过缘由，及应否承袭情节，照例具奏，仍将取具卫所官吏人等保结各舍供图，及各祖父原领号纸，移咨兵部查选。候命下之日，该部移咨给凭前来，遵照选过员数，行令各舍授职，望阙谢恩，免其赴京。其中若有应查应驳者，听兵部照例查驳，著为定例。其在外省直卫所，务照旧例赴京听选，不得援南都为请。庶京卫贫弁，得以稍苏，而国家恩典，愈以彰著，其于邦政亦有裨益矣等因。具揭禀堂，奉批准具题。奉此案呈到部，该臣等看得南京各卫所官，年来贫苦极矣，每袭替北上，必须称贷而行，即约扣俸抵偿，故有到任数年，不得食粮者，有无亲戚可借，终身不得袭替者，以至勉强出门，饥寒相迫，死于京师，死于道路者，且比比也。赴阙受恩，自是成例，但此辈入选无资，日就消耗，二祖有灵，亦必悯旧功而加惠者。法穷则变，此其时矣。夫京卫皆洪、永世臣，且贴黄在南，原不同于外卫，况南北事同一体，既经臣部详审勘结，仍照例会同多官比试类奏，即移咨兵部，候命准袭，似亦恩不妨法者。司所引补并考满二例，委果事体相类。伏乞敕下兵部覆议施行，则五十一卫之穷官，共载百千万年之厚泽，所以上广圣祖酬功之仁，下激武臣效忠之义者，匪浅鲜矣。原系留都武弁穷极堪怜，乞赐议处，以彰国恩，以恤祖功事理，未敢擅便，为此具本，专差千户张本固赍捧，谨题请旨。万历四十三年正月十八日南京兵部署部事、南京工部尚书臣丁宾，武选清吏司郎中臣王宇，主事臣都任。

兵部为留都武弁穷极堪怜，乞赐议处，以彰国恩，以恤祖功事。该本部题武选清吏司案呈，奉本部送兵科抄出南京兵部署部事、南京工部尚书丁宾等题前事等因。又该南京兵科署科事、南京户科给事中黄建中奏为留都穷弁当悯，袭职事例可援。伏乞圣慈速赐酌议，以恤世爵，以广皇仁事。俱奉圣旨：兵部知道，钦此。又该南京河南道监察御史郭一鹗揭为留都武弁困极，袭职事体宜酌，恳乞圣慈霈发，速赐议处，以恤苦弁，以广国恩事等因，各到部送司，案呈到部。看得南京兵部署部事、南京工部尚书丁宾等题称留都武弁穷极堪怜等事，要将南京卫所指挥千百户等官袭替，听南京兵部查勘明白，会官比试具奏，部类选，比照总旗并枪文官考满事例，通免赴京。又恐本部执泥成法，酌议除指挥而独免千百户等官。南京河南道御史郭一鹗揭称留都武弁困极等事，谓南京卫官袭替，责成南部类咨，此例通免赴京。其便有四。各一节为照卫所指挥千百户等官袭替，在各省直者，本舍亲赍该都司该卫保结投部，在南京者向由南京兵部查勘明白，类咨连保结送部，待人到齐送五府，会同内臣锦衣、兵科等官比试具奏，本部通引大选，此旧例也。但卫官多贫，衣粮匮乏，或有资斧难措，迟延过限而废职者，或有饥寒奔走，在京在途而毕命者，诚可怜悯。今南京兵部与科道连疏，乞将南京五十一卫所官袭替，责成南部查勘明白，送南京五府会官比试具奏。仍咨部类选，比照总旗并枪文职考满事例，免其赴京。盖轸念留都根本之重地，保全祖宗创业之功裔。疏中描写艰难困苦之状，令人鼻酸肠碎，何忍泥成法而困穷弁？况南京卫所，皆洪、永不灭之功，视各处续添虚冒新功者不同。南部有黄选可查，从来凭其咨送，兼有五府、内外守备、锦衣卫科臣可以比试，与各处漫无统属者不同。及查总旗先年赴京并枪，后议改南，文职从来赴京考满，近亦议改南，人人称便。揆之事例，委果相同，既经南京兵部与科道题奏具揭前来，相应依拟覆请，合候命下行文知会。以后南京五十一卫所指挥千百户袭替，及该优给优养者，俱免赴京，听南京兵部备细查勘明白，送南京五府，会同内外守备及锦衣、兵科比试具奏。该部将各舍保结号纸咨部覆核类选，发给文凭，填写号纸，行令到任。中间如有例应驳查者，照旧驳查改正。各省直无黄选可查，无府科等衙门可比试者，不得援引为例等因。万历四十三年三月十九日，本部署部事、吏部左侍郎李志等具题。二十三日，奉旨，依议行。

《火甲条编疏》

南京都察院署院事、右佥都御史臣丁宾等谨题，为地方总甲未经官顾，积害多年，恳乞比例条编，征钱募役，以苏军民重困，以了衙门未完事。臣于万历三十四年间，奉命莅任操江，兼署堂印。随据南京五城居民李自新、刘鸣晓、张应登、金之鍊、康恩、焦蕃、陈邦彦、林浃等，将前事呈称地方编派总甲火夫等役，势所不免。但留都地广人多，编派清查更难，向来优免房号，虽以万历十四年海都御史题请简可照繁册为准，其衙门差役，虽以万历十六年兵部都察院题请地方夫差册为准，总属兵马衙门人役，在于民间私自科派，私雇总甲，非当官雇募也。乃行法既久，诸弊丛生。其私雇总甲，本身既已冒滥工食，且又通同吏胥，夤缘为奸，诸凡卖富差贫，改移定限，兼之飞差四出，虚增卯酉，又或遇火盗人命等事，乃私雇总甲，仍报排门正身总甲出官，无论正身家道，或贫与富，辄便一混牵累，拘縻岁月，破家亡身，而正身总甲受祸惨毒，不可胜言矣。先年居民张文学等呈请举征钱雇募之法，蒙海都御史札付巡视王御史等查议。彼时下情，未能一一上达，而海都御史止将五城滥差夫役题请禁革，其征钱雇募事体，尚在中止。后蒙都察院辛都御史奉旨题覆。内云南京王御史等比例征银雇募，似应依拟，乃称查审众情，一时尚未偏协，合候移咨南京都察院，再行五城御史虚心酌议。如果召募可行，人心共愿，则将征收优免，及一切应行事宜，议处停当，具题等因到院。奈向来犹未行城覆查，以致大小军民，受害日甚一日，如在汤火之中。仰望救援，莫如雇募。伏乞早赐举行，恩德无量。上呈等语，臣等以为事干通都，未可轻举。至三十五、六、七等年，除各缙绅屡次具揭请行雇募外，其五城居民又屡次连名累牍诉告，往往有泣下者。且云雇募之事，问之富人，则富人愿做；问之贫人，则贫人愿做，通都大小军民人等，无不称便，何不举行？臣又谓外府州县举行条编，尚有田地山塘男丁女口册籍可查。若南京十三门内外人家，几十余万。臣等虽曾效法先臣王守仁编派十家排门牌册，以为防守地方之计，其中间门面，似无渗漏，然而竟无各家贫富等第册籍，则官府何从凭据议编雇募？乃有居民刘鸣晓、李自新、康恩等禀称，身等向来私雇总甲，原有出钱数目，今既恐无凭据，身等愿将三十六年分一年之内，各城各铺大小贫富人家，各出钱数，公同会众各铺，写册一本，名为五城铺册，送官以备查考。夫公同写册，既不敢减少，又谁肯写多？官府得此，实有凭据，庶几可以行事。盖身等所虑不在出钱，特以钱不经官收支，难免飞差横祸，大小人家日夕忧惶。故欲将额定钱数，纳之官府，以期杜绝诸累耳。不几日，五城铺册约千余本，居民刘鸣晓、李自新等公同各本城大小贫富人家，一齐送至臣处。又各铺册一本，分头呈送五城御史。乃五城御史曾陈易、蒋贵传、宗皋、王霖、王万祚公同到于臣处。称说通都百姓才说铺册，遂翕然抄写，一齐送至公庭。且求早赐行事，则往岁所云半愿身当，半愿雇募之说，必为从中阴欲阻挠者所误，断非出于小民之口矣。假令不与举行召募，非但先臣海瑞题覆内云"再行南京，虚心酌议"一节，终属未完，而大小百姓屡屡成群泣诉，度量事势，必竟不肯停止，所当亟为俯从。臣乃将各城所递铺册，分开日子，每铺点出公正人役，并贫人富人共三四人，先期约定，某铺某日，到于都察院，当臣之面，稽查铺册内人户，有无房屋门面隐漏，并相应优免人数，及细问三十六年分册上所开出钱之数虚实。又将三等九则规条，每铺较量，时为增减停妥。似此稽查甫毕，随将各城原递铺册，并臣面审情节，一并书写在册，札付各城御史，令各到于会同馆，覆查前项有无隐漏滥免，并出钱不均，并不合等则，并有不愿出钱各情。臣又先期遍出告示，晓谕五城贫富百姓。内云民间所递铺册，本院虽已面审一番，仍恐中间尚有未尽事宜，复令五城御史在于会同馆覆审。你们大小百姓，如有不原纳钱者，许到会同馆当官告明。本院即为俯从，免派役钱。乃五城御史覆查完日，并无有隐漏滥免，并出钱不均，并不合等则，并不愿纳钱者。臣等犹不敢自信，乃复会同大小九卿六科，在于会同馆，号集远近人民千余人。惟时九卿及科臣，亲问纳钱雇募之法，便民与否，乃合口称便。又将百姓中之最贫者，直令上前，问其纳钱雇募，便民与否，亦合口称便。诸臣又各各细问：尔等穷人，原无身家之累，何必要行雇募？又回云身等虽无重大家私，平素亦在排门之列，未免轮当正身总甲，与富家一同受累，且身等受累之日，光身到官，既已无钱使用，而妻儿在家，饭食缺少，又无人照管，其情更苦，以故情愿额定纳钱，用图安静等语。臣又对五城御史云，雇募之事，从来未曾举行，且南都地广人众，中间容有咨访不到，未可信为停妥。乃各御史又将会同馆各所查各铺内，有贫穷孤寡者，各自躬亲至于其家，细访端的，因而沿途遍问民情，稍觉可怜者，无不从宽派钱。臣乃收取各御史审定名钱数铺册，复令书算手会集一处，督令细算五城见该出钱总数。随即模仿前任题准简可照繁册，并地方夫差册，细查五城今日合用总甲火夫，并当更夫活拨上陵等项灯夫，并各公用家火器皿，各该钱总数，较之前项所定铺钱，尚有赢余。随即会同五城御史，将前各铺所派各家钱数，各行尽钱照减，务使今日所派钱数与今日所用钱数一一相同，乘此杜绝衙门多取，以防嫌弊。随照各花名所减钱数，各铺写长单一张，遍示大小人民。臣又唤集五城原呈父老诸人到院，问云征钱雇募一节，应否举行。各对云，但得官府征钱雇募，则衙门人役，既不得重科妄派，且一切在官事体，俱是雇募总甲自行承当，别无正身总甲名色，民间何等安静。当此之际，即使比照三十六年分私雇等项钱数编派，身等亦自甘心。况今蒙将三十六年分私雇钱数内，家家户户查据余钱，尽行照减，尚有何处不便于民？恳乞早赐举行等语。臣于是乃唤集书算手，到于公衙，将各铺减钱长单，照数填写细户由票，分定日期，令各细户到于都察院，将由票亲领完毕。遂于五月初一日，各城御史曾陈易、蒋贵传、宗皋、王万祚、容大德，相约开柜，各收夏季铜钱。小民各遵日期，各照由票，踊跃争先，纳钱如市，绝无拖欠。随经该城御史给发各甲夫工食等项，种种支销，明立文案，用备稽查。自后各季收钱支钱，俱系一体行事。其每岁或有新增优免，与事故之家，相为伸缩；或将房屋折卸，与新增之房，相为伸缩。中间一切查钱事情，五城御史时时会同，严加觉察，务须通融计算，登时伸说明白，不得少容欺隐。即前原呈内所称人命贻害地方最苦一节，已经严革夥诈牵累捏词代告各衙门诸弊。臣犹设处于三山门、神策门、凤台门外，各建造检验厅一所，庶几事有归宿，民间愈无骚扰云。为照为政固在安民，而安民莫要于除害。先年兵部、都察院所定简可照繁册，并地方夫差册，向虽遵奉通行，俱属兵马衙门人役私派私雇。况又地方人民宽广，纵有飞差卖放、连累正身等害，其何能除？乃今额征房钱，在官雇募，并人命不许夥诈，顿使前害一朝革去，则既可以下慰通都仰望素心，而先年都察院移咨南京都察院转行五城御史，将召募事宜再行议处停当具题公案，从此可以归结矣。缘系地方总甲未经官雇，积害多年，恳乞比例条编征钱募役，以苏军民重困，以了衙门未完事理。理合据实具题，庶便遵奉刊刻书册，岁查收支登报循环，永远举行。为此具本，专差千户朱世科赍捧，谨具题知。

火甲

太祖所行火甲，良法也。每日总甲一名、火夫五名，沿门轮派。富者雇人，贫者自役。有锣，有鼓，有梆，有铃，有灯笼火把。人执一器，人支一更。一更三点禁人行，五更三点放人行。有更铺可蔽雨雪，可拘犯人。遇有事，则铺之甲乙，灯火相接，锣鼓相闻。凡刀枪兵器与救火之具，一损坏，有修铺家整理。独飞差与人命事，种种弊端，皆总甲当之，甚至数年不结局。此最害事，所当急急更张者。都察院都御史丁公洞察其苦，变其法，以三等九则征钱，官行顾役总甲火夫，何其简便，实成祖北京所行法也。但夜间锣声一过，不复再闻，尸聚一处，便于抵换，此更当一加意也。

《足兵训武疏》

巡视南京营务兼管巡仓、监察御史王万祚题为留都营伍日凋，虚文操练无益，敬陈足兵训武之实。恳旨振饬，转弱为强，以备缓急事。窃惟金陵王气，纪自先秦，我朝开基，遂成丰镐。海内无事则已，一朝有事，则宫殿廒仓，草泽英雄竞觊，袛树敌资。宗庙园陵，神圣在天有灵，岂能自守？故命大臣练重兵兹地，所以拥陵寝，保河山，圣子神孙兢兢为首务。二百年来，设立教场大小营、神机营、巡逻游巡营、新江口营，迩因关白之乱，添设陆兵水兵营。又以妖变，添立标营。星列棋布，制岂不详且周哉？顾兵也者，养之于无事以待有事，先为不可胜以待敌之可胜者也。我兵先寡，将何以御敌众？我兵先弱，将何以御敌强？京营兵旧十万有余，后乃日朘月削。今大教场见存兵止六千三百有奇、小教场九千一百有奇、神机二千五百有奇、巡逻游巡三千六百有奇、新江口五千八百有奇，总之不盈三万。内则徒手寄操居十之二，老稚疲癃居十之九。所恃者止陆营之一千八百、水营之一千七百、标营之一千三百余人，而迩亦弱壮相参，非其旧矣。且逃亡住粮，词讼作缺；避劳就逸，随时掣去；有缺无补，一去不复，数年之后，宁复有兵？江北门户，浦口营兵二千、池河三千，名在实亡。去岁稍传倭警，营官神惨色沮，胆战心栗，语曰：无恃其不来，恃吾有以待之，而今所以待之者安在哉？正德年间，刘贼以残败之余，三过江上，如履无人之境。嘉靖年间，倭奴以五、六十人入樱桃园，歼我将士，血污红门。况今日兵又逊昔时远甚，而灾变频仍，民穷思乱，正盗贼蜂起之时，倭奴败琉球，困朝鲜，垂涎中国金帛子女，岭夷内讧，方构引为乱哉？营弊百端，未易悉数，若死病当医，在救营伍之凋耗耳！惟凋耗，故欲拔选锋，而选锋何处可拔？欲汰弱兵，而弱兵将何补代？欲教武艺，而所教原非其人；欲明赏罚，而赏罚明于何地？只今各衙门重之工差，昔三人朋一差者，今一人倍应，典衣卖甲，顾募不敷，辱及营总，预为揭债。貂珰使者，计日算钱，认人敛直，月粮操赏几何，安得不逃？又责之养马，家有妻粮，便号殷实，口食不给，饲料安出？玄黄药染，畜疾时生，道路僵仆，卖子鬻妻，安得不逃？夜巡缉贼，职固宜然，但奸穴渊薮，椎埋竞伏，野旷人稀，白昼杀人，入夜恣行，寥寥孤卒，姑保性命，进则畏贼，退则畏官刑，安得不逃？如此之类，皆由兵寡。当者愈苦，苦则逃，逃则愈寡矣。万历十一年，兵部于每营题补，至一万一千。三十五年，题准选壮丁以充缺伍。而当行不行，耗而益耗者，又五年于今，急在燃眉，祸不旋踵，宁得坐视为靡文，苟延岁月乎？臣窃谓目前之计，必会司马、司农，合而为一，以营法、卫法，分而为二，而后其病可痊耳。今司马不选军，则诿曰户部无粮，然而额定岁输，粟红贯朽，自在也；司农不给粮，则诿曰兵部无军，然而生齿浩繁，翘奇待充，非乏也。兵老不选，其祸至于藉寇兵；粮腐不给，其祸至于赍盗粮。仓皇穷迫，而缓不及事，孰若室未雨而共计绸缪，车未败而合谋益辅之为得哉？夫卫所有正军，有余丁，有祖充，有投充，种种分别，毫不得混者，此卫中明伍之法；正击刺，善骑射，陆搏虎，水断蛟，十中选一，百可当千者，此营中选武之法也。今动称案籍，拘例引嫌，千百户乘机挟取肥囊，积年军识，营为垄断，准顶者未必宜兵，宜兵者未必准顶。无钱进身，即韩、白、李、郭，有老死沟壑耳，国安得壮士而用之！独不思民间亡命，尽人皆可为兵，独于真军，反多忌讳，臣诚莫得其解。为宜尽捐腐陋之局，痛惩刁勒之奸，查出十一年旧额，将五十余卫军，不论正余，尽数挑选少年膂力壮健、心神朴茂、精彩焕发者，尽作营兵。最上为选锋，次即为常伍，有余则补作驾船、守门诸役。于各营内汰出懦懦矮小力差弱年未衰者，充大小衙门官府跟随导卫之用。其耳聪目明、手持足行，尽足操弧负箧，执矛荷戈，何必壮丁。法行自上始。旧有伏财营窟，投托隐占者，勋功卿第，各自清查，但系卫军，送还本兵，一体审发。少壮入营操演，殷富责以圉牧。定案如山，不容生端再掣；讼庭两造，不得住粮误操。用此法选补，于大小教场，各宜补足一万一千，神机合巡逻游巡亦然，新江口纵不复旧额一万七千之数，亦宜选足一万二千五百人为一师。赳赳桓桓，彪虎成群，都城内外，气象自别。浦口池河，一时不能满万，亦先选各五千，连络掎角，声势相援。至于孝陵，原额二千，今亦宜于本卫军余，挑选足一千，寄操诸军。此空势应撤回，彼空自为简补，桴鼓虽惊，松楸不动，则祖陵何地，尚不寒心。每营仍预取壮丁二百名为听补军，遇有事故，两营按籍取补，无烦拮据，捍外卫内，策无逾此。或者曰：水陆召募之兵，堪以敌外，数万金钱之养，费于浙兵，京军皆担夫菜佣，奚取徒多为？是大不然。祖宗执府卫为兵，战则领符，散则归卫者，为子孙练兵之良法也。即月米为饷，正军一石，余丁六斗者，为子孙省饷之良法也。即各营精兵六万，陆营、水营亦各补足二千，则彼此协力，共振雄威，合成一体，既不至露弱偏枯，启骄悍要挟之端，又不俟他郡召募，取增饷坐索之扰。不然，则仅仅两营浙卒，岂有倚仗克敌之理？而蚩蚩易种，有怒相攫，能保无狙诈作敌之忧哉？借兵以护兵，舍饷而营饷，久长之计，正不为是耳。补伍而后，当议者四：一曰蠲杂差以示优恤。营军不备战守而备工差，临操不比技艺而比工钱，当事宁尽糊心眯目乎？自今伊始，敕下内外守备衙门，正差撮差，一概禁革。龙袍神帛、铜器青果、板方砖石等杠，原设钱粮尽宽，内监动支雇募，工部销算，即各船护送不得离汛地，看守不得过晨宿，少苏困军，可也。一曰勤训练以养实材。今轮班进营，逐日走队，金鼓旗帜，非不可观，跳跃起伏，傀儡儿戏，侵辰而入，抵巳而出，岁岁如是，责之对敌，茫然无知。不若另立为练法，每五日以一日走阵，四日演艺。如火器千人，必千人精也；弓弩千人，必千人精也。某技大良，某技次良，卫总分试，把总轮试，坐营抽试，皆躬较而心体之。举名则知其技，举一则知其百。庶队无不精习之士，而营无不知兵之将。临敌则有所恃，无所畏。有所恃，则奋勇而直前；无所畏，则神全而气定，何败之有？一曰给器械以助军威。查得三十二年，兵部每军给弓银三钱，又鸟铳数千。以后径催自备，钝戈敝甲，断弦绝羽，狼筅枯株，铳眼喷药，甚至三人共执一器，深可怜悯。乃内库所藏，蓄积颇多，国初铸造钢锋劲利之器，置之无用。宜择良有司暂领其事，各就库部，领出修理。再不足用，照先年事例，每兵量给价银，督令自备。铅弹火药，匠作刻期，早办早散，勿致休班，干没无算。庶器与人相习，有一器，济一军之用矣。一曰增战船以防水攻。长江天堑，舟战为上。高樯巨舰，驾用多人，旋转不便。若沙、唬二船，沙船面阔底平，可贮正兵；唬船形尖身疾，可贮奇兵，为用甚亟。旧制十年一造，五年一修，然而旋坏旋修，则兵得船之利，而官亦省造之费，似不必尽拘年限。新江口船，旧四百有奇，今存者百十只耳。作头图侵，恣意延阁，风雨朽坏，薄板稀钉，竟难冲浪。水营兵船，多不满百，贪弁染指，柳质易腐，近更修饬，载兵无几，篙师舵工，手疏目炫，胶舟可虞。合无以造船职掌，总属兵曹，专督岁修，江海之滨，舟操若神者，实繁有徒，与兵偕选，双轮激水之类，并考形同造，此水军之急务也。更有宜议复设者，诸营外列江口最要。成祖屯重兵江上，以文武重臣统率之。旧例官军住宿，早晚点闸，跬步难离。今厌薄险远，如御魑魅，官弃伍而家居，卒捨舟而城处，缆舟漂泊，寂无人知。诘其所以，则江岸倾滩，营场圮坏，将台军垒，湫淋泻湍，重镇军机，废弛至五、六年矣。徼天之幸，时不再得，亟宜培拓叠基，容蓄操众，疏开两河，停泊舟橹，修复窝铺，顿插巡军，卯酉如故，舟师箭射火攻，逐样演习。把总六员，缒舟画地方分守，仍与水营、游兵营，绳贯联为常山蛇势，以六分中守，以四分为两支，同水游兵，防观音港、河口、龙潭诸处。而哨官带领，一出哨于梁山，与荻港营兵会，一出哨于天宁洲，与仪真兵会，上下江往来搜捕贼窝，更番迭出，首尾交错，血脉流荡。汛地游兵营，亦期会适中处，随众习操，免致抛零，武艺生涩。庶江险为我兵所据，而敌不得乘耳。又查嘉靖年间，兵部因事预防，有四面营盘选锋伏场之建，南如石子岗，东如土山，西如望江楼，北如仙鹤观、麒麟铺、东山寺等处，墩台累累，一以控扼地形，一以埋伏人马。承平日久，或土民侵占，或荒芜积草。今西尚有，而东南北三面旷然失陷，旧趾可寻。可不亟行查覆，整立守望，春秋阅视，播威武以摄不轨之民乎？新江口抵江浦驿，三十里程耳。近闻新河相望颇近，一苇可渡，宜有重险，以限长流。得无新江口船额，告复其旧，分支船以卫浦口，东西两岸，对守戒严，贼从水则夹击之便，从陆则摧遏之易乎？浦口一营，逼近卧榻，廒栋辽远，庾廪露积，不患无粮而患无兵，不患无兵而患无法。青衿里中豪翼庇军伍，偷惰骄玩，诽谤告讦，持将吏短长，即守御莫敢谁何，安问其他？一水仅隔，法令顿殊，至于池河，相去弥远，指股同大，冠履倒置，军民概处，风俗浇漓，莫可挽回。盖由武臣权轻，弹压无人，末流至是。合无比户部例，专差兵部司官，驻扎滁州，巡守二处，赏罚号令，一出其手，圉牧屯粮，亦令带辖。豪强奸党，武断窝访，剥军扰官，把持营卫者，或关会京营拏治，或径移法司究罪。然后军法不挠，操练不虚，外营庶其有瘳乎！今卫民防倭，旦夕难缓。奉有谕旨，而兵、工、户三部相视莫敢前者，莫如浦口之城。夫诸臣岂不知百万生灵，藉城为捍，敢易视哉？第波浪漂荡不常，恐为有力者所负，闾阎折毁不便，谁与无辜者为仇，万不得已之计。窃以为宜循万峰门城墙，旧人难得，顾智谋勇略，足济实用何如耳。今在籍老成名将，岂尽无人？有身经战伐，夙著勋名，偶以病归者；有一眚挂弹，抱负实奇，桑榆可收者；有据鞍矍铄，渭水堪夺，金城可图者。与其闲置于林下，孰若储养于留都；与其以好爵靡土木藻绘之形骸，孰若以重禄优御侮干城之耆硕。出可搴旗，卧堪借箸。恳乞圣明特谕本兵，搜求宿将，起任南京五府，镇守江南，亦可以备西北不时之需。则得大将一人，贤于十万师矣。臣营差幸竣，目击营务衰弱，实切深忧，敢献刍荛。伏乞陛下电览下部，再加查核。如果臣言不谬，乞赐举行，其于京营，不无少补矣。臣不任惶悚待命之至。

夏曹纪事

兵部惟武选司不预钱粮，三司岁入颇多，往年任支销无考。武选郑郎中因建议设总库，委一主事专管，凡有支放，俱说堂给札，方准发。三司恶选司倡此论，因议管库不得委选司主事，载之职掌，至今仍之，亦可笑也。

卫所袭替舍人，旧例属府卫分。武选司移文该府，勘结回照，乃五府首领胥役，故意迟延，致误咨送，诸舍人苦之。武选郎王宇始查照邦政题准事例，说堂免行府勘结，禁各卫不许申府，一听本司行卫查勘明白，将府结部结，类送该府磨对，限五日内粘照过部。如结内字迹可疑，该府止移文选司改正，不许径自驳查。其或回文过限，及违例行查，府吏径送法司究问。诸舍人受德无穷矣。

祖制各卫军政官，择材受任，故官名武选，典名黄选，非令循次而补也。万历三十五年，南武选马郎中苦请托难绝，更定新法，止就本卫挨补，不问人地，不论当否。至使谫才司大屯大运大印，以败乃事，而长才往往置无用之地。乃如兴武、鹰扬留守后官员众多，听用数十年不得补，其他官少卫分，黜革未几，旋进管事，众论哄然不平。致四十二年，南管屯御史陈玉辉疏参，下兵部覆议，南武选司始申明旧制，更正职掌。凡军政员缺，本卫有贤能官，则以本卫补；本卫无官，或官未必贤，则选别卫调补，务使人地相宜。从此官司留心知人，而军政亦称得人矣。

国初起运漕船，皆造于南京龙江关提举司。永乐年间，省直粮米，民运至淮，派拨军船，因改建清江厂于淮安。宣德间，各省粮俱改本地交兑，船亦撤回团造。惟南京军船，不过江，止寄泊瓜、仪二坝。江南粮米，仍民船装至坝交卸，故船仍在淮成造。至万历元年，改瓜洲坝为通江闸，南京军船，径过江直抵水次领兑。漕运都御史王廷瞻题请工部覆议，遂将南京各卫运船复归龙江厂修造。缘各卫军住南京，费出南部，木由南关抽分，以便就便，故费省而船坚。二十八年，淮厂匠作钻谋运总条议，改归清江厂，木价既多，且匠作不坚，板薄钉稀，不久辄坏。兼以军士守候经年，运官监督不便，而空船回坞，看护尤难。南科祝世禄随疏其苦，下部未覆。迩年丁甲，疲累日甚。万历四十三年，南大司马黄钟梅公乃上疏请复归龙江厂，听南工部自造。此诚苏军救运之急务，乃命下工部，竟置不覆，众所称便，而庙堂之上，若不与之便，所未解也。

年来运务，废坏极矣。船缺甲疲，苦累运官，降革监禁、破家亡身者，相望不绝。每遇选用，即赴汤火不啻畏也。万历四十三年，武选郎王宇议将各卫船甲，酌量丁力，通匀增减以救之。盖诸卫运船不齐，有多逾百六十只者，有小不及三十只者，向原随丁力而派，日后人户消长，卫事变更，昔繁今简者，虽增之不病其厉；昔殷今乏者，非减之莫苏其困矣。况增者仅数只，而减者间至数十只。酌盈济虚，实急救运困第一议。大司马黄公慨然举行，乃移咨漕抚。值人言杜门，遂高阁置之，抑亦运卫之不幸也。穷则变，变则通，以俟后之贤者。

南京属府卫所官，最苦者莫如夜巡差。缘京都里十三门，每夜设长巡镇抚二员，点闸门军，一员在鼓楼守发令牌，每门短巡官二员，每员带军十名，赴鼓楼领令牌，往门上撞锁，次早赴中府经历司回话。五府属五班更番，共用夜巡官一百三十员，食粮正军一千三百名。后因留都缺伍，掣去正军，将各卫余丁充役。余丁差繁人少，俱责各官催募。且非止供前差，该府挑运柴米，及势豪婚丧借用，日不暇给。各官赔累不堪，皆宁愿辞任，不愿管事。万历四十三年，大司马黄公准武选、职方二司条议，将夜巡军减去其半，验定六百五十名，每名月给口粮三斗，凡势豪婚丧借用，一切禁止。每官遇上直五日，量给油烛五分以恤之，而苦累庶乎其少苏也。

《应天府志》

万历三年，奏准。国初里甲之设，以催攒勾摄，且十年一役，九年空闲，于民甚便也。后有司一切私费，尽科里甲，于是不得已乃为十甲征银朋当之计。里甲之费，于秋粮内带征，坐派少，则谓之派剩料价。初意派剩存积，以待不时之征也。久则挪移支用，不可诘问。有一县派剩十两以上者，一遇加派，仍行科敛，甚至一年暂派，而次年停止者，则开称该县征收作正支销，以愚百姓耳目。上、江二县与宛、大二县相同，乃派走递夫，百司所集，安能应付，民困极矣。巡抚归并龙江递运所，小民称便。二县又巧立小夫名色，且勒二甲朋当，岁派银几二千两。今遵诏除去秋粮内带征里甲银两，扣算通县丁粮编派正数，无复派剩银两。又裁革二甲朋当小夫，应该夫马于驿递应付。其六合县夫出自排门，轮流科敛，为弊更甚，亦编定名数以绝弊端。原额里甲该银一万六千四百五十三两有奇，今将各项杂派归并里甲，共编六万二千余两，其实里甲项下止征银八千七百三十三两六钱四分四厘七毫八丝四忽。又奏准各县均徭原有定额，嘉靖十六年书册已非初制，然不若今之冗滥也。银力二差，俱有定数。银差者，谓以差编银，不复雇役也；力差者，派与银数，自当雇役，悉听其便，非于所编之外纵民过取也。自一条编行，有司于门皂斗库狱卒，徇情加添工食，有至三、五十两者。浚民膏脂以润左右，深为民病。且祖宗旧制，役民不过里甲均徭。应天所属，又巧立十丁夫名色，凡不时之征，则派十丁夫，弊不可言。今遵诏将十丁夫查革，凡各衙门一应银力，俱以书册为据，查复旧额。切见应天府所派差徭，俱于各衙门应役，往往执留批回，额外多取，小民受累。乞敕该部查议通行。

《江宁县志》

社学

洪武中每坊厢各建一区，以学行耆旧为之师，其子弟悉令通《孝经》《小学》诸书，诵读之声相闻，其俊秀者选入郡学。乡饮酒礼既举于学，又每坊即社学为会饮之地，以礼一方高年，行礼读法如仪，后渐湮废。嘉靖中，学使杨宜稍简诸生堪教习者，与为社学师数处，至今相袭，其后又废。万历中，督抚朱大器移文修复，未几迁去，后无复举行者。今除诸生所居及居民佃者入租于官，其他多为豪猾侵占，不能尽考云。

《上元县志》

版籍

古者圣王建国，什伍其民，下制恒产，上制国用，靡不征敛有艺，费出有经，而天下定。上元固昭代建国首邑也。厥初租调永蠲，恩逾法外，其后稍加赋役，以当经费，虽失圣祖初意哉，而惟正之供，亦所安焉。迨至正、嘉之季，外由猬集，民病而不知恤，职生厉阶。顷者幸际清明，屡荷司牧者调停湔刷，稍复治世之旧。谨籍户口田赋之数，及其入出之防，正使民庶持筹而算之，万不失一，吏特奉行文书，无所隐其匿，故令行而民不疑，为象魏县焉尔。往历利病，敬附于篇，备司牧者考焉。按图籍，嘉靖末年户口尚及正德之半，而今才及五分之一。非必人户流亡至此极也。大都赋役日增，则逃窜日众。又国初（注一）里甲十九，坊厢十一；本田十九，寄庄十一。其后田赋日增，田价日减，细户不支，悉鬻于城中，而寄庄滋多。寄庄田纵千亩，不过户名一丁，后或加一二丁，人且以为重役。其细户田既去则人逃，即不逃而丁日削，势固然也。盖积岁渐减，以至于斯。近始审编，新增千九百余丁，而丁银亦摊减云。

田赋

昔者石江欧阳公之抚留圻也，逮诸守宰，究心民瘼，殚精国计，作书二册：一摘略节，与民周知；一详款目，官府备照。大纲有四：曰以八事定税粮，以十有二事定里甲，以二事考均徭，以六事考驿传。垂为定则，无所容奸，民受其赐颇久。世远人亡，其书销毁，而父老所传仅存抄本。今其细目虽已增损不同，大都不越纲要之外。是用纲仍其旧，目准诸今，作《田赋志》，亦俾前贤遗意不终泯焉。

初洪武十八年，恩诏念应天五府州为兴王之地，民产免租，官产减租之半。官产者，逃绝人户，暨抄没等项，入籍于官者也。初半租多寡不一，嘉靖中，均为一斗五升，而杂徭不与焉。其更佃实同鬻田，第契券则书承佃而已。大约官产十二、三，民产十七、八。杂徭惟并于民产，而国初杂徭亦稀。厥后大吏创劝借之说，民田亩科二升，名曰劝米（注二）。后以供应稍繁，加征二升，名曰劝耗。延及正德，则升科至七、八升矣。十甲轮年，照宇内通行事例，未始不安于法制之内。而正、嘉以来，事日增，役日繁，在小民利于官产，而官产则少，在优免人户利于民田以省杂徭，而买者、卖者或以官作民，或以民作官，以各就其所利。于是民田减价出鬻者，日益多，而差役之并于细户者日益甚。猾胥乘之，恣诡寄花分之弊，而惟时不急之征，无名之费，一切取责于现年，现年竭产不足支一岁之役，而所索于花户者，每粮一石至银四、五两。盖宇内尽然，而南都为甚。维时一条编法已行于数省矣。隆庆中，中丞海公巡抚，计以官田承佃于民者日久，各自认为己业，实与民田无异，而粮则多寡悬殊，差则有无互异。于是奏请清丈，而官民悉用扒平，粮差悉取一则，革现年之法为条编，考成料价，一应供办，俱概县十甲人户通融均派，而向来丛弊为之一清。优免之家，不失本等恩例，而细民偏累之病，一旦用瘳。于是田价日增，民始有乐业之渐矣。至于四差分合轻重之数，尤有可述者。往周文襄公巡抚时，以丁银不足支用，复倡劝借之说，以粮补丁。于是税粮之外，每石加征若干以支供办，名里甲银。若秋粮之外，则有夏麦、农桑、丝绢、马草等项，色目繁杂，氓易混而奸易托。嘉靖十六年，石江欧阳公巡抚，悉举里甲诸项并入秋粮，名曰均摊，事则简便矣。以其总总带征，会计不得不宽，支销不尽，谓之派剩。初制派剩存积以待不时之征，及抵下年正数减派久，则挪移支用，不可诘问，诿曰作正支销，沦胥干没。万历三年，京兆少泉汪公继之，奏请扣编正数，无复剩派。又请裁革诸滥差，条列正办，刻诸县赋役册，以通晓所部。又载诸府志，盖每岁省派五千余金，维时县令莆田林公克承厥志，今复继以贤牧，随时酌量，虽微有出入，而概不越更化以来法制之旧。回视畴昔嗷嗷，不啻霄壤矣。

以八事定税粮：（前四稽入，后四稽出）一曰以原额稽其始：田土总若干，凡为田若干，亩科平米若干，地若干，亩科若干，山塘杂产若干，亩科若干。二曰以事故除其虚：前总内除钦赐（注三）若干，荒田（注四）若干，荒地若干，实该正田若干，地若干，山塘杂差若干。三曰以分项别其异，秋粮（注五）之内带征五项：一夏麦若干，二丝绵若干，三农桑丝若干，四马草（注六）若干，五户口盐钞若干，各准米若干，秋粮之外，升科芦地若干，改荒芦地若干（注七）。四曰以归总正其实：实该平米（注八）若干，荒白米若干。五曰以坐派定其运：兑军正米若干，改兑正米（注九）若干，各耗若干，南京光禄寺黄豆若干，稻谷若干，南京光禄寺正麦若干，耗麦若干，太仓银库正麦若干，南京各卫仓正麦若干，南京库丝绢若干。六曰以运余拨其存：本府俸给仓正耗米若干，儒学仓正耗米若干，本县俸给仓无耗正米若干，龙江驿正耗米若干，江东驿正耗米若干，存留草若干，存留正麦若干。七曰以存余考其积：拨剩米若干，拨剩银若干，以待额外之费，积余则入下年正数减编。八曰以征一定其则。（以上（注十）种种征需，一准于米，计亩而分，归于一则。故令不烦而民易信，事易集焉。夫信令必准诸由票，由票必溥于细户。早溥而信洽，粮亦易完。若奸胥敝里，必慢于由票。且倚为市而不计大事之不集也。）

以十有二事定里甲。谓以四事考岁办：一曰国祀之用，二曰国庆之用，三曰供应之用，四曰诸司之用。以二事考岁派：一曰内府坐派，二曰工部坐派。以六事考岁费：一曰祭祀，二曰乡饮，三曰科贡，四曰恤政，五曰公用，六曰备用。备用银一百两，以待不时之需，不足申府动支，有余作下年正数省编（注十一）。

以二事定均徭：一曰银差，二曰力差（自条编法行，悉从雇役，兹仅存其旧目，不分列焉）。

以六事考驿传：一曰会粮以派征，二曰内除以协役，三曰兼外以定实，四曰分例以定则，五曰类费以从驿，六曰类费以从所（注十二）。

坊厢赋役（注十三）

维高皇定鼎金陵，驱其旧民而置之云南之墟，乃于洪武十三等年，起取苏、浙等处上户四万五千余家，填实京师，壮丁发各监局充匠，余为编户，置都城之内外，爰有坊厢。上元坊厢原编百七十有六，类有人丁而无田赋，止供勾摄而无征派。成祖北迁，取民匠户二万七千以行，减户口过半，而差役实稀，独里甲听役于县，后且立乡头色目，供应实繁。正统二年，府尹邝公埜奏革乡头，并上元坊厢为四十有四，坊有十甲，甲有十户，视其饶乏，审编柜银，每季约三百两，析坊厢之应办者任之，以均里甲之不足，季轮一甲，率三十月而一周。然其时人户充实，应办简严，库贮柜银，该吏支销，坊民听役，民不见劳而事不废，立法未始不善也。然以支取如携，公私交征，法渐以敝，正额常十三而外，由常十七。于是人户流亡，更谋脱籍，柜银滋少，官惮其难，吏辞其责，改令坊民自收自用，而阴责其赔补。每一上季，则佥收头派差者一人，曰总坊。佥殷实之家，囊金听用，不问多寡者数人，曰当头，名活差。其次减定银数，贴补当头者，名死差。其下户，则佥拨接票、催夫迎送等用，名力差。又拨供应器物等用者，名借办。并听总坊指麾，而总坊以是恐喝营私者又十八、九。且自弘治以来，又添拨九库八关五城夫役，又代工部买运光禄柴薪四十余万斤，又太常九种进鲜重取什物银两，又各衙门行取书手工食，并修理衙门。嘉靖十八年以来，又骤添应付衙门八处，至于宴席、节物、花灯诸供馈，抑又不赀，而大小使客时行火牌，征脚力口粮，迎送鼓吹，靡不应付。加之百司吏胥恐吓需索，而大柴宴席为尤甚。至是倾败相继，自经、自溺者日闻，而民不堪命矣。维时父老间陈民瘼，而狐鼠实繁，旋行旋沮。庠生赵善继者，不忍家难离披，邦国困弊，畴咨同类，从者如水。适抚院方公、按院黄公稍因父老条陈，下府勘覆，而沃洲吕公新任京兆，诸生稍为陈说，蒙谕公议，出于学校，可以文言代之。于是尽疏其辞，刊梓分递，而诸司各为之动，第见施行矣。会给事麓池郭公抗章奏革，于是额外之徭，不经之费，如前所陈者十去八九，民若更生，然诸色目尚在，病源未塞也。隆庆改元，阳山宋公莅抚院，加意剔蠹，委其责于通府望沙陶公集议，以为坊长听役在县，人目以为奇货。于是更名坊夫，悉还正统初法，其买办、借办只行雇役，而当头以下诸色目，悉行铲革，上下称便。然犹岁征银千四十八两外，每季流失库夫六十二名，岁征银二百八十五两有奇。陶迁，吏胥以雇役不便，乃令坊夫听役于县，抑令私赔，旧弊浸复。维时赵生物故，张生崇嗣辈言之京兆东泉郭公，议照里甲扒平，改柜银为丁银，定为三等九则，纳之库，不佥头，不轮甲，止令排年十人催征，以听该吏雇役支销，夫还于坊。嗣是复有翻覆，赖抚台岣嵝张公复之。万历三年，少泉汪公为京兆，吊查二县支销册，不过供应各司下程刑具办酒馈礼之费，而二县一切私费且取办焉。此官所以乐于申请科派而他不恤也。爰计顺天府事皆奏请，仰荷宸断。两京事体相同，乃酌其应需因革之宜，定征坊夫丁银岁五百四十两。具奏下部，覆奉钦依。此外锱铢不得私行科派，阴令坊夫赔贴。凡修理纸札刑具，动支自行赃罚。其里甲已编者，不得重派坊夫。每岁终，巡视科道造册奏缴。时东瀛林公为县令，协心节省，为能不误公事，而犹有征羡。林迁去，春季未满，而该吏与雇役已支过五分之四，复倡告民还役。坊民为哗，奔告所司。除将本县他项银酌补支应外，该吏拟罪，法始复初，今更十八祀矣。顷年邵公为京兆，而今确庵程公为县令，尤一德一心，加意节爱。尝减征百金而事不废，争革九库流夫，裁定夫役二十三人，上元分给十有二人，第照徭银征解，令自雇役，而事遂定，无复向来践更抑索之苦。嗟夫！县犹故也，或数千金而不足，或数百金而有余，则以有父母于斯，即百计加恤而民用安，无父母于斯，即百孔丛出而民用危。然民之安危，即国家所从隆替也。谅司民社者有深念焉矣。

条议上元县事宜四款 前任知县程三省

一定会计。照得钱粮之不容不会计者，谓法制未定，经用浩繁。不会计，则征输不均；征输不均，则小民告困。故立为会计之法而著之册籍，俾民按籍遵守焉。非谓规制既定之后，年为之计也。上元县钱粮，先经钦差、巡抚、都御史汪刊定赋役书册，勒之贞珉，每石平米该纳本色若干、折色若干，每丁石该条编银若干。彼其时虽使五尺之童赴纳，莫之或欺。法久浸移，时穷事变，每年税粮条编，俱待会计而后定。然会计不常，迟速靡一，比及会计单下，则小民先已照旧上纳，倘有加编，则重复增添，即或稍减，徒为里排积歇充私橐尔。且数多增益，无从核实，盖吏书非会计，则工费无取，就中或增一无名之征，彼下吏小民，谁敢为之辨虚实哉？合无查照原奉石刻书册，除见征外，令后分毫不得增改。即有不得不增者，须奉详允明白，方行编入，年终不复会计。庶小民易于遵守，而积猾不得高下矣。

一均供应。照得太常、光禄内府进贡等项银两，事干重典，非独上、江二县当办，即直隶诸州县，皆应有之。乃近年以来，一一取足两县，加编千余两有零。查得前编赋役书册内开每石平米止编二钱七分，今则三钱二、三分矣。江宁地稍肥饶，犹或可支。若上元则近城膏腴田地，俱属军屯，僻远山乡始为民土，且低者滨江坍没，高者瘠硗不堪，一概加编，何从措办？即如龙袍扛夫银两，每年编银一百三十八两，今且借支一百四十八两，他项称是，年复一年，何所底止？盖外县征解不前，两县催督难缓，故因仍苟且，莫可究诘也。又有甚者，齐庶人之丧礼银两，年年会编，侯伯之棺木恤典，取足两县。神京赤县，独不可均摊外郡乎？合无查照赋役书册，除旧编外，凡近年新增者，均照外县丁粮，一体均摊派，庶都邑之民稍得苏息，而于陵寝重地裨益非小矣。

一改漕粮。照得兑运乃惟正之供，漕粮实国储攸系，事体重大，上、江二县，难应独免。但人臣谋国，惟择便宜，事苟利民，无嫌易辙。使外郡之粮不运南都，则上、江兑粮无从抵补，仍旧可也。查得各省粮米岁运南仓者不下百万余石，而上、江之粮复从北兑，无论常例有费，耗折有费，水次有费，以至淋尖踢斛等弊，刮尽民膏，即过江芦席、楞木、脚价之需，总计十分有六。倘以在京之粮，实在京之储，前项皆可省也。若外郡粮米则不然，既已运至南都，仍复搬至仓所，耗费不赀，兑运尤便。矧上元平米正副不过二万有余，以彼易此，甚觉轻便，亦何所禁，而不为之一转移哉？先经大司农山西王公条奏事宜，曾议及此，竟以事件颇多，概未议覆。今若择其相当者一更易之，亦万世之利也。

一免重差。照得上、江二县条编银两，已奉明文一则均派矣。每年仍有各衙门库斗诸役工食，取之条编，差使则令亲役，每一入直，则有常例，有买办，有守候，无名之费，诸难枚举。群阖户之老稚，倾举室之积赀，仅足以偿，间有庸驽愚朴、不谙事体者，则雇募积猾以充，工费十倍，犹且嗷嗷称苦。盖名虽亲役，实则积棍包当，骚扰甲户，牵扯帮贴，弥月积岁，漫无休歇，不至于吮尽膏脂不止也。且每一编差，夤缘请托，遍及要津，一失关防，只足供吏胥之贿免尔。殷富坐享膏腴，穷民甘受苦役，奈何正赋之外，复有重赋如此哉？第事干各衙门，相沿成套，有司一议及此，受谤受累，莫敢谁何，非奉明文，难革夙蠹也。合无请乞曲为调停，立为经久长法，宁厚工食，仍行应役，庶小民免重役之苦，而闾阎沾法外之仁矣。

丁粮议　大名守姚汝循

国朝赋役二法，断自圣祖宸衷，然亦监于唐宋以来制度而损益之者也。大都有丁则有役，有田则有赋，即唐租庸调法之遗意。虽三代盛时，不过如是，特繁简轻重有不同尔，甚良法也。奈何时久则事增，事增则役繁。至巡抚周文襄公时，始创为劝借之说，以粮补丁，然不过十之二、三而已。至巡抚欧石江公时，事益增，役益繁，而人丁益不能支矣。于是有均摊米，与人丁均编，而赋役二途遂合而一。虽一时权宜救敝，不得不然，而实与祖宗创制之初意浸失尽矣。乃至今日编差，则人丁止居四分之一，而粮石反居四分之三，是本末倒置甚矣。夫议法不求其原，终非尽善。今虽无可奈何，而安可不少示存羊之意耶？故首议丁粮，以俟将来议法者考焉。

寄庄议　前人

今夫一里十甲，一甲十排，一排十户，此正法也。十户之外有奇零，则谓之奇零户。至若寄庄户，则人非版籍，徒以田产置在各里而得名者也。其人或为流寓，或系邻封。此等通天下皆有，而惟南都为最多。盖南有三十六卫及各衙门、钦天监、太医院等役，又四方流寓之所萃聚，皆得置买田土，故视他方为多。

然此寄庄皆富室，乃贫民之所依，可有而不可无者也。何则？往昔田粮未均，一条编未行之时，有力差一事，往往破人之家。人皆以田为大累，故富室不肯买田，以致田地荒芜，人民逃窜，钱粮拖欠，几成敝县矣。赖巡抚海公均田粮，行一条编法，从此役无偏累，人始知有种田之利，而城中富室始肯买田，乡间贫民始不肯轻弃其田矣。至今田不荒芜，人不逃窜，钱粮不拖欠，而价日贵，亦由富室买田之故也。盖贫民种田，牛力粪草不时有，塘池不能浚而深，堤坝不能筑而固，一遇水旱，则付之天而已矣。今富室于此等，则力能豫为，故非大水旱，未有不收成者。况富室不能自种，必业与贫民。贫民虽弃产，而实与富室共其利，收一石则人分五斗，收十石则人分五石，又牛力种子出于富室，而钱粮又办于富室，时有水旱，则富室又假贷而济之，贫民惟出力耕耘，坐享其成焉。故曰寄庄富室，乃贫民之所依，可有而不可无也。今议者动欲借口恤贫民而遂抑寄庄，每至审编，凡寄庄则论田以报丁口。夫人户当以版籍为定，寄庄各自有本籍，即有丁当附于本籍，而又因田以报丁，是一身而二役矣。贫民既谢粮于富室，与富室共享田中之利，而又因田去而脱其丁，是为漏籍户，有身而无庸矣。与祖宗时因田起赋、因丁受役之意，不尤失之远耶？恐议法者览此，亦不可不加意也。

改兑议 前人

国家两都并建，于是粮运有南有北。南粮皆来自湖广、江西、浙江等处。至于上、江两县，则又有过淮米，而付军兑运。查得两县改兑正粮，上元止该三千六百七十石，江宁止该三千二百七十石。因兑与军，于是有过江脚价、船价、芦席、铺坫、加耗等项。于是上元共该本色米四千八百五十余石，又折色银一百七十二两，准米三百四十五石，江宁共该本色米四千三百一十余石，折色银一百五十三两，准米三百七石，几增三分之一矣。若使将二县之粮尽改为南粮，则加派可免，而官军又可免役，一岁所省，亦不赀矣。或曰，过淮有定数，改此则将何以补之？查得嘉靖庚申年分，因南粮不足供军，蒙总督、侍郎黄公奏将湖广等处过淮粮改为南粮若干石，卷案尚存。惜乎当时议不及此，而两县又不以上闻，遂使良法美意湮阏至今。今若将原改之数，照旧仍令过淮，而以两县运数抵之，岂不两便乎？上、江两县乃国家根本重地，其差粮虽与各处等，而杂役则倍之。盖有内府及各衙门人役供应，皆取给两县，此他方之所无而此方之所独者。今既不能减免，而借此一转移间少苏其困，岂非不费之惠乎？矧今诸司建白纷纷，苟有利于生民，庙堂无不采而行之，顾未有议及于此者。倘不弃刍荛，以之转闻焉，地方曷胜幸甚！

粮里议 前人

粮、里二役，名为重差，而实亦不同。粮长主收一年之钱粮，凡有力者皆可为之，不必寄庄与土著也。若里长乃祖宗以来版籍户役，不惟寄庄不可顶替，即别图别里亦不可挪移。盖其间有逃军逃匠，一乱其版籍，则此等何由稽查？如果丁尽户绝，只可先尽本甲及本图，再不得已，惟有并里而已。又果丁虽存而贫难无力，或里中米少而寄庄米多，只可照米量行帮贴。况此役止于催办钱粮，勾摄公事，答应卯酉，原与粮长关系不同，少得津贴，且有乐从之者矣。顾近来有等奸顽，见别里别图，或寄庄富厚，欺其良善，动辄告更里长，因而吓诈取财，官府一为准理，即不与更而得利已多矣。故当事者宜知粮长可以照力佥编，而里长未可轻听更替，则小民安生矣。

荒白米议 陈以代

夫曰荒白者何？虚田之税也。曰虚田者何？滨江坍没，存其虚数故也。存之者何？国税有数，不可缩也，则减半而征之，复为之均摊于一邑之田共出之，是为虚田之税也。已而有丛弊焉。丛弊者何？夫江水之有噬啮，其常势也。丁之者不得不鸣于公家以均其税，而力弱者则不能鸣，力强者未必当鸣而鸣焉，即使县官亲勘之，犹不得实。是故有幸免者，有不得免者。夫迩年田数，视国初则有间矣，安在其不可减也？往者吾不闻矣，顷年海院丈量，鱼鳞而籍之，谁得指东为西、冒彼为此？使当此时除其虚数，第举国税之防而均之见田之中，何不可者？而当时犹存其名，是后则渐增而未已也。谚曰："三十年河东，三十年河西"。言其长于彼则消于此，长于此则消于彼，常势然也。今二百年来，但见其消而不见其长，摊免者累累而升科者寥寥，则何为其然也？往又闻，攒造之岁，司委之官，以荒白为豪家之馈，令其享无粮之田，而概县为之出税，豪家亦受其私恩而不辞，则鄙夫者之为之也。甚哉！荒白之难核也！后有鸣者，宜致谨焉。

清军议 前人

郡县之不能无军，殆遍寰宇，求其配所有定业，军常著伍，子孙代替，至令原籍之家，年远无勾，而忘其本籍之有军者有之，此其幸者也。然军罪本下死一等，役之苦者莫甚于军，则乐逃者亦莫甚于军。每解一军，为之买妻，为之佥解，为置路费，以一人之故累及数十人者有之。乃解而辄逃，逃而复勾，勾而复补。逃之本籍犹可稽也，逃之他乡，而本籍之诘捕者不胜其扰，至以严急之故，复解一人者有之，此通弊也。又勾军疏数，往往视时缓急。往隆庆中，尝特差监察御史清军，而本县勾军一科书手，至一十有六人。事过而人不遣，蚕食无出，则每岁本县自召军户清审一番，每一勾摄，候者弥旬，里胥索瘢，无端废业。后以父老应召陈利害，然后减去。至于军解必佥其户丁，户丁人乏，始及同甲；同甲人乏，始及同里，止矣。而往者舍同里而佥诸概县殷实之家。夫舍同里而佥别里，无理之甚。人得攀援辩释，及得辩释，而展转数家废业，私嘱者又不知其几矣，然后仍役同里之人。此亦一十六人者之为之也。弊则往矣，陈之，杜宿株也（注十四）。

《句容县志》

万历二十九年知县茅一桂议为咨访水利事宜以图民生永赖事

照得本县王气龙兴，神皋巨丽，固国运之发祥而万年之根本也。但万山环结，乡有高低。其高者曦旸数日，即如沃焦，则忧在旱也；其低者淫潦弥旬，辄成巨浸，则忧在潦也。兹欲调停于高低二乡，而使田无旱潦之灾，世享丰亨之业，岂终无一善策乎？尝按高乡北枕河口、龙潭八十余里，不通舟楫。本县所需北货，车迁担负，力疲价倍。又竹园潭至黄堰坝五十里而奇，地势凹凸，水之盈涸无常，合无相地置闸，谨启闭，时蓄泄，则五十里间，既无车迁担负之劳，又得积水灌溉之利。此高乡之当议者也。低乡谓本县自北而东南，并高岗峻岭，其山水会同于秦淮一河，西行五十余里，复逆折自北而西，合流于三叉河上元界，逶迤二百余里，始泄之大江西南，为赤山湖。名虽湖，其故时皆沃壤也。水涸之日，湖高秦淮数尺，莽翳数百顷，仅属于牛马之刍牧，而不得其半菽之用。夫水未有无潴而能常聚者，亦未有任其莽溢而不为害者。此湖形势既高，而自诸山发源以连秦淮，复屈曲如羊肠，伏秋雨积，即冲射决啮，为田亩之灾。以故崇德、茅山、承仙、临泉等乡，十年之中而淹没居五也。今考《赤山湖志》，前代计筑堤百二十里，建二斗门以为疏闭之节。盖所资灌溉之利益普，今废久，半为居民楹栋之所压，额不可复。而独秦淮以西，麻培桥以东，相距数里，若浚为一河，自可直达。仍东西置闸，防其壅涸。且即所浚之土为堤，而从中经纪其陂池，鳞次其塍陇，其上腴者以播粳秫，其稍瘠者以植麻枲，其道旁以树枣栗，其最洼者以莳芰芡，以畜鱼凫，因势利导，畴非华实之毛。此在低乡之可议者也。则又有疑浚河之役，非日役千夫、月靡千金不可，安所经费而得无庚癸之呼哉？是岂不闻边镇屯田法乎？合无募民愿为工者，许以计工，而即三倍给其田，如能浚一丈以上，给十亩，仍预给工食及畚锸袯襫之费，当必有星驰川骛者。总计河工约五千余丈，而堤内田不下五万余亩，一劳可永逸，暂费可永利。惟无间于浮言，无隳于烦剧，则句邑之瓯脱，皆为隩区也已。司马长卿云，非常之原，黎民惧焉，及臻厥成，天下晏如也。苏子云，三千年间无一人能兴水利者，其学亡也。今日之水利，诚非尝可惧，然数年后必可获晏如之福。然本县知其梗概，未得其条目。至其中有某地宜田、某地宜塘、夫役何起、水闸何置，则惠徽通邑之父老，及乡达贤豪之经济，悉心扬搉，俯赐指南。他时傥得变湖水为桑田以施钱镈，句民业且不朽。

万历二十九年知县茅一桂建闸说略

窃按句容形胜，于金陵为左肩，北负大江，接仪真，俯瞰溧水、溧阳、高淳三县，势处最高。而县之北为胄王山、石龙洞、亭子山、仑山，各有泉经流而南十里许，至铺头地方，汇成大溪，为竹园潭，即今秦淮河发处也。自铺头屈曲南行约五十里，至县东桥；自东桥西南行十里，至南桥；自南桥十五里，至黄堰坝；又十五里至赤山三岔河，入秦淮，通大江，皆大溪阔涧，广可七、八丈，深可二、三丈，居然一河也。先是宋有居民许溱捐资起筑黄堰土坝，潴积水利，浇澳福祚、通浔等乡官民用地万余亩。历元至正七年与我明洪武十年，俱给有告示尚存。自黄堰坝以上至县南桥，可通舟楫，民赖以灌溉。自南桥以上八十余里，溪身高下相悬，以故诸山水发，即泛滥盈溢，而开霁未浃旬，则一泻殆尽，浅塞不通。小民苦旱，仅仅尺寸筑土坝以蓄其水，顾所留涓滴，亦济几何？往往水灾之后，即忧旱魃，职是故也。本县凭士民请，谓宜略仿北直隶潞河至京之制，即自铺头起至三岔河中间，相度地形，建闸三四重，以时启闭，以蓄泄其水。水势盛，开闸以听其去；水势杀，闭闸以捍其流。则诸山之水，不至一发而泄尽无余，县自东迤北官民田地，皆可赖以灌溉，食货田肥，皆可便于舟行。即本县之兑运本色米三万三千余石，皆可由三岔河入闸，水运至铺头起陆，以达龙潭仓，省车脚费约八九十里，石计一二斗。溧水等四县岁运食盐三万余引，由仪真渡江新河口起陆至铺头入闸，水运至三岔河以达各县，亦省车脚费约八九十里，计四钱零。此其明效大验也。且河不假开凿，水不假穿引，识者称天造地设之利，句容有焉。士民之请建闸，其略如此（注十五）。

《官解志》

句容徭役之法，自条编而外，为目三十有九。其岁额所需，故事并以民解，最寡者一名，多者至十七名，而首事者辄称头役云。大较名之多寡，视其解之轻重为差，而民解百余年来，或倾其盖藏。及鬼薪城旦相籍，则以蚩氓起阛阓，不尽谙于事，暗于法。其孱暗者握算无所纵横，干没于倩代之手，以身罹其辜。其悍黠者，染鼎为奸，科歛窭细，以充其数。而间至尚方之供，中贵奇货视之，逗留其收纳而骯髒其归程，不餍其溪壑之索不止，及返而越限也。更坐以侵渔法无贷，甚则追呼逮系，蔓连株引，毙桁杨、絷犴狴者踵相望。先后良有司明知之，而丛弊递承，法无敢施久矣。当万历之癸巳，嘉禾陈公至，首询疾苦，知其状，乃召集通邑耆老于庭，计轻重，揣烦简，确有定裁。而尤谓中贵及各部寺之所易齮龁者民而不能横逞者官，尽革一切头役。立官解法，多则以官，少则以掾。其或最重巨而官所不及兼辖者，辄命胥史为辅。谓官吏习知度支，且惧触文网，可必无私橐蠹，而彼慑于所解之非民，必不敢凭其胸臆以逞恣睢。公之于奸弊，至洞晰也。然官与民两利则法便，利民而累官，则官且废革阻抑，而奸民必构连胥史以挠其制。所称镂脂刻冰，只饰观望，奚经久实用之与有。公又从中议时日之久近，增水脚诸费，即于丁粮均派，总之千有三百九十余金。以至投领各署文檄，动经旬月，解官不必亲候，听其遣役为代。仍移文各署，务期以通邑之力，输通邑之赋，岁所计节省浮费八千而赢。硕鼠敛于庲庾而倾赀殒命之祸不起，鱿逐戢于中贵而叫嚣科醵之毒顿弭，飞挽安于簿尉而拮据鞅掌之劳无累。公有大造于句民，当何极也！先是议未定时，故尝窟穴于诸赋者，哗然称不便，几为梗。公燕居深念，得其计密而捷，遂请之诸台使者下其令，众心即嗛之，莫能格。以此见公之虑事远而为谋周，苦心如此。已又恐穷檐介特未及遍晓，复镌碑于邑门，复梓之剞劂，人颁一编。俾寓目者若揭彗炬，履康庄，下即有骇弩含沙之奸，上即有破觚斫雕之吏，固毋敢弁髦其旧而易置之也。当道下其议，应天诸县咸仿行如例。

《高淳县志》

韩邦宪东坝考

广通镇在高淳县东五十里，世所谓五堰者也。西有固城、石臼、丹阳、南湖、受宣、歙、金陵、姑孰、广德及大江水，东连三塔荡、长荡湖、荆溪、震泽，中可三五里，颇高阜。春秋时，吴王阖闾伐楚，用伍员计，开河以运粮，今尚名胥溪河，及旁有伍牙山云。《左氏》襄三年，楚伐吴，克鸠兹（今芜湖），至于衡山（今乌程），哀十五年，楚子、西子期伐吴，至桐汭（今建平），盖由此道。镇西有固城邑遗址，则吴所筑以拒楚者也。自是河流相通，东南连两浙，西入大江，舟行无阻矣。而汉唐来言地理家者，遂以为水源本通。桑钦《水经》云，中江在丹阳芜湖县南，东至会稽阳羡入于海。前汉《地理志》于丹阳芜湖注云，中江出西南，至阳羡入海。应劭、颜师古注溧阳云，溧水出南湖。后汉《郡国志》：芜湖中江在西。孔颖达《书义疏》，亦引汉史为证。盖皆指吴所开者为《禹贡》三江故道耳。后不知何时渐湮。景福三年，杨行密据宣州，孙儒围之，五月不解。密将台濛作鲁阳五堰，拖轻舸馈粮，军得不困，卒破孙儒。鲁阳者，银林、分水等五堰坝左右是也。坝西北有吴漕水，言吴王行密所漕也，至宋时不废。故高淳水易泄，民多垦湖为田者，而苏、常、湖三州承此下流，水患特甚。宜兴人进士单锷采钱公辅议，著《吴中水利书》，以为筑五堰，使宣、歙、金陵、九阳江之水不入荆溪、太湖，则苏、常水势十可杀其七、八。元祐中，苏轼称其有水学，并其书荐于朝。时用事者方欲兴湖田，未之行也。故永丰等圩（注十六），官司所筑，无虑数十万，而固城、石臼、丹阳之间，大抵多圩田矣。宣和中，待制卢襄奏罢湖田，及言开银林河为非切务。于时田方属蔡、秦、韩诸将相家，及隶行宫，不便塞河，卒未行也。乾道中，周益公《南归录》尚谓由邓步东坝银树，可通舟至固城黄池。景定《建康志》及《祥符图经》亦谓濑水西承丹阳，东入长荡湖，足可征胥溪河尚通云。元伯颜攻临安，三道并进，参政阿剌罕攻破银树东坝，至护牙山，败宋兵，实出此道，而河流亦就塞。明兴，高皇帝定鼎金陵，以苏、浙粮自东坝入，可避江险。洪武二十五年，复浚胥溪河，建石闸启闭，命曰广通镇，设巡司、税课司、茶引所。当是时，湖流易泄，湖中复开河一道，而尚阻溧水胭脂冈，乃命崇山侯凿山通道，引湖水会秦淮河，入于江。于是苏、浙经东坝直达金陵，为运道云。崇山侯者，李新，濠人也。初以建孝陵功封侯。焚石而凿之，费油麻不赀，石尽赤。岗脊本易通，有严氏者，虑损其田，以女赂侯，故迂其路，侯坐极刑死，时洪武二十八年也。明文皇帝迁都于北，运道废。永乐元年，苏人吴相五以水之为苏、常患也，引单锷议（注十七），奏改筑土坝，增设官吏，岁佥溧阳、溧水人夫各四十看守。自是宣、歙诸水希入震泽矣。而坝犹低薄，水间漏泄，舟行犹能越之。正统六年（注十八），江水泛涨，坝大决，苏、常潦甚，国税无所出。周文襄、杨贺一大集夫匠重筑之。钦降板榜，如有走泄水利，淹没苏、松田禾者，坝官吏处斩，夫邻充军。十二年，张惠等奏复故河道，勘行屡岁未决。成化四年，施普奏阻之。十二年，牟都御史俸、溧阳令靳璋又议复，常民张湍又奏阻之。大抵利塞者坝下诸郡，利开者坝上也。后车夫与商争，利于陆行。正德七年，给都御史俞以故例，乃令镇江判齐济舟督责增筑坝三丈。自是水尽壅，高淳之圩田日就圮矣。顾其时诉辞往复在开坝，未有言减税者，里甲顿耗其半。嘉靖初，宫保李公充嗣奉敕遍询水利，有白子俊者呈复坝河，乃命治中周、通判吕勘行开浚。会岁歉止，欧、夏两抚台时，程仪凤再诉之，然意在通舟耳。三十五年，倭入寇，商旅由坝行者络绎不绝。沿坝居者利其盘驳，复自坝东十里许，更筑一坝（即古分水堰处），两坝相隔，湖水绝不复东。今坝官及溧阳坝夫俱不存矣。盖余他日按舆图，原本山川，金陵地脉，历闽、浙，逾东坝，至茅蒋，势本联络，秦汉以前，高淳固鱼龙之宅也。自有胥溪河，三湖东归震泽，民始得平土居，稍稍垦湖田为业。宋时烟火最盛。今冬春水涸时，湖中往往见砖石井冢，盖旧民居云。自筑坝以来，水势壅遏，田渐沦没多矣，而赋额日增，户口视前仅十之三，则惟坝之故。嘉靖戊戌核田，致虚恳米八千。由今而后，田之将圮为湖者，未有纪极也。父老言湖底与苏州谯楼顶相平，假令水涨时坝一决，苏、常便为鱼鳖。当庚申、辛酉间，大浸稽天，淳民纷纷欲掘坝。会下坝偶决溧阳、宜兴而下，势若怀襄。有以闻于华亭徐相国者，会方令沂入觐，召谕重禁之。余时在京师，韩子曰：广通坝者，所以障宣、歙、金陵、姑孰、广德及大江之水，使不入太湖者也。自前代皆云中江故道。近内阁王鏊记太湖，以此一源最巨，为苏、常患。而伍余福著《三吴水利论》，亦谆切言之。嗟乎！以苏、常、湖、松诸郡所不能当之水，而独一高淳为之壑，其至于洪涨而废田也决矣，而税又弗捐，民何以堪之？自苏轼、单锷之言行，所以为坝下诸郡者甚善，而未有为坝上发明者。余观淳民之日耗，且困于虚粮也，作《广通镇坝考》。

清丈官民田粮缘由

淳邑膏腴地，宋时多属勋戚中贵赏赉开垦，名官田。永丰圩田十万余亩，哲宗赐蔡京，后高宗以赐秦桧，以三等则派租独重，自抄没后，科税悉视租额，故有一亩一石以至一石五、六斗者。及我太祖定鼎金陵，念畿辅供助独勤，屡行蠲减，然不为定例也。嗣后民困征输，欲鬻田以办税，竟无受者，而富者惟利民田。于是业官者伪作民田售之，田归富家，粮遗本户，由此不胜逋积，逃亡接踵，则又有所谓逃粮赔米，贻害无极矣。嘉靖戊戌，庠生陈九思扼腕建言于欧阳抚台，陈冤愤激，因而感悟。遂委本府于通府丈量，清查官民额数，除豁虚粮，官田每亩科一斗六升四合三勺三抄，民田每亩原科驿递米二升，今劝加四升三勺二抄。至隆庆四年，复行均丈，始为官民一则矣。又曰：恭读吾太祖高皇帝御制大诰前篇之十二章曰：应天等五府，为是兴王之地，久彼差徭，特将夏税秋粮，除元、宋入官之田及我朝没官之田，民田全免。官田若是全免，民难消受，所以减半征收。其免粮去处如此。至宣德间，从巡抚周忱议，民田每亩征马草一斤。成化间，从巡抚王恕议，民田每亩征劝米二升。嘉靖十六年，又加派夏税、马草、里甲、盐钞等项。至隆庆四年，丈量均粮，官民一则矣。

改折漕粮缘由

丹阳、固城、石臼三湖之滨，民多筑圩成田，地本洼下。国初于广通镇置闸，以时启闭泄水，田皆有收。永乐元年，因苏、常水患，改闸为坝，水犹东注，不为田害者，坝不甚高也。至正德七年，又因苏、常人民奏准加高三丈，设以厉禁，于是涓滴不泄，湖水泛溢，圩岸崩圮，田成巨浸矣。于时当事者莫为查请。嘉靖十六年，巡抚欧阳改科赋役，但据原额田亩，照例加派夏税、马草、里甲、物料、盐钞等米，刊册追征。十七年，庠生陈九思痛悯田废民逃，粮额愈重，呈恳抚院委官丈勘。而水深难丈，乃丈见田，始知压淹废额田十万五十亩，虚恳米八千五百石，然未有为之区处者。至二十一年造册，不得已，乃于概县见种田产中加派赔补。隆应四年，邑民陈均等奏请开坝，开坝不得，请乞除粮。府尹邬议云，一坝之筑，利及于苏、常固大，贻累于高淳不小。夫事必无偏累而后可以安众。今使之废已业以拯乡邻之溺，已非人情，又欲其纳虚米以供公家之赋，则淳民纵有恭顺之心，无能为之力，不转徙沟壑，则相率以挺刃矣。失今不处，将来莫知所终。及查节年坍江事例，已经题请，得除粮额。又查得所属每年会派，各有拨剩存留余米，可以通融抵补。请每年于会计单内除豁前米原额，其亏欠之数，听其于各属存留拨剩米内扣数抵补。巡抚陈具题部覆，奉旨除豁本县拨剩米八百六十一石八斗，其兑军漕粮改折，省除二六过江席木等米五千三十二石二斗三升。然止隆庆五年一年，未为后例。士民诸文献等又呈申府。巡抚张、巡按向会题部覆，除本处存留米内量行豁免外，起运兑军等项米七千六百三十余石。访得各属府分，有新涨田亩及江湖滩荡，量行起科以补高淳虚米，亦未举行。至万历二十□年，邑民王烧复告，继以乡宦张应亮、举人魏成忠、庠生赵邦彦等具呈巡抚赵，俱批本县知县丁查勘，备申历年事由。本府议云，欲照坍江事例除豁，未免有亏正赋，欲查各府新涨田荡赔补，割肉医疮，终成画饼。惟有改折一节，正赋不亏，民力易办。又兵备张议云，看得广通坝之筑建，起自永乐年间，经今累代，不为不久；废田十万五十亩，虚粮八千五百石，不为不多；士民陈均等五次之告奏，不为不切；两院委官七次之勘议，不为不慎；府县勘官十数番之查议，不为不详；及查原额人户七十六里，今并为四十一里，不为不耗；田亩原科六升六合，今加至八升六合，不为不重。盖以筑坝之后，田废人消，产去税存，此其彰明较著者也。但此坝既不可轻议，而虚粮又不可蠲除，坐见淳民赔粮荡产，朘骨逃亡，万一日久难支，潢池啸聚，将何术以消弭哉？议将该县漕粮，准其永远改折，则正额既不亏，而军储亦不缺，裕国泽民，计无加于此矣。巡抚赵因会同巡按綦议奏，谓有田则有粮，国家制赋之义也。前项田亩，因筑坝以捍苏、常等府水患，遂皆尽没于湖，致令淳民供无田之赋，以贻无穷之累，非惟事有所不堪，抑情有所不忍也。今坝断不可复开，而田又不可以复种，民生萧条愁苦之状，见且闻者莫不蹙额伤心。前此户部议免存留八百石，暂改漕粮一年者，聊苏目前之急，无救长远之苦。夫除豁既已不可，议补又所不能，惟改折一节，仰之不亏国课，俯焉少济民艰，尚属可为。合无将该县正改兑漕粮一万六千八百五十石，准其永远改折，一如近日嘉定县之例。而高淳虚粮赔累，视之嘉定止是地土瘠薄者，又稍不同，必须正兑每石征银六钱，改兑每石征银五钱，庶几民力尚足支持。宽一分，岂止民受一分之惠。惟兹士庶感朝廷浩荡之恩，自后获少逋负，则国家之所以收效者固甚溥也。奉圣旨。又曰：高淳原系溧水之分邑，里不及溧水三之一，田地止得十之八，而钱粮反多四千余石者，何也？盖初分县时，止据粮数，不论田亩。而永丰圩系前朝官家所筑，永宁乡抄没吴相国田米万有八千，俱照民间租数起科，分在高淳地方。故高淳官田多而粮亦多，溧水官田少而粮亦少。今溧水官民一则，平米不过七升，而高淳以一则科之，则九升有奇矣。

《江浦县志》

成化十八年，巡抚、尚书王恕奏准将官田减耗，民田劝米，以补官田原额。嘉靖十六年，巡抚、都御史欧阳铎会议派摊田赋，始秋粮带征里甲米（注十九）。隆庆三年，巡抚、都御史海瑞奏行一条鞭法。万历三十五年，操江都御史丁宾檄行里甲一当九空法。（先是巡抚王公恕以民田粮轻，官田粮重，富家利买民田，而官田多累贫户。奏将官田减耗，民田劝米，以补官田原额。官田每粮一石，减耗二斗五升，共减米一千六百四十石六斗四升；民田每亩劝米二升，共劝米若干，除补官田米数，多劝米七百九十四石九斗七升。）

条编之法，一切差役，计丁田而收其庸，称最便矣。第丁多苦贫，田易取办，故万历十五年以后，议丁止征银二钱，其加意穷甿非渺。独计田有惟正之供，乃差徭加派，日益月增，虽岁会额用不得议蠲，而冲疲供应，民不堪命，视他邑数倍矣。

芦洲，本坍江沙土淤涨，生长芦柴。初本县每里各立场砍，充里甲供需，名均工洲。成化中，邑民告将新生洲拨补坍江田地，名地亩洲。又有西江巡检司先年设弓兵四十名，砍芦纳课工部，名弓兵场洲。弘治三年，工部郎中毛科奏将均工洲、弓兵场洲并续涨洲，悉赴工部起科纳课。故今地亩，芦洲外，皆为纳课。芦洲、沙洲一带，皆崇德乡地，则芦洲之利，皆民利也。内巡检司弓兵场洲虽属工部，盖亦无多，余如均工洲原属江浦为里甲之费，俗所谓“心红纸扎洲”也。其续涨新生洲，亦以补坍江之税粮，自弘治间，改纳工部课。遂令势豪之家，窥见水影，即告部升科，穷民至疾视而谁何？不思坍江之地，浦地也，则方生之洲，浦之洲也。吾民受坍江之害，而豪家独享新洲之利。洞民隐者，宁不一恻念哉？以吾民本有之利。而尽属之部，在国计不啻沧海之一涓，在吾民失此有不啻饿余之剥肤矣。

兵防

论曰：浦之城池如斗耳，使捍患者有人，犹曰可恃，乃以民兵寥寥，守此关堡，而号曰兵防，其视棘门、霸上所谓儿戏者复何如？且试筹之。将以足兵，必先足食，益一兵即废一农，而一农之赋，又不足以当一兵之养，则召募之直安出也？欲以安民，必先辑军，非比屋而保甲之，则势不一，比屋则势不行，则画一之法安措也？卫屯之设，凡以为民。今卫在浦口，屯散诸乡，平居势不相援，有警计将安出？则守望之相助，诚不可不讲也。兵之武场，犹百工之肆。今邑止一场，乡分六镇，捕盗有官之名，子弟无兵之实，则讲武于农隙，诚不可不为之所也。有民社之司者，固宜悉心，而非总军民食货之权者借著于下而促之行，即空言奚补哉？

《溧水县志》

正德、嘉靖二志皆云“溧水者，濑水也”。吴音讹“濑”为“溧”耳。溧阳之名，以其在水之北，而溧水又析于溧阳，名遂因之也。议者为“溧”“濑”相悬，讹至是耶？按《春秋》鲁昭公四年，楚伐吴，遂灭赖。赖即今之濑也。《公羊》《谷梁》二传并以“赖”作“厉”，“厉”则去“溧”甚近而讹之易矣。人知“赖”之不能讹而为“溧”，而不知其固尝音“厉”也，由二志未详耳。但二志之说，莫考其何自来，诸史及他书皆不载，而《史记·伍员传》注有“溧阳”，则司马贞竟音“溧”为“栗”矣，岂自昔已讹之耶？自昔讹之，则二志何从而正之耶？又前汉《地理志》“溧阳”，应劭注云：“溧水所出，南湖也”。今宣城有南湖，若应注指此，则以“赖”为“溧”者大谬矣。应天、溧阳二志皆述应注为证，而顾省其“所”“也”二字，而解愈晦。应注本以“溧水所出”四字根上溧阳为句，“南湖也”三字自为句。其义谓溧阳有溧水，即南湖也。若竟云溧水出南湖，则“所”“也”二字何义？《应天志》云，溧水一名赖水，似与二志差近矣，而又引南湖证之，莫究其旨。至于《溧阳志》则直指高淳游山之北有二峰，原名溧山，水经其下而南流入湖者，为溧水。溧阳旧县正在其北，而县名实起于此。其说又若强合应注，以正二志之讹耳。而在应注，亦未尝谓溧水出而入南湖也。若果水以山而名，则凡称溧者，宜以山水并著矣，何司马贞《史记索隐》及杜佑《通典》皆指溧为水名。晋史及前应注皆云溧阳“溧水所出”，而概不及山耶？又谓溧阳至唐方徙于赖，而其始固在固城，名无取于赖也，则固城独非春秋时赖渚邑乎？而其名又何取耶？及考南湖，亦未尝有水，从溧山来者即有之，必湖中一细流耳，何足取以名县而为诸家代称之？《战国策》范环有云，“南察赖湖”，则赖在当时亦尝称湖矣。赖与南湖皆去固城百余里而遥，而亦在固城之西，则应劭所指南湖者，未必非赖水也。而司马贞之音“栗”或但音“溧”一字之本音，而他未暇详，未可知也。赖之名甚著于《春秋》，宜乎秦以此名县，而后亦以此称县。且秦之设县于固城者，仍赖渚邑之旧址耳。址仍其旧，则名亦仍其赖而已。皆未可知也。正不必如二志所谓县在赖水之北，而始名赖阳也。意者如前所谓“溧”即“赖”也，“赖”尝作“厉”，“厉”讹为“溧”云云，似有可信者，然吾终莫考其何自来矣。诚未敢臆断，姑详诸家之说而稍酌之，以备后考云。

《溧阳县志》

嘉靖十七年，知县吕光洵通括概县田土而丈量之，裒官民之重轻，各为一则。其法令民自量，画图造册，里长类总送县查算，谓之手实册。官产麦米正耗均摊田，每亩科米一斗六升三合，地每亩科米一斗，山塘涧沟每亩科米一升五合。民产劝米、马草、盐钞、里甲、物料、杂办均摊，田每亩科米四升，地每亩科米一升五合，山塘沟涧每亩科米三合。右均摊之政举，经量之法行，挪移之弊绝，而赔补之患抒矣。一举而四善备焉，诚吕父母无穷之泽也。惜乎内召之速，奸民遂得上下其手，亏额平米八千余石。

嘉靖二十年，知县沈鍊欲行覆量，图画经界，已有可观，以调任去，志弗克就，识者恨之。然其法颇善，今存其概。其法：先画一邑之土地为东西南北四区而定之域，各拟其形似而为图。礼选邑之大老四人，谓之区老，各授一图，令其遍行区中，或十里或数十里为一坂而定之域，亦为一坂之图，复规其大小形似，会其总，区图之中，若鱼鳞然，通归之官。官收其区之图，复于区中佥报诚实能干若干人，如坂老为丘谓之坂老，亦人授坂图各一，令其遍行坂中，或一里或半里为一丘，形图如坂图。选人如坂老，为丘老，人亦授丘图各一，令其于丘中备查田地山塘段数，一一填补，丘图之中，有渗漏者罚之。是法也，已次第行之，未几以调任去，不究其终。惜哉！夫经量之法，首之以沈之分方，则经界正矣；继之以吕之手实，则井地均矣。虽有神奸大恶，莫能隐漏，岂非经量之大成已乎？

隆庆三年，知县邹学柱量田。适当隆冬之时，低洼田水深至数尺，只因催督甚严，承役人不及沿丘丈步，止将草绳绕塍围转，便将丈尺计之以见亩数，殊未的确。且将官弓改小，每亩田多丈一分，以通县计之，则百万亩之田，先已透十万矣。揣度其意，无过恐有亏欠，即此可以补数。岂知作弊者田连阡陌而无升斗之粮，奉公守法者反将小弓以割本分之业，此谓投赤子以啖贪狼，冒虚名以贻大患也。报申巡抚朱洞见此弊，驳提量田人役，将诘其非。知县亲押赴院，则人人愿保身家，莫肯出一言以蹈危机，竟成溧阳之冤阱矣。通将官民合为一则，每亩均粮八升有零，刻成碑石以示永久。其后纷纷自首渗漏未报者，及有被人讦首欺隐者，则石碑已定，不敢闻诸两院，皆置之不问，坐收无税之田。此其不均者一也。且溧阳官民之田，与别府州县不同。大明《会典》开载应天府为兴王之地，民田一例蠲免，官田减半征收。故宣德间，巡抚周文襄派纳二升，止曰劝米。嘉靖间，巡抚欧阳止将官民分为两则，不至混一。盖以令甲在前，不敢轻动。况本县西北乡高阜多民田，所入差薄，故其税轻；东南乡肥饶多官田，所入颇厚，故其税重。合官民为一则，将不利西北之民。乃以开垦余田加赠之以厌其意，或以二亩折一亩，或以三亩折一亩。又将荒白银尽数派与，每石米折银二钱五分。夫东南乡民每亩纳米八升，况先以小弓预割一分，则九分之田，纳米八升矣；西北乡民二亩折一亩者，每亩纳米四升耳，三亩折一亩者，每亩纳米二升七合耳。兼以荒白计之，则四升者每亩纳银一分耳，二升七合者，每亩纳银六厘五毫耳。东南乡既不折田，又无荒白银，则每亩实纳米八升、准银四分。虽其所入有厚薄，岂如此大相悬绝耶？此其不均者二也。况东南之居民，亦有田落西北乡，只以东南论，不复问其田之在西北，是以薄田而承重税矣；西北之居民，亦有田落东南乡，今只以西北论，不复问其田之在东南，是以肥田而承轻税。此其不均者三也。虽然，言之无及矣，姑志此以见溧阳田赋之始末云耳。

通县种马八百五十四，旧俱俵养于民，岁责其驹解京。因道远马毙，民苦赔偿。某年间，奏准免其本色，岁纳折色，名曰备用。每儿马一匹征银二两五钱七分二厘，骒马征银三两八钱七厘二毫，凡儿马之一、骒之四，共银一十八两，作马一匹。通县共银三千六百两，解太仆寺。其备用银俱出于马丁，每丁二钱五分有奇。然亦贫富众寡，或数人为一丁，或数户为一丁，非人各为丁也。国初惟人丁多者养马，有“粮逐水田丁逐马”之谣。至嘉靖二十一年，知县姜博始议民粮每石出银二分六厘，减丁之数而裒足之。近因边方多事，兵马紧急，至一岁而预征二年之人。又加之大工进银，咸取给于备用，则马一匹，增其三分之一矣。

庐州府

《和州志》

隆庆六年，知州康诰丈田方略十款

一议自丈量以免骚扰。查得本州并所属含山县田地，共计六千一百七十二顷六十亩九分有零，中间兼并欺隐偏累情弊，不可胜言。丈量之法，势不可已。如必逐亩亲量，未免稽延岁月，若或分委失人，未免增滋弊端，且骚扰小民，广开骗局，徒糜费民财而无益于事也。为今之计，似不必本州及委官沿丘履亩细量，惟责之各里都亲管排年老人，各令田主佃人，同本都书手、算手二人，执弓如法，各自丈量。如一户某田几丘，量得横若干弓，直若干弓，该田若干亩，东西各至某田，南北如之，俱明白标记，插立标桩，不许欺隐分厘，填入册内。限一月内各具缴报，以凭本州先委官沿丘掣量回报，候本州亲诣各田，随意间抽掣量，如或中有欺隐，掣量得出，即将前田没官。如此，庶丈量

刻期可完，而民亦不知量田之骚扰矣。

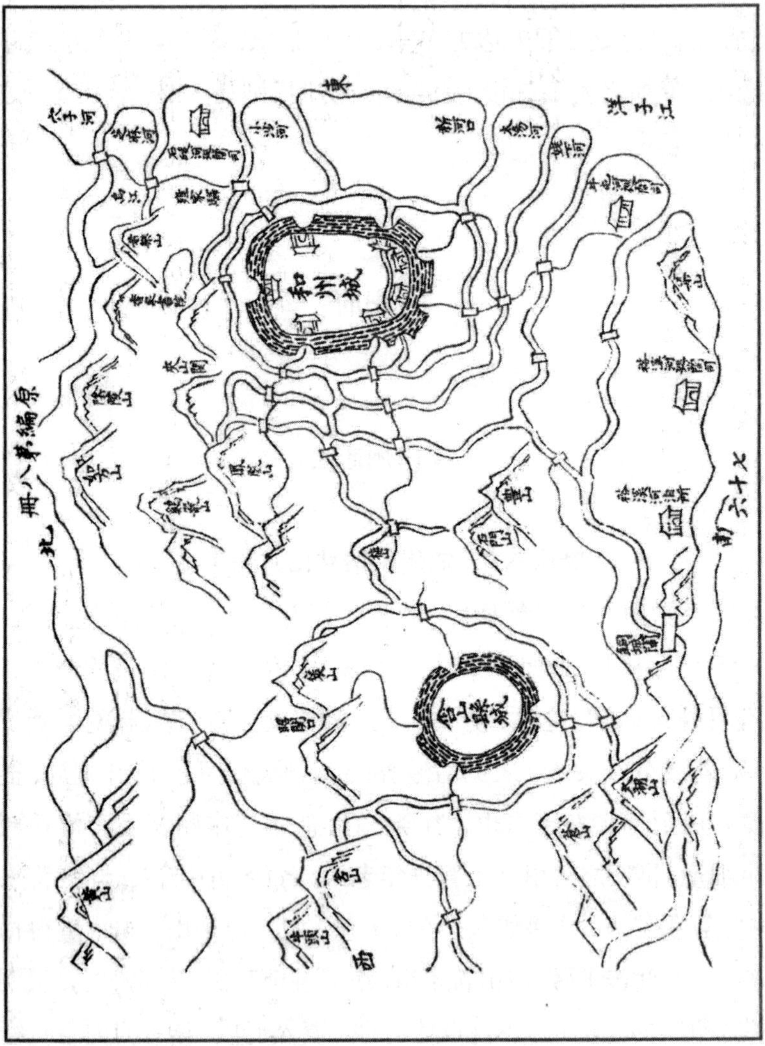

一议立总图籍以便稽查。窃照丈量之法，未易稽核，宜于每里每都各画一总图，备载本里都田亩山圩、民房、桥道之形。如本州四十一里，造册四十一本，首各画一图，具四十一图，图开各乡名于册，首画某乡民人田丘亩段。其所造册，须刊刻一板，用薄竹纸一张印刷，上书某里、某都、民某，民田或官田一处，坐落某地名，东至某田，西至某田，南北亦如之，明白开载原田若干亩，用价若干买到某田，或承佃某绝田，或系祖遗田业，余空半幅，书画田形。丈量之日，步算已明，即于图下书弓口亩数，后书年月日、四至、佃户里老书算姓名。庶不混淆，易于复量矣。

一议定等则以均田粮。查得本州原额有官田、民田、养马田、兵部草场田、太仆寺马场租田、河泊所渔课田，名色不一。除草场、马场、渔课另议，其官田、养马等田，大约有二，非山田即圩田。山田亩窄，收获颇少而忧于旱；圩田亩宽，收获颇饶病于潦，则其丈量等则，宜各分派。今议量山田则用弓口，视田肥硗，各分别上中下三等规则；量圩田则用篾簟，亦视田高下腴瘠，各分别上中下三等规则。务令里老、书算手，责令田主、佃户公同亲报。如有以上为中，以中为下，及隐匿丘亩，捏作屯田、马场等田，查访得出，定将前田没官。立法必严而后民不敢犯也。因其田地高下等则，定为赋税轻重，庶无偏重之累、偏轻之弊矣。

一议摊粮税以便输纳。查得本州并属县田地，除马场、圩租、渔课外，该载秋粮米二万四千六百八十八石三斗零，夏麦一千四百二十七石四斗零。今田既丈明，分立三则，而田亩近有开垦，或冲崩，未免有余不足，似略相当。若将量出起科，民益增怨。今议合将本州及县田亩数原额税粮各若干，如法分派：山田、圩田上则若干顷亩，该载税粮若干石；中田若干顷亩，该载税粮若干石；下田若干顷亩，该载税粮若干石。负郭之田与山乡之田宽窄不同，在山之田与在圩之田广狭不同，量加盈缩，尽田分粮，不拘年额粮税若干，只约见量顷亩分派，但要饶乏相因。凡有粮无田及田少粮多者，今皆去其虚浮，使不至于偏重；有田无粮、田多粮少者，今皆加以正额，使不至于偏轻。务令强暴不敢复肆乎侵占，积猾不敢复恣乎影射，粮里无容或逞其飞诡。庶钱粮之催征易完，小民之流移可复矣。

一议严界限以杜欺隐。查得本州地方广袤，大约一百六十里，东至江浦，北至全椒，西至巢县，南至大江，四方相去不同，莫不各有界限。宜各于分界去处，竖立大木牌一面，刻定过此系某县某里某人田地，或以何者为界。务令经界严明，不许紊杂欺隐。至于各卫屯田，如政理乡则有水军左右卫屯，东梁乡则有广洋及沈阳右卫屯，遵教乡则有骁骑右卫、鹰扬卫屯，翔鸾乡则有留守前卫、虎贲右卫屯，怀德乡则有留守左卫、镇南等各卫屯，含山县铜城乡则有江阴卫屯，梅山乡则有广洋、沈阳右卫屯，移风乡则有镇南卫屯。中间民田不无间杂，若不严立界限，民田或欺隐为屯，军屯或侵占乎民，弊害愈滋。今议合请抚院并屯院严立禁约，行各该卫所管屯官知会，督令各军先期各执由帖，比对四至，插立桩标。如屯一庄，田若干顷亩，总立一木牌，书各田顷亩。责令军民各具甘结，如有欺隐侵占民田，许诸人呈首，及查访得出，务以军法从事。庶军民田地不至混淆，可以杜埋没之弊矣。

一议定弓口以立丈则。查得丈量之用步弓，势所不免。但据士夫、里老告称本州田土薄瘠，地方颇阔，如照洪武钞尺每五尺作一步弓，似未免稍刻。合无比照芜湖县依先年繁昌县量田步弓，以六尺五寸为度，先打铁弓一把存州，另制木弓一百余张，每里都排年各制一张，俱用铁包裹印烙记号，以防增损换易等弊。至于圩田宽旷，丈量或用篾簟一条，条可十弓为则，首尾各用铁线缠记，随卷随长，似于丈量更觉便易也。

一议均摊田以免兼并。查得本州有夏税，每亩科正耗麦三斗二升一合。秋粮，入官田每亩科正耗米三斗二升一合，没官田每亩科正耗米二斗四升，民田每亩科正耗米五升三合五勺，新增田每亩科正米三升三合。秋粮有牺牲所米、滁州永盈仓米、存留本州仓米。有种马免征田，每二顷养儿马一匹，三顷养骒马一匹，每匹本色征银三十两，折色征银二十四两。此外又有起存马草、马站、驴站、牛犊、茧角、料价、农桑、丝绢、户口、食盐、带征军饷等项。诚如抚院所谓名色众多，头绪不一，各件催征，日日追呼，民不安生。今议丈量明白，今后查照江南事例，每田一亩，该秋粮若干，夏麦若干，免征若干，马站若干，马草若干，食盐桑丝若干，逐一摊派，共该本色米若干、折色若干。凡该田地所出钱粮，尽数通摊。如一户某，户丁几丁，田地若干，共该秋粮若干，夏税若干，免征若干，马草若干，马驴站粮若干，塘麻若干，牛犊若干，总出给由帖，派定规数。每年收获之余，一下派征，陆续径自完纳。庶一免头项之多，民可依期而完纳矣。

一议处承佃以昭均平。查得州县故绝田地，多为豪强□□□存虚粮在户，无人承佃，节该本□□□承佃耕种输纳粮差外，但正户之田，原有□□□佃之田，原无价值，计今丈量之后，经界既□□□摊派适均，在置买田地人户，止存本等苗□□□者势减不至偏重，但承佃人户向之苗粮□□□亦照众适均，若不预处，似未免无价而享□□□利矣。今议承佃人户，分派停妥，合无量议□□□筑城之费。庶斟酌剂量不偏，而人心亦自安矣。

一议定画图以杜影射。田有定所，变价不一，使徒丈量而不画图，则方圆形体莫知，人易欺隐。今欲量田，必令田主、佃户量毕，照依原契田亩丘段若干，四至某田，各填于前刻之内。仍画一图于纸后，或系方田，或凹田，或斗田，或凸田，或靴田，或蛇田，或月牙田，或豸角田，或牛角田，或长湾，或一字，形状不一，务须明白书写，横直各若干步，积算该若干亩。此即国初所谓鱼鳞册。如此详悉，庶几田亩易别，查算有方，阡陌具在于目前，积猾难肆乎欺隐矣。

一议清攒造以垂永利。窃照目今大造之年，历年黄册，体式有定。今议丈量，田既均平而粮亦均派矣。若造册仍旧，不行清查，将来积弊复滋矣。合无定议丈量完日，将草册起造，务另立册式，如一户某人原田若干亩，以前养马、秋粮、夏税若干为旧管，今定均派田粮若干为新收实在。照此纳粮当差，永为定规，庶可垂无穷之利矣。

田之目三：曰上，曰中，曰下。粮之目五：曰夏麦，曰农桑丝，曰秋粮米，曰马草，曰马驴站粮。

本州芦洲场计二十九处。洲有涨出新生，有坍塌荒地，有熟地，有基地，有光滩，有水影，有稀芦，有密芦，有草地，名色不一。大抵利归于豪右而害贻于穷民。即今清查，课或有增无减也（注二十）。

《滁州志》

洪武十一年，改建太仆寺于州南郭门外二里。先是以江北诸郡县限于长江，马至京难。又滁多山，山下故多旷土饶，荐草莽，水泉利，可牧。六年夏四月，建寺城中龙兴寺东，董牧事。令滁军民户养母马一或母牛一。马母岁课驹一，牛岁犊一。至是以其隘甚改建焉，设卿一、少卿二、寺丞四、主簿厅一及滁阳等八监、骕骦等十八群，诸郡县马印烙点视悉至滁。二十三年，更定五家养马一匹，驹同前，牛户如故，亦岁课一犊，如驹不足，罚钞贯七百。二十八年，省牧监属有司，置管马官。于是州县民若滁州卫中、右、后三所土著军，牧养马牛，有常额田免租。建文中，改定官制，升寺丞为五品，又改其首领官职名而升其品级，又增设录事及典厩、典牧二署。永乐初，一反前政，制惟旧。每岁少卿寺丞分巡江南北、淮东西，督视马政，马印烙仍至滁。弘治四年，言者论其非便，马遂不复至滁印烙。末年，裁省冗官，有司奏罢寺丞二员，余悉如故事。说者以诸郡县马既不至滁视，卿丞又更巡，而留都诸营操骑，又时时当买补督发，官寺仍当置留都便。斯则固有司存，而非愚虑之所及也。

滁卫五千户所，内中、右、后三所，人多土著，与民杂占田无限。其后户部奏言民田计亩科赋，军田免租，悉籍使牧太仆寺母马牛，岁课其驹犊上供。左所人主递人、走牍、守城。二十五年，调镇江卫人置前千户所，使屯荒间田，人不足，至取中所一百户军续焉，凡五百六十户，听种食，亦不给粮，而以其赢入永盈仓，备他用。法至美，后稍废。永乐初，诏明申谕，令天下屯置红牌一面，刊谕置牌中，使传观守。又虑浸久或陁废，设赏罚格创劭之。军户须余粮十二斛得免罚，然无赏，逾石上者，自都指挥下至百户赏有差，不及石以上者，罚亦自百户上各有差。法甚备。然滁屯军至滁暮，民固已杂占，所余率硗确，军又好出游服贾，不治农，田杂广武等卫屯，或民地时见侵，甚者其监临官，乘军亡或孱弱，阴受民资私买卖，军即求，又淆籍书诡其处，至不可诘问，田徒具在所，镈靡施，蛊弊甚。其后屯田张佥事行屯，滁屯军麻起诉具言其情，法又不得即免，及核其中亡耗户益见存户，户再兼户一，使其取盈输官。是时地已滑亡半，军又偷窳怠心，治不如其私，因又失粮，常逋负无入，至发屋质子不能偿，益逃徙死耗。官不得已，至取他户羡丁强抑配，有持空田牍而不识田亩，若黄卢白黑亢卤坟隰者，即有之，又不可易，以是富者贫，贫者逸，逸即不归，率死。盖陵迟至是极矣，斯亦仁人之所隐也。夫为政如张琴瑟，昔人具论列矣。故变通改革，匪人弗济也。悲夫！故生息耗而马政亡，窜易繁而伍符弊，操切急而盐策蛊，文致烦而学政衰，都肆弛而兵制销，侵耗众而漕事坏，卖鬻行而铨法壅，法制阔而藩封滋，赎赦轻而刑比疏，缮治勤而赋调重，罚赏贸而功令阤，流渐积而陲圉敖。斯其弊所从来远矣，是岂惟屯田哉？然而屯田甚矣！顷余闻山西屯田蒋佥事患屯田法坏，亟清焉，通籍其卫所屯田子粒数，户勘诣，已乃辨田异赋，第令毋失额，屯用大清。仲尼所为兴叹于方策，致志于损益者，意在斯哉！意在斯哉！固知神而明之，存乎其人也。

知州王邦瑞《修复滁州卫军器库记》

曰：滁州城中西北隅，旧有滁州卫军器库云。予初视滁，求其故不得。召耆老而问之，或曰，国初时遗器也，库而藏之；或曰，卫岁造也，藏之以豫，罔适主。因窃叹曰：军器，国家大计也，遗而藏之，是干旧典；岁造而豫，戒不虞也。今乃弃莫省，滁其何恃乎？遂声其事，缮屋以贮之，设人以典之，立籍以昭之，而又欲恕已往之究，谨将来之交。于时巡抚、都御史高公，巡按、御史刘公咸报曰可。乃会蔡指挥勋同视，得军器数若干，间阅枪箭，或书纪年，远之则有宣德四年造者，近之则有成化十三年造者，然后知为岁造无疑也。盖卫中每岁必造军器，弘治以前则存贮各境，即此是也。继后定运京之制，故无贮焉。初予之廉其事也，闻有谢清者曾典守，盗取无算，拘之则逋，既而获之，方讯其状。未几，南都有犯盗铳者，至铜数百斤，曰自清来。巡江御史朱公按其事，檄下问库始末，责有司之疏，并索清，而予已先发其事，随系清往。朱公遂上疏，以为军器重多，请移置南都。命下，高公转下予议。议曰：滁州为南都屏蔽，不可无守，留滁便，遂留滁。诸甲叶铁又请每年给卫造器，少宽科派，则又设守者二人，俾宿食其中，计是可无虞也。呜呼！兹库也，更数十年，藏数万器，军民之膏脂不少也，而皆尘土，何成之难而弃之易也？岂不可惜乎？晁错曰：器械不利，以其卒与敌也。况夫不备，岂不可虑乎？予为是惜之，虑之，故修复之。复虑后之视今，犹今视昔也，故刻之石。

《庐州府志》

水利

杨循吉曰：合肥前奠平陆凡百里，左湖右山，而后亦广野，故有塘有圩。舒则南西皆山，尤多美田山泉之利，号称膏腴。独不滨湖，故无圩；以近山，故资堰；以地兼平衍，故有塘。庐江有山，东滨湖，而平田居其七八，故有塘，有堰，有坝，有荡，湖山并资以为灌溉，由是岁鲜不登。无为虽多山而近江，其地平夷，与江水相低昂，又为巢湖诸水之所出，故多圩田。其大者有十，皆引河渠为灌，其所利不啻万顷，而江流泛涨，亦蹈其害。巢西滨湖，东通大江，多圩田，其南多山，则亦有堰，有坝，而塘之大小杂然相望，然当陇坂之间，为塘以灌，皆民私力自润，仅仅不足，旱则耕农先忧之，大率其田视诸邑为瘠。六安皆山田，故多塘堰而无圩，其民不专事树艺，若山谷所生果、药、蜜、漆之类，举足以自给，其利又多在山。英山山益多，惟有堰田。霍多山，其半为平田，有湖，有堰，有塘。

江防

本府所属无为州东南滨临洋子江，上接桐城六百丈巡检司，下距和州裕溪巡检司，计二百三十余里。江心与铜陵、繁昌等处为界，沿江原设土桥、泥汊、奥龙河三巡检司官兵巡缉。迩年江洋多事，万历元年，操江都御史洛阳董公尧封建议题请（注二十一），以本府同知兼管江防，并改无为州同知移住泥汊司专管其事，仍以徽宁兵备道督理，增置兵船，分布防守。土桥河巡检司上自石灰河起，下至鲤鱼口，共七十里。中有化鱼口、宋家湾，对江十里为杨林洲，与江南信服洲、白沙洲相近，号为三江口，芦苇丛生，乃盗贼渊薮。泥汊河巡检司上自鲤鱼套起，下至薛家湾，共五十里。中有小河一道，通本州及庐江船只往来。奥龙河巡检司上自薛家湾起，下至奥龙墩，共八十里。中有小河一道，通本州船只。

《庐江四辩》　太守卢藩（注二十二）

凡作事必法古，名地者必求于古，地而不古，失其地矣。秦一天下，破国为郡，名地者惟求于《禹贡》与《山海经》。故始皇二十六年，以扬州之地为九江、鄣郡、会稽，九江、会稽出《禹贡》，鄣出《山海经》。按《海内南经》云，“三天子鄣山在闽西”，注云，“在歙县东，浙江出焉”。《海内东经》云，“庐江出三天子都，入江，彭泽西”，注云，“即彭蠡也”，今彭泽县西是也。《经》又云，“一名天子鄣，江南之鄣”，由此名也。庐山在彭蠡西涯，因庐江以得名。项羽封英布为九江王，尽有扬州之地。汉高改九江曰淮南，即封布为淮南王。十一年，布诛，立皇子长为淮南王。孝文八年，长死，徙封长子安为淮南王，赐为庐江王，勃为衡山王。应劭曰：“庐江，古庐子国也”。考寻载籍，古无庐国之名，是劭以庐江为卢戎之地也。按《左氏传》，卢戎，亦曰庐，在宜城西山中。劭误以中庐之庐为庐江之庐，后人因迷而不悟。按《汉书》诸侯王年表，“北界淮濒，略庐、衡为淮南”，颜注云，“庐、衡，二山名也”，衡即今霍山。按东汉《地理志》，建武十年，省六安国，以县属庐江郡，郡十四城，有舒、浔阳、襄安，郡南有九江，东合为大江。大江之南与彭泽相接，既得浔阳，浔阳有庐山，庐山因庐江而名，古矣。庐江之地，包江南北而有之。周景式《庐山记》云，匡俗，周威王时人，生而神灵，居于山上，世称庐君。则是俗因山为号，不因俗为庐而名山。为西域法者曰惠远，作《庐山记》，不知所始，乃曰“匡俗出殷、周之际，结庐山上，因名山曰庐”。其谬甚矣。按《豫章旧志》言：俗父与番阳令吴芮佐汉定天下，而亡，汉封俗于浔阳，武帝南巡，封俗为明公。是山不因俗而名愈明矣。余故曰，事必法古，名地者必求于古。庐江自《山海经》，所谓“出三天子都”者是也。今山在彭蠡之上，亡其所谓庐江者，时移事古，名与地改故也。又按《经》云，“浙江出三天子都，在其东”。《地理志》云，浙江出黟县南率山，东入海。率则歙，今浙江是也。今率山在歙州南，连延而西曰浙岭。浙水实出其阴，又西走彭泽，凡三百里，并水出山阳者，皆西流汇于彭泽。庐江远乎哉！是必一水也。又按今浔阳在江州大江之南，古浔阳在大江之北，名地为国者，岂限江之南北哉？求于古而已矣。庐江之国，自《山海经》而名者为是。右辩庐江（注二十三）。

同食馆不知名于何时，咸谓“自庐江以往，振廪同食”，因以为名。按《左氏》桓十三年《传》，“楚屈瑕伐罗”“罗与卢戎两军之”，杜注云，“卢”亦为“庐”，庐戎南蛮也。文十六年《经》，“楚人、秦人、巴人灭庸”，注云，“庸，今上庸也”，今房州上庸即其地。《传》云，楚人出师，自庐以往，振廪同食，注云，“庐，今襄阳中庐县也；振，发廪仓也；同食，上下无异馔也。次于勾澨，楚西境也。使庐戢黎侵庸，戢黎，庐大夫也。”又按《汉书地理志》，当阳之中庐，在襄阳县南，今犹有次庐村。颜注云，隋室讳“忠”，故改为“次”。又按楚庄王时都郢，即今之江陵，由郢而伐西北密迩之庸，安有发东北数千里之廪，上下同食哉？此非庐江之庐明矣。噫！夫命名者不详国地之本末，俾后世地因名而生惑。余今以庐江所治，故六地也。六与蓼皆灭于楚，已灭而臧孙辰叹曰：“皋陶庭坚，不祀忽诸，德之不建，民之无援，哀哉！”足以为后代鉴。因更是馆名曰建德。右改同食馆名。

《汉书》，淮南王杀开章，葬之肥陵，肥陵，肥水之上也，在寿春。应劭云，夏水出父城东南，至此与肥合，故曰合肥。今按肥水出鸡鸣山，北流二十里所，分而为二：其一东南流经合肥县南，又东南入巢湖；其一西北流二百里出寿春，西投于淮。二水皆曰肥。余按《尔雅》，归异出同曰肥，言所出同而所归异也。是山也，高不过百寻，所出惟一水分流而已，其源实同而所流实异也，故皆曰肥。今二州《图记》，皆不见夏水与父城，恶睹其谓夏与肥合者乎？合于一源，分而为肥，合亦同也，故曰合肥。而云夏与肥合者，亦应氏之失也。右辩合肥。

按《图记》，今冶父山在庐江东北，即《左氏》所谓“莫敖缢于荒谷，群帅囚于冶父”，兹山是也。余按杜注及《地理志》《荆州记》，皆云冶父城在荆州，荒谷西北小城，即“冶父城，莫敖缢于荒谷，群帅囚于冶父”，是也。庐非庐戎之地，同食异振廪之所，安得复有冶父哉？后人妄加之明矣。矧囚于城，岂囚于山乎？余按今冶父山实有铁冶，乃作教告县，更名曰冶山不疑。右辩冶父山。

《地理辩》　高诲

马氏《舆地考》，庐为古庐子国，予疑其治当在今庐江或无为，而今之府城，是即秦时合肥县治也。汉以其地分为庐江、九江二郡。按庐江所属，为县十二，若舒、居巢、襄安、浔阳、皖等处，皆在今边江及江南一路。九江所属，为县十五，若寿春、浚遒、合肥、历阳、钟离等处，皆在今淮以南一路。至晋改九江曰淮南，并庐江为二郡，其合肥仍属淮南。使合肥即为郡治，则当属庐江而不当属九江暨淮南，岂有倚郭之县而分属他郡耶？

又《晋史》载袁真为庐江太守，攻合肥，执南蛮校尉桑坦，迁其百姓而还，则郡县之分，远近之势，彼此较然矣。至梁改合肥为合州，而隋复改为庐州，则移郡治于肥，当自隋始也。唐因之为郡，领县五，曰合肥、慎、巢、庐江、舒城。观今日所属，即隋唐遗制也。

《庐江地理辩》 王万年

庐江，汉应劭以为古庐子国，盖先王所建万国之一，非所谓中庐，亦非所谓匡庐也。马氏《舆地考》直以庐州当之，但知今之庐而不知古之庐也。郡人高诲氏辩其当在庐江，而曰或无为，言亦未决。盖见今之无为而亦未求诸古也。今无为地曰临湖，曰襄安，曰居巢，在汉、晋时并列为庐江属县，隋始并省，至宋太平兴国二年，方即巢县城口镇置无为军。古之庐在此乎？然庐江于汉、晋郡县中何在？按《郡国志》云，“凡县名先书者，郡所治也”，当在舒。及考《三国志孙坚策权列传》，皆如《玉海》在皖之言，则非舒也。又按蜀建兴十年，吴人击魏庐江，都督满宠曰、权舍船二百里，悬军深入，恐其走不及耳。皖城去江不数里，而宠云尔者，又似不在皖矣。盖先此曹操遣庐江太守朱光屯皖，大开稻田。吕蒙劝权破之，遂以蒙为庐江太守，岂滨江自皖以南皆属之，而魏之庐江固自若欤？皆不可考也。然以意义逆之，前汉在舒，后汉之末在皖，南朝之治在灊或龙舒，至隋大业间，始迁郡治于合肥，乃并省灊、龙舒地置今县，而仍以庐江为名。景泰庚午，修学筑墙，得宋建隆二年修县治碑于土中，祝况记曰：“庐江，春秋庐子之国也。晋、宋以还，庸为列郡。隋大业中，改为县。”况，邑人，其言未必无据也。《舆地考》并《唐书》皆谓庐江，汉龙舒县，隋改今名，固矣，而并灊云何？盖考历志吾郡者，皆列属县名，至隋以后，止有庐江而无灊与龙舒，亦犹止有襄安而无临湖、居巢者，其并省为一可想也。《一统志》以灊城古迹在庐江南三里，《左传》注“庐江六县西南”，而六城在舒城东南六十里，且灊川又为邑名，则灊之并为庐江益明矣。况今大城金牛城，濠隍俨然，形势亦壮，安知其非废址欤？但班固《汉志》注，“灊，天柱山在南，有祠”。范晔《后汉志》亦曰有天柱山。似皆指灊之在安庆者言。固虽掌图书，长史学，然馆阁编摩之下，岂皆一一经历者耶？神禹治水，迹遍天下，而纪九河水道，尚有与今不合，而况于固乎？晔以后皆蹈袭，不足言也。抑庐江之灊，名自春秋、战国，其在六安者，梁时始改。而安庆本汉皖城，后为怀宁县清朝、玉照二乡，宋人于此立四寨，元人立野人原寨，及至治三年，始析置县，名曰灊山。安得以元人所置所名者而紊之耶？且二县俱以山名，又非止曰灊也。不然，则灊江之灊，于灊之灊，皆可言灊矣。噫！世远迹荒，漫无稽考，吾惟会其理而已矣，乌敢尽信书哉？

安庆府

《安庆府志》

序 汪汉

汉闻之先生曰：《书》纪言，《春秋》纪事，古史也。然皆出于周公、孔子，故后世作史者莫及焉。汉兴，司马氏世为太史，乃创为《史记》。《记》有纪，有表，有书，有世家，有列传，虽与《书》《春秋》不尽合，然贯穿经传，驰骋古今，后世作史者又莫及焉。故自班固而下无虑数百家，皆不能外司马氏以为史。宋季学者欲便于考索，类为方舆诸书，故撮其要，标其目，于是有沿革，有郡名，有风俗，有形胜，有山川，有亭台馆榭，有人物，有题咏。凡作诗文者不必旁求，可一览而得其概，固便于考索。然亦类书尔，其视司马之史法，不啻倍蓰矣。近世作郡县志者，咸又宗之，无问远近贤不肖，皆不能外此以有作。吁！亦惑矣！夫郡县之有志，犹鲁之有《春秋》史也。曾谓分门立类可以为史乎？曾谓撮要标目可以为史乎？历代国史，亦既宗司马氏以为史矣，而郡县志独不然。然今之郡县，古小国也。曾谓小国不视国史以为志乎？先生作《安庆志》，乃独本之司马氏、班氏而摹之国史。此亦非先生之独见、众人之不能见也。是故《安庆志》有二记，有二表，有十二志，有十二列传。有识者必知其为古史而不为今志，无复标目立类之规规也。先生守是郡，早作而暮不辍，事且剧，路且冲，先生勤勤恳恳，日不暇焉。其为是志，或秉烛夜中，或携囊马上，越三阅月而始成。故先生之意，每自不满焉。然自诸门弟子视之，则是志之作，命意立义，或放诸《周礼》，或放诸《纲目》，或放诸《山海经》，而其大要则放之《史记》《汉书》，固良史矣。至于辞严义正，理备事核，出自先生之心者，又本之《鲁史》焉。谓为一方信史，信哉！

胡缵宗曰：郡县立而封建废，守令设而诸侯微，此三代之所以降而为汉，为唐，为宋也。然汉重郡县，守令因之而尊，唐次之，宋又次之。驯至我朝，大都因宋之旧，而近又与国初异矣，视郡县日轻，视守令日卑，而势日下。嗟乎！古以牧民，今以役民；古以守官，今以寓官；古以宣上，今以奉上；古以逮下，今以取下。其不重而尊也，谁之尤也？然苟欲抚御天下，当今之势，舍郡县其奚以哉？

《太湖县志》

徭役

按古者有力役之征，而孟子曰，“往役，义也”，则后世之征徭，夫亦义使之当然耳。然古用民之力，岁不过三日，乃后多疲于奔命者，曷故也？古者应务简而民数明，故役均而易办，后世则简者烦而明者汩矣，是以有不均之役而苦于难供也。三代而下，汉之更，唐之庸，宋之差雇二役，班班可考。明兴，籍民以里甲而力征则用宋法，差雇兼焉，曩盖十年一拨，近或变为五年，今改为一年，取通力不偏重之意，然率视其邑之冲僻为繁省矣。太湖有庶人在官之役，而又只应两京八省驰传往来供亿之费，丝毫皆取之于民。近奉例行条编法，令民户丁出银，不足，又计田准丁，悉输之官以免役，而诸役尽官为召募，盖较若画一而称两便。然而民情犹有可轸者，则以出钱而放免者，有豪户之漏丁也，有弱户之鬼纳也，又贫户之艰于金而愿输力者不得遂也。至受直而应募者，则或一役而三四人共之，或一夫而应二三夫之役，或一马而供八足十二蹄之奔走。大概市魁豪右专其利，而又有卖募、买募、顶头之钱，民贫而任负荷者，不得窜入其列。其中必有可以无募而愿充者，有可以裁长雇之额而参用短雇之法者，有可于短雇内先尽不能纳金之户而以其力抵之者。

凡此皆湖民之隐而不得一一上徹者也。故条编之法，固有不可不一者，亦有必不可一者，殆亦此类是与？虽然天下之法，未有有利而无害者，第操其大体而时伸缩之，斯得法外之意而善之善矣。故曰有治人，无治法。

《霍山志》

吴仪部云：吾霍僻在一隅，东界桐城、安庆，南界潜山、太湖，西界罗田、麻城，北界商城、固始，阻山带河，路达三省。如棠梨墺山（县西六十里），如万人愁山（西八十里），如东流河（东南八十里），如梅河（西一百八十里），延袤连亘五百余里，险隘之区，盗贼之薮也。

附注

注一：《实录》：洪武二十八年十一月甲子，徙直隶苏州等府、浙江等布政司民于京师。国初驱胡之后，徙浙、直人户填实京师伍厥庐井，凡置之都城之内者曰坊，都城之外者曰厢，隶上元者为图，百七十有六。十四年，定有图户。永乐北建，大半随行，后复流移于是，并为四十四坊。《江宁志》：坊厢凡三十有五。在城曰坊，在郭曰厢，在野曰乡。初各有长以统摄赋役，厥后在城苦役至更名曰坊夫，在野苦役更排年为条编，江宁人户视国初十不逮一。自洪武中，已拨沙洲乡民隶籍江浦，永乐中，又分调于北京。是后徭赋滋多，逃亡愈众。嘉靖中年，外徭日增，田价日减云云。

注二:《溧水志》: 洪武十八年至正德五年税粮, 民田全免, 官田减半, 附入大诰。宣德间, 从抚臣议, 每民田一亩征马草一斤。弘治间(旧志作成化), 从抚臣议, 每民田一亩劝出米二升。

注三: 自隆庆扒平以来, 无复官民之称矣。惟钦赐功臣田土照旧科粮, 故仍称官民云。

注四:《江宁志》: 荒田亩科荒白米七升五合五勺有奇, 滩田亩科荒白米四升, 荒地亩科荒白米四升, 外荒地亩科荒白米二升。每米一石折银二钱五分, 均摊于概县带征, 是名荒白银。

注五: 秋粮之外, 旧征三项: 曰夏税, 曰丝绵, 曰农桑丝。嘉靖中, 题准均摊于秋粮内一则带征。

注六:《江浦志》言: 自宣德间, 都御史崔建议, 每民田一亩征马草一斤。

注七: 各亩科若干。

注八: 除功臣平米及优免人户外, 实该当差平米若干, 里甲均徭驿传银共若干, 荒白银若干。

注九: 如遇歉岁, 奉例改折正米银若干, 征解户部听折粮支放。加耗银若干, 解淮听河工支用。

注十: 以上量所出为所入, 计亩起科。如前所载亩科若干, 若干归一, 则云据上种种征需。岁有定则, 第本折进退外徭增损, 每岁微有差殊, 故府有会计, 县有由票。由票之设, 所以取信于细民, 俾心服而乐输者也。顷年奸胥敝里, 或靳而不发, 以恣横需, 有终岁口传而不见由票者。信民者能不一督察出?

注十一:《府志》: 时赋役繁杂, 泽奏准秋粮总征, 民颇称便, 但里甲额办杂派等项, 已征米在官。其后科派重出, 所征米如故,自减去里甲外，尚多米七万余石，不知其所从来。万历三年，奏以里甲秋粮带征。本欲便民，但银既在官，随意支销，遇有经费，仍复重派。今将诸项还归里甲，减去原额平米，以杜侵渔。

注十二：《江宁志》：合均徭驿传，统名里甲银，每平米一石征银一钱九分五厘有奇，内里甲银无优免，每石一钱三厘有奇，共银若干。均徭驿传银，每石九分一厘有奇，除免外共银若干。合前丁银，以待后开。诸供应登报循环文簿，听稽于监司，支销有余，名曰派剩银，入下年会计。减编不足，明著户由，除定则外，因某项加编若干。

注十三：昔自洪武定基，于凡金陵旧民驱置滇南，而别取浙、直上户四万五千余家，填实京师。凡置之都城之内者曰坊民，置之都城之外者曰厢民。江宁坊厢盖百四十有二，此皆有丁口而无田赋，听勾摄而无征派者也。永乐北迁，随行大半，户口大减，而差役实稀，维时诸役多并于里甲。正统初，府尹邝公埜思稍平之。于是审编坊有十甲，甲有十户，凡三十有五坊，酌民业饶乏赋银，纳之县库，名曰柜银。分任诸司应付，以均里甲之不足，属吏支销，坊民领办，季轮一甲，周则更番。立法未始不善。是后外徭日增，赔补渐夥，吏不能支诿，令坊民自收自用，而阴责其赔补。于是公私百需，悉取办焉。维时上季诸役立诸色目，有总坊派差，有当头供办。其当头上户无定数，名活差；次户有定数，名死差；下户听奔走，名力差；赁什物，名借办。上之人，但见其如取如携，视为京邑之膏腴，而不知下之人日朘月削而莫之告。弘治中，又添拨九库、八关、五城夫役。嘉靖以来，又代工部买运光禄柴薪四十余万斤，又太常九种进鲜，重取付物银两。又各衙门将取书手工食，并修理衙门，又骤添应付衙门八处宴席交酬费，辄不赀加之，总坊蚕食，胥徒恐喝，不可胜载，而民不堪命矣。父老时时陈说疾苦，视为故常。忽蒙抚院方公、按院黄公受之，下府覆勘。时汶洲吕公新任京兆，诸生赵善继等实坊甲子弟，因旅见一从史之蒙谕公议出于学，较可为调达其词，以冀上人之听，从者如水。善继慷慨发愤，相与镌梓遍投，而诸司渐见裁复矣。会给谏麓池郭公抗疏上请，于是诸夫役删革略尽，虽余蠹反覆其间，然民瘼自是得上闻矣。嗣隆庆初，更坊长名坊夫，尽削诸色目者，抚院阳山宋公委通府望沙陶公集议者也。以坊长诸色目，人所艳闻而争擀之者也。嗣改柜银为丁银，夫还于家，惟令该吏雇役者，京兆东泉郧公也。以佥头轮甲听役于县，未免启前日之弊也。至万历初，减岁征千三百金，定为三百有六十。奏请议覆，永奉钦依者，京兆少泉汪公也。以予查二县供簿，摘所应供其数止此也。至今事亦不废，而民用安，亦赖贤父母相承节约，成斯美政。追惟嘉靖之季，倾败相仍，倘不有大君子转移于后，意外之变，所不敢知。尚赖皇仁覆庇，群贤夹辅，始有今日。故述先后利病之故，不厌繁复焉。

坊厢应付。坊厢应付之数，直市肆记同耳。然而必烦纪载者何？明有定额，弗容渝也。与里甲司存有别，弗容以相代也。越此，则为额外之需。若曰志所不载，则思以裁之，弗容滥也。中有日办，有月办，有岁办，有三岁而一办；有定，有不定，大都通三岁之彻，不越入出之数，是谓费出之经也已。

万历三年，奏惟上、江二县里甲之外，又有坊夫，乃洪武十二年取苏、浙人户填实京师，原无田产，不当差役。正统二年，府尹邝埜始征柜银，以助里甲之不足。十里甲犹有定数，而坊夫轮季出银，每年五里明当，上、江二县至派银三千余两，不过支应縻费，甚，至里甲已编又重派，坊夫坊民受累，逃移过半。今遵诏查照坊夫丁口，每年上元县定编银五百四十两，江宁县三百六十两，此外分文不得私行科派，暗令坊夫贴赔，凡修理纸札刑具动支，自行赃罚应该二县出办者，方行支取，其二县里甲已编者，不得重派坊夫。止照原编银数逐一查议，主照定规，每年终巡视科道，造册奏缴，不致流离转徙，以虚祖宗填实京师至意。

注十四：《江宁志》：吏、户、礼、兵、刑、工六房，户房有户口科、税粮科、田土科、钱帛科；礼房有承发司；兵房有递发科、勾军科、马政科；刑房有重刑科、相视科、刑杂科；工房有工杂科、工匠科、铺长司。盖以京邑烦剧，故建设视外邑有加。

注十五：东新闸在县东北五里小干桥南。黄堰闸在县东南十里，旧有土坝，今建石闸。

注十六：在县西永丰乡，宋宣和中，以赐蔡京，又以赐韩世忠，又以赐秦桧，后拨隶行宫。

注十七：《应天府志》：永乐元年四月，设溧水广通镇闸坝，置官一员。初，溧水民言溧阳溧水田地洼下，数罹水患，乞于广通镇置闸，以备潴泄。命工部遣人视之，还言二县水田固城湖上纳宁国、广德诸水，每遇霖潦，即注县境，且胭脂河与石臼湖诸水，不入大江而奔注苏、松，皆被其患。宜于胭脂山、广通镇及固城湖口二处，筑闸坝，设官掌之为便。从之。

注十八：正统五年三月，筑溧水县叶家桥坝，浚胭脂河。初，溧水县广通镇之西有固城湖，入大江，镇之东有三塔堰河，入太湖。东西之间，陆地十五里，水不相通。洪武间，凿通固城湖水，入三塔堰河，舟行甚便。后水溢为灾，筑坝于广通镇以御之，而三塔堰河水不能至坝下，故复改筑坝于叶家桥。胭脂河自溧水入古秦淮，苏、松船皆由此达南京，近为沙石壅塞，故浚之。

注十九：《会典》：嘉靖二十三年，题准应天江浦县坍江田地该征粮数，比照海门县例，改纳轻则。

注二十：《会典》：弘治五年，奏准九江、安庆每亩好芦地科银三分二厘，稀芦地二分二厘；池州好地三分五厘，稀地二分五厘；应天、扬州、太平、镇江、庐州、和州等府州好地四分，稀地二分七厘。各处每亩熟地三分五厘，军屯熟地并滩田、滩地各三分，低洼熟地二分五厘，荻草地二分，草塌一分五厘，草荡一分。其起科纳粮者，免征柴课。

注二十一：疏言太平、池州、庐州、安庆、九江等府同知宜令兼管江防，按月巡历点查，遇有盗贼，严行缉捕。其无为州、和州距颖州兵备道近千里，遥制不便，一应江泽防御事宜，责令徽宁兵备道督理。

注二十二：《唐文粹》作潘。

注二十三：《庐江辩》：知府朱镛。按祝氏著《方舆胜览》成于宋理宗嘉熙三年己亥，马氏著《文献通考》成于元武宗至大元年戊申。马氏考庐之所自本《左传》、《汉书》，以为古庐子国。祝氏以旧经为非，谓《左氏》自庐以往乃中庐之地，去合肥远矣。今按《左氏》文公十四年传曰：楚庄立，子孔、潘崇将袭群舒，伐舒蓼，庐戢黎诱之，杜氏注：庐，楚邑；戢黎，庐大夫也。又按宣公八年，楚人灭舒蓼，汪氏曰：今安丰路霍丘县，旧名蓼县。又按《左氏》文公十六年传曰：楚大饥，庸人帅群蛮以叛楚，楚人谋徙于阪高，蒍贾曰，不如伐庸，自庐以往，振廪同食，使庐戢黎侵庸。按庸地，襄阳之竹山也。中庐，又襄阳之别邑。由前言之，则舒蓼于庐为近；由后言之，则中庐于庸为近。然《左氏》惟曰庐，不曰中庐，不知祝氏何据，辄以中庐为庐而辩应劭之非。又按《前汉书·地理志》以中庐系之南郡下，后乃继以庐江郡，注引应劭曰，故庐子国。由是言之，窃恐汉儒亦非不知而漫言者。今详著于篇，以俟考者自择云。

凤宁徽备录

凤阳府

《凤阳新书》

赋役篇

文新曰：余不佞，作《赋役篇》。户口有土编之数，里甲有新旧之额，田地有起存之征，税敛有南北之分，输纳有投柜纳钱之便，凡五则，而凤阳之赋役尽于此。虽然，赋必有土而役必有力也。今凤阳之民力，额失者十之九，厥土则反增二之一。实户者也，散而之四方；诡寄者也，潜而入于国中。此安得不十征而九虚哉？夫民有定居，不扰之焉，可也；亩有常额，不履之焉，可也；商有旅次，不籍之焉，可也。然而邑之流耗在前，擅难卒复。余故谆谆谨裁其应复之事三，附于《赋役》之末，以俟君子。

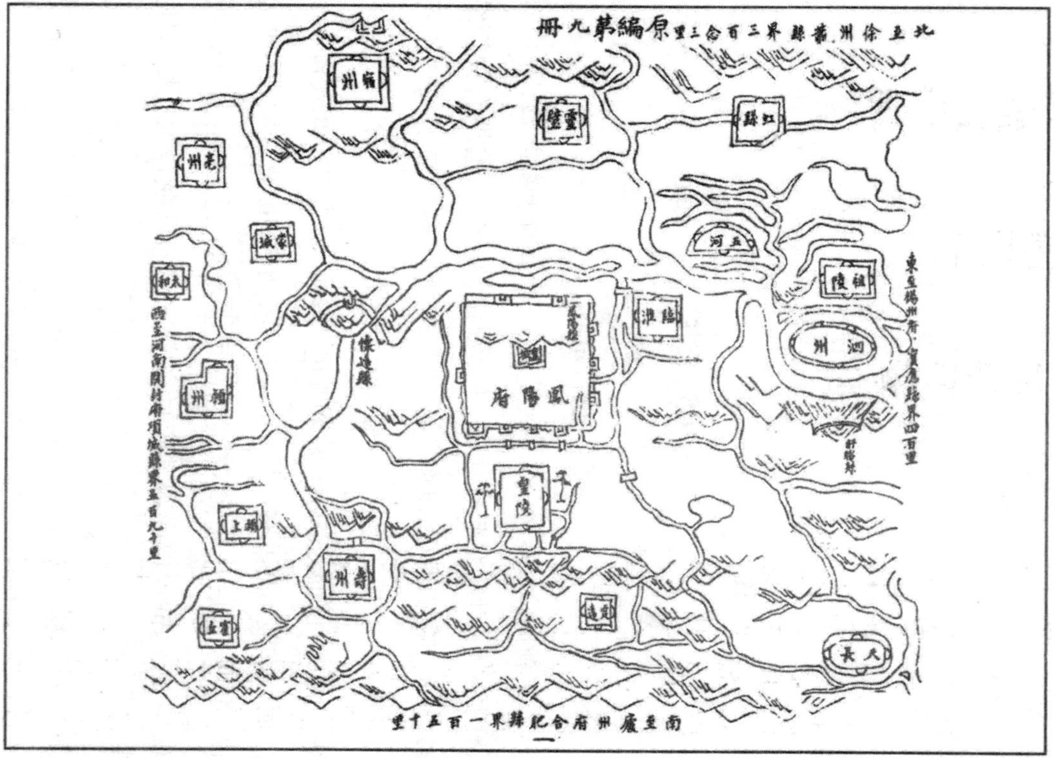
原編第九冊
北至徐州蕭縣界三百念三里
東至揚州府寶應縣界四百里
西至河南開封府項城縣界五百九十里
南至廬州府合肥縣界一百五十里
鳳陽府
皇陵
臨淮
泗州
五河
虹縣
靈璧
宿州
亳州
蒙城
太和
壽州
定遠
懷遠縣

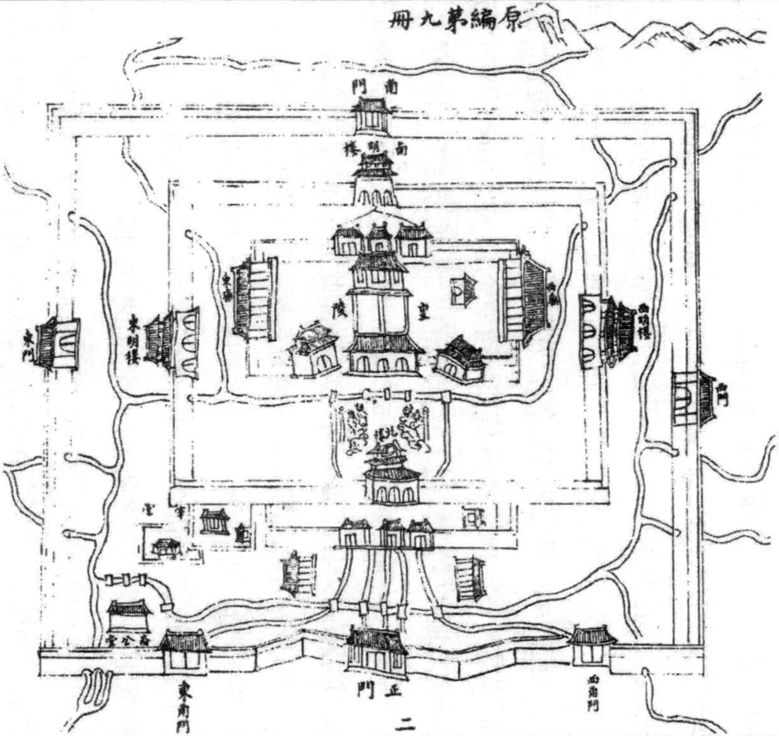
原編第九冊
南門
南明樓
東門
東明樓
西明樓
西門
陵
寶
正門
東南門
西南門
二

其一曰：民丁失额宜复。洪武之初，编民十有四万也。自时厥后，旧志尚载丁口四万七千八百五十余口，万历六年，则仅一万三千八百九十四口，历今四十余年，编民止存老幼四千七百口。里虽有二十六里，而有一里止存四五甲者，有一甲止存一二口者。此其势非骈逋则株连，合无急宜归并，将见在编民仍以一百一十户为一里，推孝弟力田者为一长，而总其十轮为役。其或里不足二十有六之数，则急招徕于外方，无田与地，无食与陈，无种贷之新，庶几国初之原额可复，而新朝之元元可聚云尔。

其二曰：田地滥增宜减。万历六年，官民田地一千六百三十七顷一十三亩，岁办夏秋麦米五千余石。万历九年，清丈令奉江陵相惟谨，编民黄儒立毙于棰杖之下。佐史豪猾侦令意，遂将山岗湖坡古荒獐走行鱼之地一概丈量，则又出一千三百顷焉，而分注于二十六里之编民。呜呼！民又复何堪加此不毛之田地乎？合无轸念新丈之田原非额田，当将新加粮马，分别应革，应减应停，此实身痌瘝乎乃民者也。

其三曰：客户诡寄宜清。凤邑为王畿之地，故勋戚、卫所、官舍无差，甚盛典也。其后勋戚、卫所之楼房、铺舍、田地产业，渐为外方行商者有之，往往假名借姓，冒作一家。又有外州县民居城中，原籍则隐射。是此两辈获地方之利，而不当地方之差，则诡寄之奸宜杜。

三者复而后民可得而聚，地可得而开也。呜呼！苟得即复此三病，以与民更始，则文新也，便宜从事，亦何敢让未遑寄空言云乎哉！

农政篇

臣惟职任凤阳之地，地方东西七十里，南北九十有五里饶。陵寝、郡邑、蹊道、祭田、赐田、屯田、胭粉田外，余有西南郡一带，皆山岗硗确，土石伴错，溪谷流水无有，山林薮泽无有，里虽俭有百而谷土不能处二。议者皆谓罢任足重，民苦不能负租税，故逋逃。辄欲减额更编，甚至议停、议还，此皆不可必易之数也。凤阳地有余利，而民不足力，有地而不耕，而谓粮少，与有可耕之地而无民，而谓差烦。罪皆不在民，而在司民者无法以教之耳。夫粮少者，耕食不足也；差烦者，民散不聚也。使耕地尽辟，则粮不患无余蓄；民力尽聚，则役不患无余任。以期月已可之政，易不可必易之数，是不减而减，不更而更乎？今职仰体而思，设身以处地，条有五款：一、区田兼树畜，二、居民在彻粮，三、聚货，四、行水，五、积产，六、招徕。此就凤阳之地而均度之也。

一、区田。凤阳地少川源溪涧之水，则止水、荡水、均水、舍水、泻水之法，无所用之。惟是一望高燥阪原，此谓之旱田。旱田之制，其疆有二：曰区田一也，其次围田。天下之大索三：中州河以南、江以北、西华以东。至于岱疆，皆谓之周索，皆区画灌沃以为田畴，非若戎索，山多可以畜牧，越索，川多可以蓄水者。凤阳惟区田最宜，而区田之法，创自伊尹，因汤七年之旱，故作为区田，教民粪种，色水浇稼。其法虽山陵倾阪及田丘城上，皆可为之，但民力贵聚。按法：地一亩，阔一十五，每步五尺，计七十五尺，每一行占地一尺五寸，该分五十行；长一十六步，计八十尺，每行一尺五寸，该分五十三行。长阔相接，通二千六百五十区，空一行种一行，于所种行内，隔一区种一区，除隔空外，可种六百六十二区。每区深一尺，用熟粪一升，与区土相和，布谷均覆，以手按实，令土种相着。苗出看稀稠存留，锄不厌烦，而每亩掘一圆井，以代方塘。凤阳之泉，其施七尺，冬涸之时，四七其尺，则夏秋可以不干，旱则引吊乌汲水浇灌。结子时锄陇土，深壅其根，以防大风摇摆。此漳南凡无川水之地，皆如此播种。依此法布种，大率一家五口，可种十亩。

且又按志，凤阳稻、秫、粟、稷、三麦、五豆、二麻、丝绵俱有，五瓜、四菜、茄、瓠不无，而妙在不责成一收，家一谷田则一蔬园。谷田之种，正月立春后则烧苜蓿，二、三月种稷、山药及芋，三、四月种粟、黍、芝麻及大小豆，七、八月种荞麦、大小麦及豌豆。节次为之，不可贪多杂种，各有区画。蔬园之制，又在于高其种。正月垄瓜田，二月种茄、瓠、三瓜、芥，三月姜蓝、木棉、纻麻、靛，五、六月萝卜、蔓菁，七月菠莱，八月蒜、薤、葱、韭，九月油菜。如此用力省而功倍，不必于犁，但鍪鑁垦劚，最便贫难。田家八法：区田、园田、架田、梯田、涂田、沙田、代田、彻田。而区田为首，实救贫之捷法，备荒之要务，而已试之明效也。今职亲勘焦山一员地，约率二十家，家四庐于其田上，一家五口，受田五十亩，五家二百五十亩，而中公五十亩以代官耕，则五家通力合作也。而亲导之以开垦，上为园，下为田，中掘一井。以三月俶载修农具，四月法种尚及时，以为民先。惟我同寅，协事田亩，不过于一日、二日则同寅至，不过于五日、六日则亲至而劳之。

区田既成，种树次之。按志，榆、柳、枣、杏、桑、柘及槐外，而栗、梨、榴、李、桃、柿、松、柏皆有。今职亦先率此二十家之民，使亩之上有庐，庐之上有山林，亦家一亩，而皆树之以十五色本。正月立春后修种诸果木，栽榆、柳，二月接桑果，三月移石榴，五月移竹，嫁枣，种桃、杏、李、梅、核，六月锄桑，皆有其时，依时行之。惟我同寅，亦又如初，则凤树渐包，一可以佐谷蔬，二可以改燧火。此种树之要利，故次区田。

二、居民。区田种树之条既设，不为之定居民，则民不聚；民不聚，则田园山林复归于墟。今职以二十家为率，家约五口，五家连庐，四庐连亩，亩家五其亩以十，五五二百五，四其五五而千。家一以粒官，则有二十之收官。公此二十，则不私其二十家之亩，而定为口分、永业之制，使老而传，余而辟，新而收，绝而续。岁耕种者为不易上田，亩当其亩；休一岁者为一易中田，亩二当一；休二岁者为再易下田，亩三当一。则二十家有此五其亩之世业，乐岁足以自给，凶年免于死亡，虽引之使流移逃匿不为也。而又选其家之五口，一人焉而少，俊秀教之学文，果敢教之击剑，二人焉而长，其一人习百工技艺，其一人货贸迁有无，其壮强者，二人居要，偶相耘锄。如此习以成风，勿失其信，此“足食、足兵、民信之矣”之道也。则由二十家而通之二百家，由二百家而通之二千家，二千家通之二万家，虽由此百万家，皆无不乐其乐而利其利，未有不相与襁褓而来聚，负荷而向耘矣。

凤俗不积粪，为其民之寡也，地之荒也。民寡则粪少，地荒则不积。今职既教民区田，利在粪种；不粪种而区田，又无所用之矣。约二十家，两总于四路都图，若铺店村集之所，五家同芨一厕土三，其合深五尺，修广各三尺。廛之家厕五，取以供庐之家亩二，其利相掩也。而野有邻，五邻长为里；城有比，五比长为坊。里不率于邻，坊不率于比，不过五日、六日，余则西路一至焉。邻无厕而责之里，比无厕而责之坊。总不催，于总其罪同，则有罚，一厕不芨，出谷一石。于是乎，邻里比坊则无不厕，可得而粪矣。而后约二十家之庐。凤阳之庐，庐于南者，其向北；庐于西者，其向东。庐之上有林，则庐之下必有塘。塘家半亩，五家而连二亩之半。及今三月，修堤防、达沟渎时也，协力旋旋掘下，岁一浚，深一尺，积十岁之深，而塘者为泽，则无旱干之患。而后纵以鹅鸭凫鳖，收以鲤鲫鳊鲢之生，而渔者利于塘矣。二十家之畜，一马、二牛，足以引重，里群其羊，足以资货，而牧者利于野矣。家以犬豕鸡豚，而老者利于堂矣。余以二十家为先，教之种而导之畜，庶几将来旱田之富，其无越于此矣乎。

三、聚货。民居既烦，不为之聚货，则民无所安生。凤阳创自国初，为汤沐重地，建立城基之始，本取南门外山涧来水。西一流由西华门外，转右甲门外古涧，绕城东北，入淮河；东一流自大通桥古涧，由朝阳门外，入临淮县淮河，与西一流水合。因淮水离城太远，故设小闸河一道，紧承前东西二派来水，为玉带之形，以聚风气。此河未淤以前，科第颇有，民亦富庶；既淤以后，人穷财尽，文运且索然矣。议者欲复国初嘉、隆之盛，非浚此小闸河不可。然难之者又以白塔坟来脉所关，浚之则有伤，故遂不果。职思凤阳与庐、淮、扬并隶为四府，庐州河接城下，淮、扬河达城中，各有聚商马头，所以民丰财裕。即本府西怀远县、东临淮县，亦有聚商马头，故二县较凤、定、灵、虹为独富。彼三府二县皆得河利，独此首府首县，反水陆隔绝，非创建之不善也，实年久淤塞所致。今欲此迹于三府二县之庶，河道以策之。职因往十里程涉淮，见旧有小沟，长百余丈，阔二丈余，问之里人，乃旧泊船所也。莫如从此现有旧趾，稍加疏导，使深一丈，广四丈，便成通济。况值时荒，建此兴作，民皆就食，上得其力，下需其养，胜于捐赈，旬余告成。此其易于为力矣，然又不可不知也。先是，运船、商船直抵北门，四方之货凑集焉，河道何以能塞哉？盖厥后当道作豺，渔猎于货，甚于算船，向者未沾其利，来者已受其害，为此商船不至，而长、淮卫卒，家作堤防，以曲私利，而运道闸河，遂为旱壑。今欲浚其塞而疏其口，事亦关风气之所转矣。以蕞尔之邑，出之帑则无余，征之输则谁何？吁之四邻，四邻其于我乎何与？无已，其捐己之俸，能尽如二十家之种畜，则由家而邻，由邻而里，由里而乡，由乡而都，由都而县，地虽俭于百里，民可封而聚也。邑民既聚，而复役其三日之力焉，是不亦庶民攻之而不日成之者乎？君子有志者，何患事不竟于成？职将公畎亩而遂以及沟洫，此亦凤阳之时之势则然也。语详在申文。

四、行水。古者一夫为遂四，其十为沟一，其十为洫则一，故九洫一浍，而一井之田可南东其亩也。自井田废，民不知有沟壑之法。然如秦郑、白，魏西门豹之凿渠，楚孙叔敖之堤芍陂，国与民两受其利，汉唐以来循吏，尚有加意此者。今凤境南苦旱而北苦浸，则地势然哉。设令无行水之法，沟浍不如西，洫川不如北，而欲其疆场之翼翼，黍稷之彧彧也，不可得矣。故凤阳之为湖五：方丘湖、白湖、月明湖、华皮湖、东西湖，而善用湖者以佐沟。其涧十：曹山涧、陡山涧、遗碑涧、鲁山涧、青山涧（水流入淮）、独山涧、鲁山东涧、鲁山西涧、射子口涧、龙子口涧，而善用涧者以佐川。其为塘二十有八：泉塘、柴塘、侧塘、清流塘、东官庄丁塘、官塘、樊家塘、石塘、曹塘、薛塘、虎山塘、神仙塘、门塘、老公塘、神仙黄水塘、石窟塘、茹家庄小塘、上周塘、下周塘、老婆塘、李八公塘、菱角塘、长春塘、定宁塘、金鱼塘、九里塘、焦山塘、窑塘，而善用塘者以佐洫。其沟三：界沟、东官沟、西官沟，沟则非有原之沟耳，不可以蓄水、泻水。六水之道不传，民虽竭力以耕，天则不可以常恃，欲其大旱之不槁，大涝之不浸，不可得矣。《诗》曰："我疆我理，南东其亩"，此治田行水之法也。使洫川北汇，则其亩南；沟浍西行，则其亩东。故能知此，而田可方，可直，可梯，可以四不等形，可斜，可中广、中狭，可以广狭不等，可曲尺，可凸，可凹，可圭，可半圭，可抹角，察其地势而无所不可矣。

五、积产。积产谷为先。谷之属六，最宜为麦。麦有大小二种：大麦麰，小麦来。大麦为五谷之长，然不如小麦美，小麦无壳，麦熟以仲夏，种以白露。介于夏秋之交者，为黍，为稷，为粱。夏种，其候椹赤，凤谓之芦。稌为秫，秫可作酒，国初恶酒，故常禁种。为豆，豆有五色：青、黄、赤、白、黑。种最蕃为稻，稻数十百种，岁易为良。总之米红者与籼秕稗类草，乡夫亦收食之。不种糯稻，为米以酿酒。谷之可油者芝麻，夏至种之，小豆亦然。大豆榆筴时，有两期。豆之以春夏熟者，有蚕豆，有豌豆。麦之以秋熟者，有荞麦。盖谷类多不可胜纪，纪其在凤者与农，则农师可积而贮也。

蔬次之。蔬之属四十有五，白菜种最多。惟春初黄芽最美，韭黄、紫花菜次之。辛者为芥，为葱，为莱菔，为蔓菁，为蒜。香者为芹，为紫苏、莳萝，为茴香。最益人者山药。余为苋，为茄，为菠，为瓠，为葫芦，为姜豆，为扁豆，为冬瓜，为菜瓜，为王瓜，为秋黄瓜，为丝瓜，为苦瓜，为胡荽。树而花生者，为黄雀菜，三月黄，可采食。生于道旁者，为杕杜，一茎三叶，叶青带湑，三月花，实类完目。故《唐风》曰："其叶青青，其叶湑湑"，《小雅》曰："有睆其实"，为其生于道旁，故以起兴而赋行道之人也。朱子杕解作特，杜解作赤棠。水中生者，有水旋叶，类蕹菜，空茎，可盐作和食，亦沼沚苹蘩之类，皆可荐鬼神、羞王公也。生于水而可蔬者，为茭白，为蒲筍。附于木者，为木耳，为栎莪，二种产于皇陵者为最多。雨而土生者为蘑菇，为雷菌，为黄莪。不种而野生可采者，为香蒿、红花菜、黄花菜、笔管菜、蕨、合花、白合数种，皆产南山中。又有楸花，树生，蔓如葡萄，其花类黄雀而紫，三月花。果又次之。产于凤者，含桃最早，其次杏、梅、李。李有红、黄、青三种。桃种亦多。贫婆果、花红、林檎、葡萄、梨、枣、栗、柿，柿一种大者如杯。石榴有数种。有银杏。产于地而可当果者，西瓜。水生而可供盘具者，藕、莲实、菱、芡、荸荠。米属凡十有九。蔬与果，勤农事者不废。

木于民用，最切宫室器具材焉。凤土所宜木：柏、桧，惟松少。然禁城圆丘中，松大十余围，如虬龙鳞甲不异。南中槐、榆、柳最多。榆、柳之条，可以为斗斛。榆别有一种，叶小而文理细者。栗次之，椿、朴、黄楝、楝、樗、檀、棠、梨、白杨、青杨、皂角、楮。凤地甚宜楮，然楮不能为纸。乌桕近亦有为油者。又有一种蜡树，生虫作白蜡，可于田岸遍插，三年，岁收其利甚普，有荆条可以编筐篮，作粪具，亦农家之所需也。可蚕者，桑、柘。植园圃中为观者，梧桐、梓、垂杨、石楠、冬青、黄杨、枫。在凤惟魏国祖墓大半皆枫。木属凡二十有九。竹有青竹，有斑竹，有紫竹。青竹最多，可为器。有黄金嵌碧玉竹、碧玉嵌黄金竹。有凤尾竹、东坡竹，此二种高不过二、三尺。箭竹、箬竹，近亦有植者，数品多植花圃间。有一种名天南竹者，非竹类，实大如桐子成穗，冬春朱实离离，俗传能禳火。竹可以筍，则为蔬；可以编，则为篱；可以沤，则为纸，竹之利亦溥矣哉。故凡木与竹二者在凤与工，则工师可积而贮也。

凤产药七十二种。其上药者：云母、钟乳、槐实、榆皮、牛膝、菖蒲、菊花、薯蓣、松脂、辛夷、桂柏实、藕实、女贞实、菟丝子、充蔚子、车前子、蛇床子、蒲黄、天、麦二门冬也。其中药者：石膏、五加皮、栝娄实、苦参、玄参、牡丹、桑根、白皮、茅根、王瓜根、地榆、泽兰、梅实、桃核仁、杏核仁、蓼实、吴茱萸。其下药者：青葙子、附子、半夏、覆盆子、楮实子、芫花、凌霄花、柳花、郁李仁、夏枯草、葱实、薤、商陆并大戟。其余神农之所不经，有蓷，益母草也，有何首乌、香附子、紫苏子、莲蕊，产南山中。灵芝、黄精、柴胡、桔梗、远志、天花粉、艾草、乌、前胡、苍术、山楂、扁竹、贯仲、牵牛、金银花、马兜铃，皆疗病之要药。举其大数在凤者与医，则医师可以积而贮也。

羽之属三十有三。惟天鹅凤以上供者山河北，然不常有。其字于家而常畜者：鹅、鸡、鸭、家鸽。野而鬻于市者：雉。水者：凫。称珍错者：鹌鹑、青鹤。间有蓄者，野禽则雁、鹡鸰、黄鹂、鸳鸯、鹭、鹳、鸜鹆、鹰隼、贺鸡、鹚老、鹊、雀、鸠、鹙、秧鸡、竹鸡、白头公、百舌、鸦、鹯、鸬鹚。其腊嘴黄雀以春至，翡翠亦间有，多穴巢水涯间。兽之属十有八。鹿、獐以活供。绵羊、山羊、獾、獭以皮供。牛有水牛，有黄牛，用以耕者。乘者，有马，有骡，有驴，且以负载。犬以守。猫以捕。畜而祀者：猪、羊，穴而祀兔。以毛取者：狐、貉。獾有两种，有猪獾，有狗獾。为物害者：狼。故有鸟兽之在凤者与虞，则虞师可积而贮也。

鱼在凤，淮产惟白鱼，其出冬秋至春正月。惟鲤最称珍品，鲂、鲫次之，刺鱼次之。春及夏出鲟，少阳鱼间一有之，青鱼、鲢、鳊、鲇及他杂鱼不可名者多有。庄子所观鯈，今不知何鱼。鳗、鳝、虾之属亦多有之。介惟蟹为珍，八月不食，九月乃食。鼋及鳖产淮水中，龟在处俱有，螺、蚌河港积水有之，亦有长似蛏、圆似蛤蜊者，人罕食之。故有鱼鳖之在凤者与渔，则渔师可积而贮也。

他如虫豸至微，有全蝎，则有壁虎以制之。虫如蝼、蝈、蚯蚓，此四月节气之初候也。螳螂、蜩，此五月节气之初终候也。蟋蟀、萤为六月节气之二四候。虽无用而得其气候，亦不可不纪。然凡物皆可货也。日中不市，有无不迁，何以国为民利？蚕桑为上，而凤昔称蚕富国，今也失之不蚕。丝少，木绵花种者少，桑不以沟渠，故亦少。故凤衣披冠履，率以重直取之南北贾人。蓝红、蓝花、小蓝颇有，种者终少，不足为利。今而后余抚南方，人而复兴焉，凤其有衣乎？凤俗家不酿酒，不沽可也。酱酪家有之，可不沽也。豆、芝麻、菜子俱可油，然概取之市货。其为凤产而他所不得同者，为明角带。明角出东广，至凤为带，莹润如玉，取洪戒寺右井水煮之，非此水，色泽不耐，出刁家者尤佳。其次乳饼，其次黑墨、纸扇、蒲扇、白蠮、皮履、麦荐，凤以之货。

六、招徕。招徕在不惮劳，不后时，不爽信。职近盖伏读天启皇帝诏书，内云近京各州县及各省开垦水田，往往既垦成熟，被势豪及经管地主混占告夺，以致人无固志，地利不开。今后再有前项情弊，许被害诸人奏拿重处。地主如未受价，止许改正粮贴，量断荒地价值，永令开垦之人就产管业。职惟此诏正切中凤阳情弊，所应急维持而禁革者也。西庄之聚，聚在西华门外焦山之阴，为房五十间，中建因利堂，郡主太守李公之所额焉。左房右巷，房之左九间，巷之右十间。前大门，朝于马丘，左右两间，各十间。后则建终善仓于堂之背，左右垣其仓。仓之右十间，其左三间而虚，其左有厕室，四围环墙百堵。其中前、其右，则坊里地主之民居之，凡四家；其中前、其左，则间居舍余及招徕顾役也，亦四家；其后、其右，则客怀远之民居之，亦四家。合居者十有二家，于不尝居者，十有二家，二十家为区田之民，四家为雇役之民。为田为地区千亩，则四为民，一为官，而助不税。官则岁予以种，其雇役而耕者，谓之代田。代田一百五十亩，则官食其力，而代官耕官收以自贮。合区田、代田凡一千二百五十亩，粒一千二百五十石，而皆为里去其租税，完之自官，不以累民。其中为沟五，为遂七，为池一，可以蓄水、泻水、止水矣。其土惟涂泥，其施六尺，六六三十有六尺，而及于泉，是为淮之水，其水在胃甘且冽。有庵焉，曰八蜡庵，前后各三间，左右各一间，西围环垣。此则余友柯子过此教民耕，捐行资助建，以为二十家者社。岁十二月为蜡祭之供，则于代田处十亩而于以供，供蜡祭者，在此内也。此庄之聚二，聚一在关城铺，一聚王庄。为房在关城者，其前迎道十间，中盖官厅以问农，左右茇舍，左之左、右之右、各四间。其后会沟水逆龙潭房十二间，皆招徕之民居之。其隔桥七间，则关城地主之民居焉。其在王庄者，聚于王庄之后，沟环其外，中屋七间，有场有圃，皆以聚招徕之民。其招徕者，闽中谓之畲，善开山，旅十有二人，倩十有二人，合居当役旧家八人，凡三十有二人。皆以一人候其主，而左右伯四。其亚主者谁？余友焉。伯者谁？省祭张志信、马如麟。是为南路之沟，沟三百八十六丈，而麦于是种；是为北路之沟，沟四百六十有八丈，而大麦、小麦于是焉种。此伯马如麟之功也。种凡得十石。而张志信则伯于西庄，亦得四百五十亩之大、小麦而种。其徕十有二人与居六人，皆如西庄。区民四，官一而助不税，官则岁予以种。此犹今年开而明年种，可以人百亩，以四水六田之利，而收五草三麦二稻，亦得千有二百亩，粒千二百石，而皆为里去其租税，输之自官，不以累民。其土惟白壤，其施五尺，五五二十有五尺，而至于泉，是为浍之水，其水在肾卤而蓤。有仓焉，复关城仓者，而徙之于王庄，以其在市，可以积贮。中一厂厅，左右卧房，前墙门内，两翼各三间，皆九屋，墙门出左，茅屋一列五间，可以居守者。凡三所，皆卜十有二卜者居，使就产管业，自食其力而耕焉，且断以荒地价值也。二庄之民，而余皆为之请于府主，用给印帖，所以防经管地主之混占告夺。皆以“日月光天德，山河壮帝居，太平无以报，愿上万年书”，二十家为火，火二数也为丁，丁十为甲，则二十为火。以二十之火耕，火以传火，家家相照，而凤地无遗利矣。耕种黄牛：西庄牛带犊四十有四头，犍牛四十头，牝牛四头。其犍以予民，牝归之官。北庄牛带犊二十有二头，犍牛二十头，牝牛二头，而里民得其八，俫民获十有二。凡以与民耕而已。凡以与民知有地之利而已。昔人单父为令，有师事，有友事，有事我，故入疆而土地辟。今余不敏，得友事、事我之助，庶几无愧于明诏之加意劳来，其勿予祸适矣乎？

柯仲炯《上太守李公书》

今中都编民，十去其七矣。其故民之易逋而难复者何？地视河北，非不广也；敛视江南，非不薄也。而民乃至履地若坠渊，受田若桎梏者，上何知？曰地广、民稀、土瘠，此谓入孔之弊三。曰力烦、积乏、移累、倍算，此谓出孔之弊四。曰里无长，此谓当孔之弊一。此虽自淮以东、河以南，凡周索殷墟而皆然，然不若凤阳之孔之甚也。凤阳之地，土有井授之方；凤阳之民，里无三夫之众。民终年之耕，不过家地五十亩而殚焉。谁不知地胜其民则事来，而来之事以道何？夫以三夫而耕九百亩之地，民无税焉，民欲不逋，不可得也。田上则者，归之军，归之功勋矣；中则者，土民括其一，佃户括其一；惟留下则处瘠，乃得以实编民之耕。瘠则利用粪矣，而民之贫也，粪之用以力何？夫以瘠土而无力以粪焉，土无所得毛，民欲不逋，不可得也。地居孔道，猛于鹳逐，民当农时，方将举趾，朝为轿夫矣，日中为扛夫矣，暮为灯夫矣。三夫之候，劳而未止，而又为纤夫矣。肩方息而提随之，稍或失御，长鞭至焉。如此而民奔走之不暇，何暇耕乎？奔走犹或可不肖，近见五铺裁得七家，七家力能役者，犹不满七人，而五铺之地方十里，无余夫焉以耕，耕借此七家之夫也。时而遇佐贰过焉，过客过焉，买爵者过焉，自十里城递，而地方肩以舆焉。舆四夫肩，则二夫扶，一夫张盖，二夫扛扛，一夫前呵。十夫之来，五铺惟七夫，少其三夫，则何敢不输钱而雇募焉？坐肩舆者，曲其股，岂知七夫之足蹶，卖衣不问，稍或一夫失至，而皂隶板朴随之矣。此盗贼耳！夫五铺惟七家，地方此七家也，铺兵此七家也，农夫此七家也。三其七而当二十一家之夫，时或一日而轿扛灯纤并役，是又四其七而当二十八夫也。夫以一日一家而当七役，仍且不免于鞭朴，民欲不逋，不可得也。又见稻田不知旱则凿渎，旱地惟是缦种，无有井渫，无有吊槔，无有翻车，但靠天时雨则稻之年，地无污漫，则二麦之候，遇大雨，当大旱，而民争食树皮也。一岁之收，惟二麦三豆，而家无前蓄。方幸麦之获也，而豆种无有，必计麦之直而后有豆之种。及五月、六月不雨则可，时雨至而五月者，麦朽；六月者，场泥。一岁全家枵腹待哺者，一旦而坐亡于时雨也。官何知？见二麦之收，可以速科敛，竹板不决不快也。夫以一岁之全望而坐亡于一旦，见科敛若牛头，敢不泥门，民欲不逋，不可得也。又其甚者，他郡邑地荒户绝，民径得而升科占耕，耕一亩得收一亩之食，故今日绝一户，明日里之长即补一户惟恐后；今年荒一田，明年甲之户即升一科而非难。凤阳不然，里有十甲，而逋者八九，存者一二，地有千顷，而荒者十九，耕者十一。以仅存一二之甲，而兼此十九之荒，即人有十足，亦不能遍踏而耕。而为民上者何知？惟是问其甲之田，而不问其人之亡、土之荒也。势亦不可问也。一令而血地百里，十有八州邑而血地千八百里矣。夫民见此逋者累己，不若己亦逋，民欲不逋，不可得也。又其甚，山间之愚民，竭力一年之耕，而见役者虎噬至也，今年轮甲一算；其征蚕食至也，明年轮乙再算；其余獭驱至也，又明年而轮丙三算。其耗一不与则系累其颈，再不与则倒悬其躯，三不与而妻子者移易于他室。民即吁九天，而堂上万里，岂能闻此莫诉之小东乎？夫惟堂上万里，而里虎噬人，是速之逋也。民欲不逋，不可得也。且凤阳编民皆零丁四散，无有全图大户，岁遇册造，则朋名佥当一里十甲派田地，竟千里而结其身，纳无粮之租，追急则蹻，不借而走耳。问其长为谁，即向之轿夫、扛夫是也。叩其户若干，或一丁焉，或三、五丁焉，未有一里而十甲全居，未有一甲而百亩完种。夫无十甲之居、百亩之种，而欲纳十甲之粟，完千亩之输，民欲不逋，不可得也。不知国家于凤阳祖宗根本汤沐遗黎之地，田亩派八厘三毫，地亩派一分二厘六毫四丝六忽四微，比江南十分之一，亦不为不薄。已而民乃来不能聚，聚不能富者何？八孔之弊，莫有能除之耳。故仲炯以为，欲使中都聚民来而不去，去而复来，最先在除其烦役，使地方无夫里之役，过客自有驿夫之供，佐贰自有骑马之给，岂容其骚扰劳民？当此卧榻之内不禁，孰当禁者？诚发示禁止之，而民得以安寝食，暇庸作，自然一夫之耕，则得九夫之食矣。然后发出雇募招徕之令，岁食如其常，种如其亩，我令皆给之。一夫授田百亩：稻田终三十亩，牟麦田终三十亩，畦田、场圃、牛田（注一）、马田二十五亩，居宅五亩，桑田十亩。则一夫六十亩之耕，十亩之织，耕者、桑者，歌闲闲而卒岁矣。彼又得其畦场牛马之余利，夫又谁不念及七月而跻彼公堂乎？一夫耕有六十亩之收，亩米一石，即得六十石。十夫六百，百夫六千，千夫六万。姑以首县计之，凤邑实征麦不过二千九百四十七石，约银九百两，米不过四千九百五十六石，约银三千两，马饷各色不过银八百六十四两，岁上共四千七百六十四两。今夫千得石六万，麦石三钱，万石而得三千两，三其六而万有八千两。以四千七百六十四两征上额，而余万有三千二百二十六两。除千夫之给，夫岁三两八钱，夫千而三千八百两，除粪种初年约五千两。除其八千八百两之费，余剩四千四百二十六两，可以为民代旧输，可以积贮，可以行赈，可以完城池、美疆土，惟所行之耳。此皆国家留以待公台也。行之一年而千夫有其方，行之三年而万夫勇于从而顺。令千夫成行，万夫成城，而何忧郡之饥馑？何畏四邻之师旅乎？况乎一邑之费，不过出八千八百帑，而遂徕千夫耕六万亩，一年之间，粒万有八千两，速莫速于此矣。聚民之道，来民之术，切莫切于此矣。一邑以千计，十邑以万计，公台有五州十三邑，而余其七万九千。故生财大道，生之者众，此其说也。故神农称神，神于无食予陈，无种贷之新。职此之故，所以二年成邑，三年成都也。汉儿宽但以收租税，裁阔狭，与民相假贷，而遂得民，至于大车小担，缰属不绝。若此而况公台施神农之德，被及万民，虽欲不为神君，不为召父，不可得也。

拾地遗

唐杜佑《通典》云，钟离县东四里，有古钟离城。鲁昭公四年，楚城钟离即此。余叨令钟离，按图籍考之，或以我临淮，或以入定远。总之，足迹所未及经，徒据纸上之陈言，稽之不核。余因登南山，览诸形，得故实。太平乡有旧城焉，即古钟离城也。秦汉以来皆县之在鲁山东，晋太康五年，始移城于鲁山西，改名为鲁城县。故太平乡又有西鲁城村、东鲁城村，故山亦因而分西鲁山、东鲁山。此其迹虽磨而名则不可泯，乡与山故皆存焉尔。临淮之乡，无鲁城村，亦无西鲁山、东鲁山。

《通典》又云，钟离县东一里有小东城，秦始皇二年筑之，以镇濠口。若云钟离县为临淮县，而两濠在临淮县西，则宜云西不宜云东，宜云镇淮不宜云镇濠矣。盖钟离城自古在濠西，秦始皇所筑小东城在濠东一里许，即今旧城是也。梁天监五年置临豪郡，复即旧址筑焉。此《隋志》可考，故曰："临豪"云，言城西临于豪也。自此以后，遂有东、西二城，城在鲁城者谓之西城，城在临豪者谓之东城，而东西二城界于豪之两间。故《宋志》连南夫作守，谓豪水界于两城也。至我太祖元年初，临濠府因旧基修砌为中立府。七年，又复迁府于钟离、鲁城之间，凤皇山之阳，而改名为凤阳府。故又有旧城、新城之别名。以今观之，曰东城，曰临濠，是为临淮之旧名；曰钟离，曰鲁城，曰西城，是为凤阳之旧名矣。盖凤阳之四境，本分于临淮，故《临淮志》多袭《濠梁旧志》而因循不改。《凤阳志》初编无有明于山川地里，不及考证，遂混沌而亦莫纪别焉耳！决濠水径达于淮，不使从故道而径从临淮县南而来，以达于淮，是岂水之性哉？所以久之，东豪水又复从故道出，西合于西豪，两濠会合而复北流入于淮焉。盖昔钟离之名，以东有钟乳，西有离山，故名。

《东汉书·滕抚传》：当涂有马丘聚，阴陵人徐凤反于此，烧东城。《汉书·项籍传》：籍至阴陵，迷失道，复引而东，至东城。《括地志》云，阴陵在濠州定远西北六十里，今镆耶山南，地存周二里。余读《梁志·韦睿传》，魏攻钟离，睿自合肥经阴陵大泽，遇涧谷，辄飞桥以济。乃知阴陵是在镆耶山南。故自定远观之，阴陵在定远西北；而自阴陵观之，则东城在阴陵东，故曰“引而东，至东城”也。东城之名，本汉元朔中封赵敬肃王子刘遗为东城侯，国于此。及至东汉，则又为钟离侯国，至梁则又为临豪郡。隋开皇二年，又改为豪州。曰钟离者，从山而得名，曰临豪、曰豪州，则从水而得名。自炀帝分为四县，有定远。后至南唐开运，置定远军。定远之志，遂以东城属定远也。东城不明辨，则马丘无所安之。夫东城使在定远，则马丘何得在当涂？汉王粲《浮淮赋》：“望马丘之高峙”是明淮上见丘也。马丘之为马鞍山无惑，则阴陵之不在灵壁，又可知涂山穿淮，又宜在凤阳矣。

张耒《临淮县主簿厅题名记》

四方之舟车，其之乎东南者，十九出于泗。而淮临者，又据汴，凡往来于泗者必之焉。淮南之冲，以重法禁盗贼者三郡。而泗之临淮、宿之虹，地大而多薮泽，与丰、沛接，其民骁悍而剽轻，于三郡之盗居多焉。其丰年无事，则寇盗为之少息，而其悖戾之气，发于嚣讼争斗，欺妄诡诈而不畏法。故临淮为泗之剧，而吏于泗者，于临淮为最劳。

泗州

今州治在疆域之极南。史谓唐长安四年，始析徐城南境，置临淮县。开元二十三年，徙州治焉，是也。然可疑者六焉：按《春秋》吴伐徐，防山以水之。今故城，昔徐都也，去淮水可三四十里。淮北无山，下流至清河亦无山。阖庐虽强，未如梁武。梁武不能因浮山堰上流以灌寿阳，阖庐讵能无因而曲防之以灌徐乎？今盱眙陡山在淮南岸，逼城下流，势可因以防水。自城东南抵东北，堤岸绵亘，地形皆高，似是防山遗迹，则今城之即徐可知也。凡郡县以水名者，必近水涯，如临潼、临汾之类。故城去淮甚远，今城则淮在城外，且汉时临淮郡附郭县为徐，则今城之为徐，亦可知也。今城前代郡治左，俗传有孟姜女楼。按东汉孟尝曾为徐令，盖尝女所居之楼，讹为姜耳。今城之为徐，又可知也。后汉以临淮郡地合下邳，而徐县仍列所领外县之首。六朝之徐，虽所属有或在临淮，或在淮陵，或在下邳之不一，然又有大徐城戍，盖以别为县之徐。是故城为偃王之徐，今城为子宗复封之徐矣。今城之为徐，又可知也。《三国志》谓鲁肃射猎于南山，即今盱眙诸山也。《范史》指肃为东城人，后世遂以肃为定远人，不知定远之无南山也。知临淮近南山，为徐旧都，则今城之为徐，又可知也。六朝沿革有无，地志最为难考。然以徐城名县，实始于隋，宋初废为镇，即今之徐城庙，非故城也。六朝郡以高平、平阳为名，今徐城庙及古吴城旧址，高出故城远甚，是矣。然在当时不以徐城名也。既有大徐城，则必有徐城与之并立矣。果何在乎？盖今城废于六朝，至唐复置为临淮郡耳（《唐书》泗州临淮郡县四，其一曰临淮。长安四年，析徐城置，其四曰徐城）。今城之为徐，又可知也。并观六者，则徐国之为今城，皆有证据，孰谓无可疑哉？如曰，季札挂剑徐君冢上，其地在故城北，去今城为远，一也。《史记》《汉书》数以徐、僮并称，而《正义》谓徐在僮东，则故城为近，二也。春秋战国以来，凡会盟、兵争，但有盱眙，而不见隔淮有一城为敌兵所争，三也。六朝之际，凡攻夺盱眙者不一书，而徐独不见，则以故城即大徐城，去盱眙百里而近，亦未必有今城，四也。然古今冢墓，不必皆近城郭。今城、故城，皆在古僮县东，六朝之际不言徐，盖淮北遭五胡乱后，遗民皆流徙南渡，城郭为墟，且下邳、南徐、东徐、东楚，皆徐也。况今城地势厄塞，自古要害，岂有无城之理。安□□□以来，史传所书之徐，非今城乎？今宋之徐城镇（即徐城庙）遗址见存，狭小殊甚，偃王后霸之时，朝诸侯者三十六，未应以此为都也。况故城遗址，见今数偃之徐城庙，而乃以徐城庙为徐都乎？即今耕夫往往于故城拾得金宝古器，而徐城庙则无，益见故城之徐都，而徐城庙之非矣。故知徐城庙，隋唐之徐城县，而故城，偃王之都也，今城，偃王子孙之都也。庙断非都，故城断非县，今城亦断非肇于唐也。或谓故城既为偃王都，则及今三千年矣，而城壁与门，尚未平夷，今城不始于唐，则史传一无所见，何也？不知故城在六朝尚为大徐戍，则废城者仅千年耳。今城于史无见，安知不如愚所疑也？故前志不书徐城县所在，而又以徐城庙为徐都，且史言今城肇建于唐，恐皆非也。姑志所疑，以俟知者。

熙宁洪泽河

四年八月四日，命发运副使史公弼修泗州洪泽河（初，公弼言漕运涉淮，有风涛之险，请开是河六十里）。五年正月十七日，毕功（赐公弼银币）。九年五月二十六日，王子京修运盐河，自泰州至如皋百七十余里。元丰二年八月十三日，浚淮南运河，自召伯堰至仪真十四节，分二岁用工，从漕臣请也。六年八月六日，发运副使蒋之奇请开治长淮洪泽河，命都水丞陈祐甫视之，役民夫九万二千，分二岁开浚。元符元年三月五日，修楚州河，赐名通涟河（先是天禧三年十二月，命张宗象相视，开楚州运河。乾道七年二月，命漕臣开龟山洪泽运河）。元丰四年四月，河决小吴；七年七月，决冀、洺及北京。八年十一月（《志》在七年十月），王令图议复大河故道，命李常视之，常言不可，遂罢，时元祐元年正月也。九月，命张问规度，请开孙村口河，分水势。二年三月，安焘建议，回河之役遂兴。四年正月，罢其役。五年二月四日，命都水使者吴安持修减水河。七年十月十二日，大河东流，赐安持三品服。八年正月三十日，中书侍郎范百禄言，水官托以分水，实欲回河，夫壅防百川，古人所忌，周太子晋谏壅谷、洛是也。绍圣元年十月十四日，谢卿材言河流稍行北，无可回之理，上河议一编。二十九日，都水使者王宗望言上禀成算，断北流，除河患（熙、丰，河溢者四十一，决者一，大决者二）。

泗州志

洪武初年，本卫原设左、右、中、前、后五所，每所额设百户十员，每百户所额总旗二名、小旗十名、正军一百名，共一百一十二名，内多归附夷人。继因故绝无籍勾补，以致军少额数，并为左、中、前三所，裁革右、后二所。至洪武十六年，为降民事，调发广东广州府番禺等县民人为军，以实中都，添设左、右、中、前、后、中中六所，给田屯种。连前共九所，一体派设官军，额该旗军一万八十户。近多陆续逃亡，今止现存正军四千六百四十一名，外无粮军约有数百名，总止五千以上。

军政

卫所官袭替及诸军政，悉上中军督都府，以达兵部。每年抚按两院暨兵备道，察其贤否而用舍之，阅五载一简汰而更易之，谓之考选军政。其掌印及领运管屯、管操、管局、官城、巡盐、巡捕、巡山，各以一指挥领之。惟其人，无论使同佥事之品级，并谓之管军、管事。不预此者，止得支俸，而不得管军、管事，谓之带俸差操。岁以一人赍捧表笺，人贺万寿圣节。其镇抚，则掌卫之狱禁；经历，则文职流官，得以文法吏事，纲纪卫政。千百户考选军政，管事、管军，与指挥同。百户缺官甚多，皆以他百户或千户兼摄之。

屯田

洪武年间，军士初下屯时，每军给田三十五亩，作为一分。岁输子粒：夏税，小麦二石；秋粮，粳米四石。正统年间，薛侍郎于每分田拨补一十五亩，共计五十亩，亦止照前额纳粮。其实草昧之时，地广人稀，军强民弱。方初下屯时，所占田地，原无限制，且未丈量，未经拨补，田亦有余，既经拨补，田益增羡。是以军三所近城之屯，犹逾制未甚，屯六所远乡之屯，则过额实多。故今屯田一分，少者不下百亩，多则数百亩。以每亩受种一斗计之，少则受种十石，至少不下七、八石，多则数十石也。其有受种甚少者，则后未拨补畸零之数。故屯田一分而坐落数处者有之，虽有能正经界者，不可较也。

《备遗》曰：屯田顷亩，由四千二百二十八顷有奇降而为二千五百七十六亩有奇，而又降而为今顷亩之数，止二千三十八顷五十八亩。此其情弊，殆有不可晓者。屯种之军，初为名七千五百一十有四，降而为名四千三百三十，又降而为名三千五百三十，今又降而为见在名数。此其屯田之修废，户口之登耗，较然甚明，岂不大可寒心也哉？论曰：《备遗》所疑屯田顷亩渐少于原额之情弊，此不难晓也。不过卫所之占种，旗军之侵隐、盗卖，三者而已。占种之禁甚严矣，然屈指今卫所之官，何官不种军田？何官尽输子粒？侵占之弊，有多至十数分者，而又不纳粮。其军包赔至极，则因而以有作无、以熟作荒者多矣。宁犯宪典而不敢犯世官，一也。侵隐之弊，已非一朝。正军既逃，则屯田皆为长物。总旗营长之役，以为包粮在己，则岁侵月蚀，莫可致诘。本管百户，亦无由知。稍久则以逃军所遗畸零之田，名为荒田，亦作正数，而原额遂失，二也。盗卖之弊，旗军见逃绝军田不成分数，相去稍远者，或虽系原额一分，而势难兼并者，率货视之。始犹以帮运帮操为名，每民典当于农民，而坐收不赀之利。久则直以为己物而立券卖之，虽得半价，且甘心焉。或姑留少许，以备稽查，或归罪田邻，以遂干没。凡所伍无不皆然，而远乡屯营，尤无忌惮，三也。三者并行，则其原额焉得而不日耗一日哉？若邻田农民侵削之弊，则千百之十一耳，万一有之，无不为其所讼而退还者。自昔农民世业，犹见诬夺，而况侵削军屯乎？故屯田耗减之病，世官其膏肓也，旗军其骨髓也。未见膏肓骨髓之病而医能疗之者也。有清理屯政之责者审诸？

又论：泗人毋论大小人户，专以买种屯田为利，取其价之廉也。而一买之后，视之不啻若世业。然开垦条筑，殚力经营，若将谓生且息于其中，子孙可永保而无失也。豪军旁伺，一见膏腴，不借口于同伍之绝业，则驾言于顶差之额屯，公然争夺，而不究其价直工赀之若何。彼业兹土者，不敢显言曰买，而必托为佃种以自解。若然，则底价尚不可知，而语及于开修之费，盖亦难矣。泗人亦何所利而为此耶？故下则当以违禁典买为戒，上则当以断偿工价为主。是则息军讼而安军民之一端也。

桑枣园

国初卫所屯田外，每五人有桑枣园或一处，或二处，给与军士栽桑植枣，以代冬衣布花赏钞之赐，永不起科。虽原称荒瘠薄地，然亦多可耕者。历年既久，无复稽查，旗军视为己业，不为牧放之所，则皆典当为公费之资矣。

屯粮

论曰：屯粮之弊，端绪最多。佃种之户，多于正军，完粮之费，近于额粮。佃种者豪强，则旗军敛手而包赔；佃种者孱弱，则旗军借口而科攫，虽正军不获免焉。此屯卒之所以多流徙，而屯田之所以多污莱也。抵兑例行，正军之力少舒矣，乃承佃者亦因而逋负焉，则舛矣。折色例行，输纳之费少省矣，乃应给者遂因而绝望焉，则戚矣。故优恤屯种之军与优恤食粮之军，事尝相左，然则征收屯粮与给放月粮，不仿初制，皆苟道也。噫！弊也久矣！权时之宜而酌处以救之，则存乎其人焉尔矣。

泗无巡检司，故无弓兵。双沟镇左湖右淮，中止冈垄数里，南北喉襟，最为险厄。往时山东、河南响马贼骑，皆于西北陈家冲、窦家冲、上塘集等处御人，追捕难获。谓宜于上塘、双沟等处特立巡检司，以司盘诘追捕。又云，泗、虹之界，多苦劫盗；半城、沧湖之间，多苦盐徒。青阳镇亦宜设立巡司以防御之，其于地方不无小补云。盱眙县东北清水沟都管塘及泗州卫军屯之王店古城一带，宜量地添设巡司，以控制寇盗。涧溪、津里、浮山、大义之间亦然。天长县西北汊涧镇亦为险厄要冲，而镇之军民杂处，商贾辐辏，县以老人管之，殊非事体。亦宜设立巡司以防寇盗，以地形事体，较之城门乡尤为要也。或谓：子欲于三城增置巡检司，必有所见矣。然一司之设，官吏俸给，弓兵徭役，所费颇多，贫民岂堪重累哉？愚曰：不然。夫先王体国经野，设官分职，无非事者。今巡司之设遍天下，而莫多于南方。究极其为兵冲民利，似未有急于三城者。古人抱关之吏，无处无之。今之巡司，古之关也。若病其为费难处，则递年州县无名之征，何止千数？少裁抑之，虽一境置数司，可也。《兴化府志》曰：巡尉职逻警，定四封，非冗官也。又按宋置巡司弓兵，多至百五十人、百二三十人；洪武年间，亦百人；弘治以后，稍裁为七八十人；其后遂裁为五十人；又其后更裁为二十五人。今见役者，才十许人，余皆解部、解军门焉。何以为捕盗防寇之资？然则二县之巡司，其亦虚设也已。

审编丁则

户口已载之黄册矣，此外复有审编丁则者，以江北税役比江南不同。江南田地肥饶，诸凡差徭，全自田粮起派，而但以丁银助之，其丁止据黄册官丁，或十而朋一，未可知也。江北田稍瘠薄，惟论丁起差，间有以田粮协带者，而丁常居三分之二。其起差重，故其编丁不得不多；其派丁多，故其审户不得不密。期以三年为限，而法以三等九则为准，有不足九则者，亦不妨变通之以便民。此审编之大较也。

条鞭

隆庆六年，漕抚都御史临海王公宗沐照依江南役法，除夏秋税粮并京库等税为田地常赋，其余赋役杂项不等，合田地户口，或主于粮而以人丁协助，或主于丁而以田亩协助，通融均派编银。凡里甲、均徭、驿传、民壮四差银，以此支解，另立科条，五年一审，谓之一条鞭。下其法于州县，遵行将及十年。今按奏议等文字，皆谓之一条鞭法，而文移册籍，乃皆谓之一条法，“鞭”字甚为不典，似当更订为宜。

民壮

民壮者，景泰以来设立之乡兵，寓兵于农之意也。而后来乃供衙门之役，又征其银而用之，各有名色，浸失初意远矣。无名之征，此其大者也。

军饷

军饷之征，前此未有也。昉于嘉靖丁巳倭警之后，一时军兵主客，刍粟靡供，犒赏无措。时抚院李公遂疏请于各项赋役内，量行起科带征。自后因而不改，遂为两淮惟正之供，亦江、浙、闽、广之通患也。

马价

泗州原无免征田地牧马草场，故粮皆全征，独不养马。相传以为陵寝在上，不欲养马作践，理或然也。宣德中，因江南高（注二）、溧二县水灾，暂将种儿马一百四十匹、骒马五百六十匹、应用犍牛二十六只、牝牛七十七只，发州寄养。其后久而不归，遂为泗民子孙世世膏肓。添设管马判官一员，而无印记，设有点马厂六所。至成化间，应天府尹季姓名绮者，因二县无马，乃将原籍宝应县马匹奏发收养，而泗州之马遂为定额。

税课

《备遗》曰：税课钞局，所利甚少，其解州非上供之数，止为折色俸给而已。往年未经裁革之前，巡拦集头人等，奸蠹横生，小民困抑，不知几十倍于此也。廷训（注三）尝以告于巡按郭公，公曰：子言泗州课税为患则然矣，然予闻他州邑先有税课局，而小民契券与货物之投税也，皆易且便。盖其官卑势亲，则民乐与焉。及其裁革而代办于州县，则有司贤否不一，科取愈多，因之以市民营充巡拦，投托罔利，是不若存之为愈也。

水利

论曰：河湖沟涧，天设之水利也；池塘堰坝，人为之水利也。有能兴举而疏浚之，其为田功利孰大焉。或疑淮、汴不可以灌田，是但知其为害，而不知其为利者也。“泾水一石，其泥数斗，且灌且溉，长我禾黍。”夫泾尚有水利也。甘肃、宁夏，西北极边，引河灌田，稻谷丰美，是黄河尚有水利也。安在清淮枯汴之不可言利哉？乃若湖沟之利，人固无不知者，特莫为之倡焉耳。无论大江以南，今天长滨河一带之圩田、车田，又在境内可见者也。泗田六千四百余顷，而湖沟之水，乃不得升斗之用，至于塘之足以灌田者，仅七十顷，况久堙未经修治者，又居其半。是田之得水利者，未及十分之一也。欲以备旱荒而利收获，盖亦难矣！或谓北方之田，固多高亢，其民生未尝不裕。是不知中原地虽高亢，实则膏腴。今无北方膏腴之田，而坐望北方收获之利，其能常幸矣乎？又前志载泗之塘田，在洪武二十八年以前者既如彼，在洪武二十八年以后者又如此，则是其塘皆在祖陵兴建之后，曷尝有不许挑塘筑坝之令哉？圣朝宽大之恩，固未尝设禁厉以妨民生也。自前志以迄于今，新筑之塘，间亦有之。或又谓前志所载，俱在禁例之前，所未载者，幸不犯于有司云耳。不知洪武初年南京禁例，亦不过禁城内外之开池凿塘深过五尺者，成化之禁，亦不过申明此禁例而已。今环京城内外，未尝无塘，而孝陵之旁，则触目皆是。岂皆开筑于禁例之前者哉？故知律设大法，禁其不法者也。若置汤沐邑之民，而使枵腹于宫墙之外，恐非圣朝之所乐为矣。乃奸人豪势，动以禁例借口而胁制良民，谓之何哉？

民累志

天下道路，有往来络绎，而奔走供应之役，至食不得下咽者。乃泗、盱虽冲，未必若此，但所患不专在冲，在冲之远而不信，又不专在远，在远之骚而无节。彼濠梁、王庄等驿，乃中都号为最冲路者，然相去不过六十里，则无迢递奔驰之苦。夫马抵驿而后换，则无迟误稽候之苦。迎送额有定路，凡非正途而索夫马者，必不滥以应其役；应付额有定数，凡非正数而额外欲加夫马者，必不轻以徇其求。若泗州，则西南有濠梁一百八十里，西北有虹县一百八十里，正西有五河一百三四十里，间有桃源一路一百七八十里；盱眙则东北有淮安一百八十里，东南有天长一百五十里，正南有六合一百八十里，正西有定远一百八十里，间有来安一路一百六七十里；天长南有扬州一百二十里，西北有盱眙一百五十里，间有六合一路一百余里。接送动以数日计，则与各驿之朝暮可往还者异矣。传牌迟于铺递则迎候不及期，若不责铺役而徒以责州县，未免甘受迟慢之罪；发牌依乎时日，则迎候不爽信，若不果来而来又过期，未免徒糜工食之费。不患迟，即患早，则与各驿之抵门而换者异矣。如泗之五河一路，方发牌由陆路，一见风顺而又欲乘舟；方发牌由水路，一见风阻而又欲起旱。或至双沟而仍要旱行，或至旧县而仍要水行。如泗之桃源，盱、天之六合等路，若以为冲，则非上司必由之所；若以为不冲，又为使客间行之路。至定远一路，到旧县，则盱诿于泗；过旧县，则泗诿于盱，间杂匪定，遵守极难，则与各驿之接送有定路者又异矣。轿夫二班已足，因路远或由三班而加至四班；扛夫二名已足，因路远或由三名加至四名。承舍之马宜也，而吹手旗号，徒步则不雅观；书吏之马宜也，而巡捕执事，地行则必称苦。甚者公差加马折干，而又需索惜马钱；长随乱鞭扛夫，而必科索押扛钱。供奉少差，罪谤易起，则与各驿之应付有额数者又异矣。是州县虽不及各驿之冲，而苦则过之。况祖宗陵寝之地，则以礼朝谒者颇多；按院驻扎之所，则以事参见者不少。故正夫工食外，又编雇募银。如遇当道丛聚，即费数十金，遍雇乡村，而犹不足用。马匹草料外，又编雇募银。今虽禁止外帮，但派至数千两雇马走递，而犹称役苦。在答应诸人，则不止祇候之民皂，而又报义民以充官；不止侍奉之门厨，而又报农民以妆吏。在供应诸费，衙门除泗水驿供给不足，而又助以支应房，道路则一处中火未完，而又加以别处。事虽官理，钱实民出，故曰民累。

论曰：路冲诚苦矣，而调停救济，其惟添设驿递乎？按唐宋泗之为属邑者四，而地止比今泗、盱之境，乃设七驿，即永乐前，尚有水陆四驿：水曰泗水驿，陆曰杨庄、临泗、淮原三驿。后因水涨路阻，乃改路裁驿，而仅存泗水之一，若洪泽以上之水驿，则所裁者有五焉。岂知虹路终捷，而南北星轺，有假道于斯者，岂谓犯禁而遂不应耶？计今当于适中之地，添设四驿：双沟则复龙窝旧驿，而查家渡、月城、张公铺各增驿焉。而夫马供应，则上下地方，互相朋出。即今泗、盱夫马，仍当专隶泗水驿。若谓额偏不足分，添驿另有费，则永乐以前之四驿、洪泽以上之七驿，未见称累，而况州县之协济外驿者，不下数千金，独不可改还以充本地方用也。此改革之大计，似难轻议。无已，其惟信传牌之令，严枉道之禁，裁无益之费，清暗索之弊，则疲苦州县，亦籍有荣施矣。

城河按自古王公设险，未有不筑城而凿池者，是国且籍之以守，未闻城池之反为累也。然泗之所称累者，不在乎城，而在乎城之河；不在城之外河，而在城之内河。本州在前代时，东西各为一城，而汴、泗河经其中。至国初始统为一城，其汴水、泗水，由北关入城河，仍由南关流出，与淮水合。时城内积水，莫不以汴、泗河为路，以南城关为门，而旋长旋涸，并不停蓄，是城固未尝受河之患，而河亦安能为民之累耶？嗣是至隆庆、万历年间，淮水大涨，终年不得消，以致隍水内壅，终年不得泄，前街后市，处处沮洳，官署民庐，在在破坏。故下则架阁水面，而上则栖止城头；近则奔避盱山，而远则散处乡井，此居者之苦也。水深则为之操舟乘筏以通往来，水浅则为之褰裳濡足以便出入，此行者之苦也。而市民累矣，于是不得已而议车水。其起夫非不众，然竭夫数日之力，而耗不见多，集一朝之雨，而盈可立待，是财力以车水而竭也。又不得已而议填城，其领米非不多，然米有限而铺垫则无几，米已尽而工役尚未休，是财力以填城而竭也。而乡之民又累矣。此若可为一劳永逸之图，而将来之累，尤有不知所终者，以病在河身之日高故也。盖城河之水之泄，止恃南关盈尺之口耳。今据土人言，旧时城关，深在今关之下，曾掘之数尺，而终莫觅其故处。凡以经年停注，则泥沙日淤，是淮河之身之高也。况今黄河由堌口而下，万一冲涡入淮，则河身之在外者，不将增之高乎？高则闸口渐淤，而水无由泄矣。凡水之性，地广则散而旁溢，地狭则积而上壅。今据土人言，街道逐年铺高，而水势不见其减。凡以积粪淘沙，日久堆积，是城河之身之高也。况今填街多系浮沙，万一骤雨洗荡，尽没水底，河身之在内者，不将益之高乎？高则容受无地，而水为泛溢矣。此内河之所以为民累也。推而至于外河，其环绕非不称险，但终年淹没而不得疏浚，积沙淤塞而易至腾涌，是外河亦未始不为民之累也。又推而至于城，其高坚非不可恃，但或以浸久而难免倾颓，又或以淹深而难为修筑，是城亦未始不为民之累也。

论曰：城河之为民累，固病夫河身之高矣。兹欲亟去其病，必也复故道以遏南徙之冲，修浅政以杜上壅之渐乎。此治黄、淮之第一策也。而于内河，则惟令植柳铺砖，以防其崩溃；禁淘沙积粪，以防其淤塞。而又间责成渔船，使备捞浅之用，再加开闸口，期广泄水之门。庶容受有地，而无患于身之高；放泄有路，而无忧于腹之积矣。此亦可救内河之万一，而有城守之责者，尚其究心焉。

河防

《禹贡》：导淮自桐柏，东至于泗、沂，东入于海。按淮源出南阳平氏胎簪山，经流于桐柏始大，历信阳、汝宁、颍、寿，挟七十二山河之水，激荡于荆、涂。鲧凿山通道，下濠梁、五河，又会淝、涡、潆、沱溪湖诸水，至双沟，曲转三冈龙窝旧县黄冈，而后汇于泗州，为祖陵明堂，盘旋义河湾，回绕龟山嘴，盖亿万年王气所聚也。淮北岸，则由曹刘沟、护军沟、高家沟、兴高集、洪泽驿而东，至清河县南，又稍北自淮安府背襟安东县南入海。泗水，则自山东兖州泗上发源，经徐、邳而下，至清河县，会沂水，趋于淮，顺流入海。沂水，出泰山郡盖县艾山，经邳州，至清河县，稍东而南，会于泗以趋于淮，同入于海。此《禹贡》东渎大淮之正派也。渎者，独也，以独入于海也，曷尝受河患哉？

河自西域昆仑发源，脉行地中，荒远不可详。禹导自积石，至于龙门，东至于底柱，又东至于孟津，东过洛汭，至于大伾，北过泽水，至于大陆，又北播为九河，同为逆河，入于海。自周汉以来，迁徙不常，故道湮没。我朝东经天津卫入海，后山西沁河南冲，决断黄河，黄河决断汴河，自朱仙镇东溃，南经留城，趋徐、邳，乱洸、沂直下，其势澎湃，不能复东，过清河县北，乃径决县西，而南会于淮以趋海。此淮、黄会合之端委也。后黄强淮弱，势不能敌，不但吞泗，抑且吞淮。由是彭城而下，人不知复有泗水；清口而下，人不知复有淮水。故凡宋后彭城而下之称泗，清口而下之称淮者，仍宋前之称也。淮为黄扼，只得由大涧口、施家沟、周家桥、高梁涧、武家墩等处散入射阳白马草子、宝应、高邮等湖，由湖迤逦入江。孟子所谓“排淮、泗而注之江”者，此也。此淮之支流也。至隆庆六年，淮大溢，适黄猛相逼，不得直下，沙随波停，遂将清口淤塞，所称门限沙者是已。止存大涧口等处旧道，由湖入江，散漫淹冲，上下俱害。万历二年，淮又溢，督抚王公宗沐恐，始议筑大涧口，为高家堰。至万历三年，总河潘公季驯议黄、淮已不敌，若再分散，其势益弱，须筑堰束淮，借全力以冲刷清口，俾沙随水滚，不浚自通，故用龙尾埽坚筑。然所筑仅止大涧口一处，淮犹可泄。后陆续将小涧等口，凡入湖旧道，尽筑堤防。自是清沙日高，淮水益弱，遇阻即回，何能冲刷？继而张福堤又筑矣，上而遥堤、缕堤、归仁堤又接连筑矣。下流壅塞，势不得不久潴旁溢，汪汇浩荡。始犹淹漫两岸，会合诸湖，继而夏秋泛涨，一望无涯，洗荡龙沙，震惊陵寝，而泗州之祸，岁烈一岁矣。至万历八年，淮又大溢，州城几危，得郡人常公三省，以法塞南门免。时祖陵下马桥水深八尺，旧陵嘴水深丈余，淹枯松柏六百余株。常公揭诸抚按，潘公惧以浸漫陵寝获罪，来就常公议。时常公往滁阳谒按院陈公，商榷御水事。潘公疑不出，即先劾奏高堰石工将兴，乡官阻挠甚力，为水会天心之说，刻淮黄交会之书，仍题淮改石堤，上自月城，下至梁家庙，一百二十里屹然金汤。而常公始削籍杜门矣，然犹遍揭当道，力辩其非，至数万言。潘公持议益坚。此曰“渰漫玄宫”，彼曰“关系运道”；此曰“久灾泗民”，彼曰“恐害高、宝”。万历戊子，浦守朝柱欲入觐面奏，卒以此改官去，他尚何敢言哉？幸督抚周公采回部辞陵，亲见丹墀仪从，水深三尺，不能行礼，恻然具题，权开周桥，少泄陵水。钦天监博士汪一元亦奏可开。庙堂始悚然不宁，特遣给事中张公贞观来会督河舒公应龙勘议。时有言漕运不便者，有言盐场不便者，有言淮、扬、高、宝不便者，以故纷纷莫决，止委汪守一右开清口门限沙。公不避劳苦，胼胝一年，卒开三岔新河，至今便之。谁谓神沙不可挑也？张公亦掣肘，不能力主破堤坏堰之议，第请开上流张福数口。又奏开腰铺分黄，令不逼淮，计费帑金三十六万。适值倭警，遂不果成。自是水患益甚，州城沮洳，民不可居，士民强半避居乡村，所存者惟州卫官数员及守城卒役数人而已。然犹出入船桴，巢居城阜，听断于堤边馆驿，审比于城上门楼。于是有议州迁盱，盱迁旧县者，有议州迁盱，以盱为附郭者，有议郭家嘴地为州城者，纷纷聚讼，终莫能决。后舒公以迁州之议揭之阁部台省，给事杨公其休驳云：泗州可迁，祖陵独可迁乎？议遂寝。始议填州城，而苦取土无地，止增外堤与冬春督夫车水而已。增堤不过盈尺，而车水岁费民屯财力以千计。稍退丝发，一雨即盈，终无救于水患也。至二十一年，按院牛公应元来，目击不忍见。先开金家湾芒稻河，泄湖水入江；继议开周家桥，泄陵水入湖，反复论辨。时颍道李公骥千以归养行，亦捐赎锾千金助开。舒公为淮扬过计，不遽从。牛公始命工画祖陵无水、有水二图以进。皇上震怒，重罚河臣，差给事中张公企程来，会新督河杨公一魁、督抚褚公铁、按院崔公邦亮、盐院杨公光训、漕院唐公一鹏勘议。时有御史夏之臣，以郡人进士李当泰言，题请开堰。而颍道李公弘道，亦奏泄陵水，莫如开堰便。后未果上。郡士民父老常公等投揭千言，王守升亦不避忌讳，言于诸当道甚悉。杨公灼见淮水壅溢，病在黄逼，乃先开武家墩以少杀其势，后定计分黄。又知腰铺地势，不若黄家口为便，乃奏留张公监督，大发河南、山东、江北等处民夫，自黄家口而下，直至渔沟、朗舍、由安东北，俱疏为河身，归五港口，使独入海，不趋清口逼淮，令得纵出。督抚褚公又见导淮功尤切近，乃力主导淮。先有金家湾、芒稻河，以为湖水入江之路，又开子婴沟，由射阳湖入海。下流既通，始建武家墩闸，并开高良涧诸口，而以周家桥独委泗、盱开浚。州王守升率州夫七千有奇，盱眙丁尹汝彦率县夫五千，王守续具《五难揭》，淮添扬王坟户夫四百、灵璧县夫五百，减存泗州卫军夫一千名，通共浚长九千一百七十八丈五尺，深二三丈不等，阔七丈，筑堤五千四百五十四丈。又虑淮水直趋淮、扬、高、宝为害，委府判赵公宗禹建周家桥闸，而于高良涧等处，俱各建闸，以时启闭焉。又浚清口门限淤沙二十余丈。又于冬春间大开通济等闸，以泄淮水。而分导之役，始以成功奏矣。兹役也，首事于万历二十三年冬，至二十四年夏始得告竣。役夫数万，骚动三省，外府内帑，费金钱不下数十万。时阁部、院道、司府、郡邑，各被恩典有差。按分导后，淮水较往岁不甚涨，即涨亦易涸。如二十五六年间，其水仅漫及堤根而止，城关不开者十余年，而今至冬春，亦得依时宣泄。陵园如旧龙嘴等处，经年不睹平土，而此时惟止伏秋一漫。二十年来，每虑城为沼而民为鱼，一旦有兹景象，泗人亦云幸矣。说者或谓天运使然，而不知所得于分导者实居多也。但势虽渐小，而患未尽除。如久没粮田，终不能使之垦菑畬而勤耕播焉。譬之病夫，虽幸旦夕粗安，而心腹膏肓之证，犹然未愈，奈何不大为之计耶？忆昔平江伯画河防之策，止令募夫捞浅，勿俾淤塞，而今且移其力以事堤防矣，以故河身日高，尾闾难泄。兹欲尽弭淮患，必也其复浅政之旧乎？设舡名曰浅船，募夫名曰浅夫，而捞浅器具，无一不备。然后于云梯关、草湾等处，大辟之以通淮路；于黄家口、五港等处，常浚之以通黄路。而清口门限，尤为吃紧，即移守堤之夫，改为捞浅，一遇水涸，仍加夫挑辟。倘岁岁如此行之，则下无所壅，而上无所停矣。次之则开大涧口。所云开者，非谓尽掘之使直下也。亦于堤内开小河一道，俾通宝应诸湖，而两岸再筑堤束水，勿令旁溢。若虑冲决为害，不妨建闸，相时启闭。又次之将周家桥加辟数丈，于出口接湖之所，另为深浚，使彻底与湖心相通，四季水行如一日。又高良涧、武家墩二闸，非不可泄夏秋漫涨之水，但闸高湖低，通流不久，当于闸内各开引水小渠，令湖水常有通闸之路。而高良涧三十里下原未深浚，宜再随地开渠，以接宝应。第诸闸地方，尽属山阳，若听土人启闭，则开河终于泗陵无裨。须请设管河大使一员，上自周家桥，下至清口，凡河渠之通塞、闸防之开闭与浚沙捞浅，咸听职掌。衙门设之清口，而列衔支俸则在州。又于下流金家湾、子婴沟等处，亦岁加捞浚，如上清口法。有闸则节宣由人，已无一时涌决之害，而况常浚通江入海之道，则上流下泄，而运道、盐场，淮、扬、高、宝，不得言累矣。而又深浚张福口，时开通济闸，以助导水之所不及。如是而泗、盱之间，不渐睹平成之旧者，吾不信也。此守臣一得之愚，后督理河防者，尚其采刍见而裨闳议焉。

归仁堤去州治几二百里而遥，去州境亦近三十里许，似若利害无关。不知本州疆土，北枕睢、桃而通宿、虹，实当埠子等湖、白洋等河之冲，而贻麦堂以东，直射青阳挂剑等乡，由安湖合淮。若非此堤为之障蔽，则东南一派，悉泄为湖，而陵宫、州城，其受浸漫之害，又不知何如烈也！特志始末，以备日后考镜云。

归仁堤西自本集，迤东至桃源之于家冈，约长五十七里。此虽虹、睢、桃等处地方，而实泗之脊背也。考之《贻麦堂记》，内称古汴河受白鹿等湖水，通白洋河，东流与黄水会。其曰小河口者，又上流之支派也。时徐、邳以下，河身卑洼，以故湖水随涨随涸，间漫及泗境，尤为害不甚，从来固未闻有议及建堤者。自黄水徙萧县义安山，合永堌湖水，流入宿之符离沟，历邳之睢河，与宿、虹白鹿、埠子、藕湖等水汇为巨浸，时由拖犁沟南流入泗之安河，会淮水为患。一遇伏秋，倒灌小河口、白洋河，由归仁集直东横阔四十里，澎湃而下，合淮湍激，而泗陵自此岁受患矣。至万历七年，督河潘公季驯洞见归仁集直东地方与高堰堤相为表里，若不筑堤御水，纵使南下，匪直淹漫陵寝，鱼鳖泗城，而高堰一决，即淮、扬且不保。乃檄兵道朱公东光相所为堤，委官督修。自是诸水悉由白洋、小河口故道，复入于河。即遇伏秋波涨，其堤足当一面。二十年来，泗东之稍得安土者，多此堤之力也。嗣是山东单县黄堌口冲决南徙，时决口不甚大，而诸行河使者，咸谓堌口分流，一可杀黄水之势，二可免镇口之淤，悉听之不为理。后逐年冲决，径虞、夏、萧、砀、宿、睢、灵、虹，滨河田庐，甚大苦之。万历二十年七月间，堤东转北新接小土堤冲漫，自岳家庄入大桥口，由黄家堰过六师院，接安河，几七八十里，俱被淹荡，居民奔窜。舒公应龙悚然不宁，题准包石堤三千余丈。杨公一魁亦以高堰停砌之石，相继增修。时分导工紧，未暇议及此口。万历二十三、四年间，黄堌又大决，而徐、沛正河，日渐淤浅，至胶漕舟不可行。杨公方题修小河口、白洋河，引湖水济运。督抚褚公𫓧虑堌口南决，且为祖陵忧，意见稍相左。乃下盐、漕二御史杨公光训、马公从聘勘议。先檄扬州府二守刘公不息，同王守升勘报，见本堤地形北昂南下，建议加堤。至万历二十六年，按台周公盘事竣驻泗，又委张判守缨重勘，有请建遥堤之说。卒之督河感悦，欲上其事。卒因奉旨回部，不果上，似不能无待于后之当事者焉。

按泗士民无人不虑水，亦无岁不言水，竟未闻有片言只字谈及归仁堤者。此何以故？大都以淮河之患，近在城下而易见；归堤之患，远在境外而难知。不知陵山迤北，虽稍有冈阜可恃，而东乡左腋，横阔数十里，全值其冲。且堤外湖身反高，而堤内陆地势渐南下，一有溃决，亡论田庐尽废，即奔突避水者，欲远就高阜以求免沉溺，不可得矣。是淮水渐涨，不过增本有之水，而其患特苦旁溢；归堤突决，平地加原无之水，而其患尤苦直冲。此其害之大小，已自有辩。况南北合流，上下兼溢，其为陵城之害，真惨然有不忍言者。如塞堌口以止其源，浚正河以分其派，与岁修白洋、小河以引其流，此医家治本之说，余未敢轻议也。不得已，权为治标之计，其必加培旧堤以当外冲，新修重堤以固内扃，然后可少纾不测之万一乎？

勘科给事中张企程疏

查得周家桥北至高堰五十里，见有支河，下接草子湖。若并未挑三十余里，大加开浚，一由金家湾入芒稻河，注之江；一由子婴沟入广洋湖，达之海，则淮水上流，半有宣泄矣。武家墩南去高堰十五里，逼邻永济河，引水由窑湾闸出口，直达泾河，从射阳湖入海，则淮水下流，半有归宿矣。第周桥浮流尚漫，稍俟水涸，便可刻期用工。而武家墩已于七月初六日决口，即今滔滔东注，陵泗积水，从此可渐泄去。

巡按牛应元开河公议

勘得周家桥至丁林庄三十里，原有山阳县挑开小河一道，伏秋水流，冬春即涸，应合再加浚阔。自丁林庄至上圣寺，至草子湾三十余里，系宝应县地方，因士民告执，未经挑挖，故伏秋水亦通流，冬春随复干涸，合应大加开浚。

查勘清口辟沙议

黄河从西北迤逦而来，自老黄河淤塞，至清河县南直西东流，至清口水头，复借淮道绕环，向东北趋海。淮水自西南迤逦而来，至清口直南径下，从黄身背旁冲入，随流同向东北趋海。自万历二年，一时伏涨，诸湖水溢，以致清口稍有空缺，黄水涨溢，余波从旁漾上，直至十余里之外，沙随波停，遂将北口尽行淤垫，今称门限沙者是也。

原任湖广右参议今为民常三省上北京各衙门揭帖

祖陵基址本高，今水入殿庭前，深逾二尺。旧陵嘴者，相传熙祖梓宫在焉，水深四尺以上。近陵护沙，如龙滩嘴、邓家嘴等处，日冲荡风浪中，伤毁甚多。神库红瓦厂金水河两岸松柏树木，共淹枯六百一株。黄河出口处，势甚湍急，惟自此以上里许，地名三里沟者，便是泥沙淤塞处。三省曾自往看，皆细碎石屑，击之坚硬有声，盖浮沙荡去，惟此质重者存尔。上下经过，阔二百余步，两岸横阔，可三四里，俗所谓门限沙者是也。此处水深者一尺七、八寸，浅者但一尺四、五寸而已。过此以上，则水深四、五尺不等，直至洪泽地方，又复有淤浅处，较之清口，犹为减半。夫有此淤沙横亘中流，虽其势不甚广阔，然淮流亦安得通鬯快利，不为阻滞也。淮水自桐柏而来，几二千里，中间溪河沟涧，附淮而入者，亦且千数。当夏月水涨，浩荡无涯，而必以海为壑。往者一由清河口泄，一由大涧口泄，两路通行无滞，犹且有患。今泥沙淤，则清口碍；高堰筑，则大涧闭。上游之来派如此其涌，而下流之宣泄如此其艰，则其腾溢为患，尚可胜言？此陵寝之所以侵伤，而百姓之所以困极者也。伏惟朝廷之上，尊祖安民之道，至隆极备，诚念祖陵之重，不容一日被水，而民生之流离漂泊，又极可怜。乃奋然决堰，加意浚淤，恢仁孝之圣心，复淮流之故道，则肤功膏泽，被格上下，固不胜万幸矣。如或以为堰不可动，亦必须多建闸座，以通淮水东出之路。如大涧口阔，可建闸十余座；高良涧窄，可建闸五七座。盖水势甚大，闸少则宣泄不及，故必至十数座，始得一面建闸，一面挑浚清口以上淤塞。尝见此处淤塞，本不甚阔，不甚难浚。但原指谓冲刷已通，故置之不浚。又前此虽浚，亦未甚力，遂至一向为梗尔。若使当此春暖水浅之时，一力挑浚，其功效自可立见。俟至夏月水发，如果挑浚已通，可尽泄水，则闸虽设，自可常闭。如或清口挑浚尚未疏通，或虽已疏通，尚不能尽泄大水，则随时酌量水势高下，为启闭板多少，水高则多启闸板，水下则少启闸板，要在不至侵犯陵寝与伤害地方而已。如水未发，或虽小发不为害，则闸板俱不必启。往后年分，率视此以为常，庶堰不动而害可销，固亦众议之佥同者也。要之大涧、清口，实淮流不可缺一之道，而处高堰、浚壅淤，亦今日不可缺一之功。诚使两加处治，俾淮水通流，于以措时宜而弭深患，则虽便于凤、泗，实亦不病淮、扬，不惟拯救民艰，实亦奠安陵寝。伏惟体恤而留意焉，则幸矣（又上总河抚按掌科揭帖未抄）。

陆游盱眙军《翠屏堂记》

曰：国家故都汴时，东出通津门舟行，历宋、亳、宿、泗，两堤列植榆、柳、槐、楸，所在城邑，行千有一百里，汴流始合淮以入于海。南舟必自盱眙绝淮，乃能入汴；北舟亦自是入楚之洪泽，以达大江。则盱眙实梁、宋、吴、楚之冲，为天下重地。

马政

养马各处不同，或兼丁粮。惟本县别有免征田地，骒马一匹，每二年该孳生驹一匹，其后所生之驹，交俵不过，每四户买马一匹，而马价出于种田之家。其解也，守候日久，交兑艰难，揽头医兽弊端百作，解户破产。近日泗州、泰州奏乞免解本色，止解马价。其亦宽民之事乎！

按国初设群牧监，管理孳牧厂场。有得胜厂草场，有在城厂草场，有小河厂草场，有羔羊厂草场，有昌平厂草场，有万安厂草场，有杨村厂草场，共七处。后监革厂废，其场佃于民间，田地共二十五顷三十七亩九分八厘六毫二丝，每年该租银八十六两六钱二分一里六毫，征收贮库，听候荒年买马备用。此先日之制也。

后又种马计一百二十四、儿马二十四匹、骒马九十六匹，县免粮三万三千四百八十五亩，每免粮三百亩，派养骒马一匹，免粮二百亩，养儿马一匹。隆庆三年，奉例变卖六十匹，止存六十匹。万历九年，奉例尽数变卖价银三百二十四两解部，岁征马价银六百六十二两四钱、草料银一百二十两、马亩军饷银一百四十一两一钱二分，原系免粮马头征收。其实民间无所谓免粮田地，一奉文到，马头人户，挪移求脱，重贿吏胥，偏轻偏重，而马头执帖征收，乡民甚苦。万历十三年，知县杨州鹤申请均派概县，并入条鞭，止令马头领文赴府交纳，民称便焉，寻废。三十年，知县袁敬又请复之。

按国初田地未垦者多，故令养马，所孳之驹，即以俵解而免其粮，此善制也。今无地不粮。隆庆间，太仆于辅具奏，变卖种马，征银解部，变之又善矣。然草料各项银两，犹然不减，三年一次，坐派俵马数匹。本县原非产马之地，而大户卖马，府县验勘，业已烦费，至间关千里，水草不服，又以羸瘦斥回。荡产倾家，莫此为甚也。

天长起运秋粮，原额一千一百余石。自国初以来，例该运军，依期将船就本县城河民仓交兑。在彼则为顺行，在此则无枉道，两得便宜。乃至嘉靖年间，管运官军需索常例不遂，乃径往淮安，行文坐提。而县官无力，遂令装米赴淮，雇船觅夫，盘缠浩大。时当沍寒，凿冰而进，一遇风波，事犹不保，幸而抵淮，则刁难百端。故收粮之时，不得不重取于纳户，则加二加三，又何怪哉？此为天长民之大患也。

《宿州志》

宿之诸河，惟睢河为大，巨舰恒辏集焉。东流至灵壁北境，则谓之小河，以其通于宿迁大河，故以为小。浍河至灵壁之固镇，其流始大，亦可通巨舟。余俱涨涸不常，而灵壁之汴、沱、蟹、洨，则又淤塞过半，惟可以泻湖水耳。宿之诸湖，亦多淤而为地，军民杂耕有年矣。然潦则无收，故未尽征其赋。自睢河至浍河，南北相去五十余里，运粮二沟界其中，因故道而开浚之，则二河舟楫可抵州城。宿之军民欲举是役者众，以用力少而为利多也。或谓睢水泛溢，恐有灌城之虞，故当事者未敢主议云。

宁国府

《宁国府志》

明兴二百余祀，税法凡三变焉：初一曰额税，次二曰劝征，次三曰丈均，次四曰条编。

额税之法凡四：一曰岁赋，二曰岁贡，三曰岁役，四曰岁费。

岁赋之目三：曰夏税，曰秋粮，曰马草。夏税麦。凡夏税起存，并以银折，每麦一石，折银四钱。惟国子监用本色，故耗麦重。秋粮米。洪武初，宁国与应天诸郡，高皇帝追念存恤，尽蠲民田租，复其世世。惟宋元以来没入官田，稍征其半，故夏麦秋粮，并赋诸官田，以其起存皆本色，故耗米差多。马草。民田粮麦既免，稍取总秸之意，赋其藁禾（每田一亩，科草三斤，每草十斤为一包）。京库折以银，太平以米，定场用本色（注四）。

岁贡之目十有二：曰物料，曰野味，曰盐课，曰税课，曰鱼课，曰税丝，曰雪梨，曰木瓜，曰芽茶，曰官瓶，曰黄连，曰缎疋。物料十三：银硃、黄蜡、蜂蜜、肥猪、肥鹅、药味、药材、鹿皮、乌梅、箭枝、扫帚、历日纸、活鹿。凡额办岁有常数，而部又不时坐派，府常酌本年征数，转派六县。又有山羊、松木、黑铅、金箔、猫竹、丝线、绫绸、修理家伙等料，皆属增派，或间数岁一征云（注五）。右物料本非方物，殊乖任土之义。部责办于郡，郡敛财于民。其法取阖郡之丁与田而籍之，别为十岁，岁一敛焉，谓之军需。物料坐派，既有赢缩，官吏科率，或生轩轾，征收起存，又分缓急。于是吏书收头之弊日滋，而侵欺逋负无所分矣。嘉靖中，通判李默常建议定为每岁审征之期，寻亦废格。野味十一：天鹅、鹁鸠、斑鸠、兔、雁、野鸡、獐、鹚鹅、麂、活鹿、玉面狸。凡野味，非必地产，亦惟征银。初折以钞，钞又折银。天鹅、活鹿输直于工部，余输府库，备岁费焉。盐课钞。凡盐钞赋诸丁口，本折色中半，并以银折（本色钞每贯折银一厘一毫四丝三忽，折色钞每贯折铜钱二丈，每钱七文，折银一分）。洪武中，以盐给民，故征钞。今官不给盐而钞征如故，钞额亦以洪武为准，丁有登耗不稽焉，以其半输京师，余资岁费。税课钞（有商税钞、门摊钞、酒醋钞）。凡税课赋诸商贾，本折色中半，并以银折（如折盐之法）。属税课司者，输于府库。宣城附府省，余五县储之县库，岁费取给焉。鱼课铜铁胶翎，佃场钞。凡鱼课赋诸渔户，料与钞并以银折（每铜一斤，折银八分；铁一斤，折银一分二厘；鱼胶一斤，折银七分；翎毛一根，折银五毫。钞贯本折色中半，如折盐钞之法）。所置催首轮年司之，以其半输工部，余输府库，资岁费焉。桑丝，税丝。初桑丝赋诸蚕乡，税丝赋诸渔户，以渔网用丝也。并以银折（每斤折银八钱五分），惟京库折绢（每丝二十两，折绢一疋）。但户额以洪武为准，逃绝十之七、八，惟取足于见在渔家，令赔补充数，而渔户病矣。桑丝本派自应天府牛首山，山籍宣城，税遂归焉。不属蚕乡，不派通邑，而独累渔户，实弊政也。雪梨四十斤。贡南京礼部，太庙荐新，以立秋后五日。初雪梨除荐新外，又进贡京师。嘉靖中，巡按御史王完奏免之。（附略：查得按属宣城县，每岁贡梨四十斤，进太庙荐新。又用四千五百斤，解赴礼部，转进内府，分赐各衙门食用。此以下奉上，非泰也。第尝考之《会典》，止开南京贡荐，未有进北京之文。臣闻前梨，其色味固与诸梨同也。士民矫揉其色，名之曰雪梨，实欲贾虚誉以罔市利。圣祖定鼎金陵，每岁仅拟梨四十斤。宣城近在畿服，任负可至，虽多取将不为虐，则寡取之。我圣祖爱民之仁，集欲节其力而不尽也。于时如直隶、河间并山东等处，亦有脆白等梨，香美甲于天下，而不以纪贡者，地远民劳，无益而有损故也。厥后迁都冀北，于河间等处最近，亦犹宣城之于金陵，又何舍近图远，尚尔取办于宣城之雪梨乎？况此梨者，每二十斤，计可一篓，一篓之费，虽百钱未了也。雇船七只，支银一百二十六两，官一员部之，给盘缠银三十两，园户四名，盘缠百倍于官，较其梨价，才十分之一耳，果何益哉？幸而抵京，则经该内官，生事需索，少不如意，动辄指摘解领之失，往往逮系，庾死于狱，无所抵告。吁！以一梨之微，偶因获荐庭实，而其流之祸至于如此！君门万里，其谁赴诉之哉？臣思此梨专为荐新而设，宁神之道，莫大于得四表之欢心，今以一贡而宣民疲于奔命，劳民伤财，铸为怨府。伏望皇上远祖三代慎德之道，近守祖宗仁义之法，毅然赐罢，永为蠲除，以培我国家仁寿之脉于亿万斯年，岂非一盛德事哉！奉圣旨："是。南京太庙荐新，照旧办解进贡，到京的既过时朽败，以后不必进。礼部知道，钦此。"）木瓜。岁贡礼部，以颗计。霜降后一日进木瓜。雪梨独出宣城，凡园户共瓜梨者，量复其役（上三项今更议概县丁田派征）。芽茶、叶茶。宣城茶户采纳。官瓶。（一十二万个，内一十二万五千解仪真抽分厂，转解工部，五千个解南京工部。）宣城窑户造纳，复役与园户埒（今更议同瓜梨桑税）。黄连二十斤，解礼部，太平县采纳。缎疋。初本府织染局自行织造，后不如法，贸易以充，局废。旧有织匠、络丝匠，除逃绝者尽蠲，见存匠户，每丁出银四钱，帮补市买。六县农桑丝银，亦充价焉。

岁役之目五：曰均徭，曰民兵，曰夫马，曰驿传，曰孳牧。均徭。南京直堂皂隶，府县祗候、马夫、儒学斋膳夫、进表夫、部粮夫、解缎夫，皆谓之银差。府县各官门子，察院、儒学、公馆、祠宇、书院各门子，府县皂隶、快手、库子、仓斗级、狱禁子，巡司弓兵、桥渡夫、铺兵、解户，皆谓之力差。初均徭十年一编审。弘治以前，每田一亩审银二分有奇，后增至五分不足，乃易以五年一审。凡银差无耗，帷供兑解之费。力差视难易为等，有倍蓰十百者，至倾家焉。民兵。初与江淮卫水夫，并十年一审（田一千亩审一名）。后水夫止解民粮银赴南京兵部散给，民兵亦照均徭同编。夫马。凡夫马，取诸见年里甲，以备过宾将送之役。

前时里出长夫、短夫各一名，凡五里马一匹。比岁以丁田编审，夫逾数百，马则三里一匹，数增而用犹不足。盖驿使交驰，辎装繁重，江行迂险，趋捷陆程，邑当孔道矣。其能不为民劳乎？驿传。岁解南京兵部给江淮卫马夫工食、会同馆马头工食草料、江东驿马头工食，龙江递运所水夫工食、代给高淳县驿传银。右驿传本协济诸驿递，以本府初为僻且简尔。今过客百倍于昔，而协济他驿所如故，甚亡谓已。郡旧有宛陵驿，编有水夫工食，今驿废夫革，一切取办宣城，代高淳驿传为马政，惟南陵以养马不与焉。孳牧。南陵旧牧种马七百五十匹，（儿马一百五十、骒马六百。）凡牧法：儿马十匹、骒马四十匹为一群，群置长一人。每马一匹，牝用十五丁，牡用十丁。丁不足，则以田拟之。南陵岁课驹二百匹，存否孳育不问也。正德以后，并收折色，岁征银三千七百两（牡马一匹，银二两八钱；牝马一匹，银三两六钱）。种马倒死，赔偿不恤，重为民困。嘉靖四十三年，上用言者议，下兵部行府下县，知县郜永春将孳生马六百八十七匹变价解部（该银八千二百四十四两）。隆庆二年，奉恩例变卖种马三十一匹，解价三百一十两，止存牧马三十二匹。第减牧养之劳，仍输备用之数，然视昔群长科派，印烙供应，倒死赔偿诸费，则少纾矣。

岁费之目十有二：曰诸司供用，曰春秋祭祀，曰乡饮酒礼，曰科贡盘缠，曰运船料价，曰解扛脚价，曰江海兵防，曰孤老衣薪，曰里甲供应，曰春牛桃符，曰决囚公费，曰器物案衣。诸费，宣城以附郭费繁，诸县大约相准。公务为供馈过客而设，并县中杂费亦取给焉。本取诸见年里甲，常视县令昏明清浊，以为所费之赢缩。协济本非额派，嘉靖末，倭寇三吴，海防告警，军门权派以资兵用，遂为岁额。

右郡之额税，止于此矣。行之百年，无大因革。成化中，通判陈纪始因官粮多逋，（郡秋粮本赋诸官田，而官田又多在圩乡。成化中，水灾相仍，秋粮多逋。）议将六县民田，每亩劝征一升，以苏官田（内将官田耗重者减免之），谓之劝米。嗣是遂为常额，民田无粮而有粮。此为赋法之一变。

洪武初，官租虽减半征收，而耗米实重（甚有每石加耗六斗六升者），当时粮长利之。后任事者稽核减耗，民不受益，而粮长困矣。议者每欲扣减诸耗，尽免劝米，以复祖宗全免民田之旧。嘉靖初，南、宁、旌、太四县免尽，惟宣、泾劝米尚存。故通判李默议申免之，卒未果行。

初官田粮重，民间白佃以输公赋而已。久之，贫人贪价，改则以利鬻，富者得业，准券以就轻，加以豪家隐漏，胥史诡飞，驯致兼并者安享膏腴，逋逃者哀鸣中泽，税粮亏额，里甲包赔，总书恣其神奸，粮长因之困累矣。嘉靖壬子，知府刘起宗议举核田之令，所部六邑，通行丈量，俾富而强者田必有赋，贫而弱者粮无虚赔，诚利民苏困之一善政也。第当时任用非人，仍滋欺隐，兼以官民均为一则，恩怨卒成二途。乃高皇帝二百年汤沐余泽，地方千万世丰芑遗思，斩然无存，议者不能不重惜焉。此又赋法之一变也。

国制，凡夏麦、秋粮、马草，量县设区（宣城十五区、南陵三区、宁国三区、泾四区、旌德三区，太平粮少不设），区点粮长一人，部降勘合，给之征解，其贡费诸银，各以收头大户数人征解。如之每岁按籍佥充，殊滋烦扰。畏事者规避，亡赖者营求，弊穴奸囊，大为国蠹。里甲则复苦征目猥繁，催科频棘。至于夫马徭役，市人藉之以噬乡民脂肉，尤有不胜言者。隆庆壬申，推官王藻遵奉台檄，立一条编法，惟秋粮仍以粮长另征，夏麦、马草军需、夫马公务而下，凡以银输者，括为一目，革去已前收头名目，悉以里长经收，输县支解。杜侵盗之奸，免佥点之扰，祛横索之弊，绝科派之私，上下之间，并称良便，当世守而不易者。此又赋法之一变也。

宣州卫屯田子粒五千三百二石五斗七升四合七勺五抄，初田为四则。洪武初，凡正军，人给田四十亩，岁征其半，余存自食，谓之原额（田一百二十顷，每亩征粮一斗五升，共粮一千八百石。岁终比较，一名比较屯田）。法惟承佃，不得易卖，其军舍自垦。成化初，奉例丈量者，谓之起科；指挥千百户下舍余空丁，无差加米，谓之改科；隐漏不报，丈量后清出者，谓之今清。已上三则，法得私相佃卖，与原额不同，岁征子粒，悉输府军储仓，出以廪军。是时任力领输，颇称良便。嘉靖中，屯田御史张鉴以原额屯田，多为豪强兼并，锐意清理。所司具报失详，遂以升改今清三则，法得佃买之田，概充募军承领之数，号为案拨屯田，户无限数，军多诡名。继复军民互讦，追夺纷纭，由是荒芜益甚，逋负积多，官与军皆病矣。噫！法当通变而政贵宜民也。谅哉！

军卫

凡指挥，并世袭，凡荫袭及军政，悉报上右军都督府，以达于兵部。每岁抚按察其贤否，五岁一废置之，名曰考选。军政，一人治卫事，谓之军政掌印，一人掌操练，一人督屯粮，谓之军政佥书。又一人巡捕，一人治军器，一人领漕运，谓之见任管事。并以选充，不惟其品。不与此者，谓之带俸差操，岁委带俸一人入贺。凡镇抚世袭掌卫之狱事，经历则用流官铨授于吏部，使以文法吏事、纲纪卫政。千户以下并世袭，一人掌印，又一人佥书（注六）。

徽州府

《徽州府志》

郡城内东南近而尊曰乌聊山，一名富山，有越国迁郡旧址（郡治旧址，乃越国迁自休宁万安，万安迁自黟县）。自乌聊山北至于万山，山称幽奇。由万山东北，曰斗山，曰东山。斗山一名七星山，山冈联七，累如贯珠。郡之大川，歙之丰乐水自黄山，绩溪扬之水自宠从山，南会于练溪，襟带郡城。又休宁率水自率山，婺源浙源水自浙源山，祁门大共水自大共山，黟横江水自武亭山，入于歙浦，同为新安江（按蔡氏曰：禹之治水，随山刊木。其所表识诸山之名，必其高大可以辨疆域，广博可以奠民居，谨而书之。初，非有意，推其脉络之所自来，若今之《葬法》所言也。故今志山，惟仿《山海经》，随东西南北之方，类以志之，而脉络之所来，信其所知，其所不知，则阙文焉，不敢妄述也）（注七）。

黄山、练水惟歙县。县之东北近而尊曰玉屏山，一名驻跸山。高皇帝取徽，驻跸山椒，故名。县东二里曰问政山，为歙治屏，为东镇山。县西三十里曰篁墩，曰黄罗山。篁墩一名黄墩，有晋新安太守黄积丘墓。黄罗山崒起苍莽，为西镇山。县北二十里曰飞布山，一名主簿山，扶舆磅礴，为北镇山。北八十里曰箬岭，富资之水出焉，岭极高峻，越国凿道有二：一通旌德，一通太平，皆地厄塞。北九十里曰黄蘖山，支发箬岭，布射之水出焉。县西北三十里曰灵山，大、小母堨之水出焉。西北一百二十八里曰黄山，一名黟山（注八），北掎九华，西拓彭蠡，南接广信，左挟浙河，右起桐汭，以尽海壖，皆支陇所分，为歙镇山，厥峰三十有六，丰乐之水出焉（《图经》云：惟翠微、仙人、望仙三峰，属太平县）。县南九十里曰危峰岭，支发休宁白际。危峰之东方昊岭，石门之水出焉。县东南百二十里曰昱岭，岭当厄塞，为趋杭通衢，元尝置关以遏寇乱。

歙县大川，西绩溪宠炊之山扬之水，（注九）出绩溪宠炊山，经砂崖，凡六十里，至临溪，注于周潭，汇于油潭，会于布射、富资二水，又南会于大、小母堨、丰乐三水，入于练溪（注十）（一名徽溪），潴（注十一）于鱼梁（注十二），又南注于歙浦（注十三）（歙名邑以此），会休、婺、祁、黟四水，同为新安江（新安江自桐庐以上抵歙浦皆是）（注十四）。又西灵山之山大小母堨水，过百花台，汇于龙王潭，南为练溪，过浣沙岸（在县南一里），余波溉于田亩。又西黄山之山丰乐水，南迤于曹、院二溪，过仙人台，溢于昌堨，汇于状元潭，又溢于吕堨，入于练溪。又东南过吕公滩（注十五）（一名车轮滩，善覆舟。唐刺史吕季重募工平之，今为安流），入于歙浦，至于浙江，余波溉于田亩。又东绩溪佛论岭之山绵溪水，东南会于凤池，入于深渡，余波溉于田亩。又南深渡之水，南逾于街口，又东会于金华诸水，入于浙江。又北箬岭之山富资水，南逾于昉溪，过（注十六）任公钓台，入于跳石，去城三十五里狮潭，注于丰口，会布射水，南逾富、堨双溪，会扬之水，入于练溪，余波溉于田亩。又北黄蘖之山布射水，南会扬之水（注十七），东为新安江，余波溉于田亩。又西南篁墩之湖水，南入于歙浦，汇于深渡。又西南休宁捎云之岭武洪之水，过武洪村，又南会扬之水，入于新安江，余波溉于田亩。又东南苦溪之水，南会于扬之水，入于新安江（苦溪从扬之水下抵深渡（注十八），名曰八十里苦，其旁多苦竹云）。又南柳亭（注十九）之山昌溪水，东南至于双溪，会于扬之水，入于浙江，以至于海，余波溉于田亩。

率山、率水惟休宁。县之高山，北十三里近而尊曰松萝山，峰峦攒簇，如列屏障，为北镇山。县东北二十三里曰捎云山，武洪之水出焉。县西二里曰灵鸟山，一名凤凰山，以唐中书舍人吴巩之居改名。山趾方顶平，为海阳县治旧址，吉阳夹溪之水经焉。西四十里曰白岳山，为西镇山。中峰四起，石壁五彩，状若楼台。由白岳西北曰齐云山，一名齐云岩，有敕建玄天太素宫（嘉靖壬辰，改岩为山，至丙辰敕建太素宫）。西一百六十里曰张公山（注二十），一名率山，界履休、婺，登高眺远，广信、南康咸在指顾，鄱阳、浙江之水出焉。（山之阳水入鄱阳，山之阴水入浙江。昔有张公隐山炼丹，因名。罗鄂州《新安志》曰：《寰宇志》引《山海经》云，浙江出三都山，在率东，盖此山也。而郭璞亦云，三都山在歙县界，浙江出焉。《汉书地理志》云，浙江出黟县南蛮中，东入海。唐卢潘引此以解《山海经》中率山。今《地理志》率山乃作蛮中，不可晓，是古有浙水之源，皆由率山出。而郦道元注《水经》云，浙江水出黟县南蛮山中，北径其县南博山，又北历黟山，又北径歙县东，与一小溪合水，出县东北翁山，西径故城南，又西南入浙江。盖其详如此。然郦道元引率山二字为蛮中，故失浙江所发之源，而直据黟县为文。取黟县侧石鼓山为验，县侧之水，虽入浙江，然未尝历黟山，黟山之水，自别流入歙，则道元盖误也。率山之水出休宁界中者，至歙县南歙浦，然后合扬之水，下而为浙江。率水未至时，歙县扬之水所并支川已多，势自足以达矣。要之此郡之水，皆下为浙，故自歙县言者出黟山，自休宁者出率山，自绩溪者出大鄣山，自婺源者出浙山。故黟山与大鄣山，皆有三都山及鄣山之名。此其发源之著者，余小水不可胜数。而唐卢潘作《庐江四辨》，以《山海经》庐江亦出三都山。盖潘尝为歙州刺史，其所说亦必有据。然言山阳、山阴之水皆入彭蠡，则未为当。大抵二山之水，东南流者，皆下为浙江，西流乃入彭蠡耳。“浙”或作“淛”，或作“渐”，大义并同。朱大同《率水辨》略曰：今以休宁之水源考之，最远而大者，无逾于张公山之源。张公山即古率山，居婺源、休宁之间，实为鄱阳、浙江二江之大源。《山海经》之所谓三都山，郦道元所称黟南蛮山中，即其地也。）西一百六十一里曰黄竹岭，地亦厄塞，昔尝置司，以讥奸宄。县西南十五里曰灵山，一名凤凰岭，发脉黟县顶游峰（注二十一），连于锦堂山石人岩（注二十二），尽于响山（注二十三），率水、吉阳之水会焉。县西北四十一里曰石坼山，厥山中坼，夹溪之水出焉。县东十里曰万安山，一名万岁山，一名古城岩，为东镇山。山麓有歙州郡治（注二十四），海宁、休宁邑治旧址。县南八十里曰德胜岭，一名塔岭，为休、婺界山，实地厄塞。有邑令唐侯战走洞寇，蔽遮郡城（唐侯名勋，正德中大败姚源洞贼）。南八十五里曰白际山，脉发五岭，东连古歙，西接遂安，复履开化。有元万户吴讷与胡大海战地。南一百十八里曰方源山，一名黄土山，一名马金岭，支发五岭，东连白际，分支鸡笼，方源、璜原之水出焉（罗鄂州误分黄土、方源为二山，朱大同考订为一山云）。休宁大川，西张公山之山率水（注二十五）（张公山至浙江有滩三百六十），疏望仙岩之流，而东过冯村梅溪，会于流口茗洲，入于祁门界，会于孚溪。又高湖尖（注二十六）之水，逾于大连、小连，注于汪村溪，过桑园，溢于彭护坑口，东至于海口。又会于梅溪、孚溪、璜溪三水，东入于江潭溪口（注二十七），会于渐溪，（《汉书地理志》曰：渐水出黟南蛮夷中，东入海。今浙岭属婺源，而溪属休宁，古皆属黟。《汉书·功臣表》曰：陈婴定豫章、浙江，都浙。颜师古曰：渐，水名，在丹阳黟县南蛮中）。又北会于率水，汇于歙浦，余波溉于田亩。导流而西，过饶州，汇于彭蠡，至于扬子江。又西北石圻山之山夹源水，南会于吉阳水，东迤入于新安江，余波溉于田亩。又南马金璜原之水与东白际珮琅之水会于汊水（汊水一名紫云溪），过岐阳山（注二十八），又北会于率口水，过富登钓台，入于歙浦。又南方源之山璜原水（一名方源水），山阴之水，北注率山之江，至于歙浦，山阳之水，东别为遂安，西别为常山，会于金华，入于浙江。西鹿髀（注二十九）之山原坑水，过篁墩湖，入于歙浦，余波溉于田亩。又西南当（注三十）之山南当水，东注于歙浦，余波溉于田亩。又西五岭之山、颜公（注三十一）之山五城之水，会于龙湾溪口，过渔滩（一名张公滩），入于新安江，余波溉于田亩。又西婺源浙岭之山渐溪水，东流会于率水，汇于歙浦。又东黟县吉阳之山白鹤溪水，东流至于断岩双溪，会于夹溪，入于夏纹（注三十二）溪、瑫琊潭，又东南至于屯溪（注三十三），入于浙江，以至于海。

浙源山、武溪水惟婺源。县之西北近而尊曰军营山（注三十四），高峻椒夷，有五代屯兵营址。山麓旧为西湖，今成阛阓。五阜起伏，如布五星，复类蚺蛇，蟠结虬绕，昔称蚺城，县治立焉。县北六十里曰寨山，厄塞可以避寇。山麓夷衍，是为清华，旧立县治。北九十里曰凤凰山，北百里曰庐岭（注三十五），北九十里曰五龙山，磅礴迤逦，折西曰回岭，趋郡捷径曰觉岭（注三十六）。觉岭迤北二十里曰浙源山（注三十七），一名浙岭，有戴公三岭，有霓源九湾，亦趋郡捷径，武溪（注三十八）浙源之水出焉（婺源（注三十九）诸水多入鄱阳，惟浙岭东水入浙，故名浙源）（注四十）。浙源山蜿蜒，曰大连山（四十一），曰大广山（注四十二），曰高湖山（注四十三），曰平鼻岭（注四十四）。大连山险，昔人避寇，保聚山中。大广山一名尖山，婺源之水出焉。平鼻岭为祁（注四十五）、黟间道，北百里（注四十六）曰张公山，一名率山（注四十七），扶舆磅礴，脉原闽、信，界限休、婺，为北镇山。县东北八十里曰朗山，西连回岭，趋郡捷径。县东八十五里曰芙蓉岭，一名灵山，趋郡险道。东一百里曰大鳙岭（注四十八），闽、信入境，兹岭权舆，地当关厄。东百十五里曰塔岭（注四十九），一名德胜岭，支发大鳙，水分饶、浙，江东诸山，由兹缕脉。县东南七十里曰小敛山，小敛之水出焉。县西南（注五十）百里曰浚源山，一名游山（注五十一），蜿蜒奥旷，梅山（注五十二）浚源之水出焉。婺源（注五十三）大川，北浙源之山浙源之水，东会于休宁，祁、黟诸水，又东入屯溪，又南入于歙浦，导流而南，为武溪水，至于县界，入于鄱阳，馀波溉于田亩。又北庐源之水，西别为鄱阳，汇于庐山，朝宗钟山，入于海（庐源汇庐山以名，一名龙川水）。又北浙源之山益阳水（一名浮溪源），西南至于三溪村，别为乐平，余波溉于田亩。又东斜山（注五十四）之山斜水，南流九十里，会于婺水，别为鄱阳，余波溉于田亩。又东小敛山之山小敛水，南流四十里，西南入于邑之下流，西南至于鄱阳，入于扬子江，余波溉于田亩。又东屏障（注五十五）山之水，潴于鳙溪，入于鄱阳。又东大鳙之山大鳙水，其西流（注五十六）会于中平，入于鄱阳，其东流至于衢州，过兰溪，入于浙江（注五十七），余波溉于田亩。（婺源名邑，以大鳙水流入婺州，故名）。又西峤岠之山曹溪（注五十八）源水，过乌龙潭，注于曹溪，西入鄱阳。峤岠山之东玉带水，亦西入鄱阳。又西张公之山霍口大溪之水，其流而西入于鄱阳。又西梅源之山梅源之水，东会于浙源水，西入于鄱阳，余波溉于田亩。又西南浚源之山浚源之水，南会于吴溪水，入于乐平，余波溉于田亩。又西北石龙之山杭溪之水，南至于杭口，入于彭蠡，余波溉于田亩。又西北太广之山婺水，过石门滩（注五十九）（石门滩在婺水中），南绕于县治，又南会于斜水，入于鄱阳，余波溉于田亩。又东石耳（注六十）、大鳙、芙蓉之山正东之水，会于中平（注六十一）。又东北龙尾山（注六十二）、朗山、回岭、葱岭、觉岭之山东北之水，至于汪口（注六十三），会于正东之水。又北浚源、陀川、洞灵、西港之水，会于清华、武口，又会东北二港之水，逾于蚺蛇港，同为绣水（绣水在城北门，大溪自北转东，回南而西，绕城三面，凡合诸港，其纹如绣），逾于县治，又南会敛溪水，又北会于福阳水，又南会于铜川水，又北会于太白、环溪二水，入于彭蠡。又西南沣溪之水，注于山谷，会于众流，入于鄱阳，至于扬子江，朝宗于海。

大共山、大共水惟祁门。县之高山，东北一里近而尊曰祁山，扶舆蜿蜒，三面石壁。县东五十里曰榔木岭，为东镇山。水分东西：东水入于钱塘，厥滩三百六十；西水入于鄱阳，厥滩三百六十，浙江、彭蠡之水出焉。县北五十里曰大共山，曰禾戌岭。大共山为北镇山，联接石埭，大共之水出焉；禾戌岭，岭连太平，柏溪之水出焉。县西四十五里曰武陵岭，岭极险狭，昔为险巇，今为坦途（唐邑令路旻凿险为平）。西八十里曰历山，西联石埭，为西镇山，大北港之水出焉。西一百里曰赤岭（旧名血岭，刺史冯宿改今名，其水西入浮梁）。西一百里曰榉根山，迤连建德，小北港之水出焉。祁门大川，东鱼亭之山赤溪之水，其流而东入于屯溪，注于歙浦，余波溉于田亩；其流而西会于大共水，过阊门滩（注六十四）（阊门滩两大石对峙如门，极险，善覆舟。唐邑令路旻开斗门，以平其险，人号路公溪。后邑令陈甘节、宋令陈过亦加疏导，邑人汪琼捐金平之），别为鄱阳。又北大共之山大共之水，至于秀溪、霄溪。又北王九岭之东水过石际，又北西源之水过和溪，俱会于霄溪。又北禾戍岭之水至于柏溪（注六十五），俱入于彭蠡。西石门山武陵之岭东西之水，其流而东过路公溪，其流而西过鳙溪，会于大共水，别为鄱阳，余波溉于田亩。又西榉根山（注六十六）、九峰山、西峰山（注六十七）、五龙池（注六十八）之山小北港（注六十九）水，东会于大共水，入于彭蠡，余波溉于田亩。又西王九岭、赤岭、良禾岭、历山之山大北港水，东会于大共水，入于彭蠡，余波溉于田亩。又西新安（注七十）之山新安水，至于小北港，会西峰五龙池水，又会于大共水，入于扬子江。又东南梅南（注七十一）之山卢溪之水，迤曲而流，会于大共水，入于浮梁，余波溉于田亩。又东榔木岭之水，其流而东至于休宁屯溪，会于歙浦，其流而西至于城南，会于大共水，入于彭蠡。又北武亭鬼岭、塔峰之山诸水，会于霄溪，又会大共水，过靴石、相公、松树三潭，逾于阊门滩，会大北港水，入于鄱阳，余波溉于田亩。又东蛇坑泉、玉岭诸水，至于城南，会于大共水，入于鄱阳，余波溉于田亩。又东婺源张公山之水，过李源，会休亭望仙岩水，注于率溪。又东赤桥之水，至于大溪，会张公山水，至于歙浦。又东南王公峰之水，过旸源，会于大共水。又大具岭之水，会里堂庵之水，至于石门，又会大共水，入于彭蠡，朝宗于海。

吉阳山、吉阳水惟黟县。县之高山，西北八里近而尊曰碧山，北连盂山，南面霭峰，为黟镇山。西北二十里曰章山，章水之水出焉。县东南二十里曰石门山，凿石为门，下瞰溪潭，沿岩凿路，以为栈阁。县南三十五里曰鱼亭山，为南镇山，发支缕脉自榔木岭（宋时每岁江西鱼船至祁门，泊山之东，因名）。南三十六里曰复山，一名复岩，一名阜岩，石壁四绝，五碨二砾，支发鱼亭山，椒有泉，可以避寇。县北五十七里曰牛泉山，为北镇山，扶与磅礴，联邑太平，支发休宁石圻，为汉往丹阳郡捷径。县东北十五里曰三姑山，一名吉阳山。山有三峰，峰有瀑布，为黟大源，有三姑磨石，吉阳之水出焉。县西南十里曰林历山，四面墙立，山径崄巇，瀑布悬岩，有仙人棋臼怪石，有东汉陈仆祖山二万户营址（《三国志》曰：二万户屯林历山，为吴将贺齐所破。《汉书·地理志》曰：黟县有林历之山）。西南十八里曰武亭山，联于祁门，武陵之水出焉。黟县大川，西南武亭之山横江之水，东会于章水，过鱼亭，入于休宁屯溪，至于新安江，余波溉于田亩。又北章山之山章水，东南注于县界，又东南会于横江水，入于歙浦，余波溉于田亩。又北牛泉之山牛泉之水，逾石鼓（注七十二）山麓，东南会于吉阳水，注于新安江，余波溉于田亩。又东北吉阳之山吉阳之水，东过于噎潭（注七十三），又东至于白茅渡，会横江水，同为新安江，余波溉于田亩。又南鱼亭之山鱼亭水，东至于鱼亭口，会吉阳、横江二水，又东会于休宁率水，入于新安江，以至于海。

宠炭山、扬之水惟绩溪。县之高山，东五里近而尊曰石照山，阴崖翠壁，石壁明莹，鉴人毛发，有白水泉。东五十里曰绩溪岭，为浙界。东六十里曰大鄣山（注七十四），一名鄣山，一名玉山，势匹终南（注七十五），雄配太白，为邑镇山。其中尝产银铅（今绝），先秦置郡，名因于兹（《山海经》注曰：鄣山，今在新安歙县东，浙江出其边。《祥符经》云，即鄣山。鄣山“鄣”或作“都”。顾野王以为今永康缙云山，或以为庐山，而婺源灵岩三洞，亦以当之。惟此山有鄣名，而卢潘又以丹阳郡旧名鄣郡者，由此，又与故鄣亦不远。“鄣”有平、去二声，此山直去声。愚按率山、大鄣二山均为新安郡山，《山海经》分为海内东、南二经，殆不可晓）。大鄣山相连有湖田山，浙江之水出焉。东八十里曰遥遥岩，为通杭小径。县东北二十九里曰宠炭山（注七十六），山称险厄，一夫守关，千人气缩，昔尝立寨。东北八十余里曰借溪山，东接宁国，西连宠炭，登水出焉（注七十七）。县西北十里曰徽岭山，一名翚岭山（注七十八），一名大尖山，西北相连新岭之山，东接仙人之岩，南络大鄣之山，水源有二：阳水别为歙浦，阴水别为旌德。西北三十里曰新岭，称厄塞，宜立关镇，以遏寇盗（旧有铺舍，正统正移于翚岭）。西北四十里曰芦山，钱塘、扬子二江之水出焉。西北四十五里曰古塘山，一名葛萝山，联络植、蒿二山，界限旌德。西北五十三里曰蒿山，乃山之首，联黄石坑，乃山之尾，蟠古塘山，界分旌德。县北二十里曰徽山，徽水之水出焉。县西三十里曰界坑山，界限歙、绩。西五十里曰大会山，为西镇山，晴登山椒，远眺三州（三州：宣、池、太平）。绩溪大川，北黄蘖山之山常水，南会于扬之水，又南汇于练溪，注于新安江，余波溉于田亩。又北植山（注七十九）之水，西注于黄石坑，别为旌德，入于芜湖。又北宠岚之山扬之水(注八十)，西南入于临溪，会于大鄣山水回流水(回流水在县南，自西流转东，萦回于北，复东南流)，又会歙西、歙北诸水，入于歙浦，入于浙江。乃宠岚之山阳水，径丛山关，过宁国横溪，注于徽溪，入于芜湖。又东北循溪之山登源水，南流九十里，至于象山，会扬之水，入于练溪，余波溉于田亩。又宠岚（注八十一）之山扬溪水，南流而东，受乳溪水，东流而南，受徽溪水，会县南乡诸水，入于歙界，离而复合于绩溪（绩溪在县东，其水离而复合如绩，故名县）。又北大坑之凹乳溪之水，东流十里为浣纱溪，入扬之水，溪厓有浣纱石，过临溪，入于练溪(临溪石在县北三里溪岸上，溪水甚宜浣纱，数里妇人悉来，遂绩其旁以守之，县名取此)。又南登岭(注八十二)之山登源水，西流过临溪桥(注八十三)，又西流入于歙界，会布射水。又西北芦山之山，左水东流过旌川，入于扬子江，右水南流过县界，注于歙浦。又西北徽岭之山徽水，阴水注于旌川(注八十四)，阳水过来苏渡，南入于绩溪，过修仁乡，又南入于常溪，又西会于清溪，注于练溪，至于新安江，朝宗于海。

形胜

徽之为郡，在山岭川谷崎岖之中(王荆公碑孙抗墓)。东有大鄣之固，西有浙岭之塞，南有江滩之险，北有黄山之厄。即山为城，因溪为隍(罗府教记徽城)，三面距江(太宰倪岳记渔梁坝)。自睦至歙，皆鸟道萦纡，两旁峭壁，仅通单车。方腊之乱，两岸驻兵，下瞰平路，虽浮蝣可数，贼亦不敢犯焉(见《府志拾遗》、方勺《泊宅编》)。水之东入浙江者三百六十滩，水之西入鄱阳者亦三百六十滩，石之林立，势之斗下(钱融堂记石梁)。

歙之为邑，东有昱岭之固，西有黄牢之塞，南有陔口之险，北有箬岭之厄。陔口歙、睦要津，溯流而上，悬滩狼石九十余里（唐白云序《云山樵诗》）。浦口嵌岩峭峙，两港合流，僻处一隅，屹如保障（唐白云碑浦口阖将军庙）。歙居山间，无大陂泽，其溪流秋冬清浅，春夏潦水则深（罗鄂州《新安志水族》）。

休宁之为邑，东有古城岩之固，西有黄竹岭之塞，南有白际山之险，北有石坼山之厄。高山浚川，长林沃野，民居之稠，物产之夥（见程黟南序）。新安奠诸郡之中，而休宁居诸邑之中，山水为奇观焉（汪一麟记提举司）。

婺源（注八十五）之为邑，东有五岭之固，西有梅源山之塞，南有大冲山（注八十六）之险，北有回岭、石门之厄。穷僻斗入，重山复岭，百年以来，异材间出（朱子《跋滕南夫集》）。

祁门之为邑，东有榔木岭之固，西有历山之塞，南有梅南山之险，北有大共山之厄。重冈列岫，四外缭绕（黄国谕记方贡孙邑宰），对峙巨石，夹以峻流，以阊门之地，为控扼之方（张理评碑吴仁欢庙）。

黟之邑，东有石门之固，西有顶游峰之塞，南有鱼亭山之险，北有牛泉山之厄。自墨岭两石对峙，如蜀剑门。地利坡陇左衺，壑谷右浚（吕左史《送程德章序》）。

绩溪之为邑，东有大鄣山之固，西有大獒山（注八十七）之塞，南有石照山之险，北有丛山关之厄。境界宣、徽，丛岩复岭，四顾渺然（学士程敏政记曹渡桥）。又当宣、歙之交，尤为厄塞险绝（程黟南《送揭主簿》）。

风俗

郡有三俗。附郭为歙，歙之西接休之东。其俗富厚，备于礼，身安逸乐而心矜势能之荣，操其奇赢以相夸咤。然其人貌良而衣逢整齐，缘饰文雅，为独胜焉。白岳山而上，此休西乡也。其西为祁，其西南为婺。俗好儒而矜议论，柔弱纤啬归本，比者稍稍增饰矣。然操什一之术，不如东南，以习俭约致其蓄积。休之北为黟，地小人寡，纤俭大类祁、婺，戋戋益甚焉，颇有稼穑之业，质木少文，有古之遗风。乌聊山之北，为歙之南、东二乡，及绩邑也。其俗埒于黟，而缙绅之士过之。六邑之语不能相通，非若吴人其方音大抵相类也。郡之地隘，斗绝在其中。厥土骍刚而不化，高水湍悍，少潴蓄，地寡泽而易枯，十日不雨，则仰天而呼，一骤雨过，山涨暴出，其粪壤之苗，又荡然空矣。大山之所落，多垦为田，层累而上，指至十余级，不盈一亩。快牛利剡，不得田其间；刀耕火种，其勤用地利矣。自休之西而上，尤称斗入，岁收仅不给半饷，多仰取山谷，甚至采薇葛而食，暇日火耕于山，旱种旅谷。早则俱出，扳峻壁，呼邪许之歌，一唱十和，庸次比耦而汗种以防虎狼，夜则俱入，持薪樵，轻重相分。

徽州府四境，境皆厄塞：大鄣、昱岭雄其东，浙岭、五岭峻其西，大鳙、白际粟其南，黄山、武亭险其北。盖有一卒举礧，千夫沈滞；一人负戟，三军莫抗云。

歙县治城墉，四面依山，颇称峻绝。东南百二十里有王干巡司，乃昱岭关，为巡司重门。南一百里有街口巡司，西北百二十八里有黄山巡司，北八十里有箬岭关。寇之由睦来者，警先歙（注八十八），街口、昱岭为正道，连岭（注八十九）、危峰岭为间道

（时议贼出西安者，由遂昌龙鼻头至严剥巡司，经洋口岭头俱通关，遂直抵休改）。休宁县治城，四门皆为通衢要地。西一百六十里有黄竹岭巡司，今徙东南五十里汰厦，南六十里有白际、仰山二岭为要，余境则守在歙、婺、祁、黟为固，是休宁为五邑之中，都会之区（时议开化一县，西邻德兴，南连玉山，北际休宁，东北抵遂安，与歙县接境，西北至婺源，四通五达）。婺源县治，三面距河，一面依山，其近南距河，陆水有三路通饶，尤为要地。东八十里旧有大鳙巡司，衢寇之所必由，为六邑要冲。西八十里有太白巡司，西北七十里新设严田巡司。二地皆饶寇门户，然严田不如太白之要。寇之自衢来者，警先婺（注九十），大鳙岭（注九十一）为正道，白际、连岭为间道。乃大鳙岭界南三十里为衢黄冈，又四十里为云雾山，寻流合河为尤溪口，寻河合官道为华埠。由华埠顺流一百三十里为西安之铜山，铜山者，矿山也。是故华埠者，盗之集也；尤溪口者，盗之窝也；云雾山者，盗之大巢穴也。昔尝建巡司于大鳙岭，盗颇为衰（太守何公议复大鳙岭巡司弓兵，防守要害）。国初尝设浙江按察佥事分司于婺源、黟县，又设守御千户百户所，岂无意哉？分司与所，合无议复。邑南七十里太白潘村有墙堡，周围五里，建立三门，隐然城墉，防遏邻寇（嘉靖中，潘村潘氏以地邻鄱湖，奏允自筑墙堡）。祁门县治，一面依山，三面距河，厥宜筑城，若择险而守，东之华桥、西之夹耳岭、北之石栏杆、南之润溪口，皆为要地。西一百里旧有良禾巡司，东五十里有榔木岭，西五十里有武陵岭，南九十里有倒坞，北五十里有大共、禾戌二岭。寇之自饶来者，警先婺源，次则祁门西界，七里亭（注九十二）、祁门倒坞为正道，演坑铺（注九十三）、长降岭（注九十四）为别道。黟县四境峻绝易守，东二十里有东文岭，西十五里有武亭岭，曰西武关，南三十里有榔木岭，北四十里有羊栈岭，曰黟北关，东南二十里有栈阁岭，颇称天险。寇之自池来者，警先黟（注九十五），故羊栈岭为正道，大共岭为间道。绩溪四境之险，西北三（县志二）十里有濠寨巡司，东四十里有佛岭关，东南三十里有梅岭关，西北二十里有翚岭关（注九十六），二十里有新岭关，北三十里有丛山关（注九十七）。寇之自宣来者，警先绩（注九十八），故丛山关、新岭关为正道，箬岭关为间道。

强兵

强兵之由，由于将之强也。今人多云西北兵强，东南兵弱。乃汉高帝用祁门人梅鋗伐秦，入函谷关；东汉马成用黟、歙兵击李宪；宗资用黟、歙兵讨琅琊贼劳丙；唐吐突承璀用歙州兵讨王承宗；裴度用歙州兵讨吴元济；南唐陶雅用歙州兵西擒饶州钟传，南擒杭州钱镒，东执婺州沈夏，又西袭信州危仔倡。乃知兵在将强，将强则兵强，又何忧乎勍敌哉？

义兵

新安古昔称材武，或扼腕倡义，或应募勤王，务为高行奇节，其天性然也。然耻于自荐，多潜伏山谷。守土者能如吴玠激厉蜀士，必有如海宁程灵洗之拒侯景，绩溪汪华之平婺寇，休宁程沄、祁门王璧、郑传之扼黄巢，歙钱岀、蒋果之破金虏云。

虞御史民兵疏略（注九十九）

曰：今之军伍，即唐开元末年之府兵也。弱亦甚矣，不变不可，变之又足以启乱。窃谓不待变法而可以济弱为强者，计独有民兵耳。民因田而出兵，闾阎不知有征兵之扰；兵自食其田，官府不闻有馈兵之费。所司既得以时料简，而老弱难容，役者又许其随田更代，而额数常足，此制法善之善者也。然拘儒云云（注一百），近年有司，罔寻旧典，徒欲务为减损。如宣城原编八百名，既减而半矣，今则一岁之中，又以四百分为两班，仅给银四两，是则应官者不过二百而已。于其中又大半役于府县，其荷殳以备非常者，恒不满百人。民虽利于减银，兵实疏于防患。以时考之，知必不可。谓宜急复往年之数，每岁给银七两二钱，而使皆聚于邑。若民病于银重，即当下令，凡户出兵者，量蠲他役以恤之。兵不可以恒聚，春夏秋三时，则许其分番赴操，使尽力农亩，有事召之，仍令毕集。冬月则并班操习，犹必合数邑之兵而大阅之。至于选兵之法，要当责其土著，试使负重行百步外，能二石者为中式，不及者黜。不然，以强弓劲弩连发试之，苟资其勇健，不当较其为亲丁与否也。遴选既毕，则登其年貌于册，书曰某也代某，某也自役，常以二十受役，六十而罢。每五年，则遍加阅视，而用前法汰补之。如此，则不惟兵收精锐，而一方恶少，尽入我网罗矣。兵强士锐，统驭为艰。故事，每百人为一队，队设总、小甲各一人，而统于巡捕之丞。然丞不常任，或兼摄于县令，或别署以他官。号令不一，人心携二，猝有缓急，谁能用之？臣愚以为治兵之法，贵简而严。谓宜稍仿军制，每县四百人以上者分为四哨，三百人以下者半之。哨必置总，名曰哨总。每哨分为四队，队必置甲，名曰小甲。兵统于甲，甲统于总，合诸总而约束之，非置长不可。唐法：兵数百人者为团，其官名曰团长。统领征调，督率工役，合一邑之兵以听巡捕之号令者，皆团长职也。团长必于出兵之家，择富力信义、为乡里所推者授之。其次者为哨总，应役必以亲子弟，兜鍪衣甲，必递加表异，取其服众。体统既定，然后以时教训。兵有短长，各令专习。冬月则操三歇五，余时月操二日而止。兵有众寡云云（注一百一）。而滥役者，请如弘治事例坐之。如此则兵有余勇，其临敌也，必争先请战矣。若夫旗帜器仗，旧皆众兵自给。臣谓受直之兵，不宜重困，请量征免编之田亩银一分。举一县积之，多者可得千余金，少者亦不下数百。即以编审之年，敛之于官，而使县巡捕掌之，稍取以治资装，后有凋败，兵自治之，余银则以葺教场，犒勇士，备不时之需。

凡遇动立，县巡捕以时申府巡捕，府巡捕为之转达，得请而后下之。盖以十年之中，不复糜费公帑，而军容亦得以常肃矣。疏上，大司马以为计便，颁其法于诸郡。

国朝岁赋之目有五：一曰夏税之赋，二曰秋粮之赋，三曰农桑之赋，四曰课程之赋，五曰食盐之赋。五赋之中各有目云。

夏税。其一为存留之麦，目有二：曰本府永丰仓麦，曰本府拨剩麦价；其二为起运之麦，目有四：曰京库麦，曰光禄寺麦，曰南京仓麦，曰南京内库布麦；其三为南京承运库收丝绢；其四为带征茶。

秋粮。其一为存留之米，目有五：曰本府永丰仓米，曰本府庆积库收折银米，曰本府儒学仓米，曰各县儒学仓米，曰各县存留仓米，曰本府拨剩米；其二为起运之米，目有四：曰京库折银米，曰供用库芝麻，曰南京卫仓米，曰改解太仓银库米，曰改解安庆米。

农桑丝绢。(其赋纳南京户部。)

课程。一曰茶株课钞,始于洪武。二曰酒醋课钞,始于永乐十年。三曰房屋赁钞,始于洪武。四曰花椒课钞,始于成化。五曰果木花利课钞,始于成化。六曰桐油课钞,始于成化。七曰里窑课钞,始于成化。八曰油榨水磨课钞,始于成化。九曰水车磨课钞,始于成化。十曰茶引徭课钞,始于成化。十一曰税课司局课钞。

户口食盐。

岁供之目有三:一曰岁办之供,二曰额外坐派之供,三曰不时坐派之供(《旧志》云,不知其始,大致起于永乐迁都营造之时,有额办,有额外派办,每年皆六县里甲办纳。至弘治十四年,始有不时坐派城砖等项。嘉靖间,额外不时坐派,数多繁重。今以嘉靖十七年以前欧阳巡抚书册所载,额派里甲者为岁办,以后坐派丁粮者为额外暂征,事已停止者为不时云)。

岁办之供,其目有三:一、岁办户部军需之供,其一为户部坐派光禄寺应用:菜笋、茴香、叶茶、核桃、银杏、蜂蜜、火燻猪肉,其二为户部坐派甲丁二库料价:百药煎、靛花、二硃、槐花、乌梅、生漆、桐油、生铜、锡、水牛皮、牛筋、黄牛皮,其三为南京户部坐派物料:黄蜡、白蜡、叶茶、芽茶,其四为南京户部坐派供应:蜂蜜、黑砂糖、银硃。二、岁办礼部军需之供,其一为礼部额派供应牲口:肥猪、肥鹅、肥鸡,其二为南、北二京礼部额办药材。三、岁办工部军需之供,其一为工部额办颜料:槐花、乌梅、栀子,其二为工部额派岁造缎疋,其三为工部额办岁造解京弓、箭、弦,其四为南京工部额定粮长勘合纸,其五为南京工部额办岁造解京军器，其六为新安卫改造运粮浅船。

额外坐派之供，其目一：工部额外坐派之供，其一，嘉靖三十六年，工部题派四司料价；其二，嘉靖三十一年，工部题派砖料。

不时坐派之供，其目有四：一、户部不时坐派之供，其一，嘉靖三十年，户部坐派防虏军饷；其二，嘉靖三十九年，户部坐派协济江防军饷；其三，嘉靖四十二年，户部坐派协济海防军饷。二、工部不时坐派之供，其一，工部坐派城砖；其二，南京工部坐派青笙竹、青猫竹、黄藤；其三，工部坐派织造龙衣，自正德三年始，率二三年一派；其四，工部坐派木植，正德十年营建乾清、坤宁宫，嘉靖六年营建仁寿宫，三十六年营修大朝门殿，凡有大工则派；其五，嘉靖三十九年，工部坐派四连（《婺源志》作“运”）工料；其六，嘉靖四十年，工部坐派冠顶、仪仗物件；其七，嘉靖四十一年，南京工部坐派生漆、桐油等料。三、抚院不时坐派协济他郡之供，其一，嘉靖四十年，协济池、安二府迎接景王之国；其二，嘉靖四十四年，协济池、安二府迎接景灵回京。四、抚院不时坐派备边之供，嘉靖三十四年，抚院周牌行本府，将三十五年应编均徭人户提编一年，不分银力、差役，俱编银两，解贮松江府，听候军前备倭支用。

《婺源志》载：万历二十九年，坐派包纳矿银若干，至三十三年止。四十七年，加派辽饷若干。嘉靖中，南北多故，土木繁兴，岁赋军需之外，多不时科派，自工部四司裁为定额，余派出不时者，事已停罢。今行一条编法，一切军需，四司总称物料，如新例采矿、采木诸色，犹系曰不时，遵旧典也。

岁用之目有七：一曰俸廪，系秋粮内出。二曰祭祀，三曰乡饮，以上系均徭内编银。四曰收恤，系秋粮、均徭二项。五曰公费，派里甲该年丁粮及均徭内编银。六曰供应，出里甲该年自办。七曰乐育，原该院田出给。

岁役之目有八：一曰均徭之役，二曰里甲值月之役，三曰新定粮长之役，四曰新定收头之役，五曰解户之役，六曰军户之役，七曰匠户之役，八曰猎户之役。

《婺源志》论曰：予稽令甲，何其额外之目纷纷也？杂税起于熙宁十九年，盖均输手实之法，师桑、孔之故智，而愈多愈甚。相袭之久，视如故常，即荩臣谋国，按籍而取之，曰历代定额固然耳。邑里萧条，元元叩心，惟在上之人加意哉。

徽州府夏税派纳南京承运库丝折生绢八千七百七十九疋一丈一尺四寸。按弘治壬戌《志》载，国初乙巳年，歙县夏麦比附元额，亏欠正耗脚麦九千七百余石，合将本县轻租民田地三千六百四十六顷，每亩科丝四钱，补纳元亏麦数。此《旧志》之说也。见有甲辰、乙巳二年增减麦数可考。及睹《大明会典》徽州府南京承运库人丁丝折绢八千七百七十九疋四尺三分三厘二毫，与《旧志》之说异焉。据《会典》则徽之绢为人丁丝绢，非补麦绢也。且顺天八府俱派有人丁丝绢。据《旧志》，则歙之丝绢为补甲辰旧额，元亏麦数审为亏麦，即宜科麦补之，不应以丝绢折补也。且歙既已科正麦矣，不宜加重如是。矧丝非歙产，安得舍所产之物而责有于无耶？就令亏麦九千七百余石，以今官则准之，每石银三钱，约银三千余两而已。乃补八千七百七十九疋之绢，绢疋银七钱，总银六千两有奇，多寡之数，远不相当。司国计者，不宜有是式也。今歙之夏税与秋粮相等，歙民之不支久矣。成化间，黟民诉官田则重，即蒙裁减。有能缘此例以上闻，未必不蒙裁减之惠也。敬录《会典》《旧志》，参以鄙见，著之于篇，以俟后之观者稽焉。

万历四年，歙民帅嘉谟具奏：《大明会典》内开载徽州府人丁丝绢八千七百七十九疋四尺三分三厘三毫，递年户部勘合，遵典札府照前数征解。既无专派歙县字样，亦无免科五县文移。歙民枉代五县补纳。事下抚按议，以丝绢一节相沿已久，递难更变，合于歙县各项均平之内，减银三千三百两，以派五县。则歙县虽未减于偏累之丝绢，而已减于岁办之均平；五县虽量加于可增之均平，而实未改于二百年之丝绢。户部尚书殷正茂，歙人也，覆议以人丁丝绢，此六县之所告争者，岁征杂派，则六县之所相安者，与其抽减于所安之中，而无以杜将来之衅，孰若即此抽减之数，以绝百年不绝之争。而六县杂派仍照旧征派，则其名尤正，其言尤顺，其事尤易，而彼此之心允服矣。得旨以人丁丝绢三千三百两派五县，而婺源、休宁相继聚民，鸣金竖旗，几成大变。抚按不得已，行拿帅嘉谟究问，以谢五县。而后廉得休、婺二县之为首者拟辟，于是丝绢仍归歙县矣。

《徽州志》

胡编较记取矿之害：凡取矿先认地脉，租赁他人之山，穿山入穴深数丈，远或至一里，矿尽，又穿他穴。凡入穴，必祷于神，或不幸而覆压者有之。既得矿，必先烹炼，然后入炉。煽者、看者、上矿者、取钩沙者、炼生者，而各有其任，昼夜番换，约四五十人。若取矿之夫、造炭之夫，又不止是。故一炉之起，厥费亦重。或炉既起而风路不通，不可熔冶，或风路虽通而熔冶不成，未免重起，其难如此，所得不足以偿所费也。

造纸之法，率十分割粗，得六分净。溪沤灰庵，暴之沃之，以白为度。瀹灰大镬中，煮至糜烂，复入浅水，沤一日，拣去乌丁黄眼。又从而庵之，捣极细熟，盛以布囊。又于深溪用辘轳推荡洁净入槽，乃取羊桃藤捣细，别用水桶浸按，名曰滑水。倾槽间，与白皮相和，搅打匀细，用帘抄成张，榨经宿干，于焙壁张张摊刷，然后截沓。其为之不易如此。

论曰：徽郡保界山谷，土田依原麓，田瘠确，所产至薄，独宜菽、麦、红虾秈，不宜稻、梁。壮夫健牛，田不过数亩，粪壅缛栉，视他郡农力过倍，而所入不当其半。又田皆仰高水，故丰年甚少，大都计一岁所入，不能支十之一。小民多执技艺，或贩负就食他郡者常十九。转他郡粟给老幼，自桐江、自饶河、自宣、池者，舰相接，肩相摩也。田少而直昂，又生齿日益，庐舍、坟墓、不毛之地日多。山峭水激，滨河被冲啮者，即废为沙碛，不复成田。以故中家而下，皆无田可业。徽人多商贾，盖其势然也。其人并省啬为生，无兼岁之积，猝遇小灾，便大窘。故由唐以前，贡赋率轻下。唐世歙州赋不过麻苎，两税法莫可考。自陶雅刺郡，两税之外，别起三色杂钱，又以盐博军衫布，而此州之赋遂重于天下。自吴杨氏及南唐李氏皆偏据一隅，军兴上供费不赀，故征敛无制。宋兴，蠲正方镇税外多取之弊，令甲江东税绢重十二两，独歙州只十两为定，惟杂钱及军衫布未蠲。绍兴中，守臣章仅力言请减。乾道中，郏升卿乞将杂钱折绢减半。然南渡仰给惟江、淮诸郡，酒课茶税重甚，真德秀、袁甫、彭方尝以为言。元赋以田亩起税钱，科税粮，后以丝绵实非土产，折纳轻赍，赋虽不加于宋，而额外有金铁之课，民甚病之。国朝稽古定制，贡赋皆有常额，而额外无名之征及诸榷场，一概革罢。永乐迁都时，始有军需之派，遂岁为常额。其后稍稍额外增加。嘉靖以来，又益以不时之派，一岁之中，征求亟至。其弊孔之开，由一二大贾积赀于外，有殷富名，致使部曹监司议赋，视他郡往往加重。其实商贾虽余赀，多不置田业，田业乃在农民。赋繁役重，商人有税粮者尚能支之，农民骚苦矣。

歙志

《风土论》

国家厚泽深仁，重熙累洽，至于弘治，盖綦隆矣。于时家给人足，居则有室，佃则有田，薪则有山，艺则有圃。催科不扰，盗贼不生，婚媾依时，闾阎安堵。妇人纺绩，男子桑蓬，臧获服劳，比邻敦睦。诚哉！一时之三代也！岂特宋太平、唐贞观、汉文景哉？诈伪未萌，讦争未起，芬华未染，靡汰未臻，此正冬至以后、春分以前之时也。寻至正德末、嘉靖初，则稍异矣。出贾既多，土田不重，操资交捷，起落不常。能者方成，拙者乃毁，东家已富，西家自贫。高下失均，锱铢共竞，互相凌夺，各自张皇。于是诈伪萌矣，讦争起矣，芬华染矣，靡汰臻矣，此正春分以后、夏至以前之时也。迨至嘉靖末、隆庆间，则尤异矣。末富居多，本富尽少，富者愈富，贫者愈贫。起者独雄，落者辟易，资爰有属，产自无恒。贸易纷纭，诛求刻核，奸豪变乱，巨猾侵牟。于是诈伪有鬼蜮矣，讦争有戈矛矣，芬华有波流矣，靡汰有丘壑矣，此正夏至以后、秋分以前之时也。迄今三十余年，则复异矣。富者百人而一，贫者十人而九，贫者既不能敌富，少者反可以制多。金令司天，钱神卓地，贪婪罔极，骨肉相残。受享于身，不堪暴殄，因人作报，靡有落毛。于是鬼蜮则匿影矣，戈矛则连兵矣，波流则襄陵矣，兵燹则陆海矣，此正秋分以后、冬至以前之时也。嗟夫！后有来日，则惟一阳之复。安得立政闭关，商旅不行，安静以养微阳哉！

婺邑五年一徭，十年一役，后改为均平。均平者，见役里甲，赋钱于官，给一岁用也。既输此，甲首归农，里长在官，专事追征勾摄。其法自隆庆三年，巡抚都院海奏行一条编例始。岁用分为四款：一曰岁办，谓每岁必用之常也；二曰额办，谓二三年一用者也；三曰杂办，谓储用无常，待不时之需也；四曰杂役，谓并力差于银，悉从雇募者也。其银则征收贮库，临期支给云。

《兵防论》

夫徽在万山间，缭延崄峻，较之平原广野，防御宜易。然当宣、睦、衢、饶、池阳之中，界联三省，山寇窃发，数百为群。土人聚族而居，不习兵革，一闻小警，挈家逃避，近邑者避城郭，远邑者避山谷，所遭焚掠，亦甚惨矣。乃其从入之道，大要可睹。由宣来者警先绩，次则歙之北界，故丛山关、新岭关为正道，箬岭关为间道；由睦来者警先歙，次则休之南界，故街口、司昱岭为正道，连岭、白际岭为间道；由衢来者警先婺，次则休之南界，故大鳙岭、小敛山为正道，连岭、白际为间道；由池来者警先黟，次则祁之北界，故羊栈岭为正道，大共岭为间道；由饶来者警先婺，次则祁之西界，故婺之七里亭为正道，梅林铺、长降岭、平鼻岭、莒径为间道，祁之倒坞为正道。然此亦大较言之，若论缓急，其重惟婺源乎。夫婺源当浙江之冲，为一郡藩蔽。今县东大鳙岭界南三十里为衢黄冈，又四十里为云雾山，寻流合河为尤溪口，寻河合官路为华埠，顺流一百三十里为西安之铜山，铜山者，铜矿山也。合金、衢、严、处、绍、徽，荷戈采凿，常数千人。岁久脉枯，矿几为竭，亡命之徒，不足以糊其口，乃始集华埠为盗。故铜山之祸，机潜而势缓，犹蓄毒也。华埠当通道，有市店，逆流由马金渡休及歙，顺流捷通衢、金，会徽之水路于严州，陆横出德兴，过玉山，岐多而难缉，盗恒出没于是。故华埠者，盗之集也。尤溪口塞群山之隘，多坊店之居，盗于是泄有而通无，交通之久，坊店利其有，而间为之居停。故尤溪口者，盗之窝也。云雾山当万山之会，外严而中衍，蓬居之民，不下二百余家，猿溪鸟道，连络诸郡。故盗恒据之，始则山客与盗犹相忮忌，既而通货贿，狎妇人，更相与为奸利，而郡居之矣。故云雾山者，盗之巢穴也。黄冈山密迩大鳙岭，盗之行劫于大鳙岭者，率先日居之，晨趋行劫，暮转宿于黄冈，次日乃得散去。故黄冈者，盗之停驿也。诸皆环婺而近，婺尚可得而安乎？婺不得安，则歙、休之守不固，而事愈可忧矣。至于郡邑卒伍之制，则犹有可议焉。国初之郡，止以卫所之军拱保障。迄成化间，大司马马文升始因卫兵耗脆，更置民兵，而卫兵几为虚设，既而民兵亦敝。嘉靖乙未，御史虞公因宣事复加区处，奏请行之，可谓实矣，尚无明效，何也？比闾族党之法废，一切支吾，皆苟道也。试以今事明之，郡盗之兴，非尽异郡，要必内蠹先为之地，内蠹窥伺已熟，乃始勾引外贼。此非周法之废、民无职业之明验欤？远恃卫兵，则请调迟阁，无以急民患；近赖民兵，则迁延逊避，无以摧敌锋。兵民既分，情势之趋，固如此也。宜仿王文成十家牌法行之，庶乎盗可弭而民可安矣。

附注

注一：牛田、马田，即菜田。

注二：宣德中，安得有高淳？高淳自弘治中设。

注三：州判姓侯。

注四：《广德州志》：太祖下江南，广德率先归附，遂令民粮全免，其马草亦以宪臣建议而然，亦非上之制也。其田亩米亦宪臣献议所定者。自永乐至天顺间，悉一亩纳一升。成化中，都宪王公恕再加年升，以损官粮之一。后都宪何公鉴因生员弥钺等上章，谓非高皇仁民之本意，遂照旧亩科一升。今至每亩一升二合者，盖有司以每岁洒派未给，乃因而加之，非定制也。

注五：《庐江志》：以上逐年派取买办，或此或彼，初无定规，而或多或少，亦无定数。其价之轻重，则随时低昂，从部所定，谓之岁派。

注六：凡所置管军百户十人，并以选充，其余皆带俸如指挥例。管军百户缺，则以所镇抚代。

注七：《徽志》：新安江源一出歙之黟山，一出休宁之率山，一出绩溪之大鄣，一出婺源之浙岭。四水皆达歙浦，会流至严州，合金华水入浙江，为滩三百六十，水至清，深浅皆见底。

注八：一作黝。其山盘据，宣池江、浙诸郡，而为镇于徽。

注九：扬之水出绩溪龙从山，西逾于朱砂崖，过临溪、荆溪，注于周潭、油潭，而绕于神砥（神砥石在郡西北域趾下，地设巨石以择洪泻），与前二水会，而汇于练江。其与扬之水会者，一曰武洪水，水出休宁捎灵山之半壁，过武洪村；一曰昌溪水，水出柳亭山，过双溪；一曰黄溪水，水中乱石嶙嶙，洪港斗折，淙流腾激，其疾如箭，亦名八十里苦是也。其别流而不与练江会者，绵溪水也。出绩之佛论岭，东南过于凤、池，与篁墩湖之水共汇于泽渡，注于街口，合诸水，下严濑，入于浙江，以放于海。

《续志》：扬之水源出绩溪龙从山，南流合大鄣山水，入歙县界，直抵府城，而合黄山诸水，是为练溪，南达于浦口。

歙浦在县东南十五里，乃新安诸水会聚处。

注十：邑之大川曰练江，其众流所汇，不可胜纪。要皆发源于崇山，下赴于大壑，襟带于郭西，注于渔梁，下于歙浦，会休、婺、黟、祁之水，同为新安江。其受黄山之水，则统名曰丰乐，派于贾溪、阮溪、容溪、浮溪，支于汪溪、潦溪、龙摆溪、笙溪、琴溪，四合于仙人台，溢于昌堨，注于状元潭，迤于昌堨，与大、小母堨水会，逾于沙漠、源渡，过百花台，及于龙王潭南，又与富资、布射、扬之水会。富资水出箬岭云云，布射水云云。

注十一：过吕公滩。

注十二：府南三里。

注十三：浦在县东南十里。

注十四：南流百五里入严州界。

注十五：《畿志》：县南十二里。

注十六：府北四十里。

注十七：流至县北三十里。

注十八：在县东百十一里，接严州界。

注十九：南百里。

注二十：《婺源志》：此山为庐、浙二水发源之祖。自绝顶飞瀑，流至仙侧，所谓仙人跨涧，此浙源也；山南之水，自清风岭之巅，石罅泠泠，出非一处，流为金砂涧，绕须弥庵之左，经白云庵前，趋龙湫，此庐源也。

注二十一：黟县西南十里。

注二十二：县南七十里。

注二十三：县东南三十五里。

注二十四：隋大业中，汪华筑郡城，自黟徙治于此。

注二十五：山之南为婺源，其水南下而西流者，过饶州，汇于彭蠡。山之北，水源有二，皆山巅瀑泻而下：一自望仙岩流出梅溪口，入祁门界，合孚溪水，东南流入休宁；一自高湖尖流出彭护坑口，东与梅溪、孚溪水会，又东至江潭溪，浙溪之水赴焉。浙溪水出婺源浙岭，东流县南一百三十里，一名浙溪。

注二十六：高湖山在县西一百二十里。

注二十七：邑西七十里。

注二十八：邑南五十里。

注二十九：县西一百五十里。

注三十：县西三十六里。

注三十一：县西南四十里

注三十二：南门外一里。

注三十三：府南五十里。

注三十四：在城内西隅。

注三十五：水左右分流，合武口，入鄱阳为庐江，故名。浙岭西。

注三十六：县北九十里。

注三十七：县北九十里。

注三十八：婺源诸水皆入鄱湖，惟此水东派入休宁，达浙，故名。其西派则汇鳙水。

注三十九：此山之水东会休宁、祁门、黟县诸水，至歙浦，又会绩溪、歙县诸水入浙江。

注四十：《县志》：自浙源东脊出者为浙源，自浙源西脊出者为庐源。

注四十一：县西北百二十里。

注四十二：县西北九十里，婺水出焉。

注四十三：县北百一十里，东界休宁。

注四十四：县北百里。

注四十五：与休宁接界。

注四十六：西北百二十。

注四十七：东南界婺，北界休宁，西界浮梁。

注四十八：接开化县界。

注四十九：为休、婺界五岭，此其一也。初驿道自中平经大阪达休宁之黄茅，沿涧曲折，谷水暴发，则桥道皆坏。宋汪绍捐资辟路，从吴蓉（山在县东八十五里）、葑镜（岭在县东九十五里）、毕闻（岭在县东一百五里）、塔岭直抵黄茅，较旧近十五里，且无水患。

元院判汪同复开拓之，今为通衢。扶车岭在县东一百二十里休宁界。

注五十：西百一十。

注五十一：西南接浮梁、乐平界。

注五十二：在县西一百二十里，一名那山。梅岭去梅山十里，为徽绕通衢。

注五十三：《县志》：县水西北从鄣山大广之南出为婺水，东南流二十五里为莒径水，四十里合施村水，至清华合月岭水，又合浙源、沱川二水，过思溪，合新岭下源由水，至出溪，会东北汪口合流之水，至石门滩南，绕县治，入鄱阳湖。北从浙源山东出为浙源水，东流五十余里至休宁界，会休、祁、黟诸水，东入屯溪，又南入歙浦，归于浙江。北从浙源山西出为浙源西水，西南流十五里至双路口，合庐源水，至沱口，合沱川，入于清华，会于武溪，绕县治。北从庐岭山出，曰庐源水，南流五里为庐坑，至双路口，合浙源西水，入于清华，会于武溪，绕县治。东北从龙尾朗山四岭、觉岭出，为东北水，其发源四岭、觉岭诸山。而西北来者为段莘，龙尾水发源对镜、辛斗诸山。而东南来者为外庄溪头水。四水前后合于武口，出于汪口，会于武溪，绕县治。东从石耳、芙蓉之山出，为正东水，发源屏障山，流十里，西合济溪水，又合鳙溪水，西过旃源水，至于中平镇，过江湾，东合东北诸水，于汪口会于武溪，绕县治。东从大鳙之山出为鳙水，东至衢州，过兰溪入浙江，其西流者二十里，合济溪水于镇头，入于汪口武溪，绕县治。东从斜山之水出为斜水，南流九十里，合婺水，绕县治。东从小敛山出为小敛水，南流四十里，西南入于邑之下流。西北从福峰之山出为桃溪水，南行三十里，东合考川水，过嵩安，绕于扶乔尖，至福阳，南入于邑之下流，入鄱湖。西从梅源之山出为梅源水，出角子尖，行十里，合船槽岭水，过湖山李白渡，合于官会坑，至福山，南流七十里至太白，南入于邑之下流，福阳在邑西十里。西北从石龙山出为杭溪水，南流五十里，至于杭口，入邑水。西从嵣崌山出为漕溪源水，南流三十里过乌龙潭，注为漕溪，入邑水，至鄱阳。西南从浚源山出为浚源水，南流三十里，入于吴溪，至鄱阳。

注五十四：县东北八十里。

注五十五：县东九十里。

注五十六：二十里合济溪水于镇头，入于汪口武溪，绕县治。

注五十七：婺州水源于此，故县名婺源。

注五十八：县西一百四十里，周回绵亘数十里，接乐平界。

注五十九：南流八十五里，绕县城，又南流四十里，合斜水。

注六十：县东南九十里。

注六十一：邑东七十里。

注六十二：县东一百里。

注六十三：邑东五十里。

注六十四：县南十五里，众水所注。

注六十五：柏溪桥在县北三十里。

注六十六：并县西一百里。

注六十七：县西一百二十里。

注六十八：县西一百四十里。

注六十九：邑九十里。

注七十：邑西一百里。

注七十一：县西南七十里。

注七十二：邑北十五里。

注七十三：县东南三十五里。

注七十四：绩之介丘，莫尊于大鄣，而察其原，实起于西北，曰大会之山。是山也，南一支，四十里至翚山，为县治，由翚山一支，北至大獒山，又东四十里至笼岌山，伏而再起为丈尺山，右折为石金山，南抵唐金山，为越国祖墓，其左折十余里，度石柱岭北，东迤逦，起为大鄣。其山南一支，走百余里为新安郡治；东一支，走七百里为钟山；又东一支，至钱塘为武林。

注七十五：周一百五十里。

注七十六：中有道通宁国界，旧有寨，因呼为丛山关。

注七十七：龙须山在县东二十里，高五百仞，周三十里。

注七十八：为走金陵通衢。

注七十九：在佛论岭西北。

注八十：扬之水出笼岌山，其北流径宣入于扬子江，其南流四十里至大屏山，乳水自西来注之，又南五里历灵山之麓，翚水自西来注之，南至于象山二十里，又东会于登源之水，又西会于上溪之水，合流纡繘四十余里，入于练溪，径紫阳山，北流入于钱塘，又东入于海。翚山之阴诸水会注于旌川，至芜湖入扬子江。绩之水，此其大都焉。南流二十里为扬溪，又南流二十里过邑东，绕梓潼山麓为绩溪，一名清溪。又南二十里至准陵山，为临溪，又南四十里入于练溪，皆名扬之水焉，径紫阳山入于浙江。梓潼山在县东三里，又东为大屏山。

注八十一：《县志》：并入扬之水。

注八十二:《县志》:并入登水。

注八十三:邑西南二十里。

注八十四:东南流十余里为徽溪,过来苏渡(邑西二里)入于扬之水。

注八十五:婺据徽、鄱之交,俯吴中,鱼楚尾,穷僻斗入,重山复岭(朱子跋《滕南夫集》)。

注八十六:县东南六十里。

注八十七:县北六十里。

注八十八:次则休之南界故。

注八十九:白际。

注九十:次则休之南界故。

注九十一:小敛山。

注九十二:故婺之。

注九十三:梅林。

注九十四:平鼻岭莒径。

注九十五:次则祁之北界。

注九十六:即今太平镇。

注九十七:即永安镇。

注九十八:次则歙之北界。

注九十九:巡按御史虞守愚。

注一百:然拘儒俗吏,往往泥亲丁之说,拘包当之短,遂使有力者辄以家奴应名,即谓之亲丁,有无膂力技能,有司不问也。乡民间有佣市民自代者,则又皆柔猾便捷之徒,有司苟利其奔走,其有无膂力技能,尤不暇问,纵有其人,又未免因于差遣,疲于送迎。然则其衰耗不振，去今之军伍者几希矣！安望其为国捍御也。

注百一：兵有众寡，阵法亦异，要使疏密之间，足成行列。又宜仿河北、南赣攒操之法，每岁以季冬群赴于府，府巡捕合而演之，至月终，郡守亲临大阅，旌别赏罚，而后遣事竣，则课诸县之殿最，以报于抚按。其废而不举者，让之。训练有方，又必养其锋锐，操演之外，惟逐捕奸宄则役之，修缮城池则役之，械送罪囚则役之，卫护敕使则役之。非此。

淮南备录

《淮南水利考》

《禹贡》曰："沿于江、海，达于淮、泗。"注曰："流而下曰沿，沿江入海而入淮。"禹时江、淮未通，故沿于海。至吴始开邗沟，隋人广之，而江、淮舟楫始通也。丘文庄公云："此则禹时已有海运矣。"愚按：常、镇、淮、扬、金陵，皆有邗沟，与江、淮原自相通，但由射阳湖屈曲多险，吴开扬城下，取其直尔。三国时以无运而塞，隋因平陈而广之；五代时以无运而堙，周以平吴而浚之；元以兵阻而废，洪武、永乐间以漕运而复之。以后觇前，则春秋时以无贡而塞，吴因取齐而开之，非创开于吴也。以水道观之，六合、仪真、瓜洲、白塔河皆可达淮。设使禹果运海，不过出狼山收料角，不半日即入邗江，何必犯海涛、收淮口，而后入淮、泗邪？

《禹贡》曰："九泽既陂，四海会同。"传曰："九州之泽，已有陂障而无溃决。四海之水，无不会同而各有所归。"注疏亦如此。愚按：禹之导川距海，先障于上流，而世只以为疏下流也。

《舜典》曰："咨禹，汝平水土"。愚按：水至平也，惟土有高下。水从下而汜焉，不能赴于海尔。禹陂下而穿高，所以奏平成之绩也。《史记》以沿江、海之沿作均。师古曰："均，平也"。

《宋史》用水工准法。又曰：度江、淮使平。又曰：楚州平河之法。盖古人平水，用于天下，而淮、扬漕渠为尤切要云（统而言之，淮、扬之地，西高而东下；分而言之，扬之地高于江、淮，海边之地高于河湖。平江之法，以是为则）。

《益稷》曰："禹曰：予决九川，距四海，浚亩浍距川"。注云：先决九川之水，使各通于海；次浚亩浍之水，使各通于川也。宋人分河，则浚川距亩浍矣。史氏谓其竭天下之力以治河而无益。我朝为堰闸，距川以之海，正以防其距亩浍而伤漕农也（禹九州原有川，禹但决其壅耳，非宋人之平地穿渠也）。

尧为伊耆氏。《记》曰：伊耆氏始为蜡，有曰防者，后世堤堰之始也。《祭法》曰：禹能修鲧之功。鲧之功，惟障而已。障即防也。《禹贡》曰：九泽既陂。陂亦防也。防固尧之法也。使鲧之障非尧之法，则试可之命，不终日而褫矣，宁俟九年邪？故尧之防、鲧之障、禹之陂，所以成疏之功者，益、夔、稷、契诸圣人论也审矣，何平当以为经义治水，有决河深川，而无提防壅塞之文？贾让亦曰："提防之作，起于战国"。无稽如此，曷足道哉！

按：禹之疏，多在河间；鲧之障，开封为多，相去千里。假令开封浸而无障，必俟河间之疏以入海，淹以旬月，则开封之民溺死久矣。今查堤之用以裨漕溉田者，列于后方。

崔学士《治河通考》所载黄河北行障水之堤：

自荥阳至千乘（千乘，今滨州，乃古千乘郡。而金堤在大名府之清丰、南乐二县界内），千余里，名曰金堤，又名古堤，历代修筑以御河患。自河内北至黎阳（今大名二府浚县），为石堤。自汲县筑堤，东接胙城、滑县，西接新乡、获嘉，东南接延津，名曰护河堤，亦曰汉堤。

《宋史·河渠志》所载禹时黄河障水之堤：

伯禹古堤，在大坯（今浚县）南足。雒掌科奏筑今黄河南行障水之堤，有关于漕河者，列于后方。黄河南岸旧堤，自开封府境至兰阳县赵皮寨止。赵皮寨东经丁家道口，至茶城，凡五百里，尽未有堤，相应筑接旧堤，以绝南、射、萧、砀、虞城之路。黄河北岸古长堤，起自修武县西界，东至沛县窑子头止。自窑子头至茶城七十里无堤，相应筑接古长堤，以遏北犯丰、沛之冲。自河南至山东之曹、单，俱有长堤，以御河患。

右据中土之障河必用堤，则淮南之必用高加堰、西长堤以御河、淮也，不待言矣。知中土之溉田，徐、济之护漕河，必用堤堰陂礅，则知淮、扬之必用之以漕以溉也，不待言矣。

孔子曰："君子之道，譬则防与！"又曰："夫防，止水之所由来也。"又曰："以旧防为无所用而去之者，必有水败。"由孔子之言而观之，则水之不可无防也，尚矣。孟子曰："禹抑洪水。"夫抑，裁也，止也，固孔门之法也。

禹有疏有防，平当、贾让不疏不防，汉武防而不疏，宋人防自防、疏自疏，惟汉王景有坞流法（"坞"当作"堰"。《周礼》作"偃"，一作"匽"）。筑堤千里，商度地势，凿山阜，破砥碛，直截沟涧，防遏冲要，疏决壅积，十里立一水门，令更相回注，无复溃漏之患，所以东汉及唐无大水灾。我朝陈平江之治淮、扬运河，不止法景，又兼汉陈登、晋谢安、唐李吉甫、宋柳廷俊诸人之法，缵禹功也。

禹至今，地名更而山川不易，读《禹贡》者，但据不易之山川而求之，可也。《禹贡》："九河在兖，入海在冀。"文互备也。汉王横求九河于冀而不得，遂以为皆沦于海。夫沦海者必濒海，九河不濒海，何以沦焉？使皆沦，则河从沦入海，而中原无水患矣。犹有患，则横之言不然矣。今据九河之道而言之，其三在济南：曰鬲津者，《汉志》曰鬲县，自商河经禹城、平原，由德平东入于海；钩盘者，汉盘县也，与献县邻，由德州入海；马颊者，与东光县邻，自济阳合商河以入海。此三河各一枝，非黄河之所分也。其六在河间：曰太史者，在南皮县北；简洁，在南皮县南；徒骇，在德州废青池县；扶苏，在景州东光县；覆釜，在庆云县。此五河亦各一枝，与黄河为六，同入于海。噫！济南、河间之地在，而沦海之说行，何哉？

《禹贡》："导淮会于泗、沂，入于海。"泗、沂会处，今清口也。《水经》："淮水至于广陵淮浦县入于海。"淮浦亦清口也。若以泗、沂在山东，广陵在扬州，岂不误哉？大抵《禹贡》所指入海之路皆宽，则大坯、碣石亦必如泗、沂、淮浦之远。九河入海，二口在济南，一口在河间。三口同是逆河，潮汐至，推河倒流，退则河推潮汐而出，彼此相迎也。九河多湮，禹始通之，入于逆河。江、淮与海亦相迎，不曰逆江、逆淮者，非禹导也。余所言非文字间。如余所言，则河、淮之道明而水治，如旧云云，则其道迷而水不治。

《左传》：哀公九年，吴城邗沟（注一）。《水经》曰：淮阴县有邗江，东北通射阳西北至末口。旧志云：邗江在清河治东一十里龟山镇后入淮，所谓末口也。《齐书》谓之官渎。《一统志》云：隋大业间，开邗江自淮阴山阳至于扬子江，谓之官河。唐宋以来，利于转输。我朝侍郎王恕作《漕运志》，始专以运河名之。宋殷蟠等议，因舟渡北神堰外至末口，有山阳湾之险，乃开里河，由淮阴至末口。《通鉴注》云，北神堰在楚州城北五里，吴夫差于此立堰者。盖淮水底低，沟水底高，恐其泄也。舟行渡堰入淮。今新城（洪武初创建）北辰坊（北神，史亦作北辰）有北闸，亦为末口。其堰则今五坝、西长堤，皆因夫差之意而置者。（《南北对境图》曰：淮阴县北距淮五十步，此《水经》所指之淮阴也，末口在此。《宋志》云：淮阴县在磨盘巷。今清江浦也，殷蟠所指之淮阴也，运河由此以出末口。吴开邗沟，为取齐也。淮北为齐地，故由此口为正，东北口为奇。或谓末口在江都，通六合，不能通淮，且非取齐之道也。）

汉宣帝地节元年，广陵王相胜之奏夺王射陂莳田予贫民。按志，射陂即射阳也。陂，塘也。莳，茭苇也。塘田可耕，茭苇可爨，山阳之利也。凡山阳之水西流者，由阜陵湖入淮。湖水盛，则由青州、高良二涧，循三汊河，入洪泽、白马诸湖中闸管家湖运河，由菊花沟、十字亭沟、灌沟、辛店沟、平河，溪泾河、故城河、寿河入射阳湖。射阳湖自南而北，折而东，东而北，又折而西，为淮。西而南，南而复北，北而东（《嘉定志》言如此），屈曲回旋。凡滨湖之马逻港、太仓浦等数十水（水名具嘉定八年），四面奔趋，皆会于射阳湖。由故晋口至喻口、庙湾口以入于海者，常也，水极大。亦由石础以入海者，不常也。其建义港、芦沟浦则向北以入淮。盐城之东，其水由海浦、伍佑、新兴东入于海，不与内水通。西南之水，若小海、大纵湖、马鞍湖、鱼鳔湖、得胜湖及官河、盐河、芦沟河、界河、东界河、汉河、东塘河、西塘河、旧运河、新运河与新杨浦、侍其汉，其水皆西入射阳湖，至县东北□里□□口入于海。石础口北距庙湾口。庙湾口地高，石础诸水不能至；石础口地高，射阳湖水小亦不能至。其间冈门、塘桥、新河、庙洋、麻港诸小渠开通，亦可以助□□之流。官河、运河皆运盐河也，今淤沮水不至。石础、界河者，与兴化分界之河也。兴化之水，其半由盐城界输于石础，其半由高邮入盐城。若高、盐之水道不通，则兴化浸。射阳湖之利害在宝应者，与山阳颇同，以南无恙，故略之。又按《汉志》云，射阳者，射水之阳。县治在郡城西。若今之高加堰、西长堤、漕河塘皆陂也。陂成，故可溉可漕。若射阳湖，则不可陂，纵有陂，而上流之堤堰坏，陂亦无益，故陂于山阳为用最急。今山阳之民不讲陂，而日惟市井刀锥之竞，无百年之家，愚不知其说。及观《韩信传》云，“信不能为商贾，又不能推择为吏”。则山阳之民贫，由不为农，太史公已灼知之矣。

献帝建安四年，下邳陈登为广陵太守，治山阳，筑塘为田，民享其利，号曰陈公塘。按史，登有威名，性兼文武。其所筑岂止于真州，凡淮、扬之塘堰，必皆其遗惠也。（《淮安旧志》云：宋楚州司户参军李孟传加葺境内徐积墓，修复陈公塘，有灌溉之利。则楚州境内亦有陈公塘矣。宋绍兴九年，钱冲之所修陈公塘，李孟传为之记，则在真州者也。）考之地势，西高而东下，寿在西，淮、扬在东，水直泻去，何利之有？公之为塘，自寿而来，不止一重，水有畜泄，高卑皆得其利。三国兵争，空江、淮之地而不居。吴始经营扬州之田，魏复扰而取之。晋祖逖、荀羡、谢玄图取中原，俱屯淮阴。谢安牧扬州，兴召伯埭，以屯以漕。隋之平陈，乃开山阳渎以备巡幸，而堤以御名。唐因于隋，李吉甫益修塘以通运（今运堤），李承筑堰于山阳，专以溉田捍海（今山阳东有长丰堰，以捍海潮）。周之有事江南，亦开老灌河。而南唐方为白水营田，阻于多议。宋取南唐，实用其策。畜泄之利，较昔为详。我朝漕艘盐策、军屯民田，咸有资于水利。大抵堤堰、塘坝、闸洞、泾涵之置，悉委之平江，而平江集古人之大成也。

白水塘在今山阳、宝应、盱眙之界，魏邓艾筑此灌田储粟，晋亦于此屯田，以为中原之图。

魏与吴战，不克而还。帝到精湖，水稍退，留船付蒋济而先驰去。济凿地为四、五道，蹴船令聚，豫作土豚遏断湖水，引船一时遏入淮中，乃得还。帝至洛阳，谓济曰："吾前决谓分半烧船于山阳湖中矣。"愚按：土豚一作土塍，一作土坉。土坉，注云：以草裹土筑城及填水也，若今之为埽堤，遏湖水令聚以通船也。分半烧船，谓不得全船入淮，将烧其半也。宋白曰：山阳本射阳地，晋义熙置郡及县，因境内有地名山阳，因以为名也。戴延之《西征记》曰：山阳，津名，在郡城之西，即山阳湖也，又名精湖，又名津湖。盖魏时船行于郡城之西，其时水浅，故济于湖中为土豚，聚水以行舟。虽一时之法，而后人堰湖以通运舟，殆其意也。

运道径宝应湖而北，穿河行舟，过白马湖。自白马湖而北，穿河行舟，至淮城之西南，泛津湖，抵板闸，穿河行舟，至清口入淮（史志皆用古地名，读者一时难考。今直以今地名言之，今人易知耳。古地名前后各条具有矣）。缘津湖多风险，宋人于湖中心筑土堤。至天顺间，易以石，名曰新路。舟行舟泊，安稳如堂奥，不觉其为湖，而直谓之运河矣。其堤间有数闸，平时不令河水入湖，涸时则引湖入河。盖自扬至淮，皆资湖以济运。而清口以南数十里，最忌河、淮带泥沙以入，故为五闸以防之。犹有浅淤，穿淘不免。但运河乃国家大计，而独役山阳之夫，所谓行夫者，日点月调，不胜其苦。倡为由闸之说，放河、淮以入内，以苟一日之安，久之水去沙渟，河底反高于平地，益费挑浚之力而自苦也。

大抵运河惟浅涩为患。魏之土豚、宋之车亩、近时之牛牵（车亩详后。牛牵，以牛挽舟也。盖水涸人疲，而以牛代人也。嘉靖初年用之，既而掘地引湖乃已），运舟日行尺寸。考之洪武、永乐、天顺屡浚，皆调江南之夫；正德、嘉靖以来，皆调山东、河南、江北夫。每大浚一次，辄通利数十年。今久不大浚。自清口至宝应，数有浅阁，迄今不浚，将恐填灭。宜用汉人之法，不必多调各处，不必独累山阳，惟募远近贫民为夫而不吝其值。志谓可以事诸浮食无产业民，空居与行役同，当衣食县官而为之作，乃两便。正此意也。闻之故事，皆科部典其议，朝命大臣或漕臣董治之。今漕臣知而不敢言，科部又未必知，愚以国之利害，故备论其事以俟云。

《水经》云，淮阴县有中渎水，谓之邗江，亦曰韩溟沟，自江东北通射阳，《地理志》所谓筑水也。西北至末口，一曰北口。晋永和中，自广陵北出武广湖之东、陆阳湖之西，相距五里，下注樊梁湖，东北出博支湖、射阳湖，西北出夹耶，乃至山阳。是时陈敏患湖多风，乃穿樊梁下注津湖，径渡十二里达北口，直至夹耶。兴宁中，复以津湖多风，又自湖之南北口，缘东岸二十里，穿湖入北口，自后行者不复由湖。蒋济《三州论》又谓淮湖纡远，乃凿马濑百里。马濑，白马湖也。盖径白马湖至山阳城西，即射阳之故城也。愚按：中渎水，又谓山阳浦，又东入淮，谓之山阳口，与邗江、筑水，皆今运河也。晋以前，由诸湖屈曲多风险，至陈敏始为直径，谢安更为埭，其后隋皇甫诞、唐李吉甫、宋张纶柳廷俊皆修陈、谢之旧也。我朝平江伯修之，其制尤备。

魏侵宋淮、泗，宋主以为忧。何承天言：“凡备匈奴，不过二科（宋都建康，以淮、泗为边。魏本匈奴，故承天云云），武夫尽征伐之谋，儒生讲和亲之约。若今追踪卫、霍，大田淮、泗，内实青、徐，发卒十万，不足为也。唯安边固守，于义为长。故曹、孙之伯，才均力敌。江、淮之间，不居者各数百里，何者？斥堠之郊，非耕牧之地，故坚壁清野，保民全境，俟其来以乘其弊。"承天之论如此。按：晋及六朝，大农匮乏，俱屯守淮阴以备储胥。若祖逖以卒三千屯淮阴，起冶铸兵，兵食足而后能遂其誓清中原之志。谢玄先屯淮阴，次屯邳、徐，兵食足而后能捷淝水以入洛阳。其自中原取江南者，若晋之平吴，亦屯田江北以为兵食之资。今淮之细民，惟市井是食，语及田夫，则诮让不屑，万一南北断绝，仓廪空虚，民何以为食，官何以为守邪？我朝漕府仓司，并设于淮，实寓军政，而塘堰闸坝诸水利尤兼屯法，士君子幸注意焉。（晋之末年，人衣珠玉纨绣以死，求一饱而不得。此江、淮之共苦也。元之末年，求蛙蚌螺蛤以救饥而亦绝。此淮城之独苦也。今淮人趋市井、习刀锥以为世业，而不为农，岂知晋、元人之至苦哉！）

《齐书》云，官渎在山阳西，一名直渎。按：《齐书》曰渎、曰涧，皆今运河也。

北齐谷贵，尚书左丞苏珍芝议修石鳖等屯，自是淮南军防食足，少止转输之劳。杜预曰：邓艾于此作白水塘，北接洪泽，屯田一万三千顷。按：白水，即石鳖也。

《一统志》云，古邗沟多迂曲。隋大业间，发淮南兵夫十余万开邗沟，自山阳淮阴至于扬子江三百余里，水面阔四十步，而后行幸焉。此后世运道直径之始也。

隋炀帝至破釜涧，适驾至而雨，乃易名洪泽涧。《齐书》

云，洪泽涧在淮阴镇东。淮阴镇，今清江浦也。《齐书》又云，割直渎洪泽以东淮阴镇下流杂一百户置淮安县，属山阳郡。宋洪泽闸因此而名。或者误以洪泽镇为洪泽闸。盖镇在清河南岸九十里，近盱眙界，非隋涧宋闸之所在也。《盱眙志》亦有破釜涧，名偶同耳。且如山阳之韩王庄有二：一在城西，乃韩信所生之地；一在城南，名偶同也。射阳县在城西，乃汉县及射阳侯国之所在。射阳湖在城东，名偶同也。以韩庄、射阳而例之，洪泽名实辩矣。

唐睿宗太极元年，敕使魏景倩引淮水自黄土冈以通扬州。黄土冈在清江浦北。直河，今运河也。是时清河县南地为盱眙界，《唐书》云，楚州盱眙县有直河，是也。

玄宗开元初，青苗使杜佑为淮南节度使，决雷陂以广灌溉，斥海滨弃地为良田，积至十万。

开元中，刺史齐澣开伊娄河。旧河在州北绕瓜洲，回远六十里，今为运河也（注二）。

开元末，刺史齐澣以江、淮漕运经淮水波涛，运舟沉损，请浚汴水下流，自泗州虹县至楚州淮阴县八十里合于淮。既成，而水湍急，舟楫艰难，寻乃停废，却行旧河。按地理，虹不通淮阴，云八十里，则淮北桃源、清河之界也。

唐堰在淮城西南九十里南店地方，乃唐人所筑也。其堰中高，旁夹以二子堰，其形为一，中有萧家闸，盖畜水以灌堰西之田。西畴水足而徐灌东田，盖因地势以行水而为之利也。后堰为龙所破。因在山阳、盱眙、宝应三县之界，故无专论之者。

肃宗上元元年，户部侍郎兼河南道水陆转运使刘晏自按行淮阴，达河、汴，为通济渠。

代宗大历中，淮南黜陟使李承奏置常丰堰于楚州，以捍海潮，灌屯田瘠卤，收常十倍。旧志云，去城东六十里。按：今海潮有范公堤以障之。其自庙湾口入者，每东风大发三五日，常遏海水入射阳湖，湖水涨溢，常至平河溪，溪田多浸。范公堤未筑之前，常丰堰之功岂小哉？

德宗贞元四年，节度使杜亚自江都蜀冈之右，引陂水趋城隅，以通漕挽，溉夹陂田。

吕周作《泗州大水记》云，贞元八年六月，桐柏山水大注，东风驾海潮逆上，冲壅淮、泗，开府张公伾治之，自虹至维扬五百里，下及邳、徐，逾年而城邑复常。

贞元十八年，扬州大都督府长史李袭誉引雷陂渠，又筑句城塘，以溉田八百顷，有爱敬陂水门。

宪宗元和三年，节度使李吉甫于高邮筑平津堰，灌田千顷。宋平河之法始此（注三）。

穆宗长庆三年，开楚州棠梨泾，一云长利泾，在淮阴县南九十里。宋《河渠志》云，凡泄水处，直曰泾，横曰浦。今淮扬间往往有泾浦云。

敬宗宝历二年，盐铁使王播自扬州阊门外古七里港引渠东注官河，以便漕运（注四）。

昭宗景福元年，朱全忠将时溥遣兵二万南侵至楚州，杨行密将张训、李德诚败之于寿河。志云，寿河在淮城东南，其水盘结如绶。本为绶，今作寿。按：今城南漕堤之东，有渠常涸，惟雨集则流通，至平河溪，经射阳湖入海（凡潦水、决水，皆由此路）。

天复二年，杨行密攻朱全忠之宿州，以巨舰运。徐温以为运路久不行，萑苇堙塞，请用小舟，庶几易达。既而巨舰不至，而小舟达。按：此乃宿迁之小河也，古曰符离河，为濉水之尾，今则分黄河之涨矣。嘉靖乙卯，黄河水溢，邳以上多沙阻，运船乃由小河口经高栅镇、睢宁县毛竹冈子、仙桐、君开河、孟山、高沟、陶沟、庐子三村、灰骨堆、符离、宋滩、徐晋口、曲河集、瓦子集、萧县萧县所，南下小浮桥，入运河。若黄河水大，亦各分涨入桃源、清河、泗州之汊河诸小渠。然黄河淘渲已久，底面深阔，虽间有浮沙淤淀，明年水发，又自通利。宿、桃、清、泗诸小渠，水发时暂可行舟，水退旋即淤平，非人力之可为也。

嘉靖壬子，邳、宿淤淤，余泛舟自徐而下，忽随决水，东至鲤鱼山，舟为沙翕，不可行。越二十日，乃驾小舠，由上邳墩至下邳，其险至甚，幸而无恙。馀舟千百，皆不能出矣。

隆庆四年，邳州河决，而浅舟皆由小河经高栅至徐官屯，复入黄河。比时抚院阶所陈公欲令运船于此北上，令余试之。余拿舟半日而达，亦一时之便也。余在舟中，望黄河在邳山之麓，高过于顶数丈，此所以常决常淤也。诚使由此，亦漕路之幸也。

右二道不免黄沙之害，若循《禹贡》沂、沭之道，超出茶城，则一路清流，泛舟甚利，比海运盖千万矣。

南唐保大中，楚州刺史田敬洙请修白水塘，屯田以实边，冯延巳以为便。李德明因请大辟旷土为屯田，修复所在渠塘堙废者（白水塘在楚州宝应县西南六十里，邓艾所筑也。今在山阳之西南，宝应之西，盱眙之东）。吏因缘侵扰，大兴力役，夺民田甚众，民愁怨无诉，徐铉以白唐主，唐主命铉按视之。铉籍民田，悉令还主。或谮铉擅作威福，唐主怒，流铉舒州。白水塘竟不成。按：

楚吏多扰民，自昔已然。屯田入边，国之大计，古人之所已行，铉以夺田还主，以旷土屯田，可也，安得一概阻格之乎？又楚多荒田，主不能耕，有耕者辄有认主，既认亦不能耕。然与其荒于家，不若屯于国，岂不闻邓艾、祖逖、荀羡、谢玄、谢安皆屯淮阴以足国而取威于中原邪？余闻周师临江，唐输数百万以求退师。铉兄弟曷不于此时以此物酬田主，而用其人为佃户，追踪昔贤耶？嗣是宋、元皆修白水塘以为灌田之利，敬洙之策，何可非耶？

周世宗显德五年，上欲引战舰自淮入江，阻北神堰不能渡，欲凿楚州西北灌水以通其道。遣使行视，还言地形不便，计功甚多。上自往视之，授以规制，发楚州民夫浚之，旬日而成，用功甚省。巨舰数百艘皆达于江，唐人大惊，以为神。注云：北神镇在楚州城北五里，吴王夫差沟通江、淮，于此立堰者。以淮水底低，沟水底高，防其泄也。舟行度堰入淮，今号为平水堰。灌水，今在楚州城西，老灌河是也。《嘉定志》云：太守应纯之自管家湖与老灌河接处，为斗门水闸一座。按：其地当是故沙河，俗云乌沙河也。开灌水时，使者言计功甚多，帝临视，用功甚省，此在规画之当否而然，非刻削以厉民也。然此处开河，必其时内外水平，而姑济一时之权。据平时地势水势，此地实不可开河也。

《宋志》云（注五），初，楚州山阳湾水尤迅急，运舟多沉损之患。雍熙中，转运使刘蟠议开沙河以避淮水之险，未克而受代。乔维岳继之，开河自楚州至淮阴，凡六十里，舟行便之。按：沙河，今山阳运河也。

真宗天禧二年，江淮发运使贾宗言：诸路岁漕，自真、扬入淮、汴，历堰者五，粮载烦于盘驳，军民罢于牵挽，官私船舰，由此速坏。今议开扬州古河，缭城南，接运渠，毁龙舟、新兴、茱萸三堰（三堰当河中为坝，以车盘船只也），凿近堰漕路以均水势（凿漕路为减水闸，蓄水济漕，有余泄之，平水法也），岁省官费数十万，功利甚厚。诏屯田郎中梁楚、阁门祇候李居中按视，以为当然。明年，役既成而水注新河，与三堰平，漕船无阻，公私大便。按：禹均江海，唐平津，宋均水，皆运河之法也。

神宗熙宁九年，刘瑾言扬州古盐河、高邮陈公塘等湖，又天长县白马、沛塘，楚州宝应县泥港、射马港，山阳县渡塘港、龙兴浦，淮阴县青州涧等，可兴置，欲令各路转运司按覆，从之。

元丰六年正月戊辰，开龟山运河。二月己未，告成，长五十七里，阔十五丈，深一丈五尺（用工二十八日，开新河未必如此速成，当是浚旧河也）。初，发运使许元自淮阴开新河，属之洪泽，四十九里，久而浅涩。熙宁四年，皮公弼请复浚治，起十一月壬寅，尽明年正月丁酉而毕，人便之。至是发运罗拯欲自洪泽而上，凿龟山里河以达于淮，帝深然之。会发运使蒋之奇入对，建言上有清汴，下有洪泽，而风涛之险，以百里淮，迩岁溺公私之载，不可胜计。凡诸转运、涉湖行江，已数千里，而覆败于此，良为可惜。宜自龟山蛇浦，下属洪泽，凿左肋为复河，取淮为源，不置堰闸，可免风涛覆溺之患（左肋是清口里河。若泗州龟山左为阜陵湖尾，何可凿乎？漕河自古用湖水，此言取淮，据洪泽闸外言尔。闸内湖水自足。盖淮水虽清，亦有泥滓，久则淤淀，费穿淘，故以闸隔之）。帝遣都水监丞陈祐甫经度。祐甫言：往年田棐任淮南提刑，尝言开河之利。其后淮阴至洪泽，竟开新河，独洪泽以上未克兴役。

今既不用闸畜水，惟随水面高下，开深河底，与河通流，形势为便，但工费浩大。帝曰：费虽大，利亦溥矣。祐甫曰：异时淮中岁失百七十艘，若捐数年所损之夫，足济此役。帝曰：损费尚小，如人命何？乃调夫十万开治。既成，命之奇刻石龟山。至建中靖国初，之奇同知枢密院，奏淮水浸淫，冲刷堤岸，渐成垫缺，请下发运司及时修筑。自是岁以为常。

旧志云，清口南岸有洪泽闸三座，经元而废。永乐十二年，平江伯仿其制，建新庄等五闸。则宋之洪泽以闸名，非今之洪泽镇也。不置闸者，外有二坝。平江伯于闸外有坝，亦其意也。盖坝以护闸，乃硬坝，非车盘之软坝也。水发时势倾入闸，板不能下，暂闭一时而已。又云，邗沟去清河十里，龟山镇后入淮。则宋之龟山以镇名，非泗州之龟山也。考之地理，今洪泽镇在阜陵湖尾，阜陵湖尾浸泗州龟山之麓，至宝应、淮阴，俱无宋运河形迹，而人每以为言者，盖水发时平地湍流，私艖巨舰于此往来，而商船税料亦于此漏。小人乐之，岂知漕规盐法，课额正所禁也。

阜陵湖在淮城西四十里，水面阔二十里，长四十里，中多陵阜，泉涸时深浅不一。与淮河隔一岸，水发时，淮常注湖，黄合淮亦注湖，三势相合，驾风而恣，东冲郡郛，西逾龟山，浸桃源，北汇清口，南刷衡阳，周围四百里，茫无际涯。宋洪泽、龟山果在此，是舍清口之安流，无故而寻险道矣。古人用水以漕，为国也；因以溉田，为民也。兹湖也，不可漕，不可溉，唯用《禹贡》陂泽之法，使无溃决，会河、淮以距海焉尔。

徽宗崇宁二年，诏淮南修遇明河，自真州宣化镇江口至泗州淮口，五年毕工，一名遇明河。按：宋运河在于楚州、淮阴之间，初未尝由泗。盖宋泗州，今清河界也（按志以前云浚真、楚运河，以后云修真、扬、楚、泗、高邮运河，则知运河未尝由泗，而所谓泗者，真清口也）。

重和元年，前发运使柳廷俊言真、扬、楚、泗、高邮运河堤岸，旧有斗门水闸等七十九座，限则水势，常得其平，比多损坏，诏检计修覆。

宣和二年九月，以真、扬等州运河浅涩，委发运使陈亨伯措置。

三年，诏发运副使赵亿以车畎水运舟，限三月中三十纲到京。宦者李琮言真州及外江纲运会集要口，以运河浅涩，故不能速发。按南岸有泄水斗门八，去江不满一里。欲开斗门河身，去江十丈，筑软坝，用人工车畎，引江潮入河以助运水。从之。四月，诏曰：江、淮漕运尚矣。春秋时，吴穿邗沟，东北至射阳湖，西北至末口。汉吴王濞开邗沟，通道海陵。隋开邗沟，自山阳至扬子入江。雍熙中，转运使刘蟠以山阳湾迅急，始开沙河以避险阻。天禧中，发运使贾宗始开扬州古河，缭城南，接运渠，毁三堰以均水势。今运河岁浅涩，当询访故道，及今河形势与陂塘潴水之地，讲究措置悠久之利，以济不通。可令发运使陈亨伯、内侍谭稹条具措置以闻。按运河通利，以澳闸畜水，启闭有节之故，承平日久，权势自由，不复知有国计，故朝廷屡有提举澳闸、修复斗门之诏，而转运使莫能恪守旧制。由是水不归澳，运河浅涩。及奉诏询问，转运使稍得以尽职，率循旧章，且值时雨，水遂足用。于是六月，臣僚言，比缘淮南运河水涩逾半岁，禁纲舟篙工附载私物。今河水增涨，其令如旧。未几怠玩，复浅涩矣。

初，淮南连岁旱，漕运不通，扬州尤甚。诏中使按视，欲浚运河与江、淮平。会两浙有方腊之乱，内使童贯为宣抚使，谭稹为制置使，贯欲海运陆辇，稹欲别开一河，自盱眙出宣化，朝廷下发运使相度。亨伯遣其属向子諲视之，子諲曰：运河高江、淮数丈，自江至淮，凡数百里，人力难浚。昔唐李吉甫废闸置堰，治陂塘，泄有余，防不足，漕运通流。发运使鲁孝蕴严三日一启之制，复作归水澳，惜水如金。比年行直达之法，走茶盐之利，且应奉权幸，朝夕经由，或启或闭，不暇归水。又顷毁朝宗闸，自洪泽至邵伯数百里，不为之节，故山阳上下不通。欲救其弊，宜于真州太子港作一坝，以复怀子河故道；于瓜洲河口作一坝，以复龙舟堰；于海陵河口作一坝，以复茱萸待贤堰，使诸塘水不为瓜洲、真、泰三河所分；于北神相近作一坝，权闭满浦闸，复朝宗闸，则上下无壅矣。亨伯用其言，自后滞舟皆通利云。

五年四月，诏东南陆路诸闸启闭有时，比闻运纲及命官妄称专承，指挥抑勒，非时启闭，走泄河水，妨滞纲运，误中都岁计，宜禁止之。五月，诏以运河浅涸，官吏互执所见，州县莫知所从。其令发运使、提举等官同廉访使者参订经久利便列奏。（宋之漕规，闸有启闭，盖一定而不可移者。宣和间，有所谓互执，盖转运使守漕规之旧，而花石纲使欲乱之也。）

高宗绍兴初，以金兵蹂践，犹未退师，四年，诏烧毁扬州湾头港口闸、泰州姜堰、通州白蒲堰，其余诸堰，并令守臣开决焚毁，务要不通敌船。又诏宣抚司毁拆真、扬堰闸及真州陈公塘，无令走入运河，以资敌用。

五年，诏淮南宣抚司募民开浚瓜洲至淮口运河浅涩之处。

六年，淮东提举徐子寅言：淮东盐课，全仰河流通快。近运河浅涩，自扬州湾头港口至镇西山光寺垛头，计四百八十五丈，乞发卒五千开浚。从之。

七年二月，诏令淮南漕臣自洪泽至龟山浅涩之处，如法开撩（洪泽，今清江浦；龟山，今清口南龟山镇也。宋运河在此。今洪泽镇至泗州龟山，无河可通，清江浦亦不能通舟于洪泽）。

八年，提举淮南东路常平茶盐赵伯昌言：通州、楚州沿海旧有捍海堰，东距大海，北接盐城，袤一百四十二里，始自唐黜陟使李承所筑，遮护民田，屏蔽盐灶，其功甚大。历时既久，颓圮不存。至本朝天圣改元，范仲淹为泰州西溪监日，风潮泛滥，淹没田产，毁坏亭灶，具请于朝，调四万余夫修筑，三旬毕工，遂使海濒沮洳潟卤之地，化为良田，民得奠居，至今赖之。自后浸失修治，才遇风潮怒盛，即有冲决之患。自宣和、绍兴以来，屡被其患，阡陌洗荡，庐舍漂流，人畜丧亡不可胜数。每一修筑，必请朝廷大兴工役，然后可办。望令淮东常平茶盐司，今后捍海堰如有塌损，随时修葺，务要坚完，可以经久。从之。

孝宗淳熙八年，置都灌塘于淮阴县西南渎头村以灌田，民享其利。

九年，淮南漕臣钱冲之言：真州之东二十里有陈公塘，乃汉陈登浚源为塘，用救旱饥。大中祥符间，江淮制置发运司治于真州，岁藉此塘灌注长河，流通漕运。其塘周回百里，东、西、北三面倚山为岸，其南带东，则系前人筑叠成堤，以受启闭。废坏既久，见有古来基址，可以修筑，为旱干灌田之备。凡诸场盐纲、粮食漕运、使命往来舟舰，皆仰之以通济，其利甚溥。本司自发卒贴筑周回塘岸，建置斗门、石础各一所。乞于扬子尉阶衔内带“兼主管陈公塘”六字，或有损坏，随时补筑，庶几久远，责有所归。

十四年，扬州守臣熊飞言：扬州运河惟借瓜洲、真州两闸潴泄。今河水走泄，缘瓜洲上、中二闸久不修治，独潮闸一座，转运、提盐及本州共行修整，迫近江潮，水势冲激，易致损坏。真州二坝，亦复损漏。令有司葺理上下二闸，以防走泄。从之。

《维扬志》论其略曰：孟子以江、淮、河、汉为禹功。今江合汉，河合淮，俱抱淮扬以入海。视古形势，盖亦雄矣。邗江半湖半沟，居淮南运渠之首，而运盐河乃其支流，农沾溉焉。邗江之间，有湖五十四，有溪涧荡港逾百不止。汉创陂塘以资稼而辅漕渠。第漕渠止仰天雨，而水无源泉，泄多则浅而滞舟，潦多则坼防害稼，故历代有堰闸、斗门、石础、涵洞之制，以为之节。宋废三堰，闸无启闭，阻运舟者久之。朝廷方议陆辇海运，陈亨伯奏复堰闸，而运舟自利。则堰可轻费而闸可妄启也哉？瓜、仪诸坝，悬峙江干之上，若口一决，则运渠涸可立俟。故漕抚唐公龙及千户李显皆奏置闸于三汊河上游之地，及扬之东关，亦改为闸。有事则两闸下版，畜泄得宜，有利无害。汉人开塘，晋、唐引水，所溉者高陇冈田而已。若湖田沟洫，支分派注，未尝浚而通也。《书》称禹沿于江海，达于淮、泗，贡道导矣。孔子称禹尽力沟洫，于农曷有间邪？江潮有溉田之利。顷海门县田，被坍没者强半，抚卿高公友玑奏蠲今年之租，而别以滩田补为世业。育盐之利，资于海潮，而潮亦溺民。己亥之岁，所损册丁逾万，而老稚、商贾尚不与焉。汪尹有执议，令筑堰以捍潮，又令居户凿池筑墩，以为升高自全之计。凡此数端，劳费无已，岂非下策？然此策之外，又无策焉，则下策乃上策也。

光宗绍熙五年，淮东提举陈损之言：高邮、楚州之间，陂湖渺漫，茭葑弥满，宜创立堤堰以为潴泄，庶几水不至于干涸。乞兴筑自扬州江都至楚州淮阴县三百六十里，又自高邮、兴化至盐城，傍开一新河以通舟船，仍存旧堤以捍风浪（兴化、盐城之界，在高邮漕堤之间），栽柳十余万株，数年后，堤岸亦牢，其木亦可备修补之用。兼扬州墟镇旧有堤闸，乃泰州泄水之处，其闸坏久，亦于此创立斗门，西引天长以来众湖之水（此水乃在扬州者，淮安诸湖亦济运），起自扬州江都，经由高邮及楚州宝应、山阳，北至淮阴，西达于淮。又自高邮入兴化（水不至县，经其界尔），东至盐城，而极于海（入海处有石础，非后石础三也）。又泰州海陵南至泰兴而彻于江，共为石础三，斗门七（此运堤减水闸洞也）。乞以绍熙堰为名，镵诸坚石。淮田多沮洳，因损之筑堤置闸，得良田数百万顷。奏闻，除直秘阁、淮东转运判官。

宁宗嘉定八年，献议于朝者，谓淮阴白水塘东至浮图庄，南至褚庙岗脊，大堰废而不治，今脊犹在。若复之，则与宝应、高邮诸湖相接，游波所及，如衡阳阜、三角村等处，皆浸淫至城，形势自张。札楚州委官相度。本州司法尤焴申言：白水塘周围一百二十里，地涉山阳、盱眙两县，所堰之水通富陵河，其源出自塘山，在盱眙之南，山盖因塘得名。此山冈阜重叠，溪涧萦纡，凡四十里。水自高而下，乃至刘家渡，入富陵河。而白水塘三堰：一曰潭头下堰，二曰河嘉中堰，三曰刘家上堰。下堰至中堰十二里，中堰至上堰五里。其上又有螳浪塘在堰内。盖三堰既制，则白塘山间四十里内外之水，不得入富陵河，然后东汇为白水塘。今修复三堰之功，不宜苟简。若有决溃，则洪泽沿淮，受害非轻。又塘之西、南二面，皆因冈阜为限，东北乃是古淤平地，筑城塘岸，脚阔者十余丈，岁月既久，岸脊低处与塘面平，合先增筑塘岸高一丈以上，方可潴水。旧塘有八斗门以溉塘下田，亦合修复。塘之复有三难，有二利：民间所佃塘内上腴之田二千余顷，庐墓庄院皆在焉，西潴之，民必怨，一难也；塘内水盛，堤岸难测，如黄家围一带居民千余家，所合迁徙，二难也；工役甚大，为费不资，三难也。塘下西北高亢，民田多荒，东北亦有高田，若得塘水灌溉，则皆成沃壤，一利也；盱眙之民，如两家渡等处，可因水限隔，就高保聚，绝敌入小路，二利也。但夏秋之间，开斗门灌注，则冬春水势必杀，无以待敌，二者不可得兼。而盱眙保聚，止是一乡，不能尽杜他岐。窃见此塘本在高冈，水自高而下，下临衡阳阜二十里、三角村三十里。果系向来边兵经行横趋大仪之路，可决而灌之。至于楚州城去塘百里，决水至此，势已减杀。若敌自淮阴直趋城下，凡四十里，地势高仰，又是水所不及。兼作塘之后，又须列寨防守，以备敌人掘堰，且常巡堤岸，以防冲决。

九年，安抚、秘阁应纯之申楚州形势，东南皆坦夷之地，难于设险，向北一隅，有地不广，而淮河限之。惟向西一带，湖荡相连，回绕甚广，四维多有畔岸，而泄水处止有数里，作一斗门，为减水之所，则一望弥漫，而敌人不可向迩。设使水为盗决，泥泞深远不能渡。平居无事，尽可教习舟师。缓急之际，又不可泊摆船只。此筑既成，则城西一面必不可攻，庶乎一意经理东、南、北三面，为战守之计。续申所筑管家湖岸，初来相视，欲于旧运河相际浅水之处，用桩帮筑。今参之众论，见得水内筑岸，工役难施，不能经久，合别开新河，与运河相接，取土筑垒圩岸，却使旧河与湖通连，盖使水面深阔。遂开一河于湖岸之北，筑垒湖岸，底阔四丈，高及一丈，以限湖水。又自马家湾西至陈文庄，就湖筑滩岸二百七十余丈。又自管家湖与老灌河相连接岸处，平地开深，方圆二十丈，置斗门水闸。自此西湖之胜，相灌楚城西北，隐然有难犯之势矣。按《嘉定志》：管家湖在西门外，湖中有堤，堤中有仁济桥，自堤而分为南、北湖。减水斗门，宋曰砖闸，在今南锁坝。洪武间，因由城东通运而废。湖之北筑岸，今新路也。新河，今运河也。初欲因挑河出土以为岸，后因工大，故续申之。平地斗门对故沙河。沙河，即老灌河也。水教亭在詹家墩。楚城北有淮险，西有湖险，东、南二面往往有长冈。故老云：相传为应纯之之水柜。南宋时以楚州为边防，故应监丞留意如此。

《嘉定山阳志》云，凡境内之濒于淮、湖者多沟浦，故晋口而北，曰扬家沟、大仓浦、田院浦、宥城浦、邵农浦、东作浦、荆口浦、官渡浦、顾家堡、郭铃沟、蛇风浦、三家浦、左家浦、鱼滨浦、琶头、泔沟、生沟、益冲浦、放纲沟、中心浦、南马逻、益林浦、汤家沟、干东沟，此滨于射阳湖向西者也。又东北至海口，则有蚌港、谢家岛、桃花河渡、板沟、曹沟、避贼沟、巡良沟、吉家沟、丁沟、西新沟、上纲头、石灰浦、庙子湾，此傍于射阳湖之三湾者也。自海口折淮而西，则有天字沟、北沙浦、涂州沟、白水沟、侍家坞、沙冈、小沟子、新泾、东沟、史鱼沟、中沟子、独家沟、白露港、林家港、故地港、芦沟、北官庄港、嵇考峰、牛家沟、许家沟、新罗沟、小田家沟、大田家沟、蒋家沟、李家沟、柴矿沟、交陵沟、唐家沟、青莲浦、迮浦、武定沟、无名浦，此折淮西上而滨于淮之南者也。淮北曲折，势复东南，则又有横沟、周家沟、芦萌沟、孙家沟、高师浦、小淮子、马浦、侍家上柳浦、下柳浦，此傍于曲折淮岸之间，而滨于淮之北者也。淮河至北，曲折之势，又复西南，则有柳沟子、王家沟、南沟、鱼梁沟、三家沟，此又循淮之曲折，而滨于淮之南者也。询之耆老，旧沟浦之众，盖为潴泄引灌之利，其傍为良田。今则或通湖水往来，盈涸不常，或者与湖、淮相通，岁久淤塞，不相通济。其间颇有舟楫之利者，惟马逻港、林家港尔。水小舟楫不通，农贾始病，稍加浚凿，利莫大焉。

元世祖至元二十三年，以张瑄、朱清并为海道转运使，馈运多由海道，淮、扬运河堙废不修。至正末，遂为张士诚将史文炳所据者十有五年。

国朝洪武三年，知府姚斌开淮安城东北之菊花沟，以通海运。是时，朝廷以淮安侯华云龙掌淮安卫事，镇淮安；以航海侯张赫、舳舻侯朱寿督海运，供辽、蓟而已。菊花沟，俗名涧河，临河有闸启闭，畜水以济运船，有余则泄之。而东方诸乡及诸州县之米刍资货，亦由此通，俗号为柴米河。是时，诸凡船只，由此车盘入淮，旧志谓一时称为水陆之便者也（盐城县粮于此兑运，浚河夫二县分任。后盐城兑粮，徙于泾河，定于宝应，而山阳独任其役矣）。

九年，命扬州府所属州县烧运砖灰，包砌高邮、宝应湖堤六十余里，以捍风涛。

十六年，仪真县重建清江闸、惠桥腰闸、南门里潮闸，以蓄泄水利，便漕舟。致仕兵部尚书单安仁奏建。

二十三年，命起苏、松、淮、扬丁夫，修筑捍海堰，以后时常修筑。

二十八年，宝应县老人柏丛贵建言，发淮、扬丁夫五万六千余人，开宝应直渠（即月河）。初，自淮楼抵界首，沿湖一带堤岸屡修屡圮，民甚苦之，操舟者亦甚不便。由是就湖外直南北穿渠四十里，筑一长堤，长与渠同，期月而成，引水于内行舟。自是堤无溃决之虞，民亦休息，而舟行称便。按湖外即湖东，今其渠尚存。是时不漕而且穿，今漕舟盛行，屡有风险，而渠不复，何也？

永乐二年，命平江伯督海运，由山阳之东坝入淮。（时瑄为把总官。十二年，于会通河运，始为总兵官，总督漕运，镇守淮安地方。是时五府重于六部，以尚书宋礼督河道，盖副之也。）

七年，平江伯陈瑄修筑海门至盐城坻堤八百余里，筑高邮、宝应范光、白马诸湖长堤，于高邮湖内凿渠四十里，构梁以便牵道（按此云高邮湖内渠，则弘治间白侍郎所开高邮之康济渠，乃陈平江永乐时所开之旧道也）。开扬州白塔河，以通大江，建置新闸、潘家庄、大桥、江口四闸。江南运船，由常州西北过江，自运河至湾头入漕河，以省瓜洲盘坝之费。（其后道淤浅，反泄漕水，及私盐船只从此入江，难于防捕，累修累废，不宜重开也。）

八年，平江伯陈瑄置转搬仓于淮安。江南运船，由五坝车盘入淮（转搬仓，即宋之上供仓，在仓巷。欧文忠公《于役志》所谓“遂次楚州，泊于西仓，饮于仓亭”者也。后因建常盈仓于清江浦，此仓遂废）。

十三年，平江伯陈瑄疏邗沟，引舟自大江历扬州，至淮安，以通漕运。询山阳耆民，得宋转运使乔维岳所开沙河之故道，引水自管家湖之马家嘴至鸭陈口，入沙河，易名清江浦。就湖筑堤，以便牵挽。仿宋洪泽闸制，创新庄、福兴、清江、移风四闸，递互启闭。（或云：初议欲由滁州六合县凿河通运，缘河多石阻，涸则损舟，涨则尤险，于是平江伯决意复唐宋之故道，以为虽有湖险，人力可为，乃罢彼行此。按：洪武时，已由淮安之菊花沟通运，永乐初，又于淮安之五坝车盘运舟，何缘至今而有他议也？）

十四年，平江伯陈瑄奏建板闸，并前四闸为五闸。盖漕河全用诸湖之水以济运舟，而五闸递互启闭，专为避黄、淮之水，以其多沙泥，易淤塞也。

运河虽用湖水，而湖水或多，又于淮、扬运河东岸为减水闸、减水洞限则，水势七尺以下，畜以济漕，七尺以上，减入诸湖，会于射阳湖以入海。用水有节，漕运既便，岸东西之田皆利焉。其法在淮，则有高家堰，有西长堤，有五闸，有诸坝，以隔黄、淮之水于外，而泛舟其间；在扬，则有陈公塘，以收三十六水之利；在山阳、宝应、盱眙、天长之界，则有唐堰，以节四县之流。湖水苟多，则自运堤之减水闸洞以下于溪，东至于射阳湖，又东入于海。扬之海口，去黄、淮也远，故皆通利。惟淮之射阳，数受黄沙，港汊葑淤，距海常缓。考之旧法，新庄闸口阔二丈二尺，则水之入者亦二丈二尺，无事闭之，有运舟而启，舟过复闭，所入之水，从减水闸洞而泻去者，总计其口阔八九丈，至于庙湾石碰之海口，其阔又十倍之。此一定之法，永为利者。若新庄闸常启而不闭则水多，或堰堤溃漏，则水口之来者常千百丈，区区海口，焉能泄之！为运道之长计者，复用湖之旧法而已。诸湖列后。

山阳县：津湖（即西湖，在城西）、白马湖（在西南六十里）、智刘湖、李皮湖、崔家湖（俱在城西高加堰内，入湖以济漕）、徐家湖（在清江浦南，凡黄、淮水发，穿阜陵湖，泛青墩，入此湖，冲运渠，其势甚险。高堰之北，青墩至韩信城一段，当筑堰者为此。今主事张誉于浦南筑堤，然必接堰，乃免大患）。江都县：召伯湖（在扬城北四十里，晋谢安于湖滨筑平水埭，田获其利。民称其埭与湖皆曰“召伯”云）、樊梁湖（在县西五十里，凡县西之湖皆会焉。东有石堤，西风驾涛，汹涌险恶，运舟触而辄碎。堤之东皆民腴田，每有湖患，复河复堤，奏请疏筑屡矣）、洒火湖（在县西南四十里）。高邮州：新开湖（在州西三里）、甓社湖（在州西三十里）。宝应县：珠湖（县西）、白马湖（在县西，接山阳界。白马潦水来自西，五闸废水来自北，五塘废水来自南，皆会于黄浦八浅）。右湖。

淮之堤堰闸坝涵洞浅铺，为运河而设者，难以编年，今类附于此，以便查阅。仁字坝（旧志云，在新城东门外。洪武元年，知府姚斌建）、义字坝（与仁字坝相连）、礼字坝（旧志云，在新城西北）、智字坝（与礼字坝相连）、信字坝（与智字坝相连。永乐二年，平江伯陈瑄建）。右五坝皆软坝也。《纪事》云，永乐元年，运道由江至淮安，贮于旧仓，车盘过坝，复装船入河、淮，至阳武县，陆运抵卫辉，自卫河达于京师。九年，开黄河故道，自开封城北鱼台县塌场口入会通河，与海运并行。十年，尚书宋礼因济宁州判官潘叔正言，奏开会通河。十三年，始罢海运，专于会通河运。是年，平江伯于山阳开沙河以达清口，建五闸以出入，而无车盘之艰矣。

新庄闸口坝，即清口也。旧志云，清口有洪泽闸、八里新庄闸共六座，新坝二座，皆湮废。永乐十二年，奏建新庄等五闸。新庄之外不建闸，亦宋人洪泽之外不置闸之意。我朝新庄之外有坝，亦仿宋人新坝之制。水发时，暂筑闭以遏水头；水稍定，即去坝用闸如常。至嘉靖八年，河漕二院奏新庄闸口，凡遇水涨则闭，涸则开，而以为常焉。

南锁坝在郡城西南三里，国初废宋砖闸而为此，又于东岸立抽分厂，于城西门外设浮桥。盖宋于湖中通行运船，我朝不复由湖，恐商货船料往往由湖而漏，故设坝以遏之，设厂、桥以防之。又湖水乘时雨而涨，自西而来，直冲包家围一带运堤，此坝之设，又以御湖冲而防运堤也。

满浦坝，旧志云在淮城西北四里。宋时有闸，魏胜守楚州，调运兵粮由此。宋《河渠志》：向子諲奏请权闭满浦闸，遂为软坝，防内水之泄也。《河防议》不欲开，恐黄水灌入，沙泥淤塞也。

淮安坝，旧志云在淮城西七里。景泰二年，裁。其利害与满浦坝同。二坝即今方、信二坝之地。据《河渠志》《河防议》，凡谋国者皆以为二坝与渠俱不可开，而牙店脚夫必欲开之。区区所得几何，而运道之涨淤，军屯民田、场灶之淹没，岁损公私不啻百万，故《志》《议》之言不可忽也。

清江坝，旧志云宋洪泽闸外有新坝，我朝平江伯新庄闸外有新庄闸口坝。成化七年秋，淮河水涨，入新庄闸口，忽尔而退，自此至清江闸内二十余里，沙淤不通舟楫，遂筑清江坝以畜水，运船由仁、义二坝车盘，又于清江浦置东西二坝，以助不及。《漕运通志》之言如此。《漕船志》又云，清江二坝在淮流南岸，去厂仅里许。成化七年，河院、漕司集议，设坝于此，以车运舟。近年河流数派，皆会注新庄闸口，每将闸河淤浅。若因时封闭以阻浊流，使运船由二坝车盘，与清河对岸而渡，不惟可以避长淮之险，亦可以省闸河挑浚之费矣。嘉靖年间，漕、河二院具奏行之。

清口土山：清口洪阔，昔人筑此以为表识。又水自西北来，运船乘东南风而至，因土山之障，风微水平，往来便云。余数泛舟其间，乃知古人精思一至于此。

高邮州蛤蜊坝（在州东北）。

宝应县槐楼三滚水石坝，在县南，并水石坝，俱七尺以下蓄水济漕，七尺以上减以济农也。

右坝。

清河县新庄闸，在清口南岸之内，去府治西北五十里，俗云大闸，又云头闸，乃河、淮之第一关也。

山阳县福兴闸，在府城西四十里，俗云二闸。清江闸，在府城三十里。移风闸，在府城西二十里。以上二闸，并清河县新庄闸，共四闸，俱永乐十三年平江伯建。板闸，去府西十里，永乐十四年，平江伯建。其时以四闸不能节水，仓卒建木闸，次年乃甃以石，乡人仍呼板闸云。

减水闸五座。内泾河闸，在府城南五十里，景泰元年，知府丘陵建仓于此，以兑盐城之运，盖前代通海陵之馈路也。先褚廉访为泗寇坐困，南北不通，全藉此以为命脉。司经理之大计者，宜留意焉。此闸泄山阳运河之涨，黄浦闸泄宝应湖之涨，涨时二闸必开其一以泄之，并开则下河之田尽浸矣。嘉靖间，水势宜开黄浦，而宝应之民欲开泾河闸，督府总戎亲至黄浦开之，二县之田皆无伤。近因下河田户告塞二闸，水满而溢，以致黄浦决口，二年不能闭，下河田民实自贻害，苦至极矣。故不复二闸，非全计也（此条与复闸制书及减水闸洞兼看）。

新路闸三座：（详天顺年之下）通济闸（详嘉靖三十一年，今废）、兴文闸（在城西南）、涧河闸（详万历五年）。二闸最为泄水之冲，其工不宜苟且，无益及害也。

旧城西水关一座、北水关闸一座，新城南水关一座。（两城中有市河，通货即舟，行者、居者皆便。节因洪水入城也，闸以遏之；因闸不坚也，土以塞之。两城气脉不通，士民凋弊日甚。若建坚闸而开通，则仁、礼坝运堤之内，舟货往来，行旅便益，而地方气运庶可复回也。此最为便益，而人讳言之者，以利未得而先被扰也。如无扰，则善政矣。）

《请复闸旧制书》云，板闸、移风、清江、福兴、新庄，启闭有期，或二、三日，或四、五日，且迭为启闭。如启板闸，则闭新庄等闸；如启新庄闸，则闭板闸等闸。闭新庄等闸，则板闸为平水；闭板闸等闸，则新庄闸为平水，故启闭甚易易也。令官船由闸唱筹，挨帮序行，民船悉令过坝自便。又有报水头之制。如淮水始发，河水入河南界，所在之人必报，报必先水至。报至，新庄闸即下板，贴席实土。闸外又有土坝，亦复实筑之。必俟旬时水头已过，大势已退，然后启闭如常。故河与淮非异常大发，漫坝坏堰，不得入山阳。纵入山阳，平地上水不一二尺，旬时则定，浊水泥沙淤浅至通漕门，其挑捞烦费四五十里而已。近有议置通济闸，启而不闭，受淮之清水，省其挑捞烦费，是以经清河来者为河，经泗州来者为淮。事之大谬，亦至如此。典籍记载，多未暇论。按我朝《河渠典》云，弘治五年，从黄河南浚孙家渡口，别开新河一道，导水南行，由中牟、颍州东入于淮，又浚四府营淤河，由陈留至归德，分为二派，一由宿迁小河，一由亳州涡河，会于淮。河同于淮，从来久远，岂今日清河、泗州而始分清浊邪？旧清口正在西回北顾之间，土人所谓回溜者也。虽在河、淮之中，独无河、淮之险，泥沙不停，风浪不及，乃地势水性之自然，非人工巧力之所可致。清江坝置此，新庄闸又在其内，加之启闭有制，故垂三百年无大患耳。今通济闸正当直南射之冲，又启闭失制，故频年河与淮建瓴下山阳，浊水泥沙，直向宝应之南，山阳北顾，劣容舟矣。

《漕船志》云，永乐十五年例，凡闸惟进贡鲜品船只，到即开放，其余船只，务要待积水而行。若积水未满，或积水虽满，上面船未过闸，或下闸水未满，不得擅开。若豪强之人，逼胁擅开，走泄水利，及闸已开，不依帮次，争先斗殴者，听所在闸官，将应问之人拿送管闸，并巡河官处究问。因而阁坏船只，损失进贡官物及漂流系官粮米及伤人者，各依律例从重问拟。干碍势豪官员，参奏以闻。运粮旗军有犯，非人命重情，等候完粮回日提问。其上闸船已过，下闸已闭，积水已满，而闸官夫牌故意不开，勒取官船钱物者，亦治以罪。

《治河录》云，嘉靖癸巳，河道潘中丞奏工部题覆奏圣旨谕允，清江、新庄等闸，如济宁事例，依时启闭。行主事徐存义钦遵施行讫。

朝宗闸，《河渠志》云，旧置，宣和间废，向子諲奏复。近于水月寺边造闸，泄涨水入涧河，亦其意也。

兴文闸（在府城西南），万历五年，知府邵元哲建，减水入城河。城河西北地高，东南地卑，须为堤乃可放也。

涧河闸，万历三年，都御史王宗沐建。

祭酒吴节为《平江伯祠堂记》云：沿途揵石畚土，为楔闸水，以时纵闭。其闸以座计者五十有奇。

扬州府江都县新庙等十一减水闸。（俱在府城北）朝宗上下二闸，在府城东湾头镇（成化九年，侍郎王恕建）；新开闸，在府城东北六十里宜陵镇白塔河口；召伯上下二闸，在本镇，洪武初建；大同闸，在府东；通江闸；瓜口闸，在瓜州镇，天顺间，巡抚江南都御史周忱建，以闸留潮水，名留潮闸，接车运船，嘉靖四年，漕抚都御史高有玑、总兵官杨宏以参将张奎议，奏移建于南，改今名云。

仪真县罗泗闸在县东南，通济闸在罗泗闸北，响水闸在通济闸北，里河闸在响水闸北。以上四闸，皆成化十年管河郎中郭升重建。新闸在县东北，弘治元年建。滨江拦潮闸，在县南，弘治间，漕抚都御史张敷华、总兵官郭鋐议建。东门新高楼二减水闸，在县东南。按：《宋史》有修复仪真等处澳闸，则成化以来所修建者，皆修复其旧耳。

高邮观桥上下二闸，在州遐观桥下；车逻、王琴二减水闸，在州。宝应县附城南北闸、南北五里闸。

右扬州诸减水闸甚多，然莫可纪也。聊纪其有关运溉者耳。

志云，六闸既修，诚为通州无穷之利，然其中有可论者。大率谓建闸于上而减水于下，必于下处先立堤防，使有灌溉而无淹没可也。若高下俱利，必建闸于适中之地，使旱不病于高，涝不病于下。如唐家闸及通州如皋之类。此以地势言也。及有石港闸东之宣家坝，其水通海，多蟹族，秋深取蟹者利水之流也，恒盗决焉。其塞也，必待来岁麦熟稼事将兴之时，而取鲰鱼人利舟之出入，皆久然后塞。以故上流数乡之田岁夏旱者，此之故也。较其得利甚微，而贻患莫大。宜于石港置上闸，宣坝置下闸，中闸冬春闭而夏秋启，下闸夏秋闭而冬春启，更视旱涝而权宜之，则麦稻鱼蟹，皆获其利矣。此以人情言也。

据《宋志》：我朝山阳闸制，皆沿于宋而修饰之。宋城西有砖闸一、西斗门二，以接湖水，今改为新路闸三；城东有朝宗闸一，以泄近城之潦，今改为砖闸；清口南岸有八里、洪泽六闸，今改为新庄等五闸，五闸递互启闭，以节运渠。新城有北闸，宋为北辰闸。闸常闭议者请开之以泄潦水。时黄、淮忽暴涨入城，城中大浸，越旬日乃塞之。大抵市人图目前牙脚毫末之利，多轻言以自便，而不顾地方之利害，率如此，毋轻听焉。

右闸。

高邮减水磁十五座，在州南，沿官河塘岸三；在州，沿湖堤六；在州东，沿运河塘岸六。

宝应县减水洞二十一座，俱在官河塘岸。旧有十八座，成化三年，知县鲁瓒增置三座。

山阳县减水闸洞十一座。宝应止受湖水，而塘岸之洞二十一。山阳内受湖水，外受河、淮，而减水之洞减半。殆由洞下民田，于水发之时，倡言闭洞；闭洞而涨决塘岸，所伤益多。此山阳之田所以劣于宝应也。然欲保全漕、农，则减水之制，尤为切云。

盐城县广惠磁，一名石磁口，在城北三里。高、宝、兴、盐之涝水，皆由此入海。宋淳熙、绍熙，我朝洪武间，皆重修。每海潮猛大，亦入病田，田户塞之，田益浸。万历四年，重修如故。

右磁洞。

捍海堰，在山阳东六十里者，唐大历中，李承所筑，又名常农堤。在盐城界者，宋天圣中范仲淹所筑，又名范公堤。兴化、泰州、如皋、海门、盐城、山阳皆有之，洪武间修筑，以后常修不辍。堰下旧有洞十余，海水入，则近洞之田伤，近洞田户请塞之，而积水经年，种不时下，又请开之。大抵水有利害，欧文忠公谓择其利多而害少者为之。范公留洞，正会此意，塞者何哉?

山阳县高加堰,汉建安中陈登所筑,一名捍淮堰。永乐间平江伯陈瑄、嘉靖间都御史连矿、隆庆间都御史王宗沐、知府陈文烛重修,学士丁士美有记。

北神堰,吴夫差所筑,在郡城北五里,宋曰平津堰,我朝为新城北闸。唐以前,漕船俱渡堰入淮,至宋始为直达之法,漕舟由六闸以入淮云。万历四年,筑西长堤,即其地也。西长堤自清江浦药王庙起,至柳浦湾止,长六十里,乃合吴北神、宋平津而为一者。永乐间平江伯陈瑄、嘉靖间都御史连矿皆修之,水辄败。万历间都御史王宗沐、知府陈文烛重修。

新路堤,宋嘉定间,太守应纯之于管家湖中心筑堤,永乐中,平江伯陈瑄重筑,皆以土。天顺间,知府杨昶始砌以石焉。

漕堤,一名河塘,自郡城南角楼至黄浦六十里,永乐中,平江伯陈瑄因隋山阳渎御堤而修之者。隆庆六年,都御史王宗沐、知府陈文烛,万历四年,都御史吴桂芳、知府邵元哲俱重修。

包家围堤,北自抽分厂,南至蔡家围,长七里,西受管家湖、阳羡港水,至为危险。元至正间,有包能者,占佃淮阴路水田一围,故乡人名曰包家围。屡因水啮围穿,颇为粮额所负,其田多半鬻之,而子孙仅守其半。水穿围而下,则东方之州县皆病矣。河道衙门每春中发银山阳县,调牙夫,令船带土,常因水发罔功。隆庆五年,都御史王宗沐、知府陈文烛发帑募夫,于农暇修筑,比常更加高厚,其险处密施桩埽,始坚完矣。

清江浦南堤,万历四年,主事张誉新筑以御河涛、护市宅者,民甚赖之。

板闸堤，在漕河东岸，北接旧堤，南接护城堤，以御漕河之涨水，民甚赖之。万历五年，主事陈瑛筑。

护城堤，自南角楼起，至钟楼止。隆庆五年，都御史王宗沐、知府陈文烛所筑。自钟楼北至板闸南，隆庆三年，侍郎翁大立所筑。西长堤以御河、淮之涨水于外，护城堤以御漕河之涨水于内，中间民始无浸而奠厥居矣。

水月寺堤，自南角楼至东仁桥，中间有闸，运河水涨，必由闸而泄。此堤不固，则涨水未泄，而堤东之田园皆浸矣，宜坚厚之。

唐堰，在郡城东南七十里，唐时所筑（详唐太极元年之后）。

白水塘三堰，在郡城东南九十里，邓艾所筑（详南唐保大中及宋嘉定中）。

石锯牙，俗云矶嘴，在满浦坊西北（详天顺条下）。

盐城县冈门镇堰，去县西一十八里。自镇至新河，转由侍其汊，皆有古堰址，每岁灌溉田禾，民获其利。

大通堰，去县治北三里。洪武二十九年，主簿蔡叙瑜创筑。

径口堰，去县治西二十里冈门镇，东连运河，西连马鞍湖，通商货，民多便之。

张岐塘，去县治西北八十里，广三十丈，袤三十里。其东又名高婉塘。

侍其汊堰，绍熙五年知县徐挺之，洪武二十九年主簿蔡叙瑜，俱重修。

高邮州范光湖石堤，在州西北，洪武初年造。七年，修开复河，并为堤。永乐七年重修。弘治二年修，名复河曰康济河。

宝应县珠湖石堤，洪武九年造，二十八年，开复河，名直渠，为土堤。后将渠南北口塞，屡奏未开。

江都县召伯埭，晋武帝太元十年，太保谢安出镇广陵之步丘。步丘，召伯镇也，在扬州城北六十里。安于此筑埭，利漕便农，后人思之，比于召伯，故名召伯埭。埭，堤也，淮扬人呼曰河塘。

仪真县陈公塘，汉建安四年，陈公筑。上、下雷塘，句城塘。通名五塘，滋漕溉田，为利最大。成化八年、正德十六年、嘉靖十三、十八年，俱修筑。此塘废，则漕渠或涸或溢，涸则病漕，溢则迤东之田皆浸矣。

右堤堰塘。

清河县清口以南有五闸，无浅铺。

山阳县板闸之南有五铺，系军夫。西岸多决，因此处通湖，有走漏商税船料之弊，岁岁决焉。宜加筑高厚，庶无走泄漕河之患。有四铺，系民夫。城南五里铺在包家围。十字亭铺在城南十里，灌沟铺二十里，辛店铺三十里，平河铺四十里，泾河铺五十里，黄浦铺六十里。自十字亭而下诸铺，有司兵，无岁办。

宝应县九浅：子婴浅、瓦店浅、槐楼浅、丁家潭浅、白田浅、十里浅、白马湖浅、黄铺浅。每浅有铺舍老人一名，共夫四百三十名，岁办桩木四千三百根、草四十三万束、树木多寡不等。

高邮州一十一浅：王瑟浅、车罗浅、五里铺浅、丁家湾浅、小北门浅、九里浅、厂浅、十里桥浅、张家沟浅、丁志浅、永定浅、界首浅。每浅各有铺舍老人一名、夫四十名，岁办桩木四百根、草四万束、树木多寡不等。

江都县一十一浅：花家园浅、李家庄浅、姚家潭浅、吉祥庄浅、江家庄浅、东西湾浅、柳青湖浅、宋家浅、头潭浅、浪荡湖浅、辛庙浅。每浅各有铺舍塘长一名、夫四十名，岁办桩木四百根、草四万束、树木多寡不等。

仪真县三浅：麻线巷浅、张家沟浅、蒋家沟浅。每浅各有铺舍老人一名、夫二十名，岁办桩木一百根、草一万束、树木多寡不等（《运司志》云，永乐中，平江伯于运河堤上置立浅铺，添备桩草，遇有冲决，即为补治）。

按：山阳县无浅铺，漕河之东，自十字亭而南至平河，自泾河而北至于平河，会流入于射阳湖。每十里有木闸，有涵洞，泄水入澳，涨时反塞。今为长计，合易以木石，多增涵洞，令人看守之。大凡堤下之人，常建议塞闸洞，恶水多也。殊不知水大必涨，涨必溃，溃则反甚，孰若徐徐而下，虽多不为害乎？

右浅铺。

正统初，黄河泛溢，每水一斗，其泥数升，汇于清口而为洲者十余里，运舟不通。有司奏上，征数郡人徒疏浚，久而弗绩。一夕，众见平江公拥骑从行水上，若行工者然。旦日，沙徙水通，运舟大利。郡耆石士宁等率士民以状闻，诏如江西韦丹故事，赐祠额，春秋祭享。

景泰六年，都御史陈泰修浚扬州仪真、瓜洲河道。

天顺七年，淮安知府杨昶筑管家湖中心堤。堤自宋应纯之始，我朝平江伯修之以为牵路，皆用土筑，至是始用石砌堤。中为三闸，旱则引湖，涨则泄之。于堤上为浅铺，有曰四五铺者，属军卫，屡修屡决。此处即鸭陈口，可通马家嘴，径达南锁坝，商舟行湖中，有漏税料之便。故筑时即为决时之计，督工者之惯也。须坚筑以禁绝之（唐末诸将留贼养家，四五铺之弊政如此）。

天顺间，遣都水郎督工，于山阳满浦坊作石锯牙。其制：上布七星桩，桩上甃以石，石有笋，笋相入，缝有锭，锭三肤，灌以糯汁，砌以油灰，长千尺，俗云矶嘴。其制乃古之锯牙，而以石为之也。其费金盖三十万。大抵黄河之水入中原，半杂泥沙，急则行，缓则淀，故一激于三门，再激于吕梁，吕梁以下，水势平缓，故三激于满浦，使之翻腾踊跃以入于海，法亦巧矣。今漫入水中者，微露形迹，或以为护南岸之冲淘，岂其然？岂其然？

余顷在西桥滩岸之上而望黄、淮，从西北数十里直射而来，然后折东北而去，其势夺运河而南溃，直百步尔。昔人于上流置石锯牙，激使北去，今已沉陷，不可复作。议者欲回地形为木锯牙三，功与石等。此易见也，而人莫敢言者，盖水发时岁护南岸，百凡用度皆取之民，民贫苦扰，故有开北岸沙、浚草湾河、疏海口之三说，不过嫁祸于北以自幸免尔。然运道民生，所系不小，若捐数千金，自足办此，奚以扰为？

成化三年，定浚仪真、瓜洲二港之例。先是仪真坝下黄泥滩、直河口二港，瓜洲坝下东、西二港，江潮往来淤淀，舟不能行。是年始定每三年冬月江涸之时，发军民人夫挑浚一次。

八年，侍郎王恕、郎中郭升于上、下雷塘各造石闸一座、水础二座，句城塘、陈公塘各增筑堤岸，各造石闸大础，数如雷塘。

十年，管河郎中重建仪真罗泗闸、通济闸、响水闸、里河闸，南京吏部侍郎钱溥记。

弘治二年，户部侍郎白昂奏以会通河之余资开复河于高邮湖堤之东，名康济河。大学士刘健记，大略云，高邮州，运道九十里，入新开湖。湖东直南北为堤，舟行其下。自国初以来，障以桩木，固以砖石，决而复修者不知其几。其西北则与七里、张良、珠甓社、石臼、平阿诸湖通，每西风大作，波涛汹涌，舟与桩石遇辄坏，多沉溺。于是开河避之，自州北三里之杭家嘴至张家沟，长竟湖（注六），广十丈，深一丈有奇，而两岸皆拥土为堤，桩木砖石之固如湖岸，首尾有闸，与湖通。岸之东又为闸四、涵洞一，每湖水盛，使从减杀焉，而漕舟往来皆安流矣。按高之复河，乃洪武中之旧道而今重辟之者，世只曰白公云。

四年，从漕运总兵官都胜言，浚扬州扬子桥湾头河道，凡发丁夫万余。

弘治六年，重建仪真县新闸，尚书王㑥有记，少参黄瓒为之记。又建拦潮闸，学士杨一清有记。

正德十六年，管河郎中杨昶奏宝应湖极险，当仿高邮康济河事例修筑越河，免沉溺之患。自是言者相继。是年，漕抚都御史臧凤奏请复修五塘。

嘉靖三年，郎中陈敏贤请于宝应、高邮湖堤建闸十座，以杀水患。是年，漕抚都御史唐龙于淮安城西北开乌沙河，筑方家坝，以车船只，坝内建闸。其岁大饥，以此济贫牙担夫之急，民甚便之。初，知府葛木恐河、淮内侵，持不可，淮安卫指挥熊某同府议。乡官都御史潘埙作《河防议》云，地名山子湖、连窑沟一带，正系受水之处。此处筑堤高厚，尚恐不能捍水，乃谬于此开方家坝受水。先年水涌，黄沙从新庄闸口入，犹是以口受水，不能深入，仅止于清江闸上下，挑浚无难。近数年，沙从方家闸涌入，是剖心穿腹以受之，大小支委，远近溪河，无不淤塞，而黄沙排淮、泗而注之江矣。外河去里河溪桥，近处止隔三十余步，远亦不过六、七十步，逼近运河，不但毁闸，犹宜加土填垫高厚。自山子湖至窑沟，又须筑长堤以护之。万历二年，漕抚军门都御史王宗沐筑西长堤，适在其处，而方坝内外沙淤，商船遂断，其亦天人之会欤！

国初，制置堤堰闸坝，抗河、淮而之海。今河、淮之水由方家坝南奔，而东流停缓，海口沙之议遂起。今长堤筑矣，欲求清晏，惟修高家堰，复五闸之启闭，抗河、淮以入海而已矣。噫！运道废兴，自此而分，田民贫富，由此而分，悔之已晚，不悔其焉极乎？

五年，御史戴金请浚仪真、瓜洲、宝应堤下久壅河道，若子婴沟接潼河，长沙沟通官庄，俱入广洋湖，刘家沟通瓦沟溪，望直沟出官河，三里沟通七里沟，出葛头沟，宝应县东门外起至流星沟，君师庙起至章思荡，葛头沟起至射阳湖，以便泄水，以通舟楫。

七年，宝应县知县闻人诠请于宝应县范光湖东开筑越河，就中建减水闸五座，浚赴海渠五条，使行舟皆由越河，湖水减于五闸，闸水下于五渠，则舟免风波之险，水得潴泄之宜。御史王鼎奏开内河行舟以保漕运，建闸座以固河防。是年，漕运御史唐龙奏乞于三汊河口仪真上游之地建闸座以尽漕利。

八年，督河侍郎潘希曾奏准漕抚都御史唐龙咨称，成化七年，因漕河水涸，将新庄闸筑闭，在清江闸设东西二坝于漕河之北岸、淮河之南岸，顺淮河而浚之，以为月河出于淮。近日水涨，坝埂倏决，往来船只径行。乞将河口一带淤沙挑浚疏通，仍将新庄闸增筑高广，伺来岁水涨，即便用土填塞，以遏流沙之入。船只照前俱由月河往来，水消仍复开行。自后凡遇水涨则闭，水消则开，而以为常则经久之计，庶或在此。该河院具题，工部覆奏准行（以嘉靖三年开方家坝，及三十二年，开清江坝。及唐公此奏而合观，则方坝不必开，开亦无用。《河防议》之说，诚有见也）。

十年，御史闻人诠再奏修宝应越河，户部员外郎范韶、陕西按察使仲本俱奏修宝应越河（以地方灾伤，工力重大，钱粮未敷，未暇兴修）。

十三年，督河都御史刘天和奉诏特起治河成功，有《问水集》云，议者以为黄河泛滥中土，盖由东海口近年涨沙下壅上溢而然，已议浚海口矣。初亦甚奇之，及观于淮海而始知其妄。盖东海北口实有沙，而南口更冲广耳。又云，自板闸而下，相度地形，中道别开一支河，河口亦建闸，各高其堤防，淤则浚其一而开其一以行舟，可免停泊矣。又云，淮扬诸湖，每风险坏舟。近范光湖于堤外开支河行舟以全运事，用心仁矣。议者谓不独范光，凡诸湖之广而畏风者，皆可为支河，更多开滚水石坝，坝底平铺巨石，而酌其浅深，俾湖水浅不致阻，涨不致冲岸。坝外则开渠以通濒海鱼盐之利，民田亦赖以灌溉矣。又云，据泗州知州李天伦、留守张祐、凤阳知府刘佐、泗州指挥张镗、奉祀朱道光据匠役王良等量得自淮河见流水面至岸地，比水高七尺，又自岸至皇陵南湖水平面，比水高七尺，自湖水平面至下马桥边地高八尺四寸，桥边地至陵门高六尺，陵门地至陵地高一尺七寸，共高二丈三尺一寸。况基运山俱土冈，百余年来，每岁水溢，未闻冲决，俱经题奏如议云（山阳河役，独累满浦夫。夫家嫁祸于海口，私鹾漏船税商税者恶堰闸，故借口于皇陵以便其私。观此条所论，可知矣）。

是年，扬州知府侯秩开句城塘闸，淮安知府王凤灵开泾河以通射阳湖，可以灌田，泄漕渠之涨，人咸便之。

十七年，都御史周金奏修宝应湖岸，浚山阳运河，自清江至十字亭，长三十里，深一丈，阔二十丈，役夫十三万。自弘治以来，始此大浚，通利者数十年，修山阳运河、减水涵、洞闸。旧为石限，七尺以上减入射阳湖，今拟为九尺。修新庄等五闸，严启闭之节，惟通运船，余皆由坝车盘，运河无淤浅涨溢。是时高加堰惟募乡夫为之，时时补葺。后省募金岁数百，而调牙夫甚众，堰不时修，于是决甚而工钜矣。周公在淮六年，知漕渠水利甚悉，人至今称之。

十八年，修雷塘。

三十一年，漕抚都御史应槚于三里沟建通济闸。先是都御史潘埙著《河防议》，以黄河自徐而来，逼近新庄闸口，黄沙易入，欲于福兴闸上下穿渠而南，又折而西，迂回稍远，开新口以引清淮，多置闸座启闭，庶隔沙淤。都御史唐龙、都督周于德用水平法准量新口，地势高于淮城，不可开。都御史王杲亦令山阳知县庄莅民勘议，庄议如周，且为《宣达录》，言将来若开此口，必无淮城矣。参政李元闻而是之曰："此河防正议也。"序而梓之。未几，潘抚河南，实督孙家渡之役，亲见黄河分流由涡而至清口，遂决意主修高加堰，不使河、淮泥滓一毫入运河矣。

按潘议谓清口河直迳，故欲添闸开河，令其迂回屈折，免河、淮沙泥之入，省挑浚耳。应之河非潘意也，潘之意后主于堰。今人不讲其已筑之堰，而传其不行之议，何哉？

三十二年，淮安知府姚虞筑清江浦坝，并开月河，商船便于盘驳。而旧时方家坝口外日淤，生理尽归于此（先是都御史唐龙开方家坝河，时有以腹受沙之论。今坝外积沙数十百丈，岂可引之入内乎？未几，唐有清江坝车盘之奏，而方坝自废）。

隆庆五年，都御史王宗沐修高加堰。

学士丁士美记云，山阳旧有高加堰，去府城四十里。其最关水利害者曰大涧口，堰迤西当淮、泗二水合流之冲。二水东北与黄河会，入于海。比岁河流冲决，则淮、泗泛滥，势必由涧口建瓴下注，汇于津湖，甚者穿漕堤，入射阳湖，而山阳盐渎之间以及于海陵诸地，通为巨浸。间者黄河亦为牵引，而漕渠日就湮淤。迩者郡守陈公、督抚王公发帑，募民成之。

胡应恩曰：堰无坏也，私鹾之家，必欲其坏也。闸当启闭也，而乐商税船料之漏者，惟恐其有闸也。利钜而说行，何怪哉？昔唐刘晏为度支使，以为办集众务，当用士类，吏惟书符牒，不得轻出一言。余以为士类必贤者，始可倚赖，否则方且为彼之义士，方且为彼之忠臣矣。晏在江淮久，其言必有所试云。

夫运河为邗江，自成周以来，史传明白。我朝直名曰清江，又何疑乎？（详在哀公九年）或以为盱眙曾通运，又以为洪泽在盱眙，甚至以为扬城以北非邗江者，何也？高加堰，淮、扬之第一防也，曰可修者十一，曰不可修者十九，何也？盖运河至淮城之西，屈曲而北，又屈曲而西，又屈曲而西北以出清江口，中间于南锁坝设抽分厂，于西门外设浮桥，于板闸分南署，于清江分二署，于淮北立分司，于马头设巡司，重关叠防，有人守之。而于镇城之中，开府设帅，分署参藩臬，列郡县卫所，而台察以时察，殆以漕运为国家之大计，课额以资京边，税料以助漕艘，至紧也。今私鹾之家及利税料之漏者，以此为大忌。夏秋之间，大浸稽天，士君子方以为戚，而彼风帆便利，自黄浦以北抽分厂以南，凡拦卒不到之处，任意南北，出入堰口。故以为运河在盱眙，在洪泽，而曰非邗江，曰堰不可修，其言如此，其心必欲无闸也、无堰也、无官府也，而后快。今上司坐牙，皆彼所不顾之地，而彼所自纵之地，一切无禁。其诐邪之党谬言日出，上之人方降颜色以来之，层叠出以询之。噫！我怀禹、稷之虚心，而岂知其为桀、跖之说间也？愚以为言之不详，则上之人无由闻知。上不知矣，安能复漕规三百年之旧而救淮、扬数千里之溺哉！

愚以为我朝立法莫详于运河一带，而莫不详于高堰之间。自高堰而北，由板闸，则通淮北诸盐场；自高堰而东，由泾河、黄浦，则通淮南诸盐场；自堰而西，则通盱眙；自堰而南，则通天长，东西二百余里，南北四百里，其地至为要害。中间止设洪泽巡司，岂能兼制？故高堰修，虽驮负之私，未能尽绝，而巨舰运樯之大猾可敛也。

万历二年，都御史王宗沐、知府陈文烛重修西长堤，帮筑西义桥桩岸。先是桩工皆取于民，竞言岸下走沙，不可筑。陈公以公帑成之，至今称便。又修盐城石础海口。初士民言不便，太学李春芳力言其便，至是成焉。高、宝、兴、盐四州县之涝，皆于此入海，士民复称便。山阳之涝于庙湾口入海，水极大，亦于此入海，然非山阳之正路也。

王宗沐《淮郡二堤记》云，郡城专受淮势，自西南历清河而东，与南湖仅隔拳土，故自高加堰不治，而淮辄灌入，湖几受其半，淮、扬两郡皆困，终不治，则妨漕，余惕焉。按之信然，乃檄守文烛以饷金六千，致乡先生周君于德君表、胡君效谟君应恩筑焉。又明年癸酉五月，淮水溢平地，高三丈余，而以堰故不入湖，郡之南乡与扬皆无恙。然势掠郡西，合黄河折而经北城，下安东则汹涌，几啮西桥，夺漕河而出，余为之不寝者三夕，幸而势稍杀。则又以其泛滥四溢，出礼信坝及钵池山，民在巨浸中，至八月而始涸。余以灾请，幸天子仁圣，捐米数万石赈之，又允折漕粮。是时幸淮独涨，使稍迟半月，与黄河并发，则事不可支矣。是年冬，余再檄余同知时保，以赈之余米一万石，募夫筑郡西长堤焉。高加堰自武家墩起，至石家庄止，计三十里而遥，为丈五千四百。堤面广五丈，底广三之，而其高则沿地形高下，大都俱不下一丈许。而又于大涧、小涧、贝沟、旧漕河、六安沟诸处为龙尾埽，以遏奔冲。自涧口以达章家庄，浚旧河以泄湖水，使不啮。工凡五十日而毕。郡西长堤，自清江浦药王庙迤东，历大花巷，由西桥相家湾直抵新城，过金神庙，止柳浦湾，六十里而近，为丈八千七百九十八。堤面广四丈，底广三之，高可七尺余，蜿蜒如长虹，以障郡城之北。工凡三月而毕。余按淮安郡三城，在淮与漕河夹中，自嘉靖中年以来，无岁不被水，而其最甚，则己巳、癸酉极矣，鞠为大浸，不见水端，民之栖树巢冢以救旦夕，即余疏中所道，盖其十之三、四也。而二堤并峙，高加堰独抗淮于西南，而长堤又障河于西北，盖至是而居者田者，皆有宁处，可望生全，无苦昏垫矣。顾淮水高于郡，势若建瓴而下，使其发时与河并，则为虑尤巨。且西长堤能障溢水，而其从下啮而崩者不能却。河故去城数十里，而今乃在城下，是其大势渐侵而南，可睹也。开草湾以分势，通涧河以防溢流，余心耿耿切，而力已诎，民亦告病，姑少休之以待（西长堤在新城西北，东者即宋北辰堰，欧文忠公饮于北辰，登仓北堰上亭者也）。

淮郡二堤五闸，与海口利害相关，而淮南、北海口，志载不详，今条列如左。

淮南之海口二：

山阳县庙湾海口，在县东北一百八十里，凡山阳之涨水入射阳湖者，自此入于海。旧口阔一千六百步余，今阔六百步余，水大至，则口与海漫而为一矣（详《嘉定志》）。

盐城县石础海口，在县东北八里，凡高邮、兴化、盐城之涨，皆由此以入于海，凡射阳湖水多黄沙，亦漫至此，南至兴化，旧阻今通矣。喻口去盐城县治东北一百二十里，射阳湖由此入淮，次于海口也。

以上诸海口，旧本无淤，近日之淤，由黄沙而然。然堰闸修，清水时下，岁久自通利，自昔然也。盖海水潮汐日二至，每入也以二时，其出也亦二时，二时之出系入水，二时之入则海水，海水遏湖水不得流者，每日有八时，黄沙宁无停乎？故堰闸修则黄沙革，湖水清湍深阔，入海处庶无碍也（诸小口不能悉）。

淮北之海口二：

安东县张网海口，在县东北一百二十里，黄、淮之支流，于此入海（其各盐场及村镇皆有小渠通海，然莫足数也，故不录云）。

海州东海口，在州东一十五里，黄、淮之正流于此入海，凡淮北诸川皆附焉。旧阔数十里，今阔十余里，水大至，则与海为一矣（正口虽淤，旁口更阔，诸小口不能悉）。

以上诸海口，本自无淤，而近日之淤，以黄沙而然。正口减半入傍口，傍口数十道不啻也。若修堰闸，使黄、淮水势不南分，而合力以之海，则新沙不停，旧沙自去，而上流不为败矣。海水潮汐与南口同，但海水推入，如《禹贡》之逆河，彼一黄河犹能挟沙以入海，今更协以淮水，而力益大，沙随水去，复何疑乎？此条之前及后，刘中丞所论皆已明白。闻之海滨之夫又曰：海之深，不知其几千万丈，而沙出其上，人工所去，每日不能尺寸，而潮汐一至，顷刻而平，况未可施工乎？（吴司空有淮不可分之说，详在定议，与此正同。）

海道自兖而北以至于蓟，自扬而南以至于广。其海口内外，皆有山有岛，惟淮口独有沙。潮落微露其形，潮来则涛翻其上，势若排天。海口之水，视堰闸之废兴以为迟疾。盖修堰闸以抗黄、淮，不南分而东去，东去疾，则海口之水亦疾，疾则无淤矣。

夏禹时，黄河由北入海。自周定王时，徙砱砾，南浮于淮，始由东海之口。汉武帝时，河决顿丘，经瓠子，通于淮、泗。唐宋屡决通淮，虽入东海，无几何而复北。惟元季合淮以之东海，至今四百年而不变，此天意也，何近日之多议乎？

扬之地高，江、淮不能入，运河之涨，又多有闸洞以减杀之。吕泗、料角诸口，入海又近而无碍，故水患少。山阳地卑，去东海口也远，黄、淮骤至，堰闸溃败，则波及海陵矣。

三年，都御史王宗沐从知府邵元哲议，重修高加堰，又开菊花沟以泄三城之水，凡东方之米刍舟楫皆通，民称便焉。

五年，侍郎吴桂芳、知府邵元哲、同知刘顺之、通判王弘化增筑山阳运堤，皆高厚。自板闸以南至黄浦，长七十里，闭通济闸，建兴文闸，及修新庄等闸。主事张誉筑清江浦南堤以御湖水，加河岸以御黄、淮之水，加清江闸土岸以便运舟之牵挽者。主事陈瑛加板闸漕堤，北接平江伯陈瑄旧堤，南接侍郎翁所筑新堤，新堤因挑河出土而为之也。

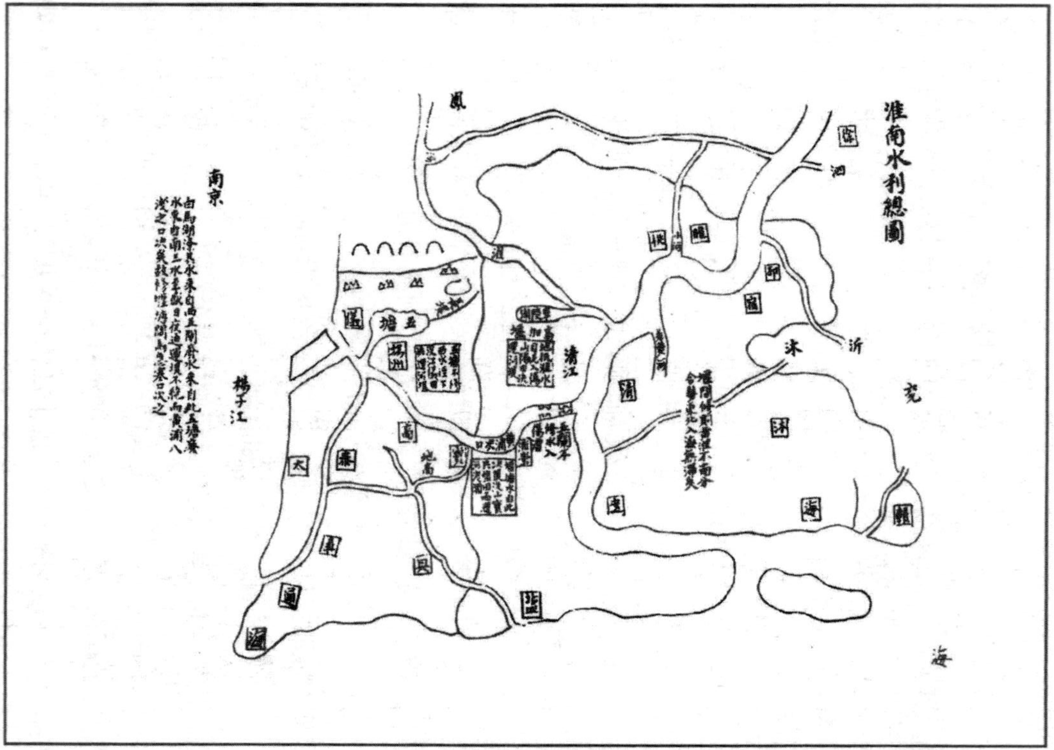
淮南水利總圖
泗
沂
沭
兗
海
鳳
清江
楊子江
南京

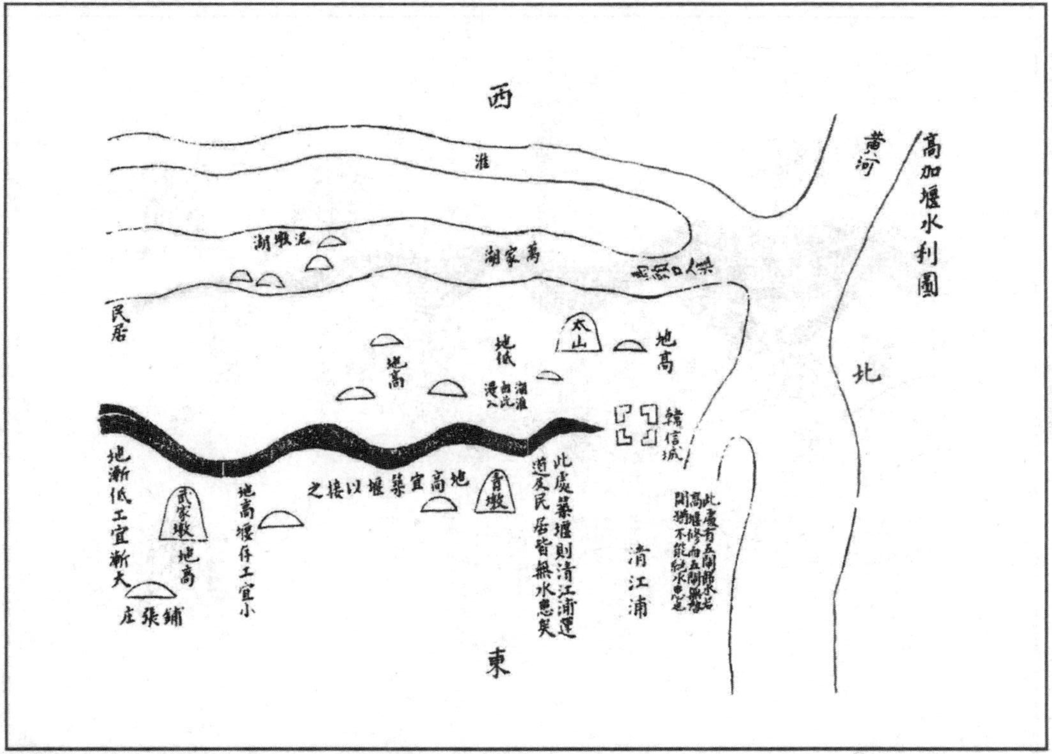

高加堰水利圖
西
東
北
黄河
淮
湖家高
湖墩泥
民居
太山
地高
地低
地高
韓信城
清江浦
此處築堰則清江浦運道及民居皆無水患矣
地高宜築堰以接之
青墩
地高堰仔工宜小
武家墩
地高
地漸低工宜漸大
庄張鋪

淮水田此漲入阜陵湖爲堰患宜塞之
宋家口
淮
龜山
阜陵湖
南湖
湖稍
青州澗
地低有水十澗數丈
民居
民居
低田
土城
低田
青高二澗其口甚闊平時地上水道甚小水發時爲頭口出之不連始由汊河入白馬諸湖照非其正道也
月
低
田
大
月
貝
六
西
龍王廟
此處接堰五里則高寶湖隄永無患矣
此處接堰十五里到山陽漕河無患矣
地高堰存工宜小
地漸低工宜漸大
地低有水大澗堰宜高厚

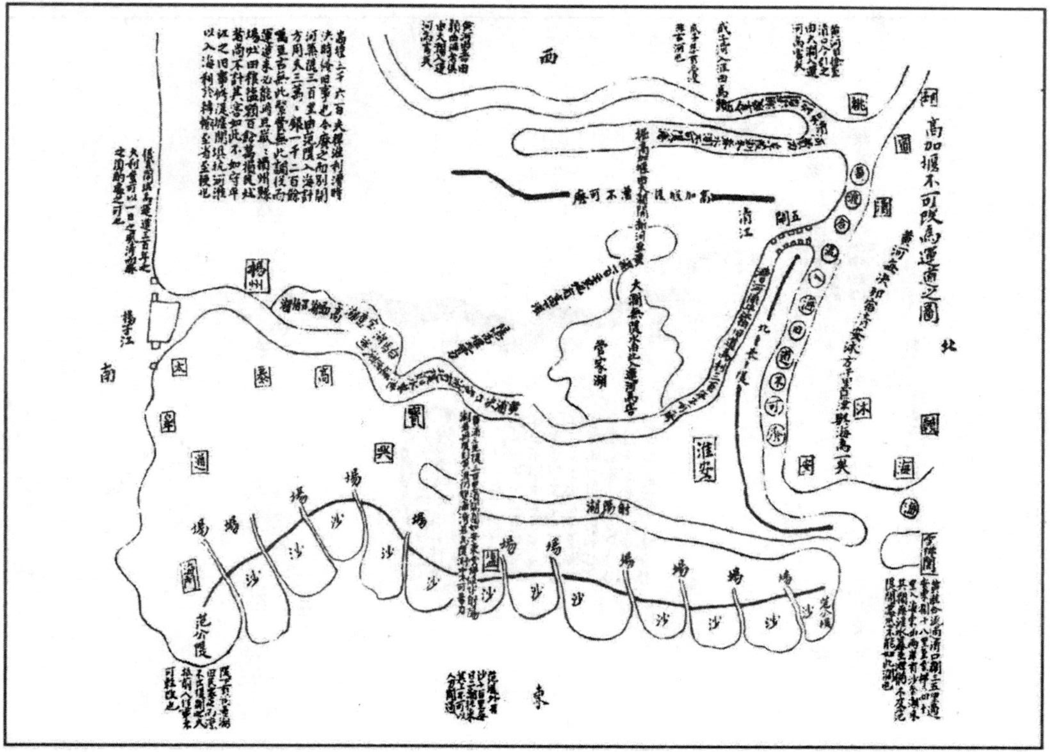

高加堰不可改爲運道之圖
北
西
南
東
清江
淮安
揚州
揚子江
射陽湖
管家湖

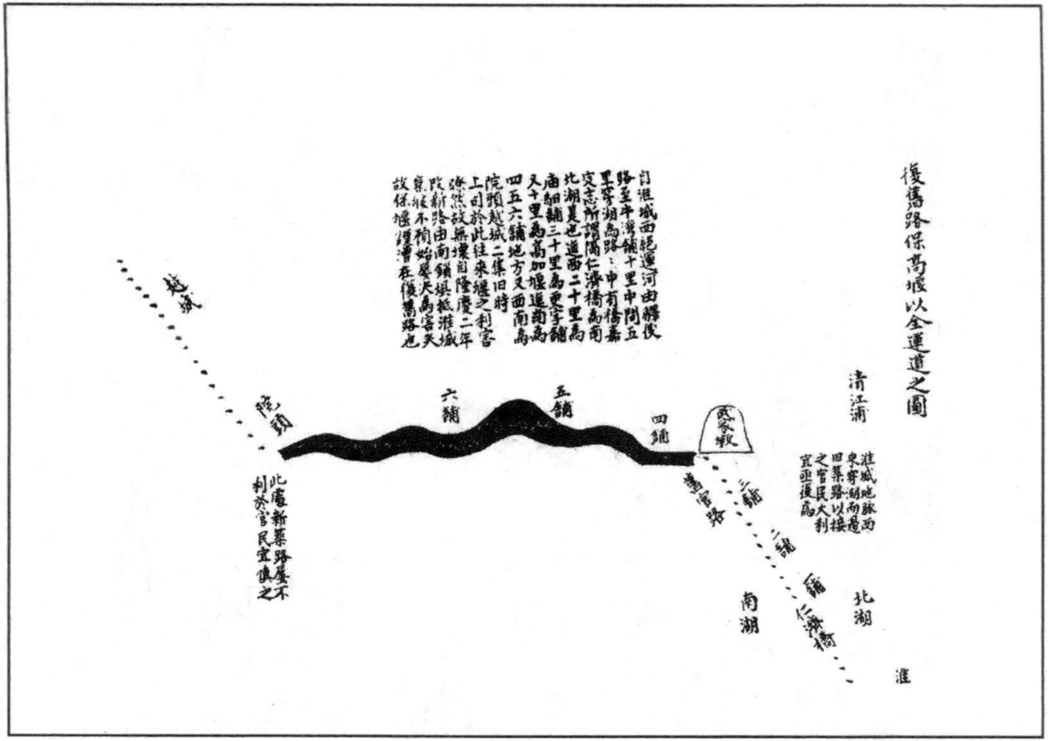

復舊路保高堰以全運道之圖
清江浦
淮城地脉西東穿湖而過旧基路以接之官民大利宜亟復爲
武家墩
舊官路
三鋪
二鋪
鋪
仁濟橋
北湖
南湖
淮
四鋪
五鋪
六鋪
院頭
越城
此處新築路屢不利於官民宜慎之
自淮城西絶運河由驛後路至平灘鋪十里中間五里穿湖爲路，中有橋嘉定志所謂閘仁濟橋爲南北湖是也道西二十里爲南細鋪三十里爲東字鋪又十里爲高加堰進南爲四五六鋪地方又西南爲院頭越城二集旧時上司於此往來堰之利害瞭然故無壞自隆慶二年改新路由南鎖堤抵淮城窮旅不徇始爲害矣故保堰運漕在復舊路也

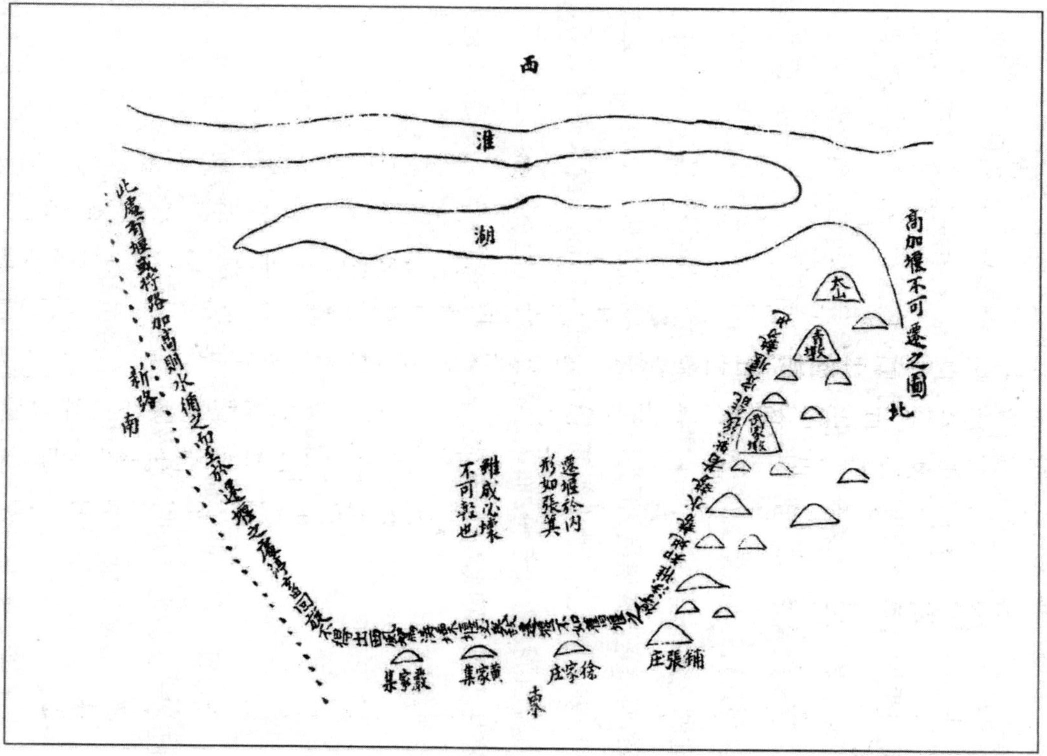
高加堰不可遷之圖
西
北
南
東
淮
湖
新路
遷堰於內形如張箕
雖戚必壞不可輕也
太山
青墩
武家墩
庄張鋪
庄家徐
集家黄
集家蔡

《河防一览》

高堰居淮安城之西南隅，去郡城四十里。而堰内为山阳县之西北乡，地称膏腴。堰外为阜陵、洪泽等湖，淮水自凤、泗来，合诸湖之水，出清口，会黄河，经安东县，出云梯关，次达于海。此自禹迄今故道然也。堰外尚存陆地里许，而淮水盛发，则及堰址。秦周以前无考矣，史称汉陈登筑堰防淮。至我朝，平江伯陈瑄复大葺之，淮、扬恃以为安者二百余年。岁久剥蚀，而私贩者利其直达，以免关津盘诘，往往盗决之。至隆庆四年，大溃，淮湖之水，洚洞东注，合白马、汜光诸湖，决黄浦八浅，而山阳、高、宝、兴、盐诸邑，汇为巨浸。每岁四、五月间，淮阴畚土塞城门，窦穴出入，而城中街衢尚可舟也。淮既东，黄水亦蹑其后，浊流西溯，清口遂堙，而决水行地面，宣泄不及清口之半，不免停住上源，而凤、泗间亦成巨浸矣。故此堰为两河关键，不止为淮河堤防也。

《高家堰图说》

自青墩北至韩信城南，长五里，淮水穿阜陵湖，自此漫入，相应筑堰遏之，以护运道及清江浦民居。

青墩南至武家墩二十里，地势虽高，亦近湖水，宜筑堰以接之。

自武家墩南至管家庄，东有高加堰，长三十里。南北两头皆高，水不伤堰，略宜培补两头。近中地渐低，工宜渐大。中间大涧口地极低，内外多水，工宜极大。旧时筑者谓此段为大工，亦曰大堰。其北有魏家墩，南有贝沟、六羊沟，地势、水势次于大工。堰边惟大涧口，土远工难，惟计日给银，难论包工计方计丈给银之例。其余土极坚腻，取为法土，厚数寸，长丈余，阔与厚同，乃千百年草根土脉结成，入水不化。以此法土筑边二、三层，用鞭棍槌打，相合为一，胜于木石。法土下有粘土，亦有草土相结，但无硬面耳。以粘土填布堰中，用脚蹉拨无缝，方可。此古来筑堰之法，最为经久。凡用夯杵，必用细碎浮土，筑时徒劳，见水则化。凡工人惮于取法土之远，乐于碎土，苟且成工，切宜戒之。

堰南头地高，去湖远，不能冲坏，旧堰完存。又南接堰十五里，地又高，水又小，工如南头，可也。接堰南抵官路，在蔡家庄之东、龙王庙之西，则山阳之南乡，永无水患，运道保无虞矣。官路之南，再接七里至塘埂，地高，水不能过，则高、宝湖堤永无水患，而山阳之东乡及盐、兴、高、宝之田，皆出而可耕矣。

堰西为阜陵湖，湖西为淮，每淮溢入湖。湖东有堰，则从西北马头口低处入淮者，其常道也。马头口隘，出之不及，从东南青州、高梁二涧而溢，循汊河，入洪泽湖、白马湖、衡阳湖、宝应湖，小小一枝耳。东南地高，二涧在湖边，其口虽阔，至地上仅有尺寸，非湖流之正道，故无害。昔人弃于堰外，不为堤防，岂无意哉？惟淮湖水极大，西风驾涛，堰溃败，则牵引黄河，从涧口之极低处注津湖，绝漕渠，穿漕堤，地皆洼下，建瓴东注，为国计忧，而所经之乡邑皆浸矣。然堰之利害与海口相关。尝观嘉靖、隆庆间，堰每坏，则海口辄淤，徐、邳之河，辄淀辄溢，始知古人之堰淮，不独为淮、扬之运渠，而于黄河海口亦有利焉。《禹贡》曰："九泽既陂"。传注以为九州之泽，既有陂障，则上流无溃决之虞，而后九州之河始入于海。是禹之功先于陂上流，而世只以为疏下流也。夫知陂则知堰，知堰则知禹矣。

尚书吴桂芳《复政府书》

伏承下询河、淮分流，导淮入江事宜，谨摅鄙愚，用俟裁察。夫河、淮分流，虽可分北黄河，足纾目下淮人受黄之患，然职反复思惟，至于浃旬，大抵揆之时势，稽诸事理，窃见淮、黄有不可不合者二，淮河有不可入江者亦二。盖前代治河，皆以民患为急；而我朝治河，又当以运计为先。河既从崔镇自投老黄河鱼沟浪石故道，恐将来正河渐次就淤，则自崔镇至天妃闸八、九十里之间，正河且干断矣。若淮水如故，尚可委曲图济，故或三里、五里一闸，逆挽淮流以合黄，或放运舟从天妃庙乱淮，从大河口入老黄河以济运，无不可者。今任淮南徙，则将来委曲图济之计，一无所施。漕挽不通，所关非细，其不可绝淮入者一也。河最浊，非得清淮涤荡之，则海口纯是浊泥，必致下流拥塞之势愈增，旁决内灌之患转急。故自周定王五年，河南徙，汉武帝始决入淮，然犹时决时塞也。至宋熙宁中，则入淮之势成矣。历宋、元我朝正德以来，几五百年，黄河自淮入海，而不拥塞海口者，以黄河至河南，即会淮河同行，循颍、寿、凤、泗至清河，清以涤浊，泥滓得以不停，故数百载无患也。盖是时黄水循颍、寿者十七，其分支流入徐州小浮桥者才十三耳。近自嘉靖间，徐州小浮桥流短，徐、吕二洪屡涸，当事者不务远览，乃竞引黄河全经徐、邳至清河，始与淮会，于是河势强而淮流弱，涤荡功微，故海口渐高，而泛滥之患岁亟矣。然民患虽亟，而运道无虞，入海之途尚通，泛滥之势旋定者，则犹仗淮、黄同途入海之力也。今若永绝淮流，不与黄会，则浑浊独下，淤垫日增，云梯、草湾、金城、灌口之间，沧海将为桑田，而黄河益无归宿，此其大可忧者。其不可绝淮入者二也。淮、泗入江之说，孟子原属误笔。考《禹贡》“沿于江海，达于淮泗”，谓时江、淮未通，江沿海始与淮、泗达，盖三江入海，淮、泗亦入海，故江、淮各入海，始相会合，岂尝内地相通哉？近日淮水南注，转为高、宝，则其去江密迩矣。但扬州、仪真地形甚高，故高、宝五湖向来蓄而不泄。至我朝乃汇之以通运，常年湖水泛滥。如近年淮水南注，水甚加增，则扬州、仪真之间亦可开闸开坝，稍泄逾额之水。若泄至二尺以上，则扬、仪河道遂渐就干涸，而高、宝之水，涓滴不南。昨者高邮告急，大辟扬、仪通江诸途，可谓无余力矣。乃高邮湖仅减二、三尺之涛，而扬州湾头、钞关遂涸，回空及官民船只阻塞者三十里，遂复亟行闭闸塞港筑汊，而后胶舟具通。此其明验矣。故淮河入江之途，不可于扬、仪求也。必欲于扬、仪求之，则必将掘深扬、仪五七尺，尽废闸坝，纵湖、淮二水，大与江合。顾万一江水复滥，且引之入，则扬之患又乌有极哉？此关二百年运道成规，且亦谁敢为尽废闸坝之议者？此淮水不可入江者一也。考导淮入江，汉、魏、唐、宋时皆有此举。如魏黄初元年，造龙舟，从颍至淮，入广陵江口；废帝时，司马宣王伐吴，使邓艾通天长漕；隋炀帝幸扬州，度淮水，今洪泽河尚其改名；唐魏景倩引淮水至天长，通扬州；刘晏于扬州造船，转江南粟，自淮、泗入汴抵河阴；宋漕河自真、扬导江，北趋盱眙入淮。访其迹，淮自盱眙、天长达六合县瓜埠，与江水合，今其遗址见多存者。翁见海总河时，已尝差官备探，谓为可行。但凤阳皇陵正南对淮海，全以黄、淮合流入海，为水会天心，万水朝宗，真万世之帝王风水。若引淮从六合入江，是抱身之水，乃返挑去而不朝入，大为堪舆家所忌，谁敢任之？此淮之不可入江者二也。前所称引淮入江之说，非惟不可行，而亦不必行矣。但当俟秋冬水落之后，议大修高加堰以堵淮之勿南，理所当为，势所得为，不过如此。大抵水土之功，最关利害，筹之不可不深，虑之不可不熟，新奇可喜之事，必事势万不得已而后可为之。苟其旧贯可因，则尼父不贵改作。伏惟台慈，俯赐裁定焉。干冒威严，无任战慄，不宣。万历五年六月十八日。

乡人知府胡效谟《请复闸旧制书》

夫高加堰修筑，后堤又已修筑，草湾河今亦开浚，山阳水祸，十除其五。其未尽除者，由闸更改启闭未复旧制也。何也？然河与淮北略山阳入于海，山阳去海不二、三百里。江与汉南略通州入于海，山阳去通州不四五百里。中间有南北白马、宝应、邵伯、高邮诸湖，幅员七八百里。山阳地势卑下，不满东南者，实自此始，常忧水潦为败。禹故沿于江海，达于淮、泗。至吴阙邗沟，沿江溯淮，毒逐中原。隋踵修之，皆非社稷完计。唐之漕运，刘晏称最，然亦江船达扬州，汴船达河阴，河船达渭口，渭船达太仓，不必通者，通必鲜利较然矣。故我朝于仪真置坝六，瓜洲置坝十一，使江与汉南隔于诸湖；山阳置坝十，使河与淮北隔于诸湖。后又置闸五，曰板闸、移风、福兴、清江、新庄。启闭有期，或二、三日，或四、五日，且迭为启闭。如启板闸，则闭新庄等闸；如启新庄闸，则闭板闸等闸。闭新庄等闸，则板闸为平水；闭板闸等闸，则新庄闸为平水，故启闭甚易易也。令官船由闸唱筹，挨帮序行，民船悉令过坝自便。又有报水头之制。如淮水始发，河水入河南界，所在之人必报，报必先水至。报至新庄闸，即下板帖席实土，闸外又有土坝，亦复实筑之，必俟旬时水头已过，大势已退，然后启闭如常。故河与淮非异常大发，漫闸坝堤堰，不得入山阳。纵入山阳，平地上水不一二尺，旬时则定。浊水泥沙淤浅，至通漕门止，挑捞烦费四五十里而已。近有议废新庄闸，塞而不用，绝河之浊水，免其泥沙淤浅；置通济闸，启而不闭，受淮之清水，省其挑捞烦费。是以经清河来者为河，经泗州来者为淮。事之大谬，亦至如此！典籍记载，多未暇论。按我朝《河渠典》云，弘治五年，从黄河南浚孙家渡口，别开新河一道，导水南行，由中牟至颍州，东入于淮。又浚四府营淤河，由陈留至归德，分为二派：一由宿迁小河口，一由亳县涡河，会于淮。河同与淮，从来久远，岂今日清河、泗州而始分清浊耶？但河、淮从泗州来者，直南射高加堰，至置通济闸之所，始稍西回，合清江口而北向草湾，东折以入海。新庄闸正在西回北向之间，土人所谓“回溜”者也。虽在河、淮之中，独无河、淮之险，泥沙不停，风浪不及，乃地势水性之自然，非人工巧力之可致。新庄闸置此，又加之启闭有制，故垂二百年无大患耳。今通济闸正当直南射之冲，又启闭失制，故频年河与淮建瓴下山阳，浊水泥沙直向宝应之南，山阳北顾，运道劣容舟矣。或一年全河走飞龙桥，或小浮桥，自徐州径下清河口，震电凭怒，恍惚鬼神，狠撞南岸，斗折东转，水心丈余，横截淮水。淮水性弱，差缓于河，水或大发，或未发，皆勒使倒流，漾满洪泽湖。此湖幅员二百余里，大势奔通济闸，灌注山阳，又支分数派，入白马、宝应湖。故自开通济闸，及洪泽湖支分数派入白马、宝应湖者未塞，山阳平地常停水三四尺，南北白马、宝应、邵伯、高邮七八百里，湖面亦常多水三、四尺，西风起恶长浪打湖堤，一线客土，破碎不可收拾。自山阳至高邮，沿湖有堤；自盐城至通州，沿海亦有堤。中间田地八九百里，大都低湖面五六尺。新又于淮堤多开大闸减水，水悬倾滚，迸泻满其中，与海相涵。沿海之堤，淘洗殆尽，湖之余堤为海游波之底柱也。海水潮汐，常高于田地之水，故田地之水，菀为大浸，昔之膏腴稻麦良田，今乃方舟，非风不渡。每东风作，海潮翻上，瀑浪旁飞，簸扫村落，髡剔草木，万有俱化，不但沸腾崒崩矣。今开通济闸，山阳通河与淮矣。往年仪真置闸，近年瓜洲置闸，山阳通江与汉矣。山阳每至雨集，平地便水深丈余，既已饮河咽淮，加之漱江吸汉，吞吐潮汐，噫吵万里，贯串四渎，制曳左海，民其无鱼得乎？皆由闸之更改，启闭未复旧制也。如曰多张水门，亦治水中策，曰：旧制瓜洲无闸，仪真闸及新庄等闸各启闭以时，必使江、淮、河、汉不得入诸湖。沿湖堤故各有邗洞，不过尺寸，下诸湖运船已过，无用之水，以济农工，所谓“举闸为云，决渠为雨”者也。今开大闸数十，口皆丈余，下混混不舍昼夜之四渎于洼田以就海，尽山阳四境以为闸，亦不能减毫毛，况万分之一可种之田，旧时邗洞沟洫犹存，用水栽插，涓滴不与，至秋收割，开闸放水，漂没成熟田禾，实与洪水无异。传曰：塞水不自其源。通济等闸，山阳之源也，况漏天不足西北十九之水为源乎？或曰：闸复旧制，山阳、盐城、兴化、宝应、高邮、通、泰等田地，当减水三四尺，是运河亦减水三四尺，不无浅耶？曰：运河以浅为虑者，不过通漕门至移风闸上下三四十里之间，惜民力而不浚三四十里之河，听水潴千里之良田，计亦过矣。水一也，或为图书之渊，或不由地中行，各遇其时也。舍今时而不复，更俟后时而复之，其难哉！唯采察幸甚。

南海庞公尚鸿《治水或问》云，运道自瓜、仪，则资天长诸山所潴高、宝诸湖之水。

或问：决汝、汉，排淮、泗而注之江，今何以会黄流注之海也？曰：淮、泗未尝不注之江也。注江之路有三：今由高邮、邵伯、白马、草子湖从瓜、仪闸，一也；由盱眙、天长、六合，一也；由邵伯入芒稻河入江，一也。

或问：史称隋炀帝凿汴梁以通扬州，看琼花，阅龙舟。渠成，剪采为芰荷，锦缆牙樯，美人牵拽，则自汴至扬州有河无疑。世传自天长、六合间以达扬州，观音阁为聚舟马头。今罗泗桥之西北，河身犹存，循而寻之，径自河南分势下泄，或直达扬州、仪真，或中出泥汉河以泄淮、泗之水，可乎？曰：此第一义也。

四明黄润玉著《海涵万象》，内载南京浦子口入六合、天长县，有河出高邮，与湖水势相平。只移邵伯两闸置湖口，亦可，则漕船免仪真过坝。前陈御史具奏二次，俱被仪人嘱部不行。

郭相奎《螾衣生别记》云，世传古运河从六合入天长，出盱眙，入淮，可避扬子口、黄天荡、高邮湖、邵伯湖之险，除瓜、仪闸坝之阻。或谓其中有陆地难开者，一曰铁牛墩，言其形之黑似铁耳，实不止数寻。分水岭虽界于湖中，高不满数十尺，若冶山离河形，则五里许。为此说者，皆未睹其形，随众道长短耳。今细问之，应宗桥起至杨家桥闸口、团山下石桥、六合县界，共约水程四里，系小涧，至贵家集、西王桥、牛头山、铁牛墩、八伯桥、冶浦桥、关王庙、六合县、瓜埠口、洋子江。洋子江至淮河，共约三百余里。福胜塘起，至叶家庄、分水岭、杨家桥、金家庄、金家坝、应家桥，共约陆程一十二里，俱军民田地。蔡家桥起，至费家墩、西马厂、观音桥、七里寺、周家庄、杨家桥、隐峰庵、番闸口、张思塘、福胜塘，共约水程二十五里，俱系小涧，宽窄浅深不一。大河湾起，至胡家渡、龙王庙、得胜河、鱼巷口、戴家窑、北门东南蔡家桥，共约水程二十三里，俱系官河，宽窄浅深不等。刘家湾起，至鲁家塘、鲁家冈、鲁家冲、梁家坡、陈州塘、大河湾，共约陆程五、六里，皆系军民田地。王家坝起，至三九涧、刘家湾，共水程四里，俱系小涧，宽窄深浅不等。小涧口至西溪、小溪、冯家庄、刘家庄、清塘、胡家坝、曹家冲、张塘、顾甫塘、戴家塘、金塘、刘家塘、王家坝止，共约陆程一十七里，俱系军民田地，高低不等。天长县北至盱眙界七里店，胡家坝起，至辛家桥、瓦雪坝、小涧口止，共约水程九里，俱系小涧，宽窄浅深不等。自此……

（原缺一张未完）

《梦溪笔谈》

淮南漕渠，筑埭以蓄水，不知始于何时。旧传召伯埭，谢公所为。按李翱《来南录》，唐时犹是流水，不应谢公时已作此埭。天圣中，监真州排岸司、右侍禁陶鉴始议为复闸节水，以省舟船过埭之劳。是时工部郎中方仲荀、文思使张纶为发运使、副表行之，始为真州闸，岁省冗卒五百人、杂费百二十五万。运舟旧法，舟载米不过三百石，闸成，始为四百石船。其后所载浸多，官船至七百石，私船受米八百余囊，囊二石。自后北神、召伯、龙舟、茱萸诸埭，相次废革，至今为利。

附注

注一：杜注，吴人于邗江筑城穿沟，东北通射阳湖，西北至末口入淮。今清河县东十里，自龟山后至八里庄，淤塞不通，尚有故道。

注二：初润州北距瓜步沙尾圩汇六十里，舟多败溺，澥徙漕路，由京口渡江，开河二十五里，即达扬子县。自是免漂损之患，岁减运钱数十万缗。又立伊娄埭，官征其入，岁利百亿，招还流人五百户。

注三：自杜亚疏渠浚河，益库水下走，吉甫筑此以泄有余，防不足，漕运遂通。

注四：自阊门外古七里港开河，东屈曲至禅智寺桥，通旧官河，长十九里，以便漕运。

注五：淮河西流三十里曰山阳湾，水势湍悍，运舟多覆溺。维岳规度，开故沙河，自末口至淮阴磨盘口，凡四十里，又建安北至淮澨总五堰，运舟所至，实经上下。其重载者皆卸粮而过，舟时坏失，粮纲卒缘此为奸，潜有侵盗。维岳始命创二斗门于河西第三堰，二门相距逾五十步，覆以厦屋，设悬闸积水，俟潮平乃泄之。建横桥岸上，筑土垒石，以固其址。自是弊尽革，而运舟往来亦无滞矣。

注六：亘四十余里。

淮徐备录

淮安府

山阳

淮河，四渎之一，在州西南五里许，自泗州龟山东北流，萦纡淮城，北入海，周《职方氏》“青州，其府淮泗”谓此。

黄河，详见《河防》中。盖黄河源远变多，不烦具论。其中原入海故道今堙，而淮安旧迹自山东、河南诸水汇于淮、泗，今合黄河并入于淮矣。黄河自汴城至徐州，经邳、宿桃源、三义镇入口，由毛家沟抵清河县后谓之大河口，会淮流过渔沟，达安东，下云梯关入海，谓之老黄河。嘉靖初年，三义口塞，南从清河县前亦与淮合，谓之小清口。经清江浦至草湾，转西南过淮安新城，北达安东。万历四年，开草湾河成，分为两道，各四十余里，复合，过安东总，下云梯入海。十六年间，勘河常给事因淮浸祖陵，抵于强黄而不能泄，锐意欲复老黄河三义道，知府张允济力持不可开，乃止。

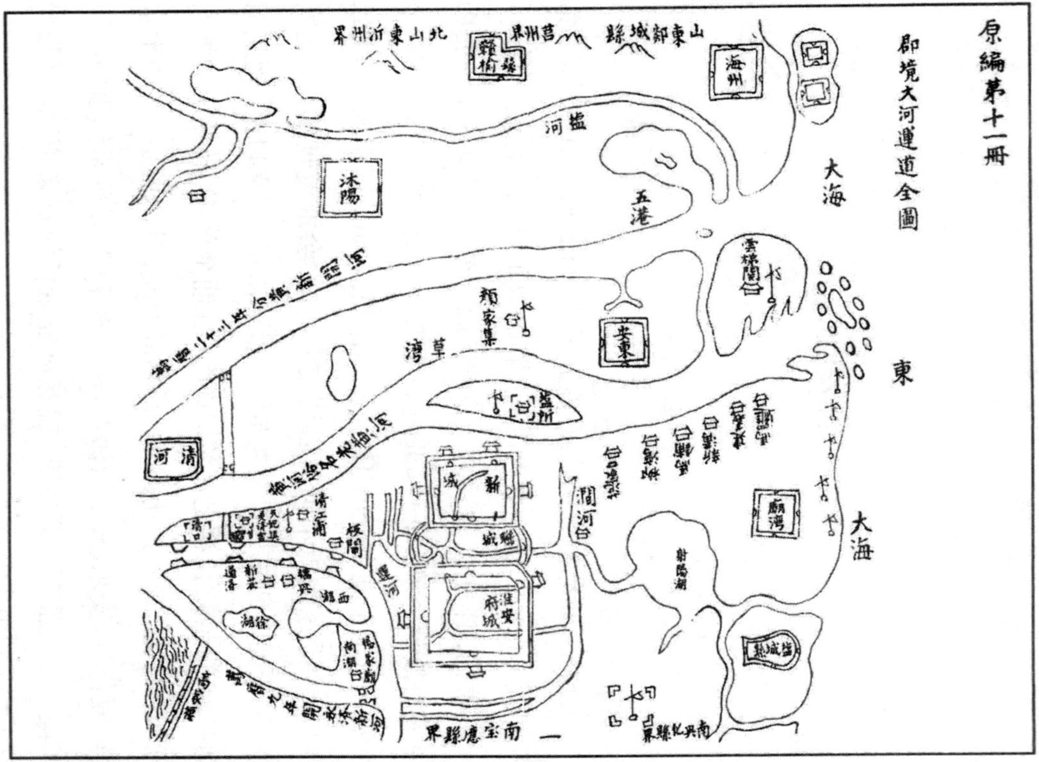
原編第十一冊
郡境大河運道全圖
大海
東
大海
海州
沭陽
鹽河
五港
安東
雲梯關
草灣
清河
新城
淮安府城
聯城
運河
澗河
射陽湖
鹽城縣
廟灣
山東郯城縣
山東沂州界
南寶應縣界

原編第十一冊

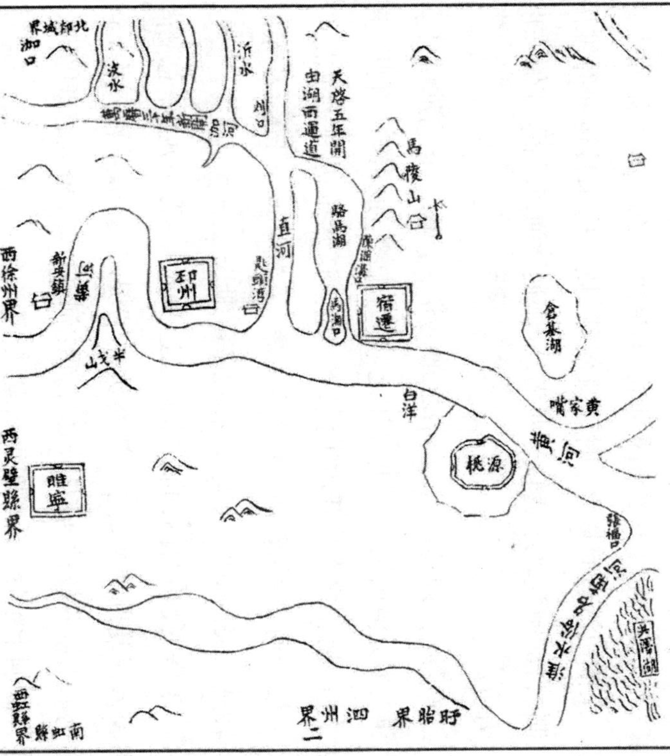

北郯城界
泇口
沭水
沂水
天啓五年開
由湖西運道
馬陵山
駱馬湖
直河
邳州
宿遷
倉基湖
黃家嘴
黃河
桃源
白洋
西徐州界
新安鎮
西灵璧縣界
睢寧
洪澤湖
盱眙界
泗州界

草湾河，先年海口横沙，黄、淮下流势缓，尝苦浅涸，每水发，则有逼城之患。万历四年，兵备副使舒应龙议开此河，直达安东，于是郡之水患稍纾。

运河，古山阳渎也。隋开皇六年凿，然吴王城邗沟，出于末口，即新城北辰坊之北闸也。三国时以无运而塞，隋因平陈而广之，五代亦以不运而湮，周以平吴而浚之，元以兵阻而废，洪、永间以漕运而复之。时已筑新城，则又仿宋转运使乔维岳之制，自郡城西北逶迤转于西南，建闸通清河口，皆平江伯陈瑄之力也。

故沙河，即乌沙河，在治西北一带三十里，古运自淮城艮隅入淮，不免湾山阳六十里风涛之险。宋转运使乔维岳开此，直达清口。后蒋之奇又开浚洪泽，岁久俱阏。永乐初，平江伯陈瑄因旧渠开通，置闸蓄泄，更名清江浦。复置常碗仓于旁，积粮以备转兑，为公私便。共置五闸，以备蓄泄。

永济河，治西南，自杨家庙上达清河口。万历九年，总漕尚书凌云翼开挑通漕，避清江浦黄河啮堤之虞。及清江筑堤，运艘仍旧由城西故沙河以出清口，而比河并存。今资以灌溉民田，中有涵洞十余处。天启四年加浚。

故城河，去治东南五十里，东入射阳湖，西南连黄浦。弘治间，挑浚淤塞，以达盐城、高邮、宝应、兴化等州县，又名寿河。

泾河，治南五十里，西通运河，河口有闸，水涨则启，泄入射阳湖。嘉靖间，浚修。万历丁巳，南河郎中李之藻重修。

汊河，在治西南。

涧河，治东南，上泄三城潴水，下通滨海舟楫，岁久湮淤，距工不易举。黄流一泛，沙漫平陆。督抚王公宗沐乃环城筑堤，长数十里，黄流不复入，而三城内涝，水不可泄。乃浚涧河，长三十里，东通射阳，建闸河滋，备蓄泄。及委人守之，岁取府榷金二百两，为缮修之费。先后莅土者加意深浚，乃食货大通之区也。

射阳湖，治东南七十里，东通海，宝应、山阳、盐城三县分湖为界，其阔约三十里，周回三百里。汉广陵王胥有罪，其相胜之奏夺王射陂，即此。嘉、隆间，黄、淮交涨，溃高、宝堤防并注于湖，日见浅淤，因盈溢浸诸州县。万历九年，总漕凌公云翼请帑金三千委盐城知县杨瑞云督开，由庙湾新丰市入海，其害乃止。

管家湖，在望云门外。按嘉定《山阳志》云，隔旧仁济桥为南北二湖。宋嘉定间，按抚应纯之申本州形势，东南皆坦夷之地，难于设险，向北二隅有地不广，而淮河限之，惟向西一带湖荡相连，回环甚广，而泄水处止有数里，作一斗门为减水之所，则一望弥漫，而敌人不可向。设使水为盗决，泥淖深远，断不能渡。平居无事，尽可教习舟师；缓急之法，又不可摆泊船只。此筑既举，则城西一面必不可攻，庶乎一意经理东、南、北三面为战守之计。续申水内筑岸，工役难施，不能经久，合别开新河与运河接，取土填垒扞岸，则旧运河与湖通连，水面深阔，形势益便。遂开一河于湖岸之北，筑垒湖岸，底阔四丈，高及一丈，以限湖水。又自马家湾西至陈文庄，就湖筑滩岸二百七十余丈，自管家湖与老鹳河相接岸处平地，开深方围二十丈，置斗门水闸，自此西湖之浸相灌楚城，西北隐然有难犯之势，岁久崩淤。永乐初，平江伯于湖东北畔界水筑堤砌石，自西门抵板闸，以便漕运，名谓新路，又谓西湖，即仁济桥之北湖也。

白水塘，去治南九十五里。宋元嘉末，决水灌魏军，或谓即此陂。按山阳境中陂之可考者三：射阳湖亦名射陂，在州之东南。茶陂，在州之西南，魏太武自瓜步趋盱眙，则茶陂、射阳皆非其所经。故知白水塘为是陂，阔三十里，魏将军邓艾所筑，于此屯田积谷以制吴人，与盱眙芦浦山破斧塘相通，溉田一万二千顷。隋大业末，破斧塘坏，水北入淮，此塘亦涸。南唐保大中，大兴屯田，楚州刺史田敬累请修塘，冯延巳以为便。李得名因请大闸旷土为屯田，夺民田为官屯，民大怨咨，遣其臣徐铉巡行，铉矫命罢役，唐主大怒，流舒州，白水塘之役亦罢。嘉定六年，献议于朝者谓淮阴白水塘东至浮图庄，南至褚庙冈脊大堰，废而不治。今脊犹在，若复之，宝应、高邮诸河相接，游波所及，如衡阳阜、三角村等处皆浸淫至城，形势自张。札本州委官相度。司法尤焴申略云，白水塘周围一百二十里，地涉山阳、盱眙两县，所堰之水通富陵河，其源出自塘山，在盱眙之南，山盖因塘得名。此山冈阜重叠，溪涧萦纡，凡四十里，水自高而下，乃至刘家渡，入富陵河。而白水塘三堰：一曰潭头下堰，二曰河喜中堰，三曰刘家上堰。下堰至中堰十二里，中堰至上堰五里，其上又有镗浪堰，在塘内。盖三堰既制，则唐山间四十里内之水不得入富陵河，然后东汇为白水塘。今修设三堰之功不宜苟简，若有溃决，则洪泽沿淮，受害非轻。又塘之西、南二面皆因冈阜为限，东、北二面乃是古淤平地，筑成塘岸，脚阔十余丈，岁月既久，岸脊处与塘面平，合先增筑塘岸高一丈以上，方可潴水。旧塘有八斗门以溉塘下田，亦合修复。塘之复有三难，塘之成有二利。民间所佃塘内上腴之田二千余顷，庐墓、庄院皆在焉，西潴之民必怨，一难也；塘内水盛，堤岸难测，如黄家围一带居民千百家，所合迁徙，二难也；工役甚大，为费不赀，三难也。塘下西北地高亢，民田多荒，东北亦有高田，灌注则成沃壤，一利也；盱眙之民如两家渡等处，可因水限隔，就高保聚，绝敌入小路，二利也。但夏秋之间，既开斗门灌注，则冬春水势必杀，无以待敌，二者不可得兼。而盱眙保聚，止是一乡，不能尽杜他岐。窃见此塘本在高岗，决水自高而下，塘下临衡阳阜二十里，三角村处三十里，果系向来边兵经行横趋大仪之路，可决而灌之。至于楚州城去塘百里，决水至此，势已杀减，若敌自淮阴直趋城下，凡四十五里，地形高仰，又是水所不及，兼作塘之后又须列寨防守，以备敌人掘堰，且常巡堤岸，以防冲决。见嘉定《山阳志》。元初以来，建置洪泽屯田万户府，引塘水以溉屯田。按塘之故迹，东属扬州宝应县，西南属泗州盱眙县，北属淮安山阳县界。

黄浦溪，去治南六十里。东南至故晋口，入射阳湖，西达三角村，入双沟。

洪泽，去治西南九十里，旧有闸。宋魏胜运粮至洪泽，出闸入淮，即此。今设巡检，属清河。

蓼涧，去治西南六十五里。东连天井荡，西入青洲涧。

青洲涧，去治西南七十里。东由双沟入白马湖，西入高良涧。

高良涧，治西南九十里。由清河涧沙埠桥入淮。万历二十四年，总漕都御史褚铁议涧口拆堰为滚水石坝，寻改为闸，泄淮东注宝应诸湖。

高加堰（注一），堰以捍淮，名曰高加者，为护运道，邑井宜加高而名之也。去治西四十里。三国时，广陵太守陈登所筑。堰长三十里，中地庳而工高。北自韩信城五里至青墩，二十里至武家墩，又南至管家庄堰，西为阜陵湖。西为淮，每淮溢入湖，赖此堰以障之，不则径冲黄浦口，趋射阳湖，而运道梗矣。淮不会河，则河力不能决沙入海，久且城邑虞于潴荡。先年堰圮，山阳罹患。隆庆六年，知府陈文烛议申督抚王宗沐，请帑鸠工修筑。万历十四年，总河侍郎杨一魁重修。按此堤，祖陵在泗州，而淮、扬两府在下游，所关至重，及费国帑十千万以成功。两傍植树，守堰有夫，堰石以银锭铁牵，堰底以巨松排桩。

马逻港，去治东北九十里，通淮运盐船只。今黄淮合流，经此乃成大河。

芦浦港，去治东北一百二十里。东南入射阳湖，西流入淮。

建义港，去治东北八十里。东南流通济沟，入射阳湖，北流入淮。

邗沟，自宝应县北流入淮。《左传》哀公九年：吴城邗沟通江淮，将伐齐故也。杜预注云，于邗江筑城穿沟，东北通射阳湖，西北至山阳末口入淮，运粮之水路也。隋大业元年，发淮南民十余万开邗沟，自山阳至扬子入江，渠广十步，旁筑御道，植以杨柳。按邗在扬州府江都县，地名寒江，即邗沟也，故亦名邗江。

通济沟，治东北六十里。东经马逻港入射阳湖，西自横沟入淮。

清江浦，在治西北三十里。原南北商货皆从城西仁、礼等五坝车盘而过，自故沙河以上开运后，凡货船悉由清江过坝。里之运河、外之黄淮河舳舻毕集，居民数万户，为水陆之孔道。

草湾，在郡新城东北二十里，离清江浦东南十三里，离安东县西六十里。按淮之上流至清河口间与泗交汇，而受黄河之全注，东趋而南下，绕新城之东，俗呼外河；在城西之运河一带，俗呼里河也。外或潦水泛涨，辄倒灌乎三城，而草湾地卑，屡遭溃决，则安东县治当其下流，更可虑焉。草湾之开，分杀黄流入颜家河，但初辟时止分其半，半仍故道，舟楫仍通，礼、信、方五等坝处生意繁集，其后草湾南滩水缓淤积，逼水东北尽归草湾，而故道几尽断流，装载浅梗，盐运阻远艰。近年如米薪诸物，必溯清江浦搬坝，由里河以达城西，途纡价涌。及论风水，则黄、淮在三城之北，自西而东，右水左绕，水缠玄武合局。计斯两者，以黄仍故道为便。若论三城利病，则因势顺导，郊郭奠安。此昔有留意欲经理黄河之说者，而必务疏通，固堤岸，良确见也。

盐城

大海，在治东，自海浦东北出海洋五十里，古漕运自此出洋，以达于直沽。小海，在治西，东西两滩生蒲苇，中流行舟。其源出通泰，夏泛冬落，西北入东塘河，达射阳湖入海。捍海堤，在治东二里许，自治东北直抵通泰、海门。唐大历中，黜陟使李承为淮南节度判官，谓海潮漫为咸卤，虽良田必废。具奏得请，乃自楚州、盐城南抵海陵，修筑捍海堤，绵亘两州，潮汐不得浸淫。宋天圣初，张纶刺泰州，专图修复。时范仲淹监西溪盐仓，悉力赞之，谓当移堤势而西，稍避其冲，仍叠石以固其外，舒斜迤逦如坡形焉。不与水争，虽有洪涛巨浪，岂能冲击？天圣五年，功成，因名范公堤。长一百四十三里有奇，脚阔三丈，面一丈，高一丈五尺。元詹士龙为兴化宰，请发九郡人夫并筑，十有六月堤成，延亘三百余里。射阳湖（注二），去治西一百四十里。西南接宝应县，西接山阳县，中流为界，自故晋至喻口北沙入海，详见《山阳县志》。大踪湖，去治西南一百里。南北径三十里，东西广十五里，与兴化县分湖为界，其源自鱼鲸湖，由马长汀以达射阳。马鞍湖，去治西三十里。西一都环三十里，北入侍其汉以达射阳。官河，在马鞍湖西南，去县四十里。源自大踪湖南来。盐河，去治西五十里，自官河流入。西塘河，去治西九十里。源自大踪湖北，流经官、盐二河来。东塘河，去治西五十里。亦自大踪湖经马鞍湖北流而来。芦沟河，去治西北六十里。自东西二塘河流入，贯高姥、张岐二塘，北经侍其汉以入射阳。西界河，治西南六十里。自旧运河达石础口，与兴化分中为界，西北入大踪、射阳。东界河，治西南六十里。自通泰入定港，流为河，兴化县分中为界，西由东塘河入大湖。旧运河，治西南七十里。自界河北流入运河。新运河，治东南四十里。水自通泰北流，经五祐场西北下旧运河，注东塘河，入射阳。封子河，治西一十八里，冈门镇西。自马鞍湖、运河、盐河东北流入。汉河，治北门外三里。自通泰北通盐河，经伍祐场，由登瀛桥下达东塘河，过侍其汉，入射阳河。

清河

大清河、小清河，二清河即泗水之末流，源出泰安州，经徐、邳至县西北三汊口，分为大小二清河。大清河在治东北八里，入治西北老黄河口，绕县北渔沟镇一带，出治东北大河口，达淮，今淤浅。小清河在治前百五十步，东去入淮。弘治初，黄河从徐、邳入本河，水遂浊。万历二十三年，总漕尚书褚铁大加挑浚，今始疏通。三角湖，去治西北八里，四围高阜，积雨水泛，则开注于大清河，以杀水势。万家湖，治东南一十五里，正西通七里沟，入淮河。富陵湖（注三），旧有沟通淮，宋□□年富陵战北之地，今清河之南。隆庆以来，淮涨已连洪泽，大淮穿其中。采鱼船大小百十只，每岁委官量船纳料，以备鱼油翎鳔之税。然岁额只二十七两，而湖利奚啻十倍。知府薛鑾招来逃亡，改料于里甲办纳，听民自采，弛征不多而施利溥焉。

桃源

泗河，去治北三百步许，源出山东，即徐、邳泗河之下流。崇河，去治北四十里，在崇河乡，其源西接宿迁刘老涧，东入安东涟河。杜村湖，去治东南三十里，在吴城乡，通淮。仓基湖，去治南七里，积水四时不涸，水溢通新河，曲折东流五里，会丁家沟，达河入淮。大庄湖，去治东南三十五里，积水不涸，水涨通于丁家沟入河。黄坝新河，万历二十四年，分黄导淮开挑，自三义镇上起，由毛家沟等处达灌口下海。

安东

淮河，经治南百步余，东流五十里折旋东北入海。中涟河、东涟河、西涟河，中涟在治北三里，河阔八十余丈，北通官河，南通市河，下流三里入东涟，阔三十余丈，上流三十里为西涟，阔如东涟，源自西北大湖来，东南入淮。市河，去治东百步余，即大东二城相间之城壕也。自中涟流入澳河。硕项湖，治西北一百二十里，一名大湖，西通沭阳桑墟湖，东南各有小河达于淮，袤四十里，广八十里，海州、沭阳、安东各得三分之一。澳河，在治东南百步许，又名龙潭，南临大淮，为坝以潴水利。东澳河，去治东一里许，通北市河潴水。官河，去治北三十里，源自西涟来，南通中涟，东流散入遏蛮等河，入淮，北通海州诸盐场，舟楫之便。大义河、小义河，大义去治西北五十里，又三十里至小义，北自沭阳桑墟湖，流入东南通涟。古寨河，去治西北七十里，西接西涟，东南通大汉河。大坊河，去治西二十里，西接清河涧，东流入支家河。支家河，去治西一十五里，北自成子河流入，南通山阳县新沟及孙村铺入淮。成子河，去治西北一十五里，自古寨河流入。响水沟，去治西一里许，旧有迎宣桥，元季堙塞。洪武三年重挑，北接支家河，引沭水、大湖、中涟，南流入淮，水流有声，故名。蔡家河，去治东一十里，南接东涟，北通黄沙荡。桥庄河，去治东三十里，南接东涟，北通大飞。涔口河，去治东三十里，西接桥庄，东流入十字河。十字河，去治东三十里，南接东涟，北通大飞。五丈河，去治北三十里，西自中涟河，东流入大飞。夏口河，去治东北三十五里，西自官河，东入大飞。朱家庄河，去治东北四十五里，西北接官河，东流入飞湖。港河，去治北三十里，北接大湖，南通官河。白头河，去治北一百里，西接大湖，南通官河。一帆河，去治东北五十里，南接东涟，北通海州伊卢山。平望河，去治东北八十里。遏蛮河，去治东北一百里。白阳河，去治东北一百里。呰河，去治东北九十五里。七里河，去治东北一百一十里。团墟河，去治东北一百二十里。盐荡河，去治东北一百五十里。已上七河一带相连，俱西接官河，东入一帆河，合众流以放于海。张网海口河，去治东北一百二十里，南接淮河，北流入海，即淮之汊港也。五港口，去治东北七十里，当团墟河、七里河、遏蛮河、官河五水会处，故名（注四）。传湖，去治东北六十里，西自大湖流入，东通官河，袤十里，广六里。飞湖，去治东北六十里，西接官河，东通大飞湖，环四里，今淤为民田，止存一河通舟。孙村浦，去治西南一十二里，自支家河入浦，复东流入淮。刘村浦，去治东三十里，自东涟河入浦，复南流入淮。臧家浦，去治东四十五里，自东涟河流入。界沟浦，去治东四十五里，自臧家浦流入。逄村浦，去治东北六十里，西接一帆河。锹沟浦，去治东北七十里，自一帆河流入。大飞浦，去治东北八十五里，自一帆河接飞湖流入。酆沟浦，去治东北一百里，自卜家沟流入。已上七浦俱东流入淮。

沭阳

建陵山，去治西北一百里，山形南北狭、东西长，上多陵阜。《畿志》：汉立建陵县于此。韩山，去治东北六十里，山南有楚王庙，旧传韩信追项羽于此，故名。今讹为寒。沭河，按《周礼》注云，东莞即青州琅琊郡。考其故迹，西北自马脊崮诸山涧会流而下，至县境分为五道：一自严家埠经县南一百二十里东流入大湖，县治在北，故以名县。此沭水之正流也。一自高塘沟分流入桑墟湖。一自新店分流东北入大湖。一自张家沟分流入涟水。一自张家沟分流至下埠桥入大湖。此沭水之分流也。正流近因沙塞，春夏泛溢，秋冬涸干，每岁冬常于张家沟筑堤，障水东流入县前河，以便舟楫。硕项湖，即大湖，去治东九十里，与安东、海州各隶三分之一。说见安东。

海州

朐山，去州城南四里，一峰如削，俗呼为马耳峰，傍有龙潭，清甚。始皇曾立石其上，以为秦东门。孔望山，去治东五里，《舆地要览》云，孔子问官于郯子，尝登此山以望东海，故名。又名古城山，山畔有故城基址，《地理新书》以为即古海州，南宋防胡守戍于此。卢石山，去治东南六十里，山多黑石。《汉书》韩信为楚王镇于三卢，即此。东陬山，西陬山，去治东南百里，东陬居海中，两陬居海隅，二山对峙。伊卢山，去治东南八十里，上有龙祠。一名伊莱山，《史记》云，钟离昧家在伊卢。羽山（注五），去治西北百里，即舜殛鲧处。《禹贡》，羽畎夏翟。曾氏注云，山雉五色出于羽山之亩，山名曰羽者，以此。马岭山，去治西一百五十里，与郯城分水岭为界，接沂州之境。苍梧山，在东海城北海中，有九岭如九疑之势，故有苍梧之名。一名鬱洲，一名郁洲，一名郁鬱山。巨平山，去东海城北三十里，南接东海，北抵墟沟。又有栖云山，即巨平之北岭。鹰游山，在海中，去平山一十五里，今海运所必经处。平山，东海城北七十里。西石岛，在海西崖，故名。高公岛，在海中，去东海城八十里。竹岛，在海中，去东海城八十里，上多竹。蔷薇河，去治西一里许，源自羽山，漫流入新沟，东流至洪门坝及独树浦下海。西接州城西河及石湫等处，潮汐往来，巨舰时行。涟河，上源引沂、沭及桑墟湖之水，经石湫及黑土湾入海。高墟河，去治西南八十里，通涟河，可行小舟。官河，去治四十里，起自新坝，南入安东支家河。一帆河，在官河东北，流至伊卢山，南通安东入淮。东五丈河，西自官河流入一帆河，可行小舟。西五丈河，在潘家河南。龙沟河，去惠泽巡检司南七里许。潘家河，在大伊山南，治南百里。永洋河，在五丈河南。界首河，在莞渎河南。已上五河俱自大湖东流入官河。鲁兰河，在鲁兰城北，源自马岭山，东流入官河。房山河，去治西南六十里，源自马岭山，流入官河，夏泛冬涸。枯沟河，在龙苴镇北，西通涟河，北通小伊河，东入官河，夏泛冬涸。小伊河（注六），在小伊山北，西接枯沟河，东入官河。莞渎河，在永洋河东，其源西自官河东北七十里入海，可行巨舟。板浦河，去治东南四十里。白蚬河，在大伊镇北。芹支河，已上三河俱自官河东流入海。石人河，去治南一百一十五里，源自官河，流入一帆河，有二石如人，冬涸。牛墩河，去治东南八十里，夏通冬涸。陆里河，去治南一百三十里，通官河，东流入海。大湖，去治南一百四十五里，西南距安东、沭阳二邑，东西四十里，南北八十里，详见《安东志》。桑墟湖，去治西南九十里，昔因银山坝废通海，夏则潴水，冬为陆地。艾塘，在旧朐山县西北十二里。青龙涧，在治南朐山之麓，西流经洪门入海，长五里，在白虎山之东，故名。小浦，在治东南七十里，源自官河流入。于公浦，去东海城北十里，汉于公居处，俗讹为茹公浦。白沟浦，去东海城北十里。大义浦，去东海城北五十里。山阴浦，在东海城东北。当路浦，去东海城北四十里。溪云浦，去东海城北六十里。社林浦，去东海城北六十里。台浦，去东海城北八十里。徐渎浦，去东海东北四十里，上接巨平诸山之水入海。宿城浦，在东海城东北七十里，四面俱山，舟楫遇风宿此。沃壤浦，去东海城北七十里。已上诸浦俱通海潮，舟船渔盐之便。按洪门堰坝上接官河、新沟，下通独树盐仓旧基，堰上人行道，由洪门筑。此坝蓄水通漕运，滋农田。自王信攻张氏图海，开决此堰，移盐仓于独树浦，遂废此坝。

赣榆

吴山，去治西北四十里，昔有吴姓者居此。夹谷山，去县治西五十里，山之北有徐山，与此相对，故名。阿夜山，去治东北七十里，与栏头山相对，山之东有观音寺，属山东日照县。尧水，去治西南八十五里，源自沂州，东流经县界入海。腰带河，在县城外，源自沂州，西经上堰村，东流入海，以其环绕县城，故名。清口河，去治东南一十五里，东流经县南入海，潮汐往来。庙湾子沙河，去治南五十里，通海潮，源自郯城，东流入海。临洪河，去治南六十里，通海州银山坝，元末湮塞。景泰二年，知府丘陵疏浚，以通于海。荻水镇河，去治东北七十里，发源莒州，东流入海，潮汐往来，民居稠密，有巡检司。

邳州

葛峄山，去州治西北六里。《尚书》，旁通云峄山。在下邳县西。《禹贡》“峄阳孤桐”，谓出此山之南者。今名岠山，以其与沂水相距也。磬石山，去治西南八十里，与泗水相近。《书》云，“泗滨浮磬”，或以此山为古取磬之地。艾山，去治西北一百一十里，山多产艾。《左传》齐侯会于艾。即此。泗河，在治南二里，即泗水，出山东泗水县，源有四泉，因名。西南过彭城，又东过下邳入淮。城子河，去治西北五十里，源自沂州芦塘湖，流经营河，入武河。曲吕河，去治东七十里，源自坝头，入洪河，会直河，入泗。其流萦回，故名。沂河，去治西一里许，自山东沂州南流至下邳，西南入泗河。西洳口河，治东北一百五十里，自沂州抱犊涸洳沟考究泉入营河。万历三十一年，总河侍郎李化龙大辟，通漕运。武河，去治西北五十里，源自山东峄县马旺山许家泉，经流堰武乡，故名。入蛤湖，至干沟口，入泗河。直河，去治东五十里，自本州沭缨湖分派，南流入泗河，直而不迂，故名。洪河，去治东南三十里，自曲吕过直河，入泗河。营河，去治北一百里，自西洳口河流入武河。蛤湖，去治西北一十五里，源自武河，流入停潴，延袤五十里，由干沟口泄流入泗河，多蛤，故名。

宿迁

司吾山，在北人乡司吾社，去治北百里，高五十丈，周围一十五里。汉名县曰司吾，山因县而得名。上有石洞，洞口凿石为螭，水自螭口喷出，四时不涸。宋绍兴末，首领张荣屯此山以拒金。马陵山，治北二里，高一十五丈，周围二里，冈阜如马。小河，去治西南一十里，其源出汴，入泗，以其浅狭，故名。皂河，去治西北四十里，源出本县港头社，下流入泗，水底泥黑，故名。骆马湖，去治西北一十里，由沟口入泗。土丘湖，去治东五十里，由新沟入泗。上泊水湖，去治南三十里，由武家沟入泗。白鹿湖，去治西南五十里，由小河入泗。通济新河，天启五年开，自刘口起，北通泇河，南经骆马湖，西出陈窑沟口，达大黄河，离县二里。

睢宁

睢水，在治西南，自宿州灵璧界东流，环治后又东四十里，引芹沟湖入泗河，水势小而长流。又按睢水有二：一在徐州一百二十里，即楚汉交锋之地；一即此水。因并纪之。合湖，去治西北七十里，合邳州沂水，南会于河，故名。一云近葛峄山，故名葛湖。峰山湖，一名淘河湖，去治东北四十里，旧不通河。后因涝，洪武中，主簿陈世能疏通，以去水患。南北四里，东西八里。芹沟湖，去治东一十五里，流于睢水，东西二里许，南北二里许。

府旧城，晋时所筑，宋金交争，此为重镇。国朝复加修筑，周一十一里。新城，去旧城北一里许，山阳县北辰镇也。元末张士诚伪将史文炳守此时筑，土城临淮。洪武十年，指挥时禹增筑，以宝应废城砖石撤建之。西瞰运河，东南接冯家荡，北俯长淮，周七里二十丈。联城，在两城之间。嘉靖三十九年，倭寇犯境，时漕运都御史章焕题准建造，联贯新旧二城，故曰联城。庙湾镇城，在府城东一百八十里，海上庙子湾在射阳湖滨，淮北盐运分司所属。场为淮郡极险门户，诸场适中之区，海舟鳞集，商货阜通，海寇觇望之所。去盐城、宝应、海州皆百八十里，旧无城堡。嘉靖三十六年，倭寇驻蹲一月，居民焚烬。三十八年，又据四十八日。军门画建城池，以无赀而寝。万历十九年，倭奴沸腾，警报日甚，军门题设游击一员，统兵驻守。二十二年，乡官耆民复请巡抚李戴会议，建于原任军门唐顺之所画基址。题奉钦依，筑成，周四里。又题设海防同知一员与游击协守。版闸镇（注七），城西十二里，运河之北，多人家，有钞关，南户部主事衙门驻扎，管收船料。清江浦镇，城西三十里，古名公路浦，又名淮浦。运河由此出清口，上黄河，水陆孔途，商货丛集，夹岸人居二十余里。河之南有管仓户部、督造漕船工部、东西河船政二同知、营缮所、税课司、河北主簿各衙门驻扎，实重地云。西湖嘴市，在运河东岸，舟楫停埠，商货聚集。云梯关，治东海口，墩台十座，大河卫指挥一员、百户五员，领军五百八十名防守。仁字坝、义字坝，俱在新城东门外，东北自城南引湖水抵坝口，外即淮河，遇清江口淤塞，运船经此入淮（注八）。坝东为綍路，西即城基。礼字坝、智字坝、信字坝，俱在新城西门外，西北引湖水抵坝口，外即淮河，遇清江口淤塞，则官民商舶经此达于淮。清江坝，去治西北三十里清江浦之东，正德六年开，遇清江口淤塞，即经此达淮。然近岁濒连水患，淹筑转移不常。满浦坝，郡城北门外四里，地接窑沟版闸，岁涝不常，长堤为障。南锁坝，治西南一里，往宝应路。上关渡，在来远坊西。下关渡，旧淮阴驿后。望亭渡，在杨兴村。桃花渡，在永丰村。平河渡、故晋渡，俱故城村。侍家沟渡，西南百十里侍家沟，盱眙官路。清河渡，西五十里天妃庙黄河。颜家河渡，黄河自清江浦东下十里草湾，分而为二：其南旧道由钵池山过淮安府城，下安东；其北自草湾分流，过朱家嘴新河口，共十五里，至颜家渡，又二十五里头铺，与旧黄河合流，又十里抵安东县。清江浦渡，上下多处。

盐城

沙沟海口寨，即今沙沟营分兵防守。朦胧渡，治西北一百三十里。石䃮口渡，东门外一里。广惠䃮，在县治东门外二里，旧捍海潮，名曰波湫，遇运河水溢，则从此决入海，以杀水势。每夏秋海潮浩大，则自此冲入，伤田苗。每筑捍堤，随即冲决。宋淳熙六年，教授刘炜摄邑，始甃砖石，名曰广惠䃮。绍兴五年，知县徐挺之重修。洪武二十九年，主簿蔡叔瑜重修，今又坏。大通䃮，县治北门外三里，洪武二十九年，主簿蔡叔瑜创建。冈门镇堰，自冈门至新河，转至侍其汊，皆有古堰，每岁春塞秋开，以便灌田。径口堰，县治西二十一里冈门镇西，东临运河，西达马鞍湖，以通商贾。侍其汊堰，县治西北一百里长三都，岁旱则闭塞之（注九），以资灌溉，遇潦，则决之入射阳湖。范公堤，一名捍海堰，去治东门外二里，南接泰州海门，北至仁一都沙浦，延袤七百余里，隶本县三分之一。宋天圣四年，范仲淹监泰州西溪盐税，建议修筑，以却潮汐冲击之患。

安东

颜家河渡，县治西三十里，河阔溜急，南北要津。古淮堤，即范公堤，去治东十五里起，依淮岸以东直接海一百四十里，用防淮水泛溢。按宋《名臣言行录》，通、泰、海州皆滨海，潮汐日至城下，土田斥卤，不可稼穑。范文正公监西溪，建白于朝，请筑捍海堤于三州之境，以卫民田，朝廷从之。以文正为兴化令，发通、泰、楚、海四州之民筑之，至今享其利。涟水坝，去治东南二百五十三步，吴元年平舟师征进西海建此（注十）。

海州

万金坝，去东海城东北七十里，南北长四里，东西阔三丈。隋开皇五年筑，以其利民者多，故名。后废。国朝洪武二十七年重筑。弘治十六年，知府才宽大修筑之。银山坝，去治南二十里，自青州穆陵关发源，合沂、沭水，由九洪桥入海，其势奔迅易涸，故筑坝以潴清流，为农田利，且隐然城守之险。宋元之际，赖以抗敌，常加修护。元季为张士诚所据，恃此防守。王宣父子欲侵海州，决堤堰以便步斗，从此遂废。而州南鸭子荡数处污下常涝，利于坝之不修，常轩轾其间，然较夫大利害，则是坝之修利于官民居多，故详载之。新坝，去治南四十里，旧有银山坝以捍海潮，则涟河之水由此入官河，以通安东支家河。今海堰既决，始于此筑坝，故名。官河坝，在新坝、涟河之南，洪武二十七年修筑，州西诸河之船由此达涟河。洪门堰坝，去治西北三里，上接官河、新沟之水，下通独树浦盐仓旧基，堰上人行道。由洪门筑此坝，积水以通漕运，以利农田。自王信攻张氏，图海州，开决此堰，移盐仓于独树浦，坝遂废。沙湾河堰，在治石湫之南，洪武二十七年筑，蓄官河之水以便舟楫。永安堤，去治东二十里，北接山，环城七里以捍海潮。唐开元间，刺史杜令昭筑。

宿迁

罗家口堤，新县三里。新堤，自罗家口至古城，约长六十里。

睢宁

庙湾渡，县西北二里，睢水南北之冲。

钦差总督漕运提督军务巡抚凰阳等处地方兼理海防户部左侍郎兼都察院右佥都御史（注十一），初制总督漕运军务巡抚都御史驻扎郡城，与镇守总兵共理漕运，提督江北凰、淮七府州军务，岁八月同总兵官赴京会议明年漕事。嘉靖五年，以巡抚兼理河道。十八年，专管漕抚，另差都御史一员总河务。后因倭警，兵部请以军务巡抚事宜分差都御史一员驻扬州，兼海防倭事。万历初年，仍并漕运，驻淮安。十八年，题准都御史免赴京，止与总兵官会议，六月内驰奏。二十年，倭犯朝鲜，当事者循往例题准分差都御史李志驻泰州，以漕运归并总河。三十一年，东事宁，将接任都御史李三才仍并总漕兼理海防，复镇淮安。管仓户部分司，府治西三十里清江浦，旧设提督常盈仓，万历四年，兼督淮安。督理淮安钞关板闸南京户部分司，府治西北十二里板闸。宣德间钞法不行，廷议岁差御史一员征收商民船料，后易以户部主事。漕运理刑刑部分司，府治西南，万历十年复差仍旧。督理清江漕船工部分司，府治西三十里清江浦，督理船务闸座，抽分钉铁等船料。抽分厂，府城西南，地名南锁坝。旧清江提举司，在移风闸西，抵闸东，专造漕船。提举一员、副提举一员、典史一员，隶漕运衙门提调、带衔州同一员、仪真卫经历一员、长淮卫经历一员、邳州带衔吏目一员，以上提举各官，万历四十年都御史陈公荐题裁。船政厂，在清江浦，凡四总，共计每年该造粮船五百四十八只五分。东河淮安府同知管造南京、山东二厂，南京厂：旗手、骁骑右、龙江右、兴武、府军、虎贲右、府军右、水军右、羽林左、广洋、锦衣、沈阳右、应天、金吾后、龙江左、龙虎、镇南、横海、武德、豹韬左、留守中、豹韬、金吾前、留守右、羽林右、府军左、神策、鹰扬、虎贲左、留守左等卫，每年一百二十五只五分。山东厂：临清、徐州、徐州左、东昌、济宁、任城、东平、德州、德州左、平山、濮州、天津、天津左、天津右、通州左、通州右、神武中、定边、南京、江阴、龙虎左、水军左等卫所，每年一百三十六只九分。西河扬州府同知管造凤阳、直隶二厂，凤阳厂：怀远、淮安、长淮、宿州、凤阳中、凤阳右、颍州、大河、凤阳、留守中、留守左，武平、洪塘等卫所，每年一百四十一只三分。直隶厂：庐州、六安、寿州、泗州、滁州、邳州、扬州、仪真、高邮、兴化、通州、泰州、盐城等卫所，每年一百四十四只八分。缮工所，所丞一员，驻造船厂，万历四十年，都御史陈公荐题设，承管催工刷卷。浚海工部郎中，驻扎安东县，管理疏浚海口一带淤沙，分黄导淮，黄坝、新河，万历二十二年，奏旨添设。郎中樊兆程疏浚黄河北岸百一十里，沿安东小河直达五港口；疏通盐航河，外筑堤以障黄水。至今堤之内外皆成腴田，安东之湖淤成沃壤，民获膴利。河工告成，二十六年裁省。管理中河工部郎中，驻扎吕梁，管理邳、徐一带水利。南河工部郎中，驻扎扬州府高邮州。漕储道，隆庆元年设，专管漕务，督理粮储兼巡视河道，山东布政司参政。淮徐道，淮安府城、徐州并设二处，原管扬、滁府卫州县，自嘉靖三十三年添设海防，遂将扬州事务分属，以滁州事务分属颍州道，而本道不相遥制，然水陆兵马仍专属于海防道。万历二十四年，题准淮安沿海各州县兵马城池专责本道。天启二年，白莲猖獗，题准分邳、宿、睢并徐州所属共八州县属本道，而以海、山、清、桃、安、盐、沭、赣八州县添设淮海道管理。淮海道，天启二年，白莲妖乱，淮徐戒严，五院题允添设兵备道，分理海、山、清、桃、安、赣、沭、盐八州县营卫事务、兵马钱粮。海运道，驻淮安，万历四十八年添设，料理淮料海运，既而海运事寝，专理省直辽饷往来淮津等处，驻天津。海防道，徐州旧设兵备副使一员，分管淮、徐吏治刑名。嘉靖三十三年，海防兵备副使一员，分管扬州一府吏治刑名，而淮、扬二府水陆兵马则专属海防一道。万历二十四年，题准将淮安专责徐州兵备道，有事则兼淮北监军，将扬州专责海防兵备道，有事则兼淮南监军，永为定制。监军道，副使一员，驻府城。万历二十一年，倭警孔棘，巡抚李公奏请添设。二十三年，事宁，裁减。营田道，万历五年设，九年，以开垦无效，将史副使革任，以营田事务分属各该兵备兼理。水利道，驻淮安，万历四年设，巡海滨，疏盐河港汊。五年，添设水利副使，六年裁，以河道分属各道。漕河道，驻淮安，万历二十三年添设，三十年裁减。淮安府清军同知，一员，管清军驿传马政，驻扎本府。万历八年，移驻甘罗城，兼管清河、桃源并山阳高加堰、柳浦等河。十一年，复驻本府，专管清军驿传马政（注十二）。邳宿河务同知，一员，管邳、宿河务，驻扎宿迁。先年原设管河通判，后因同知兼管，邳、宿四处捕务归邳州同知，止管河。万历八年裁。以驻徐州同知移驻邳州，兼管徐属河务。二十一年，改驻徐州，仍设一员驻扎邳州，管理邳、宿河务。东河船政同知，一员，管理东河船政，驻扎清江浦，督造漕船，万历四十年题设。通判，巡捕事务，原属管粮通判，其后题准将山、盐、安、沭、海、赣六处捕务仍令通判管理，而以邳、宿、桃、清捕务分属邳州驻扎同知，以睢、徐、萧、沛、丰、砀捕务分属徐州驻扎同知，后复总归通判管理（注十三）。

《淮安府志·河防》

按淮之源，西自桐柏，东经凰阳、泗州，稍北经清河县南，又稍北趋郡后，襟安东县入海者，其本体也。其北自徐、邳，经清河县北，稍东而南趋于淮，则山东泗、沂诸水合流南行，淮所受支河也，本皆清流也。黄河则西源昆仑，东经天津卫入海。汴河则西源河南荥阳，东经千乘，今青州乐安县入海。固河、汴之本体也。后山西沁河南冲，决断黄河，黄河决断汴河，自朱仙镇东溃，南经留城，超徐、邳，乱洸、沂，直下，其势奔湃，不能复东过清河县北，乃径决县西而南入于淮以趋海，故直谓之黄河与淮敌体，非复泗、沂之旧，清河以东之淮身，亦皆黄流，而支河反为主矣。加以南接运河，穿塞代变，土脉水汛，斗啮有由，何怪乎水患日甚耶？以淮之运河言之，胡元故道，由扬州直北经郡东入淮，虽达海有遮洋之险，达徐有清口之险，然两运并行，各有利害。国朝海运寝废，专力漕渠，平江伯遂改经郡西，堤管家湖、西湖，凿通清河县南之淮河，设河口坝，建新庄闸，接黄河口，为运道出入。又自淮安至宝应以南，作涵洞数十余处，以时启闭，干不病饷，潦不妨农，一时称便。然黄河势高，南趋益顺，而东流之势洊杀，郡后大河北岸淤涨，洊徙南偏，春夏水盛，不惟郡西之南入运河者势不能支，其溯大河而东者，缘北岸势高，障之使南，南岸势低，旧堤坍塌，更无拦阻。郡城迤东，漫焉南侵，故大河之委流益障，入海之故道益微，郡之东、西、南三境岁有水患，淤梗无常，此之故尔。顷年议者因运河坝口北接黄河口，春夏黄流泛溢，及其水消涸，流势缓，淤沙冲射，直入运河，岁烦挑浚，遂筑塞之。稍却而东，乃南凿三里沟，西接南来之清淮，建通济闸，为运舟出入之口，以避黄河之淤沙。似矣，殊不知运河之水，必赖黄河以充，乃使黄河之水西入清淮，接通运道，其势西分，则东流益缓，自郡北而东入海故道，仅可以舟，遂致关套所在，萑苇积沙，牢不可破，而尾闾几于不泄。且黄河俯就淮河，其势不盈咫尺，虽高卑之形有定，然自黄河来水，多四五月发，凰泗来水，多七八月发，则消长之时不齐，故河长固当溃淮，淮长则亦溃河，不可以定形求之。顾其交蚀，伤而未痛。至若泗州河身，视三里沟运河高余一丈，自高趋下，其势陡激，以区区之漕渠为凰、泗之归宿，故辄令决岸坏庐，横逆四出而莫之或御。其或溃运河而北，则必崩五坝，扫河头、湖嘴诸市（注十四），复与淮为一矣。此则泗河独发之害，犹可言也，倘黄河并发，南北交溃，于是桐柏之委，沁、汴、泗、沂、黄河诸横流，汤汤滔天，势不能南越维扬之高而入于江也，其不渟洄淹灌于全淮之境乎？其水郡西有管家湖、西湖，满而易溢；郡南东有射阳湖，广三百里，东接庙湾，亦入海别径也。然射陂虽大，淤斥已多，土人障之，截回西流，水小溢则不能满其量，大溢则不能容。不满量，则不能接庙湾而入海无径；不能容，则庙湾亦复涨溢，而其下流又为范公捍海堤所持。故水无问大小，至淮南而止，听其自落，势使然也，岂有海高于淮之理哉？使海而高于淮也，是海之量有限矣，乌能纳百川哉？此浚海之说所为迂也。盖淮水今日之大较云。或谓山阳水患，莫切于清江口，莫急于北河之老岸堤旧口。实平江伯创挑运河（运河即今里河），至惠济祠南，凿开以接北河（北河即今外河），其法全仗水平。清江口自新庄闸而下，因其卑高，递为五闸；板闸而下，取淮阴驿，至平河桥，南抵瓜、仪，堤湖凿渠，置闸设洞，水各相平，以时蓄泄。又虑北河溢涨，则南侵漕河，于是堤北河之南岸，起清江浦（注十五），沿钵池山，过新城柳浦湾，迤东长四十余里，以护漕河，而石甃鸡嘴于草湾对岸之冲以护堤。虑南河涨溢，则北侵漕河（南河即泗州来淮河），于是筑漕南之高家堰（注十六），起武家墩，经小涧、大涧至阜宁湖，迤南长二十六里二分里之半，以护漕河，而砖甃涵洞于高卑有辨之界以护堰。一防北河黄流入口，不免泥淤；一防各闸启闭无时，不免浅涸。故运河只许粮船、鲜船应时出口，都漕遣官发筹，或三五日一放，运船过尽，口即筑塞。五闸匙钥，掌之都漕，口之出入，监之工部。其大小官民船只，悉由仁、义等五坝车盘以出外河、清江、瓜、仪口子，有敢私擅出入者，罪至重。而嘉靖初年，士大夫过淮尚盘坝云。乃今有大不然者，议者不察，遂塞旧口，开新口，且不究水平法度，大约水与通济闸齐，则皇华亭前已深三四尺矣。而南河北趋之势，反却流而南。夫南河，主也，自黄河南溃而北河始大，又使南河却流，兼引北河，变同趋于海之性，而同注于漕渠。即两河无事之时，东流势缓，海口淤涸，加于昔时。或南河水发，则尽入新口，汹涌奔湃，往往冲闸决堤，漫湖坏坝，不扫河头、湖嘴诸市而溃入北河，则南出高家堰，席卷湖荡，破诸涵洞，而越包家诸围。北河岸堤，撼啮颓圮，日甚一日。时或北河水发，其西则注南河，破运道，泛滥于高家堰；而其东，则薄北河，撼鸡嘴，破堤岸，泛滥于钵池、河头、湖嘴诸市，此则南北独涨之患也。时或两河并溢，则上至清河、邳、宿，下至高、宝、盐城，荡然一壑。故旧口宜复，闸钥宜谨也。又谓郡城之西、漕渠之北，就老岸之堤，筑五坝之口，以复车盘之旧，浚五坝久塞之渠，通官民舟载之便。因浚出之土，夷零积之沙，以实堤内之洼，则生意庶见繁盛。又谓郡城之南、漕渠之西，有泾河（注十七），有管家、西南诸湖，湖满则入漕渠。渠东岸堤自城南包家围至宝应界，可六十里，有涵洞，有平水闸，水满则过闸入洞，洞外有沟，接受闸洞余水，会诸圳洫，不妨田畴，且资灌溉，与泾河并横走而东，并入射阳湖，洎盐城县南，出朦胧口以入海。郡城之东有涧河，有马逻、建义诸港，各顺趋南下。涧河则盐城兑粮旧道，两县货物所通。马逻诸港，则东偏诸乡落高阜回流所经，中间各有田畴，各有沟洫，或顺涧河，或顺诸港，各入射阳湖，由庙湾洎盐城县北，出捍海堤，以入于海。河港闸洞沟洫之迹所宜修复，此一说也。或谓宿迁而下，河流汛溜，盖黄河上流，往自归德出沛下徐，地形高卑，不甚相远，虽泛滥可支。厥后黄河徙出萧、砀，直下徐、邳，地高势猛，冲淌新堤，不啻拉朽，所冲堤缺，滚为深渊，下埽植桩，百计难塞。幸而堤就，虽能束水在堤，其实水行地上，急如建瓴，则故道宜讲，此一说也。或谓清河县北有老黄河，本洙泗东趋赴淮入海故道也。治河者诚能又开此河，赴海必勇，云梯关下淤套苇场当自荡涤，而海口廓矣，桃、宿以上不忧停淤，此一说也。或谓邳州下流有锄头湾，河流二十余里，行缓沙留，故邳、徐涨塞。然锄头一湾，又系邳城风气所钟，不可改易。当于黄河水落之时，姑截住上流，任其漫散，直须从邳州以上，力浚河身之积淤，河中必见老底，两傍必见老岸，则水由地中，而缺口自出。河底既深，则老岸即堤，岸外即田矣。直以筑缺之力而浚老底，以打堤之力而清老岸，此一说也（注十八）。

天启六年，自六月并闰月，南旱北淫，淮涸黄涨，黄高于淮数尺，倒侵逆淮三十余里，而通济闸外出口之处，泥淤壅塞，几不可舟。上下焦虑，于是条议纷纭。有云开天妃闸、开庞家湾、开乌沙河傍旧渠以通黄河者，但细核嘉靖以前，水由里河出清口而入外河，形势内高，故建新旧清江等闸，蓄高、宝诸湖清水济运。既而黄流淤垫，河身日高，水由外河进清口而入里河，故淮城、高、宝常患泛溢，而三闸反为搪水之关，是水反注而闸亦反用也。黄水漫衍，凡里河一带渐致积淤，年勤捞浚，方能疏利。既因黄、泗交驶，而天妃口闸不便受汪洋之入，遂将口闸改建于南河嘴上，避黄流而就清淮，盖借淮以刷黄之沙泥，似为永赖。时遇淮强黄弱，犹见顺导，稍黄强淮弱，仍有倒灌之梗，抵遏泗水，淹侵皇陵。又开桃源黄家嘴新河一道，分黄导淮，而入安东潮河下海。忧低处逼近易决，又开草湾河口，分泄于颜家河，是分杀之法，周防具备矣。但黄涨每发四五月间，往岁粮船春往冬旋，重运北竣，于六月初一日将口闸塞闭，以避黄灌里河。其外口虽淤，此时不用行船，待伏秋水退，九月开闸回空，冬深水消，挑浚河道，以备新运，此昔日之两便也。迩来粮运愆期，秋去春回，六七月正在盛行之际，闸座不得及时启闭，河道乌能及时浚辟？口闸开而不阖，任其倒入，水缓沙停，泥塞浅阻，理必至也。天启三年，通漕加浚未久，值今天亢淮耗，仍患淤浅，运船艰涩，彷徨拮据。遂有议弃黄流，而就上源武家墩开通一口，引清水入永济河行运者。但出口虽便，而南河湖口犹是倒塞，不能入黄，此不通之论，必不可行也。若在下源酌通一口，则阖郡百万生齿所系，往狂澜陡发，先有金河黄铺之决，后有湖西南门玉露庵前之溃，虽借涧河宣泄，但衣带容受亡几，卒难尾闾宽纵，三城鱼鳖莫免，此亦必不可行也。若天妃闸、庞家湾地势，里外河隔只十余丈；若乌沙河傍渠数支，达仁、义、方、信等坝，里外河隔只百十丈。开辟非难，但古时此渠设为天妃闸，闭时备空船车盘径路，原未尝通水通舟，正虑一通则洪流泛滥不支，此皆不可行也。还仍河口故道，及时疏瀹为长策耳。至七月初一二，滂沱连澍，西南风迅，淮流骤涌，沙壅尽涤，运艘飞渡，诚河伯之著灵，亦爬捞之底绩也。

开草湾河。黄淮会清口，经清江浦东至草湾，旧时转折西南，从淮安新城外，由安东县前，达云梯关下海。海口横沙作障，水缓河浅，新城一带，深不过五七尺，草湾地卑，屡从此决，欲夺安东之后，从金城五港下海。因县治攸关，屡决屡筑，后自湾之迤东又决一口，旁溢为患。兵备副使舒应龙、行郡守邵元哲、水利同知刘顺之、管河通判蔡玠会议，近年黄淮交涨，为安东而塞溃决，遂又复决一口，虽可稍分水势，然旁溢之流不过十之一二。相度地形，改议草湾旧口之西，王山家之东，开挑新河一道，以迎扫湾之溜，其势直射，最为顺利。议上，巡抚侍郎吴桂芳题奉钦依兴举。

经略两河。嘉、隆年来，黄淮两河迁决靡常，漕运民生两受其害。语变迁，则河从茶城改由小浮桥出；语溃决，则徐、邳缕堤、太黄长堤、桃源、上下崔镇诸口二十九处，而淮以东，有高家堰、朱家口、黄浦口三处之旁决。堤防既溃，正流渐缓，黄淮不并力以东趋，自清河口至海口，俱有停沙阻截，入海不快，而河南、淮阳、徐邳之间，遂成巨浸矣。议论盈庭，有谓诸决难塞者，有谓堤堰难恃者，有谓黄河合流难约束者，有谓疏海口复老黄河为急务者，有要停运断流、大挑河身者，有谓造平底方舟、带铁爬以去沙者，有欲复浚草湾河以开广者。人持一见，终成筑舍。上廑神庙宵旰之忧，乃革去总理河道衙门，特简右都御史兼工部左侍郎潘季驯总理河漕，以重事权。受事之初，躬亲河上，荒度受害之由，力主塞决合流冲沙之说，同巡抚侍郎江一麟，命管理河道工部郎中佘毅中、施天麟、张誉，参政龚大器，副使林绍、张纯、章时鸾，佥事朱东光，水利佥事杨化，督同知府管河官宋伯华等会议。大率谓水性就下，以海为壑。向因海壅河高，决堤四溢，运道民生胥受其害。故今谈河患者，皆以浚海为上策。今海口尚有七八里至十余里，深皆三四丈。欲另凿，潮汐往来，茫无着足，工力艰钜难成，是海无可浚之理。惟当导全河之水以冲之，即浚海之策也。然河又非人力可导也，必固堤，则水由地中，沙随水去，即导河之策也。溃决诸口，皆因浮沙之故。议者以筑堤为下策，岂通议哉？惟当取老土以筑堤，必令高厚，勿惜其费，让远而勿与争地，于是乎堤可固也。诸口既塞，则两河水力必专，自有控海之势。草湾河置而勿复，专复云梯以还故道，暂塞清江浦，而严司启闭，以防内奔，则黄淮全河之力，涓滴悉趋于海，下流积沙自去，上流之淤垫自通。恐伏秋水发伤堤，置滚水坝以杀其势，自丰、沛至海口共长千余里，自清江至仪真长三百余里。议上，潘都御史会同江侍郎于万历六年题奉钦依兴举。

开永济河。总理河漕尚书凌云翼议：平江伯开浚清江浦一带运河，利直达以省转盘，制甚善也。先是，河趋东北，堤外沙滩离河甚远，迩来水势南薄，冲涮运堤，万一有虞，不惟城郭民生不保，而运道咽喉大有可虑。议于淮郡城南运河之旁，自窑湾至杨家涧一带三十里，原有河形，又自武家墩迤东至新庄旧闸一十六里，开河一道，直接运河通济闸出口，漕艘最便。仍建闸二座以备蓄泄，将旧运河新庄闸下拦筑大坝，使水入闸口者，转由新渠，自北而南，仍归淮城迤南运河，每岁筑坝车盘启闭之法，悉仿其旧。于万历九年题奉钦依兴举。

修高加堰。年来黄淮暴涨，涮损高加堰石工两头土堤，冲决范口堤岸，浸及盐、兴、高、宝诸州县，一望沮洳，黄淮正河淤泄。总理漕河侍郎杨一魁虑高堰乃淮扬门户，今土堤冲涮将半，脱有崩溃，祸可胜言！正河既淤，将来必寻他道，诚非细故。乃行河南郎中罗用敬、淮徐兵备参政莫与齐勘议。河淮有曲折，地形有高下，堤防有缓急，虽修守如法，但堤溃于冲激之余，地易于陵谷之变，所以冲堤淤河，有由来也。宜浚草湾河分杀水势，以保淮城，砌遗惠庄礼字坝、范家口石工以垂永图，筑柳浦湾、金家、张家、蒯家诸洼并马家湖童堤，以防未然。议上，一魁会同御史陈遇文、刘怀恕题奉钦依兴举。

分黄导淮。黄河身高，会淮于清口，而黄性常强，淮性常弱，门限沙垫遏淮流，使不得急下，而淮之上流积泗、盱间，高堰又无闸坝泄水，遂浸及祖陵，淹枯松柏，泗、盱乃成巨浸。神庙焦劳，在事臣工虑罚且不测。总河尚书杨一魁专主分黄，而淮安府知府马化龙言分黄有五难，上之总督漕抚尚书褚铁，而褚铁力言分黄不若建高良涧诸坝闸以泄淮为便。大率谓治河犹治病，急则治标，缓则治本。若病作胸腹而治其肩背，宜消导而投以滋补，欲病之愈，不可得已。淮泗荐灾，道殣至以泽量，岂堪大役？若将高良涧建坝，坝外浚河筑堤，仍将周家桥、速佑茅塘港掘通，金家湾再阔十丈，芒稻河疏浚深阔，子婴沟并泾河一一亟疏，则淮水一泄，三月可就效，正其对症之药，急则治标之说。乃司道会议开黄家坝六十里新河，此缓则治本之说。此机一失，则泗水无日可泄，何以安祖宗在天之灵，释泗人昏垫之苦？况导淮之役，夫不过数千，银不过十万；分黄之役，夫十万，银百万。导淮则计日可成，分黄则下流水占，上有油泥，下有走沙，挑挖极难，加以天寒日短，恐半年未必可成，他日亦难保不淤。夫至十万，始也鸠集之难，继也安插之难，米柴锅铺一不夙备，皆足以丛怨而阶乱。时工部亦从分黄之议，兼议导淮。而杨一魁先行，南河郎中詹在泮、中河郎中袁光宇、海口郎中樊兆程、淮扬海防参政曲迁乔、徐州兵备参政徐成位、颍州兵备参政李弘道会勘，分黄已有成议矣。万历二十三年，一魁会同尚书褚铁等会题，奉钦依兴举。

开通济新河。即骆马湖河也。天启三年间，王家集、磨庄等七十里有十三大溜阻运，漕储道朱国盛行邳宿同知宋士中详勘，上总河朱、总漕吕、中河赵、本道宋、杨，议于董陈二口入骆马湖，抵泇六十里，遂从马颊口至陈家沟，达宿迁县北，西出大河，以上接泇流，下避刘口等险，运行比旧道近捷而坦便云（详见记中）。

防守：一曰昼防。堤岸每遇黄水大发，急溜扫湾处所，未免涮损，若不即行修补，则扫湾之堤愈渐坍塌，必致溃决。宜督守堤人夫，每日卷土牛小埽听用，但有涮损者，随涮随补，毋使崩卸。少暇则督令取土堆积堤上，若子堤然，以备不时之需，是为昼防。

二曰夜防。守堤人夫每遇水发之时，修补涮损堤工，尽日无暇。夜则劳倦，未免熟睡，若不设法巡视，恐黑夜无防，未免失事。须置立五更牌面，分发南北两岸协守官并管工委官照更挨发各铺传递，如天字铺发一更牌，至二更时，前牌未到日字铺，即差人挨查系何铺稽迟，即时拿究，余铺效此。堤岸不断人行，庶可无误巡守，是为夜防。

三曰风防。水发之时多有大风猛浪，堤岸难免撞损，若不防之于微，久则坍薄溃决矣。须督堤夫捆扎龙尾小埽，摆列堤面，如遇风浪大作，将前埽用绳桩悬系附堤水面，纵有风浪，随起随落，足以护卫，是为风防。

四曰雨防。守堤人夫每遇骤雨淋漓，若无雨具，必难存立，未免各投人家或铺舍暂避，堤岸倘有涮扫，何人看视？须督各铺夫役，每名各置斗笠蓑衣，遇有大雨，各夫穿带堤面摆立，时时巡视，乃无疏虞，是为雨防。

二守：一曰官守。黄河盛涨，管河官一人不能周巡两岸，须添委一协守职官分岸巡督，每堤三里，原设铺一座，每铺夫三十名，计每夫分守堤一十八丈。宜责每夫二名共一段，于堤面之上共搭一窝铺，仍置灯笼一个，遇夜在彼栖止，以便传递更牌巡视。仍画地分委省义等官，日则督夫修补，夜则稽查更牌。管河官并协守职官时常催督巡视，庶防守无顷刻懈弛，而堤岸可保无事。

二曰民守。每铺三里，虽已派夫三十名，足以修守，恐各夫调用无常，仍须预备。宜照往年旧规，于附近临堤乡村每铺各添派编夫十名，水发上堤与同铺夫并力协守；水一落，即省发回家，量时去留，不妨农业，不惟堤岸有赖，而附堤之民亦得各保田庐矣。

备预。每岁秋末冬初，修守稍暇，即督夫采草十余日，每日限以束数，每束限以斤数。大约五斤一束者，每夫日可采六十余束。采完，即运至近堤高阜处所，上下盖垫，俱须如法，不令雨淋水泡，以致朽烂。仍责成的当人役看守，管河司道以此课管河官之勤惰焉。如此，则次年随取随足，不必旋买。如采积百万束，便可省银一千两。其桩蒜等项，俱宜于冬春间估计详尽，预发官银，督各州县差人收买，运贮各厂。其初买必报所买之人，买完必报所买之数，迟缓冒破者即时究治，庶护埽顺坝等工，不致临时缺乏，以图侥幸，堤岸万无决理矣。即脱有不测，而物料既充，旦夕可塞，不致延缺糜费，此河道第一吃紧工夫也。

范家口去府新城北门外长淮大堤之上七里，于万历十三年五月十九日夜半，淮水溢冲决口二三丈，未几骤开二三里，冲灌东联城水旱门，注三城平地七尺，东乡一带及盐城诸处田禾尽淹，本府同知秦鸣志掩塞一年方定。大堤内成湖长二十里余，民间田庐丘墓俱没。每年必加修筑，夏秋风浪为灾，此口盖河患之切肤者。

泇河，河决蒙墙，决黄庄，沼城郭，病运道。万历三十一年，总河尚书李化龙开挑泇河以便行运，自王市口抵直河五百余里，以避黄河三百里之险。

月河，板闸清江、福兴、通济、新庄各闸，先年以上隔黄沙倒灌之患，下以便节宣之势。近来黄强淮弱，五坝不通，闸座不闭，以致沙泥内浸，伏秋水溜，漕舟上闸难若登天，每舟用牵夫至三四百人犹不能过；用力急则断缆沉舟。故于万历十六年，于前各闸傍俱开月河一道，避险就夷，以便漕挽。

归仁集石堤，在桃宿境内，黄河南岸。上年河决徐、邳，水由睢宁、五河、虹县直冲桃宿小河口、白洋河，挟白鹿、抵家二湖之水，浸及泗州陵麓，正河势夺，梗阻漕运。故议筑归仁堤横截之，自孙湾起至归仁集止，计长七千六百八十余丈，保障陵园，护卫四脉。万历六年，总河尚书潘季驯复加修筑。近因河决双沟，水趋白鹿等处，正河淤而归堤告急。天启四年，尚书房壮丽檄道行知府宋祖舜采安东柴草，解河道钱粮，大加修葺。天启五年，尚书朱光祚行管河同知宋士中复加砌筑。淮之境内大关陵寝者，无如此堤，治河者当留心图之。

清江浦石堤，万历十一年包砌，长三百九十五丈，以防黄河决入里河。

西桥石堤，万历十一年包砌，长一百三丈，以防黄水决入三城。十四年，又接砌至新城北角楼止，长一百九十七丈。

包家围石堤，万历九年包砌，以防永济河下流之冲，保护山、盐、高、宝田庐，凡高加堰发水，流从此出，最宜加谨防守。

范家口石堤，万历十四年包砌，长四百丈，以堤黄河东决，要害与包家围等。

重浚新正两河，先年里河自陈平江开通，仰受江流，城居高，水居下，曾不以为患。近因黄淮内灌，沙停河身，日高日加，浮堤势与城垛平。万历三十九年，天启元年，河屡决为患，三城游鱼，田庐漂没，民逃赋欠，梗漕误运。天启三年，复大水，万姓号呼，官吏分守，势甚危棘。台部使者议行挑浚，知府宋祖舜得请于上，分委兴工，刻期告竣，使通运保民，又筑石堤以护城，称永利焉。漕储参政朱国盛为之记。

护城石堤，北自西湖嘴南至包家围南止，计长九里，包家围石工不与焉。此堤乃三城民命攸关，岁宜保固。

论曰：凡漕运经行河道，无不堤焉。独纪石堤者何？纪其昔曾为害，今当慎防者耳。幸时加葺补，勿致蚁穴坏之，庶永安云。

竿灯防守，各铺相离颇远，倘一铺有警，别铺不闻，有误救护。须令堤老每铺竖立旗竿一根，黄旗一面，上书某字铺三字，灯笼一个，昼则悬旗，夜则挂灯，以便瞻望。仍置铜锣一面，以便转报，一铺有警，鸣锣为号。临铺夫老挨次传报，各铺夫老并力齐赴有警处所，即时救护，首尾相顾，通力合作，庶保万全。

栽柳护堤，柳橛、柳椽须相兼栽植。柳橛须用核桃大者，入地二尺，出地二三寸，紧靠堤根密栽，俾枝叶搪御风浪。柳椽须相距五尺许栽一株，既可捍水，且每岁有大枝可供埽料，俱宜于冬春之交，津液含蓄之时栽之，仍须时常浇灌。柳椽宜用棘刺围护，以防盗拔畜啮。

栽茭苇草子护堤，凡堤临水者，须于堤下密栽芦苇或茭草，俱掘连根丛林，先用引橛锥窟深数尺，然后栽入，计阔丈许。将来衍茁愈蕃，即有风不能鼓浪，此护临水堤之要诀也。堤根至面再采草子，乘春初稍锄覆密种，则虽雨淋不能刷土矣。

人居护堤，凡漕运河道堤上，不妨军民人家盖屋居住，遇水涨发，则自为防，居即防堤矣。但不许致碍马头、过载处所，或当钉以桩杙，慎防坍泻。按万历中年泽水滔天，明旨屡下戒严，大臣疏治淮、扬、徐、凤诸河，骖车络绎。数年，开王家口，疏洳河，浚周家桥，排决数十所，工佣亿百万计，乃刚半为乌有之需。其时推官曹于汴五署淮安府篆，备历河工之盘错者，兴革一录所载时政数十款，章章左券。其中河工有议分黄之揭，有浚涧河之议、河工善后之议。又曰筑建遥堤以防旁溢，曰岁辟淮沙以导清流，曰料理黄堌以防河徙，曰严兵防守以备不虞，曰因便开渠以兴水利，石画可行。未几总河以失塞黄堌口被议，此左验之一也。

考黄河发源星宿海，经流夷地九千里，始入中国，由陕西、山西过三门，入河南。夏时所疏九河入海，实在兖州，其后复从直沽入海。商代河屡决，都屡迁。汉武之季，决黎阳，筑瓠子。哀平之世，王莽家于赵州，以河患筑堤障水，今彰德、卫辉、怀庆在在有王莽之堤，有王莽城在柏乡东北。自后水无正道，河南世受其害。古之九河故道久湮，直沽亦非禹疏之旧，而泗、济杂黄河之身，且汇群流，并入于淮，下云梯而趋海，今世以淮水为黄河矣。淮自濠梁以下，会泗过清口分入新河，自清江浦达扬州入江者，是陈平江因宋乔惟岳、蒋之奇所浚而辟通之，下接邗沟，直便漕运，非禹时故道也。即孟子所云“决汝、汉，排淮、泗，而注之江”，只泛言大势，实未吻合。盖夏殷之代，江原弗通于淮。《左传》哀公九年：“吴城邗沟。”杜预注云：于邗江筑城穿沟东北通射阳湖，西北至山阳末口入淮，是江淮始通也。隋开皇大业间，又凿道引汴达广陵，故白乐天有“合流至瓜洲”之词，而于今亦异矣。（又按自宋以前，河尚北流，故治河者多置力于北；自宋以后，河始南流，故治河者每纷争于南。余读宋参政张洎疏，知禹迹不惟导河北过洚水至于大陆，播为九河入海，于南亦自荥泽分为阴沟，弘注东南以通淮泗，洎之言必有所据。汉武帝作瓠子之歌云：“啮桑浮兮淮泗满。”则河自汉时已入淮泗，而丘文庄谓宋神宗时河始入淮，或亦就全河大势言之乎。）

《总督漕运兼巡抚后题名记》 吕兆熊

明兴之创议河运也，自唐顺始也。其卒开今运河，北即元会通河，自济宁达之通州，南即宋沙河，疏邗沟通江淮，达之济宁也。自尚书宋公礼、平江伯陈公瑄始也。其遂开府淮阴，总兹漕务，颛用支运，罢海运也，亦自陈公瑄始也。其以总宪文臣代之，用总漕兼镇抚也，则自王公竑始也。其兼提督军务也，则自胡公植始也。维宗社之咽喉，军民之命脉，实于是焉枢纽。故底绩俶落除拜氏名，略见国史，然多佚而不属。正德四年，邵文庄公宝来莅兹土，惧其久而遂湮，不可考也，始鸠王公竑而下至文庄公凡二十四人爵里镌之石，而自为文以记之，并及漕事大都焉。自文庄迄今，又百十余年所，逌熊又六十二人，中多入为名公卿，熊不敏，窃尝向往之。今一旦以薄劣代匮，得厕名诸君子末，岂不幸幸？然旧石已不胜载，自王公纪而后遂阙焉未书，所以更砻贞珉，续文庄之举，使后有考者，责实在余。其可以不文但已，然余因是而有概于天下之事，难于识，难于任也。转漕之利，无逾水浮，《禹贡》纪州，从来尚矣。秦汉迄唐，历历可镜。砥柱三门，其覆溺之险，凿挽之劳，人徒之费，至一舟百日乃能上，难何啻百倍？今之海运，间或用车用驮，厥难益钜，当时有斗钱运斗米之苦。甸农或挼穗供禁膳，然不能为他策者，其都关之势然也。宋以四河通运，处地夷旷，岁入至七百余万石，忧不在食，漕渠之效，亦较可睹矣。元之都燕，固即今日之京师也。虽去江南转漕甚辽远，然无三门、砥柱为之隔绝。夷考其当曰运道，初则涉江入淮，逆黄河，至中滦站，陆挽至淇，入御河达京师，不便也。又开济州泗河，由大清入海。旋以海口沙壅，复从东阿陆挽至临清，入御河，不便也。又开胶莱河道通海，劳费久之，讫无成效，复始专用海运矣。然风涛不测，盗贼出没，剽劫覆亡相仍，至有非我族类挤衣裳以噬介鳞之疑，而京师常苦食不继，何其置今济宁河道至易且利者不覵，而日为海与陆之纷纷也？则伯颜、张瑄之识，所为不逮宋公礼、陈公瑄也，岂天特留之以成我明一代丰亨豫泰之盛哉？恭襄业开此万世之利矣。其储设安山、南旺、马场、昭阳诸湖，名为水柜，以时潴泄，东控泰山诸泉，南引邵伯、高邮、宝应诸湖，北会文卫、白洋、阳城、洸浮、滹沱、桑乾诸河，以廓委输，虽厥淤时有，供役频繁，不无民实劳止、岸乃善崩之患，然天下事无全利，循已事轨则，导流培岸，功易易耳。视之飌飀霹雳之白教，与人畜踣踵之道敝，劳逸，难易、省费为何如？而议海、议陆、议胶莱者，且葸葸焉。且其说曰防意外，开别门，亦有深意见，为不可废。假当漕河之初开，能无挠道谋哉？即恭襄当兹世，非有文皇之庙断，毅然为之主持，而黄牛才挥，白简狎至，非常之原，黎民惧焉，安保无一二道路蜚语而遂创百代之未有，开万世之永利耶？漕河其昭昭有形埒可见者也，况万里外之机宜，百年后之推测，彼此互执，是非樊然之难知，利害且十百此者乎？故余因是役而重有概于天下事之难于识，难于任也。其在今日，又且无暇论于漕之外矣。东之奴、西南之奢安，厘天下以赴之，军饟外迫，财力内屈，则漕不易为也。北二三千里则病旱，南二三千里则病水，足民足国，固自不能左图方，右图圆，则漕而抚又不易为也。淮阳绾毂南北，最天下要地，锁钥十里之众，岂曰虚拥？

无事则引漕，有事则应援。今天下无事非也，马穷则逸，三方第难端耳，邹滕其微见者也。一旦内讧外侮，千乘淮阳，其首受之矣，则漕而提督军务尤不易为也。此皆余今日事，总非识与任不可，而余非其人也，余滋惧矣，何暇言天下事？石既成，次其说而书之以自警，且以俟后之君子。其诸品秩差次代迁后先，具详系下不书。

《开复邳河记》 冯敏功

隆庆庚午秋八月，河决于睢宁之白浪浅。既而白浪浅淤，复决青羊浅。又既而青羊浅淤，河益分裂溃决，决而南，为王家口、张摆渡口、马家浅口、曲头集口；决而北，为曹家口，其小口在辛安左右者七。于是河流悉由决口南趋睢宁，平地为湖，漂没军民田庐无算。轻舟从此出小河口，其支分而北者出直河，而正河故道自曹家口至邳之直河九十里，胥为平陆，淤运艘九百三十，粮四十余万石，官民船又数百。自曹家口而上至曲头，直河而下至宿迁，又九十里，河身淤浅，不能通舟，睢民昏垫，运道阻绝。于是起大中丞归安潘公于家，俾治之。公至，博访群情，时议多以为故道不可复，有欲因睢宁决势而利导之者。公谓河源盘折数万里，水夹泥沙，急则沙随水滚，稍缓则水漫沙停，比年因水势散漫，沙垫底高，容受渐少，每一泛滥，辄便为患。今旧河广且百余丈，深且不测，若仍复旧河，中开小渠，引水冲刷，两堤夹束，使不散漫，则水势归漕，淤浅渐去，河身自可复旧。若就新冲，水势散漫，湖波平浅，不能复深，工力所及，能有几何？伏秋水至，必壅不下，徐、邳之间将成鱼鳖，此必不可。群议乃定。于是度远迩，议工役，具畚筑，计馔粮，大发淮、杨、徐及庐、凤、山东、河南夫，并徭浅各夫，分司道官为五工统之，公指示方略，画地课工。以隆庆五年春正月十有六日肇役浚筑，群工齐奋，至二月二十日，渠成。二十三日，纵水归渠，淤沙渐刷，河流乃通。凡旧淤粮艘及官民船，皆由渠出。时筑决之工，张摆渡、曹家二口已完，而曲头、马浅、王家三大口亦已有绪。翌日，风雨骤作不至，兼以黄河桃花水涨，会山东诸泉并至，乃季春朔日，水复大溢，弥漫淹浸，莫辨湖河，新旧堤防、溃决殆尽，复决意阎家口、油房口、曲头旧口之东、王家旧口之西、房家口、青羊口、白浪浅口与诸小口，凡四十三处，群情大骇。公身自督率，示以必成，众志复定，昼夜率作，工料踵集，随用辄济。于是诸口渐合，而缕水之堤亦渐成。四月七日，麦黄水又至，狂风挟水，势复冲决阎家口之西及半戈山之左右。公督率益厉，亲守筑口。六月三日，诸筑塞之工咸毕。先是，淤河多淖沙，人立辄陷，工不得施。公命以木横沙面，掘半沥水，左右互倒，水尽沙干，工乃得施。决口悬溜数尺，喷沫成雷，负土入水，辄便消去，公命以大埽截流，緥以巨缆，旁植巨桩，其冲之处湍猛溜急，桩折埽滚，势难卒就，乃复相视缓急，偃仰合度，卒复压以厚土，势若冈陵，冲乃克定。筑堤捍水，浮沙既不能坚，而实土又为比年流沙所压，必深掘至寻丈，及远取于民间空基与隔河运取山土，往来力役，竟日不能数筐。公命囊土程衡，唱筹课役，土功乃集。于是两岸屹然，河流受束，浚刷淤沙，深广如旧。四百万漕粮飞帆直上，虽伏秋水三至，怀襄徐城，而曲头以下，凡公经理之地皆得安流如故。所用河漕贮积、抚按赋赎、徐淮商税及淮淤粮米石者，仅十一万金有奇。既成之后，公又为之计久远，乃并修徐吕、灵壁之堤，以束上流。复筑梨林、房村之坝，以防冲逸。建铺舍，设官夫，以时防守；植草柳，集工料以预备御，其善后之图又如此。

《通济新河记》

骆马湖去宿迁县治十里，而陈沟则骆马湖一支流也，去县治一里许，俱在马陵山之西。马陵发脉沂岭，蜿蜒八百余里，为县治龙脉。本山众派归之骆湖，夏秋遇潦，湖面横直亘二十余里，分三支会于黄河：一为董家沟，一为骆马湖口，一为陈沟。然高洼不一，不可以舟，至冬春则涸而成陆。万历四十二年，狼矢沟决，黄河全注刘口，由直口归旧河，故两口之怒涛险溜大为运梗。一艘挽拽，几至二三百人；一日过溜，不满数只。设舟子弗戒，簟缆中断，船随粮推，一舟而撞损尾后者三五相断，粮糈生命，须臾归之鱼腹。天启三年、四年，王家集、磨庄等险溜尤甚。漕院躬驻催督，阻压船以千计，日费公帑拽纤之用以百计。至十月朔，运事始竣。本府同知宋士中、承漕储道朱条陈指画，于运完日率土人从洳口起迤东寻至宿迁县陈口，复从骆马湖上至马颊河，周旋相度，往回四次，计其道里远近、工费多寡，立竿为望，掘土探泉，酌议从马颊口至陈家沟为全局，而从骆马湖为速计。度议上开马家洲九十丈，疏马颊河口沙淤三百三十丈，以上接洳流，下避刘口之险。疏三叉河流沙十三里，开滔庄生河一百七十五丈，浚深小河二十里，开王能庄迤下二十里，通骆马湖口，筑塞张家等沟数十道，束水归一，因势疏导，遂成通漕。即以挑河之土筑堤，根阔四丈，顶阔一丈，高一丈二三尺不等，以作纤道，共计河五十七里，筑堤共八千七百四十七丈。计调徭夫三千零五十一名，议动钱粮五千七百两，为募夫五千二百名之用。卜正月廿七日开土，二月二十一日夫集，四月二十日工完，更名曰通济新河。随催本年粮运六千余只，并南粮俱从新河进，而刘口、磨庄之险得以远避。全漕无漂失之患，省公私帮拽之费以数万计。然而湖心因水占未筑之堤二百八十丈、王能庄堤九十丈并堤之浅缺者、河之沙淤者，计三千一百六十二丈。次年，复请钱粮七千两，募夫六千人，将陈沟平地长一千九百一十八丈堤河浚筑一律，而前此水占堤工一并补筑。改淤使深，改曲从直，河底沙礓用镢錾入使深，水中堤工募船载土垒筑，束柳草为埽以淌风涛，构木石为宇，以备巡阅。从此长堤堪以拽罝，平澜堪以鼓拽，而每年数百万之粮饷得以去危就安，为漕运永赖矣。至建闸护堤，立堡防守，善后之图，尚未议及，则谨以俟后之君子。时天启六年春日记。

佥事朱用光《归仁堤记》

古汴河受白鹿等湖水，汇为巨浸，一遇伏秋，黄水倒灌小河口、白洋河，由归仁集迤东，横阔四十里，澎湃南下，合淮水，湍激祖陵，林不下浸者数武。归仁堤实与高堰相表里，堤之为利也博而大者有三焉：祖陵不受啮射而正气完固，一也；高堰得杀水势而保无冲决，二也；水不旁流而永无夺河之患，三也。

《清河志》

通济闸在马头镇东南半里。嘉靖三十年，漕运都御史连公圹因旧河淤塞，开三里沟以避浑浊，通运艘，建闸一座。

浅铺：吴城浅、清口浅、新庄浅、季家浅、中浅。

县前渡在治东半里，小清河口渡在治东五里，大清河口渡在治东北十里，马头渡在治东南五里，夏家湖渡在治西北二十五里，浪石渡在治东北三十里，訾家营渡在治东北三里，骆家营渡在治西二十里，吴城浅渡在治西十五里。

淮阴故城，按《府志》云在府西四十里。据此，则今马头巡简司处是也。昔韩信钓城下即镇北一里之土城，俗传为甘罗城。又以为宝应县有甘罗庙，此则其葬处，皆无所据。

韩信城，据旧志在淮阴故城西百步许，《寰宇记》云信封后筑城于此。

吴城，按《一统志》在泗州旧徐城北三十里，陈将吴明彻于此置高平郡。据此，则清河原属泗州，今去治西二十里大河之北崖东西二城相向，遥隔一水，疑此即是也。或又谓宋绍兴三年罢楚州吴城县为镇，此其故城也，亦未知是否。

吴王墓在治西十五里，唐杨行密封吴王，尝屯兵于清河口，此其葬处也。

万历三年三月，科臣郑岳请疏黄河海口之沙。言：国家借黄河为运道，上自茶城，下至淮安，五百余里，乃茶城有倒淤之患，徐州有淹城之危，邳州有淤塞决口之虞，稽之历年可考也。臣去年奉差，经过淮安，正值水发之候，民居飘荡。询之地方父老，皆言自嘉靖四十四年、五年，河水大发，淮口出水之际，海沙渐淤，今则高与山等。此沙既壅，自淮而上，河流不迅，水泥愈淤。其邳州之浅，房村之决，吕梁二洪之平，茶城倒流之弊，皆由此也。今不务海口之沙，乃于徐、沛、吕、梁地形高处，日筑堤岸，以防水势；桃源、宿迁而下，听其所之，则水安得不大？而民之为鱼，未有已时也。臣闻之恻然。尝见宋人李公义、王令图曾献浚川耙法：以圆扒八尺横于中，以铁为齿，齿列三行，两端有轮，以舟驾之，行浅水中，舟过则泥去。此古人已试之法，试访而用之。能疏淮口横沙，而去其最下之塞，则徐、淮自无淹溺之虞；能疏吕、梁积淤而得其高低之形，则茶城自无倒流之患。此固言之可采，理之必然者。工部覆议，咨河道侍郎亲诣海口；踏勘具奏。从之。

七月，御史刘光国议，以天妃闸地势高于通济，淮水灌溢多于黄河，谓宜将通济闸及福兴、新庄二闸，增卑倍薄，务令高厚坚固。仍令清江厂分司、专司启闭。每五月以后，九月以前，二水盛发之候，严加封闭，官民船听其自行转盘。惟回空船，每至二日，启放一次，随放随闭，不许官民船越规擅进以贻水患。从之。四年二月，御史陈世宝条陈河道：一复老黄河故道。先是，河自三汊镇历清河县，北出大河口，与淮水会流出海。运道自淮安天妃庙乱淮而下，十里至大河口，从三汊镇出口，向桃源大河而去，谓之老黄河。至嘉靖初年，三汊镇口淤而黄河改趋清河县南，与淮会合入海。自是运道不由大河口，而径诣清河县北上矣。迩者崔镇屡决，河势渐趋故道，若仍开三汊镇口，引河入清河县北，或今出大河口，与淮流合，或从清河县西另开一河，引淮水出河，二流会合，则运道无恐，而淮泗之水，亦不为黄河所涨，民难其永纾矣。一修宝应湖堤。补古堤以固其外，于古堤东再起一堤，以通越河，而使运舟于此径行。一清复上下练湖。一复开孟渎河。一增建仪真二闸。因江口去闸太远，欲于上下江口迤里十数丈许，各建一闸，潮始来，预起板以纳之；潮初退，即下板以闭之，使出江之船尽数入闸，以免迟滞。一开瓜洲河港。将屯船坞挑浚深阔，使船之先入者，屯聚于内。又于监坝之东，开一曲港，与新闸外港相合，使船之后至者，续泊于内，以免金山挂江之险。部覆允行。

五年九月，管理河南工部郎中施天麟言："淮泗之水，原从清口会黄河入海，今不下清口而下山阳，从黄浦口入海。浦口不能尽泄，浸淫渐及于高宝、邵伯诸湖，而湖堤尽没，则以淮泗本不入湖故也。淮泗之入湖者，又缘清口向未淤塞，而今淤塞故也。清口之淤塞者，又缘黄河淤淀日高，淮水不得不让河而南徙也。盖淮水并力敌黄，胜负或亦相半。自高家堰废坏，而清口之内，傍通济闸又开朱家等口，引淮水内注。于是淮、泗之力分，而黄河得以全力制其敝，此清口所以独淤于今岁也。下流既淤，则上流不得不决。每岁粮艘以四五月尽运，堤以六七月坏，水发之时不能为力，水落之后方图堵塞。甫及春初，运事急至，仅完堤工，于河身无与。河身不挑，则来年益高上流之决，必及于徐、吕，而不止于邳、迁；下流之涸，将尽乎邳、迁，而不止于清、桃。须不惜一年粮运，不惜百万帑藏，开挑正河，宽限责成，乃为一劳永逸。至高家堰、朱家等口，宜趋时筑塞，使淮、泗并力足以敌黄，则淮水之故道可复，高、宝之大患可减。若于兴化、盐城地方海口湮塞之处，大加疏浚，而湖堤多建减水大闸，堤下多开交河以行各闸之水，庶乎不至汗漫。总之，未有不先黄河而可以治淮，亦未有不疏通淮水而可以固堤者也。部覆河内疏浚，苦无良法。惟先臣刘天和用平底方舟横排河中为一层，四维拴系，以长柄铁爬浚之，浚深数尺，移舟再浚。后数丈复为一层，如前法，则水中与陆地施工略同。宜行河道等衙门会议，具奏定夺。”报可。

十二月，淮水南徙，泛滥淮扬间。已而漕运侍郎吴桂芳报称，草湾关通，淮水消落，至是淤垫如故。给事中刘铉言，治淮以开通海口为策。宜简万略大臣一员，会同河漕诸臣，相踏咨度。为新运计，上令吏部推有才望实心任事者以闻。于是吏部请以总督漕运兵部左侍郎吴桂芳为工部尚书，总理河漕。得旨：“近来当事诸臣，意见不同，动多掣肘，以致日久无功。今以此事专属吴桂芳经理，河道都御史，暂行裁革，李世达改推别用，其选任部司，处置钱粮，俱许以便宜奏请。若明岁运道有梗，户部查先年海运事宜行。”

六年八月，总河潘季驯言，复故河，其利有五：盖河从潘家口出小浮桥，则集新迤前一带河道，俱为平陆，曹、单、丰、沛之民，永无昏垫之苦，一利也；河身深广，受水必多，每岁可免泛溢之患，曹、单、丰、沛之民，得以安居乐业，二利也；河从南行，去会通河甚远，闸渠可保无虞，三利也；来流既深，建瓴之势易涤，则徐州以下河身，亦必因而深刷，四利也；小浮桥之来流既安，则秦沟可复冲，而茶城永无淤塞之虞，五利也。议下所司。

十一年二月，工部覆漕运尚书凌云翼题称徐州戚家港溜急，运艘难行，议开新渠建闸，境山废闸曰梁境闸，新河中闸曰内华闸，新河口闸曰古洪闸。乞移咨吏部，于梁境闸专设闸官一员，内华、古洪二闸，共设闸官一员，并铸给条记。从之。

十六年，礼科王士性请开复黄河故道以图永利。谓："自徐而下，河身日高，而为堤以东之，水行堤上，与徐州城等。乘急流益迅委全力于淮，而淮不任，故昔之黄淮合。今黄强而淮益缩，不复合矣。黄强而一启天妃、通济诸闸，则黄捣运河如建瓴。淮缩则退而浸泗，为祖陵计，不得不为石堤护之。堤增河益高，根本之虑，不亦可虞乎哉？河至清河，向南冲者，凡四折而后出海，淮安、高、宝、盐、兴盖不啻数百万生灵之命，托之一丸泥，决则尽成鱼鳖，将奈之何？而纷纷之议，有欲增堤泗州者；有欲开颜家河、灌口河、永济河，南甃高家堰，北筑滚水坝者。近议开月河、章湾、落崔镇三坝，如蚁穴漏卮，补救讫无宁岁，总不如复河故道，为一劳永逸之图也。河故道由桃源三义镇达叶家冲，与淮合。在清河县北，别有济运一河在县南，盖支河耳。河强夺支河，直趋县南，而自弃北流之道。久且断，河形固在也。自桃源至瓦子滩，凡九十里，地下不耕，无室庐、坟墓之碍。虽开河经费，视诸说稍倍，而河道一复，为利无穷矣。"疏下行河官议。

总河潘季驯题，黄河之水浊而强，汶、泗之流清且弱，交会之处，则茶城是也。每伏秋黄水盛发，则倒灌入淮，沙停而淤，势所必至。黄河消落，漕水随之，沙随水刷，不待浚而自通矣。纵有浅阻，不过旬日。如万历十年，中河郎中陈瑛创建古洪、内华二闸，每遇黄河暴发，即下板以遏浊流之横，而闸内无壅阻之苦。黄河消落，则启板以纵泉水之出，而闸外有洗涤之功。去伏稍失开闭之防，遂至漂壅失常，廑怀当宁。臣于前月望至宿迁阅视，同知徐申谓本月望前，黄水偶长丈余，漫入洪口，即令严下闸板，至二十一日，报黄水稍落，于是启板通漕，冲刷成河，通行无滞。此即二水胜负通塞之故也。勘科常居敬复建口闸一座，去河愈近，则吐纳愈易，足为水利。但建闸易，守闸难，运贡之驰行固急，势豪之开放不时，数日之羁程不能待，而千百年之利害且决裂矣。乞特赐纶音，如万历八年清江浦三闸之法，以严启闭，庶河渠永有赖矣。部覆如请。

二十年，勘河给事中张贞观奏："祖陵为国家根本，即运道民生，莫与较重，然岁漕四百万，赖一线以给京师，凤、泗、淮、扬，又汤沐襟喉重地，则运道民生，所关亦非细也。臣展谒祖陵，见淮水一望无际，虽闻祖陵玄宫高耸，乃自神路至三桥并诸仪卫丹墀，无一不被水矣。且高堰一堤，危如累卵，倘溃，则里河之民生运道立尽，此又高、宝意外隐祸也。今欲泄淮，当以辟海口积沙为第一义。然泄淮不若杀黄，而杀黄于淮流之既合，不若杀于未合。但杀于既合者，与运无妨；杀于未合者，与运稍碍。别标本，究利害，必当杀于未合之先。至于广入海之途，则自鲍家口、王家营至渔沟、金城一带，地势颇下，因而利导之，似当并议者。"

二十三年，工科都给事中吴应明奏："淮黄二流，会于清口，而海口一带，则淮黄之尾闾也。先因黄河迁徙无常，设遥缕二堤，束水归漕。乃水过沙停，河身日高，徐、邳以下居民，尽在水底。今清口以外，则黄流阻遏；清口以内，则淤沙横截。强黄倒灌上流，约百里许，淮水仅出沙上之浮流，而潴蓄于盱、泗者，遂为祖陵患矣。先年科臣张贞观所议，自腰铺开一支河，归之草湾河，或从清河南岸，另开小河，至骆家营、马厂等处，出会大河。建闸启闭，一遇运浅，即行此河，亦策之便者。至治泗水，则有议开老子山，百折而入之江者，即排淮、泗注江之故道也。

宜于此处建闸，淮平则闭，秋涨则开，使不得为陵泗患。又考河形北高南下，张福口居淮河北流，与清口对。堤张福，则水向南而淮病；堤清口，则水向北而淮不病。故折张福堤而于清口造堤以束之，亦两利也。”报闻。

二十四年，河道尚书杨一魁奏，酌复漕河旧制。谓：“黄堌口一股，由虞城夏邑接砀山，萧县、宿州，至宿迁，出白洋河。一小股分萧县两河口，出徐州小浮桥，相去不满四十里，且系先年河经故道，所当疏浚，与正河会，接济运道。夫役之用，集山东、河南、徐、邳徭夫二万，银止两月。更于镇口闸以里诸湖之水通，故与小浮桥二水会，则黄堌口不必塞，而运道益无阻滞之患。”部覆如议行。

王氏炎曰：“周定王五年河徙，已非禹之故道。汉元光三年，河徙东郡，更注渤海，继决于瓠子，又决于魏之馆陶遂分为屯氏河；大河在西，屯河在东，二河相并而行。元帝永光中，又决于清河灵鸣犊口，则河水分流，入于博州，屯河始壅塞不通。后二年，又决于平原，则东入齐，入青，以达于海，而下流与漯为一。王莽时，河遂行漯川，大河不行于大伾之北，而遂行于相魏之南，则山泽在河之濒者、支川与河之相贯者，悉皆易位，而与《禹贡》不合矣。”

方氏回曰：“建、绍后，黄河决入钜野，溢于泗以入于淮者，谓之南清河；由汶合济，至沧州以入海者，谓之北清河。是时淮仅受河之半。金之亡也，河自开封北卫州决而入涡河以入淮，一淮水独受大黄河之全以输之海。济水之绝于王莽时者，今其源出河北温州，犹经枯黄河中以入汶，而后趋海。清济贯浊河，遂成虚论矣。”

按黄河者，运河之贼也。用之一里，则有一里之害；避之一里，则有一里之利。以二百六十里之泇河，避三百三十里之黄河，挽运通而资泉湖之利，计之善者也。隆庆时，翁大立倡议开之，差勘而寝。嗣后朱衡、万恭会勘未决。至万历三年，都给事侯于赵、巡漕刘光国勘议费奢，亦不果。递年汶、泗泛溢，堤溃，运阻总河。舒应龙题准挑韩庄中心沟，通彭河水道以入黄，而泇口始开。其后二十五年，河决黄堌，二洪告涸，粮运浅阻。总河刘东星寻韩庄故道，凿良城、侯迁庄及挑黄泥湾至宿迁董家沟以试行运，而泇脉始通。至三十年，河决沛县大堤，横冲运道。总河李化龙以黄失故道，运不可恃，将寻舒、刘旧绩。而都水司主事梅守相为陈泇河利运状，谓其善有六。大约谓泇不已，复议保堤；保堤不已，仍议分黄。不但祛民灾，亦以保运道也。其议起自夏镇，讫于直口，费仅二十万计，而泇之运始行。总河曹时聘复建坝修堤置驿，设巡增河官，立公署，而泇为坦途。总河刘忠复虑其易淤，议以每岁三月开泇以行运，九月闭之以修浚，开吕坝令回空由黄，于是泇、黄并用云。至四十年，复议新开骆马湖，第以终泇河一段未竟之功耳。

汶河一出莱芜县原山之阴，一出莱芜县界寨子村，一出泰山之阴仙台岭，俱名汶水，至静封镇合流，经泰安州宁阳县，分为二支：一支自东平州戴村镇西南流至汶上县，会白马河、鹅河，凡八十里；出分水河口，南流经嘉祥、钜野，凡一百里。至济宁州城南天井闸东，与泗、沂二水合流而南。一支自宁阳县堽城坝西南流，别名洸河，经滋阳、济宁之境，合泗、沂二水，凡一百余里。至济宁州城南天井闸东，合分水河口流来汶水，又南流，经邹县、鱼台、沛县，凡四百一十里，至徐州，合沁水，东南入于淮。

泗河出泗水县陪尾山，其源有四：一出山西麓石窦内，名趵突泉；一出山东麓石窦内，名淘米泉；一出山东五步；一出山东南四十步，二泉无名，与淘米泉合流，向南绕山西一里，合趵突泉，西流一百七十余里，至滋阳城东五里，与沂水合，同入金口闸，又西南流三十里，至济宁州城东，与汶水合，南达于徐。

沂河，一出泰山郡沂水县，经沂州郯城三百余里，至邳州，径入于淮；一出曲阜县尼山，西流三十五里，至滋阳县城东五里，与泗水合，同达于徐。

汴河，出河南郑州荥阳县西二十里三皇山，上有二广武城，相去百余步，汴水自两城间小涧中流出，东经开封府城内，又东合蔡水，流过萧县，至徐州城东，与泗水合。

沁河，出山西沁源县绵山，东南经河内、武陟、获嘉、新乡、原武、阳武、封丘、祥符、陈留、兰阳、杞县、仪封、睢州、考城、宁陵、归德、虞城、夏邑、永城、砀山、萧县，凡一千二百余里，至徐州城东，与泗水合。

黄河，出西蕃星宿海，绕昆仑，越积石，凡八千余里，始入兰州，又东北流过达达地，凡二千五百余里，始入河东。又南流一千八百余里，始入河中，经潼关、阌乡、灵宝、陕、渑池、新安、济源、孟津、孟巩、温、汜水、武陟、河阴、原武、荥泽、阳武等州县，合沁、汴二水，同达于徐。

按黄河自汴梁以下数千里间，河流支派，牵连分合，虽难悉纪，然其大派不过六条：其一自汴梁东北经兰阳、仪封、曹、郓，经阳谷，入漕河；其一至曹州，由双口河分流，至鱼台县塌场口，入漕河；其一至归德州东南，经虹县、宿州、睢宁，经宿迁，入漕河；其一自汴梁东南，至陈留、通、许、亳县，至怀远县，入淮河；其一自汴梁城西南，经荥泽、中牟、尉氏、陈、颍，至寿州正阳镇，入淮河；其一即今出徐州小浮桥者是也。凡此六派，或势均并流，或并归一二，虽涸溢不时，趋向各异，而大抵不出此六派之中。往时决沙湾，决张秋，则由阳谷之派也；出溜沟，出飞云桥，则由鱼台之派也。

《清河志》

我朝征于夏者谓之税，征于秋者谓之粮，即两税之遗意。行之天下，二百年来，未有称不便者。奈何淮北诸地，富者习为商贩牙侩，未必有田；有田者习为诡隐，未必有粮。粮税乃急归于单弱之丁、逃绝之户。每遇催科，责并该里，见户则相率而逃，以故蒿莱极目，一望率几十里。噫！惫甚矣！伊欲拯之，必略仿井田之法，相地势汙仰，每数十里即为一井。居民田庐，分布其中，外为沟洫以环之，俾旱涝有备，盗窃有守，乐生兴事，安土重迁，则荒莱可垦，经赋可完矣。此百世之利，非大费帑藏不可也。今之徭役，即古之力役之征。在《周礼》有小司寇，因授地之上下，以均任使之多寡。有均人，视岁之上下，以为公旬之等差，此古人虽役民而民不病于役也。今制分为均役里甲，均徭有银力二差，里甲则惟银差。虽俱以银数为准，而力差之中，有视原数费至倍蓰者。剂量轻重，按剔冗蠹，则又在编审者之留意焉。走递夫虽非徭役正额，其在兹邑，则尤所当轸恤者，必使应付不失而民不甚病为可耳。

《睢宁县志》

知县申其学申文：切照县西北一河，名曰庙湾，上通灵璧西水诸湖，下通本县芹沟诸湖，迤逦之东，则由小河口入黄河焉。此水离县治仅二里许，淤塞狭隘，其势颇高。县治居于东南，其势最下，且无堤岸蔽障，一遇大雨时行，河不能容，遂尔泛滥，则东南一带，不惟城郭淹没，而居民庐舍，荡然为之一空矣。使小河疏浚惟深，则宣泄易而其害犹未久也。今则小河口又淤塞矣。自隆庆三年至万历九年，本县被沉溺者，已十有三年于兹。幸万历十年，天干水涸，民略有更生之望。不意今岁六月十三日，不知水从何来，偶尔大至，平地水深丈余。至七月初六日，复遭异常暴风猛雨，三昼夜方止，将城垣侵围，居民冲没，秋禾颗粒无存，其灾害又不减于隆庆间也。卑职自到任以来，日夕与父老讲求本县水灾根底，遂亲诣处所，踏勘得此水自灵璧县东，地名潼郡，开一处，名曰芦沟口；自本县西，地名子仙，开一处，名曰余家渡口。此二口者，所当急塞者也。自毕家沟以东至县治，淤塞十八里；自县治以东至高作，淤塞十五里。此二处者，所当急浚者也。仍不惜工费，于东南沿河处所筑一土堤，上至潼郡，下至耿车，与新筑土堤相接，既俾上流有所归矣。又挑浚小河口，务使宽且深焉。仍建一石闸，以防黄河倒流之患，又俾下流有所泄矣，庶一劳永逸。而本县久安长治之策，无出此矣。

按洪武六年，置滁州太仆寺，提督两淮马政。方是时，犹养马于官，未为民病也。至永乐十四年，始令民养马，有骒马、儿马头之设，遂为民害矣。弘治十七年，又计岁科驹，择其尤者，解之太仆寺，俵散以备骑操，其余驹折色类府，解北京兵部，买马充边，是为备用银。其后因所解马不堪用，令征价银，佥马头领往北京买马解俵。隆庆三年，太仆少卿董公传策、监察御史谢公廷傑等建议裁减种马一半。万历六年，蒙南京太仆寺卿李公辅、监察御史胡公廷试请尽行变价解部，买马充边，则边得实用，而民免养马之害，其法最为良便矣。

《淮关志》

府城之西为浮桥，为柳淮，为南锁坝，为满浦。关之东为板闸；西为清江浦，又西为河口。舟之由运河出河口，及由合坝而出达淮所经者也。淮河之南岸关之东，为方坝，为信坝，为智坝、为礼坝。大河卫城之东为义坝。舟之由淮河往来及由各坝而入达运河所经者也。淮河之北，东为支家河，西为草湾。舟之由海州、赣榆、沭阳、安东各县之达淮所经者也。分布甚广，非若各关之扼要会而据通津也，故星处老人以稽之焉。

商税。旧例凡淮地所造一应货物并各处来淮发卖之物皆有税，名曰商税，率三十分赋其一，收钞有差。弘治元年，改钞一贯折收银三厘，钱七文折收银一分，解京库，其存留者折支官军俸粮，其有工部分司抽分者免。

门摊季税原委。旧例原有门摊课税，凡民间开店生理俱照颁发时估则例赴税司上纳，并入商税支销。嘉靖四十二年，淮委府佐一员督司税课司官征收，除应准动支外，扣留若干听管仓主事注销，按季报部，余尽解京济边。续据段绢纸果等七铺户并各镇集头告称，零星贩卖一一纳税不便，有司亦以琐屑生弊，乃立每年包纳税银之法，免其随到随报，唯按季赴司交纳，名曰季税。其磨房酒面等店，照依钞贯纳银，仍名门摊税，各铺牙俱照地方赴府城清江二税课司交纳。

房地契税。洪武二年，令凡卖买田宅等项除正课外，每契一纸纳工本铜钱四十文。后议无分典卖房田，每价一两，纳税契银二分三厘一毫五丝，充军饷用。复因饷匮，至万历二十一年五月内奉文增饷每两征银三分。四十年十月，知府詹士龙详准院道止税买者其典房田契免税，所收银两原无定额，惟以应税者赴司纳税解府类解北京户部济边充饷。凡卖契一张，每银十两，该银一钱一分六厘。

杂粮四税。淮安初无四税，嘉靖中，淮黄肆毒，人多死徙，凡所供亿有派无收。四十五年，知府傅希挚建议抚按题准以过坝杂粮比照瓜洲事体，每石征银一厘，抵补合属州县夏秋税粮民壮军饷，只名一税。隆庆中，水灾益甚，民不聊生，催科逾拙。继守此土者，增广前例，遂有脚抽、斛抽、济漕三项，并前为四，因名曰四税。杂粮税出自客商，脚抽、斛抽系抽脚斛人役应得脚价工银，济漕系抽过坝杂粮牙人每价十两原有牙用五分，取一半银二分五厘。是后牙脚四散，不便拘抽，议于各商扣留代纳。实则各役应得牙利不过便于抽解，与商无与焉。委府衙首领官管收，专听各卫所操运官军月粮并河道各衙门供应诸项支用，大约岁三万金。

应税货物。米麦杂粮自北来淮过坝前往瓜、仪等处贩卖者，每石纳济漕银一厘、军饷银八毫、脚抽银五毫、斛抽银五毫，谓之四税。至淮转卖与人，往南贩卖者，止纳济漕、军饷、脚抽；在淮发卖者止纳军饷、脚抽。万历六年，南京河南道御史方万山建议去其脚抽。今四税之名犹存，实则三税而已。嗣部题属清江户部督收贮府用。天启五年，加一万五千两解京。

腌切梁头税。凡客商往湖海收腌一切货物，旧例奉各院道明文征取税银，每年大约七、八百两不等，拨二百充军饷，余听巡盐衙门作正支销。

庙湾镇税。镇在山阳东一百八十里，有河通南北商船，收税则例照依清江府城税课司商抽四钞收受。每岁本府委官大约收银二千余两解府并入军饷项下支用。

清江浦工部抽税。景泰中，淮安设抽分厂，凡竹木等物应干造船者三十税一，以为供造漕船之需。视芜、杭十税其一者，减三之二，以宽商力。税无定额，每岁以货之多寡为舒缩。天顺间，议于淮安府税课司添设副使一员、吏二员，专理抽分事务。每季解府类解本部分司转发提举司。八年所抽木料不堪，兼商人走水匿税，课司不能制，奸弊日甚。本分司官始五日一次监抽矣。凡商货自南而北者，俱于南锁厂泊，自北而南者，俱于清河口泊，赴厂报抽，方许放行。后因额课不敷支用，遂税及于民船，报其梁头，估定价银，亦系三十税一，自是无遗税矣。

应抽船只。国初止抽船料以供成造漕船之用，后因额课不敷，遂税及于船，除官座站船给有批文照免外凡民座民船俱报梁头或报价银纳抽。其中桅篷锚橹等项逐一另报，数目繁琐，上难稽查，下滋奸弊。近议民船不拘大小楠杂各色止报梁头，估定价银俱三十税一，其余什物总括在内，商民颇便。白粮船出口报单银。白粮船进口由闸银。空民船出进口银。装货民船梁头银由闸银。淮安厂户报纳梁头，其买主照契报抽三十税一。收买柏船木板者论丈抽，将此板造小船者买主照梁头报抽。

淮安钞关。重河、赣驳、航棹等船，验梁头收银，五尺者二分九厘有奇，以上渐加。重长乌船验梁头，收银五尺者五分八厘有奇，以上渐加。

皇税。万历二十六年，三殿大工肇举，工费甚巨，言利之人始进开矿榷税，中使四出，江北差太监二员：一驻徐州，一驻扬州仪真县。无籍棍徒，营充委官，星列棋布，重征叠抽，全无则例，商民困惫已极。三十一年，漕抚都御史李三才屡请停免，未蒙谕允，遂议有司包征皇税，分板闸、庙湾、清口、直河四关，府城清江二税课司榷每年两季一次解赴仪真税监解进大内。四十八年七月，奉皇太子令旨尽行停止，商民踊跃更生。

淮郡新旧联三城说

淮旧有新旧二城，用壮犄角之势。倘旧城被敌，则新城出锐以挠之；倘新城而欲乘敌，则旧城出师以应之。使声势足相援，敌人胸背皆受制，必不令顿聚于两城下焉。迨联城筑而势遂分，防守始难为力矣。守则三城俱欲守，而拨兵以把截，虑力分而单弱，可虑也。脱一面失事，则敌得据以为巢，将为持久计矣。淮民不能宿春粮，而贮薪止以日计，如城门稍闭一二日，恐变且从中起矣。昔抚院章公焕初筑联城时，府守范公槚尝力陈其不便状。及工成举宴，范公不往，曰：“非我意，且他日淮难为守计矣。”呜呼！远虑哉！

徐州

《徐州志》

徐州境内之山，自西南来，连络东趋以极于海。其河自西北至，萦洄南注以达于淮。二洪龃龉，横绝乎其前；四山连属，合围乎其外。襟带江淮，上游雄视；枕联河洛，万壑为宗。昔人所称东方一形胜焉。信有不诬者矣。

城北五里曰九里山，东西连亘凡九里，相传有穴潜通琅玡、王屋，今不知处。其西一峰形如伏象，俗称象山。北十七里（注十九）曰桓山（东临泗水，旧名圣女山，宋桓魋作石椁于此，故名）。东北三里曰彭城山。东北八十里曰铜山（利国驿连境，相传古彭城废县在此）。山南有运铁河（宋置利国监铁冶，开以通舟楫，淤久。嘉靖二十年，因运河涸，复浚，通新桃沟），东北一百二十里曰爬头山（连徐、邳、滕、峄四境）。北四十里曰境山（西临泗水，有镇有闸）。城东四里曰定国山（东魏慕容绍宗击梁，梁贞阳侯萧明尝营于此）。东南二里为子房山（注二十）（世传子房尝隐于此，故名）。东南四十里为吕梁山（注二十一）（下临二洪，上有云梦、梁王二城，又有尉城，并详兵防。其境有雍门，古雍门周善弹琴，能使孟尝君悲者居此）。城南二里曰云龙山（注二十二），山有云气蜿蜒如龙，东岩（注二十三）有石刻大佛，故又称石佛山唐昭宗（注二十四时，朱全忠遣子友裕败徐州节度使时溥军于石佛山前，即此）。宋山人张天骥放鹤亭（注二十五）在其上，其阴为黄茅冈（注二十六），山北城南里许为戏马台，高数十仞，广袤数百步，有事则可用屯戍，与城相表里焉（项羽因山筑台以观戏马，故名。魏武南侵、攻彭城，弗克，乃设毡帐台上以望城中。台循磴而上，傍有石崖，杂勒古岁月名氏，有文皆隶书，笔法遒劲，并剥落不可读。上有台头寺）。其下为苏堤（宋苏轼守徐时，河决为患，因筑以障城。自城属于台，长二里许，民赖以全活者众，今尚存）。由云龙山南十里为太山（徐山最大者）。又四十里为桃山（有驿在山阳）。桃山（注二十七）西南十余里为徐山（旧名武原，周时穆王命楚伐徐偃王，偃王败走其下，百姓随者以万数。王死，民即山凿石室以祠之，因名徐山。其室见存）。城西二十五里曰楚王山（山皆赭土，《禹贡》厥贡惟土五色。王莽使徐州岁贡五色土，皆出此山。下为楚元王墓，又有古冢、古井各数十。迄今里谚犹谓“山前九十九口井，山后九十九口冢”云）。五里为大彭山（注二十八）（古大彭氏封于此，故名。山左右今犹称大彭村）。

汴河（一名沁河，一名小黄河。按《一统志》，汴河源出河南荥阳县大周山，东流至中牟县入黄河。沁河出山西沁源县绵山，东流至河南怀庆府入黄河。又按《漕河志》河居中，汴居南，沁居北。河南徙则与汴合，北徙则与沁合，故此河之名有三。今沁水久不达，唯河合于汴尔）。由萧县至大彭集入州境，受大彭、湖淀、杨尸、龙沟、五河诸沟水（并由北岸入），至州城西九里，受响水沟水，二里受旱陂沟水（并由南岸入），自城西汇于东北，合泗水南下，其流增杀，率靡有恒云。

泗水（源出山东泗水陪尾山，源有泉四，因以为名）。由沛县至谢沟，入州境，流十里至留城（汉张良封于此），东岸受小河水（源出山东滕县，而黄山昭阳二湖水，时亦溢入焉）。二十里为皮沟，稍南受新沟水（东北乡拔剑、饮马诸泉并由运铁河流至新桃沟，达于此，东岸入）。十四里为夹沟（有夹沟驿），五里，受北溜沟水（源出沛县泡河，分流至此，西岸入）。三里受境山沟水（即地崩沟，源出东北乡运端、母猪二泉，流至此，东岸入，有桥有闸），对岸受南溜沟水（源与北溜沟水同，分流至此，西岸入）。五里，受秦沟水，又五里，受浊河水。已上西岸沟并泄湖坡诸水，西水泛涨则满，余时恒涸。又十里为秦梁洪、末直渡，受乌嘴沟水（源出城北八十里屯东冷泉，西流五里至此，东岸入），十七里，有三里沟，三里，至城东北，受汴水，合流。唐韩愈诗“汴泗交流郡城角”之句谓此。周显王时，九鼎没于泗水彭城下，鼎气浮水上。后秦始皇过彭城，斋戒祷祠，欲出周鼎泗水上，使千人求之不获，谓之鼎伏。三里沟稍南，分为新河，至城东南，复合流。里许，为百步洪；南里许，为新洪（有新洪浅桥，有清水堰，陈将吴明彻入寇吕梁，徐州总管梁士彦频战，不利，退保州城，明彻遂堰清水以灌之，列船舰城下以图进取）。又南九里，受九里沟水（由西岸入，下有寒山堰，梁萧明尝于此壅泗水灌彭城）。二十里，东岸有狼豕沟（东乡山水流此沟入）。十里，至黄钟集，有李家沟（辛贾山鹅儿湖水分流至此入）。三十里，为吕梁洪（列子、庄子并云孔子观于吕梁。县水三十仞，流沫四十里。陈太建中，经略淮北，大破齐师于吕梁。后周将王轨破吴明彻于吕梁，并即此。唐尉迟恭尝疏凿以杀其势，有尉城遗址，有吕梁堰。晋谢玄既败苻坚，率众次彭城，平兖州，用督护闻人奭谋，堰吕梁水以利漕运，有悬水村）。五里为吕梁渡；又五里至房村集，有沟（源出欧家泉，流至此入）。三里，受响水沟水（源出东南乡双井、白塔二泉，流至此，东岸入，有闸）。三十里，至双沟（有泥沟湖水由此达），出州境（《史记》楚破汉军，皆相随走入谷泗水。楚追击汉军彭城、灵璧、东濉水上，多杀汉军数万，水为之不流。故旧志载谷水、濉水，俱在州境。今考《汉书注》谷水，即泗水下流，《一统志》濉水在灵璧县东流，至宿迁县入泗，今皆非州境，并不书）。

按徐河山郁盘，风气刚劲，考其旧俗，人颇鸷悍轻剽，盖楚之风焉（出《隋书》）。又其地薄民贫，急疾颛已（出前汉书）。宋儒陈师道亦谓“霸者之习，以武为俗”。苏轼则云，汉高祖、刘裕、朱全忠皆在徐州数百里间，其人以此自负，雄桀之气，积以成俗，胆力绝人，喜为剽掠，小不适意，则有飞扬跋扈之心。今去陈、苏数百年，且承平道久，俗渐丕变，民知怵法畏吏，不闻有骫治。然舟车会通颇称津要，往往竞趋商贩而薄耕桑；野有惰农，市多游食，稍以靡风相扇，浸失其淳庞矣。

萧境东西相距百数十里，南北仅三之一，虽西联州治，而实绵亘于州之东南。

汴河（自汉末河入于汴，故亦名黄河）由新桃沟（上接河南永城及砀山界）入县境，历赵家圈渡、拖绳沟、东镇渡、曲里渡、朱珊渡、朱珊二泊、遵护河堤（长二十里，高八尺），越冀门渡，径县治之北，至两河口，与山西湖（注二十九）之委流，合而过凉楼沟（即旧歇凉楼，元有凉楼寺），以达于州境。宋绍圣中，县令张惇疏凿汳水新渠以避水患，陈师道为之记。元大德间，达鲁花赤马彻里备御水灾，开南伏道口、北铁窗孔，而城赖以全。盖汴合于河，奔涛汹注，支流溃决，四出邑境，厥为民孽。所由来渐矣。岂一朝夕之故云。

沛县袤百十里，故志所称形胜，峄山控其左，华山揖其右，泗水流其北，芒砀亘其南。以今考之，唯泗水迳于城东，其他皆在疆域之外，无层冈茂麓以为岩阻，乃维控接诸道源泉洪流四合，纡回苞络，天堑为固。其东北有漷水（源出山东滕县，流入昭阳湖），东有昭阳湖（注三十）（湖亘十余里，山东滕、薛二县水，咸汇于此，下与薛水合，至金沟口，达泗）、薛水（出滕薛境，西流，会昭阳湖水，自金沟口达于泗）、鸿沟河（发源滕县，流出薛河，其水泛涸有时，春夏可行舟），西南有泡水（即丰水，循泗亭驿前入于泗，正德初年黄河泛溢，西南接泡水出县南门外飞云桥下流入泗、势甚汹涌，今涸），西北有泥沟河（水派来自鱼台县界，至沛，入泡水，达于泗），南有龙泉（在县治前，旧没于泡，近河涸，泉水自下涌出不竭，东接泗水）。其自北而东，曰泗水（源见州泗水下），流经山东鱼台县境，至沙河，入县境，为沙河渡。二十里，为胡陵城（见兵防，按《一统志》云，在鱼台县东六十里，盖连境地也。有闸）。二十里，至庙道口（有闸），三十里，至县城北，为北门渡。汇于城东，为东门渡。迄城南隅，受泡水，为南门渡。十五里，受金沟口水，为金沟口渡（鸿沟河、漷水、昭阳湖、薛水合流并达）。五里，为沽头，有上沽头渡，下沽头渡（各有闸）。十里，至谢沟，以达于州境。县东泗水之浒，有泗水亭，即汉高祖为亭长处（今泗亭驿乃其故址），亭北有歌风台，东南五里有射箭台（靖难时筑）。二十里，为沛宫，汉祖过沛，宴故人父老于此。

砀山境内无山，其邑所名砀山，乃距邑治（注三十一）七十里，今在河南永城县之境（按《史记》及《汉书》，高祖微时，隐于芒砀山泽间，上有云气，吕后与人俱求得之。应劭注，芒属沛国，砀属梁国）。县南北皆阻大河，间或引决黄流，灌濡畎浍，然疏淤不常，卒缘为病。县东六里为盘坌河，十八里，为礼河，西南五十里，为夹河，由夏邑县刘富营集入县境。八十里，至龙扒沟，入韩家道口（通汴。嘉靖二十六年，龙扒沟淤二里，坌开一派，向县城东南二十五里，冲王龙口，由原奉社地四十里至西镇店一概波水为患。由萧县境入胡店沟），为新挑黄河。五十里，由虞城县皮家口入县境凌家口（一百五里，下至居家口，入萧县境。嘉靖十九年开挖，二十四年沙淤），西二十里，为陈霜口河（源由虞城县史家、皮家二口，分为两河，由镇里堌二十里至县境西南，合流入陈霜口河；南行十里至汪家口，西向冲为缺口，水漫东流，复分为二：一冲县小南门，一北行复西，绕县北门，经年为患，周城以外，汗漫若湖。嘉靖二十六年，知县王绍元将汪家口筑堤一道，长七十四丈七尺，厚一丈，又为月堤，高厚如之。沿堤上至镇里堌，下至高良相口，为顺水堤五十里，防御水患）；北三里，为三里河（由虞城县镇里堌二十里至县境吕家集；北行二十里，至三里河；下二十里，至礼河；五里，入桑叶河），九里，为九里沟（今淤）。西北十五里，为白川河（由虞城县境入县回冈集；十五里，至白川河；下二十里，至蒋家营；五里，入桑叶河）。二十里，为浊河，四十里，为段庄河（由虞城县境入县回冈集，迤南。嘉靖二十四年，沙淤，坡水漫流，至双沟集地南一里，成河；三十里，至桑叶河；四十里，至萧县境盘岔河，北流入胡店沟），四十里，为新岔河（由虞城县境北入监城集；南四十里，至庞家屯；下二十里，至羊耳河集；迤南十五里，至羊村集；迤北一里，至五河；三十里，至萧县境河）。东南三十里，为龙扒沟（通汴。嘉靖二十六年，沙淤）。东北二十里，为羊耳河。砀县地势洼仰低下，屡经水患，地多淤沙浮土，虽屡浚凿成河，然一经水涨，率易淤塞，故河渠之名，变迁不常。缘是以为民病，日益滋焉。

丰境广野平原，绵邈四际，治北有东华山，其旧治城中有厌气台，始皇东游时筑。其北五十里，有泡水（上流即丰水），自单县流经旧县北门（循沛县泗亭驿）以入于泗，今淤（正德己巳，黄河水溢，三十余年，湮没无遗）。时或河决，则四境为壑而已。县治西南二十五里（注三十二）有枌榆社，即汉祖初起祷以徇沛处（枌榆，乡名，社在枌榆）。西三十里（注三十三）有大泽，即汉祖母梦与神遇处。有中阳里，汉高祖（注三十四）故宅在焉（注三十五）。东北三十里，有丰西泽，有亭，亦曰丰西亭，即汉祖为县送徒骊山，纵徒止饮所。东北五十里，有斩蛇泽（注三十六）汉祖夜遇白蛇，当道斩之，即此。

漕政

漕运府在州城东门外泗河东岸，总督漕运都御史、总兵、参将巡历驻节之所。

户部分司在城南门内，监督粮储主事莅政之所。本司主事一人，户部题奉钦依差委，赴内府领精微批，莅任行事，凡岁一代易。初专督广运仓粮储，后兼理永福仓事及攒运与有任焉（永乐十三年，令浙江都司并直隶卫分官军于淮安运粮至徐州，置仓收囤，本部委主事一员监督）。广运仓在城南三里，东临泗水，即元武安州故址，永乐十三年建。宣德五年，增创仓廒，凡一百座。正德已前，中使司之。嘉靖初，裁革，惟部使临督如故。岁凡额收各府州县夏税麦粮共四万八千一百五十石。本仓永乐中为漕运转盘设建，至成化中，改令各军径充直达，而转般罢。户部议单开载本仓该给徐州、徐州左、邳州、河南归德四卫运军行饷。近年总漕因淮安常盈仓告匮，每以江北附近卫所通融拨给，兼之各州县逋负居多，计岁所入，拟之额数十不及其二三，虚耗亦已甚矣。

徐州洪（注三十七）工部分司在洪东岸面西，提督本洪主事莅政之所。本洪宋、元皆名百步，直州城东南二里许，巨石盘踞，巉崿龃龉，汴、泗经流其上，冲激怒号，惊涛奔浪，迅疾而下，舟行艰险，少不戒，即破坏覆溺，害与洪水等，故名曰洪。其形象川字，有三道焉。中曰中洪，西曰外洪，东曰月河（月河即今里洪）。相传唐尉迟敬德经略徐州吕梁二洪，爇 火石烂，从而凿之，遂成水道。宋元祐中，京东转运司上言朝廷，委官度地势穿凿修月河石堤，置上下闸。本朝永乐十二年，平江伯陈瑄凿洪通漕，更于洪口置闸。正统七年，参将汤节于洪上流筑堰，逼水归月河，于南口设闸，壅积水势。成化中，主事郭升、尹珍、饶泗，嘉靖中，主事戴鳌、陈穆相继凿去洪内乱石，修砌两岸牵路石坝。二十五年，主事冯有年修砌东岸石堤十六丈。初，城东北汴水横流冲溢，运艘牵挽艰甚。正德初，治河郎中胡礼凿新河，自三里沟至洪上，乃复合流入洪，始分杀水势，为漕便利。无何，土人规便，日渐下石堙阻。参将万表悬购疏抉，仍移所司厉禁，迄今汴水虽盛，犹得亡险焉。本司之设，专为粮运，先年命官不一。永乐十九年，侯伯分理洪闸河道，继差御史王矩、户部郎中杨琏。至正统以来，始铨选工部都水司主事一员，领精微批莅任，督理洪事，兼理徐州境山二闸，凡三年一代焉（初本司不干闸务，嘉靖二十年，兵部左侍郎王以旂题奉钦依兼理。成化二十年，工部侍郎杜谦建议工部添置主事一员，修治河沁水道，下达徐州，又著令提督徐州洪主事，以河南黑洋山河沁水利深浅尺寸月一疏闻。弘治初年，添置主事停罢，本司月报如故）。

徐州洪闸在洪东月河南口，正统中，参将汤节建议设（语见上）。景泰中，水涨闸坏。嘉靖二十年，治水兵部侍郎王以旂议复。境山镇闸在境山，旧有积水闸。天顺四年，判官潘东建，后废。嘉靖二十年，侍郎王以旂议设今闸。高家滩木闸，浅铺一十五所：夹沟浅、白庙儿浅、许家浅、白洋圈上浅、白洋圈下浅、梁山浅、垞城浅、秦梁洪浅、新洪浅、九里沟浅、狼屎沟浅、青田浅、干谷堆浅、白洋浅、李家沟浅。

吕梁洪工部分司，在洪东岸向西，提督本洪主事莅政之所。本洪在州城东南五十里，上下二洪绵亘七里，洪中诸石森列如齿，水脉劲疾，遇险怒号，白浪腾沸，一瞬数里，为南北至险焉。唐宋疏凿修治遗迹并与徐洪同。本朝成化八年，主事张达修砌石堤（上洪长三十五丈，下洪长三十六丈）。十六年，主事费瑄修筑堤坝。嘉靖二十一年，主事徐有让修砌石堤。吕梁上闸、下闸在洪南北，俱正统中参将汤节建议设，后坏。嘉靖二十年，侍郎王以旂议复。浅铺七所：黄锺集浅、石桥浅、孟城湾浅、侯家石浅、房村浅、龙塘浅、双沟浅。

沽头工部分司，在沛县治南二十里泗河东岸，提督胡陵城诸闸座主事莅事之所。本司自成化中上从总漕之请，差委主事一员提督闸座。弘治戊申罢，甲寅复之。正德丁卯再罢，辛未复之。嘉靖癸未又罢，乙未又复之（黄河入漕而沽头利涉，故罢；黄河南徙而诸闸泉微，故又复）。今铨选更代事宜并与二洪同。

胡陵城闸在沛县治北五十里，隶沛县辖。庙道口闸在沛县治北三十里，隶沛县辖。沽头上闸在沛县治南二十里，沽头中闸在上闸南七里，沽头下闸在中闸南八里，俱隶本州辖。谢沟闸在沛县治南四十里，隶沛县辖。新兴闸在沛县治南五十八里，隶沛县辖。黄家闸在州治北六十里，隶本州辖。浅铺三十四所，徐州地方十五浅：谢沟浅、小阎村浅、荣家浅、泉水小闸浅、留城上浅、留城中浅、留城下浅、贺家浅、皮沟上浅、皮沟中浅、皮沟下浅、李家浅、侯村上浅、侯村下浅、黄家浅；沛县地方一十九浅：胡陵城浅、溪鸣台浅、庙道口浅、张家庄浅、泗亭浅、金沟口浅、金沟上浅、金沟中浅、金沟下浅、鲁村浅、上闸上浅、上闸下浅、类家浅、马家浅、破闸浅、下闸上浅、上闸下浅、梁村浅、阎村浅。

积水闸四座：留城闸，属徐州辖；金沟口闸，在沛县治南八里，薛河并昭阳湖水入漕之处；昭阳湖闸，见本湖下；鸡鸣台闸，在沛县治东北五十五里河北岸。

蓄水昭阳湖（在县治东北八里，萦回八十余里，北属滕县，南属沛县。永乐八年，于湖口建石闸，于东西二湖口建板闸。成化八年，改为石闸。弘治七年，重修。遇漕河水涸，开闸放湖水入薛河，由金沟口闸达于漕河。湖所受水不一，北沙河出滕县北龙山，西南流，经鱼台县境入湖。辛庄桥河出滕县西南五十里，南流十里入湖。漷河出滕县界，西南入湖。荆沟泉，出滕县东北十五里，泉眼百余，水流迅急，西南流八十里，至辛庄桥，漫流为泽。正统六年，参将汤节开渠十里，引水入湖，塞其两流故道，复于此岸建回龙以镇之）。

草厂窑厂六座：沛县金沟、鸡鸣台各一座，萧县、丰县各一座，砀山县二座。

按漕河经流徐沛之境，凡二百里有奇（自沙河至谢沟一百六里，为沛县境；自谢沟至双沟一百二十五里，为本州境）。其支流入漕，在沛境者三：曰泡河（上通贾鲁新开黄河，流经单县，至本县飞云闸桥入漕河，盈涸不常），曰薛河（自滕县东高薛二山之间来，西南流二百里，会南沙河、王华等泉，由金沟口闸入漕河），曰鸡鸣台东小河（在县治东北五十五里，源出滕县三里桥泉并七里沟泉，西南流百余里，至鸡鸣台东，入漕河。初二泉之水漫流为泽。正统六年，漕运参将汤节始开渠引入漕河，置闸于河口以积水；既以济漕，又变沮洳为良田云）。在州境者四：曰留城小河（源出山东滕县黄沟泉及徽山三家湾等泉，西流八十里，至留城镇北东岸，入漕河），曰境山沟（源出东北马跑等泉，西南流三十里，至境山镇北东岸，入漕河），曰溜沟河（在州城北五十五里，自沛县泡河上流分来，至许家浅北西岸，入漕河），曰乌背沟（源出城北八十里屯东冷泉来，西流三五里，至秦梁洪，入漕河）。至州城北，则受汴水合流，据二洪险阻，而黄河决啮所必归焉。夫会通河上受汶、泗、洸、沂诸水，搜取山泽诸泉，以为漕纲之助。又有安山、南旺、昭阳诸湖潴蓄，谓之水柜。先朝尚书宋礼奉命经画。当时漕河初不借黄河之水，元人所谓“漕以汶，而不以河”者，此也。至正统以来，河势播迁，倏无定所。其支派大既有六：其一自汴梁东北经兰阳、仪封、曹郓，至阳谷县入漕；其一至曹州，由双河口分流，至鱼台县塌场口入漕；其一至仪封县东，经归德府，至徐州入漕；其一至归德府东南，经虹县、宿州、睢宁，至宿迁县入漕；其一自汴梁东南经陈留、通许、亳县，至怀远县入淮；其一自汴梁城西南经荥泽、中牟、尉氏、陈颍，至寿州入漕。自河入于漕，水势浸淫，诸闸沉于深渊，二洪泯其险隘，泉政日弛，湖防尽废。至于二洪而下，冲决岁深，崖岸宽广，一遇旱干，则汶、泗诸流涣散靡济，必赖黄河之水而后漕运流通。如嘉靖庚子，诸闸泉微，二洪水涸，至廑宵旰，遣命重臣，是可鉴已。然河流所趋，泥沙相半，若决入阳谷、鱼台、丰沛，则漕渠淤塞；经由睢、宿，则二洪反高；全入涡、淮，则陵寝所系，尤难轻议。全归汴水，则徐民昏垫，又所不堪。如嘉靖丁未，冲决曹县及城武、金乡、鱼台，溢于徐、沛、萧、砀，亦可鉴已。要之，徐、沛而上，非泉湖之备不能通；徐、吕而下，非黄河之来不能济。惟在疏浚得宜，堤防不失，俾源泉沛注，勺水不遗，以为闸河之助。于汴河故道如野鸡冈、孙继口、黄陆冈诸处，各加浚治，使黄河正流南趋凤阳以入淮海，假其支流从汴入泗，达于二洪，以济运道。既非上出丰、沛、鱼台以淤漕闸，又不全入涡、淮以干陵寝，而徐民垫溺用是少瘳，则诚国家之庆，生民之福也。

万表论曰："黄河自野鸡冈而下，分为二股：其自东南涡河而行者，则为河身；其自孙继口出徐州小浮桥者，则为支流。然皆并合于淮以入海。是故河流入海，舍淮无他道也。比岁庚子，二洪水涸，漕舟并阻，议者谓为黄河改流，予则曰非也。夫河流迁改，宜必有漫溢之处。计今水道，只涡河、孙继口耳。今孙继口之出徐州者既淤，是当泛溢于东南之涡河，何涡河之水亦微至可截以坝，断可识矣。盖自清河以至徐、沛，地势隆拥，节高一节。如往年黄河盛溢之时，则上漫济宁，其鲁桥诸闸，皆为淹没，而淮水亦几浸城。后水势少降，则自鱼台以出谷亭，再降，则由飞云桥以出沛县，而淮水以次渐小；又降而出徐州小浮桥，则淮水亦渐平矣。近年黄河之水日微，故小浮桥之水淤塞。岂特小浮桥之水淤塞，宿迁、桃源二小河亦塞。今淮安河口合流入海之处，可以蹇裳而涉也。此徐水之通塞，实本于黄河之赢缩，非关于河之改流也。又曰，漕河原不用黄河之水，惟用洸、汶、沂、泗诸泉，沟湖之水，足以济之。渡淮而西，皆是清水，故名清河。正统十三年，黄河决荥阳，至阳谷，入漕河，溃沙湾，以达于海。景泰四年，都御史徐有贞塞治之，乃分流自兰阳东至徐，入漕河以疏杀之，而黄河始合于漕，然黄流尚微。至正德六年，水势方盛行，浸漫而冲洗之矣。先是，黄河未冲之时，清河河道皆狭，水故易充，然亦有浅，故沿河俱设浅铺，每年转运固无滞也。后黄河水大来，而浅铺俱没而不用矣。今观二洪之旧堤路宛然，正是先年河道。但二洪一向黄水浸漫年久，一旦水落石出，而清河一带浅涸，人心乍见，不能无异，其实则故河也。盖自淮达济，由会通以至卫河，一路堤防，只恐黄河之水冲入为漕河之害。今徐二洪以下，一向反用黄河之水而忘其故，及水不来，则用工挑浚以引之，日望其来而不可得。此即所谓以病为药也。如酒本伤人之物，而耽酒者一向沉溺于酒，反以酒为生，一不饮酒，即欲死矣。此非今日漕河之喻乎？”

嘉靖十五年，总理河道右副都御史李如圭题：“切惟黄河发源具载史传，今不敢烦渎，姑自宁夏为始言之。自宁夏流至延绥、山西两界之间，两岸皆高山石麓，黄河流于其中，并无冲决之患。及过潼关，一入河南之境，两岸无山，地势平衍，土少沙多，无所拘制，而水纵其性，兼之各处小水皆趋于河，而河道渐广矣。方其在于洛阳河内之境，必东之势未尝拂逆，且地无高下之分，水无倾泻之势，河道虽大，冲决罕闻。及入开封地界，而必东之势少折向南，其性已拂逆之矣。况又接南北直隶、山东地方，地势既有高下之殊，而小水之入于河者愈多，淤塞冲决之患自此始矣。此黄河之大概也。今之论黄河者，惟言其弥漫之势，又以其迁徙不常而谓之神水，遂以为不可治。殊不知黄河之水，泥沙相半，流之急，则泥沙并行；流之缓，则泥沙停积，而停积则淤之渐矣。淤之既久，则河高而不能行，水性就下，必于其地势之下者而趋焉。趋之既久，则岸面虽若坚固，水行地下，岸之根基，已浸灌疏散而不可支矣。及遇大雨时至，连旬不晴，河水泛涨，弥漫浩荡，以不可支之岸基而遇此莫能御之水势，顷刻奔溃，一泻千里，遂成河道，无足怪也。合无听臣督同河南、山东并南北直隶管河副使张纶等备查所管黄河州县河道地理远近，动支河道银两，打造上中下三等船只，置造大小铁扒、铁锄，分发各该管河官收领，遇有淤塞，即便督率人夫撑驾船只用心扒浚，坚硬去处，则用铁锄，俾泥沙随水而去，河道为之通流，则倾泻之患将渐弭矣。再照黄河先年由河南兰阳县赵皮寨地方流经考城、东明、长垣、曹、萧等县，流入徐州。近年自赵皮寨南徙，由兰阳、仪封、归德、宁陵、睢州、夏邑、永城等州县流经凤阳地方入淮。其归德、兰阳等州县即今水患颇大，亦听臣督行管河道，责令各该管河官员，调用人夫，修筑堤岸，并扒浚河道，务使淤塞开除，自无冲决之患，防护完固，可免淹没之虞。其旧黄河即今尚有微水，流至徐州、吕梁二洪，亦合时加扒浚，使不致断流，接济运道，且分杀黄河水势。如此，则河患可息，而运道亦有益矣。”嘉靖十六年，总理河道右副都御史于湛题：“据河南管河副使张纶呈，勘议得黄河为患，频年兴作，北冲则害及运道，南决则近于王陵，虽修浚之功累加，而迁徙之性无常。自挑河通流，地势渐下，全河之水，俱由此河，致将北行旧黄河梁靖口淤塞，屡浚屡淤，功用不成。今年大雨连绵，比于往年尤甚，河水泛涨，冲决数多，新口一开，旧河随塞，百方莫救，众力徒施。致将饮马池以下一百八十里淤垫甫平，其新冲决口，亦有随冲随塞者。见今仪封地方三家庄、于庄决口一处，归德州地方北岸郑家口决口一处，皆广深不可堵塞。一则由考城县以趋归德州城下，一则径趋归德州，二水俱径曹村口，入北黄河。接济二洪，惟赖此水。又睢州地方南岸地丘店、界碑口二处，宁陵县地方杨驿铺一处，共三决口，俱南入亳州。涡河势尤阔大，且经寿春王陵，大端南岸地下，今已成河。诚恐水性趋下，南决日久，众水皆归。且居郑家口上流，则郑家口不敢保其不淤，淤则趋二洪者少矣。漕运所关，不可以不虑也。为今之计，饮马池以下所淤一百八十里，开之则劳费甚多，然不过经符离桥通宿迁往来商贾而已，于二洪无益也。若于地丘店、野鸡冈等口上流开凿一河，省工四十余里，通桃源集旧河故道，东北由丁家道口入旧黄河，则趋涡河之水可截以入北河，接济两洪，其于寿春王陵水势可减，漕运无虞矣。合候呈允，通调人夫，来春正月初旬兴工挑浚等因，具呈到臣。臣会同巡抚河南右副都御史易瓒、巡按河南监察御史王镐议得漕河沛县迤北，虽防黄河冲决，徐吕二洪实赖黄河灌注。自赵皮寨支河开挑之后，黄河大势尽徙而南，一股自亳州涡河入淮，一股自宿州符离桥至小河口入运，鱼台、沛县决口，相继不筑自塞。山东济宁迤南，人得安土耕种。河南归、睢一带，岁苦淹没，梁靖口旧河灌注二洪之水，亦掣而南，随挑随塞，迄无成功。远近方以二洪乏水为忧，幸而皇天降鉴，河神效灵，符离桥支河淤塞中高，漫流北溢，从夏邑县山西坡仍入小浮桥灌注二洪，以此连年运道得以不阻。今山西坡水道亦复淤垫中高，以民事言之，淹没处所，秋禾虽废，夏麦倍收，以得偿失。害少利多，犹为可缓。但河南地势北高南下，今大势既已南徙，支河又多淤塞，若不导引分杀，听其乘势奔崩，则寿春王陵与州县城郭俱有可虑。若小浮桥断流，则徐吕二洪全靠闸河之水，更遇旱年，泉流微细，何以接济？兴言及此，实可寒心。今副使张纶议呈前来，要行开挑地丘店至丁家道口新河四十余里，通连旧河，以免二洪浅涸之患，以杀归、宁淹没之害，以防寿春王陵冲决之虞。且用见在人夫物料，别无加派，事颇省便。臣等采访人言，参酌事理，委应准从。”

《吕梁洪志》

革代役议

吕梁二闸洪夫系徐州萧县杂差审编，当初赋时，不远数百里，皆按图赴役。后久役恋土，逃逸日频，有司之追解文移始旁午矣。正统间，主事李瀛乃为牛运之令，计工食之费，人贸一牛，使之代人而运。当时河流未溢，或用牛可也。及成化、弘治之年，则河溢洪溜，牛不可支，而主事费瑄则为雇土人替当之令。夫瑄博学审谋，有功于洪者，民到于今祀之。此必大有所见，故迄今行之不衰。议者徒知革去替当之弊，而不知简易通行之法，何其迂也！尝考成周雇役之法，代尝行之。而宋之熙宁，尤以此为便。盖当役者既出雇募之费；则其身与官无预，而可以自营生理，终岁之间，不致奔疲于百里之征矣。替役者恃其土著之便，受其雇价，而专代一年之役，是虽非差役之正，而彼此两便，公私无害，亦救时之良法也。且督治有法，受价有约，重当有律，无敢叛者。今之洪夫，大率类此，因而行之，可也。使行之有妨，或误我漕规，则数十年岂无明断者为之一更定哉？盖天下之事，可因可革，宜人情，通土俗，无害于义者，因之可也。况两河连年水旱，一人恒编二役，当役者虽出雇募之费，而洪夫差编之外，又有杂差之必当者，替当者虽以身代役而利其费，然本身正差，亦不能免，亦未免雇人代役也。是则户无遗差，差无遗丁，岂吕梁之替当者独为无役之民而后为之哉？

南京每年进贡船只过洪者，其一则司礼监，曰神帛笔料；其二则守备尚膳监，曰鲜梅枇杷、杨梅、鲜笋、鲥鱼；其三则守备不用冰者，曰橄榄、鲜茶、木犀、榴、柿、橘；其四则尚膳监不用冰者，曰天鹅、腌菜、笋、蜜、樱、苏糕、鹚鸪；其五则司苑局，曰荸荠、芋、姜、藕、果；其六则内府供用库，曰香稻、苗姜；其七则御马监，曰苜蓿。后加以龙衣板方等船，而例外者亦多。夫物数以三十，而舟则以百艘，此固旧规也。今则滥驾者不减千计矣。呜呼！岂特洪夫之勚哉？两河递送夫役，其困可知矣。天下（注三十八）十总粮船，每年过洪者一万二千一百四十三只。其一则南京总：曰旗手卫、羽林左卫、金吾前卫、府军左卫、滁阳卫、应天卫以及兴武卫，共十三卫；其二则中都留守总：曰凤阳卫、怀远卫、留守中卫、长淮卫以及颍上所，共十二卫；其三则南京总：曰留守左卫、虎贲右卫、锦衣卫、鹰扬卫、以及虎贲左卫，共十九卫；其四则浙江总：曰杭州前卫、绍兴卫、宁波卫、处州卫、台州卫以及海宁所，共十三卫；其五则江北直隶总：曰淮安卫、大河卫、徐州卫以及归德卫，共八卫；其六则江南直隶总：曰镇江、苏州、太仓、镇海等十一卫；其七则江北直隶总：曰扬州、通州、泰州、盐城、高邮等十卫；其八则江西总：曰南昌、袁州、赣州、安福等十二卫；其九则湖广总：曰武昌、岳州、黄州、蕲州、荆州等十二卫；其十则遮洋总：曰水军、龙江、广洋等十三卫。是皆洪夫所以效牵挽之力以供王人之役者，自春徂秋，舳舻千里帆樯蔽江。

江东民运白糙粳糯，每年过洪者凡五府：曰常州府：武进、无锡、江阴、宜兴四县，曰苏州府：吴、长洲、昆山、常熟、吴江、嘉定共六县、太仓一州，曰松江府：华亭、上海二县，曰湖州府：乌程、归安、长兴、德清、武康共五县，曰嘉兴府：嘉兴、秀水、嘉善、海盐、崇德、平湖、桐乡共七县。共粮一十八万八百六十余石，则以民舟运之，不下千余艘焉。呜呼！东南民力尽矣。

按洪武初年，四方贡赋，漕于江左。三十年，始开海运，以供辽东军饷。及永乐初年，则漕引江南之粟，一由江入海，出直沽口白河，运至通州；一由江渡淮，入黄河，至阳武县，陆运至卫辉府，由卫河运至通州。九年，浚元会通河，以达漕舟于京通。十三年，乃罢海运，悉从内河。一浚真、楚诸湖，引江舟入淮；再浚徐吕二洪，引淮舟入济；最后疏汶河，达清卫漳御，而济舟长抵于直沽矣。至于漕运之规，随时更变。盖国初海运，犹因元之故也。海运不给，于是济之以陆运；陆运未便，于是继之以兑运；兑运未通，于是加之以长运。所谓长运者，由江入淮，由淮入济，由济入直沽之舟也。千里帆樯，三时不绝，于以见国家统御之广，东南财赋之盛，永国脉而壮国威者，在此举矣，岂前代所能及哉？然富盛之余，民财必耗，征役之数，民力多穷。故食粟之士不节，何以纾东南之财？逋负之累不拯，何以纾漕卒之苦？滥驾之禁不严，何以恤两河之夫？黄河之溢未平，何以祛淤塞之患？所谓图久安长治之术于雍熙丰皞之日，庶运事有赖而河道无滞矣。经国者其长计熟虑之哉！

陈师道《汳水新渠记》

汳句于萧，其缺如玦。《水经》谓河至荥阳，莨荡渠出焉。渠至阳武，其下为沙，蔡水是也。其出为阴沟，沟至浚仪，其下为涡，别为汳。汳至蒙，别为获，余波迤于淮阳，东历彭萧城于洄。注谓：鸿沟、官庆、灾获、舟浚与渠一也。禹塞荥泽，而通渠于甫田，其后河旃然入焉，即索水也。《汉书地理志》，荥阳既汴水，又有狼汤而受沛，蒙有获水，首受灾，获至彭城入泗。以余考之，《河渠书》云，自禹之后，荥阳引河为鸿沟，以通宋、郑、陈、蔡、曹、卫，与济、汝、淮、泗会于楚。而《竹书纪年》，梁惠成王入河于甫田，又引而东。明非禹之书旧也。书曰，济入于河，东出于陶丘北者，入而复出也。溢为荥者，济之别。荥波既潴，障而东之也。周官又谓豫之川，荥、洛；幽兖之川，河、沛。则河南无济矣。其谓莨荡受济，禹塞荥泽而用河者，皆失之。汉志莨荡无出，灾获无始，盖略之也。余谓与经合。而荥水诸书皆不载，又疑渠汳为二，而荥有一焉。杜佑以经作于顺帝之后，诡诞无据，而注叙渠源，或河，或沛，或河沛合，其说不一。次其所经，纷错悖戾。而志亦阔略不具辨始末，盖皆不可考也。自汉末河入于汳，灌注兖、豫；永平中，遵导汳自荥阳别而东北，至千乘入于海。而河于是故渎在新渠之南。注所谓“绝河而受索”自此始。隋开皇中因汉之旧，导河于汳。大业初，合河、索为通济渠，别而东南，入于淮，而故道竭。今始东都受退水为臭河，于畿为白沟，于宋为长沙，于单为石梁，于徐为汳，而入于南清。南清，故泗也。盖自三都而东畿宋、亳、宿、单、济之间，千里四来，而故道浅狭，夏春不胜舟，秋水大至，亦不能受也。萧故附庸之国，城小不足居民，又列肆于河外，每水至，南里之民皆徙避之，庐舍没焉。率数岁一逢，民以为病。绍圣三年，县令朝奉郎张惇始自西河因故作新支为大渠，合于东河。以道滞而援溺，于是富者出财，壮者出力，日勤旬劳，既月而成。邑人相与语曰：渠议旧矣，更数令不决，而卒成于吾侯。孰有惠而不报者乎？于是不词而同，欲纪于石，以属余。余谓张侯，其居善守，行峻而言道以成其名；其仕善义，不畏不侮以登于治。其可纪者多矣，而诸父兄弟独有见于末者，何也？夫善为治者，人知其善而已，至其所善，盖莫得而言也。渠之兴作有迹，其效在今，此邑人之所欲书也。遂为之书。

《金石录》

汉张子房残碑已断裂，摩灭不可次叙，独其额尚完，题“汉故张侯之碑”，在今彭城（古留城）子房庙中。验其字画，盖东汉时所立。乐史《寰宇记》，陈留县有张良墓。引《城冢记》云，张良封陈留侯食邑小黄一万户。汉为良筑城，因名张良城。今陈留有子房庙，貌甚盛。余按《汉书地理志》注，留属陈，故称陈留，宋亦有留，彭城，留是也。子房传曰：“始臣起下邳，与上会留，臣愿封留足矣。”下邳与彭城相近，而此碑汉人所立，乃在彭城，然则子房所封非陈留明矣。《城冢记》诞妄，盖不足信也。

附 注

注一：侍郎丁士美记。高家堰在城西南四十里，其最关水利害者曰大涧口。堰迤西当淮泗二水合流之冲，二水东流与黄河会入于海。比岁河流冲决，则淮泗泛溢，势必由涧口建瓴下注，汇于津湖；甚者穿漕堤，入射阳湖，而山阳、盐渎之间以及海陵诸址通为巨浸。间者黄河亦为牵引，而漕渠日就湮淤。万历元年，知府陈文烛重筑，延袤五千四百丈。

注二：捍海堤下。万历十年，总漕都御史凌云翼题准修筑建泄水涵洞、水渠一十七处、石闸一座，用帑金四万二千四百有奇，泄捍两得。十五年，巡抚都御史杨一魁以黄淮交涨，而旧闸泄水不及，山盐六邑田沉水底，挑浚庙湾、射阳湖等处河道，水有所泄，范堤乃固，民灶两利。

注三：县东南七十里，近洪泽镇。

注四：硕项湖（见上）。

注五：下有羽潭。

注六：治南百里。

注七：王莹《移风杜学记》府西北十里，地名板闸，旧名上移风，闸之北有钞关公署一所；又三里许有闸名下移风，二闸南北相望。

注八：车过。

注九：潴水。

注十：五港口渡（县东北七十里，分黄水入海处）。

注十一：国初罢元漕运司，以勋爵武臣一员充兵总官，领浙江等十三把总部指挥分统各卫所漕运。因镇守之开府于此，协以参将一员。景泰初，推选都御史一员总督其事，兼巡抚凤、庐、淮、扬四府。

注十二：山清河务同知一员，管山清河务，驻扎甘罗城，管理桃源、清河、山阳、盐城、高加堰、永济河、清江浦、里外河及黄河柳浦湾、云梯关、直抵海口一带河道。先年兼管山、盐等六处捕务。万历八年，并属通判，本同知止管河务。徐属河务同知一员，管丰、沛、萧、砀全河并徐州、灵壁县堤岸，驻扎徐州。先年曾添设同知，驻沿海州县，专管淮扬二府水利海防。万历七年，改驻徐州，管睢宁、徐州、丰、沛等六州县河务并巡捕事宜，其后以捕务分属徐州，本同知止管河务。

注十三：海防同知一员，管理海防事务，驻扎庙湾。万历二十二年，新建庙湾镇城，添设专管淮属海防、军务、词讼、巡捕、兵粮、税课等事。

注十四：西湖嘴市在运河东岸，舟楫往来多舣于此，淮上称繁华者居最。

注十五：山阳西北十五里。

注十六：王宗沐《二堤记》高家堰堤北自武家墩起至石家庄止，计三十里而遥，为丈五千四百，堤面广五丈，底广三之，而其高则沿地形高下，大都俱不下一丈许；而又于大涧、小涧、贝沟旧漕河、六安沟诸处筑龙尾埽以遏奔冲；堤内自涧口以达章家庄，浚旧河以泄湖水，使不侵啮。郡西长堤自清江浦药王庙迤东，历大花巷，由西桥相家湾直抵新城，过金神庙止柳浦湾六十里而近，为丈八千七百九十八，堤面广四丈，底广三之，高可七尺余，蜿蜒如长虹，以障郡城之北。

注十七：府南三十里。

注十八：中段系万历初年议。

注十九：《畿志》，东北二十七。

注二十：《畿志》东五。

注二十一：《畿志》《洪志》五十一，《统志》六十。

注二十二：天启四年六月，河决徐州，议迁城于云龙山。不果。

注二十三：旧有山石耸起，高若人形，后人因而饰之为佛，建寺护之，号石佛寺。

注二十四：景福二年。

注二十五：寺西夷址有放鹤亭。

注二十六：在云龙山西畔，宋苏轼守徐尝登此冈，作七句诗刻崖石上。

注二十七：《畿志》南六十。

注二十八：《畿志》西三十。

注二十九：《畿志》县南十二里。

注三十：县东八里。

注三十一：《畿志》东南七十里。

注三十二：《县志》东北十五里。

注三十三：《县志》在东北横亘三十里，即龙雾桥处，旁有丰公祠。

注三十四：《玉海》引《述征记》，丰水东九十里有汉高祖宅。又引汉旧仪云，高皇帝家在丰中阳里，及为天子祠，丰故宅。

注三十五：《县志》西泽在西二十里。

注三十六：《县志》西三十里。

注三十七：《徐州洪志》中曰中洪，西曰外洪，东曰里洪，亦曰月河。大水时至，侵崖灭木。下水之舟，悉从外洪顺放，而里洪东有牵路，逆水之舟从此挽焉。若水落石出，即里外二洪俱先浅阻，而舟楫上下悉由中洪矣。外洪自东北而西南，水道颇宽阔，下皆大石，连亘不绝，迤西漫滩，大石森立若群羊然。中洪自北而南，少西向，复转屈而东，汇里共同流于吕梁，水道仅容一舟，两岸皆石，复有怪石暗藏水底，每为舟楫之患。屡经管洪官渐次凿去，然后舟楫过者无复破坏之虞。里洪原为月河，尝于此置闸；官吏之设摄此闸也，水涨闸废，遂为里洪。

注三十八：《徐州洪志》天下军运船凡十二总。南京一总：锦衣、广洋、江阴、龙虎、镇南、神策府、军、府军右、豹韬左、龙江右、金吾后、虎贲左、留守左，共十一三卫；二总：旗手、府军左、金吾前、江阴、兴武、沈阳、应天、横海、水军左、水军右、龙虎左、龙江左、羽林左，共一十三卫；浙江总：杭州前、杭州右、绍兴、宁波、台州、温州、处州、海宁，共八卫；金华、衢州、严州、湖州、海宁，共五所；湖广总：武昌、武昌左、沔阳、岳州、荆州、荆州左、荆州右、襄阳、蕲州、黄州共一十卫；德安一所；江西总：南昌、袁州、赣州共三卫；吉安、安福、永新、抚州、建昌、广信、铅山、饶州，共八所；上江总：直隶、建阳、新安、安庆、九江、宣州、南京、鹰扬、豹韬、武德、留守右、虎贲右，共一十卫；下江总：直隶、镇江、苏州、太仓、镇海、南京骁骑右、羽林右、留守中，共七卫；直隶松江、嘉兴共二所；江北一总：直隶淮安、大河、邳州、徐州、徐州左、寿州、归德、泗州，共八卫；二总：直隶扬州、高邮、仪真、滁州、庐州、六安，共六卫；通州、泰州、盐城、兴化，共四所；中都总：直隶凤阳、凤阳中、凤阳右、留守中、留守左、怀远、长淮、宿州、武平、河南、颍川，共一十卫；洪塘、颍上，二所；山东总：临清、平山、东昌、济宁、兖州、护卫，共五卫；东平、濮州，共二所；遮洋总：淮安、大河、高邮、扬州、德州、德州左、天津、天津左、天津右、通州左、通州右、神武中、徐州左、定远、泗州、长淮，共一十六卫。内除山东、遮洋二总运船不由本洪，其余十总则皆过洪者也。

扬州府备录

《扬　谭》　范守己

古扬州兼吴越而言。秦并天下，置九江、会稽二郡。汉武帝分置十三州，复为扬州，领会稽、丹阳、豫章三郡，共六十一县。后汉扬州领九江、丹阳、庐江、会稽、吴郡、豫章六郡，共九十二国邑，广陵、江都诸县不在其内。汉武分置徐州，领琅邪、东海、临淮三郡、楚国、广陵、泗水、六安四国，共一百八县。后汉徐州领东海、琅邪、彭城、广陵、下邳五郡，共六十二国邑，广陵、江都诸县俱在部内。则今之扬州，乃徐州故地，不当云扬州也。古扬州先在历阳，今和州，后治曲河，今丹阳，最后治建康，又治会稽，尤与江都无干涉。

今扬州地，汉初属淮南国，英布死后属荆国，刘贾徙后属吴国。刘濞灭后，景帝更名为江都国，徙汝南王为江都王。武帝更名为广陵国，立子胥为广陵王，领县四：曰广陵，曰江都，曰高邮，曰平安。其北为临淮郡，领县二十有九：曰徐，曰取虑，曰淮浦，曰盱眙，曰厹犹，曰僮，曰射阳，曰开阳，曰赘其，曰高山，曰睢陵，曰盐渎，曰淮阳，曰淮陵，曰下相，曰富陵，曰东阳，曰播旌，曰西平，曰高平，曰开陵，曰昌阳，曰广平，曰兰陵，曰襄平，曰海陵，曰舆，曰堂邑，曰乐陵。内四县属今扬州，射阳、盐渎、海陵、舆是也。嘉靖中，盛仪作《惟扬志》，乃曰广陵国属县无考。岂《汉书地理志》仪未之见耶？且以《惟扬》为志名，亦可一噱。王莽改广陵为江平，后汉复为广陵郡，刘宋改为南兖州，北齐改为东广州，后周改为吴州。隋初为扬州，大业间，改为江都郡。唐武德二年，复名南兖州。七年，改为邗州。后又改邗州为扬州，立扬州大都督府及淮南节度使，皆治江都，由是扬州之名，始在江都矣。今人呼扬子江，不知所由名。案隋江阳县有扬子宫，遂名扬子镇。唐改为扬子县。南唐改扬子为永贞县。宋复为扬子县，后升为真州，治扬子。政和七年，赐名仪真。扬子江之名以此。

泗州有水母庙，又有水母井，世谓为龙母锁于此井。案禹因淮水不宁，锁支无祁于龟山之下，则是水禽，非龙母也。

淮安有桃源县，县内有桃园驿，不知所由名。唐宋以前，俱无此县，想元以后所置也。或谓桃源即桃花源，陶靖节所记者，大谬。桃花源在常德府武陵西。或谓为玄德结义处，尤谬。桃园在涿州。

《扬州府志》

赋役书

国家稽古定制，以版籍覆天下丁甲，而赋税一以田亩为定。时海内甫平，民新出汤火，扬州土著仅十八户，已渐复四十余户，自余多流寓。有军民、匠、灶、力士、校尉、马船户之属，毕以其业为籍。有司更十岁一清核，按其户口登耗与事产田粮收除之数，以审均其徭赋。如令甲云，赋二等，夏征夏税，秋征秋粮。扬州岁征夏秋税粮三十五万余石，户工部所派存留、起运、该纳之科，诸规则甚具。贡课或非任土所有，则以折征。其役法，则有里甲均徭及杂泛诸役，悉倚办于民。当是之时，淮南地博衍，凡田土民得以其实自占，多沃壤，诸塘荡滩场茭牧种殖之利，悉捐以听民，不领于县官经费。时则靡有旱涸、淫溢之灾，而国初法令严察，吏靡所缘为奸，于税粮易供，即赋重而民不称侴焉。然于时兴化民孙关保挟诸富人睚眦，奏讦欺隐田地状。事行，徙诸土民于涿州、良乡，增兴化浮粮二万石。而泰州当扬十属之一，岁赋当其十三，率田一顷，科粮六石有余，于则壤不均已甚，二邑苦偏累矣。宣德中，令天下沿河商旅辏集处所设立钞关，岁遣御史及户部官监收船料钞，所榷本色钱钞，输内帑以备赏赉，或征折色银归太仓，备边储。扬州钞关之设自此始。而马政一统于南太仆寺。先是，种马未有定额，弘治中，以扬州隶江以北，论地亩养马，视北直隶七府例。其制以一儿四骒为群，立群头；五群为一大群，立群长。在江北，率田二顷，领儿马一匹；三顷，领骒马一匹。岁免其租入。每二岁责纳一驹，解太仆俵散，以备骑操。凡种马倒死及孳生不及数者责之偿，而民间苦养马甚。通州、海门地斥卤，兴化滨湖之乡不宜马，故无免征田。及六安州、宣城灾，乃令通州、兴化代领养。民计丁授马，马死，至破产鬻子以偿，刍牧解俵之费不与焉，又其孔亟者也（通州代六安养马八百五十匹，兴化代宣城养马五百四十匹。每十丁养儿马一，十五丁养骒马一）。自是以后，扬州数被水害，江、仪以南，东连泰州、如皋、通州、海门，田滨江者，苦江朝侵啮无已时。而海门东北迫巨海，海上潮辄漂民庐产。江海交侵，壤地悉坍没，乃屡迁县治于内地以避之。自元至元中，一徙礼安乡，编里三十有七；已迁余中场；已又迁金沙场，所存里仅十四。乃割通州清干乡之六里，与州民卤丁错壤而处。区区残民遗土，以缀旒于荒烟草荡之中，可哀痛矣。江都以北，高邮、宝应西逼氾光、白马诸湖，以一缕堤为捍蔽，而全湖水皆东注。自湾头、运盐河水东行者，时北注，而泰州之下乡与兴化受其委，秋水时至，或决防，或溢堤而上，诸郡县环望皆大泽，岁籽粒无复望，民几鱼鳖者数矣，而县官额征夏秋税粮不可减。于是嘉靖初，海门知县陈诲上疏言："海门临江枕海，三面风涛，额有田地，十坍八九，虽经历年奏勘，多拘原额，不蒙开除，致使僻海穷民不沾圣化，包赔年久，愈加靠累，一遇征收，啼哭载道。窃惟乘除消长，理数自然，若新垦者既合增科，则坍没者亦应除豁。今以既没之地征先存之赋，剜有限之肉，应无穷之差，势诚危急。若不早为蠲豁，恐穷迫之下，致生他变。"疏上，未报。会巡抚都御史唐公龙奏准粮一石，折征银三钱，已又折征轻价银一钱五分宽之。（先是，本府知府邓文质奏准勘实海门被滩田地、草场一千五顷六十二亩九分，应豁粮五千一百四十九石零。题准每米一石，折银四钱。嘉靖初，唐公龙又题减一钱，与小麦、豆每石各折银三钱。虽减折轻价，其实小民望水赔粮。十五年，知县吴宗元钦奉诏书内开各处水冲沙压田地，负累人户赔纳，曾经具奏者，抚按官查勘明白，照例除豁。申呈抚按，每石止征脚价银一钱五分，民困稍苏。然县地续坍几尽，今存者无几矣。详见后。）时兴化民张孜等亦以浮粮困累，诣阙奏请均丈田亩，摊其粮于他州县。议者以为纷更病邻，禁勿听。而监察御史钱嵘（通州人）为通州疏言养马之害曰：

"臣按洪武年间，取勘地土养马。通州、海门濒江边海，中复系运盐河，故无派俵马，亦无免征田粮。永乐中，六安州灾伤，暂令替养。地碱水咸，草土不服，虽称种马，并不产驹，瘦损倒死，十常八九。一经费补，动至倾家，起解赴京，百无一选。每年部司文移，不过令征价前往北方收买解俵，费用不赀，艰苦万状。是通州民独受养马之害，朝廷实未尝获通州一马之用也。臣请照海门县先年奏准事例，一体除豁（先是，永乐六年，海门县耆民张暹奏蒙依准除豁）。如不得已，或照徐、丰等处通征折色，止将种马免养，以苏民困。”部尚书张公瓒覆其议，于是通州种马遂罢。而兴化民援例上请，因并令种马悉变卖，岁备用马匹，仍照所坐本折征解，他州县如故。通州民德钱甚，为立祠祀焉。盖列圣休养生息，垂二百年，于民瘼靡所不轸念，蠲租减折之令，无岁而不下，即军国大计，不能尽捐以便民，然德意深远矣。今上初承大统，深念江淮咽喉重地，诸恩恤独厚。三年，以养驹累民，令变卖输银。九年，以种马变价太重，令诸存种马尽变卖，即上马毋过八两，每岁量征刍料。而通州、兴化以先蒙蠲免故，并刍料俱免征。又明年，因革淮安坝税，严谕抚按官，查所属有非税课正征而为无名征课者，尽裁革之。十四年，兴化县灾，准以临清仓米万六千石抵其兑运。二十一年，湖大决，高邮、兴、宝诸县被灾甚，知县欧阳东凤上言：“州县之被水者众矣，未有如兴化之尽为污池，没及庐舍，连三月而不减退。横目之民，莫必其命，加以偏重之赋，其何以堪？”于是准兴化浮粮二万石，永改折色，盖加意穷民如此。是后倭数蹂躏朝鲜，沿海所在设备，亡何而两宫三殿灾，大司农帑藏日殚屈。上方深居大内，艳心于琼林、大盈之事。而淮南市猾亡赖以事潜京师，购诸中贵人，中贵人亦欲从更上旨，以阴为溪壑地，而关津榷税之使四出矣。二十五年，始遣中使榷两淮盐，岁增行盐八万余引供内帑，而正盐大阻，语具《盐法志》中。未几而仪真亡徒因羽林百户马承恩上请："仪真故有工部厂征商税，裁革日久，若遣中官驻扎，岁可榷税银六万有奇，济大工。"于是设仪真税监督瓜仪沿河商税（先是，抽分衙门起于景泰年间，题奉钦准于南京工部分委主事一员，驻扎于仪之砖厂，凡江南造甓上供者，总集于仪真。遇军民商旅船北上，该衙门给帖附运于清源、于通津。至隆庆四年，总河工部准咨为设处钱粮以济工程，始以砖厂衙门兼榷征关税之务。凡客船上河下江过坝者，分别长短载抽税。至万历九年，埠头蒋烝等具告漕抚尚书凌，咨南京工部，题革砖厂分司，并关税革免，其由闸关税归并南河郎中）。诸分委抽税官所在相望，初至，民大骇，商旅至委货自亡匿，而瓜州民多逐末，倚负贩自给，骤若夺其所为命，罢市鼓噪者累日，赖有司调停安辑之。顾商旅出途者日寡，势不能取盈，乃令坐贾包税。又辄以事株逮诸富人，动称匿税，必尽没其家赀乃已。诸奸徒附从为羽翼者，骤起家钜万，输内帑十一而已。其后又以山东矿税使兼理淮扬船料，因尽括郡县库藏以输大内，而委官驰传横行，动挟阻挠明旨为恐喝，人情益汹汹焉。时巡抚都御史李公銈、巡按御史安公文璧俱疏争甚力。李公寻以忤旨罢去。而诸宿猾亡赖益自恣无所惮。又疏言加增沿江船料可八万，江中洲田增课可二十万，上俱可其奏。以仪真税使兼榷船料，敕南守备监专督洲田事。洲田者，沿江州县田坍没者，沙土委积日久，涨江中为沙洲。江、仪、泰兴去海远，洲长茭芦，其高阜或可田。其在通州、海门、如皋者，近海，水咸卤，多积沙，或筑埂以御外潮，而稍树艺其中，唯殖谷，不长芦，故自泰兴而上以洲名，自如皋而下以沙名。旧制芦田俱输课工部，以供袍服御器及修城陵诸费，以主事一员专董芦政。厥后民田坍没数多，附洲民乞于芦课正供之外，佃余地以纳坍粮。漕抚臣业允其议，而芦政以职掌争之力，且南北争讼，民至相贼杀不顾。而海门自四迁后，沙地悉委江中，为崇明所侵据，县士民至诣阙奏勘，未能复。及是而奸徒因以为利焉。会有旨诘责中使，督洲田价急于星火，诸佃沙州田者，所费垦培工本既不赀，且当颓流奔逸之中，此崩彼涨，消长不常，而责每顷多者价百金，民间即捐赀产不甚惜，世为子孙无穷之害矣。当是之时，中贵人搜括利孔无遗算。而太仓钱谷不满三十万，势不能供边储，乃严檄郡县有司，民间积逋、京库旧赋自六年以内及马价未完者，限一岁内并完，以济边储缓急。郡县吏待罪带征，虑不能复恤民，顾诏书犹以不忍加派细民及诫中使毋扰害地方为谆谆云。时都御史李公三才巡抚江北，所上疏尤恳切。略言：“自矿税烦兴，万民失业，朝野嚣然，莫知为计。阁部、九卿、台省、百执事无不剖心极言，而皇上莫之省也。征榷之使，急于星火；搜括之令，密如牛毛。今日开某矿，明日增某税，怠玩者褫职，阻挠者逮罪。上下相争，唯利是闻，远迩震骇，怨讟载道。如臣境内千里之区，抽税理盐芦政之使，棋置星列，如捕乱亡，加以无赖亡命附翼于虎狼，不逞奸徒托名于城社，假旨诈财，动以万数，破产倾家，十人而九。至如楚中掘坟得财，生者含冤，死者被雪，毒施人鬼，莫敢谁何。然此辈固不足责也，独念陛下天托以司牧之任，而乃甘为此掊剋之举，祖宗传以赤子之众，而使罹此流亡之惨，清宫静夜，试一思之，臣知其决不忍且安矣。且一人之心，千万人之心。上爱珠玉，人亦爱温饱。上忧万世，人亦爱妻孥。奈何陛下欲黄金高于北斗之储，而不使百姓有糠秕升斗之储？陛下欲为子孙千万年之计，而不使百姓有一朝一夕之计？试观往籍，朝廷有如此政令，天下有如此景象，而有不乱者哉？元政不纲，黩货无厌，群小擅命，横征暴求，是以万民不忍，共托命于太祖。太祖是以奋其一剑，扫清秽浊，受天大宝，是以得携而传之陛下。诗云：'殷鉴不远，在夏后之世。'此善镜者也。"疏凡三上，俱中寝不报。盖是时开采榷税之使遍天下，而楚中被祸尤酷，不独淮以南然矣。

芦洲

扬郡滨江之有芦洲者，惟通州、江都、仪真、泰兴、如皋五州县。在通州之洲十有六：曰芦泾沙，曰烟墩港，曰任港沙，曰破围沙，曰芦潭港，曰桃花港，曰牛路，曰韩家港，曰暂港，曰姚港，曰溆港，曰周家港，曰灰港，曰葛家港，曰潘灶港，曰刘家沙，又名青草沙。江都之洲十有五：曰花园港，曰新兴洲，曰卞家洲，曰裕民洲，曰保固洲，曰永丰洲，曰后宁洲，曰复业洲，曰永兴洲，曰小新洲，曰顺洪洲，曰家家洲，曰鞋底洲，曰自升洲，曰复业砥柱洲。仪真之洲有十：曰青山嘴，曰一戗港，曰朱辉港，曰旧江口，曰铁锭港，曰马家港，曰黄连港，曰新港，曰何家港，曰仪真卫东沟洲场。如皋之洲十有四：曰北沙，曰南草滩，曰钱家圩，曰短脚圩，曰北草滩，曰南扒头，曰东北扒头，曰北扒头，曰三角沙，曰张家圩，曰杨家圩，曰薛家圩，曰吴家圩，曰骆驼沙。泰兴之洲十有一：曰蒋家洲，曰新河口洲，曰新王洲，曰华光洲，曰烟墩洲，曰姜溪西洲，曰姜溪东洲，曰永生老洲，曰永生南官洲，曰永生三洲，曰永生四洲。

《河渠志》

昔者禹抑洪水，平九州，任土作贡。扬州沿于江海，浮于淮、泗。于时江、淮各自为渎，贡道未通，沿江入海而入淮，达于河也。治古国用简赋，取足于王畿，无所事漕，虽江海险阻，不为害。春秋之际，吴王夫差将北伐齐，霸中国，于邗江（注一）筑城穿沟，其东北通射阳，西北至末口，江淮（注二）之通自此始。或云，北神堰亦夫差所筑也（注：北神堰在楚州城北五里，吴于此筑堰者，盖淮水底低，沟水高，防其泄也）。是后吴王濞开邗沟，自扬州茱萸湾通海陵仓及如皋蟠溪。濞以诸侯专煮海为利，凿河通道，运海盐而已。三国以后，道湮塞。《水经注》所载淮阴县有中渎水，谓之邗江，亦曰韩溟沟，自江东北通射阳，固已略焉弗详。隋既平陈，炀帝幸江都，乃命尚书左丞皇甫大发淮南诸州丁夫十余万开邗沟，自山阳至扬子江，径三百余里。自是始自扬子达六合，由山阳渎入淮矣。唐都关中，漕江南粟，每以岁二月至扬州斗门，四月始渡淮入汴。置巡院发运使于扬子。于是刺史齐澣以润州北距瓜步沙尾淤塞者六十里，舟多败，徙由京口埭，治伊娄渠，达扬子（即今瓜洲河），以岁无败舟，减运钱数十万。先是，汉陈登守广陵，治山阳，筑塘为田，号陈公塘。谢安镇广陵之步丘（今邵伯镇），亦筑埭溉田，民以比于邵伯甘棠，曰邵伯埭。其后杜佑决雷陂，李袭誉筑句城塘。及元和中，李吉甫为淮南节度使，复大修陂塘，筑堰于高邮，泄有余，防不足，以通利漕挽，旁灌田千余顷，今所谓平津堰者也。宋都汴梁，岁漕东南粟六百万斛，于是江淮漕最重。太宗时，发运使乔惟岳于建安军创斗门二，筑三堰，设悬门积水，潮平，乃泄之以便漕。天禧中，发运使贾宗言："诸路岁漕，自真、扬入淮、汴，历堰者五，粮载烦于盘驳，船舰速坏。请开扬州古河，缭城南，接运渠，毁龙舟、新兴、茱萸三堰，凿近堰漕路，以均水势，岁可省官费数十万。”诏从之。明年，役成，水注新河，与三堰平，漕大便利。其后漕规寖弛，河浅涸日甚。宣和中，诏发运使以车亩水运舟。寻遣中使按视，欲浚运河，与江、淮鈇平。或议于盱眙凿渠，出宣化镇口，下发运使陈亨伯议。亨伯遣其属向子諲视之，子諲曰：“运河高江、淮数丈，自江至淮数百里，人力难浚。昔李吉甫废闸置堰，曾孝蕴严三日一启之制，复作归水澳河，惜水如金。比年行直达之法，走茶盐之利，且应奉权倖，朝夕经由，或启或闭，不暇归水。又顷毁朝宗闸，自洪泽至邵伯数百里不为之节，故山阳上下不通。欲救其弊，宜于真州太子港筑坝一，以复怀子河故道；于瓜州河口作坝一，以复龙舟堰；于海陵河口作坝一，以复茱萸待贤堰，使诸塘水不为瓜洲、真、泰三河所分；于北神相近作坝，权闭满浦闸，复朝宗闸（在淮安界），则上下无壅矣。”亨伯用其言，于是运舟复通利。绍兴初，以金兵蹂躏内地，诏毁拆真、扬闸堰及真州陈公塘，无令走运河以资敌用。于是扬州湾头口闸及通泰、白蒲诸堰并决毁。顾势不能遏敌骑，徒废堰以漫浸民田，于御虏之策末矣。绍熙中，淮东提举陈损之始言楚州、高邮之间，陂湖渺漫，茭葑弥满，宜创立堤堰以为潴泄。乃筑堰，自江都经高邮、楚州、宝应，北至淮阴，达于淮；凿新河，自高邮入兴化，东至盐城，极于海。又于扬州墟镇创斗门，引水由泰州海陵，南至泰兴，彻于江。所经画甚具，溉泽卤田以百万顷（近日议入江、入海水道当以此为据），两淮之民赖焉。自春秋邗沟之役，迄于宋千有余年，河或通或塞，诸堤堰或时废置不常。大较广陵地高阜，西自盱、泗、寿春诸汉涧泉潦之水越十四塘，注于高、宝之三十六湖，东北趋射阳、盐城入海，东南入江，水顺流径直易泄。宋胡宿所谓江习下而河踞高，若堤防一决，涸可立而待，为运道梗。故以塘潴水，以坝止水，以澳归水，以堰平水，以涵泄水，以闸时其纵闭，使水深广可容舟，有余则用浸灌，以无阂运道而止矣。且于时黄河未徙而南。宋咸平、熙宁中，一决郓州入淮、泗，再大决澶州，合南清河入于淮，俱遣使者捍筑而塞。淮水自楚州以北，倚高家堰为捍蔽，淮独趋云梯关下海，不阑入于诸湖，故淮南河虽时有泛溢，不为灾，乃今昔之利害殊焉。元置海道转运使，凡东南漕俱仰海运，淮扬河复湮废。明兴，高皇帝定鼎金陵，引江带湖，运艘尾衔鳞次进，江以北不事漕。洪武九年，用宝应老人柏丛贵言，发淮扬丁夫五万，令有司督甃高宝湖堤六十余里，以捍风浪。已，柏丛贵又言："宝应自槐楼抵界首，沿湖堤屡修屡圮，民苦役无已时，开宝应直渠便。"从之。由是就湖外直南北穿渠四十里，筑长堤一，长与渠等，期月而成。引水于内行舟，盖以休息民力，且令舟行者免湛溺之患，于忧人至矣。成祖择天下形胜，都北平。京师百司，庶府、卫士、编氓，仰东南漕粟为最急。永乐中，用济宁州同知潘叔正言，罢海运，复元会通河故道。又徙河故道，自开封北循鱼台塌场口入会通河，南与淮会，于是运河跨江绝淮，经河越济，兼四渎之水为漕用。而邗沟为其员官，视唐宋时益重矣。先是，平江伯陈瑄督海运，及会通河成，命瑄理漕河事。瑄既疏清江浦，遂浚瓜洲、仪真二坝，祛潮港之湮。筑高邮、宝应、范光、白马诸湖长堤，于高邮湖内凿渠四十里，构梁以便牵道（后康济河因此）。开扬州白塔河以通大江，置江口四闸。江南漕舟由常州西北孟渎河渡江，自运盐河至湾头入漕，以省瓜洲盘坝之费（后以分泄漕水，及私盐船盛行，遂废）。又仿宋平水法，于运河东岸为减水闸洞，以限则水势。七尺以下，蓄以济漕，水长，则减入诸湖，会于射阳湖以入海。用水有节，灌溉尤便，岸东西之田皆利焉。初治邗沟时，有欲由滁州、六合县凿河通运，瑄以六合多石阻，涸辄损舟，涨则尤险，易为败，乃决复唐宋故河，自淮南抵北通州数千里漕渠，皆瑄所经综，至详悉，迄于今是赖。自是以后，黄入淮，沙泥垫淤，势渐高于里河。淮入海，滋不利，时破高家堰而南，又挟黄入新庄闸，黄水内灌，而扬州陈公、句城诸塘久浸废。附塘民或盗决防，种莳其中，诸水悉奔注高、宝，邵伯三湖，漭漾三百余里，粘天无畔。每伏秋水发，西风驾浪，砰訇若雷鼓，舟触堤辄碎。又势不能无决堤，堤决而迤东之田没焉，甚则冲城郭，漂室庐，其为害已剧。弘治中，黄河大决原武，弥漫四出。命户部侍郎白昂往治之。昂既防塞诸决口，分黄河使南入淮，患稍宁。乃奏以会通河余赀开复河于高邮堤之东，自州北之杭家嘴至张家沟、长竞湖，两岸拥土为堤，桩木砖石之固如湖岸，引舟内行，以避甓社诸湖之险。功成，赐名曰康济河，盖即平江伯瑄所凿故河也。是时，洪武中柏丛贵所议开宝应越河亦湮废日久。正德十六年，提河郎中杨昶言宝应湖极险，当仿高邮康济河例，筑越河。嘉靖中，御史闻人诠、员外郎范韶、按察使仲本屡以为言，事因循不果行，而五塘或修或废，大较不能发长策，复旧制，为国计长远之虑，仅补苴堤闸，为文具已耳。嘉靖末，塘益废，民请输官租为田，然湖积水愈多，引而入江，不虞涸，故运道亦通。隆庆四年，黄河决崔镇，淮大溃高家堰，水洚洞东注，溢山阳、高邮、宝应、兴、盐诸州县，漂室庐人民无数，淮、扬垫焉。淮既东，黄水亦蹑其后，决黄浦八浅沙，随水入射阳湖中，胶泥填阏，入海路大阻。久之，乃东漫盐城之石䃤口及姜家堰，破范公堤而出，入于海。自邵伯湖南奔瓜、仪入江，又旁夺芒稻、白塔河以去。每岁夏秋之交，诸郡县实土楗城门，城不没者数尺，盖灾甚矣。万历六年，上遣督河都御史潘季驯行相视，乃申平江伯故画，筑堤起武家墩，经大小涧，至阜宁湖，以捍淮东侵；筑堤清江浦，沿柳浦湾迤东，以制河南溢；自淮至徐，筑遥、缕堤亘六百里，以束水归漕，河暂安。唯宝应越河议尚寝。十年，湖益汹涌溺舟，抚按臣相继题请，给事中陈大科上疏极言利害，议始决。以十二年筑新堤一道，西仍旧堤，加高厚，南北建二石闸。其明年，役成奏闻，赐名弘济堤。于是运船入高邮、宝应，经两越河，不复苦漂损如异时，然后知建言者之为利也。其后黄势强，夺淮入海，清口阻，淮水漫泗州城，浸祖陵树木。事闻，上震怒，为谴罢督河大臣。于是议者汹汹，有欲撤高堰，复引淮入湖。淮扬民大震恐，曰：往年溃堰事可鉴，今以二十年积潴之水，令建瓴而下，朝廷即以泗为重，顾可使运道决裂，且忍二郡亿万生灵尽为鱼鳖耶？于是上再遣科臣与漕抚臣共勘议，始奏言分黄导淮事矣。分黄者，自黄家嘴导河，分为一支，趋五港、灌口，径入海，以杀黄势，毋尽入淮。导淮，则自清口辟积沙数十里，又于堰旁若周家桥、武家墩稍引淮支流入于湖，为豫浚入江入海路，以分泄之，而若山阳之泾河、宝应之子婴沟皆可达庙湾。在盐城，则开石䃤口，兴化以东，开丁溪河，为入海路。凿江都淳家湾（即金家湾，二十一年新开，以护湖堤。是年，复加浚深广），横绝运盐河，入芒稻河，径达江。其射阳湖淤已久，浚罔功，则就欧阳东凤所开神台河，为深广之，画逾年始定。二十三年，奏括帑金五十万，役山东、河南、江北丁夫二十万，计诸役毕大举。其明秋，工告成，淮果大出清河口，祖陵水浸退，而泗患宁焉。已叙诸臣劳，咸赏赉进秩有差。时河漕臣各分主一议（总河主分黄议，总漕主导淮议），然淮实以黄力分，及辟淤沙而出，不以周家桥通塞为增减。异时潘中丞季驯所力持毋轻议高堰，意深远矣。邵伯湖故无越河，其险如高宝湖，堤数败。及是督河科臣请之，业有旨允行，而分导工大举未遑。二十八年，总河漕尚书刘公东星申前画。明年，邵伯越河亦成。自唐宋通运以来，治河策凡屡变，然蓄水惟恐不足。至国初犹未甚远，故于瓜、仪，则复拦潮、通江诸闸；于通、泰、泰兴、海门，则修江海诸堰；于高、宝，则仿平津之法。而兴化为粳稻区，乃百余年而独苦水害。环三百余里巨浸，以漫衍于腹心，其受无涯，其归无所。遏上流而无所洄潴，导下流而无所输泻，若病蛊然。失今不治，势将日深。昔害一而利十，今利十而害百，不可同年而语矣。诸发治水议，不可殚记。其大者无如固高堰，复诸塘，疏海口，捞浅积，修石堤。李少师春芳尝主固堤复塘之议（《兴化志》载复五塘初议非文定笔）。其序高堰定议曰："甚哉！前人之制，不可轻变。高堰创自汉陈元龙，唐宋以来，莫之有改。国朝陈恭襄经画尤详，所恃以障淮、泗而翰漕渠者，关系尤重。或以为无益而废之，近则黄河南徙，协淮内灌，无论冲决湖堤，淹没下邑，其势必至慓悍难制，漕挽艰阻，所忧不独在民，则变法之过也。高堰筑矣，十四塘不复，犹之无堰，盖西来诸水，由天长、六合而下，有诸塘以蓄之，旱则泻入漕渠以济运，潦则南注之江。一经隳坏，西水径迫三湖，涨湖溃堤，为运道忧，乌可不复？是堤堰塘闸，皆相成以为运河之利。旧法具在，行之在人，惟扬之忧，其少释矣乎？"海口议，则兴化令欧阳东凤建言：“射阳湖葑泥淤塞，捞浚为难，宜于射阳之旁二十余里开神台河，自拔丝网以至神台庄，迤北由葫芦港，迤西出朦胧喻口，直走庙湾，为入海要道。”其后祝给事世禄又疏言：“兴化起大宗湖，由旧官河，历冈门镇，至石础，五十余里，宜展开数十丈，浚深丈余，则釜底尽倾，而附础者不苦浅渴，可以常俾通流，滔滔赴海。诸郡县之昏垫，庶有起乎？”事勘议未报。捞浅积，则高邮人王儆之议，以为国初平江伯理漕运时，置平水闸，以三尺五寸为制，仍置浅船，编审浅夫，以时捞浅，俾无壅塞。夫何迩年以来，法久浸敝，闸故犹在，制不如前，而浅夫有名无实矣。夫以客土培岸，岸日益高，河日益壅，将以为漕之利，而不知为漕之害也。盖河底高，则塘岸转或弗固；蓄水盛，则输泄时或不及。一值久阴，水势腾涌，上河先没，下河继之，遂使膏腴沃壤尽为鱼蟹之区，漕舟阻险，亦增损坏。宜仿先年规格，添修平水闸座，酌为定制，恒存六尺之水，水但过格，自然下流，渐长渐泄，永无淹漫。责令浅夫专务捞浚，舣棹搅泥，令帮岸益厚，不许加高。河底日益浚深，纵遇旱亢，亦不虞塞。俟运舟过尽，乃放闸洞之水，灌下河之田，利之大者也。而郭参政光复守扬时，为砌石堤议曰：“扬属河道，延袤二百余里，诸湖所汇，巨浪排空，所恃者，一线之土堤耳，往年溃决之患，可为寒心。已议包砌砖石，以河工多事，灾沴相仍，所包砌无几，其余止用桩板芦笆，易于朽烂，日遭冲刷，鲜不崩裂。是岁修之，功无宁日，而溃决之患无时已也。与其岁岁修守，费工力于不赀，孰若一劳永逸，以保万全之安？除已完石工，其余应议险要，约万七百余丈，宜行治河官核实，尽行甃砌。计岁过运船七千余艘，议令减装土，宜量带砖石，其砖议于近河适中处所烧造，应用价值，即于轻赍处给。计岁可带砖百十万，不数年而工可通完，长河屹然成金汤之固，此百世利也。”如数君子言皆良画，或格不行，或行而未尽，主河渠事者亟留意焉。赞曰：昔司马迁从负薪宣房，悲瓠子之诗而叹之曰：“甚矣！水之为利害也”，而作《河渠书》。旧郡志列河渠于山川，盖其事难言之。余在淮南时，所闻分黄导淮议颇详，惧久而湮没，乃次昔人治水之变，庶言淮南河者知所折衷，乃今天下所隐忧而不可测，莫大于黄尽徙而南。倘蚀归仁堤，乱淮、泗而下，汤汤怀山襄陵，将见于他日，余未敢深言之也。附议：（按五塘蓄水之说，历观前代兴革，复之为利必矣。然近亦有言其不当复者，附载其说：潘中丞治水，或问：“有云五塘蓄水济运，先年设有堤闸，今皆圮矣，可不复举乎？”应之曰：“某初至时，亦尝锐意求复，反覆行勘，查得小新塘与上下雷塘相接，西去扬州郡城十余里，水由淮子河入漕河。句城、塘西去扬郡几三十里，水径奔仪真，由响水闸出江。四塘皆隶江都县，唐长史李袭誉所筑也。陈公塘隶仪真县，其水亦奔响水闸出江，汉广陵太守陈登所筑也。句城、陈公二塘地形高阜，水俱无源，惟藉雨积。小新、上下雷三塘受观音阁后及上方寺后并本地高田所下之水，而局面窄小，蓄水无多，故汉唐二臣筑塘积水以为溉田之计，非以资运也。今若虑漕渠浅涸，借此水济之，则不宜筑塘以障其流，纵有闸座，宣泄无几，且冬春运河水浅，彼先涸矣。若虑湖水涨漫，借此塘以障，则诸水皆从扬、仪径奔出江，与诸湖了不干涉也。如欲复前人之故业，蓄水以溉高亢之田，于民未必无益。但民间承佃为田，输价不赀，岁纳之课亦不赀，必须尽行偿贷，筑堤建闸，费尤不赀，必须大为处分。矧田高之民欲积，田洼之民欲泄，筑堤建闸之后，盗决者多，必须添设官夫防守，当此劳费灾伤，种种难于措办，故驯谓其是尚可缓也。”又近《江都志》所载张知县宁五塘议曰:“五塘之议,荐绅士民每重之,然议复矣,旋且议罢,议罢矣,旋且议复,迄今无成说焉。余每询士大夫及滨塘之父老商之,有议复者,谓塘之复有五利焉:一曰溉田。盖扬之田,西北土高而脉瘠,稍亢阳,则禾易焦;筑塘蓄水,则旱魃不灾,利一。一曰济运。扬当南北咽喉,江南数千粮艘北涉扬子津,其地水浅而舟涩,复塘蓄水,或遇浅涩,则决以灌漕,可飞挽而北,利二。一曰形势。盖五塘蜿蜒岗阜,其高可以眺远,而其瓯窭又可以伏奇,昔赵葵之破李全,高骈之御黄巢,皆此地也。塘复设,有不虞,必不敢西问而窥我右臂,利三。一曰疏漕。盖淮水由漕南下,至淮子河口,与五塘之水遇。淮水南来,塘水东合,塘之水大,横遏为敌,则淮不得遂其就下之性,其势不得不壅激而逆走邵、宝诸湖,湖堤涨决,在所不免。惟塘复水蓄,则淮顺流而下,湖腹常枵,而堤不复决矣,利四。一曰风气。盖五塘依回于蜀冈之麓,营卫相附,脉络相连,塘复,则风气有所钟而不外泄,葆灵毓秀,必有豪隽挺生其间者,利五。有此五利,故曰复之便。其议不复者曰:塘之复不复,可不可,余不敢知。姑以子之五利言,似皆耳食尔。且以句城一塘,膏壤九千六百亩,四围皆山起,高可二里许,止东南一蹊可通乌塔沟入官河,且中又无宿水可蓄,不过候时雨暴集耳。夫雨多,则田已先润,何藉于塘?雨缺,塘亦焦釜,民田何赖焉?即如说者有可蓄,亦不过灌乌塔两岸耳,其余固不能以长绠汲而上也。以沟岸之田,灌溉无几,而先没九千六百之膏沃,孰为胜算乎?上雷、下雷大抵若此,惟有小新一塘,差可蓄水。盖此塘仅二百亩,身处其高,有婆逻墩之水,汩汩不绝,穿中而过。倘设一减水闸,少蓄多泄,可以灌数千亩,余故不敢概论也。其曰济运者,则又为不睹时务。盖昔之时,患在水少;今之时,患在水多。即二十四年一岁中,开泾河,开子婴,开金湾,唯虑泄水之不速,而又何假于塘耶?即昔者诸大夫建议甚悉,然后先不同时，故不得以胶柱也。况济运之说，以臆度之，竟不可晓。盖漕艘之渡，惟始于正月，终于三月。五塘即有宿水，一决即溃，溃则竭，安能潺潺三月耶？其曰形势，尤不可知。夫山川设险，有国之利，孰不赖之？但扬南襟长江，北枕三湖，兹二险者，讵直扬为称首，即海内号要害焉。彼崛强氐虏，且哆口投鞭，矧兹弹丸泥淖乎？如必借口李全、黄巢之事，奚啻守株矣。乃至疏漕之说，益为无稽。夫淮子河去邵伯四十里而遥，亦安能遽壅之而北，使其溃堤败岸耶？且淮为四渎之一，使塘水果能与敌，是为巨浸，又安能筑堤断流，使横遏而不得出耶？为此说者，抑且自相矛盾，况淳湾之决，非塘复之年乎？风气之论，斯形家言，余所未习，不敢缓颊。但此塘每岁国租二百金，昔之岁，曾榷民佃价二千，租不可已，则必撒派于不塘之民佃，不能偿，则又负弃业之家。一意图复，计必经岁，且非千金不能供闸费，俱所谓不便也。夫夺民之田而弃之，又竭民之力而为之，捐已成之业，为必不可常之功，故曰不复便。余闻之，逡巡以谢诸大夫父老，其所议复不复，可不可，各据一方，并有良画，余不能去取其间也，姑存之，以俟有识者。”按二议非不甚辩，但复塘五利之说，亦必不可易，至区区先年佃价及岁租二百金，抑末也。今天下不经诸费何限？五塘岁入，如大海涓滴，所济宁几？但非常之事，得人而任，岂直五塘，自叶城以下迤西诸塘，皆当修治，必毋吝小费，毋虞掣肘，毋限岁月，严立规制，决臻成效。如苟且塞责，旋作旋废而已，则不如因循旧贯，无轻劳人。）

江都

运河。（在城东南邗沟也。《漕运志》作漕河，《一统志》作官河，又名运河。西南自仪真江际东行四十里，至石人头，入江都界，又十五里至扬子桥南。自江都县瓜洲镇北行三十里，亦至扬子桥，二河始合，东折北行六十里，入邵伯湖，又北行六十里，入高邮界。又北行四十里，至界首，入宝应湖。又北行至黄浦，接淮之山阳界，由清江浦入于淮。）**沙河**（城东十里。宋雍熙初，淮南转运使乔惟岳开沙河四十里，以蓄泄水利。自运河通扬子江，今废，旧基犹存。）**七里港河**（城东北十里。唐长庆间，节度使王播开，长十九里，以便漕运。）**淮子河**（注三）（东北十二里。《方舆胜览》亦云仪真有怀子河，但不考其处。按疆域图，盖界平句城、陈公二塘间，会东湫之水，以入运河者也。）**槐家河**（东北十五里，自陈公塘接雷塘，引水至湾头入运河），**运盐河**（东北二十里。汉吴王濞开邗沟，自扬州茱萸湾通海陵仓及如皋蟠溪，此即运盐河之始。诸堤坝具《通泰志》。河自湾头起东行七十里，至斗门入泰州界。又东行一百六十里，至海安入如皋界。又东南行一百一十里，至白蒲入通州界。又东行七十里，至新塞入海门界。又东行八十里，达吕四场，其支派通各盐场，皆为运盐河。）**白塔河**（东北六十里。宣德间，平江伯陈瑄所穿，南入扬子江，北际官河。建新开大桥、潘家江口四闸，以蓄泄水，漕后废。嘉靖三十年，郡守吴公桂芳开浚故道，置巡简司，属两淮运使，以防兴贩。）**新河**（在城南二里。万历二十五年，巡盐御史杨公光训题请发帑七千缗，檄扬州知府郭光复开浚，自南门二里桥入西向，折而南，又折而东，周回共六、七里，从姚家沟入旧官河。）**伊娄河**（注四）（南十五里。唐开元间，润州刺史齐澣疏请穿伊娄河通运。）**邵伯新河**（北三十五里。邵伯南五里许曰金家湾，下通江。先河臣奏准发淮扬帑金三万有奇，募工挑浚，自金湾至运盐河十四里，入芒稻河，又十八里入江，由山阳南淮水入江之道莫捷于此。）**邵伯越河**（万历二十八年。总河刘公东星檄中河郎中顾云凤于运河东筑越堤，引河行舟，以避湖险，是年工成）。

堤：**运河堤**（又名漕河堤，北迳高邮、宝应，西迳仪真，南迳瓜洲，纡回二百余里）。

闸、础、坝：减水闸（凡十一处，俱在城北）、**朝宗上、下二闸**（在湾头镇，今废）（注五）、**新开闸**（在宜陵镇白塔河口）（注六）、**大同闸**（城东）、**晋潮闸**（注七）（在瓜洲镇，后改瓜口闸）、**通江闸**（亦在瓜洲镇，自唐以来引漕入汴，闸一巨石存焉）（注八）、**邵伯上下闸**（注九）（在本镇今废）、**扬子桥新闸**（旧为坝，万历二十五年，易以闸，伏秋启闸泄水，春冬闭以济运。其水十里，南入大江）。**减水础**（在瓜洲镇，今废）。**扬子桥古坝**（今废）、**黄金坝**（在城东北，今废）、**邵伯小坝**（在城北四十里）、**又邵伯坝**（在本镇下闸西岸）、**瓜洲十坝**（俱在本镇。漕河高江水数尺，各坝为河限，使不泄于江。漕河至此分为三支，如爪字形。中一支阻堤隔江；东一支通江，名曰东港；西一支通江，名曰西港。内中一支入东、西二港筑坝，随南北为坝。东西二港以通江潮之来往，各坝以限漕河之水。洪武三年，设东港八坝、西港、七坝。永乐九年，平治东港八坝为楠木厂。正统二年，修复八坝、九坝。十四年，巡抚都御史周公忱为重筑修复十坝。成化六年，工部主事吴公英移置十坝于坝东一里许）。

涵洞浅：新庙浅、浪荡湖浅（以上各置涵洞一座）、**头潭浅、宋家浅、柳青湖浅、东西湾浅**（以上各置涵洞三座）、**花家园浅、李家庄浅、姚家潭浅、吉祥庄浅、江家庄浅**（南北共十一浅，每浅各置老人、浅长各一名，夫役四十名，岁桩木四百株，草四万余束。凡有挑浚，专责前项浅老人役为之。万历二十三年，奉工部裁革共用浅夫二百一十四名。浅夫之设，昔以挑浚，今以修堤，盖时势变迁，水有浩缩也）。

湖：邵伯湖（东北四十五里，每春夏湖水涨没民田。晋太傅谢安出镇广陵，筑堤，民以比召伯甘棠，因名湖与埭焉）、**黄子湖**（北六十里，东通官河，西至末口）、**赤岸湖**（在湖际）、**新城湖**（西北四十五里，东通官河，西抵民田）、**艾陵湖**（东北四十五里，在邵伯镇，东通渌洋湖，西接官河，齐高帝建武五年立袭塘屯，即此。民以灌田）、**大石湖**（东北四十五里）、**白茆湖**（东北四十五里，在邵伯西，旧建斗门桥，官河水涸，则引湖水济漕）、**葑塞湖**（东北五十里）、**朱家湖**（注十）（东北五十里）、**渌洋湖**（注十一）（东北六十五里）、**瓮子湖**（东北六十五里）。

塘：雷塘（注十二）（城西北十五里，上塘注水长广共六里余，下塘注水长广共七里，今皆佃为田）、**小新塘**（注十三）（在上雷塘东北，长广共二里余，今佃为田）、**句城塘**（城西三十五里，水由乌塔沟东南流入漕（注十四），长广共十八里，今佃为田）、**鸳鸯塘**（北四十里）、**横塘**（东四十里）。

港：第二港（城东南二十里，在永贞沙）、**第四港**（东南三十里）、**第八港**（东南三十五里）、**华家洋港**（东南十五里）、**倒流港**（东南四十五里）、**双港**（西南一十五里）、**蚬子港**（东四十五里）、**深港**（南一十五里）、**马泊港**（注十五）（南接深港，北接三里沟，洪武二十六年工部遣人材官刘子玉浚）、**十里港**（王播镇扬州日浚以便漕引）、**进水深港**（东北四十七里，与上十港俱通扬子江）。

沟：古邗沟（注十六）（详见前）、**官沟**（城东南三十里）、**张纲沟**（东三十里）、**蔷薇沟**（东六十里）、**山阳沟**（注十七）（东北三十里）、**张家沟**（东北四十五里）、**七里沟**（南三里）、**炀帝沟**（西北十五里）。

津湾：杨子津（城南一十五里，即扬子桥，一名扬子渡，旧扬子县治也）、**茱萸湾**（今名湾头，汉吴王濞开，通海陵仓，又隋仁寿四年开以通漕）、**金家湾**（即邵伯东西湾）。

按江都地多陵阜，故名广陵。苦水害者，惟邵伯滨湖为甚。自迩凿金家湾，开越河，输泄既易，堤坊亦固，而伏秋可无虑矣。前守郭公光复力复小新、上下雷三塘，建闸，费千余金。未几，奸民复盗决防，种莳其中。细民难与虑始，然亦伺上意所向，倘成画已定，申令惟严，设塘夫、塘长如旧制，或令附塘田高亢者佃灌溉，即令防守，安在其不可复乎哉？（注十八）

仪真

河：运河（即官河，自县治西南迤东行四十里，过乌塔沟，入江都界。有南北两汊：一通灵潮堰，一通扬子江）、**大横河**（在鉴远亭沙洲上，绍兴初，郡守左昌诗始开浚，以便江船舣泊者。按图，又有小横河者，距大横稍东，盖与之对。今湮，水皆入江）、**狮子河**（在灵潮堰东南，故运河也，后湮。堰南为龙舌滩，其西北为西洲）、**十字河**（状如十字，其水四达，今为上下口出江）（注十九）、**堰河**（注二十）（旧传在宋翼城外，与莲花池通，今文山祠前河水阔处。北有归水河，一名澳河）、**靖安河**（旧在七都，即沙河。江涛之险，惟乐官山李家港与黄天荡为最。宋宣和六年，发运使卢宗原请开此河，舟人遂免覆溺之患）、**新河**（相接有二：一，下新河，由黄沙潭入，卢宗原开；一，上新河，自董家渡入，郡守吴洪开）、**葫芦套河**（在潮闸西，其水潮至则盈，潮落则减）、**钥匙河**（分二派：一派西北行六七里，至胥浦，直接铜山源；一派折而南行里余，为上口，入于江）、**怀子河**（《方舆胜览》云，真州有怀子河，即今带子港以北阔处。宋向子諲欲于带子港作一坝，以复怀子河故道者，此也。河西为卢家堰，前为安抚司坝）、**伊娄河**（见江都）、**新坝河**（在县东十里新城，景泰五年工）。

塘：北山塘（注二十一）、**茆家山塘**（注二十二）（二塘俱北城濠外一里许，左为宋方运判所筑，右为袁知郡所筑。长亘北山下，东西分引水港入濠，潜为水柜，以遏截金虏，州城亦保而免焚掠。两塘旧有石坝潴水，可溉田五百顷，今俱堙废）、**陈公塘**（在县东二十里，汉广陵太守陈登凿以资溉，萦纡九十余里，散为三十六汊。考其塘西北（注二十三）（依山，东南面水，汉魏间已设堤障，唐、宋转运时尝修筑八百九十余丈，置斗门、石砬各一。塘溢则引之济运。宋开禧丙寅，北虏将犯仪真，总辖唐璟决塘，水被真之东北境，莽为巨浸。金虏登焦家山，望之知不可越，遂退，真民赖免焚荡。嘉定间，运判方信孺为璟建祠塘侧。国朝嘉靖间，漕臣建白请修复陂障，广潴蓄，备漕河，然塘久为军民占佃万余亩，前代石砬悉为民家砧础砌甃之具，凡诸建白，悉罢议矣。按《唐书》号敬爱陂，县志谓百姓受此塘之利，爱而敬之，因名）、**句城塘**（县东北四十里，半属江都，阔三百四十丈，南北长一千一百六十丈。其水南流至乌塔沟，南入于漕河。凡五都河北亩浍之水会焉）、**刘塘**（在县西北五十里，方山之西，灵岩山之东。旧志谓本刘氏胭脂庄，初塞横塘堰，新安以东诸水遂陷为塘。今俱军民佃垦，界六合、仪真二县）。

沟：**乌塔沟**（注二十四）（见句城塘下）、**带泰子沟**（注二十五）（在县东北二十五里，有石砬一）、**蒋家沟**（注二十六）（即五里铺减水小闸）、**利善沟**（县东南十里，旧通运河，有桥，今废）、**张家沟**（县东二十里，有水砬。官河侧置浅铺于上）、**东沟**（县西南四十里，其源自刘塘而入江）。

港：**带戴子港**（县东二十里，旧传陈登尝役五龙以开此港，为陈公塘之下流，有二湾：一曰望儿，一曰相见。凡五都、六都河北畎浍之水皆会焉，南入于河）（注二十七）、**麻线港**（在县东三十五里，运河南境）、**何家港**（县东南二十里，接运河南境，其下口一名窑港）、**黄

连港(县东南二十五里,有桥,道通新城)、**铁钉港**(县东南二十五里,即宋珠金沙边地)、**一戗港**(县西南二十五里,与青山港并为神山、青山诸水所经,南入于江)、**朱辉港**(先是,漕舟鳞次江外,风涛漂损,万历八年间,当事疏请开浚,邑人云浚之无益)。

闸:罗泗闸、通济闸、东关闸、拦潮闸。(以上四闸先是洪武十六年兵部尚书单安仁请因宋张頠石闸故址重建清江闸一、广惠腰闸一、南门潮闸一,以分济漕挽,后废。成化十年,提河郎中郭升建议置仪真外河罗泗、通济、响水、东关四闸,一时称便,后复废。弘治中,撤去响水闸,仍复三闸,舟颇通利。成化十四年,漕运都御史张敷华建创拦潮闸。十八年,漕运都御史张缙、工部员外郎何垕重建通济、东关二闸。正德年,主事杨廷用重修,凡四闸。万历二十八年知县苏守一甃砌拦潮闸迤东至罗泗闸石堤六十余丈,以便挽运。)

堰坝:莲花堰(在县东,旧与官河通。今城南塘子水通运河宋绍熙五年,郡守赵尚之以莲池水至堰而止,故以名堰。旧有腰闸、潮闸,俱南渡后撤废,今但有东关闸)、**灵潮堰**(在南门外官河西与新河接。大中祥符间,铸金像成,将迎之京,舟至此潮涸忽溢,遂名灵潮,即今清江闸,前古漕河也),**五坝**(注二十八)(县南门一里曰一坝,稍南曰二坝,又南曰三坝,迤东一里曰四坝、五坝,各疏支渠数十步,与外闸河相表里)。

津渡:扬子津(在县东)、**东津**(在县东南旧江口)、**滁河口渡、新巷口渡、潮闸渡、姜家嘴渡、关庙前渡、三垣庙渡**(俱在县南)、**薛公渡**(在县北)、**新城渡、龙庙渡、朴树湾渡、石人头渡**(俱在县东)、**花园渡**(在县西)、**瓜步渡**(在县西六十里)、**五马渡**(注二十九)(在县西二十里)、**黄泥滩渡**(在县西南)、**建安渡**(在县西南,旧志宋太祖斩南塘叛臣,杖著于此)。

沙洲：猪钓沙（在三都，与铁钉港相联）、珠金沙（在珠金里。元将张弘范以兵船掠珠金沙及宋将冯都统与阿木战处）、长风沙（在二都。按《欧阳文忠集》《钱镠传》载，周世宗征淮南，诏钱俶攻取李璟。俶治国中兵以待璟，闻周师将大举，乃遣使安抚境上，皆戒严。周师渡江，俶乃益兵，使邵可迁以舟兵出瓜步迎銮镇长风沙，与周师会）、白沙州（城外，滨江地多白沙，故名。按《南史》，南齐于白沙置一军即此）、新洲（在县东南五里江中，旧志云按《南史》及《建康实录》所载，宋武帝微时伐荻于此）、天宁洲（在县南十里江中）。按仪真水利无大于诸塘，运道莫要于诸闸。四闸之制，前人创建备矣。江潮浸刷，日渐倾徙，及时而缮缉之，存乎其人。陈公塘久废为田，膏壤万亩，议者或云殆不可复。果尔，则恭爱之名，不著于建安，水柜之制，无闻于宋代。前哲已试，非无良规。且西来诸水，可引用溉灌者甚多。今之大夫，岂无史起、孙叔敖其人，顾坐令地利弗尽？岂沧桑更变，今昔迥异，抑事制肘，固不易为耶？

泰兴

河：龙开河（在城东，达永丰镇）、印庄河（城东南三十里）、新河（城西南三十里）、小新河（城西南十五里，一名磨垛河。）（注三十）。

堰：江堰（注三十一）（成化十八年，扬州府同知李缓至县，闻知县蔡暹言江水为害，议于西南沿江一带筑堰以捍之，起保全乡九都止顺得乡庙港，长一万六千九百余丈，广三丈五尺，高一丈。御史方岳记之。嘉靖十二年，朱篪增筑，自庙港至过船港，计七千六百三十丈。田赖以卫，民甚利之。今圮废，旧址犹存）。按泰兴江堰以捍御江潮为利，与捍堰海等。且堰成而田故存者不得混为已滩，新涨者不得据为故有，非平赋一策乎？旧志议开新河为漕河，由泰达扬以避圌山涨之险，顷遂题改水次。盖河通不直通运，而商舶经行，为县民利。然上河之水滔滔不禁，而通泰运盐河病矣。举事者务在万全，或预建闸于口岸，以时启闭，庶几两利。如惮繁费而图快目前，则毋如仍旧之为便也。

高邮州

河：**运河**（详见江都）、**康济河**（注三十二）（在城北亘四十余里，本朝侍郎白公昂筑，孝宗敬皇帝赐名）、**闸河**（旧名运盐河，在州治北逻观桥下，东抵兴化县，西通新开湖，即今东河也）、**淤溪河**（在州治东南，东通渌洋湖，西抵运盐河堤）、**白塔河**（在岳庙东南，北通运盐河）、**城子河**（自南门馆驿起，东抵各盐场，宋文丞相序云行城子河，即此）、**北城子河**（在州治东，起自南河头，至十里尖与城子河合）、**山阳河**（在州治东四十五里三垛镇，南通樊汊镇，接江都山阳河界，北自三垛桥子口入射阳湖，达淮安山阳县界。山阳渎，即此也）、**横京河**（在州治东北七十里，注射阳湖）（注三十三）、**秦兰河**（在州治西六十里，西自天长野山发源，东入武安、新开等湖）。

湖：**新开湖**（注三十四）（在州治西北三里）、**甓社湖**（在州治西三十里，通鹅儿白湖）、**平阿湖**（在州治西八十里，通天长县铜城河）、**三湖**（注三十五）（在州治西五里。按高邮旧志有三湖，新志不载。考《一统志》，三湖大率即新开、甓社，而樊良据其中耳）、**五湖**（在州治西六十里平阿东村，通天长县铜城河）、**珠湖**（在州西七十里，通五湖）、**张良湖**（在州北二十里，通七里湖）、**石臼丘湖**（在州治西北五十里，通甓社湖）、**渌洋湖**（注三十六）（在州治南三十里)、姜里湖(在州西五十里,通塘下湖)、七里湖(在州治北十七里,东抵运河)、鹅儿白湖(在州治西二十里)、武安湖(在州治西南三十里,通露筋河)、塘下湖(在州治西四十里,通甓社湖)、仲村湖(在州治东北六十里)、龟潭湖(在州治东北九十里,通海陵溪)(注三十七)、郭真湖(在州治东北一百四十里中临村,通盐城县河。按东汉《郡国志》,射阳故属临淮,有博支湖,恐博支误为郭真也)。

溪:石梁溪(在州治西北,自天长县发源,入新开湖)、平河溪(在州治西北,自天长县发源,入五湖)、樊良溪(注三十八)(在州治北,自天长石梁河流入州界,即古樊良湖也)。

湾:父子湾(在州治西五十里,通珠湖)、丁家湾(在州治东门外一里)、落帆湾(在州治北二十五里)、白水湾(在州东北八十里)。

沟:张家沟(在州治北三十里,上有巡检司一,在州东二十八里,通渌洋湖)、陆漫沟(在州治北三十里)、子婴沟(在州治北九十里,东南注射阳湖。二十四年,题请开浚,入兴化大宗湖)、子泾沟(在州治东北一百里,东注射阳湖)、小京沟(在州治东南六十里,南通渌洋湖)、观沟(在州治西北四十里)、官沟(在州治东五十里,通运盐河)、第一沟(在州治东二十里)、第二沟(在州东三十里)、第三沟(在州治东四十里,俱通运盐河)、拗沟(在州治西北一十三里)、展沟(在州西北九十里)、戴家沟(在州西南四里)、新沟(在州西十里)、夹沟(在州治西二十里,昔人开筑以避武安湖曹庄嘴风浪之险)、香沟(在州东南六里)、菱丝沟(在州东二十五里)、葑荡沟(在州三十里)、大泾沟(在州东四十里)、小泾沟(在州东四十五里)、斗门沟(在州东北十五里)、郁家沟(在州东北十里)。

港:烧香港(一在州治西北十里,通鹅儿白湖。一在州东二里,南接城子河，北抵运盐河，西入庙桥，以便东岳行宫烧香，故名）、卖菜港（在州治北九里）、吴城头港（在州治西北四十里）、马蹄港（在州东北七十里）、茅塘港（在州西十五里）、罗家港（城西二里）、五汊港（在城西十里）、杨丝港（在州西七十里）、洋洋港（在州西）、黄白港（在州西北四十里）、大师港（在州治西南三十里）、小堰港（在城西北三十里）、曹车港（在州北七十五里）。

荡：马家荡（在州西北三十里）、黄林荡（在州西北三十五里）、羊马儿荡（在州东北一十五里，故县村）、聂里荡（在州西三十里沛城村）、扠儿荡（在城西三里新沟口）、沙母荡（在城东北四十五里）、井子荡（在城东北三十五里）、南阳荡（在城东北）（注三十九）。按高邮有三十六湖，受西山众流，为诸水之汇，浩荡二、三百里。其河堤曰平津堰，凡田地在堰之西者，曰西上河，堰之东者曰南下河、北下河，以南稍高于北，又曰南上河。水则西河借南、北河以为之泄，旱则南、北河借西河以为之溉。比来水患频仍，皆由下流纾缓，秋水骤至，输泻不及，田地淹没，职此其故。然诸水皆无源易涸，三时不雨，又不免旱忧。议者谓治西上河，宜捞浅固堤，俾无衡决；治北下河，宜开子婴沟。今子婴已浚而邮水不减，则海口壅塞故耳。大抵高邮诸水，尽入于兴化诸湖，治兴即所以治邮。或议于东河塘三垛镇置闸，以防旱涸；修圈子田堤岸，以保固康济河。斯亦治标之一术，以余力兼而举之，可也（圈子田，乃开康济河时，于民田中凿渠，其田越在河外，遂为越河圈子田。中皆膏壤，额粮四百余石。若堤岸弗治，久之将河复为湖，而新开湖之险恶如故矣）。

兴化

河：运河（注四十）（即运盐河）、车路河（注四十一）（县东三十里）、和尚河（注四十二）（县北五里）、海沟河（注四十三）（县东北二十五里）、仲家河（注四十四）（县西北十五里）、山子河（注四十五）（县西四里）、蒯墩河（注四十六）（县南十五里）、白涂河（注四十七）（县东北亘一百二十里）、孟家河（注四十八）（县西南二十七里）、义亭河（注四十九）（县东三十五里）、院庄河（注五十）（县南十七里）、横泾河（注五十一）（县东北九十里）、刘家河（注五十二）（县北十二里）、凤凰河（注五十三）（县北三十五里）、梓新河（县东南十五里，自塘港西出得胜湖）、蒋家河（注五十四）（县北十二里）、芦洲河（注五十五）（县东十三里）、滑庄河（注五十六）（县北二十五里）、新沟河（注五十七）（县西北一里）、孙家河（注五十八）（县北十二里）、抻盐河（注五十九）（县东一百一十里）、赵家河（注六十）（县北二十七里）、莫家河（县西惠政桥下，通沧浪溪）、韩家河（注六十一）（县北三十里）、王琼河（注六十二）（县北三十五里）、既济河（注六十三）（县北四十九里）、卢家河（注六十四）（县北四十五里）、陈图河（注六十五）（县北四十五里）、博真河（注六十六）（县东一百里）、蚌沿河（注六十七）（县南三十五里）。

湖：得胜湖（注六十八）（县东十里，古名率头）、平望湖（注六十九）（县北二十里四望平）、大纵湖（注七十）（县西北四十五里，中心与盐城县分界）、吴翁湖（注七十一）（县北二十三里）、白沙湖（县东南十里，多白沙）、千人湖（县东一百二十里，昔千人避乱于此）、鲫鱼湖（县东北二十三里，湖多产鲫鱼）。

溪：海陵溪（县西北十五里）（注七十二）、东溪（县东一里）、褚文汉溪（县西十里）、武陵溪（县西北四十里）、南溪（县南半里）、精阳溪（县东北四十五里）。

港：龙垂港（注七十三）（涝水泓西）、新庄港（县南十五里）、王家港（县南一里）、北昌家港（县南五里）、沙家港（县南十二里）、土桥港（县北十八里）、南昌家港（县南四里）、何垛港（县南三里）、贾庄港（县南十里）、竹泓港（县东二十里）、塘港（县东六十里）。

浦荡：莲塘浦（县南半里许，接得胜湖，西接海陵溪，共十里，其间植莲）、乌巾荡（县西半里）、莲花六十四荡（自芦州入得胜湖，红莲十里，邑之奇观）、旗干荡（县东十三里）。

沟：瓦子沟（县北一里）、杜家沟（县西南二十五里）、吴家沟（县北十三里）、千步沟（县北三里）、丁沟（县北二十一里）。

湾泓：鹤儿湾（县西北一里）、仇家湾（县北四十里）、涝水泓（南通海陵溪，北抵平望湖，在新沟西）。

础：石础（贾庄铺、平望铺、火烧铺、兰溪坝、芙蓉镇、卢家坝、界首镇，共七处）。

堤：刘堤（宋建炎间，邑宰黄万顷创，即《宋史》名绍兴堰，曰盘塘，曰运盐河，曰新堰，俗称河塘者是也。南接高邮界，北抵盐城县界，南北亘一百五里，县治当其中。成化间，知县刘廷瓒甫下车即修治，三载俱稔，因名刘堤，学士钱溥记）。

堰：捍海堰（注七十四）（县东一百二十里，详见《范文正公传》）。西堰（县治西，旧系舟楫往来要处，上接市河，下通海陵溪，今废）。汉溪堰（县治西北四里，宋开宝中建，今废）。

闸坝：减水闸（一在城南沧浪亭之南，一在城北玄武庙之北）。兰溪坝（县北三十里）。卢家坝（县北五十里）。

海口：丁家沙河口。小海闸、草堰闸、白驹南北二闸（下通牛湾河）。

近议兴化泄水要道，第一庙湾场，次石础口，次白驹场。庙湾今虽通行，但地势回远，水行甚缓，自射阳九里淤浅。万历八年，曾发帑金八千两浚之，顾任者匪人，用罔成效。迄今遂以射阳为必不可复，非一隅之论乎？石础口隶盐城县，初议开浚，土民哗然，盖以水涸而灌溉无所资，海溢而风潮无所避，揆诸人情，良所甚难。然诚如近议，浚旧官河，通冈门镇，俾水通流，滔滔不绝，何虞内涸？海溢有时，多建闸座以堤防之，何虞潮患？探本之画，宜莫逾此，在举事者善成之耳。白驹闸近虽增置，但兴邑东高西下，形如侧釜，诸场海口，仅可以泄浮漫之水，欲令釜底尽倾，势必不能。凡此皆得之目击，匪云虚谈，有饥溺由己之思者，盖加意焉。

宝应

河：运河（详见前）、弘济河（汜光湖东，西系旧堤，东为新堤，延袤三十六里。万历十三年开筑，次年工成，赐名弘济，俗呼为越河）、济河（县西南八十五里，北入衡阳河）、成子河（县东南十八里）、衡阳河（县西南六十里，西连衡阳镇，东入洒火湖）、泾河（县治东四十里，入射阳湖）、蚬蝛河（县东北六十里，东西皆入射阳湖）、漳河（县东南六十里，西南六十里，西南接子婴沟，东北入广洋湖）、盐河（在湖东，今南盐巷具在）、支河（在湖东）、阴鹭河（在湖西，万历十九年知县耿随龙新开）。

湖：清水湖（县治城南，东西长十二里，南北阔十八里，西南连汜光湖，东会运河）、汜光湖（县治西南十五里，东西长三十里，南北阔十里）、**洒火湖**（县治西南四十里，入汜光湖）、**津湖**（县治南六十里，东通运河，西北会汜光湖，《魏书》作精湖，文帝伐吴滞舟处）、**白马湖**（县治北十五里，东西长十五里，南北阔三里，会运河）、**广洋湖**（县治东南五十里，东西长十五里，南北阔三里）、**射阳湖**（县治东六十里，《寰宇记》云阔三十丈，长三百里。《汉书》广陵王有过，其相胜之奏夺其射陂，即此湖也，今俗呼为射阳湖。萦回可三百里，南北浅狭，自固晋至喻口白沙入海。湖之东属盐城，西至固晋，属山阳，固晋而上至射阳，属宝应。唐大历三年，与洪泽并置官屯，后以所收岁减，并废）、**博支湖**（县东南九十里，西北通广洋湖）、**梁湖**（在射阳湖北）。

塘：白水塘（在县治西八十五里，旧名白水陂，一曰射陂。宋武帝元嘉末，决水灌魏军，即此陂也。陂阔三十里，魏将军邓艾所筑，屯田积谷以制吴人。与盱眙芦蒲山破金塘相通，溉田一万二千顷，后废）（注七十五）、**羡塘**（唐《地理志》在县西南与白水塘合）。

溪：海陵溪（俗呼琵琶头，在县东九十里，西北通射阳湖）、**瓦沟溪**（县东南十五里，东北入望直港，南通涧沟）、**黄浦溪**（县北二十里，黄浦镇南，西通运河，东入海陵溪）（注七十六）、**安宜溪**（县西南六十里，东北入洒火湖，西南接高邮界）、**凌溪**（注七十七）（县东八十里入射阳湖）（注七十八）、**闾立溪**（注七十九）（县治城南东通清水湖）（注八十）。

港沟：望直港（县东十五里，东南通成子河。宋嘉定八年，港湮塞，知县贾涉曰："望直港与射阳湖通，商旅辐辏，入市百物尽通，居民繁夥。今既塞，舟航阻绝，大为民病。"因浚之）、**刘镇港**（县东北四十里，入射阳湖），**七里沟**（县北七里）、**界淘沟**（县东四十里，俗呼蛤拖沟）、**长沙沟**（县东三十五里，东入广洋湖，西通运河）、**涧沟**

（县东南二十里，通子婴沟）、**蒲塘沟**（县西五里，接白马湖）、**杨家沟**（县东八十里，接射阳湖）、三王沟（县东六十里，入射阳湖）、新沟（县东五十里，通广洋湖）、**子婴沟**（县东南六十里子婴铺北，西通运河，北接潼河）、**张大夫沟**（在县治西北十里）、三里沟（在县西三里，通运河）。

涧汀：金钗涧（县西南七十里，入衡阳河）、**赤水涧**（县治西南七十里，入洒火湖）、**鱼池涧**（县西南八十里，入衡阳河）、**忠心涧**（县南八十里，入衡阳河）、**马长汀**（县东九十里，东北通盐城界，南接博支湖，北会射阳湖，西连海陵溪）。

堰堤：黄浦堰（注八十一）（相传吴王濞置白浦，至黄浦五百余里，捍盐通商，今废）、**姜家堰**（县东八十里，宋祥符间置，听民视水旱从便启闭，有姜姓者主之，故名）、**南门堰**（在南门外，洪武间，知县李恢修筑。）（注八十二），**运河堤**（自黄浦至界首长八十里，即唐李吉甫新筑平津堰也）。

浅：九浅（子婴沟、汜水（注八十三）、瓦淀、槐楼、白田、潭湾、七里沟、白马湖口、黄浦各浅，俱有涵洞）。

闸：滚水闸四（子婴沟、三里沟、黄浦、五里铺），**减水闸七**（注八十四）（江桥、汜水、瓦淀、朱马湾、刘家堡、七里沟、十里铺），**新置瓦窑通湖闸、九浅通湖闸**（二闸知县陈烇议建，盖因弘济河上接黄流，闸口水溜，难以挽拽，故建二闸，泄水入湖，水势赖以平缓，湖水大则闭）。

按宝应越河之议，迁延筑舍，历数十年而后定。第年以来，黄水从淮北入者，挟沙而来，河身日高，运道日窄。有如当事者思此河经始之难，以时为浚治，且令清江通济闸非漕贡不启，俾流沙不积，漕渠不壅，庶曩时十二万帑金之费，不至付之波臣无益矣。界首故未有越河，当湖心极险，摧舟甚易。盖当时草创，未图全利。今总理河漕刘公议兴兹役，新旧接筑，俾舟行者安于遵陆，八邑士民其亦尚有永利哉。

泰州

河：南运河（州治南，东抵通州及各盐场入海，西通西运河）、**西运河**（州治西南，旧称吴王濞开以通运，至海陵仓。按阮胜之记云，即湾头至城下运河是也）、**北运河**（州治北，自北关厢东西二坝迤东，至西溪镇一百二十里，分为二河：一去东二十里，至梁垛场止；一去东北东台、何垛、丁溪等场，又过盐城县，至新兴场）、**东河**（州治东三里，通北运河，旧志云其水旱亦不涸，岁久湮塞。成化年彭福开浚）、**济川河**（州治南（注八十五），通扬子江，贾舶商帆多由此入）、**浦汀河**（注八十六）（州治北，自鱼行坝直抵兴化、高邮、宝应，即海陵溪也）。

溪：海陵溪（州北八十里，入兴化境，合高邮河（注八十七），西北通射阳湖，东接马长河）。

堰：北堰（州治城北四里，潴运河水。建炎中，移在北门外。绍兴二十五年，守王杨英于清化桥南创开运河支流，直近城北。嘉祐二年，守王纯臣欲固里濠，别为重堰于下泺巡检司前）、**姜堰**（州治东四十五里天目山前，潴运河水，北至西溪，通运盐以达上河。宋嘉祐二年，守王纯臣移堰近南朱庄侧。宣和二年，大水移罗塘港近运河。即今姜堰）。

闸：丁溪闸（州治东北一百四十里）、**白驹闸**（州治东北一百七十八里。以上二口，万历壬午，巡按御史姚士观、海防兵备舒大猷、郡守李裕建）。

按泰州运盐河以南为上乡，田地无几，其十七皆在东北下乡。每霖潦暴集，下乡辄受淹漫，乃渐由诸盐场出海口。水之所趋，谁能强之？而兴化民以为曲防病邻，悖矣！询之土人，水自运盐河东来，每遇淫雨，宜决白塔、芒稻二坝以分泄之，固闭下河涵洞，无令横溢，则犹可救济下乡。或当旱年，则宜筑塞二河，塞上河诸涵洞，庶无为盐运之梗，在相时均节之而已。

如皋

河：运河（成化间，知县胡昂浚。西北从杨泰来，绕县治，向东至丁堰镇，分流入海，南折至白蒲镇，入通州）、九十九湾河（去县东南六十里，相传龙过成河，一名龙游河，北接运河，南通扬子江，又名通江河，近坍）、小溪河（县西北隅，东接运河，西通泰兴）。

港：天生港（旧去县南九十里，今江漱啮，止六十里，通江）、掘港（县东一百三十里）、石庄港（注八十八）（在石庄，江海寇盗要害）。

滩：郑公滩（在丰利场。宋治平二年，富郑公以使相判扬州，备海寇战船每坏于海涛，公因凿滩以泊，避之，习水战其中）。

按县志谓通江河当浚以引江潮，入水关，风气增胜。且苏松商贩所往来，洵民利也。或虞盐盗出没为害。要以利多而害少，亦何惮焉？又小溪河旁田，卑下易涝，然亦易涸，故难以秧种，惟浚之使通运河，则旱涝两便，禾稼可登，而芰荷、鱼虾、蒲苇之利，亦易致云。

通州

河：运河（即运盐河，自郡城茱萸湾东南走四百里，至州治）。

西亭河（在州东北二十一里，通运盐河，入西亭场），**金沙河**（在州东二十里，入金沙场。宋两淮制置使李庭芝凿，成化间，重浚）（注八十九）。**石港河**（在石港场）（注九十），**串场河**（隆庆间开，谓串通吕四、余东、西中及金沙石港诸场也）。

港：狼山港（在州狼山下）。

堤：范公堤（即捍海堰，事见前），**任公堤**（在州城西五里。宋宝元间，通判任建中筑，长二十里）。

闸（注九十一）：**便民闸**（在州西唐家坝上，成化间重建），**通济闸**（在州南狼山西，下通扬子江，今废），**白蒲闸**（在州白蒲镇，今废，其石犹存），**板闸**（在州撇港一，界港一，今废），**盐仓闸**（在州西门外盐仓坝上），**业家闸**（在州南七里任家港口业家坝上），**陆洪闸**（州南十里陆洪坝上。以上三闸皆嘉靖十六年巡盐御史陈蕙建），**唐家闸**（旧是唐家港坝，后改为闸，去城十五里，隆庆元年知州郑舜臣筑）。

按通州有新旧二河，旧河自扬泰西来，绕城为隍，东南入江，东北过海门，经诸盐场入海，并河田数百万顷资灌浸，百姓利之。新河凿于隆庆二年，串吕四至石港诸场，直通丁堰，便盐运，不复经通州。顾州士民以凿河泄风气，且卤潮内灌，伤禾稼，望举浚故河，然弗能夺也。郡故有六闸以兴水利，然通地势高，异于他州县，恒忧旱不忧涝，往以坝之为利。惟西成北、永兴二乡地洼下，全泄，则数百里之水尽注于江；全闭，则水潦骤发，二乡垫焉。故陈司寇谓唐家闸治则利十，不治则害十，若白蒲、盐仓诸闸，固可废矣。捍海堰创于张、范，而任、沈继之，乃岁久倾圮，卒飓潮大作，即漂没民灶殆尽。包柽芳（运判）尝力任增筑新堤，至今人犹称包公堤。司牧者曷不深惟民瘼而以泄泄从事，何哉？

海门（注九十二）

河：运河（县治西南至通州四十里，东止吕四场。嘉靖辛卯，县东河没于江，知县赵九思浚，自儒学东北入，十里东入余东便仓，四十里海门县，凡三建。江河亦屡变矣）。旧运河（在县城东南，龙王庙坝起至利和镇西坝止，南通大江）。

堰堤：捍海堰（在县治西北，即范公堤，详见范公本传）。沈公堤（在县治东北，西接范堤，宋沈兴宗筑）。新堰（在旧县北，宋元丰间筑，积水以通盐舟）。新堤（万历十六年，运司判官李澜、知县姜天麒督造，堤外有非字港、二样口、大横口夹港，俱通海）。

闸：西清闸（在旧县西清桥南，成化二十年，巡盐御史李晊造），减水闸（在旧县西北，弘治三年知县徐英造）。

张先登曰："海门新以州土割隶，地多与州壤相错，水利大率相类。盖县南滨江，北为盐河，东西运河，襟带瞿、灶等港，经纬交错。旱则南引江潮，北引河水，以灌沿江河之田；潦则仍各泄于江河，水不患无归。乃州县民自相秦越，而长民者彼此观望，是以浚治未遑，蓄泄不时，乌能尽地利乎？今诚于县城南及州城西东二十里各建一闸，而运河北通盐河，旧有港址，责令开浚，勿使湮塞，则方百余里尽为膏腴，水利之大无逾于此者矣。"

《盐法考》

管子曰："海王之国，谨正其盐策。"万乘之国，终月率男女所食千万钟，使君施令，计其钟釜而给之，则百倍归于上。于是齐有渠展之盐，国用富强，后世言盐利者昉焉。汉初弛山海之禁，不领于县官经费。而吴王濞招致天下亡命，东煮海水为盐，以故国无赋而用饶，其后卒以谋逆败。元狩中，以东郭咸阳、孔仅言，置盐铁官，募民因官器作鬻盐，官为牢盆（今有煎盐官厂，即其制）。敢私鬻盐者釱左趾，没其器物。已罢行无常。唐乾元初，第五琦变盐法，就山海并近利之地置盐院，籍游民业盐者为亭户，免杂徭煮盐，盗鬻者论辜（今煎盐灶户因此）。其后海东盐刘晏主之，晏上盐法轻重之宜，以为官多则民扰，宜但于出盐之乡为置吏，置亭户，收盐转鬻商，任其所之。其去盐乡远者，转官盐于所在贮之，商绝盐贵，则减价以粜，曰常平盐，官获其利而民不知贵。而诸道故有榷盐钱，商舟所过，复有税钱，晏奏罢之，商民均利，岁盐利至六百余万缗，居天下赋税之半，国用给焉。宋制诸盐听州县给卖，岁课所入，申尚书省，而转运使操其赢，佐一路之费。两淮盐行江、浙、荆、湖诸路，所谓末盐者也（盐出于海，役灶户烹熬煎炼而成，谓之末盐，即周官散盐也。若解州出盐池者，得南风水化而成，谓之颗盐，即周官盬盐也。末盐在楚州盐城监岁煮四十一万七千余石，通州丰利监四十八万九千余石，泰州海陵监如皋仓小海场六十五万六千余石，海州板浦、惠泽、洛要三场岁煮盐四十七万七千余石，连水军口海场十一万五千余石）。久之，军吏困于转输，舟卒侵盗，杂沙土，盐恶不可食，坐鞭笞徙配相继，莫能止。而积盐多露积，无屋贮，至生合抱木其上，其数莫可较。天圣中，用翰林学士盛度言，于是诏罢官自鬻，听入金钱京师榷货务，而以江淮若两池盐给之，岁增课十五万。其后西事剧，募商人输刍粟塞下，又置折中仓，听商人以金银若输粟输他货于京师入中者，优其直，予券，以所在盐给偿。后世召商中盐之法自此始也。自唐始榷盐，岁天下盐利裁四十万缗，刘晏增之至六百余万缗。迨宋绍兴末，泰州海陵一监支盐三十余万席，为钱几七百万缗。区区一州当晏时天下征榷之数，而尤浮之，于盐利笼取尽矣。国朝以盐课给诸边粮饷，而水旱凶荒，亦时藉以振民。于天下设都转运使司者六，而两淮居其一，岁课百二十万余，几与漕运米直等。国初制沿海灶丁，俱以附近有丁产者充之，免杂泛徭，给草荡。其犯罪自迁徙以下，刑止杖，仍发煎盐。其煎办以丁为率，初制，引四百斤，寻改办小引半之（每丁岁办小引盐一十六引）。计两淮盐岁额引七十万五千有奇，岁终转运司具所办出给课如目上以待会，亏额者追理。凡灶丁所煎盐一引，给工本钞二贯，时钞一贯直钱千，优之。合用引目运司官以时请于户部，请内府印造给付，乃召商纳粟中盐，量所在米价高下、道里远近为之则。中已，出给引，诣场行支盐如目。盐出场，经批验所依数验掣，而所过官司辨验放行。其转卖各照上所定行盐地，毋过界，若引与盐离及越境卖者，同私盐追断。商卖盐已，即所在退引还官。伪造引者斩，诸监临势要令家仆行商中盐侵民利者，罪如律，盖法令严具如此。然于时商中盐者引输银八分，上所榷利甚微，而商利甚厚，以总利权，抑专擅，赡民食而已。永乐中令商于各边纳米二斗五升，或粟四斗，准盐一引。于是富商大贾自出财力，招游民垦田，田日就熟，而年谷屡丰，甘肃、宁夏粟石直银二钱，而边以大裕。宣德中，施大惠于天下，岁遣御史督视盐法，令各运司查中盐商年远事故，无子孙支给者，行原籍官司每引给资本钞二十定，优恤之。正统初，令淮、浙贫灶有余盐，官给米麦收之。灶丁逃移者，盐课司核实，停其征。

又令客商守支年深不得盐者，听以十分为率，支淮盐四分，其六兑于山东运司。不愿兑者听守支，诸所为隐恤商灶甚厚。其后始分为常股、存积。常股者，商人中纳依次守支之盐。存积者，积盐在场，遇边饷急增价开中越次而放支之盐也。存积行而常股益艰滞，商人有守候数十年老死不得支，而兄弟妻子代之支者矣。（正统十三年以前，令两淮盐课以十分为率，存积二分，常股八分，以后存积增至四分。景泰元年，又增至六分。天顺中，御史李宏请照正统十四年例，先尽派完存积，商人拨派，到场即支，不拘资次，常股依次支给，不许搀越。成化七年以后，减存积二分，仍作四分。正德七年，御史朱冠题准七分为常股，边方开中；三分为存积，收贮在仓。非遇紧急，不许开中。）成化中，户部尚书叶淇言商人输粟二斗五升，是以银五分得盐一引也。请更其法：课输银于运司，银四钱支盐一引，可得粟二石，是以一引之盐，坐致八倍之利。且商人银纳运司，道近而便安，是上下交利之道。奏可。于是商人引盐，悉输银于运司，类解户部，盐银岁骤增至百万余两。诸商垦田塞下者，悉撤业归，西北商或徙家于淮以便盐，而边地为墟，粟踊贵，石至值五两。时议者屡言虚边储而实太仓，非计，顾岁所增入，当数十郡一岁钱谷之数，而县官经费日繁，即缓急可以支应，虑不能捐目前厚利以深惟边计，欲复如祖宗时尽输粟塞下，及薄取八分之利，必不可得矣。弘治中，御史冯允中奏言开中边方引盐，莫肯趋纳，皆由运司开卖，故商人舍远就近。下户部议，令自今各边召商，上纳本色粮草如旧制。未几复废。时天子加意于国家盈缩之变，召阁学士计屯田、茶马之故甚悉。已及盐，大学士东阳言，今者盐法坏尽，各边开中徒有名，而商实失利，类不肯中纳。上问何也，诸臣因极言皇亲王府及内臣奏讨之弊：奏讨者一，夹带者十，弊尤甚。因言国初茶马法行，有欧阳驸马者为夹贩，高祖大震怒曰："我才一行法，即欲首坏之耶？"遂置极典。此事今皆不敢言。上慨然曰："非不敢言，乃不肯言耳！"于是下诏言：盐，国用所需，近年钦赏数多，又内外势要人奏讨奏买，乃遂搀越支卖，夹带私贩，以致上损国课，下夺民财，此遵何义哉？其悉住支还官，自今各边开中引盐及籴买粮草，势要无得求讨窝占，巡抚粮储官毋阿徇受嘱，违者听巡按御史纠劾。亡何，上宾。至正德中，用事者悉托名讨盐，径自奏中，增价发卖，不复遵旧制，而盐法决裂尽矣。嘉靖初，上方申饬盐法之政令，议者纷纷言利，事析秋毫，而法复一变。五年，用御史戴金言，每正盐一引许带余盐一引，正引于各边纳粮草，余盐纳银运司解部，其夹带多余者，割没入官，岁增余银六十万（正德中，御史秦钺亦言余盐，至是始为定制）。其后盐法都御史王绅、御史黄国用复请以割没银给灶户，人给二钱有差，取盐一引，例开边报中，名工本盐，岁复增课银三十万。（余盐题准，每包五百五十斤，内正盐二百五斤，加以酬商盐五十斤，并包索三十斤，共二百八十五斤，为正引。在边上纳粮草外，余盐准带二百六十五斤，赴运司纳银。淮南原定价八钱，后减七钱。淮北原定六钱，后减五钱。割没盐，十七年，盐法都御史王臣题准，淮南每一百六十斤，淮北每一百六十斤各纳银一两。近时割没外多余者，每斤纳银一分。）是时商人于边中盐者，引纳银七钱，已渐减五钱，视初制不啻倍蓰。而各边谷踊贵不易籴，势要或占中卖窝，若斗头加耗，官科罚而吏侵渔之弊，诸为费不赀。及给引下场，或官吏留难，或灶丁额课不办，动经年而不得掣。且商业输饷于边矣，安所得赢羡？携重资往返数千里外，复输纳于运司，而有司奉令甲严，非征完余盐，即正引不得下场。即已支盐上堆，而挨单守候，非五六年盐不得行。诸行盐地辽远，涉长江，排风浪，时有漂损，而数十万之赀本，掷之乌有，又不能尽防揽载户之无盗卖耗窃也。盖商惫至是而甚，于是商遂分而为三：曰边商，曰内商，曰水商。边商多沿边土著，专输纳米豆草束中盐，中已，所在出给仓钞，填勘合，以赍投运司，给盐引，官为平引价，听受直于内商而卖之。内商多徽、歙及山、陕之寓籍淮扬者，专买边引，下场支盐，过桥坝上堆候掣，亦官为定盐价，以转卖于水商。水商系内商自解捆者十一，余皆江湖行商，以内商不能自致，为买引盐代行，官为总其盐数、船数，给水程于行盐地而贩鬻焉。国初时严商人代支之禁，及是而诸商名目不一，以调停而均逐末利，旧制有所不行者，势使之也（引价，淮南定例：每引官价八钱五分，淮北七钱五分；盐价，每银一两买盐一百七十八斤。引约银三两二钱）。边商以卖引得利微，复自支盐出场，名河盐。而盐法都御史鄢懋卿为请将河盐、淮盐相兼掣秤。懋卿又奏各场未掣引盐百五十余万引宜责令通行解綑，约可得银百余万。奏下，两淮大扰，征敛督逼无虚日。会御史徐炌上言："商人者，挟赀万里，出百艰，为国足边。今正引之外，既征余盐，又加以工本割没，可谓厄矣。乃一岁之间，必取盈百五十万，前盐有掣无售，一时督逼，计何从出？至于借下单，质引目，甚则鬻产回籍，剜肉医创，其困苦已甚。夫商人患无赀耳，有赀，则百货可通，岂能强之必趋于盐？官府出令，唯除奸革弊，不愿鬻盐，非奸弊也，则亦莫如之何矣！"隆庆中，御史孙以仁又言："盐引之滞塞、价之减削，始由于工本之加带而致也。今欲以河盐、堆盐兼掣疏通，则内商堆盐日渐壅塞，边商引目日益阻滞。盖边商之引，必得内商接买而后行，缘以内而国课，外而军饷，一旦未能兼供。接年报中，数年守支，顾此未免失彼。是以尽西北之旅，报中以筹边；聚东南之商，分拨以供课。视国初盐法，迥然不同。今以河盐随到随掣，内商守支日久，不得趋利，或别图改业。况夫堆盐山积，其谁肯收边商之余引，以候数年之挨掣？又老商只影于淮上，而为国课之争先者乎？宜停止兼掣为便。”于是工本河盐及都御史所奏清理盐悉议罢，而商困稍苏。今上初即位，盐法如世庙时制，毋纷更，商人亦便习安之。然行盐额地，自正德、嘉靖后，割江西五府（南安、赣州、袁州、临安、吉安）及湖广一府（永州）行广盐，台臣至累疏力争不能复。顾课日增，行盐地日蹙，势不能速售，且广盐既通，诸越境私贩者不可遏，民间亡虑皆贱买私盐，而淮盐大阻。故水商船往返，势不能无愆期，而淮南盐岁掣减旧额四之一，乃部解余盐银六十万。岁两解毋容缓，则预征于内商以取盈其数。至二十年以后，所预征商银百五十余万。始以盐上堆而征，堆盐征尽，则征在仓盐，久之，将商未买引而征也。其后宁夏叛及岛夷内讧，以客兵饷费钜无所出，始议增宁夏引盐八万，东征引盐四万有奇，名加增盐，附单搭掣，以佐军兴旦夕之费。而诸宿猾巧为奸利者，往往营部札付援为例，于是有加罚违没引盐（违没者，商人领引年远及印号不明弊引或盐为火毁船沉消折，盐去而引存，皆没官引；或引遗落烧毁，引去盐存，虽有盐不得行，为没官盐，俱禁无得买补。及是而商赴部，请加罚如中纳之数，或买新引配盐，或领故引支盐，俱越次超掣，大率如河盐及新增盐类）。以旧盐旧引而告加罚，故许令搭掣，射利者趋焉。而运司黠猾吏受重贿，因得主使官私加罚而盐卖之，诸领部札者反不与，由是众大衔愤。会上方大榷海内商货，因奏言两淮没犯引盐岁久山积，遣内臣卖之，可得银数十万，为大工费。二十七年，始遣内臣查积盐，敕所驻为盐政府焉。既至而没官盐岁久消折尽（先是，亦有给火票许商径卖者，故启事端），乃括藏中积余银五万上之。所分委查盐官四出，探巨商积镪累巨万者，捕鞫治，籍其赀以献。即沿海灶户稍殷实，无得免。久之，乃疏掣卖两淮犯没八万余引，附单搭掣，岁输银十二万两入内帑。先后盐法御史累疏谏极恳切，不报。然盐政内臣岁欲取赢于商，犹时时羁縻之，而水商行贩楚中者，受榷税使祸尤惨急，则鸟举兽散，无复有愿买新盐者矣。呜呼！自代有盐法以来，未有若我国家九边军实半仰给于盐课。两淮岁课百余万，安所取之？取之商也。商安所出？出于灶也。以区区海滨荒荡莽苍之壤，民穴居露处，魑魅之与群，而岁供国家百余万金之课，自钞法坏而优恤为虚，所恃供课之外，商收其余盐，得钱易粟以糊其口。若商不得利则徙业海上，饥无所得粟，寒无所得衣，是坐毙耳。将强者冒禁公行，集众私贩，因而椎劫，甚则盗弄潢池，震动城邑，若唐末黄巢、王仙芝之类是矣。故商不得利之祸浅，而灶不得食之祸深。即如迩者，中使一出，海上惊惶，焚刈草荡，不顾煎办，官虽多方抚谕，亦若之何？且商人皇皇为利，今令破家折产，备受窘辱，富者以贫，贫者以死。彼所恋旧堆之盐、预征之课，未忍割而徙业，若束缚之急，使至一无所顾，今天下安得岁增民间百余万粟，输九边以为兵食者乎？即令晏、弘羊画策，恐无救于萧墙之变矣。大都盐法之本在恤灶，在通商，在慎任人。先朝忠公远虑之臣其成言具在。彭侍郎韶云："天下小民无虑皆穷苦，而灶户独甚。臣行视海滨，目击其苦，为之涕下。破屋缺椽，不蔽风日，脱粟粝饭，不得一饱，此居食之苦也。山荡渺漫，人偷物践，欲守无人，不守无薪，此积薪之苦也。晒淋之时，举家登场，刮泥吸海，隆塞砭骨，亦必为之，此淋卤之苦也。煎者烧灼，蓬头垢面，人形尽变，酷暑如汤，不敢暂离，此煮办之苦也。寒暑阴晴，日有程课，煎办不前，鞭挞随至，此征盐之苦也。客商至场，无盐抵偿，备极逼辱，兴家忧惶，此赔盐之苦也。逃亡则身口飘零，住业则家计荡尽，所宜加意矜念，遇事宽恤，宜莫如灶户矣。”霍佥事韬云：“国初召商中盐，官之征至薄，而商之利至厚，故盐价平贱，民亦受赐。今则每引纳银七钱五分矣，权势卖窝，复取利钱，复以长芦、两浙搭配兼支，商人一身，三路支盐，劳费不赀，及其转贩，不得不增价以市利，而盐益涌贵。夫正盐涌贵，则私盐盛行，私盐愈行，则正盐愈滞，亦其所由也。为救时之策，宜莫若令商多买余盐，正盐一引，许带余盐二三引，悉输粟于边，如永乐时纳粮二斗五升之例，其非官引而辄买余盐者，置重辟。盖官价减，则商旅乐趋；余盐尽收，则灶户可得赢利，而土民亦无淡食。行之数年，即边储可足，乃以余积召募游民垦边地，课农亩。边地愈辟，边防愈固，此百年之利也”（中余盐于边策甚善，然今益难行矣）。李户部梦阳云：“国初建转运司以来，尝差监察御史分督盐课，此于盐甚重。然御史者，以法治，而所与奉法者，则运司提举等官，今其官非尽慎选。夫人情莫不有欲，导之以洁，然且虑污，况导之以污，又奚所不至乎？且岁一遣御史，初至于法多不甚解，聪察多纷更，恬静多避嫌，及少得次第，已复更代矣，窃未见其可也。诚选贞茂通明御史，清盐如清军，三易岁乃代。仍简风宪重臣一人，付便宜之权，略仿汉桑弘羊、唐刘晏、本朝周忱故事，令其绠坠剔蠹，浚源决流，一切不得阻挠，运盐提举官悉选补廉吏。如此而利不兴，国不足，刍饷供亿之费不给，未之有也！语曰："智者不袭常"，此之谓乎！"自后言人人殊，弗具载。乃今所急，惟是亟召还诸内使，罢勿遣，然后天下事可得而言矣。

赞曰：盐策之利，所从来矣。汉以前，擅自郡国，言者不甚著。唐宋以还，置吏画令而守之，几无遗算，而网亦少密焉。然要亦整齐均调，使为国赖而不为民病，则义固所以利。国朝法令数变，浸失其初，然未有天子自以为利者。近世为加罚之说者，因计夺于豪右，适逢世而得售其奸，遂使鹾政旁出，公私困扰，事势之流，相激使然，殆谓是乎？今大农无终朝计，而九边所仰给安在？法蠹利诎而国随之，不待智者知之矣。

额盐数

通州分司驻扎石港场，所属丰利、马塘、掘港（注九十三）、石港、西亭、金沙、余西、余东、余中、吕四（注九十四）为上十场。

泰州分司驻扎东台场，所属富安、安丰、梁垛、东台、何垛、丁溪、草堰、小海、角斜、拼茶（注九十五）为中十场。

淮安分司驻扎安东县，所属白驹、刘庄（注九十六）、伍祐、新兴（注九十七）、庙湾（注九十八）、莞渎、板浦、临洪、徐渎（注九十九）、兴庄（注一百）为下十场。

行盐地：江北庐州、凤阳二府，滁和二州，俱行单盐；淮扬二府行食盐。唯徐州所属及宿州食长芦盐，不行淮盐。

江南行单盐地：应天、宁国、池州、太平、安庆，共五府。

湖广盐法道所属行盐地：武昌、黄州、汉阳、长沙、德安、辰州、岳州、常德、承天、荆州、襄阳、郧阳十二府，靖州一州。

江西盐法道所属行盐地：南昌、九江、南康、饶州、瑞州、临江、建昌、抚州、袁州共九府。

河南盐法道所属行盐地：开封、南阳、汝宁共三府。

行盐事宜（注百一）（近日通行事宜总论中未备者载之）

关引（每年夏冬二季起纸，运司查算勘合若干道，中盐若干引，正纸银三厘，加耗银三毫，差吏赴南京户部，关领引目、纸价，赴部挂号，转给应天府买纸刷引，完日领回，收贮架阁库，挨次榜派。近议四季起纸，四季榜派，见今遵行）。

榜派（正德七年，御史朱冠奏准，分三十场为上中下三等，均匀挨次榜派，以富安、安丰、梁垛、东台、何垛、草堰、角斜、拼茶、丰利、石港、金沙、余西、吕四为上场，马塘、西亭、新兴、余东、余中、庙湾、掘港、伍祐、刘庄、白驹、小海、丁溪为中场，莞渎、临洪、兴庄、徐渎、板浦为下场。每遇投到勘合，发付榜派。单年，上等自吕四，中等自丁溪，下等自板浦逆派起；双年，上等自富安，中等自马塘，下等自莞渎顺派起。仍分派本折逃亡，本色商人赴场支盐，折色商人在司领价，逃亡听商自行买补）。

拨引（先因淮南引盐壅滞，以致边引不售。御史蔡时鼎设法，凡遇堆盐临掣，如一单堆盐一千引，限买边引八百，方准赴掣，名谓二八搭派。今遵行，淮北引目疏通，无庸限卖）。

盐单（商人执引下场支盐，淮南运至白塔河过桥，将引投入该巡司，积至八万五千为一单，造册二本送院，一发掣盐委官，一发该司收贮备照，谓之真单。淮北运至安东过坝，将引投安东县，积至五万五千为一单，造真单如前。淮南岁行盐八单，淮北四单，谓之单盐）。

秤掣（每据运司呈掣之时，将院存真单委就近府佐县正等官秤掣。其秤掣事规：每引各认色号，插旗一面，至二十号而止。委官亲手掣签对号，提上一引，执旗人役带领上秤，即以一引轻重之数例十九引二十引完，以后照前周而复始）。

割没（临掣时，淮南每引以五百五十斤，淮北每引以五百六十斤为则，如一引之外，多余盐五斤以内，通将原掣引盐积算。淮南每一百六十斤纳银一两，淮北每二百斤纳银一两，是为旧割没。若多出五斤以外，即照违例夹带问罪，每斤纳银一分，是为新割没。余银不足额数，即以割没凑完补解）。

解捆（专委运司佐贰官，将掣过单盐，四单一次开价解捆，盖内商之盐捆大，卖与水商，改小以便装运，谓之解捆）。

京掣（水商已买过解捆之盐，抵石灰山关，旧听盐院移牒南道，复掣放行，谓之牒掣。万历二十二年题革。后水商告复，今改于浦子口盐院岁两次亲赴验掣放行）。

食盐（食盐者，乃于单盐内过桥坝之时，抽点另堆，候铺户执引票支买，谓之食盐）。

恤灶事宜

编审（每五年一次编审，灶户定上中下三户则，各场总催俱照原额选其殷实佥充，亦五年一换。各总下灶户多寡不一，或编二十名，或编三十名，务使灶舍相近，草荡接连，事毕造册备照。残疾年老不堪煎办者俱开除。寡妇守节子未成立者，其夫遗课免办。见任官以礼致仕者、举人、盐生及经科举生员俱照例优免）。

折课（旧规：水乡灶户不谙煎盐者，每引纳工本银三钱五分，解送运司，给散灶丁，或年终类解户部。正德七年，御史朱冠题准，水乡灶户每引折银二钱。盐课司年终解送运司，类解赴部。又莞渎一场，地不产盐，每引折收价银五分，白驹、西亭俱办本色盐七分、折色三分）。

官鏾（嘉靖六年，御史戴金题准，行委运司估计，每角用铁三千斤，连铸造工价，约用银二十六两，即于运司赃罚扣数动支，照依时制铸造四方铁盘，共三百二十一角，给与各场贫灶朋丁煎办。历年渐久损坏，仍补造给发）。

赈济（商人每引上纳银五分，存留司库，遇年岁灾伤，以为赈灶之用。后该蔡御史议，将应纳银每引扣银三厘，给灶勇工食，余四分七厘准抵折色给商。夫折色者，系灶户应纳之银，以应赈之银抵应办之课，商灶两便，今遵行之）。

清理盐法都御史。按会典，正统初，尝以户部侍郎同御史巡视两淮，旋复取回。自后差都御史或以侍郎兼都御史理之。至嘉靖，凡五六遣焉。其后户科请罢清理，极论不便三事，于是都御史罢不复遣。巡盐监察御史。按会典，以监察御史巡盐，自宣德始，然间数岁一遣，旋复取回。其后复以巡河御史兼理盐法，而巡盐之差遂省。至正统三年，始岁差御史巡视淮浙、长芦诸司。而河渠由济宁迤北抵张家湾，长芦御史兼理之；由济宁抵南京，两淮御史兼理之。遂为定制。

按盐课莫多于两淮，而法制屡变，征纳愈艰。嘉靖十五年，户部尚书梁材博访酌行，以还中边之旧，兼疏通余盐，题准正盐例有引日，余盐总在正盐包中，不得另立照票与引目相背。除河东听其仍旧外，其两淮盐斤每包计五百五十斤，内二百八十五斤连包索为正引，定价五钱；内二百六十三斤为余盐，淮南定价银六钱五分，淮北定价银五钱。两浙每正盐一引，连包索共二百五十斤，定价银三钱五分；余盐通融二百五十斤为一引，嘉兴批验所银五钱，杭州、绍兴批验二所各银四钱，温州批验所银二钱。山东、长芦共计四百三十斤，内二百五斤为正引，长芦定价二钱，山东一钱五分；内二百二十五斤连包索为余盐，长芦南掣盐所银三钱，北掣盐所三钱五分，山东定银三钱五分。以上正盐俱各开边报中，两淮、两浙俱全上纳本色粮草，长芦、山东听其上纳折价。至如余盐价银所在各别，照旧运司收银解部，转发各边。续题准开中引盐，无论常股、存积，不分淮、浙、山东、长芦，俱照原定价则上纳本色粮草。

《兵防考》（注百二）

扬州，故春秋时吴越兵争之地。秦置郡国，销天下兵。汉都关中，江淮之间为藩服，故兵制略焉。晋氏南渡，谢玄镇广陵，统北府兵，玄尝以五千众破秦师十万于淝水上，以扬州为江左外郛，称重镇。唐时制府兵在淮南者，折为四屯（仪真方山屯、扬州邗江屯、泰州新林屯、泰兴平江屯。每府列为三等：兵千二百人为上，千人为中，八百人为下。无事则散兵归农，有事则遣将戍守，制最善。贞观后，变为方镇，又变为彍骑），兵最强。其后吴，南唐所窃据。迨宋南渡，复以扬为边镇，有禁厢军、强勇、武锋、敢勇、雄胜军之属，而淮南军为诸路最。金虏数犯扬州，韩世忠一败之江中，再败之大仪镇；刘琦败之瓜洲皂角林。于时阻淮为守，自广陵而抵淮阴，为全淮右臂，京口、秣陵藉捍蔽，故战守诸策，往往急淮泗而缓江海者，亦其势也。（宋制，枢密所统凡有四：隶侍卫者为班直，隶边防者为屯驻，隶诸司者为役兵，隶诸州者为乡兵。崔与之节度淮南，选厢禁军有材艺者充亲军额，亲军，即班直也。扬之禁军有四：曰效忠军、威果军、忠节军、武锋军，厢军有三：曰宁淮军、装发军、牢城军，各军俱有指挥统之。其屯驻曰强勇军，以流亡盗贼充役；武锋军，以他州军调拨；敢勇军，以敢勇茶客充隶；雄胜军，迁驻宝佑城者；武定军，嘉熙间移屯扬州者；游击水军，乃御笔立额屯驻扬州者；神武军，乃汤东野出戍扬州者；护圣马军，钱端礼出戍扬州者；雄边军，赵范以雄边民兵招充者。其他又有水军、忠节军、保胜军、忠勇军、宁淮军，并隶屯驻大军，各有统制官一以钤其属。其役兵：有淮东司、江淮司、马军司、左军殿前司、左军步军司、郭振步军司、选锋军、神武库军，俱看守城堡者。其乡兵：有制胜全军、客军、民船部南船部水军、澳河水军，俱于诸州招充总戍扬州者。其他如国子部、簇帐部、亲弩部，皆赵范立额，不相统摄。又江都有巡检七，泰兴、如皋巡检各一，以分巡要害，以司兵柄于上，州兵运于下。此宋扬州路兵制之大略也）。明兴，高皇帝都金陵，以维扬辅畿近郡，丁酉，置淮海翼元帅府，命大元帅缪大亨、元帅张德林镇之。庚子，改淮海翼元帅府为江南诸处枢密院，仍命缪大亨同佥枢密院事。乙巳，以大都督府经历陈瓘总制真州军事。自后行枢密院总制官皆罢，而扬州、高邮、仪真三卫径属中军都督府焉。其卫所之制：曰扬州卫指挥使司一，其属经历镇抚司，为千户所者五，五千户所各统百户所十、镇抚所一。高邮、仪真卫制如扬州，于通、泰、兴化、盐城置守御千户所者四，统吏目镇抚及十百户所，与诸郡县犬牙错处。以军为民卫，而军有从征，有归附，有谪发，著籍各卫，俱以十分为率，八屯种，二守城，更迭番休，均劳逸，且耕且守，盖仿古屯营法，为固圉策甚具。然于时方国珍、张士诚甫擒灭，其逋贼皆滨海郡人，习兵，悉航海附倭，数引倭寇并海郡县，始由山东、淮北，转掠浙、闽、粤诸郡，至遣使诏谕，彼国不为止。于是上命信国公和行视师，筑海上备倭城，籍民四丁调一为戍兵，而如皋掘港始设备倭军，营堡斥堠与通泰诸所并列矣。永乐中，左都督刘江大破贼于望海埚，倭稍戢。然夷终猾狞，时时拿舟载方物戎器以来，遇防守严，辄陈方物，云入贡，得宴赐市易去。后再至，亦如之。伺无备，持戎器出剽掠杀掳，亦满载去。无问得间不得间，无不得意去者，故沿海所在防倭严。而扬子江上自九江，下至通州、海门数千里，江南北远者数十里，近亦十余里，中隔洲渚港汊丛杂，诸奸侠亡徒窜其中，伺间为劫，商旅船往来辄被掠，甚则贼杀公吏不顾。在扬州境者，黄天荡、孟渎河其要害也。海滨故饶鱼盐，其豪不逞者规私贩为厚利，张高桅巨舶，出没怒涛骇浪中，千百相聚，为越境兴贩，船回则因而劫客，或党与自相凌暴剽攻于海屿中，有司者莫可如何。盖利之所集而害生，若山矿徒、海盐徒所从来矣。自文皇帝迁都北平，念留京根本重地，于新江设水操军以万计，而都御史督之。自九江以抵苏、松、通、泰，凡地方缓急，寇盗、盐徒出没，听调兵擒捕。盖督臣兼综江海诸务，于事权至重。是时卫所军已有城守、操江、备倭诸役。永乐末，始令民运粮储于瓜洲，给军船脚价为兑运，于是有运粮军，岁一转输京师以为常。正统十四年，虏犯顺，又调扬州各卫所军分春秋两班更番入戍，名京操军，而卒伍疲甚。其后军政日益废圮，丁壮困诛求，屯田苦兼并，诸隶卫尺籍者逋逃亡耗居半，其仅存着伍，亡虑皆枵腹窭人，倚月粮以糊其口，又不能以时给，即力稍自赡，又不能当转饷更戍无已之役。而武弁婪者之日朘月削也，虽岁有清军勾补及屯政、仓政，诸令甲甚严，而弊蠹萌生无由诘。卫所军之不可复驱以即戎，无论淮以南，即天下犹是矣。正统末，令府州县招募丁壮为民兵（或名快手，或名会手），而巡司故有弓兵，俱有司率领操练。然民壮只供公门役使，弓兵所缉里闬鸣吠及负担兴贩而已。正德中，蓟盗刘六、刘七、齐彦明寇齐鲁间，转掠河南、襄阳，所过屠城破邑，杀抚臣，遂率众浮江东下，泊狼山，欲自通泰登岸还山东。时总漕尚书张缙督兵扼淮口，贼不敢渡，乃自通州溯流至九江，又下南京，往返者三，操江兵愕眙无敢近。而兵侍郎陆完调沿边诸镇健卒讨之，尾贼行，驻福山，隔江而陈，仅移檄往来，通州城危甚。忽夜半，海飓大作，贼舟覆溺，死无算。完遣裨将袭其余党，尽歼之，以捷闻，遂奏凯献俘，勒碑铭狼山上，州人恧焉。嘉靖初，倭贡使相挺起为变，蹂宁、绍诸郡县，已倭市舶据海洋不去。而中国大猾旺直、毛海峰等以财物役属倭恶少，行海上为乱。壬子，破黄岩、象山诸邑，浙东骚动，遂蔓延苏、松间。其党徐海者，屯松江柘林，始分掠江北。甲寅，犯如皋、通州、海门。时承平久，扬俗日渐于纷华，上下巽愞偷安，沿海备不复设，猝闻变，皆望风奔溃。贼率不过数百人，所至焚烧斩戮，荼毒不可道。每战，倭辄赤体提三尺刀舞而前，善设伏，能以寡击众，反劳逸客主而用之。远近传相恐，言贼有神，不可与战，率蒲伏受戮，而县无城守者毒尤惨。先是，操江臣以倭患棘，势不能兼理海防军务，朝议于江南、北设二巡抚，与提督操江画地而守。扬州三江会口以上，操江统之；周家桥以下，江北抚臣统之。而都御史郑公晓始以巡抚兼海防，知府吴桂芳为言："自倭犯并海郡县，有城则守，无城则残，城之为利必矣。使寇逾廖角而漂北海，犯盐场而南，则如皋弗城为可虞。道南江而西，舍舟而北犯口岸，则泰兴弗城为可虞。风帆西下，直抵西市，则瓜洲弗城为可虞。况海门僻处东偏，为海寇必由之所，弗城安恃乎？”抚臣然其议，始奏筑如皋、海门、泰兴、瓜洲四城。逾年，城成，民稍恃无恐。乙卯，倭猝薄扬州城，民敛避不及，被杀及溺死者数千人，尸断流，焚掠大东门外，尽烧毁盐堆而去。府同知朱裒及高邮卫经历以率兵御贼死焉，淮南北大震。于时卫所军无所用，而各州县乡团民兵或时时扼杀倭，及婴城，时击却之，始筑东关新城。其明年，参将王完伯率所部徐、兖精锐兵守扬州，设伏于铁盘厂，引弱兵转战，至伏所，麾骑兵冲击倭，大破之，贼稍戢。又刘显击破之泗州而遁。明年，都御史李公遂抚江北，以土兵、客兵俱脆弱，疏调山西边兵三千戍如皋。明年，贼大举万众分道入，遂与海防副使暨诸将佐约曰：“贼业入海门，必集如皋，夫江淮根本在凤、泗，贼若越泰宜陵窥江都，则天长以北震。是惟予自督御，咎弗在将吏。瓜仪漕挽津会，南北襟吭，抑又陪都之屏辅焉，贼若压黄桥，奔泰兴西扰，即诸重地危，海道游击任之。二路既抗，贼宜却出富安，并海岸东驰，我振旅淮安，出其不意，贼成擒矣。”画既定，部署诸将，令声援相犄角。于是倭入丁堰镇，趋如皋，游击丘升击败之。已又犯海安镇，副使刘景韶率丘升兵追剿，尽歼之。贼果不敢西掠，而折循富安，并海堤东出，抚臣夜提师至淮城，适所调青、沂、曹、邳兵并集，贼猝见兵众盛，大愕，麾突骑横搏贼，斩首千余级，贼退据庙湾，夜乘风窃舟去。亡何而江南倭据三沙者千五百余辈忽北犯通州，参将丘升战殁，民悼痛甚。会副总兵刘显以御江南倭失利，乃渡江赴援，请自赎。诸将欲拒弗纳，抚臣令予卒助攻。显感奋，首磔入贼垒，壮士乘之，贼溃围走，追攻之白驹场，又追及之七灶、茅家墩，先后俘斩六百余，夺器物无数。贼逸窜海坝，为土兵格杀殆尽，于是三沙贼并散殄无遗类，而江淮靖焉。自甲寅以至己未，五六年间，江北横罹倭祸，未有甚于此时。以督抚、道臣、将佐戮力勠攘而定，然负海千里，焚荡萧然，民被杀戮，僵尸如积，诸将吏士卒捍御死者，亦复不数，以仅无陷城屠邑，至今言倭事者，犹憯慄云。自是沿海益增置营戍，设将领，通州有副总兵及水营把总，掘港有守备，大河、周桥有把总，扬州有参将，而仪真守备及三江口把总、瓜洲营卫总隶操江如故。所统兵或招募土著，或以义乌、东阳习水战者充之，自江达海，分信地，列战舰，严会哨，所在繦属棋布。而倭以入犯鲜生还，寂不窥海者几三十年。其后营兵制复浸坏，凡土著兵率豪有力者所诡寄，以势要挟，将领无敢诘。临阅期，则雇丁壮习技者虚应。或多蓄佣奴，居恒为作百役使，时嘱免其操戍，当散饷，则尽括以肥己，而十三给之。其力能修舱官船及以私船应募者，为耆民、捕盗诸水兵，皆听役属，率没其月饷之半，为治船费，稍违咈，则擅榜掠驱逐，或更为募补，弗以白于主将，弗敢问也。浙兵性骄悍，与土著不相能，时时扰闾左细民，急之则亡匿去，难控驭。盖自戎政圮，而将官非纳贿夤缘无由进，多者费千余金，势不得不取之营伍以偿借贷（语云债帅）。又岁有赂遗交际，诸当道主文胥役有常例，偏裨将月廪几何，势不得不剋取之兵人。剋取则惧丛怨，则又于队伍中逃亡阙者诡寓其十之一，藉虚兵粮为用度。而自哨队伍长以下，转相仿效，以彼此挟恐，相制毋敢发。其有律己严厚，绳下以法，则众喙蜂涌，为蜚语以闻于廉访者，无何而挂弹劾。若影响，甚则连名牍具诉，众为证而互讦之，将官或坐褫职及以飞赃抵罪。后来者益蓄缩畏懦，以营伍为传舍，苟得利以图复为夤缘，安望桓桓不二心之臣，缓急为国家出死力者乎？江海故多剧盗，其黠猾者以所掠余赀厚赂诸哨船，辄故纵。诸盐徒亡虑皆其亲戚子弟，或耆捕窜入其中，倚兵船为盗贩，遇诘责严，则时缉其盗之被勾诱为役使者、私盐之势单弱及弗输月钱者，以邀为功，得厚赏。沿江海所在皆然，而淮南北其著者矣。今上之二十年，倭酋关白专其国，山城君不能制，遣二将清正衡长以兵袭朝鲜之釜山，据之，属国告急。上遣帅督兵征之，师少挫，辽左戒严，而倭伪乞封贡，为缓师计，比遣使而悖骜益甚。于是天子震怒，令大集郡国兵，若江南北、浙东、福建俱募兵船赴援。议者谓倭不得志于朝鲜，必分兵内寇，若天津、登莱、淮扬将无所不犯，于是所在增兵置堡，严戍守如异时。然营伍兵皆恇怯甚，与卫所卒无异。幸倭不来，来即先亡魄委甲而遁耳。知府郭光复乃申防倭十二议，曰：修城池，缮军器，佥门夫，严保甲，复副役（凡里甲壮快等正役外，许帮副役一名，分工食之半，演习操备），补额兵，练乡兵，厉灶勇，复沙船，留粮饷，议召买，阻险要。诸建议皆奉文举行。而抚按臣复疏请于江中永生洲添水兵游击一员，统南北水兵共千人，以上下应援，无南北彼此之委，疏报可。二十五年，上复用言官言，以总河臣兼漕务，而江北专设督抚臣，治军务，盖武备稍振焉。会关白死，倭将狼狈内顾，战不利，遂燔釜山栅寨，移辎重而去。而东征兵渐撤，诸所题留马价盐课备饷银，户部以帑藏诎乏，催征解严于星火，而新增饷科派民间者，业有旨停免。顾诸营兵枵腹以待，东征兵撤回者猝未易散，团聚海上，虑为变，当事者益难之矣。呜呼！时平而养兵，兵易集而饷不得继；及时急而募兵，饷易办而兵不得精。

不经挫刃败衄城陷邑破之后，未有能先事预防者也。善夫盱郡邓元锡之论兵制，盖伤之矣（邓论不为扬州而发，然近事有类，故引以示鉴）。以为国家分军民籍而来，民力农养兵，兵戍守卫民。天下久平，卫所军日耗而变剧，于卫兵外复取民财，购民而为兵，其后天下益多故，财耗兵脆，卫军仅名额，而机快徒虚文，力不能有所捍御。每腹里盗发，辄请调土汉狼达兵以已难。调且至，盗辄鼠伏，去复横放。而所调兵性狼戾多暴，又羁旅怨旷，所过骚动掠劫，有司不敢诘，将领莫能制，故谚有“盗来放火，军来杀我”之谣，而糜费不赀（近日征东兵类此）。故召外兵以除内寇，寇未平而民已大受其祸矣。其又后申严保甲，自相维辖，而要害地诸选兵结寨，立墩台，备器械，共追胥，一专之于民。国有事，总兵者惧丧师难讳而见短，其将领又惮失伍当坐而受诛，且营伍空，久不任调。于是诸大盗起，额军不复遣，独遣州郡所佥民兵以行，即卒积死，得不报也。其最后国储殚乏，适有故则名增兵饷兵银，取之民，急练募以已难。事稍靖，则又名革兵减兵银，籍之以上供，而费出于民者，一增而不复减也。呜呼！国家养兵二百年，此其费安出？出于民也！养兵以卫民，曾不得一旅一卒之用，又益之以机快民壮。机快民壮者，朋户醵金而充之者也。不足，又益之以保甲，于是乎尽民而为兵。既尽民为兵矣，乃其初亩征税敛以养卫兵，户醵金以充民兵者如故，曾一不少贷也。是为官兵者，既已养之，又从而骄之；为民者，既仇敛之，又驱使为兵，又驱而代之死也。岂不泰甚，泰甚也哉！则知古寓兵于农，因地为守，固自然之符，地水之象，终百世不与易也。其议惋切深至，然或缓难行。为方今计，若夫有能之将，有制之兵，得数千人焉，督抚重臣日置标下而训督之，率有警可调发，诸要害地，则姑仍其旧。慎汰羸弱，严哨探，使不遑知有所慑，亦无负国家所以养兵卫民之意。转弱为强，存乎其人。若其守成说以言方略、按地名以求要害者，不可以言知兵，故无载焉。

赞曰：维扬倭患，至嘉靖甲寅以后极矣，闻之土人，官兵所俘斩倭大率皆胁从华人，其魋结者无几。岂直胁从其造谋而导向之者，皆吾人也！近时或言海上盐徒可御倭，异乎所闻。彼皆奸盗之魁，悍而无义，复怯死。若迩所募应援趋朝鲜者，皆图饷为利，人与船不相离，遇敌则先逃，调沙船兵以御敌者靡不败，识微者慎之焉！至若釜山之倭，以内难自归，非我力能制其死命，而业为献俘宣捷，沿海备且渐撤，虽齐民犹知寒心，况司枢画者乎？余所述兵防事不能详，志其大者，后之君子亦足以知其意之所存。

营寨

标营，即军门中军营也。旧以凤阳巡抚兼总督漕运，驻扎淮安府，而中军大营，则以都司领之。万历二十六年，并漕运于总河，分设巡抚于泰州，而中军营仍留于淮，因置标营于泰州，又谓之内中军，择废闲将领统其众。原设官兵七百员名，近增一千余员名。

泰州营，即海防道中军营。嘉靖三十三年，以倭人寇，题设海防兵备道，驻扎泰州。原设官兵一千二百员名，择各卫指挥贤能者为中军，后减至四百九十员名。万历二十五年，新增三百名。二十八年，复裁去八十名，止存七百余员名。

通州副总兵府，在州城。嘉靖三十三年，以倭寇故，巡抚都御史郑晓奏设按察副使为海防道及参将为分守通泰海防。至三十七年，倭益甚，乃改参将为提督狼山等处副总兵，与海防道相策应，统狼山掘港、周桥、大河守备、把总等官。旧额设水陆营兵八千余人，今裁减。

扬州参将府。初制扬州有守城坐营指挥一员，操习马步队正军，其教场在小东门外。嘉靖间，以倭变增筑新城，遂包隶城内，于教场右置参将府，设署参将一人。近多以游击代署，又名游击府，用操演水陆军马防御外寇，凡卫所等官，皆以军法节制之。原额官兵一千名，近照旧。

仪真守备府。洪武初，议者以地当要害，大军甫经，宜建统帅一秩以临辖军卫，始权置守备员御于仪真。初以都督，自后或以都指挥，或署都指挥，咸授敕谕。宣德间，尝裁之。成化初，复置，寄寓于天宁禅寺。弘治初，始以马厂改守备署焉。守备一人，于浙江都司列衔。旧额官捕耆兵共六百六十八员名，近增减不常。

三江会口把总司。嘉靖四十二年，南京兵科给事中范宗吴题议，上自九江，下至江南圌山，江北三江会口，每年防春，调取各府州县健勇二千余名，征银雇募水兵防守。至四十三年，兵部覆水兵内拣选精壮者四百名，分为二班，一班专守江南，一班坐委指挥协守江口。隆庆三年，都御史吴时来题请三江会口兵务设钦依把总一员统领之，额兵七百五员名。

瓜洲营卫总。旧设陆兵与常操民壮各一百七十五名，水兵四百八十六名，巡江军舍八十名，大小战船五十余只。万历二十六年，议增水兵三百名，沙船十只，选指挥一员统领，共为三大哨：一驻沙河港，一驻花园港，一驻马头，为犄角应援之势。其昔年所谓脚斛二行骁勇，则前已一切罢去，令其纳银以充兵饷。近改仪真守备为瓜仪守备，督率操防。

周家桥把总，在泰兴周家桥。原因兑粮于此，每年拨泰州兵快一百名，与彼处民兵一百名防守。后因倭变，《筹海图篇》云：泰兴周家桥乃沿海冲要之区，据守所当先，须添设把总堵截海寇。遂设把总一员，领兵三百，复增百余，又添福兵船四十余只。

掘港守备，在掘港场东迤海洋五十里，为倭寇首登要地，旧惟扬州卫遣指挥千户防御。嘉靖三十四年，倭夷大举，巡抚都御史郑晓奏易把总。三十八年，巡抚都御史李遂复奏易守备，统东西二营。

大河营把总司，在海门县境内。初无城堡，倭难后，巡盐御史崔栋题准，遂筑正场及庐便仓二堡，东西相望，俗名为东、西场。东场堡内，嘉靖间设大河把总官一人，领兵千人镇守。万历间裁减。

狼山把总司。把总一人，驻通州，亦设于嘉靖中。副总兵中军所统陆兵为陆营，而守备则专管水寨操演水兵之事。

永生洲游兵把总。万历二十五年，因倭警及江海寇盗出没，知府郭光复议以永生洲中踞大江，置游兵把总，统船兵一千人，为南北应援。督抚都御史褚公铁题准以江南北各兵五百名，饷亦均出。近复题革镇江参将，并为永生洲参将。

《城池论》

（郡东南新城基硗易摧，西北阜高于城，可俯而瞰，识者虑焉。

通州江海要害，迩虽增筑石城，然止于东南一隅，因资于民，劳悴已甚。且虑左腋之拥肿，忘右胁之偏枯，非完策也。若沿海鹾场及海安诸城，旧所创建，今悉隳坏，时平则以为不急之役，有事而图则已晚，使前人所殚心毕力，以几得成为幸者，而委之榛莽沙砾，不亦惜乎？）

《禹贡》曰：“淮海惟扬州，其贡道沿于江海，达于淮泗。”盖兼后世吴越之地而为言也。春秋南为越，北为吴。哀公九年（周敬王之三十四年），吴城邗沟，通江淮。（按是时江水由六合流入扬城，故曰邗江。北则上下雷塘、邵伯、武安、高邮、甓社、宝应、范光诸湖以连淮壤，故夫差欲霸中国，乃于邗江筑城穿沟，东北通射阳湖入淮，西北至末口达六合，遂为后世运河之祖。）汉吴王濞开邗沟，自扬州茱萸湾抵海陵、如皋蟠溪，以通煮海之利。隋炀帝幸江都，发兵丁十万余开邗沟。（是时扬子镇尚临江，盖前此邗沟于扬州西北自末口达六合入江，东北自射阳湖入淮，至是乃自扬子达六合，自山阳渎入淮矣。）唐开元二十五年，开伊娄河。（今瓜洲至扬子镇运河是也。时以润州北距瓜步沙尾，圩汇六十里，舟多败溺，乃徙漕路由京口渡江，开河二十五里，以达扬子。盖前此扬子临江，至是江徙已远，而瓜洲遂与扬子接壤，故开此河及作伊娄隶，为后世由瓜洲渡江之始。）宋太宗雍熙初，淮南转运使乔惟岳开沙河四十里（创二斗门于西河，设悬门以蓄泄水利，即今江都县东自运河通江一路也）。真宗时，江淮发运使薛奎疏真扬漕河，废三堰以便饷运。转运副使吴遵路于真楚、泰州、高邮军置斗门九十，以蓄泄水利。神宗熙宁七年，诏浚真州运河。元丰二年，诏浚淮南运河（自邵伯堰至仪真，凡十四节。按邗沟旧达六合入江，今六合江口已堙为平沙，而邗沟入江，则一由扬子桥南入伊娄河至瓜洲，一由扬子桥西过石人头至仪真。其扬子桥之北，则经府城南门，东过钞关，复北至湾头，以达邵伯诸湖，至黄浦入山阳。故自雍熙而后，所开浚者皆此河也）。徽宗宣和二年九月，以真扬运河浅涩，委发运使陈亨伯措置。三年春，诏发运使赵亿以车畎水运河。亨伯于真州、瓜洲、海陵河口作三坝（向子諲议于真州太子沟作一坝以复怀子河故道，于瓜洲河作一坝以复龙舟堰，于海陵河口作一坝以复茱萸侍贤堰，使诸塘水不为瓜洲、真、泰所分。又于牝神相近作一坝，权闭满浦闸，复朝宗闸，则上下无壅矣。亨伯用其言。是后滞舟皆通利云）。孝宗淳熙十年，开真州大横河（以便江舟舣泊）。元都于燕，军国之需悉仰给于东南，粮道自浙西涉江，入淮而上，故大德、泰定之间，屡浚真扬漕河，取钞于盐商以为佣直。国朝设工部都水司官，掌天下陂池川渎之政令。洪武九年，甃湖堤以捍风涛。十六年，重建仪真五坝与清江、惠桥、南门里潮之诸闸，以蓄泄河水。成祖迁都，讲求河政，日益精详，岁漕东南米四百万石，皆由江入邗沟，乱淮而渡，上清口，经徐、吕二洪，溯沁、泗，顺流而过漳、御，至直沽，溯白河，抵潞以达于京师。命大臣以总理其事。永乐七年，平江伯陈瑄开扬州白塔河，寻废。（在府城东七十里，置闸凡四，江南粮船由常州府西北过江，自白塔河至茱萸湾入漕河，以省瓜洲盘坝之费。成化十三年，因徙钞关于湾头镇。其后河道淤浅，反泄漕水，且私盐从此入江，莫可防御，遂废弗浚，钞关复旧。）正统间，重筑瓜洲十坝。成化三年，定浚仪真、瓜洲二港之例（先是，仪真坝下黄泥滩、直河口二港，瓜洲坝下东西二港，江潮往来，通沙填淤，潮不登坝，船不能行。是年始定，每三年冬月江涸之时，发军民人夫挑浚一次），复建江都朝宗上、下二闸，仪真、罗泗、响水、里河减水诸闸。弘治间，复修通济新闸、滨江拦潮诸闸，始尽复宋人之旧，而以主事监之。嘉靖四年，改修瓜洲之留潮闸曰瓜口闸。其邗沟支流，则通、泰诸州，如皋、泰兴、海门、兴化、盐城诸县，余西、吕四、安丰、石港、白驹、梁垛、刘庄诸场，皆有运盐河。盖自刘濞以至今日，其来久矣。累朝盐法御史兼巡河道，故由吴公哲、李公孟胵而来，递加疏浚焉。

《仪瓜工部分司志》

洪武十六年，建仪真五坝及清江闸、广惠桥腰闸、南门潮闸。

盖自伯禹流川导滞，居水丰物，于是有陂唐污庳以钟其美，今之堤坝水门是也。若曰治水有决河深川而无堤防壅塞之文，亦见其固矣。邗沟故南北冲渠，水势邪直，填淤反壤之害，自其宜也。周汉来唯是为务，深从便宜以相极难。大抵江承河下流，河高湍悍，苟不准高下，下无外闸，上无坝堰，何以使水绝壤断，功施不穷哉？任土作贡，扬州则沿于江海，达于淮泗。当是时，江淮未通，诸贡赋沿江入海，沿海入淮，自淮入泗，而因以达河。迄春秋时，吴始穿邗沟，则扬之东北通射阳湖，西北至末口。汉以淮南封诸王，吴王濞开邗沟，则通运于海陵。是时贾谊言汉以淮南为奉地，然未漕江淮。正始四年，邓艾言于司马懿，开广漕渠大便利。东南有事，兴众泛舟，下达于江淮，资食有储而可避水害。后魏自徐、扬内附，是后经略于兹，不废转运，中州百姓，咸被其劳。至隋大业元年，引河通于淮海，广开邗沟，则自山阳至扬子三百余里，水面阔四十步，入江以便转输，而行幸作矣。唐因之，置巡院发运使于扬子，属淮南道，而江南租庸皆由扬子入水门以渡淮入汴。开元十八年，宣州刺史裴耀卿朝集京师，帝访以漕事，耀卿条上便宜曰："江南户口多而无征防之役，然送租庸调物以岁二月至扬州，入斗门。四月已后，始渡淮入汴，常苦水浅。六七月乃至河口，而河水方涨，须八九月水落，始得上河入洛，而漕路多梗，船樯阻隘。江南之人，不习河事，转雇河师水手，重为劳费，其得行日少，阻滞日多。今汉隋漕路，濒河仓廪，遗迹可寻，可于河口置武牢仓，巩县置洛口仓，使江南之舟不入黄河，黄河之舟不入洛口，而河阳、柏崖、太原、永丰、渭南诸仓节级转运，水通则舟行，水浅则寓于仓以待，则舟无停留而物不耗失，此甚利也。”贞元四年，李泌言于德宗曰：“江淮漕运自淮入汴，以甬桥为咽喉，其地属徐州。”是时刘晏领东都诸道，法益详密，江南之运积扬州不入汴，不从渭中入太仓者，惟渭河漕不涸，岁转粟无升斗溺者。自晏后江淮米至渭桥浸减矣。先是，扬州疏太子港、陈登塘凡三十四陂，以益漕河，辄复湮塞。淮南节度使杜亚乃浚渠蜀国，疏句城胡爱敬陂，起堤贡城以通大舟。河益庳，水下走淮，夏则舟不得前。节度使李吉甫筑平津堰以防不足，猥盛则泄之。发运使严三日一启之禁，始作归水澳河，时有惜水如金之谚。杜亚、王播诸人引陂穿渠以灌河，皆可以行舟，然漕亦少矣。宋太宗朝，淮南转运使乔惟岳以建安军创斗门二，于西河筑三堰以通漕船，设悬门积水，潮平乃泄之真州。乾兴中，左监门卫大将军陶鉴掌真州水利，始易堰为通江木闸二。天禧间，范仲淹领江淮发运使，以真州江大折，水波所游荡险甚，乃率水工凿长芦西河以避其患。鲁宗道为发运使，通浚真扬漕河，乃发三堰。徽宗崇宁元年，诏江南开遇明河，自真州宣化镇口至泗之淮口。宣和二年，真扬漕河涸，车挽畎水以济运舟，岁漕多梗，寻诏中使按视，欲浚运河与江淮概平。会方腊寇两浙，内侍童贯议为海运陆辇。内寺谭祯议于泗之盱眙凿渠出宣化镇口。向子諲曰："运河高江淮数丈，自真至淮且数百里，民力为难。宜于淮之带子港筑坝一，以复怀子河故道；于瓜洲河筑坝一，以复龙舟堰；于海陵河口筑坝一，以复茱萸待贤堰。使真州诸塘之水，不为他河股引而分。"措置使陈亨伯行其议，由是滞挽皆通。六年，发运使卢宗原建议于州西五十里开靖安河八十里，通江径易以避黄天荡之险，国家飨其利。又于江壖凿渠，由何家穴筑石堰，自黄沙潭以达于州。孝宗淳熙十年，知州事左昌时开大横河以便江舟舣泊。宁宗庆元五年，知州吴洪于董家渡至黄池山对境开新河二十里，州人称便矣。元大德十年，浚真扬漕河。泰定元年，珠金沙河淤堙，诏发民丁浚之。明兴，设工部都水司官，掌天下陂池川渎之政令。洪武九年，甃湖堤以捍风涛。十六年，兵部尚书单安仁请浚开河道，于仪真城南重建五坝，清江、惠桥、南门、里潮诸闸，以蓄泄河水。成祖迁都金台，讲求河政，日益详密。岁漕东南米四百万石皆由江入邗沟，乱淮而渡，上清口，经徐吕二洪，溯密泗，迎流而过漳御，至直沽溯白河抵潞以达于京师。命大臣总理河事，亦云重矣。顾说者以漕河之患与北虏埒，以此言便宜者甚众，然方略疏阔，莫得其要领。盖今之河道，非昔河道，昔所患在河南、山东，今则移之徐、邳、淮、扬；昔所患惟河，今则并淮患之；昔所理惟河，今并淮理之。官有定守而势无常，事相关而权不合，其当更易变置明甚。犹然泥建设之旧，忽通变之宜，执拘挛之谈，责平成之券，何以异乎按商弦以索羽调，言适于越而辕乃北之也？欲求必效，难矣！适漕臣有开草湾浚海口之役，于溢者有容，壅者有归，似为有得。讵意河身之垫，已非一日，及其开也，水势如轶，则泥沙愈甚，所谓"善渠者水啮之，善防者水淫之”，非诬也。乃并引五港口、云梯关二道以入海，而淮为河阨，沙壅如堤，水无所从出，尽倾注山阳、高宝间，而清河口故道无复全淮之涓滴，此可预睹也。于是有请开老黄河故道，使河自为河，淮自为淮，各有经行，曲为接济者。有欲引河从崔镇入渔沟，取平望河以入海者。有谓河决崔头势已尽东行，不复西向，当由通济闸外马头巡简司别穿一渠，令漕舟入成子河、谷庄湖，出孙家湾，会黄河于崔镇之上，而中建一闸，以时其蓄泄者。有谓引河由三议镇出鱼沟，至大河口，与淮水会者。数家之论，互有短长，宜详考验，皆可豫见。顾渔沟去海二百余里，地形参差而土疏恶，即费钜万万，功难必成。出孙家湾会黄河为近，第河身日垫，内地或卑，壤接泗州，祖陵在焉，草荡湖洼，牵连百里，无一冈阜之隔，而开渠置闸，引之相通，万一木石不支，黄流内注，势若瓴建，莫可前遮，其为国家之忧，不止于淮扬之鱼鳖已。夫河辟北虏，远之不暇，可招之使来邪？或者从盱眙之龟山蛇浦口，经宝应、天长县界，至六合瓜埠出江，隋唐以来行之，河迹尚存，但地当祖陵朝冈，迄今东放淮南泻不宜，即形家之说，无足尽信，而望气用数者亦以为然。或谓原隰江壖连瓜埠，穿瓜埠渠，水自充足，北行抵六合，引六合入天长，由天长出新沟七里湖入高宝，于祖陵朝冈阔远，此渠一成，道理便宜，尤称径易。转运多而以其余溉，百姓飨其利，瓜仪二坝闸可亡事事，此亦一说也。又有为复诸塘之说者，当汉陈元龙开塘，唐李袭誉筑句城塘暨北山茅家山塘，本用以溉，然水污蓄，亦可济瓜、仪运舟，今旧迹俱在，而佃民耕艺输赋有定额，卒难急复，姑存其说俟考焉。

作瓜洲土坝。旧志瓜州车船土坝十条，洪武间，平江伯陈瑄开筑。

永乐五年，诏平江伯陈瑄督浚仪真运河。

七年，开扬州白塔河，寻废。白塔河亦平江伯开也，河自仪正东至扬七十余里，自扬东南至白塔河十五里许，盖古运河也。

成化三年，定浚仪、瓜二港之例。先是，仪真坝下黄泥滩、直河口二港瓜洲坝下东、西二港，江潮往来，通沙填淤，潮不登坝，船不能行。是年，始定每三年冬月江涸之时，发军民人夫挑浚一次。

十年春二月，撤罗泗桥，建通江、通济（注百三）、响水、里河口四闸。六月，四闸成，寻废。吏部左侍郎钱溥记曰："事有出于昔人之所难而成于今人之独易者，在力辨浮议之非，坚持公道之正，故能利今而益后。若提河工部郎中郭君升奏扬州、仪真置造罗泗等闸，下总督漕运兼巡抚都御史李公裕议而成之，是也。仪真面江背淮，为一都会，凡南京供应江西、川、广、云、贵等处粮货及并海诸番贡献，悉从江车坝入淮以达京师。其各船至坝，经旬需次，起若凌空，投若入井，财废船坏，不可胜算。唯罗泗桥旧有通江河港，距里河仅四里许，宜开通置闸，乘潮启闭，以便往来，船可免患。于是都宪公檄知府周君源会勘皆宜，访及故老亦便，遂不惑群议，俾从厥事，给军民夫五千，浚通河面阔十二丈，下阔五丈，高一丈，撤罗泗桥石为闸身及两翅，共长二十二丈，中通济闸长一十八丈，响水闸长二十二丈，各高一丈二尺，里河口闸长十二丈，其闸底两旁各用油灰麻丝舱缝，牢不可坏。其兴工于成化十年甲午二月，而讫于其年六月。是月涓吉开闸，其船鳞次矢往，无复盘费损坏之虞，而军民欢震若雷。其奈市户胶于坝利，往往唆管河官兴言鼓惑，意在塞隳。郭君乃复条陈置闸有五利以闻：‘其一，船昔至坝，虽遇水平，其粮货亦雇挑堆囤，过则复挑，其费不一，今乘潮罔费；其二，昔各坝设法日不过百船，一遇风雨，又不及半，今开闸即过，岂下千数；其三，昔船过必损，须办灰麻备舱，今泛安流亡虑；其四，往年遇旱，甚至掘坝接潮以救粮运，今闸开以济；其五，往年里河水溢，决岸倒坝，修费桩草动辄千万，今遇涨开泄，不伤田稼。以此五利，可利天下，岂浮言泄水过盐之足虑哉？宜禁革以厉将来。’上可其奏，得夏潮开运，冬涸封闭以为常。府倅鲍克宽由地官主事来，恐泯其兴造岁月，乃伐石遣史过金陵请记。昔晋谢安镇广陵筑埭，北人思如召公，名召伯埭。唐李吉甫节镇淮南，筑平津堰。宋吴遵路转运淮南，于真等州置斗门十九。是皆有功于扬，然止蓄泄如坝，不免旱涝溃决之患，岂若郭君置闸启闭以时，不亦昔人所难者，而能不惮其所难而成之为独易乎？然非都宪公舍己从义，力扶公道，则郭君何以成利民卫穑之闳休伟绩哉？皆可记也，故书（注百四）。”

二十一年，塞通江闸。

二十二年，开通江闸（注百五）复罗泗桥，改名曰济民。自拦潮至此计长二百八十三丈，厅三间，北向闸板九块，麻绳十八条，铁环十八个，空地二尺五寸，守闸夫六十八名，闸耳等用如拦潮闸之高下长短，详钱侍郎溥记。中主事夏英记曰：“仪真县治东南隅五里许旧有桥曰罗泗桥，桥上有港，抵漕河二里余。港两岸多民田，田以潮灌，潮以桥入。成化壬辰，郎中郭昇建议废桥置闸，名曰通江闸。比因权贵者不顾漕水盈缩，舟一舣闸，辄欲开放，遂使水利走泄。而军士因于漕运启闭不时，而民田困于旱暵。乙巳，少司空杜公奉命理河道，访知其弊，用闸坚筑以土，虽可以御权贵之势，而潮以不通，民之田愈困焉。丙午春三月，予以部牒来司仪真，不数日民有包浚苦岁旱，乃率数十人诣予，告请开闸通潮以济田。询之卫县，俱难其请。越数日，告者又至，辞甚切。予遂躬诣其地为之区画，乃率包浚等至前吁曰：'汝辈能各出所资以自理乎？'举稽颡应曰：'某有田数亩，以半鬻而为费，则半可获，否则并数亩而俱丧矣。'乃计其费而以田之多寡为出，择其中公勤者三四人掌其事，命耆老陈荣者总督之，予日稽其成功。乃于是闸去其所筑之土以通潮，潮通则田有灌溉之益矣。闸上置板而树以亭，亭树则人无擅开之念矣。一日予视厅事，见有蓬头跣足者十数辈荷锄执锸跪拜于前曰：'我辈得生矣！'问其故，则曰：'田得潮水而来谢。'予曰：'是不过因汝辈所利而利之，于我何与而以谢为？'麾之而去。桥将成，告者曰，欲得一榆木横置闸口，以防舟楫伤桥之患。其木遍求缺市，一夜潮起，闸内有木，旦视之，即榆木也。时闸下之舟首尾相衔，不知此木从何而入，众皆以为某之积诚所致。始工于是年夏六月，毕工于冬十有一月。因其桥有利于民，易其名曰'济民'。"

二十三年，建东关闸。东关闸，即里河口闸也。坐落城以东，响水以西，北扼漕河之上流，南通五坝之江脉。凡舟之自河而下、由江而上者，悉于是乎统会之。旧名莲花池，兹其地也。浮桥一座，以时启闭，仪真县审编桥夫二名。翰林院检讨定山庄昶记曰："仪真东关闸，工部主事夏公育才所建也。公以上命来督仪真，谓仪真，京师喉襟之地，转输漕运之所必由，朝觐商贾之所必涉，有京师，不能无仪真也。然仪真五坝又非取给于东关不可。五坝盈，则蓄东关以待其涸；五坝涸，则泄东关以济其急。有五坝，又不能无东关也。是五坝者用于仪真，东关者用于五坝也。公之汲汲于此，岂为仪真计哉？京师计也，天下计也。公之用心朝廷，可谓至矣。公既闸，人有谓公于某者曰：‘仪真五坝之地，一泩沼也，以京师之大赖其力于此寻丈之济，岂不可深虑哉？然欲为京师计，使仪真五坝不费余力，而国用自充，岂有难者？昔虞文靖公送祠天妃二使者，谓国家之东，萑苇之泽，滨海而南者，广袤相乘，淤沮可稻之地，何啻千数百里。使东南之人堤圩而田之，给牛种农具为之屯种，宽其赋之入，可省江南漕运之半，而仪真五坝之力，当亦不可费也。余谓仪真距急水河之地，高下不下数丈，使塞瓜埠，决六合野浦桥之淤塞，乃自急水河以达于仪真，长江大河，风帆浪舶，瞬息千里，孰之能御？而仪真五坝，又将可以并省矣。公之所以为朝廷计者，乃不于此而于彼，何哉？’某曰：‘不然，子将以己之所涉者以料公也，公岂不知乎此哉？某以病废，所谓国家滨海而南之地，足迹未尝一至，不知果可以屯田否也，又不知虞文靖公之说，行于古者而亦可以行于今也？使其可行从前之说，则屯田之入但可以省夫江南漕运之半，而其半又果能不藉夫五坝之力哉？从后之说，其策虽无可议，然水之高下，亦未可遽以口舌而争，使果如是，则江空水落之时而视夏潦弥漫之日，又不知其能同否也。苟有不同，而五坝又可废哉？而东关之闸不可废也。盖公之学有本末，故其政有缓急，缓者效大而用力常难，急者效小而用力常易。公知三者皆善，故先其易而后其难。而若所谓以急水河达于仪真，公之友夏官主事、娄君元善已上闻矣。元善之论而公成之，公之功也。至若文靖之说，真不甚易，非有回天倒海之力不可。以某观之，公可辞乎？使公不以为难而又极其力焉，则国用尚何不充之有？公殆将以是三者次第行之。而谓公不知出乎此者，不知公也。不然，则善与人同，不求不忮者，又岂无一道乎？知急水河之论，仪真之水未可遽达，使并五坝而遽废之，则往来京师者以救于目前。闸东关者，急水河地也。知屯田之说，以天下之事能无龃龉，使急水河之举苟有不善，则为迂谈，何以取信于上？成急水河者，屯田地也。此裁成左右之精，经纶造化之妙，人不及知，而公独知之。而某窃窥见之者，公必居其一于此矣。嗟乎！天下之治使皆结绳，使皆野鹿则已，如欲酬酢乎其他，则计之大者亦无以过于此也。而若公者，尚可为之訾哉？'是役也，巡抚都宪李公、周公实可其谋，管河御史姜公、郎中曹公实赞其成，守备都指挥昌公实同其事，而管理则有指挥张旺、知县陈吉、千户郭真、县丞谢宾、主簿李俊、刘兴、典史史述，而奔走执事，吏则丘纪，老人则潘宣、钟镇、俞悌、陈沧，而吉则尤为勤事者也。公求记，某于公非泛爱者，遂与公以商确天下事如此。公其以某为迂阔否哉？公名英，世家吉水，育才其字云。"

弘治十四年二月，建拦潮闸。总漕都御史张题为添设拦潮闸座，便益粮运事。据南京工部主事邹韶呈："照得本职奉本部委来仪、瓜二厂收放砖料，兼管河道闸坝。切见仪真设有罗泗桥等闸三座，旧例夏秋江涨，则启闸以纳潮，冬月潦尽，则闭闸以潴水，固为便益。但方春粮运上京，闭闸过坝，则利归埸房，穷军受疲；冬粮船回还过坝，船多损折。况水涸冰冻，浅阻河道，经月不得尽绝，是闸便于夏秋，不便于春冬。然以春冬不可开闸者，以上河为有限之水，而下江无抵坝之潮。考访图志，仪真东北二十里，汉建安中凿有陈公塘，筑堤造础，蓄聚山水，灌济运河。近年以来，础座废弛，多被军民占为田产，以致水道不通，赖有高邮、宝应、邵伯湖水支分接续。递年冬月回空粮船到来，必须大江口关王庙前打筑土坝，开沟放水，方得车绞船只，过毕未免拆卸，一年一次，劳民伤财，不能经久常便。为今之计，合将关王庙前土坝基址、置造石闸一座，上接三坝、四坝、五坝至罗泗桥闸口，下通黄泥港口并直河口，俱通扬子大江。每年春月潮信速来速去时候，如赴京重载粮米到来，乘潮放进，将此闸下板关闭。水满则开罗泗桥等闸打放，省免塌房挑担脚力之费。若冬月回空船到来，正值潮涸之时，将关王庙前一闸下板堰闭，后开罗泗桥等闸放下，待潮来相接，方开关王庙前闸放出大江。纵使春冬水涸，闸不可开。若得关王庙前一闸关闭，则潮水积聚，赴京粮得以抵挑盘，免被搁浅；回空之日，亦得藉水绞车过坝，不致虚费土坝桩木人力。一闸之添，四时之便。其造闸石桩之类，挑浚河港项下见存余剩雇工银两，取给于斯，亦甚为便。人夫于附近府卫州县起取。桩草缆银照旧收贮，以便每年修闸之用，一劳永逸。”据扬州府同知叶元呈：“照得南北军民船只运粮载货，俱从仪真各坝车放，关王庙鸡心嵴乃各坝会流之所，设造流潮一闸，其实便益军民。即今挑浚河道工程已完，见有余剩工食银二千余两，趁时选委廉干官员督造前闸。事干便益粮运重务，已经行据镇守淮安漕运总兵官都督同知郭鋐，议得仪真闸坝上高下卑，潮大时月，水与坝闸相平，往来船只易于车放。冬月潮小，江水不接，势颇陡峻，回空粮船不无守候迟误。今主事邹韶等各呈，要于关王庙鸡心嵴闸坝会流去处，设闸留潮放船一节，既已会勘，官民甚便，粮运有益，应合准令添设。且浚河余银积有二千余两，尽够资造，不费官库财物。”除行直隶扬州府转行委官同知叶元，就于原报挑河余银内查照估定料数动支，委官分投领赍买办，并将该用大石，着令直隶徐州掌印官公同收买，量派顺便军民船只，带至造闸处所交收，雇倩匠作，量起附近人夫，择日起工，如法砌造，具本顺差舍赛礼亲赍，谨具题知，竟如议建（注百六）。

吏部尚书杨一清记曰：“弘治辛酉春二月二十四日，仪真县新建拦潮闸成，便漕事也。仪真为漕河，自前代已然。我国家定都北方，岁漕东南粟以供京师，多此焉道，盖喉襟最要地也。顾漕河之水至是当入江，高卑势殊，河易泄且涸。宋嘉定间，守臣建白置三闸为蓄水计，寻废。再废，再举。国家洪武辛亥，始即其地筑而坝之。舟下上必车坝乃达，不尽驳载，则不敢以举，力稍不济，舟辄坏。由是仪真之地，舸舰云委，贩鬻喧阗，罔利之徒萍聚而蚁附，居货食功，成坝是便，闸不复讲矣。成化甲午，巡河郎中郭君升建议置闸，为东关，为向水，为中闸，为罗泗桥，以通于江，一时称便。独妨罔利者，煽为泄水之说，任耳者和之，闸遂不用。弘治戊申，朝廷用言者下工部，檄郎中施君恕相所宜，复东关、罗泗二闸，废向水，拓中闸而新之，舟复通利焉。然江滨无闸，潮无所潴，上闸既启，注不可遏，于是复起泄水之议。漕运总戎郭公鋐尝欲增置滨江拦潮闸，或谓江滨多浮沙，不果。弘治己未冬，都察院右都御史张公敷华奉敕为巡抚总漕事，有以拦潮之策献者，公访于众，扬州府同知叶君元进曰：‘元尝承檄董浚及江滨，深七尺，土黄壤无沙，闸必可置。’公曰：‘然。’遂具疏以闻。既得旨，乃会郭公檄叶君任其事。君受命惟谨，会藉程物，卜以庚申十月八日始事，属仪真主簿谢聪董工役，耆民许晟辈七人分董之。度地势，定造闸之规：高一丈八尺，广二丈八尺，袤三丈，翼两东西亘加袤之二。爰琢爰甃，犬牙相入，磨砻铲磢，匡削底平，又叠石数重以固其涯，松桩栉比以固其底。凡用物以段计者，石八千九百九十；以株计者，木五千四百七十；以片计，楠板四百九十；以斤计，铁二千九百八十，麻一千六百七十，篾六百七十，桐油一百；以担计，石灰二千一百三十，糯米四百八十，秫三十三。诸佣售所取直，得先年浚河羡余银千两有奇，不责办有司，故工钜而官不知费。方役之兴，监察御史冯君允中行河至，顾瞻称善，为之指画，俾急图厥成。巡河郎中刘君浩继至，偕工部主事邹君韶亦胥督劝。群僚向风，百工子来，故事集而人不告劳，距经始之期才四阅月耳。冯君谓闸启闭宜有定规，乃会刘君议，当河溢潮涨，则四闸昼夜启勿闭；如江势平，河水未溢，则以潮之长落为启闭。放舟潴水，两无所失。至冬寒水枯落，则闸闭勿启。传檄有司遵行之。是岁，江河会通，舟无留行，扬旗伐鼓，数千百艘于饮食谈笑之顷，视车坝之劳，固有不待较者。比秋霖潦浃旬，潮水大涨，则以时泄，不横决为堤堰害，亦惟是闸赖焉。所省漕士之费，岁当若何？民船贾舶所省又当若何？以岁继岁，吁，其不可量已。于乎！天下无难为之事，顾为之何如耳。其始也存乎志，而其成也决。《书》曰：'功崇惟志，惟克果断'是也。安常习怠者不能为，瞻前顾后者不敢为，若是，夫孰与有为者？昔虞文靖公尝言：'善为政者，当为其所不可不为，而不敢擅为其所不得为，与轻为其所不必为，斯可矣。'是闸为漕运计，为天下计，在公诚不可不为者。然非志之崇，则曰曷仍旧贯；非力之断，则曰曷为敛怨。欲其果于有为，难矣！不然，自有闸议以来，凡历数政，终以异议者众，莫适任责，故亟举亟罢，讫无成功。公始至而即图之，谋定而身任之，择人而委之劳，群咻众哄，屹不为变，其志与断有过人者，不于是乎征耶？然我每见世之仕者有所举动，辄为异议所沮，其同事者谓功不己出，从而媒蘖之，唯恐弗甚焉。况奉行其下又无良有司，虚文取办，徒劳无益，以增兹多口者，皆是也。坐是以隳厥成者多矣。公兴是役，冯君诸贤既赞其决于上，又为之规议以图其永于下，未尝有所沮挠，而奉以周旋。又有若叶君，心计目揣，举无遗力，经营结构，无一弗当。异者暂费而大蠲，百十年来所当为而未及为者，一旦从容为之，腾口之徒，屏息不敢复出一语，是虽公之忠信所孚，风声所动，而诸君协谋宣力，其功顾可诬哉？故并书之石告来者，俾嗣守之，勿复惑于浮言以隳前人之功也。张公名敷华，江西安福县人。”

十八年春正月，复建通济闸。兵部侍郎黄瓒记曰：“仪真县城东南，自成化甲午，提河工部郎中郭君升疏言于朝，置闸曰临江，曰通济，曰向水，曰里河口，而通济当其中。方其置闸也，闾阎驵侩之家狃于坝利，往往浮言喧腾，谓有泄水过盐之患，若无事于置闸然者。及闸成，仅逾两纪，而通济遂废。盖置之既不协于其心，则废之适堕其计，虽有訏谋远识知其不可废者，亦漫无谏正，听其废焉而已矣。夫通济之所以不可废者，何也？潮之至也，不逾时而遽退。船之群次于闸也，衔舻接舳，无虑二三百数。以无虑二三百之船而当倏退之潮，苟无通济纡汇潴蓄，有以逗其势，遏其冲，将使跬步隔于千里，顷刻淹于旦暮，前向水而弗及，后临江而已远，其不贻浅涸损坏之患也者几希。癸亥之厄可鉴也。故临江诸闸不可无，而通济尤不可无。尤不可无，则尤不可废也。废之者，私智也；纵其废之者，私意也。夫事不更变，曷见其的？于是南京工部分司署员外郎事何君白于总督漕运兼巡抚都察院右副都御史张公，公韪其议，檄通判扬州府事韩侯、知仪真县事马侯协力起废，而主簿唐侯暹，义官许成、夏麟、耆民柳瓒、夏傧、盛清、臧恕、张伦共莅厥事。肇事于弘治乙丑正月朏，未四阅月讫工。虽闸址仍旧，而规制加壮。适提河工部郎中张君至，涓吉启闸，飞艘舞舰，与潮下上，烝徒称便，无复浅涸损坏之溷其虑。马侯以余县人也，请书前贤置闸之难，后人废闸之易，而复之者之有光于置之者焉，且俾嗣今修饬，毋骛私效尤，贻患于无穷。余谓柳子有言：'贤者之兴，而愚者之废，废而复之为是，习而循之为非，恒人且犹知之，不足列也。然而复其事，必由乎贤者。'斯今之所以复通济之意乎？欧阳子有言：'作者未始不欲其久存，而继者常至于怠废。自古贤智之士，为其民捍患兴利，其遗迹往往而在。使其继者皆如始作之心，则民到于今受其赐，天下岂有遗利？'斯今之所以镵石昭后之意乎？张公名缙，字朝用，阳曲人，成化己丑进士，历总台宪，式惠淮土，寻入为工部右侍郎。何君名垕，建昌人。张君名玮，吴人。韩侯名琚，河南人。马侯名论，辽阳人（注百七）。"

正德十三年，复建向水闸（注百八）。

嘉靖五年，建瓜口闸。瓜洲通江上闸一座，成化年间添造。通江下闸一座，宋徽宗修建，花园石岗，轴轳于淮汴，尉迟公监造。减水石础一座，弘治年间添造。瓜洲闸一座，嘉靖五年，漕运参将张奎奏准添造。

六年四年，诏每岁以春三月开仪真闸。嘉靖六年四月，钦奉诏书内一款:“粮运船只经由仪真、瓜洲二坝,船驳雇脚,所费不赀。仪真设有拦潮闸座,春三月以后潮长之时可以通船。近年工部委官偏听脚夫、店家之言,指以泄水为由,不肯开放。管河官查照建闸初意,上河水小,自难开闸,若潮长河溢,军粮、民粮、官民船只一体循次开放,无故阻当者罪之。钦此。”

论曰:肃皇帝诏限以三月开仪真闸座,甚合天道,诞章恢恢,岂不大哉!在万世所尊守,讵容忽焉。后漕臣乃为疏请开闸率以冬杪春初,以避夏月淮洪之涨,诚为上计,然冬月楚舟溺扬子间有焉。隆庆以前,不得记之矣。万历四年十二月,飓风作,江西、湖广运船薄仪真江口,沉溺者三十余艘,坏民舟不可胜计。今年正月元日(注百九),所坏溺运船至四十有四,皆以冬月来闸河水浅,运舟不能进,而江壖一带邪直,无湾港可藏舟故也。每计苏、浙之舟从瓜闸入,全楚之舟从仪闸入,不得相溷以杜争端,善矣。顾当初春时舳舻鳞凑,一遇风涛,全楚之舟坏于江口,由舟多路少故也。无如为之限列:苏浙之舟,以十二月至,度正月过讫;全楚舟,以二月至,度三月过讫。如遇水盈,从二闸俱入,仪浅则从瓜入,瓜浅则从仪入,何至停泊大江,为风涛摧击乎?且也,扬子江间惟北风最烈,季冬运船入江,正当其锋,少避之以俟春深,则南风必多,闸水必盈。俱以四月过淮,则淮涨率在五月,可无虑也。若今况仪真有开坝薄舟之策,策果行,又万年利也。为附于篇。

仪真县知县况于梧陈议运漕一事,关国大计。县控扼大江,为南北咽喉。地最下,水势易涸,故自江口抵东关,建闸四座,蓄水通艘。惟夏秋江潮独盛,通闸可行。冬春潮落,必蓄济而后舟楫可通。往岁江西、湖广并南京等处兑运粮米计三千余艘，每以四月渡江，正潮盛时，随到进闸，无俟停止。迄今改运冬春之交，江潮正落，运艘辐辏，至必停泊江干，挨帮候进。每日夜乘潮至，开一闸，进一度，随闭闸以俟前闸之开，缓则潮落而不及进。计一月朔望前后，潮颇盛大，一日一夜可进百余艘，其他日虽十数艘，亦必挑盘殆轻而后能入。此群艘鳞集外江，逗留经月，而风涛之患所不免也。备查万历四年十二月内，风坏运船三十余号。今年正月初一日，风坏四十余号。上亏国课，下毙旗军。缘以湾泊无所，狂风易摧。某历览沿江处所，可开成河，便于湾泊进闸，足避风涛之险，有裨漕务者，谨条陈六事：一曰开新河以便进泊。上、下江虽有二口进闸，然以咫尺之地，数尺之水，舟可以泳行，不可以停泊。是闸外之艘十一，而江上之艘十九，风涛时作，卒难退避。今查得上江迤西地名邓家窝至冷家湾，相去地计长二百七十丈，合用开挑成河，径阔十丈，两堤岸各二丈，底阔六丈，长与阔共计二千一百六十丈，约银三千四百余两。于中民田六十三亩，相干开没，查照原价每亩四两，共合给价银二百五十二两，以还各主另置。额粮例难蠲除，仍分派概县替纳。则田虽废，不至于损民；粮虽摊，不至于害众。此一劳永利之道也。一曰因旧港以加瀹拓。查得邓家窝水既入冷家湾，则自冷家湾起至新济桥止，系流水小涧，计长七百五十六丈，用挑河心阔六丈，长与阔共计四千五百三十六丈，约共用工银一千八百一十四两四钱。自新济桥至钥匙河口止，亦系涧流，长三百一十丈五尺，用挑河心阔六丈，长与阔共计一千八百六十三丈，约用工银五百二十一两六钱四分。钥匙河口与奶奶庙河合流，自奶奶庙起至九龙庙止，长四百一十丈，水虽通江，亦多淤浅，仍用挑河心阔六丈，长与阔共二千四百六十丈，约共用工银四百九十二两。自下江口起至拦潮闸止，计一百四十丈，久未捞浚，壅滞日积，合用挑河心六丈，长与阔共八百四十丈，挑深五尺，计四千二百丈，共用工银一百六十八两。已上四处，通该工银二千九百九十六两四分。如是，则大江水自邓家窝入冷家湾，达新济桥，蹈钥匙河，会上江口奶奶庙，抵九龙庙河。而下江口水亦流入，交会于闸口，迢递十余里，可容二千余艘，鱼贯进泊，渐次入闸，庶几避险道，泛安流，而风涛不足虞矣。一曰设板桥以利攸往。邓家窝一带既挑，则新济港为运艘必由之处，而石桥间阻，殊为不便。合将前桥中圈拆开，仍设板水拖桥一座，船到掣去，船过搭行，上不妨商民之往来，下不阻运艘之出入。一曰去淤塞以遄漕行。看得拦潮闸起至东关，向水闸止一路漕河，并各闸底久未捞浚，日甚淤滞。又看得东关起以及梅家沟、梁家湾、太子沟至石人头止，计长四十五里，隆庆四年虽经修浚，今复浸淤，通流水深不过二尺余，至于梅家沟约一里许，太子沟约里半许，水不逾尺，淤浅尤甚。但查合用工费不下三千余两，而数千艘赖以永济，亦非小补。一曰修旧闸底以免盘驳。闸板宜高，用以障水而不泄。闸底宜低，便于进艘而无碍。看得向水闸外潮鲜至，内流愈涩，船艘经过，必须挑盘罄空方可挽拽而进。缘以闸底高昂，水不满尺五，无惑乎度越之艰也。且逐一挑盘，前艘既滞，后艘益壅，不惟糜费军需，抑且稽迟运务。合无将本闸拆开，重加浚凿，闸底深下二尺，砖石板木添新换旧，量加修理，其工价亦俟临时修举估用，庶蓄济深，艘行无阻，下便商民，上益军国，其利溥矣。一曰建新石闸以裕蓄济。湖水至三汊河口分流，一去瓜洲，一来仪真。瓜地下，水去峻急；仪地稍平，流来迂缓。备查东南运艘，由瓜闸进；西南运艘，由仪闸进。瓜闸一开，水易奔赴，不惟仪闸之流枯涩，而扬子桥一带河身亦致浅涸，艘行至彼，辐辏鳞叠，又成壅阻。揆厥所由，盖水直泄于瓜故尔。合无将三汊河通瓜洲口上建石闸一座，粮艘至则开此闸以导其入，粮艘过则随闭此闸以待其停蓄，则水不泛行，流可长逝，纵群艘纷至，而行道九达，又岂有排挤不前之患也？

隆庆四年七月，始榷仪真船税。隆庆四年七月初六日，总河右副都御史翁为设处钱粮以济工程事，疏略曰："漕河之工，在宝应，则当开越河以避湖险；在瓜洲，则当建闸座以通漕船；在清河，则当疏鱼沟以杀河势；在丰沛，则当筑华山以遏横流。臣又欲在徐、邳、滕、峄之间，开凿新河以远河横之患，通计所费约数十万金，而堪动钱粮则百无一二。顾成大事者不惜费，图永逸者不辞劳，敢谓钱粮难继，不思区处乎？臣查得淮安设有东坝者，平江伯陈瑄恐新庄闸口淤塞，即令粮运与官民船只车坝往来，未尝曰民船由坝，官船由闸也。正德年间，奸民射利，曲禀漕司，于靖江浦别建仁义坝一座，乌沙河又建方家闸一座，市井虽遂车盘之利，而商旅受困矣。去年漕河既阻，盘驳愈难，烦费益多，商旅益困，每央士夫嘱放，辄费银七八两。乃知黄水坏漕，皆从新坝漫入，是设新坝之害也。通济闸内外每每淤淀，是不通船之害也。臣今先挑东坝，以便车挽。又于新坝之上，筑有大堤，以防决溢。若明著条例，除夏月粮船盛行，商船民座俱不许由闸外，其余月分，梁头一丈六尺以上者，税银五两；一丈四尺以上者，税银三两；一丈以上者，税银一两；由仪真闸者，递减税之。民座船虽有私批，一体征税。听管闸主事监督淮、扬二府查收。一丈以下者，俱令由闸。大约一年可银数万两，且商船利涉，户部钞税愈多。若以泄水为言，则江潮淮水皆从外河进入，湖水患其太盈。臣所亲视，商旅愿出于途，在此举也。”疏奏，下工部覆议，上如部议，遂定船税。翁公名大立，浙江余姚县人，今官南京兵部尚书。

六年八月，建瓜洲二闸，始榷瓜洲过闸船税。总河侍郎兼右佥都御史万题：“为恭报瓜闸告成，速济新运事。据南河工部郎中吴自新、管漕参政潘允端、扬州府知府贾应元会勘得瓜洲花园港、猪市二处皆可通江，但猪市临江最近，河水直泄，中无盘旋之势，不无可虑。花园港至时家洲相去六里，河身宛转，水不直下，再将河道开辟，以便停泊。相应于此创建二座。具呈详允。随督率扬州府知府贾应元、同知陈可大等各督役催工，采石运料，浚河开渠，分投任事，群力毕集，于隆庆六年八月二十六日兴工，至本年十二月十二日，二闸河渠俱告完，理合呈报。臣惟国家漕运四百万石，而过瓜洲坝者独二百万石。百七十年挑掣车盘，军民劳苦，船泊江岸，累患风涛，湖水弥漫，坝岸冲决，科道诸臣屡经条议建闸，竟成道谋。仰荷我先皇圣谟独断，成二百年未成之功；庙堂主持，决五十年不决之论。一时在工诸臣，或议于始，或成于终。惟早运以为期，乘冬融以敏事，不百日而二闸之功屹屹，逾六里而新河之水滔滔。吴、浙方舟之粟，直达于湾；高宝巨浸之流，建瓴而下。既免挑盘雇驳之苦，又无风波险流之虞。新河所占，虽失之民田；运堤偿还，又得之铺店。粮运方竣，商舶由之，远近喧腾，上下感激。此成我皇上万世之图，军民百姓之利也。先是臣等虑恐江北瓜洲之闸既已速建，而江南京口之闸不能早开，未免滞运，已经案委潘允端将苏、松、常、镇一带河道大加开浚。又虑瓜、仪分水三汊河，水势大趋瓜洲，未免分夺仪真河流，以致浅阻，又经牌委贾应元于三汊河创建吊桥一座，东流水势务令平分，是从浙江以至张家湾，水路三千余里，冬间亦可直达，即吴浙之运，十一二月亦可开帮。自此与江西、湖广征发相同，皆由新皇御极，地道变迁，血脉通贯。臣等目击其盛，惟有感荷福泽而已。再照仪真之闸抽分船税，河道大工，全赖于此。今建瓜闸，办料雇夫，费及万金，悉取诸宫中而用之，全不累民，工得速就。今瓜闸既成，相应比照仪真事例，使昔之由坝者许之由闸，一体抽分，则仪真无走船走税之虞，瓜洲得修河修闸之利。在商舶就安而去险，欢呼乐从；在编氓取盈以济虚，分毫无累。其瓜闸船税，就令仪真主事带管。该闸应设闸官、闸夫，即以本镇原有闸坝官夫改用，不必另行铨选编佥，此尤全利而至便者也。伏乞敕下该部，覆议施行，国计幸甚，河漕幸甚，民生幸甚。”疏入，下工部覆议，上如所请。

九月，革瓜洲添设关税。论曰：罢瓜关税，善矣！然以仪东关视之，犹所谓甲乙陂也。在原题俱所未载，在诏书俱所宜裁。论税者乃一彼一，此是言二五而不及十，政之平宣者若是与？或曰：詹弋阳请之而不果，徐宣城革之而未竟，子何不遂竟之？嗟乎！难言矣。

万历元年八月，筑闭瓜洲闸，罢过闸船税。议者以闸开水数为泄，每岁运船及白粮船过时，度可三月而尽，于是仅开三周月，运船过讫，即塞之，遂罢过闸船税。

正统八年三月癸未，浚瓜洲坝东港。洪武间，瓜洲坝有东、西二港。永乐间，废东港坝为厂以贮材木。正统初，廷臣议徙木浚港，未果。至是，督漕总兵官都佥事武兴言坝废港塞，惟舟往来迟延，且舣泊大江有风涛之虞，请俟秋成于镇江、扬州二府佥夫七千余人修复。从之。

《宝应县志》

吴敏道《新开弘济河记》

国家岁漕东南粟四百万石于京师，率自瓜、仪闸进，历高、宝而北出清口。高邮则有甓社湖，宝应则有汜光湖，皆险要，能害漕。弘治二年，侍郎白康敏公业已开高邮康济河，避甓社之险。万历五年，工部尚书吴公重修筑之，乃汜光湖，则视甓社为尤险。盖其西接天长、盱眙，泗水从云山、白水、衡阳而下，势若建瓴，直注汜光，澎湃汹涌，浮空无际。而槐角楼当湖中央，其形如箕，两翼夹击，不风而波。更值西风暴起，则惊涛卷雪，怒浪如山，万斛巨舰触石立碎，舟中之人尽为鱼鳖矣。嗟乎！所为越河者，顾可缓颊而谈哉！越河之议，盖肇于嘉靖间工部侍郎陈公尧。其后河臣屡议停，未闻有奋膺而决策者。盖谓东地洼下，取土难；工费繁钜，计财难；奏工非积岁不可，而竞进者方蓬心蒿目以觊速迁，则任事难；言人人殊，坚白不肯相下，则同心难。夫是数者，所由以沮格不行也。南河郎中许公力主越河之策，白于督府李公，李公以为便计，与部使者马公偕言于上。而所请资，则南大司农帑金十万，鹾使者蔡公亦乐以赎锾羡盐十万佐之，及抚巡赎锾五万。时太司空犹援康济河圈田故迹，持近堤、远堤二议以求永利。会给事中陈公，郡人也，先工部侍郎子，为上极陈开越河之便，且言圈田之必不可留，于是部议始决，蒙上谕允。而李公复擢南兵部侍郎以行，代之者王公也。于是征材徒计河三十六里三分，其工属诸大夫分董之：董其北，则许公暨海防参政舒公；董其中，则中河郎中陈公、徐州兵备副使莫公；董其南，则刑部主事罗公、漕储参政冯公。诸大夫糾力协心，宿留河上，部署丁卒，日程督之。筑其东新土堤，培其西旧土堤，凡为潭者四，皆甃以石，余皆护以桩笆。南北建石闸二以通舟航出入，而南闸外又筑拦河坝，北闸外又筑束水堤，中建滚水石坝以疏泄水势。而坝之东，则又开浚支河，令其水得从射阳、广洋走而入海。河之中，夹植茭苇，亦藉之为堤卫，而堤之上遍植柳，荫牵夫，盖缕缕称备善矣。肇工于万历甲申九月二十一日，明年四月二十六日奏成。上大嘉悦，赐名曰弘济河，在事诸臣爵赏有差。

运河堤自黄浦至界首长八十里，即唐李吉甫所筑平津堰也。《一统志》云，宋天禧中，发运使张纶筑。重和元年，发运使杨廷俊言真、扬、楚、泗、高邮运堤旧有斗门闸十七座，诏检修复。国朝洪武九年，诏扬州修高邮、宝应湖堤六十余里，以捍风涛。复以老人柏丛贵奏请发淮扬丁夫五万六千人，令知州赵原督甃砖堤。永乐七年，平江伯陈瑄筑高邮、宝应、汜光、白马诸湖长堤以度牵道。弘治间，扬州府同知叶元又多积土以广之。万历七年，奉旨修石堤，自南门至槐楼二十里，营田道佥事史邦直督修。

浅：一为子婴浅，离城六十里，由界首往北至江桥镇止；二为汜水浅，离城四十里，南接江桥，北至新镇止；三为瓦淀浅，离城三十里，南接新镇，北至朱马湾；四为槐楼浅，离城二十里，南接朱马湾，北至龙王庙；五为白田浅，离城十里，南接龙王庙，北至四潭湾；六为潭湾浅，离城五里，南接四潭，北至西马头止；七为七里沟浅，离城五里，由西马头至五里铺止；八为白马浅，离城十里，南接五里铺，北至越潭中；九为黄浦浅，离城二十里，南接越潭，北至山阳界。

按国初沿河一带分置浅铺，每浅浅老一人，浅夫数十人，浅船四只。盖令日事捞浚，俾无湮阏，此置浅命名意也。乃今淮、黄并灌，挟沙而来，河身日垫，深谷为陵，而所设浅夫日事堤筑矣。

闸：子婴滚水闸、江桥减水闸、汜水减水闸、瓦淀减水闸、朱马湾减水闸、刘家堡减水闸、泰山殿后滚水闸、三里沟闸、五里铺小闸（民置）、七里沟减水闸、十里铺减水闸（民置）、黄浦滚水闸、新置窑沟通湖闸、九浅通湖闸（二闸知县陈烇议建，盖因弘济河上接黄流，闸口水溜，每粮船非三百夫不能挽拽，故建二闸泄水入湖，弘济闸口水势赖以平缓，湖水大则闭之）。

按嘉靖十七年，都御史周金奏请置平水闸五座，测量湖水七尺，以容行舟，即平所测水则，铺筑闸底，以石甃之，不施金门，随水高下，任其行止，堤可保其永固，诚善制也。往年黄河蔽淤，粮运阻绝，河道诸公惜水如金，移檄宝应悉加固闭，必待湖溢方开。骤难宣泄，堤岸屡崩，因噎废食，其蔽固如是乎？乃迩年运河之水，又多患有余，当事者每以开闸泄水绳下，乡农苦之，相率而告塞焉附（知县陈烇《复工部闸坝议》：夫闸坝以减水设也，下支河入湖荡而归海，故上河之水，苟济重运而有余，则启而泄焉，俾湖河常虚腹以待。即有暴涨，不至溃运坝而没民田，法至善也。顷年支河淤垫，多不深广，闸坝洞开，水势肆漫，不待堤防既决，而民田之陆沉者，鲜不訾闸洞为祸源矣，无怪其纷纷而告塞也。及查支河仅可浚上流四十里许，迨入广洋、射阳诸湖与火盆、章思等荡，又茫无畔岸，堤筑实难。水行至此，仍淤漫散溢为民田病者如故也。为今日计，莫若多开海口而以海为壑，斯上流可疏，而闸坝不为虚设矣）。按旧任知县李涞取入户科，条上高宝河道便宜五事。其一，欲多建闸洞以泄水。盖李令公在任最久，诚见壅泉激水之为害。吴敏道论曰："善治水者，导之使下，未闻壅之使溢也。今者率以增堤障遏为上策，欲堤无溃，得乎？堤溃欲无害田，不可得矣。督河诸公倘能仰求国初置浅之意，浚之使深，不培之使高，考复陈恭襄平水闸之制，听其宣泄，不待其羡溢，而又多建涵洞，开浚海口，以海为壑，而不以民田为壑，即大禹之故智而汉臣之良策也。此议行，河事其有济乎？"附《治水或问八条》。或问：治八宝之水次第何如？曰：欲开闸洞，先浚支河；欲浚支河，先通海口。其势固然也。八宝古称沃壤，弘、正时犹为江淮望县，户口繁盛，盈八万焉。嘉靖辛亥后，岁多水沴，饥馑仍之；迨隆、万之间，十室而空其九矣。前后莅兹土者，非不蒿目刺心，切切然下劝农之令，而民弗劝者，何欤？谓不治水而治田，无益也。譬之盗处堂奥中，吾集主人而语之曰："尔葺尔墙垣，备尔门户，可高枕卧矣"。其谁信之？如顷年淮水泛滥，漫高堰而溃运堤，此犹曰异常之水耳。至道其常，则周桥入淮，通济纳黄，源源而来者，不得不分泄东乡。为运道计，则上河之水由若干闸洞而下注者，涓滴潴之支河，溯其出口，不过东泄牛湾河，北泄葫芦港已耳。而上口鲸吸不止，奈何不患腹涨之病乎？故闸洞之水，非支河不泄；支河之水，非海口无归。诚多开海口，指示便门，俾分头走逸，而后积水消，民田出矣。今石础一口耳，而且不加辟，即腹中扰扰，胡益哉？此无异驱盗者不洞开四门而欲逐之走也，亦惑已。或问：开周家桥有无贻害高、宝并为运道之虞？曰：周桥与高堰固一带耳，总在泗之东南，周桥可开，是高堰亦可毁也。节年淮水暴涨，从堰溢出，辄漫诸湖，而去秋尤甚。惟时西风连作，鼓浪决堤，高、宝、兴、盐之田，茫然巨浸，此犹漫溢之水，贻害已如是矣。假令大开周桥，纵泄淮水，又何异开门而揖盗，救焚而益薪也哉！盖周桥较宝应地势高下悬绝，淮水建瓴而下，卒然不能入江达海。西风驾涛，狂澜东击，一线之堤非屹然金城之固也，动决三五十丈，或百十余丈，遂令粒食之地胥为鱼鳖之乡，而运道从此大坏矣。是时急议修筑，无论工费不赀，岁月难计，即人民离散，不得而役之，此其咎将谁归欤？故有谓开周桥而不害邻壤、妨运道者，非所知也。按泗人因淮水有淹泗城祖陵之患，奏请于宝应西北界周家桥开十余丈以泄泗水。前任知县耿随龙取入户科，愕曰：如是则以高、宝为壑，即弃高、宝也，如漕渠何？亟上疏陈其非便。于时遣工科给事中张贞观视河，知县陈煃图画地形，力言其害。时南河工部黄曰谨、盐院王皆言之上，于是开周桥之议始寝（附知县陈煃《会勘议稿》：“窃惟宝应凋疲，全因水沴。国家命脉，实藉漕渠。故计根本，则祖陵诚重而运河兼重；论垫溺，则泗民可忧而高、宝亦可忧。为今日计，固不得后祖陵而先民瘼，亦岂以病泗州者病高宝哉？夫宝应滨湖小邑耳，为运艘必经之区，固所称咽喉地也。运堤迤西有汜光、白马诸湖，四时受水，一望连天，每遇水溢，湖不能容，小则淹田荡舍，大则决堤溺民。故修筑高堰，无非障淮水，全运道而卫民生也。堰南四十余里，即周家桥，旧有小沟阔丈余，深二三尺，伏秋时水从此溢出，宝民尝请障之。今欲开阔十余丈而深一丈五尺，不几以高、宝为壑哉？夫淮出清口，与黄交会，而能拒黄之不内灌者，以全力胜也。且借淮之清，减黄之浊，用能并黄入海而不甚淤焉。若周桥一开，淮从中泄，势分力弱，淮必乘之，浊流日淤清口，而全淮之水将注之湖矣。彼其浮天撼地、沃日荡云之势，岂复线堤所能障乎？况周桥地势峻耸，逾高、宝远甚，而兴盐及各场灶，则下而又下者也。水击堤啮，溃败四出，即欲力堵，安所措手哉？恐诸州治之困不减泗城，而运道盐场从此大坏矣。江南粮储何由转输，百万盐课何由煎办，九边军饷何由取给？此周桥之万万不可开也。近议张福口堤长口溢，弛二百丈而纵令出水，是亦泄淮之一术哉。如谓开周桥十丈而水泄，裁张福堤二百丈而水不泄者，无是理也。但泄之迟速，全视河之高下，今黄河底高，一遇水发，淮、黄相映，欲泄淮流而不分杀黄水，岂能骤销淮涨哉？故所称老黄河者，今日所宜亟开也。当事者诚察于淮水受病之源，由河强而淮弱，于淮、黄未会之处务分河而杀黄，强河既分，弱淮稍振，不必治淮于淮而治河于淮，庶几黄不外遏，淮不内涨，泗城可保，祖陵可安，而运道民生各有攸赖矣。或谓河不两行，自古记之。支河一开，正河必夺，是矣。然以今日计之，特患其不夺耳。使河自河而淮自淮，岂复为祖陵之患耶？至论泗城故址原属卑洼，城中积水顷难涸泄，假令异时淫雨如昨，即开周桥，未必能减泗民之困也。夫利一州而害数州县，仁者弗为，况利者未必利而害者立见乎？故职谓周桥不可开，亦不必开也）。或问：支河几路当浚？曰：按嘉靖五年御史戴金请开支河疏略云，弘治、正德间，宝应湖堤屡决，费银数万余两。欲建闸座，修浚下河，勘得堤下河道，若子婴沟接潼河，下广洋湖；长沙沟（注百十）接官庄，亦入广洋湖；刘家浦通瓦沟溪、望直港（注百十一）；宋泾河接官河；三里沟（注百十二），通七里沟（注百十三）出蛤拖沟。本县东门外起至流星港（注百十四），军师庙起至章思荡，蛤拖沟起至射阳湖，各处挑浚，计募夫六千，以上每夫四十余工，方能集事，每日该银三分，官藉民力以成工，民赖官钱以度日，则河堤免冲决之患，民田无旱涝之苦，商盐有运载之便，附近居民免频年修筑之烦，一举而四善备矣。至万历壬午，知县韩介言于督府凌公云翼疏请大开支河，于是督工浚治，盐船多由此行。数年之后，而河复阏矣。迨万历二十一年，六浅潭堤决（注百十五），流沙积淀，上流不通。次年春，复加开浚，稍可通舟楫云。或问：浚射阳湖以潴水，何如？曰：水有所归，始不为害。夫海，水所归也。宝应之水北从河、淮来，西从诸山来，悉由诸闸洞东下，停蓄射阳湖，不得趋海，以至泥沙淤积，湖浅不能容水，则泛溢四出，东田辄为所苦，岁旱湖水易涸，不得资以灌田。议者屡言浚射阳湖，是矣。先盐城令杨君瑞云尝请发帑金数千，兴人徒至万浚之，然无所取土，安能使两岸隆起？仅仅用罱从水中取油泥置两崖，稍以茭草护之，曾未经时，水波荡之，寻复滩淤，且海口数处仍塞而不开，即浚射阳湖何益哉？或问：捞浅与筑堤孰得？曰：治河之略，捞浅为长。议者谓河深则岸自高，河浚则堤自固，于理诚然。然不可谓修□□□□，盖使伏秋淫涝，一运河果足以容之，即专务捞浅而不复以堤为事，奚不可者！顷见淮水横来，高堰□□，顺流东注，海倒山移，高宝、邵伯缕堤，一时冲决者数十余口，注及兴、泰、盐城之区，靡不淹溺，是其泛滥之弥漫数州县尚不能容，而谓浚河遂足以容之耶？窃尝谓射阳湖犹瓮也，运河犹瓯也，瓯以内阏无所容矣。吾若见瓯阏而以瓮水注之，瓯辄盈而减瓮之水能几何？射阳湖水盈而河水亦盈，河可浚而湖不能浚。设非宝应越河彼骤涨骤决，水漫则东田陆沉，迨水涸则运道淤塞，故河之不可不深浚者，为容受之地，备寻常之变也；堤之不得不高厚者，防漫决之患，御非常之水，浚御兼举而始得焉。或者又云，昔贾让以缮完故堤、增卑倍薄谓之下策，今奈何弃上中策而用下策乎？曰：用下策非得已也，势也。或问：筑堤用土工、板工与石工，孰得？曰：运河有堤，所从筑之第工不皆石，经久为难，西风撼涛，破决甚易。近议筑堤犹以岁计，若桩笆工一岁再易焉。每议甃石，当□□难之，必谓工钜费繁钱粮靡措也，不知一劳永逸之为然，今欲尽为易石，事势诚难，合于岁修工内之必成也若干丈，务较往年规制加深几层，地椓桩加宽几尺，使根脚不为湖浪所汕，庶堤防可固，修筑可省，而国家之襟喉有永赖矣。然督之匪人，则有疏率侵渔之患。往嘉靖间，有主簿徐志高督修某浅石堤，凿石六面见方，灰缝细密，物料工食，毫无剋落，迄今工独完固，父老称之。然价之不敷，则又有苟且搪塞之患。查上年开挑越河，估用龙潭等山青荒面石，每丈山价二钱九分，今减二钱四分矣；旧时石工錾砌面石一丈，工银一钱三分，今减一钱一分矣。以故石块尖斜，錾砌粗率，甚至里石尤为不堪，而灰料汁米各从裁削，欲其坚固，得乎？故使修堤者黜节省之虚名，图经久之实际，不惜小费，不任匪人，何至屡修屡决，廑庙堂南顾之忧耶？或问：宝应越河淤泥日高，不能潴水，何也？今议大挑，何如？曰：按越河于万历甲申岁开挑，迨五六年后而沙垫底高，由通济等闸黄水内灌沙壅之耳。节年河官急为治标之计，束河使窄，夫亦有深意焉。盖河宽则流缓，流缓则沙停，沙停则河塞，理固然哉！惟窄则流驶而沙随水刷，故束水冲沙，以水治水之道也。顷当事者视河身日高，图为挑浚之计，估用工费三万余金。及癸巳秋，六浅堤决，南闸之水北趋，北闸之水南趋，越河积淤冲刷殆尽，至计塞决之费仅七百一十余两。事固有因败以为功者，此亦见束水刷沙之一验也，奚必议大挑以靡费扰民为哉？但令清口通济闸非漕贡不启，而官民商旅之舟尽复车坝，庶几黄水不入而淤沙不至日增矣。或问：治宝应之水，宜浚下流，固矣，然必何途之从而浚之？曰：石础之开，近有成议矣。又蛤蜊港之东南为野潮洋，而内水之出，见有河形者，名廖家港，在范公堤外旧有闸，冲决无存，堤内一河，自铁屎湾至石桥头约长三十余里，河身浅窄，若开阔十余丈，深十丈，则汉河涅沟之水一派而行，宝应东乡之水消矣。至若泄水南下，则挑金湾，浚芒稻，是所称南工也。无已，则湾头闸傍添设一座，令纵泄泰、通、盐河，而又加浚三汊河口及仪真西门拖船埠港，另开一闸，较旧闸更深之，则入江之口既多，而南河之腹不涨，倘行之，未有不利者也。

越河

宝应越河之议，始于宋陈桢之之疏。继以国朝白康敏公有高邮越河之筑，屡议屡停，迄无成绩。迨万历十年，狂飚覆舟，溺死人不计其数，然后督抚李公世达、王公廷瞻相题请，而按院马公允登、盐院蔡公时鼎、南河郎中许公应逵悉心赞成。又圈田靠堤，两论不决，赖吏科给事中陈公大科上疏力陈利害，大司空杨兆亦力主靠堤之议，于是上尽允所请，发留都计部帑金十万两、抚按二院赃罚五万两。于是以万历十二年九月兴工，东筑新堤一道，西仍旧堤，特加高厚，两堤俱护以桩板，实以刚土，阔者八丈许，高者三丈许。中有先年冲决倒潭八处，积水深广，则甃以石。两堤又皆筑滚水坝三座，以时疏泄。南北建二石闸以出入。明年五月奏绩，上赐名曰弘济。堤上植柳万株以荫牵夫，两闸之上各建关王庙，以资神力获河于万万祀。北闸建亭树碑以纪河工。是河之开数十年而后定，钜工之兴，若此艰矣。乃一时草创，未及经久之图。即以南北二闸言之，北闸门稍东向，水势北来如矢，舟难徐转，损坏无算，非知县陈煃建议改令径直，易于出入，几何不为三峡、吕梁之险乎？又频年以来，从淮安至宝应，筑西长堤一道，黄水从通济闸入者挟沙而来，河身日高，运道日窄，有如当事者思此河经始之难，虑此河淤塞之易，咨访浚治良策，俾流沙不积，漕渠不壅，又三十六里之堤尽用石砌，即有异常风雨，不令冲决，则漕其永赖而朝廷十二万帑金之费不至付之波臣无益矣。

正统三年八月己未，筑高邮湖堤，堤长四百二十五丈。旧用土筑，遇风浪撞激辄败，间用木橛苇束蔽护，亦不经久。至是，甃以砖石，复以糯米糊和灰固之，始坚致可久矣。

《泰州志》

论漕河建置

图所列，南起大江，北抵山阳，漕河形势大略也。漕河惟扬州城迄扬子湾一带，可四十里，地势高阜，延袤至邵伯镇而北。内外东西，则皆诸水所汇，而外自高、宝，内迄兴、泰、盐城，地形洼下，共一沮洳之区也。自宋天禧中，江淮转运使张纶因汉陈登故迹经画，就中筑堤界水，俾堤以西，汇而为湖，以受天长、凤阳诸水，由瓜、仪以达于江，为南北通衢；堤以东，画疆为田，因田为沟，高、泰、宝、兴、盐五州县联络千余里而遥，而五州县之水有广洋、射阳等各湖以潴之，有庙湾、石础等海口以泄之，不为田潦，具称沃壤矣。此前代之所疆理，而历世因之不能易者也。至国朝，复大治堤以通转漕，是为咽喉要害，而鹾利民生，胥于此焉依，顾不重欤！夫湖藉以资漕，则堤以外不使水得出，而后漕之通利也，无壅遏浅涩之虞。不然，滔滔东注，其有不决堤梗运者乎？因田以定赋，则堤以内不使水得入，而后田之菑畲也，无淹没漂溺之患。不然，混混西来，其有不伤禾废耕者乎？何也？以五州县之水，溉五州县之田，其潴也有限，其泄也亦有限。一遇淫雨，尚尔泛滥，湖决而下，势若排山，四望汪洋，总成一海。当斯时也，潴不胜潴，泄不及泄，数千里之内，几何其不载胥及溺也，而漕计且坏不可支矣。是缕缕一线之堤者，四百万之军需所藉以灌输，而国脉系焉；百亿万之生灵所藉以待命，而国本关焉。故堤固，则漕无害，而淮南赖以平成；堤坏，则漕事阻，而淮南胥为鱼鳖。此其利害，不啻烛照数计而龟卜也，所从来矣。

论地方形势

图所列，距扬州二十里许，至杨子湾漕河东为盐河，专为鹾运而凿之渠。由江都历宜陵镇一百二十里，是为泰州州治。州治而北，不二里许，则泰州之水田也。从东、西二坝而下，入新城河港、白口、宁乡、司凌、亭阁，而北一百四十里为兴化，稍折而西南八十里为高邮，再折而西北一百二十里为宝应，又再折而东北九十里为盐城。是起自泰州以及兴、高、宝、盐，纡回虽共四百三十里，然阡陌连壤，东渐于海，西滨于湖，而盐场、草场、河泊、湖港则周遭不下数千里而盈矣。千里之内，往来者止凭舟楫之通，略无牵挽之路，其形共类一釜底，古所为号泽国也。然所由称沃壤者，徒以湖堤固而水利兴耳。堤一决，则千里者壑矣。沃则俱沃，壑则俱壑，未有一州被水而一州独异，一县被水而一县独存者也。故言其合也，则五州县者，其利害、其丰约钧者也，无彼此一也。言其分也，则泰州田于邵伯湖为近，邵伯堤决，先泰州而兴、高、宝、盐次之；高邮、兴化田于高邮湖为近，高邮堤决，先高、兴而泰、宝、盐次之；宝应、盐城田于汜光湖为近，汜光堤决，先宝、盐而高、兴、泰次之。水至有先后，水害无浅深，盖射阳等湖所不胜潴，而庙湾等口所不及宣者也。譬之人然，诸湖皆喉也，五州县田皆腹也，海口一尾闾也。水自喉入，必腹满而后从尾闾以出，而谓腹以内有一之不受者乎？况大于喉，小于尾闾，多其入，少其出，而谓不涨满于腹也，有是理耶？

论广陵田赋

图所列田高下，下者宜稻，上者宜菽麦。然而大江之滨，湖西之坂，漕渠盐河之间，往往引水凿渠，以资灌溉，此所谓甚美高腴之地也，不特宜菽麦而已。广陵之属，为州者三，为县者七。南有仪真，有泰兴，东有如皋，又东有通州，有海门，厥土阜而且厚，多前所称引水凿渠者是已。湖决而东，不相及也，可勿论，论其在图者。江都之赋，米三万有奇，豆麦称是。其在邵伯以下，与泰州水田比邻而界邵伯，堤决江都，此地亦尝被灾矣。然以通县计之，不十分之一。而由瓜渚以接泰兴，则滨江也；由扬子桥以至高庙，则漕渠也；由扬子湾以至宜陵斗门，则盐河也。由黄子湖以至诸塘及西山等处，则蓄泄无不利也。故不得以邵伯一隅之害，而并议四境膏腴之利。然而邵伯之民犹然觖望，一夫不获，时予之辜，得不希当涂者一区别乎？高邮西对天长、宝应，相与连壤，高阜腴地，多亦有之，第最重者在下河，自不应议及耳。人亦有言，江都美矣，虽有邵伯之灾，不以蔽其美，何也？美之地百而灾之地一，其数不胜也。高、宝灾矣，虽有湖西之美，不以蔽其灾，何也？灾之地百而美之地一，其数亦不胜也。若泰与兴则异是，维扬之赋二十万，泰与兴一州一县者居其半，彼三州六县者居其半，夫非以其地多水田，偏宜稻也，而特重之欤？今田化为沮洳，而稻且属乌有矣，十万重赋，胡以供之？然兴化之不能供也，当涂者蠲恤之疏屡上，而逋负之诛常宽。兴化灾民，犹得延旦夕以冀将来平成之望，而泰州则覆盆不白矣。岂以兴化不有旱地，故以跻于高、宝，而泰州不止水田，可以比于江都耶？不然矣，夫亦未酌其分数耶？论事者当考其原，恤民者必关其痛，泰州之痛不啻剥床以肤矣。试穷其源，一相提而论，上、下二河，足相当否？滔滔汪洋，止若邵伯之一隅否？芜芜原野，能如江都之四郊否？以不耕之田，共有常之赋，将终不得拟于高宝、兴化三州县否？分数多寡，可较而知也，语具在后论中。倘诚有若推之耻、由溺之思，恳恳然赤子其民，不以秦越视之，请一虚心详察，当不吝引手投足，而必求所以援之者矣。

论田赋分数

图所列，南界泰兴，西界斗门，东界如皋，此三面故泰州所称高阜者。其中惟盐河一带引水，而田足称腴，壤可稻，计科米三千九百石有奇。而自两岸入内，则高亢无水，不可禾矣，计科麦六千石有奇，豆八千石有奇。再内则仰瓦而下，不三里尽下河矣，比界兴化，则科米五万二千石有奇。此夏秋两税，上下二河田赋之大端也。麦豆不论，夫秋米者，上河止三千，视江都之三万，同乎？下河至五万，视邵伯之一隅，同乎？其不可共日而论也明甚。夫江都不得以一隅掩三万，泰州奈何以三千掩五万也？甚矣！论灾者不考于分数之多寡，以困此一方，而令不得其平也。吁嗟乎，冤哉！若又谓兴化无上河，泰州尚赖有此三千石也，即大水为患，犹可藉手，而豆麦所产，亦足易米而输之官耶？则又误矣。上、下二河，截然两地之民也；夏秋两税，判然二时之赋也。漕粮兑运，此三千石足乎？豆与麦可充漕乎？上河之民能代下河输米乎？譬之一家然，兄弟分爨久矣，户役各自以身任之。其后一人富，一人贫，而贫者役又独重，自非友爱之至；欲强令富者代贫者而受重役也，必不能矣。又譬之两邑然，井疆区以别矣，钱粮各就地所产者派之，假令一邑丰，一邑歉，邑赋又独多，自非父子之亲，欲强令丰者代歉者而输多赋也，必不可矣。尝考历代沿革，泰州唐初为海陵县，役又分为一州一县，州名吴州，县名吴陵，其时未有如皋，未有兴化也。至元始专为泰州，而以一州一县之地，于内稍析为如皋，又稍析为兴化，以故上、下两河，泰州兼有之，而其有下河也又偏独多。今维扬诸属，编户定赋，未有若泰州之兼有上、下河者。今如皋尽以上河论矣，兴化尽以下河论矣，兼有如泰州，乃不酌其分数，顾令同类于如皋，而不得比灾于兴化，岂不冤哉？予特为论著其事，而又以钱粮额数分列于下，觊当路者考镜焉。

论勘灾异同

图所列，五州县水患详矣，然被水无彼此，而论灾有异同，岂当涂厚薄其间，而泰州之民，夫独非当涂赤子哉？必不然矣。

此何以故？则多所闻，鲜所见，而见之者有所见，又有所不见云耳。何谓多所闻，鲜所见？高、宝当南北孔道，使节之往来如织，滨湖苦水，孰不流传？而兴即高邮属邑，言高邮，则必言兴化矣。此三方者，固世所指名也。而泰州僻在东偏，谁则见之，而谁则闻之？何谓有所见，又有所不见？泰州之僻，往来者独二三上司也。上司以楼船从扬子湾入，徒见两岸禾黍穰穰，洵美且都，叹赏不容口，而安见江都、泰州之分界也？又安见下河之一望成湖也？其有行县入兴化者，故道又不由泰州往也，而泰州之水，安从见之？然间亦有勘灾之委官矣，委官之入境，未尝一遍历也，上、下河多寡之数，未尝一通考也。其以灾报者，往往杂于上下之间，未尝一分疏为区别之也。而兴、泰一体之义，又何自而得转闻于当路乎？当路且不闻矣，况庙堂乎？虽然，顾当路加意何如耳。请以已事明之：登城而叹，隆庆三年，有衡水傅后川公矣；刻篆而鸣，万历二十一年，有乌程吴平山公矣。以故两年大水，泰州得与兴化共蒙蠲折之请，民之仰之，若嘉谷之有时雨也。万历十四年，尝大水矣，势更汹于上两岁者。偶有当路从上河来，父老群聚而控之，反逢其怒曰："吾亲闻两岸栽秧，歌声不绝于耳，若曹何自言水灾也？是诳我！"为首者榜笞三十。及如皋尹奉檄来勘，而尹故善谀当路风旨，州又适同知署事，时届端阳，方驾龙舟戏水上为乐，属视如皋不为礼，尹怒而去，报如前当路言。是岁也，水尽滔天，兴则改折，泰则全征，漕舟抵河下，至鬻妻儿以供，而民不堪命矣。此见与不见之明验已。尝谓名实者，论之辨也；利害者，事之审也。五州县一尔，高、宝、兴有灾之实，而亦有灾之名；有灾之害，而亦有灾之利，不幸之幸也。泰州同有灾之实，而独不有灾之名；同有灾之害，而独不有灾之利，不幸之不幸也。下河水为祟，上河掩下河水亦为祟，何也？当路为泰州之幸有上河也，而不理其灾；百姓怨泰州之不幸有上河也，而概覆其灾。民隐若是，苟一权于名实利害之辨，尚其有痌瘝之思乎？

论正改漕兑

图所列，五州县历年之水，颠末业已备具论中矣。洚洞之警，平成无日；赋役之数，一定不移，万姓所日夜延颈而待者，独望有朝廷浩荡之恩而已。顾钱粮额派，于县官为维正之供，于百姓为有常之赋，则起运存留两端耳。起运如内库上用及京边军需是已，存留如官生俸廪及地方经费是已，数者有一之可缺乎？缺一不可，奈何得轻言蠲。大司农于四方奏报灾伤，往往急起运而缓存留，而不知存留之于地方，即起运之于京边，无得而缓焉者也。故急起运者，实征也；缓存留者，虚文也。然则所望浩荡之恩者何由？漕粮之改兑改折是已。何言乎改折也？漕粮正兑以石为律，有补闰二六等费，计纳银一两二钱有奇，而改折重则七钱，轻则五钱，止矣。何言乎改兑也？漕粮正兑以石为律，有水脚过湖等费，计纳米一石七斗三升有奇，而改兑则加耗米二斗五升，又加变易米二升，止矣。改折之数，年例若干，漕司留以待四方不时之灾。而改兑之数，均派各省，听其临时自相酌量调剂而已，故改折非抚按勘实，灾至九分五厘以上者，不得轻许。然大司农犹有严禁之请，改兑听之司府，就地之原额，为派单之多寡，大都不相上下。予不识漕计，此其大略之数如是也。今兴化以频年被水，漕粮尽从改兑矣；改兑未已，并改兑尽从折色矣；折色未已，并折色又尽从永折矣。浩荡之恩，广被于兴化者如此！顷当路又因兴化以及地方同有是灾者，俾高、宝漕粮，亦尽从永折之例矣。是浩荡之恩推广于高、宝者又如此，而独泰州一不与也！士民思之，不得其故，相聚而扼腕曰："使州田而异于兴化也，无怨也；使州粮而轻于高、宝也，无怨也。今田之沉于水也，于兴化非有疆界之别；粮之出于田也，于高、宝且有轻重之殊。何乃见弃当路，不蒙体勘？岂不沉冤于覆盆而号泣于向隅也乎哉？"矧复使为兴化代粮，抑又冤之冤矣。请得肆言之：维扬一郡三州七县，秋米共二十一万八千八百九十六石二斗二升，于内额坐起运正兑米六万石，改兑米三万七千石，以均平之法言，三州七县视额粮为例，每粮一万，当得正兑若干，改兑若干石，此一定自然之数也。以通融之法言，三州七县年视丰歉为例，丰者加正兑，减改兑；歉者增改兑，减正兑。此临时剂量之数也。于征输之内，寓轻重之权，要以不失维扬九万七千起运之额，以足国家漕运四百万之储而已。漕规立法之善，所从来矣。故泰州额粮五万二千有奇，当得正兑，不过一万五千，改兑不过九千二百而已。嘉靖三十年以前，此数未之或爽。虽准通融之法，临时微有增减，计于均平之法，成数无不吻合。各年派单由票、府州见存卷案历历可稽也。其后正兑忽派至二万九千六百，视原额骤增一万四千石而奇矣；改兑忽派止一千九百五十，视原额骤减七千石而奇矣。悬绝已甚，奉单之日，靡不骇而且疑，然竟莫知其所自起。聊一具诉，而当路辄不报也。嗣是年年因仍，遂为常例，而不闻有所更订者。夫以一郡正兑六万石，而泰州止二万九千，是十分而五也；一郡改兑三万七千石，而泰州止一千九百，不十分而一也。增正兑一万五千石，岁计多征银一万六千两，多征米九千五百石，则十分而又加七也。民之重困，不啻涂炭而倒悬矣。顾不知漕规于各省，果如是偏重而不均否耶？假曰奉旨，则必有题奉章疏可据也；假曰额例，则三十年以前不应有异同也；假曰应增，则维扬总赋未见部文奉有事例续派也。三州七县一也，此既有所加，延彼必有所减；此既蒙其害，彼必蒙其利。盖尝得其故矣。先是兴化政府及第，笃厚桑梓，维时水灾，尚不似今时之困，然已力为之地。而当路因以一郡改兑漕额，尽三万二千派于兴化，余五千有奇派于三州六县尔。夫兴化既以改兑易正兑，则应得改兑原额，仍就起运正兑内递加之可也。三州六县既通减改兑，则应得改兑原额，仍就起运正兑内递加之可也。乃不一衡量，而径以兴化一万五千正兑，举而尽栽之泰州，彼两州六县者，正兑未尝一失故物，而起运骤反递减有差，此何以说也？对兴化言，是泰州为兴化全代正兑也；对各州县言，是泰州为各州县分代起运也。揆之天理则不通，质之事体则大谬，不知当路何以会计也。抑有由也，盖众怒难犯，加粮于众邑，则群起而噪者必多，殊费居解，不如一邑之可欺也。编户之远，无如泰州也；额数之重，无如泰州也；絜而与之，足可掩覆，不如各邑之难敌也。故兴化宣言曰："泰州有上河，富郡也，非兴化所得望也。"当路信之，谓泰州真富郡也，果兴化所不得望也。噫！何其冤之甚也！蚩蚩之民，亦将何所控告哉？当是时，下河犹未沉水也，民力尚未殚竭也，耽燕雀处堂之安，而无鸿雁集泽之感，则亦因循已尔。今则沉尔田矣，倾尔家矣，叫阍无自，泣路堪怜，谁生厉阶，至今为梗，能不追怨当时之首事者乎？粮非洪武之旧，强代兴化之赔，兴化政府所以为兴化则得矣，其如贻怨于邻境何？势穷数极，返本还原，不当复泰州之故物耶？若终念兴化之能复也，破格题请，令两有所存，不亦无偏无党之政乎？如不其然，则请当路亲举玉趾，特诣泰州、兴化之境，履亩而勘，周询而咨度焉：地之高下同否？田之被水同否？正兑之独加于泰州顺否？改兑之独存于兴化安否？起运之并代于两州六县是否？然后以先年具题之疏及所以摊派之由，的然示以当加当减之故，毋使不知而暗赔，晓然谕以公平正大之理，务令心悦而诚服，即虽不蒙一体蠲恤，而亦可免退而后言矣。

外史氏曰：泰自昔号泽国，与高、宝、兴化天水相连，风帆直达，非有涯涘，可施牵挽，余数问渡于此，是以知之。而州治南面独据上游，外凿漕渠，以一衣带水通韭挽之利，即巡方直指从上河来，入茱萸湾，东走如皋、通州者是，而不知其赐履西讫江都，仅二十五里而止，南讫泰兴，仅二十里而止，其为上河析壤几何？自守土者传舍其官，秦越相视，有习睹萸湾以东两岸禾黍芃芃，黄云被亩，而忘其非泰州者矣，况可责之輶轩过化者乎？今下河岁岁苦阳侯，高、宝岁岁蒙蠲折，而泰州题灾独不与，抚按之责乎？抑监司之责乎？甚至最剥肤者，金家湾一堤，岁被土著盗决，激水罔利，而一切莫之省忧。沉璧无能，高岸为谷，竟弃下河五万三千之漕粮于沮洳一壑，而犹不能与三州县均望复租之惠，尚可诿曰非距心之罪耶？试令冏卿而在，不知又如何痛哭流涕而长太息也。余故阅水乡图，而并论次其说，三复低留，以志其咨昏垫之慨云。

《泰州志·河渠考》

海陵水利，来自淮、泗，其自高邮、邵伯灌入下乡者为下河，田土居多而海为之泄；其自湾头东折者为上河，田土无几而江为之泄，此其大较也。上、下河俱为盐运故道，盖不独民田藉其灌溉，而盐场万艘往来如织，实为国家命脉之所系云。顾海陵虽号为泽国乎，然河腹甚浅，易盈易涸。闻万历二十二年以前，盐官三年一大开，一岁一撩浅，故因势利导而飞挽裕如，此其成效之彰明最著者也。今则挑浚绝响矣，以故一遇暴雨，亘亩皆盈，若数月不雨，而焦原铄金，又赤地千里矣。考之府志，谓泰之水自运盐河东来，旱则宜筑塞白塔、芒稻二河，庶无为运盐之梗。夫非独为盐病也，漕运转输，祇争此一衣带水，而芒稻河奔江不息，早已决之于上流，况潦时少而旱时多，其可不为留心潴蓄之计哉？余故将上下河并市河三款胪列于左。

一、下河，计水道有三：其自新城殿折而东北者，为通场运盐河，经于溪、秦潼镇、西溪巡检司以抵场下，东渐于海。盐场万艘自串场河装运，直达泰州西坝而止。前此盐官动费金钱，岁岁挑挖，不为无见。盖泰形前高后低，故州治北有东、西二坝，所以界限上下，则十场转运，惟取给于淮流矣。顷自牙桥闭塞，则长淮断隔，别无支河可通，惟寄命于下河如线之带水而已。况此缓弱之水，又一泄而尽。数年以来，则陆海扬尘，运盐通津，且轮蹄相错矣。蒿目国计者，计将安出乎？其自新城殿折而直北者，为兴、泰往来官河，经鱼行北去十八里，为港口镇，过此，则为港口白矣。此泽茫无涯涘，似百川灌河，平时深不可测，虽枯旱，水亦以数尺计，为海陵一古迹云。踞白之东北者，为董家潭、上溪、下溪、靳家潭数处，其水虽旱不竭，独饶粳稻之利。至于莲沼参差，菱芡历乱，在旱时亦然，此亦一武陵源也。过此，则宁乡巡检司矣。迤北十数里，则兴化所筑长堤一道在焉。堤由兴化至高邮，计延袤百余里，昔以曲防遏泰之流者，今则陆海尘飞，亦不获沾泰九里之润，惜哉！过此，则凌亭阁矣，是为兴化之分界，高、宝之通津，世相传为海陵溪者，其在斯欤。自新城殿折而西北者，田近膏腴，多富人之稼，不可以里数计也。西北直尽乎泰之樊汊，通江都之永安镇，与邗江接壤焉。

一、上河，此河始吴王濞开邗沟，自扬州茱萸湾通海陵仓及如皋磻溪。时濞以诸侯擅煮海为利，凿河通道运海盐，今其故道也。考诸芒稻河未设之先，盐官犹岁募丁夫，日以挑浚为事。嗣后芒稻河设矣，湖淮之水泄之于大江，虽治河使者日下闭塞之令，而地豪贪竹木商贩之利，盗决如故也。山洋河坝之在宜陵镇者，亦有名无实，泰州之岁征看坝夫银，至今不废，而地豪之缘为奸利者，亡从诘也。甚至借竹木便民，反告官给帖付照，公然身充牙侩，至私盐夜行，商船径渡，而江都有司不知其有宪禁也。山洋河而上其直达下河者：一曰赤莲港，一曰戴家坝，一曰徐家邗子（徐家涵坐宜陵西二十里铺，汪洋大河，地豪拥为通津，首为上流害），各据为利窟，而不顾泰之肥瘠也，然俱在江都境内者也。盖泰州西界最褊小，起自斗门镇，仅仅二十五里，为海陵赐履地。今专以境内言之，而泼绰港之通江者，已泄之于斗门镇；海子沟之通江者，以新凿一渠，又决之于九里沟。此不独忧在盐漕，而忧在农家之水利；不独忧在水利，而并忧在风气矣。夫城西负郭，居水之上流，业已滥觞，不可禁止。又按父老卢惟宝所条陈，一为坛场西首之通江港，迳入宝带桥口岸大河，略无限隔，据称于此通行商贩，决水入江，此尤其遗害之最先者也。一为凌家闸，在高桥东，坐落夏家桥，据称司启闭者鬻水为利，若此闸不塞，则茫无底止，又何怪远在东偏者，不获沾上流之润，一遇岁旱，三农坐困哉！

兴化

先是，兴化东南一维之地，国初以欺隐迁三百户，复徙蔡玄等盐徒五百户于良乡、涿州，以致土旷人稀，田地无主。而南北接界之民，今年刍牧，明年樵采，或窃取而耕种之，泰州侵占花胜等四十三庄田四千余顷。潘扬两汉南北深入十余里，东西八十余里，而盐城越界侵占又万有余亩。于是巡按直隶监察御史洪垣据实具奏，略言："该县地土广狭、赋税轻重，止以疆界为主，郡志为稽，原额为规，田土有定，法本中制，岂容变乱？该臣吊取扬州府郡志，查得兴化县东至丁溪场一百三里，西至高邮州河口四十五里，南至泰州蚌沿河三十五里，北至淮安府盐城界首地名沙沟六十里，其广一百六十里，袤九十五里，额办税粮麦米豆五万二千余石，马草九万余包，外派编水马站米二万一千余石，并桑株鱼课等项解京钱钞粮差，委为重大。及查志内开载泰州并淮安府志，盐城县疆界四至，俱与兴化县相同。臣亲诣泰州等地方询访查勘，兴化东至丁溪场，西至河口，南至蚌沿河，俱各倚河为主。若舍蚌沿河而北，则田地混杂，实无可拟。况今泰州民灶开种河北，人户包赔（注百十六）。臣奉命前往地方按临该县，目击斯患，因而访诸士民，始知前弊，止因边邻泰州、盐城地方，人民乘机稽阻，未得均除，伏望皇上俯念该县疲民疾苦，乞敕都察院转行巡按，会同接管巡盐衙门，按诸郡志，公同委官，亲诣泰州蚌沿河迤北、盐城县沙沟等兴化县界内田地，逐一踏勘顷亩数目明白，将该县原额粮站等项通议均派，照亩科征，仍将欺隐豪民徐兰、刘椿等照例究治，庶小民数十年积弊得以尽袪，朝廷亿万载贡赋易于完集，苍生幸甚。”

蚌沿河，此与泰州分界之河，在县治之南三十五里。先盐院洪公垣批略曰：“按郡志兴化县南至蚌沿河三十五里，泰州北至陵亭镇八十里，河镇相接，非异地也。其河东至运盐河一百二十里，非小港也。”今泰州伪指梓新河为界，不知梓新河乃兴化腹里之河，非帮界也。梓新河，按郡志在兴化东南十五里，自塘港西出得胜湖，此尤可征者。况泰州、兴化界限南北，而此则东西者也。蚌沿河直通盐场，而此则一路不通者也。岂有界分南北，而以腹里横余半截之小河以定疆界者乎？

梓新河，按旧志去县治东十五里，自塘港西入得胜湖，河形自西北而入东南，邻境指为界河，岂有偏斜半截之河可以界南北者乎？

大纵湖分心，按《维扬郡志》大纵湖在兴化县西北四十五里，西南至九都，自湖心与盐城县分界，西入射阳湖。《淮安志》亦云，湖中分为界，其源自鱼鲸湖，由马长汀达射阳湖，注于海。夫观二志皆同，靡所疑贰，况湖心分界，其形阔，其势直，其流远，本不可逾越者也。自兴化凋残，人户稀少，而盐民乃越境侵攘，靡顾天理，大河通射阳湖者不以为界，而以小沟田埂为界矣。或者云，沙沟镇原隶盐城，似有可疑者，而不知沙沟镇中心有河，所以分界，其北盐城，其南兴化，明甚者也。若郝昆所占田土，则在旱河之内，浦龙河之东，况左右前后皆兴化民田，而有本所军屯在焉，是又不足辩者矣。

水利一（南北闸础）：县西南接高邮，北通盐城，相距百有余里，有堰堤以障水，有南北二闸以司启闭，于是东高西洼，两得其平，虽有旱涝而民不为患。闸：南塘自沧浪亭至河口镇丰乐桥四十五里，北塘自玄武台至盐城界首六十里。础：南十里亭贾庄铺二十里、孟家窑三十里，河口通海陵溪四十五里。北平望铺十里，土桥口十八里，火烧铺三十里，卢家坝四十里，界首口六十里。

水利二：自嘉靖三十年间漕堤北决，高阜之水拥淮流而东注，则自大纵、吴公诸湖逆涨而上，塘闸不足恃矣。水天上下，一望无际。乃至庆历间而高堰决，淮涨愈甚，于是始有海口之议。海口远在庙湾（场名）。而新丰、射阳皆其故道。新丰便，则议开新丰，射阳淤则议浚射阳，愒时玩日，迄无成绩（事在万历三年），徒废帑金，适充私橐。不得已，则北议开石础口。石础口在盐城之东南，逼近城郭，新凿之口，不任奔流，土崩水驶，盐人称病。开已旋塞，固其所也。不得已，议开姜家堰。姜家堰在盐城之西北，旧有海口，自冈门镇一十八里至登瀛桥天妃庙下新洋港，入于海。若使畚锸具，工力敷，人心和，地利得矣。失此两便，无已则东议之沿海。

水利三（丁溪沙河口小海草堰二海口，白驹南北二闸下牛湾河）：盖昔者泰州乡宦凌公儒遵海上议开白驹、小海、草堰、丁溪诸场海口，而互有得失（事在万历十六年）。夫潮汛往来，贵审气势之强弱，相地里之远近，视河道之纡直而消杀之。若使河直而地近，则潮方怒生，加以风力，其势必至于澎湃奔腾而不可御；道远而纡，则强弩之末，势不能穿鲁缟。今之凿河者，往往弃纡而取直，舍远而趋近，非算也。又新凿之土，骨脉未坚，一有冲突，则排闼而入不难矣。是以诸口须防潮汛之虞，而丁溪尤甚。丁溪旧有龙开大港，道远而纡，永无潮患。今辟沙河一十八里，直通大洋，是以求利未得而祸不旋踵。今虽实以坚土，亡羊补牢，计亦晚哉！若使河盈而海缩，其势足以相敌，以时辟之，可暂而不可久。此水自车路河直抵丁溪冯家坝，至姚家口一带，万历十二年，知县凌公登瀛浚之。一水自白驹场西下北芙蓉（注百十七），通扬胜河，直透大纵，下射阳，西北入于海，此河故道也。顷淤浅，知县凌公登瀛浚之，引腹心之水，下白驹场南北二闸，趋牛湾河东入于海。牛湾以纡曲，故无潮患。草堰、小海二海口，亦泄水要地。万历十六年，凌公儒议开鲁河口苦水洋，去场六十里，而势连大洋，潮汛易达，宜坚置板闸以守之，酌其盈缩而启闭之。

水利四（射阳、神台）：夫兴邑卑下，夙为受水之地。自邮、泰合襟之水东南来者，则开丁溪诸场海口，挽而东注，是已。其如东高西下，地势倾仄，水聚釜底，口开釜上，所泄者不过浮面之水而已，而觞深之渊，固自若也。故急议之盐城，而盐城数以病邻为辞。故莫若议之射阳，射阳则入海故道也。自宝应屡决，黄浦浊沙随水垫湖中，而阳且淤矣。诸流壅塞，遂穿支渠而下。往者盐尹杨瑞云公奏捐帑金九千余两浚之，而随浚随淤，迄无成功（事在万历八年）。不知射阳有不可浚者二：一者河阔，四无畔岸，如一望湖；二者河纡，盘旋曲折，如九回肠。曲则流缓，疏瀹不前；四无畔岸，则聚沙无地。虽有知者，无所用其谋。往者之役，徒充塞吏之囊橐，而无补丝毫，今勿论矣。近则议辟神台，神台者，亦射阳东北之支流，起自沙沟、黄土沟、披丝网、唐桥、胡垛，至于神台二十余里。有三汊口，分西由南唐河经建阳河、瓦子庄、戛粮河下朦胧口，入于海；分东由姜家庄，对高作寺、油葫芦港下朦胧口，入于海；分中一河亦对姜庄、高作下朦胧口，入于海。此则河有故道，地有刚土，浚之可使深，辟之可使阔，导之可使下也。万历二十年，知县欧阳东凤浚治，工完，民甚赖之，计用帑金一万四千六百余两。

水利五：（《内阁李文定公复塘初议》）治水之法，浚海口，要矣；固高、宝漕堤，要矣；筑高堰，要之要矣。筑高堰者，使西水之不入；固漕堤者，使中水之不泄；浚海口者，使东水之不留。虽然，十四塘不复，终非十全之利，而所谓三要者不能久也。何也？盖高堰者，本于山阳之高阜，为堰以排黄淮之水而入海也。自堰之既废，北水注而南走，势不可遏，连年堰成，北水之害稍息矣。然迩者万历八年堰成之后，水复涨而入湖，漕堤溃决，高堰之功何在哉？则又由堰而南，自叶城而下也。叶城者，宝应之西塘，乃十四塘之首地也。仪真之塘四，江都之塘五，高邮之塘三，宝应之塘二，而其中五塘为大：在江都者，曰上雷、下雷、小新，凡三也；在仪真者，曰句城、陈公，凡二也。故举其大者，但曰五焉。塘之始制，起于汉唐之年，其间兴废利弊备诸维扬乘志，今不繁叙。至我国初，陈恭襄公瑄洞悉水利，稽仿古法，造为十四塘坝闸，上济漕运而下利民田。盖地之形势，自寿州、盱眙、天长、六合一带，其地高，高则水注而东之，使众湖为之壑也，故于界水之处，为塘闸以防之。各塘之东，为甓射、珠湖、新开、邵伯、白马、黄寺、朱家、赤岸等湖，其势中，中则亦泄而东下，使兴、盐为之壑也，故于湖畔之东筑漕堤以蓄之。方其水年，则西山之水高不过闸，而南浮于江；及其旱也，塘水不泄，山涧俱通，而西田得熟；至于大旱，漕挽不通，乃东塞茱萸湾，闭漕堤闸础，决塘水而灌，则水道不阻而国运以济。古人之制善矣，每塘甃石以为斗门，而塘长、塘夫是设。故洪武、永乐间，军器、商盐、皇木三资故塘之便。及弘治以来，日渐倒塌。正、嘉之际，奸民盗种之矣，屡被告讦，屡罪不悛。先有薛钊，继有仇隆，用财仗势，佃官承领。时值倭寇之变，筑造瓜城，管工官高守一受私议，将各塘之石移运修城，而塘之故址不复存矣。遂有衙门猾吏、土豪势家蜂起效尤，佃塘为田，官派其租，民获其利，而不复再议兴复之计。是以连年以来，西山之水无塘可蓄，稍遇天旱，则赤地千里；水涨，则泛滥盈湖，不得已，乃增堤以防之。不知堤愈高，则水愈涨，堤高则东空而下危，水涨则势涌而易决。且新培客土日洗于河，堤崖日高，河底日积，一朝决溃，无不上阻运道，下没民田者，岂为政者经远之计哉？故计求十全，以复塘为本。一时钱粮浩大，不能砻石，姑于塘口去处仿其旧迹，仍于闸基暂取两崖之土，实而筑之，以观有益与否。又不然，如小新、二雷由淮子河而泄，则实淮子之上流；句城、陈公由乌塔湾、带子湾而泄，则实乌塔、带子之上流。他如北山水柜、茅家、刘塘、茅柘、白水、羡塘、东塘、柳横塘、鸭塘亦皆如是，寻其水口以便筑塞，相其隘阜，易于成功。俟有盈财，加石制闸如旧。是以成功之序也，此其为费，比之高、宝每年之钱粮，当不及十分之一，而较高家堰之利，则已倍十分之三。不惟运道之挽输有资，而湖堤之防守亦固，更加捞浅涩以深河底，疏海口以平水势，则湖之沮洳四出，民田益增，堤之冲决无虞，兴盐攸赖，国家之利莫此大者。但恐豪奸之盘据在下者多阻挠于间，而复塘则蠲租；在上者托事为不便，则徇小而误大。难以计成功矣。

概县士夫条陈水利总论：“切见维扬枕江傍海，郡县有十，而兴化僻近东海，处其下流；赋米起运岁十有八万，而兴化五万七千，最为偏重。居下流，则水患频仍；赋偏重，则民力滋竭。是以告灾告赈，岁无宁日，凋敝滋已极矣。欲恤民隐，当除水患，当察地形。鄙邑东高西下，形如侧釜。高者滨于盐场，地多斥卤，蓬蒿萑苇，荒瘠不堪；下者分为下河，田多淤洳，湖泊茭葑，汙莱无用，间有一二可耕之田，渐为洪水冲蚀，岸埂低塌，无土可培。大雨时行，则东有盐场之水，南有泰州之水，西南有高邮、邵伯之水，浩然而来，注于敝邑。时或淮、黄涨溢，溃决运堤，则西自宝应，北自盐城，逆流而上，浸淫灌注，飘淌我庐舍，汩沉我稼穑，溺死我牛马，祸水作柜，经岁不回。虽有诸设海口，而针喉瓮腹，宣泄几何？以故议水利者，盐城则有石碰河之议，白驹则有牛湾河之议，丁溪则有大龙港之议，草堰则有北新河之议，五佑则有瓦龙港之议，沙沟则有洋麻港之议，新兴则有匣子港之议，庙湾则有射阳湖、神台、新丰市之议，是皆足以下海而缓急不同。顾惟庙湾去县差远，独为泄水故道，水利要害，独此为最。万历八年，奏请捐银九千余两捞浚射阳湖，直开新丰市，又为盐城贪墨正官利已病邻，侵渔冒破，是以开而未开，浚而未浚，以致积水未退，年复一年，贻祸至今，伤哉未艾。夫欲兴水利，先究水源，以上诸议皆水之委也。若究其源，又论维扬大势，其地则江淮之交，西北皆高，东南皆下，诸山之水自高来者，势必趋卑。古人急治诸塘以蓄之，平时用之以溉田，水涸决之以通运。江都则有五塘：曰句城、曰小新、曰大雷、曰小雷、曰鸳鸯。仪真则有四塘：曰陈公、曰北山水柜、曰茅家山、曰刘塘。高邮则有三塘，宝应则有二塘：曰白水、曰羡塘。当夫山水时发，则盱眙破釜、山阳诸水，由云山、衡阳诸涧泄于宝应，而应以二塘蓄之；天长、铜城诸水东泄高邮，而邮以三塘蓄之；西连、大仪、甘泉、盘古山涧诸水又尽泄于东南，而江都以五塘、仪真以四塘蓄之。此诸塘者，明兴百八十年，名卿硕辅留心经济，未有不谋缮治者。自岛夷东犯，诸塘闸础砖石取城瓜洲，塘无蓄水，于是始有私耕公佃，投献鬻卖，豪邻贵族，各售己私，专为世业，遂使国家大计、经略远猷，荡焉不存。于是上游山涧之水尽以诸湖为壑，充满泛滥，浩渺千里，漕河一线之堤，焉能捍御？不得已多设洞闸以泄之，共计减水三十八座，则为口三十八丈，日夜灌注于高、宝、兴化，又三百里，始由射阳、新丰以入于海。今则新丰辟而射阳淤，求之神台，殊为切要。若非尽复诸塘以蓄其源，广辟神台以泄其委，保无后患，庸可得乎？论水利者既知复诸塘以蓄其源矣，蓄而泄之诸湖，灌之漕堤，则由漕堤闸础经高、宝，旋兴化，直抵新丰而入于海。由漕堤顺而导之东南，则自凤凰桥出仙女庙口，趋芒稻、白塔二河，浚而深之，亦可以入于江，而东关之沙坝亦当深浚以为入江之支道。如是，则漕堤无涨决之虞，而下流诸县亦可以免西上河之患矣。鄙见若此，惟经国者择焉。”

扬州府推官李春开《海口议》：“兴化为受水之壑，射阳湖为潴水之乡，今射阳湖淤塞，故兴化受害为甚。独取道于庙湾一口，其中所历河道曲拂邅回，流更迂缓，又加以海水潮汐从而梗之，故今议多开海口以分其势；减水诸闸日夜东注，故今议启扬瓜闸坝以杀其流。总之淮堤之范家口等处最为上流要害，一有溃决，即百海口亦无如之何矣。今范家口修筑未固，尤可寒心。职遍阅各闸惟白驹场之北闸波流湍急，下水最为顺利。即拿小舟从而探之，闸上口水深六尺五寸，闸口相同，下口则深一丈二尺五寸矣，渐远渐深。盖此闸建在牛湾河，去海仅三十里，地势以渐而下，水若建瓴，故其流为最利，此地形使然，非人力所能为也。夫淮南属邑，如山、盐、高、宝、兴、泰等六州县，庙湾、东台等十五场，民灶杂处乎其间，计岁所输纳钱粮盐课出自高壤者十一，出自卑壤者十九。先年河湖顺轨，岁岁有秋，颇称沃壤。近自隆庆三年以来，湖堤屡决，然犹旋消。至万历二年决青水潭，三年决黄浦口，四年决八浅，五年决宝应湖，决腰铺。河水弥漫而下，汇为巨浸。又加以高宝湖堤四十八座减水闸昼夜东流，以田为壑，啮运堤，淹没禾稼。上年淫雨为灾，范家口堤决，民灶田庐尽行漂没，州县禀申，里老呈告，致厪各院之忧，议蠲议赈，至烦奏请圣天子出内帑之金，遣部臣赈济之，民亦稍稍荷更生矣。但饥民之待哺者无穷，而赈济之所及者有限，若不亟为区处，使民有可耕之田，即岁遣使，日议赈，民惟有散而之四方耳，田赋盐课何从办纳也？该职遍历各州县及各场田地，周环六百余里，在在成湖，深者丈余，浅者亦不下五七尺，波流浩荡，一望无涯。广求宣泄之路，在北则庙湾、新丰市二口最大，为山、盐、高、宝、兴、泰六州县出水之门；在东则牛湾河、苦水洋次之，为泰州、兴化出水之门。俱称要害，均宜开浚。其间经过河道，又应逐节疏通以便行水。北如唐桥、神台庄、西唐河、油葫芦港，东如草堰之北坝、小海之南坝、丁溪之烟墩，一处不通，从派皆阻。职相度地势高下，河身广狭，应浚应开，应否建闸，眼同运司、州县判官等丈量估计，用杉木桩编成天地玄黄字号，用二十一丈篾簟一条，各从河心丈起，插桩引簟，簟尽复续，每一百一十丈下一桩，将河身长短广狭细书其上，复具册与桩同，使长短不得挪移，浅深因之有准。其在新丰市口，先经盐城县升任杨知县见得庙湾口地本环曲，水流迟缓，从下滩开凿一河仅十丈，近冲开二十五丈，水激崖倾，尚称口小，除庙湾旧口八十余丈仍听通流，今合于新丰滩南空地再开阔二十五丈，长一百五丈，庶水不扫湾，可免滩北居民内徙。中口宽阔，直与沙儿头同，射阳诸水一泻而北矣。此处河阔水深，无从建闸。其在西塘河由神台至建阳河、瓦子庄、戛粮河，浚此一路，则南水挽而西，又转而北，出朦胧下海矣。其在油葫芦港内神台经姜家庄至高作寺对面止，浚此一路，则水从北入东唐河下口，出朦胧矣。其在唐桥为西唐河、油葫芦港咽喉，由披丝网起至神台止，浚此一路，则南水北可至油葫芦港，西可至西唐河。此惟求泄水顺利，俱不必建闸。其在草堰由北坝至大东河、鸭儿港西北，取一直路开浚，至牛湾河尾，复由西围口接卤河，开浚至牛湾河腰，各出海大洋。应于坝口建一鸡心闸。但外河既挑深，南围十三里内沟之水必流归深处，水去沟干，灶运自苦，仍宜加浚三尺，斯南围各灶装载盐草便利。其在小海由南坝浚至古窑头、万盈围至新河口茅墩港尾，复由中路东口，取一直路开至两汊港口，出茅墩港腰，各下苦水大洋。应于坝口建一鸡心闸。其丁溪河系新开，见深五尺，无容再浚。止从冯家坝迤北，取一直路由烟墩起开至合洋港，入苦水大洋，其旧泄水支河仍留通茅墩港新河口，入苦水大洋。除原有新闸一座，止一口，仍帮一口。新口既开，旧河复浚，潴积在田之水亦可渐次入海。耕者得毕力于布种，煎者得一意于煎熬，国计民生两有利赖，而运河长堤免啮足之虞矣。先该海门姜知县、兴化饶知县勘议，射阳湖南淤塞一段，欲罱泥捞浅，岁以为常，计亦似便。但此湖原系长湾大折，阔五六十丈，一河亘三百余里，屡遭黄河口决，浊沙随水入垫湖中，今虽淤塞，其田面与湖面之水尚深三尺，见俱北流，势颇湍急。该职从射阳庄入湖口，由蒋家堡直抵清沟灌铺，凡七十余里，周遭探视，量得湖下浮泥或六七尺，或八九尺，或一丈有余，沙泥凑合胶粘，篙插不能顿拔，即欲捞置他所，泥淖如饴，无岸为障，一经雨水风浪，淋漓坍卸，势必复淤，太仓以上，已难为工。此三十里水色浑黄，苍茫接天，无维舟住足之地，何处措手？近年盐城县亦尝挑浅捞泥，费银九千余两，夫万人，船千只。今访捞泥特置之草筏之上，深仅三尺，阔仅容舟，不数旬泥塞如故，今遍寻所挑处，曾无一线可睹。委九千金而归之壑，前事足鉴也！况开浚西唐（注百十八）、湖芦二河，可代为用。前项罱泥捞浅之议，相应报罢。先年所开丁溪、海河、老灶、冯逮等当河中路，创建一闸，名冯家闸，口小束水，不能疏通。此辈因以为利，下板阻船，每只索银三分始放，往来苦之。相应拆卸，取石别用。乃若东唐河（注百十九）见在行水，夏胥沟、何垛场、烟墩港俱路远费多，开之无益，应置而不讲矣。职又查得万历五年，高家堰大坏，淮水南徙，诸湖泛涨，蒙前漕抚部院吴移文本府，开瓜洲、仪真二闸，挖郡城东之沙坝及芒稻河坝，不数日而河水减二尺许，湖水减一尺许，自此芒稻河之名始著。又虑私盐从此入江，于河中钉品字桩，止令通水，不令通船，至今赖以泄水。而沙坝则旋即筑塞，瓜闸则粮运过尽例不复开。为今若开沙坝，钉木桩如芒稻河通水而不通船。再开瓜闸，亦钉以桩，视湖水之增减为启闭，则湖水南流愈多，减闸之水自杀，此不费一钱而得两泄水之捷径，是亦一时之权宜也。淮安北堤如范家口，建议柳浦湾等处系上流要害，上年范家口决，直灌射阳湖中，四散漫衍，六州县田庐俱没。若使修筑不坚，当必冲决，沙随水入，恐射阳淤塞，又不止南一段之难通矣。是修筑范家等口尤为吃紧而不可缓也。”

兴化县知县欧阳东凤《议浚神台水利申文》：“本职遵依宪牌，于本年十一月十七日离任，亲诣盐城县会同杨知县随历东工，查勘得丁溪、草堰、小海三河三闸浚建已完通利外，又经同诣北工遍勘得水以就下为性，以生物为功，虽非全利，亦非全害。故善治水者因势而利导之，俾水无壅阏则可，泄之而至于涓滴断流则不可；剂量而容蓄之使水由地行则可，蓄之而至于弥漫肆溢亦不可。往者射阳未淤，汜光湖、白马湖诸水从宝应至界首诸闸通泄东流，由流星港、紫婴沟至南窑、太仓，直抵射阳以入海，至便也。甓社湖、新开湖诸水从界首至高邮诸闸通泄东流，由界首河兔皮港、清水潭入兴化海陵溪，转往北流，历平望湖、崔垛镇沙沟直抵射阳以入海，至顺也。泰盐暨诸场之水由车路、海沟、白涂、梓新会归运盐河，西抵射阳以入海，亦至通利也。自万历三年冲决黄浦口，浊沙随水入垫湖中，以致射阳淤塞，沙泥凑合，不可捞浚，故于射阳之旁二十余里而遥，议开神台等处以泄积水。而议者乃谓神台支河不必开浚，其说有二：一则谓运堤既固，水不东溃，何为复捐数万而为可已不已之费？一则谓连年旱干，上流已竭，稍存余水，灌溉攸赖，何为复竭下流而为无益有损之役？是则然矣。第论水患于昔年，患在漕堤难固也；论水患于今日，患在减闸东注也。减水诸闸共计三十八座，每闸阔九尺，合之则水口共计三十四丈，日夜东流，夫非以高、宝、兴、盐为壑而焉往也？若谓运堤既固，无水可泄，则万历八年以后，十六年以前，高堰固无虞也，而何以水若滔天，兴、盐陆沉乎？则以减闸之分流太多，而宣泄无路耳。

欲求宣泄之路，射阳不可为矣。虽竭力捞浚，而积沙难去，终当复塞，安能舍神台等处而他辟耶？何者？在东则丁溪、草堰、小海为泰州出水之门，在北则庙湾、新丰市口，为高、宝、兴、盐、山、泰六州县出水之门，即旱干之年，披丝网而下至夏家楼、胡垛等处犹有汪洋之势，一遇水溢，又当何如？而可不预为宣泄之计耶？相应照前议兴工挑浚，则汜光、白马湖水从闸东流，由流星港、紫婴沟至南窑、太仓四十里，直入黄土沟、披丝网，历西唐河、神台庄、建阳河，出朦胧，趋庙湾、新丰市下海矣。甓社、新开湖水从闸东流，由界首河、兔皮港、清水潭入兴化海陵溪一百二十里，转北历平望、崔垛镇、沙沟，直抵黄土沟，入披丝网、神台、建阳等，出朦胧，趋庙湾、新丰下海矣。高邮迤南至邵伯六十六里诸闸通泄邵伯湖、董家湖之水，由成子河、菱丝沟、烧香港流至兴化河口镇八十里，一入海陵溪，一转北入平望湖，至崔垛、沙沟二镇，直抵黄土沟、披丝网等处，出朦胧，趋庙湾、新丰下海矣。邵伯迤南至扬州湾头四十里高阜之水，由樊汉河、艾陵湖、六洋湖经兴化陵亭镇（注百二十），转阁湾入平望，至崔垛、沙沟，直抵黄土沟、披丝网、神台等处，出朦胧下海矣。扬州湾头起至泰州海安镇止二百四十里南运盐河之水，由仪宁涵、戴家涵、徐家涵、韩家涵、界首赤练港，入大官河、秦潼河、淤溪河、蚌沿河，复往北流入平望湖、崔垛镇，直抵黄土沟、披丝网等处，出朦胧下海矣。海安镇迤北富安（注百廿一）、安丰、梁垛、东台、何垛、丁溪、草堰、小海、白驹诸场之水，由海沟河、白涂河、车路河、梓新河西流入新河，直抵崔垛、沙沟，历黄土沟、披丝网等处，出朦胧下海矣。刘庄场、伍佑场迤北至盐城县东西二乡之水，由串场河（注百廿二）至岗门镇，一半分往南流，经石础口、入界河，直抵沙沟镇，一半分往西流，由新河庙、古基寺、东唐河直抵胡垛口，经神台等处，趋朦胧下海矣。水本下流而俾之中阻，其为患何可胜道耶？又查得前卷，自披丝网起至夏家楼、唐桥、胡垛、神台庄共长五千二百八十丈，自神台迤北至陈家堡、姜家庄、高作寺、油葫芦港共长四千二百九十丈，神台迤西至季家堰、建阳河、瓦子庄、戛粮河、朦胧口计长五千七百二十丈，原议俱浚阔七丈，深六尺。今阔有二三丈者，有十丈余者，深皆二三四尺不等。阔一丈，则可省一丈之工矣；深一尺，则可省一尺之工矣。且自披丝网至神台庄水流一河，自神台而下水分两途。一河则其势盛而流易溢，面底俱七丈似犹为狭也，合无浚为面阔十丈、底阔七丈、深六尺，则容受有地而可保无泛溢之虞；两途则其势分，一河七丈，合之则为十四丈，恐流缓而易淤也，合无两河各浚面阔六丈、底阔四丈、深六尺，则水流湍急而可保无淤塞之患。及勘朦胧至庙湾河道深广，固无容议浚；其新丰市原议开浚二十五丈，今已有阔三十余丈，似亦不必虚糜财力也。议者又以海潮为患，其虑诚深。然丁溪、龙开港、草堰、苦水洋、小海、卤河口去海仅六十余里，故潮或内灌；自庙湾至海凡二百余里，地势以渐而下，且各湾曲折纡回，潮汐至此渐平，水势自杀，必欲为善后之图，则神台庄、三汊河口固两河分流之咽喉也，合无于此处建闸一座，涝则启以泄内水，旱则闭以防外潮，庶蓄泄惟其所宜，而水旱皆有所备矣。

《如皋志》

本县南沙孤悬江中，为逋逃薮。初有大盗薛良金等肆行劫杀，知县李衷纯设方略歼旃。又有奸民杨元等献沙勋贵，以致乌集格杀官兵，令单车轻舸渡江往谕之，乱民鸟鼠散，而善良复业。随请立安民营于北沙，募沙兵百人，以镇抚官一员统之，而产家岁备饷饷焉。领沙船四只，游徼江中，乃无御人货于江沙者。

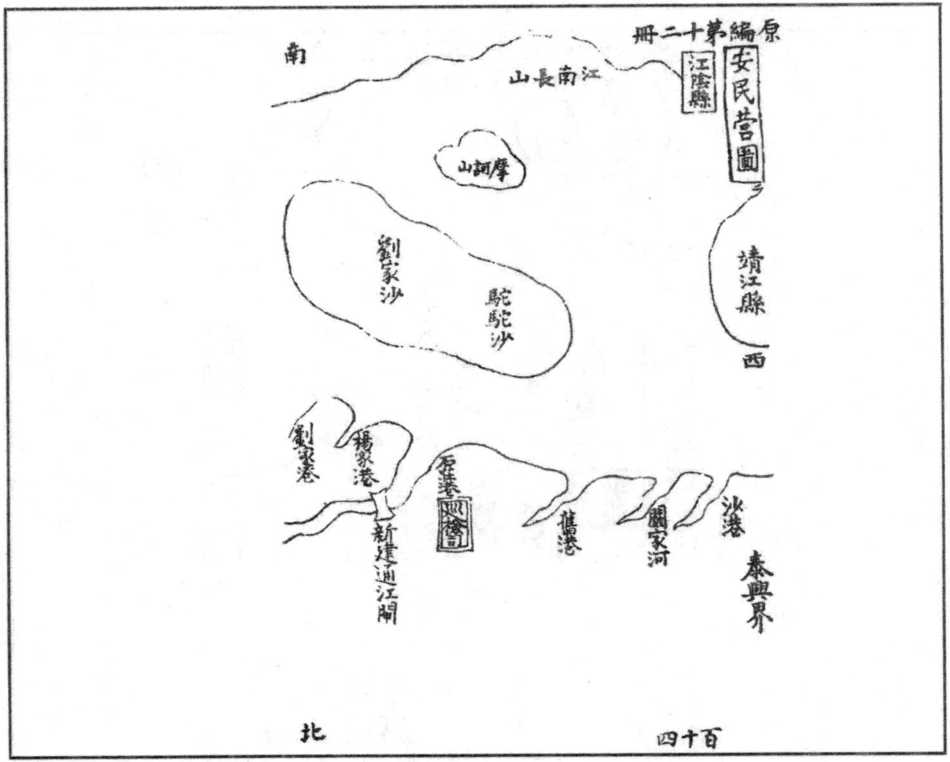
安民營圖
江陰縣
江南長山
南
山詞摩
劉家沙
駝駝沙
靖江縣
西
劉家港
楊家港
石港
巡檢司
新建通江閘
舊港
園家河
沙港
泰興界
北

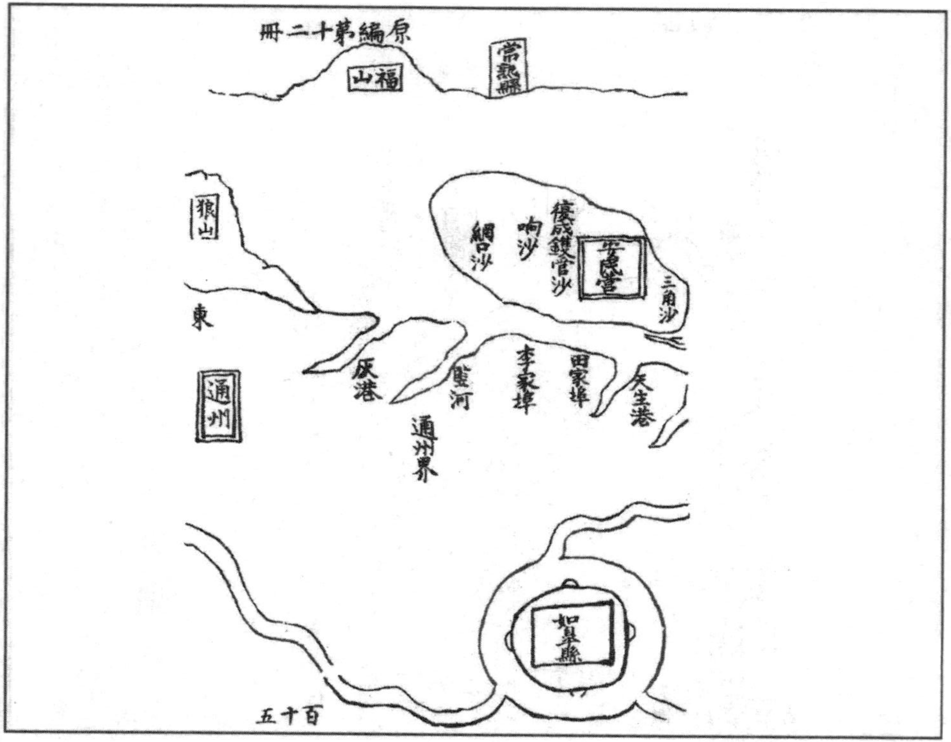
原編第二十冊
福山
常熟縣
狼山
東
通州
響沙
三角沙
天生港
田家埠
李家埠
通州界
如皋縣
百十五

外史氏曰：皋壤卤莽而埠，粒食为艰，仅藉南江新、旧两沙筑堰成畬，差堪植稌。而孤悬江浒，复为逋逃薮。甚且奸民援盗借粮，逆我颜行，几诡入勋贵。业主者惟数券而藏之，有望洋叹耳。兹营之设，乃用沙田饷以募沙兵，因以守护沙田岁输之额，匪直为一时靖乱萌，实为万世垂利赖焉。后之司民牧者，留意江防，慎毋轻议变更为也。

旧志江距县七十里，今止六十里，漱啮日广，江宁一乡，荡析过半。自嘉靖季年，黎侯尧勋具奏均派，始苏浮粮之困。隆、万以来，沙涨渐出。近摩诃者，则江阴、靖江扼其咽；近天生者，则通州掣其肘。往往为豪有力所争占，而濒江之民无可诉告，于是沙田始为讼府矣。自皇庄之议兴，众虞酿患，愿输芦课以佐司空，故沙田今悉隶于工部。凡占佃者，先请部符，符下，迺得附籍称业户云。余闻之，皋土卤瘠，不宜稻，任旱则唯沙田，岁皆仰给其入，以故争讼日纷，非独利薮，亦云衅囮。第沙土坍涨不尝，赋额渐增，司空之符渐峻，而土著奸民或有献利规便，如皇庄故事者，未必不贻地方之忧也。今者讼牒日繁，纷纭伊始，在坍民欲求补额，在业户欲据扒头，相怨一方，筑舍未定。不知坍民之粮，既属概县均摊，则坍户安得独争旧额？业户之田，虽由历年增筑，而数姓岂容尽擅新沙？总出贪心，都无定据，当事者极力焦思，如止沸益薪，吾未能究其终已。

运盐河自汉吴王濞始开邗沟，起扬州茱萸湾，通海陵及如皋蟠溪。其在县界者，北接海安，东抵丁堰，分流入海。东南止白蒲，入通州，凡一百一十里。自宋迄元，中间增置堰闸，以资蓄泄，为利甚博。岁久法弛，日益颓废，一值旱暵，稼土咸焦，民患苦之，匪朝夕已。自顷富安奸灶，妄呈巡盐御史康丕扬，奏请开浚，灶土日辟，河流日梗，牙桥之害，今乃独中于皋。且皋居通、泰间，地最亢，仅此一线，民倚为命，若牙桥不塞，其害未有极也，即岁加疏治，何益？

冒日干揭：查得运河自高、宝至湾头，分支入闸，经泰州，至海安，历如皋、通州、海门、上十盐场、中二盐场入海，此上河也。高、宝以东，泰州、海安以北，兴化、盐城二县，东台、富安等中下十盐场，地势洼下，形若釜底，众水所注，汪洋停汇，此下河也。上河较下河高逾数丈，高卑悬殊，隔绝不通，此上下河之分也。上河为上十等十二盐场运盐之路，由湾头出闸。而下河各场则一路由秦潼河，一路由西溪河，一路由车垛河，或至泰州北门过坝，或至高邮北门过坝，惟富安一场则间由阔河四十里至海安中坝过坝。若上河浅涸，仍由安丰至高邮、泰州二处过坝，而安丰各场则绝不至海安。此上下河运盐之路也。至于牙桥一河，乃元末伪吴张士诚原系白驹场盐徒，窃据安丰，迳开此河，部运私盐，直至通州入江，转鬻吴会，此牙桥之所由开也。国初以牙桥直通上河，而海安盐南有焦港，西有白米镇港，东有孙公铺高港，俱南通江，每遇水发，大舰小艇群载私盐，悉由牙桥出口，迳至三港入江，千百成聚，莫敢谁何，恐酿乱萌，洊至猖獗，故塞之。又虑其盗决也，故填土数里以永绝之，此牙桥之所由塞也。牙桥之塞，虽经二百五十余年，而不逞之徒、耽耽私贩，未尝一日不欲开。先年吴希尧诳告綦院，蒙枷责究罪，立碑严禁。近年丁珠复诳康院，蒙委勘议，而奉委者未悉源委，建议未确，遂尔误开。盖私盐由各坝盘运，则讥察有人，势难飞越。惟由牙桥出口，则乘流潜渡，莫为稽查，此各奸所以必欲开此河也。牙桥开而上、下河通矣，上、下河通而上河泄矣。一线之源，不胜尾闾之注，建瓴之势，难施堤防之工。故三时雨集，始可通行；一月不雨，其涸立见。上河涸而上千等十二场运盐之路阻矣，于是三年两施挑浚，盐商犹告河浅，而不知上河虽浚及泉，犹比下河高逾数丈，岂能使水停蓄而不涸哉？虽一月一浚无益也。夫牙桥未开之先。上河十余年一浚而犹深；牙桥既开之后，上河三年两浚而即浅。其故可思矣。故私鹾满载，四出于水溢之时，其害一；引盐壅底，坐困于河涸之日，其害二；挑浚频数，委帑金于无尽之壑，其害三。此三害者，鹾政之大蠹，皆牙桥为之也（注百廿三）。

掘港营在如皋城东一百三十里，距海大洋五十里，东南北三面环海，唯西一路接如皋，为倭寇首犯要地。旧设土堡，每岁汛期，委扬州卫提督指挥一员领军一千三百名守堡防御。天顺间，挑选精壮入卫京师，止存军五百五十名。嘉靖三十三年，倭夷大举入寇，再被蹂躏，巡抚都御史郑晓奏设把总。三十八年，巡抚都御史李燧奏改守备，统东西二营，召募民兵三千余名，设战船一百余只。后经承平，渐加减汰，尚存水陆官兵六百余名。万历十九年，倭犯朝鲜，沿海增备，复召精勇千余，设战船六十只，增置马步军五百六十有奇。事平，旋罢。见水陆营兵四百名，沙船八只，战马二十二匹，所辖信地，南至石港，北接丁美舍，西达如皋，东抵大海洋。土堡一座，周围二百七十五丈五尺。

本营旧制，南援石港、狼山，北救拼茶、角斜、李家堡，西应马塘、丁堰、如皋。但石港有港之名，而岸高潮小，港口悉为淤沙泛涨，船不可泊，人亦不可登，间于七八月风急潮高，或乘势可入。若拼茶、角斜、李家堡三寨，虽地居肘腋，而实出掘港之背，俱非安营善地。欲议安营以便堵绝，唯有本港中方前旧址。此地水草两便，置砦无难。循港而前，陈家丫、川腰等港十余处，俱系津头丫角，亦应设兵防汛。若举其最险者，又有东凌港、埃沙横、南坎、北坎，此尤独占大洋之两颊也。坎中有小市民居，可以聚众蓄威，乘机夹击。至于拼茶、角斜、李家堡，止堪后应，难委前锋。度势相形，临时制变，是在当局者胜算谓何，未可以胶柱论也。

《通州志》

通盖泽国云。江海为郡，潮之利害恒相半。盖江潮淡，利灌溉，而海潮咸，卤甚害。大要水利以闸为命，范文正公与任建中、沈兴宗皆筑捍海堤，至今民享其利，庙食不衰。腹里漕渠为运盐河（注百廿四），运取转饷，盐取转盐，其源所从来高远矣。盖自桐柏而淮泗，而从郡城之茱萸湾东南走四百里，至州治，绕城四匝为隍，东西贯城中，支南北为市河，西南者入江，东北者皆入海，入海过海门及诸盐场。城东北走西亭场者为西亭河，东走金沙场者为金沙河（宋两淮置制使李庭芝凿，成化间，知州郑重浚），西北二十里由许家环走石港场七十里者为石港河，又为新河，新河东七里为仇家河，皆与海通。而各场有诸港，亦东北通海，南通江，乃今利害相悬绝，何以故？大都东北逼海，地泻卤出盐，而诸盐场在极东北。隆庆二年，飓作海溢，余西、余中，江蚀河徙，而马塘乡之射利者与船户谋，谓北凿河通丁堰，则烧草私盐得奸阑出入，便利十倍。乃说盐贾人凿串场河，谓串吕四（注百廿五）、余东、西、中及金沙、石港诸场也，而不由故道近。由故道，则回远，且必经通州，州与所察捕不便。乃盐贾人善诡，用偏辞鼓鹾部使者，给取都转运司羡金万两凿串场河矣，凡为丈者亦万，害始波及不浅。始开时，诸父老茫昧不睹利害，或亦有为便者。已而五六年来，西城永兴乡田数千百顷尽为咸潮杀，岁不收，众始惊诧。国赋连年大耗不登数，民户、亭户俱病，来言不便者纷纷矣。议改浚故河，塞新河，故屈知州采诸生父老言，上之监司与鹾使者，监司与鹾使者皆可之。会奸贾人罗永、黄正、吴良等复以偏辞夺议，鹾使者听之，遂报罢。而屈知州不能争，随亦罢官去，事乃已。而州之人日夜望举浚故河事甚亟，谓昔命悬诸天，而今之命悬诸河矣。始范公堤捍海古岸，岁久不败，虽飓涛不能破。岸内为草荡，潮入则草荡隔，虽潮不能侵故河，故田无恙。串场凿而地削薄，堤败，咸潮大入，故害田。新河不能塞，无已，闸宣家坝乎？

金沙场盐课司在州治东三十里，西亭场盐课司在州治东北二十里，余中场盐课司在州治东七十里，余西场盐课司在州治东五十里，余东场盐课司在州治东九十三里，石港场盐课司在州治北七十里。

海门县，吕四场盐课司在县东七十里（注百廿六）。通地边江海，自昔无入卫之军，而京操之制起自正统己巳之变。二百年来，颓敝已极，日有清勾拨补之制。矧他方频年水患灾伤，民穷财尽，故近日有司追征钱粮，以京边之外，视为缓赋，以此军士月粮鲜有及期者，勉给春班，而秋班又至矣。夫补军则本所难堪，支粮则食运难给，故京操启行，不但额数不敷而已，班军枵腹趋役，去至中途，寻复逃回，武臣坐是黜罚，亦何益于事哉？闻之近年京操称能办者，至京师往往借贷，招募壮勇之夫，补班军亏欠之数，尽额补给赴工，比其返也，查扣在所月粮陪补。

故官无欠军之罪，而军无勾摄之扰，此或一策也。又有司追征月粮，卒难辏办，而班军戒行，促迫无给，间有借支别项者，颇称权宜。此在贤有司专之耳，此又或一策也。今若于五年考选之日，择武臣之贤而才者为领操官，不使蹋茸婞婀辈参于其内，每京班赴操仍三令而督责之，缺伍之军，随宜而招募之，回班日听其查扣月粮补选亦无不可。盖京营得尽人之役，而本兵无挂班之檄耳，操官亦何惮于扣除之嫌哉？或曰：班军缺伍，招募非制也。今边关新军，不奉诏行之乎？月粮借支，非法也。今边粮起解，不挪移仓口乎？此又调停缓急，不可以胶柱为也。审能行之数年，则军士知无月粮之亏，咸有乐行向往之念，不必清勾补拨，而行伍得休养充实之资，操官免降调之苦，而国家获拱卫之益矣。如是论之，京操之制固尽善也，殊不知正统年来京操两番更代，盖缘江海宁谧故耳。迩者嘉靖甲寅以后，倭夷数犯，戎伍销耗，又募客兵，饷费不赀，况番戍者止应在京工役，而本所备倭四寨仅存老稚军余百人，力何以支乎？今日切务莫大于此，复旧制以拯时难，当路者幸深长思之。

嘉靖三十三年，以倭故，故巡抚都御史郑公晓奏设按察副使为海防道及参将为分守通、泰海防。至二十七年，倭益甚，乃改参将为提督狼山等处，副总兵与海防道相策应治通州，下统狼山、掘港、周桥、大河口守备、把总等官，皆钦依。

《狼五山志》

狼山东西所辖信地，如任家港、姚港、毛港、桃花港、生水港、芦潭港、瀫港、王灶港、清水港、小海口、大横港、掘头港、烂泥港、夹港、赵港、犁稍港、小张港、大张港、新港、王灶河、新灶港、裘灶港、竖河港，东接大河营，与江南崇明、刘河、吴淞等营往来会哨，此皆旧制者也。如唐港、天生港、石庄港、阚家河，又江中一带刘家沙西接周桥营，与福山、杨舍、永生等营往来会哨，此皆新制者也。

壬子倭寇浙江，其支党至州江家场。甲寅四月二日，众三千寇州，大肆攻劫，纵火焚关外民居，杀男妇数千人。扬州千户洪岱、文昌龄，泰州千户王烈赴援，死之。参将解明道、通判（注百廿七）唐维乘城拒战，贼被创死者百余人，始退走狼山。二十八日，徐、宿、邳援兵至，合城中兵追之，贼从数十艘遁去。徐州兵备副使李公天宠赴援，至如皋，遇倭接战，斩首九级，生擒一人。是年八月十六日，倭又至。九月内，兵备张公景贤督兵歼之。乙卯夏四月，倭众五百寇州，由单家店趋狼山，杀巡检尹鼐。官军截其后舸于军山，歼二十余人，生擒二人。丙辰夏四月，倭众三千余栖狼山，官兵剿之，斩首四十余级，众遁去。己未夏四月二日，倭数百艘乘汛大至，志图上狼山，总兵以舟师往遏之，贼乃焚舟登岸（注百廿八），辄捕杀之，贼遁。

自大河营而东至廖角嘴，中间若秦家营旧地，直对日本，扬帆仅数日可至，实江北一大门户。兵道（注百廿九）豫章熊公尚文时立新营，设官兵以扼其要，且与狼、大互为声援。

正统戊辰春，监察御史蒋诚奉命视鹾于通州，以通擅私盐之利，又亭户逃亡数多，乃为奏灶丁办正额外，有羡余许令每盐一引易姑苏粮米一石，上从之。于是苏岁航粮数万至狼山巡检司兑易，遂以为常。自是私贩路绝而逃亡悉复。

永乐二年，倭犯通州。成化五年三月，盐贼钱厚作乱，称江海上公，备倭都督佥事董宽擒之。正德七年秋七月，蓟盗刘七、齐彦明等浮江东下舟狼山港，总督都御史陆完提兵征之，贼为海潮所没。嘉靖三十三年三月，倭入掘港，犯如皋，主簿阎士奇率乡兵迎敌于曹家庄，击败之。四月，倭困通州城，参将解明道守却之。倭屯掘港肆掠，守备张寿松、杨缙先后御之，败绩。五月（注百三十）倭犯如皋，主簿阎士奇率乡兵迎至东陈镇，败之；已又犯县治，值颖州甲兵至，击败之。城如皋、海门、泰兴、瓜洲。三十四年四月，倭犯海门，知县赵卿率兵败之。五月，参将乔基等击倭于吕四场，败之。三十五年四月，千百户戚继爵等提兵戍通州狼山，遇倭，死之。扬州卫千户洪岱、文昌龄领军至通州，遇倭，死之。倭薄扬州城，都指挥张恒，千户罗大爵、曾沂御之于教场，兵溃，死之。五月，倭犯瓜洲，民夫击走之。倭复犯扬州府，同知朱裒、高邮卫经历晏锐死之。无为州同知齐恩与倭战于圌山之北江中，死之。副使马慎追倭于狼山，败之。都指挥邓城又败之。增建扬州东关城成。三十六年四月，倭攻海门县，应袭百户俞宪章死之（注百卅一），倭入宝应县（倭见扬州东关及瓜洲俱设添城堡，不得肆掠，乃从高邮至宝应县，县旧无城，焚掠殆尽。后始建城）。六月（注百卅二），副使于德昌、参将王介、刘显击泗洲倭，破之。倭遁出海，追至安东庙湾，又败之。三十八年四月，倭犯海门、通州，副总兵邓城败绩。倭犯丁堰，毛兵败绩，千户王良、吕雄战没，参将丘升击却之。倭犯如皋城，丘升背城击败之。邓城再战，败绩。升复追击，败之（注百卅三）。倭犯卢家场，千户汪时中击却之。参将胡宗义与倭战于海安，兵溃，千户赵世勋、镇抚韩彻死之。六月（注百卅四），副使刘景韶统兵追倭于刘庄场等处，尽歼之，参将丘升战殁。八月，巡抚都御史李遂督副总兵刘显、曹克新等击倭于白驹场，大破之，倭悉平。

附 注

注一：西北自末口达六合入江，东北自射阳湖入淮。

注二：旧志，按江都县西北六十里有末口，近黄子湖，与六合相值，邦沟皆自城下起，东北穿至射阳湖，西北穿至末口，而江淮始可通矣。

注三：淮子河，一名怀子河，在县东北。其源自仪真陈公塘来，西北分派，直接雷塘，次接槐家河。

注四：伊娄河，自隋以前扬子镇尚临江，至唐时江滨始积沙，与瓜洲连，故穿此河。

注五：城东，成化九年建。

注六：东北六十里。

注七：留潮闸，天顺间巡抚江南都御史周忱建，以闸留潮水，接车运船，久废。嘉靖四年，巡抚江北都御史高友玑、总兵官杨洪以参将张奎图议奏行移建于南，改名瓜口闸。

注八：门二石甚钜，入国朝始不行舟，今闸崩颓。

注九：洪武初建。

注十：东通官河，西至末口。

注十一：西南接艾陵湖，东北半属高邮州界。

注十二：有上下二塘，《汉书》江都王建游雷陂，即此。

注十三：其水注上雷塘，转入下雷塘，由怀子河东流入官河。

注十四：官河其塘东半属江都县，西半属仪真县。

注十五：南十五里。

注十六：南通大江，北抵马墙，春溢秋浅。

注十七：山阳沟，又名山阳渎，南接官河，北与山阳河相通，入射阳湖。隋文帝开皇七年，扬州开山阳渎以通漕，即此。

注十八：公路浦，按伏滔《北征记》云，广陵西一里，水名公路浦。袁术自九江来奔袁谭于下邳，由此路。今莫究其处。东塘，按《通鉴》淮南节度使高骈檄四方兵讨黄巢，出屯东塘。又秦彦在广陵与杨行密战，不利，自开化门出奔东塘。今莫究其处。

注十九：即今关王庙，前通上下口者。

注二十：里河（即今东关内，西抵莲花堰者）。外河（水自里河口闸下通济诸闸，会大横河，入于江）。汊河（在县东一十里，其水出山涧，通官河）。《旧志》宗原于真州西五十里七都开河八十里，通于江，以避黄天荡之险；又于江岸凿河，由何家穴筑石堰黄沙潭，以达于州。宁宗庆元五年，知真州吴洪重开新河，自董家渡至黄池山，相对江口二十里，舟人便之。

注二十一：县北三里。宋嘉定十年，发运判兼知真州方信孺筑北山塘为水匮。十一年，金人南侵，都守袁申儒决北山塘之水匮，金人遂退。十二年，申儒复开茅家山塘。

注二十二：县西北三里二百六十步。

注二十三：西北倚山为形，独东南一面为堤，八百九十余丈，每山水发时，凡三十六水口皆聚于此。

注二十四：东四十里。

注二十五：东二十。

注二十六：东六十里。

注二十七：出陈公塘，通官河。

注二十八：一坝、二坝在县治东南半里，共一港。三坝在县东南二里，独一港。四坝、五坝在县东南三里，共一港。俱洪武十六年，兵部尚书单安仁议设。新坝在县东十里，景泰五年，工部主事郑灵建。浅：麻缘港浅、张家沟浅、蒋家沟浅。

注二十九：往来南京之要路。

注三十：得胜河在县西北四十五里，即盛大港。

注三十一：在县西南。

注三十二：弘治七年六月，高邮康济河成。初，南京兵部左侍郎白昂奏，凡高邮湖行船，最忌西北风，往来舟楫多致覆溺，若于砖塘内开复河一道，引水行舟，可免风涛之患。于是巡河监察御史孙衍、管河郎中吴瑞因共挑浚，并置闸堰，筑堤岸以利牵挽，往来称便焉。

注三十三：东通兴化县西。

注三十四：即高邮湖，其水南北俱通官河，凡天长以东诸水尽汇此湖入淮。久雨则涨，旱亦不涸。

注三十五：《系年录》云，承楚相距有樊良等三湖，绵亘三百里。宋绍兴初，有张荣者聚众于此，击败金人。金人陷扬州，荣驻鼍潭湖，积茭为城。

注三十六：通小京河，西南属江都县界。

注三十七：海陵溪在州东北，通兴化县，西抵新开湖堤。兴化、宝应二县亦俱有海陵溪。

注三十八：北二十里。

注三十九：平津堰在州西，唐李吉甫筑，溉田数千顷，即今官河岸。王琴浅、车逻浅、五里坝浅、丁家湾浅、小北门浅、九里厂浅、十里桥浅、张家沟浅、丁志浅、永定港浅、界昔浅。

注四十：南接高邮，北接盐城县。

注四十一：自丁溪场入得胜湖。

注四十二：入新沟。

注四十三：白驹场入运盐河。

注四十四：入平望湖。

注四十五：西通海陵溪，转入射阳湖。

注四十六：自得胜湖入运盐河。

注四十七：十里，自小海场入运盐河。

注四十八：入海陵溪。

注四十九：自塘港西出得胜湖。

注五十：入海陵溪。

注五十一：自车路河入白涂河。

注五十二：入平望湖。

注五十三：自长安河流入大纵湖。

注五十四：入平望湖。

注五十五：入南溪。

注五十六：自海陵溪入清阳溪。

注五十七：自莫家河入平望湖。

注五十八：入平望湖。

注五十九：南循捍海堰入运盐河。

注六十：入平望湖。

注六十一：入吴翁湖。

注六十二：入大纵湖。

注六十三：入大纵湖。

注六十四：入大纵湖。

注六十五：入大纵湖。

注六十六：自泰州界入运盐河。

注六十七：起陵亭镇口，东下一百三十里入运盐河。

注六十八：得胜湖，广袤皆二十里，东南通泰州丁溪场，西北通运盐河。宋绍兴初，张荣、贾虎等率山东义军击败金挞懒于此，金人弃泰州遁去，因名。

注六十九：南通新沟，北接丁沟。

注七十：西入射阳湖。

注七十一：一名蜈蚣湖，其流西入海陵，通宝应县。

注七十二：发源泰州。

注七十三：县南。

注七十四：与泰州相连。唐大历中，黜陟使李承式创筑。宋开宝间，知泰州事王文祐加葺。天圣初，范仲淹监西溪盐仓，力赞发运使张纶叠石固筑，长一百四十三里，海患以宁。元詹士龙宰兴化，请发九郡人夫并筑，延亘三百余里，民赖其泽焉。

注七十五：隋大业末，破釜塘坏水北入淮，此塘亦涸。宋嘉定中，复修之，周一百二十里，地涉山阳、盱眙两县。

注七十六：会射阳湖。

注七十七：东北四十五。

注七十八：北接黄浦溪东北。

注七十九：西十五里西通白水塘。

注八十：东南会清水湖。

注八十一：县北二十里。

注八十二：今并废。

注八十三：旧志无汜水潭湾，而有丁家潭浅、五里浅。

注八十四：减水桥二十二座，古名石础，今名减水桥，俱在官河堤上。

注八十五：入如皋县境。

注八十六：浦汀河在州北鱼行坝，一百二十里抵兴化县。

注八十七：入宝应。

注八十八：西通大江，东通白蒲汉。

注八十九：通运盐河北。

注九十：分司北二十里通。

注九十一：平福堰在州西门外，以遏上流水势，东通海门，西通泰州。白蒲堰在州西北六十里，与如皋界。

注九十二：料角嘴为江海之会，水分咸淡。陶九成云。通州海门东中有积沙，其长无际，浮海者以竿料浅深。此浅生角，故名料角，明不可度越云。

注九十三：并在如皋县。

注九十四：并在通州。

注九十五：并在泰州。

注九十六：并在泰州。

注九十七：并在盐城县。

注九十八：在山阳县。

注九十九：并在海州。

注一百：在赣榆县。

注百一：嘉靖《维扬志》第九卷盐政可互观。

注百二：《维扬志》有丘密《弩库记》可采。

注百三：亦名中闸。

注百四：成化十一年八月，置仪真县河港三闸。先是工部郎中郭升奏，江南进贡运粮等船至仪真坝，虽夏月潮盛，亦须人力绞挽，方能达河，少有错失，船即损坏。而里河坝岸恐为潮水冲决，多开缺口，以杀其势，水退复修，为费甚大。仪真县罗泗桥旧有通江河港，上至里河几四百里许，潮大之时，内外水势相等。此港可置三闸，潮来先启临江闸，使船随潮而进。俟潮既平，仍启中二闸放之。如此，不惟往来舟船利便，而里河水势亦即疏泄，不待决口重费也。诏可之。升会总督漕运都御史李裕勘议修立，而仪真店户恶其夺己利，贿属所司假以走泄水利闭之。至是，升复条陈开闸之利、不开之患，工部复奏以升言诚有益经久之策，宜允所请，从之。

注百五：亦名罗泗闸。

注百六：自江至此闸计长二百丈，匾曰"江北第一闸"。

注百七：自罗泗至此，计长二百零九丈。

注百八：自通济至此，计长二百七十丈五尺。

注百九：万历六年。

注百十：县东二十五里。

注百十一：城中。

注百十二：县西三里。

注百十三：县北七里。

注百十四：县西十八里军师庄。

注百十五：六浅潭在县南二里，运河堤东。

注百十六：人户俱是田多粮少，如徐兰、刘春等号称巨富，而在册粮米不及三石之数，据此之说，皆有可质。因委两淮运司同知等官孙廷相等，该府同知孟雷等与该县知县傅佩等公同丈量去后，续据原委同知孙廷相等呈称各该居民徐兰、刘春已开种年久，恃为己业，生情阻挠，不容踏勘等情，各另具情回报前来。又据该州越种兴田民人徐斌等畏法，各将越种内有田无粮数目具首到臣，法当重究。缘臣巡历一年为满，该县征收之期已迫，卒难归结，从权行令各该委官公议，先尽本县与泰州无争处踏过田地照科征收，尚余米一千余石，待后踏明蚌沿河迤北等处地方另行派补，及将阻遏人犯徐兰等拘禁外，切照有田则有粮，此一定之理不可易者。今泰州之民越界开种无粮之田，累及兴化之民赔纳无粮之税，及至差官踏勘，却又阻挠不服，法难轻贷，再照该县地方自加粮之后，钱粮差役视诸江北州县，兴独为繁重，人民逃窜，遗弃粮差尽累见在。

注百十七：芙蓉镇在县东北三十里。

注百十八：西塘港在县东六十里，南北横亘，通椁新河，入得胜湖。

注百十九：东塘港在县东六十里，南通泰州运盐河，北通盐城蒙喻。

注百二十：县南三十五里。

注百廿一：县东北七十里。

注百廿二：即换盐河。

注百廿三：天启四年，知县李衷纯申请塞之。

注百廿四：陈大壮记曰：运者转漕米而达之京师，盐者转七场之盐而达之运司。

注百廿五：自扬州湾头以东，南直抵吕四一带，原系运盐老河，其续开串场新河，因余西、金沙、余中三场江坍逼近而河移北迁，余东、吕四二场仍行故道。至于西亭而至石港，由石港而至马塘，此二新河不过为串场之便，非出场必由之路也。故频年海潮攻决，侵入内河，虽由堤穴冲突，亦由新河注引咸水灌入之后，荡草不茂而田木受伤。

注百廿六：马塘场在州东北九十里，丰利场在州西北四十里，掘港场在州北九十里。

注百廿七：扬州府。

注百廿八：知州李汝杜督民兵婴城固守，贼退屯庙湾，兵备刘公景韶剿灭之，事祥吏部侍郎尹台《平倭碑》。

注百廿九：万历四十年。

注百三十：徐州兵备李天宠率兵败倭于如皋之蒋婆铺。

注百卅一：兵备副使马慎率兵败倭于如皋之陈家庄。

注百卅二：五月倭攻如皋。

注百卅三：于泰兴县之新沙。

注百卅四：四月二十九日，刘副使、丘参将穷追倭贼，丘死之，刘独蹑贼，尽歼之。滚滚长江东逝水，浪花淘尽英雄。滚滚长江东逝水，浪花淘尽英雄。滚滚长江东逝水，浪花淘尽英雄。是非成败转头空，青山依旧在，几度夕阳红。一壶浊酒喜相逢，古今多少事，都付笑谈中。白发渔樵江渚上，惯看秋月春风。

是非成败转头空，青山依旧在，几度夕阳红。一壶浊酒喜相逢，古今多少事，都付笑谈中。

滚滚长江东逝水，浪花淘尽英雄。一壶浊酒喜相逢，古今多少事，都付笑谈中。是非成败转头空，青山依旧在，几度夕阳红。滚滚长江东逝水，浪花淘尽英雄。是非成败转头空，青山依旧在，几度夕阳红。

是非成败转头空，青山依旧在，几度夕阳红。

一壶浊酒喜相逢，古今多少事，都付笑谈中。白发渔樵江渚上，惯看秋月春风。

一壶浊酒喜相逢，古今多少事，都付笑谈中。白发渔樵江渚上，惯看秋月春风。白发渔樵江渚上，惯看秋月春风。

滚滚长江东逝水，浪花淘尽英雄。

是非成败转头空，青山依旧在，几度夕阳红。是非成败转头空，青山依旧在，几度夕阳红。一壶浊酒喜相逢，古今多少事，都付笑谈中。白发渔樵江渚上，惯看秋月春风。

滚滚长江东逝水，浪花淘尽英雄。滚滚长江东逝水，浪花淘尽英雄。是非成败转头空，青山依旧在，几度夕阳红。滚滚长江东逝水，浪花淘尽英雄。

一壶浊酒喜相逢，古今多少事，都付笑谈中。一壶浊酒喜相逢

河南备录

疆域

天以河界豫，是分之也。举河北三郡，合而属之河南，襟带相维，犬牙相错，画疆者固有深心欤？《周书》曰：“申画郊圻，慎固封守，以康四海。”豫处平原，无险厄足恃，古今治乱之原，良可考镜矣。噫！西跨崤函，东连淮泗，南络荆襄，北抗燕赵，睇彼形势，岂特“伊洛蟠地脊，河内比秦关”而已哉！

形势

河南布政使司

“居天下中”（鲍云龙《天原发微》云：中州居天下中，其次曰鹑火、大火、寿星、豕韦，神主嵩山，曰镇星。负险用武之国。于天象则宏农分陕，为两河之会。自陕而西为秦、凉，北纪山河之曲为晋、代，南纪山河之曲为巴、蜀，四战用武之国。则陕东三川、中岳为成周；西距外方、大伾，北济南淮，东达钜野，为宋、郑、陈、蔡；河内及济水之阳，为邶、卫；汉东滨淮阴，为申、随。负海货殖所阜之国。则北纪东至北河北为邢、赵，南纪东至南河南为荆、楚，自北河下流南距岱山为三齐，夹右碣石为北燕；自南河下流，北距岱山，为邹、鲁，南涉江淮为吴、越。其用文、用武、货殖所阜之国，皆所以育人民、成造化、开中国君臣父子仁义礼乐之区也）。“咽喉九州，阃域中夏”（唐贾至《虎牢关铭》）。“锁天中区，控地四鄙”（唐李温《成皋铭》）。居南北要冲，绵亘万余里（白恪《圆堂记》：“汴居南北要冲，分地尤广。河以南左海而右洛；江以北，西楚而东淮，绵亘万余里，可谓重寄矣。”）。“北拒并分，东至淮海”（《五代史·梁帝记》）。

开封府

天下要冲（郦生说汉高祖云：“陈留，天下要冲。”），水陆都会（唐《李勉传》汴川，水陆一都会）。冈阜缭转，龙盘虎伏（李清臣《汴都记》）。分疆十同，提封万井（宋周邦彦《汴都赋》）。处四达之会（《宋史》）。八方所凑，为天下枢（张洎封事）。

归德府

带以黍邱之野，包以阏伯之疆。孟潴出其右，汴水经其旁。备御东南，则九州之奥区焉。广衍沃壤，则天下之膏腴焉。（俱《南都赋》）南控江淮，北临大河。徐城距其东，汴国环于右（旧志）。

彰德府

山林幽映，川泽回缭（晋左思《魏都赋》）。其地平广阔大，挟上党，抚襄国，蹠澶掖卫，常为天下要（相台士序）。沃野千里，民物蕃阜。淇阳列其前，洹漳绕其后。左挟卫河，兼挹万金之奇；右阻太行，实表天峰之险（郡志）。

卫辉府

左孟门，右太行。大河经其南，常山在其北（《史记》）。峰麓奇峻，泉甘水温（《元史》）。北通燕、赵，南走京、洛，河山之间，一都会也（元《王辉记》）。左右山河，古称重镇（《文献通考》）。

怀庆府

带河为固，北连上党，南迫洛阳（《汉书·寇恂传》）。太行北峙，沁水东流。近带黄河，远挹伊洛，舟车都会，号称陆海（旧郡志）。山川延袤，雄跨卫孟（旧图经）。涞水出乎其西，淇水出乎其东（书传）。

河南府

南望三涂，北望岳鄙（《史记》载武王言）。三河若鼎足（汉《货殖传》："三河居天下之中，若鼎足。"）。左据成皋，右阻渑池。前面嵩高，后介大河（《汉书》）。沂洛背河（《东京赋》），洛邑为天下之中（宋《地里志》），崤、函有帝王之宅，河、洛为王者之里（《文选》）。

南阳府

西通武关，东受淮海（《史记》）。沧浪为隍，方城为墉（汉张衡《南都赋》："武关瞰其西，桐柏控其东。疏沧浪而为隍，廓方城而为墉。汤谷涌其后，淯水荡其胸。推淮引湍，三方是通。"）。襄汉藩篱（宋虞允文奏议："邓为襄汉之藩篱，古形胜之国也。"）。用武之国（宋熊刚大云："南阳北连中原，东通吴会，西接巴蜀，南控蛮粤，故诸葛亮以为用武之国。”)。

汝宁府

汝水屈曲，形若垂瓠(《水经》)。隐然巨屏，端若长城(《舆地纪胜》)。四方最中(《元志》：“豫州于四方最中，汝南于豫州又最中。”)。

汝州

面环汝水，背负嵩山，左控襄许之饶，右联伊洛之秀，乃中州名郡也(州志)。

《豫谭》 范守己

《史记》云：秦孝公合诸侯于逢泽。《汉书》曰：逢泽在开封东北。尉氏志乃谓逢泽在其县北门外，非是。按：古开封县在尉氏西，苑陵东。逢泽在其东北，当在尉氏西北数十里也。

春秋时，中牟为晋地，故佛肸据之以叛。其圃泽属郑，不属晋，不应在中牟郭外。然则今之中牟，非春秋之中牟矣。以《穆天子传》考之，今中牟当是鄘邑，井公所居之地也。《广舆图》谓中牟为制，为广武，非是。郑庄公曰：“制，岩邑也。虢叔死焉。”杜元凯释为：荥阳，郑邑也。中牟非郑地，何得为制？广武在荥、泽、河阴间，去牟未远。

《左传》，隐公五年四月，“卫人以燕师伐郑”，燕人畏郑三军，而不虞制人。六月，郑二公子以制人败燕师于北制。注曰：“北制，郑邑，今河南成皋县。”宣公十年，“诸侯迁于制田”。

注曰：苑陵县东有制城，是为南制。

洧水出密县马岭山，东流受溱水，又东过新郑，受黄水。南至于长葛，北至于洧川；东南至鄢陵。东至于扶沟，与郑水合；南至于西华，与颍水合；东南至于颍上，与淮水合。自密至西华，其水春夏可褰裳涉也。三月水增，谓之“桃花水”。夏秋淫潦暴集，溃啮不常，居人谓之“小黄河”，以其岸善崩故也。或谓郑水为“小黄河”，误，谓为“贾鲁河”，亦误。

《汉书》，河南郡有京有密。注云：“故国有大騩山，潩水所出，南至临颍入颍。”颍川郡有阳城。注云：“阳城山，洧水所出，东南至长平入颍，过郡三，行五百里。阳干山，颍水所出，东至下蔡入淮，过郡三，行千五百里。”案阳城，今登封县，颍水所出，是矣！当时自有密县，岂割洧源之地属之登封耶？

河南郡有荥阳。注云：“汴水、逢池，皆在西南。有狼汤渠，首受泲，东南至陈入颍，过郡四，行七百八十里。”陈留郡有浚仪。注云：“有睢水，首受狼汤水，东至取虑入泗，过郡四，行千三百六十里。”陈留郡有陈留。注云：“鲁渠水首受狼汤渠，东至阳夏入涡渠。”有封丘。注云：“濮渠水首受泲，东北至都关，入羊里水，过郡三，行六百三十里。”淮阳国有扶沟。注云：“涡水首受狼汤渠，东至向入淮。”案泲即济水，所谓济水入河，南溢为荥者也。下即汴水，汴水即狼汤渠，亦作莨蒻。唐宋以前，其水自荥泽并河而东，经中牟、浚仪至彭城，与泗水合。至泗州入淮，盖当时河自大伾东北入海，故汴得专流，若是长也。其后大河南徙，夺汴泗之道以入于淮，则渠汴遂没于河，不复专流南下矣。所可见者，唯荥水北流，不数十里入河耳。故至今《徐州志》犹以大河为汴河。据北则曰泲、曰荥、曰狼汤、曰汴，皆相流贯也。第所谓狼汤渠至陈入颍，睢水受狼汤至取虑入泗，鲁渠受狼汤至阳夏入涡，濮渠受泲至都关入羊里水，涡水受狼汤至向入淮者，又何支离若是也。岂其正流合睢水入泗，其支流又各不同耶？今皆湮塞，莫可考据。

《汉书》云："荥阳下引河，东南为鸿沟，以通宋、郑、陈、蔡、曹、卫，与济、汝、淮、泗会于楚。"是鸿沟在狼汤渠北，濒河东南，下与济、泗合流，南入于淮者也。其支派与宋、郑、陈、蔡诸水，皆相流通。厥后河徙不常，故流遂绝。正统间，河自中牟南行，由开封西南，经通、许、睢、陈，东流入淮。由是汴南诸水之故迹，俱没于河，已而河复北徙，止遗河形，弥漫而已。古迹茫然，莫可复辨。今西华犹称古鸿沟。

《汉书》，陈留郡有傿。应劭曰："郑伯克段于鄢是也。"颍川郡有傿陵。莽曰"左亭"。李奇曰："六国为安陵"，则晋楚战于鄢陵是也。东汉魏晋俱因之，不知何者为今鄢陵县。至于苑陵，莽亦曰"左亭"，岂鄢陵与苑陵接壤？王莽俱废之，以其地置左亭县邪？大氐阳翟以东，新郑以南，其地平圹，无名山，惟多冈陵，横亘曲屈，不下三二十许。故《左传》所谓阳陵、大陵、鱼陵、鄢陵，六国所谓安陵、马陵，皆在其地，第今不能悉其所在耳。唯安陵为尉氏地，汉为富平县者是。

《左传》，襄公十八年："楚师伐郑，次于鱼陵。右师城上棘遂涉颍，次旃然。芀子冯、公子格率锐师侵费滑、胥靡、献于、雍梁，右回梅山，侵郑东北，至于虫牢而返。子庚门于纯门，信于城下而还，涉于鱼齿之下。"注云：鱼陵，鱼齿山也，在南阳。旃然，水出荥阳成皋县，东入汴。胥靡、献于、雍梁皆郑邑。河南阳翟县东北有雍氏城。梅山在荥阳密县东北。鱼齿山之下有溠水，故言“涉”。案上文言子庚帅师，治兵于汾，注云：“襄城县东北有汾丘城。”兹乃谓鱼陵为鱼齿山，在南阳，岂子庚治兵于襄城，及欲伐郑，乃南还走南阳耶？然则鱼陵之不为鱼齿山明甚。况下文又言“鱼齿山”，何故于此言“鱼陵”邪？至于梅山，若在密县东北，则是新郑西北矣。左氏何以云“右回梅山，侵郑东北”也？元凯之癖多此类。

开封，六国时魏邑名。惠王都大梁，在开封东。秦属三川郡，西汉置开封县，属河南郡。《汉书》注云：“逢池在县东北。”又有浚仪县，属陈留郡。注云：“惠王自安邑徙此”，所谓大梁也。东汉因之，开封属河南尹，浚仪属陈留郡。晋开封，属荥阳郡，浚仪属陈留国。东魏置开封郡，属梁州。北齐废开封郡，并入陈留郡。后周改梁州为汴州。隋废陈留郡，炀帝初，废汴州。唐复置汴州，后改为陈留郡，浚仪、开封二县属之。五代梁以为东都，升开封为府。后唐为汴州，罢东都。后晋复为开封府，号东京。宋因之，郭内分开封、祥符二县，罢浚仪。金以为南京。案此则古开封县在今城西，中牟之南、尉氏之西矣。非今之祥符地也。

睢州，春秋时承筐地，宋襄公葬于此，因曰襄陵。秦并天下，置襄邑县，属砀郡。两汉、晋、宋、北魏俱因之，改属不常。北齐并入雍丘县，隋复置之。宋崇宁间，置拱州，以襄邑为附郭县。金改为睢州。洪武初，省襄邑县，或谓即襄牛，非也。首止、大棘、曲棘、鄫、邺、小黄、滑亭俱在其地。汉时置服官，主织冕服，故后人名其池曰濯锦池。古语云：“游睢、涣者，工藻缋之妍。”以此。睢、涣，二水名。睢水在城北六里，首受莨荡渠，东至取虑入泗。涣水不可考。城北六十里有巴河，疑即涣也，今皆湮塞。

考城，古戴国，春秋时郑取之为谷城。秦置甾县，东汉始名考城。以周封伯邑考之后于亳北，故名。其地有葵丘，齐桓会诸侯处。乡有蒙泽，庄周故里。有外黄，有武安城也。

柘城，古朱襄氏之邑。春秋为陈株野，《毛诗》所谓“株林”是已。汉置柘县，以有柘沟，故名。

永城，春秋时名犬丘，亦为芒县地。西汉置犬丘、芒二县。东汉改芒为临睢，改犬丘为太丘。晋并入酇县。“酇”音“嵯”，非南阳之“酇”也，南阳地音“赞”。隋置永城县，金为永州。砀山在城北八十里，汉高祖所隐处也。山下有石洞，曰天子岩，相传天子避雨于此，今肖像事之。城西北三十里有太丘城，陈仲弓为令地也。其乡有邵平、陈平墓，疑假。

禹州，古夏地。大禹初封于此，徐广云“夏居河南，初在阳城，后居阳翟”是也，受禅后都安邑。启即钧台以享诸侯。春秋时属郑，曰栎邑。周襄王取栎、阳翟为畿内地。韩景侯徙都阳翟，历、烈、文三侯，垂三十年，为秦所灭，遂置颍川郡。项羽封韩王成于此。汉高帝亦封韩王信于此，寻徙之，复为颍川郡。晋迁颍川郡于许昌，罢故郡为阳翟县，属河南郡。东晋置阳翟郡，东魏因之。隋开皇罢郡，以阳翟县属嵩州，大业间，改属襄城郡。唐后改属不常。刘豫置颍顺军，金大定间，置顺州，寻改为钧州。万历三年，改为禹州，其地有禹山、荆山、具茨山、九山、翟山、空同山，有颍水。

韩退之，南阳人。《古今人物志略》，遂收退之于南阳府，不知南阳属河内，今修武县。《左传》，僖公四年，晋文公围南阳。《史记》，白起攻韩南阳太行道，绝之。岂今南阳府耶？修武，故名南阳，秦始皇更今名，今有文公祠。山东济宁之南亦有南阳，则鲁欲使慎子伐齐以取者也。

河南、洛阳，汉二县名，东西相距四十里。案《文献通考》：河南，古郏鄏地，是为王城。洛阳，古成周地，是为下都，盖武王克商，定鼎于郏鄏。至成王卜涧水东，瀍水西，而宅洛邑，王城是也。又于瀍水东卜之，亦吉，迁殷顽民居之，则下都是也。平王东迁，居王城。至敬王，与子朝争立，出奔晋。晋定公使魏舒率诸侯之大夫会于狄泉，城成周居王。时子朝在王城，故苌弘云："西王天弃之，东王必大克。"盖以成周在王城东故也。成周本王城、下都之总号，至是以下都为成周，别于王城。云成周有狄泉在城中，有殷王冢，东北有芒山。王城西有谷城。至孝王，封其弟于河南，以续周公之职，是为桓公。其孙惠公封少子于巩，号东周君，至是又以成周为西周矣。王赧立，又徙都王城，是为东西二周。秦灭二周，置三川郡。汉置河南郡，乃以成周为洛阳县附郡，王城为河南县，在郡西。东汉置河南尹，属司隶。魏晋改为司州。后魏亦为河南尹。北齐为洛州。隋后改属不常。二县俱自若也。宋为西京，二县俱附郭。金省河南县，至今因之。其地东有成皋、虎牢之险，西有函谷关，南阻伊阙、嵩、少诸山，北带大河，其间沃壤三百余里。伊、洛诸水，萦带周回，真帝王之都会也。惜其规模为少隘耳。

嵩高山在偃师县东南登封境内，绵延周二百里。其山之最高者曰太室、少室，东西对峙，相距殆二十里。太室二十四峰，少室三十六峰，皆直立插云表。而少室峰尤秀，如玉笋排空然。少室后有寺曰少林，魏孝文帝为跋陀师建也。寺东北八里曰崿岭口，在五乳峰东，其北即轘辕道一十二曲，古称最险处。唐高宗欲幸少林，乃发徒凿其岭，可通辇骑云。寺负五乳峰，面少室，若玉屏。梵宫后有讲堂，堂后左有立雪亭，惠可侍达磨处。西北山上有达磨庵，九年面壁处。庵后室中有达磨影石，高二尺许，其影宛然，乃面壁时精神所贯也。后有达磨洞。寺中有唐太宗为秦王时赐寺僧教，镌之丰碑，其辞云："王世充叨窃非据，敢违天常。法师等并能深悟机变，早识妙因，擒彼凶孽，廓兹净土。闻以欣尚，不可思议。今东都危急，旦夕殄除。并宜勉终，茂功以垂令范。"盖是时寺僧立功者十有三人，昙宗拜大将军，余不受官，赐地四十顷，故云云。至今寺僧以技击闻，其由来久矣。俗传锦那罗变形御寇事，或因此附会之尔。嘉靖末，寺僧月空者，受檄御倭于松江。其徒三十余人，自为部伍，持铁棒，击杀倭奴甚众。卒以智屈被歼，亦可为永戒云。太室黄盖峰下有岳神祠，祠后有卢岩二寺。盖唐卢鸿隐处，有废嵩阳观。观内三古柏，大者围三丈许，汉武帝封为大将军，次为次将军，轮囷怪甚。其东有崇福宫，亦废。稍东有启母石，涂山氏所化也，说见《淮南子》。

空同山在汝、禹二州境，上有大仙观。盘旋以上，悬崖有瀑布水飞下，石涧淙淙振林木。崖巅有石洞，中有白犬，常游洞外，因号其冢为玉狗峰。上有广成子庙及空同观，下有广成墓及城，即黄帝问道处。平凉、临洮各有崆峒山，各云广成子隐地。第庄子言黄帝问道崆峒，遂言见大隗，迷于襄城之野，其为此山无疑。

阌乡，古鼎湖地。黄帝采首山之铜，铸鼎荆山之阳。鼎成，有龙下迎，乘之而去，因名其地曰鼎湖。案《禹贡》："道岍及岐，至于荆山，逾于河；壶口雷首，至于太岳。"则荆山、鼎湖之地，固自不相远也。

卫水出共之百泉，东北至直沽，与潞水合。其源距河不五十里。沁水自山西，经怀孟，至武陟入河。其委距卫源不百里。沁有故道，由修武、新乡入于卫水，可为国家通漕之一助。

《开封府志·河防》

洪武七年，河决开封堤，诏参政安然塞之。

十四年，河溢原武、祥符、中牟。

十五年，河决荥阳、阳武。

十六年秋八月戊辰，河决开封东月堤（自陈桥至陈留，溃流十余里。是月复决杞县，入巴河。上用恻然，乃命户部遣官督所司塞之）。

二十年，河决开封城（自安远门入，淹没官民廨宇甚众）。

二十四年，河决原武之黑洋山（东经开封城北五里，又南行至项城，经颍州颍上，东至寿州正阳镇，入于淮，而故道遂淤）。

秋八月，河溢开封（时城三面皆受水，将侵及军储仓巨盈库。诏令荥阳高阜处筑仓库以待之）。

冬十一月，蔡河南徙入陈州（先是河决，由府城北而东行。至是下流淤塞，故又决而南之也）。

永乐元年，馈运自陈州颍岐口北输于京（时户部尚书郁新奏言：“近因淮河至黄河淤浅，以致馈运不通。请自淮安用轻舟运至沙河及陈州颍岐口，仍以大舟载入黄河，复陆运卫河，以转输北京。”上曰：“可。”）。

四年，诏修阳武、中牟及汴河北堤。

八年，河南守臣请修汴梁坏城（往河决汴梁坏城二百余丈，至是修筑。上谕工部臣曰："汴城迫黄河，不免冲决之患。此国家藩屏之地，不可以缓。且闻黄河水增三尺，其急遣人往视之。"）。

九年三月壬午，命侍郎张信浚黄河故道。（先因河水累岁为患，修筑堤防，民用困敝。至是河决，坏民田庐益甚。事闻，遣信来视。信至，询访故老，得祥符鱼王口至中泺二十余里，有旧黄河岸，与今河面平，浚而通之，俾循故道，则水势可杀，遂绘图以进。诏发河南民丁十万，命兴安伯徐亨、工部侍郎蔡廷瓒率运木夫，同侍郎金纯相度治之。仍遣定国公徐景昌以太牢祠河神，户部侍郎古朴以太牢祭河南境内山川。时工部尚书宋礼督工开会通河，遂命礼兼董之。初朝议开会通河，及浚河南黄河，命户部凡开浚民丁，皆给米钞，及蠲户内是年租税。于是河南、山东之人，闻风而自愿效力者甚众。因谕户部臣曰："开河效力之人，赏蠲之惠一如编役。"民由是益戴之。）

秋八月庚戌，新港成，河复故道。（是年六月丁未，敕尚书宋礼曰："曩命卿等浚黄河故道，及筑塞河港，以纾民患。今久未见成绩，而河水泛溢日加，为民患苦。卿等其协心并力，无懈夙夜，脱民垫溺，用副朕委任之意。"七月乙酉，浚河工告竣，凡役民丁十一万四百有奇。自是河循故道，与会通河合，而河南之水患息矣。八月庚戌，礼等还京。皇太子遣人劳视，自是无水灾者三十余年。）

正统十三年，河决荥泽。（东过开封之城西南，又东南经陈留入涡口，又经蒙城，至怀远东北，而达于淮焉。是时开封府城在河之北矣。时汴水出荥阳大周山，合京、索、须、郑、汜水，东南至中牟而入于汴。尚书石璞、侍郎王永和、都御史王文相继塞之，弗绩。又六年，徐有贞治之，决口乃塞。）

天顺五年秋七月，河决开封城（镇平王避水如尉氏）**。上命工部侍郎薛远塞之。**

六年春二月，作石闸成。（吕原有记，其略曰：维开封城周回二十里，外则缭以堤。当宋时，近于城者，惟汴、蔡诸水，而黄河流经城之东北以达于海。至元时，河始南徙逼城，流合汴、泗入淮。国朝正统戊辰，亦当分决张秋口，东北入海，其后复东北入海如故。筑堤护城，其来盖已久矣。夫土疏固易迁徙，而流杂泥沙，又易淤淀。以故水载高地，堤日增而城益下也。天顺五年，秋七月四日，客水暴至，河溢逾防，土城遂决。越六日，猛风激浪，拥突北门以入，平地水深丈余，王府及官卫儒黉，庐井市廛，无虑数万区，尽浸没摧圮。力能结筏者，仅以身免，而老弱者，往往溺死。事闻，上特命工部右侍郎琼台薛君远往拯治之。玺书授以事宜。君星驰汴，敷宣帝德，绥援众戚，即移粟以赈其饥。躬率三司官僚，按视地形，商度工用，及以缓急询之故老。乃命左布政使侯臣、按察使吴中，征集丁夫，预调塞治之物于所属。委开封府知府鱼侃、通判蔡保等，管领应役。先令右布政使丰庆、副使项璁，于决口上流，督夫下桩卷埽，作截水堤二百四十余丈，浃旬堤就，决口绝流，而水趋故道。又令副使张谏、参议王铉，于土城东起独峦冈，讫猫儿冈，督夫凿渠二千二百七十八丈，引水东注，而城中积水日渐耗减。又命参议史敏、佥事高逵于土城东南曰扬州门，浚旧渠之湮塞者，起太平冈，直抵陈留渠，长一万二千四百八十丈，以泄城中积水，使下流达于黄河。自是地稍高者，咸得修葺舍宇；凡王府官廨，亦渐可居；而居民荡析流离者，接踵复业；野田堪乂者，俱播宿麦矣。顾城地低洼，积水莫能尽出，则令参议萧俨、李浩、佥事王绍督夫车戽。参议何升又导而分之。阅月，水尽干涸。初环城五门俱有潦水，河决后，水益弥漫，无津畔，往来者必藉舟楫，一遇风涛，莫或敢济。由是米薪之价，涌贵数倍。则又令项璁等筑道路于大梁、仁和等三门以通车马，内外莫不便之。且令李浩修补城垣缺处，及创筑各门月堤。军民有贫馁者，给以粟麦，凡八千余石。有屋居漂荡无存者，给以榱檩，共一万三千余株。事将竣，因念积水全赖开渠浚导，议即扬州门置闸，以限内外。倘后内水有积，启而泄之，或外水欲入，闭而塞之，庶为永久之利。适巡按御史梁君觐、董君廷圭至，议用克协，即委布政司照磨、金景辉等，于郑之贾峪山，采石炼灰，劝客舟如期输至。就令景辉及开封推官刘琦董役。未几，闸成。盖首事于是年九月十二日，而以明年二月二十六日辍工。凡用丁夫三万八千四百有奇；桩木三万一百七十有奇；芟稍以束计者，一十二万七千有奇；揵囤以件计者，三千二百有奇；麻以斤计者，九千七百八十有奇。而闸用石八百余片，砖二万余块，灰三万余斤。是役也，诸公开诚劝谕，人心咸悦，故劳虽久而无怨，费虽巨而易完者。及薛君已还，阖城士庶咸谓其仰体朝廷之心，既拯民于昏垫，又防患于未然，其德宏，其虑远，宜有述以告来者。而崇明训导祥符艾俊为书以求予记。嗟夫！中原水患，惟河为甚。而禹之治河也，务多其委，以分其势。故当大伾而下，析为二渠，大陆而下，播为九河。今河失禹道，治之固难。如能先事为备，访求遗渎以为委，则亦不至临事而失措矣。穿渠置闸，盖知从事于委者。然委弗多，而泛溢所当虞也。用记夫施工次第，并赘以是说云。）

成化十四年春，黄河决祥符县杏花营。

秋七月，河决延津县西戛村，（泛溢七十余里，又明年，徙之县南。）

弘治六年夏，河决黄陵冈，上遣都御史刘大夏、太监李兴、平江伯陈锐治之，功成。命大学士刘健作记勒石河上。（《记》曰：弘治二年，河徙汴城东北，过沁水，溢流为二：一自祥符于家店，经兰阳、归德，至徐、邳入于淮；一自荆隆口黄陵冈，东经曹、濮，入张秋运河。所至坏民田庐，且势损南北运道。天子忧之，尝命官往治。时运道尚未损也。六年夏，大霖雨，河流骤盛，而荆隆口一枝尤甚，遂决张秋运河东岸，并决水奔注于海。由是运道涔涸，漕舟阻绝。天子益以为忧，复命都察院右副都御史臣刘大夏、太监臣李兴、平江伯臣陈锐治之。命下，三臣乃同心协力，以祗奉明诏。遂自张秋决口，视溃之源，以西至河南广武山涔涸之迹，以北至临清卫河。地势事宜既悉，然以时当夏半，水势方盛，又漕舟鳞壅口南，因相与议曰："治河之道，通漕为急。"乃于决口两岸，凿月河三里许，属之旧河以通漕。舟既通，又相与议曰："黄陵冈在张秋之上，而荆隆等口又黄陵冈溃决之源。筑塞固有缓急，然治水之法，不可不先杀其势。"遂凿荥泽孙家渡口河道七十余里，浚祥符四府营淤河二十余里以达淮，疏贾鲁旧河四十余里，由漕县粮进口，出徐州运河。支流既分，水势渐杀，于是乃议筑塞诸口。其自黄陵冈已上，凡地属河南者，悉用河南兵民夫匠，即以其方面官分统。臣大夏往来总督之，博采群议，昼夜计画，殆忘寝食。故官属夫匠等悉用命，筑台卷埽，齐心毕力，遂获成功焉。初河南诸口之塞，惟黄陵冈屡合而屡决，为最难。故既塞之后，特筑堤三重以护之。其高各七丈，厚半之。又筑长堤，荆隆口之东西各二百余里，黄陵冈之东西各三百余里，直抵徐州。俾河恒南行故道，而下流张秋。可无溃决之患矣。是役也，用夫匠以名计五万八千有奇，柴草以束计一千二百万有奇，竹木大小以根计一万二百有奇，铁生熟以斤计一万九百有奇，麻以斤计三十二万有奇。其兴功以弘治甲寅十月，而毕以次年二月，会张秋以南至徐州工程俱毕，臣兴等遂具功完始末以闻。天子嘉之，特易张秋镇名为安平，赐臣兴禄米岁二十四石，加臣锐太保兼太子太傅，禄米岁二百石，进臣大夏左副都御史理院事，及诸方面官属，进秩赠俸有差。仍从臣兴等请，于塞口各赐额立庙，以祀水神。安平镇曰"显惠"，黄陵冈曰"昭应"。已而又命翰林院儒臣各以功完之迹文之碑石，昭示永久。臣健以次撰黄陵冈。臣惟前代于河之决而塞之，若汉瓠子，宋澶、濮、曹、济之间，皆积久而后成功，或至临塞，躬劳万乘。今黄陵冈诸口，溃决已历数年，且其势洪阔奔放，若不可为。而筑塞之功，顾未盈二时。此固诸臣协心，夫匠用命之所致。然非我圣天子至德格天，水灵效职及宸断之明，委任之专，岂能成功若是速哉？臣职在文字，睹其惠政，诚不可以无纪，乃谨摭其事，撰次如右，且系之以诗曰："中州之水，河其最大。龙门砥柱，犹未为害。太行既北，平壤是趋。奔放溃决，遂无宁区。粤稽前代，筑修数起。瓠子宣房，实肇其始。皇明启运，亦屡有闻。安平黄陵，奏决纷纭。坏我民庐，损我运道。帝心忧之，成功欲早。乃命宪臣，乃弘庙谟，谆谆戒谕，冀效勤劬。功不且上，复遣近侍，继以勋臣，俾同往治。三臣协力，兼采群谋。昼夜焦劳，罔或暂休。既分别支，以杀其势。遂遏洪流，永坚其闭。水由故道，河患斯平。运渠无损，舟楫通行。工毕来闻，帝心嘉悦。加禄与官，恩典昭赫。惟兹大役，不日告成。感格之由，天子圣明。天子圣明，化行德布。匪直河水，万灵咸附。殊方异域，靡不来王。以漕以贡，亿世无疆"。）

七年，都御史徐恪上修河疏。（其略曰：去岁孙家渡口、贾鲁旧河，使之南注以杀水势，功虽成矣，不意夏秋水盛，而荥泽之流遂淤，且水势趋北，似难挽回。蹙凌水发，而贾鲁之河亦壅。今不亟力为之，以续前修，则不惟隳黄陵冈之功，实以速张秋之患耳。然黄陵冈口既塞，河必南决阳武，以至考城，俱当下冲，城郭人民，必为垫溺。若止保全运道，不及地方生灵，恐非朝廷以仁治天下之本意也。今南北两岸堤防决口，皆当修筑，夫匠粮料之费，动以万计。近岁河南洊罹灾伤，人民失业。虽安闲优养，尚不聊生。若加之科差，必难堪命。请假九江、淮扬等处钞关折银，及荆州、芜湖等处抽分料银，各数万两，以备修河之需。庶水患可除，而国计民生两无所损矣。疏上，不报。）

正德四年，河决杨家口。（侍郎崔岩乃于祥符董盆口、宁陵五里铺各开地四十里，接黄河故道，引水由凤阳达亳州。又浚孙家渡故道十余里，引水由朱仙镇至寿州，而合入于淮。疏贾鲁旧河四十余里，以杀水势，筑梁靖口，下埽以防冲决。会淫雨暴涨，新筑台埽遂荡然无遗矣。）

八年，侍郎赵璜疏分水、须水二河。（先因崔岩功弗就，河遂冲决益甚。至是，璜乃于荥泽东浚分水河，郑州西凿须水河，疏亳州河渠，自是水势渐杀不为害。）

嘉靖五年，都御史盛应期疏赵皮寨河，弗就。（应期，吴江人，以荐起都御史，总理河道。时工部郎中柯维熊与之偕。维熊言于应期曰："皇上厉精中兴，明公起自闲废，宜大有树立，以答休命。"应期曰："诺"，乃谋疏。赵皮寨支河绵亘数百里，以济运道。是时赵皮寨为上流，其地视河高数尺，而其土又皆沙也，随疏随淤。久之，功弗成。应期忧之，乃日夜止宿水次，复益夫数万治之，益弗就。百姓怨咨，于是应期坐论免归。）

七年，学士霍韬上治河疏。（其略曰：臣前过徐州，闻议者欲引河自兰阳注于宿迁，以为可杀河势，庶徐沛不致泛溢，运道不致沙淤也。夫水溢徐、沛，犹有吕、梁二洪为之束捍，东北诸山为之防垣。水患所及，尚有底极。若引河自兰阳注宿迁，则归德诸处河溢奔溃，将数郡一壑，其患不止于徐、沛二州县而已也。莫若自河阴、原武、孟津、怀庆之间，择地形便，导河入卫河。冬春水平，则漕舟由江入海，溯流至于河阴，顺流至于卫河，沿流至于天津。夏秋水迅，则仍由徐、沛以达天津，庶可以获运舟兼济之便矣。）

三十二年夏四月（注一），**上遣刑部侍郎吴鹏来视赵皮寨、孙家渡二支河。**（初河决曹县，都御史詹翰欲杀水势，乃上疏请开赵皮寨之支河，计役夫八万有奇。明年，都御史胡松上疏请开孙家渡之支河，计役夫六万有奇。二疏俱下河南、山东抚按、藩臬臣会议之。二十五年，都御史方纯乃采佥论上疏，其略曰：赵皮寨一开，河性叵测，不可限量。设使全流南徙，不惟二洪涸竭，有干运道，而势趋凤、泗，则又忧在皇陵矣。若疏孙家渡，虽云省易，而寿春王寝园密迩，淮河冲决之患，亦不可不虑。况弘治迄今，凡十有五浚矣，卒莫有成。今皇上圣德格天，川渎效灵，舟楫通利，生民奠安，似宜罢为便。三十二年，漕渠稍滞，议者复申前说。上命侍郎鹏来视，鹏自兰阳而南抵泗上，相其地形水势，乃上奏曰："窃见黄河上流，开浚赵皮寨，约三百九十余里，计役夫一十八万六千有奇，工费巨大，实难遽图。孙家渡所淤塞者，仅六里八十丈，计役夫九万有奇。其费省而为力颇易，取之河道，亦自足用，不烦别为措办。宜行司河者，只除淤土四尺七寸，照旧不必开浚。其高阜陂陀之处，尽为挑治，一概使平，水小则听其归槽顺流，水大则任其泛溢平漫。其河北堤障，刘兽医口、张家湾、筒瓦厢、崔家坝等处，俱应随宜修筑。"疏上，制曰："可。"自是开浚之议遂寝。）

三十八年，河决判官村。（七月，河决原武县判官村八百余丈。由中牟经府城西南，直至教场，距南熏门百武而近，居民惊惶。巡抚都御史章焕率司道府县治河等官悉诣堤口经营塞之，三昼夜始免于患。）

隆庆四年秋七月，决陶家店，断月堤。明年复决，坏民田庐。

万历五年秋八月，决刘兽医口。

九年夏六月，溢。

十五年，夏秋淫雨，瀍、洛、沁水泛涨，决刘兽医口、铜瓦厢、荆隆口，南浸城堤，东北虞张秋运道，东至茶城，河逆而上，淮黄合流。以河臣权分，乃使工科都给事中常居敬视事疏塞之。

论曰：古云“治河无常策”，非谓水性流动，变不可以预图哉，要在治之以不治而已。治之以不治者，顺水之性而利导之。孟子所谓“行其所无事”是已。近见一遇冲决，不审水势，辄议开支河以杀之。贾鲁河之变，可不为前车哉？夫黄河之为中州患，固矣！然而有利存焉，则人自弃之耳。谚有之曰“北人水旱，听命于天。”使近河之民，效南方水车以掣之，而又分区筑港，可通百里之远，则未必不为利也。或谓黄河急湍，未易轻引，而不有慢流别出之渚乎？且四境之内，岂无别河曲涧可溉者乎？无已，则仿古井田之制，每田百亩四隅及中各穿一井，每井可灌田二十亩。四围筑以长沟，深阔各丈余，旱则掣井之水以灌田，潦则放田之水以入沟，不庶几有备哉？余尝试为之计，穿井筑沟之费不逾百金，即百金，所谓一劳永逸者此也，矧其利更有大焉者乎！

《卫辉府志》

钦差管理河道副使曹，为查勘黄河上源支流以免并患事，蒙钦差总理河道右佥都御史万批：据本道呈即便会同大名、颍川各兵备道，及转行所属濒河州县各掌印官，公同委官颍州同知邹元明细加查勘，要见汾、沁、丹、漳、伊、洛、瀍、涧等水，各于某处发源，由某处经流，至某处并于黄河。如汾、沁、丹、漳等水相距卫河里数若干；伊、洛、瀍、涧等水，相距淮河里数若干；南北地形，孰高孰下，开渠导水有无通利。如前各河可改，要见河以北者，由某处地方可以开渠，至某处入卫河；河以南者，由某某处地方可以开渠，至某处入淮河。中间但可支开，不论多寡，即为黄河便利。逐一踏勘明白，画图贴说，具由通详，以凭施行。蒙此，即便转行开封府管河同知张亲诣黄河沁水上源，公同各州县掌印正官，率同濒河知因耆民，南自大樊口起至新乡县，直抵卫河，正偏来历，开渠一带细加相看，博采民情，要见引沁入卫，有无后患。如或沁水汹涌，卫河难容，上自新乡，下至临清，作何捍御，可免后艰。但恐该县地方官民畏惧大工，即便明示，占过土田，悉与重价，后用夫役，悉给厚顾，所谓以河道之全力，治此河道，决不偏累一县一民。逐一覆勘明白，计虑周悉，务求永利。画图贴说，具由呈报。蒙此，八月十三日，据本官呈于七月二十一日，亲诣武陟县西北沁河，自大樊口堤坝起，由修武县西获嘉县北，直抵新乡县西北，至卫河止，相去一百二十里，并沿河直至卫辉府迤东接直隶浚县界止，约百里，会同多官看得沁河北岸大樊口，先年原有决开堤坝故道一处。询问居民，执称先年秋水涨大，溢过堤岸，以致此处决开，随将修武、获嘉、新乡等处一带城廓田舍，尽被淹冲，官民受害。彼时即令官夫并力筑堵，增加堤坝，见今遗有河形。及至修武县西北，有回马泉流来清水河一道，经流获嘉县北六里，直至新乡县西北地方侯家桥入卫河。随据本地居民，齐口称苦，皆曰：此处原有山河数处，每年秋水泛涨，平地出水，淹没民田，以致小民逃窜，生命难堪。若再开沁河，则滔天之势，入于卫河，相接高涌，则本县城廓、乡村尽皆飘流。及相度地形，委的西南大高，东北卑下，以修武县较之大樊口，地下约十五余丈，水平备照至。卫辉府府志。至元间，议通沁水以漕运，总管董文用言：“卫地最下。”会遣使相地形，上言：“卫城浮图最高，才与沁水平，势不可开也。”为照卫河自辉县卫源发源，经流过新乡，历卫辉府，直抵直隶大名、山东等处，会流入海。在新乡，则河流城墙下，两岸居民千余家。在卫辉府西北一面，离城虽有半里，两岸系商货之数，居民稠密，公署驿递，俱建于此。若欲开浚两岸各数十丈，则新乡县、卫辉府城廓居民、公署驿递，俱当改移数里，方可动工。况沁水猛涨，势比黄河，稍有一线之决，溢入卫河，则邻河居民城池，受害不支。若将沁水引入卫河，则大小之势不敌，容受之量难料。在平常之时，犹或可也，若遇涨发，总有堤防，恐排山倒海之势，信非卫河一脉所能纳者。且卫河水清无沙，又无扫湾冲崩之势，以故临清、张秋里河等处，藉之以为漕运之便。及查沁水与黄河一样，俱系流沙，性复扫湾，倘水缓沙停，致使下流垫高。决临清，则淤张秋，万一漕运窒碍，则是疏徐、邳之南流以杀黄河狂澜之势，反塞上源之咽喉以遗漕渠乾涸之患。其利害即较然矣。据此，本月十八日，又据卫辉府呈准张同知关蒙本道案验。蒙本院案验，据同知邹元明揭开沁水出沁州沁源县，经流至怀庆府武陟县南顿入黄河。今欲令其北归于卫，合于武陟县西北，地名大樊口决开堤坝，引修武县西，直抵新乡县西北，灌入卫河，相去一百二十里。迢迢直达，并无阻滞，从下势若建瓴，深为便益。但沁河水面约宽一里，卫河水面不满五尺，所出者大，则汹涌之势可知，所纳者小，则决溢之患不免。若欲一举两全，上自新乡，下至临清，于卫河两岸各辟十余丈，将所辟之土，沿河筑堤，则河身之既广，翕受之量必弘。堤护之既长，澎湃之势可御。若然，则一吞一吐，上下各得其平，在卫在沁，彼此稳流无患矣。第以道里计之，陆路则三百馀里，水程则八站有奇，劳力孔多，费财不少。然事可必其就绪，功可要其有成，不为虚费无益等情，揭报本部院。相应覆勘，转委张同知亲诣黄河、沁河上源，公同各州县掌印正官，率同滨河知因耆民，细加相勘行府。卷查嘉靖十六年间，准怀庆府关蒙前道副使张案验，蒙巡按河南监察御史王批：据郑州管河判官姚熙呈称黄河水涨，欲将沁河不容入黄河，要自大樊口开泄北行，流入卫河。随据武陟、修武等县人民致仕乡宦人等告称：若因黄河泛涨南决，辄挑大樊口三十丈，使沁水北流，不惟劳民伤财，兼恐卫河狭浅，若此水入之，则冲决淹没，小民不免俱为鱼鳖。据由停止。讫隆庆二年十二月内，本府抄蒙钦差总理河道都察院右副都御史翁钧票，为改丹、沁疏上游以防河患事，仰府即查沁河本栾店至新乡入卫河地里若干？有无故道？伏秋之后水势若何？春夏之交，水势若何？作速查明申报。蒙委新乡县知县张范，亲诣勘得木栾店至新乡入卫河地里一百二十里，原无故道。先年曾开大樊口，淹没新乡、获嘉、卫辉，平地水深二三丈余，地方受害，后修完无碍。具由申报，蒙批非常之举，黎民惧焉。今据该府所申，似亦未可轻举，仰管河道不必再行查勘。此缴，案行本府遵依讫。至隆庆五年九月二十六日，又抄蒙守巡河北道（参议徐、佥事晋）会案：蒙巡按河南监察御史杨批，据怀庆府蔡同知帖禀前事，仰府即查本官所请开丹、沁两河，决之北行以分黄河水势，果否？地方有益，百家蒙利，作速查议呈报。依蒙行据汲、新、获、淇等县申称大概；查得嘉靖初年曾蒙议自武陟县沁河经由之处，下水平线，至卫辉地下三十余丈。若开以分黄河之水，恐就下之势，不可挽遏，尽导黄河，亦未可知。各申到府，转呈停止讫。则导沁入卫以杀河势，盖有先之者，而卒阻于势之难行，此其准之今而可见者也。再考诸卫志，至正年间，董文用为卫辉路总管，郡当冲要，会勘得江南图籍，金帛之运，不绝于道。时议通沁水东北合卫河以便漕运。文用曰："卫地最下，今每大雨，沁辄溢出。今若通之，则与大名俱没矣。"会遣使相度地形，上言："卫地浮图最高，才与沁水平，势不可开也。事遂寝。则导沁入卫以济漕运，盖亦有先之者，而卒止于势之难行，此其酌之古而可见者也。今蒙本部院欲将沁河来入卫河以杀河势，超今迈古，诚盛心也。但本府城池，建置低下，四面平衍，无有冈峦遮蔽，且西拱太行之麓，东通大名之区，一望斥卤，时常卑湿。伏秋水发，卫河辄溢，平地水高数丈。城门之外，关市撑舟，临河一带居民、房屋、田禾，俱遭淹没。若再将沁水决入卫河，则本府所属城池及镇店村落，难免冲没，数万生灵，付命于天。此其后患，不可不预为虑者。而大名、山东、沧州以下，则又非本府所与知也。若谓利在天下，一郡不足惜，则改城廓，徙人民，虚其地以避水冲，此亦所当并议者。及考《漕运通志》徐州洪碑文言：昔者水浅洪险，万夫努舟不能进，必赖沁水南达黄河，接济二洪，然后无虞，是沁水亦大造于漕者。今以其助河为患而遽决之北，则一患也，亦运之而已矣。卫辉、大名以下之民，亦本部院之所兼爱而不忍置之于昏垫者也。且河北人民，自缙绅以下，悉皆恂恂然，似若不适有居者。且将来冲决淹没，势所不免，于此不言，有厥咎矣等因。据此，已经本道驳勘去后，至本月二十日，该本道亲诣卫辉府新乡县查勘间，又据该府呈蒙本道宪牌，仰王知府督同该县及会同士夫乡民及怀庆府再加查议，毋曰"前有成论"，主于先入之见而遂已也。依蒙会同怀庆府知府王督同知县于应昌眼同士夫乡民部孟阳等，覆勘得卫之与沁，小大悬绝，一以里计，一以丈计，于势委难吞纳。纵使充拓，亦不过止于丈数之间，终无益于翕受盈虚之数。如欲广卫如沁，则卫辉、大名以东俱当改辟，穷天下之力，竭天下之财，而功有难成者。且沁水性甚狂急，夹带流沙，果使通之，自临清以北，亦属河运冲决淤塞，势所必至。欲杀南河之患，而因以重北河之忧，所关不小等因，复呈到道，据此查议。间蒙本部院批：据开封府管河同知张呈前事，蒙批仰管河道亲一勘之。俟九月河防报宁，周流审视，毋信有司百姓之言，此乃为减河南、山东、徐、邳、黄河大害而言耳。大约图大事者，酌彼此利害多寡谋之可乎，此不可意必也，勘完可一面议焉。文移不能尽之，此缴。又蒙本部院批：据卫辉府申前事，蒙批所云“以沁入卫者，原无意必”，盖云辟广卫河，直入天津乃可耳。若下流不辟，则上流诚有如该府所虑者。下流一辟，是为上流去水患者，在此举也，而又何患焉？卫之民，将恐不速为之矣。但云辟地事体重大，则可耳；若云沁河济二洪，此指黄河由河南行时言也。今全河灌二洪，曹、单、丰、沛、徐、邳，尽为鱼鳖，焉用济之？又沁河发源处本部院知之，此暴水耳，消长不常。凡治水必先下流，仰河南管河道会同河北守巡道详勘下流，国计及河南、山东、徐、邳、卫地民瘼所关，勿得草草。朝廷事体多方穷究，如卫河下流不可开，则沁水上源未可次也，缴。又蒙钦差巡抚河南等处地方都察院右副都御史梁批：据卫辉府申前事，批仰管河道查报。又蒙巡按河南监察御史杨批：据卫辉府经历司呈前事，批仰管河道会同守巡河北道查议，详报缴。蒙此，又抄蒙钦差总理河道右佥都御史万钧票前事，照得颍州同知邹元明，先该本部院坐委前去查勘黄河上源，续据本官呈称勘得沁水堪以导入卫河以杀黄河之势缘由，画图贴说呈报前来，似有条理。但事体重大，又经案行河南管河道覆勘去后，及行同知邹元明前赴该道听其委勘外，为此票仰本道官吏照标事理，如遇本官到彼，径自委用，随同覆勘施行。蒙此，该本职于本年十一月十九日，会同分守河北道参议朱、分巡河北道佥事徐，督同卫辉府知府王、怀庆府知府王，亲诣新乡等处，查得嘉靖三十五、六、七等年，即蒙总理河道都察院、河南抚按两院批：据怀庆、卫辉二府申，据汲、新等县民李铎等告称，卫河水发淹没两府汀比受害等情；又蒙抚按两院咨牒，据管河工部汪郎中呈牒及准工部咨准黄总兵手本并临清张副使分守河北道阴参议及兖州、东昌二府管河同知等官黎天启等呈，河南沁河冲开木栾店，相邻大樊口三百余丈，决水横流，突入卫河，水半泥沙，弥漫异常，至临清逆流上壅运河板闸至砖闸七十余里，舟行闸面，不由启闭，两月有余。至九月二十五日，水始退消，泥沙沉积，顿将南板新开二闸河洪淤塞二千余丈，河底与闸面相平，阻妨粮运，不能前进。应行河南管河道作速修筑，以保来年粮运等因，节该前道副使胡议允修筑讫。今议照黄河扫湾壅沙，徐、邳、河南、山东首被其害，论者谓其甚于防虏，是矣！若沁河消长非常，虽不及黄河汹涌之万一，然据其方长以来，流猛沙多，亦能助其势而搏激之，以致经年为患。本部院欲将沁河之大樊口决开堤坝，引修武县西直抵新乡县西北，灌入卫河，一则由高就下，委若建瓴；一则引险入易，永杀河势。且地去一百二十馀里，又非隔壤，而所占民产且有偿矣，所用夫役且倍值矣。国计生灵大有所利，即古所称“平成之绩”，何以加此。职等亲勘河形，详阅图卷，博访民情，恐有两难，不敢不先议之。其一议较河身。卫河仅宽五丈而势缓，沁河奚啻一里而势急，以一里之急流引入五丈之缓且狭者，翕受不广，其何以容？纵如邹同知所见将卫河两岸各辟十余丈，毋论辉县等处，即新乡一县欲辟河身，以南则该县北门，去河仅有二丈，其城墙城楼并内外官民庐舍，则将置之水中乎？抑将移于高阜之所乎？又卫辉府西北离城亦止半里，其驿递、公署并该岸大小军民，则将任其以水为家欤？抑将以手援之欤？且两岸各增十丈，连本身五丈，仅足二十五丈，而望其纳一里之水，其可得哉？此河身之难于充拓也。其一议浚河。盖临清一带运河虽藉汶水，实与卫河通流，是临清譬之堂奥，而卫河则门户也。临清譬之形体，而卫河则羽翼也。其势俱并行，其源俱无沙。若引沁入卫，是以沙之浊流，投之清河，则三十五等年如汪郎中等所呈，沁河突入卫河，水半泥沙，弥漫异常，至临清逆流上壅运河七十余里者，其患不专在卫辉而贻患于漕矣。门户倾者必逮堂奥，羽翼折者不为形体，一大病哉！况十五年及三十五年只因卫水泛涨，淹怀庆、卫辉二府民田，以致河北汹汹，经年陈告。及今隆庆六年七月内，卫水又泛，不减先年之灾，本道所目击其害者，兹又加以沁流，毋论他时恐防漫溢，而伏水之交，不至于横流已乎？此下流之难于疏浚也。况自新乡至临清，于卫河两岸，陆则三百余里，水则八站有奇，毋论民庐民田，动以万计，即欲辟数丈，非千万丈数不周；欲筑堤坝，不备；以工计之，恐非数千万两不完；以年计之，亦非数年日期不就。虽大举不恤小费，亦不可不先筹算而漫为之也。职等才非通方，徒窃道听之言，敢为涂说，伏乞本部院抚临地方，会同抚按两院临河亲加查勘施行等因，通呈照详，蒙批引沁入卫，盖以河南、山东、南直隶沿河运道利害言耳。据呈，沁河之身难拓，下流之道难疏，是利害相等也。姑罢之以俟再议，此缴。蒙此拟合就行，为此仰抄案回府着落当官吏照依案验备蒙详允事理遵照施行。

卫辉府新乡县为全河之患孔殷，善后之计当预，冒披愚虑以裨采择事。万历二十一年六月二十六日，承奉怀庆府同知郑帖文准，本府关蒙分守道参议杜札付咨蒙钦差总河舒批：据管河道会呈前事，又蒙钦差巡抚赵并巡按陈案验俱同前事，奉此遵依，随行本县知县卢即于本月二十八日亲诣怀庆府北地方考究丹河来历。查得丹河，其源出于山西，穿太行山，由圪坦坡、狄家岭南注而下，中间分散，有十八道小沟渠，民间引为灌田。总流南经张店至刘村入沁水，首尾三十余里。冬春水小，果不为害，及至夏秋，波涛汹涌，与沁无异，此丹河之全身也。其名为与卫相通者，系上小沟渠内东流第二道者，由清化镇西稍东流，水涸不通。惟至清化镇南有金枪、狗跑泉等水相聚，迤逦而东，经修武县治南，北转紧扣城东门外，又东经获嘉县治北，相去百余里许，又东，俗名为蒋河，至新乡县西北，名合河店，西入小清河，而因以入于卫，相沿凡几百几十里。名为丹之支流，而实非丹水矣。夫欲改丹并流入卫，若将丹之全身，由张店改折而东，过狗跑泉，因以达卫，奈丹至张店，地势倾下，入沁甚易，势不能挽。若从上面东流第二道小沟渠挖决成河以达卫，第丹在彼处，方自山岭而下，奔溃倾跌，横截不住，何由东流？且稍东南，有定王、简王墓在焉。乃议者谓，卫不能容沁矣，改丹并流以杀沁势，是一策也。夫此亦息肩之说耳。天下事惟亲见者为真。丹水秋涨汹涌，与沁无异，卫不能容沁矣，独能容丹乎？

审地势，卫地下怀庆三十余丈，由高而下，势若建瓴，奔腾澎湃，势难吞受，必将开拓河身，两岸筑堤遮护。夫此一开筑也，中间无论小民田产国课所出，且逼近城隅，势有难于开筑者。新乡北门外紧坐卫水，亦置勿论。以卫辉府言之，城西北隅外，即为卫河，两岸驿递公宇、商贾居民凑集，势极难于开筑。将移河于府治南十余里外，远绕而东，其地为黄河故身，淤沙堆积，开即湮没；将移河向北，其地为黄土冈、沙石高阜，益为难开。倘朦胧苟且，以卫水而加之全丹，势必张大。

潞府亲藩在焉，脱城不保，罪将谁归？此尤事体重大，不能不虑者也。且卫水清流，丹河浊流，以浊投清，由高而下，冲沙必多。在新乡、卫辉，犹曰水去疾，沙未停。自大名而下，临清、张秋等处，地势平衍，水去缓行，淤沙必多，运道阻塞，其为里河之患，不孔亟乎？夫改丹、改沁，为救徐、邳以南漕运计耳，而北地运道，为山东、河南等处全粮所系，务非渺小，疗肠内而塞咽喉，此所谓救一河患，增一河患者也。闻河以南亦议将伊、洛、瀍、涧四水改入淮矣。曾闻淮至清河县为河水所漾，反上壅，即今洪泽湖浲洞无涯，泗临城郭半在水，祖陵、皇陵不可不虑，然此犹为无与于地方，未敢深议。惟引丹入卫，诚见其不可者。假使开数百里之河，筑数百里之堤，于地方无隐忧，于徐、邳以南之河患有成效，即捐数城之生灵，动万亿赀费，为国家图大事，奚不可者？第河患未必除，徐、邳以南未必救，而卫堤难筑，亲藩宜虑，大名以下运道不可保，以天下为任者，可无万全之虑乎？以上末议，非敢剿袭陈言，漫为阻调。考之舆图，审之地势，稽之耆论，参之事情，的见其如此者，谨冒昧以申。至若开河筑堤，岁月工程钱粮夫役，惟准诸河工岁费常额一推步可知者，若果引丹入卫，容另申报。

《汉河渠考》 宋王应麟

美哉禹功，万世永赖。云何汉世，河决为害？盖自战国，壅川壑邻，决通堤防，重以暴秦，水失其行，故渎遂改，碣石九河，皆沦于海。微禹其鱼，遗黎之思，披图案谍，用缀轶遗。

孝文十二年，河决酸枣，东溃金堤。

陈留郡酸枣县（今属开封府），秦拔魏置县（地多酸枣，因以为名）。金堤、河堤，在东郡白马界，《括地志》："一名千里堤，在滑州白马县东五里。"《郡县志》："在酸枣县南二十三里"（《舆地广记》酸枣县有金堤，"汉文时，河决金堤"，即此）。王遵为东郡太守，请以身填金堤。程子曰："汉火德，多水灾；唐土德，少河患。"

孝武元光三年，河水徙，从顿丘东南，流入勃海，复决濮阳瓠子。注钜野，通淮泗，鄃居河北（"鄃"音"输"，后汉注音"俞"）。

东郡顿丘县（今澶州开德府濮阳、清丰两县），汉勃海郡，在勃海之滨（今沧、棣、霸、滨诸州之地）。《水经注》："《禹贡》曰：'夹右碣石入于河。'《山海经》：'碣石之山，绳水出焉，东流注于河'，河之入海，旧在碣石，今川流所导，非禹渎也。周定王五年，河徙故渎。班固曰：'商竭周移。'"瓠子，今开德府濮阳县西有瓠子口。瓠子，河名也。济州巨野县东北有大野泽，即钜野也。《禹贡》："大野既猪。"清河郡鄃县，《通典》："鄃故城在德州平原县西南"（大名府夏津县本鄃县。程氏曰："周时河徙砱砾，至汉又改向顿丘东南流。”）。

元封二年，自泰山还，至瓠子，自临塞决河，筑宣防宫。《水经》：“瓠子河出东郡濮阳县北河”（注：县北十里为瓠河口，亦谓瓠子堰、宣房堰）。《括地志》：“故龙渊宫俗名瓠子宫，亦名宣房宫，在濮阳县北十里。”决河，在鄄城以南，濮阳以北，广百步，深五丈。（《通典》：“秦始皇二十二年攻魏，决河，灌其都，决处遂大，不可复补。”汉王横云：“《九域志》：濮州雷泽县有瓠子河。”澶州濮阳县有瓠子口。万里沙在莱州掖县。济州东阿县有鱼山，一名吾山。瓠子歌曰：“吾山平，钜野溢。”东阿，今属郓州。）

导河北行二渠，复禹旧迹。

《河渠书》：“禹乃厮二渠以引其河，北载之高地，过降水，至于大陆，播为九河，同为逆河，入于勃海。”（孟康曰：“二渠，其一出贝丘西南南折者也，其一则漯川者也。”臣瓒曰：“河入海乃在碣石，元光二年，更注勃海，禹时不注也。）贝丘，贝州清阳县（熙宁四年，省入清河县）。漯水出东郡东武阳（省入大名府莘县、澶州朝城县）。至千乘（清州千乘县）入海。降水故渎，在冀州南宫县东南六里。《大事记》：“周威烈王十三年，晋河岸倾，壅龙门，至于底柱。”春秋后，河患见史传始于此。

自塞宣房后，河复北决于馆陶，分为屯氏河。《地理志》：“魏郡馆陶县，河水别出为屯氏河，东北至章武入海。”（馆陶，今属大名府。《通典》：“魏州贵乡县有屯氏河，大河故渎，俗曰王莽河。章武县、沧州鲁城县，周省入清池县。”《九域志》：“大名府馆陶县、夏津县有屯氏河。南乐县有大河故渎。”）

元帝永光五年，河决清河灵鸣犊口，而屯氏河绝。清河之灵县鸣犊河口。《地理志》：“清河郡灵县，河水别出为鸣犊河，东北至蓨，入屯氏河。”（灵县，隋省入博州博平县。“蓨”音“条”，县属德州，后属冀州。）

成帝建始四年，河决东郡金堤。河堤成，以五年为河平元年。三年，河复决平原，流入济南、千乘。平原、德、棣州、济南、齐、淄州。千乘故城在淄州高苑县北。

鸿嘉四年，勃海、清河、信都河水溢。李寻等言：“议者常欲求索九河故迹而穿之，今因其自决，可且勿塞，以观水势。”

信都，冀州（信都县，禹导河北过降水，即此。亦曰祐降渠，西南自南宫县界入）。《禹贡》：“九河既道。”《尔雅》：“一曰徒骇，二曰太史，三曰马颊，四曰覆釜，五曰胡苏，六曰简絜，七曰钩盘，八曰鬲津，其一河之经流”（先儒不知“河之经流”，遂分简絜为二）徒骇（《寰宇记》：在沧州清池。许商云，在成平）、马颊（《郡县志》，在德州安德。《寰宇记》，在棣州滴河北。《舆地记》，即笃马河也）、覆釜（《通典》，在德州安德）、胡苏（《寰宇记》，在沧州饶安、临津、无棣三县。许商云，在东光）、简絜（《舆地记》，在临津）、钩盘（《通典》、《寰宇记》，在沧州乐陵东南，从德州平昌来。《舆地记》，在乐陵）、鬲津（《寰宇记》在乐陵东，西北流入饶安。《通典》，在饶安。许商云，在鬲县。《舆地记》，在无棣）、太史（不知所在）。汉世近古，止得其三，唐人遂得其六，欧阳忞《舆地记》又得其一。或新河载以旧名，或一河立为两说，皆似是而非，无所依据。郑氏以为齐桓塞其八流以自广。夫曲防，齐之所禁，塞河非桓公所为也。程氏以为九河之地，已沦于海，谓今沧州之地，北与平州接境，相去五百余里，禹之九河，当在其地。郦道元亦谓：“九河碣石，苞沦于海”（笃马河在平原县，今德州。乐史以为马颊，误矣）。

平当使领河堤，奏：“按经义治水，有决河深川，无堤防壅塞之文。”程子曰：“河北见鲧堤，无禹堤。鲧堙洪水，故无功，禹则导之而已。”

贾让言：“禹凿龙门，辟伊阙，析底柱，破碣石。”

《水经》：“河水南过河东北屈县（唐慈州吉昌）西（注：《吕氏春秋》曰：“龙门未关，吕梁未凿，河出孟门，大溢逆流，名曰鸿水。大禹疏通，谓之孟门。孟门即龙门之上口也。”），河水又南过皮氏县（河中府龙门）西，又南出龙门口”（注：“大禹导河积石，疏决梁山，即经所谓龙门也。”“崩浪万寻，悬流万丈，迄于下口。慎子曰：下龙门非驷马之迅也。滈水李氏曰：同州韩城北有安国岭，东临大河，有禹庙，在山断河出处。禹凿龙门，起于唐张仁愿所筑东受降城之东，自北而南，至此山尽。两岸石壁峭立，大河盘束于山峡间，至此山开岸阔，豁然奔放，声如万雷。”）。《通典》：“绛州龙门县（今属河中府），有龙门山，即大禹所凿。《三秦记》云：‘鱼鳖上天即为龙，否则点额而还。’”黄河北去县二十五里，乃龙门口。《舆地记》：“同州韩城县有龙门山。颜氏曰：‘龙门山，其东在龙门县北，其西在今韩城县北，而河从其中下流’。《水经注》：“砥柱，山名。禹治洪水，破山以通河，河水分流，包山而过，山见水中，若柱然，故曰‘砥柱’。三穿既决，水流疏分，亦谓之三门山。”伊阙、碣石，见前。

淇口以东。《通典》：“淇水出共山，东至卫州卫县界入河，谓之淇水口。”

新莽始建国三年，河决魏郡，泛清河以东数郡。魏郡，相州大明府。清河、恩州。

明帝永平十三年，王景修汴渠成。

诏曰："自汴渠决败六十余岁（平帝时），今既筑堤理渠，绝水立门，河汴分流，复其旧迹。"《郡县志》："汴渠在河南府河阴县（汉荥阳县，唐属孟州）南二百五十步，亦名莨荡渠。禹塞荥泽，开渠以通淮泗。汉命王景修渠（《汉书》有"荥阳漕渠。"如淳曰："硂砾溪口是也。"《水经注》："王景师乐水故渎，东注浚仪，谓之浚仪渠。"）。

章帝建初三年，罢虖沱石臼河。

虖沱出代州繁峙县东南，流经五台山北，东南流过定州入海。邓训治虖沱石臼河，从都虑至羊肠仓。石臼河在定州，唐昌县东北（本汉苦陉县，今省入安喜县）。《通典》："岚州宜芳县，即汉汾阳县。积粟所在，谓之羊肠仓，石磴萦委，若羊肠焉（《水经注》，按郡国志，常山南行唐县有石臼谷）。"

《张骞传》："天子案古图书，名河所出山曰昆仑。"

汉武帝以于阗山出玉，因名河所出曰昆仑。《博雅》曰："昆仑虚，赤水出其东南陬，河水出其东北陬，洋水出其西北陬，弱水出其南陬。河水入东海，三水入南海。"《后汉书》注云："昆仑山在肃州酒泉县西南。山有昆仑之体，故名之"（朱文公曰："二书之语似得其实。《水经》言昆仑去嵩高五万里，恐不能若是之远。"）。《通典》："今吐蕃中河，从西南数千里向北流，见与积石山下河相连。聘使涉历，无不言之。吐蕃自云：'昆仑山在国中西南，则河之所出也。'《尚书》云：'织皮昆仑，析支渠搜，西戎即叙。'《后汉书》云：'西羌在汉金城郡之西南，滨于赐支。'《续汉书》：'河关（县属金城郡，今积石军）西可千余里，有羌谓之赐支，盖析支也。'然则析支在积石之西，是河之上流明矣。昆仑在吐蕃中，当亦非谬"（《楚辞》注："《尔雅》：'河出昆仑虚，色白，渠井千七百一川，色黄。百里一小曲，千里一曲一直。’”《离骚》：“邅吾道夫昆仑。”《九歌》：“登昆仑兮四望。”）。

灵帝光和六年，金城河溢。

金城郡，今兰会西宁湟州积石军。

《南丰集》汴水

昔禹于荥泽下分大河为阴沟，出之淮泗，至浚仪西北，复分二渠。其后或曰鸿沟，始皇疏之以灌魏郡者是也。或曰，浪宕渠，自荥阳五池口来注鸿沟者是也。或曰，浚仪渠，汉明帝时循河流故渎作渠，渠成，流注浚仪者是也。或曰，石门渠，灵帝时，于敖城西北，累石为门以遏渠口者是也。石门渠东合济水，与河渠东注，至敖山之北而兼汴水，又东至荥阳之北。而旃然之水，东流入汴。荥阳之西有广武二城，汴水自二城间小涧中东流而出，济水至此乃绝。桓温将通之而不果者，晋太和之中也。刘裕浚之，始有湍流奔注，而岸善溃塞。裕更疏凿以漕运者，义熙之间也。皇甫谊发河南丁夫百万开之，起荥泽入淮千有余里，更名之曰通济渠者，隋大业之初也。裴耀卿言江南租船，自淮西北溯鸿沟，转相输纳于河阴、含嘉、太原等仓，凡三年，运米七百万石者，唐开元之际也。后世因其利焉。太宗尝命张泊论著其兴凿漕运之本末如此，宋至道之间也。

《大学衍义补》

臣按天地间为民害者，在天有旱潦之灾，在地有河海之患。然雨旸之为旱潦也有时，而人犹可先事以为之备。若夫河海之患，则有非人力所能为者矣。虽非人力所能为，而人君有志于为民者，其忍坐视而付之无可奈何哉。中国之水非一，而黄河为大，其源远而高，其流大而疾，其质浑而浊，其为患于中国也，视诸水为甚焉。自禹疏九河之后，迁史《河渠书》述之详矣。臣请探厥本原，自张骞使西域之后，说者咸谓河出昆仑。至元世祖，始命其臣笃实者，西穷河源，得其源于吐蕃朵思甘之南，曰“星宿海”。四山之间，有泉近百泓，汇而为泽。登高望之，若星宿然。胡言所谓“火敦脑儿”也。其地在中国西南，直四川马湖府之正西三千余里。云南丽江府之西北一千五百里。较之昆仑，殆为近焉。自西而东，合诸河水，其流浸大。东北流分为九渡。行二十日至大雪山，名“腾乞里塔”，即昆仑也。绕昆仑之南，折而东，而北，而西，复绕昆仑之北，又转而东北，行约二十余日，始入中国。自贵德西宁之境，至积石，经河州东北，流至兰州北，绕朔方上郡，又东出境外，经三受降城，东胜等州，又折东南，出龙门，过河中，抵潼关。东出三门析津，为孟津，过虎牢，而后奔放平壤，吞纳小水以百数，势益雄放，无崇山巨矶以防闲之。旁激奔溃，不遵禹迹。故虎牢迤东距海口二三千里，恒被其害。方禹之导河，其河盖自西而东，又转而北，之东，以入海焉。周定王五年，河徙已非禹之故道。汉元光三年，河徙东郡，更注渤海，继决于瓠子，又决馆陶，遂分为屯氏河。二河相并而行。元帝永光中，河水始分流于博州。屯氏河始塞。后二年，又决于平原，则东入济、入青以达于海。下流与漯川为一。宋熙宁十年，河又分为二派：一合南清河入淮，一合北清河入海。是时，淮仅受河之少半耳。金之亡也，河始自开封北卫州，决入涡河以合于淮。旧河在开封城北四十里，东至虞城，下达济宁州界。

本朝洪武二十四年，河决原武之黑阳山，东经开封城北五里，又南行至项城。经颍州颍上，东至寿州正阳镇，全入于淮。而故道遂淤。永乐九年，复疏入故道。正统十三年，又决荥阳，东过开封城之西南。自是，汴城在河之北矣。又东南经陈留，自亳入涡口，又经蒙城，至怀远，东北而入于淮焉。抑通论之，周以前，河之势自西而东，而北。汉以后，河之势，自西而北，而东。宋以后，迄于今，则自西而东，而又之南矣。河之所至，害亦随之。恤民患者，乌可不随其所在而除之哉？《礼》曰："四渎视诸侯。"谓之"渎"者，"独"也。以其独入于海，故江、河、淮、济，皆名以"渎"焉。今以一淮而受夫黄河之全，盖合二渎而为一也。自宋以前，河自入海，尚能为并河州郡之害，况今河淮合一，而清口又合沁、泗、沂三水，以同归于淮也哉？曩时，河水犹有所潴，如巨野、梁山等处。犹有所分，如屯氏、赤河之类。虽以元人排河入淮，而东北入海之道，犹微有存焉者。今则以一淮而受众水之归，而无涓滴之渗漏矣。且我朝建国幽、燕，漕东南之粟以实京师，必由济、博之境，则河决不可使之东行。一决而东，则漕渠干涸，岁运不继，其害非独在民生，且移之国计矣。今日河南之境，自荥阳、原武，由西迤东，历睢阳、亳、颍，以迄于濠、淮之境。民之受害而不聊生也甚矣。坐视而不顾欤，则河患日大，民生日困。失今不理，则日甚一日，或至于生他变。设欲兴工动众，疏塞并举，则又恐费用不赀，功未必成，而坐成困毙。然则为今之计奈何？孟子曰："禹之治水，水之道也。"又曰："禹之治水也，行其所无事也。"古今治水者，要当以大禹为法，禹之导河，既分一为九，以分杀其汹涌之势，复合九为一，以迎合其奔放之冲。万世治水之法，此其准则也。后世言治河者，莫备于贾让之三策。然历代所用者，不出其下策。而于上中二策，盖罕用焉。往往违水之性，逆水之势，而与水争利。其欲行也，强而塞之。其欲止也，强而通之。惜微眇之费，而忘其所损之大；护已成之业，而兴夫难就之功。捐民力于无用，糜民财于不赀，苟顾目前，遑恤其后。非徒无利，而反有以致其害。因之以召祸乱，亦或有之。顾又不如听其自然，而不治之之为愈也。臣愚以为今日河势与前代不同，前代只是治河，今则兼治淮矣。前代只是欲除其害，今则兼资其用矣。况今河流所经之处，根本之所在，财赋之所出，声名文物之所会，所谓中国之脊者也。有非偏方僻邑所可比，乌可置之度外，而不预有以讲究其利害哉。臣愿明诏有司，博求能浚川疏河者，征赴公车，使各陈所见，详加考验，预见计定，必须十全，然后用之。夫计策虽出于众，而刚断则在于独。择之审，信之笃，而用之专，然后能成功耳。不然，作舍道傍，甲是乙非，又岂能有所成就哉？臣观宋儒朱熹有曰："禹之治水，只是从低处下手。下面之水尽杀，则上面之水渐浅。"臣因朱氏之言，而求大禹之故，深信贾让上中二策，以为可行。盖今日河流所以泛溢，以为河南淮右无穷之害者，良以两渎之水，既合为一，众山之水，又并以归，加以连年霖潦，岁岁增益，去冬之沮洳未干，嗣岁之潢潦继至。疏之则无所于归；塞之则未易防遏。遂使平原汇为巨浸，桑麻菽粟之场，变为波浪鱼鳖之区，可叹也已！伊欲得上流之消泄，必先使下流之疏通。国家诚能不惜弃地，不惜动民，舍小以成其大，弃少以就夫多，权度其得失之孰急，乘除其利害之孰甚，毅然必行，不惑浮议，择任心膂之臣，委以便宜之权，俾其沿河流，相地势，于其下流迤东之地，择其便利之所，就其汙下之处，条为数河，以分水势。又于所条支河之旁，地堪种稻之处，依江南法，创为圩田，多作水门，引水以资灌溉，河既分疏之后，水势自然消减。然后从下流而上，于河身之中去其淤沙。或推而荡涤之，或挑而开通之，使河身益深，足以容水。如是，则中有所受，不至于溢出，而河之波不及于陆，下有所纳，不至于束隘，而河之委，易达于海。如是而又委任得人，规置有法，积以岁月，因时制宜，随见长智，则害日除，而利日兴。河南、淮右之民，庶其有瘳乎。或曰，若行此策，是无故捐数百里膏腴之地，其间破民庐舍，坏民田园，发人坟墓，不止一处，其如人怨何？呜呼！天子以天下为家，一视同仁。在此犹在彼也。普天之下，何者而非王土？顾其利害之乘除，孰多孰寡尔。为万世计，不顾一时；为天下计，不徇一方；为万民计，不恤一人。贾让有言，濒河十郡，治堤岁费万万，及其大决，所残无数。如出数年治河之费，足以业其所徙之民。大汉方制万里，岂与河争咫尺之地哉？臣亦以谓开封以南至于凤阳，每岁河水淹没中原膏腴之田，何止数十万顷。今纵于迤东之地，开为数河，所费近海斥卤之地，多不过数万顷而已。两相比论，果孰多孰少哉！请于所开之河，偶值民居，则官给以地，而偿其室庐。偶损民业，则官倍其偿，而免其租税。或与之价值，或助之工作，或徙之宽闲之乡，或拨与新垦之田。民知上之所以劳动乎我者，非为私也，亦何怨之有哉？矧今凤阳，帝乡园陵所在，其所关系尤大，伏惟圣明留意万一。臣言可采或见之施行，不胜幸甚。

《王家口河工说》

黄河源出西蕃星宿海，贯山中，出至西戎，名细黄河。绕昆仑，至积石，经陕西、山西境界，至河中潼关，经流河南之阌乡、灵宝、沔池、新安、济源，至武陟受沁水，巩县受伊、瀍诸水。经荥泽、原武、阳武、中牟、祥符、兰阳、仪封、考城、曹、单、丰、沛、砀、萧，至徐州镇口，接闸河济运，经邳州宿迁，缠祖陵之左，至清口，与淮河相合，下云梯关入海。淮河之源，出桐柏县，由五河绕祖陵之右，至清口与黄河相合。故祖陵二河环绕，风气完固，运道亦藉资焉。万历二十一年，河决黄堌口，徙向永城、宿州、白洋河、小河口，浸逼祖陵归仁堤下。曩岁，上躬静摄，命下，夺杨大司空职，且削籍以为不塞黄堌，伤我祖陵所致。且连年徐、邳运河不沾黄流涓滴，每挑李吉口，赵家圈、毛成铺，藉升斗之余润不可得。二十九年，塞黄堌口，强水东行。河性不畅，遂上壅决归德之蒙墙口。一由夏邑永城宿州，仍出白洋河、小河口，一由沙岗固镇五河，与淮河合流。至三十年，尽数入淮。祖陵二陈沟、沙河等处，一望弥漫，岌岌有侵陵之患矣。上遣总台汲泉李公治之。甫谒陵，四顾皆水，惊忧不食，病卒。惟时河南抚台景默曾公，以蒙墙，河南地也，万一患陵，责焉辞？因博访士人，佥谓开王家口便，遂商谋于山东，持议久之，会推总河。上允，仍请遣御史台崔公会省直抚按司道，公议于曹之明伦堂，无异议者。先是凤阳抚按疏上黄河尽数入淮，系干陵园，亟赐议处，以图永赖。上命首护陵寝，次理运道，至是议定。于是发丁夫二十万，动冏金五十余万，兴工于壬寅十月之九日，放水于癸卯四月之八日，塞河于七月之二十二日。筑骑河大堤十二里，以阻中归之路；筑东西堤二百里，以防旁逸之虞。沿河周咨相度，水乘舟，陆乘车，勘议屡更，笔舌几敝者年余。今改河后，保守又二年矣。斯役也，陵园爽亢，佳气茏葱。十载沮洳之虞，一旦尽去；万年基运之地，于兹永培。可谓称上之旨矣。徐、吕二洪，久无黄水之至，今奔流冲刷最深，万艘往来如织。岁癸卯，泇、黄并运，乙巳春，商舶漕粟通行，年年回空，率由于此。使不弃而不修，将所为国家资运者，百年犹故也。归德、泗、宿之区，凤阳、颍、亳之地，百姓无地可耕，农人以渔为业，今数千里膏腴，桑麻遍野，民居错绣，人始知有平土之乐矣。商丘、永夏、会亭、石榴堌诸县驿，尽在水中，今轮蹄不绝，冠盖相望，城廓依然，人民安堵，俨然再造景象矣。开河之日，驰报朝绅，人心胥悦。适前总台曾劳瘁没舟中，后以为省下流工竣，访闻于上。予因而笔之，以俟后之睹河工而采择者。时万历三十三年岁次乙巳重九日，赐进士出身中大夫河南等处承宣布政使司管河兼管水利右参政兼按察司佥事昆明朱思明书。

《永夏勘河呈稿》

迩者河徙蒙墙，澎湃南下，千里汇为巨津，无所容其分别者也。自徂冬消落之后，始于文家集之上，平台集之下，分为三四股。西南一股，经石榴堌、马肠河、龙焕集、固镇驿入会河，至五河县地归淮。余旁溢者，仍入永城，所谓泛滥甚阔者也。其东南一股，即为白河，狭可三四丈，深可二三丈，经桑堌集、何家营，离夏邑城西南七八里，至胡家桥、永城，出白洋河。查嘉靖六年间，黄河冲决，致伤沛县漕渠，乃开浚赵皮寨、白河一带，分杀水势，非正河也。东北一股，为响水河，至桑堌集与白河合。白河至何家营之下无河身，从而散漫与前水并归永城者也。何家营之上，约七八里，为苗家桥，其湍急若趋西南，可引入司家道口。然一派沮洳，距岸八九里，中深旁溢，阻塞未能，挑浚未能，且直射县城，欲委蛇避之未能者也。夫苗家桥果可以收，散漫之水，则可开，第水自八十里上平台集已分流矣，欲于此八十里下，全而收之，恐约束之难。春日看水，浅涩尚多，转盼洪涛大发，杳无涯际。东南一带长堤不筑，则水仍南下；筑之，则畚锸难施，淤沙难累，恐砥柱之难。响水河自白河之东北来苗家桥，虽急溜向东，不能达岸，势亦随归东南。今仍欲引向东北而去，非其性也，恐搏激之难。水自黄堌口决后，水向南行，至杨家口，遂向东行，至赵家圈，复向东北行。南行者顺，东行者强，北行者逆，是以赵圈方塞，则决何家集，何集方塞，则决申家营。一马家溜多方塞之未能，必待水徙蒙墙方能成功。令欲引之，仍由此河，则徒有南下而已。虽议加筑长堤，其如傍南冲刷，防御不及何，恐蹈覆辙之难。李吉口正对司家道口，则何家营之开，较之王家口诚近。第苗家桥生地开三十里，未为大费，而七八里淤水中，功力之费，有十倍于此者。且又自萧家口北筑大堤，至朱家集、平台集、侯家洼，断其南溢会停之水，又过文家集、桑堌集至何家营，转筑而北，断其东出任礼，析出夏邑城南等口。又筑司家道口一带长堤，计费数百万金，尚然不可成功，况草桥之下，又未可量乎？恐计费之难。凡此非姑息夏邑一邑而曲为之解也。舣舟苗家桥之上，极目西南北之水，虽有人力，诚无如之何也！两道自蒙墙东下，循萧口，经灵台，望马牧，泛白河，登岸胶舟者数，夜舶者二。询问委曲，略探其端，未尝不叹服议河者之苦心，而稍虑其惜费反费，言近犹远也。乃若王家口，又可以易言哉！假道邻封，似居己于逸；铲及庐舍，似居己于忍。司牧者各为其民，令强其所不欲，似居己于专，夫可易言哉？虽然，普天之下，莫非王土，况此十二里一线之地，乃堤外之地，倘因此可以护陵园，济漕粟，亦必其所不吝也。然果可因是而成功乎？甲可乙否，吾不敢必。第蒙墙徙其曲，而此则取其直，较昔日为顺矣。难易趋避，吾不敢必，第平陆易为开深，弃土即为堤岸，较水工为易矣。至徐家口，生开十二里，至孙家湾，量疏三十六里。孙家湾至张礼口、李吉口，清沥犹存。赵运使、许运同、褚同知见在疏浚，引入坚城镇口以济运，较黄堌之下流为便矣。自王家口以下，开浚工程，费不满三十万金。而李吉口之下，不过扩充之而止，且两岸堤坝见存，无庸创筑，较之何营之筑塞为省矣。王家口急溜有赴壑之势，此流则彼涸，首可以护陵寝，次可以济运道，而亦可以拯商、永诸邑昏垫之灾，一举而三善可冀。较之苗家桥之开，恐不足以收全河之水，则为便矣。此非妄觊山东之地而必为之辞也。良以陵寝漕运，非两事也，漕不患镇口之易淤，而患黄水之不至；陵不患永夏之泛滥，而患横流之无归。今王家口扼其吭而导之，挈其瓶而倾之，一彻百彻，舍此而旁求散漫之区，则权非我握矣。倘筑舍之议未同，迁延伏秋，洪涛将至，贻患陵园，谁执其咎？则必以我有汴堤为辞，不知议汴堤非得已也。况巧妇无无米之炊，亦必以患出河南为辞，不知保陵园非独中州事也。况同舟有共济之义，至于舍新弃之故河，仿百十年未成之旧道，又非本道之所能知也。

《曹县会议呈稿》

稽诸往牒，有河决而塞之者，有河徙而分之者，未闻全河之彼，可以仍挽而之此者。挽河之说，起于王家口有套湾迎溜之势而言。夫河深三丈，阔有百余丈。新开之地，深不过一丈五尺，阔不过五六十丈，其数不胜也，何以夺全河而东向？此势也，新河迎怀之势顺，旧河湾环之势逆。惟顺，则新河一开，得水之分数常多，多则日冲刷，日深阔，安知新河非洪流也？惟逆，则旧河一泄，得水之分数自减，减则日缓漫，日停蓄，安知旧河非平陆也？因其日深之势，高筑一带堤岸，以防南逸。因其日淤之势，坚筑截河埽坝，逼向东流。而又于旁溢者塞之，疏漏者补之，筑塞未尽者导而归之，似亦可为。要在口开之地深阔，而徐家口、李吉口、坚城集以下，一一开挑，无梗隘不平之处，庶可成功。近议坚城以下开阔三十丈，似未足多。即如东省目击李吉口以下之水，渐放渐浅。又如中州萧家口以下，至今未有河漕，皆左券也。至于河挑四十丈，当置土于离岸五十丈之外；河挑三十丈，当置土于离岸六十丈之外。不然，河身狭矣，既不容其纵横自如，又不容其冲刷得去，尚可冀全河乎？所谓水平者，取河底之平，而不取土面之平，则节缩之计，即在于此。惟临期逐段酌之而已。若夫放水之日，必在清明前后。水稍涨，则借水之力以杀沙；水入口，则因河之浅以堵塞。人力可施，桩埽易下。及至伏秋水发，而此根基已实矣。倘云工程难完，姑待五六月间放水，夫伏水暴涨，五六日即退，或十余日而止，不数日又涨如前。涨则河狭不胜其溢，退则河浅不胜其淤。如此至再，则新河日垫，乃欲于下流处方堵方塞。未几洪涛又至，骇目惊心，人将束手河滨，敢与之相抗衡也？何也？新旧河深浅阔狭，原自悬绝，不可与蒙墙南下之势同日语也。故善治河者，因天时，顺地利，和人心，一有未备，宁需物力以固根本。今据该厅，任筑汴堤以保陵，两阅岁以竣事，未为无见。第恐欲速则南工未竟，迟久则河势变迁。倘令他年费尽工完而无溜可夺，咎固无所执耳。

《河工缴册稿》

河之难治也，自古记之，而尤难于今。商以前，有迁都避者，远害也；元以前有资之转漕者，资利也。我朝不欲侵陵，既以远害，又欲转漕，兼以资利。不南不北之间，独有自西自东之路，必使万里奔流，就我约束，较之往代诚难。弘治间，河决荆隆口，由黄陵冈经曹濮，入张秋运道。上遣都御史刘大夏、平江伯陈锐、司礼监太监李兴及省直抚按董役治之。开河七道，分泄水势，筑堤三重，荆隆口东西各堤二百里护之。功成，上命大学士刘健作记，勒石河上，今见在碑文可考已。是回河之役，圣朝重之，往无论已。万历十九年以前，河由河南之开归、山东之曹单、南直隶之砀、萧、徐、邳至清口，与淮河相合，下云梯关入海，此正道也。但祖陵淮水绕其前，黄水缠其后，至清口，淮弱黄强，阻淮不得出，而祖陵受淮水之伤。前总院杨议有黄家坝之开，遂分黄之势，导淮之流，而祖陵以安。万历二十一年，河决单县之黄堌口，渐由符篱桥出白洋河、小河口，而徐、邳、宿迁三百里运道淤竭，水浸祖陵。归仁堤下，一望弥漫，人言辄至。致廑皇上切责大臣，不塞黄堌，冲我祖陵。然则陵之所系诚重矣。万历二十九年，前总院刘鉴乎黄堌当塞，命官塞之，其功将半，但下流未畅，上流自溃，于是有蒙墙寺之徙。其始也，尚由符篱桥与黄堌下流相合，其继也，尽由沙冈、涡泡、浍河与淮河合而为一矣。节奉圣旨，有云：“河工宜先护陵寝，次理运道。”有云：“黄河横决，恐侵泗州祖陵，且妨运道。”有云：“这河患在河南的，着该巡抚上紧极力堵塞挑挖，毋得迁延滋患。”有云：“清口淤浅，及王家口等工程，俱着总河上紧从宜挑浚。”于是一时河臣惊措无地，周咨相度，日夕不遑。有议筑汴堤者，有议开小股河者，有议开扬先口、郭刘口者，然皆尝试难行。前总院曾躬率司道府县，询之土人，采之众议，会之各省抚按公议决之，廷遣台臣，无如开王家口为正。遂兴工于三十年之十月初九日，开河于次年四月初八日，塞旧河于三十一年之正月二日，闭龙口于七月之二十二日。其加筑大坝，创筑长堤，塞柘、永之决口，而筑骑河大堤，又二年而始成。其河之开也，河南首辟王家口生地十二里。挑徐家口以下旧河身十二里；山东挑下刘口以下至苏家庄六十余里。南直隶挑坚城集以下至镇口百余里。地有分疆，人有专责也。大坝有漕河道中河分司共督之。其塞河派料，两省直协助。而筑堤坝，调夫役，备所未备者，河南专力也。是役也，往来省直，会议踏看，舆不停肩，口不绝讲，乘橇乘车，日与风涛相习，夜望村火为归。一年而后议有定画。身处数万人之中，调停安插，立营堡，谨火盗，督畚锸，戢变争；作何开挑，作何堆土，作何撤水，作何运沙；执丈尺，较长短，人无不平；岁时不知，寒暑不避，六阅月而后，河工始竣。睹洪水之滔天，执经营之不二，危疑不为之惧，群言不为之阻，疫疠不为之避；日行五十里，夜渡三河；钱粮综核必明，夫料催提必至，筑塞料理必周；卧不安枕，病不遑药，手不停批；问疾扶伤，散钱掩骼；身处河干，栉风沐雨，又二年而后，旧河始塞，大坝长堤始成。尝考先年水行黄堌，运道干涸，年年费万数金钱，引一衣带水入徐济运而不可得。今李吉口、毛成铺、赵家圈原挑河身见在淤淀，可查已。孰如此全河东注，故道尽复，无论祖陵千万年无虞。运道已三年克济矣。筹国者不当如是乎？惟愿祖宗在天有灵，庙堂之上与本部院推见至隐，共图国是，千万年如一日焉。则国家幸甚，民生幸甚。

《祥符县志》

河厄肆厂（注二）每年约用梢草六十余万，原在八府属县办纳。万历十七年，知县萧重望招揽，大为民害。至三十五年，知县王复兴极力申豁，仍分派旧属，民稍得苏。邑人王惟俭记：夫古今之河患孔棘矣，然未有穷四海之物力，争胜于冯夷，如吾世之烦费者也。亦未有总一省之征缮，责办于百里，如吾邑之困累者也。无论往岁，比者朱旺口之役，公家之所征求，私室之所餉输，几当县官岁入之半。而悠悠之论，尚有异同乎？何容易也！昔宣防之筑也，下淇园之竹以为楗，故孝武歌之，谓："搴长茭兮沉美玉，河伯许兮薪不属。"彼其"薪、茭"，即今所赋之梢草也。当是时，河决瓠子。瓠子，今开州地也，去淇二百里遥矣。天子亲沉嘉玉良马，公卿从官躬负土薪，可谓焦劳矣，而材仅取其故有，尚不能督之于一郡一邑也。无乃以事之难卒致，而役之难独累乎？奈之何！今以八郡六十余万之梢草，而独办之都会之一邑耶！邑故额六万，今十倍之矣。甚矣哉！变法之误也。始尝试于万一之有利，旋隐忍于利害之不偿，而终以大害贻之后人也。盖始之射利者贾征逐之资，操奋者赖缓急之便。若微见其利，未几，岁匪恒稔，弊渐旁滋。即变法之人，未转毂而已立睹其害矣。而业自误之，不欲更也。卒之官赋有颇，物直益涌，支纳丛奸，监守重累，中人之资，役不毕岁，而家徒四壁立焉。数十年来，苦累萧索，不知几千百人。故每一役之更，小民之避之也，若渊堑虎狼之不可向迩。而官府之请谒，里胥之追呼，亦不胜其扰焉。会我邦君有慨往缪，因力陈其不支之状。而当事者亦重念之，累议，累驳，累减，文移之往来，上下之参订，凡七有阅月而始竟其说，以通融之于滨河之州县。因地之腴瘠，酌数之多寡，西达陕虢，东尽梁宋，赋凡四十余邑。而兹邑梢草之存者，止三万矣。以故额论，则以十年敌一年之役；以今额论，则以二十年敌一年之役。自是而兹邑之民，其有瘳乎？或曰：邑，都会之区也，力饶而易举，地迩而取捷故也。夫正惟其都会也，轮蹄之辐凑，而凡仰给焉，悉索敝赋，不克是惧，而可复以诸郡之累累之乎？且河自分陕折而东北，委蛇河、洛之郊，崩腾怀、卫之墟，啮蚀几邑？荡析几郡？岂其兹邑之独虞也者？独怪守土者据城府之见，分域之私，以致初议之艰也。吁！亦不恕矣！不佞因是而叹复故法之不易也。由今而溯变法之日，垂十余年耳，而遗老之口，不得要领，故牒之稽，复归磨灭，岂其放轶以至于斯？无乃疆埸既殊，肝肠自易，而遂不欲出之以为证耶？更数十年后，何所底止乎？且今之法亦稍稍非旧也（注三）。旧取给于诸郡，今取给于滨河。有如异日者复更其说，则一邑之孤，乌能胜多口之嚣乎？故邑中士庶，佥议欲永其事，且以当事乃邦君之美也，爰树贞珉于邑之侧，不佞以是役也。始事之误，流祸十载。此其义在《桑柔》之三章，所谓“谁生厉阶，至今为梗”者，非耶？今兹之减，民若更生，此其义在《大东》之三章，所谓“哀我惮人，亦可息也”者，非耶？然自当事之轸恤，暨我邦君极议而卒成之也。议岂筑舍乎？此其议在《泂酌》之三章，所谓“岂弟君子，民之攸暨”者，非耶？邦君为王，讳复兴，兖之郸城人，善政具在舆诵，而兹特其一云。

（《汝阳志》言中原有三耗：王禄一、河一、驿一。）

杞乘

尝考《一统志》，谓杞乃古雍国黄帝之后，非也。按雍国在河内山阳县西，《左传》所谓“郜、雍、曹、滕，文之昭也”，于杞无与。今邑西有高阳，乃黄帝之孙颛顼氏所兴之地。张晏辨之详矣。夫寓内有三高阳：涿也、东莞也、杞也。而颛顼所兴则杞之高阳，说在《古圣传》。沈约又谓：颛顼生于若水，十年而佐少昊氏，二十而即帝位。路史又云：空桑氏，以地纪，高阳所居。今邑亦有空桑，去高阳甚近。地纪云：空桑南，杞而北陈留，各三十里，有伊尹村。罗泌则谓：高阳氏所居空桑，乃广桑之野，非伊尹所生之处，在今兖国。世纪又言：颛顼自穷桑迁于商丘。穷桑乃在西海之滨，又非兖矣。干宝又言：“鲁有空桑，征在所生之处，今名孔窦。”故孔庙礼器碑云：“颜育空桑。”野史又言：轩辕作于空桑之北。然则有四空桑矣。杞之空桑则伊尹所生之地。若《吕氏春秋》所谓空桑，则伊洛间树名尔，非地也。至周武王时，追思先圣王，乃褒封大禹之后于杞，号东楼公。杞之得名于斯始焉。或曰，殷汤时已封于杞，然不经见。《史记》云：“殷时或封或绝。”理或然也。武公初年，即迁淳于，淳于在敝邑安丘境内，至武公二十九年，为鲁隐公元年，方入《春秋》。故《春秋》所载杞事皆淳于杞也。即如“莒人伐杞，取牟娄”，牟娄亦在安丘东南。而旧志以娄堽当之，谬甚矣。嗣后莒牟夷以牟娄及防、兹来奔。盖既取之后，又属莒也。莒去安丘仅百余里，故能取能奔，若雍丘则远矣。莒，小国也，安能越千余里伐人而取其邑哉？武公既迁之后，地属郑宋，故鲁惠公末年败宋师于黄，今邑北外黄是也。成公十六年，卫侯伐郑、至于鸣雁，今邑北焦刺是也。昭公五年，晋韩宣如楚逆女。韩起反，郑伯劳诸圉，今邑南圉镇是也。哀公九年，宋皇瑗帅师取郑，师于雍丘，今邑治是也。三系之郑，一系之宋，何尝有所谓杞哉？乃旧志于“如楚逆女”下加“于杞”二字，岂以此遂可涂人之目乎？堪以捧腹已。至战国时，雍丘、外黄分属宋、魏，《战国策》所谓“太子自将过宋外黄”是也。及考《燕策》决白马之口，魏无黄、济阳，旧注以为外黄。按《括地志》云：“在今冠氏县南，因黄沟为名，非宋之外黄也。以此知《秦策》所称“以临小黄而魏氏服，”《魏策》所称“太王之地，东有沂黄”，皆指“黄沟”而言，非今之外黄也。惟《楚策》所言“朝张弓而射魏之大梁，还射圉之东”，则圉固属魏耳。

河水源出星宿海，自入中国，径秦、晋、卫、鲁、赵地，北入于海，中间迁徙不常。自宋神宗熙宁十年南徙，分为二派：一入淮，一入海，故道遂失。自元太宗六年，河决又分为三，俱在杞境，俗名“三叉口”，中流循城之北而东且南，即今县治后是也。北流决汴北堤而且东，即今俗称沙河是也。南流循城西而且南，其迹半隐半现，不复可识矣。至大德元年，决于县之浦口，明年复决。是后，水北徙，复河故道，不径县境。至我朝洪武二十四年，河决阳武三里，山东经汴城北五里，又南行至项城，径颍州至寿州入淮，而故道遂淤。永乐九年，复疏入故道，皆不径县境。至正统十三年，又决荥阳东，过汴城之西南，由杏花营东南经陈留，自常家营入县境。径陡墙、王堌、苏家所、沙窝集、小堌、高阳、富家屯、鸦陵、苏木、邓家圈、咸冈、邢家口、郭家庄，东入柘城县境合涡河，至亳合淮入海，此自西而东者也，径县内七十余里。又一自祥符白墓子冈决入，流经通许，自五叉口入县境。径左家寨、翟陵、兔冈、竹林，入太康之马厂集，又经柘城、鹿邑东北，合涡河至亳，仍入本河，合淮俱入海，此自西而南者也。径县内二十余里，俱在县南。其别支由朱仙镇者有二流，止径尉氏、通许，至扶沟合流。又经商水、项城至寿州正阳镇，合淮，不经县境，即洪武二十四年之故道也。弘治二年，又徙汴城东北，分为二流：一自祥符于家庄经兰阳及县之白家口、外黄、秋树营，下径归德，至徐、邳入淮。此去县北五十余里，去兰阳、仪封甚近，止径境内二十余里而已。一自荆隆口、黄陵冈经曹、濮，达张秋运河注海，不径县。至嘉靖二十六年，又决开封之西北，全河始径兰阳、仪封、考城、曹县至亳，合淮入海，而杞遂无河患矣。其支者俗名“铁里河”，自陈留县南入县境，五叉口东南流径荆冈、杨家寨、胡备冈、常家营入太康县境，东北合于大河，绕县境七十余里。汲水出蒗荡渠，亦名丹水，即汴水也。经陈留之饼乡亭，东径鸣雁亭。鸣雁即今焦刺一带是也。《水经》言：汲水东径雍丘县故城，北径阳乐城南城，在汲北一里许，雍丘县界。南通睢水，又径外黄县南。又东径考城县故城南，由睢阳、蒙县合淮水东入于泗，即今俗所谓“沙河”也。自祥符、陈留入县楚家寨、焦家寨、花园铺、潘家寨，径城北五里许，东南径小河、裴村，入睢州之榆厢、平冈，由柘城至亳，下达于淮，迤逦境内七十余里，今涸流矣。睢水亦出蒗荡渠，案《水经》称：东北流径高阳故亭北，又东径雍丘县故城北，又东径襄邑、宁陵、亳城、睢阳、萧县，至睢陵会睢水，由下邳入泗，今俗名“堤河”。自陈留县东北四十里入县关屯寨、仪阳堌、七基、兔伯，至娄堽以东，淤平又东入睢州大东，由取虑入泗州，今涸流，俗亦以“小黄河”呼之。其支者，自十八郎庙由仪阳堌、南铁冈、算墓又东径西肥、袁家潭、伯牛冈，至睢州入汴水，俗名“挑河”。睢水径境内，其长亘与汴水等，支者不及三分之一。巴水源出覃怀，自仪封南八里，径县北乌冈、巴河崖、北辰寨入睢州之黑阳，过考城，下通徐州洪，今涸流。流经境内仅二十余里，或曰此亦黄河之支流。高阳，汉曰“亭”，亦曰“聚”，曰“乡”，并未有“城”之名。旧志误在县西南二十五里，颛顼氏所兴之地。张晏云：“少昊之前，天下之号象其德。颛顼以来，天下之号因其名。高阳、高辛皆所兴之地名。颛顼与喾皆以字为号，上古质故也。”按高阳乃黄帝之孙，黄帝披山通道，未常宁居，五帝三代皆其后裔。居轩辕，则号为轩辕氏；居青阳，则号为青阳氏；居高阳，则号为高阳氏；居高辛，则号为高辛氏。至于姬、酉、祁、已、滕、箴、任、荀、僖、佶、侬、依莫不皆然，则以颛顼为高阳，盖较然矣。乃沈约所谓“生于若水”，世纪所谓“迁自穷桑”，吾兼取焉。

或问余：“所考古迹确乎？”曰：“近之矣。”“于何考之？”“考之载籍。”“载籍信乎？”曰：“误者不少也。”如《汉书·郡国志》云：“外黄有黄沟。”《地里志》云：“有黄城”，非也。《国策》苏代云：“决白马之口，魏无黄、济阳。”今考城是也。又谓赵“拔魏黄城”，此小黄也。《大事记》以为外黄，误矣。《汉书》又云“外黄有葵丘亭，齐桓公会此城”，杜预亦云“外黄东有葵丘”，亦非也。按葵丘在今考城，汉之外黄当不如是之大也。又言“外黄有曲棘、里繁阳城”，此则然尔。今非县境，故所不志。它如《水经注》所言“科禀亭、小齐城、利望亭”，《魏书·地形志》所载“沙城、广陵城、少姜城、莘城”，亦犹是也。夫古之有据者，尚不足信如此，况旧志所载肥阳城、吴起城、饮马池之刺谬亡据者乎？故断然削之，非过也。然则伊尹、伯牛、孟姜之墓亡据矣，曷存之？曰“确然？”其非者去之可也，其两疑者不害其两存也，此慎之之意也。姑以孟姜女论之，其误也，有自来矣。盖杞梁者，乃春秋鲁襄公二十三年，齐侯袭莒，杞梁殖载甲夜入战，死于莒，其妻哭之哀。《列女传》载其事，既云赴淄水而死矣。又别载杞氏袭莒战死，其妻无所归，乃就夫尸于城下而哭之，七日城崩也。是以袭莒之事妄为二人，而又以孟姜隳城事妄为杞氏也，宜后世之纷纷莫辨也。夫博如刘向且不免传闻之误如此，后世之论，安足凭乎？杞固不得而削之矣，其陈平、娄敬、刘缜、夏侯惇之墓之削之也，以两汉大臣法皆陪葬。西汉之墓多在三辅，东汉之墓多在伊洛。故当其时，有乞骸之事，盖骸不乞，则不得归葬也。今陈平、娄敬墓皆在鄠县之北，江淹之墓亦在考城之西，此而存之，是为爽矣。夫陈平、江淹之误，犹曰近东昏、考城而然。娄敬，齐人，夏侯惇，谯人，此风马牛不相及者，邑何亦有其墓邪？甚矣，好事之妄也！况刘缜乃光武之兄，见害于更始，墓不在此，抑又明矣。《一统志》乃于夏侯惇附益之，曰为文帝守将，卒葬于此，尤为亡据。按惇督诸军还寿春，徙屯召陵，文帝即位，拜大将军，数月薨，平生足迹，何常涉杞邪？甚矣，好事之妄！而《一统志》误人不浅也！

杞之田赋凡几变矣。愈探之而愈以不明，愈争之而愈不可得。讼狱累年，文案山积，总之一言可尽：盖泥于境界之说，而惑于二粮之奸也。国初蒙元之乱，地多旷野，杞之畇田仅九千二百九十九顷五十五亩九分六厘五毫。洪武十八年、三十一年及永乐初年，皆诏令河南、山东等处荒田，许民尽力开垦，永不起科。于是杞民开垦日多，除境内不计外，其境外之可考者，共二千八百九十八顷三亩有奇，而失其数者不与焉。外县之民开杞地者，亦有一千四百八顷六十亩有奇，名为无粮白地。宣德中，诸王府多请此地为庄田，杞民不听，甚至杀其校尉。朝廷乃收其地，照民田起科，定以黄粮，初令所在州县征解。景泰中，考城知县刘鹏奏归之，杞于是始附籍科粮矣（鹏奏为滥占田地事，奉户部河字二百一号勘合，开送本县税粮数多。景泰三年，黄册开载甚明。县册，嘉靖壬午架阁库火，止存安村保九册司册。成化年河灌省城，淹没不存。是以奸民乘机妄告）。

天顺六年，又榜谕隐漏地土，定为轻则粮地，于是考城复开送粮三百四十余石（亩科米三升三合，考城关送粮三百四十二石七斗六升一合五勺），名考城余地，此奉巡捕勘合之例也（奉都察院巡按河南一百三十六号勘合为巡捕等事丈量照依，今定则例起科有天顺五年黄册在司可查）。后变文称“一则粮地”，即滥占田土勘合之粮也。称一则轻则黄粮即榜例巡捕勘合之粮也。总之垦地起粮，景泰三年为多，天顺六年，特其余漏者尔。后至弘治、正德间，境外之田日多转易欺隐，又兼民间鬻田称“白地”，则售民多诈称“白地”，既鬻不复割粮。由此地去粮存，而赋日以重矣。嘉靖八年，知县段续始倡为均地，以救其弊，于是原额外得无粮地一万一千七百四十顷四十六亩二分八厘七毫，不为不多矣（先是河经县南据地数千顷，三护卫卒又占屯数千。其后河北徙护卫，卒撤去，弃地悉为民业，故地加多一倍云）。而境外地止得一千二十八顷一十八亩三分八厘而已，其余俱欺隐。今考其可知者，一千八百六十九顷八十五亩有零，而其不可知者尚多也。段公以额外地多不之深究，乃通融税额：亩为麦八合四勺六抄六撮，米一升九合六勺三抄四撮，合之为二升八合一勺，而桑枣之税悉在其中矣。其后邻境不以开占为断，止以境界为说，将杞人所垦之地，仍复洒派彼之二税。奸民吴朋等知杞赋重而考赋轻，利于去杞归考，乃诈为一地二粮之讼（嘉靖十二年考城县均粮，七尺为步，四百八十步为亩，亩不过数合），遂成大狱。后杞民刘持道等捡出天顺六年黄册，执以对狱，奸始伏辜。（时巡抚魏公判云：循常泛论吴朋之说，简直而理胜；杞众之论，曲远而难凭。至于查吊黄册，乃是研穷来历。吴朋必谓其无存，杞众亦虑其毁废。今册之所载，与杞相符，更复何辨？于是将吴朋等前报杞地二百七顷九十四亩六分，仍归杞县遗粮。考城县洒派仝瑶，原隐四顷二十九亩二分三厘，杞县改正，入册纳粮。仍行文考城："今后有指此为词告争紊烦官府者，即系奸民，解赴抚按衙门，从重问拟。"两县仍立石县堂，永为遵守，见有石碑存验。）此嘉靖二十一年事也。至三十九年，有安阳、灵宝、淇县、汜水、洛阳等县刁民魏璋等，偶因水旱之灾，捏词妄告，遂将伊等各县额内重粮易去。杞县轻则阔布二千四百八匹。方伯赵公署其牍云："灾伤有时，丰歉无常，难作经久定规，止以一年而言，后不为例"（每阔布一匹，止值银三钱。若准粮一石，则纳银八钱五分。安阳等县，将御马监莼豆、临清仓小麦及本色、兑军等项推来杞县，换去延绥、渤海、静海京库等阔布，约有银三千一百余两，至今不易）。此其说昭昭具在，今乃久假不归，何也？隆庆六年，奸民王得林等又将原开垦仪封地五顷一十五亩六分告争办纳，该县粮差当事者不察，遂行文杞县，除去伊地，其粮均于概县，则亦不睹其源矣。嗣是而商丘、宁陵踵此为说。奸民郭天秩、刘进思等赴上妄告，挟我版民王让等情愿地归商、陵，粮留杞县，此又吴朋之故智也（此万历十四年事。盖商、宁以市尺八尺五寸为步，四百八十步为亩，名为“大亩”。杞县止钞尺五尺为步，二百四十步为亩，故利于去杞归商、宁也）。所赖王衡等具状赴诉，其事遂寝，然至今未结也。呜呼！杞之额地日促，而额粮日重也，有由哉！尝考之宋绍兴二十一年，知临江军王伯淮奏曰：“清江县有税钱四十余贯，苗米四百余石，人烟田产并在高安。经界既定，两县随产认税，于是清江有税无田，高安有田无税。清江不免以无田之税增均于原额之田，高安即以无税之田减均于原额之税。是高安得偏轻之利，清江得偏重之害矣。”此与今日之事，若合符节。然则在上者，岂可执境界之说，以堕奸民之计哉？不然，他县之民，垦杞地者亦多矣，未尝见具一词争一地者，何也？以杞赋重而他赋轻也。舍重就轻者有之，未有舍轻而就重者也。果若境界之说，则彼一千四百余顷之地亦不应科粮他县之籍矣。虽然杞之所争者，非地也，粮也。使地去而粮随之去，杞亦何利于境外之地而必争哉？在地，则执境界之说，而争之在粮，则昧随地之说，而推之，公乎？不公乎？尝考半步为武，二武为步（钞尺五尺），二百四十步为亩，此通之天下皆然者，何独在杞仅仅守之，而在它州县不啻倍之又倍乎（有二亩折一亩者，有三四亩折一亩者）？夫折亩者，为其地瘠也。尺步之数，宜同矣，奈何大其亩又大其步乎（市尺八尺五寸，则钞尺丈余矣）？轻科者，以其亩大也。征税之数宜同矣，奈何大其亩又缩其税乎（杞县小亩二升八合一勺，他州县大亩止一升二合）？既云地瘠，则亩折矣，杞之在彼开垦者，独非瘠土乎？何不折亩乎？既云折亩，则粮轻矣，杞之在彼开垦者，粮不当轻乎？何亦征至二升八合乎？此其轻重悬殊，公私利害不待较而可知也。夫地之附籍者，既任其夺而不之争；税之轻则者，又任其易而不之返。是何杞民之醇朴守法，而它州县之民雕巧乱轨一至此也？虽然吾尝究而论之：境界之说，情虽伪而事易明，悬属之田，事本实而理难信。原其始，皆因滥占日多，各县惮于收征，故推之本县，其来久矣。必欲为画一之规，似当改为寄庄之名。其地亩之大小，税粮之轻重，一以所在州县为主。其有地浮于粮者，不妨径割与之；粮浮于地者，不妨径蠲除之。庶经界既定，永无越境之扰，税粮可均，亦免额外之征矣。然此非一州一县之力所能为也，有道之责者所当亟为厘正云。

尉氏

古亭城在县东南大齐保，唐武德四年，安抚使任瓌于古亭城置康阴县，至贞观元年废。蔡陂城在县西南百堽保，隋开皇十六年，分长葛、许昌、鄢陵三县，置蔡陂城，大业三年废。向城在县西北高寺庄保，按《左传》“桓取向以与郑者”，亦名向城。在济源县西南，即周向国苏忿生所隶之邑。又南阳府有二向城：一在本府东北，临向渠，春秋时许国向邑之人迁此，今为村聚；一在城北六十里，魏旧县。宛陵城在县南隗村保，即古山氏城。唐武德四年，安抚使任瓌移宛陵于尉氏县界古山氏城以置县，贞观元年废。蔡河故道，始兼闵水，自尉氏历祥符，合于蔡为惠民河。又兼洧川，自许田注鄢陵、扶沟合于蔡水，自郑之大隗山注临颍，历鄢陵、扶沟，合于蔡。凡许郑诸水悉会，植木横栈及设斗门以为节。其自尉氏北流，至汴城入戴楼、广利门，名西蔡河。唐于此置临蔡关，俱久废。其出陈州普济门，流经通许，接旧蔡河，名东蔡河。又经扶沟、陈州、蔡河口、入沙河，以通陈、蔡、汝、颍漕运，屡经黄河南徙，淤为平地。惟本府城南薰门内东西有河，积水不通舟楫。

《兰阳志》

凡凿井有灸法，未及泉可以预知水味。其法先除去浮土二三尺，取平地，用艾如卵大，灼火灸之，视烟迹起地上者，其色黄，则甘，黑则苦，白则淡，屡试不诬。如此可免无功之劳，不至及泉而悔也。

洧乘

没水即役水，《山海经》云：役山，役水出焉，北流注于河。《水经注》云：役水源出苑陵县西，隙候亭东。中平陂，世名为遥泉。东北流径苑陵县故城北，东流北径焦城、东阳、丘亭西，谓之焦沟水。东流径山氏城北，为高榆渊。又东北为酢沟，又东北，鲁沟水出焉。又东北，遥沟水出焉。又东北，为八丈沟。又东径曹公垒南，与沫水合。又东北径中牟泽，东流北屈注于渠水。今故迹犹存，但其水南流入洧水矣，曾坟西之遥河是也。鲁沟水，《水经注》云：鲁沟上承役水于苑陵县，役水别出为鲁沟也。东南流径开封县故城北，南际富城，东南入百尺陂，即古逢泽。其水东北流为新沟，又东北流径牛首乡北，又东北注于梁，梁即沙水也，音“蔡”，又音“沙”。予按：鲁沟在酢沟东北，古开封县西，则鲁沟西南皆苑陵县地也。鲁沟过开封县东，始入逢泽，为尉氏地。《汉书》所谓“逢泽在开封东北”，良是。后人不知开封所在，以今之开封府城当之，而疑逢泽之有二，谬矣。汜水，《水经注》云：汜水上承役水于苑陵县，役水枝津，东派为汜水也，世谓之汜沟水。《左传》，僖公三十年，晋侯、秦伯围郑，晋军函陵，秦军汜南。注云：东汜即此，今不可考。康沟水，《水经注》云：康沟水首受洧水于长社县东，东北径向冈西。长明沟水注之，又东径尉氏县故城南。沟渎三分：北分为康沟，东径平陆县故城北（后为尉氏陵树乡），又东径扶沟县之白亭北，又东径少曲亭，又东南径扶沟县故城东，而东南注沙水。《水经注》又云：洧水至长社县东南，分为二水。其枝水东北流注沙，即此；一水东径许昌县入汶仓城，东径隐陵县故城南，东径桐丘，又东径新汲县故城北，又径匡城南，又东南径洧阳城，西南径茅城东北，又东南径辰亭东，又南径长平县故城西，又南分为二水。枝水东出，谓之五梁沟，洧水南出，谓之鸡笼水。又东径习阳城西，西南折入颖，此正洧水故道也。其五梁沟水径习阳城北，又东径赭丘南，又东径长平城南，东注涝陂。龙渊泉，《水经注》云：出苑陵县故城西北，平地流径陵丘亭西，又西，重泉水注之，又东南径凡阳亭西，而南入白雁陂。今不知所在，疑即清源河。重泉水，《水经注》云：出苑陵县西城北，平地南流，径陵丘亭西，西南流注龙渊水，疑即橐驼河。长明沟，《水经注》云：长明沟首承白雁陂水，东转北屈，又东径向城北，又东右迤为渠二陂，而东注于蔡泽陂。长明沟又东至尉氏县故城南三分：北分为康沟，至扶沟县故城南，注沙水；蔡泽陂水出隐陵城西北陂，东西五里，南北十里，东径匡城北，又东南至扶洛城北，又东南入沙水。予按：长明沟即今小清河，白雁陂即杨家湖。当时导引陂水，南流至向城北（即上城寺之北也）东流，而东南入蔡泽陂，在今鄢陵西北也。隐陵即鄢陵，今鄢陵是已。今洧城小南门内见有沟渎遗形，即长明沟故道也。渠二陂疑今空心陂，是在城北一里，去故沟不远，故云“古迤”也。七虎涧水，《水经注》云：七虎涧水出毕城南冈，一源两派，津川趣别。西入黄崖沟为上水，东为七虎溪，亦谓之为华水也。又东北流，柴光沟水注之，又东径棐城北，又东流，期水注之，谓之虎溪水也。乱流不注，径期城北，东会清口水。司马彪《郡国志》曰：“中牟有清口水。”清水出中牟西清阳亭，即故清人城，《诗》所谓“清人在彭”者也。东北流，注于渠水。予按：黄崖沟即黄水河。《左传》襄公二十八年：“公适郑，郑伯不在，伯有延劳于黄崖，不敬。”杜预注云：苑陵县西有黄水，西南至新郑城，西入洧。今黄水在新郑东，而七虎涧水，一源二派，西出为上水，西入黄崖沟；东出为七虎溪，东径棐城北，东北流，入清口，则流径苑陵县南，桑林之野矣。第其故迹，不可考耳。紫光沟，《水经注》云：紫光沟水出华阳城东北，东流，注七虎涧。期水，《水经注》云：期水出期城西南平地，世号龙渊水，东北流，与七虎涧会。

七里沟水，《水经注》云：七里沟水出隙候亭东南平地，东注，屈而南流，径升城东，又南历烛城西，又南流注于黄水。濩陂水，《水经注》云：濩陂水上承洧水于新汲县，南径新汲故城东，又南积而为陂，陂之西北即长舍城。陂水东翼洧堤，西面茅邑。自城北门列筑昆道，迄于北冈，世尚谓之“茅冈”。予按：此陂在新汲城东南，在今东由保地方茅家冈东也。庾沟水，《水经注》云：庾沟上承洧水，于大冗口东北，东经洧阳故城南，又东南为鸭子陂，广一十五里，又东北泻沙。《魏书》《隋书》各云“新汲县有鸭子陂”。予按：庾沟在鸭子陂西北，其为洧地亡疑，但不知其所在耳。蔡水，宋王应麟《纪闻》云：蔡水贯京师，兼闵水、洧水、潩水以通陈、颍之漕。《鄢陵志》云：蔡水自长葛东流，至鄢陵，分为二水。一经城西柏梁桥东南，流入西华，曰旧蔡河；一经城西乾明寺入尉氏，北流六十里，入都城复出，由通许东南流接旧蔡河。建隆三年所浚也。天圣二年，田承说献议重修，许州合流，镇斗门，开减水河通漕。熙宁四年，诏杨琰增置上下坝闸，蓄水以备浅涸。又云：蔡水即沙水。“沙”字音“蔡”，许慎正作“沙”音。予按：《水经注》，沙水即梁水，乃渠水之枝流也。渠水出荥阳北河，东过中牟县北，东至浚仪县，分为二水：汴东注沙，南流径梁王吹台东，有阴沟、鸿沟之称，又东南径牛首乡东南，又径陈留县、故城南，又南径扶沟县故城东，又东与康沟水合，又南与蔡泽陂水合，又东南径大扶城西，涡水于是出焉。又东南径东华城西，又东有枝渎，西南达洧，谓之甲庾沟。又东径陈城东，又东南注于颍。“沙”果音“蔡”，但其上源不由鄢陵，北流径尉氏，入浚仪耳。其自鄢陵北流者，乃蔡泽陂水也。蔡泽陂上承长明沟水，积而为陂，在鄢陵西北。其水东径匡城北，又东南径扶洛城北，又东南入于沙水，亦不北入浚仪。岂宋时因蔡泽故渎而浚之以达都城乎？然所谓兼闵水、洧水、潩水者，言此三水下流俱达于沙耳，非凿渠横贯三水，引入都城也。鄢志之不足凭，明甚！洧川，故志又谓蔡河，自郑之大隗经洧川，注鄢陵、扶沟，今淹塞不通，犹有沟渠形迹，在县治前，尤为谬妄。不知在县治前小南门内者，正长明沟故迹也。长明沟上承白雁陂，即杨家湖。白雁陂上承龙渊泉，出苑陵故城西，不出大隗山。况蔡水即沙水，上承渠水，出荥阳北河，亦不出大隗也。

洧水故道，《水经注》云：洧水至长社东分为二水，一水北流注沙，即康沟水；一水东径许昌县，入汶仓城东，径隐陵县故城南，东径桐丘，又东径新汲故城北，又径匡城南，又东南径洧阳城西南，此洧水故道也。今自长葛县东斗门东下，迤逦经洧南八里大隧山南，延秀冈之侧，至故县西南，屈而南行，至瓦屋东，又南屈而东行，经许田店后，东北迤逦入鄢陵界，与今洧河合，乃其故迹。父老不知，以为古汴河，炀帝所开者。按：炀帝《开河记》所纪“汴道”，即古渠水故道也，在荥阳、中牟、陈留诸县，不在洧南。其为洧之故道亡疑矣。但所谓汶仓等城，不知的在何处耳。今有蓄粮城，在瓦屋西北，故河之西，疑即汶仓城。而隐陵、桐丘二城则不可考矣。今洧水至长葛东，屈而北流者，乃古康沟故迹。至向城东南，又出康沟南去尔。其自常家湾至石家桥、唐家桥、洧村、蔡家庄、彭祖店东入扶沟者，又宋元时洧水故道也。弘治九年河决栗家口，乃始南行，径南席东去矣。

《固始志》户口

嘉靖壬寅，知县张梯按旧册，百岁未除，嫁女尚造，乃令开旧报新，使流移归编户，而脱漏者无容，死亡免造入，而成丁者咸在，以故户增而口减也。况民畏丁累，不敢尽报。是故观户而知国运之盛，观口而知藏富之仁。

《罗山县志》

襄阳李公（注四）曰：隆庆以前，银差以各项征，力差以审户定也。想其时，今日催此项钱，明日催彼项钱，应差人又讨工食，追呼无宁日也。且也有一番追呼，则有追呼人一番科敛，而民坐困矣。知县应存初立为一条鞭法。一条鞭法云者，以各项银差并力差、工食合为一处，计银若干数，然后照丁高下，粮多寡，以此银派征之。征毕，则分此以为银差起解，及为官觅力差人之工食也。百姓完此外无一事矣。法诚良哉！所愿官是邑者，因而行之，不复分征，不入库寄，不使豪右人揽收侵欺，则国计民生，两裨之矣。

又曰：会银昔未有也。以里甲供亿，不才官费之不赀，乃酌一年应费之数，定银有额，入一条鞭内征收。在官用之，名之曰会银。会银设而费有限矣，此节爱之良法也。何近时又令十甲里长轮流支使？岂免包赔，而里长又焉得不派之各人户哉？抑且指一科十矣。是既有会银，复用里甲也，为小民之困，不滋甚乎？官是邑者，而恤民艰，省里甲归农焉，庶不失设立会银之意矣。

《临漳县丈地记》 张鸣南

普天之下，地有定分，赋有定额，曷以丈也？强者兼圻而粮少，弱者削地而粮多。部臣上其议，以查欺清浮请，故有丈地之命。既丈矣，何以复丈也？有司志立功者以神速为能，不丈而报完。志博名者，以核察为能，伪增而报数。欺隐未必革，而浮粮益浮矣。部臣上其议，以民称便者已之，不便者复丈请，故有复丈之命。有司者苦复丈之难，多假以称便报罢。时邑侯新任至，以此而质诸父老，咸云漳地之丈不平也。侯毅然曰："知丈之不平，以劳费而不为之所，非牧也。"遂下复丈之令，择土官赵时民等二十员，矢之以誓，谕之以法，授之以方略，相地里张村较中。自此分四隅，丘以千文编号，每丘限五顷四十亩，鳞次而丈之。立丘头、丘副，分丈丘内之田，某若干，某若干，一丘一簿以备查。立公直老人，品田之高下而第其等。恐民田影於屯田也，先吊屯田之册以照其数。恐境内影于邻境也，会邻境之官以定其界。恐委用之诬慢也，不时巡行于郊间，量一丘，躬验土脉，以勘其公私。恐书手造册因缘成弊也，令委官自相攒造，飞洒者无所用其策，可谓虑周义著矣。丈上地八千二百五十四顷七十七亩二分九厘七毫四丝七忽五微，照亩起科；下地三百七十三顷八十四亩二分七厘九毫九丝九忽，二亩准一起科；堆沙地一百八十二顷二十九亩二分三厘一毫九丝一忽，七亩准一起科。计每亩正粮杂差，征银四分六厘，河流免科，欺隐尽革，浮粮尽清。抚按两台大夫会疏荐之，百姓称平矣。称平者，有四便焉：前者经界不正，两邻分寸是竞，今清丈矣。彼疆我理，载在尺籍，孰敢奸度？息争讼之端，一便也；丘段既明，等则又定，地之高下、总数镌石，一亩不得增减，绝那移之窦，二便也；每丘报地数，虽系之户头，必报其主名，照名派银，令其自纳，户免攒敛之扰，三便也；河粮固名减半，然一粒不登，鬻卖逃流，苦何所控，一行免之，去包赔之累，四便也。岂不为我漳民世世永赖哉！簿池君、尉张君以事实年月，属余记之。语云："其身正，不令而行。侯端本执纪法于上，委官用命于下，不敢食人一菜，是以成功易易也。不则有治法，无治人，安能尽善？此人人之所耳目者，非余之谀言也。"是为记。万历乙酉二月丈始，六月完之，册毕十月之交。侯王姓，名良佑，字又忠，号柱峰，庚午举顺天礼经一人，金吾右卫，官籍山东寿光人。回隆镇在县东南五十里，南临御河。始隋炀帝导卫辉、苏门百泉水，东北引淇、淦、漳、洹之水为大河，御以巡幸，赐名御河。镇居临漳、安阳、内黄、魏县之交冲。嘉靖初年，奉旨立司场，为总兑河南粮储之所。夫以河南之粮在河南交兑，军民两便。后乃移于小滩镇兑，则属直隶大名，今又移于馆陶兑，则属山东东昌矣。夫直隶无兑军米，山东有兑军米，兑于馆陶宜也。河南之粮，胡为亦馆陶兑乎？司国计者，酌通变宜民之方，则回隆镇交兑不可易矣。

《崔文敏公新建回隆兑运分司记》

初豫漕之运，兑于回隆，后以水涉不利而改小滩。正德庚辰，漳水决显王，过东南，过永和、符恩入于卫，出回隆之南五里，馆陶故道塞矣。运事宜复，而议者未遑也。嘉靖庚寅，河南参政田登氏列小滩六害焉：商量之欺，斛减一分；粝米之售，石偿三斗；牙用十金而私一，役夫重贿而得进；狡奸取贾而逋；子妇入厂而窃；法格异省，偿贷官银。布政使陶谐氏，按察使林大辂氏议曰："水利则运宜复，运复则害自去矣。"都御史徐公赞以御史王子舜耕、沈子奎上其议，得旨允行。明年辛卯，分守参政周忠氏领是事，命其属彻小滩之署而改建焉。作户部分司、布政分司，堂寝各如制。作厂三居米，阅三月，工成。是岁，兑米先期两月而毕，省米一万三千石有奇，费省四万金，余金二万两还帑。呜呼！政以宜民而已矣。俗所未厌，勿棘改也；俗所不安，勿惮作也。利与害因而生，法与弊角而立。夫而小滩失利，运军益征，紾矣。物聚而民生心，利巨而强欲擅。漳水善徙，卫水淹淤，弊矣。以闯乎之弊当紾者之口，运复可害也。是故随时勤浚，戒其滥役，先事明禁，决其必戢，尚亦永利哉！是举也，恤民倡端，田参政之果；究源作政，二长之明；费省工坚，分守之严；采长器能，都御史之公。知府王天民及寮奉宪乐仁，刻石载成，而予铣附末议，垂后警云。

《林县险要图说》 张应登（注五）

此林县西山之险要也。险隘处所，均属太行之支节。其北由百余里而入，有马塔口、虹梯口，迤南则为蚁尖寨。寨之南为鲁班壑，又南则有断金桥、风门口、东峻坂、崔八口、关墙岭，距邑七十余里而上。总之南北相连，人迹可及。其险而当守者，首蚁尖寨，次断金桥，其余则崎岖樵径，车不得方轨，马不得成行，上下为难，无容虑已。何者？蚁尖寨西北距县四十里，由姚村迤西五六里为东寨门口，上有黄仓岩等泉十处，中有官厅三楹，营房二十楹，原为官军戍守而设也。北有教场，广阔七十步，可容马卒千余。南有仓廒，遗址尚在，广阔二十步，可贮粟谷万石。自仓廒南，由小蚁尖寨、大蚁尖寨、百岩口、东盖头泉、小临清水泉，至西盖头泉，还距营房，约二十五里余。独百岩口、东西盖头泉各有樵径，可攀缘而上，宜铲削之以绝蹊径。又自教场北，由朱路岩至断头岩，距营房约十里余。而朱路岩亦有樵径，宜铲削也。其北柳树水泉、百户水泉、硙臼焦水泉，俱营房正西。山西漆树沟水泉、南柳树水泉、莲花水泉，俱大蚁尖寨山后西面。凡水泉皆可以资军用。断头岩至西盖头泉，南北三十五里。东寨门至寨西后沟，东西关十五里，总周八十里而多，俱属官军往来哨守。西寨后沟有通山西蹊径，已经堵截，往来不通，而法久令废，成路久矣。乃今铲削费计石粟，止留一面上下，便于防守，足矣。其断金桥（注六）去县西南五十里，由桃园店西上，有水泉一道，与山西平顺县接壤，险峻，一桥可渡一人。倘一夫而当关，真万夫之莫敌。东西咽喉，行者络绎。万历十五年，因岁荒设官二员，领军二十，分班守把，信为有见。今既事宁，亦宜掣回。何者？冗食之足虑而骚扰之可虞也。夫蚁尖寨下险上平，水泉数十，可屯万军。此非不轨者思藉以逞哉？曹魏、高齐（注七）仓屯，瓦砾犹有可辨，自古防之矣。官军轮守，向议为长，而未及因水开田之利。将使守军操戈终日而不事一生计耶？此其所以困之也。合无守军携家屯住，各因其泉之下流，随宜开垦，布种自获，不必起科。唯其数年大利之后，斟酌抵当行粮分数，则地利以兴，险阻以固，而军无困守之虑矣。

《彰德府志》

安阳在前代，水冶为辅岩县，永和为永和县，一曰永定，今县并之。然实要冲，长吏送迎贵官，或竟日不得视事。田附西城、东城者多为圃，县东夹洹水者，田皆填淤，宜麦宜蓝，秋潦或连岁无成。民颇饶裕，田多者至三千亩或四千。自善应西皆山田，中下，多种柿、梨、枣、核桃，宜菽谷，又善牧羊。县南田近冈阜，在县北者，土黑多沙，又其下也。军校错民而居，易犯法，逮之辄匿，颇称难治。成化前，俗朴厚而民富，弘治间奢靡。自壬申盗起，岁入损少，乃更简俭，多弃贾为农。汤阴冲要与安阳同，田稍不及。周流蔡园，田皆淤漫，亦苦岁潦。西山接太行，产煤木，饶为薪。民性平坦，近多豪猾，好以唇齿高下人，或阴籍大家过失，伺隙则发籍相胁。知府陈策辟其奸魁，稍知戢矣。汤阴、安阳士喜负气，谢宦里居者，多能自守不干。林县居太行下，北有蚁尖，亦地险也，今设兵守之。地僻止通晋货，他商贾罕至。自水冶至县，路隘不能行车。民健朴，亦喜争斗。田多冈阜，有积石，惟南川平衍，宜桑、枣、黍、谷、麻、菽、木棉，喜潦恶旱。山产则甲于诸县。临漳居漳、卫之间，田皆填淤沃衍，无冈阜。近漳水南决入安阳、临漳，田收亩皆十斛或八斛。民占田多者至七八千亩。喜奢靡好博，然民性宽缓，罕健讼者。磁州西阻太行，漳、滏在前，居燕赵相卫之间，岩郡也，冲要视汤阴。田多沙碱，罕收。民殊罢，然有陶冶之利，尚俭勤力。武安、涉皆并山作邑，民性健武喜讼，以财自雄，服室相高。武安最多商贾，厢房村虚，罔不居货。西据十八盘，要害地也。东南北则沃衍，又产锡煤及垩土，与涉田绝，宜木棉。涉则产铁及自然铜。两邑山多材木，俱尚鬼祷，赛淫祀，病惟事祈禳，死则举尸瘗室中，笃修佛事。磁自赵周臣以文章为金人师，至今多士也。

《彰德府续志》

先年驿传，马驴牛头，审编上户应役，虽五年一更，非至倾产不已也。近年题准征银募应，民间甚称便矣。盖驿传之利害，恒苦于冒滥之骚扰，行使之需索。省差遣，严查核，此最驿传兴除之要领也。旧例州县里甲轮役，十年一周。其该应者率计丁粮审编，靡费不訾，冲繁尤甚。万历六年，郡守常公存仁酌量繁简，议定会银，例分为三等：公费必用者，名曰“额支”，数最多；带征备用者，名曰“待支”，次之；其名曰“杂支”者，备额外不时之需，又次之。有余抵作来岁正数。概县通融征银，丁粮不满百钱，官择殷实人役主之，严为稽查，银有定额，用有常度。下之各属通行，宿弊顿革，岁省数万金，民赖以苏。此法之最良、可行永久者也。

怀庆府志

田赋

孟子曰：“诸侯之宝三：土地、人民、政事。”今之守令，古之诸侯也。籍田亩以定土地之广狭，而赋税所由明；籍户口以知人民之多寡，而力役所田均，二者实惟政事之大者。怀庆三面限以山河，土地视诸郡为少，而赋税视诸郡为多。因地定赋，大势之不均，此则守令之不得以自专者。计赋派地，小数之不均，此则专于守令者。然必知之明而后处之当。因考旧志，以计田亩宗，总会田粮文册以志原额起运、存留之数，使为民父母，一展卷间而大数宛然在目。田以顷计，此于亩而毫厘不计焉。粮以石计，止于升而圭撮不计焉。银以两计，止于分而丝忽不计焉。吏书防细弊，册籍不得不详。君子识大体，史志惟撮其要。

《屯田论》

屯田，军士之所天也。欲全军伍，先理屯田。兼并于豪强，私易于富室，其所由来者渐矣。然必处之有术，行之以渐。正德五年，遣京官清理屯田，意非不美，所用非人，急遽无渐，酿成宁夏之变，屯田遂废不讲。嘉靖七年，河南屯田宪臣革私易，归本业，亦优恤之，善政也。处置无方，构讼至今未巳。何者？势所必至，情不可强也。譬如买卖奴婢之禁，仁政所当先也，犯者日众，乱由所阶。治家如治国，有为者治万亩而有余，无为者易百亩而不足。田荒芜而赋税何出？此则典卖者，势之所必至也。强夺富人纳价之田而归之本主，是以拂人情而讼繁兴。且如人孰不爱其子，岂待君人者之禁？匪利其财，亦资其养也。又况怀庆屯田与东明杂处，军民异省，会讼动必经年，而贫富俱困。山西诸卫屯田于直隶州县，如其比者尚多。若两省巡抚会文，立为一定之法：凡民买军田、军买民田，每亩岁输银五分与本业主。大约每亩三分，在军足以完两税，所余二分，足以备军装。在民三分足以备粮马。所余二分，足以供杂差。军买军田，则两税随轻重完于管业，外二分以资军装。而近年所加地亩差银，一切革去。若然，则贫军百亩之田虽卖，而岁得银二两以资行装，田倍而所得亦倍之，又何至于逃哉？虽有宪宦，不在优免。虽有灾伤，复其三，不复其二。

此虽迂就之说，然亦足军士、省词讼之要法也。

河南怀庆府知府臣纪诫谨奏：为地粮偏重，恳乞通融，以一税法，以苏疲黎，以光圣治事。陛下惓惓，无非以周天下之利弊而兴革之，甚盛心也。然政在宜民，法贵通变，使不审弊酌宜而徒沿迹以求通焉，其何以仰体陛下励精图治之万一也哉？臣备员守职，待罪应朝，例得据见闻直言利弊。臣不敢妄越，特以事关民瘼之大者，敬为陛下陈之。思惟国初定赋，止据一时土地之荒熟起科，初未尝有所厚薄于其间也。彼开封、汝宁、归德、南阳等府，先俱遭兵，其时地荒，故其粮颇少。独怀庆一府，向未蒙乱，比其地方熟，故其粮颇多。粮之多少，不过以地之多寡为率。苟如此其地，如此其粮，虽至今行之，亦何有不可者？但年久势异，而各府之荒芜皆尽开垦。如《西华县志》洪武二十四年，在册地止一千九百九十四顷有奇；嘉靖十一年，新丈地一万九千七百七十顷有奇。永城县原地一千五百三十顷有奇，至嘉靖十一年，新丈出二万六千六百一十九顷有奇。在二县如此，在他县可知。是土地实增倍于其旧，则粮宜增而不增，而顾以其粮分洒之，此轻者益见其轻也。至于怀庆，北枕行山，南环黄河，中流丹沁，年年冲压，则膏腴变为咸荒者，不下百十余顷。又且有封藩各坟址之辟占，是以粮有包空之说，而人之逃者相继。先河内县原编户一百二十余里，今并为八十三里。修武县原编户六十里，今并为二十九里。凡他县亦皆类是。人逃而地渐荒，则土地已非其旧。夫粮宜减而不减，而复以其粮包赔之，此重者益重，无怪乎怀庆之民日困征输而卒无以自安也。臣奉命守兹土，入其境，见其民，心窃恫焉。随据河内等六县民杨光、张相等连名告乞，俯念地粮偏累，曲赐多方均减以延余民等事。因询其故，乃查河南总赋文册：怀庆一府，共地四万二千八百八十九顷，该粮三十三万六百二十石。如归德府七万四百余顷，止征粮六万七千六百七十余石。计其地，怀庆不及开封等各府十之一二，而其粮多不止于十数倍。况怀庆之地，每二百四十步为亩，每亩征粮一斗，少亦不下八升五合。其他各府之地，每四百八十步为亩，每亩征粮二三合，多不过一升。甚者有数亩之地而无一撮之粮，以一役之微而免数亩之税。是怀庆一亩之地，足当各府三四十亩之税。怀庆不免有征赋包赔之苦，而在各府乃得以恣飞诡影射之奸。于此使不有以通融之，则苦乐不均，而怀庆偏重之累将何时已乎？伏望陛下俯察臣言，敕令户部吊查黄册与河南总会文册，一一对阅：各府原地若干，原粮若干；今增地若干，该粮若干。复查怀庆是否冲压，有无开占，该余若干。公视八府为一体，惟计亩均粮，可增则增，可减则减，当统一之日，立画一之法，则在在皆得以蒙其均平之泽也。若开封等各府犹坚忍偏护，不肯一体通融，必不得已，姑先调停。如粮数虽同，而起运存、留有轻重之互异；起运虽同，而本色、折色有省费之不伦。即于派粮之日，酌量轻重，定为规则，将本府准改存留粮七分，起运粮三分算，每地一亩，仍改重粮二升三合四勺，轻粮五升四合六勺。较之他府，虽犹重数倍。比之往年，则略轻二升，所谓宽一分则民受一分之赐矣。若小滩兑军，比之别项起运钱粮，又为独重。或将此项重粮，通行除免，或量免一半，另改起运、折色、钱粮以充其数。夫兑军改而为折色，则本色之费用可轻；起运改而为存留，则输纳之艰劳可免。虽不能通融均洒于一省之中，而救偏补弊，亦得以减重从轻于一省之内。孑遗之民更生之望，而守土待罪之官，亦得以勉修职业也。惟陛下留神，臣愚幸甚！生民幸甚！为此除具本外，臣无任瞻天仰圣，激切屏营之至。

《河内县志·驿传》

按驿所协济之规，起于万历二年。驿传道某公所议，在立法之初，不免啧有烦言。遵行洎今，沿而未革，动以“旧规”二字诿之，而其中有大不便者。如河内一邑，路冲民贫，固所宜济。覃怀驿，则有汝州、西华、襄城、临颍、密县驴二十三头矣，河内递运所，则有济源牛八只半矣。查本县驿传银内，则又有协济开封、郭店驿银一百一十两，彰德、安阳所银七百二十两。夫济者，以彼有余益此不足之谓也。业已望济于人，而复济乎人，于义何居？且各县相距，近则二三百里，远亦不下六七百里。转解既多耽延，而有司之催征者，则又以起运为急，以站银为缓。尺一关提，弁髦视之，而此中轩輶一至，包赔应付，称贷出息，种种苦累，有不可胜言者。额银未到之先，已为富家之二月丝而五月谷矣，如之何不贫困而逃亡者众也。万历十八年，按台毛公在题奏驿递银两，先尽本府所属征派，如本处有余，方许协济邻近驿递，不得议及隔远地方。其于前弊，盖洞烛之。至于浙江水程无驿，派令协济河南等处。覃怀驿有马十三匹，名曰“南马”，其解支之期，难于同省十倍。布政司坐委宣武卫百户守候催提，动经岁月。曾经按台会议，以中省应解京班柴薪，抵南马工食，数略相当。而以浙江协济之银，同起运钱粮径解兵部。在浙中不得仍前视协济为不急之务，以容拖欠，而本驿赴领于布政司，亦不至令关提者，跋涉于数千里之遥，应役者，待命于三五年之后也。事虽未行，其法殊便。倘执旧规而无变计，恐将来之累有不可胜言者矣。

《武陟县志》

李日茂曰："邑有黄河经其南，沁河绕其北，通舟楫，便商贾，可不谓百姓之利哉！顾黄性善崩淤，而沁易冲决。邑当其下流，倏忽巨浸化为桑田，膏腴变为沙丘。有粮无地，有地者反无粮。疆埸易淆，强弱相吞，质成者无虚日。奸民乘之，又往往虚除实粮，而盗种退滩空闲地者，若固有之。因是旋丈旋除，曾无一定之额。粮日增而地日减，吏书得以执其权，诚古今一大害也。盖由官迁转无常，视如传舍，弊孔难以悉窥。或贪除粮之美名，惜革奸之实力，故日甚耳。近奉文清丈，筑堆植树，计长久也。由此而督修不废，执簿验区，即有坍塌沙压，可以处补，而亦不至于虚除，庶额地不失而民不偏苦矣。此本邑第一事，特详之。"又曰："沁之由来，询之士民，皆谓往岁溢而不决，故不堤防，所以十五年开决入卫，创及藩府。上持简科臣督治，维时当事者日夜焦劳，调集怀卫十县人夫，疏浚堤塞，费金巨万。岁且饥馑，百姓骨立，梢草夫役之供，锲脂剜膏，犹不克办。乃秋水时发，沿河堤坝，春筑秋防，而官民始多事矣。怀卫诸邑，可不协力防守哉？或议石堤，顾沁岸沙多泥少，最易倾陷，惟豫物料，觅老土，卷埽筑堤，则凿凿乎不可易矣。邑地多沙，易于植柳。近经清丈，旷田昭如，苟相继种植，十年之后，不患无料，而民可息肩矣。"

《怀庆府志·藩封》

论曰：“酌古准今，立法者本乎上；体情尽变，行法者存乎人。”近制宗藩条例，至详至备矣。立法之始，而宗室犹称不足，以行法者之未善而不能体乎人情也。前此有司支给不时，以致贫难宗室。逾年先卖，亦如贫民二月卖新丝，所得不及其半。虽有善处者，亦不过为豪民继富耳。请改岁支为月支，而月不过五。盖以聚多则易荡，分少则易节，无期则难待，有期则可计日也。若三科定赋，先计封域，月支所有，岁补所缺，民不加赋而宗室自无不足矣。此百世之活法也。河南藩封七处，其六处本土存留米麦，足以供用。惟开封所入不足以给所出。计开封与旧属归德四十三州县，夏秋粮几八十万，起运几三十万，存留几五十万。内除钧州三万六千五百石，以供徽府宗室及官吏师生之用。余四十六万，以六万为岁征脱欠及别贮之数。其官吏师生一科岁用不过五万，再以五万补四卫军伍屯粮之不足，尚余三十万以供藩府。分作十二月，每月二万五千石。上自郡王，下及庶人各计其定分，足十分则皆十分，足五分则皆五分。大约中尉月得实米三石、银一两折三石以供薪蔬。将军以八，王以十，是为月支所有。外六府惟彰德无余，其五府藩封科计足本府。运其有余以补周藩之不足，是为岁补所缺。又今税粮一切折银，若起运地远犹可也，存留折银，不过为官省收盘，大户省搬运耳。殊不思民田产粟不产金，未免以粟易金；宗室及官吏军士食粟不食金，未免以金易粟，此纳者、支者皆称困也。若别府折银，本府征米，虽中尉亦月支实米三五石，又何有不足哉？

《怀处府志·京边戍役论》

承平日久，人耻为军。强壮富室家居，而老弱贫人应役。四方征调，临期拣选。夫弱中选强，安得其强？与其临期选征调之军于京营，孰若先时选应役之军于卫所（注八）。卫所选军，先比其年，年齐则比力，力齐则比家。比年者，二十以上，五十以下也；比力者，力有强弱，兼之艺有短长也；比家者，业有贫富，兼之兄弟有多寡也。若夫作其气而不靡，则略举汉家人赐一级之法，使正军不与凡民齐，除去中唐主将困辱占役，等之奴隶之弊。操演之余，一切杂役悉除。所可虑者，监司既不亲细事，守令又不达军情，不过取具册籍于卫所。而卫官夤缘之弊，一番选，又生一番害。此则原设清军屯田与各道守巡官严法而善察，本兵授之以成规可也。昔魏选武卒，衣三属之甲，操十二石之弩，赢三日之粮，日中而趋百里。□□式事，军士支粮自负，为□□□顾，人减其十一。今亦不须别较，但依旗牌入仓，如伍按队齐给，弗胜弗得，匪人连坐。选之精，则自无委靡之习，待之厚，又有以作其敌忾之气，未著伍而兵已强矣。我朝军伍之制，每军百名，统之以百户，千名，统之以正副千户，五千六百，统之以指挥七员，渐增至二十余员。使在卫则为管军之官，征操则为领军之将，岂使之食厚禄安坐于家，而付军士于他人，置征戍于罔闻哉？今外卫指挥千百户勤事京边者十一，安坐卫所者十九，是以营操之官，已非在卫之官。一旦出征，推选将官，又非营操之官，仓卒数易，军不识将，将不识军，岂兵法昼战目相视，夜战声相闻之术乎？岂一体相待，如身之运臂，臂之运指者乎？夫军不离将，人人所知。军既分为春秋两班，设官将欲何为？乃不与偕行。请如旧例，每卫五所，分定春、秋、京、边四班，且如前后二所春操，即二所之千百户尽数与俱，而指挥、都指挥中分其半。左右中三所秋操，即三所之千百户尽数与俱，而指挥、都指挥亦中分其半。营操得人，在比试核真之后。自后弓马器械闲熟者，即管营、管队，其不能者，照今京营事例编作什伍常班。管千军者，即回卫管卫印者也。管队者，即回卫分卫事管所印者也。常班者，即回卫闲住者也。患病缘事，即以舍人补伍。在京一班脱伍，即在卫一岁不得支俸，惩劝之道，激励之方，在是矣。此皆军官本等职分，不容假借，不愈于今日抚按官推选军政，别途访求乎？军有缺伍，即责问原来之官，不愈于今日在营缺伍，始申于部，部行都司，都司行卫所，比秋班将至而春班九转，移文犹未周乎？

《曲洧新闻》

虎牢关在汜水县西，其东近荥阳，皆坦夷。道入境地渐高峻，至县城下突起一山，如万斛囷出，西郭则乱岭纷纠，一道迂回。其间断而复续，使一夫荷戈而立，百人自废，信乎为洛阳之门户矣。

洛阳西至新安，道路平旷。自新安西至潼关，殆四百里，重冈叠阜，连绵不绝，终日走硖中，亡方轨列骑处。其间硖石及灵宝，阌乡间尤为险要，古之崤函在此，真所谓“百二重关”也。周在东，不能西御秦；唐在西，不能东御禄山，悲夫！

《邵氏闻见录》

洛中形势：郏鄏山在西，邙山在北，成皋在东，以接嵩阙，塞直其南，属女几，连荆华，至终南山。洛水来自西南，伊水来自南，右涧水，左瀍水。隋文帝登邙山，对阙塞而叹曰："真天阙也！"今之洛城也，周公所卜，在其西北，郏，鄏二山相属，定鼎于郏、鄏是也。前临涧、洛二水，故曰"谷洛阙，将毁王宫"也。洛诰曰："我又卜瀍水东，亦惟洛食。"东汉洛阳是也，在今洛城之东十八里，跨洛水，前直轘辕，北属邙山，极乎远，西晋、后魏皆都焉。晋又筑金墉城，在其西北。其山川秀澜有余，形势雄壮，差不逮长安。长安东崤函，东南荆华，一属终南山，西南大白、鸡足山，又西秦陇岐山，北梁山，东北雷首、中条山，与平阳诸山相属。泾、渭、浐、澧、滈、涝、潏之水在其后前左右，以入于河。故尧都平阳，舜都蒲坂，周都岐山，文王都丰，武王都镐。秦初建国于秦，后迁岐山之阳，今宝鸡是也。穆公羽阳宫故基，三良墓尚存。至始皇都咸阳，跨渭水，为阿房宫。西汉都秦宫之东，今未央、长乐、章台诸宫城阙尚存。隋文帝初都汉宫，后迁稍东，枕龙首渠山，筑长安新城，制度甚壮。南接华严川，以祝南山，北临渭水，城南北三十余里，东西二十余里，汉未央宫在其苑囿中。唐因为都，又起东内，今含元殿、太液池故基尚存。又起南内，谓之兴庆宫，今池殿故基亦在。自东筑夹城复道，南至兴庆宫，又南至曲江，东跨灞、浐，以属骊山。山上起羯鼓望京楼，山下起华清宫，宫有温泉，以白玉石为芙蓉出水，为御汤、莲花汤、太子汤、百官汤。其宫阙北临渭水，由华清宫东离宫相望，以属东都。自尧、舜、周、秦、汉、唐，都城皆相近，高山大河，平川沃野，形势压天下。洛阳民俗和平，土宜花竹。长安尚有秦汉游侠之风，地多长杨、老槐，耕桑最盛，古称陆海。前代英雄，必得此，然后可以有为。洛城之南东午桥，距长夏门五里，蔡君谟为记，盖自唐以来，为游观之地。裴晋公绿野庄，今为文定张公别墅，白乐天白莲庄，今为少师任公别墅，池台故基犹在。二庄虽隔城，高槐古柳，高下相连接。午桥西南二十里，分洛堰司洛水，正南十八里，龙门堰引伊水，以大石为杠，互受二水。洛水一支，自后载门入城，分诸园，复合一渠，由天门街北天津、引龙一桥之南，东至罗门。伊水一支正北入城，又一支东南入城，皆北行，分诸园，复合一渠，由长夏门以东以北至罗门，皆入于漕河。所以洛中公卿庶士园宅，多有水竹花木之胜。元丰初，开清、汴，禁伊、洛水入城，诸园为废，花木皆枯死，故都形势遂减。四年，文潞公留守，以漕河故道湮塞，复引伊、洛水入城，入漕河，至偃师，与伊、洛汇，以通漕运，隶白波辇运司，诏可之。自是由洛舟行，可至京师，公私便之，洛城园囿复盛。公作亭河上，榜曰“漕河新亭。”元祐间，公还政归第，以几杖樽俎临是亭，士女从公游洛焉。

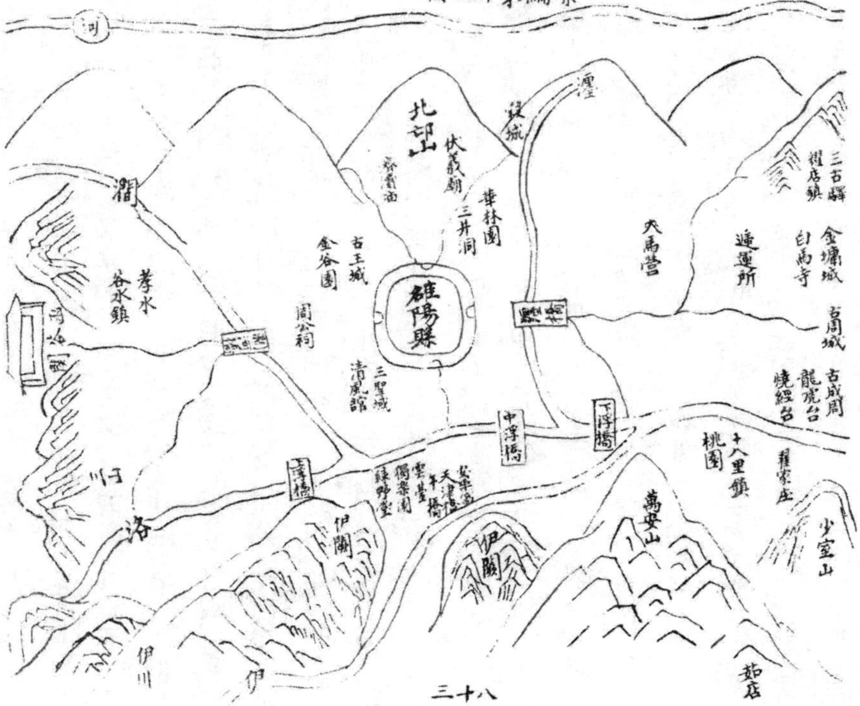
河
北邙山
伏羲廟
華林園
三井洞
古王城
金谷園
雒陽縣
周公祠
清風館
三聖城
大禹營
遞運所
金墉城
白馬寺
三古驛
古周城
古成周
龍虎台
十八里鎮
桃園
萬安山
少室山
伊闕
伊川
洛
中浮橋
下浮橋
孝水
谷水鎮
瀍
澗
茹店

洛阳

故宫

承光宫（窦后殡梁贵人于此）、洪范宫（宣帝柳后居此）、南宫（在县东北廿五里，故洛阳城中。在秦时已有南北宫。汉高帝五年二月，西都洛阳；五月，置酒南宫，问群臣："吾所以有天下，能用三杰。"六年，上从复道见诸将偶语，用张良计封雍齿。更始马奔触北宫铁柱门。至光武幸南宫却非殿，遂定都焉。盖自高帝迄于王莽，南北宫武库皆未尝废。秦虽都关中，犹仿东周之制，建宫阙于洛阳。按蔡质《汉仪》曰，南宫至北宫中央作大屋复道（注九），左右十步一卫，两宫相去七里）、永安宫（献帝皇太后居此）（注十）、通天宫（铸九鼎处）、永乐宫（灵帝母居此）、青龙宫（置九鼎处）、建康宫（汉宫名）、长信宫、濯龙宫（汉威帝宫）、邯郸宫、长秋宫（注十一）、德阳宫、东平宫、胡桃宫（以上四宫后宫）、桐宫（和帝阴后居此）、长乐宫、池阳宫、飞龙宫、含章宫、建礼宫、广怀宫、明礼宫、司马宫、阊阖宫、西华宫、云龙宫（以上俱汉宫）、太初宫（在古皇城北，光宅元年建）、望春宫、凌波宫、宿羽宫（俱在禁苑中）、洛阳宫、合璧宫（洛水支渠谷洛水会，故名）、翠微宫、冷泉宫、高山宫、龙鳞宫、明德宫、月城宫、青城宫、万象神宫（大寿等年，武后常享此宫）、太极宫、弘义宫、太安宫、通义宫、跃龙宫、庆善宫、太和宫、大明宫、蓬莱宫、含元宫、迎仙宫（柬之斩张易之、昌宗于此庑下）玉华宫、九成宫、万年宫、奉天宫、三阳宫（武后幸此）、兴泰宫、上阳宫（一名西宫，麟德二年建。南临洛水，西距谷水，东即宫城，北连禁苑宫内。正门正殿皆东向提象，正殿曰"观风"。其内别殿亭观九所，虹梁跨毂行幸往来。天宝五载以后，贵妃专宠后，宫人无复近幸矣。六宫有美色者，辄置别所，上阳是其一也。后武后失宠亦居此）、兴庆宫、华清宫、温泉宫、仁智宫、万全宫、紫桂宫、飞龙宫、望贤宫、九曲宫、鱼藻宫、新沼宫、咸宜宫、积翠宫、青女宫、芳桂宫、积善宫、金城宫（以上俱唐宫）、建昌宫（注十二）、上关宫、正阳宫（周主纳司马消难女为正阳宫后）、兴圣宫（庄宗即位于魏州，以子继岌苗宇居此）、武成宫（以上俱五代宫）、永安宫（文帝独孤后宫）、显仁宫（炀帝宫也。南接皂沟，北跨洛滨，发江南五岭奇材异石及海内奇木异草、珍禽异兽以实其中）、天经宫（大业元年建，四时致祭高祖）、避暑宫、飞仙宫（炀帝建。以上俱隋宫）。

故殿

嘉德殿（孝仁后所居）、玉堂殿（中光初建）、崇德殿、章德殿、承福殿、安福殿、千秋殿、温明殿、万岁殿、宣明殿、黄龙殿、和欢殿、华光殿（刘宽杨赐侍讲于此）、含德殿、章台殿、崇元殿、天禄殿、却非殿（光武建武元年车驾入洛阳，幸南宫却非殿，遂定都焉）、温饬殿、迎春殿、寿安殿、永宁殿、乐成殿、灵台殿、北阁殿、嘉福殿（文帝崩此）、阳安殿、长秋殿、德阳殿（桓帝时有蛇见此）、宣德殿（梁氏寝疾于此。以上俱汉殿）、显阳殿（明帝后止殿）、观德殿、太极殿（明帝建在南宫）、昭阳殿、九龙殿、芙蓉殿、九华殿、建始殿（文帝建，于此朝群臣，近濯龙祠）、式乾殿（魏主为诸僧及朝臣讲维摩经于此）、崇华殿（青龙二年建。以上魏殿）、百福殿、晖章殿、景福殿、崇贤殿、明光殿（尔朱荣见帝于此）、听政殿（以上六殿晋殿）、建德殿（后赵石勒拟太极殿建，遣从事中郎任汪、工匠五千人采木）、乾阳殿（东都正殿）、修文殿（贮书之所）、观文殿（以上隋殿）、洛城殿（载初元年武后策问贡士于此，殿试贡士自此始也）、丽春殿、观风殿、麟趾殿（在御内）、武成殿（光宅元年甲子武后御此殿，皇帝帅王公以下上尊号）、紫宸殿（内朝也。在乾元殿后，自丁卯太后临轩之后常御此殿）、甘露殿、成象殿、永宁殿、崇勋殿（昭宗时以洛阳宫前为贞观殿，后为崇勋殿）、贞观殿（高帝崩此）、集贤殿、摇光殿、同明殿（在亿岁殿西，中宗常御此以见群臣）、亿岁殿（在集贤之西）、芬芳殿、嘉豫殿（妃朝太后于此）、乾元殿（玄宗开元五年幸东都，将行大享之礼，以武太后所修明堂有乖典制，遂圻依旧造乾元殿，每临御依正殿元日冬至于此受朝贺）、天兴殿、文明殿、垂拱殿、广寿殿、天和殿、崇微殿、思政殿、延春殿、武德殿、长生殿（武后寝疾于此时，张柬之斩易之、昌宗，进逼于此殿）、金銮殿、寿昌殿、玉华殿、长寿殿、德昌殿（在洛阳宫西门内）、乾阳殿（在洛阳宫中）、嘉兴殿、含枢殿（在三阳宫）、射殿、讲武殿、长春殿、散甲殿、光明殿（俱在太内，开宝年修）、流杯殿、弘徽殿（在丽春台北，有东西廊，南有亭子，作渠九曲。以上俱唐殿）、文明殿（梁开明元年改贞观殿为文明殿，盖洛阳宫外殿也）、金銮殿（梁乾化元年，以敬翔为大学士）、中兴殿（唐庄宗同光二年改崇勋殿为中兴殿）、正武殿（周主于壬午大醮于此。以上五代殿）、神御殿（宋景德四年车驾朝陵，因幸西京，癸酉，诏以太祖诞生之地建为应天院，中置此殿，图绘圣容）、兴先殿（太祖殿）、帝华殿（太宗殿）、昭考殿（真宗殿，俱庆历中建置）、三圣殿（在斋宫，即上三宗也。以上宋殿）

故关

朱雀关、苍龙关、元武关、白虎关、象魏关（《东京赋云》："建象魏之两观，旌六典之旧章。"《文选》注云："立两观者，欲表明六典旧章之法，以垂于象魏。”）、凌霄关（魏明帝建）、阊阖关（《西京记》：东都城有阊阖关，在映日台东，隔城之上。关北及南皆有观象台，唐所置也）。

故署

嘉德署、丙署（俱汉署）。

故楼

周侯楼（在古洛阳城，周公所制，城上百步有一楼）、庆云楼、伺星楼、凤凰楼、鳷鹊楼、仪凤楼、翔凤楼（俱晋楼）、洛城南楼（皇城之内，西南曰洛城门，门内即洛城楼，中宗尝御此楼）、则天楼（则天门楼也，武后曾御此以赦天下）、浴日楼（在上阳宫内）、广达楼（在御内）、太清楼、紫阳楼、日楼、月楼（俱开宝年修）、龙门驿楼（以上唐楼）、五凤楼（后梁太祖即位，罗绍威取魏良材为之）、崇虚楼（元魏建于禁中，斋戒则居之）。

故阁

仁寿阁（汉武帝笃好文雅，明帝继轨，尤重经述，四方鸿生钜儒负囊而至。石渠兰室弥以充积，又以东观及仁寿阁新集书命校书郎班固，傅毅等掌管）、金光阁、崇礼阁（晋惠帝）、文威阁、青阳阁、朱明阁、承休阁、安乐阁、白藏阁、显仁阁、崇明阁、章德阁、飞云阁、安性阁、长安阁、凤阁（光宅元年武后改置）、延寿阁、右通阁、广内阁、秘书阁、麒麟阁、石渠阁、天禄阁（七阁在洛阳南室）、尊贤阁（以上俱隋唐阁）。

故台

周公台（在县东，周公辅成王朝会诸侯之所。隋末李密据金墉筑寝室于此台之后）、**雪台**（周家所造，以贮图书珍玩）、**诿台**（周景王筑）、**逃责台**（周赧王虽居天子之位，为诸侯所侵，与庶人无异，乃止台逃避，因名。以上周台）、**观象台**（汉筑于东都）、**云台**（在水南保，汉明帝图画二十八功臣于此）、**凌云台**（在旧宁阳门外，魏文帝筑，高二十三丈，登之可见孟津，台上楼观极精巧）、**斗鸡台**（魏都洛阳，明帝筑斗鸡台赵王石虎以芥羽漆砂，斗鸡于此）、**九华台**（黄初七年壬子，驾还洛阳，三月筑此台）、**灵台**（高三丈，在平昌门外南明堂北，有灵台）、**斗富台**（晋石崇、王凯斗富于此，故名）、**鹿苑台**、**阅武台**、**含章台**、**丽春台**、**丽日台**、**丽青台**、**建乐台**、**日轮台**、**云光台**、**黄龙台**、**千秋台**、**万岁台**（以上俱隋台）、**烧经台**（在白马寺前）、**凉台**（裴度绿野堂）、**黄台**（唐太子有黄台种瓜诗）、**宿羽台**（武后宴此）、**饮酒台**（唐秦王筑，李密曾饮酒于此，故名）、**龙虎台**（李密筑此二台以阅武，故名）、**文昌台**、**肃政台**、**鸾台**、**麟台**（光宅元年，武后改置。以上唐台）。

故亭

都亭（张纲理轮处）、**富寿亭**（县北三十七里，明帝显节陵葬此）、**临平亭**、**士卿亭**（冯异引军渡河与勃战于此）、**凌云亭**、**凝碧亭**、**平亭**（县东北四十里，原陵葬此）、**宣德亭**（近郊地，光武立郊兆于此）、**平城门亭**、**上西门亭**、**上东门亭**、**夏门亭**、**小苑门亭**、**雍门亭**、**广阳门亭**、**开阳门亭**、**耗门亭**、**津阳门亭**、**谷门亭**、**中东门亭**（以上俱汉亭）、**含莲亭**、**芬芳亭**、**芙蓉亭**、**夕阳亭**（晋贾充出镇，百僚饯送于此日西）（注十三）、**曜亭**（在御内）、**神和亭**、**含象亭**

（开元中拜张从等为学士于此亭）。

故堂

明堂（汉中元元年建，唐武后重修）、**玉堂**（在洛阳南宫，汉灵帝修建）、**万年堂**（汉孝文帝文明太后乃于永固陵东北十余里营长寿宫，遂有终焉瞻望之至。及迁洛阳，乃自表瀍西以为山陵之所，而方山虚宫号曰万年堂）、**万金堂**（汉灵帝中平二年造于西园）、**纂食堂**（在县西南，即长寿宫。以上汉堂）、**天堂**（唐于明堂北筑此五级以瞻天象）、**螽斯堂**、**休徵堂**、**延禄堂**、**仁寿堂**、**缓补堂**、**含芳堂**、**乐日堂**、**椒华堂**、**芳音堂**、**显成堂**、**承光堂**、**五福堂**、**嘉宁堂**、**尧母堂**、**永光堂**（以上十五堂俱在晋宫中）。**光极堂**、**茅茨堂**、**长寿堂**、**宣极堂**、**星槎堂**、**清徽堂**、**凝闲堂**、**华休堂**、**九华堂**、**云母堂**（以上十堂俱在后魏宫中）。

故园

宪园（在县东北，冲帝母虞美人拜宪园贵人）、**敬园**（汉安帝祖母朱贵人园）、**逍遥园**（后汉园）、**濯龙园**（初名芳林苑，东汉时制）、**广成园**（汉顺帝永和中曾幸此）、**石初园**（魏明帝宫中园）、**平乐园**（汉魏平乐观之地，即今城东平乐保是也）、**西林园**（元魏主朝太后于此，文武侍坐，酒酣迭舞）、**春王园**（晋名园也）、**华林园**（晋武帝泰始四年二月，幸华林园，与群臣宴，赋诗："洛阳图经曰华林。"园在城内东北隅，魏明帝起名芳林园，齐王"芳"改为"华林"）、**药园**（在宜人坊，唐有太常药园）、**榆柳园**（亦曰西御，与狮子园相对）、**新御园**（在崇德坊）、**富春园**（在城东，唐元白题咏于此）、**狮子园**（谓之东御园，在修行坊）、**太平公主园**（在积善坊）、**会节园**（在会节坊，开宝中车驾在西京幸此。景德初，命帅臣内职饮射于此园）。

故池

上林池、鸿池（上林在县东，鸿池在县西，二池俱汉建初诏开）、九龙池、灵芝池、御龙池、白石池、濯龙池（以上五池俱东汉开）、天闰池（黄初五年凿）、鸿雁池、流化池、九州池、九江池（在仁智殿之南，居地十顷，水深丈余，鱼鸟翔集，花卉罗植）、汉汜池（明帝凿，种芙蓉于中）、碧海池、元武池、流觞池、雁池、神泉池、旋雁池、天泉池、流杯池、香泉池、阴流池、鸣鹤池、天渊池（黄初五年穿，有文帝九华丛殿）。洗头池（在清微堂外。以上魏池）、舍利池、都亭池、芙蓉池、潜灵池、绿陂池（以上五池西晋池）、凝碧池、芳夏池、九曲池、上林池、放生池（在时泰坊）、樱桃池（在李仍叔园内）、积翠池（太宗曾宴群臣，以隋为戒）、陂池（《水经注》曰，东西千步，南北一千步。以上隋唐池）。

故桥

伊桥（伊洛水溢坏此桥）、富平津桥（在洛北、晋杜元凯所立）、石桥（魏建，在县城东广莫门外，后唐明宗曾于此谕将）、野坂桥（魏太宗南平孟津，命杜预编次大船，作桥以济六军）、天津桥（在县南洛水上，隋炀帝使宇文恺营东都成，用大缆维舟，以铁锁钩连。南北夹路，对起四桥为日月表胜之象，以象天河，故曰“天津”。唐贞观十四年，更令石工累方石为脚。宋建隆二年四月，西京留守向拱修天津桥，咸甃石为脚，高数丈，锐其前以疏水势。石缝以铁鼓络之。诏褒美。即邵子闻鹃处，宋礼部员外郎谢祥撰纪。岁久，碑剥落不可读，碑移府学棂星门内）、金桥（唐吴融《金桥感兴》诗）、望仙桥（在通济坊）、**午桥**（在定鼎门外，唐裴晋公庄也）、**中桥**、**利涉桥**（二桥唐咸亨三年建，俱在天津桥东。上元初，司农卿韦机移中桥于安象坊向长夏门）、**永济桥**（近天津桥，唐神龙初六月，大水坏此桥）、**通远桥**（俱在时雍坊）、**七里桥**、**镇国桥**（唐端拱三年，洛水溢坏此二桥）、**□桥**（唐白居易与客十五人曾游晏于此）、**黄道桥**、**谷水桥**、**分洛桥**、**重津桥**（宋政和四年，宋鼎奏，西京端门前考唐洛阳图籍，旧有四桥：曰谷水、曰黄道，在天津桥之北；曰重津，在南，并为疏导洛水。又桥之西十里有石堰曰分洛桥，自唐以来引水为渠，东南入伊）、**洛阳桥**（架洛水上）。

故苑

䔉茥苑、**灵昆苑**（汉灵帝光和二年作二苑，苑惟䔉茥苑有二：一则东，周一千五百步，中有鱼梁；一在西，周一千二百步，俱在宣平门外）、**高望苑**、**芳林苑**、**长利苑**、**阳德苑**、**汉平苑**、**广成苑**、**万岁苑**、**始昌苑**、**显阳苑**、**濯龙苑**、**上林苑**（汉质帝较猎于此）、**鸿德苑**、**平乐苑**（以上俱汉苑）、**鹿子苑**、**桑梓苑**（俱魏苑）、**会通苑**、**河西苑**、**芳华苑**（大业间置）、**西苑**（隋大业元年建，距上阳宫七里，苑墙周回二十六里，北距邙山，西至孝水，南带洛水支渠，谷、洛二水会于其间。故自苑引之为渠，以连于河。上好以月夜从宫女数千骑游苑中，作清夜游曲，于马上奏之）、**禁苑**（在皇都之西北，距北邙，西至孝水，伊、洛水支渠二水会于其间。周回一百二十六里，中有一宫。南京记：东都苑，隋曰会通苑，又改名芳萃神都苑。周回一百一十六里，东面七里，南面三十九里，西面五十里，北面二十四里）。

故门

宣鼎门（《帝王世纪》曰：周成王定鼎郏鄏，其南门名定鼎，盖九鼎所从入也，余门无考）、平城门（午洛阳南宫城南门也，蔡邕曰，平城正阳之门与宫相连，郊祀法驾所从出者）、上西门（戊）、雍门（酉）、广阳门（申）、津阳门（未）、中东门（丑）、上东门（寅）、小苑门（卯）、开阳门（巳）、耗门（辰）、谷门（子）、夏门（亥，以上洛阳城十二门名）、鸿都门（灵帝时门，蔡邕立石经于此门外）、显福门（即明福门，避中宗讳，改显）、宜利门、神龙门、宣平门、司马门、濯龙门、飞兔门、含章门、敬法门、广德门、明礼门、望钟门、神仙门、含德门、建礼门、却非门、会福门、万春门、千秋门、神兽门、铜龙门、金马门、止车门、南端门、白虎门、苍龙门、春兴门、长秋门、威兴门、金音门、泰夏门、阊阖门、西华门、东华门、福门、丙舍门、永巷门、金牙门、不老门、章台门、元武门、南掖门、朔平门、南端门（阙南方正门）、应天门（中南门）、崇贤门（东门）、金遹门（西门）、盛馔门、神处门（德阳殿西门）、九龙门（嘉德殿门）、广义门、神虎门、云龙门（以上三门洛阳宫门）、金商门、宜春门、青琐门（《王允传》："吕布驻马青琐门外"。以上俱东汉宫殿楼阁上门名）、津门（城西门）、建城门、宁阳门、永乐门、喜德门、盛化门、青琐门、鸿都门、承明门（建始殿南门朝群臣处，陈思王诗谓"谒帝承明庐"是也）、云龙门（以上三国魏都洛门名）、建春门、东阳门（惠帝败牵秀于此）、清明门（东门）、广阳门（西面第一门）、西明门、阊阖门（西门）、开阳门、津阳门、宣阳门（南门）、大夏门、广莫门（北门）、平昌门（以上十二城门名）、千秋门、神武门（宫西门）、上东门（宫东门，惠帝幸此。以上西晋都洛门名）、建春门、东阳门、清阳门、开阳门、西明门、西阳门、阊阖门、承明门、大夏门、广莫门、朱明门、思贤门、平昌门、宣阳门、朱华门、乾明门、千秋门、长夏门、光极门、仁寿门、启夏门、上秋门、招德门、厚载门、纳义门、止车门、云龙门、神虎门（以上后魏都洛门名）、端门（大业二年正月东京成，夏四月庚戌帝自伊阙陈法驾千乘万骑入东京，辛亥御端门，遂定都焉）、建国门、上春门、上东门、建阳门、永通门、长夏门、定鼎门、厚载门、徽安门、嘉靖门（以上都城十一门名）、东西门、太阳门、左掖门、右掖门、延福门、则天门、顺天门、永泰门、建明门、宣仁门、东明门、西明门、宝成门、由仪门、咸安门、兴泰门、丽景门、永康门、光政门、凌度门、阊阖门、元武门、东华门、西华门、苍龙门、金虎门、乾阳门、会昌门、章善门、景运门、显福门、光福门、乾元门、钦明门、重华门、羲和门、大业门、永巷门、永安门、庄敬门、宣和门、升得门、荣元门、绿波门、交泰门、隆业门、观文门、正义门、丽日门、宣道门、至静门、嘉兰门、通善门、龙光门、明华门、雕绮门、嘉猷门、芳辉门、花光门、含光门、温玉门、繁露门、花梁门、仪鸾门、芳音门、重璧门、光华门、怀芳门、璧月门、文绮门、辉景门、临华门、和义门、太和门、重光门、安宁门、承福门、嘉豫门、上阳门、望春门、游义门、御寒门、进食门、进马门、和春门、春华门、怀风门、景阳门、白虎门、圆璧门、曦仪门、明福门、储文门、方诸门、成象门、广阳门、金光门、显阳门、含嘉门、兴教门（以上宫殿楼阁等名皆隋炀帝都洛门名）、建春门、永通门、上东门（东门）、丽景门、宣曜门（西门）、定鼎门、长夏门、厚载门（南门）、安喜门、徽安门（北门以上东都城门周五十二里九十六步）、云龙门、神虎门、端门（皇城正门）、九龙门、顺天门、承天门、则天门、昭阳门、云霞门、金华门、神龙门、光顺门、元英门、南风门、嘉礼门、东光门、弘礼门、嘉福门、重光门、宣明门、弘教门、崇教门、元化门、兴安门、云昭门、芳林门、日华门、月华门、通乾门、望先门、延喜门、宣仁门、重明门、长乐门、光范门、乾化门、宣政门、敷政门、延福门、万寿门、兴善门、含章门、膺福门、金清门、延义门、金銮门、千秋门、延和门、章善门、安上门、门远门、延兴门、金明门、春明门、明德门。启夏门、玄武门（在北阙外，薛思行等暂中宗至此诛二张以副众望）、安化门、通化门、金光门、延年门、朱雀门、光化门、广运门、永春门、永安门、嘉德门、恭德门、安仁门、归仁门、纳义门、太极门、元武门、安礼门、元德门、通明门、嘉猷门、延明门、永福门、嘉善门、丹风门、奉化门、延政门、建安门、兴福门、应天门、兴教门、光政门、明福门、崇贤门（东都皇城南面三门：中曰应天，左曰兴教，右曰光政；光政之北曰明福，明福之西崇贤，其内曰集贤殿；集贤之东曰亿岁殿）、观预门、崇明门、含曜门、昭训门、紫宸门、昭庆门、太和门、嘉预门、安□门、□春门、会昌门、运□门、提象门、星躔门、观风门、垂豫门、上阳门、望春门、延秋门、灵光门、笼烟门、灵溪门、朝阳门、灵圃门、望冬门、宾曜门、承福门、含嘉门、宿章门、安福门、景福门、乾元门、德昌门、延庆门（龙朔元年帝晏群臣外戚于此）、韶华门、拱星门（以上皇城宫殿门。皇城周十八里三百五十步，皆武后都洛门名）、延喜门、承福门（以上后唐都洛门名）、启明门、光政门（以上后周都洛门名）。

故室

温室、舒凉室、清暑室、冰室、延凉室（以上汉室）、含章室（晋室）。

故观

鼎中观（在洛水上，即成王定鼎处）、平乐观（汉灵帝大发四方兵讲武于此观）、承禄观（王庆居之）、承风观、增善观、千秋观、鸿池观、泉城观、杨威观、石楼观（以上七观在南宫，俱汉观）、凌霄观（明帝作）、都昌观、百尺观、总章观、翔风观、崇文观、广望观、阆风观、临商观、高楼观、承云观（以上俱魏观，都水使者陈熙造）。

《嵩县志·食货》

花实之毛，金石之品，鳞介飞走，蠕动之属，与邻邑同，惟稻视他邑为多。然稻滋于水，水资于伊。伊能滋稻，亦能决田。雨涝水溢，由山走川，势如建瓴，溃荡土肉，擲为沙石。数年以来，田日损，稻日寡，而民有逋赋，冤矣！则夫障岸堙决，损高实下，疏支分势，取贾鲁之三策而酌用之，使水不为灾，亦司土者责也。至语山川之产，则冶金之矿，为利实巨。南召、内乡、卢氏、永宁，与嵩同之。无事则封塞巡防，取民守之。一有窃发，则征调攻伐，取民用之。矿之为民害也，奚啻悍倭骄虏之扰攘哉？盖尝论其治之之法有二：曰塞与开而已。务塞之道者，严保甲，申儆守，据要害，禁炉冶，缉供给，移粟移民之近矿洞者，此塞之之术也。务开之道者，请命于上，厉禁乎下，约邻封，守分地，估民取之，而令廉能主之，此开之之术也。就二者而论之，则浅宜开，深宜塞，冶金寡宜塞，多宜开。盖矿入既深，则凿石成洞，曲折之间，动数十百丈。使含烟实土于一窟之中，即有窃伐，非假旬日之力，虽众无所用之，其塞之也固宜。惟夫其初露也，浅在土石沙砾之际，彼取之者既无锥凿之艰，而我又不得施其封塞之计。且当崇山峻岭之间，风雨昼夜之晦明，林莽豺虎之出入，此彼亡命者之所乐聚，而我防御者之所易夺也。即使守之，然抑岂能以持久哉？故塞不如开。冶金寡则窃者众费而薄入，利小而害大，人不乐取之矣，故塞之易。冶金多，广者日千贯，次者日百贯，时刻挖凿，则丐子暴富，人人将甘心焉。譬之聚腥在几，则群蝇攻之，扑之则去，扑已即来。以是务塞，与扑蝇同矣。势非官造公采，挖之既深，取之既竭，而其害不止也。故又宜开。究而言之，塞则治其标，开则攻其本。塞则资盗，开则资公。塞则免祸于暂而终有害于民，开则上利乎国而下亦利乎民矣。

《南阳府志·田赋》

论曰："占田于民，则入赋于君，制也。三代以上，赋民之法最善，远莫寻矣。降而唐世，有租庸调法，犹为近古，我国朝多用之者。有田则有租，有户则有调，今之税粮是已。有身则有庸，今之均徭是已。祖宗二百年来率用，未闻不便。近因均徭告困，更以一条鞭征焉。夫役之一年，休之九年，成法于民甚佚，民犹至困，岂诚困在分年甲哉？弊在甲分有贫富，丁产有厚薄，优免有重复，人户有规避，而后财力有诎尔。里必十甲，甲必十户，其初贫富岂大悬者，惟优免为数则有不齐。又有射利之徒，各家占籍以重免，由是无免之家，其后始重。役重而力不支，产必入于巨室。巨室得之复免，而小民之役愈重。中稍豪猾更择轻所转投之，而存者遂大困矣。建议者不谓役之不均，由前四弊，而谓不均在分年甲，乃类计而年征之。弊非不稍革，役非不稍均，特无甲无徭，无年无输，几若昔人所云“一年强半在城中”也。即有司尽无扰，里正尽无需，乡闾之民裹粮走州邑，伺输纳，身亦有费，况费不止乃身哉！是均年之法，殆不若均甲之当也。税粮之科起于地亩，则犹守之成法，而近又多告不均矣。南阳部中，南召为甚。成赋率以则壤，南召虽硗瘠，困何此极，其至此极，则岂尽其坟埴步武间也？豪右兼并而寄之外邦，或假之屯御，甚有与地贫民，不收其直，而令代纳倍粮，身则艺无粮地，名曰“佃粮”。贫民不能给，则必弃捐鞠为茂草。富民或转鬻，则转承袭，终为闲原。荒愈久愈不可耕，闲愈久愈不可考，而国之额粮不可少，斯追胥旁及取盈焉，且相率驱之捐瘠矣。计无所出，乃以丈地均之。意岂不善？顾主其事者，势不能履亩而核，必有托之乎人。其人或怠于事，或汨于利，鲜一一肯以实告，由是地虽丈而粮终不均，民且起嚣然讼。上之人见其讼，则为更丈，丈至再三，版籍日繁，稽察日难，而奸蠹日广。且每每为公私扰，淹起征期。今南召税粮不得派者，垂二年矣。与其徒劳若此，孰与明为要束，严为赏罚，使有土者各首其实，而后官为覆核，逸且有成哉。呜呼！均年之法，时论方尚之也。均甲之事，畏而莫行者也。丈地之举，知不易而不得为，为之且难其人者也。然则祖宗画一之规，易简之政，果终不可复哉！果终不可复哉！

《邓州志》

邓州三县诸陂堰（注十四），汉南阳太守召信臣、杜诗相继经营，视他郡邑为盛。自汉以来代有修废。国朝正德间，知州程鹏清理，始复陂堰之旧。嘉靖三十一年，知州王道行重修。三十三年夏，钳庐陂旱，三郎堰水决，堤尽坏，馀陂俱未耕获。民各赴当道告行，知州张仙勘议。议曰：仙至州，思昔人之伟绩，为今时之不利。因求其故，遍历诸陂，知邓水利之大者，无如钳庐（注十五）、三郎二处。钳庐昔引刁河之水以灌田，今河为连岁阴雨澎湃冲击，日就而下。陂地为九冈八湾之浮土所积，日就而高。河既不可引之于田，惟筑堤潴水。尽堤之外，弥望皆丈量有粮之地。开退水渠于上，则水为涨壅，普害于有粮之地。开退水渠于下，则蓄水不多，无补于春秋苗稼。民见害而不见利，已有明征。三郎堰堰上既无硬石以起堤，门下亦无硬石以安堤脚，惟截河安桩。壅筑浮土，岂能牢固？况旁开水渠以灌上阳（注十六）、中阳（注十七）、下阳（注十八）之田，一时虽能壅之使流，然渠口亦非硬土不坏，就使能截正流，必即冲坏渠口。况邓壤夹沙，非徒易涸，亦且易冲。无已，则当昉闸河之制，伐石筑堤，以松板铺脚，则松性得水而耐久，以巨石压板，则水头着松而不冲。土两旁高，用石护中，惟平开水门。水大则任其中流，水小则障之入田。择地之高而筑堤，随水之及而为田，则非徒刁河之可陂，钳庐、三郎之可田已也。召杜之业，其在斯乎？舍是惟欲平地筑堤，以防无源之水，以土截河而兴必不可成之功，又不如听其种旱田之愈。然民情难与虑始，而非财不能兴工。苟徒括之民，是丛民怨也。在宜民者，相时量力而行之，知所以劳民而民不怨，知所以处财而财不歉，庶为有补云。

《汝阳志》

汝水源出舞阳黑龙泉（下通黄龙泉入八里河），西平棠溪（源出龙泉）、云壮山诸涧溪（至仪封店北），三水合流，东径西平县，西转而北，折而东，南入澺（俗名洪河）。一南行（今干）。

受仙女池水，又南，留堰水自西注之。

留堰源出仪封店（注十九），径其县南大堰、义亭（注二十），又东径重渠桥（注十一），在朱李桥北入汝。

又南受五花涧水（注二十二），又南，瀙水自西注之（俗名石羊河）。

瀙水源出仓峰垛（注二十三），受白羊渊及诸涧溪水，东径遂平北，又东径瀙阳城，西转而南，受鬼湾河水东入汝。

又南溙水自西注之（俗名泥河）。

溙水源出舞阳西苏寨山（注二十四），东南径象河关（注二十五），又东南径泌阳县牛蹄寨（注二十六），西受张桥铺水，北受石河水，东过吴王塚（注二十七）、文城栅（注二十八），径遂平城，南至狼家口。一东北过黄埠（注二十九），西转而东入汝（俗名沙河，今干）。一东南受傅家沟，至姚家湾入汝。

又南，黄西河自西注之（一名练江河，俗名李秀桥河）。

黄西河源出乐山紫花涧（一名猛虎涧），东径驻马店（注三十），南过黄龙村，转遇仙祠南（注三十一），绕旧赵尚书墓。后又东过董村，绕封赵尚书墓，又东八里绕赵尚书墓（注三十二），左受寨河水（俗名陡河）。寨河源出乐山白龙泉，东径马庄桥半截塔，东受锣鼓河水，北入黄西河（锣鼓河源出驻马店，南径黄练铺白马将军庙（注三十三），西北入寨河）。黄西河北行径断济桥（注三十四），西北受冷水河（冷水源同黄西，东分为二，径马头铺（注三十五），又东入黄西河）。黄西河东径李秀桥（注三十六），绕九座塔，北转而南，折而东至城西北隅入汝（元那颜倴盏攻金，决练江，即此）。

汝合黄西，上下如玦、如环、如蛾眉，数十余折，由城西绕北而东，而南，形若垂瓠。过柴潭（注三十七），始东南去，三里受练水，枝流七里，受泥桥水，又南，英水自西注之。

英水源出朱家林，南径白马桥（注三十八），转而东径石羊桥（注三十九），又东径十二里桥，入汝（俗名半截河）。

又南东受方良河（注四十），又南，溱水自西注之。

溱水源出桐柏山，东径朗陵城南（注四十一），又东径确山县西，又折而南（俗名吴寨河），又东受吴卫河（吴卫河源出乐山，受杨村河，又受三里河，又受韩庄河入溱）。溱水又东，径北宜春城北（注四十二），南受淇河（注四十三），又东径官庄西（俗名鱼子河），又东北径溱口店，东入汝（俗名沙河）。

又东南径平舆县城（注四十四）南，安成县城北，又东南入真阳县境，受固城港塘下河。又寒冻（注四十五），东受粳陂港（注四十六）汶水（古称汶口），又东南受溃水。又东入息县境，受涧头港（注四十七）、溪港（注四十八）、曲吕港（注四十九）诸水，又东北径新蔡县官津店，北为三岔口，澺水自西北注之。

澺水源出郾城周家陂，径西平，东北受汝水，东径五浒营，又东南径上蔡北，又东南受泥河水。径朱浒东，受杜沟水。又东南入汝阳境北，马常河（注五十）自西注之（马常源出丘家坡，径金乡铺，南过板桥店，东入澺）（注五十一）。澺水又南径汉平舆故城（注五十二）南，又东南，荆河自西注之。荆河（注五十三）源出天中山，西径石羊桥（注五十四），汇为悬瓠池。绕城北堤外，而东受穆家河（穆水源出黑龙潭，绕城东北入荆）。荆水又东至射桥南（注五十五）入澺。

又东北径颍州艾亭（注五十六）南，又东南径固始县朱皋镇，北入淮。

《水利论》曰：唐虞首辟水土，禹轸沟洫，周家潴蓄水，防止水，沟荡水，遂均水，列舍水，浍泻水，以水殄草，以涉扬芟。详矣！邓晨鸿郄陂，四百里殷饶它郡；鲍昱方梁石洫，岁省费三千余万金；何敞鲷阳旧渠，垦田三万顷；召信臣开泉渎，起提阏，作均水约，刻石田畔。此四君者，勋铭汉鼎，血食汝水，皆以陂之力。唐张柴陂，宋高黄陂，惜哉！伯颜以涡截宁、汝愚蔡人，蔡人因自愚。此其罪岂但败我濯龙哉！帝殛之矣。余寻绎往牒，指画长老，复陂策上，堤汝策中，阔汝策下。陂复徐议故道，上达汴洛，下航吴越，绾毂九州，四方辐凑，汝南一大都会乎？敕修汝堤（永乐八年），敕修陶陂等堰（弘治六年，抚台徐恪大参朱瑄），宪典具存，则唯是待其人而后行。

《山堂考索》

夫自大江以北汉水之侧，三代之时，列国数十，楚人都于荆州。其在战国，最为强大，外抗群蛮，内御秦晋，常以其兵横于天下。计其所都，安肯用瘠卤硗埆之地？而当今自楚之北，至于唐、邓、汝、颍、陈、蔡、许、洛之间，平田万里，农夫逃散，不生五谷，荆棘布野。而地至肥饶，原泉陂泽之迹，迤逦犹在。其民不知水耕之利，而长吏又不以为意，一遇水旱，民乏菜茹。往者因其流亡，废县罢镇者，盖往往是矣（颍滨民政）。

《汝州志》　张维新《改折漕粮疏略》

臣惟人君创法，期于宜民而已。《易》曰："穷则变，变则通，通则久"，有味乎其言之也。方今谈弊薮者，则归漕粮，而莫甚于小滩，尤莫苦于大河以南。迩年汝、洛、梁、豫间，水旱为灾，冰雹示异，闾里成萧条之景，民萌起愁叹之声。矧今漕弊若此，非所谓变通时哉。臣先任山东冠县知县，距小滩监兑衙门仅仅四十里而近，感时抱愤也久矣！敢不以耳目所睹记，列状上闻。夫户部每岁题差司官一员，驻扎小滩，监兑东土、中州两省。其在东土，则收纳本色，出入水次，固无籴买挽运之累。在中州、河北三府，则本色居多，交易甚少，臣不敢轻议。惟开封、河南、归德、汝州相去小滩，远则千里有余，近亦不下五六百里，有河山之险，无舟车之便。大户一抵小滩，其害有不可胜言者。盖河南三府一州，大户约有二千余名，非官部运不可。故各令府判领之，而郡邑之中，又有佐贰部之。其中廉介罕觏，诸所费耗，率皆以大户为鱼肉。此部解之弊也。大户赍银到滩，必投歇家，藉手斗户。节年歇斗之家，获利得惯，营求充役。或父为歇家而子为斗行，或兄为米户而弟为店主，交通诈骗，腾踊价值。每米一石，歇家明除牙用五分，斗行三分，仍巧立大行市、小行市之名，里讨、外讨之说，计所得约二万余金。而大户羁留三月，每名月费银数两，计所得又一万余金。即今元城县岁派歇斗一千余名，意何为哉？详察人情，若欲罄大户之囊而群然攫之者。此歇斗之弊也。先年大户买米，取足民间。米无糠碎，价无赔补。比有垄断奸贩，视漕粮如奇货，以搀搅为惯术。有滥收粗湿低米，浮以干洁而勒价者，有以水拌米而希图出息者。俟大户拥至，兑限迫期，始串同厂歇主，令大户增价籴买，抵数塞责。及查验不堪，损折棰楚，大户当之。彼垄断者，业已掉臂矣。此插和之弊也。语曰："走兔在郊，众人逐之；持金在市，众人睨之。"志在利也。大户赔银既多，势必揭债。而小滩有力之家，又开一揭局。每一两，偿银二两，以致大户败家荡产，鬻妻卖子者，十户而九。此放揭之弊也。他如厂基之典赁，芦席之搜求，人工之费用，旗甲之盘剥，门吏皂快之需索，诸弊难以缕数。臣原籍汝州，素号山涧荒凉之区，而近复凋瘵困弊之甚。视编一漕粮大户，不啻痌瘝乃身，而穴居草食者，类皆思负襁而他避矣。此臣之所目击而心恻者，即汝州而开封等三府又可知矣。臣愚为今之计有二：一曰改纳折色，二曰互相代纳。臣于去年十二月见户部一本，为财赋岁入日少，岁出日多，亟赐集议为请，奉旨漕粮准酌量改折，暂行一年。臣思漕粮既可改折，亦既暂行一年矣。而河南籴米之处，不过三府一州，漕粮之数，不过二十万石。况久罹重困，民不堪命，其改折独可后乎？且臣闻太仓贮粟，陈陈红腐。京军类多不食，卖于酒保，止得银二三钱。视小滩籴价，减去四分之二，是民有重费而军无实用也。合无将开封等府汝州所属，每名大户，原征银九钱五分，只以八钱解纳京边。照例以五钱给散军士，每名扣留银三钱。二十万石，可扣银六万两，至起剥银，又扣四千余两，非直救中州百万生灵之害，而亦大有裨于军国之需。此改纳折色之当议也。臣又思大名一府，距滩密迩，陆运又便，每岁本府粮草解京边者，十六万有余，皆本地粟米所变之价也。开封等处大户收银，小滩买米，皆大名所出之米也。合无责令大名府以自有之粟，运纳本色，开封等处以大户所收之银，解纳折色。倘大名一府不足，再加于附近景州所属，量拟改纳，此则银数足以相当，而两省各得其便。此互相代纳之当议也。或者曰：改折所系重大，代纳嫌于纷更。臣则以为器久而不涤则垢，弦久而不调则乱。河南、河北，皆皇上赤子，本色、折色，皆小民膏脂。识其弊而调停之，或暂改数年，或间岁一改，或断行代纳，而两利俱存。如之何不可也？再照法令行于所辖则易，而非其所辖则难。小滩地方，止大名一村落耳，而其住居民人，非我统属。是以人不惮法，惟利是趋，每昼争夜盗而无所忌惮。查得小滩镇至临清州陆路仅一日之程，临清系山东部下，法行殊易。合无将监兑部臣移驻临清，惩前戒后。纵有一二 作梗坏事，即可下之郡守，严加究诘。而插和诸弊，自然洗却，且可以停盘剥之征。此又区区无已之计也。伏乞皇上俯从臣请，敕下该部破格议处，以苏一方重困。斯国计民生两有利赖矣。臣不胜大愿。

《志言》

国家岁挽天下粟实之京师，而不胜咽喉之虑，故于临德要害处，分署司农，领直隶山东、河南方数百里之军储为漕运。夫此方数百里郡县，皆包衍原隰，非如江以南可以风樯舰致，则费且不赀，而汝又越在西南千里外，山阻谷隘，率二三钟不能致一钟。计汝漕四千有奇，中人产以上，力不能挽百，所没倍是，是一岁间立瑕中人产数十家，而况大祲累年，十室九罄，安所得中人产而岁瑕之？自公疏改，非独汝人息肩，而旁郡县且与沿河润已。公字宪周，万历丁丑进士，授冠县知县，以卓异拜给事中。历礼兵二科，谏止内操，发科场奸弊。荐用言官邹元标、孟一脉辈，迁天津兵备副使。

各州县志里至邮铺之纪，未有若汝州之详核者，故书之以为式。

疆域

州境在省治西南四百五十里，东抵开封府襄城县界一百三十里，西抵河南府洛阳县界六十里，南抵南阳府南召县界一百八十里，北抵河南府登封县界四十里。广一百九十里，袤二百二十里。

里至

汝州：东至郏县（界在长阜铺四十里，又五十里抵县），西至洛阳县（界在临汝铺六十里，又一百二十里抵县），南至鲁山县（界在草店铺四十里，又九十里抵县），北至登封县（界在仙林寺四十里，又五十里抵县），东南至宝丰县（界在草店铺四十里，又五十里抵县），西南至伊阳县（界在温泉铺四十里，又五十里抵县）；广一百里，袤八十里。

郏县：东至襄城县（界在长桥铺四十里，又三十里抵县），西至汝州（界在长阜铺五十里，又四十里抵州），南至宝丰县（界在汝河十里，又二十五里抵县），北至禹州（界在房村三十里，又四十里抵州）；广九十里，袤四十五里。

鲁山：东至叶县（界在任店六十里，又三十里抵县），西至嵩县（界在没大岭一百五十里，又九十里抵县），南至南召县（界在白沙岭五十里，又九十里抵县），北至汝州（界在青条岭三十里，又一百里抵州），西北至伊阳县（界在歇马岭五十里，又一百里抵县）；广二百一十里，袤八十里。

宝丰县：东至襄城县（界在扈家口五十里，又四十里抵县），西至鲁山县（界在荆山铺一十五里，又三十五里抵县），西北至汝州（界在草店铺五十里，又四十里抵州），东北至郏县（界在汝河二十五里，又一十里抵县），东南至叶县（界在秋河七十里，又二十里抵县）；广六十五里，袤一百二十里。

伊阳县：东至汝州（界在温泉铺五十里，又四十里抵州），西至嵩县（界在分水岭三十五里，又五十里抵县），东南至鲁山县（界在歇马岭一百里，又五十里抵县），西北至洛阳县（界在夹马铺七十里，又一百里抵县）；广八十五里，袤一百七十里。南京陆路一千七百里，北京陆路一千九百里。

铺舍

汝州：总铺（在州治外西北后街）。东路：（四铺至郏县）仁义铺、车渠铺，赵落铺、长阜铺（接郏县韩夏铺）。西路：（五铺至洛阳县）临崖铺、春店铺、庙下铺，官庄铺、临汝铺（接伊阳县大安铺）。西南路：（一铺至伊阳县）温泉铺（自春店分路接伊阳县小店铺）。南路：（四铺至鲁山县）夹河铺、干沟铺、小屯铺、草店铺（接宝丰县狐狼铺，又接鲁山县桃花店铺）。东南路（至宝丰县于双酒务分路接土桥铺）。北路（至登封县），郏县：总铺（在县治内东南）。西路：（四铺至汝州）半坡铺、苇渠铺、薛店铺、韩夏铺（接汝州长阜铺)。东路:(四铺至襄城县)塔儿铺、侯公铺、行阳铺、长桥铺(接襄城县高桥铺)。南路:(一铺至宝丰县)桃园铺(接宝丰县卓君铺)。鲁山县:总铺(在县门外街南)。东北路:(二铺至宝丰县)向阳铺、近水铺(接宝丰县荆山铺)。北路:(二铺至汝州)王家庄铺、桃花店铺(接宝丰县甘罗铺)。西南路:(二铺至南召县)穰河铺、恓惶店铺(接南召县板倒井铺)。宝丰县:总铺(在县治西)。东路:(二铺至郏县)院河铺、卓君铺(接郏县桃园铺)。西路:(二铺至鲁山县)姚店铺、甘罗铺(接鲁山县桃花铺)。西北路:(三铺至汝州)土桥铺、双酒务铺、狐狼铺(接汝州草店铺)。东南路:(六铺至叶县)。马跑泉铺、火新铺、宋村铺、吉村铺、曹镇铺、秋河铺(接叶县四庄铺)。西南路:(一铺亦至鲁山县)。荆山铺(接近水铺)。伊阳县:总铺(在县治前)。东路:(一铺至汝州)小店铺(接汝州温泉铺)。北路:(一铺至河南府)大安铺(接洛阳县夹马铺)。

《何柏斋文集》

《均徭私论》

或问:近日有司审编均徭,以田土为主,其法如何?曰:此非祖宗之法也,盖流俗相传之误也。祖宗之法,具在诸司职掌。户部职掌田土项下云:凡各州县田土,必须开豁各户若干及条段、四至。系官田者,照依官田则例起科。系民田者,照依民田则例征敛。务要编入黄册,以凭征收税粮。如有出卖,其买者听令增收,其卖者即当过割,不许洒派诡寄。犯者,律有常宪。户口项下云:凡各处户口,每十年各布政司、府、州、县攒造黄册,编排里甲,分豁上中下三等人户。遇有差役,以凭点差。赋役项下云：凡各处有司，十年一造黄册，分豁上中下三等人户，仍分军民匠役等籍，除排年里甲依次充当外，其大小杂泛差役，各照所分上中下三等人户点差。由是观之，则田土纳税粮，户口当差徭，其不相混也明矣。今乃照田土当差，是岂祖宗之法哉！或曰，人户有上中下三等，盖以其贫富不同也。贫富难明，田土多者必富，少者必贫，则照田土编差，盖法外意也，似无不可。曰：户有上中下三等，盖通较其田宅赀蓄而定之，非专指田土也。若专指田土，则施于农民可矣，工商之家及放债居积者，皆不及矣。古人立法，厚本抑末，今人立法，厚末抑本，岂知治道者哉！况差役以人丁为主，以上中下三等较其贫富，以为派差之重轻，此法意也。今舍人丁而论田土，盖失其本矣，夫岂可哉？或者曰：田土不当起差，祖宗之法固然矣。近闻外县有以寄庄人户不当差役申请于上者，巡抚批称种田而不当差，有违于租庸调法。令其照田认差。然则计田当差，虽非国法，或古法乎？曰：此巡抚未考而误批也。唐法有田则有租，即国朝田土纳税粮之意也。有身则有庸，即国朝户丁当差役之意也。有户则有调，即国朝农桑丝绢之意也。种田而不纳粮，谓之有违于租庸调法则可也。种田而不当差，谓之有违于租庸调法，则不可也。若田土既纳税粮，又当差役，是有田者不惟有租，而又有庸，而有身者遂无所役矣，不亦误之甚乎？曰：以田土当差，唐法知不然也。或者先王之法乎？曰：先王之法，其详不可考矣。然孟子曰："有粟米之征，有力役之征，有布缕之征。"粟米取于田土，即租法也；力役取于人民，庸法也；布缕取于园宅，即调法也。由是而观，则计田土以当差役，既非古法，又非国法。而有司乃有此行，不亦谬乎？曰：有司有此行，何也？曰：此周文襄作俑之过也。宣德年间，周文襄巡抚南畿，患民间起运、税粮之不足也，乃令税粮正数之外，多加耗米以足之。除耕纳税粮外，有余剩者谓之余米。复恐民以加耗之多怨己也，乃令凡民间户丁之差役、料物之科派，皆取诸余米。此盖朝四暮三之术也。本传谓小民虽多出耗米，然耗米之外再无差科之扰，深以为便，东南多遵用其法。后又自税粮变为田亩，故东南有田差、粮差之说。南士仕西北者，渐推用其法，故西北近年亦有田土当差之说。此盖不考祖宗之法，而惑于流俗之传者也。或者曰：文襄之法，虽非国法，既民以为便，则用之似无不可，何必拘于旧法乎？曰："民以为便"，亦据文人之传而言耳，实不然也。夫差役出于户丁，士农工商之家除例该优免外，其余户丁盖未有不当差者也。今止令取于耗米，则是士工商贾之差，农独代当之矣。是岂均平之道哉！况驿递马牛车船之役，俱出于田土税粮，则农民已偏累矣，奈何复以杂差再累之乎？今论者皆知东南之民困于税粮，西北之民困子差役，而不知东南所以困于税粮者，以差役亦出于税粮之故，西北所以困于差役者，以既有丁差，又有粮差之故。由是而观，则周文襄轻变祖宗之法而开此累民之端，其罪安可逃也？

或者曰：审如此，则寄庄人户不当差役者，皆幸免矣。曰：此有司不知守法之过也。使有司知守祖宗之法，审定三等户则之时，不论士农工商，凡田土赀本市宅牲畜多者，俱定作上等，派与重差。则寄庄人户，虽买别州县之田，而难逃本县之差矣，何幸免之有？今惟不守祖宗之法，审编均徭，舍户丁而计田土，故寄庄人户有躲差之弊。欲革其弊，盍求其本乎？或曰：祖宗差役之法，今亦有行之者乎？曰：北畿州县审编均徭，初止审三等九则户门，并不注定差银多寡数目。审定户则，然后通算三等人户，除役占优免外，该当差者共有若干丁，却算本州县银、力差，该用银共计若干两，方令三等九则户丁差等出银，期足供银差、力差之用而已。此盖遵祖宗之法而又通其变者也。盖祖宗之法，止令照三等户则点差，但差少子多，用之不尽，点差之时不及差者幸免，见当差者偏累。今乃令丁皆出银，差之重者，朋合应当，则人丁无有不差者矣。此盖均徭之善法也。河南旧例审编均徭，虽未以田为主，亦未以丁为主，其人丁差银增减，从审官之意，多寡无一定之法，少有不至两者。多有三五两者，有十余两者，甚有四五十两者。丁多之户，银多亦不为过。单丁之户，银多则一差用之不尽，必须分为数差，是一丁而数差也。岂照户点差之法哉！但上下习于闻见，不之觉耳。近闻巡抚吴公所定均徭则例：每地一顷，出银四钱；每人一丁，上上户出银一两二钱，以次各照户则出银不等。若该县银多差少，则递减。银少差多，则递增。视旧法颇有定规，但偏累农民，未尽善耳。必改北直隶之法，上不失祖宗之法，下无偏累之弊，乃为尽善。此盖识者所深望也。或者曰：今之富家，或田连阡陌，或赀累钜万，较之小民，岂止十倍？若止照三等户则计丁当差，其丁多者出银固多，其丁少者出银甚少，岂不为幸免乎？曰：古人为国，藏富于民，盖民之富者，官府之缓急资焉，小民之贫困，资焉，时岁之凶荒、兵戈之忽起，资焉，盖所恃以立国者也。平时使之应上户重差，法如是足矣。必不得已，则准北畿事例，上户丁少者量出门银亦可也，岂必尽取所有，使之仅与小民之贫者相若，然后为快乎？于戏！时使薄敛，先圣格言；茧丝保障，后贤深虑。奈何今在位者之不思也！或者曰："不在其位，不谋其政。"子林下人也，哓哓多言，无乃为当道者所恶乎？曰：舍己从人，大舜之所以圣也。闻过则喜，子路之所以贤也。吾以圣贤望人，痛小民之受害，故私论之，盖遵庶人传言之训而为之也。盖冀其或闻而改之也。若耻过作非，闻谏而怒，则小人也。当道诸公，其欲为圣贤乎？欲为小人乎？必有所择矣。作均徭私论。

《均粮私论》

或问：丈地均粮之法如何？曰：此朝廷仁民之政也。第中间曲折，各有利害，行之不得其道，则反以害民，此不可不知也。或闻其故，曰：田有上下，则粮有重轻，此自然之理也。《禹贡》之田，分为九等，税粮之轻重，往往因之，盖为此耳。天下之田，吾未能知，河内之田，则颇知之矣。上田岁收，亩不下两石，多或至三四石；下田岁收，亩不及一石，少或至三四斗。大抵上田一亩之收，抵下田五亩。国初定粮，失于分别，一概定作每亩粮八升五合。后官府以下田人户办纳不前也，乃议令起运重粮多派于上田，里分存留轻粮，多派于下田。里分盖亦裒多益寡，称物平施之意也。虽未尽得其宜，而民病亦少苏矣。近年上司患里书挪移作弊也，乃令不分起运、存留，俱总定一价，则上田、下田无所分别。虽曰可以绝里书之弊，而下田民户固已不胜其害矣。然坐派之法，岁有变易，民之害犹有时而解也。若丈地均粮，初时不审上田、下田，一概均派，粮额一定，不可复变，则下田之受害盖有不可胜言者矣。夫田地有上下，则税粮有轻重，与犯罪有大小，则受刑有重轻，其理一也。犯大罪者，虽绞斩而不为苛；犯罪小者，虽笞杖而不为纵。盖各得宜故也。或者患吏书之无文也，乃一概定为徒流之刑，以为可以绝弊，抑不思宜绞斩而得徒流者，固为幸矣，宜笞杖而得徒流者，不亦冤哉！今不论田土上下，而一概均之以粮，可以异此？往尝与巡抚徐公论之，徐公深以为然。故令丈量田土分为三等，均粮之额。初则通以中田为准，下田则少损之，上田则少增之。以一田所损之数为上田所增之数，盖亦所谓称物平施之意也。传闻近议不许田分三等，盖亦未之思也。若他县之田，无甚上下，犹可言也。河内之田，果不分上下，一概均粮，此则名虽均粮而实则不均之甚者也。此利害之大者也。而所闻又有可论者，闻巡抚公文谓除河路外，盖谓河路非可耕之田，故除之也。而承行官吏不明其意，乃令河止除丹沁二河，新开河道引水浇田者，不除其河身所占之田，俱令民田在两岸者包纳。或闻其故，则曰：引水浇田，人户得利，故不当除。窃谓引水浇田之利，众人之所同也，非独两岸有田之民也。而令其包纳税粮，岁无休时，何理也？路止除驿递大路，其余通行古路俱不得除，其税粮亦令民田在路两傍者包纳。窃谓民田在路两傍者，人畜往来践蹂，固已受害多矣。古路众人之所往来，与驿递大路无以异也，乃复令其包纳税粮，此何理也？至于田内坟墓，虽上司未有明文，窃意丈地均粮，亦不过丈实耕之田，而均以实有之粮耳。坟墓非可耕之田，其不当征粮，盖有不待言者矣。今乃令坟墓不除，有主者照地数均粮，无主者听民纳银于官，平治为田，照数均粮。窃先王有掩骸埋胔之令，国朝有漏泽园之设，而平治他人坟墓为田园者，律有明禁。此盖朝廷恩及死者之仁政也，而一切不顾，止曰“吾将以均粮也”。不知均粮之初意果若是乎？此三者亦利害之大端也。小民被害而不敢言，吾党又以不在位而难显言。故私论之，庶转闻于当道之仁人君子，或有以处此也。夫变法本以利民，而反为民害。仁人君子在当道者，不知则犹有所诿，知之而不为一处，方安忍哉！然此非吾事也，非吾责也，吾言止于此矣。或疑田之上下难定，曰：此不难，某乡之田土，某翁之意竟有合否？

附注

注一：《宁陵县志》言，赵皮寨之地高河数尺，宁陵西北视寨则山阜也。古者，为下必因川泽，今阙高陂，势必倍劳。糜国家亿万之资，役水土不习之众，兴岁月难计之功，劳民伤财，莫此为甚。

注二：往岁科银，输于通省。祥符惟招商代置，而不知扰。万历中，变而摊派于邑民，又不尽给价；百姓一应斯役，立致破产。

注三：《宁陵县志》言，草梢之弊，曰，方其檄郡邑也。曰银若干，买草梢若干，共重若干，虽民间交易，不是过矣。计其终，则视价五倍，犹不能谢谴怒焉。夫五权以十六两为斤，而今加十之五矣。交纳以到日为限，而贪狡之徒，待贿始议。不则，迟以日月，使之干折，又低昂其手，所费反倍于贿矣。

注四：弘道，罗山知县。

注五：内江人，彰德府推官。

注六：李画记，桥在县西一平山之吕谷，绝崖，为之而通潞安，为山右径道。宋征河东，尝积粮草于此。

注七：黄华山有齐乐平仓基。

注八：军伍之制：每军十名，领之以小旗；五小旗一总旗，两总旗一百户，十百户一千户，五千户所为一卫，全卫则军五千名，小旗五百名，总旗一百名，共五千六百名为一卫。

注九：天子行从中从官夹。

注十：见《献帝纪》。隋亦有此宫，文帝独孤后居此。

注十一：见《马后传》。

注十二：当移在唐前。

注十三：自旦及夕方毕，故名。按《董卓传》，卓为何进召，将兵入朝，何太后使谏议大夫种绍宣诏止之，卓还军夕阳亭。是夕阳亭汉已有之，非始于贾充也。

注十四：邓新水势平缓，陂堰易修，内淅泉流既清，筑潴不施，其利益加于邓。

注十五：钥卢陂在州东南五十里，内有东西中三渠，引刁河水，又接柳渠等诸水入陂。三郎堰在州北五十里，原接严陵河，下灌毛家陂并上阳、中阳、下阳等四陂。

注十六：州东北三十里。

注十七：二十里。

注十八：二十五里。

注十九：西平西南六十里。

注二十：西平南二十。

注二十一：西平东南二十里。

注二十二：上蔡西南二十里。

注二十三：遂平西七十里。

注二十四：舞阳南七十里。

注二十五：泌阳东北一百二十。

注二十六：泌阳东北九十。

注二十七：泌阳东北九十里。

注二十八：遂平西南五十里。

注二十九：上蔡西南府西北六十。

注三十：确山北四十五。

注三十一：府西二十。

注三十二：府西十二。

注三十三：府西南十三里。

注三十四：府西十二。

注三十五：府西三十。

注三十六：府西北十二。

注三十七：府南三里。

注三十八：府西南十五。

注三十九：府北郭外，疑是双石羊桥，在府西南十里。

注四十：方良桥府东南十八里。

注四十一：确山南四十。

注四十二：府西南九十。

注四十三：在确山东南三十五里，出横山。

注四十四：府东南七十。

注四十五：真阳东北五十。

注四十六：真阳东六十。

注四十七：息县东一百六十。

注四十八：息县东一百五十。

注四十九：息县东北一百四十。

注五十：马常河桥在府北二十五。

注五十一：府北。

注五十二: 府东北六十。

注五十三: 荆河桥府东五里。

注五十四: 府北郭外。

注五十五: 府东六十。

注五十六: 颍州南一百七十。

山东备录上

山东

山东，古青、兖、徐之地，视秦在太行山之东，故称山东。然孟曰东夷，周曰河东，秦汉以下，曰东秦、曰东郡，宋曰京东，其为东方之国，旧矣。尝观古舆地图，青州东距于海，西至于岱；兖州东南据济，西北距河；徐州北连岱境，南通长淮，实今六郡之全境云。或曰：汉晋以来，或称山东为兖冀何？曰：先王疆域紊乱，史传之讹也。《禹贡》：“冀州：既载壶口，治梁及岐。既修太原，至于岳阳，覃怀底绩，至于衡漳。”自今观之，有一为山东州县否乎？又曰：“济河惟兖州：九河既道，雷夏既泽，灉沮会同。桑土既蚕，是降丘宅土。”其贡赋则“浮于济漯，达于河。”今九河故道，多在济南境，雷泽在濮，灉沮在蒙泗，桑间濮上，实惟桑土。济漯达河，斯为达冀，兖冀疆界，固自明也。而欲援冀为山东，岂不谬哉！或曰：今兖州与古兖若何？曰：古之兖，兖也；今之兖，徐也，合徐、兖而治之也。《禹贡》：“海岱及淮惟徐州。”《尔雅》曰：“济东曰徐州。”蔡氏所谓岱阳济东是已。故今之兖，合徐、兖而治之，非古兖也。《周礼》：河东惟兖州，山曰岱，薮曰大野，川曰河泲，浸曰庐潍。考其疆域，视禹分土之时，亦已不同。故禹佐舜治天下，兖、徐各置一牧，周并徐入属青，又分青入兖，自济以南皆属焉。及周公封于曲阜，伯禽为鲁侯，遂主泰山之祀。故夫合徐、兖而治之者，昉诸鲁之受封也。或曰：今青州与古青州若何？曰：古青州合登、莱、济南地，今青州特古青州之一隅耳。《禹贡》：“海岱惟青州，嵎夷既略，潍淄其道。”又曰“莱夷作牧”是已。周灭商，以营丘封太公望，为齐国。齐务兼并，遂奄有青土。秦灭诸侯，置为齐郡，青州尚未分析。至汉，始分青州西境为济南，东境为北海、齐、琅邪、千乘、东莱五郡，而古青州之域，不可复考矣。曰：青州何以谓之齐也？曰：《通考》云：齐在天中，犹腹脐也。《汉志》曰：“齐所以为齐，以天齐渊故也。”然《汉志》之说近之矣。或曰：青、兖、徐三州风土何以异？曰：青，东方也，居少阳，其色为青，生生不已也；兖之为言端也，信也，阳精端，端故其气歼杀也；徐之为言舒也，有舒缓之义焉。是故，观青、徐、兖风土之异，而山东六郡之政理可图矣。

余尝考六郡封域，辨其物土民性之殊。西北曰济南，其治为州四、县二十六；其域为青、兖，其名山为岱岳，为徂徕，为梁父，为华不注，为长白，为玉符，为黉，为宫，为原；其巨浸为济，为泺，为汶，为泸，为渞，为巨合；其地湿沃，其民丰聚，其利金铜，其谷多稻。正南曰兖州，其治为州四、县二十三；其域为徐、兖；其名山为龟，为蒙，为凫，为驿，为嵫，为陪尾；其巨浸为沂，为济，为洙，为泗，为汶，为洸；其地厚衍，其民逊让，其利丝矿，其谷宜四种。正西曰东昌，其治为州三、县十五；其域为兖；其名山为茌，为陶，为历；其巨浸为漳，为卫，为濮，为瓠子，为鸣犊；其地平阜通津，其民饶庶，其利紬纩，其谷多黍麦。北曰青州，其治为州一、县十三；其域为青；其名山为沂、为琅邪，为云门，为蒙阴，为朐，为艾；其巨浸为淄，为渑，为沂，为沭，为时，为巨洋；其地险阻，其民阔达，其利铁陶，其谷多稻麦。东北曰登州，其治为州一、县七；其域为青；其名山为丹崖，为石门，为羽，为成，为之罘，为岠嵎；其巨浸为清洋，为大沽，为蜜，为洚，为昌；其地僻远，其民朴直，其利海错，其谷多稷菽。正东曰莱州，其治为州二、县五；其域为青；其名山为天柱，为大泽，为不其，为劳；其巨浸为沽；为丹，为胶，为潍；其地刚卤，其民敦本，其利盐铁，其谷多稷菽。是故以同贯利，以齐好恶，设牧各效其能，制贡各因其有，正俗各导其趋。齐之富强，鲁之礼教，庶几可复焉。其为海岱名邦，讵不信夫。

夫海者，百谷之王，而万水之宗也。山东三面濒海，登、莱二府，岛屿环抱。其在青、济，则乐安、日照、滨州、利津、沾化、海丰诸境，皆抵海为界，称渤海云。《说文》曰：东海之别有渤澥，故东海称渤海。《列子》曰：渤海之东有大壑，名曰归塘。归塘者，即庄生所谓尾闾也。《初学记》曰：北海之别有瀚海，瀚海之南有渤鞮海，则北海亦通称渤海矣。夫东方之极，自碣石通朝鲜诸国，直抵扶桑。一望汪洋浩瀚，溟涬无际，外控夷落，内卫中夏，则山东形势，实称险绝。昔人谓齐得十二，又岂直为兵车卒乘之富邪？《博物志》曰：海中有蓬莱、方丈、金银宫阙，仙人所集。《十洲记》谓：东海中五百里，有不死草、返魂树。此固秦皇、汉武所以纵其侈心，求之而不得也。顾其说虽荒唐不经，然观登、莱海市，楼台、城郭、人物、旌旗之状，成于瞬息，千态万像，而不可摹写，则海中灵郁之气，泄而奇怪、瑰玮之物，固亦理之所宜有也。至于禽鱼木石之产，金锡盐铁之利，珠玑鳞甲之珍，民实资之，则海于东土，其利固甚博哉。

《禹贡》：冀州“夹右碣石入于河”，兖州“浮于济漯，达于河”；青州“浮于汶，达于济”；徐州“浮于淮泗，达于河”。山东漕运，其昉于兹乎。秦欲攻匈奴，“使天下飞刍挽粟，起于黄腄、琅邪负海之郡，转输北河。”汉高祖运山东之粟以给中都，岁不过数万石。至武帝通西南夷，灭朝鲜，击匈奴，城朔方，转漕甚远，而山东咸被其劳矣。宋初都汴，京东之粟，历曹、济及郓，入五丈渠至京师。真宗时，京东分广济河，由定陶至徐州入清河，历吕梁滩碛之险。至理宗时，于堽城作斗门，以遏汶流，益泗漕以饷边众，而漕渠开矣。元初，开济州泗河至新开河，由大清、利津诸河入海。既而海口沙壅，复从东阿陆挽至临清入御河。又开胶莱新河以通海道，劳费不赀，少有成效。伯颜始创海运，与济州河并行。未几，又用韩仲晖等言，自安民山开河，北抵临清，引汶绝济，直属漳御，名会通河。夫汶水自古东北入海，以智力导引，使南接淮泗，北通白卫，实自元人始。然河渠浅涩，舟不负重，岁运不过数十万石，终元之世，海运不能废也。国朝初，给饷辽卒，海运如故。永乐徙都于北，亦尝行之。后尚书宋礼等复浚会通河，于是漕利通而海运罢，胶、莱故道，亦遂堙废。夫河漕诚利矣，然泉源壅塞，有疏浚之劳；堰闸蓄泄，有供役之繁。徐、吕洪流之泛溢，淮、扬襟喉之扼塞，意外之患，有不可不防者，海运其可不讲耶？是故漕河者，万世之通利也；海运者，备不虞之变也；胶莱故道者，翼海运以成功也，皆不可废也。天下之事，居常者必虑变，择利者必思害。轻重缓急，达乎其势而已矣，独漕政为然哉。

形势

论曰：夫古今之势不同，强弱之形亦异。今之山东，视古东秦，拓地无虑数千里，长城巨防，穆陵无棣，昔之所谓关隘者，今皆为甸邑矣。然而潢地少警，望风瓦解，虽有险固，莫之或支，岂形势之在今者，果不足恃哉！盖尝考之，春秋战国之时，承太公修政之余，维以桓公主威定伯，民赖休息，行伍充盈，故齐地不下七十余城，而临淄一邑，带甲已至二十余万。苏秦所谓“连衽成帷，挥汗成雨者”是已。国势如之何其弗强哉！楚汉之际，齐犹称伯，自王莽之乱，山东盗起，青徐首难。既而黄巾煽祸，海岱骚然，民涂兵革，重以石勒、慕容超之杀戮，金元之窃据，齐地荒凉削弱，泊焉不振，固其宜也。国家承平百余年，休养生息，济南、东兖，颇称殷庶，而登莱二郡，沂济以南，土旷人稀，一望尚多荒落。万一有如正德间流贼之警，岂非有国者之深虑哉！昔人有言：土地，躯干也；人民，精魂也。精魂完而复躯干固，此地利所以不如人和也。虽然，谈形势者必称要害。山东要害之地凡五：临清，南北之咽喉也；武定，燕蓟之门庭也；曹濮，鲁卫之藩蔽也；沂州，徐淮之锁钥也；登莱，边卫海东之保障也。守咽喉则齐右安，固门庭则渤海靖，谨藩蔽则河东固，严锁钥则南顾无忧，慎保障则倭奴殄患。五要守而山东可安枕也。山川险绝，又乌足道哉。

风俗

论曰：余观齐俗，敦厚阔达；其敝也，或失之舒而缓，侈而丽。鲁俗忠信重礼；其敝也，或失之啬而固，矫而竞。曹、卫、楚、宋之间，刚武尚气；其敝也，或失之劲悍而轻剽。载籍所传，不可诬已。以今山东列郡观之，乃不尽然。大较济南省会之地，民物繁聚，兖东二郡，濒河招商，舟车辏集，民习奢华，其俗也文，若胜乎质。青、登、莱三郡，冯负山海，民殖鱼盐以自利，道里僻阻，商旅不通，其俗也质，若胜乎文。孔子所谓“齐变至鲁，鲁变至道”者，又不可执一以例今之俗也。乃若六郡所同者，士大夫率多怀义质直，侃侃明达，如班固所谓“好经术而矜功名，”杜牧所谓“多才力，重许可，能辛苦”者，其风至今不衰。其小民力于耕桑，不贱商贾，丧葬有序，不泥风水，乡党岁时举社会，贫富相资，有蓝田乡约之遗风，此则山东风俗之近古者。文之以礼乐，岂不足以复齐鲁之旧哉！盖尝论之，风也者，相观而化者也；俗也者，相习而成者也。化趋于善者难乎成，而习狃于恶者不易变，是故以康叔忠厚之贻，不能保叔世无桑濮之靡风；以晏子之弊车羸马，不能使当时变绮丽之侈习。齐不嫁姑，而后乃有长女不嫁，立巫儿以主家祠者；鲁焚巫尪，而后乃有裒棺曳尸，打旱骨以祈雨泽者，虽至于今尚有之。《传》曰：“周之兴也，商民先革，百年化之而不足；周之衰也，卫风先变，一日移之而有余。”言趋善之难也。又曰：“齐太史之守官，尚父之德远矣；鲁宗人之守礼，周孔之泽深矣。”言遗化之当崇也。任理民之责，思易今俗而返之于古者，曷亦知所务哉。

物产

论曰：山东物产丰饶，甲于天下。其用之广而利之博者，惟盐铁乎。粤自管仲相齐，实兴厥利。仲之言曰，“利出一孔者，其国无敌；出二孔者，其兵不诎；出三孔者，不可举兵”。故当特盐铁之征，虽少男少女之所食，一针一刀之所用，无弗算及，卒能以一国兼二国之籍者六千万人，而常籍不预焉。及观其立法，不过税之而已。盐虽官常自煮，亦权时取利之计，铁则官未尝冶铸也。自汉武帝用桑弘羊、孔仅领之，乃官自煮盐铸铁，盐官二十八郡，而山东居其七；铁官四十郡，而山东居二十二。元鼎中，徐偃本使胶东鲁国，听民便宜鼓铸，御史大夫遂以得矫制劾之。昭帝时，贤良文学之士，请罢盐铁，与大夫桑弘羊极论利害。大夫曰：盐铁之利，佐百姓之急，奉军旅之费。文学曰：王者不蓄，藏富于民。大夫曰：豪人擅用专利，恐滋贪暴。文学曰：祸在萧墙，不在朐邴。于是屡罢屡复，卒未有能去之者。唐开元、天宝之间，刘彤请检校盐铁诸州，著为课额。第五琦、刘晏之徒法益详密，绫绢、玳瑁、漆器许代盐铁。其后肃宗讨淮西，皇甫镈，程异又从而浚导之，诸道竞以羡余取宠，而其弊也，至立为蚕盐、食盐等名，察民贫富，据口俵散，抑勒取钱。民受其扰，倍用输征。其铁官则亲为鼓冶，民间农器不给，或至木耕手耨，啖食钱官，抑配逼迫，害与盐同。宋人盐利，多取诸河北解池，铁官亦不尝设。南渡以后，山东陷于金元，不足言已。元人于青、齐诸郡，增置盐场，开立洞冶，宝成、通和、昆吾、元国、富国之名立，而民困极矣。嗟乎！作法于凉，其弊犹贪；作法于贪，弊将安之？君子所以追恨夷吾之作俑也。国朝铁器无禁，济南、莱芜、登莱等处，前代鼓煽诸冶，今皆为废坑矣。惟盐则分场置司，官自煮之而行之，商贾小民负贩，亦置不问，岂非得中正之法乎？宋儒胡寅有言："山泽之利，尽捐之民，则纵末作，资游惰；尽属之官，则夺民日用，而公室有近宝之害。惟官为厉禁，俾民取之而裁其入税，则政平而害息。"此则行之今日而有验者也。虽然，管仲立法苛重，然国势实藉富强。汉唐以来，咸佐军需，计其所入，岁不下数十万。今盐铁之税于山东者，鲁不逮古十分之一，而民不加饶，何哉？盖尝论之，古今地利盈缩不齐，《禹贡》：扬州田“下下”，今独称富饶；雍州田“上上”，今半为墝壤。执富强全胜之齐国，以例凋残穷困之山东，又何怪乎其不类也！登州之金，三千九两，莱州之金，四千一百五十两，此宋皇祐中之贡额也，今果有是否乎？青、齐、郓、濮、淄、潍、沂、密、登、莱诸郡，皆设平絁市，此宋太平兴国之税法也，今果有是否乎？由是观之，则山东物产之不逮往昔，又不特盐铁为然矣。司国计者，酌古今之势，度丰俭之宜，以定征税之则，勿过取而加赋焉，东人之凋瘵，庶其少瘳矣哉。

漕河

漕河自大江瓜洲埭、仪真堰埭俱入邗沟，经广陵，至淮阴，渡淮入清河，经吕梁彭城，至沛，乃为山东境。由疏凿而成者，名会通河，凡七百一十里，入于卫河，又四百里，始出境，达于京。山东为府者三，为州者四，为县者六，由鱼台至临清，得洸、汶、泗、沂四水，其泉百七十余，会于四水而分流于漕渠。有水部郎一人以掌之。为闸凡三十，有守津吏以启闭。为浅二百二十，各有津老以时疏治。又黄河常决张秋，决漕单、鱼台，其道非一，有司空兼御史台一人、水部郎一人、按察副使一人，统州邑判官、主簿以分治其事。岁出夫役万四千一百五十余人，计银三万五千一百余两。漕河之有藉于山东者，烦重如此，可无载乎？乃作漕河志。

兖州府

鱼台县　河之西南二十里，岸北自济宁之界，南至沙河

五十四里，置浅铺二十有六（界牌浅、北林浅、南阳上浅、南阳下浅、大塌浅、小塌浅、摆渡口浅、马沟浅、大龙浅、小龙浅、谷亭上浅、谷亭店上浅、谷亭店下浅、谷亭下浅、八里湾浅、三柳树浅、坝于头浅、孟阳上浅、孟阳下浅、徐家林浅、张家林浅、广运浅、马家浅、梅家浅、古家浅、张家浅。二十六铺老人二十六人，夫二百六十人，守口夫二百五十人，县设主簿一人）。**置闸四：孟阳泊闸**（南接沛之湖陵城闸八里。闸官一人，夫三十人，溜夫一百五十人）、**八里湾闸**（南至孟阳泊闸八里。闸官一人，夫三十人，溜夫一百五十人）。**谷亭闸**（南至八里湾闸八里。闸官一人，夫二十人，溜夫三百人）、**南阳闸**（南至谷亭闸十八里。闸官一人，夫三十人，溜夫一百五十人），**积水闸三**（砚瓦沟、阳城湖、泥河。夫三人），**苏家坝**（在沙河北，遏大乌河水入漕河。夫六人）。

邹县　**河之东北七十里东岸，北自济宁之师家庄，南至鲁桥闸三里，置浅铺一**（港里浅、铺夫十人），**港里积水闸**（老人一人，夫十人）。

济宁州　**河之北岸，西抵东六十八里，置浅铺二十有七**（赵村浅、杨湾浅、石佛浅、花家浅、新店浅、新闸浅、仲家庄浅、师家庄上浅、师家庄下浅、鲁桥浅、枣林浅、砚瓦沟浅、永通浅、夹河浅、冯翟浅、河长口浅、大河浅、礼义浅、大留浅、夹湾浅、王贵浅、张家浅、牛头河浅、王家浅、邢家上浅、邢家浅、谈村浅。二十七铺，老人二十七人，夫二百七十人，守口夫五百人）。**置闸十四：枣林闸**（南接鱼台之南阳闸十二里。闸官一人，夫三十人，溜夫一百五十人）、**鲁桥闸**（南至枣林闸六里。闸官一人，夫三十人，溜夫一百四十四人）、**师家庄闸**（南至鲁桥闸五里。闸官一人，夫三十人，溜夫一百四十四人）、**仲家浅闸**（南至师家庄闸六里。闸官一人，夫三十人，溜夫一百四十四人）、**新闸**（南至仲家浅闸五里。闸官一人，夫十人，溜夫一百四十四人）、**新店闸**（南至新闸八里。闸官一人，夫二十人，溜夫一百四十四人）、**石佛闸**（南至新店闸十八里。闸官一人，夫二十人，溜夫一百四十四人）、**赵村闸**（南至石佛闸七里。闸官一个，夫三十人，溜夫一百四十四人）、**在城闸**（南至赵村闸六里。闸官一人，夫三十人，溜夫二百八十人）、**天井闸**（东至在城闸二里。闸官一人，夫三十人，溜夫一百五十人）、**下新闸**（在赵村闸西北）、**中新闸**（在下新闸西北）、**上新闸**（在中新闸北。以上三闸闸官一人，夫六十人，溜夫二百人）、**分水闸**（在上新闸北。夫一十九人）、**洸、沂、泗三河**（邹县九泉：渊源泉、柳青泉、白庄泉、陈家泉、鳝眼泉、孟母泉、岗山泉、白马泉、三角湾泉。泗水县三十泉：泉林泉、卞庄泉、吴家泉、鲍村泉、蒋泉、东岩石缝泉、龟阴泉、响水泉、潘波泉、黄阴泉、杜家泉、双眼泉、赵家泉、曹家泉、岳陵泉、黄沟泉、石河泉、柘沟泉、卢城泉、小王泉、雍珠泉、淘米泉、碧沟泉、珍珠泉、白露泉、石岩石缝泉、大玉泉、三角湾泉、黑虎泉、虹口泉。以上三十泉俱入泗。蒙阴四泉：伏羊峪泉、顺德泉、泉河泉、官桥泉、俱入沂。曲阜十八泉：达泉、双泉、柳青泉、新泉、曲水咏归泉、温泉、清泥泉、车辋泉、茶泉、两观下泉、濯缨泉、潺声泉、连珠泉、埠下泉、蜈蚣泉、新安泉、横沟泉、南新泉。以上十八泉俱入沂、泗，同达于天井闸。泉夫四百二十六人，州设判官一人）。

钜野县　河之西八十里岸，北自嘉祥之大长沟，南至火头湾，二十五里，原系济宁左卫。景泰元年，卫调于临清，钜野代之。堤岸用石修砌，一十二里，置浅铺五（小长沟浅、黄沙湾浅、白嘴儿浅、梁家口浅，大头湾浅。五铺，老人五人，夫五十人，守口夫二百五十人，县设主簿一人），**蓬子山坝**（筑堰南旺孙村二湖，以济漕河。夫一十五人）。

嘉祥县 河之西二十五里岸，北自汶上之界首，南至钜野之大长沟，一十八里，原系济宁左卫。景泰元年，卫调于临清，嘉祥代之。堤岸用石修砌一十里，置浅铺四（孙村浅、寺前浅、十字河浅、大长沟浅。四铺，老人四人，夫四十人，守口夫一百八十人，县设主簿一人）。

汶上县 河之东北三十五里，自东平之靳家口，南至嘉祥之界首，七十二里，置浅铺一十有四（靳家口浅、步家口浅、张八老口浅、关家口浅、袁家口浅、刘家口浅、开河浅、阙城浅、田家口浅、鹅河口浅、南旺浅、柳堤浅、石口浅、界首浅。十四铺，老人十四人，夫一百四十人，守口夫五百五十人），置闸三：**南旺南闸**（南至济宁之分水闸七十五里。闸官一人，夫二十人）、**南旺北闸**（南至南旺南闸十一里。闸官一人，夫二十人）、**开河闸**（南至南旺北闸十三里。闸官一人，夫三十人）、**界首积水闸**（成化六年建）、**石口积水闸**（成化四年建）。**南旺湖**（距县治西南四十五里，萦回百五十余里，中为三长堤，漕渠贯其中；西堤有斗门，上有桥以便挽外蓄水，号为水柜。成化四年，山东按察司佥事陈善因旧土堤易坏，始用石修砌西堤。又负土增筑东堤，老人一人，夫三十人）、**汶河**（东平九泉：独山泉、铁沟嘴泉、吴家泉、张胡郎泉、安圈泉、芭头山泉、席桥泉、坎河泉、王老沟泉。汶上二泉：龙斗泉、朴当山泉。滋阳五泉：阙党泉、负瑕泉、蒋诩泉、城西新泉、城东新泉。沂水十泉：单家泉、大泉、小水泉，龙王堂泉、雷王台泉、上泉、铜井泉、芙蓉泉、灰泉、盆泉。宁阳十二泉：蛇眼泉、古泉、三里沟泉、井泉、古城泉、张家泉、柳泉、龙港泉、龙鱼泉、鲁姑泉、坡当山泉。平阴一泉：柳沟泉。泰安三十二泉：狗跑泉、报恩泉、陷湾泉、胡家泉、马黄沟泉、清泉、周家泉、鲤鱼沟泉、张家泉、水磨泉、铁佛寺泉、顺河泉、羊舍泉、龙王泉、科沟泉、二柳泉、北滚泉、上泉、马蹄沟泉、水波泉、浊河泉、水头沟泉、朔港沟泉、臭泉、龙堂泉、龙湾泉、力沟泉、花家沟泉、梁家泉、颜谢泉、马儿沟泉、皂泥泉。新泰十四泉：南师家泉、北鲍泉、西都泉、刘社泉、和庄泉、孙村泉、张家泉、五峰泉、南陈泉、占河泉、零查泉、公家庄泉、崖头泉、西周泉。肥城六泉：盐河泉、减家泉、黄家泉、董家泉、胡家泉、清泉。莱芜十泉：郭娘泉、湖眼泉、朋山泉、乌江泉、镇里泉、牛王泉、莲花池泉、小龙湾泉、牛壁店泉、王家沟泉。以上一百一泉同入于汶，泉夫八百余人掌于水部郎）。

宋理宗宝祐五年（蒙古蒙哥七年），济倅奉符毕辅国，于堽城作斗门，以遏汶水入洸，至任城，益泗漕，以饷宿蕲戍边之众，由是汶有南入泗、淮之派（此汶南流入淮之始）。元世祖至元二十年，以江淮水运不通，命兵部尚书奥鲁赤等自任城（今济宁州）委曲开穿河渠，导洸、汶、泗水，北流至须城（今东平州地）、安山（即安民山），入清济故渎，经东阿，至利津河入海（今戴家庙镇减水闸，即引汶入利津故道）。后因海口沙壅，又从东阿陆转二百里，抵临清，下漳御，输京师（此汶北流入卫之始）。二十六年，以寿张县尹韩仲晖暨太史院令史边源言，复自须城县安山西南，由寿张西北至东昌，又西北至临清，开渠凡二百五十里，引汶绝济，直属漳御，为闸十六以节水，赐名会通河。国朝永乐九年，命工部尚书宋礼、都督周长等发山东济、兖、东、青四府丁夫十五万，登莱二府愿趋事赴工之人一万五千，疏浚元会通河。引泰安、徂徕十八州县诸泉水，自汶上县过安山西南，经寿张城东门，折回西北，由东昌新开河，乃自汶上县袁家口徙左畿二十里，至寿张县沙湾，复接旧河。又用汶上县老人白英计，于东平州东六十里戴村旧汶河口筑坝，遏汶水西南流，由黑马沟至汶上县鹅河口会通河南分流，遂通舟楫（县设主簿一人）。

东平州 河之东岸，北至寿张之戴家庙三十里，南至汶上之靳家口三十三里，置浅铺一十有三（戴家庙浅、沙孤堆浅、邢家庄浅、苏家庄浅、谭家庄浅、安山下浅、积水湖浅、冯家庄浅、王忠口浅、刘家庄浅、李家庄浅、栗家庄浅、靳家口浅，十三铺，老人十三人，夫一百三十人，守口夫二百人，戴村修坝老人二人，夫三百人）。安山湖（距州治西南十五里，北临漕河，萦回百余里。正统三年，知州傅霖于湖口建闸以蓄水，州设判官一人）、安山闸（南接汶上之开河闸三十里。闸官一人，夫二十人）、戴家庙减水闸（元分汶水至安山，入清济，以疏水势）。

寿张县 河之西三十里，北自东阿之沙湾，南至东平之戴家庙二十里，置浅铺五（沙湾浅、张家庄浅、戴洋屯浅、刘家口浅、戴家庙浅。五铺，老人五人，夫五十人，守口夫一百人）。沙湾积水闸（成化七年建）、师家坝（遏黄河水，使入通源闸，以分沙湾势）、野猪脑堰（萦回三十里，用以潴水，使不冲决漕河）。

东阿县 河之东岸，北自阳谷之荆门上闸，南至寿张之沙湾二十里。正统十三年，河决汴梁，东北趋漕河，至本县，决沙湾东堤，以达于海。遣工部尚书石璞、侍郎王永和、都御史王文相继塞之。景泰四年，左佥都御史徐有贞塞成。天顺八年，佥事刘进用石修砌东堤，自大感应庙起至沙湾浅止，长一百六十丈。成化年间，副使陈善用石修砌东堤，自沙湾浅至荆门驿，长一千九百三丈。弘治六年，河决汴梁，东北趋漕河，至本县，决张秋东堤，以达于海。遣右副都御史刘大夏治之。七年，复遣太监李兴、平江伯陈锐同治，决河塞成，复于黄陵冈筑堤，以绝其流。诏：改张秋名安平镇，置浅铺八（新添浅、北湾浅、中渡口浅、挂剑浅、北浮桥浅、安家口浅、南浮桥浅、沙湾浅。八铺，老人八人，夫八十人，守口夫一百二十人，县设主簿一人）。

阳谷县 河之西岸，北自聊城之官窑口，南至东阿之荆门上闸，四十里。黄河西南自开封之祥符县金龙口，至本县南入湾河，通塞不常。置铺十（官窑口浅、摆渡口浅、刘家口浅、何家口西岸浅、馆驿湾西岸浅、汉河口浅、秦家口浅、张家道口浅、何家口东岸浅、馆驿湾东岸浅。十铺，老人十人，夫一百人，守口夫五百人），置闸六：**荆门上闸**（南接东平之安山闸七十里。闸官一人，夫二十人，坝夫五十人）、**荆门下闸**（南至荆门上闸三里，闸夫二十人、坝夫五十人）、**阿城上闸**（南至荆门下闸十里，闸官一人，夫二十人，坝夫五十人）、**阿城下闸**（南至上闸三里，闸夫二十人、坝夫五十人）、**七级上闸**（南至阿城下闸十二里。闸官一人，夫二十人、坝夫五十人）、**七级下闸**（南至上闸三里。夫二十人，坝夫五十人）。

东昌府

聊城县 河之东岸，北至博平之梭堤儿三十里，西岸北自堂邑之南梁家乡，南至阳谷之官窑口，三十五里，置浅铺二十有三（北坝口浅、徐家口浅、柳行口浅、房家口浅、吕家湾浅、龙湾儿浅、宋家口浅、破闸口浅、林家口浅、于家口浅、周家店浅、北坝口浅、稍张闸浅、柳行口浅、白庙儿浅、双堤儿浅、裴家口浅、方家口浅、李家口浅、米家口浅、耿家口浅、蔡家口浅、官窑口浅。二十三铺，老人二十三人，夫二百三十人，守口夫二百人），置闸三：**周家店闸**（南接阳谷之七级下闸十二里。闸官一人，夫三十人）、**李海务闸**（南至周家店闸十二里。闸官一人，夫三十人）、**通济桥闸**（南至李家务闸二十里，闸官一人，夫三十人），**窑官等五减水闸**（水大则开以泄水，非通舟之闸也）。

博平县 河之东岸，北自清平之界，南至聊城之梭堤儿，三十七里，西岸北自清平之丁家口，南至魏家湾，四十里，置浅铺六（朱家湾浅、减水闸浅、老堤头浅、袁家湾浅、朱官屯浅、梭堤儿浅。六铺，老人六人，夫六十人，守口夫二百五十人，县设主簿一人）。老堤头北减水闸（水大则开以泄水，非通舟之闸也）。

堂邑县 河之西岸，北自清平之魏家湾，南至聊城之吕家湾，三十五里，置浅铺七（涵谷洞浅、新开口浅、土桥浅、中闸口浅、马家湾浅、北梁家乡浅、南梁家乡浅、七铺。老人七人，夫七十人，守口夫二百人），置闸二：梁家乡闸（南接聊城之通济桥闸三十里，闸官一人，夫三十人）、土桥闸（南至梁家乡闸十五里。闸官一人，夫三十人）。土城中减水闸二。

清平县 河之东岸，北自潘官屯，南至博平之减水闸，三十九里，西岸，北自临清之潘家桥，南至堂邑之涵谷洞，三十三里。置浅铺九（潘家桥浅、张家口浅、左家桥浅、李家口浅、丁家口浅、赵家口浅、戴家湾浅、十里井浅、魏家湾浅。九铺，老人九人，夫九十人，守口夫二百人）。

置闸一：戴家湾闸（南接堂邑之土桥闸四十八里。闸官一人，夫三十人）。减水闸二（李家口、魏家湾）。

临清州 会通河之东岸，赵货郎口南至板闸，三十四里，西岸北自清河之二哥营，南至板闸，三十一里，汶河北岸板闸口，东至潘家桥，二十里，南岸板闸，东至赵家口，二十二里，置浅铺十（上仗柳圈浅、下仗柳圈浅、丁家马头浅，上口厂浅、北土门浅、破闸浅、潘家屯浅、陈家庄浅、沙湾浅、潘家桥浅。十铺，老人十人，夫一百人，守口夫九十人），置闸二：新开上闸（南接清平之戴家闸三十里。闸官一人，夫四十人，溜夫七十五人）、南板闸（南至新开上闸五里四十八步。夫四十人，溜夫一百一十五人）。治漕艎厂二十有八（临清、平山、济宁、东昌、兖州护卫、濮州所、天津、天津左、天津右、通州左、通州右、神武中、定边、德州、德州左、应天、龙江左、龙江右、水军左、水军右、横海、江阴、广洋、长淮、淮安、高邮、大河、扬州等卫厂，俱治州城西北。其事系于各卫官，总隶于督漕都御史焉。州设判官一人）。

夏津县 卫河之东岸，自桑园南至临清之赵货郎口，四十六里，西岸，北自武城之刘家道口，南至清河之渡口，七里。置浅铺八（黄河口浅、大口子浅、小口子浅、郝家圈浅、草庙儿浅、新开口浅、裴家圈浅、赵货郎口浅。八铺，老人八人，夫八十人，守口夫六人，县设主簿一人）。

武城县 卫河东一里，始恩县之白马庙，南至夏津之桑园，一百四十四里，西岸，始故城之郑家口，南至夏津之王家庄，一百十四里，置浅铺二十有六（王家口浅、孟家庄浅、小流口浅、北钓口浅、南钓口浅西关口浅、初家道口浅、周家道口浅、刘家道口浅、方迁口浅、陈家桥浅、何家堤口浅、陈家林浅、高家圈浅、大还河浅、耿家林浅、湾头口浅、大陇头口浅、白家圈口浅、白陇口浅、吕家道口浅、徐家道口浅、侯家道口浅、商家道口浅、桑园口浅。二十六铺，老人二十六人，夫二百六十人，守口夫二十五人，县设主簿一人）。

恩县 卫河之东岸，自四女树，至武城之白马庙，七十里，置浅铺五（新开浅、回龙庙浅、滕家口浅、高师姑浅、白马庙浅。五铺，老人五人，夫五十人，守口夫七十五人）。

济南府

德州 自卫河东岸德州卫之张家口，至恩县之四女树，四十一里，又自西岸左卫之郑家口，至德州卫之杨乌屯，二十里，置浅铺六（下八里屯浅、四里屯浅、耿家湾浅、刘皮口浅、蔡张成口浅、上八里堂浅。六铺，老人六人，夫六十人，州设判官一人）。

海运附

登莱运道，一自南京龙江关，一自福建布政司长乐港，一自太仓州刘家港开船，俱经扬子江口，盘转黄连沙嘴，望西北沿沙行驶，约半月或一月余，历淮口，入山东界，过安东灵山，胶州浮山，望延真岛，九峰山，向北一带连去，有劳山、赤山二处皆有岛屿，可以抛泊。劳山北望，有北茶山，白蓬头石礁，一路横开百余里，激浪如雪，即便开驶。或复回望东北行驶，北有马鞍山、竹山岛，南可入抛泊。北是旱门，亦有漫滩可抛泊。但东南风大，不可维系。北向为成山，如在北洋官绿水内，好风一日一夜，正北望见显神山，西见赤山、九峰山，西南洋有北茶山、白蓬头，即便复回，望东北行驶，好风半日，便见成山，转过望正西行驶，前有鸡鸣屿，内有浮礁一片可避。往西有夫人屿，不可在内驶船。收到刘公岛西小门，可进庙前抛泊。刘岛开洋，正西行驶，好风一日，到芝界岛，东北有门可入。西北离有一百余里，有黑礁一片，三四亩大，避之。收到八角岛，东南有门可入。自芝界岛有好风，半日驶过抹直口，有金嘴石，冲出洋内，潮落可见，避之。至新河海口，到沙门岛东南有浅，可挨深行驶。南门可入，东边有门，有暗礁二块，日间可行。西北有门，可入庙前抛泊。沙门岛开洋，望北径过鼍矶山、钦岛、没岛、南半洋、北半洋，到铁山洋，往东收旅顺口。东收黄洋川，西南嘴有礁石一路，山东进口，过黄洋川，东收平岛口，外有五个馒头山，进口内抛泊。南边一路老岸，外洋有一孤望成儿岭，尽东望有三山，正中进入，内有南北沙带一条相连，陡岸深水，可以抛泊。三山西有南山，收进青泥洼，西有松树岛，北有孤山，东北望见凤凰山，便是和尚岛，烽墩下占西有礁石，西北有仓庙，外有浅滩乱礁，避之。三山北看青岛一路山，望海驼，收黄岛，使岛若铁山。往西收羊头洼，双岛，有半边山、艾子口。望塔山，看连云岛。东北看盖州一路山，看盐场。西看宝塔台，便是梁房口，进入三叉河，抵直沽交卸。

元至元二十年，克取江南，至元二十一年，起运海粮，擢用朱清、张瑄万户之职，押运粮船三万五千石，赐立海道万户府、千户所、百户所，领虎符、金银牌，各领品职，成造船只，大者不过一千粮，小者三百石。海行两个月余，抵直沽。至元二十六年，增益粮米八十万，一岁两运。至元二十七年，朱万户躬请长兴李福回朝奉押运，远不过一月之程，近不过半月之限。以漕运利便，每岁专从此道至北京，将及二十余年。至大德七年，蒙官司招顾两浙上户，造船运粮，分拨春夏二运。延祐以来，各造海船，大者八九千粮，小者二千余石，是以海道富盛，岁运三百六十万石，供给京师，甚为易便。迤番海船，皆从此道贡献，仿效其路矣。国朝洪武三十年，海运粮七十万石，给辽东军饷。永乐初，海运七十万石至北京。至十三年，会通河通利，始罢海运云。

胶莱新河

自淮河入河，北岸隔一里为支家河，可开通。经新沟，至安东县，有澳河、向水、三叉，俱临淮可通。东则有东涟河、朱家河、白家沟、七里河，流入淮。又东有盐场河、平望河、界首河、白限河、牛洞河、车轴河，流入海，俱宜筑塞。中有遏蛮河，在淮海之交，可置闸以杀水势。西则有沭阳水，涸而为大湖、傅湖，又有杨家沟、西涟河、崔家沟、古闸河，皆为入涟河水道。自支家河至涟河海口，计三百八十里，入于海。由海州、赣榆至山东界，历安东卫、石旧所、夏河所、灵山卫、胶州瞭头营至麻湾海口，计二百八十里，隔马家湾五里，可以开通。经把浪庙、新河口、店口社、陈村小闸、戴高刘家大闸、王朱杜家村，至平度州，又经窝铺停口、大成昌渠小闸、新河集、秦家庄、海仓口至大海口，计三百七十五里，大海口至直沽四百里，通计一千四百三十五里。《舆地志》云：登莱本海运故道，然势险难图，稽之往迹，平度州东南有南北新河，水源出高密县，至胶州，分为二流。北河西流至莱之海仓口入海，以其自胶抵莱，故名胶莱。盖元时所浚，可避迤东海道数千里之险，世固未能举其说也。嘉靖十一年，巡按御史方远宜巡历登莱，访兹遗迹，乃檄使采询，直抵淮海，始得其详，为图表之。于是水源之通塞，山川之险易，道路之远近，闸坝之废置，若指掌然。嗟乎！使漕运常通，无容议矣。万一有梗塞焉，海运其容已耶？海运行，则胶莱之故道不可不复矣。

《谷山笔麈》

隋炀帝开通济渠，自东都西苑引谷洛之水，达于河，又自板渚引河水达于汴，又自大梁东引汴水入泗，达于淮，又自山阳至扬子，达于江，于是江淮河汴之水相属而为一矣。炀帝又开永济渠，引沁水南达于河，北通涿郡，又穿江南河，自京口至杭州八百里，盖今所用者，皆其旧迹也。夫会通河自济、汶以下，江、河、淮、泗通流为一，则通济之遗也；滹沱、御、漳，则永济之遗也；自京口闸通于浙河，则江南之遗也。炀帝此举，为其国促数年之祚，而后为世开万世之利，可谓不仁而有功者矣。秦皇亦然。今东起辽阳，北至上郡，延袤万里，有边城之机，皆非长城之墟耶？嗟夫！此未易与一二浅见者谈也。

魏州御河，即隋炀帝所开永济渠也，今在大名界中，东合汶、济之水，会为运河，犹称御河。

石晋开运元年，滑州河决，侵汴、曹、濮、单、郓五州之境，环梁山合于汶水，此全河南徙之始也。梁山在今寿张、东平之间，汶水自东北来，与济水会于梁山之北，而决河之水，弥浸溃溢，环梁山而会于汶，则宋之所谓梁山泺矣。

熙宁十年，河决澶州，北道断绝，河流南徙，东汇于梁山张泽泺，分为二派：一合南清河入于淮，一合北清河入于海。南清入淮，即今沂泗南流，由徐邳入淮之道，宋元以来，未之有改也。北道自张秋决塞，河不复来，而入淮一水，遂受河之委，倏南倏北，去海数百里间，而竭国家之力，不能制而一之也。

贾鲁河自黄陵南达白茅，放于黄涸等口，即今贾鲁河故道也。白茅在曹县，黄堌在单县。万历丙申，黄堌河决，由贾鲁河故道出符离集等处，盖即元人所挑矣。

《通鉴》：裴度讨李师道，请令田弘正自杨刘渡河，直指郓州，至阳谷置营。弘正奉命，自杨刘渡河，距郓四十里筑垒。师道遣刘悟屯于阳谷，夜半还兵，天未明，抵城下。《九域志》：阳谷在州西一百三十里者，非也。去州百三十里者，乃今阳谷县，在西北，杨刘在州正北。不应杨刘渡河，迂至西，又转而东，且悟以三鼓还师，安得未明即驰百三十里？此阳谷乃今阳谷店，在州北四十里。即度所令置营地也。又弘正奏败师，兵遏于东河。注云：东阿，汉古县，唐属郓州。《九域志》：在州西北六十里，与今旧县相合。而旧志载宋时始由阿城迁于南谷，审如所纪，则唐时邑城方在故阿，去州百里而遥矣。然则南谷有城，不至宋始迁，可征也。

梁、晋河上之师，德胜、杨刘，各有南北二城，跨河而守，皆河津要地也。晋人初据德胜，为梁人所败，东守杨刘，王彦章、段凝以十万之师，百道进攻，迄不能拔，而大河之险，已入于晋矣。德胜在濮州境内。《晋史》云：德胜口澶州地也。澶州旧治顿丘，天福中，徙州跨德胜津。已而又作浮梁于上，是为澶州河桥矣。杨刘在东阿北境，可六十里，黄河旧堤，隐隐可见；墟里人烟，久成聚落。而二城之迹，则不可考矣。

《安平镇志序》 于慎行

安平在胜国时为景德镇，尝置都水分监，以居行河之使，盖亦大聚落也。国朝开会通河，特遣水部大夫一人驻节其地，以总漕渠之政，南北几二千里，辐辏而受成焉，则尤称要重哉。乃其地籍东阿，而错丽于阳谷、寿张之境，三邑鼎峙而有之。故其文献故实，亦散见于三邑之志，而猝不能稽，则训方之籍阙也。万历癸巳，水部大夫檇李黄公奉命分司，既著《河漕通考》以播鸿猷，复以其余咨诹网罗，躬操觚翰，而镇志亦成焉。谓于子邑人也，遣郑生国熙奉书请序。于子中览而叹曰："于都哉，体简而明，文丽而则，信艺林之珍典，方舆之钜观也矣。夫志者，一郡一邑之史也，无郡邑之名而有其史，则所系有重于郡邑者焉。何者？漕渠出于齐鲁之郊，旋之若带，张秋其襘结也。北二百里而为清源，而得其贾之十二；南二百里而为任城，而得其贾之十五；东且三百里而为泺口，而盐策之贾于东兖者，十而出其六七，此亦迁史所称陶宛、邯郸都会之区也。而又当汶济之交，受濮澶之委，河伯望海，假为北道。

景泰、弘治间，朝廷再遣重臣，大兴人徒，临塞决口，玄圭告成，乃赐名安平，而复号为镇，即宣房瓠子之筑，不殷于是矣。奈何视非郡邑而弗之志也？志成而吏有法守，事有章程，文物有征，货食有纪，漕渠之要，亦因有考据焉。此岂一郡邑之所系也哉？繄犹有进于是。夫上之域民，犹制水也。水之为道，固必浚为沟浍，遏以堤防，而后翕犹顺轨，以趋于下。然其旁出羡溢，亦必得巨薮大泽而潴之，使其游波宽缓，有所休息，而后不至于溃。夫民亦然。居之郛郭，画之经界，此大纲大纪万世不能易也。至于五方之游轶，百贾之转鬻，亦必就闲旷四通之地，以有所猗靡蔓衍，而不束于有司之三尺，然后其志安焉，而利可久。故圣王体国经野，亦往往解其罗之一目，而有所不尽，则是地也，固亦民之薮泽乎哉！

自余少时睹记，生聚繁殖，廛阓充盈，比年以来，日益雕敝，文化为陋，丰化为啬，若将有索然不足之心，其故安在？《志》所称："时诎举赢，闾阎烦费"，及谓"新城改建，财力耗屈"，此不可归之天数也。画地而守者，其亦有永思乎？夫镇者，重也，填之而使不弛；又镇者，定也，奠之而使不挠，域民之道也。故夫无郡邑之名，而有郡邑之政；有郡邑之政，而不纯用郡邑之法，则镇之义居焉。而不然者，是峡薮泽而溃之也，其亦有系于漕渠，而非但一郡邑之故矣。黄公之职治水，而开府于镇讨，典稽常以告有土，意在斯乎？黄公当世英流，博物闳览，娴于文辞，而器度粹精，才猷玮卓，有非文学所能概者，兹盖其一斑云。

盖言张秋河政者，其利在汶，而其要害在黄河。夫古黄河自大伾而北，从信都、沧瀛北入于海，去镇远不相及也，即汶水故道，亦从东北合济渎以入海，与镇无涉焉。时境上之水，惟汴渠及北济之支渎尔。自后河渐南徙，溃金堤；至汉元光中，决瓠子，注钜野；建始中，决馆陶，灌东郡，而害始左右波及于张秋矣。于时河、汴决裂，东浸弥广。

至永平中，乃诏乐浪王景修汴渠堤，自荥阳至千乘海口千余里（此即金堤也。今南关外有堤坟隆起，绵亘郓、濮，俗称为始皇堤，疑即景所修也）。河、汴分流，复其故迹。而阿、鄄之间得免于河害者几七百年。

至五代（注一）、北宋时，河复南决。百余年中凡四决扬刘，七泛郓、濮，而张秋非当其津口，则首受其下流，被害尤极。故后周遣宰相李谷监治堤，则起阳谷属之张秋。宋设郓州六埽，则张秋居其一，孑遗一镇，何啻今日之徐邳也！自南渡后，河益南徙，由涡入淮，而东流故道遂涸。至胜国至元二十六年，始用寿张尹韩仲晖议，自安民山西南开河，由寿张西北历张秋至临清，引汶绝济，直属御漳，赐名会通。又特设都水分监于景德镇（即张秋也），以饬渠闸之政令，而张秋始称襟喉重地矣。

我国初北征，舟师饷道，俱径此途，至洪武二十四年，河决原武黑洋山，由旧曹州郓城西河口漫安山湖，而会通河塞。永乐九年，复命尚书宋礼等浚其故道，自沙湾南暨袁家口，则稍北徙二十里，而又改坝戴村，遏汶水分流南旺，而运道复通。八百斛之舟，迅流无滞，岁漕东南数百万石以给京师。盖会通之业，自我朝收其全功，而利十倍于胜国矣。然是时犹堰黄河支流，自金龙口至沙河入运，以济汶水之不足，既资其利，能尽祛其害乎？

故至正统十三年，河决荥阳，自开封北经曹濮，冲张秋，溃沙湾东堤，以达于海，遣侍郎王永和塞之，弗绩。

景泰之二年，遣尚书石璞往治，两年之中，再塞再决，迄无成功，乃复辍。侍从臣徐有贞以佥都御史往。贞至，则上言："河自雍而豫，出险即夷，水势奔放，又由豫而兖，土益疏而水益横，沙湾之东，所谓大洪口者，适当其冲，故决而夺济汶以入于海。今欲骤堙之不可，请先疏其水，水势平，乃治其决；决止，乃浚其淤。"制曰："可。"贞于是度地行水，浚广济渠，起张秋金堤，达于大潴，逾范暨濮，经澶渊，上接河沁，为设九堰，以节其过而导其微，俾不东冲沙湾。更北出通源闸，以济漕渠之涸。而又作大堰（即戴家庙三空桥又名金线闸），杀以水门，入大清以达于海。水势既平，乃浚漕渠四百余里。贞先后临治，凡四载工始成（注二）。先是，沙湾之决垂十年，时侥有天幸，河南徙入淮，势少杀，故贞得竟其功。然犹踵前人故智，引河入漕，强半欲资其利也。故贞之言曰："水势大者宜分，小者宜合。今黄河势大，故恒冲决；运河势小，故恒干涩。必分黄河，合运河，则可去其害而取其利。"嗟乎！河不两行，事无两利。见其利而遂忘其害，君子是以知役之不终矣。

至弘治之二年，河果复决金龙口，径曹濮，下趋张秋，命侍郎白昂治之。遂塞金龙口，于荥泽开渠，导河由陈颖入淮，而张秋（注三）赖以稍宁。至六年，河复决张秋镇，溃东堤，夺汶入海，咽喉几绝。讹言沸腾，谓河不可治，宜复元海运，而朝议弗之是也。命都御史刘大夏及太监李兴、平江伯陈锐协治之。时河流湍悍甚，决口悬九十余丈。大夏行视之，曰："张秋是下流襟喉，未可辄治，治上流，导之南行，候其循轨，而后决可塞也。"乃发丁夫，一浚贾鲁河，出彭城入泗；一浚孙家渡，由颖寿入淮；一浚四府营淤河，一由小河口、一由涡河入淮。于是沿张秋两崖东西筑台立表，联巨舰，实以土石，穴而沉之，压以大埽，合且复决，随决随筑，凡三昼夜乃成。又于上流黄陵冈筑堤二百余里，以断其流，于决口迤南建减水石坝（即五空桥），以杀其势，盖不藉其利，而亦不被其害。河始全趋归德、徐淮以入海，而涓滴不及于会通，张秋遂无河患。工成，赐镇（注四）名曰安平。

夫自国朝以来张秋决者三，而弘治癸丑为甚。诸臣塞决者三，而刘公大夏为最，迄今百有余年，远祛河害而独资汶利，狂澜不惊，岁运如期，伊谁之力哉？即闸河淤浅，固时有之，要之可人力为者，非难也。然则守黄陵冈之旧堤，时泉湖之蓄泄，其张秋今日之急务矣。

宣德五年十月，平江伯陈瑄言："自临清至安山漕河，春夏水浅舟涩。张秋西南旧有汉河通汴，旧常遣官修治。遇水小时于金龙口堰水入河，下注临清，以便漕运。比年缺官，遂失水利，漕运实难。乞仍其旧。"从之。

十年九月，廷臣会议漕运事宜，言："沙湾张秋运河旧引黄河支流，今岁久沙聚，河水壅塞，而运河几绝，宜加疏凿。"从之。

正统元年九月，漕臣会议，复言金龙口水接张秋，是引水通运之处，宜令工部委官一员巡视提督。遇有淤塞，会同河南三司鸠工疏浚。上命："允行，其遴选公廉干济之人以往，毋使因而扰民，违者，罪不宥。"

十三年七月，河决荥阳，从开封北经曹濮，冲张秋，溃沙湾之东堤，决大洪口，诸水从之，以达于海。事闻，上命工部右侍郎王永和往理其事。十二月，给修筑山东沙湾军、匠、夫役口粮月三斗五升，从王永和请。是月，永和修沙湾等堤未成，以冬寒停工，且奏河决自卫辉八柳树口，宜敕河南巡河及三司官修塞。上敕责之曰："八柳树河决，不由金龙口故道东流徐州、吕梁，以溢运河，致妨漕运，患及山东，特简命尔往董其事，冀在急恤其患，预定其谋，躬询其源，以副朕意。乃辄以天寒罢工，且以筑塞之工诿之他人，不知朝廷所以委任、尔之所以尽职何在？且治水有术，当先其源，先治八柳树口，然后及沙湾，则易成功。苟治其末，不事其源，朕知春冬水小，暂能闭塞，夏秋水涨，必仍决溢。今正用工之时，其令山东三司筑沙湾。尔即往河南督同三司等官，措置八柳树上流如何修塞，金龙口等处如何疏通，务在河由故道，不为民害。仍先以尔等经画方略，及合用军夫物料之数以闻。或尔不能独理，宜添重臣，亦可奏来。"

十四年三月，永和奏："黑洋山西湾已通，其水由泰黄寺资运河东昌之水，复置分水闸，设三空放水，自大清河入海，其八柳树未宜用工，沙湾堤宜常启分水闸二空，以泄上流之水，则不为后患。"上从之。仍戒永和等速修完工，以休军夫，毋令久惫，误其生业。五月，上闻沙湾河修理略有成绩，诏工部臣曰："河道既通漕运，今农务方殷，其令军夫休役。"

景泰元年四月，御史陈全上言："初，河决沙湾堤，已修其大半，止流二决口泄水。近者，东阿县以西大洪口鲤连河水落，河身渐露，与决口相去甚近，恐掣会通河水，东去病漕，乞筑二口，便。"从之。

二年正月，陈全复奏："运河沙湾尝以冲决，修置土坝，故今损坏，不能蓄水，致妨漕运，请以拆毁旧船，改造板闸二座。"从之。二月。敕山东左参政王骢、按察司佥事王琬督工浚沙湾运河，以河决水浅故也。八月，给事中张文质劾巡抚河南、山东都御史王暹、洪英治水无绩，宜别命官，以责其成（质之奏曰："沙湾之决，宜于潘家渡以北浚支流以减水势。其沙湾浮桥以西开筑河口闸座，引水以灌临清。"）。诏不允，仍令暹、英调度，戒其毋偏执误事。

三年正月，山东参议刘整、佥事王琬塞沙湾决河，绩久弗成，人多逃逸，为都御史王竑所劾，诏宥其罪，随尚书石璞立功自效。自河决沙湾，水径趋海，运河胶浅。或言沙湾以南地高，水不得南入运河；或言引耐牢坡水，可灌运河，但不免复径沙湾，宜别开河以避其冲决之势；或言引耐牢坡水南去，则自此以北枯涩矣；或言沙湾水势湍急，石铁沉下若羽，非人力可为，宜以戒行僧道设斋醮符咒。命工部尚书兼大理寺卿石璞治之，封河神为朝宗顺正惠通灵显广济河伯之神。璞至，以决口未易筑，浚自黑洋山至徐州，以通漕舟，而沙湾之决如故。乃命内官黎贤、阮落、御史彭谊往协，璞等于沙湾筑石堤，以御决河，开月河二，引水以益运河，且杀其势。至是水流渐细，始克筑塞之。五月，堤成。修河官工部主事王竑等十一人进官有差。六月，大雨浃旬，河复决沙湾北马头七十余丈，掣运河之水以东，旁近田地悉皆淹没。初，训导陈晃，以治沙湾河升教职，至是沙湾复决，晃奏："欲息斯患，在用臣言。"该部恶其诈妄，请递发当事者责其成功，否则械至京师惩治。给事中陈嘉猷言："朝廷尝降榜求治河之略，然而未有言者。晃一言而工部嫉之，必欲置诸有罪之地，臣恐圣谕虽切，人皆缄口不言，其河道通行方略，终不得以上闻，而其他利病有甚于此者，孰肯复言哉？晃不足惜，而国体所关甚重，伏望令晃协同巡抚等官设法修筑。为巡抚者，毋贱其卑而自尊；为晃者，亦毋是其言而自肆。在和同计议，以求成功，果有优绩，量加赏擢。若然，臣将见凡有长策者，俱为陛下言也，又何忧乎功之不成哉？"从之。先是，总兵官都督佥事徐恭奏沙湾北马头复决，乞敕有司修筑，诏巡抚山东右都御史洪英督三司官理之。八月，英言："水势汹涌，未易用工，请俟冬月水消，量添夫料修筑。"奏下，工部请如英言，从之。九月，命都御史王文以太牢祭朝宗顺正惠通灵显广济河伯之神。十二月，以沙湾河决，久未成功，而运河胶浅，有阻漕运，复敕内官武艮、工部侍郎赵荣往理之。是月遣荣祭河伯之神。

四年正月，河复决沙湾新塞口之南。二月，以沙湾累修累决，诏加封河神为朝宗顺正惠通灵显广济大河之神，命巡抚山东刑部尚书薛希琏以太牢祭之。二月，赵荣言："黄河之趋运河，势甚峻急，而沙湾抵张秋旧岸低薄，故此方筑完，彼复决溢，不为长计，恐其患终不息也。臣等议请于新决之处，用石置减水坝以杀其势，使东入盐河，则运河之水可蓄，然后高厚其堤岸，填实其缺口，庶无后患。"从之。仍命原厂给铁牛十八、铁牌十二与之。四月，户部以山东东昌及直隶凤阳等府民饥，又沙湾修筑河道夫匠众多，粮储当为樽节，奏请移文山东巡抚薛希琏并布、按二司，各委官于济南，有粮官仓支粮一万石，起倩递年里长有丁夫户运赴沙湾备用。是月，复筑沙湾决口，工毕，御史彭谊言：“河堤仅完，人力实罢，今民夫虽已疏放宁家，而原设看桥捞浅者尚在，贫且乏食，乞每人月给粮三斗。”从之。五月，山东布政司右参议陈云鹏奏：“运河之水，偶尔泛涨，三月四日，败沙湾减水坝。越七日，又败南分水墩。抵五月，水溢浩瀚，墩岸桥梁皆被冲坏，而北马头决五丈有奇，漕舟今虽暂通，臣恐此后水势益大，一带堤岸皆未能保其无虞。宜预积工料，为修筑计，竹木之类已于浙江等处顺带，其石料、柴草动亿万计，虽有山东诸司罪人折纳，恐不足用。臣谓在京造作已息，请以山东、河南、直隶等处该班石铁等匠量发前来，于附近山场采运，准其班次；其河南囚犯，亦如山东之例，运石于沙湾赎罪。”事下，工部言：“河南、北直隶旱涝，人民艰食，听其于山东起取匠二万人采运物料，务在修筑坚完，漕运不阻。”从之。是月，沙湾大雷雨，复决北马头河岸四十余丈，运河水掣入盐河，漕运之舟悉阻。七月，户部奏：“比者，集丁壮于沙湾，浚治漕河，该给口粮，已令山东、河南及直隶、大名等府粮税，并山东囚犯赎罪米及中纳盐粮等米俱于临清、济宁二处上纳备用。然沙湾之去二处，动隔一二百里，支运诚有不便，请令山东布，按二司官于沙湾相视空閒房屋，收贮支用。”从之。是月，漕运总兵官徐恭奏：“沙湾河决，水皆东注，以致运河无水，舟不得进者过半，虽设法令漕运军民挑浚月河，筑坝遏水北流，然北高东下，时遇过东南风，则水暂北上，舟可通行；设遇西北风，则水仍东注，舟不得动。况秋气已深，西北风日竞，行舟更难。诚恐天寒冰冻，不敢必其得达京师，乞早为定计。”事下，户部议：“宜敕恭与石璞、王竑计议，如舟可前进，则令运赴通州上纳；如不得进，则令沙湾以北者于临清上纳，以南者于东昌及济宁上纳。漕挽军民，令回本处运次年粮储。”从之。复命太子太保兼工部尚书石璞往治沙湾决河，时有旨命工部司务吴福往治。已就道，给事中国盛等言：“沙湾之决，累敕大臣，尚不能为经久计，吴福庸下，岂能济事？况决口颇大，费用工料甚繁，亦不宜独仗山东，其河南并南北直隶人匠，淮安、临清及龙江瓦屑坝诸抽分木料，亦宜许其取用。”诏是之。乃征福还，而以璞往。时御史练纲言：“沙湾之决，昨见教谕彭埙请立闸以节制水势，开河以分析上流，其言颇似近理。又往来舟人，淹留日久，必皆愁困躁急，但得设法前进，虽或稍伤财力，无不乐趋事功者，可因借用之。”诏是其言，令与尚书石璞措置。八月，命太监阮安治张秋决河，道卒。九月，沙湾复决。尚书石璞等凿一新河，长三里，以避决口，上下与运河通，其决口亦筑截，令新河、运河俱可行船。至是工毕，工部欲取璞回。上恐不能经久，令璞且留处置。十月，升右春坊右谕德徐有贞为都察院左佥都御史，往治沙湾。

五年五月，山东济宁卫知事黄泰言：“沙湾决口，民壮夫匠及囚徒无虑十万余，多有持兵器者，恐官吏虐之，则为变不小。”都察院谓：“泰言虑患于未形，宜令总督漕运副都御史王竑、佥都御史徐有贞等悉收其兵器。”从之。九月，总督漕运都督徐恭、左副都王竑言：“运河胶浅，南北军民粮船，蚁聚临清闸上下者，不下万数，盖因黄河上源水啬，亦以沙湾缺口未塞，而修治者之弗克事也。臣惟治理之要，有经有权。以沙湾缺口不可合，留之以泄大水之势，经也；姑塞沙湾缺口，引水注运河以通漕舟，权也。苟惟常道是执。臣见粮船浅冻，不惟有误今岁之粮，来岁之计亦必误矣。请敕有贞将缺口趁令水小，督工筑塞，庶不败事。”诏是之。敕有贞务博询众策，毋僻守己见。有贞言：“临清浅，自昔已然，非谓缺口未塞也，亦非臣僻守己见而固欲不塞也。竑等不察，而以塞缺口为急，殊不知秋冬虽仅能闭，明年春夏亦必复决，劳费徒施而无用，此臣所以不敢邀近功也。如塞而无患，臣虽至愚，宁不早为之？”诏从有贞议，粮运亦无阻焉。十一月，有贞言：“沙湾治河三策：一置造水门。臣闻水之性，可使之通流，不可使堙塞者，禹凿龙门，辟伊阙，无非为疏导计。故汉武之堙瓠子，终弗成功；汉明之疏汴渠，逾年著绩。此其明验也。世之言治水者虽多，然于沙湾，独乐浪王景所述制水门之法可取。盖沙湾地，土皆沙，易致塌决，故作坝，作闸，皆非善计。臣请依景法为之，而加损益于其间，置门于水而实其底，令水常五尺为准。水小则可拘之以济运，水大则疏之使趋于海。如是，则有通流之利，无堙塞之患也。一开分水河。凡水势大者宜分，小者宜合，分以去其害，合以取其利。今黄河之势大，故恒冲决；运河之势小，故恒干浅。必分黄河，合运河，则可去其害而取其利。请相黄河地形、水势，于可分之处开成广济河一道，下穿濮阳、博陵二泊及旧沙河二十余里，上连东西影塘及小岭等地，又数十余里。其内则古大金堤，可倚以为固，其外则有八百里梁山泊，可恃以为泄。至于新置二闸，亦坚牢可以宣节之，使黄河水大不至泛溢为害，小亦不至干浅以阻漕运。一挑深运河。臣惟水行地中，避高趋卑，势不能遏。故河道深则能蓄水，浅则勿能。今运河自永乐间尚书宋礼即会通河浚之，其深三丈，但以流沙，恒多淤塞。后平江伯陈瑄为设浅铺，又督军丁兼挑，故常疏通，久乃废弛，而河沙益淤不已，渐至浅狭，今之河底乃与昔之岸平。其视盐河，上下固相悬绝，上比黄河来处，亦差丈余，下比卫河接处，亦差数丈。所以取水则难，走水则易，诚宜浚之如旧。”

六年三月，谕工部臣曰：“国家重务在漕运，今里河自沙湾抵临清皆淤塞不通，其集文武共议疏治方略以闻。”于是工部尚书江渊会府部官议，言：“运河之阻，在疏浚之而已，但今山东、河南人力已罢，难起夫役。请将在京存操步队官军五万人，敕内臣文武大臣各一人，往同徐有贞计度疏浚，期明年二月兴工，四月毕工。其器具、量给银两令自置之，仍先敕河南、山东有司，预积物料，蓄军粮以俟。”

上遂敕有贞集河南、山东殷实余夫民壮各一万人，先治之。有贞言：“宜以渐疏浚工力相继，若官军一动，粮储、银两辄有千万之费，遇水涨，则复坐费，无所施功。今泄口已合，决堤已坚，挑河者已如命用工。臣请仍旧例，置捞浅夫，惟用沿河州县之民，免其徭役牧养之事，使专事于此，付管河官督领。役小则量数起之，役大则举户皆行，其非近河之人，皆休放使力农亩。如此，将远者得安生业，近者乐趋河工，有不久利无弊者，臣未之信也。”

上以为然，工部之议遂寝。五月，有贞奏运道疏浚功成。

上谓工部曰：“河虽暂通，恐不能久，其移文有贞，尚宜督沿河夫役，以时挑浚，勿至沮滞舟船。”筑沙湾之决垂十年，至是始克奏功。

上以河道虽完，恐未坚固，命有贞明年春仍往视之。七月，以治沙湾功，赏工部主事孔诩、山东参议陈云鹏、佥事陈澜及同知张方等一十五员各绢二疋、钞三百贯。十二月，徐有贞复巡视沙湾。

七年四月，沙湾堤成。九月，有贞奏："京畿及山东自七月大雨，至八月诸河水溢，虽高阜亦有丈余堤岸冲决，田庐淹没，商船漂溺者无算，幸新造水门一带堤堰无患。其冲决不甚害者，臣已率有司督工修理。惟感应祠旧堤所决既大，所系尤要，必置御水埽，如水门埽堰之制，仍于济宁抵临清增置减水闸，始可经久。"

上是之，仍敕有贞等督军卫有司措置物料，务在坚完，勿遗后患。十二月，升主事孔诩、参议陈云鹏、知府郭鉴、通判王叔、田懋、王禧、推官田畯、林琦、知州杨忠、知县毛骥、徐思孝、彭述、府经历霍琏、县典史赖忠俸俱一级，医学典科刘瓒、辛宽、办事官顾海等俱赏有差，从有贞修河有功故也。

天顺元年正月，诏减沙湾巡河主事，从定襄伯郭登言也。

成化七年九月，户部会议漕运事宜，言："寿张县自沙湾至戴家庙仅一十八里，地岸平实，素无他患。今宜改寿张县管河县丞于巨野，照旧管河。"从之。

十五年十月，升工部郎中杨恭为通政司右通政，仍管河道。恭管理北河直抵济宁一带河道。恭六年考满，漕运总兵等官奏保升职，仍任旧事。吏部议以通政司参议。诏曰："恭既管河勤能，准升右通政。"恭在河道承奉太监汪直，故有不次之擢也。

弘治二年，河决封丘金龙口，漫祥符，下曹濮，冲张秋。命户部侍郎白昂塞之。

五年七月，河复决金龙口，溃黄陵冈东北入漕河。遣工部左侍郎陈政兼佥都御史往治之。未几政卒。

六年二月，升浙江右布政刘大夏为右副都御史，往治决河，时大夏议筑黄陵冈及减水石坝，疏曰：“臣等议得河南、山东、两直隶地方，西南高阜，东北低下，黄河大势日渐东注。究其下流，俱妨运道。虽该上源分杀，终是势力浩大，较之漕渠，数十余倍，纵有堤防，岂能容受？若不早图，恐难善后。其河南所决孙家口、杨家口等处，势若建瓴，皆无筑塞之理，欲于下流修治，缘水势已逼，尤难为力。惟看得山东、河南与直隶、大名府交界地方，黄陵冈南北古堤，十存七八，贾鲁旧河尚可泄水，必须修整前项堤防，筑塞东注河口，尽将河流疏导南去，使下徐沛，由淮入海。水经州县御患堤防，俱令随处整理，庶几漕河可保无虞，民患足为有备。仍于南北各造滚水石坝一，俱长三四十丈，砌石堤一，拟长十四五里，虽有小费，可图经久。若黄陵等处堤防委任得人，可以长远。仍照旧疏导汶水，接济运河，万一河流东决，坝可以泄河流之涨，堤可以御河流之冲。倘或夏秋水涨之时，南边石坝逼近上流河口，船只不便往来，则于贾鲁河或双河口径达张秋北上，以免济宁一带闸河，尤为便利。臣等仰知皇上洞见黄河迁徙之害，深为国计民生之忧，凡智力所及，不敢不尽，但欲兴举此等工役，未免劳民伤财。今山东等处荒歉之余，公私匮乏，人夫尚可请倩，财用无从取办，况好逸恶劳者，怨谤易兴；听声蹑影者，议论难据。乞敕户、兵二部会同在廷群臣从长计处，斟酌前项工程于理应否兴止。倘以臣言可采，则事宜速举，其买办木石等项，银两应于何处取用，匠作等项口粮，该于何处支给，或此外别有治河长策，可以不费财力，逐一处分明白定夺，行令臣等遵守施行。”

七年二月，河复决张秋，从沙湾之下十里，溃东堤入海。运河水涸，尽入决口，漕舟不通。四月，复遣太监李兴、平江伯陈锐协同大夏督治张秋决河。十月，山东按察使司副使杨茂元奏："张秋之役，官多而责任不专，供亿甚巨，乞取太监李兴、总兵陈锐回京，专任都御史刘大夏，以责其成功。"又言："黄河必浚上流，使复故道，则漕运可通。今欲作滚水坝，徒费工力。"又言："河南之民，不欲黄河入境，但见山东委管往彼，增筑贾鲁堤，即谋欲杀之，此非细故，乞令严加禁约。"且谓："水阴也，其应为宫闱，为夷狄，宜戒饬后戚，防御边患。"疏上，兴等切齿之，诬奏茂元妖言，逮系锦衣卫。科道交章论救，乃谪长沙。是月，李兴、陈锐、刘大夏奏河防粮运事宜，谓："济宁迤北南旺开河、戴家庙一带，比之他处最要，而安平镇地方土脉疏薄，新筑决口，尤须提调官员不时简点。今自济宁直抵通州，相去一千八百余里，而天津北上，逆水尤难，若止责一人提调，恐致误事。乞敕该部依臣等前奏，仍分其地为三，南北各该工部郎中一员，中间增设通政一员提调。"工部覆奏，俱从之。十二月，筑塞张秋决口，功成，遣行人赍羊酒往劳之。以张秋决口虽已塞完，但今天寒土冻，恐来春冻土融化，或雨水泛滥，复有后患。其黄陵冈在张秋上流，亦宜筑塞，但水势汹涌，随筑随决，恐非一时所能成功。请仍留兴等三人，来春量起丁夫，再培筑张秋决口，及新旧河岸，务令坚厚，以期永久。是月，升山东布政司参议张缙为通政司右通政，提调沙湾至德州河道。太监李兴等言："缙修河有功，今决河已塞，仍须令管理河道。"因命之。

八年二月，塞张秋决河功成，赐镇名曰"安平"。九月，以修河工完，命太监李兴岁加禄米二十四石，平江伯陈锐加太子太傅，仍岁加禄米二百石，都察院右副都御史刘大夏升左副都御史，各赏银二十两，纻丝二表里。

十三年八月，升南京通政司左参议韩鼎为通政司右通政，提督沙湾河至德州河道。

十四年二月，修筑安平镇显惠庙地基并濒河堤岸，从韩鼎奏。

十七年五月，工部覆议御史何天衢裁革管河冗官之奏，谓："先年安平镇冲决，始则甚微，本处官司互相推调，遂成大患。朝廷时遣大臣修筑，动费万计，终年不已，今天衢所言，固节财省费之意，但管河郎中比别项官不同，专选主事止是分管洪闸，其余河渠、坝堰、堤岸决口，或溢或涸，与夫桩草之征需，官夫之代替，至如蓄少泄余，兴利除害，专管督理，尚恐有失。设若革去，万一有如先年冲决，及今年旱干，舟楫阻滞，谁任其责？况经廷臣议奏专设之数，未可裁革。"从之。

嘉靖三年十二月，总理河道侍郎李瓒言："前年河决安平，故开北河以杀水势，中建闸四、浅铺二十，设闸官四员，闸夫二百二十名，浅铺夫二百名。今河归故漕，前项夫并宜裁省。"工部复议，从之。

水利

尝考安平以西诸州邑水利，源自黑羊山、澶渊等坡而入濮者，为魏河；其源自澶滑、青龙等坡而入濮之董家桥者，为洪河；其源自曹州而入濮者，为小流河。三河合流于濮之东南，出杨二庄桥，入范县竹口，又东径张秋城南，过道人桥，达月河，其溢出者，则由通源闸俱入运河。又有源自曹濮，径范县回龙庙而来者，为清河，亦名水保河；有源自定陶，径曹州新集而来者，为天鹅坡之水；有源自郓城，出五岔口而来者，为廪丘坡之水，俱入西里河，径黑虎庙杨家桥至沙湾小闸，入运河。方张秋之未决也，津流径通，直抵运道，及张秋屡决，高筑堤堰，阨其下流，而故渠亦往往湮废。故开濮、曹济之间，遂苦水患。溢之于东，则范县、寿张、阳谷为壑；溢之于北，则清丰、南乐、观城、朝城、莘县、聊城为壑；溢之于南，则郓城、定陶、曹县、巨野为壑。盖譬之身乎，曹、濮诸州邑其腹也，张秋其尾闾也；尾闾下壅，而欲腹无中满，得乎？先是司河者执拘挛重为运道虑，而不敢量为疏通，诸州邑之患遂计画无复之矣。愚谓前此之决，河为患耳。自黄陵冈一筑，则河害永绝。而运河之东，又设有诸减水闸坝，可恃节宣，即使郓、濮诸水溢而东出，由盐河入海，岂遂有妨于运乎？奈之何惩噎而废食也？余初承乏安平，值大涝后，镇西诸水不得外泻，率钟为汙泽。余为尽启沙湾诸堰，听其常流，诸邑沮洳得见土可艺，即漕河亦稍资其灌输。此已事之一验矣。今州邑长吏若能就故道准高下，开浚成渠，上下通利无阻，旱则堰流股引，资其灌溉；潦则疏湮导滞，任其东趋。下不病民，上不妨运，斯亦两利之术也。姑为诸州邑计，其便宜如此。

泉河史《夫役志论》

曰：余读《七月》之篇，称述农夫之苦备矣。顾三时勤动，卒乃就闲，而河渠徒役防，旱防溢，迄无休暇。袒裸从事，不罹蒸湿，则病皲瘃耳。且农夫不出其乡，频年大兴，此曹荷锸而走千里之外，风雨晦暝，安所得食？归而不能持一钱。漕渠不见于

《诗》《书》，使风人闻之，又当何如称述也？国初以天下之全力奉漕，今所余之夫不及十之五，征调不足，继之雇募，雇募不给，继之佥派。山以东，家鲜盖藏，官无见粮，盖公私困极矣。夫民罢其财以奉之，而又罢其力以代之，如之何不殴之盗也？殷鉴不远，在彼元季。可惧哉！可惧哉！

漕河（即会通河。南自戴家庙入境，北至七级，共长七十里。自戴家庙至沙湾，二十里，属寿张。自沙湾至荆门上闸，二十里，属东阿。自荆门上闸至七级下闸，三十八里，属阳谷）、**月河**（镇城迤南运河西岸。弘治中，河决东堤，决口奔猛，舟不敢越。刘公大夏开之，轶决口而属之河，以便漕挽，长可三里，与运河仅隔一堤，相为表里）、**金线闸河**（去镇南三十里，亦黄河旧决之道也。由寿张集东北至戴家庙，泄而东出，贯漕以入于大清，作金线闸于上）、**小盐河**（镇东岸。《县志》云，即古马颊河故道也。宋时黄河及国朝正统弘治间决河皆由此。今源自黑龙潭东流，由决河故道至陈琦口，受五空桥水，又东径鱼山，南入于大清河。平时不通舟楫，雨水泛涨，则鱼山盐舟稍上得至张秋。故俗谓之小盐河云）、**沙湾里河**（即灉河下流，亦黄河决道也。由郓城、寿张境而来，受廪丘诸坡之水，径黑虎庙故范城，又名范城河。东至张秋南沙湾小闸入运，其水源颇盛，冬春不涸，夏秋水涨，商贾舟楫径通）、**土河**（即黑阳山决河故道也。由范县至寿张，东流入于张秋）、**沙河**（去镇西十五里，从范县、寿张入阳谷。雨后则会水北流，至东昌龙湾入运）、**清水河**（旧志：即马颊河分流也。从寿张入阳谷，至张秋南减水闸入运）、**广济渠**（景泰四年，都御史徐公有贞治沙湾决河，先疏其上流，起张秋金堤，通寿张之沙河，西南至竹口，逾范暨濮以达河沁，导之至通源闸入运，名曰广济渠。自筑黄陵岗遂废）、**黑龙潭**（一名平河泉。在张秋城北半里，故黄河决口也。东堤既塞，其地涌泉如线，南流百武，汇而为渊，方数十亩，其深叵测。阴雨则有物如蛟龙状，浮沉水面，人不敢踪迹之，岁旱祷雨辄应。郎中杨旦欲涸其水，风雷大作，舟皆覆没，遂止。其水大旱不枯，即冬月犹时溢溢。从新闸口流入小盐河）。

故阿城（去城十八里，即齐阿大夫治邑也）、**阿井**（在故阿城中，其水不盈数尺，色绿而重。《禹贡》传曰：济水所经，清冽而甘，汲出日久味不变，煮黑驴皮为胶，可疗风疏痰。《环宇记》云：东阿旧有大井若车轮，深七八丈，汲以熬胶，每岁入贡，即此）、**桃丘**（在城东北十八里，春秋会卫侯于桃丘，即此。今为桃城铺，铺旁一丘，高可数仞，汉光武时，庞萌反，自号东平王。围桃城急，帝乃轻兵夜驰，破桃城寇）、**始皇堤**（在南关外，堤坟隆起，延亘郓、濮，俗称始皇堤。或又云即古金堤，或又云即汉王景所修汴渠堤。自荥阳至千乘海口千余里，此即其古址欤）、**晋王城**（在城东六里许，城址尚存。相传李克用屯兵处）。

漕河正闸七：荆门上闸（去镇北十里。元大德六年建，永乐九年重修）、**荆门下闸**（南距荆门上闸二里。元大德三年建，永乐九年重修）、**阿城上闸**（南距荆门下闸十里。元大德二年建，永乐隆庆中重修）、**阿城下闸**（南距阿城上闸二里。元大德三年建，永乐九年重修）、**七级上闸**（南距阿城下闸十二里。元元贞二年建，永乐成化间重修）、**七级下闸**（南距七级上闸二里。元大德元年建，永乐、嘉靖间重修。以上并属阳谷县）、**戴家庙闸**（去镇南三十里。嘉靖十九年建，属东平州）。**小闸三：通源闸**（在城南百武运河西岸旧广济渠口，黄河所出。景泰三年，佥事古镛建。自黄陵冈筑塞，久已断流，每遇伏秋雨涝，范、濮一带之水由此入运）、**积水闸**（在沙湾运河西岸旧黄河口。成化七年，佥事陈善建。每岁伏秋郓、濮等处倒坡之水接流至此入运，闭闸蓄水，俟春夏之交，运河水涸，放水济漕）、**减水石闸**（又名金线闸，在城南三十里戴家庙闸迤北运河东岸。景泰五年，左佥都御史徐有贞建，以杀水势。弘治五年，参政熊绣重修。每遇运河水溢，由此闸泄入盐河，东入于海）。**坝三：减水石坝**（在城南五里运河东岸。弘治十年，都御史刘公大夏既塞张秋，决河时于黄陵冈筑两长堤，蹙水南下，由徐淮故道。又议以为两堤绵亘甚远，河或失守，必复至张秋，为漕河忧。乃于旧决之南一里许，筑为减水石坝，广袤各十五丈。又于其上甃石为五，窦以泄漕渠溢溢之水，入之小盐河东，入于海。少师李东阳为之记，别见《艺文》）、**师家坝**（在沙湾西南二十五里。堨黄河水使入通源闸，以分沙湾水势。今废）、**李家坝**（在沙湾东大洪口。今废）。

沿河者为浅铺，铺凡二十有六，曰：戴家庙铺（在河东岸，去镇南三十里）、**刘家口铺**（在河东岸，去镇南二十五里）、**大洋屯铺**（在河东岸，去镇南二十里）、**张家庄铺**（在河东岸，去镇南十五里）、**沙湾铺**（在河东岸，去镇南十里），**以上属寿张。沙湾铺**（在河东岸，去镇南九里）、**南浮桥铺**（在河东岸，去镇南七里）、**石坝铺**（在河东岸，去镇南五里）、**北浮桥铺**（在河东岸，去镇南四里）、**挂剑台铺**（在河东岸，去镇南二里）、**新添铺**（在河东岸北水门内）、**莲花池铺**（在河东岸，去镇北三里）、**北湾铺**（在河东岸，去镇北六里）、**荆门铺**（在河东岸，去镇北九里），**以上属东阿。河西岸铺**（在河西岸，去镇北三里）、**下荆门铺**（在河西岸，去镇北十三里）、**何家渡铺**（在河西岸，去镇北十六里）、**张家渡铺**（在河西岸，去镇北十九里）、**阿城中铺**（在河东岸，去镇北二十三里）、**秦家渡铺**（在河东岸，去镇北二十九里）、**姚洞桥铺**（在河东岸，去镇北三十三里）、**周家堂铺**（在河东岸，去镇北三十八里）、**坌河湾铺**（在河东岸，去镇北四十二里）、刘家渡铺（在河西岸，去镇北四十九里）、王家渡铺（在河西岸，去镇北五十三里）、官窑集铺（在河西岸，去镇北五十七里）。以上属阳谷（每铺正房三间，围墙、门楼、影壁全。铺夫五人，杂物全：旗二、铜锣二、铃一、夹板二副、号、雨衣帽各一）。

水次仓，凡傍近邑岁额转漕京师者，则输之安平水次以发兑，每岁冬有部使者监临之。仓凡十有四，其在镇者九，曰：曹州水次仓、曹县水次仓、定陶水次仓、郓城水次仓、寿张水次仓、范县水次仓、濮州水次仓、朝城水次仓、观城水次仓。在七级者五，曰：东阿水次仓、阳谷水次仓、平阴水次仓、肥城水次仓、莘县水次仓。厂四：工部西窑厂、工部东窑厂、阳谷桩草厂、寿张桩草厂。

工部分司，北河郎中一员，驻扎张秋，掌卫河会通河漕政。北至天津，南至鱼台一带，凡泉、湖、闸、坝、堤、浅之事，皆隶焉。永乐间，设员外郎主事二员分理。成化初，改命通政，旋以山东副使兼摄之。已设都水郎中，弘治间，罢郎中，而以通政任。至十八年，始定注选郎中一员，领敕行事。以三年为期，满则请代。著为令。

郡佐 成化以前莫可详。自弘治四年以后，张秋河厅始有专设，註以通判任。至嘉靖四十三年，添设捕盗通判一员于张秋。隆庆三年，裁革，以捕务兼属河厅。今著为令，向无关防，自万历二十三年，题请钦给，以杜奸伪（先是河厅属止东平、东阿、寿张、阳谷，比兼捕务。而曹州、曹县、定陶、单县、嘉祥、巨野、城武、金乡、平阴、郓城皆属焉。州县凡十有四）。

县佐 景泰初，濒河州县各设主簿一员，故东阿，寿张、阳谷三县主簿分署张秋始此。至嘉靖十年，裁革东阿一员，并属之寿张主簿。

《夏镇漕渠志》

《沽头旧河志略》：旧运道北由沙河，横截昭阳湖，西南经沛县，东抵赤龙潭，转入秦沟，出茶城，以通大浮桥，故黄泉自开，归而下其北道之经曹单者，常溢鱼台而冲其胁。中道之出仪封，由新集赵家圈经萧县者，又灌其口。自黄陵冈既筑，而漕之患专在徐沛矣。历考嘉靖间，河之入漕，为梗者凡六，其决口历历在谷亭、孟阳、湖陵、庙道口间，而惟庚寅北徙为害大。漕之寄于河而受梗者屡见，亦惟辛亥房村之决为害大。麻城刘公浚漕河上流之淤，使漫流就下，以济二洪，其为利赖垂十年。辛亥、壬子间，专治徐下流，为漕利亦十余年。而上流积渐受淤，迫而横冲直射，如乙丑之逆行，为从来河患之所未有矣。河之经流，自沙河至谢沟闸一百六里，为沛境。自谢沟闸南至双沟一百二十五里，为徐境。而沽头工部分司所辖，自湖陵城闸以上鸡鸣台浅起，下至黄家闸止，共一百九十三里。分司驻沽头上闸，盖为适当徐沛之中也。建议由平江伯陈公锐在成化十九年平阳陈公宣首拜命以出，始营公署，而是差之行止，河事之缓急，实主之一。罢于弘治戊申，而复于甲寅再罢，于正德丁卯而复，于辛未嘉靖初复罢，不遣。十三年，庙道口淤，遣都御史刘公天和总理河事，添设郎中二员，听其委任，遂同时议复，永著为令矣。沽头有城，方四里，主事侯宁所筑，钦拱极，甃之以砖。溯鸡鸣台而上有三闸：曰谷亭，曰八里湾，曰孟阳泊，则隶南旺分司。黄家闸之下有境山闸，则隶中河分司。其自孟阳泊闸南十里为湖陵城闸，又十八里为庙道口闸，又五十二里为沽头上闸，又七里为沽头中闸，又八里为沽头下闸，又十八里为新兴闸，有留城、积水金沟浅减水二闸。

徐州浅一十有五，管河州判主之：谢沟浅、小闸村浅、荣家浅、泉水浅、留城上浅、中浅、下浅、贺家浅、皮沟上浅、下浅。

沛县浅一十有九，管河主簿主之：湖陵城浅、鸡鸣台浅、庙道口浅、张家庄浅、泗亭浅、金沟口浅、金沟上浅、中浅、下浅、鲁村浅、上闸上浅、下浅、类家浅、马家浅、破闸浅、下闸上浅、下浅、梁家浅、阎村浅。

湖堤 昭阳湖堤，嘉靖二十一年王少司马以旗所筑，以蓄湖水，四面建铺，佥夫禁民耕种。周围二十九里，北属滕县，南属沛县，共铺四所。

运河长堤 嘉靖七年，盛中丞应期筑，自沛县起，至湖陵城浅铺止，五十五里，属沽头分司；至南旺湖止，属南旺分司。

黄河长堤 嘉靖八年，潘中丞希曾筑，以护运道。沛县三十三里，设铺十有一；丰县五十一里，设铺十有七，至单县界止。

旧河利害 正德初，河决曹单冲沛，趋飞云桥，入运。少司空崔公岩役丁夫四万二千有奇，弗能塞也。后都御史刘、赵二公相继等堤捍之。嘉靖二年癸未，决沛，淤运道。丙戌又决沛之老和尚寺筑处。丁亥，决曹，由鸡鸣台入昭阳湖，庙道口淤。盛中丞应期开赵皮寨白河一带，分杀水势，三月乃成。己丑，决溜沟，大港淤，赤龙潭飞云桥水北徙鱼台谷亭。庚寅，由单县侯家林决塌场口，冲谷亭，水不下泄者三年。癸巳冬，赵皮寨河流南向亳泗，归宿者骤盛，东向南靖者渐微，梁靖岔河东出谷亭之流遂绝。自济宁至徐沛运道悉淤，刘中丞天和浚南旺淤浅，筑曹单长堤，置闸筑坝，役丁夫一十四万二千九百余，运道始复。庚子，河决野鸡冈，由锅入淮，二洪俱涸。特命兵部侍郎王公以旗同漕河两都御史浚李景口，引水由萧县出小浮桥以济洪，迄壬寅复淤。丁未，河决曹县，冲谷亭。癸丑，决房村新集水浅，漕舟阻搁。上从阁臣言，遣刑部侍郎吴公鹏赈济淮、徐十八州县，并会同抚按河道，设法疏浚黄河下流，两阅月功成。戊午秋，新集至小浮桥河道二百五十余里悉淤，水从新集下段家口，冲成大河，分为七股，出大溜沟、秦沟、浊河、胭脂沟、飞云桥凡六股，俱由运河夺泗水，至徐入洪。一股由砀山坚成集庞家屯分五小股，一由小浮桥会徐洪。甲子，上六股皆淤，而统会于秦沟。乙丑秋，黄水大涨，庞家屯沙淤断流，水俱入北股，至曹县棠林集以下，向东分流二股，又分一股向东南流至戚山以下，三水合为一，向东北流，并入飞云桥，趋沛，冲入运河，散漫湖陂，从沙河至徐、吕二洪，无复漕渠之迹。盖下流庞家屯一淤，水遂逆行，实由新集，正道先淤，水无所容，势分力弱，遂以并淤而成其横流也。

漕政纪：其编年起嘉靖甲子者，以是时始有夏镇漕也。其得称纪者，以关国家大利害，是朝廷之政，而非一方之事也。嘉靖四十三年甲子，先嘉靖七年，河决沛县，北人鸡鸣台口，漫昭阳，淤塞运道。总河都御史盛公应期开渠，自南阳经三河口，过夏村，抵留城，百四十里，役夫九万八千。阅四月，怨□上闻，褫职停工。后无敢言改河者。

四十四年乙丑，河决塞漕。上命工部尚书兼都察院副都御史朱衡治之。是年秋七月，河决华山，出沛县飞云桥，横过漕渠，至湖陵城口，漫入昭阳湖，运道告塞。万安朱公衡时为南司寇，朝议共推以工部尚书兼都御史受是命。公寻盛旧迹，谓黄水未消，工措手，而此地高土坚，黄水不侵河路，径捷可批。浚备运道，兼采中丞潘公季驯议，浚留城口至白洋浅旧河，属之新河，得旨兴工，而言官有劾其误事虐民者。

四十五年丙寅，新河功成。会何给谏起鸣勘议，上言："旧河难复，新河宜开。"下部议覆，得旨开筑。时南阳口至仲家口已通舟，惟夏村迤北十七里未与水接，亟为深浚。石砌薛河口坝，创利建、珠梅、夏镇、西柳庄四闸；砌马家桥口石堤，遏河之出飞云桥者入秦沟，复留城，至赤龙潭旧河，六月工完。七月，黄水溢啮新堤几尽，时言官复劾公误河工，而公报粮艘已过南阳，得不问。九月，水南趋泰沟、飞云桥始断流。为培筑马家桥西堤，留城迤境山东堤。而言官终以复旧河为便，公言："旧河在昭阳湖西，黄水自西来，横截旧河，以达于湖。水去沙停，数年一塞，正坐此耳。若新河则在湖东，相距渐远，故黄水淤旧河而不及新河，则有之矣，未有至新河而不至旧河者也。"廷议，勉从之。移沽头分司驻夏村。

隆庆元年丁卯，朱公衡复经理新河。五月，山水骤涨，冲薛河石坝，坏粮艘，议复纷然。吴给谏时来言："旧河已不必议，惟新河所受上源诸水，宜亟为疏浚。"部覆仍下公区画，于薛河筑王家口、豸里沟等坝，开支河，引水入郗山、微山，以达吕孟湖。于沙河筑皇甫等坝，开支河，引水会赵沟等泉，入满家湖，出之南阳湖。又引牛沟之水，出之佃户屯。凡建闸九座、坝十三道，又薛河石坝一座。开支河六道，筑南阳湖石堤三十余里，减水闸一十四座。自是诸山之水皆有所归，而新河无恙矣。

二年戊辰，添置滕管河主簿，署于戚城。沛改置泗亭驿于夏镇。沛改置夫厂于夏镇。沛改置水次仓于夏镇。丰改置仓于夏镇。

万历元年癸酉，总漕都御史傅公希挚建梁境闸于境山。

二年甲戌，河复淤茶城口。

七年己卯，筑夏镇护城堤。

九年辛巳，沛建营田仓于夏镇。

十年壬午，总漕都御史凌公云翼改茶城河口境山旧有闸属中河，运舟从此溯浊河入茶城口。隆庆讫万历初，茶城口凡三淤，傅都御史即境山南建梁境闸，其下地崩沟已连张庄湖至黄家、留城、马家桥三闸，两岸原俱在湖中，湖溢灌堤，堤数坏。是年，并秦沟亦淤，公乃改河口于茶城东八里千新渠出口处，建闸曰“古洪”，千羊山东建闸曰“内华”。

十五年丁亥，主事杨信筑夏镇城。所筑土垣南北西三面，东藉民居，为城甚便。余继善嗣筑东面，而怨讟起矣。

十六年戊子，总河都御史杨公一魁增建镇口闸。

十九年辛卯，河道尚书潘季驯开李家口河。山东诸水悉以鱼沛为下流，而鱼沛止以镇口闸为尾闾。黄流壅灌，水无从泄，以致汇为巨浸。自夏镇至留城四十里，堤岸冲决。留城以南至姜家桥地势愈下，旧堤十不存一，每岁用木为梁，以资漕挽。公乃建浚河避湖之议，自夏镇南李家口起，经阎村屯、豆腐店、于家集、牛角湾，开河七十余里，仍由沽洪入闸，出口。移置徐州判官署于镇口，专管上河。添设淮安府同知，管徐属河务，属夏镇分司辖。

二十一年癸巳，河决，灌沛，漕堤溃。总河都御史舒公应龙议开韩家庄。先隆庆卯午间，徐邳淤，翁都御史大立疏请开河，自马家桥，经利国监，入泇口，出邳州，以避秦沟、徐吕之险，引薛河洪沟水，使得通行。以科臣洛遵言，河跨马家桥东诸湖，逾葛虚岭。岭高出河底五丈余，历侯家湾梁城，多伏石，由泇口镇涉鳗蛤、周柳诸湖，达直河口，须筑堤水中，功费无算，议遂寝。是年，河决堤溃，公以坚筑河堤，必先消导积水，博求泄水之途，于微湖东得韩家庄，其地在性义岭南，斜直忠心沟，东北可引湖水，由彭河注泇，试凿六井，度漕之租税足办之。乃疏请开支渠四十余里，此开泇之权舆也。

二十二年甲午正月，兴韩庄河工。西自湖边，东至万年庄，筑堤两岸，于湖口建石闸蓄水，加筑土坝于外护闸。是年，湖面水减往岁三尺，然犹未能通漕也。

二十八年庚子，添设漕河道参政。

二十九年辛丑，总河都御史刘公东星浚韩庄河。公疏请竟前功，得旨修浚，倍加深阔，建巨梁桥石闸，德胜、万年、万家庄各草闸。秋，漕运已有由泇行者。以言官议，功未成。

三十年壬寅，总河都御史曾公如春浚黄河。

三十一年癸卯，河决，陷沛城。七月，河决黄庄，北趣，溃单县缕堤，浸丰、沛城邑，入昭阳湖、薄夏镇，穿李家口，倒从镇口出。于是长垣李公始定计开泇矣。

三十二年甲辰，以总河都御史李公化龙浚黄河。总河李公大浚泇河。公以李家卷为泇所从入，议挑郗山前，径接刘同知所开新渠，覆核泇口以南浚黄泥湾及沂河之议，弃王市以下三十里之泇河。径以王市取直向柳林，直蒲亭而南，至王庄，向黑墩张村，北直达纪家集，南至河深处，以避连、汪、周、柳四湖之险。再由峒头引水，经骆马湖北岸，至于宿迁，以尽避黄河之险。计算道里生熟工程，共筑堤建闸坝，费所从出，俱有成议。乃上疏言泇之四善，会滕人侯都谏庆远赞决之，始得旨举行。总河李公备陈河工议，言改挑直河之支渠，修砌王市石坝，平治夫泛口之湍溜，捞浚彭口之浅沙。时公丁艰，候代为上之，皆举行。总河都御史曹公时聘上泇河善后事宜。是年春，张村支渠告成。上年运行浅阻，已辟王市台顿庄石闸彭口石坝，次第毕举，放水通行。乃上言建韩庄堤减水闸，堵截伊家林地滨沟以蓄湖水，挑挖侯、孟、龙王三泉，改沧浪河水之出顿庄闸下者，由闸上针沟口入运。皆覆议行。是役也，郎中梅守相分工刘昌庄至郗山迤西旧河头，有二尺下见水者，有三四尺下见石者，有礓土白石水相兼者，有大礓沙连结盘石到底者，相为夫役别工价，使水工倍于土，石工倍于水。与滕令张鹏翼设方煅炼，盖凿山三十里，于泇工特居六之一，而实通全漕之关键云。

三十三年乙巳，大浚黄河。添兖泇河通判署戚城，属夏镇分司辖。

三十七年己酉，巡抚李公三才复浚李家口河。公以泇河界郯、邳间，多盗，又反塞碍舟，乃大典工，修复吴兴之绩。

三十八年庚戌，巡漕御史苏惟霖仍行泇河。四月，黄水倒灌运河，大浮桥闸不得启，漕艘泊而待过者以数千。苏公尽驱回直河口，入泇北上。

三十九年辛亥，总河都御史刘公士忠疏请并用两河，谓专用泇河以通运，兼用黄河以回空。卒不能行。

天启二年壬戌六月十一日，妖贼陷夏镇。五月，白莲会贼沈智，徐鸿儒据滕，声言夺漕，郎中陆化熙请兵，得费从德之羸卒四百，止葛秉忠援辽兵五百，以市人乌合之众附之得千余人，为守御计。是日贼大举入寇，化熙以众渡河与战。费兵望风溃，化熙败走徐。七月初十日，复夏镇。淮徐兵备施天德遣百户陈所学率兵援沛，继以朱兆南督淮兵为之应。所学二十四日夜袭戚城军，覆单骑驰贼，悉兵渡河追之。兆南兵奄至，战于河之西湾。贼却，我兵追杀，水为不流。贼遁去。化熙始引众赴任，而夏镇复有民居矣。七月二十四日，贼再犯夏镇，时游击将军焦续读统南北兵，与朱兆南兵并屯夏镇。化熙部令沿河防守。贼阻河，不得渡，我兵矢石俱发，歼其一怒马鲜衣者，遂引去，杀欢城居民殆尽。

崇祯三年庚午，浚大泛口，浚彭口。山东诸泉流沙为漕患最大。嘉靖间由鲇鱼泉直射金沟，病旧河。隆庆初，射三河口，病新河，迦开彭口，当其冲，又为今病。运至守候拨载，以致耽搁，郎中吴昌期浚之。

《兖州府志》

漕渠图说

论曰：《禹贡》“济河惟兖州，浮于济漯，达于河。”“海岱及淮惟徐州，浮于淮泗，达于河。”九河南徙，淮泗变迁，遐哉不可寻矣。国家定鼎燕京，仰给东南，岁漕四百万石，以给京师。惟会通一渠为咽喉，而兖以全郡受之，亦甚要矣。间尝综其大都，漕之行于郡境，其利在汶、泗，其要害在河，可坐策也。汶水由东平北流，合此济故渎，以入于海。泗水由曲阜南流，合南济故渎，以入于淮。此水经故道也。

自元宪宗七年，济倅毕辅国始于汶水之阴，堽城之左，作斗门一所，遏汶南流，至任城入泗，以饷宿蕲戍边之众，谓之引汶入济。此堽城坝所由始也。

世祖至元二十年，以江淮水运不通，自任城开渠，达于安山，为一闸于奉符，以导汶水入洸；为一闸于兖州，以遏泗水会洸，合而至任城会源闸，南北分流，此天井闸所由始也。

二十六年，又用寿张尹韩仲晖言，复自安山西南开河，由寿张西北至东昌、临清，直属御、漳，谓之引汶绝济，此会通河所由始也。国初，河决原武，会通河塞。

永乐九年，命尚书宋礼等浚其故道，遏汶水全流，南出汶上之西，入于南旺，分而为二：六分北流以达御漳，四分南流以接沂、泗，此南旺所由分也。然当会通初开，未受河患，行之百年，安流无警。

至正统、景泰以后，河往往决祥符、黄陵诸口，横贯张秋运渠，东流入海，而运受河患于此。于是徐有贞、刘大夏相继筑塞，此张秋决河所由平也。

正德、嘉靖以后，河往往决曹、单诸口，直贯鱼台塌场口，东南入淮，而运受河患于南。于是盛应期、朱衡相继治之，遂于昭阳湖东岸开渠百四十里，以避河水之险，而运道始安，此夏镇新河所由成也。总之，漕在东省，出入郡境，十居其七，而沂、泗、汶、洸诸水，挟百八十泉之流，互相转输，以入于运。环千里之土，举名山大川之利，以奉都水、滴沥之流，居民无敢私焉。兖之于国家亦不轻矣哉！夫金口之堰修，而泗水尽入于漕；戴村之堰修，而汶水尽入于漕；张秋之功成，而河之北决塞；夏镇之功成，而河之南道徙。故漕之利在汶与泗，其要害在河，可坐而策也。以漕渠为经，以诸水为纬，从其出入，志其源委，而河别纪焉。

《黄河图说》

论曰：夫黄河为中国患久矣，而究之为河要害，古今一也。《禹贡》九河故迹，在平原河间之境，非今郡界所及，无庸论矣。汉唐以来，由大名而北，过郡之北境以入于海。五代以后，由大名而东，过郡之南境以入于淮，其常道也。正统、弘治之间，时决而北，则溃于张秋，而由济之故渎以趋于海。正德、嘉靖之间，时决而南，则出于鱼台，而由泗之故道以趋于淮，其所由与古不相远矣。自飞云之决，河益南徙，而鱼滕以北，不知有河，此万世一时也。然河性无常，倏南倏北。自济以北，决口虽塞，故道犹存。故郓、定、阳、寿之间，无事之防，不可弛也。自济以南，堤岸虽设，冲突甚危。故曹、单、城、武之间，有事之备，不可忘也。纪其沿革，志其堤防，而故道亦列焉。

黄河正道

黄河自河南考城而东，至于曹县入境，县在河北七十里。又东至于城武县，县在河北五十里。又东至于单县，县在河北三十余里。又东至于丰县，入直隶境。列其堤岸于左：旧老堤（自东明白茅村起，至曹县遥月堤止，长八十八里。每二里为一铺，堤铺四十四座，俱属曹县）、太行堤（在旧老堤之内，自魏家湾起，至城武县堤界止，长六十二里。每二里为一铺，堤铺三十一座，属曹县。又自城武县堤界起，至双堌集止，长三十八里。每二里为一铺，堤铺十九座，属城武县）、缕堤（在太行堤之内，自曹县遥月堤起，至单县堤界止，长四十九里。每二里为一铺，堤铺十三座，属曹县。又自单县堤界起，至砀山县堤界止，长五十八里，属单县）、南长堤（自焦家坝起，至罗家坝堤界止，长八十里。每三里为一铺，堤铺三十七座，属曹县。

又自罗家坝起，东至丰县堤界止，长七十里。每三里为一铺，堤铺十三座，属单县）、**里河堤**（自王经庄起，至考城县堤界止，长三十里。又自李居庄起，至曹家集官厅止，长二十里。每三里为一铺，堤铺二十五座）、**遥月堤**（在旧老堤之东，长十七里。每三里半为一铺，堤铺七座，俱属曹县）。**月堤十有四**（曰孔宣庄月堤，长十七里。曰娘娘庙坝月堤，长一里有奇。曰龙王庙月堤，长二里有奇。曰冯祯庄月堤，长四里有奇。曰孙家道口月堤，长四里有奇。曰牛市屯月堤，长七里。曰曹家集东月堤，长四里有奇。曰刘蒲庄月堤，长三里。曰清凉寺月堤，长三十里有奇。曰汪家厂月堤，长六里有奇。曰吕家厂月堤，长五里有奇。曰禹王庙月堤，长六里有奇，曰纪家店废堤，长六里有奇。皆属曹县）。**坝有十四**（曰武家坝，曰马家坝，曰孙顶坝，曰赵璇坝，曰董来坝，曰崔家坝，曰焦家坝，曰陈士廉坝，曰新月坝，曰荣家坝，曰王家坝，曰曲家坝，曰高家坝，曰解家坝。皆属曹县）。

包大爟曰“《考工记》：匠人之职，凡沟必因水势”，水之冲决，堤岸设焉，凡以防之也。距河二十余里，有旧老堤，北大堤，屹如巨防，古人不与水争尺寸利，故堤防若此。后世居民，嗜水之利而忘其害，滨河而居，奄忽被其溺，识者悯之，于是当河之冲，筑土而培之，谓之“月堤”，于河甚迫，于势甚危，惧其决也。于是又绕其外，培土以防之，有里河堤，有缕水堤，堤有铺，铺有夫司守，犹惧其决也。又有南长堤，其铺夫一如缕水之制，长堤之外，然后旧老堤、北大堤在焉。盖距河虽远，而堤防甚固矣。记谓“善防者水淫之”，淫液下流，堤防弗坏，民获宅土之安，漕无冲突之患，堤之不可以已也如此夫！

黄河北决故道

由仪封县而北，入曹县境，县在黄河故道东若干里。应管河岸，南自仪封，北至定陶，长四十里。自黄陵冈筑成，水循正河，此道淤塞。黄河故道至县境，分而为二，其别为贾鲁河。

贾鲁河（故元时所开道也，在县西南、西起黄陵冈、东至阳青村，长若干里，黄河自金龙口北决至此，分一支东流，入徐州小浮桥，其一东北入曹州境）

由曹县而北，入定陶县境县在黄河故道东二十五里，应管河岸，南自曹县夏侯浅、北至曹州程义浅、长十九里，今河归正流此道俱塞。

由定陶而北，左为曹州境，州在黄河故道西岸五里，应管河岸，南自定陶，北至郓城，红船口，长一百二十里，其名为双河口。

双河口（一曰灉河、黄河自曹县入境，至州城东，折而北流，分为二支：其一支入于雷泽，其一支入于郓城，谓之双河口。黄陵冈既塞，涸枯不常，双河口水又东南流为牛头河，经嘉祥、济宁至鱼台塌场口入漕，是南北决道，皆于州境而分也）。

由定陶而北，右为钜野县境，县在黄河故道东八十里，应管河岸，南自曹州宝珠寺，北至曹州子家口，长十二里，其名为安兴墓古河。

安兴墓河（亦黄河支流也，由曹州入境，径城西北，又东入于张秋，旧为估人往来之地，张秋决塞，此渠不通）。由曹州而北，入郓城县境，县在黄河故道东三十余里。应管河岸，南自曹州沈家口，北至寿张黑虎庙长一百九十七里，其名为西里河。西里河（即灉河下流也，双河口之水既分而二：其一支至县西南红船口入境，流径县西北四十里，出水保北，为五岔河口，受冷庄河水北流；其一支出于雷泽，至白家河入境，绕金龙王庙后，径县西北折而东流，又分其一为冷庄河，西北流径古廪丘城，至五岔河口、入于灉河）。

由郓城而北，入寿张县境，县在黄河故道西北二十五里。应管河岸，南自郓城之王亮口，北至东平之鱼护口，长三十里，其名为范城河，又为土河。

范城河（在县南十八里，即灉河下流也，由郓城来，至县境黑虎庙，径故范城东，至张秋南沙湾，冲漕东决），土河（在县南十里，洪武二十四年，河决阳武之黑洋山，由范县入境，东流入于张秋，今夏秋水盛，犹可通舟）。

由寿张而北，为东平州境，州在黄河故道东七十里。西南自寿张之范城浅，东北至阳谷之高吾浅，长五里，其别为金线闸支流。

金线闸河（在戴家庙，弘治中建，泄漕渠之水，由西旺入大清闸，上有桥曰三洞桥，属寿张境，盖古济水道也）由东平而北，为阳谷县境，县在黄河故道西北六十里。应管河岸，西南自东平鱼护口，长六十里。

由阳谷而东北，为东阿县境，县在运河东岸，河决张秋沙湾，横冲漕渠而东，其名为小盐河，县境之北，又有古黄河道。小盐河（在张秋东岸，古之马颊故道也。马颊，济之支津，《水经注》曰，济水至寿张，分为二水，其支津西北出，谓之马颊，马颊水首受济，西北流，历安民山北，又径桃城东，东阿桃丘也，又东北径鱼山南，东注于济，谓之马颊口，又曰，济水至鱼山南，左与马颊水合，今小盐河庞家口在鱼山南入大清，是其地也。正统弘治之间，河决张秋，皆由小盐河流入大清，张秋东堤既塞，其地涌泉如线，南流数百步，汇而为渊，方数十亩，谓之黑龙潭，通政韩公筑山其上，命曰戊巳堤。黑龙潭之水，绝之于渠，其稍东出，由大洪口故道东流至陈琦口，受五空桥水，北流至关山，又东流至鱼山，南入于大清河。其水涵浸湫渎，平时不通舟楫，雨水泛涨，则鱼山盐舟稍上，至于张秋，不能上，则至鱼山而止，故谓之小盐河。按宋《河渠志》，沿河州郡，各于要害下归，郓州有六埽，关山子路张秋居其三，此三埽者，皆小盐河所经，则小盐河，故宋时河道也。又按元时海运之法，自任城会源闸导汶水北流，入清济故渎，由东阿旧城至于利津入海，已以海口沙壅，江淮粮运皆至东阿起陆运，至临清，下御漳，北上则小盐河，故元时运道也。正统河决，溃沙湾东堤，由大清入海。弘治河决，溃张秋东堤，由大清入海，皆于小盐河假道，则小盐河近代决口也。河决既塞，资以泄运渠之水，属之大清矣）。古黄河道（旧在县北四十里，从西南阳谷界中，径铜城之南，由清冷口东北，过杨刘之南，入于长清界内。考之《水经》，河水自范县东北流，径东阿县故城西，历碻磝、茌山、临邑之境，东北流注。临邑、碻磝，皆在今长清平阴界上，所谓东阿故城者，即今阿城闸也。自宋以前河在今邑之北，杨刘为津口，其后周显德中，河决杨刘，离而为赤河，不复故道。其溢者注梁山泊，东入于淮。郓州部界，凡为六埽以防其决；其在邑境者，有关山子路二埽，皆在今小盐河之侧。其后河水又合永济渠，北入于冀。仁宗至和元年，议者欲复故道，遣使行度，诣铜城海口，约其高下之势，盖欲返之使东，而欧阳修以为非便，因罢不修。而杨刘之河，绝铜城海口，即今清冷口也。本朝河决张秋，由小盐河灌大清河入海，盖犹与故道不相远矣）。

论曰，何之由金龙北决，有所因也。《水经注》：济水自乘氏北，分而为二，其一为北济，入于巨野，达于大清。五代显德四年，疏五丈河，由汴达于曹济，以通青郓之漕。宋太祖建隆二年，亦浚五丈渠，北历曹济及郓，以通京东之漕。以此推之，由曹单北上，至于寿阳，有故道矣。凡水之性，皆就下，未有无所因者。今所称黄河故道曰安兴，曰灉河，名以时变，不可追原，要之非北济故渎，即五丈渠遗迹耳。五丈渠亦曰广济河。

黄河南决故道

由曹县而东为城武县境，有支河三道（一在县南三里；一在县南二十里，达于单县；一在县北四十里，达于金乡。正德十三年，河决霍家口，城武城坏）。由城武而东为金乡县境，有黄母河故道。黄母河（古黄河道也，在城北三十五里，元时河迁丰沛，故渠道湮）。由定陶而北，为巨野县境，有八里河故道。八里河（亦黄河南道也，从定陶入境，汇为天鹅坡，又北为稻橹坡，又东为双碑坡，又东为蓟草坡，又东由北门外汇为莲花池，至城东八里，入于新河，遂受今名。又东至于嘉祥，入于漕，岁久河塞，雨潦为害，嘉祥济宁，不肯疏导，巨野之民病之）。

由巨野而东，为嘉祥县境，有塔章河故道。塔章河（亦黄河南道也，在城北十里，西接郓城，东入济宁，出塔章口，故名），由嘉祥而东南，为鱼台县境，有塌场口故道。塌场口（即广运闸下流也。黄陵冈决既塞，黄河由曹州双河口东流经嘉祥、巨野、鱼台，至塌场口入漕。嘉靖九年，河决上流，分为三支：一自单县曹马集来，经城南，入泥河达漕；一自金乡南来，达丞相里，经塌场口入漕。今河南徙，其流俱涸。按塔章、塌场，字音相类，恐即一口）。

论曰：夫河势变迁，不可胶柱谈也。弘治七年，沙湾既塞，河益南徙，由清河口入漕。十八年，又北徙三百里，由宿迁小河口入。正德三年，又北徙三百里，至徐州小浮桥入。其明年，又北徙，由鱼台塌场口入。嘉靖末年，又稍南徙，至飞云桥入。飞云桥决塞，新河既成，又稍南徙至茶城口入。万历十六年，茶城口淤，又稍南徙，由内华三闸入。百年之间，倏南倏北，唯其所向，守堤之吏，奈何不戒哉！

黄河起自曹县（距黄河南三十里，东七十里，该管河岸南至仪封界，北至定陶界，长四十里，自筑黄陵冈及要害各堤水循故道）、**城武县**（旧有支河，今淤）、**单县**（距黄河北三十余里，自西南曹县界入本县境，东至丰县七十余里，波涛淘涌，常被水患）、**定陶县**（距黄河东二十五里，该管河岸南自曹县夏侯浅，北至曹州程义浅，长一十九里）、**巨野县**（距黄河东八十里，该管河岸南自曹州宝珠口，北至曹州訾家口，长十二里）、**曹州**（距黄河西五里该管河岸南自定陶彭家浅，北至郓城红船口，内除巨野堤岸十二里，外长一百八里。黄河至本州双河口，一支东流经嘉祥又经济宁州西东南至鱼台县塌场口，入漕河）、**郓城县**（距黄河东三十余里，该管河岸南自曹县沈家口，北至寿张黑虎庙，长一百九十七里）、**寿张县**（距黄河西北二十五里，该管河岸南自郓城王亮口，北至东平鱼护口，长三十里）、**东平州**（距黄河东七十里，西南自寿张范城浅，东北至阳谷高吾浅，长五里）、**阳谷县**（距黄河西北六十里，该管河岸西南至东平鱼护口浅，长六十里）、**汶上县**（黄河在运河西七十里，支流至张秋入西河以上八州县黄河故道，今因南徙，皆淤）、**嘉祥县**（县北十里有旧黄河，今淤）、**金乡县**（城北三十五里有黄母河，今淤）、**鱼台县**（嘉靖九年，河决上流，分为三支，今河南徙，其流俱淤）。

储料厂

冯家厂（在黄河东岸武家坝东）、王家厂（在旧老堤东，离前厂六里，每厂大户三名专收桩草苎麻钱粮等项以备下埽之用）。

浅铺

小张家湾浅、新添铺浅、安陵浅、夏侯浅（以上系曹县）、张政浅、彭家浅、团潭浅（以上系定陶县）、张大口浅、安兴墓浅（以上系巨野县）、程义浅、郭家浅、双河口浅、张家道口浅、孙家浅、郝家浅、夹河滩浅、宝珠口浅、周家浅、新集浅、訾家口浅（以上系曹州）、张劳口浅、红船口浅、潘家渡浅、萧皮口浅、秤钩湾浅、五岔口浅、韩家道口浅（以上系郓城县）、黑虎庙浅、范城浅（以上系寿张县）、鱼护口浅（系东平州）、高吾浅、虎丘坡浅（以上系阳谷县，诸浅俱旧黄河一带浅处。今自塞黄陵冈口，是河遂废弃不用）。

堤

北大堤（魏家湾东岔堤起至城武县堤界止长六十二里）、南长堤（焦家坝起至单县罗家坝堤界止，长八十里）、里河堤（王经庄起东南至河南考城县堤界清凉寺止，长三十里；娘娘庙西北，接考城县堤界李居庄起，南至本县曹家集官厅止，长二十里）、旧老堤（自北直隶堤界白茅村起，东南至该县遥月堤止，长八十里）、遥月堤（自旧老堤三十九铺起，至本堤四十四铺止，长十七里半）、缕水堤（自遥月堤起，东至单县界止，长四十九里）、孔宣庄月堤（自旧老堤二十七铺起，至南长堤八里湾止，长一十七里）、娘娘庙坝堤（自本庙大司堤起，至里河堤十六铺止，长一里零一百丈）、龙王庙月堤（孙家道口北月堤起，南至黄家楼西里河堤止，长二里零九十五丈）、冯祯庄月堤（里河堤十九铺迤南沈家道口起，至旧老堤二十九铺止，长四里零一百三十五尺)、**孙家道口月堤**(东自旧老堤二十五铺刘增庄起,西至河南堤界王得庄坝堤止,长四里零一百二十丈)、**牛市屯月堤**(旧老堤二十九铺起,至曹家集月堤止、长七里零四十丈)、**曹家集东月堤**(旧老堤三十二铺起,至三十五铺刘满庄月堤止,长四里零九丈)、**刘满庄月堤**(旧老堤三十九铺起,东南至陶家庄西月堤止,长八里零七十五丈)、**回龙庙月堤**(本庙后武家庄西北起,至王家厂前止,长三里)、**清凉寺月堤**(旧老堤九铺起,至里河堤清凉寺止,长十三里零一百二十六丈)、**汪家厂月堤**(旧老堤九铺起,至十二铺止,长六里零三丈)、**吕家厂月堤**(李家庄起,东至陈郜庄止,长五里零二十丈)、**禹王庙月堤**(旧老堤六铺西起,至里河堤十铺止,长六里零二十丈)、**纪家店废堤**(本店起,至南长堤头铺止,长六里零十丈。以上系曹县)、**北大堤**(本县堤界起,东至本县双堌集止,长三十八里。系城武县)、**南长堤**(罗家坝起,东至南直隶丰县堤界止,长七十里)、**缕水堤**(自曹县堤界起,东至砀山堤界止,长五十八里。以上单县)。

堤铺

旧老堤铺(每二里一座,共四十四座,住守夫四十四名)、**遥月堤铺**(每二里半一座,共七座,住守夫七名)、**里河堤铺**(每二里一座,共二十五座,住守夫二十五名)、**北大堤铺**(每二里一座,共三十一座,住守夫三十一名)、**南长堤铺**(每三里一座,共二十七座,住守夫二十七名)、**缕水堤铺**(每三里一座,共三十五座,住守夫三十五名。以上俱曹县)、**北大堤铺**(每一里一座,共十九座,住守夫十九名。系城武县)、**南长堤铺**(每三里一座,共二十三座,住守夫二十三名。系单县)。

坝

武家坝（在里河堤十九铺起二十二铺止，长六里半，此系黄河倒湾东冲，最为潆急，曹之要害，独此为甚）、马家坝、孙顶坝、赵璇坝、董来童坝、崔家坝、焦家坝、陈士连坝、新月坝、荣家坝、王家坝、曲家坝、高家坝、解家坝（以上系曹县）。

黄河自古为患 明兴以来，报决者屡矣。究当河下流，而直漕渠之中，自阳谷至鱼台计三百余里。弘治间，河决金龙口，溃黄陵冈，径趋张秋，赖刘公大夏经略其事，塞口筑堤，河乃东徙，张秋之患息，而曹单岁受冲矣。夫自济以北决口虽塞，而故道犹存，必防乎其防，而后郓、定、阳、寿等县可以息肩；自济以南堤岸虽筑而冲突不免，必豫乎其豫，而后曹、单、城武等县可以安枕。是非河工诸臣之专责乎？乃若全河大势，在它省勿论已，论东省之治河，又无先于曹单者。曹单旧有太行、缕水二堤，皆所以障河流而护运道，而太行堤较缕水堤为最急焉。盖缕水堤譬之门户，太行堤咫尺闸河譬之堂寝；堂寝既安，外垣虽未尽饬，亦可以内地之全力，从容图之。此太行堤之工必不容寝也。顷抚院何、按院陈，会题行管河道副使邵元哲督同知唐文华等修之，自丰县起，至旧老堤止，一百五十里有奇，俱加高五尺，厚各一丈，植柳株以四万计。堤益高厚，纵河徙无定，而有备可无患矣。夫察利病之缓急，而劈画饬工者，经理之始事也。遵题"允之"。初议而加厚增高者，继理之终事也。后之视今，犹今之视昔，必有任事任劳以永保无虞者，书以俟之。

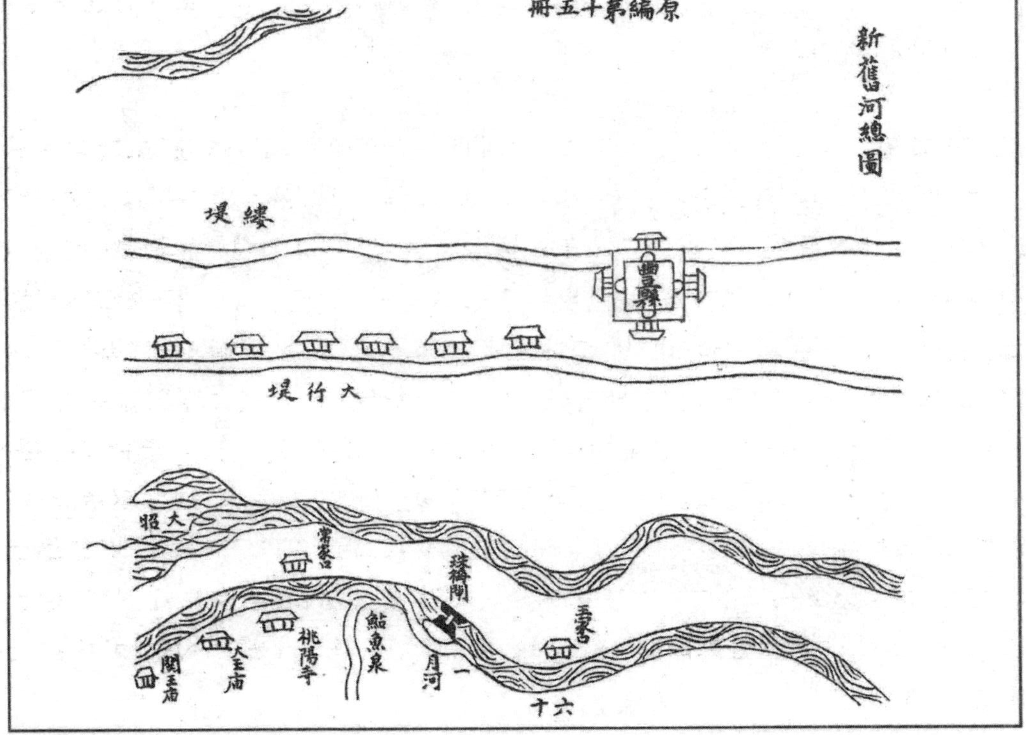
原編第十五册
新舊河總圖
縷堤
大行堤
大昭
常家口
珠稍閘
王家口
鮎魚泉
月河
桃陽寺
大王廟
關王廟

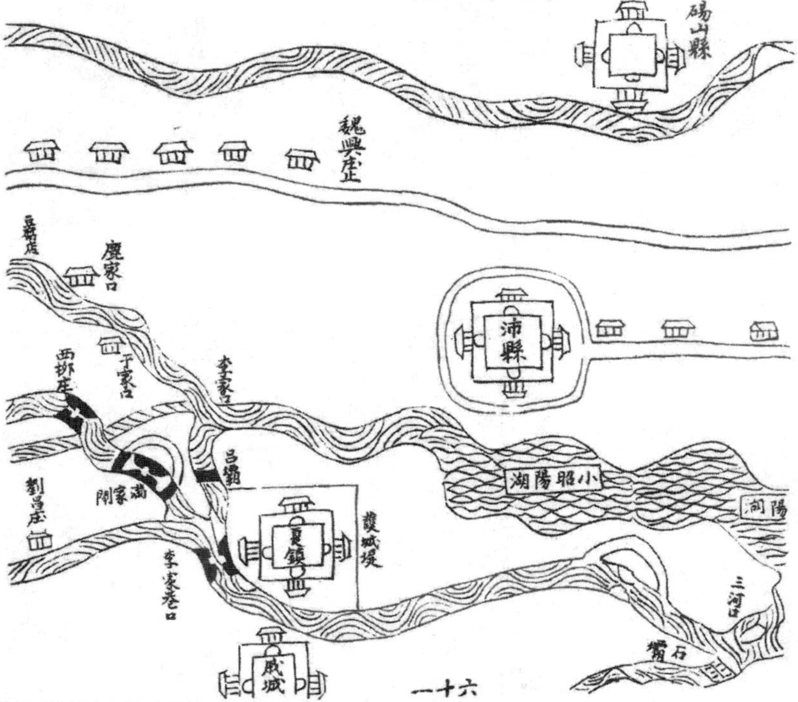
碭山縣
魏興庄
龐家口
沛縣
小昭陽湖
夏鎮
護城堤
李家巷口
劉昌庄
三河口
戚城

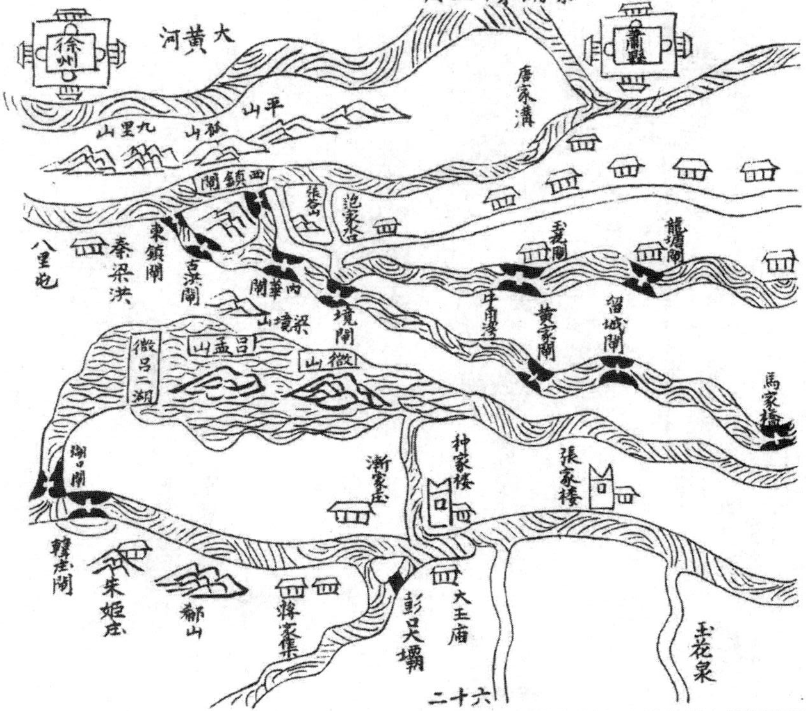
徐州
蕭縣
大黄河
唐家溝
平山
孤山
九里山
西鎮閘
張谷山
泡家窪
八里屯
秦梁洪
東鎮閘
古洪閘
內華閘
梁境山
境閘
玉皇閘
龍塘閘
牛角灣
黃家閘
留城閘
馬家橋
微呂二湖
呂孟山
微山
湖口閘
漸家庄
种家樓
張家樓
韓庄閘
朱姬庄
郗山
滕家集
彭口大壩
大王廟
玉花泉

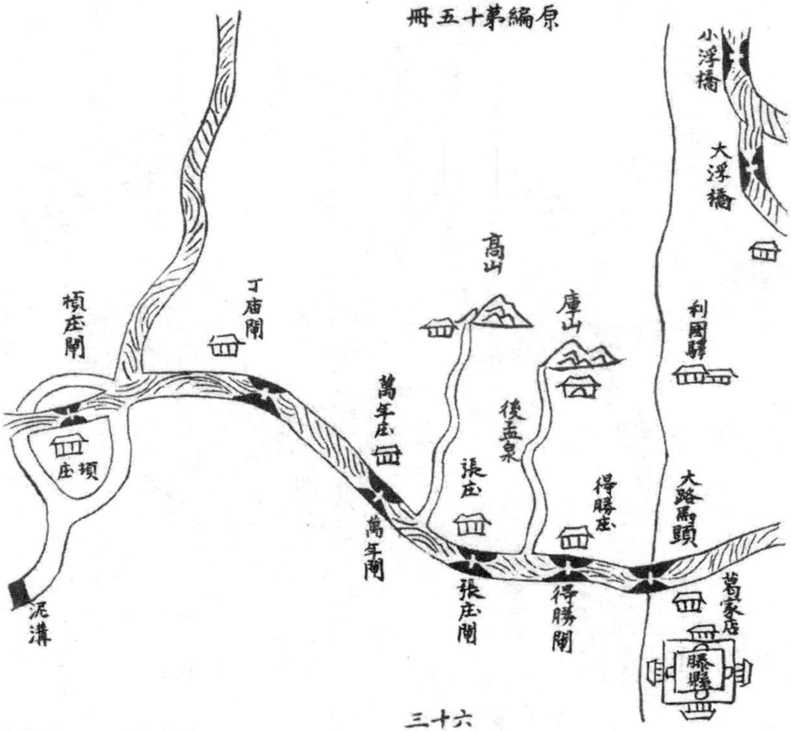
小浮橋
大浮橋
高山
庫山
利國驛
丁廟閘
頓庄閘
萬年庄
後孟泉
張庄
得勝庄
大路馬頭
頓庄
泥溝
萬年閘
張庄閘
得勝閘
葛家店
滕縣

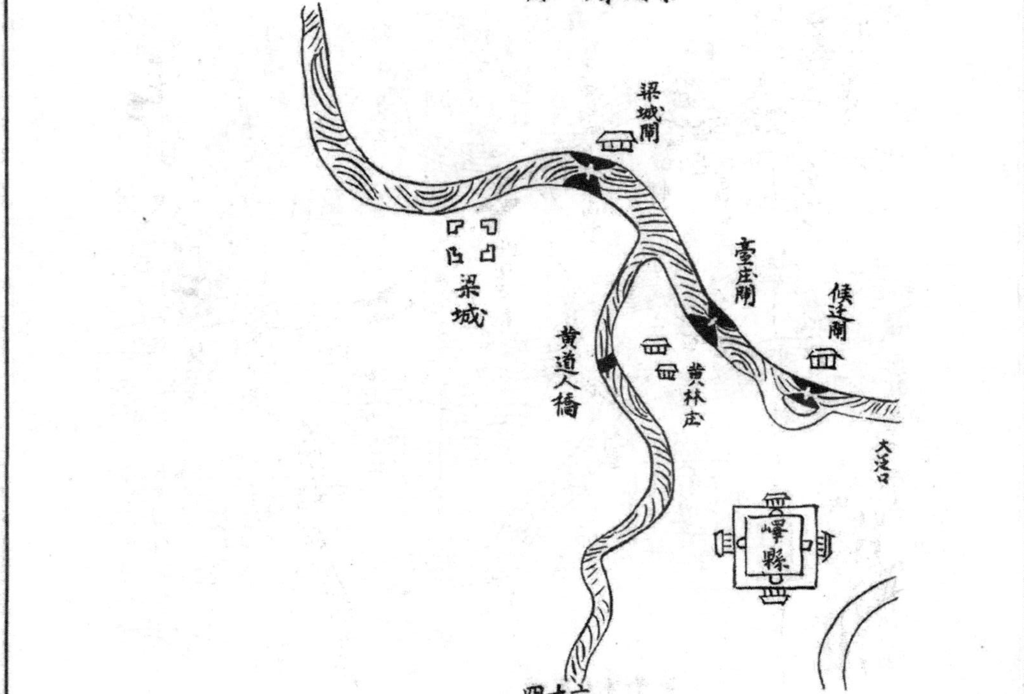
梁城閘
梁城
黃道人橋
臺庄閘
侯迁閘
黄林庄
大泛口
嶧縣

舊河圖

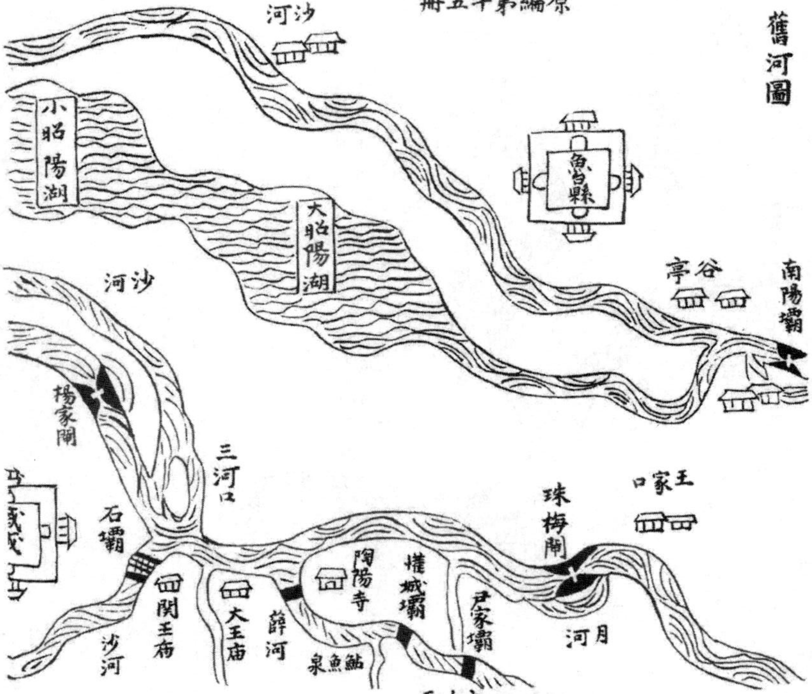
沙河
小昭陽湖
大昭陽湖
魚台縣
谷亭
南陽壩
沙河
楊家閘
三河口
石壩
閔王廟
沙河
大王廟
薛河
鮎魚泉
陶陽寺
權城壩
尹家壩
珠梅閘
王家口
月河

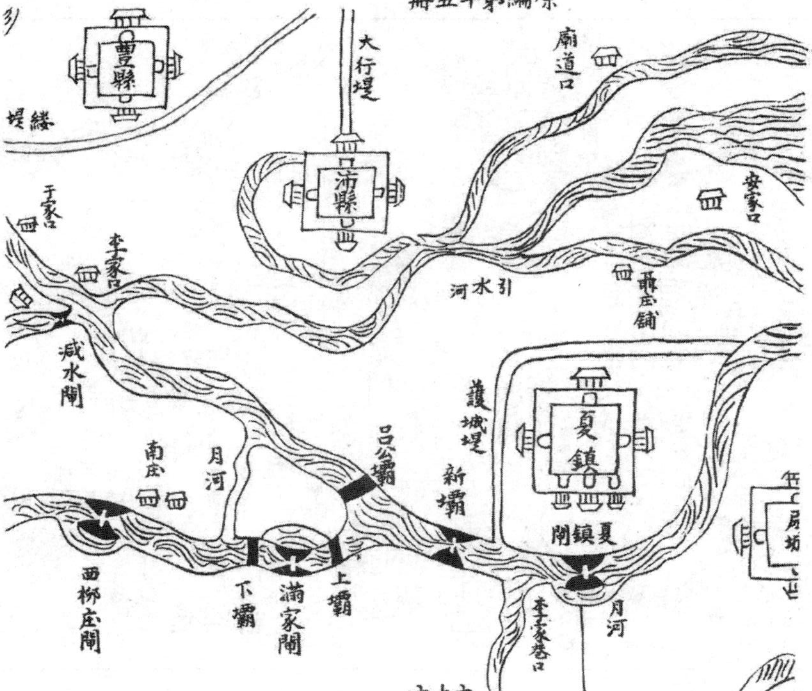
豐縣
縷堤
大行堤
沛縣
廟道口
安家口
于家口
李家口
減水閘
引水河
護城堤
夏鎮
夏鎮閘
呂公壩
新壩
南庄
月河
西柳庄閘
下壩
滿家閘
上壩
李家巷口
月河

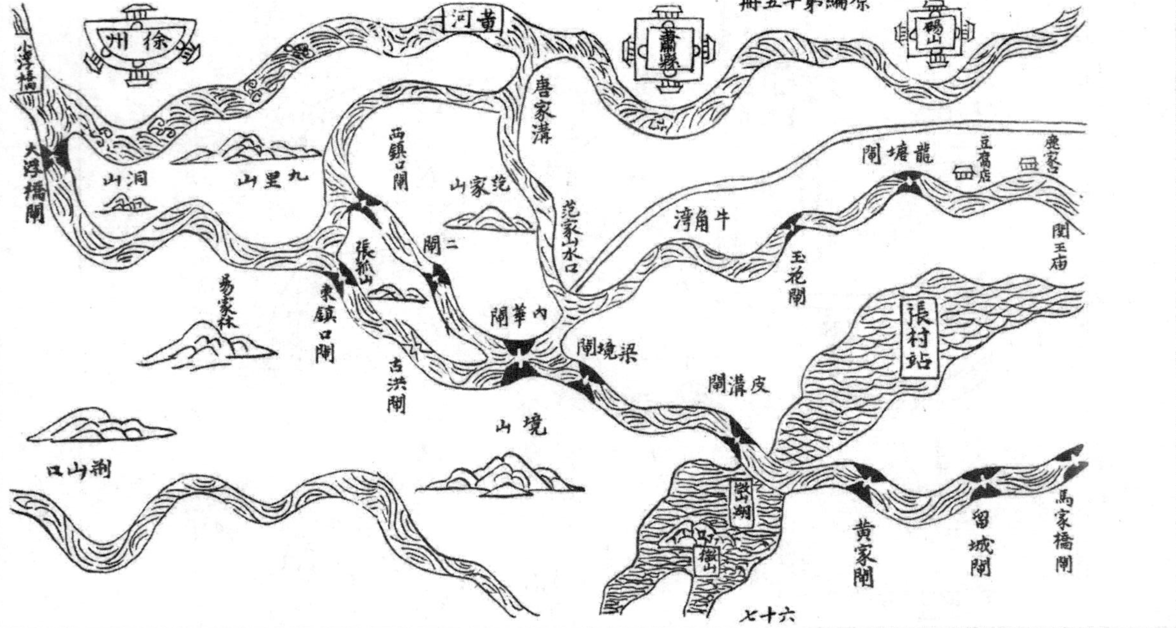
徐州
黃河
蕭縣
碭山
小浮橋
大浮橋閘
洞山
九里山
西鎮口閘
范家山
唐家溝
龍塘閘
豆腐店
閻王廟
牛角灣
范家山水口
二閘
張孤山
東鎮口閘
易家林
內華閘
玉花閘
梁境閘
古洪閘
皮溝閘
張村站
境山
荊山口
黃家閘
留城閘
馬家橋閘

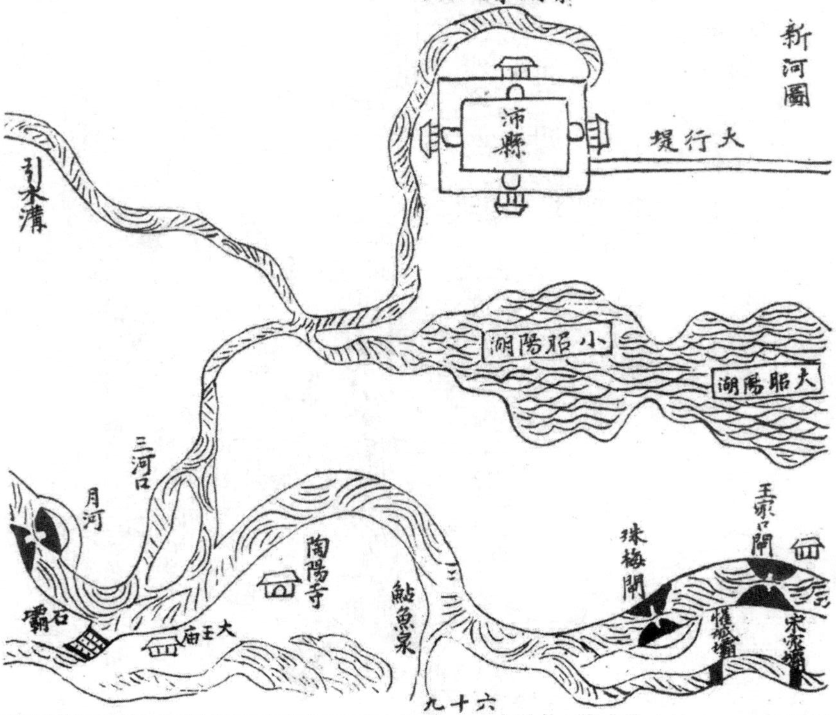
新河圖
沛縣
大行堤
引水溝
小昭陽湖
大昭陽湖
三河口
月河
陶陽寺
鮎魚泉
珠梅閘
王家口閘
宋家壩
石壩
大王廟

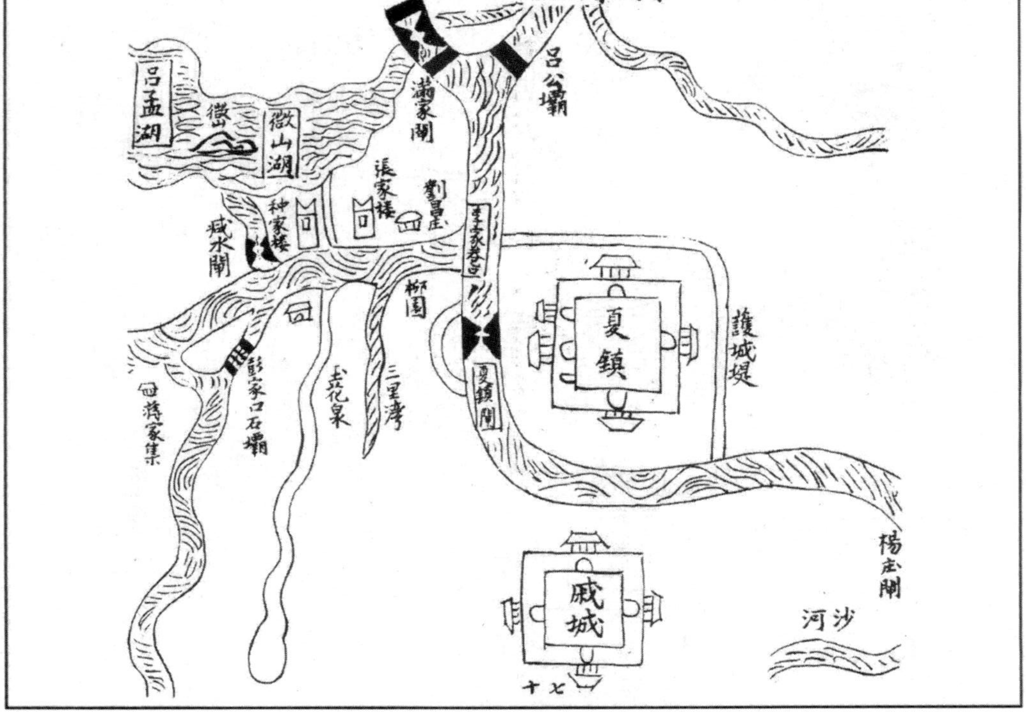
呂公壩
滿家閘
呂孟湖
微山
微山湖
張家樓
劉昌莊
种家樓
減水閘
夏鎮
護城堤
夏鎮閘
彭家口石壩
五花泉
三里灣
蔣家集
楊莊閘
沙河
戚城

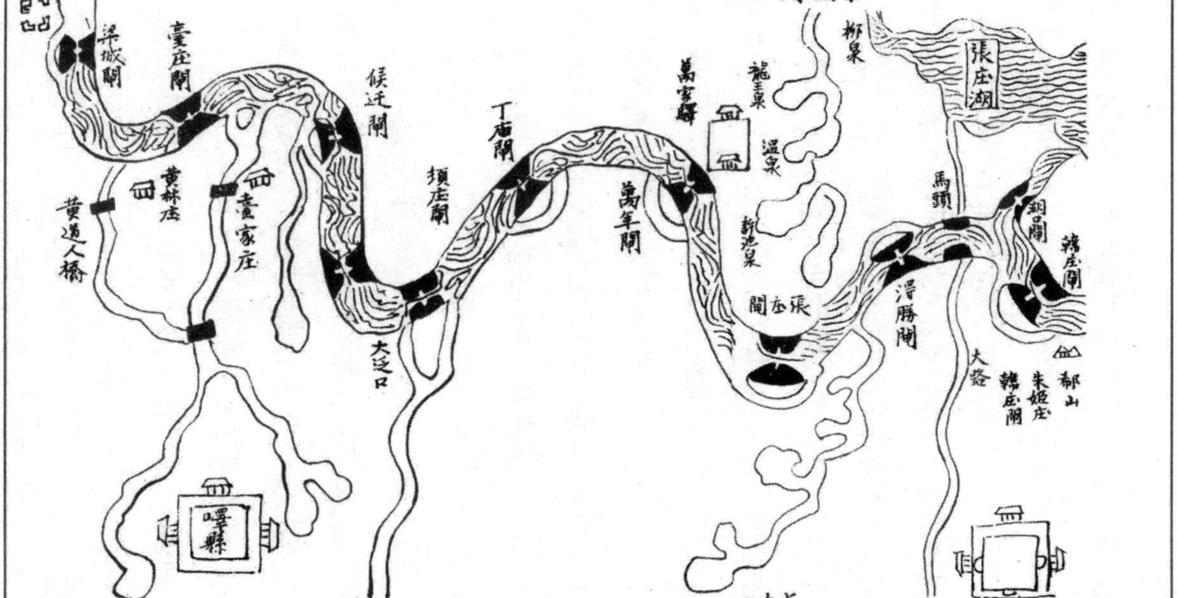
梁城閘
臺庄閘
侯遷閘
丁廟閘
頓庄閘
大泛口
黄林庄
臺家庄
黄道人橋
嶧縣
萬家驛
龍王泉
温泉
萬年閘
新池泉
張庄閘
柳泉
張庄湖
馬頭
韓庄閘
郗山
朱姬庄
韓庄閘

《曹州志·河防》

说者谓黄河随时涨落，故举物候为水势之名。自立春之后，东风解冻，河边人候水，初至凡一寸，则夏秋当添一尺，颇有信验，谓之“信水”。二三月桃花始开，冰泮雨积，波澜盛长，谓之“桃花水”。春末芜青花开，谓之“菜花水”。四月垄麦结秀，擢芒变色，谓之“麦黄水”。五月瓜实延蔓，谓之“瓜蔓水”。朔野之地，深山穷谷，固阴沍寒，冰坚晚泮，逮乎六月，消释方尽，而沃荡山石，水带矾腥，并流于河，故六月中旬后，谓之“矾山水”。七月菽豆方秀，谓之“豆花水”。八月菼薍花，谓之“荻苗水”。九月以重阳节记，谓之“登高水”。十月水落安流，复其故道，谓之“复漕水”。十一月、十二月断水杂流，乘寒复结，谓之“蹙凌水”。水信有常，非时暴涨，谓之“客水”。水势移祟横注，岸如刺毁，谓之“扎岸”。涨溢逾防，谓之“抹岸”。埽岸故朽，潜流漱其下，谓之“塌岸”。浪势旋激，岸土上溃，谓之“沦卷”。水浸岸逆涨，谓之“上展”。顺涨，谓之“下展”。或水乍落，直流之中，忽屈曲横射，谓之“经窈”。水猛骤移，其将澄处，望之明白，谓之“拽白”。亦谓“明滩”。湍怒略停，势稍汩起，行舟遇之多溺，谓之“笃浪水”。

旧制，每岁濒河有司，常于孟秋备下塞之物，稍芟薪柴，揵橛竹石，芟索竹索凡千余，谓之“桩料”。凡芦荻谓之“芟”，山木榆柳枝叶谓之“稍”。辫竹纠芟为索。以竹为巨索，长十尺至百尺，有数等。先择宽平之所为埽场，埽之制：密布芟索，铺稍，稍芟相兼，压之以土，杂以碎石，以巨竹索横贯其中，谓之“心索”。卷而束之，复以大芟索系其两端，别以竹索自旁出，高至数丈，其长倍之，用丁夫数百或千百八，杂唱齐挽，積于卑薄之处，谓之“埽岸”。既下，以橛臬阂之，复以长木贯之，其竹索皆埋巨木于岸以维之，遇河横决，则增补其缺。埽下非積数叠，不能遏其汛湍。又有马头、锯牙、木岸者，以蹙水势护堤。而今则筑堤塞决，栽柳栽苇护堤，及昼防夜防、风防雨防、官守民守之法，具在河渠诸司。

弘治五年秋，张秋水势汹涌，妨碍运河，太监李兴、平江伯陈锐、都御史刘大夏奉命来治。会议欲将黄陵冈迤北里河筑塞，使水由贾鲁河南流，庶张秋得安，运河无虞。于是起直隶、山东、河南、湖广军民等夫九万馀名，于黄陵冈原决处立埽台三座，分委众官，一齐卷埽，截河堵塞。越四年，告成。又将知县王肃所筑缕水小堤增高一丈，原旧二堤，增高二丈五尺。又自黄陵冈起，接原贾鲁旧大提，至丁家道口止，东南西北斜长二百馀里，增高三丈五尺，阔四丈五尺。又于大堤西每三里筑土坝一座，长五十步，名曰“分水坝”，以破啮堤之浪。又设护堤之法：堤东每二步栽柳树一株，堤西密栽棋盘卧柳；又各地钉柳，欲其日久根节盘错，以护堤根。又自黄陵冈迤东二大铺起，下至牛角湾止，每二里立小铺一座，佥夫五名；每十里立大铺一座，佥夫五名，老人一名，通计夫七百名，老人十一名，曰守“堤铺夫”。又于梁靖集北立官厅一所，调曹州里河旧有浅夫一百二十名，委官率领，在此昼夜戍守巡视，以防盗河口之患，名曰“游夫”。

弘治六年，总理河道都御史刘大夏建议，河南、山东、两直隶地方西南高阜，东北低下，黄河大势，日渐东注，究其下流，俱妨运道。虽该上源分杀，终是势力浩大，较之漕渠数十馀倍，纵有堤防，岂能容受？若不早图，恐难善后。其河南所决孙家口、杨家口等处，势若建瓴，无筑塞之理。欲于下流修治，缘水势已逼，尤难为力。惟山东、河南与大名府交界地方黄陵冈，南北古堤，十存七八，水仍从考城县南行。又自大名府起至曹县地方止，离归德府丁家道口一十五里，筑成大堤一条，分逼水势，从贾鲁河以入徐州，将黄陵冈筑住，平安镇功成，漕运无事。但黄河大势在东，不归故道，兖民日夜忧虑。

弘治九年夏，考城县地方水势漫入东来，水势径冲贾鲁河，曹县梁靖口水溢大堤，幸而稍退。又自贾鲁河东岸修筑小堤一条，保护大堤。

弘治十一年，管河副使张鼎见黄河水势俱从南行，不由丁家道口入徐州，建言要将荆隆口分沁水于贾鲁河，又要将归德州迤北王牌口等处分水，亦入贾鲁河，俱入徐州。今年八月以来，不意水从王牌口等处俱往东行，不从丁家道口东南而去，却倒往东北，直至黄陵冈下，势甚可畏。又自曹县以入单县，南连虞城，淹没民居人畜等件。只今河冻，水虽消退，倘来春水发，俱往东行，则单县、城武、金乡、鱼台、济宁等州县皆在巨浸，自济宁迤南闸坐定被冲倒，阻碍漕运，比往时张秋之害尤大。盖兖州之境，地平而土疏，比之河南之地，尤为卑下。河南北方上流不塞，则本州地方正当下流，虽筑堤岸亦不能保。目前虽若事小，恐后黄河之水不由南行，俱往东注，酿成大患，悔难及矣。

弘治十三年，河南水决，李家、杨家等口淤塞，马木河水横流，曹单被害。邹鲁陈言修长堤以捍水，河南则议排马木河身，使水下济运河。兖州知府龚然鲁议，遂筑堤自黄陵起，至乌塚寺止，计二百三十里。是年堤成，小而低，秋复决。明年春，以事闻，下巡抚王委参政陈修完，复决。十四年，巡抚徐又简委参政杜、因参政陈、佥事李旧堤，分命同知李督夫二万人，给以粮，加修之，两阅月，告成。堤高一丈五尺，基三丈五尺，顶一丈二尺，自武家口起，至马良集止，计一百五十里。

正德三年，梁靖口集迤南二里许，河决缕水堤，浸二堤而过，流入大堤圈内，浸渍日久。至四年九月，复决候家洼，北徙三里至杨家道口，水势汹涌，约深丈余，声若电雷，散漫东流，东西长二百余里，经曹县南，东过单县、丰县、东南，抵沛县，由流沟入运河南流。原黄河自梁靖口东南至丁家道口，旧水贾鲁河八十余里遂于塞。事闻。

五年春，工部侍郎崔岩奉命来治。于是用贾鲁河计，塞河北，疏河南，仍于梁靖集原决河口堵塞，发直隶河南山东丁夫五万余名，分委山东参政董杰、佥事杜旻、都司尹、兖府同知李钺、曹州同知孙环等各理其事，夹河南北两岸，卷埽封堵。自本年正月起至五月，龙口将合，俄暴雨，通夕而溃，所浚贾鲁河亦随淤塞。崔公遂回。既而侍郎李公镗继公至，时河水横溃，工役难施，及委参政史公学、佥事杜公旻、府同李、州同孙，分地定方，严立限期，各督夫役，上于曹县西北魏家湾，下至守县集西止，修筑大堤一道，东西共三百余里，预防河水北徙，名曰“新堤”。是年九月兴工，至六年春工毕。适遇流贼充斥，百姓艰食，塞河之役遂寝。夏五月内，河水泛涨，黄陵冈旧筑头埽、二埽俱被回溜水冲亏约三分，止遗三埽，亦被浸渍。兵备副使吴公学遂委府同李、州同孙往相其地，于三埽南筑小月堤一道，长三里，防河冲溃；后于回龙寺、塔儿湾等处各挑小河一道，引水南注，以分其势。

七年秋，河势北徙。吴公议于黄陵冈三埽北断头堤起，筑月堤一道，长五里；又于娘子营筑月堤一道，长十五里；又于原堵里河内作土坝三座；又冉家寨起，接白茅村分界堤，下接魏家湾新堤，长五十余里；又自曹县北莘塚（注五）筑起，下至城武东（注六）止，筑堤一道，长七十余里，防河北徙。议既定，吴公迁山东按察使，副使林公正茂继理其事，巡抚赵公璜躬往相度，将前所议堤口，委府同知李钺，率夫修筑。林公巡行无倦，劳来有方，于是民虽劳而不怨。五阅月，其功告成。六月，河水横溢，冲决娘娘庙古堤东下，绕曹县西北，转县东，复折而南，与大河合流东注。九月，河水奔涌四散，冲溃陈家口、汪家口一带，大堤坍塌，黄陵冈三埽几坏。总理都御史刘公恺乃齐沐责躬，祭祷于河，越三日，河南徙四百余步，黄陵冈无虞。事闻，降敕奖劳，谕祭河伯。

八年，兵备副使陈公鼎委曹州判官王经，于贺家口大堤坍塌处，卷埽帮筑，长十二里；又于汪家口筑月堤一道，长四里，以备河变。本年七月内，河水南徙四里，于是北徙之势稍缓云。

《曹县志》

按《禹贡》：黄河自孟津而下，过洛汭，历大伾，又北播为九河，同为逆河，入于海。历唐虞三代，河如故，至定王五年，河徙，非其故道，然东昏以下，经定陶，溢为雷、菏两泽者，济水也。循大梁，趋睢下邑者，汴水也，皆与河无涉也。惟水分，则势杀而民不为灾。

自秦始皇攻魏，引河水灌城，拔之。汉田蚡为丞相，弃河不治，遂溃金堤，南决瓠子，武帝亲临治，仅克塞之，当是时，河已南被曹、濮之间矣。其后隋炀帝引黄河水，以通江淮漕运，兼引汴水，《水经》所谓“浪宕渠”是也。

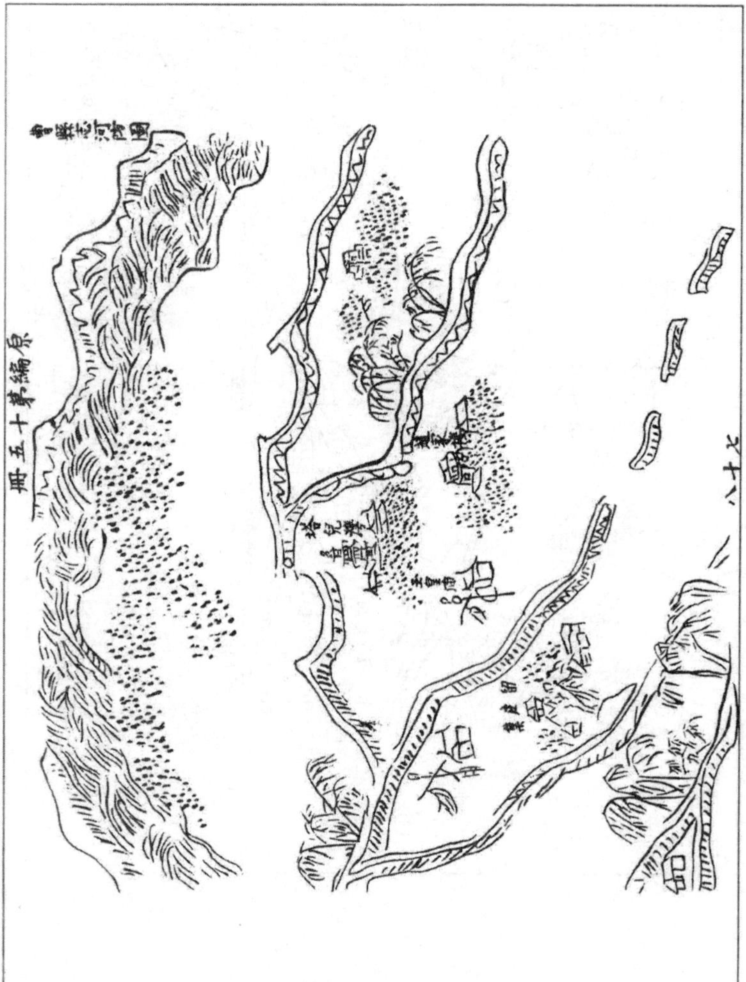

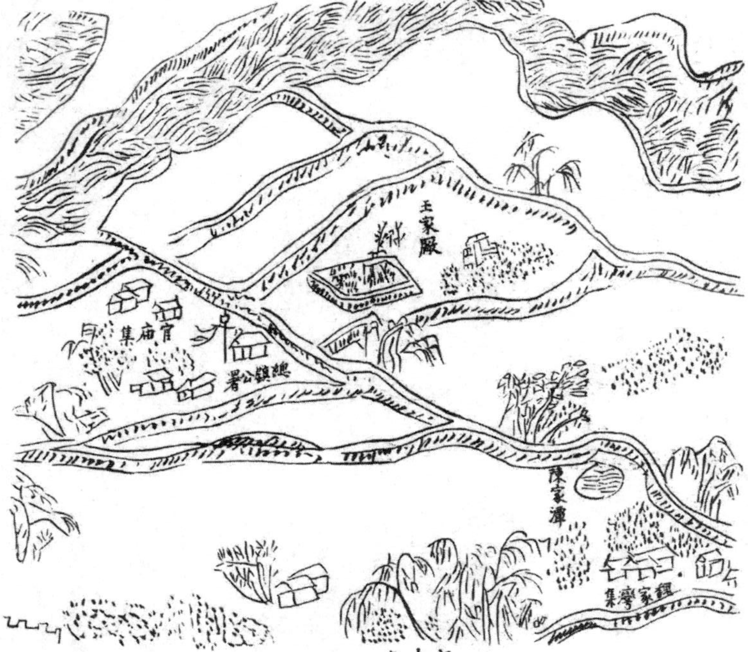
王家壩
官廟集
總鎮公署
陳家灘
鍾家營集

新集
遥月堤
土山集
青山廟
縣城

卞義集
劉家樓
舊黃
舊柳河集
今成大潭
魯家口

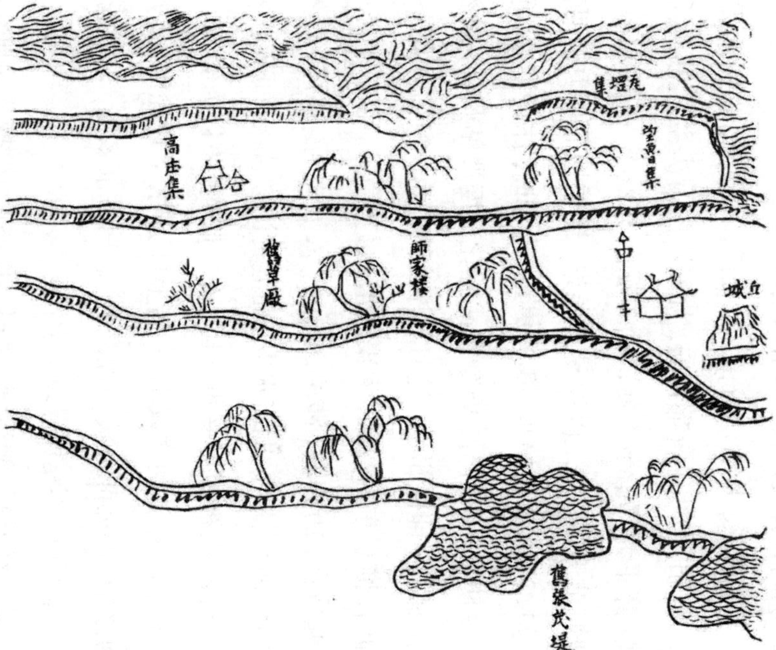
充堌集
望魚口集
高庄集
師家樓
舊草廠
丘城
舊張莊堤口

然自王莽时，河汴决坏，久不修，其后汴渠东侵，日月弥宽。数年，始举王景修汴渠，于是河汴始分流复故。而《水经》云，河水旧于白马县南决，通濮济黄沟。又云，此白马渎，又东南迳濮阳县，散入濮水，所在决会，更相通注，以成往复也。于是濮阳、济阴间有五丈沟，通部缗入湖陵。

复有黄水，从黄沟分流，经乘氏，入县境，故魏无黄，济阳有黄，济阳，曹也。唐都长安，黄河不闻有决溢之患。《唐书》惟载：薛平为郑滑节度使，河溢瓠子，东泛滑，平按求故道，请于魏博节度田弘正，以地易疏导处，还壖地七百顷于河南，此外无纪。汴亦疏通绝少。郑畋集载：为相时，汴河淀塞，请令河阳节度使于汴口开导，仍令宣武感化节度严帖州县，封闭公私斗门。感化，即徐州也。是河与汴犹岐流也。宋初方隅未一，储廪仰给，惟京东西数路，河渠转漕，最为急务。而京东自潍密以西，起青淄，历齐郓，涉梁山泺济，入五丈河，连汴都，岁运漕百余万。所谓清河，即济水也。而五丈河尝苦浅，每春初农隙，调夫开浚，太祖辄于兴役之际，车驾临督，岁以为尝。仁、英以后，欧、苏诸臣治河之议不一，皆上自济阴，下建徐淮，无复东郡入海之旧，亦弗闻济黄清浊之分。且曰汴水多泥，未可溉田。是时，济泽河填，不复可寻，而河汴混一。

至元都北平，漕运溯河而上，由汴达卫，挽入京师。未几，会通河开，并海三运，然横决不时，故道难复。至顺帝，用贾鲁策，兴夫数万挽河而南，由汴宋入徐淮，于是贾鲁之河著矣。逮我国朝初，用黄河以资漕运，中导其流以归徐邳，后泇河功成，遂弃黄不用。然犹岁议修筑，其意以为运道所关，利害非细，譬诸夷狄，事羁縻为当。是时河行雷泽，或由左山，或经安陵、宰县北境。

自弘治二年，河过沁，分二派：一自兰阳经归德，至徐邳入淮；一自黄陵冈经濮郓，汇张秋之南湾，庶几支分易制。且北支可以济会通，南支可以益徐迁。乃当事者不引之归壑于南旺、蜀山诸湖，防蓄为用，听其放流。明年，秋水暴涨，益之以黑阳之水，而张秋决，运道梗矣。漕运既梗，乃益疑畏，以为河不为用，害不可迩，举而弃之，使并归南。于是塞黄陵，浚贾鲁。当是时，太监李兴、平江伯陈锐暨都御史刘大夏起夫十余万，上自荥泽，下达曹单，筑长堤三百余里，立储料四十余厂，佥守堤民夫数千，植柳数万，凡四年，功成。天子嘉之，命近臣为文，纪其事。自是河行一道，益横决不可治，乃增设治河使者：县有倅，郡有大夫，又大者藩臬以上；大司空御史台星罗河干，冠盖遥相望，而筑堤下埽，略无宁岁。

至万历癸卯，河决归德，商丘睢虞，几为巨浸。议者复欲挽河而北，为归德纾难。乃以河南抚臣曾为总理，而开曹境中地若干里，其工役视弘治有加。凡四阅岁，再易理臣，而功亦成，今之行曹之河是也。

大抵汉唐以前，河、济、汴三水分流，各有归墟。五代以还，三水合一，无所容受。且汉唐以前，济与河胥自北入海，朝宗定而水得其性。五代以还，东流南下，第求归淮，而淮以下弗论已。至于国朝，弃而不用，岁与为难，莫过于河；并势俾大，工费浩繁，亦莫过于河。其在曹县一邑为壑，其小者也，昏垫其鱼，与夫徭役赋料，其所不计也。而大役三被，创痍寰宇，若贾鲁之于至正，李兴之于弘治，曾之于万历，命之曰“黄河三役”，皆曹境内事也，不可以不纪也。若夫历年冲决抿没，已见灾祥，兹惟举防修本末暨条议故实，以备稽考，具列如左。

分守东兖道右参议杨黄河事宜

黄河关天下大利大害，远者姑不具论，考之万历初年，河决崔镇，决龙窝，决白洋河，越归仁集，流沙淤隘，云梯关入海之路大阻，淮安垫焉。潘大司空季驯力排浚海诸议，于是筑堰筑堤，自徐抵淮亘六百余里，筑南北两堤，蜿蜒相望。即有异常水患，缕堤不支，至遥堤而极。遥堤蓄潴宽，势固不能越而出也，至今赖之。

二十五年，河决单县之黄堌口，乃贾鲁旧开处也，溢于河南之夏邑永城，经宿州之符离桥，出宿迁新河口，入大河。议者以河虽南出符离，淹没民田，无几而河水一半由旧河下徐州，足以济运，议不治。但河日益南，黄堌之下李吉口淀淤益高，每即其地开一小河，春夏则行水，以下徐州济运，然至秋即淤。若是者三年，而徐吕二洪，可褰裳涉矣。于是当事者建六闸于河中，节宣汶济之水，聊以通漕。二十九年冬，议塞黄堌，极力下埽，未竟三十丈。明年春，复决于上流蒙墙寺，几没归德城，商丘永城几为巨浸。时从蒙墙近地开八九里，可至下刘口，乃欲挽决河而北，为归德纾难；于曹县王家口，开生地二十四里，达下刘口。以三十年冬兴工，河南、山东、江北共派夫三十万，至初夏未竣，而大疫起，死者七八万人，至秋垂合龙门。而坚城之上八九里，单县苏家庄遂大溃决，东北流入沛县城中，水深丈余；鱼台一县，悉为波湖；南阳以北漕渠，为黄水所侵。乃于夏镇之东，开通泇河，从直河口达于宿迁，漕遂由泇河行。

明年，曹大司空时聘锐意挽河，用金钱百万，后以十一月兴工，其用人夫与王家口之役埒。起自苏家庄至徐州，几三百里，悉州县正官受役。州县官急于竣事，私派夫又倍之。河垂成，惟徐州之上八九里许未浚，而苏家庄近黄河堤土卑薄，一夜河从地下穿入新河，震撼东下，流至未开处，稍梗塞，遂泛溢三十里，而后约束成河云。曾不十年，三山口决矣，狼矢沟又决矣，三山口幸塞，即不塞，河可从此由小河口出大河，无害。狼矢沟倘不果塞，水且从河北溢而入泇。上年泇水下直河如悬崖，粮船入口，日不十计；黄决，泇且虞决，非细故矣。

总之，黄堌口之决，坚城集、李吉口之淤为之；蒙墙寺之决，坚城集未通而黄堌遽塞为之；李吉口开，王家口塞，而苏家庄复决，坚城集以下全未疏通为之；则苏家庄之工未久，而三山口、狼矢沟相继决，岂非徐吕之可褰裳者，未尝疏通为之耶？疏通难言之矣。从来汶济诸水，由夏镇出茶城口，会黄水下徐吕，水力并而泥沙若扫。自泇河开，诸水悉自夏镇东入泇，其间吕公坝放之入徐吕者，岁不三四月，又春冬水涸时，尚安望其悬水三千仞哉！狼矢塞，不可谓黄河便安流也。

谢肇《浙杂纪》

禹之治水，一意视水之所归而已，随山刊木，凿隧通道，惟使水得所之而止，无他顾虑也。白圭战国之时，各有分界，动起争端。能以邻国为壑，而邻国不知有水患，不可谓之非奇功也。至于今日，则上护陵寝，恐其满而溢；中护运道，恐其泄而淤；下护城郭人民，恐其湮汩而生谤怨。水本东而抑使西，水本南而强使北。且一事未成，百议蜂起，小有利害，人言丛至，虽百神禹，其如河何哉？王敬美赠潘司空诗有云："坚排众议难于水，”亦有激哉其言之也。

善治水者，就下之外，无它策也。但古人治水者，一意导水，视其势之所趋而引之耳。今之治水者，既惧伤田庐，又恐坏城郭；既恐妨运道，又恐惊陵寝；既恐延日月，又欲省金钱。甚至异地之官，竞护其界；与职之使，各争其利。议论无画一之条，利病无审酌之见，幸而苟且成功，足矣，欲保百年无事，安可得乎？

当河决归德时，所害地方不多，时议皆欲勿塞，而相国沈公恐贻桑梓之患，故山东、河南二中丞议论不合，而廷推即以河南中丞总督河道，不使齐人有异议也。既开新河，而初开之处，深广如式，迤逦而南，反浅而狭，议者又私忧之：“下流反浅，何以能行？况所决河广八十余丈，而新开仅三十丈，势必不能容，泛溢之患在所不免。”而一董役者奏记督府：“若河流既回，势若雷霆，藉其自然之势以冲之，何患浅者之不深乎？”督府大以为然，遂下令放水。不知黄河浊流，下皆泥沙，流势稍缓，下已淤遇半矣；一夕水涨，鱼台、单县、丰沛之间，皆为鱼鳖，督府闻之，惊悸暴卒。此亦宋庆历间李仲昌之覆辙也。

治河犹御敌也，临机应变，岂可限以岁月？以赵营平老将，灭一小羌，犹欲屯田持久，俟其自败。癸卯开河之役，聚三十州县正官于河堧，自秋徂冬，不得休息。每县发丁夫三千，月给其值二千余金，而里排亲戚之运粮行装不与焉。盖河滨薪草米麦，一无所有，衣食之具，皆自家中运致。两岸屯聚，许三十余万人，秽气薰蒸，死者相枕藉。一丁死，则行县补其缺。及春，疫气复发，先后死者十余万，而河南界尤甚。役者度日如岁，安能复计久远？况监司催督严急，惟欲速成，宜其草菅民命，而迄无成功也。

水候

立春后，风动泉涌，上源山中积水、负冰而下，河为暴涨，谓之“挤凌水”。此水率由三冬积雪所致，若冬雪不繁，则溪壑方渴，河不泛也。二月，阳气上升，地脉潜行，故多阴雨，兼之石泉涓溜，涧溪贯输，汇之于河而澜长矣。当是时，桃花正烂，谓之“桃花水”。清明此日，有司暨治河使者，于一岁兴工之处，用少牢致祭，即立标水头，而侦报员役，刻时更番觇候，水痕每添一寸，夏秋之间，辄盈尺也，谓之“清明水”，亦谓之“信水”。三月春暮，芜菁花开，谓之“菜花水”。四月，垅麦结秀，山蛆浮出，渔人网得，知高源之有涨也，谓之“麦芒水”，亦谓之“麦黄水”（鲷，土人谓之山蛆，上源山隙潜生，每重不过一斤。崇祯辛未，浮河而下，有重至五七斤者。河干耆老曰：上源水可虞也。未几，荆隆口水下，冲决数百里，漂没不啻万家）。五月，谓之“瓜蔓水”。六月，深山穷阴，坚冰方释，如龙门玄冰，祈连积雪，铄金之暑既炽，万山之源合流，而沃宕山石，水带矾腥，谓之“矾山水”。七月，豆花方盛，谓之“豆花水”，《南华》所谓“秋水时至，百川灌河，两崖不辨牛马”者也。而盘涡蛟龙，崩岸啮堤，其时始急；加之淫霖微湿，农忙泥泞，于时催田夫，守堤防，而河役之谣作矣。八月，荻蔰花盛，谓之“游龙水”，土人以为龙出游行，不知龙以八月为夜，游龙，盖水蓼也。九月九日，谓之“重阳水”，亦谓之“登高水”，十七日，俗谓河伯生辰，虽三秋旱干，是日水必泛涨，故堤埽工程，暨土农种植，必悬候此日，此日过，相庆无虞矣。十月，霜降水眠，河流既道，如一槽然，谓之“复槽水”。

十一月，断水杂流，寒沍壅积，谓之“淑凌水”。十二月，大寒凝结，一望河上，或如积雪，或如屯兵，谓之“冰澌水”，唐人所谓“流澌腊月下河阳”也。不时暴涨，谓之“客水”。旁枝斜穿，谓之“泄水”。全河大流，乘势直趋，迅如阵马，与岸相持，节迫不转，后队分骑，谓之“倒洋水”，亦谓之“回流水”。半高半低，两际相夹，势如对案，形则削瓜，谓之“切水”（切，去声）。欻发欻止，莫知去来，一波皱起，满河涛堆，谓之“河喘水”。此水见，当有大水也。断垅巉巉，旋涡激荡，崩高穴深，声容百样，兼之风猛涛涌，曲岸斗崖，洞庭之波乍起，钱塘之潮忽来；日不能视，耳不可闻，此水专在坍塌处，谓之“聚湾水”。一湾既过，河直流妥，澹澹溶溶，声响不作，谓之“軃流水”。大流漂涨，余力奔赴，水高岸平，势猛浪激；加以沙中坎窞，行险而跃，或如人立，或如鹄翔；深不没膝，波矗过顶，声吼远迩，弥日竟夕，谓之“刮滩水”。水虽浅，不可涉。撞钲擂鼓，飞水如织，云雾四罩，群鹭翔之，谓之“崩滩水”。岸虽高，不可近。又如移御横注，侧力全出，避射如弓，巧机深入，谓之“扎岸水”。涨溢逾漕，澎湃平进，陵谷失形，村落惊遁，谓之“抹岸水”。埽坝嗽朽，潜溜漱下，岸坦洪中，鑢危奔马，谓之“塌岸水”。风浪旋激，蹲崖伏候，一波凌厉，万叠拥凑，谓之“卷岸水”。远势初近，后浪停随，呼吸继进，涛声四驰，谓之“土展水”。平流徐进，押浪转湾，旅酬未毕，镗扱鸣弦，谓之“下展水”。上展有尽，下展多力。灿若泛雪，矫如奔羊，水花诡激，静躁靡常，乍落直流之中，屈曲横波之洋，谓之“窈窕水”。望之匹练，恬净澄夷，斜亘中流，酬应不及，长年避夫胶舟，土著识其洪移，谓之“明滩水”。险过怒息，势大徐起，细浪不生，波如屋里，行舟过之多溺，谓之

“笃浪水”，亦谓“大潮水”。又有移岸水、驳滩水、夹岸水、闪滩水、藏岸小分春水，争龙水、透崖水、远滩水，种种机要，深隐难名。总之，力猛则势雄，流急则节险，总谓之“神水”。

娄枢论曰：泛言治河之道，皆本汉贾让上中下之三策，实究治河之工，无出元贾鲁疏、浚、塞之三法。让之上策、中策，譬如滕之井田、周之里选，名甚高而实难行也；鲁之三法，推广让之下策也，譬如管仲之治国，杨炎之两税，名虽卑，而实百世之可通行也。徙冀州之民当水冲者，败坏城郭、田庐、塚墓以万数，皆不恤，让之上策也。今观元之亡也，罪不在鲁，而怨者皆归之鲁，矧无罪而破数万家之城郭、田庐，吾恐汉室之亡，已不俟赤眉、黄巾矣。出数年治河之费，以业所徙之民，让处置之宜也。虽县置一让，徒竭居民，亦不赡徙民，徙民之空地，萑苇生而盗贼潜，其害有甚于河者。丘文庄公亟取其中策，谓多开渠道，引水灌田，可杀水怒而利农；不思春夏旱干，漕河方浅，而渠又引去；秋水时至，百川灌河，田中雨足，孰肯引无用之水以病田，是谓上策、中策之难行也。缮完故堤，增卑倍薄，让谓下策，鲁不谓下。又广其议为三法：酾河之流，因而导之，谓之“疏”，今之酿水堤，分水河，皆其遗法也；去河之淤，因而深之，谓之浚，今日之挑河淘闸是已；抑河之暴，因而塞之，谓之“塞”，今日之卷埽筑坝是已。忧国之君子，在邵尚书，则欲以不治治之，盖本苏子赡王者不治夷狄论也。六月兴师，周王岂其得已？侵镐及方，将若之何？胼手胝足，神禹岂好为劳？“泽水警余”，谁之咎与？及考邵公治水之方，则曰“疏故道，塞新决”，此即鲁之绪余尔。在霍学士，则欲引黄河入卫河，是即阴用让之上策，不徙冀民而由冀地也。然大河岂卫所能容，一入于卫，则汲、浚、元城皆鱼鳖矣。先师何侍郎欲南北各开支河，今河南孙家渡、赵皮寨诸处固有支河矣。或由或淤，凡以修筑者，皆为运河谋也。若河北开支河，不经运河，何以达海？僭谓与其从下流分之使出，孰若从上流导之勿入：孟津以上河允翕，孟津以下始善泛；良以伊、洛、瀍、涧会于巩，丹、沁、济、湨会于武陟。若导河南之水南入淮，河北之水北入卫，虽非至计，比之开支河，则工省而易成；导黄河，则势小而易制耳。三十年来，工多施于曹、单之下，而遗于汴省之上。九重德意，岂专在此一隅？千里长堤，孰保都无空缺？倘如前代之决原武，决封丘，一入曹澶之境，则会通之前功尽弃矣。济南有新河自淮扬以达天津，比漕闸省启开之烦，比海运省风波之险，工无废于此，兼治于彼，何如？诗云："不震不动"，言不骇人也；"不想下竦"，言不自恐也。新河有册籍，治河有总方，皆足以资识。乃石文隐公之说，则不专在是，曰：山河经络，苟非目睹身历，而欲据文字定之，鲜有不失者矣。自孟津以至吕梁，相其地之高下，水之分合，堤之完缺，何处可导，何处可补，虽不亲行，亦戒河堤使者勿徒苟具文书已也。野狸一窟，淹没数万家，此非迩年之明效耶？吾行河间，半为水国，究其由，则滹沱淤塞故道，任水横流，而旁溢新壤数千顷，非独民赖之，官亦赖之。疏浚劳民，非独民病之，官亦病之。此事之因仍者寡尤，作兴者招怨；阻而不遂，惮而不为，如此之类尚多矣。

《曹县旧志》

黄河故道四（一在河间府，距曹县西三十里，上接吴桥县界，东北至南皮县界；一在大名府，开州治南，又长垣县南六十里，清丰县西五里，又废东明县南五十里，皆原故道；一在东昌府馆陶县西南五十里；一在卫辉府新乡县南入界，北行与虞城县相接）。

大堤 弘治六年，河决张秋。事闻，命太监李兴、平江伯陈锐、都御史刘大夏治之。既塞黄陵冈，又以山东之地，漕河外户也，乃筑堤，自大名府起，经曹县，至虞城县界止。在曹县界者计一百里，各设铺座人夫，以防冲决，立公馆，以时巡警，而以兖州府管河通判提调之。公馆四所：魏家湾在县西七十里，阳晋口在县西二十里，张谭寺在县西南二十里，李文盛在县南五十里。浅铺四座：小张家湾浅、新添浅、安陵浅、夏候浅。

《曹县志》

修守事宜

筑堤 大约离岸二三里，容蓄宽广，可免决啮，切勿逼水，以致易决难守。仍勘堤址虚实，如有浮沙，量行掘槽，务取老土，每高五寸，即夯杵二三遍。若有淤泥与老土同，但不堪夯杵，须令各夫轮番脚踩，俾结成一块，稍干更加夯杵。其取土宜远，切忌傍堤挖取，以致成河积水，刷损堤根。验堤之法：用锥筒探之，或间一掘试。堤式贵陂，切忌陡峻；如根六丈，顶止须二丈，俾马可上下，故谓之“走马堤”。

塞决（注七） 凡堤初决时，急将两头下埽包裹，官夫昼夜看守。稍待水势平缓，即从两头接筑。如水势汹涌，头裹不住，即于本堤退后数丈，挖槽下埽。如裹头之法，刷至彼必住矣，此谓“截头裹”也。如又不住，即于上首筑逼水大坝一道，分水势射对岸，使回溜冲刷正河，则塞工可施矣。塞将完时，水口渐窄，水势益涌，又有合口之难，须用头细尾粗之埽，名曰“鼠头埽”，俾上水口阔，下水口收，庶不致滚失而塞工易就也。

筑顺水坝 顺水坝之设，为吃紧迎溜之处。本地水刷汹涌，虽有边埽，难以久持，故于本堤上首筑顺水坝一道，以逼水远去数丈，堤根自固。

栽柳护堤 每岁冬春之交，用柳橛、柳椽相兼栽植，傍于堤根；柳橛密栽，而柳椽每株相距五尺许。非止用以捍水，而每岁发生枝干，亦供埽料。

栽苇护堤 凡堤临水者，栽芦苇茭草于下，使其根连株丛，衍茁日蕃，即有风不能鼓浪。又于堤根至面，采草子密种，以图蔓延日满，虽雨淋不能刷土也。

昼防 堤岸每遇黄水大发，急溜埽湾未免刷损，若不即行修补，则埽湾之堤渐以坍塌，多致冲决。守堤者必日卷土牛小埽听用，但有刷损，随即补塞。

夜防 守堤人夫，每遇水发之时修补刷损。昼日无暇，夜则劳倦熟睡。若不设法巡视，未免失事。故有五更牌面分发，如天字铺发一更牌，至二更时前牌未到日字铺，即差人挨查，稽迟者有罚；使堤岸不断人行，以防误事。

风防 水发之时，多有大风猛浪，堤岸难免撞损，若不防之于微，久必坍薄溃决。故为龙尾小埽，列于堤面，一遇风浪大作，系于附堤水面；纵有风浪起落，足以护卫。

雨防 守堤人遇骤雨淋漓，难以站立，必各避铺舍，或暂投民居，堤岸倘有刷损，谁其看视？故夫役各置斗笠簑衣，遇有大雨穿带，堤面不时巡视，乃无疏虞。

官守 河水盛涨，管河官不能一人周巡，故添委一协守职官分岸巡视。每堤三里，置铺一座；每铺设夫三十名，每夫守堤一十八丈；又夫二名，共一段，于所分堤上伙搭窝铺一所，时日栖止，以便传牌巡视。又画地分委省义等官，日则督夫修补，夜则稽查更牌，顷刻无弛，以保无事。

民守 每铺三里，虽已派夫三十名矣，但调用无常。若水发之际，修守不足，又于临堤乡村量添乡夫暂用，每铺十名。水发则并力协守，水落则省放回家，量时去留，不妨农业。不惟堤防有赖，而附近之民亦保田庐。

冬春预备 每岁秋末冬初修守稍暇，即督夫采草十余日，每日限以束数，每束限以斤数。大约五斤一束者，每夫日可采六十余束。采完，即运置近堤高阜处，上下盖垫如法，不令雨淋水泡，以致朽烂。其桩檾等项，俱宜于冬春间估计详尽，预发官银，督各州县收买运贮各厂。初买，必报所差之人；买完，必报所买之数，迟缓冒破者有罚，庶护埽顺坝等工，饶足供用，不致临时缺乏。

贾鲁堤（元贾鲁浚河，两岸皆筑堤，以防冲决；自本县张家湾东南至丁家道口凡九十余里。国朝弘治间，改河南行，本此堤筑修至万历癸卯，又改河而北，此堤坍没，不可复考）。

旧老堤（自北直隶白茅村起，东南至遥月堤，长八十八里，每二里一铺，共铺四十有四，今河没，止三十有八）。

北大堤（在老堤内，自魏家湾起至城武县苟村集止，其在县境长六十二里，每二里一铺，今废）。

大行堤（即南长堤，自旧老堤焦家坝起，东至丰县，而其在县境止罗家坝长八十里，每三里一铺，共堤铺三十有七。嘉靖末年，岁贡胡宗沔疏议河务，请筑此堤以防运道。功完，宗沔钦奖，仍赐银以劳之。万历九年，巡抚都御史何公起鸣增筑之。而胡公汝桂记曰：黄河北抵漕运不二百余里，中隔太行一堤，水南下则济运，北决则害运。远无论，即近留城之事可鉴也已。万历四年，河又决，其曹单、金乡、鱼台漂没沦溺之惨，不可胜言。即南阳新坝堤荡且尽，运道岌岌殆矣。缘近创修缕水堤，每年甫筑，而以太行堤迂远，且力不能兼致。然缕堤逼河，日与水势为敌，及水势大而不能抗，则决；缕堤决而太行残缺，穴隙仓皇无措，亦狼狈破坏而不可恃，其弊大都坐此。何公始视河，则曰：夫治河者如治病，急则治其标，缕水堤是也；缓则治其本，太行堤是也。夫水逼其势而敌之则怒，怒则决；宽其势而堤防之则缓，缓则力衰，而可无事。故缕堤常修而常决者，逼之也。若太行堤者，缓之也。先年大臣如刘天和辈惟经略此其固漕运而卫民生者，诚为远虑；今惟增修太行堤为得计。于是佥议既问，谋画既周，计算惟允而又定分铺植柳之法、二年补修之例，著之令典，永为遵守。奏上，制曰可。乃始工于万历八年九月，讫工于万历九年二月，计工九十四万五千三百五十工，增修堤一百九十三里有零，高厚坚实，永为保障，其有益于运道生民者，其大于是。天子玺书褒嘉，赐以银币，其各官赍奖有差。唐同司河事者曰，是不可无记，问于余，汝桂曰："余观何公为给事时，勘新河时，众言淆乱，国是未定，而公以片言徐定之为永利。又抚贵州时，妖人谋逆，被骗土酋，将成大祸，而公潜擒元孽，不动声色而安西南之民。斯其忠慎肤敏，长虑远猷，功在社稷之大者皆如此，不止一修堤事也。然是堤之修，一劳而永逸。又治黄河裨运河者之要务，诚当勒之贞珉，以诏后人。”是役也，主持国是，奠利河漕，则今南京兵部尚书潘公季驯首发忠谋；画地分守，则今吏部左侍郎赵公贤；肃宪贞纪，协议宣猷，则先今巡按御史钱公岱、陈公功；综理区画，计算督历，则原任管河副使今升云南参政邵公元哲；观成善后，画一守法，则今河道副使丘公浙；而分工胼胝，夙夜勤劳，则运同唐文华、同知王一凤、夏维藩、通判王诚；出纳惟允，供应贤劳，则曹县知县张养志、单县知县田则真；赞画切中肯綮，奔驰不惮烦劳，裨堤工可需时，用应礼待，则曹县岁贡监生胡宗沔焉，法并得书。其效力指挥州判、县丞、主簿等官，阴省义官乡民等不尽书，载之碑阴）。

缕水堤（按缕水堤名始于知县王肃之筑，其后有三。今前堤不可稽考，而止以起遥月堤至单县界者名之。其在县境四十八里，每二里一铺，共铺一十有六）。

遥月堤（在旧老堤之东，自二十九铺起至本堤四十四铺止，长十八里，每三里半为一铺，共堤铺七）。

拦水坝堤（初止拦水小坝，后筑成大堤，而自旧老堤刘家楼起，东至单县朱庄口大坝止，其在县境长□□里，每□里一铺，共堤铺十七。遥月堤东即接此堤，曰本堤，误。按县今有长堤四，其在县北曰北大堤，县南曰大行堤，又南缕水堤，又南临河即拦水坝堤，皆东西长堤。而县留之旧长堤，其存无几矣）。

月堤十有四（曰孔宣庄月堤，长十七里；曰娘娘庙坝月堤，长一里有奇；曰龙王庙月堤，长二里有奇；曰马桢庄月堤，长四里有奇；曰孙家道口月堤，长四里有奇；曰牛市屯月堤，长七里；曰曹家集东月堤，长四里有奇；曰刘满庄月堤，长三里；曰清凉寺月堤，长三十里有奇；曰汪家厂月堤，长六里有奇；曰吕家厂月堤，长五里有奇；曰禹王庙月堤，长六里有奇；曰纪家店废堤，长六里有奇）。

新增月堤四（曰遥护月堤，长八百六十丈；曰赵家集月堤，长一千丈有奇；曰仝家庙月堤，长一百六十丈；曰仝家庙前拦水月堤，长二百四十丈。凹堤，皆曹家口堤防。崇祯寅卯开，河势急，黄河厅朱公朝劝捐钱五十贯筑）。

坝十有四（曰武家坝、曰马家坝、曰孙顶坝、曰赵璇坝、曰董来坝、曰崔家坝、曰焦家坝、曰陈士廉坝、曰新月坝、曰荣家坝、曰王家坝、曰曲家坝、曰高家坝、曰解家坝）。

曹有四土之异：刘公堤北，秋潦时至。（土人谓黑羊山水）。地下而瘠，率三亩不能获一钟；其南稍阜，然河故直泻而东，土疏散，鲜大有；惟太行堤南，河既折行，而盘潆渟蓄，时留其膏，为稍腴矣；至拦水坝外，又浸河堧出没坍塌之不常，居鲜宁宇。土人每霜落而种，未暑而收，一麦之外，不复再秋。故曰曹有四土之异。频年荆隆既滑以灾，曹家口射啮坤方，洪涛巨浪，崩岸溃堤，距县不及三牛鸣。向所"谓盘潆渟蓄，时留其膏"者，今亦如坐盆底，虞浸不暇而冀耕获哉！

《治河议》（上）　刘尧诲

国初宋公礼开会通河，沿元人旧渠，自安山以北入于天津，渠道尚可循，所有工力不费。礼之功在漕河者，唯南旺湖及济宁天井闸以南而达于淮，其利益国家而功倍于故元者。

初，元人止导汶水而障堰之西南行耳，礼引沂水、洸水入于泗，以会于漕；又引邹县之渊源泉九，引泗水之下庄泉三十，入于泗；引蒙阴之官桥泉四，引曲阜之柳青泉十八，入于沂，达于泗，同汇天井闸以成漕渠。又开浚南旺湖周迴百五十里，汇平阴、泰安、东平等泉百，而设南北闸以分流之，北入安山旧道，南过济宁，会天井闸诸水下徐吕，同为淮河入于海。故我朝漕运止藉山东诸泉，而不敢引大河以为利也。山东诸泉，亦自足以润徐吕而成漕渠，可以不求济于河也。

至正统戊辰，黄河决张秋，害及运道，以后渐引河入徐沛。弘治六年，河徙黄陵冈，决张秋，夺汶泗之水东行，而运道阻绝。当时议者主于上流分杀河势，既凿孙家渡口，导河南入于淮；又开赵皮寨口，导河入亳、泗、归、宿，以会于淮，又疏贾鲁旧河，由曹县梁靖口出徐沛，入运河，过二洪，以会于淮，于是二洪藉河势而为厉也。第上流既分，大势自弱，徐沛之间，虽有河患不甚。以后治运河者渐失国初作者之意，导口既塞，而支流未分，会全河之水以入于徐泗。而议者乃曰："治运河"，亦过矣。夫运河何忧不治也？我成祖亦未尝以其忧贻后人也。导河入徐吕而数降其害，此是后人失策。今唯求其所以害运河者而远之，固所以全运河也，又何治焉？

近者，工部朱尚书以黄河侵啮沛县，切近运河，乃徙运河而东五十里，以上接于济而下通于徐，其意主于远黄河也，可不谓知耶？然愚以为当以黄河远运河，不当以运河远黄河。以运河远黄河，则凡黄河之所能至者，皆当远而避之，此不东走海南走山耳。故以起胶莱之议，而有泇口之役也。矧所避者止沛县数十里耳，而徐邳四百里之河患固在也。以黄河远运河，则上流归德、兰阳、赵皮寨口，原系河流入涡、淮故道，去其淤积，排决之耳，无有泇口之斩山焚石也；顺其去势，利导之耳，无有胶莱之穿渠乱海也。计不出此，而亟亟垒堤以障河，愚以为黄河至于徐邳，如大军既败而溃，虽有善将，势不能制约；虽有銛锋淬刃，势不能使之就行伍也。故今之筑堤以防河，无以异于衔木以填海，尽南山之木，无益于海，则尽徐淮之土，亦无益于河。且所筑之堤，基广二丈，崇七尺，势不能加矣。徐邳每至伏秋之时，白浪如山，拔地数仞，虽奔雷倒海，不足以喻之，奚但悬水流沫而已？则丈堤土实以决其怒而恣其暴。

昔师丹有言："按经义治水，有决河深川而无堤防壅塞之文。"是得《禹贡》遗意，而于今尤为对病要语。

《治河议》（中）

今议开赵皮寨口，将寻亳泗归宿故道，以分杀河势。难之者曰："河入赵皮寨，经归宿，出宿迁，会于淮，而同入于海，恐河势趋南之便，而东流入徐济之路艰，将来二洪浅沍，则运道为梗。"又曰："将不免为凤泗诸陵寝忧。"此皆臆说也。

夫凤阳即古涂山、荆山地，形势最高，而府北凤凰山一带皆阻山为险，自有淮水以来，所经历凤阳境，至今陵谷不稍变迁，此其彰彰著也。况皇陵在府城南又二十里，当洪武二十四年，河决孙家渡，由中牟、项城入凤阳界，过颖州颖上，至寿州，合淮水，历怀远，以达于泗，是以全河淮凤阳，背城而下，当时未闻波及为害，以危动陵寝。矧今分流入归德，过宿州符离集，出宿迁口，远者二百里，近亦不下百余里，此事之必无恙者。而以动当事者之忧，岂我圣祖之念皇陵也，不若后人之异甚耶？

乃若泗州去宿迁止四十里，黄河由淮以入泗，与夫由泗水以会淮一也。所虑寨口既开，大河南下，归宿迁，有二洪浅阁之虞，是以二洪侍河而转漕。故愚以为失作者之意也。

先时，总理河道刘公天和有云：“漕河本不用黄河之水，自淮达济，一路堤防，正恐黄河冲入为害。今徐吕二洪以下，一向反用黄河之水而忘其故，及水不来，则用功挑浚以引之来，此即所谓”以病为药“也。如酒本伤人之物，而耽酒者一向沉溺于酒，反以酒为生，一不饮酒，如欲毙矣。”此剀切善喻，是究极宋公本意者，岂近时治河诸公未之闻耶？乃若所以为二洪盈竭者，责在山左诸泉，而宣节泉流者，又责在理漕诸吏。

国初浚会通河，而开拓南旺、马肠诸湖，正欲广受深资以待旱干不时之变。故南旺湖周迴一百五十里，浚深者丈余，浅亦不下五七尺，内筑长堤者三，漕渠贯其中，西堤开斗门，以时蓄泄，号曰“水柜”。每二年一大浚，役夫万余名而以为常，此不特为沍竭之备，虽伏秋淫潦，诸泉暴发，得湖以为壑，则不坌溢四出以为东土之灾。厚积而徐出之，又自足以平二洪之势，计亦周矣。百年以来，既浚不时，湖势日蹙，高者为坡阜，下者长洲渚，不复有所谓昔日之全湖矣。抑且徂徕诸山，厉禁渐弛，各泉沟道率皆填壅不治，每遇水潦，则平地尽湖而无专受之壑；稍亢阳愆期，则湖底飞黄埃也。议者不原其始，而遽以山东诸泉谓不足以润二洪，而必藉黄河以为利。人之识度，岂不大相远哉？且运河设闸坝，各有浅夫若干名，以浅名夫，何也？近时有事漕河者，皆利于筑堤而不利于浚浅。盖高可以伪增，而深不可以伪及，故堤日高，则湖日浅，水无所受，势必溃堤而出，堤溃而委之于湖，则筑堤固所以填湖也。且非独此也，凡漕渠皆然。今高邮、宝应诸湖堤，内高于水者不满五尺，而外高于平田者则八九尺，三百里大湖，如支阁在地上，稍一摇晃，则奔泻而不可御，所以淮扬多水患。而说者以为天数，岂非妄哉！

愚尝周历于徐淮梁宋之间，而以中原之地势测之，大抵河之南岸高于北岸。归德、兰阳之间，又曹、单、徐、沛之上游也。

弘治间，河决张秋，夺汶泗以东行，当时诸臣议筑塞，唯荆隆口随筑随溃，于是开孙家渡口，开赵皮寨口，又凿贾鲁河，皆导河使东南行也，如此，则河势分杀而安流矣。明年，秋水涨发，河仍趋北，而势将复犯张秋，故都御史徐恪以为言，乃从荆隆口至黄陵冈之北，筑堤二重，各长二百里，以护决口，而刘公大夏等得以成安平镇河功而全运道，岂非河地南高之验耶？

嘉靖甲午年间，黄河徙兰阳寨口，直趋亳、泗、归宿，不复入于徐，以致二洪浅涩不可漕。后之理漕诸臣，乃一意开梁靖等口，导河而东，并出于徐、沛之间，又镌广二洪，隘石而平之以便漕，故河势东下之利，合流倾注于徐邳，而赵皮寨等口以渐湮塞，河不分流，而亳、泗、归宿之故道失矣。

嘉靖壬子间，都御史詹翰复请开赵皮寨口，不果行。明年，又申前请，遣使视河上，而以工费钜大为辞。陵夷至于今日，其计无复之矣。夫河性至湍悍，必有以潴之，则缓其性而不为暴；有以分之，则杀其势而不为暴。古今治河，无出此二者。故汉人有言，河南岸强，则攻北岸，北岸强，则攻南岸，南北俱强，则下流受伤。今日之治河，正犯此戒。弘治间，惧黄河之北犯张秋也，故强北岸而障河使南。嘉靖间，以黄河之南徙归、宿也，故塞南岸而障河使东。今南北俱强矣，所以淮邳上下毒遭全河之害，而为运道忧也。夫曹、单、郓、济之间，如钜野、梁山泊等处，污泽洼下，昔人于此以潴河也。自荆隆等口重堤以障之，则河水不得上溢于钜野、梁山之间，而有所潴矣。孙家渡及兰阳、赵皮寨昔人于此分河也，自决口填阏，弃而不治，则河水不得南入于涡、淮而有所分矣。既无以潴，又无所分，洪河万里，又会番汉川泽之流，而迫束于二洪之间以激其怒，此不尽吞邳淮化而为溟渤者未已也。故今日议治河，不开赵皮寨口，不浚亳、泗、归、宿旧渠，虽使大禹临河，白圭为役，亦不能救徐、邳之害。而贾让、谷永诸公，但崇空语耳，亦何为耶?

《治河议》（下）

夫河北数十水而沁为最大，河之南数十水而汴为最大。汴水出大周山，会须水、索水、京水、郑水入祥符，东南会蔡河以入于泗，宋人于此开渠以通淮、泗，曰通津渠，亦曰惠民河。是宋以前，河东北流而不受汴水也。沁水出绵山，合太原蔺水、丹水、白水、芦水，出怀庆、济源，元人郭守敬于此开渠，引沁过新乡，历胙城，至汲县，入卫河，以达于临清，曰御河。是元以前黄河东南流而不受沁水也。今汴沁皆入河矣。宋自熙宁，河始分为二。其南入淮水者，受少半耳。今考黄河入淮之路，一自中牟过项城，入凤阳而下，即洪武间河决孙家渡口之路也。一自开封、兰阳至虞城，经徐州而下，即今河出徐、沛间之路也。一自归德过宿州符离集，出宿迁而下，即今赵皮寨上下之路也。自宋以来五百年，黄河之淮，虽转徙不常，总之不出此三路；而欲分杀河势者，亦不出此三路。

乃若合全河之水，又会山东诸泉而尽输于徐吕以会于淮，此则从古未有事也。孙家渡口自正统以来凡十余浚矣，随复淤塞，故今议分导河流，计无便于开赵皮寨。而寨口所从之路，唯宿州符离集为正道；且自宿迁出口入海，不复过凤阳、泗州矣。汴沁故道，可以讲求而复，汴沁复故道，是断黄河之内应也。而沁水去河止四十五里，万一徐邳道梗，则由江之淮，由淮之汴，由汴入河，过沁，放流而下，达于卫，会于临清，此亦转漕一奇策也。淮水由泗州导之，南过盱眙，经天长界，至六合，出瓜步口，会大江，尤径易。在昔隋开皇间，引汴入淮，通邗沟。及唐人魏景倩开直河，引淮至黄土冈，通扬州，今埠岸道里皆可访求。得淮入江，则中原徐凤千里之间，永无水患，而因山川自然之势，于运道尤可久也。且省淮扬、高邮、宝应一切闸、坝、湖、坊官民之费，而以二湖给民田，多穿渠道，南北分流之，则淮扬亦永无水患也。此皆按地形指画，据所尝陟历以考证今古，岂以窈冥决事，亦岂以疑事尝国家也耶？

然愚又有虑焉，国事以民为本，今所治在运河，是不免以中原徐淮之地为壑，而诸臣之有事于漕运者，一堤之外，皆“邻国”矣。此非唯不足以慰民志，尤非所以上答天心。水之为灾也，固宜。昔汉武塞宣防，躬自沉璧，而诸臣亲负薪者，凡以为民也。今即使运道通利，而徐淮万姓之垫溺，中州千里之污莱，将听之耶？况运道原不烦治，能疏导河流，使民得宅土处业，则运道自安流也。第缘近者胶莱河之议，泇口之役，初或未审谛，言出而竟阻抑不行，恐后之抒谋任事者，不敢自必也。盖土著之民，多不利于其乡有此功，而守土之官，尤惮以其身而受此役。其余徼天幸以待迁者，概今之人而不邻视国家者，几希？

孟氏有言：“及是时，修其刑政。”夫政之大者，孰有过于漕事？乃若其时，则无复有暇于此者。失今不亟图之，一旦不偶而中土抗弊，或戎狄启心；外则转饷艰危，内则征发旁午，当此之时虽欲定计举事，可得耶？

崇祯八年，逮总河侍郎刘荣嗣究问。先是，荣嗣受事治河，以骆马湖运道溃淤，乃创挽河之议。起宿迁，至徐州，别凿新河，分黄河注其中，以通漕运，计工二百余里，费金钱五十万。其凿河处，邳州上下，悉黄河故道，浚之尺许，其下皆沙，每挑掘成河，经宿沙落，河坎复平，如此者数四。迨引黄水入其中，波流迅急，冲沙随水而下，往往为浅为淤，不可以舟。明年，漕舟将至，骆马湖之溃决适平，诸舟惟愿入泇，不愿入新河。荣嗣自往，督之以军法，恐吓诸舟。间有人者，苦于浅涩。于是南科曹景参上疏纠之，上命革职，刑部提问。任内支用钱粮，抚按查勘。后骆马湖复溃，舟行新河，人无不思其功者。

《治河议》　何格撰（注八）

议曰：沂州治辖郯、费，地邻淮海，其山蒙羽，其浸沂沭。《书》曰："淮沂其乂，蒙羽其艺。"言禹先治水而后治地也。今自蒙至羽，幅员千余里，皆为沂地，大半汙莱，虽人力之不至，亦未必非水之为害也。明台轸念民隐，下吏蠢愚，不足承指使。然职在守土，敢以旧所考究与今所见闻者僭陈之：窃惟治沭易，治沂难；盖沭道直而迩海，沂河周折于邳、沂、郯、费间，去淮远，去海尤远故也。治沂之难有二：一隘于石沟，一隘于庙山（注九）。盖其地多崖石，水激之不能达，而反壅于上。禹昔治沂，使疏杀无方，何以称乂？今观石沟以上，有坊口，通长沟温泉入沭之故道；庙山以上，有马儿湾（注十），通五丈沟、芦塘诸湖，入邳之故道，实乂沂之迹也。考诸《水经》曰：沂水出泰山郡盖县艾山。即今沂水县艾山也。又合蒙阴诸水，纡曲数百里，始达于沂。如桑预水、洛预水、螳螂水、连绵水、浮来水、甘水、小沂水、闾山水、时密水、桑泉水、巨围水、堂阜水、卢川水，又会汶水，皆注之。坊口既塞，每遇淫雨，石沟以上不得由长沟入沭，决汉口而横流沂水县之东南乡、沂州之孝感乡，此长沟不可不开以杀石沟之隘者，一也。

郦道元曰："沂水左合温水，上承温泉陂"是也。河自石沟南达沂城、《经》曰："南过琅邪临沂县东"是也。又有费之洛水、浚水、洪水、潴龙水合祊水东南注之，《经》曰："又南过开阳县东"是也。二河并趋庙山，河流既盛，山麓亢且隘，反趋马儿湾入五丈沟，又过郯之马头，以出宿迁。《经》曰："东过襄贲县东，屈从县南，西流，又屈南过郯县西"是也，今郯之长城，即襄贲故治。顷年擅湖利者，谋塞马儿湾水，合出于庙山下，无所分杀，泛滥逆行，故上自费之朱纪等口一十二处，沂州之白龙等口二十九处，屡见冲决，迩河乡郭，转为沮洳；而郯之港口马头等一十七处，又下于沂、费者，垫溺滋甚，此马儿湾不可不开，以疏庙山之隘者，二也。禹之汉沂疏杀之方，虽不详于《禹贡》，而备载于《水经》，至今数千余年，马儿湾与长沟之迹，的然犹存；且询之父老士夫，皆云马儿湾未塞之先，水趋湾者十之七，趋马头者十之三，两河通，则民享其利，且无修筑之劳。一湾塞，则民数受害，官益多事。为今之计无他，循故道，从公论，毅然行之而已。或谓疏马儿湾易，治长沟难，盖长沟横亘沂之东，沭之西，地势汙下，其内通左河、黄米堰河之水，外又当汶、沂之交，开长沟，则自沟以东，如八湖、五湖、十二湖、十五湖之地，不为巨浸已乎？曰：非也。坊之不设，或设之不崇且厚故也。但预为巨坊以待之，遇涨可以束流于坊之中，旱干可以蓄泉资灌溉，孰谓汤河、居仁、黑墩诸湖地，不反害为利耶？又谓长沟至沭，延袤数十里，大为之坊，不已费乎？虽然，凿龙门，疏九河，自古兴大役者，不计小费；矧汤河西厓，崇冈天设，但反土以培其东，劳费不甚，较之累岁析居荡稼，集工补隙，其利患劳逸相悬几何？或又谓马儿湾既塞，三湖淤地悉相贸易，谁能夺之？虽然，湖地无赋，民自私之，法当归官。且善治水者，不与水争地，苟利于民，虽赋税之地，夺之弗恤，况受水之故湖乎？察此数者而修复不疑，则二隘疏而诸利兴。自是幅员之内，淫潦有备，卑亢如一，在在可居可食矣。自是流亡乐生，渐次复业，汙莱皆辟矣。自五丈沟以下，舟楫可通，出其有余，入其不足，公私皆济矣。自是徭赋可供，盗贼衰息，民俗日厚矣。夫循旧以便民，非为更张之扰；一劳而永逸，均蒙再造之仁。《易》曰："已日乃革之。"记曰："敝则张而相之，废则扫而更之。"惟明台详加体察，勇往必行，则乂沂之功，不在禹下矣。

《东阿县志》

邑境之渠：有龙溪（注十一），有大清河，有会通河，有黄河故渎，有小盐河，有瓠子故渎，有马颊口。

龙溪者，即东南山中诸泉水也。城在两山之间，诸泉水会于楮村，并西山北流，穿城而过，至旧城之南，入大清河。以其或出狼泉，故名狼溪，邑令为其名不驯，改曰"龙溪"。龙溪者，出《洪范》，龙池也。《水经》曰：狼水出东南大槛山，迳谷城西。

西流泉出城东近山，迳谷城北，西注狼水，以其流西，故即名焉。溪水不盈数尺，泠泠流石间，清澈可玩，萦回二十余里，两岸桃柳，宛如画图。惟雨水暴至，常深数丈，然亦不崇朝也（按《水经》所纪狼溪、西流二水，与今不同。岂当时谷城在溪东岸，自后魏至今千有余年，陵谷变迁，不可胜原矣）。

大清河者，故济渎也。《禹贡》：导沇水，东流为济，又东北会于汶，又北东入于海。考之《水经》，济水至乘氏分而为二：其东北流者，过寿张县西界安民亭南，汶水从东北来注之。汶水出泰山莱芜县原山，过蛇丘无盐之境，西南至安民亭，入于济，二水合流，又北过须昌县西，又东北过鱼山东，左会马颊水。马颊者，济之支津也。又北迳清亭东，又北迳谷城县西，又北迳周首亭西，又北迳临邑县东。临邑者，王莽谓之谷城亭。又北迳平阴卢县西，又东北泺水出焉。泺水者，济南趵突泉也，谓之小清河；济水伏流，至是而出，与大清合，而皆谓之济。盖大清为济正渎，挟汶入海，故汉以前不谓之汶，而谓之济。杜佑曰："济水自王莽末渠涸，不复截河过。"今东平济南界中有水流入海，谓之清河，实荷泽、汶水合流，因旧名称济，非济水也。至汉以来，汶所由道，则自冈城西南流，至汶上之北四汶口，又西北流，过东阿县西，又东北流五百里，入于海。至元二十年，开济州河渠，过汶入洸，至任城会源闸而分。会源闸者，今济宁天井闸也。会源闸之水分而北流者，至须城之安民山，入清济故渎，由东阿之戴家庙、西旺湖、薛家桥入于大清河，以通海运。而其上流出东平界者，但言其北流入海，而不著所由，当亦入济故渎无疑矣。其后，开会通河，自安民山达于临清，而汶水始会于漳，不由济渎入海，故元初海运，谓之引汶入济。济者，济故道也。其后开会通河，谓之引汶绝济。绝济者，济为漕河所遏不得东也。而大清河自汉以来，不谓之济，而谓之汶矣。及考今河流，其源出东平东北芦山之阳，谓之芦泉，合东山诸泉水，西南流迳东平城北，而坎河水从南来会之。坎河者，汶之下流也。国初，开元故会通河于坎河之南，筑戴村坝，以遏汶水北流之道，使南入于运。然每秋水泛溢，决戴村坝而西，至东平城南，又折而西北，入于大清河，历邑境之西南，流至鱼山南庞家口，小盐河水从西来注之。小盐河者，运河所出，汶支流也。汶水由戴村坝南流，迳汶上之北，至南旺而分，其分而北者，由沙湾五空桥泄之而东，与黑龙潭水合流，至庞家口，而入大清河也。大清河又北迳鱼山西，又北迳旧城西（二“西”字新志并改作“东”）。龙溪水从南来注之。又东北迳艾山滑口，而入平阴境，又东北由长清齐河，过济南之北，至利津入海也。春夏旱暵，坎河水西来者少，则芦泉诸水独行大清之渠，以会沙湾诸流。故今所谓大清河者，第得汶之首尾，而实以东平诸泉由济故渎入海，盖亦不得专谓之汶矣。海上诸鬻盐者，至泺口放关，由大清河而上，泊于鱼山；又南则由河渠至于东平，西则由小盐河至于张秋，故大清河谓之盐河。夫以数百里之渠，关国计要害，而名乃不考，非所以察地理之宜而原本古今也，故详著之。

小盐河者，古之马颊故道也，马颊，济之支津。《水经注》曰：济水至寿张，分为二水，其支津西北出，谓之马颊。马颊水首受济，西北流，历安民山北，又迳桃城东，又东北迳鱼山南，东注于济，谓之马颊口。又曰：济水至鱼山南，左与马颊水合。今小盐河庞家口，在鱼山南入大清，而上流寿张界中，有马颊故道，故以为小盐河也。按宋《河渠志》：沿河州郡，各于要害下埽。郓州有六埽，关山、子路、张秋居其三；此三埽者，皆小盐河所经，则小盐河，故宋时河道也。正统、弘治之间，河决张秋，皆由小盐河入大清。张秋东堤既塞，其地涌泉如线，南流数百步，汇而为渊，方数十亩，谓之黑龙潭。通政韩公筑山其上，命曰戊己堤。黑龙潭之水绝之于渠，其稍东出，由决河故道，东流至陈琦口北，而与沙湾五空桥之水合而北流，迳李连关山，至鱼山之南，入大清河。其水涵浸潋滟，平时不通舟楫；雨水泛涨，则鱼山盐舟稍上，至于张秋，不能上，则至鱼山而止，故谓之小盐河。黑龙潭者，一名河平泉，往郎中杨旦常欲涸其水以广显惠庙。风雨大至，舟皆覆没，不敢涸。故俗以为海口龙渊，其实河水所轧而成耳。

会通河在邑西六十里。按《元史》，海运之法，自任城会源闸，导汶水北流，入清济故渎，由东阿旧城，至于利津入海。已以海口沙壅，江淮粮运皆至东阿起陆运，至临清，下御漳，北上。其后会通河成，乃建都水分监于东阿之景德镇。自安山直属御漳，而东阿之运罢。国朝开元会通故道，其在邑境者，北至荆门上闸，与阳谷界接；南至沙湾，与寿张界接，长凡二十里，而安平镇居其中。正统十三年，河决汴梁，东北趋漕，溃沙湾东堤，由大清河入海。都御史徐有贞塞之，先疏其上流，起张秋金堤，至于范濮，以达河沁，命曰广济渠。渠口为闸，堰其水以入于漕，命曰通源闸，而于其东岸泄之大清。又于东平戴家庙为闸三空，疏济水故道，泄之大清。其后佥事刘进修沙湾东岸石堤，副使陈善修张秋东岸石堤。弘治初年，河徙汴北，分为二支。其一，由黄陵冈至张秋入漕，与汶水合而北上。未几，大雨，遂溃张秋东堤，绝流而过，由小盐河入大清，以达于海。而漕河中竭，南北道阻。于是遣都御史刘大夏等治之，筑张秋东堤以塞其决，而张秋之南东岸，又为五空石坝，出其水，泄之大清，至今无河患矣。详见大学士徐溥、王鏊、李东阳、徐有贞碑记。黄河故道在县北四十里，从西南阳谷界中来，迳铜城南，又东迳清泠口，又东迳凌山，又东北迳杨刘之南，又东北入长清界。考之《水经》，河水自范县东北流，迳东阿县故城西，历碻磝、茌平、临邑之境。东北流注临邑、碻磝，皆在今长清平阴界上，所谓东阿故城者，即今阿城闸矣。自宋以前，河在今邑之北，杨刘为津口。其后周显德中，河决杨刘，离而为赤河，不复故道。其溢者注梁山泊，东入于淮，而邑境关山、子路，皆为大埽以防其决。已又合永济渠，北入于冀。宋仁宗至和元年，议者欲复故道，遣使行度，诣铜城海口，约其高下之势，盖欲返之使东。而欧阳修以为非便，因罢不开。而杨刘之河绝，铜城海口者，疑即清泠口也。国朝景泰、弘治中，河决张秋沙湾，由小盐河入大清河，即宋关山、子路故道，而其溢者，或波及于铜城之南，盖其故渎形下，水所趋也，张秋河塞百年，居人不知有河，而河在邑之南数百里，旷若绝境矣。往汉时邑境，又有瓠子故渎。瓠子者，河之支津也。《水经》曰：瓠子河出东郡濮阳县北，又东北过廪丘县为濮水，又北过范县，为济渠，又东北过东阿县东。盖河之一支，并济而流者也。汉时河决瓠子，武帝发卒塞之，于是作瓠子之歌。其后明帝永平中，诏王景治渠，瓠子之水，绝而不通，唯沟渎存焉。今其迹已湮，以故道求之，当在河、济二渠之间，而与鱼山近，以其古名迹，特表著之。

内史曰："余读《河渠书》，'泰山下引汶水穿渠，溉田万余顷。’今汶入于漕，其支流出东平以往者，居人不以溉，岂古今地异宜邪？亦其法不讲然与？河之为利害有日矣，宣房瓠子之歌，至今悲之。而邑乃其故迹，予每问父老河脉所由曲折，远眺遐览，历古今之事，未尝不抵掌叹也”。

《新城志》

《小清河议》 胡应鸣知县

新城巨害，莫甚于小清。盖小清一河，界于高、博、乐安诸处，非若大清之天造地设，可以蓄泄诸水。而北河凿于人力，自济南逶迤东流百里，至新城始大，横亘城之东西，其上有乌河、涝淄河东注之，浒山孝妇河西注之，黄土崖郑潢沟中注之。每遇秋霖，盖以南山七十余川之水奔灌此河。旧有三空桥，东泄河流支脉沟，北杀水势。今被高、博二邑塞三空桥为民居，填支脉沟为沃壤，加以彼县协力，缘河捍拥，以致新城边水八里诸处汇为四大湖泊，周匝五十余里，民居淹没，禾稼一空，以致逃亡殆尽，催征多逋。抚、按往往差官踏看，发金疏凿，徒费不赀，迄无成功。揆厥害原良由高、博诸县谋利固堤以病邻，新城羸羸而待毙，譬人之饮食然，日纳而不泄，必成蛊胀，积久不治，虽庐扁无以善其后矣。

《小清河议》 陈珪青州府推官

本职自奉委以来，昼夜思索，以为此举系一方利病，万姓安危，必洞识其要，深得其肯綮，而后可以建议。乃自乐安草桥通小清河而上，历博兴、高苑、新城、长山、邹平至章丘县淯河而止。又沿淯河而下，至齐东青城、蒲台县界，周回数百里间，周览其形胜，穷究其源委，所至必集士民而询访之，乃颇得其梗概。始知前此各县画图皆不得其要领，所以谬妄纷纭，迄无定论。大约高苑等县水患，由章丘之东有漯河一条，流二十五里至小清河故道柳塘口，横过淤河而直趋邹平以下、高苑以上之驾鸭湾，则溢而泛滥横流，为诸邑之害最甚。次则青阳驿后之浒山泊、邹平县西之沙河、县东之白条沟皆受章丘邹平一带山壑之水，下注小清河。至朱家湾之夏旺口，下流淤塞，乃决岸而西，亦会于驾鸭湾。旧时小民无识，为堤于湾之下，水既有源，势不能捍，则横冲小清河之北岸，而入小清河故道，流二十里至刘家口，又横决北岸而出，以泛滥于数邑之地。又次则清沙泊之水，亦决故河而入，乃决北岸而出，为蔡家口诸水辏合，汇为巨浸，一望无际，此高苑等三县之所以受害也。盖自龙山驿而东，环章丘、邹平东南皆山也。诸山譬则屋之脊也，山下诸水譬则屋上瓦陇间之水也，小清河譬则檐前瓦口横盛滴水之笕槽也，新城、长山、高苑、博兴、乐安之地譬则人家之庭院也。今小清河淤塞，譬则笕槽中有物作梗，而瓦水溢出，流满于庭院矣。若开浚小清河故道，是剔去笕槽中之物，而瓦口之水由笕槽而注于当注之地。又将漯河导入清河，是笕槽所受不到之水，当于屋上瓦脊去处为夹沟斜出，使从外注，不为庭院中之患也。

夫小清河故道，志谓齐刘豫导济南趵突泉东行，至乐安入海。今自乐安逆河而上，至章丘之淯河薛渡口止，见小清河南岸一面，横受章丘、邹平、长山等县群山万壑之水；南岸地高，北岸地卑，此河横亘其中，延袤数百里，名虽与大清配，然其实大清乃济水故道，天地生成之河，小清乃人力所为，二河浅深广狭俱不相敌。大清深入地下四五丈，涧将二三十丈；小清两岸仅三丈许，河底在平地上，水由地上行，两边为堤以束之。今填淤平满，河底将高过平地五六尺矣，所以决即为害也。凡水上流既决，则下流必淤；下流既淤，则上流愈决，淤决相寻，堙塞日甚，而河遂不通矣。此河不通，则无以受诸山之水，由南岸之高，泻北岸之卑，建瓴而下，高博诸县胡为乎其不受害也？今必开通此河，水患斯免。考之图志，成化癸巳，都宪牟公亦尝挑浚此河，自乐安直抵历下，一以泄水，一以通舟。大学士刘公珝记之。后又淤塞，而章丘以上诸山之水直越小清故道，而趋大清以入海，惟章丘白云湖最阔，一遇大雨，即溢于小清，而入于大清，即今之淯河是已。大学士李公贤之记可考也。

为今之计，淯河既入大清矣，则淯河以西固不必开。惟淯河以东八里许为漯河，较诸河为大，发源于邹平之会仙山，北流至高家庄，横注而下二十里许，则泛滥弥漫至驾鸭湾，而与诸水合汇为巨浸，其害居诸之半。此河旧亦由高家庄入小清，今自高家庄溯河岸而上止八里许，曰纪家口，乃漯河西决之旧口也。西望淯河之薛渡口仅五里许，自此至彼，地势趋下，经三里许为常家庄，小清故道犹有存者；又二里许即薛渡口，为淯河矣。漯河由纪家口开通，入薛渡口，与淯河合流而入大清，其势甚便。淯河至齐东县入大清河处，深而且阔，奔驶无滞，号为陈海沟，足以容水而不为民害。中经麻姑堂，上下倘有浅溢处，则疏瀹之可也。询之柳塘口居民，佥谓漯河水泛时，姑未言下流之害，但自纪家口两岸言之，东决，则由袁家口入潘家湾，潴于浒山泊，而河东之民受害；西决，则由纪家口弥满平地，浸于柳塘口，决于常家庄，而河西之民受害，修堤筑口，岁无虚日。今若由此而开入大清，则非惟下流高苑等数县之民免害，而章丘、清平等数庄之民亦免于垫溺之患矣。然自常家庄而下二里，系小清故道，其上三里，阔四丈许，系民有税田地，当何如？曰：柳塘口旧闸东西皆有小清故道，西至常家庄五里，东至新桥十八里，淤为沃壤，民皆耕种，今不追其花利，但使之承受祈占民地之税粮，其孰不从？至于地价，或以官银给之，或以小清之故道加倍偿之，亦孰不愿？

漯河之水既入于大清河，则柳塘口旧闸处，高家庄以东至浒山泊之淯河沟二十里，淤平之故道俱可弃，不必开。自淯河沟而下小清，受浒山泊之水，东行二十里，至王亮口子而北决，流于驾鸭湾。此二十里浅涩，当浚深三四尺。自王亮口起，至关河口五里许，皆淤塞，当挑深七八尺。开河口乃受沙河之水，自邹平县西南，来入小清，东行至关家桥二郎庙前，会白条沟之水，流至旧口，为二十里许，此浅涩，当浚深三四尺。又沙河经邹平县西关而北入于小清，地止五里，名为开河。据本处人民告称，水涨之时，东决则由戴家口而漫流，西决则由萧家庄而漫流，邹平县浮石等数庄之民皆受其害，而亟欲浚之，然其深不过再用三四尺。夫自浒山泊之清河沟起，至白条沟之旧口止，通计有水而浅者四十五里，无水而淤者五里，此邹平地方当役邹平县夫开之，可自免其县之水患也。

自白条沟之旧口，至朱家湾之夏旺口，计七八里，水深不必再开。自夏旺口起，至陶塘口，此三十里淤塞殊甚，当挑深一丈，阔四丈，使水循故道，长山县之水患可免矣。自陶塘口至刘家口，计十五里，此驾鸭湾水冲小清北岸而入，至刘家口而出；自刘家口至蔡家口五里，南岸口子受清沙泊水，此二十里有水而浅，当浚深三四尺。自蔡家口至岔河口十七里，皆淤涸，当挑浚七八尺。此岔河口乃孝妇河自颜神镇受诸水流，至此入小清，遇下流壅塞，乃决而北注，为害甚大。自岔河口至乌河口止，约五十里，大约分为三等：西头十里淤甚，为上等，当挑一丈；中间三十里次之，为中等，当挑七尺；东头十里，又次之，为下等，当挑四尺，使与乌河河身相平，水不倒流足矣。乌河之下为博兴之湾头，自此以下，乌河之水循小清故道而流，两不为害。但自乐安县石辛镇而下，至海口二百里，河身仅三丈许，水深止六七尺，其间两岸口子不下三四十处，出入无定，须俟上流河通、下流水落之时，有口所当筑、堤所当修、淤所当浚者，再行计议者也。

夫漯河既改，小清既通，水患固可免矣；然驾鸭湾与马家泊皆聚水之处，天雨连绵，泛涨为害，又如之何？曰：驾鸭湾在上，流则入于马家泊，马家泊在河之低岸；水不能上入于小清，故旧有丈脉沟延亘三县，至乐安会小清而入海，此天地生成之沟，使泄诸泊之水也。然在高苑、博兴境内者，今已没于巨浸之中；其在乐安境者，已淤为民田，长百余里，不必复开。须待河道水涸之后，寻其近便小清去处，名为淹沟者，徐议浚之，使有以泄诸泊之水于小清足矣。载观陶塘口以下至乌河口南岸，为新城地方，北岸为高苑、博兴地方，水由中行，南决则新城受害，北决则高博受害，故小清水溢之时，南岸之民偷开北岸，往往杀人致讼，势之使然，无足怪者。然南岸地高，故水溢虽决而进，水退则淤而肥，利害相当。惟北岸地卑，故水一决而遂聚，经年不消，所以浸淫数百里，贻害五六年，而民不聊生矣。愚民无所知识，往往只与水争，故高苑之民则于陶塘口为堰，以捍驾鸭湾之水；及其既溃，则又为堰于马家泊之上，亦崩决而不能御。博兴、乐安之民亦然，每县界上俱有遏水之堰，所谓以邻国为壑者也。又新城、高苑之间，小清决口数十，皆为月堤以助之，修筑之劳，迄无虚岁，所谓补塞罅漏者也，然随修随废。前此命官估计，惟会计此耳，不知岁费若干缗，而两岸之民盗决河防，互相争斗，不知杀死若干命，至今讼者纷然，可为流涕。

兹诚开小清水循故道，两不为患；堰可不必修，堤可不必筑，民可不必争，讼可不必听矣。所谓一劳而永逸者也。

许成名《小清河记》

济城之阴，曰大小清河，皆水支流也。济水伏见不常，名随地异。按《书》："发于沇，溢于荥，至于河，浮于汶，东达于济，入于海。"济，今之大清河也。小清出趵突泉，流大明湖，经华不注山，会龙山河，经章丘，会淯、漯二河，经邹平、长山、新城，会孝妇河，又东经高苑、博兴、乐安，会乌河，北由马车渎入于海。此两河之故道也。

成化癸巳间，道塞水溢，大参侯官唐公濂议召饥民数万，浚数百里，通舟楫之交，广鱼盐之利，得湖田数百顷，历城之有稻，实自兹始。迄嘉靖癸巳，盖六十年，大清如故，而小清之道，自博兴而西，及淯、漯、孝妇诸河，皆决塞为害。历下之西北百里，水盘回山阜，道多梗塞，每秋雨暴涨，溪溃川奔，漂居庐，灾禾稼，济人之忧莫甚焉。惟时庵袁公来抚兹土，乃奋然曰："水以养人，顾以害人，治之无道耳。吾闻之，善者顺其性，莫与之争，为之委以杀其势，斯转害为功矣。害之弗袪，惟抚之愆。"

遂自博兴达历下，开小清故道，几三百里；疏郑黄沟，分新城之流，疏新河，杀乌河之势；其淯、漯、孝妇诸河，则浚其塞，导其支，而树之防。于是诸水悉平，咸注之小清河矣。又历下之西南，大清河之北，黄罔之西，旧石桥四出，回折八十余里，河旁达曲贯，于是诸路之水，咸注之大清河矣。夫济水经纬济、兖之墟千余里，派析条分，驱而之道，俾生民无水之虞，而反滋其利；然非抱康济之蕴，笃极虑之诚，阐蒸黎之利，审山川之纪，未有能济者也。

于乎！唐起其端，而公益大其后，上下百余年，鸿猷骏功，炳炳齐鲁，溯其时亦癸巳，若造物相之而然者，其数数哉！苟嗣是有为之绍，殆万世之利也。窃谓九河失道，神禹迹微，而江北兖冀之区，每秋水横发，任其泛溢而莫之理。畏动寡谋者，则诿诸海桑陵谷之变；而贪功喜事者，又凿以自用而昧水之宜。乃若树不可已之功，惟仁且智者能之，故清河之役，三载而民不困。

李开先《漯议》

东自清济之间，水之大者，莫如二清河。治者顾后河而先漯，何也？以其冲要有害，用力少而成功多耳。清河发源平阴县南柳沟泉，从张秋分流，而灌长清齐河，至历城，会泺水，经济阳、齐东、武定、青城、宾州、蒲台、利津诸州县，至宁海场，达于海。小清河发源济南趵突泉，出大明湖，经华不注山，下章丘白云湖，会淯、漯二河，转而之东，过浒山泊、邹平长山孝妇河、新城乌会河、博兴、高苑，至乐安高家港，达于海。

大清河，自泰山迤南及西北之水皆注焉，会流至齐东，势方汹涌，而齐东东南城角，去河不过二三步，即陡峻不测之渊，是大清河不堪再会漯河；盖会则流益汹涌，城益冲浸，该县之城，使大清河不与漯会，坏亦迟速间耳。欲使漯与大清会流入海，不必别开水道，但移此城东南一角近内，内多隙地，为力无难。有借言坏城者，不可听也。况漯水止令一半由柳塘口、薛渡口、陈恺沟会于大清河，计势似无不容，非全以漯水使之会大清，逆水之性也。

小清河，自省城迤东、青州迤西，诸山之水皆注焉。今泺水、白云湖、淯河之水皆径入大清，不复入小清河，惟漯河之水，今为小清之源。自柳塘口以西之小清遂废，惟东会浒山泊、岔河、孝妇河、乌河、汉辕河诸水入海，中间小沟曲涧，尚不知有几，汹涌之势，比之大清稍次。然在大清不为害，在小清则甚为害者，盖大清河深而阔，足以容之也；小清河浅而窄，不足以容之也。故小清一遇山水时发，不南决邹平、长山、新城，则北决青城、博兴、高苑。河北有地，则欲南决；河南有地，则欲北决。盗开构讼，以邻为壑，殆无虚日。漯水在今，谓之不导亦可，故今不独治漯水云耳，其浒山泊、岔河、孝妇河、乌河、汉辕河诸水并治之，惟在拆筑小清，使之宽大高深，足以有容而已。

盖漯、浒、岔、孝、乌、汉辕，上流俱各宽大，今反注于小清，势转浅窄，安得不决？故小清必使大于诸水，而后能受。今小清底仅宽三丈，口面仅宽四丈，倘得将小清拆移一边，使底宽约二十丈，口面约宽三十丈，如大清规模。自柳塘拆筑小清，分漯水一半之东，又开柳塘，使漯水一半之西，可保漯水永不为害矣。或者又谓：小清虽开无益。夫漯水不东，谓之无益方可，然观漯虽深不盈尺，亦向东流，是为害者，特窄浅不容，非不能流也。但开柳塘，使漯水之西，则小清不必拆筑，亦不为害。此但能除邹平、青城之害，而不能除长山、新城、博兴、高苑之害，且反为章丘、齐东贻无穷之害矣。邹平、青城当漯水东去之上流，漯水既西，则二县安枕；虽有浒山泊、岔河二水，不足为虑。而长山、新城、博兴、高苑仍有孝妇、乌河、汉輳诸水入小清，又不免于冲决，是害犹存十分之七。故能拆筑小清，则孝妇、乌、汉輳诸水并治之矣。是口迤东起至乐安止，如此而又开柳塘，使漯水西分，仍有河决之患，未之闻也。

今之议者皆云柳塘一开，则漯水不为邹、长、新、青、博、高六县之害，是也。但不念章丘、齐东皆居下流，陈恺沟至齐东东门外，方入大清，该县东南城角实邻之；又陈恺沟并柳塘迤西至薛渡地方，河与沟俱绝无堤防之固，万一水俱之西，凭何障蔽？反使章丘、齐东桑麻之地，为鱼鳖之场，故欲开此口，必先将齐东东南城角移筑进内，内多隙地，不必别开水道，致逆水性，反滋泛滥城治。然后开陈恺沟，次及薛渡、柳塘、旧小清，则河与沟与城既治，然后可开柳塘以分漯水之势。拆筑小清者，仍使漯水一半之东，其由柳塘西过章丘，北入齐东，亦不过一半耳。彼此兼得，可无大患。拆筑小清，是又兼治柳塘、薛渡二口及陈恺沟、齐东城水害之一策也。不然，章丘之害，犹可言也；齐东之害，不可言也，可畏也哉！大清、小清二河，既不相会，各径入海，为今之计，惟拆筑小清，导漯水使之东，可也。柳塘似不必开，但水无有不下，柳塘迤东，漯水虽流而性缓，缓则易壅；柳塘迤西，若开，其流必急，急则易泻，东西高下之势，于此可见。昔人治泺水、淯河、白云湖径入大清河者，岂无见于拆筑小清哉？盖因其势而利导之也。欲开柳塘者，如昔人引泺水、淯河、白云湖径入大清之例，而不尽令漯水入大清者，盖为齐东县城计也。其拆筑小清者，又并治诸水，而不专为一漯也。然则一开柳塘，一拆筑小清，功可偏废乎？

统而观之，柳塘一开，而漯水分，小清再拓，而漯水顺。开柳塘，所以为拓小清之渐也；拓小清，所以为并治孝妇诸河之本也。与其全归漯水于一河，孰若两分其势之为便？与其独惜齐东之一城，孰若不贻邹平以东诸县之害之为愈？建久安之治者，当酌轻重之宜；图长远之规者，宜审缓急之势。除民害而后兴民利，有治人而后举治法，诚得人以综理之，为万世计而不顾一时，为万民计而不徇一邑。仿禹迹之旧，相水势之宜，均夫役之劳，平工料之费；树榆柳以作堤防，通沟渠以时蓄泄；暂费而永宁，一劳而久逸，然非先治漯水，吾恐终有害而劳无功矣。故治先治漯，而议亦先漯，作《漯议》。

王遴《漯河议》

漯河载史，古称禹功。今既失其故道，为害地方，兹欲动众费财以疏治之，其事非小。若悬想遥度，止凭众论，恐不如亲见之为真。乃督同章丘县知县董文采，及邹平县生员孙悌等，乡民王守正等，亲自邹平县迤北小清河岸，至章丘县柳塘口、纪家口、薛渡口、陈恺沟、麻姑堂、齐东县沿河一带，逐一询及土居父老，并质以平日所见所闻，颇得梗概。

该府原呈据知县潘德元申谓柳塘口之塞，诚为邹平等县之害。而小清河之开，亦非失计。以大势言之，委为确论。但议欲止开柳塘口，而谓小清河已经开浚，谓薛渡口、陈恺沟以北，惟加疏浚之功，则言之太易，殊非万全之道也。以职之愚，柳塘口固不可不开，小清河亦不可不再开。开柳塘口，不过一夫之力耳；而柳塘口迤西至薛渡口，转北由陈恺沟至齐东县并该县之城，又不可不预为之备。开柳塘口固是，而小清河若不再加开浚，则漯水势必俱折而之西，万一汹涌浩荡，薛渡口、陈恺沟不能容纳，齐东县城不能支持，必贻章丘、齐东之害。故今欲治漯水，必两分其势，一由柳塘口至齐东县，一由小清河至乐安县，并举其功，斯求无后患矣。

议者欲开纪家口，但纪家口原无故道，未免议买民田，若势成，则便欲加罪于侵占阻挠之人。但柳塘口故道俱存，原未被侵，开时即开，若樊莱等则无辜。斯二者，一当决择，一当宽恕，无不可也。

按：大清河发源于平阴县南之柳沟泉，由东平州北门外过西，折而之东北，夏秋运河泛溢，张秋迤南东岸有减水闸一座，减出有余之水，与之相会，经由东阿县北、平阴县北、长清县北、齐河县东、历城县北、济阳县南、齐东县北，以下仍约有百余里入海。是大清河自泰山迤南、迤北、迤西诸山之水皆注焉，会流至齐东县，其势之汹涌，不言可知。而齐东县城东北角，去河岸不过二三步，即陡峻不测之渊，是大清河不堪再会漯河，盖会则流益汹涌，城益冲塌。然以职之愚计之，该县之城，使大清河不会漯河亦坏，特迟速间耳（注十二）。以城去水甚近甚峻，而崩则不可支矣。故今欲使漯河与大清河会流入海，不必别开水道，但移此城东北一角近内，内多隙地，功省易成，借言于坏城者，谋可沮也。况漯水止令一半由柳塘口、薛渡口、陈恺沟会于大清河，计势似无不容，非全令漯水使之会大清河，强之以所不堪也。

按：小清河发源于历城县之泺水，东过章丘，经白云湖，会淯河、漯河，过邹平，会浒山坡、岔河，过长山，会孝妇河，过新城，会乌河、汉辏河，由博兴、高苑、乐安以下，亦约有百余里入海。是小清河自省城迤东、青州迤西诸山之水皆注焉。今泺水、白云湖、淯河之水，皆径入大清河，不复入小清河。惟漯河之水，今为小清河之源。自柳塘口迤西之小清河遂废，惟东会浒山坡岔河、孝妇河、乌河、汉辏河诸水入海，中间小沟曲涧尚不知有几，其势之汹涌，比之大清河稍次。然在大清河不为害，在小清河则甚为害者，盖大清河深而阔，足以容之也；小清河浅而窄，不足以容之也。故小清河一遇山水时发，不南决邹平、长山、新城，则北决青城、博兴、高苑。河北有地，则欲南决；河南有地，则欲北决，盗开讼构，以邻为壑，殆无虚日。漯水之在今日，谓之不导亦可。故今不独治漯水，宜并治浒山坡岔河、孝妇河、乌河、汉辏河诸水。并治之策维何？在拆筑小清河，使之宽大高深，足以有容而已。盖漯河、浒山坡岔河、孝妇河、乌河、汉辏河，上流俱各宽大，今久注于小清河，势转浅窄，安得不决？故小清河必使大于诸水，而后能受。今看得小清河底仅宽三丈，口面仅宽四丈，倘得将小清河拆移一边，使底约宽二十丈，口面约宽三十丈，一如大清河规模，自柳塘口迤东起，至乐安县止。如此而又开柳塘口，使漯水西分，仍有河决之患，未之信也。

按：柳塘口，今之议者皆云，此口一开，则漯水不为邹平、长山、新城、博兴、高苑之害，是也。但不念章丘、齐东皆居下流，陈恺沟至齐东县东门外，方入大清河，该县东南城角实邻之。又陈恺沟并柳塘口迤西至薛渡口地方，河与沟俱小，绝无堤防之固，万一水俱之西，凭何障蔽？反使章丘、齐东桑麻之地，为鱼鳖之场，而城池又干系仓库官民，可乎？故今欲开此口，必先将齐东县东南城角移筑进内，多隙地，不必别开水道，致逆水性，反滋泛滥，且功省易成。城既治，然后开陈恺沟；陈恺沟既开，然后开薛渡口至柳塘口旧小清河；河与沟与城既治，然后可开柳塘口，以分漯水之势。夫既拆筑小清河，分漯水一半之东；又开柳塘口，使漯水一半之西。职不佞，可保漯水永不为害。

按：议者又谓小清河虽开无益。夫漯水不东，谓之无益方可。职观漯水虽深不盈尺，亦向东流，是为害者，时窄浅不容，非不能流也。使其宽阔有容，必不能为害。

按：议者又谓，但开柳塘口，使漯水之西，则小清河不必拆筑，亦不为害。然此但能除邹平、青城之害，而不能除长山、新城、博兴、高苑之害，且反为章丘、齐东贻无穷之害。盖邹平、青城，当漯水东去之上流，漯水既西，则二县安枕；虽有浒水坡、岔河二水，不足为虑。而长山、新城、博兴、高苑，仍有孝妇河、乌河、汉溱河诸水入小清河，又不免于冲决，是害犹存十之七八。故能拆筑小清河，则孝妇河、乌河、汉溱河诸水并治之矣，岂独治漯水？拆筑小清河者，欲仍使漯水一半之东，庶漯水由柳塘口西过章丘，北入齐东，亦不过一半，彼此兼得，可无大害。职敢谓拆筑小清河，是又治柳塘口、薛渡口、陈恺沟、齐东城水害之一策也。不然，章丘之害，犹可言也；齐东之害，不可言也。均为吾民，可不深念之哉！

按：议者又谓泺水、漯水，其始俱入于小清河，由陈恺沟入于大清河，方达于海。陈恺沟乃小清河故道，柳塘口迤东，名为新河，非小清河也。今治漯水，但开其故道而已。《经》曰：“瀹济漯而注之海”，是也。观《章丘县志》，有小清河东入大清河之文可证。然以职之愚断之，为此说者，其邹平等县也，非章丘、齐东之人也。职即查得《章丘县志》内云：“小清河至柳塘口，又东入大清河。”窃详“又东”二字，而陈恺沟则在柳塘口之西，是陈恺沟非小清河故道甚明，安得引以为证？又查得《齐东县志》，谓陈恺沟为减水河，盖减湇河、白云湖之水入大清河，使不为害。陈恺沟者，俗称也。先正李文达公有《开减水河记》，是陈恺沟肇自成化元年，已前则无陈恺沟，非小清河故道又明。《章丘县志》可证，而《齐东县志》与《减水河记》不可证耶？职又究竟《章丘县志》所谓“小清河东入大清河”之说，今按地形，绝无踪迹可考。访之故老，亦云小清河自来独向东行，不入大清河。又考之《山东总志》，亦云：“大清、小清二河各径入海。”夫《总志》成于众论，不知志章丘县者，果何所见也？小清河既自来独向东行，其云会于“大清河”者，又无踪迹可考，然则名小清河为新河，谓陈凯沟为小清河故道者，职固曰其邹平等县也，非章丘、齐东之人也。

按：议者又谓，大清、小清二河既不相会，各径入海，为今之计，惟拆筑小清河，导漯水使之东，可也；柳塘口似不必开，是矣。但水性好下，柳塘口迤东，漯水虽流而性缓，缓则易壅。柳塘口迤西若开，其流当急，急则易泻，是东西高下之势可见。昔人治泺水、湇河、白云湖径入大清河者，岂无见于拆筑小清河哉？盖因势而利导之也。故今欲开柳塘口者，一如昔人引泺水、涓河、白云湖径入大清河之例。而不尽令漯水入大清河者，盖为齐东县城深计也。其拆筑小清河者，又并治诸水，而不专为漯水。然则一开柳塘口，一拆筑小清河，功可偏废乎？

按：拆筑小清河，夫以万人，功计百日，邹平、长山、新城、青城、博兴、高苑、乐安七县共派，仍须济南府发银二千两，青州府发银二千两接济。按开柳塘口至薛渡口，开陈恺沟至齐东县，并移筑齐东东北角、东南角二处城垣，夫以万人，功计百日，齐东、章丘、莱芜、长山、淄川、齐河、禹城、济阳、历城、平原十县共派，仍须请抚院发银二千两，按院发银二千两接济。

按：有治人无治法，古今定论。漯水旧称禹功，为今之计，不动众，不用财，则不能治；然动众用财，而不得人以综理焉，亦罔见底绩。所深望者，抚、按二院大作张主，藩臬之长，并百尔君子，协心共赞，不为一己之谋，而有天下之虑；不为一时之计，而有久远之图；勿惜费，勿畏难，选择委任，使其人毕力竭衷，如其不效，以殛鲧之罪罪之，彼何辞焉！若曰暂为调停，补其隙漏，苟且偷安，漯水之害终在。坐视民溺，职虽至愚极陋，万万知其不可也。

宋陈师道作《汳水新渠记》

曰：“汳句于萧，其阙如玦。”《水经》：“谓河至荥阳莨荡渠出焉，渠至阳武，其下为沙，蔡水是也。其出为阴沟，至浚仪，其下为涡，别为汳；汳至蒙，别为获，馀波迤于淮阳，东历萧、彭城，入于泗。”《注》谓：“鸿沟、官渡、甾获、丹浚与渠一也。禹塞荥泽而通渠于甫田，其后河绝，旃然入焉，即索水也。”《汉书·地理志》：“荥阳既有汴水，又有莨荡，而受沛，蒙有获水，首受甾获，至彭城入泗。”以余考之，《河渠书》云：“自禹之后，荥阳引河为鸿沟，以通宋、郑、陈、蔡、曹、卫与济、汝、淮、泗会于楚。”而《竹书纪年》“梁惠成王入河于甫田，又引而东。”明非禹之旧也。《书》曰：“济入于河”。东出于陶丘北者，入而复出也，溢为荥者，济之别也。荥波既潴者，障而东之也。周官又谓：“豫之川，荥、洛、幽兖之川，河、泲。”则河南无济矣。其谓莨荡受济，禹塞荥泽而用河者，皆失之。《汉志》“莨荡无出，甾获无始”，盖略之也，余谓与《经》合。而荥水，诸书皆不载，又疑渠、汳为二，而荥有一焉。杜佑以《经》作于顺帝之后，诡诞无据。而《注》叙渠源，或河或泲，或河泲合，其说不一。次其所引《经》，纷错悖戾；而《志》亦阔略，不具辨始末，盖皆不可考也。自汉末河入于汳，灌注兖、豫。永平中，导汳自荥阳，别而东北至千乘，入于海，而河复于是，故渎在新渠之南，《注》所谓“绝河而受索”，自此始。隋开皇中，因汉之旧，导河入汳。大业初，合河、索为通济渠，别而东南，入于淮，而故道竭。今始东都，受退水为臭河，于畿为白沟，于宋为长沙，于单为石梁，于徐为汳，而入于南清。南清，故泗也。盖自王都，而东畿宋、亳、宿、单、济之间千里，四来而故道浅狭，春夏不胜舟，秋水大至，亦不能受也。萧故附庸之国，城小不足，居民又列肆于河外，每水至，南里之民皆徙避之，庐舍没焉，率数岁一逢，民以为病。绍圣三年，县令朝奉郎张惇始自河西因故作新支为大渠，合于东河。

山东泉源百八十，出济、兖二府一十六州县。新泰、莱芜、泰安、肥城、东平、平阴、汶上、蒙阴之西，宁阳之北，九州县之泉，俱入南旺分流，是为分水派也。泗水、曲阜、滋阳、宁阳迤南四县之泉，俱入济宁，是为天井派也。邹县、济宁、鱼台、峄县之西，曲阜之北，五州县之泉，俱入鲁桥，是为鲁桥派也。滕县诸泉，近入独山、吕孟等湖，以达新河，是为新河派也。沂水、蒙阴诸泉，与峄县许地泉俱入邳州，是为邳州派也。皆所以济漕河也。徐吕而下，黄河经行，无藉泉矣。

按滕、峄之间有泇水，其水有二：东泇出沂州西北箕山，南流至下庄站；东分一支，入芙蓉湖，溉田数千顷，湖在沂州东南芙蓉山下，古称琅琊之稻即此。西泇出峄州东北抱犊山，东南流至三舍村，与东泇合，南贯四湖，溉田倍芙蓉，又南合武河，入于泗，谓之泇口，淮泗舟楫通焉。《元和志》云："承县界有陂十三所，皆贞观以来修立以溉田者。今沂、峄二州，仰泇、承二水溉田，青徐水利，莫与为匹，皆十三陂之遗迹也。"武河者，疑即《汉志》冠石山之武水，《水经》亦谓之"小沂"，上流有故渠，俗名文河。土人云："浚此渠六十里，使此河通沛，可避吕梁徐洪之险，而径达新济矣。"徐邳人恐徙河无业，每沮之。隆庆以来，数议开治泇河，舒工部应龙曾凿韩庄，中作而止；刘工部东星，甫动工而卒。朝议可任其事者，莫如长垣李公化龙；于是即家拜工部尚书，总督河道。公遍行淮，徐、凤、泗间，历览周咨，得前河臣所开泇河遗迹，喟然曰："是所以避黄河吕梁之险，而措之衽席者也！"乃上疏言开泇河便，即鸠工浚旧渠八十七里，新创八十二里，于是运艘通行无碍，迄令赖之。

鹽河圖

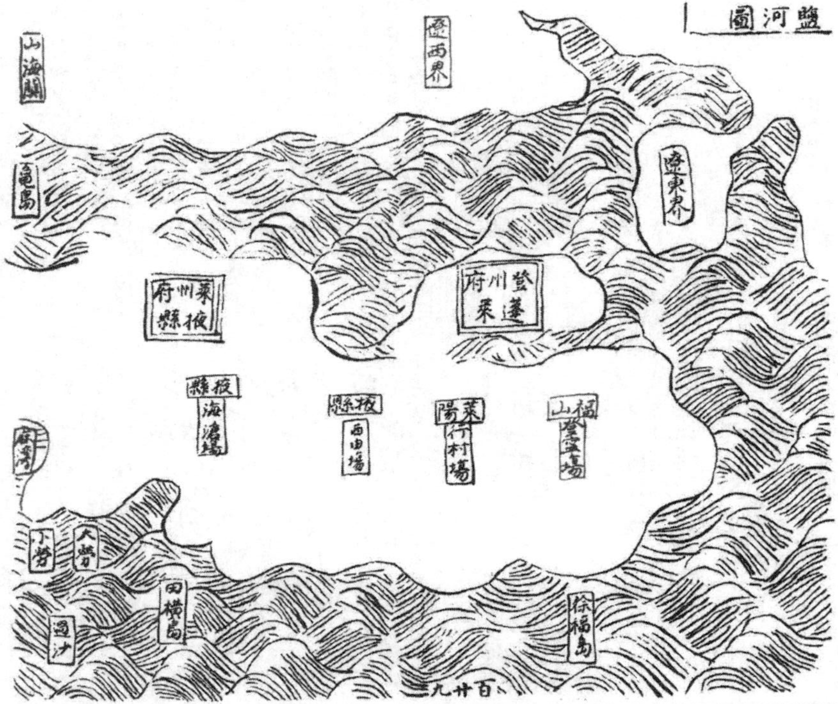

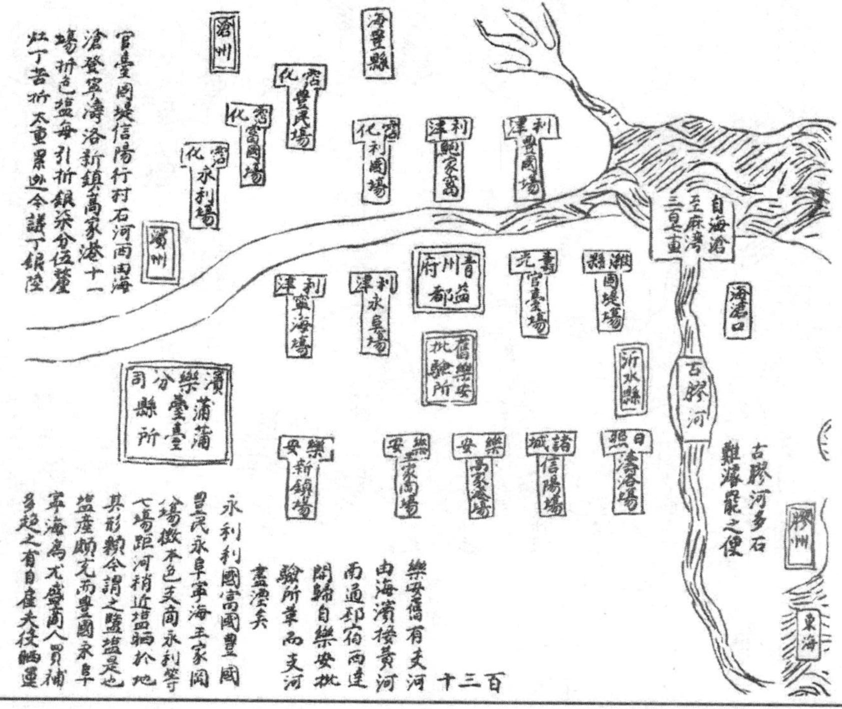
官臺固堤信陽行村石河兩海
滄登寧濤洛新鎮高家港十一
場折色塩每引折銀柒分伍釐
灶丁苦於不重累迯今請丁銀陞
滄州
海豐縣
霑化豐民場
霑化富國場
霑化永利場
霑化利國場
利津鮑家窩
利津豐國場
濱州
利津寧海場
利津永阜場
青州府益都
壽光官臺場
濰縣固堤場
自海滄至麻灣三百里
海滄口
舊樂安批驗所
沂水縣
古膠河
濱樂分司
蒲臺縣
蒲臺所
樂安新鎮場
樂安王家岡場
樂安高家港場
諸城信陽場
日照濤洛場
古膠河多石
難濬罷之便
膠州
東海
樂安舊有支河
由海濱接黃河
南通郅宿兩達
閘歸自樂安批
驗所革而支河
盡湮矣
永利利國富國豐國
豐民永阜寧海王家岡
場徵本色支商永利等
七場距河稍近塩輛於地
其形類今謂之鹽塩是也
塩產頗充而豐國永阜
寧海爲尤盛商人買補
多趋之有自產夫役晒運

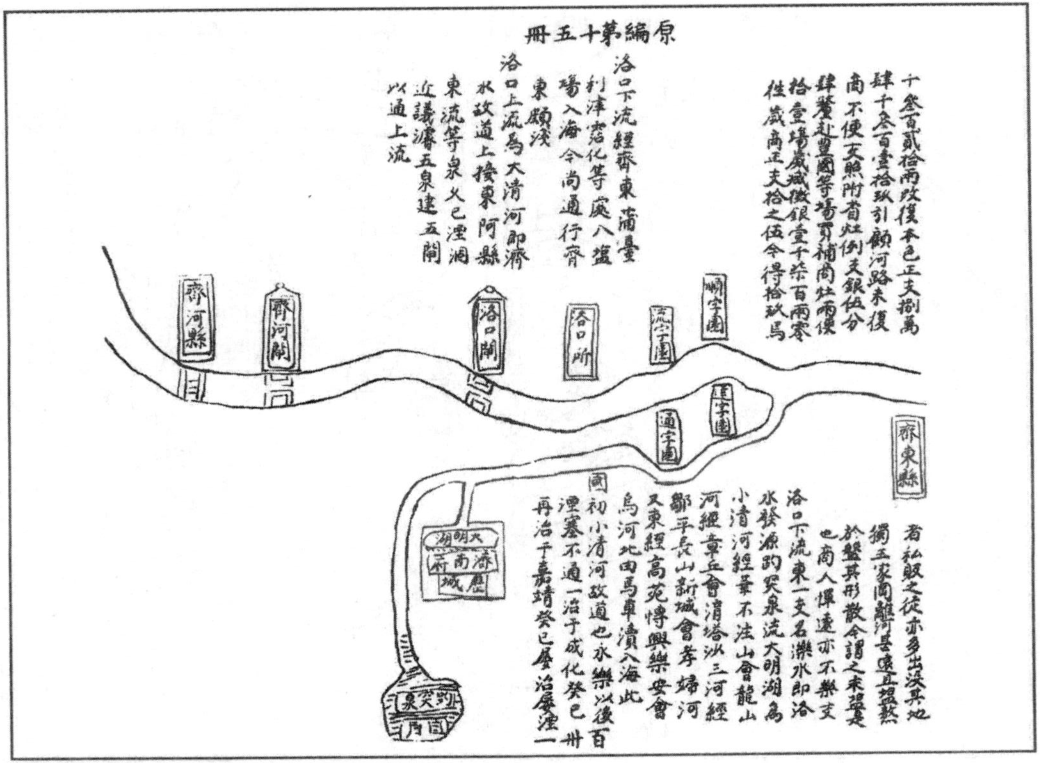
原編第十五冊
十叁百貳拾兩改復本色正支捌萬
肆千叁百壹拾玖引願河路未復
商不便支照附省灶例支銀伍分
肆釐赴豐國等場買補商灶兩便
拾壹場歲減徵銀壹千柒百兩零
仕歲商正支拾之伍令得拾玖馬
洛口下流經齊東蒲臺
利津霑化等處八鹽
場入海今尚通行齊
東頗淺
洛口上流為大清河即濟
水故道上接東阿縣
東流等泉久已湮涸
近議濬五泉建五閘
以通上流
齊河縣
齊河閘
洛口閘
洛口所
流字團
順字團
運字團
通字團
齊東縣
大明湖
濟南府
歷城
趵突泉
者私販之徒亦多出沒其地
獨五家閻離河甚遠且塩數
於鹽其形散令謂之未嘗是
也商人憚遠亦不樂支
洛口下流東一支名濼水即洛
水發源趵突泉流大明湖為
小清河經華不注山會龍山
河經章丘會淯塔洑三河經
鄒平長山新城會孝婦河
又東經高苑博興樂安會
烏河北田馬車瀆入海此
國初小清河故道也永樂以後百
湮塞不通一治于成化癸巳卅
再治于嘉靖癸巳屢治屢湮一

原編第十五冊

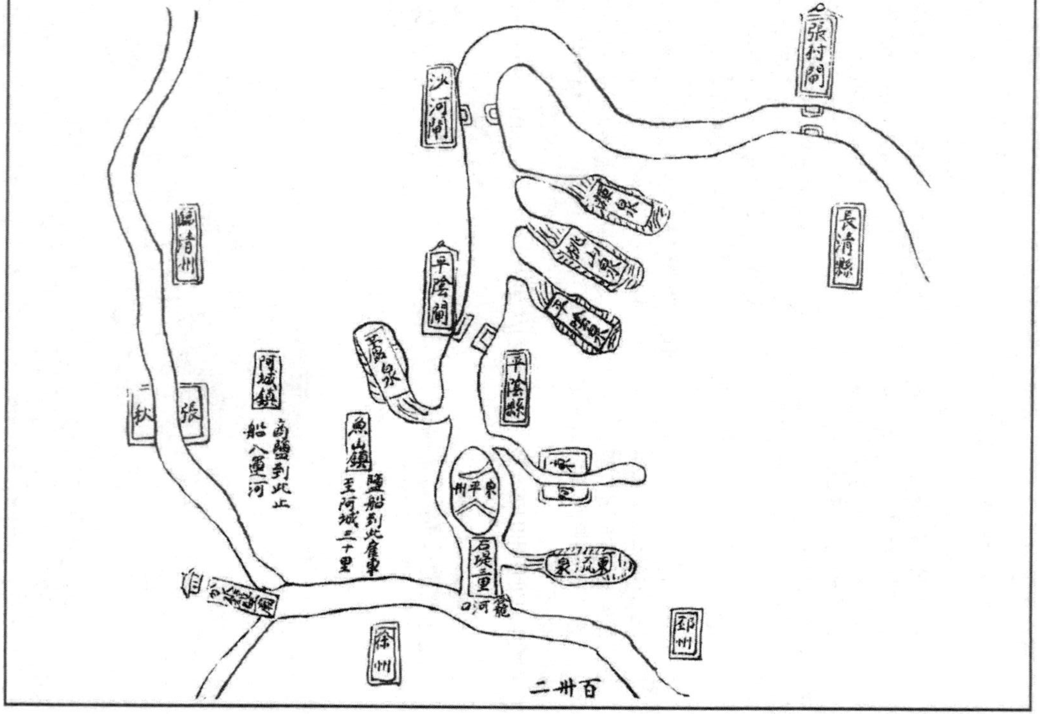
張村閘
沙河閘
長清縣
臨清州
平陰閘
平陰縣
阿城鎮
商鹽到此止
船入運河
張秋
魚山鎮
鹽船到此雇車
至阿城三十里
東平州
東流泉
邳州
徐州

百卌二

《山东盐法志》

本司所辖一十九场，惟八场征盐。永利、利国、丰民、丰国四场，距海稍近，盐晒于地，其形颗，今谓之“鹽盐”是也。永阜、新镇、王家冈、宁海四场，距海不啻六七十里而远，盐熬于盘，其形散，今谓之“末盐”是也。然煎之之法，率以天时为本，而成之以人力。每岁春夏间，天气晴明，取池卤注盘中煎之，盘四角掊为一，织苇拦盘上，周涂以蜃泥；自子至亥，谓之一伏火。凡六干，烧盐六盘，盘百斤，凡六百斤，为火引盐一，余二百斤，诘旦仍出坑灰，摊晒亭场间；至申，俟盐花浸入灰内，仍实灰于坑以取卤。其试卤，必以石莲投之卤中，沉而下者为澹卤，浮而横侧者为半澹卤，煎之费薪薪，必浮而立于卤面者，乃舀入盘煎之，顷刻而就。将干，仍投以皂角数片，盐始凝结。至于积灰，则又以年久为良，卤水渍润，出盐尤多。然久旱，则潮气下降，土燥而盐不生花；久雨，则客水浸溢，亭场沾湿，晒灰反致销蚀。故以灰取卤，必雨旸时若，而后盐始丰。若夫晒盐之法，其取卤，则又有灰淋、土淋之殊。土淋之法：以畚锸起咸碱潮滩土晒干，实土池中，注水取卤；如灰淋法，每灶各砌砖石为大晒池，旭日晴霁，挽坑井所积卤水，渗入池中曝之，自辰逮申，不烦铛鬻之力，即可扫盐以输官。少阴晦，则绝无盐，故海堧之场多晒盐，而场去斥卤远者多火盐。盐品以散为上，而鹽次之。

夫募商鬻盐，肇自宋雍熙间，其法以商输刍粟塞下，而官给之盐，夫亦汉晁错遗策也，识者韪之。皇明洪武初，循用其策，以东鹾专供辽、代刍粟，累朝边计赖焉。成化间，稍更往故，入金鹾司。自是飞挽不继于边塞，其策与彼孰多，此未易讲也。盖不独东鹾已矣。东鹾商课，较他方甚微眇，其开中盐引仅一十二万余耳。顾有内商、有边商。边商则报中盐引于辽代，输刍粟与金各半之，以金计，每引仅值金一钱，又半之。内商则转购盐引于边商，藉以鬻余盐牟利，而鹾司征其金，岁额以两计，凡五万。输而之计部，计部复输而之边镇，犹存国初实边遗意焉，司计者所宜殚心也。

运使甘一骥《开盐河议》

查得洛口下流，见今上接新治大清河，通行滨州、沾化、利津入海，以收宁海等八盐场之利，为山东梁宋之用，并无湮塞，无容再议。其所称盐河故道，久湮难寻，则小清河南一支，经流青州等府、乐安等县、海沧等十一场入海者也。

国初，山东盐河，有东北二大支：其北一支，属洛口、蒲台二批验所，为大清河、洛口上流，自东平坎河口、东阿、平阴、长清、齐河、而东入洛口，下流经齐东、蒲台、滨州、沾化、利津入海，以通宁海、永阜、丰国、永利、利国、富国、丰民、王家冈等场，运盐出八场，过蒲台、洛口二关，而达运河。此盐河北一支，属洛口蒲台二所，而通宁海等八场之盐利者也。其东一支，属乐安批验所，为小清河，出趵突泉，流大明湖，经华不注山，流龙山，经章丘，流淯、塔、沙三河，经邹平、长山、新城，流孝妇河，又东经高苑、博兴，流乌河。其名乌河者，一名干时，《左传》：“公与齐俱战于干时”，是也。一名时水，杜预注：“时水在乐安县界临淄二十五里”是也，源出益都矮槐树北。又有系河者，在长山县北二十里，源出苑城店，经新城界，流乌河，而入小清河。其名孝妇河者，源出益都西颜神镇三里，经淄川、长山、新城，北抵高苑、博兴、乐安，东北达高家港。又有泔河者，在长山县南二里，源出米山，自城南流孝妇河，而入小清河。又有干沟河者，在长山县西南三十里，源出长白山，流孝妇河而入小清河。其名淯沙河者，淯河，一名绣江，在章丘县东一里，源出会仙山下，合百脉泉、东西二麻湾泉，西北汇为白云湖，而入小清河。沙河，在邹平县西三百步，源出大峪山西北，而入小清河。诸水皆由马车渎支脉河澄海口北入海。自小清而南，上流则为临淄县之淄河、渑水、康浪水、浘水，为益都县之巨洋水，为临朐县之培水、石沟水，为沂州之东洳河、西洳河、沭河、汤河，为郯城县之大方湖、沂河，经徐州邳、宿而达黄河。自小清而东，下流则为寿光县之洱河、龙泉水、王钦水，为日照县之付幢河、竹子河、大儿庄河；在莱州府，则为潍县之潍河、淮河、白浪河、寒浞河，为昌邑县之浮康河、七沟河；为胶州之胶莱河、洋河，为高密县之张鲁河、五龙河、白水河；为平度州之云河、现河、苏村河、墨水、漱玉泉、乳泉，为即墨县之土液泉、龙泉，为掖县之南阳河、掖河、白沙河、万岁河、杲村河、上官河；在登州府，则为招远县之万盛河、五涧河，为莱阳县之五龙河、陶张河、平南河，为福山县之清洋河、义井河；而登莱等府，寿光、日照等县，各有支河入海。

此盐河南一支，属乐安批验所，而通海沧、高家港等十一场之盐利者也。成化以后，海沧等十一场，支河干涸，商旅不行，邳州改行淮盐，开归改行河东，乐安批验所裁革，而盐河南一支故道遂日就湮没，无复可寻矣。十一场灶丁改征折银，每引七分五厘，共征六千余两。舍其所产，征其所乏，而灶丁渐愈累渐逃，愈逃愈累，无复更生之望矣。近乘开归分认地方之会，议豁折银，复本色，仍照附省灶丁例，五分四厘支商，岁减征银一千七百两，而十一场贫灶，庶几少苏。顾十一场水利湮废，灶盐不售，所谓“洵湿濡沫”，乌在其能苏灶也？盐河仅存者，此一支大清河耳。洛口为大清下流，齐东县间有浅处，尚无湮塞；蒲台而下，通行滨州、利津、沾化入海，大清上流，自坎河口筑而盐舟不达于运河，至鱼山车运三十里上船，而商人始告病矣。运河之水，涓滴不入盐河，加以连年旱干，商人舍舟从陆，而大清又几废矣。幸蒙庙堂采议，浚五泉，建五闸，以复大清之旧，以通宁海等八盐场之利，不独山东旧额五万两赖之，即梁宋新额一万六千两，亦取办于此矣。但往以十九场而应全齐、梁、宋，今以八场而应全齐、梁、宋，源少流阔，恐不可继。明问欲举盐河故道而尽复之，诚盛心也。且乐安北负海，日照南负海，登莱东负海，古所谓天府之国，齐得十二焉，而不得收负海之利，岂非有其地无其人乎？凡有忧国忧民之心者，不能不拜明问而扼腕也。

窃念天下之事，当与天下之人共为之；百世之利，当为百世之规共兴之。功不必自我出，我开其端，而俾后人底其绩可也；效不必旦夕计，今创其画，而俾后数世十年竟其功亦可也。盖民可与乐成，难与虑始。骤语之以兴水利，必忽焉而不信。今且敬之以除水害，骤语之以开河通舟楫，必骇焉而惧扰。今且引之以通沟渠，庶几其有济乎？夫一市之中，必有一市之沟，不然市遇淫雨，必害于一市矣；一村之内，必有一村之沟，不然，村遇淫雨，必害于一村矣。况大而一邑，又大而一郡，不通沟洫，不泄下流，岂不害于一邑一郡哉？宜下令各邑，画图贴说，某村之沟，以某村为下流；各郡画图贴说，某邑之沟，以某邑为下流。邑各率其境内，合一市之力，通一市之沟；合一村之力，通一村之沟；合一邑之力，通一邑之沟。邑之下流有壅者，郡助之费以通之，而一邑之水害弭矣，一邑之故道出矣；郡之下流有壅者，藩司助之费以通之，而一郡之水害弭矣，一郡之故道出矣。语云："禹以四海为壑。"又云："禹尽力于沟洫。"善治水者，未有不通下流，亦未有不自沟洫始也。古今异宜，陵谷变迁，凡可通处，即为故道。志书所载诸水，不必泥也，凡可入海处，即为壑。禹之九河，不必追也。时诎举赢，大众未易轻动。苟有沟渠以泄下流，即可与民安堵，不必遽望通盐河、兴舟楫之利也。

沟渠既通，下流既泄，水害既除，故道既出，藩司又绘一阖省水利总图：某郡之水，由某邑归于运河；某郡之水，由某邑归于黄河；某郡之水，由某邑归于海；某处下流可蓄，应建闸以蓄水；某处上流有泉可浚，应导泉以济水。仍为图说，诏后之来者。近而数年，或远而数十年，时和岁丰，物力充盛，必有能因时立政，尽复盐河之旧以通商，尽输海沧诸场之盐以惠灶，尽通山海之利，以还先齐民物辐辏之盛者矣。

三镇

安平镇（在兖州府南九十里，属兖州东平、东阿、阳谷、寿张辖。宋元名号不一，我朝洪武初年，改名张秋。弘治六年，河决本镇东口，为害甚剧。命平江伯陈锐、副都御史刘大夏治之，复平，敕赐今名，盖取平成之意也。本镇驻扎有工部郎中一员，汶上、东阿各佥快手二名充用。兖州府管河捕务通判一员，东平州佥民壮二十名，送厅巡捕。

寿、谷二县主簿衙、荆门驿、税课局，濮州、曹州、范县、郓城、定陶、曹县、寿张水次仓。阳谷、东阿、寿张桩草厂）。**颜神镇**（在青州府治西南一百八十里，地邻新泰、莱芜、淄川三县。习俗强悍，山寇不时窃发，往止委府首领官防守。后嘉靖十七年，因山寇作乱，两院题请专设本府通判一员，驻扎该镇，缉捕盗贼，受理词讼。嘉靖三十七年，青州兵备副使王呈请两院题准建立石城，岁拨新泰、莱芜、淄川、高苑、寿光、蒙阴六县民壮一百五十名，快手六名操练镇守）。**景芝镇**（在青、莱二府所属安丘、高密、诸城三县地界，各离县治五七十里，中间流寓杂处，盗贼生发。万历七年，青州兵备副使周转呈都察院题准专设莱州府通判一员，驻扎该镇，无论三县土著流寓咸听钤制；仍照颜神镇事例，凡本镇大小词讼，亦从本官受理。高密、安丘各佥快手二名，民壮十名听候差拨巡逻）。

山矿

济南府　莱芜县（里辛庄、月儿庄山峪各锡矿洞一处，今封塞完固）。

兖州府　沂州（龙扒山银矿洞一处，在州西一百二十里；宝山银矿洞一处，在州西九十里；土洞山银矿洞一处，在州西南上峪村；晒钱埠山银矿洞一处，在州西南贾庄店）。**费县**（簸箕掌山银矿洞一处，在县西南九十里；米家埠山银矿洞一处，在县西南香城村；新庄岭铅矿洞一处，在县东南黄庄村）。**峄县**（杨家泉山银矿洞一处，在县东北杨家村）。**滕县**（胡岭山银矿洞一处，在县东北时杭村。以上矿洞，俱封塞完固。沂州兵务道驻扎统辖设总巡沂州卫千户一员，带领团操快手协同老人并邻近地方保甲人等巡逻看守）。

青州府 **益都县**(孟丘山铅矿洞一处,在县西北七十里)。**颜神镇**(老师山铅矿洞一处,在南庄社;鹿角山铅矿洞一处,在马陵社;石胡同铅矿洞一处,在邀兔社;黄沙陆铅矿洞一处、黄狐圭铅矿洞一处,俱在柏树社;大金岭铅矿洞一处,在三泉社。以上矿洞七处,俱封塞完固。各有义民一名,带领近洞枪手牌甲日轮十五名巡逻看守)。**莒州**(落山银矿洞一处,七宝山银矿洞一处,雪山银矿洞一处,桑园银矿洞一处,以上矿洞四处,俱封塞完固。各有义勇官一员带领下班团操快壮巡逻看守)。**蒙阴县**(胡家寨山银矿洞一处,在县北一百八十里,今封塞完固。县设义勇官一员,率领保甲人役巡逻看守)。**临朐县**(嵩山在县西南七十里,与黑山相连,出银矿,其山下河水中,亦时出矿及沙金,铅、锡、铜铁石,碌白丹砂之类;略水埠银矿洞一处,嘉靖间奉钦差官采三次;黑山河银矿洞一处,嘉靖三十年,奉明文官采一次,楼青山石滓银矿洞一处,两岭坡土滓银矿洞一处,老猫窝顶银矿洞一处,以上矿洞六处,俱封塞完固。总设义勇官一员,督率打手十名并附近总甲二十名、枪手一千名,巡逻看守)。

登州府 **宁海州**(老鼠夼银矿洞一处,在州西三十里;仇家巷银矿洞一处,在州西南九十里;胡家沟银矿洞一处,在州正南九十里;淋水坑银矿洞一处,在州正南九十里;谭家口银矿洞一处,在州东南一百里。以上矿洞五处,俱封塞完固。除编定地方夫役民壮巡守外,仍本州巡捕官带领巡捕人役巡逻看守)。**蓬莱县**(苏道沟金矿洞一处,在县东南八十里;番干岭金矿洞一处,在县正东八十里;杏树沟并羊拦巷银矿洞二处,在县西南九十里。以上矿洞四处,有高家、杨家店二巡司督令下班团操快壮十名,登州营每季委官一员带领旗军二十名并地方保甲人等巡逻看守)。**莱阳县**(东关顶银矿洞一处,在县西北九十里;本县官快等役外佥邻近地方乡夫五名在彼巡逻看守)。**福山县**(化石巷银矿洞一处，在县西北四十里；孙夼洞铅矿洞一处，在县西北四十里。以上矿洞二处，俱封塞完固。各有下班快壮每月轮拨五名，中前所军每月轮拨五名，巡检司弓兵每月轮拨六名，各跟随本县及中前所各巡捕官并孙夼镇巡检常川巡逻，仍令该管地方保甲人等巡逻看守）。**招远县**（庐头沟金矿洞一处，在县正南四十里，嘉靖四十五年，奉旨差官采取一次；云青顶银矿洞一处，在县东北五十里；猪窝银矿洞一处，在县东北五十里；欢窝银矿洞一处，在县正东五十里；柴窝银矿洞一处，在县东北五十里。以上矿洞五处，俱封塞完固。本县差义勇官带领下班团操快壮巡逻看守）。**栖霞县**（艾山汤金矿洞一处，在县北三十里；古迹顶银矿洞一处，在县东北八十里；西下夼银矿洞一处，在县东北八十五里；羊屎河银矿洞一处，在县东八十里；白马夼银矿洞一处，在县东一百里；庵儿沟银矿洞一处，在县东南七十里；方山顶银矿洞一处，在县西南三十五里，望海岭银矿洞一处，在县西五十里；庞家沟银矿洞一处，在县西七十里；黄夼银矿洞一处，在县西北十五里；粉子葫芦银矿洞一处，在县东北三十里；西林沟银矿洞一处，在县北六十里。以上矿洞共一十二处，俱封塞完固。除古迹顶洞系登州营官军二十名每季轮流防守外，其余俱系地方夫役巡逻看守）。**文登县**（遮阳山南滩汤村泊金矿洞一处，在县正南四十里；黄岚金矿洞一处，在县北二十五里；桑树夼银矿洞一处，在县东二十五里；佛儿顶银矿洞一处，在县东南三十里；南滕圈银矿洞一处，在县正南四十里；南高村集北滕家银矿洞一处，在县正南三十里；墩台顶后水银矿洞一处，在县正南四十里；马鞍山南豹山汪银矿洞一处，在县正南二十里；狗儿坑银矿洞一处，在县东三十里；横山银矿洞一处，在县东四十五里；李家山银矿洞一处，在县四十里；古迹顶朋子沟银矿洞一处，在县东北六十里；朋子沟龙王庙银矿洞一处，在县东六十里；仝家坑银矿洞一处，在县东北八十里，仝家坑银矿洞一处，在龙池地名离县东北九十里；恶石山喇喳埠银矿洞一处，在县东北一百里；林村集后银矿洞一处，在县东北一百二十里；温泉寨后银矿洞一处，在县东北一百里；着棋山银矿洞一处，在县东北五十里；着棋山光顶小银矿洞一处，在县东北五十里；高落顶银矿洞一处，在县正北九十里；牛仙上里口银矿洞二处，在县西北七十里；千仙顶银矿洞一处，在县东五十里。以上矿洞二十三处，俱封塞完固。各有地方保甲人等巡逻看守）。

《均徭论》

均徭之议，盖人人殊矣。然尝考大中丞梁公之议曰：“有田有租，不易之法。均徭随时审编，实兼身家而论；若均徭再论田租，是正供之外，复加重累，有庸有租之成法遂尽废矣。今止论身家，身即徭之所谓丁也，家即徭之所谓门也。先明政体，然后审编自有条绪。若曰据地科差，为力即易，招议亦鲜，是自为得矣，如百姓何？”善哉乎！公之议均徭也。盖地有肥瘠，天时有水旱，故富商巨贾家累万金，而地止数十亩者，往往有之。假令据地审差，则力穑务本之民，不胜其困，而逐末者流，反得以幸免矣。然人丁有多寡，门则有高下；其丁多则众举为易，其门高则重差可承。乃审编官有止报上六则，无上三则，或三则聊具数户，却无多丁者；甚至上上等县，亦无上上则门者。自谓以一县之民，承一县之差，不必苛求，上则不知，上擦为中，是上户与中户同力矣；中擦为下，是中户与下户同力矣。纵与重差，已减力数；及编差不足，势必派之下下，暗损贫民。差徭不均，卒之贫者愈逃，贻累上户，久之，富者亦贫矣。察其始，岂非以上三则人户皆有势力者，有所畏忌而不敢，而下下贫民者，无由自直于院道乎？然卒至于贫富俱病，计亦左矣。近岁俱行各道，督编止重身家，而严冒免之禁，徭役视昔年称均矣。继自今以往，惟以身家审编，必不得已为之调停，亦于地多而门高者酌量加等，则贫富适均，而差徭无累，东土之凋瘵，庶其少瘳乎。

《里甲论》

按国初事简里均，闾阎殷富，便于十甲轮支。其后事烦费冗，里胥因而为奸，里甲凋敝，而轮支始称苦矣。近议有十甲朋当者，有照旧十年轮充者，有论丁不论地者，有丁地兼派者，言人人殊。大较酌量州县冲僻，共计岁费几何，立为常则，敛之于官而为之雇募支销，是为上策。盖在官，则费止于一；在民，则乘机科派，上下交征，无名之费，且有难显言者矣。但实心抚字者，一遵约束，无容议矣。中才以下，往往用里甲者，则以议供之银约，而查盘之法严也。夫天下之财，不在官，则在民，官岂能自足哉？原银太减，势不得不累之民；查盘既严，则在委官以剔抉为贤，在州县以指摘为惧。于是有官银贮库而阴用里甲者，甚至干没官银，毒敛以罔上者。是法之更也，将以便民而反为民病矣。近奉明旨，再议里甲，公费业已从宽，且免其查盘矣。各官有仍用里甲者，尽法而参提之，将何以自解哉？有治人，无治法，变通宜民，则有司存。

章丘县志　杨循吉

汉文四年，封齐悼惠王子安为阳丘侯。景四年，国除，为阳丘县，属济南郡。又置菅县、朝阳县、犹县。后汉省阳丘。《新志》：菅、犹三县入东朝阳，属济南国。晋属乐安国。宋《新志》去“东”字，改曰“朝阳”，属济南郡，析置卫县，属顿丘郡。北齐天保七年，废东朝阳，置高唐县于女郎山之南，因汉黄巾城也。隋开皇十六年，以博州亦有高唐，改为章丘，取县北山章丘为名，隶齐郡。改卫国曰亭山，又析置朝阳。十八年，改朝阳为临济，又置菅城。大业初，复省。唐武德三年，隶谭州。贞观元年，改齐州，属济南郡。元和十三年，省亭山，入章丘。宋咸平四年，废临济为镇。景德三年，置清平军于县北。熙宁三年，废军，仍为县属济南府。政和六年，升齐州为济南府。金因之。元隶济南路。国朝归济南府。

女郎山在县北一里，《三齐记》云：“章亥有三女，溺死葬此，故名。高塚见存。或云子张之墓，非章女也。”又云：“非鲁子张，乃齐匡章子也。”未详孰是。山巅有三阳洞，深邃可游憩，相传昔葆光子于此学道焉。

危山在县西南四十里。《寰宇记》：“汉景帝三年，齐孝王与吴楚通谋，自杀，葬于此。墓在山巅。”今人呼为“铁墓”是也。

六乡，惟城东南东锦川最大，其地近长白山，产薪炭，亦多园林，富于梨枣。其次则城南明秀，人皆错南山内外而居，多槲材，可以构室。城西锦川为诸水所汇，有菱藕芦苇之利。城东北清平多植桑，善饲蚕，能织纱绢。城北下三乡地宜棉花。此诸乡之大略也。章丘之民资有三：其土壤膏厚，足以展耒耜；其川泽长广，足以容网罟；其山林高深，足以供斧斤。而又加之以勤俭乐本，畏罪耻犯，是故物阜而货足，亦由地利人力之兼济云尔。然而民间固有目视丰获而腹不得饱，手执条桑而身不得暖者，挽车佣作仅仅自给，甚至流离徙易，固多有焉。此则上之人所当抚摩惠爱，哀其困乏，而不当以邑之丰产概观也。

《章丘县志》

条编之法，始于归安茅公，其详具便民十议中。而余窃识其略有三：一、不番均徭，二、不设里甲，三、不佥头役。夫既有均徭，则不能无升擦；既有升擦，则不能无重赏。公曰："任人不如任地。"而移上等之差银，悉入于地，既有里甲，则不能无支销；既有支销，则不能无旁费。公曰："劳民不如劳吏。"而革见年之供应，悉责之吏。既有头役，则不能无收解；既有收解，则不能无包赔、添坠之劳费。公曰："民之费十，官之费一。"而改一切之头役，悉隶之召募，且非徒此也。富户地多，贫户地少，富者固不愿，贫者亦不至拂其愿。效劳一年，超参十年，效劳固苦，超参亦不至负其苦。日入入库，日出出库，忠实者固自不作奸，顽猾者亦自不能作奸。民自办租纳粮之外，不知城市为何地；官自听谳问俗之余，不知百姓为何状，盖至今十年几矣，闾阎殷富，地价腾踊。然则所谓有治人，无治法者，岂通论哉？关厢士民杂居，商贾辐辏，俗管机利，间多驵侩武断之奸。西锦平原旷野，宜五谷，稍西，则白云湖。□德府子粒地也，折而北为下三，地宜木棉；折而东北，即清平乡，地宜桑蚕，成织纱绢，为利颇不赀，独漯河遇秋水时至，小有泛涨；稍南则东锦，近长白山，山产薪炭，富梨枣；淯河上下宜稻、藕菱、芡、蒲苇，不通舟楫，为碓磑所碍，然碓磑之利，不减舟楫；又折而西南，为明秀，民夹南山而居，山多出文石、煤炭，桃栗之薮，又多槲材，巨可构室，细可供爨。

《长清志》

清地周四百里，路当八冲，沟渠、沙溜、水口、小桥不可胜数，此特志其周行者耳。至若沙河门头与张村两闸之建，有可议者。盖会通河势深隘，列堤障流，建闸壅水，以时启闭，而舟楫攸利矣。若大清则河岸俱为平地，既无堤以束其横流，一遇石闸冲激，则怒涛澎湃，洋溢四出，昔之平地，今为巨浸；而闸反置之沙地，竟何益哉！况议建两闸，要求盐运之通耳。然盐运与漕运不同，水势泛涨，则巨艇舳舻相望而进；如水势消浅，则舴艋小舟随处起拨，即舟行罔利，而大车、小车陆路次发。盖自洛口达于张秋，途非修阻，水陆相为运用，势可通融，非若粮运专赖于漕河也。今恣钜万之费，以兴无益之工，谓之何哉？

《沾化志》

土产五谷果木皆同，然惟白地，则种植易且蕃茂；次黑地，可种蜀秫；又次为活咸地，乘暑雨种，穆获可食；下下则死咸，无生意，平衍光腻若镜面，然皆照亩科税。濒海之民煮盐，首夏泛舟入海捕鱼，虾鱼凡数十种，举网得鱼者，如农有秋，曰“收海”。

《青城志》

盐钞 长庆元年，度支张平叔画粜盐之策，清检责所在实户，据口团保，给一年盐，使其四季输价，为韩愈所驳而止，即今户口食盐法也。今虽不觉其扰，直为文具，无益于国计，而相沿日久，不究其根底。

商税 于侍御曰："商税之设，原为征商，非为征农。今巡拦课程，移之人丁；而新加额税，又派之地土。彼操白镪而规奇赢者谁也？顾以累我耕耨力作之民邪？"

东阿于太史曰："兖之为郡也，负山带河，左海右济，跨四州之境，兼数国之封。观风物土，欲比而一之，有不能也。总其大都，士廉而朴，不习进趣；民质而惰，不善盖藏。四人之业，农居六，士贾居一二。婚姻，称家往返，略取相当，即贵阀大族，成礼而止，不过费也。烝尝燕会，奢俭得中，亦无钟鼎之华。丧葬从宜，士人之家，不作佛事，唯好为下里伪物，禺车禺马，秉畀烈火，以是相胜，而服制不能如礼。大亲之丧，斋居不过五日，期功以下，服或不备。葬法，合族共域，以昭穆为序，至数十世不徙，别则称疏。曲阜孔氏，自宣圣至今二三千年，皆祔祖兆，周回数里，他邑皆如之。此犹周礼墓大夫之遗也。市里小民，群聚为会，东祠泰山，南祠武当，岁晚务闲，百十为群，结社而往，谓之'香社'。又常以月朔为饮食聚会，醵金钱生息。即有死丧，计其所入赙之，虽贫窭，应时而葬，无暴露者，谓之'义社'。又有醵金生息以供租税，出一岁之息，岁岁用之，率不后期而完，谓之'粮社'。亦有群其宗族，日朔为会，息金钱谷以供烝尝，谓之'祭社'。亦有父老罢吏，时相聚会，如香山洛社故事，谓之'酒社'。此其常俗也。至如刁黠之徒，挟短长持吏，及藏匿侦事之人，为之主名，以张威于里闬，在在有之，顾吏治宽严以为盛衰耳。而愚民为左道所惑，习白莲、无为诸教，男女相聚，持斋诵佛，乱萌盗始，于此兆焉。此皆诸邑所同，间有出入，大较不甚相远，故可括而称也。"

《马政志》

叙曰：国初既罢监苑之制，举江北四省之马，畜之民间，岁上其息，而太仆受之，此宋人"户马法"也。北畿罢于起俵，而有所休于寄养；南畿匮于本色，而有所裕于改折。若夫无寄养、改折，而一于起俵，兖之故法是也。所解非所养，则易买之累在民；所养非所用，则縻费之实在官，交受其病久矣。万历初年，始定改折之令，于是民力稍宽，公储亦裕；而县官不时之需，取给冏牧，几与司农参焉，亦救敝之良图也。夫丘乘之政，以定提封；天闲之储，以成邦政。古之于趣马，若是其不轻矣，今岂异哉。作《马政志》。

《户役论》

或问条编照地之法，昉于江南。近日府境州邑，有行之称便者，他邑争效焉。而稽之舆论，亦有以为不便，如葛大司徒（注十三）之疏，何其相戾也。曰：法固有便有不便也，而其所以便，又不系乎照地与否也。盖国朝赋役之制，本唐人租庸调之法。以夏秋税粮，征之地亩；银力二差，派之门丁，犹惧其不均也。

复准则壤成赋之遗，立为三等九则之目，因其消长登下，而轻重其役焉，法至善也。积习既久，弊端渐生，于是一二有司，更为条编之法，以为画一之制。见谓改弦易器，耳目一新，而其中有便不便者焉。

请言其故：旧时力役之法，每夫一名，该银若干，即审有力一人，佥充头役，而以花户贴之。代当之人，止向头役打讨。而所谓贴户者，人数众多，住居窎远，所贴银数，又或不满锱铢，头役不能遍讨，甘于包赔者有之。自条编法行，差银上柜，召募代当，按季给银。代当者领银于官，无折准之滥；应差者纳银于官，无包赔之苦，此不坐头役之便也。旧时征派税粮，即选殷实之家，佥充大户，分定廒口，使之坐收；钱银入手，不免妄费，及期亲解，势必赔偿，甚有鬻产质田，尽室流徙者。自条编法行，粮银上柜，但以柜头守之，不得侵牟，亦无赔补之累，此不佥大户之便也。旧时里甲，十年一轮，谓之“见年”；一切买办支应，俱出其手；九年之息，不足以当一年之费。今将里甲银数，并入差银，上柜收支，官为代办，而轮当支应之苦，皆得免焉，此不应里甲之便也。旧时门丁均徭，三年一审，鬻产多者，则自下升上；置产多者，则自上擦下。故里书造册，有诡寄之弊；士夫居间，有请托之弊；里老供报，有贿买之弊。自条编法行，均徭不审，产有更易，田无增减，而此弊尽除矣，此不审均徭之便也。盖其所谓便者如此。而有不便者，何也？旧法编审均徭，有丁银、门银，而无地银，则以资本产业稳括并论也。今去其门银，而以地银易之，则田家偏累，而贾贩之流，握千金之赀，无陇亩之田者，征求不及焉，此农病而逐末者利也。上八则人户，旧有丁、门二银，今去其门银，而易以地银，未有加也。下下丁户，止有丁银，旧无门银，今丁银既无差等，而又益以地银，是下户病而中人以上利也。兖之属城，固有平皋垦壤、地利尽辟者，以地科差，可矣。至如东南沂、费、郯、滕，皆荒弃不耕之地，西南曹、单、金城，皆濒河被水之区，当其受灾，一望无际，颗粒不收，秋夏税粮，犹累里排包纳；若更加地差，则里排亦不能支矣。是成垦之田利，而荒弃之田病也。盖其谓不便者如此。

而要之所以称便，在四事之得法，不为其照地与否也。诚使府属州邑，皆能仿此四法，而又得良长吏行之，即不必照地科差，而条编之法，亦可通行无弊矣。何也？条编者，一切之名，而非一定之名也。粮不分廒口，总收类解，亦谓之条编；差不分上下，以丁地为准，亦谓之条编；粮差合而为一，亦谓之条编，其目夥矣。天下有治人，无治法，顾行之者何如，岂必胶柱而谈哉？然犹有说焉。物惟不齐而思以齐之，分惟不均而思以均之。我朝成法所以分三等九则者，正以齐其不齐而使之均也。今不分三等九则，而概以丁田之数，比而一之，第无论丁之贫富，田之厚薄，或相倍蓰，或相千万，而于祖宗之旧制，亦少更矣。不但如此，古人制赋之法，以租庸调为善，而我朝用之，所谓丁银者，即有身之庸也；所谓门银者，即有家之调也；所谓税粮者，即有田之租也。今田既有税粮，而益之以地差，差出于门丁，而反去其门银，是田不止于租，而家可无调也，非法古之意矣。又不但此，有户有口，自上古以来，未之有改；今去其门银而但以丁起差，则按图而披，不知某为某门，是有口而无户也。夫政先正名，事必师古，为治之大经大法在焉；较计利害，又其末矣。此葛公之指也。

《滕县旧志》

国初田赋，官籍有定额，而在民无定数。节因转相买卖，贫为富者所窘，致有地少税多、地多税少之敝。均田之法，地则缘坵丈量，税则计亩均分，真画一之良规，利民之善政也。旧俗相沿，以二百四十步为一亩，以三尺五寸为一步，每一尺抵周尺一尺五寸。先均时用旧尺，后均时减旧尺分数，每步只为三尺二寸；是先均一亩，为后均一亩二分，新旧之数所以不同者此也。又先均无荒熟，后均有荒熟之分，不无诈伪之弊；其交接各县界分处，不无影射之弊；其曳索定坵时，不无急纵斜正之弊；且山河道路，主者除豁，宽褊任情，不无虚包之弊。大抵天下事难乎尽善，古人有言“治道去其太甚”，苟利民之分数多，而弊有十分之一，不为太甚，亦不必过议也。

《滕县志》

滕盖以一邑而包春秋侯国之地者三矣。以今图按之，县治为小邾地，西南滕城为滕地，南薛城为薛地。而三国外诸国地又多所分割，如东北漷水、东南昌虑，皆邾地也；东之斗城，齐灵丘也；西之郁郎，鲁郎邑也；西南戚城，戚县也；而讙城、湖陵、滕壤皆得至焉。或分其半，或割其一隅，多者数十里，少者数里，衡百七十而遥，纵或倍之。水北等社，东北缭绕泗、费百三十里；泉河等社，越利国而孤悬东南徐邳间二百余里，而犹隶滕者，岂所谓犬牙相制之势然欤？然滕地所以大者，盖由魏隋置郡；后虽改置不一，而地则仍旧。国家定鼎燕、蓟，则滕为徐、兖门户，始与徐州埒重矣。

此一邑而三代建侯者三，而国之大夫食邑皆在其中。汉亦置一郡三县。隋唐以后，渐并为一。元虽分州领县，而县则倚郭，犹之一也。夫县比地窄，则民勤，勤则反本；县疏地旷，则民慢，慢则骜法。余闻之长老言：弘正以前，踔远山居之民，率不奉县法，急之则铤而走险，有司但取羁縻之。后承平久，稍稍趋令，而徭役亦听自办，不深责也。嘉靖庚戌岁荒，行客过境上，数十里无炊烟，而群盗往往劫掠使者，盖由土旷人稀，有司遥制之为难耳。诚一旦有缓急，则滕徐路断，而泉上东南之民不往来矣。窃以为汉制固太密，今制似太旷。宜于临城、戚城、利国之间，更置一县，则县比而民无远志易制，此以臂使指之势也。

学校之制，始自五帝，而莫备于成周。周取四代之制，参而行之，凡侯国皆立当代之学而损其制，曰泮宫。乡立虞庠，州立夏序，党立商校，四代之学，达于天下。国有大事，则以礼属群吏百官而讲行之，无事，则国之耆老子弟游焉。其地尊，其礼大。秦置博士，具官待问而已，故云周之士贵，秦之士贱，则教之者异也。汉武兴学，置博士官，但以名流为之，而无考察试用之法。光武始试而用之，故汉文学彬彬，犹为近古。晋唐而后，虽置博士如汉故事，而秩卑体轻，故教多虚华而寡实效，陵夷而至胡元，益远矣。我太祖定天下，欲速变胡俗，重学置师，其有教明化成，急召为祭酒、翰林等秩，而为之师者，亦咸以教化明伦为己任。其后，藩臬郡大夫渐诎其礼，稍稍以文法绳之；而其弊也，文法之吏，反视之若赘疣然，为之师者，亦何以安其位而行其志乎？遂使志气消阻，第急会其簿书，朝朔望，是为不素餐而已。由是观之，始未尝不欲其兴起，而后稍衰微放失也，余于是深有慨焉。

县东西南北隅山隘最多，又邻沂、费，采金煮盐之徒，不时间发，非有司所独得以鞭捶使也，于是设守御所千户、百户各若干人。且国初颇重军功，而其人又皆奋起干戈者，往往与有司分道而行，画邑而治，邑民侧目焉。其后监司摘其尤无良者置于法，而收其权，一切捕盗听词，征屯定役，尽归有司矣。一盛一衰，固其变也。

《风俗志》

古者以州异国殊，情习不同，故博采风俗，协比声律，以补短移化，助流声教。国土变改，民人迁徙，而风俗因之。滕封爵之余也，考之春秋，小邾当时固已夷之，滕薛皆以成国而駸駸焉，自趋于僻陋之俗。齐桓霸而盟会起，三国始与盟会文物，故薛投壶之文，并载礼篇；小邾穆公朝鲁，答赋《菁莪》；滕文行丧，吊者悦服。齐既封田文于薛为孟尝君，孟尝君好士，招致天下任侠奸人，入薛中六万余家，故其俗闾里，率多暴桀子弟。汉兴，叔孙通明礼乐，诸弟子共习者咸为选首；公孙弘以白衣为三公，于是翕然大变，彬彬乎邹鲁之旧矣。自汉而后，风俗凡六变：汉与西晋一变也，五胡南北至陈隋一变也，隋唐至安史一变也，五代至宋一变也，金元一变也。齐乘云：安史灭君臣之义未尽，至五代则几矣；五胡南北，华统未断，迨金元则绝矣。金以滕界于宋，置滕阳军，而民习兵，其豪富而有智略者，民群起而听之，故滕境有七十余寨，而又多度僧道，匾赐寺观额名。元代亦然，邑民大率靡然胡风矣。

明兴，拯民左衽而衣冠之，二百年来，渐渍习尚，可得而言。语云："沃土之民慢，瘠土之民勤。"故城东地多山险，宜粟菽，其俗好种树而饶于枣梨。贫者农务毕，则入山樵采治炭，妇女缉布，夜纺车之声比屋相闻；富者能恶衣食以致蓄藏，然负固自喜，有至老死不入县庭，有司急之，则揭竿而走险。路通沂、费，采金贩盐恶少无赖之人，无尺籍伍符发征期会，顷刻一发，三寻之矛林立矣。好竞喜斗，斗而负者不以讼于官，期报之而后已，以胜为能，犹有金元之余习。城西地沮洳多膏腴，宜稻麦，其人竞相尚以靡侈，婚丧家用妓乐，纳采奁具殡葬之物，以多为美，富家挽河汴之材，起高楼，广堂室，饰车骑，镂一鞍至费百金；然无蓄藏，一二岁不登，则楼室鞍骑易主矣。城南北，大抵阻山者，其俗则东；濒河者，其俗则西，而阛城具五民。民不土著者众，仰机利而食，废居居邑，贱则取之，贵则出之，农人病焉。总之山居之民，千树枣，千足羊；濒河之民，千亩麦，千石稻；邑居之民，酤一岁数百酿，称贷子钱千贯，其人皆与邑朊仕等，人富而仁义附焉。民间丧事，半用浮屠，语言间胡音；士人不立家庙，以墓祭为重，此其大较也。

长老传云：章宗（注十四）时，会天下新去汤火，人民稀，约法省禁，有司务为招徕安集，无所扰害，黎民乂安。自年六七十翁，亦未尝至市井，游敖嬉戏如小儿状。诸生少者，事长如严师，缙绅务为恭谨，过里门，自下车，出不张盖，不起室治第，俗淳庞质朴无文。宪、孝时，岁大穰，都鄙夜户不闭，然淳樸渐漓，好游子弟，飞鹰走狗，六博蹋鞠，携娼妓，弹鸣筝，东门外街巷，清夜管弦之声如沸。而富者豪于财，侠者豪于气，役财骄溢，武断乡曲，有司始以法绳之，法严令具自此始。武宗时，流贼乱山东，过滕，滕大被杀掠。而世宗时，土木祠祀事大起，又南絓越，北絓胡，大珰贵人祠官将兵，数乘传往来境上，滕益多募兵，萧然繁费，富侠之家大率破，民偷甘食鲜衣，淳庞之气益漓浮薄；以至父子兄弟，异釜而炊，分户而役。好学者众，而博士后进子弟负才自矜，长者顾逡巡退让之；好私毁誉而怯于公议，以故常为狐鼠恶少所侵辱，同舟而济，风波覆于以有各一壶之心也。闾阎服饰，恣所好美，益僭滥无限度，男子冠巾丝履，妇女珠翠金宝绮縠锦绣罗纨，但有财尽能索耳。而游侠大猾，朋党作奸，为察者主名，盛气而游都市，道路以目。凡此，皆五十年前所无也。

夫民函五常之性，而其刚柔缓急，音声不同，系水土之风气，故谓之风；好恶取舍，动静无常，随在上之情欲，故谓之俗。而班氏载鲁俗曰："去圣久远，周公遗化销微，孔氏庠序衰坏，颇有桑麻之业，无林泽之饶，俗俭啬爱财，好訾毁，多巧伪。丧祭之礼，文备实寡。"然其好学愈于他俗，即今犹然近之，岂所谓风气之系乎地者耶？若夫统理人伦，移本易末，一之乎中和，是在人上者之责也。余故备论之，以为观风者采焉。

《赋役志》

三代而后，言赋法之善者，莫如唐之租庸调，国制实用之：有田则有租，今之税粮也；有身则有庸，今之丁银也；有家则有调，今之门银也。然国初地有起科、不起科之分，嘉靖初犹然。法久弊滋，乃尽行起科。而二十七年，抚台檄沂州卫经历石仲义丈之，计亩均分，行之三年，民称便。三十年以后，累岁大饥，人相食，加以大疫，民死亡者十家而九，行境内数十里无炊烟；于是地大荒，多逋赋。此患在无人，而非患不均也。四十一年，抚台张公者檄县丞刘芳重丈之，以除豁荒地为名，乃小其步弓，每三亩出一亩，赋尽加于熟地，此朝三暮四之术也。而刘县丞丈未及半，乃令里书按册计亩出之，其脱漏者又不可胜数，于是乡民大扰，有旧亩新亩之名，不便者十年。抚台傅公希挚、赵公贤檄知县杜公济时再丈，始得复石经历之旧。便者未三年，而江陵相复行丈地法，执事者欲邀福于相公，多生枝叶，其所开宅舍园圃、高下淤沙、平坂山石、泻卤诸名色，以令乡鄙之民。乡鄙之民冥然，不啻对胡越而言侏离，此为里书立弊薮，奚止凿三窟也。夫地厚者多富，地薄者多贫，赋一则病贫，富者门高，贫者门下，徭差则病富。故病于赋者，取偿于轻徭；病于徭者，取偿于轻赋，参而伍之，可谓至平。而里甲中一二无赖，又簧鼓一条鞭法为便者，使徭尽归于地，是专行田租而除庸调也。岁少不登，则中下地尽荒，其徭安从出乎？初增入地者，仅十之二三，今增至十之五，是一条鞭法与徭役并行也。北方种马为害，始于杨砥，非高皇制也。行之既久，民固相安，忽然卖之而收其直，寻复有责买之议矣。民兵之增，本以备山东，今兵裁而银解京，脱若山东有变，兵又将增，不征于民，将焉取之？沙沟夫役，本为滕民相代休息也，实乃为徐州役而不以为怪，而又以告革为滕民罪。一法之行，煦煦然孰不曰“吾以利尔百姓”哉！然有凿一孔而开百隙，树一本而生万叶者；所凿不足以为便，而所开适足以为败；所树不足以为利，而所生适足以为秽，此无以异于扬堁弭尘，救经而引其足也。水浊则鱼喻，令烦则民乱。呜呼！从来远矣！若夫酌量调剂，奉法而不胶于法，因时而不诡于时，不有今之良牧，几何其民之不转徙于沟壑也。

《费志武城考》(注十五)

云：武城，鲁邑也。春秋襄公十九年，齐及晋盟于大隧，故穆叔会范宣子于柯，穆叔见叔向，赋载驰之四章，叔向曰：“肸敢不承命”。穆叔曰：“齐犹未也，不可以不惧”。乃城武城。城今费县西北七十里，锦川乡弦歌里，有武城城，是也。孟子曰：“曾子居武城，有越寇，或曰：‘寇至，盍去诸？’曰：‘无寓人于我室，毁伤其薪木。’寇退，则曰：‘修我墙屋，我将反。’寇退，曾子反。”今费县武城北曾子山，即曾子居也。曾子书曰：“鲁人攻鄪”。鄪君曰：“寡人见攻而先生去之，安能为先生守宅也？”曾子不答而出。鲁责鄪之罪者十，而曾子所陈者九。鄪君复修曾子之舍，而后迎之。二事语意相近，可见武城近鄪明矣。《史记》甘茂曰：“曾子居费之武城，其母方织，有告曾参杀人者三，母乃投杼逾墙而走。”王符论曰：“南成之墓，曾子非不孝。”西汉改武城为南成县。今南成山有曾点墓，是也。向使曾子不家武城，胡其母之织于此，而葬其父于南成也？即据《春秋》、《论语》、曾子书、《孟子》、《史记》、王符论，曾子为费武城人的矣。《史记·孔子弟子列传》曰：“曾参，南武城人。”此据汉人之称也。《地里志》曰：“定襄有武城，清河有武城。故此云‘南武城’”，是也。今相传武城在费县之北，泰山之南，故东汉以南成即武城，属泰山郡，晋亦因之。杜预注《春秋》“城武城”下曰：“泰山南武城邑，此‘南’字即史迁南武城之‘南’字。”以别于定襄清河之武城也。汉清河郡东武城县，即今东昌府武城县，建始西汉，今亦以为子游所宰之邑，立子游祠，何其谬哉！又今嘉祥县，《禹贡》“大野”之地，汉晋隋唐为钜野县地，宋为麟州，金皇统中，始于钜野山口镇置嘉祥县。其地有南武山，上有阿城，亦名南武城，乃今附会为费之武城，子游所宰之邑，曾子所居之武城，其谬甚矣。今费县西北七十里，有武城城，嘉祥县南四十里南武山，有南武城。二县二城，名迹各异，谓费之武城，即嘉祥之南武城，可哉？假借《史记》南武城之“南”字，而不考杜预注、《地里志》、《括地志》诸儒辨证诸书，讹矣。故今详加考订，为先贤正首丘也。

《泗水县志》

《食货论总序》曰：余考周官太宰以九职任万民，以九赋敛财贿，而即继之以九式均节财用。夫九职之所任者，即今之役也，出于民之力者也；九赋之所敛者，即今之赋也，出于民之地者也。民之力与地有尽，而国之所费无穷；苟不于其经费之际而品节之，情窦既开，必至于泛用无度；欲壑不盈，必至于苛取无厌。是故于九职、九赋之后，九式先焉。凡以均节财用，量吾之出，而不过责民间之所入，此周公理财意也。后世此意微矣。情欲日奢，征输百出，山泽之利，悉罗取无余。噫，天地生财止有此数，不在民，则在官，上下二百年间，户口、田地、山泽之旧，渐虚耗矣，而额外之加未有底止，岂其于周官九式节财未之讲耶？

《赋役论》曰：赋税出于田徭，役出于丁，旧制也。泗水丁力鲜少，故徭役之银常田代丁，编其在今日之赋税，其类有五：曰夏税，曰秋粮，曰丝绢，曰马草，曰驿站。今日之徭役，其类有六：曰银差，曰力差，曰里甲，曰额办，曰杂办，曰盐钞。以条编之数论之，计每亩派银一分八厘有奇，而白地派银二分二厘有奇；人丁自上上则派银九钱，递而降之，至下下则一钱，合之共派赋役银一万二千八百五十两有奇。民力竭矣，而又有新加兵饷及派鱼台捞夫银，一切修城、修河额外之征，比比是也。皮之不存，毛将安附？司是土者，宁可胶柱而调瑟也哉！

《汶上县志》

汶水之源有三：一发泰山仙台岭，一发莱芜原山之阳，一发于其寨子村。会泰山诸泉之水，至静封镇，合而为一，谓之大汶。又小汶出新泰宫山之下，西流至徂徕山阳，入于大汶，乃西南合流，迳桃乡、无盐及寿张故城北，由安民亭合济渎东北入海，此故道也。永乐九年，尚书宋礼始筑坝于戴村，遏汶全流出于南旺，四分南流达于济宁，会沂、泗诸水入淮；六分北流达于临清，会漳、卫诸水入海。然秋夏水涨，犹得自坎河入故道，漕与邑俱利焉。汶之自戴村入漕渠也，委折数十里，随所经流，有异名焉：在戴村以下为席桥河；西南流至草桥堰，受龙斗诸泉及蒲湾泺水，为草桥河；又西南流为白马河，圣泉河（旧名黑马沟），为鹅河（宋都汴时贡鹅鸭故道也。郡志误以为黑马沟之上流），至南旺，分流为会通河，南抵嘉祥界首，北抵东平靳家口，凡七十有二里。邑旧有大清河，济水故道也，旧为汶境（《通志》云：冀州刺史王纯碑在汶上，汉延熹四年立。《水经》云：济水西有安民山，山西有此碑），今属于州。邑之西偏有小清河，殆济之北，迳阚乡城西者也，然经流绝矣。邑之泉，其大者为龙斗，泉脉鼎沸，若两蚌相击者然，在县东北五十里，出云尾村平地中。其东为薛家沟泉、鸡爪泉，三里许为泺当泉，南为赵家桥泉，俱出土中，会龙斗南流，合于宁阳之鲁姑泺当山泉，由鲁沟入汶。马庄泉距邑东南十八里，亦出土中，流十五里，至城南而伏。邑之湖为南旺，即古之大野泽也。中为长堤，漕渠贯之，画而为三：在漕渠之西者曰西湖（周回九十三里，堤上为斗门以便蓄泄），其东曰蜀山湖（周回六十五里，水涨出长沟减水二闸，入马场湖），曰马踏湖（在汶河堤北，周回三十四里，夏秋水涨，汇入北湖，出开河闸迤北弘仁桥入运），俱有菱芡、鱼鳖、茭荻、蔬蒲之利，居人赖焉。沟之可名者九：其导龙斗诸泉迳蒲湾泺以入汶者，为鲁沟；受诸山潦以注蒲湾者，为南、北泉沟及洪沟；蒲湾之西北为沙沟；其南分蒲湾之水以绕城下者，为郭家沟；邑之西南有柳沟、响水沟；又圣泉河旧名黑马沟。泊之关于漕者为蒲湾（李太白所咏"城隅绿水明秋日"是也），距邑北三里，一名仲勾泊，一名五花池。盖鲁沟自军德桥而下，遂无堤岸，水因漫出合于停潦（周回廿里）民田多没焉。其水出柏浪桥迳周家河入汶（议者欲自军德桥下缕堤至木郎桥防泉走泄，乃民漕便计也。又此泊旧有支流，由郭家沟绕城下西南入蜀山湖。昔刘贼之乱，攻劫城邑，令君左经引泊水自保，汶赖以全）。邑之东南为堑王石桥泊，援剑泉水汇焉（即柳行泊也。民尝乘旱占种，遂履亩而赋，至今苦之）。西南为钓台泊，则马踏之余浸也。若鱼营（周回四十里）、石楼（周回三十里）二泊，秋夏水涨，禾用不殖，然来年之入，常倍余田，是称沃土矣。汶之决口，相比如栉，指不胜屈也。计其大者，则草桥迤上有曹家口、七级口、大堤口、魏家口、赤家口、隋家口，草桥迤下有王延口、刘盘口（近议于此直开支河以达南旺，似拂水之性，泄漕以病民已）、何家口、马家口、王堂口。按南旺，会通河之脊也，元人遏汶奉符以达任城，每至此而舟胶焉。自宋司空分汶于此，而漕始利矣。然汶之稗于漕者，八十有八之泉也，非潦也。故坝于戴村以防其泄，而坎河岁筑沙坝，以听潦之决焉。盖以潦水汩浊，性复湍悍，势惟分泄，则力之所冲始微；淤之所挟始寡，堤不岁溃，浅不岁填，民田亦不岁没，厥利溥矣。万历戊子间，岁旱泉涸，疏浚复废，而漕艘始梗，行水者见四汶河身渐以浅狭，上流之势，傀欲西趋，石坝聿筑，潦始为害，畚锸之役，无岁不勤。夫额弗充，渐及里甲，崇原平垅，变为沮洳，结茅积稼，或随浮苴。舒司空开渠河口之下，盖深知前人之非，而重毁其功也。然汶水挟潦而注，西触于石，骤折以南，其势弥怒，故患终不免耳。或疑潦尽泄，则湖水或减，不知沙坝之时潦非尽西也。若今之泛滥，则尽启诸闸及斗门泄之，犹襄堤没岸，舟禁不行，岂湖之所能蓄耶？愿司水衡者，浚泉防湖，监临闸座，复于四汶河身务求深广，如宋司空时，则南注之势驶矣。若流潦是需，待命于天，脱值亢旱，将何以济？讵所以为国家长计哉！

漕河之间，递置之以防胶舟者，浅铺也：曰南界首浅，曰石口浅，曰柳堤浅，曰南旺浅，曰鹅河口浅，曰田家口浅，曰阚城浅，曰开河浅，曰刘家口浅，曰袁家口浅，曰关家口浅，曰张八老口浅，曰步家口浅，曰北界首浅，凡十有四。列舍居夫，刁沙阻以招呼运卒，而堤岸树木盗警邮传，亦并责之防守云。其建于水以酌启闭蓄泄者，则有闸有坝。漕之闸五：曰寺前（旧名棠林，西距南旺上闸十五里，正德元年建），曰南旺上（在分水口南，距下闸九里），曰南旺下（在分水口，北距开河十五里，俱成化六年郎中杨恭建），曰开河（北距袁家口十二里，元至正间建，永乐九年重修），曰袁家口（北距靳家口十八里，正德元年建），月河之闸二（在南旺上下，成化间建），减水之闸九：曰焦栾，曰盛进，曰张全，曰刘玄，曰孙强，曰彭室，曰常名，曰关家大，曰兼济（俱在漕河西岸），漕之坝一，曰滚水石坝（在南旺河西岸，水大泄入西湖，万历十七年建），汶之坝二：曰何家石坝（在汶河西岸），曰草桥土坝（一名草桥堰，汶水旧有支流，东南入城濠趋蜀山湖，始入漕。万历二十二年塞之，濠池遂涸），其接邻境而关于邑之利害者三：曰坎河石坝，曰戴村土坝（俱接东平境），曰长沟石坝（接嘉祥境）。按自沙坝废，而汶流入海之道遂塞于坎河，浊潦怒湍，沃壤为浸，长沟之间，又私增土坝以捍其壑，此邑之所以叹怀襄也。陆水部撤土坝，害减十二，乃汶犹挟潦括沙底于分水以为漕梗，故大挑之役，岁为民病。而始则筑隔，继则起水，终又挑隔，每用力于无益之地；曷若于上源筑坝之处，建石闸一座，欲行浚捞，扎板断流，不用桩草夫力之烦，又无旷日稽迟之苦，即不能如沙坝时浅不岁淤，不犹力少而功多乎？

户口

按：国初里甲之编，均其户口，可举纲以知目。首长之役，择其望族，如以臂而运指，意甚善也。然丁产之息耗渐殊，而更由之轮充弗改，则轻重之间，规避自生矣。试按今之图籍，有一甲之众，足敌一社者，尚可分里以役之乎？今之里胥，有单贫已极者，尚可按籍以定之乎？窃考国典，其里不敷十甲之数，取邻图拨补之；甲不敷一百十户之数，验丁产归并之。排年里长设有消乏，许于一百户内选丁粮近上者充补焉，抑何其融通乎！乃每当攒造黄册、第令握算者准诸旧额，少加益损，徒费毫楮耳。

土田

按：地经均丈，额未有不增者也，第名实异耳。赵公之额，核欺隐之数而增之，无减派之名而有其实，何也？其所增之地，未尝复征也。若后人之额，折步弓之数而增之，有减派之名而无其实，何也？其虚增之地未尝不征也，此犹朝三之术也。彼河非可耕，路非可植，新垦之荒非必有秋，而概以充额，则昔之熟田安在？不过为豪猾所隐占耳。古者以田为母，人为子，故易于稽查。后世以田系户，户有升降，则田有转移、洒寄、隐匿之病，自过割而生者，又何可按据以知其实哉？

赋役

国家使民按地出租，而以庸调责之门丁，因登下九则以酌轻重，制亦悉矣。然法久而弊，寄耳目于里胥，使奸黠者得窜其智巧，册籍实虚，宁复可凭乎？则条鞭之法，舍赀产而括丁地，抑简易宜民之术，乃荐绅先生各执所见，弗思润泽，纷纷之议，几聚讼矣。均徭里甲出于门丁，旧有头户、贴户、见年之名，其费不赀，自条鞭行而民始苏矣。今之里排，虽轮甲应役，然止于催办；惟柜头、俵头，尚存大户之名，故百姓之托籍、侨寓、借势荐绅，诡寄丛生，异脱是耳。使尽行条鞭之法，官募柜头，官俵种马，则民出役钱，安坐无事。地之系于平民，犹士夫也；名之编于排甲，犹客户也，诡寄诸弊，不革自清矣。然寄庄终不可立，而优免终不可滥也。嘉靖庚寅，令大造之年，各属流民置有产业住种已久者，附籍当差，是不容侨寓者久处寄庄之名矣。况比境相接，连田阡陌，其去邑城不及再舍，而皆作客户，是导奸猾之民两地影射也。独不思各邑之鄙，有二百里而远者，何尝免役乎？若更相知会，则其奸立破矣。至于优免自有定制，乃每以缙绅面孔堕废宪典，而援例人员，亦免丁粮，则隆庆中梁都台申饬之例，不具在乎？此犹其小者也。汶近于兖，郡王宗室，概置田庄，遵嘉靖四十三年之令，查附各里甲项下，以佃户的名编立户籍，正杂差役与平民一体派编，可也，安得优免耶？且国家之法，以土田朦胧投献王府者，发边卫永远充军；其愿以田地鬻之宗室者，亦先将田粮数目报官，以凭附册编差，迟者以投献论。令甲凛然，今或玩视之矣。至于国戚优免之例，亲王王亲止免杂役二丁。近得影射各府，又自免丁粮，弊将安极耶？不按会典尽行厘正，数年而后，汶之田庄半入宗室，而民差烦重，有不忍言者矣。

马政

按：国初民养种马，岁取其息，则所俵者官驹耳。及驹不中式，临期勒买，种马之养祇为空名。此变卖之议，所由兴也。然马金已入，俵额犹存，即百姓脱养马之累，不胜欢娱，而上不几徒取之乎？使果充戎行之用，则亦军政所急也。乃一给骑军，略不加省，昼雇于市，宵饥于枥，不数月毙矣。则徒费民财而岁杀良马，谓之何哉？近议不许多派本色，以累小民，屡经灾伤地方，或至全折，亦洞见此弊耳。

驿传

按：开河驿水夫雇直，尽充岁用，患给之后时耳。彼预贷息钱以通客艘，子母权之，十去六七；及舳舻联比，势不能支，则夫役逃走，纲头避匿。而豪有势者遂追摄居民，代为牵挽，且掠其什物，勒其折赔，或因以破产矣。议者不详其弊，欲以附近村落编火甲佐之，不且迫居民以散四方乎？若新桥马驿，当税监未撤，势果弗堪；今稍帖矣，而驿卒犹告累焉，续增帮价至千余金未厌也，时为避匿以难其上，冀得更佥富民，乃为代役而肆其贪心焉。在上者，又往往慕招募之名，以入其彀中，容知其名易而实不然乎？虽然国家设驿，非徒供游宦者之往来也，乃分关，借关，甚且鬻之，而山人术士，皆得乘传，宜留心国计者，怀江陵之思矣。

盐法

按：国初给盐于民，故令折钞，今民易盐于商而食之，犹责以钞乎？且食盐之数其多寡非有定也，何以额派引且日增耶？至于私盐之捕，不过设为厉禁以通官盐，今遂虚捏名数，抵充捕额，上亦知其伪而视为固然，立法之弊，于是极矣。

兵防

按：军民既分，兵不寓于农矣，然民兵之名，未尝不存于内地也。今汶宁有习击刺、识行阵、足备征发者哉？其胥吏论报，仅纸上之言，则民兵废矣。乃若边军旧有定额，足备战守，属一方有警，辄议召募；蕞尔之汶，增饷几二千金，则边方之兵，亦未足恃。怀杞忧者，尚慎行保甲之法乎？其什伍连比，有管子之遗焉，小用之可以弭盗，大用之可以足兵。王文成公常三令而五申之，今其籍具在也。然法之不行，病于稽查弗清，游徙无禁耳。彼周礼比长之法，有徙于国中及郊，则从而授之；若无授，则圜土内之。敬仲亦云："人无非其里，里无非其家，奔亡者无所匿，迁徙者无所容。”仿此意而行之，加练习焉，庶于兵防少有裨乎。

条鞭法议

盖闻议条鞭之便者曰：不坐头役，无讨索包赔之苦；不佥大户，无侵牟偿补之虞；不应里甲，无轮当支应之烦；不审均徭，无诡寄贿托之弊。此其大略耳。惟是以一县之力，供一县之役，则众而易举也；以一年之输，分十年之限，则轻而易办也。并银力二差，合公私诸费，则名目简而易知也；富人不近官，役人不坐名，则觊觎侵而易安也；官给值于募人，不得反覆抑勒，则市猾屈而易制也，此其利殆不可算矣。即单丁下户，亦有毫厘之增，然一日之佣金可具也，宁遽损乎？而说者曰：条鞭之法行，则商贾利，而农病，熟地利，而荒病，口存而户亡，调去而租增。其言甚辩焉，第不识古之人，果合丁口以为户耶？括赀产以为户耶？今考载师任土之法，固唐之调也，亦曰以物地事，授地职，待其政令而已。且唐令民以土宜出绫絁绢绵，及于布麻，即今之丝绵折绢等耳，旧已归之于田矣，果自条鞭始乎？昔陆宣公云：“先王制赋，以夫丁为本，不以务穑增其税，不以辍稼减其租，不以殖产厚其征，不以流寓免其调，不以饬厉重其役，不以窳怠蠲其庸。”此岂计赀产者耶？夫以赀产为宗，不以丁身为本，乃两税法耳。容知物之精者易藏，物之粗者难掩；难掩者则共见其蓄积而指为凭，易藏者即妄意其囊箧而不可据。故计赀产而农未有不病者也。然则以为商人利，则宜讲抑末之术；以为荒田病，则宜求除豁之计。而遽指为条鞭之害者，祇缘令长难募役之保任，里书失编审之骗局，少地者不复漏差，有官者不得滥免，故为是纷纷之说耳，岂足以病画一之法乎？虽然，迫不得已之公费，值不可抗之取求，则额外之差增于上矣。青田隐于积书，赤历代以小叶，则额派之数乱于下矣。致若徭役之外，附以条鞭，其害可胜言哉。

《峄县志》

吾尝观于古今之际，而知峄民之所由贫也。考《元和志》，唐贞观中，宰地有陂十三所，岁灌田数千顷，青徐水利，莫与为匹。及观元大德间，峄州孟学正所撰《许池泉记》，犹称“泉水散漫四郊，灌溉稻田，无虑万顷，民受其利。”继考《王海通考》，彭城以北利国监及丞县，并有铁官。宋吴居厚为京东转运判官，即其地铸铁钱，民得仰鼓铸为业，今县治及宰水上有遗铁存焉。胜国时，州西北四十里有陶数千家，岁以陶器致富饶，《一统志》犹称“峄产黑瓷”。此在往昔章章特著者也。自元末兵乱以来，数罹伤残，人民转徙，河渠故道，岁久堙灭，且接济漕渠，国家亦有明禁焉。方今小民一切罢陶铸诸业，而独仰给于农，百亩之田，计赡父母妻子，而更徭征赋出其中；一遇旱干水溢，则征徭逋负，流亡继之矣。流亡者众，则田不受犁者愈多，榛莽弥望，常数十里无炊烟。

邻邑有司犹谓峄人利茂草，市厚利，此何说也？《通志》云：“峄土旷人稀，一望荒落。”在嘉靖初已然，况今日乎？户口土田，日凋于前，而更徭杂赋，日增于旧。辟之负戴者，十人各百钧焉，一人委而去，举而加诸九人，未累也；三人委而去，举而加诸七人，亦已甚矣；五人委而去，举而丛诸五人之身，不亡何待？峄之往事，何以异此。急之则病遗黎，缓之则亏国课，调停抚恤，闵闵然若不得已而后动者，则幸有今之牧民者在也。

《郯城县志》

沂、沭为郯之经川，实称巨浸。其末流以一衣带承之，瀵泉暴至，诸泽不窦而决。又四封之内，强半隰皋，夏水亭居，辄受填淤反壤之害。彼挟鎡基而缘南亩者，大都若石田之望岁，十值其一幸耳；此惰窳所以相踵，而蓬蒿蒺藜秀也。窃尝咨咨过计，以为宜旷然大变其旧，略仿周官遂人之规，令占田者各自为川浍，彼此互达，涔则疏畦町，旱则引桔槔，而树艺各之其所宜，斯地其称沃衍哉。东省襛襛之患，水剧于旱，郯当沂、费下流，其地卑坹，介丘四塞，夏潦亭居若巨薮。故沂、费之水，二三日可消，郯非十余日弗得。余观于义仓，而知救荒之重所待也。夫天地之大计，六岁饥，六岁穰，十二岁而一大饥。使国无一年之蓄，则有今无储者，卒之乎流亡转徙，而号于非国矣。郯棘斯理也，官廥之粟，既稂戾而不可放，而里区又比设义仓，往当岁穰之日，令民自以其意输粟于落保，钟釜无限，不欲者无强。已乃总其籍归之大庾，春贷秋敛，岁出入为常法，贫民欣欣歌便之，可不谓至计与？顾其弊蘖将有三焉，当长耳目，勿令滋蔓也。盖耗敉无查盘之核，则以秕杂谷之窦开；兴发期会毕于旬日之内，则诡支起责之奸萌；概量征收，大入小出无所御，则计羡余而卖虚记之诈生。三弊者旁出，而是法且渐称蠹矣。嗣来君子，先周急之仁心，塞营私之变孔，则斯仓可比于常平，民其将终赖哉。

郯故设厩置矣，后竟废之，非以其不当孔道耶？今东三郡出入南服，此为夷庚之径，星轺月至，行李日至，敝邑惟刍饩之不共是惧，敢辞劳焉。一遇戈殳入于郯，民欢然征庸秣马，或一骑而策数驺，一夫而受数役，奔命视邃人滋棘。夫兹羸民也，岁办常赋，犹多积负，而重之尔尔，计未知所以纾之矣。

《条鞭总论》

一条鞭之法，缙绅类能言之。然或有谓其当行，或有谓其不当行，其见盖人人殊矣。时无论缙绅，即父老百姓，愿行者十有七八，不愿行者亦有二三。查得各处条鞭，不问丁之贫富，地之肥瘠，一概征银，殊失轻重。是以贫弱小民，多有不愿；而富民田盈阡陌，多方诡计，营干下则者，反得藉口鼓惑小民，腾谤官长，百计阻挠。官府摇动于浮言，牵制于毁誉，屡行屡止，致使忠实良民，田鬻大半，户口尚高，经年累岁，独当各样重差，无息肩之日，苦累不可胜言。如本州中上户侯贵等岁当重差，饿死单县漫坡，是也。今酌议条鞭，地论肥瘠，而征银之多寡既异；丁论贫富（注十六），而户口之高下悬殊。名虽条鞭，而实为调停之法，故命名曰调停徭赋册，盖不拂愿行者之心，而亦善体不愿行者之意。卒之规制一定，士民胥庆，即有一二奸民亦无以为辞矣。《传》曰："通其变，使民不倦。"又曰："执其两端，用其中于民。"今日调停之法，是通变用中之政，得圣贤之遗意，即以达于天下，似无不可行者。而经久不易之法端是矣，敢以是为折中之论。

附论

曹县、定陶与州接壤，曹、定又本州属也。乃二处俱行条鞭。曹县每小亩四亩八分作一大亩，编银七分一厘；定陶每小亩三亩六分作一大亩，编银五分二厘；曹州每小亩二亩七分作一大亩，编银四分三厘。是照地编银，三处虽不尽同，然亦不甚相远。顾条鞭丁银，则三处迥异，天渊弗侔，忧民困者不能不惊且叹焉。曹县丁不论贫富，每丁止编银七分二厘；定陶丁虽论九则，然上户一丁止于九钱，两县者外无余差，亦无余征矣。独州上户一丁编银九钱，兼编门银三十两；其余八则，每一户丁，门银各不下一二十两；至下户人丁，尚编银一钱。是曹州上门一丁，当曹、定上门三百九丁之差；而定、曹上户之丁银，反轻于曹州下户也。所以然者，以原额（注十七）徭差既重，如民兵团操等项，十倍兖属，兼以嘉靖年来，济宁、嘉祥、金乡、阳谷、鱼滕、郯泗等处，间遇荒歉，徭赋减半归曹，名曰代征，岁不下三千金。坐是丁银之重，无论定、曹，即全省郡县，亦无有重如曹者，考诸概省徭册可见也。故差日重，民日穷，而士民不察其差重之由，往往告苦为条鞭未行。乃今业已行矣，竟无减于丁银之重，又将若之何哉？

《曹县志》

原额均徭应役，官吏坐理，始法甚善。行之既久，浸失初意。每一役出，辄下乡索括金钱，谓之攒回流，小民不胜其扰，故有“家有二顷田，头枕衙门眠”之谣。至万历三年，知县王圻莅任，思为一条鞭法，即古免役，一切照丁地征银，官为顾役，民甚便之。会以谪官未久转去，于是乡宦学较里老百姓三千人，赴两院恳代题留任，以终其法。特为展限九月，圻于是自四年始，条议申详，比允行县，已二月终矣。至今七八十年，时势虽极多端，而户田、税粮、徭役、里甲、岁办诸政，犹以王圻为准，不能更张易治也，则其法可知也。

《平赋问答》

平赋之法既具，圻窃不自安，再进阖邑而论之曰：是法也，革大户，禁打讨，便矣；并审户编徭之旧而尽去之，得无戾乎？曰：户则之低昂，不外于丁地，以赀论者，盖千百之一二也。今户虽不审，而计丁计亩征银，丁地多者出银多，丁地少者出银少，户则高下，在其中矣，虽不编徭，而征银雇役，成规井井不乱，夫何戾？曰：审若是，是亦宜民之政，而或有察者何？曰：称是法便者，穷乡细民，苦于积累者也；其以不便称者，大约有四：一，上户地多，无路诡避；二，各项应募，无计多取；三，积年里书，无名需索；四，市井棍徒，无缘包揽。故倡为它说，以图阴坏此法。长民者惟细民是庇；毋摇于群小之议，可也。曰：法可通行，斯为良法；此邑既称便，则它邑宜无弗便者。而或者以为曹邑可行，它邑不可行，抑又何谓也？曰：山东州县有贫富，地里有广狭，而额派粮差，率皆称是，实有宜于此，不宜于彼；富庶之邑可行矣，而贫邑之审编，独不以地计乎？地宽之邑可行矣，而狭邑之粮差，独能舍本邑而别处乎？虽曰门丁有银，户则有银，而门丁户则之高下，亦不过计地而差等之者耳。大抵打讨之法，便于募人，便于里书，而不便于小民；平赋之法，银有定数，差有定额，便于小民，而不便于官府，不便于里书与募人。此其说之纷纷不一也。今曹之士庶，罔有异议，则行之曹可矣。它邑之便不便曷计焉？曰：据若言，法果可行矣，更为善后之策，奈何？曰：科索有罚，包揽有禁，征收有时，出纳以公，又勿轻于加派，则法虽世守焉，可也；否则，朝令而夕改矣。圻闻斯言，惕然悚惧，乃并录之，以呈于上，以告于后之令曹者。万历四年岁次丙子冬十月朔，曹县知县王圻谨识。

条鞭之法既行，曹民始有其身家。当是时，里无追呼，号称极治。然法既初行，应募者寡，而兑军、俵马、起解诸役，王公行之甚善，后稍不能不用里甲矣。名虽召商，实签大户。又三十年，而里弊复极。丙午，知县孟习孔莅任，复为汰则均丁，清理赋役，名一串铃，申明王公平赋初意，而参酌以时弊，为十二款，详允十款刊乘，今录于后。

曹县为汰户则，均丁徭，清诡寄，平差役，以便穷民事。万历三十五年正月初八日，奉本府帖文东兖道札付，蒙抚院黄批，据曹县申前事，据议俱属可行。惟照地过丁之说，稍属未妥，仰东兖道再一酌议详报，其余即行令遵照。按院温批同前事等因，为照为治，不在纷更，苟可与民相安者，沿而守之。又闻为治去其太甚，流弊已极而不为之挽，势将何穷？曹之差役一事，弊至于穷民无可谁何，县官莫能措手，不得不矫故从新以为民便者。卑职到任来，查曹之粮差银不过三万有零，满册诡名诡户，莫知端倪，复业寄庄，巧立名色，三等九则，多方支离，欲求画一之数而不得。然逐年钱粮亦无大欠，最苦编佥差役，独累穷民，富者皆逃于实在地外，丁差不及。至于实在当差之地，与寄庄复业之数，几于相等，有是弊耶？今当编户之年，卑职苦心筹算，欲为均平差役，使贫富两便，莫知所从。及访邑中缙绅父老，始知审户之为害也，人丁九则之为害也，逐年推收之为害也，假立寄庄之为害也，卖地遗丁之为害也，以致花诡至此。兹欲仍之，而贫富不均，编派倒置，每日号诉公庭，皆为差役事也。欲尽查分开小户，总归原户，则户口几削其半，且弊来已久，里书更易，不知几手，死亡不知几人；不得已，止以日前户口人丁为定额，毋再增减，毋再花分，查出寄庄避差人户，尽行收回实在当差，使地多差均，贫民息肩。然欲免审户，其中须谨始虑终，定为规则，塞其流窦，使可永久。谬为十二款条陈，遵照将原议照地过丁与寄庄承丁二款汰去不录外，今将详允条款刊成书册，俾士民永为遵守，毋违。

一议照地佥役，永免审户。夫审户者，原以分别贫富当差，为贫者便。而今曹邑数十年来，豪强户尽行花诡，得逃上则；下户穷民，置数十亩之地，从实开报，反蒙升户。县官耳目不及周，致贫者升，富者察，往往皆然。且五年之内，富者倏贫，贫者倏富，不可为尝。卑县于三十三年到任之初，犹执前定户则以拘头役，其间家无寸土，糊口不足，叫号吁天者，皆册中所载中等户则也；其所称下下户，反皆富厚之家。所支分节派而来者，使富者得执下户以避差，贫者为五年前地多之故，编入上中则，哑口无诉，则审户不为穷民累哉？且查里书当审户之年，增减人地，权握在手，索诈多方，贿赂公行，穷书立富；而遐陬之民，悉来听审，盘费颇多，又请托求察者，不惜数千金以乞一书。其县前酒饭铺店，指此为一年肥润之计，此一审而邑中所费，不下万金，审户为利耶？为害耶？卑县自三十四年编派头役，俱不照户，止以该甲人户见在地亩，挨次造为鱼鳞一册，照地之多寡，定当差重轻。所编派者无有乞免，贫富称便，信户则之无益也。盖曹民稍积金钱，即置地土，不知买卖活计，与南人大不同者。执地而论，贫富不爽，何用户为？合无比照东阿事例，论地当差，求不审户，所存户则，尽行削去，其为民便也。

一议人丁一例派银，不分等则。夫户不审矣，而丁犹以九则分纳，此安所区别？丁之有则，最上者至于三钱外，下者不满六分，此岂条鞭之法？初意不过欲使富者多纳，贫者少纳，以寓伸缩之意。乃查曹之条编册内，上中户应纳之丁，非乡官坐免，则生员带免，所未免者之丁，二丁在；而下等户则，尽皆不免。盖纳银有则，而免丁无则，人皆争免上中则之丁，止遗下则之丁，与下户纳之。上中所免一丁，去银甚多，则丁银不足额，必于概县地亩加重以补之，是不使下户代上户纳丁乎？且九则派银，里书易轻重其手。即本县十年钱谷之吏，算及丁银，茫无下落；况彼深山穷谷不识一字之民，安知彼之丁为何则，某则丁该派若干？第听里长科收，以一纳二者不无也。适与为藏奸地耳。卑职将通县原额丁银，连盐钞兵饷等项，查照通县原额人丁数目，通融均派，计每丁止该银纳七分三厘，第与往昔下则之丁，相去毫厘。若不分等则，一例派纳，则富家优免一丁，除盐钞仍派外，不过免银六分三厘零，而下户丁银未尝加重。且丁银足额，不挪派于地亩，尤下户之利也，非所称均平齐一之法哉。查东阿亦一例派丁，犹属每丁银二钱，而此大轻矣。

一议派丁照地多寡，以免偏累。夫户与丁俱不审则矣，而其间死亡逃绝之丁，何以删除？殷富该添丁之家，何凭增益？盖祖宗旧制，原以户口殷繁，征派人丁。迩者人众未必家殷，家殷未必人众，故每每视田地多寡以为丁数，此又老丁之外，所为随粮丁也，总之欲足额而止。查曹之条鞭册内，有地尽无而有丁者，人尽绝有丁者，有地未及十余亩而载三四丁者，有地至二三顷而止载一丁。使趁食度日之人，终岁勤勤，不能完官家一丁钱；而地连阡陌者，与只身之夫相等，最不均也。卑县将通县实在地亩若干，以原额人丁若干，均平铺入，算该地四十亩内外，派纳一丁，内除每户口原载有地多寡，其顶户一丁不动外，其余死亡逃绝之丁，累里长包赔者，逐里清查，尽行汰免。而有人无地者，亦念其穷而去之，地少丁多者，酌地而减之。将遗下丁额，尽添入于地多丁少之户，亦止求不失原额而止。大约照四十亩内外通融派之，不死执而行之，庶地多则丁多，纳丁者多富民，而于穷民称便。且下户有地则有丁，彼亦无所逃也。持此法五年一查，即于地亩之中，寓汰丁增丁之法，而则可无审矣。前件本道先因驳议照地过丁款内，行据本府署印李同知查议，申称民间买卖未必尽皆四十亩，人丁岂可花分零过？议欲以有地者照地当差，有丁者照丁纳银。因议及派丁亦不必照地等因到道。本道谓非该县原议初意，驳批本县复议。申称原议四十亩一丁之说，盖总通县地亩大约言之。条款中原有“四十亩内外”字样及“不死执而行之”等语，盖亦思及民间买卖，未必恰好四十亩，故斟酌通融其间，不以四十亩为死局也。假如一人之地有一顷二十亩，该载三丁，卖去一顷而存二十亩，岂必欲过两丁半而存半丁乎？又假如一人止地二十亩，原有一丁，必欲执四十亩裁去半丁乎？如此，则反成刻舟求剑矣。卑县原议不然，如一户有地一顷，原有一丁，今止再加一丁，是不无五六十亩一丁者，此四十亩外之说也。如一户有地七十亩，原止一丁，今亦再加一丁，不无三十五亩一丁者，此四十亩内之说也。如一户止地二十亩，原有一丁，亦仍之，又不无二十亩一丁者。甚至十亩以内，老户一丁，不加不减，此四十亩内外不死执而行之说也。大约只查原额，人丁若干，以四十亩内外为主，减之于地少丁多之户，增之于地多丁少之户；若一人之地多至百余顷者，只量为增添，岂能执四十亩之说死行之哉！第求足原额而止，此派丁之法也。自揣此法最为均平，无容别议。惟过丁之法，或嫌零星不谐于俗，量将照地过丁与寄庄承丁二款汰之。五年之内，民间买地卖地者，各听于原户纳银；俟五年过割之后，县官仍照此派丁之法，再行通查。有地尽丁绝者，悉去其丁；地多丁少者，酌四十亩内外而加之，通融增减，求足原额，不执定某户之丁，过于某户。庶五年之内，买地多者，丁自多；地去者，丁亦去。此在概县均派，与原议稍异，更无照地细割之病也，等因申道。又该本道看得该县执欲以地四十亩内外为主，派人一丁，通融斟酌增减，不死执而行之，无非为求足丁额以便穷民计耳。似应姑从，其照地过丁与寄庄承丁二款，该县自认可以汰去，相应行令遵照。

一议过割必要五年一次，不许连年推收，以滋诡寄。夫编差之法，以甲相轮，若使逐年过割，则人当该编役先一二年，将地飞入别甲，编役后一年，又复飞回本甲。不有十年内不佥一役者乎？且县官事冗，每岁不暇亲为查算，任里书私地过割，弊不可胜言也。合定为五年允许推收一次，五年之内，买过地土者，仍依原户纳银，候五年满，必要买主、卖主，当堂共递一状，状内要载买地之价，县官判日，每日挂号，造为合票式，令户吏票行，里书据票而过，其私过者，严法治之。仍明出一示，自某月日推收起至某月日止，过期后来者不准。至推收截数后，县官将号簿取入私衙，用能算书役，总计某里某甲割去地若干，比旧官原额加若干，照数用朱笔标单，令里书派入条鞭，不时查对条鞭册与朱笔单总撒合否，则里书安所售一弊乎？即执推收薄簿查其价值，拘纳税银、买地人户，尽在目中，无一漏税，持此法行之。五年之内，十里尽行役过，然后推收另编，人不能肆飞诡之计矣。

一议五年一编户口人丁，止足原额，不许擅自增减。夫户丁增益，县官美称，然果实增益，何不可之有？乃昔之审添者，皆富厚之家，欲飞诡不得，假称复业人户。县官喜其有招抚流移之名，任其立户，而不知为飞诡之门也。且丁有增损，而银数亦随多寡，条鞭之法，自是以坏。合无自三十五年起，即以在册户口人丁为额，永不更易。至四十一年，又轮过割编丁之年，只查某里某户，有卖尽地亩，止存单丁，其人口又已死绝逃亡，无可纳丁者，将此户去之，才许本里人户有父兄子弟分析者，补立一户。某户应减一丁者，才于某户新增一丁；若无应去户丁，不得增户增丁以乱额数。不则有伪增之惩在，庶条鞭画一而可行矣。

一议寄庄止许真正别州县之民，不许本县窜入以避差役。夫寄庄免差，为各州县已有差徭，毋使重役也。本县避差奸民，皆籍诡名飞出实在地外，致丁差不及。本县查通县地二万五千八百五十五顷零，除优免地、河地共二千八百八十顷九十四亩零外，止实在二万二千八百五十顷零，而寄庄地一万一百九十六顷零，是客几胜主，可笑也。此时不清查，年复一年，曹邑不尽为寄庄，而差用当役者属之谁也？本县令各户自供改正，免其究罪。而小民畏升户，死不肯开，无奈唤齐各里书，乘其不测，封入私衙内东书房，不令通音，严法骇之，始报出假寄庄地四千二百二十六顷八十五亩。念其相沿已久，各姑免罪，止令收回本里本甲实在项下，仍照原名立户，亦照地加丁，照实在地内一例派纳粮徭，一例轮当差。后来再有踵此弊者，没其地而重罪其民，谁敢犯此法哉？庶差地加多，穷民稍得息肩。

一议真正寄庄派银加重，以抵本县差役之费。夫真正寄庄，令之当役，人在隔省隔县，委属不便。但食县之毛，不当县之役，使土著之民代之，甚属不均。合议允别州县买本县地土者，除河工大兴概县派夫之日，不得遗漏外，其余他事，或不得已用里下夫及逐年编佥兑军俵马等役，一切饶免，止照原额寄庄地，除每年每亩原加银一分二厘外，再加四厘，将加出之数，铺入通县实在地内，减其均徭，使实在当差，寄庄出银以代之，不亦均乎？查先年奉文议于寄庄地内每亩除正粮外，加派银二分，以帮助徭差，曹州等处，皆遵行之久矣。本县河工为累，寄庄不能脱然无差，故止加派一分二厘。今议免差而止加四厘，合之共加一分六厘，比曹州等处尚轻四厘，不为寄庄苦。

一议严禁寄庄优免，以滋重免之弊。

一议真正寄庄目差人拘提，以免关文之扰。

一议佥头役之法。编役之法，有谓每役以一人出名，将通县地亩每年照亩均贴，不累一人者。鄙见谓岁岁贴费，家无宁日；且条编之外，又有私贴，是一小条编也。法久则生科敛之端，甚不可行矣。有谓遵十年九空之法，每甲轮役一年，此似较善。而甲有大小，地有多寡，拘于本里一甲之内，以完本里之差，又属不均；且五年止役过五甲，至编差之年，又行过割，倘奸民将地尽飞于已役之前五甲，而后五甲之佥，不终漏乎！合议每五年将过割册查明，应汰丁者汰尽，应添丁者添尽，造成一册，除俵马大户概县抽编外，而该年兑军桩草等役，则用两甲通融均派，如三十五年则（注十八）（注：有脱漏）。自地二顷以上至三顷内外者，编一兑军；次二顷内外者，编一临德仓户，或编一桩草户；又次一顷内外者，编一收头。或一户不满二三顷，则以一二顷者二三户朋之；或一户不足一顷内外，则自二十亩以上至六七十亩者，或用三四户朋之，多编多贴，毋使独累一人。惟每户地不足二十亩以下者，免编及之，此地少者果穷民耶？止完条银而无差役之累，即系大户所花分，取彼别户地多，差役已重，此量遗之，亦示稍稍宽恤之意也，而贫富均沾其惠矣。至其次序，则以二八、三九、四十、一六、五七相轮，因三十四年分，已是一七甲役过，恐致重累，不得不颠倒错杂行之。每年两甲，一正一副，正者点收头兑军，副者点临德仓桩草大户、帮贴马役等项。大约前五年，以八九十一五等甲轮为正，而二三四六七等甲轮副之；后五年以二三四六七等甲轮为正，而八九十一五等甲轮副之。如自三十五年起，以八甲为正，二甲为副，至四十年，该以二甲为正，八甲为副矣。如此，则十年之内，每甲两差，两差之中，一正一副，甲甲有之。且免一年两甲，众擎易举，五年十甲，概无遗漏。多者独役，少者朋役，又无有余不足之患。总计十年，两劳人逸（注：有脱漏），又不至年年为官家扰矣。

初王之条鞭法，徭役虽已尽革，而兑军、桩草、起解、收受，凡重大钱粮，犹选用殷实人户。照旧每里十甲取用一甲，谓之“见年”。十年一周，至孟之串铃，则两甲并用。五年一用，而诡寄躲差之弊杜，法始密矣。天启元年，奉抚院赵题准勒石革除大户，不许擅动里甲，一切吏收官解，似为得之，而吏不能堪，渐致多端。故今之为累，大端有三：其累在官，春秋俵马为甚；其累在里甲，走递槽马为甚；盖自辽左构难，时事日多，百役俱兴，有司不能左右支吾，故在官则官累，在民则民累，无所不在，则无所不累。曹濒河多灾，辛壬以来，九年四水，民之不为鱼者亦无其几；而莲妖流寇，军兴孔亟；又且无岁不旱蝗，无岁不河决，无岁不加派。昔人有言：皮破矣，毛将安傅？如槽马解俵、辽饷兑军诸大役，已措办为艰，而裁扣之余，复为增税；灾伤之后，又行代征。万历初年，平赋册中钱粮，共计四万而止，近渐加至三万四千有奇。是县加一县，而本邑米豆尚在外也。存留带征，仅供该县一年之费；而裁减、抽扣等款，或十二三，或十六七，更有尽裁者，减至二千八百两有奇。是县已无县，而溢地均输更无论也。昔以轻徭薄赋，故县有乐土之名；今不止不乐，视他邑且甚焉。夫曹与五营为邻，又河寇出没不常，所恃人有身家，重廉耻，故易与为善而重为非。若使之无为善之资，而迫以不自主之机，即在上者亦何利焉？目今斗米五百有奇，莩殣相望于道。使稍宽一二，尚有起色；如不其然，遑测厥后乎！今将浃年加派裁扣、搜括等款，开列于后，经国者会土而筹其利害，尚保此畿南一片土云。

陈师道《披云楼记》

曹故周之成国，亡而为陶之故城是也。陶之西南有丘焉，《禹贡》所谓陶丘。墨子、《竹书纪年》所谓釜丘，《图记》所谓南右山，而州人所谓南鲁大师之墓者也。汉哀帝由定陶王而为天子，尊其父恭王为皇帝，置寝庙如祖宗周丘而城，以为陵邑，今州治是也。州之北数里而近，两丘相属，六国魏王之墓也。有冈自东北屈而西南，隐如伏龙，魏之所以葬也。择地而葬，尚矣。而曰魏遂王墓者，以其始隧而葬也。其后名州曰左城，墓曰左山，冈曰左冈，《记》曰："左山，其下多左姓，故名。"然莫得而考也。余谓《尔雅》，"丘再成为陶"。釜者，负也，犹陶也。而皇甫谧云："舜陶河滨而名。"郭璞又云"在定陶城中"者，皆误矣。然则州之所治，犹曹国之旧也。

《东阿县志》

分野

内史曰：世之论国域者，往往以百里之墟，上合星躔。予甚惑焉。夫以一州之中而有国，一国之中而有邑，其于星躔之度，大小相悬，岂不远哉？夫阿在河、济、海、岱之间，于州，青、兖之界也；于国，齐之西门、卫之东境；于郡，汉以下东郡、济北、东平互有而更制之。及摭历代天官书，其言踳驳不相符合，或州与国枘凿，此何以辨焉？夫齐国于青州，青州玄枵之次也，则阿为虚危矣；汉以下隶东郡，属兖，兖，寿星之次也，阿又为角亢矣；东郡者，卫之故墟也，卫为并州，并州，娵訾之次，则阿又当为室壁矣，其后又隶东平，东平故鲁之下邑，鲁国于徐，徐者奎娄之次也，不核其实，又且为奎娄矣。故从国则于州不符，从州则于国或盭，从古则州部代分，从今则星精无改，安取衷而可哉？《春秋》曰："在列国谓之分星，在九州谓之星土。"僧一行曰："星之与土，以精气相属，而不系于方隅。"其说为近。今备述历代所志天文，以俟知者定焉。夫述之非泛而无执也，以为百里之墟上合星躔者，泥也。

秩官

内史曰：淳于髡有言："三人共牧一羊，羊不得食，人亦不得息。"此善喻也。汉时县令唯有部刺史、太守临之，轨迹夷易，易遵守也。以故吏得尽其职，而无所牵制。今奈何以百里之守而十数人临其上，一有举事，文书往来，羽檄如织，即少自操纵于文法乎！十余人者，执绳而议之，即又不能同趣，故吏兢兢，日不暇矣。曰天子沛然下明诏，裁大使之闲者，镜古今吏治所由同异，以惠元元，盖深计哉！

里甲

台史曰：尝考国家建极敷治，绥乂元元，稽户定里，即里分甲，其后有恒法，费有定额。故每岁则以一甲应役，十岁而以十甲轮役，实与先王“岁用民力，不过三日”者相表里焉。厥后差役日赢，征求日炽；矧以阿之据陆濒河，孔道四达，舰浮舆驰，幅凑旁午，即以十甲供一岁之役，犹恐弗给，无惑乎民之鬻产而汹汹窜也。自邑侯白公定条鞭之法，民始苏息；朱公减里甲之费，民益乐业，此何异于解倒悬而置之衽席之上耶！行之数年，其归业者万有余计。夫一阿民也，昔也，去之如遗，今也，归之如市。语云：“为政在人”，岂不然哉！

贡赋

台史曰：则壤成赋，君天下者第一义。《禹贡》九等之则，周官三易之田，即后世科额之祖也。盖地利有饶瘠，物产有赢诎，自不能齐。高皇神圣开天，加意元元，祗慎田赋，制为画一之法，俾黠总不得售其奸，而民到于今受其赐。厥后端绪既多，奸诡丛生，即精通算、数习理钱谷者，亦莫究其弊窦，矧服田力穑之民，又安知害之所从来哉？自条鞭之法行，则夏税秋粮，均徭带征，确有定额，里胥无由飞洒，奸豪无从规避，简易均平，允为不刊之典也。呜呼，民际其时者，岂非其幸也哉！

均徭

台史曰：力役之征，莫善于周礼，其次莫如唐祖庸调，至宋而有差役、雇役之法，迄今用之不易。盖贫者效力，富者输财，各用其有余，而不强其所不足耳。其后稽虚实于簿籍，寄耳目于里胥，则豪民巨室，终身不一劳，下户单丁，三年而两役。故奸胥黠总始得窜智巧于其中，此乃以弱之肉为强之食，不但如《诗》所谓“小东大东，杼轴其空”，可为潸然出涕而已。自丁地之数明，而差银无影射之好；自条鞭之法行，而里胥无科派之扰。邑侯朱公又从而通融之，补偏救弊，因时化裁；取民有制，额外无需；官不废事，人不知差，岂不谌谌乎石画也哉！噫，法与弊嗣而生，利与害角而立；使接踵者无以法非己出，而克修前徽，斯民其永绥乎！

河道

按：条鞭既行，则丁地粮差自有定额，倘遇河夫帮价增犒贴闰，原额所无，措处实艰。若于地丁之内，一事增加，则百窦孔丛。万历九年，知县朱应毂遇有前项额外之征，查有贮库别项银两，径自具申动支；如无库银，明出告示，比照马价事体，另立赤历委收，不许带入差银并收。庶款项不得混淆，吏书不能为奸，人亦乐于输纳矣。

路史《辨帝尧冢》

古今之事绪无穷，而地理之差，尤为难于究竟。尧之冢在济阴成阳，尧母灵台在南。汉章帝元和二年，使奉太牢，祠尧于成汤灵台，是其处也。今皆在濮之雷泽东南（《元和郡县志》：“尧母庙，县东南四里；尧陵，县西三里。尧即位至永嘉三年，二千七百二十一年，纪载于碑。正观十一年，禁樵采。春秋奠酹。”），而王充乃云葬崇山，墨子则谓北敖入狄，道死南已之市，而葬蛩山之阴，盖仪墓尔（《论衡》曰：“尧葬冀州。或云葬崇山。仪墓姑汉世远郡园陵，与苍梧舜墓之类，非实葬所。”《山海经》云：“尧葬伏山之阳。郦善长以为非，亦此类。”）。按：欧文忠公《集古录》言灵台碑，以为《史记》《地志》《水经》诸书皆无尧母葬处。粤稽地志及范晔志，则云成阳有尧冢灵台，而此碑云：“尧母葬兹，欲人莫知，名曰灵台。”又郭缘之《述征记》：“成阳城东南九里有尧陵；陵东有中山夫人祠，在城南二里，盖尧妃也。东南六里有庆都冢，上有祠庙。”而《水经注》言：“成阳城西二里有尧陵，陵南一里有庆都陵，于城为西南，称曰灵台，乡曰崇仁，邑号修义。”其葬处明白若此，恶得云无言邪？然《述征记》在成阳东，而今之所识乃在成阳西北四十里谷林，则古今疆埸相出入，有不同者。郭氏所记乃小成阳，小成阳在成阳西北五十里，隶于河南，有山曰成阳，谷林在其下（高诱注《吕氏春秋》云：“成阳山下有谷林。”是），小成阳以山得名，乃尧葬所在，有尧之故名焉，即庸俗所谓“囚尧城”者（鄄城东北五里有尧城，《竹书纪年》以为尧之末年，德衰，为舜所囚在是。演义，囚尧城在相之汤阴。又濮阳有偃朱城，在鄄城西北五里。《竹书》谓舜既囚尧，偃塞丹朱于此，使不得见。《寰宇记》以载言所录不欲去。苏鹗为是丹朱息沐之所，非塞之。《琐语》云：“舜放尧于平阳。”而《山海经》：“放勋之子为帝丹朱。”故刘知几疑舜既废尧，仍立其子，俄又夺之。而又谓伍昉记朝歌有狱基，为禹囚虞舜之宫。《竹书》而谓让国为虚语，荒矣）。抑尝订之，盖其遯位之后，作游于此，此宵人所以得迹其近似而诬焉（《汉志》：“尧作游成阳。”游，都也。盖武王之牧宫，汉祖之沛宫，《周礼》所谓“国游”者。《三齐略》云：“虞固南有尧山，巡狩之所登者，顶有尧祠，岂其所囚哉？）。而文忠公之跋，谓俗本多作“城阳”，独此碑为“成阳”。夫“成阳”与“城阳”，正自二所：成隶济阴，乃古之成，昔武王封母弟子成，后迁于成之阳，遂曰成阳（十道志引《左传》：“卫师入郡即成也。”《寰宇记》并《史记》：“武王封季叔于成之阳，汉于此置雷泽县。”），而城阳乃汉齐悼惠之子章所食之国，今之兖州是矣，不得为一也（赵明诚、黄伯思、洪丞相皆有说）。

附注

注一：五代周显德初，河决东平之杨刘渡，遣宰相李谷治堤，自阳谷抵张秋口。

注二：有贞河道功完碑，见《山东通志》。

注三：王佁弘治《庚戌治河记》。

注四：徐溥、王鏊安平镇治水碑，见《山东通志》；李东阳安平镇《减水石坝记》见《经世文编》。

注五：开元寺。

注六：《苟存集》。

注七：《封丘县志》载，卷埽法，用竹络长二三丈，高一丈，实以小石，杂以薪刍，踏实，相卷成埽。量水浅深制埽小大腰索及管心索，或径寸，或三寸许。纵横网缚，挂于铁锚大橛之上。用丁夫数百，渐推岸下，河流汹涌，推石埽则不可冲去，非竹则亦不能拦石。汉河堤使者王延世、元漕运使贾鲁卷埽筑堤多用此法，卒获成功。无石则代以砖，无竹则代以木，权宜制变，在人善用之耳。此外尚有垒埽台，缚方舟，安大桩，系龙尾诸法，难以备载。治河者宜广筹而预求之。详元欧阳玄《至正河防记》。

注八：沂州知州。

注九：南庙山在州南八十里。

注十：《通志》，在州南九十里。

注十一：新志改为狼溪。

注十二：大抵本之中麓然较明。

注十三：户部尚书葛守礼隆庆三年疏。

注十四：当作宣宗。

注十五：《费县志》，嘉靖四十三年冯俨作。

注十六：马应梦序曰，户自中下而上，银递加多，所以役富也；自下上而下，银顿减少，所以恤贫也。照税银四分有奇，而沙碱瘠硗则量为等差，所以示公也。

注十七：黄河决塞不常，州以濒河百里，派役丁夫，薪茭桩木一切取办及其徭役里甲之差，养马输粟之费，视他县为最。

注十八：该空三十四字，误空十七字。

天下郡國利病書（五）

全本点校

〔清〕顾炎武 著

團結出版社

图书在版编目(CIP)数据

天下郡国利病书 / (清) 顾炎武著. -- 北京 : 团结出版社, 2024.3

ISBN 978-7-5234-0254-2

Ⅰ. ①天… Ⅱ. ①顾… Ⅲ. ①中国—地方志—明代 Ⅳ. ①K290.48

中国国家版本馆CIP数据核字(2023)第127426号

出版: 团结出版社

(北京市东城区东皇城根南街84号 邮编: 100006)

电话: (010) 65228880　　65244790　(传真)

网址: www.tjpress.com

Email: 65244790@163.com

经销: 全国新华书店

印刷: 北京印匠彩色印刷有限公司

开本: 145×210　1/32

印张: 106.5

字数: 2389千字

版次: 2024年3月　第1版

印次: 2024年3月　第1次印刷

书号: 978-7-5234-0254-2

定价: 680.00元 (全五册)

目录

广东备录上

《山堂考索两广论》

汉、魏以还，守官广南者，多以贪墨坐激吏民之叛，启蛮獠之寇，实由于此，盖古今之同患也。抑尝考其故，嬴秦以来，以守令为治，台省铨除，莫不以内地为重，以边远为轻。而广南之地，去京华为尤远，瘴疠蛊毒，种种秽恶，内地之人，南辕越岭，不啻斥逐，必罪戾孱庸，不得已，然后膺其选。既百舍登途，往返重费，不过厚取于民耳。而又地产珍奇，掌握之物，足富数世；疆域旷邈，按察稀临，京阙万里，赴诉莫及，则无聊汨没之人，何惮而不为贿乎？历古交、广之间，民獠多叛，致骚扰江、淮，震骇朝省，职由此也。尝观汉顺帝永和中，日南、象林群蛮并反，四府议发江、淮甲卒致讨，李固驳之，以谓前尹就讨益州叛羌，蜀人谚曰“虏来尚可，尹来杀我”。乃召还，以兵付刺史张乔，旬月之间，寇虏殄败，宜精选牧守以殊俗。乃以乔刺史交州，祝良为九真守。乔至，开示慰诱，并皆降散。良单车入贼，降者数万，皆为良筑起府寺，由是岭表无虞。至灵帝中平中，屯兵作乱，岭南大扰，三府乃精选贾琮为刺史。琮至，蠲复徭役，选良吏试守诸县，远近翕然，巷路为之歌曰：“贾父来晚，使我先反。今见清平，吏不敢饭。”自后岭表之民，又获安堵。审视张乔、祝良、贾琮之事，而人情可见矣。然则岭南历世多乱，岂皆蛮獠之罪？抑当时朝廷制置失宜耳。嗟乎！监司守令，九重之指臂也，所以抚育斯民，全赖良吏，其休息安危，莫不由之，又可易其选耶？内地之民，伊迩阙庭，监司往来如织，号令所宣，阎闾必达；借使守令或非其人，冤抑易诉，诣监司而不获，则裹粮走阙下耳。是内地亲民之吏，犹可非其人也。至岭表则不然，远者去京华万里，终岁道途，仅能一诣阙庭；而又荒陬绝域，程驿邈焉，监司不能周及，守令苟非其人，则冤民无由申诉，屈抑既甚，则其势必将为乱。是远地亲民之吏，不可非其人也！而历代铨荫，反以内地为重，以边方为轻，是何倒置之甚哉！

广东通志

职官表序

人有言曰：文德不足而后有武功，封建既废而后有郡县。考于《尚书》，则不然。《禹贡》曰："五百里绥服，三百里揆文教，二百里奋武卫。"粤南荒服，视王畿逖矣，然夏禹南巡会稽，执玉帛者万国，文命敷及南海，则文经武纬，固未始偏遗也。迄周，庶姓在六服内者，犹封四卫焉，（《周官》：革路，以即戎，封四卫。《注》："四方诸侯守卫者。"《疏》："庶姓在四方六服以内。"盖同姓，王之宗室也；异姓，王之婚姻也；庶姓，则海外之国矣，故武卫在焉。后世省城设四卫，本此。）岂非远方用武则逾于文与？（秦平百粤，置南海郡，止设尉统兵，本此。）《益稷》曰："弼成五服，至于五千。州十有二师，外薄四海，咸建五长（九州之外曰四海，南海其一也）。"盖唐、虞之世，声教所暨，疆理所至，必有师长，展采错事，以承后王君公，第不得其详尔。观诸周制，惟县有师，惟卒有长，五长则五卒；五百人为鄙，亦谓之郡；五鄙则二千五百人为师，亦谓之县。《说文》言，天子地方千里，分为百县，县有四郡，郡有四鄙。故（注一）《春秋传》曰："上大夫受县，下大夫受郡。"是也。《周书作雒》篇："千里百县，县有四郡。"《月令》亦云："合诸侯，制百县。"正与此合（《月令》当吕不韦之时，六王犹未一，乃周制也）。岂非郡统于县，县统于州，而封建在其间邪？然则南海为扬州外境，而五长亦必咸建矣。是封建固圣人意，而郡县非待秦而后有也。但春秋时列国相灭，多以其地为县，则县大而郡小（《左传》："楚子县陈。"是灭陈以为县也）。至于战国，郡县互相吞并，而县日衰削，则郡大而县小（《战国策》：甘茂谓秦武王曰："宜阳，大县，名曰县，其实郡也。"县小可知）。

秦之一四海也，罄率土而郡县之，南海郡惟设尉以掌兵，监以察事，而无守与丞。任嚣继屠睢、史禄而独驭者，其羁縻之意可见矣。县令则有龙川赵佗，逢秦之衰，既王南越，而高帝诏曰："南武侯织，亦粤之世也，立以为南海王。"盖六国之灭，正逌地大兵众，与秦抗衡焉尔。卫之小寡，迄胡亥而君角始废。则夫蛮夷五长之遗，岂无留裔者哉？是故赏延于世，封建也，有土而无官者，十恒八九；举能其官，郡县也，世禄以劝贤者，十亡二三。唐、虞、三代圣王，以此建辅世长民之策，适柔远能迩之宜，文教以昭德，武卫以蓄威，秦、汉莫之能违也（黄恭《交广记》："秦兼天下，改州牧为刺史。朱明之时，则出巡行封部；玄英之月，则还诣天府表奏。刺史，言其刺举不法；史者，使也。"盖秦令御史监郡，即刺史也）。

汉初，省御史监郡，及平南越，始置郡守及县令、长（旧志：汉初省御史监郡，及平南越，置南海郡守，秩二千石；省郡丞，而别置者四员，曰属国都尉，曰督邮，曰功曹吏，曰司仓参军。县置令、长，又于南海郡置圃羞官，于番禺置盐官，于中宿置洭浦官。他郡类此），交趾部刺史实复监之，后为州牧，佐以别驾、治中、都尉（南海、合浦、朱崖、儋耳四郡属交趾部，桂阳郡始兴、浈、洭则属荆州。郡守铜印黄绶，刺史察黑绶以下）。迄吴分交为广，而广州刺史，晋迄南朝兼督他州。（旧志：武帝元封五年，乃置部刺史，秩六百石，掌奉诏六条察州，居部九岁，举为守相。而南海属交趾部。又置郡文学，以领学官子弟。景帝中元二年，更郡守为太守，置治中、别驾以贰之。成帝绥和元年，诏刺史位下大夫而临二千石，轻重不相准，更为州牧，秩真二千石，位次九卿。王莽时，改太守曰太尹。汉中兴，益重其任，或以尚书令、仆射出为郡，或自郡守入为三公，而南海遐敻无闻焉。建武十八年，复州牧为刺史。灵帝中平五年，复为牧。是时天下方乱，州牧多擅进退二千石，于是太守之任浸轻。建安中，改交趾部为交州，始得与中州等。亡何，废，属荆州，而荆州牧刘表复自置交州刺史。有州牧，又有刺史，自此始也。晋迄南朝，刺史任重者为使持节都督，轻者为持节，故有督扬荆江湘交广六州诸军事，有督交广二州诸军事，亦有止督广州诸军事者。亦有假节者，皆加平越中郎将及平南将军等号。刺史无将军者，谓之单车刺史，太守无将军者以为耻，乃定将军等级差次之。而刺史得自署守令，其所统广州诸军，曰仁威府，曰扬烈府，曰绥宁府之类，是谓军府。其府佐，皆置主簿及中兵参军。其开督府广州，所督至二十州焉。）

黄恭《交广记》曰："县万户以上为令，子国也；千户为长，男国也。"故汉制封国，则有内史。晋有始兴内史，后改为相。

南朝宋于广兴置公相（广兴，即始兴郡改名），曲江、阳山、贞阳置侯相（浈阳，宋明帝改为贞），子相惟二（熙安、高要），男相惟九（番禺、博罗、绥宁、含洭、宝安、海丰、海安、欣乐、四会），别有令、长，则非封邑（户仅及万，仍置令，不至千者，仍置长，皆不以封）。岂非封建合于郡县，君临其国，则易令、长而为相邪？府佐则有长史、司马，郡县皆有丞、尉，以参军名者，有中兵咨议、司户录事之属，而因革皆自六朝焉。

隋、唐相承，始置总管、安抚、经略使，而三江督护分为五管之兵矣。其后使持节者，唐改节度使，常兼五管经略使。至德宗时，杜佑独不兼，后遂因之。（《旧唐书》："杜佑兼御史大夫，充岭南节度使。时德宗在兴元，朝廷故事，执政往往遗脱。旧岭南节度使常兼五管经略使命，佑独不兼。故五管不属岭南，自佑始也。"）有封郡王同平章事者，谓之使相。节度副使，多带卿贰，封公侯。（旧志：隋开皇三年，罢郡，以州统县，自是刺史之名存而职废。平陈，置广、循二州总管，而更别驾、治中为长史、司马。初遣总管韦洸安抚岭南，安抚之名始此。大业三年，罢州，置郡太守、通守及丞，仍遣刺史十四人，巡察畿外诸郡。唐武德元年，又改郡太守为州刺史，加号持节诸军事，而实无节，又改丞为别驾。四年，复置广州总管府。六年，改总管为都督，定广州为中都督府，其属置司隶。贞观二年，以边州别置经略使，经略之名始此。永徽以后，除都督带使持节者为节度使，不然则否，于是节度使得总军旅诛杀云。别驾、长史、司马之下有录事参军一人，功、仓、户、兵、法、士六曹参军事各一人，经学博士一人焉。岭南节度为使相者，自韦宙始。）天宝以后，州刺史、郡太守更相为名，其实一体。寻定天下州府，除四辅外，余为六雄、十望、十紧，及上中下之差；（《唐书》："凡户四万以上为上州，二万五千以上为中州，不满二万为下州。”）**县则有赤、畿、望、紧，上中下六等之差。**（《唐书》：“京都所治为赤县，京之旁邑为畿县，余以户口多少、地土美恶为差。”）**朝廷纶綍，非独节度使副有之，虽判官亦颁，重元戎也；**（元稹《授王师鲁等岭南判官制》：“古称南海为难理，盖蛮蜒獠俚之杂俗，有珠玑瑇瑁之奇货，为吏者不能洁身，无以格物。是以非吴处默之清德，不可以耀远人；非孙子荆之长才，不可以参谋划。尔等皆当茂迁，取重元戎，更职命官，各如来奏，可依前制。”）**非独刺史有之，虽州倅亦颁，重官次也；**（白居易《袁干可封州刺史兼侍御制》：敕安南兵马使封州刺史兼监察御史袁干，委质藩方，悉知戎旅，尝驱寇盗，累著功劳。故命迁领郡符，超升宪简，足以安荒俗，耀远人，敬而承之，无替前效，可封州刺史。《邵同贬连州司马制》：敕朝议大夫守卫州刺史兼御史中丞邵同，宠在专城，职当守土，不承制命，擅赴阙庭，违越诏条，叛离官次，将惩慢易，宜举宪章，可连州司马，仍驰驿发遣。）**非独太守有之，虽县令亦颁，重民事也。**（孙逖《授徐钧南海县令制》：“敕行晋州神山县徐钧，干以立身，果于从政，频更所职，颇效其能，言念远人，实资良吏。既有使臣之荐，宜迁宰邑之荣，可广州南海县令。”）

自汉迄唐，封建与郡县并行，大氐循周制而渐变矣。然同姓，则宗室子弟，悉列爵土；异姓，则外戚元舅，多执国命；惟庶姓吏于边。晋固沿汉制也，南朝偏安，而后同姓至粤矣。（宋随王诞、临海王子项、始安王子真皆不赴镇。至梁世宗室，始有至镇者，然多为民害。）**唐之盛时，光王琚**（玄宗开元十五年）**、睦王述**（代宗大历十年）**，皆不出阁，遥领而已，曹王皋贬刺潮州，犹不远复；**（《通鉴》：“初，衡州刺史曹王皋有治行，湖南观察使辛京杲疾之，陷以法，贬潮州刺史。时杨炎在道州，知其直，及入相，复擢为衡州刺史。始，皋之遭诬在治，念太妃老，将惊而戚，出则囚服就辩，入则拥笏垂鱼。即贬于潮，以迁入贺。及是，然后跪谢告实。”）异姓，则有自刺史都督节度岭南者（唐初设广州刺史，寻改都督，其后或以刺史充节度使，亦有都督充者）；郡县正官，大氐左谪，非以其远与？及其衰也，薛王知柔始莅军府，太尉徐彦若以首相继轨，而刘隐代之，且开南汉之基矣。由是观之，古昔致治，大不在边，细不在廷，岂非炯鉴哉？作秦汉迄五季职官表。

民壮

洪武初，立民兵万户府，简民间武勇之人，编成队伍，以时操练，有事用以征战，事平复还为民，有功者一体升赏。正统十四年，令各处招募民壮，就令本地官司率领操练，遇警调用，事完仍复为民。天顺元年，令招募民壮，鞍马器械悉从官给；本户有粮，与免五石，仍免户下二丁，以资供给；如有事故，不许勾丁。弘治二年，令选取民壮，须年二十以上、五十以下精壮之人。州县七八百里者，每里佥二名；五百里者，每里三名；三百里者，每里四名；一百里以上者，每里五名。春夏秋每月操二次，至冬操三歇五；遇警调集，官给行粮，其余照天顺元年例。六年，令官司私役民壮者，照依私役军余例问罪。原编立民壮初意，本以征守，今则在官惟供迎送，程勾摄及递文移而已。甚或派诸私衙，以为薪水之役。其在营堡诸路官司，多受贿卖，间至有一人而包当数役者矣。军户随田附籍，亦复编及，既当军役，又充民壮，军民以籍为定，果当尔乎？且又设民壮头领，例以丁田居上者总其事，而自行征收，有不能敛者，则赔补充焉。老吏黠胥，每缘为奸，法久称弊。议者欲随粮带征，若今之水夫然，民以为便，此不易之良法也。自巡按御史苏恩议定而亟去任，厥后卒无有能举行之者。役浸繁重，富者日至于贫，贫者日归于盗，势所必至。然品式具在，良有司盍为更化善治之图哉？

打手

打手始自成化初，巡抚佥都御史韩雍短雇敢勇，以征寇盗，事平罢之，不为定例。正德中，苍梧军门本有镇夷营中军士守梧州城，忽听生事之人建议，籍广东卫所余丁老幼，每户取一人，号为精兵以代之。嘉靖初，右都御史张嵿会三司议定，用轮班精兵月粮，另雇精壮打手，以备战守。其后每遇征战，改行广州等府别行雇募，编立千长甲总以统领之，而守城仍用镇夷营中军士，自此遂为常规。又令南雄府始兴等县，雇募所谓杀手者，送梧州坐营听用，往往支领工食不时，则为盗贼，人皆归咎于嵿肇启祸衅云。其后令府县雇募打手，各自支给工食，而军门所支月粮，遂为虚名矣。嗟乎！民壮不能御敌，而易打手以代之，每遇调发，千百为群，恃羽檄文移，公行剽掠，所过无不残灭，众目所瞩，莫敢谁何。事已手惯，辄为寇盗，官司抚之，则又听招，遇变则攘臂而起，如近日外海白带甲总陈文伯之寇是也。呜呼，流患可胜言哉！

论曰：昭代制律，军有定籍，设立都司、卫、所，以总辖之，除器械以戒不虞，其首务也。而又别置巡司，籍以丁壮，使守扼塞，诘奸宄，所在树兵宿甲，崇象声威，巨防立而盗贼詟，其为法亦良矣。承平日久，什伍日亡，弓刀盾炮，空有其名而已。警逻守截，本以廉私盐伪引，而反藉侵牟，所役弓兵，半为囊橐，尚何侮之可御哉？二者既不足恃，于是持寓兵于农之说，视州县赋之多寡而编为民壮，以时操练，有警征调，事平归农，用补敌忾之不足。厥后计里编佥，终岁服役，无复征守初意，甚至拨送私家者有之。又其乏也，雇募打手充焉。以骁悍之夫，而授之击刺之器，视诸羸卒，诚十百相越，故所向往往有成功。然初非有勇知方，不过出其死力，以易朝夕之食，冥顽贪鄙，乃其天性也，行则夺货，归则弄兵。亦何怪乎韩魏公所谓收拾强壮以为兵，使吾民保骨肉相聚之乐，岂非得策？然兵防屡变，反贻民忧，则如之何而可？必也，巡台任其责乎！岁核军器，时稽巡兵，而出季终申闻之令，民壮工食，即募打手，而行随粮带征之法，视地方有无寇警，而行其赏罚焉，则防范预严，而吾民庶乎有瘳矣。

成化四年，设分巡岭西道兼兵备。（成化四年，巡抚都御史揭稽奏设副使一员，整饬高、肇二府；一员整饬雷、廉二府各兵备。成化二十一年，裁革。弘治九年，复设副使一员，兼管四府兵备。弘治十六年，巡按御史华琏奏称四府连接广西猺、獞，宜分设兵备以责其成。兵部议以添设兵备，未免与分巡行事牴牾，以岭西道分巡佥事兼高肇兵备，驻扎肇庆；海北道分巡佥事兼雷廉兵备，驻扎廉州。）

八年，始设海南兵备道于琼州。（成化八年，海南设副使一员，专理兵备，后革。弘治元年，给事中李孟暘议以琼州在大海之南，孤悬境外，西近交趾，南通占城、暹逻诸国，州县人民环海而居，其中深山大海皆为黎人盘踞，奏复副使整饬兵备兼分巡驻扎琼州府。）

弘治十六年，设分巡海北道兼兵备（详见岭西道分巡佥事下）。

十八年，设整饬兵备道于广州府清远县，（弘治十八年，巡按御史聂贤、给事中杨一渶议以清远等处盗贼生发，奏设佥事一员，驻扎清远县，专理兵备。）又设分巡岭东道兼兵备于惠州府长乐县。（弘治十八年，巡按御史王士昭以惠、潮二府多盗贼杀人，奏令分巡官兼理兵备，驻扎长乐县。）

嘉靖三十六年，岭南道兼广州兵备（行署在新会县），其南、韶二府兵备则专在清远宪署云。

分守广、肇地方（注二）左参将一员（嘉靖二十八年奏设，驻扎肇庆府。三十六年，奏移唐宅堡），分守琼雷地方（注三）右参将一员（嘉靖二十八年奏设，驻扎琼州）。

总督备倭，以都指挥体统行事指挥一员。守备惠、潮地方，以都指挥体统行事指挥一员。守备德庆、泷水等处地方，以都指挥体统行事指挥一员。守备南、韶、清远、连州等处地方，指挥一员。巡视德庆及泷水江道，指挥一员。督备开建、四会兼广西怀集等处，指挥一员。

通志　兵事

洪武十四年，南雄侯赵庸以潮州卫官军讨程乡盗，平之（擒贼首伪万户饶隆海等一百五十人，斩首四十余级）。十五年春正月丁亥，南雄侯赵庸率兵讨东莞诸盗，平之（凡克寨十二，擒贼首十余人，斩首二千级，招降翁源等县复业人民三千余户。甲辰，南雄侯赵庸进兵攻破东莞等县石鼓、赤岭等寨，擒伪官百余人，余党溃散，由是四会县涌白沙、长江、大圳口、山何田、陈家坊各处父老迎拜于道，庸慰而谕遣之）。二月辛巳，南雄侯赵庸率兵广场阳山、归善等县蛮寇，平之（又克灯心、龙湖、龙归、太平、成家塘、谭源洞等寨，擒贼万户长都公等数十人，斩首千余级，降二千九百户）。冬十月丁亥，南雄侯赵庸振旅而还（庸讨平广东群盗，俘贼首号铲平王者，获贼党一万七千八百五十人、贼属一万六千人，斩首八千八百级，招降平民一万三千二百六十七户，至是奉诏班师还京）。十六年秋八月癸卯，遣征南将军申国公邓镇等讨广东猺贼（命镇为征南将军，陈镛、顾敬为左、右副将军，率兵讨贼。时广东猺贼作乱，剽掠旁近，由是江西永新、龙泉山民互相扇动，结聚徒党，自称顺天王，势甚猖獗。江西都指挥同知戴宗率兵剿捕，不克。至是命镇等将兵往讨之），命何真还广东，收集土豪（何真致仕，是年，复命真及真子贵往广东，收集土豪一万六百二十三人。还朝，拜贵明威将军、镇南卫指挥佥事，真侄润、弼、敬三人皆拜官，军校数十人授管军百户。十七年，复命真往广东，收集未至军校，又以其第六子宏为尚宝司丞）。十九年夏五月，东莞贼曹真作乱，命南雄侯赵庸总兵讨平之。二十四年夏五月，指挥同知花茂收集民兵（茂，巢县人，在广州，尝剿平阳春等县叛贼及清远、英德、翁源、博罗、东莞、增城、龙川、兴宁、归善、南海、香山诸县及海南、雷州等处山寨猺贼、蛮贼及倭贼，至是升都指挥同知。因上言广州地方，若东莞、香山等县，逋逃蛋户，附居海岛，遇官军即称捕鱼，遇番贼则同为寇，不时出没，劫掠人民，殊难管辖，请徙其人为兵，庶革前患。又奏添设沿海依山碙石、神电等二十四卫所城池，收集海民隐料无籍等军守御，仍于要害山口海汊立堡，拨军屯守。诏皆从之）。二十八年冬十二月癸卯，潭源诸峒平（征虏将军指挥佥事胡冕率兵至郴、桂征剿山寇，分遣指挥佥事宋晨等讨平广东潭源诸洞及广西平川、增益之地，凡斩馘数千余人，生擒贼首吕法子等，械送京师，命戮于市。将军胡冕、宋晨等虽有平蛮之功，而纵杀太过，乃遣使谕之）。三十一年春三月，仁化县贼钟均道寇南韶、肇庆，西山猺作乱，命指挥王浚等讨平之。秋七月庚子，连州诸峒逃军儿阿孙等作乱，诏广东官司招抚之。三十二年春三月庚寅，仁化县贼首钟均道降（《革除遗事》："均道作乱，寇掠南韶，官军讨之，辄遁湖广界。至是，听招抚归降，诏以为本县扶溪巡检司副巡检。"）。夏五月辛未朔，连州贼儿阿孙降（《革除遗事》："连州西岸巡检司添设副巡检，以阿孙为之。"）。

永乐九年春正月，倭贼攻陷昌化（千户王佛等战败被杀，指挥千户徐茂等捕寇赎罪）。十九年春正月辛巳，倭贼寇靖海，副总兵指挥李珪擒之（生擒十五人，斩首五颗，并所获器械送北京）。

正统二年，广西流贼纠猺贼陷新兴。十四年夏六月，南海贼黄萧养反，攻广州城，杀都指挥使王清。冬十月，命都督同知董兴、兵部侍郎孟鉴、右佥都御史杨信民等讨之（初，在监盗黄萧养越狱，聚众为寇，王清出讨之，即为所杀。时承平日久，民皆束手就戮。事闻，上遣兴总兵，与鉴等进讨之）。

景泰元年夏四月，贼黄萧养伏诛（初，萧养既屡胜，遂僭称东阳王，据五羊驿为行宫，遣贼众四出剽掠。信民旧为广东参议，有惠政，将至，民争归之，贼众日散。信民既卒，侍郎孟鉴等益加招徕，萧养中流矢，被擒，伏诛，余寇悉平）。三年夏四月，海贼寇掠海丰、新会，总捕都指挥佥事杜信与战，死之。参政谢祐、副使项忠遣指挥张通等往剿，贼遂遁去。备倭指挥佥事王俊有罪，伏诛。（镇守广东左监丞阮能、左副总兵董兴使杜信往剿海贼，被杀。复遣指挥欧信等分路追之，惟王俊追至清水澳，不获，还至荔枝湾海面，获白船一只。俊取其槟榔、苏木等物，纵贼开洋而遁，为中盐锦衣百户许升告发，祐、忠等追得俊赃。阮能等奏闻，俊当斩，有旨就彼处决号令，于是诛俊，枭之。）四年夏六月，巡按御史盛昶谕泷水贼，降之。七年秋，泷水猺贼作乱，都御史马昂讨平之。（时泷水猺贼赵音旺作乱，合诸山叛猺，大肆杀掠，民罹其害。昂乃调广西狼兵及獞人同官军直抵猺巢，斩获甚众。）

天顺二年春二月，海寇犯宁川守御千户所。三月，海寇犯香山守御千户所（翁信奏海贼四百余徒，犯香山守御千户所，烧毁备边大船。上命张通杀贼赎罪）。夏四月，石康县贼攻破广西博白县（杀典史、巡检及军民六十余人，虏去男妇千余人。上命巡抚佥都御史叶盛讨之）。秋九月，命巡抚都御史叶盛核实廉州奏捷。冬十二月，海寇平。三年夏四月，诏讨连山县猺贼（巡抚两广右佥都御史叶盛等奏连山及贺县獞贼，纠众流劫湖广江华县，乞会调两广、湖广官军，克期剿杀。从之）。五月，广西流贼攻肇庆州县，诏讨之。广东按察司佥事谢曮、备倭都指挥同知张通讨海寇，获之。秋八月，流贼寇灵山县。九月，广西流贼犯广州（《实录》：镇守广东左少监阮能奏广西流贼万余侵犯广州府界，即令珠场采办，屡被惊扰，其势猖獗，流劫乡村殆遍，若不早为区处，窃恐贻患无穷。兵部请降敕谕巡抚两广右佥都御史叶盛并总兵镇守等官，调度所在官军、土兵、民壮剿除。从之），广西猺贼攻围化州（巡按广东监察御史白侃奏守备都指挥孙旺不行救捕，乞正其罪。上命旺戴罪杀贼，再犯必杀不宥）。冬十月壬戌，流贼陷德庆州，都指挥佥事韦俊有罪，伏诛（兵部奏广东德庆州知州周刚等言：都指挥佥事韦俊不理军务，每日淫酗为乐，闻知流贼将至，辄先弃堡入城，及贼临城，又携妾媵弃城先遁，遂至城陷。乞行巡按御史等官执俊，明正其罪，具奏待报，就彼斩首示众，以为主将弃守者之戒。从之）。四年春二月，广西蛮贼攻破信宜县城（镇守广东左少监阮随等奏：广西蛮贼八百余徒，流劫信宜县乡村，乘夜攻破城池。其守御千户杜英等委城逃避，纵贼劫掠。盖把总都指挥孙旺、署守备都指挥石鼎号令不严所致，请俱治其罪，为守将戒。上命杀贼赎罪）。海康县民康子汪反，巡抚佥都御史叶盛讨平之（广东海康县民康子汪聚众流劫，拒敌官军，巡抚佥都御史叶盛委雷州卫镇抚顾云率军旗民壮千人捕之，生擒子旺及贼徒八十人，斩首一级，余贼溃散。盛上云等功，上命兵部升赏）。**五年秋七月，诏赦广东蛮寇**（是月初十日，诏广东近因蛮寇生发，已遣大军剿捕，中间多有良民被贼驱胁为恶，因而惧罪不敢复业者，诏书到日，许令自首免罪；有擒杀蛮寇，许赴军门呈报，一体给赏）。**峒獠罗刘宁寇兴宁，知县舒韶与战，败绩，县民罗澄死之**（《惠州志》：“山贼罗刘宁众千余，流劫程乡、兴宁、长乐三县境。九月，突至兴宁之石马洞，知县舒韶、典史刘渊帅民兵角阳径，与贼遇，兵败溃，贼遂入城，官署民居悉为焚荡。越旬，往寇长乐，其城颇坚，援兵且至，攻围月余，不能破，乃归旧巢。韶初出御盗，里长罗澄从行，韶败，坠马，贼逐之急，众皆奔，澄亦骑而逃。已而知韶在后，曰：‘吾免而弃父母于死，可乎？’飞骑还，翼韶上马驰去，澄遂被执，极口骂贼，贼支解焚之。”）。**六年春，广西贼入寇新会，县丞陶鲁募兵讨平之**（广西贼入寇，民多被虏掠。鲁募邑之才子弟有恒产者，号敢勇兵，讨平之。自是鲁能名益彰，寻擢知县）。**罗刘宁寇程乡，总兵都指挥张通等讨斩之。**（《惠州志》：贼寇程乡，总兵都指挥张通等败之，斩其渠魁，众溃入巢。副使陈濂、参议朱成引兵驻蛇坑，命官往招抚，贼乃降，贷其死。后三年，遗孽杨辉、曾玉复据宝龙、石坑等处，佥事毛吉帅官捕之，直捣窟落，擒戮元恶，丑类荡灭，贼悉平。）**八年春，流贼陷乐昌县。**

成化元年春二月，广西大藤峡寇寇雷、廉、高、肇等府，以赵辅为征夷将军，韩雍为赞理军务佥都御史，讨之（广西大藤峡蛮贼久为害，近年流劫两广尤甚，雷、廉、高、肇、韶州诸府地方皆被残破。朝议大发兵往征，时兵部尚书王竑荐二人素有才略，可任大事，朝廷从之）。**三月，谕广东各官剿捕流贼。六年，开设总府于梧州，总制百粤。**（巡按御史龚晟、佥事陶鲁、林锦，以两广事不协一，残贼日炽，复欲得大臣提督，而梧州界在两广之中，宜开府焉。兵部尚书白昂奏谓两广地方，山川联络，境界混连二处，贼徒频年窃发。广东惟藉广西之兵力，广西亦藉广东之钱粮，彼此相资，利害相关，虽各有巡抚都御史人员，未免自分彼此。合无会推大臣前去总制两广兵马钱粮，抚治军民，一应事务，便宜处置，于梧州设立总府，以会议军务。从之，以太监陈瑄为总镇，起韩雍为巡抚，平江伯陈锐为总兵。）弘治元年，番禺县盗谭观福作乱，佥事陶鲁等平之。十一年，连山贼入翁源黄峒，诱众作乱，平之。十五年，猺贼寇阳春，毁县治，总旗徐洪战死。十六年，惠州大帽山寇起，平之（大帽山本名大望山，在兴宁北九十里。时猺寇据之，势张甚，渠魁彭锦据大信上、下峰，刘文玉据宝龙，练成才、叶清各据险，四出流劫。事闻特命督抚、总镇檄三司统调汉、达、土兵剿之，始息）。

正德元年秋七月，讨连州盗梁苟龙等，平之。猺贼入寇（杀死千户林熙、高谦流，检巡年智）。三年，讨东莞塘贝盗，平之。五年夏六月，连州盗李旺等攻州城，知州张书鲤御之。猺贼寇新兴。十二年冬十月，九峰贼攻乐昌城。（知县李增破之。明年，又攻乳源，城上治药弩射之，车不及城，夜放火烧之，贼退。）十四年春，讨新宁、清远等县盗贼。冬，恩平贼乱，都御史杨旦讨平之。

广东三面皆濒海地也。《禹贡》三江，皆从会稽入于南海。会稽之南，五岭复有三江，又从广城南一百里合流入于南海，分东西二道焉。东道八十里，出古斗村南，自此浩淼无际（《增城志》：“南海在县南八十里，至沙贝二十里，溯波罗水，出虎头门外。波罗水近古斗村。”）。又东南二百里，抵东莞南海卫。又南六十里，出虎头门。又南一百五十里，抵南头城，（有东莞守御千户所，一名城子冈，南通牂牁。其西南有佛堂海门，经官富山，流入急水门海。）下海可抵瓯越。（《山海经》："瓯在海中。"郭璞注："今临海永宁县，即东瓯故地也。"《汉书》："闽越国围东瓯，东瓯告急天子，天子遣太中大夫严助发兵往救。未至，闽越止兵，东瓯乃举国徙中国，处之江淮间。"而后遣人往往渐出，乃以东瓯为回浦县。今按《一统志》："永宁，今黄岩；回浦，今临海、宁海二县。海在台州府城东，三县皆濒海，海中有尾闾，与海门马箸相值。自高山望之，其水湍急，陷为大涡者十余，乃东海泄水处。北至宁波鄞、慈溪、定海、象山四县，皆滨海。倭夷诸国皆抵此登陆。西至会稽山阴县，北则浙江入于海口。"）自岭东惠州府海丰县南八十里，出甲子门，又东至潮州府城南一百五十里，出潮阳东北，可抵闽越。（《博物志》："东越通海，处南北尾闾之间。三江流入南海，通东冶。山高海深，险绝之国也。"今按《一统志》："漳州府龙溪、漳浦二县滨大海，与潮相接，然山多于东瓯，故闽越至东瓯，东瓯不可以入闽越。又东至泉州府城东南下海，行二日抵彭湖屿。自府正东海道行，二日至高叶屿，又二日至龟鼊屿，又二日至琉球国。"）又东则抵青、济以至登莱，岛屿环抱，爰有蜃楼鲛室（《汉书》：海傍有蜃气为楼台。木华《海赋》：天琛水怪，鲛人之室），是为东海。其别则渤澥，故东海，又名渤海云。海运自金陵之龙江为通路，东往海门，而南行可以至广州古斗海。晋刘裕灭南燕，还建康，遣孙处袭卢循，至东冲，即此道也（东冲在番禺江中，今东庙前，俗字以冲为涌）。西道七十里，出上弓湾，见西海壖（《南海志》："斜西海近东莞县。"）。又西南二百里，抵新会县，出城南八十里为崖门（崖门在海中，俗呼海为乌猪洋）。又南七十里，广海卫扼其要冲，官军每征海寇，必集于此。又西蚬冈至南宁，有夜郎豚水，出牂牁江，（《一统志》：广西南宁府，本古邕州，其西南郁江，一名大江，即夜郎豚水。）可通巴蜀。汉武帝发夜郎兵会番禺，即此道也（郁江合黔江通四川）。其西南由凭祥海路，可抵骆越。（郭璞谓瓯在闽海中。郁林郡为西瓯，今邕州思明府凭祥县接界，入交趾海，皆骆越地也。唐咸通末，安南都护高骈奏开本州海路，从之。初，交趾以北距南海，有水路，多覆巨舟。骈往视之，乃有横石隐在水中，奏请开凿以通南海之利，诏从其请。骈乃召工，啖以厚利，竟削其石，凿为五道，交、广之民至令赖之。）又自岭西阳江县西南，（阳江西南，本吴海安县。《南越志》：“县南小水，南注于海，极目沧屿，渺望溟波。”）抵电白县东一百里，而往西南，出限门，则川流皆放于海。爰有海骍、水犀、龙鲤，（《南越志》：“海中出骍马，似马，一角而牛尾。水犀，似牛，出入有光，水为之开。鱼似龙者曰龙鲤。海在电白县东，连茂名、吴川二县。限门则在吴川县南三十里。”）是多文魮、珠鳖（《南越志》：“海中有文魮，鸟头而鱼尾，鸣似磬而生玉。又多珠鳖，状如肺，四眼六脚而吐珠。”）；有海人焉，见之则风；（形如僧而小，登舟而坐，至则戒舟人寂然不动，少顷，复沉于水，否则大风翻舟。）有鱼焉，腹有两洞，皮可饰刀剑，其名曰鰽。（长二丈，两洞贮水以养子，子朝出食，暮还母腹，常从脐入口出。）中有轩辕之丘，鸾自歌，凤自舞，是为天乐。其外有炎洲，洲上有兽焉，如狸而青，铁椎击之辄死，张口向风而活，其名曰风生，可以已疾。（常持一小杖，遇物指之，飞走辄不能去。有人得之，所指必有获。若椎破其脑，急以菖蒲塞鼻，乃死。脑和菊花服之，益寿；以酒浸，则愈风疾。）洲之下，多鲛人蜃气，或蒸为海市。（海旁蜃气，时结为城廓、楼台、人马之状，谓之海市。）去海康县东十里，对面即为琼海，郡邑则居岛上。又南则通岛夷藩服之国，以千百数（占城、暹罗诸蕃皆古林邑等国，极多，更易不可枚举。见《星槎胜览》）。自巴蜀而抵于寘之西，则水皆西流注于西海（《史记》："西海，其东水东流注盐泽。盐泽潜行地下，其南则河源出焉。"）。海一而已。自青、齐北至沧洲，则为北海，亦曰瀛海。其别至于极北为瀚海，南与渤海合，自碣石通朝鲜诸国，直抵扶桑，一望汪洋溟涬，三神山在焉（《博物志》："海中有蓬莱、方丈、瀛洲，金银宫阙，仙人所集。"）。其西海，则通西域楼兰、姑师，邑有城廓，临盐泽，至条支，则临大海。（洪迈《容斋随笔》："海一而已。地之形势，西北高而东南下，所谓东、北、南三海，其实一也。北至于青、沧，则云北海；南至于交、广，则云南海；东渐吴、越，即云东海；无由有所谓西海者。《诗》《书》《礼经》所载四海，盖引类而言之。《汉书·西域传》所云蒲昌海，疑亦渟居一泽尔。班超遣甘英往条支，临大海，盖即南海之西云。"按迈止据《汉书》，不考《史记》，故云无西海，可谓谬矣。以条支所临大海为南海之西，则得之。）惟南海居东南委输之极，为万水所宗，故出虎头、甲子二门，则东、西二洋随舶所之，东可以至倭国，西可以通西蕃。故曰海为百谷之王，以其下也，翕受自北，而东西迤演，夹乎左右，故南海独弘且远，称天池焉。

海寇有三路，设巡海备倭官军以守之。春末夏初风迅之时，督发兵船出海防御。中路自东莞县南头城出佛堂门、十字门、冷水角诸海澳（《海语》：自东莞之南亭门放洋，至乌潴、独潴、七洲三洋，星盘坤未针，至外罗；坤申针，则入占城。至昆仑洋，直子午，收龙牙门港，则入暹罗。若番贼海寇，则入十字门打劫，故防之）。东路惠、潮一带自柘林澳出海，则东至倭奴国，故尤为濒海要害（漳州番舶北风过洋必经此路，水寨去此尚离一日之程，彼处海寇出没，水寨一时何知？倘视我无备，乘虚而入，无柘林，则无水寨矣。东路官军宜于九月无事掣班之时，定以柘林为堡，阻其咽喉之路，且附近大城所管军互相哨守，庶保无虞，各据险把隘）。**西路高、雷、廉海面，惟廉州接近安南、占城，为重地焉。**（廉州东水路自榕根大廉港一日至永安，一日至凌禄，日半至雷州，少南二日至琼州，正北十日至广州。西水路自大潭口半日至大洗港，少北一日至平银渡，正西二日至钦州；历猪沙、南沙、大石、三娘湾，为雷三墩、篋箻湾、水急湾、麻蓝头、牙山、七十二泾、龙门、小海、茅墩、官渡等处，东经乌雷头而达合浦。又自乌雷正南二日经涌沦、周墩而至交趾永安州；历大、小鹿墩、思勒隘、茅头，少东则曰龙尾海。东府界至南大海外，抵交趾、占城二国界。泛海者每遇暴风，则舟飘七八昼夜至交趾青州府界；如舟不能挽，径南则入占城。又自郡城西桥下舟，沿海而东至永安千户所，则历乾礼、高德港、冠头岭、龙潭、武刀、白沙、珠场、陇村、禄村等塞地方。《琼志》又云：儋海之西与廉境对，顺风一日可至。唐置廉州，地控海口，有瘴江，西南置鹿井砦，东南置三村砦以守之。东至白州百二十里，西至钦州三十里，南至大海六十里，北至钦州界百四十里，西南即儋也。据此，则廉之东实与琼之儋州相望。）

营堡

广州府

南海县：城西营、城北营、城南营、茅滘埠、洲冈埠、石门埠。番禺县：白坟营、神头营、在城东营、波罗等八埠、波罗、石冈、猎德三埠、乌涌、车陂二埠。东莞县：企石营。香山县：镇头角营、南禅佛营、县港口、象角头营、浮虚营、大埔洋营。顺德县：黄涌头营（四面环海）、仰船冈、三沥沙哨（系黄涌营所管，与新会接界）。新宁县：仓步营（坐南蓢村，离县四十里，去甘村营三十里，四面通新会、恩平、新兴三县）、甘村营（坐上泽村，离县三十里，去城冈堡二十里）、**城冈堡**（与城冈巡检司同城，离县七十里，去那银堡二十里）、**那银堡**（坐那银村，离县九十里，去何木堡三十里）、**何木堡**（在何木径，离县一百二十里，去广海卫十五里。已上五堡，俱久乱地）。**新会县：利径营**（在古劳，近莲塘等二十村，有昆仑、皂幕二山，通新兴、高明，山岭险阻，多贼）、**汾水江营**（在怀仁都，近江山十六村）、**水哨赤水口营**（在得行都水边，近余良尾等六村，有五坑垌、检岘凹山贼）、**岘冈营**（在得行都，近合山等十八村，有罗汉山浪贼）、**良村营**（在古博都，近麦村等二十六村）、**鬼子窟营**（在登名都，近甘村等二十村，防鬼子窟、良金、云永山贼）、**五坑径营**（在登名都，近沙冈等三十村，防甜水坑、良金、云永三山，径道多岐，接连新宁、恩平二县贼）、**长沙塘营**（在平康都，近长沙等二十七村，有北腊、山船、金坑、雷公岩、斩头等山贼）、**游鱼山营**（在平康都，近象江等十八村，防石岩头、金良二山贼）、**金钗营**（在平康都，近石滩等三十六村，防牛仔栏、北腊、王坑、王牯岭、罗汉等山，通新宁、恩平二县浪贼）、**寨壕径营**（在平康都茅冈甲，防罗汉大山，连新兴、高明、恩平、新宁界，多贼）、**水流径营**（在得行都，近仓步营，有北炎等十九村，防新宁上萠、张边、恩平交径等山贼）、**仓步营**（在新宁县地方，与本县赤水口径营相去三十里）、**火炉岭营**（在潮阳都，近果园等九村，防新宁石鼓村浪贼）、**临江台堡**（在华锷、归二都，地方滨海，防海寇）。**三水县：鸭埠水营、界牌石营**（在白坭上、下二都，并鲁村水口，抵界南海白庙营并沧江口，至五顶冈止一带河岸，及婆子角、凤果沙一带海面，胥江西南三水、横石四巡检司各拨弓兵十名，防四会、清远各山猺贼）、**岩石营**（在城北六十五里）。**从化县：上塘营**（防十八山、苦菜塘、松子圃等处巢峒）。**清远县：老虎峒、锣鼓滩营、板潭营、禾云营、合头营、黄柏径营、鸭春径营、石**

川径营、黄冈径营、大燕水营、正江口营、秦王径营、枫坑营、峡口营、白泡潭营、丫矶水营、鼓楼冈营、黄峒水营、高田营、金斗角营（已上二十营，防大罗山并四会、英德诸猺贼）。**阳山县：白芒营**（在通儒乡串鼻迳地方，路通连山，防守上、下白芒贼）、**高滩营**（在通儒乡十二车地方，连白芒、老鸦坑，险路通连山地方，防白芒、老鸦坑贼）、**饭甑营**（在通儒乡户村地方，连稍佗、白水，险路通广西怀集石角山，防稍佗、白水山贼）、**大崀营**（在通儒乡青溷地方，险路通广西怀集黄潭等山，防汾水凹山贼）、**琵琶径营**（在通儒乡等村，路通广西怀集黄潭等山，防茶坑、南北、西水山贼）、**江头圳营**（在通儒乡庙仔等村地方，连南北、西水，险路通广西怀集黄潭等山，防南北、西水山贼）、**旱塘闸**（在通儒乡坑塘地方，路通广西怀集，防清油、草塘贼路）、**马丁民营**（在通儒桥下山等处地方，路通广西怀集，防古岭山贼）、**马丁兵营**（在通儒桥下山等处地方，路通广西怀集，防马丁、古岭贼路）、**李峒营**（在通儒乡乌石峒地方，险路通四会、清远、大罗等山，防大寮、焦坑、黄沙坑贼）、**佛子径闸**（在通儒乡牛皮岩地方，路通四会、清远、大罗等山，防大寮、焦坑、黄沙坑贼）、**黄柏径闸**（在通儒乡老虎坑地方，防清远、大罗山贼）、**梅花径营**（在通儒乡白竹莨地方，防清远、大罗山贼）、**沙涌闸**（在通儒乡鱼水地方，防清远、大罗山贼）、**石盘闸**（在常岁乡邝家铺大桥地方，路通英德，防杉木角贼）、**大青蓝闸**（在常岁乡大桥等处地方，连天堂岭，路通乳源县莽山地方，防天堂岭贼）、**小青蓝闸**（在常岁乡雷峒、大桥等处地方，路通乳源莽山地方，防天堂岭山贼）、**高桥闸**（在常岁乡神下坪地方，险路通乳源莽山界，防黄沙坑猺贼）、**牛仔营**（在常岁乡田心、小车地方，路通乳源县界，防企山、滑涌坑贼）、**长塘闸**（在常岁乡大东山地方，路通湖广宜章县界）。**连山县：白沙营**（在茅铺冈，防鸡笼关、台子阁山贼）、黄南营（防沙田峒黄南、梅水界巢贼）、大眼营（在上草峒，防草峒、大、小眼及贺县上、下均峒、咸石等山贼）、拳石营（在山禾峒，北防大冲、倒水，地接湖广蕉花、石角等处贼巢）、沙坊营（在诸莺乡）。

韶州府

曲江县：上道营、白沙堡、总铺堡、古羊堡、白芒堡、解溪堡、黄金堡（已上七堡，俱防江边多贼）。乐昌县：黄土岭隘、铜锣坪隘、象牙山隘、塘口隘。仁化县：风门凹隘、七里径隘、赤口径隘、城口隘。乳源县：平头隘（路通湖广宜章）、黄金峒隘、（路通湖广宜章。）月坪、杉木角隘（路通阳山）。翁源县：桂丫山隘、南北岭隘、东桃岭隘、银场径隘、东瓜岭隘、佛子凹隘、道姑岩隘、甲子砌隘。英德县：跌牛石营（在县西二十里，原设有金皂口、虎尾径、鱼梁埠、燕石、麻埠、丹竹径六处，共设募兵四百五十名。近因贼势猖獗，兵分力弱，嘉靖乙卯，所司议以今营为适中地方，遂以募兵并为总营，设指挥一员统之。建官厅一所，兵房一百三十间，周围环以墙，外为沟。地方有事则协力截捕，无事则屯守）、虎尾径营（在县北五十里，清远西山猺寇出没，道经于此。原设民兵一百名防守，近因贼势猖獗，兵分力弱，议建跌牛石营，遂以民兵掣并，改调狼兵五百名，以指挥一员统之。立营一如跌牛石营之制）、大庙营、黎峒营、杀鸡坑营、流寨营、鹿子矶营、波罗坑营、黄寨大塘营、沙口埠营、三板滩营、望夫岗营、石尾营、太平营。

南雄府

保昌县：平田凹隘、不劳石隘、南亩隘、叶田等六口了、红梅隘、北坑村口子、百步隘、羊头岭隘、赵坑口子、百顺隘、林溪、石闲、塘源三口子、冬瓜隘、红地村口子、修仁堡。始兴县：

沙田隘、猪子狭隘、花腰石隘、河溪庙隘、桂丫山隘、凉口隘、杨子坑隘、界滩堡、斜潭堡、江口堡、水口堡。

惠州府

归善县：蚬壳营。博罗县：橘子铺营、南坑营、桥子头营（俱界龙门第七等屯）。河源县：古城堡。兴宁县：径心隘、罗冈隘。和平县：三角山隘、中村隘、梨头镇隘（在县东百二十里）。海丰县：油坑营（注四）、赤岗营（注五）、谢道山营（在县南二十里）、湖东澳军营、鱼尾澳军营、南沙军营、南灶军营（在县南五十里）、长沙军营（在县南八十里）、石山营、大德军营（滨海）、大磨军营。

潮州府

海阳县：北关镇（坐海口，在县东南六十里）、潘田堡（坐丰政都潘田村，在县西北一百三十里，僻在山谷，通潮、揭、漳、饶）。揭阳县：狮子营（在霖田都）、马头营（在蓝田都。已上二堡，原有官军防马鞍山、石硿口、亡夆径等处流贼，今废）、长布营（在梅岗都）、大场镇（在鮀江蓬州都，今废）、夏岭镇（在鮀江蓬州都，今废）、新港镇（在鮀江蓬州都。已上三镇，原有官溪，东并东、西新港口，接连马耳、莱芜等海澳，贼入，今废。）饶平县：竹林堡（在宣化都）、渔村隘（在宣化都）、小榕、平溪、岭脚、牛皮石、九村、黄坭、大径、凤凰、小村、青竹径十隘（在弦歌都）。大埔县：乌槎营堡（在三河巡检司，防小靖、看牛坪、垆坑三寨，招抚贼党）。

肇庆府

高要县：金鸡坪营（在温贯都云楼山，去县治四十里，近高明县九曲径）、贝水营（去县治东七十里，在贝水村地方，近大河）、白坭营（去县治西一百三十里，在思劳都地方）、云初营（去县治西一百三十里，在思办都地方）、蔡径营（在县治南一百一十里，在思办都地方）、**雾径营**（去县治西九十里，在市院都地方）、**白泥埠**（在县治南三坑地方）、**狗径营**（去县治南一百里，在思办都、幕二都地方）。**四会县：黄沙营**（在县治东太平都）、**古灶营**（在县治东太平都）、**大坑营**（在县治东大圃都地方）、**大径营**（在县治东大圃都）、**青草营**（在县治东大圃都）、**黄桐营**（在县治东太平都）、**峡径营**（在县治东太平都）、**沙田营**（在县治东舟官等都）、**鹤爪营**（在县治东舟官、寺山二都。已上九堡，防北边一带山贼）、**哨捕河岸**（在县城外兴贤仁受都）、**截捕营**。**高明县：都含海口营**（在县治东四十里清溪甲地方，近大河，防海贼）、**长圳营**（在县治北五十里罗格、阮埇二甲，扶丽、苏村等村，近大河，防江贼）、**长岗营**（在县治西南六十里高村布社都地方）、**勆塘营**（在县治西六十里马安都）。**新兴县：东营**（在县东三里梱村）、**西营**（在县西二里曲峒村）、**通利营**（在县治东十二里布颠村）。**白鸠营**（在县治东四十里云礼村）、**高村营**（在县东六十里高村）、**芦利营**（在县治东六十里）、**平安冈营**（在县治东南八十五里双桥村）、**石子营**（在县治东南九十里羊盆村）、**张公脑营**（在县治西南五十里密洞村）、**第八营**（在县治西南七十里第八屯）、**茶岗营**（在县治南二十里何村）、**里峒营**（在县治南四十里上、下里峒村）、**东山营**（在县治北八十里东山村）、**料峒营**（在县治北九十里料峒村）、**曲龙营**（在县治北九十里湾边村）、**长径塘营**（在县治北九十里大洴村）、**长岭营**（在县治北九十里塘村）。**恩平县：塘宅堡**（在县治东北一百里长居都，今移参将府于此）、**马冈营**（在县治东北八十里静德都）、**红嘴山营**（在县治西北一百里静德都）、**猎径营**（在县治东北一百二十里静德都。已上四堡，防会、宁、新、高诸贼）、**楼径营**（在县治北七十里静德都，近官路，连接红嘴等大山，防红嘴山贼）、**祠堂营**（在县治北五十里仕峒村，逼近化眼潭等山，防化眼潭等山贼)、火夹脑营(在县治西南三十里水东都)、长沙营(在新会县地方,离县一百二十里,防新会各山贼)、镇安屯(在县治东南六十里得行都)、教场营(在县城东)、巡哨新恩地方。阳江县:永安营(在县治东八十里乔马都黄竹径地方,防新宁白水山贼)、马牯径营(在县治东一百里北惯都地方,防新宁白水等山贼)、麻缌营(在县西八十里虔儒都,防阳春、乐安等山猺贼)、莲塘地方(在县西六十里,防阳春、恩平大山浪贼路)、戙船湾(近大洋,防番寇为害)。阳春县:北寨径(在西南界)、蕉林径(在西南界)、曹峒径闸(在东北界)、白水径闸(在东北界)、蟠龙径闸(在东北界)、牛厄曲营(在县治北一百二十里思良都,防新兴黄三坑、恩平君子等山猺贼)、岩面营(在县治北一百五十里顺阳都,防泷水、四贺等山猺贼)、湾口营(在县南六十里顺和都)、凤凰营(在县南九十里太平都)。德庆州:南江营(在州治南岸十五里泷水小江口,近大河)、大埇营(在州治南七十里大江南岸东)、大力埠(在州治西七十里南岸大力水口,近大河)、思和营(在州治南一百里泷水小江西岸)、三岭营(在州治南二百二十里晋康乡新定里)、塘底营(在州治南二百里晋康乡)、送鬼岭营(在州治南一百七十里泷水小江东岸)、茅坡营(在州治南岸,去州九十里)、平村营(在州治西八十里都城乡,近大江上峒地方)、麻地营(在州治西九十里都城乡万峒地方)、大塘营(在州治西八十里都城乡)、大石岭营(在州治南一百一十里南乡儒林里)、山柏营(在州治南一百五十里南乡儒林里)、何木径营(在州治南二百五十里南乡儒林、富禄二里)、步云营(在州治南二百八十里南乡地方)、查峒营(在州治南三百里南乡泷水县界)、木源营(在州治南三百里南乡地方)、新安堡(在州治南二百二十里南乡地方)、白马营(在州治南一百八十里南乡儒林里)、罗傍营(在州治西八十里南岸罗傍水口，近大江）、**麻塘埠**（在州治东三十里）、**西湾营**（在州治西十里，近大江）、**沿头埠**（在州治西八十五里，北岸近大江）、**绿水埠**（在州治西六十里，北岸近大江）、**大、小涧埠**（在州治东三十五里，北岸近大河）、**冷水埠**（在州治西三十里，北岸近大河）、**野芋埠**（在州治西五十里，北岸近大河）、**龙目埠**（在州治东四十里，北岸近大河）、**辣头埠**（在州治东四十里，北岸近大河）、**下埇埠**（在州治东四十五里，北岸近大河）、**思麻埠**（在州治东四十五里，北岸近大河）、**蓬远埠**（在州治东五十五里，北岸近大河）、**媳妇顶埠**（在州治东六十里，北岸近大河）、**降水埠**（在州治东七十五里悦城乡，北岸近大河）、**大塘埠**（在州治东六十五里，北岸近大河）、**莲湖埠**（在州治东八十里，北岸近大河。已上十四埠，俱在大江北岸，防守南山贼）。**泷水县：水西军营**（在县治西二里）、**水东营**（在县治东河二里）、**茅尖营**（在四五都地方，去县十八里）、**大莿营**（在三、四都地方，去县十余里）、**铁场营**（在县东南五都地方，去县一百里）、**惠鸡营**（在县东南五都地方，去县一百一十五里）、**云青营**（在五都地方，去县一百一十里）、**龙角营**（在泷水、阳春二县，阳江所屯界岐地方，去县一百二十里）、**旧东民营**（在县治东十里四、五都）、**旧西民营**（在县治西十里三、四都）、**旧帽冈民营**（在县治南一百里开阳一都地方）、**旧窦州民营**（在县治西南一百二十里一、二都地方）。**封川县**（麒麟、白马二山贼，嘉靖二十四年剿尽，今荒，无边患，营堡俱废）。**开建县：会珠营**（在县治北六十里四都地方，防怀集、金鹅、松柏、南水、上帅、下帅诸山贼）、**万保营**（在县治北四十里四都地方，防贺县深埇、怀集牛欄、羊桥、铜钟、古城诸山贼）、**独住营**（在县治北三十里三都地方，防贺县深埇、塞山、奇勘、磨刀、田源诸山贼）。

高州府

茂名县：东门营、旧电白堡（在地安乡，去县四十里）。电白县城：狮子堡（在县西七十里德善乡）、龙门营（在县西四十里德善乡）、三桥堡（在县治西七十里那夏驿）。信宜县城：岭底堡（在县治东六十里，近罗马村，防怀乡、圣峒、六定、岭底各猺）、忠堂堡（在县东九十里，近论村，防坡头、竹云、忠堂各猺）。化州城：平定堡（在州西北一百八十里）、梁家沙堡（在州东北一百九十里）。石城县：三合堡（在县治东北，防界广西陆川猺）、那楼营（在县西八十里，近迁息安驿）。吴川县。

雷州府

遂溪县：横山堡（在县西北六十里，防高、廉、博白诸贼）。

廉州府

钦州：防城营（在州治南二百里时罗都）、思勒营（在州南二百五十里四峒地方）、罗浮营（在州治南二百五十里四峒地方）、陆眼营（在州治西北二百五十里永乐乡三图）、那迫营（在州治西北百五十里新立乡都隆等村）、黄观营（在州治西一百二十里新立、永乐等乡）、那罗营（在州治西一百一十里，兼界那阳、龙王等村）、团围营（在州治西一百三十里，兼界那误、那王等村）、总捕营厂（在州治西二百里永乐乡三图，兼界广西）。合浦县：新寮堡（在县治东五十里新寮闸村）、山口营（在县治东南一百四十里）。灵山县：洪崖堡（在县治北三十里）、石隆堡（在县治东北七十里）、八角营（在县治西北一百二十里）。

琼州府

琼山县：大坡立营（土舍督兵防守居林、居碌、沙湾三峒黎，今已安业纳粮，不差出兵听调）、白沙营（防白沙、东营、芒苧三港贼入)。**澄迈县:居便营**(在南黎地方,防茅甲已等村峒生黎构同琼山居林、居碌、沙湾三峒黎为患,今废)。**临高县:那零营**(在那锦铺)、**屯建营、新安、三家、末落、乌石、博白、黄龙、吕湾、博顿八港**。**感恩县:县门堡、南港、岭头、白沙、南北沟、黎港**(在本县西北)、**抱驾港、白沙湾**(在县南外,水深,寇船易入)。**崖州:合水营、牙力营**(在本州九所地,旧有罗活、千家、多涧等黎为患,故置官军防守。嘉靖二十六年大征,遗党不多,今营已废)、**榆林、牙狼、不头、利桐、玳瑁洲港澳**(在州东界)。**安定县:岭背营**(先年思河、光螺峒、水口、岭背等村黎构同琼山居林、居碌、沙湾贼首黎佛二为患,设南伦营防守。嘉靖十三年,剿平,改今营)。**文昌县:白延架营**(防斩脚峒黎属并别境流贼)、**铺前、木栏、抱虎、七星港澳**(与琼山连洋大海,贼船易入)。**乐会县:猪母营**(防守加略、中心等村生熟黎)、**沙牛坝营**(防葵根、水口等村黎)。**万州:莆苎营**(防鹧鸪啼等村峒黎)、**南头营**(有黄坎、改体、抱打、罗透表、罗眉、无俗等村黎为患,故置)、**沙牛坝营**(防迤北龙吟、青山与乐会县纵横峒、葵根、水口等村诸黎)、**驭北营**(在北段,防本州与陵水合界牛岭、海湾路口诸黎)、**镇南营**(在南段)、**南港、莲塘、莲岐、大塘、新潭港澳**(通海贼船易入)。**陵水县:络索营**(防桃油、信脉、山涧、打索、朝缠、凡遐等村黎)、**鸭塘营**(有寿山、芦岭最险,黎为患,故置)、**合水营**(有白水、回峰、番矶若、那龙等村黎为患,故置)、**水口、黎庵港门**(通海贼船易入。议者谓万州等处多盗,惟陵水牛岭犹人心腹之疾,盖海湾平阳之地,贼据险杀人劫财,岁无虚日。宜于牛岭之南曰南峒建一镇南营,而以南山千户所领哨百户一员,领原哨军五十名就迁牛岭巡检司佐之;牛岭之北曰杨梅建一驭北营,而以万州千户所领哨百户一员,带领哨兵五十名就迁莲塘巡检司佐之。凡军民客商往来,则量拨军兵护送交割)。

广州府

南海县:关一(在太平桥北),把截所五:西庙、第二桥、戙船澳、石门、长桥。

番禺县:关一(在清水濠口),把截所五:双桥、流水、相对冈、官渡头、波罗庙。

东莞县:关二(一在城北,一在城西),把截所三:南冈头、沙潭、芦荻角,寨二:武山(在县南)、虎头(在县东)。

香山县:把截所四:石岐(在县西)、东洲门(在县东)、乾务(在县南)、大人岭(在县北)。

新会县:关五:东、西、北各一、白虎头、官来径,把截所八:长沙(在县南海旁)、企官(在县西南海旁)、双烟整(在县西南潭滘口)。潭滘(在县西南)、仰船冈(在县东南)、企头(在县西南海旁)、横山(在县西南海)、寨门(在县西海)。

青远县:寨一十七:独石、黄田、田心、洋子、莲梗、双石、水西、乱滘、白湾、牛挨石、羊坑、雷坑、石阁、老虎峒、桃枝、横石、企石、三木坑。

连州关一:鸡笼(在石泉铺西七里)。

秦汉之世,当山海厄塞、奸宄出没处,立亭设长,掌兵夫以讥察诡异。王莽时,犹置南海亭于揭阳。此即今制巡检司之始也。

海道、江道哨兵

东莞县：南头、屯门、鸡栖、佛堂门、十字门、冷水角、老万山、伶仃洋等澳。香山县：浪白澳。广海卫：望峒澳。潮州：柘林澳（与漳州切界，外抵诸番）、碣石海澳（在惠州东二百里）。惠来县：靖海澳（在县东）。石城县：两家滩海澳（在县东南三十里，通大海，贼船多泊于此）。吴川县：广州湾（在南三都地方）。钦州：龙门港。琼、雷二府：白沙、石矍、官头、文昌各港。雷州：海安、海康二所海港。德庆州：南江（上自都城，下至杨柳止，凡二百里）、泷水小口。

增城：营六：在北门外一里曰北营，在西门曰西营，在县治三里寨岭下曰山寨营（原在下都江口村，名江口营，今改移此），在龙门界曰镇安营，在番禺界曰白坟营，在番、从之界曰社边营，在从化界曰鹧鸪径营。清远：陆兵一十一营：禾云营（在池水乡，南至县一百里）、枫坑营（在池水乡，东至县七十里）、白石径营（在清平乡，北至县五十里，南至番禺县圆冈围界三十里）、黄竹径营（在清平乡，南至县五十里，东至番禺扬武界二十五里）、大庙营（在英德县怀义都，西至本县八十里）、紫马营（在滘江一图，西南至县一百里）、龙聚塘营（在滘江二图地方，去城一百二十里，南至从化白土界十里，东至鹧鸪岭界二十里，西至番禺县扬武界二十里）、狮子径营（在滘江一图地方，东至从化佛子凹界十里，西至本县一百五十里，南至番禺扬武界十五里，北至英德黄花峒界三十里）、本县城外吉冈、后冈两营（俱离城二里），守备司（已上俱系陆兵）。老虎峒营、锣鼓滩营、板潭营、合头营、黄柏径营、鸭春径营、石川径营、黄岗径营（已上见《广志》，今俱裁）。江道十营、鸡坑营、牛皮塘营、黄峒营、潖江口营、梨塘营、教场营、池水营、山塘营、大燕营、塔埇营。

新宁：分猪坑营、三合营、官步水营、甘村营（今废）、苍步营（今废）、望岗营（今废）、荷木营、那银堡、城冈堡（今并废）、那西、旺北二哨，哨船二只。

本县阻山滨海，前时寇盗窃发，地方不宁。弘治间，立白石堡于县东，调军哨守。既建县后，设那银、荷木二堡，迁望高巡司于海晏巡守。然地方广阔，武备疏略，守之不足。嘉靖十年，拨广海卫左所官军来县守御，又设城冈堡、甘村、苍步等营，调集客兵哨守。三十五年，剿平石鼓等盗，复置三合、那西、羊公径、更鼓水、老榕径、苔村六营，以防余寇窃发。后因兵多虚冒，地方粗宁，隆庆间，前项营堡废撤殆尽，尚存募兵百名屯县，且哨且守，其时民获安枕者，职此之由。自募兵撤而所赖为卫，止孤军耳。军止守城，城外毫不能力，而地方遂复脊脊多事。万历十六年，知县揭廷植以分猪坑险要多警置营，而轮拨余丁守之，又申设哨船二只、兵四十名以哨那西、旺北一带海上。二十年，知县王学尹申复三合营。三十四年，知县熊文华申复荷木堡，增置官步营，皆扼西南险要之塞，但盗多兵少，且统者非人，而虚冒过半，缓急未可恃。议者谓当及今权酌粮食，复原募兵百名，平时屯守城池，有警则哨捕四境，庶几奸宄知戢，而鸡犬有宁日乎。

广海卫水寨汛地，二百里东至新会厓门界，又二十里至香山虎跳门、竹篙尾界，一百一十里西至阳江娘澳界，二百五十里南至外洋，三十里北至新宁坤萎界。

阳山 山心营、稍径营、旗鼓营、长婆营、九牛营、茶坑营、丹竹营、天堂营、马丁营、何皮营、李峒营，哨守江道兵五堡、通儒堡、三峡堡、燕石堡、犀牛潭堡、歪口螺堡、白芒营、高滩营、饭甑营、大艮营、琵琶径营、江头圳营、旱塘闸、佛仔径闸、黄柏径闸、梅花径闸、沙埇闸、石盘闸、大青蓝闸、小青蓝闸、高桥闸、牛仔营、常塘闸。

仁化 赤石径隘（县西四十里）、七里径隘（县西六十里）、长□隘（县北七十里）、城口隘（县北九十里）、平安营（县东北五十里）、盘石营（县东五十里）、厚塘营（县东五十里）、水西营（县北七十里）、石塘堡（县西四十里）、繁华堡（县东五十里）、高岗堡（县东北七十里）。

翁源 南北关隘（距县一百九十里，抵江西龙南界）、桂山丫隘（距县一百八十里）、赤竹蒽茅隘（距县一百七十里，抵连平界）、太坪径隘（距县七十里始兴、曲江界）、江镇隘（距县四十里）、甲子砌隘（距县二十里）、佛子隘（距县一百三十里，抵长宁界。旧有东桃隘、银场隘、梅花隘、画眉隘，崇祯八年，割属连平州）。

潮阳 河溪隘，在县北二十五里地，与大化山连，山与洋海相接，村烟辽旷，时有寇窃。隆庆三年，知县黄一龙始于斗崖高处设为瞭望之所，募民丁戍守，以望海艘，遇至，举旗为号，行者即止。于是前患少息，往来称便。门辟关，在县北六十里门辟村，前临大江，是为潮、揭之界。旧设巡检司在焉。今司与关俱废，而官独存。

余少尝读书凤山东浮白屿，西入泉塘，其山蓊郁，中隐岩谷。从山嘴逶巡而下，见其内旷若堂室，旁若绮窗，上彻三光之明，下泻百尺流泉，间有古梅，其子大如碧荔，有枝无叶。坐久，天风泠然，绝不闻山外樵斧声，疑为昔人避地之所，每欲从人借居之，未能也。及迩来山海煽乱，闻各村避乱之民，往往于深山中觅得岩穴之胜，多不下此，急即亡匿其中，自以为固矣。乃贼竟以里人为向导，尽识其处，率骈首就毙者。不则，反为贼所据，如林二翁穴之属（林二翁穴在巡梅山后薮泽间，内深无际），适足以贻山川之累，为生民蠹也，于胜乎奚取？（作志者林大春，号石洲先生）。

惠来 靖海关在县东南六十里，有守御千户所，西关为产盐之地。龙岗关在县西三十里，有东、西二关，西逼龙岗溪，东通林招渡，颇称险要。神泉关在县南十五里，有巡司，逼近大海，南关尤险。东客营在县西五里。弘治六年，流贼童阿王据此劫掠，始筑堡，以民壮一百六十名守之。正德十四年，贼首曾钯头复据此为营，次年就擒，遗址尚存。

澄海 总兵府，万历四年置，在南澳山之深澳。山孤悬海中，界在潮、漳之交，而属潮居多，旧为饶平县信宁都。四山高耸，可避风汛，周遭水面约三百里。沿山腴田数千顷，颇擅山海之利，历代居民殷富。宋避元兵，驻此数月。国朝洪武二十六年，信国公汤和奉命经略海上，谓其窠倭，遂徙其民而墟其地，其田粮则派之海阳各县，至今街衢遗址尚存，渔猎往来其间，称为水国。以其界在两省之交，鞠为盗区，弃而不守。嘉靖三十七年，海寇许朝光、吴平、曾一本辈相继窃据，勾引倭奴，泊舟为患。是年，闽、广军门殷公正茂、刘公尧诲会剿平之，奏立南澳副总兵，协守潮、漳。合用部兵，即以潮之柘林寨水兵、漳之铜山寨游兵，共船八十二只、官兵三千六十六员名充之，分拨信地，海上防守。又增专守深澳中军水哨哨官一员、大小船十一只、捕兵四百名，专守城池把总二员、广营、福营队兵各三百名。此镇既设，不惟海寇驻足无地，抑且逋贼出没不便，虽从此以为久安可也。

论曰：余志建置有重慨焉。郡县之设，非为弭寇安民计邪？国初潮统县四，后以盗故，增而七矣，今复十之，犹不足收保障功邪？而所邪？司邪？海防邪？总府邪？百里内又何峨弁而莅者之棋置星罗邪？岂不谓海滨旷莽，地大防疏，不得不分封以便控制也！尝考孙吴时，钟离牧守南海，先是揭阳贼帅曾夏等聚众数千，历十余年，以侯爵、杂缯千匹购募，绝不可得。牧至，遣使慰譬，悉皆首服，自改为良善。夫揭阳去南海千里而遥，岂易以控制者？而牧驰一介使谕，降十余年逋寇，何曾恃众建之力哉？时始兴太守羊道称其恩威智勇，有古人风。以今多才，岂无一恩威智勇如牧者，于以折冲千里，而日割裂寓县，广置职员，以冀治乎？岂今昔势异欤？余不能无慨云。

信宜　岭底堡在县东六十里，忠堂堡在县东九十里。闸七：曰铜鼓、六豪、白石、平地、山枣、萌山、黄坡岭。

儋州　黄牛营堡在州南十里，落窑堡在州东南四十里，落基堡在州东四十里，归姜寨在州东北四十里，田头寨在州西南四十里，岭头堡在州南二十里，保吉堡在州东南二十里，扬威后营在那大，坟环营，蓬墟营，南巢营，松柏营，催罗营，落便营，腰西营，大罗营，槎莺营，可墨营。

增城 天启七年八月，山盗大起。十一月望日，贼首赖鸡二掠蒋村，至从化太平墟，为乡民生擒之（《从化志》同）。崇祯元年九月，贼首黄仲积劫田美村，杀千户唐继祖，副总兵陈珙剿之。二年九月，知县陈世凤计擒贼首廖九寰等，磔之。三年正月，从化贼首钟国让伏诛，其弟国相复聚众寇掠。十一月，国相往劫博罗银冈，返至增城西郊，与贼首黄仲积、廖丁髻等合薄城东屯望头村。十二月，寇汤里分诸村。四年五月，知县陈世凤觐回，复计擒仲积，诛之。

从化 崇祯四年二月，巡按御史高钦舜遣参将陈照、李相协剿上、下山盗，诱贼首陆彦博、赖丁髻、廖大鼻等，诛之。钟国相潜遁，为清远官兵所杀。五年五月，总督王业浩遣参将李相复剿上山盗，擒贼首张惟冲，磔之。捣其巢以归。

清远 崇祯六年，盗劫四会县，杀死捕官，突入县城。指挥陈课等追至英德之铁屎坪，生擒贼首陈尖嘴等，诛之。

新宁 隆庆四年正月六日，倭贼破广海卫，指挥王贞、镇抚周秉唐、百户何兰死之。五年十一月，倭贼犯新宁。十二月，大破倭贼于那西。

翁源 嘉靖四十五年，贼首官祖政作乱，大征剿平。隆庆中，余党张廷光等复炽。六年，南赣抚臣提兵自龙南直趋翁源，平之，因于三华山置镇。崇祯三年，九连山寇钟灵秀、陈万等聚众千人，陷始兴、乐昌，犯翁源，南韶道瞿士达会兵堵截，灵秀等就戮，三载乃平。

惠来 嘉靖三十七年，倭贼攻破龙溪、都岐、石村等处，坭围指挥杨某死之。三十九年，贼首黄启荐等攻陷甲子所城。

四十年，饶平贼张琏反，总督军门吴桂芳发兵讨之。四十一年，始议招抚。四十三年，海贼吴平等挟残倭犯城。隆庆五年九月，海贼杨老攻破甲子所，千户董某死之。十月，海贼林凤攻陷神泉司城。

《新宁县志》

水路

自县治西绕北至东，逾紫霞、法竹、那西、斗峒、浔阳，凡由海顺风可一日夜，逆风可二三日达新会。自西绕北至西，由交获嘴可一日达蚬冈，而上小水，至恩平。

陆路

自城南门由籍帽山下行二十里，至玉怀峰，又南二十里至甘村营，十里至矬峒场过渡，十里至甘蔗山下，三十里至广海；由广海西行十里过荷木径，二十里过上公岭，出海晏都，二十五里至白饭径，又前十五里抵海晏场，四十里过横山渡，至斗门，又四十里至紫罗径，出竹山村，三十里至海蓢千户所。自城西门出行二十里至孔公山，又前二十里至朝境，又行三里至苍步营，十五里至赤水口，过江，抵蚬冈驿。城东门陆路有二：其一，直东三里过温边、白石，十五里至平山，又十里至石板潭，直连百峰山，群山连接，直东通古兜山；其一，由东北二里过石人山，十里过石鼓，又三十里过苦草径，出新会潮阳都，三十里过清胆、石渡，十里至何村，又四十里达新会。昔成化间，邑治未分，县丞陶鲁以新会至广海，由崖门出大门洋，有风涛之险，且多海寇，舟惮来往，建议由法竹上流三合水，因其故流小水开凿，由渔塘至黄塘二十余里，通甘竹水。然水势高下莫能注接，竟不成功。今其遗址尚存。

《增城县志》

万历九年，奉例清丈，有司言，田地故有官、民。官者，官之所有，给民耕之；民者，民自买卖者也。历朝更变，至于今，官者尽属于民，空存故号，即其所坐，识别亦难。请如江西奏可，概以民丈定赋，官米等随亩派之。实丈得民、僧、道田地山塘六千七百五十九顷九十五亩二分九厘一毫，至十年攒造。按民田，民自买者，输粮外有徭役甚苦，县官不得更重取之，故其科也轻；官田，官挈以授农人，徭役不烦，故其科也重。今民田既带官田，而民田不少减，官田即亏税矣。

按国初令天下农民有田五亩至十亩，栽桑麻各半亩，照例起科丝帛二十两，折绢一疋，解部以备赏赐。绢一疋，折米二石，丝一两，折米一斗，不种者罚布帛。今以岁派推之米，派于地，并入黄册，递年随税运纳耳。按国初立河泊所以榷渔利，后逃绝过半，豁除，复有逃绝，乃分有征、无征，或以他税抵补，或派黄册民塘，或融纳于民户矣。后裁革河泊所，归并本县带征。按国初男女成丁者，岁给盐三斤，征米八升。永乐二年，大口支盐一十二斤，纳钞一十二贯，小口半之。正统三年，令户口盐钞俱半征，全征惟官吏并随宦大口。四年，幼男女及军免征钱钞。兼收钞一贯，折钱二文，则成化十年。今不给盐，征钞如故，又折以银，每钞一贯，折银三厘。州县所纳，有多有寡，或男女异派，或男女同派，或派以米，非其旧矣。观世者，亦思立法初意哉！按田赋而外俱称杂课。乃今或以料折，或并税征，故悉详附于赋役之后。其所谓比附及酒醋之类，属邑尚存其名，而其籍不可考矣，岂混征田赋之中，而其额遂不复问耶？岭表多燠少寒，若增城北负崇山，南敌涨海，内盘郁而外疏畅，故山气由北降而阴，海气由南蒸而阳，阴阳相搏，所以一日之间气候屡变，炎蒸则热，风雨则寒，或夏绵冬葛有之。谚曰："四时皆是夏，一雨便成秋。"又曰："急脱急着胜服药。"言不时也。增处山海之间，故其候如此。若夫倏霁，有谓之分龙雨，彼淫淫下而此则赤日行天者；有谓之白撞雨，酷暑虫虫忽溟濛暴至者（地酷气蒸，主生菌菰）；有谓之黄日雨，日色微黄，且日且雨者（主生螟蟊，农夫患之）。至于飓恒发在六月望之前后（俗呼为彭祖忌风），如断虹饮海而北指，赤云夹日而南翔，此其候也。作则伐木杀稼，水陆不宁，而舟害为甚，余则薰风解愠。然地少雪而有霜，瘴疠绝少。若语音亦稍不同，邑之上负山之气居多，故其音刚而直；其下则禀海之气居多，故其音柔而婉，然与省会俱无甚差异。

《从化县志》

流溪堡纸峒产有银矿，其地山溪险阻，与龙门、英德、长宁接壤。嘉靖间，尝开采，异省殊方奸利之徒不招而至，众辄数千。既而或徒劳罔得，或得不偿失，又或矿尽费穷，各失始望，散罢而去。资身无策，遂乃群起盗心，始则乘人不备，所掠辄得，久之公然肆劫，势日益张。于是通河源、长吉诸贼李亚元等聚众数万，出没诸邑，流劫千里，祸延十余载，杀掠人口无算；

而从则白骨蔽野，十室九空，被祸尤甚。后合诸道兵始克讨平，费公家之需以千万计，矿之无一利而害大若此。迨万历中年，内监李敬奉旨复开，聚众如前，幸以矿多无银，未几告罢，不至于乱。今已久经封禁，但恐时移事迁，或有贪小利而忘后祸者，不可不痛绝而严杜之也。

一，龙门抵界所在，产有铁矿，皆属从化地面，向惩银矿之害，概禁不开。万历四十四年中，有奸利商人告饷开冶，督府行从、龙会议。时龙门令陈阳长惑于商人之计，本县前令卢慰曾力争之不能得，遂以饷额归龙门，听其开冶。四方无赖，一时蝇集，未几潜出为盗，商不能禁。既而转炽，胁商人以接济，遂合蓝徒炭党（耕山种蓝烧炭者皆汀、漳、英、宁之人），四行劫掠，铁场遂为盗薮。其地北通英德、长宁，南透增城，西连清远，东则龙门接壤，皆万山联络，深林险阻，人迹罕到。其贼首张惟冲等结砦所在，有白牛峒、雁洋陂、寨子背（皆属龙门地方）、上下坪兰、和峒、石门寨等处（皆增、从、龙联界），掳掠勒赎，皆归其中。积十余年，祸遍七邑。崇祯五年，抚卒导官兵直捣窠穴，掳其渠魁，其党鸟兽散，始获平宁。今幸督府免饷罢冶，所宜惩前戒后，永为重禁。

一，流溪地方深山绵亘，林木翳茂，居民以为润水，山场二百年斧斤不入。万历之季，有奸民戚元勋等招集异方无赖，烧炭市利，烟焰薰天，在在有之。每炭一出，沿溪接艇。不数年间，群山尽赭。久之，其徒渐众，遂相率为盗，四行杀掠。奸民利其财物，多为接济，每藉炭艇，装载往来，人莫敢问。天启五年，知县雷恒力请督府禁止，然盗风已长，乃据险啸聚，竟成大乱，连年用兵，始克剿平。而山木既尽，无以缩水，溪源渐涸，田里多荒，奸民陷一时小利而贻不救之大害若此。是宜永为申禁，以图安靖，斯地方赖之矣。

一，溪头地近十八山，其中悉大户税田，塘扶良民耕种。隆庆二年，清远大庙贼李积深乞招于此占住。其文通侵杀同党丘子江，江之子投长宁，招俞朝瑞等众报复。因见其田宽腴，遂逾境占承，踵至余家，排年虑为梗，言于官，反为驾害。识者已言，此辈狼子野心，非驱还原邑，从化之祸，必继矿贼而起。迨迩年以来，其党渐众，遂合矿炭之徒为盗，每一劫掠，妻子皆出，乌合之党，亦多恃溪头为窟穴。及大兵至，唐扶之民愿为向导，溪头抚民乃给贼首就缚，盗风渐息，而英、宁之人四散，占住邑界尚多。今虽归化，但一时革面，未必回心，善后之策，不可不豫为绸缪也。

《阳山县志》

永化都，在县治西七十里郎三坑猺人地。万历十年，赵文祯招安为编氓，出籍供赋，乃丈田升科，置猺目，立社学，派定山租，与三乡均。此图初以界连州、怀集，四出劫掠，邑甚苦之。故至今马丁、山心、何皮等营，猺所出入之路，各有募兵防守。自附籍以来，不敢公行为盗，境内解严，然作法于凉，姑羁縻之可矣。夷性难驯，山瘠，不能纳租，未及十年，而前租虚悬，县以逋兑受累（凡一图）。

白芒、老鸦、稍陀三坑，自嘉靖四十年来大肆猖獗，及高界、鹿将、姤羊、鱼山、石磓洞、乌石东四坑，潜出劫掠。万历二年，赵文祯亲往招抚，就据各猺目告称，三坑田土俱系各祖承佃，自天顺年间，下山陆续开垦，批耕住种。后因各山田主倍收租利，加派粮差，以致各猺不得安生。今愿立为十排，照肇庆府广宁县则例，只纳正派粮料，并免杂差。约计稍佗、老鸦、白芒、木栊、成公、茶坑、鸾旋、官陂等田共一十九顷四十亩七分六厘五毫，秋粮六十二石五斗三升三合九勺，每石纳银一两，该银六十二两五钱三分三厘九毫；又山税二十七亩一分三厘，没官召人耕种，每丁租银二钱五分，总计一百二十两，除秋粮正办起解外，尚余七两一钱贮库。又各坑成家男子九百五十九丁，妇女九百五十九口，编为一里，分作十排，内佥殷实十户，编为里长，每排管下甲首五户，每户二丁上册；其余丁粮稀少、不堪立户者，俱作帮户人丁。其成公、木栊、茶坑、鸾旋、官陂等田猺人编为四户，附入稍佗甲下，册报人丁一百二十七丁，妇女一百二十一口，共计六十五户名，曰新民。每坑佥公正老人一名，又于适中地方立社学，择师训蒙。后因租重，且黄天际要私承佃，各相告讦，始裁定田粮二十六两一钱七分九厘四毫，山租仍五十五两，节年山租逋欠。万历二十年，招至县面谕，始为申详定夺。大率坑峒深旷，瘠确难种。其初日承佃，有主田系猺者，税归猺；田系民者，税归民。而山田峒主原承佃三坑山税，虽没官召人耕种，然外峒耕人岁或罕至，则猺不能赔租。间有输纳市人包侵，又隐其数而归咎于猺，既不能自白于官，官或以计擒一二至，又系之狱，而并追其数岁所逋，是以猺益畏而出租益逋甚云。

按乡村与城市较近远，四方皆然。而阳山村落散处溪山，耳目睹记，不习官府法度，征输对簿，惟市人是信，故市人得以操纵出入，利其讼器而饱局骗，至有公庭从旁代对，官府莫辨谁何。或托以钱神行说，甘受渔猎而不悟，稍一赢胜，归德于市人，以为真能直我。不知一飞签召保，立费倍偿，倘可贿免，俱窃负逃矣，是公与私两为市人欺也。抑有甚者，各村保长月甲醵钱，以听黠者支持公事，一岁中公事几何，而费金十余。岁一推举更替，认状承服，纸价科敛，给帖领示，各曰钤束丁夫，其实奸宄守望，藐不相闻。若以里长临甲首，自称十卒，土老耆民，武断凭陵，共称土虎，又加市一等矣。

按县境内皆深山大壑，崎岖硗确，曰埇，曰峒，各以耕锄名之。猺与民半杂而居，故藏疾匿奸，易与为盗。洪、永以来，各自承佃，券契公据，伪摹赝籍，皆百余年，窜置他人业于中。子孙承袭故智，以起聚讼，有司莫辨真赝，第讯所受物业，卒亦不能遁情。是山之利害，正亦相半。若攒峰戟立，危石悬堕，环列画图，别成一段境界，斯固用武之区，地险不可逾也。

《连州志》云：按府志，俚俗有二种：一曰猺，椎结跣足，居深峒，刀耕火种，食尽一山则他徙，作祭则乐歌唱，谓之暖丧。二曰獞，性质粗悍，露顶跣足，居高山深谷间，花衣短裙，鸟言夷面，自耕而食，谓之山人。兹二种，疑出盘瓠，自新会、香山、从化、龙门、清远，迄阳山、连山，皆有之。由今而观，山居者为猺，峒居者为獞。诸猺居无常，住无所，谓食尽则他徙者。獞粗悍类猺，而服食犹近平民，似与志稍异。特二种之中，有真赝、主客之分，不可不辨。大率盘姓为真猺，它姓为赝猺；土居为主獞，瓦合为客獞。真猺循，赝猺诈；主獞富，客獞贫。往时猺獞表里构乱，随服随叛，皆诈而贫者导之也。

按三坑招抚入籍獞、猺，亦习中国衣冠言语，久之，当渐改其初服云。

《博罗县志》

猺本槃瓠种，地界湖、蜀溪峒间，即长沙、黔中五溪蛮，后滋蔓，绵亘数千里，南粤在在有之。至宋治称蛮猺，其在邑者，俱来自别境，椎结跣足，随山散处，刀耕火种，采实猎毛，食尽一山则他徙。粤人以山林中结竹木，障覆居息为輋，故称猺，所止曰輋。自信为狗王后，家有画像，犬首人服，岁时祝祭。其姓为盘、蓝、雷、钟、苟，自相婚姻，土人与邻者亦不与通婚。猺有长，有丁，国初设抚猺土官领之，俾略输山赋，赋论力为准，羁縻而已。今猺官多纳授，从他邑来兼摄，亦不常置。

蛋其来莫可考。按秦始皇使尉屠睢统五军监禄杀西瓯王，越人皆入丛薄中，与禽兽处，莫肯为秦。意者此即入丛薄之中遗民耶？以鱼钓编竹为业，以舟为宅，语音与土人微异。其籍隶河泊所，岁课计户，验船征之。其姓麦、濮、何、苏、吴、顾、曾，土人不与结婚。近亦有土著服食视贫民，间有鬻身予人以避赋者。

论曰：语有之“近山之民仁，近水之民知”。其居使之然也。猺居輋而偏忍，蛋居水而偏愚，岂其种类殊耶？嘉、隆间，山、海盗并作，盗不耑于猺与蛋，而猺蛋或为盗囮。芟夷之后，族乃不蕃。承平六十余载，复蠢蠢动矣。天启乙丑，有事于东瓜坑，坑猺所处也，为流贼窟穴，猺更鸟兽窜，靡有宁居。今颇与村氓杂处佃作，是可以中国之治治也。邑之蛋有二：一，编竹为筐箕之属，一，捕鱼，皆不徙业。编竹者隶籍于东莞，其赋长岁赋丁银一钱；捕鱼者隶籍归善，其赋长岁赋人二两，十年更籍，又赋人五两，子壮有室则父免。狭河只艇得鱼，不易一饱，而赋身钱如许，欲不激而亡且盗得乎？邑鱼课米，既派于民田，而业渔者困累乃更甚，是安可不亟为之所也！

治人之道，地著为本。古者闾胥比长，各登其夫家之众寡，五家相受，有罪奇衺则相及。若徙于国中及郊，则比长授之；其出居异乡者，则为之旌节而行之。居乡无授，出乡无节，则纳之圜土以诘其所自来焉。而后奸慝无所容，业可以安，生可以遂。乃后世之论政者，曰民者，瞑也，犹群羊聚畜，须主者牧养处置，置之茂草则肥泽繁息，置之硗卤则零丁耗减。或人稠土狭，不足相供；或土旷人稀，荐草莽而不治。宜移民通财，使之去硗狭，就宽肥，此开草辟土，振人之术也。博邑，万历以前民皆地著，土旷人稀，厥田宜稼，悉不垦发，邑是以贫。然嘉、隆间，岭东山寇甚张，而吾邑被祸独轻者，以民皆地著，比闾相及相稽而奸慝无所容也。戊申、己酉间，兴宁、长乐之民负耒而至，无授无节，邑人摈之。当事者谓兴、长稠而狭，博旷而稀，蔡人亦吾人也，使人与土相配，不亦可乎？自是两邑之民鳞集棋布，闽之汀、漳亦间至焉。邑流寓与地著杂处，地著孱而流寓梗，驭之无道，众实生心，群劫曰寇，杀入曰贼，在外曰奸，在内曰宄，盖兼有之。既滋蔓矣，邑人控于督府，欲尽驱之。嗟乎！成化襄、邓间以驱逐流民，酿刘千斤、李胡子之乱，殷鉴不远，可不为寒心哉！然则靖民之道奈何？亦曰严比长闾胥之法而已矣。古之比长闾胥，今之乡约也。流寓与地著或错壤而处，或群萃而比屋焉。凡乡约画地而分民，流寓则否。十都之中，或百里而遥，或五十里而遥，统而隶之，曰长兴，曰乐宁。蔡人即吾人也，曷不隶于本乡，而自区畛为，夫家之多寡不可问，此奸宄之所由滋也。原中丞杰经略襄、邓，籍流民愿留者九万余，令自占籍为地著。今诚分流寓隶于各乡约如地著，而保甲行焉，五家相受，有罪奇衺则相及，此开草辟土振人之术也。

靖民固圉之道，莫如分流寓之民隶于地著之约。夫分流寓之民隶于地著之约，欲使其静治而无哗，莫如慎择乡约之长。所贵乎长者，必其信义足以长一乡者也，必其才智足以长一乡者也，必其族望足以长一乡者也。然而苟得其人，每避而不居，何也？体轻而累重也。伍伯之横也，朝持一符，曰此而约人也，问诸长；久持一符，曰此而约人也，问诸长。鸡黍之供，何日蔑有？而狺狺横索者无论也。佐幕之岁时巡行也，长有馈，馈必征诸萃处之人。重而上比，则众怨难任；轻而下比，凭怒而笞辱至矣。夫以有信义、有才智、有族望之人，使其俛首低眉而为此也，能乎哉？今之长皆其愚而孱者也，愚者不知避，孱者不能避，故执而为之长，不则鳞次而役之，或匝月而易焉，或按季而易焉。夫无事而恭绎高皇帝之六训，以振铎于其乡，长事也；盗剧矣，保任流寓之民，使其受我要束而不敢为盗，长事也；一旦有适然不可测之寇，纠合其乡之人以御侮而固吾圉，长事也。以愚者、孱者、鳞次而役者，而冀其辨此，必不可几之数也。故今欲画地以分民，使其静治而无哗，必慎择乡约之长。由今之道，无变今之俗，则乡约之长不可得而慎择也。姚令君自壬子迄乙卯，莅邑三年，邑人祀之。令君谓余：吾治邑无他长，惟不令伍佰错趾村落。今称村落辑宁而邑事治办者，姚令君也。以其里之长，勾其里之人，无不至也。一约中有寇贼奸宄之事，则其长任之；其余讼狱勾摄，长勿与知。长得以有其身家，而后可以办一约之事。近奉明旨，保甲乡兵着州县正官随宜厝置，不得纵容衙官吏胥借名签核，反贻民害。圣天子明见万里，煌煌天语，谁敢干之？夫既无佐幕之巡行与伍佰之勾摄，而后可慎择乡约之长，有信义、有才智、有族望之人，始出而肩其任矣。

《永安县志》

县违郡城二百余里，重茧三日乃至，水行自倍，皆崎岖万山中。异时未县，罪人梨来者鲜，龙蛇易生。嘉、隆间，盗贼蝟毛而起，其地然也。县宜矣，取归善古名、宽得，长乐琴江，凡三都，北邸康禾，南据鸟禽嶂，袤一百一十里，东距米潭，西至龙川江，广二百一十里，幅员几七百里。连峻复嶂尽其地，后隧谺呀少夷衍，或二三十里无室庐，故在版之里廛七，正户七百七十，多归善受田之人也。琴江好气而足智，古名、宽得椎少文，地肥美，饶五谷。大家以儒术显，则三都同耳。古名县治在焉，列肆而居，执役而食，皆异邑，无土著者，城内虚，议鬻官地而贱其价予民实之，甚善。茹毛饮溪便利，久恐未必乐从也。远方奇民聚琴江、古名、宽得庸耕，逋民隐之，第此鹰而彼虎也。旧屯十二，今存其七，废等。两巡司本以游徼为官，无为厉多矣，四竟今无虞乎？上镇黄花北近蓝能、大小径，东出程、揭貉獠坪、南岭，南通螺溪、马公寨、黄峒、新村、卷蓬，南邻、松坑、碗窑，往皆盗贼门户，独西无外患，可徒睫之视哉？

古名都

自榄溪入笮，行二百里至火带，皆古名。古名之图三，其序盖江口始，今不能别。自火带以下，皆秋乡江，旁溪注之甚众。水道纡曲，舟行半日，从陆以趋，尚不及数里云。两山蹩沓，江流如线，树木蔚荟，故多郁燠之气。民皆佃作，度下石则林田，乌石以上乃有著姓。岩前有叶太守，其人贤者，匪独科第重也。地膏沃，饶五谷，然多富人之产。秋冬间漕归，舳舻衔接，水湍石，径滩三百六十乃至泷头，上益浅，不可漕，载不过十石。今之藩议疏浚之，排其填淤而凿横江之石，亦锐矣。春夏水涨，沙随之行，石礧礧京积，恐不能卒就也。县在此都，民亦劳止。围子因、李郊、苦竹、车峒间皆有猺，依凭崖谷，伐山而田，艺草而播。患吾扰彼，彼不为患。砌头山、乌禽嶂昔固盗区，而相思径通下岚，翕石径通松坑，凤凰径通梁化，梅坑径通阳乌潭，亦通松坑，乌禽嶂亦通阳乌潭，羊角嶂通左坑，散滩径通蓝口，设有揭竿之徒，皆要害。今周道矣，安定休息，庶其乐俗乎！

宽得都

北界河源二合，南趾古名，东入县，而佛子凹绾毂其口，龙川江西下，都之门户在焉。义容、神两江皆皇流衡贯都内，入龙川江，而神江之源最远。聚落数十，盘错两江间，被山排碕，丰草茂树，散为夷陆，原隰衍沃，自昔以为上田。沥口其望姓也。蓝能作难，则柏埔不得安枕；桃子园陀塞，弄兵之民负焉，故苦竹派祈望。嘉靖中徙置于此，今旧贯矣。濒江南北要津，有传有司，岁发廪钱，共其击刺一候人任耳，民不与知。惟当县孔道，行李之往来，扉屦是给，负挽之役，谪及稚子，寡妇不免。睊睊劳人，将息肩于苦竹派。由清溪度员墩，出猪母坑。右手之盘而嫁于左，夫非七尺之躯哉？惟仁人免我，愿在位者之仁之也。上下窖铁冶，昔尝鼓铸。下凤凰冈，逾梁化，因材于山，以入幕府佐镶。后贼大起，咽之是惧，不敢言鼓铸事矣。鹤子塭银穴，睨者亦众，若然，其咽恐甚。山海天地之藏也，待虞而出，待工而成，待商而通，商不出，则三宝绝。第吾疾方瘳，奚敢复益之哉？

琴江都

石马西驰，突起鸡公嶂，过芙蓉径，入都白叶、簾紫、官山诸嶂；怵臭南走，逾貉獠坪，至南岭，出漏里，海丰、归善之山由此始矣，是为邑之脊。旅水东西分流，若两胁然，西皆入秋乡江，东会琴口，入横流渡。言语、习尚与古名异，山川风气，信不诬哉！都多著姓，有诗书之教，矜然诺而好气。其民务稼穑，饶积聚，有余以出米潭、大梧至潮上镇、中镇。其会也，上方近河源密坑，海丰、长乐之间，逃军坑直其下方。异时两处丱开，奸民趋之如水赴壑，则南岭、赤溪以至上镇，当其要道，日夜行�輈不绝。东与海、揭、程乡地比，三县盗起，不得安枕而卧矣。故昔垒塞，是都为独多云。宋末，文信国提兵至循，屯南岭，当是时，四面楚歌，死灰能复然乎？嗟嗟！一旅一成，克复旧物，天若祚宋，因龙川之迹，制南粤之兵，庶几夏后之烈。惜哉！天之所废，千载下徒令忠义之士眥裂发竖，仰南岭起敬耳。由是而观，南岭信险固，不义之民往往负之，乃设文武将吏屯戍其地，今空垒矣。狡然思逞其凶，何日蔑有，其可忽诸？

《程乡县志》

县治东一百五十里溪南都，地名界溪。循山而入，曰上井、上杭，程乡二邑界地，岗岭峻绝。杭盗欲祸程或避擒，则由是而西；程盗欲祸杭或避擒，则由是而东。四时多盗出没，故虽有路可通，而商旅居民鲜有来往，实邑之咽喉也。

东北二百里松源都，路通汀之上杭，而诸山夹峙，中有源曰松源，居民颇众。自源而北，山径崎岖，或十余里无居人，寇盗不时窃伏，剽掠行旅。汀盗入寇，亦辄由之。邑东北之要害也。

西南一百里万安三图，地名马头，通三阳，凡陆行由长乐达广者必经是。正德间，程乡盗炽，尝由是以逝。潮、丰贼亦由是而伏聚。程乡其地，虽无甚险峻，然路捷而便，实邑西南之门户也。

西北二百余里义化都，地名腰古径，路隘而险，丹崖若壁。余三十里，通赣之安远，安远贼越是，则义化、长田皆被其毒，亦邑之咽喉也（今割隶平远）。

北二百里石窟都，地名圆子山径，四径皆山，而中有径路，方四十余里，通汀之武平、赣之安远。时方治平，行者相踵，惟取其捷。一或有警，则贼于此劫掠。官兵征剿，三省之盗聚而为一，东败则西窜，南负则北逃，实邑之北门也（今割隶镇平。）

《连山县志》

金龟营　（在古县），沙田营（西南六十里），大凹营（西四十五里），拳石营（西北五十里），大眼营（西南八十里），枫木营（西三十五里），黄连径营（今废），泮涌营（今废）。以上见州志。何目营（西六十里），滴水营（西南五十里），白沙营（东十里），上陀营（西南三十里），天梯营（东十五里），玄武营（城北）。已上俱新设。新营，县东南三里茂古地方。万历四十一年六月，猺人叛掠，署县事南海县县丞陈瑸选兵截其来路，乡里称便，争携木料，茅店盖成营房五间，遂督同管营千户，调各营兵更番戍守。

猺獞 上下三营、良峒、省峒、三江、石田，是为内七峒，皆獞民。火烧坪、马箭、军寮、大掌岭、李八峒，是为五排，皆猺人。王南水又于五排之外，另为一猺，男妇以蜡胶发，顶板于其上，数日一梳，故又谓之带板猺云。

《肇庆府志》

论曰：五岭以南，自晋史后俱扬州矣，而杜佑则谓荆州尽衡山之阳，若以接境壤界，奈何舍荆而扬之属，信然。第先王制地，绣错而犬牙之，安能一切。肇庆东北则中宿、含洭，西北则广泽、临贺，由斯置槷，扬、荆亦兼之哉。以辩星土，星纪不得专矣。斯道盛于春秋时，其言卓诡，往往奇中，要地不迁，胡国之先后为？（杜佑辩吴、越、三晋先后。）或疑岭南旷远，非一次所及，又况郡邑渺小，乌足当之？则日月有一不烛，烛非日月，天真如覆盎矣。惟南北反易，二千年未有明其解者。

余有闻于父执刘梧也：天地南北东西不同。天之运也平，地之倚也欹。人处地上，观天南面而已。天虽有北，实沦地中，必平旋而南焉，然后人得而见也。日行北陆，缠星纪之次，是谓南至，而殷乎地面之南方；星纪必于地面之南方，故以分东南之扬也。日行南陆，缠鹑首之次，是谓北至，而殷乎地面之北方；鹑首必于地面之北方，故以分西北之雍也。是故紫微垣居天之中、地之北，所谓北极者也。玄武七宿，虽皆天北而为星纪、玄枵、娵訾之次，然斗、牛、女丽天市垣，外距北极最远，虚、危则未远，室、壁则最近；故其旋出地面，斗、牛、女南殷扬、粤，虚、危东殷青、齐，室、壁直当乎幽、燕、并卫也。朱鸟七宿，虽皆天南而为鹑首、鹑火、鹑尾之次，然井、鬼直距北极最近，柳、星、张渐远，翼、轸隔丽太微垣之下，距北极为最远；故其旋出地面，井、鬼北殷秦、雍，柳、星、张西殷三河以西梁、益，翼、轸则直南殷乎荆、楚也。苍龙七宿，虽皆天东为寿星、大火、析木之次，然角、亢距南北二极为适中，房、心近中，尾、箕隔天市垣，距北极为最远；故其旋而可见，角、亢、氐殷乎兖、郑，氐、房、心殷乎宋、豫，尾、箕则当闽、粤之南也。白虎七宿，虽皆天西为降娄、大梁、实沈之次，然奎、娄距北极不远，胃、昴渐近，觜、参直距紫微而无他垣之隔；故其旋而可见，奎、娄殷乎近中之徐、鲁，胃、昴、华则偏北之冀、赵，觜、参则直北之晋也。天道远，人道迩，妖祥影响所不敢知，作者或不出此。封国命祀江河脉络之云，皆不求其故，从而为之辞者也。但星家以尾、箕分燕，觜、参分益，与此不同。参之为晋，《左传》详焉。右据龙尾，则有取于《南粤录》尔。

《肇庆府赋役志》

里甲为正役。国朝之制，一百一十户为里，里为一册，册为一图。丁粮多者为长，其户十甲首，户百。鳏寡孤独不任役者，带管于一百一十户之外，列于图后，谓之畸零。在城曰坊长，近城曰厢长，在乡曰里长，即周人比长、闾胥之职也。又于里中选高年有者为老人，居申明亭，与里甲听一里之讼，即汉三老之职也。图分十甲，一长统甲首十，轮年应役，十年而周。在官者曰见年，休者曰排年。里之钱粮公事，皆见役者追征、勾摄，惟清句军匠，根究事犯，始用排年。其有官者、吏者、生儒者、疾者、军者，咸复其身。见役里甲，又随丁田赋钱于官，以待一年之用，名曰均平。既出此钱，甲首归农，里长在役，止追征、勾摄二事耳。其法盖始于成化、弘治中，有司多不能守，费不经，里甲复直日供具。嘉靖十四年，御史戴璟定议为均平录。二十七年，御史黄如桂又议增之。而有司终不能守，直日如故。上司行部，下程夫马，与诸岁额皆令里甲自办。数多滥溢，原议银少，偿者十倍，尚有无名之费出于均平之外，即至百缗，不以抵数。及考核，空文应令。穷乡小民不至官府，佣人代值，日一两，少八九钱。其有定班科银，名为杂用，有司或乾没之，里甲大苦。嘉靖三十八年，御史潘季驯因前录增损，加旧额银一倍，分为三等：一曰岁办，谓每岁必用之常也；二曰额办，谓二年或三年或四五年一用者也；三曰杂办，谓用无常，预待不时之需也。征银在官，毋令里甲亲之。奏可，名永平录。今复通县岁派，不专出于见役，及往时直年后丁粮多者充该征解，户役最重，今官解，民始苏矣。

杂役均徭 旧高要、四会、高明、广宁十年一编，新兴、阳江、恩平、德庆、开建五年一编，阳春、封川三年一编。有银差，即宋雇役法；有力差，即宋差役法。亦计银者，准工食也。随丁粮多寡分三则均编，榜注役银虽有常数，民往役输价，率倍其常。正德十五年，御史程昌奏定银差、力差之例，一时称便。但银差输官，加者不过权衡之赢，小民不能力役，竟亦输银，其加数倍。至于解户库子斗级，即宋之衙前，吕中所谓陷失责之偿、费用责之供也。注榜数两，费百余两或二三百两。有司明知而待丁粮多者，自谓抑富佑贫。富人通吏为奸，籍分为几，粮飞于不可知之人；贫人力不及施，则见谓丁粮多，往往被役，于是有遣妻鬻子、转徙他乡者矣。十余年来，一切编银，官自雇役，百姓幸甚。近又岁编，尤便。

驿传 旧驿递设夫头若干人，凡夫头一人，编米七十石或八十石，视驿繁简，计粮朋编，十年而更。及廪给库子，皆身执役事，供亿繁浩，无论符验有无，诛索无艺，倾荡生产，十人八九。嘉靖六年，御史苏恩议官雇，法尚未画一。十四年，御史戴璟通计各驿一年之费，照粮派银，随粮带征解府，按季给绎递供应，其羡以待次年，民免倍偿，亦十年一编。今乃逐年派征。

条编 除鱼课、鱼料外，京库军饷，府及各州县及各儒学及梧州、廉州电白仓，府及各州县库，额派、续派、铺垫及军器料、总兵廪粮、掾史衣资，皆出于官民米（惟阳春县廪粮衣资出于均平）。徭差、民壮、均平、驿传、盐钞，皆出于丁粮。每岁通计银若干，其米该银若干，丁该银若干，类而征之，不多立名，取其易晓，谓之一条编。

论曰：王介甫雇役，举朝攻之，由今以观，富者安，贫不转于沟壑，终不可罢，非耶？始料最繁，自邵御史折而带征于粮，民颂便简，此条编之权舆也。民壮驿传银，戴御史亦尝带征，而不混粮之内。自是或行或罢，霍文敏计两粤便事尝扼牵。今即均徭均平，向皆役于十年、五年、三年者，岁编之，人通为一，谓之条编，称名少而耳目专。未知天下，圣人之政，东南举称之矣。何者？错薪翘翘，不如一束之易操也；岐路冥冥，不如一涂之易遵也。虽然，无畛，出纳之际，胥为政，能殿最我，能督责我，将尽力以赴之，否则归罪于民。上下佅佅，以瞽遇瞽。余尝为县。既合之，又分之，民知其分以期其合，官受其合而理其分，若八音并奏，不相夺伦，岁终缕疏其负以胥后命，民亦甚便，官亦甚逸，惟在心计而已。

古者十一而税，今农半输于有田之人，有田之人输于官者，三十之一，合农之半，是六十而一税也。古者役民不过三日，登于天府，则自生齿以上，今丁数十而一登，一人之役，实数十人共之也。事充政重，民往往以为言。盖古事省，无聚食之人；后世聚兵而食，男子疾耕不足于粮馕，其他经费，若宫室赐予之属不与焉。故秦汉来一切巧夺乎民，尊为挈令，山海关市之租，尽入大农佐赋，其在郡县田赋里甲之外，盐鱼及诸课税，邮传卫所郡县屯戍之兵，皆出丁田，轻彼而重于此，是朝三也。县官空虚，大农岁以殿最长吏，献程不及且得罪，不敢言薄敛缓征事矣。

魏文侯曰："户口不加而租税岁倍，徭课多也。辟治治，令大则薄，令小则厚。"至言哉！至言哉！自封建废，虽非守令之民，受人牛羊，奈何立视其死，司牧者图之！

《都御史刘尧诲疏》（注六）

近者两广用兵，每取诸土、客召募之兵也。自海上倭患，以至大征古田、岭东、罗旁，前后召浙、福及土兵不如凡几万。当其往召也，奉只尺之文，直造其地而召号之，不关于彼有司，地里籍贯不暇问，奸良不暇察，土著游伪之民不暇辨，惟有常例者，得收之为兵，能厚赂之者，得为哨、为队、为长，名为浙、福，实乌合之众、五方之民也。当事者务聚兵以胜贼，贼胜矣，而兵不可解，则姑养之以贻后人，后人不能解，又以贻之后人。至于近年所募，又皆不出门庭，不办土、客，招客兵而连韶之土民亦往也，招土兵而浙、福之游民亦往也，有赂者进，是人者收；奉军门放去者，亦止除其名籍，住支饟耳。其众皆杂处于郊关远近之间，以冀复募，募之则仍为兵；久而不募，则入山下海而为盗。举全省土、客之兵，皆无家可归、无民可籍也。各营寨参、总往往私擅革放兵目，革于岭东而收于广海，革于高、肇而收于雷、廉。使常例修而外加贿焉，不惟岭东者可收于广海，而岭东者亦收于岭东；不惟复用之为兵，而且拔用之为长。间有精勇，不能挟赀以进，有为盗而已。各兵以常例收，是以用之则犷悍而不驯，放之则屯结而不解。参、总亦不欲放，一闻军门将出令放班，则鼓煽司府飞语以危动之，言兵有变，当事者方恶其变之自己召也，不得已，乃为中寝，或姑待焉。及今不亟易之，其患不止于为盗，此乃兵之既敝也。水陆营寨领兵把总与在军门及总兵、参、游员下诸为中军，为哨探、司旗、司鼓，名色把总，无下百十人，除钦依升授，余鲜不由他路进，请托得者。故四方亡命之徒，及罢黜生吏，皆以此为发身媒利之阶。当其未进，费恒产殆尽，又多称贷于人；既进而有管摄，惟思冒饷克兵以营赀偿息耳。行伍之充乏，器具之完缺，坐作击刺之闲习与否，一无所问。有如不利，非叛即逃。而军门不能行一切以督之，故旧岁广西浔、梧及广东西山相继兵叛，皆激于贪总也。今春罗旁贼起，连劫二营，营兵遇害甚惨，把总王升闻变，翩然去矣。夫督军者不得从军兴法行于将领，事败听其自逃，虽集兵如林，何益？此总哨之既敝也。

《旧通志》

永乐以来，岭西屡勤鈇钺，每羽檄旁午，先已鸟举亡迹。吏士甫衔命裹粮而驰，比深入，则萧然惟蓬藋耳，驻则反为所屠。其伐之不可得，得之不可守，大都如此。抑亦山深川阔，迭相出没故也。故当其出没，宜行韩雍秋调之法以雕剿（韩雍秋调法：舳舻千艘，十艘一小脚。艇，春夏令官军民壮分领往来货殖；至七月，东兰、西城等州狼兵毕集，相机雕剿），归峒则行冯拯括丁之法以招怀（宋冯拯知端州，尝奏行括诸路隐丁、通盐商诸事数十条，吏民称便。今宜仿其法，有归化者立版籍，便耕种，时劳以牛酒）。渐立甲堡，诲以社学，使有生事之乐，以易其跋涉剽掠之劳。则山麓可樵，涡塘可渔，隶里廛而识文字，夷獠日化为良民矣。

营砦

旧志：自成化后，地方多故，营砦日多，或以稍宁而撤，或以险要而增，或以非据而徙，或以势分而并，因时制宜，兴革靡定（所守之人有民壮、打手、旗军、目兵、乡夫，统领有千长，有提调官。民壮编户自雇，或令正户雇打手、乡夫，无工食。打手俱新会、顺德人，月给工食六钱；广西目兵，月给行粮四钱五分，俱府支给。旗军月给行粮四斗五升，各州县支给。打手境内约四千人，岁支银三万。罗定州县皆在其中矣）。今撤增徙并，益复不同，取《军门志》《通志》、旧志、州县志、《广东图说》次之，因革可见。《图说》，万历十四年，总兵刘凤翔所辑，虽不久，然亦异矣。兵备副使黄时雨部署，乃今遵行者，并著于篇。

高要之东，路通三水，西，德庆；南，东安；北，四会。西南故患猺，东北患山寇，东南海寇之患。设巡检司三：横查、古耶、禄步。其营砦，《军门志》有金鸡坪营（注七）（在温贯都云楼山，去县四十里，近高明县九曲径）、贝水营（在县东七十里贝水村，近大河）、雾径营（在县治西九十里市院都，《通志》同。旧志无金鸡营。割东安者，不书）。《广东图说》有大径水哨（去县四十里）、梅子坑哨（去县八十里）、宁塘哨（去县六十里）、横槎哨（去县八十里）。贝水哨（去县八十里）、清岐水哨（去县九十里）。今部署兵一百二人守城西北上下窑、新基，一百二人守城东春牛亭、上下漕、湾铺、前堤庵至黄江厂，水兵四十四人、船艇各一守羚羊峡，又四十四人、船艇各一守高榕头，又一百十三人、船艇各三守贝水、清岐、石排头，皆哨官领之，游击部也。又弓兵二十守大路峡至石洲脚，皆府城东境。惠州卫及捷胜所上班官军一百六十二人、船四守府西境，自新村、禄步、大径至白沙。又潮州卫上班官军八十三人、船三同游击部，自白沙至羚羊峡焉。

四会之东，路通清远，西怀集，南高要，北广宁。设巡检司二：南津、金溪。其营砦，《军门志》有大坑营（在县东大圃都，《通志》同。旧志名太平冈营）、大径营（在县东大圃都）、青草营（在县东大圃都）、鹤爪营（在县东舟官、寺山二都）、河岸哨（在县城外兴贤、仁寿二都，上《通志》、旧志并同）、沙田营（在县东舟官等都）、戳捕营（《通志》同。旧志无。《军门志》《通志》又有古灶营、黄桐营、峡径营，旧志属广宁县）。今部署青草径、太平径、双冈径打手六十三人。

新兴之东路通恩平，西北通东安，南阳春，旧猺浪贼薮。设巡检司三，今存一：立将。其营砦，《军门志》有东营（在县东三里梱村)、西营(在县西二里曲峒村)、通利营(在县东十二里布颠村)、白鸠营(在县东四十里云礼村)、高村营(在县东六十里高村)、芦村营(在县东六十里)、平安冈营(在县东南八十五里双桥村)、石子营(在县东南九十里羊盆村)、张公脑营(在县西南五十里密洞村)、第八营(在县西南七十里第八屯)、茶冈营(在县南二十里何村)、里峒营(在县南四十里上、下里峒村。上《通志》并同。旧志四闸即旧东营,余俱无。割东安者不书)。旧志(注八)有良峒营(在县西北三十里良峒村)、下洋营(在县治西二十四山要地,设乡夫守,每月一、四、七日从金山河头护陆路商人至新兴山口,又以二、五、八日从新兴山口护至金山河头,三、六、九日护往来商船,量取牛羊及商船钱以充粮食)、伯冈营(在县南七十里霸塘村。县志并同,《军门志》《通志》俱无,割东安者不书)。《广东图说》有下甲巢(去县三十里,抚民朱善富、许英豪所居)。今部署立茅田径、腰古径、东利径、回龙径四营军守之(同知方应时请置每营军十人)。

阳春东南路通阳江,西东安,北新兴,昔最患寇。设古良巡检司。其营砦,《军门志》有北塞径、蕉林径(俱西南界)、曹峒径闸、白水径闸、蟠龙径闸(俱东北界)、牛厄曲营(在县北一百二十里思良都,设千长,领乡夫防新兴黄三坑、恩平君子山等贼)、岩面营(在县北一百五十里顺阳都,设千长,领夫獞防泷水四贺等山猺贼。《通志》并同,旧志只有岩面营,余俱无)。旧志有鸭斗营(县志云在县内)、湾口营(在县西六十里顺阳都,嘉靖十二年征西山屯,为左军)、凤凰营(在县西南九十里太平都,嘉靖十二年征西山屯,为右军。《军门志》无,《通志》无鸭斗营,余同)。县志有东营、西营(俱城外)、狼营(在城西八十里太平都,正德间,庞峒、罗陈、合水、黄稿、木栏等山猺猖獗,田地荒芜,人十损八九。知县黄宽令排年招广西狼兵二百余家分三营耕守。上三营,《军门志》《通志》旧志俱无)。《广东图说》有上、下鱼跳砦(去县一百五十里,抚民盘亚弟等)。今部署无,盖守在四邻也。

阳江东通恩平,西电白,北阳春,南大海,山、海寇并为患。旧设海陵巡检司,今革。其营砦,《军门志》有永安营(在县东南八十里乔马都黄竹径,设旗军、民壮、乡夫,防新宁白水山贼)、马牯径营(在县东九十里北惯都,设乡夫防新宁白水等山贼)、麻思营(在县西一百一十里虔儒都,设民壮、打手军余防阳春乐安等山贼,正德改印冈营)、莲塘堡(在县西六十里,海朗、阳江二所官军防阳春、恩平六山浪贼路)、戙船湾(近大洋,民壮及神电、双鱼、海朗、阳江卫所官所防番寇。《通志》同,旧志无马牯径营)。旧志有高岭营(在县西七十里堆钱岭,《军门志》《通志》无)。县志有三邓径、蟠龙径、雨霖山、珠环岭、北塞径、上下泷、麻沥径、云霄径、桐油围、禤村径(名同阳春者,两县界。县志云:"东自那柳至县九十里,兵营非一,而永安营为要害。西自儒峒至县一百七十里,兵营非一,而印冈营为要害。往守以军壮、打手、乡夫,所官领之。今十里一营,与铺参列,守以营兵,领以哨官,倘有他虞,谅能相助。")。《广东图说》有长亭营(去县五里)、教场营(去县五里)、归善营(去县十里)、黄桐营(去县二十里)、那凋营(去县二十里)、独石营(去县三十里)、望牛营(去县四十里)、尖冈营(去县四十里。《海防图》尖冈接电白县界,此云四十里,误)、登观营(去县五十五里。按《海防图》登观连尖冈,此云五十五里,误)、漂竹营(去县六十里。按《海防图》漂竹接登观,此云六十里,误)、田寮营(去县五十里)、乐安营(去县六十里)、高岭营(去县七十里)、山口营(去县七十五里)、平望营(去县八十里)、望斗营(去县八十五里)、麻思营(重出去县一百一十里)，大墟营(去县一百二十里。按《海防图》大墟连平望，此在麻思营下，误)、铁炉头砦(去县三里，抚民许恩安插于此)。今部署恩平营左哨六队守平望、堆钱岭、乐安、蚺蛇窟、黄桐、归善六营，其三队守恩平县城；后哨六队守黄竹桥、山口、田寮、凭村、那凋、长亭六营，其三营守恩平、木梗、水边、葫那龙营；中哨六队守阳江县城，其三队守恩平城。凡哨九队，队长一人，兵十人，三队旗总一人，共一百二人，每哨哨官一人。其平望以西，大墟、麻思、安乐、漂竹、登观、尖冈六营，则阳电兵营也。北津水寨见海防烽堠。阳江所六：白沙、北津、南乐、那贡、南津、黄村。海朗所六：那苏、平山、三丫、北环、澳仔、东稔。双鱼所四：石门、将军帽、白沙、施村。

高明之东通南海，西新兴，南新会，北高要，旧猺浪贼出入之路。设太平巡检司。其营砦，《军门志》有都含海口营(在县东四十里清溪甲，近大河，设弓兵，驾船以防海贼)、长圳营(在县东五十里罗格、阮埇二甲、扶丽、苏塘等村，近大河，设打手，驾船于中国、石子洲等处，以防海贼、盐贼)、长冈营(在县西南五十里高村布社都，路通新兴)、鼩塘营(在县治西四十里马鞍都，路通新兴。《通志》、旧志并同)。旧志有赤木径营、药径营(皆在县南三十里杨梅都)、古道径营(在县北，高要范州、古霸等都要害。县志同)。县志有三营总镇(在演武亭，抽山台寺。药径、赤木径三营兵护城，今废)、鸡笼径营(在县南三十里赤、药二径之间)、赤麻径(在县南三十里，新会贼往来门户)、大下径(在县南三十五里，近云峒村)、风凹径(在县南三十五里，近柴塘村)、石船径(在县西南七十里，新兴西山，盗贼往来，近麦板村)、钱窟径(在县西七十里，近高村岭)、官径(在县北五里，府城往来之冲)。(以上诸径，无营者有警，乡夫自守。又有城村砦、田村砦、良村砦、布练砦、黄村砦、跎柳镇、歌乐砦、浪泔砦、遥村砦、簕浪砦、新村砦、板村镇、泽河镇、平山砦、朱塘砦、平塘镇、平步砦、小峒砦、云良砦、旧宅镇、平岭镇、白灌镇、禾仓头镇、井头镇、莲塘镇、豸冈砦、员冈镇、塘口镇、大楠镇、清泰上镇、太村镇、独冈镇、岑水镇、清泰下镇、山村镇、伦埇砦、铁头冈镇、泥窖砦、潭边镇、茶田镇、大幕镇、铁册镇、东坑砦、范州砦、百竹山镇、龚村镇、黎坑镇、塘肚镇、步州砦、温水镇、停步镇，有警，亦乡夫自守。）今部署长圳、海口二营，打手六十人，船二，上自高要县石洲脚，下至三洲墟，往来巡守。

恩平东路通新会，西通二阳，南阳江，北新兴，旧盗之冲。设恩平巡检司。其营砦，《军门志》有塘宅堡（注九）（在县东北一百里长居都，防会、宁诸山贼，今毁，入于开平屯）、马冈营（在县东北八十里静德都）、鸿鵥山营（在县西北一百里静德都）、猎径营（在县东北一百二十里静德都。上皆防会、宁、新、高诸贼）、楼径营（在县北九十里静德都，近官路，连接鸿鵥等大山，防鸿鵥山贼。今为丰建屯。县志云："其径东至仓步，通水洞贼巢；南至鸿鵥山后；北至九岭，通老熊石贼巢，九岭至陈坑，越此为新兴飞鼠窟界，通王三坑贼巢；东北至独鹤驿，由驿西通西坑、员岭，贼行要路，越此为新兴大河界，东通立径蚕娥岭、新兴相思围界，贼行要路。"）、祠堂营（在县北五十里仕峒都，逼近化眼潭等山，防化眼潭等山贼）、火夹脑营（在县西南三十里水东都）、镇安屯（县东南四十里德行都）、教场营（在县城东。《通志》同，旧志无马冈、鸿鵥、猎径营）。旧志有莲塘头营（在县北二十里莲塘村）、乌茭塘营（在县东三十里水东都官路傍、截篱子径要路上。县志同）、白蒙径营（在县东南四十里，今为白蒙屯。县志云：其径东通白麻径怀宁营村，南通湾雷径至海，西南通阳江那龙村，北通那虔上峒）。**县志有恩平堡**（成化间改为县）、**篱子径**（在县东南二十里，东通十三村达蚬冈）、**十二径**（在县西南那吉峒。由那吉墟西至落马洒，入上水洞，出珠环梯峒，阳春界，南阳江界）、**白石径**（在县西南，山路直通阳江、阳春，各巢盗盗出没皆由此径）、**瓦巷径**（在县西五十五里，通阳春，盗贼要路）、**黄沙径**（通阳春、新兴）、**双穴径**（在县西北四十里，路通新兴，贼行要路）、**清油径**（在县西北四十五里，通新兴李峒，险要之地）、**黄竹径**（在县北六十里仕峒都，北通良塘、黑羊尖、云岫大山，有贼往来，要路曰鹧鸪崩，通冯九地贼巢）、**老鸦滩**（在县西北六十里仕峒都，东至祠堂营，西至姜村猫爪岭，通王三坑，南至黄竹径，北至花眼潭、牛牯凸、鸿鹄山、狗尾型、水洞各贼巢，俱贼住要地）、**擒颈**（在县北七十里静德都塘角垅，西至花眼潭，一路通牛牯凸、水洞营，一路通狗尾型、鸿鹄山，今为镇戍屯）、**仓步**（在县东北一百一十里，东至豪坪营，新会界；南至合水鹄北猎山、马骝砦，越此为新宁界；西通鸿鹄山；北至那假关，计至枕头贼营，今为开平屯）、**塞喉径**（在县东北七十里，由赤硃冈迤东而入，出径为新会县那卢界）、**羊径**（在县东北八十里，由火灯村入，出径为新会仓前村界）、**火灯径**（在县东北九十里，由火灯村入，出径为新会社边界）、**竹子坪**（在县西南水东二图，西通雨霖山、阳江界，北至云礼村，原贼巢垒）、**簕牢**（在县西六十里，东、西大山，北通落马洒径贼巢）、**金鸡头巢**（在县东南六十里，东至新宁赤鸡、傍鹤，北通新会获峒。县志云："恩平用武之地，其径道巢垒，昔皆盗贼经由，屯聚不可以安而忘危，治而志乱也。今据千长开报备录，按图可知厄塞。"）。《广东图说》有**牛屎营**（去县十里）、**石子营**（去县十里）、**木梗营**（去县十五里）、**水瓮凹营**（去县二十里）、**潭流营**（去县二十五里）、**大湴营**（去县三十里）、**水边营**（去县三十里）、庙子营（去县四十里）、那龙营（去县四十里）、官来径营（去县五十里）、田心营（去县五十里）、黄竹营（去县五十五里）、烂石营（去县六十里）、鸡啼营（去县六十里）、牛牯凸营（去县七十里）、楼径营（去县八十里）、簸箕田营（去县九十里）、独鹤营（去县一百里）。今部署恩平营左哨三队守恩平县城，其六队守阳江六营；右哨九队分布于田心、鸡啼、牛牯凸、楼径、簸箕田、独鹤、慈云、木档、稔村九营；中哨三队守恩平县城，其六队守阳江县城；前哨九队分布于澜石、官来径、庙子、水琅珂、水瓮凹、牛屎、石井潭、流水、大溢九营；后哨三队守木梗、水边、萌那龙三营，其六队守阳江六营。

广宁之东路通清远，西通怀集，南四会，北连山。设扶溪巡检司。其营砦，《军门志》有黄沙营（去县一百二十里，府志名南绥营。县志：在永义都二十里。至清远白芒、鹅叫、石砍诸峒，皆抚民，当大罗山之襟喉，各峒贼出入由此。四十里至扶溪峒）、企冈营（去县一百八十里，县志：东南有猺，至清远石坎峒，屡出寇，地最险要。三十里接花山营）、花山营（去县一百八十里，县志：防守顾水一带，营后有螺壳大贼巢，俱是猺獞，原贼首冯天恩据此，山外怀集县界。此营孤绝无人烟）、得胜营（去县二百里，县志：分守森峒。北路二十里接连怀集务本、宁峒，并开建、水细、龙塘、金鹅等贼巢，南十里德庆州界，东北鹰峒山猺。上三营，《通志》、旧志无）。旧志有古灶营（在县东太平都）、黄桐营（在县北太平都）、峡径营（在县东北太平都，《军门志》《通志》属四会，盖未立广宁前也）。县志：中军营（在演武场前山，征大罗山时营此）、官埠水哨（知县罗彦霄请置，每月输营兵八人，诘奸人私盐，县巡捕官领之）。《广东图说》：黄沙营、企冈营、花山营、得胜营、塘角砦、逍遥砦、扶溪砦，今部署哨官领兵一百七十九人，分布于黄沙、企冈、得胜、花山四营；又分水哨三，以六十里为一哨，自东乡水口至官埠，又自官埠至扶罗，又自扶罗至程村，凡三哨，于四哨抽兵二十四人，每哨八人，驾船一，往来巡守。

德庆之东路通连山、高要，西通封川，北怀集，南大江，通罗定，猺昔盘据，为害孔棘。设巡检司三，今存一：悦城。其营砦，《军门志》有平村营（在州西八千里都城乡，近大江上峒）、麻地营（在州西九十里都城乡万峒）、大塘营（在州西八十里都城乡十五都）、西湾营（在州西十里，近大江）、沿头埠（在州西八十五里，北岸近大江）、绿水埠（在州西六十里，北岸近大江）、大小涧埠（在州东三十五里，北岸近大江）、冷水埠（在州西三十里，北岸近大江）、野芋埠（在州西五十里，北岸近大江）、龙目埠（在州东四十里，北岸近大江）、辣头埠（在州东四十里，北岸近大江）、下埇埠（在州东四十五里，北岸近大江）、思麻埠（在州东四十五里，北岸近大江）、蓬远埠（在州东五十五里，北岸近大江）、媳妇顶埠（在州东六十里，北岸近大江）、降水埠（在州东七十五里悦城乡，北岸近大江）、大塘埠（在州东六十五里，北岸近大江）、莲湖埠（在州东八十里，北岸近大江。以上十四埠俱在大江北岸，防西山贼。《通志》营埠并同，在南岸者不录。旧志云：上江九埠、下江二十五埠，今存其七，余并入江防。考旧志无江防六埠，见上一伦埇也）。旧志有教场营（注十）（在州西三里）、水碓营（在州东五十里）。《广东图说》：辣头营（去北岸营五里）、三洲营（去北岸营五里）、伦埇（即连埇）营（去北岸营十里）、大树营（去北岸营十五里）、龙目营（去北岸营十五里）、田心营（去北岸营二十里）、雷公埇营（去北岸营二十五里）、大河营（去北岸营三十里）、静蛮营（去北岸营二十五里）、下青榕营（去北岸营三十五里）、下封门营（去北岸营三十五里）、七把连营（去北岸营四十五里）、麻墟营（去北岸营五十五里）、赤土营（去北岸营六十五里）、上封门营（去北岸营六十五里）、甘塘营（去北岸营七十五里）、募前哨（去北岸营八十里）、教场营（去北岸营八十五里）、罗孔营（去北岸营九十里）、思径（即茨径）、营（去北岸营一百六十五里）、水碓营（去北岸营二百五十五里）、马地营（去北岸营二百六十五里）。今部署北岸营兵五哨，四哨皆分水陆，一哨，水自德庆州下至靖蛮营，陆自教场营至甘塘、麻墟营；一哨，水亦自州至七把，连靖蛮营，陆自七把连营至青榕、大河营；一哨，水自靖蛮营五连埇、新村驿，陆自龙目营至辣头、雍沙营；一哨，水亦自靖蛮营至三洲、新村驿，陆自三洲营至田心、雷公埇营；其一哨则皆陆兵，自马地营至封门、罗孔、茨径营焉。每哨兵皆一百二人，水哨船、艇各二。上江以南雄上班官军哨守，千户一人，军九十二人，船、艇各四。

封川之东路通德庆，西苍梧，北开建，南大江，通西宁。设巡检司一：文德。其营砦，《军门志》云：麒麟、白马二山贼，嘉靖二十四年剿尽，今无边患，营堡俱废（《通志》同）。旧志有罗峒营（在修泰乡）。县志有迪田营（在文德乡迪田村，前临贺江）、西河营（在文德乡西河村，前临贺江。上二营，广西流贼出入襟喉，有警则统兵防御，无警撤备）、菊花营（在修泰乡菊花岭，原罗旁贼越劫要路）、靖安营（在城后）、南龙营、锣鼓营（俱在文德乡）、三丫径、埇彪径（俱文德乡，通关厢要路）（注十一）、相思大径（在德宁乡，通关厢要路）、乌忝径、罗黑径、存塘径（俱德宁乡要路，有警防守）、都蓬径、老鸦径（在归仁乡，通德庆州要路）（注十二）、猿岭径（在文德乡，通归仁乡要路，有警植栅防守）。《广东图说》有南龙营（去县一百二十里)、锣鼓营(去县一百四十里)。今部署哨官领陆兵一百人守南龙、锣鼓等营,民壮二十人、弓兵四人、船艇各二只巡守苍梧双鱼界至德庆都城界。

开建之东路通怀集,西苍梧,北贺县,南封川。设古令巡司。其营砦,《军门志》有会珠营(在县北六十里四都,防怀集金鹅、松柏、南山、上帅、下帅诸山贼)、万保营(在县北四十里四都,防贺县深埇、怀集牛栏、羊桥、铜钟、古城诸山贼)、独住营(在县北三十里三都,防贺县深埇、塞山、企勘、磨刀、田源诸山贼。《通志》同)。旧志有潭霜营(在县北六十里四都)。县志有教场营、白莲营(在县北七十里四都何木径)、大湾营(在县北七十里四都)、总旗营(在县北六十里四都)、旧东营(在县东北六十里,今废)、枪杆烽堠(在白莲营外十里)。《广东图说》有龙堂中军营、会珠营、饭包(即万保)营、独树(即独住)营、小水营。今部署哨官一,领兵一百七人守白莲、教场营;哨官一,领兵一百人守总旗、独住营;又哨官一,领兵九十八人,于大湾、潭霜营守焉。

江防

自德庆州前上至都城,为上江,下至杨柳,为下江,上下凡二百里。以其在州之南,又谓南江。往罗旁未平,猺贼每以急榜横江夺舟越货,即制帅大吏不为惮,故江防最急。《通志》:打手六百人,战船二十、哨船四十以防南山猺贼。旧志:上江守各埇口,船一十九、巡哨船二,下江守各埇口,船四十九、巡哨船三。又言上江埠九,下江二十五埠,大都埠船二矣。每船打手二十人。上、下江提调指挥各一人,巡哨千百户各一人,其重如此。今猺已平，自苍梧至高明，舳舻不绝。兵备道所部署已见上，复联络书之。苍梧双鱼界起至都城巡检司，封川县民壮弓兵巡守。南雄所上班官军则自都城至德庆州。北岸营兵二哨自德庆州至靖蛮营；又二哨自靖蛮营至新村驿，高要界也。惠州卫及捷胜所上班官军则自新村驿至白沙。潮州卫上班官军同游击部，复自白沙过肇庆府，至羚羊峡。游击水军复自羚羊峡外高榕头、贝水、清岐至石排头，一水南下为大路峡。横查、古耶二巡司弓兵，乃自大路峡至石洲脚，高要境至此。高明打手则自石洲脚至三洲焉。其广宁水哨自东乡水口至程村，入四会，出于清岐。兵备副使黄时雨分水军为游、正二哨，给以号票、号簿。正者，画地而守，日则侦寇，夜则击楫中流；游者，昼夜往来会哨。投票簿于附近官司，填注时日，印盖之，季一核。

海防

阳江县滨海。东海、朗西、双鱼，皆海堧也。旧制：三所备倭官各一人，每岁四月风汛之时，各率旗军出海防御。阳江所旗军七十人，海朗所旗军八十二人，双鱼所旗军一百人，各战船一，哨船一。霜降后撤回，军分二班，一班仍旧防御，一班办备倭料银。又每岁调东莞乌艚船十，雷州、神电、宁川、锦囊等九卫所官军乘之，俱赴戙船澳防汛。嘉靖二十七年掣，三十五年复掣，阳江、双鱼所军船自此多事。隆庆六年，都御史殷正茂以神电、双鱼连陷，奏设东、西巡海参将，以西路参将驻阳江。万历三年，设海防同知，亦驻阳江。四年，始设北津水寨，改西路巡海参将为阳电海防参将。八年，设北津水寨把总，而阳电海防参将罢。初，船乌艚、横江白艚、玄钟哨马、叭喇唬共七十四只（每年省河一修）、兵二千二百七十人（修船则放班），正、二、七、八、九、十二月收汛，三、四、五、六、十、十一月出汛。所分信地：东至三州上、下川，与南头寨会哨；西至吴川限门山，与白鸽门砦会哨。又以海阔，分为三哨：中哨泊于戙船澳丰头港，左哨泊于寨门澳，右哨泊于电白之莲头澳，军器火药咸具。自是县所军壮掣而不用（每岁船就附近估修，不必至省），收汛亦免放班，止给大半工食。然自七年以后，船兵屡有裁减，又裁船大小二十、捕兵六百三十三人，益白鸽门以守乌兔。至十五年，尚存大、小船三十五只，官兵九百九十七人。先是总兵戚继光改三哨为三司，每司左、右二哨，中司复有中中哨，凡七哨。今仍左右司之名，而中司止一哨，凡五哨。岭西分守道以右哨原守电白县莲头、赤水等信地，其船九，兵二百四十八，与饷宜属高州海防同知。于是肇庆海防馆所属止船二十六只，官兵七百四十九人。中哨船五只，兵一百五十二人，守北津港，分哨南津等港。左司左哨船八只，兵二百一十人，信地东自大澳，迤西至马拇石，每月东与广海游兵会于海朗，西与左司右哨会于马拇石。左司右哨船七只，捕兵二百人，信地东自马拇石，迤西至筶杯山，每月东与左司左哨会马拇石，西与右司左哨会筶杯山。右司左哨船六只，兵一百六十人，与高州海防所属船二只，兵五十人为一哨，信地东自双鱼角筶杯山，西至莲头角，每月东与左司右哨会筶杯山，西与右司右哨会莲头角。右司右哨船七只，兵一百九十五人，信地东自莲头角，西至暗镜山，每月东与右司左哨会莲头角，西与白鸽门寨兵船会暗镜山。则高州海防所属者也。各哨虽有信地，仍哨外洋，会哨兵备道给有簿，所至结报。

附 注

注一:《左传》昭五年:“十家九县”“其余四十县”。二十八年:“分祁氏之田以为七县,分羊舌氏之田以为三县。”

注二:广、韶、高、肇。

注三:雷、廉、琼。

注四:防归善流贼。

注五:与海丰、惠来二连界,南离海二十里,北深山多贼。

注六:景泰初,设左参将,分高、肇、雷、廉四府,设肇庆、泷水守备。成化四年,设整饬高、肇兵备副使。二十一年,革。弘治年,复设副使整饬高、肇、雷、廉四府兵备。十年,始设岭西道兵备,分巡佥事于肇庆。嘉靖三十二年,以左参将守高、肇,兼管广、韶。三十六年,徙驻塘宅堡。四十三年,设练兵游击。隆庆六年,设恩平守备,以路巡海参将驻阳江。万历二年,设海防同知。年,设北津水寨,改西路海参将为阳电海防参将。五年,以按察司副使为岭西道兵备兼理巡,罢高、肇参将。德庆巡水守备,以阳电海防一参将兼管陆路。八年,北津水寨把总裁革,阳电海防兼管陆路参将,以恩平守备兼管阳江,移驻阳江。

注七:《通志》又有白坭,在县西一百三十里劳村。云初,在县西一百三十里。蔡径,在县南一百一十里。狗径,在县南一百里。白坭埠,在县南三坑地方。《府志》无。

注八:《通志》又有东山,在县北八十里东山村。竹峒,在县北九十里。曲龙，在县北九十里湾边。长径塘，在县北九十里大湿村。长岭，在县北九十里塘村。

注九：《通志》有长沙营，在新会县地方，离县一百二十里。

注十：《通志》又有南江，在州治南岸十五里泷水小江口，近大河。大埇，在州南七十里大江南岸东。思和，在州南一百里泷水小江西岸。三岭，在州南二百二十里晋康乡。塘底，在州南二百里晋康乡。送鬼岭，在州南一百七十里泷水小江东岸。茅坡，在州南九十里。大石岭，在州南一百一十里南乡。山柏，在州南一百五十里南乡。何木径，在州南二百五十里南乡。步里，在州南二百八十里南乡。查峒，在州南三百里南乡。木源，在州南三百里南乡。白马，在州南一百八十里南乡。罗傍，在州西八十里南岸。

注十一：有警防守。

注十二：有警防守。

广东备录中

韶州府

镇三：翁源之镇曰三华（在三华岭下，隆庆壬申，南赣都御史李棠平诸寇，遂建镇城以善后，行台在焉。县主簿领之）；英德之镇曰清溪（在清溪巡司上，成化中，巡检彭骥立小砖城，周回一百五十丈，遇警入镇，地方赖之。年久渐圮），曰浛光（在县西一百里浛洭县废址，洪武中置浛光巡司，岁久倾圮。正德元年同知韩铣立为镇城，清远、怀集猺寇至，则居民据镇以守）。

堡八：曲江之堡曰上道，曰白沙，曰总铺，曰鲜溪，曰黄金（已上七堡俱防江边多盗）；仁化之堡曰高冈（在县东北十里长江），曰石塘（在县西四十里石塘都），曰繁华（在县东五十里古下）。

营四十三：曲江之营曰中堂，曰苏渡，曰乱石，曰鱼梁，曰磨刀，曰白茫，曰簑衣，曰黄茅，曰乌石，曰高桥，曰小坑，曰连环，曰大岭，曰白土（在城南五十里虎榜山左），曰濛浬（在驿左五里），曰官村。仁化之营曰平安（在县东北五十里扶溪都），曰盘石（在县东五十里扶溪都），曰厚塘（在县东五十里扶溪都），曰水西（在县北七十里康溪都恩溪）；乳源之营曰白花（在县北一百八十里瓦窑冈）；英德之营曰金皂口，曰虎尾径（清远西山猺寇道出于此，嘉靖中立，今废），曰鱼梁埠，曰麻埠，曰燕石（在清泉都），曰大庙（在黎峒营下，正德八年通判何旦立三营，前临大江，后通山峒，最为要害，山傜海寇赖以保障）。曰杀鸡坑，曰流寨（在怀义都，近清远境，今废），曰鹿子矶，曰黄寨（注一）（当清远傜寇出入之路，嘉靖中立，今废），曰沙口埠（在三板滩下），曰三板滩（在清溪下），曰望夫冈（在县东二十里），曰石尾，曰塘角（在洸口巡司下，正德三年佥宪吴廷举立），曰傜田（在象冈都），曰朱峒（在大陂都，并正德中通判莫相立），曰跌牛石（嘉靖中立，防东山傜寇，今废），曰黎峒（在塘角营下，今移镇隔江），曰太平（在怀义都，今废），曰鬼子（在县西一里许，今废），曰县前（在南山下），曰波罗坑（在白蕉铺下）。

寨六：曲江之寨曰鸡冠（在府城北十里），曰古羊（在城北五十里），曰老龙（在城北三十里），曰上窑（在城西北三里）；乳源之寨曰天德（在县东十五里，一名石门寨，周回石甃如城，元义士邓可贤率众守此）；翁源之寨曰麻砂（在县东南五十里宜阳乡，一名横石寨）。

关二：乳源之关曰风门（在风门山下），曰小梅（在县西三十里，地名马头涵，相传唐开元前上京通路）。

隘三十一：乐昌之隘曰黄土岭（在县东三十里，路通仁化境），曰龙山口（在县东北三十里，通桂阳县），曰铜锣坪（在县东三十里），曰象牙山，曰塘口（在县西北一百五十里，通宜章县），曰九斗岭（在县南五十里，通乳源境），曰企冈岭（在县东南五里，通乳源境），仁化之隘曰风门凹，曰赤石径（在县西四十里平山都），曰七里径（在县西六十里石塘都），曰长江（在县北七十里扶溪都），曰城口（在县北九十里康溪都）；乳源之隘曰分水凹（在县南一百二十里），曰平头（路通湖广宜章县），曰黄金峒（路通宜章），曰月坪杉木角（路通阳山），曰高车岭（在县西北一百七十里），曰平（在县西梅花峒，俱乡民守御）；翁源之隘曰桂丫山，曰南北岭（去县一百八十里长安乡），曰东桃岭（去县一百二十里怀德乡），曰银场径（去县一百五十里长安乡），曰冬瓜岭，曰佛子凹（去县一百二十里），曰道姑岩，曰甲子砌（以上八隘俱近江西龙南，惠州河源、南雄、始兴多贼，故置），曰梅花（在长安乡，去县一百二十里，路通河源县），曰画眉（在长安乡，去县一百九十里，路通龙南县），曰九曲（去县二十里，抵曲江、英德），曰太平（去县七十里；抵始兴、曲江），英德之隘曰榄坑（在甘棠下都）。

坑冶：铜冈银场（在乳源县算溪都，宋末废，元再启衅，民不胜苦，复禁）、大富铅场（在翁源县东一百二十里怀德都，宋皇祐元年置，宋末，铅尽，故废）、大湖铅场（在翁源县西北四十里长安乡宋皇祐置，后以费大利小，遂废）、开阳里铁场（在翁源县北九十里长安乡，宋皇祐置，后废）、梯子岭锡场（在英德清泉都笮岭，每采锡，流水伤稼，历代随开随禁）。

南雄府（注二）

堡五：保昌之堡曰修仁；始兴之堡曰界滩，曰斜潭，曰江口，曰水口。（注三）

隘二十：保昌之隘曰平田凹，曰不劳石，曰南亩，曰叶田等六口子，曰红梅，曰北坑村口子，曰百步，曰芋头岭，曰赵坑口子，曰百顺，曰林溪石闲塘源三口子，曰冬瓜，曰红地村口子；始兴之隘曰沙田，曰猪子峡，曰花腰石，曰河溪庙，曰桂丫山，曰凉口，曰杨子坑。

惠州府

镇五：河源之镇曰回龙（北四十里赤溪水口），曰平地（永顺都漳溪）；长乐之镇曰南安（南九十里），曰鉴兴（南五十里）；永安之镇曰中镇。

堡一：河源之堡曰石城（在古城，嘉靖二十一年知县刘锦立）。

营二十七：归善之营曰蚬壳冈（嘉靖三十年，归博二县民自建），曰大星港口（今废），曰西涌（今废），曰郁头（今废），曰盘员（今废），曰干溪（今废），曰碧甲（今废）；博罗之营曰橘子铺，曰南坑，曰桥子头（三营地方俱界龙门第六七等屯，嘉靖二十九年，佥事尤瑛立以防流贼），曰槟榔潭；海丰之营曰油坑（在石塘都），曰河田（今废），曰赤冈（与海丰惠来连界，南离海三十里，北深山多盗，成化八年立），曰射道山（在县南二十里，嘉靖十一年立），曰湖东澳，曰鱼尾澳，曰南沙，曰南灶，曰长沙（即丽江浦，一名长沙港口，在县南八十里），曰石山，曰大德（滨海），曰大磨；和平之营曰东营（东岳观侧），曰南营（南门外，俱佥事施儒建），曰西营（西门外），曰北营（北门外），曰中军（兵备道前，俱佥事尤瑛修建）。

寨十四：归善之寨曰富沙围（县东旷野数十里，南临江，北阻金斗水。元季土豪刘守正据之，何真引兵环而攻之，数日乃克），曰周径（郡城南延袤数十里，中有腴田，其外冈阜环复，崖壁峭立，东口通麻庄，南口出中峒，北口抵横江，西口接大岭；路皆险峻，山石曲折，下流涧水。旧常屯兵于此，以援郡城），曰船澳（见故迹）；河源之寨曰三王（南四里，元末寇起，何真于此御之）；长乐之砦曰天柱（县南九十里，其上容千人），曰高明（南五十里，洪武中立），曰黄洞（西南一百里）；兴宁之寨曰茅冈（东南二十里），曰龙母（西十里），曰扬塘（西十五里），曰留塘（西十五里，有水周环之），曰和山（在和山上），曰罗英（北二十里，诸砦皆前后吏民树栅拒敌之所，然留塘和山其险可据），曰武婆（西河外二里许，五代时县姬武姓者围合乡落筑城自卫，又称武婆城）。

关三：河源（注四）之关曰红硃关，曰佛迹潭，曰塔下（三关在县治南，延袤五里，今废）。

隘四十七：河源之隘曰南湖（在县径之外，近赤溪宋田），曰中村（在惠化上坪，与龙南为界），曰古云（在大洲都二图，诸镇隘有惊，屯兵备御）；长乐之隘曰丹竹，曰桔洞，曰中溪（三营俱西贼渊薮，溪洞阻深，蹊径岐错，安远、丹竹楼、黄乡堡贼巢，邻势相联络，加之以冶铁之卒双头角、上高坑、九节狐等山乌合酿祸。邑南七十里猴子洞漳寇入揭阳必由之，诏安小段之贼蓦越饶平之小榕，或由大埔之苦竹，既入潮境，奔溃四出。西北五花嶂九连山数百里荒墟玄径，奸宄投窜其中。敕兵宪镇于长乐，设诘奸簿一员，设十三都巡司于此，以扼吉赣南侵。设水口巡司于南以断漳汀入寇。东西虽无官守，东以四都隘，西以大坪隘，皆民兵戍之（注五））。

和平之隘曰乌虎镇（东六十里，弘治十五年立，今废），曰东水（西通翁源县），曰驴子（南抵龙南），曰黄竹坑（北抵龙南），曰阳波，曰三浙水（东北八十五里在岑冈，龙南抵界，嘉靖三十三年立）、曰黎头镇（东一百二十里广三图，三十四年立），曰古镇，曰三角山，曰高车水（正德五年立，今废），曰九连山（去县一百里），曰银坑，曰古楼坪（在泉沙埔，其径通揭阳、兴宁二县及芙蓉、梅林等隘），曰榕树（七都水口地方，上通梅林、赤竹诸径及归善、程乡二县），曰平塘，曰董源塘，曰大葥，曰药竹嶂（去车塘隘十里，以安远、兴宁贼多出没，正德十二年兵备佥事顾应祥议立），曰曾田，曰梅林（在塘湖，通海丰及本县绵洋、七峯径、黄沙等隘），曰黄沙（上通塘湖、龙村，下通黄流渡，左通海丰葵头嶂，右通中镇、大径地方），曰赤竹径，曰隘头岭（琴冈都地方，通归善，上通九丫树，下通围子固），曰滑石径（琴冈都，通坡都下、棉洋地方），曰七峯径，曰分水凹（其径通揭阳、潮阳、海丰诸县，距本县棉洋、留沙诸乡十余里，通海林、黄沙诸隘），曰鹅鼠嶂（琴江都上镇，通十三都巡司），曰赤溪嶂（通海丰）；兴宁之隘曰四都（东四十五里），曰大坪（西北六十里金北西），曰径心（东五十里，久废），曰药竹岭（西二十里），曰水口（东南四十里），曰龙归（久废），曰罗冈（西北八十里，久废。附县志议邑界汀赣，僻于郡东北隅，山城孤立，势若悬危，迤北九十里大望山盗，界连九县，山高地广，盗贼奔窜于此，官军急难扑灭）。永安之隘曰解沙径（琴江都上镇袁田），曰芙蓉径（琴江都上镇，通河源），曰象鼻径（琴江都四图），曰火戴径（琴江都地名秋溪），曰逃军嶂，曰中溪嶂，曰大径，曰下径，曰青草湖（琴江都上镇，通河源蓝能都），曰公坑（琴江都），曰横排（琴江都）。

烽堠十八：归善之烽堠曰大星岭，曰竹山岭，曰潭洲角，曰西涌岭，曰碧甲岭（以上平海所）。海丰之烽堠曰牛鼻，曰丽江山，曰丽江门，曰平安，曰新径，曰小漠（以上六处俱滨海地方，海寇出没之区），曰甲子港，曰青山，曰娘冈，曰银瓶山，曰白沙湖，曰大磨山，曰东坑山（俱捷胜所）。

海澳四：归善之澳曰大星海（平海所），曰淘娘山（碧甲巡司，对属东莞大鹏所地方，可藏贼船数百艘。嘉靖三十一年，巡简孙镛请于海道，填塞可守）。海丰之澳曰海丰所，曰甲子门。

潮州府

镇五：海阳之镇曰北关（在县东南六十里）；潮阳之镇曰兴安（在县治三十里），其曰大场，曰夏岭，曰新港（以上俱在鮀江，今废）。

堡三：海阳之堡曰潘田（在县西一百三十里）；饶平之堡曰竹林（在宣化都）；大埔之堡曰乌槎营（在三河巡司）。

营四：府营曰教场军（在南门外）；揭阳之营曰狮子（在霖田都）；程乡之营曰北营（在县北门外）；平远之营曰石镇（在县治一百里）。

寨一：曰柘林（去府治一百三十里）。

隘五十六：海阳之隘曰新关（注六）（在龙溪都），曰万里桥（在大和都），曰汤田（在丰政都），枫洋（在归仁都）；潮阳之隘曰北关（在北郭），曰河溪（在县北二十五里），曰门辟（在县北六十里），曰河渡门（在招收村）；揭阳之隘曰桃山（在县东），曰官溪（在县南），曰蓝田（在县北），曰霖田（在县西）；程乡之隘曰上井（在溪南都），曰松源（在松源都），曰马头（在万安三图），曰腰古（在义化都），曰圆子（注七），曰山径（在石室都）；饶平之隘曰鱼村，曰小榕（俱在县东南），曰九村，曰岭脚（俱在县东北），曰黄岗，曰黄山坑；大埔之隘曰虎头砂（在县东北），曰平砂（在县北），曰长窖（在县东北），曰箭竹凹（在县东），曰大麻（在县西），曰阴那口（在县西），曰鸦鹊坪（在县南），曰莒村（在县东南），曰天门岭（在县南），曰枫朗（在县南），曰白猴（在县东南）；惠来之隘曰武宁（界潮阳），曰大陂（界海丰）；平远之隘曰石镇村（在县西南），曰九曲岃（在石窟都），曰崆头障（在县西北），曰俞田径

（在县东南）；普宁之隘曰北关（在北门右），曰南关（在学前右）；澄海之隘曰冠陇，曰鮀浦，曰南洋，曰乌汀背。

论曰，潮郡十县，皆阻山带海，而最为险害者，程乡之径，饶平、惠来、澄海之澳港，平远之隘。山峒葱郁，海涛喷薄，或连闽越，或通广惠。琼崖及外夷之属，号为水国，最霸胜矣。山川之气，代有凭依，故治则贤哲藉以兴，乱则鲸鲵薮之，狐兔穴之。其初汉一大县尔，再析而四，又再而七，已又再析而十。行部典郡及防守之员绶，累累不绝，岂非有惕于历年山海之氛，民莫必其命耶！迩来自任公（注八）整饬兵戎，兹土稍得息肩，后至者倘亦有当暑戒寒之思乎？语曰："不恃无乱，恃在御乱，恃吾无以生乱。"深虑哉，是可以长世。

兵防　兵署

镇守总兵府（正统末，黄萧养乱，设副总兵，贼平裁革。后以广东界在江闽，多警，复设总兵驻扎程乡、兴宁。嘉靖四十三年，督抚侍郎吴桂芳奏移潮州驻扎），南澳总兵府（万历三年，提督尚书殷正茂奉部咨据福建巡抚刘尧诲会题开设驻扎南澳信地，以为联守两省门户），参将府（原设，后因设总兵驻潮，遂改惠潮陆路参将为惠潮把总。后总督御史李迁题复；万历八年，总督侍郎刘尧诲题革；十一年，总督侍郎郭应聘题复）。

矿冶

潮矿冶出海阳等五县，每年听各县商民采山置冶，每冶一产，岁纳军饷银二十三两。前去收矿炼铁各山座数不等，计通共饷银一千两。

海阳县丰政都山场（约二十座），揭阳县蓝田山场（约一二座），程乡县松口山场（约五六座），大埔县清远恋洲山场（约十座，）平远县长田义化山场（约十余座）。

盐法

场盐（潮盐产于潮阳等四县。招收等场灶户盐丁纳课粮，开埕漏晒盐，收积在场，以待盐商到场贩卖，不得船载出百里外，即为私盐有禁）。潮阳招收场，饶平东界小江场，澄海西界小江场，惠来隆井场。

榷盐（广济桥商从本府管桥官领票，到场收买，运至桥门，照依先纳在库饷银，每商半名上盐船一只，每只九舱，每舱二十八吊，每吊一百五十斤，实秤盐一万斤，对纳饷银七两四钱一分六毫。秤加盐一斤，即为挟带，七倍行罚。掣放上桥，另领户部引目照住三河发卖）。

盐饷（天顺以前，岁征三百余两；历成化、弘治、正德间，知府谈伦奏准盐利代纳，南澳虚粮遂增至四千两；历嘉隆间，又增至一万八千二百八十八两九钱；万历十三年，又添增闰月饷五百八两；十四年，因布政司追征盐钞，遂增钞商十名，征银二千六百一十二两，抵纳海阳等县户口盐钞银；十六年，又增埠头菜盐饷银一千两，通计其饷银二万二千三百九十六两九钱）。

桥商（原额七十名，万历十四年，增钞商十名，代纳通府盐钞，本年内又增商二十名，足一百之数。每岁纳饷上盐分为六大班，至二十年，改为四大班，分为四十小班，每小班一名，纳饷银五十六两，上盐三万七千八百斤，一岁共纳饷银二百二十四两，上盐十万六千斤，领引四十三道，每引带盐一千七百五十斤。万历十年以前，先纳饷后卖盐；近年以来，饷增路塞，今年纳饷，明年卖盐，商始称困，饷期一至，有以数金贴人代纳者）。

行盐地方（广商从盐道领引到招收等场，照引几道买盐若干，由海运至南雄，逾岭接卖。淮商从西关而下，直抵三姑滩，谓之南盐。桥商领给军门大票，到东界等场买盐，听管桥官掣秤上桥，领户部引目，至三河接卖。汀商逾岭过赣州袁临等府，瑞金、会昌、石城等七县，从东关而下，谓之汀盐，二路合卖，自正德四年起，各定地方。嘉靖四十五年，广商侵卖过界，潮盐路塞；隆庆二年又开；至万历十一年，复塞。路塞饷增，是以十四年以后尚有积饷在库一万五千零两而未上盐者。商民之困，至此极矣）。

埠头菜盐（桥下海阳等七县埠头先因商外奸民告饷二千两，后被势侵其饷逋负。万历十六年，察院蔡梦说革去一半，尚存一千两，责令桥商贩纳，每季纳二百五十两，每小班纳二十五两，饷通百商匀纳，盐轮二十商领示镇埠发卖）。

龙川和平盐饷（桥上饷盐运至长乐县，过青溪岭食入龙川、和平二县，原无另饷。万历十八年，因广商射利，告纳饷争卖。惠潮道从二县民议，原食潮盐，断令潮商代纳，又增饷银二百一十一两六钱八分，岁夏冬二季追解）。

衙盐（道府县儒学并诸职衙门所用细盐从百商上桥班数抽银贩盐煎送，岁用银八十两，在正饷之外）。

冒起宗《阳电山海信防图说》

阳电地方北枕山，南面海，东接广、肇，西通雷、廉，盖岭西二郡之咽喉也。水陆迂回不下二千里。粤稽祖制，神电一卫以及阳江、海朗、双鱼、宁川四所皆附于边海；又设新兴、阳春、信宜、高州、石城五所，皆附于边山。水陆犬牙相制，有司从中协守，亦一尉一史之意哉。而泄泄至今日，仅存其名矣。试言陆信，北自新兴捻村兵营，接蓝坑营交界起，东自恩平官来径，接新会信界起，历琅哥营，而西抵石城之高岭营，与雷廉接界止，郊洞辽旷，丛阴莽薄，计程一千二百余里，设有恩平、阳电、高州、吴川、四兵营，分布信防，据险挺吭。此则陆信之大略也。以水信言之，东则自广海寨芒州接界起，西至白鸽寨硇州交界止，汪洋瀚海，寇盗出没，计汛凡八百里，设有海朗、双鱼、限门、莲头四水寨，扎船分守，扼要哨防。此则海防之大略也。盖海广则隙多，地广则险众也。近年兵额日缩，饷额日亏，船额日减，军额日缺，虽规制如初，而迹类象人涂马，所谓指臂使而首尾应者，则茫乎未之讲也。

《肇属山海图说》

肇属自新典而下，弥望荒峦，烟炊寥落。北自稔村兵营起至石井营而抵恩平县，则百三十里；东自官耒径至靖东营而抵恩平，则八十里。地当新会、新宁之交，山贼四出剽掠，非严兵防御，地方无安枕之期。若马冈、仓步、开平等处，肩宁会而枕封庆，尤素称逋逃薮。数邑错壤，土孽窃发，虽开平屯额设官兵七十余名，而去县治则九十里矣。议者谓恩阳守备秋冬应移扎于恩平，岂无见哉？由平南营而东至莲塘，稍涉而南至长宁，凡百二十里，而抵阳江县。自县而南三十里处有海殷寨，商贾辐辏，廛市星罗，越港门而历铳城，是为北津抚民，此所谓大要害也。自寨而东二十里，则有海朗所，去阳江仅百里有警呼吸可通，第所城孤悬，积弁与猾民作奸扞纲，几如南阳之不可问，非严约束之令，无以破海上接济之囮也。由阳江西门归善营历麻桥、黄桐、蚺蛇、乐安、高岭、平望而西上太墟，则为阳电兵营矣。由太墟至儒峒则为电白县界矣。由儒峒转折而东上五十里，又为阳江之双鱼寨，而所城在焉。去阳江一百七十里，去电白八十余里，卒有缓急，能一呼而即至哉？是在当事者万分毖饬，务令营寨合防，军兵夹护，庶陆可称平壤，而环海可恃为长城矣。

《海朗寨所图说》

按海朗兵册，现在官兵计百五十四员名，战船一十二只，东接广海，西界双鱼，楼船组练，雄据上游，屹然一天堑哉！第本港内通阳江、阳春等处，商贾辏集，奸宄易生。港中虽设有铳城，城设有铳台三座，港门津要似可资控守。但港外无台可振，势既孤悬，由港门而越铳城即北津，抚民环居其地，此辈鹰眼未化，枭气犹存，每以缯艚出海捕鱼为生，若邀劫，若接济，若勾引，未可信其必无也，况乎土宄敢于捍纲，旗军串青衿子复从而翼之哉！今协总许三才任事方新，应申严号令，凡渔舟出入，朝往暮返，不许遨游逗留，致开衅隙，此为救时之第一要著。若本寨去县城三十里，去所城二十里，所去县城则五十余里，所军弱不能支，而铳军少有可用，一值汛期，督发海朗陆哨官兵为之犄角，庶几孤悬者不至为孤注耳。

《双鱼寨所图说》

双鱼寨设有寨城一座，内置发汛公署及寨署、哨捕、兵房，守险之制，亦云密矣。兵船一十二只，官兵四百四十四员名。左哨派守双鱼港，内通双鱼所城，港门两山对峙，铳台三座，复有东山官兵据险而守，贼未敢卒犯也。去寨八里，则有双鱼所城，离阳江县一百七十里，离电白县九十余里，声援辽旷，实为边海孤城，外洋势难遥控，觉察责在瞭军。每岁春汛，除督发双鱼一哨官兵外，又例调东西两山各营兵协守所城并一带海岸。若冬汛，则止双鱼一哨，虚应故事矣。在哨派守丰头港，与海朗寨接界，港内通织箐墟五余里，则至太平驿。防奸缉盗，未可刻疏，况龙高山夙号盗薮，山势延绵，路通双鱼信海，奸宄窥伺疏防，常驾客船藏盗出入相应。严饬海朗会哨分防，毋以一港为秦越可也。

《高属山海图说》

自儒垌分界，电邑错壤，于是有阳电营官兵接防。自大墟历麻缌等营，皆地当要冲，时闻劫掠。历营而西，至夏蓝及麻西营，凡一百二十里而抵电白县，南有莲头海面在焉，港门辽阔，非他处可比也。自电城西出乌石，历筋竹夹、吴川之那蓬等营，南至上廓，凡一百五十里而抵吴川县。去县南二十五里，则为限门寨，港门设有铳台，新营设有戍卒，乃吴川一哨官兵为之分防也。本港内通芷蓼及梅禄墟，皆盗贼豕突之区。又自电城之乌石，历苦藤营，西至平岗，北入高州葧菜营，而抵高州府城，乃阳电官兵信地，一百三十里也。高州而北，由狂逻营至淋水营，凡八十里，抵信宜县，则与广西之恃白、陆川为界，与徭獠杂居矣。驾驭提防，惟以不疏不扰为善策焉。高州而南，自湴田历樟木等营，接阳电兵防而西，入化州，再历兵营而至高岭，凡一百三十里，西抵石城县。深菁丛林，豺虎窟穴，非申严斥堠，不免西贼之冲突。自此西下三十里为太安、中火，又西去五十里为横山堡，皆雷州交错之地。地方互相诿御，每致疏虞。若西北之廉州三了、那纲等处，以至息安堡、官桥、红岭一带地方，原有高州官兵一哨守之，近日又移扎石城，遏入犯之西贼矣。统而论之，高郡南控沧溟，北负丛菁，故大小放鸡、莲头、赤水、限门、海陵皆高凉之唇齿，其新兴、恩平、石城、信宜、阳春诸邑，则高凉之门户也。

《莲头寨港图说》

莲头港近在电白县城之南，设有铳台三座，战船一十七只，官兵分防信海，东接双鱼，西界限门，二百余里。左哨则山厚港为信，右哨则以赤水港为信，各分领兵船五只，而把总官则领兵船七只扎守莲头二港之中，盖以莲头港门，辽渺无可据也。然铳台虽设，仅可虚张声势，无能及远。况港外海洋，如大小黄埕、鸡山、博贺、青洲，皆环对城南，号海洋之最险者，议者谓筑桩塞港，效往年故事，庶备电城一重之藩篱，是矣。然而水深港阔，未易用力；且言之易，行之难，行于有事之日易，行于无事之日难。为目前计，惟应疏舟师，习水战，勤哨探，严汛防，多积糗粮，使土兵不敢私家，客兵不敢登岸，更整备快舰，遇贼必追，有警必应，何难褫小丑么幺之鬼哉！今点验大船，止存陆号一只，七号二只，其余尽改八号艟艚小船矣。原其将大改小之意，亦欲以橹楫代风涛，捷于追击耳。此可角胜于里海波平浪静之处，非可施于汪洋万顷长年袖手之处也。且本寨凡有突犯，必系广料联艅大船，楼棚高至二三丈，艟艚卑小，势不及三之一，能仰面而击之哉？至于海船火器，莫过班鸠铳，而现在所存者仅一十四门，尚不及海双二寨一船之器，计非增造五六十门不可。议者欲扣本寨官兵之粮以备料价，减头削铁，不堪令贼闻也。再查本寨官捕兵原额四百四十员名，而悬额不补，虚伍充数者居其半。即见伍捕兵，皆捕鱼土人，虽习惯不畏风波，而穷馁不堪鼓厉。且暮夜归家，擅离汛守，诛之不可胜诛。今欲一兵得一兵之实用，非募广肇习水之客兵不可也。若夫岸贼，则有窝主，海贼则凭接济。在电白海滨如莲头、白蕉、南海、山厚等村之民，专以捕鱼为业，中有一等奸民，凡遇有贼在海，便轻身投入，诈称逼被掳，使家属告案，假为勒赎张本，公然多连酒糈与贼交通，使官兵不敢盘诘。教猱升木，导虎为伥，勾连盘固，习为固然，恐非五日京兆所能彻底破除也，敢以告后之君子。

《限门寨海港图说》

限门之要害，两屿夹峙，厥口水浅，屈曲如蜒，必俟潮涨，舟始放转数回而后进屿。寨防官兵共四百四十员名，战船一十七只；以八只派守本港，上接莲头，下至限门。港口东西错置铳台四座，内通芷芷芎、吴川县城以及梅禄、墟埠并化州、高州一带。港门离县治仅三十里，每岁三四月间，闽艚贩籴数百人，如风雨之骤至，人非土著，奸伪易滋，司是港者塞萌杜渐，视之如敌至可也。右哨领船仅九只，派防新门，接连白鸽寨信海，北港去吴川县九十里，内通石域之梁家滩，奸宄不时窃发，外海尤极汪洋。该哨一官尤宜慎选，可令闲冗之庸材、钻营之积猾充之哉？大都本寨据限门之险，扼铳城之要，大寇未易窥犯，绝内港导引，察外海情形，是在得人而已矣。

《石城所山海图说》

本所隶石城县治。洪武年间，奉调雷州卫后千户所官军镇守。以邑在山峒间，傜獠编民错壤杂居，且使节络绎，商贾征逐，为四郡之通衢故也。城之北雉堞绕建于山巅，东百里抵化州，西百里抵乐安所，南七十里抵遂溪，北一百二十里抵广西之博白县，东北九十里抵陆川县，东南一百五十里抵吴川县，西北一百五十里抵广西之旧林曹村，西北百余里抵乐民所。所虽附县，官军以隔属相推诿，刁疲散漫，城守空虚，故西贼时时突扰，截御罔闻。查东北六十里有曰三合堡者，地接博白、陆川之边界，傜狼盗贼，更番骚动，曾设官兵防守，旋复掣回，遂致乘瑕捣虚，岁无宁日，非仍复堡兵，无以杜鸱张也。其正西六十里曰横山堡，当廉路之冲，邃谷丛林，逃亡恃为渊海。又西一百二十里曰吴浦墩，近博白县之边界，狼傜逼处，地方土贼构之出劫。此皆西隅原守之险要，亦有原守之军兵，核实而整顿之，则石城之封畛固矣。此外若东南之梁家滩，壤连遂溪，商船湾泊；县西之凌禄司，近枕珠池，尤剧盗横骛之地，因并及之。

《宁川所山海图说》

宁川所即附吴川县，东南濒海，西北负山。县城南去二十五里有限门海港，有沙脊两行，自外达内凡二十余里。贼若舍舟登岸，步抵芷蓼，距县所仅五里许耳。县之侧有墟曰梅禄，生齿盈万，米谷、鱼盐、板木器具等皆丘聚于此。漳人驾白艚，春来秋去，以货易米，动以千百计，故此墟之当庶，甲于西岭，宜乎盗贼之垂涎而岁图入犯也。计本所见在旗军屯驻郭内者，仅二百八十余名，鹑形鹄状，何足为有无？惟合限门为截御，联海港之侦巡，水陆交防，军民协力，眈眈者庶有惮乎。

《信宜所山防图说》

信宜所附县，同城，设居万山，逼近罗旁界，连西粤郁林、北流等州县，穿溪络谷，居杂狼徭，丛林密箐之间，奸徒伏焉。旗军仅三百余，披破甲，持白挺，弱不堪守，无问战矣。故近日屡创西贼，营兵之力居多。按正统九年间，曾设有狼兵五百九十余名，给官田米伍百七十余石以饷之，居以资捍围，行以应征调，未尝不资一臂。今逃亡故绝，仅存者皆亡命之流孽耳。间存真狼一二，说者又有非我族类之虞。然使抚绥驾驭得其道，讵狼心终不可化哉？倘更于怀乡、北流之界特设精兵一枝，北巩信宜之藩卫，西壮石城之声援，外绝狼徭之窥伺，内杜奸宄之勾结，是在县所文武协力共图之耳。

《海朗、双鱼、莲头、限门四寨图说》

水汛东自广海寨起，西至白鸽寨界止，合计四寨，为程共八百余里。沿海置戍，虽称鹤列，而所守者不徒在险而在要焉。四寨情形，业各指其概矣，今更合而论之。电白、莲头为最冲，吴川、限门次之，阳江、海朗次之，双鱼又次之。信地中惟岛屿山湾贼船潜泊，如上自海朗，则有娘澳、大澳、海陵、戙船澳；若双鱼、莲头，则有独州、青洲、大小黄埕、放鸡山，下而限门，则有新门、三合窝、硐洲、广州湾等处，皆可扎船。贼每寄碇其中，窥伺货艘往来，即为掩袭剽掠之事。以故阳电特设一参将，居中调度，倘不时申严各寨把哨，务令兵不离汛，更选备坚整快船数只，多设扛杆铳器，精选惯历波涛、善摇橹、谙放铳之目兵共五六十名，一遇贼警，即飞驾出洋，冲锋追截，而各兵船复合力夹攻之，贼未有不披靡就擒者。固封疆以安堂奥，其在廉勇之将领乎？

《恩平、阳电、高州、吴川四营图说》

六信四营官兵，分防两郡要隘，通计一千二百余里。法曰，兵无所不分，则备无所不寡。今每营多者一队，少者止三四名，以之当隼击豕突之贼，来不能御，去不能追，徐徐蹒跚其后而已矣。然一二小丑，在在有之，又未可以噎废食也。今查恩平之东，如蚬冈、官来径一带，北如田心、楼径一带，俱与新会、新宁错壤。贼以罗汉山为窟穴，官兵不敢越界穷追。相应详请督府分拨标下精勇官兵百名，屯扎东路之要地，遇有警报，扼截归巢，追兵夹追，一鼓成擒矣。其在阳电之大墟、麻缌等营一带，路通阳春、百足大山，盗贼潜踪伏劫，悉由径口；其聚众纠党，则团扎龙高山。其假牧牛为名，入山裹粮接济者，则附近之土人也。此应责成阳江县严行保甲，杜塞盗萌，而又于太平等处屯兵百名，北可扼百足山径之出入，南可断龙高山之屯聚矣。此外如分营置防，戢小丑而张声援，次而高州营，次而吴川营，棋布已周，毋容置喙。

《神电卫所官军图说》

国初开郡设卫，立县置所，合陆海而犬牙相制，有深意存焉。承平日久，军卫废弛，至于今而敝坏极矣。查神电一卫，原额旗军四千八百余名，仅六百六十有五；高州、阳江等所，每所一千一百或二百名，仅各存一百五十或二百余，最多者亦不过三百，莫可究诘矣。今以边海伍卫所言之，海朗、双鱼偏守一隅，防御情形已载二寨图说。至于神电、阳江、宁川皆附县城。顷阅阳江所军，鹑衣百结，无异乞儿；神电卫皆豪右包充，名存实缺，甚则子衿揽买粮米，印官莫敢谁何。嗷嗷穷卒，岁无粒糈充腹，上下欺蒙，三尺不按，可谓非吾辈之咎乎？其附山伍所，若新兴尚当要道，若高州犹近郡城，或可恃以无恐，他如阳春周城之一所，设居万山中，去电白且三百余里，天台等处，土宄啸聚，每从百足山径口出入，肆行劫掳，一遇官兵，即走入百足内兔脱矣。其出而号召，则皆团扎于阳春之龙高山中也。阳春虽设官兵一哨，哨官辖于有司，不受营将调度。相应请拨肇标劲兵五十名，扼驻太平，闻警即由捷径疾趋至百足径口，则贼之归路绝矣。以上卫所皆附山边海，岭表要区，当事者极力整刷，何难渐奏敉宁？而前人推之后人，今日俟之明日，可为长太息也！

《北津抚民协总图说》

北津，即今海朗寨港也。先年海贼许恩受抚，因令插住港口海岸，且耕且渔，复给其子许应举以协总名色，责以统驭，抚民协守北津。原议递年将自造料船并渔船共十只、目兵二百名往守戙船澳海面，口粮以出汛日起支，收汛日止。此澳孤悬大海，系双鱼寨信地，贼船每抛扎其中，故以习惯之抚民守之。迩来抚民官亦久不到汛，海贼有无之情形亦无一字具报，浸寻成故事矣。但抚民一枝善鸟铳，出入蛟宫蜃宅若平地。今宜申严责成，令之备船练兵，出洋守汛，不时侦报，一遵受抚之初议，否则，治以弛防梗令之罪，无少贷，野心狼子，庶不至以万顷为三窟矣。

正统六年九月，广东阳江守御千户所奏，本所上中下三坊隘所在海屿中，猝有倭寇，难于飞报，乞于肇庆府阳江县那贡、寿文二都设渡船，以备警急。从之。

高州府

营十一：茂名之营三：曰熟水（在县东一百里），曰平铺，曰沙田（在县东六十里）；电白之营曰龙门（在德善乡）；化州之营曰箬叶，曰水车（今废）；石城之营曰马鞍，曰高楼（在县北），曰两家滩（在县东南海澳），曰龟子，曰青平。

堡九：茂名之堡曰旧电白（注九）（在平山巡司）；**电白之堡曰狮子**（在德善乡），**曰三桥**（即那夏驿）；**信宜之堡曰岭底**（在县东六十里），**曰忠堂**（在县东九十里）；**化州之堡曰梁家沙**（在州东一百九十里）；**石城之堡曰横山**（在县西四十里），**曰三合**（在县东北五十里）。

隘四：茂名之隘曰桃垌闸；电白之隘曰蕉林（在德善乡），**曰陀埇，曰三岔闸**。

廉州府

诸峒：曰贴浪（在贴浪都思牙村，宋黄令鉴为峒长。或传马援征交趾时有黄万定者，青州人，从征有功，留守边境。其后，子孙分守七峒，至宋俱为长官司。元世祖以峒长黄世华讨贼功，赐牌印。至国朝洪武初，始收之，仍为峒长云），**曰时罗**（在时罗都，宋峒长黄令岳），**曰如昔**（在如昔都思勒村，宋黄令德为峒长。宣德间为交夷所陷，峒长移居那苏隘），**曰博是**（在如昔都丫葛村，宋黄令钦为峒长。宣德间峒长黄建与澌凛峒长黄金广、鉴山峒长黄子娇、古森峒长黄宽叛降交夷。嘉靖二十一年，莫登庸纳款，乃归），**曰澌凛**（在贴浪都澌凛村，宋黄令谢为峒长。隆庆五年，有赵元璧者，广西上思州人，狡猾惑众，袭杀峒长，并据博是、古森、鉴山四峒，知州李时英获元璧诛之。而其子良臣仍据其地，训练精兵六百余人，愿捍边境，如州董廷钦招抚，时盖万历二十年也。二十二年，交趾郑松犯边，良臣与战大败之，献俘两院，给以冠带。然良臣暴酷，不能得众；既死，土酋黄锡诱交人皆背等率众攻峒，掳良臣妻子。知州王世守请兵诛锡等，四峒始定。今议以哨官防守其地，不复任峒长云），**曰鉴山**，（在如昔都罗浮村，宋黄令宣为峒长），曰古森（在贴浪都，宋黄令祚为峒长），曰时休（近管界巡司。汉光武时，有禤纯旺者，从马援征交趾，赋平，留守邕钦界。永乐间，时罗峒长以事革去，旺孙贵成始移守时罗。其地今属有司）。

营三十一：合浦之营曰北营（在城北濠外），曰新寮（在府东北五十里清和乡，通广西云芦、六湖、蕉林等处；成化间，建土城），曰山口（在永安所城外，与博白、化州、石城兼界），曰清头（去永安城五十里），曰陆湖（在府东北），曰黄径（去府四十里，在大洸港），曰木港（在府北三十里，后设丹竹营，今改为铺），曰城隍（去府治三百里，今改永平巡司，以上废）；钦州之营曰黄土（即旧防城营，在时罗都。交趾兼界州废，知州董廷钦复建，改今名），曰黄观（在新立乡），曰潭瓦（即旧总捕营，在州东北二百里），曰龙门（在龙门港），曰平银（在州东三十里），曰济时（在州东七十里），曰大暮水（在州北三十里，以上存），曰罗浮（在防城外一百一十里河洲村），曰思勒（在防城外九十里，初以河洲营去州治远，馈运悉由夷界，又于江平地界设思勒、包冲二营，各相应援。包冲先废；后军兵因事逃散，复废思勒），曰上扶龙（在贴浪都，通十万大山，接广西交趾界），曰白皮（在白皮村），曰方家（在方家村），曰烟通（在烟通岭，通龙门海口），曰溢坑（在乌雷岭北，近海），曰陆眼（在永乐乡，以上俱废）；灵山之营曰那暮（在县南二百里博峨乡），曰丹竹（在县南一百七十里上安业乡），曰山心（在县北二十里宋泰乡），曰管根（在县西一百二十里下甲乡，以上俱存），曰格木（在县西一百里，今改为公馆），曰潭家（在县东十五里上武安乡），曰羊角（在县西南二百三十里上殳乡），曰团河（去县一百九十里西乡中宁都，旧调官军防守，迁西乡巡简司于此。正德间废，巡检司亦迁还旧所。以上俱废）。

堡二：灵山之堡曰石隆（在合浦灵山二县兼界），曰洪崖。（在县北三十里)。

关三:合浦之关曰东关(在府东北,今改名条风);钦州之关曰天板(在州西六十里),曰渔洪(在州西北三十里)。

隘四:合浦之隘曰新寮(府城东五十里,今废);钦州之隘曰那苏(在如昔都,接交夷界,如昔峒长黄凤阳居此),曰稔均(在那苏南相去七里,隘外即交趾大海),曰那隆(在那苏东相去十余里,隘外即交趾大海,有小径,奸民通夷由此路)。

墩十五:浦之墩曰山口(在府东北一百四十里山口铺旁),曰平鸭(在府东北一百里平鸭铺旁,今废),曰珠场(在府东南七十里珠场港口)、曰龙潭(在府南四十里龙潭寨),曰高德(在府西南三十里高德港口),曰独江(在府南一十里独江村),曰安宁(在府南十里近山村),曰西场(在府西五十里葛麻山西场寨),曰冠头(在府西南五十里冠头岭上);钦州之墩曰茶山(在州东南十里茶山岭),曰青鸠(在州西南十里木兰村旁),曰金竹(去州三十里,在金竹村,有水,可通交趾),曰大鹿(在州南大海中,西近交趾界),曰小鹿(在大鹿墩下),曰罗墩(在州南黄土营,与交趾永安州分界)。

堠十二:合浦之堠曰川江(在府东南八十里川江村前),曰陇村(在府东南七十里陇村寨前),曰白沙(在府南五十里白沙寨),曰丰城(在永安城西海旁一里丰城寨前),曰白望(在永安城西一里白望村,今废),曰丹兜(在永安城东北五里,今废),曰英罗(在永安城东十里英罗寨前),曰武刀(在府南四十里武刀村),曰饮马(在府西南四十里饮马村),曰珠场,曰独江,曰西场(俱见上)。

珠池:珠池七:曰青莺,曰杨梅,曰乌坭,曰白沙,曰平江,曰断望,曰海渚(俱在冠头岭外大海中,上下相去约一百八十三里)。守池巡司一:曰珠场。寨十七:曰乌兔,曰凌禄,曰英罗,曰萧村，曰井村，曰对达，曰丰城，曰黄坭，曰川江，曰陇村，曰调埠，曰珠场，曰白沙，曰武刀，曰龙潭，曰古里，曰西场（注十）。

珠考：（沈怀远《南越志》，珠有九品。大五分以上至一寸八分，分为八品。有光彩，一边水平似覆釜者名珰珠；珰珠之次为走珠；走珠之次为滑珠；滑珠之次；为螺研珠；螺研珠之次；为官两珠，官两珠之次为税珠；税珠之次为芯符珠。徐衷《南方草木状》，凡采珠常三月，用五牲祈祷，若祠祭有失，则风搅海水，或有大鱼在蚌左右。自蚌珠长二寸半，在涨海中其一寸三分，其光色一旁小平形似覆釜为第一珰珠，凡三品；其一寸三分，虽有光色，形不圆正，为第二滑珠，凡三品。万震《南州异物志》，合浦有民，善游采珠。儿年十余，便教入水求珠。官禁民采，巧盗者蹲水底，剖蚌得好珠，吞之而出。《萩园杂记》珠池居海中，蛋人没而得蚌剖珠。盖蛋丁皆居海艇中，采珠以大船，环池以石悬大絙，别以小绳系诸蛋腰，没水取珠；气迫则撼绳，绳动，船人觉，乃绞取人缘大絙上。前志所载如此。闻永乐初，尚没水取，人多葬鲨鱼腹，或止绳系手足存耳。因议以铁为耙取之，所得尚少，最后得今法：木柱板口两角坠石，用本地山麻绳绞作兜如囊状，绳系船两旁，惟乘风行舟，兜重则蚌满，取法无逾此矣（注十一））。

《廉州府志》

永乐七年夏四月，交趾万宁贼寇钦州，巡海都指挥李珪讨平之（交趾贼阮瑶船至钦州如洪村，焚劫居民及长墩、林墟二巡司廨舍寨栅殆尽。珪奉命以楼船百艘兵万人，自广达雷而至，遣官军追及交趾万宁县海上，破之，获船二十七艘，俘获贼首范牙、阮边及家属男女一百六十人，送京师，诛之）。

八年冬十二月，倭贼陷廉州，府学教授王翰死之。

十四年夏五月庚戌，增置钦州驿递（交趾总兵官英国公张辅言，自广东钦州天涯驿经猫尾港，至涌沦、佛淘，从万宁县抵交趾，多由水路；陆行止二百九十一里，比丘温故路近七驿，宜设水马递转，以便往来，从之，设钦州防城、佛淘二水驿，宁越、涌沦二递运所，佛淘巡检司，灵山县龙门、安迁二马驿、安河、格水二递运所，改天涯水驿为水马驿）。

宣德二年冬十二月，弃交趾布政司，钦州澌凛峒长黄金广等以四峒叛附安南（自交趾郡县后，简定陈季扩、陈月湖相继倡乱，皆英国公讨平之。永乐十六年，土巡检黎利叛。宣德二年，诡求立陈氏后，遣使诏谕，令具实陈氏子孙以闻，即与册封，如洪武旧制；而总兵官王通遂率三司府县官吏还，交趾用是复沦于夷矣。钦州时罗、贴浪、如昔郡七峒北连左右两江，南接交趾，宋元置峒长辖峒丁，以保守疆境。元时黄世华等杀贼有功，始授以金牌印信，充七峒长官，子孙世袭。国初廖永忠取广东郡县，皆投款上印绶，仍给新印；七峒以蕞尔，不复给印，且革去长官，止称峒长。以故诸酋各怀觖望，至是金广等以澌凛、罗浮、古森、葛原等四峒一十九村二百七十户叛附安南，黎氏封经略使、经略同知、佥事等官，仍世守其土，以属万宁州）。

正统五年秋九月，巡按御史朱鉴奉玺书，率都、布、按三司官，至钦州揭榜招叛民黄金广、黄宽、黄子娇、黄建等，不至，乃还。

景泰二年夏四月，山徭寇廉州雷州二府；六月十三日夜，黄屋山贼黄公庞陷钦州（公庞郁林州人）。三年，贼掠石康。

天顺三年秋八月，流贼寇灵山县，佥事林锦、都指挥欧磐画策平之（时广西八寨诸巢贼纠合渡江，攻陷城池，掳掠人畜，占耕石隆堡民田，势甚猖獗，民尽逃散，锦与磐画策弭之）。

诏禁钦、廉商人毋得与安南交通（先因获安南盗珠贼范员等，有敕问安南国王，安南回奏迤东濒海村人，潜与钦、廉贾客交通，盗余珠池，已行惩治本处头目，敕出榜禁约钦廉濒海商贩之人，不许潜与安南交通。仍令廉州府卫巡视，遇贼盗珠，务捕擒获究问，奏请发落）。

五年，蛮贼流劫廉州府，知府饶秉鉴御之，大败其众（是时广西贼流劫，聚众一千五百余徒，掠百劳、大埇等村，先期秉鉴令所属州县编立火夫，委官督领以待，至是率民兵前后斩获七百余级）。

六年春二月，流贼寇石康，知县罗绅使其子鉴率民兵出战，败之。三月，流贼复掠石康东堂乡，罗鉴率兵追之，战于倒木岭，遇害（时贼众兵少，鉴以矢尽，为贼所害）。

冬十二月，贼陷永安城。广西龙山贼寇灵山，太学生擅昭击之，战败，遇害。

成化元年秋八月乙卯，大藤贼分寇陷廉州，佥都御史韩雍遣将削平之。三年冬十月，流贼陷石康，知县罗绅死之。十一月贼犯灵山，把总滕汉督兵追之，夺回石康县印。

七年，以石康县并入合浦（时知府林锦具奏裁革）。

十六年，佥事林锦征八寨诸贼（寨贼自天顺以来负固行劫，锦奏调军官征之，知府刘烜抚之，分住永平诸山）。

正德三年，寨贼黄师苟称寇，佥事邓概讨平之（自知府刘烜安抚之后，八寨余党时为民害，概以三府檄调兵讨之，贼皆奔窜；命总旗王英、千户陈容以招抚诱之，凡擒六十余人，至是稍戢）。

七年，贼首廖公广寇灵山、合浦，佥事李志刚诱而擒之（公广以八寨余党居永平寨，占耕民田，不输赋税，日益作孽；志刚闻军门，以计擒之）。

八年秋八月，安南入寇，钦州百户谢惠帅兵往御，败于淡水湾，死之（时官军仅满百，而贼兵多于我，惠不量彼已，遂败没，免者四五人。上状，当路匿不以闻）。

十一年冬十月，交贼寇西盐场，指挥范铠击败之。十四年秋八月，交贼入寇，舟至方家港，钦州千户赵瑾击败之。嘉靖十年冬十二月，贼劫灵山县库，监生莫如勤率兵擒之（先是八年之间劫库者四，未有得贼要领者，至是逾城而入，杀巡捕百户邵经及民兵七人，攻开长春门而去；如勤率军快尾之，至永淳县，获贼杜德胜等五人，鞫出党类，送军门斩之）。

十六年夏，安南黎太阳、黄父命、黄父郡来奔（时莫登庸内乱）。

十九年春，命兵部尚书毛伯温、咸宁侯仇鸾如广陈议处安南。冬，安南莫登庸降，纳之（十一月初三日，登庸素衣系组率小目耆士等，各以尺帛束头，赴镇南关投钦，遥望龙亭，恐惧制伏脱履跣足，北面五拜三叩头毕，随向军门再拜。时布政扬铨、祀续，参政萧晓、张岳、翁万达，副使郑宗古，佥事许路，总兵张继，参将李荣，都指挥石泫等论朝廷恩威，暂令待罪还国。登庸遣亲侄莫文明、旧臣许三省等二十八人奉表入朝，愿请正朔，去僭号，归钦州四峒侵地。伯温纳降，奏闻，诏从之）。

二十一年夏六月，收复四峒民归籍。二十六年，安南夷裔莫正中、莫文明、莫福山率其家属百余人来奔（登庸等奔钦州投诉，解赴军门，提督侍郎张岳奏发韶州、肇庆、清远安住，给米有差）。

二十七年冬十月，安南叛贼范子仪、范子流等率众寇钦州，百户许镇与战于龙门港，死之。命都指挥俞大猷督兵剿之，伏诛（子仪、子流率舟师拥众至钦州，诈称宏翼已卒，以迎莫正中嗣位为名，围城劫聚，杀伤官兵；提督侍郎欧阳必进请改福建指挥俞大猷于广东都司，督调汉达土兵一万御之，生擒范子流，俘斩一千一百名级，子仪乘风遁走，既而宏翼擒斩之，函首军门）。

四十年春三月，海寇至大石屯，登岸逼近郊，知府熊琦率官兵御之，贼乘潮走。四十四年冬，海寇吴平劫略，入廉州界，参将汤克宽、都指挥傅应嘉率舟师追之。四十五年春二月，师次龙门，追及于交趾，破之。

万历四年，海北兵备赵可怀上水利议，未果行（其略曰，廉州辖州一县二，东一百余里，即广西博白地，插入合浦之间，广东开建县虽属肇，实梧之接壤。臣以开建宜辖于梧，而博白宜割于廉，然以博属廉，非独廉之利也。博去梧陆行六七日，至廉仅二日；由梧溯流至博，计十余日，廉至博三日，此地利之便也。合浦至石城、息安，中间博白之界数十里，奸民啸聚，伏路截径，商旅惊心。官司捕缉，不能越境。其梗道之害又如此，博白人比合浦多强悍，往往劫掠，一越境无得诘问；况挟私仇以报复，溯上司以抵饰，每称廉人祸已，虽郡县吏亦付之无可奈何。臣阅审录内事多连博，勾摄公文十无一缴。所产谷食，多于合浦，合浦所产鱼盐陶冶，尝转贸博白，博吏以遏籴为利薮，以鱼盐为垄断。若属之廉，于民便，于政和也）。

冬十一月，倭寇攻永安所城，指挥张本守之，遂及海川营，新寮开海兵备佥事督兵御之，势益猖獗，杀狼目常真，官军不能制。

十二月，副总兵张元勋追倭贼于廉州香草江，大破之。

七年，灵山县石塘狼贼黄璋弟、罗和尚构党作乱，海北兵备佥事熊惟学以推官刘子麒率兵讨之，为贼所获。知府周宗武移檄谕之，乃还，遂益兵剿擒罗和尚，黄璋弟陷死。

八年，贼党覃云明就擒（先是乡民宁经仇讦，经知其必来复仇，乃率众断其归路，官兵捣其巢穴，云明计穷食绝，乃获之。知府周宗武抚其余党，令守石塘，请设山防官，得专提调，地方敕是以安。今石塘、犀塘平宁，皆知府周宗武之功也）。是岁，设山防通判一员，筑城开市，协守指挥一员。

十年八月，乌兔、那思蛋民盗珠，永安所千户田治督军捕之，战死。海北分巡兵备薛梦雷剿平之。

二十一年，夷人莫登让为黎氏所逐，携其妻仆来奔钦州，知州董廷钦纳之。后潜遁他境。

三十五年冬十二月二十七日，交趾贼突陷钦州城，廉州指挥当弘谟将兵御之。雷廉副总兵杨应春兵及钦州而还。涠州游击张继科自永安发兵，次葛麻山，不进（交趾贼翁富构党，乘小舟百余，众至数千人，经龙门入州城，遂陷。百户吕朝炯狂走，吏目挺然被获，随释。学正李嘉谕骂贼而死。杨应春但兵及钦境还）。

三十六年正月，夷贼复侵钦州，围其城，同知曾遇、指挥当弘谟力保孤城。有数十人望城指画者，谟引兵射杀之，贼退。二十八日，夷贼复寇，中军祝国泰、百户孔榕御于龙门，大战，死之。哨官朱子连战于南屯之朱家巷，死之（是时，守龙门哨百户孔榕、巡海中军把总祝国泰率舟师截其归路，是夜，雾气黑蔽，官兵以铳炮击之，贼死伤亦多；及天明，贼见我师船少，外无援兵，贼四面绕迫攻打，矢石俱尽，二将皆死。哨官朱子连战于南屯，亦死之）。敕总督两广都御史戴燿、严督安南都统使黎维新并兵讨贼。三月，令游击田押广肇中营标兵并守东西二山兵札廉州府；遣副总兵杨应春诣河州，踏看屯兵营地及进兵去处，历四峒地方，抚峒民募向导，得兵九千人。秋九月，命总兵官孔宪卿行征夷将军事，以海南兵备副使蔡梦说监军，进兵剿贼。带管海北兵巡道分守右布政使林梓留守钦州。推官李随军纪功（是月，进攻花封巢，贼穴盘据后山，不克；兵及涂山，翁富莫知所之，兵船分四路，大海无踪，乃还）。

三十七年十月，交南寇平。三十八年，命移钦州守备增兵防守。崇祯五年五月，流贼数百劫西场（去城四十里而遥，迨官兵至而贼遁矣）。八年四月，海寇平（海寇刘香流毒三省，猖獗七年，致惠潮守巡道二参将登舟挟留，都御史熊伴示招抚以缓其势，密檄福建五虎总兵郑芝龙会剿，贼舻群绕死战，芝龙奋力一鼓歼之，余党悉平）。九年三月，流贼百余劫那隆（注十二）。

诸峒（附）

贴浪峒（在贴浪都思牙村，宋为长官司，黄令鉴为峒主。其孙黄世华在元世祖时以讨两江峒贼黄圣许功，授以金牌印信。国初收，罢为峒长）、时罗峒（在时罗都，宋以黄令岳为峒主。国初收印，罢为峒长，永乐间，以事革。相传汉有禤纯旺者，从伏波将军马援征交趾有功，贼平，留守钦、邕二界，居时休峒，在管界巡检司地。至是命其孙禤贵城移守时罗为峒长）、思勒峒（在如昔都思勒村，宋以黄令德为峒主。国初仅印，罢为峒长；宣德间，为交趾所侵，以其地置金勒千户所，遂移守那苏隘）、丫葛峒（在如昔都丫葛村，宋以黄令钦为峒主。国初收印，罢为峒长；宣德间，其孙黄建叛附安南）、澌廪峒（在贴浪都澌廪村，宋以黄令谢为峒主。国初收印，罢为峒长，宣德间，其孙黄国广叛附安南）、罗浮峒（在如昔都罗浮村，宋以黄令宣为峒主。国初收印，罢为峒长；宣德间，其孙黄子娇叛附安南）、古森峒。（在贴浪都，宋以黄令祚为峒主。国初收印，罢为峒长；宣德间，其孙叛附安南。

按钦州七峒，本旧贴浪、时罗、如昔三都之地，洪武间，设如昔巡检司，佥其民为弓兵；宣德间，令黄金广等领峒丁与弓兵协守丫葛关，而金广等遂以澌凛、罗浮丫葛、古森叛，因并胁思勒峒及佛淘径巡检司九十九村，延袤二百余里，以附黎氏。黎氏遂以如昔巡司为万宁州，丫葛关为阿葛卫，以佛淘径巡司徙永安州，以思勒村为金勒所，于是盖百二十年矣。兹登庸纳款，愿如知州林希元请，还我侵叛之地，时遣都指挥王相、指挥刘滋、知州文章、经历娆明相为画定疆界，而夷情叵测，谲诈横生，于是不得已，为立石定誓；铁勒以潭鳞溪为界，丫葛以茫溪江为界，澌凛以三岐江为界，古森以古森江为界。要固当时委任之非人，而诸公轻忽弥缝之失，其责亦有所分矣。偶得净峰张公岳梦、山翁公溥最后驳查公移。为录于左，后或有考见于斯云。

气候

廉濒海，地卑土薄，故阳燠之气常泄，阴湿之气常盛。阳泄，故四时常花，三冬不雪，一岁之间，暑热过半，穷腊久晴，或至摇扇，故人气多上壅，肤多汗出，腠理不密。阴盛，故晨夕雾昏，春夏雨淫，夏连阴雨，即复凄寒，衣服器用，皆生白膜，故人类多中湿，间发流毒（人面目或手足倏尔作肿，痒而不痛，医以流气药攻之不效，俗谓之“走马胎”；时或渐移，惟以灯火环爆之，或男左女右，炙手尺泽穴即消，然得酒辄复作，盖酒能行气故也）。阴阳之气，既偏而相搏，故一日之内，气候屡变，昼则多燠，夜则多寒。廉在宋徙今治，而山川夷旷，气稍舒泄，瘴疠绝少，钦州次之，灵山又次之。土著之人，不闻有患者；中原之人至者，独以道里险远，征途日久，或触热感寒，饮食服不节以时，而霍乱痁疟之疾，一歇即发（霍乱吐泻之病，多商旅氓隶之人，日夜征行，伤于饥饱，腹痛欲绝，俗谓之“急沙”；急以盐擦背腹手足，炒盐一合，沃以杯水，令饮之大吐而愈。半日后甚饥，方与食，少不戒，米饮入口，死矣），所谓青草（三月）黄茅（九月）之毒，要亦不善摄生者固有以取之。谚曰：“急脱急着，胜似服药。”是固卫生者所宜知也。

《投荒杂录》云，南方诸郡有飓风，飓风者，具四方之风也。按廉地薄海，夏秋间飓风或一岁累发，或间岁。初起而东，转北而西，而南；或起于西，转北，而东，而南，皆必对时而后息。将起之前，海鸟群惊，投宿林木，皆向南作翻转之状。或海吼声大震，天脚有晕如虹，俗呼“风蓬”，即《岭表录》谓之“飓母”。或逾时即大作，暴雨挟之，撼声如雷，拔木飞瓦，人不能行立，马牛不敢出牧，是中州所无也。

经武

参将 成化壬辰，设分守岭西左参将，管雷、廉、高、肇四府，并广州府新会、新宁二县隶焉，驻扎肇庆。嘉靖癸丑，巡抚应槚嫌远辖不便，议以右参将管雷、廉，左参将兼韶、广，兵部覆是之。

守备 廉州守备（景泰以来，委都指挥一员，成化以后革）、永

安守备（洪武辛酉，调雷州卫前所官军，领以指挥一员，专驻哨守，弘治年革）、**灵山守备**（天顺初，调广惠二卫官军六千，分上下班防守；成化十六年，掣回广州卫；弘治十四年，掣回惠州卫；成化以前，间委都指挥，今以廉州卫指挥千百户各一员，领旗军一百名防守，行粮俱本县存留仓支给）、**钦州守备**（宣德间，交寇黎利叛，始命广东都指挥程瑒领军于钦城南北，立四营以守，后因之，都指挥指挥间用；成化六年以后，始专用指挥）。

营堡 **宋海门镇**（太平兴国八年建，即今廉州）、**南宾砦**（天顺元年建，即钦州）、**如洪砦**（亦名如洪镇，在钦州三十里永乐乡，今废。居民云，凤江上有洲，洲上官署故址犹存，意即旧立砦处）、**咄步砦**（在钦州时罗都）、**如昔砦**（亦名如昔镇，在钦州如钦都，国朝改为巡检司，后没交趾，今复之）。**今营：标营**（崇祯五年巡道刘之桂请建，以中军一员辖之）。

廉州府营（俱扎教场）、**海川营**、**清湖营**（隔一江广西博白县分界，至墀海三十里，至古立一百里，至高仰司三十里，上城隍四十里，下石康一百里）、**杨苗营**（石康过去二十里）、**城隍营**（一路上永平三十里，一路去石塘五十里，一路去古立三十里）、**古立营**（在府二百三十里万安乡，东至石塘营五十里，去永平司三十里，下高仰司一百里，兵饷知府郑抱素措给）、**北塞营**（至武利林墟司二十里，至古立七十里，东南下高仰司三十里；古立、北塞俱御博白、兴业贼路，崇祯九年，兵巡张国经建）、**钦州营**（即教场）、**攘外**（在那苏及新开田，近四峒）、**澌廪营**（去州二百五十里防城之外，管峒民，近交趾十里）、**防城营**（在时罗乡交趾界，正德元年，夷目范汝舟登界，与邦民黄全济争田，始立营）、**那逻营**（在州西一百五十里那罗埠，管下永乐一都，近上思州界）。

灵山营 石塘营（与广西兴业县分界，至永平三十里，至清湖营一百十里）、**管根营**（县西北一百七十里上下殳地方，居宋太、那线、那峰之内地，今移风木墟，居三营之外）、**宋泰营**（县西北二百里，即宋太乡、南宁交界，陈阜江三十里永淳县界）、**那线营**（县西北二百里那线村，管上宁乡，近南宁界）、**那峰营**（县三百五十里，管中宁、下宁二乡，去西乡巡司四十里，去南宁七十里）、**风木营**（与横州八寨贼界，守此以防西贼之路，崇祯九年，知府郑抱素建）、**荡寇营**（在武利乡合浦、灵山之界，去北塞三十里，上灵山八十里，小路至石康一百二十里）、**陆屋营**（在县西一百二十里下殳乡，去格木营十里）、**洪崖营**（县东北三十里，高山深谷，横州徭贼出没之冲）。

沿途小营 府城东路至雷州息安堡、清水营、蓬伞营、白水营、佛子营、新寮营、楠木营、闸口营、茅山营、山心营、张家营、横桥营、新兴营、茅坪营、平鸭营、白沙营、窑罗营、海川营（已上诸营因沿路盗贼肆劫，往来公差使客不便，万历十七年，廉州卫指挥蔡仕请议砍山立营，每营拨兵九名防守，道路赖以宁静）。府城西路至钦州：上洋营、石桥营、那暮营。府城西北至灵山：马长埇、石塘营、丹竹营、乌家营、福子营、木构营。

按营号虽多，兵数或只一二队，盖以哨官加把总名号，便于屯守耳。至于营地，因时改移，今昔不同者，随寇盗出没生发之处，扼要而设耳。是以志古营并其地里于右，以待后之考稽。

古营 北营（在城北濠外，嘉靖三十三年，知府何御设，召狼兵防守，又建石桥以便往来）、**达达营**（在府治东北，佥事林锦建，要插召来达达，岁久圮坏，各达交领官修葺）、**清头营**（去永安城五十里，今废）、**陆湖营**（在府治东北新兴里六湖峒，今废）、**黄径营**（去府治四十里黄径村大洸港，今废）、**木港营**（在府治北三十里，嘉靖十六年，知府张岳以既建丹竹营，遂改为铺）、**石隆营**（在合浦县归德乡，通广西龙山八寨，乃木头峒猺獞出没之所，最为地方咽喉；成化六年，佥事林锦建，今废。灵山民快一十名兼狼兵守之）、**罗浮营**（在钦州防城外一百一十里，嘉靖十九年，因安南献回四峒侵地后，军门议于河洲社，立一大营，拨军兵共二百名以指挥，或千百户一员统率，防守四峒地方。至二十八年，为夷寇范子仪所毁，参将俞大猷以河洲深入夷界，呈请改建于此）、**思勒营**（在钦州防城外九十里，至罗浮营二十里，嘉靖十九年军门议立河洲大营，以营去州治远，军兵粮饷往来悉由夷界；又于江平地界设思勒、冲包二小营，互相策应。每营各拨军兵五十名，以千百户一员统领防守，后参将俞大猷议废冲包一营）、**上扶龙营**（在钦州贴浪都，通十万大山，与广西上思州接界；又西八十里到西牙坂峒等村，与交趾思廪接界。嘉靖十年，为上思州夷目赵盘、赵溥作乱，始立营于此，拨总旗一名，领军五十名守之。知州林希元以非要地，议罢，分军二十名守陆眼营，余掣回守城）、**白皮营**（在州东南白皮村，与合浦分界。正德八年，夷贼入寇，军门命建之，守以军壮各二十五名。知州林希元为有事安南，复建，今废）、**方家营**（在钦州西方家村，乃海西停泊之处。正德十三年，夷贼于此登岸剽掠，知州李纯始建防守，后废。知州林希元为有事安南，复建，今亦废）、**烟通营**（在州南烟通岭之阳，即沿海巡检司旧址，水通龙门海口海舟可至之处。知州林希元为有事安南，始建，今废）、**埡坑营**（在州东南乌雷岭之北，原无。嘉靖十六年，有事安南，夷贼杜文庄泊舟乌雷下以觇动息，官军捕获。知府张岳始立营拨本卫旗军五十名守之，后掣回。今安南事息，营随废）、**陆眼营**（在州永乐乡陆眼村，与广西宣化县武黎水口相接，密迩四峒，狼贼不时越境行劫。嘉靖十五年，知州林希元申议立营，拨官军五十一名，并编宣化、灵山附近居民防守。后以有事安南，取回官军，惟民守如故。十八年，复申前议，拨上扶龙营军二十名，以百户一员领之，重修其营，仍为记。嘉靖二十六年，宣化县太平等图民与狼徭复行肆劫，知州黄希白中议掣回军士，召狼兵三十，百户领之）、**黄观营**（在州新立乡，狼兵九十名防守，以陆眼营百户兼统之）、**那迫营**（在州菩提乡，狼兵七十五名防守，以陆眼营百户兼统之）、**八角营**（在州西乡，召狼兵一百二十名防守，以百户一员领之）、**那罗营**（在州西乡，召狼兵一百名防守，以八角营百户兼统之）、**团围营**（在州西乡，召狼兵四十五名防守，以八角营百户兼统之）、**总捕营**（在陆眼村新立等乡，东跨灵山，西南跨钦州，北跨广西宣化诸县。以上六营俱嘉靖二十六年知府黄希白因广西宣化等县民徭作寇，申议军门建立，每岁于南宁、廉州二府推委卫指挥一员带军六十名，上下轮流提调陆眼等六营官兵哨守）、**那苏营**（在钦州如昔都，与交趾万宁州接界，如昔峒长黄凤阳居此。知州林希元为有事安南，于此建营，召雷州卫军二百名守之；十七年，安南事息，掣回）、**凤口营**（去州治三十里凤凰山下，今废）、**团光营**（在州永乐乡，万历三十年新设，哨官领之）、**那暮营**（在灵山县东南二百五十里博峨乡，佥事林锦建，年久倾圮；嘉靖三十三年，知府何御议复）、**格木营**（在灵山县西南一百里下安业乡，钦、灵往来之冲，天顺间，盗贼出没，佥事林锦建。后贼平，营亦废，今改公馆）、**丹竹营**（在灵山县南一百七十里上安业乡，为乌家驿之交，险塞蒙翳，寇盗窃伏。嘉靖十五年，知府张岳建，掣新寮堡军士二十名防守；二十三年，营被水冲崩；三十四年，知府何御改设于高阜处）、**谭家营**（在灵山县东十五里上武安乡，天顺六年，佥事林锦建；正德四年，佥事李瑾调永安所官军防守；嘉靖十二年，佥事王崇以地方无事，掣回）、**团河营**（去灵山县一百九十里西乡中宁都，佥事林锦、都指挥欧磐同建，调官军防守，以安宁上中下三都之民故也。正德后，地方无事，营堡遂废；今迁西乡巡检司于此）、**山心营**（县北二十里宋太乡，猺贼出没处，与洪崖堡互相守望）、**管根营**（县西一百二十里下甲乡，为宣化县五六图贼患而设）、**羊角营**（县西南一百二十里上殳乡，近宣化五六图而设）。

墩台 川江墩（府东南八十里川江村前）、**陇村墩**（府东南七十里泷村寨前）、**珠场墩**（府东南七十里珠场港口）、**调阜墩**（府东七十里黄稍村前）、**白龙墩**（府南七十里，前内监采珠衙门居八寨之中，珠场巡司衙门东西八寨俱属管；东盐场巡司前时衙门亦在此，今迁东寨川江村，系管盐丁）、**武刀墩**（府南四十里武刀村）、**龙潭墩**（府南五十里下村海崖边，即龙潭寨）、**程径墩**（府南五十里许屋村前）、**望子墩**（府南六十里高岭之上，即冠头岭大海）、**石子墩**（府南六十里庞屋村前）、**深路墩**（府南六十里）、**安宁墩**（府城十里，即西江水下乾体哨兵船住扎之所）、**草头墩**（府西南二十里独江村前，先到草头，次到高德）、**高德墩**（府城南三十里高德港口）、**崩沙墩**（府南四十里，小岭村西）、**珊瑚墩**（府西二十五里，过上洋铺、中火向西，此墩在西门外去过四江）、**白虎墩**（府南五十五里，系饮马村前）、**帚捍墩**（府西三十里乌宁村前）、**大树墩**（府西四十里箔寮村）、**鲎港墩**（府西五十里，系西场墟，此墩低可迁西场后岭上，望见鸦埇、连塘等处）、**那隆墩**（府西五十五里，系西场之西那隆村前）、**葛麻墩**（府西六十里葛麻村前）；

新设墩（崇祯九年冬，巡道张国经议建）、**乌家铺**（西贼常自马头岭下三十里至此）、**鸦埇村**（距乌家十五里）、**连塘村**（距鸦埇五里）、**西场后岭上**（距连塘五里，此为西场设也）、**进牛岭墩**（界府城、石康之中，此为石康设也）、已上俱合浦旧志云，按廉州墩堠总二十一所：曰安宁、独江（即草头墩）、高德、饮马（即白虎墩）、龙潭、武刀、珠场，系旧前所设。曰冠头、白沙、陇村、川江，则知府张岳为安南建也。内安宁、独江、高德三墩，地方有警，只系村夫防守；冠头（即望子墩）本卫拨军十名兼村夫防守；其余各墩，平时则寨军守之，有警则村夫协守，盖边海御寇之地，故尤致重焉。茶山墩、州东南十里茶山岭，嘉靖十六年，有事安南，故立）、青鸠墩（州西南三十里木兰村旁）、金竹墩（州西北三十里，水通交趾）、大鹿墩（在大海中，东钦州，西交趾）、小鹿墩（在大鹿下）、篼罗墩（在防城，与永安界，以上俱废）、施家墩（州南三十里）、尖山墩（州南十里）、何家墩（州东南二十里）、麻蓝墩（州东南五十里）、乌雷墩（州东南百里以上五墩递年各拨旗军二名瞭守）。俱钦州地。

关隘　东关（在府治东北，岁久倾坏；嘉靖十五年，知府张岳改砌门楼一座，曰风关）、天板关（在州西六十余里，宣德间，以本州千户所千户一员、军十名守之）、渔洪关（注十三）（在州东二里，宣德间建，以千户所旗军五名守之）、三关俱守备都指挥程场创立，弘治中，州民胡真以索财为民害，呈革。新寮隘闸（在府治东五十里，成化六年佥事林锦建，今废）、稔均隘（在钦州那苏东南，相去七里，隘外即交趾，小港通入，有小径，夷人塞，今废）、那隆隘（在那苏东，相去十余里，隘外即交趾，小港通入，东西居民二十余家，有小径，奸民通夷者率由于此，今废）。

备倭　皇明洪武二十七年七月，始命安陆侯吴杰、永定张金宝等率致仕武官往广东训练沿海卫所官军，以备倭寇（是时方有备倭之名）。天下镇守凡二十一处，广东曰备倭，巡视海道副使一员、都指挥一员、卫指挥一员专管巡海，听广东巡视海道副使备倭都指挥节制。所辖永安、钦州二所，每所各官一员，督管军船三艘、旗军三百名，各分上下班，出海巡哨，以防倭寇。

涠州游击 涠州在珠母海中，当冠头岭之南，约二百里。每天将阴雨，辄望见之，晴霁则否。周围七十里，昔为寇穴。万历六年，移雷州民耕住其地。万历十八年，设游击一员镇之。二十八年，移于永安所，距涠州一日之程，距廉州一百八十里之远，呼吸难通。巡道张国经议移驻于冠头岭，俯瞰六池，为廉门户，犹得臂指之用，而未果行。

珠池 乌泥池（至海猪沙一里）、海猪沙（至平江池五里）、平江池（至独榄沙洲八里）、独榄沙洲（至杨梅池五十里）、杨梅池（至青婴池十五里）、青婴池（至断望池五十里）、断望池（至乌泥池总计一百八十三里。

按珠池之事，汉唐无考，自刘铱置媚川都，宋开宝以还遂相沿袭，置场置司，或采或罢，迄无定制。我洪武二十九年，诏采而已，未有专官也。正统初始令内官一员，分镇雷、廉；正德年，又取回镇雷者，总属于廉；嘉靖年，巡抚林公富尽奏除之，专其任于兵备宪臣，此廉郡之大幸也。

海寨（此营堡类也，当入《经武志》，乃附于此者，寨为珠池设也）。乌兔寨（至凌禄五十里，至乌泥池二十里，守军五名）、凌禄寨（至英罗一十里，至乌泥池十五里，守军五名）、英罗寨（至萧村五里，至乌泥池十五里，守军五名）、萧村寨（至井村五里，至海猪沙十三里，守军五名）、井村寨（至对达五里，至海猪沙十里，守军五名)、对达村(至丰城十里,至海猪沙十里,守军五名),自英罗至对达俱近海,有箔,只宜迁近,不可插远;丰城寨(至黄泥十里,至海猪沙十五里,守军五名)、黄泥寨(在大廉港之北,去海猪沙愈远,今无军守)、以上八寨俱永安所地;川江寨(至调阜三里,至平江池十里,守军十一名)、陇村寨(至调埠三里,至平江池十里,守军十一名)、调埠寨(至珠场十里,至平江池十里,守军十一名)、珠场寨(至白沙二十里,至江池十里,守军十一名)、自川江至北俱近珠池,不可插箔;白沙寨、至武刀十里(至杨梅池十里,守军十一名),武刀寨(至龙潭十里,至杨梅池十五里,守军十一名),本塞沙尾有箔五所,俱在池不可插;龙潭寨(至古里十里,至青婴池十五里,守军十一名)、古里寨(近冠头,至青婴池二十里,守军十一名)、西场寨(在大洗港东,去葛麻江二里许,守军十一名)。

按沿海建寨,盖自今始,由西而东而北,凡十七处,分军巡哨,以防盗取之患。然法禁稍疏,军士即玩,盗者有所贿,则得者不以闻;择入而任,可不慎与?

《铜柱考》

《水经注》、杨孚《南裔异物志》:"昔马文渊积石为塘,达于象浦,建金标为南极之界。"《林邑记》:"建武十九年,马援植两铜柱于象林南界,与西屠国分汉南疆。"晋《地理志》:日南郡象林注:今有铜柱,汉立此为界金供税。《隋书》:大业元年,行军总管刘方经略林邑,径马援铜柱南八日至其国都,刻石纪功。唐《南蛮传》:林邑南大浦有五铜柱山形若倚盖,西跨重岩，东临大海，汉马援所植也。至明皇时，诏何履光以兵定南诏，取安宁城及盐井，复立马援铜柱，乃还，柳文。安南都护张舟复立铜柱。《酉阳杂俎》：马伏波壮还，留遗兵十余家，居寿冷岸南而对铜柱，悉姓马，自相婚姻，至隋有三百余户。交州以其流寓，号曰“马流”，言语衣服尚与华同。山川移易，铜柱入海，马流人常识其处。《马总传》：元和中，以处州刺史迁安南都护，廉清不挠，用儒术教其俗，政事嘉美，獠夷安之。建二铜柱于汉故处，镵著唐德，以名伏波之裔。《五代史》：晋天福五年，楚马希范平群蛮，自谓伏波之后，立铜柱于溪州。即历代史册考之，则伏波铜柱当植于交趾、九真、日南三郡之外，所谓林邑界上者是已。今分茆岭之铜柱已不可见，惟指近岸海中积石若丘阜处目之，不应表立汉界，反在内地。

按《水经注》，言铜柱在林邑，不言在钦江，疑分茆铜柱马总所植也。

崇祯九年，张国经遣峒官黄守仁查访铜柱远近形状，六阅月回，称无有。到其地者有贴浪老叟，名黄朝会，谓万历二十四年，亲至其地而见之，其茅果分两边而垂下。分茅岭去铜柱之所尚多一望之远，颇斜向交趾。夷人年年以土石培之，今高不满一丈，见者皮骨寒，不敢近前，其大不知几许，字之有无亦不得知。问其道径所由，则曰自贴浪扶隆、至板蒙一日，板蒙至那蒙、那来一日，那来至观狼、动罗一日，动罗至江那一日，江那至北榄一日，北榄至北癸一日，北癸至新安一日，新安至八尺石桥尚行八日，方见分茅铜柱。自过江板蒙起，沿途俱夷地，贴浪要十六日、钦州要二十日方到。守仁遂执笔记之，以报是铜柱一耳，未尝有别铜柱也。

运道遗迹

合浦大洸港有潮西通，名九河江，江口有赤羊墩，蛋人取蠔于此，又名赤蠔墩。父老相传，马伏波征交趾时，合浦由外海运粮至军，恒若乌雷风涛之险，及海寇攘夺之患，遂以昏夜凿白皮蜂腰之地以通粮船，乃束羊于鼓，系铃于鸟，置之墩上以疑寇。此河直通龙门七十二径，抵钦城，其掘凿处约长七八里，阔五六丈，深三四丈。其两头潮水尚通，但中间木植交生耳。此水一通，实钦、廉舟楫之利。嘉靖己亥，太守张净峰公与义民文通尝亲至其地踏勘，欲疏凿之，不果。予以为廉境之山，由东迤逦而南，直出海上，曰冠头岭；由西迤逦而南，直出海外，曰乌雷岭。今二山对峙，相去可二十里，古谓“合浦”，为“海门”，迨谓此耶？诚华夷之疆域，南徼之厄塞，附海之邦所无者。冠头之东，地亦蜂腰，大潮亦没。假令二地以不便舟楫之故，皆可凿之使通，皆可不必踏外洋之险。若为边围久远计，其无乃非先王设险守国之义耶？谩记诸此。

入交三道 一由广东，自马伏波以来，水军皆由之。自钦州南大海扬帆一日至西南岸，即交州潮阳镇也。又云自廉州发舟师进都斋。一由广西，至宋始开。广西路，亦分为三：自凭祥州入者，由镇南关，一日至文渊州；自思明府入温丘者，过摩天岭，一日至思陵州；自龙州入者，一日至平西隘。一由云南，至元始开云南路，亦分为二：由蒙自县者，径莲花滩入交之石泷；由河阳隘者，循洮江左岸十日至平原州，然皆山径难行。张辅则由凭祥，沭晟则从蒙自以抵白鹊县，皆不循伏波故道，彼用夹攻之策故也。

西南海道 嘉靖中，知府饶岳访得广东海道自廉州冠头岭前海发舟，北风顺利，一二日可抵交之海东府。若沿海岸行，则乌雷岭一日至白龙尾，白龙尾二日至土山门，又一日至万宁州，二日至庙山，三日至海东府，二日至经熟社（有石堤，陈氏所筑，遏元兵者）；又一日至白藤江口，过天寮巡司，南至安阳海口，又南至多鱼海口，各有支港以入交州。自白藤而入，则经水旁、东潮二县，至海阳府，复经至灵县，过黄径、平滩等江。其自安阳海口而入，则经安阳县，至海阳府，亦至黄径等江，由南策、上洪之北境以入。其自涂山而入，则取古斋，又取宜阳县，经安老县之北至平河县，经南策、上洪之南境以入。其自多鱼海口而入，则由安老、新明二县至四岐，湖洪江至快州，经咸子关以入。多鱼南为太平海口，其路由太平、新兴二府，亦经快州咸子关口，由富良江以入。此海道之大略也。盖自钦州天涯驿经猫尾港，七站至；若由万宁抵交趾，陆行止二百九十一里。宋设砦二：鹿井砦在钦州西南，控象鼻沙、大水口入海通交州水路；三村砦在钦州东南，控宝蛤湾至海口水路，东南转海至雷州递角场。钦州西南边有水口六：谭家水口、黄标水口、藏埇水口、西阳水口、大湾水口、大亭水口。

《奏复屯田疏》 林希元（知州）

为复屯田以省转输，以足军饷事。照得本州官民粮米原额二千九百二十八石六斗零，除无征、停征，实在只有二千四百九十九石，除解京师外，发永丰仓以给本州官吏师生及所官军俸粮只得二千八十石，仅供半年之食，尚欠粮一千八百石，例拨外州县以足之。当其远处，逾年乃至，官军欠粮每四五月以为常。按记称无三年之积，则国非其国。今本州无半年之积，岂可以为州哉？

臣始入州境，陆行三日，始抵州城。见平原旷野，高可种黍，下可种稻，皆为荒服，成田者十仅一二。所种只水稻一种，黍稷麻麦俱无。其田半没荒，禾稻十不七八。询之耕民，皆不粪，不耘，撒种于地，仰成于天，然犹亩收三四石，盖其地极膏腴也。数岁力薄，则易其处，又数岁而复之，故熟田常少，荒田常多，要皆土广人稀之故也。臣差官各处踏勘，抛荒田土所近城郭去处，则自往勘量，已得田一百顷。节蒙上司明文，踏勘荒田，招人承种，给与牛种。但本州僻处一方，生意微薄，少有流民。其土居无粮人户交怕差役，甘于佃耕人田，不肯承种官田，以此无可耕种。照得本州洪武年间，设立屯田六十二顷，坐落城东厢新立乡、灵山县下东乡等处，拨钦州千户所百户二员领军出种。宣德年间，始罢田，归有司给民耕种，办纳粮差。今查前项屯田民间开耕者固有，废为荒地者尚多。现各处抛荒田土无数，又不必原田之拘也，但承种之人，当议处尔。

臣按屯田之法，古今不同，大要有三：有因兵旅久驻，欲省转输之劳而屯种者，汉武帝立屯田于墩煌，赵充国屯田于湟中是也；有因乱后田荒而屯种者，东晋之简流民屯田于江西，后魏籍州郡人户十之一以为屯田是也；有因军饷不足而屯种者，本朝拨各所卫之军出野耕种是也。本朝屯田之法，今已废坏，军民逃亡过半，耕种之人多非本军，皆民承佃。臣欲因今之法，参用之古，将勘过荒开田地及原废未垦屯田，招人耕种，不拘军余、客居及无粮人户，但愿承田者，悉与之。人给田三十亩，依钦州下则官田则例，亩科米一斗七升一合，该米五石一斗；仍拨田十亩与为宅舍，不科其税。十人为一甲，甲有头；五甲为一屯，屯有总。一屯稻田一十五顷，共田二十顷，该米二百二十五石。一屯设老人一名，专理其事，给田四十亩，用酬其劳，不征其税。五屯之田，计一百顷八十亩，督责耕种，征收税粮。屯老责之甲头，甲头责之屯丁，以本州判官掌之，而总督于知州。无牛种者，给与牛种。今查得荒田一百顷八十亩可作五屯，岁可得粮一千二百七十五石。已招得军余朱镛、冯宁等六十人，客居廖达、章料记等六十人，尚欠八十人，方足四屯之田。查得本州额设民快一百八十名，除守库、守监、守城、追捕、巡捕一百名，可拨八十名于附近新立二乡屯种，以足四屯之数。今春夏在田耕种，秋成之后，赴州操练，及春，复归田耕种。尚田一屯，缺人耕种。臣查得钦州千户所岁拨军一百名，分上下班出海巡哨，常在孟埔海口驻扎。下班之军月办银三钱，以备该所公用。臣欲于附近孟埔、茶山、木隆等处拨田二十顷，令二军朋种。一分田随班上下更迭耕种，军一百名，可种田五十分，以足一屯。督耕征粮，俱如民屯之法，主之备倭官，本州亦得督责之。一军月减米五斗，军一百名，月减米五十石，岁减米六百石。屯粮、减米二者通计，一年可得粮一千八百七十五石。如此，则不待取拨于外，官军之食可足矣。以军余、客居、无粮人户屯田，即东晋简流民屯田于江西，后魏籍州郡人户十之一屯田之遗意也；以民快屯田，即唐府兵无事则耕，有事则战之遗意也；以哨军屯田，即汉人屯田灯煌、湟中，且耕且战之遗意也。

愚臣之法，似若可行。然此法也军余、客户则利，军官、粮户则不利；民快则利，官军则不利。何也？各处荒田数多军余客户欲种而不利，一与之田，人皆乐受，故利；军官弗得余丁差使，粮户不得多占荒田更易耕种，故不利。民快苦于杂差，种田可以自逸而租易输，故利；哨军习于安逸，今使耕田而又减粮，故不利。知其利害，不为所摇，则法行矣。如蒙允臣所奏，乞敕该部行抚按衙门详议举行，则转输可免，军饷可足，一州之幸也。

《广盐课议》 张应宿（知州）

昔汉之七国，吴以煮海独富强。名山大川，总为利薮。钦、廉之境，濒海者半，而钦州之海澨，曾无一灶煮盐。且州境西与北接攘西粤，其食盐靡不仰给于廉，其盐船靡不取道于钦。查得郡之盐商，其子母之赀，仅以十计，即有金者，鲜于长芦、淮扬擅赀钜万者天渊也；而视长芦、淮扬者利更饶更速，不两月可子母全收，不必远募商而中盐者可辐辏。独其额课归公家者十一，而旁落者十五。费用之孔多，浸鱼之手众，充边饷者几何，而入私橐者盈溢。盖瘠下而上不肥，天地自然之利，国家竟不得尽赖其用也。窃谓合浦之白皮等处濒海，钦亦濒海，边海即可产盐，钦亦何独不可产盐？计民力，农隙尽多暇时；计道里，商运更无便益。若无论其是否土著，是否灶丁，令得沿海增灶，尽力烹煮。山野多薪，不必如浙之计丁分草场也；闽广多商，不必如淮扬、长芦尽大商巨贾也；随到随中，随掣随放，不必淹滞停留，费时旷日也。若然，则斥卤可尽为桑田，而课额足仰裨军饷。以钦之利，供钦之费，以钦之饷，饷钦之兵，不加赋而可加兵，固足术也。不特此，今盐商自郡而至钦，例先输课于府，旋又输于州，以额外夹带者多而惧盘问，又私输于长墩司。经几多胥吏，费几多需索，过几多时日，故官课一而私课三。总之课也，总之充饷也，何不并归一处，照条鞭一体投柜，可省加耗之半。应解者解，应支销者支销，在州犹在府也。诚使装载于斯，投纳于斯，秤掣于斯，不逾日随可放行，便商者多矣。若此，则于旧额之外，量增以益饷，彼亦乐从也，所裨于国家经费岂浅鲜哉？言利不称善政，然不病民，不病商，第于公私上下间塞旁漏之孔，而衰多益寡，无亦彼此两利乎？舍盐于屯而欲求加兵加饷，是道旁之筑舍，终为说铃画饼而已，此必不得之数也。

《雷阳志略》

雷郡潮汐，与广州略同，其壮盛悉视月之朔望为候，一月之间，再盈再虚。如前月二十五六潮长，至朔而盛，初三而大盛，后乃渐杀，新旧相乘，日迟一日。每岁八九月，潮势独大，夏至潮大于昼，冬至潮大于夜，此其大较也。雷地视广尤近海，故潮辄先至。海康东西之泉，俱自涧谷而下，至南渡，与潮水合。平时潮水利于田亩，惟飓发，则咸潮逆起，稼乃大伤，故东洋田俱筑堤岸以遏之。遂溪之潮，利害与海康同。徐闻最迫海，但其地稍亢，暴潮不能深入，田园灌溉，大半取资溪涧，罕咸卤患。其调黎东西潮亦互异：调黎东每日两潮两汐，西一潮一汐；调黎潮东减而西满，那黄潮西减而东满。凡春则水小，不潮不汐者二三日；冬不潮不汐者或五六日，无常期。大潮大汐，谓之大水，渔者集焉；不潮不汐，谓之小水，渔不取鱼。其渡琼者亦视潮汐为进退，潮吼而暴，舟楫戒止矣。

雷之语三：有官语，即中州正音也，士大夫及城市居者能言之；有东语，亦有客语，与漳湖大类，三县九所乡落通谈此；有黎语，即琼崖临高之音，惟徐闻西乡言之，他乡莫晓。大抵音兼角徵，盖角属东而徵则南也。雷地尽东南，音盖本诸此耳。东语已谬，黎语益侏离，非正韵，其孰齐之？

田有夏秋二米，起于宋天禧四年，颁示天下劝农桑官，令所在州邑，农出秋粮，桑出夏税，其制遂定。国初有农桑绢，令天下农民率栽桑麻木绵，其不种者致之罚；寻照桑株起科纳绢；久之，分派于米。又立河泊所以榷渔利，岁有常额，其后逃绝过半，亦派其课于民户，按田每亩官税一斗七升起科，加耗一合二勺；民税二升起科，加耗七合一勺二杪。其赋甚轻，大率三十乃税一也，即间或加派，犹约而易供。至弘正间，添征羽革漆药诸料，其赋始重，且派不以时，民甚病之。嘉靖初，御史邵豳奏行均一，总其料价于粮，著为定额。不数十年，复有四司铺垫诸派，则又不翅十一矣。

本府官民田塘一万三千三十一顷有奇，官视民居四十分之一。其重者，官田起科不等，每亩约米二斗九升八合，民田米正耗三升二合一勺，民米视官才十之一。至派额及钞役，民视官又居三之二。曩时官府召役，必问民米，役一而费十，则民米又不翅重矣。雷天顺前役简，民易以供。成化初，大被徭患，田亩既荒，丁口亦耗，徭役仍前编造，丁粮不足充之，始别立四役，凡十年再周，而民滋病。正德五年，知府赵文奎始革四役，复为十年一周，民稍苏。正德十年，知府王秉良复编作三等九则，上四则银差多，力差少；中一则，银差少，力差多；下则俱力差。其法颇详，民始便之。久之，银之纳索取辄倍，而民复病。嘉靖十七年，里老陈诉参议龚暹，乃令银差悉照该役多寡折纳，凡遇役作，官自支给，不复累民，即今循之。其丁之多寡，亦视粮为率，无粮者或十人始承一丁。每岁丁银，附里长科纳，军饷、京库各仓米，及铺垫、军器等十七项折征，俱从官民米派，而民为重；均平、均徭、驿传、弓兵、盐钞五项折征，则从丁粮无派；惟供应税盐及偶加兵饷，始于原额外量派，事后撤之，不以为例。大率官米一石，并加派岁输银三钱有奇；民米一石，并加派岁输银八钱有奇；丁每一，并加派岁输银三钱有奇，而派额四差、盐钞俱在内，此一府征纳之总例也。派额十七项，前已具列，惟四差及盐钞详于左。

均平为正役。国初邑每一百一十户为一里，择其丁粮多者统之。甲内官吏、儒生及老疾为军者，皆复其身，余悉轮役，凡十年而周。见役者追征勾摄，余则否。成弘间，听甲长随丁田敛钱于里长，以供官府一岁之用，而归其身于农，命曰均平。久之，有司繁费皆里甲直供。嘉靖十四年，御史戴璟定为“均平录”，雷格而未行，参议龚暹申饬之，而雷始便。至嘉靖三十七年，御史潘季驯复增损之，名“永平法”，分三等：曰岁办，曰额办，曰杂办，视其用之急缓以为次第，征银在官，毋令里甲亲之，为役一。

均徭为杂役。成弘以前莫考。正德后，始定银差力差之例。本府银差一百零七役，力差八十四役，凡一百九十一役。海康县银差六十六役半，力差二百三十九役，凡三百零五役半。遂溪县银差六十三役，力差一百八十三役，凡二百四十六役。徐闻县缺载。久之，银差输至数倍；力差或不能亲供，转雇以应，其费亦倍。最后乃照丁粮科派入官，与均平例同，为役二。

民壮亦杂役。国初简民间勇力充之，每民壮一名，免粮五石，人二丁，器械鞍马，俱从官给。三县民壮计七百有奇，分领以总小甲，统以哨官，每岁冬操三歇五，余月皆分派各衙门差用，遇警方遣海上巡视。旧皆亲役，嘉靖间，改用银差，输银入官招募。今俱从丁粮派征，与弓兵均徭例同，为役三。

驿传亦杂役。马驿供马，水驿供船。洪武二十六年定：马分上中下，上马每匹，该粮一百石；中每匹，该粮八十石；下每匹，该粮六十石。点附近乡村供应，不足，则以次及之。户粮不满百户，许众户辏当，鞍辔杂物，各照田粮备买。船设水夫十名，粮五石以上，十石以下，辏合轮当，不拘户数。后又于里役中岁佥二人典之，供亿浩繁。嘉靖间，用御史戴璟议，始照粮派银带征，按季给驿，而存其羡以待。每十年一编，近乃逐年派征。凡所属州县，有无驿及驿用多寡通融协济，其法尤便，为役四。

盐钞其来已久。国初令府州县男女成丁者，岁给盐三斤，征米八升。永乐二年，令天下官民大口纳钞一十二贯，支盐十二斤，小口半之。正统三年，户口盐钞俱半征，惟官吏并随宦大口全征。四年，幼男女及军俱免征。成化十年，钱钞无收，钞一贯折钱二文；久之，盐停给，钞钱征如故。嘉靖二十七年，钞一贯，折银四厘，每口征银二分四厘。万历二年，酌定额银，随丁口多寡科派。

《寰宇记》俗有四民：一曰客户，居城郭，解汉音，业商贾。

二曰东人，杂处乡村，解闽语，乐耕种；三曰深深，居远村，不解汉语，推耕垦为活；四曰蜒户，舟居穴处，亦能汉音，以采海为生。

夫廉古珠官也，扼塞海北，远镇交南，视岭外诸郡最为枢管。凿山为城，践海为池，有天险焉。飓风一作，百里震动。南登海角，西望天涯（海角亭在郡南，天涯亭在钦州），真南裔也。汉马援既平征侧之乱，标于分茅岭铜柱以为华夷之限，于今赖之（《水经注》："昔马文渊积石为塘，达于象浦，建铜标为南极之界。俞益期笺曰，马文渊立两铜柱于林邑岸北。"）。惟宁越四峒陷入交趾。守土之臣邀功喜事，直欲犁庭捣穴，郡县之。赖我圣明，谢绝其请。憬彼荒夷，归我侵地（嘉靖二十一年夏六月，莫登庸来降，收复四峒民，归钦州版籍）。民得免于汤火，谁之赐与？媚珠海寨，宝藏所兴，领以内臣，虽尝厘革，迄今未闻投珠于渊也。昔人以为所获不补所亡，近事足为明鉴（嘉靖二十二年，诏采珠。二十四年，复诏采珠，廉州府知府胡鳌议得共用过官民银九千余两，仅得珠四千两，碎小㖞扁，皆不堪用）。若夫严永安之军卫以防四达之冲，谨沿海之防以备倭夷之扰，复博白于我土以均道里之劳，皆安攘之不可废者也。今兵备特扎于灵山达堡，增屯于卫北交寇峒獠，惟廉为重，可以其僻远而易视之哉？

高州府　《旧通志》

是郡也，山丛土厚，溪洞中联。隋初，冯盎盘据三世，跨有八州之地，形势使然也。东南距海（电白、吴川），虽有沙带限门之阻，而水深潮平，倏忽变生，备倭营堡，不容少弛。西南倚于博陆（化州、石城），山箐盘深，徭僮伺隙，以虔刘我人民，胡可滋蔓？且于二广为衢术之交，寇攘窃发，则东西壤地断绝矣。盍亦豫为之图乎？（议者欲复高凉旧邑于电白废基，以控诸寨卫郡城，招募丁壮于信宜久失之地，以耕以守，庶几寇虐可息，而齐民安矣）。

雷州府

雷三面距海，东通闽浙，北负高凉，有平田沃壤之利，然雷出而震，地湿而热，盖五岭之地，南尽于此，积土薄而阳气泄也。廉、雷之交，飓风最大，驱潮则咸流逆上，挟雨则拔屋撼山。东洋之地，弥望渺漫，凶祲之重，不系于人事矣。所恃以保障者，其捍海之堤乎？故西湖以潴其泽，二渠以酾其派，然后斥卤之地化为耕桑，而雷之民亦可免于为鱼。堤防之饬，是在司牧者。他如永安、宁川以达石城，三道皆陆，所以卫遂溪，而守隘之禁，当严齐康、永宁、海澳之冲也。备倭之责尤重，国初重臣经略之迹，犹有存者（安陆侯吴杰等）。选练而简稽之，以固沿海之防，非惟雷郡安，而廉、琼亦资其控制之利矣。

琼州府

自汉元封初为朱厓郡，初元三年弃之，语在事纪。马援南征交趾，复开郡县，吴晋因之。隋开皇六年，平王万昌之乱。唐高宗乾封初，为山贼所陷。德宗贞元五年，节度使李复讨平之，判官姜孟京、崖州刺史张少迁攻拔其城。宪宗元和初，岭南节度使赵昌进琼管州峒归降图，盖至是始复为良民也。十四年，安南贼杨清攻陷都护府，以清为琼州刺史（贾师由为琼州刺史，当在清之先），其后张鹏平定贼寇，始建治绩。宋庆历中，广西贼区希范攻破琼州，转运使杜杞讨败之，因大兵擒贼徒六百余人，寻获区希范醢之，琼州遂平。绍兴间，琼山山民许益为乱，黎人王日存母黄氏抚谕诸峒，无敢从乱者。儋民王高叛，临高尉陈适径造贼垒，谕以祸福，贼遂乞降。嘉泰四年，琼州西浮峒逃军作乱，寇掠文昌县，琼管遣兵讨平之。元至顺二年九月丙子，海南贼王周纠率十九峒黎蛮二万余人作乱，命调广东、福建兵隶湖广行省左丞移剌四奴统率讨捕之。黎峒自是不靖。至元三年，万安军贼吴与期等聚众三千人作乱，海南道宣慰司同知王英（字邦杰，益都人），性刚果，有大节，膂力绝人，善骑射，用双刀，人号“双刀王”，按部，主贼皆就擒。至正十一年，临高土人吴国宝等构乱，焚掠沿海诸村，乡人讨平。十三年，文昌土酋陈子瑚构乱，寇乾宁州县，皆为所有。子瑚死，弟有庆踵其势，与逆党伪万户袁元贵、镇抚潘荫、经历吴绍先、千户洪义等屯据琼城。二十四年，万州土酋符奴达、陈俊甥等，窃掠居民，峒首王丽珠、阮平、陈子瑚兄弟等又自备鞍马兵器，抵巢追剿，奴达、俊甥悉平。二十六年三月，五原都人张贤与弟德等倡举义兵，斩袁元贵等，恢复郡城，及万州峒首王丽珠率民兵平复万州。本朝洪武二年，元南建州知州王官子廷金结万州王贤保作乱，攻万州、定安等处。海南分司统兵征讨，万州峒首王丽珠、定安莫真成随领义兵各剿平之。天顺四年十一月，邵瑄窃发据城。瑄后所千户邵伟男兄玉袭，故瑄欲借职掌邵，指挥石鉴不允；瑄赴军门报效，鉴又阻之，且令窃盗戴毛、许清、周邝供攀。瑄积恨，乘本卫官军外调（李翊领军镇化州，石政领军欲往石城，周元领军采珠），城池空虚，同毛等夜半越城谋杀鉴，不获，杀其子，夺卫印，遂据郡城，称伪号，封党与。州县皆震动，驰报守备，高廉都指挥安福、统指挥李翊等往讨。闰十一月初二日，战于大西门，贼众走散，随追往铺前宾宰驿，至水泡黎峒，剿平之。十二月班师，遣千户张政解首级献俘。

按吾广十郡惟雷琼距海，余皆多山，傜僮峒獠丛焉。阳春之西山，德庆之下城、罗旁、绿水，尤其要害也。连滩巡司介以三营（西营、连滩营、石狗营），北接四埠（叠村埠、小力埠、大力埠、罗傍埠），然贼视之如无人焉。西山贼前数年劫高州，破城而入，有司素无防守之备，遂至于此。后虽剿平，而贼巢险旷。若调肇庆、广州达官达舍，入处其中，或全广西目兵报效者居之，或立屯田屯兵以镇之，否则招复业新民，编为保约，联为乡落，亦无不可者。四策审择其一焉，则贼之生聚岂能复其旧哉？罗旁、绿水肆害将百年矣，逋诛为寇，可缓讨乎？诚使苍梧军门练兵以振上流之势，然后调兵分驻郁林、钦廉、信宜、阳春，各一二千人，以遏其走路，乃调广州兵从德庆入，新会兵从泷水入；又号召乡夫使自备斧斤，随大兵之后，凡贼巢林木皆听斩伐，旬日间可反掌平也。矧高要南岸至高凉列营十数（罗奇巡司左有白泥径营，白马堡前有大石岭营，又前左有降水营，又南有步云营，近东山西乡则有龙角营、云青营，至东营则泷水容县之界也，与西营相望，以扼思贺、云）。稍东则新兴、龙滑等二十四山，西则苍梧、岑溪诸傜，有可招者使之从征，夷自攻夷，残党可尽歼矣。茂名、石城连接郁林，钦廉等州，上通广西，山贼亦时出劫。参将驻于新兴者，与苍梧把总训练兵快，相为犄角，防守要害，相时雕剿，或捣其巢穴，或截其归路，俾出无所得，入无所归，亦其大略也。韶州六县虽时有寇窃，不为大害，惟严察巡捕官赃滥不法者，亟绌去之，易以智勇之吏，俾督捕时加防御而已。广州属县若连山、阳山，多交通桂阳、上犹、郴州诸盗，又多江右商贾，放债害人，激使从乱，此当以计销之，不许久寓。若清远、扶罗二山残寇，乃广肇参将之责，宜与兵备道协力殄荡，行冯拯括洞丁之法，以渐役属归于广宁，毋令奸民投入，致生祸变。其连从化、番禺、增城、龙门巢穴者，近虽剿平，亦宜备其出没，随宜翦之。东莞、顺德沿海之民肆行劫掠者，多混编农，守巡加意防御，良有司时常诱谕，保伍乡校可弗举行乎？新宁、新会之连恩平、阳江、泷水者，多立防堡，法亦如之，化以诗书，当渐为乐土矣。顺德、香山防海民兵，不宜数易，有司截其工食，利其拜见，则流患可胜言哉！此守巡所宜察也（近来打手总甲罗世举既叛复招还，足为殷鉴）。惠潮、程乡之盗多通赣州，和平、大埔之盗多通汀漳，凡乡夫御海寇有功者，使之互引勇士，立为寨堡，各建社学，统以乡约，教以礼义，而又训练斥堠，以备山海之虞，工食以时给之。近日博罗令舒愚倏为山贼所戕，然则养兵由食，可无信与？大氐寇由海入者，扼港以制之，而又设法断其樵汲，则入寇无路矣。惟山贼荒忽往来，多有奸民与之内交，潜入邑治，则器械、衣服、米肉、酒食应时而备，故巡按御史戴璟议欲择招主（旧时阳江、阳春等县俱有抚徭主簿、巡检，皆用土人。今阳春县有招主伍经纶，长乐县有抚徭巡检陈廷爵，侦杀有功，但此辈因不可全托心腹，要在控御有方。故平时则用之以抚徭，剿捕则用之为乡导。譬之大黄之药，不可常服，若欲通利，亦非此不可也。议者以既截通山，鱼盐莫入。今虽宁静，难保终不为患。一经调剿，动费钜万，莫若责令招主每月定赏鱼盐若干，又许伊将漆密出山贸易。仍谕招主以身家祸福，免致挑弄作孽。此佥事李香曾以鱼盐之赏，得靖二三年。司兵备者，其审裁可否行之。禁通徭。访得各处有等奸徒不务本等营生，专一收买鱼盐，指以通山为名，往来徭山，交结接济，收买楠漆、黄蜡、皮张等物，甚至私买违禁军器盗甲入山货卖；或引诱徭人越出藏伏各处河埠，窥伺客商船只到来，撑驾相槽船只，拦江勾劫财物，杀伤人命；或探听人村富庶，则又与之作眼，却坐地分赃，启衅招尤，无所纪极。已将德庆等州县通山贼脚龚贵、张马儿等拿问外，但此弊在在有之，通合禁革，今后军民人等，不许指以通山为由，私藏违禁军器等物，交结徭人，私通接济，引惹衅端，为患地方。如违，许诸人首告擒拿从重问据典刑）。其言固可采也，嗟乎！民无信不立，若博罗令者可弗鉴哉！

论曰，《书》言“蛮夷猾夏，寇贼奸宄”。虽唐虞勿能敬哉。然命皋陶，惟明刑以流宅；咨十有二牧，惟首言“食哉惟时”。信之所孚，翕然率服而民自不犯，内治固而外患销矣，此所以为帝世也。今之粤寇，不在海，则在山，兵食亡信，不能战守，而良甿代之就戮，方肆其剥，奚彼异哉？《诗》曰：“如蛮如髦，我是用忧。”北虏声息，越在沙漠，犹可御也；南蛮荒忽，寇在门达，不可御也。来则应敌无策，去则掣兵无律，兵亦终于寇而已。《诗》曰：“不吊昊天，不宜空我师。”夫山深海钜，出没往来，胡可测也。被束缚而索赎者，往往困穷，流徙为隶，比及里耆冒死核实，既就狱矣，终以无赃仗而甘言诡脱，岂可胜道哉。《诗》曰：“君子信盗，乱是用暴。”盗之诬指逮犴者多矣，审谳莫辨，死且弗殣。而奸宄通山，谈笑取富，未尝犯于有司也，是以岭表寇贼日滋。《诗》曰:“君子秉心,维其忍之。心之忧矣,涕既陨之。”然其机亦岂难图哉?抚察旬宣之臣,淑问如皋陶而日谘察焉,渐括峒丁而时使薄敛以嘉惠之,佩犊之民将日见其归耕也。《诗》曰:“于疆于理,至于南海。”

琼州府兵额 琼崖参将部下管兵(中军员役八十三;前营五百五十八,扎琼州府城,并轮守防黎各营。左营四百七十二,派守定安、文昌、会同乐会、万州、清澜诸城。右营三百三十九,派守崖州、感恩、陵水三城,并回风岭。后营三百六十八,派守儋州、澄迈、临高、昌化四城并那约营。铺前营二百二十七,防守铺前。防黎把总哨兵一千五百,派守毛塘、鹿宴塘、心略、远头、平金抛、太平、定全、那约、南定、那大等处。太平营一百四十九,防守太平、岭门、大坡、石辣等处。万州长沙坡心营一百一十一,分扎长沙、坡心二营)。白沙寨钦总部下哨兵(官兵杂役共一千六百七十。钦总哨下哨官一员,督船二十一只,扎白沙港;哨官一员,督船六只,扎铺前港;哨官一员,督船二只,扎石矍港;哨官一员,督船六只,扎清澜港,俱守正北面。左司分总哨下哨官一员,督船三只,扎博敖港;哨官一员,督船六只,扎桐栖港,俱守正东面。前司分总哨下哨官一员,督船七只,扎三亚港;又船四只,扎保平港,俱守正南面。右司分总哨下哨官一员,督船二只,扎英潮港;哨官一员,督船四只,扎新英港;哨官一员,督船一只,扎博顿港,俱守正西面)。

寨五:琼山寨曰白沙(见兵制);澄迈寨曰永靖(在东阳都),曰保义(在新安都);崖州寨曰三亚,曰连珠(在回头岭)。

营五十七:琼山营曰扬威前营(见兵额),曰黄岭,曰藤寨,曰南坤,曰大坡,曰大定(即塘心营);澄迈营曰分哨后营(见兵额），曰定全（兵五十）；临高临曰分哨后营（见兵额），曰南定（在番豹山，黎三百名更番戍之），曰独木（在县南）；定安营曰南斗（在南雷，兵八名），曰黄竹（在会同分界，兵五，民壮十），曰南间，曰南伦（民壮二十，今改岭背营），曰坡田，曰大葵，曰金抛（即今大坡头营，万历辛卯移立官坡，改名万全，名色把总一，兵八十），曰五岭（土舍兵八十）；文昌营曰扬威左营（见兵额），曰教场分营（在县北一里，官兵九十）；曰铺前（见兵额），会同营，曰分哨左营（见兵额），曰清平（在定安分界）；乐会营曰分哨左营（见兵额），曰猪母岭（在县北五十里）；儋州营曰扬威后营（见兵额），曰七坊，曰南巢，曰松柏，曰腰西，曰大罗，曰催罗，曰可墨，曰槎莺（上八营各旗军五，黎兵三十）；昌化营曰乌坭（即分哨后营，旗军七十，募兵十二）；万州营曰扬威左营（见兵额），曰贡田，曰张牙市，曰五香，曰太平，曰葵根，曰长沙（见兵额），曰沙牛坝；陵水营曰分哨右营（见兵额），曰军堡，曰葫芦门，曰黎庵，曰牙狼（四营俱清澜军守），曰南万（官兵二十），曰牛岭（弓兵三十，旗军二十七）；崖州营曰扬威右营（见兵额），曰回风岭（有营兵守），感恩营，曰分哨右营（见兵额），曰莪茶，曰陀兴，曰必改。

堡十一：文昌堡曰杨桥；会同堡曰冯家；昌化堡曰吉家，曰渔鳞洲，曰小洲塘；万州堡曰南头，曰牛塘，曰莲塘，曰乌石；崖州堡曰榆林（旗军七十五）；感恩堡曰县门（儋州所军一百）。

《琼州府志》

沿海冲要

府城北十里曰白沙港，宋设水军，赵汝珞拒元兵于此。国朝隆庆初，始设白沙寨，兵船防守，与海口唇齿相通，凡大商舟船皆住泊焉，是琼治之咽喉也。

东六十里曰铺前港，深广可容商船，凡倭寇贼船常从此入，即李茂澳党住泊为患处，势与白沙相倚，是琼治之胸项也。

铺前东去二十里至文昌白峙澳，四十里至木兰澳，五十里至急水门，八十里至抱虎湾，一百里至抱陵港，不数里至铜鼓角一带。以来常有贼舟湾泊登岸取水，乘间暴掠。至于清澜一港，海门宽阔，水道逶迤，内达文昌县治，外通大海七洲洋，贼船倭寇顺风南抵，此其先据，盖琼郡之肘腋，最宜加关防者也。

清澜南去六十里至冯家湾，四十里至会同哆南，八十里至乐会、博敖，屡被寇害，其为要地，更当备守。八十里至万州那鹿港，那鹿出外洋有南北二澳，贼船常于此取水。四十里至大塘湾，六十里至旧陵水，三十里至牛头岭，突出海口，六十里至桐栖盐水港，六十里至黎庵港，四十里至玡琅澳，六十里至榆林港，常有贼船寄泊，遇警便于各处防之。惟三亚一港，东至万州，西达昌化，东南风发时有大泥诸番沿海登岸，抢夺滨民，最宜防守。

三亚一百二十里至崖州大蜒、保平二港，上一百二十里有黄流、抱驾二港，六十里至莺哥嘴，数十里至吉家澉，八十里至感恩深田湾，又八十里至北黎港，三十里至鱼鳞洲，皆属三亚信地，距昌化、英潮有百里焉。

府城西去七十里曰澄迈石矍，深广可泊船，约五十里至马袅，三十里至石牌，又百余里至临高县博顿港，有兵船防于此。百余里至儋州洋浦三牌石海口，入新英港，港口有二沙线，不识水道则坏舟，泊船虽稳便，但闻警出船不及，故海上多故，须轮哨船时出海口瞭守，亦琼郡腰络不可疏备者也。南去约八十里至海头港，内岸石壁，难以进舟。一百里至乌泥港，逼昌化城，又三十里至英潮湾，俱贼船出没处。

按琼郡州县俱附海滨，周回数千里，时有倭寇番船之警。今设东西二路，左右前司分哨防守策应，而统领于白沙寨，兵家所谓星布棋置之势，况加以天堑之险。第夷情叵测，风波靡常，尤当于冲要处整饬兵船，精选器械，查诘墩堠，巡察海道，始可保孤屿之金汤也。故特详之于篇，以备防海者采焉。

诸黎村峒

琼山黎东曰清水峒，今为东黎都。南曰南岐、南椰、南虚、环琅、南坤、居采岭、平沙湾、居碌、居林峒。南岐七峒今为西黎都，惟沙湾三峒尚称生熟黎，叛服不常（沙湾峒自平黎马屎后，向化当差）。澄迈黎南曰南黎，今为一都、二都，水土平善。西曰西黎，今为一都。终都尚囿于风气，时出为害。临高黎峒大率有八：曰坟营，曰坡头，曰那律，曰番吉，曰略绕，曰番溪，曰松柏，曰重绕。八峒皆以番豹山为险，只容一人入。遇此十里则西至重绕、坡透等峒，东至番溪等峒，南至番洒等峒，时出为害。定安黎南曰南闾峒（去县三百里），地夷旷，民乐居之，见充里甲。惟光螺（在县西南四百里）、思河（在县东南三百里），原系黎峒出没之冲，时为民患。文昌黎曰斩脚峒，治平已久，田地经丈入有司，特人丁尚属土舍，随军听调而已。附峒地多险阨，为琼文定、会游贼往来之区。乐会黎曰纵横峒（去县四百余里），北接思河、光螺，南接万州、青山、声势相倚，驭失其道，啸聚为乱。

儋州黎视诸处最蕃，昔梁、隋间，儋耳归附者千余峒，指此。今生熟凡五都：曰抱驿，曰黎附，曰顺化，曰来格，曰来王。弘治五年，招至桐横一处。嘉靖九年，招至修途、打松、番洋、下台、那牟、大落、影打、爽水头八处。东黎属土舍峒首部领，南黎属州部领，其余自耕食，不属州。昌化黎散处山谷，不相统摄，与民杂居，不为寇害。旧有土职二员，以招黎为名，而既归有司，遂不复领于土舍。万州旧有民黎九都，熟黎九十三村。西南则鹧鸪啼峒（去州一百二十里），与陵水黎停等峒潜通；北则龙吟峒（去州五十里），与思河、纵横二峒潜通，不复统于土舍，时出为患。陵水黎北有黎亭（去县二十里），南有岭脚（去县三十里）；岭脚由葫芦门而出，黎亭由黎罗而出。又有东北肖，有大牛岭、小牛岭为往来必由之路。黎人时出遮道为寇。崖州黎其地多于州境，其人十倍之，分东西二界，生、熟、半熟三种，屡为害，而州之户口日耗。凡百徭编取给诸县膏腴田地，尽为黎有，罗活、千家为甚，德霞、抱显次之。感恩黎附版籍者十九，不附者十一，与民杂居，无他志。患在崖之生黎切近，出没孔道有二：一自峨茶总路分入陀兴、必改；一自滽麻岭总路分入岭头白沙，时出为民患。

论曰，黎峒内抵五指，外界州县者，不可胜计，此乃其大较耳。自梁冯冼氏收降千余洞，唐采访使谕五州首领，亲诣其境，则当时通道之远可知。至宋末，武略不竞，犬羊梗道，复借途桴海，丁谓所称再涉鲸波是也。迨国初，天戈所捣，直欲径穿五指，而琼、文洞落多齐编民，独崖、儋诸黎愈越省地，其故何哉？盖自永乐以来，以抚黎职之土人，借抚为名，夺我熟黎。观儋州抱驿首役，遂致南蛇之乱；崖州旧图分辖，起于土舍之奸（如附郭董平三图为黎邢陈三土舍分管），故梁之崖州、隋之延德、唐之洛场落屯县、宋之盛德堂诸基，皆没于今黎图中，侵可知矣。间有念王土者，未尝不披舆图而抱恨也。以故洪武时，指挥张庸继欲开五指纵横之路，及邵宝、李贵之徒，亦厪长虑；即成化时，副使涂棐注意尤殷。使后居其位者，以前人之心为心，犁庭开道，寝食在念，则古之书村、书峒者，今皆为都、为图矣。何天顺间感恩令（罗铉卖黎图于土舍萎鉴），弘治末备兵使者（副使王）贪赂邀功，卖久化之编图，归负固之土孽，致启后来诸黎之尾大，吁可惜也！

琼山县营

新旧凡十三堡寨：达于营、民壮营、扬威营、振武营（以上四营今废）、扬武前营（即浙营，以上俱防海）、张隘山营、黄岭营、藤寨营、分踪营（原名南坤营）、大坡营、大定营（即塘心营）、大会营（在居碟峒、即马屎贼巢）、水蕉营、红花堡、藤寨堡、望楼堡、白沙寨。澄迈县寨二、营七：永靖、保义、分哨后营、篱谨营、营所、篱藏、判壅、居便、定全营。临高县营八：分哨后营、那零、屯建、南略、独木、罗壮、平郎、居啼（三营俱嘉靖初建，后废，今移南略营于此）。定安县营十一：鹿窟、留平、南斗、黄竹、南闾、南伦、坡田、大葵、枫木、大平、五岭、石盘。文昌县营八、堡二：白延架、乌揽坎、赤岸、木栏、铜鼓、港门、扬威左营、教场分营、铺前、杨桥堡。会同县营二、堡一：分哨左营、冯家堡、清平营。乐会县营二：分哨左营、猪母岭。儋州寨二，营十七：归姜、田头、扬威后营、保吉、坟坏、蓬虚、土坊、南巢、松柏、腰西、大罗、催罗、可墨、槎莺、那大、乐化、日南、清宇。昌化县营一、堡三：乌坭营（即分哨后营）、吉家、鱼鳞洲、小洲塘。万州营新旧十二、堡四：新潭、莲塘、扬威左营、贡田、张牙市、五香、太平、南头、蒲宇、葵根、长沙、沙牛坝、南头堡、牛塘堡、达塘堡、乌石堡。陵水县营十二、堡四：分哨石营、军堡、葫芦门、黎庵、牙狼、镇南、驭北、络索、马骝桥、鸭塘、白茅营、南万、牛岭、膺修堡、石赖堡、岭脚堡、黎亭堡。崖州寨二、营十、堡十：三亚分寨、连珠寨、扬威石营、牙刀、乐罗、否浅、抱活、罗蓬、半岭、残宇、椰根、锦卧、千家、抱怀、莪茶、回风岭、藤桥、乐安营、乐定药弩营、乐平营、深沟堡、郎凤、多银、抱拖、郎芒、石梓、高村、山麻、落机、高岭东、高岭西、望楼、榆林、多零、回风门。感恩县营六、堡四：分哨石营、莪茶、陀兴、必改、南北沟、白沙沟、深田堡、岭头、南麻、县门。

海寇

嘉靖四十五年，贼吴平寇昌化。五月，总兵汤克宽破吴平于崖州，擒其妻子。十二月，贼何乔、林容等掠陵水，犯崖州。隆庆元年，贼曾一本、何乔等掠文昌，犯临高、陵水。十月，指挥石子方以计擒何乔。三年七月，林容败死，其党苏大、李茂等收集余众。九月，犯清澜，杀指挥崔世承。五年八月，指挥高卓战死于煎茶头。六年，贼许万载犯澄迈，围昌化；李茂犯万州，攻乐会。漳寇庄酋引倭犯琼山、文昌，李茂降，击倭，走之。万历二年四月，贼林凤入清澜，杀百户蔚章及军民二千余人。十七年，游击沈茂令珠贼供扳陈德乐、李茂盗池，诱擒之；其党陈良德及茂家人那么等复叛，犯清澜、文昌、万州，寻讨平之。

黎寇

万历二十七年，琼山、居林等峒黎首马屎倡乱，定安、临高诸黎应之。雷廉副总兵黎国耀等率兵三路进攻，擒之，设水会所于马屎巢穴（即水蕉村），筑城屯田。四十一年冬，崖州黎抱由罗活等作乱，官军败绩，陷乐平营，围崖州，总兵王鸣鹤督各路官兵并西粤狼兵讨平之。

《吴会期奏议》

黎居良民五之一，宜于兵威削平之际，开通十字大路于其间，大约以道里计之，自府至崖千里而近，自儋至万六百里而遥，此四至径之一也。细数之，自府至沙湾三百里而遥，自崖至罗活三百里而近，俱为坦途矣。度其中未开通处，不过二百里耳。官军属武官领之，民兵属有司领之，土兵属乡保长领之，通力合作，相其溪壑，易其险阻，假以数月，而琼崖之路可由黎峒中行矣。儋、万视此，其工则又杀焉。四路交逵，度中建城，量地置堡，就堡立屯；以攻则取，以守则固矣。

《海瑞奏略》

臣窃观琼州黎岐，譬之人马，黎岐心腹，州县四肢。黎岐为寇，是心腹之疾也；心腹之疾不除，得必浸淫四溃，而为四肢之患。为今之计，莫若敕群臣中知识事机、力可大任、不贪富贵、志在立功者，以之充兵备副使，以专治黎之任。琼去京师万里，当事请裁，或致迟误；设立县所，限其大概，乘机审势，听其便宜。凡一切招民、置军、设里、建学、迁创县所、屯田、巡司、驿递诸事，不许抚按臣等从中节制。年年借用，许其调广西土兵、广东汉达官军打手；值变故，许其调用约万人，量拨一次大征银粮之半以充其费。三年后，考其成功，七年，稽其变化之效。彼得专任之柄，宽其行事而又功少不完，不迁其官；事少不效，必重其罪。欲不尽心力而为之，不可得也。

《上兵部七事》

一，黎岐所居之地，虽有高山峻岭，而亦多平衍峒场，膏腴田地，其村峒可立县所者甚多。今据大征剿平及人所常行共见者，则崖州罗活峒抱显村、感恩古镇州、陵水郎温峒、琼山大坡头营、儋州七坊峒。凡立县迁县，必先置所移屯；其不必立所者，亦宜拨军兵数百名防守，俟黎平后议撤。其凡阳、磨赞二村之间，乃东西南北之中，可立一大县，迁海南卫并兵备道参将府于中，使东西南北皆可以控制黎岐，且与新立县所为虎豹在山之势。

一，感恩土瘠，民苦耕作，亦非要害，可迁于古镇州，会同澄迈二县，亦非要害，似可迁于附近黎峒。

一，各州县巡检司，非要害者，皆迁于新立所近地或冲要里社，以为关防。

一，海南卫十一所屯田，正以防御寇也。今其地附近黎登版籍，为良民久矣，屯军一无所为，可拨其田为民田，迁军余别营屯田于黎峒中。

一，崖州、昌化二所在州县中，其旁州县居民熟弓矢，常时皆能自御海寇，无俟于本所官军。今若迁崖州所于罗活峒，则去崖州止一百里；迁昌化所于古镇州，则去县止七十里，内可以制黎岐，外亦可以御海寇。

一，黎人犷悍，不肯归化者，为州县远，欲向化无由，并为奸人所阻隔者亦多。今若区处群黎，当先其易而后其难。既得其易，辄立县所，则难者欲为乱而无羽翼，我势既壮，则彼当向化矣。

一，黎岐归化，当编其峒首村首为里长，所属之黎为甲首，出入不许仍持弓矢，原耕居田地，听从其便。其山林可开垦并绝黎田地，招外方无业民耕作，结为里社，与黎岐错居。

黎将俞大猷《图说》

黎岐居于三州十县之中，与吾治地百姓，鱼盐米货相通，鸡鸣犬吠相闻。出劫乡村，最为便易。我兵既集，千溪万径，皆可以适其巢穴，无一次不收成功。即今经戮村分，其遗类不甚多，能据其遗地，移吾兵民以杂居之，则其子孙耳濡目染乎，吾民之言语习尚，皆可化为百姓矣。惜乎自古以来，皆上首功于贼势方张之时，而不能驾驭于摧败之后。能捐大征之财数十万于贼未平之先，而靳经略之财数万于善后之际。彼其长养积聚之，久复如前日之盛，一有所激，复聚为乱，仍动大兵以剿之。费用之多，杀戮之惨，元气之伤，亦其势之所必至耳。

本职历遍各峒，备览形势，抚谕各黎，熟察其情，果见近经剿地方，如罗活峒宜立参将府，迁崖州千户所于其内，抱显村宜增设一县，古镇州宜立屯所，各有绝黎田地，以收剿平之功。仍各筑城穿地，以垂永久之规。又各不经剿黎峒，合先区处，以杜后日之患。于儋州之摧抱村，宜迁镇南巡检司，又拨儋州千户所官一员、军一百名。陵水之岭脚峒，宜迁藤桥之巡检司；又拨南山千户所官一员、军一百名。琼山之沙湾，宜新设一巡检司，及拨海南卫官一员、军一百名。各协镇之，以弭其将来之变。仍各筑城穿池，以为他日立州县之基。又各城池之中，俱盖参将衙门，以便周流巡视。若夫大路宜通者，则南北取直径，遍迁设驿递以便官民往来。又罗活城宜暂围打手五百名，榷抱岭脚沙湾城宜暂围打手二百名，各于镇压之中，寓招徕变化之术。间有梗化不驯之徒，相机设计去一二村，以警其余。五年之后，事宜已定，渐次制其土舍，行令更为里长，该管黎人就编属之以为甲首，纳粮之外不得再加差役。其各州县掌印官，务将管下黎人严禁童女不得如前披发文身，男人务着衣衫，不得如前赤身露腿，其首各要加帽包网，不得如前簪髻倒颠。各村黎童之幼小者，设社学以教之，使其能言识字。每一年间，守巡官查考各州县官变化各熟黎几村，招抚生黎为熟者几村，具呈抚按衙门，以为殿最。如此经略，渐次举行，熟黎既不得倚生黎以为祸，土舍亦不得假热黎以生奸，不数年间，皆登州县之版籍矣。

语音

州城惟正语。村落语有数种：一曰东语，又名客语，似闽音；一曰西江黎语，即广西梧浔等处音；一曰土军语；一曰地黎语，乃本土音也。其儋、崖及生黎与蜒、徭、蕃等人语，又各不同，或间杂胡语（若今呼小帽为古逻，系腰为茶博是也）。

夫琼，中国外境也，大海是环，番夷四达，广袤三千余里，西南雄郡，无逾此者。且边海之饶，见称往古（史志：越“处近海，多犀象、玳瑁、珠玑、银铜、果布之凑。”韦昭曰：“果，龙眼、荔枝之属；布，葛布也。”），风潮虽异，而气候无恶（《方舆志》：“周岁皆东风。”《寰宇记》云：“琼海之潮，半月东流，半月西流，潮之生随长短，星本系月之盛衰。”）。汉人所谓鳞介易我衣裳者，岂其然乎？隋唐之际，冯冼内属荒梗之俗，为之一变。明兴，圣谕称为南溟奇甸，有华夏之风（御制文集，敕劳海南武臣曰：“南溟浩瀚，中有奇甸数千里。”又谕海南臣民曰：“海南习礼义之教，有华夏之风。”）。自是鼎臣继出，名满神州，至诚前知，信有征矣。慝惟俚峒盘据腹心，而我之控制反在其外；生熟杂揉，属为榛梗（元时，俚寇海南尽陷，止余琼耳）。五指、珠崖，最称险恶；文昌、万州，尚易驯制。特以诸邑营戍，浸成废弛，恣其趑趄耳。沿边海防，尤为诸夷观望，名存而实亡者，不独琼管为然也。尝闻之，珠崖之变，起于发髡（应劭《风俗通》曰：“珠崖之废，起于长吏，观其好发，髡以为髲。”）。方今香蜡、藤葛、皮毛、齿革取办于琼者不一，故齐民腹背受敌，而息肩亡由，柔远能迩，盍豫图之。

罗定州

兵额：中路前营（兵五百四十六名），中路左营（兵五百四十六名），东路前营（兵四百七十九名），东路左营（兵四百七十九名），东路右营（兵四百七十九名），东路后营（兵四百七十九名），西路前营（兵五百八名），西路左营（兵四百九十七名），西路右营（兵四百九十七名），西路后营（兵五百八名），防江兵船（十二只，每船小甲一名，水兵十二名）。

营堡五十二：罗定之营堡曰金径（在州西五十里）、曰罗镜岗（在州西八十里）、曰洒上（去罗境七十里）、曰云卓（去洒上五十里）、曰大樟根（去云卓八十里）、曰白石（去大樟根四十里）、曰水径（去州东五十里）。曰思贺（去水径十五里）、曰镇安（去思贺三十里）、曰平窦（去镇安七十里）、曰掘峒（去平窦六十里）、曰马柜（去掘峒六十里）、曰合水（去马柜一百六十里）；东安之营堡曰罗溪（在州东九十里）、曰铁场（去罗溪三十五里）、曰荔枝峒（去铁场五十五里）、曰仗峒（去荔枝峒九十里）、曰安乐（去仗峒五十里）、曰思乐（去安乐六十里）、曰南乡（去思乐九十里）、曰县治（去南乡六十八里）、曰云岭（去县治二十五里）、曰黄沙（去云岭六十里）、曰富禄（去黄沙五十里）、曰欂陂（去富禄六十五里）、曰马塘（去欂陂五十五里）、曰龙埇（去马塘一百九十里）、曰相思胡峒（去龙埇四十里）、曰歌村（在县西五十里）、曰白梅（去县西四十里）；西宁之营堡曰庵罗（在州西五十里）、曰黄泥（去庵罗五十里）、曰古蓬（去黄泥十五里）、曰思药（去古蓬五十里）、曰大刀（去思药七十五里）、曰罗旁（去大刀三十里）、曰县治（去罗旁七十里）、曰车滘（去县治四十里）、曰封门所（去车滘七十里）、曰云稍（去封门所七十里）、曰新乐（去云稍五十五里）、曰思虑（去新乐六十五里）、曰梅峒（去思虑四十里）、曰车田（去梅峒九十里）、曰谭章（去车田七十里）、曰扶合水尾（去谭章六十里）、曰排埠（去扶合水尾七十里）、曰分水岭（去排埠八十五里）、曰函口所（去分水岭二十里）、曰怀乡（去函口所六十里）、曰白石（去怀乡六十里）。

广东（注十四）御史庞尚鹏《抚处濠镜澳夷疏》

窃惟广东一省，西北联络五岭，东南大海在焉。蛮夷杂居，禁网疏阔，山海之寇，啸聚不时。《诗》曰："迨天之未阴雨，撤彼桑土，绸缪牖户。"马夫智者镜几以先图，勇者乘时以自固。此何时也？而诿之曰阴雨未至，可乎？臣生长海邦，习闻已久，除倭夷山寇，出没扰攘，见在经略者，臣不敢烦渎外，谨摘其祸切门庭，履霜坚冰者，著为论列，窃效诗人桑土预彻之义，惟陛下试垂听焉。

广州南有香山县，地当濒海，由雍麦至濠镜澳，计一日之程，有山对峙如台，曰南北台，即澳门也。外环大海，接于牂牁，曰石峡海，乃蕃夷市舶交易之所。往年夷人入贡，附至货物，照例抽盘。其余番商私赍货物至者，守澳官验实，申海道，闻于抚按衙门，始放入澳候，委官封籍，抽其十之二，乃听贸易焉。其通事多漳、泉、宁、绍及东莞、新会人为之，椎髻环耳，效番衣服声音。每年夏秋间，夷舶乘风而至，往止二三艘而止，近增至二十余艘，或倍增焉。往年俱泊浪白等澳，限隔海洋，水土甚恶，难于久驻，守澳官权令搭蓬栖息，迨舶出洋，即撤去。近数年来，始入濠镜澳筑室，以便交易，不逾年，多至数百区，今殆千区以上，日与华人相接济，岁规厚利，所获不赀，故举国而来，负老携幼，更相接踵。今筑室又不知其几许，而夷众殆万人矣。诡形异服，弥满山海，剑芒耀日，火炮震天。喜则人而怒则兽，其素性然也。奸人则导之凌轹居民，蔑视澳官，渐不可长。若一旦豺狼改虑，不为狗鼠之谋，不图锱铢之利，拥众入据香山，分布部落，控制要害，鼓噪直趋会城，俄顷而至，其祸诚有不忍言者，可不逆为之虑耶？

议者欲于澳门狭处，用石填塞，杜番舶潜行，以固香山门户，诚是也。然验石塞海，经费浩烦，无从取给，举事当待何时？或欲纵火焚其居，以散其党，为力较易。然往年尝试之矣，事未及济，几陷不测，自是夷人常露刃相随，伺我动静，可复用此故智耶？议者又欲将澳以上、雍麦以下山径险要处，设一关城，添设府佐官一员，驻扎其间，委以重权，时加讥察，使华人不得擅入，夷人不得擅出。惟抽盘之后，验执官票者，听其交易而取平焉，是亦一道也。然关城之设，势孤而援寡，或变起不测，适足以为桀骜之资，岂能制其出乎？

安边者贵消祸于未然，怀远者在伸威于既玩。臣愚欲将巡视海道副使移驻香山，弹压近地，曲为区处，明谕以朝廷德威，厚加赏犒，使之撤屋而随舶往来。其湾泊各有定所，悉遵往年旧例，如或徘徊顾望，即呈督抚军门亲临境上慰谕而譬晓之，必欲早为万全之虑而后已。若以启衅为忧，则祸蘖之萌，亦当早见而预待之。况有旧澳见存，皆其耳目所亲见闻者，彼将何从执怨乎？番船抽盘，虽一时近利，而窃据内地，实将来隐忧。党类既繁，根株难拔，后虽百其智力，独且奈何。或谓彼利中国通关市，岂忍为变。熟知非我族类，其心必异。此殷鉴不远，明者睹未萌，况已著乎？急则变速而祸小，缓则变迟而祸大。惟督抚军门，加意调停，从议酌处，毋逆其向慕中国之心。就于通事中择其便给者，优以殊格，使掉其舌锋为说客，开示祸福，以阴折其骄悍之气。自后舶入境，仍泊往年旧澳，照常交易，无失其关市岁利；复严布通番之令，凡奸人之私买番货，畔民之投入番船及略卖人口，擅卖兵器者，悉按正其罪，俾人皆知有法之可畏，而不敢为射利之图。区画既定，威信潜孚。查往年所以禁制而防御之者，悉遵旧例施行，诸夷自将驯服而默夺其邪心，即祸本潜消矣。伏乞敕下该部覆加详议，转行督抚衙门，参之舆论，酌以时宜。如果臣言可采，即便举行，此岂独岭海一隅之福，实宗社无疆之福也。

或有为臣私忧者，谓事关地方休戚，今海岛晏然，恐无故而发大难之端，谁执其咎？建言者殆祸不旋踵矣。臣窃念督抚重臣，威名动夷夏。每孜孜焉，为海邦万世计。熟思详处，已非一日，若不及今早图，将来孰有能任之者？臣揆诸事势如此，若复有所顾忌，缄口待时，是徒计一身之利害，而忍忘全省之安危；视天下为一家，恐不若是也。此臣所以披沥尽言，不敢卷舌藏声，坐待滔天之祸。

附注

注一：一名乌石营。

注二：保昌县关二：曰横浦（在大庾岭绝顶）。曰盐（在太平桥南，天顺二年，巡抚都御史叶盛奏设，榷盐税以资军饷）。

注三：旧《通志》保昌隘八：冬瓜、白石冈、南亩、平田、芋头、百顺、红梅、百顺侧，始兴隘七：黄田、花腰石、猪子峡、沙口、凉口、杨子坑、上台。

注四：旧《通志》海丰关一：甲子。

注五：旧《通志》长乐隘十一：银坑、古楼坪、榕树、平塘、解纱径、芙蓉径、象鼻径、董源车塘、平塘、大莂、秋漠火载径。

注六：旧《通志》隘口：海门、东陇、辟望、枫洋。

注七：旧《通志》作团子山径。

注八：兵备副使任可容。

注九：府东北四十里。

注十：成化初，内官管珠池，初采一万四千五百余两，大约三石五斗；次年，采九千六百余两，每百两余四五两，大约一升重四十六七两；次年，大者五十余颗，计一斤重，云价近白金五十两，此偶然之数也。少时，所得不偿所失。御史召洪云。

注十一：两广都御史林富《奏停采珠疏》《革珠池内臣疏》，俱见《广东通志》。

注十二：去府城仅十五里。

注十三：旧《通志》，渔洪在州西，又有茶陵在州东。

注十四：嘉靖四十三年。

广东备录下

《广东通志》

猺僮

南蛮下要服一等。岛夷在唐虞，犹与之要质，故曰要服。蛮则顽于夷矣，以荒憬不可与语，故置诸荒服以远之。夏商之时，渐为边患，暨于周世，党众弥盛，故《诗》曰“蠢而蛮荆，大邦为仇”。至楚王时，蛮与罗子共败楚师，杀其将屈瑕。楚师复振，遂属于楚。及吴起相悼王，南并蛮越，遂有洞庭、苍梧之地。按《水径》，浪水出武陵谭城县北界沅水谷（水出辰州府黔县，故谭城也），南至郁林潭中县，与邻水合（今谓之移溪），又东至苍梧，为郁溪，又东至高要县，为大水（即今西江）。蛮越之众，自此逾岭而居溪峒，分猺、僮二种，猺乃蛮荆，僮则旧越人也。

猺本盘瓠之种，产于湖广溪洞间，即古长沙、黔中五溪之蛮是也。其后生息蕃衍，南接二广，右引巴蜀，绵亘数千里。椎髻跣足，衣班烂布褐，各匀远近伍，刀耕火种，食尽一山，则移一山。俗喜仇杀，猜忍轻死，又能忍饥行斗，左腰长刀，右负大弩，手长枪，上下山险若飞。战则一弩一枪，相将而前，执枪者前却不常以卫弩，执弩者口衔刀而手射人，敌或冒刃逼之，枪无所施，释弩，取口中刀，奋击以救。度险整其行列，遁去必有伏弩。主军弓手辈与之角技艺，争地利，往往不能决胜也。儿始能行，烧铁石烙其跟蹠，使顽木不仁，故能履棘茨而不伤。其顽犷幼已成性，不啻如野兽然。丧葬则作乐歌唱，谓之“暖丧”，其情乖戾可知矣。

僮性质粗悍，露项跣足，花衣短裙，鸟言夷面，自耕而食，又谓之山人。出湖南溪洞，后稍入广西古田等县，佃种荒田，聚众稍多，因逼胁田主，占据乡村，遂蔓延入广东。其初来尚以听招名色，佃田纳租。与傜人种类不同，时相仇杀；有司及管田之家，颇赖其力以捍傜人。及后势众，亦与傜人无异。肇、高、廉三府与雷州之遂溪县，广州之新会、四会、清远暨连州，在在容有之，征之则罔功，招之则致悔，于今诚有可虑者矣。

本朝洪武十二年，泷水县傜人刘第三者自元末为害，已非一日。是年复聚众寇掠，朝廷命指挥刘备讨平之。

十六年，广东傜乱，命中国公邓镇讨之，语在事纪。二十八年，命将讨平广东谭源诸峒。三十一年，西山傜人盘穷肠为暴，官兵捣其巢穴，设立傜首，统领抚傜甲总，每岁来朝，赐之钞带，自是回面向化，潮州亦有称畲长者。永乐四年春三月，高州府信宜县六毫峒下水三山傜首盘贵等朝贡方物，上嘉其慕义，赐赍遣还，仍敕有司免其赋役 自后傜首傜总来朝贡者，皆如之。六月，高州、肇庆二府傜首赵第二盘贵来朝（先是化州吏冯原泰、陈志宽言，天黄、大帽、曹连、茶峒、石栗诸山傜人，素未归顺，今有向化之心。遂遣人赍物，同原泰等往抚谕之。至是第二等籍其属二千五百余户，凡七千五百余口来朝，赐钞币袭衣，命原泰为泷水县丞，志宽为信宜主簿，专抚诸傜）。五年冬十一月，畲蛮雷文用等来朝（初潮州府卫卒谢辅言，海阳县凤凰山诸处畲遁入山谷中，不供傜赋，乞与耆老陈晚往招之，于是畲长雷文用等凡百四十九户俱愿复业。至是，辅卒、文用等来朝，命各赐钞三十锭、采币表里绸绢衣一袭，赐辅晚亦如之）。六年夏四月甲申，德庆州猺首盘永用来朝（先是州民陈朵朵招抚永用等，至是来朝，贡方物，赐钞币及绸绢衣）。八年二月，德庆州新落山猺首骆第二来朝（初令泷水县丞冯原泰招谕向化，计户百六十，口五百余；至是来朝，赐钞币袭衣）。十年春二月，信宜县根竹峒猺首陆仲八等来朝（贡方物，赐衣及钞）。夏六月，升泷水县丞冯原泰为德庆州判官，以其善抚诸猺也。十一年春二月庚午，新兴县猺首梁福寿等来朝（肇庆府学增广生廖谦招携新兴县山峒猺首梁福寿来朝，贡方物，凡招猺人五十余户，以谦为新兴典史以抚之；赐福等衣钞）。十三年秋八月丙辰，德庆州猺首周八十来朝（贡方物，赐衣钞）。十四年冬十一月癸巳，高要县猺首周四哥来朝（籍其属八十七户，男女二百二十四口，愿入版籍，供赋役，赐钞遣还）。十五年夏四月，信宜县猺首盘龙福等来朝（贡方物，赐钞币）。冬十月，化州猺首黄应广等来朝（贡方物，赐钞币袭衣）。十七年五月，电白县佛子等山猺首黄蒲山等六十人来朝（贡降香等物，赐钞币，遣还）。宣德间，赐诸猺敕谕，数十年间，稍得休息。其作乱，则始自正统间。镇守内臣阮能因其朝贡，多索方物；知其所畏惟达舍狼兵，乃与兵部尚书陈汝言交通，凡上官统领狼家者，百端剥削，袭荫必须厚赂；又奏将达官尽数取回，既而科道诸臣详以烦扰不便，乃止。于是寇贼四起。十一年，泷水猺贼赵音旺与德庆猺凤广山作乱。凤广山听抚，赵音旺合诸山叛猺大肆杀掠。都御史马昂调广西狼兵及僮人直抵猺巢，斩获甚众（余党语见事纪）。广东旧无总兵参将名目，景泰初，始设以分捕民猺寇贼。景泰三年，左都御史盐山王翱总督两广军务，威望素重。猺贼闻其至，大惧，听抚。奏用招抚猺老、僮老人等，令其归峒生理，而整兵以防之。于是岭海肃清。天顺元年四月，泷水猺贼凤弟吉作乱，攻掠县治，巡抚都御史叶盛讨平之（先是泷水县逍遥等山猺贼凤广山恃险为恶，官兵莫能制。广山死，弟信，其子也，袭父之恶，伪称凤二将军，招集各山贼首猺蛮，编为旗手杀手，劫掠乡村，攻围城邑，杀害人民，敌杀官军，烧毁房屋禾仓，抢虏牛羊牲畜，不可胜计，陷杀指挥等官陈广聚等官军。至是，盛等会调两广大军，水陆并进，于连滩立为总营，节制号令；督行都指挥胡英在阳春鱼子水，韩瑄在岑溪、思虑、新乐，徐升在鸡骨岭，韦俊在罗傍、水口各进兵；副总兵欧信、左参将范信各亲督兵，斩箐伐木，开通道路，齐力夹攻，直捣巢穴。各贼累次迎敌，官军奋勇，擒斩首从贼徒凤弟吉等三百四十五名颗，残党多各饿死；招抚胁从回山住种，及于附近营堡添兵固守，而以弟吉等十五名献俘于京师，地方始平）。秋七月，河源县猺首梁志山等来朝（贡方物，赐钞及采帛表里袭衣有差）。九月，清远等县抚猺把总袁珍等来朝（贡方物，赐绢纱）。二年四月，升肇庆卫指挥使田积为署都指挥佥事，分督屯田，是副总兵翁信奏也。五月，阳江县南河都官峒等山猺首彭震等来朝（贡方物，赐采币纱绢有差）。五月，昌化县故土官县丞符应乾弟元春来朝（贡方物，赐采帛纱绢）。六月，太傅安远侯柳溥奏：即令虏寇侵掠边境，调军征剿，而凉州、庄浪二处仓储甚少，宜召商中盐，纳粮以备。户部议宜允其请，纳凉州广贮仓粮者，广东盐一斗五升，纳庄浪仓粮者，广东盐二斗五升。秋七月，龙川县猺首陈万通等、阳江县猺首黄胜富等、高要县猺首邓钺等俱来朝（贡方物，赐钞及采币表里有差）。三年夏四月，泷水县逍遥山猺贼凤弟信纠合广西流贼，劫虏人民，敌杀官军，巡抚右佥都御史叶盛讨平之。已而鸡笼岭僮贼合广西流贼攻破开建县，杀知县等官，劫库而去，命副总兵欧信等剿贼。六月，泷水县徭贼凤光山等七人伪称总管，焚毁衙门，劫掠乡村，杀虏人财，被擒，械送至京，法司坐凌迟处死，从之。秋七月，英德县徭首夏永安来朝（贡方物，赐钞及采帛缎表里等物有差）。秋七月乙巳，翁源县抚徭总全善清等来朝（贡方物，赐纱币有差）。四年秋九月壬寅，翁源县抚徭头庐振成来朝（贡方物，赐纱币有差）。成化初，徭贼犯雷州，官军不能御；会佥都御史韩雍至，恩威并著，徭人畏服，郡县赖之以安。后立秋调法，用狼兵雕剿，肇庆自罗旁、绿水至怀集，高州自西山、茂名、石城至郁林、钦廉等州，以及广西山贼，皆豫先哨探其巢穴及出劫道路；而又移檄严督守巡及参将、把总、守备等官时加训练兵快，防守要害，贼或出没，即时雕剿，或捣其巢穴，或截其归路，俾出无所得，入无所归，策至良也。雍去法废。迄弘治以后，贼益猖獗。至正德初，则狼兵亦不听调矣（督府与镇守总兵后多贪贿，狼兵每遇调，辄以赂免。田州土官岑猛每忿且笑之曰："三堂正如三只狗，以片肉投之，即去矣，吾何惮焉？今之狼兵，非复王、韩之时矣。"有警则用打手御之，又支给不时，屯膏吝赏，亦为盗）。正德七年，分巡岭西道佥事汪镃督兵进讨，以石绿僮子为向导，僮潜与徭谋，引入深险，被伤甚众，始知为其所卖，自是不敢言用兵矣。正德十年，白饭坑、耽坂岭等徭截路杀人劫财，知县黄宽率乡夫讨灭之，始通人行。十六年，封川、开建、贺县徭乱，提督都御史萧翀、总镇太监王堂、总兵官抚宁侯朱麒讨平之（先是，封川县石砚、大和鸡峒山徭庞古子盘古义纠合开建县大玉、小玉、大台，贺县峒金、上峒、下峒山徭，大肆流劫，杀虏人畜，敌伤官军。至是，翀等调集汉达官军土兵一万三百十员名，分三大哨：中哨，副总兵张祐、副使张祜；左哨，左参将赵丞序、左参政章拯、佥事陈纲；右哨，都指挥卜玉、许英，佥事杨必进分道讨之，俘斩六百一十九名颗，地方始平）。嘉靖三年四月，参政罗侨榜示祸福，招出傜目梁鸟皮等三百余家复业。七年，分巡佥事李香临县，招出投傜二千余人，还新兴、阳江、新会各处复业，邑赖以安。八年，封川、石砚等山傜乱，提督兵部右侍郎兼右佥都御史林富、总镇太监张赐、总兵咸宁侯仇鸾讨平之（先是，石砚、都罗、鸡峒、勒根、廖峒、都混、归源山贼首盘古子、侯弟晚等恃险负固，荼毒生灵，地方受害。至是，富等议遣副总兵张祐督调汉达官军土兵，执古子等诛之）。九年，石砚断藤峡、七都、板塘、古雍、古风蛮弗靖，总督兵部侍郎兼都御史林富讨平之（广西桂林之七都、板塘、边山，平乐之府江、樊家屯，梧州之东安、长行，浔州之断藤峡、龙山，柳庆之古雍、古风、荔枝三都，广东肇庆之西山、罗旁、绿水、石砚，广州之会宁、白水、长塘等处，俱系稔恶贼巢。先是有事思田，未暇加兵，以致前贼猖獗，肆行标掠，哨捕官司，报警不绝。至是，富会同总镇太监张赐、总兵官咸宁侯仇鸾行委副总兵张祐剿石砚，参将张经剿断藤峡，副总兵李璋剿七都、板塘，参将沈希仪剿古雍、古风，共俘馘首虏千有余级，余党俱畏威听抚，寇患暂息。疏闻，赐金帛有差）。十年，贼首赵林花、黎广雄等一千七百余徒政陷高州，提督都御史陶谐同总兵仇鸾请兵七万，分部督进，誓师于正月十五日，奏凯于四月十五日，巢穴迅扫，种类无遗，而又实以良民一千余家，田赋一百三十九顷九十一亩零（傜田，云廉山田，税米一十石一斗五升；黎峒山田，税米二十石七斗；北河峒田，税米一十石二斗五升；黎滂峒田，税米九石二斗九升；通根山田，税米三石四斗；霖倒山田，税米五石三斗三升；增城瓦寨田，税米二十七石八斗；那刀、双峒、高岭、南埇等田，税米一十六石四斗三升；那位、那到、那林、双敢田，税米一十七石；大庞峒田，税米十三石七斗；下双田，税米六石七斗八升；吊涧东水山田，税米七石三斗五升；古牛田，税米一十七石；中瘵山田，税米八石；湖峒田，税米二十六石三斗七升；相思峒田，税米五石一斗；铁峒山田，税米一十三石五斗；小庞峒田，税米二石；蒙村峒田，税米一十五石；合水峒田，税米十石；木栏山谢腮峒田，税米一十一石五斗；唐径峒田，税米五石；谢存峒田，税米二石八斗四升；双滘峒田，税米十石五斗；千岁峒田，税米二十六石二斗七升；许容峒田，税米九石五斗；册峒田，税米二十三石五斗一升；寨脚峒田，税米八石七斗九升；旱峒田，税米十石；峒尾峒田，税米六石；那铜、腰蒙峒田，税米五石八斗；那宁峒田，税米五石一斗；山仔庞峒田，税米八石；黄稿、大小水茶场峒田，税米六石四斗五升；西岸峒田，税米八石三斗；上泷田，税米二十四石六斗；小水、大萌、陈村峒田，税米八石四斗四升；大湴峒田，税米三石；石桥峒田，税米四石二斗）。**二十四年，封川徭民乱，提督右都御史张岳、总兵平江伯陈圭讨平之**（封川县归仁、文德二乡大滑脑、洪秋、南吉、大货、黑石、麒麟、白马、莲花等巢，山径多岐，崖峒延袤，深林叠嶂，穷险莫测，自古为徭、僮所居。至是，贼首苏公乐、张公蕊、李公请、陈公党、左公珠聚众为乱，时出乡村攻劫。岳等调集汉达官军土兵四万八千六百余名，分为左右二大哨剿之，俘斩二千五百余名颗）。**二十七年，提督军务都御史欧阳必进严山禁**（照得国家通山之禁，法制甚严。今查各处报到贼情，皆系乡村奸民，为之倡率向导，又各贼盔甲器械，俱各齐备，究其所自，皆由营堡官军与地方人等纵容奸民，与之往来，通同分利。如上年肇庆府苏祥之事是也。又有招主相信，隐匿官廪，透引奸商，为之影射；又有守土掌印、巡捕、守备等官，假以馈送上司名色，取讨货物；或以修理衙门为由，滥派竹木，如此，则山禁安得不疏？傜人安得不肆？若使守土巡捕官知严禁地方，哨守巡司官知严禁军兵；无一奸民敢与相通，鱼盐布货之利，非听抚者不得相济，则导率无人，党器无备，鱼盐布货之利，又足以制其生命，又安有猖獗之患耶？）**三十年，提督都御史周延抚定岭南等道**（先是欧阳必进讨平海南黎那等贼，民有调运之困，至是岭南、海南、岭西郡县凶荒粜贵，民之疾苦流离者甚众。时延适入镇，悉心抚处，赈恤有方，傜、僮屏息。明年，海丰、平海寇乱，又讨平之，时贼首何亚八等聚徒数万，乘大舰劫掠于平海、海丰间，声势猖獗，滨海诸城，门闭不敢开，村郭骚扰，生民奔窜；或胁从者，远近响应。有司告急，冷作战舰，乃简指挥王沛面受方略，率募兵利水战者数百，一鼓而俘斩二百名颗，余党多溺水死，亚八仅以身免。岭东洋海既靖，时强寇纠合傜贼，流劫香山涌，闻风宵遁，岭衮黎庶，咸赖更生，地方底宁）。**三十八年，提督都御史郑絅、巡按御史潘季驯用肇庆通判刘用章议，税德庆傜山楠漆等物，以补虚粮，民以为便**（德庆州南山田地，多被傜人侵占，粮累民赔。用章掌州事，询民疾苦，查得傜山产有楠漆，每年纳数万石，官不抽税，俱属奸民妄冒，经纪每担抽银五分，每价银一两，又税银三分。今拟每漆一石，税银五分，以裨概州虚粮之额。出示晓谕，不许奸民仍冒经纪名色，重复索骗。晋康乡田土，向被傜占失业，除已奏请蠲粮，并准纳轻赍外，尚有傜占失业荒粮四百三十二石三斗零，未经申准折纳轻赍，岁派小民赔付，不能完纳，已行查勘明白。随据厢乡呈称，傜山出产不止楠漆，此外尚有砂仁、黄蜡、蜂糖、皮张、黄藤、竹木等项花利，呈乞申请并抽，以补荒粮。岭西道行府核实，于泷水江口听物货自至，带同商人到州投单，委官盘验，照例抽纳，具数登记循环，按季缴道稽查。及令该州印给号票，商人执照，使上下水巡司收验，如无号票，即系私通，按问如律。抚按详允施行）。然种类既多，每乘时窃发，攻城邑，掠吏民，缚男女，以需收赎；或旬月屯聚，不复畏惮；其久为患敢恣肆者，乃本境交通之流贼也。既行佥事李香之法，鱼盐货市，严禁交通之人；又仿成化间故事，命参将驻扎石城，往来巡督高、肇、雷、廉地方，则有以扼各府之咽喉，而绝傜、僮必经之道路；于新兴及胥江巡司，如丘文庄公所论，立营驻扎，以捍薮广城之要害，与石城鼎立，分界而守。三十九年，用肇庆同知吕天恩议，移广肇参将府于新兴县塘宅堡（先是，三十六年，平扶罗大贼。后肇庆府通判吕天恩议，以塘宅堡地方，乃新会、新宁、新兴、恩平各县适中之地，四面崇山峭壁，盗贼渊薮。先年大征，曾建置衙门驻扎，便于区处。墙围公廨，尚存规模，宜令官往守。估计砌砖城一围，建置参将衙门，专坐分守高、肇、韶、广参将官，在彼驻扎，遇有警报，会、宁、新、恩各县守土官兵并地方千百长、排年乡夫人等，悉听本官训遣杀截，毋分岭西、岭南，彼此牵制推调。其日逐合用廪给口粮俱于附近独鹤驿支应；赏功花红等项，查得塘宅堡旧有牛判斤角银两，就于此项支应；至于随捕官兵行粮，周年共米一千六百余石，就彼建立仓廒，递年专委新兴县常丰仓仓官一员，督征带管，将新会、恩平、新兴三县派定存留仓米，分拨附近长居、静德、照会、双桥、登明、古博等都图，责成征运前该仓收贮，月终就令本官放支，按季造册缴查。则官不必备，事无肘制掣，得就近制驭之宜，而盗贼或可消弭。具呈分守参政王国祯会议，查得先因韶、广、高、肇四府地方多盗，议设参将一员，令其遇警往来截杀；且建立衙门于肇庆府城驻扎。但查清远、大罗、德处、泷水等处，虽曰群丑出没靡常，然二道兵备驻扎各该地方，已足控制，参将衙门，复设该府，似未适中。今通判吕天思奏委军前，亲历其地方，相度事势，谓宜于该堡改建参将衙门，控扼要害，兵马粮饷，假以事权，便于调遣；不惟四邑残寇可以坐弭，而本参将往来各府提调，亦得利便。况责任不分，事机不失，缓急俱益，委为扼吭拊背保障长策。呈奉提督府会同总兵官具奏，乞敕该部再加查议，令该府县查支官银，创建城垣衙门公馆，行令分守高、肇、韶、广地方左参将专一在彼驻扎。上令兵部复议，看得所议新兴县塘宅堡地方，为广、肇二府喉舌之冲，徭贼出没之地，先年调募军兵二百名，委武职一员，在彼防守。缘贼众兵稀，不能控制，遂致滋蔓，祸延四境。近虽动兵剿平，然久安长治之策，尤当预处，乞要将塘宅堡旧址修筑城垣，创建衙门，行令分守高、肇、韶、广参将钟坤秀屯兵一千余名，有警督调该堡官兵并地方千百长乡夫人等，并力截杀。其官军廪粮、赏功花红等项，悉如议处。未尽事宜，务要送长区画，以为地方经久之规，毋得虚饬目前，致遗后议。奉旨准拟。时天恩以功已升同知，至是始营建筑城）。岭东将镇，亦方建议云。

广州府清远县徭山一百有六。自东南至从化县白水坑界，徭水三十三：瓢湖新巢、三坑巢、舦竹平巢、低径巢、鸡公坎巢、西坑巢、风门巢、香芦坪巢、杨梅坑巢、大茅坪巢、由柞田巢、小水巢、滴水岩巢、车头径巢、忠冈巢、走马畉巢、黄华冈巢、狗犬坑巢、径口巢、干坑巢、老人松巢、黄坭坎巢、大塘艮村新占扛板岭巢、水径巢、青龙冈巢、大塘尾巢、梅抗巢、三畉田巢、良峒二巢、朱溪巢、硖下巢、蕉坑巢。

自北至连州界，徭山三十八：宿沙坪巢、飞桥坑巢、上坑巢、打鼓坑巢、下径巢、黎头嘴巢、石硖巢、长流水巢、龙潭巢、西坑巢、蔡坑巢、樟峒山巢、文峒山巢、黄藤峡巢、黄坑巢、双坑巢、白楼巢、蒲溪巢、羊桥坑巢、苏椰巢、黄皮凹巢、斗树僮巢、黄岐塘巢、黄妮塘巢、陇下巢、新峒巢、西坑巢、罗地坪巢、铁坑山巢、横水山巢、新村僮巢、黄田巢、古磜坑巢、张坑巢、坎头岭巢、响水巢、拐瑚巢、麇石坑巢。

自西北至四会县界，徭山三十五：南田巢、丙水巢、黄溢榔巢、大姨坑巢、小夷坑巢、减竹坪巢、豺狗坑巢、白水砆巢、龙胫巢、大潮巢、大荒巢、小荒巢、大小荒巢、白茫径巢、葫芦坑巢、天塘径巢、上下板峒巢、鹅叫山巢、均坑山巢、石川坑巢、白茫山巢、篱梗坪巢、芋荚塘巢、蛇坑巢、白藤坑巢、南涌巢、新峒巢、黄竹水巢、梅子坑巢、大容山巢、小鹞山巢、大鹞山巢、羊子寨巢、封坑山巢、大山巢。

从化县徭山三十五：乌石山巢、牛屎分巢、苦襖伯巢、仙羊溪巢、東桃山巢、東峒巢、永安峒巢、北坑巢、咄溪巢、苦竹脚巢、糜石坑巢、斗潭巢、膳溪巢、朱砂坑巢、玉溪巢、黄竹田巢、风竹榔巢、圣堂前巢、相公峒巢、砖碓坑巢、鹤门黎巢、沙罗窝巢、大姨巢、小姨巢、東圃巢、恶源水巢、苏峒巢、车头巢、车头垦巢、白沙田巢、大圃巢、开口石巢、官塘历巢、大水边巢、钟峒巢。

新会县徭山一：皂幕山多向化徭人居之。

连州并四会县界徭山十二：马鹣塘巢、川石材巢、河田村巢、黄峒巢、连水僮巢、下浦坑巢、上浦坑巢、南坑巢、鱼潭巢、丹竹围巢、白花兰巢、白花榔巢。

韶州府曲江县徭山四：幽溪、烈溪、葵溪、西山。

英德县徭山二：杉木角流徭、黄茶山徭盘姓者三十余家，别姓者百余人，永乐间，徭首陈朝亮以杀流贼功，除徭官，世袭。

惠州府龙川县山徭：徭人俱别境来者，居深山中，听征调，纳贡献有官长为之抚领。

潮州府畲徭：民有山輋曰徭、僮，其种有二：曰平鬃，曰崎鬃；其姓有三：曰盘，曰蓝，曰雷。依山而居，采猎而食，不冠不履；三姓自为婚，有病没，则并焚其室庐而徙居焉。俗有类于夷狄，籍隶县治，岁纳皮张，旧志无所考。我朝设土官以治之，衔曰輋官，所领又有輋，“輋”当作“畲”，实录谓之畲蛮。

肇庆府高要县徭山九：林田山，近都骑，都西至德庆州悦城巡检司界；大致山，近思辨，都西至德庆州一百里；陆湖山，近杨柳，都西至德庆州一百里；花顶山，近都幕，都西至本县白垊埠界；石狗山，近杨柳，都西至德庆州一百里；牛岭山，近都骑，都西至德庆州一百里；大台山，近杨柳，都西至德庆州一百里，悦城巡司界；榄坑山，近祥源，都北至四会县一百二十里罗坑径界；老香山，近横岗，都南至新兴高明界。

四会县自北至清远县界，徭山一十有五：深坑山、黄竹塘山、冷水山、黄岗山、葵峒山、蒙坑山、黄峒山、三连山、小径山、银坑山、大迨山、石羊山、白带山、东漏山、茶峒山、近大路营。

自西北至怀集县界，徭山一十有二：峡头山、三宿山、清水山、桂木山、茶寮山、高望山、水源山、源坑山、大朝山、白花山、黄牛岭山、大贝山。

自东至石康县界，徭山三十有一：芦荻坑山、那禾村、平坡村、水袁村、木麻村、张公村、白沙村、林蒲村、新庄村、到勾村、横塘村、云巢村、木头村、绕平村、旱峒村、奈何村、竹蒙村、石预圈村、西林村、苏村、林弼村、枫木村、李村、六才村、六难村、贾村、大菜村、那围村、土地塘村、夹口村、木村。

新兴县自西路连德庆州界，徭山二十有八：云齐山、关村、奋村、石碧山、云无山、欧峒山、思云僮村、葫芦山、铁场上围、铁场山、铁场中围、铁岭山、铁场下围、黄三坑、下榄山、叮咛山、大洞山、马头岗、黄沙山、小那山、榄埇山、小洞山、云扶山、马头山、沙木塘山、石人背山、到挂平山、下榄山、西坑山。

自西北连德庆州界，徭山七：下洞岐山、降底山、长乌岗山、冷水徭山、上洞岐山、乌蛇山、竹径路。

自西至横茶桥界，徭山三：龙骨山、三洒山、白石灯挂山。

自东至仓步水界，徭山四：大胡山、大帝山、窝头山、云简山。

自东南至独鹤驿界，徭山七：东坑山、西坑山、贤岭山、曹田山、闩门山、肇庆田山、蔡坑山。

自南至阳春县界，徭山四：笔架大山、侣洞山、云敏山、云魁山。

自南西至东爪岭，徭山一：下礼山。

阳春县自西北方界连泷水，徭山九：黎涝村、北河村、双王白鹤峒、通根山、木槎岭路、云廉鸡六峒、十二鸡头岭、参峒山、那性山。自正西方连泷水贺山界、徭山六十有二：栗子山、横石山、豹村山、林列山、北合山、车田村、漆水山、大田村、瓦寨村、那刀村、双峒村、高峒山、都面村、双敢山、那到村、那位村、那驴村、淡荡山、吉洞山、高岭山、湖峒山、云雾山、坐云山、相思山、钱凿岭、大河山、麻侯山、南埇山、横岭、百踏坑、双牌岭、宿砂山、大埇山、古弼埇、文埇、塘埇山、坐逻山、硖石山、山庞峒、合水山、宁水山、豪村、庙廊山、铁峒山、石川山、那陈山、团埇山、黄沙山、东戈山、峡头山、双牌岭、上下榄、下双山、古牛山、十二峒、中寮山、那岭、吊涧山、高田村、大庞峒。自西南方界连电白县，徭山二十有三：陈村、石坡山、馒头径村、岗背峒、那象、角塘尾、大葫等三村、茶场西岸山、上双蛮婆峒、小水、云峒大洴、那宁山、白坭山、石忠、青湖黎坑、谢腮山、塘径山、许容丹峒、旱田寨脚、千岁山、榕木山、黄麖山。

阳江县徭山十有三：府峒山、翼峒山、马衔山、合沟山、秀石山、合门山、那湖山、香炉山、苏峒山、南坑山、三龙山、接思平界，徭人约六七十徒、杏峒山、接恩平界，徭人约八九十徒、湿径山、近阳春、乐安驿界，徭人约五六十徒。

恩平县徭山七：君子山（去县西北三十里，山甲盘一通，徭总莫朝圭）、大人山（去县西三十里，山甲方宗贵，徭总莫朝圭）、茶山）去县西北三十里，山甲黄观清，徭总莫朝圭）、良车田（去县南三十里，山甲唐仙，徭总梁汝安）、白鹤水（去县东北八十里，山甲雍静，山徭总谢文恭）、天路山（去县北七十里，山甲盘观山，徭总吴明建）、凤凰山（山甲唐仙）。

德庆州金林乡徭山三十有七：大雅山、师姑山、白沙山、豉岭山、和埇山、薄竹山、天堂山、井埇山、金斗山、西演山、青容山、云浪山、平地山、岗底山、大或山、大柱山、踏马山、周埇山、大降山、埇袍山、饭题山、斗子山、龙教山、大塘山、兰金山、高岭山、石脚山、蒌埇山、埇坎山、三礼山、蓝吊山、平埇山、藜岭山、茶岭山、吴蓉山、界头山、石羊山。悦城乡徭山十有二：踏徭山、岗脑山、大水山、柑石山、云峒车峒山、清水车牛山、金坑山、芦荻山、高山、小峒山、颗惟山、踏翁山。都城乡徭山二十有八：埇党山、乌蓉山、羊栏山、金丛山、何禄山、村背山、槎榔山、都榔山、埇箭山、野鸭山、高坐山、都合山、古楼山、双埇山、石埇山、何埇山、竹埇山、黄埇山、踏岭山、胡独山、叠村山、大力山、薄竹山、埇听山、埇禄山、埇分山、文政山、藜离山。晋康乡徭山七十有五：牛岭山、南蛇山、大岭山、风门山、清水山、火烧山、古模山、柴坑山、大台山、北埇山、黑尖山、三江山、水山、打鼓山、峒村山、木衣山、木柏山、峒袍山、丹竹山、石狗山、逍遥山、该路山、筋竹山、楂埇山、不漏山、太平双埇山、平台山、道州山、婆黎曾对山、深湾山、白石山、崩塘山、黎萝山、崩塘山、水源山、木梗尖鼻山、埇黄山、下袍山、金星山、烟底塘埇山、山塘佛子山、金布山、山塘佛仔山、石村美草山、冷水山、莲塘山、下峒黄沙山、蓝清山、马头峒山、谭公山、蔡岭山、郑四山、桑峒山、伏峒黄山、甘塘山、周埇色埇山、埇儿粤振山、溪水退埇山、大林芦荻山、罗夷古蝶山、云稍大地山、大散破脚山、黄九黄埇山、黄岭沉返山、南埇上霍山、云龙埇谭山、黄五白土山、黄第埇虎山、大船云秀山、双橹个篓山、谭炭上狄山、竹塘梅岗山、柴背平埇山、大塘赵岭山。

封川县徭山二：石砚山（徭人盘古地种类）、归仁乡（僮人陈公集种类）。

泷水县自东南至高要县、新兴县界，徭山十：平满山、思贺山、十二界头山、云罗山、黎峒山、云濂山、埇岑僮寨、陈逢岭、界分山、水网山。自南至电白县界，徭山七：干坡山、排步山、抱峒山、下风山、平登山、葵峒山、干埇山。自西南至信宜县界，徭山一十有二：清水山、云济山、金龙山、竹峒山、北永山、黄连山、分界山、温汤山、罗磨山、石碑山、罗蛇山、深底山。自西至广西梧州府岑溪县界，徭山二十有三：上赖山、天子马头岭、龙屈山、金斗山、下赖山、茶汤山、新蓉山、缓水山、运粮山、黄岭山、亟墨山、云致山、都门山、山心山、上河山、埠合山、排步山、石埇山、平地山、谭草山、天荒山、天井山、黄茅山。自西北至连城岑溪界，猺山六：思庐山、双豆山、车田山、白玉山、竹塘山、梅岗山。自北至本州大湾村界，猺山三十有三：六合山、百片山、陈化山、天平山、龙脑山、埇便山、大傍种寨、白梅山、新乐山、北梨山、陈观埇山、黄五山、鸡暴山、谭添山、赵龙山、谭眉山、金青山、路昼山、石羊厦山、高楼山、陈贼山、康猺山、黄九山、云稍山、佛子岭、罗夷山、井峒山、两月山、揭罗山、下霍山、观田山、独竹山、芳尖山。自东北至本州新兴县界，猺山一十有六：镇峒山、揭种山、上霍山、大伞山、上抱下抱山、容草山、埇黄山、永信山、黄沙山、历峒山、黄麖山、下围僮寨、沙田僮寨、奄罗僮寨。自东至阳春县界，猺山一十有一：红豆山、铁场山、葵峒山、云清山、鱼子寨、陂心寨、大湾寨、里陂寨、大峒寨、独竹寨、谭蒙寨。

开建县一都猺山八：似龙山、招埇山、图珠山、小王山、大王山、大王归源山、莲塘山、圆塘山。二都猺山一十有三：九源山、围塘山、梅塘山、黎水山、大王黄坭山、黄坭山、大主山、勒塘山、庙水山、庙塘山、入步山、观冲山、私木山。三都猺山四：野埇山、大水山、箕水山、羊梯山。四都猺山十：圣埇山、谭白莲山、象源山、罗山、罗西山、乌禄山、南令山、大埇山、金石山、圆塘山。

高州府所属州县山猺依栖山箐，有听招，有背招，有险恶；每山有总有甲，领其兵目；听招者有相信抚猺领之（听招者，调之攻守，纳粮当差，与民为一，谓之良猺；背招者，势穷则降，稍利则攫；险恶者，贼不可与化）。化州听调徭共五十一山，抚徭三名，领兵约五百二十四名：门村山（兵九名）、北埇村山（兵十三名）、水车山（兵十五名）、牛埠山（兵七名）、高枨山（兵十一名）、排村山（兵十名）、水口山（兵九名）、山底山（兵十二名）、南头山（兵十三名）、麻子山（兵十名）、白石山（兵十五名）、含牛山（兵十八名）、揖良山（兵九名）、罗雾山（兵九名）、全埇山（兵十三名）、谢凌山（兵二十一名）、北峒山（兵十五名）、平阳山（兵十三名）、清水山（兵八名）、谢半山（兵十三名）、木脚山（兵十名）、山扶山（兵十六名）、风村山（兵十三名）、谢护山（兵二十名）、关塘山（兵十八名）、山田山（兵九名）、黎山（兵十三名）、六龙山（兵二十名）、香山（兵十六名）、塘蓬山（兵八名）、平斜山（兵七名）、多荔山（兵七名）、大鸡山塘落村（兵六名）、黄那山（兵五名）、那仆山（兵五名）、文黎山呆数住（兵五名）、天井大岭（兵五名）、大岭那仆（兵五名）、六王山（兵六名）、罗雾山（兵四名）、竹子山（兵四名）、文弄璋埇山（兵五名）、那平苏村（兵五名）、北南山（兵三名）、南埇山（兵五名）、六王山（兵九名）、清水山（兵十名）、运塘村（兵九名）、尖岗村（兵十名）、大塘村（兵十名）、甘村（兵十名）。茂名听招徭共三十一山，抚徭七名，领兵五百三十五名：端黎山（兵七名）、云庐山（兵四十四名）、南清山（兵三十六名）、杨坑山（兵二十九名），以上抚徭一名。凉桐山（兵九名）、谭坑山（兵八名）、藤水山（兵八名）、陶井山（兵十一名）、黄坑山（兵六名）、周径山（兵六名）、张坑山（兵十名），以上抚徭一名。东埇山（兵二十四名）、单张山（兵三十三名）、蕉林村（兵二十三名），以上抚徭一名。木梨山（兵十一名）、白饭山（兵六名）、罗平山（兵七名）、火烟山（兵八名）、郭埇山（兵十三名）、高岭山（兵十一名）、冯岸山（兵二十七名）、车田山（兵六名）、彭峒山（兵六名）、大峒山（兵六名）、石碑口（兵十名）、碗窑大峒（兵七名），以上抚徭二名。北昊山（兵七十名）、里道山（兵二十七名）、调马山（兵二十名）、蒙村山（兵二十六名），以上抚徭一名。双睹山（兵二十名），抚徭一名。背招徭共十三山，抚徭三名，亦兼领之，约兵一百四十一名：宁坑山（兵七名）、苏坑山（兵十一名）、石脚山（兵六名）、张村山（兵十一名）、石栗山（兵四名）、那蓬山（兵八名）、曹连山（兵十五名），以上抚徭一名。龙湾山（兵十二名）、马例山（兵五名）、大凌山（兵七名）、马匽山（兵十二名）、周坑洴峒山（兵二十名），以上抚徭一名。玄石峒三角湾地界山。兵十五名，抚徭一名。信宜听招徭共十五山，抚徭二名，领兵二百三十名：大花山（兵十七名）、盐田山（兵十名）、六蒙西村山（兵十七名）、高陂山（兵二十名）、黎沙山（兵二十名）、石平山（兵二十名）、沙湾山（兵二十名）、观山（兵十二名）、黎峒山（兵八名）、狂峒山（兵二十名）、木坑山（兵十二名）、六猫蓬瓮山（兵三十名）、盛峒山（兵十七名）、沙底山（兵十名）、竹瓦山（兵五名）。背招徭共十二山，抚徭二名，领兵三百五十二名：十三峒山（兵五名）、木格山（兵二十名）、白石山（兵二十名）、大塘山（兵二十名）、桄榔山（兵二十名）、石峒山（兵三十名）、北峒山（兵二十二名）、钱牌山（兵一百名）、掘峒山（兵七十名）、校峒山（兵二十名）、云黎山（兵十名）、甘依山（兵一十五名）。险恶徭共五十八山，约兵一千三百八十五名：校杯山（兵十名）、城峡山（兵十名）、亟口山（兵十名）、盐田山（兵十名）、林水山（兵十名）、云雷山（兵七名）、合水山（兵十名）、坡脚山（兵十名）、贵子山（兵十名）、甘坑山（兵十五名）、莆坑山（兵十五名）、南坑山（兵十名）、东坑山（兵十名）、莆合山（兵五名）、牌埠山（兵三百名）、阴坑山（兵五名）、容垌山（兵三十名）、勃垌山（兵一百名）、云卓山（兵一百名）、竹峒山（兵十名）、蛇滩山（兵二十名）、牛垌山（兵三十名）、大谢山（兵三十名）、罗林山（兵九名）、佛水山（兵五名）、在头山（兵十名）、文子山（兵三十名）、兜勾山（兵五十名）、罗湖山（兵十名）、云誓山（兵十八名）、化滩山（兵二十名）、龙化山（兵十名）、常川山（兵三十名）、埠头山（兵四十名）、青翠山（兵十名）、背岭山（兵二十名）、六回山（兵十五名）、古同山（兵十三名）、鸡卵山（兵十名）、黄沙山（兵十名）、石根山（兵十五名）、良湾山（兵十五名）、黄峒山（兵九名）、榄头山（兵十名）、扶龙山（兵十名）、六义山（兵十名）、山心山（兵二十名）、番稿山（兵六名）、风垌山（兵六十名）、古了山（兵九名）、东埇山（兵九名）、洪官山（兵十五名）、坡头山（兵十名）、平田山（兵十名）、小健山（兵十五名）、付曹山（兵十名）、燕古山（兵十名）、候垌山（兵十名）、电白听招傜共二十一山（旧志附近傜山四：曰河峒山，曰高筒山，曰青水山，曰石狗山，接茂名县界。傜山一曰水底山），抚傜三名，领兵九百四十二名：望夫山（兵十五名）、蛟潭山（兵十名）、甘坑山（兵十名）、大水山（兵五名）、花山（兵四十六名）、黄淡山（兵五十六名）、河村山（兵三十八名）、石窟山（兵二十八名）、大石山（兵四十九名）、埇原山（兵三十七名）、石洒山（兵三十八名）、水头山（兵三十八名）、花山（兵三十八名）、大篱山（兵一百零三名）、浮山（兵七十五名）、蕨莱山（兵六十八名）、大水山（兵五十七名）、茶山（兵六十八名）、高简山（兵四十八名）、浮山（兵四十九名）、东随山（兵四十五名）。（旧志附近傜山三：河峒山、青水山、石狗山，其接茂名县者一曰木底山。）

信宜县徭山四十有一，自北至岑溪县，接郁林州界：浦头山、石弗山、古角山、那林山、未栏山、黄桥山、掘峒山、相思山、勾头山、掘水山、玉掌山、志绍山、丢鸡山、青山、竹峒山、南思山、千岁山、钱牌山、六朴山、右逻山、东瓜山、王狗山、鸡卵山、石钩山、藤黎山、甘草山、校孟山、林伍山、大帽山、那零山、天堂山、下木山、断竭山、马柜山、大凌山、白石山、六卜山、佛水山、羊屎山、公鸡山、石羊山。

廉州府东北路抵郁林州，徭人二种：曰白花徭，离本府约四百余里，此处向化徭人团结住，山路险峻，人烟稀少仅可结步相通；曰六隆徭。

巫山县徭村二十六，俱在东，连石康县界：卢庄村、那和水村、平波村、水表村、水麻村、张家村、白沙村、蓄蒲村、黑坭村、新庄村、到勾村、横塘村、黄巢村、茶山塘、统平村、旱塘村、奈子村、六财村、六难村、价村、大果村、那围村、地塘、白石村、大员田、蓄落村。俱系向化徭、僮所在。见今为患山巢德庆州西山罗傍等处地方。

石圭等山巢约四十余处：石圭、埇莱、埇冻、埇塞、玉埇、埇豆、百片、峒尾、思律、护木、神塘、所底、云好、蓉草、镇峒、崩塘、下抱、水源、金岭、大荫、都局、金丛、都大、罂水、白石、埇虎、三田源、踏岭、只逻、马鞍、埇戮、箭埇、风楼、车教、埇琴、河埇、破白、埇强、沙头、埇连。

冷水等山巢约五十余处：冷水、塘埇、双坡、栏凳、龙掘、龙马、双境、埇境、蓝埇、掘埇、埇傍、径口、野护、小源、黄埇、泊竹、护埇、石硖、大力、古楼峥、半岭、水瓜、冯一源、塘表、桃枝、倒峒、深湾、地炼、右逢、小信、逍遥、都鹅、黄埇、大葵、路窝、杨梅、筋竹、改路、木衣、牛栏、塞峒、蓝清、崩塘、下抱、水源、金岭、力峒、李冷、黄埇、鸡埇。

泷水县古种山巢九：松柏、上桥、莲塘、所底、石头、黄沙、三楞、白泥、大塘。永信山巢十二：官田、峒尾、甘塘、决莱、木京、望天、芦荻、大埇、沙冷、上双、大水、石才。云稍山巢六：分界、大地、黄九、山心、大散、南埇。新乐山巢十六：白梅、天平、谭罗。大峒、双荔、水尾、平地、埇便、六合、木护、云就、黄伍、蒳村、鸡暴、疏底、天赋。思卢山巢二十一：长桑、沙上、双坟、河义、谭槽、双桥、赵就、黄沙、果凼、木古、芦荻、马寮、谭碌、谭崩、土瓜、白竹、司背、高楼、竹塘、田了、梅峒。金青山巢四：谭漆、谭眉、路昼、石埇。坎底山巢七：上河、都门、南山、镇南、排步、云阳、洞看。新容山巢七：双利、桥头、坎崩、谭祢、林河、龙屈、车篱。云致山巢六：云致、黄岭、暖水、陂头、埠合、山心。亟口山巢六：罗磨、金斗、茶塘、上赖、下赖、六都。红豆山巢六：云青、勒巨凹、大村、沙沥、冯埇、深埇。铁场山巢二（铁场、沙蒳）。

德庆州东山、南乡、新兴县黄三坑地方：东山巢三十二（葵岭、谭翁、东涌、石牛、大崩、清水、石狗、弼黎、迨州、思藁、上下台、赤土、欧塘、柴坑、太平、古模、火烧山、下埇、蓬塘背、云洋、南蛇、丹竹、大岭、大水、封门、牛岭、大岗头、茆坑、杨树、桐村、伏芋、塘边、竹根），南乡山巢二十一：交埇、山猪、木衣、大竹根、半峥、桄榔、埇角、北埇、黄沙、上三江、下三江、大凹、冷水、白云、大降、大台、水尾、大黄底、崩塘、大水、石背；三坑山巢二十：石壁、黄沙、大郭坑、里云、石峡凹、榄埇、沙木塘、龙骨、降底、三洒、灯挂、西坑、长乌岗、马头岗、竹峒、木乍坑、山谏、崩塘坑、牛湖、崖流。

信宜县甘埇等山巢约一百三十余处：甘埇、沙底、阴峒、坡陕、古了、付曹、小健峒、红官、燕古、鸟堆、顶坑、蒲驼、蓝田、平田、廉峒、木岭、牛峒、勃峒、大洞口、那富、云誓、埠合、风峒、容峒、甘衣、喉垌云犁、坡头、六义、草绕、李吾、番稿、南埇、罗谭、云卓、钱牌、大破、梭垌、六难、六龙、木格、六猫、木统、犁沙、桄榔、白石、大塘、石垌、六卜、竹峒、蛇滩、沙底、岭脚、盛垌、西村、六毫、垌尾、大花、蓝田、高卑、上掘垌、下掘垌、诳峒、犁垌、观山、里民、沙湾、石平、上下北垌、白鸡、岭脚、扶龙、云罗、十里、庙背、虾塘、茅田、六域、平栏、六蒙、六稍、佛水、双峒、仙垌、埠头、黄藤、龙代、双底、石求、云墨、漏村、大圣垌、大谢、古伴、蒸水、背岭山、右同、棠梨、万料、茶山、云特、欧境、鸡卵山、石根山、流湖山、横垌山、龙化山、常川、龟门、涧白、罗林山、载头山、交杯、亟口、合水、云雷、冷水、河口、榄头朱砂、第六峒、根竹、大双山、蚊子、鸟村、尖山、兜勾、青翠、六回、大水、表山、六舌、浃头山。

狼僮者，高州府所属州县，先年节议招取广西耕守狼兵共一百三十一村，寮兵一千七百六十三名；僮九寨，兵二百二十名。化州狼兵共二十村，招主二名，领兵一百九十四名：文弄村（兵十三名）、上双下双村（兵八名）、平邓村（兵九名）、谭溶村（兵八名）、三则村（兵七名）、平曲村（兵九名）、苍坡村（兵十一名）、罗婆村（兵七名）、平禾村（兵七名）、罗瓮村（兵六名）、张平村（兵十名）、那留村（兵十二名）、大蔗村（兵十八名）、那良村（兵十四名）、西屯大寨村（兵十名）、那德村（兵九名）、雷岭村（兵九名）、木格村（兵九名）、谢路村（兵九名）、牌界村（兵九名）；茂名狼二十七寨，招主三名，领兵八百三十九名：石壁寨（兵三十二名）、东岸寨（兵二十名）、李观二寨（兵八十二名）、白鹤寨（兵二十名）、平圃寨（兵二十名）、大双寨（兵五十一名）、甘竹寨（兵三十一名）、黎峒寨（兵二十名）、马子寨（兵三十一名）、井埇寨（兵二十名）、牛皮寨（兵三十一名）、大朝寨（兵五名），以上招主一名。潘龙寨（兵三十二名）、平眠寨（兵十一名）、高岭寨（兵二十一名）、黄岭寨（兵十名）、金坑寨（兵十四名），以上招主一名。双花二寨（兵一百零三名）、黄塘寨（兵五十一名）、周垌寨（兵五十一名）、清湖寨（兵五十名），以上招主一名。大凼寨（兵二十一名）、冼坑寨（兵十名）、大屯寨（兵四十一名）、竹朗寨（兵十名）、水坑寨（兵五十一名）；僮七寨，招主二名，领兵约八十五名：桐油寨（兵十三名）、永安寨（兵十一名），以上招主一名。博马寨（兵十六名）、张村寨（兵十一名）、东瓜寨（兵十一名）、冯村寨（兵十二名）、观珠寨（兵十名），以上招主一名；信宜狼四十七寨，招主六名，领兵约一千三百一十七名：铜鼓寨（兵五十六名）、西村寨（兵四十四名）、南曹寨（兵三十五名）、登逻寨（兵十八名）、六哨六婴陈村寨（兵三十五名）、部参寨（兵三十九名）、何峒寨（兵三十三名），以上招主一名。甘雪寨（兵三十九名）、双峒寨（兵三十一名）、都黎寨（兵二十一名）、谭利寨（兵三十八名）、七里寨（兵三十九名）、谭坡寨（兵二十九名）、那贡寨（兵三十八名）、石化寨（兵七十一名）、六观寨（兵六十二名）、欧坑寨（兵五十三名）、古楼寨（兵二十五名）、高城寨（兵十九名）、佛垌石圣寨（兵二十五名）、龙山安宁寨（兵四十九名），以上招主一名。木定寨（兵十四名），招主一名。长乐寨（兵三十二名）、积基寨（兵十一名）、平山寨（兵十三名）、万峒寨（兵二十三名）、罗卧二寨（兵三十二名），以上招主一名。六蒙寨（兵二十五名）、黎峒寨（兵二十八名）、庄峒寨（兵二十五名）、部峒寨（兵三十二名），以上招主一名。石马寨（兵二十二名），招主一名。金峒寨（兵四十三名）、圣积寨（兵十一名）、坡腰寨（兵二十三名）、南屯寨（兵二十五名），以上招主一名。六坑寨（兵十六名）、石嘴并峒寨（兵二十三名）、军田寨（兵八名）、六粪寨（兵九名）、六杷寨（兵十一名）、石凤寨（兵二十四名）、高仰寨（兵十四名）、白花寨（兵十九名）、石槽寨（兵二十一名）、思漏寨（兵一十四名）；电白僮二寨，僮目三名，领兵约一百三十五名：罗霍屯（兵一百一十四名，僮目二名）、博马屯（兵二十一名，僮目一名）；信宜流徭共一百二十五名：龙山大樟山（兵十一名）、那马良坑山（兵十三名，以上抚徭一名领之）；岭底寨（兵九十五名，听调防守，本寨徭总一名领之）。

峒獠

峒獠者，岭表溪峒之民，古称山越。唐宋以来，开招侵广、自邕州以东，广州以西，皆推其雄长者为首领，籍其民为壮丁。其余不可为羁縻者，则依山林而居，无酋长版籍，亦无年甲姓名，以射生物，凡活虫豸能蠕动者，皆取食之，谓之山獠。《虞衡志》所谓“蛮之荒忽无常者也”。其酋长有版籍者，颇知婚姻，每以奴婢各一人为聘，无则以铜镜当之。攻剽山獠及博买嫁娶所得生口，男女相配，给田便耕，教以武伎，世世隶属，谓之家丁；以渐役于马前牌总，谓之峒丁。淳化中，冯拯知端州，奏允尽括诸路隐丁，更制版籍，于是岭西之獠，多为良民。而广州以西，时复生乱，有司加意招来，虽暂向化，但终亦荒忽无常云。

周命楚子熊惮镇定夷越，其后吴避越，越避楚，其子孙皆遂蛮獠而居，至于南武城，遂为杨粤之都。秦并天下，略定杨越，置东南一尉、西北一候，开南海以谪徙民，故粤人遂避中县华风，西与巴渝、南与骆越相合。汉置交趾部，吴分广州，其治去南武城五十里，曰番禺县。《汉书》所谓浮牂牁，下漓津，同会番禺。盖乘斯水西入越也。公孙述时，牂牁大姓龙传君董氏与郡功曹谢暹保境为汉，乃遣使从番禺江奉贡。晋刺史邓筑坝以杜牂牁之水，今溪洞东南近海，有沙湾紫坭。蛮獠恃富称峒主，每睚眦忿起，辄帅众执人烹之，谓之汤，投其骨于海。盖广州诸山并俚獠种类繁炽，前后屡为侵累，历世患之。故有二水：其一水南入者，郁州分派，径四会入海；其一即川东别径番禺城，为古坝所遏。隋末，南平獠酋通番禺为患，节度使或封南平王以镇之。宋元时，或合西山为寇。本朝永乐中，置镇守内臣。正统末，武职亦多侵渔，诸峒盗发。景泰初，副总兵董兴、众将武毅多受贼赃，獠益猖獗，都御史王翱讨平之。正德中，紫泥港黎野航等为峒首总领，杀人作乱，官军擒之。虽有衣冠杂处，不能化也（村氓与蛮獠相杂，有士夫之家，亦不能制）。东北山溪绵亘，介乎增城清远之间，其上山诸峒（赤薯峒，咄溪，料安峒，沙罗窝东峒，大小茅平、水尾峒，宝鸭潭、鹤门黎、稿木干、鳌坑、苦竹脚、亚姨寨、黄龙、太醋峒，箭竹、圣堂前、杨梅坑、相公垌，槽碓坑、枫木望、黄竹、田陈峒，茶岭仙羊溪，长黎基、莱平上一溪，牛屎、分乌塔、平地、茅田、下寮、上下禾峒，土肚湾、三条桥、辣菜坑、斗潭、石碓坎、马口寨）；下山诸峒（松子黎、冬瓜田、柿树下、苦菜塘）；南海县溪峒，西南有十三村（有绿柳浦、尖角远等名，余不能悉记）；蛮獠出入行劫，有卢包水为捷径。遇春夏，则三江水、巴由水、皆泛入其中，涨溢可行，舟至清远，减一日之程，冬则干涸难渡。村民连结横潭诸峒。弘治初，蛮首谭观福作乱，阮讨平后，立从化县治于上游（始在横潭，后徙马场田，近下山诸峒）。正德初，胥江附近居民犹被盗侵掠，乃置指挥一员，以都指挥行事，领兵二千，守把卢包水。十四年，我师剿平之，后余党悉就招抚，其所居巢穴在上下山者，悉皆革面。于是卢包水革去官军哨守，惟令百户一员兼同胥江巡司，驻扎巡逻。嘉靖中，布政使徐干檄所属州县举行所定保甲之法，使乡村相为声援，亦防御之一端也。而诸山新民，则督抚徭里长，令其旬朔一至县庭，禀受法令，备其自相约束，无得侵犯；其愿就民居者，亦听其移徙，则狙犷之习，可以少变，而地方亦奠枕矣。

东莞县大奚山在县南大海中，有三十六屿，周三百余里。旧志云，居民不事农桑，不隶征徭，以鱼盐为生。宋绍兴间，招降其人来祐等，送其少壮者为水军，老弱者放归立寨，寨水军使臣一员，弹压官一员，无供亿，宽鱼盐之禁，谓之醃造盐。庆元三年，盐司峻禁，遂啸聚为乱，遣失讨捕，徐绍夔等就擒，遂墟其地。经略钱之望与诸司请于朝，岁季拨摧锋水军三百以戍，季一更之；然兵戍孤远，久亦生乱。庆元六年，复请减戍卒之半，屯于官富场，后悉罢之。今有姓万者为酋长，因名为老万山，过其境者，悉与鱼盐云（《苍梧军门志》）。

新会县潮居都白水诸峒，自正统七年春正月，盗起剽掠乡村，时巡按三司官遣指挥朱端、知县陶启招抚，不能息。复遣指挥王英领军剿捕贼首周义长、温睹彩等系官，后竟以贿赂诡计获释。由是诸贼益炽，水陆攻劫，无所忌惮。

十四年春二月，文章都大岭村贼首黄汝通起兵应之，五日之间，众至三千余，剽掠船头、石洒、上冲等十二村（是时人心汹惧，计无所出，率乘舟逃窜，日则海洋中，夜则泊岸。既而群盗益炽，岑子华起铁炉坑，谭保起陂头，黄三起南坑，白大蛮起那西，各统兵二三千，竟往阳江诸县剽掠。本地稍息，浮船者渐次还家。四月十二日，镇守安乡伯张安遣佥事宫安、知府聂好谦、把总指挥席斌领官民兵合三千余，水陆剿捕。佥事宫安屯舟斗峒滘，指挥席斌进兵紫霞海，时贼首黄三等据大柴型等山险阻立砦，席斌等统军分三哨，直抵贼巢，贼人依险滚木飞石，军士不能敌；左右三哨千户李霖杨盛畏缩不前，军遂败，斌与旗甲邢端九人俱被杀。檄闻，佥事宫安等皆大惧，乃进兵上塘，督令各民兵悉力擒贼，前后约获八百余人，即杖杀之。黄三等依险为固，众军惩前败，终莫敢进取。是年八月十八日，遇赦，各官遂引还，席斌之冤，竟不能雪，因此贼益猖獗。师还不数日，悉下山剽掠。时黄萧养伪称东阳，黄三、周义长、黄年匠等俱受伪命，封为侯伯，总督、都元帅等官，各据山立寨，煽惑诸村愚民，罔不摇动。思欲为乱，秋冬间，下山剽掠，村落屋宇，烧毁殆尽，鸡犬为之一空）。自后贼益猖獗。

景泰元年春正月，参政黎琏等往守新会，招抚而还。二年春，各贼复起，县民刘颢等奏请剿捕。三年春二月，镇守广东户部左侍郎揭稽及巡按三司奉命往新会讨勘，官以宁靖报，竞坐奏者以罪，民大失望。夏五月，佥事蒋敬出兵捕之，至松柏山，贼乃遁去（景泰元年春正月朔，周义长、李丙统贼三百余徒，围冲翼村，掳张凯、张寅妻子，尽杀之。寅妻苏氏有美色，周义长欲留妻之，苏氏不从，竟骂贼投水而死，闻者哀之。闰正月初八日，贼首区蛋家、黄三、温观彩驾船五百余艘，泊曹婆渡，从狮子山劫掠黎峒村，居民俱走薛公岩。时总甲曹桂林等设策，密令各家置药酒，俟贼入饮之，才行，统众追之。贼人药发，山路险阻不能走，死者二百余人。时参政黎琏、都指挥张玉已于正月间统军一千，守新会城，候大军未发。城外居室先为区蛋家烧毁，人民奔窜入城，乡村逃难至城者，俱无止踵，流离不可言，多叛从贼，受伪官，攻城劫村，大肆猖獗。二月初四日，黄萧养既攻广城，杀死指挥王清，败没安乡伯官军，遂乘胜连本县贼首王三等船一千余艘，众至三万余，急攻新会城，欲取之。黎张二公势迫，乃开城门，引兵出汾水冈，与贼大战数合，互有伤败，官军死者六十余人，贼锋大衄，死伤者不计，由是稍退。四月十一日，都督董兴统在京、江西、两广等处都指挥武毅、姚麟等官军三万余。敌至广城，遂率诸军乘船五百余艘，由波罗庙台蚬滘至州前海面，与贼交锋。贼既为黎张所挫，锐气顿沮，至是遂大败，斩馘淹水者不计。舍人董宗、千户谭贤、军人黄建德生擒黄萧养，回至五羊驿而死，斩首解京，余贼遁散。五月二十九日，指挥冯英等官统兵至新会，仍属参政黎琏提督。时既杀黄萧养，各官意怠，诸贼纵诡计行间缓兵，主者遂蹈其策，乃以招抚为名，迁延不进。至六月十二日，诸军徐至独岗斗峒等处，仍行招抚。至十九日，始进兵百锋山下塘田等处，官民兵共六万五千余，分扎十二营。其时诸贼黄三等各潜入大柴型等山立寨，连日抵巢招抚。七月初七日惟黄三受招下山，其余诸贼刘积、温观彩等竟不服招。八月十三日，各官皆引还。民间相传以为黎琏纳其贿遗，故不加兵云。景泰二年春，各贼复发，昼夜剽掠，居民不胜荼毒。刘颢、伍崇长等一百六十名赴京具奏。十二月，准行剿捕。景泰三年二月，镇守广东户部左侍郎揭稽并巡按御史、三司等官亲临新会，时众议以山原险阻，难以用兵，草间寇窃，胜之不武，失反伤威，由是遂令官吏林炟等虚作宁靖保结，抵罪奏人而返。民人含冤，诸盗纵横日甚。时有童谣云："压倒生民，入于贝戎；人死不顾，虚镇广东。"是年夏，前贼复作，往阳江县剽掠。时巡按御史王瑾见其猖獗日甚，不得已，乃遣佥事蒋敬、都指挥胡英领兵，合诸县民兵四千余剿捕；五月二十九日，进兵直抵松柏山那虔等处，攻围上下二峒，悉力擒捕，贼徒尽数剿戮，捉获人畜无算。由是各处盗贼，闻风遁散。时蒋敬意在剪除间，忽因都督董兴遣人追回议事，遂各引还，是时诸村少平）。

听招诸贼复出剽掠。景泰五年冬十二月，总督军务都御史马昴命将大征。七年春，始破黄坭型等山寨，遂围白水、洋冲二峒，奏捷而还。县丞陶鲁立乡老以约束之，于是新会乃平（景泰五年春，前贼复作，都御史马昴复遣都指挥徐恭、参议朱英、副使顾侃等亲临擒捕。各官犹踵前失，惟往新会城，遣人招抚间。众贼复剽掠乡村，杀害叶宥奴等人口六十余，本县亦欲息兵，竟匿不闻。各官不知，又亲抵巢招抚，由是诸贼狎玩，略无畏忌。受招未几，旋复剽掠。自春至冬十月之间，官兵往返县乡，旋招旋叛者五，人民荼毒，官府疲于奔走，势不能已，方大图征剿。十二月初二日，都督翁信率三司等官统广东军驻新会，佥事成功等统广西等处军驻蚬岗，都指挥张通等驻材峒，参议朱英等驻天湖朗，刻期进兵，分据各贼要害塘田、油蓝步等处，大小三十余营，官军土兵计一十余万，战船及军粮船只共四千余艘。景泰七年正月初四日，遣都指挥干羽、胡英等统领各军进山，先破黄坭型等山寨，生擒刘三仔父母妻子及各贼妻子，又破曲承、围鳖塘等处山寨。是时贼势大挫，虽有木石排栅险固之设，惊见军威，各自溃散，束手就擒，斩获贼首刘三仔等首级，尽收其妻子、资财、器械。十六日，都指挥胡英围白水、洋冲二峒，斩获贼首张陈保、曾四古等首级一百余，尽获其资财无算。都指挥马围蒋峒等村，斩获贼首温三广、温康二、湿祖奴等首级二十余，及沉水淹死生擒人口不计。渠魁既尽，各官乃解军引还。尚遗残寇，留指挥王英、新会县丞陶鲁相机剿获，及安抚诸村良民。是年七月，鲁遍历诸村，设立乡老，置木牌开写各户丁口，逐月开报诸村动息；每五十家，仍立总甲一名，管束出入，互相劝戒。自是盗贼敛迹，居民始获安绪云）。

天顺元年三月，赏新会县斗峒等处官军民壮人等一千四百七人彩币表里布绢钞锭，以本地杀贼有功也。

弘治十二年，设新宁县，后犹出峒为盗。正德十五年春，兵备副使王大用讨之，斩获羊公径上下平山诸贼，各贼复围城。嘉靖二年夏，抚按调集狼达官军四出剿之，破连堂、石鼓等寨，擒斩无算，振凯而还，余党复聚（弘治十二年设县以后，温边、白石诸村小民犹习故为盗。正德间，寇劫浸甚，知县张文造设乡村长以约之，朔望关报其村之动静，有为非，辄觉察擒获，时颇畏服。逾年，张卒，盗如故。是后益横。正德十五年三月兵备副使王大用统兵剿捕，以盗攻盗，谕以功赎罪，由是先殄其甚者，羊公径上下平山盗贼授首，余皆丧胆，捕人至，即自投归官，无敢亡命，前后捕获凡六千余人。大用见其威易行，欲尽图温边、白石，不克。十二月初五日，遂至围城数日，既而招抚散兵，典史郑翱独守孤城。自后贼首许车保起于白石，陆四起于大朗，声势大肆，剽掠乡村，岁无宁日，居民逃窜流离，犹甚景泰间，贫而不能自存，亦并起为盗，猖獗日甚。时知县胡纶初任，势力不能支，曲就招抚。嘉靖元年六月，知府简沛率生员张茂才、刘庆祖沿村招抚，藤峒、狗径诸寨，人迹所不能到者，皆亲至其地，备历险阻，悉心抚谕，终不能服，剽掠如故。抚按官具奏以闻。嘉靖二年闰四月，乃调集土兵合官民兵一万余，右布政使章拯驻新会，参政葛浩、参将李璋驻新宁，副使王大用驻恩平，知府简沛驻海晏，遣兵四出剿捕。先是累年征剿，只用民兵，诸贼玩习无忌。及是狼兵已至，贼犹未知。先抵连堂、八带、羊公径、石鼓山诸寨，各贼妻子戏笑自若，咸相呼出寨曰：

"今日看杀这民壮仔。"以故狼兵突至，得尽戮诸贼妻子，遂乘胜追杀温边、白石等处，群盗望风丧胆，窜走百锋山诸处藏匿。时章在新会，凡获盗，令于路中识别同类，随贼所指，即执而戮之。沛在海晏，亦多杀戮，渠魁陆四兵败亡命，沛辄指平民藏匿，因缘为利；凡客居海晏者，咸受其辜。惟葛浩用兵有纪，淑慝详明，民多赖之。时有谚云："遇葛李则生，逢章简必死。"后陆四竟不获；旋师之后，知县胡纶始用盗罗九之计，以老人岑益入寨为質，诱出杀之。当是之时，各寨渠魁授首，党与几尽，所余者，惟陆四数人而已。使能少止期月，则祸端可绝，惜其旋师太骤，不旋踵，余孽陆策等复作，招集各乡逃叛及通西山贼，入境围村，捉掳人口，杀人报仇，尤惨于前。五年，兵备副使徐度遣县丞林应总统民兵征捕不能平，猖獗犹故。七年冬，兵备副使徐乾复临寨招抚，亦不能息。十年，兵备佥事莫相乃复调狼兵入境剿戮。时西方大隆等处已平，而东方黄坭型犹不能克，上下亦厌苦于兵，遂散师招抚，令各该受里长，领带随乡安插，分给牛种；其已经征剿空绝都里，乃招贫民耕种其田，立为民屯之法，自是渐次宁息）。

贼首许文盛等窃发，有司捕盗，有获者指使攀陷良民，由此贼益得志（嘉靖十五年，新会贼首许文盛、邝悦敬等潜据张边，纠合背招贼徒邹田等，并起东瓜冲、冷水坑等处，剽掠劫杀，岁无宁日。十七年夏五月，兵备佥事李文凤发兵剿捕，遂平张边；而东衣冲、冷水坑等寨许、邝诸贼俱逃窜，姑从千户刘晃计抚安。秋七月，许邝背招复乱，知县刘晓计获首贼许、邝，杀之，群党屏息；数岁，盗复窃发。二十五年正月，恩平郑文远、桥头黄谷峒口黄圣任、铁冲吴孔清、良舍伍良佐五百余众，捉掳人口，上锥木顶金鸡诸山为質而取财。典史洪镒、千户刘晃率领军兵及岭西哨土兵，屡攻不克，曲就招下竹源村安插，实肆劫如故。假令控御有方，犹可苟安。知县王臣去任，署印增城主薄何汲、典史洪镒倚盗害民，每捕一盗到官，指使攀陷良民数十，夤缘媒利。竹源诸贼日入城市捉局取财，下村尤甚，莫为钤制。自是玉怀陈孔荣、陈孔宜，簕冲区文岭辈闻风效尤，聚党响应。那西、方鼓等寨阴行交通，大肆剽掠。二十六年春，兵备佥事诸敬之调指挥余德、千户江祖洪领打手五百来县哨守。夏四月，诸贼劫蓢尾、都斛等村，洪镒领民壮乡夫，江余领打手，刘冕领军余，起集招抚新民；遇敌奔北，刘冕坠马，为贼所执，勒银三百两释归；后新民各敛银倍其数以偿刘。二十七年，署印顺德县丞李明贪黠，与洪镒无异，复踵前弊。民皆怨曰："捕盗而反为盗"云。时顾以招抚平宁申报，以故贼益肆无忌。二十八年春，知县张国器知指扳延祸不小，尽行痛革，但祸胎已成，不可支吾。兵备佥事王德设乡团保甲之法，乡间善恶清杂，竟不能遵行。夏四月，吴孔清、区文岭及恩平伍崖风、新会何老猫、邓四等蜂起二千余徒，流劫蚬岗驿官吏财物。巡抚张经、兵备陈梧严饬各哨守官员，任俸戴罪平贼，通判王辂出令，但执渠魁，胁从罔治。知县张国器置牌数面，书令其中，遣民壮执牌沿寨晓谕。自是竹源寨杀贼首区文岭，石鼓寨杀贼首许松林，生缚黄谷数人解官。二十九年秋，新会知县尹照督同典史吴一鹗、总甲锺英学计诱吴孔清、伍良佐等出寨，杀获四十余级；知县张国器乘机督同典史洪镒、千户刘冕、百户王永爵、庞人杰等统兵夜抵竹源寨，生擒雷子隙等十二名，斩获黄应任等三十余级，俘获贼属四十六名，并其牛马稻谷入于官，自是竹源寨获平。当此时，石鼓、那西、苔村诸寨正可请剿，惜因循不举，以致诸寨复起；招纳亡叛及因扳陷破家者，亦并起为盗。嘉靖三十一年春二月，首贼陈赦招集三百余众，屯据上峒、鸡头、钣箩岗立寨；陈孔荣、陈孔宜招集四百余众，屯据苔村、怀宁立寨；郑文远、陈荡国招集五百余众，屯据盈峒、大塘立寨；新会首贼李朝兴投石鼓寨，自称兵备；上桥闻元亮自称西山獠；曹黄九自称都堂；石鼓邓汝安自称知府；冷水坑叶尾自称把海指挥；筋竹坑李以祥、张边朱子渍、杨径白子富各立名号，互相应称，声势联络，聚众四千有余，立寨八十有七，昼夜流劫，甚至掘塚挖棺质赎；以致各有丧之家，停棺不葬，或聚居城市，或流移异县，贫富俱不得其所。三十一年，提督军务都御史应槚、巡按御史郭文周议行征剿，兵备佥事杜聪目睹贼势猖獗，恐难成功，计诱李朝兴、何老猫数贼解报，厥议遽寝，民失所望。嗣后盗贼得志，党类益滋，远近无赖之徒日见乌合，上至东莞、增城，下至新兴、阳江、阳春，揭旗肆劫，白日横行；官兵束手，莫展一筹，危城破堞，独寄蛮隅贼寨之中，邑治陆况，城门昼锁。已而里排蔡基等具呈当道，委官缉弭，卒未能静）。

嘉靖六年，新会、新宁民贼乱，都御史姚镆、总镇太监郑润、总兵抚宁侯朱麒讨平之（先是新宁、新会、蓼塘、塘、长塘等处民雷骨子、林子祥、汤孛等聚众流劫，地方蒙祸。嘉靖癸未，曾经大征，漏诛复出，流劫斗峒、大巷、湖透等乡村，至是镆等行委岭南道守巡副使徐夔、左参议周震、督备都指挥王兰督领打手一千三百余名，分道夹攻，俘斩三百七十名颗，余党始平）。

九年，会宁民贼复乱，提督兵部右侍郎兼右佥都御史林富、总镇太监张赐、总兵咸宁侯仇鸾讨平之（先是会宁各巢剧贼据险有年，流毒无极，正德之末，猖獗尤甚。嘉靖二年，征兵大举，斩获首级虽以万计，而那潮、墩寨、康抱、藤峒、九径、雷坑、大隆山贼首曾友富、丘区长、廖悌奴、林仲贵，长塘、平田、相峒贼首宗英、方长皆未遭兵，复聚众流劫乡村，为乱岁久。至是，富等调集汉达土官军兵三万一千九百余员名，分为二大哨，分道进剿，俘斩一千八百九十名颗，余党招安复业）。

三十五年夏六月，提督都御史谈恺始讨平之（是年二月，八十七寨贼起，劫掠乡村，逼近城市，势不可遏。知县江汝珪乃激切上恳巡抚鲍象贤、巡按郭文周会同三司具奏，准议调兵征剿。时以江浙倭寇有警，方募兵北援，二广兵食不继，未即举事。嘉靖三十三年三月三十日，巡按御史郭文周题据分巡岭南道佥事杜聪查勘得广州府所属会宁二县，除贼巢小者未计，其大者如石鼓、茅舍、苔村、石人、型峒、横岭、莲塘、羊公径、仓下、那西、冬瓜冲、上峒、饭箩岗、鸡头、怀宁等寨贼首李朝兴、陈孔荣、陈赦、林绍统、许君禄、白于富、林虾等所统贼众约四千百余，且与岭西之恩平、新兴、阳江、阳春等县巢穴相联，盘据流劫，常年为害；不时突越扰掠东莞、顺德等县地方，杀人示威，捉人取赎，群徒肆志，常年为害；霸据山峒，分列头目，僭称侯将，霸王，督兵指挥破阵，将军统督大将，兵备等号檀窃服饰，置造兵器，蓄买硝磺火药，开张旗牌，放打铳炮，攻劫乡村，祸延肆志，流毒一方，戮毁民居，奸辱妇女，其为荼毒，有不忍言，诚神人之所共怒，天讨所当必加者也。譬之疽痈之在人身，若不及时攻治，必至溃肺腹。其势有不得不亟为之图者，痛思民患，深求病源，盖如昔人所谓盗贼之日炽，由于招抚之太滥。近祸未艾，往鉴可徵。故职不敢为再抚之说以误地方。即今会宁之民，莫不愿大举征剿，以快一朝之忿。疏上，奉旨准拟行令勘议征剿。已而提督军务兵部右侍郎兼佥都御史谈恺会同总兵官调取汉达土官狼目军兵打手人等分定哨道，行委两广三司等官监督总领刻期抵巢进剿。嘉靖三十四年十一月，首贼曾黄狗、陈赦、陈尚锦、叶尾、朱仕清等各率其党八百余徒流劫海晏，杀死盐场署印经历秦卿，劫掳日肆，警报夜传，远近骚动，皆不自保。提督府乃密檄知县江汝珪召贡士陈善道、排年蔡基赴军门询访时机，善道等各陈当剿之状，于是议定。以三十五年正月十四日下令誓师启行，分为岭南、岭西二哨。西哨出恩平、新兴，南哨出新会、新宁。越十九日，兵备副使毕竟容实总会宁之兵，驻节境上以便宜行事；参将钟坤秀统兵一万，自南海直抵新会壁山寨；都指挥王麟统兵二万，自石门直抵苦草径，又分左右翼：一略百锋十二寨，一略石鼓十五寨。旁午移兵攻黄沙坭、仓下寨，杀获五十余级；夜进茅舍梅树岗等寨，杀获一百余级，获财畜甚多，贼大败，突围走牛角型；乘胜追杀，又获三百余级，俘获贼属一千名口。越数日，屯营督哨，搜山捣巢，甫一月，计八百余级。惟时土民利贼赀货，子女乘机窝藏，竟容偕汝珪出令许其杀获解官准罪，自是窝家惧罪，各生缚贼首曾黄狗、邓汝安、刘继宗解报，官兵又追杀贼首余五、雷世雄等一百余级，间有隐蔽杀死者不可胜计。三月初三日，王麟进剿盈峒、大塘诸寨，钟坤秀进剿那西、上桥诸寨，又分兵自牛眼沙进勦莕村、怀宁诸寨，所向无阻，群贼授首；惟上桥数寨贼乘夜溃围，奔入那西诸山。于时山蹊险绝，草蔓蔽寨，迨晓追捕无获。次日王麟移兵羊公径、三合水，钟坤秀移兵那西、山坂，谭身先士卒，载缉载弭，各有所获。已而军门分委通判汪应奎下县，发奸摘伏，缉获到官，治之如法；其有为人所诬者，亦尽开释。六月十二日班师，诸将奏凯而还，大慰民望。乃设立更鼓、那西、三合、金鸡头诸营，各署千百户一员并留报放目兵分方防守。至十一月间，乃有贼首陈赦、朱仕清、风摆柳、刘不忧等一百余名窃据大隆、百锋诸山，出没为患，劫掳新会，远近复震。知县潘相乃令相时缉捕，生擒贼首朱仕清；又用秀计，生擒陈赦，解赴军门，前后获贼党一百余人，渠魁相继就缚，胁从亦已抚绥，于是新宁乃平）。

新会县西南近海，有古兜大山，水陆四达，过田环绕，蛮獠聚焉。顺德、东莞群盗附之，西与香山、新宁为邻，南则联接泷水乡。诸村氓多与之交通，出没为盗，民有群不逞者，将投贼谓之入山，指古兜、石鼓诸峒也。

嘉靖三十一年春，岭西、新宁贼首谭进等劫掠得行、登名、古博、石碑等都，据白石型之险，官军讨之，无功而还。乃招抚进等，各安插于古劳宅村、碌子坑。听招之后，仍复为盗，不时出没，皆屯扎五坑径或石壁、尖嘴等山（兵备佥事王德至县议，在古博、都水、口山择地，立中军营，设一总制官，使之西控蚬冈、长沙塘，东控良村等营；又于五坑径、游鱼山、鬼子窟、金钗、牛仔阑等处立为小营；复欲择昆仑、常德二乡界中立一大营，总扼平康、登名二都之冲，以为山南诸村保障。得记督官军民兵战于白石型，无功遂还广城。所立中军营既无定说，而小营诸兵畏势孤难守，遂图别调，五坑径等营遂鞠为贼巢。自是贼每一驻其地，动经旬月，数都居民，殆无宁宇，被害不可胜言）。夏五月，岭西贼劫掠平康等都，佥事杜璁遣兵战于北猎山，破之。

三十二年，贼首李朝卿等伏诛。是时岁饥盗起，猾贼李朝卿假以招抚为名，调用于官，潜通古兜山寨，反为贼耳目。璁至县，诱朝卿而诛之，并戮其党四十余人，邑民称快。于是贼乃屯于璧山。府通判汪应奎署县事调集兵食，出千户周绍武于狱，授以方略，帅官军民兵二千七百人以往。三十三年元旦，兵抵璧山下，贼方燕饮，不虞兵至，放佛郎机铳击中穿红贼首一人，其夜贼遁。

先是外海村民陈文伯等假以报效为名，自备工食充打手，总甲有司信之，每战系白带为先锋，谓之白带义勇。谢边村有奸吏谢大用，为贼首作乱，文伯协同五坑径、鬼子窟等营兵，破之于金鸡头大山，斩大用。已而平康之楼冈民何二与恩平郑清等为盗，据长潭，文伯帅兵又破之，斩何二，累以功自矜。癸丑大饥，文伯煽动饥民为乱，拥众海上肆行劫掠，官兵捕之，反为所杀。应奎令人赍赏榜往谕，不听；乃选精卒千六百有奇，令典史马卿造神机铳、螺蛳箭，合诸邑兵五千有奇，帅舟师往讨之。战方合，文伯中铳死，余党皆降，贼势益孤。

三十五年正月，提督都御史谈恺乃举大征出师，南由新会趋新宁，越新兴而北，复转而南，会于恩平界；又西由恩平望阳江历新宁而南，复转而北，会于新会界，败贼于石鼓，又败之于关村，以至牛角型、怀宁、古余，入于巢，穷追于山，凡破寨二十有奇，斩获万级有奇，余悉面缚以降，复命抚之。

增城县甘泉都与东莞县二十都为邻，洪武中，湛菜峒獠苏友轻反攻，劫增城官军，累为所败，久乃克之。正统中，增城峒獠多称苗兵作逆，经赦乃散。大抵增城、龙门与清远皆连接贼巢云。

连州北连荆湖，西通临贺，多峒落蛮獠，阳山犹甚。洪武中，南雄侯赵庸讨平潭洞诸寨。天顺四年十二月，巡按广东监察御史吕益奏广西流贼四千余徒越境攻破连山县，戕杀官军，已而复劫杀阳山县及连州诸村寨。兵部请令两广总兵官武进伯朱瑛、都督同知欧信等调兵剿捕，从之。五年，连山县被贼占据，都御史韩雍既平大藤峡，遣偏师会湖南兵讨之。知县孔镛抚辑流移，修复县治，民以安业。六年冬，贼破清远县城，掳去守备等官。右布政使张瑄督军自潮惠还，闻之，径往四会邀贼归路，夺回所掳，移守三水。明年春，朝廷闻贼势猖獗，虑官军弗用命，特遣锦衣千户金璋往督战。瑄偕都督欧信往四会击败贼众，还守三水。八月，贼攻破新会外郛，瑄往援，贼退，督修其郛，浚池湟周围数十里，城守益固。先是贼据阳江之黄江屯者七八年，雷、廉、高、琼路阻往来，由海道遭溺益众。巡抚等官奏会广西官军土兵剿之，瑄复往从事。甲申正月，自肇庆发哨，冒雨雪兼程而进，寒甚，众多冻馁死者，而土兵恣横，总戎事不能戢；瑄力谕利害，稍知警惧。追杀黄江屯贼，斩首千余。瑄单骑行阵，数犯危险；所过掩骼埋骨，问民疾苦，人人感悦。值淫雨上淋下浸，如是者五十余日。由肇庆至阳江、神电、高州、化州、石城、石康、廉州、灵山，道出广西，横州诸郡县皆被贼残破，供馈缺乏，饥饱劳逸，感而致疾。三月，始回司。八月，西贼复出，瑄乃趋肇庆、德庆一带督兵守御。十一月，偕总戎梧州会兵，还至四会，闻贼破梧州，复还守肇庆。成化乙酉，贼越过始兴，瑄急趋韶州，截其归路，贼退，还司。正德五年，连山贼首李公旺以獠兵攻州城，知州张书鲤御之，乃退。十二年秋八月，峒贼龚福全等流劫连州、连山、乐昌及郴、桂诸处，据险负固，杀官劫县。巡抚都御史陈金与巡按三司会奏，命两广汉达官军进剿，斩获四千余级，余党遁归诸寨。十三年，连州峒獠罗富喜作乱，参政蒋曙等奉命讨平之。十六年夏六月，连山贼首吴万山抄掠乡村，兵备副使王大用调剿大捷，贼党遁归于峒。嘉靖三年春三月，连山贼首苏政、苏晚等寇掠三省，知州徐相抚剿，乃散。

十四年春三月，莫廷举等聚众作乱，提督都御史陶谐与巡按三司会奏，奉命集汉达狼兵遣参将守巡等官攻破六寨，平之。冬十月，连州贼文兴隆等乱，提督兵部左侍郎兼左佥都御史陶谐讨平之（先是江西客人在于连州扬旗、白头、杨柳、大帽、东坪、岩塘等寨放债逼利，兴隆与冯隆、林宗福、林晚行、陈昂等聚众杀之，惧官追捕，因合流徒僭称名号，团结一十六营，啸聚三千余众，拥入青梅二水，占据村峒为乱，凡五六年屡抚屡捕不能平。至是谐调汉达官军土兵二万八百余员名讨之，俘获二千余名颗，余党悉平）。

二十六年，连山贼首李金等作乱，提督都御史张岳命分守岭东参议朱宪章、都指挥梁希孔帅师讨之，遁去。议者谓阳山、连山二县峒獠多交通桂阳、上犹、郴州等盗，又多江西人在地方放债，害人激变，良民甘于从盗，禁诸未发之先，庶可弭也。

韶州府仁化县洪武末贼首钟均道纠合诸峒蛮作乱，韶湘多被剽掠；既降复叛，官军竟莫能获。翁源县僻居东南，多惠潮流贼，有六关隘（将军径、绵竹洞、猿膝径、马蹄寨、佛子隘、麻沙隘）皆獠区也。永乐二年四月甲午，敕谕广东都司、布政司、按察司官曰："往岁都督韩观奏钟均道已死，朕即不复究理。今布政司言其尚在，欲调兵剿捕。事之未明，不足深究。尔等但尽抚绥下人之道，无为多事以扰害之。夫上有爱民之实，将下无失所之民，民既得所，自为不患。且人孰不愿为善，亦有出于不得已者，既能改过，亦务容之，无绝其自新之路。若此人果在，能不为非，即听其安生乐业，不必究问。今九夷八蛮自昔未归附者，皆来朝贡，随其大小，授以名爵。若钟均道果不死，能幡然悔过来归，朕亦谨遵太祖高皇帝待杜回子之道处之，岂忍使其终身栖栖，偷生山林而不在吾化育之内哉？"钟均道建文中尝作乱，寻遁去，及是有言其未死者，然终无实验云。

南雄府境联二省，常为赣贼所扰。始兴与龙南相迩关隘，若东则花腰石、猪子峡、沙口，西则杨子坑，堠斥不严，则龙南寇至矣。洪武末，峒獠李仲可啸聚，郡民多流徙避之。当时有副千户叶荣提兵擒之，府知事欧文通于龙南等县，招回二邑流民，六百余户，往事可豫防也。今之守御千户所固在，官军老羸其可用乎？

惠州府惟长乐近南赣，多立关隘。始自弘治时，峒贼黄恭长等相聚为盗，立羊角山、莲塘、包溪、塘坑等四寨，主簿杨文、典史危楚帅兵击破之，遂设整饬岭南道兵备兼分巡佥事于长乐。

十六年，徭寇起于兴宁大帽山，调大兵剿平之。正德三年，峒贼复发。七年春正月，提督都御史周南集各道兵夹攻大帽山诸巢贼，平之（时江西、闽、广三省交界山谷贼首张番坛、李四仔、钟瑭、刘隆、黄镛等聚徒数千，流劫乡村，攻陷建宁、宁化、石城、万安诸县，支解平民，捉掳官吏，僭号称王。福建镇巡等官请征之，于是以都御史周南巡抚四省诸郡南至密调集兵粮，刻期于是月甲子，江西兵从安远入，攻破巢穴七：曰丹竹楼，曰淡地，曰双桥，曰黄竹湖，曰顶山，曰寒地，曰甑背，擒斩贼首何积钦、罗得清、黄璘并其从一千五百一十三名。广东兵从程乡入，攻破巢穴九：曰大帽山，曰大障，曰瓮渎，曰五子石，曰十二坪，曰香炉障，曰鸬鹚角，曰军山笔，曰圆子岩，擒斩贼首李四仔、张番坛、黄镛、张玉瓒、黄枥保并其从二千七百一十九名。福建兵从武平入，破巢穴八：曰岩泉，曰上赤，曰中赤，曰下赤，曰悬绳峰，曰挂坑障，曰黄沙，曰大刘畲，擒斩贼首谢得珠等二千四百一十九名，总计擒斩首从七千有奇，俘获贼属一千八百有奇，夺回良善一百四十有奇，赃仗一千一百有奇。捷闻，颁赏有差）。秋七月，大帽山残寇犯龙川等县，参政方良节往捕，大捷（大帽山残寇侯景秀、蓝廷福等窜入南雄及惠州龙川、河源等县，方良节督官兵捕之，尽获其众三百四十五名）。十年冬，复寇海丰等县，官兵剿平之（十月癸亥，大帽山之寇虽平，然逋党犹时出寇抄。至是复与他寇聚剽海丰、揭阳官署民家，散归；县命民壮分捕之，生擒斩级共四十余。中渠魁三四曰林满山者，有妖术，尝伪称御史衣命服驰文书行事，事露而遁，人称为假御史，久在逋籍；至是获斩之，并得伪制司府县印三）。

十二年，南赣都御史王守仁行十家牌法，立乡约（语在乡礼）。

十三年春正月，都御史王守仁执浰头峒獠池仲容，遂发兵剿灭之，乃立和平县（龙南、龙川接壤之所曰浰头水，其旁皆崇山绝壑，诸不逞者盘据其间。正德以来，有酋池仲容者，俗呼大鬓，凶恶尤甚。其次者四十余人，皆有徒数百，四出钞掠。而龙川、翁源、始兴、龙南、信丰、安远、会昌以迩巢，受毒最数。丁丑，守仁至，首征漳寇詹师富等，威名大著。龙南宿盗黄金巢等各震怖授招；仲容闻之，亦遣弟仲安赴焉。十月，桶冈之役，仲容遣仲安以其徒二百人助师，功成，还至上犹县；适龙川民卢珂状仲容夙恶，守仁佯怒，珂械系赣狱，仲安大喜，乃绐之曰："汝随征有功，彼乃汝嫉耳。宜急持予符去，呼汝兄及凡为珂诬者偕来，当为汝白之。"仲容信焉，率其众四十余人以闰十二月二十一日至，皆珂所讼渠首也。守仁乃密檄诸省以期会兵，乃谕赣贼平宜大张乐戏为乐，使人管伴仲容等观之，以迟其归。明年正月三日，乃入仲容等于庭，令以序受犒后先出，出至路折处，灰其目而锁之，乱以金鼓，俾不相闻，须臾贼尽歼焉。七日，率兵诣浰而诸省兵已集，遂捣其巢，灭之）。

嘉靖改元，佥事施儒始居守于长乐，夷险阻，遏乱略，儒之功居多。二年夏四月，儒讨平惠潮流贼（贼首梁八尺聚众四百余人，潮之海阳、惠之归善、龙川并受其害。至是提督都御史张嵿檄儒等进攻，诛之，岭东始宁）。

三年，割海丰地，立惠来县。是年，儒与分守参议徐度讨平归善峒贼李文积（文积，归善桃子园居民。招集奸宄，习武艺，市战马，伪作关防，擅立仪仗，流劫乡村，夺占民田；官民捕之，久弗克。至是，都御史张嵿等调汉达官军、乡夫七千余，委岭东参议徐度、佥事施儒等往剿之，俘斩千余，贼始平）。

四年，流贼江文生等作乱，提督都御史姚镆讨平之（惠潮二府与福建汀漳、江西南赣延袤数千余里，自昔流逋为患。文生等本乌合之党，白昼流劫饶平、潮阳、长乐，诸县并受其害。乃檄佥事施儒、参议汪思督兵讨之，擒文生，余党遁去）。**归善抚盗赖贵叛，伏诛**（贵本李文积之党，文积诛，贵率其党降，至是复叛；都御史姚镆乃督指挥高英等擒贵斩之，贼始平）。

六年，和平抚盗平（先是，池大鬓等倡乱浰头，都御史王守仁讨平之，奏立和平县。至是，贼党曾蛇子、卢源、鬼吹角、黄尚琦等背招倡乱，流劫河源、翁源诸乡村；都御史镆乃檄岭东、岭南守巡及惠潮、南韶守备督兵会南赣官军夹攻之，俘斩六百三十有九，巢穴悉平）。

七年，归善民王基等作乱，提督兵部右侍郎兼右佥都御史林富讨平之（先是，基与王眷、王昙皆归善县民，始以赌淫荡产窃盗，其兄王三戒之，为所杀。自此日肆犷悍，聚徒夺业，占据一方；既而私造兵器，张旗为号，流劫上寮、沙沥、黄田心、曾步、鹧鸪塘、董屋、洴沅、平湖等村，二县地方受其荼毒。至是，富等督行岭东道兵备守巡佥事刘乔、右参议汪思、守备都指挥程鉴、岭南兵备守巡佥事徐乾、吴廷翰、左参议宗明集兵讨之，俘斩二百二十四名颗，余党解散）。

潮州府饶平县多山峒，惟弦歌都复有蛮獠。弘治十四年，凤凰村民苏孟凯自称斗老，聚众千余作乱。县丞倪禄往捕，被杀，孟凯亦死。其子隆尤善战，兵备副使涂升督兵往讨，隆以计送赂，升纳之，班师而归。十五年，分守参议冯良辅继至，遣兵破其巢穴，隆败走归峒，犹时出肆掠。三年，义民余文重获隆，诛之。

大埔之隘凡二十有奇，皆山海要区，枕吭抚背之防未可一日缓者，惟黄岗（巡司隶饶平，通福建诏安、政和）。峒谷邃险，两地肘掣，营堡罔济。议者欲于潮增设捕盗通判，挈家驻之，环以墩戍，兼镇南北，而裁饶丞及诸冗员以易之，一举固三得矣，若小靖山獠（今大靖隘）。

永乐六年，百家畲恃险奔突，骚扰属邑；命监察御史谢孚与都指挥赵德剿捕。孚乘传至潮，先行招谕，复征惠潮官军剿捕，畲盗遂平。

成化间，曾秉宽等为乱，知府谢光捕获之（初秉宽及郑金龙、郑金牛皆小靖土民，构众百十人据岩峒，尝出没流劫饶平、黄岗等村。知府谢光见其势日猖獗，乃檄巡检魏志率总甲卢仕雍、乡约正饶永九统引乡兵，擒获渠魁九十余名，解送总督府诛之，地方稍宁）。

正德二年，上漳溪盗朱秉瑛作乱，官军讨平之（初秉瑛与林李传共为窃盗得志，遂聚党与劫掠乡村，烧毁神泉市庐舍，驱掳妇女入山中，杀伤乡夫。三年督府檄佥事胡恩等率兵征讨，悉灭其党）。

六年，清远山獠张白眉等作乱，官军讨平之（初，白眉及其党雷震、赖英、蔡成、温火烧等数百人，起自本都平回、进灌，复与连境漳浦流贼合，延蔓作乱，依山谷结营垒，分队流劫漳、泉等州，潮、揭等县。各郡乃上其事于监司。正德十二年，参议张简等约兵征剿，生擒张白眉等首恶五人，凌迟于三河市，其党悉平）。

十一年，山寇曾钯头作乱，潮阳知县宋元翰平之（山寇曾钯头拥众千余，流劫州县，出没无常，江西、闽、广三省挨捕不获。正德十一年，劫掠潮阳县乡都，扎营北山驿；时驿路阻绝，官民惶怖，军民莫敢抗敌。潮阳知县宋元翰雇募土兵，分截要害，四面夹攻，斩俘酋长及诸贼徒数百，贼遂骇散，多被各处捕获。知府张景旸上其功当道牒呈有云:“曾钯头之平,虽收功于程乡,实破巢于潮阳,民至今思之。”)。

嘉靖四年,流贼执致仕知州饶金至三河驿而还(金居、大背、湖村、庄箽、竹寨及程积流贼数百人绕出大背、湖山,遂围绕金宅,获金。虏船至三河;复登东门埔村,大肆劫掠,焚庐舍,格杀数人。新寨社总甲急集乡夫追至万江峡中,贼示欲杀金以挟,乡夫不敢击,与守至夜分,贼乃释饶金而走。次日,大麻村被掠尤甚。后过长乐旗谭地方,遇官兵,灭之)。**二十一年,小靖獠贼谢相、傅大满作乱;二十二年,知县曾广翰捕送军门斩之**(初,谢相以骁悍知书,为乡人所推,遂与傅大满聚众据险,屡令其党四出流劫。是年,自率众潜寇福建地方。冬十二月,走归小靖果。永定典史莫住追至箭竹凹,被枪死,谢相、传大满等遂遁。二十二年春,总督府移檄本县擒捕,时署县事教谕刘寓春奉檄捉获贼党二十余人,械送置法,谢相犹未成擒。及知县曾广翰到任,毅然以除元恶为己责,设法稽谋,缉捕愈急,于是谢相就缚,傅大满及余党十数亦随捕获,俱械系解送军门斩之,其地悉平。广翰乃为设社学,教训其乡子弟;复立隘于神泉市,点乡兵轮直守扼以塞箽竹寨贼路,县境无虞。都御史虞守愚嘉其功高,屡行奖异及手书劳勉焉)。

二十三年秋九月,矿坑、看牛坪盗刘全等率其党来降(先是,上杭县三图箽竹寨民世习为寇,我埔矿坑、看牛坪二处延袤,与邻亦多,其人杂居,渐染作乱,势相犄角。至是,三图贼首杨世聪被擒,其党又聚众临程乡县境挟取。事闻督府,欲兴兵剿之。知县广翰虑其引诱二处宿盗成其羽翼,先整饬武备,佥点乡夫,以为豫防之计。乃遣人诣其巢,谕以祸福利害,宣布威信,于是刘全等率其众数百人来伏庭下,称不敢复叛,尤愿竭力以御三图,南侵有事则用命。曾公复慰谕迎劳，遣还其党与，使改过自新；又立保甲法，使相纠劾。其众感激悦服，地方少安）。

肇庆府庞峒等獠，大率与傜贼同徒。惟阳春为浪贼所害；盖依山险阻，出没不测，转掠靡常，吾民岁苦侵暴。天顺二年，獠贼出没，巡抚两广佥都御史叶盛奏守备德庆州都指挥同知马震数肆贪冒，以致獠寇，命巡按广东御史白侃执震问之。

成化五年，值广西流贼攻破邑城，兵备佥事陶鲁率兵来援，杀伤甚众，余党逃遁。

弘治四年，泷水后山贼乱，总督右都御史秦纮、总镇太监王敬、总兵官伏羌伯毛锐讨平之（先是，后山诸贼为患有年，乍服辄叛。监司议谓彼速天诛，罪不可宥。纮等乃调取汉达官军、土兵、义勇民壮，行委湖广按察使陶鲁统领。时鲁带管岭西道，用事军门。鲁誓于众曰："先平泷水，而后后山可破也。"即行参将陈皞、都指挥白玉、马义统督各官兵进攻泷水，舍舟登陆，深入石狗、红豆、云阳、白梅、火烧、风门、铁场诸山，分守要害，擒斩首从贼徒五百三十九名颗，夺回被掳男妇三十一名口，俘获贼属一百四十名口，贼从器仗三百六十七件，泷水悉平。自是顺流而东，驻扎太平营。鲁行广州府知府林泮勘画地图，给领旗榜。鲁遣都指挥马义、李敬、何清率领指挥孙璧、李寅、谢谦、杨玉等官军并土官目兵分为四哨，攻破野鸭山、买鱼坑、蓝冀山、青芒、黄峒、铁峒、白云、禾溪、乍坪、小长江、金坑、黄竹、长坪等，擒斩首从贼人首级一千八百七十四名颗，俘获贼属一百五十七名口，夺回被掳男妇二百零七名口，胁从尽释，地方始平）。

五年，傜贼八十余窃入城中，烧毁县治，劫掠库藏，总旗徐洪奋身出战，死之。其后，贼势益猖獗，乡村被害尤甚。

正德十四年，恩平贼苏万里等乱，总督都御史杨旦、总镇太监王堂、总兵官抚宁侯朱麒讨平之（先是，万里与阳江县贼马文广等合夥数百，流劫恩平、阳江、阳春、新宁诸县地方，屯聚莲塘、乐安之间，道梗不通。守巡该道右参政章拯、佥事陈纲议调肇庆、阳春、新兴、恩平府县民壮打手、乡僮兵，委知府黄瑗、都指挥卜王、通判毛鹤、余龙、推官金鹗、指挥黑明、费铭、知县黄宽等督领分道剿之，擒斩九百七十名颗，俘获贼属二百八十四名口，地方始平）。

嘉靖二年，阳江贼首严阮聚众侵掠本境。十一月，兵备副使王大用追于庞峒，擒之。十二月，监督参政罗侨率兵继至，斩获甚众。嗣屡犯屡遁，率无宁岁。

十二月，阳春、新兴、德庆贼乱，提督兵部左侍郎兼左佥都御史陶谐、镇守总兵咸宁侯仇鸾讨平之（先是，阳春县西山、云廉、黎峒、湖峒、坐罗、下双、茶场贼首赵林花、唐观政、唐朝用、盘胜富、郭安富、何总管、禤文安、黎广雄，德庆州东山、南乡、葵岭贼首凤二、全师安、盘增堂，新兴、黄三坑、石壁等巢贼首盘晚太、邓大弟、盘世宽皆恃山险，聚众剽掠乡村，杀掳男妇，尝攻高州城库，敌杀官兵；居民被其骚扰已数十年。至是，谐等调兵六万三千，分为三大哨，分道并进，攻破巢寨一百二十五处，擒斩三千七百九十九名颗，俘获贼属三千七百二十名口，他物称是）。

三十三年，浪贼麦长裙攻劫阳春县，知县谢复生讨擒之（先是，长裙及黎汝诚、顾本通等越劫思良等村，知县谢复生躬自督捕，夺回被掳男妇若干余人。复立赏约，计令招主严群玉密同徭人□□眼等抵巢擒获长裙，送军门诛之，当道各加劝奖。三十四年，顾本通复仇，仍从黄三坑越劫顺阳、思良等村，复生仍督南诏兵追捕，复请兵备道发遣指挥舒焕帅狼、达官军剿散）。

三十五年春，新恩贼乱，提督军务兵部右侍郎兼左佥都御史谈恺、总兵安远伯王瑾讨平之（先是，新恩黎源、沙峒诸傜贼纠结浪贼，剽掠要明、新恩地方，势极猖獗，巡按御史郭文周疏其罪以闻，命讨之。至是，恺至，决策调集汉土官兵万计，以兵备佥事林应奎为监军，分守参政王国桢督粮赏。既而应奎听调去，国祯兼领之。诸将分布哨道，咸有成画。正月克黎源、沙峒等巢，余贼走双石顶，据险以拒。崖石壁立，兵不敢入。忽岚雾四塞，我师扳崖援磴，直抵巢穴。二月，克塘茶。四月，攻良塘，拔之，凡斩获以数千计，兵威大震。我师乘胜欲尽剿背招诸贼，勒兵以请，乃檄通判吕天恩、知县陆汤臣诣营议剿抚方略。天恩、汤臣诱解青、蓝布，平十四村。贼首僭号靖江侯朱奕、游天王郑仕明、铁砣将军冯贵等以城降。六月振旅还，而新兴平）。

三十六年，都御史谈恺发兵讨扶溪、大罗山诸贼，大败其众。夏，兵部右侍郎兼佥都御史王钫继至，平之（四会县扶溪、顾水等山寨与清远县大罗山相连接，岩峒深峻之木翳阻，延袤数百里。西北通湖广，东南达广西，峒落绵亘，星分棋布，人不敢入，窅然一幽旷寰宇也。成化、弘治间，众未盈千，岁一流劫，谓之借盐布，民久苦之。嘉靖中，生齿日繁，归附渐盛，恣肆出没为患；抚之，则阳从而阴叛；剿之，则东突而西奔。壬子冬，贼首冯天恩、李汝端诈称天书降，遂移檄自号罗扶二山应天承命左右都元师，指斥乘舆，谕民从乱。以陈汝高、李子厚、罗国相、陈日进为副，以陈仕魁、苏朝泰为破阵先锋，大罗山酋长则莫天亮、邓祖胜、龙国育、欧胜清等皆称公侯将军。先有渠魁陈世豪者，居龙潭大巢，尝僭号“中山王”，后阳就招抚，自比抚傜峒长，然性实桀黠，阴则招集徒众。督府谕令自新，负固不服，拥众万余，虔刘人民，焚荡庐舍。回岐巡检杨庆、驿丞戴以文被劫而虏杀其家属，霸耕民田八千余石，屠掠之惨，无月无之。于是致仕知州李道全及里耆士民朱正色、卢世用、苏伯简数百人具状闻于守巡，申请军门兴师征讨。提督都御史谈恺会同总兵请远伯王瑾奏闻，报可，乃调广西镇安、思恩、泗城、向武各府州土官目兵并选调两广汉达官军，岭西、岭南各分左右二大哨，由四路以进。岭西则左参将钟坤秀、右参将朱升分领兵三万六千有奇，佥事郑东白监之，分十小哨以攻扶溪、磨刀、邓坑、螺壳、葵峒、梅峒、大水坑、黄茅坪、禾仓坪、茶坑岭。岭南则游击将军邹继若、都指挥王麟，分统兵四万六百有奇，佥事贺镂监之，分十小哨以攻大罗山、龙潭、何峒、石砍、蕉坑、黎峒、陈峒、兴仁乡、池水尾、歌堂村。豫行苍梧道及湖广该道，防遏惟谨。适巡按御史徐伸楫至，复委分守岭西，参政王国祯岭南，参政张英督饷，按察副使林懋举纪功。肇庆府通判吕天恩协理军务兼把截攒运，凡经画运筹，皆其谋猷，地方赖之。三月甲子，四哨并发，期以丙寅兵抵贼巢，卯时奉行开刀之令。岭西左哨朱升督指挥何懋及中军指挥姚允恭二哨直抵上下碲峒。贼迎战，败之，追至禾仓坪，斩获颇多。指挥马怀信连破数巢，追入扶溪，至邓坑，斩获一百七十级。贼败走，奔聚螺壳、莲花、碲心等山。会都指挥宋俊攻陂头、磨刀、坟水，贼亦败逋。已而千户杨式督田州目兵至，并力攻之。时值风雨，贼巢三山鼎峙自固，兵阻溪涨，作筏以渡，夺据高岗，贼奔入排栅五重，我兵次第破之。已而宋俊攻破莲花、碲心，式兵亦至，共斩获百余级。怀信哨复攻破螺壳中巢，斩冯天恩。贼失大酋，恇惶失措。何懋哨合俘馘益多，宋俊哨亦斩贼酋邓财银、冯天禄、卢宗富。于是贼遁聚螺壳山顶，周围峻壁，惟有石门中通一隙。我兵连日挑战，置办竹笆，潜探路径，传谕各官兵有能透顶破巢，定以奇功论赏。镇安府土官男岑缘计令族目岑伯岱等，选精兵由后壁菁崖扳藤潜夺顶寨，以铳为号，四面伏兵齐攻，各贼滚放标石，各兵力战数合，贼阵败乱，诸哨合击之，斩二百余级，坠崖死者不可胜算。右哨钟坤秀兵方发时，中途峡径遇贼，即击走之。丙寅，都指挥杨烨攻葵峒，斩获颇多。指挥卢金攻梅峒，遇大雨，贼据高山，兵由溪径，山水涨溢，奋前急击之，思恩官目黄达斩其执旗者，贼皆退走，斩获十余级。指挥孙廷槐攻大水坑、黄茅坪，贼拥众出战，千户慕宏奋前冲之，被贼标死，军士郭振往救，亦死，中军指挥武尚文麾兵应援。适指挥舒焕督领东兰州目兵由石仁径进，协同杨烨诸哨入葵峒，大破之，斩其大酋李汝端及先锋陈仕魁、苏朝泰等，乘胜连破六丁、茶坪岭，所向皆捷，焕遂进剿梅峒诸巢，皆歼之。会郑东白以考察调任，改委佥事经彦采监督，申明军令，十小哨益多斩获。岭南左哨邹继芳前进剿何峒、石坎贼，先据险立栅，累石聚众迎敌；所部指挥马镇先破何峒，遂至白石坑、泗城，州土官岑嵩先登陷阵，斩获颇多，指挥郑金、程从龙破石坎，次之。麟右哨方进，而贼奔进大巢，所部指挥陶金督同向武土官知州黄仲金，探得其处，取路直上绝岭击之，贼即缒下，斩获十余人；值雨待霁，追至扶溪飞桥，又斩获十数人。夹击分战，目兵有阵亡者。李守破黎峒，尹绍德破陈峒，斩获皆数人而已。达官杨宽破蕉坑，斩获首从一百五十有奇，贼气少夺，且战且走，马镇、岑嵩追至黄峒口，斩获又十余人。郑金等小哨乘之，贼众奔入天堂、黄峒诸阻镇，嵩急攻之，斩获首从四百有奇。郑金擒斩副酋李子厚；余哨陶金等陆续斩获，凡一千五百有奇。四月，恺报罢，诏以提督南赣都御史王钫代之，即申严号令，督责成功。于是经彦采报二哨近日斩获二百余级，合前凡二千二百有奇。贺镂躬督二哨，分兵穷追，斩获凡一千六百有奇。五月乙丑，前督府起行，给赏诸有功者，官军感奋，勇气益倍。岭西左哨斩获一百八十余级，右哨一百五十余级，肇庆府通判吕天恩等各督把截，官兵共擒斩贼人贼级并窝主共二百九十九名颗。大罗山陈世豪阳称愿招，镂知其诈，亦阳听之；贼乃立栅四重，屯聚十余里，镂与继芳谕知县何应宿诱世豪擒之，其党未知也，乃密示克期分遣马镇哨冲其前，陶金等哨遏其后，郑金哨翼其左，杨宽哨击其右。丁丑入大罗山，已卯攻龙谭，贼闻铳声乃觉，出战皆败，于是连破芋荚塘、仙姑、葫石、榴花等栅，获贼首欧胜清、龙国育斩之。镂与继芳诱陈汝高至，又斩之。官军历克二百七十余巢，并清远抚傜汤纪等，生擒贼首何南阳及各把截擒斩凡一千四百有奇；凡岭西俘馘三千有奇。岭南俘馘四千有奇，夺回被虏人口及获贼牛马器械无算。所至巢穴，擒绝贼属，残党悉平。捷闻，兵部奏行升赏，诏王瑾荫一子为锦衣卫百户，王纺荫一子送监读书，谈恺升右都御史致仕，贺镂升二级，经彦采、钟坤秀升俸二级，吕天恩升本府同知，照旧捕盗）。

三十七年春，提督都御史王钫、巡按御史徐仲楫用肇庆知府卢璘议，令同知吕天恩往勘四会县，分设县治于潭圃（璘言，前代南绥州，今在柑榄都右涧村，领县四：化蒙县在于太平都东乡村；新招县在于柑榄都新招村；化洼县在今柑榄都绿水村；化穆县在大圃都康壳村，厥后并为四会县九十二里。缘山多地广，政令不及，遂为傜据，今仅存四十二里。以此观之，必增立县治，方为久安之计。于是抚巡行藩臬会议既定，乃令吕天恩偏历诸巢，以县南一百三十里地名潭圃，地势平衍，山水环抱，民居稠聚，四方道路又适其中。诸于附近太平、柑榄、大圃三都分割太平一图、三图、四图、五图、十图、十三图、十四图，圃三图，共十一图，户口田粮俱据黄册扣算。其北五十五里有龙口水，最为要害，立屯田千户所移四会后千户所以为守御，专令居中策应保障，以护耕种。肇庆卫前所、中所原有屯田细粮五百余石，各将屯军二百名，尽拨依屯耕守，免其差调。其有空余屯田，听从民往开耕居住，以助兵威。此一举而军民两便也。东八十里有双车圃，界连清远，切近葵梅诸峒，移金溪巡检司居之，掣青草、大径、大坑三营兵二百六十六名协同守御。其南绥一营在龙口水东五里、双车西五十里，乃盗贼出入之冲，宜仍其旧，掣黄沙、古灶二营兵二百九十一名，凑入戍守，使西应龙口，东接双车；声势既张，虽南绥有急，亦有所恃而自固矣。龙口西三十里有扶落口，乃白芒、鹅叫、扶黎、顾水诸巢咽喉也，移扶溪巡检司居之。鹭鹚坪在扶落口三十里，接近莲花、碲心、螺壳山及广西怀集诸恶峒，若欲扶溪安枕，先于此立营，招回原被逼出惯战乡兵二百名垦田居住，月给行粮四斗五升，以资耕守，俟田亩成熟乃止。移出黄桐、峡径、鹤爪三营兵壮一十五名合营并势以壮军威，而扶落一带耕守可以无虞。凡此乃形依唇齿，势成犄角，以后公署建而道路自开，墟市立而商贾自骤，开垦盛而流移自复，惟在上者加意而已矣。于是守巡定议，分割十一图大小人户一千一百有奇，官民米共四千六百三十八石九斗九升五合五勺，属其统辖。后有清出贼田开荒余土俱附入并管。官属照裁减衙门事例，县设知县、典史，学设教谕、训导各一员，仍隶肇庆府统辖，布按掌印信官询谋佥同。适总兵官丰润伯曹松、巡按御史潘季驯继至，乃题奏以闻，奉旨，该部知道）。

秋八月，遣官军及那地等州狼兵往剿德庆、高要等州县贼首盘永贤、刘世正、梁德业等，至云扶大山，平之（新兴县红嘴山，四会县扶溪山诸贼已平，所遗者尚有德庆、泷水、阳春、高要、高明、新兴、恩平等州县连界、黄三坑、铁场、石人、背山、枣坪等巢，盘据万山之中，岩谷险峻，林菁丛密。贼首盘永贤、刘世正、梁德业等皆稔恶渠魁，招集浪徒，流毒无已。嘉靖癸未及壬辰两次大征，官兵失利，故久不征剿。是年，调广西那地等州狼兵往湖州协剿倭寇，同知吕天恩多方踪迹各贼，得其所在，及取有乡导见在，因言狼兵自高要入惟一百余里，自德庆入亦不满二百里，衔枚疾走，一夕可到，出其不意，贼可成擒。军门行岭西道会同统督参将钟坤秀分定所部为三哨，令监统右哨都指挥蔡祯由泷水江、沙田登陆，进剿山枣坪五巢；中哨都指挥胡有名由肇庆南岸登陆，进剿铁场六巢；左哨指挥张矶由肇庆南岸登陆，剿石人背巢。仍起集乡夫、打手、民壮、徭丁、僮夫。及行阳春、泷水、高明等县，多集乡夫，于贼行私路装伏，以防奔逸。分布周匝，督率三哨官兵克期以八月初三日抵巢，开刀扑剿。时贼垒石插筢，据险迎敌，官兵攻破之，擒斩七十七名颗。贼奔集云扶、大山，竖栅自卫，又督兵并势攻之，斩获贼首盘永贤、刘世正等一百二十八名颗。装伏兵夫共擒斩二百六十九名颗，俘获贼属及夺回被掳男妇数多，奏凯而还）。

三十八年秋九月，诏于潭圃立广宁县（户部覆议所奏将四会县分割十一图于潭圃，立为县治，官员印信铨选铸给。仍将守御四会。后千户所官军并肇庆卫中、前二所屯军移置龙口水，依屯耕守，立为屯田千户所，免其差调，铸换印信及移金溪巡检司于扶落口，无非先事预防，杜残徭萌孽之渐。议勘相同必相度得宜，询谋已定，地方有赖，民心乐从者也。所据县名及设官铸印领赍掌管行事，奉圣旨：是县名与做广宁，钦此。改调茂名知县韦弁、知县事知府徐鹔方经营之）。

高州山峒接近广西，景泰二年，广西强贼越境，流劫化州，尝奏营守（高州府知府杨柳誉奏，照得景泰二年十二月日期不等节据化州并梁巡检司及茂名、吴川二县申该民里老李永中等告称，即被广西强贼越境前来打劫州县陵罗、铭信等乡，地名冯塘、登教等村，烧毁房屋，杀掳人口；即刻通报都指挥佥事孙旺、指挥同知黑爽、李福操守、指挥佥事刘靖等速调官军及委检校苏芳部领民丁土僮协同官军剿捕。近今景泰三年正月十三日，据检校苏芳呈称，与贼交锋对敌，杀获贼级九颗，余贼散入大山去讫。呈送功级，通行枭挂。贼路续据化州并茂名等县中。景泰二年十一月日期不等节，被广西北流、陆川等县罗卞等里民贼、波河等徭贼纠引浔州等府大藤峡、炭山等处强贼，各从北流等县地方竹、听徭、白米、文黎、扶来等山村，越过梁家沙、白梅、竹山等营堡地方入境，分宗流劫州县乡村，累报各该守哨官军，不能设策截敌，强徒得势，凶暴猖獗，杀人放火，掟掳男妇，有银者赎脱，无银者虏回去讫。见今驻屯原居山峒不散，人民惊疑远避，久无复业等因到府。除节次备呈巡按广东监察御史、布按二司等处及仰州县存恤被贼人民，令其复业安居，量免差役外，臣等切思广西陆路接通本府地方，俱有军堡巡司截把，又有哨捕官军。纵容强徒连年越过通合、北流等县，交通民徭，显是前贼在于该管衙门扶同捏称生理别故照过，构集为盗。及本府原设梁家沙、白梅、竹山等堡俱奉议调神电并高州等卫所军三百、二百不等，各有指挥千百户等官郭祯等督备守把广西贼行要路。今却往往躲避，任贼越入境内。照得被劫大并等村，俱各附近信宜、电白、高州、化州、宁川、神电等卫所，各处又有委官指挥黑爽等官在彼守备，俱属都指挥佥事孙旺总督。各官职专其事，明知累报强贼，不肯亲自领兵，止使承调官军敌捕，遇贼无谋，罢阵退走，杀害军民，强贼得肆，民遭荼毒，存者惊散，难以安生；若不设法剿除固守，恐后构集，遂成大患，贻累边方城池，残害生灵，实难保备。如蒙准奏，乞敕广东西总兵镇守抚按三司官计议，合无趁今强贼未散，惟俟秋晴，多调精锐官军，克期抵巢，尽数剿灭，绝其根孽。两广连界原设营堡照旧存留，仍乞添拨官军守把。今将缘由具本，专差典史会禄亲赍具奏。时化州知州邓敏、茂名县丞廖清亦各有奏通政司，俱奏奉圣旨兵部知道）。

景泰三年，按察副使项忠按部高州，谍报贼携男妇数百流劫村落，请发兵。忠曰："流贼无携家，理顺无妄杀。"及讯其俘，果皆良家被掠者，尽释之。

成化元年九月，流贼及峒獠寇高、肇、雷、廉等府，都御史韩雍遣副将范信、布政使张瑄合汉达三广官军剿之（时高、肇、雷、廉为流贼所劫掠，百里无人烟。督府调湖广茅冈土兵号“钩刀手”，与广西田州泗城土兵，不律尤甚，往往杀掳平人报功，希重赏，收匿被掳人口不发。督府遣瑄偕信将之。瑄痛加裁抑，间谕以善言。夷性虽生拗，亦皆愧服，其弊尽革。贼众狡黠，东西出没不常，瑄随同官军往来奔走阳江、新兴、独鹤、神电、高州诸处，不啻数千里，率以三鼓行营，晡时而止。新兴、长居、静德等三村民邓李保等作耗，劫杀人几二十年。瑄与信欲乘此兵力剿除，议者二三其说。瑄言去恶不力，是谓贻患，复往浔州督运纪功。丁亥四月回司，九月复往梧州。戊子三月回司，四司转左布政。已丑十一月满九载。未满前数月，巡抚巡按总兵镇守合疏保留，自是始专任司事。又三年，始以迁秩去而贼终不能平。后知府孔镛始平之）。

成化二年，广西流贼残破高州。以连山知县孔镛为试知府，讨平化州叛贼，招谕峒獠相率来归，特升按察司副使，仍守其地，赐玺书褒奖之。士民立生祠祀镛，纪其功为六事：其一，招茅峒贼（茅峒去高州城十里许，四山环合，中有隙地，平衍可以藏兵，升平时有居民之庐舍焉。当山缺处，一径逶迤通神电以西诸路。成化二年春，有贼首邓公长者率众万余，来扎山间。公长于群盗中最称剧贼，尝跳梁新会、阳江诸处，堕城杀将，其来也气焰甚炽。时公新到郡城中，军民数不满十百，又皆丧败之余，无可御敌者，上下惶惶无人色。公从容无异平日，人莫测其所为。既而不谋诸寮友，不告诸妻子，呼四疲卒舁肩舆直抵贼营。前此，守倅以境内多贼之故，虽平时拥众千百，不敢出近郊。忽报太守来，贼众大惊且喜，迎之入营。坐定，公乃为陈祸福，倾营拱听。公长恃其常胜之威，有骄蹇不服意，公知其不可回，乃巡历营中，遍访贼倅之豪者而谕之，人人惑悟下泣，以为遇公之晚，遂与约降，护公出营。既归，是夜漏下四鼓，忽见贼营中火起，火焰烛天，光明照城，军民戒严，武将擐甲婴城。公笑曰："无虑，可待旦开门纳降，止须费府库财赏劳耳。"平明，果释甲纳枪刀求乞降者近万人，开门迎之。公长大众已散，势难孤立，亦降。系以诗云："成化天开第二春，蛮方犹未洽克仁；忽惊五马宣威德，十万豺狼顷刻驯。"又诗云："郡守贤劳何处寻？忠诚开布贼倾心；祗今茅峒山边过，已有鸡鸣桑拓阴。"）。

其二，平梁定贼（梁定者，化州降贼胡公威党也！后叛，聚徒五百余，西向剽掠。参将王英以大军于雷州败失所部将及麾下不胜计，未几贼复入化州西北界，势甚猖獗，参政黄公檄公部领所招降向化会丁协同都指挥滕汉讨贼。屯兵畲禾岭，与贼相值，贼凭高据险，公与滕公计曰："贼先得地势，且专一面以拒我，其锋不可当，宜分其势，乃可取胜。"乃兵为两翼而进。贼亦分哨来敌，公领会丁冲其中，贼众大败。时梁定先以走他所为官军所杀，余党悉散。系以诗云："遗孽偷生已半年，更得残命送皇天；黄堂建策功尤异，白羽挥兵胜独全。"又云："假息游鱼自纳生，笑持铜虎发州兵；捷声隽报畲禾岭，奏凯归来平定营。"）。

其三，败冯晓贼（冯晓者，亦降贼党也，既而杀胡公威，叛入广西山中，聚党近千余，时出化州西北界为寇。此贼乃遁地复叛，州人多为之耳目。公得报，秘不发，但召兵诡言备他盗；至夜，勒兵潜进，星行四十里，去贼营半里许止，遣部下蒙浩率敢死二百潜行绕出贼后，期炮响，前后夹攻。时漏下四鼓，贼睡不觉，蒙浩等于山后举火，前军应之，贼众大惊失措，弃妻子衣甲器械而遁，俘擒无算；几获冯晓，而州人之为耳目者脱之，乃系其妻子以归。系以诗云："千山杀气夜凄凄，猛士衔枚马不嘶；蓦地一声山下炮，贼投汤火命如鸡。"又云："奇兵勒进五更初，丑类酣眠尚自如；陡觉奉头皆鼠窜，那能回首顾妻孥。"）。

其四，攻游鱼寨（游鱼寨乃北流山中土人避贼之处，为贼邓辛酉所据，时出侵扰高州属邑。公领句化会丁随同佥事陶公追之，由信宜进抵其巢。自兵兴以来，广东军民兵未有逾广西界杀贼，以故贼不虞全火在寨中；忽闻官兵至，彼皆剧贼，又知死地，人人必死战。官军林立环视，无敢犯寨门者；时日过午，稍延入夜，则有冲突之患，胜负未可知矣。陶公急募先登陷阵及能焚营寨者重赏，卒无一应；高州会总林雄首应见登，陶公即卸身甲授之，公亦自脱头鉴与之，雄奋勇鏖战而前，势若崩山，歼其渠魁七人，雄亦身被数十枪，贼气少敛，三军乘之，遂克寨门以入；神机火亦自营中起，烟焰障天，贼皆焚死，雄亦死于阵。是捷也人以高州兵为首功。都宪韩公有亲制祭林雄文，今见第六卷，系以诗云："连营烈火焰腾腾，战鼓如雷士气增；全胜归来功赏遍，我民谁念最先登？"又云："桓桓汉达万官军，狼顾狐提倚寨门，独有我兵先陷阵，官军随踵策奇勋。"）。

其五，招冯晓贼（冯晓既失妻子之后，为无赖贼，遇人即杀，化州西北一带甚苦之，失耕业者二年。先总戎政者以穷寇不与较胜负，按兵以图全胜而未得其机，便被其欺侮者数焉。公知其不可卒灭，乃存恤其妻子以招徕之。成化四年夏，晓复寇石城，公与分巡佥宪陈公议，持都宪韩公榜文，躬亲诣营抚谕，贼皆罗拜，因询其妻子无恙，乃曰："公恩德不可负。"遂降，得众五百人。系以诗云："金印当年挂总戎，书生谈笑却收功；化城西北今安枕，民弃干戈只务农。"又云："宣布台臣招抚诚，顽凶解甲顿输情；勋劳次第无人识，只羡军门赏赍荣。”)。

其六，却侯大贼(侯大六者，博白叛贼，其宗最强盛。成化四年冬，拥众千余，屯信宜界，声言东攻高州，公率所部御之。时兵少，见贼众不敢进。公呼部下议之，会总符琼云：“大六始叛，即来高州，意在轻我，必不为备；宜因其始至而挫其锋，彼则气夺；不然，相持日久，使彼得以观我之虚实，为患大矣。”公恐琼恃勇轻进，急趋后兵来；琼于是夜私戒所领百人，衔枚潜抵贼营。时夜五鼓，贼方酣眠，琼率百人突入营中，就枕杀八十人，被伤者甚众，贼大惊溃。符琼亦为乱兵所杀。始有贼首十人，是夜杀死五人，贼惩创远遁云。系以诗云：“半夜曾提一旅兵，直探虎穴捣连营；只今贼遁深山去，鹤唳风声也自惊。”又云：“五更老丑睡如羊，首殒刀前叶殒霜；近向蛮中访消息，每论兵势说高凉。”)。刻录以传(镛后累迁至工部右侍郎)。

成化四年，神电卫指挥马贵奏迁电白县治，附卫城中，诏从之。自是，徭贼出入之路，官兵不能控制。嘉靖十二年，西山贼首赵林花遂劫府库。大征既平，巡按御史戴璟奏言旧电白县址已立为堡，宜复置高梁县，并割神电卫一所以附之。诏议不果行(高郡之地东北西三面联属徭山，而狮子坡旧电白及信宜中道亟口等处，实为要害。自汉设高梁县，梁置电白郡。国初仍宋元之旧，建电白县以控制徭人出入之路。彼时兵威尚振，以故李马斌、唐文清等贼势虽强，终不敢长驱径入府城者，惧此县之蹑其后也。孔镛既去，神电卫指挥马贵奏将县治迁附卫城中以宽目前之忧。于是百姓谓官兵远避，我何敢居？乃多逃窜。自此田野不辟，人民不聚。至是赵林花直指府库，如履无人之境矣。东北一带虽有狮子、电白二堡，而兵力单弱，不能救援。及大征，西山诸贼虽已颇定，而数十里人烟断绝，遗黎一二在途织草为苦而已。信宜虽有骁勇守城，而西通怀白，北极阳春，万山联络，贼党日蕃；矧旧电白虽立为堡，地广人稀，猺贼出入如绑，若非拥强兵、开重镇以遏之，他日螳螂鼓臂，斩关而入，如赵林花者不能保其必无也。巡按御史戴璟至郡策问，诸生吴守贞等皆谓旧电白亟宜添设县治，以控西山三路咽喉；镇以将府，并捣信宜近境巢穴，为地方至要。于是会守巡兵备等官佥谋皆协，乃奏请分割茂名、电白二县地共八里，增设县治，仍于神电卫四所官军内割一所迁附以守之，如汉高梁县属高州府管辖。后不果行）。

廉州府自汉元鼎六年置合浦郡，与交趾郡为邻境。建武十六年春二月，交趾女子征侧反，合浦蛮应之。安帝元初以后，合浦蛮反，遂合交趾乌浒为逆。及交趾反，又与合浦相仇杀。晋武帝时，会兵合浦以击交趾，自是兵集则民受扰害，而诸峒亦多为寇。

刘宋大明中，合浦大帅陈檀归顺，拜龙骧将军。檀乞官军征讨未附，乃以檀为高兴太守，遣前朱提太守费沈、龙骧将军武期南伐，并通朱崖道；并无功，辄杀檀而反，沈下狱死（语在《事纪》）。

隋末，南平獠西接南州，有宁氏世为南平渠帅。陈末，以其帅猛力为宁越太守。陈亡，自以为与陈叔宝同日而生，当代为天子，乃不入朝。隋兵阻瘴，不能进。猛力死，子长真袭刺史。及讨林邑，长真出兵攻其后，又率部落数千从征辽东，炀帝召为鸿胪卿，授安抚大使，遣还，又以其族人宁宣为合浦太守。隋乱，皆以地附萧铣，长真部越兵攻兵和于交趾者也。

武德初，以宁越、郁林之地降，自是交爱，数州始通。高祖授长真钦州都督。宁宣亦遣使请降，未报而卒；以其子纯为廉州刺史，族人道明为南越州刺史。六年，长真献大珠，昆州刺史沈逊、融州刺史欧阳世普、象州刺史秦元览亦献筒布。高祖以道远劳人，皆不受。道明与高州首领冯暄、谈殿据南越州反，攻姜州，宁纯以兵援之。八年，长真陷封山县，昌州刺史庞孝恭椅击暄等，走之。明年，道明为州人所杀。未几，长真死，子据袭刺史。冯暄、谈殿阻兵相掠，群臣请击之，太宗不许，遣员外散骑常侍韦叔谐、员外散骑侍郎李公淹，持节宣谕，暄等与溪洞首领皆降，南方遂定。

德宗贞元十年，黄峒首领黄少卿反，陷钦州（语在《事纪》）。

德宗遣中人招谕，不从，自是叛服不常。元和间，又有黄承庆、黄少度、黄昌瓘继起。长庆初，以严公素为经略使，复上表请讨。韩愈以贬潮州刺史，移袁州，继入为祭酒，上黄家贼事宜状，以三事为请（略谓见往来过客并谙知岭外事人所说，其贼并是夷獠，亦无城郭可居，依山傍险，自称洞主，衣服人语都不似人；寻常亦各营生，急则屯聚相保。比缘邕管经略使多不得人，德既不能绥怀，威又不能临制，侵欺虏缚以致怨恨。蛮夷之性，易动难安，遂至攻劫州县，侵暴平民；或复私仇，或贪小利，或聚或散，终亦不能为事。近者，征讨起于裴行立、阳旻；此两人者本无远虑深谋，意在邀功行赏。前后所奏杀获计不下一二万人，倘皆非虚，贼已寻尽；今贼犹依旧，足明欺罔。百姓怨嗟，如出一口。阳旻、行立相继身亡，人神共嫉，以致殃咎。今所用严公素者，亦非抚御之才，不能别立规模，依前还请攻讨，如此不已，臣恐岭南一道未有宁息之时也。三事者：其一，并邕容两管为一道，深合事宜。其二，比者所发诸道南讨兵马，例皆不谙山川，不伏水土，远乡羁旅，疾疲杀伤；今所存者，四分才一，若今于邕容侧近召募，添置千人，便割诸道见供行营人数粮赐均融充给，所费既不增加，而兵士又皆便习，长有守备，不同客军；守则有威，攻则有利。其三，自南讨已来，贼徒亦甚伤损，察其情理，厌苦必深。大抵岭南人稀地广，贼之所处，又更荒僻；假如尽杀其人，尽得其地，在于国计，不为有益。容贷羁縻，比之禽兽，来则捍御，去则不追，亦未亏损。若因改元，赦其罪戾，遣一郎官御史亲往宣谕，必望风降伏，欢呼听命。仍为择选有材用威信谙岭南事者为经略使，处置得宜，自然永无侵叛之事）。

宋太宗太平兴国中，讨交趾，兵由廉州，而钦、廉二州迭为所陷。南渡以后，颇为宁静。淳熙元年，交趾入贡，由钦州路以归。迄元至正十二年，两江峒贼黄圣许反，寇钦州（钦州路总管府记贼攻略州城及灵山、安达二县，时罗、贴浪、七峒人民亡散殆尽，大兵征讨，贼窜入深峒）。

本朝洪武中，广州卫指挥佥事杨景讨贼至钦州（语在《事纪》）。安南由广东入贡，却之。自是贡路由广西凭祥县。

永乐二十年，伐交趾，转运钦、廉二州粮饷。

宣德二年，弃交趾，布政司钦州澌凛峒黄金广等以四峒民丁叛，附安南（钦州时罗、贴浪、如昔都、七峒接连左右两江溪峒，并接交趾界。宋元以来，设立峒长，专一管束峒丁，保守疆境。元世祖时，因峒主黄世军等杀贼有功，始授以金牌印信，充七峒长官职事，子孙承袭。及至我祖洪武元年，平章廖永忠、参政朱亮祖统兵取广东雷、廉等处，大小衙门俱送印信，赴朱参政军门投款，给授新印。彼时以七峒地方人民不多，不复给与新印，革去长官职事，仍复只称峒长；以故峒长内怀觖望。至宣德二年，复封安南国；黄金广等以思廪、罗浮、古森、葛原等四峒一十九村二百七十户叛附安南，邀求官职，黎氏封黄金广为经略使、经略同知、佥事等官世袭，仍令把守本峒地方，属彼国万宁州。金广死，子黄进袭；进死，子无害袭；无害死，子伯银袭奋略将军经略佥事）。

正统五年九月，巡按御史朱鉴奉玺书率都、布、按三司至钦州，揭榜招叛民黄金广、黄宽、黄子娇、黄建等，不至，乃还（时鉴同三司官至时罗、都登滩、凌山，建黄旗，揭榜招黄金广等，俱不至，复命于朝，亦未有处分。景泰四年，思牙峒长黄应朝等又以其事奏闻行户部，未能议处）。

天顺二年二月，升雷、廉等处都督佥事欧信为都督同知，充副总兵，镇守广东。时巡抚两广右佥都御史叶盛极言信、廉勇民獠率服，故有是命。寻坐与侍郎揭稽交恶，罢之，召还。

四年，广西流贼充斥高、肇、雷、廉、南韶间，而琼贼邵宣因采珠之扰，乘机作乱，督府命官军次第讨平之。

五年，蛮贼流劫廉州府，知府饶秉鉴御之，大败其众。是府居两广交界之中，军民久受广西流贼之害，秉鉴因令所属州县人民编立火夫，委官督领以待贼。至是，贼一千五百余徒分投劫掠百劳、大埇等村，鉴督率所编，前后斩获七百余级。巡抚右佥都御史叶盛以其事闻于朝，旌异之。

成化三年，流贼寇石康；八年，并石康入合浦。

十五年，安南与老挝仇杀，国王黎灏将兵七万自往满剌加邀击，杀其众三万，有败卒奔至钦州者。

十六年，征剿八寨诸贼；至弘治中，犹出没为乱。

正德三年，八寨贼首黄师苟称寇，佥事邓概讨平之（自天顺三年负固奏剿后，余党犹未平，至是稍戢）。

七年，贼首廖公广寇灵山、合浦，佥事李志刚诱而擒之。

八年秋，安南入寇，备倭官军御之，败于淡水湾。

十一年冬，安南贼复登岸劫掠，廉州卫指挥范铠率兵败之。

嘉靖十六年，安南莫登庸作乱，黎太阳、黄父命、父群三人来奔。

十九年，登庸来降，归钦州四峒侵地。

二十一年六月，收复四峒民丁，归籍贴浪。贴浪峒在贴浪都思牙村，宋为长官司，黄令鉴为峒主。元世祖时，两江峒贼黄圣许反，其孙黄世军讨贼有功，授以金牌印信。国朝收印罢官，仍为峒长。时罗峒在时罗都，宋黄令岳为峒主，今收印罢官，仍为峒长。如昔峒在如昔都思劓村，宋时黄令德为峒主，今收印罢官，仍为峒长。宣德间，为交趾所侵，置金勒千户所，移住那苏隘。嘉靖二十一年，复归钦州。博是峒在如昔都丫葛村，宋时黄令钦为峒主，今收印罢官，仍为峒长。宣德间，其孙黄建叛降安南，授以经略使。嘉靖二十一年，其孙黄音率民复归版籍。澌凛峒在贴浪都澌凛村，宋黄令谢为峒主，今收印罢官，仍为峒长。宣德间，其孙黄金广叛降安南，授以经略使。嘉靖三年，其孙黄伯仁率民复归版籍。鉴山峒在如昔都罗浮村，宋时黄令宣为峒主，今收印罢官，仍为峒长。宣德间，其孙黄子娇叛降安南，授以经略使。嘉靖二十一年，其孙黄资率民复归版籍。古森峒在贴浪都，宋时黄令祚为峒主，今收印罢官，仍为峒长。宣德间，其孙黄宽叛降安南，授以经略使。嘉靖二十一年，其孙黄福添率民复归版籍。时休峒在管界巡检司地，世传有禤纯旺者，从马援征交趾有功。贼平留守邕、钦二界，然历年既远，意亦如宋时。时罗七峒耳，永乐时罗峒长以事革，其孙禤贵成始移世守时罗峒。按钦州七峒叛附安南者四，其一为安南所侵，今仅存贴浪、时罗二峒而已。然以中国故地没入于夷，盖百二十余年矣。兹者莫登庸纳款割四峒以还我朝，则文明之化敷，冠裳复旧，生民其大幸矣。

雷州府乃五岭极地，秦汉以来，夷越杂居，三面距海，或罹黎贼、飓风之灾，惟北连高州，峒獠时至，顷复宁息。宋始筑城，镇以澄海兵。元设廉访司，以统海北、海南六路三军，一州为一道，而宣慰司、都元帅亦分道以治海南。

至元时，同知元帅东安张温以兵革偃息，乃令军士浚渠筑堤，以备寇盗。迨延祐中，广西徭贼寇掠，都元帅贾闾相机制御，雷民赖之。时有平河门军校王成者，以奋勇战死，军民塑像祠之（成素饶勇号帽儿，广西徭贼侵境，成常戴皮帽，破阵冲击，当其锋者必溃。人或有戴其帽临阵者，贼亦惊骇挫锐。至正壬辰，徭贼侵境，元帅张不儿罕孛温领兵出境邀击，而贼乃间道径至城下攻击，烧犯西门，甚为猖獗，城已危矣。官军还追，近城十余里，前贼出敌，成持刀先驰，连斩数馘；贼知为成，即时大溃，城赖以安。成恃胜卸甲，不意余贼藏伏，发毒矢中成而死。军民塑其像，主祠于黑神堂之侧。后黑神堂废，其祠亦随废矣）。

至正末，盗贼并起，海北、海南宣慰司府佥都元帅张成（山西万泉人）发兵擒其酋，贼徒皆溃（时贼酋有称“扫地统兵”者，寇掠郡境，屯于西山坡，成夜伏兵西湖桥下，比晓，出与贼战，佯败，引贼渡桥，伏兵齐发，擒贼酋乌马沙等三十名，众贼皆溃去。后海寇麦伏来寇城，成修葺城池，于东南城外树立排栅，选精锐守之，民赖无恐；然大势垂亡，一人不为力矣）。

本朝洪武元年，雷州卫指挥同知张秉彝（湖广石首人）招徕抚谕，归附日蕃；间有余寇窃发，复率千户王清擒斩七十余人。四年，收捕高州叛贼罗子然，由是海北安集无事（开筑城池，建立卫所，分列屯营，创砌濠桥，皆秉彝功也。八年，升水军卫指挥使，遮留载道。其后指挥佥事采石杨豫、右所镇抚凤阳陶鼎俱备倭有功）。

成化元年，博白徭贼胡公威流劫至雷，文炉、大桂山，贼继至。千户王璲率军日战夜守，以功长指挥佥事（贼聚日久，城中疫作，死亡者十之七）。

正德十一年，贼劫遂溪县并虏官民。

嘉靖三十一年五月，番贼海寇啸会琼雷，水陆阻塞，官军讨平之。

古昔伊尹正南方献令，有所谓“里”焉。里者，蛮之别落，后汉时谓之俚人，南裔。《异物志》谓俚，在广州之南。俗呼俚为“黎”，义取山岭则生黎，自古居琼崖之中者是也。质性朴悍，善弓矢，据险好杀；然而慎许可，重契约；麋僬豕趋，栈居蓬处，其犹有太古淳庞之遗质乎！但错处郡邑，时出入以虔刘我民人，熟黎从而衅焉，共孽滋甚。固有鸣剑抵掌而欲殄灭之无遗育者矣。君子曰：王者一视同仁。然则黎亦吾中国发肤也。昔人有合胡越为兄弟者，由余子臧是也。况吾广为仁邦，而欲倾无量之费，投无辜之兵，以快豺狼之愤，可乎？孟子曰：至诚未有不动者。又曰：“仁者无敌。”吾取以为法焉。是故劳之，来之，柔之，诲之，敷惠弥深，觏德弥厚，纵有野心难驯，而畏威者慑，慕德者至矣。其或不悛，然后整旅歼魁；拔木通道，就其中建为帅府，以时抚绥焉；则仁明义立，文不匮而武不弛，虽罗施鬼国之为贵州，亦可引冀也。是在择于二者而已矣。杂蛮类附其后。

俚户

汉武帝元封元年，始略地为儋耳、珠崖郡。民皆服布如单被，穿中央为贯头（师古曰：“著时从头如贯之。”），男子耕农种禾稻苎麻，女子桑蚕织绩。亡马与虎。民有五畜（师古曰：“牛、羊、豕、鸡、犬。”），山多麈麖（师古曰：“麈似鹿而大，麖似鹿而小。”）。兵则矛盾刀木弓弩竹矢，或骨为镞（汉《地理志》）。

珠崖嫁娶皆须八月，引户人民集会之时，男女自相可适，乃为夫妻，父母不能正（吴《薛综传》）。

黎峒，唐故琼管之地，在大海南，距雷州泛海一日而至，其地有黎母山（旧名俚婺），黎人居焉，内为生黎，外为熟黎（范成大《虞衡志》曰：黎海南四郡岛土蛮也。岛直宵州，出徐闻，渡半日。主岛之中有黎母山，诸蛮环居四傍，号黎人。其山极高，常在云雾中，黎人自鲜识之。久晴海氛清廓时，或见翠尖浮半空，下犹洪濛也。山水分流四郡。熟黎所居，已阻且深；生黎之巢，外人不复有迹。黎母之颠，则虽生黎亦不能至。相传其上有人，寿考逸乐，不与世接，虎豹守险，无路可攀，但觉水泉香美绝异尔。蛮去省地远，不供赋役者名生黎；耕作省地，供赋役者名熟黎。《方舆志》，生黎各有峒主，嚚顽无知，不识姓名。贝布为衣，两幅前后为裙，长阔不过一尺，掩不至膝，两腿俱露。椎髻额前，鸟言兽面；结茅为屋，如覆盆状，上居人，下居畜，射猎为常事，男文臂腿，女文身面。用贝绵纺线，以色丝网成若锦，缝成圈套，从头穿下，至腰结住为裙，名曰“黎桶”。足迹不履民地，而自相仇斗；居民入其地，仗熟黎以盐鱼贸易，惟儋、崖万有之，在琼则少熟黎。相传其先本南恩藤梧高化人，多王、符二姓，言语皆近彼处乡音，因从征留居，长子孙焉。峒各有主，父没子继，夫亡妇代。性习凶横，仇杀无亲，若制服得宜，则不为变；否则，聚兵作乱。其男子着短衫，花幔缠头围腰，戴藤六角帽，或两耳垂环，悬双带如刀状，垂裙两幅。妇人带花箬蓑，文领露胸。老幼坐无尊卑，病则槌牛祀鬼，丧葬则斩牛待客。春则秋千会邻峒男女，妆饰来游，携手并肩，互歌相答，名曰“作剧”，有乘时为婚合者，父母率从无禁，婚姻不避同姓）。**各以所迩，分隶琼、儋、万、崖四郡。皆椎髻跣足，弓刀未尝去手。豪富兼并，役属贫弱，时出与郡人在市**（《虞衡志》常插银铜锡钗，腰缭花布，执长靶刀，长鞘弓以竹为弦，荷长枪，跬步不舍去。熟黎能汉语，变服入州县墟市，日晚鸣角，结队以归）。**妇人绣面，服缌绠，绩木皮为布，陶土为釜器，用瓠瓢。人饮石汁，又有椒酒，以安石榴花着瓮中，即成酒**（妇人高髻，钗上加铜环，耳坠垂肩，衣裙皆五色吉贝，无袴襦，但系裙数重，制四围合缝以足穿而系之。群浴于川，先去上衣自濯，乃濯足，渐升其裙至顶，以串入水；浴已则裙复自顶而下，身亦出水。绣面乃其吉礼，女年将及笄，置酒会亲属，女伴自施针笔涅为极细虫蛾、花卉，而以淡粟纹遍其余地，谓之“绣面女”。婢获则否女工纺织。得中国彩帛，拆取色丝，和吉贝织花，所谓黎锦、黎单及鞍搭之类，精粗有差。《海槎余录》，黎俗男女周岁即文其身，自云，不然，则上世祖宗不认其为子孙也。身穿花厚布衣，露腿赤足，头戴漆帽，傍赘尺许雉毛二茎，披肩领间可耻也。男子家富者，两耳复赘盏口大银圈十数为富侈，此所以为雕题离耳之国也。《环宇记》有严皮榴花酒）。**居有栏房，定婚折箭，卜葬以卵，藏物以殷**（《虞衡志》居处架木两重，上以自居，下以畜牧。婚姻折箭为定，聚会亦椎鼓歌舞。亲死不哭，不粥饮，惟食生牛肉，以为哀痛之至。葬则舁榇而行，令一人前行，以鸡子掷地，鸡子不破处即为吉穴。《海槎余录》，凡深黎村男女众多，必伐长木，两头搭屋各数间，上覆以草，中剖竹，下横上直，平铺如楼板，其下则虚焉，登涉必用梯，其俗呼曰栏房。遇晚，村中幼男女尽驱而上，听其自相谐偶；若婚姻，仍用请求，不以此也。自婺岭以北有一种遐黎，习俗又与黎大异。居常以椰瓢蔽体，更阑习弓矢。父母年过五十，则烹食之，尤人不忍闻者。若寻常黎俗，藏置酒米、干肉、衣布之属，不于其家，必择一高坡之地，离家百步内外，以草树略加缭绕回护，辇置其中，名曰“殷”。虽村家丛杂，亦不相混。间有盗之者，每犯辄获，法曰“趾痕”，即足迹也。余初不信，因彼自服而后然之）。**善射好斗，性喜报仇**（《虞衡志》，客来未相识，主人先于隙间窥之；客俨然矜庄，始遣奴布席于地，客即坐；又移时，主人乃出，对坐不交一谈，少焉置酒；先以恶臭秽味尝客，客食不疑则喜；继设酒，中遂相亲，否则遣客不复与交。会饮未尝舍刀，三杯后，各请弛备，虽解器械，犹置身傍也。一语不相能，则起而相戕，性喜仇杀，谓之捉拗。虽亲为人所杀，后见仇家人及其洞中种类皆擒取，以荔枝木械之，要牛酒银瓶乃释，谓之赎命。《海槎余录》，黎人善射好斗，积世之仇必报。每会聚亲朋，各席地而坐，饮酣，顾梁上弓矢，遂奋报仇之志，而众论称焉。其弓矢盖其祖先有几次斗败之耻，则刻箭几次，射于梁上以记之故云。饮醉，鼓众复饮，相与叫号作狗吠声辄二三夜。自云本系狗种，欲使祖先知而庇之也。以次剐宰羊肉脔禳散，就近村落无不踊跃接受，克日起兵；仇家闻之，亦如此法，募兵应敌临阵。遇有州县公差人役，乐请观战，两家妇女亦各集本营，当退食之际，妇女争出营认箭，两不拘忌。其俗云男子仇只结于男子面上，若及妇女，则其父母家更添仇怨矣。其胜败追奔，亦各有程度，不少逾之。数中罹锋镝死者密瘗之，父母妻子讳不悲泣，恐敌知其不武也）。**借贷责偿，人不敢欺；贸易射猎，以利为喜**（《虞衡志》，土产沉水、蓬莱诸香漫山，悉槟榔、椰子木，亦产小马、翠羽、黄蜡之属，与省地商人博易，甚有信而不受欺诒。商人有信，则相与如至亲，借贷有所不吝；岁望其一来，不来则数数念之。或负约不至，自一钱以上，虽数十年后，其同郡人擒之以为质，枷其项，关以横木，俟前负者来偿乃释。负者或远或死，无辜被系累数岁月，至死乃已；复伺其同郡人来，亦加系之。被系家人往负债之家痛诉责偿，或乡党率敛为偿始解。凡负钱一缗，次年倍责两缗，倍至十年乃止；本负一缗，十年为千缗，以故人不敢负其一钱。客或误杀其一鸡，则鸣鼓告众责偿，曰：某客杀我一鸡，当偿一斗。一斗者，雌雄各一也，一雄为钱三十，一雌五十；一斗每生十子，五为雄，五为雌，一岁四产十鸡，并种当为六斗，六斗当生六十鸡。以此倍计，展转十年乃已。误杀其一鸡，虽富商亦偿不足。客其家，无敢损动其一毫。闽商值风水荡去其资，多入黎地耕种不归，官吏及省民经由村峒，必舍其家恃以安。《海槎余录》，黎村贸易处近城则曰市场，在乡曰墟场，又曰集场。每三日早晚二次会集物货，四境妇女担负接踵于路，男子则不出也。其地殷实之家，畜妻多至四五辈，每日与物本令出门贸易，俟回收息或五分、三分不等；获利多者为好妾，异待之，此黎獠风俗之难变也。二月、十月则出猎，当其时，各峒首会遣一二人赴官告知。会但出每数十村会留壮兵一二十箪守舍，男妇齐行，有司官兵及商贾并不得入，入者谓之犯禁，用大木枷颈及手足，置之死而不顾，何其愚也！猎时，土舍峒首为主，聚会千余兵，携网百数番，带犬几百只，遇一高大山岭，随遣人周遭伐木开道，遇野兽通行熟路，施之以网，更参置弓箭熟闲之人与犬共守之；摆列既成，人犬齐奋叫闹，山谷应声，兽惊怖向深岭藏伏；俟其定时，持铁炮一二百、犬几百只，密向大岭举炮鼓喊，纵犬搜捕，山岳震动，兽惊走下山，无不着网中箭。肉则归于众，皮则归于土官。上者为麖皮，次者为鹿皮，再次为山马皮；山猪食肉而已，文豹则间得之也）。熟黎之地，始是州县。大抵四郡各占坞之一陲，其中黎地不可得，亦无路通。朱崖在坞南陲，既不可取径，则复桴海循坞而南，所谓再涉鲸波也。四郡之人多黎姓，盖其裔族，而今黎人乃多姓王。生黎质直犷悍，不受欺触，不服王化，亦不出为人患。熟黎贪狡，湖广、福建之奸民亡命杂焉，侵轶省界，常为四郡患云（《文献通考》，下同）。

珠崖黎氏三世保险不宾，德宗朝，岭南节度使杜佑讨平之。

咸通五年，命辛、傅、李、赵四将部兵擒黎峒蒋璘省于琼山南境（今定安西南黎峒中），置忠州。

宋李崇矩太平兴国间为琼、崖、儋、万四州都巡检使，时黎贼扰洞，崇矩悉抵洞穴抚慰，以己财遗酋长，众皆怀附。

至和中，黎人符护者，边吏尝获其奴婢十人，还之。护亦尝犯边，执琼崖州巡检慕容允则及军士，至是，以军士五十六人与允则来归。允则道病死，诏军士至者贷罪。

政和间，管帅郭烨乞置澄遇西峰寨、临高定南寨，以隘阻黎人，由是道路无梗。

乾道二年，从广西经略转运司议，诏海南诸郡倅守慰抚黎人，示以朝廷恩信，俾归我省地，与之更始。其在乾道元年以前税赋之逋负者，尽赦免之。能来归者，复其租五年。守倅能慰安黎人及收复省地者，视功大小为赏有差，失地及民者有重罚（史蛮夷传《文献通考》乾道二年，广西经略转运司言，欲下琼管及三军守倅措置说谕黎人，示以朝廷德意威命，使之自新退复省地。能说逾收复者量功立赏；任内有侵犯省地或逃失省民，亦重责罚。其先省民逃居黎洞之人，守臣招诱复乡，蠲其逋税。诏从之）。

六年，黎人王用休为乱，权万安军事同主管本路巡检孙滋等招降之。

九年八月，乐会黎贼劫省民，焚县治为乱。黎人王日存、王承福、陈颜招降之（《文献通考》云，九年，乐会县黎贼劫省民，焚官舍，琼管安抚请于朝，黎人王日存、王承福、陈颜等招降复寨有功，借补官资弹压边面。义兵统制黄文广屡战有功，并欲推赏，以澄迈县巡检权移驻扎乐会县，控制黎人。其省民久陷归业，蠲赋已责。从之）。

淳熙元年，诏承节郎王日存等许子孙承袭，以琼州言其祖父居荫元系入贡，又自宣和以来能抚谕诸黎，弹压有劳也。十月，五指山生黎洞首王仲期率其傍十洞丁口千八百二十归化。仲期与诸洞首王仲文等八十一人诣琼管司，管司受之，例诣显应庙，研石歃血，约誓改过，不复钞掠，犒赐遣归。琼守图其形状衣制上经略司。

八年六月，琼管司言承袭宜人二十六峒统领王氏，称其祖本化外州，皇祐、熙宁间归顺，弹压三十六峒，捍御隘口，正系琼管咽喉之地；三世受朝廷告命，至母黄氏承袭弹压，边界用宁；绍兴间，又说谕化外黎人各安生业，莫肯从乱；乾道七年，受告封宜人。今年老无男，有一女，欲依例承袭。诏王氏袭其后，又以王氏之姪黄间补官守寨，弹压黎峒。嘉定九年，诏复许宜人王氏、吴氏承袭（《虞衡志》："王二娘者，琼州熟黎之首，有夫而名不闻，家饶财，善用众，能制服群黎，朝廷封宜人，琼管有号令必下王宜人，无不帖然。二娘死，女能继之。其余三郡强名小垒实不及江浙间一村落县邑，或为黎人据其厅事治，所遣人说谢始得还，前后边吏端不敢言。"）。

九年，管师韩璧出入阡陌，劳来不倦，期年成化。黎人感慕，愿供田税。

十二年正月，乐会县白沙洞黎人王邦佐等率贼众五百为寇，杀掠官军。保义郎陈升之抚降其众，俘获林智福等，琼司上其功。

淳熙末，崖守周鄘遣熟黎人谕招抚得五十余洞，每遇寅酉日出城市贸易。

庆元初，通判刘汉修崇郡学，讲明道要，激劝生徒，创建社学，延师训导，捐帑廪给。黎獠犷悍，亦知遣子就学，衣裳其介鳞，踵至者十余人。

端平初，刘椿知万安军，买扶诸峒黎以椿绍、定间曾平黎寇，闻风相率至琼纳款，愿随土贡献。

咸淳三年，二凶盗陈公发、陈明甫窃据崖州临川镇，潮、惠、广、钦、廉、雷、化岁被劫掠，琼黎乘乱出峒为盗。六年，犯边，迫近城堞。宪司荐钦州守马成旺征之。成旺偕子抚机来，间关数十战，恢拓省地。八年秋，诏以成旺颛管寄，乃命抚机诸将戍边，谍黎情伪，截其出没，诸峒惕息不敢肆。

元设黎兵万户府，统十三翼，兼受民兵黎峒万千百户，俱以土人为之，致黎乱终元之世。

至元十六年，朱国宝为海南四州宣慰使，更弊政，训兵息民，黎人降者三千户，蛮洞降者三十所。十八年，招降居亥、番毫、铜鼓、博吐、桐油等十九洞。

二十八年，本路安抚使陈仲达诣阙，陈平黎策。五月戊戌，

授以海北海南道宣慰使、都元帅。命同廉希恕等将蒙古汉军顺化军七千（史误作二千）二百人。（《世祖纪》，至元二十八年五月戊戌，以参知政事廉希恕为湖广等处行省右丞行海北海南道宣慰使都元帅琼州安抚使，陈仲达海北海南道宣慰使都元帅湖广行省左右司郎中，不颜于思别十八里副元帅，王信并同知海北海南道宣慰司事副元帅并佩虎符，将二千二百人以征黎蛮，獠属皆从仲达辟置）。十

月丁丑渡海，益民兵一万四千，收诸黎所未附兵将集而卒。十一月壬子，行湖广行省平章阔里吉思以分省督师至，命仲达子谦亨领万户统诸兵，副元帅王信、伯颜于思，万户教化孙韩旺、杨显祖，副使林应瑞，副万户秦彪，千户蔡有闻，镇抚高祐，广西宣慰杨廷璧等分兵统剿，自本月庚午发师，至又明年癸巳七月辛酉被召还朝。乃以余贼付都元帅朱斌统兵深入人迹不到之处，黎巢尽空。明年甲午春，刻石五指黎婺而还。是役凡三历年，剿平各州县清水等峒符十九、符察、陈萃、梁六犊、王郎、王嗣、陈子渊、黎福平等渠魁，降附者不可胜数，得峒六百户，口二万三千八百二十七，招收户口一万三千四百九十七。从省幕乌古孙泽议，立寨学训谕诸峒。奏置屯田府，立定安、会同二县，万全一寨（唐胄论曰，是役也，自开郡以来所未有，然计兵仅二万一千二百人，计时虽二十六月，然实用兵才十三阅月尔。专岛蠢丑已无遗穴。人言琼黎党涣易铲，信然。使继制之以良材，则琼今日尚有黎乎？奈何以统制休之，驽毒土人，仅数年间，余党王文河、王应嘉复起，酿成至顺之祸，先沿乱以俟元亡，痛哉！史世祖纪载命廉希恕、别十八里将兵同征，而旧志及碑文皆不及，岂非以他故不果来？故允仲达在迫之请，而速督之以阔里吉思欤？）。

天历初，琼山黎多招引亡命为向导，时出行劫，主簿谭汝楫请于大府，敛乡兵得五千人讨之，军次居野。洞有贼二千突出欲战，以方树栅，令士卒皆解鞍纵马卧，贼疑，不敢进，乃引去。遣兵五百乘之，贼伏发，遮其后；复遣千人之弗能前，乃自以兵击走，贼杀出，其众射中其酋腹，贼遂退。复征近地兵万五千人。贼有九峒，而居野、居中为最大，周回百二十里，草木蒙密不可入。汝楫先令万人除道周其山，暮复以万二千人啣枚围之，夜树栅三重为壁，壁外布竹钉以防奔突，内五步编竹为屏，伏卒以避流矢。明日，出万人赭其山，布陈以待，渐移栅近之。十日围逼居野止三十里，八洞之蛮尽入据之，复益栅数十重以守，贼穷蹙不知为计，乃纵兵夷之，得其酋六十一人以归。

天历二年，海岛生黎叛服不常。海北海南道宣慰使按摊威望素著，夷人帖服，生黎王高等二十余洞皆愿输贡。

至顺元年，黎獠既陷三军，王官福等复寇乾宁界。总兵都镇抚谭汝楫沿江自南建至番诞渡，置堠障，与司帅及万户刘其分守之。明年，贼数万寇石山、新村、梁陈渡，汝楫与子康力战，康遇害。三年，贼寇乾宁西山界，都元帅关关军水尾失利，汝楫与别将拜住击败之。后贼众，汝楫复败，关关不援，遂陷。澄迈王六具亦寇临高，逼南宁界，军判罗伯龙结村援兵御贼，败。明年春，六具遣其徒王吾数千人掠北关，伯龙义兵诛之，乘胜遂退，毙伤者不可胜纪。夏官福贼五万复由东入寇，汝楫渡江出救，守将阿剌护世之围大败贼，斩首四十一级，获军器辎重不可胜纪。

元统元年，南宁军达鲁花赤特穆实招降江花、落基诸峒首符富等一百九十名向化。

是年秋七月，诏行参知政事完泽会诸道兵进讨琼黎。初，至顺元年，黎贼王马同反，陷会同、乐会、万州、文昌，王六具寇临高、澄迈，王观福据定安，东西诸黎皆应，仅存琼州。民王用纠亦率十九峒作乱。二年秋七月，乃命湖广行省右丞刘耳剌领江西、湖广二省兵。九月，复调广东、福建兵共讨之。以耳剌武功未集而卒，至是始命泽督诸道兵及广西僮兵讨之。谭汝楫请先死战以绝其根株，泽因下受贼金以间，竟纳降而归。

二年十月，湖广行省咨海南僻在极边，南接占城，西邻交趾，环海四千余里，中盘百洞黎獠杂居，宜立万户府以镇之。中书省奏准依广西屯田万户府例，置黎兵万户府。

本朝洪武元年，大将南征，师驻广东，遣使开谕海南诸部，南宁军土酋陈荐官等望风降附。先，元至正十八年，土豪吉天章逼昌化县尹黄半山夺其印，自尹其县。二十二年，荐官称元帅，始追出县印，令其下曾洪山据之，至是乃降。

二年，永嘉侯朱亮祖师捣雷州，威声所至，民黎首目络绎奔走听谕，惟乐会小踢峒酋长王官泰顿兵不散。亮祖统指挥耿天璧等将大军抵其地，败走其众，招谕诸贼迎降。自归附后，各峒熟黎屡效顺出官附籍，认供租税。惟深峒生黎尚恃险阻未归。继而万州卑纽、黎蓼等峒熟黎王贤保、王贤俊、王琪、王观保、王观禄等复梗花僋之大村、峨低、七方、新场等峒黎首符均胜、符凤、符方抄等，崖之抱怀、多简、千家等村罗岂、罗跪等，琼山之符进福、王观磨，文昌之王伯琪，澄迈之王四官、王观平，临高之番缦、居蓼等村符陈、符九等黎贼，又复不时窃发，广东都司及海南卫官旗节次领军收捕之。

洪武初，尽革元人之弊，土酋主郡者元帅陈乾富以降免罪，徙为广西平乐通判；州县各另除官，不用土人，兵屯子孙，尽革为民，以峒管黎。

六年，指挥张仁收平僋州黎寇。初，洪武二年巳酉，诸黎归附之后，文昌抵万州黎峒尝梗化，累征讨不服，至是僋州亦陷，仁始领军削平大村、七方等峒（又《方舆志》洪武初，指挥张信收捕僋之黎首符那钦及平峨底、落梅、新洋等峒）。

十年，会同等县及感恩、抱来等峒；十七年，崖州多简等村；二十五年，会同麻白等处，伪千户蔡斌古、镇州等黎迭乱，官军随即讨平。

二十七年，澄迈多简等村，儋州新洋等峒复乱，指挥牛铭、曹源等讨平之。

二十八年，崖州千家村，定安、光螺、樵木，文昌、白延等处黎乱，广东都指挥花茂同本卫指挥石坚、牛铭、千户崇实等讨平之。

二十九年，昌化浮鹅峒黎贼符公魂等乱，指挥石坚率儋州千户徐真统军讨平。时万州鹧鸪啼、王得隆亦寇乱，随收捕之。

革除，庚辰三月壬辰，广东公差大理寺丞彭与民等奏言，琼州府所属周围俱大海，内包黎峒，民少黎多。其熟黎虽是顺化，上纳秋粮，各项差役俱系民当。其生黎时常出没劫掠，连年出镇征剿，为害不息。今询访各处熟黎，俱有峒首，凡遇公差役，征纳秋粮，有司俱凭峒首催辨，官军征捕，亦凭峒首指引。今所属各有防黎及备倭巡检司，如将各处峒首选其素能抚服黎人者授以巡检司职事，其弓兵就于黎人内佥点，应当令其镇抚熟黎当差，招抚生黎向化，如此则黎民贴服，军民安息矣。诏如所请。明年五月十一日，琼州府宁远县、藤县巡检司添设副巡检黄旗，通远巡检司添设副巡检黎让。十月十一日，万宁县莲塘巡检司添设副巡检王钱，陵水县苗山巡检司添设副巡检符森。其后永乐中，虽复洪武官制，独两广及荆南土人为副巡检者，仍权留云。

永乐二年冬十月，太学生崖州人潘隆本建言招黎顶，请行。十二月，授隆本以知县职名，赍敕抚府黎峒生黎。

三年春三月，隆本引本土人邢万胜等赴京，复同领敕招抚

（《敕谕黎峒民人》朕奉天明命，嗣守太祖皇帝四夷万国悉来朝贡。尚念尔等以蕞尔之地，远处海南州郡之中，仰慕声教，盖亦有年。第因有司不能招抚，无由自达。今特遣知县潘隆本、土人邢万胜、陈胤、符添成、蒲干、符添庆、黄歪头赍敕往谕：尔等体朕广爱之心，共相议让数人同使臣来朝，朕即颁给赏赐，俾回田里以安尔众，使尔子子孙孙永享太平之福，故谕）。

夏四月辛卯，广东都司奏琼州府属县七方等八峒生黎八千五百人、崖州抱有等十八村一千余户俱已向化，惟罗活诸峒生黎向未归附。上命礼部：已归附者令有司善抚绥，未归附者仍遣人招谕。礼部遂奏遣梧州府通判刘铭赍敕往谕之。

秋七月，巡按广东监察御史汪俊民言：琼州府周围皆海，中有大小五指、黎母等山，皆生熟黎人所居。比岁军民间有逃入黎峒，甚至诱引黎人侵扰居民。今朝廷遣使招谕，臣愚以为黎性顽狠，招谕之人非其同类，未易信从；又山水峻恶，风气亦异，中国之人罹其瘴毒，鲜能全活。臣访得宜伦县熟黎峒首王贤祐，旧尝奉命招谕黎民，信从归化者多，况其服习水土，不畏瘴疠。臣请追还使命，仍召贤祐至京量授以官，俾招谕未服黎人，戒约诸峒无纳逋逃；其熟黎则令随产纳税，一切差徭悉与蠲免；生黎归化者，免其产税三年；峒首则量其所招民数多寡，授以职事。如此，庶几黎民顺服。从之。

四年三月，琼州属县生黎峒首罗显、许志广、陈忠等三十人来朝。初以生黎多未向化，遣通判刘铭赍诏招抚，至是向化者万余户。显等从铭来朝，且乞铭抚其众。上从之，授铭琼州府知府，专职抚黎。仍授显等知县、县丞、巡检等官，赐冠带钞币遣还。自是诸黎感悦，相继来归。仍敕陈忠等归谕村峒人民，免其供应差发（敕谕琼山县南岐村首黎陈忠等：恁每都是好百姓，此先只为军卫有司官吏不才，苦害恁上头，恁每害怕了，不肯出来。如今听得朝廷差人来招谕，便都一心向化，出来朝见，都赏赐了回去。今后恁村峒人民都不要供应，差发从便，安心乐业，享太平的福。但是军卫有司官吏军民人等非法生事，扰害恁的，便将着这敕谕，直到京城来说，我将大法度治他，故谕）。夏四月戊子，琼山、临高诸县生黎峒首王罚、钟异、王琳等来朝（命罚等为主簿巡检，赐冠带钞币）。

六年春二月，琼州府抚黎知府刘铭率生黎峒首王贤祐、王惠、王存礼等来朝贡马，命贤祐为儋州同知，惠、存礼为万宁县主簿，赐冠带币钞，俾专抚黎人（先是封川欧可诚以吏员遥授县丞，随梧州通判刘铭委差抚黎；寻升铭为知府，可诚为推官。铭卒，以刑部郎中黄重代之）。

七年秋八月庚寅，万州万宁县土官主簿王惠等率其峒首来朝（招谕生黎四百二十四户赐钞币）。

十一年春正月庚子，琼山县言东洋都民周孔珠招谕包黎等村黎人王观巧等二百三十余户，愿附籍为民，从之。秋七月甲申，黎首王聚、符喜等来朝（临高县民黄茂奉命招谕黎峒那呆等二十四峒生黎，至是率黎首王聚、符喜等来朝贡马，黎人来归者讨户四百有奇，盖自初至今招抚诸黎来归者千六百七十处，户三万有奇）。

十三年二月，琼州府生黎峒首罗广寿等来朝（籍其属，归附凡三百三十七户，七百五十九口，赐广寿钞币有差）。

十四年夏六月乙亥，儋州土官同知王贤柘率生黎峒首王撒、黎佛金等来朝（贡马，赐币钞遣还。上谓行在礼部，臣曰：黎人远处海南，素不沾王化，今慕义来归，而朝贡频繁，殆将困之，非常抚之意。自今生黎土官峒首俱三年一朝，著为令）。

十五年秋八月乙未，感恩县土官知县楼吉福等率生黎峒首来朝（贡马及方物，赐之钞币）。

十九年春正月，宁远县土官县丞邢京率生黎峒首罗彬等来朝（贡方物，赐钞及文绮有差）。

二十一年，琼州府土官县丞符添庆等率诸峒黎首来贡方物（赐币帛有差。唐胄论曰，抚黎土官，其百余年之祸根乎？永乐初，敕谕不给于招者，而给于所招之黎，职名之加，则成以专一抚绥，不得与州县事，皆防微杜渐之深意。及来归后，果诒夺其敕以威，已干列衔座以敌县，皆逾制命矣。此程莹奏革，所以为便也。然土官虽革，而土舍随后养成，恶逆犯数多，不可以不裁抑明矣。然唐之首领，宋之峒首统领，皆以黎人主黎，故其侵郡也，乘其衰而后发。今之土官则以郡之奸人为之，故其掠郡也皆在盛时而不惮。土舍纵肆于已革土官之后，张威如其祖考，曷为不问，终干天讨，则宗祀且不能保，况糊口之小利乎？此兵宪之责也）。

洪熙元年，定安黎贼王观苟等叛，烧毁县治，都指挥程昶率指挥黄瑀等督军讨平之；继移兵征乐会等县上郎等村王莫等寇，随平。

宣德四年，以峒黎侵扰不利，革去抚黎流官。

正统五年，琼州府知府程莹奏革抚黎土官，黎人自是总归于府，民黎称便。

十年，知府程莹、指挥陈英谕抚崖州黎首符危向化，招回逃民罗讨等四十八名。

成化五年，儋州七方黎符那南叛，都指挥王瑛讨平之。初，那南等与土舍王赋构乱。二年春，都御史韩雍以平大藤峡蛮贼，俱剥皮抽肠，凌迟处死。晓谕令改过自新，各安生业，俱免其死。挂榜通衢，恬不为意。后贼欲侵那南等地，逐出同伊弟弼居住。诸黎蓄恨，乘贼往临高祭扫，逃回刻箭截杀，贼败走，于地名河洛铺驻扎。那南因散掳劫，自号南王。十一月，都指挥王璲统军征剿，贼凭险阻屡败我军，相持月余，后乘雨夜夹击。十二月乙亥，始破上下多邦山口寨，那南败走。明年正月丁酉，追至落贺峒，平之，因铲余党姜花等峒符英等。三月壬午，擒之。戊申班师。

八年，署都指挥王璲委指挥李泰督万州、乐会统军，招抚鹧鸪啼、太平等六十七村峒生黎，巴旺、巴岛等五百八十七名向化。

十一年，儋州落窑峒黎符那推乱，兵备副使涂棐、都指挥李祐统汉达官军及黎兵机快进讨，军法严整（土舍赵泷领兵来迟，斩于军门。风闻王道乾漏机，亦绑出将斩，赖州卫为辩救而释）。十一月壬戌，攻破巢穴。明年二月平之。

十二年，副使徐棐、都指挥李柘招抚千家村、古镇州黎贼符那王等向化。

二十二年，琼州府通判丘瑞同指挥李泰招抚加凌等村黎那允等一百四十四村向化。

弘治三年，陵水县黎亭等峒黎陈邦洋等作乱。冬十月，兵备副使陈英、参将姚英统汉达官军进讨。甲辰，抵加枕山。十一月丙辰，至大播山，与贼对敌，平之。乙亥，班师。

十五年冬十二月癸亥，儋贼符南蛇、平南蛇者，七方峒黎也。先，成化初，土舍王赋欲并七方，致符那南之乱。官军平后，其姪符那月者，率南蛇父族定钦等诸黎，皆告出州供徭役吞并者，裔恶其异己，且惧所部或效之。十四年七月丁未，以官役频繁事，唆南蛇等仇杀那月，不获。贼因劫杀，作耗刻箭传递，诸州县黎峒闻风响应。闰七月丙申，拥众万余，围儋，指挥周远婴城固守。八月丙辰，围昌化，千户王韶大开门受敌，贼惧不敢攻，乡落逃难者得入依附。九月丙戌，分兵攻临高，指挥张诩孤守危甚。丁亥，都指挥湛钺闻急奋援，贼大败而退，诸党丧气。未几卒，贼复肆出。十二月庚子，省军抵儋州，都指挥河清驻扎于州之保吉孤营，无备。甲辰，为贼所劫，兵不得列战，参议刘信遇害，死者不可胜计。自是贼威益炽，郡城为之惊动。至是，伏羌伯毛锐以两广总兵统汉达官军、狼土兵十万至儋。甲子，严令誓师，参将马澄等用命，分军进击，破其中坚。丙寅，南蛇独拥精锐出敌，指挥周远奋战，督家人周贺、周纪斩贼将先锋二人，气夺小却。南蛇中箭赴水死，余党以次削平，州县大安。

正德二年，崖州千家村峒黎恣横为害。三月甲子，副使王倬亲领儋、昌、崖军上兵讨之，贼仓皇奔窜，无敢御者，遂焚巢穴而归，敕旁峒无得匿逋。次日，累送军门者无数，倬悯其众，尽释之，州境大安，民为立祠报祀之。

七年春，兵备副使詹玺征万州黎贼。初，儋贼符南蛇叛，万州诸黎皆响应。后儋既平，万未经过师，故鹧鸪啼、龙吟等峒黎郑那忠、巴休等复出。至弘治甲子，杀督备指挥谷泰后，愈构乐会纵横、斩对、陵水、黎亭、岭脚等黎会应，势日昌炽。督府因被害。民王昕等奏闻，至是始委玺统官军快黎等兵约五千征剿。三月癸未，遣指挥王琥等四路分进，期癸亥会哨于中地草唱。为土舍泄机，贼多屯匿于乐会纵横峒坛口村大连山麓。乃故导西哨指挥赵檠由曲坂、难兵地眩贼，惧之。金哨因曳兵走出熟黎长沙村，逗遛不进。东南二哨指挥高焕、周世英、千户王韶等是日亦止远营于地名太平村。随征指挥陈振入觅空村，见数贼，先驰归，倩随旗军王佐吴朝京等众遇害。既夕，贼乘劫民兵等营，杀伤数多，焕等遂掣往南山路出。惟北哨指挥王琥如期抵会所，见贼空巢，焚之。时玺驻扎于地名张牙市，闻太平营为贼所劫，遂散师而归（唐胄论曰，呜呼！黎贼连年肆寇，然时或少惧者，以大军之未临也。今而此举命不能用之于将师，反惊散于贼，黔驴技露，而猛虎愈无所忌矣，孰若不征之为愈也！今言黎患，多归罪于弘治末年之备兵者。由此观之，则所以积大而酿长之者，岂皆彼之罪哉？）

嘉靖元年，督府雕剿罗活峒群黎，皆望风屏窜。有官欲专功者，缉贼所在，躬督部下穷搜。贼愤怒，袭杀我军数十人，甲胄器械满野，为贼所得。自是贼知军弱，始无忌惮，自是雕剿遂不足恃。

二年，已诛贼符南蛇，从子崇仁、文龙争立，起兵仇杀，因而扇动诸黎阴助作逆。兵备副使胡训执二人系狱，命儋州同知顾玠抚之。事宁，玠善事督府，掩为己功。奏闻，玠升二级，得擢南安府通判（《海槎余录》，嘉靖初，符蚺蛇从往符崇仁、符文龙争立，起兵仇杀，因而扇动诸黎，阴助作逆。余适拜官莅其境，士民皆忧危蹙额道其故。余答曰："可徐抚之。"未几，崇仁、文龙弟男相继率所部来见，劳遣之余，知二酋已获系狱，故发问曰："崇仁、文龙何不亲至？"众戚然曰："上司收狱正严。"余答曰："小事，行将保回安生。"众欣然曰"谢！"郡士民闻之，骇然曰："此辈冤假，即渔肉我民矣。"余不答。既而阅狱，纵系囚二百人，州人咸赏我宽大之度；彼黎众见之，尽阖首祝天曰："我辈冤业当散矣。"余随查该峒粮俱无追纳，示喻黎老各出长计，转诣海道明示黎众，争相告乞辜保其主，余谕之曰："事当徐徐，此番先保各从完粮，次保其主何如？"众曰："诺。"已而得请从黎俱纵回。前此土官每石粮征银八九钱，余欲收其心，先申达上司，将该峒黎粮品搭见征无征均照京价二钱五分征收，示各黎，俱亲身赴纳。因其来归，人人抚谕，籍其名氏，编置十甲。办粮除排年外，每排另立知数协办小甲各二名，又总置总甲黎老各二名，共有百余人，则掌兵头目各有所事，乐于自专，不顾其主矣。日久浸向有司，余密察识其情，却将诸首恶五十余名解至省狱，二千里外相继牢死，大患潜消。后落窑峒黎闻风向化，亦告编版籍。粮差讫，州仓积存听征粮斛准作本州官军俸粮，敷散地方平妥。余后复从事西广，竟有加俸二级，恩命檄未下而已转官南安矣）。

十三年三月，琼山县沙湾、居林等峒渠酋黎福二作乱，夜劫守兵营，杀死典史、千百户各一员，并杀掳兵士甚众。知府萧晚闻于督府，都御史陶谐、总兵咸宁侯仇鸾会巡按御史戴璟檄同诸司勘处，于是晚谋诸兵备副使游琏，设救虏系、诛渠魁威群丑三策。乃令经历颜吉、县丞高明督土舍许承宣招降，旁酋出虏者皆至。晚厚赏，授以方略，俾诱渠酋，设伏擒之。琏遂督指挥王守臣集兵。七月，分哨抵巢，群丑皆遁，乃焚其聚落，夺其谷畜，屯兵搜捕。适时霖潦泛溢，军亦疾疫，乃下抚令，群丑愿月朔赴道听令。九月旋师，磔福二于郡市，余党悉平（《琼州续志》）。

十八年，万州鹧鸪啼峒大抵村黎酋那红、那黄叔姪争田，叔不胜，乃投陵水军堡村庄千户万人杰为报怨。人杰率兵以捕猎为名袭大抵村，尽夺其妻孥资产而有之。黎酋积愤，纠合黎停、岭脚二峒陈任等攻劫陵水县九十六村，掠夺殆尽，惟存附郭港坡一村，贼屡合攻，知州黎巽屡败之。人杰颇有谋勇，用计谗巽擢罪去，士论大拂，巽诉冤，人杰亦被逮，仰药而死，于是贼益猖獗。

二十年，崖陵、郎温黎酋陈那任、那红等纠结万、崖诸黎构乱州邑，虏掠村民，寇陵水县，时督府适有事安南，未遑也。官军半月以前虚声致讨，北哨至，既招又剿，既降又诛，诛又复招，威信不立，贼不复听招，惟肆攻掠。海南卫指挥佥事张世延帅兵御之，战于多崩河，兵败被杀。都御史蔡经奏请征讨，命下，会师十万，与安远侯柳珣驻雷阳，令参政周禅运饷。九月，分兵为三哨：参将程鉴所部四万五千人为中哨，参政张岳监之；参将董廷玉所部三万一千人为左哨，副使陈茂义监之；都指挥武銮所部二万六千人为右哨；佥事商大节监之；参将刘经提余兵设伏张翼。中、左二哨先进，贼伪遁设伏，战颇不利。大节持重，武銮引兵合程鉴蹑左哨后，已而分界，俟其矢石少息，乃超距争先，邓岩大败之，贼溃，所破峒二百七十有奇，斩五千五百余级，登黎婺山颠而还。十二月，凯旋官军颇亦伤折，右哨颇完。捷闻，进经为兵部尚书，珣加太保。

二十八年，崖州止强、石讼等村黎酋那燕、那牵、符门钦等作乱。判官黄本静科索无厌，燕等遂逼崖州，围感恩。先是崖陵、那红诸黎甫平，而知州叶应时、都御史欧阳必进、总兵平江伯陈圭奏请讨之，受命调两广狼僮、汉达官军十万余，令副总兵沈希仪督守巡、兵备等官分三大哨直抵巢穴，俘斩首从五千三百有奇，悉剿平之。

三十七年，分巡海南道，惮涉鲸波，驻于雷州，峒黎始无忌惮。三十九年，分巡复至，黎乃复宁。

琼山村峒凡一百二十六：

居碌村、居林村、居碌南廪村、牛皮三家村、加品村、新蓼村、加卯村、新寨村、加西抵灰下村、死蛇村、南吉平兆村、南蛇村、篱竹村、南记村、黄绿村、林雷村、烧鹿周敲村、沔头村、三家村、岑蓼村、水尾村、加地村、加黄典村、平兵村、岭倍村、上下沿江村、南细村、加林村、黄昏村、三家村、孙喝村、始社大社村、番陀村、包没村、低灰村、长秀村、多雷村、黎东村、勒寨村、墨弯村、鹿壮村、南盈村、南犀村、南岐峒、盘答村、南墟居敲村、下水坡村、大岭村、南般村、卢迪田头村、黎琼村、藤寨村、南坤村、南陀村、白头迦绕村、塘心村、居完村、头平峒、岭平峒、荔枝村、陶良村、黄泥村、莫村、茅坡村、白岭村、水绵根村、番错村、寻村、大塘村、木槭根村、埇岭村、罗村、山田村、猫舌村、北岸村、苦藤村、沙件村、溢铁村、荔枝榔扶南村、鸭塘村、蔫牛村、瓦屋村、石并村、藤村、沙坡村、槛埇村、龙教村、独田村、曹村、东衡村、坡苏村、塘石村、迈菖村、南椰村、尖岭村、张村、龙天村、石化村、鸭塘村、岭上村、水泡白石村、山口村、张村、大木根村、加凯村、宋寨村、胡换村、墨蓼村、江边加般村、深梵村、番六村、居癸村、田边新村、山口村、山深村、坡尾村、黄竹村、岑村、六寓村、冯家丁寨村、周村、多勦村、李爪村、南鼓多加村、黄家大峒村。

澄迈村峒凡一百三十七：

探都村、滳吕村、新村、陶弄村、大小白石村、居透村、琼锁村、上田村、居坎村、田尾村、山坡村、求地里村、黑脸村、相思根村、白水母村、东西岭村、甘谄村、加忽村、球村、旧村、滳冻村、大岭村、落峒村、穷诣村、石榴村、居白村、落咀村、泰鲁石岭村、大田村、檀木村、湳罗村、居润村、求执村、泉眼村、居眼村、下水村、坡养村、牛窝村、内绞村、茅坡村、崖村、落血村、潘径村、居凤村、居鹤村、求池村、观远村、八温村、南绞村、大塘村、脚描村、十五寨一村、湳初村、毛巴村、透龙村、湳坑村、宋玩村、宋玩新村、大江村、竹根里村、北乖村、居岸村、穷兰村、北绞中廪村、大小居叠村、黎献村、下水村、居洪村、湳堀村、南茂村、浅石村、岭下村、大小岭村、判瓮村、大小居蔽村、荔枝眼村、庄罕村、山吕村、山尾村、花岭岸村、琵琶村、石岭上村、南滥上水村、细岭村、耀瓦村、黎村、道眼村、上贾村、南艺村、加俸村、岭边村、南突村、溪口村、擘洒小村、大鹊坡村、及崖村、和句村、提湳村、充遥村、麻恋其村、楏存村、那郎村、冲潮村、枕罚村、番大村、催村、番乍村、番那村、番奴村、雅崖村、番多罗村、雅包村、雅久村、谭汉村、雅近村、谭湳上下村、又县旧村、屯后村、反阵村、波路村、黎祭村、番寨村、番缦乍田村、番佛村、从记村、番定村、大那永村、绩缦江村、居湳村、甘痛村、居润祚村、高岭村。

临高村峒凡二百三十九：

南逢大村、南逢小村、姑堤村、南逢村、坟败大村、婆贝村、坟败小村、石若村、谭章村、罗便江头村、堤把村、南顺村、提南村、番任村、番奠村、从绕村、捕投村、重加村、杰和村、番缦村、麻恋其村、番奴村、慢提村、罗随村、番凯村、牙眼村、牙眼上村、牙眼下村、罗骞轩村、仆盛村、居缔村、叫便村、多坦村、顿也村、长随村、居软村、谭榄村、罗僯上村、罗僯下村、瓦润村、略高村、武黄村、公姑村、武顺村、罗轩村、湳庄村、带马村、买凑村、怜村、武湳村、武宠村、头全村、罗轩下村、东田村、甘黎村、居樽村、郎斂村、武笼村、林蛇村、滴浊村、滴经村、皮白村、罗檐村、罗绕村、郎墨村、番缦罗村、南瀑大村、南瀑小村、姑提奴村、居岩大村、番郎麻床大村、番郎床小村、番郎床上村、番郎床下村、番住村、仆头东村、仆头西村、那轩龙古村、背腰村、白若村、南暴小村、罗穴村、檀白村、番盎村、滔爹大村、番林村、仆头缦村、虫窑村、李弱村、那活村、坟台村、赖村、那鹤上村、那鹤下村、那鹤大村、那鹤中村、那鹤小村、番奥村、滴杂村、番乱村、那附律村、江高村、买愁村、婆杰村、滴又村、略闪村、迁楞村、番浊村、那丢村、番又滴村、番忍村、番吾村、番油亚村、那细村、符效村、罗勇村、白瞻村、南甫村、推峰村、茶谈大村、茶谈小村、推方大村、推方小村、潜藏村、低流村、高地村、罗畔村、坟峒村、郎秋村、南暴村、郎忌村、郎墨村、道贪坟郎游村、番京村、武丁村、敲木村、郎来村、坎首村、初呼村、武戴村、即武顿、武小武左村、郎蓝村、多舍村、罗屯村、计央远史村、周白村、武丁村、打治村、郎岩村、郎怜村、坟诞村、重罗村、提来村、罗便村、南恨村、张久村、符具村、重白村、罗遍坟壹台村、那打符图村、那打重而村、那打甲衣村、武陈村、武述村、那打道罗村、我然慢村、坟曹慢村、那否村、曹慢小村、番衙陈村、慢那赖村、坟曹门小村、茶蓝村、番佛村、武曹村、插胡村、滴军村、番蒲村、那邑村、那铺村、那又村、番红红边村、南谋村、白华村、郎管村、神白村、番慢村、买杰村、屯建村、番慢打蛇村、略屯村、道探村、低楼村、道图村、坟曹村、道寿村、罗也村、亥迦频墨村、番慢王周小村、大安村、南善村、居著村、神白小村、武顽小村、郎管小村、罗盆村、武银村、郎贯村、具沙村、道搜村、大江坎村、居门岭低村、恒南村、郎岩番闪村、番佐桥良环村、居投番在村、番打崇村、陈受村、从贺珞奏村、波没村、夹具村、番迍村、番轴村、那客村、白麻村、白牛村、栖簪村、夏炎村、番移岭背村、番袍陈村、夏江炉村、番玄大村、番玄小村、居蓼村。

安定村峒凡一百一十二：

胡换村、茅夹村、山村、沙湾村、山廖村、麻根村、南墩村、大木村、南峰村、新扫村、对峰村、居匪村、穷栏村、金救村、居伦村、新廖村、下泥村、惊介村、外匪村、沙田村、高台村、沙波村、坡村、岭掘村、筒奏村、石岭村、间浪村、榕木村、下水村、下榕木村、万延村、那凑村、坎村、婆村、奴计村、坡村、苏量村、李寨村、居谷村、竹根村、居启村、居烈村、李鸡村、客木村、居蓼村、篱竹村、长塘村、居谐村、山村、林遍村、居堕村、麻根村、岭村、烈口村、石麻村、纷云村、玉奴村、蛇寨村、今抱村、郎戊村、黄茅村、黄口地、蓼头村、墨揆村、水表村、罗旦村、南号村、山村、岭脚村、居章村、丹腊村、大火村、透冷村、南迍村、居邓村、樵木村、斩彩村、高岭村、番透地、山心村、上塘村、郎戊村、长弯村、黄禄村、黄坭村、岭背村、大郎村、北藤村、叫降村、敛万村、黑石村、中心村、南吞村、坤骨村、黎秋村、曹掘村、梦细村、保加村、崖陀村、南汶村、南川村、长安村、居坐村、马透村、大坡村、大付村、大水村、黎讨村、平山村、水平村、山村、居马村。

文昌村峒凡三十五：

陂底村、雷珠村、白坛村、荔枝村、黄草除玫村、麻陂村、爽寨村、斩脚村、拐根爽村、山鸟村、斩脚尾村、沙埇曹家爽村、多习村、多客户村、多余村、杨村、郭村、苦竹村、白沙村、大埇村、洴陂长田村、买车村、水西大陂村、杵村、何严村、黄家埇村、偷狗村、唐来村、大寨村、李村、荔枝莫寨村、马岭寨脚村、坟椁村、买陂村、下寨苦藤村。

乐会村峒凡五十三:

纵横上村、罗云前村、云罗后村、葵根上村、葵根下村、石桥村、上坡村、下坡村、加略上村、加略下村、三令村、贺赖南村、贺赖北村、小郎村、坡尾村、坡头村、黎新村、石盘东村、石盘南村、秤溪村、油梅村、新寨东村、新寨西村、露怀村、南杯村、官梅村、竹根小村、大郎村、纵横大村、墨石村、竹根大村、皮沙村、清安村、皮英村、罗环村、岭坻村、罗梅村、上摇村、下摇村、新寨大村、新寨小村、上石朴村、南茅村、大水村、小水村、加历村、苍呆村、斩对东村、斩对西村、加石上村、加石下村、黎磨村、水口村。

儋州村峒凡二百九:

烟莪峒、途何峒、峨郎峒、过甘峒、过呤峒、大罗村、牛头村、水尾村、峨好村、过洋村、那江村、坤雄村、和桥村、甘根村、儿栲村、落祸村、苗村、那瓦村、峨郎村、峨娘村、峨楼村、过茫村、差泮村、婆包村、罗不村、考确村、打金村、可卜村、系抱村、婆媒村、峨邦村、峨南村、峨加村、峨爹村、可妙村、可邦村、上过潭峒、下过潭峒、途邦峒、蓬莱峒、同横峒、山口峒、过邦峒、夫底峒、新洋峒、过潭大刺峒、火落窑峒、富盈峒、差番村、落隶村、徒板村、落勿村、落闲村、英豪村、桃花村、徒雅村、大小落蔓村、墟坊村、逢邦村、富双村、落台村、南村、那罗村、和奉村、遇陀村、徒邦村、徒钦村、南丹村、浮峨村、落苗村、落深村、大落贺村、小落窑村、差横村、甘桴村、坟碑村、南华峒、那板峒、潺白峒、那横峒、云渠峒、那檐村、难皮那边村、那喃村、番真村、罗条村、那横窑村、那顺村、坟横村、那父爹村、南新村、小坟旦村、陀横大村、陀横小村、怀巢村、催志村、副濯村、择催村、曹奴那绩村、催风上村、催风下村、催风中村、曹缦上村、曹缦中村、曹缦下村、那劳大村、那劳村、南绢州村、催勿村、富浊上村、富浊下村、富浊中村、富贺大村、富贺小村、富宁村、甘弓村、那茶村、富孚村、波孚村、从加重伯那针村、从加重伯那六村、从加重伯那樽村、从加重伯那论村、从加重伯那白吾村、从加重伯那机村、从加重伯那赏村、禽赞村、富居村、路忍村、白吾大村、白吾小村、番登大村、番登小村、坟该村、银村、抱嵩村、落条村、条贫村、那忻村、那崩村、南统村、南劳村、茅密村、喉白村、峨勾村、峨律村、小头小尾村、婆眉村、磨凌村、过仰村、峨那夏村、峨雅村、车同村、过邦村、峨横村、浮荣村、峨玉村、坚沽村、浩不吼村、那富峒、蓬峨村、保平峒、富催村、横村、布曹村、那讷白沙村、投蓬打村、多坤村、白姑村、番轻村、贪瑶村、那吉村、那洒村、牙西村、牙番村、牙历村、晚吉村、石村、惟图村、白勿村、牙成村、白平村、坎陶村、白风村、滴鹿村、适陀村、绝滴村、弟茶山、牙秋村、牙麻村、坟不勿村、通三村、婆骨村、南劳村、正颜落乍村、番洋村、落横村、妻抱催查村、落便村、落闲村、乌鸦村、妻玉村、坟臻村、痴歇村、那便村。

昌化村峒凡三十三：

峨高村、峨掠村、居炭村、陀外村、磨庵村、居律夺村、那边村、陀蛮村、峨淡村、居喝村、包泊村、盘嫌村、那怜村、包桥村、峨吟村、峨娘村、陀查村、哥炭村、徒蕊村、无飘村、南保村、峨义村、初血村、群白村、峨表村、余雍村、峨俺村、广香村、峨旺村、峨哥村、上下协村、峨爹村、峨玉村。

万州村峒凡九十三：

龙弯村、居劳村、黄篱村、仙家村、坡头村、四马村、番根村、芭芒村、催臻村、爹寨村、妻蛮村、白包上村、白包下村、孚陀村、孚陀小村、坟旦村、牙密村、牙巴村、坟尽村、潘郎白村、那根村、白包村、番花村、那打调机村、那坚村、浮徒村、白包村、符花村、番坟村、千敲村、那爹村、番奴村、番陈村、富孝村、牙南村、甫贪番闰村、那甫白村、麻江坏村、坟余村、小曹慢村、落乍村、那班村、番月村、那班白村、从化村、磨思印村、贪贝村、番蓉村、峨沙村、番文村、番论村、牙役村、闰依村、防村、那随村、遐贪亲村、刚华村、千斩村、那甫村、富郡村、小富群村、符番村、那喃村、卑孕村、平石村、穷头村、居引村、南头村、加村、卑休村、郭村、陈婆蓼村、青塘村、居狄村、加村、桥头村、北大水村、菩提村、高石寨村、北岭脚村、番凤村、加扶村、南对村、排补村、木尼村、西大水村、买猛村、大翁村、新村、石水村、西岭村、晋礼村。

陵水村峒凡三十：

多龙村、港娄村、多艾村、港莫村、罗渺村、滴侯村、艾村、多旺村、加钱村、多贤村、滴油村、正站村、多丽村、艸宇村、低富村、多莫村、加除村、加皂村、多昧村、七带村、到奏村、五指村、保坎村、保白村、罗信村、钞锡村、北罗村、低岐村、滴鼎村。

崖州村峒凡九十二：

罗活峒、龙湾村、鹧鸪啼村、大娄村、长沙村、南丘村、黎看村、唐村、木绵皮村、太平村、提底村、大虫村、罗村、胡南村、水表村、良姜村、蓝服村、罗围村、加拜村、正站村、多累村、罗宇村、黑梅村、多梅村、加间村、加训村、提提村、案信村、顶对村、抱班村、石松村、抱劝村、抱好村、多并村、金契村、多间村、南淫村、抱井村、抱霸村、抱怀村、枕横村、抱毫村、盈僯村、抱也村、抱贫村、大拥康村、黄侯村、节落刀村、抱耶村、小拥康村、多爹村、抱柞村、佛棲村、侯到村、返饮村、抱到村、大抱侯村、小龙村、多杰村、多于村、多凿村、抱改村、抱继村、多港一村、迁家一村、滴略布打村、龙村、浮村、岭村、日村、迟村、祝村、鱿村、硕村、讲绀村、翁俸村、布那二村、多头村、讲学村、而盈村、布那下村、瑟体村、罗缦村、萎祯村、猪母村、多近村、那打村、足亲村、多来村、岭头村、碍吾村。

感恩村峒凡四十一：

峨茶村、拂显村、峨显村、那边村、峨陆村、陀皓村、雅也村、陀宁村、抱道村、也皓村、皓首村、抱白村、大定村、抱透村、陀牙村、罗横村、峨诈村、峨勤村、抱蔓村、陀横村、抱陀村、北鲊村、北言村、也逆村、陀累村、北道村、抱万村、抱匪村、大道解村、陀赖村、符若村、陀逵村、滴涨村、陀浅村、曹咬村、陀烈村、也道村、小抱村、解村、浅一村、峨倾村、抱道村。

琼州府万州夷獠名曰岐人，即隋志所谓“䢺”也。有二种：远控黎峒，不服王化者为生岐；近傍黎图，稍知羁縻者为熟岐。（旧志熟岐本南恩藤梧高化，言语皆同。昔从征至此，迫掠上黎，占食其地，种落浸番自立，峒首头目分掌村峒，校之生岐，性习无异，腥秽凶狠，鸟言夷面，无姓名，但以村为号。生方成童，教以弓矢，以所掳人口赤剥而系之树，令其子老弱射之，谓之习射，中，老父大悦。每食以大钵贮饭，男女围聚，用匙瓢食之。男子著短衫，名为黎桶，腰前后两幅掩不至膝，两腿俱露，文其臂，缀耳以银环，髻堆额前，用牛骨为簪拴之，饰以鸡毛，妇女亦着黎桶，下围花幔，髻垂后，刺涅口腮为纹。茅屋檐垂地开门，屋山头内为水栈，居之离地二三尺，下养羊豕之类。男女未配者，随意所适，交唱黎歌，即为姻婚，刻箭结藤为信，斩牛歃血为盟。木弓、竹箭、铁镞、无羽刀柄长尺余，弓箭不释手，虽父子动辄持刃相加。每出劫谓之讨草、讨菜，不避风日，草行露宿，登高履险，跃步远跨，其疾如风生，习篾恶类如此。说者谓比之禽兽而能言，比之虎狼而有翼者是也。）

永乐三年，设土官统之，后革。弘治中，始为寇。正德七年，按察副使詹玺讨之，败绩。嘉靖以来，肆行杀掠，至今不靖（汉、唐、宋、元至国初，岐獠皆自耕，与民互市，间或潜盗头匹而已。永乐三年，设土官统之，后革土官，而土舍浸以生弊。弘治十五年，僭蛇贼乱，始效尤，群起为寇。十七年，战杀督捕指挥谷泰。正德初，督捕指挥王琥御之，势稍沮。七年，副使詹玺进官军剿之，以土舍泄机，败绩。由是贼势愈炽，战杀百户李廷杰、总小旗军潘伟、沈宗善等二十四人。所过村落，西自巴顷、香根、加小、横岭，北自岭脚、五乡、南里，黎兴数十余村人亡财尽，掠无所得，却乃长驱东南，陆连、土丁、横山、亦土陇等村，横行无忌。黎民有王走岐、王策、王祐、王那弄、王那迈、王那拯附居冲路。前此贼出，斩牛与之，借路投为向导，王走岐等潜透消息，候贼出入，饷以酒食，谓之晚存。自号百户名色，人口被掠者托为赎之，每口取牛若干只、银若干块、锅铁、刀锄、布幔之类，多寡不等，皆与贼分赃，而还其人。间有军民奴囚逃入，党与通行，贼势益大。嘉靖六年，劫杀良民杨文启等一十余家。七年，杀乡老林凤鸣，焚其尸，掳妻子，并劫杀佃民二十余家。八年，杀生员蔡国卿，尸不获葬，掳民王普良、萧司员等男女数十人。迩者越出高桥、窝村、荔枝山、头坡、长水等村，离城仅七八里，劫杀无算。自黎祸以来，人口被掠者近千余人，田园荒芜者近千余亩，牛马屠戮者约万余只，钱粮消耗者约万余缗，而所得富家子女以为奇货，婴儿、老叟辄手刃之，禾仓庐舍付诸烈焰，生灵之灾此其极矣）。

按“俚”讹为“黎”，声之转也久矣。自生黎听招归附以入版籍，则熟黎与土官之所为也。其后土官益多，生黎未附，已窃俚户以肥己，变诈百端，反招生黎为寇。人知永乐初潘隆本倡为祸首，故《琼台志》遂书隆本后以无功伏诛，稽诸实录，则无有也。与其授以知县职，岂若授以副巡检之易羁哉？“迤”复讹为“歧”，即黎之遐者。定安杨理尝入婺岭，始知分有二种，生黎之外，五指之中，历代不化者为歧；然黎所惧者歧也。生歧疆界由琼抵崖，不过三百余里，自儋达万不过二日余程。候彼三、八月饥荒，分兵四面，开示信义，彼必听从；乘此开路，可立衙门，歧既从而黎服矣。惟崖黎最强者曰罗活，曰抱宥，曰多涧，曰千家，而密迩官道为诸黎门户者千家也。

成化丁未，征千家村及陵水岭脚峒之陈那洋。征后，黎人惴慄，见军即跪，而军款眇其愚呆，无故诟哨守等官，则又凌虐困辱之，何怪其未久复叛也。

正德丁卯，千家、罗活等村复横，兵宪王槚招抚犒赏，其恶愈肆。及昆山王倬至，洞知其非，调儋昌崖官军黎兵雕剿千家村，不费斗粟，不遗寸镞，数日即归。随谕旁峒逃入界者，擒斩解报，群黎莫敢违令。贼死既多，乃下令抚定之。自是崖之封内，牛畜被野，盗贼绝迹，此崖民所以报德立祠者也。

弘治十六年，琼山主事韩俊奏言革去土舍峒首，立州县屯所（量拨在外军民杂处在中防引），辟开五指山十字道路（遍立更甲，禁持弓矢）。

嘉靖十九年，工部郎中吴会期复言之。（黎居良民五之一，宜于兵威削平之际，开通十字大路。于其间大约以道里计之，自府治至于崖州千里而近，自儋州至于万州六百里而遥，此四至径一之大凡也。细数之，自府治至于沙湾三百里而遥，自崖州至于罗合三百里而近，俱为坦途矣。度其中未开通处不过二百里耳。大集官军属武官领之，民兵属有司领之，土兵属乡保长领之，通力合作，相其溪壑，易其险阻，假以数月，而琼崖之路可由黎峒中行矣。儋万视此，其土则又杀焉。四路交达，度中建城，量地置堡，就堡立屯，贮食以攻则取，以守则固矣。）

二十八年，督府都御史欧阳必进奏剿崖州昌化、感恩地方。吏科给事中郑廷鹄上言：琼自间郡以来，迄今盖千六百余年，无岁不遭黎贼之害，然未有如今日之惨者也。盖其盘山踞峒，其中之州县反为之外悍，是彼无外寇也。食饱弃余，狼悍豕突至虔刘我人民，坑陷我官军，是我有内忧也。其地彼高而我下，彼膏腴而我咸卤；其势彼众而我散，彼无外寇而我有内忧，则州县之兵罢于奔命，何日而有息肩安枕之地哉？臣生长地方，窃尝访之故老，得之征人，闻其出战之时，人挟数矢，以一当百，无不应弦而倒者；矢尽力穷，遂窜身荆棘中，兽奔鸟伏，故我军至，有临险欷歔而止尔。故前日倡乱不过止强、石讼诸贼，其势尚孤；今连昌化、感恩之寇，其党日炽，若进兵，非调狼目，募打手，加立数万人不可。臣闻成功在勇，图揆在谋，克捷虽难，经略为上。臣尝考今昔剿除黎患者见二大举焉。元至元辛卯，黎叛；十月渡师；又明年七月，深入黎巢尽空，又明年春，刻石五指、黎婺山而还。中间虽二经变故而谋不乱，卒以成功，可谓捷矣。但元夷俗得则弃之，犹能奏置屯田，有立定安、会同二县，至今衣冠文物称为名邑，此以知其可经略也。又前嘉靖十九年，黎叛，后军陷没，请兵讨之；明年大渡师徒，十二月直破其巢，崖州诸峒无处不至，未尝不大捷也。但班师太早，漏网数多，诚有如前奏各官所言者，当时识者见贼巢德霞、平荷可耕可守，拟建州县招集新民，以绝异日之患；然一时失议，遂尔毁成。故黎贼一闻兵出，相率归巢；兵散于前，贼聚于后，谓官军能捷而不能守故也，欲其不为今日再举之害，其可得乎？此以知其不经略之害也。故臣不患成功之不早，惟患图揆之未周；不患克捷之无日，惟患经略之无术。何也？螳臂徒张，其抗有限；蚁封虽密，其险可夷。徒以激于有司杀人无数，遂以肆行无忌尔。今文武之臣戮力同心，一旦大军临之，势如破竹，但愿先事要在图揆，后事要在经略；深以前车为戒，始不贻后日之悔也。何谓图揆三事？崖黎地方大势南出崖州，西出感恩，西北出昌化，北抵凡阳。黎岐东通郎温、岭脚二峒，然二峒实万州陵水之冲，地形外险，内实坦夷。贼若被攻甚急，其合二峒以扰我陵水必矣。为计当先分奇兵，由陵水以攻二峒，彼二峒之贼自救不暇，然后大兵直捣崖贼巢穴，使其党涣于东，势分于西，莫知端倪，自相疑贰，而风霆之下悉可擒也。此其所当图揆者一也。前奏又云元恶那燕等已入凡阳，构集岐贼，此或有之；但恐其所构集或即郎温、岭脚之贼也。盖此贼十九年陷我军不数日，罗活贼党即传箭崖州，征纳百牛；抱宥贼党即传箭九所屯亦然，其与之构祸通谋久矣。此贼嫁祸黎岐，以多方误我；或声言摇惑以坚黎岐助逆之心，皆未可知此。其所当图揆者二也。黎贼原无奸细，其消息动静出于所辖土舍，故百年之祸皆土舍酿成之。黎将附籍州县，百计沮挠；有司或失黎心，多方煽惑，既成祸变，又走泄军机。若使向导我军，遂道迂回险阻以致陷没，如成化时之王道乾，前岁之符文龙是也。防杜之术不可不谨，又发军兴制所贵不扰，而首功之数，不可预定，此则用兵之事所当图揆者三也。何谓经略三事？一曰一劳永逸之计。夫琼人与此贼共此土也，数年一反，数年一征，虽往往克捷，所伤多矣。天地之心并生育，岂若驯以绦笼，置之庄岳，易介鳞而为衣冠？是诚有望于今神武之化也。献馘之后，愿招集新民，定以约束，因其势而利导之，多兴学宫，禁挟弓矢，使不得复为狼豕之态，则尧舜之世，尚复有黎哉？尚复有反且征者哉？若徒得而弃之，不复经略，如前岁所为，反滋今日之祸，则兴兵动众，终无宁时，真大鉴也。二曰破方启土之功。臣按崖州舆地本自数百里也，故西一百五十里有隋延德县址，东南一百三十里有唐临川县址，东五十里有唐落屯县址，西一百里有汉乐罗县址，感恩东北七十里有宋镇州址，原附郭有镇宁县址，今俱在贼中，所当恢复者也。况又有德霞之膏腴，千家、罗活之饶足，招集之后，愿建州县，因以屯田，且耕且守，务庐其居而东南其亩。又由罗活、磨斩开路，以达安定；由德霞沿汉水而下达于昌化，道路四达，屋庐相望，井里既定，岂不为国家增拓舆地哉？三曰久任责成之道。汉建武十七年，马援既平岭南，所至即置城郭，兴水利，条建封溪诸县，又申明汉律，传为马将军故事，至二十年秋始还。贵绥定之术乎？愿乘之余威，震慑山谷，建参将府于德霞，联络州县，亦如马援故事，治城郭，兴水利，条奏便宜事务以镇安人心。其新附之民尚有异志者，设法迁徙之，或于海北地方屯田，或于附近卫所入伍，如汉徙潺山蛮七千余口于江夏，以永绝祸。本徐求仁明之长慈惠之师，奏留久任以终其事，其庶几乎琼人万世瞻仰，在此一举。臣待罪谏垣，以言为职，知而不言，罪也。况切臣乡土闻见且真，言而不详，亦罪也，故敢于冒天威，伏望敕下兵部，再加详议。此皆抚绥者之所当深长思也，故详录之。

然黎峒中盘，州邑外列；民杂蜒徭之异，夷分生熟之殊，其情状当咨访而周知也（熟黎洪武初年归附，报籍在西路临高等界，则乡音与广西藤梧等处相同；东路琼澄等界，则乡音与福建漳泉等相同。东西二路，惟乐会、澄迈之黎熟者多，与琼山定安之黎为易治尔。凡自祖躬耕省地为良民，但因住近黎山，谙晓黎俗者，则纳粮当差；或深居黎村，耕作省地，与黎田交杂，半在羁縻，急难呼唤者，则纳粮不当差。永乐初，用监生潘隆本奏言，命梧州府通判刘铭除来本府抚黎，寻升知府名色，专一抚黎；因是谋分府权，奏将周围三千里内近山都图版籍粮差者并累代各省从征，不归落土耕田通名为熟黎者，悉与所属管黎官作眼招抚生黎为由，就据以为本管，而土人借知县县丞等职者，自比云南、广西称为土官。永乐十年，造册收入熟黎，未报丁口，报作新招归附。黎户名为梗化者，亦纳粮不当差。暗分州县人民立作二万余户，四万九千余名口，以致躲差奸民投作梗化，此非旧制也。宣德、正统以来，革去抚黎知府等官，而管黎知县等官子孙不得世袭。节奉勘合熟黎归属有司，革官子孙毋得占管，仍回州县当差。弘治十七年，又拨作梗化，其中多有耻者，亦有无知之徒乐为梗化，得免差徭。其儋州属黎虽与生黎无异，然其间一半愿为良民，一半乐为梗化，遂致谋害相杀，驯致攻州陷县。大征之役，误及方面，可为永鉴也。熟黎以里则生黎岐人也，散处鹧鸪啼、居林、思河、罗活等三十六峒，盘据五指、黎婺崇山之中，不时出没劫掠附近村分，实为腹心之疾。初以熟黎为藩篱，有土舍峒首以管束之；事久玩愒，反以黎岐为利，如弘治年间符南蛇作耗，损失官军糜费钱粮钜万。自后近黎州县节被抢掠，而万州特甚。有被害民萧杰、王玺等奏行查勘屡年，未见完报。臣常询有识士夫及老成涉历之人，皆谓其地南北约七百余里，东西四百余里，初生黎服招者永乐四年赴京相见，蒙赏，仍敕各黎首归峒安生乐业。时招主见敕谕全不沾己，乃诓生黎归取敕书，各家收蓄以为己物，因而窃柄。今革官子孙收藏者必须追出，给还其家，则生黎不致土舍生事侵扰，得安其生矣。然临高、儋昌、万陵之黎倚山为势，各据强弱，互相欺凌；崖、感之黎尤散相角敌，至于仇杀，比比皆然，则黎性之常。细扣其由，其间有父子继世结怨报仇者，有公孙相传被陷未伸者，有俟隙乘机取利者，有应该主峒而弟姪侵夺者，有所主软弱而致欺凌者，有所主剥削而激仇害者，虽有守备官军，彼云报仇，莫敢谁何，以此祸延省界，岁无一宁，皆因统者不令故也。土舍能抚遐岐以为本，等身役在有司，决不可以土地人民轻易借与以长乱阶，此固祖宗成法，不容变乱者也）。

土舍之先僭名土官，实与西广云贵羁縻者事体不同。矧洪武旧制，革去元弊，土酋主郡如陈乾富犹降徙远郡通判，兵屯于孙，尽复民役，或为峒首，仅授副巡检，州县得以制之。今之土舍峒首，岂敢复如昔日土官之僭，与有司分庭抗礼哉？然黩货者反倚之以干囊箧，则乘机嫁祸自此始矣。（正统年间，革官子孙如临高王绍祖因袭不得，乃假官坐县，立万人屯，截路禁行，欲谋不轨，李佥事计至杖死，儋州刘秀叛杀田表、水西等村，巡抚韩雍赍榜开谕，以故乡官同知王佐著《珠崖录》，拳拳在抑土舍。后儋之土舍峒首构成符南蛇之祸，可不决去之哉？然成化年间，感恩土舍娄鉴贿嘱知县罗铉，私将近黎民人符进禄等三十六村拨与管用，因而故为鸟言裸体，到处劫掠，乡村受害。后蒙兵备副使涂公拨回村峒，征除强梗，前弊始除。积今数十年来，贪横之心非独革官子孙聿起奸刁，见土舍间有衰弱窃据数黎，遂自立号角敌，有本峒首今乘盛欺压而争雄长者，有本奴隶今背主自立而称峒首者，或黎首附籍州县而所主积恨异己者；以此互相侵夺，或引诱出没，使其罪坐所主；或左道仇杀，俾其利致旁收，边患由斯酿大，非独一儋而已。皆因此辈乘机嫁祸，侵渔黎利之故也。）**必行查其自祖迄今所招而造册以审之，**（行查上舍峒首伊父祖所招黎人村峒至今有服管者若干，背拗不服者若干，其人地方抵于何人交界，其村峒原系借倩版籍粮差熟黎，某村峒原系服管无役生黎，某村峒原系历代不向化黎岐，各令时常带率出官，如有冤枉，许其诉理；若有溷包霸占他人村峒在内者，促令各要自首改正。）**待其有功通道路以换鱼盐，而后量以冠带给之，**（近时探有阳春峒，其峒在五指下东南，为郡中黎居以千计，自不为恶；南有湳他、香根、竹茂、竹拥，皆系反黎；西南有万家、罗活、磨岸、磨魁等村；东有思河等峒；东南有纵横、斩兑等峒。北去定安，东南出万州、陵水，西北至儋州，程俱六日；惟西至昌化，中阻大溪，须桴筏乃济。闻之始通之人，入自思河，仅六日，前半路颇崎岖，复愈入愈衍。岐黎款奉，情极卑谨。其旁呼为百姓峒者，乃天顺间邵贼余党潜住，生息甚繁，话皆东语，比岐犹勤耕作。由此观之，则无险阻可知矣。）**必须翻然改悟守法循规，开谕黎岐各安生理，不行剥削之扰，不事勾引之谋，则琼崖庶其靖矣。不然，则湛钺之讨，南蛇何其危也！**（湛钺，廉州卫借职指挥，升广东都指挥佥事，性英俊，有文武才略，好用奇策，忘其势位，每与下官有谋者共议。弘治十四年夏六月，琼郡儋州七方峒黎贼符南蛇谋杀峒首符那月，占夺地方，构党及乱。刻箭传约三州十县黎贼各皆领箭，有同时反者，有观望成败以为向背者，因攻围儋州，陷感恩、昌化、临高三县，人民死者十七八，闾阎灰㶿，赤地数百里；澄迈、定安其害半之，琼州西界一千余里道路不通，海南几危。是秋九月，钺领兵讨贼到琼，当见其然。不信宿戒行就道，至澄迈西峰驿，适临高县走报贼首南蛇令州贼党符那榄、那树约会，本县贼党王琳、王细保等分领贼兵合万余刻期来攻本县，那揽等兵数千已至城下攻西北门，垂陷；约王琳等攻东南门，兵数千亦垂到。指挥张诩领孤军与知县林彦修誓以死守，危在朝夕。边山人民大半陷没，边海者无路逃生，扶老携幼，待投水死。据报时汉达官军不满三千，后军未至，众皆有惧色，而钺勇气自倍，遽传令止军，命士卒举火作二日粮；密询贼营所在，亲率共事者领奇兵由间道昼夜兼程，驰夺临高贼先。而反绕出儋贼之后地名拳蓝，捣贼老营，尽杀守营者百余级。贼方攻城，遥闻哄声，咸欢呼相贺，以为党与之来相应也，攻城益急。已而闻官军举炮声，惊知老营已破，官军扼其归路，遽制众退敌，来势汹涌。钺曰："贼方在死地，且彼众我寡，未可迎敌；观彼大众一退，势必不复能止，宜缺围卸出其半，而中邀杀之，取威灭贼，在此一举。"戒军士如令，已乃躬率精锐，冲断贼阵为二；贼前后不复相顾，汉达官军从而摧之，又复斩首七百余级；城内军复出乘其后，贼众大溃，散走相失，军民兵擒获不尽，亡匿草野中，乡民荷锄奋挺，击杀无算；连六七日解功不绝，生擒贼首符那树，而那揽者先时乘凭死尸，奉头窜去。军声大振，前项赴约贼徒中道闻风弃兵遁走，领箭群贼已反者举皆夺气退缩，观望成败者皆愿出听招抚，而攻州贼首符南蛇亦遂解围归守窟穴。钺以二千精兵破强贼万众，救临高一县垂陷之城，全万家垂死之命；威风四达，三州十县莫不引领望治。无何以因昼夜兼程时途啖宿食，复冒雨苦战，致疾以死。海南军民，远近相吊，如丧亲戚。前贼闻知，又复处处纷起，后事难言矣。）嘉靖甲午之役，黎福二已虏千户杜盛、百户杨荣，非得土舍诱其峒首，功决不可成也。辟则大黄附子汤，炮以制之，皆良剂也，可尽弃哉？

杂蛮

海獠，凡浮海自东西二洋而来者，皆是也。南有八蛮：曰天竺，曰咳首，曰僬侥，曰跛踵，曰穿胸，曰儋耳，曰狗轵，曰旁舂。凡此八者，自有荒服以来，名号不知其几变矣。周官设象胥掌之，其语言固可译而知也。然其名号之变，史不能详。惟汉明帝时，天竺浮屠胡法始入中国。其俗舍身焚尸，谓之“荼毗”。至今僧学佛者犹然，小民火葬效之，华风坏矣。永平十七年，儋耳、僬侥等国贡献，由元帝先此弃朱崖，故儋耳复为岛夷。今则已属琼州，皆中国人居之，声名文物化于华夏，无复缓肩镂颊之状。而西北贾胡有镰耳垂环而至者（《山海经》，儋耳之国在大荒北，任姓，号禺子，食谷北海渚中。郭璞注云：“其人耳大，下儋垂在肩上，朱崖镂画其耳，亦以仿之也。”）。僬侥乃永昌徼外夷，其人长三尺，而诸番黑小厮或充贡物。而咳首等种，大氐皆海獠也。日南徼外占城以至西域默德那国，其教专以事天为本，而无像设（其经有三十藏，凡三千六百余卷。其书体旁行，有篆草楷三法，今西洋诸国皆用之。又有阴阳星历之类）。其地虽接天竺，而与佛异俗，重杀非同类，杀者不食；不食豕肉，谓之回回色目教门。今怀圣寺有番塔，创自唐时，轮困直上，凡十六丈五尺，每日礼拜者是也。然亦有占城诸国人杂其间，多蒲及海姓，渐与华人结姻，或取科第。宋余靖尝言，越台之下，胡贾杂居。岳珂《桯史》则谓为番禺海獠云（《桯史》，番禺有海獠杂居，其最豪者蒲姓，号“白番人”，本占城之贵人也。既浮海而遇风涛，惮于反复，乃请于其主，愿留中国，以通往来之货。主许焉，舶事实赖给其家。岁益久，定居城中，屋室少，侈靡逾禁。使者方务招徕以阜国计，且以其非吾国人不之问，故其宏丽奇伟，益张而大，富盛甲一时。绍熙壬子，先君帅广，余年甫十岁，常游焉，今尚识其故处，层楼杰观，晃荡绵亘，不能悉举矣。然稍异而可纪者亦不一，因录之以示传奇。獠性尚鬼而好洁，平居终日，相与膜拜祈福。有堂焉以记名，如中国之佛而实无像设，称谓声牙，亦莫能晓，竟不知何神也。堂中有碑，高袤数丈，上皆刻异书如篆籀，是为像主，拜者皆饷之。旦辄会食，不置七著，用金银为巨槽，合鲑炙粱米为一，洒以蔷露，散以冰脑。坐者皆置右手于褥下不用，曰此为触手，惟以溷而已；群以左手攫取，饱而涤之，复入于堂以谢。居无溲匽，有楼高百余尺，下辄通流，谒者登之，以中金为版，施机蔽其下，奏厕铿然有声。楼上雕镂金碧，莫可名状。有池亭，池方广凡数丈，亦以中金通甃，制为甲叶而鳞次，全类今州郡公宴燎箱之为而大之，凡用铿镯数万。中堂有四柱，皆沉水香高贯于栋，曲房便榭不论也。尝有数柱欲贡于朝，舶司以其非常，有恐后莫致，不之许，亦卧庑下。后有窣堵波高入云表，式度不比它塔，环以甓为大址，累而增之外圜而加灰饰，望之如银笔。下有一门，拾级以上，由其中而圜转焉，如旋螺，外不复见其梯磴，每数十级启一窦。岁四五月，舶将来群獠入于塔，出于窦，啁哳号呼以祈南风，亦辄有验。绝顶有金鸡甚钜，以代相轮，今亡其一足。闻诸广人，始前一政雷朝宗环时，为盗所取，迹捕无有。会市有屡人鬻精金，执而讯之，良是。问其所以致，曰：“獠家素严，人莫闯其藩。予栖梁上，三宿而至塔里，面粮隐于颠，昼伏夜缘；以刚铁为错，断而怀之，重不可多致，故止得其一足。”又问其所以下，曰：“予之登也，挟二雨盖，去其柄；既得之，因天大风，鼓以为翼，乃坠平地，无伤也。”盗虽得而其足卒不能补以至今。他日郡以岁事劳宴之，迎导甚设家人帷观，余亦在，见其挥金如粪土，舆皂无遗，珠玑香贝狼籍坐上以示侈。帷人曰：“此其常也。”后三日，以合荐酒馔烧羊以谢大獠，曰：“如例。”龙麝扑鼻奇味不知名，皆可食，迥无同槽故态。羊亦珍，皮色如黄金，酒醇而甘，几与崖蜜无辨。独好作河鱼，疾以脑多而性寒故也。余后北归，见藤守王君兴翁诸郎，言其富已不如曩月，池匽皆废云）。成化四年，都御史韩雍修寺，以所留达官指挥阿都剌等十七家居之（番言“阿都剌”为“满剌华”，言师父也）。达官本蒙古人，杂领色目始此。

番商者，诸番夷市舶交易纲首所领也。自唐设，结好使于广州，自是商人立户，迄宋不绝，诡服殊音，多留寓海滨湾泊之地，筑室联城，以长子孙。使客至者，往往诧异，形诸吟咏。宋时商户巨富，服饰皆金珠罗绮，器用皆金银器皿。有凌虐土著者，经略帅府辄严惩之；华人有投充番户者，必诛无赦。淳化五年二月癸卯，南海商人献吉贝布、画海外蛮国及猩猩图、玉带上于北苑，召近臣观之。天圣后，留寓益颗，伙首住广州者谓之番长，因立番长司。大食国舶主蒲希密屡贡，诏赐黄金，准其所贡之直。禁网疏阔，夷人随商翱翔城市，至有蛮媪卖药。（《投荒录》，在番禺，端午闻街中喧笑，讶召之，乃蛮媪荷山中异草鬻富家妇女为媚男药者，或抽金簪解耳珰偿其直。）熙宁中，其使辛押陀罗授怀化将军，乞统察番长司公事，诏广州截处，具后辩告户绝。（《龙川略志》，广州商有投于户部者，曰：“番商辛押陀罗者，居广州数十年矣，家资数百万缗，本获一童奴过海，遂养其为子。陀罗近岁还番，为其国主所诛，所养子遂主其家。今有二人在京师，各持数千缗，皆养子所遣也。此于法为户绝，谨以告。”李公择既而为留状，而适在告，郎官谓予曰：“陀罗家赀如此，不可失也。”予呼而询之，曰：“陀罗死，番国为有报来广州耶？”曰：“否，传闻耳。”“陀罗养子所生父母、所养父母有在者耶？”曰：“无有也。”“法告户绝，必于本州县，汝何故告于户部。”曰：“户部于财赋无所不治。”曰：“此三项皆违法，汝姑伏此三不当，吾贷汝。”其人未服，告之曰：“汝不服，可出诣御史台尚书省诉之。”其人乃伏，并召养子所遣二人。谓之曰：“此本不预汝事，所以召汝者，恐人妄摇撼汝耳。”亦责状遣之。然郎中终以为疑，予晓之曰：“彼所告者皆法所禁；不诉于广州而诉于户部者，自知难行，欲假户部之重以动州县耳。”郎中乃已。）遂立番坊。夷人有居琼管者立番民所。（《投荒录》，琼管夷人食动物，凡蝇蚋、草虫、蚯蚓尽捕之，入截竹中，炊熟，破竹而食。顷年在广州番坊，献食多用糖蜜脑麝，有鱼俎，虽甘香而腥臭自若也，惟烧笋一味可食。先公至北虏，日供乳粥一碗甚珍，但沃以生油，不可入口。谕之使去油，不听；因给令以他器贮油，使自酌用之，乃许。自后遂得淡粥。大率南食多咸，北食多酸，四夷及村落人食甘，中州及城市人食淡——五味中只苦不可食。）洪武初，令番商止集舶所，不许入城，通番者有厉禁。正德中，始有夷人私筑室于湾澳者，以便交易，每房一间，更替价至数百金。嘉靖三十五年，海道副使汪柏乃立客纲客纪，以广人及徽、泉等商为之。三十八年，海寇犯潮，始禁番商及夷人毋得入广州城。

俚贼在广州之南苍梧、郁林、合浦、宁浦、高凉五郡中央，地方数千里，村落长帅恃在山险，不用王法。自古及今，民俗蠢愚，惟知贪利，无有仁义道理，不爱骨肉而贪宝货及牛犊。若见贾人有财物及水牛者，便以其子易之，夫或鬻妇，兄亦卖弟。父子别业，父贫乃有质身于子者。有负其家债不时还者，其中子弟愚者谓曰："我为汝取钱，汝当善殡葬我耳。"即折野葛根数寸，径到债家门下，谓曰："你负我钱不肯还，我因食野葛死于门下。"其家便称冤，宗族人众集其家曰："汝不还我钱而杀我子弟，今当击汝！"债家惭惧，因以牛犊财物谢之数十倍，死家乃自收尸去，不以为恨。刻木以为符契，言誓则至死不改。最贵铜鼓，铸初成，悬于庭中，置酒以招同类。来者有豪富子女，以金银为大钗，执以叩鼓，因遗主人，名为纳鼓钗。风俗好杀，多构仇怨，至相攻击，辄鸣此鼓集众，到者如云。有是鼓者极为豪强，号为"都老"，群情推服（本于旧事，尉佗于汉自称蛮夷大长老，故俚人犹呼所导者为倒老也，言讹又称都老云）。所异于琼峒者，以杂于诸蛮故也。然人能识之，俚人则质直尚信，诸蛮则勇敢自立，皆重贿轻死，惟富为雄。巢居崖处，尽力农事，大氐轻悍易怨以变（唐韩愈《送郑权尚书序》，岭之南其州七十，其二十二隶岭南节度府，其四十余分四府，府各置帅，然独岭南节度为大府。大府始至，四府必使其坐，启问起居，谢守地不得，即贺以为礼。岁时必遣贺问，致水土物。大府帅或道过其府，府帅必戎服，左握刀，右属弓矢，拍马袴靴迎于郊。既至，大府帅入据馆，帅守屏若将趋入拜庭之为者，太府与之为让，至一至再，乃敢改服以宾主见；适位执爵皆兴拜，不许乃止，处若小侯之事大国。有大事，咨而后行，隶府知府离府远者至三千里，悬隔山海，使必数月而后能至。蛮夷轻悍，易怨以变。其南州皆岸大海，多洲岛，飘风一日踔数千里，漫不见踪迹。控御失所，依险阻，结仇党，机毒矢以待将吏，撞塘呼号以相和应；蜂屯蚁杂，不可爬梳。好则人，怒则兽；故常薄其征入，简节而疏目，时有所遗漏，不究功之长养。以儿子至纷不可治，乃草薙而禽弥之，尽根株痛断乃止。其海外杂国若沈浮罗、流求、毛人、夷亶之州，林邑、扶南、真腊子、陀利之属，东南际天地以万数，或时时及朝潮贡，蛮胡贾人舶交海中。若岭南帅得其人，则一边尽治，不相寇盗贼杀。无风鱼之灾，水旱疠毒之患。外国之货珠香象犀玳瑁奇物溢于中国，不可胜用。故选帅常重于他镇，非有文武威风知大体可畏信者，则不幸往往有事。长庆三年二月，以工部尚书郑公为刑部尚书兼御史大夫往践其任。郑公常以节镇襄阳，又帅沧景德濮，历河南尹、华州刺史，皆有功德可称道。入朝为金吾将军、散骑常侍工部侍郎、尚书，家属百人，无数亩之宅，僦屋以居，可谓贵而能贫，为仁者不富之效也。及是命朝廷莫不悦，将行，公卿大夫士苟能诗者咸相率为诗以美朝政，以慰南之行思。韵必以“来”字者，所况使成政而来归疾也）。**自岭以西，俚人渐贫，至或鬻发于市。**（《投荒录》，南海新州俚人男妇皆美须发，每沐以灰投流水中，就水以沐，以豕膏滋其发。至五六月稻米熟，民尽髡，鬻于市，复取豕膏涂之，至来岁又可鬻也。）**自蚬岗以南，濒海种蔬，水上为圃。**（《玉堂闲话》，广州番禺县尝有俚民牒诉云，前夜亡失蔬圃，今见在某处，请县宰判状往取之。诘之，则云海之浅水中，有荇藻之属，风沙积焉。其根厚三五尺，因垦为圃以植蔬，夜为人所盗，盗之百里外若浮筏故也。）**妇女不知蚕绩，惟治庖厨。**（《投荒录》，岭南俚俗不教女子针缕纺绩，但教之善庖厨，治醯醢。或责之，则欢曰：“我女裁袍补袄则灼然不会，若修治水蛇黄蟮，一条必胜一条。”闻者绝倒。）**村市多有屠婆解牛。**（《投荒录》，南海解牛多俚妇，谓之屠婆。屠娘皆缚牛于大木，执刀数之曰：“某时牵汝耕田不得，某时乘汝渡水不即行，今何以免死？”即斩之。）**及作变，则无论男妇，皆能军云。**

莫徭者自荆南五溪而来，居岭海间，号曰“山民”。盖盘瓠之遗种。本徭、僮之类，而无酋长。随溪谷群处，斫山为业，有采捕而无赋役，自为生理，不属于官，亦不属于峒首，故名“莫徭”也。岭西海北人呼为“白衣山子”。钦、廉迩来，亦有垦田输税于官，愿入编户者，盖教化之渐被也。

蛋户者，以舟楫为宅，捕鱼为业，或编蓬濒水而居，谓之水栏，见水色则知有龙，故又曰龙户，齐民则目为蛋家。晋时，广州南岸周旋六十余里不宾服者五万余户，皆蛮蛋杂居（《晋书》陶璜上疏）。自唐以来，计丁输课于官。洪武初，编户立里长，属河泊所，岁收渔课。然同姓婚配，无冠履礼貌，愚蠢不谙文字，不自记年岁，此其异也。东莞、增城、新会、香山以至惠潮尤多。（《惠州志》，蛋长又称蛋家里长，其种不可知。考之秦始皇使尉屠睢统五军监禄凿河通道，杀西瓯王，越人皆入丛薄中，与禽兽处，莫肯为秦意者，此即丛薄之遗民耳。宋苏子瞻有“蛮烟蛋雨”之句。今在归善者，皆土著，服食与平民类，婚姻亦略与下户相通，但其籍则系河泊所。在兴宁者，则编属县下六都，立其中甲首甲以领矣，然课额犹称河泊焉。曰蛋民，乃水居者也。只船支桨，衣不盖肤。计舟纳课，又且代颇逃亡者。彼蛋长每征课料则通同旅人称债主计日行利，每钱一文，明日二文，又明日四文，虽至百文犹不能已；于是每每为盗，推厥原由，旅人里长罪之魁也。嘉靖中，知府李玘已设法严禁。《潮州志》，潮州蛋人有姓麦、濮、吴、苏、何、古，以南蛮为蛇种，观其蛋家神宫蛇像可见。世世以舟为居，无土著，不事耕织，惟捕鱼、装载以供食，不通土人婚姻，岭东河海在在有之。本县旧立一户，国初置河泊所辖之，岁输鱼课米。洪武二十四年，籍其户为南厢，里甲输粮之外，惟供船差，不事他役。）至雷琼则少。广中近年亦渐知书，或登陆附籍，与良民同编，亦有取科第者矣。然罾门多为势家所夺，蛋民亦行劫盗。（番禺、沙湾、东莞、布冲、新会、金星门至奇独澳每蛋船一大九小为一甲；官军至，即九小并为一艘。鱼鲜不受即战，官军盘之，则有尚书主事批文。近日清查土豪所占皆退出在官造册，寻为有力者总领，他日合于倭寇可占矣。）

卢亭亦曰“卢余”，在广州城东南百里，以采藤蛎为业。男女皆椎结于顶，妇女许人及嫁，始结胸带。相传为卢循遗种，故名。裸体，能伏水中数月，此其异于蛋而类于鱼者也。（《月山丛谈》，晋贼循兵败入广，其下泛舟以逃居海岛上，久之无所得衣食，生子孙皆赤身，谓之“卢亭”。尝下海捕鱼充食，其人能于水中伏三四月不死，盖化为鱼类也。其捕鱼，使人张罾，则数人下水引群鱼入罾内；既入，引绳示之，则举罾并其人以上；亦有被大鱼吞者。正德中，香山县获一人，惊以为异，执以赴官，将以上闻，或识之曰：“此卢亭也。”盖其人入水时偶值飓风，不能起，潜游数月，至香山，见罾以为己地，乃坐其中，为人所获。初获，言语不通；久之，晓汉语，询之，信然。）

马人本林邑蛮，随汉马援流寓铜柱，后随众来附者也。始十户，后孳衍至三百，皆姓马。其人深目猳喙，散居峒落中，献岁时至军府听令。徭、僮不与同群，自为一种，今亦不可复辨矣。（唐韩愈诗“衙时龙户集，上日马人来”，谓元旦也）。

乌蛮，乌浒之蛮，能啖人者也。在南海郡之西南、安南都统司之北（裴渊《广州记》，在晋兴，今南宁镇南关）。古损子产国。生首子，辄解而食之，谓之“宜弟”。味旨，则以遗其君，君喜而赏其妇。娶妻美则让其兄。其国有乌蛮滩焉。其后国废于汉建武中，民各为族，常取翠羽采珠为产，又能织斑布，可以为帷幔。以鼻饮水，口中进啖如故。当交、广之界，恒出道间，伺候二州行旅。有单向辈者，辄出击之，利得人食之，不贪其财货也。地有棘，厚十余寸，破以作弓，长四尺余，名孤弩。削竹为矢，以铜为镞，长八寸，以射急疾，不凡用也。地有毒药，以传矢金，入则挞皮，视未见疮，顾盼之间，肌肉便皆坏烂，须臾而死。寻问此药，云取诸虫有毒螫者合着管中，爆之既烂，因取其汁日煎之。如射肉，在其云地则裂，外则不服裂也。乌浒人便以肉为肴俎，又取其髑髅破之以饮酒也。其同候行人，小有失，辈出射之，若人无救者便止，以火燔燎食之；若人有伴相救，不容得食，力不能尽檐去者，便纵取手足以去，尤以人手足掌蹠为珍异，以饴长老。出得人归家，合聚邻里，悬死人中当四面向坐，击铜鼓，歌舞饮酒，稍就割食之。春月方田，尤好出索人，贪得之以祭田神。其后稍变，族类同姓有为人所杀，则居处伺杀主，不问是与非，过人便杀以为肉食也。杨孚纪之，志为南裔异物云。

鬼奴者，番国黑小厮也。广中富人多畜鬼奴，绝有力，可负数百斤，言语嗜欲不通，性淳不逃徙，亦谓之野人。其色黑如墨，唇红齿白，发鬈而黄，有牝牡，生海外诸山中，食生物。采得时与火食饲之，累日洞泄，谓之换肠。此或病死，若不死，即可久畜。能晓人言而自不能言。有一种近海者，入水眼不眨，谓之“昆仑奴”。唐时，贵家大族多畜之。永乐四年，娑罗国东王、西王各遣使来朝，以黑小厮充贡物（《海语》，圆目黄睛，性绝专悫，木食如猿猱，近烟火，泪目死，出暹罗）。

畲蛮，岭海随在皆有之，以刀耕火种为名者也，衣服言语渐同齐民。然性甚狡黠，每田熟报税，与里胥为奸，里胥亦凭依之。近海则通番，入峒则通徭。凡田埠矿场有利者，皆纠合为慝，以欺官府，其害慑于甲兵。广、惠、雷、廉罹其毒螫而事不发者，里胥庇之也。按《周官》："土训，掌道地图，以诏地事，道地慝，以辨地物，而原其生，以诏地求。"谓昔有而今无，似利而实害者，皆为地慝。（惠之归善、海丰，广之从化、香山，皆有银矿。畬蛮招集恶少，投托里胥，假为文移，开矿取银，因行劫掠。如香山县恭常、都鸡、拍村、银涌、角守初产银，取上供，属广州宜禄场。大观中，广东廉访使黄烈奏言：矿内苗脉微甚，而浮冗之人以纳官为名，发毁民田，骚动邀贩。诏罢，宜禄场令官封之，违禁者诛。逾三百年，人无敢发者。正德中，顺德豪民勾引势家，纠集逃叛及白水贼徒，伪捏朝旨执照，乃开矿采煎。村民初犹拒之，其后力不能胜，尽被屠戮而淫其妻女，使供炊爨。每岁得银渐至千余两。嘉靖甲辰，苗脉已尽，贼徒乃散，然其地鸡犬桑柘亦俱尽矣。迩来海寇滋多，皆曹此也。又南三灶山抵海洋番国，有田三百余顷，极其膏腴，玉粒香美，甲于一方。在宋为黄宇上下二围。元时海寇刘进据之。洪武初，属黄梁籍居民吴进添通番为乱；二十六年，都指挥花茂奏讨平之，悉迁其余党。诏虚其地，除豁田税，永不许耕，岁令官军千人防守。正德中，南海势家以新会虚税影占，亡命之徒附之，招合畬蛮，立为十里，聚众盗耕。嘉靖十五年，该都里排赎为己业，已而有钱备者索通番舶，倚强占夺，与畬蛮霸耕，伪立文案，与里排分上下围管业。知县邓迁申明上司，丈量余田归官，岁收租谷归预备仓。里排与通徭畬蛮仍复侵据，号召海寇，大为民害焉。）"诵训：掌道方志，以诏观事。掌道方慝，以诏辟忌，以知地俗。"谓毒蛊之类，皆为方慝。（《周官》："庶氏：掌除毒蛊，以攻说禬之，嘉草攻之。"其祸之来久矣。粤地山林川泽之阻，虎狼虺蝮，虽或害人，然毒莫如胡蔓，蛊莫如药鬼者。胡蔓，草也，叶如茶，其花黄而小；一叶入口，百窍溃血，人无复生。迩来品汇盆盛，花叶异常；不独郊外，虽邑内在在有之。凶民将取以毒人，则招摇若喜舞状，真妖物也。或有私怨者茹之，呷水一口，则肠立断。或与人关置毒于食，以毙其亲，诬以人命者有之。知县邹验严加禁约，乃少悛云。药鬼者，愚民造蛊图利，取百虫，器置经年，视独存者，能隐形，与人为祸。《隋志》载其法，五月五日，聚百种虫：大者至蛇，小者至虱，合置器中，令自相啖，余一种存者留之。蛇则曰蛇毒，虱则曰虱毒，行以杀人。因食入人腹内，食其五脏，死则其产移人。蛊主之家三年不杀人，则蓄者自钟其弊。累世子孙相传不绝，亦有随女子嫁焉。凡屋宇净无尘网者，即其鬼所为也。又名挑生，于饮食中鱼肉果菜皆可挑，人中其害者，胸腹搅痛，十日其蛊能动，肿胀如瓮，九孔流血而死。初中蛊，嚼黑豆不腥，易以白矾，其甘如饧，治之以归魂散、雄朱丸；在胸膈，急宜饮麻油及食蜜、冬瓜生或田鼠，差验。岭南卫生方治胡蔓草毒，急取抱卵未出鸡，仔细研和以清油干口灌之，乃吐而苏。其蛊毒挑生在上鬲者，胆矾半钱，投在热茶内，候溶化服之；以鸡翎搅喉令吐；其下鬲者，郁金末二钱，饭汤调下，即泻出。至于麻药，富室诱小民置酒中，饮后昏不知人，货财皆被夺去，然醒后不死。亦恶物也。）慝始畲蛮而齐民效之，是在有司加意禁治而已。

飞头獠者，岭南溪峒中往往有飞头者，故有“飞头老子”之号。头将飞一日，前颈有痕，匝项如红缕，妻子遂看守之。其人及夜，状如病，头忽生翼，脱身而去，乃于岸泥寻蟹蚓之类食。将晓，飞还如梦觉，其腹实矣。一曰占城有尸头蛮者，本是妇人，但无瞳，人为异。其妇与家人同寝，夜深飞头而去，食人秽物，飞回复合其体即活。如知而封固其项，或移体别处则死矣。人有病者，临粪时遭之，妖气入腹必死。此妇人亦罕有，民间有而不报官者，罪及一家。番人戏之，触弄其头，必有生死之根，盖即飞头蛮也。又有凿齿花面、白衫赤裩之属，不可胜纪。

论曰，俚户其犹有朴略之风乎，重契箭，谨信约，毫发弗爽，虽士人不过也。使抚得其道，则尽入版图久矣。始也，土著奸宄授官，与县抗衡；虽尽革去，而其子孙指其旧属犹曰吾百姓也。染其风者亦凌役下户如奴隶然，俾不得与齐民齿，此《朱崖录》裁抑土舍实根本之论也。昔者商大郎尝为予言，婺岭之役，深入其阻，不用向导，则清樾鸟道旷若无人。少驻待炊，箭从叶出，其发如雨，虽狼达亦莫能御避。谋诸土舍，使探路乃行，故独不消得全师而归。由此观之。可尽革哉？择而用之，招谕有功。然后官之必如洪武末年止授副巡检，则受制州县，虽奸宄无所售矣。今也，彼虽弗售，而州县非人，严刑峻罚，肆其饕餮；或为鼷鼠，甘口以腹削膏脂者有之；或为饥狼，毒吻以血人于牙者有之。趋事兵宪，日逐逐马尘幌影间，部使辄止雷阳，惟呈手册而人卷皆匿焉。虽有张弛平反，未之或遵也。恣其慆淫，笑与秩终。此族内地且然，而矧珠崖之荒乎！故婺岭之畔，贪戾激之也。嗟乎！杂蛮可化也，彼何人斯，不可化也？诚令长吏皆循，则交趾至今一藩司也，婺岭遐迤又奚畔之有！

海寇

本朝洪武四年五月，海寇钟福全、李夫人等寇海晏、下川等地，广州左卫佥事杨景追捕至阳江，平之（福全伪称总兵，与李夫人、徐仙柘等叛于海晏、下川、大僭、文持等地，景即同指挥范怀率舟师剿捕，至阳江海陵山并上川惊惶门遇贼船二百艘，击败之）。

十四年，海寇饶隆作乱，邑人萧子明捕之（海阳县三饶贼首饶隆起，程乡县万安都人萧子明募民兵追捕之）。

二十年，海寇周三作乱，邑人萧子明讨平之（安远县贼首周三寇程乡县，吴都指挥帅兵驻于境，县官遣子明领民兵协力讨平之。又黄寿山、曾必长于永乐间聚众山海，剽掠揭阳人民，旋讨平）。

二十六年八月，命安陆侯吴杰、永定侯张金率致仕武官往广东训练沿海卫所官以备倭寇。

永乐七年四月，海贼阮徭寇劫长塾、林虚二巡司，焚廨舍，毁寨栅而去。巡海副总兵李珪遣雷州卫官军追击，败之。获贼船二十七艘，生擒贼属男妇一百六十人。

八年冬十二月，倭寇陷廉州，教授王翰死之。

九年三月，倭寇攻陷昌化，杀千户王伟，命副总兵指挥李珪等讨之。（广东都指挥使司奏比倭贼攻陷昌化，千户所王伟等战败被杀，军士死亡甚众，城中人口仓粮军器皆被劫掠，而副总兵指挥李珪及南海卫所遣领兵指挥千百户徐茂等初不严兵备御，贼至又不救援，贼去亦不追剿，罪当死。上曰："此不可宥，姑令捕寇赎罪，如寇不复，皆斩。"）

十九年正月辛巳，珪于潮州靖海边遇倭贼，与战，杀败贼众，生擒十五人，斩首五颗，并所获器械，悉送北京。（戊子，兵部言广东都指挥李端捕倭失机，已就逮。上命选能干官往率兵御倭。）

二月辛丑，命都督佥事胡原克总兵官，都督佥事梁铭、都指挥使薛山为副，率原调广东都司所属官军五千人巡捕倭寇。

正统十二年，海寇陈万宁作乱，潮阳知县刘源洪御之。（漳州海寇陈万宁攻劫潮阳，知县刘源洪修城捍御。）

十四年八月，海贼从黄萧养攻广州城，不克；后萧养伏诛，海贼皆遁。

景泰三年四月，海贼寇掠海丰、新会，参政谢祐遣指挥张通攻走之。

天顺二年三月，广东副总兵都督同知翁信奏：海贼四百余徒犯香山千户所，烧毁备边大船。其都指挥张通总督不严，是致失机，乞正罪。章下都察院，请逮问如律，别委武臣代之。上曰："通罪本难容，但今用人之际，姑宥之，仍令杀贼以赎前罪。"

十二月，升广东备倭都司指挥同知张通、按察司佥事谢瓛及官军十人俱一级，一百二十五人赏有差，以斩获海贼故也。

七月，海寇严启盛寇香山、东莞等处，巡抚右佥都御史叶盛讨平之。（先是启盛坐死囚漳州府，越狱，聚徒下海为患，敌杀官军，拘留都指挥王雄至广东，复杀总督备倭都指挥杜信，至是招引番船驾至香山、沙尾外洋。盛廉其实，会同镇守广东左少监阮能、巡按御史吕益，命官军驾大船冲之，遂生擒启盛，余党悉尽，海患始平。）

三年，海寇罗刘宁作乱，潮州知府谢光讨平之。（罗刘宁，程乡盗也，天顺间作耗海阳，甚为猖獗，知府谢光讨平之。）海寇黄于一、林乌铁等作乱，潮州知府周宣讨平之。（黄于一、林乌铁、魏崇辉俱海寇为乱，正统间首乱；五年，杀败海阳官军，益肆劫掠，所过无不残害。知府周宣以奇计擒乌铁而诛之，于一等益肆乱，烧劫揭阳县治而下，夏岭等二十四村皆被胁从。当道檄宣捕贼，宣亲督兵据险扎营，凡七所，与贼相距四十余日，擒杀渠魁，余贼不敢出。宣谓盗魁既得，余可抚而下也，乃出榜令乡儒陈骥等入贼中张挂，而自诣贼营抚谕，各贼皆释甲罗拜乞降，且诉从贼非本心，皆出于被胁不得已。因遍历各村，放回掳男妇五十三名口，拘收大海船一百五十艘，抚过从良民一千二百三十七户。继而山贼罗刘宁等复集众入海为乱，烧劫惠州府兴宁、长乐等县，当道复檄宣捕贼。宣潜起从良民黄伯良等，出贼不意，捣其巢穴，大破贼众，擒斩陈聪、马信、欧琼等并获妖妇罗法娘、罗刘宁母妻与其男真千等六百六十名，夺得各贼马五十匹，取回各府被掳男妇杨呵孙等一百二十一口。时汤田、黄寨等处皆从贼，省臣欲乘胜尽灭之。宣谓胁从罔治，乞贯免，其得复业户七千，全活命数万。贼平，当道以宣漳人，漳潮相密迩，逋逃互相藏匿，难以行事，奏改调宣。宣闻命即日引道，民遮留不得，相与涕泣，乃集二百余人赴阙上疏，乞还宣。疏未上，而新注太守出京矣。顷而海寇复大乱，攻围县治，劫掠居民，杀死指挥刘琛、通判刘恭，又掘破海堤，淹没军民房屋万余区，城门尽闭，官吏束手无策。乡儒陈骥等白当道，曰："事亟矣，必周守复来，其事乃定。"因令具书请宣。宣慨然为来，入境，军民胥庆。宣白当道开城门，纳逃难诸良民。时府县学舍、寺观及宫廊旷闲处所皆听栖宿，病者给医药，死者给棺椁，贫乏不能自存者皆设法赈济之，潮人大悦。当道欲遽发兵，宣曰："彼虽为贼，良心犹存。况未窥其虚实，万一损吾威重，则事去矣。不如先招之，招之不服，发兵未晚也。"乃出榜约日招降，至期各贼驾船数百艘来，皆披坚执锐，魁渠服色僭拟侯王。宣谓曰："君等既欲从良，何为乃尔？"于是皆投戈释甲，去僭服，相与罗拜；宣为恸哭，众亦哭。当日单骑亲诣贼巢，因而遍历二十四村，且慰且谕，归被掳男妇七百余人，贼船三百余艘送当道处悉烧毁之，其未有毁者，皆凿沉之。海滨有淫祠，贼卜神以为从违，既约日入降而复犹豫。宣问之，曰："卜神不吉。"宣夜抵神祠，告曰："民欲从良，神何告以不吉？再告不吉，是神不知有顺逆，吾当别作处分矣。"次日，贼复往卜，报曰："吉。"然贼虽得吉卜而终犹豫，曰："使人觇之，团营结寨如故。"宣告当道曰："贼可灭矣。欲降而犹豫，众不为用矣。"遂出兵，一鼓而灭之，潮地悉平。事闻，朝廷遣官赍表重赏劳厮役以下并及焉。）

四年，海寇魏崇辉作乱，佥事毛吉等讨平之。（魏崇辉、许万七窃据海阳下岭等村，与程乡山寇罗刘宁、黄阿山声势相倚，民罹其害。佥事毛吉知县陈爵，奉命讨平。）

弘治中，海寇苏孟凯作乱，潮州知府叶元玉讨平之。（苏孟凯饶平人，弘治间，聚众山林，以军十为名，因而劫掠海阳村落，民罹其害者数年，知府叶元玉讨平之。）

正德二年，海寇朱秉英作乱，官军灭之。（上漳溪贼首朱秉英、林传聚众劫掠大埔县乡村，烧毁神泉市。奏闻总督府，檄胡佥事、黄指挥、张知府等官征剿殄灭，地方稍宁。）

五年，海寇陈玉良等作乱，安远侯柳文讨平之。（贼首陈玉良、梁世昌、张士锦等啸聚山林，——程乡县义化、石窟等都，扰害乡邑，总兵官安远侯柳文等督兵讨平之。）

六年，海寇李四仔等作乱，都御史林廷选讨平之。（贼首李四仔、黄镛、张时旺啸聚石窟、义化、松源等都，寇乱汀、漳、惠、潮。正德七年，总督右都御史林廷选、总兵官安远侯柳文、总镇太监潘忠等督兵讨平之。）

十二年，海寇黄白眉等作乱，平之。（清远都箭灌贼首黄白眉、雷震、赖英等作耗，流劫福建漳泉地方，二省奏闻，总督府调兵檄守巡张参议、顾佥事、黄都指挥征剿，地方始宁。）

嘉靖元年，海寇丘泥金作乱，平之。（丘泥金饶平人，嘉靖元年作耗，流劫海阳乡村，捕盗通判周箕讨平之。）

二年，福建贼流劫惠、潮，提督都御史张嵿、总镇太监韩庆、总兵官抚宁侯朱麒讨平之。（先是福建上杭贼首江小、范四等集徒构乱，纠合邻界江西安远、广东程乡无赖梁八尺、黄万山、赖廉等流劫漳、泉，官兵追败，突劫程乡等县乡村。至是嵿等调发汉达土官目兵打手二千余名，委达官都指挥李翱、岭东分巡佥事施儒、右参议孙懋、守备都指挥杨懋分道与福建官兵夹攻，俘斩五百余名颗，地方始平。）

五年，海寇曾阿三作乱，平之。（曾阿三程乡人，寇掠海阳数年，嘉靖间，知府张景旸平之。）

十年，海贼黄秀山等乱，提督兵部右侍郎兼右佥都御史林富、总兵咸宁侯仇鸾讨平之。（秀山与黎国玺皆东莞县民，乘船出海，勾集潮、惠、雷、廉、闽、浙亡命，屯据海洋，妄自称号东西二路，沿海乡村居民、商船屡被其害。至是富等严督海道副使江良村、岭南守巡左参议王积、副使杨濂、岭东分守右参议翁磐、守备都指挥王兰分守雷、廉、高、肇，左参将程鉴、总督备倭都指挥陆桓调集兵船，分道把截夹攻，俘斩首从二百余名颗，秀山等戮于市，海道始宁。）

十一年，海贼许折桂等乱，提督兵部侍郎兼左佥都御史陶谐、总兵咸宁侯仇鸾抚平之。（折桂与陈邦瑞、曾本亮、周广等皆东莞等县民，先是从黄秀山等出海为盗，秀山伏诛，折桂等遁交趾；执曾本亮等杀之，而折桂等复回聚党，沿海剽掠，拒敌官兵，为患日炽。至是谐等督责海道副使杨濂、兵备佥事莫相统领官兵，俘斩首从五十九名颗，生擒周广等戮于市，而折桂乞降，首送违禁器物，船只入官，归还胁从被掳一千七百余众，海道始清。）

三十三年，提督两广兵部侍郎鲍象贤、总兵官征蛮将军定西侯蒋传讨平广东海贼。（先是，贼首何亚八、郑宗兴等潜从佛大坭国纠合番船，前来广东外洋及沿海乡村，肆行劫掠，杀虏人财，拒伤官兵；脱往福建等处，收纳叛亡数千，辏同陈老、沈老、王明、王五峰（即王直）、徐碧溪（即徐铨）及方武等，分宗流劫浙江嘉、杭、宁、绍、台、温一带，地方均受其害。亚八等仍又遁向广东地方打劫，军门督行巡海副使汪柏委指挥王沛、黑孟阳等统领兵船，分东西哨随往剿捕；王沛擒获何亚八等于广海三州环，共一百一十九名，斩级二十六颗，溺水烧死不计；余党驾船脱走，四散劫掠。新会贼首陈文伯等乘机崛起，啸聚千余，随即扑灭，抚其胁从三百余人。而徐铨、方武等又自福建流劫，突至于潮，又为黑孟阳所破，斩徐铨于海。其各道守巡兵备等官督并官兵陆续于潮州柘林、冈洲、乌猪洋、新会、雷琼等海面擒斩贼党共计一千二百余名颗，俘获贼属，夺回被掳人口各有差。何亚八、郑宗兴、方武、陈时杰等俱解军门，磔于市，海岛始平。初海南栅有天妃庙，凡放洋往还皆敬事之，且降箕神验。亚八欲寇广州城，往祷，令二童子扶箕，久不降；亚八躬拜告祷，乃降书一“死”字，亚八大怒，断神首并执二童子杀之，其党知其必败矣。比行，所居大舶包以牛革，用防官军潜凿。及是舶碇，每闻凿声；晓雾溟漾，天明不霁，及兵至，犹以为所遣贼徒得掠而归，遂至于败。亚八，东莞人。）

三十七年正月壬午，倭寇自漳泉入揭阳县劫掠，官军击败之，复攻劫饶平县，破黄岗民镇。提督都御史王钫至潮州调集汉达狼兵、打手、乡夫，副使林懋举、佥事经彦采、参将钟坤秀、知府李春芳各帅师大败其众，俘馘无算，倭寇退走。（先是，嘉靖壬子，倭寇初犯漳泉仅二百人。真倭十之一，余皆闽浙通番之徒；剪顶前发而椎髻向后以从之，然发根不断，与真倭素秃者自别。且战虽同行，退各宿食，此其异也。徽人王直号五峰者，始为倭经纪，后统率往浙，破黄岩尚书黄绾家以报私怨，遂至宁、绍、苏、松大掠，焚杀甚惨。总制集湖贵钩刀手及广州打手击败之，直遂就擒。其党毛老、许老等遁入舟山；至是犯潮州，大船一十三艘，其徒八百余人，大都皆漳、泉、温、绍产也。突入揭阳县大家井村，劫财杀人，房屋尽毁；至蓬州千户所，从崩城拥入城中，杀死百户李曰芳等。报至，海道副使林懋举先往，潮州提督都御史王钫调集汉达狼兵并募广州新会、顺德打手；未至，知府春芳豫集乡夫御之，及佥事经彦采，参将钟坤秀统督官兵至，共擒斩真倭从倭共一百七十名颗，乡夫之功居多。狼兵沿途恣肆，官目不能制御，徒张声势而已。十月甲子，倭贼三百余徒自焚其舟，登岸攻劫塼头、北塔等村，大肆焚掠，守备指挥杨簠被杀。凡官军斩获，必夺其尸，去不得杙功；簠因杙功致死。报闻，广城戒严，三司往请军门移镇。已而寇集海丰县，潭冲土贼从倭行劫洋尾四村，焚掠男妇，死者数千人，哭声遍野。懋举、彦采多方御之，民恃以无恐。已而倭酋帅众千余，自漳州突入饶平县，攻劫黄冈民镇，破其城，入居之。彦采、坤秀及春芳乡夫与官兵并力擒斩一百四十六名颗。三十八年二月，适军门驻潮州，军威大震。肇庆府同知吕天恩与监督协谋，沿海乡夫皆贾勇，擒斩益多。寇自饶平间道趋揭阳县，围其城，彦采以兵救之，寇皆败走南洋湾，乡夫尤勇斩倭酋金盔甲者一人，其众大败，俘馘无算。会彦采报罢，佥事殷从俭代之制御乘胜，每战皆捷，黄风镇团聚者悉出遁走还闽；于是军门遂归苍梧，奏以坤秀统师守之。）

三十八年十月乙丑，倭寇复入潮阳县，参将钟坤秀会按察副使张子弘、岭东分守参议冯皋谟、佥事殷从俭统督官兵御之，屡败其众。会提督王钫擢南京都察院右都御史，兵部侍郎郑絅代为提督，即檄官军严讨。

三十九年二月，海道副使郑维诚至。四月，殷从俭报罢岭东分巡佥事，齐遇至又屡败之。（倭贼先在福建和平、诏安二县，与饶平黄冈镇隔界屯聚，时守将钟坤秀领原调南丹州官族莫善目兵一千九百余人、指挥陈鹗领原调田州报效官族黄真目兵一千人，于饶平险要茅山分水立二营防截。三十八年六月，倭报渐近，会委百户朱钺领募兵五百人、镇抚罗万麒领团操打手三百人协守，俱以指挥冯良佐统之；复调备倭指挥高拱部领官军及镇抚余盛领募兵共七百余人防守黄冈镇城。通行各县，谕令小民归并大村，起集父子丁夫互相防守，其附郭人民俱移入城内。仍行饶平、大埔各集乡夫，委官部领，把截要害。狼兵秋毫有犯，佥事从俭即治以军法，所至肃然。十月乙丑，蓬州所报倭船二艘、约贼三百余人从潮阳海口烧船登岸，劫掠钱冈村水哨，备倭指挥孙敏击斩倭级二颗。十一月庚午，又有倭贼千余从招宁巡司河渡磊门登岸，同海贼许老等三百余徒攻海门所城，官军用铳箭击死倭贼数多。壬申，目兵莫善等追至石牌，水陆并进，并孙敏又击败之，贼遁还和平。丙子，许老等自海门所至潮阳县南，县丞范楠乡等率兵壮乡夫擒斩十九名颗，并接济陈毡、林世俨四名，夺回被虏二十余名口，贼遁回和平合夥。丁丑，又有贼三千余徒分三哨从饶平分水关至黄冈镇城外，高拱及府卫署即通判翁罗鲤、指挥李荣、知县熊炅、林丛槐率兵截捕。己卯，贼屯于南洋湾，冯良佐统目兵黄真、莫善分为二哨，千户黄升等领各募兵打手合为一哨，南洋三湾诸乡兵又协助之，擒斩三十八名颗，夺获接济三名并被虏人口赃仗马驴等物，乃抢船而奔，聚于辟望港口，官兵追至枫洋对岸。甲午，贼出揭阳蓬州都外沙村焚掠，官兵擒获七名颗，有阵亡者随募兵及乌汀背、大家井村乡夫协剿之。而提督交代新令益严。守备指挥陈学剪亦至，武生詹弘道等亦督兵获功。十二月己亥，贼往寇陇外，莆都官军斩获二十名颗。会庠生谢弋凤家丁一百名为军门取用，以千长萧善文领之。援例典膳秦金制造火药子母炮、九龙枪、神枝箭各数百枚，亦领兵至。辛丑，贼自和平营于赤寮村劫揭阳棉湖寨，军门发目兵五百余人，令学翦截捕。丁未，新倭贼自福建云霄突入黄冈，余盛哨御之。至，有杀伤贼遁往东岭。戊申，贼自辟望出营往彩塘，官军斩获二十七名颗。甲寅，新倭合辟望大官兵营于源头塘湖，适海道副使郑惟诚至，会督水路官军指挥武尚文部领兵船亦至，张子弘回司。己未，贼自辟望出劫，官军目兵乡夫共斩获并获奸细共六十七名颗；秦金领乡夫铳手一千人仍起集三湾乡夫一千人，多给药铳，协同防捕。甲子，军门发目兵六百人、打手三百人续至，贼自棉湖寨突往芦清，官军生擒从倭土贼二名并马一匹。三十九年正月癸酉，贼移营往潮阳贵山，都屯府县督乡夫及官军斩获十名颗，秦金等官兵用铳击死数多。丁丑，武尚文水兵斩获六名颗，贼又移营于古埕，官军追之。乙酉四鼓，贼船自辟望港口往南湾登岸，攻围危急，秦金兵及乡夫用铳炮火箭击死尤多；官军急赴援，协力大战，自寅至午擒斩三百七十三名颗；贼溃走渡河，官兵于英谢、弋凤及乡夫邀击之，擒斩七十四名颗，俘内有自嚼舌死者，余俘及被虏译字小厮胡器解赴军门。戊子，贼出营祭江，誓与南洋湾复仇，武尚文等官兵擒斩五十二名颗，于英等擒斩四十二名颗，乡夫斩获六级，其在古埕者斩获一级。壬辰贼在辟望者出营修船，官军擒斩二十四名颗。甲午，贼自古埕出劫，官军擒斩二十一名颗。二月戊戌，贼复回和平，沙岭官军斩获一级，夺回被虏男妇数十人。己酉，贼遁走至大滘桥，目兵邀击之，斩获颇多。戊午，贼分哨四百余徒，乘马百十余匹，守备兵击之，擒斩三名颗，贼大溃，官军乃得战功，凡俘馘八百有奇，被虏走回者二百余人，获贼马十余匹，器仗无算。四月，殷从俭致仕，疏允适岭东。分巡佥事齐遇至，与海道参将会师擒斩三百六十名颗，残贼悉遁。）

按东莞南头城古之屯门镇，乃中路也。县有乌艚船，号子弟兵者东西二路防守，莫不用之。（旧规：每岁春末夏初风迅之期通行督发沿海府卫所县捕巡备倭等官军出海防御倭寇番舶，抚巡定议动支布政司军饷银五千两，给发东莞县贮候支用。雇募南头、福永、西乡等处骁勇兵夫与驾船后生共乙千五百名，查取乌艚船每年三十艘。分拨一千名驾船二十艘，分兵于南头、海澳及佛堂门、伶仃洋等处；又发五百名驾船十艘往高、雷、廉等处紧关海澳，俱听各备倭官员部领防御巡缉。每月支给工食银六钱、口粮三斗，于附近仓分关支，若非调遣，不给口粮。如不敷，于潮州府民壮七百八十三名数内二百八十三名工食银两征解东莞县贮候雇募，支用其五百名工食银两。行该府委官选募本处惯经水战打手与驾船后生共五百名，工食口粮照前数就于大城所关支。查取海阳等县艚船往柘林等处海澳，协同东路备倭官军防守。前项船俱验装载，如十万以上给银一两五钱，十万以下给银一两。东莞县雇募于军饷银内支用，海阳等县船只于该府贮无碍官钱支领。俱待九月终旬风迅宁息，海洋无事，方才掣散。）

嘉靖十四年，按察佥事吴大本议以东路柘林澳为濒海要害，精选兵夫，以中路海道咽喉，用六百名；东路为门户，用三百名；西路颇静，用二百名。四月初旬上班，九月无事掣班。定以柘林为堡以阻寇变。盖兵贵精而不贵多，食宜豫而不宜匮，储选有常而兵食必足，战守有据而要害必备，则三路之海防不为虚设矣。然前此柘林民吴大等已尝聚众劫掠惠潮，沿海居民被害甚惨。嘉靖五年，潮州卫指挥赖俊始督民兵驱灭之。是寇非外至也，海滨独信、宁都、黄芒诸村尤为僻远，居民接济番舶，劫掠行舟，遇荒尤甚，尝拒敌官军，势甚猖獗。方议大征，分巡佥事雍澜至，乃行招抚之令，檄知县罗胤凯往开谕之，置社学，立保约，择其子弟十余人聚于邑庠，于是海表盗贼日消。然海贼尝劫萧廷昌矣，擒获大半，皆潮阳之土著也。矧漳人先以籴谷为名，而奸民因之为市，贿结军哨以卵翼之，而土著豪强利其货物，交通启衅，岂能尽察哉？（中路佛堂门、十字、冷水角、老万山、伶仃洋、屯门、鸡栖海澳最多，故用六百名；东路虽柘林要害，而海丰、长沙、碣石等处亦宜巡缉，故用三百名；西路颇为僻静，故用二百名，若倭寇有警，增募四百名，以足一千五百之数。潮州民壮工食于本府军饷支给。兵夫惟选三百名余留守城，有警则雇增二百名以足原额五百之数。每艚船四艘一官统之，每月更替，仿南京操江事体，将三路兵船编号定甲，使船水手教以接潮迎风之法。凡长兵、短兵、弓射、弩射必常时演习，使之出入往来如神。海道官严加比练，以行赏罚。仍通行各县，责令沿海居民各于其乡编立船甲长、船甲副；长副不拘人数，惟其船之多寡一依十门牌内循序应当。船上各悬字号，若无字号者，长副鸣锣追逐。备倭官毋得多带兵壮下乡查点总小甲及捕鱼船取执结以索银两，有假称巡河总甲生事吓骗者，俱行严究。凡沿海居民，量地随宜，起盖敌楼，互相防守；一遇有警，前后策应。凡捕鱼小船各在本港，不许驾出外洋；若远出不回者，地方报官，治以接济之罪。）

癸丑八月，海贼数十艘已寇揭阳矣，乡夫追杀，自桃山至大井仅馘十余，而被虏男妇多溺死，盖兵非素养，不得地利故也。兵法曰："置之死地而后存。"又曰："无恃其不来，恃吾有以待之。"打手狼兵，虚名而已，乌艚船子弟兵昔自中路首擒何寇（子弟兵俗呼"莽仔"，其商贩颇类淮海盐徒而无对障相动劫之恶。何亚八乱时，诸县报效，盖因寇阻其商贩之路也。知县何价不许。及海道用之，素熟地利，竟从指挥，王沛擒亚八，成奇功）。南洋湾乡夫今在东路屡胜真倭（南洋湾乡夫所居背水，正如韩信背水阵置之死地而后存者，不拚命敌忾，必为寇所歼，故能往往取胜，此东路所用之兵也）。此皆所宜素养者也。编号定甲，更番作息，无事则随宜农商，以养其财，听用则时使休闲，以养其力，有警则豫给工食，椎牛酾酒，以养其气，而威惠相济，务得其心，有不战，战必胜矣。此经略之上计也。

采珠

嘉靖八年八月，两广提督林富言：迩者诏下广东采珠，臣闻祖宗时率数十年而一采，未有隔两年一采如今日者也。盖珠之为物也，一采之后，数年始生，又数年始长，又数年始老，故禁私采、数采，所以生养之也。自天顺年间采后，至弘治十二年方采，珠已成老，故得之颇多。至正德九年又采，珠一半老，故得之稍多。至嘉靖五年又采，珠尚嫩小，故得之甚少。今去前采仅二年，珠尚未生，恐少亦不可得矣。五年之役，病死、溺死者五十余人，而得珠仅八千八十余两，说者谓以人命易珠。今兹之役，恐虽易以人命，而珠亦不可得矣。今岭之东西，所在饥民告急，申诉纷纷，盗贼乘间窃发，乃复以采珠坐派府县，恐民愈穷，敛愈急，将至无所措其手足，而意外之变生矣。臣闻内库尚有扁小余珠，犹可备用，未至甚乏。如少俟数年，池蚌渐老，民困少苏，徐取而用之，其于爱民之仁，用物之节，似为两得。

四十四年二月，谕内阁曰："累年诏户部访取龙涎香，至今未足三四斤数。此常有之物，只不用心耳。昔梁材诽为世无之者，皇祖永乐大典内有此品。且昨斤两不足，虚费价值，耀尝加恩，如何似此忽诸？"于是户部尚书高耀皇恐，特请遣使广东、福建，趣抚按官百方购之。上曰："香品旧例用制万岁香饼，非因斋修，梁材诽慢，尔等何为效之？其实访取真品，每次以三五斤进用，已耀先购一斤八两进之。"

按龙涎香出苏门答剌国，西有龙涎屿，峙南巫里大洋之中，群龙交戏其上，遗涎焉。国人驾独木舟伺采之。舟如龙形，浮海面，人伏其中，随风上下，傍亦用桨，龙遇之亦不吞也。每一斤值其国金钱一百九十二枚，准中国铜钱九千文。嘉靖三十四年，下户部取香百斤，遍市京师不得，下广东藩司采买。部文至，台司集议，悬价每斤银一千二百两，仅得十一两上进；内验不同，姑存之，亟取真者。部文再至，广州夷酋马那别的，贮有一两三钱上之，黑褐色。密地都密地山夷人继上六两，白褐色。细问状，云："黑者采在水，白者采在山，皆真不赝。"寻有密地山商再上，通前共得十七两二钱五分。次年进入内，辨验是真，许留用。自后夷舶闻上供，稍稍挟来市，始定价：每一两价百金。龙涎之为用也，入香合和，能收敛脑麝清气，虽数十年香味仍在。得其真者，和香焚之，翠烟袅空不散。涎沫有三品：曰泛水，曰渗沙，曰鱼食。泛水则轻浮水面，善水者伺龙出取之；渗沙则凝积年久，气渗沙中；鱼食则化粪于沙碛。惟泛水者可入香用。又言鱼食亦有二种：海旁有花，若木芙蓉，春夏间盛开，花落海，大鱼吞之，若腹肠中先食龙涎，花嗾入，久即胀闷，昂头向上吐沫，干枯可用，惟粪者不佳。

六年，兵部题，国初于闽、广、两浙设三市舶，不徒督理贡事，亦以牵制事权，意固深远，寻以浙江多故，旋设旋罢，惟闽、广二舶尚存。而广南番船，直达省下，禁令易行；福建市舶，专隶福州，惟琉球入贡，一关白之，而航海商贩，尽由漳泉，止于道府，告给引文为据。此皆沿海居民，富者出货，贫者出力，懋迁居利，积久弊滋，缘为奸盗者，已非一日。今总督凌云翼议将下番船舶，一一由海道挂号，验其文书丈尺，审其货物，当出海回籍之候，照数盘验，不许夹带违禁货物。巡抚福建刘思问疏，一谓漳州澳船，须令赴官告给船由文引，并将货物登记。二谓泉漳商船，无可辨查，要行该有司将大小船只，编刻字号，每船十只，立一甲长，给文为验。三谓沿海居民，间有通贼接济，宜立保甲，互相稽查，如一家接济，则九家报官，敢有容隐，则九家连坐，其中保长，另行重处。四谓南日山寨新移吉了巡司之旁，道里不均，应接不及，须移置平海卫南哨噢地方，以便策应。臣窃见近日剧贼林道乾、林凤等遁逃岛外，尚漏天诛，更有黠猾豪富。托名服贾，勾通引诱，伪造引文，收买禁物，籍寇兵而赍盗粮，为乡导而听贼用，诚有如督抚二臣所言者。乞伏敕下闽、广该地方官，查照前议，斟酌施行。得旨："海禁事宜，着该省抚按官会议停当具奏。"

七年五月，刑部题，广东珠池之盗，有司因无律例，概以强盗坐之，似属过重。今议捉获盗珠贼犯，俱比常人盗官物，并赃论罪免刺，仍分为三等：持杖拒捕者为一等，不论人之多寡，珠之轻重，不分初犯、再犯，首从俱远戍；若杀伤人，为首者斩。虽不曾拒捕，但聚至二十人以上，珠值银二十两以上者为三等：不分初犯、再犯，为首者远戍；为从者枷号三月，照罪发落；人及数而珠未及数者，亦坐此例。若其人与珠俱不及数，或珠虽及数而人未及数者，为三等，为首者，初犯枷三月，照罪发落。若假以盗珠为由，在海劫客商船只，或登岸劫人财物者，各依强盗论，依拟，著为令。

沈怀远《南越志》　珠有九品：大五分以上至一寸八分分为八品；有光彩，一边水平似覆金者，名珰珠；珰珠之次为走珠；走珠之次为滑珠；滑珠之次为磥砢珠；磥砢珠之次为官两珠；官两珠之次为税珠；税珠之次为芀符珠。

《南方草木状》，凡采珠，一旁小平，形似覆釜，第一珠，母肉正白，人民以薑虀食之。

徐衷《南方草木状》，凡采珠，常三月用五牲祈祷，若祠祭有失，则风搅海水，或有大鱼在蚌左右。自蚌珠长二寸半，在涨海中。其一寸二分其光色一旁小平，形似覆釜，为第一珰珠，凡三品。其一寸二分虽有光色，形不圆正，为第二滑珠，凡三品。

万震《南州异物志》，合浦有民善游采珠儿，年十余便教入水求珠。官禁民采珠，巧盗者蹲水底，剖蚌得好珠，吞之而出。

《杂记》：珠池居海中，蜑人没而得蚌剖珠。盖蜑丁皆居海艇中采珠，以大船环池，以石悬大絙，别以小绳，系诸蜑腰，没水取珠；气迫则撼绳，绳动，舶人觉，乃绞取，人缘大絙上。前志所载如此。闻永尔初尚没水取，人多葬沙鱼腹，或止绳系手足存耳。因议以铁为耙取之，所得尚少。最后得今法：木柱板口两角坠石，用本地山麻绳绞作兜如囊状，绳系船两旁，惟乘风行舟，兜重则蚌满，取法无逾此矣。

五金之矿，生于山川，重复高峰峻岭之间。其发之初，唯于顽石中隐见矿脉，微如毫发。有识矿者得之，凿取烹试，其矿色样不同，精粗亦异。矿中得银多少不定，或一箩重二十五斤得银多至三二两，少或三四钱。矿脉深浅不可测，有地面方发而遽绝者；有深入数丈而绝者；有甚微，久而方阔者；有矿脉中绝，而凿取不已，复见兴盛者，此名为过壁；有方采于此，忽然不现，而复发于寻丈之间者，谓之虾蟆跳。大率坑匹采矿如虫蠹木，或深数丈，或数十丈，或数百丈，随其浅深断绝方止。旧取矿，携尖铁及铁锤，竭力击之，几数十下，仅得一片。令不用锤尖，惟烧爆得矿石，不拘多少，采入碓坊，舂碓极细，是谓矿末。次以大桶盛水，投矿末于中，搅数百次，谓之搅粘。凡桶中之粘分三等：浮于面者，谓之细粘；桶中者，谓之梅沙；沉于底者，谓之粗矿肉。若细粘与梅沙，用尖底淘盆浮于淘池中，且淘且汰，泛扬去粗，留取其精英者。其粗矿肉，则用一木盘如小舟，然淘汰亦如前法。大率欲淘去石末，存其真矿，以桶盛贮，璀璨星星可观，是谓矿肉。次用米糊搜拌，圆如拳大，排于炭上，更以炭一尺许覆之，自旦发火至申时住火，候冷，名窖团。次用烀银炉炽炭，投铅于炉中，候化，即投窖团入炉，用鞴鼓扇不停手，盖铅性能收银，尽归炉底，独有滓浮于面。凡数次，炉爬出炽火，掠出炉面滓，烹炼既熟，良久，以水灭火，则银铅为一，是谓铅驼。次就地用上等炉灰，视铅驼大小作一浅灰窠，置铅驼于灰窠内，用炭围叠侧，扇火不住手。初银铅混泓然于灰窠之内，望泓面有烟云之气，飞久不定；久之，稍散，则雪花腾涌；雪花既尽，湛然澄澈；又少顷，其色自一边先变浑色，是谓窠翻，乃银之箸；烟云雪花，乃铅气未散之状。铅性畏灰，故用灰以捕铅，铅既入灰，唯银独存。自辰至午方见尽银，铅入于灰坯，乃生药中药密陀僧也。

采铜法 先用大片柴，不计段数，装叠有矿之地，发火烧一夜，令矿脉柔脆。次日，火气稍歇，作匠方可入身，动锤尖采打。凡一人一日之力，可得矿二十斤，或二十四五斤。每三十余斤为一小箩，虽矿之出铜多少不等，大率一箩可得铜一斤。每烀铜一料，用矿二百五十箩，炭七百担，柴一千七百段，雇工人八百余，用柴炭妆叠烧两次，共六日六夜，烈火亘天，夜则山谷如昼。铜在矿中，既经烈火，皆成茱萸头出于矿面，火愈炽，则鎔液成驼；候冷，以铁锤击碎，入大旋风炉，连烹三日三夜，方见成铜，名曰生烹。有生烹亏铜者，必碓磨为末，淘去粗浊，留精英，团成大块，再用前项烈火，名曰烧窖。次将碎连烧五火，计七日七夜，又依前动大旋风炉，连烹日昼夜，是谓成釽。釽者粗浊既出，渐见铜体矣。次将釽碎用柴炭连烧八日八夜，依前再入大旋风炉，连烹两日两夜，方见生铜。击碎，依前入旋风炉，烰炼如烰银之法，以铜为母，除滓浮于面外，净铜入炉底如水。即于炉前逼近炉口铺细沙，以木印雕字作处州某处，铜印于砂上，旋以砂壅印，刺铜汁入砂匣，即是铜砖，上各有印文。每岁解发赴梓亭寨前，再以铜入炉，烰炼成水，不留纤毫滓杂，以泥裹铁杓酌铜入铜铸模匣中，每片各有蜂窠如京销面，是谓十分净铜，发纳饶州永平监应副铸。大率烰铜所费不赀，坑户乐于采银而惮于采铜。铜矿色样甚多，烰炼火次亦各有异，有以矿石竟烧成者，有以矿石碓磨为末如银矿烧窖者。得铜之艰，视银盖数倍云。

广西备录

《全州志》

全在粤西，稀警矣，然非去兵国也。戍籍日耗，编民协防，号曰打手。打手应募，不皆土著之民，受值则数存，应敌则尠寡。旧五百零五名，今省其半，势亦单弱。且建乡逼白面诸徭，先年时见侵侮，西延七里，半多流寓，今虽宁帖，然徭性易煽而竞细利。议者欲移州倅一员于今巡检司，以资弹压，巡检改移义宁界。此桑土之筹，贵在得人而已。

灌阳之寇，密迩恭城北乡，且与南江、源势、江东寨、青水诸峒巢近，故时时剽掠。然寇至必由东乡入唐黄，过陶川江，经平原台塘大畔源，乃寻山径，肆害于灌。百里旷土，裹粮有限，寇来去无置足之地，不过栖息草莽，踪迹易露，则我亦易追袭，彼安敢长驱数犯哉？闻之洪武初，邑未有徭，僮也。永乐间，邑人薛昌、黄秉伸辈始招致二三耕作，无敢寇害。自正德乙亥，贼大猖獗，其徒占据遂繁。而恭城田主潘钦辈广为招集，湖北诸种，几遍台塘。灌之富人又引占田僮、夹板徭，散布田间，名则藉力耕种，实阴通群寇，为害不细。今耕作既久，林翳渐尽，山原旷土，偏布蓝种。民餍山泽之利，结庐侯守，远近相望，无复昔日枭獍之虑。

峒寨

宋峒凡三十有一：曰小车，曰小地，曰白竹，曰永昶，曰小喉，曰分鹿石，曰茶坪，曰半岭，曰侃塘，曰大水，曰滑溪，曰上下白石，曰蟾蜢，曰湛底，曰扶水，曰梅子根，曰楼子，曰水尾，曰姑油，曰黄嫩宅，曰倖水，曰大木，曰龙塘，曰雄江，曰歌陂，曰盆田，曰席源，曰大小李，曰横溪，曰大小藏，曰石家。寨凡七：曰硖石，曰磨石，曰获源，曰长乌，曰禄塘，曰香烟，曰羊状。

营堡

国朝营二：曰西关外营（在城西二里，防守打手四十一名）、北关外营（在城北二里，防守打手四十一名）；堡十二：曰板山堡（在城西南七十里，防守旗军八名、打手十三名）、烈水堡（在城西南八十五里，防守旗军八名、打手十二名）、里山堡（在城南六十里，防守旗军二名、打手十四名）、鲁塘堡（在城西南九十里，防手旗军二名、打手十二名）、石塘堡（在城南五十里，防守打手十二名）、莲塘堡（在城南八十里，防守打手九名）、源口堡（在城西四十五里，防守打手十二名）、八十里山口堡（在城北八十里，防守旗军四名、打手十三名）、白塘堡（在城西六十里，防守打手九名）、杨梅堡（在城西二百里，防守旗军十名、打手十一名）、镇湘堡（在城北六十五里，防守旗军六名、打手十名）、罗口堡（在城南四十五里，防守打手五名）。灌阳营二：曰东关外营（在县城东一里，防守打手三十四名）、西关外营（在县城西一里，防守打手三十四名）；堡四：曰狮子堡（在县城西二十里，防守狼兵十八名）、三峰堡（在县城南五十里，防守狼兵十八名）、新安堡（在县城西六十里，防守打手十九名）。栗木底堡（在县城东六十里，防守打手八名、狼兵四名）；新设寨五：

岩寨、月山寨、春立寨、挂子寨、李公寨；堡十：杉木堡、峰山堡、仁山堡、江东堡、传山堡、板桥堡、赤岩堡、文村堡、官庄堡、木老堡（内峰山、板桥要害）。

永宁州

州南三十里曰凤凰（有兵营）；西南二十五里曰穿岩（有兵营），五十里曰桐木镇（有土汉兵住守）、七十里曰富禄镇（有土兵）、一百二十里曰常安镇（有土兵）；西三十里曰莲塘（有兵营），北十里曰安息（有兵营）、二十里曰三隘（有兵营）、二十五里曰牛河（有兵营，有官渡一只以济往来）、三十五里曰小荡（有兵营），四十五里曰兴隆（有公馆，为出州中火之所。小荡、大长江各拨兵一队看守），五十五里曰大长江（有兵营，原有公馆一所，今废，而营复迁于此），六十五里曰都狼（本州往省之路与临桂交界之所，上七里；下九里至都狼堡，设公馆一所于其中）。

险要

都狼隘（去州六十里，本州往省之路，上七里；下九里，岭上有一泉水，可食）、凤凰巢（贼首韦银豹据为穴）、张山隘、胡原隘、潮水巢、猪羊隘、诸狼隘、盆峒隘、大博岭、大晏岭、摆岭、总甫岭、石城隘、鸡冠岭、羊径岭、白藤径、双塘巢、古望岭、思鹅巢、石古城巢、高厄低厄、君师巢、莲塘隘、水头巢、金龙径、古底巢、思马巢、王武巢、古洛巢、石盆巢、石低巢、阻山巢、龙角巢、三门隘、三千巢、横山厄、木村径、老莫巢、藤浪巢、古洛巢、马骝寨、思美寨、头口巢、水头寨、川岩巢。龙坑岭、墩岭、金竹岭、火岭、天鹅巢、苦累巢、麻行巢、扶台巢、马浪巢、天堂巢、西洋巢，以上诸处多为先年蛮贼盘据巢穴。

户口

论曰，兹邑自宋元以来，喁喁向风，与他邑埒。今之里僮，非其土著也。先是柳庆岁大祲，有奸民者，招诸僮就粟以千计；既而种落蕃衍，遂驱屠居民，雄踞其境。今虽就抚绥然，鄙野狼戾，难以卒化也。顾一入编户，即为赤子，安问僮与民耶？且僮之奉贡赋，垂七十余年，夷尽变而夏矣。加意抚循，夷汉同风，是在司牧者哉。夫生齿蕃息，泰征也，亦奸薮也。

兵防

见存狼兵一百名（每名给四十五亩，共一千五百亩。该镇原田一万五百亩，今裁革，除给狼兵外，余田俱没官纳禾，荒田另召人开垦）。

论曰，今之议三镇者，辄云狼所以制僮也。愚以为患不在僮而在狼。官族皆夷种，罔知汉法，近皆罹网矣。僮小有衅，或粗给衣食者，辄统狼兵拘执之，俗谓靴禁，满其欲，才得释。及至仰拘盗贼贿，辄纵乌狼，且为虐于地方矣。然未可遽议革也，狼子野心，一有惆疑，且肆不逞。是当议补流官一员于桐木，以司提调，至其耕田，则尝清出原额，召募补伍，庶三镇捍蔽，不至单弱乎？夫何听其久侵而不问！今没为护卫之用，异日催征，倘或未善，尚有不可言者，能不为隐忧哉！

风俗

城郭军民杂处，俗颇淳朴，民知力田，士知向学。郭十里外俱僮夷，椎髻跣足，间通汉音。架棚为室，寝处其上，其下杂畜牛马犬豕，不避腥秽。疾病不事医药，专信巫鬼，杀牲宰牛，罄竭所有。答歌为婚，不禁同姓。男妇专事耕种，无别生活。秋收稍余，则邻里亲戚日招呼往还，恣其饮啖，逮春，则啜糜以耕，借贷度日。少遇荒歉，则卖男鬻女，苟活一时；甚则窃盗劫掠，无所不至。性喜仇杀，好斗轻生。其妇女专畜蛊毒杀人，其男子出入带刀自卫，或遇忿争，拘提则用以格斗拒捕。盖诚不容纯以汉法治者也。然其性犹朴鲁，畏见官府，词讼稀简，钱粮亦肯完纳。惟守土者加意抚绥，行所无事，禁戢差役勿肆侵渔，而各武职衙门亦无致多方需索骚扰，则庶乎可保百年无事也。若重惩十里积年包收钱粮之弊，勿听衙役缉访民间大小事情，此二者最为吃紧。

小民苟不遇荒歉，万无敢欠钱粮者，当清其弊薮，弊薮伊何？催征时十里每差一总催，此十总催者赤手而借重债贿官，贿户吏，贿差头而得票，计一人所费二十余金，十人共费二百余金，倍利偿债约有四百余金矣。至于排年有包收，里长有侵匿，皆公家物也。小民完纳十分，有加五在内者，有加倍在内者，俱为包收者自饱，而因以饱总催。及至正项完纳时，总催又侵收焉，户吏又侵收焉，其在库者，库吏又侵收焉，且有挪借焉。层垒而上，层垒而下，所余几何？宜历年之拖欠不完。清此源头，催征无难事矣。

四里向有陋规承应官府，白米老酒、鸡鹅鱼鸭及查盘礼，官府备酒，备嗄程各项。老人于秋收时先期科派禾把，约有二百八十余两，而承值、学斋、捕衙不与焉。夫日用口腹，所需几何，累此小民烦费，兼为奸人藉口渔猎乎？余刊示各里各户给照，永杜骚扰，愿后之君子，有同心焉。

又愚僮畏见官府，一涉词讼，差人执票拘提，匿不敢出，于是差人恣行鱼肉，饱其欲而归。间有与承行吏剖分者，官票则置之高阁矣。官府少察，则拟一罪名送官府，原被干证无一至焉。官受其污名，差饱其鲸腹，永俗往往如此。司土者须于此留意。

以上三则皆平常无甚奇异，然推诚而力行之，亦未必无补于地方云（马光识）。

梧州府志

郡事

宣德二年，以都督山云充总兵，镇苍梧。景泰二年，寇毁梧州城。四年，总督都御史王翔檄广东佥事李观智抚五屯龙山诸贼，平之。天顺二年夏四月，石康贼陷博白县（杀典史巡简及军民六十余人，掳男妇千人，巡抚都御史叶盛讨平之）。四年，藤县民胡赵成作乱，伏诛（成先遣戍宥回，造妖构集大藤峡等山傜贼，攻陷诸县，杀掳官民，掠去窦家寨巡简印。巡抚叶盛督左参将范信、分巡苍梧道副使雷复、都督指挥韩瑄、指挥张锦、王铭等进讨，擒斩成等，获印回）。寇毁北流县城。六年，寇毁博白县城，总督都御史叶盛请设帅府于梧州（初两广守将不相统摄，盛请建帅府，命征蛮将军总镇梧州；两广各设副总兵及参将，分守要害，悉听节制）。七年，大藤贼陷梧州城，苍梧乡绅布政使宋钦巷战，死之。大藤寇何敬陷陆川城。成化元年，左佥都御史韩雍、征夷将军都督赵辅、游击将军都督和勇等调两京、江、湖、汉达兵讨侯大狗，克之。（先，景泰中，徭酋侯大狗作乱，聚至万人，堕城杀吏，势甚猖獗。久之，郁林、博白、信宜、兴安、马平、来宾响应，所至丘墟。起浙江左参政韩雍为左佥都御史，督诸军讨之。至全州，击阳峒西延苗贼，斩失机指挥李英等四人，军威大振，先破修仁，穷至力山，擒斩八千余。十月，至浔州，专击藤峡，为左右二军，分十三道进，以千户李庆随参将孙震结五屯，截其奔路，雍等开府高振岭，以督诸军，以十二月朔并发夹攻，连破石门、道袍、屋厦、紫荆、竹踏等巢，贼遁九层楼，据险立栅以抗，滚木礌石而下，毒矢如雨，雍麾死士刊山开路，发火箭焚其营栅，声震天地，日色昼冥。贼大惊溃，擒侯大狗等，捣大小峒寨九百，斩首四千有奇，俘男女三万余，而逃坠冻死者无算，群贼望风皆散。先是峡中有大藤延亘两崖，诸蛮蚁渡，故曰大藤峡。至是断之，改断藤峡，刻石山顶以纪雍功。明年二月，班师，奏设东乡等九巡司，以土人李升等为副巡简。又设武靖州于碧滩，以上隆州知州岑铎掌州事；设藤县五屯千户所，李庆掌所事，土人覃仲英世袭吏目。）二年，大藤贼郑昂攻陷容、藤二县，总督韩雍四面集兵追捕之，昂伏诛（昂，侯大狗之党）。六年，始设总督府于梧州，起复韩雍镇之。十六年，郁林州木头等峒蛮贼叛，总督都御史朱英、总兵官平江伯陈镜讨平之。十八年，岑溪连城僮陈永受、谢利等叛。二十年，徭贼黄公定寇掠陆川，副使陶鲁讨平之。正德七年，六青贼李通宝寇掠郁林、北流、陆川、岑溪州县，知府曹琚偕参将金镗调容县千户所覃德玉捕之，杀通宝于洞心山（洞心容县水源里地）。八年，讨岑溪六十三山，不克。十六年，初置盘盐厂于梧州。嘉靖元年，老君峒焚，家屯贼乱，总督都御史姚镆以田州回师剿平之。六年，田州土目卢受与思恩王受等反，上以新建伯王守仁兼兵部尚书总制江湖四省军备，降之。（田州土目卢苏纠思恩王受等挟邦相以反，两江皆震。御史石金劾都御史姚镆攘夷无策，上大怒，以玺书切责镆，落职，而吏部侍郎桂公萼言，提督两广，非新建伯王守仁不可，上从之。敕守仁兼兵部尚书，总制两广、江、湖四省军务。公至梧，诸夷闻其先声皆股栗，而公盖韬晦。见田州事形未可猝灭，恐以其故或损兵饷，乃以明年七月，至南宁，使人约苏受降；受许诺，但言见时必陈兵卫，公许之。受入军门，兵卫充斥，公数其罪，命杖一百，杖时，受不免甲，诸夷皆惊，竟莫测公秘算。于是公乃上疏，言思田构祸，荼毒两省，已逾二年，兵力尽于哨守，民脂竭于转输，官吏罢于奔走，地方杌陧，如破坏之舟，飘泊风浪，覆溺之患，不待智者而知之。必欲穷兵雪忿，以歼此一隅，未论不克，纵使克之，患且不守。况田州外捍交趾，内屏各郡，深山绝峪，傜獠盘据。尽诛其人，异日改土为流，谁为编户？非惟自撤其藩蓠，而拓土开疆以资邻敌，非计之得也。今岑氏世效边功，而猛独诖误触法。臣谓治田州非岑氏不可，请降田州为州治，官其子邦相为判官，以顺夷情；分设卢苏等为土巡抚，以杀其势；添设田宁流官知府，以总其权。上皆嘉纳从之。公既罢田州之役，遂移兵攻八寨贼，破之，至今地方藉以安。）**九年，石砚东乡长行贼平**（三巢界苍梧封川地，首贼盘古子等恃险负固，比乘思田之乱，益肆剽掠。督府林富遣副总兵张佑督达兵捕诛之）。**十一年，征七山，诸蛮悉遁去**（六埇、思连、榄佃、古磊等七山壤接梧藤，傜民唐宗钦等恃其险众，出劫仁封、须罗等乡，督府陶谐调兵万余，分二哨进剿，贼觉先遁，仅斩二百级）。**十八年，大师征断藤峡诸蛮，悉平之。二十一年，容县塘仲山傜作乱，劫掠六王等村，千户覃德、王寻捕斩之。三十一年，征七山贼。**（七山三十七巢捞苍、藤、岑之中，周遭二百余里，屡征不克。督府应槚与参政张谦定计调兵，以左参将王宠、右参将朱升分统之，佯为征西兵，至浔阳，旋师兼程而进，晨及贼境，贼觉始奔。乃下令曰：

“贼今据高，其气方锐，不宜仰攻，但谨守，使不得逸，俟其敝击之，可破也。”贼果窘，饥死强半，擒斩二百二十名颗，籍其田庐。）三十二年，七山猺酋盘宗昌叛，时分守郑公纲讨平之。三十九年，兵巡佥事章熙疏容江道（容江当梧郡西南孔道，逆自良而上，有马骝、白马、三洲诸滩，水涸石出，舟行最险。而陀田、右稔、山鸡等窠猺贼藏匿林箐，袭人于水浒，以回流激石为罗网，虔刘钩劫，无有已时。间一创惩，后复如故。兵佥章熙按县廉得其状，白督府选师徒，亲诣各洲，刊木掘根，日坐江舸督之；立三洲上，劝山枣等营汰马骞骝、长岐、古辣冗兵，贼遂远遁，往来民商咸赖）。八寨贼吴宗显等袭容县，掠帑金去；寻捕获之，设城北营。四十五年，革梧镇总兵（给事中欧阳一敬奏议裁革勋臣总兵，用流官升都督职衔移镇）。万历二年，设盐运提举司于梧州（以旧递运所改建提举署，设副提举二员，转输西粤官盐，递运所附府门驿）。容县横山猺刘德厚及冬瓜那留等、山猺张刺等寇掠容县大营、鱼产三十余村。四年，老君峒诸猺复乱，寻抚之。五年，七山、下城、连城、北科诸猺归顺（时诸猺惕罗旁兵威，各愿归就编民，始计田入赋）。老君峒猺复乱（贼首李金亮引深甬等巢劫掠东安乡，残杀百余人）。六年三月，六十三山猺贼潘积善乞降，许之。移浔梧参将驻岑溪，始置五镇（先是岑溪六十三山连城乡猺贼潘积善自称平田王，与北流之那留山、容县之横山、冬瓜苍梧，藤县之七山、平盘诸巢共七千余党互相纠结，为罗旁后户，占掳民田，流劫两省。适罗旁大举，士民诣督府凌云翼言状请征，时以势难即及，遣官入山榜谕，愿抚者听，暂羁縻之；俟罗旁事定，移师顺剿。积善等为先声所夺，率党投赴军门，愿出兵二千杀贼自赎，寻背约。及罗旁班师，督府檄苍梧守巡会广东岭西道计议剿抚，诸巢闻风恐惧，咸诣乞降，督府乃免积善死，以军法责其调兵失信，俯首听命，愿为编户，归我侵田，不敢复反。复奏请移浔梧参将王德懋驻岑溪弹压，选指挥千户五员提兵三千，分设五镇：苍藤曰七山，容县曰六云，岑溪曰北科，又曰边城，怀集曰五里）。苍梧三丁甘世广率六围僮兵三百人破药埇等巢，设岑溪大王营并左右两江营，抚定九山二十八都六便山、横山、那留山等处猺僮，悉附编民。七月，岑溪左营兵陈进、吕子和等作乱，寻讨平之。七年，兴业木头峒寇乱，寻讨平之。（木头峒枕近八寨，号曰八寨贼，聚众数千，流劫郁林富民、抚康等乡。警闻，督府刘尧诲命参政王原相讨之，会粤东监司犄角并进，贼殊死战，乃给亡命入贼垒，计缚其酋首二人。东粤统领将官见战克，欲徼首功，深入其阻，几被围困。既乃东西克期，出其不意，直捣巢穴，贼党尽缚。）八年，置哨江船，募水兵（从苍梧知县庞一夔请也，各于要害巡缉江道）。药大峒城，招僮民屯种北科（先征罗旁六十三山，诸猺愿受约束；师还，又复负固不服，乃议筑城于大峒，而以浔梧参将握重兵弹压之。又于四面要路分布官兵，以护往来。城中为参将署，前列中军左右营房田，招僮民百余人耕守）。大师征十寨蛮，克之（十寨本柳郡迁江县永安所地，先止八寨，后设龙哈、咘咳二长官司，扩为十寨。倚山负固，抄掳司藏，贼害藩臣，声势甚炽。总督刘尧诲、巡抚张任、御史顾铃暴其逆状讨之，分五哨并进；而苍梧副使侯国治督夷江一哨，军兴粮饷舳舻悉取办于梧）。十二年十一月，怀集峒蛮严秀珠、郑明端等纠众流劫，讨平之。（怀集与贺开建三县峒蛮联络，贼首严秀珠、郑明端等纠集三百余党，掠宁峒下埠，流劫开建、封川，杀戮居民。时方进剿府江，总督吴文华会巡抚吴善调选东西精兵六千余，会梧镇声言西援，令苍梧兵巡佥事来经济岭南兵巡副使王泮督诸军。以明年二月，各哨并进，势如破竹，克松鹅、古城、深埇、龙塘等峒，俘斩严秀珠、郑明端八百有奇，余党悉定。）**调大峒兵戍守金鹅**。（怀集县峒蛮既平，金鹅徭贼出入之区调大峒营兵三百名戍守，以百户一员统领。）**十五年，始辟府江陆路**（府江一带菁林乱石，徭贼出没渊薮；贼平，三院会议开辟陆路以通往来，苍梧府江二道经理其事，自苍梧抵昭平界治道造桥，建三公馆：汉埇、簕竹、儿寨）。**大峒营兵梁一贵等倡乱，寻伏诛。二十四年，岑溪七山徭寇乱，兵备戴公燿讨之**。（时公备兵苍梧，会岑溪徭寇赵宗亮等连结六十三诸徭作乱，奉督府陈公檄征各路精兵讨平之，捷闻，上大悦，擢公巡抚西粤，寻晋兵部尚书兼都察院右副都御史，总督两广。时思明叛目陆佑勾引贼党掳官劫印，势甚鸱张，公请旨进剿，一月间擒斩无算，元凶授首，党与解散，未几，交夷劫掠，钦州被残，公调土汉兵深入捣巢，全师凯旋。犹虑戎心叵测，议请固防御，重弹压，复峒官，禁互市，上皆嘉悦从之。）**二十七年，造哨船巡缉江防**（梧江上接昭平，簕竹，下抵封川、思蒲，南至平南、白马，东自藤县江口界至北流，原设哨堡，岁久玩弛。守道朱东光议设船只军兵巡守，委官统领）。**二十八年，添设罗山营，抽兵防守**（藤县罗山岭路通三丫等六十三山，上至七山，诸徭杂居，盗贼出没。知府凌嗣音允知县刘炅之议，抽哨船兵二十二名，凑同罗袱营兵十八名，共四十名，分立罗山）。**议设三洲番风堡，复于白花岭立营**（容县白花隘盗贼出没要区，守道孙有敷详允番风营兵二十八名，掣三洲堡一十六史，复白花岭立营）。**四十八年，设容县西山水源巡江营哨**（源去县远，于六云镇缺兵内抽四十名，设立二营，仍修复四哨）。

兵防

国初会城咸置卫所，要害则置巡检司，在军曰旗军，在司曰弓兵，皆食于官。别置民兵万户，无事训练，有事以战，事已即休。美哉，寓兵之良法也！自旗军脆弱不足恃，而后资戍于湖广（永乐二十一年），借雄于达骑（成化七年，韩襄毅奏留达官舍），轮守于东粤之兵（坐营司统两广上班官军）。自弓兵虚冒不可用，而后为打手之雇（嘉靖间，督府张嵿议行），拨田之狼（成化间始），折银充饷之议（隆庆五年）。自民兵队伍不复存，而后为民壮之募（正统十四年），为三丁之编（嘉靖四年），为千百长、保长门牌之法。

营镇

梧州府：守城营、茶山、靖夷营，苍梧县：大塘营、府江哨、沙牛营、七山镇，藤县：藤江哨、神塘营、安静营、浪口营，容县：六云镇、巡江哨、北门营、西山水源等营，岑溪县：北科镇、奇营、大峒营、连城中军营，怀集县：金鹅营、五里镇、松冈营、郁林州、左哨、右哨、中哨，博白县：县东营、界排营、坡心营、苏立营、东莞营、圆珠营，北流县：六静营、大车堡、婆庙营，陆川县：六潭营、左哨、右哨、中哨、陆潭哨，兴业县：兴平营、西营、桥墟营。

目兵

按《粤志》，粤土司兵故精劲，每遇警征之，国家亦不爱名器金帛之赐以鼓舞其心。自总督王文成公始议更番戍守之法，除戍桂柳外，戍梧者四千名，皆由泗城、归顺、都康、思明、迁隆、向武、奉议、上林、安平、忠州、龙英、太平、恩城、万承等土司，各有差等，一年一戍，周而复始。万历十七年，总督刘题减一千名。三十二年，总督戴题减一千名。四十五年，左江道详允抽四百名，防守上思州地方，粮食仍在梧州府支解。四十八年，总督许议全撤，寻复议调。今戍梧正数止一千六百名，每年不到者常三四百名，所从来远矣。其差等则有散兵、马上枪兵、步下丫兵、步下枪兵、腰牌兵、弩手、鸟铳手、火兵、散手、旗手，有战马，有先锋小头目，有官族大头目，而总坐营司统之。平时不随操，每操则于官兵外执一竿排站，名曰摆围。每五日，大小头目赴道叩首。以其出自土司，故曰土兵。以其有头目管之，曰目兵。又以其多狼人，亦曰狼兵。其粮赏，每月粮盐，大小头目散各折银一钱九分七厘五毫；每季犒赏：大头目每名八钱，小头目每名一钱，散兵每名五分；每年犒赏：大头目每名一钱，小头目散兵每名三分，俱于府贮饷银支给。其安插地方，昔年散处郡城外各山巅水滨，今住大教场垣外，自盖茅屋，数名共一间，去则焚讫其自。万历三十二年，题减一千名，即于各土司前数内三分减一，而左江道所议抽四百名即于每年戍梧目兵过南浔时拣去。本道近日所点，乃归顺、都康土兵。其归顺大头目，则岑康、黄金桂；都康大头目，则冯士刚。与各小头目皆戎装通汉语，其兵则有姓名者少，无姓有名，以番父永为姓者多，番父永，亦上驷、中驷、下驷之义。归顺有番父无永，都康有父永无番，不通汉语；通汉语者，非真夷也。其马一匹，则抵兵三名，其器械有枪，有刀，有弩，有牌，有铳，无盔甲弓箭、空拳者居多。第其捐室庐，亲戚远来，穷年外处，而月饷无几，殷厚精壮者多不乐役；其来也，或以老弱具数，或以犬马抵数。或不能足全数，或不如期至，或至中途称病而逸，至后则正数已缩；注名后，或逸去，或称病，或称死，或雇前次之愿留者长戍，或雇本地之愿代者暂点，或告不服水土，或称营工乡间，或称打柴山中，甚或有收宰盗牛者，有为盗者，有横行者。居常不听点点辄噪而去。其敝有最难言，今欲为更新调停之法，别有说焉。

班军

按成化间，督臣韩开府梧州，始议调拨广东广州等卫所官军一万员名戍梧，派广、韶、肇三府属粮五万石解梧，以备行粮。嘉靖间，因惠、潮海寇，议留碣石等卫所官军三千九百余员名，兼以岁久消耗，逃亡日多。万历二十四年，广州等卫所戍梧官旗军止三千零五十名，分春秋二班。官双月支本色米九斗，军四斗五升；官单月支折色银三钱六分，军一钱八分，俱于折粮银内支给。年终犒赏，官每员三钱，军每名一钱，俱军饷银支给。二十五年，御史章议免戍，督臣吴覆称两广相为唇齿，梧郡实为咽喉，论一统大同之谊，则东西联为一镇，戍守莫非王土；论辅车相依之势，则梧镇之捍御既周，东省之藩篱自固；论事体缓急之宜，则东省兵防已密，无庸撤回，梧州所军虚弱，不得不藉东军，还以仍旧为便。近来戍兵，俱奉督院牌发，多寡不一。至万历三十九年，尚近三千名，除三百名戍封川、德庆外，余俱戍梧矣。寻以总督张议撤封川、德庆戍军，募兵防守，遂减调四百余名。四十一年，以留守城池，复减调广州等卫每班二百名。今每班尚存旗军八百有奇。奉督院牌拨，大略半守梧镇，半守江道，而所拨埠堡军数，或先班多，后班少，原无常额。余姑以天启二年秋班见数志之。

陈熙韶曰，目兵以文成始，班军以襄毅始。当年作法，虑自深长。年来习于承平，遂成枝骈，于是或议留，或议去。夫白面借筹，谈何容易；因噎废食，将必伤生。假令专主者时简教檄骁劲而饱之，勿论狼心可戢，蔡人皆吾人，即使犹然习弛，而经百年勤王之土目，不惮征缮以固吾圉，亦告朔之羊也，可轻去乎？若班军则有不然者。班军在国初，其用足恃，沿至今日，市人等耳，其才不足于超距，其伍无裨于干城，计月而来，更番而去。徒縻官钱数万，敌欲简而练之，何似以官钱募市人，犹省往还之仆仆也。余谓班军则去之便，然要折冲尊俎，安危有备，毋徒纸上陈言。积弊日深，捉襟见肘，此其时也欤！

徭峒（土狼附）

苍梧县徭、僮：七山（东连下城，南接岑溪藤县等徭，精悍可千人）、六雍、平田、古磊、六埇、大脑、三山、黎口（俱在长行乡）、上邓、大爽、白板、陈塘、孔密、大伦（俱在须罗乡）、埇汉、员塘、桂岭、昙朦、孔良、埇企（俱下城界。以上诸徭先叛服不常，今输赋齿编民，又设七山大营以镇之）、石砚（居九山十二峒中，在苍梧封川开建界，嘉靖年愿来属苍梧，约八百余人）、罗峒、思贷、思马、归源、观埇、三洲、都平、都罗、万埇、都混、迪田、料峒（先年纠合焚家、东安等流劫，嘉靖十年编立排甲耕佃）。老君峒六寨（连东安、贺县怀集、贤时与深源、焚家、北陀为害近立大塘营弹压之）：大片、石坎、长水（其善恶皆视老君峒，今愿守把白鸠、野狸二闸）、北陀、东岸、西岸（在县西北多贤、思德乡，原系僮贼，今稍知敛）；六围（与七山相近，其僮多良，所耕尽下城界两广交通路号险塞）：大围、昙叠、颜村、昙特，零居若空。藤县徭、僮：大水、山木、突山、小山、滑石、盘石（俱在永顺乡徭，坐落二十一、二都）、云野、馒头、平盘、三丫、蒙高、古稔、六含、六笃、大水（俱永化乡徭，坐落二十五、二十八都。以上两乡徭粮共五十两零三分）、大黎里、杨峒里、大任里（以上三里俱系五屯所十三年新招，纳粮七十二石二斗）。容县徭、僮：罗龙一里、沙田、佛子、六律（以上皆六便山所属，约四十余家，李积藤最雄，诸徭近议则赋，颇驯服）、六肥、肚村、黄坭、月田、深坪、六喳、周村（以上皆龙坟山所属，约百余家，盘朝壅称最笃，近革心，愿效力助守）、都盘，六王，山麻，六鹅（以上皆鸡笼山所属，约六十余家，骆廷凤倚山剽掠，凡数年，始克招服）、波罗里，河顶，鸭谷，河口，六思（以上皆六青所属，约百余家，寻服寻叛，今革心，知就童训）、藤螺、塘埇、石田（以上皆东叶山，约三十余家，归化已久）、罗面里、山心、冯塘、大埇、思颉（以上皆东瓜山所属，约五十余，山巢崎险。万历六年，鲁廷旺如叩县庭，愿归顺，今则亩入常赋，兴徭学矣）、庆垌、何木、大何塘、六振、六奎、黄稍、灯盏（以上皆石羊山所属，几二百家，生齿视各山最众。万历六年，叩县入赋）、山塘、党入（以上皆横山所属，约三十余家，道途恶险，先年流劫，势甚悍桀。万历六年，刘德厚始叩县，愿编户入赋，其长曰盘景容居止弗，常伐木自给，木尽则之他，所谓刀耕，近授以田）。岑溪县徭、僮：连城乡、上里平河等二十村（僮目潘积善旧据其地为贼首，今已听抚），中里大峒等四村，下里佛子等五村孔亮。六十三山：石脚、陀山、云烂、科田、大瓮、孔札、分水、舺水、深公、逍遥、竹堇、水浊、横峒、李村、甘罗、中村、松崩、黎洞、上盖、上林、三襟、饭埇、古皮、上下乃平、恩里、蚺蛇、山心、大藏、桑园、大枉、关塘、铜油、黄岭、古榄、下泊、企阳等，鱼修、白碟、六袍、大香、车埇、葵山、三髻、六葵、六勾、细峒、太公、鹅平、崩磡、桥石、乃蓬、峒尾、石田、竹兰、胜峒、乃辣、个堆、桃枝、水井、下埇、隆树、松塘、高兰、木瓜、青山、石黄、深塘（以上诸猺蟠据六十三山，久为民害。近设连城、北科等大营镇之，少息）。怀集县猺、僮：铜钟、石城、金鹅、松柏（贼之门户）、三江、石田（为诸山适中，各巢穴出没必经之所，近议添立守备以制七县之猺）、马鹿（以上各峒征剿后田尽入官，拨兵耕守）。郁林州土狼：李四山、石埇、牛栏、地佛、六壤、白梅（在州治东北抵大容山，去州四十里，在北流县界，去县止二十里，先年为患，征剿稍宁）。博白县猺：陶鼓、零青、小鸡、山子（县东乡二十里，西抵广东廉州府合浦县石康，地俱佃食民田，向化纳粮）。北流县猺、僮：鸡儿坡、南棣、茆田、那留、沙洞、龙塘、大罗、安乐、黄稍、志宇、相思、古苛（俱在县治南，其茆田、那留外称向化，内为招引，近奉招抚编，左总目统之）。陆川县土狼：文龙、四贺（界北流及隆川温水乡村，附近广东信宜县，南至石城三合堡，每年东省拨兵哨守本堡要路）。兴业县土狼：黄桑峡、芋蒙峡、双头岭（兴德乡三图，路通横州、南宁等处地方）、番车岭峡（兴德乡二图，近广东木头峒横岭墟，与郁林富民乡木威黎境坊止隔一岭，先年已经征剿，近拨狼田耕字输粮）。

按猺有三种：曰盘龙，曰戴板，曰平地。僮惟一种，深山者不问，在外峒者与民杂居。狼则因正德间流贼劫掠，调狼人征剿，乡民流徙，乡民流徙，庐亩荒芜，遂使狼耕其地，一籍其输纳，一藉其戍守。苍藤、岑容、怀北等山多猺、僮，郁、博、陆、兴多土狼，中固有向化输粮者，要在御得其道，狙诈作使，岂有他焉？

厂税

梧州盘盐厂每季委官轮管，抽收上下水客商盐税、杂税，每年额银，惟盐税无定，不入额内。其杂税额银：春季定二千六百八十两零五钱六分四厘，夏季定二千二百二十七两零二分七厘，秋季定三千六百二十七两九钱六分三厘，冬季定四千四百五十五两八钱二分五厘，共额银一万二千九百九十一两三钱七分九厘，俱贮梧州府库，专备梧镇兵食。其厂货贵贱，定有则例。

盐政

按自宋熙宁间，初置梧州商务，兴废靡常。国朝正德十六年，置盘盐厂于梧州，迄于嘉靖。今例已减其三之一。旧志不载，余特采之。较今于昔，犹为宽政矣。然犹自算舟车，榷子母也。夫盐政则经国长利，迩以私贩公行，课额浸失；昨年引滞而不来者，约一万五千，亏饷且一万三千有奇，概举历年，将不下数十万矣。盖奸借东饷之名，溢西郡之利，三百余饷，其护身之符也；化州北流两埠，其蚕食之窟也。近当事裁饷裁埠，至详且核，而奸商猾胥，犹不免掩耳盗铃，何也？一举而振刷之，在当事者留意焉耳。

谢君惠曰，郡州县十，始苍藤、容岑、北流行梧盐，而怀集、郁林、博白、陆川、兴业俱食东盐，然皆赴苍梧道挂号而后发，则犹然梧盐也。后来议认引认饷，又议增引增饷，于是立化州埠，立北流埠，已又北流并化州为一埠，奸商告讦，日新月异，而梧之盐额诎而饷额亦诎矣。夫梧属仰梧饷而不行梧盐，非计也。况浔、庆、南、太皆仰梧饷，而不行梧盐，尤非计也。今日便画，无如听各处分引行盐，而总归其饷于梧，则不问化盐、廉盐、钦盐，皆梧之盐；亦不问旧饷、新饷、增饷，皆梧之饷。要在当事者从国家起见，不从区域起见，司盐者两粤视若一体，行盐者六府协为一心而后可，然而难言之矣。

《大学衍义补》

曰，左右两江，地方二三千里，其所辖狼兵，无虑十数万。今设为府者四，为州者三十有七，其府州正官，皆以土人为之，而佐贰幕职，参用流官，故今百余年间，未闻有屯聚侵掠者。而所以为州县官者，皆是不属土官管束之人，错杂州县间者。其间虽或亦有有司带管，及设土官巡检者，然流官无权，彼知其不久而轻玩之；而所谓土巡检者，官卑力薄，不足以相钤制。臣愚以为今日制驭驯服之策，莫急于立土官。请用左右两江之例，而微寓夫设立军卫之意。盖左右两江府州之设，专以其地属之一姓，臣所谓微寓设立军卫之意者，众建官而分其权也。凡今徭、僮与编民杂居州县之间，但彼依山箐以居耳。今宜特敕内外大臣，躬临其地，召集其酋豪，谕以朝廷恩威，将授以官，如左右两江土官例，俾其子孙世享之意。有能率其种类五百名以上内附者，即授以知州之职；四百名以下，量授同知、判官、吏目等官。其官不拘名数，亦如卫所之制，既授其投词，不须勘实，官给以冠服，遣官属以驺从鼓乐送归所居，徐俾其择地，立为治所，合众力成之。既成，具奏请印，俾推其中一人为众所信服者掌印，则彼受朝廷爵命，必知所感慕，而其同类咸尊敬之。有不伏者，彼仗国威，并力除之不难矣。积久成俗，彼皆慕华风，习礼教，而知杀掠之为非。况从设其官，势分力敌，自足相制，不能为乱。而其中不能无自相争讼者，须至申上司，奏朝廷，则国家之势益尊，不劳兵戈，而一方安靖矣。然所虑为后日患者，地界不明，异时不能无争耳。宜乘其初，即遣官会同土酋，分立地界，或以溪涧，或以山阜，就于界上立石为识，大书深刻于上曰：某至某为有司界，至某为土官界。其中民地，有深入其境者，即以外地无征者与民易之，随其广狭，不复丈量。其土酋所领地，就俾其认纳税粮，定为额数，日后不得有所加增。如此处置，庶几其永无患乎。

《水经》："泿水出武陵镡城县北界、沅水谷南，至郁林镡中县，与邻水合。又东至苍梧猛陵县，为郁溪。又东至高要县，为大水。又东至南海番禺县西，分为二：其一南入于海，其一又东过县东南入于海。""员水又东南一千五百里，入南海。"今按《一统志》考之，辰水出三峿山，南流为沅水谷，则在镡城县北，后为黔阳县移溪城，一曰郎溪；自黔阳南流至镡中县，今之浔川也，邻水则浔水也；其径灵川县东北为泿江，入漓水，南历镡中，注于浔水，合绣江水，又东至藤县北（古之猛陵也），合郁溪乱流，径广信县，是为镡江，俗呼藤江。大氐泿水出自镡城，往往以"镡"名之，"镡"又讹为"浔"耳。郁溪又合桂水，为梧州大江，东流至广州番禺县西；其一，南注入于海者郁水，分泿南注，即今之郁水，灵洲乃南江也。其一，又东别径番禺城下，去广州城南五十里。汉建安末，交州移治于此；吴分交州为广州，亦治于此。《汉书》所谓"浮牂柯，下漓津，会番禺"，盖乘斯水西入越者也。今之沙湾紫泥港是矣。泿水又东径怀化县入于海，则今之石门江合流溪诸水入海者也。其余又东至龙川县东江，为涅水，屈北入员水。而泿水枝津衍注，自番禺东历增城县，合增江，又径博罗县西界龙川，左思赋所谓"目龙川而带垌也。”员水如练，东历揭阳县注于海。此三江合浪水之始终也。“浪”与“垠”同，水历地埒崖岸之义。世讹作“浪”，又讹作“郎”，皆非。盖三江合一，大浸连空，广州呼为西水，以其自广西至，故云。然至必以春夏之交，迄盛暑而后消；则高要峡江旋束为大水者，留溢涡塘，皆有鱼牣跃其中，人恣取之，有钜至数十斤者，家累数百金。而南海下流达于新会、香山、东莞，通潮之冲，渔子高下为泥筌竹罶，其内者皆得蟹焉。西水退尽，蟹亦退壳，拾之如土芥。然谚云：“西水漫漫，鱼蟹满盘。”盖泽国之利，皆由浪水，不可不知。

广西全省疆域

东抵湖广道州界，西抵云南特磨界，南抵广东高州界，北抵湖广武冈界，东北抵湖广永州界，东南抵广东封川界，西北抵贵州都匀界，西南抵交趾界。

历代沿革

广西，楚越之交。春秋时越伐吴，并其地，北伐斋，西伐楚，与中国争疆，自荆以南，皆属于越。周显王时,楚灭越。吴起相楚，南并蛮越，遂有洞庭、苍梧，是时越诸边疆皆属于楚。其后越人散处江南海上，各为君长，有瓯越、雒越之属甚蕃，故曰百粤。以扬州南境，又曰扬越。秦始皇帝利粤之犀、象、珠玑，乃使尉屠睢统五军、监禄凿渠以通粮道，杀西瓯君译吁宋。越人皆入丛薄中，与禽兽处，莫肯为秦者，阴置桀骏以为将，夜攻秦人，杀尉屠睢。秦乃发适戍备之。后王翦灭楚，乘胜略定扬越，为南海、桂林、象郡。粤以东属南海郡，粤以西属桂林郡，而庆远、思恩、太平以达交州俱属象郡焉。秦末赵佗遂王粤地，汉因封之。汉孝武帝平南越，佗孙光降，以其地为苍梧、郁林、合浦郡，属交趾部，其北为零陵郡，属荆州。吴仍汉制，分领于荆、交二州，其后析合浦以北、苍梧、郁林郡属广州。晋以始安、临贺属湘州。宋、齐因之，亦间有增改。梁分湘、广之交为桂州。迄于陈、隋，州郡因革纷如，莫之胜纪。唐以其地隶岭南道，后分为岭南西道，领州郡三十有三；又开拓诸蛮峒落，置羁縻州郡数十。五代时入于南汉。宋平南汉，以属广南西路，领州二十、府二、军五。元改为广西道，领路十有五、府一、州四。明分其地为府八、土官府四，领诸州县，后改思恩府为流，田州府降为州，而凭祥县、归顺峒、下雷峒俱改为州，共领府九，辖州十二、县四十六，土官府二、土州三十四、土县七、长官司四。

山川志

宋范成大氏作桂海虞衡志，谓粤千峰特立，玉笋瑶篸，森列无际，其奇胜甲天下。余谓西北诸山，华、嵩、泰、岱，屹立中原，如王公贵人端拱庙堂，荡荡乎大观矣。东南诸山，吴、越相错，三江五湖，隋山下上，如绰约婵娥，绮心墨客，扈兰茝而褰若英，亦绰有风致哉。粤西僻在一隅，不得与于五岳四渎之观，而怪石参差，幽洞玲珑，十洲三岛，庶几近焉，盖亦羽客缁流之胜已。然山多肤立而少草木，食土之毛者什不得一；三江诸水，势若建瓴而注于东渤解，故其民类不能逐倍称之息而鲜藏。盖重以恒暘为政，沮洳不修，金石为焦，维束手以听命诸天。岂巧拙故殊，亦限于山川，而莫为之倡耳。昔周礼职方氏薮泽原隰之利，昭然胪列，而遂人之职，沟洫畛域，独为加详，其所重故有在矣。

兵防志

汉时五岭之南，兵志多略。唐天宝后始设经略清海二军，至移淮、泗之兵戍焉。宋稍多故，而兵制迭更，募雄略，选澄海土丁峒丁时隶尺籍，而兵终不振，则积弱之势然也。国初以武功定天下，衆建卫所，用相夹辅。是时粤西蹶张之士至十万有奇，岂不称烈焉！及调征安南，官军存者什无二三，于是议戍兵，复议民兵。然戍兵离乡井，暴风露，水土不习，逃亡相踵，则戍兵不足恃也。民兵筋骨脆弱，斩木揭竿，左之不左，右之不右，则民兵不足恃也。不得已而召募耕兵之议起矣。二十年来，橐弓卧鼓、靺韦跗注之夫，耻谈兵革，日以盘辟为容，甚者朘卒伍以惠私家，任其虚籍而莫之问，兵制陵夷，大官之庾，月费千锺，而释殳弛戈，徒共欬段之奔走，一旦有警，将安赖焉？夫竭民力以养军，又竭民财以养兵，至军与兵交受其敝，奈吾民何！余因详其始终之变，令谈经略者有所考云。

田粮

粤西自元以前，田额无征。国朝洪武十四年，编赋役黄册，州县各以实。自占田分官民，米分秋夏，田之没入公家者谓之官田，官掣以授农人而歳收其入，故其赋重而役则蠲；田之属私家者谓之民田，民自相鬻买以为恒产，官不得多科，故其赋轻而役则重。夏税多产于地，秋粮多産于田，而其赋其役视其则之高下为重轻。至洪武二十六年，册籍始定，其田赋可得而考云。时上方重农桑，令天下农民，凡有四五亩至十亩者，栽桑、麻、木绵各半亩，十亩以上倍之，惰者有罚。嗣是定麻每亩八两，木绵每亩四两。至是年定民间桑株照则例起科，丝绵十八两折绢一匹，树株果价兼收钱钞。正统八年，令不出蚕丝地方，丝一匹折银五钱。自是广西丝绢随地派米，登之正额矣。景泰四年，令广西人民被贼劫杀遗下田土者，有司取勘拨给。而是时峡贼方猖獗，梧州蹂躏尤甚，芜田相望，督府韩雍覈实以闻，遂停荒田赋，人多赖之。万历九年，令有司履亩清丈，而有司奉行太过，以加额为功，曩时荒田已经奏免者，尽数编赋。十三年，复行覆丈豁虚粮，而有司奉行不一，间有闒茸不事事者，吏书之蠹窟穴其中，甚有一邑而存二三千虚粮者，虽欲均之，庸可冀耶？今一省赋役，大都以覆丈为据，计亩定赋，而农桑丝绢俱在其中。

盐法

汉元狩四年，斡山海之货，置盐官二十八郡，而苍梧居其一。唐刘晏始行常平，盐官自为市，岁得钱百余万缗，而军饟官禄皆仰给焉，官之鬻盐，盖自此始。宋时二广之盐皆属漕司，量诸州岁用而给之。广东地沃民饶，商人辐辏，故行商盐。广西广莫而凋瘁，食盐无几，商不乐趋，故官为搬运。绍兴间，议易二广盐法。安抚胡廷直欲俱行客贩，转运司主管文字徐梦莘争之，廷直违其议。不三年，商贾毁业，民苦无盐，自是官搬如故。是广西之行官盐，自宋然矣。元至正间，也儿吉尼以中书省平章政事兼肃政廉访使。时红巾贼入湘南，岭表震动，吉尼议甃石城以扼险要，遂捐官俸贸易海盐，获倍称之息，版筑经费，计银二十余万，皆取给盐利。四年，始克终事，民不告劳，粤至今赖焉。

国初行盐，专以利民，其后则以佐军兴，商自为转输，而官税什一，其利颇巨。洪武二十八年，兵部尚书唐铎言长沙、宝庆、衡、永四府，郴、道二州，仓盐甚艰，广东积盐有余，而广西新立诸卫，粮饟不足，若将广东之盐，运至广西中纳，军民交利，其于计便。上从其议，命广东提举司运盐八十五万引至广西桂林，以给商人之入粟者。于是粤东之盐，始达之粤西、湖南矣。

隆庆初，都御史殷正茂平古田，议增营伍，为善后计，而岁费不赀，左藏称诎，因请之于朝，倣元也儿吉尼故事，而综理加焉。其督盐则用指挥，其运盐则用旗军，其盐运则属府佐。其数则每岁广东买盐七千五百引，每引重一千七百五十斤，分十四包，每包重一百二十五斤。每舡一双，装盐三百五十包，共二十四引。官买三百包，运军带五十包，以偿其劳。其运船则官自为造，其买盐及厂税一如商盐之例。其运盐往返，以四月为期，岁可三运。其湖广行盐之价，则与时低昂。官盐商盐，互相搭配，各居其半。除工本诸费，其利息一岁多可二万，少不下一万五千。后以卫卒不习水道，而武弁多藉为奸利，因改民运，改上船为中船，改官旗为水甲，而以府官督之，水手所带盐包，以渐杀焉。然府江滩高，水道蹇涩，昔之三运，仅可并为一运，而计一运之利，与三运大略不甚相遥，粤西左藏，自是稍赢矣。

顾曩时贩商，俱粤东富家子，而韶、连诸邑，楚商私贩往往相属，自行官盐，商利渐杀，私贩重绳，商人造为浮言以撼当道。而总督都御史刘尧诲，衡人也，遂极言官商不便，欲于韶、连二路量增引目；粤西抚臣郭应聘、按臣胡宥亦以情闻。上下大司农议曰："广西运盐之议，原为新添兵饷而设，一日不可无兵，则一日不可无食。若西省官运之盐，旋行旋罢，兵食俱乏，地方坐困，咎将谁诿？似不可以一时商人之私便，而忘地方将来之远图也，宜从旧议。"上曰："这两广都是朝廷地方，军饷比之通商，干系为重。这盐运只着遵照近奉钦依事理行，不许再议纷更。"然两粤之议，呶呶未已，宦东者则左袒东人，宦西者则左袒西人，而东粤荐绅家亦起而争之。上从科臣言，行督臣郭应聘覆议，如殷中丞指，由是官盐始通，而衆喙少息矣。嗣是按臣行部，每更一官，辄更一议，所以革奸剗蠹至详矣，而罔亦少密焉。迩年直指疏请官盐百包，许带私盐六包，重以押运之官，朝更而夕改，官非正涂，船无统纪，市利者相煽，争利者相攻，长年诸役，靡所顾忌，故夹带之禁益严，而盐滞益甚，稍遭旱涸，即减一运之半矣。

夫民之趋利，若水之奔海然，不隄之则溃，而过隄之则壅，世未有不利于下而能专利于上者也。当殷中丞首议时，每盐三百包，许运军带五十包，今且杀其三之二矣。彼见待军之如彼，而待民之如此，安能俛首而甘心者。况其冲凌于狂波巨浪之中，奔走于严霜烈日之下，一遭荡耗，辄令陪偿，利少而害多，彼独非人情乎？故水手之不可不优也，势也。或谓曩之官军，自食其力，今之水手，已给之工食以恤其私，似未可例论者。不知官军有月粮，有行粮，未尝不为其身家计；即水手之运半于官军，则夹带者亦可半于官军，不应遽若是悬也。今纵不可复中丞之旧，而就中剂量，以百包带十包，此外有夹带者，必置之法，彼乐于加斤之利，而惕于没官之害，谁敢以身试法哉？

然欲禁私盐而不更官艇，是导其源而欲塞其流也。查之旧例，木马船只容二百包，今之船且十二舱，即三百包犹宽然有余，是名更而寔不更也，彼安得不满载而归也？今当委官督造，长至八舱为止，每船只许容一百五十包，而又多造小船，在平乐郡限以官盐，报税之后即驳之小船，则私贩者既无寄顿之地，而驾艇者不病往来之艰，未必非通商足课之一助也。

夫郡首事之人长虑却顾，故其法似宽而行之可久，更事之人以剔弊为功，故其法常严而莫必其后，夫岂独盐筴然哉！

杨慎禹穴考

司马子长自叙云："上会稽，探禹穴。"此子长自言徧游万里之目，上会稽，总吴越也；探禹穴，言巴蜀也。后人不知其解，遂以为禹穴在会稽。而作地志者，以禹庙旁小坎如舂臼者当之。噫，是有何奇而辱子长之笔耶！按蜀之石泉，禹生之地，谓之禹穴。其石杳深，人迹不到，顷巡抚仪封刘远夫修蜀志，搜访古碑，刻"禹穴"二字，乃李白所书，始知会稽禹穴之误。大抵古人作文，言简而括，若禹穴在会稽，而上云"上会稽"，下又云"探禹穴"，不胜其复矣。如禹贡曰："云土梦作乂。"云在江南，梦在江北，五言而括千余里。又曰："蔡蒙旅平。"蔡山在雅州，蒙山云南，今名蒙乐，山上有碑，具列其事，亦四字而括千余里。郑玄、孔颖达、蔡沈、夏僎皆所未至，而缪云蒙山亦在雅州。

颜真卿鲜于氏离堆记

阆州之东百余里有县曰新政，新政之南数千步有山曰离堆。斗入嘉陵江，直上数百尺，形胜缩矗，欹壁峻肃，上峥嵘而下回洑，不与衆山相连属，是之谓离堆。东面有石堂焉，即故京兆尹鲜于君之所开凿。

云南贵州备录

形势

云南虽称荒服，而绸缪防御不可不周者，以滇黔与楚蜀辅车唇齿之势也。说者谓云南山川形势，东以曲靖为关，以沾益为蔽；南以元江为关，以车里为蔽；西以永昌为关，以麓川为蔽；北以鹤鹿为关，以丽江为蔽。又云云南要害之处有三：东南八百、老挝、交趾诸蛮，以元江临江为锁钥；西南缅甸诸蛮，以腾越、永昌、顺宁为咽喉；西北吐蕃，以丽江、永宁、北胜为厄塞。识此三要，可以筹云南矣。《元史》言云南之地，东至普安路之横山，其西至缅地之江头城，凡三千九百里；南至临安之鹿沧江，北至罗罗斯之大渡河，凡四千里。其迤东西二十郡，大抵以滇池而分；南北所画为界者，则在两江，东北为金沙，西南为澜沧。先儒以为即《禹贡》梁州之黑水也。司马迁《史记》称滇池旁地腴饶，巴蜀民或窃出商贾，取其筰马僰僮旄牛，以此巴蜀殷富。而范蔚宗《后汉书》亦称滇池河上平敞，有盐池、田渔之饶，金银、畜产之富。人倍豪汰，居官者皆富及累世。由是观之，滇固非瘠土也。唐天宝以后，蒙氏以一隅之力，累抗王师，此即财力雄富之一验。今山川形势与古不殊，体息劳徕，垦田积粟，使其民成饶裕之倍，是在良有司矣。

沿革

汉置益州郡，领县：滇池、双柏、连然、俞元、谷昌、昆泽、叶榆、律高、不韦、云南、嶲唐、贲石、胜休、来唯等，共二十四。属越嶲郡县，遂久、晴蛉共二；属牂牁郡县，苴兰等共四。

东汉仍为益州，领县：胜休、律高、昆泽、建伶等，共十七；永昌郡领县哀牢、博南等，共八。

蜀汉改置郡：建宁、云南、兴古，共三。

晋置宁州，领郡：云南、兴古、建宁、永昌，共四；属县：云平、铎封、汉兴、新定、谈槁、修云、冷丘、永寿、雍乡、南涪等，共四十五。太康以后，改置郡：益州、晋宁、平夷，共三。

宋仍为宁州，领郡：建宁、晋宁、牂牁、西河、东河、河阳、云南、兴宁、兴古、梁水等，共十；县：同乐、谈槁、万安、新定、新兴、万寿、晋乐、丹南、成昌、建安、云南、云平、西安、句町、南兴、梁水、西随、新封、镡封等，共五十二。

南齐为宁州镇，领郡：建平、梁水、建宁、晋宁、兴宁、西阿、平乐、永昌等，共十四；属县：同乐、新定、晋乐、绥宁、丹南、梁水、西随、骠封、永丰、绥云、遂安、临江、双柏、云平、都阳、晋绥、新城、成昌、西中、南兴、新丰、益宁、安宁、永安、壅乡、西城等，共七十二。

晋、宋、齐宁州所领郡邑皆不止此，今止录在今境内者。

唐置云南郡，领县：姚城、泸南、长明，共三。

元置云南诸路行中书省，为路：中庆、威楚、武定、鹤庆、云远、丽江、孟杰、普安、澂江、普定、建昌、德昌、会川、广西、元江、大理、柔远、茫市、镇康、镇西、平缅、麓川、木邦、孟定、蒙兀等，共三十七；府：仁德、柏兴，共二；属府：北胜、永昌、腾冲，共三；州：嵩盟、开南、威远、顺蒗、蕖永、宁通、安兰、巨津、罗雄、建安、泸礼、里阔、邛部、隆姜、昌德、威龙、普济、武安、黎溪、会理、麻龙等，共五十四；县：杨林、邵甸、威楚、南甸、易笼、石旧、临西、芳华、通泉、交水、石梁、罗山、普舍、研和、邑市、为美、归厚、中泸、沾闰、盐金等，共四十七。

皇明改置布政司，领府十二：云南、大理、临安、楚雄、澂江、蒙化、广西、景东、广南、顺宁、永宁、镇沅；军民府八：永昌、曲靖、鹤庆、姚安、寻甸、武定、元江、丽江（武定今去军民字）；州三：北胜、云州（今改属顺宁府）、新化（今改属临安府）；长官司一：者乐甸；其羁縻府二，宣尉司六，宣抚司三，州四，长官司二。

《滇志》

国朝置云南布政司，治于昆明城，括二十郡，左右分画，左曰迤东，右曰迤西，界以大江，东北曰金沙，西南曰兰沧。金沙自北入东海，兰沧自南入南海，幅员不翅万里。官军从大将军南下，及五方之人，或以戍，或以徙，或以侨寓不归，是曰汉人。并生夷地，是曰夷人。夷有二种：居黑水之里曰爨，居黑水之表曰僰，爨属郡县，僰属羁縻。总计夷汉，汉人三之，夷人七之；又分计两夷，僰人三之，爨人七之，天所以限华夷也。

《大事考》

洪武初，段宝遣段贞奉表归款。五年，遣翰林待诏王祎；八年遣中书省参知政事吴云，先后招谕云南，不下，死之。诏谥祎忠文，云忠节，建祠春秋并祀。十四年，命颍川侯傅友德为征南将军，永昌侯蓝玉、西平侯沐英为副将军，帅师征云南，平之。十五年，改行省为云南等处承宣布政使司，领诸府州县司；置都指挥使司，领诸卫所；置提刑按察司，分巡安普、临元、金沧、洱海四道，兼察诸府州县司卫所。十六年，以云南所属乌撒、乌蒙、芒部三府隶四川布政司。征南将军傅友德等送故元云南右丞观音保、参政车里不花及酋长段世等至京师，各赐衣服，命观音保为金齿指挥使，赐名李观，以段宝二孙为武昌卫、雁门卫镇抚，赐名归仁、归义。命长兴侯耿炳文诏谕颍川侯傅友德等班师，留西平侯沐英镇守云南。十七年，论平云南功，进封傅友德颍国公，永昌侯蓝玉，西平侯沐英等予诰券世袭，余各升赏。十九年，云南左布政使张紞奏请中盐商人照旧纳米谷于金齿，诏从之。二月，命傅友德、耿炳文再征云南、贵州诸蛮，平之。二十一年，麓川百夷思伦发反，西平侯沐英遣都督冯诚督兵御之，贼大败。寻遣人诉奏，诿罪其下，诏通政司经历杨大用赍敕往谕，宥之。六月，东川诸蛮叛，命颍国公傅友德为征南将军，西平侯沐英、普定侯陈桓为左右副将军，帅师讨平之。六月，越州土酋阿资叛。命友德、英等讨之，筑堡平夷。阿资遁奔普安，土官普旦与资俱降。二十二年，佥都御史黄政从征云南。还次普安，遇寇，及其子琬皆死之。二十三年，置景东、蒙化二卫。二十四年，阿资复叛，平羌将军何福率兵讨之，阿资降。二十五年六月丁卯，西平侯沐英卒。十月，追封黔宁王，谥昭靖。子春袭爵，镇守云南。二十八年，阿资复叛，沐春讨诛之。三十年，平缅蛮刀斡孟叛，逐宣慰使思伦发，发至京具诉。诏遣沐春、何福、徐海率兵讨之，擒刀斡孟正法，令思伦发仍长平缅。永乐元年，车里宣慰司刀暹答入寇，虏威远州知州，西平侯沐晟请讨之。上命先行抚谕，暹答悔惧，归州官及入贡方物谢罪，释之。三年二月，宁远州土官刀吉罕奏安南侵夺猛慢等七寨，命礼部遣使谕之。四月，敕西平侯沐晟伐安南。云南西南诸夷大小古剌等部落入朝进贡。诏置宣慰司二、长官司五统之。六年，平安南，降其郡四十有八。封沐晟黔国公，世袭。宣德七年，八百大甸土官刀之雅入贡，请讨波勒，不许。九年，敕都督沐昂赞辅黔国，以驭蛮夷。正统二年，马龙他郎甸蛮为梗，都督沐昂讨平之。十月，麓川夷思任发叛，侵掠腾冲南甸。四年，遣刑部主事杨宁往谕思任发，不听。闰二月，命黔国公沐晟率都督沐昂、方政讨麓川，次潞江，方政战死之，沐晟帅师还至楚雄，卒。诏追封沐晟定远王，谥忠敬，方政谥忠毅。六年，思任发遣使入谢，太监王振力主讨议，侍读刘球谏，不听。命定西伯蒋贵为征夷将军，兵部尚书王骥提督军务，征麓川，太监吉祥监督军务，侍郎徐晞督军饷。十一月，总兵蒋贵等大破麓川，思任发遁。总兵蒋贵遣指挥万诚等率兵击败蛮贼韦郎罗于维摩州，宣谕广南、富州土官侬郎、沈政。七年，论平麓川功，进封蒋贵定西侯，王骥靖远伯，升郎中侯琎为礼部右侍郎，杨宁为刑部右侍郎。十月，思任发复叛，复以定西侯蒋贵、靖远伯王骥兼兵部尚书，提督军务，征麓川缅甸。八年二月，靖远伯王骥等至金齿，大败缅人于蛮江，思任发复遁。九年四月，督麓川军饷左佥都御史程富还京，赐白金纻丝，升左副都御史。五月，命侍郎杨宁参赞云南军务。十月，巡抚侍郎杨宁遣使入缅，诘问思任发事，缅人惧，函任发首以献。十二年十月，麓川思任发子思机发、思上发据孟养以叛。十三年，命靖远伯王骥督军务，都督宫聚为总兵，张軏、田礼为副，率兵讨之。十一月，靖远伯王骥督兵破思机发于孟养寨；河西县学教谕詹英劾骥老师费财，滥行爵赏，召骥还，乃班师。（麓川事两志所载略有异同。旧志载正统六年以后事，是年，权阉王振专政，遣都御史王骥统东南兵十五万征麓川思任发，任发逃，获其妻妾、象马、宝玉无算，官升功职四百余员。明年，麓川降。明年，定西侯蒋贵、靖远伯王骥以征麓川为名，再入云南。明年，缅人获思任发，函其首献于军。又明年，靖远伯王骥帅师会诸道复征麓川，詹英劾之，乃已。玩其语意，似归咎于权珰，迤西近地，仁甫氏去昔未远，尚有传闻于故老者乎）。成化十二年，更置临安、澜沧、金腾、曲靖四兵备道。十四年，罢寻甸、广西土官知府，设流官。十九年，命佥都御史程宗抚谕木邦，设猛密安抚司。弘治五年，诏查录开平王曾孙常复于临安戍所，授南京锦衣卫指挥使。五月，麓川夷酋思㭳囚禁罕挖法构兵，巡按御史张奉檄谕各土汉兵，临思㭳境，取还挖法，㭳惧，因械其首祸者三十余人。七年，置宾川州。正德二年，云南属夷阿本叛，巡抚吴文度率兵讨平之。嘉靖元年，改金齿指挥使司为永昌军民府，仍置永昌卫；改腾冲指挥使司为腾越州，仍置腾冲卫。二年，添设大理府督捕通判，驻白崖。七年，武定寻甸（注一）土酋煽乱，兵部尚书伍文定讨平之。九年十一月，大学士张璁请革云南镇守内臣，从之。十六年，敕云南镇巡会讨安南。二十三年，添设姚安府督捕通判，驻赤石崖。二十四年，添设洱海守备。三十年，元江那鉴杀侄那宪，夺其印，巡抚石简率兵往讨，左布政使徐樾死之。四十五年，巡按御史刘思贤请罢临元参将，设守备，从之。武定土酋凤继祖叛，命巡抚兵部尚书吕光洵发兵讨贼，赐之剑。兵备佥事张泽率寻甸兵与贼战，败绩，贼执泽以归。巡抚尚书吕光洵视师境上，兵备参政卢岐嶷、副使杨守鲁、陆纶、朱袗等分道进剿，屡败之，贼渡江遁。贼势孤，要挟求抚，归佥事张泽，不许。贼以兵逼原执兵备佥事张泽，不屈，死之。官兵渡江，追贼于七州地界，逆贼继祖为其下所杀，余众悉降。隆庆三年，添设邓川州流官知州。四年，复设临元参将，罢守备。敕云南巡抚都御史兼制建昌、毕节地方。五年，黔国公沐朝弼以病具疏求致仕，请以其子沐昌祚带都督衔，挂印代镇，从之。六年，巡抚邹应龙论劾黔国公沐朝弼，奉旨逮问革任，安置南京，以其子沐昌祚袭黔国公，镇守云南。万历元年十一月，巡抚都御史邹应龙剿平铁索箐屡叛夷寇罗革等。二年二月，迷蒙㹀仆等贼叛，劫不已，应龙会昌祚并发兵雕剿，悉平。五年，广南侬贼叛，巡抚王凝会镇守沐昌祚抚定之。九年，罢临元参将，复设守备。十一年冬十月，陇酋岳凤、耿酋罕虔勾缅叛，巡抚刘世曾、御史董裕会黔国公沐昌祚疏遣参将刘廷、邓子龙讨之。十一月，莽应里会孟养、猛密、车里、八百等兵，并众入犯，巡抚刘世曾遣参将邓子龙破之，擒罕虔于攀枝花，游击刘綎擒岳凤及子曩乌于陇川，献俘京师。十三年，论平岳罕功，加巡抚刘世曾右都御史兼兵部右侍郎，照旧巡抚，沐昌祚加太子太保，各荫一子。添设金腾参将、姚关守备；罢顺蒙参将，改设守备；罢临元守备，复设参将。十五年，罗雄酋者继荣叛，抚镇刘世曾、沐昌祚雕剿，斩继荣，罗雄平。改设流官，赐州名罗平，所名定雄。罗平余党董仲文等复叛，官兵进剿，平之。密堵、送速二城久归缅，迤西、思威、思化、思顺以兵复之。按察使李材、游击刘天俸乘胜助兵，斩千余级。巡抚刘世曾以捷闻，寻升材右佥都御史，巡抚郧阳。巡按御史苏酂疏论滮西功多戮尸抵级，命逮材、天俸等下诏狱，削巡抚刘世曾籍（甚哉，边事之难言也！远如滇，强如缅，尤难之难也。言语不通，凭象胥之口，傅宣任意，多变幻其词。将官以首功为奇货，又不独滇与缅也。李公以理学鸣，似无此举动；而苏公抗疏数千言，如严霜凛冽。神宗怒不测，一切救疏如不闻。每岁夏秋谳狱，怒移西曹诸司，夺俸者数矣。久之，御史薛继茂上疏救，始下部覆奉恩旨改戍。或又谓公在郧阳与中贵有隙，或飞语入官，借滇事为辞，未可知也）。十六年，裁银场道，分属四守道；改分巡安普道为兵巡安普道。敕临元参将兼治沾平守备事。十九年，丁苴、白改夷、普应春等叛，抚镇吴定、沐昌祚讨平之，题设新平县。改新化州隶临安府。二十年，特旨增贡金一千两。二十一年，设蛮哈守备。二十二年，缅贼构党复入寇，巡抚陈用宾遣把总官黄龚移文暹罗国袭之。筑八关、二堡于三宣要害，戍缅，并议屯田。复增贡金一千两。二十四年，猛卯酋多亨勾缅构乱，巡抚陈用宾檄木邦罕钦灭之。筑平麓城，议屯田。四月，黔国公沐昌祚致仕，以子睿为都督佥事镇守。二十五年二月，顺宁土酋猛廷瑞与大候奉赦构杀，巡抚陈用宾以分守临沅参政李先著同金腾副使邵以仁、参将吴显忠提兵勘处，先著议抚，以仁径袭击廷瑞，平之。因请改顺宁府为流官，大候州为流郡，赐名云州。先著由是被诬，逮系死于狱。二十六年九月，顺大余孽歪轰、猛思贤等复叛，抚镇陈用宾等再讨平之，奏以顺宁府改隶金腾道。猛密妇罕烘率孙思礼内附，置芒市。适缅溃，遣兵送思礼归，仍长其地。二十八年，矣堵十三寨莽亢等复叛，再讨平之，顺大始定。命云南抚镇协讨播酋杨应龙，巡抚陈用宾移镇曲靖，都督沐睿移镇沾益。用宾、睿遣参将谢崇爵会广南知府黄宇，督中军张澍、指挥沐粲等率兵至乌江，与贼战，胜之。贼众数万陡至，我兵败奔争渡，桥折，督阵官何天庆、甘靖、方朝宗、杨玉、王彦伟俱阵亡，全军象马尽没。总督李化龙论崇爵罪，以赐剑斩之。二十九年，太监杨荣奏开宝井于猛密，巡抚陈用宾上疏争之，至三十三年，奉旨封闭。五月，论顺大功，陈用宾晋右都御史兼兵部右侍郎，沐睿晋右都督，各荫一子。三十年三月，思陀甸长官司土舍披额等纠合侬兵，杀护印土舍李泰华，攻劫纳更、纳楼二土司，官兵剿平之。六月，筑顺宁右甸所城。三十一年九月，建云州城。三十二年，缅攻猛密，征兵于思轰。参将王廷光止轰毋发，轰从之，缚献其使。缅怒，攻轰，轰败死，都司王万年救之不及，酋长思华据其地。原奏开采官张国臣被杀，疏闻，不报。三十三年，巡抚陈用宾遣副将陈寅擒缅目多罕，复蛮莫界。思正弟衎忠随为思线夺据，衎忠奔于蛮洒。九月，遣参将张名世讨平舍勒母寨夷贼，即其地建城。十二月，缅犯木邦，副将陈寅等不救，木邦失，抚按论罢之。三十四年正月，指挥贺世勋、韩光大等围内监府，从外举火入，杀太监杨荣，焚烧府第辎重，歼其从役，缢树投井乞死者百数十人（自荣入滇，百姓被其害者什之九，戎伍不什一耳。指挥樊高明直宿不赴，荣扑责之，群弁攘袂而起，关于抚镇，一时不无委曲调停。因即夜登舟，见直指于昆阳，又得滇人懦弱等语，以为当路授意微矣。适值两夜顺风，往返迅速，是日早，二弁率军张守志、阮廷忠、张联科等一呼而集，抚镇闻变，咸出署坐。近地人从城上望，但见火光炎炎，府中柏树无风自摇，惨毒不忍言。疏闻，皇祖震怒不食，赖圣母慈圣太后力为解，司礼亦有后唐张承业，不任受旨。时山阴朱公在政府，傅布所上揭奏，谓陛下无以一人故变动一方。若欲票拟，尤当有禹汤格言。又数日，旨出，仿佛记忆，大都谓荣死不足恤，但不知纪纲何一旦至此。

其他一切宽网，惟薄罚地方官，罢中使不遣。所论首事者，群弁以序归之二弁，世勋毙于狱，光大戍边。大哉，圣人之能容乎！若万一不测，一骑入金马关，恐滇人之忧，别有所在。此惟同时知其微者知此语矣）。二月，顺宁、云州、右甸城成，请建学顺宁并右甸守御所，改云州隶府。七月，蒙自、新安等夷临城劫杀，遣都司张名世、参将张榜率兵雕剿，贼败遁走。三十五年十一月，武定夷酋阿克叛，攻破府城，杀指挥金守仁、千户王应爵并男妇四百五十余人。千户梅应时、黄桂、镇抚金荣高力战，死之。十二月戊辰，阿克率郑举等拥推官白明通，以兵随其后，直抵会城。明通至城下，求入，不许，随进公移请以冠带印信给贼。己巳，贼率兵从北城外绕西南而东，分道四掠，沿村镇市，焚劫一空，寺观庙宇及军兵营房，仅存十之三四，民老稚不及避者杀之，壮者卤而归。庚午，贼率众南指，有若攻城之状，须臾，舍而西，坐索武定府印，良久不已，许之，乃去。辛未，贼复来西城下，缒城得印，熟视，各上马，负印而前，即日援营归去（是役始于激成，终于无备。阿克一羯夷乳臭子，夷所用事托重而恃力者曰马头，凡四十有八，而郑举献称豪有力，州郡每岁供亿所取给，举不啻强半，业藏怒而不言。尤不堪者，五伯无名无已之求；又每遇巡方檄下，挖除奸宄，展转变易，无岁无其名，每一经访，烦费罪罟，倍加于汉人。一旦愤发，有如溃痈。时郡守挈符入贺，问各贼发端之由不知也，已而径抵会城，势莫可遏矣）。寻甸夷目大理保、杨礼、召补、夷妇海冲等叛，攻破嵩明，署印知事李性先弃印逃出城，吏目韦宗孝、儒学学正龙旌死之，宗孝阖门殉节，贼进逼杨林。守临元道按察副使康梦相、参将张名世统宁州等土兵入卫省城，贼已先去，即命梦相监其军，追贼于武定。都司汪如渊率禄崇功、李凤等兵救杨林，贼退。时巡按御史周懋相候代，驻曲靖，就近调沾、益安、绍庆土兵，檄同知孙台、督赴监军按察副使罗希益听部署，诸路合兵并进。是月除夕前二日，大理保等攻寻甸城，杀指挥诸藩裕、千户陈万国、戚贵卿、土舍黄有能。绍庆与战，败之。除夕、元旦二夜复来劫营，又大败之，贼遁。三十六年正月，行左布政使彭应时、右参政杨俊臣、副使陈褕、都司范继斌、游击将军段扆、督守备裴希度、王之瑞率汉土兵分道追剿阿克、郑举等。郑举等复破禄丰，知县苏梦阳率民兵力战，死之。六月，诸路合兵追贼，阵擒阿克亲兄恩弟、郑举男国贤、郑文子宗舜、丘相鲁男祖尧等十一名，阿克、郑举逃入东川。官兵压东川境，东川土司禄哲缚阿克、郑举，解献军门。左布政使彭应时于黎溪州擒获郑文、郑宗舜。参政杨俊臣督广南侬兵及官兵与海冲战，擒斩有差。副使罗希益督同都司汪如渊，率安绍庆兵，斩杨礼男杨成，俘妻妾四口，斩贼党阿白。游击段扆前后斩获有差。致仕黔国公沐昌祚具疏报武寻失事状，语侵其子沐睿，诏逮睿并巡抚陈用宾系法司狱，相继病死。巡按御史周懋相论劾临元参将张名世擅杀良民报功，并前报斩阿克不以实罪状，下部勘覆。十月，巡抚都御史薛梦雷疏题武寻致变失事始末，诏逮武定知府陈典、推官白明通、元谋知县毛文彩，解京师候讯。题报两路贼平，请处分逆犯阿克、郑举、丘相鲁、契尧司、郑宗舜、杨礼、丘仕鲁、凤恩弟、郑国贤等九名，奉旨解京，听法司会审正法，免献俘。三十七年二月，巡抚周嘉谟题请补铸武定府印信，去“军民”二字。兵部覆巡按御史周懋相疏，行抚按提解张名世赴京，听法司覆问定罪。三十八年，陇川宣抚多安民叛入缅，巡抚周嘉谟屡遣招谕，不听。十二月，檄金腾兵备按察副使黄文炳、副总兵董献策讨之，杀安民，陇川平。三十九年正月，巡抚周嘉谟条上陇川善后，立多安民弟安靖管陇川事。五月，陇川夷目纠落献陇川宣抚司金牌信符。四十年十月，叙陇功，升周嘉谟兵部右侍郎，赐金币，余以次升赏。四十一年，水西、沾益以仇构兵。二月，安尧臣以兵万人入沾益境，逼安绍庆巢穴，杀伤无限，侵及官道，并虏男女，索厚价取赎。巡抚周嘉谟备述具疏题参，行两省会问。四十二年，巡抚都御史周嘉谟请改设云龙州流官，裁革五井提举，以盐课归云龙州。割浪穹山后地六里属云龙州。四十三年四月，建水州土酋刀春琪构引交兵入犯，攻破五邦等地方，土舍沙源率兵堵截胜之，斩交人伪封候伯三人，擒斩交兵有差。四十八年，莽甸寇劫掠郡县，巡抚沈儆炌招抚之，设守备官，营法古甸龙峒等营。云龙州土酋段进忠杀其侄应袭段嘉龙，巡抚沈儆炌檄澜沧兵备按察副使熊鸣岐诱擒，械系省城，杀之，改设流官（云龙原设土官知州一员，段氏世袭，流官吏目一员，掌州印，幅员三里，夷民输赋银二百。比段进忠杀应袭段嘉龙，事平善后，改土设流，裁冗割地裒益焉。先经巡抚都御史周嘉谟、巡按御史邓汉议题，至是得请）。北胜州土舍高兰与高世昌争袭仇杀，巡抚沈儆炌檄兵备按察副使熊鸣岐征丽江土官木增兵攻之，兰仰药死，仍枭示各土司。六月，巡抚沈儆炌题以辽饷措解难前，奏蠲前加金之数。得旨："先帝即位之初，轸念畿省凋瘵，首罢税务，以苏民困。今既称地方加派辽饷，措处烦难，朕心悯恻，特允所请，准将每年贡金蠲免二千两，仍进三千两，以备成造各大典礼钱粮急需，以昭朝廷恤念小民德意，户部知道。"（贡金之数原二千，万历十八年，特旨加三千，时在京仕绅往白司徒即关中杨君应宿，唯唯。诘旦，入署，言于大司农蒲坂杨公俊民曰："云南增贡金事，某职掌也，当力争。”杨公即令具疏上请，有旨免一千两，再有渎陈，仍如数增。大司徒谓彼此相传，姑无言，竟以言者未已，仍增为五千。其详具《赋役志》中。节经抚按请免，不报。至是。俞抚臣言。）

八月，题裁大理府白崖督捕通判一员、金齿、打牛坪、云龙甸巡检三员，设守备一员于莽甸，统兵三百，为四小营，防守御寇。

天启元年九月，四川永宁土酋奢崇明、奢寅、贵州土舍安邦彦相继逆叛，两省各移白便宜发兵赴救。十月，巡抚沈儆炌调合省土兵于曲靖，以按察副使黄似华监纪，并援黔蜀。十二月，遣都司李天常、指挥王懋勋、张神武等统宁州嶍峨汉土兵四千援黔，师次安庄卫叠水岩，官军陷没，天常死之，懋勋、神武俱被害，嶍峨土官禄崇功子培被执。二年正月，遣都司杨明廷统兵三千援蜀，师次毕节，会乌撒土酋安效良以助逆先伏兵阻截，我兵败绩，明廷并中军程坤死之，指挥蒋藩屏、百户卢应藩、奉差指挥朱家相、张联斗缒城出走，弗及，俱为贼所杀。参将尹启易统兵四千，次乌撒，闻效良叛，退保交水。二月，沾益土妇设科、恶目补鲊、奈科、李贤、期曲等叛，焚劫沾、倘、炎、松、交、白六站堡。设科、李贤等陷平夷，杀管操指挥曹三捷及军民数百众，失卫所伍印，掌印指挥唐九官、千百户等被创奔逃。武定夷目张世臣纠小东川夷贼千余，攻陷他颇、补知二营，杀管营武举官陈竭忠。巡抚沈儆炌便宜起原任参将李思忠督兵赴武定防守。三月，添设武寻游击一员、倘甸守备一员，其沾平、莽甸守备俱改游击。东川土酋禄千钟及禄阿伽、张世臣率兵数千与设科等合攻嵩明，知州王育德率军民固守，官兵先至者犒赏安插，便宜留之。巡抚沈儆炌便宜起原任参将袁善督守备金为贵、土官沙源至果马，为贵冲锋，首败贼众，斩级十余，贼退。袁善又计擒倘甸夷目阿托，挖获为美县印一，有元至正年号。贼攻嵩明，袁善督沙源等兵至狗街，大战，斩东川七州土官一人，其余首功一百五十余级，贼屡经挫衄回巢，遣夷目出倘司乞降，许之。设科等率兵入陆凉州境，焚劫各乡，知州郭俊义统兵出御，兵败，死之。武定贼张世臣、阿歹、阿尧、张拱汉等，胁撒里等夷民叛，攻府城，知府胡其慥率兵民守障，参将李思忠领宁州禄溥、禄洪等汉土兵与战，大败之，斩首四十余，师进撒甸、撒麻邑、撒里、环州等寨，追剿各贼并各叛夷，前后擒斩二百余级，各贼就擒，惟张世臣遁匿（张世臣最号凶悍，与东川乌撒有婚姻之好。阿歹等，凤克之余裔也。是役实为寻甸犄角，且以我为不能两应耳。一战胜后，迎刃而解。世臣虽鼠窜，实游釜之鱼耳）。四月，遣参将尹启易、守备李加培、周嘉映自交水督兵进沾益，安效良亲统水西乌撒兵拒战，我兵陷没，夺去贡象三，加培、嘉映俱死之。七月，补鲊、安应龙等攻陷亦佐，焚毁县治民居，知县封存章逃赴广西府。八月，补鲊攻越州，焚劫关厢村屯，巡抚沈儆炌发曲靖兵往援。九月，补鲊、阿九、安应龙等贼攻罗平州所，署印通判梅守聘、千户傅界重等率兵民守城，贼焚关庙，攻城六日不克，引去。十月，安效良兵入沾益，军民降附奔逃，同城乌撒卫后所千户刘受禄等弃城投交水。交冈犯安南长官司竟古哨，土官舍沙源等与新安所官军堵截，斩交兵战象，交人遁归。十二月，阿九、安应龙等围罗平，两月不解；州官缒城以血书告急，巡抚闵洪学遣同知吕声杨统土官龙在田等兵往援，遣参将施翰统土官沙源等兵策应。三年正月，补鲊、阿九、安应龙等攻破阿邦等寨，复攻师宗城，声杨等力御，胜之，贼退扎偏头山。二月，官兵攻阿邦、比得等寨，斩贼四百八十余级。贼首补鲊、阿九、安应龙等复攻州城，官兵斩贼七十余级，贼败退，应袭白醇如、土舍吾必奎追之，各斩贼有差。是月，奉旨暂停本省贡金，候事平仍进。三月，巡抚闵洪学遣副使黄似华于罗平监军，遣游击李思忠、于师宗策应。檄施翰等兵雕剿补兆、偏头山等贼，斩获二百余，擒鲁邑叛首施恩远。四月，计诱罗平贼首阿九父子等于法干寨，杀之。是月，巡抚闵洪学檄参将施翰乘胜追剿补鲊、安应龙等，至亦佐，擒酋妇隆氏，拔归顺、坎者、芦塘三营；至普安，擒贼从安氏三陇应麒及安应龙妻属，斩馘三百余级。师还，勒石，除罗平苛政七十二款（罗平各夷之乱也，由有司横征无艺，岁额之外，溢千三百余金，而歇户诸色，横索尤甚，民不堪命，乱所从来矣。勒石除苛政七十二款，夷汉相庆可知）。巡抚闵洪学遣参将袁善率兵恢复平夷卫城并白水站，收招流散，屯种如故。五月，建交水城，移平夷右所官军守之。改安宁提举司为琅井提举司，驻琅井。安宁盐课附州征解。水西、普安贼兵万余攻平夷，守将袁善用铳击贼，斩级无数，贼焚尸野祭而去。善又督兵蹑之，由羊肠亦佐越州，贼复遁。七月，建平夷卫城及白水站土垣。八月，巡抚闵洪学发兵两路援黔，左布政使谢存仁督兵由黄草坝、新城、马乃、安南所进，沿路剿抚，斩级五十余，参将袁善督裨将王聘选、张云鹏等统兵由亦资孔、普安进袭土官营，斩八十八级，擒贼首段二。九月，袁善兵抵安南，围解，守将许成名、杨文炳郊迎犒师，出帑银一千三百两，赈城中军民。十月，水西、归济、比恰并普安贼万余，截滇兵于江西坡。土官守备沙如玉单骑冲锋，贼败，官兵乘胜掩杀，斩贼一百三十余级，夺器械无算。闰十月，收复新兴、普安并平夷、乐民等城，亦资孔等站。十一月，攻破八纳山，斩普安贼首尹王保及余贼七十余级。沾益叛首设科、李贤就擒（设科，安邦彦之妹，安效良与之通，李贤为之用。破沾益、平夷、炎方等州卫驿站，戕职官，杀官军百姓无算。至是兵备右参议王鍈、参将尹启易计擒之，柙科，械系贤，就外法司狱，候题请处分）。檄经历魏天命之亦佐县，收招流散、被虏人民七百有奇，抚定夷寨一千六十有奇，取其亲子为质，补三年逋负，筑城守之。四年二月，遣副总兵袁善督兵雕剿沾益哈马谷，斩贼三十级。三月，水西贼入普安界，副总袁善督兵堵截于簸箕、罗朋、七家等寨，斩贼级四十有一。四月，雕剿沾益革泥法、堕以、那冲等寨，擒斩俘获共二百余。七月，檄武举官李瑗率兵袭叛首张世臣于他颇，贼党势孤，斩世臣，执其妻及子，武寻贼平。八月，新化州新平县贼首鲁魁、鲁克等潜伏山箐，巡抚闵洪学檄分守临元副使胡其慥、游击刘崇礼分兵挖捕，俘斩三百名颗有奇，余党悉降，就地安插，立十二哨，戍之而还。十一月，巡抚闵洪学遣裨将吾必奎等统兵恢复炎方驿，招集其民。十二月朔，黔国公沐昌祚卒。是月，乌撒土酋安效良缚亦佐县贼首安应龙并贵州乌撒卫经历司各印信来献，劳其使而归之，还至曲靖府城外，被杀。五年二月，巡抚闵洪学遣副总兵袁善统兵复沾益州城，修复松、炎、沾、倘四驿站堡。三月，安效良忿来献功人见杀，又因我兵进复沾益，遂纠水兰二酋拥众入犯。我兵止六千人，贼数甚伙，分兵一围沾益，一攻炎方。副总兵袁善督宣抚沙源力战，胜之。贼不能窥沾益，守备吾必奎坚守炎方以老其师，袁善等乘胜间出炎方，内外夹击，又胜之于炎方。前后五战，计斩级三百四十余，他死鸟铳者无算，贼遁去。四月，发兵沾益，剿捕贼党竟更，斩贼级八十有奇，俘贼属牛羊有差。五月，安效良复纠水西兵入寇，巡抚闵洪学檄左布政使谢存仁、副总兵袁善合尹启易督守备郝太极、宣抚沙源率兵堵截。是月戊午，贼前锋游骑至马龙，与我兵适相遇，贼骑见战象而惊，我兵袭击，贼自蹂躏授首。已未，战于磨盘山，至甲子，首尾五日，斩贼级共二千有奇。贼从间道走寻甸，官兵追及，战于凤梧山下，杀伤相当。贼遂由山顶分两路遁走，我兵又蹑其后，又伏兵截其归，斩数千。贼假道东川，因东川斫树塞路不与通，遂取别路而归。是役，贼负山连营，声言十余万，我兵仅万人，又阿遣马酋竞戈资赍金投贼，为之乡导，贼纵横曲马之间。及败走寻甸，度龙胜江，或从船，或从七星桥，又途穷于凤梧，路塞于东川，而指示径窦导之出疆，皆戈资之为也。比调集景东兵象如千、广南铳手如千及赤石崖毒弩手，俱入会城，黔兵已入滇境，而贼一夕遁去矣。贼退，遣人赍金奖谕东川，购戈资献军门，数其罪逆，斩之，传首诸夷。六月，从抚按之请，以沐启元为征南将军黔国公，镇守云南。

《沿革论》

粤稽五典，已见三苗，及乎夏后殷周而降，或称万国来朝，而南方乃有百国，是为百濮。鄯阐国，滇也；昆弥国，大理也；句町国，临安也；牂牁国，乌蒙也。其他九十余，多不可考。《汲冢书·献令》曰，西南产里百濮，以象齿短狗为献。产里，即今车里，周公作指南车以导之归者是也。春秋时，叔熊逃难于濮，而蛮楚蚡昌始启濮。战国仍属楚，襄王使将军庄蹻略巴黔以西，以兵威定之，会秦击楚，道塞，归报不能得，因以其众王滇，变服从其俗长之，滇有楚俗之始也。秦使常略五尺道，置吏。汉元狩间，彩云见南中，遣使迹之，云南之名此始。滇王当羌对汉使语不逊，武帝恶之。时白崖有天竺白饭王之后名仁果者，称白王，为众所戴，天子册为滇王，仍治白崖，蹻世乃绝，白人之名此始。元封中，司马相如入西夷，上人盛览从相如学，归授乡人，滇之文教此始。是年，郭昌卫广平其未服，滇王降，请置吏；入朝，以为益州郡，赐王印，益州之名此始。建武中，楪榆诸羌叛，刘尚连破之。元和中，滇池有神马、甘露、白乌之祥，乃建学立师，滇有学校此始。蜀汉建兴，改益州郡为建宁，又分建宁置云南郡，即今云南县地。雍闿附吴，孟获诱煽诸夷，武侯斩雍闿，服孟获，四郡皆平，乃收用豪杰。时仁果十五世孙龙祐那者，能抚其民，号大白子国侯，仍以其地封之。晋、宋、齐、梁、陈、隋皆以守令治其人，酋长世其官。唐贞观，册建宁白国长张乐进求，时哀牢夷纳农逻耕于蒙之巍山，有祥异，所居成聚，乐进求惧，逊国农逻为奇王，自是蒙族分立为六诏，六诏之名此始。唐置姚州，南诏赂王昱，合六诏为一，册为云南王，南诏之名此始。天宝间，南诏杀张虔陀，取夷州，鲜于仲通击之，败绩。南诏北结吐番以自固，后为吐番所苦，请内附，仍封之，以韦皋为安抚使。皋以南诏兵破吐番，取铁桥十六城，俘其五王，南诏献地图、土贡，赐金印，吐番不复为云南患此始。宋王全斌既平蜀，以图献，太祖以王斧画大渡以西曰："此外非吾有。"云南几为绝域。元世祖由丽江入大理，定鄯阐，为中庆路。皇明置云南布政使司，声教之盛始此。上下数十载，兴衰之迹，有如传舍。夫乱不极则治不生，孟子辟杨墨而辟之曰："一治一乱。"然中国之治乱也，由尧舜至于战国，中间圣圣贤贤，犹迭兴未乏绝，而滇之治乱，则由战国至于今也。天将使此土化部娄为高陵，化荆棘为松柏，化鸡犬为鹿鹤，化浊恶为清凉，非圣人不能，故挈而畀之。至是正朔始有定奉，历年二百六十以来如一日，虽有小警，旋为大定，盛矣。

交易用贝一枚曰庄，四庄曰手，四手曰苗，五苗曰索。按许氏《说文》曰：“古者，货贝而宝龟，至周而有泉，至秦乃废贝行泉。”《汉书》曰，王莽时，大贝四寸八分以上，二枚为一朋，值二百十六。牝贝三寸六分以上，一朋值五十。公贝二寸四分以上，一朋值三十。小贝寸二分以上，一朋值十。不盈寸二分，不得为朋，每枚值钱三，是为货贝。由是观之，汉时钱贝并行，秦亦不能尽废之也。《货殖传》，贝五种：大贝、牝贝、公贝、小贝、不成贝。不成贝者不用，惟大贝值钱多，余三种皆今所用也。然则汉末天下尚用之，今所用者，小贝之尤细者。晋郭璞《贝赞》云：“先民有作，龟贝为货；贵以文采，贾以大小。简易则资，犯而不过。”盖用钱则有拣选，用贝则枚数而已。五尺童子适市而人不欺者，其以此耶？故曰“简易则资”也。秦灭六国，惟楚公子庄蹻王滇，故楚独存。秦虽使常頞于滇中略五尺道，然未尝属秦，故货贝之在南中独不变者，岂秦法未常入滇耶？于此亦可以考世矣。嘉靖乙未，滇人掘王案山，得大黄布刀，制如罄，折衡重三钱，考之《泉志》，盖王莽时铸也。然则汉世之泉，固尝行于滇矣。然泉不若贝之简易不欺，故泉不永而贝至今以为货。

滇之产，或凿窍于山，纵斧于石，或泅水而入龙蛇之幽宫，或跰足而走岚瘴之乡，冒虎狼之险，贸而得之，皆长物也。滇人无所用之，五方良贾，贱入而贵出，利之归本土者十不一焉。铜以供天下贸易，近为圜法之府，而本地又自以兼金易紫贝，其价日益月增，欲滇人无贫，不可得也。又其半，则四方行脚方士释子募缘者取给焉，曰宇内一切真人，一切出世佛皆由滇出，欲滇人无好佛好玄，不可得也。

《升庵集》

东坡诗纪所经温泉，天下七处，以骊山为最。予在南中所见，又不止七处也。滇中宁州、白崖、曲江、德胜关、浪穹、宜良、邓川、三泊、江川、罗次，所在有之，不止数十处，而安宁为最。凡温汤所在，下必有硫黄，其水犹有其味。独安宁清澈见底，垢自浮去不积，且无硫黄气，不知何理也。旧有人见其窍出丹砂数粒，乃知其下有丹砂。传闻徽州黄山温泉亦类此。后周王褒《温汤铭》云："白矾上澈，丹砂下沉；华清驻老，飞流莹心。"乃知温泉所在，必白矾、丹砂、硫黄三物为之根，乃蒸为暖流耳。

古者女子出门，必拥蔽其面。后世宫人骑马，多着幂䍦，全身障之，犹是古意。又首有围帽，谓之席帽，垂丝网之，饰以珠翠。至炀帝，去席帽，戴皂罗巾帼，而以席帽油御雨云。唐永徽中，皆用帷帽，施裙到颈，渐为浅露。开元初，宫人着胡帽，靓妆露面，古制尽矣。今山西蒲州妇人出以锦帕覆面，至老不去，云南省城亦然。大理妇女戴次上大帽，亦古意之遗也。

《隋书志》云，江南之地多蛊，以五月五日聚百种虫，大者至蛇，小者至虱，合置器中，令自相啖。因食入人腹内，食其五脏，死则其产移蛊主之家。若盈月不杀人，则畜者自踵其害，累世相传不绝。自侯景之乱，杀戮殆尽。蛊家多绝。既无主人，故飞游道路之中则殒焉。今此俗移于滇中，每遇亥夜，则虫飞出饮水，其光如星，鲍照诗所谓“吹蛊痛行晖”也。予亲见之。

蛊毒在上，则服升麻吐之；在腹，则服郁金下之，或合升麻郁金服之，不吐则下。宋李巽岩侍郎焘为雷州推官，鞠狱得此方，活人甚多，见《范石湖集》。

丘文庄公曰，自汉南越入中国，始有南海，然西海竟不知所在。今祀东海于登州，祀南海于广州，皆临海而祭，西海则望祀于蒲州，北海则望祀于怀庆。盖因宋都汴而怀庆在其北，是时失幽燕，无因至辽蓟之间，而北望以祭之可也。国朝都燕，而乃往南以祭北海，可乎？古谓青州为北海郡，今京师东北乃古碣石沧海之处，于此立祠为宜，滇之极西百夷之外，闻有大海通西南岛夷，即西海也，宜于云南城望祀之。慎按王莽立西海郡于西宁之地，亦妄也。今滇西百夷之外有大海，在今阿瓦地。沐邻为都督，曾至其处，有诗云：“蛇首楼船十丈长，船头铙鼓乐笙簧；篙师百橹齐摇去，阿瓦城边水似汤。”郡西海无疑矣。又按王充《论衡》云：“汉得西王母石室，因立西海郡。”而《汉书》不载其事，今其地没于匈奴矣。柳子厚《铙歌》题云“李靖灭吐谷浑西海上”。

赋役志

包氏《志草》云，云南汉夷相错，其地沃瘠相半，所入不过曰赋役，曰矿，曰盐，曰税课，数者始未尝不荡佚简易，而后稍疲累也。夫计生齿不加繁；田土不加辟，膏腴半属巨室，征输独烦编户，俗窳贱农，召夷佃作，刀耕火种，涝旱时有，而赋额亏。

凿穴椎岩，万死一生，砂脉渐微，悬课益逋，而矿额亏。一线之井，非池非海，淋卤甚艰，再榷孔亟，而盐额亏。物力大耗，征敛无经，关门昼闭，商旅日稀，而税额亏。又足之以割股充腹之喻，而归于慎德转移之一言，具矣！庸夫搁笔踟蹰。因念今昔不同时，常变不同局，烦简不同用，旧贯改作，裒益多寡，不同规画，而四亏之故，可反覆推矣。果若所言，横索之惧扰乎？而今尽官征矣。惰农不力，雨暘弗若乎？而陂塘堤备在在咸有矣，胡为乎额尤亏于赋也？椎凿不释，金气衰微乎？然孤虚旺相，上应乎天，有退而成功者，必有进而将来者，胡为乎额尤亏于矿也？负盐出井，举滇而咕之，非有聚佣煮海之利，出浮于入乎？然再榷之令罢数岁，复隆开而作咸非一井，盗淋卤者日聚讼矣，胡为乎盐额尚亏也？物力耗，征艺苛，关门昼闭，商旅不行，此可籍口于万历之季，而今顿改矣，即道途多梗，取偿物价，不翅相当，而税额何尚亏？

论理财者曰："不在官，则在民。"乃有不在官而在庶人之在官者，不在民而在奸民者。此两种人，内不出，外不入，则穷乡无坐索之里胥，徭役无偏累之贫户，小民之乐输，且先于有司之督责矣。又有在奸民，在游惰之民者，夫民不见可欲，不相往来，攘攘熙熙而不绝者，以利言也。东野之叟，年七十余，无子，每岁走诸银场如骛，犹曰其人忠实，官司不肯纵舍也。良家子废业，人奴窃其主，及四方亡命逋逃，一以此为渊薮，其狡黠与强有力，久而起家者皆是也。一复隆井耳，复隆之人能辨之，乃会城市魁往之，求登垄，阴报盐丁名于官，而以士夫名合士夫姓，假士夫子弟衣冠投刺，冒百金以归。有亲见而密告者，又惧结业，畏之如虎，不敢为左证，卒也道远力屈，付之无可奈何已矣。四方之货一入滇，虑无不售；其道愈远，其来愈难，其于入货者愈有辞，于出货者愈有利。试问数十年来，扬扬大都，何计然、程郑之多也？如是而四赋果在官乎？果在民乎？抑亦出于官与民之外乎？

今天下多事，度支力竭，算及猥细，议者曰：“与其开利孔，不若清弊窦也。”不塞不流，不止不行，司计者无为四亏所惑而徐综核焉，庶滇犹不至坐困。不然，外有不即除之叛夷，内有不即去之征缮，捉襟露肘，左枝右梧，即事定功成之后，闾左日萧条而莫知所究竟也。

贡金

原无正额，嘉靖十三年，始派解二千两。每年春夏办足色金一千两，价银六千三百六十三两；秋冬办成色金一千两，价银伍千五百六十七两，俱于布政司济用库秋粮差发各项银内措处动买。万历二十二年，奉旨每年加足色成金三千两，共五千两。继以阁臣王锡爵疏免，准减成色金一千两，立限每年七月十五日解进。复以抚臣吴定疏免，仍增一千两。继以部臣杨俊民疏免，复准减一千两。又复以科臣王德完疏请召买，复增一千两。是后云南抚按相继请免，章不啻数十上，一切不报。至今上即位，允抚臣沈儆炌之奏，除免加增。顷又以疆场多虞，暂免解进，民稍稍息肩。

宝石

原非额赋，间奉勘合给发司府库银易买。万历二十七年，专敕太监开采，巡抚陈用宾上疏力请，寻奉诏停免。是物也，产于猛密，谓之宝井。或曰如廉州之珠池，泅水得之；或曰以钩镰入水取之。其始甚大，经风而碎，皆不可知。但传闻近年夷人与外人交易久，见其拣择，日知石之高下美恶。今出之权在彼，不如昔之任意择取，得价而已。是以其价益贵，其好者愈难得。又夷方多置毒药，旅途多盗，近有避税取径路行者，受祸愈酷，此宝石之大略也。然京师贾人所聚实多，即有旨取，内供足以供之。

象只

原系土司进贡。万历六年、二十六年，节奉勘合于夷方买进，每次三十只，每只价银六十二两五钱。金之累，在于本土，象之累，在于客途。是役也，象人以为奇货，百相索也，百相应也。入其疆，如芒刺之在背；出其疆，如重负之息肩也。先期半载，于永宁具舟，盖此路平衍，舍此无他途。而今不敢言矣，即兵燹宁定，恐非岁月可以望坦坦者。况驯象所尚未称乏，或不遽倚办于厥贡乎！

屏石

奉勘合尺寸，于大理苍山采进。六七尺者，采挖运解俱艰，议照先年以五尺以下折算充数，然物重途远，即太平犹难，况今日乎？

《兵食志》

天下皆有卫所，皆有军，皆有屯，然而兵食之寄不与焉。滇前志列三端，如日月星辰，无以易者。《志草》于军实下附募兵矣，然读至终篇，竟无一语，岂著书者漏略，抑为人芟除也？从来用兵，所用皆土司兵，而土司兵亦不在论中，岂谓官数军实具而兵足乎？屯种之数具而食足乎？今日朝端之咨议，士大夫之乐谈，何非兵将战马、兵器火器、号衣纸甲及设法理财，请内帑，供军储兵饷乎？何不闻一处取诸卫所军屯也？

顷四五年中，搜罗将才，大者或起之乎废闲，或借之于就近；有间关捧檄，不远万里，直是从天而下；小者亦多得诸草泽，自相荐引，于行伍中十不得一。至索健儿于十军之外，则曲交之征人，实抽腾永之戍卒，所至效用而奏功者，土司兵耳。土司兵在安攘备考所列，俱出迤西，近沙普诸路，又出迤东。以上种种，茫不得其要领。又念滇事最急，孰过此二端？不能寥寥。

间请于填抚闵公，辱承裁答，大都谓兵屯与时迁化，桑田沧海，多非故我，所称不能为有无，信然也。屯粮为胥史窟穴，淆乱之极，不得已，彻底清厘，殚两年之力而成书，尚恐非实录。土兵先年用迤西，今用迄东者，先年防缅，近年防交。干戈相寻之处，则死士出焉，其习然耳。时下沙普二兵最劲，沙可六千，普可五千。此外广南铳手似精，但其酋暗弱，兵无纪律。元江兵派之夷寨，脆弱不堪。宁州、景东可各三四千，不甚劲，而土官并恭谨。宁州尤切近，足备缓急。嶍峨兵不满千，不足恃。石屏可一千二三百，铳手亦精。又云，滇赋岁额出入之数，岁无余剩，惟省府城卫县三仓本色，年该四万。向来收支之数，院司不一过而问之，每四五月，仓无粒米。自某受事，亲置簿登记，故陈陈相因，运曲靖络绎不绝，皆是物也，然岁所得不过一万六七千而已。盖二百言，而大都已囊括矣。已又遗募兵大数，及土司略节，及新定屯粮，一一取以为据，庶几此书不至寥落。至于土司风土远近情伪强弱之详，仍于《羁縻志》中足之，可以参互并观。

此外别有乡兵，所谓牛丛也者，前抚沈公从郡人姑苏学博王来仪之议，行之会城，得兵近万；虽不敢谓尽可用，然缓急时有"君子代匮，备而不用"兹是谓乎？今附原议于后，以俟来者。

《志草》之策卫所曰："清黄于结袭之始，调能于考选之日。"策土著曰："时拣练以习其技艺，优月粮以厚其赏赉。"策屯田曰："复陂塘以有备于水旱，惩豪右以无慢其经界。"窃以为梁肉、药石，因其时而用之。今日之滇病矣，其无酌所调剂者存已乎？

洪武制外卫军七分屯种，三分操备，盖以七人所种之谷养三人也。但初则一军授田二十亩，种谷三石二斗。岁征谷五十石入屯仓，每月支谷二石，岁支二十四石为家小粮，支三石二斗为种谷，是征五十石入仓，其实在官止二十二石八斗也。后官吏为奸，屯仓既远，渐不可支，七分军岁纳谷五十石，益困，每告诉，皆云莫可改。后都指挥张麟精审其弊，遂为奏改，名曰与除，谓以家小食谷二十四石，及种谷三石二斗，皆与军而除其岁征之谷也。然谷之纳亦多弊，遂照例以米四斗，折谷一石，使岁纳米九石一斗二升。于是军不困而官易征，迄今便之。

沈儆炌《请蠲贡金疏》

滇土府、土州、土县，壤地千里，小者数百里，所输仅差发银二三十两，多者五十两或百两而止。其流官州县得数百金遂了一州一县之额，若岁入有一二千金者，便以名城巨邑称矣。

《旅途志》

郡国未有以旅途记者。滇在天末，东有黔中诸夷间之，北有蜀之裔土，南有粤之羁縻属县间之，道途通塞，命脉系焉。昔楚庄蹻溯沅水，略地至滇池，其转战逐北经历之地，未有纪也。秦常頞通五尺道，汉唐蒙治夜郎道，司马相如治灵关道，其所镂山刻木之地，未有纪也。刘尚之击栋蚕，孔明之击雍闿，皆渡泸水。李雄僭蜀，遣李剑攻宁州刺史王逊，进军由小会。隋史万岁之讨爨玩，自蜻蛉川经大小勃弄。元世祖之伐大理，自忒剌分三路，或由晏当，或由白蛮，或由满陀城，而其师行所过，止宿警跸，未有纪也。公孙述时，句町大姓保境为汉，遣使自番禺江奉贡，而其间道所趋、阅历何所，未有纪也。

惟《唐志》载贞观十年，遣祠部郎中袁滋与内给事刘贞谅使南诏，自戎州开边县，由曲州石门镇、邓枕山、马鞍渡、蒙夔山谕官州，薄季州界江山、荆溪、谷薮、柔池、汤麻、顿柘、东城、安宁、井曲、水石、鼓佉、龙至、羊首、咩城。贞观十四年，遣内侍刘希昂使南诏，自巂州清溪关，由大定、达仕二城，西南经箐口、永安、木瓜、岭台、登城、苏祈县、羌浪驿、蓬岭、会川、河子镇，渡泸水至姚州。又载安南经交趾、太平峰、州南、田恩、楼县、忠城、多利州、朱贵州、浮动山、天井山，山上夹道皆天井，间不容跬者三十里；又经汤泉州、禄索州、龙武州，皆爨蛮安南境；又历傥迟顿，入平城洞澡水，至曲江、剑南地。然其山川之险易，物情之变幻，未有纪也。

国朝通滇为列藩，其入觐之路，置传设驿马，曰东路；间道走蜀者，曰西路。顷岁安氏衡决，乌酋吠声，东西道断，因北走金沙大渡，曰建越路。建越多夷患，复不能以时开通，又南间道粤西，自广南达南宁，其分岐而合于广南者，通曰广南路。广南在滇之南，折而东北，始达南宁，其道迂。又有由东直走罗平、安笼以达田州者，曰罗平路。一一撮其亭徼焉。核其远近险夷，考其人情焉。东路由黔以达于沅州，始为楚郡，故止于沅州。志普定兴隆路，并志黔，志黔亦以志滇也。黔之腹心，滇之咽喉也。志清浪晃州路，并志楚，志楚亦以志滇也。楚之边徼，滇之唇齿也。西路由黔西以达纳溪，建越路由会川以达荣经，始为蜀邑，故止于纳溪、荣经。志乌撒建越路，并志蜀，志蜀亦以志滇也。蜀之藩篱，滇之门户也。广南罗平至于南宁，始为粤郡，故止于南宁。志归顺田州路，并志粤，志粤亦以志滇也。粤之穷荒，滇之阨塞也。诸路皆由陆，惟金沙有水道而未通，故以金沙江附焉。山川书其历，不书其望；艰难险阻、迂怪谣俗咸书，以补他志所不及云。

陆路

《普安入黔旧路》

云南治城三亭而达板桥驿，近郊有金马关。板桥达杨林所，号三亭，实六亭（者察赤水鹏）。杨林所达易龙驿（有木密关守御所），号三亭（纳禧罗傍），实七亭。罗傍山、沈杨林、海子方如支郡三城，有渔舟百十艘，有黄坡，沿海阨塞，昔歼腾永叛卒于此。易龙达马龙州，号三亭（赵福、白塔、昌隆），实八亭。途经小关索岭、古城堡、鲁婆伽巡检司，夹路多斗玚花，丹素二采。马龙三亭而达南宁驿，马始用昆蹄，昆蹄者，范金饰马蹄以御石齿。《尔雅》曰，昆蹄，善升甗。郭璞曰，甗山形如甑。或曰，周公通九夷时所制也。有响水关。南宁达白水，号三亭（阿幢桥、分水、交水），实八亭。交水平川可走轮，阿幢桥有大道走曲靖府，号三岔路，有铁沟哨。白水达平夷，六亭（多罗、响水、石层）。有茶花箐，多盗。路有清溪洞，面溪流，中窅深，苣火入之，有浮屠、龙象、芝朵、云英之像，皆石乳溜结者。有桂花洞，有桂花一本，百尺，根盘洞底，枝出洞外，秋华时香彻他山。平夷卫六亭（火烧、东堡、平夷）。而达亦资孔驿，枕石象山。中路有棹楔曰“滇南胜境”，还观山平天阔，东望则箐雾瘴云，此天限二方也。有平夷所、马鬃岭、硝洞。亦资孔驿达普安州，号六亭，实八亭（蒿子、海子、大蒿、莪娘）。有番纳牟山，土人称云南坡，陂陀相续，行石齿中。普安州达新兴驿，号六亭（板桥、革刺、撒麻、水塘、高丽），实八亭而畸。出城有狗场坡，民无编户，土酋号十二营长，其部落有猡猡、仲家、犵獠、僰人，言语各不相谙，以僰人译之。夷俗有火炬二节，丑未月之廿四日，是其辰也。是节击鲜以祭，小儿各持火喧戏于市，若中州上元然。撒麻亭有八部山，地名旧普安，唐盘州遗址在焉。有软桥坡，其水为盘江之委。板桥坡地广黄壤，树多青松，土人燧松梯以代烛。堡站实枕新盘山。新兴达安南卫，号六亭（芭蕉、沈纳、牛场、腊茄、鸟鸣），实八亭。有新兴坡、芭蕉关、分水岭、江西坡、沙子岭、上老鸦关，沙行者十六，石行者十四。卫城南阓有尾洒井，清甘可茗，因以名驿。夷言“尾洒”，华言“水下”也。安南达查城，号六亭（尾洒、水洞、宝甸、盘江、黄土坡），实十亭而遥。有哈马章，倒马坎、盘江坡。至盘江，江出乌蛮，汇于广西者。香江（即左江），饶瘴疠，草青之日，有绿烟腾波，散为宛虹驳霞，触之如炊杭菡萏，行人畏之。江岸乃靖远伯南征丧大师之所，每水溢时，多化为异物。过江有癞石坡、黄土坡、西关坡，山幽箐邃，吐雾弥天，不分咫尺，行者前后相呼。

查城四亭而达关岭（安龙箐、白口堡、关岭）。兹东路险绝首程也，有白口坡、东坡、安龙箐坡，有胡椒凹，有象岭石；右皆崖箐万仞，中仅有道如梁，行者慄汗。有香树坡、小箐口坡，草多芝，鸟多山呼，兽多熊，中途悬岩有吕公像。旧自查城至白水，路赊马痛。万历中叶，当事者请移邮传于关岭所，执政误读岭为山岭，遂承旨为关山岭驿。

关岭四亭（鸡背、白水、阿桥）。而达安庄卫。关岭四十三盘而下，有鸡公背，与关岭相对，两山之趾，界以溪涧。至白水，有悬崖垒水，飞流瀑布，自山端下注，二崿相承，下为深潭，神蛇宅之，见者必婴重疾；又谓有水犀，时出岩谷，后徙去，夏涨时喷沫如云雾，冒数里。

安庄五亭（龙泉、马场、杨家桥）。而达普定，实兹荒徼名都。旧永宁、安顺、镇宁三州同城，今移镇宁于安庄，永宁于安南，而擢安顺为军民府，自威清以西皆隶焉。地稍平衍，山如髻鬟。城南阛有塔山，浮图标其颠。兵使者署中有石化树，可四五尺，碧叶紫花，结实红而黑，其本犹石也。浙藩司之后，园亭佳胜。相传贾似道别署有树化石，石根犹古松也，其类是与？普定六亭（沙作、饭笼、龙窝、阿箸、乐得）。而达平坝卫。平坝四亭而畸（阿冬、镇夷、狗场、的澄）。达威清卫，有的澄桥，其水黝湛，夹堤多篠叶。威清五亭而达贵州治城（阿江、小箐、倒树、六寨）。

山稍夷，类崤渑，夹路多野橙，以春冬之交华。治城近峦之秀者曰凤凰，带城有襄阳桥，林多贵竹，有贵竹长官司，因竹以名州。野产紫芝，土人呼菌王，解菌毒。城市以猴兔二辰为易。贵州五亭（高寨、独脚、革堡、龙洞）而达龙里卫。龙里六亭（乾溪、雍城、新安、宠炭、麻子）而达新添卫。路夹长涧，有长谷坪、空洞坡、野猪洞、宠炭坡。野猪洞猪穴之。石崖截立千仞，盘回复迮，人骑弗戒，恒有队者。新安对亭有埭，峭立而上平，下有洞深靓，九龙观标其颠。新添达平越卫号六亭（崖头、冷溪、黄丝堡、西阳、谷子），实十亭而遥。经望城、江西、猡猡、酉阳、倒马、五坡，有谷蛮关、龙场、蛇场，路皆石齿，马升甗昆蹄，踏声铿然，火星出地。箐有苗寝，行者侧足焉。平越达清平卫，号六亭（三郎、羊场、杨老、胡资、鸡场），实九亭而遥。陟梅岭关，度麻合江，津人乃木獠夷。江涘苗人以石垩就水泽发，獠家夷女罶鳅虾以供腊祭。地有羊场、鸡场，实诸夷互市，以十二辰相递，历十二日一市，每场岁三十市，岁暮即场醵会，持牛角为觞，吹芦笙为乐。清平达兴隆卫七亭而遥（落灯、罗冲、重安、周洞、黄猴）。渡重安江，江色如渥靛，岸树二桓，絙缆绝之，舟循缆以渡。有云溪洞，可隐千室。望香炉山为岊三城，其高敝霄，下肆无景，上有瀵流一溪，沃畴千川，聚落千部，时出御货戕人。官兵来讨，辄汧水下注，酉阳土兵环之，弗克攻，有陨自崖者，获之，询之，江佑也，舍之。苗俗以长至为岁朝，考鼓击抃，群饮醉卧，土兵尾江佑以登，窥其关，杀其关焉者二人，急撞金，群帅悉登，尽歼之，遂城香炉为官，戍其降苗于黄猴、落灯之间。兴隆卫五亭而达偏桥（履垣、东坡、王五）。途经东坡，有岩洞类梵壁普陀境，垂乳结溜，象云朵芝英，悬泉淙然。偏桥卫达镇远府，六亭而遥（白羊、九曲、望云、刘家庄、青冈）。渡河而东，有相见坡、望城坡、望云关、九曲关、油榨关。沅水溯流，舟通镇远而止，近决石梁通至偏桥。镇远达清浪，号四亭（宛溪、焦溪、梅溪）。实十亭。途经草鞋坡、鸡鸣关。清浪四亭而遥（丙溪、杨埤），达平溪卫。中渡沅江，有峨眉、太平二堡。平溪六亭而遥（关滩、栗糕、鲇鱼瓮、西溪、陈二平溪），达晃州，州废名存，土人相传此地为古夜郎，无据焉尔。（《后汉书》曰，夜郎东接交趾，其地在湖南。君长本出于木，以竹为姓。唐志，夜郎隶夷州。宋志，隶弥州。今废。古夜郎城在贵州石阡府葛彰长官司西六十里，与晃州绝，不知土人何因传讹也。李白流夜郎，实未至夜郎而返。其诗云："夜郎万里道，西上令人老。"又曰："五色云间鹊，飞鸣天上来；传闻赦书至，却放夜郎回。"又曰："昔去三湘远，今还万死余。"意者太白上夜郎，溯三湘，至晃州，闻命而返，遂以晃州为夜郎欤？）途经南宁、鲇鱼二堡。山产石墨，道皆黝泥。晃州驿五亭而遥（新村、冷水、波州、对火），达便水。再乱沅江，途亘蜈蚣关，山速道迮，形如其名。树多桦，土人燧桦肤以代烛。便水驿达沅州，号四亭（栗子、冷水、岩田、竹坪），实八亭。州临江，江绕明山。自沅以西，亭徼荒漫，记里多倍而遥，徂宵两燎相积，跋炧乃至。路经栗子关，地产玉泥可陶，陟阪石滑，舍骑乃跻。自云南至沅州一千八百九十里为东路。

太史杨庄介公得罪南窜，自公安至博南为《滇程记》，亭徼之远近，山川之夷险，尽此矣。今取其自会城至沅州者稍增损，志东路、西路而下，不揣固陋，摹拟续之。

乌撒入蜀旧路

由交水西北五亭而达松林驿，平陂相半，旧名普鲁吉，今以名堡。松林七亭而达炎方驿，有火忽都堡，途经松韶关。炎方八亭而达沾益州，与乌撒后所同城，始食蜀盐。西有崇山，连亘数十里，曰石龙山，土酋安氏所居。有水箐坡、马鞍哨，土兵守之，皆隶安氏。沾益八亭而达倘塘驿，有倘塘站，隶黔中，实滇黔蜀错绣地。自倘塘至纳溪县，皆贵州都指挥马烨所开路。倘塘达可度，五亭而遥。有大溪，出山谷中，清而驶，梁以巨木，横溪上，曰可度桥，因以名驿，隶四川乌撒府。其站曰普德归，有石牙，有石井中哨。石岩路渐峻，滇疆止于石岩。可度九亭而达乌撒卫，有四川乌撒府与卫同城。乌酋所居曰盐仓，去城一舍，中道停骖之所，有古松四株，其险道有杨桥三湾。乌撒八亭而达瓦店，有桤木林，横长十余里，纵莫知其极。树多梨，以地险多夷寇，行人莫敢取，盐仓酋纵马其中食之。其阨塞有磴子坎，每月以午未日聚行旅千余，严兵乃过。瓦店七亭而达黑张。自乌撒以西，山地瘠不宜稻，惟此地有稻田数百双，乌撒瓦店皆仰食焉。有天生桥，产银矿。黑张七亭而达周泥。至野马川，即望周泥在面山下。至山趾，陟七星关山颠，穷日乃至；七星关水潴于陆广，水势湍涛，为滇蜀要津，昔梁王追明玉珍于此。有桥，悬崖架木为之。周泥九亭而达毕节卫。黔西诸驿皆隶蜀，惟毕节驿隶黔。国初都督马烨镇贵州，裸挞水酋妇奢香，欲激之叛，因尽薙罗鬼，开水西为郡。有宣慰同知宋钦妻刘氏间道走金陵诉之。高皇帝命刘召奢香与子妇奢助至宫，约令刊山，开龙场九驿，自贵州至毕节。乃征烨，杀之。香遂设九驿，廪饩马匹，皆水酋供之。毕节七亭而达层台所，旧有卫，今废。有木稀巡司、倒马坎。层台六亭而达白崖。有相见坡。白崖五亭而达赤水卫。卫在雪山关，下临赤虺河。河源出芒部，冬春以缆连舟为浮桥，夏秋泛溢奔流，津人饬篙柁，乃济。赤水七亭而达摩泥所。跻雪山关，岭头饶瘴雾，鲜晴旭，行淖泞中，人马苦之。摩泥七亭而达普市，有一碗水坡，泥行如雪山关，行人谣云："摩泥普市天，三日无雨似神仙。"大抵黔中为古牂牁郡，古志云："上值天井，故多雨潦。"信然。夹路皆深茅，多戾虫，不可瞑行。普市十亭而达永宁卫。蔺酋与卫夹江而居，水至纳溪县达于江。国初景川侯曹震奉命庀工开之，其滩一百九十五，名滩八十二，石之大者凿之，水之陡者平之，舟楫通焉，刻石于江门大滩上。永宁五亭而达永安。永安驿七亭而达江门。江门驿七亭而达大洲，沿江有九溪十八口，刊山凿石，崱屴多不可骑。大洲驿六亭而达纳溪县，江中有三层峡、天子磴，至渠坝，有马阎王七空桥，今废。马阎王，即马烨，烨镇黔，果于杀戮，诸罗惮之，故云。自交水至纳溪一千二百一十里为西路。

昔天兵南下，以西平督东师，战普定；颍川督西师，战乌撒。南土既定，遂以两路置传，为神京孔道。滇人之出也，自交水十五日而达永宁，顺流大江；其归也，挽舟为难，则溯沅水取道贵筑。迩年滇师西援成都，乌酋为二陵之御，遂破毕节，堕乌撒，可度以外，无复人境矣。夫滇人西出而东归，若两息出入然，无四卫是无滇也。乱后轮蹄绝迹，津渡日迷，即旦暮再辟，亦不能无师老马矣。

建昌路考

由云南治城西北达富民县，可八亭，有河环流县治，即滇池之流也。河有舆梁，途经妙高坡、清水关。富民西北十二亭达武定府，有鸡街子坡，趾夷而顶峻，东南为云南，西北为武定，官兵征凤继祖，败绩于此。逾坡有小甸关，阨要可守。武定西历乌龙洞，跃鹰村、高桥村，至马鞍山，七亭。村落十余，皆枕山面流，川原平衍，广二十余里。有径路，涉高桥水，径一亭，冬春乃通。逾马鞍山西九亭达元谋县。历黑箐哨，阴翳多漳。出箐至趴蜡哨、乾海子，林杉森密，猴猱扳援，不畏人。崇山复岭，涧有积雪，气寒冽。下马头山，始平衍，气始炎，树多木绵，其高干云。有金刚钻树，碧干，猬刺，浆杀人，土人密种以当篱落。地宜甘蔗、芝麻，有微瘴。虚仁驿在中道，今邮传俱废，止存板屋二十余家。元谋北六亭达黄瓜园。旧有环州驿，今废。历马街子、龙海落，地皆平原而荒，人皆僰夷。由龙海落西渡河，有苴林村。由苴却达姚安，秦蜀贾人由越建来者，由此入迤西诸郡，其地无关察，可以逋税。黄瓜北四亭达江边金沙，北渡有三：一由宾川渡江，至北胜蒗蕖，可通盐井卫，地属番夷，不可行；一由大姚县鱼闸渡至黎溪；一即此。江水驶奔，挽舟里许，乃横舟乱流而济。江北无居民，惟南岸有巡检司，傍而居者百余家。

按谢在杭氏《滇略》："金沙江一曰若水，源出旄牛徼外（在丽江西北），东南至于丽江、鹤庆、北胜、姚安诸界，水滨产金沙，故名。《山海经》曰，黑水之间有木，名曰若木，若水出焉。《水经注》曰，若水南经云南之遂久县。今金沙江巡检司是也。又东流合绳水、孙水、淹水、泸水，注于马湖，诸葛亮南征渡泸，即此。昔黄帝长子昌意德劣，不足绍承大位，降居斯水为诸侯，娶蜀山女，生颛顼于若水之野，是其地已。"

渡金沙江北五亭达姜驿。初行谷中，缘溪而上，十里升火焰山。其高三十里，峰回路转，陡绝之处，翼以木栈，至山颠三里许，即姜驿。驿久颓圮，近署茅屋三四家。后有夷寨，罗婺居之，昔从克酋叛，今虽就縻，尚凶狞可畏。江外地皆逼东川七州，蜀令不行，滇棱莫震；中辟通道，亦蜂腰之势也。姜驿北八亭达黎溪站，初行三里，有石镌行都司界，滇徼尽此。三十五里有松平关，松杉参天，其密如锥，行松阴中尽日不绝。山产白铜，品上者曰白缺，可入丹药。黎溪北七亭而达凤山营。有五里坡，险隘多盗，七州夷寨，夹路胪焉，昔擒克酋于此。凤山营设于山颠，下有二营：曰火烧，曰观音，联络山麓，铃拆相闻，实要地云。凤山北五亭而夷，达会川卫。中道曰绿厂，有银矿，闭久。其岑楼俯视皆平芜，山川明媚。会川西北五亭达大龙站。道始严，行旅千百人结队而行，营哨之兵前驱，每月放行人两次，曰送哨。大龙北六亭至巴松营，始溯孙水。汉志云，孙水出台登县，南至会无，入若水。台登，即泸沽；会无，即元谋也。夹岸皆崇山，羊肠百转，溯流而北，高下因山，索曲因水，陵谷间绝者，为危桥以度，水蚀山趾，石齿狰狞者，不可通轮蹄；或行水中，夏秋暴涨，则道断。山水稍衍之地为营哨，环重垣，堑深隍，为草屋以居戍卒，恒有火灾。水之东为猓，西为番。猓属皆推髻被毡毳，持刀盾。番属居碉房，髡顶，挟弓矢，劫掠无时；掠赀货，并缚人入其寨，以绳系两趾，环以火，索重赂以赎，不尔则卖之远夷，每一人偿以十牛。稍就羁縻者曰熟蛮，偕官兵侦捕，官给资粮焉。巴松站北六亭达白水。历甸沙关，滋泥坎、公母营、凹脑营，皆隘道，人骑贯鱼行。夷患处处有之，而甸沙、滋泥为毒。将至白水，有金川桥，一木横溪，阔三丈许，俯瞰水面，百丈如碧瑱，窅澄不见其流。白水六亭而达阿庸。历观音营、半站营，其桥曰小高桥。河西有德昌所；产美材，贾人贩之，一版十金者，至江南可百金。又山中产不烬木，其物得于山谷石脉中，掘深丈许，非石非木，坚而且白，凿之绵绵不断如絮，绩以为帨，投火不烬，名曰火毳。汉桓帝时，梁冀作火浣布单衣，会宾客行酒。《神异经》曰："南方有火山，长四十里，广四五里，生不烬之木，昼夜火燃，得烈风不猛，暴雨不灭。"此其类也。将至阿庸，有松盘顶，枝叶茏苁如偃翠盖，因名其地曰一把伞。阿庸北九亭达禄马。山水展拓，平畴千亩，而人民稀少芜秽。太平河西为盐井卫，历沙湾、黄连堡，沙行二十余里，时有飓风，扬尘沙蔽天。其厉揭而涉者曰潢水河，河源有海，方广二十里，梁而度者曰大高桥。禄马北折而东七亭，达建昌卫，即古邛都，阻重山，面邛池。《八部志》曰，邛河纵广岸二十里，深百余丈，鱼长一二丈，头特大，遥视如戴铁釜。东南十余里土官村有径路，由凉山可达水西；产马，头长而身短，善升峻阪。建昌东北五亭达礼州所。礼州东北七亭达泸沽驿。一路尽蓁莽，少烟火，寇盗视前更剧。曰关王庙，曰猫儿坎，曰溪陇站，曰三道沟，曰大湾，曰梁甫坟，皆桐槽诸番伏莽之地，非厉兵不得过。泸沽东五亭达冕山所。有泸沽峡，竖崖环水，劖削一径，绕山腰如带，仰视壁立干霄，俯瞰无际。旁有小径，皆桐槽夷贼出入之路。峡共长十五里，出峡至铁厂，逾通济桥，折而东，始脱孙水，渐望冕山，有奇峰如巫山。冕山北八亭达通相营。历小相公岭，盘幽谷而上，可三十里，逼近夷巢，出没之途，千溪万径，列营数十，聚兵几千，犹时有梗塞之患。逾岭冬月多冰槽，滑不可步，稍失足，即坠深崖，雨雪甚，必悬车束马而下，险与泸沽埒；行旅度泸沽相岭，则相庆脱险云。通相营三亭达越嶲卫。有掉楔，标"南中第一关"。

越嶲北六亭达利济驿。逾青冈岭，迤东行空山中，诸夷环向，大创之后稍戢。利济北八亭达镇西驿。地酷寒，无五谷，居民皆仰食河南；中有径路达峨眉县，可避大相岭、大渡河，亭卒单弱，遂为番夷所据。镇西北八亭达河南站，历镇西所，有隘道，行阴岩中，循水而下，其水曰河南沟，历危桥二十余。河南北六亭达富林营，登晒经关，关头有晒经石，方阔五尺余，外泽而中空，相传玄奘归自西域，暴经石上；下关济大渡河，河源出吐番，急流注下，险恶倍于金沙，夏秋之交，瘴毒甚厉；又有流沙河，不可以舟，人马皆徒涉。

富林北八亭达黎州安抚司，有大渡河所，其城三面依山，临深谷为隍，可数十丈，一面通大相公岭。途经古汉原县高山，有良田千畎。有哑泉，其出无方，人马饮之辄死。西入天竺，茶商行之，至打节芦而止。

黎州东北九亭至箐口驿，度大相公岭，即邛崃山，王阳所历九折阪也；而岭名“相公”，盖以武侯得名。西南至黎州，东北至箐口，其山乃竟。山顶有孔明庙，久圮，石像存焉，行者过之，相戒无哗；不尔，必有飓风扬雪砖、雪瓦伤人。《华阳国志》曰，邛崃，一名邛笮，故邛人、笮人界也。岩阻峻回，曲折乃至。山上凝冰夏结，冬则剧寒。有长贫若采八度之难，阳毋闳峻，并坂名。黄泥堡，有七纵桥，太史杨慎过之，改为七擒，以孔明将略在擒不在纵也。有诗镌石碑，在川主庙前，今碑已断，仆道左。箐口三亭达荣经县，经川主庙，为孔明初擒孟获处。自云南至荣经县一千八百六十里为建越路。

元谋在滇西鄙，自姚楚入则径，自滇上入则迂。故武侯渡泸，取道白崖；万岁南伐，转战勃弄。本朝建会城于善阐，以西偏为属县，邮传商旅，未有不经会城者；兹路虽设，仅有空名。环州姜驿，邮卒无委积之供；大渡、金沙，津吏阙沙堤之筑。遂谓游邛都者皆回车，过泸沽者必微服。其实火焰以北，尽率江浒；禄马、礼州，原可走轮。两岭非有关索之峻，两津非加槃河之恶也。东西不靖，兹实上游，谓宜招集骁勇，补营堡之单弱；剷削巉岨，开道路之郁纡。又礼州、德昌，盈盈一水，顺流数日，可达金沙；皆当乘时开通，永利百世。况兹荒徼，番猓跳梁，辟通道于中，则盘错之险尽失；而金银、丹漆、僰僮、笮马之属，络绎于雅、黎、嘉、眉之间，非惟滇赖，蜀亦利焉。若任其幽阻，罔思后图，恐滇道一断，而五卫失辅车之依，蜀且患长鞭之莫及矣。

《粤西路考》

由云南治城金马之南，历狗街，至大渔村，为呈贡境。遵滇池东岸梁王山麓，至马军铺，为归化境。又二亭达晋宁州，可九亭而夷。晋宁东南循松子山涧行，路滨溪水，峰峦如列戟。至河涧铺，登关索岭，西瞰滇池，东观澂水，为迤东阨塞。渐下至茨桐铺，逾石关，达江川县，九亭。江川东循星云湖上行，有海门桥，抚仙星云之通津也。度桥而南，过甸苴关，逾二山，皆宁州地。又循杞麓湖上行，至通海县，号七亭，实六亭而夷。通海南至曲江驿，江有流沙甚深，策马乱流可济，稍驻足，有陷者；秋水突至，即为巨津。旧有渡舟，恒苦漂溺，巡按御史沈正隆捐俸建桥三成，沙走无着力处，穷人力掘沙见土，而后甃以巨石，首尾三年乃落之；号八亭，实九亭而畸。曲江南至临安府，气渐炎，夷险皆半，可九亭。临安东南历漾田安边哨，有三转湾坡，多盗。坡竟，至阿迷州，通十二亭。阿迷东逾桥至东山关，有崇山，跻山必穷日力乃至，山颠为马者哨。土酋普氏据其地，重栅守之，居者百余家，夷多于汉；可四亭而畸。自阿迷东入夷巢，无亭徼止宿，天明行至日中而税，多野处。马者东历矣马驿，至多樜铺，六亭，罗夷居之。去多樜里许，有石洞幽邃，泉水出焉，水清冷，流石成渠，有淙淙声，居人以甃瓮负水出诸洞。二三月间，流涸，汲者穷其源，或深入数里。多樜铺东南历木瓜铺、永宁哨，至罗台驿，四亭。矣马、罗台旧有驿，今俱废，驿记藏之广西府。地俱为普氏夷寨，杂以四方流移汉人数家。逾山有架衣庄，产坚甲。木瓜铺绵芋可百里，西北枕山而莅者为新城所，地高干无可种莳，其产木绵马金囊。罗台驿逾山而南，经倒马坎，林深磴险，溪径杂出，昔有普者、铬者，为夷贼巨魁，荼毒行旅，今就擒。其地隶普氏，而沙侬溷处，夷患时有，普氏设有哨守之。夹路多松，土人劈为木片以代瓦，大风雨则不能御。至陇希寨，共四亭。陇希南至新哨，侬普二氏分疆之所，尝为牳仆所焚，有旁径滋寇，共六亭。至弥勒湾，山稍平夷，一望沙碛，皆战场，疆理隶弥勒州。以汉官久不至，侬氏斥境至此，而又远不能制。水下陆诏，沙普诸酋互争之，戎马纷沓，居民望风逃匿，无宁日焉。弥勒湾东逾山，有竹子箐，荆棘丛生，莽有伏戎，过杨屋、戈勒、袜舍三寨，临俺排江，循西岸而进。江出两山中，瘴毒不可迩，清明后为酷，触之无治者。江东有大八百、小八百二寨，皆侬氏属夷。至俺排寨，有公署建于寨之下，诛茅为屋六楹，环以木栅，共计八亭而遥。自公署度板桥，绝江，循东岸，历革雷寨、马鞍山、六朗、者莫，至者豹公署，号八亭，实六亭。

者豹东南历小者马寨，有径路，通季达贼。又南历省芽、者兔、罗干、速征，皆有溪流沃田，耕省而获多，路出田中，共六亭。至速为寨，旧有速为驿，今废。速为东南历毋忙寨，至木夷，下有公署，上有侬夷寨数十余家，路坦夷，可四亭。木夷南历那奄、那堵、者图、大者马，有高山深林，四亭至广南府，夷汉杂处，可千余舍，居民皆楼居，以竹为椽柱，覆以松皮，去地三四尺，人居其上，畜溷于下，中设地炉，悬稻穗其上，薰令极干，每日舂而食。编竹笼若鱼罶，累累数十，置西南隅以祀鬼。甘犬鼠，非上宾不设。万历末年，侬氏兄弟争立，纠交趾入犯，兵燹之余，民居皆草创，田野蓁芜，未复业焉。有杨广庙，昔狄青部将杨文广追侬智高至此，土人立庙祀之，在治西三里许。广南南至宝月关，连山皆峭壁不可通，惟此凿石通道，侬氏设关其上，严启闭。逾关至公署，可五亭。

宝月关公署南经可王寨，至西洋江五亭，有崇山峙江岸，江之浅者可揭而涉，为广南富州界。广南之夷曰侬人，富州之夷曰沙人，气类略同，而沙视侬为劲。渡西洋江，有崇坡，跻坡至罗贡箐，寇盗丛箐林中，南往者必索西洋兵，北来者必索富州兵为导。富酋李氏与侬氏构隙，兵不越境，或伐巨木横箐中以绝往来。两氏衅未豸，则罗贡道断，或取道归朝焉。出箐至罗贡寨，共四亭。罗贡南历沙斗位来逾山，上下可十里，至布戛寨，共四亭。布戛南五亭至富州，居民千余家，习气类广南。酋沈明通孱弱不振，州治为其下李天保所据。明通出奔归朝，天保内修兵甲，外结交趾，傲睨归朝，广南归顺间称劲敌焉。富州东南三亭至板岜，田畴广沃，人民殷富，实荒徼奥区。有公署，灾于火。板岜东三亭至纳桑寨公署，去寨二里许。纳桑南入纳桑箐，地隶广西镇安州，实滇粤瓯脱地。箐林类罗贡，而崄巇过之，萑苻取人，多扼于险。出箐至镇安州四亭，民居多依峭壁，构竹楼，覆以黄茅，为团仓以囷谷。参差茅舍间，径路仅容一人。其下皆腴田，行人野宿田中，侵晨启行，寨夷必焚其籍草以辟鬼。州南有交趾寨，莫氏以官监之，镇安酋长岑氏半服役焉，每年纳毡毳数十领以当赋税。镇安东行川原中，原穷登岭，南入苟把箐，其长三十里，林莽倍密，实交粤弃地。夷寇之来，莫知其踪，行者以土兵夹卫。出箐为箐口寨，共六亭，寨隶归顺，居民稍就平原。箐口东逾岭，下至苟把寨，有照阳关，石壁峭立。半壁有石洞，穴山而过，路出其中，可十亩。关西望朝曦出自洞中，故曰"照阳"。上下有石隘，磴石崚嶒碍车马，税輗軏，解鞍韉，乃跻。入关至安得寨，共四亭。安得东历打滥箐，草棘乱生，木多桂，竹多棕，有山呼鸟鸣林中，谷响相答。自此多石山，拔地突起，山环若城，中有平畴者曰硐，路出其中，出入之所，皆有石隘。良田美池，一年耕获，尝足支二三年。伐竹构居，绩绵为布，居民有老死不逾硐，如避秦人者，见车马络绎，闻华人言，皆聚观惊咤。男子能华言，巾栉，短衣皮履；妇人椎结，跣足长裙。其硐曰打滥，曰平岩，曰细村。自安得至细村，六亭。细村东历六硐、那驮，至归顺州，六亭。有石山，三峰奇峭，如苏氏木假山。地气温暖，草木四时常青。土酋尚礼法，驭下以严，阖境无盗，商贾凑集，如中州焉。州治北有险砦，下有径，一日而达交趾高平府。归顺东有河度，舆梁一，徒杠二，历花硐至霸笼墟六亭而遥，有石隘三。霸笼东历湖运关，有河出交趾，达左江，湍泻石中，不可以舟。循河行，有上雷州在河之右，下雷州在河之左，厉揭而涉者一，徒杠而度者二。其地阴凝阳泄，明发寒气浸人，亭午即炎炎如坐炊甑，隆冬犹汗浃背。其人皮冠而絺衣，询之云，暖其首，则诸疾不作，气使然尔。稻田两熟，竹有刺，可作篱落。自霸笼至下雷州，六亭。下雷州六亭，有高山公署，行旅止宿，苦无水。逾石隘，有三脚村，茅屋数家，皆凶狠，不能华言。三脚村东历石隘四五处，倍高险，六亭而达龙英州。环州石峰削而锐，如笋刺地而出。酋所居背负一峰，高出诸峰之上。龙英东有关，为太平州界，其地去交趾仅二亭。渐上高冈，下至耸硐，六亭。耸硐东过养利州，尽日行硐中，平衍可方轨，树生石上，根蜿蜒入于石。四亭而遥，至七村。七村至左州三亭，始有城郭，民始平居华言。州枕左江，舟行十日而达南宁。左州东达驮芦，四亭。驮芦东乱左江，至新宁州，四亭。新宁东至牛冈，六亭。牛冈至南宁府，再乱左江，五亭而遥。由云南治城东历水海子、黄土坡、七甸，至汤池，九亭。汤池历老大坡、宜良县一碗水土官哨、白山屯，至路南州，八亭而畸。有陈家渡水，出陆凉州，达宁州。路南东南历板桥屯、小色朵、大色朵、林马硐，至发矣哨，七亭。有革泥巡检司、毋伏矣哨，多石。发矣哨东南历马矣哨、龙铺、六丰、上马州，至弥勒州，八亭。弥勒东南历弥南哨、横水塘、青水哨、石子哨、矣勒新村、习于中哨、龙潭、芭蕉村，至竹园村，七亭。其途坦平，可通轮。竹园村东南历石牛坡、拖正旧哨、新哨，至江边，共八亭。江阔六十余丈，水通曲靖府阿幢桥。岸有坡崎岖，地隶土酋普世隆，其疆止于大百户，渡江上坡亦崎岖。历大百户，有普世隆寨。又历怀远哨，至阿小寨，隶普国祯。山后有砦，共八亭。阿小寨东南历卜洪寨、大勒、八到二哨、矣堵村，至三乡城，九亭。三乡历归德哨，至弥勒湾，七亭。由弥勒湾会于广南路。由弥勒州入广西府，历龙甸村、吉双乡、矣明村、阿平、阿朝、即歪、鸦迫，至竟得哨，七亭。龙甸村有龙甸桥，矣明村有草子山。竟得村东南历小寨、小江桥、大江渡、象鼻岭、沙人寨、布荣寨、矣夷寨、石头寨、小河，至密勒勒，九亭。自广西府至江边，道路新辟，可通舆马。江外皆土舍昂氏地，密勒勒有昂氏砦。密勒勒东南历大黑布沼、小黑布沼、八倒哨、矣堵哨、山白村，至三乡城，三亭。昂氏地止于小布黑沼。八倒山趾有水田，有马者竟乡；矣堵有阿宁乡、龙腾宿寨；山白村有大勒哨山、草海子，皆平衍。三乡北达交水，南入广南，实东偏名区。土酋阿机负固叛，官兵荡之，以广西府经历镇其地，汉官畏瘴毒不敢入，酋长龙腾宿、普国祥辈构兵如乱绳焉。自三乡县会密勒湾，入广南路。由宝月关东分岐至阿用寨，七亭。阿用寨东循西洋江，至老太庄，七亭。老太庄东历打鱼庄，入富州界，过板濉寨，度西洋江，沿江道迮崖峻，山后有那齐寨，实盗薮，共九亭。至花甲硐地界，有野处之所，又九亭至耿牙寨，去花甲硐，二亭。花甲有硐官罗氏，服役广南富州之间。耿牙东至高山公馆，八亭。高山东至东坡，七亭，有野处之所。东坡东至归朝，七亭，富州酋沈氏居焉；其地负崇山面河，寨夷千余家，沙傜兼有之。远望有云气如絮罩其上，炎热多瘴。归朝东七亭至架村。架村东历莫村，昔为交趾伪王莫氏地，归朝酋新得之，尽日行箐中，十亭而达镇安州。由富州有径路，东南二日可达归朝，亭里未详。由归朝有径路，东南四日可达归顺州，道里未详。由归朝东至四亭（地名）。六亭。四亭（地名）。东至者散，四亭。者散东至者令，四亭。者令东至博隘，三亭。博隘有大江，舟行达田州四日，又八日而达南宁府。由广南府东历铺兵村、弄董，抵弄鲁，下赛利，十二日而达田州。道由泗城州，有土酋岑天章与父绍勋构兵，东行者皆闭泗城。自云南由临安、弥勒湾、广南、富州、归顺至南宁府，二千一百二十里。由宜良、弥勒、三乡至弥勒湾，七百二十七里。由弥勒州、广西府至三乡县，一百九十五里。由宝月关、归朝至镇安，七百一十里；并归朝至博隘，广南至泗城田州，通为广南路。

昔两路之通也，仕宦商贾，间出广南。其人闻华言，则相视而笑。遗以食盐、槟榔、金丝烟，喜出过望，以米薪、豚酒酬焉。行旅野宿，无盗贼之虞。顷岁滇粤往来者踵相接，有亡命窜其中导之。初以数人持刀盾，伏于箐，伺行者，噪而出，行者大骇，奔去，委二簏于地，发之皆兼金也。其后每劫必大获，有聚数百人要于路者。罗贡、狗把、纳桑为渊薮。诸酋中归顺最贤，北来皆索其兵，而其下必索重贿，乃呵护出疆。镇安酋苛求无厌，而仕宦为甚；拂其欲，无得免者，行旅以广南为畏途矣。噫，诸夷，浑沌也，重利以启之，奸人以诱之，窍之不凿者鲜矣，岂特广南一路为然哉？

由云南东至宜良县，十二亭。途经汤池，有老大坡。宜良东至天生关，七亭。关右有天生桥，宽平丈余，可容车马。天生关东至赵誇，四亭。赵誇东至师宗州，九亭。路出夷砦中，时有剽夺之患。师宗东至罗平州，九亭。罗平东至三板桥，六亭。三板桥东至江头，七亭。江头东至黄草坝，八亭。地实黔壤，昔普安陷于贼，州民群聚于此，庐焉。黄草坝东至郑屯，八亭。有江，褰裳可涉。郑屯东至栖革，四亭。栖革东至安笼所，四亭。安笼地隶粤西，粤师援黔道出此，辟路宽衍，止宿之所有公署，今俱废。安笼所东至板屯，六亭。板屯东至坝楼，四亭。过江，有舟可度。自安笼至此，沿江多瘴，峻岭隘道，夷寇出没无时；又三日至安隆司。安隆司东至芭蕉关，四亭。关险峻，扼诸夷之吭。芭蕉关东至潞程，九亭。自此至田州，道俱坦夷。潞程东至王店，九亭。王店东至归乐，九亭。界泗城田州，有夷患。归乐东至荣庄，九亭。荣庄东至田州，九亭。州临右江，舟行八日而至南宁。

田州东至旧州，九亭。旧州东至上林县，五亭。上林县东至果化县，五亭。果化县东至隆安县，五亭。隆安县东至大滩驿，十二亭。大滩驿东至同宁府，六亭。由安笼所北九十里至羊场军屯，历鲁沟山箐。由羊场军屯历窑上灰渣军屯，至水桥军屯，四十里，水桥隶贵州安南卫。水桥历播者，过普渡河、朵渡寨，行山箐中六十里，至罗运。罗运有小箐，五十里至打罕，旧为永宁州治，其地酷寒，土人呼为胆寒，讹为“打罕”。

按郑旻《牂牁江解略》曰，余弭节度檠江，江广百余步，沿江上下，绝击汰之迹，水势批岩滵汩，土人谓水涨时漂箪撞舟，峭壁箐岚，人迹罕入，下流至打罕，联泗城界，舟船始通焉。则打罕当在查城安南之南，第云舟船可通，其视田州、博隘，放流更捷矣。然迄无行者，岂铲夷未加，罂筏盘驳为苦乎？抑夷獠呰窳，不欲汉人出其地，故榛芜难辟乎？姑记之以俟知者。

打罕五十里至罗架，有小箐，有泗城头目居此。罗架五十里至火烘，旧镇宁州治此，今泗城镇宁分属焉。其地炎多瘴。火烘历高补笼寨，有寨夷为盗，行者必以火烘兵卫导。又历猪场坝，为安顺十三枝，地无定属，夷寇实多。共三十五里至康佐长官司扁担关，为土酋余腾龙地。全黔叛，惟腾龙效顺，辟此路通滇。扁担关历长冲窑，上接土酋薛氏境。由高磨堡石堡军屯、普定伍官屯，至平坝，五十五里。其地军屯卫士皆参将范邦雄摄之，雄有勇略，为水酋所惮，诸屯赖保聚焉。自汤池由罗平、黄草坝、安笼所至南宁府，一千六百九十里。自安笼所分岐，至平坝卫，达东路三百三十里，通为罗平路。

汉番阳令唐蒙风晓南粤。南粤食蒙枸酱。询之蜀贾人，知夜郎临牂牁江，江广数百余步，足以行船。南粤以财物役属夜郎，西至桐师。遂上书欲发夜郎兵浮牂牁江，出不意以制粤。今按牂牁郡属县至句町卧漏，则罗平、黄草，大略皆夜郎地。所云浮船制粤，非即博隘、田州之间乎？田酋杀父妻母，狙喜兽斗，杀人如芟草芥，行旅逢其怒，多罹害。又安笼以东，有行竟日无水，多至数十人，则无米可易者，是以出其途者鲜少。或识其道里而山川阙焉，然视广南，则径矣。火烘、打罕故为二州，汉官不莅其地，侨寓二卫，诸酋杂处。顷岁，槃江东西尽叛，惟余酋效顺，滇黔借径通声息，始识此路，因并志之。

水路

《金沙江考》（附图）

江源出吐番共龙州，东至巨津宝山，三面环丽江；至鹤庆，受漾共江诸水；又东经北胜，受桑园、龙潭、程海诸水；又东经姚安，受蜻蛉、大姚、龙蛟诸水；又东经楚雄定远县，受龙川诸水；又东至武定元谋县，受苴宁河；又东至禄劝州，受滇池、海口、青鱼塘、甸基、武七、三泊、始甸、螳川、后甸、松坪、禄表、雨奄、罗次、石门、五道河、罗亩、大石坝、富民、赤旧、普渡河、广翅塘诸水；又东经会礼州，受宁远越溪、双桥、长河、泸沽、打冲、东河、热池诸水；又东经东川济虑部，过乌拢山，受寻甸、牛栏江、壁谷、川齿、化溪诸水；又东经乌蒙南，又东经马湖，受尼溪、大小纹溪诸水；又东至叙州府，入于江。

前佥事王惟贤议，自云南海口开至安宁、罗末、富民、只旧、你革、达古、普渡、安革、法法、革干、土色、江边纳木姑，共十三程，内土色有叠水。自武定金沙江巡检司至骂喇母、白马口、灿喇则、五曲革、直勤则、卓剌、除鲁、圭宁、折答甸、沙吉、撒麻村至土色、大河、阿纳木姑凡十四处，内则卓沙吉有叠水。

近庄按察使祖诰议，自巡检司开，由白马口历普隆、红岩石、喇鲊至广翅塘，皆禄劝州地。其下有三滩，水溢没石，乃可放舟，涸则跻岸，缆空舟以行。又历直勒村、骂喇、土色，皆会礼州地。其下有鸡心石，石如堆者三，累江中，舟者相水势缓急可行。又历踏照、乱得头峡、喇鲊至粉壁，滩甚驶，皆东川地。又历驿马河新滩，至虎跳滩、阴沟硐，皆巧家地。虎跳湍泻陡石，不可容舟。阴沟二山颓集，水行山腹中，皆从陆过滩，易舟而下。又历大小流滩，为蛮夷司地。又历黄郎木铺、贵溪寨业滩，至南江口，为乌蒙府地。始安流。自广翅塘至南江，木商行之可十日。又至丈溪夷索江边数滩，历麻柳湾、教化岩，为马湖府地。又历拽滩莲花三滩、会溪石角滩，至叙州府。

按金沙经营滇北，合江汉朝宗，为南国纪。昔在草昧，尼落雄睨南土，凭恃斯险，负固抗衡。今车书大同，极滇西鄙，远及穷发，辙迹俱遍。而其通道要津，反弃之以与乌蛮巧色，俾滋蟠踞，非所以弘一统也。考之纪载，汉武先击劳浸靡莫，以兵临滇池，而伪王俛首。《华阳图志》云："自僰道至宋提，有水道步道，水道有黑水及羊官水，至险难行。步道度三津，亦艰阻。而行人为之谣曰：'楢溪赤水，盘蛇七曲；盘羊乌栊，势与天通。'"今乌栊在东川，即绛云弄，其山多雪，四时不消。金沙绕出其下，羊官、黑水非指兹江乎？元至元十四年，诏开乌蒙道，爱鲁帅师击玉连州，所过城砦尽下之，水陆皆置驿传。今乌蒙有罗佐关，其下有罗佐桥，为入滇要路，则水陆皆在东川乌蒙间，即所称劳浸靡莫非乎？核形势，商利钝，未有不先辟此险而能控荒服破砦窳者。壅塞矶怒，漩洑瀑泻，地之险也。画州启道，崇伯子之智可师也。阴阳词说，盗弄兵甲，人之险也。三表五饵，怀王傅之略可彷也。兹江苟通，则滇池之轻舠，可挽而之普渡；建越之艨艟，可泛而下泸沽。通滇蜀触脉之会，续长江衣带之势，是使诸夷不长缨而系，十五郡可裘领而挈也。大哉！

高皇帝之言曰："关索岭非正路，正路当在西北。犹之远矣。"

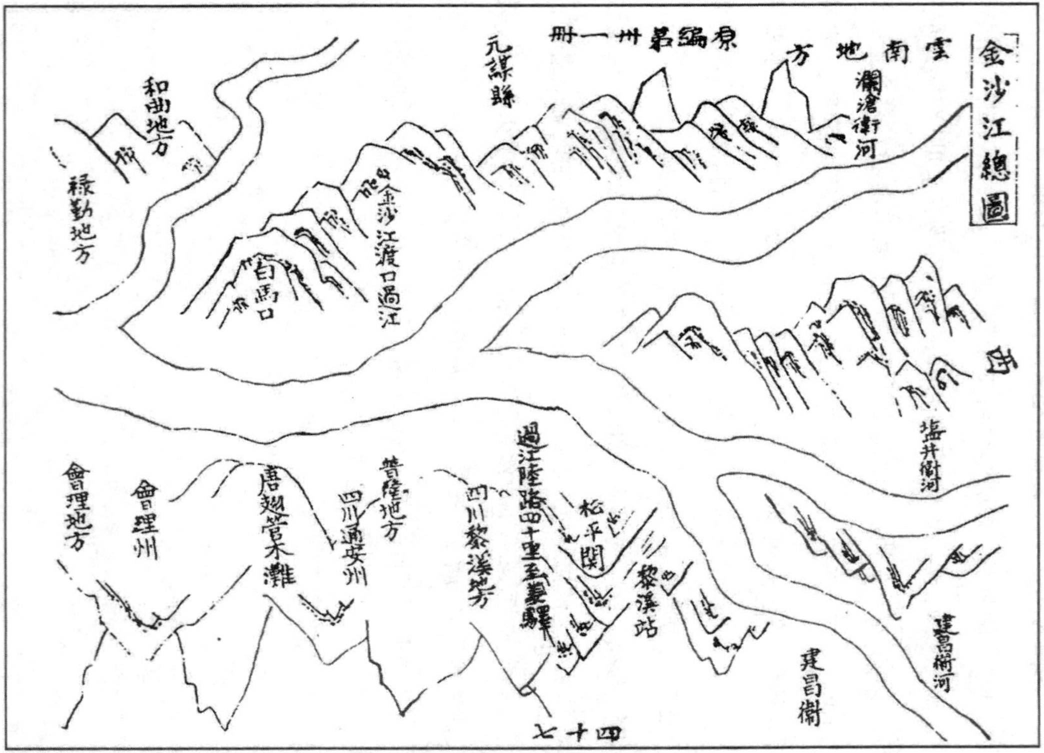
金沙江總圖
雲南地方
瀾滄衛河
元謀縣
和曲地方
祿勸地方
金沙江渡口過江
白馬口
西
塩井衛河
過江陸路四十里至姜驛
松平関
黎溪站
四川黎溪
普隆地方
四川通安州
唐㠶管木灘
會理州
會理地方
建昌衛
建昌衛河

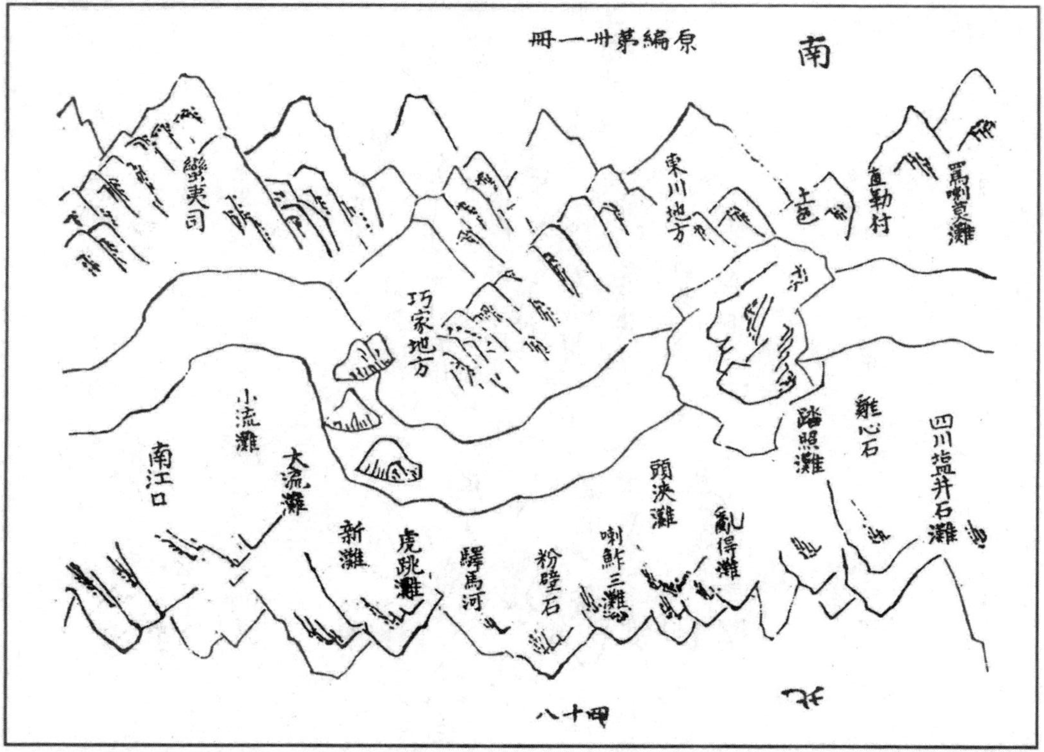
原編第卅一冊
南
北
巒夷司
東川地方
直勒村
巧家地方
小流灘
南江口
大流灘
新灘
虎跳灘
驛馬河
粉壁石
喇鮓三灘
頭泱灘
亂得灘
踏照灘
雞心石
四川塩井石灘
八十四

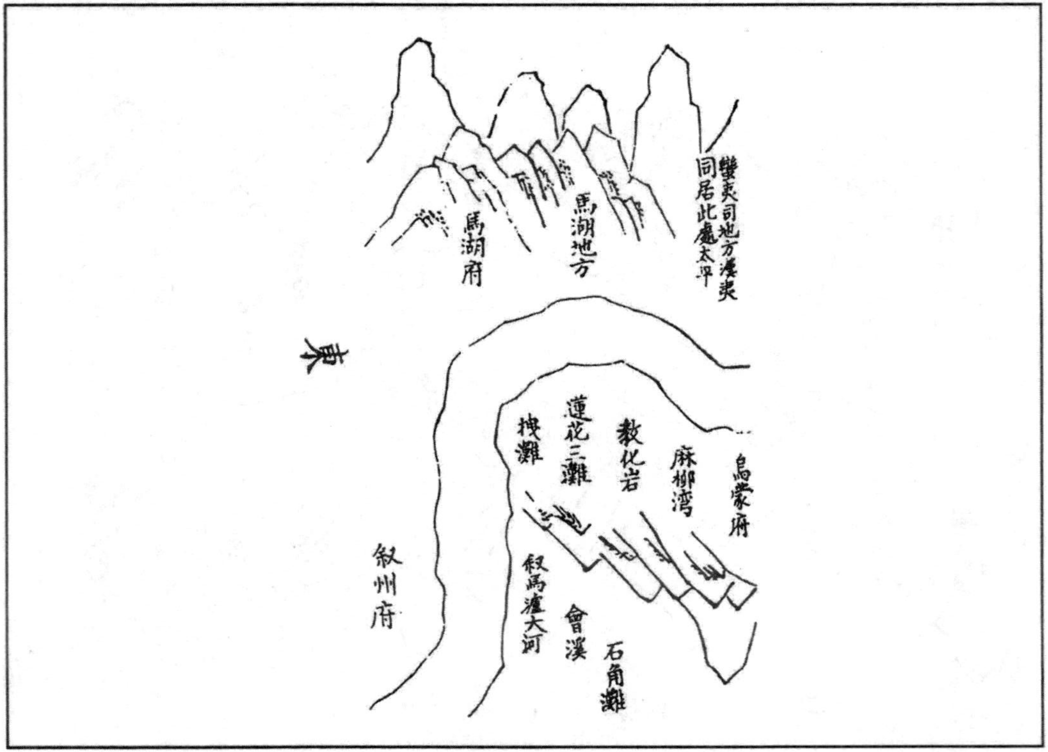
蠻夷司地方漢夷
同居此處太平
馬湖地方
馬湖府
東
蓮花三灘
教化岩
麻柳湾
烏蒙府
拽灘
叙馬瀘大河
會溪
石角灘
叙州府

《南金沙江源流考》 张机

按大金沙江发源昆仑山西北吐蕃地，即夏禹所导黑水也。虽与云南小金沙江及澜沧潞江皆发源吐蕃，然大金沙江之源，较三江最荒远；且其源于三江源邈不相近，其下流亦十倍小金沙江及澜、潞二江之水。按《禹贡》，“华阳黑水惟梁州”“黑水西河惟雍州”。周文安《辩疑录》云，甘肃志，甘州之西十里有黑水，流入居延海。肃州之西北有黑水，东流荒远，莫穷所之。是其源入雍州之西，流入梁州之西南，其正西别流绕西极之外，而无所据见。地势西北最高，故能经西而西南也。

云南志载，金沙江出西番，流至缅甸，其广五里，径趋南海。得非黑水源出张掖，流入南海者乎？河源在中州西南，直四川马湖蛮邦之正西三千余里，云南丽江宣抚司之西北一千五百余里。愚观黄河源近云南地，则大金沙江源自番雍之地，南入缅海。论雍梁间水，惟此大耳。此水为黑水，无足辨矣。朱子云，天下有三大水：曰黄河，曰长江，曰鸭绿江。此语无怪也。宋初斧画云南，南渡又偏安一隅，朱子又从何知有此江之长广于江河哉？

黄真元又云，考大金沙江、澜、潞三水虽皆入南海，大小远近迥不同。澜仅潞四分之一，大金沙三倍于澜、潞。澜潞所出地名在鹿石山，在雍望，俱可穷源，上流亦狭。大金沙江之源，则远出番域，上流已阔，澄若重溟，黝然深碧，夏秋涨溢，江色不变。若比于扬子、浪沧一小溪，即诗语大金沙江之长广又可知矣。其注云：“傍多松，有琥珀，自孟养地来。”孟养正在金沙江之滨。今澜沧不闻有琥珀。大理志指澜沧为黑水，亦不深考耳。相传大金沙江上源近大宛国，自里麻茶山至孟养极北，不闻有所往，号“赤发野人境”，峭壁不可梯绳，弱水不任舟筏，土人惟远见川外隐隐有人马形似，殆西羌之域也。

今姑略其源，惟自其经流支流入海可见者言之。水流至孟养陆阻地，有二大水自西北来：一名大居江，或云大车江；一名槟榔江。二水至此合流，又名大盈江，今腾越州人总甸内诸水亦曰大盈江，殆窃侈其名也。江流至此，夷人方名其为金沙江。江中产绿玉、黄金、钿子、金精石、墨玉、水晶，间出白玉，滨江山下出琥珀；旧志以琥珀、绿玉出在澜沧江者，谬矣。昔年王靖远、蒋定西追麓川叛贼思机发、思卜发弟兄，造船飞渡孟养，及复与思禄盟誓江干石烂，乃许其过江者，皆此江也。滇人相传名大金沙江，若以别丽江北胜武定马湖之小金沙江耳。自此南流，经宦猛、莫噉、莫郎，至猛掌，有一江西来，入大金沙江；又南下昔朴、怕鲊、猛莫、猛外，经蛮莫，有一江源自腾越大盈经镇夷南甸干崖，受展西、茶山、古涌诸水，伏流南牙山麓，出经蛮莫，入大金沙江。江又经蛮法、鲁勒、猛拱、遮鳌、管屯、大菖蒲山峡、小菖蒲山峡、课马、孟养、怕崩山峡、户董、鬼哭山、戛撒。昔年缅人攻孟养，以船运兵饷到戛撒，为孟养所败者，此江也。正统中，蒋雄率兵追思机发，为缅人所压，杀于江中，亦此江也。大约江自蛮莫以上，山竦水陡，正统中，郭登自贡章顺流，不十日至缅甸者，亦此江也。下流经温板，有一江源自腾越龙川江经界尾、高黎、共山、陇川、猛乃、猛密所部莫勒江，至太公城、江头城，入于金沙江。下流又经猛吉、准古、温板，又名温板江。温板又名流沙河，相传唐僧取经过此渡，故名，皆金沙江也。猛戛、马哒喇至江头城，江中有大山极秀耸，山上大寺。又有一江源自猛辨、洗母戛南来，入大金沙江。又经止郎、龙大马、革底马、撒跻马入南海。其江至蛮以下，地势平衍，江阔可十五余里，旧志云五里者，非也。经南江益宽，流益慢。缅人善舟，又善泅水，操橹楫者如涉平地。至是江海之水，潴为一色矣。文选载佛经云“拔提河，一名金沙池，脱履金沙”云云。金沙江，亦名拔提河矣。

今再附考《蒙化府志》，澜沧江与样濞江，蒙人谓之大小二江，合西洱河、胜沟河至顺蒙交界处，土人谓之罗擦聚，日出水光荡射可观。不二十余日，至锦龙江，即水下流，海客船多会易于此，渐渐至南海。

《永昌府志》，潞江，一名怒江。《水经注》云，漏江。杨慎云，漏江，今讹为露江。源出吐番，流经芒市，至木邦地，名喳哩江；又流经八百车里地，至摆古，东入南海。自木邦以下，即可通舟楫。昔年陇川多士宁前往摆古见莽瑞体，皆由此江顺流而下也。旧传潞江流至洪门车里，沙碛浸散，与近《腾越志》以为入大金沙江，皆非是。

愚尝谓三江皆可舟可航，夷人欲据险隐塞，不使通行，岂知天地设此三江，正为本朝制驭西南缅甸诸夷设，当事者诚不可忽而不讲求也。异日圣天子问缅甸诸夷久不朝贡之罪，则此三江者，固汉家楼船下番禺出奇制粤之牂牁江也。

《北金沙江源流考》 前人

按金沙江源出吐番共龙川犁牛石下，谓之犁牛河，又名犁水，讹“犁”为“丽”，又名丽江，即古名丽水。盖以其江内产黄金，故名金沙江。元宪宗取大理，用革囊为筏以济金沙江者，即此江也。其流经吐番铁城桥，东经丽江府巨津、宝山二州，又东经鹤庆府、北胜州、姚安府，又自武定府北界，经黎溪州。蒙氏僭封为四渎之一，亦即此江也。又自武定下流入济虑部，夷人凿桐槽船以通往来行旅，遂又名金沙渡。又西过四川东川府，一名黑水，一名纳夷，然皆金沙江别名。又经四川行都司会川、建昌、德昌、打冲等卫所，又经乌蒙府，又经马湖府蛮夷长官司与马湖江相合，下流至叙州，入岷江矣。

今自其支流者言之，大理宾川大江北入金沙江；鹤庆漾共江东南至龙珠山，入石穴，伏流复出金沙江；三庄河与漾共江会流，入金沙江；北胜州桑园河经州西南桑园村下，流入金沙江；龙潭泉有九眼，下流入金沙江；程湖南入金沙江；姚安府青蛉河，西经大姚县，东入金沙江；龙蛟江，一名苴泡江，合姚州连场、香水二河入金沙江；安宁州螳螂川即滇池所泄，下流滦回州治，上过昆阳州，下经富民县入金沙江；楚雄府龙川江西合诸水，为峨碌川，又东合诸水，经定远县黑盐井，下流入金沙江；考安亭、楚雄二水虽小，皆可通舟楫；武定府西溪河经楚雄府，至元谋县西入金沙江；又勒夷水、普渡河俱入金沙江。以上皆云南之水，朝宗于东海，顺流于中国者。

四川东川府牛栏江，源出寻甸府，入金沙江；辟谷川源出寻甸府白津河，西入金沙江；越嶲卫大渡河源出吐番，下流合马湖江、四川行都司宁远河，西南合泸水，入金沙江；怀远河南合泸水，入金沙江；盐井卫越溪河，东合打冲河，入金沙江；双桥河流经打冲河，入金沙江；会川卫泸古河，河出小相公岭，入金沙江；打冲河千户所打冲河，蛮名黑惠江，又名纳夷江，源出吐番，下流入金沙江；晃桥千户所东河，源出小相公岭，会泸古河，入金沙江；四川行都司南泸水，源出吐番，南入金沙江。《元史》云："水源广而多瘴，鲜有行者；春夏常热，可燖鸡豚。"诸葛武侯五月渡泸，即此水也。元李景山云，《益州记》《水经》俱以泸水在永昌不韦县。《寰宇纪》以为在巂州会川县。景因出使越巂，考泸水源，盖建昌泸川驿有孟获城，又有泸古州，孔明渡泸，由巂州入益，即滇池，此名“渡泸”为有验。今水出吐番，过建昌、会川，合金沙江，夹岸多高岩丛苇，故下渡如经甑釜，炎蒸雍郁，多感瘴疠，至今犹然。或以金沙江即泸水，误矣。

云南之水，迤东可通中国者，如云南府大城江，自阳宗明湖经宜良，入盘江；临安之泸江、曲江、婆兮江入盘江；澂江府之巴盘江、铁赤河，入盘江；广西府之八甸溪，入盘江。盘江至府境水为大；曲靖府之潇湘江、白石江合盘江，经交水，至弥勒，入平代横山寨下，经广西静江，入于海。广南府西洋江，入广西田州府右江，南汪溪亦入右江；寻甸府阿交合溪入沾益州界。比在经理广西田州水陆者，安可忽之哉？如大理府西洱河，下与漾备江合流，入澜沧江。漾备亦名神庄江。澜沧江源出吐番，自西而南，至于丽江、兰州、云龙，过永昌、楚雄、临安、车里、大甸、七十城门，至交趾入海。赵州白崖睑江一名赤水江，下流至定边，名礼社江，合澜沧江。临安府西有礼社江，入纳楼茶甸界，为禄丰江；经合蒙自，为梨花江，注于交趾清水江。楚雄府马龙江源自蒙化境，由定边、粤嘉合白睑江，南入元江。景东澜沧江，大河，源出定边，入马龙江。景东府杉木江、马涌江合南浪江，入威远州界。永宁府罗易江北过府境勒汲河，入四川盐井卫界。顺宁府备溪江西洱漾濞二水，合流至本府铁场山下，入澜沧江，故名。元江府礼社江，一名元江，源出白崖睑江，合澜沧江诸水，入交趾。新化州，摩沙勒江，即礼社江，下流至元江，入交趾。者乐甸长官景东河源出景东，经本甸，下入马龙江。北胜州罗易江入永宁府白角河，入西番界。永昌府澜沧江、银龙江，入澜沧江。胜备河入备溪江。潞江，一名怒江，经芒市、木邦、八百，下流为喳哩江，经摆古，入南海。槟榔江出吐番，绕金齿百夷，经干崖、阿昔，下合大车江，至江头城。腾越大盈江，一名大车，入南甸，为小梁河，至干崖，为安乐河，西流为槟榔江。龙川江下流至缅甸大公城，合大盈江。云南府安宁河出安宁，经富民、罗次，为沙摩溪；至禄丰，为大溪；至易门，为九渡河，入元河。又星宿河出武定，经禄丰，过易门，入元江。蒙化府阳江，出郡西北甸头花判涧，南至甸尾，过定边，与迷川礼社江相合，过元江，入海。澜沧江与漾濞江蒙人谓之大小二江，至顺蒙交界处，土人谓之罗擦聚，二水相交，日出水光荡射可观。不二十余日至锦龙江，一名九龙，船行会海客于此，渐至南海。

愚谓云南通缅甸诸夷水路，旧惟知有金沙江可通大舟，不知潞江、喳哩一派，可通摆古，澜沧、银龙一派可通八百交趾，皆可舟可船之水，经理缅甸者诚不可不讲求也，故附及之。

《升庵集》

孔明《出师表》“五月渡泸”，今以为泸州，非也。泸州古之江阳，而泸水乃今之金沙江，即黑水也。其水色黑，故以泸名之尔。沈黎古志，孔明南征，由今黎州路。黎州四百余里至两林蛮，自两林南琵琶部三程至嶲州，十程至泸水，泸水四程至弄栋，即姚州也。今之金沙江在滇蜀之交，一在武定府元江驿，一在姚安之左却。据沈黎志，孔明所渡当是今之左却也。琵琶一作虱琶，两林今之邛部长官司也。

《议开金沙江书》　杨士云

按志，金沙江古名丽水，源出吐番界，共龙川犁牛石下，名犁水，讹“犁”为“丽”。东经巨津、宝山二州，三面环丽江府；东经鹤庆，受漾、共江诸水；又东经姚安府，受青蛉、大姚、龙蛟诸水；又东经武定府，受元谋西溪诸水，又受滇池、螳螂诸水；又东经东川府，西入滴滤部，受寻甸、牛兰谷、壁喟、啮化诸水；又东经乌蒙南，又东经盐井、建昌、会川、越嶲诸卫，合泸水、受怀远、宜远、越淇、双桥、长河、泸湘、大洞、鱼洞、罗罗、打冲、东河、热池诸水；又东至马湖府，受泥淇、大小汶诸水；又东至叙州府，受大江。此南中西北之险，蒙氏僭称北渎者也。

按史，汉武帝遣驰义侯开越嶲郡，寻遣郭昌等开益州郡；诸葛武侯渡泸南征，斩雍闿，擒孟获，遂平四郡，定滇池，皆先夺此险也。始通西南诸夷。历晋迄隋，通壅靡常。至唐蒙氏世为边患，至酋龙极矣；屡寇黎雅，一破黔中，四盗西川，皆由据此险也，遂基南诏亡唐之祸。宋太祖鉴此，以玉斧画大渡河，曰“此外非吾有”，弃此险也，遂成郑、赵、杨、段氏二百余年之僭。元世祖乘革囊及筏渡江，进薄大理，掳段智兴，破此险也，遂平西南之夷。国初梁王拒命，我太祖高皇帝命将征讨，神机庙算，悉出圣裁，谕颖川侯等曰：“关索岭路本非正道，正道又在西北。”盖谓此也。班固谓皆恃其险，乍臣乍骄。范晔谓凭深阻峭，纡徐岐道。宋祁谓丧牛于易，患生无备。诚确论也。

夫云南四大水惟金沙江合江汉朝宗于海，为南国纪，天设地造，本为天下用也。历代乃弃诸夷酋，资其桀骜，虽建立城戍，仅仅自守，时或陷没。岂知天有宿度，地有经水，人有脉络，

《禹贡》于每州末，必曰浮某水，达某水，入某水，逾某水，盖纪贡道达帝都，著天下大势，以水为经纪也。孰谓滔滔大川，可浮可达，反舍而陆，乃北至永宁，东至镇远，不亦劳乎？禹外薄四海，各迪有功。夫一劳久逸，暂费永宁，执事之议详矣，为国家虑深且远矣。所谓计费吝赏，责效谗言，斯固古今之恒态，不可成天下之事者也。然英杰见同，必有绎之者。缵神禹疏凿之绩，恢四海会同之风，息东西两路之肩，拊滇云百蛮之背，昔为绝险奥区，今为掌中腹裹；皇明大一统无外之治，亿万年无疆之休，实在于此。凡有识者咸日望之，庶几见之，惟执事留意，幸甚。

《疏通边方河道议》 毛凤韶

窃照云南地方有水路，直抵四川马湖府，初以遐僻为禹迹所不到，遂为土人所据，至我国家，始郡县其地，同于华夏。然贡献之物扛、官使之行李、军民商贾之物货，担负万里，筋力已疲；而土官土舍，因见道路阻绝，每怀异志。及今国势强盛，不行开通，将来之悔，不敢谓无也。本道访据武定府揭帖，内开本府有迤东通四川水路，自云南海口至安宁、罗未、富民、只旧、你革、达吉、普渡河、安革、法干、土色至大江，俱本省地方。大江至四川东川地方大江边阿纳木姑共一十三站。内土色有叠水，又有迤西通四川水路。自云南陆路至富民、武定、虚仁、环州，至金沙江巡检司，凡五站。本司金沙江水路下船，至骂刺母、白马口、灿刺则、五曲、革直勒、则卓、刺除、鲁圭、宁抄、答甸、沙吉、撒麻村，亦至土色大江阿纳木姑，凡一十四站。内则卓、沙吉有叠水等情。

又据金沙江巡检司应袭巡检土舍李朝宣廪帖，内开金沙江上至丽江、澜沧，至姚安府、武定府，下至东川、乌蒙、芒部、上江。弘治、正德间，马湖府安监生放杉板，嘉靖十七年，王万安亦放杉板，俱系拖稍五板大船经过，或十余只，或八九只。建昌行都司奉钦取大木，宁番、越嶲、盐井、建昌等五卫俱在上江打冲和三江口并德昌千户所地方，或扎箄，或散放，会川卫在下江科州采砍。查审开江船行，若问滩水险阻，鲁开、虎跳滩、天生桥十分不为险阻等情。

又审据本府姜驿驿丞梁松禀称，本驿设在金沙江巡检司之西，过江五十里，与四川会川卫抵界。每见客人采贩木，扎成箄筏，自本司江流而昼夜六日，即抵马湖。随箄下船，或一二十只，装载粮食。有养猪畜客人，跳箄掷船，如履平地。离本司江下五六十里，有大小虎跳滩，俱是沙江，至冬春水落之际，可以施功开凿等情。

又据本府揭帖内开，据经过建昌客人何松执称建昌卫管下德昌守御千户所洗迷村伐木下江头，一程至白水站，一程至会川卫管下甸沙关，甸沙关一程至梅易千户所，三程至武定府和曲州金沙江等情。随唤何松，亦称马湖、建昌等处客人采取大小板枋，俱是德昌下河从金沙江巡检司经过，直至马湖、叙州。令伊画图，各到道，为照前项河道。武定迤东，极为捷径，且甚便益，但访得河内间有蛮尖石，两边崖石，生合成桥，水从石缝流下，未委虚的。若迤西金沙江，则水面洪阔，四时横流，客商通贩，前后不绝，中间虽有虎跳二滩，然皆沙石易凿，此则断然可通而无疑者也。

先年巡抚都御史黄衷曾议开修，取金沙江巡检司旷爱招集马湖、横江客人，俱到布政司，举行间，以升迁中止。近年巡抚都御史汪文盛亦曾委官踏勘，以征南中止。事功之会，人咸惜之。合无批行总司会同布都二司从长计议，先将东西二道，各委能干文武重职，带同属官，多给官银，督同本处土官土舍，俱优其廪给；带领木竹石铁等匠，厚其口粮衣鞋，沿途用银雇倩熟知地利向导人役，随带小船，及沿河采买竹木，扎为箄筏，乘载通行，逐处踏勘，直至马湖、大江而止。中间要见舟楫无碍经行者几处，危石可凿者几处，几丈几尺，如有绝险，人力所不能施者，或作两截船运。沿河陆路可通者几处，不通者几处，应合开辟者几处，几里几十步；及沿河有无人烟稀密、堪立驿递铺分哨堡等项。各计合用功力夫匠若干、钱粮若干，悉心料理，勘估明白，画图帖说；并将用过官银，具由造册回报。然后拟议奏请，行委三司堂上官亲诣督理，开通施行，则不独一时一方之利，实国家久安长治之计也。

仁甫氏旧志曰，梁州黑水，今兰沧江是。此江所经峡壑深堑，两山夹流，原非禹凿。元张立道使交趾，由黑水入三崇山，澜沧经其麓，今其地盖有黑水祠。乃永昌诸生黄贞元又以黑水归金沙江，谓有两金沙，而非李氏以兰沧为黑水；以江内外分夷汉，又非樊绰以丽水为黑水，非程氏以西洱为黑水，非《地里志》以南广为黑水。语详《腾越志》中。

《大学衍义补》

云南地汉时已入中国，谓为西南夷。唐末为南诏所据，后为蒙段二氏所有，自为一国；宋竟不能有之。元世祖始平大理，以其地内属。本朝立为蕃府，命黔国公世守之。今其云南楚雄、临安、大理等府，设置如内地。而更以元江、永昌之外麓川、车里等处为西南夷，亦犹汉时自成都而视滇池也。国初止立麓川、车里二宣慰司，今则为宣慰司者凡七焉；七者皆百夷之地，而惟麓川最大且要。正统中，以思任发梗化，降为陇川宣抚司。大抵云南之地，其南以元江为关，以车里为蔽，而达于八百；其西以永昌为关，以麓川为蔽，而达于木邦；西南通缅甸，底于南海；东南通宁远，而境乎安南；西北尽丽江，而通乎吐蕃。所以制驭之者，与南蛮北狄不同，盖彼去中国远甚，其有叛乱，不过梗化亏欠岁贡而已，不足为中国轻重也。为今之计，宜择一要害地，或景东，或腾冲，命将一员，统军于此守备，严禁中国客商，不许擅入其地；则彼不知中国虚实，而不为人所煽惑引诱。设为互市，有所交易，许其移文通译，赍载以来，使彼知中国之货难得，则不敢轻自弃绝矣。

自金齿过蒲缥，将至怒江，有屋床山，乃云南、百夷界限也。高山夹箐，地险路狭，马不可并行。过是山三里许，即怒江渡，此江即百夷地也。沿河下数十里，上高黎共山，即今之通街也。高黎共山路亦颇险，上二十里，下一陡涧；复上三十里，至山巅，夷人立栅为砦，过砦复下，四十里许平地，乃麓川江上流，过此，则无险隘之地矣。一路从怒江西上，二日程至腾冲府，七日许到麓川；一路从云南白崖过景东，从木通甸至弯甸，渡河，入茫施，约十日程到麓川。自怒江上流蒙来渡至景东，沿河小渡十数处，皆可入境也。

镇守

沐英，直隶定远人。以西平侯克平云南，诏留镇守。洪武二十五年卒，追封黔宁王，谥昭靖，子春袭。春，英长子，袭西平侯，继镇。洪武三十一年卒，谥惠襄。无嗣，弟晟袭。晟，英次子，袭西平侯，继镇。以征安南功，加升黔国公。正统四年，征麓川，班师卒，追封定远王，谥忠敬。子斌袭。斌，晟长子，初名俨，上赐名斌，袭黔国公，继镇。景泰元年卒，谥荣康，子琮袭。琮，斌子，袭黔国公，成化元年继镇，加太子太傅，佩征南将军印。弘治九年卒，谥武僖，侄孙昆袭。昆，参将诚长子，以武僖公无嗣，袭黔国公。弘治九年继镇，加太子太傅。卒，赠太师，谥庄襄。子绍勋袭。绍勋，昆长子，袭黔国公。正德十六年继镇，加太子太傅。卒，赠太师，谥敏靖，子朝辅袭。朝辅，绍勋长子，袭黔国公。嘉靖十六年继镇，加太子太保。卒，赠太保，谥恭僖，弟朝弼袭。朝弼，绍勋次子，以恭僖公二子融、巩俱优给病故，由弟袭黔国公。嘉靖二十六年继镇，被逮，卒。子昌祚袭。昌祚，朝弼子，袭黔国公。隆庆元年继镇。万历二十四年以病乞休。子睿以都督挂印代镇。睿卒，仍以原官起用，屡进少傅，兼太子太傅。卒，孙启元袭。睿，昌祚子，万历二十四年以父昌祚乞休，授都督佥事继镇，升都督同知右都督，被逮，卒。启元，睿子，袭黔国公，天启五年继镇。

土司官氏

云南府

昆明县赤水鹏巡检司土官阿喇马丹，洪武中，从刘侍郎使车里，后从征阵亡，录其子马速鲁麻为巡检，沿至马时升袭。清水江巡检司土官李保，永乐中，以通事译夷语，宣谕八百诸酋，授巡检。洪熙中，有李贤者入贡，褒以敕谕，进将仕佐郎，沿至李国柱袭。其地控昆富二邑之交，武夷累犯省城，恒经之。李氏所辖地有篾浪九村。罗次县土官杨大用，宁州人。洪武中归附，颍川侯录其功，表为景东府知事，累官右参议。其后有杨正者，自请录用，初为邓川之上江巡检，后调楚雄之沙桥，寻授罗次土知县，世其官。米鲁、安铨、那鉴之乱，咸征其部兵，至五百而止。今沿至土舍杨耀德。炼象关巡检司土官李者，本县昆石乡夷人。初仕元为防送千户，洪武中，率众从征，殁于阵。录其子李阿白为土巡检。弘治中，铨注炼象官兵讨武定凤氏及他役，李氏咸以兵从，多或至二百人。沿至今土舍李世膺。安宁州土官董通，洪武中，率众从傅颍国为向导，供资粮。后元遗孽作乱，通保境拒之，乃录其子董节奉训大夫，安宁州土知州。设流以来，政归有司。每征调，则倩乡氓充行伍焉。今沿至应袭董九成。禄丰县南平关巡检司土官李矣，洪武中，以甲首宣谕，收招各酋，授巡检。阿克之变，有李印者死于阵。今沿至李惟贤袭。宜良县汤池巡检司土官马奴，以通事屡偕诸使臣入三宣，后又导诸夷贡方物。正统中，以其子马祺为巡检，从诸夷酋之请也。凤继祖之乱，发其兵三百人。近以莽甸不靖，复征其众戍昆阳。今沿至马义征袭。

大理府

邓川州土官阿这，羊塘里民。洪武十五年，蛮贼高生与故元右丞普颜笃之乱，惟这执忠不屈，为西平侯所旌；后以擒高生等功，授土知州世袭。所部皆爨属，强者依山，弱半附郭。嘉靖中，阿国祯以兵一千奉调征安凤，后又以兵一千从督抚邹侍郎荡赤石崖，论功钦赉如例。万历中，阿荣以八百众护饷征岳罕，建陇川土城；又以六百众挖捕寻甸贼李贤辈。其后矣堵蛮莫五并诸役咸在行间，称用命焉。青索鼻巡检司土官杨良，波溯邑里人，为元蒙化州判官，天兵克大理归附，招叛民，累功土巡检。所部兵不满百，每邓川出兵，则杨氏以所部从。今沿至杨胤龙冠带巡捕。浪穹县土官王药师，初以刍粟饷大军，授邓川州吏目；后以征普颜笃功，改浪穹典史，世袭。官兵讨铁锁箐及米鲁、武寻，咸以兵从阿氏，备一队。今沿至王梦祖冠带管事。天启壬戌，沾益乱，亦调其众，犒以银牌。蒲陀崆巡检司土官杨顺，浪穹县坊长里民。洪武中，指挥周能典大理卫事，以顺充通事，招抚蒙化白崖，傅颖川表为土巡检。其后屡从阿氏建功。今沿至杨凤阶冠带署事。凤羽乡巡检司土官尹胜，邓川州玉泉乡人。元末为木邦府判。天兵克大理，归命和门，西平檄授土巡检。安凤之乱，从阿氏攻李锁飞、李牙保等寨。今沿至尹世忠听袭。上江嘴巡检司土官杨信，剑川州人。初为村长，以刍糗馈大军，后累功于三营佛光、宁北之间，授世袭土巡检，常从阿氏讨叛。今沿至土舍杨廷举。下江嘴巡检司土官何海，浪穹山后里人。倡义率土民归顺，授土巡检，世有其职。今沿何养正冠带听袭。把事张心，浪穹宁北乡人。方天兵入境时，招其乡民归附，馈粮无乏，赐之冠裳，以把事钤其众。后安凤、莽甸、铁锁箐诸役，咸效驱除，称勇敢焉。近征陇川耿马，调集或至三百人。沿至张轸听袭。定西岭巡检司土官李清字，赵州弥只里民。元为弥只防户，洪武中归附，授土巡检。沿至李齐月袭。其部夷尝土而耕，约信不爽，从未闻征战之役。德胜关驿土官王义，太和县人。国初附大将军招集高奴、李珠等五百众，授驿丞。今沿至王绍恩袭。洱西驿土官张鉴，元时为提举，率众来归，属于指挥周能，获故元左丞伯都督等，又筑外城，累劳授驿丞。沿至张从德死，无嗣。云南县土官扬奴，在城僰夷。元时典邑，以县降，授土县丞。初佥土兵一千五百名。其后麓川蛮莫木邦寻武，咸效行间，多至六百名而止。近阿克杨礼叛，其部所向克捷。大略皆徒跣裹毡，无部伍，其长技以劲弩毒矢，为迤东诸夷所惮，居平与洱海卫军杂耕相安。沿至杨如槚，以乡贤崇祀。今其子杨淇袭。张兴，阜民乡七百庄僰民。元为品甸千户所土官，大军至楚雄，兴首效顺，为指挥脱列伯乡导，至品甸招谕甸民，归附者累千，以甲马献，后又攻石寨，有功，授土主簿，世袭，与杨氏分土而居。顺大之役，征其兵五百名；郑举之役，三百名。今沿至张纲听袭。楚场巡检司土官杨波日，元右丞不花颜之裔。洪武中，选为百夫长，造金沙渡舟及筑城运盐，累劳绩，充冠带把事。卒，子木嗣。木卒，子僧寿嗣。僧寿有武勇，从征麓川、佛光、蒲窝、镇康，累功给勘合，管办巡检司事，寻具奏实授土巡检。后东川、武定、铁索诸役或戮力行阵，或护饷馈军。今沿至杨阶听袭。徐甸巡检司土官李义，本甸僰民，国初招故元左丞李紫、右丞赛因帖木儿不花、大王擲思鉴，俱听命，论功，授土官巡检。今沿至李尚松听袭。安南坡巡检司土官李纳麟，赵州人，洪武中，招白崖头目高添惠等户口五百皆归附，授土巡检。今沿至李相听袭。云南驿土官袁奴，云南县站户僰人。洪武中，招故元同知自羌万户自白及本处夷民三百户归附，复以馈粮累劳，授土驿丞。至征麓川，征其兵二百。是后本县土官杨氏奉令讨叛，袁氏皆以所部从。宾川州宾居巡检司土官董保，太和县城北厢里民。元时顺宁司经历，以象马来降，授大理经历。沿至董禄，降土巡检。后董鉴以兵二百从征凤朝文。今沿至董达袭。金沙江巡检司土官得力玉石，昆明人。从大军攻乌撒、金齿，累功授曲靖阿幢桥巡检，给由调金沙江，后累效战功于武寻、赤石崖，然其众不满百。今沿至得富袭。云龙州土官段保，洪武中，以州来归，授土知州。沿至段绥卒，子嘉龙袭。其妻纵虐失夷心，族舍进忠计诱漕涧夷，杀嘉龙而篡之。庚申秋，道府诱擒进忠，械系省城，论死，以其地为流官治；给嘉龙子彩冠带，钤束其众。所部夷猡二种，夷弱猡强；其三崇山后又有野蛮，嚣戾好杀。箭捍场巡检司土官字忠元，时为土官，以众来归，授土巡检，与世袭，后子廷宣，屡从邓川阿国祯讨安铨、凤朝、文、莽甸诸贼。天启初，以巡司改属云龙州。沿子显道袭。师井巡检司土官杨胜，邓川州玉泉乡人，洪武中，率众来归，以粮济师，授土巡简。后杨时从征安凤效力。今沿至杨勋袭。天启初，改属云龙。顺汤井巡检司土官李良元，时管军百户，倡众归义，从鹤庆知府董赐入朝，除土巡简，后以罪失其官，寻复之。莽甸、安铨、凤朝文诸变，咸以功著；万历初，从征岳凤，亦与力焉。今沿至李继武袭，万历四十五年，改隶云龙。上五井巡检司土官杨惠，剑川州江东乡民。归诚从戎，讨邓川杨奴及佛光寨之叛，授浪穹县主簿；后杨信以麓川功，得世袭土巡检。又有杨世勋者，从征那鉴，死焉。今沿至杨世恩袭，万历四十五年，改隶云龙。十二关巡检司土官李智，邓川州玉泉乡民。洪武中，归义，授土巡检，后亦效力于寻甸、荞甸间。今沿至李应朝听袭，四十五年，改隶云龙。十二关长官司土官李罗赛，直隶真定府赵州人。在元为防送千户，洪武初，以招附品甸大王及头目自紫等功，授副长官。沿至李弼，出兵一百于马头山攻安凤之党，擒沙凹者乌辈献馘。李国出兵三百，捣赤石崖俄喇诸寨，招收阿曲朋夷民百六十余众。其后加兵蒙化，大候矣堵、奉赦、罕虔等，皆奉调遣，然其兵多不过三百。凤克叛，亦以三百众卫姚安。今沿至李祚昌袭。

临安府

宁州土官弄甥，元土官普提之后。洪武初，归附，授土知州。沿至普奉，以专横伏法，遂设流官治州事，赋讼尽属有司，而征调则土官以部夷行。嘉靖间，改禄姓，有禄世仁者为同知，禄绍先为知州。传至禄华诰，讨罗平有功，晋秩至运同。华诰卒，子厚袭。厚卒，子溥袭。溥卒，弟洪袭。石屏有禄嘉懋，阿迷有禄嘉瑞，蒙自有禄有道，皆其族，分出捕御盗贼。修攘考称其士马精强，遵纪律，倘忠勇不替，可备全滇缓急云。嶍峨县土官普净（郡志作“禄侑”），国初归附，授县丞，寻以功升世袭知县。弘治间，专任流官，而以土官巡捕。沿至今禄崇功袭。所居去县治五里许，辖部猡猡、窝泥二种，幅员可五百里，征调之众不满千人。王添祥，正统间以车里功升主簿，传至俊、锱、锜、钦，皆有其官。今沿至王烈听袭。阿迷州土官普柱，洪武中，为土知州。后设流，录其裔觉为东山巡检司土巡检。沿至普维藩，与宁州禄氏构兵，师歼焉，维藩死。子名声幼，兵道蓄名声城中，令郡诸生教之，既长，召诸寨夷共立之，以延普氏。名声收集其众，勇于攻战；天启元年十一月，奉调剿逆，至今所至辄以冲陷闻。部旧村巡检司白氏，世为土巡检，沿至白麟应袭。纳楼茶甸长官司土官普少，罗罗人。洪武初归附，授副长官。传普定、喜柱、宗明、微星、安铨、安正、普鼎禄。今沿至普延龄袭。司治在从仁乡他负白村，所辖有僰夷、猡猡二种。部内矿场曰中场，曰鹅黄，曰摩柯，封闭已久，而亡命逋其中窃取之。溪处甸长官司土官束充，和泥人。洪武中归附，授副长官。其后见于传记者有赤渴、角嵩、粤成、觉定、觉明、觉棋、觉凤、恩海、禄宽、恩贵。本无姓，亦不知冠带，自知府陈晟授以赵姓，今沿赵恩洪死，子赵恩禧听袭。其司人有土官钱姓者，其始不可考，今沿至钱觉泰听袭。治在左作寨村。旧有部酋名贺磔，讹为和泥，本一部，后蛮酋官桂兄弟分为三部，溪处其一也，部夷僰夷窝泥二种。教化三部长官司土官荞乍，和泥人。洪武中，授副长官，传至张泽未袭，土舍张德胜用事，子张明听袭。司治在珑村大教化，众山连络，一山中峙，土官公署与居民皆在其巅。推官江鱼行部至之。部夷曰马喇，曰沙人，曰猡，曰侬人，曰野蒲，曰喇记。思陀甸长官司土官遮比，和泥种。洪武中，授副长官。遮亏传亏习，亏习传习宗，习宗传宗白，宗白传白祥。今沿至土舍李泰华。司治在瓦吴陀寨村，部夷皆窝泥种。亏容甸长官司土官阿普，洪武中授副长官。其后有阿睿廿宗。今沿至孙承祖袭。司治亏弓村，地湿热，多瘴疠，胜国安置罪人之所。部夷唯光头百夷一种。左能寨长官司土官猎豆，沿至龙胜安死，子龙上登袭。龙氏素以桀骜不听道府钤束，每有文移，辄称都司八寨长官司，屡厪戒谕。其治在崇府寨，高山连亘，崖谷之险，倍于他司。部夷惟窝泥一种。王弄山长官司土官阿颎，洪武中，授副长官。其后有阿乍，传至乌珀、乌志得、乌腾凰，死，今其子有乌高举。其地层峦幽阻，鲁部河自礼社江流至司境，入于交趾，盖夷夏要冲云。所部侬人、猡猡、姆鸡、扑喇、沙人、阿成，凡七种。落恐甸长官司土官他有，和泥人。洪武中，授副长官。其后有少圭廷秀。沿至陈国诰，为溪处钱觉平所杀，檄元江那氏为之处。今其子有陈汝忠。司治在落恐寨，部夷惟窝泥一种。

诸甸皆藏匿山林，群聚杂处，喜人怒兽，一言不合，则机弩引弓相向，死则以财物偿之，非德化所能怀柔。各长官俱本土罗罗和泥人，原无姓名，各从族汇本语定名，或随世递承其父名之末字，更接一字相呼。弘治初，知府陈晟以百家姓首二句司分一姓，加于各名之上，唯纳楼未受。其地在郡西南，远者不下二百里，近者百里。沐西平入安南，盖取道于此。今莲花滩之外即交夷，而临安无南面之虞者，诸甸为之蔽也。惟是流官惮瘴，久不履其地；诸酋不袭而自冠带。且始相犄角，而渐相倾危，遂日寻干戈。数十年来，广南沙侬以征戍窃据其地，窝泥弱而无谋，为所并吞。官兵讨之，不得志；各长官寄食如栖苴耳。

安南长官司，正德中废。今王弄山沙伏诚子沙源，万历三十八年，以部兵斩贼，当事者委以王弄副长官事。四十三年，擒交南伪胜智侯，生获阮文美等，因以安南司地界之，令阻截交路。天启二年，奉调征剿，给印掌管。纳更山巡检司土官龙政，和泥人。成化间，授土巡检。其后有龙觉、龙成、龙准。沿至龙统死，子龙升听袭，治车人寨，礼社江自亏容东流至此，出宁远州，俗呼河底。其撒果山下有陇墩渡，七宝山下有蛮板渡，哈剌山下有蛮汪渡，所谓纳更三渡也。新化州摩沙勒巡检司土官巡检普，传至普荣死，无嗣。新平县南硐巡检司土官易，传至易体乾，被杀，子易儒以他事毙狱，叔易体宣听袭。

永昌府

潞江安抚司土官安抚线氏，今沿至听袭土舍线世禄；副长官尹氏，今沿至听袭土舍尹绍尧；千夫长尹氏，今沿至尹祥；把事额氏、线氏，今沿至额思敬、线礼。凤溪长官司土官正长官莽氏，把事张氏，今沿至莽成龙、张世禄听袭。施甸长官司土官正长官莽氏，今沿至莽崇德听袭。其地平衍饶沃，可为郡邑；部民骁悍不畏死，遇战斗则裸跣以从，邻夷避之，不敢犯其境。甸头巡检司土巡检莽氏，沿至莽瓮听袭。水眼巡检司土巡检莽氏，沿至莽云蛟听袭。腾越州龙川江驿土驿丞王氏，百夫长刀氏，沿至王来聘、刀承爵听袭。保山县有十五喧二十八寨，诸夷有大僰、蒲人、峨昌，其酋长或以百夫长称，或以千夫长称，或以实授百户称，皆奉命令服徭役，第性勇悍，不能骤格；又为市侩所诱，渐习奸伪耳。今其见于尺籍者：敢顶喧罕氏、旱纳喧线氏，石册寨、施甸东山寨、下腾场寨、金齿东山寨、甸头寨、保场寨、乌邑寨，七莽氏，皆副千夫长也。古里喧早氏、荡习喧孟氏、蛮云喧早氏、西牙喧线氏，波艮邑寨、木瓜郎寨、阿思郎寨、南窝寨、周册寨、信邑寨、瓦窑寨，七莽氏；北冲寨，罗明寨、罗古寨、罗板寨，四早氏；潞江寨左氏，皆百夫长也。蛮冈喧扫氏，锦邑寨、老姚寨、交邑寨、牛旺寨、山邑寨、五莽氏，皆实授百户也。蒲缥寨莽氏，火头也。其见于郡志，以喧称者：有曰蛮宽，曰空广，曰蛮场，曰喇伦，曰蛮养上，曰蛮养下；以寨称者：有曰枯柯，曰明邑，曰茶山，曰乾海子，今或以他事失其官耳。永平县土官马氏，世为土县丞，今沿至马一雕袭。又有杨氏，未著其官，沿至土舍杨暄。其部夷素纯谨，每征调其众，可五百人，罕岳、顺大诸役皆在焉；近大理讨段进忠，亦调及之。永平驿土官李氏，世为驿丞，今沿至李国臣听袭。打牛坪驿土官杨氏，世为驿丞，今沿至杨腾凤听袭。打牛坪巡检司土官蒙氏，世为巡检，今沿至蒙英听袭。右甸守御千户所蒋氏土官二：一为正千户，沿至蒋浪；一为副千户，沿至蒋从智。

楚雄府

镇南州土官段氏，领州同知，沿至段钦；陈氏，领州判官，沿至陈国试。镇南关巡检司土官杨氏，领巡检，沿至杨恩。英武关巡检司土官张氏，领巡检，沿至张九思。阿雄关巡检司土官者氏，领巡检，沿至者安仁。沙桥驿土官杨氏，领驿丞，沿至杨仪。楚雄县土官杨氏，领县丞，沿至杨绍先；杨氏领巡检，沿至杨应雷；冠带通事寇氏，沿至寇列恂；通把李氏、张氏，沿至李惟栋、张思颜；把事何氏、李氏、杨氏、沿至何仲文、李舍、杨东。广通县土官段氏，领主簿，沿至段一机。回蹬关巡检司土官杨氏，领巡检，沿至杨光宠。沙芙旧巡检司土官苏氏，领巡检，沿至苏什得。定远县土官李氏，领主簿，沿至李文；把事王氏，沿至王辅。黑盐井上官樊氏、杨氏、李氏，俱领巡检，沿至樊可亨、杨德隆、李绪。定边县土官阿氏，领县丞，沿至阿天民；把事邵氏，沿至邵崇仁。

诸族自国初归附授职，居州县幅员之中，事权在有司，居平衣食租税；卒有疆场之事，则发鱼书，令师其部曲以从戎，然皆编氓也。或曰罗婺，或曰和泥，或曰僰，或曰猡，州可出兵四百人，县可二百人。

曲靖府

沾益州土官安举宗，在元为曲靖宣慰使，其后有禄哲。大兵平南，哲妻实卜与夫弟阿哥归附，卜授乌撒府知府，哥授沾益州土知州（志草作“阿索”）。传至安九鼎，世绝，妻安素仪典州事，因以乌撒安绍庆继。实禄哲七世孙禄墨次子乌撒酋安云龙弟，此沾益绝而乌撒继也。其后云龙为乌人安国正所杀，复以绍庆次子效良为乌撒土知府，此乌撒绝而沾益继也。绍庆死，长子效忠先卒，沿孙安远袭。效良弟效贤娶于水西曰设科，水蔺之变，与效良合，其法堕落奄瓦歹木洞诸营长以叛，远不能制，寻死。远弟边初赘亦佐酋妇隆氏，今以继远，而诸营阴阳于水乌间，为滇寇，边寄空名而已。土官营栅坐石龙山，险阻四塞，介蜀黔之境，所部四十八营，以勇健称，其众三倍乌撒云。

陆凉州土官阿纳，国初内附，树功授知州，绾州符焉。延及资曹，以功升府同知。万历中，夷妇昂氏传其侄资世守，以罪戍边，侄资国效应袭。世居州治中，部曲在强弱之间，远逊沾益。

旧越州土官龙海，洪武中归附，以其地为越州，以海知州事。二十八年，分其地属沾益陆凉、亦佐，海之子阿资寻以罪诛。永乐三年，资之子禄宁诣阙奉贡，有诏授宁土县丞，以官护之，令镇巡安插，乃置之亦佐，与沙氏分土而居。后有海潮者，以功加土州判，称旧越州。沿至海现图死，妻资氏署事。今土舍海现祥应袭。幅员南北径百二十里，东西倍之。士马强悍，征调或至三千人，武寻等乱，咸调之。

亦佐县土官沙普元，为县酋长，洪武初归附，世领县事，后以罪降县丞。万历中，沙腾蛟以侄继伯，死，子运泰袭。运泰死，妻隆氏袭。居旧县东，士马柔弱，自沾乌丧乱以来，益不能自振拔矣。

安插土官恭项，初为麓川宣慰司人。天兵四十万讨思任，项以万兵为向导，每战先登，俘思任思机妻孥八十、象十三，斩首万余，复发私积饷军三月，费不赀。麓川既定，靖远伯请改宣慰司为陇川宣抚司，即以项为宣抚，尚方与冠服金带，并铸印畀之。后与其下刀木立不相能，构兵焚司治，项奔省城，镇巡复发天兵讨之，木立惧，自经死。朝廷以民不与恭氏，而不欲泯其前功，仍以宣抚使安置曲靖，令世其官，至今食宣抚租不替。沿至恭华国袭。

杨光，初为腾冲守御千户所吏目，思任屠腾冲，获光去。二年余，自麓川脱归，以贼中情形来言，因以金帛令小旗杨寿龄结麓川百夫长刀乌猛，朝与合兵图贼。光先攻陶孟板，杀其酋长，遂与乌猛合攻江东西刀刚、贡曩诸寨，皆下之，夺其浮桥，大师毕济。麓川定，改守御千户所为指挥使司，因升光府知事，迁曲靖府。沿至杨继祖袭。

松韶关巡检司土官李英，平蛮乡民，宣正间，以捕盗著能。麓川之役，从征累功巡检，后以毕节夷乱，从大兵解赤水围，俾世其官，沿至李舒和绝。南宁县白水关巡检司土官李桧芳，以行伍从指挥李观，克大理乌撒，累功授土巡检，沿至李承恩世绝。

澂江府

路南州土官秦普，洪武十七年，以降附授州同知，永乐中，升知州。普生禄，禄生福，福无子，有二女：曰玄贞，曰庆姐，相继典州事。至成化中设流，遂失其官。沿至土舍秦世文，世泽未斩，征调尚及之，然皆编民耳。今世文死，子秦国选摄捕盗事，益削弱不振，故近时征调不及。其属夷皆猓猡，性顽，然每土官至，争迎于家，击牲以饮，率妇人罗拜于下，执理甚恭，杀之不怨。

新兴州铁炉关巡检司土官王爵，本州白城乡人。初为通事，以麓川功授巡简。后以昆新之间，时有寇阻，因建关于铁炉山以扼其要，授爵世官。正嘉间，矿塘通海一碗水诸贼为乱，屡征调。后有王德隆，亦从征凤继祖。传至王钥，以罪戍边。今土舍王世久听袭。

江川县关索岭巡检司土官李实，本县星云里民。宣德元年，设巡司于岭上，以地险，流官鲜能其职，邑中公举实，因以为土官巡检。弘治中，李厚奉调征贵州香炉山米鲁、福祐、豆温乡。正德中，征安南长官司叛夷那代。今沿至李敏听袭。

安插土官刀门俸，初为镇康州土知州。正统中，大兵讨麓川，应募攻克上汇，深入湾甸，后军饷不给，馆谷者三月，因直捣缅地，获思任、思机，累功升孟定府知府，以其子刀班线为镇康州知州，后门俸入贡如京师，思氏余孽思笑，纠木邦攻镇康，杀班线，掠其金牌印信；复攻孟定，门俸次子刀孟不能支，挈家奔永昌。时靖远伯班师未久，不能复征，因安置门俸于澂江。传至刀镇国死，子天荫袭。

蒙化府

土官左禾，蒙城乡摩牙里人。其先有左青罗者，元为顺宁府同知，传至禾，为九部火头顺宁司通事。洪武中，平云南，仍以禾为火头；后大兵征高天惠等逃窜，禾遂招谕蒙化州人，得授州判官。永乐中，左伽嗣以兵与麓川战于大候，功第一，累升中宪大夫临安府知府，掌州事。正统中，晋州为府，遂真授知府。今沿至左近嵩袭。世居城北隅，江内部夷柔而守纪，江外数枝，以勇悍每应征调，多野战而无行伍。样备驿土官尹义，本府僰民，洪武中，从征佛光，授驿丞。今沿至尹国祐听袭。

鹤庆府

土官高海，其先高赐，元时为本府土千户，传至海，于国初归附，从征佛光寨，有功，授千夫长。世居郡城西北隅。部夷附郭者驯而柔；山后乌蛮猡猡，依附险阻，犷悍好杀，调以赴敌，无所短长。沿至高玉死，子高藩臣袭。其以百夫长称者，则有杨通、王保、王祥、李清、寸赐、李奴、王公、张生、赵宗，皆郡人，以征佛光石门及守城馈饷功，得世其官。今其裔有杨绩勋、王屏、王从震、李得麟、寸汝珍、李一龙、王宁、张世立、赵国瑞，皆未能袭其先世之官，仅以土舍署事而已。

高信，郡人，以资粮铠仗从征普颜笃，论功，授土知事。今沿至高棠荫听袭。观音山驿土官郭生，本府山外民，大军征佛光助顺，授土驿丞。今沿至郭维藩。在城驿土官田宗，郡人，以刍粟供军储，克佛光寨，授土驿丞兼高仲下把事。今沿至田得惠听袭。观音山巡检司土官王友，山外民，国初以军功授土巡检。沿至王之和听袭。剑川州土官赵氏，洪武初归附，寻有功，授土千户。今沿至赵瞻死，子国麒幼，族舍赵睨暂摄之。每征调兵，皆出编民，多脆弱。其以佛光讨贼运饷功，授百夫长者曰施保，今沿至施应忠；曰李善，今沿至李承恩；曰赵坚，今沿至赵添爵，俱已袭其世官；曰杨忠，今沿至杨绳武；曰杨保，今沿至杨永镇；曰杨惠，今沿至杨伯春；曰杨均，今沿至杨受枝；曰杨惠，今沿至杨朝儒；曰段祐，今沿至段开先；曰杨海，今沿至杨大兆；曰李隆，今沿至李栋，俱以土舍听袭。顺州土官子与，其先有子日、子希，元时为世袭知州，天兵平南，以州同知待之，俾束部夷。今至子如璧袭。其部曲武健，每征调，恒与顺宁并驱争先。

姚安府

土官高寿，本高泰祥之裔，世居姚州。元为姚安路总管，子高寺纳土归附。自久叛，夺其印信虎符。西平奏以高保为土同知。后自久攻姚州，杀知州田本，吏目杨信，保挈印奔洱海。冯都督进兵讨之，以保为前锋，败贼于白盐井，救官吏熊以政等，又捕贼于东山箐，获伪元帅张光，遂招谕人民于白石的村。贼来夜劫营，又败之，获其头目高昌渐；蹙贼于马哈山、芦头山，擒其部酋阿普、杨通、普只，贼势衰止。遂召复业人民，定租税，建城郭宫室，开府治。保死，子孙世其官。所部居崇山，尽力陇亩，家有常给，控制番人，鸷悍喜斗。每奉调征不庭，或至二千人，远之麓川、芒部、师宗、豆温、阿堂、凤继祖，近之陇川、丁改、罕岳、克举诸役，皆与焉。而夷索箐之讨，自三岔河进兵，众至八千人。万历中，高金宸以征缅功，晋秩四品服。金宸死，高光裕袭。光裕死，妻高宗姒摄职，丽江木氏女也，以帷簿不修被杀，子高守藩听袭。

姚州土官高义，在元为土知州，子高惠，国初归附，授州同知，与府同知高氏同域。每征调，则二氏并驱，其战士可三百人。今沿至高应麒听袭。

广西府

师宗州土官阿的，本州恩荣里人。其先世有普恩者，在元为武德将军，世有其地。至的归附，授州同知，协州事。世居治左之恩荣寨。的孙曰珑哥，遂以珑为姓。正嘉间，沿至珑节，时有事于南安、那大、十八寨、阿勿及武寻、荞甸，咸征其部三四百人。万历中，沿至珑有光死，妻妾秦氏、昂氏分摄之。诸夷无统纪，益以恣肆。今沿至珑耿听袭。

弥勒州土官昂氏，初有普德者率众向化，授土知州，寻升知府。成化中，昂贵以不法事革知府，以冠带置弥勒州，住州治东，食其地，事在有司。征调之众，卤掠无纪律，故近不用。其在部龙乡土舍曰昂尚才，子钦，在永安寨；孙世英，在曰者乡。尚有部束乡之普世隆，石洞寨之李世华，俱以土舍称。禄庆里寨之奄得升，阿营里寨之普承宗，米车寨之凤鸣山，俱以营长称。

维摩州土官资氏，领州事。设流后，资高、资金相继作祟，州治为墟。其后资金为家奴所杀，祀亦绝。万历中，流民李应辉据之，素狞悍，声教阻绝，州虽有流官，仅侨寓尽诺耳。

土官高仁义，初为姚安府土同知高贤族兄，以兵从定西伯攻麓川上江，累功姚安府照磨。贤死，其子高贵继，于仁义为从子，而官居其上，以为嫌，因调广西，世职巡缉。沿至高齐嵩死，世绝，仍于姚安取其亲枝高文启至郡，承其职。

寻甸府

土官安氏，国初为仁德府知府，以高明、马龙二州，为美、归厚二县土官属焉。沿至安洋、安乃，相继煽乱，乃改高明为嵩明，属云南，马龙属曲靖，并归厚为美二县为二十马，改郡名寻甸，设流官莅之，安氏降为马头。嘉靖初，知府马性鲁以督征粮税，系安氏余孽安铨，并其妻裸挞之，铨愤激，遂作乱，攻破府治，合武酋凤朝文，直逼省城。朝廷命尚书伍公文定集大师讨之，灭其族，而其属未尽革面。万历戊甲，阿克叛，有大理保杨礼者响应，又有阿遣马头奄氏亦助逆，官兵讨而诛之。奄氏余孽曰奄戈资，顷复导水乌诸寇走寻甸，寇退，就擒，斩于市。其他观望怀豖心者，犹费抚绥之力云。

木日，本丽江府土官木森子，成化中，与其兄木嵚争立，安插寻甸府。隆万中，木遇春从征罕岳、罗雄，以功授千夫长，沿至土舍木可栋。易龙驿土官奄索，初为寻甸府把事，洪武中从征，资兵饷，授土驿丞。沿至奄荣，世绝。

武定府

土官凤氏，其先曰弄积，妻商氏，倡众归天朝，授土知府。正德间，弄积三世孙阿英改姓凤，潜蓄异谋，其子朝文叛，后孙继祖复捍天网。巡抚尚书吕公光洵灭之，疏于朝，改设流官，授凰历府经历，以永其嗣。后每朔望，夷目辈咸稽首于府幕，知府刘寅坐厅事见之。惧其为后患也，乃请于巡抚陈公大宾，以它罪杀之，凤氏遂绝。万历丁未，阿克自称凤氏余裔，复卷土屠府城，寻蹦省城，胁取府印而去。官兵四路捕之，生得，献阙下，法司论罪，磔于西市。其部有十八马头，江内者渐被王化，江外者接壤东川七州，砦窳盘错，虽连年纵寻斧焉，而终不能以犬马畜也。壬戌，沾曲大扰，有张世臣者几构大衅，今幸就网。羁鞫之御，犹不能无致意云。

元谋县土官阿吾，元土知县广哀之子，本僰夷种。天兵南下，于金马山归命，遂令招谕县民，得世袭土知县，后以设流革除。安铨、凤朝文之变，其裔吾大用效顺杀贼；克举之变，其裔亦以三百众同官兵恢复县治。今吾必奎报效讨沾平，累功名色守备。

金沙江巡检司土官李安吉奴，大理人，初以部尉从观音保出降，后从西平攻乌撒，讨永昌谋叛土同知段惠，又从征越州，累功巡检。今沿至李齐楠听袭。

刘保山，昆明人，亦以观音保部曲归附，论乌撒、永昌、越州功，授摩耳山巡简，寻裁本司，亦铨金沙江。沿至刘银哥听袭。

景东府

土官俄陶，本府人，其先有阿只鲁，在元为景东土知府，统威远州及案井母龙、猛统、阿笼三甸，赐以金牌印信，陶仍其职。洪武大兵至楚雄，以通事阿哀从军纳款。大理既平，遣柳指挥宣谕景东，陶遂与柳俱至楚雄，献铠仗马匹并元所给牌印，因以陶为景东府知府，颁印，世其职。后与思可战，不敌，奔白崖，以奏章请于朝，调神策卫镇其地，是为景东卫，乃渐以流官绾符莅之。寻颁赐金带，上镌“诚心报国”四字，及银币甚厚，令通政司经历杨大用赐陶。陶死，子陶干嗣，后遂世姓陶。沿至陶瓒，偕景东卫官兵攻麓川、者章、羽牙，杀奉撒等，晋大中大夫资治少尹，其祖母阿曩太淑人。沿至陶金，以罪稽其袭，会者乐甸刀仪、刀重构兵，夺印去，金以兵攻之，斩刀仪，得其印以归，乃令陶金袭。今沿至陶明卿。其部僰夷性本驯朴，而流民逋其中。兵习弩射，以象助威，席铁、索米鲁、那鉴、安铨、阿堂以至凤继祖、乌撒诸役，咸发其战象夷兵。先年每调兵二千，必自效千余，饷士之费未尝仰给公家，今不然矣。

姜国宗，镇南州人。先以把事随阿哀辈赍金牌印信降，寻以象马入贡，以从马都督攻粤嘉功，得冠带。卒，子姜嵩，宣德中，升猛缅正长官，复改本府知事，遂世其官。凡发陶氏象兵，姜氏咸以服属从。今沿至姜可久听袭。

杨胜，本府人，世为把事。宣正中，屡以麓川馈饷，及者章、羽牙功，得冠带。弘治中，改三岔河哨为巡司，以当寇贼之冲也。胜之裔司其于陬，后又以一碗水、九窑坡二哨多寇，并责杨氏钤之。今沿至杨立程袭。

陶暹，本府人。初为头目招冈，宣德中，贡象入京，铨保甸巡检。又从征马龙、他郎甸、者章、羽牙寨，累功县丞，后世世为巡检。陶氏奉调出师，暹之子孙咸在焉。今沿至陶国臣护印听袭。

阿赛，初为俄罗铺村头，以谙夷语送迎，得宾旅心，授板桥驿土驿丞，左右流官。赛死，子阿哀嗣。哀死，子哀徐嗣。徐死，子云汉嗣，遂以云为姓。今沿至云必高护印听袭。

元江府

土官那氏，国朝洪武初，那中率众归附，授世袭土知府，寻设流官，兴学校。嘉靖中，那鉴争立，篡杀为乱，布政徐樾率诸路兵讨之，鉴毒江上流，人马饮之辄死，师少却，纵象马躏我兵，徐公中流矢卒，鉴惧而自杀，遂革其官，收印信，令临安卫指挥一人往署之，而印犹悬那氏之家。每官书移白指挥取其印，必以夷兵蜂拥环伺之，署讫，复拥去。今土酋那天福鉴之孙也，篡兄自立。其地左环礼社，右浸澜沧，镇以宝山，自乐，天炎两熟，带甲万余。然僰夷懦而畏寒，惟安其土，不便征缮，惟是流官侨寓，纨绔代割，以致威德梗阏；土酋虽停袭，故傲焉雄长也。

丽江府

土官木得，在元为丽江宣抚司副使。本朝洪武初，入贡归附，后以克石门寨论功，授世官，为土知府。又从吉安侯征巨津，捕阿奴聪于吐蕃，斩伪元帅朱保，及西平征景东定边，咸在行间。得死，子初袭，值白交山及伪平章贾哈喇麓川思任之乱，咸有战功。其后世居西陲，捍吐蕃。每有征调，则输军饷而兵不出。沿八世至木增，代有赐予。增在任，值北胜酋构乱，以兵擒首逆高兰。又值辽左军兴，输饷二万于大司农。殿宫鼎建，亦输金于邦土。陈言十事，下部议可。朝廷嘉其忠诚，特与晋参政秩，赐玺书，荣其先世。寻请老，子懿袭。木目，本府人，以统兵从征麓川，累功授本府照磨。沿至木苴刺，未袭而死，世绝。

通安州土官高赐，鹤庆人，在元为义兵万户。洪武十五年，大兵平南，赐从征佛光寨，招谕未附者，以军储饷大师，授通安州同知。沿至高元袭。元死，高岑以土舍护州印听袭。

兰州土官罗克，本州人，亦仕元为万户。至本朝洪武中，率众来归，以军功授土知州。其后有罗牙者，从木初征伯夷刀干孟，亦著战功。沿至罗万象袭。万象死，罗灿以土舍护州印，未经承袭。

巨津、宝山二州原无土官，巨津有流官知州，宝山有吏目，俱不入其地，俸入取给于土府，人民服属于木氏。

广南府

土官侬郎恐，元时为宣抚，有二子：长不花，次祯祐。不花生侬郎，天兵南下归附，授土同知，死无嗣，祯祐袭，后以他事罹罪死。洪武二十九年，镇守臣请官其子侬郎举，高皇帝曰："侬祯祐犯事，在大赦已前饶他，儿子侬郎举，土人你们既保他也好，吏部行文书着他知道，等他来朝时与他官职。"至仁庙时，镇臣具疏再请，得旨，准国公说，着侬郎举做广南府通判职事。郎举死，子胤祖袭。正统中，以征麓川功，升同知。嘉靖中，侬承恩从征元江，殿后有功，死无嗣，四门族舍目兵百姓，咸推侬文举以冠带署事。阿堂之役，率兵三千助征；凤继祖、别者奄之讨，皆以功奖；其后征河底，亦以功著。万历七年，遂实授同知。后征罕岳，亦建功焉。文举死，子应祖继。二十一年，官兵征三乡，应祖亲获叛首阿机鲁，拆阿则俘于军门，钦赏白镪百镒。二十八年，征播，征其兵二千，授之职。三十六年，征寻甸叛目，获大理，保杨礼，旌以四品服。应祖死，子绍周袭。自祯祐伏法，设流官，侬氏之泽斩矣，即举得袭，实四门舍目之力，故至今沿为例，凡侬氏替袭必由之。土官之政，多出四门，租税仅取十之一，土官贫弱以此。道险瘴恶，知府不至其地，郡篆以临安卫指挥一人署之，指挥以他事远出，则篆亦尘封一室，土酋取入其宅，必有瘟疫死亡，万历末年，侬绍汤争立，纠交趾兵象入郡，焚掠一空，迄今疮痍未苏。

富州土官沈郎先，元时为富州、安宁二州土官。子沈永秀，梁王署为元帅。洪武中，永秀令通事何容等至西平侯送款，给以文书，令守州土。永秀死，沈大忠嗣，守边有功，西平请于朝，授以知州。其后子孙微弱不能袭，多以土舍护印。万历初，沈仁挈印逃奔泗城，委官勘处，竟未归。有沈锐者，取其印以归。沿至沈世禄死，子明通继。

通宁府

土官猛哄，国初归附，授知府。六传至猛廷瑞，干纪罹法，遂设流官。云州土官奉氏，其先从靖远伯建功，世为大候州知州。沿至万历中，有奉赦奉学分两署，自号上下二衙。学居下衙，不受制于赦，惟恃女夫廷瑞据云梦，频年构兵。万历二十五年，讨平之，议以云梦置新州，而赦守大候如故。赦之子奉光不乐设流，与其族猛麻奉恭构兵抗命。二十六年，再征之，朝命改州为今名，犹官奉光子国恩为土州判。猛缅长官司土官，其先不可考。万历二十一年，刀奉历遣人上书，自言其祖奉和，曾从王尚书军功授长官，今自原纳粮乞冠带，当事者从其请。奉历死，子奉升肆虐，为头目奉堕所杀。弟奉鼎、奉星争立，鼎奔孟琏，星恃耿马，而木邦猛猛从中助兵。巡抚周嘉谟檄金腾道为之解纷，令鼎、星分食其地，而以其母陶氏护印。猛猛巡检司土官奉正，万历二十七年题授土巡检。猛撒巡检司土官罕存与奉正同授巡检。谢公《滇略》曰："猛猛、猛撒、猛缅，所谓三猛也，附近顺宁，而猛猛最为强劲，部落万人，时与二猛为难。其地田少箐多，射猎为生。猛缅地虽广衍，而民柔怯，酋长忠顺。猛撒微弱，近折而入耿马矣。"

永宁府

土官卜都各吉，洪武中，以故元永宁州部民来归，授土知州。死，子各吉八合嗣。永乐三年，率香罗、革甸、瓦鲁之剌、次和四部番夷火头板必他、布、郎吉、分阿、只苴等入朝。上嘉之，升永宁为府，授各吉八合中顺大夫，赐钑金花带，镌四字曰“克笃忠诚”，更以香罗、革甸、瓦鲁之剌、次和为长官司，授板必他等副长官。后八吉老疾，替袭于其子卜撒，为四川盐井土官剌马非所侵，父子俱被杀。卜撒妻诉于镇守三司，逮剌马非赴京，道卒。因疆理其地，以卜撒弟南八嗣其职。正统中，盐井诸酋侵据之，土官不能制，乃请设流官、同知、经历各一，治署于澜沧卫，握郡符遥制之。其地密迩丽江，故数以侵渔为辞。然永丽以金沙江为界，画地而处，原自分明，经幕府委勘后，争端稍息。今在永宁称土知府曰阿铨。

镇沅府

土官刀平，其先有中旺者，仕元为元江路总管。洪武中，传至平，与兄那直率众归附，有旨元江练兵听调。中旺自任出民兵四千，以那直子荣办府事，而令刀平掌兵听调，遂以西平之，请授千夫长，后领兵招谕六谷三十六寨，谕其火头沙羡等出官任差发，因今钤束。后剿刀、猛混及猛婆遗定案板等寨，设镇沅州，以平典州事。永乐中，从征八百；又从内官都术、杨安、赵忠等攻石崖者达寨，外夷整线来降；人以方物入贡，诏升镇沅为府，平以知府领云。其后子孙多以冠带署事。嘉靖中，传至刀宁息，奉调以兵征安铨者一千人。其子刀仁奏勘准袭，复以兵一千征那鉴，克鱼复寨，据之，至今互怀吞并之志。初镇沅印为那氏所夺，于是始得献藩司，乃令经历刘廷秀给之刀仁焉。今沿至刀明泰袭。

北胜州

土官高斌祥，本州四城乡僰夷人，任元北胜府知府，累官云南行省右丞。洪武中，以北胜地在边徼，改府为州。二十三年，斌祥子高策以军功授知州。其后高鹿昶以征麓川功，晋府同知。高仑以征安凤功，加阶朝列大夫。高世懋以征顺大功，亦加四品服。世懋死，其族高兰以罪蒙诛。今沿至高世昌袭。章吉帖木儿，世为元北胜土知府。天兵克大理，以部民及顺州民人来降，并纳所握印及丽江宣抚司印、三珠虎符。西平令其子章观音奴从军，兵逃于伍，乃杀其爵，为州同知，与高氏翼居州治左右。其兵蓬跣无部伍，裹毡而战，悍劲不避冲突，木弩药矢，是其长技。今沿至章成文听袭。蒗蕖州土官阿的，洪武初以夷兵归附从征，西平奏授土知州，属于澜沧卫。其后有阿朝佐者，征凤继祖，斩其部酋普古者乐辈，以功称首。及征铁索箐、老姚关、顺宁、武定，咸发其所部番兵五六百众往，辄有功。今沿至阿永成听袭。

者乐甸长官司

土官刀氏，洪武末内附，世领司事。其地山险瘴多，介于镇沅、元江、景东之间，日事攻战，铠械犀利，兵寡而劲，诸夷咸惮之。今其酋乃刀安。

附 注

注一：张志淳《寻甸府城记》嘉靖丁亥，安氏裔孙铨作乱，入之遂剿嵩明，钹杨林，踉木密，膊马龙，构武定凤朝文，直逼云南，爇西门市舍；戊子三月，征兵四集，始歼之。

云南贵州交趾备录

《志草》论曰：孔子曰："言忠信，行笃敬，虽蛮貊之邦行矣。"云南在两汉至唐开元，酋长安其土，郡县治其人。今土流并设之法，自汉世而已然矣。天宝以后，守长不法，恣肆诛求，遂起割据僭窃之祸。观张乔斩奸猾长吏九十余人，而三十六部尽降；诸葛孔明用其豪杰，而财赋足以给军国；史万岁受明珠，而随服随叛；梁毗一金不取，而酋长咸归；李知古以重赋戮尸，张虔陀以淫虐被杀；鲜于仲通遍急而丧师，杜元颖高傲而致乱。然则御夷之道，顾不甚简易乎？呜呼！今之云南，即汉唐之云南也；云南之郡县，即天下之郡县也。用人者鉴汉唐之得失，为官择人而不为人择地，不分中边，不分远迩，惟贤是用，诚得廉静老成如张乔、梁毗者而用于云南，则亿万千年，永无南顾之忧矣。

《旧志》论曰：云南徼外之夷，俱在黑水之南，是名僰夷。国朝抚夷之术，乃驾驭之良法，惜今不讲久矣。麓川之叛也，初以小攻取得利，因大肆贪求，盛陈兵革，然犹在滇徼外，以夷攻夷，久而莫之禁也，则志骄气盈，因之为逆。呜呼！萌蘖不剪，拱把其奈何？虽天兵南下，渠魁就俘，然斯民之涂炭已极矣。是后识治体之臣，鉴麓川之祸，修复旧典以防其微，岁檄文武良吏，深入夷方，名曰抚夷，一以勘明奏狱，一以察识夷情，归报重臣，以俟分别。故夷方虽远，夷情叵测，然其动定音耗，可坐而致；即有小警，随加策断，不俟其大；翼弱锄强，兴废继绝，不待其闻。故夷官兢兢小心，其子孙得以永享佚乐，夷民得安于本业，而中国之民亦无战伐之劳，乃圣王仁覆华夷之大猷也。今则不然，上以文具使下，下以故事应上，使不择人，故夷不服，上不信下，故事不终。为南中计，盍思其本原而调御之。

属夷（附贡道）

自永昌出塞，南际大海，诸夷自相君长。本朝芟锄梁段，以武临之，皆稽首而奉正朔，革其昭纲、昭录之旧称，授以宣慰、宣抚之新号，叶文通于银台，象马陈于阙廷，版章设于职方，纲纪之司属在行省。夫自汉以来，侈舆图之广者，莫若李唐，乃姚嶲诸州，仅属羁縻。而今按籍所载，不啻斥地数千里，折棰所使，并在迩封，此亦声教之极盛哉。前志有《西南夷司志》，夫诸司隶行省如滕薛倪之役宋焉，则阿瓦江头吾南土也，奚剜以西南，而令自为夷司耶？故更之曰“属夷”。其山川道里风俗物产，亦不以列款庞杂，约其会归情形。今昔不同者，则有永昌太守龙为光所条列，就而增饰之。贡道联络诸夷，实为要领。旧志志草两论竞爽，切中夷弊，皆仍其旧。至于大金沙江考，载夷中水路颇详，业见艺文，可以互证。又《滇略》称高庙恶诸夷数叛，赐之刀囊斧罕四姓，今惟斧姓无存，其他相仍未替。编中未及，因附见之。

车里军民宣慰使司

即古产里。商初伊尹令以象齿短狗为献。周公作指南车导之归，故名车里。元世祖命将兀良吉觫伐交趾，经其所部，悉降之。至元中，置彻里路军民总管府，领六甸，后又请置耿冻路、耿当孟弄二州。皇明洪武十七年，改置车里军民府。十九年，改宣慰使司。永乐元年，其酋刀暹答内侵，虏我官吏，西平侯请讨之，上命以理谕，暹答悔惧，还所虏及地，遣使入谢。至嘉靖间附于缅。万历十一年，官兵击缅，宣慰刀糯猛遣使贡象，进方物。兄居大车里，应缅使；弟居小车里，应汉使。其地东至落恐蛮界，南至波勒蛮界，西至八百宣慰司界，北至元江军民府界，西北通孟琏长官司，由者乐甸西南行十一日至其地。其山曰猛永，曰光山；其江曰沙木，曰九龙。其产鍮石、铜、木香、沉香。其差发征黄金五十。民皆僰夷，性颇淳，额上刺一旗为号，作乐以手拍羊皮长鼓，而间以铜铙铜鼓拍板。其乡村饮宴，则击大鼓，吹芦笙，舞牌为乐。

木邦军民宣慰使司

旧名孟都，一名孟邦。相传蜀汉时木鹿王苗裔。元至元二十六年，立木邦军民总管府，领三甸。国初内附，改木邦府，后改木邦军民宣慰使司，征差发白金一千四百。永乐间，宣慰罕宾从征缅；正统中，罕盖从征麓川，俱以有功益其地，以故在六慰中，分土最远。万历十年，缅诱罕拔陷死，袭取木邦，拔子进忠内奔，罕虔勾缅，追进忠至姚关，焚顺宁而去。十一年，官兵破缅于姚关，立进忠子钦。钦死，其叔罕盖约暹罗攻缅，缅恨之。万历三十三年，以三十万众围其城，请救于我，不至，城陷，金牌印信尽失。缅伪立猛密思礼领之。今惟猛波罗、猛猞诸寨为我有耳。思礼凭恃瓦酋恐喝诸夷，近差其目海庆据控尾而求猛猞，又与召依坎换象，干戈相寻，炎炎有吞镇康之意。其东为孟定，南为猛密，西为缅甸，北为芒市。自姚关渡喳哩江十二程至其地。夷类数种，男子皆衣白，文身髠发，摘髭须，修眉睫。妇人则白衣桶裙，耳带金圈，手象镯。其产响锡、胡椒。

八百大甸军民宣慰使司

夷名景迈。世传其酋有妻八百，各领一寨，因名八百媳妇国。元初征之，不能得志，后遣使招附。元统初，置八百等处宣慰司。皇明洪武二十四年，其酋来贡，乃立八百大甸军民宣慰使司。东至车里宣慰使司界，南至波勒蛮界，西至大古喇界，北至孟艮府界。自姚关东南行至其地五十程。有南格刺山，下有河。南属八百，北属车里，平川数千里，辖部广远。其产巨象、安息、白檀诸香。民皆僰夷，刺花样于眉目间，见客则把手为礼，好佛恶杀。一村一寺，每寺一塔，殆以万计。有敌人侵之不得已，一举兵，得所仇而罢，名慈悲国。嘉靖间，为缅所兼，刀氏避居景线，一名小八百。缅以其弟莽应龙住居景迈城，为右臂。万历十五年，刀氏以文请兵恢复，议未许，今久为缅有矣。

老挝军民宣慰使司

其夷佩雕爪为饰，俗呼挝家，即古越裳氏。自周以后，不通中国。皇明永乐三年，其酋备方物入贡，始置老挝军民宣慰使司。东至水尾界，南至交趾界，西至八百界，北至车里宣慰使司界。自司西北六十八程至布政司。其人衣服饮食类木邦，但性犷悍，身及眉目皆黥绣花。酋长一代止存一子承袭，绝不育女。居高楼，见人不下；部属见之，所至有定地，名曰等限；使客亦然，设通事引之，以至其地。其国人称至尊，必曰天旺，盖春秋天王之意。其产海贝、犀牛、乳香、诃子。交趾黎利之变，陈天平实由此道入于京师。嘉靖间，缅人破其东之缆掌，盖老挝属部地之最荒远云。

孟养军民宣慰使司

俗名迤西。有香柏城，与蛮莫同襟金沙江，孟养居其上流。南至扺马撒，疆连西洋，北极吐蕃，西通天竺，东南邻于缅。山曰鬼窟，号称险要，夷人据为硬寨，小有瑕衅，则治兵相攻。其土下湿夜寒，滨江为竹楼以居，一日数浴。有碧瑱、琥珀、四足巨蟒，胆可解诸毒。其通中华，盖昉于胜国。至元二十六年，始置云远路军民总管府。皇明洪武十五年，改为云远府，十七年，改孟养军民宣慰使司，年输白金七百五十为差发。正统间，宣慰刀玉宾败于麓川思任，因内奔，故绝。后为思泼所据，自上状原为差发民，靖远伯许之。砻石金沙江上，曰“石烂江枯，方许渡”。后虽冒金牌，终无印信，凡通文告，第称守金沙江奴婢而已。万历八年，缅擒宣慰思个幽死，据其地，舍目奔永昌。十二年，思义来归。十三年，思威败缅于密堵，杀缅目多曩长。十七年，思明子思远贡象，进方物，钦赏金币，授宣慰。十八年，缅报密堵之役，复攻孟养，远率其子昏奔盏西，缅以曩瓮住而据之。其后又有思轰者，送款于我，与蛮莫思正结为唇齿，共据长江以抗缅。三十年，缅追思正，轰率兵象倍道驰救之，至则我已杀正说缅矣。三十二年，缅复袭迤西，轰走死，缅以头目思华据之。

今华物故，妻怕氏领其地，又三年矣。缅中他目更番戍守，连年发其兵从征，素强悍不可縻云。轰之遗目曰放思祖，有众千余人，不敢归，安插干崖。

缅甸军民宣慰使司

蛮名阿瓦。元世祖至元中，由吐蕃三讨之，后于蒲甘缅王城，置邪牙等处宣慰使司。皇明洪武二十九年，始归附，立缅甸军民宣慰使司。永乐间，遣翰林张洪使其地。正统间，宣慰莽剌扎縶叛夷思任、思机，献于京师，益以地。嘉靖初，孟养思伦、猛猕密、思真连兵侵缅，杀莽纪岁。缅目诉于朝，委官往勘，不听，本司金牌信符，贮永昌府库中。嘉靖中，纪岁枝子瑞体起洞吾，毒养父，有其地；已计灭得楞之弟兄，遂雄据之；东破缆掌（即老挝），西取土哑（即暹罗），攻景迈，服车里，囚思个，陷罕拔，号召三宣，为西南雄长，伪称为“金楼白象召法补元莽哒喇弄”。及瑞体死，应里继之。万历十一年，莽灼来归，应里怒攻之，灼奔腾越。应里以次子思斗莽肘者居之；而洞吾、猛别、雍会等处，悉授其弟侄守焉。其详别具本末。其疆东至八百宣慰使司界，南至海，西至孟养界，北至猛密宣抚司界。自司东北三十八程至布政司，转达于京师。其山曰小豹；江曰金沙，阔五里余，水势甚盛，缅入恃以为险。其俗柔诈慓悍，有屋庐以居，象马以乘，舟筏以济。其文字，进上者用金叶写之，次用纸，次用槟榔叶，谓之缅书。男子善浮水，绾髻顶前，用青白布缠之；妇人绾髻顶后，不施脂粉。事佛敬僧，有大事则抱佛说誓，质之僧，然后决。其产象、犀、马、椰子、白毡布、兜罗绵。树类棕高五六丈，结实如掌，土人以曲纳罐中，以索悬罐于实下，划实取汁，流于罐以为酒，名曰树头酒；或不用曲，惟取汁熬为白糖。其叶即贝叶，写缅书用之。石油自石缝流出，臭恶而色黑，可涂毒疮。古迹有江头城，至腾冲十五日；太公城在江头城南，十日；马来城在太公城南，八日；安正国城在马来城南，五日；蒲甘缅王城在安正国城西南，五日。所谓缅中五城也。

孟定府

旧名景麻。元至顺四年，立孟定路军民总管府，领二甸，隶大理金齿等宣慰使司。皇明洪武十五年，改置孟定府。正统间，麓夷叛，知府刁禄孟远遁，失其地。木邦舍目罕葛从征麓川，有功，王靖远令食其土，额征差发六百两。嘉靖间，木邦罕烈据地而夺其印，令舍人罕庆管食之，是为耿马，子粒归木邦。万历十二年，官兵克耿马，以罕葛之后合为知府；十五年，颁以新印。合死，子荣嗣；荣死，弟贵嗣。自姚关南八日入其疆。东接云州，南连孟琏界，西木邦，北镇康州。土瘠人稀，有景杏土城，马援营在焉。其阨要则喳哩江。其俗男子髡跣黑齿，衣白布，戴细竹丝帽，以金玉等宝节其顶，遍插翠花翎毛之类，后垂红缨；妇人出外，戴大藤笠，状类团牌而顶尖，身衣文绣，饰以珂贝。地产香橼，视南安州产尤大。

孟艮府

蛮名孟揹。在姚关东南二千里。东为车里界，南为八百界，西为木邦界，北为孟琏界。自古与中国绝。永乐四年，来归，置孟艮府，编差发黄金十六两，后为木邦兼并。嘉靖间，附于缅，与景迈莽应龙相表里，然亦未敢背汉云。其酋名怕诏，所居层楼，有妻数百人。晡侯乘象出浴于江，浴毕匽服罗拜，酋解约臂金镯授者当夕。其官师曰“司禄、刀猛”，卒伍曰“皆紫”，出入以象，名曰“象马”。兵革犀利，男女俱警捷。沃野千里，最称殷富。地多虎，农者于树杪结草楼以护禾。衣皆套项，鹅毛为褥。云南知府赵浑曾以抚夷入其地，酋长偃蹇，不以使命礼遇之，后无人至者。

南甸宣抚司

旧名南宋，在腾越南半个山下。其山巅北霜雪恒有，南则炎瘴如蒸，盖天限华夷也。元至元二十六年，置南甸路军民总管府，领三甸。皇明洪武十五年，改南甸府。永乐十二年，改南甸州。正统八年，其酋刀氏以麓川功升宣抚司，辖部有罗布司庄与小陇川，皆百夫长之分地。知事谢氏居曩宋，闷氏居盏西，属部直抵金沙江，与迤西地方相牙错。万历二十一年，军门陈用宾檄知府漆文昌建关置堡于司之西北，今化为乌有。宣抚刀落宁替袭于其子暨孙，皆死，世绝。今议刀落启袭，同廖氏兼摄。其东至芒市界，南至陇川界，西至孟养界。幅员之广，为三宣冠。山曰丙弄，在司东十里，昔有僧自大理至此坐化，变形为石，后经兵毁，止存其首，土人祀之。又东五里曰蛮干，土酋凭险阻，世居其上。又十里曰温泉，有层峰，多阴林，下有温泉。曰沙木笼，在司南一百里，上有关，立木为栅，周围一里。曰南牙，甚高，延袤一百余里，官道经之，上有石梯，夷人据此为险。又有清泉，下流入南牙江。川曰小梁河，源在腾冲，一出赤土山，一出缅箐山，至此合流，经南牙山西南，又曰南牙江。至干崖，为安乐河，而合于大盈江。曰孟乃河，在司东南一百七十里，即腾越州龙川江之源。曰大盈江。自腾冲流至司境，过镇西，入缅甸。俗与木邦同，结亲用谷茶二长筒、鸡卵五七笼为聘。客至，以谷茶供奉，手拈而食之。产孔雀、斗鸡、红藤，额征差发银一百两（停五十两）。

干崖宣抚司

由腾越西南行二百里，逾黄连关，至其境。东北接南甸，西接陇川。有平川，众冈棋置。其山曰云晃，在司南一十五里，上有瀑布，流为云晃河。曰云笼，在司东二十五里。曰白连，在司北六十里，中挺一峰，土官居其麓，下有白莲池。曰剌朋，在司西一百余里。其水曰云晃河，在司治南，与云笼河合，灌田千余亩。曰安乐河，源出腾冲，经南甸，迤逦治北，折而西一百五十里，为槟榔江，至北苏蛮界，注金沙江，入于缅中。曰止西河，在司东北三十里，源出云笼山，分流十五里，亦与云笼河汇。境内甚热，四时皆蚕，以其丝织五色土锦充贡。又有白毡布、白莲花，竹鼠大如兔而肥。旧名干赖赕，元中统初内附。至元中，置镇西路军民总管府，领二甸。皇明洪武十五年，改为镇西府，后为干崖长官司，额征差发银一百两。正统间，以麓川功升宣抚司。万历三十九年，刀定边又以平叛功，加三品服色，世守其土。今恃强，有凭陵南甸之意。其副使刀思丙居盏达冈，同知刘汉佐居蛮洒冈，经历廖氏居雷弄冈，今故绝，即其地为回龙营。知事管奇勋居猛语冈。刘、管、廖皆华人，以功授者。盏达昔称殷富，万历九年，为缅攻掠一空而去，亦经建关筑堡于布岭，今不知何状矣。

陇川宣抚司

旧为麓川地。在芒市路东，其地曰大布芒，曰赕头附赛，曰赕中弹吉，曰赕尾福禄培，皆僰夷所居。元中统初，内附；至元十三年，置麓川路、隶金齿等处宣抚司。皇明洪武十七年，归附，置麓川平缅宣慰司。正统三年，其土酋思任叛，大军平之，革其司。十一年，置陇川宣抚司于陇把，与南甸、干崖合为三宣，屏蔽永腾，以夷目龚项领之，后内奔，安插曲靖，以多民代。万历十一年，岳凤勾缅篡其地。十二年，凤乌既俘，多思顺当立以为宣抚，多俺为同知，居猛卯，多恭为副使，管遮放。二十年，缅人窥等练至其地，思顺奔猛卯，会官兵大战于栗柴坝，追逐之。万历二十一年，巡抚陈用宾檄知府漆文昌筑堡四关。三十五年，思顺子安民叛，巡抚周嘉谟平之，以金牌畀多安靖，俟其长而授之印。又有多安邦者，安民之弟也，昔亦附缅，今寄居蛮莫，犹睥睨内地焉。其东至芒市，南至木邦，西至干崖，北至南甸。自司治东北二十六程至布政司，转达于京师。有马鞍山、摩梨山、罗木山，俱极高峻，夷人恃以为险。又有汤泉，从石罅流出为河，热如沸汤。俗与南甸同。产大芋，长尺余，又有孔雀、毫猪、紫胶、大药、鲜子、鳞蛇、鹦鹉，差发额征银四百两（停二百两）。

耿马宣抚司

与孟定府同川，隔喳哩江而居，孟定居其南，耿马居其北。旧无宣抚，嘉靖间，木邦兼孟定，以罕庆食其地。庆子们罕弱不振，族舍罕虔四子皆慓悍，谋配四女于四州，遂附缅夺其地。万历十一年，从缅逐罕进忠，破施甸；十一月，又勾缅犯姚关，官兵败之于攀枝花。十二年正月，官兵擒虔父子，斩之，奏设宣抚司，以们罕为宣抚。十五年，领宣抚司印。今们罕物故，弟们罕金护印，屡奉贡来庭。近者木邦思礼时侵湾甸、镇康，恃有罕金为之声援。天启三年，缅攻猛乃孟艮，罕金欲杀之；缅移兵将攻金，金不得已，以银碗大马为说，今犹相持未决。而逆虔第四子罕正居猛，猛恃孟琏为其婿，时与罕金相构，抚绥宜极讲云。其东至威远，南至孟琏，西至木邦，北至镇康。自司治东二十一程至布政司，转达于京师。有三尖山，昔罕虔之党罕老聚众负固于此，官兵平之。又有马养山。风俗与孟定同。

猛密宣抚司

有砖城，无戍楼。产花果瓜蔬，与中国同。又有宝井金矿，估客云集。南牙山峙之，摩勒金沙二水环焉。山高田少，米谷腾贵。又多地羊鬼，为行人祟。北距腾冲一千一百里，南通缅一千里，一由木邦锡波入，一由猛卯至猛广入，一由邦抗鲁祖渡莫勒江，过南牙而入，一由蛮莫入。永乐间，木邦宣慰罕宾以征八百缅甸功，授以猛密十三处。成化间，夷目思歪据宝井叛，木邦占夺其地，都御史程宗奏设猛密安抚司，授歪以安抚。嘉靖初，思奔、思混争立，缅杀奔，立混，混德缅，遂以地附焉。万历十二年，混率司化、思恨、丙测赍伪印，改名思忠，来归，遂升为宣抚。忠故。十六年，缅攻猛密，忠母罕烘弱不能支，率其孙思礼、思仁奔猛广，而猛密失。十八年，缅复攻猛广，罕烘、思礼奔陇川，思仁、丙测奔工回，而猛广又失。二十年，仁以象马入陇川，为宣抚多思顺所拒，忿归于缅，缅以思仁食其地。

蛮莫宣抚司

地在腾越西蛮哈山下，山如象鼻，行者累足。自布岭三日至其地。田土饶衍，风俗与陇川、猛密同，东有等练山，环以那莫江，直走金沙，当缅人水陆之冲，实陇川右臂。旧为猛密分地，后酋长稍强，擅而有之。万历初，土酋思恨与贼凤相表里，岳罕平，思恨惧而来归，题授宣抚。寻叛附缅。其母罕送明顺逆，返戈击缅，势孤不能居，遁去。适猛密头目思化与思威败缅于送速，缅逐之，入居其地。当事者嘉其为缅敌而内附，遂畀以蛮莫而树之。二十二年，缅大举来袭，化奔陇川，巡抚陈用宾檄诸酋合师击缅，缅宵遁。化死，子正嗣。二十九年，缅又潜师万余由间道攻正，正奔腾冲，缅兵过内地，挟取正首而去，伪立多罕，蛮莫遂为多罕有。议者谓正为我守户之犬，奔内地而不能逃死，有遗憾焉。三十二年，官兵讨多罕，执之，立思正弟衎忠。缅又伪立思线，衎忠不能支，奔干崖，当事者安插于猛卯，近复娶思线女，又与盏达结为姻亲。议者惧其饱则扬去，宜预为之防云。

威远州

唐南诏银生府之地，濮落杂蛮所居。大理时，为僰夷所有，男女勇健，走险如飞。其境内莫蒙寨有河，汲其水，炼于炭火上，即为细盐。交易无秤斗，以篾篓计多寡而量之。又有南堆江、谷宝江，自遮遇甸流至州境下，流入于澜沧。其镇曰蒙乐山。东至元江，南至孟琏，西至孟定，北至镇沅。自州治东北一十九程至布政司，转达于京师。额征差发银四百两。

湾甸州

蛮名细赕。在姚关东南七十里。东至顺宁，南至镇康，西至木邦。其地瘠薄，山高水迅。每六月瘴毒炽盛，水不可涉。有黑泉，色如黰漆，涨时，鸟飞过之辄坠。夷以竿挂布浸而暴之，以拭盘盂，人食其物立死。有孟通山，产茗谷，雨前采之，胜于中国，但不能多致耳。又有芭蕉，实以当果。其人皆僰种。妇人贵者贯象牙筒于髻，长三寸许，插金凤蛾，络以金索，以红毡带束臂，缠头白布，窄袖短衫，黑衣桶裙，不知铅朱。自古不通中国。元中统初，乃内附，属镇康路。明洪武十七年，置湾甸州，编户五里，邻于木邦、顺宁，日以侵削。万历十一年，知州景宗真率弟宗材，导罕虔入寇姚关。十一月，复大犯，宗真死于阵，擒宗材，斩之。以宗真子景从垂髫，姑存之，降为州判官。后从讨猛廷瑞有功，复升知州。从死，叔景阔暂摄。今阔死，以从子承恩冠带护印。其差发额征银一百五十两。

镇康州

蛮本名石赕。在湾甸东南，东至云州，南至耿马，西至木邦。有无量、乌木龙二山，木邦出入必经之。夷号黑僰，形恶色黑，以青白布为衣，跣足荆棘中走如飞。男子出，妇人闭户静坐以待。遇有事，签鸡骨卜吉凶。病不服药，专祭鬼。死则刳木为棺，殡之坟上，植树为识。产水乳香、大药、鲜子、蟒蛇胆。元中统中，内附。至元十三年，立镇康路军民总管府，领甸三。皇明洪武十五年，改为镇康府。十七年，改为州，编户六里。差发白金一百两。亦为木邦、顺宁侵削。隆庆间，知州闷坎者，逆虔妻以女，因附虔归缅。万历十一年，官兵败缅，闷坎物故，其弟闷恩归义，授以州事。恩死，子刀闷枳掌印管事，木邦思礼诱之归缅，枳不从，遂令海庆取控尾据之，又欲取猛猍。天启二年三月，木邦兵象据喳哩江，枳奔姚关，守备遣官抚之，木邦乃退。今势亦削弱，恐终无以捍外侮也。

潞江安抚司

地在永昌、腾越之间，南负高仑山，北临潞江，官道出其中，实咽喉也。民皆僰属，地多瘴厉，夏秋之交为酷。蛮名怒江甸，元至元间，隶柔远路。国朝洪武十五年，内附，置长官司。永乐九年，升安抚司，以线氏领司事，今沿至线世禄。又有线廷举者，司捕事，久死。

芒市长官司

旧名怒谋，又曰大枯赕、小枯赕。在永昌西南四百里。西至陇川，南至木邦，东至潞江。川原旷邈，田土富饶，而人稍脆弱。男子以酸石榴皮染齿使黑，妇人分发直额，为一髻垂于后，跣而衣皮，即唐尝所称茫施蛮也。西南有青石山，又有永贡、干孟二山，皆高广陡绝，夷酋所居。其水曰芒市河。麓川江出峨昌蛮，金沙江出青石山，皆流至缅地，合大盈江，曰大车江，自腾越流至司境，汇于缅中蒲干城。地产沙金、香橙、橄榄、芋、蔗，又多银矿。元中统初，内附。至元十三年，立茫施路军民总管府，领二甸。明洪武十五年，置茫施府。正统元年，改置芒市长官司。额征差发银一百两。万历初，酋长放福与岳凤联婚。十一年，导缅寇松坡营，事觉、擒福正法，立舍目放纬领司事，辖于陇把。

孟琏长官司

由姚关东南行十九程至其地，又七程至孟艮，其东为车里，西为木邦。部内有莫乃场，出矿，世专其利，以致殷富。蛮名哈瓦，慓悍好劫。古不通中华。正统间，平麓川，始来归。万历间，酋长嫡嗣曰刀派真，有叔刀派汉娶于车里，因以车里杀派真而夺其官。十二年，率车里来贡。十九年，又劝缅来贡。今派汉故，弟派金嗣。天启二年三月，阿瓦破之会洞，我伐瓦，瓦乃退。其差发额银二百两。

茶山长官司

腾越州西北去可五日程，距高黎贡山，极高而寒，五谷不坩，其人强狞喜斗。土酋早姓，旧属孟养。永乐三年，孟养纠上江刀猛永叛，夷目早章愤其不忠，遂不附。五年，诣阙下，赐印绶，早章为茶山长官；十五年，章举头目早瓮为副，至早玉，授正长官。其北与丽江野人接境，近年副长官早大宸所部为野人杀卤无孑遗，奔入内地阿幸为寓公，惟正长官早邓所部尚存耳。其南至南甸，西至里麻。

里麻长官司

东与茶山接，西北皆野人，有整冬、温冬二山，部夷皆峨昌蛮，旧属孟养。永乐三年，孟养叛，土酋早姓有拒贼功，六年，颁印，世授长官。万历中，刀思庆袭正长官，早奔副之，今沿至刀思虎，为野人所掠，尽弃其地，与把事季廷高奔赤石坪，副长官早堪信被杀无噍类焉。

钮兀长官司

蛮名也兀，自古不通中国。皇明宣德七年，始归附，置钮兀长官司。其地东至元江军民府界，南至车里宣慰司界，西至威远州界，北至临安府思陀甸长官司界。自司北一十六程至布政司，转达于京师。民皆倭泥，类蒲蛮。男子绾髻于顶，白布缠头；妇人白晰，盘头露顶，以花布为套头，见人无拜礼，额征差发银四十两。

贡道

上路 由永昌过蒲缥，经屋床山，箐险路狭，马不得并行。过山至潞江，江外有高黎贡山，路亦颇险。山巅夷人，立栅为砦，在三代为徼外地。过腾冲西南行，至南甸、干崖、陇川三宣抚司。陇川有诸葛孔明寄箭山。陇川之外，一望数千里，绝无山溪。陇川十日至猛密，二日至宝井，又十日至缅甸，又十日至洞吾，又十日至摆古，莽酋居之，即古喇宣慰司，摆古，夷语也。

下路 由景东历者乐甸，行一日，至镇沅府，又行二日，始达车里宣慰司之界。行二日，至车里之普耳山，其山产茶；又有一山耸秀，名光山，有车里头目居之。蜀汉孔明营垒在焉。又行二日，至一大川原，广可千里，其中养象，其山亦为孔明寄箭处，又有孔明碑，苔泐不辨字矣。又行四日，始至车里宣慰司，在九龙山之下，临大江，亦名九龙江，即黑水之末流也。由车里西南行八日，至八百媳妇宣慰司。又西南行一月，至老挝宣慰司。又西行十五六日，至西洋海岸，乃摆古莽酋之地也。

种人

史称西南夷数十种，不著其名号。唐书南诏及两爨蛮传，所载颇详，李氏旧志取而附益之，作爨僰风俗，谓二种尽滇南夷类。然夷繁有徒，概括未尽，又古今变殊，有名实刺谬，未免牵合附会者。包氏《志草》一举而芟除之，岂谓语侏离而习狉獠，皆陋劣不典，无足置笔，是象胥可无设，而图王会者强解事也。兹旁索故府，有直指黄公所采民风图，纪滇中诸夷甚详。又杂取献老所称述，就旧志区分而详核之，其于柔服百蛮，或不为骈拇枝指乎。

爨蛮

爨氏，本安邑人，在晋时为南宁太守，中国乱，遂王蛮中。今六凉有爨王碑，云是楚令尹子文之后，受姓班氏，西汉末，食邑于爨，遂以为氏。其后世为镇蛮较尉。晋时有爨深、爨瓒、爨震。隋爨玩作乱，史万岁讨平之。唐以爨归王为南宁州刺史，理石城，即今曲靖也。《唐书》，“自曲州、靖州西南昆川、曲轭、晋宁、喻献、安宁、距龙和城，通谓之西爨白蛮；自弥鹿、升麻二川南至步头，谓之东爨乌蛮。”蛮本以乌白为号，无姓氏，其称爨者，从其酋长之姓耳。滇之初有白国王，则夷为白人；其后有爨王，则为爨，即今广南夷为侬人之类。爨蛮之名，相沿最久，其初种类甚多，有号卢鹿蛮者，今讹为猡猡，凡黑水之内，依山谷险阻者，皆是。名号差殊，言语嗜好，亦因之而异。大略寡则刀耕火种，众则聚而为盗。男子椎结，摘去髭须，左右佩双刀，喜斗轻死。马贵折尾，鞍无跕，剜木为蹬，状如鱼口，微容足趾。

妇女披发衣皂，贵者锦绣饰，贱者披羊皮，乘马则并足横坐。室女耳穿大环，剪发齐眉，裙不掩膝。夫妇昼不相见，生子十岁，乃见其父。妻妾不相妬忌，嫁娶尚舅家，无可配者，方许别婚。腊月为春节，竖长竿，横设木，左右各坐一人，以互落为戏。病无医药，用夷巫禳之，巫号“大觋皤”，或曰“拜祃”，或曰“白马”。取雏鸡雄者生刳，取其两髀束之，细刮其皮骨有细窍，刺以竹签，相其多寡向背顺逆之形；其鸡骨窍各异，累百无雷同，以占吉凶。或取山间草，齐束而拈之，略如蓍法，其应如响。有夷经，皆爨字，状类蝌蚪。精者能知天象，断阴晴，在酋长左右，凡疑必取决焉。民间皆祭天，为台三阶，亦白马为之祷。酋长正妻曰“耐德”，非所生，不得继父位；若耐德无子或有子早夭者，始及庶出及野合所生者；无嗣则立其妻女。死以豹皮裹尸而焚，葬其骨于山，非骨肉莫知其处。多养死士，名曰“苴可”，厚赡之，每兵出，则苴可为前锋。军无行伍纪律，战则蹲身渐进，三四步，乃挥标跃起。人挟三标，发其二必中二人，其一则以击刺不发也。又有劲弩毒矢，饮血即死，以射禽兽，去其射中之肉而食之。部夷称酋，必曰“撒颇”，夷言主人也，夷皆憨而恋主。诸酋果于杀戮，每杀人，止付二卒携持至野外，掘一坑，集其亲知泣别，痛饮彻夜，昧爽乃斫其头，推坑中，复命，更使二卒勘之，乃许其家收葬。虽素暱者，欲杀则杀之，令出无敢居间丐死，其家人莫敢怨憝。以用法严，故境内无盗。然其诛求无厌，每酋长有庆事，令头目入村寨，计丁而派之。游行所至，阖寨为供张，无少长皆出罗拜马前，邻寨在数十里内者，皆以鸡黍馈。无以应诛求，往往潜出他境劫掠，所得酋长头目私分之。官府檄下督责，则缚数人应命。旧志云，“为盗贼，皆土官有以致，官廉则盗自息。”信然也。其种类附列于后。白猡猡，男衣两截衣，裹头跣足。妇人耳带铜环，披衣如袈裟，以革带系腰。丧无棺，缚以火麻，裹毡舁于竹椅，前导七人，擐甲胄，执枪弩，四方射，名禁恶止杀，焚之于山。既焚，鸣金执旗，招其魂，以竹签裹絮少许，置小篾笼，悬生者床间。祭以丑月念三日，插山榛三百枝于门，列篾笼地上，割烧豚，每笼各献少许，侑以酒食，诵夷经，罗拜为敬。婚姻惟其种类，以牛马为聘，及期，聚众讧于女家，夺其女而归。性窳惰淫湎，信鬼畜蛊，以手量裙边，投麦于水，验其沉浮，以当占卜。在云南澂江、临安、永昌者，渐习王化，同于编氓。其在蒙自、定边，尚称顽梗。在曲靖者，于夷为贱种。在江川、大理、姚安，皆称撒马都，大抵寡弱易治。黑猡猡，男子挽发，以布带束之，耳带圈坠一只，披毡佩刀，时刻不释。妇人头蒙方尺青布，束于頞上，短衣上披袈裟，桶裙结绣，上下回文，手象牙圈，跣足，顶带红绿珠，杂海贝车渠，以多为胜。在夷为贵种，凡土官营长，皆其类也。土官服虽华，不脱夷习。土官妇缠头丝缯，耳带金银大圈，服两截杂色锦绮，以青段为套头，衣曳地尺许，背披黑羊皮，饰以金银铃索。各营长妇，皆细衣短毡，青布套头。其在曲靖者居深山，虽高冈硗陇，亦力耕之，种甜苦二莜自赡。善畜马，牧养蕃息。器皿用竹筐木碗。交易称贷无书契，刻木而折之，各藏其半。市以丑戌日。葬贵者裹以皋比，贱者羊皮，焚诸野而弃其灰。在澂江者，能为乳酪，杂樵苏鬻于市，腥秽侏离，若鹿豕然。在安宁、禄丰，多负盐于途，老者任华人二人之力，壮者任一牛之力。在粤嘉以蓑草为衣，加于毡毳。大都性皆鸷悍，好攻掠，不能劫夺，则人弗以女妻之。全滇郡邑，所在为祟，皆其徒；而武定、荞甸，尤为凶顽。鹤庆四十八村，又号海西子，亦其种，多暴。铁索箐、宾川州、赤石崖、螳螂古底旧称渊薮。万历初芟荡以来，底今西偏宁帖，则用武之效也。撒弥猡猡，男挽发如髹，长衣短裙，布系腰。妇短衫，五色短裳。滇池上诸州邑皆有之，拙于治生，无盗贼。居山者耕瘠土，贩薪于市，终岁勤动；滨水者浮家捕鱼，仅能自给。撒完猡猡，居蒙自县明月诸村，在黑白二种之外。勤于耕作，捕食虫豸及鼠类而甘之。阿者猡猡，衣服大略与黑猡同，婚丧如白猡，但耳环独大。在东偏，则江川、通海诸邑有之，西则宾川有之。通海者，婚以牛为聘，婿亲负女而归。耕山捕猎，性好迁徙，则诸处略同耳。鲁屋猡猡，服饰大类黑猡，而又别为一种。恃矛盾之利，性尤狰狞，好驰马纵猎。独临安府鲁郭村有之。干猡猡，婚嫁尚侈，诸种人所不及。丧以牛皮裹尸，束锦而衣之以薪。每食，插筷饭中，仰天而祝，以为报本。好勇喜斗，杀人偿之以财。有仇怨，虽父子兄弟，推刃不顾。多不通华言，官府文书必书爨字于后，乃知遵信。其种类在曲靖、寻甸二郡。凡哨隘设兵，多以其种。岁终遍索乡民鸡豚酒米，谓之年例。饱其欲，则一村无虞，不尔，辄勾东川夷劫掠。近岁武寻大扰，为乡导者皆此曹也。食货贵盐蒜，得少许，以为上味。居深山者，或没齿不知作咸焉。妙猡猡，皆土酋官舍之裔，或称火头，或称营长，或称官奴，与黑白诸种迥异。珥圈环，常服用梭罗布；妇女衣胸背妆花，前不掩胫，后常曳地，衣边湾曲如旗尾，无襟带，上作井口，自头笼罩而下，桶裙细折。种在阿迷州，为诸种所敬惮。有丧则阖寨皆醵金为助。其在蒙化、丽江、鹤庆、腾越、楚雄、姚安、亦佐、新兴、北胜、王弄山者，不著其种汇，止曰猡猡。所居茅舍，中堂作火炉，父子妇姑围炉而卧。惧棰挞而不畏死。祭以羊豕，捶死不杀。姚安者，性狡悍，好为盗贼。新兴者，居昌明里，力田为生。腾越者，专资射猎。北胜又有号猓猡者，与四川建昌诸猓同类，纯服毡毳，男女俱跣足，每至踏歌为乐，则着皮屦，男吹芦笙，女衣缉衣，跳舞而歌，各有其拍。在顺州又称猡落蛮，男鹊帽襞积衣，妇三尖冠，以樵采耕艺为事。在新化州又称白脚猡猡，以白布束其胫，故名。罗婺本武定种，古因以为郡名，又称罗武。元时，罗武蛮罗慓百岁尪弱，子孙以毡裹送之深箐，后生尾，长一二寸，相传三百岁。今俗又称罗午。楚雄、姚安、永宁、罗次皆有之。男子髻束高顶，戴笠披毡，衣火草布；其草得于山中，缉而织之，粗恶而坚致，或市之省城，为囊橐以盛米贝。妇女辫发两绺垂肩上，杂以车渠缨络，方领黑衣，长裙跣足。居山林高阜，牧养为业。有房屋，无床榻，以松叶藉地而卧。婚姻庆事，结松棚为宴会。葬用火化。腰刀长枪，行住不释，嗜酒酣斗，狡猾难治。摩察，黑猡之别类，在大理蒙化，执木弓药矢，遇鸟兽射无不获。所逢必劫，遇强则拒。在武定一曰木察，稍习柔善，巢居深山，捕狐狸松鼠而食之。

僰夷

种在黑水之外，今称百夷，盖声相近而讹也。性耐暑热，居多卑湿棘下，故从棘从人。滇之西南，旷远缅平，滨海多湿，僰夷宅之。其种数十，风俗稍别，名号亦殊。其俗称宣慰曰昭华，言主人也。其官属有叨孟、昭录、昭纲，递相臣属，叨孟总统政事，兼领军民，多者数十万，少不下数万。昭录亦万余人，赏罚皆任其意。昭纲千人递减至十人。又有昭录遇调，遣统数千人以行。其近侍名立者，亦领数百户，皆听其使令，食其赋取，用无制节。上下僭奢，微名薄职，辄系钑花金银宝带。官民皆冠箬叶，累金玉诸宝为高顶，上悬小金铃，遍插翠花翎毛，后垂红缨。贵者衣苎丝绫锦，以金花金细饰之。以坐象为贵，十数银镜为络，银铃银钉为缘。象鞍三面，以铁为栏，藉重茵，悬铜铃鞍后。象奴一人，铜帽花裳，执长钩，制象为疾徐之节，招摇于道，相见合掌为敬。长于已者则跪拜，有所谕，则叩头受之，虽贵为叨孟，见宣慰莫敢仰视。凡有问对，则膝行而前，三步一拜，退亦如之。贱见贵，少见长，皆然。侍贵人之侧，或过其前，必躬身而趋。筵宴则贵人上坐，僚属侧役以次列坐于下。有客十人，则令十人举杯，齐行十客之酒。酒初行，乐作，一人大呼一声，众人和之，如此者三。既就坐，先进饮，次具醪馔有差，食不用箸，每客一卒跪座侧，持水瓶盥帨。凡物必祭而后食。乐有三：曰僰夷乐、缅乐、车里乐、僰夷乐者，学汉人所作筝笛胡琴响盏之类，而歌中国之曲。缅乐者，缅人所作排箫琵琶之类，作则众皆拍手而和。车里乐者，车里人所作，以羊皮为三五长鼓，以手拍之，间以铜铙铜鼓拍板，与中国僧道之乐无异。乡村燕饮，则击大鼓，吹芦笙舞牌为乐。无中国文字，小事则刻竹木为契，如期不爽；大事书缅字为檄，无文案。城池因高山为砦，无仓廪租赋。每秋冬遣亲信往各甸，计房屋征金银，谓之取差发，每屋一楹，输银一两或二三两。承使从者象马动以千百计，恣其所取而后输于公家。其法：杀人与奸者皆死，窃盗一家皆死，为寇盗一村皆死；道不拾遗。军民无定籍，每三五人充军一人，正军谓之昔剌，犹中国言壮士。昔剌持兵器，余负荷供馕，每二十万，战者不满十万。师行，军在前，酋长在中，饷馈在后，先进后退不一，而号令不紊。倚象为声势，每战，以绳自缚象上。悍而无谋，組桑为弩，革为胄，铜铁杂革为函。胜则骄惰争功，负则逃窜山谷。驿路无邮传，一里半里许构一小草楼，五人守之，千里有报，闻在旦夕。公廨与民居无异，虽宣慰亦止竹楼数十间，上覆以茅，用陶瓦者，辄有火灾。民间器皿，多以陶冶，孟艮等处，则有漆器甚精。其酋用金银、车渠、琉璃等器，其下亦以金银为之。凡一头目出，象马兵戈及木榻器皿、仆妾财宝之类皆从，动辄数百人，随处宴乐，小民苦之。男贵女贱，虽小民视其妻如奴仆。耕织贸易徭役皆妇人任之，非疾病虽老不得少息。凡妻生子，贵者以水浴于家，贱者浴于河，三日后，以子授其夫，耕织自若。头目之妻百数，婢亦数百人，少者数十，庶民亦数十妻，无妒忌之嫌。旧俗不重处女，如江汉游女之习，及笄始禁足，今则此俗渐革矣。孟定南甸，男长衫宽襦无裙；陇川孟密孟养，俱短衫小袖有裙。官民皆髡首黥足，有不髡，则酋长杀之；不黥足，众皆嗤之曰妇人也。妇人绾独髻，脑后以白布裹之，窄袖白布衫，皂布桶裙；贵者锦绣，白行缠跣足。凡子弟有职名，则受父兄跪拜。人死，用妇人祝于尸前，亲邻相聚少年百数人，饮酒作乐，歌舞达旦，谓之娱尸。妇人群聚击碓杵为戏，数日而后葬。葬则亲者一人，持火及刀前导，至葬所，以板数片础之，其人平生所用器皿甲胄戈盾皆坏之，悬于墓侧，是后绝无祭扫之礼。其在禄丰、罗次、元谋者，男戴黑布帽，窄袖白衫，白布扁帽桶裙。好楼居，釜甑俱以陶瓦，釜深中而宽边，状类箨笠。俗尚奢侈，孟春作土主会，称贷以炫其饰，倍出息偿人不惜。又有秋千会，男女杂坐。信鬼好讼，见人多所忌讳。掘鼠炙蛤蟆，以敬宾客。葬有棺而少哀戚。在越州卫者，号白脚僰夷，男妇俱短衣长裳，茜齿文身，戴笠跣足。在江川路南者，构竹楼，临水而居，楼之下以畜牛马。妇人耳带大环。婚礼用太牢，祭以羊。知蚕桑，勤于耕织。性柔，畏法度，见人退让。在临安者，男青白帨缠头，着革屦衣有襞积；妇人白帨束发，缠叠如仰螺。好鬼喜浴，极寒犹然。山居构草楼。家人狎处，稍以帷帐间其卧具。丧，衣绯架木，置尸其上，吊者各散红布一方，召拜祃诵夷经三日，以竹箄裹而舁之山。妻不更嫁，名曰鬼妻。其食糯黍蜻蜓。蒙自者，插鸡尾笠端，出则捕猎，居则纺织。阿迷者，为镇庄佃民，习同蒲人。新化纳楼溪处大略皆同。十八寨者，性俭好杀，畜蛊饵毒，捕鱼食鼠，焚骨而葬。又有髡者，曰光头百夷，盖习车里之俗，额上黥刺月牙，所谓雕题也。见官府盘膝坐，举手加额为敬。男女先通而后娶。葬不复顾，或梦亡者，昧爽至冢上，设一石祝之，曰“勿使返也”。在顺宁者，冠玄而锐其顶，珥环踏屦，好衣素。婚聘用牛，贫不能具者，佣女家三年。丧有棺敛，封藏以石。为人佃作，道以柔胜。在剑川者，言语侏离，所居瘴厉。棺如马槽，以板为之。以农业陶冶是务。惧讼信鬼，多为奸盗。在腾越者，火灸肉食，不求其熟，或取蜂槽而食之。习缅字，器用粗磁。在镇南者，男子短衣，妇桶裙跣足。婚礼夷歌侑饮。人死，令亲者捉刀尸傍，昼夜守之，亲朋以絮酒奠，捉刀人呼死者之名，灌诸口中，如是三日而葬。每村植树以为神。未月念四日，集众燃炬，哗而赛神。所居在山之巅。在姚安者，亦滨水好浴，腰系竹笼，捕虫鱼动物入笼中为醢。婚用牛羊，至女家，以水泼女足为定。箨叶为尖顶帽，擅土布羊毛之利。在元江者，能为鬼魅，以一帚系衣后，即变形为象马猪羊猫犬，立通衢，或直冲行人，稍畏避之，即为所魅，入腹中，食其五脏，易之以土。昔有客言曾卧病，医无效，祷于大士，梦好女子于其胁下出一小儿，渐成老人，女子叱之乃去，病遂已。知者遇前物，以一手捉之，一手挺拳痛捶之，必还复为人，夺其帚而縻之，哀求以家赀之半丐脱。食中多置毒药，中之必不治。估客娶夷女者，欲出，必问还期，或一二年，或三四年，女即以毒饵之；如期至，更以药解救，亦无他苦，不尔，必毒发而死，其所许还期，即死日也。与外人交易偿约失信，及私窥其妻女者，必毒之。信实朴厚者，累出入，亦无伤，其他身膏原野，不可计数。地产槟榔，种莳如中国农桑，葩时杀犬洒血汗树，乃成实，估人出之，多厚利，故驰走如鹜。战恃象马火铳，然兵皆脆弱，不能冲陷，征发买猡夷为助。

白人

古白国之支流也。旧讹“僰”为“白”，遂称其一类，实不相通。滇郡及迤西诸郡，强半有之。习俗与华人不甚远，上者能读书，其他力田务本，或服役公府，庶几一变至道者矣。

普特

以渔为业。性耐寒，多无衣，以败网蔽身。舟不盈丈，而炊爨牲畜资生之具咸备。又有泅水捕鱼者，丹须蓬发，竟日水中，与波俱起，口啮手捉皆巨鱼。滇池旁碧鸡山下，其类千余，乘风扬帆，所居无定，名隶有司之籍，而征呼徭役，多不能及，里胥恒代偿之。

窝泥

或曰斡泥，男珥环跣足；妇花布衫，以红白绵绳辫发数绺，续海贝杂珠，盘旋为螺髻，穿青黄珠，垂胸为络，裳无襞积，红黑纱缕相间杂，饰其左右，既适人，则以藤束膝下为识。娶妇数年无子，则出之。丧无棺，吊者系锣鼓，摇铃头，插鸡尾跳舞，名曰洗鬼，忽泣忽饮。三日采松为架，焚而葬其骨。祭用牛羊，挥扇环歌，附掌踏足，以铓鼓芦笙为乐。食无箸，以手抟饭。勤生啬用，积贝一百二十索为一窖，死则嘱其子："我生平藏贝若干矣，汝取某处窖中，产留为来生用。"临安郡属县及左能寨、思陀溪处落恐诸长官司、景东越州皆有之。粤嘉县又曰和泥，男子剪发齐眉，衣不掩胫，饮酒以一人吹芦笙为首，男女连手周旋跳舞为乐，死以雌雄鸡各一殉葬。阿迷州称阿泥，邓川州称俄泥。

拇鸡

蓬首椎结，标以鸡羽，形貌丑恶。妇女尤甚，挽髻如角向前，衣文绣，短不过腹项，垂缨络饰其胸。迁徙无常，居多用竹屋，耕山食荞薭，暇则射猎，捕食猿狙。佩利刀，负强弩毒矢，向隙剽卤，飘忽难御。性狠恶，父子兄弟怒则相杀，辖于宁州及王弄山，时为祟迤东。

扑喇

婚丧与猡猡同，而语言不通，蓬首跣足，衣无浣濯，卧具箄牛皮，覆以羊革毡衫。在宁州者强悍，专务摽掠；石屏州者良善畏法，为编民。在王弄山者一名马喇，首插鸡羽，红经白纬衣；妇衣白。垦山，种木绵为业。

磨些

《唐书》“称磨蛮些蛮”，与施顺二蛮，皆乌蛮种，居铁桥、大婆、小婆、三探览、昆池等川。今丽江之夷，总称磨些；而北胜、顺州、禄丰亦皆有其类。俗不颖泽、自古已然。男子发梳二缕，以绳缠之，耳戴绿珠；妇人布冠。好畜牛羊，产麝香名马。能制坚甲利刃，勇厉善骑射，挟短刀以车渠为饰，少不如意，鸣钲鼓相仇杀，妇女投场和解，乃罢。俗俭约，饮食疏薄，岁幕竞杀牛羊相邀请，一客不至，则为深耻。正月五日，登山祭天。人死，以竹箦舁至山下，无贵贱皆焚之。

力些

惟云龙州有之。男囚首跣足，衣麻布直撒，衣被以毡衫，以毛为带，束其腰；妇女裹白麻布衣。善用弩，发无虚矢，每令其妇负小木盾径三四寸者前行，自后发弩，中其盾而妇无伤，以此制伏西番。

西番

永宁、北胜、蒗渠凡在金沙江北者皆是。辫发杂以玛瑙铜珠为缀，三年一栉之。衣杂布革，腰束文花毳带，披琵琶毡，富者至二三领，暑热不去。住山腰，以板覆屋。俗尚勇力，善射，和酥酪于茶。有缅字经，以叶书之，祀神逐鬼，取而诵为厌胜。性最暴悍，随畜迁徙。又有野西番者，倏去倏来，尤不可制。

古宗

西番之别种。滇之西北，与吐番接壤，流入境内丽江、鹤庆，皆间有之。男子辫发百缕，披垂前后，经年不栉沐，栉必以牲祭；披长毡裳，以犁牛或羊尾织之；妇人青白磁珠与车渠相杂，悬于首。其食生肉蔓菁蕣稗。

怒人

男子发用绳束，高七八寸，妇人结布于发。其俗大抵刚狠好杀，余与磨些同，惟丽江有之。

扯苏

在楚雄郭雪山，居于山巅，无陶瓦木片覆屋。耕山，种荞麦，皮履布衣，器以木摆锡为饰，新化州亦有之。又一种曰山苏。

土人

在武定府境。男衣絮袄，腰束皮索，饥则紧缚之，系刀弩；妇衣袈裟，上披羊皮毡毳。姻亲多在姑舅间，以牛羊刀甲为聘，新妇披发见舅姑。性刚劣，不能华言。畏官府，无讼，有争者，告天煮沸汤，投物，以手捉之，屈则糜烂，直者无恙。耕田弋山，寅午戌日入城交易。

土獠

其属本在蜀黔西粤之交，流入滇，亦处处有之，而石屏、嶍峨路南较夥。男子首裹青帨，服白麻衣，领上缀红布一方；妇人冠红巾，衣花绣胸背衣。性悍戾。嶍峨者樵苏自给。路南者为人佃种，屋庐与僰人同。新兴者居西山之麓，服食婚丧习同白猡，以孟冬朔日为岁首。

蒲人

即古百濮，周书与微卢彭俱称西人，春秋传与巴楚邓并为南土。本在永昌西南徼外，讹“濮”为“蒲”，有因以名其地者，若蒲缥、蒲千之类是也。男裹青红布于头，系青绿小绦绳，多为贵，贱者则无之，衣花套长衣，膝下系黑藤数遭。妇人挽髻脑后，头带青绿珠，以花布围腰为裙，上系海贝十数围，系莎罗布于肩上。永昌、凤溪、施甸及十五喧、二十八寨，皆其种。勤力耕锄，从跣登山，疾逾飞鸟。旧时有事，多资其力，今渐弱而贫矣。其流入新兴禄丰、阿迷、镇南者，形质纯黑，椎结跣足，套头短衣，手铜镯，耳铜圈，带刀弩长牌，饰以丝漆，上插孔雀尾。妇女替骨簪，以丝染织袈裟短裳，缘以彩色。婚令女择配，葬用莎罗布裹尸而焚之。不知荷担，以竹篓负背上。或傍水居，不畏深渊，能浮以渡。在蒙自及教化三部十八寨皆号野蒲，桀骜甚诸夷。在景东者，淳朴务农。在顺宁、沿兰沧江居者，号普蛮，亦曰朴子蛮，性尤悍恶，专为盗贼。不鞍而骑，徒跣短甲，不蔽颈膝，驰突迅疾，善用枪弩。男子以布二幅缝合挂身，无襟袂领缘。妇人织红黑布搭于右肩，穿左胁而极于胸，别以布一幅蔽腰。见人不知拜跪，寝无衾榻，拳屈而卧。

侬人

其种在广南，习俗大略与僰夷同。其酋为侬智高裔，部夷亦因号侬。楼居无几凳，席地而坐，脱屦梯下而后登。甘犬嗜鼠。妇人衣短衣长裙，男子首裹青花帨，衣粗布如絺。长技在铳，盖得之交趾者。刀盾枪甲，寝处不离，日事战斗。王弄山教化三部亦有之，盖广南之流也。

沙人

习俗多同侬人，慓劲过之。在广西者，属于珑氏，在富州者，属于李氏、沈氏。维摩水下地辽阔，诸酋互争，以强力相兼并。又有青龙六诏者，狰狞尤甚。地产美杉，生悬岩千丈间，伐之多无全材，其坚逾蜀产。罗平州亦有沙人，器用木，婚丧以牛为礼。

羯些子

种出迤西孟养，流入腾越。环眼乌喙，耳带大环，无衣，遮膝下布一幅。米肉不烹而食，勇健执枪刃敢战，喊声如吠犬。

峨昌

一名阿昌。性畏暑湿，好居高山，刀耕火种。形貌紫黑，妇女以红藤为腰饰。祭以犬，占用竹三十三根，略如筮法。嗜酒负担，弗择污秽，觅禽兽虫豸，皆生啖之，采野葛为衣。无酋长，杂处山谷，听土司役属。今永昌罗古、罗板、罗明三寨皆其种。父兄死则妻其母嫂。近有罗板寨百夫长早正死，其妻方艾，自矢不失节，遂饿而死，其俗渐革。

缥人

妇女以白布裹头，短衫露其腹，以红藤缠之，莎罗布为裙，上短下长。男女同耕。

哈喇

男女色深黑，不知盥栉。男子花布套衣，妇人红黑藤缠腰数十围。产子以竹兜盛之，负于背。又有古喇，男女色黑尤甚，种类略同。哈杜亦类哈喇，居山，言语不通，略似人形尔。

缅人

有数种，曰老缅，曰得楞子，曰阿瓦如、猛别、雍会、普浣、洞吾、摆古，皆其类，大抵各以其地得名。性贪利好斗，食不用匙箸。交兵长于鸟铳，其火药必得中国麦面傅之，其发乃迅疾，且无声，但其法秘不传耳。俗好佛。男妇俱以布檗其首，色黑类哈喇。摆古最远而强。

结眦

以象牙为大环，从耳尖穿至颊，以红花布一丈许裹头，而垂带于后，衣半身衫，袒其右肩。

遮些

绾发为髻，男女皆贯耳佩环，性喜华彩，衣仅盘旋蔽体，饮食精涩，战斗长于弓矢，倚恃象铳，稍与缅同。孟养一带，多其种类。

地羊鬼

短发黄睛，性奸狡嗜利，出没不常，与人相仇，能用器物，行妖术，易其肝胆心肾为木石，不救以死；又行蛊饮食中，如元江所为。

野人

居无屋庐，夜宿于树巅。赤发黄睛。以树皮为衣，毛布掩其脐下，首戴骨圈，插鸡尾，缠红藤。执钩刀大刃，采捕禽兽，茹毛饮血，食蛇鼠。性至凶悍，登高涉险如飞，逢人即杀。在茶山里麻之外，去腾越千余里。无酋长约束，二长官为所戕贼，避之滇滩关内。旧志称寻甸、岩谷野蛮以木皮蔽其身，形貌丑恶，男少女多，持木弓以御侵暴，不事农亩，采山中草木及动物而食；无器皿，以芭蕉叶藉之。今寻甸实无此种。考唐书称阁罗凤降寻传蛮，“其西有裸蛮，亦曰野蛮，漫散山中，无君长。”“妇或十或五，共养一男子。”旧志或本于此。然寻传与骠国同降阁罗凤，骠国即缅也，而野蛮又在其西，其非寻甸可知。又粤西狼人居深山，食无釜甑，以竹节盛米，缚而焚之，竹爆而炊熟，采蜈蚣蛇虫杂食之，谓为嘉馔，其余与前略同。间有流入广南者，岂先时亦流入寻甸，今屡用兵，其地遂无噍类乎？并记之。

喇记，其类在教化三部。孔答、喇吾、比苴、果葱、喇鲁、俱在新化州，阿成在王弄山。

《升庵集》

《牧誓》《庸蜀羌髳》，髳即叟也，音搜。《史记·西南夷传》：“自嶲以东北，君长以十数，斯作都最大。”注：“斯及作都二国名也，徙音斯。”相如《难蜀》“文略斯榆”，谓斯与楪榆也。此斯即西南夷之徙，《玉篇》作“鄋”，注：“狄国。夏为防风氏，周为髳，汉之賨叟，地在蜀之边。”今按髳也、徙也、斯也、叟也、鄋也、賨也，一种夷人，古今随呼而易其名，因易其字尔。

《牧誓》："微卢彭濮。"伊尹为四方献令，正南百濮。郑语："蚡冒始启濮。"刘伯庄曰："濮在楚西南。"《左传》："麇人率百濮伐楚。"《通典》有尾濮、木绵濮、文面濮、折腰濮、赤口濮、黑僰濮。《尔雅》："南至于濮铅。"《周书王会篇》："濮人以丹砂。"注云："西南之蛮，盖濮人也，诸濮地与哀牢相接。"今按哀牢即永昌，濮人今名蒲蛮，其色黑，折腰文面是其饰也。"濮"与"蒲"字音相近而讹尔。

《缅甸始末》

缅为滇病久矣。荷戈戍士，聚而糜饷。若陆海焉，逋边储于蓟门，算圭田于弁流，又不足而履亩采山，骚然烦费，皆缅故之以也。故开府陈公用宾填滇十六年，所拮据惟西偏，是编多其事。中有功不蔽罪，得不偿失者，不敢苟从同同，僭加笔削，俾成信史焉。噫！陈公尽力徼外，而贼起近郊，焦烂莫救，岂其忘近忧而弘远略？盖患常发于所忽类若此。今西南未息肩，而东北又甚焉，其堪此重弊乎？议者欲弭兵西南，颛事东北，而不能保耽耽者之不控掣我也。语曰："虽有丝麻，无弃菅蒯"，宜是编之存而勿削矣夫。

缅人，古朱波也。汉通西南夷后谓之掸，唐谓之骠，宋元谓之缅。逮我明立为缅甸宣慰司，自永昌西南，山川延邈道理阻修，因名曰缅。汉和帝永元五年正月，永昌徼外蛮及掸国王雍由调遣重译，奉珍宝，赐以金印紫绶，小君长皆加印绶钱帛。安帝永宁元年，掸国复遣使朝贺，献乐及幻人，能变化吐火、自支解跳丸者。谏议大夫陈禅谏曰："帝王之庭，不宜作此夷狄之乐，请勿观。"帝不从，遂作乐。封由调为汉都尉。唐德宗十八年，骠国王雍羌闻南诏归唐，有内附心，遣其弟悉利移来朝，献国乐凡十曲，与乐工三十五人。其曲皆演梵音经论词意，每为曲齐声，一低一仰，未尝不相对，凡五译而至中国。宪宗元和元年，骠国遣使贡方物。文宗太和六年，南诏掠骠民，迁之拓东。懿宗咸通三年，骠国遣使来贡。宋徽宗崇宁四年，缅甸、昆仑、波斯等国进白象一群；明年，蒲甘入贡。高宗绍兴间俱来贡。元世祖至元五年，命爱鲁绝缅甸道击之，斩首千余级。至正戊子，麓川路土官思可侵邻境，命搭失把都鲁为帅讨之，不克，贼乘胜遂并吞诸国。惧再伐之，乃遣子满散入朝。其后叛服不常。至洪武十六年，天兵南下，满散之子思伦犹负固不服，总兵官傅友德、沐英遣部校郭均美往返招徕，方内附。十七年，置平缅麓川军民宣慰使司，授伦为宣慰使，置太公府于江头城南。二十一年正月，思伦复叛，并吞孟定、孟艮、孟养、戛里，潜通东川、芒部、广西等府，出他郎甸之摩沙勒，沐英遣都指挥宁正击破之。贼复悉众三千万、象百只，寇定边，英率选锋二万击之，迭战而翼以炮铳，象奔，贼大败，斩首三万，生俘万余，获象四十七只。二十二年，伦——惧，进象，贡方物，谢罪。二十六年，缅酋南速来朝，贡于京师。二十七年六月，始置缅甸宣慰司，以其长普剌浪为宣慰，赐钞锭罗绮各有差。二十九年，普剌浪遣使来告思伦侵境事，上命行人钱古训、李思聪赍诏谕之，思伦惧，谢罪。永乐元年十月，缅甸宣慰那罗塔遣使来朝，贡方物，诏定平缅、木邦、孟养、缅甸、八百、车里、老挝、大吉喇底、马撒、靖定十宣慰司。三年四月，缅甸来贡方物；九月，始给平缅等宣慰各夷金牌信符、批文底簿；命中官杨瑄诏谕古喇、缅甸诸夷；七月，那罗塔复谢恩入贡。四年，缅甸与孟养宣慰刀木旦仇杀，上闻，遣行人张洪持节往谕，至其境，谕以中国大礼，呼宣慰而下，北面受敕，数其擅杀邻境罪。那罗塔遣使乞宥，许之。十五年，建缅甸馆。宣德五年六月，麓川思任及缅甸莽得喇，各遣使上言木邦罕门占据其地。上命黔国公沐晟、内官云仙谕之退地。八年，麓川思任屠腾冲，据潞江，自称曰“法”。正统四年，以黔国公沐晟、都督方政、沐昂往征，一军皆覆，政阵亡，士民哀之。状闻，晟自毒。廷议请弃麓川地，不报。六年正月，命定西侯蒋贵、尚书王骥等率京营川湖两广兵三十万讨之。十月，思任败，父子乘舟走缅甸，骥班师。七年，思任复出为寇，再遣贵、骥率师以行。骥遣使谕缅甸酋卜剌浪送思任父子，卜剌浪不遣，骥乃进兵。缅甸使来索金币土地，欲以重臣往取任，骥难之。时郭登请行，由金沙入缅，不十日至其国，卜剌浪来会，颇骄蹇，登折之，缅气阻，乃以董雅叩头听命，卜剌浪见登，亦稽首。十二月，登至自缅，其国相缅剌扎以思任载登楼船来献。时有疾登功者，乃议留登守沙坝，剌扎至贡章，不见登，迟疑不献。骥谓贵曰：“此给我过江，则绝我归路也。”裨将陈仪自诧知天文，以为荧惑犯舆鬼，缅可伐，欲以赏致缅，焚其舟。大战一昼夜，我师败绩，剌扎竟持思任去。贵子雄追之，复败，自刎，余众陷于江。十年，侍郎杨宁、侯琎遣使许以孟养之地易思任，卜剌浪喜，乃献思任首级并妻子败徒板蹇等至军门。骥以卜剌浪长子银起莽为宣抚；而思任二子思机、思卜皆遁居孟养。十三年，复命骥并都督宫聚率师讨之，破其鬼哭山，机卜复遁入缅。师还，群夷复拥机幼子思禄叛。思禄言愿立思氏，永征差发，骥立石为誓而许之，遂班师。弘治元年正月，缅甸来贡，且言交趾侵其境。二年，遣编修刘戬使交趾，谕罢其兵。正德间，缅甸、孟养互争地，各遣使上闻。孟养以缅先报思任于朝廷也，故怨缅。嘉靖初，孟养头目思伦、纠木邦宣慰罕烈发兵象击缅甸，大破之，掳其宣慰莽纪岁并其妻子，杀掠无算，遂瓜分其地。时有赍金牌信符千户曹义亦为所杀。七年，缅甸以杀掠占据情赴阙，上命镇巡遣官往勘，乃以永昌府知府严时泰、卫指挥王训往，诸夷不听。又值安凤之变，不暇及缅事矣。嘉靖十三年，以诸夷数与缅构，乃添设永昌府同知，职专抚夷。三十七年，木邦宣慰罕拔与陇川宣抚多士宁仇杀，遣指挥路九万抚之，归言今缅夷酋名瑞体，创霸摆古有吞并之志云。摆古即古喇宣慰司也。陇川多士宁获一缅僧，貌修伟，自云：我，缅甸宣慰莽纪岁幼子，昔避孟养木邦之难，久寓占城暹罗，今欲至中国见天皇帝，求复官职。士宁止之，不听，遣入导至潞江滨，潜匿其船，以为江阔无船不可渡，僧怅然而归。嘉靖三十三年，有马革大部落号得楞子者，其酋名排来，兄弟争国构兵，瑞体为之和释，兄弟感之，因奉瑞体为长，让居马革。瑞体部署其众，绝排来兄弟粮道归路，皆不相救而死，遂尽有其地。又得缅僧，以异术佐霸其业，树海冈七十自卫，众服之，尊为“金楼白象主莽哒喇”。哒喇者，华言“公道主人”也。时猛密酋思汉子思奔、思糯相争，奔诉瑞体，瑞体乘乱杀思奔，伪立思汉次子思琢，假途于琢以掠孟养，即留夷目卓吉守之。未几，卓吉为奔婿猛乃酋别混所杀，瑞体破猛乃，执别混。三十九年，总兵沐朝弼、巡抚游居敬上言瑞体侵轶邻境，当预防内侵。时兵书杨博知缅事，悉覆如题议，自是滇始于蛮哈设兵，冬春防缅。隆庆元年，藩司差指挥陈应绣、千户潘应爵买象于猛密，其酋思哲送二弁于瑞体。时瑞体方侵车里，以茨棘锢之，后胜回，乃遣还。二年，木邦土舍罕拔遣使告袭职，有索赂者以兵备迟疑对。夷使归报拔，拔怒，与弟罕章集兵截旅途，经年不令汉人通。后乏盐，求于瑞体，瑞体馈海盐五千箩，益感缅而恚中国，遂携金宝象马，诣瑞体致谢。瑞体见拔，欢甚，赠以宝带、缅铎、白象、罽锦、珍宝、香药甚多，遣兵护之出疆，遂约为父子。时有"官府只爱一张纸，打失地方二千里"之谣。潞江安抚使线贵闻拔邀缅惠不赀，亦投瑞体，日津津泄中国之虚实，教以吞邻内侵，瑞体割两冈地与之。贵因遣使召陇川多士宁，士宁知顺逆，乃宣天朝威德，聚米为堆百余，譬中国幅员之广，如云南其百一也，发所辖特千一耳，幸勿妄动，瑞体念颇寝。士宁归，遇贵于江浒，责其负国启衅。抵陇川，值指挥方谧率兵戍守蛮哈，士宁语谧曰："亦知瑞体之策否？上策交罕拔，由木邦冲顺蒙，走沧洱，中策走木邦，背顺蒙，趋老姚，施甸可唾手取。永腾蛮哈区区之隘，可恃以拒缅乎？"谧默然。

士宁死，干崖宣抚刀怕举亦死。罕拔与怕举虽亲而有隙，闻怕举死，言于瑞体，请袭干崖，陇川无主，必闻风归附，拔原为前驱。瑞体卜于缅僧，欲从之。其子应里悍而多智，言于瑞体曰："陇川干崖，虽云无主，路远难以径取；俟有内隙，可一鼓下之。迤西思个，地广兵强，为我世仇，每欲乘我出袭我，倘我兵远事陇川，彼以重兵顺流南下，被祸非细。莫如稍助拔兵，听其自取干崖，则成败不在我。且迤西木邦，在我肘腋，若迤西不为我有，安能出三宣内侵永腾耶？"瑞体然之，借拔兵一万，令拔取干陇；乃自率兵侵迤西，屡为思个所败，个亦退保猛伦，相持不决。陇川目岳凤见其主幼，阴欲据其地，乃赍重贿投拜瑞体为父，导之内侵。瑞体因调缅兵万余为疑兵，出入于缅甸迤西疆上，牵制思个，复檄罕拔兵会陇川。岳凤亦集兵数千，屯麓川东岸，声言捍缅，而阴治牛酒，先俟迎犒。蛮莫头目思哲亦迎降之，瑞体纳为义子。万历元年，拔及凤屡导瑞体侵三宣，陇川首被祸，罕氏不支，怀印信携二子多忠、多孝、二女及侄罕朝光潜奔永昌，当事者令罕氏挈印、子归陇川。凤见罕氏归，遣书给罕拔，谓罕氏携朝光往永昌者，为争汝官耳，凤请为汝除罕氏、朝光以去祸根。拔甚喜，遣令罕章、罕难等率夷缅兵五千，夜袭陇川。罕氏闻变，挈二女走遁田中，贼断罕氏右臂而死，朝光亦被杀，二女没于缅，多氏族属残灭殆尽。印为凤得，又受缅铎，遂据陇川。三年，伪为锦囊象函、书贝叶缅文，称西南金楼白象主莽哒喇弄王书报天皇帝，地方无事云云，中皆诡情侮辞。凤又与拔、哲定盟，必执思浑，下猛密，奉瑞体以拒中国。瑞体遣子应里、喇鲔率众二十万，分戍陇干间。罕拔恃缅势，召刀怕举弟怕文曰："汝嫂，我妹也，吾欲妻汝，并汝兄宣抚皆为汝袭，可据干崖以臣缅。"怕文挟二子奔同知薛卫、守备李滕霄，言拔欲怕文背汉事缅，娶嫂灭侄无天理语，怕文世受国恩，焉肯从之，原与战。次日，方战，缅兵大至，遂溃奔永昌；侄怕宣寄食潞江，薛卫腾霄避罗卜思庄。拔取干崖，即令罕氏收掌，且与缅铎，令其臣缅。又召盏达副使刀思官、雷弄经历廖元相，俱给以贝叶符，令佐罕氏守干崖，以防中国。

四年，缅大发兵攻迤西，失利败退。先是金腾兵备副使许大琦每愤诸夷附缅，且恃缅恐中国，乃遣指挥侯度持檄招谕。

至迤西，头目思个得檄，从违未决，乃刻木二：一书天皇帝号，一书莽瑞体号，率众拜之，乃卜。及卜，则天皇帝者卓立几上，莽瑞体倾堕于地，由是决意向中国。瑞体恶其倡诸夷向中国，且世仇也，故先兵之。思个告急，适天琦已卒，署事者副使罗汝芳询之，乃厚犒来使，更给空头札付，约事成，官以世职，令先回以待我援。复阴募惯入夷缅商人，赐之金缯，令往缅地默探其山川道理、兵马粮储；又檄近缅诸夷，说其向汉，依期援迤西。久之，谍者至，尽得缅情，乃檄调汉土兵马赴援。十二月，师至腾越。思个闻援兵将至，甚喜，潜令头目乌禄剌送领兵万余，于阿瓦地绝缅粮道；方督大兵伏于戛撒险隘处，诱缅兵入，绝其归路而坐困之；请令援兵自陇川邀其后，迤西兵冲其前；又令水兵开江中石闸，以冲溃缅舟。计定，缅兵果入戛撒，思个坚壁不与战，第令伏兵塞险隘，绝粮运，以俟中国援兵至，方首尾共击之。久之，缅兵困久，饥甚，以撮金易合米，始屠象马，既剥树皮，掘草根，军中疫作，死者山积。瑞体惧，请与思个和，思个不许，复遣使速援兵。时近缅诸夷，如景迈、猛巩诸酋密受汝芳檄者，各调劲卒，俟期共击。无何，有入贺行者，恐为兵兴阻，移书同事，合文止援，汝芳不听。彼知汝芳意锐，仍合揭于巡抚以兵兴祸连语怵之，乃驰檄亟止汝芳。汝芳接檄，愤恨，投帻于地，大骂而罢。思个困缅月余，力亦疲，且援兵不至，远近怏怏。岳凤探知，乃集陇川夷兵二千，兼程拯缅，导之由间道遁去。迤西知缅走，率众追之，且追且杀，缅兵大败，生还者十不一二。自是瑞体忿仇迤西，期必报之。一时士民以此为大失机会，当路益抑谈缅者。

五年，陈直指文燧按滇，得边报，锐意上请经理，然与时见相抵牾，事亦寝。六年，遣使将迤西所俘瑞体兵象，侑以金币诸物，还瑞体。使回，缅不称谢。七年，永昌千户辛凤奉使买象于猛密，其酋思混执凤并军伴舟送摆古，瑞体遣使持槟榔叶缅文遄伴凤回，言于瑞体，复率兵象侵迤西。思个因中国无援不支，败奔腾越，中途为奴郎都等执送瑞体，不屈，遇害。瑞体尽据迤西；目民奔永昌，稍安置于内地。八年，巡抚饶仁侃遣舌人李阿乌谕缅甸。阿乌至摆古见瑞体，道皇帝威德，不侵缅地，瑞体唯唯。又语以蒋定西王靖远征麓川事，瑞体不语。阿乌又言罕岳假缅王扰汉地，瑞体佯应曰："我不知也。"居旬日，趣阿乌还。十年，岳凤领缅兵袭破干崖，土妇罕氏降于缅。是年，瑞体死，子应里嗣，尤狡谲险诈，善用兵，瑞体并邻拓地，多其谋力。是年，岳凤执遮放头目刀落恩送应里，又嗾应里杀罕拔。时拔有子名进忠，应里欲并其地，遣弟应龙伐之。时木邦有孽子罕凤，降于应里。耿马有舍人罕虔，与罕凤谋擒进忠，共率兵从应龙，以湾甸州景宗真为乡导，追进忠。进忠仓皇挈妻子，绝喳里江奔内地，兵象从者不十一，余悉俘于缅。应里分其地以处他酋。应龙蹑进忠，遂入姚关。十一年正月朔，焚掠施甸，剖孕妇以卜，男寇永昌，女寇顺宁，腹破得女，乃焚攻顺宁府。二月，破猛淋寨，防守指挥吴继勋、千户初维垣皆死之。是冬，应里攻盏达，副使刀思廷率兵拒不敌，遣使求救，不应，粮尽援绝，城破，屠之；思廷妻子族属尽为所掳，而干崖刀怕庚、雷弄廖元伯、南甸刀落宪、盏远刀思定皆掳去。巡抚刘世曾、巡按董裕会疏请兵将，以南京坐营中军刘綎为腾越游击，移武靖参将邓子龙为永昌参将，各提募兵五千，副以土兵。而应里亦西会缅甸孟养、猛密、蛮莫、陇川兵于猛卯，东会车里、八百、孟艮、木邦兵于猛炎，复并众入犯姚关。子龙为垒静待，乃大破之于攀枝花地，斩宗真，计擒虔父子等，破其湾甸耿马地，时分守参政姜忻发指之力居多。游击刘綎率兵出陇川、猛密，直抵阿瓦。阿瓦头目莽灼瑞体族弟也，惧，遂纠猛密思忠蛮莫思顺攻杀缅使，诣綎请降称款。应里闻灼来投，起兵破灼，灼内奔，行至曩朴寨，病死。先是灼有白象一，能决胜败不爽，每出兵咸问之，瑞体尝借以自随。至应里，假象不归，且欲害灼，灼心寒，因綎招之即降。及灼死，应里以子乃笃改名思斗莽肘者据守阿瓦。

綎以岳凤有心计，欲厚结之，使为用；当路者促綎，綎不得已，乃擒凤及其子曩乌目、把莽、縻哑、晏得皮等，俘解京师。是时木邦、罕凤、迤西、思义俱杀缅使，诣綎降，进忠亦集其余众来奔，乃豢进忠于内地。夷缅畏綎，望风为附者踵至。猛密安抚司土舍思混遣弟思化送象及献缅伪印来降。初，綎许岳凤以不死，故诸夷争降，后闻凤就擒，猛密思忠惧，复率锡波思哥投应里，竟死缅中。迤西属部有密堵、送速二城，皆濒金沙，近阿瓦，久为缅据。迤西酋长思威既款塞，乃提兵至二城，其部目言原服缅，力不胜耳，今宜归故主。十四年，应里征二城兵，不应，应里怒，攻破之，以多曩长散铎率兵屯守。十五年，思威纠思化、思顺各土兵，又求助于我以复二城，游击刘天俸令募兵五百往助之。缅见，以为汉兵大至，惊溃，威乘胜斩缅千余人，并二城之从缅者，阵斩缅目多曩长，而散铎奔阿瓦，威复二城。金腾兵备按察使李材谓功级多，宜上闻、事下苏直指酇覆核，谓功级非实，逮材、天俸等系狱。十六年十月，思顺亦投缅。初朝命以思忠等归义，以猛密思忠升宣抚使、猛哈思化升同知、蛮莫思顺升安抚使，如边臣之议也。比钦颁符信至日，而思忠、思顺等已复投缅，乃以忠母罕烘、顺母罕送各代子领该司印。九月，应里报猛广之怨，兵加猛密，烘不能拒，率其孙思礼、思仁奔猛广，而猛密失。思化、思豪奔蛮莫，顺母送谓蛮莫系猛密辖地，见思化之来，惮而弃之，与化挈子思革奔腾越。时有加兵问罪思化之议，巡抚萧彦密令抚夷同知漆文昌抚化，文昌单骑入化垒，化稽颡听命，且云："奴有助迤西杀缅贼功，今无所归，原寄食于蛮莫。"从之。十七年，孟养酋长思威死，其支子思明子思远进象及方物，朝廷令远为孟养酋长。十八年，应里报密堵、逆速之怨，进兵孟养、遂破猛拱，远与子思昏奔盏西。应里伪署堵罕于孟养，甕罕于猛拱。十一月，缅破猛广，罕烘思礼与思忠妻甘线姑奔陇川，思仁奔雅益，丙测奔工回，猛广亦失。十九年，应里率猛别阿瓦纠堵罕、甕罕兵象围蛮莫，思化来告急。时邓子龙方听勘、奉檄率兵至罗卜思庄，缅闻之，退去，化复还蛮莫。六月，应里遣使等母海弄查赍贝叶缅文来求通，巡抚给榜文送缅使归。二十年，思仁、丙测叛，投缅。思仁，思锦子也，仁烝嫂甘线姑，因欲得之，时线姑随罕烘、思礼寓陇川，仁自雅益率兵象犯陇川，掳线姑，宣抚多思顺有备，弗克逞，且惧中国问罪，乃同丙测奔缅。应里伪立仁于猛密，当事者移置罕烘、思礼于芒市。六月，应里遣使摆线由迤西赍贝叶缅铎，招陇川干崖南甸诸土司，当道给缅使文告，令之还。九月，应里令阿瓦，迤西犯蛮莫，思化奔等练山。参将邓子龙提兵营等练，缅兵屯遮邀，子龙发兵击之，大战于控哈，斩首百余级，把总李朝、岳顺战死。缅退屯沙洲。我兵无船不能进，相持弥月，缅寻退去。二十一年十二月，应里以允墨伪食、蛮莫、墨乃纠、猛拱、堵罕、孟养、甕罕、猛密、思仁兵，号三十万，象百只，以普坎、雍罕、直即、三耇酋率众拥送允墨据蛮莫。及思化败，入即立九大营，深沟高垒，为久驻计。仍分道内犯，一入遮放芒市，一入腊撒蛮颡，一入杉木笼，并出陇川。多思顺不敌，奔猛卯。时巡抚陈用宾驻镇永昌，闻贼大入等练、陇川、乃分部，以参将王一麟夺等练，中军虑承爵出雷吟，都指挥钱中选、张先声出蛮哈，守备张光胤出打线，一麟击其前，承爵、中选击其左右。贼狡甚，始以羸者兵数人饮马江干而浴之，前锋者击而俘焉，以捷闻。居数日，又以一象马数匹来，我兵又击而俘之，又以捷闻。缅兵退走，遂复蛮莫。我遂以贼为易与，鼓行而前，不知贼兵潜伏营于崖箐，乘我兵过半，贼众涌出，我兵被截，时宁州目把者义领兵在行间，挺身而前，众寡不敌，后无援者，者义单骑欲旋，失道，陷泥中，为贼所杀。前锋既失利，后二营相继退奔。盐军同知姚允升收残军，用百金买谋者，昼伏夜行，望等练诸山火光不息，徐徐侦之，盖贼尽伐山木，火焚其山，乃知贼退还巢也，因以捷闻。

先是陇川多思顺恨俺导缅残陇川，乃纠思化并芒市多泰等击俺，杀俺子多荒，俺益怨之，遂潜投木邦，因之归缅。参将吴显忠屡招谕之，不听。十二月，俺纠思仁、丙测由猛卯袭遮放，我兵战却之，斩级百余，丙测遁。是月，用宾建筑关堡，兴屯田以御缅，缅知关堡之不利，数挠我兴作。巡抚陈用宾修文告，遣闽人黄袭使暹罗，使与得楞内外夹击缅。多俺自遮放败遁，不复归猛卯而投木邦，负嵎于曩义山，杀天马、汉龙二关工役，由便道将归缅。文昌计授木邦罕钦，令擒之，谋颇露，俺欲奔摆古，钦追及于雷耸茂，并其子多烘、多曩面斩之，生擒其子多胆满解滇。缅因俺死，遂寝寇我东路云。二十四年二月，筑平麓城于猛卯，大兴屯田。先是边事旁午，饷费不赀，即转输米石，运价至十金，而值不与焉。编氓鬻妻子，诸郡邑不支，故巡抚陈用宾锐意兴屯。然三宣之内，属夷徭赋所出，余田无多阡陌膏腴，初议以营兵任屯，非营兵而愿屯者亦听。镃基取之汰兵之羡饷，又以饷值充籴，计石银七钱，秋成照值入廪，计纳公田一斗，二年小成，免其十一之赋，三年大成，始十一而赋之。然迄今亦以瘴恶，屯者不能耕，西偏诸兵糜公帑如故。

其后猛密思化死，其子思正悍而寡谋，屡树怨于三宣，阿瓦乘采井之隙，拥众十万，修怨于思正，罕拔次子盖以木邦兵从之，正入腾越阿瓦，直逼内地，兵备漆文昌杀正以说于缅。其后用宾所遣使人黄龚至暹罗，暹罗与龚（要约）因发兵攻摆古，墟其地。是后屡为暹罗得楞所攻，疲于奔命，不复内犯矣。

詹英《论征麓川状略》

尝谓边夷抗命，实天讨不容；大将领兵，当神明是务。夫兵，凶器也，为将者不能重其事，惟求已之利益，必其取胜而成功者难矣。

曩因麓川思任发背逆。天兵已尝殄灭。贼子思机发又敢抗违朝命，皇上命将出师，往正其罪。何期总督等官不体朝廷之心，苟安贪利，行李二三百杠，用夫五六百人，声势喧哄，沿途劳扰，将带纻丝绢疋，密散富熟之家，下网垂钓，狼贪渔取。有司土官，行李成队，好马双牵，转送别官，加倍索取。各处都司官见，潜将贿赂先行，所获有余，贪得无厌。故违祖训，擅用阉刑，以进为名，尽留自用，丑行遍扬于南诏，名节大坏于边方。

及至行军，全无纪律，大军一十五万，俱从一日起程，路滑泥深，难为士卒。且如运粮一事，又不设法转输，每军一名，运米六斗，奔走往来，搬运催促，不得少停。如此之劳，何以养锐？有因自缢而死，视之略不经心。嗟怨之声，盈于道路。领命用兵者，岂当如是哉？指以驮粮，坐派所司一千余马，不知此马何施。坐轿、卧轿、山轿，凉帐、暖帐、雨帐，左右赞襄官吏，百端阿承，罢困下人，无所控诉。比临贼境，各不周虑，探其险易虚实，贼众有无。辄至金沙江边。贼人进抗猛烈，调令副总兵参将等官，领兵攻围不克，被贼用木石擂打，将骆都指挥等官军杀死，俱将顶皮割去。贼子肆顽，不知何所，却将来降鱼户诱系，解作生擒。盖因主将无谋，致有此患，损中国生灵，遗边夷笑。计穷事拙，祗班师，已将地方分与木邦缅甸，抗违之罪，付之无可奈何。

抑闻古之为将者，与士卒同甘苦，故能成功，今不知此虑，欲希侥幸，岂将兵者之所为哉？切详靖远伯王骥，以布衣升伯爵，子孙世袭有官，何乃忍此！总兵官宫聚，由先代勋爵，累升都督，挂印总戎，自合寝食不安，以除边患。岂知此二人者，同流合污，既无运筹帷幄之才，又无克胜破敌之智，玩法怙终，损兵失利，原其情犯，死有余辜。昔唐玄宗时，南诏有警，御史李宓将兵十万击之，杨国忠隐其败，更以捷闻。后范祖禹引管子之言“堂上远于百里，堂下远于千里，君门远于万里”，言壅蔽之害深也。皇上深居九重，岂知此情此弊？臣不避势要威权，冒犯天颜，乞将王骥、宫聚等官拏送法司，明正其罪。先差密切廉干之官，前途盘闸各官行李，上解天怒，下满士心。

何孟春《复永昌府治疏》 巡抚

臣闻消变于未萌者，策之上；消变于将萌者，策之中；变成而后救，斯无策矣。切见云南地方，俱有诸夷，然西至大理，东至临安，皆是府卫相参，事体有定则，赋役有常制，故民虽未富，犹得粗安。惟金齿一司，实古之哀牢郡，汉之永昌府，自胡元以上，皆为府治。其后元务远略，创立大理、金齿等处宣慰使司都元帅府于银生崖甸，其地在伯夷蒙乐山下，去今金齿司南千余里。其夷没后，金箱二齿而葬，故因得名，与永昌府绝无干涉。后元以其地不可守，改为金齿卫，移入永昌府共治。元末道梗，流官多缺，止有土司通判在任。

圣朝洪武十五年，于指挥王真处降附。十六年春，附近诸夷忿王真立卫镇守不恤府，乃共推已退土官知府高公引麓川思可发夷兵数万来攻，生擒王真，尽夷其城而去。本年十月，云南指挥李观请复立永昌府金齿卫，招抚安辑。十七年闰十月，朝廷降到永昌府印，又续发南京各处军充实军伍，府卫相参，军民安堵。二十二年十二月，李观病故。后指挥胡渊以旧城夷毁，改筑新城，因欲自尊，假以民少粮不及俸为名，于二十三年十二月初八日，奏革永昌府，改卫为金齿军民指挥使司，兼管军民。彼时渊以筑城有功，意在专制，又以指挥俱长单掌印，尚无考选军政，可使世世专有此土。却将永昌府之民并入永昌、金齿二千户所；尚有附府良民无编，立东西太和六军等里，径属本卫；原本府所属施甸等县，续立镇夷等州，俱革为长官司、百夫长等衙门；惟永平一县，乃古博南县，民不可革，遂概隶指挥司统属。

彼时渊恃有功，不欲与府颉颃，讫成私计。然亲承屠城之惨，深结夷民之心，故需索少而粮差额轻，军民和而调发事简。又以府卫所有，专供一司，故夷民安，财用足。后来承之，尽意贪剥，近城寨分，已不如前。其后因麓川反叛，加以征调，夷民渐困。及景泰末，都督毛胜因随征麓川，知金齿司指挥供给甚多，遂营干镇守。有内臣见毛胜得利，遂接踵前来，由是广占夷田以为官庄，大取夷财以供费用，然名目尚少，犹可支持。相承到今，日增月盛，典马典军，费以万计，磕头见面，亦要数千，过江子粒等钱，无时得了，白米马料等户，无日不征，加以跟官小人，百样生事，害人积棍，一时纵横取索，椎髓剥肉，倡言不恤，夷民畏死，不敢不从。由是强者为盗，弱者远逃。如近城凤溪一长官司，今止数家，二代不袭可见矣。比之宣德、正统间，环城百里之夷民，十亡八九；比之成化、弘治初，二三百里之夷民，亦减六七。所不能逃者，赤身裸体，食草锄山，气息奄奄，死亡无数。而上下交征，略不为异。如施甸夷民，害极欲变。

正德十年三月，城门曾昼闭矣。腾冲军士逼于拜见，正德十一年，太监曾被攻矣。及今木邦起兵，夺占孟定府，又起兵入陇川临芒市，又起兵入湾甸州，其州去永昌所老姚寨仅四十里矣。即今孟养又起兵过金沙江，凿山开道，由茶山直抵腾冲，猛密又来要求宣慰矣。臣访于耆老，皆言自平麓川后，今经八十年，并无夷人敢如此侵犯，良由金腾二司附近夷民，被害不过，各逃往彼处以诉其怨，彼各得招怀以益其强。既知二司之虚弊，又悉其贪残。且又年年下番，哄诱宝石，月月设计，欺骗金银，遂使远夷生凌侮之心，兴兵试作变之渐。若不早计，诚恐变生。盖附近夷民为二司藩篱，皆抱恨切骨，则藩篱撤矣；附郭军民为地方根本，皆疾首痛心，则根本病矣。藩篱根本皆隳，大变固应不远。

臣叨授巡抚之寄，忧如焚灼，博采广询，共言惟是复府治，设流官以抚安于内，则外变自息。及考之前数年，巡抚官固有忧先于臣，具本二三次陈奏矣。缘该部只照常行云南镇守衙门勘报，殊不知镇守衙门，于近夷日取之财，必千必万，于远夷岁通之利，莫考莫稽，既图利身，谁肯为国？一承行勘，转加唬吓，声言治其妄告，倒说为伊解释，各差官上寨，逼要不原复府结状，更督令科派备礼，所以夷民则畏惧益深，蓄怨益切；二司则剥削愈肆，声势愈张，非徒无益于弭乱，更以促发其祸机。

今幸皇上入承大统，圣誉昭升，率土普天，更新视听。延颈企踵，想望太平，臣用敢罄竭愚诚，冀消祸变。伏愿圣明，俯垂睿鉴，不惑群议，断自宸衷，免行镇守衙门勘报，乞查前后奏词以察事机，将金齿司所属永昌、金齿二千户所夷民并附郭各里百姓，仍旧复立永昌军民府统治。再乞敕吏部精选川湖贵州有守有为进士出身知府一员、举人出身通判一员、推官一员、经历司经历、照磨所照磨、司狱司司狱各一员，令其领印，作急到任。其所割历州县长官司及合属衙门俱候知府到日，计度人民户籍多寡，地理远近，照旧为州为县为长官等司，另行奏请，铨官降印。其腾冲司亦原系府治，后改为腾越州、腾冲守御千户所，彼时州隶永昌府，所隶金齿卫，后因比照金齿改为军民指挥使司。今其为害，亦与金齿相同。若金齿复为府卫，腾冲亦合复州或为府，将司改为卫，军民相参管理，其大小事例，亦比金齿次第举行。若其公廨房屋，臣已访得空闲官田房屋甚多，官至即备，并无劳费。如此，则近便夷民可以自安，远地夷心自然畏服，而变可坐消矣。

然不止潜消祸变于将来，又可广垂利泽于永久。臣请略节陈之。原两司皆是指挥千百户等官，凡经收钱粮，皆先取以阿奉权势，因而窃入私家花费；及至盘查，则认借充盘，随后窃出花费。事发之后，监追至死，无处赔纳。为此守巡官无法可治，将金腾官银多解大理府库收贮。今复府治，则免贮库于大理，既可省五日护送，又可以答应紧急，其利一也。

又凡承委抚夷、勘问词讼、征收钱粮，各一事不知，一字不识，凡地方词讼钱粮，不能办集。今复府治，则承委有人，诸事易办，其利二也。

又驿课巡司，缺官不报，各买求署掌；见今馆驿日日打干二两，而供应在外，税课征商倍常，而课程无闻。灾异常见不申呈，吏员久役，不起送。今复府治，则官无虚旷，馆驿可苏，税课可减，商贾可通，灾异可警，吏役可正，其利三也。

凡元宵烟火料丝灯，皆于操处出银五十两制造，永昌所却又遍行科派夷寨；春牛芒神，天下同制，今要多造两头承奉分派；夷民各坛祭祀，惟衣冠与祭有胙，今要买补二倍，分送跟官光棍、牢子等人。今复府治，则此费自绝，其利四也。

又金齿鱼利比之大理不及，然东湖各塘坝河池所出，市不缺买，南北河道竹木之来，岁不缺入，而鱼课之征，抽分之利，通入私门。今复府治，则财用自足，其利五也。

往时官舍军民之家，有不得已乘丧嫁娶者，皆在夜中，惟恐人觉；自今指挥等官，禀过官府，任行嫁娶，或父母丧后三五日或半年，白昼嫁娶，鼓乐喧阗，夸示市廛，众皆欣慕，纳贿请求，以为荣耀，人心全泯，风俗尽移。今复府治，则此弊可无，风俗还旧，其利六也。

夫能消祸变之大，创永久之利如此，适遇圣明在上，庶政维新又如此，倘又畏首畏尾，不一陈之，岂非天下后世之罪人哉？臣但恐欲专地方之权以取利，幸地方之变以邀功，曲加阻挠，臣请逐件折之。若曰永昌府系我太祖高皇帝时所革，只当遵守，不宜更复，则胡渊革府之时，府学亦革为足食仓矣，何自正统以来，列圣又因臣下之请，复照府学事例，立学到今乎？若曰金腾地接外夷，规画已定，忽复府治，恐兵弱不能控守，则见今临安接界于安南，比之诸夷之离金齿尤近，安南地尽于南海，比各夷之宣慰更强，以临安府卫，顾足以控制强大之安南，而金齿不然，正以司治贪汙，是以起其欲变耳。若以永昌府卫相参，加以腾冲，有不能控制数宣慰司穹远之夷乎？若曰民少不勾佥一府之皂隶门库，粮少不勾供一府之官员俸粮，则查今隐占白米户之丁力，足勾一府之皂隶门库；私纳白米之石数，足勾一府官军俸粮矣。何况三十寨之秋粮，各民里之赋役乎？若曰未尝有例，缓求其宜，则见今云南大理、蒙化、景东、楚雄、临安、曲靖，俱有府有卫，即其例矣。且内唯临安、大理二府土地民户、财产田亩与金腾等，其余府分远不及。况今夷民困极，大变将兴，救焚拯溺，少或迟延，则祸乱必作，救之不及矣，岂容缓乎？

其余区处细微，事务曲折，非本内可悉者，臣已悉与布、按二司官昼夜计算，经画停当，决可弭患于将萌，垂泽于永久。如或一有不效，臣甘万死，以谢妄言之罪。伏望圣恩悯念，俯赐久从，则地方幸甚，生民幸甚。

萧彦敷《陈末议以备采择疏》

臣惟安民莫如省事，而事有所必不可省；为治不在多言，而言有所必不可已。滇西南一都会也，先后诸臣之所经略，与迩者迤西事宜，按臣之所条陈，犁然具矣。惟是一二末议，有不得不上请者，谨开列以闻。

其一，议银场以便责成。云南矿课，取天地自然之利，以供经常之用，近自迤西多事，题留兵饷抑又重矣。乃历年以来，逋负过半，而大理为甚，完者十一，负者十九。其负者又不皆遗之民也，有司之公用有之，委官之分利有之，硐头之敛而为己私者有之。上不在官，下不在民，弊也极矣。查得该省矿场在临安、澂江、元江、新化，则属临元守道；在鹤庆、大理、永昌，则属金沧守道；在楚雄，则属洱海守道。先年各分守官共驻会城，故以银场专责临元一道，而其相去远者二千里，近亦七八百里。一人之身，势不能遍历，将托之委官，而委官类多末流；将责之郡县，而郡县又皆异属。矿硐之盛衰，匿不以闻；钱粮之完欠，漫不加念；文移往来，束之高阁；促督严急，加以谇语；各分守道，又往往以侵官为嫌，远利为幸，若秦越人之视肥瘠然者，则公家何赖焉？近该临元道议详极陈不便之状。臣惟政由俗革，事以时异。彼一时也，分守驻会城，则以总属临元为便；此一时也，分守驻各道，则以分属守道为便。盖总属，则势有所不周，令有所不行；而硐民之利病，远不及闻；矿脉之盛衰，远不及验；或增减失宜，则苦于输纳之难，岂独病于官，且病于民。试举而更之，岂独便于官，且便于民，其相去甚悬。而或以为银场道领有专敕，各道亦领一敕乎？臣以为专属，则一人辖一省，不可无敕；分属，则以各道辖各地，不必有敕。夫钱粮非守道分内事耶？银场专敕，即照例缴进可也。

其二，议兵备以便调度。云南设在极边，四面皆夷，而错居其中者，华夷半之。无事弹压，有事策应，盖皆兵备道之责也。曲靖、临安、澜沧、金腾四道者，分布于陲，至密至当，无容议矣。独澜沧驻在洱海，管辖视他道独广，而武定军民府寓焉。武定去澜沧千余里而遥，往返动以月计，而该府系初定之区，仍夷民之旧，较之他郡，大有径庭，其官司关白则不便，其官军调度则不便，其夷情传报则不便，在平时且然，而一有缓急，后时失事，又所不免。语有之"虽鞭之长，不及马腹"，则武定之谓也。至于云南府于四兵备，独无所属，臣等诚不知其由。云南系省会，而内之则六卫星列，外之则夷僰错布，往者寻甸、武定之役，烽火达于近郊，省城且震动矣。无论往事，即如居恒武弁之哨守，城垣之修葺，泛焉属之，泛焉应之，而各官军亦且泛焉视其上，若于我无所统而有专统者。至操练器械，则操捕都司外，悉置之不问矣。语有之"千人举瓢，不如一人挈而走"，则云南之谓也。查得武定去云南不百里而近，莫若并将武定、云南二府军务属分巡安普道管理，即改曰兵巡道，如浙之温台之例，庶武定近而易达，云南专而有成，有改制之实，无增官之费，似亦计之得者。或者以分巡不得兼兵备，武定并属曲靖为便。夫曲靖较澜沧则稍近，然何若安普近也？而云南又安所属之，不如并责之分巡安普道便。

其三，议除补以安疲民。闻之书曰"三载考绩，三考黜陟幽明"。分北三苗，夫计吏也而格苗因之，则吏之所系重哉！滇南土地辽阔，禁网不及周，故简饬之难；夷猡错居，易动难驯，故绥怀之难；土流并列，急则愤，宽则肆，故弹压之难；一省之中，瘠者半，沃者半，瘠则易厌，沃则易淫，故坚贞之难。其寄命于县令，宅生于刺史，较之中土尤甚。故滇夙号远方，为士人所不乐居，其除补兹方者，非以迁谪，则以劣考，则又以他途，盖十而七矣。建议者亦尝及之，该部亦既题覆，而除补之期或当乏人之会，势不得不迁就，故远民之望，若黍苗仰膏雨而卒无以慰也。兹者大计届期，其挂吏议者当不少，而大比届期，科甲之英其待用者当亦不少。请乞敕下吏部，今次滇南郡县之缺，酌量缓急，分别烦简，以十分为率，甲补其四，贡途之年壮者补其二。彼其出身科甲，有远大之望，自能展布四体，而遐方之民，亦且耸然新其观听而安其约束，莫敢有玩愒者，其效立致也。夫科甲之流，宁无以不肖终者乎？然十之二三耳，以迁谪以他途，又宁无以贤能终者乎？然十之二三耳。夫天下未有不能于彼而能于此，亦未有不洁于彼而洁于此者。臣以为大计有疵之吏，果当议处，或降用，或降闲，令散处于宇内之僻地，如蓬麻然，而毋徒以远方之民，待末路之辈也。朝廷不以远方弃滇南，各守令自不以远方视滇南，滇人之幸矣。

其四，议将领以资策应。云南幅员如曲靖、寻甸、临安、澂江、广西、广南、沾益、罗平，皆东南境也，壤地错列，如犬牙之相制；缓急互济，如辅车之相倚。而沾平守备与临元参将若鼎足焉，不相上下；若宾主焉，不相维系。沾平之利害，参将曰非吾属也；临安之利害，守备曰非吾事也。无事相抗，有事相推，非独盭戾，且将衡决矣。近该按臣条议通省设二将四守备，而姚关受令腾冲，腾冲兼制顺蒙，迤西之势如指臂然。夫临安之参将，可以腾冲例；沾平之守备，可以顺蒙例。以参将之权，可以统辖守备；以参将之名，可以震压夷人。莫若照迤西事例，沾平守备，并听临安参将节制，如沾平有警，则参将速为应援；如临安有警，则守备立听调发。有逗留观望及故违节制者，照例参处。而居恒止于行文约束，一如臣等顺蒙之议，庶两将之名正而气脉通，两将之兵合而声势壮，其于迤东不无小补矣。

其五，议袭替以慰夷心。国家以夷治夷，不尽统以汉官，授之冠带，列之等级，然又严承袭之规，示大一统之义，所以制之甚详。而奉行渐久，阻抑多方，夷心苦之，于是一议而宽其赴京之例，再议而蠲其冠带之银，所以体之又甚周。乃至于今而阻抑如故。有请袭四五年而不具结者；有别生事端，反复驳勘者；有忧谗畏讥，习为规避者；有任凭吏书，迟速惟命者。下逮土巡检、驿丞等官，率多贫难，无以餍吏胥之欲，有终身累世而不袭者。惟兹尺地，孰非王土？而此辈以不得袭之土舍，犹然管理地方，当事者虑其地方之无主也，抑或与之冠带以听其便。行之既久，土司且以承袭为不足有无，而各土民亦且谓号为土舍者，亦可一日而临我也。将令甲不行于遐方，而进退不禀于朝命，此其所损者大也，损国体也。土司不胜愤，间或因而跳去，官司辄被之罪，亟问之。而土司官以其忿心乘其畏心，益逸而出于法之外，至于上干天宪，如曩之木邦陇川者，见以为不臣，而其始固亦承袭之留难激之也。夫独二土司乎哉？此其所关者重也，关夷情也。查得万历九年十一月内，该巡按云南监察御史刘维题该兵部覆抚按衙门，各特设有司告袭文簿，登记年月，与布政司代奏年月，年终咨揭报部，行之未久，视若故纸。臣等查阅其累年不结者，不一而足，诘之，则曰土司不出见也，又或曰见催未报也。不知土司之不出，谁激之？而见催不报，又谁之慫哉？充吏书之囊橐，启土司之携贰，莫大于此。臣乞自今定议，凡土司告袭，行司而司不即行，罪在该司；布政司行道而道不即行，罪在道；该道行该府县而该府县不即结，则罪在该府县。果于伦序无失，不必别生猜疑；果于夷心不拂，不必过为搜求。倘有窒碍，即便申详，非出告讦，不得驳勘。罪在司道，臣等会参；罪在府县，司道官呈处。而又责令布政司于代奏本内，备开某土舍于某年月日告袭，某衙门于某年月日勘结，该司于某年月日代奏。如年月迟久，显是留难，该部科即行参究。如是，庶稽核密而责成严，该司惧查参之及己，自不得不急于奉行；该有司惧罪戾之逮身，自不得不急于勘结。上可以存国体，下可以安夷心，即雕题文身之辈，皆不侵不叛之臣矣。

其六，议正伦以杜夷衅。夷方之变，每起于土司；土司之争，每始于继立。广南之父子，富州之叔侄，其明鉴也。然此犹其可稽者也。如往者干崖之立刀怕瑄、怕文、怕润辈，各持一议，而我遂无以折之，迄数年而不定。大都伦序不明，纪载不预，土司得以爱憎为废立，吏书得以贿赂为高下，轻则文移告讦，重则干戈侵寻，率此之由。臣观云南土官，除远而孟养等司，又远而车里等司外，其余或杂处有司之中，或环居有司之侧，或朝夕相接，或文移相关，固非各处一隅不可方物者也。试著为例，责成各兵备道置簿二扇，一扇存道，凡各土官生有子息，令其报名在道，一切嫡庶少长之伦，手籍而记存之，毋委之吏书；记笔既，手取而谨贮之，毋杂之别案。其一扇，则登记送臣等衙门以存其籍。如是，譬之积兔在市而心志定矣。有告袭，取而按之耳；有告讦，取而折之耳。土司知其籍存在官，无所用其溺爱之计；夷民见其籍存在官，无所容其拥立之奸，似亦法之可行者也。

夫人之情，其子之初生，未有不爱者，其报之未有不实者。何者？当其时，知既生之子，不知未生之子也。故伦序未有不明，而记报未有不实者，此或亦弭争之一策乎。

其七，议定疆以杜强暴。吴楚之兵，起于争桑；虞芮之讼，起于攘田，自古而然。况分土分民，在土司尤有一定之制者。迩年以来，强者以力，富者以财，取诸彼以与此，盖不特一二然者。姑以丽江言之。丽江，古土番之境，与鹤庆为邻。其地产金，不生五谷，彼其安然闲我要约莫敢越者有以也。年来倍加厚值，日市剑川界内之夷田与其民田。夷与民狃于目前之利，而忘其世守之业，于是丽江之辖骎骎出疆界之外，而其他占而有之者不与焉。末大必折，尾大不掉，异日者能不费区画哉？夫土司之疆，朝廷之分疆也，彼不得盈，此不得缩。请乞严为限制。覆行臣等转行通省兵备道，除既往外，自后夷司田土即大，不得听其与军民交易。其余土司，务守一定之界，毋容吞噬之谋。如有越而买者，以侵疆罪之；如有越而卖者，以投献罪之，庶几大小相制而永永无患也，夫宁独丽江而已。

其八，议旌别以风远人。云南一省，环处者皆夷，其冠带而临夷人者皆土官。土官良，则夷民之福，而我亦无事；其不良，则夷民之灾，而我亦多事。夫土官岂异人哉？乃作奸扞罔者十六，非其性然也，我所以劝惩之者未备，而无以动其向化之心也。窃观云南土司，大半与有司并城而居，或接壤而处；慕名义，希恩泽，较之华人，不甚相远。扬之则忻然以喜，抑之则艴然以惭，即有事犯，且悚然以惧，厌然以覆。由斯以观，则土司者，固赏可以劝，罚可以惩者。乃旌别不及，劝惩无闻，有善则不得为善之利，有过则不蒙改过之文，夫是故愈趋愈下而不法者众也。臣等以为土司之官，诚不宜以汉法绳，而择其中有能约束夷民、安分奉公、卓然出类者，抚按复命量举一二人，少则或一人而止。其有生事构兵至犯科、至亡等，昭然显著者，抚按复命，间亦论奏一人。如过而不甚，即无之亦可。其举者有赏，赏以金，俟三举，则降敕旌之；五举，则加服色旌之。如是而土司知所劝。其论者有戒，戒以文，俟至三，则罪罚以惩之；至五，则轻而降服色，重则革冠带，许之立功自赎以警之。如是而土司知所惩。劝则趋，惩则避，譬之羁牛马者，把柄在我，而莫有不就吾之鞭策者，势也。今之土司，抚按官岂无旌别之行哉？出之抚按，则彼视之以为常，而出之朝廷，则彼得之以为异。故旌别可议也，而不可数也，数则亵，故以复命为期；旌别可行也，而不可多也，多则玩，故以一二人为限。举不可不当而论不可不慎也。不慎不当，则彼且不服，故以当与慎为准。此或亦鼓舞夷方之一策乎？

以上八议，极知为西南剩语，然事关官守，非奉宸断，不可以更故辙；事关夷情，非聆天言，不可以耸逖听，故敢不避琐渎，会疏具题。

陈用宾《陈言开采疏》 巡抚

臣用宾荷国厚恩，见陛下数年来为国用不足劳心焦思，恨不能为陛下分忧共念，取金则解，取石则解，取象则解，大工兴则济工，东师兴则济饷，无一事敢拂圣意。即百姓输将千愁万苦之声，臣等程督千艰万难之状，亦不敢闻，盖惭无回天之力，而一意于终事之义也。但滇南民力竭矣，尚冀陛下垂慈，庶几民有息肩之日。

乃今开采新命，其裨国用也甚微，其误国用也甚大；不但大误国用，而且大妨边计，臣等不得不摅悃陈言。臣等之言非敢方命，实欲请命，求国用边计两者俱得，以便督行，惟陛下少垂察焉。盖滇环向皆夷，非腹裹比，汉土错绣，赤子蛇龙杂居，不堪重赋，通省税粮，不及中州一大县之半。先臣奏开矿场，益以盐课，并奏留各部事例银两，充兵食之需，行之数十年矣。然其所入有限，所给无穷，一遇兵兴，辄请四川、南京协济。万历二十二年，蜀中当事奏讨原借饷银，奉旨云南以后兵饷自处，不得再借。臣等长虑却顾，急为自完，于山泽矿盐未尽之利，督令各官尽行开挖煎验，于旧额五万二千七百二十二两之外，增出三万八百八十三两，共计八万三千六百余两。而官兵月饷岁该一十二万九千六百有零，入不彀出，臣等复于各处税银清之，又于兵之可缓者销之。二十三年四月内，臣等具疏奏闻，其开挖矿场与旧额新增之数，一一见于限兵处饷疏中。经户兵二部议覆，奉有明旨允行矣。迩来矿脉渐衰，在在请闭；又新旧贡金给发帮贴二价，大约岁该六万，与助工东饷、一切采石买象不急之需，俱难措处。臣等只得于兵食汰省，将各项通融，于矿盐额课内支用，盖至是山泽靡有遗利，而各场无有不开之矿，亦无有无课之矿矣。

今千户张国臣奏内所称朝阳洞、灰窑厂、沙木河、梁望山、中嘴洞、白松坡、陆凉州、澜泥坑、表罗场、慕莱厂等处胥系臣等督官开挖数内，即有一二未开，如灰窑厂则见今议开以补各场消乏之数；如慕来厂，则在夷地，不可开矣。不则，前日之所已闭者，若土民李拱极、江应秋等，乃平素革逐搅扰矿场之棍徒也。

顷接邸报，奉有圣旨，允差尚膳监太监杨荣督率原奏官民，前来会同臣等抚按，照例开采解进。纶綍一颁，臣等敢不遵奉，第前项厂洞先已开采，定课入额，取与张国臣等再开进交，则云南额课应否报罢。十三万兵饷安出？贡金价值数万安出？济工济饷及朝廷不急之需安出？此其烦圣虑者一。金矿臣等未之前闻，即贡金亦买自他省；若宝井出产宝石，则猛密、猛告地也。三十年前，已折入缅，见为思仁盘据。臣等议复，尚未有便。其地乃不毛烟瘴之墟，汉人入者十有九死，张国臣奏往开采，不知自己能率土民李拱极等往采乎？抑欲臣等聚数千之兵与之偕往乎？国臣等无班超三十六人之雄，臣等未敢保其径入，若欲臣等集兵，以威胁取，必开边衅。此其烦圣虑者二。展转思维，俱无一可。

臣等请为陛下计，莫若将张国臣原奏岁解银万余两，就责任臣等抚按督行各该府县，毕智竭力，截长补短，于官四民六之例，稍为酌议，岁输内帑一万之入。宝井俟臣等恢复猛密之日，令彼夷酋任土作贡，虽未敢必，实为至愿。至于差遣官员，悉免入滇。如此，可仰副主上开采之意，而云南贡金兵饷等项，亦可取给，内夷外夷之衅，永可坐消，策不尤得乎？倘陛下以成命难收，开采之使，业已出京，乞敕令内臣杨荣前来，与臣等商议每岁解进程限；而原奏张国臣等撤回，免其开采，此于边计犹未甚失。若以臣等谬言为不足信，则此举输于陛下者能有几何？其耗蠹滇省之矿利者不可胜计，必至上误贡金，下酿边患。兵困于无处之饷，则兵变；夷争于垂涎之利，则夷变。亡命之徒聚于中，狂逞之夷发于外，滇云不免多事，黔蜀必至骚然，此时且必请内帑以靖边疆，而何有于一万之入哉？臣等职司封疆安危，愿陛下以国用边计两者权衡，使归于当也。

李本固《安插思化疏》 巡抚

臣惟滇之所最苦者在兵，而兵之所必用者以缅。然中国何负于缅？缅亦何憾于中国？乃连岁驿骚以至今日，遂蹂躏三宣，震惊腾永，而志尤未已，则以思化为兵端也。赖陛下威灵，抚镇决策，诸文武效力，得驱逐归巢，版章如故，六诏生灵亦云幸甚。然使思化之处置不当，诚恐我之甲胄未解，而缅之象马复来，年复一年，滇且坐敝。

夫滇南大势，譬之一家，苍洱以东，则为堂奥，腾永则其门户，三宣蛮莫则，其藩篱也。所贵乎藩篱者，谓其外御贼寇，内固门庭，使为主人者，得优游堂奥以生聚其子姓，保有其货财，斯协名实。若思化之为藩篱，则溺其职矣。盖缅中鲜盐茶、缯帛、毛缨诸物，势必取于中国，往时曾遣入贸易，道经蛮莫、思化辄剽杀之，即近边樵猎，亦略之以为俘。故缅有深恨积怨于思化，欲得而甘心焉；又兼以报怨之思仁，从旁怂涌，彼缅安得不岁岁入乎？是启衅挑祸也。及缅之入又不能当，辄携其妻孥，率其部落，弃蛮莫而遁，以仰哺于我，且残食于三宣诸夷。缅亦随其所在而追逐之，在等练，则入等练；在陇川，则入陇川，是引贼入户也。彼以穷来归我，又我之属夷也，势不得不给银米以赡助之，又不得不出兵力以庇翼之，即战而胜，驱缅而归我，亦不无损，况未必胜乎？故数年以来，刍粮之耗费者以数十万计，士马之亡失者以千百计，而小民之转输，数钟致一石，驿递之困苦，数家供一差，全滇萧条，职谁之故？是在主人不得安其堂奥，育其子姓，保其货财也。臣故曰，溺其职矣。

顷当缅贼宵遁之后，蛮莫收复之初，带管金腾兵备道佥事胡时麟呈称转行广南知府漆文昌抚夷、同知庞一夔、监军同知姚允升等会议，欲将思化安插潞江，给之牛粟，彼傲然不听。又历举小陇川、罗卜、思庄等处问之，亦复不听。具禀该道，欲回蛮莫，且乞讨水牛二三百只，并三四月分养赡银两，遂自拥众西归。适漆文昌遇之干崖，问其径出，曰："我不肯舍蛮莫。"以大义责之，曰："我暂住永雅。"漆文昌等不得已，乃议就干崖借永雅之地与居，不许擅归蛮莫；除以前给过养赡犒赏银五百两外，再给以牛种银五百两，水牛免给，其月赡银两停止等因呈报。臣批其牍曰："思化向为兵端，使国家劳师费财，今又不听议处，强住干崖，干崖之人奚罪焉？且此去蛮莫仅百里，谁敢禁其不归？而复欲给银五百两，无乃不可乎？该道另议通详。"乃该道未及另议，而思化已归蛮莫矣，其桀骜难制又如此。上则方命，下则圮族；内树祸本，外置盗媒。贼来则我当其难，贼去则彼享其饶，若骄子然，故滇人每谓思化、邓子龙为二患。

今龙虽去，思化犹存，则患未歇也，臣愚以为不若另置之便。然好谓之，彼必不听；臣又以为不若制之以兵力便。盖计思化之部落，尽老幼男妇，不满一万，其间能胜兵者不满二千，而我腾姚客土官兵见有万二千人，此其众寡强弱不啻倍蓰。彼且结怨于缅，失德于部落，离心于三宣诸夷，亦安敢有越厥志。诚能陈以利害，恫以兵威，置之潞江，或置之小陇川等处，即以蛮莫沃饶之壤，为蛮哈等练关之堡，无事荷锄以耕，有事则练堡以守，不烦开垦，便是新畲。不然，或以其地给附近干崖诸夷，即藉其名以为戍，无不乐受，尤胜客兵。又不然，或空其地以为榛莽，使贼入无所略，而去无所恋，靡不可者。并筑关堡开屯田诸策一如近日抚臣会题奉钦依内事理，著实举行，则断属夷挑衅之路，绝缅人私兵之端，树天地自然之险，省刍粟转运之劳，斯亦封疆之永利也。此后如缅欲款，吾听之；往来贸易，吾善遇之。彼既知我之有备，又将感我之不杀，行当效顺，谁复称兵？迟以数年，而销兵减饷之说，始可次第举矣。

然或有为之说者曰，缅贼之来，盖欲送允墨，食蛮莫，其意不患在思化也。蛮莫去摆古四五千里，去阿瓦亦千五百里，所谓鞭长不及马腹，即使为缅所据，势不得多留兵。彼允墨之众，能有几何？烟瘴初收之时，缅众未来之际，乘虚取之，无异拉朽。越千里置孤悬，即缅之计亦云左矣，况蛮莫彼未必能得乎？

又有为之说者曰，吾处思化，是为缅复仇，且示之弱也。思化为我属夷，我得而易置之，况思化之罪，有难以缕指数者。如先年窃杀缅夷数百妄报首级三千，以误李材，罪一；近年称为邓子龙左手，与之挑衅生事，掩败冒功以误邓子龙，罪二；构怨思仁，致思仁愤而投缅，罪三；剥削思华，使思华怒而降贼，罪四；抢掠南甸诸夷窖粟牛马，众叛亲离，强梁不道，罪五。此其罪当不容诛，乃薄待以不死，别从安置，以行汉法耳。何缅仇之为复，吾且建关屯田以制缅，亦何弱之可示哉！

周懋相《条议兵食疏》 巡抚

臣闻天下之患，发于远者不足畏，发于近者为可畏；发于我之所戒者不足畏，发于戒而无备者为可畏。滇西防缅，南虞交，然远在三千里外，即有侵犯，驱之即已，非以其远耶，戒耶，或有备耶？乃寻甸、武定自安凤殄灭后，改土设流，民不见兵戈者四十余年。迩者克举首难，陷武定而肘腋残，逼会城而腹心危，攻寻甸，破嵩丰而肩臂伤；白骨撑野，赤燧漫天，内地之惨，百年未见，非以其近耶，不戒耶，无备耶？若复不戒，复无备，是后之视今，又今之视昔也。臣概于中久矣，取其切要兵食可备善后者，条为十事以闻。

其一，设武备以严防御。夫兵不素练，不可以仓卒。滇之兵，自永、腾、顺、云、临、元诸营外，余郡并未设兵，遇警惟调土司兵勇；而土兵又多散处，号召难齐，往往坐视盗贼猖獗，束手而无计，苦无练兵故耳。今查武定所辖四十八马，附近者犹得以文法羁束，其余或分布江边，或参错江外，箐林深谷，阴岩峻岭，既有险要可凭，而与江外诸夷结好连姻，武定之变，实始于斯。谓宜于环州、虚仁等处设守备一员、兵五百名防守，外与会盐守备联络提防，内与郡城官兵鼎足屹峙，此以防之于境也。武定城池虽复，而无兵控守，与无城同。宜暂增兵千名，设游击驻镇。虚仁、寻甸、款庄三营，皆听调度节制。寻甸与东川仅隔一山，孤城可虞，宜增兵五百名，设守备驻防。款庄控普渡、东川咽喉，省城要害，宜择指挥一员提兵三百名守之，此以防两郡也。其在会城，自广西营兵百名外，应再增九百名，以军门坐营中军统之，与管操都司兼同卫军操练。视武甸为左右臂，而会城居中运之，首尾相应，内外相联，以消睥睨，俟反侧尽安，方可渐议减撤也。

其二，清隐占以广训练。臣查全滇军，数三分马步旗军二万七千八百三十八名，数非少也。且勿论外郡，即会城六卫实在请粮旗军五千四百九十九名，汰革事故在外，军非乏也。乃操不逾干，而夷寇临城，未有一军登陴而守者，此无他，荷戈持戟，皆疲癃老弱之卒，而精锐豪猾冒厮役牢步之名。至其散粮也，在各衙门跟役，皆得循例告给，而城操各军随大班支散者，多为管屯各官，以兑支敷军空名与之，有终岁而不沾半菽者。劳逸相悬，苦乐顿异，毋怪乎私役愈众，城操愈虚也。谓宜除堡军扛抬走递及分发哨守外，其应役者量留若干，其余与马军尽入城操，年终更番，以均劳逸；自非护表等项公差，不许预告另给，以均苦乐。至臣衙门，无久驻省城之时，与抚镇异，惟巡军余丁，应留巡守，以防册卷，余听都司临期拨送，出巡外郡，照旧入操。在外卫所，听驻扎各道，一体查发操练。庶尺籍不为空名，粮饷不为虚靡矣。

其三，复汰折以实行伍。兵制以三分入操，七分治屯，兵农相兼，善矣。滇中额有土军，不支口粮，岁赴操守。往者金价无措，有谓军多闻顶虚费，议行汰革，取口粮以充金价者，此权变之计耳。委官以多汰为能，有汰老弱及户族，至举卫所城操哨守之军而半汰之。夫老不能逐队，独无子弟乎？弱不能追敌，不可俟其长乎？祖军尺籍，即在万里，人隔数代，勾单一至，甚有丁尽户绝，累及业主与甥婿者，又何论户族乎？查会城六卫，汰军仅一百零十名；而在外卫所，几汰其半，岂汰之法可行于外卫所，而不可尽行于六卫耶？诘及城操无人，辄以汰军对，已据汰军告词及卫所申呈，批行查议，惮于违覆，第曰金价无措，成规难易而已。夫金价诚难处矣，今矿场量开，即目前未尽见课，而将来未必无资，何必撤见在行伍之人，夺其应得之糈以充之乎？折操之议，起自卢承爵，彼谓军不赴操，操不以实，不若折操银五钱，尤可济急需耳。夫人操不以实，操官之过也，令之折银，举城操而废之，不因噎而废食乎？闻此时军与官通，纳不及半，故复汰军，免土军折银，毋拘成心，惮更改，最急之务也。

其四，重兵备以修边防。曲靖、临安、澜沧、金腾四兵道，设居四陲，而前抚臣萧彦复议，将分巡安普道更驻兵巡，专理云南、武定两郡，以补四兵备之空，法至密矣。以臣所遍历，有一可练可用之士乎？夫兵备，谓以兵为备也，无兵安备？今宜令于所辖卫所军士中挑选精庄勇敢者，多或六七百，少不下三四百名，置之标下，选中军统之，分营练习武艺，教演战阵；衣甲器械必坚，听于局料内动支制给；比照选锋例，于故绝名粮老弱半粮内计处，以恤其情，无事更番下班以均其劳，有事分营策应以齐其力，操赏钱粮，酌议计处，第不许借为吏书赏赍，以灰壮士勇敢之气。行之一年，而兵威不振，汉夷之心不慑，臣不信也。

其五，复北营以壮威武。省城教场旧设北关之外，后移南关，当商民辐辏之地。况目前势必增兵，此等乌合，与阛阓错杂而居，能保其不横恣奸夺否？何则？地近而势逼也。若复营房于北，有数利焉。城西北负山，民烟稀少，立营屯聚，可固城守，利一也。邵甸、小甸等处，皆为夷贼出没要路，据险瞭拒，可扼贼冲，利二也。且其地广衍，既便驰驱，而兵士得就其隙地以备樵蔬，其利三也。与商贾居民不相混扰，绝奸宄抢夺之端，其利四也。此可定复营之永利矣。

其六，核田亩以充储糈。滇中屯粮，总三十八万七千有奇，岁完六分，其中兑支、乾认、乐从、敷军种种名色，皆列完数，犹有不可胜诘者。夫地非加缩也，应支之官军非加多也，且故绝逃亡应除俸除粮者，无论如景东、澜沧等卫之甚，即诸卫所亦消耗十之三四矣。乃田亩多而馕不足，官军减而食无余，何也？

巨奸豪猾饵诱于前，纨绔之子踵袭于后，以一岁所入浮于所出，支剩有余，混称拖欠，即参罚亦故事耳。今去万历十二年清丈弗远，图册具存，宜遴委覆核，如某官故绝职田若干亩，某军逃绝屯田若干亩，见在何处，何人顶种，改附有司征收，仍总计逐年所入若干、所出若干、应余若干，悉力清查综理，其支放有余者，变价解司，以充兵饷。屯伍官侵逋数多及占为私业者，重行参究示儆，庶田不沦没，而饷可渐充矣。

其七，严屯征以饱军腹。屯政之弊，百孔千疮，其征也既不可穷诘，其放也又难漫核稽。甚有城仓支矣，屯仓复支；本色支矣，折色又支者。有通同吏胥套押挠印票混百石，如大理卫军书王嘉庆等之为者。屯田道驻扎省城，其在外卫所征收数目，不过岁取完欠以备奏报，各道明知其弊而嫌于越俎，亦听其自废自理而已。谓宜以六卫屯粮征比收放，责成屯道。在外卫所，听各驻札道查比征收，官军支放格册，该道印钤，逐月填注，季终报屯道以备类核。此非分屯田之权，实所以助屯政之成，则武弁不敢欺冒，而三军且宿饱矣。

其八，宽文法以绥土夷。夷猡蒲僰混处内地，种类虽殊，其嗜好、其椎髻左衽、其侏离不通汉语、其工弓弩而习剽掠、其不习文字，木刻为契同也。彼实逼处我郊埛之间，其改土设流者，即芟除既久，服习渐深，然其恋恋故主之心，有老死传子孙而不能忘者。管甸通火，视为利窟，指一科十，鱼肉弗餍，奸商黠民，移居其寨，侵占田产，倍索利息，稍不当意，罗告摭词，不才有司，乘之以上下其手，左右其袒。彼夷民畏城市如陷阱，见差役即魂销，宿怨深怒，业结郁而不可解矣。如武定之难，由郑举深愤管甸马一龙、马化龙等之侵夺，有司不为伸理，遂假阿克为凤裔以惑故夷，一夫倡逆，而方百里内外蜂起蚁附，此非激之使然哉！除武寻所属诸马未叛及乞降者业已抚定外，一应改土设流郡邑，俱宜荡宕文法，严禁科敛，平息争讼，剂量赋役，使夷民安我之约束。至土司统辖夷民，征调即赴，应宽其小过，叙其功劳，时其替袭，释其株连，公其好恶，使有所慕而为善。彼见其长之俯焉遵顺也，不愈坚其向化之心哉！

其九，创邻夷以绝边衅。武寻境界金沙江江外，通安会里、黎溪、戈备等处，则与武定境接，东川则与寻甸境接，在蜀为属体之毛，在滇为剥肤之害。至七州诸夷，纳叛贼质子，助兵入寇，饱欲而归。东川禄哲等受叛贼重贿，提兵相助，围寻甸郡城者再，此岂复知有纪法威灵哉！今郑文久献江外渠首，次第缚出，或可渐为结局，而枭獍难驯，睥睨犹在。谓宜合两省之力，擒首恶置之法，使江外群夷弗敢复反，夫然后沿江郡邑或有安枕之日也。

其十，重鹾司以足课额。云南产盐去处仅有黑、白、安、五四提举司，全滇兵饷，大半仰给于斯。迩来以援纳途开，提举官席不暇暖，额课多亏。夫以一铜臭子，捐千金赀，辄称五品大夫，资格极矣。当事者又为之计日而扣偿，其途已穷；而万里艰关，其途更穷。上之人，授之以素偿之路，又限之以索偿之期，于是取见面，勒常规，不顾正课盈亏，盖其计画无复之耳。四提举每岁纳选二员，岁仅二千金，所利公家甚微；而四井迩年以来岁亏额以万计，所苦遐方甚钜。合无塞援纳之途，仍照往制，于通判知县等官升转，彼其前途尚远，人知爱惜，灶民无科索之扰，额课庶几其充足乎。

以上十议，皆边鄙之剩谭，惟是滇南事体，与他藩殊，积渐已成，偏重难挽，参差抵牾，即抚臣有不得尽行其法者，非仰藉天语叮咛，曷由使万里遐荒食足兵强，远至迩安乎？

邓渼《请允滇抚兼制东川疏》 巡按

窃照滇中四面皆夷，西邻缅甸，南界交冈，皆悍夷也；东北接壤黔蜀，一二土司皆服我冠裳，受我约束者。然缅甸尚有三宣为我藩篱，而交冈以越在九长官司之外，亦未敢公然入犯。惟是蜀之东川，偪处武定、寻甸诸郡，仅隔一岭，出没无时，朝发夕至，以故谈滇事者，忧不在远而在门庭之内矣。乃其酋长禄寿、禄哲兄弟，安忍无亲，日寻干戈，而其部落以劫杀为生，不事耕作。在蜀既以所辖辽远，法纪易疏；在滇又以非我内属，号令不行，目无汉法久矣。

往者凤克大理保之乱，阴相结约，遣助兵马，罪已不可胜诛。贼既败走，开门纳叛，要挟重赂，方许解献，按情定罪，不在逆克等下。止以大乱初平，讳寻兵端，幸稽天诛，不谓志气愈骄，寇劫日甚。先是臣以三月尽入境，经过马龙州地方，士民泣诉，以近日奄顺成余党构引东川夷贼，入境抄害，该州军民四十八屯，盖无一得免者。前抵乌龙箐，则近日添设官兵一百营屯在焉，问之亦以防守川贼故也。然以众寡不敌，俄而有报杀死客商者，有报拒伤官兵者。

臣闻之，不胜切齿。批行该道查议间，旋据武定府呈据禄劝州申称，近日东川土官禄寿与弟禄哲仇杀，禄哲管下地方小五奄与本州地名他颇相连。去年内有东川头目何希领兵百余人至他颇，传说你主阿克郑举既死，地方无主，俱属东川所管，三十七村每村索要牛马各一头，男妇一口，临行仍放兵抢掳财畜一空。以后时常需索粮食。今年五月内，禄哲差戈宰仍领夷兵百余，照前勒要牛马人口，每村加要谷一二石不等，认立木刻，方行解散等因到府，据此合行申报。

又据寻甸府详称：本府界连蜀省东川、通安、黎溪、戈备等处，各酋长管辖犴夷，天性凶悍好杀，不事东作。寻甸、七马田地与伊附近佃夷，蓄有收藏，尽为所有。且四处流劫，任其去来，莫敢堵截。如省城邻近，西则禄丰、罗次、禄表、安宁、富民等处，牛圈、妙高、寺哨、龙院、三家等村，东则杨林、赤水鹏、左卫、者察各哨及马龙、未密、乌龙箐、大路屡被劫杀，民商受害。盖由彼酋非我管辖，歧路繁多，若不议兼制，隐患有难显言者等因。

又据武定府揭称：本年十月二十四日，据禄劝州通事周国礼呈称，东川土舍禄哲纵令头目戈宰、者果、者科、拖母统领贼兵数百越境，将他颇、五奄等处地方牛马牲畜、谷米人口尽劫一空，见今不退等因。

又据分巡洱海道揭称：本年十一月十六日未时，据百户苟绍仪报称奉文前去武定府四马地方踏勘夷情，初七日到补知，探听他颇事情，东川贼首者科、戈宰、沙哥等带领妻子兵马约有三四百下营五处，将他颇百姓牛马谷稻抄劫一空，往来搬运不息，百姓逃散。卑职势孤，不敢前进。令张世安点兵护随。十二日前至他颇，未牌时候，有贼徒三骑前来，与卑职打话，卑职当加诘责："到此何干？近因尔等越境抄劫，百姓被害，钱粮失误。通事周国礼报告府州，通详上司差委查勘。除已往不究外，各宜速回，不然，定请官兵剿除，悔之不及。"言毕，贼首三骑回至中途，众贼出营，分兵三哨，到普已村。张世安见事不谐，恐伤卑职，奋勇赶退贼兵，至得块庄。各贼势众，尽行出营救护，将张世安围住，杀死家丁阿我、阿六等七人，著伤无数。世安对敌，亲杀贼首那齐，射伤小兵三人。天晚黄昏，各自回营。卑职即令世安星夜护回，点兵防隘；又差小火头阿俄催赶马火头阿雇，期早齐集乡兵援救。自今贼仍扎住不散，口称还要抄劫补知地方，百姓惊慌。卑职尽力守把，势如骑虎，进退两难等情到道。据此看得东川之寇自克举叛乱后，出没无时，立意叵测。除行武定府及防御中军李大谏率兵严加堵截外，干系地方贼情，合行揭报等因。

又据禄劝州申称：十一月二十五日，据防守猪街哨官余秀礼禀称，据上山德马火头者儿报有东川逆贼数百，劫抢墨者村，射伤村民四人，率兵追至中途，斩获贼级三颗，势将蔓延等因。

各报到臣，除陆续批行查议及一面防御外，该臣看得东川土官所以敢于称乱，纵令部落蚕食我境内者，以前日藏纳叛酋得志于我，狡焉思逞，贼众强盛，一也；自恃隔属，无复严惮，二也；窥我虚实，兵力不继，三也。始犹窃伏林莽，今则跳梁村落矣；始犹啸聚不常，今则屯据弥旬矣。即使我素无兵革之扰，犹不堪其戕贼，矧乃寻、武两郡新遭兵燹，疮痍未起，流散未复，一二残民，拮据旧业，诛锄荒秽，仅延残喘，孳畜几何，尽为贼有，场圃一空，饔飧无望，辟则尪羸病夫，复遭捶楚，言之伤心。

于斯时也，将分布营兵，阻其出入乎？而自寻至武，方六七百里间，蹊径四通，于此防御，于彼阑入，势不能遍守也。将调集汉土官兵，一鼓而剪之乎？计非旬日不能办，声息既露，鸟举兽骇，兵聚则贼散，兵散而贼又复聚也，且奈之何？将赢粮除粮，深入其阻，一举而歼乎？则林箐深密，重关峻岭，彼逸我劳，有害无利，而此时兵饷匮竭，司库如洗，又万万不能为无米之炊也。将借助于邻省，为大创之举乎？如闻蜀中连岁兵凶，自治未遑，安暇及远，又势有不行。已将坐视而不为之所乎，心则何忍？

以故臣与抚臣计之，惟有严督官兵驱逐出境，稍纾目前之急，而不能终禁其将来也。纵收一路之勋，而不能尽塞其歧径也。所恃者，独有陛下之威灵耳。威之若何，则改敕滇抚兼制东川之议是已。前日抚臣已具疏请而未及其详，部臣以事关两省，始谋宜慎，故未即覆允。今地方事势危急，抚臣既难于启口，臣若复噤塞，匪惟负陛下，负地方，抑非枢臣之意矣。

臣窃以为是说果行，有三利，亦有三不足疑，请借前箸筹之。新敕初宣，夷人丧胆，体统既正，窥伺潜销，此利在滇者也。蜀道二千，鞭不及腹，借我近力，释彼远虑，此利在蜀者也。不费斗粮，不劳一卒，折冲樽俎，制胜无形，此利在两省之边民者也。议者或以此疆彼界，各不相逾，询谋未周，虑成矛盾。不知东川乃不毛之地，鸟语侏离，梗我王化，向来隶蜀，仅同羁縻，此虽兼制，亦是虚声，非割其疆土人民而归之我也，于蜀无损，于滇有益。蜀抚臣公忠谋国，岂分封畛，旦夕入佐中枢，则滇人即吾人，而何嫌猜之有焉？此不足疑一也。或又以夷方土酋，利在安静，十羊九牧，虑生事端。不知东川在诸夷中，最称桀黠难治，旧制蜀中虽设通判一员管府事，实未亲履其地，土官专制自如。纵许滇省兼辖，犹虞犬羊猝难驯伏，边吏苟以得免侵扰为幸，宁复求多，此不足疑二也。或者又以各省直疆界相连，大牙相制，一允所请，援例纷纷。不知东川与蜀隔绝，而距滇伊迩，其骄纵不道，又各土夷所未有者。异时黔抚以楚中协济兵饷，隔属不便查催，请得兼制湖南、湖北、卒蒙廷臣覆允，兼听举劾。况东川原无道府，有司事权更置，而祸生肘腋，又不独黔中之害而已。他省事体原殊，讵得比例渎请，此不足疑三也。

滇省延袤二千里，土府居其十四，调停费力，又岂求益邻境，自取多事？弹丸土司，即令取一与一，在蜀无所靳，而在滇亦无利，况所请止节制乎？抚臣近日条议，请增安普道敕，盖亦不得已而为此说。然道臣权轻，边夷素不知司道为何官，且同一兼制也，何分院道，而事体断断非抚臣不能弹压者，若并增道敕，则尤称便利矣。

周嘉谟《陇川善后疏》　巡抚

据布政司呈金腾兵备道准本司照会，奉臣宪牌，仰司将陇川应立何人管理并善后事宜议妥速详，依奉移行。又奉宪牌，据该道揭三宣全滇藩篱，陇川、多安民背汉投缅，罪恶贯盈，天讨歼之，远尔称庆，计三宣辅车相依，难缺署理；陇川庐舍已焚，田亩已荒，多安靖以稚弱之童署司务，能胜任否，不可不亟为之计。衎忠父思化，蛮莫土同知也，思线乃蛮棍长官，原议与衎忠共管，蛮莫乃恃缅而夺之，致衎忠寄食干崖，脱我樊笼，必难拘束，又当预为审处。猛卯孤悬天外，有警谁为应援，议调卫军戍守，道遥瘴发，孰肯舍性命而易升斗，议者徒成画饼，又不可不亟为图者。营兵与土司集处，自相凌轹，屯田皆土司故业，每每修郄，安民之逃，谓无所激不可，则调适其情，预防其渐，以消未形之祸乱，尤绸缪急务也。看得谈道计虑，俱目前善后切务，合集众思，庶便举行。仰布政司同按都二司在省各道多方计议永久之图，备移到道。

案据土舍多安靖首领姜宗孔等、舍目多安边等呈称：给赏多安靖冠带，送回陇川，使逃散百姓来归，庶地方不致空虚。又据干崖宣抚刀定边禀：安靖年幼不更，势孤难支，合将陇川地方印务，暂委多思谭署管，保御外侮，招复内夷，使多安邦等不敢窥视，待安靖年长酌处。又据遮放土官多思谭夷文译出，大略称自始祖多歪闷起，至今多安民背叛，已蒙剿杀，乞还叔侄照继祖宗事体料理等情。俱批行抚夷同知周九龄查议。今准前因，随备行本官并移行副总兵官董献策，及各守备等官从长集议去后。今据该副总各官陆续议报到道。本道看得继立之法，以长以功，侯王犹然，何论酋夷。多思顺父子承袭已久，安民就戮，而舍目官属犹戴安靖；靖之次兄多安邦业已投缅，即为叛贼；思谭逐队疆场，非有奇功，论长则宗系难辨，以功则不足受上赏，此时立多安靖复何疑，独计童稚幼冲，资身无策，夷酋视强弱为向背，思谭富强，诸酋退舍，人心之归附日众，彼何利于孺子，我于安靖欲拥兵护卫，不惟物力不继，亦非守在四夷之义也。芒市长官司放廷臣，年比安靖更少，其叔放应职抚之，廷臣祇寄空名。思谭能为应职，安靖亦可为廷臣。今宜先给安靖冠带，明送归司，管宣抚事，而令思谭协理，限以十年退归。解来宣抚司印，暂贮腾越州库，俟安靖成立之日，给与掌管。思谭夷众地狭，准于陇把江外湾腰树等处安插，其地逼邻邦杭，邦杭仍归安靖，思谭不得私侵。干南二司出印结歃血而盟，毋致安靖失所，毋使属官抱怨，斯可行也。不然，陇川之川原广矣，务博而荒，宁以江外湾腰树一带地方，尽给思谭，令彼屯守，另议帮安靖差发，毋混陇把内地，则可为陇把保障，安靖亦免疑畏。

衎忠安于蛮洒，卧薪尝胆，恢复蛮莫有日。然取蛮莫易，守蛮莫难，衎忠力足自立，而官兵亦未尝置蛮莫于度外。猛卯已建城屯田，一旦俾与衎忠，似前人创而我弗能守，然屯亦终难久存，何也？孤悬瘴毒，病亡枕藉，以四五千帑金，而博四五千饷米，岂是胜算？如择可立营基者，安插衎忠，荒田任彼开垦，干涉屯田，量输差发，平麓驿丞督屯收租。又如抚夷周同知议，照旧纳粮当差，另择留一人约束，彼地夷民获守城垣，支收公米，则省兵汛防，而屯田尚未废，衎忠又不失所，亦一策也。

杉木笼山有一夫当关之势，我兵分班常扎此地，外控陇川，内护腾越。令各兵建葺营房，收积屯糗，有事易于进战，无事亦不扰及内地，是又居内制外之一义也。

奉批布政司会同按都二司覆议妥确通详，又蒙巡按邓御史批布政司会同按都二司覆议，仍照抚院详行。该右布政使刘之龙会按察使方万山、提学副使黄琮、分巡安普副使王之机、署都指挥佥事梁时聘议照边陲夷服，耆定之易，而绥柔处置数十百年无事为难。多安民业已授首，封疆户口，无统则乱，多安靖之立，可少迟乎？但年少力孤，议者致仅后虑。然放应职抚放廷臣，见例可比，干南鼎立印结，可保无他。则以多思谭抚多安靖，干南二司出印保结，歃血为盟，限以十年，归其故土；印付安靖，恐有倒持，贮腾越州，遇有文移请印，杜窥伺之奸，寓操纵之术。多思谭维持安靖，举湾腰树一带尽给屯守，帮纳差发，不混陇把内地，可为保障资也。衎忠恢复蛮莫，事势未能急图，择城外营基暂为安插，令其开垦荒田，作衣食计。倘屯田干涉量有征输，在该道行抚夷厅另勘。杉木笼地属要害，责将官分兵屯戍，广裕蓄储，以示居中制外。如此，则诸夷知天朝不利弹丸之地，而有继绝之仁，孤立者有助，而环视皆快心；嘉与一体之恩，而无跳梁之衅。藩篱既固，遐迩数宁，蠢尔缅酋，可折箠使矣。

诸夷非乐于投缅，逆我颜行也。缅方耽耽虎视，各酋首鼠两端，守备哨御等官，或起邪谋，或幸多故，朘削而挑激之，殆若为驱缅也者，而边圉因以告急矣。窃意布恩信以鼓其心，计拯援以坚其守，善解释以息其怒，戒诛求以防其去。屯田诚不可废，必寻其利病，而规画不妨变通；兵戍既议易置，必择其扼塞，而闲暇严为修饬。目今讨罪已捷，政行伍改观之时，善后方图，尤毡裘系望之日；矧营中馈饷之费，亦甚不赀矣。带甲操戈，弗能斥拓边关；挞伐阿瓦，反至携贰属夷，不得联臂指之形，以壮金汤之固，所以岳罕之后有多安民，竟大创。而其间动众兴师，绸缪补苴之策，良亦苦矣。是可不思前事哉！

通详到臣，案照先准兵部咨本部议覆内开陇川为三宣之一，称中国藩篱，宣慰之官，岂容虚位？今安民已去，罕氏久摄，恐亦不便，相应敕令云南抚镇，一面先查应袭人员具奏，请给铸印，行令接管，俟安民得否再行定夺等因。题奉圣旨："是，多安民背叛投缅，地方官何以全无觉察？鲁仲礼等俱革去冠带，充为事官，戴罪擒捕。其宣慰应袭人员，著抚镇官查明奏请定夺。仍著巡按御史将地方有无重大失事，从实勘报。钦此。"备准移咨钦遵在卷。

今据前因，该臣会同镇守云南总兵官征南将军少保兼太子太保黔国公沐昌祚、巡按云南监察御史邓渼议照陇川与南甸、干崖二宣抚并峙为三，作我腾永藩篱，实西南一奥区也。宣抚多安民背汉投缅，罪不容诛，固已上干天讨，身膏斧锧，西南半壁，称荡平矣。若不亟为善后之图，其何以垂永久之计？而所谓善后者，亦无俟别有更张，其惟议立应袭，收拾人心，目前最为吃紧耳。自安民逃缅之后，已奉有议立明旨，节行司道勘议未报。顷该按臣巡历永昌，广询舆情，及据道参诸臣屡有揭报，于时人心固已属之多安靖，而安靖则安民亲弟也。惟是安民一日未灭，必不能一日忘陇川，陇川之祸一日未除，而安靖一日亦未可议立，此事势昭然可见者。乃今天厌元凶，安民一朝授首，固安靖图存之日，而陇夷更生之会也。况兴灭继绝，王政所先；兄终弟及，伦序照然。且其顾恋豢育之恩，绝无纵逆之念，其情既有可原，复以大义灭亲，遵令督率诸部夷同心讨贼，其功又有足录。举其祖父之故地而畀之，此揆之天理而顺，质之人情而安，万万无足疑者。第其年尚幼冲，势颇孤弱，是以司道诸臣佥谋，有多思谭协立之议。多思谭者，亦安民族属也，世授陇川土同知，住居遮放，兵力颇强，人心附焉。说者谓夷情视强弱为向背，即立思谭为陇川长，藉其强盛之力，足以捍外敌而固吾圉，是亦一说。但夷性虽犬羊乎，信义亦其所重。思谭虽奉有讨贼立功之令，实未有擒斩自效之功，骤而与之，名义谓何？无乃启它日凭陵之渐乎？固非法纪之所宜，亦非夷情之所安也。似惟定立安靖，给与冠带，管宣抚司事，而多思谭仍以宣抚土同知为之协理，则于名分既正，夷情亦安，其斯为不易之定论乎？惟是思谭部落颇众，土地稍狭，而江外闲旷之田，如所谓湾腰树等处，颇称辽阔，量以给之，俾得资为膳养，帮纳差发；因而辅助安靖，比于芒市放应职抚放廷臣事例，待安靖长成，限年退还，彼自无词。如其抚育有功，即割以界之，亦不为滥。又责成南干为之保结，务俾思谭永无侵轶之患，安靖得保故土之安。其陇川印信，暂贮腾越州。听候明旨，颁给安靖掌管，如或司道所议，稍需岁月，待安靖能自立，方行颁给，庶可杜觊觎而消衅孽，未必非保又之长策也。

至于衎忠寓居蛮洒有年，盖为思线占据蛮莫之故，数年以来，度彼之兵力，既不足以支思线，而我兵仅守汛地，又无深入防护之理，则权宜安插于猛卯城外屯营之所。其说似亦可行。况闲田任其开垦，屯田照纳粮差，则于屯政为不废。且其兵力强盛，足以慑服多太、多安邦诸夷，更于城守为有裨。俟其力足以当蛮莫，一面无防官兵保护，然后徐图恢复，庶几有济。况每岁省我数百金之饷，而镇远营兵亦可渐撤，利害得失，不犁然可睹乎？

腾营兵分防陇川，其来已久，第此中瘴烟，难于久处，且夷兵溷杂，不能一无骚动，前辙可鉴也。杉木笼既称险隘，且鲜瘴疠，则以本营之兵移建营房于兹，分班戍守，内可以固腾永之藩篱，外可以为陇川之策应，且足杜骚扰而惬夷情，似亦计之得者。然须多安靖还陇之后，夷民归耕乐业而后可。此在臣等相机斟酌，可以径行。而屯田一议，则又未可以一时之利害，负前人经略之苦心，亦容臣等从容集议，俱无烦庙堂过虑者也。

虽然，臣等犹有说焉：三宣诸夷，僻在一隅，盘据数千里，部落数万众，岂我势力所能服哉？惟在驭之得其道耳。西南距会城二三千里，臣等虽有控制之权，而鞭长不及马腹；即道臣远驻永昌，辖地颇遥，亦未必尽能联络诸夷之心；而参将守备衙门，则辟之郡守县令也。若能诘我戎兵，示以不可犯之威，曲加抚绥，结以不忍离之德，凡一切诛求烦扰之苦，悉为禁绝，而诸夷有不慑威怀德，永坚一心，作我藩篱者，未之有也。多安民惧而逃，逃而开此大衅，烦我师旅，谓非守备鲁仲礼一人激之乎？此其人死有余辜，可为后来殷鉴。方今新任将领偏裨，俱经该道选择而使，一时颇称得人。臣等未尝不以此丁宁告戒之也。若不立为激劝之法，久之未免复踵前弊，而疆埸之间，无宁日矣。合无于腾永一路，比照九边防秋大阅事例，或年终，或三年，听抚按通查各将领偏裨，有能饬戎缮器、足食强兵、廉明武勇、俾诸夷安堵、边鄙无惊者，列其贤状，上请纪录，计其俸资，分别升赏；不肖著闻者，即从重论劾究治，无少假贷。至于该道及抚夷同知等官，又为诸将领表率，责任尤重。此须该部加意择人任使，仍听抚按遵照岁报、季报事例，查其安边实政，具揭报部，以凭黜陟。庶人心愈益奋励，而边衅不萌，地方其永赖矣。

周嘉谟《庄田册疏》

看得镇握兵符，世守兹土，禄俸之外，听置庄田，国家所为优待也。查十六年册税粮田地，共八千三十一顷三十七亩，共税粮二千四百一十九石，不为不多矣。推而上之，西平入，滇尚未有此，其后岁积代累，乃及此数。以其时万里之勋，非常之眷，岂不能厚自封殖，而顾俭于今，其忠君爱民，不犹有可想者乎？

自十六年来，迨兹仅二十四年，又复增加于旧，环滇封内，莫非总庄，有更仆难悉数者。于是乎镇不得不委之参随，分之大小管庄火头佃长，正征之外有杂派，杂征之外有亡名，虐焰所加，不至骨见髓干不止。嗟呼！此固朝廷二百余年所休养汉夷、出诸鸟言卉服而归版图者也。饥寒既迫，相率寇盗，抑何惮而不为？拔木塞源，非尽镇庄而属有司，则燎原滔天之势，殆日寻干戈，地涂肝脑，虽有智者，不能为滇计已。

幸两院会题，圣明俞旨，司道郡邑奉以从事，竭半年之力而始犁然。称钦赐者，仍从免科，以广皇仁于亡穷；宽投献者，姑不例遣，止令认纳差粮，以开法网于大宥；新垦置者，一体齐民，亦弗尽依会典，以昭作贡于任土。且有司征解，其体统崇也；户免鱼肉，其输将乐也。有参随庄佃向所侵渔，镇弗及知而坐受怨谤者，今悉征纳，其收入实也。行之一二年，官民相得，粮粒不逋，将榛莽之区，胥成沃壤，夷僰之种，悉为良民。绿林之衅自消，素封之瑕不起。宁献编粮差者？止照民间则例起科，而小民亦不得均沾一分之赐。盖赋役均平，惠泽溥偏，皆以广朝廷浩荡之恩也。惟是参随人等无名之科派，下乡之骚扰，庄民平日敢怒而不敢言者，不得不通行裁革，以苏民困，绝盗源，是则庄民踊跃欢呼，而参随人等不无觖望者，似亦不暇顾矣。矧其中有镇臣徒负虚名，未得实惠，利归于下，怨归于上者，今一旦尽数清出，其所利于镇臣尤多乎？若夫严督有司，及时征解，毋得逋负，使镇臣藉为口实；灾伤并议减免，收纳必须公平，毋得偏累，使庄民永有依归，则又臣等抚按司道之责，无烦庙堂过虑者矣。

缅甸在云南西南金沙江外，其北为孟养，其东北为麓川，其东南为木邦，其南为八百大甸，其西为大古剌。国初以缅甸、孟养、木邦、古剌各为宣慰司，统领土夷；而缅甸地独大，所领有孟艮府，千崖、陇川二宣抚司，湾甸、镇康二州，芒市、孟琏二长官司。东至木邦，南至南海，西至戛里，北至麓川，周回数千里。其酋莽姓，每世及袭替，请命于朝，得命，乃敢涖其官。近因袭替，为需求所苦，渐有异志。有莽应履者，遂自立，僭称帝号，署官列职，号分各土夷安抚等司，受命其国，为之易置揉绥。各土夷乐其近而畏我之远，乐其宽而惮我之严，群然从之，无复有赴阙请命者矣。有广西人陈安者，初为郡吏，止命入缅，应履信任之，署为丞相，教以侵略疆土之计。应履有子二人，俱称骁勇，诡计百出，而岳凤者羽翼其间，常领夷目逾金沙江，掠我内地。孟养、麓川、木邦三宣慰司酋长观望畏缩，不敢捍御，滇中大震。国家用师征讨，不得要领，朝野以为忧。万历甲申间，仅仅擒一岳凤，献捷于朝而止。应履之僭窃，付之度外不问矣。国家二百年幅员，遂失一陬，有识者为之浩叹（范守己《曲洧新闻》）。

《谷山笔麈》

高皇帝众建藩国，封二十四王，且半天下。惟吴越不以封，以其膏腴；闽、广、滇、僰不以封，以其险远，虑至深也。然事有便利，不可不变通者。即如云南一省，上古所不臣，自入版图，即以西平世守。黔宁之烈，民吏畏服，二百余年来，声教浃暨，可谓便矣。然沐氏盘据既久，人心颇附，渐有跋扈之志。如朝弼凶残不道，自干法纪，朝廷索二妇人至，二十年而不得非。今上英明，缚而付之法，更不几唐之中叶哉。夫沐氏强，则尾大不掉，朝廷之法不伸；沐氏衰，则屏翰不固，朝廷之威不振，皆非长计也。莫如建一亲王，开府其地，将镇守之兵改为护卫，使得统兵御吏，与国初诸王等。黔国以下，悉听节制，内可以裁沐氏不共之心，下可以坚滇人向化之志，即使僰滇之路，声教有梗，云南犹国家有也。假如交趾未弃时建一藩国，使得握兵御吏毋与内诸侯同，其人以为有王，不复生心，而交南长为国家有矣，执与捐之夷狄乎？故元混一华夏，六诏西域皆王，其子弟。厥后元帝北遁，梁王保有云南。蜀夏既平，乃入王化。其在西方者，亦竟不得剪除，则封以为王，哈密是也。此非其已效耶？或曰，王而握兵，不有江右之虑耶？此不达地势者也。宁濠据江汉之上游，谓之建瓴而下。滇南处一隅之绝徼，谓之仰面而攻。安有仰面而攻，可以取胜者耶？且天万里遐荒之徼，而欲与中国争衡，则公孙不国于白帝，尉陀不帝于南海矣。或曰，炎荒遐裔之区，以王亲子弟，不几于窜耶？此又不然。夫闽、广、滇、贵，皆膏腴乐土，百物所生，而齐、鲁、燕、赵之地，有不及也，其视山、陕边郡，苦乐又相悬绝。试取山、陕边郡一府宗室颇少者迁之滇南，有不乐就者耶？嗟夫，天下无事而为迂恢之谈，人必叹以为狂；且言干时禁，动虑后患，谁肯倡不急之语以骇众听？姑记之，以备一策耳。

《总舆图记》

贵州虽列职方，其先固西南荒徼也。庄蹻之略地，有同假道；唐蒙之持即，大类凿空。即其役或兼隶，或分隶，享王日至，名位渐加，要亦羁縻勿绝而已。至于明而符竹始分，迨我朝而规制乃备。自贵阳而上，若安顺，若威宁，为府者三；自贵阳而下，若平越，若都匀，若镇远，若思南，若石阡，若思州，若铜仁，若黎平，为府者八。所辖州属十有二，县二十有六，裒然与十五国同封而并治，遂为西南一都会焉。于稽其地，铜岩、舞溪阻其东，赤虺、蟒山控其西，盘江、关岭扼其南，西望乌江限其北。悬车束马，碎踝穿缔，一以为太行，一以为孟门，行路之难称天险矣。然险可用不可恃。可用者，一夫守之，千人自废也；不可恃者，禀无隔岁之储，帑无宿贮之金也。幅员非不寥廓，要皆割截补凑而后成。崇冈沓嶂，蟠互而争雄；卉服椎髻，偪处而肆暴。非无水也，舟楫鱼盐之利不闻；非无土也，金锡丝枲之饶不与。田多石而草易宅，民屡屠而户久凋。城廓虽在，百墙犹未尽兴；学校虽修，弦诵犹未尽溥。备多则兵防难撤，道冲则驿递难施。喜则人而怒则兽，官司之法有时不得行；春苦旱而秋苦霖，补助之术有所不及济。是以延袤虽千百余里，实不及中州一大县。锱铢丝粟曾无裨于上供，岁縻金钱数十万，亦何赖此黔哉！然而地方有所必争，昔人欲弃之而不可，则以其肘腋咽喉乎四省也。议者欲东割沅靖，西割思田，北割遵义以益之，究亦同于画饼。比者裁撤并府，又取偏镇二撤归于黔，事权一而统制专。披图启箓，渐有可观矣。

疆域

州有九而犍为、越隽、牂牁。盖自汉武，犍为隶蜀，越隽隶滇，黔仅得牂牁地。明割粤楚蜀之地以益之，四履所至，不下千有余里。地非狭也，而土田确硗，户口寥落，故不免同于瓯脱焉。惟生聚讲于十年，游旷儆于旦暮，则地不待辟而自足，民不待招而日众。有黔虽小，亦可以国矣。

贵州布政使司

贵州疆域居天下之西南。省城东至湖广辰州府界五百四十里，西至云南曲靖府界五百五十里，南至广西泗城州界二百二十里，北至四川遵义府界一百五十里。广一千九十里，袤三百七十里，由省城七千六百七十里达于京师。

贵阳府

即省城。东一百一十里，至平越府界，西一百三十里至安顺府清镇县界，南二百二十里至广西泗城州界，北一百五十里至四川遵义府界。东西广一百四十里，南北袤三百七十里。由府治七千六百七十里达于京师。

新贵县（附郭东至贵筑县界十五里，西至清镇县界一百二十里，南至贵筑县界三十里，北至开州界一百十里）。

贵筑县（附郭东至龙里县界八十里，西至广顺州界四十里，南至龙里县界九十里，北至开州界八十里）。

定番州（在府南一百里，东至贵定县界七十里，西至镇宁州界二百里，南至泗城州界一百二十里，北至广顺州界十五里）。

广顺州（在府西南一百一十里，东至普定县界十里，西至安顺府界二十里，南至定番州界四十里，北至镇宁州界五里）。

开州（在府东一百二十里，东至新贵县界八十里，西至修文县界三十里，南至贵筑县界四十里，北至遵义府界五十里）。

龙里县（在府东五十里，东至贵定县界三十里，西至贵筑县界三十里，南至新贵县界二十里，北至新贵县界三十里）。

贵定县（在府东一百一十里，东至都匀府界二十里，西至笼里县界三十里，南至都匀府界九十里，北至平越府界三十里）。

修文县（在府北五十里，东至开州界六十里，南至贵筑县界二十里，西至黔西州界五十里，北至黔西州界十里）。

安顺府

在省城西一百八十里。东一百四十里至贵阳府界，西四百里至云南南、宁县界，南一百里至广西泗城州界，北五十里至平远州界。东西广五百四十里，南北袤一百五十里。由府治七千八百一十五里达于京师。

普定县（附郭东至安平县界六十里，西至镇宁州界四十五里，南至镇宁州界六十里，北至平远州界五十里）。

镇宁州（在府西五十五里，东至广顺州界一百二十里，西至普定县界三十里，南至永宁州界二十里，北至修文县界七十五里）。

永宁州（在府西一百四十五里，东至镇宁州界五十里，西至安南县界四十里，南至广西土司界七十五里，北至普安县界二十五里）。

普安州（在府西三百二十五里，东至罗平州界二百五十里，西至沾益州界一百二十里，南至安笼界二百里，北至普安县界五十里）。

安南县（在府西二百里，东至永宁州界三十里，西至普安县界三十里，南至广西泗城州界一百五十里，北至永宁州界三十里）。

普安县（在府西二百六十里，东至安南县界三十里，西至普安州界二十里，南至普安州界三十里，北至平远州界五十里）。

安平县（在府东六十里，东至清镇县界四十五里，西至普定县界三十里，南至广顺州界四十里，北至清镇县界四十里）。

清镇县（在府东一百二十里，东至贵筑县界二十里，西至黔西州界九十里，南至安平县界三十五里，北至贵筑县界二十里）。

平越府

在省城东一百七十里。东一百五十里至镇远府施秉县界，西一百六十里至贵阳府开州界，南六十里至都匀府都匀县界，北三百六十里至思南府婺川县界。东西广三百一十里，南北袤四百二十里。由府治七千五百里达于京师。

平越县（附郭东至清平县界四十里，西至贵定县界四十里，南至都匀县界六十里，北至瓮安县界四十里）。

黄平州（在府东一百二十里，东至施秉县界二十五里，西至湄潭县界一百二十里，南至清平县界三十五里，北至施秉县界二十八里）。

瓮安县（在府北六十里，东至黄平州界四十里，西至开州界六十里，南至平越县界三十里，北至黄平州界三十里）。

余庆县（在府东北一百四十里，东至施秉县界一百里，西至瓮安县界七十里，南至黄平州界三十里，北至石阡府界一百三十里）。

湄潭县（在府北二百二十里，东至余庆县界四十里，西至遵义府界一百里，南至瓮安县界一百三十里，北至龙泉县六十里）。

都匀府

在省城东南三百里。东七十里至生苗大肚坡界，西一百二十里至贵阳府贵定县界，南三百五十里至广西南丹州界，北一百里至平越府平越县界。东西广一百九十里，南北袤四百五十里。由府治七千五百六十里达于京师。

都匀县（附郭东至清平县界六十里，西至贵定县界五十里，南至独山州界五十里，北至平越县界十五里）。

麻哈州（在府北五十里，东至大肚坡界七十里，西至贵定县界六十里，南至都匀县界三十里，北至平越县界三十里）。

独山州（在府西南一百二十里，东至黎平府界一百二十里，西至都匀县界三十里，南至南丹州界一百三十里，北至都匀县界五十里）。

清平县（在府东北一百一十里，东至大肚坡界七十里，西至平越县界二十里，南至平越县界二十里，北至黄平州界二十里）。

镇远府

在省城东四百一十里。东八十里至湖广清浪卫界，西九十里至平越府属黄平州治界，南六十里至生苗三木孔界，北一百八十里至铜仁府界。东西广一百七十里，南北袤二百四十里。由府治七千三百六十里达于京师。

镇远县（附郭东至清浪卫界八十里，西至施秉县界六十里，南至邛水司界七十里，北至石阡府界二百里）。

施秉县（在府西南六十里，东至邛水司界九十里，西至余庆县界三十里，南至黄平州界三十里，北至镇远县界六十里）。

思南府

在省城东北六百里。东一百里至铜仁府界，西一百里至四川遵义府界，南四十里至石阡府界，北五百里至四川彭水县界。东西广五百里，南北袤五百四十里。由府治七千三百九十五里达于京师。

安化县（附郭东至印江县界二十里，西至龙泉县界六十里，南至石阡府界六十里，北至婺川县界一百二十里）。

婺川县（在府西四百里，东至四川彭水县界四百里，西至湄潭县界二百里，南至安化县界七十里，北至四川遵义府界五百里）。

印江县（在府南四十里，东至浪溪司界十里，西至安化县界二十里，南至铜仁府界一百里，北至沿河司界一百二十里）。

石阡府

在省城东北四百八十里。东八十里至铜仁府界，西三百六十里至四川遵义府界，南十五里至镇远府界，北五十里至思南府界。东西广四百四十里，南北袤六十五里，由府治七千三百八十里达于京师。

龙泉县（在府西二百五十里，东至安化县界三十里，西至湄潭县界三十里，南至余庆县界五十里，北至婺川县界五十里）。

思州府

在省城东五百一十里。东九十里至湖广沅州界，西一百里至镇远府界，南三百里至黎平府界，北一百二十里至铜仁府界。东西广二百四十五里，南北袤二百六十里。由府治七千三百八十里达于京师。

铜仁府

在省城东五百二十里。东二十里至思州府界，西一百二十里至四川酉阳司界南一百二十里至思州府界，北二百里至湖广辰州府界。东西广一百四十里，南北袤三百二十里。自府治七千二百里达于京师。

铜仁县（附郭东至思州府界二十里，西至酉阳司界一百二十里，南至思州府界一百二十里，北至湖广界二百里）。

黎平府

在省城东南一千里。东二百一十里至湖广靖州界，西一百八十里至古舟司界，南三百里至湖广通道县界，北一百五十里至湖广铜鼓卫界。东西广三百九十里，南北袤四百五十里。由府治七千里达于京师。

永从县（在府南六十里，东至洪州司界二十里，西至八舟司界二十里，南至生苗界八十里，北至洪州司界十里）。

威宁府

在省城西北五百三十里，东三百七十里至四川界，西二百一十五里至四川东川土府界，南二百八十里至贵阳府新贵县界，北一百九十里至四川镇雄土府界。东西广五百八十五里，南北袤四百七十里。由府治八千二百里达于京师。

大定州（在府南三百五十里，东至黔西州界一百四十里，西至威宁府界二百九十里，南至平越州界八十里，北至毕节县界六十里）。

黔西州（在府东南四百四十里，东至修文县界六十里，西至大定州界三十里，南至平远州界五十里，北至四川遵义府界一百五十里）。

平远州（在府东南四百九十里，东至新贵县界一百里，西至安顺府镇宁州界九十里，南至普安安南界一百五十里，北至大定州六归河界六十里）。

毕节县（在府东二百六十五里，东至永宁县界一百八十里，西至威宁府界九十五里，南至大定州界二十里，北至镇雄土府界九十里）。

永宁县（在府东三百七十里，东至毕节县界一百里，西至四川兴文、长宁县界俱一百二十里，南至四川叙永厅界五十里，北至四川叙永厅界二十里）。

形势

贵州布政司

居天下之西南，东阻五溪，西控六诏，南连百粤，北距三巴。绥服要区，坤维重镇（旧志）。山经水纬，内藩楚蜀，外控蛮荒（谢东山志）。上则盘江旋绕，下则舞溪阻深。层峦叠嶂，巨镇雄藩（沈思充志）。穷地之险，极天之峻。一人荷战，万夫趑趄（周廷用记）。关雄虎踞，路绕羊肠。天府金城，可战可守。固滇楚之锁钥，亦蜀粤之藩屏。

贵阳府

富水绕前，贵山拥后，复岭四塞，西南都会（旧志）。据荆楚之上游，为滇南之门户（《一统志》）。笔峰拔地，天马腾空，西关雄峙，五行得令。

新贵县（附郭）。

贵筑县（附郭）。

定番州（四水交流，入番拱卫）。

广顺州（山连普里，壤接泗城）。

开州（据清江之险控蛮夷）。

贵定县（四山排戟，一水拖蓝）。

龙里县（负山阻溪，入省咽喉）。

修文县（带山阻河，西土要冲）。

安顺府

西南冲剧，彝汉襟喉（旧志）。土厚水深，川潆峰列（《一统志》)。辐辏逶迤，扼塞强固；边鄙都会，滇黔要区(旧志)。

普安县(附郭)。

镇宁州(冈岭崔巍，河溪环绕)。

永宁州(盘江襟带，金城独镇；百峦天堑，足雄诸部)。

普安州(据险立城，外控六诏，内制诸蛮部)。

普安县(万山中辟，车马争途)。

安南县(盘江划地，峻岭刺天)。

安平县(祟冈沃壤，地当冲要，山拥村墟，水环郊郭)。

清镇县(逖澄西扼，炉岭北蟠)。

平越府

边方冲要之地，苗蛮丛聚之墟。《一统志》北距三百涝，东枕七盘坡(旧志)。马鬃岭扼其要害，羊肠河设其险阻(旧志)。南临天马，北负群峰，东起叠翠，西涌仙泉。

平越县(附郭)。

黄平州(重冈叠涌，二水环流，东峙飞云，西雄鼓角)。

瓮平县(西连瓮水，南达黄平，东峙飞云，西雄鼓角)。

余庆县(上连草塘，下接偏桥，镇远带其左，黄平列其右)。

湄潭县(西扼湄潭，北抵龙泉，上达乌江，下至岑黄)。

都匀府

控扼要荒壤僻而险(《一统志》)，据桂象之喉，引川播之腋；横冈虎伏，小涧龙回；四面环苗、孤城自卫、粤以西之唇齿，黔以南之藩篱(旧志)。

都匀县(附郭)。

麻哈州（玉屏当其北，天马耸其南）。

独山州（四际平旷，孤峰屹立）。

清平县（秀峰列戟，平畴交风）。

镇远府

溪河旋绕，山岩森列（《一统志》）。白崖东枕，碧峰西峙（旧志）。崇冈复岭，城堡罗环；长江大河，舟楫通利。辰沅上游，滇黔门户。

镇远县（附郭）。

施秉县（途起羊肠，地邻苗穴，山水清旷，黔楚襟喉）。

思南府

牂牁要路（《唐书》），控彝洛咽喉之墟（郡志）；山川险阻《文献通考》，上接乌江，下通蜀楚，舟楫往来，商贾鳞集（本志）。岭峤绵亘，溪涧潆纡（田秋记）。秀耸三山，洲分二水（本志）。

安化县（附郭）。

印江县（圣登耸北，笔架揖西，南水绕村，东冈叠秀）。

婺川县（江城固比金城，丰乐险如天堑；蜀楚交会，牂牁要冲）。

石阡府

负山枕江，黔中要地（《广舆记》）。林峦环抱，水石清幽（旧志）。南通镇远，北距思南（《一统志》），与黔思犬牙相错（《方舆胜览》）

龙泉县（东达石阡，西向湄潭，北接遵义，南枕婺川。）

思州府

重山环抱，两溪交萦（旧志）；城郭再辟，保障足恃（巡按毛在记）。东连沅靖，西抵涪渝，扼槃瓠之襟喉，作湖湘之犄角（旧志）。

铜仁府

九龙分秀，三江沥流，天马双贵峙其阳，狮凤半牛月亘其阴，风气会萃（府志）。山接蚕丛，江通云梦（旧志）；东联锦水，西接牂牁，控扼苗蛮，黔中要郡（《一统志》）。

黎平府

五龙蜒蜿，二涧盘纡，藏百蛮之窟穴，通一线之羊肠，襟带靖沅，屏障楚粤（《一统志》）山溪险峻，黔东奥区。《广舆记》）。

永从县（苍岭峙前，赤溪绕后；屹立一城，控扼诸洞）。

威宁府

前临可渡，后倚乌门；冈阜盘旋，山崖险扼；襟带二湖，平连海甸；羊肠小径，十倍蜀道（《一统志》）。控引滇蜀，统制罗施，虽在西隅，实当要害。

黔西州（河梁鸭池，山盘鬼箐，据新疆之要害，为贵筑之屏蕃）。

大定州（东接巴蜀，西接滇云，高山大川，险阻扼塞）。

平远州（凤凰山亘其南，墨续山峙其北，东绕簸朵河，西临堕极水）。

毕节县（东峙木稀，西带七星，控制彝罗，滇岷通道）。

永宁县（西引三渝，南控六诏，关塞严密，水陆交通）。

《牂牁江解》 提学郑旻

牂牁江迹始见唐蒙，汉武因通道夜郎置郡。近罗念庵作《广舆图》，谓乌撒七星关水，即牂牁江源，折流为盘江，经泗城州，称右江，达泗，会番禺，入海。《图解》有龃龉处，然大要卓然得之。顾质之鲜有能识者。

余弭节盖度盘江，江广仅百步。自贵竹入滇，路未有不济盘江行者。沿江上下，绝击汰之迹，水势批岩密汩，土人谓水涨时漂筏撞舟，峭壁箐岚，人迹罕入。下流至打罕，联泗城界，舟船始通焉。比余历普安，斜出沾益，趋乌撒卫校士，抵乌撒普德归驿。驿门对可渡河（牁、可声相近）。河之南，沾益境也；河之北，乌撒境也。驿抵卫城八十里，询之候吏云："河水在西百里，注壑而出，从此而东，盘江乃此水之注也。"越卫城北二百余里，有七星关河。本城李守备者颇老练，询之云："七星关水，源出芒部界，滨城海子有一股通之，萦漩水西境，会可度水为盘江。第山水峭险，狨猱丛居，以是人无因而至。"总前二说，固未晰知牂牁江所在，而牂牁江为盘江，则跃然无可疑者。

按迁史，始楚威王时，使将军庄蹻将兵循江上，略巴蜀、黔中以西。蹻至滇，地肥饶数千里，以兵威定属楚，欲归报。会秦击夺巴黔中郡，道塞不通，因还以其众王滇。牂牁江者，蹻兵灭夜郎椓船处也。高戎本古夜郎国，今自泸戎入滇，路未有不由七星可渡行者。当唐蒙风喻南越也，越人食蒙蜀枸酱，蒙因踪迹知夜郎临牂牁江。南越以财物役属之，以疆汉巴蜀之饶，固可赂诱夜郎为置吏，浮师牂牁江，出越之不意，制灭之奇也。武帝由是拜蒙为中郎将，将千人食重万余人，从巴蜀筰关入，遂见夜郎侯多同。蒙厚赐，喻以威德，约为置吏。夜郎旁小邑，皆贪汉缯，以为汉道险，终不能有，乃且听蒙约束。还报，以为犍为郡，发巴蜀卒治道，自僰道指牂牁江。是时通西南夷道，戍转相饶。数岁，道不通，西南夷又数反，发兵兴击费耗，于是罢西夷，独置南夷夜郎两县，稍令犍为自葆就。至唐时，因以播州之珍州为夜郎。后人止知珍州之为夜郎，不知古夜郎从高戎直通瓯骆，地方数千里也。蒙初至夜郎，多同问蒙曰："汉孰与我广大？"以道不通，故各自为一州主，不知汉广大。今人泥区区之珍州为汉夜郎，又窘步旁蹊谷，疑指牂牁江，其亦昧庄生秋水之见矣。

然当汉四道伐南越也，使驰义侯因巴蜀罪人，发夜郎兵，下牂牁江，咸会番禺。乃今盘江滩濑宁恶，虚无人行，岂古今时异势殊耶？抑当治道时，二岁费铲夷之力，师过不无瞿筏盘驳之苦。至打罕，乃得沛乘舟楫，故兵迟至而南越已平耶？载考八校回军时，即击灭鲁反杀汉使者头兰，遂平南夷，置牂牁郡，则自乌撒逶迤而南皆其地。旧载云南广西府，亦牂牁羁縻属也；泗城以北，如都匀等处，皆牂牁界内矣。是时邛筰冉駹君长闻南夷得汉赐过厚，皆求置吏，比南夷，乃使司马相如往宾之。于是关隘斥南至牂牁为徼，则越嶲等郡界接芒部也。然则牂牁江之源委，其亦昭然矣。

夫山川经络，化工神运，余尝因是而求之。自岷山之阳至于冲山，蜿澶虬岤，从衡迤南，五岭皆嵂崒东蟠。五岭者，汉入南越有五道，衡西北山峻矗然，非无可梯，正以夷荒非通道之所耳。以此见牂牁胶戾之山，岿然为神州之拱臂也。荒徼山溪，以地图察其厄要，不过数寸，而间相去数百千里，生长其地者，尚未能习其险易也。唐蒙浮舟牂牁之策，诚为凿空。初时臣民惊疑，蛮夷煽动，然劳师殚货卒置郡如堵，虽来喜功之讥，自是华夷一统，亦足征武帝善任成功矣。

按《正义》曰，今泸江南岸协州、曲州、木郎国、广西府乃牂牁羁縻属也，有水入泗城，称南盘江，却踵讹指为牂牁江，厥舛尤甚。

沿革解　沈思克

黔于古始，非异域也，入我版图，所从来矣。鸿濛不可得考，帝高阳氏化至交趾流沙，远跨黔西南之外。唐虞命官敕治，时廑有苗。有苗氏者，缙云氏之后也。时则有三危之戮，徂征之命。《禹贡》所纪，尤大彰明。雍梁之境，西南皆据黑水。黑水之流，导自三危，入于南海。汉武开滇嶲，其地即有古黑水祠，而滇之澜沧江，流入南海。黔之牂牁江，通粤番禺，亦入南海。天下诸水，多归二界入东海，滇黔独有别流，其单言南海以此。非神禹足迹遍历，胸中具一堪舆，何能揭若指掌哉？黔博灵之山有古象祠，夷人世祀之，莫知其始，斯亦有虞格苗之一征也。殷汤代夏，而氐羌来享来王。其中衰也，鬼方再梗，故高宗伐之。周兴，越雉旅獒献自西南重译，安在区区靡莫内地哉？迨其季秦楚之强也，迭据而役属之，垂数百年。庄蹻之入滇也，略地黔中，直略之耳，秦遂置郡焉。彼其时黔之人，第知有秦楚也。而汉高起丰沛，诛秦艾楚，其窃据而未入汉也固宜，惟时与中国绝者垂百年。而武帝复通夜郎，是恢复，非凿空也。武帝好大，故侈其说。西南夷皆置郡名益州，以为九州之外复益一州，而不知即《禹贡》雍梁境内地也。黔于《禹贡》为梁州之境，殷为鬼方，周为髳微羌巢之类，汉为牂牁郡，而迤西稍入犍为，迤南稍入益州，迤东稍入武陵。自汉以来，代多羁縻，未有若我。国家收之幅员之内，一视之而树之屏者。此我太祖再造区宇，绍统古先帝王，而非求多也。今日之黔，东则楚，西则滇，北则川，南则粤，是腹心而喉咽也。或者不深惟祖宗用变之初意，猥以其地之瘠、道之险，而蛮夷视之，过矣！

《升庵集》

汉有牂牁郡字一作"戕牁"，其字从弋。弋，杙也，系船木也。《说文》与《汉书注》旧解如此。牂牁，今贵州地也，其江水迅疾，难于济渡，立两代于两岸，中以绳亘之，舟人循绳而渡。于过其地，见盘江与崇安江皆然，因吾古人制字之义。郭忠恕《佩觽集》云："戕牁从戈，谬之甚矣。"

康熙四年五月，平西王吴三桂奏水西已平，拟将陇胯、的都、朵你、阿架四则溪设为一府，建府治于比喇；将法戈、火著、木胯、架勒四则溪设为一府，建府治于大方；将以著、则窝、川所三则溪设为一府，建府治于水西城，各领以流官知府，悉隶贵州布政使司。倘后地广人多，三府难治，或应再为添设。其应设官员，除原设分巡毕节道，原以控制土司，今水西已平，应将该道改为整饬三府分巡贵宁道，兼管永宁、赤毕等卫，驻扎北喇外，其三府臣谨拟府各设知府一员、通判一员、经历一员、司狱一员、儒学教授一员，内北喇一府再设推官一员，承理三府刑名。今臣暂委总兵官刘之复驻扎大方，总兵官李如碧驻扎水西，并委安顺镇标中军游击刘学正、原任元江府知府刘勇驻扎北喇，令各招抚土人，及早还家理业。

十一月，以北喇为平远府，大方为大定府，水西为黔西府。

六年三月，改乌撒土府为威宁府，又于云南设开化府。

十年十二月，贵州巡抚曹甲吉奏，龙里一卫旧设贵阳府厅官一员，分理民事。后裁厅归府，而驿递全责卫官。今宜改卫为县，而以龙里厅旧官之民赋与该卫见任之地丁，悉归管理。又清平原系卫县并设，后裁县留卫，而县地丁赋则归并麻哈州管理。今议裁卫设县，而以清平县原管之民赋与该卫见在之地丁，悉归管理。又平越卫与平越府同城，普定卫与安顺府同城，都匀卫与都匀府同城。今宜裁去三卫，改设三县，即将该卫之屯地屯丁编为三县土民，为三府附郭之邑。又安庄卫与镇宁州同城，黄平所与黄平州同城，新城所与普安县同城，皆屯赋无多，军丁亦少。今宜竟裁三卫所，归并镇宁、黄平、普安三州县。从之，设龙里、清平、平越、普定、都匀五县。

《议处铜苗疏略》 少卿周弘祖

自有苗患以来，其谈制驭良策者，不过曰抚，曰剿，曰战。

此皆似是而实未中事机者，何也？嘉靖二十四年，贼势猖獗，布政使石简亲诣铜仁招抚，给以鱼盐，犒以花红牛酒，渠魁龙许保给以冠带，幼苗选充生员，贼所需索，无不应付，如奉骄子。粮犒入手，即出虏劫，未及一年，势愈骄蹇，动言得粮，未肯听招。此则抚之未可之明验也。二十七年撤兵之后，调土汉兵五千五百名守铜仁，又调酉阳土兵一千守小桥，平茶长官司土兵一千守毛口，凯里司土兵龙必升等一千守地架。甫及数月，道路险远，粮运不给，土兵擅自撤散，龙必升亦为贼所冲溃，小桥、毛口相继陷没。夫兵多则苦于乏粮，兵少又不足分布，控扼贼路，则贼所必攻，聚于府城，则缓急难应，此则守之无益之明验也。张总制亦尝锐意用师矣，其后印江、石阡相继破灭。我聚而入，彼散而逃，我撤而回，彼冲而出，彼守其逸，我当其劳；彼之乘我有余，我之备彼不足。况山箐险阻，贼势悍劲，今之将帅有能只身深入，如韩王之擒方腊者乎？此又用兵之未可也。

愚意谓此苗与广西猺、僮不同，原有土官管辖，原有印信文册，原有旧额钱粮。先年之祸起于土官，其后湖广镇筸二司听抚之苗俱各认其土官，求为之主，免于诛杀。如筸子坪之苗，亦请其土官田兴爵至寨，刲牛洒酒，妻子罗拜，情愿起立衙门，复还旧治。盖田兴爵者，往以事系辰州狱，此时苗尚未叛也，私相语曰："吾父母官久禁，当救之。"鸠银入城，买嘱吏禁，以大食器舁之出狱。后兴爵求索无厌，淫苗妻子，群苗方怒而叛之。及后听抚，又寻其故主，则苗岂无统而不可约束者哉？至于铜仁，事势颇异。该府原是改土为流，无属县，以长官司为属。祸虽由于长官衰弱，不能钤束谷苗，亦从前有司不能抚绥所致。然二司苗不尽叛也。且如钱粮一事，叛苗不纳，以逋欠责之见户，逃亡责之土官，平头长官至掣印以逃。而二司逃民散在清浪、平溪、思州、马口、黄道、施溪等处，无虑数千，佣赁饥殍，愿归本土。若蠲其逋负，于中选强壮者为兵，量给之食，聚为屯堡，旧材旧田，渐次经理，其利倍于客兵，而各叛苗亦可驯服矣。兹非处苗之正法乎？尝闻杨佥宪云："苗地纵横不过百五十里，苗不及数千，而敢屡拒官军，荼毒生民，数年无如之何者，奸民投住，土官交通，尽之矣！有奸民为之耳目，故出则必有所获；有土官为之窝容，故败则必有所归。"知乎此，则可以论苗矣。

《参处安酋疏》 巡抚江东之

为土司纳贿枢要，遂至蔑法无君，恳乞圣明查究长恶原由，以清治本，以消乱萌事。

臣奉敕巡抚贵州，未任之先，已识贵州汉少夷多，饷寡兵微，土酋桀骜，宪法陵夷，其来久矣。及臣到任，宣慰安疆臣宋承恩来见，臣诘问两人向所奏事情，其一，系宋承恩与教官熊梦祥争礼，曾经提学道佥事沈思克处分，已心平无异说矣。因安疆臣听奸拨置，欲骗其洪边庄田及巴香马头地，故代为申奏。其一，辩复贵竹司，臣诘之曰："贵竹司改新贵县，隆庆二年初议，六年属贵阳府，往牒俱在，会典可证，汝父安国亨不言于查议之初，汝乃言于三十年制定之后，何也？"安疆臣曰："疆臣年幼未知，诸宗目知之。"明日带宗目百人跪于庭，臣谕之曰："汝辈敢谓贵竹司之改县为皇上变乱祖制也！洪武年间，止一宣慰司，有布政使司；自永乐十一年始，汝将谓成祖皇帝为变乱祖制乎？程番十七长官司之改府，自成化七年始；都匀邦水长官司之改府，自弘治十七年始；凯里安抚司之改属卫，自嘉靖九年始，汝又将谓累朝皇帝皆变乱祖制乎？贵省府卫并州县，俱系土司改置、其子孙为流官，各奉法无越志，汝欲废新贵县，将举贵州而胥为夷也。我皇上圣德当阳，国家气运方盛，安得妄兴此念？”诸宗目曰：“不敢。”惟称安国贞当令上班。臣曰：“此尔夷家事，须静听处分，无擅兴兵甲。”诸宗目唯唯而退。

当初奏之时，兵部尚书石星有敬君之心，体国之念，当折之曰：“前王所制即为律，后王所行即为令。新贵县名，今皇上所命。贵州县治，不独改一贵竹司。明旨一日之未下，则新贵县治一日之犹存，新贵县之人户钱粮归天子之版图，谁敢得而霸征之？新贵县之县丞、主簿，为天子之命官，谁敢得而更置之？”即可以落奸人之胆而寝其邪谋矣。奈何石星之言曰：“该属贵阳府者方属贵阳府，该还土司者还归土司。”又曰：“考其创设之规，及今日削弱之状。”复疏止于六语，无一字非为安疆臣计也。是以诸宗目心服臣之言，实则倚石星之势。

陛下未尝有弃新贵县之心，安疆臣已成其夺新贵县之谋，撑杀其人丁，霸征其差银。县丞宋显印随居大方，安疆臣喜而藏之，虽拜牌拜表而不出。主簿宁国梁愿效忠天朝，安疆臣以为恨，伏兵二千于省城之外，欲伺其出而杀之。旧年诱致九司而挟之以兵，遂捏向承祖等申文以欺侮天听，且谓高皇帝为之震怒，天地为之昏惨。文移肆无忌惮，不知有法，不知有君。近日据威清道副使林乔楠、毕节道佥事方万策报称：“安疆臣兴兵数万，砍折安邦父尸，掘其居地三尺，大掠一百五十余寨，流毒安顺、镇宁二州，杀伤良民，焚毁官廨，俱有实证。”臣遣官禁谕，依前对臣之言曰：“疆臣年幼不知，且身羁采木。”其狡猾闪烁如此。非安疆臣之能，皆陈恩教之也。

安疆臣所居，横亘数百里，猡兵数十万，其祖宗自汉唐宋元以至今日，所遗金银，堆积如山岳。国家所未有之富，阖省土司所未有之强，海内皆知之。石星怜其削弱，臣不知其何心矣。陈恩、王嘉猷等初谋以为幼主安静，则彼享其富，吾辈何利？于是倡恢复之言以顺适其欲，彼将不惜结纳之费，而可以坐分其有。如先时安国亨结首相张居正，得其画容供奉，抚按莫不凛凛。今石尚书有路可通，因而得复十司，从此可图伯业。安疆臣遂遣走京捷士，多赍金银，未必尽输石星之家，所求于石星之复疏者，已大慊安疆臣之愿。陈恩因此称首相，拜军师，石星遂蒙不韪之名。夫砥砺名行者，不以利污义，如土司杨燧贿佥事梁铨，则揭之臣，所以明不污。安疆臣贿副使林乔楠，则揭于通衢以拒之。石星曾二臣之不若乎？臣之所不敢信也。三年以前，安疆臣犹知敬慎，自石星复本之后，遂谓石尚书许我恢复，大张恶焰。是以贵州万口，莫不指石星之复疏而唾骂之，臣不能为石星解也。

安疆臣欲复贵竹司也，便欲弃新贵县以徇之，使镇远、思南等司皆欲复其故也，将尽弃一省以徇之乎？陈恩不过假虎之狐狸，安疆臣一当场之傀儡，石星负节气，登枢管，乃陈恩之不若。陈恩欲为安疆臣辟土地，石星则欲陛下蹙土地矣；陈恩欲为安疆臣增户口，石星则欲为陛下损户口矣；陈恩欲用夷变夏而改流为土，石星不能用夏变夷而改土为流。石星纳安疆臣之贿，欲改易会典，以增其十司之全，不念皇朝一统之盛，而自削版图，忍使有无县之省。由其谋不足以尊君，而每至于辱君；才不能以御乱，而常至于酿乱。西南之夷，从此多事，臣不曰陈恩、王嘉猷而曰石星也。

大抵夷司之于流官有二端，非纳贿以结其欢，则以激变挟之。若臣彼不敢以贿至，恐以为激。臣谓驭安疆臣无难事，有三策焉：初不法，则念安疆臣之年幼，许其自新，即陈恩、王嘉猷不遽加诛，苟能改行从善，则录其辅导之功，而宥其拨置之罪，可也。再不法，则照先年处安国亨故事，革其冠带，责令缚献奸徒，不得以死尸抵塞，俟其惩创而后复之，可也。三不法，则抚按廉其恶状，开具奏闻，率三省之兵以攻其外，调各土司忠义之兵以攻其内，裂其土地而分之，绝其世爵，可也。今安疆臣未奉明旨，遽霸新贵县，臣欲审安疆臣，又称年幼不知，取其回文，徒增陈恩一番诳讪；行布按二司拘陈恩、王嘉猷面审建县始末，以便题复，以完考成，安疆臣藏匿不发。先按臣及爪，安疆臣不服考察，今不服臣查勘，皆恃石星而为之。石星之误国家，岂鲜眇哉！

臣与石星素厚，今日之事，宁负石星，不敢负陛下，故据实陈之。伏乞敕下兵部，令石星有则痛加省改，无则益笃忠贞，察夷情之二端，采愚臣之三策。安疆臣虽系初犯，惨恶异常，当酌议停妥，上请圣裁，勿文前疏之过，以长土酋之恶。从此天子之余威远振，疆臣之乱萌潜消，庶几哉石星失之东隅，收之桑榆也。再照藩封为天潢之派，来京之使，尚不敢频，安疆臣恃其富强，选一番捷士，无月不走辇毂之下，志将何为？更敕下五城御史并锦衣卫官校严行缉拿，是亦塞官邪之窦，示廉远之尊矣。

万历二十五年五月内，该都察院题覆奉圣旨：“是，着巡按御史审究具奏，钦此。”（注一）

《议处乌撒疏》 巡抚江东之

为逆犯投降，国体既正，恳乞圣明断立后以靖夷方，专责成以杜后患事。

臣闻无所解于心者，父子之亲；无所逃于天地者，君臣之义。臣请以君臣之义责阿备之要君，以正今日之罪；以父子之亲责安绍庆之庇子，以杜后日之乱，愿陛下俯垂察焉。

夫安云龙为乌撒土知府禄墨之子，安绍庆其亲弟也，安效良其亲侄也，伦序甚明，详见川云抚臣疏中，无俟臣赘。咀旧，一名安云翱，为安云龙堂弟，名位素卑，诸目不服，其父且自言之，是咀旧之不能立也明矣。安国正谋杀安云龙，其妻陇氏遂与安国正为夫妇，势必杀亲子以媚奸夫，真夷狄而犬彘也。使陇氏尚在，国正有子，难免篡逆之诛，况遗腹未必真乎，是官保之不当立也又明矣。咀旧不能立，官保不可立，继云龙而为之后者，舍安效良将奚之？为阿备者，指陇氏之苟合，发其以妻谋夫之罪；举安云龙之亲派，正其以侄继伯之伦，明白申诉，岂非义举？乃联结沾益州而擅兴兵甲，抱拥安效良而坐据盐仓，以防求为可仿，以君命为可挟，是臣之所不甘也。人孰不欲其子之富贵，谓安绍庆独无，非人情矣。乃谨然诺于云南，谋干戈于贵筑，阴与阿备为一，阳与父子为二。六岁婴孩，非安绍庆托之于阿备，抑阿备窃之而逃乎？是臣之所不解也。臣于履任之初，即行毕节道佥事方万策，檄谕安绍庆缚献阿备；不早自为计，阿备所犯之罪，异日皆安效良之罪，奈何以身犯叛逆而欲要君命之荣也？不数日，四川抚臣谭希思移咨到臣，亦责安绍庆缚献阿备，与臣不约而同矣。

臣檄行贵宁道参议来经济、威清道副使林乔楠、毕节道佥事方万策、同四川都司淡章，往乌撒地方，查勘阿备等夷情。今据三道回申：十二月初十日，安效良率阿备并海济等百余人投见，北面望阙行五叩头礼毕，参道责之以两围镇城，屡劫官道，阿备以为仇口妆诬；责以初簸箕夹杀死陇胤等而遍地横尸，乌撒额粮升合不纳而一军枵腹，阿备俯首无辞，但称从今洗心投降，愿完纳钱粮，输办馆马。其云翱与效良为叔侄，抚院请立为答应知府，众夷已立为耆老管事，男妇数百名口随云翱官屋居住，效良不敢加害等语在卷。据其投降情状，其心尚雄，其言颇逊。若重处阿备，杀降为不祥；舍安效良而议国正之后，长淫篡之风为不义。是以川云抚臣请定效良之立，致有今日阿备之降，不动声色而潜消乱萌，二臣之有功于国家大矣。

臣因阿备之降，而后议效良之继，仅能为朝廷存体面。非因二臣于先，臣将无以成之于后，是则臣之罪也。臣犹有惧心焉。安绍庆有沾益矣，有盐仓矣，又有乌撒府矣，土地日广，兵甲日多，土夷之贿交势合者日益盛。使阿备暂敛戢于效良未继之先，益猖狂于效良既继之后，不但镇雄之旧人无噍类，且乌撒之军民无宁期。四川远在二千里外，谁能挽西江之水以救涸辙之鱼？云南惟见安绍庆之恭顺，不见贵州之蹂躏，将谈笑视之，不震于躬，遑恤震于其邻哉？臣窃谓慈父之于幼子，痛痒相关，则安绍庆之于阿备，肝胆相照。阿备既为安效良出死力，安绍庆必能制阿备之死命。以阿备之桀骜而前倨后恭，无非为安效良谋也，则皆安绍庆意也。严阿备之羁绁，而慎终如始，非孺子能也，则无安绍庆责也。于阿备治之以不治，出自陛下宥过之仁，非臣所敢必；于安效良继其所当继，出自陛下继绝之恩，非臣所敢与。臣一念犬马之诚，惟愿陛下矜怜荒徼之残民，俯赐禁暴之严旨。继子既定，罪有攸归。安效良十五岁以前，阿备弄兵，罪在安绍庆；安效良十五岁以后，阿备弄兵，责在安效良。阿备能改而先以兵加之者，罪在起衅之家；阿备不悛而复以兵助之者，罪在济恶之人。阿备得从末减，酋长敢有效尤？或以忿兵、或以贪兵侵扰苍赤者，不得援例，治以不赦之罪，容臣等分别轻重奏请降削。如以其祖功不可泯，选其族之贤者而更置之，庶几国有天威，人无越志，虽夷方共知有君臣之义，不敢一逞以试法；虽安绍庆亦得以全父子之亲，不致两败以伤恩。军民幸甚，地方幸甚。

万历二十五年二月十五日，该兵部题覆奉圣旨："是。"

《屯田议》　提学谢东山

贵州各卫旗军上粮屯田俱各八亩，会计口食，则总旗十六亩，小旗十四亩，军人一十亩，皆得计其子粒之输，以充月粮之入。故旗军缺一名，则一名之分田有在；屯田遗一分，则一分之花利犹存。往以逃亡者虽缺，而解发者当补，故遂忽而置之；及今逃亡益多，解发益寡，而遗田益众，管屯人等遂有岁收常货以致家成钜积者矣。侵占田土，律有明禁，侵渔之盗，可不亟惩？合无通将贵州合属逃故屯粮旗军遗下无粮口食分田，悉数清查，果有山水湮塞，无凭开垦，量行减免，余皆召佃于人，岁收其入，贮该卫仓廒，以备荒歉处济，听令于内照数支给。而无田穷丁，分毫不许浪派。新军解伍，倘有派拨，随扣减其见剩之数，立为定规，登之册籍。责令布政司随时稽考，如有占吝不发侵玩如故者，即行从重参究。庶几人知遵守，弊可永清；而边屯军伍，有一举两济之利矣。

《议处五开疏略》　湖广巡抚陈省

一议兼郡辖以驭军民。查得楚中各府卫同城者，凡卫官贤否、官舍袭替、官军俸粮屯粮完欠，皆听府官填勘核催，以故事体维系。惟黎平府与五开卫同城则不然。盖府属贵州，卫属湖广，不相干涉，以故款头人等每相犯侮，非一朝一夕之故矣。夫以两省府卫同处一城，本以防范，合无俯照臣领敕谕统辖该府事例，亦听辰沅兵备道统辖五开卫，官员贤否、官舍袭替、官军俸粮，俱经该府填注勘结，查核督催，呈详该道转详，方准施行，辰州府不得干与。凡事干军民者，仍与参将协心秉公查处，不许自分彼此。如此，庶府卫联属，文武并饬。

一、议移参将以便弹压。查得守备之驻五开，品秩未崇，人心玩视；参将则体貌稍隆，威权自振。合无行令本参，听其带领募兵，移驻五开卫，凡各边卫一应事宜，悉听料理，俾彼宣布威令以辑众心，奋扬威武以慑众志。事干军民者，与黎平府掌印官协心计议，共图保障之方，永消桀骜之衅，庶地方可获敉宁矣。

一、议改通判以司粮饷。夫粮饷乃官军所资以为命者，必支放以时，斯军士得沾实惠。今查五开等卫边饷皆解沅州，专令辰州府边粮通判驻扎该州管理支放。各卫请给，则自卫历靖而抵沅；该道给发，则自沅历靖而抵卫，山关险峻，道理迢递。合无将通判移驻靖州，而以五开、铜鼓等卫之近靖州者应支粮饷，改贮该州，专听本官催督给散。每双月各卫请发格眼簿，照式开填明白，送道转发本官，查核见在官军的数，呈详批允。行州支出饷银，凿分零碎包封，本官亲诣各卫会同掌印官唱名给散。其五开一卫，仍要会同黎平府掌印官查核，公同支放，永为定规。如此，庶官军俸粮常充，永免跋涉之劳，可戢侵渔之弊矣。

一、议重事权以便制驭。照得黎平府与五开卫同城，事体关涉，合无将黎平改为军民府，换给印信，以五开卫所军舍听其专制，俾有司军卫咸为一体，地方庶永辑宁。再照楚省湖北及郴桂地方，属之贵州南赣无制，该道府州县官员贤否，同听甄别举刺。今黎平府既属辰沅兵备道统辖，而五开卫又属该府专制，多相关涉，似应比照前例，将该府属官员贤否，亦听臣等一体甄别举劾劝惩。庶边方之臣，贤者知所奋励，而不肖者亦知警畏矣。

一、议酌调遣以免骚扰。照得永顺、保靖二司，先年浙直倭寇扰攘，当事议调其兵征剿，继此一遇有急，动辄思调二司土兵。即臣向未亲临其地，亦以二司谓足恃力，乃今则见有大谬不然者。缘二司徒有虚名，原无实兵。如遇奉文调取，则于镇溪等司转募，每兵一名，给与二钱银簪一枝，取数以应出门即有行粮，沿途又有犒赏。官府之费既已不赀，乃苗民之性桀骜难驯，沿途劫掠生事，莫敢谁何。且俾苗夷深入腹里，习见举措虚实，致萌轻视之心，起垂涎之念，此则决不容复踵往辙者也。合无今后各省，凡有寇攘，不许议调二司土兵。如贵苗煽乱，势至猖獗，听该省抚臣会臣衙门题报，听臣调发见募精兵策应；再不足用，则调取镇溪等所勇悍惯战之兵，互相夹剿；其永保之兵，亦不轻擅调取，致滋扰害。

《募勇守城议》　思州知府蔡懋昭

本府设在万山之中，溪洞深阻，南与邛水天柱相接，北与乌罗提省相联，中多溪径，皆系生苗出没其间。自正统十四年被奸纠引苗贼入陷，以后为苗所窥，间尝窃发，受害频仍，良由武备弛而兵力寡也。查得洪武二十五年，设有思州守御千户所，而千户以土人为之。至洪熙元年，革去千百户，改为正副长官，守御遂废。后因残破，又议调平清偏镇四卫官军共一百六十九员名，赴府防守。至万历元年，复又撤去。今虽召募獞兵一百二十名，每名月给银一钱八分、米三斗，把守关隘，然亦生苗等耳，非久安长治之术也。旧额土兵一百二十名，每名月给银四钱五分，以充守御，然皆柔懦不堪，惟供看门、提铃、更夫、吹手等役，而无衣甲武勇之具，以此因循怠玩，屡遭失事。合无比照各府事规，量募壮勇艺能之兵五六十名，月给工食银九钱，专令习熟鸟铳、快枪、弓弩长技，以壮武备，庶平居有足制胜，闻警不致张皇，城社人心均有利赖矣。

《乌撒卫志》

嘉靖十三年，巡按御史王杏条陈：军民利病一款，严替袭以杜乱阶。贵州各府司土官，不由出身正路，亦无考校功能，但以先人旧劳，世授其官，得之亦甚易矣。惟于承袭之际，有司查勘其宗枝来历，保称无疑，然后取具供结，申之藩省，转行各该守道，就近查勘无疑，然后呈请抚按查实，行令起送赴部，覆查审勘相同，然后题授官职，仍令亲自叩头谢恩。若是，则土官各知感激，皆曰是官实朝廷亲授，我必将思前日之难而且戒且阻；其于子孙，亦勤世教，以期不累于保送，于绥德之中，寓以怀威之意，此良法也。嘉靖六年，巡抚熊一英奏开纳粟冠带办事之例，累累虚衔，袭行真伪莫辨。岂知官职所以取信于夷民者，以有该部凭札也。不给凭札而可以授官，是铨注之权，不由部司，而袭授之征，止凭冠带，凌僭之端，自此始矣。近如土舍宋亶于驻石显荣等潜据囤寨，冠裳峨博。盖其始也，援例冠带；其中也，私自冠带；其究也，僭据地方，皆自纳粟之例启之耳。今后不许再开此例，庶国法昭明，旧典复而土官自潜消其不轨之心矣。

洪武十五年，征南将军颍川侯傅友德以乌撒、乌蒙、芒部、东川四府地近四川；奏改隶四川布政使司，从之。

嘉靖七年，兵部尚书伍文定以四川宣慰司嫡子杨友、杨爱互争地方，历三十余年，讼牍未绝，奏将爱见管地方分置凯里安抚司，改属贵州，从之。

劾　闻天下有道，守在四夷，乃若涣其群，断其臂，而少其力，又驭夷之微权也。本卫地方，接连云南通省，皆古西南夷地。今中国所以能通云南，享彼贡赋之利者，以有贵州东西两路耳。洪武间，以西路乌撒、乌蒙、东川、芒部四军民府及东路普安州俱属云南，盖未之深思耳，何也？东路普安州之盘江、西路乌撒府之七星关河皆入滇门户，洪流巨浸，诚一夫当关万夫莫开之险；万一云南有变，据此二险，是无云南矣。傅颍川有见于此，奏以四府改隶四川。永乐间，又以普安州改隶贵州，是撤云南之藩篱，启其门户，以延中国使节冠盖矣，此守在四夷之一大端也。原其为谟，岂直一世、二世之计哉！

弘治、正德间，四川播州土首杨友、杨爱兄弟因争土构兵，历三十余年，奏牍未结。至嘉靖间，兵部尚书伍文定奏将杨爱分管地方凯里等处增置凯里安抚司，改隶贵州，是又涣其群，断其臂，而少其力之意也。此其为谟将不在傅颍川伯仲间耶？此尤经略者之所当知也。

交阯建制

永乐五年六月，改（注二）交阯龙兴府为镇蛮府，建兴府为建平府，天长府为奉化府，新兴府为新安府；国威州为威蛮州，宣光州为宣化州，上福州为福安州，安邦州为靖安州，日南州为南靖州，布政州为政平州，明灵州为南灵州；龙眼县为清远县，安世县为清安县，应天县为应平县，山明县为山定县，上福县为保福县，龙潭县为清潭县，丹凤县为丹山县，龙拔县为陇拔县，天施县为施化县，古战县为古平县，统兵县为统宁县，佛誓县为善誓县，天本县为安本县，独立县为平立县，黎家县为黎平县，御天县为新化县，费家县为古费县，安邦县为同安县，安兴县为安和县，茶龙县为茶清县，杜家县为古杜县，上路县为路平县，上福县为福康县，布政县为政和县，邓家县为古邓县，左布县为左平县，世荣县为士荣县，余仍其旧。

定交阯所隶州县：交州、壮江、谅江、三江、建平、新安、建昌、奉化、清化、镇蛮、谅山、新平、演州、乂安、顺化，总十五府。

以威蛮、福安、三带、慈廉、利仁五州隶交州府。本府亲领东关、慈廉二县，威蛮州领山定、清威、应平、大堂四县，福安州领保福、芙蕾、清潭三县，三带州领扶隆、安朗、扶宁、宁乐、立石、元郎六县，慈廉州领丹山、石室二县，利仁州领清廉、平陆、古榜、古者、古礼、利仁六县。以嘉林、武宁、北江三州隶北江府。本府亲领超类、嘉林二县，嘉林州领安定、细江、善才三县，武宁州领仙游、武宁、东岸、慈山、安丰五县，北江州领新福、善誓、安越三县。以谅江、南策、上洪三州隶谅江府。本府亲领清远、古勇、凤山、那岸、陆那五县，谅江州领清安、安宁、古陇、保禄四县，南策州领青林、至灵、平河三县，上洪州领唐濠、唐安、多锦三县。以洮江、宣江、沲江三州隶三江府。洮江州领山围、麻溪、清波、夏华四县，宣江州领东栏、西栏、虎岩三县，沱江州领陇拔、古农二县。以长安州隶建平府。本府亲领懿安、安本、平立、大湾、望瀛五县，长安州领威远、安谟、安宁、黎平四县。以东潮、靖安、下洪三州隶新安府。本府亲领峡山、太平、多翼、阿瑰、西关五县，东潮州领东潮、古费、安老、水棠四县，靖安州领同安、支封、安立、安和、新安、大渎、万宁、云屯八县，下洪州领长津、四岐、同利、清沔四县。以快州隶建昌府。本府亲领俸田、建昌、布、真利四县，快州领仙吕、施化、东结、芙蓉、永涸五县。以美禄、胶水、西真、顺为四县隶奉化府。以清化、爱、九真三州隶清化府。本府亲领古滕、古弘、东山、古雷、永宁、安定、梁江七县，清化州领俄乐、细江、安乐、磊江四县，爱州领河中、统宁、宋江、支俄四县，九真州领古平、结悦、缘觉、农贡四县。以新化、廷河、古兰、神溪四县隶镇蛮府。七源、上文、下文、万崖、广源、上思朗七州隶谅山府。本府亲领新安、如敖、丹巴、丘温、镇夷、渊董七县，七源州领水浪、琴、脱、容、披、平六县，上文州领杯兰、庆远、库三县。以政平、南灵二州隶新平府。本府亲领福康、衙仪、知见三县，政平州领政和、古邓、从质三县，南灵州领丹裔、左平、夜度三县。以演州隶演州府。演州领千冬、芙蓉、芙蕾、琼林四县。以南靖、欢二州隶乂安府。本府亲领衙仪、丕禄、古杜、支罗、直福、土油、偈江、土黄八县，南靖州领河黄、磐石、河华、奇罗四县，欢州领石塘、东岸、路平、沙南四县。以顺、化二州隶顺化府。顺州领巴阆、利调、安仁三县，化州领利蓬、士荣、乍令、茶偈、思容、蒲苔、蒲浪七县。改太原等五镇为太原、宣化、嘉兴、归化、广威五州，直隶布政司。太原州领富良、司农、武礼、洞喜、永通、宣化、弄石、大慈、安定、感化、太原十一县。宣化州领旷、当道、文安、平原、底江、收物、大蛮、杨、乙九县。嘉兴州领笼、蒙、四忙三县。归化州领安立、文盘、文振、水尾四县。广威州领麻笼、美良二县。设交趾布政司永盈库。交州府医学，僧网司，泸江驿，丰盈库，永丰仓。建平府永盈库，常丰仓。三江府丰济仓。嘉林州儒学。交州、北江、谅江、建平四府税课司。福安、三带、慈廉、利仁、嘉林、武宁、北江、宣化八州税课局。应平、大堂、山定、清威、武宁、细江、善才、武宁、东岸、青林、至灵、平河、古勇、清安、太平、多翼、河瑰、西关、长津、同利二十县税课局。多锦县之麻浪、保禄县之下昌、唐濠县之金缕、唐安县之司王、峡山县之峡山五税课局。北江府并三带州之长江、慈廉州之上古、利仁州之养顽、宣化州之长江、慈廉县之兵神、大堂县之江潭、山定县之山定、清威县之清威、唐安县之泾哈、清远县之翁罗、安谟县之安谟海口、东结县之车栗口、胶水县之圆光、古勇县之粉池、平河县之冻美、安老县之古斋场、支封县之阿蹑社、四岐县之四岐社、域个娄社、安定社河泊所凡二十一。慈廉县之婆加、应平县之三议河、大堂县之三江口、场津桥、芙菑县之河鲁口、唐江桥、抚隆县之江口镇、扶宁县之园山镇、立石县之车朗镇、丹山县之喝江口、清廉县之泾蜍、平陆县之宁江、右榜县之泡桥、永江口、嘉林县之三江口、汉上究兰、青林县之平滩江口、至灵县之古法渡、平河县之多鱼海口、堆海口、安铺江口、多锦县之阿牢江口、山围县之陈舍、麻溪县之花原山、夏华县之荡灰、东栏县之古雷江口、西栏县之轩关、虎岩县之三峡江口、陇拔县之费舍、古农县之洒舍、懿安县之路沛江、大湾县之大安海口、安宁县之山水江、黎平县之生药山江、安谟县之神投海门、太平县之唵江多闾泾口、多翼县之粟江、河瑰县之支隆渡、西关县之支来庄、东潮州之天廖江屯山、古费县之扶带社海口、安老县之安老海口、多混海口、同安县之同安海口、支封县之多俚社海口、安和县之小白藤海口、长津县之波了社、四岐县之域个娄队、油江队、祝水队、同利县之多弋、俸田县之俸田、建昌县之黄江口、真利县之海门、东结县之车栗口、美禄县之宁江口、西真县之蒂江口、顺为县之阿江口、会江口、胶水县之添福海口、胶海口、收物县之石恩乡、大蛮县之北果桥、当道县之兰社、文安县之渭隆江口、平原县之北衢、底江县之锡山镇巡检司，凡六十七。清廉县之姜桥、保福县之保福、嘉林县之嘉林、武宁县之市桥、平陆县之永安、黎平县之生药、保禄县之芹站马驿，凡七。交州府之泸江、武宁县之市桥、保禄县之芹站及鸡陵、丘温递运所，凡五。石室县僧会司。交趾盐课提举司。广兹、大黄二场盐课司。改鸡陵关为镇夷关。癸巳，设交趾交州左右等卫指挥使司，敕总兵官新城侯张辅等及兵部尚书刘儁曰："交趾城中，立交州左右中三卫；富良江北，立交州前卫；昌江、丘温各立卫；市桥隘留关各立守御千户所，市桥以两所守之。”七月，交趾总兵官新城侯张辅等奏请于清化立卫，从之。十一月丙寅，设交趾三江、清化、乂安、新平、顺化五卫及演州、南靖二守御千户所。十二月己丑，交趾总兵官新城侯张辅等奏请于原设七卫之外，再拨官军五千六百人，设交州后卫；又请设镇夷、谅山二卫及增设十五千户所，该用官军二万二千七百有奇。悉从之。

六年正月戊辰，设交趾太原、嘉兴、广威、天关、望江、临安、新宁七镇金场局，各置大使二员、副使四员。又选授知州、知县二十一员，每镇三员，提督闸办。又以知府二员总督，令礼部铸印给之。设交趾云屯市舶提举司，置提举、副提举各一员。二月己丑，交趾按察司佥事刘有年言：“交趾旧设诸州，多不亲民，而于附郭置县理民事，请如内地以州管民，而革去附郭县。”从之。增置交州左卫之中左中右二千户所，并交州中右前三卫及昌江卫之中左千户所，清化卫之中右中中中前中后水军五千户所，三江卫之中前后三千户所。甲辰，设交趾按察司之山南、山北、海东、海西四道分司。

六月，新城侯张辅言：“交趾平定，开设诸衙门，朝廷遣使及诸司奏报，皆须驿传，宜于广西桂林、柳州、南宁、太平等府增设水马驿一十九。自桂林府东江驿，至思明府凭祥县新旧马驿，共三十有一，其驿道远者，宜设中站。南宁府至龙州等驿，水道差远，宜增驿舟，并置递运所。”又言交趾旧太原等五镇已改为州，余天关等十三镇未改。上命所司悉准行之。

己丑，吏部尚书蹇义等同六部尚书奏：新城侯张辅等平定交趾，建设军民衙门总四百七十有二：都司、布政司、按察司各一，卫十，千户所二，府十五，州四十一，县二百八，市舶提举司一，巡检司百，税课司局等衙门九十二。置城池十二所，安抚人民三百一十二万有奇。是月，筑交趾都司及清化卫城。交趾前后、昌江、丘温等卫市桥隘留关等千户所，各置排栅。九月己卯，升交趾太原州为太原府，宣化州为宣化府；改宣化州税课局为税课司；设太原府税课司；革威蛮州之山定县，福安州之保福县、三带州之扶隆县、利仁州之清廉县、慈廉州之丹山县、嘉林州之安定县、武宁州之仙游县、北江州之新福县、谅江州之清安县、南策州之青林县、上洪州之唐濠县、洮江州之山围县、宣江州之东栏县、沱江州之陇拔县、长安州之威远县、东潮州之东潮县、靖安州之同安县、下洪州之长津县，以其地各入本州；改扶隆县之江口镇巡检司隶三带州，清廉县之泾蜍巡检司、姜桥马驿隶利仁州，丹山县之喝江口巡检司隶慈廉州，保福县之保福驿隶福安州，山定县之税课局及山定河泊所隶威蛮州，清安县之税课局隶谅江州，青林县之税课局及平滩江口巡检司隶南策州，唐濠县之金缕税课局隶上洪州，山围县之陈舍巡检司隶洮江州，东栏县之古雷江口巡检司隶宣江州，陇拔县之费舍巡检司隶沱江州，东潮县之天廖江屯山巡检司隶东潮州，同安县之同安海口巡检司隶靖安州，长津县之税课局及波了社巡检司隶下洪州；设北江府常储仓、新安府常积仓、谅江府常益仓，各置大使、副使一员。庚子，设交趾各州县巡检司三十七所。清化府二十六：巴龙关、渃河洛关、尧山关、隶古雷县，巴礼泾口隶永宁县，个勾历关、巴凛关、瓮册关隶磊江县，险石关、清都镇隶安乐县，蒲巴邻关、绢槐关隶细江县，缶下关、玉局关、涓忙关、俄乐关隶俄乐县，灵长海口、灵长渠口隶河中县，支俄渠口隶支俄县，典吏海门隶九真州，濠渠口、沉渠口、队限隶结悦县，布卫海口隶缘觉县，要翁关、立关、黑关隶农贡县。谅江府一：三江口隶清远县。三江府一：洞淋砦隶夏华县。北江府二：石神隶嘉林州，小江桥隶东岸县。建平府二：巴辣口屯隶安本县，虎河队江口隶安谟县。建昌府一：三江口隶芙蓉县。宣化府一：关濠隶旷县。广威州三：多隘、可廪隶本州，八圭隶美良县。置交州后卫、三江卫、二经历司，经历各一员。增置云屯市舶提举司，提举、吏目各一员。设新平、顺化二市舶提举司，云屯、新平、顺化三抽分场，宣化府银场局、司，置提举一员、副提举二员，场局置大使各二员、副使各四员。

七年正月甲子，设交趾清化府之广储仓、丘温县之丘温仓、鸡陵县之镇夷仓、磊江县之牛鼻关、古弘县之会潮海口、支俄县之支隆海口、神投海口、缘觉县之天甲海口、廷河县之径农江口、古兰县之缀口、大全江口、鸡陵县之镇夷关、渊县之坡垒关、水浪县之博花江口、应平县之宁桥、云屯县之云屯、快州之阿鲁口十四巡检司。交趾盐课提举司之安老、安和、支封、同安四场盐课司。永宁县之屡柳、宋江县之可屡二马驿。丘温县之丘温、董县之董站、鸡陵县之淹潋三驿。水浪县之税课局。乙丑，并交趾上文州之库县入本州，庆远县入枉兰县，七源州之披县入本州，容县入脱县，平县入水浪县。

九月乙酉，设交趾谅山、北江、建平三府及归化、南策二州并鸡陵、董渊、黎平、武宁、保禄、平陆七县。医学。盐课提举司之支俄、长罗、舟夹三场盐课司。归化州税课局。石廪关巡检司。以交趾太原镇金场局隶太原府，嘉兴镇金场局隶嘉兴州，广威镇金场局隶广威州。初设太原等七镇金场局未定管属，至是布政司言，天关等四镇蛮人寇乱，道梗不通，太原等三镇金场局已行开设，宜各有所隶，故有是命。

八年七月己卯，设交趾奉化、清化二府税课司，谅江、三江、清化三府并快州之医学，北江府之市桥仓、谅江府之芹站仓、奉化府之广积仓、三江府之丰盈仓，三带州之长江、归化州之石廪、安立县之茂阿、朱贵、文盘县之忙椀、文振县之文盘、甘棠、水尾县之水尾、巴罗、九马驿，三江府之三江、洮江州之陈舍、夏华县之夏华三水驿，清化府之古刀镇、安谟县之安谟、海口、小安海口、大汪海口、安宁县之钷蓬江口、峡山县之椰园屯、太平县之太平海门、水棠县之都埋社、万宁县之阿葛屯、同利县之争江屯、广源州之寨麻十一巡检司，爰州之椿市、古弘县之大拜市及七源、归化二州、文盘、文振、麻笼三县七税课局。并爰州之支俄县、九真州古平县、清化州之细江县各人本州，其支俄县之支隆海口、神投海口、支俄渠口、细江县之蒲巴邻关、绢槐关五巡检司各隶本州。十二月己亥，设交趾三带州之长江、安乐县之安乐、沱沱州之江口、麻笼县之真那社四巡检司，北江府之常盈库。

九年四月癸卯，改交趾谅山府鸡陵县为镇夷县，鸡陵递运所为镇夷递运所，丘温县之丘温仓隶本府，七源州之坡垒关巡检司隶渊县，水浪县之博花江口巡检司隶七源州，上思朗州为上思郎州，下思朗州为下思郎州，古滕县为古藤县。以瘴疠徙交趾镇夷关于松岭高爽之地。五月丁卯，设交趾盐课提举司之通济盐仓，谅江府古陇县之小关巡检司。八月辛丑，徙交趾昌江卫于昌江桥，立谅江府治及市桥守御千户所于塔山。乙卯，并交趾靖安州之大渎县入新安县。十一月己巳，设交趾宁化州，领赤土、车来二县，直隶布政司；设武礼县之平隆巡检司，新安府之广盈库。

十年五月乙酉，设交趾大蛮县之北舍溪、笼县之谷册二巡检司。六月丁丑，设交趾谅江、州次、五社巡检司。七月癸巳，设交趾政平州之弥沦、海门、琼林县之芹海门二巡检司。九月乙酉，设交趾永通县之那奴材巡检司，古陇县之小关驿。

十一年六月乙亥，置交趾广威州澄册、敬册二巡检司。

十二年三月庚子，设交趾升、华、思、义四州俱隶升华府，在化州以南，统黎江等十一县。盖黎贼所取占城之地，而以阮帅、胡具、邓景异、邓镕为守，及帅等叛，占城仍遣人守之。至是叛贼就擒，总兵官英国公张辅同黔国公沐晟计议，复建四州，承制授降人阮荛、杨梦松、范公议、阮俭为知州，胡交、张原注、武征、范昉为同知，仍以书报占城王，使知建置之故，备其事来闻。皇太子从之。六月庚戌，置交趾乂安、新平、顺化三卫，演州守御千户所，乂安卫南靖守御千户所。时总兵官英国公张辅以四府与老挝、占城、暹蛮接境，土地广远，夷民繁夥，宜有控制，同黔国公沐晟议，请于各府置卫所，籍土军，以土官指挥千户理其事，仍请给印信。皇太子从之。

十二月庚寅，设交趾宁化州瑰县巡检司。

十三年四月壬申，设交趾演州府之葵州，乂安府之茶笼、王麻二州。定升华府之升、华、思、义四州所隶县。升州领黎江、都和、安备三县。华州领万安、具熙、礼悌三县。思州领特平、白乌二县。义州领义纯、鹅杯、溪绵三县。五月甲辰，设交趾三江府税课司，沱江东潮二州并清玻、麻溪、夏华三县五税课局。太原府广积库。利仁县之泾濠江、上思郎州之通广、新华县之司冈、江口、杨舍社三巡检司；革谅山府水浪县税课局。八月丙戊，徙交趾新安府治于镇夷卫城内，改南策州并至灵县隶之，以多翼、太平二县隶镇蛮府。初南策、至灵隶谅江，多翼、太平隶新安，至是交趾布政司言，南策、至灵近新安，多翼、太平近镇蛮，改隶为便；镇夷卫正在南策、至灵之地，宜移新安府治于镇夷城内为便。上悉从之。丁亥，并交趾清化府之古弘县入古藤县；爱州之河中、统宁二县，九真州之缘觉、结悦二县，各入本州；谅山府之新安县入丹巴县，如敖县入丘温县，董县入镇夷县；七源州之水浪县入本州，琴县入渊县；上文州之杯兰县入本州；新平府之知见县分隶衙仪、福康二县；政平州之古邓、从质、政和三县，南灵州之丹裔县，各入本州，夜度县入左平县；利仁州之古礼县入本州，古榜县入平陆县，古者县入利仁县；三带州之元郎县入扶宁县；威灵州之太堂县入本州，镇蛮府之新化县入廷河县，神溪县入古兰县；靖安州之安立县入安和县，西关县入太平县，河瑰县入多翼县；武宁州之安丰、武宁二县，北江州之安越县，南靖州之河黄县，欢州之沙南县，各入本州，路平县入衙仪县；建平府之平立县入安本县；长安州之安谟县入安宁县；建昌府之俸田县入建昌县；快州之施化县，宣江州之虎岩县，各入本州；谅江府之古勇县入清远县。革演州府，以千冬县入演州，并演州之芙蓉县入琼林县。革威蛮、利仁、福安、南策、谅江、嘉林、沱江、七源八州，应平、清威、太堂、古勇、平河、太平、河瑰、多翼、西关、同利、武宁、善才、细江、麻溪、清波、夏华、文盘、文振、麻笼十九县及上洪州之金缕、爱州之椿市、多锦县之麻浪、唐安县之司王、保禄县之下昌、古杜县之大拜市税课局；其宣化府之长江、威蛮州之山定、利仁州之养顽、慈廉州之上古、慈廉县之兵神、清威县之清威、太堂县之江潭、清远县之翁罗、古勇县之粉池、唐安县之泾哈、平河县之冻美河、四岐县之安定社、四岐社、域个娄社、安老县之古斋场、支封县之阿蹑社、胶水县之圆光、安谟县之安谟海口河泊所、同安、支俄、长罗、三场盐课司，太平县之唵江口、结悦县之沉渠口二巡检司，三带州仓，并革之。

十四年二月辛巳，设交趾顺为县之仆江口、水尾县之清水江、宁阳医学、僧网、道纪等司，交州、北江、建平、谅江、奉化、建昌、镇蛮、新安、化州之鸡江口三巡检司。五月丙午，设交趾府州县儒学及阴清化、三江、太原、宣化十二府，归化、宁化、三带、慈廉、福安、武宁、北江、长安、谅江、上洪、快、清化、爱、东潮、下洪、南策、洮江、沱江、宣江一十九州，慈廉、石室、平陆、安乐、立石、抚宁、清潭、芙蔔、嘉林、超类、慈山、东岸、善誓、细江、善才、大湾、望瀛、清远、凤山、平河、保禄、安宁、古陇、唐安、西真、胶水、真利、布、建昌、芙蓉、东结、永涸、太平、水棠、古费、安老、同利、清沔、至灵、安定、梁江、麻溪、清波、夏华、西栏、安定、司农、永通、洞喜、武礼、当道、文安、旷杨、底江、乙、平原、收物、蒙、麻笼、安立六十一县儒学；谅江、建昌、镇蛮、新安、三江、太原六府，归化、福安、慈廉、北江、武宁、嘉林、谅江、上洪、快、东潮、下洪、南策、沱江、万崖十四州，石室、应平、善才、安宁、平河、保禄、安宁、唐安、多锦、真利、布、芙蓉、东结、峡山、水棠、古费、安老、至灵、麻溪、清波、夏华、古农、当道、杨底江、平原二十六县阴阳学；建昌、镇蛮、新安、太原、宣化、五府，嘉兴、三带、威蛮、北江、嘉林、谅江、上洪、东潮、下洪、洮江、沱江、宣江十二州，麻笼、安立、水尾、蒙清、威应平、细江、善才、望瀛、大湾、清远、平河、唐安、多锦、安宁、古陇、顺为、太平、真利、布、芙蓉、东结、永涸、安老、水棠、清沔、麻溪、清波、夏华、古农、收物三十一县医学；新安、清化、太原三府僧纲司；嘉兴、广威、归化、北江、长安、谅江、上洪、快、东潮、下洪、靖安、九真、洮江、沱江、宣江、七源十六州僧正司；慈廉、扶宁、安乐、立石、石室、清威、清潭、芙蓾、嘉林、超类、慈山、东岸、善誓、细江、善才、大湾、望瀛、安本、平河、保禄、安宁、唐安、多锦、顺为、西真、美禄、真利、布、建昌、芙蓉、东结、多翼、古兰、廷河、太平、峡山、水棠、古费、四岐、同利、清沔、至灵、安定、东山、梁江、麻溪、清波、夏华、古农、富良、安定、当道、旷杨、收物、美良五十六县僧会司；建昌、镇蛮、新安、清化、太原、宣化六府道纪司；归化、福安、利仁、慈廉、武宁、北江、嘉林、长安、上洪、快、东潮、下洪、南策、洮江、沱江十五州道正司；慈廉、立石、清潭、清威、嘉林、超类、慈山、东岸、善誓、善才、望瀛、安本、黎平、平河、保禄、唐安、美禄、西真、芙蓉、东结、太平、水棠、古费、安老、四岐、清沔、至灵、麻溪、清波、夏华、安定、当道、文安、旷、乙、大蛮、收物三十七县道会司。

庚戌，交趾总兵官英国公张辅言，自广东钦州天涯驿经猫尾港，至涌沦、佛淘，从万宁县抵交趾，多由水道，陆行止二百九十一里，比丘温故路近七驿，宜设水马驿传以便往来。从之。于是设广东钦州之防城、佛淘二水驿，宁越、涌沦二递运，佛淘巡检司，灵山县之龙门、安迁二马驿，安河、格木二递运所，交趾靖安州之同安水驿，同安递运所，万宁县之万宁水驿，万宁递运所，新安县之新安、安和县之安和、东潮州之东潮三水驿，至灵县之平滩水驿，平滩递运所，慈山县之慈山水驿；改交趾嘉林县嘉林马驿、交州府泸江马驿、广东钦州天涯马驿俱为水马驿；广西横州州门水驿隶南宁府；设交趾新安守御千户所。七月己亥，复设交趾演州望江镇、乂安府临安镇二金场局。先是以蛮人弗靖，罢二局，至是寇平，复置。十月戊辰，设交趾安乐县之皋、农贡县之永通、董县之董站三马驿。

十五年正月庚戌，改交趾前演州府之葵州隶清化府。五月，设北关守御千户所于交趾归化州，隶云南都司。设交趾东潮等州县巡检司：东潮州之古辇江、下墓翁，支封县之阿蹑社，四岐县之但江，善才县之个齐江口，平河县之麻牢江，峡山县之泾河高，靖安县之户陈，安和县之大陇，东潮县之新安社、淡水江，水棠县之竹洞社，同利县之婆移江，布县之语江口，演州之羊变社，偈江县之可楞江，古社县之三汊江，思容县之婆门社，亲安县之脱门海口。其演州之偈江、古社、思容、新安四县民少，如所设弓兵不能及数，命于卫所土军内拨补。六月丙戌，改交趾建昌府永涸县隶本府。初永涸县隶快州，以本县言去府近于州故也。九月丙寅，设交趾乂安府广积库，衙仪县丹哈海门巡检司，盐课提举司之博济、广济、远济、安济、演济五盐仓，南界、真福、千冬三场盐课司。十六年正月己卯，设交趾新安府之太平桥、镇蛮府之海潮江、建平府之大安海口、清化府之巴礼三江、演州之千冬、乂安府之明市、奇罗，凡七批验盐引所，各置大使一员。八月己卯，改隶交趾所属巡检司、马驿、递运所。先是并省各府州县，而其所属衙门尚未厘正，至是改交州府大堂县之三江口及场津桥二巡检司隶威蛮州，利仁州古榜县之泡桥、永江口二巡检司隶平陆县，武宁州武宁县之市桥马驿及递运所、宣江州虎岩县之三岐江口巡检司各隶本州，长安州安谟县之神投海门、安谟海口、小安海口、虎河队江口四巡检司隶安宁县，新安府河瑰县之支隆渡巡检司隶镇蛮府多翼县，新安府西关县之支来庄巡检司隶镇蛮府太平县，镇蛮府新化县之司罡江口杨舍社巡检司隶廷河县，神溪县之古刀镇巡检司隶古兰县，建昌府俸田县之俸田巡检司隶建昌县，谅山府董县之董站驿隶镇夷县，清化府古弘县之会潮海口巡检司隶古藤县，爱州河中县之灵长海口、灵长渠二巡检司隶本州，缘觉县之天甲海口、布卫海口二巡检司及结悦县之濠渠口、队限二巡检司隶九真州。十一月癸亥，置交趾丘温卫。

十七年三月癸酉，设交趾谅山府及七源、广源、上交、下文、万崖、上思郎、下思郎、九真、嘉兴、广威十州，多翼、古兰、丘温、镇夷、丹巴、脱渊、大蛮、宣化、富良、弄石、大慈、感化、永宁、宋江、俄乐、安乐十七县儒学；宣化府阴阳学，僧纲司；广威州阴阳学，医学，道正司；万崖州僧正司；太平、镇夷二县阴阳学；太原县医学，僧会司，道会司；古兰县医学，道会司；多翼、洞喜二县阴阳学，医学，道会司；乂安府常丰仓，新平府常平仓，建昌府广平仓。四月壬午，改交趾文振县之甘棠驿隶文盘县。八月丙申，设交趾谅山府之七源镇及三江府之归化镇、宣化府之宣光镇金场局，局置大使二员、副使四员。九月丙辰，并交趾化州之利蓬、思蓉二县入士荣县，乍令、蒲浪、蒲苔三县入化州，顺州之利调、安仁、不兰、巴阆四县入顺州，新平府之福康县入衙仪县，南灵州之左平县入本州，乂安府之支罗、土油二县入衙仪县，土黄县入古杜县，真福县入欢州，偈江县入石塘县，南靖州之盘石县入本州，奇罗县入河华县，欢州之东岸县入本州，清化府之安定县入永宁县，梁江县入古雷县，东山县入古藤县，清化州之安乐县入本州，磊江县入俄乐县，爱州之宋江县、九真州之农贡县各入本州，谅山府之下文州入上文州，下思郎州入上思郎州，七源州之脱县入渊县，宣化府之文安县入旷县，乙县入底江县，太原府之司农县入安定县，洞喜县入富良县，太慈县入宣化县，谅江府之凤山县、谅江州之安宁县入清远县，那岸县入陆那县，谅江州之保禄、古陇二县入本州，上洪州之多锦、唐安二县入本州，建平府之望瀛、太湾二县入懿安县，长安州之黎平县入本州，建昌府之布县入建昌县，快州之芙蓉县入本州，东结县入永涸县，新安府之至灵县入南策县，东潮州之水棠县、下洪州之四岐县各入本州，清沔县入同利县，靖安州之支封县入安和县，云屯县入靖安州，三江府洮江州之清波县入本州，麻溪县入夏华县，沱江州之古农县、宣江州之西栏县各入本州，交州府福安州之清潭县入东关县，芙蕾县入福安州，三带州之安朗县入安乐县，扶宁县入立石县，威蛮州之清威县、利仁州之利仁县各入本州，北江府之超类县、武宁州之东岸县并入嘉林县，慈山县入武宁州，嘉林州之细江、善才二县、北江州之善誓县、广威州之美良县、归化州之安立县、嘉兴州之蒙、笼二县、宁化州之赤土、瑰二县演州之茶清县各入本州；革镇蛮府为镇蛮州，以所隶古兰廷河二县并入本州，多翼县入太平县；奉化府为奉化州，以所隶美禄、顺为二县并入本州，西州县入胶水县；革谅山府之镇夷仓、谅江府芹站仓、奉化府广积仓，北江府东岸县税课司。二十二年九月癸巳，掌交趾布政司事工部尚书黄福奏，请设北江州三江口、丕禄县明市社二巡检司，从之。

宣德元年四月己巳，设交趾谅山府隘留关、董站二巡检司。隘留关旧为小关堡，董站旧为董站堡，俱以土兵土民守之，因谅山府言其山菁险要，请罢堡，置巡检司，改民兵为弓兵，故置之。

《大学衍义补》

交趾本秦汉以来中国郡县之地，五代时为刘隐所并。至宋初始封为郡王，然犹授中国官爵勋阶，如所谓特进检校太尉静海军节度观察等使及赐号推诚顺化功臣，皆如内地之臣，未始以国称也。其后封南平王，奏章文移，犹称安南道。孝宗时，始封以王，称国，而天下因以高丽真腊视之，不复知其为中国之郡县矣。李氏传八世，陈氏传十二世，至日焜，为黎季犛所篡。季犛上表，窜姓名为胡一元，子苍易名查，诈称陈氏绝嗣，查为甥，求权署国事，我太宗皇帝从其请。逾年，陈氏孙名添平者，始遁至京，诉其实，季犛乃表请迎添平还国。朝廷不逆其诈，遣使送添平归，抵其境，季犛伏兵杀之，并及使者。事闻，太宗遍告于天地神祇，声罪致讨，遣征夷将军朱能等征之。能道卒，命副将张辅总其兵，生擒季犛及其子苍澄，献俘京师。诏求陈氏遗裔立之，国人咸称季犛杀之尽，无可继承者，佥请复古郡县，遂如今制，立交趾都、布、按三司及各府州县卫所诸司，一如内地。其后有黎利者，乃其夷中之夷也，中官庇之，遂致猖肆，上表请立陈氏后。宣宗皇帝谓此皇祖意也，遂听之，即弃其地，俾复为国。

呜呼！自秦并百郡，交趾之地已与南海桂林同入中国。汉武立岭南九郡，而九真、日南、交趾与焉。在唐中叶，江南之人仕中国，显者犹少，而爱州人姜公辅已仕中朝，为学士宰相，与中州之士相颉颃矣。奈何世历五代，为土豪所据，宋兴，不能讨之，遂使兹地沦于夷狄之域，而为侏离蓝缕之俗；三百余年，而不得与南海、桂林等六郡班班然衣冠礼乐，以为声名文物之乡，一何不幸哉！其间宋人虽一逐其王，元人虽再入其国都，而终不能有。

我太祖皇帝开国之初，陈氏首先纳款，太祖著之祖训，不许后人伐其国。陈氏为贼牦所戕，太宗皇帝体高皇之意，不绝陈氏之嗣，遣使送还其国，贼牦乃杀之，并及使者；不得已兴师平之；求陈氏后不可得，乃用汉唐故事，复立郡县。而守臣不谨，遂至夷獠复肆；而黎利者，以求得陈氏后为辞。宣宗皇帝体文皇之心，俾复继陈氏之绝，不逆黎利之诈，遂为所蔽。群臣屡请兴兵讨之，章皇帝念圣祖之垂训，因置不问，而九真、日南之域，秦汉以来之遗民，既得见天日，而又沦于幽谷之中，何其重不幸哉！

窃惟今日疆域，远过有宋，并于唐，而不及汉者，以失岭外此三郡也。幸而得之，而又失之，似若可惜，然守祖宗之训，而不愆不忘，此继述之大孝，守成之大体也。所可惜者，一方之民重不幸耳。

安南疆域，在秦汉为三郡地。今其地东起广东之钦州，迤西历广西之左江，至云南之临安、元江为界。钦以东，海道与之对境，钦之西，乃南宁府界。南宁之东南，思明府所属。上思州、忠州、上下石西诸州，太平府所属。龙英、太平、安平、上下冻诸州，皆与之接境，而龙州乃其所必由之路。而凭祥县，则其要害也。镇安府所属有归顺及下雷峒，亦与之接境。二峒迤西，则云南界矣。临安之阿迷州、左能寨等九长官司皆其近界。元江有水路通之，而蒙自县则其所必由之路也。其道路在广西，则由太平府历龙州及凭祥县，抵其谅山府，至其所称东都者，可七日程。在广东，则自钦州西南，一日至其永安州，由玉山等处至其东都，可五日程。在云南则由临安府经蒙自县河底之莲花滩，至其东都，可四五日程。此中国与交南边境之大略也。

夷情论曰，安南占城本汉郡也，故言语文字犹通乎中国。真腊以西则皆扶南裸国所属也。自汉时憍陈如以天竺婆罗门主之其名见于四十二章经（明帝遣郎中蔡愔、秦景使天竺求得之，此佛经入中国之始。婆罗门，华言僧也）。佛与菩萨偏袒右肩，其为裸国之俗可知矣（男证果曰佛，女证果曰菩萨。按可谈云："乐府有菩萨蛮，不知何物。"及在广州，见呼番妇为菩萨蛮，乃知观世音以女证果，故云尔）。夫天竺，释迦之所自生也。佛法行于东西二洋，善者若赤土瞿昙氏，恶者若罗刹鬼国，化而耆之，有幻术焉。达摩西来，传至慧能，三鼓入室，密授衣钵，行至庾岭，有夺之者，提掇不动是也（语在《杂事》）。至今番僧犹传其术，虽倭奴亦事佛而任僧。其谓根尘寂静，心地清凉，见得本性，自然极乐者。荐绅喜之，多弃孔颜博约之教，而求径焉。殊不知此乃吾人剿入洗心尽性之说，而易其词耳，岂有番夷海寇所习言语文字，反妙于中国者哉？（达摩西来，不通中国言语文字，而谓楞伽四卷可以印心。其言五法、三自性八识、二无我反为支离。又达摩传至六祖，有禅宗《金刚经》。是时房融知南铨，寓广州，番僧持楞严梵本就寺译出而笔授之，增入菩提诸义，士夫亦喜观之。白莲教去其繁文，止歌演其咒，以焚香聚众，称孔雀明王，其流祸惨矣。又《圆觉经》云："一者理障碍正知见，二者事障续诸生死。”亦为阳儒阴释者所宗。潮人林大钦作性日照空万障说，而披猖慆淫以死。近又有立息心火以延国脉之说，骂孔子“四十不惑”为顽皮者，与其徒拍柱打拳以为乐。言之无文，动不以礼，一至于此！故罗整庵诗有句云：“不是皇天分付定，中华那复有衣冠？”）李文凤氏欲讨安南不贡之罪，嗟乎！其寇内讧久矣。

附 注

注一：二十六年四月，巡按应朝卿题覆，奉圣旨：是。陈恩等着该抚按官责令安疆臣解发勘结，若再庇护，参来重处。新贵久已设县，不必再勘，余依拟。钦此。

注二：交趾地东西相距一千七百六十里，南北相距二千八百里。

交趾西南夷备录

安南国

古交趾也（南方夷人足趾开拆，两足并立，足则相交，故名。自汉武开郡，谪戍其人百骸与华无异）。帝颛顼时，南至于交趾，莫不砥属。帝尧时，申命义叔宅南交。周成王时，交趾南有越裳氏重三谭而来朝，越裳，即九真也。秦以交趾隶象郡。汉初属南越；武帝平之，置交趾、九真、日南三郡，兼置交趾刺史，治羸陵（羸，音莲；陵，音柳）。光武中兴，交趾、九真、置守（任延锡光）。教其耕种，制为冠履，始知婚娶，渐立学校。建武十六年，女子征侧反，马援讨平之，立铜柱为界（相传在钦州古森洞上有援誓云："铜柱折，交趾灭。"交人过其下，必掷土石培壅之。抵思明府南又日南郡西，亦植二铜柱）。献帝建安中，改为交州。吴孙权分交州为广州，而徙交州治龙编（《交州记》，县西有仙山，上有石室，下有句漏县，数百里有三江，筑城时有龙见，故以名县）。晋宋齐梁陈隋并因之。唐初改安南都护府，属岭南道，安南之名始此（交趾郡为交州，分武峨州、粤州、芝州、九真郡为爱州，分福禄州、长州、日南郡为欢州，分峰州、陆州、汤州，又有禺州、岩州，凡一十二州）。后改静海军，分属岭南西道。五季梁贞明中，为土豪曲承美所据，送款于梁，得节度使。时南汉擅命岭表，遣将李知顺（一作克鄘）伐承美，执之，乃并有其地（已上详见《事纪》）。寻为爱州将杨延艺所据，南汉署为交趾节度使，传子绍洪。后州将吴昌岌夺之，传其弟昌文。宋乾德初，昌文死，吴处玶等争立，管内大乱；有丁部领者平之，自称大胜王，私署其子琏为节度使，闻南汉平，上表内附。八年，诏封部领为交趾郡王，琏为节度安南都护，自此始为番夷矣。后部领及琏死，琏弟璿立，尚幼，大校黎桓篡之（丁氏传世共十一年）。太平兴国五年，诏刘澄、贾湜、王僎为水路兵马部署，自广州路入讨桓，破之于白藤江口。转运使侯仁宝率军先进，澄等逗回花步，桓诈降以诱仁宝，遂为所害；转运使许仲宣驰奏，遂班师。澄病死，诏戮湜等而赠仁宝工部侍郎。桓上表谢罪。雍熙二年入贡，以桓为安南都护充静海军节度使；四年，封交趾郡王（黎民有交趾自此始）。至道元年，寇钦州如洪镇。景德元年，桓卒，中子龙钺立，为其弟龙廷所篡。其从兄明护率其下千余人奔廉州乞讨，诏不许，令广州优加资给。四年，龙廷入贡，遂得绍封。大中祥符元年，大校李公蕴逐之，自称留后（黎氏传世共二十年）。诏以公蕴为节度使，封南平王；卒，子德政嗣；德政卒，子日尊嗣。嘉祐四年，寇钦州思禀管；五年，与甲峒贼寇邕州，诏安抚使余靖讨之，靖遣谍诱占城国，广南西路兵甲趋交趾，日尊上表待罪。熙宁二年，表言占城国久缺贡臣，亲帅兵讨之，虏其王，遂僭称大越皇帝，追尊公蕴为太祖皇帝，改元宝象，又改神武，五年卒。传子乾德，知桂州。刘彝听偏校言，以为安南可取，大治戈船，遏绝表疏。熙宁八年冬，遂分三道入寇：一自钦州，一自广府，一自昆仑关；连陷钦、廉二州。遣招讨使郭逵讨之。九年十二月，逵破蛮决里隘，次富良江，败其精兵，杀其王子洪真。乾德惧，遣使奉表诣军门纳款，乞修职贡，还所夺州县。诏谕倏尽还省界，即赐以广源州（乾德初，约归钦、廉、邕三州官吏千人，久之才送民二百二十一口，男子年十五以上皆刺额曰“天子兵”，二十以上曰“投南朝”；妇人刺左手曰“官客”。以舟载之而泥其户牖，中设灯烛，日行一二十里则止，而伪作更鼓以报，凡数月乃至。盖给示海道之远也。然广源旧隶邕管羁縻，本非交趾所有，吾民遭其荼毒，反益地与之）。乾德卒，子阳焕立；阳焕卒，子天祚立。淳熙元年二月，进封天祚为安南国王，安南之为国自此始。天祚子龙朝，龙朝子昊昷，皆绍封；昊昷卒，无子，女昭盛主国事（李氏八世共二百二十二年）。绍定三年，昭盛避位于夫陈日煚；四年，诏封日煚为安南国王；景定三年，表乞世袭，诏以日煚为太王，而其子威晃绍封。威晃一名光昺，始立诡名，以欺中国矣。是时元世祖既平云南，遂遣师入取广西道，光昺上表奉贡。中统二年，封为安南国王。至元十四年卒，子日烜不请命自立。世祖遣人召之入觐，光昺不行。明年再召，以疾辞，止令其叔遗爱代觐。世祖怒，封遗爱为王，以兵千人送之就国，安南弗纳，遗爱惧，夜逃去。二十一年冬，命镇南王脱欢、平章阿里海牙征之，进兵临境，日烜拒敌，溃走。二十二年，日烜僭称大越皇帝，袭其父名威晃（父子同名犹林邑阳迈也），传位于其子日燇，自称太上皇（按李陈相承，皆僭大号，光昺改元绍隆，日燇改绍宝）。其弟益稷归顺，入见，后封益稷为安南国王。二十四年，大发兵讨之，命脱欢及平章奥鲁赤统师送益稷平定其国，水陆分道，合云南兵进。万户张文虎等运粮十七万石，琼州路安抚使陈仲达等出兵船以从。日烜遣使入贡，师次思明，由海道经玉山、双门、安邦口，遇其舟师，斩首四千余级，生擒百余人，凡十七战，皆捷。张文虎次屯山，遇其舟师，击之，多寡不敌，乃沉米于海，趋琼州，余粮船亦多漂至琼，士卒与船粮亡失者十一。脱欢以诸军度富良江，败其守城兵，日烜与其子弃城走入海岛。二十五年，师次天长海口，不知其所往，引兵还交趾城，诸将破其诸寨，至三江口而粮船不至，乃还。谍知日烜及其子分兵三十余万守女儿关及丘急岭，连亘百余里，以遏归师。脱欢遂由单已县趋盝州，间道以出思明州，命爱鲁引兵还云南，奥鲁赤以诸军北还。日烜遣使谢罪，二十七年，卒。日燇遣使入贡，诏谕来朝，日燇不从，又议征之，会兵湖广行省，益稷与焉。会世祖殂，成宗命罢征。日燇遣使上表慰国哀并献方物，愿为藩臣，自是贡献不绝，后封为安南王。至大四年，世子日奣遣使奉表来朝，寻入寇广西，俾湖广行省发兵讨之。泰定三年，世子日焯遣使入贡；至顺三年，世子日焯遣使入贡，皆不称王，惧讨也（按陈天平自称日烜之孙、天明之子，盖有名天明者），传至日煃。本朝洪武元年冬，上遣汉阳知府易齐赍诏往谕安南（诏曰：昔帝王之治天下，凡日月所照，无有远近，一视同仁。故中国尊安，四方得所，非有意于臣服之也。自元政失纲，天下兵争者十有七年，四方遐远，信好不通。朕肇基江左，扫群雄，定华夏，臣民推戴，已主中国，建国号曰大明，改元洪武。顷者，克平元都，疆宇大同，已承正统方兴，远迩相安于无事，以享太平之福。惟尔四夷君长酋帅等，遐远未闻，故兹诏示，想宜知悉）。二年，日煃遣使入贡请封，遣翰林侍读学士张以宁、典薄牛谅往封日煃为安南国王，赐驼纽涂金银印。十月至其界，而日煃先卒，其从子日熞嗣，遣使告哀，且请封。上自制文遣翰林编修王廉克吊祭，使吏部主事林唐臣充颁封使，封日熞为安南国王并取前使张以宁等所护印及赐物畀之。廉既行，又诏以汉伏波将军马援昔讨交趾，立铜柱为表以镇服蛮夷，其功甚大，命廉就祭之。三年秋八月，廉等至安南，日熞与陪臣出迎于郊，奉御制文于彩舆迎入，别设日煃灵位，使者南面宣之，日熞率其臣再拜俯伏以听，成礼而退。翌日，唐臣等捧诏印授之，日熞率其臣北面跪受。初，交人惟以长揖为敬，至是始行稽首顿首礼。自表谢后，岁常入贡，谨修臣职（国初设镇南关于凭祥；弘治己未，安南陪臣黎彦俊与凭祥知州李广宁奏争贡路欲专由龙州，不允）。日熞寻为其伯叔明所篡。五年二月，叔明遣使入贡，却之。七年，叔明遣使奉表谢罪，贡方物，且请封。诏叔明且以前王印视事。寻表称年老，以弟煓代视事，许之。八年六月，煓遣使请朝贡期，诏三年一朝贡，若王立，则世见。十一年正月，遣使告煓卒，弟炜代。十二年冬十二月，炜入贡，诏谕与占城平（谕安南国王陈炜伯、陈叔明曰：朕闻春秋诸侯之国，皆自丧其福，然后相继而灭亡者，云何？盖由逆君命而祸黔黎，故天鉴若是，有不能逃其祸也。使当时诸侯惟天王之命是从，岂不同周之固邪？何期舍长久富贵而贪高位，致富贵管草秒之朝露。贤不云乎，“毋为祸首，毋为福先。”尔叔明自临事以来，国中多故，民数流离，此果尔兄弟慕福而若是邪？抑民有愆而致是邪？然既往者不可谏，岂不知来者之尚可追？《易》不云乎，“积善之家，必有余庆；积不善之家，必有余殃。”斯言若行，则天意可回矣。且天地之广，长民者众。若邦有道，固封疆勿外求，则永为世福；若越境而殃他民，则福命未可保也。尔安南与占城忿争将十年矣，是非彼此，朕所不知。其怨未消，而仇未解，将如之何？尔叔明如听朕命，息兵养民，以承天鉴，后必有无穷之福；若否朕命而必为，又恐如春秋之国，自取灭亡也。古人有云，“以道佐人主者，不以兵强天下。”何者？杀伐之事好还，故知者不为也。尔如鉴春秋之失，毋蹈往辙，岂不美乎？宜悉朕意，毋有忽）。十三年，叔明屡遣使入贡方物，诏戒谕之。二十一年冬十二月庚午，炜为其国相黎季犛幽于城外大阳坊，寻弑之，立叔明子日焜，至国事大柄皆出季犛。二十九年二月，遣使以叔明死告哀，上以叔明篡弑得国，谕礼部臣曰："叔明怀奸挟诈，残灭其主，不义如此，庸可与乎？若遣使吊慰，是抚乱臣而兴贼子也。异日四夷闻之，狂谋踵发，亦非中国抚外夷之道也。尔礼部咨其国知之。"三十二年（革除建文元年），季犛弑其主日焜而立其子顒，未几复杀顒，而立其幼子㝅，寻复杀之，大杀陈氏宗室而夺其位。季犛更姓名曰胡一元，其子苍更曰胡奃，自谓舜裔胡公满之后，改国号曰大虞（改元元圣）。季犛僭称太上皇，奃为大虞皇帝（陈氏十二世共一百七十年）。永乐元年，夏四月，遣使奉表贺即位，具奏称陈氏之甥为众所推，权理国事，乞赐封爵。遣行人杨渤往察之。闰十一月，奃遣使随渤入朝，进其陪臣耆老奏章，谓实陈氏外孙，遂封为安南国王（奃僭号如故，改元绍成）。二年八月，陈氏旧陪臣裴伯耆潜入京师，奏季犛父子弑主篡位，乞复立陈氏子孙。未几，老挝宣慰司亦送日烜孙陈天平至，上怜而纳之，命有司赐居第，月给廪饩。十二月，安南贺正旦使至，上命礼部出天平示之，使者识其故王孙也，皆错愕下拜，有感泣者。伯耆在列，亦责使者以大义，皆惶恐不能对。三年春正月，遣使赍敕责之，奃上表谢罪。上使行人往谕奃迎还天平以君事之，当建尔上公，封以大郡。奃奏请迎还如命。四年春正月，广西总兵官征南将军都督同知韩观受敕选兵五千，左副将军都督佥事黄中等将之，待天平至，送之还安南。三月送天平，将至芹站，伏发，劫天平，杀之。时大理寺卿薛岩谪广西，中举以辅行，亦自经死。四月报至，上大怒，发兵讨之。七月戊子朔，遣使祭告岳镇海渎之神，遂命成国公朱能为征夷将军充总兵官、西平侯沐晟、新城侯张辅副之，有黄中俾立功赎罪（时贼得志，改元开大）。九月，师出龙州，能以病薨。冬十月，辅等率师至隘留关，大破之，贼皆散走。辅传檄数其大罪二十，求陈氏子孙，复其王爵。兵自芹站以西至北江府新福县，谍知沐晟军至白鹤，遣将往会，沿江筑城树栅，相连亘九百余里，尽发江北诸府州民守之。朱能讣闻，上命辅充总兵官，敕曰："大将军开平王常遇春、偏将军岐阳王李文忠等率师北征，而开平王卒于柳河川，岐阳王率诸将扫荡残胡，终建大勋。尔等宜取法前人，殄除逆贼。"仍调两广、江浙、荆闽兵八万从征。师至多邦城，辅攻西南，晟攻东南，贼接战，驱象当前，以画狮蒙马；翼以神机铳，象伤于铳箭，皆退走；突城长驱而进，遂克之，贼蹈藉及被杀死者不可胜计。于是循富良江南下，破其东都，贼弃城遁；乃驻军城东南，招辑抚纳日以万计，皆给榜使复业。左右参将李彬、陈旭击西都城，贼逃入海，于是三江路宣江、洮江等州县次第来降。是年擢凭祥知县李升子庆清仍故父职，以伺察贼情。永乐五年正月，辅合兵自往江济军袭筹江栅破之，又攻万劫江、普赖山，斩贼首三万七千三百九十级，获贼将杀之，余党溃散，尽得其船，仍使

降人陈封招抚谅江、东潮等处人民，使皆安业，于是郡邑闻风相继降附。得谍报，季犛及其子澄等聚舟于黄江，遂水陆并进，至木丸江，贼舟胶浅，遂大败，杀贼将阮仁子等，斩首万余级，生擒贼将百余人，皆斩之。三月甲子，南策州人莫邃等同北江等府县耆老千百二十人诣军门，言陈氏子孙被黎杀尽，无可继承，愿复古郡县；即日遣人驰奏，上闻追贼败之于富良江，生擒伪工部尚书阮希周，斩将军射及将卒数万人，江水为赤。乘胜

长驱至黄江，□□无算。黎贼父子以小舟遁去，伪吏部尚书范元览等及将兵来降。五月己未，我师至自南州出奇罗海口，生擒黎季犛，后擒其子澄于海口山中。乙丑，安南土人武如卿等于永盎海口高望山获伪大虞国王黎苍、伪太子芮及其子孙弟侄，伪梁国王黎澂等，并贼将伪柱国东山乡侯胡杜等，安南平。壬午，平安南捷奏至，群臣称贺，上曰："此诚天地宗社之灵，将士用命所致，朕何有焉？"群臣复以开设三司郡县，请降诏行之。六月癸未朔，诏天下以安南平，立交趾都、布、按三司及军民衙门，设官分理；境内高年硕德，有司即加礼待；穷民无依者，立养济院以存恤之；有怀才抱德可用之士，有司以礼敦遣至京，量才于本土叙用。仍降敕褒谕辅等，休息士马，俟天气清肃，即班师。复敕辅等曰："得所奏陈氏实已绝嗣，郡县不可无统，请设三司抚治军民，今皆如所请。"立交趾都指挥使司以都督佥事吕毅掌司事，黄中为副，再选能干都指挥二人副之。布政司、按察司以尚书黄福兼掌之，前工部侍郎张显宗、福建布政司左参政王平为左右布政使；前河南布政司左参政刘本、右参政刘昱为左右参政；前江西按察使周观政、安南归附人裴伯耆为左右参议；前河南按察使阮友彰、按察副使杨直为按察副使，前太平府知府刘有年为按察佥事。别选辨事官发去，可于府州县等衙门官内任用，仍具名来闻，不足者别令吏部铨注。今遣印信付尔给授之。改大理寺卿陈洽为吏部左侍郎，遣郎中张宗周等以吏部勘合二千道付之，令其与新城侯张辅、西平侯沐晟、兵部尚书刘隽量才给与，勘合授职。开设十五府：交州府领州五、县二十三（本府领东关、慈廉二县，威蛮州领山定、清威、应平、大堂四县，福安州领保福、芙蕃、清潭三县，三带州领扶隆、安郎、扶宁、安乐、立石、元郎六县，慈廉州领丹山、石室二县，利仁州领清廉、平陆、古榜、古者、古礼、利仁六县）。**北江府领州三、县七**（本府领超类、嘉林二县，嘉林州领安定、细江善才三县，武宁州领仙游、武宁、东岸、慈山、安丰五县，北江州领新福、善誓、安越三县）。**谅江府领州三、县十五**（本府领清远、古勇、凤山、那岸、陆那五县，谅江州领清安、安宁、古陇、保禄四县，南策州领青林、至灵、平河三县，上洪州领庚濠、唐安、多锦三县）。**三江府领州三、县七**（洮江州领山围、麻溪、清波、夏华四县，宣江州领东拦、西栏、虎歙三县，沲江州领陇拔、古农二县）。**建平府领州一、县九**（本府领懿安、安本、平立、大湾、望瀛五县，长安州领威远、安谟、安宁、黎平四县）。**新安府领州三、县二十一**（本府领峡山、太平、多翼、阿瑰、西关五县，东潮州领东潮、古费、安老、水棠四县，靖安州领同安、支封、安立、安和、新安、大渎、万宁、云屯八县，下洪州领长津、四岐、同利、清汙四县）。**建昌府领州一、县九**（本府领倖田、建昌、布、真利四县，快州领仙吕、施化、东结、芙蓉、永涸五县）。**奉化府领县四**（美禄、胶水、西真、顺为四县）。**清化府领州三、县十九**（本府领古滕、古弘、东山、古雷、永宁、安定、梁江七县，清化州领俄乐、细江、安乐、磊江四县，爱州领河中、统宁、宋江、支俄四县，九真州领古平、结悦、缘觉、农真四县）。**镇蛮府领县四**（新化、廷河、古兰、神溪四县）。**谅山府领州七、县十六**（本府领新安、如敖、丹巴、丘温、镇夷、渊董七县，七源州领水浪、琴、脱、容、披、平六县，上文州领杯兰、庆远、库三县，余下文、万崖、广源、上思朗、下思朗五州无县）。**新平府领州二、县九**（本府领福康、衙仪、知见三县，政平州领政和、古邓、从质三县，南灵州领丹裔、左平、夜度三县）。**义安府领州二、县十二**（本府领衙仪、丕禄、古杜、支罗、真福、士油、渴江、土黄八县，南靖州领河黄、盘石、河华、奇罗四县)。**顺化府领州二、县十**(顺州领巴关、利调、安仁三县,化州领利达、七荣、乍令、茶偈、思容、蒲苔、蒲浪七县)。**太原府领县十一**(领富良、司农、武礼、洞喜、永通、宣化、弄石、大慈、安定、感化、太原十一县。以演州,领千冬、芙蓉、芙葍、琼林四县)。**宣化州**(领旷当、道文、安平、原底、收物、大蛮、杨、乙九县)。**嘉兴州**(领笼县、蒙县、四忙三县)。**归化州**(领安立、文盘、文振、水尾四县)。**广威州**(领麻笼、美良二县)。**直隶布政司。后又设升华府,领州四、县十一**(十二年三月以黎贼所取占城之地设升华府,领升、华、思、义四州;升州领黎江、都和、安备三县,华州领万安、真熙、恺悌三县,思州领指平、白乌二县,义州领义纯、鹅杯、溪锦三县)。其余卫所大率与府州县兼设云。九月乙卯,辅等遣都督佥事柳升赍露布献俘至京,上御奉天门受之,文武群臣皆侍。兵部侍郎方宾读露布毕,以季犛及子苍、伪将相胡杜等悉付狱,而赦其子孙澄、芮等,命有司给衣食。盖入交趾有三道:一由广东,伏波以来水军皆由之,自钦州南大海扬帆一日至西南岸,即交州潮阳镇(尚书黄福议,交趾万宁县接云屯海口并连广东钦州,地方最为险要,如将钦州千户所添军立卫,或拨彼处卫所官军,或垛彼处附近有司民兵以充其数内,摘一所于南宁等处设立,以控靖地方,以通广东水路便益。嘉靖中,知府张岳访得广东海道自廉州冠山前海发舟,北风顺利,一二日可抵交之海东府。若沿海岸以行,则乌雷岭一日至白龙尾,白龙尾二日至玉山门,又一日至万宁州,万宁二日至庙山,庙山三日到海东府,海东二日至经熟社,有石堤,陈氏所筑,遏元兵者,又一日至白藤江口过天寮巡司,南至安阳海口,又南至多鱼海口,各有支港以入交州。自白藤而入,则经水旁、东湖二县,至海阳府,复经至云县,过黄径、平滩等江。其自安阳海口而入,则经安阳县至海阳府，亦至黄径等江，由南策上洪之北境以入。其自涂山而入，则取古济，又取宜阳县，经安老县之北，至平河县，经南策上洪之南境以入。其自多鱼海口而入，则由安老、新明二县至四岐，溯洪江，至快州，经咸子关以入。多鱼南为太平海口，其路由太平、新兴二府亦经快州咸子关口，由富良江以入。此海道之大略也。盖自钦州天涯驿经指尾港七站至，若由万宁抵交趾陆行止二百九十一里）。宋设砦二（鹿井砦在州西南，控象鼻沙、大水口，入海通交州水路；三村砦在州东南，控宝恰湾至海口水路，东南转海至雷州递角场。州西南边有水口六：谭家水口、黄标水口、藏涌水口、西阳水口、大湾水口、大亭水口）。并入海之路，皆置卒守焉；一由广西，至宋始开（广西路亦分为三：由凭祥州入者，由镇南关一日至文渊州；由思明府入丘温者，过摩天岭，一日至恩陵州；由龙州入者，一日至平西隘）。一由云南，至元始开（云南路分为二：由蒙自县者，经莲花滩入交之石泷；由河阳隘者，循洮江左岸十日至平原州，然皆山径难行）。张辅发兵凭祥，沐晟则从蒙自以抵白鹤县，皆不循伏波故道者，用夹攻之策以决胜也。论功行赏，进封辅为英国公，晟为黔国公。六年，辅、晟等旋师。六月丁亥，至京献交趾地图，东西相距一千七百六十里，南北相距二千八百里；上嘉劳宴赏有差。八月乙酉，都、布、按三司奏逆贼简定聚作乱（僭号改元兴庆），命晟为征夷将军，由云南往征之；十二月，战于生厥河，败绩；七年春正月，命辅为征虏副将军，率广西等卫兵四万，会晟行事。广东都指挥花英、程玚，初以畏避获罪，至是宥死从征。时简定称伪上皇，别立陈李扩为伪皇（改元重光），谓为陈氏之后。六月，辅进兵慈、廉等州，大破之；十一月，获贼首简定，遂班师，仍奏留花英等听沐晟调用。八年十二月，陈季扩请降复反。九年春正月，复命辅讨之，令户部全支将士俸粮；十二年三月，始获季扩于老挝，并阮师等械送京师，余党悉平。十三年十月，交趾叛寇陈月湖纠合清化磊江蛮作乱，适辅兵至捕贼，败走，追至天关镇赤上县擒之，械京而诛其党；十一月，敕辅还京。十五年二月，命丰城侯李彬佩征夷将军印，充总兵官镇交趾。时镇守中官马骐贪黩诛求，盗贼蜂起；闰五月，获陆那县贼人阮贞等，奏请于本境殉众，俾人知警惧，从之。冬十月，又捕获杨进等，悉斩以殉。十六年春正月甲寅，清化府俄乐县土官巡抚黎利叛，僭称平定大王，彬遣兵讨之，不克，布政司右黎政土人莫邃与贼战，死，令其子嵩袭职食禄而不任事。十七年八月，乂安府土官知府潘僚亦以马骐非理凌虐遂反，集红衣贼千余人迎敌，官军破之，僚等逃入老挝。十二月，安老县妖僧范玉聚众作乱，僭称罗平王（改元永宁），彬大败擒之。二十年正月，彬卒。七月，仁宗即位，遣中官山寿赍敕谕黎利，赦其罪，以为清化知府，利不从，逃入老挝，复还宁化州。召马骐还。洪熙初，复往交趾闸办金银珠香，上止之。会宫车晏驾，竟往为叛贼潘僚、黎利请降。宣德元年春二月，命总兵官黔国公沐晟等捕利于云南边界，诏发广东马步军赴交趾，仍谕黎利、潘僚来归，悉宥其罪，复其职役。夏四月，成山侯王通佩征夷将军印，统总兵官讨利；五月丙申，诏赦交趾，利攻乂安城，势益盛。九月，王通帅师至交趾，贼黎善三道攻城，尚书陈洽死之；十月，通进兵击贼，大败；十二月癸亥，遂传檄弃清化等州地与利；乙酉，以贼猖獗，命安远侯柳升佩征虏副将军印由广西、沐晟佩征南将军印由云南讨之，调广东兵从征。二年二月，利攻交趾城，通出兵与战，败之，其众奔溃，诸将请乘势过江击之，贼必成擒。通犹豫，经三日不出兵，贼觇知通怯，复集余众四出攻掠。四月，陷昌江城，知府刘子辅等死之；戊辰，利复攻交趾城，通敛兵不出；利致书与通请和，通遂遣人同利进表及方物。九月乙未，柳升师至隘留关，利具书诣军门罢兵息民，立陈氏之后主其地。升等受书不启封，遣人奏闻。时贼列栅拒守，升连破之，直抵镇夷关，如入无人之境。时左副总兵保定伯梁铭、参赞军事尚书李庆皆病，郎中史安主事，陈镛见升辞色皆骄，以玺书戒谕，当防贼设伏，庆强起言之，升不为备。前至倒马坡，独与百数十骑先驰，渡桥陷泥淖中，后队阻不得进，伏兵四起，升中镖死于是。右参将都督崔聚敛兵饰队。是日梁铭病死，明日李庆亦死。又明日聚率兵进至昌江，贼大驱象以助势，兵队遂乱，聚被擒，贼大呼降者不杀，官军或死或奔散，竟无降者。安、镛是日皆死，贼百计强聚降，终不屈，遂杀之。冬十月戊寅，成山侯王通大集军民官吏出下哨河，立坛与黎利盟誓，约退师，遂宴利，且遣利金织文绮表里，利亦奉重宝为谢。庚辰，沐晟师至水尾县之高寨，贼于水陆拒守，道梗不通，晟乃督兵造舟，遣人分哨逐程而进。壬午，行在鸿胪寺进利与柳升书，言求得陈氏之后曰暠者，实安南王顒三世嫡孙，窜身老挝二十年，乞循太宗皇帝继绝之明诏，使陈氏既灭而复续，一国之人蒙戴天恩于无穷也。癸未，黎利遣人进表及方物，随王通人至。上曰："论者不达止戈之义，必谓与之不武，朕亦奚恤人言，其与之。"十一月乙酉朔，命行礼部左侍郎李琦、工部右侍郎罗汝敬为正使，右通政黄骥、鸿胪寺卿徐永达为副使，赍诏往谕前安南王陈氏子孙，令头目耆老具实来闻，即遣使册封，朝贡仍遵洪武旧制。总兵官王通等即率官军各回原卫所，交趾都、布、按三司卫所府州县官吏旗军人等，各带家属回还镇守，公差内官内使悉皆回京。癸丑，参赞机务工部尚书黄福闻柳升死，奔还，至支积关，交人送之出境，遂至广西龙州。三年二月，召沐晟还。闰四月戊申，王通还至京师，文武群臣劾奏通及弋谦、马骐等违命擅与贼和、弃城旋师之罪。命府部法司等官同鞠之，悉下锦衣狱，籍没其家。五月壬子朔，李琦等还。黎利遣人奉表谢恩，且言陈氏孙暠于今年正月初十日卒，陈氏子孙并绝，国人推利谨守其国，以俟朝命。四年春二月，罗汝敬等还，黎利及耆老遣头目贡方物并代身金人，寻入贡方物。六年夏五月，利复陈情谢罪，贡方物。六月，遣行在礼部右侍郎章敞、右通政徐琦往命利权署安南国事，利即僭号称制，建东西二都（伪东都在交州府富良江之南，即古龙编城，汉置交趾郡，唐置安南都护府，皆在此。其外大罗城，乃唐所筑古嬴陵县地也。伪西都在清华府，乃古九真郡治之地）。分十三道，尝陷云南临安之宁远州亦并属焉（分宁远为七州）；乃置百官，设学校，以经义诗赋取士（分其国为十三道，每道设承政司、宪察司、总兵使司，仿中国都、布、按三司也。曰山南承政管十一府，曰京北承政管四府，曰山西承政管六府，曰海阳承政管四府，曰安邦承政管一府，曰谅山承政管一府，曰太原承政管三府，曰明光承政管一府，曰谅化承政管二府，曰清华承政管四府，曰乂安承政管八府，曰顺化承政管三府，曰广南承政管三府。欲示其土地之广，强分析为郡县，其实一承政不能及中国一府；或自旧县升为府，如慈山、莅仁之类；或承政只管一府，如安邦、谅江之类。于旧名多有更改，割裂猥多，不能尽记。学校之士皆名为生徒，循元制以经义诗赋取士，诗用七言律）。宣德八年，利卒（李文凤《越峤序录》利僭号改元顺天，窃位六年死，伪谥太祖）。九年十月，命利子麟仍权署安南国事。正统元年六月，诏封麟为安南国王，赐涂金银印；七年十一月，卒（黎龙伪名麟，自是皆有二名，盖其国习于欺诞，自宋元陈威晃已然，不独今也。僭号九年，改元者二：绍平六年，天宝三年；伪谥太宗）。八年，麟子基隆以名浚绍封。天顺元年六月，奏乞赐衮冕如朝鲜国王例，上不许（实录名浚）。三年十月，庶兄宜民弑之而自立。四年，以名琮绍封，国人诛之（基隆伪名浚，僭号十七年改元者二，太利十一年，延宁六年，伪谥仁宗。宜民伪名琮，封谅山王，僭号仅九阅月，诛，改元天兴，降封厉德侯）。四年四月，基隆弟思诚嗣；六年九月绍封；弘治十年二月卒（思诚，麟第四子也，伪名灏，僭号三十八年，改元者二，光顺十年，洪德二十八年，伪谥圣宗）。子鏳嗣，十二年绍封，十七年五月卒（鏳伪名鏳晖，僭号七年，改元景统，伪谥宪宗）。长子泽嗣，十二月卒。弟浚嗣，正德二年绍封。四年十一月，阮种弑之，立其弟阮伯胜，国人黎广等讨平之，立思诚孙晭（漳伪名敬，僭号甫七阅月，未及请封，改元泰贞而未纪年，伪谥肃宗。浚伪名谊，宠任母党阮伯胜兄弟恣行威虐，屠戮宗亲，鸩杀祖母，国人诅怨。种等怙宠专权，渐不可制，正德四年十一月二十六日，逼浚自杀。国人讨种等，诛之。浚僭号四年，改元端庆，降称厉愍王，伪谥威穆帝）。晭七年绍封。十一年夏四月，社堂烧香官陈暠与子昺升作乱，弑晭自立僭号（仍称大虞，改元天应），自诡为陈氏后。晭臣都力士莫登庸叛，降暠，寻复与黎氏大臣阮弘裕起兵攻暠，败走，获其子昺及其党陈璲等，诛之。暠与升奔谅山，据长庆、太原、清都三府。登庸与其臣共立晭子譓（思诚第五子镔，伪名琚，生子瀅，伪名晭，浚被弑无子，国人立晭，伪谥父镔为德宗。既绍封，恣行不道，为陈暠所弑，僭号八年，改元洪顺，降称灵隐王，后伪谥襄翼帝）。十二年，譓请封，因国乱，不果行。以登庸有兴复功，伪封武川伯，总水步诸营兵柄；既在掌握，潜蓄异志。十三年，黎民臣郑绥以登庸不臣，譓拥虚位，乃立其族子酉榜，攻其都城，譓出奔；登庸率兵攻绥，绥败走，登庸捕酉榜杀之，逼纳譓，母乃迎譓归国。十四年，登庸自称为太傅仁国公。十六年八月，登庸率兵攻陈暠，暠败走死。嘉靖元年，登庸自称安兴王，谋弑譓。譓母潜告譓，乃与其臣杜温润间行得脱，居于清华。登庸立其庶弟应。四年六月，譓遣使间道来贡，并求封，为登庸所阻。六年三月乙卯，登庸使其国人范嘉谟伪作应禅文，遂篡其位，改元明德，立子方瀛为伪皇太子；寻弑应。九年春正月丁酉，登庸禅位于方瀛，自称太上皇，退居都齐海阳，为方瀛外援；擅作大诰五十九条（方瀛僭称天号如故，改元大正）。秋九月，黎譓卒于清华（譓实名椅，伪封锦江王，灏之子，思诚之曾孙也。初封沱江王，晭育为己子，椅立，伪谥其父灏为哲宗。嘉靖元年，出奔清华，僭号六年改元光治；被逐后，以忧卒。或曰登庸袭虏以归，鸩饮之（注一），伪谥恭皇帝。黎民传十世，历一百十年）。十五年闰十二月己未，譓子宁差头目郑惟憭泛海至京，历奏登庸僭逆之罪（宁实名桎，嘉靖九年譓死于清华，故臣立之，僭改元元和。十二年，登庸攻清华，宁奔广南境占城界，音问不通，故臣复立其弟宪以拒登庸，僭改元光照。十五年六月，廉知宁所在，宪偕讨贼将军伪福兴侯郑惟悦等迎宁归清华，惟悦者惟憭之弟也。盖志在复仇，以续黎祀，而竟灭亡矣）。十六年春二月，命咸宁侯仇鸾佩征蛮将军印，充总兵官，总督军务，改太子宾客、工部尚书毛伯温为兵部尚书兼都察院右都御史，参赞军务。寻以黎宁所奏未审真伪，且令地方官员从宜抚剿。夏五月辛卯，召提督两广兵部侍郎潘旦还南京，佐理部事，以巡抚山东右佥都御史蔡经为兵部右侍郎，兼右佥都御史代之（先是旦疏谓莫氏奸雄之贼，黎氏亦逆利之裔，律之以中国之法，固皆非所宜立；处之以夷狄之道，则元昊可爵，不义可侯，而黎利可王也。二氏纷争，兵甲未息，皆欲假天朝名号以为之主。彼既未定，我谁适从？盖其意欲静以观变也。尚书毛伯温恐其忤己，故奏易之）。寻敕两广、云南调集兵粮。十七年六月，蔡经奏言，水陆进兵，其路有六。计兵姑以三十万为率，以一年为期，合用粮饷已该一百六十二万石，而造舟买马、犒劳器械诸费，又大约用银七十三万余两。十八年七月，莫方瀛上表乞降；十九年春正月庚午，方瀛卒，登庸以其子福海嗣（方瀛少为县庠生，知书，颇有筹略。嘉靖十八年秋，自将袭叛人巴广，杀之归而病死，登庸立其孙福海，僭号改元光华）。三月，仇鸾、毛伯温至广东省城，移檄谕之，寻与蔡经督兵往南宁。冬十月，召鸾还京，以镇守总兵官安远侯柳珣代之。冬十一月己未，登庸面缚，素衣系组，降于镇南关，归钦州澌凛、古森、丫葛、金勒四峒。其侄莫文明代赍登庸降本至京，言黎宁实阮淦之子。诏收安南国王印，以登庸为安南都统使司都统使。二十一年六月，登庸卒，敕谕以莫福海袭职。二十二年六月，福海遣使表谢，自是来贡不绝。二十五年五月，福海卒，其子宏瀷幼，国内争袭交兵（先是登庸以石室人阮敬为义子，伪封西宁侯。敬复以方瀛次子敬典为婿，通于方瀛妻武氏，因得兵柄。福海卒，宏瀷方五岁，敬挟宏瀷自恣。登庸次子正中与文明避于都斋，其同辈阮如桂、范子仪诸人亦各还田里。既而阮敬以兵侵海阳，遂逼都斋，莫正中、阮如桂诸人共集兵御之，不胜，遂各奔散。或云登庸、福海之死，皆敬鸩杀之也）。二十六年三月，有黑石殒于广州怀远驿。时安南莫正中、莫文明、莫福山率其家属百余人避难至钦州投诉，解赴军门。提督侍郎张岳、总兵平江伯陈圭奏发韶州、肇庆、清远安插，给米有差（石陨于驿者三，中断为六。占者曰：外夷分崩离析之象也。七月，军门解送钦州投诉安南国人莫正中及其从弟莫文明等至驿，军门收其行李银两而封固之，使人护送，暂居于此，然后安插。此陨石之兆也）。二十七年，安南范子仪、范子流等率众寇钦州，官兵执诛之（子仪、子流伪称侯伯副参等号，率舟师拥众至钦州，诈传宏瀷已卒，以迎莫正中嗣职为名，围城劫村，杀伤官兵。提督侍郎欧阳必进奏，改福建指挥俞大猷于广东都司，督调汉达土兵一万员名御之，生擒范子流，俘斩一千二百名颗，子仪乘风遁还；既而宏瀷擒之，函首军门）。廉州知府胡鳌立平安南逆党碑。二十八年，安南莫敬典讨子仪余党，尽诛之，护送宏瀷至镇南关，勘明奏令袭职。三十年，以宏瀷袭安南都统使（宏瀷袭职后在阮敬掌握中，屡为登庸臣黎伯骊所攻，出奔海阳，自是不能赴关领职，而贡使亦不能行矣）。

李文凤《月山丛谈》，莫登庸其先不知何许人，或云本广州东莞县蛋民，其父流寓安南海阳路宜阳县，古斋社社长名之曰萍，盖无定迹之义，戏语也。萍生登庸及撅，父子以渔为业。登庸有勇力，黎滢以为都力士，信任之。正德十一年，从陈暠作乱，弑滢；暠败，登庸复降；暠死，登庸复袭杀其子升，潜谋不规，譓不能制。寻逼纳椅母，矫命自封，以至篡国，而终为义子阮敬所鸩。天道岂无知者哉？莫文明告变，则敬之弑逆明矣。黎氏故臣如武文渊居交冈地，近莲花滩，据上流，拥强兵。福海尝以兵五万攻之，大败而归。若云南师出讨敬，以文渊为先锋向导，我师为殿，顺流东下，直抵龙编，势如破竹耳。昔毛伯温上疏谓黎宁无是人，欲截去。愚《越峤序录》黎柽伪名宁之说。后愚承乏临元，得武氏碑文，仍称元和十四年，询知宁尚在彼广南境上，则亦可为阮氏立一敌也。包茅不入，王法必讨，夫兵岂患不足哉？广西可得十二万，又取湖广土兵六万，各卫兵四万，江西广闽召募八万，即可得三十万；云南兵五万，武文渊亦可得五万，共四十万众，当横行越裳之地，敌不足平矣。罪人既得之后，诏分析其地以畀有功，如交趾故城仍以莫氏为都统使，武文渊有功即以为清华路宣抚，黎宁若存，亦量割地授之，其余分授，比之麓川老挝等例。我中国一无所私焉，务使犬牙相制，大小适均，都统与宣抚知府各不相辖，使各得自选其属，三年朝贡，各得专达，则人人喜于得地得官，必当恭事中国矣。

疆域东至海三百二十里，西至云南老挝宣慰司界五百六十里，南至占城国界一千九百里，北至广西思明府凭祥县界四百里；自其国至南京七千七百二十里，至京师一万一千一百六十五里，《一统志》宋《武经总要》，交趾路自州西南陆行，取马援路，至瀼州二百七十里，又二百四十里至禄州，又二百里至交州。天宝以前，陆行凡二十驿。一说南渡郁江，西南行经羁縻五州至交州，约六百里；安南城；西至爱州界小黄江口四百十六里，至长州界靖江镇百五十里，西北至峰州界论江口水路百五十里，东至宋鸢界小黄江口五百五十里，北至武定江二百五十里。太平兴国中伐交州，命兰州团练使孙全兴帅三将兵由邕州路进师，宋人所纪未得其要领，不如《一统志》据旧版籍之得其真也，故特书于此。

按洪武六年春正月，广州卫指挥佥事杨景讨平海北诸盗，令雷州卫千户王清等追捕逋贼罗已终于潘浦，乃会海南官军追已终于乌雷门；十二月讨已终于钦州，得安南报乃还。（或报已终逃往交趾，杨景即命王清同海南千户周旺、汪满等捕之，获贼从黄三舍等五百八十三人，又获廉州府石头昆城大廉贼沈三秀等四人。随据头目李福等获已终同伴叛首伪千户苏称高等四人及雷州卫佥事朱宣武、钦州沿海巡佥昌庸具报于龙门七十二径等处捕获已终贼伴，云已终先于三月二日为贼所杀，贼众溃散，并安南国云屯海镇经略史关报相同，景乃率原郡舟师还卫。云屯海镇在交趾新安府云屯县之云屯山，在大海中，番贾舟舶多萃于此。永乐中，置市舶提举司。其山摩空直耸，两山对峙，一水中通，自海南黎母山发船西行水程九百里至海宝山，自海宝北行水程三百里取鸡唱门入云屯镇，就此镇转入新安府或往安邦州。）

永乐七年八月，广东巡海副总兵指挥李珪奏，交趾贼船至钦州鱼洪村，劫掠百姓，烧毁房屋，官军追至交趾万宁县海上，遇贼船二十余艘，官军奋击，败之，杀贼及溺死者无算，获藤步船一艘，枭贼首于海上，械送贼首范牙、阮边等并家属男女至京，命法司鞫治如律。是时我兵全胜，彼方败灭，尚肆劫掠，由此观之，钦州乃彼此寇贼往来之冲，龙门江诸要地不可以不防也（莫登庸入镇南关时，翁万达暗使画工图其形貌，桶巾大面，似有福者，毛伯温尝出以示人。广东左方伯杨铨后对人云，此必伪为，彼登庸安肯来？盖夷情诡诈，大抵类此）。

安南贡献方物有金银器皿、熏衣香、降真香、沉香、速香、木香、黑线香、白绢、犀角、象牙、纸扇，舶使常至广州。唐土贡金银、玳瑁、群龟、皮蕉、槟榔、鲛革、蚺蛇胆、翠羽、藤器、白蜡、豆蔻、纱絁、孔雀尾、金薄、黄屑、象齿、犀角；宋土贡䌷绢、纹缟、七宝装交椅、银盘、异兽、驯犀、驯象、金珠、沉水香、良马、金银、香物。

占城国

古越裳氏界，本秦象郡林邑县地，汉为象林县，属日南郡。其地西去广州二千五百里，东滨沧海，西际徐狼（今爪哇），南接扶南（今真腊），北连九德（今安南）；东西五百里而赢，南北千里（城去海百二十里，去日南界四百余里，其郎湖、浦口有秦象郡，墟域犹存）。其南界水，步道二百余里，有西屠夷，亦称王，马援因植二铜柱以表汉界（马援北还，留遗兵十余家居寿冷，岸南而对铜柱，悉姓马。至隋有三百余户，交州以其流寓，号曰“马流”，言语衣服尚与华同。山川移易，铜柱今复在海中，马流人常识其处。《林邑记》：“建武十九年，马援树两铜柱于象林南界，与西屠国分汉之南疆。”又云：“铜柱山周十里，形如倚盖，西跨重岩，东临大海。”屈胶《道里记》：“林邑大浦口，有五铜柱焉。”按《水经注》言，铜柱在林邑，不言在钦江，疑铜柱在钦者，唐马总所植）。汉末大乱，功曹子区连杀县令，自号为王，谓之林邑国。吴时通使。赤乌十一年，交州取其区粟大战于湾浦。数世后，其王无嗣，外甥范熊代立，传子逸。晋建兴中，夷奴范文教逸制造城池宫室、兵阵器械，王爱信之。咸康二年，逸死，文篡位，都典冲，去海岸四十里（《水经注》，林邑“城西南角高山长岭，连接天鄣岭，北接涧大源，淮水出郍郍远界，二重长洲，隐山绕西卫北回东；其岭南开涧小源，淮水出松根界上，山壑流隐山绕南曲卫回东，合淮流以注与冲。其城西南际山，东北瞰山，童堑流浦，周绕城下，东南壍外因傍薄城；东西横长，南北激狭，北边西端回折曲入城。周围八里一百步，砖城二丈，上起砖墙一丈，开方隙孔，上倚板，板上层阁，阁上架屋，屋上构楼，高者六七丈，下者四五丈。飞观鸱旌，迎风拂云，缘山瞰水，骞翥嵬㠑，但制造壮拙”耳）。时交州刺史姜庄使所亲监日南郡，并贪残，台遣夏侯览为太守，尤侵刻。文贪日南肥沃，欲略有之，至是因民之怨，袭杀览以其尸祭天。交州刺史朱藩遣督护戍日南，文复灭之，进寇九德郡，害吏民十八九。永和五年，文死，子佛立犹屯日南。七年，交州刺史杨平、九真太守灌邃讨佛，走之，佛乃请降。隆安三年，佛孙胡达复寇日南、九真诸郡，无岁不至。杀伤甚多，交州遂至虚弱。至其孙文敌为扶南王子当根纯所杀，大臣范诸农平其乱，自立为王（诸农死，子阳迈立；阳迈死，子咄立，复名曰阳迈）。宋元嘉二十年，使振武将军宗悫与交州刺史檀和之讨之（语在《和之传》）。其后遣使朝贡。齐、梁、陈时，或不宾服。隋遣大将军刘方及钦州刺史宁长真伐之（语在《事纪》）。其王梵志遣使谢罪，于是朝贡不绝。唐贞观中，其王头黎死，子镇龙被弑，国人更立头黎女为王；国人不服，立头黎姑之子诸葛地为王，妻以女，其国乃定。至德后，以国在环州界，更号环王，王所居曰占城，又以占城名之。元和三年，犯安南时，杨于陵为岭南节度使，遣兵击走之（白居易草制：“敕于陵：省所贺安南破环王闻贼帅李乐山等三万人者，其悉卿蛮夷犯疆，方镇致讨，凶徒丧败，荒徼清平。卿素蕴忠诚，又连封壤，疾既同于山薮，势益壮于辅车，想闻捷书，当倍慰惬；载省所贺，深见乃怀。”）。安南都护张舟责其朝献不至，执伪都统斩首三万级，虏其王子，获战象舠铠。黄巢乱后，岭海多虞，史亦绝书。五季周显德五年，其王释利因德漫遣使朝贡，表以贝多叶书之，始自称占城国云。宋建隆二年，其王释利因陀盘遣使朝贡。开宝五年，其王波美税褐印茶遣使蒲诃散朝贡，即前二次所遣者也。太平兴国二年，其王波美税阳布印茶遣使李牌来贡。六年，交州黎桓上言欲以占城俘来献，太宗令广州止其俘，存抚之，给衣服资粮，遣还占城。诏谕其王。七年，遣使乘象入贡，诏留象广州畜养之。八年，伐交趾，水陆象马数万，黎桓击走之，俘斩千计。雍熙二年，其王施利陀盘吴日欢遣使献方物，且诉为交州所侵掠。三年，其王刘继宗遣使李朝仙来贡。儋州上言占城人蒲罗遏为交州所逼，率其族百口来附。四年秋，广州上言雷恩州关送占城夷人百五十余口来归，分隶南海清远县。端拱元年，广州又言占城夷人忽宣等族三百余人来附。淳化元年，新王杨陀排自称新坐佛逝国，遣使来贡，诉为交州所攻。上赐黎桓诏，令各守境，寻赐其王白马兵器，诸番闻之，不敢侵侮。至道元年，上表谢恩，并献方物，且言本国流民三百散居南海，蒙旨放还，今犹有在广州者；旧有进奉夷人罗常占见驻广州，乞随其舶船归国。上从之，复赐白马二，遂为常制。咸平二年，嗣王杨晋俱毗茶室离入贡，再至，乃询知其避交人奔于佛逝，去旧都七百里。大中祥符三年，嗣王施离霞离鼻麻底得金毛狮子于三佛齐。四年来献。天禧二年，嗣王尸嘿排摩惵遣使入贡，言国人诣广州，或风漂船至石塘，即累岁不达矣。石塘在崖州海面七百里外，下陷八九尺者也。天圣七年，奉表进凤。八年，嗣王阳补孤施离皮入贡。庆历元年，广东商人邵保见军贼鄂邻百余人在占城。命转运司选使臣赍诏书器币赐其王，购邻致阙下，余党令就戮之。明年十一月，其王刑卜施离值星霞弗遣使献驯象。嘉祐元年，其使蒲息陁琶贡方物，还至太平州，沉失行橐；明年正月，诏广州赐银千两。七年，其王施里律茶盘麻常修武备，以御交趾，由广东路入贡，请赐白马，从之。熙宁元年，其王杨卜尸利律陀般摩提婆入贡，乞市驿马，令于广州买骡以归。建炎二年，其王杨卜麻叠入贡。绍兴二十五年，子邹时阑巴嗣封。乾道三年，子邹亚娜嗣，掠大食国方物来贡，为大食所诉，遂不议其封。七年，闽人有浮海之吉阳军者，风飘至占城，见其国与真腊乘象以战，无大胜负，乃说王，教以骑射，王大悦，具舟送之吉阳，市马得数十匹归，战大捷。明年，复来琼州，拒之，愤怒，大掠而归，知吉阳军林宝慈奏闻。淳熙二年，严马禁，不得售外番。三年，占城归所掠生口惟存八十三人；求通商，不许。四年，占城以舟师袭真腊，入其国都。庆元五年，真腊大举伐占城以复仇，杀戮殆尽，俘其主以归，国遂亡，其地悉归真腊，因名占腊云。其后国王或曰真腊人也，又曰占城恢复，无可据者。今其国近琼州，顺风一日可至，建都临海曰新洲港，所居屋宇门墙俱甃以灰砖，雕镂坚木为猛兽状，外周砖垣为城，以兵甲药镞刀镖守之。元至元十五年，既灭宋，遣人至占城，还言其主失里咱牙信合八剌哈迭瓦有内附意，诏封占城郡王。十七年，其王保宝旦孥罗耶遣使贡方物，奉表降。十九年，以其国主孛由补刺者吾既内属即其地立省，而其子补的负固不服，遣兵征之。自广州航海至占城港（港口北连海，海旁有小港五通，其国人州东南止山西旁木城，官军依海岸屯驻占城，兵治木城四面约二十余里，起楼棚立回回三梢炮百余座，又木城西十里建行宫），分遣琼州安抚使陈仲达等三道攻之，以万人建旗鼓出。木城拒战，乘象者数十，亦分三队迎敌，矢石交下。自卯至酉，贼败北，官军入木城合击之，杀溺死者数千人。其王与其臣逃入山，使报答者来求降，官军复驻城外。既归，款然终无顺志。本朝洪武元年，其王阿答阿者遣使入贡。二年春二月辛未，遣行人吴用赐以玺书

（曰：今年二月四日，虎都蛮奉虎象至，王之诚意，朕已具悉。然都蛮未至，朕之使已在途矣。朕之遣使，正欲报王知之。曩者，我中国为胡人窃据百年，遂使夷狄布满四方，废我中国之彝伦。朕既以发兵讨之垂二十年，芟夷既平，朕主中国，天下不安，恐番夷未知，故遣使以报。诸国不期王之使者先至，诚意至笃，朕甚嘉焉。今以《大统历》一本、织金绮纱罗绢五十匹，专人送使者归，且谕王以道能奉若天道，使占城之人安于生业，王亦永保禄位，福及子孙。上帝实鉴之，王其勉图勿怠）。十三年九月，遣使人贺万寿圣节，谕其勿与安南交兵。永乐元年，遣使告谕即位；六月，其王占巴的赖遣使奉金叶表文来，朝贡方物，且言安南侵掠，请降敕戒谕者再。上遣行人蒋宾、王枢使往其国，赐以绒绵织金文绮纱罗，而敕安南胡查，令其息兵修好；寻赐钞币，并赐敕谕（曰：王复奏安南侵扰等事，已再敕责胡查，王亦以修德备善以保国人。如查冥顽不悛，曲在于彼，朝廷自有处置）。四年七月，敕广东都指挥司选精兵六百人，以能干千百户领之，具器甲糗粮由海道往占城，会合军马；八月，遣内官马彬等赍敕谕以伐安南，赐以镀金银印及纱帽金带、黄金百两、白金五百两、织金文绮衣二袭并绵绮纱罗等物，占巴的赖遂出兵助征。后遣太监王贵通赍敕往劳之，赐白金三百两、彩币二十表里。五年五月，奏言克取安南所侵地，献俘贡方物谢恩，诏嘉奖之。六年十月，遣其孙舍扬该奉表贡象及方物谢恩。比还，赐真金印及黄金百两、白金五百两、锦绮纱罗五十匹、彩绢百匹，且赐敕嘉劳之。七年八月，遣使奉表谢恩，贡犀象等物。八年九月，复遣使济标等贡象并金银器物。仍遣马彬送济标还国，就赍敕以文币赐之。十三年四月，遣其孙舍阿那沙等奉表贡方物。冬十一月，兵部尚书陈洽言，初讨黎贼及陈季扩之时，占城国王虽听命出兵来助，然实怀二心，图唇齿相依，徘徊观望，愆期不进。及进至化州，乃大肆虏掠，以金帛战象资季扩，季扩亦以黎苍之女遗之；复纳季扩之舅陈翁挺及邓鎔之弟锻等男女三万余人；又侵夺升华府所隶四州十一县地，驱掠人民，厥罪季扩一等尔。夫有罪必讨，请发兵征之。上以交趾既平，民方安业，不忍穷远夷，但遣使赍敕谕占巴的赖（曰，尔久罹安南荼毒，屡请发兵除害，朕既命师平之郡县其地，尔赖以安，当思感德守分，用保爵土；若阴蓄二心，悖违天道，不抚下人，不归侵地，安南覆辙在前，尔其鉴之）。自是屡贡，惟十一年遣行人往劳，余如番夷常例。十五年，侵据升华府。传至摩诃贵由，景泰末死，其弟盘罗悦天顺初遣使入贡请封，遣给事中江彤、行人刘寅之赍敕往封之，谕其砥厉臣节，赐以彩币而已。盘罗悦遣使奉表入贡，即遣其使逋沙婆利赍敕并赐彩币。自是屡为安南所侵，财用兵力日以衰耗。成化中，其王为安南兵所逼，徙居赤坎，邦都郎遣使请封，而安南陪臣据其国都，使臣冯乂等误封之。嗣王古来航海奔至广州投诉，表文以来朝为辞。督府屠滽委参议姜英勘实，护送至京。时安南纳其叛将而助之虐，为申言古来不当嗣，于是古来留广州，力辩其冤。滽从佥议，谓册印有古来名，宜奏闻，畀诸古来，遂移文谕安南，数其不能恤邻之义，折其奸萌，遏之顺逆，安南听从，不敢肆其凶狡。乃选官军二千，令东莞南头商人张宣领之，护送古来至新洲港，得反其国。弘治十八年，古来卒，沙古卜洛嗣。正德五年，诏遣给事中李贯、行人刘廷瑞赍敕册往封为占城国王。十二年，来朝贡（《震泽纪闻》吴惠字孟仁，东吴人，年二十，运饷至京，途中日歌古诗。或言于县令，令奇之，召为弟子员，举永乐甲辰进士，洞庭有进士自惠始。授行人，喜言事，奉命使占城，还至七州洋，大风，舟几覆；正使给事舒某泣，不知所为，惠为文以祭祝融与天妃之神，俄而开霁。还，升桂林守。义宁峒蛮杨氏结苗人为乱，藩臬议进兵征之，公正之曰："义宁吾属，吾往抚之；不从，用兵未晚。"乃肩舆从十余人入其峒，山石攒峭如剑戟，徭人腾跃如飞，闻太守至，奔告于其酋，出迓，惠谕之曰："吾，若属父母也，宜听吾语。"众唯唯，惠因为陈逆顺祸福，杨泣下。留数日，历观诸屯形势，以数千人卫出境，归报罢兵。明年，武冈州盗起，宣言推义宁峒主为帅，藩臬咸尤惠，惠曰："吾当任其咎。"乃遣人至义宁，群徭从山巅望见惠使，即遥拜，言不敢反状，且求雪武冈之诬，盗计遂沮。迄惠在郡，无敢骚窃者。天顺三年十月，升广东右参政支正三品俸，卒。惠别有日记，略云：正统六年七月，奉使占城，立嗣王。十二月某日，发东莞，次日过乌猪洋，又次日过七州洋，瞭见铜鼓山次至独猪洋，见大周山次至交趾洋，有巨洲横截海中，怪石廉利。风横舟碍之即糜碎，舟人不胜恐；须臾风急，过之。次日主占城外罗洋校杯墅口。廿九日，王遣头目迎诏，宝船象驾，笳鼓填咽，旌麾暗霭，氈衣椎髻，前后奔驰；至行宫，设宴，王乘象迓于国门，戴金花冠，緾璎珞，环帐列戈戟，以群象为卫。既宣诏，王稽首受命。上元夜，王请赏烟火，熏沉香，燃火树，盛陈乐舞。五月六日回洋。十五日，瞭见广海诸山，遂收南门以还广东。其国腊月犹暑，民多裸袒，士著苎衣。南阡稻熟。北秧犹青。其树多槟榔、红蕉、椰子，其人极弱，夜鼓八更为节。嘉靖二十一年，再至另日抵斋)。

按占城之先本林邑一县，属日南郡。汉末迄晋，侵郡地，范文攻旁国并之。永和三年，攻陷日南，遂据其地，告交州刺史朱蕃，以求日南北鄙横山为界。后九真太守讨佛，走之，追至其国（时五月立表，日在表北，影在表南九寸一分，自北影之南，故开北户向日，此大较也。郡名日南，盖治于此，疑吴晋以后所置日南郡乃其属县）。其后侵暴诸郡，兼并旁国疆域日大，延袤至三千里，或曰千里；盖乍强乍弱，不可定也。要之，实有日南郡三之二，非复旧县矣。《汉书》所谓日南徼外者，盖日南徼内则皆汉地也。

占城贡献方物有象、象牙、犀、犀角、孔雀、孔雀尾、橘皮、抹身香、龙脑、熏衣香、金银香、奇南香、土降香、檀香、柏木香、烧碎香、花梨木、乌木、苏木、花藤香、芜蔓、番沙红、印花布、油红绵布、白绵布、乌绵布、圆壁花布、花红边缦、杂色缦、番花手巾帕、兜罗锦被、洗白布泥；使回，令于广东布政司管待。

真腊国

在占城西南（自占城顺风三昼夜可到，或云半月。西南去林邑三千余里，水步道通），一曰吉蔑（又名甘孛智），本扶南属国。东距车渠，西有朱波（《唐书》作“骠”），北近九真，南濒海，距广州十日程。其王姓刹利，日渐强盛。隋时始通中国。传至伊金那，贞观初，遂并扶南而有之（唐人《虬髯客传》，谓兼并扶南，疑为寓言）。扶南即狼腊裸国（九真郡水东南流径船官口，“下注大浦之东湖”。“潮水日夜长七八尺，从此以西，朔望并潮，一上七日，水长丈六七；七日后，日夜分为再潮，水长一二尺”，四时高下一定，“水无盈缩。是日海运”。兼各象浦一曰象水也。是为徼外之夷，皆裸身，男以竹筒掩体，女以树叶蔽形，虽习俗，犹耻无蔽。惟依暝夜，与人交市，暗中嗅金，便知好恶。明朝晓视，皆如其言。盖自徼外皆然，不独扶南）。其先，女子为王，号曰“叶柳”（柳音聊，即叶调国）。其南有激国人名混溃来伐，叶柳降之，遂以为妻。恶其裸，教着贯头，国内效之；男子着横幅，今干漫也。其后天竺僧㤭陈如有其国，教国人事天神，每旦诵经咒，故易世既久，真腊重僧云（民色甚黑，号为昆仑，妇女多有白者。生女九岁，请僧诵经作梵法，去其童身，点其额为吉利，名曰阵琰；十岁即嫁）。城周围可二十里，郭下二万余家，后濠广二十余丈。余城三十所，各有数千家。王宫及官舍皆面东，城门上有石佛头五，饰其中者以金。当国中有金塔、金桥。王宫在其北，近门周围可五六里，其正室瓦用铅。凡岁时一会，则罗列玉猿、孔雀、白象、犀牛于前，名曰百塔州。金盘、金碗盛食，谚云"富贵真腊"也。永徽初，并有鸠密、富那、迦乍、武令、僧高等国。神龙以后，国分为二：其南近海，号水真腊；其北多山阜，号陆真腊，后复合而为一，迄宋通贡不绝。及灭占城，号为占腊，役参半。真里登、流眉、道明、蒲甘等国为属国，所领聚落六十余，地方七十余里。元元贞中，遣使招谕之，乃始臣服（见永嘉周达观《真腊风土记》）。本朝洪武初，国王忽儿那遣其臣奈亦吉郎等表献方物。二十年七月，行人唐敬还自真腊，其国王遣使贡象五十九只、香六万斤。自是朝贡不绝。永乐改元，遣使诏谕即位，至其国，气候常热，田谷岁熟，煮海为盐，风俗富饶。男女椎髻，穿短衫，围梢布，非复裸国矣。其所属国犹有裸者，见有衣服，人即笑之。法有劓、刖、刺配，犯盗则断手足。其民杀中国人则偿命，中国人杀其民则罚金，无金卖身赎罪。二年八月，国王参烈婆昆牙遣陪臣奈职等九人朝贡方物，赐钞币表里。初，中官往使真腊，将归，有从行军三人遁，索之不得，国王以其国中三人从中官归补伍。至是礼部引见，上曰："中国人自遁，何预彼事而责偿？且得此三人，语言不通，风俗不谙，吾焉用之？况其皆自有家，宁乐处此？尔礼部给之衣食，予道里费，遣还真腊。”尚书李至刚等言：“臣意中国人必非遁于彼者，或为彼所匿，则此三人亦不当遣。”上曰：“不用逆诈，为君但推天地之心待人可也。”三年，参烈婆昆牙死，命序班王孜往祭之，封其长子参烈昭平牙为王，赐之彩币等物。十七年三月，参烈昭平牙遣使奉金镂表文，贡驯象方物。

按《真腊疆域一统志》，东际海，西接蒲甘，南连加罗希，北抵占城国，似与古不同。

真腊贡献方物：象、象牙、苏木、胡椒、黄蜡、犀角、乌木、黄花木、土降香、宝石、孔雀翎；使回，会于广东布政司管待。

爪哇国

古诃陵也　一曰阇婆，又名莆家龙，在真腊之南，海中洲上（《旧唐书》：“东与婆利、西与堕婆登、北与真腊接，南临大海。”《宋史》：“东至海一月，泛海半月至昆仑国；西至海四十五日；南至海三日，泛海五日至大食国；北至海四日；西北泛海十五日至渤泥国；又十五日至三佛齐国；又七日至暹逻国；又十日至棐历亭，抵交趾，达广州。”）。其属国有苏吉、丹打、板打、纲底等国。木为城，有文字，知星历（夏至立八尺表，影在表南二尺四寸）。宋元嘉九年，始通中国，后绝。至唐贞观二十一年，与堕和罗、堕婆登皆遣使入贡。天宝中，自阇婆迁于婆露伽斯城。宋淳化三年，其王穆罗茶遣使朝贡。元时，始称爪哇。世祖大举兵征之，不克；后命将史弼破其国，擒酋长以归，寻放还。本朝洪武二年三月，遣行人吴用赐爪哇国王玺书（曰："中国正统，胡人窃据百有余年，纲常既堕，冠履倒置，朕是以起兵讨之，垂二十年，海内悉定。朕奉天命，已主中国，恐遐迩未闻，故专报王知之，使者已行。闻王国人捝只集丁前奉使于元，还至福建而元亡，因来居京师。朕念其久离爪哇，必深怀念，今复遣人送还，颁去《大统历》一本，王其知正朔所在，必能奉若天道，俾爪哇之民安于生理，王亦永保禄位，福及子孙，其勉图之，勿怠。"）。三年，其王昔里八达剌遣使朝贡，纳元所授宣敕二道，封为国王。八年二月，令三物齐、爪哇山川之神附祭于广东山川之次（先是礼部尚书牛谅言，京都既罢祭天下山川，其四夷山川亦非天子所当躬祀。乃命别议其礼以闻，至是中书及礼部奏以外夷山川附祭于各省，如广西则宜附祭安南、占城、真腊、暹罗、锁里，广东则宜附祭三佛齐、爪哇，福建则宜附祭日本、琉球、渤泥，辽东则宜附祭高丽，陕西则宜附祭甘肃朵甘、乌思藏，京城更不须祭。又言各省山川与风云雷雨既居中南向，其外夷山川神位宜分东西同坛共祀。上可其奏，命中书颁行之；将祭，则遣官一人往监其祀）。十三年十月，其王八达那巴那务遣其使阿烈彝烈时奉金叶表入贡，使者留月余遣还，因诏谕其国主曰："圣人之治天下，四海内外皆为赤子，所以广一视同仁之心。朕君主华夷，抚御之道，远迩无间。尔邦僻居海岛，顷常遣使中国，虽云修贡，实则慕利，朕皆推诚以礼待焉。前者三佛齐国王遣使奉表来请印绶，朕嘉其慕义，遣使赐之，所以怀柔远人尔。奈何设为奸计，诱使者而杀害之，岂尔恃险远，故敢肆侮如是与？今使者来，本欲拘留，以其父母妻子之恋，夷夏则一，朕推此心，特命归国。尔国王当省己自修，端秉诚敬，毋蹈前非，干怒中国，则可以守富贵；其或不然，自致殃咎，悔将无及。"三十年，诸番阻绝无商旅，以三佛齐为爪哇属国，命礼部移文暹罗，转达爪哇知之。后分为东西二国。永乐元年九月，西王都马板遣使奉表朝贺即位，贡五色鹦鹉、孔雀及方物，赐钞并袭衣文绮表里。二年十月，东王孛令达哈遣朝贡方物，且奏请印章，命铸镀金银印赐之，并赐钞币。三年，西王都马板遣使奉表贡方物，时其傍近牒里日、夏罗治、金猫里三国各遣使以方物同来朝贡，俱赐文绮袭衣。四年三月，西王复来贡珍珠、珊瑚、空青等物。三月，东王遣使贡马，俱赐钱钞及币有差。四年闰七月，西王遣使朝贡，且言东王不当立，已击灭之。降诏切责。五年，上表请罪，願偿黄金六万两，复立孛全达哈之子。从之。六年十二月，都马板遣使献黄金万两谢罪，礼部臣言所偿金尚负五万两，宜下法司治之。上曰："朕于远人，欲其畏罪而已，岂利其金耶？今既能知过，所负金悉免之。"仍遣使赍敕谕意并赐之钞币。八年十二月，都马板遣使上表，贡马及方物。十一年九月，遣使来贡，及还，敕谕都马板（曰，前内官吴宾等还言恭事朝廷，礼待敕使，有加无替。比闻王以满剌加国索旧港之地而怀疑惧，朕推诚待人，若果许之，必有敕谕；今既无朝廷敕书。王何疑焉？下人浮言，慎勿听之。今赐王文绮纱罗，至可领也）。十三年，更名杨惟西沙，遣使谢恩。十六年、十九年，皆贡，而东王久不至，盖已为所并矣。天顺四年八月，其王都马班遣使奉表朝贡方物，赐宴，赏赍之，仍命其使赍敕并彩币表里归赐其王及妃。自是不可考。

按：《爪哇疆域一统志》，东抵古女人国，西抵三佛齐国，南抵古大食国，北界占城国，自占城起程顺风二十昼夜可至。其国地广人稀，甲兵药铳为东洋诸番之雄，佛书所云鬼国，即此地也。其港口入去码头曰新村，屋店连行为市，买卖商旅最众（三佛齐为其所并，名旧港，以别于新村）。

爪哇贡献方物：胡椒、荜茇、苏木、黄蜡、乌爹泥、金刚子、乌木、番红土、蔷薇露、奇南香、檀香、麻藤香、速香、降香、木香、乳香、龙脑、血竭、肉豆蔻、白豆蔻、藤竭、阿魏、芦荟、没药、大枫子、丁皮、番皮、鳖子、闳虫、药碗、石荜、澄茄、乌香、宝石、珍珠、锡、西洋铁、铁铨、摺铁刀、苾布、油红布、孔雀、火鸡、鹦鹉、玳瑁、孔雀尾、翠毛、鹤顶、犀角、象牙、龟筒、黄熟香、安息香。使回，令于广东布政司管待。

三佛齐国

古干陀利也　在占城之南，相距五日程。居真腊、爪哇之间，所管十五州，其属国有单马令、凌牙斯、蓬丰、登牙侬、细兰等国。其王号“詹卑”，其人多姓蒲。梁天监元年入贡，后绝。唐天祐初，始通中国。宋建隆初，其王悉利胡大霞里遣使朝贡。淳化三年冬，广州上言其使蒲押陀黎前年来贡，自京回，闻本国为阇婆所侵（即爪哇）。住南海一年，今春乘舶至占城，偶风信不利，复还，乞降诏谕本国，从之。熙宁十年，使大首领地华伽啰来，以为保顺慕化大将军。入见，以金莲花贮珍珠、龙脑撒殿。元丰中，使至者再，广州受其贡献方物，表入言俟报，乃护至阙下（《广州旧志》治平中，地华伽啰遣使至啰啰入贡，遇大风，船几覆；至啰啰，祷于天。有老翁见云端风浪息，时值侬寇毁广州天庆观，老君像在瓦砾中，至啰啰，观之，即向所见者也。及还，以告，地华伽啰即遣恩离沙文诣广购材，纠工重建。落成，请道士罗盈之为住持，何德顺为监临。施钱十万，置山田于番禺黾塘，以充常住；铸大钟，覆以楼，费钱四十万；又施田四千万，增置田于清远莲塘庄。明年，地华伽啰殁，剪其爪发送道士葬之黾塘，至今祭焉）。南渡后，入贡不绝。本朝洪武二年二月，遣行人赵述使其国；四年，赵述还，国王马哈剌札八剌卜遣使随述，奉金字表文来朝贡，赐《大统历》及织金纱罗文绮。六年，复遣使贺正旦，并贡方物。八年，复遣使从招谕。拂菻国朝使来贡。九年，其王卒，遣使奉表乞绍封，请印绶，命铸驼钮镀金银印赐之；十月，诏封其嗣子麻那者巫里为三佛齐国王（诏略曰，朕自混一区宇，尝遣使诏谕诸番，尔三佛齐国王怛麻沙那阿者即称臣入贡于有年。今秋使者赍表至，知怛麻沙那阿者薨逝。尔那麻者巫里以嫡子当嗣王位，不敢擅立，请命于朝，可谓贤矣。朕嘉尔诚，是用遣使赐以三佛齐国王之印，尔当善抚邦民，永为多福）。三十年六月，以胡惟庸谋乱，乃生间谍，绐我使臣，命礼部移文暹罗，达于爪哇，俾责戒焉。（三十年六月，礼部奏诸番国使臣客旅不通，上曰："洪武初，海外诸番与中国往来，使臣不绝，商贾便之。近者，安南、占城、真腊、暹罗、爪哇、大琉球、三佛齐、渤泥、彭亨、百花、苏门答剌、西洋、邦哈剌等凡三十国，以胡惟庸谋乱，三佛齐乃生间谍，绐我使臣至彼，爪哇国王闻知其事，戒饬三佛齐礼送还朝廷。是后，使臣商旅阻绝，诸国王之意遂尔不通，惟安南、占城、真腊、暹罗、大琉球自入贡以来至今来庭，大琉球王与其宰臣皆遣子弟入我中国受学。凡诸番国使臣来者皆以礼待之，我待诸番国之意不薄，但未知诸国之心若何？今欲遣使谕爪哇国，恐三佛齐中途阻之；闻三佛齐系爪哇统属，尔礼部备述朕意，移文暹罗国王，令遣人转达爪哇知之。"于是礼部咨暹罗王曰："自有天地以来，即有君臣上下之分，且有中国四夷之礼，自古皆然。我朝混一之初，海外诸番莫不来庭，岂意胡惟庸造乱，三佛齐乃生间谍，给我信使，肆行巧诈。彼岂不知大琉球王与其宰臣皆遣子弟入我中国受学，皇上赐寒暑之衣，有疾则命医诊之。皇上之心，仁义兼尽矣。皇上一以仁义待诸番国，何三佛齐诸国背大恩而失君臣之礼，据有一蕞之土，欲与中国抗衡？倘皇上震怒，使一偏将，将十万众越海问罪如覆手耳，何不思之甚乎？皇上尝曰：'安南、占城、真腊、暹罗、大琉球皆修臣职，惟三佛齐梗我声教。夫智者忧未然，勇者能从义，彼三佛齐以蕞尔之国，而持奸于中国之中，可谓不畏祸者矣！'尔暹逻国王，犹守臣职，我皇上眷爱如此，可转达爪哇，俾以大义告于三佛齐；三佛齐系爪哇统属，其言彼必信，或能改过从善，则与诸国咸礼遇之如初，勿自疑也。"）其后为爪哇所废，以其地为旧港，仍立头目以司市易。永乐三年正月，遣行人谭胜受、千户杨信等往旧港，招抚广东逃民梁道明（胜受，南海人，洪武癸酉乡贡进士，为临桂县丞。永乐元年二月壬子，以政最召为监察御史，后以事降行人，至是遣胜受及千户杨信等往旧港招抚南海逃民梁道明等，以胜受乃其同乡故也。时道明挈家居于彼者累年，广东、福建军民从之者至数千人，推道明为首，指挥孙铉尝使海南诸番遇道明子及二奴，挟与俱来，奏闻，遂遣胜受等偕二奴赍敕往招谕之。十一月，胜受等还，以道明及郑伯可等来朝贡方物，赐道明等袭衣及钞百五十锭、文绮十二、表里绢七十二疋，其副头目施进卿遂代领其众。上以胜受奏事称旨，擢浙江按察使）。五年九月，太监郑和使西洋诸国，还至旧港，遇海贼陈祖义等，遣人招谕之。祖义等诈降，潜谋要劫，和觉之，整兵提备。祖义兵至，与战，大败之，杀其党五千余人，擒祖义等械送京师，悉斩于市。诸番闻之，莫不詟服。是年，旧港头目施进卿遣婿丘彦诚朝贡，诏设旧港宣慰使司，命进卿为宣慰使，赐印诰冠带、文绮纱罗，后卒。二十一年，子济孙遣彦诚请袭，且言印为火所毁，遂命济孙袭宣慰使，赐纱帽、钑金花带织金文绮袭衣、银印，令中官郑和赍往赐之。自是朝贡不绝。

按：旧港不复为国，辖于爪哇，顺风八昼夜可至。由港口入其地，土沃倍于它壤，民故富饶，俗嚣好淫，水战甚惯，其朝贡自广东以达京师。

三佛齐贡献方物：黑熊、火鸡、孔雀、五色鹦鹉、诸香、兜罗绵被、苾布、白獭、龟筒、胡椒、肉豆蔻、番油子、米脑；洪武中，使回，于广东布政司管待；永乐后，改宣慰使司，罕至广州。

暹罗国

本暹与罗斛二国地，古赤土及婆罗利也。在占城极南，北直廉州，循海北岸连于交趾。暹国土瘠，不宜耕艺；罗斛土田平衍而多稼，暹人岁仰给之。隋大业三年，屯田主事常骏等自南海郡乘舟使赤土（至今讹传为赤眉）遗种，后改曰暹。元元贞初，暹人尝遣使入贡。至正间，暹始降于罗斛而合为一国。本朝洪武初，暹罗斛国王缪烈昭昆牙遣使朝贡，进金叶表。诏赐《大统历》。七年三月，暹罗斛国使臣沙里拔来朝，贡方物，自言本国令其同奈思里侪刺悉识替入贡，去年八月，舟次乌诸洋，遭风坏舟，漂至海南，达本处官司，收获漂余苏木、降香、兜罗锦等物来献。省臣以奏。上怪其无表状，诡言舟覆而方物乃有存者，疑必番商也，命却之。诏中书礼部曰："古者，中国诸侯于天子，比年一小聘，三年一大聘，九州之外，番邦远国，则每世一朝，其所贡方物不过表诚敬而已。高丽稍近中国，颇有文物礼乐，与他番异，是以命依三年一聘之礼，彼若就每世一见，亦从其意。其他远国如占城、安南、西洋、琐里、爪哇、浡泥、三佛齐、暹罗斛、真腊等处新附国土，入贡既频，劳费甚大，朕不欲也。令遵古典而行，不必频烦。其移文使诸国知之。”后其子黎烈实昆牙嗯哩多啰禄绍封。九年九月，其王遣子昭禄群膺奉表贡象及方物，赐诏褒谕。（谕暹国王诏：“君国子民，非上天之明命，后土之洪恩，曷能若是？华夷虽间，乐天之乐，率土皆然。若为人上，能体上帝好生之德，协和人神，则禄给世世无间矣。尔哆啰禄自嗣王位以来，内修齐家之道，外造睦邻之方，况数遣使中国，称臣入贡，以方今时王言之，其哆啰禄可谓贤德矣，岂不名播诸番。今年秋贡象至朝，朕遣使往谕，特赐暹国之印及衣一袭。尔当善抚邦民，永为多福，故兹诏谕，想宜知悉。”）二十年七月，暹罗斛国贡胡椒一万斤、苏木十万斤。二十八年十二月，诏遣内使赵达、宋福等使暹罗斛国，祭故王黎烈实昆牙思哩哆啰禄，赐嗣王苏门邦王昭禄群膺文绮四匹、罗四匹、毯丝布四十匹，王妃文绮四匹、罗四匹、毯丝布十二匹，敕谕之。（曰：“朕即位以来，命使出疆，周于四维，历邦国足履其境者三十六，声闻于耳者三十一；风殊俗异，大国十有八，小国百四十九，较之于今暹罗为最近。迩者使至，知尔先王已逝。王绍先王之绪，有道于家邦，臣民欢怿。兹特遣人祭已故者，庆王绍位，有道敕至。其罔失法度，罔淫于乐，以光前烈，其敬之哉！”）永乐元年，遣使朝贡贺即位，自是其国止称暹罗国。二年，其王昭禄群膺哆啰谛剌遣使坤文琨表贡方物；遣内官李兴等赍敕劳之，并赐文绮钞帛。四年二月，复遣使奈必表贡方物，诏赐《古今列女传》；且乞量衡为中国式，从之。七年正月，遣使奉仪物致祭仁孝皇后，命中宫官以告几筵。九月，复遣使坤文琨等表贡方物，赐钞币遣之。时南海人何八观等流移海岛，遂入暹罗，至是，因文琨归，上令谕其国王遣八观等还，毋纳逋逃，以取罪戾，并赐其王金织纻丝纱罗绒锦。八年，遣使贡马及方物，并送中国流移人还；赐敕劳之，并赐彩币。十年十二月，复来朝贡。十三年五月，昭禄群膺哆啰谛剌卒，其子三赖波磨札剌的赖绍封。十七年十月，遣使谕暹罗国王俾与满剌加平（敕谕三赖波磨剌札的赖曰："朕祗膺天命，君主华夷，体天地好生之心，为治一视同仁，无间彼此。王能敬天事大，修职奉贡，朕心所嘉，盖非一日。比者，满剌加国王亦思罕答儿沙嗣立，能继乃父之志，躬率妻子诣阙朝贡，其事大之诚与王无异。然闻王无故欲加之兵，夫兵者凶器，两兵相斗，势必俱伤，故好兵非仁者之心；况满剌加国王既已内属，则为朝廷之臣，彼如有过，当申理于朝廷，不务出此而辄加兵，是不有朝廷矣。此必非王之意，或者王左右假王之名弄兵，以逞私忿。王宜深思，勿为所惑，辑睦邻国，无相侵越，并受其福，岂有穷兵哉，王其留意焉）。十八年四月，遣使入贡方物；赐之钞币，仍遣中官杨敏等护送还国，仍赐其王锦绮纱罗等物。十九年三月，遣使奈怀等六十人贡方物，谢侵满剌加国之罪，赐钞币有差。十九年七月，复入贡。二十一年三月，遣使坤梅贡方物，赐之钞币。洪熙、宣德以后，入贡犹如常期。正统、景泰间，贡或不常。成化迄今，大率六年一贡。近惟嘉靖三十二年八月，遣使坤随离等贡白象及方物（白象已毙，遗象牙一枝长八寸，首尾厢金起花；牙首大五寸七分，厢石榴子十颗；中厢珍珠十颗，宝石四颗；尾大寸，厢金刚钻一颗。金盒内贮白象尾毛为证。又象牙一十九枝，共三百五十斤；乌木三十七株，共二千六百斤；树香六百斤；藤黄四百八十斤；大枫子五百八十斤；紫梗三百斤；速香二十一株，共六百五十斤；木香三十斤；白豆蔻六十斤；胡椒八百一十斤；苏木一万四千二百斤）。三十七年八月，遣使坤应命等贡方物（象牙三百斤，树香六百五十斤，藤黄一百五十斤，速香三百一十斤，白豆蔻三十斤，苏木一万三千二百斤，胡椒四百五十斤，乌木三千八百斤，大枫子五百斤）。其视旧献，颇似不同。

按：赤土疆域正与暹罗同，东波罗剌国，西婆罗娑国，南诃罗旦国，北距大海，地方数千里。隋时常骏自南海郡水行昼夜二旬，每值便风，至焦石山而过，东南泊陵伽钵拨多州，西与林邑相对，上有神祠焉。又南行至师子石，自是岛屿连接，又行二三日，西望见狼牙须国之山，于是南达鸡笼岛，至于赤土之界。林邑今占城，《星槎胜览》云，自占城顺风十昼夜可至是也。

暹罗贡献方物：象、象牙、犀角、孔雀尾、翠毛、龟筒、六足龟、宝石、珊瑚、金界指、片脑、米脑、糠脑、脑油、脑柴、檀香、速香、安息香、黄熟香、降真香、罗斛香、乳香、树香、木香、乌香、丁香、阿魏、蔷薇水、丁皮、琬石、柴梗、藤竭、藤黄、硫黄、没药、乌爹泥、肉豆蔻、胡椒、白豆蔻、荜拨、苏木、乌木、大枫子、苾布、油红布、白缠头布、红撒哈剌布、红地绞节智布、红杜花头布、红边白暗花布、乍连花布、乌边葱白暗花布、细棋子花布、织人象花文打布、西洋布、织花红丝打布、剪绒丝杂色红花被面、织杂丝竹布、红花丝手巾、织人象杂色红文丝缦。使回，会于广东布政司管待。

满剌加国

古哥罗富沙也。汉时尝通中国，后为顿逊所羁属（顿逊在海崎山上，地方千里，城去海十里，有五王，并羁属扶南，去扶南可三千里，东界通交州，即古哥罗富沙也；其西界接天竺徼外诸国。其国城接阇婆，故又名大阇婆，今称重迦罗，东有吉里地闷），故其处旧不称国。自旧港顺风八昼夜可至其国，傍海，山孤，人少，受羁属于暹罗，每岁输金四十两为税。本朝永乐三年，其王西利八儿速剌遣使奉金叶表文来朝贡。十年，命正使太监郑和等统官兵二万七千余人，驾海舶四十八艘，往诸番夷开读赏赐。诏封为满剌加国王，赐银印冠带袍服，且建碑立界，暹罗始不敢侵扰。九年七月，嗣王拜里迷苏剌率其妻子及陪臣五百四十余人来朝，上闻之，念其轻去乡土，跋涉海道，即遣中官海寿、礼部郎中黄裳等往宴劳之，复命有司供张会同馆。既至，奉表入见，并献方物。上御奉天门宴劳之，别宴王妃及陪臣等，仍命光禄寺日给牲牢上尊，命礼部赐王金绣龙衣二袭、麒麟衣一袭及金银器皿帷幔裀褥，赐王妃八儿迷速里及其子侄陪臣傔从文绮纱罗袭衣有差。及出，就会同馆，复赐宴焉。八月赐其王金相玉带、仪仗鞍马，并赐王妃冠服。九月，拜里迷苏剌辞归，赐宴于奉天门，别宴王妃陪臣等，赐敕劳王，厚赐之并及其妻子、陪臣。（敕曰："王涉海数万里至京师，坦然无虞，盖王之忠诚，神明祈祐。朕与王相见甚欢，固当且留，但国人在望，宜往慰之。今天气尚寒，顺风南帆，实维厥时。王途中善饮食，善调护，以副朕眷念之怀。今赐王金相玉带一、仪仗一副、鞍马二匹、黄金百两、白金五百两、钞四十万贯、铜钱二千六百贯、锦绮纱罗三百匹、绢千匹、浑金文绮二、金帜通袖膝襕二，王其受之。又赐王妃冠服一副、白金二百两、钞五千贯、锦绮纱罗绢六十匹、金织文绮纱罗衣四袭，赐王子侄冠带，其陪臣等各赐白金钞钱丝币有差。”）复命礼部宴饯于龙江驿，仍赐宴于龙江驿。十二年，国王母来，宴赐如王妃。二十年三月，其王西哩麻哈剌卒，其妃及头目来朝贡方物，以父殁新嗣位故也。宣德九年，国王复来。天顺三年，国王无答佛哪沙卒，其子苏丹茫速沙请命，复遣使册封。自建国以来，朝贡至今不绝。

按满剌加疆域在占城国南，其朝贡自广东以达京师。

满剌加贡献方物：番小厮、犀角、象牙、玳瑁、鹤顶、鹦鹉、黑熊、白虎、锁袱金母鹤顶、金厢戒指、撒哈剌白苾布、姜黄布、撒都细布、西洋布、花缦、片脑、栀子花、蔷薇露、沉香、乳香、黄速香、金银香、降真香、紫檀香、丁香、乌木、苏木、大枫子、番锡、番盐。使回，会于广东布政司管待。

苏门答剌国

古大食也。一曰须文达那，自满剌加顺风九昼一夜可至。其西去一昼夜程有龙涎屿独峙南巫里洋之中。每至春间，群龙交戏于上，遗涎，则国人驾独木舟采之以为香，一斤值其国金钱一百九十二枚，准中国铜钱九千文。（《星槎胜览》，采之，或遇风波，则人俱下海，一手附舟旁，一手挹水而得至岸。其龙涎初若脂胶，黑黄色，颇有鱼腥气，久则或大块；或大鱼腹中剌出若斗大，亦觉鱼腥，焚之清香可爱。货于苏门之市，官秤一两，用彼国金钱十二枚，一斤则一百九十二枚也。《游官纪闻》，诸香中龙涎最贵重，广州市不下五六十千，乃番中禁榷之物，出大食国。近海傍常有云气出草山间，即知有龙脑其下，土人更相守之，俟云散，则知龙已去，往观，必得龙涎，入香合和，能收敛脑麝清气，虽经数十年香味仍在。得其真者，和香焚之，则翠烟浮空，结而不散。或言涎沫有三品：一曰泛水，二曰渗沙，三曰鱼食。泛水则轻浮水面，善水者伺龙出没，随而取之；渗沙则凝积多年气味，尽渗于沙中；鱼食则化粪散于沙碛，惟沉水者可入香用。嘉靖二十四年三月，司礼监传奉圣谕："你部里作速访卖沉香一千斤，紫色绛真香三千斤、龙涎香一百斤，即日来用。"就令在京访买，已得沉香、绛香进讫，尚有龙涎香出示，京城采买未得，奏行浙江等十三省及各沿海番舶等处收买。本年八月，户部文移到司又奉抚按牌案行催再照前香每斤给银一千二百两。三十四年，巡抚钧牌发浮梁县商人汪弘等到司，责差纲纪何处德领同前去番舶访买，陆续得香共十一两，差官千户朱世威于本年十月送验，会本进，奉圣旨："既验不同，姑且收入，今后务以真香进用，钦此。"钦遵行司，又据见监广州府斩罪犯人马那别的等告送龙涎香一两三钱，褐黑色，及有密地都密地山夷属采有褐白色六两；各夷说称褐黑色者采在水，褐白色者采在山。又据密地都周鸣和等送香辨验，真正共一十七两二钱五分，责差千户张鸾三十五年八月送验，会本起进，奉圣旨："这香内辨是真，留用，钦此。"）洪武间，遣使奉金叶表贡马并方物。国名须文达那。永乐三年，酋长宰奴里阿必丁随中官尹庆朝贡，封为苏门答剌国王，给印及诰。五年，嗣王锁丹罕阿必镇遣使阿里来朝，并贡方物。宣德六年，复来贡。十年，复请封其子为王。初，太监郑和奉使至苏门答剌，伪王苏干剌方谋杀宰奴里阿必丁以夺其位，且怨使臣赐不及己，领兵数万，邀击官军，和率众及其国兵与战，苏干刺败走，追至喃勃国，并其妻子俘之以归。永乐十三年九月，献于行在，以大逆不道伏诛，诸番震服。

按大食疆域在占城之西洋中，南接目连所居宾童龙国，东北接雪山葱岭，皆佛境也，西北与大秦相邻，为其统属。宋初，与占城通贡，南唐遂达。于宋淳化四年，舶主蒲希密得广州蕃长寄书招谕，遂至南海，以老病不能诣阙，乃以方物来献，其表有曰："涉历龙王之宫，瞻望天帝之境，庶遵玄化，以慰宿心。今则虽届五羊之城，犹赊双凤之阙。"则是射利寓广，今色目蒲姓者是其裔也。后与宾童龙国使来朝入贡。陆路由沙州恐为西人钞略。乃诏自今取海路由广州至京师，自是朝贡不绝。熙宁中，其使辛押陁罗乞统察蕃长司公事，诏广州裁度；又进银钱助修广州城，不许。归国被诛，见苏黄门《龙川略志》。其后分部领为勿斯离、弼琶、啰勿跋等国。苏门答刺则出龙涎香者也，布那姑儿则产硫黄者也。又有层檀国在南海傍城距海二十里，熙宁四年始入贡，顺风行百六十日，经勿巡、古林、三佛齐国，乃至广州。多产香药，其风俗语音与大食同。

苏门答刺贡献方物：马、犀牛、龙涎香、撒哈剌梭眠布、宝石、木香、丁香、降真香、沉速香、胡椒、苏木、锡、水晶、玛瑙、番刀、番弓、石青、回回青、硫黄。使回，令于广东布政司管待。

锡兰山国

古狼牙须也，自苏门答刺顺风十二昼夜可至其国。地广人稠，货物多聚亚于爪哇。中有高山，上产鸦鹘宝石，每遇大雨，冲流山下沙中，拾取之。隋常骏至林邑极西望见焉。番语谓高山为“锡兰”，因名。相传释迦从翠蓝屿来（屿在龙诞西北五昼夜程），登此山，犹存足迹。山下有寺，中贮释迦涅槃真身侧卧及舍利子（狼牙修国梁时通焉，在南海中，其界东西三十日、南北二十日行，北去广州二万四千里，恐即此国）。

本朝永乐七年，诏谕其王亚烈苦奈儿，遣太监郑和等赍诏敕金银供器、彩妆织金宝幡布施于寺及建石碑，赏赐国王头目有差。亚烈苦奈儿负固不恭，谋害舟师，和即潜备，先发制之，使众御枚疾走，夜半开炮，则奋击而入，生擒其王。永乐九年，归献阙下。上命择其支属，贤者立之。礼部言：“询其国人，皆谓耶巴乃那贤。”十年九月，遂遣使赍诏及诰印封之。（诰曰：“朕统承先皇帝鸿业，抚驭华夷，嘉与万方，同臻至治。锡兰山亚烈苦奈儿近处海岛，素蓄祸心，毒虐下人，结怨邻境。朕尝遣使诏谕诸番国，至锡兰山，其亚列苦奈儿敢违天道，傲慢弗恭，逞其凶逆，谋杀朝使。天厌其恶，遄被擒俘。朕念国中军民皆朕赤子，命简贤能为之统属。尔耶巴乃那修德好善，为众所推，今特封尔为锡兰山国王。于戏！惟诚敬可以立身，惟仁厚可以抚众，惟忠可以事上，惟信可以睦邻。尔其钦承朕命，永崇天道，无怠无骄，暨子孙共享无疆之福。钦哉！”）时群臣皆请诛亚烈苦奈儿，上曰：“蛮夷禽兽耳，不足深诛。”遂赦之，亦遣归。时国人立不剌葛麻巴思剌查为王，诏谕使逊位。

十四年十一月，偕占城、爪哇、满剌加、苏门答剌、南巫里、沙里湾泥、彭亨、古里、木骨都束、溜山洋、喃勃利、卜剌哇、阿丹、麻林、剌撒、忽鲁谟斯、柯枝诸国及旧港宣慰司各遣使贡马及犀象方物，遣郑和等赍敕及锦绮纱罗丝绢等物偕往，赐各国王。正统十年，国王遣使耶把剌谟的里哑等来朝贡方物。天顺三年，其王葛力生夏剌昔利把交剌惹复遣使来贡。

按锡兰山疆域在西洋，与柯枝国对峙，南以别罗里为界，自别罗里南去顺风七昼夜可至溜山洋国，十昼夜可至古里国，二十一昼夜可至卜剌哇国。柯枝接大小葛兰二国山连赤，上自小葛兰顺风二十昼夜可至木骨都东国，自古里顺风十昼夜可至忽鲁谟斯国，二十昼夜可至剌撒国，二十二昼夜可至阿丹国，又自忽鲁谟斯四十昼夜可至天方国，乃西洋之尽处也（天方旧名天堂，又名西域，有回回历，宣德中朝贡）。

锡兰山贡献方物：象、宝石、珊瑚、水晶、金戒指、撒哈剌乳香、木香、土檀香、没药、西洋细布、藤竭、卢会、硫黄、乌木、胡椒、碗石。使回，令于广东布政司管待。

佛朗机国

在爪哇南，古无可考（旧志，婆利国在广州东南海中，洲上去广州三月程，其王姓憍陈如，隋大业中遣使入贡。又投和国在真腊之南，自广州西南水行百日可至其地，正相对古之狼徐鬼国，分东西二洲，皆能食人，爪哇之先鬼啖人肉，即此国也。佛朗机亦与相对云。永乐十年九月，喃勃利国王马哈麻沙遣使贡物，或亦婆利之更名，但皆疑似，无他证据，姑附于此），业不通中国。

正德十二年，驾大舶突至广州澳口，铳声如雷，以进贡请封为名。右布政使兼按察副使吴廷举许其进贡，抚按查无会典旧例，不行，遂退泊东莞南头，径自盖房树栅，恃火铳以自固。有至部者，不行跪礼，朝见欲位先诸夷。御史丘道隆何鳌前后具奏，皆言其残逆称雄，逐其国主（似是喃勃利逆臣）。先年潜遣火者亚三假充满剌加国遣礼使臣，风飘到澳，往来窥伺，熟我道途，掠买小儿，烹而食之。近日满剌加国王奏其夺国仇杀等情。屠掠之祸，渐不可长，宜即驱逐，严禁私通。仍将所造房屋城寨尽行拆毁，重加究治买卖工匠人等以私通外夷之罪。诏皆从之，诛其首恶火者亚三等，命抚按檄守巡备倭官军驱其余党出境。海道副使汪鋐帅兵至，犹据险逆战，商人凿舟用策，乃悉擒之，余皆遁去。（《月山丛谈》，佛朗机国在爪哇国之南，二国用铳形制同，但佛朗机铳大，爪哇铳小。国人用之甚精，小者可击雀；中国人用之，稍不戒，则击去数指，或断一掌一臂。铳制须长，若短则去不远；穴须圆滑，若有歪斜滞碍，则弹发不正。惟东莞人造之与番制同，余造者往往短而无用。嘉靖初佛朗机国遣使来贡，初至行使皆金钱，后乃觉之，其人好食小儿云。在其国惟国王得食之，臣僚以下不能得也。至是，潜市十余岁小儿食之，每一儿市金钱百文。广之恶少掠小儿竞趋之，所食无算。其法以巨镬煎滚沸汤，以铁笼盛小儿，置之镬上蒸之，出汗尽，乃取出，用铁刷刷去苦皮，其儿犹活，乃杀而剖其腹，去肠胃，蒸食之。居二三年，儿被掠益众，远近患之。海道汪鋐以兵逐之，不肯去，反用铳击败我兵；由是人望而畏之，不敢近。或献计使善水者入水凿沉其舟，尽擒之。汪鋐由此荐用，后为南赣巡抚；以进甘露召入，总都宪事，久之转吏部尚书。会北虏吉囊入寇，鋐建议请颁佛朗机铳于边镇，凡城镇关隘、墩台缺口皆用此以御寇。诏从其议，下所司施行，至今三边赖其用。然鋐奏疏词语谆复可厌，兵部郎中吴缙云卿见而笑之；鋐闻之怒，黜为铜仁府知府。或戏之曰："君被一佛朗机打到铜仁府。”）

嘉靖中，党类更番往来，私舶杂诸夷中为交易首领人，皆高鼻白皙，广人能辨识之。游鱼洲诸快艇多掠小口往卖之，三山、叠滘、背底水等乡村以至诸澳拐诱恶少日繁有徒，甚至官军商纪亦与交通云。

广州舶船往诸番出虎头门，始入大洋，分东西二路，东洋差近（周岁即回，舶有鹤顶、龟筒、玳瑁等物），西洋差远（两岁一回，舶有象牙、犀角、珍珠、胡椒等物）。宋于中路置巡海水师营垒（在海东西二口阔二百八十丈。至屯门山二百里，治舠鱼入海战舰，其地南至大海四十里，东至惠州四百二十里，西至端州二百四十里，南至惠州七百五十里，北至韶州二百五十里）。今为东莞县南头城。东南海路二百里至屯门山（水皆浅，日可行五十里），乃顺帆风西行二日至九州石，又南二日至象石（一作用东风，西南行七日至九乳螺州），又西南行三日至占不劳山（在占城东二百里海中，占城授罪人于此），又南二日至陵山（《星槎胜览》作灵山，其山峻而方，有泉下绕如带，甚甜，民居星散，结网为业），皆占城境也。陆行至宾童国一月程，东去麻逸国二日程（一名摩逸，去淳泥三十日程。太平兴国七年，载宝货至广州，今名麻逸冻）；水行一日至东西竺昆仑洋（《唐书》作门毒国），又一日行至古苴国，则真腊也（王号“苴屈”），又半日行至奔陀浪洲（自古腊西五十程至丹眉流国，其国东北至广州一百三十五程）；又二日行至军突弄山，又五日行至海硖，番人谓之“质”，南北百里，北岸则罗越国（一名罗斛，今为暹罗），南岸则佛逝国（占城属国）。又东水行四五日至诃陵国（今爪哇）。南中洲之最大者；又西出硖，三日至葛葛僧祇国，在佛逝西北隅之别岛，国人多钞暴，乘舶者多畏之（疑此即婆利）。其北岸则阿罗国（一名阿罗陀，今满剌加），阿罗西则阿谷罗国（一名阿罗单），又从葛葛僧祇四五日行至婆露国（一名阿鲁），又六日行至婆那国（一名须文达那）。伽蓝洲（一名翠蓝屿），又北四日行至狮子国（在西洋之西邻，多狮子，故名。昌黎诗"货通狮子国"，疑即大秦也）。其北岸距南天竺大岸百里。自伽蓝洲行二十日至榜葛剌国，则西天竺也，一日西印度，乃释伽得道之所。海口有察地港，番商于此抽分云。天竺之西千五百里，有注辇国，至宋大中祥符八年，其王罗茶罗乍始遣使人贡。其使言离本国舟行七十七日，历郍勿丹山、婆里西兰山至古罗国（以古罗山得名）；又行七十一日，历加八山、占不劳山、舟宝龙山至三佛齐国；又行十八日，度蛮山水口，历天竺山，至宾头狼山之黄西王母冢，距舟所将百里；又行二十日，度羊山、九畏山至广州之琵琶洲，离本国凡千一百五十日至广州焉（今按天方国有四方寺，《宋史》注，辇国有四城佛寺，但注辇入朝贡真珠，以珠撒殿，与天方狮子麒麟不同。或云天方即狮子国，不可知也）。

雷州控入海水路（东至海三十里，西至海一百五十里，南至海一百七十里，北至化州一百六十里海路）。从海州东北陆行二十五里抵谭源，泛海至罗场，接吴川县通江水。从吴川上水至化州三日程，自化州下水至海口四日程。从州东至海三十里，渡海抵化州界，地名硇洲。入思广州通闽浙；从州东南陆行一百四十五里，抵海至诸番国；从州南陆行一百七十四里，至递角场；抵海南，泛海一程可至琼州；从州西陆行一百五十里，泛海，水路至安南诸番国。故诸番舶虽东洋琉球等国，被风漂，多至琼州。琼州东至海一百二十里，其南崖州去海益近云。

黄帝时，南夷乘白鹿来献鬯及褐裘。唐尧南抚交趾，三苗来宾。虞舜时，僬侥氏来贡没羽，蛮夷率服。《禹贡》甸服之外侯服，侯服之外“五百里绥服（四面皆分二等），三百里揆文教（接于侯服，则使诸侯揆文教以治之，非全无武备也，以文为教），二百里奋武卫”（接于要服，则使诸侯奋武卫以治之，非全无文事也，以武为主）；绥服之外“五百里要服（四面皆分二等），三百里夷（夷谓东西南北之外夷也。北则冀州，‘岛夷皮服’，东则青州，‘嵎夷、既略’，莱夷‘檿丝’，徐州淮夷，‘蠙珠暨鱼’，南则扬州，‘岛夷卉服’，西则梁州，‘和夷底绩’），二百里蔡”（蔡，放也，《左传》曰，蔡，蔡叔放罪人于夷境，如后世安置及安插之类，轻于流者也），要服之外“五百里荒服（四面皆分二等），三百里蛮（八蛮谓天竺咳首僬侥跛踵穿胸儋耳拘轵旁春），二百里流”（流如水之去而不返也，后世罪人有长流者视蔡为重）。

夏成五服，外薄四海，南海、鱼单、珠玑、大贝。商伊尹正四方献令：正东越沤，剪发文身（沤越文身断发，东吴亦如之，故曰正东）；令以鱼皮之鞞、蛟瞂利剑为献（鞞，刀削也；瞂与盾同，蛟谓鲛鱼皮也，以饰剑口）。正南瓯、邓、桂国、损子产、里、百濮、九菌（六者南蛮之别名也。瓯与沤同，瓯、骆也；邓，曼姓，荆南蛮峒也；桂林八树在番禺东；损子产谓食首产子蛮也；里，音黎，今呼为俚人；百濮见《左传》，九菌未详），令以珠玑、瑇瑁、象齿、文犀、翠羽、菌鹤、矩狗为献（玑似珠而小；菌鹤可用为旌翳；矩狗，狗之善者也）。正西昆仑、狗国、枳已、阘耳、贯胸、雕题、漆齿，（《禹贡》织皮昆仑，今西洋之达葱岭；狗，犬戎也；枳与轵同，疑八蛮中之狗轵也；阘耳即离耳也；贯胸，其人胸有窍；雕题自南而居西洋者；漆齿一名黑齿国）。令以丹青、白旄、纰罽、龙角、神龟为献（丹青谓南海曾丹青；于西海有文旄；氐有纰罽，毛衣也；龟龙亦出西海）。正北空同、大厦、莎车、代、翟、匈奴、楼烦、月氏（此皆西北胡虏，并见《史记》两汉书，今韃靼、回回、色目之属）。令以橐驼、白玉、野马、騊駼、駃騠、良弓为献（物产在北者见史传）。汤曰："善。"

成周王会瓯人蝉蛇（今临海永嘉，即东瓯也，可见蝉蛇不出南越）。于越纳（纳，贡也。泛言凡物皆有于越，自浙至江右皆是），且瓯文蜃（今广西骆越之地，伊尹朝献已正东沤，则瓯人也。又正南瓯，则骆越也。沤、瓯通用。文蜃，大蛤也），共人玄贝（吴越之蛮曰共人；玄，黑也；贝，海大虫也，今之海贮）、海阳大蟹（海水之阳，今产蝤蛑之地，盖潮州以东八闽也）、自深桂（自深，南蛮名；桂，今出桂州、韶州）、会稽以鼍（鼍皮可以冠鼓）、蛮杨之翟（杨州之蛮。翟，山鸡也），仓吾翡翠，翡翠者，所以取羽（仓吾，今苍梧也。翡翠，鸟羽，青而有黄），南人致众者皆北向（南，南越也；五岭之南至海为扬粤，今广东地）。

汉时朱崖南有都元湛，离甘都卢黄支等国，近者十余日，远至四五月程。其俗略与朱崖相类，其州境广大，户口蕃滋，多异物。汉武帝时，常遣应募人与其使俱入海市，明珠、璧、琉璃、奇石异物，赍黄金杂缯而往。所至国皆廪食为耦，蛮夷贾船转送致之。外夷，珍货流入中国始此（《市舶录》刘向曰，独檣舶深五十余肘，三木舶深十五余肘，西域以肘为度）。

后汉光武时，交趾、日南徼外蛮来贡，马援建铜柱。后西屠夷亦改国名哥罗，属于扶南，自是各国名屡易矣。日南、象林蛮屡叛复降，而区怜（一作区连）竟据林邑（以象林之邑名），背违中国，习俗文字渐与婆罗门同，而佛书遂至。

桓帝时，扶南之西天竺、大秦等国皆由南海重译贡献，而贾胡自此充斥于扬粤矣。其贡瑇瑁、象齿、古贝（树名，其叶盛时如鹅毛，抽以绩纺，作布洁白）、沉水香（土人破断，积以岁年，朽烂而心节独在，置水则沉，故曰沉香；不沉者曰栈香）、琥珀（松脂入地千年乃成），兽则驯象、玄犀、猩猩之属，多不可殚纪。

吴孙权遣宣化从事朱应、中郎康泰使诸番国，其所经及传闻则有数百国。泰立记传，谓之扶南，土俗曰蒲卢，中曰优钹，曰横跌，曰诸薄，曰北肤，曰滨郍专，曰乌文，曰斯调，曰林阳，曰马五洲，曰薄叹洲，曰躭兰洲，曰巨延洲。其后历代更变，非复旧名矣。

晋武帝平吴，林邑、扶南入贡。之后曰牟罗，曰横卢，曰末利，曰卑离，曰满都，曰绿余，曰沙楼，曰蒲林，皆昔所未闻也。

宋齐至者狮子、毗加梨、干陀利、阇婆、蒲黄、阿罗陀、阿罗单、婆皇、狼牙、脩槃槃、顿逊等益有十余国。

梁武帝时，婆利丹丹毗骞始通。毗骞王身长三丈，颈长三尺，自古以来不死，知神圣未然之事，其子孙则生死如常人。隋使通赤土，致罗利，其国在婆利之东。其人极陋，朱发黑身，兽牙鹰爪，盖佛书所谓长身金刚夜叉罗刹，即此物也。他若投和、边斗之属，贡于隋者益多。其贡大氐金宝香药等物，亦有献佛牙舍利者，皆奉婆罗门之教故也。

唐始置市舶使，以岭南帅臣监领之。设市区，令蛮夷来贡者为市，稍收利入官。凡舟之来，最大者为独樯舶，能载一千婆兰（胡人谓三百斤为一婆兰）；次曰牛头舶，比独樯得三之一；又次曰三木舶；曰料河舶，递得三之一。贞观十七年，诏三路舶司，番商贩到龙脑、沉香、丁香、白豆蔻四色，并抽解一分。武后时，都督路元叡冒取番酋货舶，酋不胜忿，杀之。

开元初，市舶使周庆立与波斯僧造奇巧以进，劾罢；又罢遣使者之南海求珠翠者。（开元四年，有胡人上言海南多珠翠奇宝，可往营致，因言市舶之利，又欲往狮子国求灵药及善医之妪，置之宫掖。上命监察御史杨范臣与胡人偕往求之，范臣从容奏曰："陛下前年焚珠玉锦绣，示不复用，今所求者何以异于所焚者乎？彼市舶与商贾争利，殆非王者之体。胡药之性，中国多不能知，况于胡妪，岂宜置之宫掖？夫御史，天子耳目之官，必有军国大事，臣虽触冒灾瘴，死不敢辞。此特胡人眩惑求媚，无益圣德，窃恐非陛下之意，愿熟思之。"上遽自引咎慰谕而罢之。）后于广州设结好使，每番舶至，则审事宜以闻。（《文苑英华》，裴次元奏广州结好使事由奉诏书谢恩状："右臣伏奉某月日手诏令臣速具前件官本末事由闻奏，臣去月日谨具某官归本道事以闻，某月日奏官至伏奉某月日手诏所奏，某官寻赴广州事宜，具详本末，想宜知悉者。臣伏以纶綍下于紫霄，明命光于沧海。荣深感极，宠洽心惊；周章失图，欢畅交集。顾臣鄙劣，忝寄藩维，无补涓埃，累更凉燠。矧兹地远，敢望恩加。日月照临之明，无幽不烛；乾坤生成之德，在物莫遗。岂期奏报常仪，特降诏书，慰抚事逾等列喜万怕情。伏以轩墀一边，岁序三变，谬职愧深于星琯，荷恩思拜于彤庭。厕清列于班行，峨冠剑而何日。守灾荒之遐服，甘瘴疠以婴身。怀死节之丹诚，愿生还于绛阙。每承存谕之命，更切攀恋之心。臣不胜感恩，欢跃屏营之至。"）

是时，诸番多所更改，林邑号环王，而陆真蜡亦号文单，皆尝犯边。元和中，安南都护张舟击败之，乃复铜柱以正疆埸，于是贡琛溢于王府。其后节度使马总又铸二柱以继之。贞元时，波斯、古罗二国入贡，多珍物。节度使王处休奉宣威德抚，令市易常供外一无所取，乃为使院图表进其言，有曰："海门之外，隐若敌国；资忠履信，贻厥将来。”时称得体。其后以军兴渐加市税，太和中，文宗下诏除之。

宋开宝四年，置市舶司于广州，以知州兼使，通判兼判官。淳化二年，始立抽解二分（凡诸番之在南海者并通货以金锡缗金易其犀、象、珊瑚、琥珀、珠琲、镔铁、鼊皮、玳瑁、玛瑙、车渠、水精、番布、乌樠、苏木、胡椒、香药等物。太宗置榷务于京师，诏诸番货至广州，非出官库者无得私相贸易。其后又诏非珍奇物皆听市；后又诏他货之良者亦听市。其半大抵海舶至，征其十一，而给其余价值，岁入以数十钜万计，县官经费有助焉）。

太平兴国三年，李昌龄知广州，广有海舶之饶，昌龄不能以廉自守，淳化二年代还。昌龄上言：“广州市舶每岁商舶至，官尽增价买之，良苦相杂少利，自今请择其良者，如价给之，苦者恣其卖勿禁。”

熙宁中，广州市舶岁课亏折，或以为市易司扰之故，令提举究诘以闻。于是务官吕邈以拦取番物劾免。后以言者罢杭明市舶诸司，皆隶广州。元丰三年，中书言，广舶已修定条约，宜选官推行。诏广东以转运使孙迥罢帅臣兼领。文观元年，复置浙、广、福建三路市舶提举官（杭明仍复置司又增一司于泉州）。三年，番商欲往他郡者从舶司给券，毋杂禁物，其防船兵仗给之如诸国法。船舶司鬻所市物，毋得过二分；官吏市者有禁。政和四年，诏广南市舶司岁贡珍珠、犀角、象齿。建炎元年，诏市舶多以无用之物枉费国用，取税权近，自今有以笃。耨香、指环、玛瑙、猫儿眼睛之类，悖买前来，及有亏番商者，重治其罪，皆置于法。惟赐巨寮象笏、犀带，可者量令输送（旧法：番物分粗细二色，龙脑、珍珠之类皆为细色，十分抽一，后又悖买四分；粗色十分抽二，又忮买四分。抽买既多，商人多匿其细者弗实。旧法：细色以五千两为一纲，粗色以万斤为一纲。每逢一纲，则有脚乘赡家钱一千余缗。其后部运者诡以象犀、紫矿之类，以昌脚乘。而旧日一纲至分为三十三纲，多费脚乘家赡钱三千余贯）。绍兴二十七年，诏广南经略市舶司察番商假托入贡。隆兴初，臣寮以象齿、珠犀比他货最重，请十分抽一，罢忮买。乾道初，臣寮又言福建、广南皆有市舶，物货浩瀚，置官提举实宜（乾道七年，诏粗色货物以二万斤为一纲，加耗六百斤，依旧支付水脚钱一千六百六十二贯有奇。南渡后，经纲困乏，一切倚办海船，岁入固不少，然金银铜铁钱币亦用是漏泄外境，而钱之泄尤甚。法禁虽严，奸乃愈密，其弊卒不可禁）。淳熙二年，诏广州市舶除榷货外，他货之良者止市其半。元世祖尝立提举司，寻罢。至英宗治平六年，遣使榷广东番货，乃复立之，听海商贸易，归征其税。顺帝元统六年，罢广东提举二司。至正二年，复立广东提举司，申严市舶之禁。三年，听海商贸易，归征其税。（《濯缨亭笔记》，宋末沈敬之逃占城乞兵兴复，占城以国小辞，敬之效秦庭之哭而不得归，占城宾之而不臣，敬之竟忧愤发病卒。其王作诗挽之曰："恸哭江南老钜卿，春风揾泪为伤情；无端天下编年月，致使人间有死生。万叠白云遮故国，一抔黄土盖香名；英魂好遂东流去，莫向边隅怨不平。"夫占城以岛夷知重节义如此。及元主中国，四夷抗拒，虽屡征不贡，倭奴犹曰："汝夷也，我亦夷也，何贡之有？"我朝龙兴，归顺恐后，夷狄有君，信哉！）

本朝除元乱大一统，诸番例当三年一贡，世见来王，许以互市。立市舶提举司以主诸番入贡。旧制：应入贡番先给与符簿，凡及至三司与合符，视其表文方物无伪，乃津送入京。若国王、王妃、陪臣等附至货物，抽其十分之五，其余官给之值。

暹罗、爪哇二国免抽。其番商私赍货物入为易市者，舟至水沃，悉封籍之，抽其十二，乃听贸易。然闽广奸民，往往有稚髻耳环，效番衣服声音，入其舶中，导之为奸，因缘钞暴，傍海甚苦之（《旧志》凡东洋交易，多用丝苎，倭国尤为凶狠，商人畏之，回易鹤顶等物。西洋交易多用广货，回易胡椒等物。其贵细者，往往满舶。若暹罗产苏木，地闷产檀香，其余香货各国皆有之。若沉香，有黄沉、乌角沉，至贵者蜡沉，削之则卷，嚼之则柔，皆树枯其根所结，惟奇南木乃沉之生结者。犀角有乌犀、花犀、通天犀、复通犀。花犀者，白地黑花；通天犀，黑地白花；复通犀则通天犀白花中复有黑花，此皆希世之贵也。鹤顶、龟筒、玳瑁见说可合焉，犀角不苟合，故公服以玉与犀为带，贵其不苟合之义也）。

洪武三年五月，遣使颁科举诏于安南、占城，以其通中国文字也。诸番莫不畏威怀德，自是朝贡不绝，亦有不及期而贡献者。永乐改元，遣使四出招谕，诸番贡献毕至，奇货重宝前所未有，乃命内臣监镇市舶，设公馆于城南水滨，后改建于郡西仙湖（今为分守道），三年九月，大理寺少卿闻良辅初为湖广副使，坐事，降行人；至是，奉使西南诸番暹罗、爪哇以至西洋、古里诸国。还京奏事称旨，擢广东按察使。内臣侯显、郑和等偕行人往返，番王皆厚礼之。四年六月，广东布政司奏每岁海外番夷入贡方物，水路以舟楫运载，惟南雄至南安限隔梅岭，舟楫不通，自今请用民力接运。上曰："为君务养民，今番贡无定期，而农民少暇日；假令自春至秋番夷入贡不绝，皆役民接运，岂不妨其农事？自今番夷入贡，如值农务之时，其方物并于南雄收贮，俟十一月农隙，却令运赴南安，著为令。"后顾侍臣曰："民不失其养，虽劳之鲜怨；民失所养，虽休之，不德。"八月，置怀远驿于广州城蚬子步，创房一百二十间以居番人，隶市舶提举司。然内官总货提举官吏，惟领簿而已。有当由福建而被风漂舟至者，如渤泥（本阇婆属国，在西南大海中，去爪哇四十五日程，去三佛齐四十日程，去占城三十日程。永乐四年，其王遐旺来朝）、流求（在东洋大海中，当建安郡东，水行五日而至。隋大业中，遣将率兵自义安浮海击之，义安，今潮州也。洪武中，分大小琉球，朝贡甚恭，官生常入太学受业），每加收恤。他若喃勃利新附诸国，亦有随舶至广州者。正统十年，按察副使章格巡视海道，时流求使臣蔡璇等率数人以方物买卖邻国，风漂至香山港，守备当以海寇欲戮之以为功，格不可，为之辩奏，还其赀而遣之，番夷颂德（近年流求客商有漂至琼州者，送至广城，佥事经彦寀加意存恤，远人感之）。成化、弘治之世，贡献至者日夥，有司惟容其番使入见，余皆留停于驿，往来设宴管待，方许入城。衣服诡异，亦有帽金珠、衣朝霞者，老稚咸竞观之。椒木、铜鼓、戒指、宝石溢于库，市番货甚贱，贫民承令恃买，多致富。正德十二年，西海夷人佛朗机亦称朝贡，突入东莞县，火铳迅烈，震骇远迩，残掠甚至炙食少儿。海道奉命诛逐，乃出境。自是海舶悉行禁止，例应入贡诸番，亦鲜有至者。贡舶乃往漳泉广城，市贸萧然，非旧制矣。于是两广巡抚都御史林富稽祖训，遵会典，奏上得允，于是番舶乃通焉（臣惟巡抚之职，莫先于为民兴利而除害。凡上有益于朝廷，下有益于生人者，利也；上有损于朝廷，下有损于生人者，害也。今以除害为名，并一切之利禁绝之，使军国无所资；忘祖宗成宪，且失远人之心，则广之市舶是也。谨按皇明祖训，安南、真腊、暹罗、占城、苏门答剌、西洋、爪哇、彭亨、白花、三佛齐、浡泥诸国，俱许朝贡，惟内带行商，多行诡诈，则暂却之，其后辄通。又按大明会典，凡安南、满剌加诸国来朝贡者，使回，俱令于广东布政司管待；见今设有市舶提举司，又敕内臣一员以督之，所以送迎往来，懋迁有无，柔远人而宣威德也。至正德十二年，有佛朗机夷人突入东莞县界，时布政使吴廷学许其朝贡，为之奏闻，此则不考成宪之过也。厥后犷狡，章闻朝廷，准御史丘道隆等奏，即行抚按令海道官军驱逐出境，诛其首恶火者亚三等，余党闻风慑遁，有司自是将安南、满剌加诸番舶尽行阻绝，皆往漳州府海面地方私自驻扎，于是利归于闽而广之市井萧然矣。夫佛朗机枭不通中国，驱而绝之，宜也。祖训会典所载诸国，素恭顺，与中国通者也；朝贡贸易尽阻绝之，则是因噎而废食也。况市舶官吏公设于广东者，反不如漳州私通之无禁，则国家成宪果安在哉？以臣筹之，中国之利盐铁，为大山川水忾，仡仡终岁，仅充常额。一有水旱，劝民纳粟，犹惧不藐旧规。番舶朝贡之外，抽解俱有则例，足供御用，此其利之大者一也。除抽解外，即充军饷，今两广用兵连年，库藏日耗，藉此可以充羡而备不虞，此其利之大者二也。广西一省全仰给于广东，今小有征发，即措辨不前，虽折俸椒木，久以缺乏；科扰于民，计所不免。查得旧番舶通时，公私饶给，在库番货旬月可得银两数万，此其为利之大者三也。贸易旧例有司择其良者如价给之；其次，资民买卖。故小民持一钱之货，即得握椒展转交易，可以自肥。广东旧称富庶，良以此耳。此其为利之大者四也。助国给军，既有赖焉，而在官在民，又无不给，是因民之所利而利之者也，非所谓开利孔为民罪梯也。议者或病外夷闯境之为虞，则臣又筹之。暹罗、真腊、爪哇、三佛齐等国，洪武初首贡方物，臣服至今。永乐时，浡泥入朝，没齿感德。成化间，占城被篡，继绝，蒙恩。南方蛮夷大抵宽柔，乃其常性，百余年来未有敢为盗寇者。近时佛朗机来自西海，其小为肆侮，夫有所召之也。见今番舶之在漳闽者，亦未闻小有惊动，则是决不敢为害，亦章章明矣，况久阻忽通，又足以得其欢心乎。臣请于洋澳要害去处及东莞县南头等地面递年令海道副使及备倭都指挥督率官军，严加巡察，凡舶之来，出于祖训会典之所载者，密诇得真，许其照旧驻扎；其祖训会典之所不载，如佛朗机者，即驱出境，如敢拒抗不服，即督发官军擒捕；而凡所谓喇嗒番贼必诛，权要之私通、小民之诱子女下海者必禁。一有疏虞，则官军必罪。如此则不惟足兴一方之利，而王者无外之道亦在是矣。伏望皇上特敕该部熟议，将臣所陈利害逐一参究。如果可行，乞行福建、广东省令番舶之私自驻扎者，尽行逐去；其有朝贡表文者，许往广州洋澳去处，俟候官司处置。如此庶怀柔有方，而公私两便矣）。**湾泊有定所**（布政司案查得递年暹罗国并该国管下甘蒲石坤州与满剌加、顺塔、占城各国夷船或湾泊新宁、广海、望峒，或新会、奇潭、香山、浪白、蚝镜、十字门，或东莞鸡栖、屯门、虎头门等处，海澳湾泊不一）。**抽分有则例**（布政司案查得，正统年间以迄弘治，节年俱无抽分，惟正德四年，该镇巡等官都御史陈金等题要将暹罗、满剌加国并吉阐国夷船货物俱以十分抽三，该户部议将贵细解京，粗重变卖，留备军饷。至正德五年，巡抚两广都御史林廷选题议各项货物者变卖存留本处，以备军饷之用。正德十二年，巡抚两广都御史陈金会勘副使吴廷举奏，欲或仿宋朝十分抽二，或依近日事例十分抽三，贵细解京，粗重变卖，收备军饷。题议只许十分抽二，本年内占城国进贡，将附搭货物照依前例抽分。至正德十六年，满剌加国奏佛朗机夺国及进贡诈伪议，礼部议行镇巡等官遣发出境。嘉靖五年，又该姚都御史奏称暹罗国进贡，将陪贡附搭货物十分抽二，以备军饷，方物解京。嘉靖六年，该国副使坤思悦、者米的利等奏称，正船并无抽分。该礼部查得会典内该国例不抽分，行回将原抽货物退还变卖，修船归国，遵行到今）。**俸粮折色椒木兼支**（布政司案查得递年止系都、布、按三司文武官员及在省文职官吏，本司备行广丰库，于库贮抽回胡椒、苏木，计算各名下折色俸银每一两，内除八钱，折苏木一百斤，尚余二钱折椒五斤八两八钱八分，其余卫所武职官吏与夫境外各属，则无折支椒木之例）。嘉靖中，革去市舶内臣，舶至澳，遣知县有廉干者往舶抽盘，提举司官吏亦无所预。

附注

注一：广实名椿，为登庸所立，改元统元。登庸篡位后鸩杀之。

九边四夷备录

《辽东论》 周弘祖

辽东为燕京左臂，三面濒夷，一面阻海，山海关限隔内外，亦形胜之区也。历代郡县其地，国朝尽改置卫，而独于辽阳开元设安乐、自在二州，以处内附夷人。其外附者，东北则建州、毛怜、女直等卫，西北则朵颜、福余、泰宁三卫，分地世官，互市通贡。该镇总计马步官军九万九千八百七十五员名、马九百九匹、子粒二十六万一千四百六十七石，岁运银一十八万五千二十四两、米一十二万四千六十六石、草二百四十万五千二百一十一束、豆七万五千二百二十九石六斗。天津海道止可达于广宁迤西一带，其金复海等处仍以登莱海道为径。

辽东夷情与诸镇异，许氏云云矣。大意谓东北诸夷，屋居火食，射猎非其所优；西北诸夷，既在羁縻之属，窃发频多，终不敢显然大举。要在随时安辑，先事申严，俾恩威并著，足制其心，斯计之上；而俘斩论功，则第二义也。岂知夷运亦有盛衰乎？今适值东夷运衰耳。如对卢者，足智多谋，坐摧唐甲；劾里钵阿骨打者，沉毅勇鸷，健斗无前，皆辽以东产也。即北狄如此辈者，指可几屈哉？盖白山耸秀，渤海潆洄，鸭绿混同，左右递相持护；山川融结，其生尤物宜矣。乃若规三岔以通上谷之径，控金海以擅鱼盐之饶。东据开元以为襟，然必整理威远、青阳，而开元之藩篱益固；北据广宁以为吭，然必措置临潢、镇静，而广宁之形势益张。经斯镇者，幸无以东夷之弱而易之也。至于山海一线之关，我塞彼不可来，彼塞我亦难往。中原多事，辽东其自为一区乎？公孙康可睹矣。

《蓟州论》

蓟，燕京左辅也，古会州地。国初即其地封宁藩，设大宁、都司、营州等卫，与宣府、辽东东西并建，以为外边。靖难后，兀良哈部落内附，乃改封宁王于南昌，徙大宁都司于保定，散置营州等卫于顺天之境，而以大宁全地与之，授官置卫；令其每年朝贡二次，每次卫各百人，往来互市，永为藩篱，即朵颜、大宁、福余是也。自此宣辽隔越，声援断绝矣。正统以前，夷心畏服，地方宁谧。土木之变，颇闻三卫为也先向道，乃命都御史邹来学经略之。正德以来，部落既蕃，朵颜独盛，结亲迤北，累肆内侵，参将陈乾、魏祥前后重兵陷没。嘉靖二十九年，复道虏入，直逼京都，始议添设总督军门，驻扎蓟州，总计马步官军七万八千六百二十一员名、粮四十六万八百石、豆六万七千五百石、子粒米麦一万三千七百七十八石六斗、布绢折钞银二万、绵布一十二万一千六百余匹、绵花绒六万六千三百斤、草四十万三千束。

开平陷入虏庭，大宁徙之三卫，天子自为藩篱矣。在今日边情，惟蓟镇为急。规复旧疆，未敢卒言；乃若筑垣固封，列兵扼险，虽过计不为迂，过力不为劳，过劳不为损也。何也？所关至重也。今计其制御之势，大略有四焉：以冷水口为一路，自山海关抵太平寨，而以建昌为适中之地；以古北口为一路，自马兰峪抵石岭塘，而以密云为适中之地；以昌平为一路，自渤海所抵镇边城，即以昌平为适中之地；以紫荆、倒马为一路，自沿河口抵故关，而以易州为适中之地。顾此关口，均云要害，而古北口为尤要。何也？盖冷水、马兰，有重冈叠嶂以为天险；紫荆、倒马，有渔阳、上谷以为外藩。古北口一带，沙淤水漫，平夷旷邈，万骑驰骤，纵横无防。然总之亦有险可据也。虏若自黄榆川而来，则必由潮河川；自砖朵子而来，则必由黄家寨；自黑谷关而来，则必由三个岭。顾此三处者，两山夹峙，真我兵之占地也。过此不守，使贼入平原旷野，则欲战不能，欲守不得矣。乃若陕卒入卫，始自庚戌，今岁额焉惫甚矣。括其资以募土著，不两宜乎？当事者竟默而不言，岂以国事为家事者哉？

《宣府论》

宣府，汉上谷郡。国初设开平卫，置八驿，东则凉亭、沈河、赛峰、黄崖，直接大宁，西则桓州、威虏、明安、隰宁，直接独石。文皇三犁虏庭，皆自开平、兴和万全出入。自大宁沦失之后，兴和亦废，而开平失援难守。宣德中，乃卫独石，弃地盖三百余里。土木之变，独石八城皆没，虽旋收复，然气势日微，宣府特重矣。总计本镇马步官军一十二万六千三百九十五员名、马六万六千九百八十四、屯粮六万二千三百零二石、地粮三万一百五十三石、种粮一十一万五千八百八十六石、驿传粮一万四千三百三十三石、稻粮征米一千一百七十九石、草二十二万六千七百七十一束。

宣府自东路之西海冶迤逦而西，历北中二路，抵西路之西阳河，为大同界；大同东路之东阳河迤逦而西，历中北二路，抵西路之丫角山，为山西界；自山西之老营堡迤逦而西，历水泉、偏头、保德州，为黄河界，计一千九百二十里有奇，皆逼临虏巢，所谓外险也。又老营堡转南，迤逦而东，历宁武、雁门北楼，抵平型关，又迤逦而南，而东，为保定界；历龙泉、紫荆、倒马之吴王口、插箭岭、浮图峪、沿河口，又东北为顺天界；历高岸、白羊，抵居庸而止，计二千五百里有奇，皆峻山层冈，所谓内险也。两险截然，固天之所以限华夷者。奈何迩者夷虏结阵长驱，远掠汾沁，全晋为眚，边议日兴，岂其险固不足恃耶？良由法纪日弛，防范日懈，故有险与无险同。夫设险云者，因地利而纪之以人力也。内倚诸关，外增崇垣，百万绵堞，比之金汤。任宣府者不责以战而责以守，其不能乎？

《大同论》

大同，古云中地，川原平衍，故多大举之寇。西则平虏、威远，中则左卫、右卫，皆称要害，盖虏南犯应朔诸城必窥之路也；东则天城、阳和为虏入顺圣诸处之冲；而平虏西连老营，与偏关近，直逼黄河焦家坪、娘娘滩、羊圈子等处，皆套虏渡口，往来蹂躏，无虚日焉。总计该镇马步官军舍余土兵共五万四千一百五十四员名。粮料、布花、屯粮、屯草及京运年例，通共银七十七万五千一百八十八两七钱五分。屯粮一十二万七千七百二十一石，每石折银八钱；屯草一十七万六千四百一十一束、青草三十七万二百一十束，每束折银三分；年例银七万两；例盐七万引；马四万六千九百四十四匹。山西起运夏秋二税粮料二十九万一千四百七十五石，每石折银四钱；夏秋税粮折布一十八万三千五百匹，绵花绒八万斤；草二百四十四万四千八百五十束，每束折银八分。河南起运小麦九万六千石，每石折银四钱。

唐筑受降城守在河外，汉用主父偃之策，据河为守。国初弃置丰州，独卫东胜，已失四面之险。逮正统以后，又复弃去东胜，大同藩篱日薄矣。且自五堡激变，抚骄军悍卒如抚婴儿，啼则与果，稍剌剌作声，以软语提携之，无复上下分，大同之纪纲日坠。况山川平夷旷邈，在在可通，北虏窃穴套中，时时窃发，则今日之大同，称难守焉。若夫寻汉唐之故迹，未敢轻言；复东胜之旧封，亦难卒办。而补偏救弊之政，其在阳和、天城二路者，不宜专守阳和、天城，而宜分据瓦窑、永嘉、白羊、鹁鸽之险；其在左右二卫一路者，不宜专守左右二卫，而宜分据黑山、华皮沟、牛心、兔毛河之险；其在平虏老营一路者，不宜专守平虏老营，宜分据黄家山、井坪、红门之险。乃若偏头、宁武、雁门三关，语其地，则宁武据两关之中，当华夷之要，为东西之应援，实阳方义井之门户，外接八角堡，内维岢岚，故设总府以临之，居中调度，良有意焉。偏头四逼黄河，与套虏仅隔水。盖自浑脱飞渡以来，警报不息；然山涧崎岖，难于大举。老营东接平虏，至大同边不远，使东西联络，筑边固塞，且屯且守，则丫角墩而南、阳房口而东，乌用是纷纷也？舍门户而理堂室，诚不得已焉耳。雁门当广武、朔州、马邑、大川之冲，通忻、代、崞诸郡县之路，虏从左右卫而入，势当首犯。东越广武，则北楼、平型皆为虏冲；西越白草沟，则夹柳、雕窠莫非要守，雁门警备，于是为急矣。嗟乎！百孔千疮之镇，必得豪杰者专任之，明罚敕法，不猛不宽，渐而待之，庶有济乎。

《榆林论》

榆林旧治在绥德，秦为上郡，历汉、隋、唐皆为边镇，宋没西夏。元季章孔兴据守，国朝定陕西，孔兴北遁，设绥德卫，屯兵数万守之，拨千户所，屯治榆林。成化八年，都御史余子俊广开榆林城垣，增置三十六营堡，边墙起甫川，西至定边营，长亘千二百余里，横绝河套之口。该镇官军四万九千二百五十员名，马二万四千四百四十六匹，粮料一十八万九千七百二十八石，民粮三千九百石，草八十八万一千二百六十束。

余肃敏城筑榆林，世多侈其绩，而引以为罪者亦间有焉。在许论则云："襟吭既据，内地遂安。"在王越则云："虏贼大举，或由榆林东双山堡入寇绥德，或由榆林西南定边花马池入寇固原。榆林之兵，其在东也，则以无险而不能守；其在西南也，则以路远而不能援；其在绥德旧镇也，则以兵寡而不能御，则移镇榆林者，未见其为利也。"二氏皆以筹边久著声称者，是非安所折衷哉？大抵移镇榆林，包收米脂鱼河三百里膏腴之地，且东连牛心之堡，可便应援，西截河套之冲，可便耕牧，千三百里树艺樵采围猎之利，我军民得擅而有之，是以地方丰庶，称雄镇焉。自虏据套以来，我军之耕牧绝矣；耕牧绝，则转输艰矣；转输艰，则士伍耗矣。是榆林受病之原，乃在于失河套之初，而不在于移镇榆林之日也。榆林之军，不患不勇敢善战也，患其枵腹不得一饱，而复来"米珠草桂"之谣也。许氏谓陕州有河可通绥德，若计沿河郡县，改征本色，悉以输之，榆林其少苏乎？此今日之急务也。乃若乱蜂墩、野猪峡，是直冲鱼河之径，虏自此出，军驻兵鱼河，断榆林、绥德为两矣。又东自定边营，西抵宁夏东黄河岸横城堡三百里，中多平漫沙漠，虏贼大举。多由此入。经斯镇者，其留意焉。

《宁夏论》

宁夏亦朔方地，贺兰山环其西北，黄河襟其东南，为关陕重镇。卫城西南一百四十里，有峡山峡口，两山相夹，黄河经其中，诚塞北一胜概也。成化前，虏患多在西河；自虏据套以来，河东三百里，更为敌冲。筑墙尽守，始于巡抚徐廷璋；而花马池一带边墙，皆总制杨一清、王琼、唐龙增筑。本镇马步官军三万七百八十七员名，马四千一百八十匹，粮料二十万七千五百五十七石，民粮四千六百九十石，草一百三十六万一千五百束。

国初撤受降而卫东胜，以当一面之险；后又撤东胜以就延绥，则以一面之地当千里之冲。遂使河套沃壤，弃为虏巢。深山大河，势固在彼；灵夏外险，反在河南。而花马池一带，适其利涉之境，游骑往来，无日无之，宜乎延宁、固靖终岁不得以少休也！兹者，复守东胜，因河为界，东接大同，西接宁夏，使河套方千里之地归我耕牧，开屯四百万顷，岁省内地转输，诚为上策。顾力有未能，未敢议及。姑以目前言之，以平虏为一路，而其险在盐山、新兴、灵武等处；以宁夏为一路，而其险在赤水、宁化、玉泉、马炮泉等处；以中卫为一路，而其险在东园堡、桑远堡、旧安寨等处；以花马池为一路，而其险在定边营、杨柳堡、清水、兴武、铁柱泉、灵州等处，而灵州为尤要。盖灵州北临广套，西控大河，实宁夏之喉襟，中原之门户。灵州不守，则宁夏隔为外境，环固势孤无援；无环固，则无陕矣。此今日宁夏防御控制之大略也。通计四路之虏情言之，花马池为最急，宁夏次之，平虏、中卫又次之，何也？平虏徙自镇远，失地百里，民利虽促，厄塞可凭；中卫偏在西隅；宁夏四百余里，然堑山堙谷，有险足恃，分阃参游，气势自别，地狭易守，责以中材，亦足办矣。宁夏当贺兰之冲，乃前山后山诸贼出入之径，赵瑛、周尚文素著威名，亦曾败绩此山之下，顾今将领，较二子何如哉？花马与套虏为邻，沿河三百里尽为敌冲，是故虏窥平固，则直犯花马；掠环庆，则由花马之东；入灵州，则清水营一带是其径矣。筑墙昼守，可御零贼；如大举河套，虏骑长驱，陕西用兵，无解甲息肩期矣。

又闻先总制秦纮建议，于延宁交界，筑边堑一道，东起饶阳至徐斌水三百余里，又西南至靖虏黄河岸六百五十余里，通共延袤一千余里，而地里甚远。且清沙岘一带，多浮沙疏土，变迁不常。地里远，则兵分势寡，哨守疏阔；变迁不常，则随筑随塌，忽浚忽塞。以故，节年套虏，多由青沙岘深入，安会之祸，为鉴不远，是旧边之未足恃也。青沙岘以北，红寺堡以南，周环旷阻殆数百里，水泉四五十处，草木繁茂。虏每入寇，必休息饭马，安留旬日，呼为小河套，万一得志，巢穴可不虑哉。且土地沃饶，引水灌田，昔时阡陌，宛然尚在；今不获耕牧，坐失大利。虽设有红寺堡一座，势在孤悬，汲水甚远，外高内下，四面受敌，外有梁家泉，虏每据水头驻守，攻围城堡。今以地形较之，自徐斌水旧边外起，至鸣沙州止，共一百三十九里，比之旧边至靖虏黄河六百五十里者，止当六分之一，诚得其要害，守其捷径，扼喉当关，非若迂远之难守也。且山岩沟堑，天造地设，为力甚易；又且坚固可图永久，非若沙碛之易坏也。此边既成，所云水泉四五十处尽括在内，胡人不得南下而牧马；所云沃饶阡陌，尽得耕垦，不下万余顷，招集军民耕牧，可获大利。是旧守在内六里余里迂远之难，今守在外一百二十里要隘之近；旧守浮沙疏土之不足恃，今守深沟高垒之可久，利害较然矣。

又闻宁夏濒河当虏冲，冰合受敌，至夏始宁，故名。今虏居套中，朝夕窥伺，终岁无宁刻矣。

《甘肃论》

甘肃，即汉武所开河西四郡以断匈奴右臂者。兰州为金城郡，过河而西，历红城子、羌浪镇六百里，至凉州，为武威郡；凉州之西，历永昌四百余里，至甘州，为张掖郡；甘州之西，历高台镇夷四百余里，至肃州，为酒泉郡；肃州西出嘉峪关，为沙瓜、赤金、苦峪，至哈密等处，皆敦煌郡地。洪武五年，冯胜下西河，乃以嘉峪关为限，遂弃敦煌焉。自庄浪岐而南三百余里，为西宁卫，古湟中地；自凉州岐而北二百余里，为镇番卫，古姑臧地。山丹甘肃马步官军三万三千八百九十四员名，马八千九十一匹，粮六万五千七百九十七石，民运本折粮布粮一十万七千三百九十五两一钱二分，盐粮二万六千八百一十四石八斗，草一百一十万一千八十九束，年例银四万。庄浪汉土马步并招募官军加一万八百五十六员名，马三千四百六十七匹，粮料二万三千九百一十三石，民运粮银三万一千九百九十一两二钱，兼支银四千四百四两四钱，盐粮一万四千四百四十九石三斗，盐粮银四千六百五十两，草二十八万六千一百九十四束，布一万一千一百八匹，棉花四千一百六十五斤。凉州马步官军一万八百五十八员名，马二千五百二匹，粮料四万五千五百二十三石七斗四升，民运本折粮银四万一千三百九两三钱，盐粮一万六千四百八十三石九斗二升，草四十一万五千一百八十六束，年例银三万，兼支银三十三两三钱七分，布一万九千九百六十四匹，棉花八千四十五斤。

甘肃一线之路，孤悬河外几二千里，西控西域，南隔羌戎，北遮胡虏，经制颇难。红城当庄浪、西宁之中，可便策应，而苦水、黑山，是其外护。镇番为凉州永昌门户，六坝、红纱又镇番要害，而长草湖一带，尤为入寇之冲，其地虽有险可据，但远在凉州三百里之外，四面受敌，尤极孤危，且溥于盐利，华夷赖之，恐为必争之地。甘州，祁连、胭脂二山在焉，乃匈奴要地也。汉时失此山，尝歌曰："亡我祁连，使我六畜不蕃；亡我胭脂，使我妇女无姿。"国朝设行都司于甘州，而以肃州为甘州门户；城西六十里筑嘉峪关，为肃州藩篱。关外有羁縻六镇，即哈密、赤斤、定安等卫是也。后哈密、赤斤陷于土番，定安破于海贼，而甘肃之门户单，藩篱薄矣。许氏云："北虏倏去倏来，南番坐守之夷耳，惟土鲁番自两犯甘肃之后，荼毒日滋，渐不可长。"岂知死命亦尝在我也，何也？闭关绝贡，欲茶不得，五日溻疾不汗，死矣。当事者操其柄而善应之，不弛不猛，庶几其有瘳乎？

《内关论》

龙泉、紫荆、倒马、故关，此畿辅内边关也，俱属保定提督。马步官军一万三千七百六十三员名，子粒米二千六十石，新增折色银三百五十两，余丁三百三十名，马四百二十二匹。

元人攻燕，劲骑捣居庸，北拊其背；大军出紫荆口，南扼其吭。今宣大、雁门、蔚朔等关，虽为畿辅外藩，然降城、高关、东胜未复，外藩关镇，仅可自支，则内关亦未可恃以为安也。盖尝通论四关之险：龙泉为上，倒马次之，紫荆、故关又次之；通论四关之势，则紫荆为急，倒马次之，龙泉、故关又次之。独论紫荆、倒马之势，紫荆虽负山临河，不足以据一关之枢：西则白石口极为平漫，堪驰十两；东则马水口外临广谷，内无完城，且相去紫荆四百里，仓卒有警，应援不及。倒马则客路吴王二口，均当要害，又切近茨沟等村。故今所忧者，不在紫荆正关，而在水马白石；不在倒马正关，而在客路吴王也。

《三卫论》

三卫，即兀良哈夷种也，在乌龙江南，渔阳塞北。春秋时，山戎地；秦，辽西北境；汉为奚酋所据，东汉征走匿松漠间；后魏复还，号库莫奚，服属契丹，为大宁路。户四万六千，口四十四万八千。

国初割锦义、建利诸州隶辽东，设都司于惠州，领营兴会三十余卫所，即北平行都司也。洪武十四年，封皇子权大宁，为宁王。二十二年，分兀良哈为三卫，于横水之北：曰朵颜，曰福余，曰大宁。处降胡以脱鲁忽、察儿海、撒男奚阿失里为三卫指挥使同知，并边为我蕃篱。靖难初，首劫大宁兵及招兀良哈诸酋，率部落从，有功，遂以大宁畀三卫，宁王移封南昌；徙行都司于保定，为大宁都司。令三卫岁二贡，卫百人，东起广宁屯，历喜峰，近宣府，为朵颜；自黄泥洼逾沈阳铁岭，至开原，为福余；由锦义渡辽河，至白云山，为大宁。皆逐水草，无恒居。三卫朵颜最强，分地最险。永乐中，最亲附；宣德中，入渔阳塞上，率诸军出喜峰关，败诸虏于宽河，诛其大酋，自是稍驯顺。正统中，又叛，侵盗东北诸关寨索盐米而已，以故喜峰、密云间有都指挥或都督镇守，验夷贡。已巳，福余、大宁结也先为乡道，朵颜独据险不从；也先至，不能入寨，不得利，大掠福余、大宁人畜去。敕都御史邹来学经略，已而设太监参将，又设总兵。景泰四年，守臣言兀良哈贡使往来不绝，为尾刺间谍。诏自后役至，伴二三人入京，余不得辄入关。成化四年，与北虏毛里孩通，侵天城，遣都督李铎御之。十二年，通乩加思兰谋寇辽东，敕边臣备之，然亦未敢大为寇盗。弘治中，守臣杨友、张琼烧荒出塞掩杀，边衅遂起。正德中，部落既蕃，阳顺阴逆，屡肆侵盗。朵颜都督花当求添贡，其子把儿孙深入掳掠，动称结亲迤北。革兰台者，花当孙也。花当长子革列孛罗早死，其弟把儿孙骁勇。十年，把儿孙入马兰谷塞，杀参将陈乾。遣都督桂勇讨之，把儿孙遣扯秃等来言，请入贡，且献马赎杀乾罪，我亦幸无事，遂奏虏退班师。未几入寇，参将魏祥全军覆没，时把儿孙较勇，屡谋夺嫡，诸酋恶之，不相附，寻亦死。花当种人皆附革兰台，迟之，来请嗣番官，边臣以为言，下兵部，令译部落，后复许贡。革兰台仍入寇渔阳，诸小关皆残破。

废东胜，则大同、宁夏不为援；废大宁，则辽东宣府不为援；以榆林援大同、宁夏，则偏头关、花马池等处所以孤危；以朵颜三卫代大宁，则喜峰、古北口、黄花镇等处所以单薄。

《兴和论》

兴和，在万全都司野狐岭之外，其地远望若高阜，至则又是平地，乃阴山之脊，地甚寒。过凤凰山之西南，有沙城，又渡数冈，即至兴和。元号为中都地，宜牧马，可树稻麦。宣德弃兴和，退守龙门，虏遂逾野狐岭，直过宣府。其开平所辖兴恒诸州，最宜田牧，亦自宣德弃去，徙入独石。

国家定鼎幽燕，宣府是其北辅，过野狐岭，便为狄境。然则弃兴和，退守龙门，弃开平，徙入独石者，岂得无罪？今日所以图议收复以为宣府之蔽，而奠神京万载之安者，可容缓哉？或以为宜令独石、龙门、赤城、云州诸军出攻开平、桓州、兴州；仍以万全、怀安等卫之兵，由宣平、德胜逾野狐岭，潜掠兴和、中都，直抵哈剌罕，西傍橐驮之山，阻陟涧之险。俟独石诸军殄定兴、桓之辰，然后毕出，径捣双泉海，与独石诸军共会开平，则两军合势，威振无极，东北诸胡定矣。其开平之间，有玻璃谷之要；兴和之间，有哈剌罕之险。哈剌罕者，即五云关也。关内诸山，古称阴山之脊，深堑涧壑，宛然天成。呜呼！守玻璃以卫开平，戍五云以固兴和；大兴耕牧以息转输，勿贪边功以富守关之卒，则东北永以不耸，万全势重而燕京益壮矣。呜呼！审时度势，比德量力，将无待耶？

《降城论》

初朔方与突厥以河为界，河北有拂云祠，突厥犯边，必祷祠下。适默啜悉兵西击突骑施，张仁愿上言请乘虚取幕南地，于河北筑三受降城，绝虏南寇路。唐休璟以为两汉以来，皆守河南，筑城虏腹中，终为所有，不便。仁愿固请，从之。因请留岁满戍卒助工，咸阳兵二百人逃归，仁愿擒之，尽斩城下，军中股栗，役者尽力，六旬而三城就。东城，汉云中郡地；中西城，汉五原郡地，相距各四百余里，并据要津；又于牛头、朝那北山置烽堠千八百所。自是突厥不敢度山猎牧，减镇兵数万。此唐人渡河置城以保河南也。

夫河南之地，沃野千里，其为中国利甚厚，故古人重之。然其始全于赵武灵，而失之楚汉之兵争，继收复于汉武，而失之晋魏之云扰。夫破义渠、开上郡者，秦也，而阴山高阙之塞就，则河南之要领无虞；徙豪杰实新秦者，高帝也，而朔方、金城之郡置，则匈奴之右臂斯断。是二君者，其谋渊，其力勤，其功大，河南之地，值此可谓有遭矣。然楚汉之兵争，而匈奴遂南；晋魏之胡乱，而赫连窃据。岂非地里近胡，隔远中夏；守之者难防，伺之者易入，辟之者旷时，而沦之者不终朝哉？逮夫隋城大利，唐树思摩，其于要荒，愈不之讲。仁愿此举，壮志勃兴，渡河置城，古迹顿复。夫捍坚者兽全，篱固者蔬茂，屯河外之戍以迎战，谨沿河之燧以屯田，无事，则河南之耕，足以供三城之需，有事，则三城之戍，足以为河南之守，可谓策之上也。论者疑其舍险不据，置城虏中，而不知兵事有进，机不容发。退处河南，则长河与虏共之，一有警备，屯耕俱废，已为守之下策矣，况进取耶？

虽然，仁愿此举有三可乘焉：默啜败亡之余，植根未深，晚岁昏悖，部众解体，此其势可乘也；西攻骑施，悉众以往，曾不留守以虞我师，此其时可乘也；唐自太宗以来，威震四夷，总管出塞，捷奏日闻，瀚海燕然，都护布列，此其力可乘也。合三可乘，而重之以仁愿之知兵好谋，驭军有法，版筑兴而役不稽期，逋逃戮而朝无异议，故能寻秦汉之远踪，建朐衍之长策，三城之就如一日也。虽然，开元款塞，复处河南；元和置城，遂移天德，则在唐人已不能继其武矣。呜呼！岂易言哉！

《安定论》

洪武七年，有安定王遣使贡铠甲刀剑，遂赐以织金文绮四匹，仍诏其酋长立为四部，各赐以印：曰阿端，阿员，苦先，帖里。谨按安定与瓜沙、赤斤、蒙古、曲先、海西等处截煌地，内沙州为要。盖其州有玉门，东倚三危，北望蒲昌，去哈密、土鲁番尚八百余里。嘉靖中，安定为海贼所陷。

汉用主父偃、张骞之计，于西河据二关而列四郡。我朝鉴其远戍劳民，以边地封付番酋，沙州徙于嘉峪。逮后戎虏猖炽，关陇骚然。幸彼此猜疑，结连未固。我若以甘州之兵东临罕东，又由罕东西略安定，而夹以西宁、赤刀之兵以临沙州，而肃州屯堡之众亦奔赴之，则东西合势，而玉关、阳关可复。由是内开四郡之屯，外和阳域之虏，则关陇安枕，幽并永奠矣。

考唐时西安北庭之费，俱取足于玉门关、阳关、柘关。外渡白马河，西入俱毗罗阿谜城，以至思浑河沙城，及于阗之大石城。又赤山、碎卜、贺腊、碎叶之西有朱国，新城、顿建、阿史不来、俱兰、税建、怛罗斯、史德、龟兹、达斡、疏勒、水城、段芦、岐山、赤河、坎城、阑城、胡弩、固城、吉良城、郅支满演、渡洲、盘陀、苇关、皮山、姑黑、焉耆、于衍、榆林、龙泉、东夷僻、西夷僻、赤岸、安西，凡四十处。唐时置有城镇，今皆为番部落矣。阳关外，若蒲昌、伊盾、石城、弩支、时勒、井渡、尚未、潘仙、悉利支、井勿遮、移祉、彭怀、东兰，凡一十三处，亦番落也。玉门西去哈密尚八百里，其哈密火州诸处，古有罗护、赤停、赤谷、长泉、龙泉、蜀山，凡六部。其南平、安昌、礌石、银山、盘山、张三新城、柳岑、金沙七屯三部，俱属土番。其瀚海、清海、神山、沙钵、冯洛、耶勒、俱六、轮台、张堡、乌宰、清镇、叶河、黑水、东林、西林、月弓、蛰失密、伊丽，凡一十八处，唐时城堡衙署，今悉为诸番衙帐焉。总计西域诸部，内外形便，赤停当其冲，罗护扼其要，哈密、火州、碎叶、龟兹、北庭、安西为六十都会，今皆失于戎虏而不可复矣。尚得豪粟通敏之人，久任而责成之，练兵积粟，期以十载，搜掠河套海西，以复降城、玉门旧塞；然后守关息民，大通互市，久之起例抽分以供戍卒，是不烦内地寸兵斗粮，而可以坐守边关，岂特唐人能享其利而我不能哉！

《哈密论》

哈密在甘肃西一千二百里，汉西域，唐伊州地。武帝置河西四郡，又出玉门关通西域，置都护，以绝北虏西番之交，当时谓之绝匈奴右臂，则今日之哈密云。成祖封元遗孽脱脱为忠顺王，赐金印，主哈密；凡西域入贡，悉道哈密译上之。成化九年，忠顺无嗣，王母理国事；土鲁番阿力陷哈密，掳王母金印去。二十年，立其国都督罕慎。弘治元年，阿力子黑麻复陷之，杀罕慎。四年，以城金印来归。五年，立元裔陕巴。六年，黑麻复掳陕巴金印去。八年，兵书马文升闻抚夷指挥杨翥熟知哈密道路夷情，遂命同肃州副总兵彭清由南山捷径至罕东，调蕃兵，兼程往袭，会守臣皆帅兵往。师行不速，事泄，至则牙木兰遁去，彭清追剿之，斩首六十级，复哈密空城。九年，阿黑麻复袭破哈密，遣彭泽经略之，泽以彩币银器诱献城印，未几，复叛入寇。十年，以陕巴金印来归。十七年，哈密头目力克合辛往土鲁番，迎取阿黑麻次子真帖木儿来主哈密，陕巴知之，走瓜州，寻送陕巴至哈密。正德元年，陕巴卒，子拜牙袭。八年，哈密人来告拜牙不善主国；拜牙惧，奔土鲁番。十一年，土鲁番令火者他只丁牙木兰来据哈密，且侵入嘉峪关。嘉靖三年，统众入关，抵甘州。十一年，又以城印来归，表辞颇骄慢，多所挟求。兵书胡世宁建议，忠顺王速擅并牙郎，已自归土鲁番，虽还哈密，亦其属夷，其他裔族，无可立者。回回米马儿黑木之族，以其同种类，亦归之。畏兀儿哈喇灰二族，入居肃州已久，欲驱之出不可也。然则哈密将安兴复哉？总使有忠顺王嫡派应立之人。朝廷与之金印，助之兵粮，谁为守？不过一二年，即为所掳夺也。不如闭嘉峪关，置哈密不问，不必再辱皇命，究诘城印，以中彼要索之计。如彼不肆侵扰，则许其通贡，或复为寇，闭关绝之。尚书桂萼议亦同。朝廷从，自是不复言兴复哈密云。

汉武之通西域也，自世祖闭关之后，无善策焉。我朝置嘉峪，限封建，爵哈密，树藩篱，盖观其顺逆之势而通闭之，枢在我也。自夫边城寡策，哈密失守，土番入据之后，甘肃之事日烦矣。兴复之计议论无已，复之不便，弃之亦不便。何也？土番专据之势已成，生聚教训，屹然亦巨部也。纳贡互市，羁縻之术，全镇藉用为休，乃欲勒兵远举，得乎？纵使款塞而来，归我城池，彼肯轻弃如脱哉？贾胡无厌之求不已，则执词以逞，陕巴之萌孽又著矣。故以为复之不便。哈密者，唐伊州故地，屯田旧都，非若珠崖之可捐也。国家一统之盛，珠崖尽入编户，而谓伊州外之为可乎？天下有道，守在四夷。封哈密，封朵颜，一也，所以扼虏之吭而拊其背。哈密弃矣，遂以嘉峪为寇门，单弱无援，而谓甘肃之孤悬为无虞，黄河为可恃乎？此不可弃之明验也。故以为弃之不便。

然则可遂已乎？曰，外户不闭，堂奥可窥；唇之亡也，惟齿之寒。不然，徙海寇归哈密乎，一策也；不然，徙帖木哥归沙州乎，亦一策也。或曰，穷虏可役，徙海寇便也。曰，海寇者，套虏之仇也，遗孽余喘，又婴以土蕃之犷悍，而谓其不北走胭脂，南走祁连，不可得也。矧夫饥则求附，饱则扬去，顾乃资望风欲逞之羽翼哉，徙海寇不便。或又曰，徙海寇，徙帖木哥，一也。巢穴既成，势难摇动，怀土重迁，情也。徙帖木哥亦未便也。曰，帖木哥，罕东藩达内徙白城，沙州其故土也。完城沃壤，土蕃以耕获之利垂涎久矣，为帖木哥者，岂能一日忘情哉？一也。近闻彼种有登石关儿望沙州，则欷歔恸哭而去，是其桑梓在念，水木本源，孰谓犬羊无人心哉？二也。番酋日事仇杀，渐觉衰弱，况又邀窃市贡，我制其命，而帖木哥之力亦足与之抗，三也。海寇依附四夷，议昏议援，而彼族有红帽儿者，相与犄角，则其所念在彼，所避在此，昭然矣，四也。内徙迄今方二十年，其故老犹存，召而谕之，给以粮饷，假之声援，则其坟墓庐舍田园，旧思勃然矣。若曰事体重大，迟回数十年之后，则壮者老，老者死，后来冷落乡关之念，机会断不可图，五也。故以为徙帖木哥便。帖木哥徙矣，销内变，植外御，控吐番，捍肃镇，则沙州形胜，西陲之扼塞在焉，又何以哈密为哉？

主事陈绾《与辽东抚巡诸公书》

夫辽东之荒极矣，弊关切近，触目刿心，愧不能止郑侠之图，亦尝抱邻父之忧，而窃为议之矣。

今之所谓救荒者，非请发内帑乎？非悉发官廪乎？非劝借富民乎？夫请发内帑，则大工鼎兴，司农每每告匮，年例之外，恐不能多发矣。悉发官廪，则辽之廪庾，所积者几何？劝借富民，则自霖雨坏盖藏，达虏掠屯堡，富者转而为贫矣。今之所恃以济辽人之急者，惟关西籴买一节耳。然蓟永一带，岁本不登，加以沿边籴买军饷，则其所以资辽东者，诚所谓以升合之水救涸鱼也。近以蓟永少米，而辽人籴买者多，则有商贩之徒，转市山东之粟，自天津等处下船，径抵丰台镇。辽人有力者从此转搬，无力者止赴山海，携数十百文而觅升斗于商贩人之手。夫米价本已腾贵，加以转展接买，大者驴驮车辇，小者背负手提，盘桓中途，计车脚之费，浮于米值，然亦止可达广宁以西耳。辽阳以东，不惟隔三岔河，而平陆沟渠，车牛莫达，其所仰给者，惟金复等处及黄山一带些须之产，而关西之米，逾河而东者绝少。夫转输不通，籴买无从，则米价日增，贫民虽月散数金，不过锱为铢用，无益也。说者以为海禁少宽，使天津直沽之船不抵丰台镇，而得抵三岔河，则不惟广宁以西可济，而辽阳以东岂至踣毙如今日哉？夫救荒如救焚溺，论事若持权衡。海禁固不可弛，然与活辽东千万人旦夕之命者孰重？夫从权以济一时之急，而年丰之日，禁复如故，是从权以活千万人之命，而禁复在也，庸何伤？

夫辽镇之所以隶山东者，本以通海道也。成化以前，禁例未行，凡文移之往来，花布钞锭之解送，皆取海上捷径，故有无得以相通，缓急得以相济。自禁例一行，而公私船只尽废，究其所以，不过杜绝逃军之路，又或以为泛海恐引外夷也。夫欲绝逃军，亦惟严为盘禁已耳。若倭夷自刘江望海埚之捷，其不至辽东者且百余年，就虑其至，不过远哨望，谨烽火而已。即如江南时有倭寇，岂能使江海之间不行只艘乎？此所谓失火之家，不火食之计也。呜呼！使辽境而常时和年丰，道路无梗也，则可，万一山海宁前咽喉一线之地，少有阻隔，则辽境不为孤悬绝域乎？即今虏窥衢路，转输万难，则咽喉之不塞者，直一间耳，其可不为寒心哉！

且登莱二府，去金复等州不浃日而近。考之会典，正统年间，登州卫犹存海船三十余只；自海道既废，船亦无存。夫登莱阻山依海，商贾不行，其地有羡粟而无厚售，设若少宽其禁，使金复之人，得以泛海贸易，则一苇航之，而辽阳以东皆可获济，其与广宁以西，辇输关内之粟者，劳逸奚啻十倍也！诚欲设为防范，则嘉靖二十一年，抚按尝奏添边备佥事，驻金州矣，今建议复添，亦无不可。不然，则专责守备等官，时为督察，当亦不至于滋奸而长弊。就使有之，较诸今曰脱巾枵腹，恐恐然虑萧墙之变者，利害不有间乎？夫斗米六七钱，人相食不顾，此其时何如时也？而犹泄泄然守惩噎之过计，忘燎眉之急图，愚窃为过矣。夫惟仁人君子，切痌瘝之念而不惑于拘挛之议，当必有以处此者，生其曷容赘哉？

《辽镇通海议》 郭造卿

嗟夫！谋国者之难也！有志者，事竟成，亦在学识何如。盖山海、居庸二关，称口外以居谪戍，防关一也，有难易焉。居庸不得入关，逃之草地而已。辽防为难者，北于属夷，东于高丽，而又渡海归内地，故不设州县。编民一以卫所制之者，万户管千，千户管百，节制易明，逃绝可稽也，故不加有司，设巡检，恃其卫所以束伍耳。自束伍渐废，则逋岛越海者多矣。初，巡检之设于内有司地者，自山海关而西南有乐亭之新桥，迤南沧州之长泸一带，至于东莱，棋置星罗，凡逃军逃囚，及出百里，无引必获，逋岛越海者而能入内地否耶？且船有定规，渡海双桅千料，非官不得造，而民渔不得渡；其防倭出海等哨又严，此自广宁以至广东，沿海万里皆然也。然辽东虽为口外，实与山东为一省，可严禁其往来，阻绝其生理乎？故因运花布而造船百只，借此以通贸易，使之公私两便耳。夫君行令，臣行意。违禁下海者，罪令也；附官船往返者，意也。识能达此，乃为知务。不然，花布几何，而用船百只哉？刘兵备议花布用折色从关起解者，其未知存羊之意乎？惟陈苑马之议为优，若可破倭患逃军之说也。然倭患未可为永绝，今且未暇论之。欲绝逃军，须复巡检辽岸，税法虽详，内地或失之疏。船既通而禁弛，则何岸不可登哉？

故为今策，先由官造或千料海船五只或四百料钻风十只，往必由旅顺官验文引而始准，至必由登州官验文引而始准，无文引者、获有文引而不归者，罪及于其所给，以慎通行之端。海禁既通，则辽易为生，山东沿海之人且有逃入辽者矣。即辽之余丁自足以补伍，何待于清勾而禁其逃亡哉？不二十年间，或造三十，如正统，或造百只如洪武。内地巡检，悉复其旧。即民船编号，亦可以通行，而帆樯云集日盛，虽倭患亦可备也。惜今之陈言者，不学古而入官耳，初制不知，率意妄引，庙堂寻例，亦弗深考，拘挛废阁，良可深喟。夫借花布为名，折色由海而解，被岂不乐于一日夕之程，而乃由数千里之关哉？复之有名，造之自官，则登州都司设之可也，不设亦可也。惟巡检不复旧，则无所不逋焉。镇内恐虚，则愆咽而废，不久复禁矣，其能云集日盛而如闽浙广海乎？故复巡检之制，虽迂而且微，其关系辽海，实弗细务也。

若欲使船永通而不废，又有若迂而大者，经此十余年即可以复行，则士子应试是矣。国初渡海登科者，辽镇于山东，琼府于广东也。琼无陆路，至今如故。辽于嘉靖十年奏改从顺天者，海道既塞，陆路悬远，往返六千余里，裹粮挟策为难。初以京闱解额有构，乃与德州卫属顺天者对易，人情事体两便。今海道如通，则应试如旧，其海不远于琼崖，士子有不乐从乎？辽人登科者少，而酌历登之数，增山东试额之外，偶赢不逾额，不足勿取盈可也。花布既由此解，科举又从此行，则海道永可无废，皆陈言所未及者。

昔古北沿边桥议起于不肖，而戚都护游闽越，故知其必可成。今欲通此道，亦惟海滨人知之。若复山东之应试，例似琼海，又何疑乎？况旧制之废未几，岂远于情事哉？

《蓟镇火药议》 郭造卿

蓟镇经画台墙规制，俱出于戚少保，但东路有慊耳。彼时当道者不与之同谋，后虽稍易，未能尽如其画耳。今惟改其失险，补其未备，不至于多费，而零贼可防也。若备通川大举，水口大者既桥小者次第而缮，十年不辍，斯毕矣。其守边之具虽设，既备而不得当虏，未试之用，孰卜其坚瑕？若最得力者，惟骁为神威，在敌台隍堑间，当之则无不轰烈，恐用不如法及不适宜耳。其扎营所恃，有车可发虎蹲等炮。然此初制，因谭襄敏误解偏箱为单面，少保曲就而成之，后则改之为难，今亦不必废之。但如其法，为老营而藏人马糗粮，夜鸣刁斗为卫，亦有足之城也。若以追逐决战，何所须之？故近改为两轮轻车，凡五十余辆，而专用手铳，推挽五六人。然而渡水逾岭，尚不利于险隘。置在南兵营，或可为步兵出奇用耳。

若鸟嘴等铳，人可挟而发；一发甫毕，诸矢毕集，施倭则宜，御虏或格。历试而筹必为战具，惟百子铳可以常用。旧制其筒尚短，出不甚远，无力耳。今倘从新妙制，益精其技，亦制虏之胜算也。盖虏所恃弓矢，我不能当，然矢虽如雨，可以善避，惟兹一发，避之罔措，加之以百蔑不乱矣，一也。彼镝齐鸣，其响不震；镞虽至利，气不辟易。此则烟障其目，而声鼓其耳，硝冲其口鼻，锋穿其骨肉；矧虽铁石，无不縻烂，二也。兵不用多，惟选其精，则手握一子，可当鸟嘴一人；千铳齐发，当万不啻矣，且节制易明，联校不杂，三也。兼此而用，惟有火箭，轻而易携，巧捷其架，射高及远，从天而下，仰首瞬目不暇，臂指其何所施乎？必无所不防，则无所不寡，虽有百万之众，亦无不挠乱，四也。他之为利，未暇枚举。求切务加意者，则在所以用之耳。

夫用之以步，使齐立为垒，彼不能撼，亦可必恃。但人初习，未尝经虏，介胄则重而难行，无蔽实难于进止。用之于马上，则我骑遇虏，马我惊避而奔回，人反为其所累，且手动摇，难以准持药于眼而不精，擎身于掌而不固，或至于自伤，况兼顾辔勒而手力不专，即马奔腾而前，亦无施之矣。故必用单轮轻车，急，一人可举前皮盾以为正箱，两旁如翼，即为偏箱。行而则合，止而则开，必巧其制度，或可折叠，或可舒敛，如元人之法。酌量以开铳孔，上即火箭之架，是坚韧而且轻，一人即可以将之，而四铳手协往。兼火箭百枝，未阵而加，一人挽之于前而易行。交锋则一人把之于后而直立，四人更番而发，每发并偶，火箭间之，而待乎再装。是一车可蔽五人，即束伍之法也。十车为一队，而队长则快骑以便其调度；十队为一局，局总则小戎兼良马以百而备乎，前追奇伏于是乎出焉；十局为一部，部将则元戎兼良马以千而备乎，后继辎重于是乎在焉。合二将为万人而统之以大将，如是而十万则统之以元帅，加之以良马，错出其中，即可横行匈奴，犁庭扫穴可也。行则驱大车之先，止则环大车之外，如马隆之，用鹿角入虏地而藉以为营。盖鹿角之于车，犹火箭之于铳也。列方圆随机而应以伺贼之至，必不动为主，则手精而足坚，志固而胆壮矣。虏难有冒顿之令，楼烦之艺，骑射无所施，不避我千步之外乎？不犯则守，乘机而动，犯则齐发。彼既败北，而后骑兵蹂之，铳车随而至。彼以其矢，我以其铳；彼以其马，我以其车；彼止则我进，彼进则我止；彼长无所恃，我短不必用；以守则无虑，以战则无敌，此百胜之阵、万全之策也。

今人未睹其利，惟先计兵费，即与之计，其省亦多矣。盖车一，今可为十，即加以十铳及火药火箭，不过一马价值，刍料之资及其上鞍辔介胄之类耳。惟专心致志，精巧毕萃，则虺隤之马可减，而不至于岁豢；老弱之卒可汰，而不容于岁蠹；冗敝之器可简，而不烦于岁缮。积其饷以待乏，可使壮士无不饱；缩其工以善用，可使选锋无不锐，一转移之间，实樽节之方。今姑陈其大略，如车编炮编成，则如视诸掌，可抵掌而谈矣。

河套

雍人曰，河套旧名析支渠搜，又名新秦中，又名朔方郡地。其周回六七千里，其土肥饶，可耕桑。三面阻河，虏难入寇而我易防守，故自古帝王及我皇明皆保有其地，以内安外攘而执其要也。百十年来乃失之，使胡虏巢穴其中，譬之门庭之内容狐鼠焉，如之何其不乘墉穴壁而耗所蓄也？封疆大臣，诚能昭吾明德以压服其心，修吾武备以扫除其众，则经纶之学，可于此而显行，由是以绍即叙之烈，亦庶几焉耳。故详图其地于前，备说其事于后，末以管见附焉。

河套地沿革略

唐虞（为析支、渠搜地，今考宁夏东北，河水遇山，析为二枝处，有析枝城。《水经》曰："河自朔方东转，经渠搜县故城北。"盖近朔方之地。《书》曰："织皮昆仑、析支、渠搜，西戎即叙。"是也）。周（为朔方地，《诗》云："天子命我，城彼朔方。"是也）。春秋（为羌戎所居）。秦（为县四十四，号新秦中。始皇三十三年，命蒙恬斥逐匈奴，收河南地，以阴山为塞，筑四十四县城，徙临河谪戍以充实之。筑边因山险谷溪缮补，起临洮至辽东万余里。恬尝居上郡以统治之。王恢曰："累石为城，树榆为塞，匈奴不敢饮马于河。"应劭曰："新秦者，始皇遣蒙恬得其河南造阳之北地千里甚好，乃为筑城郭，募内郡贫民以充实之，谓之新秦中。后秦乱，其地没入匈奴。”）。汉（为朔方郡，武帝元朔二年，遣卫青取河南地。主父偃言河南地肥饶，外阻河，请城之，省转戍，广中国，灭胡之本也。上用偃计，立为朔方郡，募民徙者十万口，复缮蒙恬所筑塞，因河为固，领县十：曰三封、朔方、修都、临河、呼遒、窳浑、渠搜、沃野、广收、临戎。其后霍去病击败匈奴，休屠王杀昆邪王，降汉。自是陇西北地河西湖寇益少，减北地以西戍卒半。四年，置南都尉治。元狩二年，山东大水，徙其贫民于关西朔方新秦中七十余万口，皆仰给县官使者分护，费以亿计）。东汉（亦因之，领城六：曰临戎、三封、朔方、沃懋、广牧、大城）。晋（亦为朔方郡。后晋乱，姚兴以赫连勃勃为安北将军，镇朔方，僭称天王，筑城都于此）。后周（为朔州。周武帝自河曲、灵夏有蕃戎部落立朔州以统之）。隋（置胜州、榆林郡。炀帝筑长城，东至紫河，西距榆林。车驾幸榆林，突厥启民可汗来朝于此地。隋疆域北至五原，北境惟至于河）。唐（为朔方军经略军。太宗贞观四年，李靖破突厥于阴山，张宝相擒之。《通典》曰：“太宗纳温彦博议，置余种干河南、朔方之地。”《纲目》云，处突厥降众，东自幽州，西至灵州。柴绍亦破匈奴，夺得河南之地，因置州郡以领之。高宗调露元年，以降突厥置鲁州、丽州、含州、塞州、依州、契州，以唐人为刺史，谓之六胡州。武后长安四年，并为匡、长二州。中宗神龙二年，置兰池都督府，分六州为县。玄宗十年，复置鲁州、丽州、塞州。十年，迁胡人于河南及江淮间。二十六年，还所迁胡户置宥州。宥州本汉三封县地及延思等县。天宝中，改宁朔郡，后寄理于经略军。宪宗元和十五年，复置宥州于长泽县。隶夏绥银节度使。唐末，拓拔思恭镇是州，讨黄巢有功，赐姓李，有银、夏、绥、宥、静五州之地）。宋（太宗太平兴国中，李继捧纳国，复为王土，后陷于赵德明。真宗时，有唐龙镇，地居险峻，东至黄河二十里，河之东曰东瓕，河之西曰西瓕，骑兵所不能及。蕃部有来、义二族，尝持两端，事契丹及夏国；后为契丹所破，二族来归，朝廷悯其穷而款塞，优容之。仁宗景祐中为夏所并；今废，在河套）。元（灭夏，宥州废。至元八年，立西夏、中兴等尚书省以隶之）。皇明（洪武初，拨绥德卫千户刘宠屯榆林庄，庄北由河套直至黄河千有余里，正统中，虏入河套扰边，特敕右府都督王桢镇守，始奏筑榆林城及沿边塞、堡、墩、台以控制之。成化七年，巡抚王锐奏置榆林卫。八年，巡抚余子俊奏筑大边城，东自延绥、黄甫川，北距河，西至宁夏红山堡下，至黄河四十里。弘治间，总制秦纮筑二边城，北为河套，东自黄甫川，南距河，西过乾涧，又西过徐斌水，又西过青沙岘，又西为靖虏卫，又西北至花儿岔。乃后大边城西红山横城堡侧虏数入，总制杨一清西距河，东接大边，筑新城，凡四十余里。后大边城内清水至定边营一带，虏复数入，总制王琼南距乾涧、乾沟，北过定边，又西过花马池北，又西过兴武营，北接新边城，筑二百三十余里。后花马、定边营所地碱城恶，虏复数入，总制唐龙中改筑城四十余里。后乾涧、乾沟虏复数入，总制刘天和北起乾沟，南过乾涧，接二边，筑六十余里，总三百里许，号新大边城。总制杨守礼修边墙四十里，以北皆为河套地）。

河环套地序略

按《水经》，河水东经富平县故城西（富平，即今宁夏），又北，薄骨律镇城（城在河渚上，赫连果城也，在灵州东北），又径典农城东（世谓之胡城，又北径上河城东，世谓之汉城。薛瓒曰“上河在富平县”，即此。冯参为典农都尉，屯此以事农），又东北径廉县故城东（王莽时为西河亭），又东北径浑怀障西（《地理志》曰：“浑怀都尉治塞外者也。大和后魏初，三齐平，徙历下民居此，去北城三百里。”），又东北历石崖山西（去北城五百里），又北过朔方临戎县西，又北有枝渠（枝渠东注以溉田），又北屈而为南出焉（河自灵州北行，至此始折而东向矣）；又屈而东流为北河（河分流析枝城在此），东径高阙南（《史记》：“赵武灵王袭胡自代并阴山下，至高阙为塞；山下有长城，其山中断，望若阙焉。”古今常置重捍以防塞道。汉元朔四年，卫青败右贤王于高阙，即此处也），又自临河县东径阳山南，与南河合（河南上承西河，东径临戎县故城北，又东径临河县南，又东径广牧县故城北，又东径都尉治，径流二百里许，始相合矣。《汉书》注曰：“阳山在河北。”《史记》曰，“秦使蒙恬击胡，渡河取高阙，据阳山。”即此）；又南径马阴山西。又东南径朔方县故城东北（《诗》所谓“城彼朔方”是也。汉元朔二年，卫青取河南地为朔方郡，使校尉苏建筑朔方城，即此），又自朔方东转，径渠搜县故城北（《地理志》曰：“朔方有渠搜县，中部都尉治，王莽之沟搜亭也。”），又东径稒阳城南（其城南面长河，北背连山，秦始皇逐匈奴，并河上以东属之陶山，筑亭障为河上寨。徐广曰：“陶山在五原北。”），又东过临沃县南（王莽之振武也），又东流，石门水南注之，枝津出（石门水上承大河，于临沃县东流，北溉田，南北二十五里）；又东径塞泉城南，又东过云中稹陵县南、沙南县北，从县东屈而南，过沙陵县西（河自高阙东行，至此始折而南流），又屈而南流，白渠水注之（水出塞外，西注沙陵湖，又有芒湖水，南径钟山，山即阴山，东西千余里，单于之苑囿也。自孝武出师攘之漠北，匈奴失阴山，过之未尝不哭）；又南过赤城东。又南过定襄桐过县西。河水于二县之间，有君子济（汉桓帝幸榆中、代地，洛阳大贾赍金随帝后行，夜迷失道，以金与津长，津长封还之。卒，其子寻求父丧，发冢举尸，资费一无所损，以金悉以与之，津长亦不受，事闻，帝曰：“君子也。”即名其津焉。济在云中城西南二百余里)，又东过西河圁阳县东(西河郡汉武帝元朔四年置，王莽改曰归新；圁水出上郡白上县圁谷东，径其县南。《地理志》曰：“圁水出西河郡，东入河。”)，又南，诸次之水入焉(水出上郡诸次山，东径榆林塞，世又谓之榆林山，即《汉书》所谓“榆溪旧塞”者也。自此迤南，河入陕西葭州地矣)。

河套地广袤略

河套东至山西偏头门地界，西至宁夏镇地界，东西二千余里；南自边墙，北至黄河，远者八九百里、六七百里，近者二三百里，惟黄甫川稍近。川南焦家坪，两岸夹山，冰先合后泮。及娘娘滩、羊圈子渡口交冬冰坚，故胡虏率其众，或自坪、或滩、或渡口以入套。《元史·河源附录》朱思本曰：“自洮水与河合，又东北流过达旦地，凡八百余里，过丰州西受降城，折而东流，过达旦地、古天德军、中受降城、东受降城，凡七百余里，折而正南流，过大同路，又西南入陕西榆林卫境。然河源东北流，所历皆西番地，至兰州凡四千五百余里，始入中国。又东北自宁夏过达旦地，凡二千五百余里，始入河东境内也。”

河套山川

犁元山(在东古城南)、牛心山(在黄羊城东)、海子山(在石瑶山城东)、骆驼山、麦垛山(在省嵬城东北)，月儿海子(在牛心山东北)。红盐池(在莲花城东南)、长盐池(在莲花城西)、北海子(在白城子东)、佛堂寺沟(在鸳鸯湖东)、鸳鸯湖(在佛堂寺西)、哑把湖(在骆驼山东)、卯孩水(在派三，俱北入于河)、紫河(后世谓之紫河汉地)，石崖山(山文有战马之状)、阳山(在河北）、马阴山（在河东北）。

河套古迹

富平故城（在省嵬城西北）、郓怀郭（在忻都城东北）、朔方临戎县故城（在哑把湖北）、临河县故城（在高阙东）、河目县故城（在河南）、朔方郡城（在河南）、渠搜县故城（在朔方郡城东）、西安县故城（在渠搜县东）、河阴县故城（在西安县东）、沙南县故城（在河阴县东）、唐龙镇（在胜州地界，东至黄河二十里）、洪门镇（夏州地，唐祁宁节度使张献甫筑洪门镇城置兵以防番寇。宋太宗雍熙中废夏州，其地属赵德明，号洪州）、石堡镇（本延州西边镇塞，宋仁宗至道中，陷于元昊，号龙州）、东古城（在犁山北）、金宿城（在犁元山西北）、石牌楼（在沙岭儿东）、连城（在沙岭儿西）、东胜州（在河北）、武花城（在沙壕西）、克留运城（在武花城西北）、红城子（在月儿海东南）、黄羊城（在牛心山西北）、林州城（在黄羊城西北）、古城子（在海子山东）、石瑶川城（在海子山西）、莲花城（在红盐池西北）、白城子（在北海子西）、交城子（在白城子西）、狄青牢（在佛堂寺东）、佛堂寺（在鸳鸯湖东）、乂罕脑儿城（在骆驼山西）、忻都城（在乂罕脑儿城西）、旧花马池（在忻都城西北）、峰城儿（在旧花马池西）、省嵬城（在麦垛山西北）、鸡鹿塞（在朔方盛浑县西北）。

河套物产

铁（出麦垛山）、盐（出长盐池）、红盐（出红盐池）、良马（出紫河，隋时贡献）、酥油草（牛马食之肥壮）。

按：河套之地，大河外环，此天地设险，以界华之所。虞夏叙贡，未尝外焉。自是以来，凡中国盛时，咸有其地。我皇祖时亦然，尝设立将士，阻河以守。盖因天地之险，帝王之轨，防外虞，靖中夏也。后委之，俾胡虏巢穴于内，因而侵犯我鄙，几无宁岁，失矣。昔秦取其地，募内郡贫民充实其中，然政教不闻，故卒没入匈奴。汉武时复取其地，立朔方郡县，募民徙者十万口；及山东大水，徙其贫民于中者，又七十余万口。自是陇西北地、河西胡寇益少。然当其时，皆仰给县官、使者分护，费以亿计。其后政教未闻，亦终没入匈奴。今内郡民十室九贫，有无产有家之民，有无家有身之民，丰岁尚多缺食，稍值饥馑，则易于为乱。故白莲、赤眉之徒，一唱辄和者如蚁。往岁流贼横行海内，顷假虏屡蠢山西，皆此辈也。保厘大臣诚请旨招募，并诸矿洞壮士悉收蓄之，稍加训练，皆精兵也。夫然后授以妻室，以渐自南而北，按周官井田之法，给以斯地，凡为邑、为丘、为甸，悉如周制，但洫浍稍深广之。其庐舍为堡，久之食裕，仿西戎雕房之式为之，可也。其始授田，给费半载，若种黍时授田，给以四月之费可也。农暇则训以孝弟忠信之道，师律战阵之法，如是三年，可使有勇知方；十年，则岐周之政可复，匈奴将喙息遁逃不暇，又何侵犯之足虞哉？然此特大略而已；若夫大纲小纪，举而张之，以合时宜，以不失先王之轨，以尽经纶之道，则在当路君子云。

西域

雍人曰：西域，自古内属之国也。其民皆城郭宫室而居，耕而食，织而衣，非若匈奴迁徙无常，水草是逐，不耕不织，射猎为生，盗窃为心者比也，故其人犹可施以政教焉。敦煌，亦西域地也。方政教行时，其贤才辈出，与三辅无异，可以西戎言耶？盖人之心性本同，使所业又同，政教又同，则其贤才之出，何独不然？若夫匈奴与我谋食既殊，其心必异，殆犹矢人与函人然，亦胡能同之哉？是故先王尝外之。于西戎则施以政教，此即叙之绩所由底也。今考敦煌，即沙州卫地，哈密去沙州仅三百里，故亦敦煌地。此外诸域，旧称哈密地图，其极边又有巡简公署及汉人村落屋庐数处，是昔尝内属之域也，故悉图而志之，以俟政教君子思继即叙之烈者，其有所稽焉。

西域土地内属略

西域（瓜、沙、赤斤、哈密诸卫，古流沙、三危地，余皆荒服，总三十六国，皆在匈奴之西，乌孙南。南北有大山，中央有河，东西六千余里，东则接汉玉门、阳关，西则限以葱岭诸国。大率土著，有城郭田畜）。**唐虞**（时率教兴事，《禹贡》所谓“西戎即叙者”是也）。**三代**（盛时咸宾服，贡其方物，《周书》纪“西旅底贡厥獒”，亦其一也。其后方物不至）。**汉**（武帝时，张骞使西域，始复通中国。其后霍去病击破匈奴右地，降浑邪、休屠王。及李广利伐大宛之后，西域多遣使贡献，于是东自敦煌，西至盐泽，往往起亭障。宣帝始命郑吉都护南北两道，于是徙屯田于北胥、鞬校、莎车之地。元帝置戊、己二校尉，屯田于车师前王庭。自酋长将相至侯王，俱佩汉印绶。而康居、大月氏、安息、罽宾、乌弋之属，皆以绝远，不在数中。其来贡献，则相与报，不督录总领也。至王莽时，四边扰乱，与中国遂绝，并复没属匈奴）。**后汉**（明帝命将北征匈奴，取吾庐地，置宜禾都尉以屯田，遂通西域于阗诸国；明年，复置戊己校尉。章帝不欲疲敝中国以事夷狄，乃迎还戊己校尉，不复遣都护，复罢屯田；匈奴因遣兵守伊吾地。和帝永元初，窦宪大破匈奴，掩击伊吾，破之。三年，班超遂定西域，因以超为都护，居龟兹，复置戊己校尉；于是五十余国悉纳质内属，其条支、安息诸国，至于海滨，四万里外，皆重译贡献。及班超被征，以任尚为都护，尚性严急，过于苛细。安帝初，西域尽叛，诏罢都护，自此遂弃西域，北匈奴即复收属诸国，共为边患。敦煌太守曹崇请出兵进取，不许。自是但令置护西域副校尉居敦煌，羁縻而已。顺帝永建初，班超子勇复击降焉耆，于是龟兹、疏勒、于阗、莎车十七国皆来服从，而乌孙、葱岭以西遂绝。六年，帝以伊吾旧膏腴之地，傍近西域，匈奴资之以为钞暴，复令开设屯田如永元时事，置伊吾司马一人）。自魏及晋（中原多故，西域朝贡，不过三数国焉）。后魏（太武时，董琬使西域还，且言其地为三域：自葱岭以东，流沙以西为一域；姑墨以南，月氏以北为一域；两海之间，水泽以南为一域。三域之内，诸小渠长盖以百数。其出西域更有四道：自玉门、流沙西行二千里至鄯善为一道，自玉门度流沙北行二千二百里至车师为一道，从莎车西行一百里至葱岭西千三百里至伽部为一道，自莎车西南五百里至葱岭西千三百里至波路为一道焉。于是贡献者十有六国）。隋（炀帝大业中，相率而来朝四十余国，帝因置西戎校尉以应接之。自敦煌西出玉门、阳关，涉鄯善，北通伊吾千里；自伊吾北通车师前部高昌壁千二百里；高昌壁北通车师后部全满城五百里，此其西域之门户内地，故汉戊己校尉更互屯焉。伊吾地宜五谷、桑麻、葡萄，又柳中皆膏腴之地，故汉帝与匈奴争车师、伊吾以制西域。至隋，有商、胡杂居，胜兵千余人附于铁勒，人甚骁悍，厥田良沃。隋末内属，置伊吾郡。属天下乱，又臣突厥）。唐（贞观四年，以颉利破灭，遂举其属七城来降，因列其地为西伊州，同于编户。厥后武威军总管王孝杰大破吐蕃，复龟兹、于阗、疏勒、碎叶四镇。自是诸国朝贡，侔于前代矣）。宋（景祐初，为夏元昊所陷，尽失河西之地）。元（太祖灭夏，仍于敦煌故地置沙州路总管府而以瓜州隶焉。至于西北诸国如阿里麻里，即唐所谓北庭者，遣皇子北平王镇之；别失八里诸国置新站三十，而授八撒察里虎符，掌别失八里畏兀城子里军站事，置元帅府以总之。太宗甲午年，命诸王拔都征西域钦察，破之，括其户口。至元七年，诏遣刘好礼为吉利吉思、撼合纳、谦州、益兰州等处断事官，即于此州修仓库，置传舍，以为治所；而西北诸国，无不臣服矣）。及我皇明（初革元命，一统寰宇，洪武五年，宋国公冯胜兵至河西，元守臣掠人民遁入沙漠；遂掠至嘉峪关，而置甘肃等卫。洪武、永乐中，因关外诸番内附，复置沙州、哈密、赤斤、罕东、阿端、曲先、安定、苦峪等卫，授以指挥等官，俱给诰印，羁縻不绝，使为甘肃藩蔽。后因诸番入贡者众，皆取道哈密，乃即其地封元之遗孽脱脱者为忠顺王，赐以金印，使为西域襟喉。凡夷使入贡者，悉令哈密译语以闻，而西域诸国之虚实向背，悉赖以传报。由是诸番唇齿之势成，而华夷内外之力合，边境宁谧，余八十年。哈密之人凡三种：曰回回，曰畏兀儿，曰哈剌灰，皆务耕织，不尚战斗。脱脱善抚之，国殷富。成化九年，土鲁番速檀阿力王侵哈密，虏王母金印以去，哈密三种皆逃来甘州。朝廷虑其变，移置苦峪、赤斤等处。成化十四年，速檀阿力王死，其子速檀阿力麻立。守臣谓其国易主，请乘间封王遣之。二十年，乃选哈密王母外甥畏兀种都督罕慎者，封为忠顺王，遣使送入哈密。弘治元年，阿黑麻诈执罕慎，杀之，朝廷玺书切责。四年，乃以城池、金印来归，守臣具闻，复求忠顺子孙安定王侄名陕巴者。五年，封为忠顺王，遣使护送之国。六年，阿黑麻复虏陕巴、金印以去，遂据哈密地，转掠罕东等卫，诈称精兵一万，欲取甘州城以居。朝廷乃遣左佥都御史许进巡抚甘肃以经略之，于是购诱奄克孛剌、拜迭力迷失诸番族，将协力进取。阿黑麻头目牙兰闻风遁去，阿黑麻闻之，乃怨牙兰而归罪诸夷教诱者。弘治丁巳，遂以陕巴、金印来归，且遣使入贡，上许之，降敕与阿黑麻，令涤虑自新；而差官护送陕巴及苦峪人入国。于是哈密复兴，番卫底定，边关无警，西域咸通。是后哈密地率为土鲁番占据，我师至则为哈密暂定；师返，辄复据之云。正德间，番人寓亦虎先与其甥米黑儿、马黑麻以贡献事，诬陷甘肃文武大臣入狱，时钱宁、江彬用事，二夷人者，或享大官之馔于刑部，或从□乘舆馂珍膳于会同馆中，或同仆臣卧起，而大臣则桎梏幽囚而已。时礼部主客主事有梁焯者，广东人也，每以法约束二夷，二夷谓人曰："天颜可即，主事乃顾不可即耶？"二夷或驰马于市，或入朝就审，尝睥睨朝臣有若无之状。嘉靖初，乃移就陕西狱讯鞫，盖始大辟焉）。

西域土地人物略

嘉峪关西八十里为大草滩（其北广而多草），滩西四十里为回回墓（以地有回回三大冢，故名。迤北为钵和寺，寺西五十里为柴城儿）。墓西二十里为扇马城（中有二水北流），城西三里为三颗树（以地有三树，故名）。树西三十里为赤斤城（即我皇明所设赤斤卫处也，迤南二十里为小赤斤），赤斤西百五十里为苦峪城（即我皇明所设苦峪卫处也，东有河城，中有三墩，迤北五十里为王子庄）。苦峪西二十里为古墩子（墩西有塔）。墩西六十里为阿丹城（西北有河，河北为羽即戎、卜隆吉儿）。阿丹西南三十里为哈剌兀速城。其西北为义班城（哈剌兀速、义班间有河），哈剌兀速西南百里为瓜州城，瓜州西六十里为西阿丹城（其叉班西南五十里为卜隆吉儿城，卜隆吉儿西南□□□，会于西阿丹。叉班之西、卜隆吉儿之北，其□□□力，为提乾卜剌、察提儿卜剌、额尖乜、大羽□□□路为□赤赡求，为垣力，为哈喇哈剌灰。又□□□西阿丹城西，为兀兀儿秃，为牙儿小剌陈□□□剌，迤北为王子庄树，西北为哈剌灰，为召□□□失虎都，为俄偏肖，为阿亦，为卜儿邦，为哈卜儿葛，为赛罕）。**西阿丹西二百里为沙州城**（即我皇明所设沙州卫处，古所谓流沙地也。城西为虎木哥城，为答失虎都，为牙卜剌，为哈失卜剌；西北为阿子罕，为阿赤，为引只克，为哈密头墩，为羽木脱云，为乞儿把赤，为克儿革乜思），**沙州西三百里为哈密城**（城东有河，河上有桥，有水磨；城北三十里为速卜哈剌灰，南三十里为畏兀儿把力）。**哈密西十里为阿思打纳城**（城北五十里有卜古儿，卜古儿西五十里至阿打纳城，又西为也帖木儿，又西五十里为剌木城，又西有巴儿海□□□□把儿山，西又有双山儿，有有钵和寺城。城西五十里至哈剌帖乩，其西北为剌木城，剌木至哈剌贴乩十里。自哈剌帖乩而西，有察黑儿，有川中双泉城，入西百里有中中泉，又西百里有双泉儿墩）。**阿思打纳西为把儿思阔，又西为脱合城儿，又西为北昌，又西为鲁珍城儿**（城南有剌上，有芦菱芋墩，有懒真城，有半截土墩，有巴思阔山）。**鲁珍北为羊黑城儿，又西五十里为哈剌火者，又西五十里为我答剌城，城西百里为土鲁番**（回回种，田产各色果品树木，西北有委鲁母），**土鲁番西二百里为俺石城儿**（城南有俺鼻城儿，北有撒剌池）。**又西五十里为苏巴失**（北有免真城儿），**又西二百里为昆迷失**（其南有白山儿，其山东至俺鼻城，行六日，其北有池，有昌都剌城）。**昆迷失西二百里为阿剌木，又西百里为义力失城**（叉力南有他林河），**叉力失西百里为哈剌哈失铁城**（其南有卜城儿、扯力昌城，北有苦他巴城儿、黑松林河）。**又西百里为瀼巴泉，又西百里为黑水泉**（泉北有察力失城、丁城儿、泉儿河，其南为扯力昌城），**泉西百里为双山儿城，又西百里为独树城儿**（城北有兀马河及撒力瀼巴河，西有一昼夜川）。独树西百里为察力察井（井北有火炎山），又西二百里为淤泥泉（泉南乌克列牙城儿，其城东至扯力昌城行八程）。泉西百里为察兀的河（其河南北俱与山相接），河西百里为榻子河（其河亦南北与山相接），榻子河西十里为古克兀城（城北有雅思雅阿城，南有涝池）。又百里为苦先城，又西百里为西牙河城（城北有双山关，有阿思马力城，西北有迤西阔海子，西有沙的即哈，西南有花蛇河，南有赤剌店），西牙河西三百里为阿黑马力城，城西南百里为土力苦扯城（其城东至摆城四十里）。土力苦扯西北百里为阿速城（三城相连，周环山水），阿速西二百里为阿亦地里城（城北有也列河，南有阿丹城，西有泉）。又西百里为克力宾城（城南有二回回墓及黑玉河，北有石店子）。又西百里为乾泉，又西百里至大井（井南有三筑城），大井西二百里为北长店子（其南有乾羊城儿，北有石城儿）。又西二百里为土台泉（其地土台上有二泉，故名；其南有拾木石干城），泉西二百里为桐河（其南为牙力干城，北又有石城）。又西五十里为石子泉（泉西为把力站，南为店子井，北为养泥城儿，其城东至石城，行八程），泉西二百里为河西丁城（城南有锁河城儿，东南有海子），河西丁北二百里为亦的哈马城，城西南为哈失哈力城，城西五十里为失哈力城（其南有米儿阿都剌城，其西有河，有民运，民运南为也力灰，为黑沙纳思，为哈扎；民运北为黑失哈城），又西为尚力，又西三百里为我撒剌（其西南为讨墩巴失，西北为赛兰城）。又西五百里为土剌城（其城形圆，四外屋庐罗之，中有王子一人住。回回不缠头，带白羊毛帽，不种田，吃鱼羊肉、马乳），又西七百里为牙思城（有缠头回回，出凌羊角、帖角皮）。牙思西四百里为也失卜（其南有巴速儿，有打下你俺的速，北有他失干城），也失卜西三百里为亦尔乞咱打班（其南有大热水泉、黑冰泉，有亦可速巴；北有黑石城，有赛兰城）。又西二百里为亦乞咱打班，又西为把力干城（城南为哈剌界，为阿必打纳思、乞亦咱、撒剌思、咱力沙、亦乞咱力），又西五百里为俺的干城（城北有马儿黑纳），又西七百里为我失城（城南有懒阔，有马答剌撒，有火者阿力；东有郎努古力）。又西三百里至马都城（其城引水七派，灌于其中；南有高山，北有沙儿黑纳），马都西南五十里至砍的把丹（其西有咱力都，有罕都，有撒力赤剌牙）。砍的把丹北三百里为黑写歪（其西北为虎帖城，虎帖西四百里至阿懒答），又西三百里至阿力砍打思（其南有兀鲁雨尊，有阿拜即力姐民，有雨六七，有水磨；其西北三百里为阿懒答，阿懒答西北为阿速脱）。又西为亦卜剌城（其四面俱水，出沙糖，其南有答黑答奔，有的火者，有昆都思，有剌巴的末儿咱亦卜剌，有哈儿斤，有哈沙打，有户伦城，有速儿哈，有盼黑的；其北有铁门关，有克力干城，有把黑里城，有失巴力城，有俺的灰城），又西为黑楼城（至赤戏旦黑猪黑答兰城儿四百里，出狮子、西马、哈剌苦木、金银、宝石、绫锦、各色果品、青红、绵花、白纸，种田。其南有巴巴沙忽，有赤戏黑猪黑答兰城儿，有剌巴的剌阿力阿城；东北有马力城）。又西为阿伦城（城东有失黑山河），又西为火者阿都阿剌黑蛮城（城南有失黑山，西北有剌叭的城），又西为阿力伯（有缠头回回，其南有阿剌都伯，有失黑，有阿力店子）。阿力伯西为杂民城（城南有阿思民），杂民西五百里为普哈城（有回回，种田，出果品，养蚕，撒马罕克在城住，其南有剌巴子火马里麻撒力瓦思，北有卜剌撒瓦剌思有克力于城）。又西五百里为撒马儿罕城（有缠头回回，出狮子、哈剌苦木、大骡子、宝石、金银、镔铁、鱼牙把刀、帖角皮，养蚕，出琐琐葡萄、各色果木、撒黑剌、绵花、银鼠、青鼠、豹皮、剪绒单；其北有阿力城，有望日楼），又西五百里为失剌思城（有缠头回回，种田），又西三百里为高山（其南有山，北有马土力，西北有撒子城儿，撒子城西北为把黑打帖）。又西为把答山城（出青金石，其南为西河城，北为阿沙巴力），又西一千五百里为怯迷城（有王子外边住，有四族番汉，出金子、金钢钻；其南有牙儿打儿，有阿巴的纳都），又西为新旦城（有缠头回回，种田，出各样果品；其南有巴答力山城，有回回，种田；有阿力伯城，有回回，出金子、宝物）。又西四百里为孛思旦城（有回回，种田养蚕，出各样果品；其南为阿力阿伯城，中有回回；为俺的灰城，中有缠头回回，出五谷；又为黑者沙平城儿），孛思旦西五百里为亦思他刺八城（有缠头回回，种田，出稻米，养蚕；其南为眄的干城，出镔铁、狮子、哈刺；又为巴巴沙葱城；又为户伦城，有回回，种田，出葡萄；又为刺的咱儿、答及刺叭的还城儿、刺巴的打尔斤）。亦思他刺八西六百里为失刺思城（有缠头回回，出鱼牙把刀；有院，有乐人，有各色果品，有长流水；又西行五日至亦思城，有缠头回回，属帖乩列思管，出琐幅、各色绫缎、好手巾、花毯子、阿味、阿芙蓉；其南为阿巴的纳都、打刺木用城、马失卜城、刺巴的扯帖儿、瀼都儿城、刺巴的料纳牙；其西北俱大川，路行十余日），又西八百里为锁力旦城（有缠头回回，种田，出黑狐子；其南为苦兰城，有回回，种田，出稻米；其北为亦的城）。锁力旦西为阿即民城，四面环以屋庐，有小王子，属帖乩列思管，出镔铁、黄羊、木梳、各色果品、阿味），又西为帖乩列思城（有王子，缠头，种田，出各样花毡；东至阿力旦城，行六日；其东南为颏力城儿；其东北为纽札城儿），又西行四个月为苦思旦城（有缠头回回，种田，出各样树木；其东南为也尔的；其西有水磨），又西为沙密城（有缠头回回，出各色果品、琐琐葡萄、哈刺骨马）。又西行一个月至把黑旦城（其城引水七派灌其中，有回回二千家，出狮子、哈刺苦木、金钱豹、三梭花布、手巾；其南为大土城；北为陕西斤城），**又西为也的纳城**（有缠头回回一百，不出产物，种田），**又西百里至饭店儿，又西行六程至天方国**（其城二重，有出家回回在城住，余皆进城礼拜；其南有架子井；北有阿思纳城、天方国）。**西行十五程为迷乩力城**（有缠头回回，种田），**又西至牙瞞城**（有发黑回回，出玛瑙、琥珀、犀羊布、各色绵花），**又西为文谷鲁城**（俱汉儿人，蓬头带帽儿，种旱田，出珊瑚树、眼镜，石上有七样花草；城东有河，舟楫以渡）。**又西为阿都民城**（有回回，种旱田，出花手巾、各色果品），**又西为也勤朵思城**（其城四隅环以屋庐，周回有水，水有舟楫；俱汉儿人，蓬头带帽儿，种稻田，出撒黑剌镔铁刀、各样果品），**又西为撒黑四塞**（其城二重，俱汉儿人，蓬头带帽儿，出乌木、银木、白紫垣木、各样药材）。**又西为哈利迷城**（有缠头回回，多养羊马，种旱田，有水磨，出黄葡萄及各色果品），**又西为阿的纳城**（属鲁迷城管，有回回，种糜子，出绵花）。**又西为菲即城**（其城二重，有王子，俱汉儿人，剪踪被发带帽儿，种稻田，养蚕，织金蟒龙、撒黑刺，剪绒毡，出金子、黑石、珍珠），**又西为安各鲁城**（有缠头回回，种旱田，出瑣服、各样三梭旱子鞠䎲、羊毛、织褐子，出大瑣瑣葡萄；城西距山，山上有巡简司）。**又西为可台城**（有缠头回回，种旱田，出白绵花、夏布，山下出西天红花；城西有河，有二水磨），**又西为孛罗撒城**（有回回，种旱田，出各样果品；又西有海，中有船，载千人，粮饭可用三个月，备用盔甲什物），**又西为鲁迷城**（其城二重，有自立王子，有缠头回回及汉儿人，有通事，种旱田，不出物产；东至孛罗撒一千二百里）。

《纪行》　张参议耀卿

岁丁未夏六月初吉，赴召北上。发自镇阳，信宿过中山，时积阴不雨，有顷开霁。西望恒山之绝顶，（所谓神峰者），耸拔若青盖然；自余诸峰，历历可数。因顾谓同侣曰：“吾辈此行，其速返乎？此退之衡山之祥也。”翌日，出保塞，过徐河桥，西望琅山，森若剑戟，而葱翠可挹。已而由良门、定兴抵涿郡东望楼桑蜀先主庙，经良乡，度泸沟桥，以达于燕。居旬日而行，北过双塔堡、新店驿，入南口，度居庸关；出关之北口，则西行，经榆林驿，雷家店，及于怀来县。县之东有桥，中横木，而上下皆石；桥之西，有居人聚落，而县郭芜没。西过鸡鸣山之阳，有邸店曰平舆，其巅建僧舍焉。循山之西而北，沿桑干河以上，河有石桥，由桥而西，乃德兴府道也。北过一邸，曰定防水，经石梯子，至宣德州。复西北行，过沙岭子口及宣平县驿，出得胜口，抵扼胡岭下，有驿曰孛落。自是以北诸驿，皆蒙古部族所分主也，每驿各以主者之名名之。由岭而上，则东北行，始见毳幕毡车，逐水草畜牧而已，非复中原之风土也。寻过抚州，惟荒城在焉。北入昌州，居民仅百家，中有廨舍，乃国王所建也。亦有仓廪，隶州之盐司。州之东有盐池，周广可百里，土人谓之狗泊，以其形似故也。州之北行百余里，有故垒隐然，连亘山谷。垒南有小废城，问之居者，云此前朝所筑堡障也。城有戍者之所居。自堡障行四驿，始入沙陀。际陀所及，无块石寸壤，远而望之，若冈陵丘阜，然既至，则皆积沙也。所宜之木，榆柳而已，又皆樗散而丛生；其水尽咸卤也。凡经六驿而出陀。复西北行一驿，过鱼儿泊。泊有二焉，周广百余里，中有陆道达于南北。泊之东涯，有公主离宫之外垣，高丈余，方广二里许，中建寝殿，夹以二室，背以龟轩，旁列两庑，前峙眺楼，登之颇快目力。宫之东，有民匠杂居，稍成聚落。中有一楼，榜曰：“迎晖。”自泊之西北行四驿，有长城颓址，望之绵延不尽，亦前朝所筑之外堡也。自外堡行一十五驿抵一河，深广约十滹沱之三，北语云翕陆连，汉言驴驹河也。夹岸多丛柳，其水东注，甚湍猛。居人云中有鱼，长可三四尺，春夏及秋捕之，皆不能得，至冬，可凿冰而捕也。濒河之民，杂以蕃汉，稍有屋室，皆以土冒之，亦颇有种艺，麻麦而已。河之北有大山曰窟速，吾汉言黑山也。自一舍外望之，黯然若有茂林者，迫而视之，皆苍石也，盖常有阴霭之气覆其上焉。自黑山之阳西南行九驿，复临一河，深广如翕陆连三之一，鱼之大若水之，捕法亦如之。其水始西流，深急不可涉，北语云浑独剌，汉言兔儿也。遵河而西行一驿，有契丹所筑故城，可方二里，背山面水，自是水北流矣。由故城西北行三驿，过毕里纥都，乃弓匠积养之地。又经一驿，过大泽泊，周广约六七十里，水极澄澈，北语谓吾悮竭脑儿。自泊之南而西，分道入和林城，相去约百余里。泊之正西有小故城，亦契丹所筑也。由城四望，地甚平旷，可百里；外皆有山，山之阴，多松林，濒水则青杨丛柳而已，中即和林川也。居人多事耕稼，悉引水灌之，间亦有蔬圃。时孟秋下旬，糜麦皆槁，问之田者，云已三霜矣。由川之西北行一驿，过马头山，居者云上有大马首，故名之。自马头山之阴转而复西南行，过忽兰赤斤，乃奉部曲民匠种艺之所。有水曰塌米河，注之东北。又经一驿，过石堠。石堠在驿道旁，高五尺许，下周四十余步，正方而隅，巍然特立于平地，形甚奇峻，遥望之若大堠然，由是名焉。自堠之西南行三驿，过一河曰唐古，以其源出于西夏故也。其水亦东北流。水之西有峻岭，岭之石皆铁如也；岭阴多松林，其阳帐殿在焉，乃避夏之所也。迨中秋后始启行，东由驿道过石堠子至忽兰赤斤（山名以其形似红耳也），东北迤逦入陀山。自是且行且止，行不过一舍，止不过信宿，所过无名山大川，不可殚纪。至重九日，王师麾下会于大牙帐，洒白马湩，修时祀也。其什器皆用木桦，不以金银为饰，尚质也。十月中旬方至一山崦间避冬，林木甚盛，水皆坚凝，人竞积薪储水，以为御寒之计。其服非毳革则不可，食则以膻肉为常，粒米为珍。比岁除日，辄迁帐易地，以为贺正之所。日大宴所部于帐前，自王以下皆衣纯白裘，三日后方诣大牙帐致贺礼也。正月晦，复西南行，二月中旬至忽兰赤斤，东行及马头山而止，趁春水飞放故也。四月九日，率麾下复会于大牙帐，洒白马湩，什器亦如之。每岁惟重九、四月九凡致祭者再，其余节则否。自是日始回，复由驿道西南往避夏所也。大率遇夏则就高寒之地，至冬则趋阳暖薪木易得之处以避之，过以往，则今日行而明日留，逐水草，便畜牧而已。此风土之所宜，习俗之大略也。仆自始至迨归，游于王庭者凡十阅月，每遇宴见，必以礼接之。至于供帐衾褥衣服、食饮药饵，无一不致其曲，则眷顾之诚可知矣。自度衰朽不才，其何以得此哉？原王之意，出于好善忘势，为吾天子之道而设，抑欲以致天下之贤士也。德辉何足以当之？后必有贤于隗者至焉。因纪行李之本末，故备识之。戊申夏六月望日，太原张德辉谨识。

王恽《泛海小录》

日本盖倭之别种，恶其名不雅，乃改今号。其国在洋海之东，所属州六十有八，居近日出，故曰日本。国王一姓宋，雍熙中，已传六十四世，中多女主，今所立某氏云。

大元至元九年，上遣秘监赵良弼通好而国，次对马岛，拒而不纳。十七年己卯冬十一月，我师东伐。明年夏四月，次合浦县西岸，入海东行约二百里过拒济岛，又千三百里至吐剌忽苦，倭俗呼岛为“苦”，又二千七百里抵对马岛，又六百里逾一岐岛，又四百里入容浦口，又二百七十里至三神山。其山峻削，群峰环绕，海心望之，郁然为碧芙蓉也；上无杂木，惟梅、竹、灵药、松、桧、桫罗等树；其俗多徐姓者，自云皆君房之后（君房，徐福字）。海中诸屿，此最秀丽方广。《十洲记》所谓海东北岸，扶桑蓬丘、瀛洲，周方千里者也。又说洋中之物，莫钜于鱼，其背鬣矗然山立，弥亘不尽；所经海波，两拆不合者数日。

又东行二百里，舣志贺岛下，与日本兵遇。彼大势结阵不动，旋出千人逆战数十合者凡两月。我师既捷，转战而前，呼声勇气，海山震荡；所杀获十余万人，擒太宰藤原，少卿弟宗资，盖前宋时朝献僧奝然后也。兵仗有弓刀甲而无戈矛，骑兵结束殊精，甲往往以黄金为之，络珠琲者甚众，刀制长极犀锐，洞物而过；但弓以木为之，矢虽长不能远。人则勇敢，视死不畏。自志贺东岸前去太宰府三百里，捷则一舍而近，自此皆陆地，无事舟楫。若大兵长驱，足成破竹之举。惜哉！志贺西岸不百里有岛曰毗兰，俗呼为髑髅，即我大军连泊遇风处也。大小船舰多为波浪揃触而碎，唯句丽船坚得全，遂班师西还。是年八月五日也。

往返凡十月，省大帅欣都、副察灰、次李都帅牢山、次宋降将范殿帅文虎，总二十三南一十三。隋唐以来，出师之盛，未之见也。

日本

日本，古倭奴国。天御中主都筑紫，号大倭王。传三十三世，彦潋尊第四子神武天皇，自筑紫入都太和州强原宫，仍以倭为号。迄汉桓灵，倭奴作乱，历年无主。有一女子名卑弥呼，年长不嫁，以妖惑众，乃共立为王。在位数年，死。宗男嗣，国人不服，更相诛杀，立卑弥呼宗女，国遂定。逮唐咸淳初，贺平高丽，稍遂夏音，恶其名不善，乃更号日本，盖取近日始升之义。

以疆域言之，东南大海中依山岛为居，西南皆距海，东北隅隔以大山，广袤四面各数千里。东北山外历毛人国、文身国，约七千余里；南到侏儒国，约四千余里；西循一支，正北望耽罗，渡百济到乐浪，约一万二千里。以州郡言之，所都有山城、太和、河内、和景、摄洋五州，共统五十三郡，故曰五畿。畿外所部东海道有伊贺、伊势等六十四州，共统一百一十六郡；南海道有伊纪、谈路、河波、赞耆、伊豫、土佐六州，共统四十八郡；西海道有丰前、丰后、筑前、筑后、肥前、肥后、日向、大隅、萨摩九州，共统九十三郡；北陆道有若狭、越前、加贺、能登、越中、越后、佐渡七州，共统三十郡；山东道有通江、美浓、驒、信浓、浓野、下野、陆岙、出羽八州，共统一百三十二郡；山阳道有播摩、美作、备前、备中、备后、安艺、周防、长门八州，共统六十九郡；山阴道有丹波、丹后、徂马、因幡、伯耆、出云、石见、稳伎八州，共统五十二郡，故曰七道。又有一伎岛、对马岛、多裖岛，各统二郡，故曰三岛。其属国有五十余，如新罗、百济皆属焉。

洪武四年，国王良怀遣僧祖朝贡。七年，复来，以无表文，却之；其贡僧人发陕西、四川各寺居住，著为训，绝不与通。三十五年，复来，招定为期十年一贡。成祖嗣位，国王皆受册封，或三年、或五年，贡无定期。正德四年，南海道刺史右京兆大夫细川高国强请勘合，遣使宋御卿贡。正德六年，西海道刺史左京兆大夫大内艺兴强请勘合，遣使省佐贡。嘉靖二年，各道争贡，国王又值嗣立幼冲，不能制。太内艺兴遣使宋设谦道，细川高国遣使瑞佐、宋素卿交贡，舟泊宁波港，互相诋毁，宋设谦道等仇杀宋素卿，伴从追至绍兴，地方骚动。二十七年起，益肆猖獗，闽、广、浙、直遍受其患。

倭奴邻三韩而国，故名韩中倭。后自恶其名，更号日本。在东南大海中，依山岛而居，地方数千里，为畿五：曰山城，曰大和，曰河内，曰和泉，曰摄津；（共统五十三郡）。为道七：曰东海（有伊贺、伊势、志摩、尾张、三河、远江、骏河、伊头、甲裴、相模、武藏、安房、上总、下总、常陆五州，共统一百六十郡）。曰南海（有伊纪、淡路、河波、赞耆、伊豫、伊佐、六州，共统四十八郡）。曰西海（有筑前、筑后、丰前、丰后、肥前、肥后、日向、大隅、萨摩九州，共统九十三郡）。曰东山（有近江、美浓、飞弹、信浓、上野、下野、陆奥、出羽八州，共统一百二十二郡）。曰北陆（有若佐、越前、越后、加贺、能澄、越中、佐渡七州，共统三十郡）。曰山阳（有幡摩、美作、备前、备后、备中、安艺、周防、长门八州，共统六十九郡）。曰山阴（有丹波、丹后、徂马、因幡、伯耆、出云、石见、隐伎八州，共统五十二郡）。为岛三：曰伊岐，曰对马，曰多褹（各统二郡。总计三千七百一十二都，四百一十四驿，八十八万三百二十九课丁）。土产：白珠、青玉、金银、铜、铁、码瑙、硫黄、丹土、野马、山鼠诸物。大倭王以王为姓，历世不易，初号天御中主，居日向筑紫宫，其子号大材云尊，自后皆以尊为号。传世二十三，至彦潋尊第四子，号神武天皇，徙大和州橿原宫。传至守平天皇，凡四十一世。自后世次皆不可考。复徙山城国。文武僚吏皆世其官，有德仁义礼智信大小十二等及军尼、伊足、尼翼诸名，后各道分置刺史。王以天为兄，日为弟；黎明听政，日出而罢，云“委我弟也”，其诞妄若此。用法率尚严急，果于杀戮，或戕剥肢体。其初，刻木结绳以纪事。魏晋以后，得五经佛教于中国，于是缁衣沙门之属传习文字。其俗男子髡额文身，短衣无袖，以裤裹束，衣肩背处绘染草木花虫之状，以别尊卑，履无钩组，以底之长短别贵贱。女子披发跣足，衣如帏幔，从头颈贯之。居无城郭，惟国王处以楼观，其余富者屋版，贫者覆茅。不识拜起之节，以蹲踞为恭，槎手为悦。分器而食，或用笾豆。性极贪鄙，诡谲好兵，行以刀剑自随。不知嫁娶，男女相悦，即为夫妇。渡海，则令一人斋戒不栉沐，谓之“持衰”，不利，辄杀之。元世祖至元中，以舟师征之，败绩；终元之世，竟不入贡。我太祖高皇帝统一寰宇，薄海之外罔不臣仆，惟倭奴未至。洪武二年，遣使臣赵秩招之，泛海至析木崖，入其国。倭王良怀对使者曰：“昔蒙古以戎狄莅华，而以小国视我，使赵姓者诈我以好语，初不知其觇国也。今天子帝华，使亦姓赵，得非蒙古之云仍乎？亦将诈我以好语而袭我耶？”秩曰：“今天子圣神文武，明烛八表，生华帝华，非蒙古比。我非蒙古使后，汝若背逆，即杀我，祸不旋踵矣。”王屈服，乃更礼秩，遣夷僧十人随秩入贡。是年三月，寇苏州之崇明，太仓守御指挥翁德督舟师剿捕，遇于海门之上帮，斩获甚众。五月，复寇温州中界山、永嘉玉环诸处。五年，太祖谓廷臣曰：“东夷固非北胡腹心之患，亦犹蚊虻警寤，自觉不宁。”与诚意伯刘基等议，其俗尚禅教，宜遣高僧说之归顺。乃选明州天宁寺僧祖阐、南京尾罐寺僧无逸往使日本，宣谕敕旨。随遣夷僧来，献马匹、盔铠、枪刀、玛瑙、硫黄、帖金扇诸物。七年，倭贼至近海，靖海侯吴祯督率舟师，追剿至琉球洋，多所斩获，俘送京师。十二年，来贡，验无表文，发云南、川、陕安插。明年，复来贡，亦无表文，仍发安插。又明年，来贡，验有前年来贡人船名籍，檄至京师，赐宴遣归。十五年，使臣归廷用来贡，备倭指挥林贤，交通枢密使胡惟庸，计擒遣还夷使，诬为寇盗，私其货物。中书省举奏其罪，流贤日本。十六年六月，夷船一十八只寇金乡小藻寨，官兵敌却之。明年，胡惟庸伪差庐州人李旺充宣使以还林贤，率倭兵四百余人，与僧如瑶来献巨烛，中藏火药兵器，图谋乱逆。比至，惟庸被诛，朝廷治其逆党，处贤极刑，夷兵发云南守御，降诏切责倭国君臣（诏曰：曩宋失驭，中土受殃；金元入主二百余年，移风易俗，华夏腥膻。凡有志君子，孰不兴忿？及元将终，英雄鼎峙，声教纷然。时朕控弦三十万，砺刃以观。未几，命大将军肆九伐之征，不逾五载，戡定中原。蠢尔东夷，君臣非道，四扰邻邦。前年浮辞生衅，今年人来否真实非疑其然，而往问果较胜负于必然，实构隙于妄诞。于戏，渺居沧溟，罔知帝赐；傲慢不恭，纵民为非，将必殃乎？故兹诏谕，想宜知悉）。仍著训典曰：“日本虽朝实诈，暗通奸臣胡惟庸谋为不轨，故绝之。”命信国公汤和经略沿海，设防备倭（和于东南边海悉为展拓城池，增置卫所、巡司、关隘、寨堡、台堠）。尤严下海通番之禁。二十六年八月，夷船一只寇小尖亭。明年二月，夷船九只寇小尖亭。三十四年九月，夷船六只寇蒲岐所、茅砚山、永东、黄花诸处。成祖文皇帝永乐二年四月，夷船一十一只寇穿山，百户马飞兴死之；寻寇苏、松诸处。是年，上命太监郑和统督楼船水军十万，招谕海外诸番，日本首先纳款，擒献犯边倭贼二十余人（倭贼即治以彼国之法，尽蒸杀之。时铜甑犹存，炉灶遗址在芦头堰）。降敕褒奖曰："尔虽身在外海，实心朝廷，古之东王，未有贤于君者；给勘合百道，定以十年一贡，船止二只，人止二百，违例则以寇论。"（制限进贡方物：马、铠、硫黄、贴金扇、牛皮、枪、盔、苏木、涂金装彩屏风、剑、洒金厨子、洒金手箱、洒金木桃角盥、刀、洒金文台、描金粉匣、描金笔匣、水晶数珠、抹金提铜铫、玛瑙。）随命俞士吉充都御史，赍金印、锦诰赐倭王，敕其国镇山为寿安山，御制碑文，勒石其上。四年，平江伯陈瑄督领海运，与倭寇值于沙门岛，追至朝鲜洋，尽焚其舟，斩获无算。九年以后，贡者仅一再至，而其寇松门、寇沙园诸处者不绝。如十九年犯辽东之马雄岛，为总兵刘江尽歼于望海埚（是年五月望日，倭贼二千余人登犯马雄岛，总兵刘江乃犒士秣马，令百户姜隆帅壮士焚毁贼舟，以断归路。指挥徐刚伏兵山下，戒曰："见旗举炮音则起。"明日，贼逼望海埚下，江披发当先，执旗麾伏兵张翌而进，贼奔樱桃园空堡中，官兵围之；有欲奋攻者，江弗许，令开西壁纵之，仍分两翌夹攻，悉擒斩之。及还，诸将请曰："公临敌安间，惟饱士马；披发冲阵，围而复纵，何也？"江曰："穷寇远来，必饥且劳，我以饱逸待之，此为治力；贼阵有似长蛇，我以真武势压胜之，虽所以愚士卒之耳目，亦足以壮我军之气。贼入堡而纵，此'围师必阙'之法也。"众皆悦服。捷闻于朝，进江伯爵，将士升赏有差）。二十二年，寇象山，县丞宋真持竿击贼而死，教谕蔡海骂贼而死。盖其罔怀帝赐，狡谲不情，固其常也。宣宗朝，入贡逾额，复增定格例：船毋过三只，人毋过三百，刀剑毋过三千把。八年，倭王源道义卒，遣使吊祭。十年，嗣王上表谢恩。正统四年五月，夷船四十余只夜入大嵩港，袭破所城；转寇昌国，亦陷其城（时备倭等官以失机被刑者三十六人，惟爵溪所官兵擒获贼首一名毕善庆，诛之）。七年，夷船九只，使人千余来贡，朝廷责其越例，然以远人慕化，亦包容之。八年六月，寇海宁、乍浦诸处；十月，复寇壮士所。景泰六年，寇健跳，官军城守不得入。天顺二年，遣使来贡。成化二年，贼舟伪贡，备倭都指挥张翥帅舟师逐之。十一年，遣使周玮来贡，敕谕倭王："自后宜恪遵宣德中事例。"弘治八年，来贡。正德四年，遣使宋素卿来贡，请祀孔子仪制，朝议弗许。素卿者，即鄞人朱缟，其家鬻于夷商汤四五郎，越境亡去。至是，充使入贡，重赂逆瑾，蔽覆其事。盖缟在倭国，伪称宗室苗裔，倾险取宠，辅庶夺嫡，争贡要利，实为衅始。嘉靖二年四月，夷船三只，译称西海道大内谊兴国，遣使宗设谦道入贡。越数日，夷船一只，使人百余，复称南海道细川高国，遣使瑞佐、宋素卿入贡，导至宁波江下。时市舶太监赖恩私素卿重贿，坐之宗设之上，且贡船后至，先与盘发，遂致两夷仇杀，毒流廛市。宗设之党追逐素卿，直抵绍兴城下；不及，还至余姚，遂縶宁波卫指挥袁琎，越关而遁。时备倭都指挥刘锦追贼，战没于海。定海卫掌印指挥李震，与知县郑余庆，同心济变，一日数警，而城以无患。贼有漂入朝鲜者，国王李怿擒获中林望古多罗，械送京师。发浙江按察司，与素卿监禁候旨。法司勘处者凡数十次，而夷囚竟死于狱。倭奴自此惧罪逋诛，不敢款关者十余岁。十七年五月，夷船三只，使僧石鼎周良来贡，求还前所遗货。法司谕以事已经乱，货应入官，且无从索之，良等沮不敢言。朝廷复申十年一贡之例，责令送还正德以前勘合，更给新者，遵照入贡。二十三年四月，使僧释寿光等百五十人来贡，验无表文，且以非期却之。二十六年四月，夷船四只，使臣周良等四百余人来贡，仍以非期发外海奥山停泊一年，期至方许入贡。先是福建系囚李七、许二等百余人，逸狱下海，勾引番倭，结巢于郭衢之双屿，出没为患。上命巡抚都御史朱纨，调发福建掌印都指挥卢镗，统督舟师，捣其巢穴，俘斩溺死者数百（有蟹眉须黑番鬼倭奴，俱在获中）。余党遁至福建之浯屿，镗复剿平之，命指挥李兴帅兵发木石塞双屿，贼舟不得复入。然窟穴虽除，而东南弗靖。徽歙奸民王直（即王五峰）、徐惟学（即徐碧溪）先以盐商折阅，投入贼伙；继而窜身倭国，招集夷商，联舟而来，栖泊岛屿，潜与内地奸民交通贸易，而鄞人毛烈（即毛海峰），质充假子。时广东海贼陈四盼等亦来劫扰，王直用计掩杀，叩关献捷，乞通互市，官司弗许。壬子二月，直令倭夷突入定海关夺船，福建捕盗王端士帅兵敌却之。直移泊金塘之烈港，去定海水程数十里而近，亡命之徒，从附日众，自是夷航遍海，为患孔棘。是年四月，贼攻游仙寨，百户秦彪战死；已而寇温州，寻破台州黄岩县，东南震动。巡按御史林应箕告急于朝，朝议设巡抚都御史提督军务，兼制闽浙，而各设参将统帅兵众。于时巡抚都御史王抒，命参将汤克宽捕斩贼首邓老等。六月，贼陷郭衢城。癸丑四月，贼薄省城，指挥吴懋宣率僧兵御之于赭山，力战，死之。贼陷昌国城，百户陈表持兵相拒，毙贼数人，死之。观海卫指挥张四维追贼于崎头洋，斩首五十级。夷舟渐至直隶登劫，皆依烈港之贼为窝堵。参将俞大猷以舟师捣之，弗利。贼亦寻遁至别岛，鼓扇余凶，逞其毒螫。是月，贼复攻陷临山城。六月，贼复寇嘉兴，寇海盐、澉浦、乍浦，寇直隶、上海、吴淞、嘉定、青村、南汇、金山卫，寇苏州，寇昆山、太仓、崇明，或聚或散，偏于川陆。凡浙直之地，所经村落都市，昔称人物伙繁、积聚殷富者，荡为丘墟，而柘林、八团诸处，胥作巢穴矣。时官兵进剿屡衄，参将汤克宽督率邳兵，战于叶谢港，斩首五十余级；海道副使李文进、参将俞大猷督率都司刘恩至、指挥张四维、郭杰、百户邓城等兵船，追贼于莲花洋。甲寅二月，参将卢镗与贼战于史家浜，尽焚贼舟，斩获无算。三月，都司刘恩至、指挥张四维督舟师追贼至三岳山，斩首二十级，寻与指挥潘亨会兵追剿，生擒三十余徒。贼由赭山钱塘至曹娥，涉三江、沥海、余姚，直走定海县之王家团；复有盘据补陀山，焚劫海盐龙王塘、乍浦长沙湾、嘉兴嘉善县诸处。卢镗与把总指挥刘隆、潘鼎邀击于石墩洋，斩首二百余级。是月，贼攻昆山城，又攻苏州城，又攻松江城。九月，贼奔萧山县，分寇临山、沥海、上虞县，又攻嘉兴城。官兵与战于孟家堰，指挥李元律、千户薛炯、宋应兰死之；贼走嘉善县，参将张淙、张铁、都司周应祯、指挥王尧相、杨永昌等分兵追斩各有差；贼徒四十余突至百家山，百户赵轩瑜战死；贼寇沈家河、智扣山、黄湾诸处，都司周应祯战死。六月，贼寇蒲门壮士所，指挥王希禹率兵追斩四十级。七月，贼舟遁出金山洋，指挥任锦要击于铜礁，俘斩三十余级。十月，夷船三只突入松门关，薄于灵门，台州知府宋治，与把总刘堂、太平县知县方辂，率兵袭焚其舟，击斩有差。十一月，贼徒二百余人登自海门港，直趋台州、仙居、新昌、嵊县，屯于绍兴柯桥村。署海道副使陈应魁同俞大猷，率会稽县典史吴成器，帅兵剿除之。复有贼众二千余人焚劫嘉善县，广西领兵百户赖荣华战死。乙卯四月，贼寇常熟，佥事任环帅湖广土兵战却之。先是剧贼徐惟学（即徐碧溪）以其侄海（即明山和尚）质于大隅州夷，贷银数万两，而惟学竟没于广东之南奥（为守备指挥黑孟阳所杀）。其后，夷索故所贷于海，令取偿于寇掠。至是海乃偕夷首新五郎，聚舟结党而来，众数万，寇南畿浙西诸路。至乍浦，巡按御史胡宗宪令人载药酒诱贼，贼中毒死者过半。余众数千拥至王江泾，宗宪督卢镗与总兵俞大猷统浙直狼土等兵大战，悉擒斩之，聚尸三千，封京观，更名其地为灭倭泾。贼复一支走崇德以向省城，总督尚书张经督兵追击之，而麻阳土酋保其前所杀贼，得获珍货，战乃不力，重以不得地利，大致挫衄，经坐重谴。贼复寇常熟，知县王铁与致仕参政钱泮率兵御之，被害；贼复寇无锡，寇宜兴，官兵敌却之。已复攻围江阴，连月不解，知县钱錞死之；贼复寇唐行镇，游击将军周璠迎敌，死之。别有贼九十三人自钱仓白沙湾入奉化仇村，经金峨突、七里店，敌杀宁波卫百户叶绅；由甬东走定海崇丘乡，复折而趋鄞江桥，历小溪樟村，敌杀宁波卫千户韩纲；走通明坝，渡曹娥，时御史钱鲸以便道南还，适与之值，遂遇害。已而过萧山，渡钱塘，入富阳、严州，寇徽州之绩溪县，卢镗先以劲兵出油口溪扼之；贼奔太平府，渡采石江，道南京外郊，京营把总朱襄、蒋升战死；官兵追捕，歼于苏州之木渎。复有贼千余，由掘泥山登，犯观海、慈溪、龙山、定海县诸处。六月，复有贼数千自柘林走海宁，直抵杭州北关外，屯聚劫掠。贼自观海开洋者，备倭都指挥王沛、督帅把总闵溶、张四维、李兴等兵船，要击于霍山洋，悉冲沉之。先是巡按御史胡宗宪具奏，遣使谕其国王以弭边患。是年八月，朝廷以宗宪有才略，可大任，遂进都御史，提督军务。复与工部侍郎赵文华合奏申前事，报可。乃令福浙藩司檄宣德意，生员蒋洲、陈可愿充市舶提举以往。九月，贼徒二百余人登据舟山之谢浦，复有贼数百由海门登，劫仙居、黄岩，官兵追之，贼奔奉化，走鄞江桥，出四明山，据绍兴之龛山，胡宗宪亲督卢镗、处州梁高山等兵击斩之。十一月，贼众二千余乘舟遁出南汇口，复有攻犯温州、瑞安者，守备都指挥刘隆战死；随流劫仙居、天台，至嵊县清风岭，胡宗宪督容美兵尽歼之。又有福建流贼由台、温至宁海，抵奉化之枫岭，敌杀慈溪县领兵主簿毕清义士、杜文明，与象山流贼合伙，突过四明山，攻犯上虞，渡蛏浦港，寇萧山县，壁于钱清，胡宗宪督兵备副使许东望等统麻阳土兵进剿，斩首五百余级，尽擒之。余孽复由诸暨出东阳临海，至太平蒲岐巡简司，得舟而遁。丙辰二月，使夷生员陈可愿偕毛烈及夷商松柴门、善妙等七百余人，乘舟进泊于马墓港，自言直抵倭岛，遍谕丰州、马肥、前平、飞兰诸岛，悉已禁止寇掠。然无稽之语，漫不足信。开市之议，私相许诺，纳款请罪之表未至，而福、浙、直隶、沿海告警者踵接。据华人自日本来者云，大倭王懦弱不制，诸岛各拥强争据，王直所窜，即西海道，有丰前、丰后、筑前、筑后、肥前、肥后、萨摩、日向、大隅九州。其所称曰前平，曰马肥，曰飞兰，曰花脚踏，曰鸟渊，曰太村津、何马屈沙、他家是、卒之毛儿、沉马、美美、空居止、通明、巨甲、庙里、日高诸处，皆筑肥、丰州之地，总辖于丰后州王。大隅州悬隔一海，亦为听命。山口王居日向、萨摩之间，亦渐并于丰州王矣。九州入大倭王畿甸。越断港而东，水陆之程迈于旬月，舟行而西，止五六日，而已入我浙直界矣。天朝颁赐勘合，贮肥后州，亦有贮山阳道周防州者。各道入贡，必纳赀请取勘合而行。频年寇边，实九州岛夷也。时徐海久据柘林，是年二月，将寇南京、浙西诸路，出嘉兴，至皂林，遇游击将军宗礼帅骁骑五千人突之，杀贼无算；明日复战，死之。贼攻围巡抚阮鹗于桐乡，窘甚。时胡宗宪新受总督军务兵部左侍郎之命，旧兵不满千人，度其势未可驱殄，乃用计稍啖贼，至四月下旬，围始得解。贼乃别遣夷船二十三只，贼众二千六百，登劫鸣鹤场；夷船八只，贼众千余，登劫临山、三江。越数日，两贼合攻观海龙山城，突入慈溪县治，焚劫惨毒，长吏负印而走，缙绅齿刃死者则副使王熔、知府钱涣也。贼出丈亭港，欲窥郡城，卢镗帅兵乘轻舠，沿江上下，用鸟嘴铳击贼，贼疑，退屯海口，后至者则拾其遗货。是月，贼众五百余由福建莆田之广头登岸，流劫而西，入据仙居县。时阮鹗始出桐乡围中，胡宗宪行鹗统督兵备副使许东望、参将卢镗、台州知府谭纶、指挥伍维统等进剿，尽歼贼于仙居。而宗宪自以身独当海，乃数遣死士入海营中为反间，令自缚其党陈东等八十余人，而海自以身乞降；佯许之，计征兵且至，乃与工部尚书赵文华密谋进剿，大歼于沈家庄，海遂自溺，得其尸。新五郎帅余党乘舟遁至烈港，参将卢镗要击之，俘斩三百余，新五郎与麻叶等囚至京师，献俘告庙，剉尸枭示，上命儒臣纪颂功德云。贼据定海丘家洋，阮鹗与俞大猷、卢镗合兵围守数日，贼甚窘，而我兵不戒，遂夜溃围，逾桃花岭，渡李溪，走鄞之西乡，由元贞桥走奉化、宁海，与官兵战于台州之两头门，把总范指挥死之，遂从宁海走温州，至福建，得舟而遁。谢浦之贼移据吴家山，自秋及冬屡攻弗克，胡宗宪发桑植麻寮兵三千，檄张四维岁除乘雪夜袭破其巢，悉斩之。丁巳正月，贼众数千登自福建之三沙，遍掠沿海，至宁德县，备倭都指挥刘炌死焉，时领兵指挥千百户阵亡者二十八人。三月，贼众复千余与三沙贼合，抢劫洪塘，焚毁新造战船一百余只。四月，贼寇通州海门县，突流扬州庙湾港，卢镗追击，冲沉其五舟，斩首四十余级；贼出安东县，复依船为巢，池河守御刘显击破之，斩首百余级，余党遁去；复有贼舟漂至沈家门，约百余人，胡宗宪遣朱尚礼诱至定海关，悉斩之。七月，生员蒋洲与倭酋德阳左卫门善妙松柴门等五十余人乘舟进泊舟山，胡宗宪上其事于朝。九月，王直、毛烈、叶碧川等亦偕夷商水手千余，乘舟进泊岑港，毛烈自诣军门乞降，求市。胡宗宪令烈还舟候旨，檄俞大猷统督浙直兵船为战备，檄卢镗至舟山抚谕，宣布威德，直进退无据，遂就执。戊午三月，毛烈帅其夷兵与松柴门等合巢于岑港山，四出劫掠，总兵俞大猷统督参将戚继光、张四维、刘显、丁仅等兵围之，久而弗克。贼舟继自丰州岛来者为烈应援，宗宪督张四维以舟师击于韭山洋，斩首百有奇。其一支壁于朱家，环而攻之，俘获三百有奇，自是岑港之贼绝援矣。时贼有寇温州者，其郡致仕佥事王德帅乡兵御之，杀贼数人；次日，复领兵出战，德陷贼伏而死。其他寇楚门，寇台州，寇乐清、临海、仙居及象山之交绾者，众至万五千人，时惟台州民兵前后俘斩数百而已。六月，岑港之贼毁其故巢，遁于柯梅山，官兵攻围；至十一月，复乘舟夜遁，张参将追及于镇下门，冲沉其一舟，斩首二十余级。烈遁至浯屿，复移于南粤，转而东奔。已未三月，倭贼千余登犯象山、金井头诸处，海道副使谭纶督兵剿之，斩首百余级。贼流至宁海，与先犯桃渚、海门、黄岩诸贼相合，总督胡宗宪复檄谭纶同参将戚继光帅兵追剿，贼趋新河所，复奔太平之南湾山，官兵斩首七百余级。又贼一枝据宁海之石马林，谭纶同副使刘存德、参将牛天赐，又奉总督之檄剿平之。复有夷船大寇杨州、通泰诸处。四月，夷船二十余只，贼徒二千余人漂至三爿沙，副总兵卢镗督帅游击杨尚英等兵船击斩百三十级，余孽移据三沙，官兵前后斩获二十级。七月，遁至江北，复寇庙湾、蒙李诸处，总督胡宗宪、都御史李遂督发参将曹克新、都司何本源等兵悉剿平之。十二月，法司奏谳王直罪逆，遂即诛，枭首定海关。

太仓驶往日本针路（见《渡海方程》及《海道针经》）

太仓港口开船，用单乙针，一更船平（更者，每一昼夜，分为十更，以焚香枝数为度，以木片投海中，人从船面行，验风迅缓，定更多寡，可知船至某山洋界）。吴淞江，用单乙针及乙卯针，一更，平。宝山到南汇嘴；用乙辰针出港口打水六七丈沙泥地是正路，三更见茶山（茶山水深十八托，一云行一百六十里，正与此合）。自此用坤申及丁未针，行三更，船直至大小七山滩，山在东北边；滩山下水深七八托。用单丁针及丁午针，三更船至霍山；霍山用单午针至西后门；西后门用巽已针，三更，船至茅山。茅山用辰已针，取庙州门，船从门下行过，取升罗屿（庙州门水深急流）。升罗屿用丁未针，经崎头山，出双屿港（升罗、崎头俱可泊船，崎头水深九托）。双屿港用丙午针，三更船至孝顺洋及乱礁洋（双屿港口水流急，孝顺洋水深十三托，泥地）。乱礁洋水深八九托，取九山以行（九山西边有礁，打水行船宜仔细，一云乱礁洋水深六托，泥地）。九山用单卯针，二十七更过洋至日本港口（打水七八托泥地，南边泊船）。又有从乌沙门开洋七日，即到日本。若陈钱山至日本，用艮针。

福建驶往日本针路

梅花东外山开船，用单辰针、乙辰针，或用辰巽针，十更船取小琉球。小琉球套北过船，见鸡笼屿及梅花瓶、彭嘉山。彭嘉山北边过船，遇正南风，用乙卯针，或用单卯针，或用单乙针；西南风用单卯针，东南风用乙卯针，十更船取钓鱼屿。钓鱼屿北边过，十更船，南风用单卯针，东南风用单卯针，或用乙卯针，四更船至黄麻屿。黄麻屿北边过船，便是赤屿，五更船南风用甲卯针，东南风用单卯针，西南风用单甲针，或用单乙针，十更船至赤坎屿。赤坎屿北边过船，南风用单卯及甲寅针，西南风用艮寅针，东南风用甲卯针，十五更船至古米山。古米山北边过船，有礁宜知畏避。南风用单卯针及用甲寅针，五更，船至马岔山；马岔山南风用甲卯或甲寅针，五更，船至大琉球；大琉球那霸港泊船（土官把守港口，船至此用单卯及甲寅针，行二更进那霸内港，以入琉球国中）。那霸港外开船，用单子针，四更，船取离倚屿外过船，南风用单癸针，三更，船取热壁山以行。热壁山南风用单癸针，四更船取硫黄山。硫黄山南风用丑癸针，五更，船取田嘉山；又南风用丑癸，三更半，船取梦加剌山；南风用单癸针及丑癸针，三更，船取大罗山。大罗山用单癸针，二更半船取万者通七岛山西边过船。万者通七岛山用单寅针，五更船取野顾七山岛内各叫兵之妙是麻山屿，野顾山用异寅针，二更半，船但尔山，用艮寅针，四更船取亚甫山（一云野顾山对面行六十里，有小礁四五个，最畏避。在北边过船，用艮寅，方行一百五十里，至旦午山，用艮寅，方行一百四十里至亚甫山）。亚甫山在平港口，其水望东流甚急，离此山用艮寅针，十更船取亚慈理美妙，若不见此山，用单艮针，二更船，又艮寅针，五更船取沿湾奴（一云沿渡奴）。乌佳眉山、沿渡奴。乌佳眉山用单癸针，三更船，若船开时用单子针，一更，船至而是麻山；而是麻山南边有沉礁名套礁（一云名佐沉长礁）。东北边过船，用单丑针，一更，船是正路，却用单子针，四更，船取大门山中；大门山傍西边门过船，用单丑针，二更，船取兵裤山港；兵裤港循本港直入日本国都。

《日本论》 周弘祖

倭人在东海之中，新罗国之东南，本名倭，后自丑其类，改日本云。左右小岛五十余，皆自名其国，而臣附之。其国东西五月、西南三月行，并无城郭，联木栅居之，风土与新罗、百济类。

自山东文登县成山卫绝海，入匏芦河以入新罗，历大镇七、真现三，遂抵百济之熊津及嘉林、任存二城。此城犹百济水陆之冲，通此二城，则日本之右臂断矣。夫新罗、百济、日本国于东南，民物丰阜，金银羡积，好闽广糖果、青衣、麻葛、丝罗缎绢、川广药材、铜锅鼎铫。又酷慕鬼神，每招约朝鲜，尝以六月间登莱州定海县之落迦山，赛祭观音，以邀冥福。若减边海条禁，以遂商贾贸迁，仍宽分利以致其来，平价值以息其争，惇诚信以固其意，则利尽东海，墩堡无烟，岁抽其税，不可胜言。上可以益国家之赋，下可以宽东海之征，沿边征倭官兵，永以坐啸矣。行之数年，海民惯熟，因类汲引，可达福余。

福余，东北番卫也，与朵颜、大宁、建州四卫互相表里，为辽东蓟门之警。陆路远未可通，惟自成山径抵新罗，转达秽貊、沃阳、福余，可以规制朵颜，收复大宁，以为京师陵寝盘石之固，未可视为末务而不讲也。唐置勃海高丽之使，辽有大宁通吴之军，已先为之矣。东胡弓马偏长，而不敢行舟，南方便舟如使马，而疾于步斗。异日有事大宁，蓟门辽左，疲其东西；南方舟师，直捣福余，所谓迅电不及瞑目，疾雷不及掩耳者。况取利于市舶，民力不费；资势于新罗、百济，兵卒精强，何所向拘泥而不早图耶？

琉球

琉球一岛，僻在海外，如黑子弹丸耳。然自我明之兴，其奉贡唯谨，则来享来王之国也。今上丙子，琉球以嗣封请，上命户科左给事中萧崇业、行人谢杰持节册以往。杰，吴航人也，归言琉球有日本馆，群聚数百人，待封使之舟，转与为市。其人出入挟利刃，琉球心慑之，疑不可响迩云。越辛卯，又以嗣封请，于时倭犯朝鲜，海氛弗靖，议令琉球自赍诏册以归，使臣罢勿遣。更十余年，朝鲜师解，琉球坚以往例陈乞，上嘉其为不叛之臣，复许之。甲辰，命兵科左给事中夏子阳、行人王士祯又持节册以往。丙午冬，子阳竣事还，私向余言：日本近千人露刃而市，琉球行且折于日本矣。且使臣入彼国若不闻焉，其所以事天朝至浅鲜也，操纵伸缩，惟是诸陪臣与吾之通事，表里为奸，区区两使臣，威所不能加，法所不能禁也。倘异时者再衔命涉沧溟，其辱国弥甚，君其识之。余闻给舍言，怆然有感于心。乃今数年，日本狡焉启疆，而琉球之君为虏，臣为仆矣。且阳借修贡之途，以阴行假道之计，撤我藩篱，窥我虚实，日引月长，将何以固吾圉乎？王关之谢，抑其末耳。《诗》曰：“肇允彼桃虫，拚飞惟鸟。”当事者勿泄泄焉而视之若桃虫然，则几矣。

附录

题跋例言

钱大昕跋

亭林先生博学通儒，所撰述行世者，皆有关于世道风俗，非仅以该洽见长。唯《天下郡国利病书》未有刊本，外间传写以意分析失其元第，然犹珍为枕之秘。顷荛圃孝廉购得传是楼旧藏本卅四册，识是先生手迹，蝇头小楷密比行间。想见昔贤用心专勤，不肯假手钞胥，故能卓然成一家言也。荛圃其善藏之。

壬子十月廿四日竹汀居士钱大昕题。

乙卯春再阅于读未见书斋，其中仍不无出自钞胥手者，而朱笔校改，皆先生手定。予向所题识，未免粗疏之。题年月兼以自识，大昕又记。

黄丕烈跋

昆山顾亭林先生著作富矣，予所见刊本惟《左传杜解补正》《九经误字》《石经考》《金石文字记》《音学五书》《吴才老韵补正》《日知录》《谲觚十事》《昌平山水记》《山东考古录》《京东考古录》《救文格论》、杂著、诗集、文集数余种而已。其传写行世者，自《天下郡国利病书》外不多见。间读其文集，有《天下郡国利病书序》《肇域志序》，窃疑两书何以一存一佚？书之显晦，殆有幸有不幸耶？乾隆己酉九秋，友人张秋塘以《天下郡国利病书》原稿示余，共三十四册，蝇头小楷密缀行间，楮墨具有古气。秋塘谓余曰："此亭林真迹也，盍宝之。"余留阅。一夕，至山东省，见卷首部页不全，书中文义亦有残阙，遂掩卷就寝而罢。明晨秋塘索书甚急，因还之。然余犹不忍舍是书也，往晤秋塘，秋塘备述是书原委云：是"传是楼"旧物，而徐后归诸顾，后归诸王，此书乃得自王莲泾家。盖莲泾素藏书，而健庵系亭林之甥，其为原稿无疑。即有残阙，安知非即亭林序中所云："乱后多有散佚"者乎。重询是书，已归蒋春皋处，余方悔前此之不即归之也。阅岁至壬子春，有五柳居书友携是书来，余且惊且喜，叩其故，知以古帖从春皋易得，方悟人各有所好，春皋所好在古帖，而是书不甚惜；予所好在古书，而是书得复来。遂以白镪数十金易之。是书本数与《苏州府志·艺文门》所引子衍生曰"今传写本三十四册"之说相合。每本旁有小数，自一至三十四，惟缺第十四本，兹之强分十五为十四者，定系后人伪作。每本部页标某省或某府字样，序次先后起自北直，而苏松、常镇、江宁庐州、安庆、凤宁徽、淮、徐、扬、河南、山东、山西、陕西、四川、浙江、江西、湖广、福建、广东、广西、云南、贵州、交趾西南夷、九边四夷而止。他省不分府，南直独分者，盖亭林籍隶南直，纪载加详，与省府有上中下之别，恐卷帙繁重，故分之也。每本有"备录"字，始犹未得其解，覆案《肇域志序》有云"本行不尽则注之旁，又不尽则别为一集曰'备录'"，则此书与《肇域志》相出入亦未可知。否则如《利病书序》所云："有得即录，共成四十余帙，一为舆地之记，一为利病之书。"

两书本合而存之与？至于《府志》载是书为一百卷，而外间传写本又强分一百二十卷，今观原稿并无卷次，则分卷之说俱不足信。且各省先后传写本不复如原稿次第，故取对多所不同。即所缺之第十四本，或居十三本河南省之后，而所缺在河南；或居十五本山东省之前，而所缺在山东，皆不得而知之也。今十五本从“新店浅”云，起，决非完书。取传写本相对，山东省有起处数页，河南省亦于起处多两页，余为录入，非敢伪为也，亦补其所当补耳。他若每本部页悉仍其旧。至某省某府以及“备录”二字，其为亭林手书与否，任人以字迹辨之可也。本数多寡已分三十四为六十，有原稿部页别之，仍可弗乱。噫！古来地理书何限？地理书之不全而仍宝于世者又何限？后魏郦道元之《水经注》、唐李吉甫之《元和郡县志》、宋乐史之《太平寰宇记》、王存之《元丰九域志》、元岳璘所修之《一统志》皆是也，何尝必求其全也哉！向使如外间传写之本强分卷数以托于全，几如无缝天衣已失庐山面目，殊不思亭林自序中原以为初稿未即成完书也。乌乎可？余今得是书以还亭林之旧观，以正俗本之讹谬。余有之抑岂惟余之幸邪！敢不宝而藏之，以俟后之能读是书能用是书者。

乾隆岁在元黓困敦阳月上弦前一日，听松轩主人书。

徐撷芸跋

天下郡国利病书系国朝顾亭林先生所辑，收罗极广，斟酌尽善，苏州府志言之详矣，已收入钦定四库全书内。但此书向未付梓，流传于前者悉皆抄本，余无从购觅，心窃志之。壬戌之秋，锡山杨南池表兄过访，道及同邑虞君锡纶家藏此书原本，间亦解人抄录。余喜可偿夙愿，即托南池购录一部。自秋徂冬，至□臈始将全书畀余。翻閲一过，惜乎卷帙浩繁，钞胥非出一手，字迹美恶，瑜瑕不掩，亥豕鲁鱼之误，更难仆数，罣漏处亦复不少。倘得善本校雠，斯为全璧。有志焉而未逮，当以俟异日。因装订成帙，聊记数语于卷末。时在嘉庆八年岁次癸亥仲春花朝前一日。平江徐撷芸识。

丁晏跋

是书辛酉岁次冬得之于高邮王氏，计一百二十卷，附小傅一卷。卷中夹有条批，校正精确，疑出伯申手笔，获之狂喜。山阳老民丁晏记。

龙万育跋

崑山顾亭林先生著作最伙，而经济实学，莫切于天下郡国利病一书。原序云："历览二十一史，以及天下郡县志书，一代名公文集，间及章奏文册之类，有得即录，共成四十帙。"虽云初稿，而先生裒集是编，可谓劳矣。惜未镂板，传写多讹。育学问谫陋，未能一一更正，且苦卷帙繁多，难以就正四方博学。曾于嘉庆十四年用聚珍板排印，閲春秋一，易得书一百二十部，非敢以讹传讹，窃以博雅君子閲之，详加厘订，则玄豕鲁鱼之疵，得此而止，先生经济之书，亦得彰明于世。惟前印之书早完，仅存校正底本，确知愿有此书者不少。自揣无力，不能付梓，特就家居重复排印，以冀广播，第其中仍不免有未尽善者，倘荷垂教，俾成完璧，是则育之所仰望者也。

时道光十年岁次庚寅仲春月，成都夔堂龙万育谨跋。

王颂文跋（摘录）

亭林纂《天下郡国利病书》，世多传钞本，此则为先生手注原稿，计三十四册，徐氏传是楼藏本（健庵尚书，亭林甥也）。乾隆时吴县黄荛圃孝廉得之，釐订阙失衬纸分装为六十册。光绪之季，方君惟一与颂文见此书于郡城吴君讷士书斋，相与惊奇，以为幸遇。越年，亭林崇祀孔庙，惟一复谒讷士，述乡人意欲乞得此书，以纪念亭林。吴君慨然许诺，乃奉书归藏亭林祠。及图书馆成遂移庋其中。

此稿首册书“崇祯十二年己卯纂辑”，其他但书某省某府（南直隶纪述较多，故以府名），或书备录二字，皆先生手迹。全书三千另六十三叶，多经朱墨校点，有旁注，有增辑，蝇头细楷，先生手注者近三百叶。序文纪年为壬寅七月望日，“康熙元年”四字，细审墨迹行间欹斜，疑后人添注，故撤出未印。

亭林原序云，其书本不先定义例，故不分卷，今坊刻分为一百二十卷，南直隶各郡并为江南省，虽釐订而无窜改，然已非庐山真面目矣。

荛圃得此书时，已佚第十四册，谓所阙当在河南、山东间。见跋语。今影印本书，编定目次，仍依原稿书面册数，第十四册则书原阙，存其真耳。此书原装六十册，今并年谱改为五十册，其间原稿本有一册分装二三册者，叶数仍连续之。

王颂文识。

张元济跋

知崑山县事彭君百川暨邑人士王君颂文、潘君鸣凤，欲以其县立图书馆所藏乡贤顾亭林先生天下郡国利病书手稾传播于世，畀商务印书馆印行。余既为之编定，乃谨书其后曰：作者往矣，明社屋矣。立说于数百年前，而烛照数计一一印证于数百年之后，呜呼，何其忧之深而虑之远也！亭林身婴亡国之痛，所言万端，而其所再三致意者不过数事，曰兵防，日赋役，曰水利而已。敌国外患，奸宄窃发，以守其国不可无防。防之于外则门户洞开，不可无以遏之；防之于内则伏莽徧地，不可无以靖之。欲尽其道，责在于兵，有兵不可以无养，养之之责，又在于民。无事之时，所衣所食，民供之；有事，征调输挽之劳，屯扎之需，又吾民任之。有国者既不能不增此数十百万之民，用之于安内攘外之途，自更不能不重取吾民数百千万之财，以赡此不稼不穑之辈，曰吾将以御外侮也，吾将以戡内乱也，而民又何辞？然果有未雨绸缪之计，先足食而后足兵，则生事稍裕，供亿虽繁，抑犹不至于颠踬。我国自古讫今，所业惟农，可耕之土本已不广，所恃者又仅数千年前之农事知识，偶遇天灾，无术自救。赖有沟洫之制，防患未然，薄有收获，聊以卒岁。若水旱之象既成，且屡见不一见，则民且救死之不暇，又奚能効力而输，将彫瘵之极，有不堪设想者矣。

亭林是书始于崇祯己卯，盖亲见夫东北、边防日就废弛，清兵崛起，取沈阳，围宁远，克永平、滦州，而遵化，而昌平，而高阳，遂至于济南，深入二千余里，下畿内山东七十余城；孔有德、耿仲明、尚可喜、祖大寿等乘机叛国，纳土降附，稽首敌庭，惟恐或后；流贼如高迎祥、罗汝才、李自成、张献忠、马守应、贺一龙、贺锦、刘希尧、蔺养成、刘国能之徒，窜突于陕、甘、四川、湖广、河南、山西、山东、江、淮近畿境内，旋起旋伏，扑灭无期，土崩瓦解，四方鼎沸。知兵防之不可不严，故于沿边如北直隶之四镇三关、山西大同、陕西巩昌、洮、岷之堡塞，沿海如浙江之海防图，宁波府志海防书，福建之海防总论，广东惠、潮、高、廉、雷、琼之关寨营隘则备录之。又亲见夫国用不足，苛征暴敛，如辽饷，如勦饷，如助饷，如练饷，如官庄，如榷水陆冲要，如增关税田赋，如遣使督直省逋赋，民生日艰，掊克日甚，冻馁逃亡，流为寇盗。知赋役之不可不慎，故于江、浙租税最重之区，如松江府志之田赋，海盐县志之食货，于征额最巨之盐课，如山西解州之池盐，四川之井盐，南直、浙江之场盐则详述之。又亲见夫崇祯改元而后，或久旱，或大水，或蝗，史不絶书，而黄河决口于曹县，于睢宁，于徐州，于原武，于建义，于孟津，于淮安，于沛县，下民昏垫，殆无宁日，室家离散，饿莩载涂。知水利之不可不修，故于河患最甚之区，如河南、山东之河工，于长江上游衆流汇集之地，如荆州、郧阳、襄阳、承夫、常德诸府之隄防则历纪之。

明之君臣生于其间，大局败坏已至不可收拾，即翻然醒悟，亦无能为，亭林岂不知之？而所以谆谆于此者，无非欲诏示后世，使凡有国有家者，知此数事，推而至于其他莅民之事，得其道则利，失其道则病，利则其民奋而国随之以兴，病则其民悴而国随之以亡。为政之术，古今不必同出一途，而为祸为福，终莫能逃此因果之律。果能晓然于利病之所在，而讲求其趋避之方，转贫弱而为富强，康乐和亲之盛，何在不可几及？不然，未有不蹈亡明之覆辙者也。读是书者，其能悚然而思，惕然而兴，而无负亭林之瘏口哓音乎！

中华民国二十五年三月海盐张元济。